JUVE Handbuch
2023 | 2024

Wirtschafts Kanzleien

Rechtsanwälte für Unternehmen

JUVE

Das JUVE Handbuch finden Sie auch online: **juve.de/juve-rankings/deutschland**

Herausgeberin
Dr. Astrid Gerber

Chefredaktion
Dr. Aled Griffiths, Antje Neumann, Jörn Poppelbaum

Publikationsleitung JUVE Handbuch Wirtschaftskanzleien
Laura Bartels, Astrid Jatzkowski

Redaktion
Christine Albert, Raphael Arnold, Sonja Behrens, Julia Beyen, Silke Brünger, Marc Chmielewski, Eva Flick, Michael Forst, Helena Hauser, Johanna Heidrich, Franziska Jandl, Annette Kamps, Mathieu Klos, Anika Krüger, Götz Kümmerle, Esra Laubach, Daniel Lehmann, Markus Lembeck, Eva Lienemann, Melanie Müller, Claudia Otto, Norbert Plützer, Pauline Pohlers, Konstanze Richter, Christiane Schiffer, Christina Schulze, Milena Sontheim, Dr. Ludger Steckelbach, Dr. Martin Ströder.
Datenanalyse: Regina Cichon

Koordination Unternehmensrecherche
Astrid Jatzkowski, Silvia Strauch

Koordination Kanzleiinformationen
Claudia Scherer

Redaktionelle Koordination
Claudia Scherer, Silvia Strauch

Onlineausgabe
Melanie Müller, Joris Schlosser, Ulrike Sollbach

Digitale Produktentwicklung
Simone Bocksrocker, Ulrike Sollbach, Marcus Willemsen

Datenmanagement
Ulrike Sollbach (Leitung). Datenanalyse: Tina Puddu. Datenpflege: Claudia Voskuhl (Koordinatorin), Dominique Ehrmann, Verena Kind, Elisabeth Krüger, Fabian Lippke, Judith Pinger

Mitarbeit
Antonia Dinslaken, Britta Haselier, Joris Schlosser, Greta Schoppwinkel
Büro- und Schreibservice Christine Kolb, Winding Words

Vermarktung und Verkauf
Bert Alkema, Larissa Goscinski, Ylva Wüstemann

Vertrieb
Janine Landwehr, Jessica Lütkenhaus (Einzelbestellungen), Eva Wolff

Marketing und Veranstaltungen
Alke Hamann (Leitung), Jens David

Grafik
Janna Lehnen (Produktionsleitung), Vivian Bosbach, Franziska Eismann, Dominik Rosse, Britta Siebert

Druckservice
Himmer GmbH Druckerei & Verlag, Augsburg

26. Auflage – 2023/2024
ISBN 978-3-9819038-6-7

Verlag
JUVE – Verlag für juristische Information GmbH
Sachsenring 6 · 50677 Köln
Telefon: 0221/913880-0
Telefax: 0221/913880-18
E-Mail handbuch@juve.de
vertrieb@juve.de
Internet www.juve.de

Denken heißt vergleichen.
Walther Rathenau

Es ist uns ein Anliegen, alle Geschlechter anzusprechen und dies auch sprachlich umzusetzen. Partizipialkonstruktionen sind eine von mehreren Möglichkeiten, die wir einsetzen. Wir verwenden jedoch teils auch das generische Maskulinum als übergreifende Bezeichnung. Die Verwendung dieser grammatischen Form hat praktische Gründe, die insbesondere in der Struktur dieser Publikation liegen.

Verantwortlich für den Inhalt ist im Sinne des Presserechts die Chefredaktion. Für den Anzeigenteil ist die Herausgeberin verantwortlich.

 Für Ihre Hinweise, Anregungen und Kritik zum JUVE Handbuch Wirtschaftskanzleien sind wir sehr dankbar. Insbesondere bitten wir Kanzleien, die sich als zu Unrecht nicht berücksichtigt sehen oder deren Darstellung Unstimmigkeiten aufweist, die Redaktion entsprechend zu benachrichtigen.

DURCHHALTEN UND WEITERMACHEN

Die weltpolitische und -wirtschaftliche Lage hat sich zwar hier und da verbessert, dennoch bleiben multiple Herausforderungen. Dies zeigt sich nicht zuletzt im eher ruhigen Transaktionsmarkt. Stärker in den Vordergrund sind neben dem Ukraine-Krieg wieder Klimawandel und – nach dem Erfolg von ChatGPT – Fragen zur digitalen Zukunft gerückt.

Letzteres betrifft auch die Wirtschaftskanzleien: Immer größer werden die Erwartungen internationaler Mandanten an die technischen Angebote und Fähigkeiten ihrer Berater. Die OpenAI-basierte KI-Plattform Harvey sorgte für Aufsehen – und Allen & Overy und PwC Legal waren die ersten, die auf diesen Zug aufsprangen (mehr zur Entwicklung bei **Legal Tech und Legal Operations** ▶*ab Seite 55*).

Mehr Raum für Mittelstandskanzleien

Nachdem wir im Vorjahr die **JUVE Top 50** neu akzentuiert haben, haben wir uns nun den **Regionalabschnitten** gewidmet (Details dazu ▶*ab Seite 58*). Ziel ist es, den in einzelnen Regionen besonders verankerten und in der Regel auf den Mittelstand ausgerichteten Kanzleien mehr Aufmerksamkeit zu widmen – und Ihre Aufmerksamkeit als potenzieller Mandant stärker auf diese Einheiten zu lenken. Kanzleien dieses Zuschnitts erweisen sich immer wieder als attraktive Alternative, doch ihr spezifisches Angebot steht vor Ort oft im Schatten internationaler Kanzleien und personalstärkerer, bundesweit tätiger mittelständischer Wettbewerber. In den Rankings für einzelne Rechtsgebiete finden selbstverständlich alle weiterhin ihren Platz.

Auch dort haben wir kleinere Veränderungen vorgenommen, um aktuellen Entwicklungen Rechnungen zu tragen und mehr Übersicht zu schaffen.

Mehr Nachhaltigkeit, mehr Daten

Der im Vorjahr eingeführte Abschnitt **ESG** wurde erweitert. ESG ist als Querschnittsmaterie ein Wachstumsfeld, das für Unternehmen immer wichtiger wird und dem auch die Berater mehr Aufmerksamkeit widmen.

Unter der neuen Überschrift **IT-Recht und Datenschutz** finden Sie jetzt ein Ranking, das sich dem **Datenrecht** widmet. Erfasst sind hier Kanzleien, die besondere Erfahrung im Datenschutz haben, aber auch Berater, die Fragen rund um Dateneigentum und -sicherheit in den Mittelpunkt ihrer Arbeit stellen.

Schließlich haben wir die **versicherungsrechtlichen Abschnitte** moderat umgebaut. Das Ranking **Produktberatung** ist aus der Vertrags- in die unternehmensbezogene Beratung gewandert. Produktberatung versteht sich hier als Teil der Geschäftsentwicklung der Branche. Beratung zur individuellen Vertragsgestaltung findet sich weiterhin unter Vertragsrecht.

Beratungsfelder, für die der JUVE Verlag eigene Publikationen etabliert hat, sind erneut abweichend strukturiert. So finden Sie zentrale Rankings aus dem **Patent- und Steuerrecht** zwar hier im Buch (▶*ab Seiten 714 und 807*), die Details aber online dort, wo Sie sich auch über das aktuelle Geschehen informieren (juve-patent.com und juve-steuermarkt.de).

Einmal mehr möchten wir uns herzlich bei Ihnen als Mandanten dafür bedanken, dass Sie erneut Ihre Erfahrungen mit Kanzleien mit uns geteilt haben. Ihr überwältigendes Feedback ist eine der wichtigsten Säulen unserer Recherchen – und wir hoffen, dass wir auch bei der kommenden Auflage auf Sie zählen dürfen.

Astrid Jatzkowski

Laura Bartels

DIE JUVE FACHREDAKTION

Alle JUVE-Fachredakteure recherchieren ganzjährig ihre jeweiligen Spezialbereiche.
Neben dem Kernteam sind nahezu alle auch mit M&A und Gesellschaftsrecht befasst.

Christine Albert
Marken- und Wettbewerbsrecht
Norden

Raphael Arnold
Bank- und Bankaufsichtsrecht, Beratung von Versicherern

Laura Bartels
Arbeitsrecht, ESG, Immobilien- und Baurecht, Notariat

Sonja Behrens
Gesellschaftsrecht, M&A, Notariat
Osten, Südwesten

Julia Beyen
Kartellrecht, Vertrieb, Brüssel

Silke Brünger
Gesundheitswesen

Marc Chmielewski
Kartellrecht, Konfliktlösung

Eva Flick
Compliance, IT-Recht und Datenschutz, Wirtschafts- und Steuerstrafrecht
Mitte

Michael Forst
Gesellschaftsrecht, M&A, Private Equity und Venture Capital
Süden

Aled Griffiths
Gesellschaftsrecht, M&A, Private Equity und Venture Capital
Mitte

Johanna Heidrich
Energiewirtschaftsrecht, Gesundheitswesen
Westen

Frankziska Jandl
Insolvenz und Restrukturierung

Astrid Jatzkowski
Compliance, Lebensmittelrecht, Versicherungsrecht (Versicherungsvertragsrecht), Wirtschafts- und Steuerstrafrecht
Norden

Annette Kamps
Arbeitsrecht

Mathieu Klos
Patentrecht

Anika Krüger
IT-Recht und Datenschutz, Medien, Presse- und Äußerungsrecht

Daniel Lehmann
Steuern

Markus Lembeck
Öffentliches Wirtschaftsrecht
Westen

Melanie Müller
Öffentliches Wirtschaftsrecht, Vergaberecht

Antje Neumann
Beihilferecht, Vergaberecht, Verkehrssektor
Brüssel

Claudia Otto
Anleihen und Strukturierte Finanzierung, Börseneinführungen und Kapitalerhöhungen

Pauline Pohlers
Vergaberecht
Südwesten

Jörn Poppelbaum
Investmentfonds; Nachfolge, Vermögen, Stiftungen; Steuern
Osten

Konstanze Richter
Außenwirtschaftsrecht, Patentrecht, Vertrieb

Amy Sandys
Patentrecht

Christiane Schiffer
Immobilien- und Baurecht, Konfliktlösung

Christina Schulze
Patentrecht

Ludger Steckelbach
Anleihen und Strukturierte Finanzierung, Bank- und Bankaufsichtsrecht, Börseneinführungen und Kapitalerhöhungen, Insolvenz und Restrukturierung, Kredite und Akquisitionsfinanzierung

Luise Stein
Steuern

Martin Ströder
Energiewirtschaftsrecht, ESG, Telekommunikation, Verkehrssektor

INHALT

Das JUVE Handbuch finden Sie auch online: **juve.de/juve-rankings/deutschland**

TRENDS UND ENTWICKLUNGEN

JUVE AWARDS 2023

JUVE AWARDS 2023

SERVICETEIL

One Team.
One Goal.
Dynamisch, kreativ, pragmatisch
und ohne Allüren.
Düsseldorf / Berlin / orthkluth.com
OrthKluth

RANKINGS UND ANALYSEN

REGIONEN

Alles zur neuen Kapitelstruktur ab Seite 58

RECHTSGEBIETE

*Index aller Kanzleianzeigen S. 23-27; Inhaltsverzeichnis Co-Publishing ab Seite 18

BÄR
& KARRER
Home of Law in Switzerland.
Innovative and tailored advice that helps your business thrive.
Bär & Karrer is a leading Swiss law firm with more than 200 lawyers. Our core business is advising our clients on innovative and complex transactions and representing them in litigation, arbitration and regulatory proceedings. Our clients range from multinational corporations to private individuals in Switzerland and around the world.
Susanne Schreiber
Senior Partner, Bär & Karrer

RANKINGS UND ANALYSEN

RECHTSGEBIETE

*Inhaltsverzeichnis Co-Publishing ab Seite 18

Ibanez

RANKINGS UND ANALYSEN

RECHTSGEBIETE

*Inhaltsverzeichnis Co-Publishing ab Seite 18

ANZEIGEN

CO-PUBLISHING

Hier informieren Praktiker aus Anwaltskanzleien über aktuelle Rechtsentwicklungen
Für den Inhalt der Beiträge und die Angaben zu den Kanzleien und Autoren sind die jeweiligen Kanzleien, die diese Seiten gebucht haben, allein verantwortlich.

GOODWIN
First Class in
Private Equity
Goodwin takes your investments
to greater heights
With more buyouts and growth equity
deals than anywhere else, we are the
world's most active private equity practice.
Leveraging unique market insights,
relationships, and expertise, we enable
growth on a whole other level.
Find us at the center of our
German private equity practice
in Munich or at goodwinlaw.com

CO-PUBLISHING

Machen Sie sich selbst ein Bild!
juve+
Market Intelligence
Jetzt den neuen
Tages- oder Wochenpass testen:
juve-plus.de

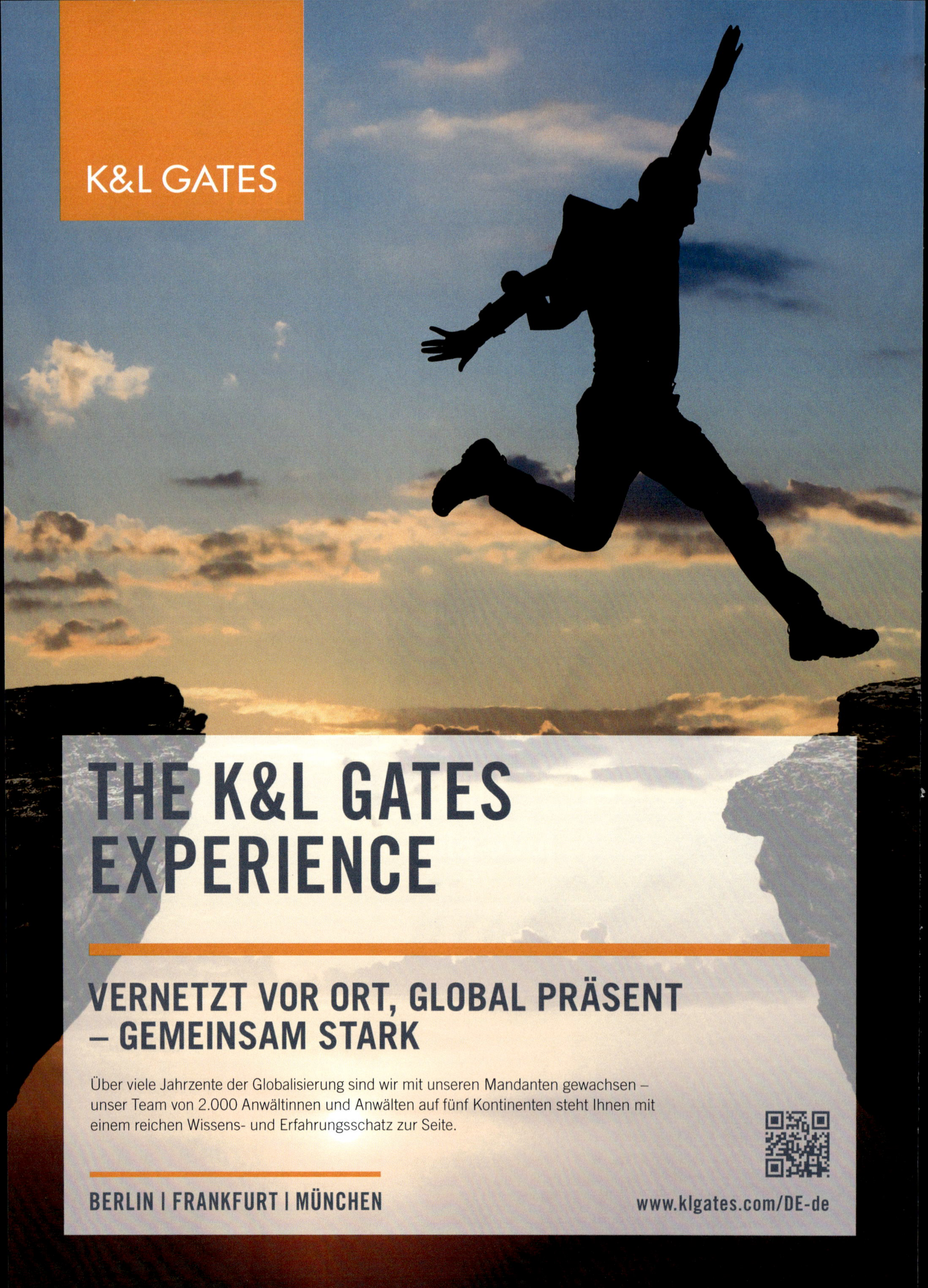
K&L GATES
THE K&L GATES EXPERIENCE
VERNETZT VOR ORT, GLOBAL PRÄSENT – GEMEINSAM STARK
Über viele Jahrzente der Globalisierung sind wir mit unseren Mandanten gewachsen – unser Team von 2.000 Anwältinnen und Anwälten auf fünf Kontinenten steht Ihnen mit einem reichen Wissens- und Erfahrungsschatz zur Seite.
BERLIN | FRANKFURT | MÜNCHEN
www.klgates.com/DE-de

JUVE Handbuch
2023|2024

ANZEIGENINDEX

Anzeigen sind kostenpflichtig und von den Kanzleien selbst gestaltet.
Für den Inhalt sind die jeweiligen Kanzleien verantwortlich.

STICHWORTE VON A–Z

Die folgende Liste verweist auf die Kapitel, in denen Sie nähere Informationen zu dem jeweiligen Stichwort finden.

Teil des Teams
VON TAG EINS
„Seit mehr als drei Jahren bin ich Teil des Teams von FGvW – von meinem Start als Praktikantin im vierten Semester bis hin zum Bestehen meines ersten Staatsexamens. Aufgrund der offenen und kollegialen Atmosphäre auch bei internationalen Großmandaten kann ich mir meine berufliche Zukunft bei FGvW gut vorstellen.“
Klingt das auch für Sie interessant? Dann freuen wir uns auf Ihre Bewerbung. fgvw.de/karriere
Köln | Freiburg | Frankfurt | Berlin
FRIEDRICH GRAF VON WESTPHALEN
& PARTNER mbB | RECHTSANWÄLTE
Laura Brors

ÜBER DIESES BUCH UND UNSERE ARBEIT

Das JUVE Handbuch Wirtschaftskanzleien hat sich längst zu einem Referenzwerk des deutschen Rechtsberatungsmarkts entwickelt. Umfangreiche Recherchen bei Kanzleien, Unternehmensverantwortlichen, Behörden sowie Justiz und Wissenschaft schaffen die Basis für dieses Buch. Die strikt unabhängig arbeitende Redaktion greift dabei auf mehr als 25 Jahre Erfahrung mit dem Anwaltsmarkt zurück.

DIE JUVE-RECHERCHE

1.300
KANZLEIEN
per Fragebogen kontaktiert

6.981
Gespräche geführt

3.890
ausgefüllte Fragebögen
von **698** Kanzleien

+ unzählige
Wettbewerberempfehlungen

+ Markteinschätzungen

+ wirtschaftliche
Entwicklungen

53.983
MANDANTEN
per E-Mail kontaktiert

1.116
Gespräche geführt

6.322
Mandantenrückmeldungen
aus **2.236** Unternehmen

+ Markteinschätzungen

+ wirtschaftliche
Entwicklungen

33 erfahrene Fachredakteure

recherchieren laufend aktuelle Deals, Prozesse, personelle Entwicklungen

analysieren
und
vergleichen

werten aus

gewichten

741
Kanzleien
in
7
Regionen und
36
Rechtsgebieten

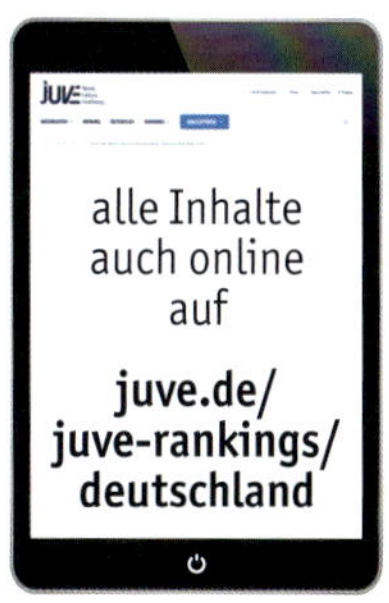

RECHERCHE BEI MANDANTEN

Um möglichst viele Mandanten und Unternehmensverantwortliche in die Recherche einzubeziehen, bedient sich die JUVE-Redaktion standardisierter E-Mails. Darin erbittet sie Informationen über die persönlichen Erfahrungen mit Kanzleien und einzelnen Anwälten. Ebenfalls erfragt werden Kosten sowie Entwicklungen oder strategische Pläne, die sich auf das Verhältnis zwischen Anwalt und Mandant auswirken.

Befragte Entscheider

Flächendeckende Kontaktaufnahme mit Mandanten (per E-Mail)*

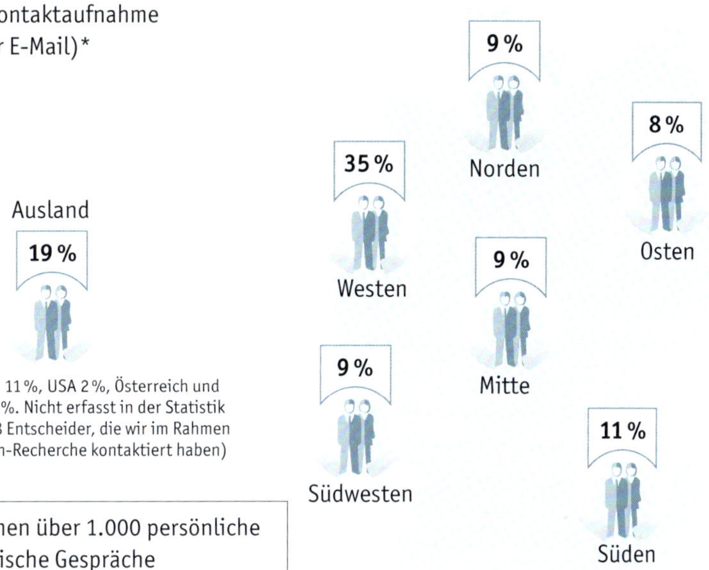

(Großbritannien 11 %, USA 2 %, Österreich und Schweiz jeweils 1 %. Nicht erfasst in der Statistik sind weitere 6.338 Entscheider, die wir im Rahmen unserer Österreich-Recherche kontaktiert haben)

*Hinzu kommen über 1.000 persönliche und telefonische Gespräche

Befragte Unternehmen

Große Bandbreite an Branchen (per E-Mail)

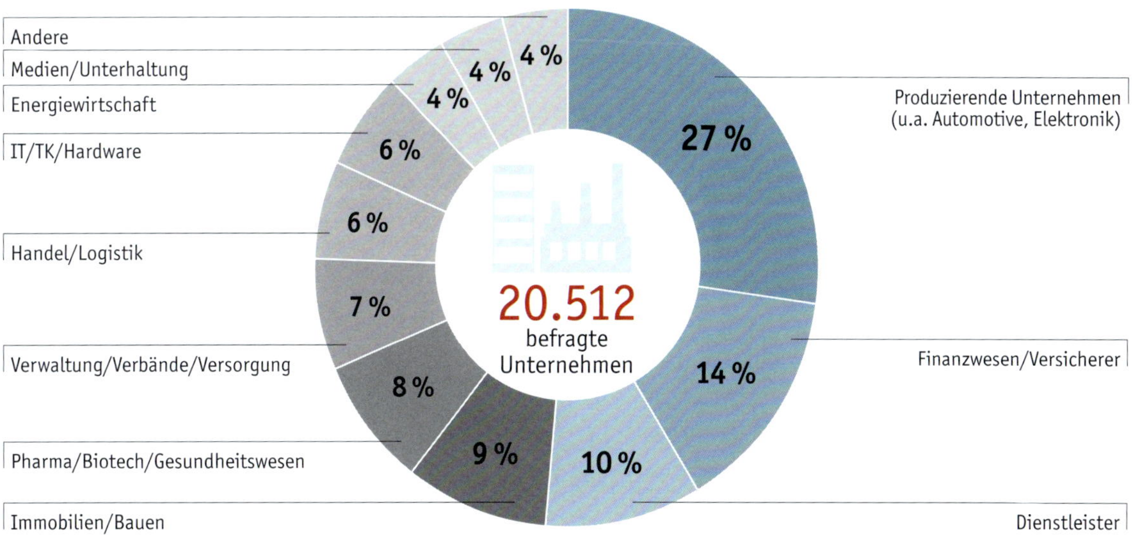

RECHERCHE BEI KANZLEIEN

Gespräche mit Kanzleien

9 % Norden
10 % Osten
21 % Westen
19 % Mitte
20 % Ausland
7 % Südwesten
14 % Süden

6.981 Gespräche mit Anwälten aus
1.110 Kanzleien und MDP-Einheiten
3.605 Recherchefragebögen wurden zurückgesandt

Neben umfangreichen Gesprächen spielt die Recherche per standardisierten Fragebögen eine wichtige Rolle. Darin haben die Kanzleien Gelegenheit, ihre Entwicklung und ihre Mandatsarbeit darzustellen und sich zum Markt zu äußern. Knapp 80 Kanzleien informierten spezifisch über ihr Legal-Tech- und Legal-Operations-Engagement. Zudem lagen der Redaktion knapp 300 Auskünfte mit Daten zu Gesamtkanzlei, Personal und Finanzen vor.

Aufgrund der Relevanz der Großstädte als Standort von wirtschaftsberatenden Kanzleien findet ein Großteil der Recherche zwar in diesen Städten statt, doch ist vor allem für die Erfassung regional wichtiger Berater auch eine Recherche abseits der Großstädte unerlässlich. Entsprechend ist auch die Verteilung der Recherchegespräche.

DAS MANDANTEN-FEEDBACK

1.802 Personen aus **1.569** Unternehmen

sprechen

4.024 Empfehlungen für Anwälte und **4.021** Empfehlungen für Kanzleien aus

Die Recherche umfasst eine Vielzahl von Gesprächen und eine standardisierte Befragung per E-Mail. Sie wurde im Vergleich zum Vorjahr erneut verbreitert. Wie seit Jahren besetzt die überwältigende Mehrheit der Antwortenden Führungspositionen, sei es als Vorstand oder Geschäftsführende, sei es als Rechtverantwortliche oder Leiter einer anderen Funktion wie Compliance, IP oder HR. Die Branchenabdeckung ist vielfältig und die Verteilung der Antworten entspricht regelmäßig in etwa der Befragungsquote.

Die Rückmeldungen der Mandanten reichen inhaltlich von einfachen Aufzählungen bis zu detailliertem Lob und Kritik. Auffällig ist, dass nur selten Praxen oder Kanzleien empfohlen werden, die bislang nicht durch JUVE recherchiert wurden. Diese Ausnahmen bezieht die Redaktion bei ausreichendem Anlass in die Recherche für die Folgeauflage ein.

Unser Anliegen

Wir wollen Transparenz in einen noch immer unübersichtlichen Markt bringen. Als einem von rund 12.000 Handbuch-Empfängern in Unternehmen wollen wir Sie bei Ihren Mandatierungsentscheidungen unterstützen. Den etwa 7.000 Empfängern in Kanzleien, die das Buch erhalten, soll es die Möglichkeit eröffnen, die Marktposition ihrer Kanzlei einer kritischen Analyse zu unterziehen. Und mit Hilfe der mehreren Hundert Exemplare für Gerichte und Universitätsbibliotheken können Jurastudierende und Referendare ihren Berufseinstieg planen.

Unsere Philosophie

Das mehr als 30 Köpfe zählende, fest angestellte Fachredakteursteam arbeitet unabhängig. Das fachlich spezialisiert arbeitende Team schreibt und recherchiert parallel nicht nur für das JUVE Handbuch, sondern auch für die anderen JUVE Publikationen (JUVE Rechtsmarkt, JUVE Steuermarkt, azur, azur100, juve.de, die englischsprachige Digitalpublikation JUVE Patent und das österreichische JUVE Magazin). Nur so, davon sind wir überzeugt, baut sich kontinuierlich Wissen auf, das fundierte Analysen erlaubt. Die Redaktion lässt größte Sorgfalt bei der Auswertung und Analyse der ihr zur Verfügung stehenden Informationen walten. Ein Anspruch auf Vollständigkeit besteht dennoch nicht.

Bei den umfangreichen Recherchen (▸*Die JUVE-Recherche*, Seite 41 ff.) entstehen empirische Erkenntnisse verschiedenster Art. Sie bilden die Basis für das, was das JUVE Handbuch ausmacht: Die langjährige Marktkenntnis der Redaktion erlaubt es, die empirischen Ergebnisse zu analysieren und zu gewichten. Wir stellen die Frage, warum

DIE BEWERTUNGSGRUNDLAGEN

In der Gesamtschau einer Kanzlei oder eines Kanzleistandorts spielen zahlreiche Kriterien eine wichtige Rolle bei der Analyse der Marktposition. Die Relevanz der einzelnen Aspekte verändert sich mit den Bedürfnissen der Mandanten. Zudem ist es heute unabdingbar, einzelne Spezialisierungen der Anwälte durch ein geeignetes Management effektiv zu koordinieren.

DIE KRITERIEN IM EINZELNEN:

Fachliche Kompetenzen

- **Gesellschaftsrechtliche Kompetenz**, zur Gestaltung der Grundstrukturen unternehmerischer Geschäftstätigkeit
- **Finanzierungs-** und **Transaktions-Know-how** als Basis für die Weiterentwicklung von Unternehmen
- Aufbau von Kompetenzen, um die Mandanten bei ihrem rechtlichen **Risikomanagement** zu unterstützten (z.B. Regulierung, Compliance, Kartellrecht, Konfliktlösung)
- Aufbau und Pflege von Kapazitäten in **zentralen Gebieten** wie Arbeits- oder Steuerrecht
- Fähigkeit, auf hohem Niveau bei **grenzüberschreitenden Sachverhalten** zu beraten
- Zahl der in ihrem Rechtsgebiet als **herausragende Praktiker** geltenden Anwälte
- Ausbildung von **Branchenkenntnissen**

Mandatsarbeit

- **Komplexität** und **Umfang** der betreuten Mandate
- Gleichmäßig hohe **Qualitätsstandards** in allen Tätigkeitsbereichen
- **Serviceorientierung** und -bereitschaft

Managementqualitäten

- Kanzleimanagement und -struktur auf **effektive Koordination** der einzelnen Spezialisierungen ausgerichtet
- **Teamarbeit**, um Synergien zum Nutzen der Mandanten zu schaffen
- Stabile und funktionierende **internationale Kontakte**
- **Pflege** und **Qualität** von Mandatsbeziehungen

Strategie

- **Vorausplanung** und Erkennen von **Trends** auf dem Rechtsmarkt und dem jeweiligen Markt der Mandanten
- **Stimmige Kanzleikultur, Strategie** und **Philosophie**, die von den Anwälten einer Kanzlei gemeinsam vertreten wird
- **Nachhaltige Struktur**, die es erlaubt, qualitativ hochwertige Nachwuchsjuristen zu gewinnen und zu halten

Unternehmen sich für bestimmte Kanzleien entscheiden – und warum sie sich zu einem Wechsel entschließen.
Wir vergleichen und analysieren: Welche Kanzleien haben die Bedürfnisse ihrer Mandanten erkannt und mit dem rasanten Wandel dieser Bedürfnisse Schritt gehalten? Empirie ohne Analyse ist für uns bestenfalls die halbe Miete.

Der Akzent der ganzjährigen Recherche liegt deutlich auf persönlichen Gesprächen vor Ort oder per Telefon. Die JUVE-Redaktion ist überzeugt, nur auf diesem Wege, also mit der Möglichkeit gezielter Nachfrage verlässliche Ergebnisse zu erhalten. Dennoch benutzen auch wir standardisierte Fragebögen für Kanzleien und Mandanten, um die erforderliche Breite der Recherche zu gewährleisten.

Orientierung

Der redaktionelle Teil (weiße Seiten)

Die Ergebnisse der redaktionellen Recherche sind in mehrere Teile gegliedert.

1. Trends und Entwicklungen: Analyse aktueller Markttrends und Übersicht über zentrale Entwicklungen des vergangenen Jahres.

2. Die JUVE-Top-50-Kanzleien in Deutschland: Ranking und Bewertungen.

3. Regionen: Hier geht es um Kanzleien und Anwälte, die in ihrer Region besonders anerkannt sind und insbesondere mittelständische Unternehmen aller Größen und Branchen bei ihren Entscheidungen beraten. Die Darstellung der Top-50-Kanzleien sowie internationaler Kanzleien mit einem Standort in der jeweiligen Region beschränkt sich auf Verweise auf die Fachkapitel, in denen sie gerankt sind. Ihre Organisation ist meist eher an Praxisgruppen als an Standorten orientiert, ihre Ausrichtung weniger regional. Entsprechend finden sich genauere Informationen zu diesen Kanzleien in den Fachgebietskapiteln.

4. Rechtsgebiete: Hier geht es um Kanzleien und Anwälte, die überregional einen besonderen Ruf und große Bekanntheit im jeweiligen Fachgebiet oder Beratungsbereich genießen.

Aufbau der Regional- und Rechtsgebietsinformationen

Marktentwicklung

Zusammenfassung und Analyse der wesentlichen Trends der Region oder des Rechtsbereichs. Erörtert werden sowohl gesamtwirtschaftliche und rechtliche Tendenzen des jeweiligen Bereichs als auch die wesentlichen Entwicklungen des entsprechenden Kanzleimarktes.

Die Rubriken der Kanzleibesprechungen

▮ ***Bewertung:*** Ordnet den Ruf und die aktuelle Entwicklung einer Kanzlei oder Praxis in das Marktumfeld ein. Hier werden außerdem typische Merkmale der Praxis sowie ihr Potenzial und ihre Herausforderungen beschrieben.

▮ ***Stärken:*** Besonderheiten der Praxis auf einen Blick.

▮ ***Oft empfohlen:*** Berufsträger, die von Mandanten und Wettbewerbern in einem bestimmten Rechtsbereich bzw. einer Region besonders hervorgehoben werden.

▮ ***Team:*** Anzahl und Status der Beratenden in der jeweiligen Region oder im Rechtsgebiet. Die Zahlen beruhen auf Angaben der Kanzleien und erfassen in den Rechtsgebietskapiteln Personen, die mindestens die Hälfte ihrer Zeit im jeweiligen Gebiet beraten.

▮ ***Partnerwechsel:*** Für das jeweilige Kapitel relevante Zu- und Abgänge in der Partnerschaft.

▮ ***Schwerpunkte:*** Wesentliche Tätigkeiten und Erfahrungen der Kanzlei.

▮ ***Mandate:*** Kurzdarstellung von Referenzmandaten, die die Kanzleien der JUVE-Redaktion unter Nennung des Mandanten oder in umschriebener Form mitgeteilt haben. Zudem recherchiert die JUVE-Redaktion eigenständig Mandate und wertet öffentliche Quellen aus. Blieben

alle Recherchemöglichkeiten ergebnislos, ist dies mit ‚Keine Nennungen' vermerkt.

Die JUVE Kanzleirankings/-tabellen

Die ‚beste deutsche Wirtschaftskanzlei' gibt es nicht. Anwälte werden als Dienstleister von Mandanten ebenso subjektiv bewertet wie von Fachkollegen und Wettbewerbern – was der eine hervorhebt, findet der andere irrelevant, was der eine besonders positiv beurteilt, ist für den anderen eher ein Kritikpunkt. Die JUVE Kanzleientabellen basieren auf einer Vielzahl solcher Einschätzungen von Mandanten, Anwälten und Akademikern aus dem In- und Ausland und verfolgen nur ein Ziel: Sie versuchen in der Zusammenschau wiederzugeben, wie diese Marktteilnehmer über den Markt sprechen und denken. Sie bezeichnen Kanzleien als ‚führend' oder stufen sie ‚über' anderen ein. Obwohl in aller Regel aufgrund eigener Erfahrung wohl fundiert und begründet, bleiben solche Einschätzungen subjektive Meinungen.

Auch die Übersetzung dieser Fülle von Meinungen in eine Tabelle ist ein subjektiver Prozess, in den die langjährige Erfahrung der Fachredaktion einfließt. Die Einordnung einer Kanzlei in die Tabelle erklärt sich entsprechend nur bei Berücksichtigung der dazugehörigen Kanzleibesprechung. Um die Tabellen optisch noch übersichtlicher zu gestalten, sind die Rankingpositionen mit Sternen verdeutlicht. Grundsätzlich sind die einzelnen Gruppen mit ein bis fünf Sternen ausgezeichnet. Enthält eine Tabelle nur vier Gruppen, entfällt die Kennzeichnung mit einem Stern, sind nur drei Gruppen vorhanden, entfällt zusätzlich die Kennzeichnung mit zwei Sternen.

In den Ranking-Tabellen sind ein oder mehrere Kanzleistandorte aufgeführt, in denen das betreffende Rechtsgebiet einen Schwerpunkt bildet. Damit soll nicht impliziert werden, dass die Kanzlei Beratung in diesem Gebiet an anderen Standorten nicht anbietet.

Besonderheiten beim Nationalen Überblick/ JUVE Top 50 und den Regionen

Beide Teile fassen Rechercheergebnisse aus unterschiedlichen Fachbereichen zusammen, sei es zur bundesweiten Reputation einer Kanzlei, sei es zur Wahrnehmung eines Büros in seinem näheren Umfeld. Die Faktoren, die bei solchen subjektiven Einschätzungen der Gesamtreputation eine Rolle spielen, ändern sich in dem Maße, wie die Anforderungen der Unternehmen an ihre Berater sich wandeln. Seit dem ersten Erscheinen des JUVE Handbuchs sind eine Reihe von Aspekten sowohl für mittelständische Unternehmen als auch für Konzerne wichtiger geworden und bilden daher die ▸*Bewertungsgrundlagen*. Dabei geht es nicht nur um fachliche Kompetenz, sondern auch um weiche Faktoren wie Management und Teamfähigkeit.

Im ‚Nationalen Überblick/JUVE Top 50' finden sich Rubriken, die von den anderen Kapiteln abweichen. Die Rubrik ***Auf den Punkt*** gibt eine schlagwortartige Kurzanalyse der Kanzlei in Deutschland. Unter ***Analyse*** finden Sie eine Bewertung von aktuellen Entwicklungen der Kanzlei, während ***Perspektive*** sich mit der Entwicklung der Marktposition, Potenzialen und Strategien befasst. Unter ***Service*** wiederum finden sich Hinweise, wie Kanzleien ihre Leistung erbringen. Im Fokus stehen dabei unter anderem IT-gestützte Beratungsangebote und Besonderheiten der personellen Ausstattung.

Der kommerzielle Teil des Buchs (gelbe Seiten)

Anzeigenteile

Eine Reihe von Kanzleien hat hier eine Selbstdarstellung ihrer Praxis als Anzeige platziert. Im Gegensatz zu den redaktionellen Beschreibungen sind die Eigenpräsentationen kostenpflichtig. Für ihren Inhalt und die Gestaltung sind die jeweiligen Kanzleien allein verantwortlich. Die Buchung in diesem Teil des Handbuchs erfolgt unabhängig durch die Kanzleien und bildet kein Kriterium für die Darstellung im redaktionellen Teil.

Co-Publishing

In sogenannten Co-Publishing-Beiträgen schreiben Anwälte über aktuelle Entwicklungen in verschiedenen Rechtsgebieten. Für den Inhalt dieser kostenpflichtigen Beiträge und die Angaben zu den Kanzleien und Autoren sind die jeweiligen Kanzleien allein verantwortlich. Eine redaktionelle Bewertung der Beiträge oder Autoren seitens des Verlags erfolgte bei der Auswahl nicht.

JUVE Handbuch
2023|2024

ANWALTSMARKT 2023|24: TRENDS UND ENTWICKLUNGEN

JUVE TOP 50 Wirtschaftskanzleien Deutschland 2023|2024

Im Nationalen Überblick finden Sie Kanzleien, die nach der Recherche der JUVE-Redaktion bundesweit eine besondere Bedeutung und Reputation genießen. Sie bieten typischerweise Beratung und Vertretung in vielen Sparten des Wirtschaftsrechts an. Bitte beachten Sie auch die ▸*Verweise* auf eine detaillierte Besprechung in den Regional- und Rechtsgebietskapiteln im Anschluss.

IM STRUDEL GLOBALER ENTWICKLUNGEN

Die anhaltend unsichere globale Situation, die es (auch) für die Berater immer schwieriger macht, Entwicklungen einzuschätzen und sich darauf vorzubereiten, zeigt im deutschen Markt Wirkung: Gerade im Top-Segment der Kanzleien war es hierzulande äußerst ruhig. Der Bedeutung des Standorts Deutschland tut das jedoch keinen Abbruch – im Gegenteil.

Der Exodus aus Russland ist abgeschlossen. Der langjährige Hoffnungsträger China erweist sich als zunehmend stachelig. Und mit Blick auf Indien keimt Hoffnung, weil sich der Subkontinent im Frühjahr 2023 für ausländische Kanzleien geöffnet hat – ein Schritt, der seit Jahrzehnten ersehnt wurde. Hürden bleiben zwar, doch schlummern in den Schubladen internationaler Kanzleien längst Pläne. Und dann ist da noch die geplante Fusion von Allen & Overy und Shearman & Sterling zu A&O Shearman.

Eines ist klar: Die Musik spielte für die großen internationalen Kanzleien in den vergangenen Monaten nicht unbedingt in Deutschland. Zu komplex und grundlegend sind die globalen politischen und wirtschaftlichen Veränderungen, und damit auch die strategischen Herausforderungen für die Rechtsberater, die ihren vom schwindenden Freihandel betroffenen Mandanten auf dem Fuße folgen wollen. Die offene Frage ist nur: Wohin folgen?

Dass China nicht mehr das Traumland internationaler Wirtschaftskanzleien ist, belegt Dentons. Die globale Kanzlei hat ihren Zusammenschluss mit der chinesischen Kanzlei Dacheng gelöst – zu riskant mit Blick etwa auf die Datensicherheit, die für Mandanten bei der Zusammenarbeit mit Kanzleien immer wichtiger wird. Vor diesem Hintergrund mutet der Schritt von Eversheds Sutherland gewagt an, auch wenn ihre exklusive Kooperationsvereinbarung mit King & Wood Mallesons einen gebotenen Abstand erkennen lässt. Sie soll zu einem regen Austausch von In- und Outbound-Geschäft mit dem Reich der Mitte führen. Bei allen Problemen ist der chinesische Markt für die meisten Mandanten schlicht noch immer zu wichtig, als dass die globalen Kanzleien ihm den Rücken kehren könnten. Mit Blick auf Indien wiederum wurde Dentons ihrem Ruf als globale Netzwerkerin gerecht. Kurz nach der Marktöffnung vollzog sie im Mai als erste internationale Einheit den Zusammenschluss mit einer indischen Kanzlei zu Dentons Link Legal. Ihre Struktur als Schweizer Verein erleichterte den Zugang.

Die Asien-Connection der internationalen Kanzleien fällt im deutschen Markt bislang kaum ins Gewicht. Deutlich größer ist der Einfluss, den die intensivierten Bemühungen insbesondere auch der britischen Kanzleien um den US-Markt haben. Der Grund: Die Protagonisten dieser Entwicklung sind für den deutschen Markt prägender als Dentons und Co, denn sie haben den Aufbau des heutigen deutschen Rechtsmarkts durch Fusionen um die Jahrtausendwende erst geebnet.

Nach Jahren der Dominanz ist ihre Lage in London nach dem Brexit vor allem im Wettbewerb mit den US-Kanzleien nicht schwierig, aber angespannt. In den vergangenen Jahren spürten selbst die Magic-Circle-Kanzleien, also die vier britischen Top-Sozietäten, das beeindruckende Erstarken finanzstarker US-Kanzleien wie Latham & Watkins, Kirkland & Ellis oder Milbank auch in ihrem Heimatmarkt. Letztere übernahm nach deutlichem Wachstum in Deutschland zuletzt das Londoner Büro der erfolgreichen Private-Equity-Boutique Dickson Minto. Mit Cravath Swaine & Moore tritt nun eine weitere Wettbewerberin in London auf den Plan. Die US-Spitzenkanzlei übernahm zwei britische Finanzierungspartner der angeschlagenen Shearman & Sterling-Praxis. Bislang hatte Cravath in London nur zu US-Recht beraten. Das ändert sich nun.

Transatlantiker mit Rückenwind

Für die großen britischen Kanzleien, die bereits viel Zeit und Geld in den Ausbau ihrer Organisationen in Kontinentaleuropa und in Richtung Osten investiert haben, haben die globalen Entwicklungen Konsequenzen: Für sie erweist sich eine nachhaltige Präsenz im US-Markt als entscheidend für ihre Ansprüche, zur globalen Elite zu gehören. Der letzte signifikante Schritt liegt schon 13 Jahre zurück. Seinerzeit fusionierte die britische Kanzlei Lovells mit der US-Einheit Hogan & Hartson zu Hogan Lovells.

Vor allem Allen & Overy und Freshfields Bruckhaus Deringer schicken sich nun an, die ökonomischen Möglichkeiten des US-Marktes konsequenter auszuschöpfen. Freshfields versucht es mit Quereinsteigern. Sie baut ihre US-Praxis seit geraumer Zeit schrittweise auf – aber entschlossen und klar entlang ihrer Schwerpunkte. Mehr als ein Dutzend Quereinsteiger gewann sie in den vergangenen Monaten, darunter echte Schwergewichte. Im US-Markt wird dem inzwischen mehr als 80 Partner zählenden Team allerdings noch keine wirkliche Marktmacht zugesprochen. Das sieht bei Allen & Overy nicht besser aus. Allerdings bringt die angekündigte Fusion mit der US-Einheit Shearman & Sterling der britischen Kanzlei auf einen Schlag eine beachtliche Präsenz in den Staaten. Wie beachtlich, wird sich erst noch zeigen, denn Shearman, die zuvor mit Hogan Lovells verhandelt hatte, war schon vor der Fusion angeschlagen und zweifellos wird nicht die gesamte Mannschaft den Merger mitvollziehen. Unklar ist noch, wie insbesondere Linklaters die transatlantischen Bünde stärkt. Clifford Chance machte zuletzt mit der Eröffnung in Houston/Texas mit Partnern von Jones Day und Kirkland & Ellis von sich reden.

In Kontinentaleuropa stehen aber auch die oft sehr traditionsbewussten, heimischen Kanzleien vor der Aufgabe, die transatlantischen Beziehungen zu stärken. Dabei gerät auch Kanada in den Fokus, denn für viele Mandanten ist der Flächenstaat vor allem wegen des Ressourcenreichtums und der in ESG-Zeiten stabilen und zweifelsfreien politischen Verhältnisse eine wichtige Adresse. Zwar haben die deutschen Spitzenkanzleien inzwischen bewiesen, dass der Verzicht auf eine Fusion bei der Mandatsbearbeitung kein Nachteil sein muss, wenn die Verbindungen zu US-Kanzleien solide sind. Auch für sie sind funktionierende Beziehungen zu unabhängigen US-Kanzleien, bestenfalls zu den New Yorker Top-Tier-Kanzleien wie Cravath und Paul Weiss, allerdings entscheidend dafür, den global agierenden Konkurrenten etwas entgegenzuhalten.

Neuer Markt Kontinentaleuropa

Dies gilt umso mehr, als dass den deutschen Kanzleien in ihrem Heimatmarkt und in Europa weitere finanzstarke Wettbewerberinnen erwachsen.

Der Zuzug amerikanischer Kanzleien nach Brüssel ist ein anhaltendes Phänomen, allerdings eines, das noch vor allem die Brüsseler Marktspitze betrifft, die weiterhin vornehmlich mit Kartellrechtlern vor Ort aktiv ist. Nicht zuletzt US-Kanzleien ohne eine Filiale auf dem Kontinent zieht es in die europäische Hauptstadt, wie zuletzt Davis Polk & Wardwell, die mit einem Kartellrechtler von Allen & Overy eröffnete. Für sie ist Brüssel auch interessant, weil dort zahllose für das M&A-Geschäft relevante Genehmigungsvorgänge zusammenlaufen. Namhafte Mandanten bemängeln inzwischen, dass Kanzleien – sei es in Brüssel, sei es in Deutschland – in Sachen Regulierung zu wenig zu bieten haben. Sie unterschätzten, dass Regulierung und insbesondere die zunehmende Regulierung der EU eines der Schmerzthemen nicht nur deutscher Unternehmen, sondern auch globaler Konzerne ist.

So zwingt etwa auch die Investitionskontrolle inzwischen den Rechtsberatern fast schon eine Präsenz an den europäischen Schaltstellen der Macht auf. Strukturell wählen sie unterschiedliche Wege, das Thema zu besetzen. Teils decken sie es über das Kartellrecht ab, teils über ihre Außenwirtschaftsrechtler, die dadurch auch im Transaktionsgeschäft enorme Bedeutung gewinnen.

Mit einem breiten kontinentaleuropäischen Standortnetz agierende Kanzleien wie White & Case, Linklaters, DLA Piper und Bird & Bird betreiben – ganz unabhängig von ihrer Herkunft – längst ein Beratungsgeschäft, das man durchaus als kontinentaleuropäisch bezeichnen kann. Fast alle Manager dieser Einheiten berichten von mehr Gestaltungsfreiheit und Unabhängigkeit der europäischen Praxis.

Deutschland bleibt wegen seiner Wirtschaftskraft und der weiterhin zahlreichen Übernahmeziele ein zentraler Markt in diesem Gefüge.

Oft fehlt es jedoch an der Zusammenarbeit etwa zwischen den meist zu den personalstarken gehörenden deutschen Standorten und Paris, Mailand, Madrid. Oder es fehlt an einer kontinentaleuropäischen Strategie, nicht zuletzt auch, um der wachsenden Bedeutung dieses Marktes für die Mandanten gerecht zu werden.

Eher schleichend vollzieht sich dabei eine gewisse Machtverschiebung zwischen Deutschland und Großbritannien. Immer häufiger finden sich bei grenzüberschreitenden Deals deutsche Partner in der Verantwortung – eine Aufgabe, die vor dem Brexit eher in London verortet worden wäre. Aber auch Finanzierungs- und Regulierungsteams auf dem Kontinent gewinnen gegenüber den Londoner Anwälten an Einfluss.

Unter sich

Spektakuläre Personalwechsel gab es zuletzt weniger in Kanzleien, dafür aber im Dax. Auffällig: Die Zeiten, als Konzerne ihre neuen Rechtschefs vorwiegend in Großkanzleien suchten, sind vorbei. Das ist ein Symptom für die sich verändernden Aufgaben der General Counsel. Gefragt sind Risikomanager mit Verständnis für Unternehmensstrukturen und Manager, die in der Lage sind, große Abteilungen effizient, global und kostenbewusst zu organisieren. Das prägt auch die Anforderungen an Kanzleien hinsichtlich Kosten und Qualität sowie Kultur, Service und Digitalisierung.

Die wieder wachsende Bedeutung von Unternehmensjuristen zeigt sich auch in Personalentscheidungen abseits der GC-Position. So beriefen BioNTech, Symrise und Kühne + Nagel Juristen in den Vorstand und die MunichRe-Tochter Meag machte ihren Chefjuristen zum ESG-Chefstrategen.

Unternehmen	General Counsel/ Rechtsvorstand	*Kam von*
SAP	**Dr. Gabriel Harnier**	*Bayer*
Bayer	**Dr. Thomas Laubert**	*Daimler Truck*
Daimler Truck	**Dr. Florian Hofer**	*interne Berufung*
Tui	**Florian Lenser**	*interne Berufung*
Evonik	**Christian Schmid**	*interne Berufung*
Deutsche Bank	**Dr. Friederike Rotsch**	*Merck*
Merck	**Dr. Tina Sandmann**	*interne Berufung*
Fresenius (Vorstand)	**Dr. Michael Moser**	*Enerjisa*
Siemens Energy	**Ilkin Karakaya**	*Tetrapak*

Auswahl von JUVE

Kreativ durch Wettbewerb

Je mehr den deutschen Standorten auch der internationalen Kanzleien eine Führungsrolle in Europa beigemessen wird, und vieles deutet darauf hin, dass es so kommt, desto wettbewerbsintensiver wird das Umfeld vor Ort sein. Die internationalen Kanzleien befeuern auch den ohnehin schon harten Kampf um die besten Köpfe weiter. Auch wenn Hengeler Mueller es so nicht verstanden wissen will, ist die Einführung der Salary-Partnerschaft – noch vor wenigen Jahren genauso undenkbar, wie die inzwischen sehr erfolgreiche Verbreiterung des Beratungsangebots – doch auch in diesem Licht zu sehen. Sie verschafft sich so mehr Flexibilität bei ihrer Weiterentwicklung. Ob sie damit auch das Risiko minimiert, junge High-Potentials an von US-Honoraren gestärkte Wettbewerberinnen zu verlieren, ist völlig offen.

Aber auch darüber hinaus ist Kreativität gefragt, denn zwei Herausforderungen teilen alle international ambitionierten Kanzleien: Eine starke Generation von General Counseln (*Unter sich*), die weniger als viele ihrer Vorgänger von einer beruflichen Vergangenheit in Kanzleien geprägt ist, und damit einhergehend tiefgreifende Veränderungen der Erwartungen vieler Mandanten, zu denen auch Investitionen in die Digitalisierung gehören (*Tempo, Tempo, Seite 55*). Dazu kommen auch in Deutschland beständig steigende Personalkosten, die viele Mandanten nur noch in ausgewählten, unternehmensstrategischen oder krisennahen Fällen bereit sind mitzutragen.

All das beeinflusst auch das Geschäft klassisch organisierter Sozietäten, die keine Erfahrung darin haben, ihre Gewinne in die renovierungsbedürftigen Organisationen zu reinvestieren. Vor allem viele Mittelstandskanzleien sind betroffen vom Investitionsstau. Sie müssen teils noch ganz andere Entwicklungen nachvollziehen. Eine verbesserte Mandantenansprache durch Spezialisierungen und deren geschickter Vernetzung gehören zum künftigen Standardrepertoire aller Kanzleien, die in einem digitalisierten Markt noch teilhaben wollen. Dabei sind auch Grundlagenfragen oft noch nicht beantwortet, etwa der Wechsel in die Gewerblichkeit oder die richtige Gesellschaftsform. Wie viel Unsicherheit hier noch immer herrscht, zeigte sich an dem enormen Interesse, auf das die Bremer Kanzlei Loyfort stieß, die sich für eine GmbH & Co. KG entschied. Diese Grundlagen müssen auch die mittelständischen Kanzleien dringend für sich klären, denn mit der Prüfung des deutschen Fremdbesitzverbots durch den Europäischen Gerichtshof, die bald ansteht, könnten sich weitere, völlig neuartige Struktur- und Wettbewerbsfragen stellen. Auch wenn der Londoner Markt zeigt, dass Fremdkapital kein Allheilmittel und nicht jede Innovation ein durchschlagender Erfolg ist – dort scheiterte das Börsenexperiment von DWF inzwischen – wird eine auch nur teilweise Öffnung den Wettbewerb unter den Kanzleien in Deutschland weiter anheizen. Das Erstarken der MDP-Beratungsgesellschaften gibt längst einen Vorgeschmack, in welche Richtung sich Rechtsberatung im Mittelstand entwickeln könnte.

Und es gibt weitere Indizien dafür, dass Wettbewerb und Veränderungsdruck unter den Wirtschaftskanzleien zunehmen: die wachsende Bedeutung des Verbandswesens im deutschen Rechtsmarkt und damit der Versuch, sich den zahlreichen strategischen Herausforderungen gemeinsam zu stellen und zugleich den politischen Einfluss zu intensivieren. Nach der Gründung des Bundesverbands der Wirtschaftskanzleien, dessen Arbeit von allen Marktteilnehmern geschätzt wird und der sich ein hochkarätiges General Counsel-Beratungsboard an die Seite gestellt hat, hat sich auch der Deutsche Anwaltverein mit einem eigenen Angebot positioniert. Das kanzleiseitig hochklassig besetzte Forum Wirtschaftskanzleien ist eine kleine Revolution. Erstmals seit seiner Gründung erlaubt der DAV die Mitgliedschaft von Kanzleien, wo zuvor nur Anwälte Mitglied sein durften. Der erste Schritt zur öffentlichen Anerkennung, dass auch Kanzleien Wirtschaftsunternehmen sind, deutet sich an. ■

TEMPO, TEMPO

LEGAL OPERATIONS

ChatGPT hat auch den Legal-Tech-Markt auf den Kopf gestellt. Kanzleien stecken enorm viele Ressourcen in Kooperationen oder die Entwicklung eigener Tools. Doch auch ohne KI-Hype hat die Digitalisierung in Wirtschaftskanzleien jeglicher Couleur Fahrt aufgenommen. Das wird auch Zeit. Denn Mandanten werden langsam ungeduldig.

Wenn der Legal-Tech-Markt zuletzt nach einigen eher ruhigen Jahren auf der Beschleunigungsspur fuhr, hat er nun zum Überholen angesetzt. Maßgeblichen Einfluss auf das neue Tempo hatte natürlich auch in der Rechtsbranche der Launch des KI-basierten Sprachmodells ChatGPT. Schnell folgte mit dem KI-Tool Harvey eine Version, die im Kern ebenfalls auf GPT-4 beruht, aber speziell für die Anforderungen juristischer Beratung trainiert wurde. Mit Allen & Overy sicherte sich eine internationale Top-Kanzlei als erste eine Kooperation mit Harvey, um die KI in ihr Beratungsangebot zu integrieren. Nur kurze Zeit später gab auch PricewaterhouseCoopers Legal eine Zusammenarbeit bekannt, allerdings mit dem Primärziel, Harvey an Inhouse-Abteilungen zu vermarkten. Mittlerweile haben etliche Kanzleien, darunter Freshfields Bruckhaus Deringer, Dentons, Osborne Clarke und sogar Hengeler Mueller enorme Ressourcen und Geld in die Anwendung oder Implementierung von KI-basierten Tools in ihre Kanzleiabläufe gesteckt.

Das Tempo, das Kanzleien beim Thema KI vorlegen, zeigt die Notwendigkeit, mitzuhalten. Als vor knapp zehn Jahren die ersten Legal-Tech-Tools auf den Markt kamen, ließen sich die Sozietäten sehr viel Zeit, um Anwendungen etwa im Bereich von Due Diligence zu testen. Weniger als acht Monate hat es nach dem Launch von ChatGPT gedauert, bis viele von ihnen bereits eigene Anwendungen am Start hatten. Letztlich bleibt ihnen auch nichts anderes übrig. Denn Mandanten fordern den Einsatz digitaler Hilfsmittel immer stärker aktiv ein. „Bei unserer letzten Ausschreibung war es enttäuschend, wie viele Kanzleien noch nicht verstanden haben, dass wir als Mandanten erwarten, dass sie Legal Tech zur Kostenreduzierung einsetzen oder einfache Arbeiten in ‚Low Cost Centern' erledigen lassen", sagt der General Counsel eines globalen Investmentmanagers. „Wer hier als Wirtschaftskanzlei keine Strategie entwickelt hat, riskiert aus dem Markt zu fallen. Wir mandatieren keine Kanzlei mehr ohne Legal-Tech-Strategie." Zugleich sind viele Rechtsabteilungen wie Mercedes, Bayer, Grünenthal oder E.on längst selbst damit befasst, ihre Prozesse und Strukturen zu digitalisieren. Was einerseits die Abteilung selbst entlastet, andererseits aber auch für Kanzleien weniger Arbeit bedeuten kann, weil sie für bestimmte Standardaufgaben einfach nicht mehr gebraucht werden.

Wenn auch nicht bei allen, so doch bei einigen scheinen die Signale aus den Rechtsabteilungen angekommen zu sein. Denn sowohl die Zahl der Kanzleien, die sich mit dem Thema befassen, als auch die Anwendungsbereiche und Rechtsgebiete, in denen sie Tools einsetzen, haben nennenswert zugelegt (▶*Ohne Legal Tech geht es nicht, Seite 56*). Das scheint nur logisch, wenn man sich beispielsweise das Engagement der mittelstandsorientierten Kanzleien anschaut. Lange waren Legal Tech und auch Legal Operations ein reines Großkanzleithema. Inzwischen haben Akteure wie SKW Schwarz, GvW Graf von Westphalen oder Luther deutlich investiert, eigene Einheiten und Teams gegründet und Berufsbilder diversifiziert. Raue hat das Thema KI im Kanzleimanagement verankert und eine neue Position im Leitungsgremium der Kanzlei geschaffen. Andere Mittelständler haben sich zusammengetan. Ebner Stolz Mönning Bachem, Lutz Abel, Menold Bezler und Thümmel Schütze & Partner kollaborieren seit Anfang 2023 als strategische Partner im sogenannten Legal Automation & Innovation Network. Dabei arbeiten sie zudem mit dem Technologieentwickler OMM Solutions zusammen und beziehen in die Produktentwicklung auch ihre Mandanten aktiv ein.

Daten, Daten und nochmal Daten

Ein entscheidender Faktor bei Strategie und Investment in KI-Tools sowie Legal Tech im Allgemeinen ist neben Größe und Geschäftsmodell vor allem die Datenlage. Aufgrund der strengen Datenschutzbestimmungen innerhalb der EU stellt

Ohne Legal Tech geht es nicht.

Im vergangenen Jahr ist der Einsatz von Legal-Tech-Tools in Mandaten, insbesondere in rechercheintensiven Rechtsgebieten wie Compliance und Litigation, noch einmal intensiver geworden. Schon in den Jahren zuvor zeichnete sich eine solche Entwicklung ab, insbesondere zwischen 2021 und 2022 entdeckten viele Kanzleien IT-Unterstützung für sich. Mandatsbearbeitung rein per Anwalt gehört eigentlich bereits der Vergangenheit an.

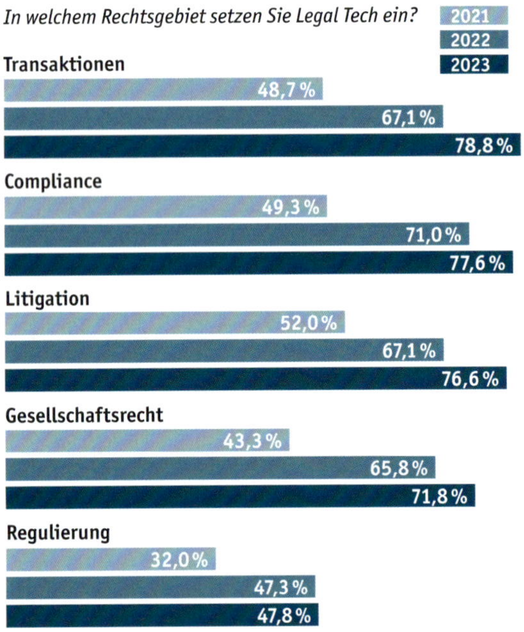

Mehrfachnennungen waren möglich. Quelle: JUVE Recherche

der Einzug der KI in Anwaltssozietäten diese auch vor datenschutzrechtliche Herausforderungen. Denn Kanzleien können ihnen für den Zweck der Mandatsbearbeitung überlassene Daten nur unter strenger Einhaltung der gesetzlichen Vorschriften zum Trainieren von KI-Tools nutzen.

Kanzleien mit umfangreichen Mandaten sind dann aber klar im Vorteil. Freshfields kann durch ihre Erfahrungen aus dem Dieselskandal bei der Prozessautomation aus dem Vollen schöpfen, auch CMS Hasche Sigle hat bereits Erfahrungen mit Massenverfahren gemacht – und entsprechende Daten gesammelt. Kanzleien wie Hogan Lovells, die vor allem bei Compliance-Untersuchungen massiv in Technik investiert haben, haben ihre Marktposition durch den Gewinn entsprechender Mandate in den vergangenen drei Jahren spürbar ausgebaut. Sie alle flankieren ihr Angebot zudem mit Service-Einheiten, die die datenintensive Arbeit kostengünstiger und effizienter abwickeln.

Mittelständische Einheiten aber auch die Big-Four-Kanzleien sind Full-Service-Großkanzleien in diesem Punkt klar unterlegen. Warum? Sie kommen an derart umfangreiche Mandate und damit verbundene Datenschätze viel seltener, wenn überhaupt, heran. Und die Big-Four-Rechtsberatungsarme werden weiterhin primär als Anhängsel von Prüfung und Steuern betrachtet und haben entsprechend wenig Ressourcen ins Wissensmanagement gesteckt. Entsprechend gibt es nicht genug Futter, um Anwendungen wie ChatGPT für die Mandatsarbeit zu füttern. Zum Vergleich: Clifford Chance beschäftigt bereits seit etwa 20 Jahren bis zu fünf Mitarbeitende in Vollzeit im Wissensmanagement. Der Datenansatz erklärt auch, warum PwC Legal mit Harvey etwas andere Ziele verfolgt als Allen & Overy. Es geht nicht darum, Daten in die PwC-Organisation einzuschleusen, sondern anhand vom Mandanten zur Verfügung gestellter Daten ein Beratungsprodukt zu entwickeln, beispielweise zur Vertragsanalyse. Außerdem will PwC Rechtsabteilungen bei der weiteren Optimierung ihrer internen Prozesse unterstützen. Neben Harvey kooperiert die Big Four auch auf globaler Ebene mit Microsoft, einem der größten Geldgeber der Harvey-Erfinder.

Teamwork

Beim Einsatz von Legal Tech und KI ist im ersten Schritt weniger entscheidend, ob eine Anwendung aus der eigenen Ideenschmiede kommt oder die Weiterentwicklung eines gekauften Fertigproduktes ist. Denn die Geschäftsmodelle und Personalstrukturen der Kanzleien werden durch die schnellen Fortschritte der Digitalisierung sehr bald neu gedacht werden müssen. Der wohl gravierendste Einschnitt ist die Übernahme von Aufgaben durch die KI, die bisher von Junior-Associates erledigt wurden. Viele Konzerne weigern sich schon lange, die Ausbildung von Berufsanfängern an ihren Mandaten mitzufinanzieren. Wenn diese Arbeit künftig auch noch von einem Sprachroboter erledigt wird, entfällt jegliche Vergütungsgrundlage. Künftig wird es also noch schwieriger für Kanzleien, die Ausbildungskosten für junge Anwälte über den Stundensatz auf Mandanten zu verlagern.

Perspektivisch wird es möglich sein, die Arbeitsergebnisse der Tools nur noch auf Plausibilität zu prüfen. Dafür braucht es aber keinen ausgebildeten Junganwalt und je nach Fortschritt womöglich nicht mal einen wissenschaftlichen Mitarbeiter. Soll heißen, die Jobprofile in Kanzleien werden sich rasant diversifizieren. In vielen Einheiten ist dieser Transformationsprozess sogar schon in vollem Gang. Viele Kanzleien haben ihre Strategien bereits entsprechend ausgerichtet. „Ein wesentlicher Punkt dabei ist, dass auch Anwälte lernen müssen, ihr Allwissenheitsmonopol aufzugeben“, sagt der Partner einer internationalen Top-Kanzlei, der die Strategie seines Hauses wesentlich mitgestaltet. Das heißt auch, andere Spezialisten in die Mandate einzubeziehen: Dazu zählen Ingenieure, Softwareentwickler oder Mathematiker, die an der Entwicklung neuer Legal-Tech-Tools mitarbeiten. Und auch Wirtschaftsjuristen ohne klassische Staatsexamenslaufbahn sind in den vergangenen fünf Jahren gesuchter denn je. Sie spielen insbesondere in umfangreichen Projekten und Klageverfahren eine zunehmend wichtige Rolle als Projektmanager. Inzwischen arbeiten sie bei nahezu allen großen Kanzleien. Neben Baker McKenzie, Hogan Lovells oder Allen & Overy beschäftigen auch die deutschen Kanzleien wie Noerr oder Gleiss Lutz zunehmend Wirtschaftsjuristen mit verschiedenen Schwerpunkten.

Dass Anwälte vor lauter Legal Tech in den kommenden Jahren nicht mehr gebraucht werden, glaubt auf der anderen Seite auch niemand so wirklich. Kanzleien stehen also vor der Herausforderung, genau zu analysieren, welche Art von Anwälten oder Juristen sie für ihr Geschäft benötigen. Und eben auch, welche anderen Qualifikationen für das künftige Geschäftsmodell, das aller Wahrscheinlichkeit nach nicht mehr nur aus Rechtsberatung bestehen wird, benötigt werden. Eine der größten Aufgaben wird die Ausbildung von juristischen Berufsanfängern sein. Denn die fallen auch künftig nicht vom Himmel. Und sie müssen weiterhin in den Job eingeführt werden, obwohl immer mehr geeignete Ausbildungsaufgaben in Mandaten künftig von Tools erledigt werden. ■

REGIONAL, ABER NICHT PROVINZIELL

Kanzleien, die sich mit ihrem Beratungsangebot primär an mittelständische Mandanten ihrer näheren oder weiteren Region wenden, sehen sich oft ganz anderen Bedürfnissen gegenüber, als die Berater internationaler Konzerne. Dieser Differenzierung der Märkte folgt die neue Struktur der JUVE Regionen (*ab Seite 44***), die den Fokus stärker auf mittelständisch orientierte Berater richtet.**

Der Anwaltsmarkt in Deutschland differenziert sich schon seit Jahren immer stärker aus. Die Entwicklung wird von den Kanzleien selbst ebenso vorangetrieben wie von ihren Mandanten. Zu unterschiedlich sind oft die Lebenswirklichkeiten von internationalen Großkonzernen und dem deutschen – oft nicht minder internationalen – Mittelstand. Es entstehen zwar keine komplett abgeschotteten Beratermärkte, aber doch unterschiedliche Biotope.

Dem tragen wir mit einem neuen Zuschnitt der Regionalkapitel Rechnung. Zahlreiche internationale Kanzleien, also Kanzleien, deren Anwälte mehrheitlich nicht in Deutschland ansässig sind, und einige bundesweit etablierte mittelständisch orientierte Einheiten wickeln in ihren Büros in Großstädten wie Frankfurt, Berlin und Hamburg eher grenzüberschreitende oder personalintensive Konzern-Mandate ab. Obwohl sie sich meist nicht vollständig von der Mittelstandsberatung verabschiedet haben, teils diese sogar in erheblichem Umfang pflegen, spielen Standortorientierung, regionale Verwurzelung sowie der Kontakt zu lokalen Behörden meist eine untergeordnete Rolle.

Abseits davon gedeiht eine nicht minder professionelle Szene mit Kanzleien, deren Strategie und Aufstellung weniger auf die internationale Top-Beratung ausgerichtet ist, sondern sich primär an Bedürfnissen, Ansprüchen und finanzieller Leistungsbereitschaft einer mittelständischen Mandantschaft orientiert. Das sind Kanzleien, die ihren Tätigkeitsmittelpunkt meist in der erweiterten Region haben, und – falls sie mehrere Standorte unterhalten – weniger stark auf das interne bundesweite Netzwerk setzen.

Kanzleien, die als mittelstandsorientierte Einheiten eine ausgeprägte bundesweite Präsenz aufweisen, die auch auf der Kooperation über verschiedene Standorte hinweg basiert, sind seit jeher Teil der JUVE Top 50. Dazu gehören beispielsweise Luther, GvW Graf von Westphalen oder Heuking Kühn Lüer Wojtek. Sie stehen zwar nach wie vor mit einem Bein in der regional geprägten Beratung, verstehen sich aber als bundesweite Einheit mit entsprechender Zielgruppe.

Mittelstand im Blick

Die in den Regionen vorgestellten Kanzleien eint eine tiefe Verwurzelung in der regionalen Wirtschaft, gepaart mit einem inhaltlich in der Regel sehr diversen Angebot. Ihr Selbstverständnis ist eher regional geprägt als dadurch, dass sie insgesamt eine bundesweite Marktgeltung anstreben. Letzteres schließt natürlich nicht aus, dass einzelne Praxen diesen Status erreichen.

Orientiert an ihrer mittelständisch geprägten Mandantschaft bieten diese Kanzleien eine breite Palette von Spezialisierungen. Dazu gehört zuvorderst das Gesellschaftsrecht als Basis aller unternehmerischer Tätigkeit. Aber auch andere zentrale Gebiete wie die Prozessführung, das Arbeits- oder das Steuerrecht werden gepflegt. Zudem sind sie kompetenter Ansprechpartner, wenn es darum geht, bei regionalen Behörden oder Gerichten Zugang zu finden.

Im Übrigen unterscheiden sie sich von den bundesweit engagierten Kanzleien vor allem in Nuancen. So ist etwa die Mandatspflege oft deutlich partnerzentrierter und vor allem sehr langfristig angelegt. Neben die Projektarbeit tritt regelmäßig die Dauerberatung im Alltagsgeschäft, sei es die Vertragsgestaltung, sei das Corporate Housekeepig. Auch die Beratung der öffentlichen Hand in der Region gehört regelmäßig zu ihrem Angebot, sei es im Verwaltungsrecht, sei es bei privatwirtschaftlichem Handeln der öffentlichen Hand.

Mit den Mandanten wachsen

Langfristig angelegte Beziehungen bedeuten jedoch keinesfalls Stillstand. Vielmehr zeichnen sich die regionalen Kanzleien – wie auch ihrer bundesweit und global ambitionierten

Wettbewerberinnen – dadurch aus, dass sie aktuelle Entwicklungen mit ihren Mandanten mitvollziehen. Der Unterschied: Sie haben die speziellen Bedürfnisse von KMU stärker im Blick als die Ansprüche und finanziellen Möglichkeiten der Konzerne.

Die derzeit vielleicht auffälligste Entwicklung: Die Compliance-Beratung. Standen hier lange Konzerne und hoch regulierte Branchen im Fokus, so führen neue Regeln für Lieferketten und Geldwäsche jetzt zu erhöhter Sensibilität auch in mittelständischen Unternehmen. Mittelständisch orientierte Kanzleien müssen dem folgen, und zwar nicht nur diejenigen, die von diversen Standorten aus bundesweit agieren. Ein Beispiel dafür ist Esche Schümann Commichau in Hamburg, aber auch Kanzleien in mittelstandsstarken Regionen wie Baden-Württemberg machen sich beim Thema fit, um sich als Risikoberater des Mittelstands durchzusetzen. Was sie dabei auszeichnet, ist ein hohes Verständnis für die kulturellen und finanziellen Vorstellungen mittelständischer Mandanten.

Diese Orientierung am Mittelstand beinhaltet natürlich auch internationale Erfahrung. Dabei setzen die regionalen Mittelstandskanzleien meist auf informelle Netzwerke, die im Lauf vieler Jahre entstanden sind und sich bewährt haben.

Das Mandantenportfolio der regionalen Kanzleien wird – wenig überraschend – durch ihr Umfeld geprägt. Das bedeutet, dass sie meist nicht gänzlich auf den Mittelstand ausgerichtet sind. So beraten sie in Berlin oder München auch Start-ups, die (noch) nicht zum deutschen Mittelstand zählen, in Hamburg die per se internationale Logistikbranche oder in Frankfurt Finanzinstitute. Diese regionalen Besonderheiten ergänzen jedoch in der Regel die mittelständische Beratung und ändern an der grundsätzlichen Prägung nichts. Außerdem greifen ebenso Konzerne auf die Mittelstandsberater zurück, etwa, wenn es um regionale Prozessführung geht oder auch in der Beratung des operativen Geschäfts.

Da die Beratung eines (mittelständischen) Mandanten, insbesondere mit mehreren Standorten, in der Regel nicht an der Stadtgrenze endet, haben wir uns dazu entschieden, die Regionalabschnitte im JUVE Handbuch neu zuzuschneiden. Der Fokus liegt nun stärker auf ganzen Regionen, deren Teil auch die jeweiligen Großstädte bilden. Nominal haben wir die Zahl der Kapitel von 19 auf 7 reduziert. Inhaltlich bilden wir die Besprechungen mittelständisch orientierter Kanzleien in gewohnter Tiefe ab.

Sonderfall MDP

Umfassende Mittelstandsbetreuung ist auch das Kerngeschäft vieler MDPs, einschließlich der Rechtsberatungsarme der sogenannten Big Four und ihrer Verfolger. Nur im Mittelstand können und dürfen sie ihre Kompetenzen aus allen drei Disziplinen – Wirtschaftsprüfung, Steuer- und Rechtsberatung – einbringen.

Da gerade die großen Gesellschaften international meist nicht integriert sind, sondern als deutsche Gesellschaft agieren, bilden sie eine Ausnahme von der Regel, dass Kanzleien, die mehr Berufsträger im Aus- als im Inland haben, nicht mehr in den Regionalabschnitten besprochen und gerankt werden.

Wir sind uns bewusst, dass es eine Vielzahl von Wirtschaftskanzleien gibt, die nach Struktur und Ausrichtung weder klar regional orientiert noch eindeutig bundesweit präsent sind. Wir haben uns daher, um Ihnen eine schlüssige und nachvollziehbare Darstellung zu bieten, entschlossen, die Abgrenzung nach formalen Aspekten vorzunehmen: Wer in den JUVE Top 50 seinen Platz hat und damit bundesweite Geltung oder bei wem die deutsche Anwaltschaft die Minderheit in der Gesamtkanzlei stellt, wird in den Rechtsgebietsabschnitten vorgestellt und gerankt. Kanzleien, die nach diesen Kriterien und aufgrund ihrer Aufstellung in den Regionen gerankt sind, werden selbstverständlich auch weiterhin in den Rechtsgebieten berücksichtigt, wenn sie eine entsprechende Marktgeltung haben. ■

JUVE AWARDS 2023

DIE KANZLEIEN UND INHOUSE-TEAMS DES JAHRES 2023

Die JUVE-Redaktion zeichnet mit den JUVE Awards besonders erfolgreiche Kanzleien sowie Rechtsabteilungen und IP-Teams aus. Die Leitfrage ist dabei, wer mit seiner Arbeit und Marktpositionierung im letzten Jahr als **besonders aktiv und dynamisch** aufgefallen ist. Infrage kommen sowohl junge Einheiten als auch etablierte Akteure.

Die drei wichtigsten Auszeichnungen **Kanzlei des Jahres**, **Kanzlei des Jahres für den Mittelstand** sowie der **Gründerzeit-Award** prämieren alljährlich eine besonders **gelungene strukturelle Ausrichtung oder Kanzleistrategie**, die das Ergebnis bewusster Entscheidungen und Anstrengungen seitens der Partnerschaft ist.

Strategisches Bewusstsein ist es auch, das dynamische Inhouse-Teams auszeichnet. Neben der formaljuristischen Beratung geht es vor allem um einen eigenen, **wesentlichen Beitrag zum unternehmerischen Erfolg** des jeweiligen Unternehmens. In den Kategorien **Inhouse-Team des Jahres**, **Inhouse-Team des Jahres für IP** sowie **für M&A** zeichnet die Redaktion deshalb auch drei Rechtsabteilungen für die Arbeit des vergangenen Jahres aus.

Auf den Seiten 64 und 65 finden Sie die Übersicht mit allen in den einzelnen Regionen und Rechtsgebieten ausgezeichneten Kanzleien und Inhouse-Teams.

juveawards.juve-veranstaltungen.de

KANZLEI DES JAHRES

YPOG

Keine Kanzlei erhält gleichzeitig so viele Mandantenempfehlungen und so hohen Zuspruch von Wettbewerbern. Ypog gilt als Vorbild für modernes, technologieoffenes Kanzleimanagement; alles, was die Kanzlei anfasst, scheint zu Gold zu werden.

Ihre marktführende Praxis für Fondsstrukturierung hat sich brillant entwickelt. Denn für die Kanzlei sind Investitionen in IT-Lösungen eine Selbstverständlichkeit. Ypog hat neue Technologien insbesondere dafür genutzt, den Mandantenstamm um Fondsinvestoren und -manager zu erweitern. Zugleich ist das Berliner Venture-Capital-Team eines der stärksten im Markt geworden, indem es sich auf die späteren Finanzierungsrunden konzentriert hat.

Bemerkenswert schnell ist Ypog gewachsen. Doch daran liegt es nicht, dass diese neue Art von Kanzlei ein großer Herausforderer für die deutsche Marktspitze werden könnte. Wirklich markant ist die strategische Ausweitung der Beratungsfelder. Die Kanzlei bewährt sich jetzt sowohl im Gesellschaftsrecht, etwa bei dem komplexen Rechtsformwechsel von N26, als auch in M&A, wo sie Delivery Hero bei großen Deals im Ausland beriet. Mit weiteren Ausbauschritten ins Bankaufsichtsrecht und in IT ähnelt Ypog immer mehr der US-Elite technologieorientierter Deal-Kanzleien.

KANZLEI DES JAHRES FÜR DEN MITTELSTAND

SEITZ WECKBACH FACKLER & PARTNER

Manche Mittelstandskanzleien verpassen den richtigen Zeitpunkt für den Generationswechsel, hier ist er schon erfolgreich im Gange. Jüngere Partner übernehmen in der Augsburger Kanzlei zunehmend die Verantwortung in wichtigen Mandaten.

Gemeinsam mit erfahrenen Kollegen entwickeln sie das Beratungsportfolio kontinuierlich weiter, vor allem in den für den Mittelstand zentralen Bereichen wie Gesellschafts-, Arbeits- und Steuerrecht. Schon jetzt ist die Kanzlei dort stark aufgestellt und agiert für ihre Mandantschaft häufig als Rundumberaterin. Bemerkenswert ist ihr Engagement in der Compliance-Beratung, mit der sie sich von den meisten Wettbewerbern abhebt.

Im Management ist mit **Peter Härtl** und **Michael Tusch** nun die nächste Generation für die Weiterentwicklung der Kanzlei am Ruder. Themen wie Digitalisierung, mobiles Arbeiten und Recruiting gehen sie konsequent an und verschaffen der Kanzlei damit ein neues Profil. Die regelmäßige Verstärkung mit Quereinsteigern aus Großkanzleien zeigt, dass die Augsburger für diese eine echte Karrierealternative sind. Aber auch die eigenen Associates verliert Seitz Weckbach dadurch nicht aus den Augen, sondern ernennt vielmehr regelmäßig neue Partner, zuletzt im Gesellschaftsrecht.

GRÜNDERZEIT-AWARD

LEITFELD

Selten sammelte eine neue Kanzlei so schnell so viel Lob ein wie die Kölner Boutique. Ihr Fokus liegt klar im Energiesektor. Vor allem die perfekte Kombination der Spezialisierungen unterscheidet Leitfeld von anderen Neugründungen in dieser Boom-Branche.

Die Beratungspalette ist groß: Beihilfe-, Vergabe-, Kartell-, Vertrags-, Außenwirtschafts- und das Öffentliche Recht gehören zum Angebot. Doch die insgesamt sechs früheren Freshfields-Anwälte bringen vor allem eine tiefe Kenntnis des Energiemarkts und seiner Regeln mit. Vier Gründer – **Dr. Thilo Richter**, **Dr. Margret Schellberg**, **Dr. Christoph Sieberg** und **Matthias Schleifenbaum** – hatten im Sommer 2021 den ersten Schritt getan. Mit **Dr. Konrad Riemer** und **Dr. Stefan Tüngler** schlossen sich wie geplant Anfang 2022 zwei weitere Partner Leitfeld an.

Die Mandantenliste liest sich wie ein Who's who des Energiesektors. Bekannt ist vor allem die Arbeit für RWE zum Kohleausstieg sowie für die RWE Supply & Trading zu regulatorischen Fragen im Zusammenhang mit der Errichtung von LNG-Terminals in der Ostsee. Langjährige Mandanten sind den Partnern treu geblieben und sagen, dass sich durch die Neugründung die Beziehung verfestigt habe. Aber auch neue Klienten loben einhellig das Know-how.

INHOUSE-TEAM DES JAHRES

BUNDESNETZAGENTUR

Der Angriffskrieg Russlands gegen die Ukraine hat vieles auf den Kopf gestellt – auch die Arbeit der Bundesnetzagentur. Mit der „Sonderstelle Treuhandangelegenheiten" zeigte die Bonner Behörde dann aber, was in ihr steckt.

Über Nacht stellte sie ein Team mit ihren hellsten Köpfen zusammen, das überhaupt nicht behördentypisch agierte, um die Öl- und Gasversorgung des Landes zu sichern. Mit der Sonderstelle war die BNetzA viel operativer und zupackender tätig als in ihrem Alltagsgeschäft. Bei Problemen wurde sie schnell initiativ und setzte Videokonferenzen auf – bei Bedarf auch an Sonn- und Feiertagen, loben beteiligte Kanzleianwälte. In den zahlreichen Calls gewann das Treuhand-Team schnell Respekt. Vor allem der Jurist **Dr. Christian Schütte** und die Ökonomin **Dr. Annegret Groebel** waren in der Lage, viele parallell laufende Themen im Auge zu behalten, ohne den Gesamtüberblick zu verlieren.

Sehr gut sei auch die Zusammenarbeit mit anderen Juristen aus dem Haus sowie die Abstimmung mit EU-Stellen in Brüssel gelaufen, berichten Beteiligte. Parallel zur Stabilisierung von Gazprom, Uniper und Rosneft begleitete die Behörde die erforderliche Gesetzgebung, um der Sonderstelle auch operative Eingriffe zu ermöglichen.

INHOUSE-TEAM DES JAHRES FÜR IP

SIEMENS

Klasse statt Masse lautet die Devise von Siemens. Mit über 1.700 Patenten meldete der Technologiekonzern im Jahr 2022 mehr technische Schutzrechte am Europäischen Patentamt (EPA) an als jedes andere deutsche Unternehmen.

Damit gehört Siemens weltweit zu den Top-Anmeldern am EPA, doch das tut der Genauigkeit, mit der die IP-Abteilung ihre Erfindungen prüft, keinen Abbruch. Seit Jahren investiert das Team gezielt mehr Zeit in den Anmeldeprozess und die Prüfung technischer Schutzrechte. Damit stellt es sicher, dass die Patente trotz immer komplexer werdender Technik eine hohe Qualität bieten – und im Zweifel vor Gericht auch durchsetzbar sind.

Siemens übernimmt aber nicht nur Verantwortung für die eigenen Schutzrechte. Mit der 2022 gegründeten Industry Patent Quality Charter überzeugt der Weltkonzern mehr und mehr Unternehmen, es Siemens gleich zu tun. Gemeinsam fordert man vom EPA mehr Qualität bei der Patenterteilung und macht konkrete Vorschläge, wie diese erreicht werden kann. Dafür erhält Siemens IP-Chef **Beat Weibel** enormen Zuspruch. Patentexperten loben ihn für die „exzellente und wichtige Initiative", der sich in kurzer Zeit zahlreiche Unternehmen aus unterschiedlichsten Branchen und Ländern anschlossen.

INHOUSE-TEAM DES JAHRES FÜR M&A

DELIVERY HERO

Die Rechtsabteilung um Andreas Krause ist in den letzten Jahren rasant gewachsen. Nicht zuletzt deshalb, weil sie einen großen Strom von M&A-Deals bändigen musste. Krause erhält viel Lob für seine „überragende Übersicht und Ruhe in komplexen Strukturen", und ein Anwalt beschreibt sein Team als „die Zukunft von Inhouse-M&A".

Tatsächlich können nur wenige andere Rechtsabteilungen auf eine solche Vielfalt an internationalen Deals verweisen. Höhepunkt im Jahr 2022 war die milliardenschwere Übernahme von Glovo in Spanien. In der Berliner Zentrale herrscht eine vorbildlich kosmopolitische Amosphäre. Die Juristinnen und Juristen stammen aus vielen verschiedenen Ländern und können mühelos grenzüberschreitend agieren. Beachtlich ist zudem ihr Know-how in Bereichen wie Kartellrecht und Post-Merger-Integration.

Die kulturelle Vielfalt geht einher mit der bemerkenswert hohen Anzahl von Anwältinnen im Team. Die mehrfach hervorgehobene **Anna Halmer** leitet die M&A-Praxis, während **Deniz Özkan Ergün** als eine "wichtige Figur in den kommenden Jahren" angesehen wird. Externe Berater beschreiben die Anwältinnen als "extrem unternehmerisch, beide sehr schnell und pragmatisch". Ebenfalls hoch gelobt wird die Kapitalmarktrechtlerin **Julia Schmidtmann**.

SIEGERTEAMS UND NOMINIERTE

Aus fünf Nominierten wählt die JUVE Redaktion das Gewinnerteam, das im Rahmen der Preisverleihung ausgezeichnet wird.

KANZLEIEN

KANZLEI DES JAHRES
Ypog
Blomstein
Dentons
Hengeler Mueller
Latham & Watkins

KANZLEI DES JAHRES FÜR DEN MITTELSTAND
Seitz Weckbach Fackler & Partner
Leo Schmidt-Hollburg Witte & Frank
Möhrle Happ Luther
Neussel KPA
Rittershaus

GRÜNDERZEIT-AWARD
Leitfeld
Franßen & Nusser
Rocan
Rothorn
RSR Rüping Schroeder

KANZLEI DES JAHRES ÖSTERREICH
bpv Hügel
Deloitte Legal – Jank Weiler Operenyi
EY Law – Pelzmann Gall Größ
Pressl Endl Heinrich Bamberger
Wiedenbauer Mutz Winkler & Partner

ARBEITSRECHT
Pusch Wahlig
Arqis
DLA Piper
Görg
Taylor Wessing

BANK- UND FINANZRECHT
Linklaters
Annerton
Milbank
White & Case
Ypog

COMPLIANCE
Hengeler Mueller
AGS Acker Schmalz
Morrison & Foerster
Oppenhoff & Partner
WilmerHale

DISPUTE RESOLUTION
White & Case
Clifford Chance
Eversheds Sutherland
Linklaters
Neuwerk

IMMOBILIEN- UND BAURECHT
GvW Graf von Westphalen
HFK Heiermann Franke Knipp und Partner
Loschelder
Lutz Abel
Neuwerk

IP
Taylor Wessing
Bardehle Pagenberg
DLA Piper
JBB Rechtsanwälte
SKW Schwarz

KARTELLRECHT
CMS Hasche Sigle
Hogan Lovells
Latham & Watkins
Oppenländer
White & Case

M&A
Hengeler Mueller
GvW Graf von Westphalen
Herbert Smith Freehills
Linklaters
Noerr

PRIVATE EQUITY UND VENTURE CAPITAL
Renzenbrink & Partner
EY Law
Görg
Hengeler Mueller
Lutz Abel

REGULIERUNG
Gleiss Lutz
BBG und Partner
Dentons
Osborne Clarke
Sträter

TECHNOLOGIE UND MEDIEN
Hengeler Mueller
Fieldfisher
FPS Fritze Wicke Seelig
GvW Graf von Westphalen
Luther

INHOUSE-TEAMS

INHOUSE-TEAM DES JAHRES
Bundesnetzagentur
E.on
Google Germany
Grünenthal
Vantage Towers

IP
Siemens
Birkenstock
Deutsche Telekom
Hartmann
Huawei

M&A
Delivery Hero
BioNTech
Körber
Lufthansa
Sartorius

WEITERE KANZLEIEN DES JAHRES

Die JUVE Redaktion zeichnet jedes Jahr Wirtschaftskanzleien in einer Reihe von Rechtsgebieten und Regionen mit einem Preis aus. Zusätzlich zu denjenigen Siegerteams, die im Rahmen der Preisverleihung ihren Award verliehen bekommen, werden im JUVE Handbuch 2023/2024 folgende Kanzleien für die starke Entwicklung ihrer Praxis in den betreffenden Kapiteln als ‚Kanzlei des Jahres' ausgezeichnet.

NORDEN	OSTEN	WESTEN
Leo Schmidt-Hollburg Witte & Frank (S. 250)	Ypog (S. 280)	Stein & Partner (S. 293)

MITTE	SÜDWESTEN	SÜDEN
Neussel KPA (S. 322)	Rittershaus (S. 337)	GLNS (S. 363)

AUSSENWIRTSCHAFTSRECHT	ENERGIEWIRTSCHAFTSRECHT	GESELLSCHAFTSRECHT
Noerr (S. 423)	Osborne Clarke (S. 749)	Glade Michel Wirtz (S. 491)

GESUNDHEITSWESEN	INSOLVENZ UND RESTRUKTURIERUNG	MARKEN- UND WETTBEWERBSRECHT
Sträter (S. 775)	Latham & Watkins (S. 540)	SKW Schwarz (S. 632)

NACHFOLGE, VERMÖGEN, STIFTUNGEN	ÖFFENTLICHES WIRTSCHAFTSRECHT	PATENTRECHT
Taylor Wessing (S. 652)	BBG und Partner (S.678)	Bardehle Pagenberg (S. 714)

VERGABERECHT	VERSICHERUNGSRECHT	VERTRIEB, HANDEL UND LOGISTIK
Luther (S. 696)	Clyde & Co (S.844)	Luther (S.856)

WIRTSCHAFTS- UND STEUERSTRAFRECHT
Gazeas Nepomuck (S. 869)

JUVE TOP 50

Wirtschaftskanzleien Deutschland

2023|2024

NATIONALER ÜBERBLICK

Die in diesem Kapitel vorgestellten Kanzleien genießen nach JUVE-Recherchen bundesweit eine besondere Reputation.

Diese ergibt sich aus fachlichen Kompetenzen in für Unternehmen zentralen Bereichen, hohem Qualitätsstandard und der Komplexität der betreuten Mandate. Eine wichtige Rolle spielt außerdem, wie sich die Kanzlei strategisch auf verändernde Marktbedingungen und Ansprüche einstellt. Auch internationale Reichweite und Faktoren wie Serviceorientierung oder Teamfähigkeit gehen in die Bewertung ein.

Näheres zu zentralen Entwicklungen im globalen Kanzleimarkt finden Sie ab S. 51
Näheres zu den Bewertungsgrundlagen finden Sie ab S. 42
Näheres zum Rechercheumfang finden Sie ab S. 37

ADVANT BEITEN

Nationaler Überblick Top 50 ★★

Auf den Punkt: Mit dem Weggang eines Großteils des Münchner Arbeitsrechtsteams verliert die Kanzlei eines ihrer Aushängeschilder. Zugleich bergen die stärkere Konzentration auf Corporate/M&A und ein internationaleres Geschäft Chancen für eine Neuausrichtung.

Empfohlen für: ▷*Arbeit*; ▷*Außenwirtschaft*; ▷*Gesellsch.recht*; ▷*IT u. Datenschutz*; ▷*Kartellrecht*; ▷*Konfliktlösung*; ▷*M&A*; ▷*Marken u. Wettbewerb*; ▷*Medien*; ▷*Nachfolge*; ▷*Presse*; Steuern; ▷*Vergabe*.

Analyse: Das Jahr 2023 markiert einen Umbruch in der Geschichte der etablierten Mittelstandsberaterin. Ein mehr als 20 Köpfe zählendes Team um die renommierten Arbeitsrechtspartner Dt. Wolfgang Lipinski, Dr. Christopher Melms u. Dr. Daniel Hund verlässt AB und schließt sich Seitz an. Dieser Abgang wirkt weit über München hinaus: AB büßt einiges ihrer herausragenden Stärke im Arbeitsrecht ein, denn bislang galt die Münchner Praxis als Aushängeschild. Zwar verfügt die Kanzlei nach wie vor über ein schlagkräftiges und spezialisiertes Arbeitsrechtsteam, so leistete zuletzt der Düsseldorfer Partner Christian Freiherr von Buddenbrock mit einem Sozialpartnermodell für Uniper Pionierarbeit auf dem Feld der betriebl. Altersversorgung. Jedoch gingen sehr umsatzstarke Partner – und dies, nachdem die Ergebnisse bereits im Vorjahr zurückgegangen waren, u.a. durch das Auslaufen der Dieselmassenverfahren und dem Wechsel eines großen Teams zu GvW Graf von Westphalen im Jahr 2021.

Im Bereich Wirtschaftsstrafrecht u. Compliance gelang es AB indes, die Lücke zu schließen, die der Weggang eines Münchner Partners zuvor gerissen hatte. Anfang 2023 holte sie den erfahrenen Dr. Jochen Pörtge, um den herum nun eine Compliance-Praxis entstehen soll. Auch die integrierte IP/IT- u. Medienpraxis profitierte zuletzt vom Zugang einer Inhouse-erfahrenen Partnerin, die den Schwerpunkt in der Gaming-Branche weiter unterstützt. In anderen Teams gelang die Integration von Quereinsteigerinnen weniger gut. So verließ mit der erst 2021 gekommenen Kartellrechtlerin Dr. Andrea Pomana eine der wenigen Eq.-Partnerinnen die Kanzlei nach nur 14 Monaten.

Einen großen Schritt nach vorne machte AB im vergangenen Jahr in puncto Internationalisierung. Insbes. die kartellrechtl. Beratung u. das Transaktionsgeschäft profitieren mittlerweile von der Advant-Allianz. So begleitete ein interdisziplinäres Team den österr. Baustoffhersteller Wienerberger bei einem Zukauf in Frankreich – und konnte dort auf Advant Altana zurückgreifen. Ebenfalls mit dem frz. Allianz-Partner folgte die Beratung des US-Steckverbindungsherstellers Amphenol bei der Übernahme der CMR-Gruppe. Solche Mandate sind ein erster Schritt auf dem Weg, zu einer attraktiven europäischen Anlaufstelle für asiatische u. US-Mandanten zu werden.

Perspektive: Den Umbruch in München sollte die Kanzlei als Chance nutzen, sich entsprechend des ohnehin ausgerufenen Strategiewechsels konsequent neu auszurichten, denn nun stellen nicht mehr die Arbeitsrechtler, sondern die Gesellschaftsrechtler u. Transaktionsanwälte das größte Team. Dass eine solche Aufstellung als Teil einer internat. Allianz Erfolg versprechend ist, zeigte sich bereits im laufenden Jahr. So hat sich das 2022 von Friedrich Graf von Westphalen gekommene Corporate/M&A-Team hervorragend in die Gesamtkanzlei

Nationaler Überblick Top 50

★★★★★

Freshfields Bruckhaus Deringer
Gleiss Lutz
Hengeler Mueller

★★★★

Clifford Chance
CMS Hasche Sigle
Hogan Lovells
Latham & Watkins
Linklaters

★★★★

Allen & Overy
Baker McKenzie
DLA Piper
Noerr
White & Case

★★★

Dentons
Görg
Heuking Kühn Lüer Wojtek
Jones Day
Luther
SZA Schilling Zutt & Anschütz
Taylor Wessing

★★★

Bird & Bird
Flick Gocke Schaumburg
McDermott Will & Emery
Milbank
Norton Rose Fulbright
Poellath

★★

Advant Beiten
Ashurst
Eversheds Sutherland
Gibson Dunn & Crutcher
Greenberg Traurig
GSK Stockmann
GvW Graf von Westphalen
Oppenhoff & Partner
Osborne Clarke
Raue
Redeker Sellner Dahs

★

CBH Rechtsanwälte
Fieldfisher
Friedrich Graf von Westphalen & Partner
Herbert Smith Freehills
K&L Gates
Kapellmann und Partner
Mayer Brown
Oppenländer
Orth Kluth
Rödl & Partner
Skadden Arps Slate Meagher & Flom
SKW Schwarz
Watson Farley & Williams

Die Auswahl von Kanzleien und Personen in Rankings und tabellarischen Übersichten ist das Ergebnis umfangreicher Recherchen der JUVE-Redaktion. Sie ist in 2erlei Hinsicht subjektiv: Die Aussagen der befragten Quellen sind subjektiv u. spiegeln deren Erfahrungen u. Einschätzungen. Die JUVE-Redaktion wiederum analysiert die Rechercheergebnisse unter Einbeziehung ihrer eigenen Marktkenntnis. Der JUVE Verlag beabsichtigt keine allgemeingültige oder objektiv nachprüfbare Bewertung. Es ist möglich, dass eine andere Recherchemethode zu anderen Ergebnissen führt. Innerhalb einzelner Gruppen in Rankings und tabellarischen Übersichten sind Kanzleien und Personen alphabetisch sortiert.

Die Anwaltszahlen stammen von den Kanzleien selbst und beziehen sich auf das letzte abgelaufene Geschäftsjahr. Einige Kanzleien beschäftigen für bestimmte Projekte befristet angestellte Rechtsanwälte. Daraus erklären sich teils deutliche Unterschiede zu Personalzahlen der Vorjahre.

KEIPER KRETH®
DIE KANZLEI-VERSICHERUNGSEXPERTEN
Permanentes Angebotsscreening

integriert. Nicht nur wurde Dr. Barbara Mayer zur Co-Leiterin der Praxis ernannt, auch arbeiten die Freiburger bereits eng mit den internat. Partnerkanzleien, insbes. der ital. Advant-Kanzlei NCTM, zusammen.

Nachdem AB hinter ihr Vorhaben, sich internationaler aufzustellen, ein erstes Häkchen setzen konnte, geht sie nun durch die Konzentration auf Sektoren wie Healthcare oder Energie einen weiteren Schritt in Richtung Modernisierung. Dadurch, aber auch mittels einer stärkeren Einflussnahme der Praxisgruppenleiter will AB Kompetenzen bündeln und das Verweisgeschäft zwischen den Praxisgruppen verbessern. Mit einer einheitlicheren Preisgestaltung und den internen Governance-Strukturen dreht das Management bereits an den nächsten Stellschrauben, um die Traditionskanzlei in eine erfolgreiche Zukunft zu überführen. Diese wird jedoch auch davon abhängen, ob es gelingt, nach dem erneuten Abgang umsatzstarker Teams starke Quereinsteiger zu gewinnen.

In der Nachwuchsförderung schlug AB zuletzt ebenfalls neue Wege ein: Mit der jüngst eingeführten Karrierestufe des Local-Partners eröffnet sie ihren zahlreichen Salary-Partnern eine neue Perspektive. Neben der Anpassung des Ernennungsprozesses ist dies ein weiterer Baustein, den Weg in die Vollpartnerschaft offener und unabhängiger von der Förderung durch einzelne Partner zu machen. Mit der Beförderung von gleich fünf Partnern in die Gesellschafterriege sendete die Kanzlei ebenfalls ein positives Signal.

Mandantenstimmen: „Man fühlt sich in dieser Kanzlei sehr gut betreut." Ob es um die versierte Vertretung vor Gericht, ihre tiefen Branchenkenntnisse oder die Rund-um-die-Uhr-Servicebereitschaft der Anwälte geht, die meisten Mandanten sind Wiederholungstäter. Auch für ihre Preisgestaltung u. insbesondere die Transparenz der Rechnungsstellung erhält die Kanzlei Lob von einzelnen Mandanten.

Service: Den Einsatz von Managed Legal Services weitet die Kanzlei auf immer mehr Rechtsgebiete aus. Auch auf dem Feld technischer Investitionen profitiert die Kanzlei vom Advant-Verbund, innerhalb dessen die Allianzpartner neben den jeweils eigenen Plattformen neue ausprobieren u. Investitionskosten teilen können. Seit 2022 engagiert sich AB zudem als Partner der kanzlei- u. branchenübergreifenden Innovationsplattform Legal Tech Hub Europe.

Anwälte in Deutschland: 243

Standorte: Berlin; Düsseldorf; Frankfurt; Freiburg; Hamburg; München.

Internat. Einbindung: Eigene Büros in Brüssel u. Peking sowie als eine von wenigen Kanzleien nach wie vor in Moskau. 2021 gründete Beiten mit NCTM u. Altana die europ. Advant-Allianz. Diese umfasst derzeit Deutschland, Italien u. Frankreich u. soll in den kommenden Jahren auf weitere Jurisdiktionen, u.a. Spanien u. Benelux, ausgeweitet werden. Exklusives dt. Mitglied im Arbeitsrechtsnetzwerk ELA.

ALLEN & OVERY

Nationaler Überblick Top 50 ★★★★

Auf den Punkt: Die dt. Praxis der international renommierten Kanzlei legt ihren Fokus stärker als zuvor auf vernetztes Arbeiten – fachübergreifend und international. Bei Legal-Tech- und KI-Entwicklungen zählt sie zur Speerspitze.

Fünf-Sterne-Praxis für: ▷*Insolvenz/Restrukturierung*; ▷*Unternehmensbez. Versichererberatung*.

Zudem empfohlen für: ▷*Anleihen*; ▷*Arbeit*; ▷*Bankrecht u. -aufsicht*; ▷*Börseneinführ. u. Kapitalerhöhung*; ▷*Compliance*; ▷*Energie*; ▷*Gesellsch.recht*; ▷*Immo/Bau*; ▷*Kartellrecht*; ▷*Konfliktlösung*; ▷*Kredite u. Akqu.fin.*; ▷*M&A*; ▷*Öffentl. Recht*; Patent; ▷*Private Equ. u. Vent. Capital*; Steuern; ▷*Versicherungsvertragsrecht*.

Analyse: Fortschritte in mehreren Fachbereichen zeigen, dass die Strategie, stärker auf interne Vernetzung und Teamarbeit in Mandaten zu setzen, Wirkung zeigt. Bei Infrastrukturdeals im Zusammenhang mit dem Verkauf von Funktürmen oder der Beratung eines Investorenkonsortiums zu Nordsee-Windparkbeteiligungen zeigt die Transaktionspraxis mit fachübergreifend und international zusammengesetzten Teams die Richtung, in die es gehen soll.

Herausragende Mandate in einigen ihrer Kernpraxen untermauern gleichzeitig das fachliche Niveau, nicht zuletzt im Banken-, Versicherungs- und Finanzierungssektor. Hier sind Teams aus Düsseldorf und Frankfurt regelm. unter den gefragtesten Beratern für Struktur- und Governance-Themen von Banken und Versicherern. Die Beratung der Société Générale zur ersten digitalen Euro-Anleihe der EIB auf Blockchain oder von BMW zu einer milliardenschweren Kredittransaktion sind nur zwei Beispiele. Mit einem externen Zugang besetzte die Kanzlei nun auch die Leitung der Fondspraxis, um hier wieder stärker Flagge zu zeigen.

Die anerkannte Restrukturierungspraxis, die bei der Rettungsaktion für Uniper und der Strukturierung des damit verbundenen €33-Mrd schweren Stabilisierungspakets ihre Erfahrung unter Beweis stellte, wurde mit einem jungen Partner verstärkt, der von Kirkland & Ellis ins Münchner Büro wechselte. Dort gab es auch die in diesem Jahr einzige Partnerernennung, mit der A&O ihren ambitionierten Ausbau der deutschen und europäischen Patentrechtspraxis konsequent fortführt.

Auch die Litigation-Praxis kann ihr Potenzial immer besser ausspielen. Unter anderem wird sie zu den präsentesten Akteuren bei der Aufarbeitung von Cum-Ex- u. Cum-Cum-Fällen gezählt u. vertritt mehrere Banken bei der Abwehr von Forderungen. Zugleich spielt sie an der Seite von EY eine wichtige Rolle im Wirecard-Komplex.

Eine Enttäuschung war nur ein Jahr nach dem vielversprechenden Ausbau der internationalen Kartellrechtspraxis allerdings der Weggang eines Teams, das für die US-Konkurrentin Davis Polk ein Brüsseler Büro eröffnete.

Perspektive: Das ehrgeizige Ziel, die deutschen Fachbereiche mit Blick auf Vernetzung und Qualität so schnell wie möglich an das internationale Kanzleigefüge anzupassen, wird einen langen Atem benötigen. Es ist deshalb umso wichtiger, konsequent zu bleiben, auch wenn sich nach zwei sehr vielversprechenden Jahren die Fortschritte nicht exponentiell weiterentwickeln. Im Gegenteil kann eine Phase des Konsolidierens eine gesunde Basis für die nächsten Schritte sein. In Deutschland muss dies die weitere Stärkung der Kapazitäten im M&A sein, und auch im Bereich der Regulierungsthemen gibt es trotz der unübersehbaren Erfolge etwa im Energiesektor im Vergleich mit Konkurrentinnen wie Clifford Chance oder Linklaters noch Lücken.

Gerade auch mit Blick auf die kanzleiweiten Entwicklungen wird die deutsche Praxis ihre Ziele entschlossen weiterverfolgen müssen, um ihren Status zu halten: Die Art und Weise, mit der sich die Kanzlei im Bereich KI Anfang 2023 um eine Nasenlänge vor die engsten Konkurrenten setzte, war äußerst bemerkenswert. Die exklusive, vornehmlich aus dem Londoner Büro gesteuerte Kooperation mit der Harvey-KI wird auch hierzulande die Arbeit der Kanzlei verändern. Die renommierte Arbeitsrechtspraxis nutzte die sich bietenden Chancen bereits und fand im Zusammenhang mit Vertragsprüfungen sehr schnell konkrete Anwendungen.

Kurzfristig noch größere Herausforderungen bringt die Entscheidung mit sich, drei Jahre nach dem Abbruch von Verhandlungen mit O'Melveny & Myers noch einmal die Fusion mit einer US-Kanzlei anzugehen. Noch stehen die Abstimmungen in der Partnerschaft über ein Zusammengehen mit Shearman & Sterling aus. Durch eine noch stärkere Präsenz auf dem US-Markt werden sich jedoch Chancen ergeben, die es dann auch aufzugreifen gilt. Sich dafür bereit zu machen, wird vom Management um Dr. Wolf Bussian und den Partnern viel Engagement und strategische Einigkeit erfordern. Letzteres zählte allerdings lange nicht zu den Dingen, mit denen die Kanzlei sich besonders auszeichnete. Insofern werden die Investitionen in Wachstum und in eine Kultur für mehr vernetztes Arbeiten einer ersten Prüfung unterzogen. Gleichzeitig darf die Kanzlei bei der Förderung der nachwachsenden Anwaltsgeneration nicht nachlassen. Dass es 2023 nur für eine einzige Partnerernennung reichte, ist nicht unbemerkt geblieben.

Mandantenstimmen: Mandanten loben regelmäßig sowohl die fachliche Kompetenz als auch das Handling von Mandaten. Äußerungen wie „vertrauensvolle Zusammenarbeit", „hoch professionell", „hält die Fäden zusammen" und „sehr gute Balance zwischen Pragmatismus und Rechtssicherheit" weisen darauf hin, dass A&O-Partner einen konstruktiven Stil pflegen.

Service: A&O setzt schon lange auf Legal-Tech-Tools und -Produkte. Als eine der führenden Akteurinnen war sie nun auch eine der ersten, die den Einsatz der auf ChatGPT basierenden KI Harvey in ihr Angebot einbaute. Das Frankfurter Technologieteam agiert als Koordinator der europaweiten Legal-Tech-Arbeit neben den etablierten Strukturen in London u. Belfast. Dort werden schon länger Angebote gemeinsam mit Start-ups entwickelt. Hierzulande ist ein Produkt für Banken am Start, mit dem diese laufend aktualisiertes, aufsichtsrechtliches Know-how abonnieren können. Andere Anwendungen sind auf die Steuerung von komplexen Projekten u. Effizienzgewinne ausgerichtet, so etwa in Litigation oder der Immobilienpraxis.

Anwälte in Deutschland: 220

Standorte: Düsseldorf; Frankfurt; Hamburg; München.

Internat. Einbindung: Integrierte Kanzlei, breit aufgestellt in Europa sowie in Nahost, Nordafrika, Asien u. der Pazifikregion, teils mit eigenen Büros, teils in etablierten Verbindungen. Ihre Präsenz in den USA hat sie strategisch ausgebaut und verfügt heute über 80 Partner an sechs Standorten an der US-Westküste: New York und Washington. Ein weiterer Ausbau steht an.

ASHURST

Nationaler Überblick Top 50 ★★

Auf den Punkt: Die starke Fokussierung auf das Bank- u. Finanzrecht, die Prozessführung und die

Die Anwaltszahlen stammen von den Kanzleien selbst und beziehen sich auf das letzte abgelaufene Geschäftsjahr. Einige Kanzleien beschäftigen für bestimmte Projekte befristet angestellte Rechtsanwälte. Daraus erklären sich teils deutliche Unterschiede zu Personalzahlen der Vorjahre.

Arbeit im Infrastrukturbereich hat sich als erfolgreich erwiesen – nicht zuletzt, weil es der Kanzlei gelungen ist, jüngere Anwälte zu gewinnen.

Empfohlen für: ▷*Anleihen;* ▷*Börseneinführ. u. Kapitalerhöhung;* ▷*Energie;* ▷*Gesellsch.recht;* ▷*Immo/Bau;* ▷*Insolvenz/Restrukturierung;* ▷*Kartellrecht;* ▷*Konfliktlösung;* ▷*Kredite u. Akqu.fin.;* ▷*M&A;* ▷*Private Equ. u. Vent. Capital;* ▷*Verkehr.*

Analyse: Ashurst wird in Deutschland häufig unterschätzt oder gar übersehen. Das hat v.a. mit ihrer Größe zu tun: Insgesamt zählt die Kanzlei in Deutschland noch keine 100 Anwälte, und insbesondere die Corporate-Praxis ist relativ klein. In den vergangenen Jahren hat sich Ashurst jedoch – im Gleichschritt mit der internationalen Entwicklung – als starke Finanz- u. Prozesspraxis mit klarem Infrastrukturfokus in der gesellschaftsrechtlichen Transaktionsarbeit etabliert. Damit ist sie zu einer interessanten Alternative für jüngere Partner geworden, die eine eigene Praxis aufbauen wollen, ohne dass, wie bei manchen Wettbewerbern, das Management allzu stark eingreift.

Bestes Beispiel dafür ist die Litigation-Praxis – den Grundstein legte Ashurst erst vor fünf Jahren. Inzwischen hat sich das Team um Dr. Nicolas Nohlen etabliert, und die Praxis gehört zu den am schnellsten wachsenden im Markt. Während lange die Arbeit für Banken, z.B. für die Commerzbank im Wirecard-Skandal, im Vordergrund stand, hat das Team nun auch für Schiedsverfahren zwei aufstrebende jüngere Partner gewonnen. Ein weiterer Wachstumsbereich ist das Kartellrecht, das durch die enge Zusammenarbeit mit dem Litigation-Team an Profil gewonnen hat.

Ashurst verfügt mittlerweile über eine breite Bankenpraxis, die sich in den Kapitalmarkt- u. Kreditfinanzierungsteams konsequent – u. sehr erfolgreich – auf mittelgroße Transaktionen konzentriert. Im Anleihenbereich findet sich mit Dr. Martin Kaiser ein weiteres Beispiel für einen jüngeren Partner, der bei Ashurst in wenigen Jahren ein lukratives Geschäftsfeld aufgebaut hat. Das Akquisitionsfinanzierungsteam um Anne Grewlich ist derweil zu einer effizienten Maschine geworden, die im Jahr 2022 an mehr als 70 Transaktionen gearbeitet hat.

Die Fokussierung der Corporate-Praxis auf die Infrastrukturarbeit bleibt erfolgreich. Hier ragt die Arbeit für 1&1 heraus, weil sie für eine erhebliche Auslastung der Kanzlei insgesamt sorgte. Auch dieses Mandat kam über einen jüngeren Partner zu Ashurst. Die M&A-Praxis um Dr. Thomas Sacher ist im Automobilsektor hoch angesehen, wenn auch stark auf einen Partner fokussiert, und es gibt Anzeichen dafür, dass sich der Zugang von Ex-Deutsche-Bank-General-Counsel Prof. Dr. Florian Drinhausen auszuzahlen beginnt, nachdem er einige interessante Mandate im Bereich Corporate Governance mitgebracht hat.

Mit Dr. Alexander Duisberg hat die Kanzlei zuletzt einen erfahrenen Experten für digitale und datengetriebene Geschäftsmodelle gewonnen, der gut zur Automobil- und Infrastrukturpraxis passt. Sein Zugang zeigt auch, dass Ashurst bereit ist, ungewöhnliche Wege zu gehen, um ihr Spektrum bei M&A-Deals zu erweitern. Unterm Strich aber ist die Corporate-Praxis nach wie vor zu schmal, um einen prägenden Eindruck zu hinterlassen.

Perspektive: Der Wechsel von Duisberg signalisiert eine Abkehr von der bewährten Strategie der Vorjahre. Diese beruhte darauf, ehrgeizige junge Anwälte von Top-Adressen wie Hengeler zu rekrutieren, die bei Ashurst Partner werden. Der Versuch, in den Bereich Technologietransaktionen mit einem etablierten und erfahrenen Quereinsteiger zu expandieren, ist ein breiterer strategischer Ansatz, der auch von der Fokussierung auf Finance u. Litigation der vergangenen Jahre wegführt. Ashurst hat ihr Vergütungssystem mit einer deutlich größeren Bandbreite an Gewinnbeteiligungen ausgestattet, um mehr Quereinsteiger zu fördern. Angesichts der ermutigenden Entwicklung der dt. Büros könnte der richtige Zeitpunkt für eine aggressivere Wachstumsstrategie in Deutschland nahe sein.

Auch international steht die Kanzlei vor Herausforderungen. Die geplante Fusion von Allen & Overy mit der New Yorker Kanzlei Shearman & Sterling setzt transatlantische Zusammenschlüsse wieder auf der Tagesordnung. Viele Außenstehende hatten in Ashurst eine Hauptkandidatin für einen solchen Schritt gesehen: Sie hat eine fokussierte u. erfolgreich integrierte Praxis in Europa u. Asien aufgebaut. Eine transatlantische Fusion wäre eine attraktive Option, nicht zuletzt für die deutschen Büros,

Die Anwaltszahlen stammen von den Kanzleien selbst und beziehen sich auf das letzte abgelaufene Geschäftsjahr. Einige Kanzleien beschäftigen für bestimmte Projekte befristet angestellte Rechtsanwälte. Daraus erklären sich teils deutliche Unterschiede zu Personalzahlen der Vorjahre.

die stark in der Infrastruktur- u. Kapitalmarktarbeit engagiert sind.

Mandantenstimmen: Partner aus der Bank- und Finanzrechtspraxis werden von Mandanten regelmäßig empfohlen. Vor allem ihre Spezialisierung und ihr Verhandlungsgeschick heben sie hervor. Mandanten betonen auch, dass das Preis-Leistungs-Verhältnis im Vergleich zu einigen anderen Kanzleien vernünftig ist.

Service: Ashurst war über ihre brit. Praxis eine der Vorreiterinnen in Europa bei Projektmanagement u. -analyse, Standardisierung u. Technologieeinsatz. Eine exponierte Rolle spielt insbesondere das Glasgower Büro, wo Ashurst ein Zentrum für Rechtsdienstleistungen aufgebaut hat. Die dt. Transaktions- u. Prozessführungspraxen setzen darüber hinaus marktübliche Legal-Tech-Tools ein.

Anwälte in Deutschland: 97

Standorte: Frankfurt; München.

Internat. Einbindung: Standorte in ganz Westeuropa, gr. Netzwerk an Büros in Asien, Australien u. Nahost. Auch kleinere Büros in Austin, New York u. Washington D.C.

BAKER MCKENZIE

Nationaler Überblick Top 50 ★★★★

Auf den Punkt: Global präsente und eng vernetzte Kanzlei, die ihren selbst verordneten Transaktionsfokus gezielt verfolgt und ihre inhaltlich breite Aufstellung dennoch beibehält. Die deutsche Praxis besetzt innerhalb des europäischen Netzwerks eine Schlüsselposition.

Fünf-Sterne-Praxis für: *▷Außenwirtschaft; ▷Konfliktlösung; ▷Vergabe.*

Zudem empfohlen für: *▷Anleihen; ▷Arbeit; ▷Beihilfe; ▷Compliance; ▷Energie; ▷ESG; ▷Gesellsch.recht; ▷Gesundheit; ▷Immo/Bau; ▷IT u. Datenschutz; ▷Kartellrecht; ▷Kredite u. Akqu.fin.; ▷M&A; ▷Marken u. Wettbewerb; ▷Private Equ. u. Vent. Capital; ▷Telekommunikation;* Steuern; *▷Vertrieb.*

Analyse: Es war einer der größten Deals der Sozietät weltweit: Mit Abschluss des Kaufs von MBCC für Mandantin Sika zeigte BM einmal mehr, dass sie das Potenzial hat, an der Marktspitze mitzumischen. Die dt. Praxis demonstrierte zudem ihre oft unterschätzte Transaktionsstärke mit der Beratung von Private-Equity-Investor Aurelius beim Kauf der außereuropäischen Cateringsparte LSG von Lufthansa. Die Federführung lag hier bei dem im Herbst 2021 von Hengeler gekommenen Dr. Jakub Lorys. Er steuerte Anwälte aus mehr als 30 Baker-Büros, insbes. Teams aus Chicago und Washington. Ihm gelang es darüber hinaus, eine Mandatsbeziehung zu Siemens zu knüpfen. Auch die Gesellschafts- u. Kapitalmarktrechtlerin Dr. Katharina Stüber, die 2022 von Allen & Overy kam, hat sich für BM als echter Gewinn erwiesen: Sie glänzte bei der Beratung von Pfeiffer Vacuum bei der Aushandlung des Beherrschungs- u. Gewinnabführungsvertrages mit Mehrheitsaktionärin Pangea. Mit ihr kamen auch Mandanten wie Evonik Industries u. die KAP AG zu BM, deren HVen sie bereits bei Allen & Overy begleitet hatte. Dass Baker bei der HV-Beratung nun den Fuß in der Tür hat, schafft wg. der Kontakte zur Vorstandsebene immenses Potenzial, auch für das ww. Netzwerk.

Bei allen Bestrebungen, den Transaktionsfokus zu schärfen, hält die Kanzlei gleichzeitig an ihren traditionellen Stärken fest: Ein Mandat, das die Fähigkeit der Kanzlei zeigt, bei Großprojekten mit Technologiewissen u. exzellenter interner Vernetzung zu punkten, ist jenes von Intel beim Bau von zwei Halbleiterwerken. Dabei geht es mit €17 Mrd um die größte Einzelinvestition am Standort Dtl. u. Verhandlungen mit dem Bund über Zuschüsse von mind. €6,8 Mrd. Der hohe Spezialisierungsgrad u. eine bekannte Stärke von BM zeigt sich zudem in dem Sieg, den die Kanzlei für Uniper beim jahrelangen Kraftwerksstreit um Datteln 4 einfahren konnte. Dies unterstreicht das hervorragende Renommee der dt. Konfliktlösungspraxis bei Schiedsverfahren, die auch ein Positivbsp. für personell nachhaltige Aufstellung u. bestens vorbereiteten Generationswechsel ist.

In kurzer Zeit hat sich die Kanzlei auch eine exponierte Position beim Thema ESG erobert. Dabei konzentriert sie sich bewusst auf präventive u. strateg. Beratung insbes. von internat. tätigen Unternehmen. Unter der Führung von Außenwirtschaftsrechtlerin Anahita Thoms steht die Beratung zu Menschenrechten u. Umweltschutz in internat. Lieferketten im Fokus, die sie auch länder- u. fachübergr. koordiniert. Zahlr. Mandanten setzen bei der Prüfung u. Erstellung ww. Compliance-Programme inkl. des LkSG u. den geplanten EU-Vorgaben auf sie. Auch hier überzeugt BM mit tiefem nationalen u. internat. regulatorischem Wissen.

Perspektive: Trotz beeindruckender Erfolge gibt es noch immer Lücken zu füllen, insbes. die Düsseldorfer Private-Equity-Praxis braucht noch Verstärkung. Insges. ist die Transaktionspraxis in Dtl. noch nicht groß genug, um das Potenzial voll auszuschöpfen, das die ww. vernetzte Großkanzlei mit ihren vielen Praxen bietet. Um Transaktionen ranken sich weitere Rechtsgebiete, an denen die Kanzlei feilt. Fortschritte machte sie zuletzt im Bank- u. Finanzrecht, wie sich etwa bei Akquisitionsfinanzierungen zeigte. Hier sowie im transaktionsbezogenen Kartellrecht liegt aber noch weitere Aufbauarbeit vor ihr.

Mit ganzen fünf Partnerernennungen in den Bereichen Konfliktlösung, Corporate, Kartell- sowie Bank- u. Finanzrecht setzt BM ein Signal, denn eine Herausforderung des Managements um den im Sommer 2023 neu gewählten Dr. Alexander Wolff ist es auch, Hoffnungsträger zu halten. In der Vergangenheit verließen immer wieder starke Partner die Kanzlei, Nachhaltigkeit ist jedoch essenziell für die weitere Entwicklung. Die stärkere internat. Integration, für die der langjährige Managing-Partner Dr. Matthias Scholz den Weg ebnete, könnte helfen, denn die grenzüberschreitende Beratung großer Mandanten unter der Federführung dt. Partner wie Dr. Florian Kästles bei Sika u. Lorys bei Aurelius funktioniert immer besser und macht BM attraktiv für ambitionierte Berater. Weggänge wie jener des IT-Rechtlers Dr. Holger Lutz bleiben ärgerlich, doch weiß BM das Beste daraus zu machen. Im Einklang mit der Umsetzung der ww. Strategie achtete sie darauf, den Transaktionsfokus zu unterstützen, u. holte einen transaktionserfahrenen Sal.-Partner von Hengeler, der für IP und IT steht. Zudem eröffnen sich durch die Abgänge langjähriger Prinzipale Partnerchancen für den Nachwuchs.

Mandantenstimmen: Die Kanzlei wird für ihr globales Netzwerk u. ihre personelle Schlagkraft geschätzt. Mandanten loben die Anwälte insbesondere für ihren Pragmatismus, ihr wirtschaftliches Verständnis u. tiefes Wissen in den jeweiligen Industriesektoren sowie ihre Schnelligkeit.

Service: BM gehört zu den Vorreitern bei der Entwicklung besonderer Services. Sie unterhält Servicecenter in Belfast, Manila, Tampa u. Buenos Aires. Unter der Marke ‚Reinvent' engagiert sie sich ww. beim Thema Legal Innovation. Eine Entwicklung ist etwa die Kooperation mit Spark Beyond, die juristisches Wissen u. künstliche Intelligenz mit Blick auf Entscheidungssituationen zusammenbringt. Eine weitere Kooperation besteht seit 2022 mit Optravis: Diese ermöglicht es Unternehmen, alle relevanten SAP- u. Nicht-SAP-Daten zu harmonisieren u. zu bereinigen. BM hat zudem zahlreiche IT-Tools im Einsatz, die in der Abwicklung globaler Projekte, etwa Compliance und M&A, für mehr Effizienz sorgen.

Anwälte in Deutschland: 216

Standorte: Berlin; Düsseldorf; Frankfurt; München.

Internat. Einbindung: Global aufgestellte Kanzlei, die in drei große Einheiten aufgeteilt ist: USA, Europa/Nahost/Afrika inkl. *▷Brüssel* sowie, besonders stark, Asien. Wie viele Wettbewerber schloss sie ihre Büros in Russland. Die Einheiten in Moskau u. St. Petersburg wurden zu unabhängigen Kanzleien.

BIRD & BIRD

Nationaler Überblick Top 50 ★★★

Auf den Punkt: Internationale Kanzlei mit Fokus auf technologiegeprägte Branchen. Ausgehend von der dt. Praxis befindet sich B&B in einer Transformationsphase.

Fünf-Sterne-Praxis für: *▷Marken u. Wettbewerb; ▷Telekommunikation; ▷Vergabe.*

Zudem empfohlen für: *▷Arbeit; ▷Energie; ▷Gesellsch.recht; ▷IT u. Datenschutz; ▷Kartellrecht; ▷Konfliktlösung; ▷M&A;* Patent; *▷Private Equ. u. Vent. Capital; ▷Verkehr; ▷Vertrieb.*

Analyse: Den strategischen Schwerpunkt legt B&B zunehmend auf das international vernetzte Beratungsgeschäft. In zentralen Bereichen wie Arbeitsrecht sowie IT- und Datenrecht kann die Kanzlei dabei bereits beachtliche Erfolge vorweisen. Die werden auch nicht durch den Weggang des angesehenen Partners Dr. Alexander Duisberg gefährdet. Zu gut ist das Angebot, das B&B ihren internat. Mandanten bei Digitalisierungsthemen v.a. auch an vielen regulator. Schnittstellen sowie mit ihren Spitzenpraxen im IP- und Patentrecht machen kann. Als hilfreich für die Vernetzung erweisen sich insbesondere die Branchenspezialisierungen einzelner Partner wie die des Regulierers Sven-Erik Heun u. des M&A-Manns Dr. Peter Leube im TK-Sektor. Aber auch die Automotive-Ausrichtung der Litigation-Praxis um Dr. Philipp Egler ist prägend: Kfz-Zulieferer setzen in Vertragsstreitigkeiten und Produkthaftungsfragen auf sein Team. Auch im Energiesektor stehen Vertragsstreitigkeiten, dort im Anlagenbau, im Fokus der Gruppe, in der wie in den anderen Branchen bei B&B auch das Vergaberecht seinen Platz findet.

Auch die Corporate/M&A-Praxis kann auf Erfolge im Energie- und Verkehrssektor verweisen. Zuletzt brachte die bessere Vernetzung mit anderen Praxisgruppen der Corporate-Praxis bereits komplexeres und internationaleres Dealgeschäft ein. Dass dem relativ kleinen Team trotz einer Fülle an Möglichkeiten aber Grenzen gesetzt sind, sein Geschäft branchenspezifisch zu entwickeln, liegt auch am geringen Interesse der Gesamtkanzlei, daran etwas zu ändern. Mit ihrer großen Soft-IP-Abteilung gehört B&B weiterhin zu den präsentesten internat. Großkanzleien im deutschen Markt. Im Patentrecht zählt sie mit einer personalstarken Praxis und mit Pro-

Die Anwaltszahlen stammen von den Kanzleien selbst und beziehen sich auf das letzte abgelaufene Geschäftsjahr. Einige Kanzleien beschäftigen für bestimmte Projekte befristet angestellte Rechtsanwälte. Daraus erklären sich teils deutliche Unterschiede zu Personalzahlen der Vorjahre.

zessmandaten u.a. von Curevac im Post-Corona-Streit um die Entwicklung der mRNA-Impfstoffe zu den Marktführern. Hier wird auch der Umsatz erwirtschaftet, den in anderen Kanzleien die Corporate-Praxen beitragen.

Perspektive: Das neue Management um Dr. Peter Veranneman sieht Deutschland als kontinentaleuropäische Taktgeberjurisdiktion, deren Praxis unabhängiger vom Londoner Verwaltungssitz strategische Ziele anstoßen soll. London soll in die Entwicklung einer europaweit deutl. vernetzter agierenden Kanzlei eingebunden werden. Für den Bedeutungszuwachs der dt. Praxis steht auch die Einstellung eines Legal-Tech-Managers in Frankfurt.

Vor allem aber an den Partnerernennungen lässt sich das strategische Ziel einer stärkeren Integration ablesen. Im Finanzierungsbereich, der für die internationale Vernetzung wichtig ist, berief die Kanzlei – wie in Commercial auch – das zweite Jahr in Folge einen Partner. Weitere Partner mit internationalen Geschäftsambitionen verstärken Arbeitsrecht und IP, letzteres an der Schnittstelle zur ESG-Werbung.

Die verhältnismäßig kleine u. unauffällige Transaktionspraxis hingegen wuchs zuletzt nicht aus eigener Kraft, sie ist aber ein wichtiges Element, um zentrale Vernetzungsziele in sämtlichen Bereichen zu fördern. Hier wäre wohlüberlegtes Wachstum mit Quereinsteigern ein Mittel. Die Kanzlei weiß aus Erfahrung, wie riskant ein solcher Aufbau ist. Zudem ist sie nicht attraktiv genug für Quereinsteiger, die ihr helfen könnten, ihre Praxis nachhaltig zu stärken. Mit der weiteren Fokussierung auf den Markenkern einer Technologiekanzlei könnte sie ihre Anziehungskraft aufpolieren, und so die Größenunterschiede zwischen den Praxisgruppen sukzessive auszubalancieren.

Eine nicht unwichtige Maßnahme mit Blick auf den Umbau der Kanzlei ist die nachträgliche Berufung des langj. Partners Dr. Markus Körner als Vertreter der großen IP-Gruppe in das vierköpfige Management. Dieser Schritt dürfte helfen, auch den Teil der Kanzlei für die Transformation zu begeistern, der darin keine unmittelbaren Vorteile sehen muss.

Mandantenstimmen: Mandanten loben weite Teile der starken dt. Praxisgruppen im IT-, Daten-, IP- u. Arbeitsrecht für ihre „Businessorientierung" u. „Prozessstärke". Auch der Nachwuchs steht bei den Mandanten hoch im Kurs. Bei einigen Vertragsspezialisten heben sie zudem die Kenntnis „der technischen Zusammenhänge" hervor. Vereinzelt gibt es allerdings Kritik wegen „abnehmender Mandantenorientierung" und „nachlassender Qualität der Arbeitsergebnisse".

Service: Die globale Legal-Tech-Strategie der Kanzlei wird künftig auch von Frankfurt aus gestaltet. Ein Legal-Tech-Manager soll die Entwicklung von innovativen Dienstleistungs- u. Serviceangeboten, aber auch das interne Prozessmanagement voranbringen. Bislang gehört die Projekt-Management-Plattform Access zum Angebot. Daneben sind der Einsatz von E-Discovery- u. Due-Diligence-Tools sowie eine Dawn-Raid-App bekannt. Kanzleiweit werden weitere Anwendungen angeboten, etwa für die Markenüberwachung.

Anwälte in Deutschland: 253

Standorte: Düsseldorf; Frankfurt; Hamburg; München.

Internat. Einbindung: International integrierte Kanzlei mit 33 Büros in Europa, darunter ▷*Brüssel*, Asien u. Australien. Eigenes Büro in San Francisco. In Europa bleiben Deutschland u. GB die stärksten Ländergruppen.

CBH RECHTSANWÄLTE

Nationaler Überblick Top 50 ★

Auf den Punkt: Im Rheinland fest verankerte, bundesweit tätige Kanzlei mit mehreren Leuchtturmpraxen. Die Zusammenarbeit der Praxisgruppen nimmt weiter zu.

Empfohlen für: ▷*Arbeit*; ▷*Beihilfe*; ▷*Gesellsch.recht*; ▷*Immo/Bau*; ▷*M&A*; ▷*Marken u. Wettbewerb*; ▷*Medien*; ▷*Öffentl. Recht*; Patent; ▷*Vergabe*; ▷*Verkehr*.

Analyse: In durchdachten Schritten erobert CBH sich Marktanteile in ihren Kerngebieten: Dass sich die Planungsrechtler im Ringen um die begehrten Aufträge der BNetzA für den beschleunigten Stromtrassenausbau gegen Konkurrenten durchsetzten und den Zuschlag für das größte Los erhielten, ist Ergebnis einer strategischen Aufstellung. Noch vor wenigen Jahren hätte wohl eher eine ihrer Wettbewerberinnen das Mammutmandat an sich gerissen. Lange war die mittelständische Kanzlei nicht so strukturiert, doch das vor gut zwei Jahren angetretene Managementteam hat entscheidende Schritte angestoßen. Neben einem verbesserten Pitch-Management zählt dazu auch eine Steuerung der Teamzusammensetzung, die sich an speziellen Bedürfnissen der Mandanten ausrichtet. Beides sind Rezepte, mit denen auch andere Kanzleien schon bei Mandanten punkten konnten.

Diese Schritte waren überfällig, schien die Kanzlei zeitweise doch nahezu zu stagnieren, v.a. was die standortübergreifende Arbeit betraf. Inzwischen aber zeigt sich an vielen Stellen eine gelebte, praxisübergreifende Zusammenarbeit. Das umfangreiche Mandat von Birkenstock aus dem Vorjahr für die Realisierung eines Produktionsstandorts, das verschiedene Büros und Fachbereiche vereinte und das voraussichtlich planmäßig dieses Jahr abgeschlossen wird, war dafür ein guter Aufschlag.

Dennoch ist weiterhin das Kölner Büro der Dreh- und Angelpunkt der Kanzlei – ein Phänomen, das sich hartnäckig hält. Im Corporate-Team zeigte sich zuletzt zwar, dass sich mehr grenzüberschr. Mandate – auch durch das internat. Netzwerk – entwickeln, doch auch hier spielt sich die Bearbeitung überwiegend am Kölner Standort ab. Die Büros in München und Hamburg arbeiten weitgehend autark, in Berlin stockte der personelle Ausbau lange. Gemeinsam mit Standortleiter Prof. Dr. Stefan Hertwig feilen Dr. Stephan Rabe, der über Erfahrung in leitenden Funktionen bei Spitzenverbänden der Wirtschaft verfügt, u. der Arbeitsrechtler Dr. Thomas Ritter fortan daran, die Entwicklung des Büros zu forcieren.

Neben der starken Vergaberechtspraxis sticht auch immer wieder die solide Arbeit der Marken- und der Patentrechtler heraus. Mit starker Verankerung in der Automobil- und Chemieindustrie ist das Patentteam etwa für Schaeffler und Bayer tätig. Dass es sich auf Augenhöhe mit Kanzleigrößen wie CMS Hasche Sigle und Hengeler Mueller wiederfindet, ist für eine mittelständische Kanzlei wie CBH nicht selbstverständlich.

Perspektive: Noch ist der Modernisierungskurs nicht abgeschlossen. Dass die ältere Generation immer mehr zurücktritt, eröffnet aber einer neuen Partnerriege Möglichkeiten: Im Vergabe-, Arbeits- und Verkehrsrecht ist bereits spürbar, dass engagierte, jüngere Partner die praxisübergreifende Arbeit vorantreiben und neue Themen wie z.B. Nachhaltigkeit besetzen. Die Kanzlei wird jedoch vermutlich kaum darum herumkommen, in der Hauptstadt, in der etwa die Vergabepraxis gute Kontakte zu Ministerien unterhält, personell zu investieren, um hier langfristig mehr Geschäft zu verankern. Es wäre außerdem ein wichtiger Schritt für die Corporate-Praxis, die sich für größere Mandate zu oft als zu klein herausstellt.

Mandantenstimmen: Die große Erfahrung u. Fachkompetenz, die die Anwälte auch bei komplexen Angelegenheiten zeigen, werden von einigen Mandanten wertgeschätzt. Ein Mandant betont, dass „die gute Beratung sich nicht am Kanzleiumsatz alleine orientiert, sondern an der besten Lösung für den Mandanten. Dies ist einer der Gründe, warum wir CBH für nahezu alles im Rechtswesen einsetzen". Ein anderer lobt: „Ein breites Spektrum, für alle Rechtsgebiete Fachanwälte, schnell und flexibel, zuverlässig."

Service: Durch die Einbindung in die Aufarbeitung des VW-Dieselabgasskandals hat CBH Erfahrung mit Legal Tech u. Projektjuristen gesammelt. Auch auf weiteren Gebieten bietet sich Potenzial zum Einsatz von Technologietools, an denen die Kanzlei feilt.

Anwälte in Deutschland: 84

Standorte: Berlin; Hamburg; Köln; München.

Internat. Einbindung: Seit 2020 hat CBH einen Standort in Brüssel, der sich auf Fördermittelberatung fokussiert. Außerdem etablierte Zusammenarbeit im Netzwerk Iurope mit mittelgroßen Kanzleien aus europ. Nachbarländern. Zugleich besteht eine etablierte, aber nicht exklusive Zusammenarbeit mit der US-Kanzlei Holland & Knight. Beides betrifft v.a. M&A u. Arbeitsrecht.

CLIFFORD CHANCE

Nationaler Überblick Top 50 ★★★★

Auf den Punkt: Die Kanzlei zeichnet sich durch eine ausgeprägte u. oft kopierte Branchenfokussierung aus. Deutschland ist neben London der wichtigste Markt, wobei sich die Kanzlei aber als europäische Einheit begreift und auch regelmäßig als solche gefragt ist.

Fünf-Sterne-Praxis für: ▷*Anleihen*; ▷*Energie*; ▷*ESG*; ▷*Gesundheit*; ▷*Immo/Bau*; ▷*Insolvenz/Restrukturierung*; ▷*Investmentfonds*; ▷*Konfliktlösung*; ▷*M&A*.

Zudem empfohlen für: ▷*Außenwirtschaft*; ▷*Bankrecht u. -aufsicht*; ▷*Börseneinführ. u. Kapitalerhöhung*; ▷*Compliance*; ▷*Gesellsch.recht*; ▷*Kartellrecht*; ▷*Kredite u. Akqu.fin.*; ▷*Notare*; ▷*Öffentl. Recht*; ▷*Private Equ. u. Vent. Capital*; Steuern; ▷*Unternehmensbez. Versichererberatung*; ▷*Vergabe*; ▷*Vertrieb*; ▷*Wirtschafts- u. Steuerstrafrecht*.

Analyse: Die konsequente Branchenfokussierung zeichnet Clifford Chance schon seit Langem aus und ist ein Garant für den exzellenten Zugang zu Mandaten aus Finanzindustrie, Pharma-, Energie- und Immobiliensektor. Dabei hat CC großvolumige Transaktionen u. das gewinnträchtige Fonds- u. Projektgeschäft im Visier u. verfolgt mehr denn je den Full-Service-Ansatz. Auch die vor einigen Jahren ausgerufene Strategie, mit den anderen europäischen Büros als Einheit aufzutreten, geht auf, was an immer mehr grenzüberschreitenden Mandaten in vielen Praxisgruppen ablesbar ist.

Ein Beispiel ist die Beratung von Private-Equity-Investor Cinven beim milliardenschweren Kauf des Bayer-Geschäftsbereichs Environmental Science. Hier trat ein praxisübergreifendes Team aus Deutschland gemeinsam mit Kollegen aus London

Die Anwaltszahlen stammen von den Kanzleien selbst und beziehen sich auf das letzte abgelaufene Geschäftsjahr. Einige Kanzleien beschäftigen für bestimmte Projekte befristet angestellte Rechtsanwälte. Daraus erklären sich teils deutliche Unterschiede zu Personalzahlen der Vorjahre.

und New York an. Ein europäisches Ausrufezeichen setzten auch die Bank- u. Finanzrechtler an der Seite der Europäischen Investmentbank bei der Emission ihrer ersten auf Euro lautenden digitalen Anleihe über eine private Blockchain. Dabei arbeiteten Kapitalmarkt- u. Regulierungsexperten aus Deutschland, Luxemburg u. Paris gemeinsam. Auch beim IPO von Porsche, dem größten europäischen Börsengang, war CC an Bord: Unter deutscher Federführung beriet sie die beteiligten Banken.
Die konsequent europäische Orientierung ermöglicht es CC auch, Trendthemen bedarfsgerecht zu besetzen. Bei der ESG-Beratung punktet sie nicht nur mit Regulierungskompetenz, sondern auch mit einer internationalen Praxis mit maßgeblicher deutscher Beteiligung. Wenig überraschend hat sie sich so rasch an die Marktspitze gesetzt, nicht zuletzt mit der Abwehr einer sogenannten Klimaklage für BMW. Die Konfliktlösungspraxis wiederum hat eine bemerkenswerte Schwerpunktverlagerung von bank- u. finanzrechtlichen Streitigkeiten hin zu großen Schiedsverfahren geschafft. Das Frankfurter Team gehört mittlerweile zu den präsentesten Akteuren bei Investitionsstreitigkeiten. Welche Rolle die deutschen Büros im europäischen Zusammenhang spielen, belegt die Verantwortung, die einzelne Anwälte übernommen haben: So leitet der ehemalige Managing-Partner Dr. Peter Dieners, der das Zepter 2023 nach acht Jahren an Dr. Stefan Sax übergab, die globale Compliance-Praxis, Dr. Ines Keitel die globale Initiative zum Whistleblowing und Dr. Thomas Krecek die kontinentaleuropäische Corporate-Praxis.
Dass sich CC wieder klarer zum Full Service bekennt, zeigen die jüngsten Partnerzugänge: Nachdem die Kanzlei bereits im Vorjahr das Arbeitsrecht wieder aufbaute, holte sie nun den IT- und Digitalexperten Dr. Holger Lutz von Baker McKenzie. Die Kanzlei hatte ihre IT-rechtlichen Ambitionen vor Jahren ad acta gelegt, weil sie nicht mehr lukrativ erschienen, revidiert diesen Kurs aber nun – unter neuen Vorzeichen – ein Stück weit. Die Digitalisierungslücke zu schließen, dürfte sich auch auf das Transaktionsgeschäft positiv auswirken. Eine weitere Kurskorrektur betrifft das Patentrecht, ebenfalls einst weitgehend zusammengestrichen. Mit Dr. Tobias Hessel und Dr. Stefan Richter von Hoyng ROKH Monegier greift sie nun wieder pünktlich zum Start des UPC ins Geschehen ein.
Perspektive: Es ist bemerkenswert, wie es CC gelingt, ihre europäischen Ambitionen durchzusetzen, ohne dass das nationale Geschäft darunter leidet. Um den europäischen Ansatz weiter zu akzentuieren, wird es auch darauf ankommen, die jüngere Generation dafür ins Boot zu holen. Ein Ziel muss es daher sein, vielversprechende Counsel zu halten. Dass diese stetig von Wettbewerbern gelockt werden, spürte etwa die Praxis für Bank- u. Bankaufsichtsrecht, die einen anerkannten Counsel an Gleiss Lutz verlor. Die konsequente Ernennung von Partnern u. Counsel – zuletzt waren es vier Partner u. elf Counsel – setzt insoweit ein positives Signal.
Dass CC weiterhin willig ist, auch zügig mit Quereinsteigern zu wachsen, zeigt der Wiederaufbau im IT- und Patentrecht. Diese Bereitschaft wird sie – in Balance mit der Nachwuchsförderung – weiter pflegen müssen, um Lücken zu schließen, etwa in der ECM-Praxis, wo weiterhin kein deutsch-rechtlicher Partner tätig ist. Zudem musste CC weitere verschmerzbare, aber ärgerliche Verluste hinnehmen. Insbesondere Avancen von US-Wettbewerbern reißen nicht ab. So zog es nach jeweils 15 Jahren Kanzleizugehörigkeit Dr. Cristina Weidner, kurz nachdem sie die Leitung der Restrukturierungspraxis übernommen hatte, zu Kirkland & Ellis u. Private-Equity-Partner Frederik Mühl zu Paul Hastings. Zurzeit lassen zudem britische Konkurrenten wie Allen & Overy u. Freshfields keinen Zweifel an ihren Ambitionen in den USA aufkommen. CC ist dort zwar auch präsent, wird ihnen aber stärker als früher die Stirn bieten müssen, auch um attraktiv für Quereinsteiger zu bleiben.
Mandantenstimmen: Clifford-Anwälte in vielen Fachbereichen heimsen Lob ein. So betonen Mandanten unter anderem ihr „herausragendes Knowhow", u. ihre Beratung sei „zielgerichtet u. lösungsorientiert", „präzise und kreativ".
Service: Bereits Ende 2018 gründete die Kanzlei für die Entwicklung ihrer IT-Produkte eine Tochtergesellschaft, die sie in das sog. Innovation & Best Delivery Hub in Frankfurt integriert hat. Dieses ist eingebunden in ein Netzwerk mit Hubs in London und Delhi. Sie kommen bei immer mehr Mandaten regelmäßig zum Einsatz, etwa bei M&A-Deals oder auch Unternehmensaufspaltungen, bei Börsengängen, internationalen Schiedsverfahren oder internen Untersuchungen. Daneben kooperiert CC eng mit verschiedenen Anbietern.
Anwälte in Deutschland: 286
Standorte: Düsseldorf; Frankfurt; München.
Internat. Einbindung: International integrierte Kanzlei mit Büros auf allen Kontinenten, einschließlich langjähriger Präsenz in Südamerika (Brasilien). US-Büros in Washington u. New York. Deutlich stärkstes Büro bleibt der Stammsitz in London.

CMS HASCHE SIGLE

Nationaler Überblick Top 50 ★★★★

Auf den Punkt: Größte Kanzlei in Deutschland, die die Breite der Praxis genutzt hat, um den Top-Kanzleien Marktanteile abzunehmen. Marktführerin in mehreren Gebieten mit schlagkräftigeren Gesellschaftsrechts- u. M&A-Praxen. Die viel gepriesene Partnerschaftskultur bleibt eine Stärke.
JUVE Kanzlei des Jahres für: Kartellrecht.
Fünf-Sterne-Praxis für: *▷Arbeit; ▷Energie; ▷Gesundheit; ▷Immo/Bau; ▷IT u. Datenschutz; ▷Konfliktlösung; ▷Marken u. Wettbewerb; ▷Medien; ▷Öffentl. Recht; ▷Private Equ. u. Vent. Capital; ▷Vertrieb.*
Zudem empfohlen für: *▷Außenwirtschaft; ▷Bankrecht u. -aufsicht; ▷Beihilfe; ▷Börseneinführ. u. Kapitalerhöhung; ▷Compliance; ▷ESG; ▷Gesellsch.recht; ▷Insolvenz/Restrukturierung; ▷Investmentfonds; ▷Kartellrecht; ▷Kredite u. Akqu.fin.; ▷Lebensmittel; ▷M&A; ▷Nachfolge; ▷Öffentl. Recht,* Patent; *▷Presse;* Steuern; *▷Telekommunikation; ▷Unternehmensbez. Versichererberatung; ▷Vergabe; ▷Verkehr; ▷Versicherungsvertragsrecht.*
Analyse: Ob zeitkritische Rettungsmaßnahmen, hochkarätige Transaktionen, richtungsweisende Verfahren – CMS spielt inzwischen mit einer ganzen Reihe marktführender Praxen regelmäßig bei maßgeblichen Mandaten eine Rolle. Stärken der Kanzlei sind unverändert ihre enorme fachliche wie personelle Breite, die sie exzellent zu nutzen weiß, um Trendthemen frühzeitig zu besetzen, und Innovationsbereitschaft. Das gilt etwa im IT-Recht hinsichtlich der Plattformregulierung, die angesichts KI neue Fragen aufwirft. Die personalstarke Arbeitsrechtspraxis stellt sich mit Kompetenzteams auf neue Entwicklungen ein und überzeugte Telefónica von sich, und die Litigation-Praxis hat sich mit innovativer Aufstellung und Techausstattung bei Massenklagen an der Seite von Stellantis und Mercedes festgesetzt.
Erfolgsfaktoren sind jedoch nicht nur die Leuchtturmpraxen selbst, sondern die Verbindung zwischen deren Trendsettereigenschaften mit fachübergreifender Zusammenarbeit. Hier liegt der Schlüssel zur frühen Positionierung bei ESG-Themen. Eines der prominentesten Beispiele ist jedoch die Verstaatlichung der SEFE Securing Energy for Europe (ehem. Gazprom), die u.a. nach beihilfe-, energie- und außenwirtschaftsrechtlicher Kompetenz verlangte u. in großem Stil die Corporate- sowie Banking- und Finance-Praxis einbezog. Das milliardenschwere Mandat für das BMWK stellte aus rechtlicher Sicht ein Novum dar, dem sich CMS mit Bravour stellte. Das überaus erfolgreiche und regulatorisch starke Energierechtsteam flankierte auch die Transaktionspraxis, machte der Energiesektor doch rund die Hälfte des Dealflows aus. Dass CMS Schaeffler überzeugte, beim Kauf von Photovoltaikparks erstmals auf sie zu vertrauen, zeigt die breite Akzeptanz beim Thema.
Immer besser gelingt auch die Nutzung des weltweiten CMS-Verbunds durch die Praxen. Aufbauend auf den in den Vorjahren geschaffenen Grundlagen forcierte Managing-Partner Dr. Martin Vorsmann die Entwicklung zuletzt erfolgreich: Im Außenwirtschaftsrecht lag die Koordination von Genehmigungen für grenzüberschr. Deals beim deutschen Team, im Immobilien- und Baurecht zieht CMS immer mehr grenzüberschreitende Großprojekte und internat. Mandanten an, die Konfliktlösungspraxis arbeitete im hochvolumigen Schiedsverfahren für das taiwan. Unternehmen PharmaEssentia in engem Schulterschluss mit dem Hongkonger Büro.
Getragen wird dies auch von der jüngeren Partnergeneration, nicht zuletzt, weil es weiterhin gelingt, den Generationswechsel exzellent vorzubereiten. Altersbedingt schieden zuletzt erneut einige renommierte Partner aus, darunter der Corporate-Partner Dr. Christian von Lenthe und der M&A-Spezialist Dr. Ralph Drouven, ohne dass dies zu Brüchen geführt hätte. Dieser Prozess zeigt zugleich, dass CMS weniger von großen Anwaltsnamen abhängig ist als andere Kanzleien. Dass die Qualität der Partner homogener geworden ist, geht teils ebenfalls auf die jüngere Generation zurück.
Perspektive: Auch wenn schon viele Steine umgedreht wurden – es gibt noch Baustellen, wenn CMS den marktführenden Sozietäten ernsthaft Konkurrenz machen will. Nach wie vor fehlt es nicht nur der gesellschaftsrechtlichen Praxis an einem breiten Zugang in die Führungsebenen börsennotierter Unternehmen. Die besten Chancen, sich weiter in den Dax vorzuarbeiten, bieten sich, wenn die Zusammenarbeit des Corporate-Teams mit anderen Praxisgruppen, namentlich den starken Regulierungsteams, noch einmal angekurbelt wird: Die marktführende Medienpraxis bspw. bietet genug Know-how und Anknüpfungspunkte, um gemeinsam mit den Corporate-Spezialisten bei Branchendeals eine herausragende Rolle zu spielen. Auch im Gesundheitswesen scheint eine solche Entwicklung möglich. Dass sich die Corporate- und Steuerpraxen enger verbunden haben und gerade auch jüngere Steuerpartner davon profitieren, sollte Motivation genug sein, hier neue Möglichkeiten auszuloten.

Die Anwaltszahlen stammen von den Kanzleien selbst und beziehen sich auf das letzte abgelaufene Geschäftsjahr. Einige Kanzleien beschäftigen für bestimmte Projekte befristet angestellte Rechtsanwälte. Daraus erklären sich teils deutliche Unterschiede zu Personalzahlen der Vorjahre.

Erfolgversprechend ist es auch, wenn CMS wie schon bisher ihr Angebot eng an den Bedürfnissen der Unternehmen orientiert verbreitert. Ihre enorm breite Mandantenbasis und ihr Ruf als operativ orientierte Beraterin schaffen dafür ideale Voraussetzungen. Mit dem – auf Partnerebene sehr seltenen – Zugang von Dr. André Lippert hat sie nun etwa einen Grundstein gelegt, um die Arbeit an der politischen Schaltstelle in Berlin strategisch anzugehen. Er soll Unternehmen dabei unterstützen, ihre steigenden regulatorischen Anforderungen hinsichtl. ESG-Standards einzuhalten. Es ist eine konsequente Fortschreibung der bisherigen Erfolge bei Mandaten im staatlichen und regulierten Umfeld. Eine ähnliche Abrundung zeigt sich auch in der Insolvenz- und Restrukturierungsberatung, zu der CMS seit Kurzem eine betriebswirtschaftliche Restrukturierungsberatung anbietet. Mit solchen Zusatzangeboten könnte CMS Zugang zu weiteren Mandanten jenseits des Mittelstands finden, wie es etwa die Disputes-Praxis mit ihrem Techansatz bereits vorgemacht hat.

Mandantenstimmen: Mandanten loben die „hoch kompetenten Anwälte", die „mit kreativen Lösungsansätzen beeindrucken" und „ein gutes Gespür für das Machbare" an den Tag legen. Auffällig oft wird die Arbeitsrechtspraxis positiv hervorgehoben, was Äußerungen wie „hier fühlen wir uns extrem wohl und gut aufgehoben, die Beratung ist auf sehr hohem Niveau und ‚trotzdem' bedarfsgerecht, praxisnah und schnell" untermauern. Darüber hinaus erhalten die Anwälte verschiedener Bereiche Lob für „tiefes Fachwissen, gezielte, effiziente und praktisch umsetzbare Beratung". Die „Stärke gerade auch bei Vertragsgestaltungen für Großprojekte" schätzen Mandanten genauso wie den „schnellen Turnaround auch in neuen und unbekannten Rechtsgebieten". Auch „die jüngere Generation, die sich sichtlich einen Namen im Markt erobert", kommt gut an.

Service: CMS war Vorreiter in Sachen systematisierter, techgestützter Analyse von Verträgen. Mit ihrem Servicecenter in Berlin ist sie einer der Marktführer bei der Unterstützung der Beratungspraxis mit IT-Lösungen, z.B. im Bereich Arbeitsrecht u. Compliance. Dass Legal-Tech-Anwendungen auch bei der Abwicklung von Massenverfahren, die zudem von einer eigenen Litigation-Einheit unterstützt werden, zum Einsatz kommen, versteht sich fast schon von selbst. Mit Angeboten wie der zuletzt geschaffenen Einheit für betriebswirtschaftliche Restrukturierungsberatung orientiert CMS ihren Service weiter an den Bedürfnissen der Mandantschaft.

Anwälte in Deutschland: 755

Standorte: Berlin; Düsseldorf; Frankfurt; Hamburg; Köln; Leipzig; München; Stuttgart.

Internat. Einbindung: Mitglied der CMS-Allianz aus 18 unabhängigen Kanzleien mit gemeinsamer Dachmarke u. übergreifenden Fach- u. Industriegruppen, breit aufgestelltes ▷*Brüsseler* Büro, eigenes Büro in Hongkong, Kooperation mit ehemaligem CMS-Büro in Teheran. In der Türkei u. Asien betreiben CMS-Mitglieder in verschiedener Zusammenstellung Standorte. Über CMS Reich-Rohrwig Hainz (Österreich) starke Osteuropa-Verbindungen.

DENTONS

Nationaler Überblick Top 50 ★★★

NOMINIERT
JUVE Awards 2023
Kanzlei des Jahres

Auf den Punkt: Mit verbesserter Marktposition verschiedener Praxen erarbeitet sich die Kanzlei ein klares Profil unabhängig von dem großen internationalen Netzwerk. Allerdings erfolgte jetzt eine regulatorisch bedingte Abkopplung von dem einzigartigen China-Netzwerk.

Fünf-Sterne-Praxis für: ▷*Insolvenz/Restrukturierung*.

Zudem empfohlen für: ▷*Anleihen*; ▷*Arbeit*; ▷*Außenwirtschaft*; ▷*Beihilfe*; ▷*Energie*; ▷*ESG*; ▷*Gesellsch. recht*; ▷*Gesundheit*; ▷*Immo/Bau*; ▷*Kartellrecht*; ▷*Konfliktlösung*; ▷*M&A*; ▷*Marken u. Wettbewerb*; ▷*Notare*; ▷*Private Equ. u. Vent. Capital*; Steuern; ▷*Unternehmensbez. Versichererberatung*; ▷*Vergabe*; ▷*Verkehr*.

Analyse: Das Image von Dentons wird seit Jahren von ihrem internationalen Netzwerk geprägt. Die darin liegenden Möglichkeiten machte die Kanzlei hierzulande v.a. für Anwälte attraktiv, deren Stärke nicht im Aufbau neuer Mandantenbeziehungen lag. Das darin liegende Risiko einer Stagnation hat die Kanzlei aber inzwischen beseitigt: Eine junge Generation von Praxisleitern ist nachgerückt und ein Weg zur sinnvollen europäischen Integration gefunden.

Das Management auf Praxisgruppenebene wurde bewusst gestärkt – die Entwicklung eines im Markt beachteten Due-Diligence-Tools durch das Corporate-Team ist ein Beispiel für die gewonnene Dynamik. Deutlicher zeigt sich das jedoch darin, dass keine andere Kanzlei unter den JUVE Top 50 in so vielen Bereichen im Aufwind ist. Das erreichte Dentons – mit Ausnahme des Arbeitsrechts, das sich jüngst mit einem erfahrenen Anwalt an der Schnittstelle zum Datenschutz verstärkte – weitgehend ohne Quereinsteiger. Ihr Rezept: eine durchdachte Rekrutierung u. insbesondere die Bindung vielversprechender Talente an die Kanzlei. Schon lange schneidet Dentons etwa bei Anwältinnen besser ab als viele Wettbewerber.

Allmählich schließen so weitere Praxen zur starken Insolvenzpraxis unter der Leitung von Managing-Partner Andreas Ziegenhagen auf. In der schnell gewachsenen Bank- u. Finanzpraxis hat sich das Anleihenteam durch die Arbeit für den Bund einen guten Ruf erworben. Die traditionell schon starken Praxen im Vergabe- u. Außenwirtschaftsrecht wurden weiter ausgebaut, u. die Arbeit in regulierten Branchen, v.a. Telekommunikation, Versicherungen und Energie, hat klar an Bedeutung gewonnen. Energiedeals waren sogar zu einem Markenzeichen der Transaktionspraxis geworden, daher war der Verlust von zwei Partnern ein erheblicher Rückschlag. Die Corporate-Praxis insgesamt pflegt heute einen ausgewogenen Austausch von Mandaten innerhalb der europäischen Praxis. Dies zeigt sich etwa in der Beratung von Geodis, einer Mandantin der französischen Praxis.

All dies ist umso wichtiger, weil die riesige China-Praxis – lange ein Alleinstellungsmerkmal von Dentons – kontinuierlich an Bedeutung verloren hat und 2023 schließlich aus regulatorischen Gründen strukturell abgekoppelt wurde. Übrig geblieben ist eine Best-Friend-Beziehung. Dass Dentons als erste Kanzlei auf dem riesigen indischen Markt eröffnete, lässt hoffen, dass sich zumindest mittelfristig ihre asiatische Präsenz wieder erholt.

Perspektive: Mit dem vorläufigen Ende der China-Ära bei Dentons besteht Raum und Notwendigkeit, andere Entwicklungschancen auszuloten. So kann sich die Praxis hierzulande nun auf das konzentrieren, was schon im vergangenen Jahr im Vordergrund stand: die europäische Integration, die auch das Profil der deutschen Teams schärft. An die Stelle punktueller Beratung durch einzelne Partner treten vermehrt integrierte paneuropäische Mandate. Die oft unterschätzte fachliche Breite der deutschen Praxis bietet jede Menge Chancen, um diese Entwicklung zu forcieren. Nicht ohne Grund hat Dentons die Stelle eines COOs geschaffen, der gemeinsam mit dem Management strategische Initiativen in Europa und Zentralasien entwickeln soll.

Die größte Herausforderung besteht für eine so global ambitionierte Kanzlei wie Dentons allerdings darin, auf die enormen Investitionen führender Kanzleien in ihre transatlantische Praxis zu reagieren. Derzeit sind ihre europäischen und amerikanischen Praxen nicht besonders gut aufeinander abgestimmt. In den US-Büros dominiert die inländische Prozessführung, sodass die Chancen für Verweisgeschäft vergleichsweise gering sind. Die Neuausrichtung dieser Achse wird, insbesondere nach den Ereignissen in China, Priorität haben müssen.

Mandantenstimmen: Immer mehr Partner ernten Lob von Mandanten. Oft wird die „vertiefte Erfahrung in relevanten Ländern" gelobt und die Tatsache, dass die Partner auch bei internationalen Mandaten die Fäden in der Hand halten. Die Transaktionsberatung punktet mit „ausgeprägtem Fingerspitzengefühl", „schnellen Antworten und sehr guter Koordination". Ab und zu gibt es auch Kritik, v.a. wenn Teams nicht konstant bleiben und dadurch Kosten entstehen.

Service: Auf europäischer Ebene kümmert sich ein Team um strategische Initiativen für Innovation, Legal Tech, Legal Operations und Knowledge Management. Dentons investiert viel in dem Bereich und hat u.a. ein erfolgreiches Due-Diligence-Tool entwickelt, das Kosten senken soll. Auch bei der Massenbearbeitung von Klagen oder Beschwerden kommt Legal Tech zum Einsatz.

Anwälte in Deutschland: 253

Standorte: Berlin; Düsseldorf; Frankfurt; München.

Internat. Einbindung: Integrierte Kanzlei in der Struktur eines Schweizer Vereins, polyzentrisch organisiert. Seit 2023 hat sie keine chinesischen Festlandsbüros mehr, nur Hongkong. Stattdessen gibt es eine Best-Friend-Beziehung mit großem chinesischem Netzwerk. 2023 kamen nach dem Zusammengehen mit Link Legal aber fünf Büros in Indien dazu. Über das Nextlaw Global Referral Network gibt es ein weiteres loses Netzwerk mit Kanzleien in 200 Ländern. Zudem Anbindung an die multidisziplinäre Beratungsgesellschaft Dentons Global Advisors.

DLA PIPER

Nationaler Überblick Top 50 ★★★★

Auf den Punkt: Die dt. Praxis der global aufgestellten Full-Service-Kanzlei überzeugt mit ausgeprägter Internationalität, einem guten Preis-Leistungs-Verhältnis u. fachbereichsübergreifender Beratung. Zusammen mit ihrem Industriefokus positioniert sie sich damit immer besser als Konzernberaterin.

Fünf-Sterne-Praxis für: ▷*IT u. Datenschutz*; ▷*Medien*; ▷*Presse*; ; ▷*Unternehmensbez. Versichererberatung*; ▷*Verkehr*.

Zudem empfohlen für: ▷*Arbeit*; ▷*Außenwirtschaft*; ▷*Börseneinführ. u. Kapitalerhöhung*; ▷*Compliance*; ▷*Energie*; ▷*ESG*; ▷*Gesellsch. recht*; ▷*Gesundheit*; ▷*Immo/Bau*; ▷*Insolvenz/Restrukturierung*; ▷*Investmentfonds*; ▷*Kartellrecht*; ▷*Konfliktlösung*; ▷*M&A*; ▷*Marken u. Wettbewerb*; ▷*Öffentl. Recht*; Patent; ▷*Presse*; ▷*Private Equ. u. Vent. Capital*; Steuern; ▷*Vergabe*; ▷*Versicherungsvertragsrecht*; ▷*Vertrieb*; ▷*Wirtschafts- u. Steuerstrafrecht*.

Die Anwaltszahlen stammen von den Kanzleien selbst und beziehen sich auf das letzte abgelaufene Geschäftsjahr. Einige Kanzleien beschäftigen für bestimmte Projekte befristet angestellte Rechtsanwälte. Daraus erklären sich teils deutliche Unterschiede zu Personalzahlen der Vorjahre.

Analyse: DLA steht zu ihrem Full-Service-Konzept u. hat in den vergangenen Jahren viel dafür getan, Teams aufzubauen, die nicht nur ein starkes eigenes Geschäft pflegen, sondern auch über die Praxisgruppen immer besser zusammenarbeiten – auf einem homogenen, hohen Niveau. Belege, dass diese Strategie aufgeht, gibt es genug: Bei Industriekonzernen wie HeidelbergerDruck, BorgWarner, BASF oder neuerdings Heidelberg Materials hat sie sich mit diesem Ansatz einen festen Platz erarbeitet. Dabei punktet sie oft auch mit ihrem bekanntesten Markenzeichen: ihrer Internationalität. So setzte etwa ein Energieunternehmen von der dt. Praxis aus auch intensiv auf die Energieteams v.a. in Großbritannien, im Nahen Osten u. in Singapur. Auch Nio überzeugte DLA: Als der chin. Automobilhersteller bei seinem europ. Markteintritt auf die Vertriebs-, Versicherungs-, IT-, TK-, steuer-, kartell. u. umweltrechtl. Kompetenz sowie in regulator. Fragen auf die Kanzlei setzte, übernahm das dt. Commercial-Team die Gesamtkoordination.
Immer besser gelingt es DLA so auch, aktuell gefragte Beratungsprodukte aufzusetzen. Früh hat sie sich etwa eine gute Position bei der ESG-Beratung gesichert. Neu strukturiert tritt auch die – bislang durchaus erfolgreiche, aber stark wirtschaftsstrafrechtl. geprägte – Compliance-Praxis an. Nun übernahm ein Partner aus der anerkannten Arbeitsrechtspraxis deren Co-Leitung, u. das Team wurde konsequenter als bislang mit Corporate- u. Regulierungsexperten verstärkt. Das Potenzial der Internationalität zeigte sich auch in der Corporate-Praxis zuletzt deutlich: So werden gr. internat. Transaktionen zunehmend aus Dtl. heraus gemanagt, bspw. Goldbeck Solar bei Zukäufen in Kanada u. den USA. Dass der langj. Managing-Partner Dr. Benjamin Parameswaran die Co-Leitung der globalen Corporate-Gruppe übernahm, dürfte die Entwicklung weiter befeuern.
Gleich fünf Partner- u. sieben Counsel-Ernennungen spiegeln die gute geschäftl. Entwicklung, stehen für einen nachhaltigen Teamaufbau u. sind auch ein Signal nach innen: Schließich waren Partnerbeförderungen in den vergangenen drei Jahren rar u. mancher Counsel verfolgt inzwischen anderswo seine Karriereziele. Daneben setzt DLA in weniger gereiften Praxen auch weiterhin auf Quereinsteiger: Mit dem Gewinn des Mid-Cap-fokussierten Lars Jessen von Paul Hastings verwirklichte die Kanzlei eine lang geplante Verstärkung der Private-Equity-Praxis. Mit der Verpflichtung von Michaela Sopp von Simmons & Simmons und Dr. Caroline Herkströter von Norton Rose Fulbright schloss sie Lücken in ihrer Bank- u. Finanzrechtspraxis. Letzteres kommt zur rechten Zeit, denn neben dem ohnehin immer attraktiver werdenden Bankaufsichtsrecht unterstreicht DLA so auch ihren Anspruch, bei Immobilien(re)finanzierungen und finanziellen Restrukturierungen eine wichtige Rolle zu spielen.
Perspektive: DLA ist noch lange nicht am Ende ihrer ehrgeizigen Pläne – personell u. wirtschaftlich. Das neue Managementduo, das seit November 2022 aus dem Münchner Immobilienrechtler Dr. Martin Haller u. dem Hamburger Arbeitsrechtler Dr. Kai Bodenstedt besteht, will v.a. den weiteren Ausbau der Corporate-Praxis verwirklichen. Auch wenn sich diese kontinuierl. weiterentwickelt hat u. heute zu den Stärken der dt. DLA-Praxis gehört: In der Breite fehlt es ihr immer noch an Schlagkraft. Für Tempo sollen Quereinsteiger sorgen. Das erinnert ein wenig an den Kurs der Anfangsjahre, allerdings geht das Management bei der Verpflichtung neuer Partner viel strukturierter vor. Gleichzeitig ist es bemüht, die Förderung des eigenen Nachwuchses besser im Blick zu behalten, u.a. mit einem modifizierten Counsel-Modell. Dass Mandanten voll des Lobes für Neupartner wie Dr. Manuel Indlekofer und Eike Neugebauer sind, sollte Ansporn sein.
Gleichzeitig will DLA die Qualität ihrer Mandate verbessern – ohne die unternehmerischen Freiheiten der Partner zu beschränken. Das wird nicht allen leichtfallen und einige Managementaufmerksamkeit erfordern. Schließlich hat die Kanzlei in den vergangenen Jahren viel Energie in den Aufbau von gemeinsamer Kultur u. Teamgeist verwendet.
Mandantenstimmen: „Sehr kompetente Kanzlei, gute Erreichbarkeit u. schnelle Kommunikation", lobt ein Mandant – und ähnlich äußern sich viele weitere. Auch die „Fähigkeit zur Leitung von Teams in Multi-Mandanten-Projekten" u. das Management im internat. Kontext werden positiv hervorgehoben. Dass neben den etablierten Partnern viele Counsel u. auch Senior Associates Verantwortung in Mandaten übernehmen, spiegelt sich in vielen Empfehlungen für die nachfolgende Generation wider.
Service: DLA unterhält unter dt. Beteiligung eine internationale Arbeitsgruppe, die IT-Produkte entwickelt, flankierend zur Rechtsberatung. Zu der Gruppe gehören auch drei sog. Legal Tech Fellows aus Deutschland, die 25 Prozent ihrer Arbeitszeit darauf verwenden, die Teams über Legal-Tech-Angebote zu informieren u. bei deren Einsatz zu unterstützen. Strategisch investiert die Kanzlei in erprobte externe Legal-Tech-Lösungen, inklusive der KI-gestützte Vertragsanalysesoftware Kira. Daneben sind auch einige selbst entwickelte Anwendungen im Einsatz, etwa eine KI-basierte Plattform für Compliance-Risiken. In der M&A- u. insbes. in der Konfliktlösungspraxis kommt Legal Tech intensiv zum Einsatz, etwa bei Massenverfahren, zusätzlich gehören hier auch viele Projektanwälte zum Team.
Anwälte in Deutschland: 288
Standorte: Frankfurt; Hamburg; Köln; München.
Internat. Einbindung: Eine der weltweit größten Kanzleien mit insgesamt mehr als 80 Standorten in über 40 Ländern (inkl. USA, Kanada, Asien, Südamerika, Australien und Afrika). Daneben exklusive Zusammenarbeit mit Kooperationspartnern in Brasilien u. Saudi-Arabien.

EVERSHEDS SUTHERLAND

Nationaler Überblick Top 50 ★★

Auf den Punkt: Die deutsche Praxis der internationalen Full-Service-Kanzlei ist immer besser in das weltweite Kanzleigefüge integriert. Arbeit für den gehobenen deutschen Mittelstand soll bei ihr dennoch genauso einen Platz haben wie grenzüberschreitende Projekte für Konzerne.
Empfohlen für: *▷Arbeit; ▷Energie; ▷Gesellsch.recht; ▷Immo/Bau; ▷IT u. Datenschutz; ▷Konfliktlösung; ▷M&A; ▷Marken u. Wettbewerb; ▷Vertrieb.*
Analyse: Die Kanzlei treibt ihre internationale Ausrichtung weiter konsequent voran. Das zeigt sich regelmäßig bei grenzüberschreitenden Transaktionen wie der Beratung von Sherwin-Williams beim Kauf aller Gesellschaftsanteile an Gross & Perthun. Dabei koordinierten die Anwälte von Dtl. aus die Arbeit in mehr als zehn Ländern. Aber auch im Arbeitsrecht oder bei der Konfliktlösung wird die Entwicklung hin zu mehr internationalem Geschäft deutlich, z.B. bei der Beratung zu Standortverlagerungen ins Ausland oder bei weltweiten Produkthaftungsfällen.
Und die Möglichkeiten werden noch größer: Durch eine Kooperation mit King & Wood Mallesons öffnete sich die Kanzlei in Richtung China. Neben dem erhofften Zugang zu mehr Verweisgeschäft ist die neue Allianz insbesondere mit Blick auf den erst Anfang 2023 eröffneten Frankfurter Eversheds-Standort vielversprechend, denn King & Wood will ihre eigene Niederlassung dort im Herbst 2024 auflösen. Davon könnte Eversheds v.a. im Corporate womöglich auch schon früher profitieren. Der neue Standortleiter Dr. Steffen Schniepp konnte mit der Beratung der Hubergroup beim Verkauf von Gleitsmann Security Inks bereits Erfolge vorweisen. Der Standort wurde zudem im IP/IT und für Compliance mit Quereinsteiger erweitert und mit Dr. Silke Gantzckow von Baker McKenzie ist dort nun eine Notarin tätig, die mit ihrem gesellschaftsrechtlichen Fokus auf den Energiesektor Anknüpfungspunkte zum Düsseldorfer Büro schaffen kann. Dort büßte die Kanzlei allerdings durch den Weggang des Leiters der Corporate-Praxis, Dr. Werner Brickwedde (zu Orrick), Energie-Know-how ein.
Neue Beziehungen ergaben sich jedoch zu Lego, bei der sich die Kanzlei in einer Ausschreibung durchsetzte, und durch Kontakte von Quereinsteigern. Der Vermögensverwalter PGIM Real Estate, der dem Immobilienrechtler Dr. Stefan Fink von Advant Beiten folgte, setzt bereits bei mehreren Transaktionen auf die Kanzlei. Starke Bereiche wie das Arbeitsrecht behaupten sich mit großen Mandaten wie der Beratung von Krauss Maffei beim Stellenabbau souverän. Auf den Weggang des etablierten Dr. Stefan Kursawe folgte die Ernennung eines Salary-Partners. Dadurch zeigt sie, dass das Arbeitsrecht weiterhin einen hohen Stellenwert in der Gesamtkanzlei hat u. die personellen Veränderungen auch unter das Stichwort Generationswechsel fallen.
Perspektive: Die zunehmende Qualität der Mandate sowie der erfolgreich angelaufene Frankfurter Standort sind vielversprechend. Allerdings muss das Management die bereits gewonnenen und die erwarteten Neuzugänge in Frankfurt zügig integrieren, um ein stabileres Team aufzubauen als derzeit in Düsseldorf. Dort ging neben Brickwedde zuletzt auch Steuerchef Dr. Simon Weppner. Damit kommt das Düsseldorfer Büro, das sich seit der Eröffnung 2017 zwischenzeitlich zum Vorzeigestandort entwickelt hatte, personell nicht zur Ruhe. Auch in Hamburg gelingt nach wie vor kein nachhaltiges Wachstum. Das gilt insbesondere mit Blick auf ein Corporate-Team.
Die Öffnung nach China kann der Kanzlei einen Wettbewerbsvorteil verschaffen. Gleichzeitig ist es klug, dass sie in dem geopolitisch schwierigen Umfeld Distanz wahrt. Somit bleiben ihr Konsequenzen wie bei Dentons erspart, die zuletzt ihre Fusion mit der chinesischen Dacheng wieder auflöste. Zudem minimiert sie das Risiko, Mandanten zu verschrecken, denen eine allzu große Nähe zu China womöglich suspekt erscheint – ein potenzieller Bremsklotz auch für die gerade erst beginnende Arbeit in Compliance-Fragen. Will das deutsche Team aber dauerhaft von dem neuen Partner profitieren, wird es noch mehr Energie in die internationale Vernetzung stecken müssen – ohne ihre solide Mittelstandskundschaft zu vernachlässigen.
Mandantenstimmen: Mandanten heben die Schnelligkeit u. den Pragmatismus der Anwälte hervor. Zu-

Die Anwaltszahlen stammen von den Kanzleien selbst und beziehen sich auf das letzte abgelaufene Geschäftsjahr. Einige Kanzleien beschäftigen für bestimmte Projekte befristet angestellte Rechtsanwälte. Daraus erklären sich teils deutliche Unterschiede zu Personalzahlen der Vorjahre.

dem gibt es Lob für die „rechtliche Beratung auf höchstem Niveau".

Service: Der Einsatz von Legal Tech ist seit Langem etabliert, die Kanzlei kombiniert selbst entwickelte Lösungen mit Fremdsystemen. Ihre Softwareentwickler sitzen überwiegend in GB. Dort ist auch die Tochtergesellschaft Konexo beheimatet, über die die Kanzlei Managed Legal Services anbietet. Dazu zählen Corporate-Standardaufgaben, Legal Tech Consulting oder Projektmanagement für Rechtsabteilungen. U.a. wegen berufsrechtlicher Beschränkungen ist Konexo bisher allerdings nur in GB, Asien und den USA am Markt u. kommt in Europa nur eingeschränkt zum Einsatz. Durch die Kombination ihrer Angebote kann die Kanzlei ihren Mandanten alternative Honorarmodelle wie z.B. Fixpreise bieten.

Anwälte in Deutschland: 163

Standorte: Berlin; Düsseldorf; Frankfurt; Hamburg; München.

Internat. Einbindung: Die dt. Büros sind voll integrierter Teil der internationalen Kanzlei mit mehr als 3.000 Anwälten an über 70 Standorten in Europa, den USA, Afrika, dem Nahen Osten u. Asien. Seit 2023 exklusive Kooperation mit King & Wood Mallesons für Verweismandate von und nach China. Über regionale Allianzen weiteres loses Netzwerk.

FIELDFISHER

Nationaler Überblick Top 50 ★

Auf den Punkt: Aufstrebende u. expandierende Kanzlei mit klarem Technologiefokus, relativ jungem Partnerteam und einer klaren Legal-Tech-Strategie.

Empfohlen für: ▷*Energie*; ▷*Gesellsch.recht*; ▷*Gesundheit*; ▷*IT u. Datenschutz*; ▷*Kartellrecht*; ▷*Konfliktlösung*; ▷*M&A*; ▷*Marken u. Wettbewerb*; ▷*Vertrieb*.

Analyse: Fieldfisher baut ihre dt. Praxis weiter konsequent aus. Besonders sichtbar wurde dies zuletzt in der Konfliktlösung: Mit dem Zugang des angesehenen Prozessspezialisten Philipp Duncker von Hogan Lovells gewann das zuvor zwar aktive, aber kleine Team an inhaltl. Breite u. legte den Grundstein für den Aufbau einer Schiedspraxis. Förderlich für die internat. Zusammenarbeit ist, dass mit dem neuen Münchner Partner ein Counsel wechselte, der nun im Pariser Schiedsteam der Kanzlei arbeitet. Zugleich wird der im Vorjahr etablierte Legal-Tech-Hub Fieldfisher X immer besser angenommen u. überzeugte bspw. einen Onlineglücksspielanbieter, der nun in Masseverfahren zu Rückforderungsansprüchen auf das Angebot setzt.

Das Nebeneinander von hochklassiger Rechtsberatung u. skalierbarer Dienstleistung ist ein Ausdruck dafür, wie stark der Technologiefokus in der Kanzlei verankert ist – ähnlich wie bei Osborne Clarke hat er sich auch bei Fieldfisher dank frühzeitigem und strategischem Engagement zu einem Markenzeichen entwickelt. Die Beratung zahlreicher Legal- u. Ad-Tech-Mandanten prägt bspw. die IT- u. Datensowie IP-Praxis, die insbes. in Prozessen eng über Fachbereiche hinweg zusammenarbeitet. Über ihren Managing-Partner Dr. Philipp Plog, der auch im Vorstand des Legal-Tech-Verbandes ist, ist die dt. Praxis zudem nah an politischen Entwicklungen. Auch die Bank- u. Finanzrechtspraxis hat in der Fintechberatung eine passende Nische besetzen können.

Gleichzeitig gelingt es, klassische Bereiche voranzutreiben, insbes. die Corporate-Praxis. Zwar hat diese noch nicht die große Durchschlagskraft entwickelt, aber durch gezielte Verstärkungen steht sie heute viel diversifizierter da und ist sogar die wesentliche Säule des dt. Geschäfts. So hat etwa ein im Vorjahr hinzugekommenes CMS-Team eine kleine, aber gut gehende Restrukturierungspraxis aufgebaut, die Singulus bei der Restrukturierung ihrer Fremdkapitalstruktur berät u. bei Distressed-M&A-Deals zum Einsatz kommt. Auch die Fokussierung auf Branchen wie Erneuerbare Energien, Gesundheitswesen u. Immobilien sichert der Kanzlei einen Platz bei Transaktionen. Gezielt hat sie Fachbereiche etabliert, die in Deals Kartell-, Arbeits- u. Regulierungs-Know-how bieten u. z.T. auch ein eigenes Profil entwickelt haben. Dazu zählt das Steuerrecht, in dem sie allerdings mit Andre Happel einen jungen, gut eingebundenen Partner verlor. Das Management schloss die Lücke zügig mit dem erfahrenen Addleshaw-Steuerrechtler André Suttorp.

Perspektive: Die dt. Partner haben bislang eindrucksvoll gezeigt, dass sie eine eigene starke Mandatsbasis entwickeln u. dabei fachbereichsübergreifend gut zusammenarbeiten können. Im vergangenen Jahr hat man zudem eine Ahnung davon bekommen, wie stark sich die Praxis noch entwickeln kann, wenn sie ihr internat. Netzwerk stärker nutzen kann. Zuletzt waren es v.a. dt.-chin. Mandate, bei denen sie ihre globale Aufstellung ausspielen konnte, bspw. bei der Beratung von CSIC Longjiang GH Gas Turbine beim Kauf einer Sparte von MAN Energy Solutions. Auch die Kartell- u. Arbeitsrechtler waren für chin. Mandanten im Einsatz. Das zeigt, wie viel Potenzial das Netzwerkgeschäft – trotz schwieriger politischer Verhältnisse – derzeit bereithält. Und Fieldfishers internat. Fußabdruck wächst: Zuletzt eröffnete sie in Österreich. Das dortige, breit aufgestellte Team dürfte viele Anknüpfungspunkte bieten, um in Mandaten zu kooperieren. Auch in Dtl. will die Kanzlei weiter wachsen, wie zuvor auch bedacht mit Quereinsteigern. Zuletzt zeigte sie aber mit einer internen Partnerernennung auch, dass sie den eigenen Nachwuchs im Blick behält. Dies wird mit zunehmender Reife der dt. Praxis entscheidend für deren stabile Entwicklung sein.

Mandantenstimmen: Neben ihrem pragmatischen Beratungsstil u. einem ausgeprägten wirtschaftlichen Verständnis schätzen Mandanten Fieldfisher-Anwälte für ihre Kommunikation u. inhaltliche Tiefe: „Exzellente Mandatsbetreuung mit sehr guter Kommunikation. Stets verlässlich, inhaltlich bleiben keine Wünsche offen", sagt ein Mandant. Ein anderer findet: „Die Kommunikation ist sehr schnell u. effizient, auf sämtliche Fragen wird genau eingegangen. Die gesamte Arbeit und Abwicklung verlaufen professionell und auf höchstem Niveau."

Service: Die Kanzlei hat in puncto Legal Tech das Ohr am Puls der Zeit: Das zeigt sich nicht nur im Engagement vieler Partner in entsprechenden Verbänden u. Organisationen sowie der Tätigkeit als Berater von Start-ups der Branche, sondern in einer klaren Strategie. Diese zielt v.a. auf die effiziente Bearbeitung skalierbarer Rechtsdienstleistungen. Gebündelt sind die Aktivitäten in dem Legal-Tech-Hub Fieldfisher X, der als Profitcenter agiert und in dem ein interdisziplinäres Team Legal-Tech- u. Operationsthemen vorantreibt. Angeboten wird eine ganze Reihe – oft selbst entwickelter – Anwendungen. Auf internationaler Ebene betreibt Fieldfisher bereits seit 2017 eine Plattform für alternative Rechtsdienstleistungen: ‚Condor' richtet sich v.a. an Banken u. umfasst bspw. Vertragsverhandlungen, Dokumentation, Projektmanagement u. Automatisierung.

Anwälte in Deutschland: 116

Standorte: Berlin; Düsseldorf; Frankfurt; Hamburg; München.

Internat. Einbindung: Für die aus GB stammende Kanzlei arbeiten international mittlerweile rund 1.100 Anwälte. Im Sommer 2023 eröffnete sie in Österreich: Mit dem Wiener Team, das aus ehemaligen SCWP Schindhelm-Anwälten besteht und eine breite Beratungspalette abdeckt, kommt Fieldfisher auf 25 Büros in zwölf Ländern. Neben GB, Deutschland u. Österreich ist sie u.a. in Italien, Frankreich, Luxemburg, China, Irland u. Palo Alto präsent, zudem gibt es einen Service-Hub in Belfast.

FLICK GOCKE SCHAUMBURG

Nationaler Überblick Top 50 ★★★

Auf den Punkt: Stetig wachsende Großkanzlei mit tiefer Vernetzung bei großen Familienunternehmen. Im Steuerrecht in ganzer Breite seit Jahrzehnten führend, zudem umfassender Corporate-Beratungsansatz.

Fünf-Sterne-Praxis für: ▷*Nachfolge*; Steuern; ▷*Wirtschafts- u. Steuerstrafrecht*.

Zudem empfohlen für: ▷*Arbeit*; ▷*Gesellsch.recht*; ▷*Investmentfonds*; ▷*Kartellrecht*; ▷*M&A*; ▷*Notare*; ▷*Private Equ. u. Venture Capital*.

Analyse: Die Großkanzlei gehört v.a. im deutschen Mittelstand zu den wichtigsten Rechtsberaterinnen u. verfügt mittlerweile über eine beachtliche Transaktionsstärke. Dennoch gilt sie nach wie vor als die deutsche Steuerkanzlei schlechthin – ein Ruf, mit dem sich sehr gut leben lässt, der aber auch herausfordernd ist. Die breite Riege junger Partner aus dem Gesellschaftsrecht sowie M&A u. Private Equity muss mehr als anderswo mit herausragenden Mandaten beweisen, dass sie zu den wichtigsten Beratern hierzulande zählt. Der Beweis fällt allerdings Jahr für Jahr leichter. So hat sich der erst 2022 zum Vollpartner ernannte Mathias Bülow zu einem der Stammtransaktionsberater der Dt.-Bahn-Tochter Schenker u. der PE-Investoren Bregal u. H.I.G. entwickelt. Dr. Michael Grimm, seit 2023 Equity-Partner, ist bei Mittelständlern ein häufig gefragter Ansprechpartner bei Umstrukturierungen. Diese ganz jungen Partner schließen auf zu einer mittleren Generation, zu der Dr. Matthias Merkelbach, der für hochkarätige Organberatung in Banken u. Versicherern steht, u. Dr. Philipp Rulf, Berater der Limbach-Gruppe, gehören. Zusammen mit den ganz etablierten Kollegen wie Dr. Fred Wendt, Prof. Dr. Dieter Leuering u. Dr. Michael Erkens bilden sie im Corporate eine sehr breite u. nachhaltige Aufstellung. Zudem gibt es kaum noch Scheuklappen oder interne Machtansprüche zw. Steuerpartnern u. Gesellschaftsrechtlern. Im Gegenteil: Mit eingespielten Corporate- u. Steuerduos wie den Münchnern Bülow u. Matthias Full, den Berlinern Dr. Irka Zöllter-Petzoldt u. Dr. Florian Kutt oder den Bonnern Rulf u. Prof. Dr. Matthias Rogall heben die jüngeren Partner das Potenzial, das schon lange in FGS steckt. Andere Kanzleien haben das schon lange erkannt: Fast schon legendär ist die Kombination der US-Top-Kanzlei Sullivan & Cromwell mit Steuerrechtler Dr. Florian Holzner bei div. SPAC-Transaktionen, die sich nun auch bei Deals wie etwa dem Kauf von Studienkreis durch GoStudent etabliert hat. Zudem häuft sich die Zahl der PE-Transaktionen, in denen Milbank u. FGS auf derselben Seite beraten.

Die Anwaltszahlen stammen von den Kanzleien selbst und beziehen sich auf das letzte abgelaufene Geschäftsjahr. Einige Kanzleien beschäftigen für bestimmte Projekte befristet angestellte Rechtsanwälte. Daraus erklären sich teils deutliche Unterschiede zu Personalzahlen der Vorjahre.

Perspektive: Die Vernetzung vieler Partner innerh. der Kanzlei u. in den Beratungsmarkt ist wahrscheinlich größer denn je und FGS so gut aufgestellt wie nie. Zudem tragen auch die formalen Beziehungen v.a. zur österr. Steuer-Top-Kanzlei LeitnerLeitner u. über das Taxand-Netzwerk immer mehr Früchte, wenn auch weniger in der Rechts- als in der Steuerberatung. Es bleibt dabei, dass in der internat. Vernetzung Steuern u. Recht noch immer auseinanderklaffen u. Inbound-Mandate Ausnahmen bleiben. Mit den vielen jungen Partnern sollte es aber leichter fallen, auch im internat. Bereich Wege einzuschlagen, die früher verschlossen schienen. Notwendig ist eine Verbesserung des internat. Set-ups auf jeden Fall, um im Rechtsberatungsmarkt den Abstand zu anderen unabhängigen dt. Top-Kanzleien wie Hengeler Mueller oder Gleiss Lutz nicht noch größer werden zu lassen. Dass die Kanzlei Perspektivwechsel vollziehen kann, stellt sie seit wenigen Jahren mit der bewussten Stärkung von Beraterinnen unter Beweis – von sechs neuen Partnern 2023 waren drei weiblich. Gleiches gilt für den Bereich Tax Tech, der lange verpönt war. Heute zählt FGS zu den Treibern in der Szene nach den Big Four.

Mandantenstimmen: Eine große fachliche, häufig auch wissenschaftl. Kompetenz gehört bei FGS zur DNA. Mandanten loben einzelne Partner aber immer wieder als „pragmatisch", „kompetente Problemlöser" oder stellen ihr „unternehmerisches Verständnis" heraus.

Service: Die Kanzlei setzt im juristischen Bereich auf etablierte Softwarelösungen sowie auf selbst entwickelte Tools. Dies betreibt sie in der Steuerberatung schon seit Jahren, etwa bei Einführung von TCMS u. Reporting sowie beim Vermögensverwaltungstest in der Nachfolgeberatung.

Anwälte in Deutschland: 231 (plus ca. 165 steuerliche Berufsträger)

Standorte: Berlin; Bonn; Düsseldorf; Frankfurt; Hamburg; München; Stuttgart.

Internat. Einbindung: Als unabhängige multidisziplinäre Kanzlei Mitglied der weltweiten Steuerallianz Taxand; zudem formalisiertes steuerliches Netzwerk in Österreich/Osteuropa mit LeitnerLeitner. Abseits des Steuerrechts informelles Netzwerk von Korrespondenzkanzleien mit steigender Bedeutung von Taxand.

FRESHFIELDS BRUCKHAUS DERINGER

Nationaler Überblick Top 50 ★★★★★

Auf den Punkt: Auf vielen Gebieten zur Marktspitze gehörend u. weltweit integriert, setzt sie auch bei strategischen Entwicklungen Maßstäbe. Sie legt dabei einen starken Fokus auf Transaktionen mit US-Bezug und die Beratung zu grenzüberschreitenden Streitsachen. Zu ihrer herausragenden Position gehören auch ständige Investitionen in Technologie und Services.

Fünf-Sterne-Praxis für: *▷Anleihen; ▷Arbeit; ▷Bankrecht u. -aufsicht; ▷Börseneinführ. u. Kapitalerhöhung; ▷Compliance; ▷ESG; ▷Gesellsch.recht; ▷Immo/Bau; ▷Insolvenz/Restrukturierung; ▷Kartellrecht; ▷Konfliktlösung; ▷Kredite u. Akqu.fin.; ▷M&A; ▷Medien; ▷Private Equ. u. Vent. Capital;* Steuern; *▷Unternehmensbez. Versichererberatung; ▷Verkehr; ▷Wirtschafts- u. Steuerstrafrecht.*

Zudem empfohlen für: *▷Beihilfe; ▷Energie; ▷Gesundheit; ▷Investmentfonds; ▷IT u. Datenschutz; ▷Marken u. Wettbewerb; ▷Öffentl. Recht;* Patent; *▷Telekommunikation; ▷Vertrieb.*

Analyse: Die Strategie der Kanzlei bestimmen derzeit drei ineinander verwobene Stränge. Hohe Priorität hat der Ausbau des US-Geschäfts: Dort setzte sie mit 14 Quereinsteigern und sechs Partnerernennungen in den vergangenen Monaten ein Ausrufezeichen. Die Partnerschaft zählt dort inzwischen über 80 Köpfe, und FBD baut sehr konsequent die Bereiche aus, die sie in ihrer transatlantischen Strategie neben M&A als zentral definiert: Kartellrecht, Aufsichtsrecht und Krisenmanagement. Sie überzeugt dabei durch die Qualität der Zugänge, unter denen sich mehrere Berater mit jahrelanger Regierungserfahrung finden, darunter die Kartellrechtlerin Jamillia Ferris, die zuvor u.a. im US-Justizministerium (DoJ) und der Federal Communications Commission arbeitete, und Beth George, die als General Counsel im Pentagon tätig war. Unter den Mandaten stechen die Beratung im Zusammenhang mit dem US$12,5 Mrd teuren Kauf von Qualtrics durch Private-Equity-Investoren und die insgesamt 17 Kartellverfahren zum Werbemarkt hervor, in denen FBD den Techkonzern Google gegen verschiedene Bundesstaaten und das DoJ vertritt. Ein klarer Hinweis auf die langfristige Perspektive des dortigen Engagements ist auch der Umzug in New York: Die Kanzlei schloss dort einen 15 Jahre laufenden Mietvertrag für knapp 17.000 Quadratmeter in Lower Manhattan.

Ein zweiter Fokus der Kanzleistrategie sind Digitalisierung und Technologieeinsatz. FBD sieht darin eine entscheidende Stellschraube, um die Qualität ihrer Beratung auch abseits des Fachlichen auf einem Spitzenniveau zu halten. Es geht darum, in puncto Effizienz, Tempo und Internationalität dem entsprechen zu können, was Mandanten erwarten: „Das schnelle Umsetzen von komplexen Sachverhalten macht die Arbeit so gut", hob einer als Kernkompetenz der Kanzlei hervor. Darauf ruhte sich Freshfields keineswegs aus. Ein Baustein der Servicestrategie war es, im Herbst 2022 einen mehrjährigen Vertrag mit dem internationalen Dienstleistungskonzern Cognizant zu schließen. Dieser ist für die globale IT-Infrastruktur der Kanzlei und die Anwendungen zuständig und soll technologische Neuerungen mitbestimmen. Ziel ist es, den Service für Mandanten zu verbessern und u.a. für größere Flexibilität zu sorgen. Ein zweiter Baustein war der Start des Service-Hubs in Bratislava, der sich zu der bestehenden Einheit in Manchester gesellt und insbesondere die Standorte in Deutschland und Österreich unterstützen soll. Dabei geht es nicht um IT-Themen, sondern um organisatorische und technische, nichtanwaltliche Aufgaben.

Der Kern des Geschäftsmodells besteht weiterhin – und das ist die dritte zentrale Komponente ihrer Strategie – in der Kompetenz und dem Renommee der Anwälte. Zu den herausragenden, weil zeitkritischen, marktprägenden und hochgradig internationalen Mandaten gehörte zuletzt die Beratung der Schweizer Großbank UBS bei der Rettung der Wettbewerberin Credit Suisse. An dem Notkauf waren aus Frankfurt unter anderem die Partner Dr. Gunnar Schuster für aufsichts- und Dr. Christoph Gleske für kapitalmarktrechtliche Belange beteiligt. Tief involviert war die Kanzlei auch in die Beratung zu den Folgen der Russland-Sanktionen und den Verwerfungen auf den Energiemärkten. Zu den zukunftsweisenden Mandaten gehörte auch die Vertretung von Volkswagen und verschiedener Tochtergesellschaften in Klimaklagen in mehreren Dutzend Ländern. Bereits jetzt ist absehbar, dass infolge von Nachhaltigkeitsregularien neue Verfahrenskomplexe entstehen. Der Ausbau der hiesigen Litigation-Kompetenz in den vergangenen Jahren trägt auch international Früchte und hilft, eine Flaute im Transaktionsgeschäft zu überbrücken.

Perspektive: Die Kanzlei handelt in einer Phase multipler wirtschaftlicher Umbrüche vorausschauend und investiert erheblich, um ihre Beratung als hochkarätige, an die Bedürfnisse der Mandanten angepasste Dienstleistung anzubieten. Die notwendigen Mittel dafür kann sie mit global ausgerichteter und bestens bezahlter Mandatsarbeit am ehesten erwirtschaften. Deswegen ist der Ausbau eines einträglichen US-Geschäfts mit einem Mix aus Transaktionen und Verfahren ein wichtiges Element, um die Kanzlei insgesamt wettbewerbsfähig zu halten. Freshfields handelt also aus eigenem Interesse heraus und fährt zugleich – ähnlich wie Allen & Overy – eine Gegenstrategie zur Expansion von finanzkräftigen US-Spitzenkanzleien in Großbritannien und der EU.

Dass zudem Investitionen in künstliche Intelligenz (KI) anstehen, macht diese Strategie geradezu unerlässlich. Zuletzt arbeitete das Machine-Learning-Team der Kanzlei etwa am Einsatz von generativer KI. Der technologische Fortschritt stößt Entwicklungen an, denen sich eine Spitzenkanzlei nicht entziehen kann – und die sich bei umsatzschwächeren, weniger international ausgerichteten Einheiten mittelfristig im finanziellen Korsett einer Partnerschaft nurmehr schwer rechnen könnten. Wie sich der Markt hier aufspaltet, zeigt sich bereits am Einsatz von KI bei Allen & Overy oder den Big-Four-Gesellschaften und ihren Rechtsarmen; gerade Letzteren erlaubt ihre Finanzkraft ein viel langfristigeres, strategisches Handeln.

Ihre personelle Aufstellung hat die Kanzlei in den vergangenen Monaten deutlich bunter gestaltet. Rund 48 Prozent der Neuzugänge in der Freshfields-Partnerschaft waren im vergangenen Geschäftsjahr Frauen, in den USA stellten sie die Mehrheit. Der zweite globale Diversity-Bericht der Kanzlei zeigt ebenfalls deutliche Fortschritte auf; teilweise erreichte sie ihre selbst gesteckten Ziele vorzeitig. In Kontinentaleuropa – und auch in Deutschland – bleibt sie indes weiterhin zurück. Auch ein Bericht über Gehaltsunterschiede wie in Großbritannien fehlt derzeit, doch namhafte Mandanten machen ihre Aufträge inzwischen teils davon abhängig, wie die Kanzleiteams zusammengesetzt sind. Sie fordern eine Transparenz ein, an die sich Freshfields noch herantastet.

Dass die Kanzlei im Zuge des Strafverfahrens gegen einen ehemaligen Partner erneut im Rampenlicht des Cum-Ex-Skandals erscheint, ist nach wie vor ein Schatten auf dem Image von FBD. Noch schwerer, weil nachhaltiger, schwächen können die Kanzlei jedoch unerwartete Abgänge wie der des Finanzaufsichtsrechtspartners Dr. Markus Benzing, der stark in die Vertretung der Wirtschaftsprüfungsgesellschaft Ernst & Young im Wirecard-Verfahren eingebunden war und dessen Ausscheiden die ausgeglichene Altersstruktur in diesem Bereich aushebelte.

Mandantenstimmen: „Höchste fachliche Kompetenz gepaart mit übergreifendem Verständnis für rechtliche und kommerzielle Belange", „sehr detailliert und umfassend – dabei effizient und kommerziell", „immer zum Punkt mit Augenmaß für Dynamiken", „herausragende Erfahrung, pragmatischer Ansatz, auf den Punkt", „hoch kompetent und stark in Verhandlungen", „beeindruckend: im-

Die Anwaltszahlen stammen von den Kanzleien selbst und beziehen sich auf das letzte abgelaufene Geschäftsjahr. Einige Kanzleien beschäftigen für bestimmte Projekte befristet angestellte Rechtsanwälte. Daraus erklären sich teils deutliche Unterschiede zu Personalzahlen der Vorjahre.

mer verfügbar, immer sofort mit einer Antwort". Die Kehrseite dieses Lobes zeigte sich in Einzelfällen ebenfalls: „Partner schwierig zu erreichen, Timelines nicht eingehalten." Insgesamt kommt ein Mandant jedenfalls zu dem Schluss: „Alles eine Preisfrage, sind aber sehr zufrieden."

Service: Ihre Anfang 2022 gestartete Einheit für Prozessführung in Massenverfahren hat die Kanzlei inzwischen auf rund 30 Litigators an den Standorten Münster, Nürnberg und Hannover erweitert. Der personelle Ausbau über die ersten zwei Jahre zeigt, dass der Ansatz Früchte trägt. Zudem hat die Kanzlei weiter investiert, um ihre anwaltlichen Dienstleistungen durch den Einsatz von Technologie zu verbessern. Am Berliner Standort hat sie ein Spezialistenteam, das auch aktuelle KI-Entwicklungen begleitet. Zudem brachte die Kanzlei in Bratislava einen Service-Hub an den Start, der eng mit dem seit über acht Jahren bestehenden Servicestandort in Manchester zusammenarbeitet. Die globale IT-Infrastruktur lagerte die Kanzlei inzwischen in einem mehrere Jahre laufenden Vertrag an den Dienstleister Cognizant aus.

Anwälte in Deutschland: 627

Standorte: Berlin; Düsseldorf; Frankfurt; Hamburg; München. Litigation-Büros: Hannover, Münster, Nürnberg.

Internat. Einbindung: International integrierte Kanzlei mit einheitlichem Vergütungssystem (modifizierter Lockstep), v.a. in Europa, u.a. ▷*Brüssel*, sehr stark. In den USA in New York, Washington u. Silicon Valley präsent (aktuell knapp über 80 US-Partner). Im Nahen Osten mehrere eigene Büros u. exklusive Beziehungen. In Asien liegen strategische Schwerpunkte in China u. Japan.

GIBSON DUNN & CRUTCHER

Nationaler Überblick Top 50 ★★

Auf den Punkt: Auf Transaktionen ausgerichtete Kanzlei mit langjähriger Erfahrung bei Compliance u. mit intensiven Verbindungen zu ihren u.a. prozessstarken US-Standorten.

Empfohlen für: ▷*Compliance*; ▷*Gesellsch.recht*; ▷*Kartellrecht*; ▷*Konfliktlösung*; ▷*M&A*; ▷*Private Equ. u. Vent. Capital*.

Analyse: Gibson Dunn gelingt mit den beiden deutschen Büros ein schwieriger Spagat: Sie sind eng in das grenzüberschreitende Geschäft ihrer US-Büros eingebunden und hinterlassen trotzdem einen nennenswerten Fußabdruck mit in Deutschland akquirierten Mandanten. Besonders gut lässt sich das bei Transaktionen ablesen, aber auch im Gesellschaftsrecht, Compliance, im Kartellrecht und – mit Abstrichen – im Bereich Konfliktlösung.

Die hiesige M&A-Praxis blickt trotz Flaute auf ein recht erfolgreiches Jahr zurück, da sie konsequent mit den internationalen Büros kooperiert. Ein typisches Beispiel dafür ist Giesecke + Devrient, die bei einem Zukauf in den USA auf GDC setzte. Ein Ausrufezeichen zu setzen, gelang der Private-Equity-Praxis, die Mandanten von sich überzeugte, die zuvor auf Wettbewerber setzten. In der PE-Praxis schlägt sich außerdem das Bemühen der vergangenen Jahre nieder, die deutschen Anwälte enger mit den Kollegen in London und Paris zusammenzubringen. So trat zuletzt in mehreren Mandaten ein europäisches Team gemeinsam mit den US-Büros auf.

Ein ähnliches Rezept verfolgt die Kartellrechtspraxis mit ihrer Zusammenarbeit mit dem Brüsseler Büro, was sich unter anderem in einem komplexen Phase-II-Verfahren im Techsektor niederschlug. Die Kartellrechtspraxis ist es auch, in der sich allmählich ein Generationswechsel abzeichnet. Michael Walther zog sich altersbedingt zurück, der Übergang auf einen im Vorjahr ernannten jüngeren Partner erfolgte mit Weitsicht.

Eine enge praxis- und grenzüberschreitende Arbeit charakterisiert auch die Corporate- und Compliance-Praxis. Bei beiden ist eine Reihe originär deutscher Mandanten zu finden. Ein gutes Beispiel ist die Beratung des Allianz-Aufsichtsrats, bei der wiederum US-Kollegen im Einsatz waren. Den Weggang eines frisch zum of Counsel ernannten Anwalts, der auf Exportkontrolle fokussiert war, kann die Compliance-Praxis verkraften, weil sie diesen Teil der Beratung nun mit einem anerkannten US-Kollegen abdeckt.

Etwas anders ist die Situation der Konfliktlösungspraxis, die naturgemäß eher im deutschen Geschäft beheimatet ist. Sie hat in den vergangenen Jahren einen ordentlichen Schritt nach vorne gemacht – auch, indem sie sich aus der Nische der Compliance-bezogenen und aktienrechtlichen Streitigkeiten herausgewagt hat. Nun verstärkt ESG-bezogene Streitigkeiten ins Visier zu nehmen, ist ein kluger Schachzug, denn diese sind in den USA bereits ein wichtiges Themenfeld. Die US-Büros, die in Sachen Konfliktlösung als Powerhouse gelten, dürften die Klimaklagen, die das Team für Mercedes-Benz abzuwehren versucht, mit Interesse beobachten.

Perspektive: Nachdem die Kanzlei vor allem nach der Eröffnung in Frankfurt stetig größer wurde, geriet die Expansion zuletzt etwas ins Stocken. Auf Partnerebene kam im Sommer 2023 Öffentlichrechtler Dr. Lars Petersen dazu. GDC verfügt zwar in den wesentlichen Praxisgruppen über ausreichend Schlagkraft, allerdings zeigt sich die Wachstumspolitik der Vergangenheit in der Struktur der Partnerschaft: Diese wuchs zwischen 2009 und 2020 ausschließlich mit Laterals, ernannte aber keinen Partner. Das Ergebnis ist eine Alterspyramide, in der eine ganze Anwaltsgeneration fehlt. Im Kartellrecht rüstete GDC rechtzeitig nach, sodass das Ausscheiden eines erfahrenen Partners verkraftbar sein wird. Auch im M&A/PE lässt die jüngste Partnerernennung hoffen, genauso wie in Compliance, wo zuletzt – längst überfällig – eine im Markt anerkannte Counsel Partnerin in der bisherigen Männerriege wurde. Diese Ernennungen sind ein wichtiges Signal an den Nachwuchs, der immer wieder die gute Stimmung in der Kanzlei lobt. Obendrein zählt GDC beim Einstiegsgehalt zu den Top-Fünf-Zahlern im Markt. Das alles schließt jedoch nicht besagte Lücke in der Alterspyramide der Partnerschaft. Dafür müsste die Kanzlei ihre Bemühungen verstärken, Laterals von sich zu überzeugen. Den Weggang Einzelner durch Know-how aus den USA zu kompensieren, mag im Einzelfall funktionieren, ist aber langfristig keine Strategie.

Mandantenstimmen: Mandanten loben v.a. die Transaktionskompetenz der Kanzlei. Das Kartellrechtsteam finden sie „sehr engagiert".

Service: GDC nutzt in Deutschland genauso wie global eine Reihe von Tools. Diese setzt sie vor allem bei Massenverfahren ein, aber auch bei internen Ermittlungen, Daten- und Vertragsanalyse.

Anwälte in Deutschland: 52

Standorte: Frankfurt; München.

Internat. Einbindung: Voll integrierte US-Kanzlei mit mehreren Standorten in den USA, dazu in Dubai, Brasilien, Asien u. Europa, u.a. in Brüssel. Zuletzt eröffnete sie in Abu Dhabi.

GLEISS LUTZ

Nationaler Überblick Top 50 ★★★★★

Auf den Punkt: Die Kanzlei gehört in zahlreichen Rechtsgebieten zur Marktspitze. Dies gelang mit einem Mix aus traditioneller Lockstep-Kultur, die die enge Zusammenarbeit der Partnerschaft prägt, u. zukunftsgerichteten Managemententscheidungen.

JUVE Kanzlei des Jahres für: Regulierung.

Fünf-Sterne-Praxis für: ▷*Arbeit*; ▷*Compliance*; ▷*Gesundheit*; ▷*Insolvenz/Restrukturierung*; ▷*Kartellrecht*; ▷*Konfliktlösung*; ▷*M&A*.

Zudem empfohlen für: ▷*Anleihen*; ▷*Außenwirtschaft*; ▷*Bankrecht u. -aufsicht*; ▷*Beihilfe*; ▷*Börseneinführ. u. Kapitalerhöhung*; ▷*Energie*; ▷*ESG*; ▷*Gesellsch.recht*; ▷*Immo/Bau*; ▷*IT u. Datenschutz*; ▷*Kredite u. Akqu.fin.*; ▷*Lebensmittel*; ▷*Marken u. Wettbewerb*; ▷*Nachfolge*; ▷*Notare*; ▷*Öffentl. Recht*; Patent; ▷*Private Equ. u. Vent. Capital*; Steuern; ▷*Unternehmensbez. Versichererberatung*; ▷*Vergabe*; ▷*Verkehr*; ▷*Vertrieb*.

Analyse: Juristische Exzellenz, eine kluge Organisationsstruktur, ein klares Management u. eine gesunde Kanzleikultur haben GL an die Marktspitze geführt. Damit gewinnt die Kanzlei Mandate wie den Carve-out der Funkturmsparte der Deutschen Telekom, die vor einigen Jahren noch an Freshfields, Latham oder auch Hengeler gegangen wären. Die alles verbindende Klammer ist der tief verwurzelte Wille zur internen Kooperation. Dass diese Zusammenarbeit, die selbstverständlich auch Selbstzweck ist, ebenfalls den Mandanten zugutekommt, wird v.a. im aktuellen Umfeld mit ausgeprägter risikonaher Beratung deutlich, in der das reibungslose Zusammenspiel verschiedener Fachdisziplinen unabdingbar ist: ESG, Compliance, Konfliktlösung, Corporate u. Regulierung.

So ist es nur folgerichtig, dass ESG- u. Regulierungsberatung im weitesten Sinne bei GL nicht für sich stehen, sondern den Nukleus eines Full-Service-Angebotes bilden. Der ESG-Beratungsansatz setzt Maßstäbe u. führt dazu, dass Mandanten die „starke u. umfassende Präsenz bei Nachhaltigkeitsfragen" loben. An vorderster Front treiben die jüngeren Partner Dr. Marc Ruttloff u. Prof. Dr. Eric Wagner die Entwicklung voran u. treffen dabei auf breiten Rückhalt in der Partnerschaft. Beispiele für das sehr weit gefächerte Angebot sind Mandanten wie die Ratingagentur Scope, die das Team bei der Prüfung der Datengrundlage u. der daraus generierten Ratings im Verhältnis zu ESG-Berichtspflichten berät. Porsche und VW lassen sich u.a. zu den ESG-Kriterien bei der Vorstandsvergütung beraten, während Baden-Württemberg bei der Weiterentwicklung seines Klimaschutzkonzeptes auf GL setzt.

Teil dieser Entwicklung ist auch die Corporate- u. M&A-Praxis, die mit Bayer u. der Software AG wichtige Mandanten hinzugewonnen hat u. bei der neben renommierten Köpfen wie Prof. Dr. Michael Arnold, Dr. Ralf Morshäuser u. Dr. Christian Cascante auch die Partner Dr. Jochen Tyrolt u. Dr. Stephan Aubel deutlich präsenter waren.

GL ist aber auch bereit, kalkulierte Risiken einzugehen: Die Eröffnung des Londoner Büros 2022 u. der Wechsel von Dr. Christian Halász aus der US-Kanzlei Akin Gump Strauss Hauer & Feld waren mit großen Erwartungen verbunden. Während sich die britische Präsenz zwar bei kartellrechtlicher Litigation direkt auf die Mandatsarbeit niederschlägt, ist die Investition für M&A u. Private Equity noch eher eine

Die Anwaltszahlen stammen von den Kanzleien selbst und beziehen sich auf das letzte abgelaufene Geschäftsjahr. Einige Kanzleien beschäftigen für bestimmte Projekte befristet angestellte Rechtsanwälte. Daraus erklären sich teils deutliche Unterschiede zu Personalzahlen der Vorjahre.

Kontaktbörse. Unmittelbarer wirkt die Personalie Halàsz sowohl in puncto Neumandatierung als auch in Sachen Kanzleikultur u. -strategie. Der Restrukturierungsspezialist verkörpert nicht den klassischen Gleiss-Partner mit Stuttgarter Stallgeruch u. bringt neben seinem US-Kanzlei-Background eine Mandantengruppe ins Portfolio, die man vor einigen Jahren noch kategorisch ausgeschlossen hätte. Auch wenn GL rote Linien definiert hat, birgt die Beratung von Hedgefonds und Investoren ein Risiko, über das die Partnerschaft im Vorfeld intensiv diskutiert hat u. zu dem Schluss kam, opportunistischer u. weniger dogmatisch handeln zu wollen.

Dogmatisch bleibt GL bei der Kanzleistruktur: Die Partnerschaft hat sich wieder auf die reine Lehre des Locksteps verständigt, der nun (fast) keine Ausnahmen, Sondervergütungen u. Spezialabsprachen mehr zulässt. Das kann für die komplexen Großmandate, um die sich alle führenden Kanzleien reißen, förderlich sein, bringt aber Herausforderungen, u.a. in Sachen Talentförderung u. Monitoring von nicht juristischen Aufgaben u. Qualitäten. Eines der größten Risiken hat die Kanzlei mit der Lockstep-Rückkehr möglicherweise wieder verschärft: Wie immun sind in Zeiten ambitionierter US-Kanzleien Top-Performer gegenüber den Verlockungen des Geldes? Der kulturelle Kitt bei GL ist stark, aber er wird jetzt auch auf eine harte Probe gestellt.

Perspektive: Im November 2023 tritt nach fünf Jahren das Managementduo Dr. Alexander Schwarz u. Prof. Dr. Michael Arnold ab. Die neuen Co-Leiter müssen eigene Wege finden, ein eigenes Profil, einen eigenen Stil, ohne jedoch das Erreichte aufs Spiel zu setzen. Operativ wird eine der Aufgaben sein, das internationale Kanzleinetzwerk stark u. lebendig zu halten – u. auf dem von deutschen Mandanten geforderten hohen Niveau. Nur so kann GL den Expansionsbemühungen von Wettbewerbern wie Freshfields u. Allen & Overy in Richtung USA Kontra geben. Eine gute Maßnahme kann sein, die bereits angebahnten Verbindungen zu Kanzleien nach Kanada deutlich zu vertiefen.

Eine größere Herausforderung für das neue Management wird jedoch darin bestehen, die Kanzleikultur so auszugestalten, dass die Partnerschaft so geschlossen agieren kann wie derzeit, aber gleichzeitig offen und durchlässig genug bleibt für den eigenen Nachwuchs und den einen oder anderen sorgfältig ausgewählten Quereinsteiger. Die Partnerschaft und das Management müssen im Auge behalten, dass die Care-Arbeit der Teilhaber gegenüber Associates, Counsel und Neupartnern gerecht in der Lockstep-Vergütung abgebildet wird. Nur so gibt es genügend Anreize, eigene Talente zu fördern oder sich innerhalb der Organisation zu engagieren. Regelmäßig gab es in der Vergangenheit Kritik von Associates, die Stimmung in den Teams, die Förderung und die aktive Mitarbeit an Mandaten sei zu sehr vom Gutdünken des jeweiligen Partners abhängig. Ein neues Partnerleitbild, das Vorbild- und Ausbildungsfunktionen klar einschließt, soll solche Zufälligkeiten einschränken, auch ein Partnerentwicklungsprogramm kann hier harmonisierend wirken. Nicht nur die finanziellen Kennzahlen des Erfolges sollten GLs Wettbewerbsfähigkeit sicherstellen, sondern auch die Performance als Teamleader.

Mandantenstimmen: In fast jedem Rechtsgebiet werden Partner für ihre „fachlich hervorragende" Beratung gelobt, die gleichzeitig als „pragmatisch u. praxisnah" empfunden wird. Außerdem schätzen Mandanten, dass die Anwälte komplizierte Sachverhalte auch Nichtjuristen nahebringen können.

Service: GL integriert betriebswirtschaftliches Know-how in die Mandatsarbeit u. bindet etwa Pricing- u. Projektmanagement-Know-how in Ausschreibungen ein. Zudem setzt die Kanzlei eine große Palette von Legal-Tech- u. Legal-Operation-Tools in Mandaten ein, die zum Teil eingekauft, zum Teil selbst entwickelt werden.

Anwälte in Deutschland: 367

Standorte: Berlin; Düsseldorf; Frankfurt; Hamburg; München; Stuttgart.

Internat. Einbindung: Unabhängige Kanzlei mit engen Kooperationsbeziehungen zu Gide Loyrette Nouel (Frankreich), Chiomenti (Italien) u. Cuatrecasas (Spanien/Portugal). Außerdem Zusammenarbeit in NL mit Stibbe und mit verschiedenen Kanzleien in GB. In den USA breites Netzwerk, u.a. mit Paul Weiss, Cravath Swaine & Moore, Simpson Thacher & Bartlett u. Fenwick & West. Zudem gute Beziehungen zu asiat. Kanzleien. Eigene Büros in London und ▷*Brüssel*.

Die Anwaltszahlen stammen von den Kanzleien selbst und beziehen sich auf das letzte abgelaufene Geschäftsjahr. Einige Kanzleien beschäftigen für bestimmte Projekte befristet angestellte Rechtsanwälte. Daraus erklären sich teils deutliche Unterschiede zu Personalzahlen der Vorjahre.

GÖRG

Nationaler Überblick Top 50 ★★★

Auf den Punkt: Bundesweit präsente Kanzlei mit Full-Service-Angebot, die trotz des Ausbaus anderer Praxen weiterhin durch ihre gewachsene Kompetenz bei Insolvenz u. Sanierung geprägt wird.

Fünf-Sterne-Praxis für: ▷*Insolvenz/Restrukturierung*.

Zudem empfohlen für: ▷*Arbeit*; ▷*Bankrecht u. -aufsicht*; ▷*Energie*; ▷*Gesellsch.recht*; ▷*Gesundheit*; ▷*Immo/Bau*; ▷*IT u. Datenschutz*; ▷*Konfliktlösung*; ▷*M&A*; ▷*Notare*; ▷*Öffentl. Recht*; ▷*Private Equ. u. Vent. Capital*; Steuern; ▷*Vergabe*; ▷*Vertrieb*.

Analyse: Görg arbeitet weiter konsequent daran, neben ihrer Paradedisziplin Insolvenz und Restrukturierung klar profilierte Beratungsfelder zu etablieren. Ausgangspunkt ist dabei ein tendenziell mittelständisch orientierter Ansatz, bei dem immer klarer wird, wie gut die einzelnen Praxen zur Zusammenarbeit in der Lage sind und sich gegenseitig befruchten. Dies zeigt sich unter anderem an der Seite der öffentlichen Hand oder bei Infrastrukturprojekten, wo Vergabe-, Energie-, Gesellschafts- oder IT-Rechtler regelmäßig eng zusammenarbeiten. Auf derartige Kooperationen vertrauten zuletzt die Stadt Düsseldorf und Fraport. In dieser Entwicklung zeigt sich, dass Görg zwar langsam, aber doch mit recht sicherem Schritt ihrem Ziel näherkommt, bei komplexeren Projekten jenseits ihrer Distressed-Arbeit gefragt zu sein.

Dabei ist es bislang weniger die Corporate-Praxis, die den Motor des Fortschritts bildet – vielmehr speist sich der Erfolg aus dem Zusammenspiel von u.a Arbeitsrecht, Öffentl. Wirtschaftsrecht sowie einem guten Renommee in der Energie- und Immobilienwirtschaft. Dass Görg daran gelegen war, ihr Corporate-Team zu stärken, überrascht daher nicht: Mit gleich drei Quereinsteigern von GSK Stockmann und Norton Rose Fulbright hat sie die Praxis zuletzt erweitert. Damit schuf sie auch neues Potenzial, um die sich schon jetzt positiv entwickelnde Private-Equity-Beratung weiter voranzutreiben.

Auch ein weiterer Neuzugang fügte sich gut ins bestehende Portfolio: Ebenfalls von GSK kam Dr. Alexander Insam. Der auf Vergütungsthemen spezialisierte Arbeitsrechtler passt nahtlos in das unter anderem in der Bankenszene gut vernetzte arbeitsrechtliche Team, das zudem attraktive neue Mandanten wie Veolia von sich überzeugte. Ähnlich wie die Energiepraxis hat sich das Team längst von der dominierenden Restrukturierungsarbeit emanzipiert.

Letztere bleibt aber dennoch das größte Aushängeschild der Kanzlei und wird es mit Blick auf den anziehenden Bedarf auch bleiben. Die Beratung von SCP und x+bricks bei Kauf der Warenhauskette Real und die fortgesetzte Beratung von SCP zeugen von der Transaktions- und Immobilienkompetenz, Sachwaltung u. Sanierung der Kehag Energiehandel belegen einmal mehr das energierechtliche Know-how.

Perspektive: Bei allen Pluspunkten, zu denen auch eine durchaus erfolgreiche Förderung der jüngeren Generationen gehört, steht sich Görg hier und da weiterhin selbst im Weg. So hat sie es bislang versäumt, ihr Berliner Büro so aufzustellen, dass es die andernorts erfolgreiche Entwicklung im Bereich Private Equity und Venture Capital sinnvoll verstärken kann. Die Neuzugänge in Frankfurt zeugen insoweit zwar von den Ambitionen der Kanzlei im erweiterten Corporate-Bereich, doch könnte ein sehr gezielter Ausbau in der Hauptstadt noch größere Effekte schaffen.

Eine womöglich größere Baustelle bleibt die strukturierte internationale Vernetzung. Hier wird eine Lösung drängender, denn mit zunehmender Komplexität der Arbeit und der Beratung zu Infrastrukturprojekten muss Görg solide Verbindungen über die Grenzen hinweg vorweisen können, will sie nicht auf halber Strecke stehen bleiben. Auch ihre hoch respektierte Restrukturierungsarbeit könnte dadurch in eine weitere Dimension vorstoßen.

Ein weiteres Defizit will die Kanzlei nun mithilfe eines der Neuzugänge von GSK angehen: Dr. Tobias Riethmüller bringt von dort Erfahrung mit Legal-Tech-Projekten mit und soll eine entsprechende digitale Entwicklung nun bei Görg vorantreiben. Damit ist Görg für eine Kanzlei ihrer Größe spät dran, und es wird viel Einigkeit in der Partnerschaft erfordern, die entsprechenden Investitionen anzugehen.

Mandantenstimmen: Auch abseits ihres Kerngebiets finden Mandanten für Görg lobende Worte. Verschiedenen Anwälten, unter anderem im IT- und Energierecht, bescheinigen sie Überblick, Kompetenz und Pragmatismus. Allerdings gibt es auch vereinzelte kritische Stimmen, die Homogenität in der Qualität vermissen.

Service: Görg beginnt erst jetzt, sich intensiver um technische Unterstützung für ihr weiterhin partnerzentriertes, persönliches Beratungsangebot zu kümmern. Bei arbeitsrechtlichen Restrukturierungsmaßnahmen hat die Kanzlei aber bereits vor Jahren ein IT-Werkzeug eingeführt, das eine rechtssichere Sozialauswahl beschleunigt. Weitere kommen in der Insolvenzverwaltung u. im Vergaberecht zum Einsatz.

Anwälte in Deutschland: 319

Standorte: Berlin; Frankfurt; Hamburg; Köln; München; Stuttgart.

Internat. Einbindung: Offenes Netzwerk mit anderen unabhängigen Kanzleien.

FRIEDRICH GRAF VON WESTPHALEN & PARTNER

Nationaler Überblick Top 50 ★

Auf den Punkt: Die Full-Service-Kanzlei ist auf die Beratung von mittelständischen Unternehmen spezialisiert. Hier glänzt sie insbesondere bei Manager- u. Produkthaftungsthemen.

Empfohlen für: ▷*Arbeit*; ▷*Gesellsch.recht*; ▷*Gesundheit*; ▷*Konfliktlösung*; ▷*M&A*; ▷*Marken u. Wettbewerb*; ▷*Versicherungsvertragsrecht*; ▷*Vertrieb*.

Analyse: Der Weggang eines starken Corporate-Teams in Freiburg im Jahr 2022 hat das Gesicht der Kanzlei stark verändert. Früher sehr auf Freiburg fokussiert, verteilt sich das Geschäft nun ausgewogener auf die Standorte, was zugleich die bisher ausbaufähige standortübergreifende Zusammenarbeit positiv beeinflusst. Neumandanten wie das US-Gesundheitsunternehmen Veru, das Berliner Fraunhofer Heinrich-Hertz-Institut u. der britische Eisenbahnkonzern The Go-Ahead Group zeigen, dass FGvW gesellschaftsrechtlich nach wie vor eine Größe ist. Transaktionen für den US-Energiekonzern Enphase oder Airline Assistance Switzerland zeigen, dass das Team bei Deals weiterhin auch international gefragt ist. Im Zuge der Abgänge verlor die Corporate-Praxis zwar auch Mandate, machte aber aus der Not eine Tugend und richtete ihr Geschäft stärker an Sektoren aus, in denen die Kanzlei bereits präsent ist. Dazu gehört der Gesundheitssektor: FGvW beriet u.a. ein japanisches Medtech-Unternehmen bei diversen Zukäufen in Deutschland. Eine Kölner Quereinsteigerin mit Spezialisierung im Healthcare-Bereich passt exzellent zu dieser Strategie. Auch aus dem Markenund Wettbewerbsrecht heraus ergeben sich Schnittstellen zur Medizinbranche. Insbesondere das Freiburger Büro ist für die Beratung von Pharmaunternehmen und Apotheken bekannt.

Die stärkere Fokussierung auf für die Kanzlei wichtige Branchen hat im ersten Jahr unter neuem Management bereits Wirkung gezeigt. Immer häufiger kann die Kanzlei dabei die Bandbreite ihrer Beratung ausspielen. Zugleich ist jede Menge Luft, ihr Full-Service-Angebot bei Mandaten noch stärker auszurollen und insbesondere Mittelständler noch umfassender zu beraten. Dafür müssen die Praxisgruppen weiter zusammenrücken und fachübergreifend auf Projekten arbeiten.

Perspektive: Das 2022 neu gewählte dreiköpfige Management hat den Umbruch innerhalb der Kanzlei bislang souverän bewerkstelligt. Traditionelle Stärken wie die Prozessführungspraxis, aber auch das weiterhin starke Corporate-Team bilden ein sicheres Fundament. Die stärkere Branchenorientierung ist vielversprechend, wird aber noch nicht in aller Konsequenz gelebt. So bieten sich etwa im Versicherungssektor, aber auch bei Energie und Logistik noch ungenutzte Chancen.

Kapazitäten wird die Kanzlei auch in die Nachwuchsförderung stecken müssen, um langfristig den Generationswechsel zu sichern. Ein erster Schritt wäre die Weiterentwicklung des Ausbildungsprogramms, das bisher nur die Standardelemente, aber wenig individuelle Förderung enthält. Wie sich das Thema angehen lässt, zeigt das Konfliktlösungsteam, das seit einiger Zeit daran arbeitet, die Gruppe um die zentralen Partner Prof. Dr. Tobias Lenz u. Carsten Laschet zu erweitern.

Zentral für die Entwicklung der Kanzlei wird auch der Umgang mit dem Thema Digitalisierung sein. Die Zurückhaltung im Umgang mit Legal-Tech-Anwendungen könnte ihr schon bald auf die Füße fallen. Auch das Geschäft von FGvW bietet Ansätze zum Einsatz automatisierter Rechtsdienstleistungen. Kanzleien wie SKW Schwarz, GvW Graf von Westphalen oder Luther machen vor, wie das geht. Dass das neue Management explizit einen Verantwortlichen für die Digitalisierungsstrategie benannt hat, ist ein Schritt in die richtige Richtung, dem dann auch die nötigen Investitionen folgen müssen.

Mandantenstimmen: Das Feedback eines Mandanten zu einem fachübergreifenden Team aus Freiburg unterstreicht die interne Zusammenarbeit: „Alle überzeugen sowohl menschlich als auch fachlich. Die für ein mittelständisches Unternehmen sinnvolle Beratungstiefe wird zuverlässig erreicht, weshalb ein überzeugendes Kosten-Nutzen-Verhältnis jederzeit gewahrt bleibt."

Service: In Sachen Technik agierte FGvW lange eher verhalten. Im Herbst 2021 wurde ein neues Kanzleimanagementsystem eingeführt, das nicht nur interne Prozesse optimiert, sondern auch das Datenmanagement mit den Mandanten. Mit der Neuwahl des Managements wurde ein Ressort zu IT/Digitalisierung geschaffen, das praxisspezifische Tools entwickeln soll.

Anwälte in Deutschland: 99

Standorte: Berlin; Frankfurt; Freiburg; Köln.

Die Anwaltszahlen stammen von den Kanzleien selbst und beziehen sich auf das letzte abgelaufene Geschäftsjahr. Einige Kanzleien beschäftigen für bestimmte Projekte befristet angestellte Rechtsanwälte. Daraus erklären sich teils deutliche Unterschiede zu Personalzahlen der Vorjahre.

Internat. Einbindung: Gut gepflegtes weltweites Netzwerk, insbesondere für den Versicherungs- u. Gesundheitssektor.

GREENBERG TRAURIG

Nationaler Überblick Top 50 ★★

Auf den Punkt: Die dt. Praxis der US-Kanzlei hat sich aus ihren Kernbranchen Immobilien u. Medien zu einer Full-Service-Einheit mit enger Anbindung an das internationale Netzwerk entwickelt.

Fünf-Sterne-Praxis für: ▷*Immo/Bau*.

Zudem empfohlen für: ▷*Arbeit*; ▷*Gesellsch.recht*; ▷*Insolvenz/Restrukturierung*; ▷*IT u. Datenschutz*; ▷*M&A*; ▷*Medien*; ▷*Private Equ u. Vent. Capital*; ▷*Telekommunikation*.

Analyse: Die Flaute bei Immobilientransaktionen geht an einer Kanzlei mit so starken immobilienrechtlichen Wurzeln nicht spurlos vorüber. Doch zeigte sich, dass die Strategie, die GT in den vergangenen Jahren gefahren ist, goldrichtig war. Stück für Stück hat sich die US-Kanzlei mit Immobilienschwerpunkt zu einer Full-Service-Kanzlei gemausert, in der Immobilien nur noch einen klaren Branchenfokus bilden und das einstige Kernteam nicht einmal mehr die größte Praxisgruppe stellt. Wie tief ihre Durchdringung der Branche dennoch bleibt, zeigt sich gerade in den schwierigen Zeiten, denn das Transaktionsgeschäft ist dank Small- und Mid-Cap-Deals nicht gänzlich zum Erliegen gekommen. Mit der Beratung zu Betreiberimmobilien spielt GT zudem weiter ihre Stärke bei technologieverwandten Themen wie Datenschutz aus u. bringt diese auch in Bezug auf die nachhaltige Bewirtschaftung von Immobilien ein. Dass derartige Beratungsprodukte echte Alternativen zum Transaktionsgeschäft und das Ergebnis strategischer Weitsicht sind, zeigt sich daran, dass die Neupartner der vergangenen beiden Jahre bewusst auf diese Themen gesetzt hatten.

Als richtig erwiesen hat sich auch die konsequent vorangetriebene internationale Integration. Sukzessive hat die deutsche Praxis ihre Ausrichtung der der Gesamtkanzlei angenähert und profitiert von der starken internationalen Achse. Ein aktuelles Beispiel ist die Begleitung von Altice. Bei der €1,2-Milliarden-Transaktion beriet GT den französischen TK-Anbieter bei der Gründung eines Joint Ventures mit Vodafone zur Errichtung eines bundesweiten Glasfasernetzes. Neben der Joint-Venture-Strukturierung fallen regelmäßig auch Fragen im Zusammenhang mit dem operativen Geschäft an, so dass GT weitere Praxisgruppen einbeziehen kann.

Trotz kontinuierlicher Diversifizierung des Beratungsportfolios gibt es noch Bereiche mit Ausbaupotenzial. Das gilt neben noch un- bzw. schmal besetzten Feldern punktuell auch für die Kernbereiche. So hat GT ihre Restrukturierungspraxis zuletzt mit einer erfahrenen Inhouse-Immobilienrechtlerin auf Partnerebene verstärkt und macht damit unmissverständlich deutlich, dass auf die zunehmenden Distressed-Mandate im Immobiliensektor vorbereitet ist.

Perspektive: Wenn GT jenseits ihrer Kernbranchen eine tragende Rolle im deutschen Markt spielen will, wird sie ihre Strategie des rein organischen Wachstums ein Stück weit aufweichen müssen. Mit dem Zugang des Arbeitsrechtsteams um Dr. Kara Preedy vor vier Jahren hat sie das bereits getan – und gute Erfahrungen gesammelt. Strukturell bringt die Kanzlei schon jetzt alles mit, um eine Balance zwischen der Förderung eigener Talente und der beschleunigten Entwicklung durch Quereinsteiger zu finden: Die enge Einbindung junger Anwälte in gestalterische und strukturelle Kanzleifragen ist ihr Markenzeichen und hat ihr bisher eine bemerkenswert stabile Belegschaft beschert. Regelmäßig ernennt sie Partner, zuletzt waren es zwei – und auch wenn darunter keine Frau war, lässt sich die Partnerinnenquote von mehr als 30 Prozent im Marktvergleich gut sehen.

Diese Grundstruktur sollte es GT erlauben, Anwälte aus Großkanzleien anzulocken, die die nötige Erfahrung mitbringen, um bestimmte Beratungsfelder zeitnah auf ein neues Niveau zu heben. Insbesondere die derzeit dynamische Entwicklung in Sektoren wie Energie wird weitere Ausnahmen erforderlich machen, wenn GT auch auf diesem Feld unabhängig vom Immobilienkontext mitspielen will. Vielversprechende Ansätze bestehen bereits bei der Beratung zu Infrastrukturvorhaben im Zuge der Energiewende, die wiederum starke Bezüge zum Anlagenbau haben – ein Feld, das für eine internat. Kanzlei mit starkem Immobilienfokus sehr attraktiv ist. Ihr gutes Gespür für Quereinsteiger-Timing dürfte auch den zweiten Anlauf zum Aufbau einer Litigation-Praxis erleichtern. Der erste lag in den Händen eines ehemaligen Freshfields-Anwalts, der die Kanzlei allerdings nach kurzer Zeit wieder verließ.

Ein gemeinsames Kanzleiverständnis ist darüber hinaus auch für übergeordnete strategische Themen von zentraler Bedeutung. Eines davon ist künstliche Intelligenz. Nachdem GT als eine der ersten bereits vor Jahren eine KI-basierte App zur Abwicklung von Immobilientransaktionen auf den Markt brachte, blieb es lange ruhig, doch mit den Entwicklungen rund um ChatGPT bekommt das Thema in der Kanzlei wieder eine neue Dynamik. Auch hier bieten sich Chancen für Nachwuchsanwälte, das Portfolio der Kanzlei aktiv zu erweitern.

Mandantenstimmen: Mandanten loben die GT-Anwälte in den höchsten Tönen: „Fachlich exzellent, sehr umsichtig" sowie „immer auf den Punkt u. mit Weitblick" sind Aussagen über die Beratungsqualität. Mehrfach erwähnen sie außerdem eine langjährige u. vertrauensvolle Zusammenarbeit. Neben den bereits etablierten Partnern gibt es auch regelmäßig Lob für jüngere Anwälte.

Service: GT gehörte zu den ersten Kanzleien in Deutschland, die beim Due-Diligence-Prozess eine selbst entwickelte Software einsetzten, v.a. bei Immobilientransaktionen. Zudem verfügt die Kanzlei über ein selbst entwickeltes Knowledge-Management-Tool, das v.a. im Corporate- sowie Immobilien- u. Arbeitsrecht genutzt wird. Seit einiger Zeit gibt es ein Legal-Tech-Team in Deutschland, das insbesondere beim Thema KI eng mit dem globalen Team zusammenarbeiten und eigene Produkte entwickeln soll.

Anwälte in Deutschland: 82

Standorte: Berlin.

Internat. Einbindung: Die US-Kanzlei unterhält zahlreiche Büros in den USA u. ist in Europa auch in London, Amsterdam u. Warschau präsent. Weitere Büros in Seoul, Schanghai, Tokio u. Israel.

GSK STOCKMANN

Nationaler Überblick Top 50 ★★

Auf den Punkt: Überwiegend mittelständisch orientierte Kanzlei mit tiefen Wurzeln im Immobiliensektor. Daneben etabliert im Finanzumfeld, u.a. bei Venture Capital u. innovativen Finanzierungen.

Empfohlen für: ▷*Bankrecht u. -aufsicht*; ▷*Beihilfe*; ▷*Compliance*; ▷*ESG*; ▷*Gesellsch.recht*; ▷*Immo/Bau*; ▷*Insolvenz/Restrukturierung*; ▷*Investmentfonds*; ▷*Konfliktlösung*; ▷*M&A*; ▷*Öffentl. Recht*; ▷*Private Equ. u. Vent. Capital*; Steuern; ▷*Vergabe*.

Analyse: Ausgehend von ihrer Stärke im Immobiliensektor, entwickelt sich GSK konsequent weiter. Der entscheidende Faktor ist dabei das Zusammenspiel aus dem facettenreichen Finanzierungs- und dem lang erprobten und nicht minder breit angelegten Immobilien-Know-how. Mit dieser Kombi dringt GSK – für eine eher mittelständisch orientierte Kanzlei – früh in zukunftsträchtige Beratungsfelder vor. So berät sie Donner & Reuschel zur produktbezogenen ESG-Compliance, steht zugleich der Realwirtschaft bei Lieferkettenproblemen oder Tesla bei Greenwashing-Themen zur Seite und berät mit dem Niedersachsen Port u. der Biogasanlage C-Port zwei Großprojekte der Energiewende.

Ausgangspunkt gerade für die ESG-Beratung waren das Aufsichtsrecht und mit ihm das Luxemburger Büro. Beides erweist sich mehr und mehr als Triebfeder. So entwickeln sich aus anspruchsvollen Mandaten wie der Beratung der DF Dt. Finance Systems zu einer Lizenz als Kryptoregisterführer inkl. der Compliance-Dokumentation inzw. auch innovative Transaktionsmandate. Siemens ließ sich bspw. bei der ersten Emission einer Kryptowertpapieranleihe durch ein Dax-Unternehmen unterstützen.

Weiterhin geht GSK die Finanz-Compliance getrennt von der Compliance-Beratung für die Realwirtschaft an. Letztere fasst inzw. besser Fuß in der Immobilienbranche, wie etwa die Arbeit für die Europa Center AG zeigt. Einen strategischen Dämpfer bekam die Weiterentwicklung jedoch, als der auf Vergütungsthemen spezialisierte anerkannte Arbeitsrechtler Dr. Alexander Insam nach nur kurzer Zeit wieder ging. Das Thema ist zwar nach wie vor besetzt, doch dürfte es nun schwieriger sein, das Arbeitsrecht als Scharnier zwischen Finanz- und struktureller Compliance zu etablieren.

Auch die solide Corporate-Praxis war von Abgängen betroffen. Die Verluste werden das personalstarke Team zwar nicht in seinen Grundfesten erschüttern, doch blutet Frankfurt auf Vollpartnerebene nahezu aus – ein Zustand, den die Kanzlei so nicht stehen lassen kann. In Berlin, neben München der personalstärkste Corporate-Standort, blüht hingegen auch weiterhin die Venture-Capital-Beratung und überzeugt neue Mandanten wie Bessemer Venture.

Das junge Londoner Büro, für das die Kanzlei einen Quereinsteiger von Luther und eine gut vernetzte frühere Anwältin des Ex-Kooperationspartners Nabarro gewann, zeigte rasch, dass es die Investition wert ist – und in der Lage, den Zugang zu Investoren zu verbessern: Die Alchemy Step Hotel Group kam über London in die Kanzlei und kaufte einige Hotels in Deutschland mittels in Luxemburg strukturierter Finanzierung. Dieses Mandat verdeutlicht, wohin die Kanzlei steuert.

Perspektive: Die GSK-Partnerschaft treibt den Umbau der Einheit weiterhin mit bemerkenswerter Geschlossenheit und erfolgreich voran – doch es zeigen sich auch Untiefen: So verließen ungewöhnlich viele Partner in den vergangenen Monaten die Kanzlei. Am ärgerlichsten waren sicher der Verlust eines Frankfurter Teams an Görg und die Entscheidung des bekanntesten Vergaberechtlers der Kanzlei, Dr. Friedrich Hausmann, neue berufliche Herausforderungen zu suchen. Er stand für die Arbeit für den Bund und die Verbreiterung der Praxis. Die-

Die Anwaltszahlen stammen von den Kanzleien selbst und beziehen sich auf das letzte abgelaufene Geschäftsjahr. Einige Kanzleien beschäftigen für bestimmte Projekte befristet angestellte Rechtsanwälte. Daraus erklären sich teils deutliche Unterschiede zu Personalzahlen der Vorjahre.

se wie auch andere Abgänge mögen jeweils persönlich motiviert gewesen sein, aber sie zeigen womöglich auch, dass GSK volatiler wird. Die Kanzlei braucht jedoch Stabilität, um ihre Entwicklung fortzusetzen.
Das gilt umso mehr, als sich die zunehmende Komplexität vieler Mandate bislang nicht signifikant in den Zahlen niederschlägt: Ihre Produktivität ist im Kreis der Mittelstandskanzleien bestenfalls Mittelfeld, verschlechterte sich sogar trotz eines kleinen Umsatzplus. Das macht es schwierig, attraktive Quereinsteiger zu überzeugen, die die Geschäftsstrategie wirklich voranbringen. Ein of Counsel, der steuerrechtlich die Brücke nach Luxemburg schlägt, und der ehemalige Bundesminister Heiko Maas sind zwar klangvolle Neuzugänge und passen auch durchaus ins Gesamtkonzept, fügen aber bestenfalls Facetten hinzu. Der Transaktionspraxis etwa abseits des Immobiliengeschäfts mehr Gewicht zu verleihen, wird so nicht gelingen.
Dass GSK Litigation stärken will und dafür einen Hamburger Partner ernannte, der vor allem die Financial Services in den Blick nimmt, ist konsequent. Hier gibt es bereits ein etabliertes Team, auf dem sich aufbauen lässt. Dass dabei vor allem jüngere Anwälte ihren Business Case entwickeln sollen, ist einerseits klug, zeigt aber andererseits auch, dass GSK sich womöglich schwertäte, erfolgreiche Litigator zu sich zu locken. Dass sie zugleich für Boni mehr Flexibilität schuf und diese (auch) an abrechenbaren Stunden orientiert, spricht für eine stärkere Leistungsorientierung, die auch geboten scheint. Auch das geplante Rotationskonzept über die Standorte hinweg hat Methode: Junge Anwälte hatten immer wieder kritisiert, zu sehr vom Partner abhängig zu sein. Die Zufriedenheit dieser jüngeren Generation ist jedoch essenziell, denn es wird ihre Aufgabe sein, die interne Zusammenarbeit weiter zu intensivieren und die Achse London/Luxemburg/Deutschland zu stärken.
Mandantenstimmen: Mandanten loben v.a. die Arbeit in den beiden Kernfeldern Immobilien – wobei dies regelmäßig auch Rechtsgebiete jenseits der bau- und immobilienrechtl. Beratung im engeren Sinne erfasst – und Finanzierung. Vereinzelte kritische Anmerkungen könnten Indiz dafür sein, dass GSK wieder ein stärkeres Augenmerk auf die Homogenität der Partnerschaft legen muss.
Service: GSK widmet sich intensiv der Digitalisierung. Das Kompetenzzentrum um einen Experten aus dem Bankenumfeld ist interdisziplinär besetzt. Ein selbst entwickelter Vertragsgenerator unterstützt Mandanten weiterhin primär bei der Gestaltung von Mietverträgen, doch es gibt auch Hilfe für Verträge aus anderen Fachgebieten. Prozess- und Projektmanagement sind digital gestützt und eine eigene Gesellschaft flankiert bei Compliance-Mandaten. Darüber hinaus bietet GSK über Kooperationen mit Beratungsunternehmen aus dem Finanz- u. Immobiliensektor Unterstützung hinsichtlich ökonomischer und Compliance-Risikoanalysen, inklusive eines Quick-Checks für Lieferketten.
Anwälte in Deutschland: 232
Standorte: Berlin; Frankfurt; Hamburg; Heidelberg; München.
Internat. Einbindung: Unabhängige Kanzlei mit eigenen Büros in Luxemburg, wo auch chin. Anwälte tätig sind, und London. Keine institutionalisierte internationale Vernetzung, aber vielfältiges Netz individueller, teils gefestigter Kontakte mit Fokus auf Kontinentaleuropa.

GVW GRAF VON WESTPHALEN

Nationaler Überblick Top 50 ★★

Auf den Punkt: Die Zusammenarbeit der einzelnen Teams u. Standorte ist heute eines der Markenzeichen der im Kern mittelständisch orientierten Kanzlei.
JUVE Kanzlei des Jahres für: Immobilien- und Baurecht.
Fünf-Sterne-Praxis für: ▷*Außenwirtschaft*.
Zudem empfohlen für: ▷*Arbeit*; ▷*Beihilfe*; ▷*Energie*; ▷*ESG*; ▷*Gesellsch.recht*; ▷*Immo/Bau*; ▷*Insolvenz/Restrukturierung*; ▷*IT u. Datenschutz*; ▷*Lebensmittel*; ▷*M&A*; ▷*Marken u. Wettbewerb*; ▷*Öffentl. Recht*; Patent; ▷*Presse*; ▷*Private Equ. u. Vent. Capital*; Steuern; ▷*Telekommunikation*; ▷*Vergabe*; ▷*Verkehr*; ▷*Vertrieb*.
Analyse: Bei GvW ist ein Knoten geplatzt: Praxisübergreifende Zusammenarbeit, personelle Expansion und eine Partnerschaft, die bei wichtigen Themen an einem Strang zieht, ebnen den Weg für die nächsten Entwicklungsschritte. Lange waren diese eher klein, doch die Zeit, die die Kanzlei in die Grundlagenarbeit investiert hat, zahlt sich mittlerweile aus. Legal Tech, Personalmanagement, ESG: Was die Sozietät unter der Führung von Dr. Robert Theissen und Christof Kleinmann in den vergangenen fünf Jahren bereits erreicht hat, ist mehr als respektabel. So ist GvW eine von wenigen mittelständischen Sozietäten, die in nennenswertem Umfang in Legal Tech und Legal Operations investiert – sowohl Geld als auch Ressourcen. Ein eigenes Team unter der Führung einer erfahrenen ehemaligen Bryter-Mitarbeiterin unterstützt die Praxisgruppen in der Mandatsarbeit durch die Entwicklung eigener Anwendungen. Einen ähnlichen Ansatz verfolgt bspw. SKW Schwarz, die sich dem Thema allerdings schon etwas länger widmet.
Auch die Aufstellung in der ESG-Beratung zeigt, dass GvW bei Trend- und Zukunftsthemen mitreden kann. Innerhalb ihrer Peergroup zählt sie zu den wenigen Kanzleien, die verstanden haben, dass sie das Thema als Querschnittsmaterie und nicht als Summe der Kompetenzen starker Einzelpraxen definieren müssen. Eine Senior Associate bildet eine Art Koordinierungsschnittstelle für Themen, die gerade beim Mittelstand teilweise viel grundsätzlicher ausfallen – weil bspw. dort häufig noch Strukturen zur Analyse von Compliance-Risiken fehlen, die bei der Implementierung von ESG-Regulatorik unterstützen. Ausgangspunkt zahlreicher Beratungsmandate ist derzeit das Lieferkettengesetz, zu dem GvW dank ihrer marktführenden Außenwirtschaftspraxis bereits viel Know-how aufgebaut hat.
Doch längst ist es nicht mehr nur die renommierte Praxis um Dr. Lothar Harings, die heraussticht: Auch die Beratung im Infrastruktursektor gewinnt kontinuierlich an Profil – und neue Mandanten. Insbes. durch den Zugang der Energierechtler im Sommer 2021 hat die Kanzlei in der Sektorberatung, v.a. aber an der Schnittstelle zum Anlagenbau erhebliche Fortschritte gemacht. Ein Paradebeispiel ist die Beratung von Amprion im Zuge des Trassenbaus. Auch die Beratung des Bundeswirtschaftsministeriums zur Energiebeschaffung, bei der sich GvW mit einer Energieboutique gemeinsam um regulatorische, aber auch genehmigungs- und planungsrechtliche Fragen kümmert, ist ein Erfolg.
In den vergangenen Jahren stark gewandelt hat sich auch die Corporate-Beratung. Eine klarere Trennung von Transaktionen und laufendem Gesellschaftsrecht sowie eine stärkere Konzentration auf bestimmte Sektoren haben der Praxis eine neue Qualität an Deals beschert, die regelmäßig internationale Bezüge haben, wie die Expansion der Fielmann-Gruppe nach Nordamerika.
Trotz aller Fortschritte gibt es immer noch Praxen, die deutlich hinter der Gesamtentwicklung hinterherhinken. Nötig wäre Verstärkung u.a. im Arbeitsrecht, um der Praxis zum einen ein klareres Profil zu verleihen und zum anderen an die Compliance-Arbeit anzuknüpfen. Denn Compliance-Fälle haben längst nicht mehr nur strafrechtliche, sondern zuletzt auch verstärkt arbeitsrechtliche Aufhänger.
Perspektive: Regelmäßig schließt GvW Lücken in ihrem Portfolio durch Verstärkung von außen. Zuletzt kamen für Compliance u. Konfliktlösung neue Partner hinzu. Schon in der Vergangenheit hat sich dies bewährt, wie die Beispiele von Titus Walek im Private Equity/Venture Capital oder zuletzt dreier Ex-Beiten-Partner samt Teams zeigten. Praktikabel ist das Modell aber nur, weil die Kanzlei gleichzeitig auch Partner ernennt und auf ein ausgewogenes Verhältnis von Eigengewächsen und Quereinsteigern achtet. 2023 waren es fünf Equity- u. fünf Salary-Partner. Das sorgt intern für Frieden, hat aber auch Tücken. Die inzwischen schlagkräftige und breit aufgestellte Partnerschaft macht es gerade jüngeren Anwälten, die schon lange Mitglied einer Praxisgruppe sind, schwerer, sich ein eigenes Profil zu erarbeiten. Die Marktpräsenz in nahezu allen Praxen ist durch erfahrene und teils seniore Partner geprägt. Dass GvW jungen Talenten Raum zur Entfaltung bieten kann und will, hat sie u.a. mit Dr. Annika Bleier beim ESG-Thema schon bewiesen. Wenn sie sich mit größeren Wettbewerbern wie Heuking oder Luther messen will, muss sie in diesem Punkt aber noch deutlich zulegen. Ein Baustein könnte die Optimierung der Ausbildungsprogramme sein, die oft nicht über das heute erwartete Mindestmaß hinausgehen. Das bedeutet, neben Berufsanfängern auch Anwälte, die schon auf dem Sprung in die Partnerschaft sind, stärker in den Fokus zu nehmen. Ein weiterer Anknüpfungspunkt für die Förderung junger Talente liegt in für die Kanzlei noch frischen Beratungsfeldern wie Compliance und ESG, aber auch in Leuchtturmpraxen wie dem Öffentlichen Recht.
Mandantenstimmen: Mandanten arbeiten zum Teil seit vielen Jahren mit GvW zusammen und sind zufrieden. Gelobt werden die Anwälte immer wieder für ihre „kompetente Beratung", „guten Service" und „angenehmes Auftreten".
Service: GvW hat ein Legal-Tech- und Legal-Operations-Team, das sich sowohl mit der Digitalisierung der Kanzlei als auch der Mandatsarbeit befasst. Das Team entwickelt digitale Lösungen zur Unterstützung und effizienten Abwicklung der Mandatsarbeit bspw. für Massenverfahren in der Caravan- oder Energiebranche. Schon etwas länger gibt es die Möglichkeit, über eine Plattform kostenlose rechtliche Ersteinschätzungen etwa zum Thema ESG-Risiken in der Lieferkette zu bekommen.
Anwälte in Deutschland: 186
Standorte: Berlin; Düsseldorf; Frankfurt; Hamburg; München; Stuttgart.
Internat. Einbindung: Unabhängige Kanzlei mit etablierten (nicht exklusiven) internationalen Beziehungen, auch zu US-Kanzleien. Mitglied in den Netzwerken State Capital Global u. Cicero. Daneben regelmäßige Zusammenarbeit mit der brit. Kanzlei Mills & Reeve. Eigenes Büro in Schanghai.

Die Anwaltszahlen stammen von den Kanzleien selbst und beziehen sich auf das letzte abgelaufene Geschäftsjahr. Einige Kanzleien beschäftigen für bestimmte Projekte befristet angestellte Rechtsanwälte. Daraus erklären sich teils deutliche Unterschiede zu Personalzahlen der Vorjahre.

Zudem empfohlen für: ▷*Anleihen;* ▷*Arbeit;* ▷*Außenwirtschaft;* ▷*Bankrecht u. -aufsicht;* ▷*Beihilfe;* ▷*Börseneinführ. u. Kapitalerhöhung;* ▷*Compliance;* ▷*Energie;* ▷*ESG;* ▷*Gesellsch.recht;* ▷*Insolvenz/Restrukturierung;* ▷*IT u. Datenschutz;* ▷*Kartellrecht;* ▷*Kredite u. Akqu.fin.;* ▷*Lebensmittel;* ▷*M&A;* ▷*Öffentl. Recht;* ▷*Private Equ. u. Vent. Capital;* Steuern; ▷*Telekommunikation;* ▷*Vergabe;* ▷*Verkehr.*

Analyse: Gerade in Zeiten eines zusammenbrechenden Immobilien- und schwächelnden Transaktionsmarkts zeigt sich, wie bedeutsam eine Sektorfokussierung für eine fachlich breit aufgestellte Kanzlei wie HL sein kann. Besonders deutlich lässt sich das in der Litigation-Praxis erkennen. Mit Ina Brock verfügt die Praxis über eine der anerkanntesten Expertinnen für Produkthaftung im medizinischen Bereich – was u.a. zur Arbeit für Moderna geführt hat. Zudem haben Technologiefokus, langjähriges Know-how in Kartellschadensfällen und die Plattformerfahrung zur erstmaligen Mandatierung durch Google im Kartellschadensersatzkomplex ‚Google Shopping' geführt, in dem die jüngere Partnerin Carolin Marx eine zentrale Rolle spielt. Die frühe Spezialisierung auf die Beratung der Digitalwirtschaft zahlt sich aus. Etliche große internationale Onlineplattformen, darunter Expedia, u. Spieleanbieter setzen bei Fragen im Zusammenhang mit dem EU-Digital-Market-Act sowie dem Digital Services Act auf die Kanzlei. Auch hier ist es eine junge Partnerin, die sich der Beratung der Digitalwirtschaft aus Soft-IP-Perspektive verschrieben hat.

Immer wieder ist es die junge Partnergeneration, die maßgeblich an Entwicklungsschritten beteiligt ist. Das gilt auch für die ESG-Beratung. Mit Christian Ritz und dem zuletzt zum Partner ernannten Dr. Sebastian Gräler hat HL zwei Anwälte in ihren Reihen, die in Kartellrecht, Compliance u. Öffentlichem Recht wichtige und für HL zentrale Felder der ESG-Beratung besetzen u. wesentlich mitgestalten sollen. Auch im Corporate-Team schreitet der Generationswechsel sukzessive voran, indem Anwälte der nächsten Generation, v.a. mehrere Counsel, in größeren Deals mehr Verantwortung übernehmen. Das ist umso wichtiger, als dass gerade hier die Erfolgsbilanz in Sachen Nachwuchsförderung durch den Weggang von Dr. Alexander Rieger – zumindest kurzfristig – einen kleinen Dämpfer bekam. Der Spezialist für Infrastrukturtransaktionen schloss sich im Frühjahr 2023 der direkten Wettbewerberin Latham an. Nur kurze Zeit später allerdings gewann die Kanzlei von Dentons die Infrastrukturspezialisten Dr. Tim Heitling und Dr. Thomas Dörmer, die Counsel und Associates mitbringen. Damit hat HL die Lücke zum Projektentwicklungsteam von Dr. Tobias Faber und zum Projektfinanzierungsteam von Dr. Carla Luh schließen können. Zugleich zeigt sich die Bereitschaft der Kanzlei, in für sie zentralen Bereichen auch kurzfristig die richtigen Schritte einzuleiten.

Beflügeln können die Zugänge auch die M&A-Praxis, deren Entwicklungskurve zuletzt ohnehin nach oben zeigte. Ein gelebter Sektorfokus, funktionierende transatlantische Zusammenarbeit und ein erfolgreicher Generationswechsel bringen das Team in eine gute Ausgangsposition, um es perspektivisch mit der Marktspitze aufnehmen zu können. Das belegen auch Deals wie die gemeinsame Beratung von Mercedes u. BMW beim Verkauf von Share now oder die Dealbegleitung von GP Joule u. Valore, die zugleich demonstrieren, dass die Partnerzugänge im Vorjahr, v.a. im ehemals schwachen Frankfurter Büro, schnell Wirkung gezeigt haben, indem es gelang, die Schnittstellen zu Erneuerbaren Energien u. Private Equity sinnvoll zu nutzen.

Perspektive: Trotz der Erfolge, auch jenseits von Corporate, will HL mehr – in Deutschland, aber auch auf internationalem Parkett. Es ist kein Geheimnis, dass das New Yorker Büro hinter den Erwartungen der Kanzleiführung zurückbleibt. Auf den ersten Blick schienen die Fusionsgespräche mit Shearman & Sterling im Frühjahr 2023 eine gute Idee. Auf den zweiten wurde allerdings klar, dass der Fokus auf Investmentbanken nicht das ist, was eine auf regierungsnahe Beratung ausgerichtete Kanzlei mit zugleich traditionellem Industriemandantenstamm wie HL für die Weiterentwicklung braucht. Weitere Fusionsgespräche könnten eine Option sein, das globale Wachstumsziel zu erreichen, aber auch ein sukzessiver Umbau des New Yorker Büros, der den Standort attraktiv für profitable und prominente Quereinsteiger macht und der mit der Unterstützung des traditionell starken Washingtoner Büros rechnen kann.

Auch im deutschen Markt hat HL bis zur Spitze noch ein Stück des Weges vor sich, auf dem die transatlantischen Bemühungen durchaus helfen könnten. Doch die deutsche Partnerschaft stößt auch eigenständig wichtige Schritte an. Die Neuzugänge von Dentons füllen nicht nur schnell eine inhaltliche Lücke, sodass die Kanzlei weiter ihren Anteil an derzeit wichtigen Projekten zu Datencentern und Breitbandausbau haben wird, zugleich bringen sie auch Beziehungen zu Mandanten wie Macquarie mit, die auch für die internat. HL-Büros attraktiv sind. Darüber hinaus zeigt es die ernsthaften Ambitionen, das Berliner Büro, das bisher v.a. als Legal-Tech-Hub fungierte, wieder zu einem vollwertigen Standort auszubauen. Gerade jetzt ist es für HL wichtig, in regulatorisch geprägten Bereichen ihre Stärke (auch verbunden mit räumlicher Nähe zu den wichtigen Schaltstellen) zu demonstrieren, denn direkte Wettbewerberinnen wie Latham haben im vergangenen Jahr gezeigt, dass auch transaktionsfokussierte Kanzleien ihr Angebot diversifizieren und in Bereichen wie Kartellrecht, Compliance und Litigation mitmischen können.

Ziemlich weit vorne ist HL seit jeher beim Thema Legal Tech und Digitalisierung. Hier sticht einmal mehr das Compliance-Team heraus, das zu den Ersten im Markt gehörte, das Investigations mit technischer, aber auch enormer personeller Unterstützung bewältigen konnte. Im Sommer 2023 hat HL ihr Technologieangebot in einer neuen Marke global gebündelt, unter der die entsprechenden Teams (weitere) Legal-Tech- und KI-Lösungen entwickeln werden. Der Schritt kam keinen Tag zu früh, denn durch ChatGPT und ähnliche KI-Modelle sind Wettbewerber aus dem Dornröschenschlaf erwacht und stecken mittlerweile erkennbar mehr Ressourcen und Geld in die Entwicklung von Legal-Tech-Produkten.

Mandantenstimmen: Mandanten verteilen viel Lob für die Anwälte. Besonders heben sie eine praxisnahe Beratung und oft ein souveränes Auftreten in schwierigen Verhandlungssituationen hervor. Die erfolgreiche Nachwuchsarbeit lässt sich an Rückmeldungen aus Unternehmen ablesen, die die nächste Generation regelmäßig für ihren „unternehmerischen Ansatz" und das „wirtschaftliche Verständnis" loben.

Service: Von Berlin aus unterstützen Projektjuristen insbesondere die Teams für Litigation, Investigation u. Produkthaftung. Von dort gingen auch die Legal-Tech-Aktivitäten aus. Seit Sommer 2023 bündelt HL ihre Technologieangebote in einem globalen Kernteam. Zum Produktportfolio gehören intelligente Datenbanken, E-Discovery-Tools sowie Apps und Legal-Tech-Beratungsdienste. Neben Juristen zählen auch KI-Experten und Softwareingenieure zum Team. Lösungen von Drittanbietern werden gebündelt, ebenso wie eigene Software entwickelt. Dazu zählt ein KI-Tool, das es ermöglicht, sich in der sich ständig verändernden Landschaft der regulatorischen Entwicklungen zurechtzufinden, indem es Veränderungen jurisdiktionsübergreifend nachhält.

Anwälte in Deutschland: 498

Standorte: Berlin; Düsseldorf; Frankfurt; Hamburg; München.

Internat. Einbindung: Voll integrierte Kanzlei mit Büros in Europa, darunter ▷*Brüssel*, Asien, Südamerika u. den USA. Daneben auch Standorte im Nahen Osten u. in Afrika. Die dt. Büros sind ein zentraler Pfeiler der kontinentaleurop. Praxis, die Teil der Region EMEA ist u. von einer Pariser Partnerin geleitet wird.

JONES DAY

Nationaler Überblick Top 50 ★★★

Auf den Punkt: US-Kanzlei mit anerkannten u. international agierenden Praxen, v.a. bei Transaktionen u. im Patentrecht. Mandate mit Regulierungs- u. Litigation-Bezügen gewinnen an Bedeutung.

Empfohlen für: ▷*Anleihen;* ▷*Außenwirtschaft;* ▷*Beihilfe;* ▷*Compliance;* ▷*ESG;* ▷*Gesellsch.recht;* ▷*IT u. Datenschutz;* ▷*Kartellrecht;* ▷*Konfliktlösung;* ▷*M&A;* Patent; ▷*Private Equ. u. Vent. Capital;* Steuern; ▷*Telekommunikation;* ▷*Verkehr.*

Analyse: Dass JD hervorragend für die Begleitung komplexer und grenzüberschreitender Transaktionen aufgestellt ist, ist bekannt, doch inzw. wird deutlich, wie sie ihre inhaltliche Breite und internationale Integration vorangebracht hat. Beides versetzt sie in die Lage, bei den regulatorischen Anforderungen ans Transaktionsgeschäft mitzuhalten. Ein Beispiel ist die Begleitung von Hynamics, einer Tochter von EdF, einer Mandantin der frz. Praxis, zur Gründung eines Joint Ventures für ein Wasserstoffprojekt in Schleswig-Holstein. Weitere sind die Begleitung langj. Mandanten wie des Automobilzulieferers Mahle bei Transformationsprozessen im Zshg. mit E-Mobilität und die Beratung des taiwanesischen Chipherstellers TSMC zum Bau eines Halbleiterwerks in Dresden mit europäischen Partnern. Bei solchen Projekten stehen immense Fördergelder im Raum. Daher überzeugt JD auch mit ihrer sehr angesehenen beihilferechtlichen Praxis und investitionskontrollrechtlicher Kompetenz, v.a. durch Dr. Jürgen Beninca. Dazu passt, dass die Kanzlei auch im Bereich ESG schnell den Beratungsbedarf insbes. durch ein in Frankfurt angesiedeltes Team bedienen konnte, den gerade auch einige ihrer asiatischen und US-Mandanten mit Blick auf das Lieferpflichtensorgfaltsgesetz hatten.

Compliance und Konfliktlösung stehen in ihrer internen Bedeutung inzwischen gleichauf mit der Transaktionsarbeit – auch wenn sich das trotz der Arbeit für Bayer im Schiedsverfahren mit BASF noch nicht überall herumgesprochen hat. Der anerkannte Partner Dr. Thomas Preute arbeitet bei großen Compliance-Untersuchungen eng mit den kartell-,

Die Anwaltszahlen stammen von den Kanzleien selbst und beziehen sich auf das letzte abgelaufene Geschäftsjahr. Einige Kanzleien beschäftigen für bestimmte Projekte befristet angestellte Rechtsanwälte. Daraus erklären sich teils deutliche Unterschiede zu Personalzahlen der Vorjahre.

arbeits- u. datenschutzrechtlichen Praxen zusammen. Letztere ist in München und Brüssel angesiedelt und bekannt für die Begleitung grenzüberschreitender IT-Projekte.
Dass die Kanzlei Anfang des Jahres Medienberichten zufolge entschied, die Kampagne von US-Präsidentschaftskandidat Donald Trump anders als frühere Wahlkämpfe nicht rechtlich zu begleiten, dürfte bei vielen Partnern und Mandanten für Erleichterung gesorgt haben – und der Stabilität der US-Praxis zuträglich sein.
Perspektive: Der Wandel von der Fokussierung auf komplexe Transaktionen hin zu einer breiter ausbalancierten Aufstellung mit aktuell relevanten Fachbereichen, die auch eigenständige Mandate betreuen, ist nicht das Ergebnis eines strengen Managementansatzes. Vielmehr genießen die Partner viel unternehmerische Freiheit, so dass Erfolge bei Compliance, der Beratung zu Joint Ventures oder auch ESG durchaus als Hinweis auf eine kooperative Kultur interpretiert werden können. Gerade auf diesen Feldern kommt es auf interne Zusammenarbeit an. Allerdings bedarf es weiterer Anstrengungen, um sich in solchen umkämpften Geschäftsfeldern gegen die Konkurrenz zu behaupten. Eine noch konsequentere Verbreiterung der Riege von Partnern, die nicht allein ihre Mandanten kompetent beraten, sondern akquisitorische Anziehungskraft entwickeln, wird dafür eine der Prioritäten sein müssen. Das gilt auch beim Generationswechsel, der in der Corporate- und der Patentpraxis mittelfristig geplant werden muss. Zunächst aber bildet der Wiederaufbau der Steuerpraxis eine zentrale Baustelle, die die Kanzlei beseitigen muss.
Mandantenstimmen: Das Feedback von Unternehmen betont regelm. längerfristige Beziehungen und belegt, dass Partner oft persönlich im Mandat engagiert sind. Das zeigen Aussagen wie „seit Jahren verlässlicher Partner und Marktkenner", „herausragender Lösungsfinder und Sparringspartner", „ein sehr erfahrener Anwalt mit einem breit aufgestellten Team, darauf ist Verlass" oder „proaktive Herangehensweise u. sehr serviceorientiert".
Service: Die dt. Partner haben Zugriff auf das in den USA angesiedelte Technologieteam, Tools u. KI-Anwendungen für z.B. Dokumentenmanagement, Kostenübersicht, Due Diligence u. E-Discovery. Dabei ist die Herangehensweise betont pragmatisch. Hauptanwendungsbereiche liegen bei internen Untersuchungen, Litigation u. Patentthemen.
Anwälte in Deutschland: 91
Standorte: Düsseldorf; Frankfurt; München.
Internat. Einbindung: Integrierte Kanzlei mit globaler Reichweite. In Europa starke Büros in Paris u. London. Im internat. zusammengesetzten *▷Brüsseler* Büro sind auch mehrere dt. Partner tätig. Hoch angesehene US-Praxis u. gute Asien-Kontakte.

K&L GATES

Nationaler Überblick Top 50 ★

Auf den Punkt: US-Kanzlei, die auf ihren Stärken im Technologiesektor aufbaut. Neben dem angesehenen Berliner Büro gewinnen auch Frankfurt und München an Profil.
Empfohlen für: *▷Gesellsch.recht; ▷Immo/Bau; ▷M&A; ▷Medien; ▷Private Equ. u. Vent. Capital; ▷Vergabe; ▷Verkehr.*
Analyse: Ihren breiten Technologiefokus stellte die Kanzlei wieder mit Transaktionen für Unternehmen aus dem medizinischen und Automobilbereich unter Beweis, etwa bei der Arbeit für einen italienischen Autobauer bei einem Zukauf in Deutschland. Auch die Beratung des Unternehmens für autonomes Fahren Argo AI steht für eine durchaus stringente Aufstellung. Dass hier neben der Münchner Corporate-Partnerin Dr. Martina Ortner ein standortübergreifendes Team mit Anwälten aus dem Arbeits-, IT- und Kartellrecht tätig war, verdeutlicht die Fortschritte bei der internen Vernetzung. Die Schnittstelle von M&A und IT betonte die Kanzlei zuletzt auch mit einer Partnerernennung. Die Kombination aus Corporate-Praxis, erfahrenem Kapitalmarkt- und Restrukturierungsteam erweist sich als sehr erfolgreich. So stehen die Gesellschaftsrechtler an der Seite von Familienunternehmern, wenn diese ihre Beteiligungen umstrukturieren, beraten – teils im Zshg. mit Sanierungen – international tätige Unternehmen zur Herauslösung von Geschäftsbereichen oder im Fall des US-Medizinunternehmens Magforce beim Kauf aus einer Insolvenz. Hinzu kommt eine zunehmend respektierte Venture-Capital-Praxis. Technologienahe Elemente hat auch die anerkannte Praxis für den Verkehrssektor, wo die Kanzlei mit Dr. Frank Thomas einen der erfahrensten Asset-Finanzierer für Schienenfahrzeuge hat. Bei Beschaffungsvorgängen im

Die Anwaltszahlen stammen von den Kanzleien selbst und beziehen sich auf das letzte abgelaufene Geschäftsjahr. Einige Kanzleien beschäftigen für bestimmte Projekte befristet angestellte Rechtsanwälte. Daraus erklären sich teils deutliche Unterschiede zu Personalzahlen der Vorjahre.

Zuge der Verkehrswende hat sich eine enge Zusammenarbeit mit der anerkannten Vergaberechtspraxis etabliert.
Die Personalpolitik beim Ausbau der deutschen Praxis lässt auf Nachhaltigkeit schließen. Das zeigt sich nicht nur im weitsichtig vorbereiteten und nun umgesetzten Generationswechsel in der anerkannten Medienpraxis. So hat die Kanzlei in den vergangenen Jahren regelmäßig Nachwuchspartner ernannt und vermag es auch, Quereinsteiger zu integrieren. Das hat dem Münchner Immobilienteam zwei Jahre nach einem Zugang Fortschritte in der Projektentwicklung gebracht. Über einen in Frankfurt hinzugekommenen Partner ergaben sich inzw. erste Mandate für einen namhaften Finanzdienstleister im Bereich Compliance.
Perspektive: Das personelle Wachstum und die Fortschritte bei der kanzleiinternen Vernetzung sind vielversprechend für den sicherlich noch nicht abgeschlossenen Ausbau der dt. Praxis. So ist die Kartellrechtspraxis durch einen Zugang in Frankfurt dabei, über die transaktionsnahe Beratung hinaus auch die Prozesstätigkeit in den Blick zu nehmen. An einigen Mandaten lässt sich zudem ablesen, dass sich auch die im Vergaberecht bekannte Berliner Partnerin Dr. Annette Mutschler-Siebert zuletzt stärker auf ihr zweites Standbein im Kartellrecht ausrichtete. Die IT- u. Datenschutzpraxis erarbeitete sich mehr Marktpräsenz im Segment Digital Health, was zum Gesamtkonzept passt. Dabei genießt diese Entwicklung offensichtlich die Rückendeckung durch die US-Partnerschaft, denn für eine US-Kanzlei ist es nicht selbstverständlich, immer wieder Partner in Deutschland zu ernennen.
Während in Deutschland noch einiges im Aufbau ist, funktioniert die internationale Integration gut. Die US-Büros bieten zahlreiche Anknüpfungen. Neben Argo aus Pittsburgh ist auch die Arbeit für Centrica Innovations in der erneut sehr aktiven VC-Praxis ein aktuelles Beispiel. Über das Londoner Büro gibt es schon länger regelm. Mandate zu Mid-Cap-Investitionen im deutschen Markt. Dies ist ein Grund mehr, den Ausbau der Corporate-Praxis in Frankfurt weiter aktiv voranzutreiben. Die dortigen Teams in den Bereichen Finanzierung, v.a. die Asset-Finanzierungspraxis, und Restrukturierung sind angesehen, doch ist eine passende Ergänzung im Gesellschaftsrecht/M&A noch nicht gelungen.
Mandantenstimmen: Das Feedback für die Anwälte betont immer wieder „klare Auskünfte", „lösungsorientierte Beratung" und einen „pragmatischen Ansatz". Viele Mandatsbeziehungen sind über Jahre etabliert.
Service: In den USA setzt die Kanzlei seit Langem E-Discovery-Tools ein, auf die auch die Deutschen Zugriff haben. Hierzulande arbeiten die Anwälte darüber hinaus mit marktüblichen Softwareprodukten, z.B. für Vertragsverwaltung oder Due Diligence.
Anwälte in Deutschland: 93
Standorte: Berlin; Frankfurt; München.
Internat. Einbindung: Von ihren weltweit mehr als 40 Standorten liegt mehr als die Hälfte in den USA. In Europa neben Deutschland Büros in Paris, London, Luxemburg, Mailand u. Brüssel. Auch präsent in Asien u. Australien.

KAPELLMANN UND PARTNER

Nationaler Überblick Top 50 ★

Auf den Punkt: Seit Jahren marktführende Kanzlei im Baurecht u. dort regelmäßig Trendsetter. Ihr Angebotsspektrum hat sie kontinuierlich verbreitert und nimmt nun auch digitale Serviceleistungen ins Visier.
Fünf-Sterne-Praxis für: ▷*Immo/Bau*.
Zudem empfohlen für: ▷*Beihilfe*; ▷*Compliance*; ▷*Gesellsch.recht*; ▷*Kartellrecht*; ▷*M&A*; ▷*Vergabe*; ▷*Verkehr*.
Analyse: KuP vom Baurechtsthron zu stoßen, wird auf absehbare Zeit nicht möglich sein. Mit jahrzehntelanger Erfahrung, extremer Nähe zur Branche und einem untrüglichen Gespür für Trends sitzt sie so fest im Sattel wie eh und je. Aus dieser komfortablen Position heraus entwickelt sie regelmäßig neue Beratungsfelder, die den Nerv der Zeit treffen: So beraten die Anwälte die Stadt Köln auf ihrem Weg zur klimaneutralen Stadt, sind bei Gesetzesvorhaben gefragt, kaufen und verkaufen Windparks oder vertreten Bieter in der Stromtrassenvergabe. Derartige Projekte, die den Umbau der Wirtschaft betreffen, bringen die verschiedenen Praxen näher zusammen. Letzteres galt lange vor allem für die immobiliennahen Praxen, darunter Vergabe- oder Öffentliches Recht. Immer häufiger erstreckt sich das inzwischen jedoch auch auf andere Felder: So flankiert etwa die Beihilfepraxis die Transformation bei Thyssenkrupp, einer Mandantin, die auch die Compliance-Praxis schon lange berät. Zugleich fasst die wieder stabilisierte Compliance-Praxis Fuß in der Kernbranche. Das gilt auch für die Corporate-Praxis, die bei Joint Ventures im Immobiliensektor gefragt war. Dennoch ist es der Corporate-Praxis bislang nicht gelungen, mit einem eigenen Profil in den Markt zu gehen. Dass KuP Ambitionen jenseits der Immobilienbranche jedoch Raum gibt, zeigen u.a. die Kartellpraxis, die mit dem Thema E-Commerce frühzeitig auf das richtige Pferd gesetzt hat, und das Brüsseler Büro, das nicht nur mit der Beratung zu Sanktionen befasst war, sondern auch vor dem EuG für mehrere Beteiligte im Streit um Titandioxid tätig wurde.
Wie flexibel KuP sein kann, zeigen zwei Entwicklungen mit digitalem Hintergrund: So nutzte die Kanzlei ihre eigenen Erfahrungen aus einer Cyberattacke Anfang 2023 für die Gründung einer Taskforce, deren Know-how auch mehrfach nachgefragt wurde. Außerdem beginnt sie eine aktive Rolle in der Digitalisierung ihrer Kernbranche zu spielen: Für Renowate entwickelt sie zur ESG-konformen seriellen Sanierung von Bestandsgebäuden techgestützte Vertrags- u. Projektabwicklungsvorlagen. KuP hat nun auch eine Servicegesellschaft gegründet, über die sie weitere Projekte dieser Art anschiebt. In diesem Projekt und bei den Erfolgen in den Nebengebieten werden zentrale Elemente der Kanzleikultur sichtbar: Innovation wird vorsichtig, partnerzentriert und sehr an der Kernbranche orientiert angegangen, während jüngeren Anwälten zugleich Raum gegeben wird, eigene Vorstellungen zu verwirklichen. Die letzte Ernennungsrunde war zwar erneut sehr bau- und vergabelastig, brachte aber immerhin auch zwei Anwältinnen in die männlich dominierte Partnerriege. Auch das Karrieremodell wurde behutsam angepasst, um eine dauerhafte Anstellungsposition anbieten zu können.
Perspektive: KuP ist eine Kanzlei der zwei Geschwindigkeiten. Während sie fachlich ihrer Zeit oft voraus ist und Themen, die ihre Kernbranche bewegen, antizipiert, bleibt das Management eher vorsichtig. Bislang schadet ihr das in keiner Weise, weil ihre Marktnähe und die von Mandanten immer wieder gelobte Mischung aus wissenschaftlicher Tiefe und pragmatischer Beratung ihre marktbeherrschende Stellung im Immobiliensektor zementiert. Der Schritt, künftig mit einer Servicegesellschaft im Markt aufzutreten und sich damit der Digitalisierung – nicht nur für den Immobilien- und Bausektor – zu öffnen, ist für KuP entsprechend groß. Wenig überraschend behalten die Partner aber auch dabei das Ruder fest in der Hand und scheuen einen konsequent interdisziplinären Ansatz. Bislang sind sie mit dieser Taktik gut gefahren, ob sie aber auch auf derart neuen Feldern aufgeht, steht in den Sternen. Klar ist – es wird auch die Arbeitsweise der Anwälte verändern und bei diesem Prozess sind die jüngeren Anwälte womöglich der entscheidende Faktor.
Ähnlich behutsam geht die Kanzlei die Themen Karrieremodelle und Diversität an. Der neue Counsel-Status ist ein sinnvolles Angebot, dürfte aber vermutlich in der Lockstep-Struktur eine Ausnahme bleiben. Die Frauenpräsenz in der Partnerriege bleibt dürftig. Allerdings bemerkt auch KuP, dass sie es bei Mandanten in der Baubranche immer häufiger mit weiblichen Führungskräften zu tun bekommt. Das Risiko, dass diese kritische Fragen stellen, steigt. Trotz Teilzeitpartnerschaft und insgesamt guter Work-Life-Balance muss das – rein männliche – Management nachlegen.
Mandantenstimmen: Mandanten loben KuP v.a. im Baurecht weiterhin regelmäßig als Ganzes, was für eine beachtliche Markenetablierung spricht. Die Kartellrechtler überzeugen bei Nachhaltigkeitsinitiativen mit Kompetenz und Kundenorientierung. Letzteres zieht sich wie ein roter Faden durch die Mandantenrückmeldungen: Ergebnisorientierung, Praktikabilität und hohes Verständnis für die Mandanteninteressen werden auch im Arbeits- und Vergaberecht gewürdigt.
Service: KuP hat eine Servicegesellschaft ins Leben gerufen, in der sie in enger Zusammenarbeit mit einem Softwareanbieter beginnt, eigene Tools in ihr Angebot zu integrieren. Den Auftakt macht ein ‚Contract Guide' für Projekte. Darüber wird künftig auch das Projekt ‚IPAReady' weiterverfolgt. Als Produkt etabliert ist das Anti-Claim-Management mit dem Dienstleister Schiffers Bauconsult. Bei ihrer Smart-Building-Initiative steht die Kanzlei in engem Austausch mit einem Start-up für Mobilitätskonzepte u. einem auf den Bau- u. Immobiliensektor ausgerichteten Beratungsunternehmen.
Anwälte in Deutschland: 160
Standorte: Berlin; Düsseldorf; Frankfurt; Hamburg; Mönchengladbach; München.
Internat. Einbindung: Lose, aber etablierte Kontakte zu Partnerkanzleien im Ausland; eigenes Büro in ▷*Brüssel*.

LATHAM & WATKINS

Nationaler Überblick Top 50 ★★★★

NOMINIERT
JUVE Awards 2023
Kanzlei des Jahres

Auf den Punkt: Stark integrierte US-Kanzlei, die bei Transaktionen den Marktführern im Nacken sitzt und auch jenseits des Dealgeschäfts zunehmend die Stärken ihres internationalen Netzwerks ausspielt.
JUVE Kanzlei des Jahres für: Insolvenz und Restrukturierung.
Fünf-Sterne-Praxis für: ▷*Börseneinführ. u. Kapitalerhöhung*; ▷*Gesundheit*; ▷*Insolvenz/Restrukturierung*; ▷*IT u. Datenschutz*; ▷*Konfliktlösung*; ▷*M&A*; ▷*Private Equ. u. Vent. Capital*.
Zudem empfohlen für: ▷*Anleihen*; ▷*Bankrecht u. -aufsicht*; ▷*Compliance*; ▷*Energie*; ▷*Gesellsch.recht*; ▷*Kartellrecht*; ▷*Kredite u. Akqu.fin.*; Steuern.

Die Anwaltszahlen stammen von den Kanzleien selbst und beziehen sich auf das letzte abgelaufene Geschäftsjahr. Einige Kanzleien beschäftigen für bestimmte Projekte befristet angestellte Rechtsanwälte. Daraus erklären sich teils deutliche Unterschiede zu Personalzahlen der Vorjahre.

Analyse: In diesem Jahr zeigte sich, wie die Kanzlei sogar in einem durchwachsenem Transaktionsmarkt nicht nur ihren Umsatz steigern kann, es gelang zudem, die außerordentliche Produktivität zu halten – die Wettbewerberinnen wie Hengeler oder Freshfields um mindestens 25 Prozent übertrifft. Dies verdankt die US-Kanzlei zum einen dem wachsenden Marktanteil bei Transaktionen: Tiefe und Breite der Praxen für M&A und Private Equity werden wohl nur noch von Freshfields übertroffen und L&W ist damit zweifellos der größte Herausforderer der traditionellen Marktspitze.

Gleichzeitig aber hat die Kanzlei die Abhängigkeit von großen Deals reduziert. So kann die herausragende europäische Restrukturierungspraxis mit Leuchtturmmandaten wie der Arbeit für den Automobilzulieferer Leoni Flauten ausgleichen. Auch Kartellrecht, Compliance und Litigation gewinnen weiter an Reputation – und an Gewicht innerhalb der Kanzlei. Im Kartellrecht ist inzwischen ein großer Teil der Arbeit nicht transaktionsbezogen. Für Facebook-Mutter Meta kämpft L&W etwa in diversen Behördenverfahren um deren Geschäftsmodell. Der Konzern gehört weltweit zu den wichtigsten Mandanten, und die deutsche Praxis nimmt hier eine führende Rolle ein. Dass L&W zuletzt auch Microsoft als Mandantin für ähnliche Themen gewinnen konnte, illustriert die starke Position, die sich die Kanzlei jenseits des Transaktionsgeschäfts erarbeitet hat. Inzwischen werden auch viele jüngere Partner empfohlen. Damit tritt L&W Kritikern entgegen, die lange eine Abhängigkeit von einigen wenigen Stars, verkörpert durch Ex-Managing-Partner und Private-Equity-Schwergewicht Oliver Felsenstein, bemängelten. Seine Nachfolge haben mit Burc Hesse und Dr. Tobias Larisch zwei Partner übernommen, die bewiesen haben, dass sie ebenso strategisch fokussiert und zupackend sind wie ihr Vorgänger.

Zwar ist der Bedarf an spektakulären Quereinsteigern längst nicht mehr so groß wie früher, doch wenn L&W in einem Marktsegment Mandantenbedarf sieht, kann sie nach wie vor schnell handeln: Nach Dr. Carsten Loll im Immobilienrecht gewann die Kanzlei zuletzt von Hogan Lovells mit dem Infrastrukturexperten Dr. Alexander Rieger einen der renommiertesten jüngeren Partner auf diesem Feld.

Perspektive: Unter allen Faktoren, die die Marktposition von L&W bestimmen, ragt einer heraus: die internationale Integration. Strategische Entscheidungen in einzelnen Ländern werden danach getroffen, ob das Netzwerk im Ganzen davon profitiert. Konkret kann dies bedeuten, dass Rechtsgebiete, in denen die Stundensätze eine bestimmte Höhe nicht überschreiten, mit Counsel besetzt werden. Dies birgt das Risiko, dass L&W sich – im Vergleich zu Freshfields und Gleiss – schwertun könnte, in regulierten Branchen Fuß zu fassen. Mandate für Astellas oder RWE zeigen jedoch, dass sie im Gesundheits-, Pharma- und Energierecht europaweit über ausreichend Know-how verfügt, um Schritt zu halten. L&W wird eine transaktionsorientierte Kanzlei bleiben, aber das Beispiel des Kartellrechts, das sich zu einem wichtigen Standbein entwickelt hat, ist aufschlussreich: Der weltweite Kampf von Wettbewerbsbehörden gegen die Techoligopole hat einen großen Bedarf an transatlantischer Beratung geschaffen – und die Kanzlei hat entsprechend reagiert. Dies ist auch in anderen Bereichen möglich.

Die größte Herausforderung in Deutschland besteht nun darin, die besten jungen Anwälte zu halten. Nach Jahren des Aufbaus mit Quereinsteigern und großen Beförderungsrunden sind die Wachstumsmöglichkeiten für die Kanzlei im Ganzen begrenzt. Das führt zu einer Verknappung der Partnerplätze. Karrieremöglichkeiten zu schaffen, ist entscheidend, wenn die Rekrutierungspipeline nicht austrocknen soll. Dies könnte bedeuten, perspektivisch einzelne Partner zum Ausscheiden ermuntern zu müssen. Nicht alle, die in den vergangenen Jahren ernannt oder geholt worden sind, können die stark gestiegenen Umsatzanforderungen erfüllen. Für das noch junge Führungsduo ist dies eine schwierige und sensible Aufgabe.

Mandantenstimmen: Mandanten loben häufig die Internationalität und die hohe Beratungsqualität – und viele sind bereit, sich das etwas kosten zu lassen: „Die höchsten Stundensätze zahlen wir für Latham", sagt ein Mandant der Restrukturierungspraxis. Sowohl einzelne Berater als auch die Teamleistung werden immer wieder hervorgehoben. Ein Private-Equity-Mandant schwärmt: „absolute Spitzenklasse, was Deal Execution angeht."

Service: L&W mag zwar keine Vorreiterin beim Einsatz von Legal Tech sein, aber sie analysiert u. managt die eigenen Prozesse intensiv, sodass genau bekannt ist, wie sich die Kosten in Mandaten zusammensetzen. Auf Basis dieses Wissens bietet sie alternative Abrechnungsmodelle und ist damit beim Pricing eine der innovativeren Kanzleien. Ähnliches gilt beim Einsatz von Diplomjuristen, wo möglich. Im britischen Manchester unterhält L&W ein Servicebüro, in dem sich ein Team u.a. mit künstlicher Intelligenz beschäftigt.

Anwälte in Deutschland: 186

Standorte: Düsseldorf; Frankfurt; Hamburg; München.

Internat. Einbindung: International integrierte Kanzlei, ursprünglich aus Los Angeles, mit starken Büros u.a. in New York, Washington u. London. Seit mehreren Jahren strategischer Akzent auf der Stärkung der europ. Büros, zu denen auch ▷*Brüssel* gehört.

LINKLATERS

Nationaler Überblick Top 50 ★★★★

Auf den Punkt: Auf die Beratung dt. Großkonzerne sowie dt. u. internat. Banken fokussierte brit. Großkanzlei. Bei Zukunftsthemen wie Legal Operations zählt Linklaters zu den Vorreitern.

JUVE Kanzlei des Jahres für: Bank- und Finanzrecht.

Fünf-Sterne-Praxis für: ▷*Anleihen*; ▷*Bankrecht u. -aufsicht*; ▷*Börseneinführ. u. Kapitalerhöhung*; ▷*Energie*; ▷*Gesellsch.recht*; ▷*Investmentfonds*; ▷*Konfliktlösung*; ▷*M&A*; Steuern; ▷*Unternehmensbez. Versichererberatung*.

Zudem empfohlen für: ▷*Arbeit*; ▷*Beihilfe*; ▷*Compliance*; ▷*ESG*; ▷*Immo/Bau*; ▷*Insolvenz/Restrukturierung*; ▷*Kartellrecht*; ▷*Kredite u. Akqu.fin.*; ▷*Öffentl. Recht*; Patent; ▷*Private Equ. u. Vent. Capital*.

Analyse: Linklaters ist seit Jahren eines der Transaktionspowerhäuser unter den deutschen Wirtschaftskanzleien. An wie vielen Stellschrauben die Kanzlei in der deutschen u. europ. Unternehmenslandschaft in den vergangenen 18 Monaten mitgedreht hat, verblüfft dennoch. Sie hat sich einmal mehr als Meisterin darin gezeigt, sich bei einigen Konzernen als Rechtsberaterin für zentrale strategische Fragen zu platzieren. Ihre Rolle beim VW-Konzern könnte umfassender kaum sein: der Börsengang von Porsche, VWs Rückzug aus Russland, Prozesse um Greenwashing und aktienrechtl. Sonderprüfung, Audis Einstieg in die Formel 1, die Umschichtung von Financial-Service-Einheiten auf Traton – die unvollständige Aufzählung zeigt die Breite des Spektrums. Ähnlich ist ihre Rolle bei Thyssenkrupp, wo zuletzt der Börsengang der Wasserstoffsparte Nucera anstand, oder bei Fresenius, wo die Kanzlei u.a. bei der wichtigen Umwandlung von FMC beriet. Zentral für die Beratungsphilosophie der Kanzlei ist immer das Zusammenspiel von Corporate, Kapitalmarktrecht und Finanzierung, sodass Stammmandantinnen wie Deutsche Börse oder Vonovia neben dem Gesellschaftsrecht zuletzt v.a. bei wichtigen Akquisitionsfinanzierungen oder Anleiheprojekten beraten wurden. Neue Mandanten wie Lufthansa beim geplanten Dual-Track-Verkauf ihrer Techniksparte oder die Jakobus-Stiftung bei der Neuaufstellung an der Spitze von Aldi-Nord verstärken den Eindruck, dass in deutschen Großunternehmen kaum ein Weg an Linklaters vorbeiführt. Es ist genau dieses Bild, das Linklaters' Corporate-Übervater Dr. Ralph Wollburg gerne zeichnet. In der Tat hat er es im Laufe der vergangenen 15 Jahre geschafft, vielen, auch jüngeren, Partnern einzuimpfen, dass der regelmäßige Umgang mit Vorständen und Aufsichtsräten der Schlüssel zu den sog. Bet-the-Company-Mandaten ist. Dennoch ist der Erfolg nicht allein seiner. Zwar ist er geschäftlich u. kulturell die entscheidende Person bei Linklaters. Doch gibt es eine Reihe sehr starker Partner in allen Praxen, die im Beratungsgeschäft mindestens genauso wichtig sind für die Geschäftsentwicklung: Bei VW, Thyssenkrupp, Fresenius u. Aldi stand Wollburg nie allein, sondern war umgeben von Altpartnern wie Achim Kirchfeld und Vertretern der nächsten u. übernächsten Partnergeneration wie Dr. Marco Carbonare, Claudia Schneider, Dr. Alexander Schlee oder Dr. Timo Engelhardt. Letzterer hatte denn auch die Federführung für den größten Deal des Jahres 2023, die Übernahme der Viessmann-Klimasparte durch Carrier. Engelhardt steht außerdem wie auch Stephan Oppenhoff und Kristina Klaaßen-Kaiser für einen (wieder) wichtiger werdenden Aspekt: die europäische Verzahnung. So sind Carrier, Vodafone (bei der Neuaufstellung ihres Funkturmgeschäfts) oder EY (bei der geplanten Trennung von Prüfungs- u. Beratungssparte) zuvorderst Mandanten aus dem Londoner Büro, die zu europ. Mandanten geworden sind, und in Kontinentaleuropa dürfte auch der Schlüssel für weiteren Erfolg liegen, wenn es die Kanzlei schafft, sich auch in Schlüsselmärkten wie Frankreich, Italien und Spanien zu einer der Top-Adressen für die heimischen Blue Chips zu entwickeln.

Perspektive: In ihren Kernbereichen Corporate und Finance hat die Kanzlei ein phänomenales Jahr gehabt u. aufgrund des integrierten Beratungsansatzes auch andere zentrale Praxen wie Kartellrecht, Arbeitsrecht, Compliance, ESG oder Steuerrecht mitgerissen. Das darf den Blick dafür aber nicht verstellen, dass Linklaters angesichts der eigenen sehr hohen Ansprüche perspektivisch auch vor enormen Herausforderungen steht – in Dtl., aber auch weltweit. So bleibt hierzulande die Private-Equity-Beratung ein gewisses Sorgenkind. Zwar gab es wichtige Deals wie die Beratung von Macquarie beim Verkauf ihrer Beteiligung an Open Grid Europe, dennoch kann die Kanzlei mit den marktführenden Wettbewerberinnen wie Freshfields, Hengeler oder Latham & Watkins nicht mithalten, woran auf ab-

Die Anwaltszahlen stammen von den Kanzleien selbst und beziehen sich auf das letzte abgelaufene Geschäftsjahr. Einige Kanzleien beschäftigen für bestimmte Projekte befristet angestellte Rechtsanwälte. Daraus erklären sich teils deutliche Unterschiede zu Personalzahlen der Vorjahre.

sehbare Zeit auch die Ernennung von Dr. Carl Sanders als weiterem Partner nichts ändert. Ähnlich verhält es sich mit der breit gefächerten Regulierungsberatung: Linklaters gehört zu den wichtigen Kanzleien, wenn es um Weichenstellungen in regulierten Branchen geht, was sich neben Open Grid bspw. auch an der Beratung der KfW beim LNG-Terminal Brunsbüttel zeigt. Doch Hengeler, Gleiss Lutz oder CMS Hasche Sigle sind bei dieser Art von Transaktionen mindestens ebenso stark, was nicht zuletzt daran liegt, dass sie auch im regulierungsrechtlichen Kern der Energiewirtschaft ein Knowhow und damit eine Glaubwürdigkeit vorweisen, die sonst oft nur Boutiquen vorhalten. In anderen regulierten Industrien ist Linklaters' Bedeutung noch deutlich geringer. Der bewusste Verzicht auf tiefes Regulierungswissen kann wirtschaftlich (weiter) gutgehen, muss es aber nicht, denn die durch Wollburg geprägte Fixierung auf die Unternehmensorgane führt zu einer Verengung des Blickwinkels, den der General Counsel eines Dax-Unternehmens so zusammenfasst: „Sehr sicheres Judiz und Gespür für Kommunikation, in seiner Beratung sehr auf Vorstand u. Aufsichtsrat fokussiert, dabei teils die Rechtsabteilung ignorierend." Insofern ist die Entscheidung der Kanzlei, mit Dr. Jana Hager eine Partnerin zu ernennen, die sich –ebenfalls aus dem Gesellschaftsrecht kommend – als Regulierungsanwältin für Telekommunikation u. Gesundheitswesen versteht, vielleicht ein Indiz für eine Öffnung.
Hausaufgaben gibt es zudem bei der internationalen Aufstellung. Linklaters hat die Top-Konzerne im Blick. Mit der Strategie, ihre europäische Integration auszubauen, was in den vergangenen Monaten bei Unternehmen wie Airbus oder Nestlé zu Erfolgen führte, kommt sie deren Ansprüchen entgegen. Doch fehlt es etwa in Frankreich oder Italien noch an überragenden Corporate-Persönlichkeiten, und in Brüssel hat die Kanzlei durch Partnerabgänge im Kartellrecht u. ihr geringes Regulierungsprofil das Nachsehen gegenüber US-Kanzleien oder europäischen Top-Praxen. Das wird noch deutlicher in den USA: Linklaters hat sich viel später als ihre Magic-Circle-Konkurrentinnen zu einer US-Strategie durchgerungen. Spätestens durch die geplante Fusion von Allen & Overy mit Shearman & Sterling ist der Druck nun riesig, im Konzert der sog. globalen Elite-Lawfirms mitzuhalten. Wer die wichtigsten Unternehmen der Welt – nämlich die amerikanischen – in Europa beraten will, braucht eine wettbewerbsfähige Aufstellung in den USA u. in Brüssel.
Mandantenstimmen: Fast durch die Bank loben Mandanten „Pragmatismus", „Lösungsorientierung", „Überzeugungskraft" und „die herausragenden Fachkenntnisse" von Linklaters-Partnern. Zudem wird die „weltweit gute und effiziente Zusammenarbeit der Büros" hervorgehoben.
Service: Die Kanzlei gehört zu denjenigen, die sich schon früh mit der Aufstellung unterstützender Beratungseinheiten und Legal Tech befasst hat. Sie führt lfd. neue Plattformen in den Beratungsalltag ein (zuletzt etwa Reynen Court oder ReportiQ), entwickelt Tools aber in der Regel nicht selbst, sondern sattelt auf Lösungen von Technologieanbietern auf. Hierfür beschäftigt sie in Deutschland einige Entwickler, setzt aber mit über 30 weiteren IT-Spezialisten v.a. auf London u. Warschau.
Anwälte in Deutschland: 319
Standorte: Berlin; Düsseldorf; Frankfurt; Hamburg; München.
Internat. Einbindung: Weltweit integrierte Sozietät, v.a. in Europa eine der stärksten. Sie verfügt in 21 Ländern, darunter ▷*Belgien* über Büros u. setzt in einigen Regionen auf (exklusive) Allianzen: in Südafrika mit Webber Wentzel, in Saudi-Arabien mit Zamakhchary & Co sowie in Asien u. Australien mit Allens. Zudem gibt es – neben eigenen Büros in Hongkong und Peking – auch ein gemeinsames Büro mit Zhao Sheng in Schanghai.

LUTHER

Nationaler Überblick Top 50 ★★★

Auf den Punkt: Full-Service-Kanzlei mit starker regionaler Anbindung und Verankerung im Mittelstand. Zunehmend in Großprojekten aktiv, besonders renommiert im Energie- u. Gesundheitssektor.
JUVE Kanzlei des Jahres für: Vergaberecht; Vertrieb, Handel und Logistik.
Fünf-Sterne-Praxis für: ▷*Energie*; ▷*Öffentl. Recht*.
Zudem empfohlen für: ▷*Anleihen*; ▷*Arbeit*; ▷*Außenwirtschaft*; ▷*Beihilfe*; ▷*Gesellsch.recht*; ▷*Gesundheit*; ▷*Immo/Bau*; ▷*Investmentfonds*; ▷*IT u. Datenschutz*; ▷*Kartellrecht*; ▷*Konfliktlösung*; ▷*M&A*; ▷*Marken u. Wettbewerb*; ▷*Private Equ. U. Vent. Cap.*; ▷*Notare*; Steuern; ▷*Vergabe*; ▷*Vertrieb*.
Analyse: Luther ist für die zunehmenden Eingriffe des Staates in die Wirtschaft gut gerüstet. Sukzessive hat sie, ohne ihren Mittelstandsfokus aufzugeben, ihre Arbeit in Richtung Konzerne ausgeweitet und sich bei der öffentlichen Hand eine gute Ausgangsposition geschaffen. Insbesondere mit dem Ausbau der Vergaberechtspraxis schuf sie eine wesentliche Grundlage, wobei das Team um Dr. Stefan Mager auch vom ausgeprägten Knowhow der Kanzlei im Energiesektor profitiert. So konnte sich sein Team für Dekarbonisierungsprojekte qualifizieren und begleitet die saarländische Stahlproduktion bei der grünen Transformation. Die Aktzeptanz im Energiesektor strahlt auch auf weitere Beratungsfelder der Kanzlei aus und macht Luther zur gefragten Beraterin bei Großprojekten. Als das Bundeswirtschaftsministerium die Energieberatung neu verteilte, sicherte sich Luther das größte Los zu Energiepreisbremsen. Damit berät sie auch zu Europa- und Beihilferecht sowie dem Öffentlichen Recht. Auch Industrieunternehmen, die sich klimaneutral aufstellen, setzen etwa im Umwelt- und Planungsrecht auf die marktführende Praxis. Dr. Holger Stappert ist in seiner Paradisziplin, dem Energiekartellrecht, wiederum v.a. aufseiten der Energieversorger tätig. Durch den Zugang von Dr. Johannes Teichmann schafft die Kanzlei jetzt die Verbindung zwischen Vertriebs- und Kartellrecht.
Im Gesundheitssektor steht Luther v.a. auf Seiten öffentlicher Träger. So beriet sie das Land Brandenburg bei einem neuartigen Modell für Universitätsmedizin, einem digitalen Pilotkrankenhaus. Eine strategisch kluge Erweiterung war Dr. Christian Burholt am Berliner Standort. Der im Gesundheitssektor erfahrene Kartellrechtler übernimmt die Co-Leitung der Healthcare- und Lifescience-Praxis und stellt damit die Weichen für die Weiterentwicklung vor Ort.
Die breit aufgestellte Corporate-Praxis ist nach wie vor tief im Mittelstand verwurzelt, setzt aber gerade im Gesundheitssektor auch auf dem Branchen-Know-how auf. So ist sie in eine Vielzahl von MVZ-Deals und Transaktionen im Klinik- und Pflegesektor involviert.
Perspektive: Mit Nachdruck orientiert sich Luther in Richtung großer Beratungsprojekte. Doch die erfolgreiche Entwicklung hat auch ihre Tücken: Bei Großprojekten steht sie in direktem Wettbewerb mit Beratungsgesellschaften wie PwC Legal. Für Luther wird es eine Gratwanderung, einerseits die personelle Ausstattung in solchen Mandaten sicherzustellen und zugleich ihre Top-Experten nicht zu verfeuern. Zudem erhöht sich das Konfliktpotenzial. So steht bspw. die Energiepraxis mit etablierten Beratern aufseiten von E.on oder EnBW. Dieses Engagement gilt es, mit der staatlichen Beratung zu harmonisieren.
Mit den jüngsten Personalverstärkungen insbes. in Berlin legte die Kanzlei die Basis für die weitere Expansion. Gelingt es wie bereits im Energiesektor die kartellrechtliche Beratung in den Branchen Gesundheit und Lifescience zu implementieren, könnte Luther sich für die politisch bereits angekündigte Transformation im Gesundheitsweisen als erste Anlaufstelle etablieren.
Vergabe- und Energierecht haben gezeigt, wie Zusammenarbeit Mandate auf ein neues Qualitätslevel heben kann. Umso erstaunlicher ist es, dass ihr das in anderen Bereichen seit Jahren nicht gelingt. So drängt sich die Frage nach einer im Markt wahrnehmbaren Compliance-Praxis auf. Zwar sind Experten mit dem nötigen Know-how vorhanden, doch gelingt es nicht, daraus ein stabiles Team für größere Projekte zu schmieden. Auch im Bereich ESG erkennt die Kanzlei bislang noch nicht das Potenzial, das Compliance, Litigation, Finanzierung und M&A als neues Beratungsprodukt mitbringen. Das intern vorhandene Know-how zusammenzuführen und eine strukturierte Beratung zu installieren, ist eine zentrale Aufgabe, wenn der ESG-Zug nicht ohne Luther abfahren soll.
Mandantenstimmen: Das Feedback von Mandanten ist in vielen Fachbereichen positiv: „überragend, Zusammenarbeit macht Spaß u. ist sehr effektiv", „hohe Kompetenz u. Schlagkraft" „pragmat., zielorientiert", „verhandlungsstark", „persönlich sehr angenehm". Eine „lösungsorientierte Herangehensweise" und „unternehmerisches Verständnis" sowie der effiziente Einsatz von Ressourcen werden hervorgehoben. Auch „die Leitung u. Umsetzung großer u. anspruchsvoller Projekte" loben Mandanten.
Service: Durch die Arbeit an großen Projekten hat die Kanzlei sukzessive Erfahrungen gesammelt und setzt Legal-Tech-Tools immer effizienter ein. Eine Plattform für interne und externe Kommunikation im Projekt bildet oftmals die Basis. Mandanten können über eine Kollaborationsplattform Einblick in die Mandatsbearbeitung nehmen, Status u. Kosten sind ebenfalls abrufbar. Teams aus Anwälten, Projektjuristen u. Support Lawyers oder Wirtschaftsjuristen stehen bereit, um Mandate passgenau und kostensensibel zu besetzen.
Anwälte in Deutschland: 428
Standorte: Berlin; Düsseldorf; Essen; Frankfurt; Hamburg; Hannover; Köln; Leipzig; München; Stuttgart.
Internat. Einbindung: Eigene Büros in ▷*Brüssel*, London, Luxemburg, Singapur, Ho-Chi-Minh-Stadt. In China mit Partnerkanzleien. Im Jahr 2021 gründete sie mit der frz. Kanzlei Fidal das Netzwerk Unyer, zu dem weitere Partner hinzukommen sollen, v.a. aus Kontinentaleuropa; 2022 hat sich Pirola Pennuto Zei aus Italien angeschlossen, 2023 kam in Österreich KWR hinzu. Darüber hinaus pflegt sie weitere Best-Friend-Beziehungen.

Die Anwaltszahlen stammen von den Kanzleien selbst und beziehen sich auf das letzte abgelaufene Geschäftsjahr. Einige Kanzleien beschäftigen für bestimmte Projekte befristet angestellte Rechtsanwälte. Daraus erklären sich teils deutliche Unterschiede zu Personalzahlen der Vorjahre.

MAYER BROWN

Nationaler Überblick Top 50 ★

Auf den Punkt: Das deutsche Team der US-Kanzlei findet in internationalen Großprojekten der Gesamtkanzlei genauso seinen Platz wie an der Seite großer dt. Familienunternehmen. Der Ausbau geriet allerdings zuletzt ins Stocken.

Empfohlen für: *▷Anleihen; ▷Arbeit; ▷Bankrecht u. -aufsicht; ▷Gesellsch.recht; ▷Immo/Bau; ▷Insolvenz/Restrukturierung; ▷Kartellrecht; ▷Kredite u. Akqu. fin.; ▷M&A; ▷Notare; ▷Private Equ. u. Vent. Capital.*

Analyse: Im Vergleich mit anderen US-Kanzleien ist die Arbeit von MB weniger transaktionslastig, sodass sie die Flaute nicht so stark traf. Zudem war sie bei globalen Mandanten wie dem US-Motorenhersteller Cummins gefragt: Als dieser einen Autozulieferer übernehmen wollte, stand neben M&A die durch Zugänge auch in Brüssel erstarkte Kartellrechtspraxis im EU-Fusionskontrollverfahren im internat. Fokus. Von der internationalen Zusammenarbeit profitieren auch deutsche Mandanten. So setzte Benteler bei einem Verkauf in den USA auf MB.

Diese attraktiven Mandate können aber nicht darüber hinwegtäuschen, dass der Ausbau der deutschen Praxis nach einigen Jahren eines sehr erfolgreichen Umbaus einige Dämpfer bekam. Das Team war 2022 kräftig gewachsen, schloss einige inhaltliche Lücken u. verstärkte Kernpraxen personell. So kam etwa die erfahrene Kartellrechtlerin Dr. Andrea Pomana in Brüssel hinzu. Das Umsatzwachstum hielt mit dem Personalwachstum jedoch nicht Schritt, weil neue Anwälte integriert werden mussten und die allgemeine Wirtschaftslage aufzufangen war. Außerdem wechselte der bisherige Corporate-Chef Dr. Julian Lemor, der auch im internationalen Management engagiert war, zu Noerr. Der Wechsel mag die Praxis nicht im Kern erschüttern, doch zählt Corporate neben Finance zu den Schlüsselbereichen der Kanzlei.

Anders als andere US-Kanzleien verfügt MB in vielen Praxen über ein beachtliches originär dt. Geschäft, berät im Kartellrecht etwa die Deutsche Bahn, Hochtief und seit Neuestem Daimler Truck. Auch die Arbeit im Kreditrecht ist typisch für die Mandantenstruktur: Neben sehr internat. Transaktionen für den Investmentmanager Rothschild, bei denen das Team reibungslos mit den Auslandsbüros zusammenarbeitet, stehen langfristige Beratungen heimischer Stammmandanten wie der DBAG. Ähnlich sieht es im Insolvenzrecht aus: Einer der großen Gläubiger ist die Kanzleimandantin JPMorgan. Daneben liegt ein etablierter Schwerpunkt in der Restrukturierungsberatung großer familiengeführter mittelständ. Unternehmen wie Wepa. Gerade dieser Klientel steht MB regelmäßig auch bei anderen, oft sensiblen Rechtsfragen zur Seite.

Perspektive: Lemors Wechsel traf keinen taumelnden Geschäftsbereich, im Gegenteil: Vor allem die Verpartnerung von Dr. Jan Streer im Vorjahr erwies sich dadurch als noch wichtiger, da er sowohl für die M&A-Beratung als auch die Schnittstelle zum Venture-Capital-Segment steht. Auch der Zugang des Corporate-Partners Carlos Robles y Zepf von DLA Piper im Vorjahr war vor diesem Hintergrund günstig. Diese Partner müssen nun Praxisleiterqualitäten zeigen, denn der Teamausbau in den dt. Kernpraxen sollte nicht ins Stocken geraten. Um wie White & Case weltweite Konzernmandanten praxisübergreifend zu beraten, fehlt in einigen Praxen weitere Teamstärke.

Mit seinen Besonderheiten – eine solide dt. Mandantenbasis und einige überdurchschnittlich starke Praxen – könnte sich das dt. Team weiter im Kanzleinetzwerk profilieren. Im Arbeitsrecht etwa, in dem MB häufig mit Boutiquen konkurriert, bieten Beratungen mit den Restrukturierungs- u. Finanzrechtlern weitere Chancen. Das Rechtsgebiet zählt zwar anders als Kartell-Litigation, Fondsberatung u. Private Equity nicht zu den ww. Schwerpunkten der Kanzlei, wenn es aber gelingt, sich wie bei Carlyles Kauf von Eberle häufiger mit solchen Kompetenzen einzubringen, eröffnet das ganz neue Möglichkeiten.

Mandantenstimmen: Mandanten bezeugen „gutes Wissen zu Literatur und Rechtsprechung auf europ. u. dt. Ebene" sowie „fundierten praktischen Rat auch in Feldern, in denen die rechtl. Bewertung selten eindeutig ist".

Service: Die Kanzlei nutzt diverse auf dem Markt verfügbare Software. Damit stellt sie ihren Mandanten u.a. Unterstützung im Projektmanagement für Rechtsfragen und im Budgetmanagement zur Verfügung. Intern kommen Branchenstandards etwa im Dokumentenmanagement, für Due Diligences, Datenräume oder zur Analyse von Compliance-Risiken zum Einsatz.

Anwälte in Deutschland: 74

Standorte: Düsseldorf; Frankfurt.

Internat. Einbindung: Integrierte, transatlantisch aufgestellte Kanzlei mit vielen US-Büros (Stammsitz in Chicago), Mexiko u. London, Paris u. Brüssel. Mehr große asiat. als europ. Büros, v.a. Hongkong.

MCDERMOTT WILL & EMERY

Nationaler Überblick Top 50 ★ ★ ★

Auf den Punkt: US-Kanzlei mit relativ unabhängiger dt. Praxis. Besonders starke Marktposition im Immobilienrecht. Dank ihrer Expansionsfreude avanciert sie zu einer Full-Service-Einheit.

Empfohlen für: *▷Arbeit; ▷Compliance; ▷Gesellsch. recht; ▷Gesundheit; ▷Immo/Bau; ▷Insolvenz/Restrukturierung; ▷Investmentfonds; ▷IT u. Datenschutz; ▷Kartellrecht; ▷Konfliktlösung; ▷M&A; ▷Medien; ▷Öffentl. Recht;* Patent; *▷Private Equ. u. Vent. Capital;* Steuern.

Analyse: Die deutsche Praxis der US-Kanzlei bleibt expansionsfreudig und ist von ihrem Ziel, Full Service anzubieten, nicht mehr weit entfernt. Nun widmet sie sich stärker dem Feinschliff und intensiviert erfolgreich die Verzahnung der Praxen und mit dem internationalen Netzwerk. Das Ziel von Expansion ist mittlerweile nicht mehr nur schieres Wachstum, sondern die Steigerung der Mandatsqualität. Lange setzte die Kanzlei dafür auf junge Quereinsteiger aus führenden Großkanzleien, die sie zeitnah zu Partnern machte und ihnen die Chance gab, ihr Geschäft weiterzuentwickeln. Mit Erfolg: So besetzt der Branchenexperte Dr. Deniz Tschammler erfolgreich die Schnittstelle zwischen Gesundheitsrecht und Datenschutz. Mandanten wie Dentsply Sirona begleitet MWE mit interdisziplinären u. internationalen Teams beim Eintritt in digitale Märkte. Auch im Bankaufsichtsrecht und im Öffentlichen Recht bewies MWE bei Renate Prinz und Dr. Alexa Ningelgen ein sicheres Händchen bei der Wahl ambitionierter Quereinsteigerinnen.

Dass das Management in den vergangenen Jahren vieles richtig gemacht hat, zeigt sich u.a. daran, dass MWE heute auch für bereits etablierte Partner ein attraktives Ziel ist. Nachdem sie im Vorjahr bereits auf diesem Wege eine Compliance-Praxis ins Leben rief, verstärkte sie nun ihr Private-Equity-Team mit zwei Quereinsteigern. Vor allem der renommierte Holger Ebersberger, der von Noerr kam, passt mit seinen Schwerpunkten in der Digitalwirtschaft und der Lifescience-Branche hervorragend ins Kanzleiprofil und zur aufstrebenden, digitalaffinen Gesundheitsrechtspraxis. Wie gut MWE hier positioniert ist, zeigte sich etwa bei der Beratung von Auctus Capital beim Verkauf von Pharmalex.

Das Herzstück bildet unverändert die Immobilienpraxis, die auch im aktuell eher schwierigen Marktumfeld ihre Sattelfestigkeit beweist und umsatzmäßig die stärkste Einheit bleibt. Weitere wirtschaftliche Treiber sind das Corporate-Geschäft und die Restrukturierungpraxis mit dem anerkannten Dr. Matthias Kampshoff. Das erneute Schutzschirmverfahren für Galeria Karstadt Kaufhof und die Insolvenzverfahren von Borgers und Hakle belegen die gute Entwicklung. Auch in der Corporate-Beratung ist MWE ein Stück vorangekommen. Die M&A-Praxis ist nicht nur bei internat. Unternehmen, sondern auch bei Dax- u. MDax-Konzernen immer gefragter. Auch den Gesellschaftsrechtlern ist es gelungen, ihre Konzernkontakte zu erweitern, u.a. indem sie bei einem weltweit tätigen Unternehmen auf der festen Beraterliste stehen.

Perspektive: MWE tritt mit Erreichen einer kritischen Größe in zentralen Praxen wie Corporate, Private Equity und Restrukturierung immer selbstbewusster auf die dt. Bühne. Doch ihr Transformationsprozess hin zu mehr Profitabilität und Qualität fordert auch Opfer. So kam es in einigen Bereichen zu gewollten und ungewollten Abgängen, etwa in den M&A-, Private-Equity- und Schiedsrechtspraxen. Diese konnte MWE zwar kompensieren, auch liefen sie recht geräuschlos, was für eine gute Leistung des Managements spricht, solche Korrekturen dürfen allerdings kein Dauerzustand werden. Es ist wichtig, dass zügig Ruhe einkehrt, damit eine gute Integration der jüngsten Quereinsteiger erfolgen und auch die in einigen Praxen spürbare Findungsphase abgeschlossen werden kann.

Ein wichtiges Signal für den eigenen Nachwuchs wären auch Partnerernennungen, die in diesem Jahr ausblieben. Auffallend viele der aufstrebenden jüngeren Partner wechselten erst als Senior Associates oder Counsel von anderen Kanzleien oder aus Unternehmen zu MWE. Jüngstes Beispiel ist der mittlerweile viel gelobte Immobilienpartner Dr. Maximilian Clostermeyer. Dass MWE Talente aber nicht nur einkaufen, sondern auch selbst entwickeln kann, hat sie in der Vergangenheit ebenfalls bewiesen, etwa mit dem TMT-Experten Dr. Christian Masch. Jetzt gilt es, die Balance zwischen Quereinsteigern und Eigengewächsen zu wahren. Es ist essenziell, realistische Karriereperspektiven zu bieten, um die jüngeren Associates bei Laune zu halten. Denn Nachhaltigkeit wird sie brauchen, um ihre ehrgeizigen Pläne umsetzen zu können.

Mandantenstimmen: Besonders häufig loben Mandanten den „lösungsorientierten Ansatz" u. die „pragmatische, reaktionsschnelle u. praxisnahe Arbeitsweise" der Anwälte, die „das Unternehmen besser kennen als der Vorstand". Großprojekte arbeiten die Berater „präzise wie ein Uhrwerk" ab.

Service: MWE hat ein eigenes Legal-Tech-Kompetenzteam und setzt bekannte Programme u. Legal-Tech-Tools ein, um Arbeitsprozesse effizienter zu gestalten. Neben z.B. Bryter und Lawlift sind auch

Die Anwaltszahlen stammen von den Kanzleien selbst und beziehen sich auf das letzte abgelaufene Geschäftsjahr. Einige Kanzleien beschäftigen für bestimmte Projekte befristet angestellte Rechtsanwälte. Daraus erklären sich teils deutliche Unterschiede zu Personalzahlen der Vorjahre.

individuelle Tools aufgesetzt, etwa für die öffentliche Hand.

Anwälte in Deutschland: 165

Standorte: Düsseldorf; Frankfurt; Köln; München.

Internat. Einbindung: Aus Chicago stammende Kanzlei, die Standorte in den gesamten USA unterhält. Gute Zusammenarbeit der dt. Praxis mit den Büros in Paris u. London. In Europa zudem Büros in Mailand u. Brüssel. In Asien ist MWE seit 2021 in Singapur vertreten.

MILBANK

Nationaler Überblick Top 50 ★★★

Auf den Punkt: US-Kanzlei mit Fokus auf komplexe Transaktionen und vielversprechender junger Kapitalmarktrechtspraxis. Zusehends baut sie die Zusammenarbeit mit dem Londoner Büro aus.

Fünf-Sterne-Praxis für: *▷Private Equ. u. Vent. Capital*; Steuern.

Zudem empfohlen für: *▷Börseneinführung u. Kapitalerhöhung; ▷Gesellsch.recht; ▷Insolvenz u. Restrukturierung; ▷Kartellrecht; ▷Kredite u. Akqu.fin.; ▷M&A.*

Analyse: Die US-Kanzlei baut ihr Portfolio entlang ihres Kerngeschäfts, der Transaktionsberatung, weiter aus. Strategisch wichtig war der Zugang des ehemaligen Clifford-Partners Philipp Klöckner im Vorjahr, der für den Aufbau eines Teams für die kapitalmarktrechtliche Beratung steht. Durch ihn konnte die Kanzlei nicht nur den Kreis ihrer Mandanten um Unternehmen erweitern, die Klöckner folgten, sondern sich von Kanzleien wie Sullivan & Cromwell emanzipieren, mit denen Milbank bei kapitalmarktrechtlichen Fragen bisher häufiger zusammenarbeitete. Auch wenn das Team mit drei Berufsträgern eher überschaubar ist, gelingt es durch eine enge Zusammenarbeit mit London, eine beachtliche Schlagkraft zu entwickeln.

Zahlreiche Schnittstellen zu anderen Praxisgruppen zeigen, wie wichtig die Entscheidung für die Gesamtkanzlei war. Offensichtlich sind die Anknüpfungspunkte zum Gesellschaftsrecht, zu Transaktionen u. zur Restrukturierungsberatung, insbesondere bei Anleiherestrukturierungen, ein Segment, das Milbank bereits länger erfolgreich bespielt. Neu ist, dass Milbank mit einer eigenständigen Restrukturierungspraxis unter Leitung von Dr. Mathias Eisen Präsenz zeigt, die zwar eng mit der Praxis für Kredite u. Akquisitionsfinanzierung verbunden bleibt, jedoch unabhängig agiert.

Die Verbindung nach London spielte nicht nur im Corporate-Umfeld, sondern auch für die Fortentwicklung der kartellrechtlichen Praxis eine zentrale Rolle. Dort verstärkte sich Milbank zuletzt mit FDI-Spezialisten, von denen auch die deutschen Anwälte bei ihrer transaktionsflankierenden Arbeit profitieren.

Herzstück der Kanzlei bleibt so die Transaktionsberatung, insbesondere an der Seite von Finanzinvestoren, wenngleich die Arbeit für Strategen bei M&A-Transaktionen nicht zu vernachlässigen ist. Bisher wenig präsent ist Milbank jedoch bei Infrastrukturtransaktionen. Hier ist sie trotz des Zugangs eines darauf spezialisierten Partners im Jahr 2020 noch nicht wirklich vorangekommen.

Perspektive: Beachtlich ist die immer enger werdende Zusammenarbeit mit dem Londoner Team. Der Zusammenschluss mit dem renommierten Londoner Büro der schottischen Private-Equity-Boutique Dickson Minto ist Teil des internationalen Ausbaus auf den Feldern M&A u. Private Equity, der neben Großbritannien auch den heimischen US-Markt umfasste. Hier ist nicht zuletzt Dr. Norbert Rieger als Leiter der globalen Corporate-Praxis eine treibende Kraft. In einer weiteren Vertiefung der Zusammenarbeit zwischen den europäischen Büros liegt das Potenzial für mehr grenzüberschreitende Mandate. Nicht zuletzt für die Arbeit von Markus Muhs wäre ein Londoner Partner mit Geschäft für die meist in London ansässigen Fonds, der entsprechende Mandate weiterleiten kann, eine willkommene Unterstützung.

Mandantenstimmen: Laut ihren Mandanten zeichnen sich die Anwälte durch ihre Serviceorientierung in Form von ständiger Erreichbarkeit und wirtschaftlichem Verständnis aus. Darüber hinaus werden die Partner regelmäßig für ihr „exzellentes Fachwissen", ihre „kreative Gestaltung" sowie ihr „lösungsorientiertes Handeln" gelobt.

Service: Bei Milbank liegt der Schwerpunkt auf einer hochwertigen, partnergeführten Beratung, weshalb Legal Tech u. Projektmanagement keine so große Rolle spielen wie in anderen Kanzleien.

Anwälte in Deutschland: 63

Standorte: Frankfurt; München.

Internat. Einbindung: Ursprünglich aus New York, weitere Standorte in Washington D.C., Los Angeles u. São Paulo. In Europa außer in Deutschland nur in London vertreten. Stark auch in Fernost (Singapur, Tokio, Peking, Hongkong, Seoul).

NOERR

Nationaler Überblick Top 50 ★★★★

Auf den Punkt: Die Kanzlei zeichnet sich durch eine bemerkenswerte Position bei deutschen Unternehmen aus, strebt mit internationalem Ausblick und wachsendem Erfolg immer mehr nach dem oberen Marktsegment.

JUVE Kanzlei des Jahres für: Außenwirtschaftsrecht.

Fünf-Sterne-Praxis für: *▷Außenwirtschaft; ▷Immo/Bau; ▷Insolvenz/Restrukturierung; ▷IT u. Datenschutz; ▷Konfliktlösung; ▷Medien; ▷Öffentl. Recht; ▷Telekommunikation; ▷Vertrieb.*

Zudem empfohlen für: *▷Anleihen; ▷Arbeit; ▷Bankrecht u. -aufsicht; ▷Beihilfe; ▷Börseneinführ. u. Kapitalerhöhung; ▷Compliance; ▷Energie; ▷ESG; ▷Gesellsch.recht; ▷Gesundheit; ▷Kartellrecht; ▷Kredite u. Akqu.fin.; ▷Lebensmittel; ▷M&A; ▷Marken u. Wettbewerb; ▷Nachfolge; ▷Notare*; Patent; *▷Private Equ. u. Vent. Capital*; Steuern; *▷Unternehmensbez. Versicherberatung; ▷Verkehr; ▷Versicherungsvertragsrecht; ▷Wirtschafts- u. Steuerstrafrecht.*

Analyse: Mit beachtlicher Konsequenz arbeitet Noerr weiter an ihrem Ziel, sich als Beraterin für hochklassige Mandate im obersten Marktsegment festzusetzen. Dass sie diesem Ziel immer näherkommt, belegen namhafte Mandanten wie Henkel, Deutsche Telekom, das Bundesministerium für Wirtschaft und Klimaschutz oder die neu geschaffene Daimler Truck. Einige von ihnen vertrauen seit Jahren auf Noerr. Auch im vergangenen Jahr gelang es, Verbindungen zu Top-Mandanten zu pflegen und zu vertiefen. So setzte eine Reihe von Dax-Konzernen – häufig Stammmandanten – beim Verkauf von russischen Geschäftssparten ebenso wie bei außenwirtschafts- und arbeitsrechtlichen sowie ESG-Themen auf die Kanzlei. Die Position, die Noerr bei der Beratung von (Dax-)Unternehmen bei komplexen Russland-Exits gespielt hat, ist beachtlich. Henkel, Mercedes-Benz oder Omnicom setzten auf Teams, in denen neben dem Hamburger Partner – und ehemaligem Leiter des Moskauer Büros – Björn Paulsen insbesondere Dr. Harald Selzner und Dr. Martin Neuhaus präsent waren. Auch in der Konfliktlösungspraxis stach ein Mandat mit Russland-Bezug hervor. Bei der Abwicklung der Tochter der russischen VTB-Bank koordinierte Noerr eine Reihe internationaler Kanzleien in weltweiten Prozessen und Schiedsverfahren. In diesem Mandat war auch die bestens aufgestellte Außenwirtschaftspraxis gefragt.

Die gesellschaftsrechtliche Praxis überzeugte derweil bei der Reorganisation des Fresenius-Konzerns, bei der die Kanzlei gleich mit zwei Teams – getrennt durch Chinese Walls – agierte, aufseiten von Fresenius Medical Care sowie der Gesellschafterin Else-Kröner-Fresenius-Stiftung. Für die Stiftung übernahm ein Tandem aus Dr. Tobias Bürgers und Dr. Michael Brellochs die Federführung. Auch bei der Beratung zu nachhaltigen Infrastrukturprojekten gewann Noerr Mandate, etwa von Foresight bei einem milliardenschweren Investment in ein Projekt zur Herstellung von grünem Wasserstoff.

Personell machte Noerr beim Ausbau des Private-Equity-Teams in Frankfurt einen großen Schritt nach vorn. Hier verfügte die Kanzlei bis zum Zugang des erfahrenen Dr. Julian Lemor – zuletzt Leiter der Corporate-Praxis bei Mayer Brown – über keinen Equity-Partner mit klarem Fokus auf dieses Segment. Vor Ort soll er nun den weiteren Ausbau des Teams unterstützen. Dass Noerr erneut einen namhaften Quereinsteiger präsentiert, zeigt ihre Offenheit für erfahrene Neuzugänge und unterstreicht, dass sie inzwischen eine attraktive Adresse für ebendiese ist. Zusätzlich hat sie erneut auch jüngere Anwälte von Wettbewerbern geholt, die die Möglichkeit bekommen, sich zu entwickeln. Der Abgang von Holger Ebersberger und einem jungen Partner aus dem IT-Team zeigen jedoch die Herausforderung, solche jungen Partner langfristig einzubinden. Bewegung gab es auch in der äußerst angesehenen Nachfolgepraxis. Hier verließ der langjährige, renommierte Partner Dr. Wolfram Theiss die Kanzlei. Zwar bleibt die Praxis mit einer Riege jüngerer Partner personell breit aufgestellt, doch dürften ihm einige wichtige Mandanten folgen.

Perspektive: Die gezielte Erweiterung ausgewählter Praxen mit Quereinsteigern hat die Kanzlei insgesamt nach vorn gebracht. Im nächsten Schritt gilt es, die jüngeren Partner stringent einzubinden und zu fördern, auch, um die Nachwuchsstrategie nach außen hin weiterhin glaubhaft zu vertreten, gab es doch zuletzt aus dieser Gruppe einige Weggänge. Ein Beispiel für eine gelungene Förderung ist der Berliner Partner Dr. Laurenz Tholen, der sich an der Seite von Prof. Dr. Christian Pleister bei der Beratung der DFL zum — letztlich nicht zustande gekommenen – Medienrechte-Deal hervortat.

Zusehnends wandelt sich der Mandantenkreis von Noerr, bewegt sich weg von mittelständischen Unternehmen, die nicht zum Kreis der Hidden Champions oder Marktführern in ihrem Segment gehören. Die Anhebung der Stundensätze auf einen einheitlichen Preis, für die sich die Noerr-Partnerschaft entschieden hat, dürfte hier wie ein Katalysator wirken. Nicht jeder Mittelständler wird gewillt sein, diese mitzutragen. So dürfte diese Entscheidung nicht nur zu einer gewissen Bereinigung des Mandatenportfolios führen, sondern auch einige Partner zur Anpassung ihres Geschäfts bewegen. Gänzlich ohne Risiko ist dieser Schritt nicht, birgt er

Die Anwaltszahlen stammen von den Kanzleien selbst und beziehen sich auf das letzte abgelaufene Geschäftsjahr. Einige Kanzleien beschäftigen für bestimmte Projekte befristet angestellte Rechtsanwälte. Daraus erklären sich teils deutliche Unterschiede zu Personalzahlen der Vorjahre.

doch die Gefahr, dass einige Partner hier auf der Strecke bleiben.

Mandantenstimmen: Mandanten loben die Anwälte vor allem für ihre „außerordentliche Kompetenz", ihre „überdurchschnittliche Serviceorientierung" sowie ihre kurze Reaktionszeit.

Service: Mithilfe eines für die Legal-Tech-Strategie zuständigen Teams sondiert die Kanzlei laufend die am Markt verfügbaren Angebote. Sie verwendet verschiedene eingekaufte Tools, etwa bei der Dokumentenerstellung oder der Fremdpersonal-Compliance. Ferner verwendet die Kanzlei Anwendungen, die eine Kommunikation mit dem Mandanten auf Datensätzen ebenso umfasst wie Zeiterfassung, Kostenmanagement und Rechnungslegung oder eine zentrale Datenplattform, wobei die beiden letztgenannten Anwendungen selbst entwickelt wurden.

Anwälte in Deutschland: 475

Standorte: Berlin; Dresden; Düsseldorf; Frankfurt; Hamburg; München.

Internat. Einbindung: Kanzlei mit sechs eigenen Büros in Osteuropa. Aus Russland hatte sich Noerr bereits Anfang 2022 zurückgezogen, kooperiert aber weiterhin mit den dortigen Anwälten; zudem Russland-Desk in Hamburg. Dazu London, New York, Alicante u. *▷Brüssel*. Exklusives dt. Mitglied im internationalen Netzwerk Lex Mundi. Daneben Kontakte zu namhaften US-Kanzleien. Traditionell gute Beziehung zu Macfarlanes in London.

NORTON ROSE FULBRIGHT

Nationaler Überblick Top 50 ★★★

Auf den Punkt: Internationale Kanzlei, die auch in Deutschland immer häufiger grenzüberschreitend arbeitet. Konsequenter praxisübergreifender Sektoransatz.

Fünf-Sterne-Praxis für: *▷Verkehr.*

Zudem empfohlen für: *▷Anleihen; ▷Beihilfe; ▷Börseneinführ. u. Kapitalerhöhung; ▷Compliance; ▷Energie; ▷Gesellsch.recht; ▷Immo/Bau; ▷IT u. Datenschutz; ▷Kartellrecht; ▷Konfliktlösung; ▷Kredite u. Akqu.fin.; ▷M&A; ▷Marken u. Wettbewerb; ▷Private Equ. u. Vent. Capital; ▷Unternehmensbez. Versicherberatung.*

Analyse: Die Kanzlei hat in den vergangenen drei Jahren selbstbewusst in ihre Expansion investiert u. behält dabei ihre Fokussierung auf Energie, Immobilien u. Mobilität konsequent bei. Der couragierte Ausbau lässt sich besonders an der Eröffnung und Entwicklung in Düsseldorf ablesen. Als Glücksgriff erwies sich etwa Anne Fischer, die im Vorjahr von Allen & Overy kam und dank ihrer guten Verbindungen in die Versicherungsbranche bei NRF den Aufsichtsrat einer Pensionskasse beriet. Außerdem steht sie für die deutlich bessere internat. Vernetzung der dt. Praxis: Sie bearbeitete rasch Mandate mit den US-Kollegen.

Auch abseits davon haben die Zugänge der vergangenen Jahre der Corporate-Praxis gutgetan und es erlaubt, das Potenzial des internat. Netzwerks besser auszuschöpfen. Dass die Praxis immer häufiger für Large-Cap-Transaktionen mandatiert wird, etwa von der deutschen Euroshop bei der Minderheitsbeteiligung an sechs Shoppingcentern, ist beachtlich, zumal der Markt für diese Deals – v.a. im Immobiliensektor – stagnierte. Mit Private-Equity-Transaktionen wird die Kanzlei im Markt zwar immer noch nicht verbunden, allerdings hat sie sich zuletzt deutlicher darauf ausgerichtet, indem sie aus einschlägigen Kanzleien erfahrene Associates aufnahm. Die schnelle Einbindung des neuen Partners Sven Schweneke beim Hertha-BSC-Deal mit einem Londoner Mandanten belegt zusätzlich die solide internat. Integration.

Auch die Immobilienrechtspraxis orientiert sich stärker über die Grenzen, was v.a. an der engen Vernetzung mit den Büros in London und Luxemburg ablesbar ist und sich etwa bei der Beratung von LCN Capital niederschlägt. Immobilien sind eine von NRFs globalen Kernbranchen, und so überrascht es nicht, dass die Kanzlei auch in Dtl. weiter aufrüstet. Nach einem größeren Teamzugang im Vorjahr kam der in Transaktionen u. Restrukturierungen erfahrene Dr. Holger Wolf mit einem Team, wodurch eine Lücke auf Partnerebene im Frankfurter Büro geschlossen ist. Managing-Partner Dr. Stefan Feuerriegel ist nun auch global für den Bereich Immobilien verantwortlich, was die Praxis weiter aufwertet u. die internat. Zusammenarbeit befeuert. Ähnliche Entwicklungen zeichnen sich in der Praxis für Kredi-

Die Anwaltszahlen stammen von den Kanzleien selbst und beziehen sich auf das letzte abgelaufene Geschäftsjahr. Einige Kanzleien beschäftigen für bestimmte Projekte befristet angestellte Rechtsanwälte. Daraus erklären sich teils deutliche Unterschiede zu Personalzahlen der Vorjahre.

te und Akquisitionsfinanzierung sowie der Datenschutzpraxis ab. Letztere hat sich dank guter internat. Vernetzung und couragierter Investitionen in Legal Tech unter anderem als Anlaufstation bei Hackerangriffen einen Namen gemacht.
Vorausschauend mit Blick auf den UPC dürfte auch der Gewinn einer Patentanwältin sein, die das IP-Team ergänzt.
Perspektive: NRF rüstet sich zwar für künftig relevante Themen, hat aber noch einiges Potenzial – auch und gerade mit Blick auf die globalen Fokusbranchen der Kanzlei. So steht die Energierechtspraxis traditionell an der Seite von Investoren und Projektierern, verfügt jedoch über keinen Partner, der mit seinem regulatorischen Knowhow die wachsende Nachfrage abfangen könnte. Ähnlich sieht es im Mobilitätsbereich aus, wo NRF ebenfalls zu den anerkanntesten Einheiten bei Finanzierungen v.a. im Luftverkehr, aber auch bei Straßeninfrastrukturprojekten zählt.
Zwar gelingt es NRF besser als in der Vergangenheit, namhafte Partner für sich zu begeistern, doch hat sie auch mit einer gewissen Instabilität zu kämpfen, die oft ein Zeichen mangelnder Integration ist. So verließen die langjährigen M&A-Partner Dr. Philipp Grzimek und Dr. Marco Niehaus die Kanzlei. Die Praxis ist zwar inzwischen breit genug aufgestellt, um dies zu verschmerzen, dennoch ist es ein Signal der Unruhe. Ein solches geht auch von der Praxis für Fonds- und Investmentaufsichtsrecht aus: Nachdem sich bereits im Vorjahr ein langjähriger Partner verabschiedet hatte, kehrte auch Dr. Caroline Herkströter der Kanzlei den Rücken. Auch wenn mit ihr vielleicht nicht der ursprünglich erhoffte große Sprung gelang, war sie doch die bekannteste Partnerin der Praxis. Mit dem Zugang von Frank Herring schloss NRF die Lücke zwar rasch, doch beginnt der Wiederaufbau von Neuem.
Womöglich fährt NRF auf lange Sicht besser damit, auf Counsel-Zugänge zu setzen. Mit dieser Strategie hat sie ihre Entwicklung im Immobilienrecht erfolgreich gestaltet, aber auch im Corporate, im Steuerrecht und bei Compliance tragen Counsel einen sichtbaren Teil zum Geschäftserfolg bei. In jedem Fall ist das Management gefordert, mit den Expansionsplänen nicht die eigenen Associates zu verschrecken. Bisher gelingt das. Derzeit verfügt NRF über eine Vielzahl zufriedener Associates, die mehrheitlich ihre Zukunft in dieser Kanzlei sehen. Das sind Pfunde, mit denen längst nicht alle Wettbewerber wuchern können und die elementar sind für eine nachhaltige Weiterentwicklung.
Mandantenstimmen: Mandanten loben vor allem die Corporate-, aber auch die Litigation-Anwälte für ihr pragmatisches Vorgehen, ihr wirtschaftliches Verständnis und ihren guten Service. Die Immobilienrechtler stechen durch ihre hohe Spezialisierung heraus.
Service: NRF positionierte sich schon früh bei der Digitalisierung u. Transformation der Rechtsdienstleistung. Im britischen Newcastle eröffnete sie 2019 eine Legal-Operations-Einheit. Zurzeit baut sie in Deutschland ein Pendant auf, das Produktentwickler, Projektjuristen u. Legal Services zusammenbringt. Sie entwickelte bereits eigene Software, die auch Mandanten nutzen. Eine Hamburger Anwältin verantwortet in der im Vorjahr geschaffenen Position der Innovationsmanagerin den Ausbau des Legal-Tech-Angebots.
Anwälte in Deutschland: 154
Standorte: Düsseldorf; Frankfurt; Hamburg; München.
Internat. Einbindung: Internationale Kanzlei mit rund 50 Büros in Europa (auch ▷*Brüssel* u. Luxemburg), den USA, Kanada, Südafrika, Fernost u. Australien.

OPPENHOFF & PARTNER

Nationaler Überblick Top 50 ★★

Auf den Punkt: O&P verfügt über gute Kontakte zu internationalen Konzernen, die sie zu ihrem Deutschlandgeschäft berät, und ist gleichzeitig im Mittelstand fest verwurzelt. Seit Langem sind Gesellschaftsrecht u. M&A ihre Aushängeschilder.
Empfohlen für: ▷*Arbeit*; ▷*Außenwirtschaft*; ▷*Compliance*; ▷*Energie*; ▷*Gesellsch.recht*; ▷*IT u. Datenschutz*; ▷*Konfliktlösung*; ▷*M&A*; ▷*Nachfolge*; ▷*Private Equ. u. Vent. Capital*; Steuern; ▷*Unternehmensbez. Versicherberatung*; ▷*Vergabe*.
Analyse: Nach mehreren Jahren des Wachstums auf personeller Ebene und beim Umsatz ist O&P in eine Phase der Konsolidierung eingetreten. Diese nutzen die Kanzlei und ihr Managementgremium, um interne Projekte voranzutreiben. Dazu gehört die Verankerung einer Kanzleikultur, bei der Anwälte und nicht juristisches Personal enger zusammenarbeiten. Zudem weitet sie ihr Engagement und die Investitionen bei Legal Tech aus und hat dafür einen erfahrenen Volljuristen eingestellt.
Personell blieb es auf Partnerebene zuletzt ruhig. Mit Blick auf Wettbewerber wie Eversheds Sutherland oder Pinsent Masons, die zuletzt wiederholt Anwälte verloren, ist dies jedoch eher ein positives Zeichen. Während der Stammsitz Köln das mit Abstand größte u. wichtigste Büro bleibt, macht sich in Frankfurt u. Hamburg der Ausbau der letzten Jahre bemerkbar. Der jüngste Zugang auf Partnerebene war im Vorjahr die Hamburger Energierechtlerin Dr. Carmen Schneider, die bei der Industriemandantschaft der Kanzlei gute Anknüpfungspunkte gefunden hat, etwa beim Thema Energiepreisbremsen. Ihre Kenntnisse des Energievertrags- und -regulierungsrechts sowie ihre Kontakte öffnen der Kanzlei die Tür zu größeren Mandaten in dem Sektor. Derweil zog die Vorstandsvorsitzende von Gerry Weber den Corporate-Partner Dr. Sebastian Zeeck zur Sanierung des Modeherstellers hinzu, und im Frankfurter Teil des Litigation-Teams um Dr. Michael Weigel gewinnen auch junge Anwälte Profil.
In ihrer Paradedisziplin Corporate/M&A agiert O&P mittlerweile in einem ganz anderen Marktsegment als noch vor ein paar Jahren. Deutlich wird das insbesondere bei einer Reihe öffentlicher Übernahmen, die kurz vor Schluss abgebrochen werden mussten, etwa für einen Investor aus Singapur. Auch ihre Kontakte innerhalb Europas erweiterte das Team zuletzt, ebenso die Zusammenarbeit mit der angesehenen außenwirtschaftsrechtlichen Praxis im Investitionskontrollrecht. Letztere blickt erneut auf ein arbeitsintensives Jahr zurück, in dem sie ihre industrie- und rüstungslastige Mandantschaft im Zusammenhang mit Sanktionen beriet. Dabei kommt Mandanten die Erfahrung von Stephan Müller im russlandbezogenen Geschäft zugute. Diese Praxis bleibt ein gewisses Alleinstellungsmerkmal, weil sie in der Form und Güte nur in wenigen Kanzleien zu finden ist. Auch das renommierte IT-Team um Dr. Jürgen Hartung und Dr. Marc Hilber bleibt im Bereich Datenschutz eins der wenigen, die mit Großkanzleien um die Marktspitze konkurrieren können.
Perspektive: Dass O&P Zeit investiert, um eine einheitliche Kanzleikultur zu erarbeiten u. ihre Mitarbeitenden dahinter zu versammeln, ist sinnvoll. So schafft sie Identifikation u. legt den Grundstein für eine möglichst homogene Mannschaft. Das wiederum ist eine gute Basis, spricht sie doch dank ihrer guten Stellung im Markt mittlerweile attraktivere und damit anspruchsvollere Bewerber an als noch vor einigen Jahren. Das zeigt sich bspw. im Zugang einer erfahrenen Senior Associate für M&A, die in Hamburg von Latham & Watkins wechselte. In Bereichen wie Corporate übernimmt längst die nächste Generation das Ruder. Wichtig ist, dass sich das auch weiterhin in Partnerernennungen niederschlägt, v.a. bei den Anwältinnen. Zuletzt wurde nur ein Anwalt in die Equity-Partnerschaft aufgenommen, der Frauenanteil bleibt sehr niedrig.
Insbesondere im M&A agiert die Kanzlei mit mehr Inbound-Deals als andere vergleichbare Einheiten. Deshalb entscheidet sie sich weiterhin gegen ein festes Netzwerk und fährt einen Ansatz, bei dem die Beziehungen stärker an den einzelnen Partnern hängen. So entstehen sehr gute Kontakte – allerdings bedeutet das auch, dass O&P sehr viele (Partner-)Kapazitäten investieren muss. Dabei muss der Aufwand auch in Zukunft im richtigen Verhältnis zum Ergebnis stehen.
Mandantenstimmen: Ein Mandant lobt Oppenhoff als „super Kanzlei". Allgemein fällt das Feedback über viele Praxisgruppen hinweg sehr positiv aus, auch für jüngere Anwälte. Mehrmals werden die „exzellente Betreuung" u. die „hervorragende juristische Kompetenz" hervorgehoben. Zudem erntet das „sehr gute Notariatsteam" in Frankfurt Lob.
Service: Den Ausbau u. Einsatz von Legal-Tech-Tools treibt O&P beherzt voran. Dafür verantwortlich sind zwei auf Legal Tech spezialisierte Associates, die eng mit einer fachgebietsübergreifenden Gruppe zusammenarbeiten. Sie stellt sicher, dass die Anwendungen in unterschiedlichsten Rechtsgebieten zum Einsatz kommen. Dabei setzt O&P auf Eigenentwicklungen auf Basis bestehender Softwarelösungen, die sie teils an Mandanten auslizenziert. Beispiele sind Tools zum Fremdpersonal Compliance Check, zur Investitionskontrolle oder zur DSGVO-Compliance.
Anwälte in Deutschland: 101
Standorte: Frankfurt; Hamburg; Köln.
Internat. Einbindung: Breites internationales Netzwerk an befreundeten Kanzleien, die in ihren jeweiligen Ländern zu den führenden unabhängigen Einheiten gehören, über alle Kontinente. Bewusste Entscheidung gegen ein Best-Friend-Prinzip oder Einbindung in ein festes Netzwerk.

OPPENLÄNDER

Nationaler Überblick Top 50 ★

Auf den Punkt: Kartellrecht ist die traditionelle Stärke der Kanzlei. Durch geschickte Verknüpfung von Fachbereichen und eine starke Nachwuchspartnerschaft hat sie ihre Reputation auf Regulierung u. Prozessführung erweitert.
Empfohlen für: ▷*Energie*; ▷*Gesellsch.recht*; ▷*Gesundheit*; ▷*Kartellrecht*; ▷*M&A*; ▷*Marken u. Wettbewerb*; ▷*Öffentl. Recht*; ▷*Vergabe*; ▷*Verkehr*.
Analyse: Die Stuttgarter Kanzlei verfügt – anders als viele ihrer Wettbewerberinnen mit nur einem Standort – über einen bundesweiten Mandantenstamm. Vor allem ihre hochkarätige Arbeit im Kartellrecht ist weithin anerkannt, bei Kartellschadensersatzprozessen zählt sie zu den erfahrensten

Die Anwaltszahlen stammen von den Kanzleien selbst und beziehen sich auf das letzte abgelaufene Geschäftsjahr. Einige Kanzleien beschäftigen für bestimmte Projekte befristet angestellte Rechtsanwälte. Daraus erklären sich teils deutliche Unterschiede zu Personalzahlen der Vorjahre.

Kanzleien. Besonders überzeugend ist daneben aber auch die Kombination aus kartellrechtlicher Kompetenz und Branchenspezialisierung. So vertraute der Kfz-Herstellerverband VDA bei einer Brancheninitiative gegen die Halbleiterkrise auf die Beratung des Praxischefs Prof. Dr. Albrecht Bach, und mit Vitesco gewann die Kanzlei eine weitere Mandantin aus der Automobilbranche. Im Energiesektor beriet Dr. Andreas Hahn ein internat. Energieunternehmen kartellrechtl. zu Joint-Venture-Gründungen mit EnBW für die Bewerbung um neue Offshoreflächen.

Bei den Öffentlich-Rechtlern stehen Vereine, Verbände u. politische Fraktionen sowie Mandate mit politischem Bezug im Fokus. Zuletzt vertraten sie erfolgreich den Landtag Ba.-Wü. vor dem Verfassungsgerichtshof im Streit um die Schuldenbremse. An der Schnittstelle zum Vergaberecht hat sich zudem im Verkehrssektor eine sehr erfolgreiche Praxis entwickelt, die bei komplexen Entwicklungen im ÖPNV u. SPNV überregional gefragt ist. Auch hier lässt sich erkennen, wie die praxisübergreifende Arbeit inzwischen funktioniert, denn die Verkehrsspezialisten aus dem Öffentlichen Recht und die Gesellschaftsrechtler waren mehrfach gemeinsam bei Verkehrsverbünden gefragt, die im Zuge der Verkehrswende neue Strukturen suchen. Die Arbeit in den Sektoren Energie- und Gesundheit ist demgegenüber etwas schmaler auf branchenspezifische Regulierungsthemen ausgerichtet. Die insgesamt unauffälligere Gesellschaftsrechtspraxis bekam mit einem Zugang von Gleiss Lutz wichtige Verstärkung.

Perspektive: Oppenländer ist mit ihren Kompetenzen in Sektoren wie Energie, Mobilität und Gesundheit und daneben Prozessführung derzeit exzellent aufgestellt. Das zeigen hoch qualitative Mandate und das Interesse neuer Mandanten. Um diese Situation jedoch besser zu nutzen, müssen die guten Beispiele für intern vernetztes Arbeiten noch mehr Nachahmer finden. Bei einer wenig zentral gemanagten Kanzlei wie ihr kann dies nur konsensual geschehen. Um sich etwa auch im Gesundheits- oder Energiebereich für komplexere Großmandate aufzustellen, müsste neben einer engeren internen Vernetzung und gemeinsamen Geschäftsentwicklung z.B. die Corporate-Praxis personell erweitert werden. Dies sind indes Entwicklungen, bei denen die Kanzlei sich nicht unter Druck setzen will.

Dass sie auf dem aktuell schwierigen Bewerbermarkt auch Berufseinsteiger überzeugen kann und wenig durch den Weggang von Anwälten auffällt, spricht jedenfalls für eine überzeugende Arbeit im Bereich Karriere- und Frauenförderung. Dass es „echte Partnerchancen für Frauen" gibt, wie Associates bekunden, zeigt sich auch darin, dass Anwältinnen wie Partnerin Dr. Corina Jürschik-Grau viel Verantwortung übernehmen.

Mandantenstimmen: Mandanten loben über alle Rechtsgebiete hinweg das fachliche Know-how und die Professionalität: „Sehr exakt, fundierte Kenntnisse im Medienkartellrecht, fachlich exzellent, lösungsorientiert und immer top vorbereitet." Ein neuer Mandant äußert sich ebenfalls sehr zufrieden.

Service: Der Beratungsansatz ist klassisch partnerzentriert. Doch die Kanzlei hat v.a. an der Schnittstelle von Kartellrecht u. Prozessführung diverse Technikanwendungen im Einsatz, etwa zur Erfassung von Sachverhalten u. zum Prozessmanagement. Neben marktüblichen Tools gibt es auch selbst entwickelte Lösungen. Zudem verwendet die Kanzlei Compliance-Tools (etwa zum Datenschutz) und Automatisierungshilfen in der Litigation-Praxis.

Anwälte in Deutschland: 45

Standorte: Stuttgart.

Internat. Einbindung: Unabhängige Kanzlei, die projektbezogen mit verschiedenen internationalen Großkanzleien zusammenarbeitet.

ORTH KLUTH

Nationaler Überblick Top 50 ★

Auf den Punkt: Mittelstandsorientierte Kanzlei mit pragmatischem Ansatz, die sich auch in Großmandaten bewährt.

Empfohlen für: *▷Arbeit; ▷Compliance; ▷Gesellsch. recht; ▷Immo/Bau; ▷IT u. Datenschutz; ▷M&A; ▷Marken u. Wettbewerb; ▷Verkehr; ▷Vertrieb.*

Analyse: Orth Kluth ist auf dem Weg, sich zu einer echten Großkanzlei zu entwickeln. Das gilt nicht nur mit Blick auf steigende Personalzahlen, vielmehr zeigt sich eine professionelle Marktanalyse und Geschäftsentwicklung, auf die manch andere Kanzleimanager blicken, um davon zu lernen. Der Standort Berlin wurde zuletzt in Richtung Full Service verbreitert, ist aber v.a. als Regulierungs-Hub erfolgreich. Sektorspezialisierte Beratungsteams sind Teil des Erfolgskonzepts. So schickt sich OK im Mobilitätssektor sogar an, die Marktspitze herauszufordern.

Doch zugleich ist sie eine fest etablierte Mittelstandskanzlei, die mit den üblichen Kernfragen einer Ausrichtung auf Großmandate oder Alltagsgeschäft bzw. auf partnerzentrierte oder projektorientierte Beratung konfrontiert ist. Im Ergebnis zeigt sich OK bei der Formulierung ihrer strategischen Ziele differenziert. Sie begleitet ihre v.a. industriell geprägte Stammmandantschaft im Alltagsgeschäft genauso wie bei Transformationsprojekten, die das Zusammenspiel unterschiedlicher Rechtsgebiete erfordern.

Zugleich vertraut die Partnerschaft in bestimmten Fokusbereichen auf spezialisierte Teams, die sich intensiver um Markt- und Mandatsentwicklung kümmern, als das für Mittelstandskanzleien typisch ist. Ein gutes Beispiel liefern erneut die Arbeitsrechtler. Sie haben sich auf den Feldern Digitalisierung, Datenschutz u. Techthemen sowie Arbeitnehmerüberlassung stärker spezialisiert. Mandanten profitieren dabei zudem von kanzleieigenen IT-Tools, etwa zum Fremdpersonaleinsatz. Auch in der Beratung zur digitalen Mitbestimmung ist das Arbeitsrechtsteam auf der Höhe der Zeit u. begleitet etwa den Lieferdienst Gorillas bei der Einführung einer KI-gesteuerten Personalplanung.

Im Sektor Verkehr und Mobilität ist die Spezialisierung am weitesten gediehen und umfasst regulator. Beratung u. Prozessführung sowie die vergabe- u. vertragsrechtl. Begleitung ggü. Verkehrsverbünden. Immer häufiger sind die Großmandate konzeptioneller Art, und die Kanzlei muss ihre Marktkenntnis u. die internen Kooperationsfähigkeiten auf einem höheren Niveau beweisen. Jüngster Höhepunkt ist das Mandat des Bundesverkehrsministeriums zur Reorganisation der Infrastrukturtöchter der Dt. Bahn. Dort sind neben Vergabe-, Vertrags- u. Eisenbahnrecht u.a. auch Gesellschafts-, Steuer-, Kapitalmarkt-, Arbeits- u. Verfassungs- sowie EU-Recht gefragt.

Perspektive: Die Partnerschaft hat sich zu einer engen Zusammenarbeit verpflichtet und ist in ihrer Entwicklung auch dadurch schneller als andere renommierte Mittelstandsberater. Dafür sprechen Großmandate im Verkehrssektor und die Investitionsbereitschaft bei Legal Tech. Andererseits ist es OK wichtig, sich von streng gemanagten Profitmaschinen abzugrenzen, um sich bei Mandanten und dem eigenen Personal weiterhin als Kümmerer zu positionieren. Dies gelingt, indem die breite, teils jahrzehntelange, handels- und gesellschaftsrechtl. Beratung von Unternehmen nicht abgeschnitten, sondern kosten- u. qualitätsbewusst weiterentwickelt wird. In einigen Bereichen wie etwa Compliance hat OK bereits etliche IT-basierte Beratungsmodule im Einsatz und auch eine Arbeitsteilung mit Paralegals erprobt. Diesen Ansatz auch in die Arbeit für Dauermandanten zu überführen, wird die Herausforderung der nächsten Zeit.

Mandantenstimmen: Besonders häufig werden Anwälte aus dem Handels- u. Gesellschaftsrecht gelobt. „Das Zusammenspiel innerhalb der Kanzlei funktioniert sehr gut, indem Spezialisten anderer Fachgebiete hinzugezogen werden", meint ein Firmeninhaber. Insbesondere die Mittelständler unter den Mandanten heben den Pragmatismus und die Tauglichkeit der Beratung „auch für Nicht-Juristen" hervor.

Service: Zum Full-Service-Angebot der Kanzlei gehört auch eine IT-Unterstützung in bestimmten Beratungsgebieten. Im Arbeitsrecht hat OK ein Tool zum Fremdpersonaleinsatz selbst entwickelt u. als fertiges Produkt an ihre Mandanten verkauft, auch das Compliance-Team ist Tech-affin.

Anwälte in Deutschland: 77

Standorte: Berlin, Düsseldorf.

Internat. Einbindung: Netzwerk mit befreundeten Kanzleien. China- u. Frankreich-Desk.

OSBORNE CLARKE

Nationaler Überblick Top 50 ★★

Auf den Punkt: Technologiegetriebene Branchen stehen im Fokus von OC, die sich konsequent auf die Beratung zur Digitalisierung ausrichtet. Innovationsfreudig bei der Entwicklung von Legal-Tech-Tools.

JUVE Kanzlei des Jahres für: Energiewirtschaftsrecht.

Fünf-Sterne-Praxis für: *▷IT u. Datenschutz; ▷Private Equ. u. Vent. Capital.*

Zudem empfohlen für: *▷Arbeit; ▷Bankrecht- u. aufsicht; ▷Energie; ▷Gesellsch.recht; ▷Kartellrecht; ▷M&A; ▷Marken u. Wettbewerb; ▷Medien;* Steuern; *▷Vertrieb.*

Analyse: Die Kanzlei verfolgt einen stabilen Wachstumskurs, der nicht zuletzt darauf zurückzuführen ist, dass der anhaltende Digitalisierungsdruck der Mandanten OC mit ihrem Fokus auf technologiegetriebene Branchen in die Hände spielt. Die hohe Dichte renommierter Experten bringt vor allem die TMT-Praxis regelmäßig bei namhaften Unternehmen ins Spiel, die sie nicht nur bei der digitalen Transformation oder zur DSGVO berät, sondern zunehmend auch im Bereich Open Source. Auch im Kartellrecht kann OC ihr Technologie-Know-how immer besser ausspielen, etwa bei Fragen im Zusammenhang mit dem wirtschaftlichen Potenzial von KI.

Die Expansion der Energiepraxis nach Berlin sowie die starke Entwicklung der Fachbereiche Venture Capital und Finanzierung zeigen, wie konsequent OC ihr Hauptstadtbüro inzwischen nutzt. Dank der hoch angesehenen VC-Praxis ist OC bei technologie-

Die Anwaltszahlen stammen von den Kanzleien selbst und beziehen sich auf das letzte abgelaufene Geschäftsjahr. Einige Kanzleien beschäftigen für bestimmte Projekte befristet angestellte Rechtsanwälte. Daraus erklären sich teils deutliche Unterschiede zu Personalzahlen der Vorjahre.

orientierten Mandanten und Wachstumsunternehmen im Corporate-Bereich etabliert. Mit der Einbindung des Teams in die M&A-Arbeit erarbeitet sich die Kanzlei auch Anerkennung als mittelständische Transaktionskanzlei, dennoch konnten die Gesellschaftsrechtler die Abwanderung einiger Mandanten zu klassischeren Gesellschaftsrechtskanzleien nicht verhindern. Der Aufbau eines Counsels mit einer Spezialisierung auf HV-Beratung im Münchner Büro ist ein wichtiger Schritt, um Glaubwürdigkeit vor allem im Aktien- u. Konzernrecht zu gewinnen.
Ein anderes Bild zeigt sich im Energiewirtschaftsrecht, das sich mit dem Boom Erneuerbarer-Energien-Projekte zu einem Geschäftstreiber entwickelt hat u. der Corporate-Praxis sukzessive entwachsen ist. Das Team um Dr. Daniel Breuer ist an immer größeren und internationaleren Transaktionen und Projektfinanzierungen beteiligt und insbesondere bei Power Purchase Agreements gefragt. Für ihre gute Nachwuchsarbeit erntet die Praxis auch bei Mandanten Lob, da hierdurch eine diverse Teamstruktur entsteht, „wie sie nur bei wenigen Wirtschaftskanzleien zu sehen ist".
Neben organischem Wachstum hat OC in der Vergangenheit immer wieder auch auf Quereinsteiger gesetzt. So brachte der Zugang des finanzaufsichtsrechtlichen Teams um Eric Romba und Dr. Robert Oppenheim im Vorjahr eine ernsthafte Präsenz am Fintechstandort Berlin und Mandate von Puma, JPMorgan oder Airbnb mit sich. Mit dem jüngsten Zugang einer Partnerin von Raue bekräftigt die Kanzlei ähnliche Ambitionen im Energiesektor.
Die Zufriedenheit der Partnerschaft mit dem bisherigen Kurs zeigt sich darin, dass sie ihren Managing-Partner für weitere drei Jahre im Amt bestätigte. Mit der Aufnahme der Münchner Corporate-Partnerin Dr. Nanni Spitzer in die Geschäftsführung leitet die Kanzlei die Managementverantwortung zudem behutsam auf die neue Partnergeneration über.
Perspektive: Die Kanzlei steht vor der Herausforderung, ihre Wachstumsambitionen mit den Vorstellungen ihrer Anwälte hinsichtlich Arbeit und Freizeit in Einklang zu bringen. OC ist dafür bekannt, dass sie ihren Associates ein Leben jenseits der Arbeit ermöglichen kann und will, doch Expansion erfordert Einsatz, soll sie nachhaltig sein.
Potenzial schlummert weiterhin in der Corporate-Praxis. Deren Ausbau hat sich OC schon länger auf die Fahne geschrieben, doch sie segelt noch immer im Windschatten der marktführenden VC-Praxis. Um dem M&A eine andere Geltung zu verschaffen und mehr Stabilität ins Transaktionsmanagement zu bekommen, bedarf es u.a. einer höheren Leverage. Luft nach oben besteht auch in der Konfliktlösung, die zwar von den guten Kontakten der Commercial-Praxis zu Versicherern profitiert, bei der Bearbeitung hochvolumiger Mandate jedoch ebenfalls an personelle Grenzen stößt. Ein Weg könnte über Techlösungen führen, denn OC hat in der Vergangenheit schon häufiger bewiesen, dass sie ihren konsequent gewählten digitalen Ansatz auch lebt. So sind Legal-Tech-Tools etwa bei den Arbeitsrechtlern fester Bestandteil der Beratungspraxis. Eine weitere techgestützte Kommerzialisierung von Wissen schont nicht nur Zeit und Ressourcen, sondern stellt auch sicher, dass kommodifizierte Arbeit weiterhin profitabel geleistet werden kann.
Mandantenstimmen: OC genießt in nahezu all ihren Beratungsfeldern großes Vertrauen. Mandanten loben dabei die konstant hohe Qualität und Praxisorientierung der Beratung. Besonders oft wird OC in ihren Paradedisziplinen IT u. Digitalisierung empfohlen.
Service: In der Tochtergesellschaft Osborne Clarke Solutions werden von einem interdisziplinären Team Technologie- u. Legal-Operations-Lösungen für skalierbare Rechtsdienstleistungen entwickelt. So hat OC ein Tool, das Mandanten durch die datenschutz- u. arbeitsrechtlichen Fragen des betrieblichen Eingliederungsmanagements führt. Schon jetzt nutzt die Kanzlei auch diverse KI-Lösungen etwa im Vertragsmanagement, für Due Diligences, Compliance-Risiken u. die Automatisierung von Dokumenten.
Anwälte in Deutschland: 239
Standorte: Berlin; Hamburg; Köln; München.
Internat. Einbindung: Schweizer Vereinsstruktur mit Mitgliedern in GB, Spanien, Italien, den Niederlanden, Frankreich u. Brüssel. Insgesamt in 13 Ländern mit 25 Standorten. US-Büros im Silicon Valley, in San Francisco u. New York. Kontakte nach Indien, Skandinavien u. in den Asien-Pazifik-Raum bestehen v.a. von Köln u. Hamburg aus.

POELLATH

Nationaler Überblick Top 50 ★★★

Auf den Punkt: Mit einer marktführenden Fondspraxis hat die Kanzlei ein sicheres Fundament für eine allmähliche Verbreiterung der Tätigkeitsbereiche. Im Steuerrecht und Private Equity bleibt sie eine sichere Bank. Besonders starkes Wachstum gibt es bei Private Clients u. bei Nachfolgefragen.
Fünf-Sterne-Praxis für: ▷*Nachfolge*; ▷*Private Equ. u. Vent. Capital.*
Zudem empfohlen für: ▷*Gesellsch.recht*; ▷*Immo/Bau*; ▷*Investmentfonds*; ▷*M&A*; Steuern.
Analyse: Wenn in der Vergangenheit Private-Equity-Deals ausblieben und Fondsinvestoren sich zögerlich zeigten, bedeutete dies ein problematisches Jahr für Poellath und für die Gewinne der Partner. Diese Zeiten gehen vorbei. Mit weit über 170 Berufsträgern ist Poellath längst keine Boutique mehr – kulturell ist jedoch viel vom Gründergeist geblieben: stark individualisierte Praxen, in denen die Freiheit der Partner als wichtiges kulturelles Merkmal gilt. Doch die schiere Größe und die gewagte strategische Entscheidung, die Gehälter im Jahr 2022 massiv anzuheben, haben dazu geführt, dass sich die Kanzlei zu einer bewusster strukturierten und stärker gemanagten Einheit transformiert.
In der Corporate-Praxis, die nach wie vor von der Arbeit für Private-Equity-Häuser dominiert wird, aber einen wachsenden Anteil an strategischem M&A u. konzernrechtlicher Beratung aufweist, macht sich die jüngere Partnergeneration zunehmend bemerkbar – ein wichtiger Schritt, weil sich mit Dr. Andrea von Drygalski eine Gründungspartnerin zurückzog und Seniorpartner Dr. Matthias Bruse sich verstärkt in Schiedsverfahren engagiert. Das Gesellschaftsrechtsteam gewann mehrere Mandanten im Bereich Corporate Governance, was die Praxis als Ganzes krisenfester machte.
Auch die anderen Säulen trotzten dem rauen Wind des Marktes. Das Immobilienteam hielt einen gewissen Dealflow aufrecht. Auch das starke Fondsteam, das Poellath nach wie vor ein sicheres Fundament gibt, war gut ausgelastet. Längst hat es seine marktführende Strukturierungsarbeit um hervorragende aufsichtsrechtliche Fähigkeiten ergänzt u. ist in die Compliance-Beratung in Sachen Steuern u. Geldwäsche eingestiegen. Allerdings hat das Ganze auch eine Kehrseite: Andere Kanzleien, insbesondere Ypog, gewannen mehr Mandate in neuen Bereichen wie Private Debt oder Infrastruktur, was einmal mehr Indiz dafür sein könnte, dass Poellath wichtige strategische Entwicklungen verpasst, weil es an notwendigen Investitionen mangelt. Andererseits zeigt das stetig wachsende u. immer einflussreichere Nachfolge- u. Private-Client-Team, dass Poellath zu strategischen Entwicklungsschritten durchaus in der Lage ist: Ihm ist es gelungen, die Gemeinschaft der Limited Partner in der PE/VC-Welt zu durchdringen u. damit die Mandantenbasis zu verbreitern.
Perspektive: Es spricht Bände über die sich verändernde Kultur bei Poellath, dass jede Verlangsamung des Transaktionsmarktes inzwischen als Gelegenheit genutzt wird, Organisations- und Managementfragen anzugehen. Zuletzt investierte die Kanzlei Zeit in Fragen des Wissensmanagements, einschließlich des Einsatzes von KI. Noch vor wenigen Jahren wären solche Erwägungen dem Zufall überlassen worden.
Eine strategische Herangehensweise wird auch die Bewältigung der Folgen erfordern, die durch die im Vorjahr beschlossene Erhöhung der Anwaltsgehälter ausgelöst wurden. Einige liegen auf der Hand: Ein größerer Kostenblock erschwert die Aufrechterhaltung des Profitabilitätslevels. Höhere Gehälter bedeuten zugleich höhere Erwartungen an die Leistung der angestellten Anwälte. Das wiederum wirft die Frage auf, wie ein kanzleiweit einheitliches Verständnis von Leistung erreicht werden kann und wie Personalressourcen effizient und nicht nach Gutdünken einzelner Partner verwaltet werden. Cross-Selling überlässt Poellath weiterhin mit wenigen Ausnahmen eher dem Zufall. Von einer Institutionalisierung, um es als verlässlichen Weg hin zu höherer Profitabilität zu nutzen, ist sie sehr weit entfernt. Darüber hinaus kann auch die Entscheidung darüber, ob eine Erhöhung der Stundensätze nötig ist, keine individuelle sein, wenn die Marke der Kanzlei erhalten bleiben soll. Man könnte von Luxusproblemen sprechen, weil sie nur daher rühren, dass die angehobenen Gehälter tatsächlich zu höheren Bewerberzahlen und qualifizierteren Bewerbungen geführt haben. Die Kanzlei kann nun die stärkere Associate-Basis in eine Aufwärtsspirale von anspruchsvolleren Mandaten verwandeln, was wiederum alle Risiken relativiert und zu einer besseren Profitabilität führen kann.
Das beantwortet allerdings nicht die Frage, wie Poellath auf die Heterogenität ihrer Anwaltschaft reagieren soll. Die Tatsache, dass sie verschiedene Associate-Tracks sowie die Möglichkeit einer früheren Partnerernennung mit einem allerdings längeren Weg zur Spitzenvergütung in Erwägung zieht, zeigt, dass sie begriffen hat, dass sie an dieser Stelle mit Gründerspirit nicht weiterkommt.
Mandantenstimmen: Mandanten schätzen an den Poellath-Anwälten neben Kompetenz und Erreichbarkeit auch die „sehr gute Zusammenarbeit mit der Rechtsabteilung". Auffällig ist, dass sich auch eine Reihe jüngerer Anwälte schon den Respekt ihrer Kunden verdient.
Service: Projektmanagement ist bei Poellath Partneraufgabe, aber die Kanzlei tastet sich weiter an die Einführung technischer Unterstützung, v.a. im Transaktionsbereich, heran.
Anwälte in Deutschland: 157
Standorte: Berlin; Frankfurt; München.

Die Anwaltszahlen stammen von den Kanzleien selbst und beziehen sich auf das letzte abgelaufene Geschäftsjahr. Einige Kanzleien beschäftigen für bestimmte Projekte befristet angestellte Rechtsanwälte. Daraus erklären sich teils deutliche Unterschiede zu Personalzahlen der Vorjahre.

Internat. Einbindung: Unabhängige Kanzlei. Einzelne Partner unterhalten enge Kontakte zu führenden, oft kleineren Spezialkanzleien im Ausland, die meist anlassbezogen genutzt werden.

RAUE

Nationaler Überblick Top 50 ★★

Auf den Punkt: Die Hauptstadtkanzlei punktet mit regulatorischer Kompetenz und einer großen Aufgeschlossenheit für KI-Themen.

Fünf-Sterne-Praxis für: *▷Presse.*

Zudem empfohlen für: *▷Arbeit; ▷Energie; ▷Gesellsch.recht; ▷Gesundheit; ▷M&A; ▷Medien; ▷Öffentl. Recht; ▷Telekommunikation; ▷Venture Capital; ▷Verkehr.*

Analyse: In Berlin ist Raue eine feste Größe und mit ihrem Beratungsangebot nahezu ideal aufgestellt. Wie gut sie in der Hauptstadt etabliert ist, zeigen Mandate für die Berliner Verkehrsbetriebe, die sie zum neuen Rufbus-Sharing-Angebot beriet. Die Charité wiederum beauftragte die Arbeitsrechtspraxis im Anschluss an die Fusion mit dem Deutschen Herzzentrum Berlin auch mit der Integration der betrieblichen Altersversorgung. Das Mandat steht zugleich für die exzellente Positionierung im Gesundheitssektor, ein Bereich, in dem die Kanzlei, die eher aus sich selbst heraus wächst, eine Quereinsteigerin aufnahm. Das Bundeskanzleramt, das planungsrechtlich bereits beim Erweiterungsbau Raue konsultierte, mandatierte sie auch in den Auseinandersetzungen mit Gerhard Schröder um das Altkanzlerbüro.

In ihren Kernkompetenzen reicht der Ruf hingegen weit über die Hauptstadt hinaus. Mit ihrer langjährigen Erfahrung in presse- u. medienrechtlichen Fragen ist sie eine ständige Beraterin von großen Verlagshäusern und Filmstudios, vertritt aber auch die Medienanstalt Hamburg/Schleswig-Holstein. Ein ähnlich breites Spektrum zeigt sich in den Sektoren Gesundheit und Energie, wo sie für Energieerzeuger gegen die Erlösabschöpfung kämpfte, aber auch zu Joint-Venture-Konstellationen und Venture-Capital-Investments wie bei HH2E beriet. Für Lichtblick kämpfte sie gegen die kartellrechtliche Freigabe des Rheinenergie/Westenergie-Deals, einem behördlich intensiv geprüften Vorhaben. All das bewältigt die Kanzlei mit einem einspielten Team, das zudem mit langjähriger Prozesserfahrung punktet. Der Weggang einer erfolgreichen und gerade ernannten Partnerin im Energiebereich zu Osborne Clark bremste allerdings die kontinuierliche Aufbauarbeit der vergangenen Jahre aus.

Perspektive: Raue verlässt sich primär auf das Wachstum aus den eigenen Reihen. Vor diesem Hintergrund ist der Wechsel der Neupartnerin ein Warnsignal, denn die Spezialisierung im Bereich Regulierung macht die Kanzlei anfällig für Avancen von Wettbewerbern. Dabei tut Raue einiges, um ihre Nachwuchsjuristen zu halten. Zuletzt führte sie etwa eine Umsatzbeteiligung für Senior Associates und Counsel ein und setzt mit einem Viertel Frauen in der Equity-Partnerschaft – darunter vier Teilzeitpartnerinnen – durchaus ein Statement. Auch die Aufnahme der jüngsten Quereinsteigerin Dr. Nadine Hartung ins Management ist bemerkenswert – ein Signal, dass das Sozietätsmanagement um Managing-Partner Dr. Wolfram Hertel sich keineswegs als geschlossener Zirkel versteht. Parallel wurde das Gremium erweitert, um dem bisher für IT-Themen zuständigen Partner Dr. Robert Heine mehr Zeit für KI-bezogene Themen zu geben. Mit der personellen Verankerung dieses Trendthemas auf einem gesonderten Posten im Sozietätsmanagement hat Raue, die bei Legal Tech bislang nicht zu den Vorreitern zählte, überrascht. Aus dem bisherigen Rückstand eine Vorreiterrolle zu formen, ist zweifellos eine Herausforderung.

Mandantenstimmen: Mandanten zeigen sich „sehr, sehr zufrieden" und schätzen die „seit Jahren extrem gute Zusammenarbeit". Andere loben die „sehr kosteneffiziente Verfahrensführung" sowie „exzellente Schriftsätze" einzelner Partner oder sagen kurz: „Die Beratung erfolgt stets kompetent, in angemessener Zeit."

Service: Raue setzt auf klassische Softwarelösungen, u.a. beim Vertrags- und Fristenmanagement u. in der Markenverwaltung. In Zusammenarbeit mit Associates wurden u.a. ein MiFID-II-Schnelltest sowie ein Onlineschnelltest zur Fusionskontrolle entwickelt. Nachdem im KI-Bereich verschiedene Systeme getestet wurden, arbeitet die Kanzlei mit einem Entwickler an einer eigenen Anwendung.

Anwälte in Deutschland: 75

Standorte: Berlin.

Internat. Einbindung: Es bestehen gute Kontakte zu Partnerkanzleien im Ausland, aber auch unabhängig davon bearbeiten die Anwälte regelmäßig internationale Mandate.

REDEKER SELLNER DAHS

Nationaler Überblick Top 50 ★★

Auf den Punkt: Full-Service-Kanzlei, die ihre Stärke im Öffentlichen Wirtschaftsrecht immer besser für die Weiterentwicklung ihres Geschäfts nutzt. Bei der internen Vernetzung der Fachbereiche gehen v.a. die Jüngeren voran.

Fünf-Sterne-Praxis für: *▷Immo/Bau; ▷Öffentl. Recht; ▷Verkehr.*

Zudem empfohlen für: *▷Beihilfe; ▷Compliance; ▷Energie; ▷ESG; ▷Gesellsch.recht; ▷IT u. Datenschutz; ▷Kartellrecht; ▷M&A; ▷Medien; ▷Presse; ▷Vergabe* (auch ÖPP); *▷Wirtschafts- u. Steuerstrafrecht.*

Analyse: RSD befindet sich in einer Phase des fortgeschrittenen Generationswechsels. Zum Jahresende 2022 sind erneut vier Partner aus der Partnerschaft ausgeschieden, darunter Prof. Dr. Burkhard Messerschmidt (Baurecht), Dr. Christian-Dietrich Bracher (Beamtenrecht) u. Dr. Heike Glahs (Vergaberecht). Ende 2023 sollen Dr. Jürgen Lüders (Gesellschaftsrecht/M&A) u. Prof. Thomas Thierau (Baurecht) folgen. Absehbar ist auch das Ausscheiden von Gernot Lehr (Presserecht). Die ausscheidenden Partner prägten die Praxen überwiegend u. zeichneten sich v.a. durch Arbeitseinsatz u. exzellente Rechtskenntnis aus. Auf das Ausscheiden dieser Generation bereitet sich RSD seit einiger Zeit mit Neueinstellungen u. Partnerernennungen vor. Seit 2018 ist die Kanzlei um rund 44 Prozent gewachsen.

Mit den neuen Anwälten ändern sich Kultur u. Geschäftsmodell: Vernetzung u. Schnittstellenberatung sind die Themen des Nachwuchses, der seit einigen Jahren auch im mittlerw. fünfköpfigen, von Andreas Okonek geführten Managementausschuss vertreten ist. Für die vielfach zu beobachtenden Fortschritte auf Mandatsebene steht insbes. die Compliance-Gruppe der Kanzlei. Sie fußt wie auch Corporate/M&A und weite Teile von Litigation auf der öffentl.-rechtl. Grundausrichtung der Kanzlei. Die ist in einer Zeit, in der die öffentl. Hand kräftiger zupackt, alles andere als ein Handicap. Das belegen Mandate für die Dt. Bahn, die die Kanzlei vertragsrechtl. zur milliardenschweren Beschaffung einer neuen ICE-Flotte sowie gesellschaftsrechtl. zum Umbau der Infrastrukturtöchter DB Netz u. DB Station & Service berät, womit sie ihre führende Rolle im Verkehrssektor bestätigt. Aber auch in Regulierungskontexten wie ESG gelingt v.a. den jungen Partnern ein ernst zu nehmender Marktauftritt. Die Rolle des Nachwuchses wird auch in der Paradedisziplin Baurecht deutl., wo die Kanzlei die Kompetenzen der einzelnen Teams stärker miteinander verknüpft. Die ist auch im Bereich IT- u. Datenrecht das Mittel der Wahl, funktioniert im Energiesektor allerdings noch nicht so überzeugend. Hier ist die Arbeit noch stark von den Planungsrechtlern u. von grundlegenden Prozessmandaten wie dem zur Rosneft-Treuhandschaft geprägt.

Perspektive: Dass RSD auf Wachstum setzt, ist als Teil einer umfassenden Neuausrichtung unverzichtbar. Das Management sieht sich in seinem Vertrauen in die junge Generation zurecht bestätigt, denn die jüngsten Erfolge wie z.B. das Corporate-Mandat der Dt. Bahn sowie der wachsende Einfluss der Commercial-Anwälte in den Sektorgruppen sind vielversprechend. Es bleiben allerdings neben dem Energiesektor einige Bereiche, die für die Fortentwicklung wichtig wären, deren Ausbau aus eigener Kraft aber kaum möglich erscheint: Für die noch v.a. öffentlich-rechtlich getriebenen Ziele in den Bereichen Compliance u. auch Litigation, die die Kanzlei verfolgt, braucht es mehr Kapazitäten in den verbindenden Feldern Corporate/Commercial, Arbeitsrecht u. auch Steuerrecht. Hier wird RSD ohne Wachstum auch durch erfahrene Quereinsteiger kaum weiterkommen.

Besonderes Augenmerk gilt dabei der Corporate-Praxis. Zwar ist nicht zu erwarten, dass sie mit dem anstehenden Ausscheiden von Lüders grundsätzliche Probleme bekommt. Mit zwei engagierten Partnern, deren Arbeit zwei Counsel ergänzen, und einem zum Partner ernannten Spezialisten für Nachfolgefragen ist der Status quo zumindest gesichert, u. die Arbeit für die Bahn zeigt die Leistungsfähigkeit. Um allerdings den wachsenden Ansprüchen an das Netzwerkgeschäft der jungen Generation gerecht zu werden, ist das Team zu klein u. inhaltlich zu schmal aufgestellt. Ohne erfahrene Gesellschaftsrechtler von außen wird eine strategische Weiterentwicklung in Wachstumsfeldern wie ESG oder Compliance schwierig.

Mandantenstimmen: Mandanten loben weiterhin die tiefe wissenschaftl. Durchdringung der für sie relevanten Themen. „Hohe Kompetenz", „zuverlässige Unterstützung in komplexen Lagen" u. „jederzeit passende Ratschläge": In diesen Worten bescheinigen Mandanten insbes. auch der Nachwuchsgeneration ihre Qualität. Daneben schätzen sie v.a die hervorragende Prozesserfahrung u. Behördennähe der Partner.

Service: Ihre Legal-Tech-Strategie formuliert seit einiger Zeit ein Ausschuss. Der stellt insbes. auch im Rahmen des Transformationsprozesses der Kanzlei Überlegungen an, wie Legal Tech bei der Mandatsbearbeitung u. mit Blick auf die internen Prozesse eingesetzt werden kann. Die Investitionen in Automatisierungsprozesse laufen zurzeit an. Compliance-Untersuchungen flankiert die Kanzlei bereits mit Projektmanagementkapazitäten.

Anwälte in Deutschland: 134

Standorte: Berlin; Bonn; Leipzig; München.

Internat. Einbindung: Strategische Allianz mit der brit. Kanzlei Bond Dickinson (seit 2014). Ende 2017

Die Anwaltszahlen stammen von den Kanzleien selbst und beziehen sich auf das letzte abgelaufene Geschäftsjahr. Einige Kanzleien beschäftigen für bestimmte Projekte befristet angestellte Rechtsanwälte. Daraus erklären sich teils deutliche Unterschiede zu Personalzahlen der Vorjahre.

fusionierte Bond Dickinson mit einer US-Kanzlei zu Womble Bond Dickinson, mit der die strategische Allianz fortgeführt wird. Eigenes Büro in ▷*Brüssel*.

RÖDL & PARTNER

Nationaler Überblick Top 50 ★

Auf den Punkt: Die Kanzlei zeichnet sich durch ihre MDP-Aufstellung verbunden mit einem Full-Service-Ansatz sowie der außergewöhnlich hohen Anzahl an Auslandsbüros aus. Großen Wert legt Rödl auf den Ausbau der Digitalisierung in der Steuer- u. Rechtsberatung.

Empfohlen für: ▷*Außenwirtschaft*; ▷*Energie*; ▷*Gesellsch.recht*; ▷*M&A*; ▷*Nachfolge*; Steuern; ▷*Telekommunikation*; ▷*Verkehr*; ▷*Vertrieb*.

Analyse: Das MDP-Beratungshaus steht seit Jahrzehnten für die umfassende Betreuung des gehobenen deutschen Mittelstands im In- und Ausland. Entsprechend ihrer guten Beziehungen zu den Gesellschaftern/Eigentümern familiengeführter Unternehmen ist die Kanzlei häufig gesetzt, wenn es um Unternehmens(teil)verkäufe geht, sei es rechtl., steuerl. oder als Finanz- oder M&A-Beraterin. Highlights waren zuletzt etwa die Beratung der Gesellschafter von Adient und der Familien Elbe/Wohak beim Verkauf einer Adient-Sparte, der Hofmann-Gruppe beim Verkauf ihrer in- u. ausl. Recycling- u. Entsorgungsaktivitäten an Veolia oder der Aktionäre von Collogia beim Verkauf an Affinis. Die Bedeutung, die die Prüfungs- u. Beratungsgesellschaft hierzulande innehat, speist sich primär aus ihrer Multidisziplinarität und Internationalität. So ist das Haus auch in Transaktionen gefragt, wenn die Rechtsberatung von anderen geleistet wird, etwa von Miles Mobility beim Kauf von WeShare oder von Viessmann bei ihrer Partnerschaft mit dem span. Familienunternehmen Keyter, wo Rödl jeweils steuerl. beriet. Auffällig ist zudem, wie es die Gesellschaft schafft, auch in regulierten Industrien immer besser Fuß zu fassen. So ist sie im Verkehrssektor eine der wichtigen Größen im Bereich autonomes Fahren u. positioniert sich auch bei Verkehrsverbünden immer intensiver. Sie berät etwa den Landkreis München zu Strukturierung u. Finanzierung von Gebietsgrenzen-überschreitendem Verkehr für die Linie U6. Auch im Energierecht zählt die Kanzlei zu den Aufstrebenden u. berät Stadtwerke u. Kommunen zu Rekommunalisierungsvorhaben, überörtl. Netzgemeinschaften u. Konzessionsvergaben. Dass Rödl zu den Musterklägern vor dem BGH im Streit mit der Bundesnetzagentur zum sogenannten sektoralen Produktivitätsfaktor zählte, ist ein Ausweis ihrer Kompetenz.

Perspektive: Der Ansatz, den dt. Mittelstand multidisziplinär u. international zu beraten, hat seit über vier Jahrzehnten zu einem stetigen Wachstum geführt. Die Diversität des Geschäfts verleiht der Gesellschaft Stabilität u. ermöglicht es ihr, sich in Ruhe strateg. weiterzuentwickeln. So kann sie Schwerpunkte setzen u. Investitionen tätigen, wo Wettbewerbern auch aus Profitabilitätsgründen Grenzen gesetzt sein mögen, etwa beim Ausbau ihrer Auslandspräsenz oder der Digitalisierung. Der juristische Nachwuchs goutiert diese Strategie jedoch nicht ausreichend, wie die jüngsten Ergebnisse der azur-Associate-Umfrage zeigen – eine Tatsache, die erstaunlich u. mit Blick auf die künftige Entwicklung besorgniserregend ist. Dass sie ihren Nachwuchs durchaus hegen und pflegen kann, zeigt sich an anderer Stelle: So zählt Rödl im steuerlichen Bereich zu den am besten angesehenen Arbeitgebern.

Mandantenstimmen: V.a. die pragmatische Art einiger Berater wird hervorgehoben. Sie gelten als „extrem mandantenorientiert" und wiesen eine „hohe Geschwindigkeit" auf. Zudem böten einige „dogmatisch saubere Lösungen", komplexe Sachverhalte würden sofort erkannt.

Service: Rödl gehört zu den ambitioniertesten dt. Kanzleien in Sachen Legal Tech u. Legal Operations. Den Rahmen bildet eine unternehmensweite digitale Agenda. Im Bereich Recht finden sich diverse Tools v.a. im Bau-, Energiewirtschafts- u. Wettbewerbsrecht sowie für Investmentfonds u. Asset-Management. In aller Regel dienen diese einer durch Automatisierung gestützten Mandatsbearbeitung, zudem existieren Schnittstellen für Kommunikationsplattformen mit Mandanten.

Anwälte in Deutschland: 263 (plus rund 160 steuerl. Berufsträger)

Standorte: Nürnberg (Stammsitz) und weitere Standorte in Bayern; zudem u.a. Bielefeld, Eschborn, Hamburg, Köln und Stuttgart. In Deutschland insgesamt 23.

Internat. Einbindung: Weltweites Netz eigener Büros (v.a. Europa, Asien, Nord- u. Südamerika). In Russland kooperiert sie mit einer heute selbstständigen Einheit, die aus den ehem. Rödl-Büros in Moskau u. St. Petersburg hervorgegangen ist.

SKADDEN ARPS SLATE MEAGHER & FLOM

Nationaler Überblick Top 50 ★

Auf den Punkt: US-stämmige Kanzlei mit langer Tradition in Deutschland u. starker Transaktions- sowie Compliance- u. Litigation-Orientierung. Enge Verbindung insbesondere zu US-Büros u. London.

Empfohlen für: ▷*Börseneinführ. u. Kapitalerhöhung*; ▷*Compliance*; ▷*Gesellsch.recht*; ▷*Konfliktlösung*; ▷*Kredite u. Akqu.fin.*; ▷*M&A*; ▷*Private Equ. u. Vent. Capital*.

Analyse: Auch wenn sich die deutsche Praxis in einem behutsamen Wandlungsprozess befindet, bleiben internationale Großprojekte, oft mit Bezug zu den dominierenden US-Büros, ihr Markenzeichen. Dazu gehören grenzüberschreitende Transaktionen wie die milliardenschwere Akquisition der US-Mandantin Trimble in Deutschland. Solche Deals landen fast zwangsläufig auf dem Tisch von M&A-Partner Dr. Jan Bauer, auf dessen Schultern die Corporate-Praxis maßgeblich ruht. Es deutet sich zwar an, dass die nächste Generation Fuß fasst, doch ist das Risiko, das in der noch immer zu starken Konzentration auf Bauer liegt, nicht gebannt. Umso höher ist einzuschätzen, dass Dr. Holger Hofmeister für einen Golf-Mandanten an einem großen Energieinvestment arbeitete.

Das Team um Dr. Stephan Hutter bleibt bei Eigenkapitalmarkttransaktionen mit Auslandsbezügen eine der führenden Praxen. Wenn es noch eines Beweises bedurft hätte, dass Dr. Bernd Mayer eine der führenden Persönlichkeiten im Compliance- und Ermittlungsmarkt ist, dann hat er ihn mit der Mandatierung durch ProSiebenSat.1 und Continental erbracht. Diese Mandate zeigen, wie Skadden US-Know-how mit deutschen Vorstandskontakten kombiniert hat, um die Art von Geschäften zu replizieren, für die die Kanzlei in ihrem Heimatmarkt anerkannt ist. Das ist umso beachtlicher, als dass gerade die Compliance-Arbeit unter die Räder hätte kommen können: Wettbewerber hielten die europäische Skadden-Praxis für zu stark im russischen Markt verwurzelt, und es wurde vermutet, dass sie durch den Ukraine-Krieg verbrannt werden würde. Das Gegenteil ist passiert. Die Sozietät – und insbesondere ein jüngerer Partner aus Mayers Praxis – hat sogar profitiert und eine Vielzahl internationaler Mandanten bei der Loslösung von der russischen Wirtschaft unterstützt.

Der Wandlungsprozess betrifft also weniger die Arbeit als interne Themen. Gerade weil das Geschäft oft eng mit den Büros in New York und London verbunden war, arbeiteten die deutschen Partner eher individuell. Das ändert sich allmählich, nicht zuletzt durch eine potenzielle neue Partnergeneration. Die Tatsache, dass diese Generation, ebenso wie die Associate-Riege, viel diverser ist, wird die Kooperationskultur ebenfalls beeinflussen. Dies alles hat schon jetzt dazu beigetragen, dass Skadden in Deutschland besser dasteht als früher: Produktivität und Profitabilität sind nun ähnlich hoch wie bei US-Konkurrenten.

Perspektive: Die Reorganisation unter Bauer hat die Weichen für die nächste Entwicklungsstufe in Deutschland gestellt. Dies war dringend notwendig, da sich drei der vier wichtigsten Partner in der Endphase ihrer Laufbahn befinden. Als wichtigste Aufgabe bleibt aber, einen M&A- und Private-Equity-Partner zu finden, der sich zwischen Bauer und die nächste, relativ junge Partnergeneration einreiht. Selbst mit der finanziellen Feuerkraft einer höchst profitablen US-Kanzlei ist dies ein schwieriges Unterfangen. Skadden ist nur eine von einem halben Dutzend US-Kanzleien, die sich um die gleichen Kandidaten bemühen. Eine solche Kapazität in Deutschland zu haben, ist jedoch wichtig, damit die Kanzlei endlich beginnen kann, die europäische Integration voranzutreiben und die Mandantenbeziehungen in Frankfurt u. London zu nutzen. Die Arbeit an russischen Desinvestitionen zeigt das Potenzial. Gleichzeitig zeigt der Verlust des Silverlake-Mandats, dass Skaddens Griff um ihre Mandanten nicht so fest ist, wie manche dachten. Die US-Mandantin hat die Übernahme der Software AG in die Hände von Hengeler Mueller gelegt, nachdem Skadden 2022 beim Einstieg beraten hatte. Mit mehr Kapazitäten ließe sich auch das an sich funktionierende US-Verweisgeschäft erweitern. Es fällt auf, dass sich die punktuelle transatlantische Transaktionsarbeit v.a. auf Großtransaktionen konzentriert und keinen konstanten Strom mittelgroßer Deals für ein breiteres Spektrum von Mandanten liefert, die vor allem US-Honorare zahlen. Es sieht derzeit nicht so aus, als wolle das Management der Kanzlei Investitionen tätigen und das damit verbundene Risiko eingehen.

Mandantenstimmen: Gerade die Transaktionserfahrung wird von Mandanten regelmäßig hervorgehoben. Das Projektmanagement internationaler Deals mit einem „sehr Business-orientierten" Verhandlungsstil kommt gut an.

Service: Als US-Kanzlei mit starker Compliance-Praxis bietet Skadden auch hierzulande die bei internen Untersuchungen zu erwartende IT-Kompetenz. Gleiches gilt für den Bereich Konfliktlösung. Darüber hinaus bleibt der Beratungsansatz aber eher traditionell.

Anwälte in Deutschland: 42

Standorte: Frankfurt; München.

Internat. Einbindung: US-Ostküstenkanzlei mit weltweit eigenen Standorten, darunter Hongkong, Peking, Tokio, London u. Paris sowie enger internationaler Vernetzung. In Brüssel v.a. Kartellrecht.

Die Anwaltszahlen stammen von den Kanzleien selbst und beziehen sich auf das letzte abgelaufene Geschäftsjahr. Einige Kanzleien beschäftigen für bestimmte Projekte befristet angestellte Rechtsanwälte. Daraus erklären sich teils deutliche Unterschiede zu Personalzahlen der Vorjahre.

SKW SCHWARZ

Nationaler Überblick Top 50 ★

Auf den Punkt: Full-Service-Kanzlei, die vor allem als Beraterin für Digital- u. Techthemen einen exzellenten Ruf genießt. Bei IT u. Datenschutz sowie im Medienrecht positioniert sie sich als Alternative zu Großkanzleien.

JUVE Kanzlei des Jahres für: Marken- und Wettbewerbsrecht.

Fünf-Sterne-Praxis für: ▷*Medien.*

Zudem empfohlen für: ▷*Arbeit;* ▷*Gesellsch.recht;* ▷*IT u. Datenschutz;* ▷*M&A;* ▷*Marken u. Wettbewerb;* ▷*Nachfolge;* ▷*Presse;* ▷*Vergabe;* ▷*Vertrieb.*

Analyse: Aufbauend auf ihrem starken Auftritt in der Tech- u. Medienbranche entwickelt sich SKW konsequent weiter. IT-, Medien- u. Markenrecht bilden oft die Basis für eine breit angelegte Beratung zu Themen wie Arbeit 4.0, Industrie 4.0, Digital Regulation oder Fintech. Kaum eine andere mittelständische Kanzlei hat sich so konsequent dem Thema Digitalisierung verschrieben, sowohl in der Beratung als auch in der Art, wie sie ihre Leistung erbringt. Ihr Branchen-Know-how überzeugt seit Jahren Unternehmen wie Amazon Studios und Microsoft Deutschland, aber auch dt. Konzerne wie Robert Bosch berät sie IT-rechtl. zu KI-Projekten. Zudem setzte das Unternehmen beim Kauf von eesy-icX erneut bei einem Deal mit starker IT-Komponente auf das Team um Dr. Stephan Morsch.

Die interne Zusammenarbeit hat die Kanzlei auch im Markenrecht intensiviert. So weisen Mandate aus E-Sport, Influencer-Werbung, NFTs oder Nachhaltigkeits-Claims Schnittstellen zur Medien- oder Vertriebspraxis auf. Zudem führt SKW wichtige markenrechtliche Verfahren etwa für Merck. Mandate wie dieses zeigen das Potenzial im Gesundheitswesen – einem Beratungsfeld, das SKW generell stärker in den Fokus genommen hat, denn mithilfe des im Vorjahr dazugestoßenen IP-Rechtlers Dr. Oliver Stöckel baute sie weitere Kontakte in die Healthcare-Branche auf, etwa zu Gilead Sciences. Auch im Datenschutz nimmt die Kanzlei den Sektor stärker in den Fokus und berät u.a. mehrere Klinikkonzerne. Langjährige Erfahrung im Gesundheitsumfeld hat bereits die Vergaberechtspraxis, etwa bei Rettungsdienstvergaben u. Ausschreibungen für Wohlfahrtsverbände. Die Beratung einer Uniklinik bei einer EU-weiten Ausschreibung für Zeitwirtschafts- und Dienstplanungssoftware belegt die enge Anbindung an die IT-Praxis.

Dass sich SKW rasch auf neue Themen einstellen kann, zeigte zuletzt die intensive Auseinandersetzung mit NFTs und dem Metaverse, wobei Fragen zu künstlicher Intelligenz ebenfalls von der Kanzlei abgedeckt werden, was insbes. auf die Initiative jüngerer Anwälte zurückzuführen ist. Nachwuchs bekommt bei SKW generell viel Freiraum, sich zu entfalten u. neuer Themen anzunehmen. Sich damit ein eigenes Profil am Markt zu schaffen, ist allerdings in einem so großen TMT- u. Medienteam eine Herausforderung.

Perspektive: Noch hat SKW die in einer engeren internen Vernetzung liegenden Chancen nicht ausgereizt. Die Entscheidung, Associates künftig flexibler einzusetzen soll nun auch die standort- u. praxisübergreifende Arbeit fördern. Dass der ehem. Corporate-Praxisgruppenleiter Morsch zum neuen CEO der Kanzlei gewählt wurde, ist ein wichtiges Signal u. bietet die Chance, diese Praxis – in anderen Kanzleien oft das Scharnier für Kooperation – besser in das Gesamtkonzept der Kanzlei einzubinden. Dies könnte es erlauben, mehr Mandanten jenseits der Kernbranchen in ihrem Digitalisierungsprozess zu unterstützen und zugleich – wie bei M&A schon gelungen – die gesellschaftsrechtliche Kompetenz in der Tech- u. Medienindustrie besser zu verankern. Ansätze sind bereits erkennbar, etwa bei einem US-Softwareunternehmen, das sich SKW nach einer Transaktion als feste dt. gesellschaftsrechtliche Beraterin an die Seite holte. Daneben muss die Kanzlei aber insbes. mit Blick auf die intensive EU-Regulierung ihre internationalen Kompetenzen stärker akzentuieren, um ihre teils stark regulierte Mandantschaft weiterhin aus einer Hand beraten zu können. Entsprechende Netzwerke sind vorhanden, spielen aber nicht die Rolle, die sie spielen könnten.

Mandantenstimmen: Besonders häufig betonen Mandanten das „exzellente Know-how" u. die „sehr hohe Beratungsqualität" in den Branchen IT u. (neue) Medien. Auch andere Fachbereiche wie Bank- u. Erbrecht sowie Compliance erhalten positives Feedback aufgrund der „sehr guten Kenntnisse ihrer Materie". SKW überzeugt zudem mit „guter Erreichbarkeit", „hervorragendem Service", „schnellen Lösungen" u. „souveränem Krisenmanagement".

Service: Legal Tech steckt in der DNA der Kanzlei. Damit das so bleibt, stellt sie mit ihrem Innovation Lab sicher, dass das Thema kontinuierlich weitergedacht wird u. grundlegendes Wissen in jedem Team vorhanden ist. Dafür sorgt eine mehrmonatige Schulung. Dass diese Initiative Früchte trägt, zeigen u.a. mehrere entwickelte Tools, die SKW für ihre Mandanten im Einsatz hat. Ein Schutzrechte-Tool hilft Start-ups, alle Fragen zu geistigem Eigentum u. Markenschutz zu klären. Das Cannabis-Tool auf Basis von Bryter zeigt Mandanten, wie sie ihre Produkte legal labeln, verkaufen u. herstellen. Aus dem Arbeitsrecht ist ein Tool für diskriminierungsfreie Bewerbungsprozesse hervorgegangen.

Anwälte in Deutschland: 128

Standorte: Berlin; Frankfurt; Hamburg; München.

Internat. Einbindung: Mitglied in diversen Kanzleivereinigungen, darunter Terralex u. PLG International Lawyers. Zudem kooperiert sie mit Partnerkanzleien, u.a. in Frankreich.

SZA SCHILLING ZUTT & ANSCHÜTZ

Nationaler Überblick Top 50 ★★★

Auf den Punkt: Für anspruchsvolle Corporate-Beratung bekannte Kanzlei, die immer häufiger Akzente in der Krisenberatung und Prozessvertretung setzt.

Empfohlen für: ▷*Arbeitsrecht,* ▷*Gesellsch.recht;* ▷*Insolvenz/Restrukturierung;* ▷*Kartellrecht;* ▷*Konfliktlösung;* ▷*M&A;* ▷*Nachfolge;* Steuern.

Analyse: Die angesehene Sozietät, die ihre aktien- u. kapitalmarktrechtlichen Kompetenzen in den vergangenen Jahren enger verschränkt hat, feierte mit Südzucker ein Debüt: Das Team beriet die Stammmandantin bei der ersten Anleiheemission mit Nachhaltigkeitswerten. Diese Entwicklung korreliert mit der deutlich ausgeweiteten ESG-Beratung, die v.a. von der jüngeren Partnergeneration getragen wird, die die Lieferkettensorgfalt als integriertes Compliance-, Governance- und Litigation-Thema versteht. Welches Vertrauen SZA in kritischen Situationen genießt, zeigte sich auch an der aufsichtsrechtlich geprägten Beratung von ProSiebenSat.1 bei der Aufarbeitung der Jochen-Schweizer-Beteiligungen.

Ihr Aushängeschild bleibt aber die Corporate-Beratung. Dass die Kanzlei dabei auch mit Distressed M&A versiert umgehen kann, wurde einmal mehr in der Beratung des Investors Nimbus beim Kauf der Dücker-Gruppe, mit drei Insolvenzplänen, deutlich. Vor allem aber die Arbeit für den Uniper-Aufsichtsrat gewann eine besondere Intensität im Kontext der Rettungsmaßnahmen und der diversen Vorstandwechsel dort. Von der breiten Erfahrung mit Governance- und Organhaftungsfragen profitieren sowohl die Gremienberatung als auch die deutlich verbreiterte Konfliktlösungspraxis. Mit dem Zugang von Michael Molitoris mit seinem großen Team 2021 erhielt SZA eine gut eingespielte Produkthaftungspraxis, die u.a. für Audi und den Wohnmobilhersteller Knaus Tabbert im Dieselkomplex tätig ist. Einen bemerkenswerten Erfolg verbuchte die Kanzlei mit dem Freispruch ihrer Mandantin in der Untersuchung um ein Kartell der Kölsch-Brauereien. Streitigkeiten in Stiftungen bilden wiederum bei SZAs Nachfolgepraxis eine neue Facette, die zuletzt die neu gegründete Heinz Hermann Thiele Familienstiftung gewinnen konnte.

Perspektive: Die Sozietät, die lange ausschließlich auf Wachstum aus den eigenen Reihen setzte, hat in den vergangenen Jahren auch gute Erfahrungen mit Quereinsteigern gemacht, zuletzt etwa beim Ausbau der Litigation-Praxis in München. Diese Anwälte brachten neue Arbeitsmethoden und Mandanten ein und belebten so das etablierte Geschäft. Trotzdem entstehen immer wieder Engpässe, wenn langgediente Partner ausscheiden – wie zuletzt im Arbeitsrecht oder im Kartellrecht in Brüssel, wo der Wechsel von Silvo Capellari in den Of-Counsel-Status die Themen Wachstum und Generationswechsel auf der Tagesordnung hält. Eine regelmäßige generationsübergreifende Federführung in Mandaten könnte helfen, solche Durststrecken künftig zu vermeiden.

Um die Nachwuchsentwicklung insgesamt hat sich SZA hingegen schon umfassend Gedanken gemacht und klare Karrierestufen eingeführt. Associates würdigen diese Bemühungen, sprechen sogar davon, dass sich „SZA in den letzten ein bis zwei Jahren ihren Platz als Top-Arbeitgeber zurückerobert" hat. Dieses Lob ist entscheidend für eine Kanzlei wie SZA, die erst seit Kurzem Praxisstrukturen definiert und ihr Tätigkeitsfeld verbreitert hat. Es werden genau diese Nachwuchskräfte sein müssen, die die interne Vernetzung weiter vorantreiben und sich neue Geschäftsfelder erobern. Naheliegende Möglichkeiten bieten sich bei Compliance und ESG, aber auch etwa zum Zahlungsdiensteaufsichtsgesetz.

Mandantenstimmen: „SZA mandatieren wir immer mehr, diese haben sich zu unserer absolut favorisierten Kanzlei entwickelt", beschreibt ein Mandant die Beziehung, während die M&A-Praxis „tickt wie ein gut laufendes Uhrwerk". Das Team für die KapMuG-Prozesse hingegen wird gelobt für die „sehr umfassende, strategisch vorausschauende Beratung".

Service: Das papierfreie Litigation-Management der Konfliktlösungspraxis hat die Kanzlei zur kanzleiweiten Digitalisierung motiviert. Mit der Software Lucidcharts erstellt SZA Leitfäden zur Produktsicherheit, Netfiles wiederum erleichtert den Datenaustausch in großen Streitkomplexen. Zudem evaluiert eine kanzleiinterne Taskforce für KI-Themen mit Henchman, einem KI-gestützten Rechtstechnologieunternehmen mit Servern in Europa, weitere Prozessoptimierungen im Vertragsbereich.

Anwälte in Deutschland: 117

Die Anwaltszahlen stammen von den Kanzleien selbst und beziehen sich auf das letzte abgelaufene Geschäftsjahr. Einige Kanzleien beschäftigen für bestimmte Projekte befristet angestellte Rechtsanwälte. Daraus erklären sich teils deutliche Unterschiede zu Personalzahlen der Vorjahre.

Standorte: Frankfurt; Mannheim; München.
Internat. Einbindung: Unabhängige dt. Kanzlei mit guten Kontakten zu führenden ausländischen Kanzleien, v.a. in Europa u. in den USA. Eigenes Büro in ▷*Brüssel*.

TAYLOR WESSING

Nationaler Überblick Top 50 ★★★

Auf den Punkt: Full-Service-Kanzlei mit Fokus auf die Sektoren Technologie, Medien, Telekommunikation, Lifescience u. Gesundheit, Energie sowie Vermögen. Expansiv vor allem in Kontinentaleuropa.
JUVE Kanzlei des Jahres für: IP; Nachfolge, Vermögen, Stiftungen.
Fünf-Sterne-Praxis für: ▷*Gesundheit*; ▷*IT u. Datenschutz*; ▷*Marken u. Wettbewerb*; Patent; ▷*Private Equ. u. Vent. Capital*.
Zudem empfohlen für: ▷*Arbeit*; ▷*Beihilfe*; ▷*Börseneinführ. u. Kapitalerhöhung*; ▷*Energie*; ▷*ESG*; ▷*Gesellsch.recht*; ▷*Immo/Bau*; ▷*Insolvenz/Restrukturierung*; ▷*Kartellrecht*; ▷*Konfliktlösung*; ▷*Kredite u. Akqu.fin.*; ▷*M&A*; ▷*Medien*; ▷*Nachfolge*; ▷*Öffentl. Recht*; Steuern; ▷*Unternehmensbez. Versichererberatung*; ▷*Vergabe*; ▷*Verkehr*; ▷*Versicherungsvertragsrecht*; ▷*Vertrieb*.
Analyse: Die sektorgetriebene Zusammenarbeit auszubauen, ist das übergeordnete Ziel, dem sich die Kanzlei Schritt für Schritt auch auf internationaler Ebene nähert. Vorreiter für die Zusammenarbeit der Büros in Dtl. u. GB ist seit jeher die zum Kreis der Marktführer zählende Patentpraxis. Das zeigen die Arbeit für Pfizer im Zusammenhang mit der Abwehr von mRNA-Patenten und der Streit ihrer Mandantin Abbott gegen Dexcom um Medizinprodukte für Diabetiker. Bei der hochkarätigen Mandantschaft ist es nur eine Frage der Zeit, wann die paneuropäisch arbeitende Patentpraxis mit den ersten Klagen vor dem UPC auftreten wird. Im Gesundheitswesen belegt das Mandat von AstraZeneca, die sich öffentlichkeitswirksam gegen Verbraucherklagen wegen des Covid-19-Impfstoffs wehrt, wie gut der Transfer von Branchenwissen zu den Konfliktlösungsspezialisten funktioniert.
Auch in der renommierten Nachfolgepraxis wird bei Restrukturierungs- oder Investitionsthemen das praxisgruppenübergreifende Verständnis sichtbar. Dass dies nicht an den Grenzen Halt macht, beweist TW bei der hochkomplexen Beratung des Testamentsvollstreckers von Heinz Herrmann Thiele.
Im Energiesektor trug TW der wachsenden Bedeutung des Regulierungsrechts als Scharnier zwischen Transaktionen, Finanzierungen und Projektentwicklungen durch eine Partnerernennung Rechnung.
In der großen Transaktionspraxis erarbeiten sich Partner zunehmend ein eigenes Profil, wie etwa Martin Gerner, der Teil des wachsenden Düsseldorfer Teams um Dr. Klaus Grossmann ist. Wegen des hohen Anteils an Mid-Cap-Deals war die Praxis nicht so stark vom gedrosselten Tempo im übrigen Dealmarkt betroffen. Dass die Sektorstrategie auch hier aufgeht, belegen Deals aus der Techbranche. In diesem Segment kommt TW auch bei größeren Deals zum Zuge. Allerdings hat der Weggang zweier M&A-Partner und zweier Kapitalmarktrechtler wieder einmal einen Teil der Aufbauarbeit am Frankfurter Standort zunichte gemacht. Dass sich auch das Berliner Notariat selbstständig machte, bedeutet durchaus einen Reputationsverlust in der Hauptstadt. Dagegen ist die umtriebige Private-Equity-Praxis v.a. in Berlin weiter auf Erfolgskurs. Dass sie DeepL bei der Finanzierungsrunde und damit zum Aufstieg als Einhorn beriet, ist wegweisend. Dem Team um Dr. Norman Röchert gelingt es exzellent, sowohl für Wachstumsunternehmen als auch auf Investorseite aktiv zu sein, nicht zuletzt wg. ausgeprägter Beziehungen zu internationalen Fonds. Konsequent ist der Aufbau mit zwei Venture-Capital-Experten, die TW als Salary-Partner engagierte.
Perspektive: Ziele – sowohl im Verbund als auch innerhalb der deutschen Partnerschaft – sind ein einheitlicheres Management und eine höhere Profitabilität. In einigen Praxisgruppen wie Vermögen oder Private Equity ist der Erfolg schon erkennbar, in Gänze hat TW noch ein Stück zu gehen. Deshalb wird es weiter nötig sein, kleinteiliges Geschäft, insbesondere abseits der Fokussektoren, abzuschneiden. Die schon jetzt zahlreichen Baustellen stellen die Kanzlei allerdings vor eine Belastungsprobe. Es bleibt eine Kernaufgabe des Managements, die gesamte Partnerschaft hinter dem Ziel zu vereinen. Mit Blick auf Frankfurt drängt sich zudem die Frage auf, ob es im wettbewerbsintensiven Markt vor Ort eine alternative Strategie zu Quereinsteigern braucht, um den Aufwärtstrend endlich auch langfristig zu halten.
Die europaweite Praxis ist mit dem Eintritt der spanischen Ecija in den TW-Verbund ein ganzes Stück vorangekommen. Der nächste logische Schritt wäre, den Blick nach Italien zu richten, um perspektivisch in allen Top-Wirtschaftsnationen des Kontinents aufgestellt zu sein. Zugleich müssen die Verbundmitglieder näher zusammenrücken. Gelingt es, sich stärker zu vereinen und die Partnerschaften zu homogenisieren, macht sich TW zum attraktiven Partner für weitere Zusammenschlüsse. Insbesondere für eine bislang nicht erfolgreiche US-Expansion könnte dies die Grundlage sein.
Mandantenstimmen: Mandanten betonen „praktische u. punktgenaue Lösungen", die Beratung wird als „zielorientiert" u. die Anwälte als „zuverlässig" u. „menschlich spitze" beschrieben. Zudem attestieren Mandanten TW ein „hervorragendes Servicelevel" und „sehr gutes wirtschaftliches Verständnis".
Service: Insbesondere bei Transaktionen, internen Untersuchungen, in Arbeitsrecht und Litigation kommt Legal-Tech zum Einsatz. Auch die IT- u. Datenschutzpraxis entwirft regelmäßig neue Tools, etwa zu den Auswirkungen von Datenschutz u. Digitalregulierung. TW kauft Kanzleisoftware ein, entwickelt aber auch viel selbst und nutzt diese Anwendungen für die eigene Arbeit und im Mandat. Perspektivisch, v.a. mit Blick auf KI-Lösungen, soll der Anteil an lizenzierten Produkten, die Mandanten erwerben können, wachsen. Für eine effiziente u. kostenschonende Mandatsorganisation setzt TW Wirtschaftsjuristen im Support- und Knowledge-Bereich ein.
Anwälte in Deutschland: 449
Standorte: Berlin; Düsseldorf; Frankfurt; Hamburg; München.
Internat. Einbindung: Internat. Kanzlei mit Büros in über 20 europ. Städten. Neuestes Mitglied im TW-Verbund ist die spanische Kanzlei Ecija, mit breiter Aufstellung auch in Südamerika. In Österreich als enwc Taylor Wessing. China-Praxis mit Büros in Peking u. Schanghai, auch in Hongkong. In Südkorea Kooperation mit DR&AJU. Langjährige Verbindungen zu US-Kanzleien, v.a. an der Westküste, mit Repräsentanzbüros in New York u. Palo Alto, bei Technologietransaktionen Kooperation mit Wilson Sonsini. In Saudi-Arabien Kooperation mit AlSulaim AlAwaji & Partners.

WATSON FARLEY & WILLIAMS

Nationaler Überblick Top 50 ★

Auf den Punkt: Internationale Kanzlei, die sich strategisch auf die Sektoren Transport (v.a. Schifffahrt) sowie Energie konzentriert u. ihre Praxis danach konsequent ausrichtet.
Empfohlen für: ▷*Arbeit*; ▷*Energie*; ▷*Gesellsch.recht*; ▷*M&A*; ▷*Private Equ. u. Vent. Capital*; ▷*Vergabe*.
Analyse: Mit ihrer Konzentration auf die Sektoren Energie und Transport ist WFW für die aktuelle Marktlage ideal aufgestellt. Gerade noch rechtzeitig hat sie im Frühjahr 2023 ihre Managementstruktur dieser Fokussierung angepasst: Dr. Christian Finnern löste das mehrköpfige Leitungsgremium in Deutschland ab und verantwortet als Managing-Partner das gesamte Deutschland-Geschäft sowie den Sektor Transport, Dr. Malte Jordan den Sektor Energie. Die Zeiten, als sich im Verhältnis zur Kanzleigröße viele Gruppenleiter über Managementfragen austauschen mussten, sind damit passé.
Die tiefe Branchenkenntnis von WFW war vor allem im Erneuerbare-Energien-Sektor gefragt. Sie begleitete etwa Goldman Sachs bei der Finanzierung des Kaufs von 49 Prozent der Iberdrola-Anteile an ‚Wikinger' sowie die ING Bank bei der Finanzierung des Müllheizkraftwerks Wiesbaden. Beide Mandate demonstrieren, wie gut die praxis- und standortübergreifende Zusammenarbeit funktioniert. Bei Letzterem waren Energierechtler gemeinsam mit Finanzierern und Regulierungsexperten aus Hamburg und Düsseldorf an Bord.
Auch die personalstarke Corporate/M&A-Gruppe war bei Wasserstoff-, Geothermie- und Methanolprojekten gefragt. Bei Transaktionen genießt sie auch in der Transportwirtschaft einen exzellenten Ruf, und gerade bei Schiffsneubauprojekten war ihr Know-how gesucht. Für den Finanzierungsbereich gewann WFW mit Riko Vanezis einen in Infrastruktur- und Energieprojekten erfahrenen Spezialisten für das Frankfurter Büro. Er passt als in England zugelassener Solicitor mit jahrelanger Erfahrung im deutschen Geschäft bestens zu WFW, die nicht zuletzt bei Schiffsfinanzierungen mit ihrer globalen Aufstellung punktet.
Branchenunabhängiger agieren nach wie vor die Praxen Private Equity und Arbeitsrecht. Erstere hat sich nach den Weggängen des Vorjahres stabilisiert. Die Aufnahme mehrerer Associates und eine Partnerernennung zeigen die Relevanz der Praxis, auch wenn die vorherigen Verluste nicht ausgeglichen sind. Die Arbeitsrechtspraxis war mit großen Transformations- und Compliance-Projekten für namhafte Mandanten wie die Deutsche Bahn beschäftigt und ist im Schulterschluss mit den Gesellschafts- und Energierechtlern regelmäßig außerhalb der Kernsektoren tätig, etwa für die München Klinik oder Macquarie. Allerdings verließ nach nur drei Jahren Dr. Philipp Byers die Kanzlei wieder und nahm drei Associates mit. Damit ist die Schnittstelle zu Datenschutz und Compliance nicht mehr besetzt.
Perspektive: Die jüngsten Weggänge betrafen – genau wie die vor zwei Jahren – Praxisgruppen, die sich weniger konsequent dem Sektoransatz verschreiben. Offenbar ist es die Identifikation mit den Kernbereichen, die die Mannschaft zusammenhält. Insofern wird es die Aufgabe des neuen Managing-Partners sein, das Team weiter so aufzubauen, dass

Die Anwaltszahlen stammen von den Kanzleien selbst und beziehen sich auf das letzte abgelaufene Geschäftsjahr. Einige Kanzleien beschäftigen für bestimmte Projekte befristet angestellte Rechtsanwälte. Daraus erklären sich teils deutliche Unterschiede zu Personalzahlen der Vorjahre.

neue Anwälte in den Sektoransatz passen bzw. hineinwachsen. Dieses Ziel dürfte mit der neuen Managementstruktur einfacher umzusetzen zu sein als bisher, zumal er nun auch Mitglied im achtköpfigen globalen Leitungsgremium ist.
Fachlich bieten zwei Bereiche besonderes Potenzial: Konfliktlösung und ESG. Durch die Weiterentwicklung der Technik und die steigende Komplexität bei Lieferverträgen gerade in der Energiebranche ist die Bereitschaft zu Auseinandersetzungen bei den Mandanten gestiegen. WFW verfügt mit Philipp Kärcher in Frankfurt und Stefan Hoffmann in Hamburg bereits über erfahrene Partner, jedoch dürfte sich ein weiterer personeller Ausbau lohnen. ESG beschäftigt zurzeit stark die maritime Wirtschaft. WFW ist für die Beratung gut gerüstet, nicht zuletzt dank europ. Regulierungskompetenz.
Mandantenstimmen: Mandanten loben regelmäßig die ausgewiesene Branchenkenntnis in der Schifffahrt u. in der Energiebranche sowie eine pragmatische Herangehensweise. Diese Qualitäten finden sie unter anderem im M&A, aber auch in der Finanzierung oder im Vergaberecht.
Service: Im Bereich Legal Tech zählt die Kanzlei nicht zu den innovationsfreudigsten Marktteilnehmern. Technischer Unterstützung bedient sie sich vor allem bei grenzüberschreitenden Energieprojekten, etwa für Due Diligence, Transaktionsmanagement oder der Automatisierung von Dokumenten. Daneben setzt bspw. die Prozesspraxis regelmäßig auch Diplomjuristen ein, wenn es um Recherchen oder Sachverhaltsanalysen geht. Außerdem brachte WFW ein interaktives Onlineanalysetool speziell für die Luftfahrtindustrie heraus, das einen Überblick über Restrukturierungsverfahren in derzeit knapp 30 Ländern bietet.
Anwälte in Deutschland: 96
Standorte: Düsseldorf; Frankfurt; Hamburg; München.
Internat. Einbindung: International integrierte Kanzlei mit 19 Büros in 15 Ländern. Diese sind aufgrund ihrer Tradition im Maritimen Wirtschaftsrecht oft in Hafenstädten wie Athen, Hongkong oder Sydney beheimatet. Im Londoner Stammbüro liegt ein Schwerpunkt auf der Betreuung von Banken. Zuletzt eröffnete die Kanzlei in Tokio und Seoul.

WHITE & CASE

Nationaler Überblick Top 50 ★★★★
Auf den Punkt: Etablierte US-Kanzlei mit Schwerpunkten bei Finanzen, Energie, Immobilien u. Technologie. Eine starke Riege von Jungpartnern in den dt. Schwerpunktpraxen sorgt dafür, dass sie auch bei holpriger Konjunktur die häufig sehr internationalen Mandate ausbauen kann.
JUVE Kanzlei des Jahres für: Konfliktlösung – Dispute Resolution.
Fünf-Sterne-Praxis für: *▷Anleihen; ▷Energie; ▷Insolvenz/Restrukturierung; ▷IT u. Datenschutz; ▷Verkehr.*
Zudem empfohlen für: *▷Arbeit; ▷Bankrecht u. -aufsicht; ▷Beihilfe; ▷Börseneinführ. u. Kapitalerhöhung; ▷Compliance; ▷ESG; ▷Gesellsch.recht; ▷Immo/Bau; ▷Kartellrecht; ▷Konfliktlösung; ▷Kredite u. Akqu.fin.; ▷M&A; ▷Medien; ▷Notare; ▷Öffentl. Recht; ▷Private Equ. u. Vent. Capital;* Steuern; *▷Telekommunikation; ▷Versicherungsvertragsrecht; ▷Wirtschafts- u. Steuerstrafrecht.*
Analyse: Die Kanzlei steht in Deutschland besser da denn je. Sie ist wirtschaftlich stark, hat nach einigen Jahren des Umbaus in vielen Praxen motivierte und anerkannte Teams und einen Mandantenstamm, bei dem Spitzenberatung gefordert ist. Gleichzeitig weiß W&C auch, was sie in Deutschland nicht ist: Sie deckt mit ihrem Fokus auf Finanzen, Energie, Immobilien, Mobilität u. Technologie nicht alle Branchen gleich intensiv ab. Sie verzichtet vielfach auf eine Rolle als Hauskanzlei und konzentriert sich auf die komplizierten Rechtsfragen ihrer Mandanten. Im Energiesektor, Kapitalmarkt- und Insolvenzrecht etwa zählt sie zur erweiterten Marktspitze, strebt aber keine ähnlich großen Teams in allen Rechtsbereichen an.
Das Ansehen, das die Kanzlei sich erarbeitet hat, zeigt sich u.a. bei der Beratung bei Bondprogrammen. Unternehmensseitig zählen zu den Mandanten Deutsche Bahn, EnBW, E.on, LBBW, Lufthansa, Morgan Stanley, Société Générale und UniCredit, bankseitig große Emittentennamen wie BMW, Conti, Covestro, Helaba, Metro und Vonovia. Besonders gefragt war W&C außerdem bei energiebezogenen Transaktionen. Bei der Beratung von Fluxys zur Beteiligung an Open Grid Europe arbeiteten diverse Praxisgruppen Hand in Hand. Bemerkenswert ist die enge Zusammenarbeit der Kartellrechtler mit der Energie- u. Infrastrukturpraxis, die sich auch bei der Beratung anderer Investoren zu Gasleitungs-, Dekarbonisierungs- oder Wasserstoffprojekten zeigt. Thomas Burmeister hat die Beratung im Energiesektor nach dem Weggang eines hoch angesehen Teams vor vier Jahren überzeugend und mit einem Akzent auf dem Zusammenspiel von Regulierung, M&A und Finanzierung umgebaut. Auch die Begleitung des hochkomplexen, multijurisdiktionalen Stabilisierungsprozesses für den Immobilienkonzern Adler zeigt, wie gut Fachbereiche inzw. zusammenarbeiten. Beriet die Finanzierungspraxis den Konzern in den Vorjahren bei grenzüberschreitenden Transaktionsfinanzierungen, so spielte sie zuletzt ihre Stärke bei krisennahen Refinanzierungen und der Stabilisierungsfinanzierung aus. Dabei gelang auch die Zusammenarbeit mit den Restrukturierern. Auch wenn Mandate wie Adler eine hohe Aufmerksamkeit erregen, gelingt es der Kanzlei, die Beratung von Unternehmen bei Wachstum und Akquisitonen nicht zu vernachlässigen. Dass W&C auch dabei eine starke Marktposition besetzt, belegen die öffentl. Übernahme von EuroShop u. die Wachstumsfinanzierungen für Wefox und Enpal.
Perspektive: Das Wachstum der Kanzlei hat sich verstetigt und wirkt nachhaltig. Seit 2017 sind wirtschaftliche Kennzahlen wie Umsatz, Teamstärke u. Produktivität deutlich gestiegen. Diverse Generationswechsel, beispielsweise im Anleihenrecht nach Jochen Artzinger-Bolten, sind geglückt oder per Tandem wie im M&A, wo etwa Prof. Dr. Roger Kiem und Sebastian Pitz namhafte Finanzinstitute beraten, auf einem guten Weg. Auch die Litigationpraxis wartet mit vielversprechenden jüngeren Anwälten auf, die etwa Biontech von sich überzeugten.
Dank der geschickten Personalpolitik hat W&C heute eine Riege starker Partner Anfang 40, die überwiegend als Associates in die Kanzlei kamen und die engere Vernetzung innerhalb der europäischen Praxis überzeugt mittragen. Ausgerechnet sie könnten allerdings weitere Ernennungen bremsen. Im Jahr 2023 gab es mit nur zwei Kandidaten bereits sehr wenige Partneraufnahmen. Bislang sind jedoch Weggänge zu anderen internationalen Großkanzleien selten. Auch der hoch angesehene Strafrechtler Karl-Jörg Xylander, mit dem W&C das Herzstück ihrer Compliance-Praxis einbüßte, entschied sich für eine Boutique.
Die Arbeit für bonitätsschwache Mandanten wie Adler, Tuifly u. Delivery Hero ist charakteristisch für die Kanzlei. Deshalb gehört sie neben Latham & Watkins zu den führenden High-Yield-Beratern. Diese Mandanten bringen natürlich immer das Risiko mit sich, dass sie leichter wegfallen als ein solider Dax-Konzern. Wichtig ist daher, dass solche Mandatsbeziehungen in der Frühphase eines Unternehmens geknüpft werden. Tatsächlich gelingt dies im Private Equity und Venture Capital zwar nicht flächendeckend, aber immer wieder mit namhaften Unternehmen.
Mandantenstimmen: Die Teamarbeit und das wirtschaftliche Einfühlungsvermögen fallen Mandanten häufig auf. Sie schätzen den „starken Business Sense" und die „geschäftsseitige Perspektive", die die Anwälte zusätzlich zum rechtlichen Know-how mitbringen. Nicht nur dort, aber besonders in allen Teilen des Bank- u. Finanzrechts loben sie „sehr gute Teams", die W&C für komplexe Mandate einsetzen kann.
Service: Die Kanzlei nutzt diverse, teils KI-fähige Lösungen externer Anbieter, etwa für Due Diligence, Transaktionsmanagement u. Vertragsanalysen. Im Zentrum stehen allgemein das Dokumentenmanagement für Bearbeitergruppen sowie die Bearbeitung großer Dokumentenmengen. Für Rechtsbereiche wie Corporate, Litigation, Compliance u. Immobilienrecht setzt die Kanzlei zusätzlich Legal-Tech-Tools ein. Die strategische Weiterentwicklung ist global auf möglichst einheitliche Lösungen angelegt, flankiert von lokalen oder praxisspezifischen Lösungen. Alle Mitarbeiter werden fortlaufend geschult, um durch technische Unterstützung die Mandatsarbeit effizienter zu gestalten.
Anwälte in Deutschland: 251
Standorte: Berlin; Düsseldorf; Frankfurt; Hamburg.
Internat. Einbindung: Internationale Kanzlei mit Ursprung in den USA und breiter Verteilung ihrer 45 Büros, darunter *▷Brüssel*. Insbesondere stark in Asien u. Nahost. Viele Praxisgruppen werden europaweit gemeinsam geleitet.

Die Anwaltszahlen stammen von den Kanzleien selbst und beziehen sich auf das letzte abgelaufene Geschäftsjahr. Einige Kanzleien beschäftigen für bestimmte Projekte befristet angestellte Rechtsanwälte. Daraus erklären sich teils deutliche Unterschiede zu Personalzahlen der Vorjahre.

juve+
Market Intelligence
Jetzt den neuen
Tages- oder Wochenpass testen:
juve-plus.de

JUVE Handbuch 2023 | 2024

ANZEIGEN: KANZLEIEN NATIONALER ÜBERBLICK

Alle hier alphabetisch erscheinenden Anzeigen sind kostenpflichtig und von den Kanzleien selbst gestaltet.
Für den Inhalt sind die jeweiligen Kanzleien verantwortlich.

ADVANT Beiten
YOUR EUROPEAN ADVANTAGE
Als eine der führenden Wirtschaftskanzleien in Deutschland berät ADVANT Beiten den Mittelstand, Großunternehmen, Banken, Stiftungen sowie die öffentliche Hand zu Fragen des deutschen und internationalen Wirtschaftsrechts. Um Mandanten sowohl in Deutschland als auch weltweit in allen rechtlichen Angelegenheiten bestmöglich zu beraten und zu vertreten, arbeiten wir nahtlos innerhalb unserer ADVANT-Allianz und unserem globalen Netzwerk von Top-Kanzleien zusammen.
advant-beiten.com

ALTENBURG

Sophia Hartmann und Dr. Niklas Breucker, Berlin

ARBEITSRECHT FÜR UNTERNEHMEN.

Wir sind eine der führenden Arbeitsrechtskanzleien in Deutschland. Mit unseren Standorten in Berlin, Hamburg und München sind wir bundesweit tätig. Wir beraten Unternehmen – vom Start-Up bis zum DAX-Konzern – zu sämtlichen Fragen des Arbeitsrechts.

Als Gründungsmitglied von ELLINT, einem internationalen Netzwerk von hoch spezialisierten Arbeitsrechtskanzleien, können wir unsere Mandanten auch in grenzüberschreitenden Fällen bestmöglich unterstützen.

Member of ELLINT Employment & Labor Lawyers International

Weitere Informationen finden Sie unter **www.altenburg.net**

Schnell.
In der Krise
zählt jeder
Tag.
Schnelles Handeln ist in Krise und
Insolvenz entscheidend. Viel Arbeit
und Einsatz in einer kritischen Situation.
Wir verfügen über speziell darauf ausgelegte
Einheiten mit verschiedenen Spezialisten, die sehr
schnell und überregional eingreifen können:
www.anchor.eu
Anchor.
Krisen vermeiden —
Krisen meistern.

Aulinger
Exzellente Rechtsberatung für die Metropole Ruhr und weit darüber hinaus
53 Städte. Fünf Millionen Menschen. Und eine Kanzlei, so facettenreich wie die Region.
Lernen Sie uns kennen:
www.aulinger.eu

BDO
BDO LEGAL
Rechtsanwaltsgesellschaft mbH
UND JETZT? DU!
Vertrauen ist die Basis unseres Handelns. Mit deiner juristischen Expertise und persönlichen Kompetenz stärkst du dieses Vertrauen. In unserem Team trägst du Verantwortung für eine nachhaltige Beratung unserer Mandantinnen und Mandanten. Klingt wie ein Job für dich? Dann: karriere.bdo.de
BDO Legal Rechtsanwaltsgesellschaft mbH, eine Gesellschaft mit beschränkter Haftung, ist rechtlich selbständiger Kooperationspartner der BDO AG Wirtschaftsprüfungsgesellschaft. BDO AG Wirtschaftsprüfungsgesellschaft, eine Aktiengesellschaft deutschen Rechts, ist Mitglied von BDO International Limited, einer britischen Gesellschaft mit beschränkter Nachschusspflicht, und gehört zum internationalen BDO Netzwerk voneinander unabhängiger Mitgliedsfirmen.
BDO ist der Markenname für das BDO Netzwerk und für jede der BDO Mitgliedsfirmen.
© BDO

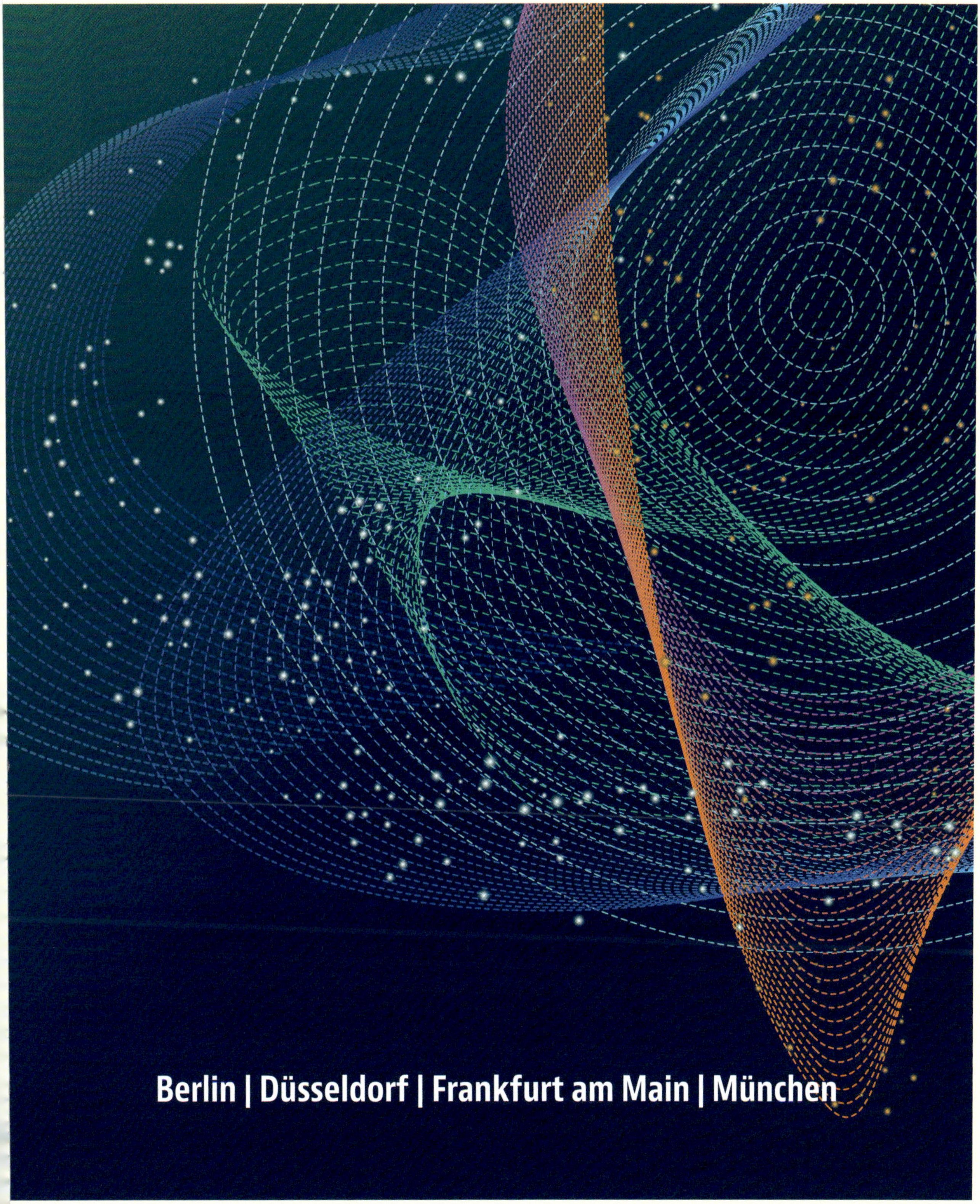
Berlin | Düsseldorf | Frankfurt am Main | München

Move your inventions forward. We take care of the rest.
www.boehmert.de
Elektrotechnik
Physik
Chemie
Maschinenbau
Pharma / Biotechnologie
Internet
Software / IT
Kreativwirtschaft
Branchen
Designrecht
Datenschutzrecht
Arbeitnehmererfinderrecht
Domainrecht
Lizenzrecht
Wettbewerbsrecht
Markenrecht
IT-Recht
Patentverletzung
Urheberrecht
Patentbewertung
Patent- & Gebrauchsmusterrecht
Produktpiraterie
Rechtsgebiete
85+ Patent- und Rechtsanwälte
85+ Jahre Erfahrung und Kundenvertrauen
9 Standorte in Deutschland und weltweit
BOEHMERT & BOEHMERT

Sanierung | Insolvenzverwaltung | Restrukturierung

In Restrukturierungssituationen, Eigenverwaltungen oder Insolvenzen gilt es, Potenziale zu erkennen und zu nutzen. Um ihren Neustart erfolgreich zu gestalten, begleiten wir Unternehmen in Krisensituationen und unterstützen sie dabei, den Sanierungsweg umzusetzen.

Dabei beraten wir sie rechtlich hochqualitativ und berücksichtigen durch unseren interdisziplinären Ansatz, dass ihr Ziel auch operativ schnell und zielorientiert umgesetzt wird.

www.brinkmann-partner.de

weit oben, aber nicht abgehoben

DANCKELMANN UND KERST ist eine bekannte Frankfurter Anwaltssozietät, die auf eine mehr als 100-jährige Tradition zurückblicken kann. Sie verbindet exzellente fachliche Expertise mit persönlicher Beratung.

Über besonders hohe überregionale Bekanntheit verfügt DANCKELMANN UND KERST in den Bereichen des gewerblichen Rechtsschutzes, vor allem auf den Gebieten des Wettbewerbs- und Markenrechts, des Heilmittelwerberechts und des Urheberrechts, sowie des Telekommunikations- und des Medienrechts. Hier besitzen die Anwälte von DANCKELMANN UND KERST aufgrund ihrer jahrzehntelangen und äußerst umfangreichen Prozesstätigkeit besonders herausragende forensische Erfahrungen, die sich auch in einer nachhaltigen Vortrags- und Publikationstätigkeit widerspiegeln.

Darüber hinaus berät die Kanzlei, der verschiedene Fachanwälte und drei Anwaltsnotare angehören, aber auch zahlreiche Unternehmen, Verbände und Privatpersonen in arbeitsrechtlichen, handels- und gesellschaftsrechtlichen sowie immobilien- und steuerrechtlichen Verfahren.

Mit persönlicher Kontinuität in der Beratung und Vertretung der Mandanten betreut DANCKELMANN UND KERST die Mandanteninteressen umfassend, reaktionsschnell, zielstrebig und durchsetzungsstark. Großunternehmen, aber auch viele mittelständische Unternehmen und Verbände wissen dies seit vielen Jahren zu schätzen.

Die hohe Kompetenz von DANCKELMANN UND KERST ist deshalb auch seit Jahren ausgezeichnet worden. So wird DANCKELMANN UND KERST etwa in den Rankings für Wettbewerbsrecht sowohl in dem „JUVE Handbuch Wirtschaftskanzleien“ als auch bei „Legal500 Germany“ weit oben geführt.

Überzeugen Sie sich selbst!

Klarheit.
Kreativität.
Kompetenz.
www.doldemayen.de

DTS
IP. performance.
Nürburgring Nordschleife
Foto: Marcel Langer
DTS Patent- und Rechtsanwälte
Schnekenbühl und Partner mbB
München · Stuttgart
www.dts.law

Ihre Experten für komplexe
Patentstreitsachen.
Düsseldorf | London | eip.com
EIP Europe LLP, Broadway Office,
Breite Strasse 29-31, 40213 Düsseldorf
eIP

EY Law - international, interdisziplinär und innovativ

Unsere Rechtsgebiete

- Gesellschaftsrecht
- Mergers & Aquisitions
- Private Equity
- Kapitalmarktrecht
- Internationale Umstrukturierungen
- Venture Captial
- Kartellrecht
- Restrukturierung und Insolvenzrecht
- Massenklageverfahren
- Litigation und Dispute Resolution
- Healthcare
- Aufenthaltsrecht und Mitarbeiterentsendung
- Arbeitsrecht
- Umweltrecht
- Energierecht
- Öffentliches Recht und öffentliches Wirtschaftsrecht
- Öffentlicher Verkehr
- Immobilienrecht
- Handels- und Vertriebsrecht
- Private Client Services
- Compliance
- Steuerstrafrecht
- Notariat
- Banken- und Versicherungs-aufsichtsrecht
- Investmentrecht
- Payments & FinTechs

Digital Law

- Datengetriebene Geschäftsmodelle
- Datenschutz und Cybersecurity
- Intellectual Property
- E-Commerce und IT
- Regulierung und digitale Transformation

Legal Process and Technology

- Legal Function Consulting
- Legal Managed Services
- Integrated Legal Solutions
- Legal Technology

Unsere Branchenexpertise

- Automotive & Transportation
- Energie- und Versorgungs-unternehmen
- ESG-Sustainability
- Financial Services
- Handels- & Konsumgüter
- Healthcare & Life Sciences
- Immobilien- und Bauwirtschaft
- Institutionen der öffentlichen Hand
- Public Mobility
- Private Clients
- Technologie, Medien und Telekommunikationsrecht
- Private Equity

Anwälte

weltweit: über **2.400**

Deutschland: über **240**

Standorte

weltweit: **147** Standorte in über 90 Ländern

Deutschland: **13** Standorte

EY

Building a better working world

FIEDLER CRYNS-MOLL

FCM RECHTSANWÄLTE PARTNERSCHAFT

Managerhaftung
Versicherungsrecht
Wirtschaftsrecht

„Wir sind nicht nur verantwortlich für das, was wir tun, sondern auch für das, was wir nicht tun."
(Molière)

Mit dieser Aussage wird ein wichtiger Kern unternehmerischer Pflichten beschrieben.

Wachsende Wirtschaft und fortschreitende Technisierung führen zu einer Erhöhung der Anforderungen, die an unternehmerisches Handeln gestellt werden. Damit einher geht der steigende Bedarf nach einer Absicherung von Haftungsrisiken.

Wir gehören zu den führenden Kanzleien im Bereich der Managerhaftung und des Versicherungsrechtes und vertreten Unternehmensleiter und Versicherungsunternehmen bei der Bearbeitung komplexer Industrieversicherungsprodukte (D&O / E&O / POSI / M&A / Fidelity / PI / Cyber / PLI).

Anwaltliche Interessenwahrnehmung darf sich dabei nicht in der Aufarbeitung und Darstellung von Risiken beschränken, sondern erfordert die Erarbeitung klarer Entscheidungsvorlagen. Dies setzt höchste Qualität bei der rechtlichen Prüfung und umfassende Erfahrung im Umgang mit komplexen Sachverhalten voraus. Dafür stehen wir mit unserem Namen.

www.fcm-law.com

fieldfisher_X
_Massenverfahren
_Contracts-as-a-Service
_Customized Scalable Legal Services
Legal Tech_
Weitergedacht_
Massenverfahren, Compliance und neue regulatorische Herausforderungen bedürfen einer Kombination aus intelligenter Rechtsberatung und maßgeschneiderten technologiebasierten Lösungen.
Wir heben Legal Tech auf ein neues Niveau – mit erstklassigen juristischen Abläufen und Produkten, zugeschnitten auf die Bedürfnisse unserer Klienten, kosteneffizient und skalierbar. Bereit für Ihre komplexen rechtlichen Herausforderungen. Let's talk!
Fieldfisher X
fieldfisher-x.com | x@fieldfisher.com | +49 (0)30 166 393 910

FPS
Gut beraten in die Zukunft
Bei uns finden Sie Antworten auf alle unternehmerischen Rechtsfragen – und das schnell, effizient und immer in nächster Nähe. An unseren vier deutschlandweiten Standorten bieten wir Ihnen kreative Lösungen und maßgeschneiderte Beratung. Dabei profitieren Sie von unserer 175 Jahre langen Erfahrung in zahlreichen Kompetenzfeldern.
www.fps-law.de

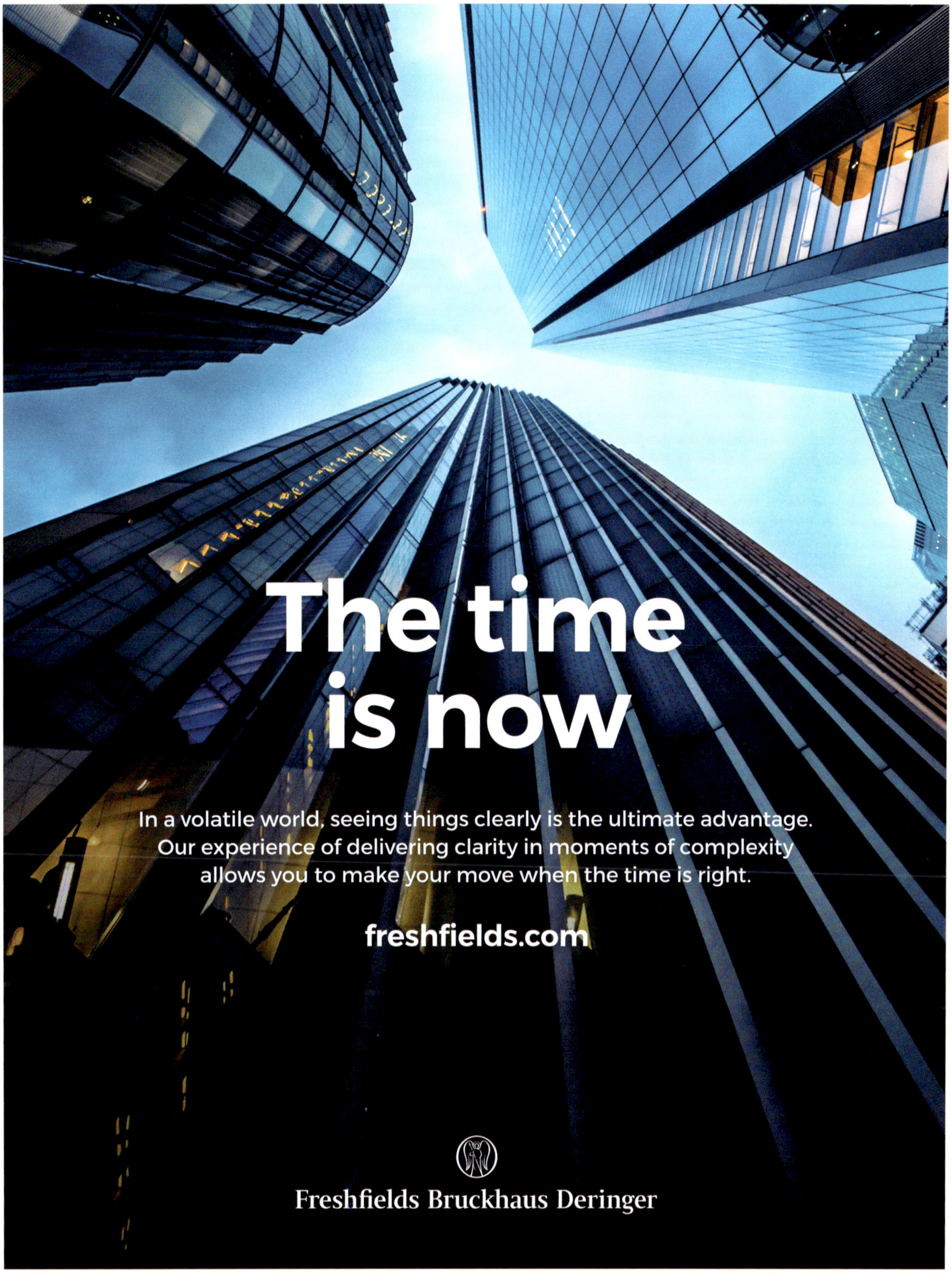
The time
is now
In a volatile world, seeing things clearly is the ultimate advantage.
Our experience of delivering clarity in moments of complexity
allows you to make your move when the time is right.
freshfields.com
Freshfields Bruckhaus Deringer

Success defined by you,
championed by us.
Abu Dhabi
Beijing
Brussels
Century City
Dallas
Denver
Dubai
Frankfurt
Hong Kong
Houston
London
Los Angeles
Munich
New York
Orange County
Palo Alto
Paris
San Francisco
Singapore
Washington, D.C.
GIBSON DUNN
gibsondunn.com

GOODWIN
Meet Us
at the intersection of capital and innovation
where we're building authentic relationships and opportunities alongside the world's most successful investors, entrepreneurs, and thinkers in private equity, real estate, technology, life sciences, and financial services.
Frankfurt
TaunusTurm, Taunustor 1
60310 Frankfurt am Main, Germany
+49 (0)69 6677 38500
Munich
Max-Joseph-Straße 2
Munich, 80333 Germany
+49 (0)89 2620 24200
Online
goodwinlaw.com

ANZEIGE

EIN JAHR ALT
ABER SCHON
179 JAHRE
ERFAHRUNG.
GreenGate
Partners
BERLIN HAMBURG MÜNCHEN
greengate.legal

GRUB BRUGGER
Mit ausgezeichneter Erfahrung zielsicher punkten.
Von einem Partner mit jahrzehntelanger Erfahrung profitieren auch Sie in der Krise.
Dieser Meinung ist auch die JUVE-Jury.
Vielen Dank für diese Anerkennung.
Erfahren Sie mehr unter www.grub-brugger.de
JUVE AWARDS 2022
Kanzlei des Jahres für Insolvenz und Restrukturierung

GSK
STOCKMANN
Der klügste Weg, Ihre
Interessen zu wahren.
Menschen, die sie
im Auge behalten.
YOUR PERSPECTIVE.
GSK.DE | GSK-LUX.COM
DR. OLIVER GLÜCK, RECHTSANWALT

HEUKING KÜHN LÜER WOJTEK
EXZELLENZ
UNABHÄNGIGKEIT
PERSÖNLICHKEIT
Individuelle Beratung, auf die Bedürfnisse der Mandanten zugeschnittene Teams und leistungsstarke Partner, damit finden wir für jede Herausforderung den richtigen Ansatz.
www.heuking.de
RECHTSANWÄLTE UND STEUERBERATER

Hogan
Lovells
www.hoganlovells.com
"Hogan Lovells" oder die "Sozietät" ist eine internationale Anwaltssozietät, zu der Hogan Lovells International LLP und Hogan Lovells US LLP und ihnen nahestehende Gesellschaften gehören. Abbildungen von Personen zeigen aktuelle oder ehemalige Anwält*innen und Mitarbeitende von Hogan Lovells oder Models, die nicht mit der Sozietät in Verbindung stehen.
© Hogan Lovells 2023. All rights reserved. BT-REQ-1560

Pragmatische Lösungen
und souveränes
Risikomanagement
Eine sich schnell verändernde und immer stärker vernetzte Welt erfordert sowohl innovatives Denken als auch verlässliche Erfahrungswerte.
Wir bieten beides und helfen, Risiken und Chancen optimal zu steuern. Dabei verbinden wir Full-Service-Rechtsberatung und Branchenkenntnisse mit dem Einsatz neuester Technologien sowie den unterschiedlichen Sichtweisen unseres vielfältigen Teams.

HUTH DIETRICH HAHN
Rechtsanwälte in Hamburg
Wir setzen auf menschliche Intelligenz.

JEBENS
MENSCHING
KANZLEI MIT KLAREM FOKUS
BOUTIQUE FÜR DIE IMMOBILIENBRANCHE
Wir bieten sämtlichen Akteuren auf dem Immobilienmarkt seit über 15 Jahren eine integrierte rechtliche, steuerliche und regulatorische Beratung aus einer Hand – effizient, persönlich und immer mit Blick auf Ihr unternehmerisches Ziel.
JEBENSMENSCHING.COM
JM
JEBENS MENSCHING PartG mbB
Rechtsanwälte, Wirtschaftsprüfer, Steuerberater
Großer Burstah 45
20457 Hamburg
Germany
T +49 (0)40 3252166-0
F +49 (0)40 3252166-66
E info@jebensmensching.com

JOHLKE
NIETHAMMER
Rechtsanwälte
Wirtschaftsprüfer
Steuerberater
... wenn es
um Lösungen
geht.
Wir sind Spezialisten
in den Bereichen Insolvenz
und Restrukturierung.
www.jnp.de
Hamburg
Johannes-Brahms-Platz 1
20355 Hamburg
T +49 40 80 00 48 -0
F +49 40 80 00 48 -111
E hamburg@jnp.de
Kiel
Deliusstraße 16
24114 Kiel
T +49 431 67 93 50 -0
F +49 431 67 93 5 -10
E kiel@jnp.de
Bremen
Sögestraße 70
28195 Bremen
T +49 421 17 89 98 -0
F +49 421 17 89 98 -11
E bremen@jnp.de

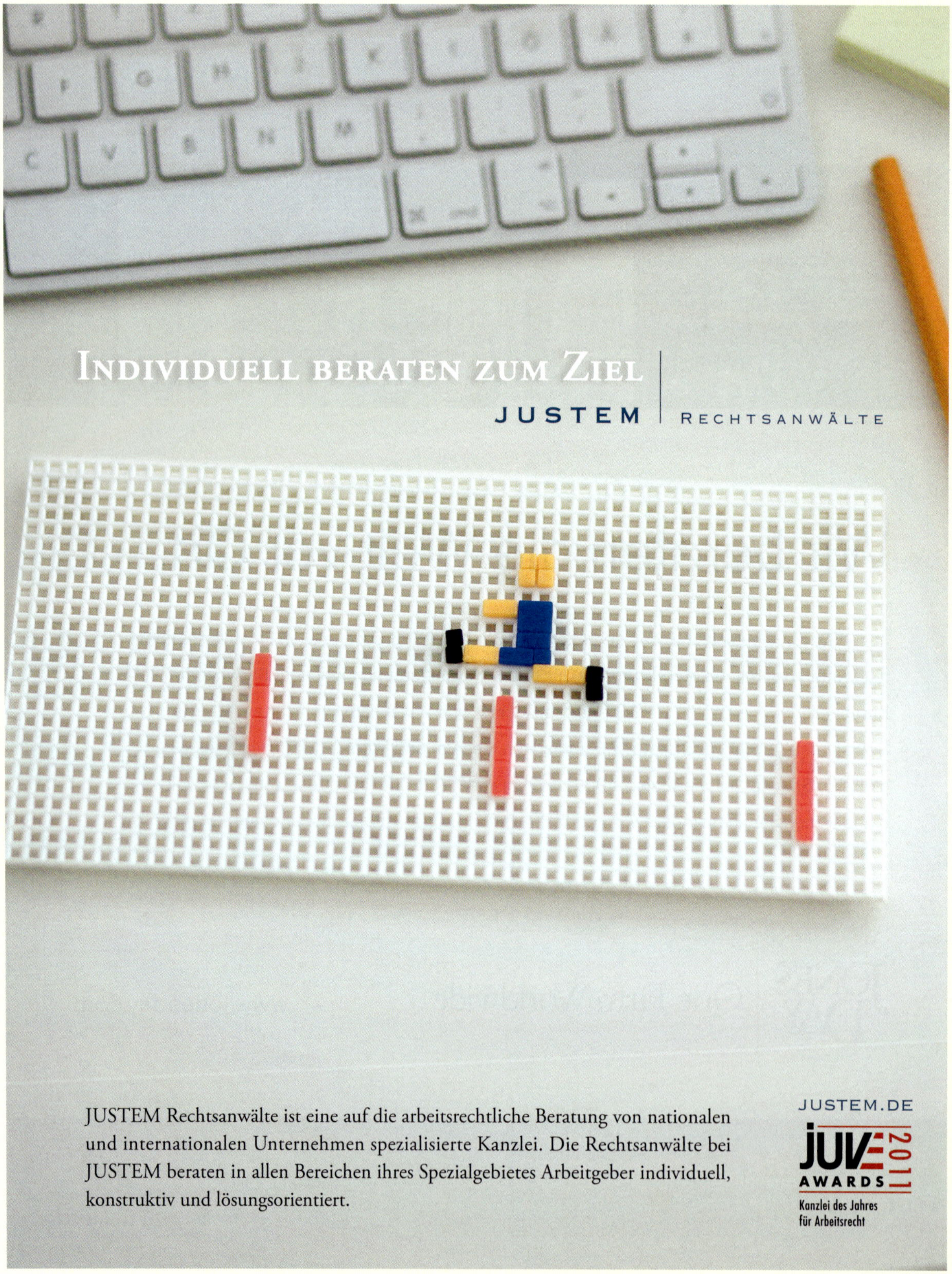
INDIVIDUELL BERATEN ZUM ZIEL
JUSTEM | RECHTSANWÄLTE
JUSTEM Rechtsanwälte ist eine auf die arbeitsrechtliche Beratung von nationalen und internationalen Unternehmen spezialisierte Kanzlei. Die Rechtsanwälte bei JUSTEM beraten in allen Bereichen ihres Spezialgebietes Arbeitgeber individuell, konstruktiv und lösungsorientiert.
JUSTEM.DE
JUVE AWARDS 2011
Kanzlei des Jahres für Arbeitsrecht

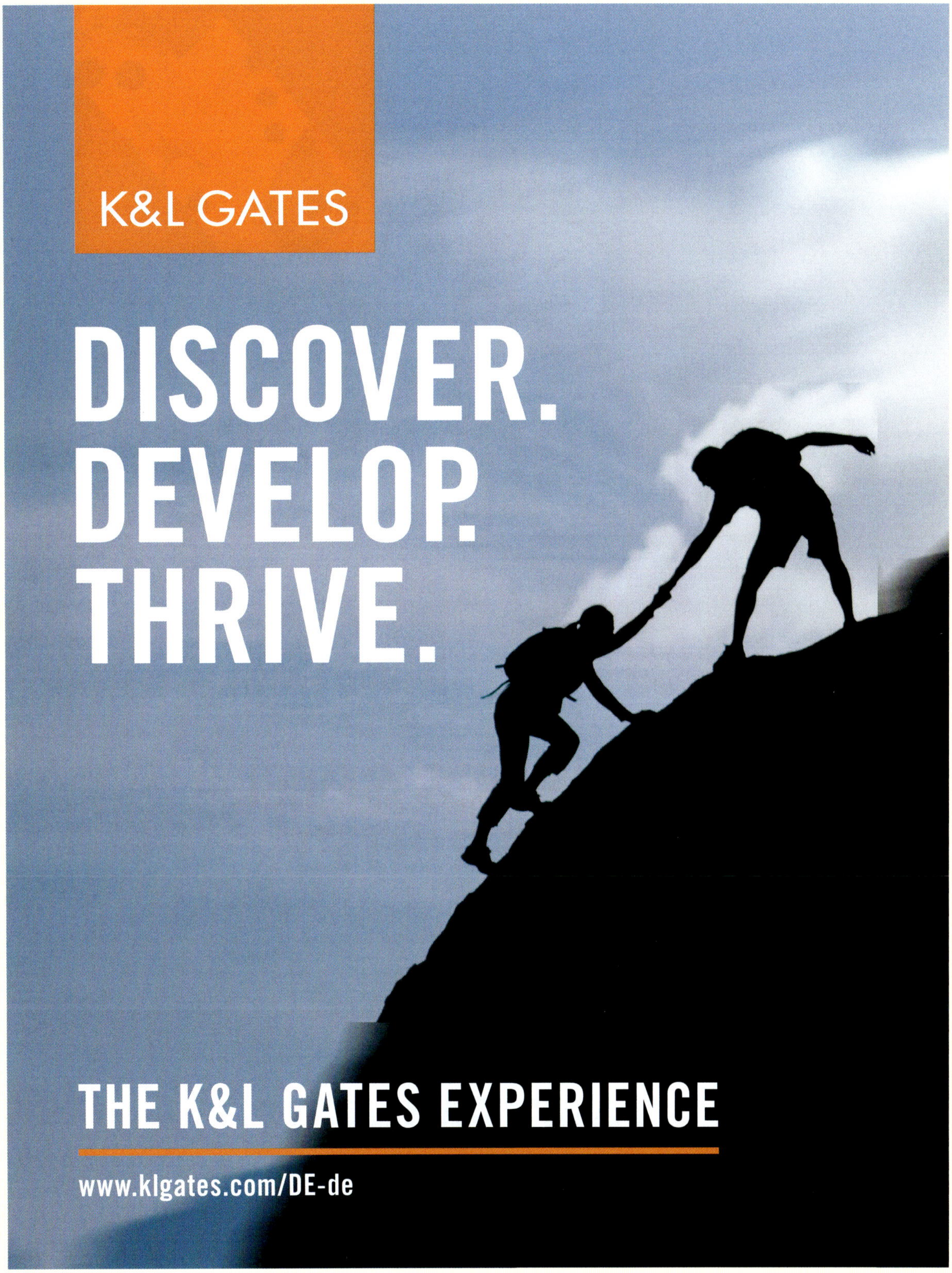
K&L GATES
DISCOVER.
DEVELOP.
THRIVE.
THE K&L GATES EXPERIENCE
www.klgates.com/DE-de

ANZEIGE

VORAUSDENKER

Kapellmann
Rechtsanwälte

Beim Betreten von Neuland ist Weitsicht der beste Ratgeber.

Im rasanten Wandel der Wirtschaftswelt brauchen Unternehmen einen juristischen Partner, der nicht nur Schritt hält, sondern vorausdenkt. Mit innovativen Beratungsansätzen und einem in fast 50 Jahren Praxis geschärften Weitblick verschaffen wir unseren Mandanten immer wieder einen Vorsprung im Wettbewerb. Und haben uns damit eine Top-Position unter den deutschen Wirtschaftssozietäten erarbeitet, im Baurecht die Marktführerschaft.

Die Basis dafür sind fachliche Exzellenz und tiefgreifendes unternehmerisches Verständnis. Vor allem aber: der unermüdliche Antrieb, gute Lösungen durch noch bessere abzulösen. Dies verbindet das gesamte Team unserer rund 170 Anwältinnen und Anwälte an sieben Standorten. Für zukunftsweisendes Denken bietet die Kapellmann Akademie wertvolle Impulse – aus unserer Praxis und speziell aus unserem umfangreichen Engagement in Forschung und Lehre.

Doch bei allem Blick nach vorn behalten wir stets das Wichtigste im Fokus: unsere Mandanten und ihre individuellen Anliegen. Ihre Herausforderungen nehmen wir sehr persönlich, und den Weg zur Lösung gehen wir partnerschaftlich an. Dafür schenken uns unsere Mandanten ihr größtes Lob – langfristiges Vertrauen.

UNSERE PRAXISGRUPPEN

- Bau- und Architektenrecht
- Recht des Anlagenbaus
- Immobilienwirtschaftsrecht
- Vergaberecht
- Handels- und Gesellschaftsrecht
- Kartellrecht und EU-Recht
- IP, IT und Datenschutz
- Arbeitsrecht
- Öffentliches Recht
- Wirtschaftsstrafrecht
- Bank- und Finanzierungsrecht
- Versicherungsrecht

Kapellmann und Partner Rechtsanwälte mbB

BERLIN BRÜSSEL DÜSSELDORF FRANKFURT/MAIN HAMBURG MÖNCHENGLADBACH MÜNCHEN kapellmann.de

K&S King & Spalding
1885 in Atlanta gegründet, zählt King & Spalding LLP heute zu den führenden internationalen Wirtschaftskanzleien.
Mit mehr als 1.300 Rechtsanwälten an 23 Standorten in den Vereinigten Staaten, in Europa, in Asien sowie im Nahen Osten hat die Sozietät Mandate in über 160 Ländern auf sechs Kontinenten betreut. Zu unseren Mandanten, die wir oft seit Jahrzehnten beraten, zählt die Hälfte der 100 größten Unternehmen der Welt (Fortune 100).
Das Frankfurter Büro von King & Spalding berät unter Konzentration auf Beratungsfelder mit marktführender Expertise fokussiert in den Bereichen
• Investmentfonds
• Immobilienkapitalmarkt
• Finanzierung
• Steuerrecht
• Prozessvertretung/Schiedsverfahren/Streitbeilegung
• Life Sciences/Healthcare/Lebensmittelrecht
• M&A/Private Equity
Bei grenzüberschreitenden Mandaten überzeugen wir durch optimale Betreuung „aus einer Hand“ unter effizienter Zusammenarbeit mit unseren lokalen Büros und den Experten unseres hervorragenden internationalen Netzwerks.
kslaw.com

ANZEIGE

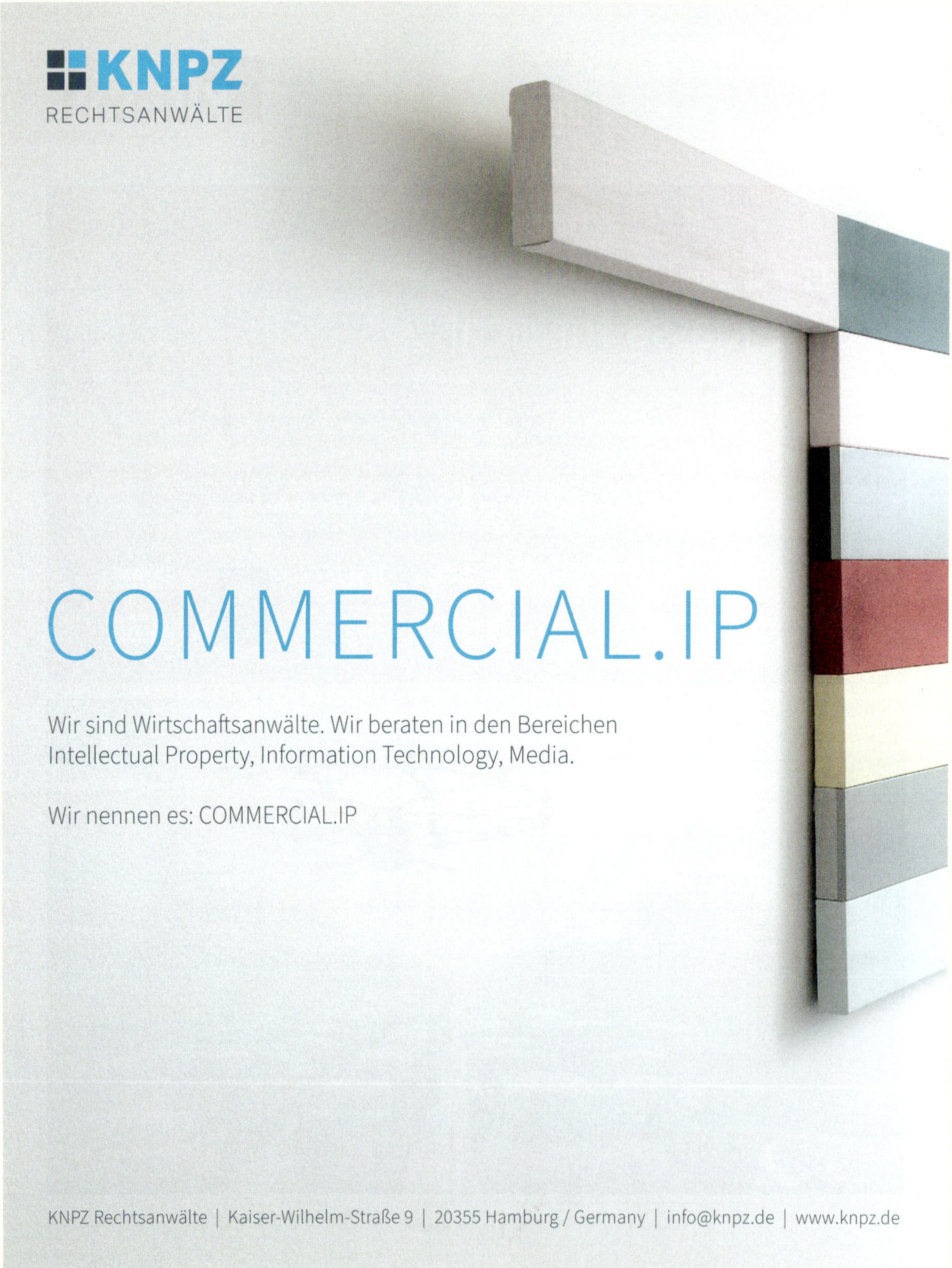
KNPZ
RECHTSANWÄLTE
COMMERCIAL.IP
Wir sind Wirtschaftsanwälte. Wir beraten in den Bereichen Intellectual Property, Information Technology, Media.
Wir nennen es: COMMERCIAL.IP
KNPZ Rechtsanwälte | Kaiser-Wilhelm-Straße 9 | 20355 Hamburg / Germany | info@knpz.de | www.knpz.de

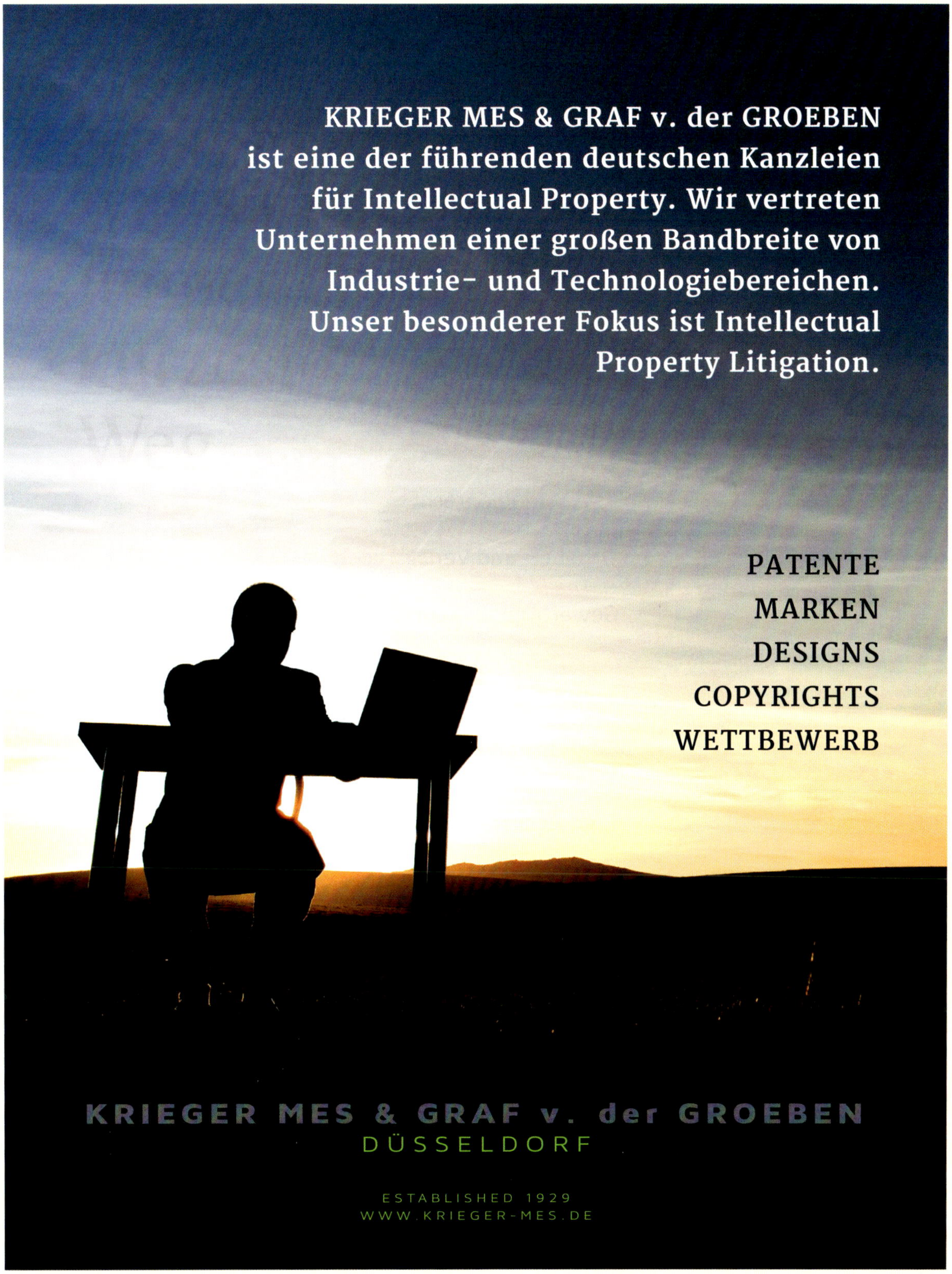
KRIEGER MES & GRAF v. der GROEBEN
ist eine der führenden deutschen Kanzleien
für Intellectual Property. Wir vertreten
Unternehmen einer großen Bandbreite von
Industrie- und Technologiebereichen.
Unser besonderer Fokus ist Intellectual
Property Litigation.
PATENTE
MARKEN
DESIGNS
COPYRIGHTS
WETTBEWERB
KRIEGER MES & GRAF v. der GROEBEN
DÜSSELDORF
ESTABLISHED 1929
WWW.KRIEGER-MES.DE

WER RASTET,
DER ROSTET!
Wir bieten auch arbeitsrechtliche Fortbildungen.
WIR MACHEN
AUS IHRER
MÜCKE KEINEN
ELEFANTEN!
Sondern behandeln jedes Mandat
mit dem erforderlichen Maß.
ALLES ÜBER
EINEN KAMM
SCHEREN?
Wir setzen auf individuelle Lösungen.
KUETTNER.LAW

Küttner
ARBEITSRECHT.
DANACH KRÄHT EIN HAHN!
Auf die Details kommt es an.
DRUM PRÜFE, WER SICH RECHTLICH BINDET!
Wir übernehmen Ihre Vertragsgestaltung.

ANZEIGE

KUNZ
RECHTSANWÄLTE
Nicht Hinz, sondern
KUNZ!
Full legal service
Koblenz I Mainz I Köln I Düsseldorf I Frankfurt I Stuttgart
www.kunzrechtsanwaelte.de

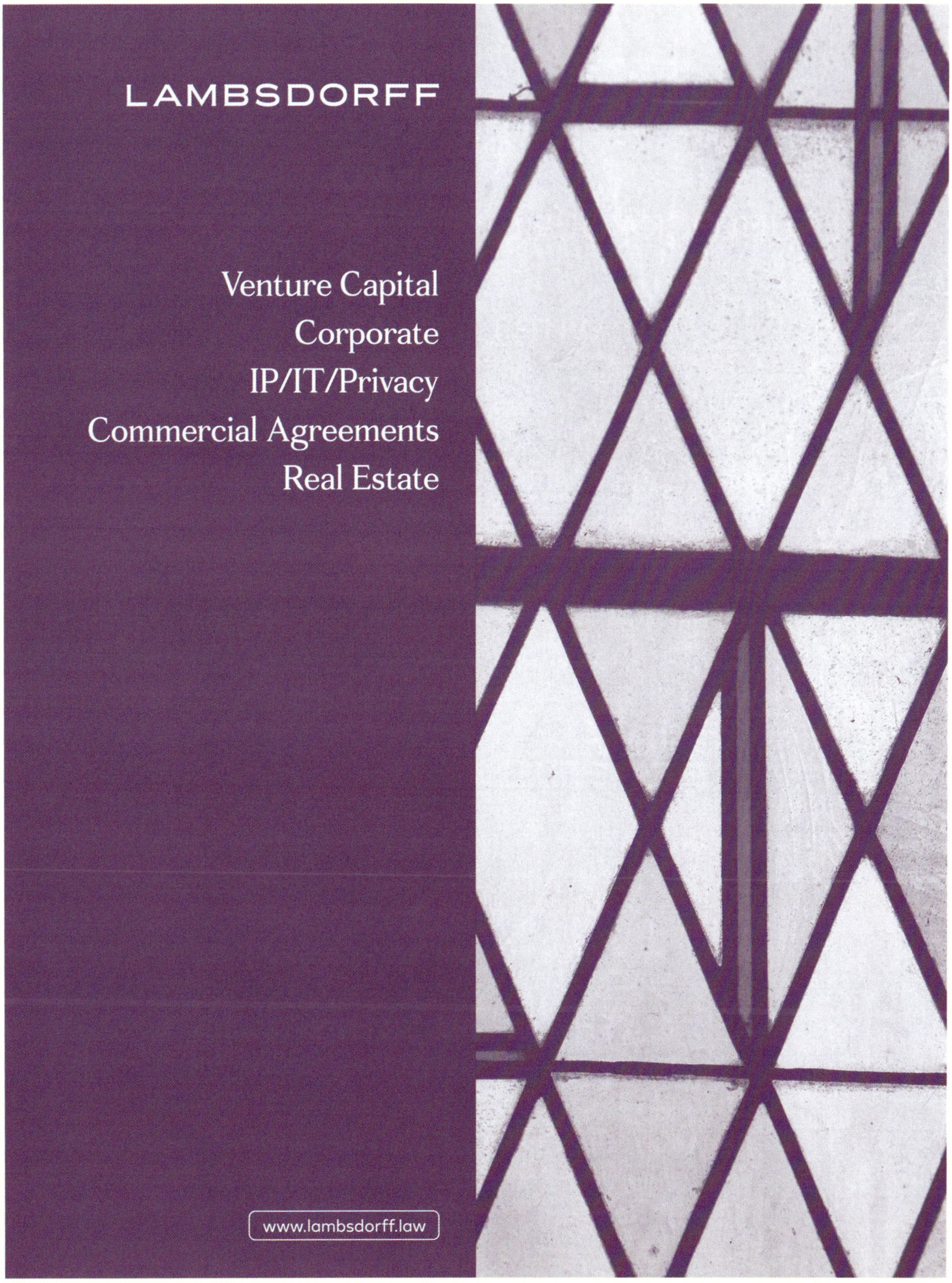
LAMBSDORFF
Venture Capital
Corporate
IP/IT/Privacy
Commercial Agreements
Real Estate
www.lambsdorff.law

UNLOCK YOUR GLOBAL POTENTIAL.
WITH LATHAM.
AUSTIN • BEIJING • BOSTON • BRUSSELS • CENTURY CITY • CHICAGO • DUBAI • DÜSSELDORF • FRANKFURT • HAMBURG • HONG KONG • HOUSTON • LONDON • LOS ANGELES • MADRID • MILAN • MUNICH • NEW YORK • ORANGE COUNTY • PARIS • RIYADH • SAN DIEGO • SAN FRANCISCO • SEOUL • SHANGHAI • SILICON VALLEY • SINGAPORE • TEL AVIV • TOKYO • WASHINGTON, D.C.
LATHAM & WATKINS LLP

www.leitner-partner.de

EMPOWERING
SUSTAINABILITY
lindenpartners

Rechtsberatung
ohne Handicap.
Gute Geschäfte machte man früher auf
dem Golfplatz. Heute am besten mit uns.
LLR.
Rechtsanwälte
Köln | Brüssel | Helsinki
LLR Rechtsanwälte PartG mbB
Mevissenstraße 15
50668 Köln
T +49 221 55400-0
koeln@llr.de
www.llr.de

Luther.

Eine Kanzlei. Einundzwanzig Standorte.

Wir beraten in allen für Unternehmen, Investoren und die öffentliche Hand relevanten Rechts- und Steuerfragen. International sind wir über unyer aktiv, einer globalen Organisation führender Professional Services Firms, die exklusiv miteinander kooperieren.

unyer GLOBAL ADVISORS

Rechts- und Steuerberatung | www.luther-lawfirm.com

Maikowski & Ninnemann

Patentanwälte • European Patent and Trademark Attorneys

Leitgedanken

Die persönliche Betreuung der Mandanten steht seit über 40 Jahren im Mittelpunkt unseres strategischen Denkens und Handelns. Entscheider in Unternehmen jeder Größe finden ihren direkten Ansprechpartner – das ist die Basis für ein persönliches Vertrauensverhältnis.

Sozietät

Maikowski & Ninnemann ist eine Sozietät von Patentanwälten mit Büros in Berlin, München, Frankfurt am Main und Leipzig. Im Zentrum stehen eine individuelle, mandantenorientierte Beratung und Vertretung mit dem Ziel, in kurzer Zeit ein hohes Maß an fachlicher Qualität zu liefern – das gelingt nicht zuletzt durch ausgeprägte Einsatzbereitschaft und viel Freude an der Arbeit. Unsere Tätigkeiten umfassen alle Kernbereiche des gewerblichen Rechtsschutzes wie Anmeldung, Verteidigung und Durchsetzung von Patenten (auch in Verfahren vor dem Einheitlichen Patentgericht, EPG), Gebrauchsmustern, Marken und Designrechten sowie die Betreuung in Lizenz-, Wettbewerbs- und Urheberrechtsfragen.

Kompetenzfelder

- Telekommunikation
- Software und Elektrotechnik
- Medizintechnik
- Fahrzeug- und Maschinenbau
- Optik, Licht- und Feinwerktechnik
- Chemie, Biochemie und Biotechnologie

M&N

Patentanwälte • Partnerschaft mbB
Kurfürstendamm 54–55
10707 Berlin

T +49 30 881 81 81
E office@maikowski-ninnemann.com
W www.maikowski-ninnemann.com

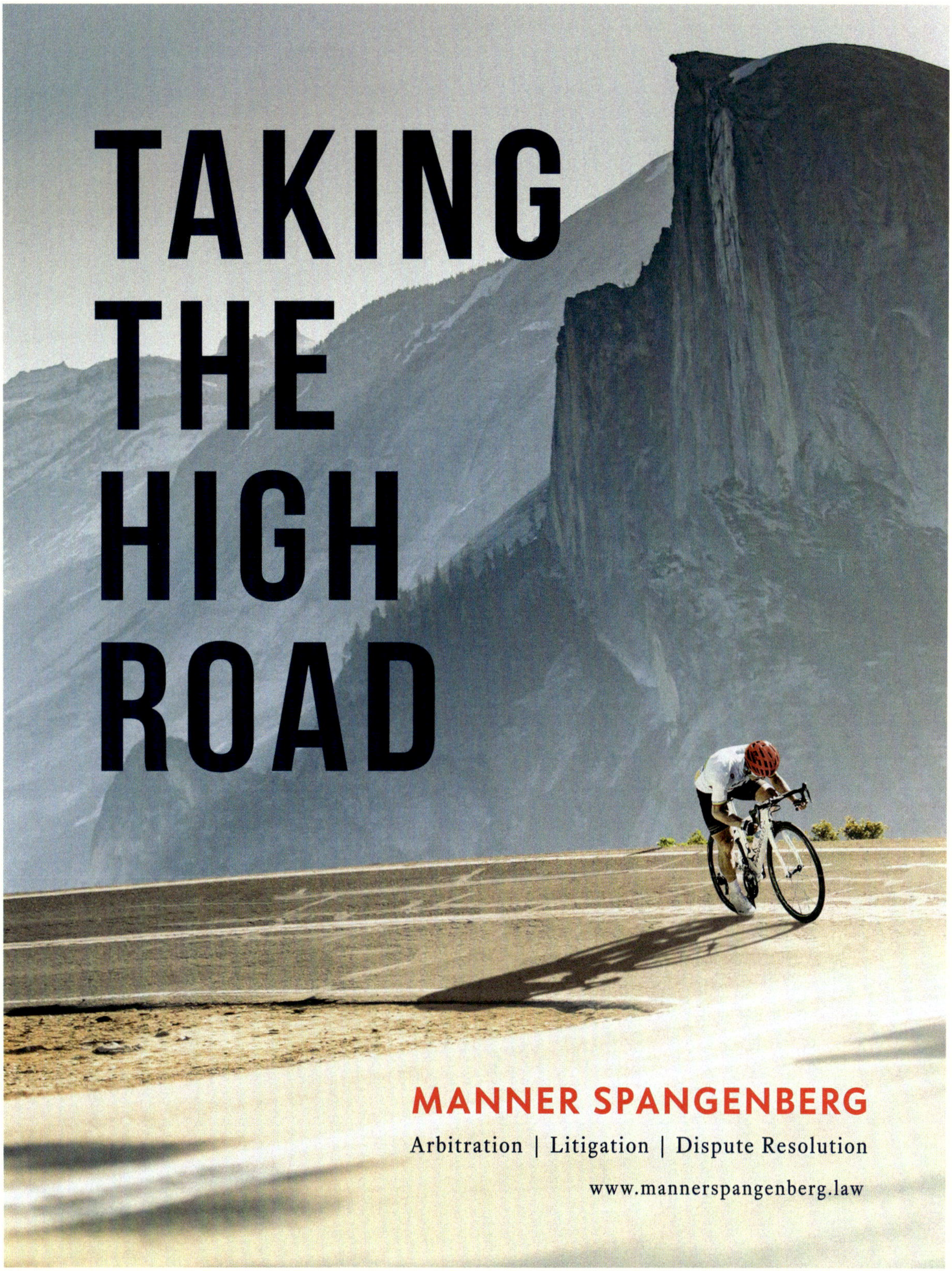
TAKING
THE
HIGH
ROAD
MANNER SPANGENBERG
Arbitration | Litigation | Dispute Resolution
www.mannerspangenberg.law

Rechtliche Fragen
können überraschen.
Unsere Beratungskompetenz
noch viel mehr.
Wir beraten Sie gern in allen relevanten Bereichen des deutschen und internationalen Wirtschafts- und Steuerrechts. Als integrierte internationale Wirtschaftskanzlei in einer multidisziplinär aufgestellten Prüfungs- und Beratungsgesellschaft bieten wir dabei fachübergreifende Lösungen aus einer Hand. Sie erreichen Ihr Expertenteam mit nur wenigen Klicks über unsere Website.
Erfahren Sie mehr
mazars
www.mazars.de

Bessere Antworten
für eine Welt im Wandel
Restrukturierung
Energiewende
ESG
Cyber-Sicherheit
Next Generation
Digitalisierung
oppenhoff.eu
Ihre Wirtschaftskanzlei mit Büros in Frankfurt, Hamburg und Köln.
Oppenhoff

NOERR
Veränderung ist freigesetzte Energie, die Richtung braucht.
Digitalisierung, Dekarbonisierung, Deglobalisierung – überall auf der Welt erhöht sich der Veränderungsdruck auf Wirtschaft und Gesellschaft. Dabei entstehen Verwerfungen und Brüche, Chancen und Potenziale. Wir unterstützen Sie darin, beides zu antizipieren und in dynamische Entwicklung zu verwandeln.
noerr.com

NORTON ROSE FULBRIGHT
Mobilität von morgen gestalten
Ihre Herausforderungen sind unser Antrieb
ERFAHREN SIE MEHR AUF UNSERER WEBSEITE
20 twenty years in Germany

So schaffen wir Erfolge: Spezialisiert und Persönlich

TECH
TRANSAKTIONEN
STREITBEILEGUNG
COMPLIANCE
Düsseldorf
München
Weltweit
AMERIKA | EUROPA | ASIEN
orrick.de
orrick

Lukas Stangier
Dynamisch, kreativ, pragmatisch und ohne Allüren.
Start-up, Mittelständler oder Konzern – wir bieten Ihnen Full-Service-Rechtsberatung mit individuellen, kreativen und pragmatischen Lösungen. Unsere Anwältinnen und Anwälte in Berlin und Düsseldorf sind Spezialisten mit Blick für das Ganze. Wir wachsen mit dem Vertrauen und dem Erfolg unserer Mandanten: Regional verwurzelt und international vernetzt.
Düsseldorf / Berlin / orthkluth.com
OrthKluth

„Weil wir **gemeinsam** immer nach vorne schauen"
Carsten Schneider
Managing Partner
#teamtomorrow
Die Welt unserer Mandanten ist im Wandel, mit Technologie, Klima und Demographie als starken Treibern. Osborne Clarke verbindet tiefgreifende Branchenkenntnis mit der Erfahrung komplexer Transformationsprojekte. Weil wir gemeinsam immer nach vorne schauen, helfen wir unseren Mandanten, die Zukunft erfolgreich zu gestalten.
Lassen Sie sich überzeugen: osborneclarke.com
Osborne Clarke

+ FOCUSED
on your success
Photo: Dr. Matthias Durst
Partner, Immobilien, Berlin, POELLATH

POELLATH+
Was suchen Sie in
Zeiten von Veränderung?
Einen starken Partner.
Mit Blick für Ihr Geschäft.
Marktführende Beratung zu
Transaktionen und Asset Management.
Recht + Steuern aus einer Hand.
Agile Teams. Pragmatische Lösungen.
Klarer Rat. Uneingeschränkte Verfügbarkeit.
Internationales Netzwerk.
Vieles ändert sich.
Unser Fokus bleibt: Ihr Erfolg.
www.pplaw.com

PRÜFER
PATENTANWÄLTE RECHTSANWÄLTE
50 JAHRE
50 Jahre Sorgfalt und Leidenschaft – weil Ihre Idee schützenswert ist
Unsere starke und sorgfältig ausgewählte Gemeinschaft aus Patentanwälten, Rechtsanwälten und Patentingenieuren steht Ihnen in allen Fragen zum gewerblichen Rechtsschutz beratend zur Seite.
Seit über 50 Jahren sind wir erfolgreich für unsere Mandanten national und weltweit tätig, wobei wir mit höchstem Engagement Ihre Ziele gründlich, pünktlich und kosteneffizient umsetzen.
Unsere Kompetenzen
• Patent- und Gebrauchsmusterrecht
• Marken- und Designrecht
• Produktpiraterie und Zollgrenzbeschlagnahme
• Wettbewerbs- und Kartellrecht
• Domain-Recht
• IP-Transaktionen und Due Dilligence
• Lizenz- und Vertragsrecht
• Urheber- und Software-Recht
• Arbeitnehmererfindungsrecht
www.pruefer.eu
Sohnckestraße 12, 81479 München
Tel. +49 89 69 39 210

QF
QUEDENFELD FÜLLSACK & PARTNER
Rechtsanwälte PartG mbB
Wir sind eine auf Wirtschafts- und Steuerstrafrecht sowie Steuerstreitverfahren spezialisierte Anwaltssozietät im Herzen Stuttgarts. Wir verteidigen und beraten Unternehmen und Privatpersonen. Hinzugekommen ist das unternehmensbezogene Verkehrsstraf- und Ordnungswidrigkeitenrecht.
Unser Leistungsspektrum im Schwerpunkt:
Jahrzehntelange Hauptverhandlungserfahrung im Wirtschaftsstrafrecht
Außergerichtliche Erledigung hochkomplexer Umfangsverfahren
Compliance und interne Untersuchungen
Vertretung bei Vermögensabschöpfung und Unternehmensgeldbuße
Spezialkompetenz Sozialversicherungsbetrug und Steuerstrafrecht
Selbstanzeige als disziplinübergreifende Gesamtberatung mit der Erfahrung aus über 1.000 Fällen
Dr. Dietrich Quedenfeld
Fachanwalt für Strafrecht
Prof. Dr. Markus Füllsack
Fachanwalt für Steuerrecht
Axel G. Sauer
Fachanwalt für Strafrecht
Privatdozent Dr. Sebastian Bürger
LL.M. (Auckland)
Dr. Martin Felsinger
Fachanwalt für Strafrecht
Fachanwalt für Verkehrsrecht
Dr. Thorsten Alexander
Fachanwalt für Strafrecht
Fabian Kissinger
Rechtsanwalt
NEU IN 2023:
Verteidigung im Verkehrsstraf- und Ordnungswidrigkeitenrecht
Beratung und Vertretung in allen Führerscheinangelegenheiten
Vernetztes Fahren. Datenerfassung, Datenverarbeitung, Rechtsfolgen
ANSCHRIFT
Quedenfeld Füllsack & Partner
Rechtsanwälte PartG mbB
Kronprinzstraße 30
70173 Stuttgart (Stadtmitte)
KOMMUNIKATION
Tel. +49.711.229314 - 0
Fax. +49.711.229314-10
info@qf-partner.de
www.qf-partner.de

Rittershaus war immer anders. Eine andere Art von Wirtschaftskanzlei mit einem anderen Blick auf die juristische Welt. Eine Kanzlei, in der wir die Möglichkeit haben, passgenaue und innovative Beratungsangebote für Unternehmen, Unternehmerfamilien und die öffentliche Hand zu entwickeln. Angebote, die einen Mehrwert für unsere Mandanten schaffen und dabei helfen, Zukunft partnerschaftlich und verantwortungsvoll zu gestalten.

Ein besonderes Privileg, das wir schätzen.

RITTERSHAUS
Rechtsanwälte PartmbB
Mannheim – Frankfurt/Main – München
www.rittershaus.net

RITTERSHAUS

All about you.

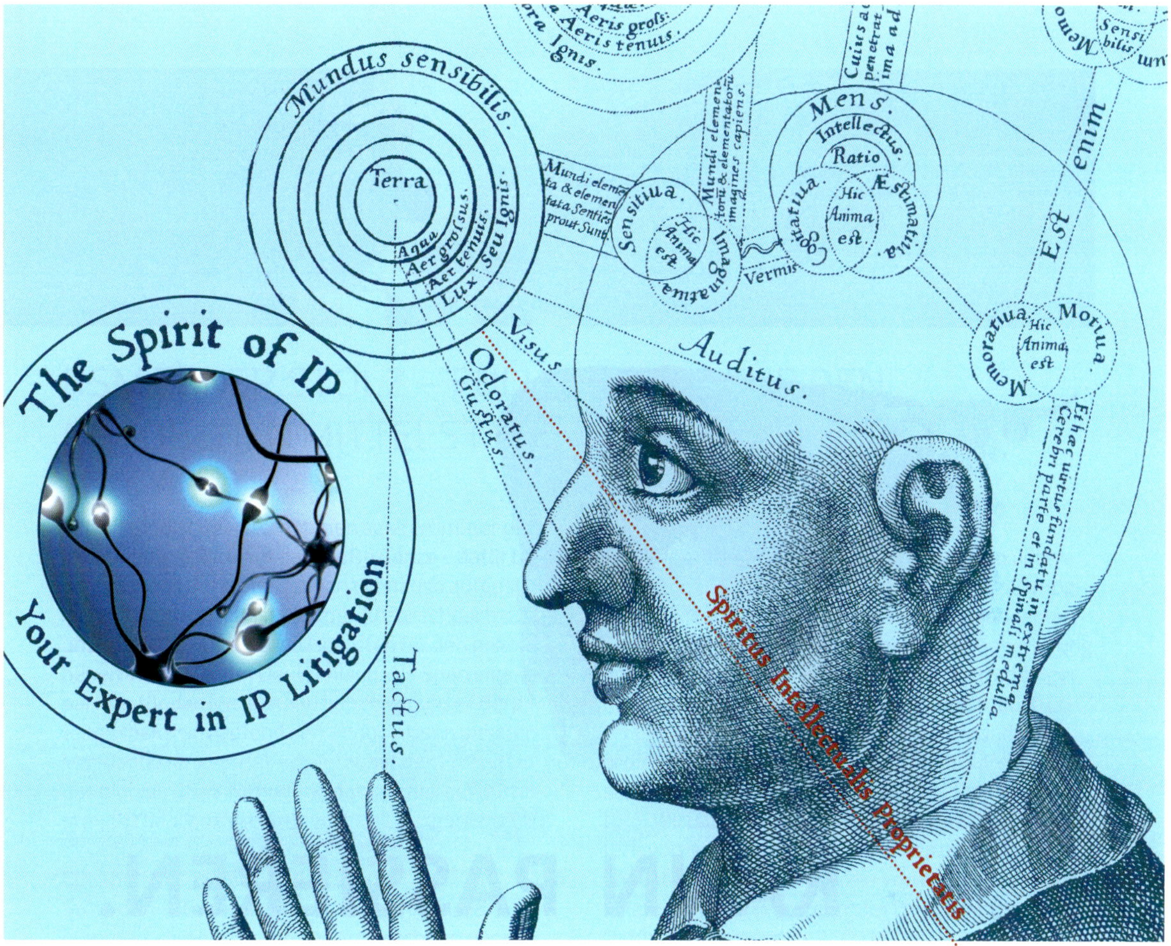
The Spirit of IP
Your Expert in IP Litigation
Spiritus Intellectualis Proprietatis
Mundus sensibilis.
Terra
Mens.
Intellectus.
Ratio
Visus
Auditus.
Odoratus.
Gustus.
Tactus.

INDIVIDUALITÄT IST UNSER ANSPRUCH.
EXZELLENZ UNSER VERSPRECHEN.
Führend in den Bereichen Bank- und Kapitalmarktrecht,
Gesellschaftsrecht und Dispute Resolution.
SERNETZ • SCHÄFER
RECHTSANWÄLTE

Fortschrittlich.
Innovativität und Beständigkeit sind keine Widersprüche. Nur wer die Vergangenheit kennt und den Mut besitzt, sie zu bewahren, kann die Zukunft gestalten. Diese Haltung zeichnet uns als Kanzlei und Berater aus.
Unternehmen. Besser. Machen.
www.schneidergeiwitz.de

SIDLEY
azur100
TOP
ARBEITGEBER
2023
GENERATION
SIDLEY
wegweisend
statt ausweichend
#generationsidley
generationsidley.com

STASSEN
KOMPETENT
ENGAGIERT
PERSÖNLICH
BAURECHT
ARCHITEKTENRECHT
IMMOBILIENRECHT
VERGABERECHT
NOTARIAT
MEHR NICHT
STASSEN
RECHTSANWÄLTE
UND
NOTARE
KURFÜRSTENDAMM 188
D-10707 BERLIN
FON +49 (0) 30 887 16 62- 0
FAX +49 (0) 30 887 16 62-55
MAIL POST@STASSEN-LAW.COM
WEB WWW.STASSEN-LAW.COM

+OWARA
ARBEITSRECHT
KANZLEI FÜR ARBEITSRECHT
Betriebsrats- und Arbeitnehmer:innenberatung in sämtlichen Bereichen des Arbeits- und Betriebsverfassungsrechts sowie des Datenschutzes.
Erftstraße 19a, 50672 Köln
E-Mail: kanzlei@towara.com
Tel: 0221-292484-0 Fax: 0221-292484-1
TOWARA.COM

Weil

>>> weitnauer.net
Rechtsanwälte Steuerberater

Klar positioniert.
Wildanger ist seit über 60 Jahren auf Patentverletzungsverfahren, nun auch vor dem Einheitlichen Patentgericht, spezialisiert.

Neben unserer anerkannten Expertise im Patentrecht steht Wildanger auch im Marken-, Design-, Wettbewerbs- und IP-Vertragsrecht für herausragende Beratung und Prozessführung. .

Ein starkes Team.
Wildanger ist ein Team ausgewiesener Spezialisten. Mandanten aus allen Branchen - u.a. Telekommunikation und Pharma - vertrauen auf unser herausragende Kompetenz in Beratung und Prozessführung.

Wildanger Kehrwald Graf v. Schwerin & Partner mbB Rechtsanwälte

Couvenstraße 8
40211 Düsseldorf
Germany

Telefon +49(0)211/4 97 67 830
Telefax +49(0)211/4 93 02 65
E-Mail mail@wildanger.eu
Internet www.wildanger.eu

Wildanger – entscheidend anders.

Wir prozessieren und gestalten.
WIRTZ
KRANEIS
www.wirtz-kraneis.com

YPOG
Change the Game with us.
Mit YPOG werden aus visionären Ideen echte Veränderungen.
Dafür sorgen unsere Mandant:innen gemeinsam mit unseren Expert:innen aus den Bereichen Steuern, Fonds, Transaktionen, Corporate, Litigation, Financial Services sowie IP/IT und notarielle Dienstleistungen.
Werde Teil eines Teams, auf das du dich verlassen kannst und mit dem du die Zukunft von Unternehmen, ganzen Branchen und deine persönliche Karriere gestaltest.
ypog.law
Berlin
Hamburg
Köln
YPOG

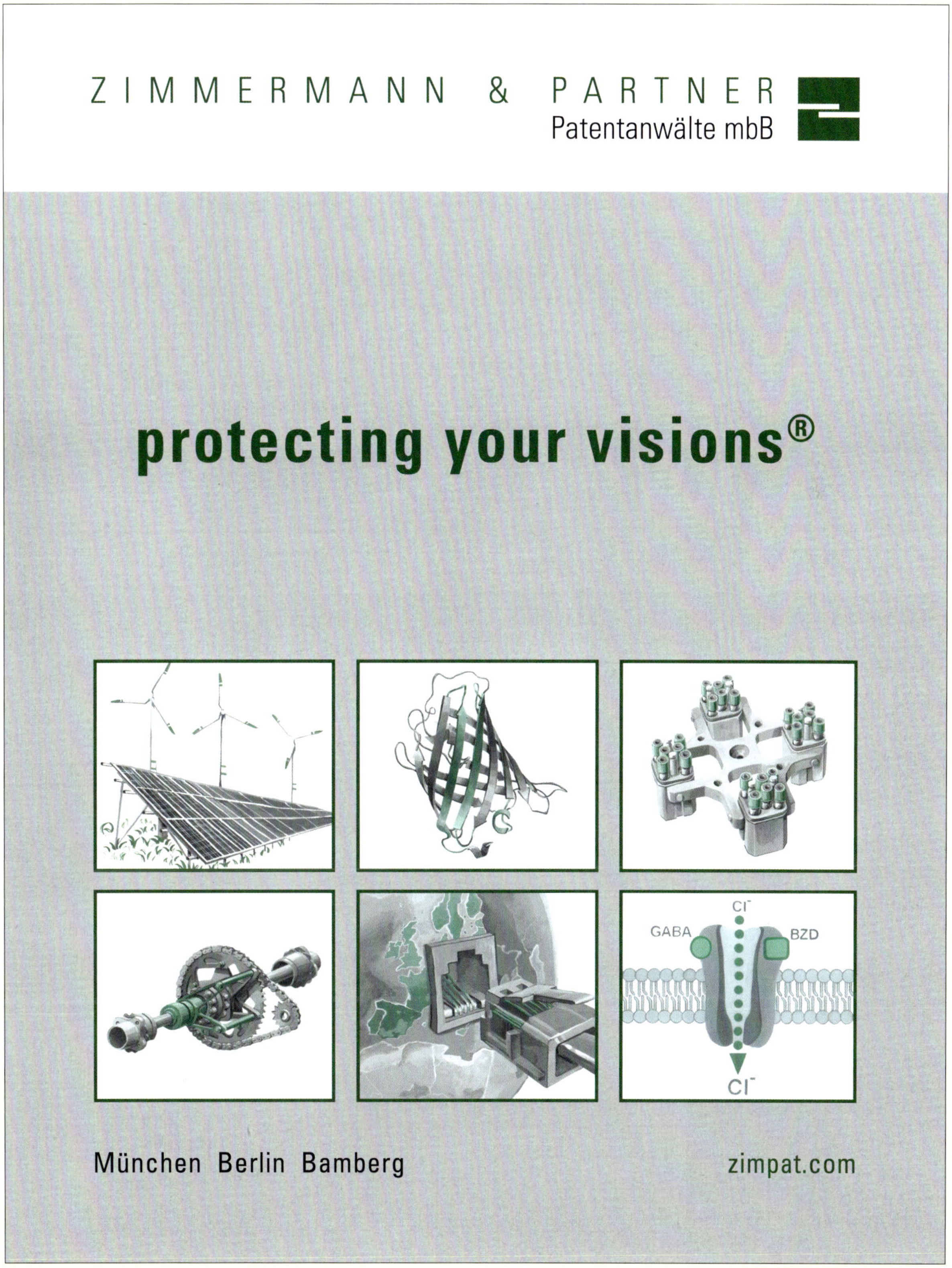
ZIMMERMANN & PARTNER
Patentanwälte mbB
protecting your visions®
GABA
BZD
Cl⁻
Cl⁻
München Berlin Bamberg
zimpat.com

JUVE Handbuch 2023|2024

REGIONEN

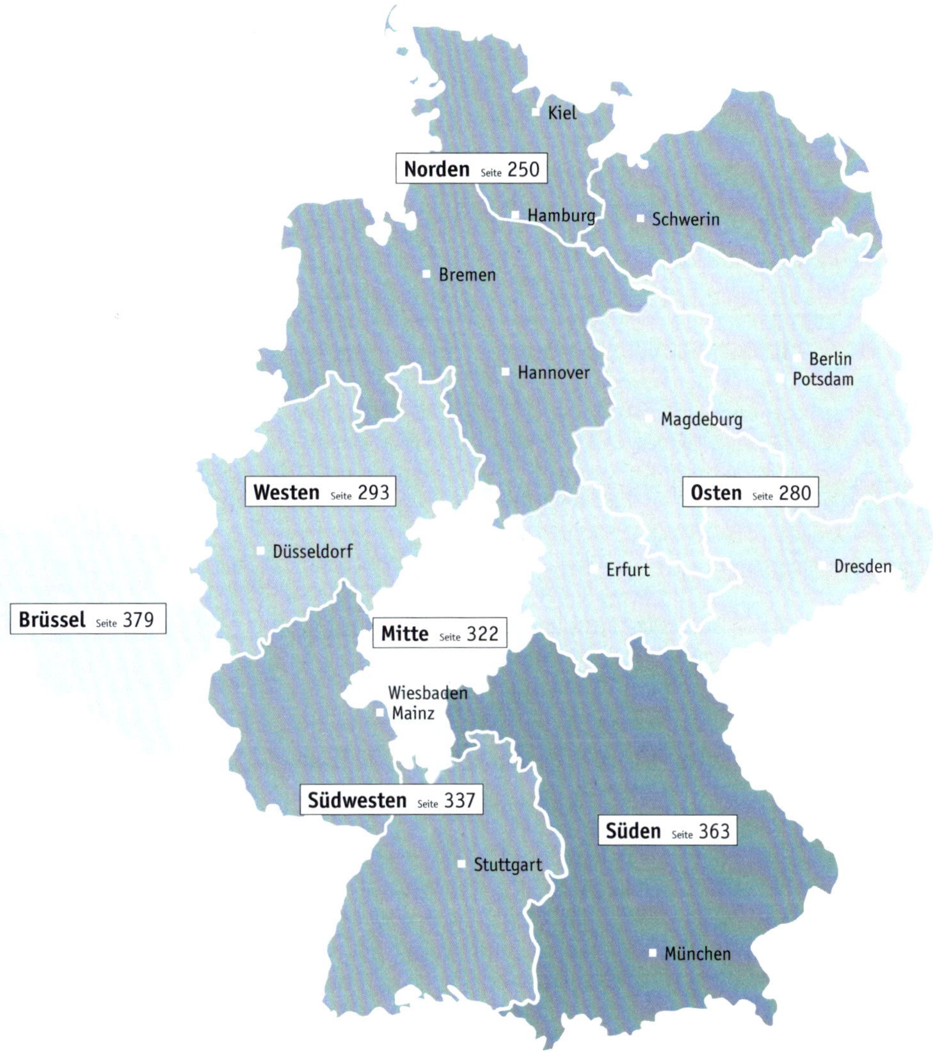

In den Regionalkapiteln finden Sie Kanzleien, die nach der Recherche der JUVE-Redaktion in ihrer Region besonders für die Beratung im regionalen und überregionalen Mittelstand angesehen sind. Bitte beachten Sie ggf. ▸Verweise auf eine detaillierte Besprechung in den Rechtsgebietskapiteln. Informationen zu Kanzleien, die zu den JUVE Top 50 gehören und zu den Standorten internationaler Kanzleien, bei denen die Mehrheit der Anwälte im Ausland tätig ist, finden Sie in einer tabellarischen Übersicht und in den Rechtsgebietskapiteln.

Das JUVE Handbuch finden Sie auch online: **juve.de/juve-rankings/deutschland**

Region: Norden

(Bremen, Hamburg, Mecklenburg-Vorpommern, Niedersachsen, Schleswig-Holstein)

Full Service mit und ohne Spezialauftrag

Kanzleien, die ihr Beratungsangebot konsequent an den Bedürfnissen ihrer mittelständischen Mandantschaft und den regionalen Besonderheiten ausgerichtet haben, sitzen bei norddeutschen Unternehmen teils seit Jahrzehnten fest im Sattel. Was alle Kanzleien, unabhängig vom Standort, eint, sind etablierte und anerkannte Praxen im Gesellschaftsrecht mit unterschiedlicher Schwerpunktsetzung. Während einige stark in der Nachfolgeberatung sind, beraten andere vor allem zu Transaktionen. Außerhalb von Hamburg wiederum spielen die Notariate eine wichtige Rolle. Ein Pluspunkt der multidisziplinär aufgestellten Kanzleien ist die enge Verknüpfung von Recht und Steuern, die für Mandanten nicht mehr nur im gesellschaftsrechtlichen Kontext von zentraler Bedeutung ist, sondern etwa auch im Arbeits- oder Immobilienrecht.

In Bremen, Niedersachsen und auch Mecklenburg-Vorpommern dominieren mittelständische Einheiten wie **Blaum Dettmers Rabstein** oder **KSB Intax** mit einem Full-Service-Angebot für ihre ebenfalls mittelständisch geprägte Kernmandantschaft. Zugleich verfügen Kanzleien wie **Geiersberger Glas & Partner** oder **Brock Müller Ziegenbein** über Spezialwissen im Agrar- oder Medienrecht. **Ehler Ermer & Partner** wiederum hebt sich von norddeutschen Wettbewerbern durch den regelmäßigen Einsatz von Legal Tech ab.

In Hamburg ist das Kanzleifeld diverser und reicht von Transaktionsboutiquen wie **Renzenbrink & Partner** über Mittelständler wie **Zenk** und MDP-Kanzleien wie **BRL Boege Rohde Luebbehuesen** bis zu Großkanzleien. Präsent sind hier auch Einheiten, die ein starkes Standbein in der maritimen Branche haben. Dazu zählen handelsorientierte Kanzleien wie **Brödermann Jahn** oder **Lebuhn & Puchta**, die zuletzt mit corona- und kriegsbedingten Versicherungsfällen gut ausgelastet waren.

Aller guten Dinge sind drei

Eine Sonderstellung nehmen Kanzleien wie **Neuwerk** ein, die für Full Service zu schmal und für eine Boutique zu breit aufgestellt sind. Sie haben sich ihren Platz im Markt nicht nur durch starke Einzeldisziplinen sowie deren Zusammenwirken erarbeitet, sondern vor allem durch ein zukunftsfähiges Personalkonzept, das den Bedürfnissen der jüngeren Anwaltsgeneration Rechnung trägt. Hamburger Traditionskanzleien treibt derzeit eher der Generationswechsel um: **Leo Schmidt-Hollburg Witte & Frank** etwa hat ihre Partnerschaft massiv erweitert und zugleich verjüngt. Ähnliches gilt für **Esche Schümann Commichau**, die den Verjüngungskurs zugleich ins Kanzleimanagement trug.

Ungewohnt unruhig ging es in Bremen zu. Das dritte Jahr in Folge gab es in einer etablierten Kanzlei erhebliche Veränderungen: **v. Einem & Partner**, schon zuvor mit einem Hang zur Instabilität, zerbrach. Zwei Partner schlossen sich **Dr. Mahlstedt & Partner** an. Ein verbliebener Partner nimmt nun die Neuaufstellung in Angriff. In Teilen neu sortieren musste sich auch die Traditionskanzlei **Kessler**. Nach dem Tod ihres bekanntesten Partners im Vorjahr gelang es den verbliebenen Anwälten jedoch, die Marktposition zu halten. Die im Sommer 2022 gestartete Kanzlei **Loyfort**, in der sich der Großteil der früheren **Büsing Müffelmann & Theye**-Anwälte versammelte, hat sich mit einem moderneren Antritt wie erwartet rasch in der lokalen Marktspitze etabliert.

Besprochen werden in den Regionalkapiteln besonders die für ihre Beratung im regionalen und überregionalen Mittelstand bekannten Kanzleien und die führenden Berater aus diesen Kanzleien. Informationen zu Kanzleien, die zu den bundesweiten JUVE Top 50 gehören sowie zu den Standorten internationaler Kanzleien, bei denen die Mehrheit der Anwälte im Ausland tätig ist, finden Sie in einer tabellarischen Übersicht und in den jeweiligen Rechtsgebietskapiteln.

JUVE KANZLEI DES JAHRES NORDEN

LEO SCHMIDT-HOLLBURG WITTE & FRANK

LSHWF zeigt, wie eine nachhaltige Kanzleistrategie aufgehen kann. Nach Jahren personeller Stabilität stellte sie nun die Weichen entschlossen auf Zukunft. Möglich wird das durch eine langfristige Nachwuchsbindung. In diesem Jahr konnte die Kanzlei ihre Partnerschaft so auf einen Schlag um 25 Prozent erweitern: **Dr. Lars Behn** verbreitert mit seiner Ernennung die Partnerriege im Arbeits- und Gesellschaftsrecht. **Dr. Stefan Hennigs** verdoppelt die Partnerstärke der IP-Praxis. Seine Kenntnisse im IT-Recht lockten mehrere Tech-Start-ups an. Gleich drei neue Associates unterstützen die gewachsene Partnerschaft. Sie verstärken unter anderem das transaktionsnahe Arbeitsrecht, was zeigt, dass LSHWF ihrem Kurs grundsätzlich treu bleibt. Kerngeschäft bleibt die Transaktionsberatung, für die besonders **Hubertus Leo** und **Dr. Andreas Witte** stehen. Doch auch die anderen Rechtsgebiete entwickeln sich – teils im Zusammenspiel mit der Corporate-Praxis, teils unabhängig – exzellent. Das gilt sowohl für die Arbeitsrechtspraxis um **Dr. Tom Frank** als auch für die Immobilienpraxis, der der vor zwei Jahren hinzugestoßene **Dr. Lutz Hülsdunk** neuen Schwung verlieh. Wie fest die Partner in ihren Kerndisziplinen im Sattel sitzen, zeigt sich nicht nur in den ambitionierten Personalentscheidungen, sondern immer wieder darin, dass sie von anderen Kanzleien als Sparringspartner hinzugezogen werden.

Norden

Kanzlei	Standorte
★★★★★	
Blaum Dettmers Rabstein	Hamburg, Bremen
Deloitte Legal	Hannover, Hamburg
Esche Schümann Commichau	Hamburg
Möhrle Happ Luther	Hamburg
★★★★	
BRL Boege Rohde Luebbehuesen	Hamburg
KSB Intax	Hannover, Celle, Lüneburg
★★★★	
Ahlers & Vogel	Bremen, Hamburg, Leer
Brödermann Jahn	Hamburg
Göhmann	Hannover, Braunschweig, Bremen
Leo Schmidt-Hollburg Witte & Frank	Hamburg
Loyfort	Bremen
Neuwerk	Hamburg
Renzenbrink & Partner	Hamburg
Zenk	Hamburg
★★★	
AHB Arends Hofert Bergemann	Hamburg
Appelhagen	Braunschweig
Brinkmann Weinkauf	Hannover, Braunschweig
Brock Müller Ziegenbein	Kiel, Lübeck, Kaltenkirchen, Flensburg
Castringius	Bremen
Corvel	Hamburg
Honert	Hamburg
Huth Dietrich Hahn	Hamburg
Lebuhn & Puchta	Hamburg
Raschke von Knobelsdorff Heiser	Hamburg
Dr. Schackow & Partner	Bremen, Hamburg
Schmidt-Jortzig Petersen Penzlin	Hamburg
Schulz Noack Bärwinkel	Hamburg
Voigt Wunsch Holler	Hamburg
★★	
Brandi	Hannover
Buse	Hamburg
Ebner Stolz Mönning Bachem	Hamburg
Ehler Ermer & Partner	Flensburg, Kiel, Rendsburg, Neumünster, Lübeck, Elmshorn, Hamburg
Ehlermann Rindfleisch Gadow	Hamburg
Kessler	Bremen
Lutz Abel	Hamburg
Schindhelm	Osnabrück, Hannover
Weisner Partner	Hamburg

Fortsetzung nächste Seite

AHB AREND HOFERT BERGEMANN

Norden ★★★

Bewertung: Das Geschäft der HHer Boutique fußt auf ihren etablierten Säulen Gesellschafts- (inkl. Transaktionen) u. Steuerrecht, die häufig vereint auftreten. Bes. im Immobiliensektor genießt die Kanzlei einen guten Ruf. Eine Reihe von Investoren gehören hier zu den Dauermandanten. Den aufgr. der Marktlage abgeflauten klass. Dealflow glich die Kanzlei durch Transaktionen aus, die eher einen unternehm. Hintergrund hatten und bspw. im Kontext von Unternehmensnachfolgen stattfanden. Weiterhin profiliert sich AHB bei Projektfinanzierungen (in Kooperation mit EY), zuletzt insbes. im Zshg. mit Restrukturierungen, bei denen sie die interdiszipl. Due Diligence für beteiligte Exportkreditagenturen beisteuert. Diese Kompetenz weitete sie zuletzt auch auf den Energiesektor aus, in dem sie den Projektentwickler der gepl. saudi-arabischen Megacity Neom umf. bei der Infrastrukturfinanzierung berät. Passend zum Mandatszuwachs vergrößerte AHB auch ihre Anwaltsriege um 3 erfahrene Köpfe.

Oft empfohlen: Dr. Volker Arends (Immobilienrecht), Dr. Henrik Bergemann, Dr. Sebastian Hofert von Weiss (beide Projektfinanzierungen), Dr. Felix Reiche („exzellent im Steuerrecht, mittelstandsorientiert, trotzdem auf Spitzenniveau", Mandant), Dr. Benjamin Waitz (M&A)

Team: 6 Eq.-Partner, 7 Associates

Schwerpunkte: Gesellschaftsrecht/M&A, Finanz- u. Immobilienrecht sowie Steuer- (insbes. Transaktionssteuern) u. Arbeitsrecht. Mandanten, u.a. aus den Branchen Immobilien, Erneuerbare Energien, Logistik. Koop. mit EY bei Tragfähigkeitsgutachten für Exportkredite.

Mandate: Lehmann-&-Voss-Gruppe bei Refinanzierung aller Betriebsmittellinien bei versch. Banken; Nakkas Motoway Project u. Olefiny III Project bei Projektfinanzierung einer petrochem. Anlage in Polen; Neom Spine bei Finanzierung für Zugtunnel, Planung für Basisinfrastruktur, internat. Flughafen u. Wasserversorgungssystem; FHH Immobilienfonds, Fleisch-Krone-Feinkost, Mideal, Patrizia lfd. bei Transaktionen; lfd. gesellschaftsrechtl.: Paribus Fondsdienstleistung, S.M.B.-Equity, 3L Ludvigsten, Clou Container Leasing, HJD Holding.

AHLERS & VOGEL

Norden ★★★★

Bewertung: Die Full-Service-Kanzlei gehört in Bremen seit jeher zu den Marktführern, hat sich aber in HH dank ihres maritimen Schwerpunkts ebenfalls einen festen Platz gesichert. Letzteres führte auch zur Ernennung einer Partnerin, die bei der Arbeit für die Meyer Werft beim Verkauf des Kreuzfahrers ‚Global Dream' eine wichtige Rolle spielte. Derweil treibt Bremen die Integration der Quereinsteiger des Vorjahrs u. den Generationswechsel voran. So gelang es etwa, das Ausscheiden eines angesehenen Notars zu kompensieren. Die konsequente Ausrichtung auf den lokalen Mittelstand u. – u.a. dank Neuzugang Nottbusch, die die Vergabepraxis deutl. stärkte – die Verbindungen zur öffentl. Hand bringen die Kanzlei zwar in eine führende Position in Bremen, doch ist signifikantes Wachstum dort schwer zu gestalten. Entspr. konzentrieren sich derartige Pläne auf HH, u. zwar primär auf Felder, in denen Bremen trad. stark ist, aber nicht immer zuarbeiten kann. Hierzu gehören etwa Bau- u. Gesellschaftsrecht.

Stärken: Langj. Erfahrung mit mittelständ. Unternehmen; Beratung der Schifffahrtsbranche.

Oft empfohlen: Dr. Jan van Dyk (Baurecht), Jörn Linnertz („hohe Kompetenz, pragmat. Lösungsansätze", Wettbewerber), Dr. Carsten Heuel, Dr. Jochen Böning („fachl. u. menschl. ein hervorragender Partner", Mandant über beide; alle Gesellschaftsrecht), Dr. Jan-Erik Pötschke (Schifffahrt), Dr. Claudia Nottbusch (öffentl. Recht)

Team: 20 Eq.-Partner, davon 8 Notare, 3 Sal.-Partner, 3 Counsel, 18 Associates, 1 of Counsel

Partnerwechsel: Dr. Klaus Starke (Ruhestand; Gesellschaftsrecht)

Schwerpunkte: Gesellschaftsrecht, inkl. starkem Notariat. Etablierte Praxen im Bau- u. Arbeitsrecht; auch Öffentl. Recht, inkl. Vergaberecht; in HH u. Leer langj. Erfahrung mit der Schifffahrtsbranche.

Mandate: Meyer Werft im Zshg. mit Verkauf ‚Global Dream'; Beteiligungsgesellschaft regelm. gesellschaftsrechtl. u. bei Transaktionen; Commeo bei Mehrheitsbeteiligung eines norweg. Unternehmens; kanad. Technologiekonzern gesellschaftsrechtl., zu Finanzierung u. Compliance; niedersächs. Kommune zu neuartiger interkommunaler Kooperation; luxemb. Private-Equity-Fonds zu dt. Beteiligungen; Bremische Schwesternschaft vom

Anwaltszahlen: Angaben der Kanzleien zur Bürogröße vor Ort. Sie spiegeln nicht zwingend die Gesamtgröße einer Kanzlei wider.

Roten Kreuz, Forschungseinrichtung arbeitsrechtl.; Stahlbauer bau- u. vergabrerechtl. zu Skywalk Königsstuhl; Gebietskörperschaft bei Stiftungsgründung; Landkreis zur Auflösung eines Zweckverbands; IT-Unternehmen vergaberechtl. zur elektron. Patientenakte.

APPELHAGEN

Norden ★★★

Bewertung: Der vor über einem Jahr angestoßene Verjüngungskurs des Managements trägt erste Früchte: Die Braunschweiger Traditionskanzlei hat sich rundum digitalisiert u. ist mit 2 Anwälten für Bau- u. Gesellschaftsrecht sowie einem StB weiter gewachsen. Damit unterstreicht Appelhagen auch personell ihren geschäftl. Fokus auf Immobilien-, Gesellschafts- u. Steuerrecht, der – auch in Kombination – von Mittelständlern, Volksbanken u. Mandanten im Gesundheitssektor nachgefragt wird. Zuletzt betreute die Kanzlei praxisübergr. etwa eine Reihe von Praxistransaktionen. Krankenhäuser ziehen die Kanzlei darüber hinaus regelm. bei Vergabeverfahren hinzu. Einige Mittelständler vertrauen zunehmend bei Fragen zur Unternehmensnachfolge u. bei Umstrukturierungen auf das Know-how der Kanzlei, die damit das Terrain von Wettbewerbern wie KSB Intax aus der Nachbarstadt Hannover beschreitet.

Stärken: Baurecht, Immobilientransaktionen.

Oft empfohlen: Dr. Joachim Gulich (Notariat u. Vergaberecht), Dr. Hendrik Ott (Prozesse/Gesellschaftsrecht), Dr. Thomas Brandes (Gewerbl. Rechtsschutz)

Team: 20 Eq.-Partner, davon 3 Notare, 1 Sal.-Partner, 13 Associates, zzgl. StB

Schwerpunkte: Bau- u. Immobilienwirtschaftsrecht, Öffentl. Recht, Verwaltungs- u. Vergaberecht. Zudem Gesellschafts- u. Steuerrecht. Daneben Erbrecht/Nachfolge. Anerkannte Prozesspraxis. Gesundheitswesen, IT, Arbeitsrecht.

Mandate: Fitnessland bei Kauf einer Unternehmensgruppe gesellschafts- u. arbeitsrechtl.; Flughafen bei Vergabe eines Remote-Tower-Centers; Realkapital Mittelstand lfd. gesellschaftsrechtl. u. bei Transaktionen.

ARNECKE SIBETH DABELSTEIN

Norden ★

Bewertung: Das HHer Büro der Mittelstandskanzlei bietet seinen vorwiegend mittelständ. Mandanten einen Full-Service-Ansatz, der von Arbeits- bis Wettbewerbsrecht reicht. Trad. vertrauen Unternehmen aus HH u. Umgebung insbes. auf die tiefen Kenntnisse in der maritimen Branche. Bei Fragen zu Transport, Handel sowie Versicherungen ist das Know-how der Kanzlei gefragt. Auch die jüngsten Partnerernennungen spiegeln den Fokus des Standorts wider: Der vor 2 Jahren dazugestoßene Oliver Behrendt treibt den Ausbau der gesellschaftsrechtl. Praxis voran, während Jan-Niklaas Brons u.a. für die Beratung zu Schadensfällen steht.

Stärken: Lange Tradition im Transport- u. Versicherungsrecht für die Schifffahrtsbranche.

Oft empfohlen: Prof. Dr. Dieter Schwampe, Dr. Jan Dreyer (Maritimes Wirtschaftsrecht), Dr. Oliver Peltzer (Energie/Vertragsrecht)

Team: 11 Eq.-Partner, 3 Sal.-Partner, 8 Counsel, 11 Associates (inkl. Leer)

Partnerwechsel: Esther Mallach (Ruhestand; Arbeitsrecht)

Norden Fortsetzung

★

Arnecke Sibeth Dabelstein	Hamburg, Leer
Baker Tilly	Hamburg
Blanke Meier Evers	Bremen, Hamburg
Fontaine Götze	Hannover
Geiersberger Glas & Partner	Rostock, Schwerin
Krohn	Hamburg
Lauprecht	Kiel, Itzehoe
MBN	Hannover
Nölle & Stoevesandt	Bremen
Riverside	Hamburg
S2H Ströver Strohkirch Hardt	Bremen
Schultze & Braun	Bremen

Die Auswahl von Kanzleien und Personen in Rankings und tabellarischen Übersichten ist das Ergebnis umfangreicher Recherchen der JUVE-Redaktion. Sie ist in 2erlei Hinsicht subjektiv: Die Aussagen der befragten Quellen sind subjektiv u. spiegeln deren Erfahrungen u. Einschätzungen. Die JUVE-Redaktion wiederum analysiert die Rechercheergebnisse unter Einbeziehung ihrer eigenen Marktkenntnis. Der JUVE Verlag beabsichtigt keine allgemeingültige oder objektiv nachprüfbare Bewertung. Es ist möglich, dass eine andere Recherchemethode zu anderen Ergebnissen führt. Innerhalb einzelner Gruppen in Rankings und tabellarischen Übersichten sind Kanzleien und Personen alphabetisch sortiert.

Schwerpunkte: In HH umf. Betreuung der Schifffahrtsbranche im dt. u. internat. Recht, bei ▷*gesellschaftsrechtl.* Umstrukturierungen von Reedereien, zu Refinanzierungen u. veränderten Schiffsbauverträgen, Seearbeitsrecht. Regelm. Versicherungsfälle aus Schiffsbau, Havarien u. Bergungen. Beratung bei On- u. Offshoreprojekten, auch Transaktionen. Prozesse u. Schiedsverfahren. Enge Zusammenarbeit mit Büro in Leer.

Mandate: Vista Global bei Kauf von Air Hamburg; internat. Rückversicherer bei Deckungsfragen; internat. Unternehmen zu Genehmigungsfragen für unbemannte Schiffe; Projektentwickler vertriebs- u. handelsrechtl.; Insolvenzverwalter MV Werften bei Verkauf von ParkInn by Radisson Wismar. **Prozesse:** Stahlunternehmen in Schiedsverfahren.

BAKER TILLY

Norden ★

Bewertung: Die HHer Anwälte der MDP-Kanzlei überzeugen Mandanten mit ihrer breiten fachl. Aufstellung: Oft übernehmen sie so das Corporate Housekeeping etwa für gr. Unternehmen wie Läpple, werden aber auch für fachl. Spezialthemen hinzugezogen. Mandanten profitieren vom multidiszipl. u. internat. Netzwerk, das eine umf. Abdeckung ihrer rechtl. Belange sichert. Das zahlt sich derzeit v.a. bei Transaktionen im Energiesektor aus, etwa für Breeze oder CEZ. Als weitere Säule hat sich die Beratung von Start-ups hervorgetan, die von Gründung über Finanzierungsrunden bis zu Insolvenz- u. Restrukturierungsszenarien reicht. Mehrfach wurde ein Partner u. Insolvenzrechtler zuletzt von in Schieflage geratenen Start-ups beauftragt.

Team: 7 Partner, 5 Counsel, 11 Associates, 1 of Counsel

Schwerpunkte: Rechtl. u. steuerl. Beratung im ▷*Gesellschaftsrecht* u. bei ▷*M&A*-Transaktionen, zudem Arbeitsrecht u. IP/IT. Mandanten: mittelständ. u. börsennot. Unternehmen aus den Branchen Schifffahrt, Automotive, Start-ups, Maschinenbau u. Erneuerbare Energien.

Mandate: Cargo Beamer zu Lizenzverträgen u. IP-Akquisition; Gerd van Well lfd. markenrechtl.; ADAC lfd. datenschutzrechtl.; Breeze Two Energy zu Kapitalmarktfinanzierung u. mögl. Verkauf div. Windparkportfolios; CEZ-Gruppe zu Beteiligungen in Dtl., insbes. bei Windparks; Hansainvest Real Assets bei Investition in Portfolio von 231 poln. Solarparks; NordWestBahn gesellschafts- u. arbeitsrechtl. bei Abspaltung 2er Verkehrsnetze; NDR Media u. Studio Hamburg arbeitsrechtl.

BLANKE MEIER EVERS

Norden ★

Bewertung: BME gilt im Bremer Markt als absolute Spezialistin für die Beratung beim Thema Erneuerbare Energien. Mandate, die teils auch über den öffentl.-rechtl. orientierten kleinen HHer Standort betreut werden, kommen dabei keineswegs nur aus der Region u. der Branche selbst, wie die Arbeit für die Alte Leipziger zeigt. Im Bremer Markt allerdings dominiert die Beziehung zum Projektentwickler WPD die Marktpräsenz. Im Arbeits-, aber auch im Gesellschaftsrecht u. bei der Vertragsberatung werden zwar überwiegend KMU jenseits des Energiesektors beraten, doch verstellt die Stärke im Energierecht darauf oft den Blick.

Stärken: Erneuerbare Energien.

Oft empfohlen: Dr. Gernot Blanke (Gesellschaftsrecht), Dr. Andreas Hinsch (Öffentl. Recht)

Team: 8 Eq.-Partner, 13 Associates

Schwerpunkte: Umf. Beratung zu erneuerbaren Energien, v.a. Öffentl. Recht, M&A, auch (internat.) Finanzierung.

Mandate: Regelm. u. umf. WPD; Alte Leipziger Hallesche Versicherungsgruppe bei Anteilskauf an Solarparkportfolio; div. Windparkentwickler regelm. bei Projekten; lokale Familien- u. Handelsunternehmen gesellschaftsrechtlich.

BLAUM DETTMERS RABSTEIN

Norden ★★★★★

Bewertung: In Bremen gehört die Kanzlei mit ihrer gesellschafts- u. transaktionsrechtl. Praxis u. dem starken Notariat seit Jahren zu den Marktführern. Besser als Wettbewerbern wie Ahlers & Vogel oder Schackow ist es ihr aber auch gelungen, sich in HH zu etablieren. Dies ist z.T. der auch immer wieder grenzüberschr. tätigen gesellschaftsrechtl. Praxis geschuldet, mehr noch aber der Logistik- u. Schifffahrtsausrichtung. Die Zusammenarbeit der Standorte ist v.a. bei der Arbeit für Dauermandanten, aber auch durch Deals wie dem Verkauf einer Sylter

Anwaltszahlen: Angaben der Kanzleien zur Bürogröße vor Ort. Sie spiegeln nicht zwingend die Gesamtgröße einer Kanzlei wider.

Immobilie eingespielt u. schließt auch das nur in Bremen zu findende Steuerrecht oder das in HH angesiedelte Immobilienrecht ein. Zum Angriff geblasen hat die kleine IT-Rechtspraxis. Eine erfahrene Anwältin in HH u. ein frisch zum Partner ernannter Bremer Anwalt erweisen sich als gutes Gespann, um neue Marktfelder zu erobern u. Synergien mit der IP-Praxis, etwa im Spielwarensektor, auszuloten. Während in Bremen der Generationswechsel weiter sehr erfolgr. betrieben wird, standen die Zeichen in HH auf Expansion: Gleich mehrere Associates kamen hinzu.
Stärken: Notariat, v.a. Gesellschaftsrecht, Logistik u. Schifffahrt.
Oft empfohlen: Dr. Götz Grevesmühl („kompetent, schnell, zuverlässig", Wettbewerber), Stephan Kulenkampff, Dr. Andreas Holzhüter (alle Gesellschaftsrecht, M&A), Dr. Uwe Lenz, Dr. Wolfgang Richter, Dr. Andreas Meyer im Hagen (alle 3 Gesellschafts- u. Steuerrecht), Claus Holzhüter (Transportrecht)
Team: 21 Eq.-Partner, davon 8 Notare, 3 Counsel, 9 Associates, 2 of Counsel
Schwerpunkte: ▷*Gesellsch.recht*, ▷*M&A* (auch grenzüberschr.), Transport-, Schifffahrts- u. Seehandelsrecht, auch Schiedsverfahren; auch IP, Vertrieb u. Arbeitsrecht.
Mandate: Peper & Söhne bei Verkauf des Logistikzentrums Atlantic One (öffentl. bekannt); Gesellschafter bei Verkauf eines Produktionsbetriebs an Private-Equity-Investor; Firmeninhaber bei Verkauf von Minderheitsbeteiligungen an dt. Unternehmen mit Auslandstöchtern an frz. Wettbewerber u. eigenen Manager; Immobilienentwickler bei strateg. Beteiligung an Softwareunternehmen; Immobiliengesellschaft bei Verkauf von großer Mietimmobilie auf Sylt; Leuchtenhersteller bei Schutzrechtsstrategie; div. mittelständ. Reedereien zu Schiffsbauverträgen u. bei An- u. Verkäufen; Technologieunternehmen bei Vorbereitung Finanzierungsrunde; Umwelttechnologieunternehmen bei Beilegung von Gesellschafterstreit; Carsharing-Holding lfd. IT-rechtl.; Kaffee-Onlinehandel, u.a. zu E-Commerce. **Prozesse:** div. Spediteure im Zshg. mit Havarie der ,Ever Given'; Flugzeugzulieferer in Schadensersatzprozess; Investor in Post-M&A-Streit; Spielzeughersteller in Streit mit Onlineplattform; Spitzenmanager arbeitsrechtl. gg. Großreederei.

BRANDI

Norden ★★

Bewertung: In Hannover werden Rechtsberatung u. Notariat der Mittelstandskanzlei, die mehrere Büros in Ostwestfalen (▷*Westen*) hat, regelm. von örtl. StB u. Banken empfohlen. Besonderes Know-how hat die Kanzlei im Gesellschafts- u. Arbeitsrecht sowie in der Beratung bei Transaktionen. Was sie von ihren regionalen Wettbewerbern unterscheidet, ist ihr Spezialwissen im Marken- u. Wettbewerbsrecht, einschl. Gerichtsverfahren. Viel Litigation-Erfahrung bringt die Kanzlei auch seit Jahren im (Steuer-)Strafrecht mit – bisher arbeiten die Standorte nur sehr punktuell zusammen. Eine stärkere Verknüpfung mit den in OWL ansässigen Praxen könnte weitere Synergien heben u. auch die Präsenz im niedersächs. Markt steigern.
Stärken: Steuer- u. Wirtschaftsstrafrecht.
Oft empfohlen: Dr. Josef Fullenkamp, Michael Weber-Blank (beide Prozesse), Dr. Carsten Hoppmann (Gesellschaftsrecht/Notariat)

TOP 50 und internationale Kanzleien im Norden

Addleshaw Goddard (Hamburg)	▷*Gesellsch.recht*; ▷*M&A*;
Advant Beiten (Hamburg)	▷*Arbeit*; ▷*Gesellsch.recht*; ▷*M&A*; ▷*Presse*.
Allen & Overy (Hamburg)	▷*Arbeit*; ▷*Energie*; ▷*Gesellsch.recht*; ▷*Immo/Bau*; ▷*Kartellrecht*; ▷*Konfliktlösung*; ▷*M&A*; ▷*Private Equ. u. Vent. Capital*.
Bird & Bird (Hamburg)	▷*Energie*; ▷*IT-Recht u. Datenschutz*; ▷*Marken u. Wettbewerb*; Patent; ▷*Vergabe*; ▷*Verkehr*; ▷*Vertrieb*.
CBH Rechtsanwälte (Hamburg)	▷*Marken u. Wettbewerb*.
CMS Hasche Sigle (Hamburg)	▷*Arbeit*; ▷*Außenwirtschaft*; ▷*Bankrecht u. -aufsicht*; ▷*Compliance*; ▷*Energie*; ▷*ESG*; ▷*Gesellsch.recht*; ▷*Gesundheit*; ▷*Immo/Bau*; ▷*IT-Recht u. Datenschutz*; ▷*Kartellrecht*; ▷*Konfliktlösung*; ▷*Kredite u. Akqu.fin.*; ▷*Lebensmittel*; ▷*M&A*; ▷*Marken u. Wettbewerb*; ▷*Medien*; ▷*Nachfolge*; ▷*Öffentl. Recht*; Patent; ▷*Presse*; ▷*Private Equ. u. Vent. Capital*; Steuern; ▷*Verkehr*; ▷*Versicherungsvertragsrecht*; ▷*Vertrieb*.
DLA Piper (Hamburg)	▷*Arbeit*; ▷*Compliance*; ▷*Energie*; ▷*Gesellsch.recht*; ▷*IT-Recht u. Datenschutz*; ▷*Kartellrecht*; ▷*M&A*; ▷*Marken u. Wettbewerb*; ▷*Medien*; ▷*Öffentl. Recht*; ▷*Presse*; ▷*Private Equ. u. Vent. Capital*; ▷*Vertrieb*.
Eversheds Sutherland (Hamburg)	▷*Arbeit*; ▷*Konfliktlösung*; ▷*M&A*.
Fieldfisher (Hamburg)	▷*Gesellsch.recht*; ▷*Gesundheit*; ▷*IT-Recht u. Datenschutz*; ▷*Kartellrecht*; ▷*Konfliktlösung*; ▷*M&A*; ▷*Marken u. Wettbewerb*; ▷*Vertrieb*.
Flick Gocke Schaumburg (Hamburg)	▷*Gesellsch.recht*; ▷*M&A*; ▷*Nachfolge*.
Freshfields Bruckhaus Deringer (Hamburg)	▷*Arbeit*; ▷*Energie*; ▷*Gesellsch.recht*; ▷*Gesundheit*; ▷*Immo/Bau*; ▷*Insolvenz/Restrukturierung*; ▷*IT-Recht u. Datenschutz*; ▷*Konfliktlösung*; ▷*M&A*; ▷*Medien*; ▷*Private Equ. u. Vent. Capital*; Steuern; ▷*Vertrieb*.
Gleiss Lutz (Hamburg)	▷*Arbeit*; ▷*Gesellsch.recht*; ▷*Immo/Bau*; ▷*Konfliktlösung*; ▷*M&A*; ▷*Private Equ. u. Vent. Capital*; Steuern.
Görg (Hamburg)	▷*Arbeit*; ▷*Energie*; ▷*Gesellsch.recht*; ▷*Gesundheit*; ▷*Immo/Bau*; ▷*Insolvenz/Restrukturierung*; ▷*Kartellrecht*; ▷*M&A*; ▷*Öffentl. Recht*; Steuern; ▷*Vergabe*.
GSK Stockmann (Hamburg)	▷*Bankrecht u. -aufsicht*; ▷*Beihilfe*; ▷*ESG*; ▷*Gesellsch.recht*; ▷*Immo/Bau*; ▷*Investmentfonds*; ▷*Konfliktlösung*; ▷*M&A*; ▷*Öffentl. Recht*; ▷*Private Equ. u. Vent. Capital*; ▷*Vergabe*.
GvW Graf von Westphalen (Hamburg)	▷*Arbeit*; ▷*Außenwirtschaft*; ▷*Beihilfe*; ▷*Energie*; ▷*ESG*; ▷*Gesellsch.recht*; ▷*Immo/Bau*; ▷*Lebensmittel*; ▷*M&A*; ▷*Marken u. Wettbewerb*; ▷*Öffentl. Recht*; ▷*Presse*; ▷*Vergabe*; ▷*Verkehr*; ▷*Versicherungsvertragsrecht*; ▷*Vertrieb*.
Heuking Kühn Lüer Wojtek (Hamburg)	▷*Arbeit*; ▷*Energie*; ▷*Gesellsch.recht*; ▷*Insolvenz/Restrukturierung*; ▷*Investmentfonds*; ▷*Kartellrecht*; ▷*Konfliktlösung*; ▷*Kredite u. Akquisitionsfinanzierung*; ▷*M&A*; ▷*Marken u. Wettbewerb*; ▷*Nachfolge*; ▷*Private Equ. u. Vent. Capital*; Steuern; ▷*Vergabe*; ▷*Versicherungsvertragsrecht*; ▷*Vertrieb*.
Hogan Lovells (Hamburg)	▷*Arbeit*; ▷*Beihilfe*; ▷*Energie*; ▷*Gesellsch.recht*; ▷*Gesundheit/Pharma*; ▷*Immo/Bau*; ▷*IT-Recht u. Datenschutz*; ▷*Kartellrecht*; ▷*Konfliktlösung*; ▷*Lebensmittelrecht*; ▷*M&A*; ▷*Marken u. Wettbewerb*; Patent; ▷*Vergabe*; ▷*Verkehr*; ▷*Vertrieb*.
Kapellmann und Partner (Hamburg)	▷*Immo/Bau*.
Latham & Watkins (Hamburg)	▷*Bankrecht u. -aufsicht*; ▷*Energie*; ▷*Gesellsch.recht*; ▷*Gesundheit*; ▷*Insolvenz/Restrukturierung*; ▷*IT-Recht u. Datenschutz*; ▷*Kartellrecht*; ▷*Konfliktlösung*; ▷*Kredite u. Akqu.fin.*; ▷*M&A*; ▷*Private Equ. u. Vent. Capital*; Steuern.

Fortsetzung nächste Seite

Anwaltszahlen: Angaben der Kanzleien zur Bürogröße vor Ort. Sie spiegeln nicht zwingend die Gesamtgröße einer Kanzlei wider.

TOP 50 und internationale Kanzleien im Norden Fortsetzung

Kanzlei	Praxisgebiete
Linklaters (Hamburg)	▷*Gesellsch.recht*; ▷*M&A*; Steuern.
Luther (Hamburg, Hannover)	▷*Arbeit*; ▷*Beihilfe*; ▷*Energie*; ▷*Gesellsch.recht*; ▷*Gesundheit*; ▷*Investmentfonds*; ▷*IT-Recht u. Datenschutz*; ▷*Konfliktlösung*; ▷*M&A*; ▷*Marken u. Wettbewerb*; ▷*Private Equ. u. Vent. Capital*; ▷*Öffentl. Recht*; Steuern; ▷*Vergabe*.
Noerr (Hamburg)	▷*Bankrecht u. -aufsicht*; ▷*Energie*; ▷*Gesellsch.recht*; ▷*Insolvenz/Restrukturierung*; ▷*Kartellrecht*; ▷*Konfliktlösung*; ▷*M&A*; ▷*Private Equ. u. Vent. Capital*; ▷*Verkehr*; ▷*Vertrieb*; ▷*Wirtschafts- u. Steuerstrafrecht*.
Norton Rose Fulbright (Hamburg)	▷*Compliance*; ▷*Energie*; ▷*Gesellsch.recht*; ▷*Immo/Bau*; ▷*Kartellrecht*; ▷*Konfliktlösung*; ▷*Kredite u. Akqu.fin.*; ▷*M&A*; ▷*Verkehr*.
Oppenhoff & Partner (Hamburg)	▷*Energie*; ▷*Gesellsch.recht*; ▷*Nachfolge*; ▷*Vergabe*.
Osborne Clarke (Hamburg)	▷*Arbeit*; ▷*Energie*; ▷*Gesellsch.recht*; ▷*IT-Recht u. Datenschutz*; ▷*M&A*; ▷*Marken u. Wettbewerb*; ▷*Medien*; ▷*Vertrieb*.
Rödl & Partner (Hamburg)	▷*Gesellsch.recht*; ▷*M&A*; ▷*Verkehr*.
Taylor Wessing (Hamburg)	▷*Arbeit*; ▷*Beihilfe*; ▷*Energie*; ▷*Gesellsch.recht*; ▷*Immo/Bau*; ▷*Insolvenz/Restrukturierung*; ▷*IT-Recht u. Datenschutz*; ▷*Kartellrecht*; ▷*Konfliktlösung*; ▷*Kredite u. Akqu.fin.*; ▷*M&A*; ▷*Marken u. Wettbewerb*; ▷*Medien*; ▷*Nachfolge*; ▷*Öffentl. Recht*; ▷*Private Equ. u. Vent. Capital*; ▷*Unternehmensbez. Versichererberatung*; ▷*Verkehr*; ▷*Vertrieb*.
Watson Farley & Williams (Hamburg)	▷*Arbeit*; ▷*Energie*; ▷*Gesellsch.recht*; ▷*M&A*; ▷*Private Equ. u. Vent. Capital*; Steuern.
White & Case (Hamburg)	▷*Energie*; ▷*Gesellsch.recht*; ▷*Insolvenz/Restrukturierung*; ▷*IT-Recht u. Datenschutz*; ▷*Kredite u. Akqu.fin.*; ▷*M&A*; ▷*Medien*; ▷*Verkehr*.

Die Auswahl von Kanzleien und Personen in Rankings und tabellarischen Übersichten ist das Ergebnis umfangreicher Recherchen der JUVE-Redaktion. Sie ist in 2erlei Hinsicht subjektiv: Die Aussagen der befragten Quellen sind subjektiv u. spiegeln deren Erfahrungen u. Einschätzungen. Die JUVE-Redaktion wiederum analysiert die Rechercheergebnisse unter Einbeziehung ihrer eigenen Marktkenntnis. Der JUVE Verlag beabsichtigt keine allgemeingültige oder objektiv nachprüfbare Bewertung. Es ist möglich, dass eine andere Recherchemethode zu anderen Ergebnissen führt. Innerhalb einzelner Gruppen in Rankings und tabellarischen Übersichten sind Kanzleien und Personen alphabetisch sortiert.

Team: 7 Partner, davon 2 Notare, 1 Counsel, 9 Associates
Schwerpunkte: Beratung des Mittelstands, v.a. im ▷*Gesellschafts-* u. Arbeitsrecht. Ausgeprägt Steuer- u. Wirtschaftsstrafrecht sowie insges. Prozessführung, inkl. Schiedsverfahren. Zudem: Kapitalanlagerecht für Finanzinstitute. Komplementäre Kompetenzen wie Öffentl. Recht an westfäl. Standorten.
Mandate: Saar Investments lfd. immobilien- u. gesellschaftsrechtl.; Projektentwickler lfd. zu gesellschaftsrechtl. Strukturierung, Wachstumsfinanzierung u. Transaktionen; Ökofair gesellschaftsrechtl.; Parität. Wohlfahrtsverband Nds. arbeitsrechtl. **Prozesse:** Enercity in zahlr. UWG-Verfahren.

BRINKMANN WEINKAUF

Norden ★★★

Bewertung: Das Aushängeschild der niedersächs. Kanzlei ist ihr tiefes Know-how im Insolvenz- u. Restrukturierungsbereich. Die eingespielte Kombination mit Gesellschaftsrecht war zuletzt v.a. bei krisenbed. Umstrukturierungen gefragt. Den durch das Ausscheiden eines Namenspartners im Vorjahr initiierten Generationswechsel hat die Kanzlei gut bewältigt: Ein Gesellschafts- u. Baurechtler wurde zum Partner ernannt u. eine im Vorjahr ernannte Partnerin treibt die Entwicklung des Braunschweiger Büros voran. Zahlr. Mittelständler greifen im M&A, Gesellschaftsrecht u. Gewerbl. Rechtschutz auf sie zurück. Den Weggang eines erfahrenen Insolvenzrechtlers fing die Kanzlei durch 2 jüngere Anwälte auf, die sich im Markt entspr. positioniert haben.
Oft empfohlen: Andreas Brinkmann (Sanierung), Dr. Nikolas von Wrangell („sehr erfahren, auch im Notariat", Wettbewerber; Gesellschaftsrecht/M&A), Joachim Rudo (Gewerbl. Rechtsschutz)
Team: 8 Eq.-Partner, davon 3 Notare, 14 Associates
Partnerwechsel: Dr. Oliver Liersch (zu Pluta; Restrukturierung)
Schwerpunkte: Gesellschafts- u. Insolvenzrecht/Sanierungen sowie M&A-Transaktionen, Kapitalanlagerecht. Auch Wettbewerbs-, Arbeits-, Vertriebs-, Immobilien- u. Mietrecht sowie Notariat.
Mandate: Lfd. Baum-Gruppe, CBR Fashion. **Prozesse:** BHW u. Postbank lfd. in Anlegerklagen (öffentl. bekannt).

BRL BOEGE ROHDE LUEBBEHUESEN

Norden ★★★★

Bewertung: Die Kernpraxen der norddt. MDP-Kanzlei, ▷*Gesellschaftsrecht*, ▷*M&A*, Immobilien-, ▷*Insolvenz-* u. Arbeitsrecht, waren erneut stark gefragt, was sich auch personell in 2 Partner- u. 4 Counselernennungen ausdrückte. Neu strukturierte Praxisgruppen, formiert für die maritime Wirtschaft, Nachfolgeberatung u. ESG, liefern Mandanten multidiszipl. hoch spezialisierte Beratung. BRL beweist dabei immer wieder, u.a. bei komplexen Regulierungsmandaten im Verkehrssektor, wie ihr die Verzahnung der einzelnen Fachbereiche gelingt: So beriet sie die Stadt Neumünster bei der ÖPNV-Vergabe u. die HHer Hochbahn bei einem innerstädt. U-Bahn-Projekt. Zwar ist HH der größte Standort, jedoch beraten die Anwälte regelm. gemeinsam mit dem Berliner Büro – das zuletzt durch eine Venture-Capital-Expertin von Poellath gestärkt wurde. Dies gilt auch für den etablierten French-Desk. Einen 3. Standort hat BRL durch den Zusammenschluss mit einer Bielefelder MDP-Kanzlei gewonnen, die das Angebot als umf. Mittelstandsberaterin sinnvoll ergänzt.
Stärken: Insolvenzrecht, multidisziplinäre Rundumberatung für den Mittelstand.
Oft empfohlen: Thilo Rohde (M&A), Stefan Denkhaus („sanieren u. paralleles M&A gut gemanagt, immer zeitnah reagiert", Mandant; Insolvenz), Dominik Demisch (Insolvenz), Dr. Oliver Tomat, Dr. Rüdiger Brock (beide Gesellschaftsrecht/M&A), Andrea Ringle (IP/IT), Jan Rickauer, Nina Schütte (beide Steuerrecht)
Team: 10 Eq.-Partner, 15 Sal.-Partner, 5 Counsel, 29 Associates, 1 of Counsel
Schwerpunkte: ▷*Gesellsch.recht* (inkl. Prozesse)/▷*M&A* u. Steuerrecht (oft zu Nachfolgethemen) sowie ▷*Insolvenzrecht* u. Restrukturierung. Zudem Immobilien-, Arbeits- sowie Marken- u. Wettbewerbsrecht (u.a. zu geograf. Herkunftsangaben). Ergänzend betriebswirtschaftl. Beratung inkl. Compliance. Spezialisierung auf dt.-frz. Rechtsverkehr.
Mandate: Abellio umf. insolvenz-, u. immobilienrechtl. bei M&A-Prozessen für insolvente Gesellschaften; Brunsbüttel Ports umf. zu Bauvorhaben u. Infrastrukturprojekten, u.a. mietrechtl. für schwimmenden LNG-Terminal mit BRD; MV Werften insolvenz-, sanierungs- u. immobilienrechtl.; KI-Softwareentwickler zu Vertriebs- u. Kooperationsverträgen; Hamburger Hochbahn umf.; Stadt Neumünster zu Vergabe von Verkehrsleistungen im ÖPNV; Haspa Beteiligungsgesellschaft für den Mittelstand umf. gesellschaftsrechtl.; Rolls-Royce Power Systems u. Tom Tailor lfd. im IP; Diako-Krankenhaus bei Eigenverwaltung u. umf. insolvenzrechtl.; Projektentwickler (Erneuerbare Energien) bei Kauf von Solarprojekten. **Prozesse:** Serviceprovider für Windenergieanlagen in Feststellungsklage über Vollserviceverträge.

BROCK MÜLLER ZIEGENBEIN

Norden ★★★

Bewertung: Während die an 4 Standorten in Schl.-Holst. tätige Kanzlei bundesw. v.a. für Transaktionen im Zshg. mit Tierkliniken bekannt ist, schätzen regionale Mittelständler BMZ v.a. für ihr breites Beratungsangebot. Trad. stark ist die Kanzlei im Gesellschafts- u. Arbeits- sowie im Öffentl. Recht. Zuletzt setzten v.a. öffentl.-rechtl. Körperschaften u. Unternehmen bei Windkraftprojekten auf die Einheit. Aber auch bei der Entstehung des LNG-Terminals in Brunsbüttel war BMZ aufseiten der Stadt involviert. Aus der Transaktionsberatung fällt regelm. Arbeit für die Gesellschaftsrechtler an, die Mandanten für die Dauerberatung gewinnen können. Dabei ist häufig auch das Notariat gesetzt. Neben Wachstum auf Associate-Ebene kam in Kaltenkirchen eine Partnerin hinzu, die ebenfalls Notarin ist.
Stärken: Angesehenes u. großes Notariat; Betreuung zahlr. dänischer Unternehmen.
Oft empfohlen: Dr. Hauke Thilow („Leuchtturm im M&A in Schleswig-Holstein", Wettbewerber), Prof. Dr. Mathias Nebendahl (Medizinrecht), Dr. Bastian Koch (Gesellschaftsrecht), Dr. Bernd Richter (Kar-

Anwaltszahlen: Angaben der Kanzleien zur Bürogröße vor Ort. Sie spiegeln nicht zwingend die Gesamtgröße einer Kanzlei wider.

tellrecht), Dr. Matthias Krisch (Gewerbl. Rechtsschutz), Dr. Thomas Guttau (Lebensmittelrecht)
Team: 25 Eq.-Partner, davon 17 Notare, 21 Associates, 1 of Counsel
Partnerwechsel: Aino Füner (aus eigener Kanzlei; Notariat)
Schwerpunkte: Fokus auf mittelständ. Unternehmen. Viel M&A-Erfahrung mit Verlagen u. Radiosendern sowie im Gesundheitssektor; großes Notariat. Kartellrecht; Betreuung der Medienbranche (einschl. Rundfunkrecht); Gewerbl. Rechtsschutz, Energie- u. Vergaberecht.
Mandate: Stadt Brunsbüttel im Bauleitplanverfahren für Errichtung von LNG-Terminal; Amt für Planfeststellung Schl.-Holst. für Planfeststellungsbeschluss zur A20; Bockhold bei Fusionskontrolle bei Verkauf an Strabag; dän. Maschinenhersteller bei Kartell-Owi-Verfahren; Hauptgesellschafter von Hoeller Electrolyzer beim Anteilsverkauf an Rolls-Royce Power Systems u. Kapitalerhöhung; Start-up in Lebensmittelbranche bei Gründung u. Finanzierungsrunden; zahlr. Tierkliniken bei Verkäufen an Investoren, lfd. gesellschaftsrechtl.: Antenne Mecklenburg-Vorpommern, Hamburger Reederei, Hauptgenossenschaft Nord AG.

BRÖDERMANN JAHN

Norden ★★★★

Bewertung: Mit ihrer jahrelangen Erfahrung u. tiefen Kenntnis im internat. Handelsrecht hat sich die HHer Kanzlei einen festen Platz an der Seite (teils großer) mittelständ. Unternehmen gesichert. Mandanten wie der Peter-Cremer-Gruppe steht sie bei ihren Aktivitäten im Ausland zur Seite, auch Kyocera AVX berät sie umfassend, v.a. zur Integration europ. Tochtergesellschaften. Durch die routinierte Koordination internat. Kanzleien in grenzüberschr. Mandaten empfahl sich BJ zuletzt auch für Themen im Zshg. mit Sanktionen u. Lieferketten. Auf dieses Know-how griffen nicht nur Stamm-, sondern auch einige Neumandanten zurück. Konsequent an den Bedürfnissen ihrer Mandanten orientiert, hat die Kanzlei zudem Spezialisierungen etwa im IT- u. Datenschutzrecht aufgebaut. Die enge Verbindung mit den Gesellschaftsrechtlern zeigt das Team insbes. in Mandaten mit ausgeprägtem Technologiebezug, etwa der Arbeit für Dermalog bei einem gr. Joint Venture. Daneben etabliert sich Zieren immer besser als Sanierungsberater u. stand Gesellschaften des insolventen Krankenhauskonzerns Diako zur Seite.
Stärken: Über Jahre aufgebaute u. kulturell verankerte internat. Kompetenz.
Oft empfohlen: Prof. Dr. Eckart Brödermann, Dr. Philipp von Dietze, Tina Denso („sehr gute Immobilienrechtlerin, angenehm", Wettbewerber), York Zieren (alle Gesellsch.recht/M&A), Dr. Eckard Frhr. von Bodenhausen (IT u. Datenschutz), Dr. Andrea Tiedemann (internat. Erbfälle), Dr. Christoph Oertel („sehr detailorientiert u. sehr gut für komplexe Prozesse", Mandant), Johannes Struck (Datenschutz/Gesellschaftsrecht)
Team: 8 Eq.-Partner, 4 Sal.-Partner, 2 Counsel, 9 Associates, 1 of Counsel
Schwerpunkte: ▷*Gesellsch.recht* (M&A, Beteiligungen u. Joint Ventures, oft mit Bezug zu Lateinamerika, Frankreich, Afrika, den USA, China), außerdem internat. Prozessmanagement u. Schiedsverfahren. Im IT-Recht Beratung gr. Unternehmen u. Banken zu Verträgen mit SAP u. Microsoft. Zudem Arbeits-, Kartellrecht u. Prozessvertretung im Marken- u. Wettbewerbsrecht. Viel Erfahrung mit internat. Erbstreitigkeiten u. Nachlassgestaltung. Eingespieltes Netzwerk.
Mandate: Diako Service, u.a. zu Prüfung der Zahlungsunfähigkeit u. Überschuldung einer Tochtergesellschaft; Kyocera AVX Components lfd., u.a. zu Compliance, M&A u. in Prozessen; Peter-Cremer-Gruppe im internat. Handelsrecht; Wiebe bei Verkauf einer rumän. Gesellschaft; Biocen zu Wandelschuldverschreibung; EAS Batteries zu Joint Venture mit Mercedes-Benz; Insolvenzverwalter im Rahmen von 8 afrikan. Transaktionen; Dermalog Identification u. SEW-Eurodrive lfd. zu Datenschutz; Qiagen bei SAP-Einführung.

BUSE

Norden ★★

Bewertung: Die Kanzlei bietet in HH mit teils sehr erfahrenen Partnern eine breite Palette an Spezialisierungen an. Wichtige Säulen sind das Franchise- u. Baurecht. Daneben erweitert sich der Aktionsradius der kleinen Transaktionspraxis kontinuierl., auch die Steuerkompetenz wird im Dealkontext regelm. nachgefragt. Ein Verlust war zuletzt allerdings der Weggang von Zielke, die zuvor mit Brem einige Transaktionen zu erneuerbaren Energien beraten hatte. Federn lassen musste auch die Immobilienpraxis, die gleich 3 Anwälte verlor. Mit Ruhmann ging nicht nur der Leiter ihrer Praxis, sondern auch ein Eq.-Partner, der aktiv die standortübergr. Zusammenarbeit vorangetrieben hatte.
Stärken: Energierecht. Vertriebsrecht.
Oft empfohlen: Dr. Dagmar Waldzus („absolut zufrieden mit der fachl. Beratung bei Markenanmeldungen, Kaufverträgen u. im AGB-Recht, auch kurzfristig immer erreichbar", Mandant), Dr. Florian Brem (Bank-, Gesellschaftsrecht), Thomas Geißler (Arbeits-, Gesellschaftsrecht), Ines Heydasch (Arbeitsrecht), Dr. Nadim Hermes (Baurecht)
Team: 12 Eq.-Partner, 5 Sal.-Partner, 1 Counsel, 6 Associates
Partnerwechsel: Markus Ruhmann (zu Schalast & Partner; Immobilien- u. Vergaberecht), Dr. Sabine Renken (zu Dr. Mittelstein & Partner; Immobilien- u. Baurecht), Rafael Barber-Llorente (in eigene Kanzlei; Immobilien- u. Gesellschaftsrecht), Astrid Zielke (zu OliveLaw; Energiesektor)
Schwerpunkte: Immobilien-, Arbeits- u. Versicherungsrecht. In ▷*Gesellsch.recht* u. ▷*M&A* auch im Energiebereich tätig. Zudem ▷*Vertriebs-*, Bank-, Kartell- u. Steuerrecht sowie Presse- u. Äußerungsrecht (zunehmend zum Reputationsschutz).
Mandate: Intelligent Apps lfd. zu wettbewerbsrechtl. u. regulator. Themen; US-Schweizer Investmentfonds zu dt. Markteintritt; Onlineplattform bei Verkauf an schwed. Investor; Edeka lfd. im Baurecht; Dt. Lufthansa lfd. im Äußerungsrecht.

CASTRINGIUS

Norden ★★★

Bewertung: Die Bremer Kanzlei ist v.a. dank der Beratung der Gesundheits- u. Pharmabranche u. im Immobilienrecht aus dem Markt kaum wegzudenken. Zuletzt vertrauten ihr Auftraggeber ganz unterschiedl. Branchen eine Reihe von Vergabeprojekten an. Derartige Projekte haben sich längst aus dem angestammten Umfeld der Kanzlei gelöst, auch wenn etwa Kliniken oder soziale Träger weiterhin auch auf diesem Feld zur Klientel gehören. Während im Bau- u. Immobilienrecht große Vorhaben betreut werden, bleiben abseits der Kernbranchen das Notariat u. die gesellschaftsrechtl. Beratung vergleichsweise unauffällig, auch wenn beides seit Jahren mit erfahrenen Beratern fester Bestandteil des Angebots ist.
Oft empfohlen: Dr. Ingo Schneider (Pharmarecht), Claus Pfisterer (Medizinrecht), Heinrich Immoor (Baurecht), Dr. Nils Bulling (Arbeits-, Gesellschaftsrecht)
Team: 13 Eq.-Partner, davon 6 Notare, 5 Associates
Schwerpunkte: Bau- u. Immobilienrecht, Medizin- u. Pharmarecht, Vergabe; insges. breit angelegte Beratung u. Vertretung im Gesundheits- u. Sozialwesen.
Mandate: PVS Bremen (auch Ombudstätigkeit); div. Bauträger, Forschungs- u. gemeinnütz. Einrichtungen regelm. im Arbeits-, Gesellschafts- u. Baurecht.

CORVEL

Norden ★★★

Bewertung: Die HHer Boutique ist bekannt für eine partnerzentrierte Beratung in ▷*M&A-* u. Private-Equity-Transaktionen, in denen sie insbes. Investoren im Small- u. Mid-Cap-Segment zur Seite steht. Bes. Unternehmen aus der Techbranche, wie Brighter AI, oder dem Energiesektor vertrauen auf diese Kenntnisse. Zuletzt kam der norweg. Investor Visma hinzu, den Corvel bei Transaktionen im Rahmen seines dt. Markteintritts beriet. Zum Mandantenstamm zählen auch Mittelständler aller Branchen, die auf das handels- u. gesellschaftsrechtl. Know-how setzen. Überdies ist eine Partnerin regelm. als Schiedsrichterin in großen, oft den Energiesektor betreffenden Schiedsverfahren tätig.
Stärken: Solar- u. Windprojekte, neue Technologien.
Oft empfohlen: Dr. Felix Brammer, Dr. Philipp Jacobi (beide Gesellschaftsrecht/M&A), Dr. Dirk Brockmeier (Gesellschaftsrecht), Dr. Nicoletta Kröger (Prozesse/Schiedsverfahren), Dr. Jan Backhaus (Vertragsrecht)
Team: 5 Partner, 1 Associate
Schwerpunkte: Neben ▷*M&A* auch Gesellschaftsrecht; Beratung bei Projektentwicklungen im Bereich Erneuerbare Energien. Betreuung bei finanzierungsrechtl. Aspekten u. bei kleineren Immobilientransaktionen u. aktienrechtl. Fragen. Im maritimen Wirtschaftsrecht neben Vertragsrecht (Anlagenbau) auch in Schiedsverfahren aktiv. Zudem Beratung von Start-ups.
Mandate: Visma bei Kauf von Softwareunternehmen H&H u. BuchhaltungsButler; List General Contractor bei Kauf von Cohrs Werkstätten; Clean Logistics bei Kauf von Ginaf Trucks Nederland u. bei Rahmenvertrag über 5000-Wasserstoff-Lkw-Lieferung; Brighter AI lfd. in Transaktionen, u.a. bei Beteiligung an Armilar Capital; MPC Investments zu Mezzanine-Finanzierung bei Anlagenbauer; dt. Energieversorger in DAB-Verfahren; Energieunternehmen handelsrechtlich.

DELOITTE LEGAL

Norden ★★★★★

Bewertung: Der Rechtsberatungsarm der Big-Four-Einheit genießt im norddt. Mittelstand tiefes Vertrauen u. ist gleichz. in der Konzernberatung etabliert. Ungebrochen stark nachgefragt war die größtenteils in Hannover angesiedelte ▷*Gesellschaftsrechts-* u. ▷*M&A-Praxis*, die insbes. für langj. Mandanten, wie strateg. Investoren, zahlr. Zukäufe stemmte. Der HHer Standort bringt regelm. bei Deals sein Know-how im Kartellrecht ein. Auch personell spiegelt sich der Transaktionserfolg in

Anwaltszahlen: Angaben der Kanzleien zur Bürogröße vor Ort.
Sie spiegeln nicht zwingend die Gesamtgröße einer Kanzlei wider.

der Ernennung 2er Sal.-Partner wider. Dadurch macht die Kanzlei zugleich deutlich, dass sie die Nachfolge des renommierten Stang frühzeitig sichern will. Auf den angestiegenen Beratungsbedarf zu Lieferketten, Handel u. damit verbundener Regulatorik reagierte die Kanzlei mit einer 5-köpfigen Beraterformation, um derartigen Anfragen mit entspr. Schlagkraft zu begegnen. Weiterhin als wichtige Säule der Kanzlei hat sich die in Hannoveraner ▷*Arbeitsrechtspraxis* gezeigt, die namh. Stammmandanten wie Hello Fresh berät.
Oft empfohlen: Dr. Harald Stang
Team: 3 Eq.-Partner, 4 Sal.-Partner, 5 Counsel, 12 Associates, 3 of Counsel
Schwerpunkte: Umf. Beratung, insbes. ▷*Gesellsch. recht*, v.a. Um- u. Restrukturierungen sowie Nachfolgeregelungen, u. ▷*M&A*, oft in Verbindung mit Steuer- u. Arbeitsrecht sowie insolvenznah. Auch Private Equity u. Venture Capital. Kanzleiinternes Kompetenzzentrum für Steuerstrafrecht, Compliance zunehmend. Auch Vertriebsverträge. Enge Zusammenarbeit mit den eigenen StB u. WP.
Mandate: Thimm-Gruppe bei Verkauf des Industriegüterbereichs an Rengo; Winning BLW zu Produktionsoutsourcing u. Einkaufsrahmenverträgen; Hello Fresh regelm. im Arbeitsrecht, u.a. zu Personalabbau u. Fremdpersonaleinsatz; Hörgerätehersteller zu Neustrukturierung der Arbeitsverträge wg. Nachweisgesetz. **Prozesse:** HDI-Versicherungsgruppe wg. Streitigkeiten bzgl. Dienstleistungsverträgen.

EBNER STOLZ MÖNNING BACHEM

Norden ★★

Bewertung: Trad. ist das HHer Büro der MDP-Kanzlei ausgezeichnet im hanseat. Mittelstand sowie im Gesundheits- u. Energiesektor verankert: Dabei kommt es v.a. bei ▷*Transaktionen*, im ▷*Gesellschaftsrecht* sowie in der ▷*Nachfolgeberatung* zum Einsatz. Zunehmend floriert die vor rd. 2 Jahren etablierte Litigation-Praxis, die die Kanzlei zuletzt auch an anderen Standorten gestärkt hat. Im Gegenzug nutzen originäre Prozessmandanten weitere Praxen von ESMB zunehmend. „Haben gute Mandate u. sind mittlerw. intern auch gut verzahnt", stellt ein Wettbewerber fest. Vom Zusammenschluss mit dem internat. Prüfungs- u. Beratungsnetzwerk RSM verspricht sich die Kanzlei insbes. grenzüberschr. neue Möglichkeiten, die es aber erst noch auszuloten gilt.
Team: 4 Eq.-Partner, 5 Sal.-Partner, 7 Counsel, 3 Associates
Schwerpunkte: Begleitung von kleineren u. mittelgr. M&A-Transaktionen sowie gesellschaftsrechtl. Umstrukturierungen, v.a. für Familienunternehmen. Nachfolgeberatung u. Steuergestaltung. Zusammenarbeit mit kanzleieig. StB u. WP.
Mandate: Schürfeld bei Mehrheitsbeteiligungen an msp Druck u. Medien; Etribes-Gruppe umf. bei Zusammenschluss mit Orbit Ventures; Dean & David mietrechtl.; lfd. markenrechtl.: Carrera Toys, Stevens Vertriebs; lfd.: Utsch Tönnjes.

EHLER ERMER & PARTNER

Norden ★★

Bewertung: In Schl.-Holst. zählt die Kanzlei mit ihren 6 Standorten zu den bekanntesten Adressen für multidiszipl. Beratung mittelständ. Unternehmen u. der öffentl. Hand. Ihre Mandanten vertrauen langj. auf die breite Beratung im öffentl. Wirtschafts- u. Gesellschaftsrecht, bei Nachfolgethemen u. im Vertriebsrecht. Besondere Kenntnisse haben die Berater bei Energie- u. Infrastrukturprojekten entwickelt, bei denen sie ihr tiefes Wissen im Vergabe-, Energie-, Gesellschafts- u. EU-Beihilferecht miteinander verknüpfen. Von vielen Wettbewerbern ähnl. Zuschnitts hebt sich EEP durch den Einsatz von Legal-Tech-Tools ab. Zum Einsatz kommen etwa ein Risikoermittlungstool für die öffentl. Hand u. ein Vertragsgenerator in arbeitsrechtl. Mandaten.
Team: 6 Eq.-Partner, davon 3 Notare, 3 Sal.-Partner, 8 Associates, 1 of Counsel
Schwerpunkte: Gesellschaftsrecht, Unternehmensnachfolge u. M&A für den lokalen Mittelstand, auch Insolvenzrecht u. angesehenes Notariat; Legal-Tech-Angebot im Arbeitsrecht. Zusammenarbeit mit kanzleieig. StB u. WP.
Mandate: Futterhaus-Gruppe bei Neustrukturierung u. Nachfolgeplanung; Stadt Heide EU-beihilfe-, gesellschafts- u. kommunalrechtl. bei Quartiersentwicklung mit 100%iger regenerativer Energie; SG Flensburg-Handewitt umf. gesellschafts- u. lizenzrechtl.; div. Maschinenfabrikanten bei internat. Kauf- u. Lieferverträgen; Baustoffhändler handels-, gesellschafts- u. arbeitsrechtlich.

EHLERMANN RINDFLEISCH GADOW

Norden ★★

Bewertung: Die HHer Kanzlei ist auf die Beratung der maritimen Wirtschaft fokussiert u. richtet ihre Aufstellung konsequent an deren Bedürfnissen aus. Zentral ist dafür an vielen Stellen die Zusammenarbeit mit dem Londoner Büro, wenn es um die Begleitung dt. Mandanten in Schiedsverfahren nach engl. Recht geht, wie bspw. zuletzt für eine Reederei u. einen Schiffsmakler. Auch bei der Beratung des MV-Werften-Insolvenzverwalters zum Verkauf eines nicht fertig gebauten Kreuzfahrtschiffs kam ein dt.-engl. Team zum Einsatz. Auch wenn punktuell Mandanten aus dem nicht maritimen Bereich beraten werden, erweitert ERG ihre Mandantenbasis am deutlichsten innerh. ihrer Branchenfokussierung: So wächst die Zahl beratener dt. u. internat. Reedereien beständig. Die gute Entwicklung spiegelte sich zuletzt auch personell durch eine Sal.-Partner-Ernennung wider.
Stärken: Schiffsfinanzierungen sowie Schiffsan- u. -verkäufe.
Oft empfohlen: Dr. Stefan Rindfleisch, Sven Deters („sehr präsent bei Schiffsverkäufen für Insolvenzverwalter", Wettbewerber über beide; beide Schiffsfinanzierungen), Dr. Klaus Dimigen (Banken), Dr. Hauke Rittscher (Gesellschaftsrecht), Hendrik Brauns (Finanzierung)
Team: 6 Eq.-Partner, 3 Sal.-Partner, 9 Associates
Schwerpunkte: Beratung von Banken u. Reedereien zu Schiffsfinanzierungen. Daneben auch für Fonds bei Projektfinanzierungen u. im Gesellschaftsrecht. Beratung im engl. Recht u. im Recht der Marshallinseln. Eigenes Büro in London.
Mandate: MV-Werften-Insolvenzverwalter bei Verkauf des Kreuzfahrtschiffes ‚Global Dream' an Disney; dt. Reederei zu indones. Joint Venture; Commerzbank zur Neubaufinanzierung div. Kreuzfahrtschiffe; dt. Reederei bei Bestellung einer Mehrzweckfrachtschiffneubauten-Flotte; US-Fonds zu div. Kreditverträgen u. Bareboat-Finanzierungen. **Prozesse:** dt. Bank in grenzüberschr. Rechtsstreit bzgl. div. Forderungen aus Darlehensverträgen u. Sicherheitsdokumenten; dt. Reederei in Schiedsverf. in London.

ESCHE SCHÜMANN COMMICHAU

Norden ★★★★★

Bewertung: Die HHer MDP-Kanzlei gehört im Norden zu den Marktführern. Insbes. der hanseatische Mittelstand vertraut in vielen Belangen auf den eingespielten MDP-Ansatz der Kanzlei. Die ▷*Gesellschaftsrechtler* sind neben lfd. Beratungsthemen v.a. stark in der Prozessführung – insbes. in Post-M&A, D&O- oder Gesellschafterstreitigkeiten. Die Medienpraxis war zudem bei einer Reihe von Verfahren gg. Onlinebewertungen aktiv, wofür ESC mittlerw. eine eigene Plattform eingerichtet hat. Gewohnt stark präsentierten sich die Berater bei ▷*M&A-Transaktionen*: Nach mehreren dt. Transaktionen begleitete ESC Mandantin Kiwa bei einer internat. Transaktion federführend. Entlang ihrer Kernkompetenz setzt die Kanzlei auch intern ihren Verjüngungskurs fort: Eine neu ernannte Sal.-Partnerin konnte sich gleich mit mehreren Transaktionen profilieren, u.a. dem Verkauf der fortytools. 2 junge Partner konzentrieren sich mit ihrem Knowhow im Öffentl., ▷*Vergabe*- u. Kartellrecht auf die Energiewirtschaft. Für Handelsunternehmen ist die Kanzlei praxisgruppenübergr. zunehmend im Zshg. mit ESG-Themen, etwa zu dt. Lieferkettengesetz, tätig u. bringt dabei v.a. Kompetenzen in Compliance u. Kartellrecht zusammen. Mit der Ernennung 2er Sal.-Partnerinnen u. eines Eq.-Partners unterstrich ESC ihre Ambitionen, organisch zu wachsen.
Oft empfohlen: Dr. Jan Ingerowski (Umwelt- u. Planungsrecht), Dr. Stephan Bauer (Vertrags- u. Gesellschaftsrecht), Dr. Andreas von Criegern (Litigation), Dr. Martin Dieckmann (Umweltrecht), Dr. Philipp Engelhoven (Zivil- u. Prozessrecht), Dr. Julia Runte (Stiftungen)
Team: 17 Eq.-Partner, 19 Sal.-Partner, 30 Associates, dazu 30 WP/StB
Partnerwechsel: Dr. Wolfgang Deuchler (Ruhestand; Handels- u. Bankrecht)
Schwerpunkte: ▷*Arbeit*; ▷*Compliance*; ▷*Gesellsch. recht*; Insolvenzrecht inkl. Sanierungsberatung; Kartellrecht; Konfliktlösung; ▷*M&A*; ▷*Marken u. Wettbewerb*; ▷*Nachfolge*; Patent; Umwelt u. Planung; Schiedsverfahren; Steuern; ▷*Vergabe*.
Mandate: Bundesanstalt für Immobilienaufgaben baurechtl. zu Projektierung von 150 Wohneinheiten auf Sylt; Dt. Forschungszentrum für KI, u.a. vergaberechtl.; Göbber zu Compliance u. Whistleblower-Hotline; Hensler Food Concepts lfd. zu Compliance u. zu Strukturierung des ww. Vertriebssystems; Stadtwerke Wedel kartell-, energie- u. vertragsrechtl.; German LNG immobilienrechtl. zu Terminalneubau für LNG in Brunsbüttel; Audi Business Innovation umf., u.a. gemeinnützigkeits-, gesellschafts-, IT-, IP-, datenschutz- u. presserechtl.; Freie u. Hansestadt Hamburg markenrechtl., u.a. bzgl. Elbphilharmonie; Kiwa Dtl. bei div. Transaktionen, u.a. bei Aktienerwerb u.a. des Photovoltaik-Institut Berlin; Veolia Umweltservice umf. abfall-, umwelt- u. energierechtl.; lfd. ges.rechtl.: Elis, Energy & Water Development, FKP Scorpio, FKP Eventservice, Green Planet Projects, Jebens & Jessen.

FONTAINE GÖTZE

Norden ★

Bewertung: Die Traditionskanzlei um die im Markt sehr anerkannten Brüder Fontaine zeigte sich zuletzt wieder gewohnt stark für mittelständ. Unternehmen. Diese setzten v.a. bei Nachfolgethemen, (Erb-)Streitigkeiten u. im klass. Gesellschaftsrecht

Anwaltszahlen: Angaben der Kanzleien zur Bürogröße vor Ort. Sie spiegeln nicht zwingend die Gesamtgröße einer Kanzlei wider.

auf den partnerzentrierten Beratungsansatz. In der Start-up-Branche sitzen die Partner ebenfalls fest im Sattel u. bringen auch regelm. ihr anerkanntes Notariat ein. Daneben vertrauen langj. Banken auf die Kanzlei, die zudem bankseitig oft als Testamentsvollstrecker eingesetzt wird. Ein Partner ergänzt die Bankenberatung durch seine Kompetenzen bei Zwangsversteigerungen u. Inkassoarbeit für Versicherer.

Stärken: Sehr anerkanntes Notariat, große Prozesserfahrung.

Oft empfohlen: Dr. Nicolas Fontaine, Dr. Torsten Becker, Stephen Merz („gesellschaftsrechtl. Streitigkeiten von hoher Fachlichkeit getragen", Wettbewerber), Dr. Sebastian-Alexander Kampe („höchste gesellschaftsrechtl. Kompetenz, pfeilschneller Prozessanwalt", Mandant; alle Gesellschaftsrecht)

Team: 6 Eq.-Partner, 1 Sal.-Partner, davon 4 Notare

Schwerpunkte: Beratung, insbes. im Erbrecht u. bei Nachfolgeregelungen, oft in Verbindung mit Gesellschafts- u. Stiftungsrecht, auch zu gesellschaftsrechtl. Auseinandersetzungen u. Beteiligungen. Kapitalanlageprozesse u. Prospekthaftung, insbes. für Banken. Renommiertes Notariat (auch HV-Beurkundungen).

Mandate: Pharmagroßhandel bei Konflikt um Exklusivität des Vertriebspartners in Indien; div. Investoren bei Investitionen in Start-ups; Fritz Behrens Stiftung umf. gemeinnützigkeits-, stiftungs- u. steuerrechtl.; Erbengemeinschaft bei Teilübertragung von Immobilien in neue Gesellschaftsform; Windparkverwaltung umf. ges.rechtlich. **Prozesse:** Swiss Life Select Dtl. zu Haftungsabwehr; div. Finanzdienstleistungsunternehmen, u.a. zu bundesw. Haftungsabwehr.

GEIERSBERGER GLAS & PARTNER

Norden ★

Bewertung: 2023 personell stark gewachsene Kanzlei aus Meck.-Vorp., die mit der Beratung landwirtschaftl. Unternehmen u. dem Arbeitsrecht sehr erfolgr. 2 gefragte Beratungsfelder besetzt. Bei ersterem bedient sie nicht nur den regionalen Bedarf, sondern ist bundesw. engagiert, etwa in Normenkontrollverf. gg. die Düngemittelregulierung. Inhaltl. schließt die Beratung inzw. sehr unterschiedl. Kompetenzen ein, darunter Verwaltungs- oder Steuerrecht, Gesellschafts- oder Energierecht. Im Arbeitsrecht, wo auch Mandanten anderer Branchen Rat suchen, hat sich GP ihre starke Position nach dem Ausscheiden der angesehenen Namenspartnerin durch die Überleitung auf eine junge Anwältin erhalten.

Stärken: Beratung im landwirtschaftl. Umfeld, Arbeitsrecht.

Oft empfohlen: John Booth (Agrarrecht), Dr. Carlo Thiel (Gesellschaftsrecht/M&A)

Team: 7 Eq.-Partner, 8 Associates

Schwerpunkte: Breit aufgestellte Praxis, die v.a. im Kontext landwirtschaftl. Betriebe berät, auch bundesweit. U.a. Gesellschafts- u. Energierecht sowie Beratung zu Fördermitteln u. im Natur- u. Umweltschutz. Auch Transaktionen.

Mandate: Keine Nennungen.

GÖHMANN

Norden ★★★★

Bewertung: Die Mittelstandskanzlei ist im niedersächs. Markt v.a. wg. ihrer enorm breiten gesellschaftrechtl. Ausrichtung, zu der auch ein anerkanntes u. personalstarkes Notariat gehört, eine feste Größe. Von Wettbewerbern hebt sie sich zudem durch ausgezeichnete Kontakte auf Regierungsebene ab. Auf die enge Verzahnung ihrer Beratungsfelder vertrauen namh. norddt. Unternehmen u. Ministerien bereits seit vielen Jahren. Neben den starken Praxen im ▷*Gesellschaftsrecht* u. für ▷*M&A* zählen auch IT- u. Datenschutzrecht, teils auch im prozessualen Kontext, zu den Aushängeschildern im norddt. Markt. Sowohl in Bremen als auch Hannover sitzen zudem starke ▷*Arbeitsrechtspraxen*, die mit unterschiedl. Ausrichtung u. damit weitgehend autark agieren. Während in Bremen die Beratung von Sozialträgern u. Wohlfahrtsverbänden viel Raum einnimmt, berät Hannover v.a. mittelständ. Unternehmen zu kollektivrechtl. Themen.

Stärken: Gesellschaftsrecht, Notariat, Prozesse.

Oft empfohlen: Axel Müller-Eising, Dr. Ulrich Haupt, Dr. Johannes Waitz, Dr. Sebastian Scherrer, Dr. Dirk Beddies, Dr. Florian Hartl (alle Gesellschaftsrecht), Dr. Ulrich von Jeinsen, Dr. Jörg-Rainer Hens (beide Prozesse), Dr. Maximilian Schunke (IP), Julia Schönfeld, Dr. Teemu Tietje (beide Arbeitsrecht; beide Bremen), Dr. Henning Rauls (Versicherungsrecht), Prof. Dr. Martin Notthoff (Versicherungsrecht u. Notariat), Martin Gehrlein (Vergaberecht; auch Berlin), Dr. Gunnar Straube (Arbeitsrecht), Ralf Stötzel („ausgezeichneter u. vielfältiger Berater, das ‚Schweizer Taschenmesser' des Wirtschaftsrechts", Mandant; Vergabe-/Kartellrecht)

Team: 33 Partner, davon 13 Notare, 4 Counsel, 32 Associates

Schwerpunkte: Starke Praxis im ▷*Gesellsch.recht*, darunter aktienrechtl. Beratung u. renommiertes ▷*Notariat*. Auch ▷*M&A*. Anerkannte Praxen in Konfliktlösung, ▷*Marken- u. Wettbewerbsrecht* sowie Versicherungsrecht. ▷*Arbeits-*, Öffentl. u. Vergaberecht. Erfahrung im Gesundheits- u. Wohlfahrtswesen. Beratung im dt.-span. Rechtsverkehr.

Mandate: Börsennot. poln. Chemiekonzern umf. arbeits-, energie- u. baurechtl.; Kommune baurechtl. bei Sanierung einer Stadthalle; div. (Bundes-)Ministerien dienst- u. arbeitsrechtl.; Innenministerium Nds. datenschutzrechtl.; internat. Maschinenbauer bei Kauf eines Wettbewerbers; Bundesstiftung für Gleichstellung umf., u.a. vergaberechtl.; Land Niedersachsen bei EU-Vergabe von IT-Dienstleistungen; Bridgestone zu EU-Fusionskontrolle; Logex System zu kartellrechtl. Compliance; Puma im Markenrecht; Tuifly lfd. in Prozessen u. bei Restrukturierung; Avient lfd. kollektiv- u. individualarbeitsrechtlich. **Prozesse:** VW Bank in Musterfeststellungsklage zur Dieselaffäre; VW in Anlegerverfahren zur Dieselaffäre.

HONERT

Norden ★★★

Bewertung: Die HHer Kanzlei überzeugt einige namh. mittelständ. Unternehmen v.a. mit ihrer gesellschaftsrechtl. Kompetenz. Insbes. Slabschi entwickelt sich dabei immer stärker zum Berater gr. Familiengesellschafter, oft zu Nachfolgethemen. Die enge Beziehung zu diesen strateg. Investoren zeigte sich zuletzt auch wieder in einer regen Transaktionstätigkeit, etwa für das Family Office Etribes beim Zukauf von Agenturen. Erfahren ist das Team auch bei Deals im Gesundheitsbereich, was es etwa bei seiner Beteiligung an Praxis- u. Krankenhaustransaktionen ausspielen konnte. Daneben hat v.a. Heins viel Erfahrung in der Start-up-Beratung aufgebaut u. begleitete zuletzt wieder einige junge Unternehmen in Finanzierungsrunden u. zu Kooperationen. Die insges. gute Auslastung zog auch personelles Wachstum nach sich: Das Team verstärkte sich mit 2 erfahrenen Associates im Gesellschaftsrecht.

Oft empfohlen: Dr. Peter Slabschi („fachlich exzellent, erstklassiger Verhandler", „sehr gutes u. stets praxisorientiertes Mandats-Handling", Wettbewerber; M&A/Gesellschaftsrecht), Dr. Jan-Christian Heins („sehr gut u. präsent in Venture-Capital- u. M&A-Transaktionen", Wettbewerber), Dr. Claudius Mann (Arbeitsrecht), Dr. Jörn-Ahrend Witt („fair, präzise, innovative Ideen", Wettbewerber; Gesellschaftsrecht/M&A), Dr. Arne Hansen („lösungsorientiert, liefert Ergebnisse in hoher Qualität, ausgezeichnetes Projektmanagement u. angenehme Zusammenarbeit", Mandant)

Team: 6 Eq.-Partner, 1 Sal.-Partner, 6 Associates

Schwerpunkte: Fokussiert auf ▷*Gesellsch.recht* u. ▷*M&A*, auch im Zshg. mit Restrukturierungen, daneben Arbeitsrecht. Überwiegend mittelständ. Klientel. Zudem Family Office für vermögende Familien aus HH. Ebenfalls gesellschafts-, handels- u. arbeitsrechtl. Prozessführung. Steuerrechtl. Kompetenz bei Bedarf aus Münchner Büro.

Mandate: Etribes bei Kauf von Cobe u. Zusammenschluss mit Orbit Ventures; Amazing Brands bei Kauf von Flipline; Aeditive lfd. im Arbeits- u. Gesellschaftsrecht; Circus Kitchens in Seed-Finanzierungsrunde; Tomorrow im Arbeitsrecht. **Prozesse:** Gesellschafter eines überreg. Praxisverbundes in Gesellschafterstreit; Anlagenhersteller in zahlr. Lieferantenauseinandersetzungen.

HUTH DIETRICH HAHN

Norden ★★★

Bewertung: Die HHer Traditionskanzlei ist mit ihrer partnerzentrierten, gesellschaftsrechtl. geprägten Ausrichtung erste vertraute Anlaufstelle für eine Reihe norddt. u. überreg. Stammmandanten. Die Partner sind durch ihre norddt. Verwurzelung bei einer Reihe vermögender Privatpersonen in allen Nachfolgeangelegenheiten u. darüber hinaus als Stiftungsberater gesetzt. Besonders bekannt ist die Kanzlei für Immobilientransaktionen. Diese Stärke wurde zuletzt durch eine Partnerernennung unterstrichen, gleichz. stärkte HDH damit ihre Beratung an der Schnittstelle zu Immobilienfinanzierungen. Daneben war die Prozesspraxis zuletzt gefragt bei Versicherern u. in Erbauseinandersetzungen.

Stärken: Gute Kontakte zu vermög. Privatpersonen sowie skand. Unternehmen.

Oft empfohlen: Dr. Georg Wittuhn, Dr. Christian Jacobs, Oliver Förster (alle Gesellschaftsrecht), Dr. Jörg Strasburger (Immobilienrecht), Dr. Niklas Mirbach (Handels- u. Gesellschaftsrecht), Dr. Sebastian Kühl (Gesellschaftsrecht), Dr. Malte Passarge (Compliance), Dr. Frhr. Friedrich-Carl von Gersdorff („unglaubl. guter Verhandler, kluger Stratege, absolut makellos im Umgang, bringt tote Transaktionen wieder zum Laufen", Mandant; Immobilienrecht/M&A)

Team: 15 Partner, 3 Associates, 1 of Counsel

Schwerpunkte: Kernbereiche: ▷*Gesellsch.recht/ Venture Capital*, ▷*Immo/Bau*. Neben allg. gesellschaftsrechtl. Beratung zu Umstrukturierungen, Umwandlungen u. Begleitung von HVen auch Transaktionen u. Managerhaftung. Außerdem Fragen der Nachfolge u. Beratung vermög. Privatpersonen, Prozessführung sowie Baurecht.

Anwaltszahlen: Angaben der Kanzleien zur Bürogröße vor Ort.
Sie spiegeln nicht zwingend die Gesamtgröße einer Kanzlei wider.

Mandate: Engel & Völkers umf. bei Finanzierungsthemen; EC Liquid Home bei Finanzierungsrunden; Magna Asset Management lfd. immobilienrechtl.; Jörn Reinecke, u.a. bei JV mit DFI-Gruppe; Joh. Jacobs & Co. zu Projektentwicklungen in Bremen; Karg-Stiftung lfd. immobilien- u. stiftungsrechtlich. **Prozesse:** Wolfgang Joop u. Edwin Lemberg zu Prospekthaftung.

KESSLER

Norden ★★

Bewertung: Das MDP-Konzept der Bremer Kanzlei macht sie seit Jahren zur gefragten Beraterin bei Nachfolgelösungen. Dass das Geschäft nach dem überraschenden Tod des bekanntesten Partners im Jahr 2022 in seinen übl. Bahnen weiterlief u. sich u.a. durch den Gewinn von Privatinvestoren noch erweiterte, war nicht unbedingt zu erwarten. Doch haben sich eine kanzleiinterne Umstrukturierung u. die lang gepflegte konsequente Beratung im Tandem als echte Assets erwiesen, sodass die meist mittelständ. Mandanten kaum Anlass sahen, sich umzuorientieren. Neben der Nachfolgeplanung konzentrieren sich die Anwälte auf gesellschaftsrechtl. Fragen, darunter Streitigkeiten u. Transaktionen. Zu Letzterem trägt auch das Notariat bei, das zwar nicht die Schlagkraft anderer Einheiten hat, aber mehrheitl. mit jungen Notaren aufwartet, die – wie auch die Anwälte – ihr Renommee noch erweitern können. Die Einstellung einiger Berufseinsteiger zeigt, dass diese jüngere Generation die Traditionskanzlei mit Verve weiterführen will.

Stärken: Kombination aus Rechts- u. Steuerberatung.

Oft empfohlen: Dr. Holger Sudbrink (Notariat)

Team: 7 Eq.-Partner, davon 4 Notare, 3 Associates (zzgl. StB)

Schwerpunkte: Gesellschafts- u. steuerrechtl. Neuaufstellung (Umstrukturierung, Sanierung, Nachfolge) von Unternehmen, regelm. auch Transaktionen. In diesem Kontext auch Erbrecht. Einzelne Mandate mit Bezug zu Lateinamerika.

Mandate: Dt. Großunternehmen bei Umstrukturierung der US- u. Spanien-Gesellschaften; Medizintechniker lfd. gesellschaftsrechtl.; Start-up-Gesellschafter zu Aufnahme neuer Investoren; dt. Mittelständler bei Einstieg von österr. Investor; Investor bei Übernahme div. IT-Unternehmen; Getränkegroßhandel lfd., u.a. gesellschafts- u. arbeitsrechtlich.

KROHN

Norden ★

Bewertung: Die HHer Kanzlei ist trad. für ihre Kompetenz im Lebensmittelrecht besonders angesehen, verfügt aber auch darüber hinaus über ausgezeichnete Kontakte zu mittelständ. Unternehmen wie Helm oder der Schmidt Group. Die Partnerriege hat sich in den verg. Jahren kontinuierl. verjüngt, was u.a. die Zusammenarbeit der Fachbereiche verbesserte. So werden bspw. die IP-Rechtler regelm. bei Transaktionen hinzugezogen, die Arbeitsrechtspraxis kooperiert eng mit den Gesellschaftsrechtlern. Allerdings verlor sie zuletzt auch einen M&A-Counsel wieder, der erst vor 3 Jahren von Norton Rose dazugekommen war. Von der Größe der Mandanten sticht Helm heraus, für die Krohn die Funktion einer externen Rechtsabteilung übernimmt u. damit auch die Koordination internat. Kanzleien. Nicht nur darüber haben sich gute Kontakte ins Ausland ergeben, einige der jüngeren Partner pflegen ihre Netzwerke ganz aktiv, wodurch zuletzt auch die Zahl ges.rechtl. Prozessmandate weiter stieg. Nachdem sich der einzige im Berliner Büro ansässige Partner Anfang 2023 selbstständig machte, konzentriert sich Krohn nun ganz auf HH.

Stärken: Gute Kontakte zur Lebensmittelbranche.

Oft empfohlen: Dr. Ulf Junge („sehr pragmat. u. kompetent im Gesellschaftsrecht", Wettbewerber), Dr. Tobias Teufer („verlässlicher Experte für Lebens- u. Futtermittelrecht", Wettbewerber), Dr. Carl von Jagow („exzellenter Lebensmittelrechtler", Wettbewerber), Prof. Dr. Moritz Hagenmeyer („engagiert u. versiert sowie persönlich sehr sympathisch", Wettbewerber; Lebensmittelrecht)

Team: 9 Eq.-Partner, 2 Counsel, 2 Associates

Schwerpunkte: Sehr spezialisiert im ▷*Lebensmittel-* sowie im Marken- u. Wettbewerbsrecht, im IT auch Beratung zu Softwareverträgen. Im Gesellschaftsrecht neben Umstrukturierungen u. M&A-Transaktionen oft auch Prozesse. Zudem Arbeitsrecht.

Mandate: Helm lfd. gesellschaftsrechtl. u. in Transaktionen, u.a. bei Beteiligungen an Trillium Renewable Chemicals (USA), Brineflow u. Unium Bioscience (beide GB); Welding zu Beteiligungsverkauf; Schmidt Group u. Optiker Bode umf. arbeitsrechtl.; svt Unternehmensgruppe im priv. Bau- u. Arbeitsrecht; HHer Systemgastronomieunternehmen zu Errichtung eines Franchisesystems. **Prozesse:** Ex-Vorstandsmitglied der Elsflether Werft bzgl. Schadensersatz; Ex-Hotelkettenmanager gg. gr. dt. Steuerberatungsgesellschaft wg. Falschberatung.

KSB INTAX

Norden ★★★★

Bewertung: In Niedersachsen zählt die multidiszipl. Kanzlei mit Stammsitz in Hannover zu den Spitzenberatern der Region. Doch auch über die Landesgrenzen hinaus hat sie sich insbes. bei gr. Umstrukturierungen einen Namen gemacht. Zahlr. Mittelständler u. öffentl.-rechtl. Träger vertrauen auf den Full-Service-Ansatz, zu dem auch ein starkes Notariat gehört. Letzteres spielt bspw. bei Unternehmensnachfolgen häufig eine wichtige Rolle. Auch die enge Zusammenarbeit mit den kanzleieig. StB ist in der Mittelstandsberatung ein wichtiges Asset, von dem Mandanten regelm. profitieren und auch die praxisgruppenübergr. Arbeit funktioniert: So waren bei der Beratung von Stammmandantin TÜV Nord beim Kauf von HTV u. HTV Conservation neben den Gesellschaftsrechtlern auch Arbeits-, IT-, IP- u. Immobilienrecht gefragt. Ihren Schwerpunkt bei öffentl. Trägern hat KSB mit der umf. umsatzsteuerl. Beratung kirchl. Organisationen weiter ausgebaut, was auch im Arbeitsrecht neue Mandate brachte.

Stärken: Multidiszipl. Beratung v.a. inhabergeführter Unternehmen. Starke Position in den Branchen Automobile u. Pflegeheime.

Oft empfohlen: Valentin Seidenfus, Dr. Nicolas Penner (beide Steuerrecht), Dr. Karl-Heinz Vehling, Graf Friedrich zu Ortenburg („berücksichtigt bei seinem jurist. Rat auch immer die betriebswirtschaftl. Abwägungen", Mandant; beide Gesellschaftsrecht)

Team: 17 Eq.-Partner, davon 9 Notare, 3 Sal.-Partner, 14 Counsel, 18 Associates, 2 of Counsel

Schwerpunkte: Umf. gesellschafts- u. steuerrechtl. Beratung, oft als ausgelagerte Steuer- u. Rechtsabteilung für mittelständ. Unternehmen, auch kommunale Betriebe u. kirchl. Träger. Anerkanntes Notariat. Due Diligence, ▷*M&A*. Weiterer Schwerpunkt im Projektmanagement u. Baurecht. Daneben Handels-, Arbeits-, Marken- u. Wettbewerbsrecht sowie Finanzierungsfragen. Celle: v.a. Prozessvertretung.

Mandate: TÜV Nord lfd. zu Transaktionen, u.a. bei Kauf von HTV u. HTV Conservation; Verlingo lfd. gesellschaftsrechtl. u. bei Finanzierungsrunden; Paw bei Verkauf an Stiebel Eltron; Aktionäre der Immac bei Bankenbeteiligung; Spinnhütte lfd. gesellschaftsrechtl.; Lorenz-Snack-World lfd. gesellschafts-, marken- u. steuerrechtlich. **Prozesse:** Mercedes in Prozessen wg. defektem Nox-Sensor.

LAUPRECHT

Norden ★

Bewertung: Die Kieler Traditionskanzlei setzt konsequent auf einen partnerzentrierten Beratungsansatz mit breitem fachl. Angebot für ihre größtenteils langj. Mittelstandsmandanten aus der Region. Bei Bedarf arbeiten die Teams fachübergr. zusammen. Dreiviertel der ausschl. männl. Partner sind zusätzl. Notare. Auf dieses Zusammenspiel setzt etwa seit Jahren Vossloh Rolling Stock, für die die Kanzlei als verlängerte Werkbank agiert. Bundesw. präsent ist Lauprecht in der Prozessvertretung für Versicherer sowie im Agrarrecht, in dem sie mehrere Mandanten zu aktuellen Transformationsthemen berät.

Oft empfohlen: Dr. Frank Martens („exzellente Beratung, ausgezeichnete Verhandlungsführung", Mandant; Gesellschaftsrecht), Dr. Knut Weigle (Arbeitsrecht), Dr. Detlev Behrens (Notariat)

Team: 9 Eq.-Partner, davon 9 Notare, 3 Sal.-Partner, 1 Associate, 1 of Counsel

Schwerpunkte: Gut vernetzt in den Branchen Landwirtschaft, Schifffahrt u. Technologie. Anerkannte Gesellschaftsrechtpraxis inkl. gr. Notariat. Beratung von Family Offices.

Mandate: Med. Versorgungszentrum bei Verkauf an internat. Investorengruppe; Aurelo IT-rechtl.; Sozialverband bei Kauf u. Verkauf von (un-)bebauten Grundstücken; Vossloh Rolling Stock umf. gesellschaftsrechtl. u. notariell. **Prozesse:** gr. dt. Versicherung bei Prozessen gg. ausgeschiedene Handelsvertreter.

LEBUHN & PUCHTA

Norden ★★★

Bewertung: In der maritimen Wirtschaft genießt die auf See(handels)-, Transport- u. Versicherungsrecht fokussierte HHer Kanzlei einen sehr guten Ruf. Ein Wettbewerber lobt sie zudem als „sehr versiert im Binnenschifffahrtsrecht", ein Mandant als „starkes Team für komplexe, grenzüberschr. Fälle". Die teils corona-, teils kriegsbedingten Lieferkettenschwierigkeiten sorgten für regen Zulauf in der ebenfalls maritim geprägten Versicherungspraxis. Doch auch außerhalb des Branchenfokus bedient L&P im Gesellschaftsrecht die gesamte Beratungsbandbreite bis zur prozessualen Vertretung. Hier konnte sie zuletzt ihr Know-how bei einer wachsenden Zahl von Gesellschafterstreitigkeiten für Mandanten anbringen. Diese Entwicklung spiegelt sich auch in der Ernennung eines jungen Prozessanwalts zum Eq.-Partner. Darüber hinaus baut die Kanzlei zunehmend die Kontakte nach Skandinavien aus: So vertraute eine norweg. Werft vergaberechtl. zu Bau- u. Wartungsverträgen für 2 Offshore-Plattformen auf die Kanzlei.

Stärken: Langj. Kompetenz im Schifffahrtsrecht, inkl. Schiffsfinanzierung.

Anwaltszahlen: Angaben der Kanzleien zur Bürogröße vor Ort. Sie spiegeln nicht zwingend die Gesamtgröße einer Kanzlei wider.

Oft empfohlen: Dr. Matthias Wittschen, Dr. Ulrich Stahl, Edward Maguin, Dr. Johannes Trost (alle maritimes Wirtschaftsrecht), Dr. Dirk Blömer (M&A/Gesellschaftsrecht), Dr. Simone Claußen (Seerecht/Litigation)
Team: 8 Eq.-Partner, 3 Sal.-Partner, 1 Counsel, 9 Associates
Schwerpunkte: Klass. Schifffahrtsrecht (u.a. zu Schiffsfonds), Auseinandersetzungen zw. Gesellschaftern, Gesellschaftsgründungen sowie Begleitung von HVen, Umstrukturierung u. Umwandlung von Gesellschaften, zudem bei grenzüberschr. Transaktionen, auch im Windkraftsektor. Betreuung div. Schiedsverfahren. Engl.-rechtl. Kompetenz über 2 Solicitors u. etabliertes Netzwerk. Div. Rückversicherer rückversicherungsrechtl. zu Deckungsfragen.
Mandate: Photovoltaikprojektentwickler lfd. gesellschaftsrechtl., u.a. zu Fondsstruktur; internat. Linienreederei lfd. gesellschaftsrechtl., u.a. zu Integration einer Spedition; Gesellschafter eines dt. Luftfahrtunternehmens gesellschaftrechtl. zu Verschmelzung mit Schwestergesellschaft; dt. Rückversicherer bei Abwehr von Deckungsansprüchen; norweg. Werft vergaberechtl. zu Bau- u. Wartungsverträgen für 2 Offshore-Plattformen. **Prozesse:** Reederei gg. dt. Großbank wg. Auslegung der Finanzierungsverträge; dän. Lebensmittelhersteller u.a. prozessrechtl. zu Vertriebsverträgen; Erdölhändler in Handelsstreitigkeiten in Zshg. mit Ukraine-Krieg.

LEO SCHMIDT-HOLLBURG WITTE & FRANK

Norden ★★★★

JUVE AWARDS 2023
Kanzlei des Jahres Norden

NOMINIERT
JUVE Awards 2023
Kanzlei des Jahres für den Mittelstand

Bewertung: Die Mittelstandskanzlei, die aufgr. ihres guten Rufes im ▷*Gesellschaftsrecht* u. ▷*M&A* schon lange zu den etablierten Adressen im HHer Markt gehört, zeigte sich zuletzt besonders dyn.: Mit gleich 2 Eq.-Partner-Ernennungen u. 3 neuen Associates erhöhte sie die personelle Schlagkraft ihrer IP/IT- u. Arbeitspraxis deutlich. Für Letztere steht bislang v.a. Frank, der nicht nur bei Transaktionen sehr erfahren ist u. dafür regelm. von and. Kanzleien hinzugezogen wird, sondern bspw. Tech-Start-ups zu lfd. Themen berät. Für einen ähnl. Mix aus originärem Geschäft u. Transaktionsbegleitung steht auch die IP-/IT-Praxis von Schmidt-Hollburg, die zudem für zahlr. internat. Mandanten tätig ist. Daneben gewinnt die noch junge Immobilienrechtspraxis durch neue – teils ausl. – Mandanten weiter an Fahrt u. berät zunehmend bei Transaktionen u. im Asset-Management.
Stärken: Gesellschaftsrecht, M&A, transaktionsbegl. Beratung in IP/IT u. Arbeitsrecht.
Oft empfohlen: Hubertus Leo (M&A), Dr. Andreas Witte, Dr. Tom Frank (Arbeitsrecht), Dr. Hartwig Schmidt-Hollburg („fundierte Kenntnisse im Markenrecht", Mandant), Dr. Thorben Rein (Gesellschaftsrecht)
Team: 8 Partner, 3 Counsel, 4 Associates
Schwerpunkte: ▷*Gesellschaftsrecht* u. ▷*M&A* (inkl. Immobilientransaktionen), Private Equity u. Venture Capital sowie Prozesse. IP- u. IT-Praxis ist u.a. stark transaktionsbegleitend. Daneben arbeitsrechtl. Restrukturierungen sowie Datenschutz.
Mandate: Oyster Bay Venture Capital zu Wandeldarlehen an Goodbytz; börsennot. Immobilienunternehmen bei Kauf von 2 Logistikimmobilien; Frachtunternehmen lfd. mietrechtl., u.a. zu Entwicklung neuer Logistikstandorte; lfd. markenrechtl.: Cartelligence, Dampsoft, Emeram, u.a. auch urheber- u. IT-rechtl. bei Beteiligung an Adler; FSN Capital Partners umf. marken-, urheber- u. IT-rechtl. bei Beteiligung an Görtz; DSV lfd. gesellschaftsrechtl., u.a. Post-Closing-Umstrukturierung nach Kauf von Panalpina; JOKR Services umf. arbeitsrechtl.; Zertus lfd. gesellschaftsrechtlich.

LOYFORT

Norden ★★★★

Bewertung: Die im Sommer 2022 als Abspaltung von Büsing Müffelmann & Theye in Bremen an den Start gegangene Kanzlei hat wie erwartet ihre Position als eine der lokalen Marktführerinnen gehalten. Das erfahrene Team besticht weiterhin v.a. mit seinem Notariat u. der gesellschaftsrechtl. Arbeit, ist aber deutl. breiter aufgestellt u. erweitert z.B. auch im Arbeitsrecht kontinuierl. sein Engagement. Inzw. ist auch klar, dass Mandanten die Abspaltung weitgehend unbeeindruckt gelassen hat – der ein oder andere fand nach einer längeren Pause sogar den Weg zurück zur Kanzlei. Auch im öffentl. Raum ist die Einheit weiter in größerem Umfang gefragt, auch wenn eine hier gut vernetzte frühere Partnerin bei Ahlers & Vogel andockte. Die Neugründung hatte auch interne Folgen: So setzen die Anwälte stärker als früher auf digitale Unterstützung, um Effizienz u. Tempo zu steigern. Um die Entwicklung weiter voranzutreiben, wird es nun darauf ankommen, ein behutsames Wachstum anzustoßen, dass die neue Kanzleikultur nicht gefährdet.
Stärken: Langj. etablierte u. exzellent vernetzte Anwälte.
Oft empfohlen: Dr. Monika Beckmann-Petey („löst mit ihrer ruhigen, erfahrenen Art auch schwierigste Sachverhalte", Mandant; Gesellschaftsrecht/M&A), Dr. Matthias Boehme (Prozesse), Dieter Janßen (Transport- u. Arbeitsrecht), Dr. Jan Nollmann („lösungsorientiert", Wettbewerber; Gewerbl. Rechtsschutz), Dr. Frieder Grashoff („kompetent u. erfahren", Wettbewerber; Gesellschaftsrecht)
Team: 12 Eq.-Partner, davon 5 Notare, 2 Associate, 2 of Counsel
Schwerpunkte: Gesellschaftsrecht und M&A; auch Arbeitsrecht, Steuern u. Gewerbl. Rechtsschutz.
Mandate: Hansa-Flex arbeitsrechtl. bei Übernahme der insolventen Knapheide-Gruppe; Beteiligungsgesellschaft bei Ausscheiden von Partnern u. Verkauf div. Franchise-Standorte; regionale Bank bei Aufbau von Franchise-System; Investmentgesellschaft bei Gestaltung von Blockchain-Projekt; Gesellschafter einer HHer Werbeagentur bei Verkauf einer Mehrheitsbeteiligung an dän. Private-Equity-Portfoliounternehmen; Bieter bei EU-Ausschreibung für Komponententausch in dt. Windpark; gemeinnütz. Verband bei Rückzug aus Bosnien u. Herzegowina; Logistiker lfd. arbeitsrechtl.; öffentl. Hand bei Vergabe eines Betreibervertrages für ein Kreuzfahrtterminal u. zu Umgestaltung einer Innenstadtfläche; großer Sportbund u. Frosta (aus dem Markt bekannt) markenrechtlich. **Prozesse:** Fahrradhersteller in Schadensersatzverf.; Logistiker in Streit mit Ex-Gesellschafter wg. Nachzahlungen; großer Versicherer u. regionale Bank in div. Insolvenzanfechtungsverf.; Medizindienstleister in arbeitsrechtl. Streit (Berufung).

LUTZ ABEL

Norden ★★

Bewertung: Das HHer Büro der mittelständ. Kanzlei hinterlässt im Markt auf immer breiterer Ebene Eindruck. Neben ihrem starken Fokus auf Venture-Capital- u. M&A-Transaktionen gewinnen auch die Praxen im Arbeits- sowie Bau- u. Immobilienrecht kontinuierl. an Bekanntheit. Das liegt einerseits an starken Beziehungen, die die Partner hier aufgebaut haben: So ist bspw. Abraham in gr. arbeitsrechtl. Restrukturierungsmandaten eingebunden u. betreut regelm. gr. Unternehmen wie CGA CGM, Jenoptik u. neuerdings die Rügenwalder Mühle. Darüber hinaus überzeugt LA mit einer sehr gut eingespielten standortübergr. Zusammenarbeit, was sie zuletzt bei ihrer inzw. beendeten Arbeit für den RBB in der Schlesinger-Affäre zeigte. Hier übernahmen die HHer Arbeits-, Verwaltungs- u. auch IP-/IT-Rechtler wichtige Rollen innerh. des gr. Teams. Die immobilienrechtl. Praxis um Castor hat sich seit Langem dem gewerbl. Mietrecht verschrieben u. hier viel Know-how aufgebaut, ein junger Partner ergänzt das Angebot dabei um das öffentl. Bau- sowie Vergaberecht.
Oft empfohlen: Dr. Lorenz Jellinghaus (M&A/Venture Capital), Dr. Robert Castor („präzise, pragmat., lösungsorientiert – Top-Anwalt im Bau- u. Architektenrecht", Mandant), Dr. Henning Abraham (Arbeitsrecht), Constanze Hachmann („immer lösungsorientiert u. verlässl.", Mandant; Gesellschaftsrecht)
Team: 4 Eq.-Partner, 3 Sal.-Partner, 1 Counsel, 8 Associates
Schwerpunkte: ▷*Immobilien- u. Baurecht*, ▷*Venture Capital* u. IT- u. Datenschutzrecht sowie ▷*Arbeitsrecht*.
Mandate: RBB in Compliance-Untersuchung arbeits- u. IP-/IT-rechtl.; Raffinerie Heide lfd. ges. rechtl.; Vinci Concessions zu Joint Venture; Holidu bei 2 Zukäufen; Numa öffentl.-rechtl. zu Anmietung div. Immobilien; Wisag lfd. im Immobilienrecht; Eurofins zu Grundstückstransaktionen; EIT Health zu Acceleratorenprogrammen; Seo zu Finanzierungsrunde u. lfd. ges.rechtl.; Rügenwalder Mühle, CMA CGM, Enercon, EWE, Klambt, Meyer Wismar u. Jenoptik arbeitsrechtl.; Auditi, Bechtle, Casio Europe IT- u. datenschutzrechtlich.

MBN

Norden ★

Bewertung: Der Gesellschaftsrechtler u. Notar Barth genießt im Hannoveraner Markt einen sehr guten Ruf u. ist durch gefestigte Kontakte zu and. Beratern u. Mandanten regelm. bei komplexen bundesw. u. internat. Vertrags- u. M&A-Projekten gesetzt. Als Notar ist er besonders gefragt in Umstrukturierungen, Immobilientransaktionen sowie vermehrt in Nachfolgethemen. Anwaltl. vertrauten zuletzt vermehrt Gründer u. Investoren auf ihn. Durch seine enge Verbindung zu PwC Legal kann er bei Bedarf auf deren breites fachl. Spektrum zurückgreifen.
Oft empfohlen: Dr. Marcel Barth
Team: 1 Partner, auch Notar
Schwerpunkte: V.a. gesellschaftsrechtl. Beratung u. Transaktionen, häufig grenzüberschreitend u. notariell. Auch Immobilien u. vereinzelt streitige Auseinandersetzungen.
Mandate: Keine Nennungen.

Anwaltszahlen: Angaben der Kanzleien zur Bürogröße vor Ort. Sie spiegeln nicht zwingend die Gesamtgröße einer Kanzlei wider.

MÖHRLE HAPP LUTHER

Norden ★★★★★

NOMINIERT
JUVE Awards 2023
Kanzlei des Jahres für den Mittelstand

Bewertung: Die HHer MDP-Kanzlei befreit sich zunehmend von ihrem Ruf, steuer- u. prüfungsdominiert zu sein. Das bemerken auch Anwälte anderer HHer Einheiten zunehmend u. loben u.a. die gute Verzahnung der einzelnen Disziplinen bei MHL. Zahlr. Stammmandanten vertrauen auf diese Kombination ohnehin schon seit vielen Jahren. Neben ihrer anerkannten insolvenz- u. aktienrechtl. Beratung hat die Kanzlei eine breit aufgestellte ▷*Gesellschaftsrechtspraxis*, die durch einen vor 2 Jahren dazugestoßenen Steuerrechtler an zusätzl. Dynamik, insbes. in internat. Themen, gewonnen hat. Darüber hinaus profitieren Mandanten von der engen Verknüpfung aus Gesellschaftsrecht u. IT, weil Letztere kontinuierl. Produkte für die Mandatsarbeit, aber auch für Mandanten direkt schafft – so etwa ein Tool für gemeinsames Projektmanagement u. digitale Lohnbuchhaltung. Ihre interdiszipl. Arbeit spielt sie zudem regelm. bei gr. ▷*Restrukturierungen* sowie für namh. Gesundheits- u. Pharmaunternehmen aus. Spezialisierte Praxen haben bei Mandanten Anklang gefunden, weshalb MHL fachbereichsübergr. Beratungsgruppen etwa für Familienunternehmen, neuerdings kapitalmarktorientierte Unternehmen u. Nachfolgethemen formiert hat. In Letzterer wurde zuletzt ein Rechtsanwalt u. Steuerberater zum Partner ernannt.

Stärken: Integrierte Zusammenarbeit der Gesellschafts- u. Steuerberater.

Oft empfohlen: Rüdiger Ludwig, Dr. Tobias Möhrle, Dr. Frauke Möhrle, Dr. Sven Oswald (alle Gesellschaftsrecht), Dr. Lars Bohlken (Kapitalmarktrecht), Dr. Helge Hirschberger (Insolvenzrecht), Henning Anders (Pharmarecht), Oliver Reimann, Dr. Anne Schöning (beide Immobilienrecht), Dr. Andrea Kröpelin (Arbeits- u. Pharmarecht)

Team: 15 Eq.-Partner, 12 Sal.-Partner, 34 Associates, 2 of Counsel

Schwerpunkte: Neben Aktien- u. ▷*Gesellsch.recht* auch ▷*Gesundheits-*, Marken- u. Wettbewerbsrecht sowie Arbeits-, Kartell- u. Immobilienrecht, ▷*Insolvenz/Restrukturierung*. Betreuung von Stifterfamilien. Beratung bei HVen u. Umstrukturierungen, auch Prozesse (u.a. Abwehr von Prospekthaftungsklagen u. für Insolvenzverwalter). Starke Gutachtertätigkeit. WP-Gesellschaft mit internat. Anbindung an Crowe Horwarth.

Mandate: Brightbay Real Estate rechtl. u. steuerl. zu grenzüberschr. Verschmelzung einer dt. auf luxemb. Tochter; tricontes360 lfd. gesellschaftsrechtl., u.a. vorinsolvenzl. Sanierung u. insolvenzrechtl. für 14 Gesellschaften; Pharmaunternehmen zu Finanzierung; Byteclub umf. bei Verkauf von Unternehmensgruppe; Vimian bei Kauf von Heiland; Brick Holding umf. insolvenz-, gesellschafts- u. steuerrechtl.; Chemieunternehmen erb-, gesellschafts- u. steuerrechtl. zu Unternehmensnachfolge; Victoria D'dorf bei Akquisitionsfinanzierung für Büro- u. Geschäftshaus; HafenCity Hamburg bei Verkauf eines Baufelds an Silver Swan u. Hamburger Wohnen; Dt. Fernsehlotterie lfd. stiftungs- u. gemeinnützigkeitsrechtl.; Brick lfd. im Gesellschaftsrecht; Arthur Darboven zu Nachfolgethemen; immobilienrechtl.: J. Safra Sarasin, LogiCor, PEG; lfd. im Pharmarecht: Novartis, Pfizer Consumer Healthcare, AstraZeneca, u.a. zu Compliance, Prozessen, Market Access.

NEUWERK

Norden ★★★★

Bewertung: Die HHer Kanzlei hat sich im Markt beeindruckend gut positioniert. Mit ihrer hohen Spezialisierung u. Beratungsqualität überzeugt sie in einzelnen Fachgebieten eine beachtl. Zahl an gr. Mandanten. So festigte sie etwa ihre Beziehungen zu Gesundheitskonzernen wie Grünenthal u. Fresenius, Letzteren beriet sie IT-rechtl. zur Entflechtung von FMC. Im Arbeitsrecht pflegt sie stabile Kontakte zu gr. Unternehmen wie BP u. Upfield, u. die Prozesspraxis baute ihre Tätigkeit für gr. Kfz-Zulieferer wie Vitesco weiter aus. Der entscheidende Unterschied zu ähnl. aufgestellten Wettbewerbern ist, dass die fachbereichsübergr. Zusammenarbeit bei Neuwerk exzellent funktioniert. Das zeigte sie zuletzt etwa in der Due-Diligence-Beratung von Axel Springer beim Kauf der Fußball-App ‚TorAlarm': Hier kamen Gesellschafts-, IP-/IT- u. Arbeitsrechtler gemeinsam zum Zuge. Weil sie mit Peukert auch einen erfahrenen Wirtschaftsstrafrechtler hat, gewann ein praxisübergr. Team ein gr. internes Untersuchungsmandat. Eine wichtige Säule ist auch die Immobilienpraxis, die ihren Radius (auch bundesw.) kontinuierl. erweitert, durch ihre Tätigkeit für Unibail-Rodamco in der HafenCity aber auch viel Lokalbezug aufweist. Schließlich unterstreicht auch die personelle Entwicklung den Erfolg ihres Konzepts: Zum Juli ernannte die Kanzlei eine Litigation-Spezialistin zur Partnerin, im IT- u. Prozessteam kam jew. ein Associate hinzu.

Stärken: Praxisgruppenübergr. Zusammenarbeit als Team; Immobilientransaktionen.

Oft empfohlen: Dr. Claudia Jehle („sehr angenehme u. konstruktive Verhandlerin", „sehr lösungsorientiert", „beeindruckende Marktpräsenz", Wettbewerber), Dr. Philipp Jehle (beide Immobilienrecht), Dr. Matthias Peukert („sehr kompetent im Wirtschafts- u. Steuerstrafrecht sowie in Compliance", „großartiger Kommunikator, sehr versiert in der Unternehmensverteidigung", Wettbewerber), Dr. Sebastian Naber („sehr solide Beratung im Arbeitsrecht", Mandant; „fachl. extrem gut, insbes. in der Führungskräfteberatung", „sehr gutes u. praxisnahes Arbeitsrechtsteam, kennt die spez. Anforderungen von VC-Investoren und Start-ups", Wettbewerber), Börge Seeger (IP/IT), Kirsten Seeger (Gesellschaftsrecht/M&A), Dr. Johannes Deiß („extrem gut vernetzter Litigator, maßvoll u. angenehm in der Beratung; weiß, was für Unternehmen wirklich wichtig ist", Mandant; „kompetenter u. guter Gesellschaftsrechtler", Wettbewerber), Dr. Annette Heinz (Investmentfonds)

Team: 8 Partner, 22 Associates

Schwerpunkte: ▷*Immobilien*; ▷*Konfliktlösung* u. M&A-Transaktionen, ▷*Arbeit-*, Gesellschaftsrecht, zudem gesellschafts-, steuerstraf- u. wirtschaftsstrafrechtl. Prozesse (Individualverteidigung). IT-rechtl. Beratung sowie Pharmarecht u. Datenschutz.

Mandate: Due Diligence für Axel Springer bei Mehrheitskauf von ‚TorAlarm'; Mayd bei div. Finanzierungsrunden; Awaze/Novasol bei Kauf dt. Ferienhausagenturen; Fresenius Digital Technology lfd. im IT, u.a. zur Entflechtung von FMC; BP arbeitsrechtl. u. zu Datenschutz; Unibail-Rodamco-Westfield bzgl. Westfield-HH-Überseequartier; Tishman Speyer lfd. bei Immobilientransaktionen; Cewe zu Gutachten zu Organpflichtverletzungen; Fortum arbeitsrechtl. zum Rückzug aus Deutschland. **Prozesse:** ehem. Geschäftsführer wg. Korruption; Pharmaunternehmen in DIS-Verf. bzgl. SPA-Forderung; Patrizia Ffm. gg. angebl. Freistellungsanspruch aus SPA; ehem. Varengold-Manager zivilrechtl. bzgl. Cum-Ex; Hemera in Post-M&A-Streit.

NÖLLE & STOEVESANDT

Norden ★

Bewertung: Die kleine Einheit ist im Gesellschaftsrecht u. bei Transaktionen mit internat. Bezug eine feste Größe in Bremen. Mandate speisen sich dabei aus ganz unterschiedl. Quellen. Teils kommen sie über die StB/WP-Einheiten von Fides, teils über andere Kanzleien, teils unmittelb. aus der Region. Entspr. engagiert sich das Team in der Dauerberatung ebenso wie in größeren Projekten, seien es Nachfolgelösungen oder Umstrukturierungen. Die Personalstärke bleibt überschaubar, sodass einer weiteren Entwicklung Grenzen gesetzt sind. Eine gewisse personelle Erweiterung gab es durch die Aufnahme eines erfahrenen Anwalts als of Counsel, der hauptberufl. jedoch für eine städt. Gesellschaft tätig ist.

Stärken: Projektbezogene Beratung in enger Koop. mit Fides.

Oft empfohlen: Dr. Jens-Uwe Nölle („sehr erfahren, pragmatisch", Wettbewerber), Dr. Martin Stoevesandt (beide Gesellschaftsrecht/M&A)

Team: 2 Eq.-Partner, 2 Sal.-Partner, 1 of Counsel

Schwerpunkte: Gesellschaftsrecht u. M&A, u.a. auch Arbeitsrecht.

Mandate: Mittelständ. Modeunternehmen bei Strukturierung Bieterverfahren mit 2 strateg. Investoren u. Verhandlung; mittelständ. Unternehmen bei Kauf in NL; mittelständ. Mineralölunternehmen bei Verkauf; mittelständ. Pflegebetrieb, Gaskavernenbetreiber u. privater Schulträger arbeitsrechtl.; öffentl. Hand wg. Insolvenz eines Pflegeheimbetreibers.

RASCHKE VON KNOBELSDORFF HEISER

Norden ★★★

Bewertung: Im Mittelpunkt der HHer Corporate-Boutique stehen Börsen-, Kapitalmarkt- u. ▷*Gesellschaftsrecht* sowie die Beratung zu Finanzierungen gr. Unternehmen u. Immobilientransaktionen. Für reges gesellschaftsrechtl. Geschäft sorgen teils langj. Mandanten, die für ▷*Transaktionen*, Beteiligungen, Hauptversammlungen aber auch in Prozessen auf die Berater vertrauen. Darüber hinaus sind sie oft bei Finanzierungsfragen u. Restrukturierungen gefragt. Immer wieder ist die Kanzlei auch für Family Offices im Einsatz, hier ist auch ihre Kompetenz zu Nachfolgethemen regelm. gefragt. Als besonderer Schwerpunkt hatte sich zuletzt die Beratung für prospektpflichtige Produkte herausgestellt, wofür 2022 ein erfahrener Finanzierungs- u. Kapitalmarktrechtler von Sullivan & Cromwell zum mittlerw. 4-köpfigen Team stieß. Auch zuletzt ist RKH wieder gewachsen: Für ihre breite gesellschaftsrechtl. Praxis gewann sie 2 Associates.

Oft empfohlen: Dr. Kristian Heiser („weitreichend fachl. qualifiziert; gerade für Mittelständler ohne gr. Rechtsabteilung top, da Projektmanagement mit abgedeckt wird; dauerhafte u. schnelle Erreichbarkeit ist garantiert", Mandant; Gesellschafts- u. Kapitalmarktrecht), Dr. Thorsten Raschke (Restrukturierung), Gilbert von Knobelsdorff, Dr. Dominik Ziegenhahn (beide Gesellschaftsrecht), Nico Torka (Handelsrecht)

Team: 5 Partner, 2 Counsel, 6 Associates, 1 of Counsel

Anwaltszahlen: Angaben der Kanzleien zur Bürogröße vor Ort. Sie spiegeln nicht zwingend die Gesamtgröße einer Kanzlei wider.

Schwerpunkte: Neben lfd. Beratung im ▷*Gesellsch. recht* v.a. kl. u. mittlere ▷*M&A*-Transaktionen. Zudem Kapitalmarktrecht, Restrukturierungen sowie gesellschafts- u. handelsrechtl. Streitigkeiten.
Mandate: Telio bei Kauf von Gerdes Communications u. Gefängnistelefoniegeschäft von Gerdes; Cellularline bei Kauf von Peter Jaeckel Kommunikationssysteme; Jahr-Familienholding bei Verkauf von Blue Elephant Energy; Laiqon bei Kauf mehrerer Gesellschaften, gesellschaftsrechtl. bei Beteiligungen u. Joint Ventures, Aktienemission unter Bezugsrechtsausschluss u. Beteiligung an growney; Diok-Aktionäre bei Einstieg eines Investors; Fahrschule Wetjen bei Verkauf von 13 Niederlassungen an ECM; Neon Equity bei prospektpflichtigem Börsengang; Publity bei prospektpflichtiger Anleiheemission; Wohnvoll bzgl. Restrukturierung einer €100-Mio-Anleihe per Debt/Equity Swap; Marcard Stein & Co. bei Finanzierung von Immobilienprojektentwicklung.

RENZENBRINK & PARTNER

Norden ★★★★

Bewertung: Die Kanzlei ist im HHer Markt weiterhin sehr präsent u. wurde ihrem Ruf als am Hochreck agierende ▷*PE*- u. Transaktionsboutique (▷*M&A*) erneut gerecht. Dreh- u. Angelpunkt ist die – häufig Private-Equity-getriebene – Transaktionsberatung, bei der im gleichen Fluss die steuerl. Belange mit abgedeckt werden. Zahlr. Stammmandanten vertrauen bei – oft strateg. – (Ver-)Käufen auf die Beratung. Auch bei neuen Investment- oder Expansionsstrategien etwa ins Ausland gilt Renzenbrink mit seinem Team als vertrauensvolle Anlaufstelle. Die zweitwichtigste Säule der Kanzlei ist die Prozesspraxis von Kirschner, die gefragt ist bei Organstreitigkeiten sowie Geschäftsführerhaftung u. sich immer wieder mit der Steuerpraxis von Kotyrba verzahnt, etwa wg. Haftungsansprüchen gg. Steuerberater u. Wirtschaftsprüfer. Dass auch die junge Partnergeneration neben der etablierten Riege Platz findet, zeigt Dr. Dennis Schlottmann, der sich, nebst der Mandatsführung für Stammmandantin About You, bei Finanzierungsfragen etabliert hat, zuletzt etwa bei einem PE-Fonds für die Serie-B-Finanzierungsrunde der SuperVista. Bemerkenswert ist, dass die Boutique im angespannten Bewerbermarkt ihre Associate-Ebene in fast allen Rechtsbereichen verstärkte: Das Litigation-Team hat sich um 2 Berufsanfänger erweitert, das Corporate-Team um 3. Dass sich die Finanzierungspartner am Münchner Standort selbstständig gemacht haben, hat keinen Einfluss auf das HHer Team, da die Teams seit ihrem Zusammenschluss vor 3 Jahren ohnehin nur punktuell zusammengearbeitet haben.
Oft empfohlen: Dr. Ulf Renzenbrink (M&A/Private Equity), Dr. Lars Kirschner („in (außer-)gerichtl. Streitigkeiten qualitativ sehr hochwertig; verfügt über ausgezeichnetes Verhandlungsgeschick, verliert nie den Blick für das gr. Ganze u. findet stets solide u. pragmat. Lösungen", Mandant; Gesellschaftsrecht), Marc-Holger Kotyrba (Steuerrecht), Dr. Andreas Stoll („sehr guter Berater im Sinne des Mandanten", Mandant; Gesellschaftsrecht)
Team: 6 Eq.-Partner, 1 Sal.-Partner, 11 Associates
Schwerpunkte: Neben ▷*M&A*- u. ▷*Private-Equity-Transaktionen* auch lfd. ▷*gesellschaftsrechtl.* Beratung (oft im Nachgang von Deals) sowie Prozessvertretung. Zudem Steuerrecht (auch Steuerberaterhaftung).
Mandate: About You lfd. gesellschafts- u. kapitalmarktrechtl., u.a. bei Beteiligung an 6PM; Conet bei Kauf von Emineo; Crosslantic Fund I u. II bei Wachstumsinvestment in Sonnenwelt u. Xando Energy Services; H.I.G. Capital bei Verkauf von Marflex u. Errichtung von Management-Beteiligungsprogrammen für Gesellschaften der Maillis-Gruppe; Opseo bei zahlr. Add-on-Transaktionen; About You & Guido Maria Kretschmer zu Joint Venture; Biofrontera zu aktienrechtl. Freigabeverfahren; Neumüller Cewe Color-Stiftung gesellschafts- u. stiftungsrechtlich. **Prozesse:** ehem. Geschäftsführer von Vestas-Tochter zu Organhaftung; Immobilienfonds gg. Steuerberatung wg. steuerl. Gestaltung von Unternehmenstransaktion.

RIVERSIDE

Norden ★

Bewertung: Die HHer Kanzlei baut neben ihrem starken Fokus auf die gesellschaftsrechtl. Beratung mittelständ. Unternehmen (z.T. auch aus dem Ausland) ihre Beziehungen zu Start-ups kontinuierl. aus u. begleitet diese in Finanzierungsrunden. Eine Partnerin, die im Vorjahr dazugekommen war, bringt ihre insolvenzrechtl. Erfahrung inzw. regelm. ein, etwa wenn es um präventive Absicherungsthemen oder Distressed-M&A-Transaktionen geht. Weiteres Gewicht hat zudem die arbeitsrechtl. Praxis gewonnen, die sich ebenfalls im Vorjahr mit einem erfahrenen Mittelstandsberater verstärkt hatte. Er brachte mit der Beratung gr. Haftpflichtversicherer von Anwälten u. StB zugleich eine neue Spezialisierung mit. In Norddtl. gut vernetzt ist zudem der verwaltungsrechtl. Partner, der seit Langem etwa für HHer Behörden u. Unternehmen tätig wird.
Team: 6 Partner, 3 Associates
Schwerpunkte: Gesellschaftsrecht für mittelständ. Unternehmen, inkl. kl. M&A-Transaktionen u. Gesellschafterstreitigkeiten, zudem Start-ups in Finanzierungsrunden. Im Arbeitsrecht Beratung von Unternehmen sowie Vorständen u. Geschäftsführern zu betriebl. Umstrukturierungen, auch sozialrechtl. Beratung. Zudem Verwaltungs- u. Bauplanungsrecht.
Mandate: Zahnmed. Praxisverbund bei MVZ-Verkauf an schwed. Unternehmen; GmbH-Geschäftsführer zu Einziehung des Geschäftsanteils sowie dessen Versteigerung u. Kauf; Batterietechnologie-Start-up in Finanzierungsrunde (€60 Mio); US-Maschinenbauunternehmen bei Mehrheitsbeteiligung; gr. Tierpark in naturschutzrechtl. Genehmigungsverfahren. **Prozesse:** HHer Immobilienprojektierer u.a. in Arrestbeschluss gg. Minderheitsgesellschafter; ASB Landesverband Nds. in arbeitsrechtl. baV-Prozess; Med. Akademie HH in ca. 30 Verf. zu Sozialversicherungsstatus.

S2H STRÖVER STROHKIRCH HARDT

Norden ★

Bewertung: Im Bremer Markt überzeugt die Kanzlei v.a. mit ihrer Kompetenz im Gesellschaftsrecht u. dem – ebenfalls durch Gesellschaftsrecht u. M&A geprägten – Notariat. Für eine Kanzlei ihres Zuschnitts setzt sie ungewöhnl. intensiv auf die Digitalisierung der Arbeit, ohne dabei die persönl. Beratung gerade mittelständ. Unternehmen zu vernachlässigen. Entspr. stabil sind Geschäft u. Marktposition. Behutsam beginnt die Kanzlei jetzt aber, den Generationswechsel vorzubereiten.
Oft empfohlen: Dr. Alexander Hardt (Gesellschaftsrecht), Eckhard Strohkirch (Notariat)
Team: 3 Eq.-Partner, davon 2 Notare, 2 Associates
Schwerpunkte: Gesellschaftsrecht u. M&A; auch Arbeitsrecht, Handel u. Vertrieb.
Mandate: Keine Nennungen.

DR. SCHACKOW & PARTNER

Norden ★★★

Bewertung: Die Traditionskanzlei gehört in Bremen mit ihrer breiten Aufstellung seit Langem zu den Marktführern, während sich der HHer Standort nach dem Weggang eines Gesellschafts- u. Steuerrechtlers derzeit fast ausschl. den Themen Logistik u. Shipping sowie Erneuerbare Energien widmet. In Bremen berät S&P eine Reihe namh. Mandanten ganz unterschiedl. Branchen, die teils die Kompetenz des Notariats suchen, teils aber auch beraten werden. Wie viele Bremer Kanzleien steckt auch sie im Generationswechsel, den sie jedoch langfristig anlegt. So kam das Ausscheiden des angesehenen Anwaltsnotars Gross zwar überraschend früh, blieb aber ohne allzu große Folgen, weil Mandate allmählich auf einen jüngeren Partner übergehen. 2022 schloss sich S&P dem internat. Kanzleinetzwerk Advoc an, das ihr recht schnell attraktive grenzüberschr. Mandate bescherte u. viel Potenzial auch in der Schwerpunktmaterie maritime Wirtschaft bietet. Voraussetzung, diese Chance zu nutzen, wird aber auch sein, die gesellschaftsrechtl. Kompetenz an beiden Standorten zu erweitern.
Stärken: Langj. Erfahrung mit der maritimen Wirtschaft.
Oft empfohlen: Tobias Haas, Dr. Klaus Rentsch (beide Gesellschaftsrecht), Dr. Gerhard Liening („zielstrebig, lösungsorientiert", Wettbewerber; Insolvenzrecht), Dr. Thomas Brinkmann (Transportrecht)
Team: 12 Eq.-Partner, davon 6 Notare, 11 Sal.-Partner, 6 Associates
Partnerwechsel: Dr. Detlev Gross (Ruhestand; Notar), Klaas Borchert, Anna-Katharina Hansen (beide zu Borchert & Partner; beide Gesellschaftsrecht)
Schwerpunkte: Transport- u. Schifffahrtsrecht, auch internat. Verträge u. Schiffsfinanzierung, M&A, Arbeitsrecht.
Mandate: Anheuser-Busch InBev Holding, Thermo Fisher (aus dem Markt bekannt) lfd.; europ. REIT bei div. Transaktionen; Reederei regelm., u.a. internat. Transaktionen; Werft regelm., auch in Prozessen; dt. Reederei bei Finanzierung von div. Tankern; Bankenkonsortium bei vorzeitiger Ablösung eines Darlehens für zypriot. Holding zur Finanzierung von 14 Mehrzweckfrachtern; dt. Nachhaltigkeitsfonds zu Schiffsfinanzierung im Rahmen einer Sale-and-lease-back-Struktur; Gebietskörperschaft, Werft vergaberechtlich. **Prozesse:** Bredo Dry Docks in Streit um Gorch-Fock-Sanierung (marktbekannt); Schweizer Tradetech-Unternehmen in Streit mit Eisenbahnlogistiker; div. Verfahren im Zshg. mit Schiffsfondsinsolvenzen, u.a. für Insolvenzverwalter.

SCHINDHELM

Norden ★★

Bewertung: In Niedersachsen – u. hier v.a. in Osnabrück – steht Schindhelm für eine breite gesellschafts- u. transaktionsrechtl. Beratung. Diese war zuletzt vermehrt im Mid-Cap-Segment, bei Umstrukturierungen u. immer häufiger von Start-ups gefragt, die neben dem Gesellschaftsrecht auch die arbeits- u. IP-rechtl. Erfahrung der Kanzlei in Anspruch nehmen. Für die umf. Beratung eines Man-

Anwaltszahlen: Angaben der Kanzleien zur Bürogröße vor Ort.
Sie spiegeln nicht zwingend die Gesamtgröße einer Kanzlei wider.

dats – sowohl Transaktionen als auch in der Dauerberatung – kooperiert das Osnabrücker Büro für alle steuerl. Belange eng mit der StB-Gesellschaft Elbert Kruse. Der Hannoveraner Standort ergänzt mit seiner Kompetenz zu Unternehmensnachfolgen u. einem Notariat die Corporate-Praxis sinnvoll. Seit dem Managementwechsel vor 2 Jahren stehen die Zeichen auf Wachstum: Neue Associates für IP, M&A u. Gesellschaftsrecht kamen in Osnabrück dazu.
Stärken: Über die SCWP-Allianz internat., insbes. nach Österreich, bestens vernetzt.
Oft empfohlen: Dr. Philipp Albrecht, Dr. Christoph Bottermann, Dr. Axel Berninger (alle Gesellschaftsrecht), Sarah Schlösser (IP/IT)
Team: 9 Eq.-Partner, davon 1 Notar, 5 Sal.-Partner, 13 Associates
Schwerpunkte: Handels- u. Gesellschaftsrecht, M&A, auch Notariat, Nachfolgefragen inkl. internat. Erbschaftsteuerrecht. Marken- u. Wettbewerbsrecht, insolvenznahe Beratung. Steuerrecht, in Osnabrück mit versch. WP- u. Steuerberatungsgesellschaften. Eigene Büros im Ausland u. exklusive Koop., teils als SCWP Schindhelm.
Mandate: Bolan Home Fashion gesellschafts- u. arbeitsrechtl. in China, insolvenzrechtl. in Dtl.; Smart City House lfd. gesellschaftsrechtl.; Elektrohandelsunternehmen umf. datenschutzrechtl.; Familienholding bei Verkauf einer IT-Beteiligung; Bohnenkamp IP-rechtl.; Kunststoffrecycling-Maschinenhersteller gesellschaftsrechtl. zu Managementbeteiligung, u.a. des chin. Geschäftsführers; Seedforward im IP. **Prozesse:** Fürstenberg Capital Erste bei Abwehr von Anlegerklagen; Atlético Madrid prozessrechtl. wg. Markenverletzung.

SCHMIDT-JORTZIG PETERSEN PENZLIN

Norden ★★★

Bewertung: Die gut vernetzte HHer Kanzlei ist im Markt für ihre Transaktionsberatung u. im Insolvenzrecht hoch angesehen. Die Zusammenarbeit der Partner aus den beiden Kernbereichen ist eingespielt u. kommt Mandanten entspr. zugute. So berieten sie bspw. einige Multi Family Offices bei Distressed-M&A-Deals. Auch in Prozessen funktioniert diese Achse: Rollin, ein ausgewiesener Prozessrechtler, vertrat etwa Penzlin als Insolvenzverwalter in zahlr. Haftungsprozessen gegen Kommanditisten von 5 Schiffsfonds. Eine gute Ergänzung ist zudem die verwaltungsrechtl. Kompetenz, die auch ungewöhnl. Gebiete wie Sparkassen- u. Klimaschutzrecht umfasst. Auch hier gelingt es SJPP, sinnvolle Schnittstellen zu bedienen, etwa bei der Beratung einer norddt. Gebietskörperschaft zur Restrukturierung des Regionalbusverkehrs oder im Zshg. mit Insolvenzen im Krankenhaussektor.
Stärken: Gut vernetzte Insolvenzpraxis.
Oft empfohlen: Dr. Bjarne Petersen („sehr angenehmer Verhandler, lösungsorientiert", „kommunikativ stark, gute Mandatsführung, fachl. u. wirtschaftl. gute Herangehensweise", Wettbewerber; M&A), Dr. Dietmar Penzlin („erfahrener Spezialist im Insolvenzrecht", „sehr kompetent u. engagiert", Wettbewerber), Dr. Edzard Schmidt-Jortzig („hervorragender Berater, besonnener Verhandler", Mandant; M&A/Gesellschaftsrecht), Dr. Philippe Rollin („guter Litigator, zuverlässig u. angenehmer Kollege", „exzellenter Zivilrechtler, sachlich u. pragmatisch", Wettbewerber; Gesellschaftsrecht)
Team: 5 Eq.-Partner, 1 Sal.-Partner, 1 Counsel, 5 Associates
Schwerpunkte: Neben Transaktionen oft lfd. gesellschaftsrechtl. Beratung u. Prozesse (auch Post-M&A-Streitigkeiten). Beratung der öffentl. Hand u. Sparkassen sowie Energie- u. Versorgungsunternehmen im Öffentl. Recht (u.a. zum Klimaschutz). Neben ▷*Insolvenzverwaltung* auch insolvenznahe Beratung sowie Verkäufe u. Prozessführung (u.a. für viele Stadtwerke).
Mandate: 1komma5° in zahlr. dt. u. internat. Transaktionen; Evoreal-Mehrheitsgesellschafter bei Beteiligungsverkauf; Paul Hewitt im Ges.- u. Vertragsrecht; JP Beteiligungsgesellschaft u. Marcard Stein & Co. lfd. im Ges.recht; N.serve u. Carbonbay lfd. im Klimaschutzrecht; Sparkasse Südholstein lfd. im Sparkassenrecht; Hansestadt Stralsund u. insolvenzrechtl. bei MV-Werften-Insolvenz; norddt. Gebietskörperschaft zur Restrukturierung des Regionalbusverkehrs. **Prozesse:** Insolvenzverwalter gg. Kommanditisten von 5 Schiffsfonds bzgl. Haftung; HHer Holding in Post-M&A-Streit; Single Family Office zur Abwehr von Haftungsansprüchen einer Bank; süddt. Holding in Gesellschafterstreit mit Insolvenzbezug.

SCHULTZE & BRAUN

Norden ★

Bewertung: Die v.a. für Insolvenzrecht bekannte Kanzlei bleibt in Bremen insofern ein Unikum, als dass sie auf ein Notariat ebenso verzichtet wie auf eine klare Orientierung am regionalen Beratungsbedarf. Im norddt. Raum bildet das Büro jedoch für die Gesamtkanzlei ein Zentrum der Rechtsberatung jenseits der Insolvenzbetreuung u. erweiterte zuletzt auch den Mandantenkreis in der Region. Trad. stehen Gesellschaftsrecht, inkl. Streitigkeiten, u. Transaktionen im Mittelpunkt. Die Beratung im dt.-niederl. Geschäft intensivierte sich, nachdem es pandemiebed. eine ruhigere Phase gab.
Stärken: Bundesweit gr. Team für Restrukturierung u. Insolvenzberatung.
Oft empfohlen: Dr. Ludwig Weber (Gesellschaftsrecht, M&A)
Team: 3 Eq.-Partner, 3 Sal.-Partner, 1 Associate, exkl. Insolvenzverwaltung
Partnerwechsel: Dr. Peer Koch (zu Performa Nord; Kapitalmarktrecht)
Schwerpunkte: ▷*Insolvenzverwaltung u. Restrukturierungsberatung*, flankiert von Gesellschaftsrecht/M&A; dt.-niederl. Geschäft, auch Arbeitsrecht.
Mandate: Bank bei Liquidation; Entsorger bei Gesellschafterauseinandersetzung; Mischkonzern zu Gesellschaftertrennung u. Beteiligungswechsel; Bremer Grundstücksgesellschaft bei Kauf von Immobiliengesellschaften; Möbelkonzern zu Umstrukturierung; dt. Vertragshändler zu Kündigung Vertrag mit niederl. Partner. **Prozesse:** Bauunternehmen u. Gebäudemanager in Streit mit Auftraggebern; Hauptgesellschafter eines Agrardienstleisters bei Gesellschafterstreit; Technologieunternehmen in IP-Streit (mit NL-Kanzlei).

SCHULZ NOACK BÄRWINKEL

Norden ★★★

Bewertung: Mit ihrem fokussierten Beratungsansatz auf Energie-, IT- u. Bankrecht, der von einer breit angelegten Corporate-Praxis unterstützt wird, deckt die Kanzlei das Gros an aktuellen Themen vieler mittelständ. Unternehmen ab. So hat etwa die Energiekrise für reichl. Arbeit bei Schulz-Gardyan gesorgt, der seinen Mandanten im Energiekartellrecht sowie bei Fragen rund um Erneuerbare Energien zur Seite stand. Für einige Energieversorger (Netzbetreiber u. Energiehändler) wird SNB neuerdings auch verstärkt im Gesellschafts- u. Arbeitsrecht tätig. Die Corporate-Praxis bezog bei Transaktionen zuletzt regelm. die IT- u. Datenschutzpraxis mit ein. Die Bedürfnisse von Unternehmen, die insbes. in Asien aktiv sind und etwa neue Produktionsstätten suchen, deckt SNB seit vielen Jahren mit eig. Büros in China u. Vietnam ab. Mit dieser Aufstellung u. der Rundumberatung von Arbeitsrecht bis Regulatorik qualifiziert sie sich regelm. als Beraterin von Unternehmen bei deren Markteintritt.
Stärken: Lange Tradition im dt.-chin. Rechtsverkehr. Ausgeprägte Prozesserfahrung, energierechtl. Themen, u.a. im Zshg. mit IT-Recht.
Oft empfohlen: Corinna Rindfleisch (IT/IP), Dr. Olaf Schulz-Gardyan (Energie/Vergabe), Martin Stangl (Energierecht), Dr. Mark-Alexander Huth (Gesellschaftsrecht)
Team: 8 Partner, 1 Counsel, 7 Associates, 3 of Counsel
Schwerpunkte: Gesellschaftsrecht, Vertragsgestaltung u. Prozesse/Schiedsverfahren mit Bezügen zu Energienetzen u. -preisen sowie Bankenkonditionen. Auch Bank- u. Kapitalmarktrecht (Kapitalerhöhung), Baurecht, Zwangsverwaltungen, IT/IP (inkl. Datenschutzrecht) u. Versicherungen. Tätig für chin. u. dt. Unternehmen im chin. Markt, oft patentbezogen. Eigene, mit Partnern u. Patentanwälten besetzte Büros in Schanghai u. Ho-Chi-Minh-Stadt.
Mandate: Netzbetreiber bei energierechtl. Konzessionsverfahren; Hotelinhaber bei Nachfolgelösung; Softwareunternehmen bei Joint Venture mit Infrastrukturbetreiber; Maschinenbauer bei Kauf aus Insolvenz; Speditionsunternehmen bei Geltendmachung von Demurrage. **Prozesse:** Netzbetreiber in energiekartellrechtl. Verfahren vor BGH; Gesellschafterstreit zw. Projektgesellschaften bzgl. zahlr. Bauvorhaben wg. steigender Refinanzierungskosten u. Lieferengpässen.

VOIGT WUNSCH HOLLER

Norden ★★★

Bewertung: Die Beratung der HHer Boutique deckt im Schwerpunkt die gesellschaftsrechtl. Bedürfnisse börsennot. Unternehmen ab. Darauf setzt etwa aktien- u. kapitalmarktrechtl. schon langj. Basler u. zuletzt vermehrt auch Siemens Energy. Beide vertrauen zusätzlich auch im ▷*Gesellschaftsrecht* u. bei ▷*Transaktionen* auf das Know-how von VWH. Diese Kombination macht die Kanzlei zudem immer häufiger zur Anlaufstelle für VC-Serieninvestoren. Auch als ▷*Nachfolgeberater* insbes. von Familienunternehmen u. Private Clients sind die Partner gefragt: Neben Holler fasst hier auch Wunsch zunehmend Fuß. Dass 2 Associates nun zunehmend eigenverantwortlich handeln, zeigt das Bewusstsein für Entwicklungsperspektiven.
Stärken: Hochkarät. gesellschaftsrechtl. Praxis.
Oft empfohlen: Dr. Oliver Wunsch (Gesellschaftsrecht/M&A), Dr. Hans-Christoph Voigt (M&A), Dr. Lorenz Holler (Corporate Litigation/Gesellschaftsrecht)
Team: 3 Eq.-Partner, 1 Sal.-Partner, 6 Associates
Schwerpunkte: Schwerpunkt im ▷*Gesellsch.recht* (inkl. Aktien- u. Kapitalmarktrecht, Nachfolgeregelungen). Beratung bei Transaktionen (auch Private Equity u. ▷*M&A*), ▷*Nachfolge*, zudem gesellschaftsrechtl. Konfliktlösung inkl. Schiedsrichtertätigkeit.

Anwaltszahlen: Angaben der Kanzleien zur Bürogröße vor Ort. Sie spiegeln nicht zwingend die Gesamtgröße einer Kanzlei wider.

Mandate: Adiuva lfd. gesellschaftsrechtl., u.a. bei Verkauf von Goetel; Basler lfd. gesellschafts- u. kapitalmarktrechtl.; Gesellschafterin eines internat. Familienunternehmens umf. gesellschaftsrechtl., u.a. zu Neustrukturierung der Corporate Governance; Gesellschafter eines Start-ups bei Verkauf an PE-Fonds; Siemens Energy gesellschaftsrechtl.; H.I.G. lfd. gesellschaftsrechtlich.

WEISNER PARTNER

Norden ★★

Bewertung: Die HHer Corporate-Boutique profiliert sich immer besser als Beraterin mittelständ. Unternehmen u. von Gesellschaftern an der Schnittstelle von Gesellschafts- u. Kapitalmarktrecht. Oft beriet sie im verg. Jahr Mandanten zur Abstimmung mit der BaFin, bspw. ein Beteiligungsunternehmen im Vorfeld eines gepl. Börsengangs. Auch in Prozessen hat die Kanzlei viel Erfahrung, was sie regelm. in Gesellschafterstreitigkeiten unter Beweis stellt. Aufgr. ihres Rufes als Spezialistin für sensible Themen setzen mittlerw. auch div. Partner bei der Trennung von ihren Kanzleien auf die Einheit.

Oft empfohlen: Dr. Arnd Weisner („schnelle Auffassungsgabe, immer auf den Punkt u. sehr durchsetzungsstark in Corporate, M&A u. Litigation", Mandant), Dr. Dominik Heimberg („effektive Rechtsdurchsetzung im Handels- u. Arbeitsrecht", Mandant), Dr. Sönke Friedrichsen („grandioses Drafting im M&A", Mandant)

Team: 3 Eq.-Partner, 2 Associates, 1 of Counsel

Schwerpunkte: Konzentration auf gesellschaftsrechtl. Beratung u. Prozessvertretung sowie M&A, inkl. Kapitalmarktrecht. Zudem Emissionshäuser u. Fonds bei der Abwehr von Prospekthaftungsklagen.

Mandate: Gr. Finanzdienstleister zur Umstrukturierung der europ. Beteiligungen u. bei WPIG-Erlaubnisverf.; Lebensmittelkonzern bei div. Venture-Capital-Investments; Autovermieter bei Kauf eines Wettbewerbers; Beteiligungsunternehmen zur Strukturierung u. Kapitaleinwerbung vor einem gepl. IPO; Lebensmittel-Beteiligungsunternehmen u.a. zu Umstrukturierung; Kopf & Steine zum Einstieg von KJ Projects; Pink University bei Kapitalerhöhung; Reederei-Gruppe lfd. ges.rechtl.; europ. Unternehmensgruppe zu grenzüberschr. Verschmelzung. **Prozesse:** KSH Capital zur Abwehr von Prospekthaftungsklagen; Immobilieninvestor in Post-M&A-Streitigkeiten; Softwareunternehmen in Gesellschafterstreit.

ZENK

Norden ★★★★

Bewertung: Die Kanzlei macht an ihrem HHer Stammsitz gleich in mehreren Fachgebieten regelm. auf sich aufmerksam – ihr Markenzeichen ist das Lebensmittelrecht. Hier gelingt es ihr, die Bedürfnisse ihrer oft langj. Mandanten auf breiter Front sowie zu aktuellen Themen abzudecken: In enger Zusammenarbeit mit dem Berliner Büro berät HH zum Thema Lieferketten u. Compliance. Ein weiteres Aushängeschild der Kanzlei ist die öffentl.-rechtl. Praxis um den erfahrenen Hüting, der im Markt insbes. aufgr. seiner ausgezeichneten Beziehungen zur Stadt HH bekannt ist u. sie z.B. in gr. planungsrechtl. Verfahren vertritt. Zudem verfolgt auch die bau- u. immobilienrechtl. Praxis ihren Ausbau konsequent weiter u. ernannte einen Eq.-Partner u. eine Sal.-Partnerin. Das Gesellschaftsrecht ist mit seiner Ausrichtung auf die Beratung mittelständ. Unternehmen u. langj. Beziehungen zu Mandanten wie Fischer Appelt eine zentrale Säule des Angebots. Neue internat. Mandanten wurden bei Niederlassungsgründungen u. Zukäufen begleitet. Gerade auch die kombinierte ges.- u. steuerrechtl. Beratung wird zunehmend nachgefragt, weshalb sich die angeschloss. Steuerberatereinheit 2023 mit einer erfahrenen Rechtsanwältin u. StBin verstärkte. Allerdings musste Zenk auch 2 Verluste verkraften. Ihre Pläne, die HHer Corporate-Praxis weiter auszubauen, gerieten durch den Abgang des langj. u. gut vernetzten Eq.-Partners Schmidt-Vollmer u. eines Sal.-Partners ins Stocken. Um mit der guten Entwicklung der anderen Fachbereiche mithalten u. weitere Synergien heben zu können, müsste die Kanzlei personell wieder aufstocken.

Stärken: Umf. Betreuung der Lebensmittelbranche. Öffentl. Wirtschaftsrecht u. angrenzende Bereiche.

Oft empfohlen: Dr. Ralf Hüting, Dr. Wolfgang Hopp (beide Umwelt- u. Planungsrecht), Dr. Henrik Nacke, Alexander Baden (beide Bau-/Immobilienrecht), Carolin Klüpfel („ausgewiesene Expertin insbes. im Architektenrecht, neue Partnergeneration bei Zenk", Wettbewerber), Anja Teiwes („sehr kompetent im Bau- u. Architektenrecht, gute Verhandlerin", Wettbewerber), Jan Dietze („super im Krisenmanagement", Mandant; Gesellschaftsrecht), Dr. Carsten Oelrichs, Sonja Schulz („scharfe Analysen", Wettbewerber; beide Lebensmittelrecht), Dr. Stefanie Hartwig („absolute Expertin im Lebensmittelrecht, sehr hohe Praxisorientierung u. außerordentl. hoher Einsatz", Mandant)

Team: 15 Eq.-Partner, 3 Sal.-Partner, 10 Associates

Partnerwechsel: Dr. Bastian Schmidt-Vollmer (zu BKL Fischer Kühne; Gesellschaftsrecht/M&A), Dr. Zoran Domić (in eigene Kanzlei; Gesellschafts- u. Steuerrecht)

Schwerpunkte: ▷*Öffentl. Recht* (auch Vergabe- u. Abfallrecht), M&A, ▷*Gesellsch.recht* u. Steuerrecht (auch eigene Steuerberatungsgesellschaft); umf. Betreuung im ▷*Lebensmittel-* sowie ▷*Marken- u. Wettbewerbsrecht*. Zudem ▷*Immo/Bau* (inkl. Architektenrecht).

Mandate: 20 Scoops bei Beteiligung an Bringoo; Fischer Appelt u. ReCarton lfd. ges.rechtl.; Extr:act verbands- u. kartellrechtl.; Bayes-Esport-Solutions-Management bzgl. Finanzierung; BGZ bei Zwischenlagerübernahme für radioakt. Abfälle; Beos/Swiss Life lfd., u.a. zu Immobilientransaktionen; Otto im Immobilienrecht; lfd. in Lebensmittelrecht u. IP: Iglo, Zertus, Südzucker; Eurogate in wasserrechtl. Planfeststellungsverfahren; Freie u. Hansestadt HH, u.a. bzgl. Erweiterung des HHer Flughafens. **Prozesse:** Unilever lfd. im UWG; Lebensmittelhersteller in Gesellschafterstreit um chin. Joint Venture.

Anwaltszahlen: Angaben der Kanzleien zur Bürogröße vor Ort.
Sie spiegeln nicht zwingend die Gesamtgröße einer Kanzlei wider.

JUVE Handbuch

2023 | 2024

ANZEIGEN: KANZLEIEN NORDEN

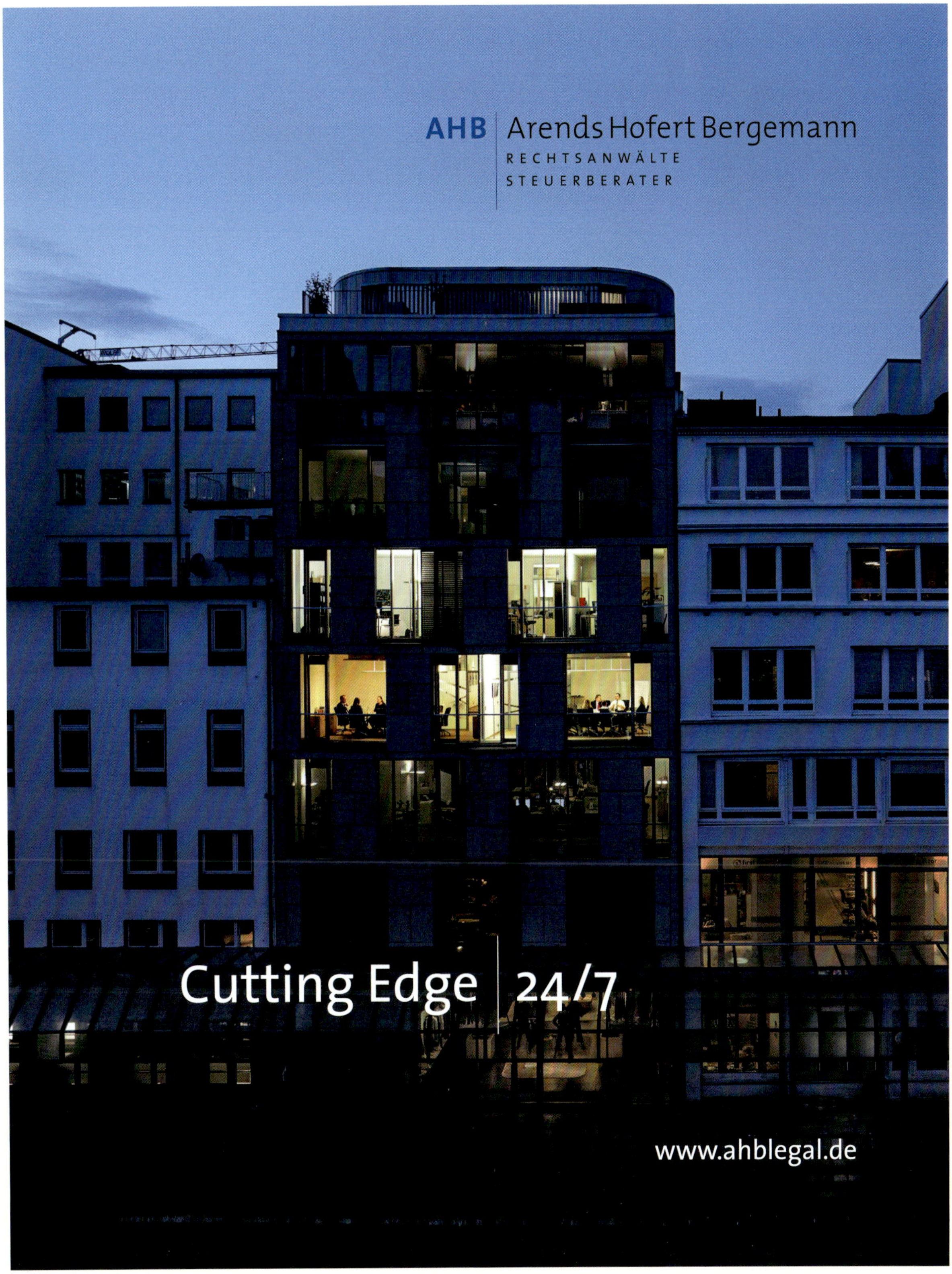
AHB | Arends Hofert Bergemann
RECHTSANWÄLTE
STEUERBERATER
Cutting Edge | 24/7
www.ahblegal.de

www.ahlers-vogel.de
„Exzellenz bedeutet, auch gewöhnliche Dinge außergewöhnlich gut zu machen.“
Frei nach John W. Gardner
Ahlers & Vogel
Rechtsanwälte seit 1858

EIN STARKER
PARTNER
blaum bietet fachlich kompetente und engagierte Unterstützung bei der Gestaltung und Vertretung Ihrer wirtschaftsrechtlichen Angelegenheiten.
Unser Anspruch ist höchstes juristisches Niveau, gepaart mit nachhaltigem Einsatzwillen und hohem wirtschaftlichen Verständnis.
blaum
Blaum Dettmers Rabstein
Rechtsanwaltspartnerschaft mbB und Notare
Bremen Hamburg München
blaum.de
JUVE AWARDS 2022
NOMINIERT
JUVE Awards 2022
Kanzlei des Jahres für den Mittelstand
LEGAL 500 DEUTSCHLAND
TOP TIER 2023
azur 100
TOP ARBEITGEBER
2021

Rechtsberatung
Wirtschaftsprüfung
Steuerberatung
Sanierung & Insolvenz

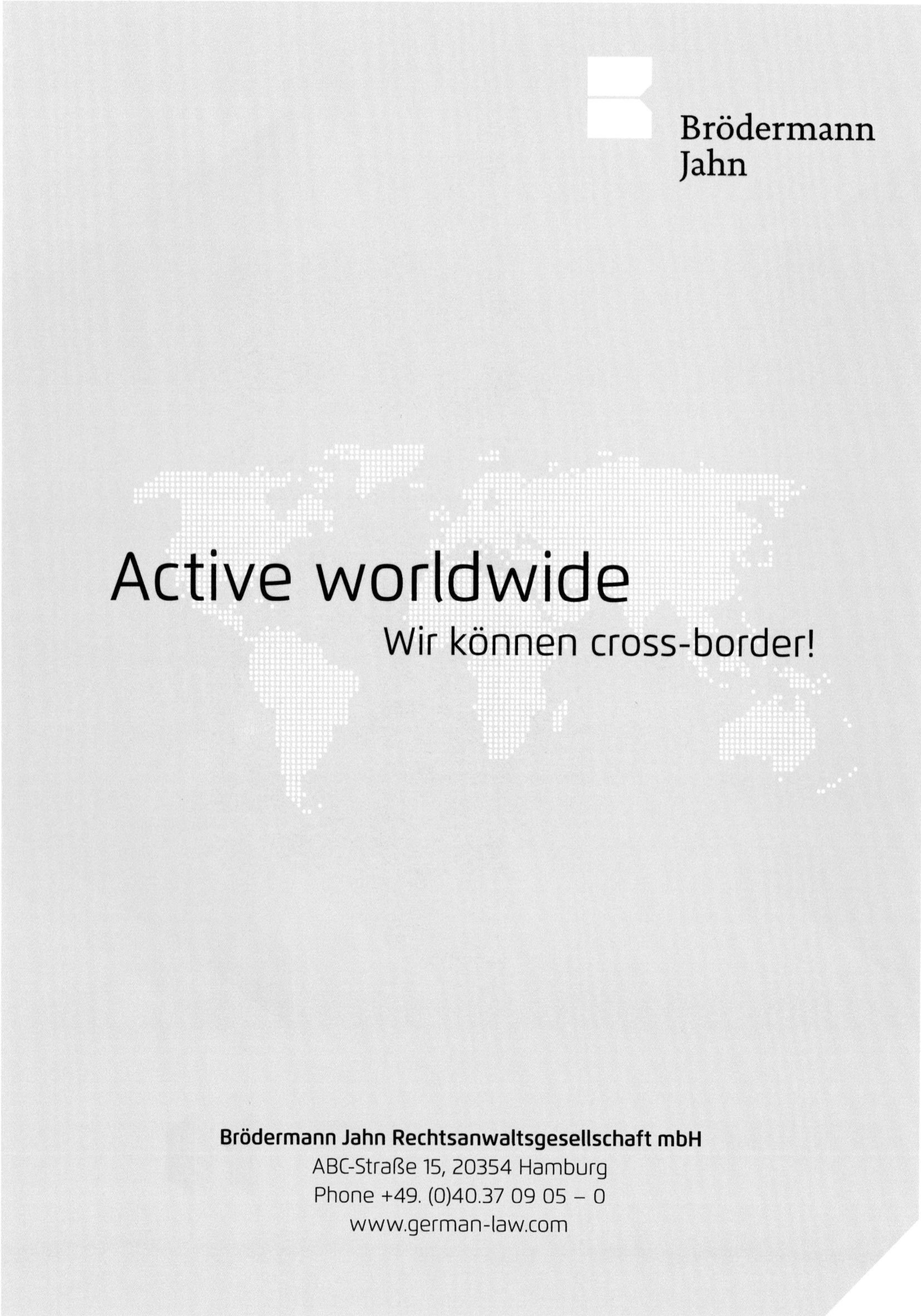
Brödermann
Jahn
Active worldwide
Wir können cross-border!
Brödermann Jahn Rechtsanwaltsgesellschaft mbH
ABC-Straße 15, 20354 Hamburg
Phone +49. (0)40.37 09 05 – 0
www.german-law.com

FONTAINE GÖTZE

Rechtsanwälte · Notare

FONTAINE GÖTZE mit Sitz in Hannover ist eine renommierte Wirtschaftskanzlei mit überregionalen und internationalen Mandaten.

Die Kanzlei: Seit ihrer Gründung im Jahre 1917 betreut die Praxis Unternehmen in Hannover und der Region in allen wirtschaftsrechtlichen Fragen. Vier erfahrene Notare ergänzen den anwaltlichen Bereich. Die Partner der Sozietät sind Mitglieder in Verwaltungsräten, Beiräten und Stiftungsvorständen.
Die Erwartungen unserer Mandanten erfordern nicht nur exzellentes Fachwissen und hohe Servicebereitschaft, sondern auch Verständnis für das wirtschaftliche Umfeld, in dem sich unsere Mandanten bewegen, ein treffsicheres Urteilsvermögen und die Fähigkeit, innovative Lösungsmodelle zu entwickeln. Unsere Arbeitsweise ist geprägt von persönlichem Engagement, Freude an der Arbeit und am gemeinsamen Erfolg.

Arbeitsbereiche: FONTAINE GÖTZE bietet ihren Mandanten umfassende Beratung und Vertretung im gesamten Wirtschaftsrecht.

Die Kanzlei hat sich vor allem auf die Gebiete Gesellschaftsrecht, Bank- und Kapitalmarktrecht sowie Immobilienrecht ausgerichtet. Insbesondere beraten ihre Rechtsanwälte bei der Gründung und Gestaltung von Gesellschaften, der Unternehmensnachfolge, der Strukturierung und Anlage von Vermögen, der Umwandlung und beim Unternehmenskauf.
Neben regionalen, überregionalen und internationalen Unternehmen gehören auch öffentlich-rechtliche Auftraggeber zur Mandantschaft von FONTAINE GÖTZE. Die Bandbreite der betreuten Branchen reicht vom Handel über die Industrie bis hin zu Finanzdienstleistern und Kreditinstituten. Ein Stamm von Privatmandanten, überwiegend Unternehmer, werden auch in persönlichen Fragen beraten, vor allem im Bereich des Erbrechts und des Grundstücksrechts. Alle Felder des Wirtschaftsrechts, vom Stiftungsrecht bis zum gewerblichen Rechtschutz, werden von der Kanzlei auch forensisch abgedeckt, ebenso arbeitsrechtliche Mandate.

Bristoler Str. 6
30175 Hannover
Telefon: 05 11 / 81 20 33
Telefax: 05 11 / 81 77 30
mail@fontaine-goetze.de
www.fontaine-goetze.de

Ansprechpartner:

Gesellschaftsrecht
Matthias Fontaine, Dr. Nicolas Fontaine, Dr. Torsten Becker, Dr. Sebastian-Alexander Kampe, Stephen Merz, Hans-J. Dämmrich

Mergers & Acquisitions
Matthias Fontaine, Dr. Nicolas Fontaine, Dr. Torsten Becker, Dr. Sebastian-Alexander Kampe, Stephen Merz, Hans-J. Dämmrich

Bank- und Kapitalanlagerecht
Dr. Torsten Becker, Dr. Sebastian-Alexander Kampe, Stephen Merz

Gewerblicher Rechtsschutz
Stephen Merz, Hans-J. Dämmrich

Erbrecht
Matthias Fontaine, Dr. Nicolas Fontaine

Handelsvertreter- und Vertriebsrecht
Dr. Sebastian-Alexander Kampe, Stephen Merz, Hans-J. Dämmrich

Stiftungsrecht
Matthias Fontaine, Dr. Nicolas Fontaine

Arbeitsrecht
Hans-J. Dämmrich

Wettbewerbsrecht
Dr. Nicolas Fontaine, Stephen Merz

Haftungs- und Versicherungsrecht
Dr. Torsten Becker, Hans-J. Dämmrich

Immobilienrecht
Matthias Fontaine, Dr. Nicolas Fontaine, Dr. Torsten Becker, Dr. Sebastian-Alexander Kampe, Hans-J. Dämmrich

Insolvenzrecht
Stephen Merz

Tätigkeitsschwerpunkte:
Gesellschaftsrecht
Mergers & Acquisitions
Bank- und Kapitalanlagerecht
Gewerblicher Rechtsschutz
Erbrecht
Handelsvertreter- und Vertriebsrecht
Stiftungsrecht
Arbeitsrecht
Wettbewerbsrecht
Haftungs- und Versicherungsrecht
Immobilienrecht
Insolvenzrecht

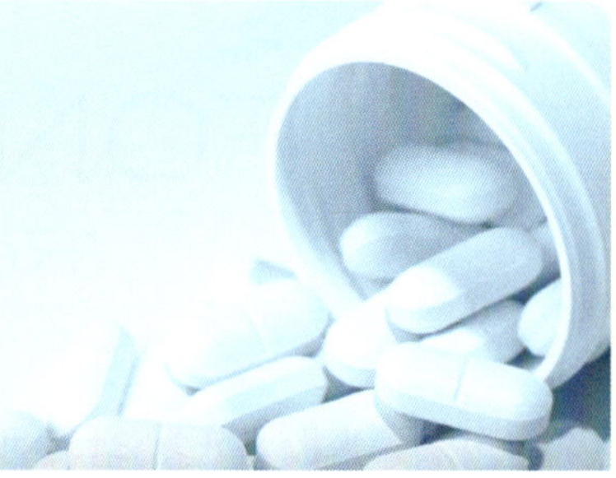

KOZIANKA & WEIDNER
Rechtsanwälte

Von der Produktidee über die Zulassung bis zum Wettbewerbsrecht

Die Allrounder im Gesundheitsrecht

Sie möchten ein Gesundheitsprodukt entwickeln, zulassen, einlizensieren oder vermarkten? Sie stehen vor einer unternehmerischen Transaktion? Sie haben Fragen zur frühen Nutzenbewertung und Erstattungsfähigkeit eines Arzneimittels, Medizinproduktes oder Lebensmittels? Es gibt viele Fragen, für die wir Ihr perfekter Partner sind.

Pharmabusiness ist mehr als Chemie

Juristische Fallstricke begleiten dieses Geschäft auf Schritt und Tritt. Schon die Frage, ob es sich bei Ihrem Präparat um ein Arzneimittel, ein Medizinprodukt, ein Nahrungsergänzungsmittel, eine ergänzende bilanzierte Diät oder um ein Kosmetikum handelt, ist oft nicht einfach zu beantworten. Dabei ist das entscheidend für die Verkehrsfähigkeit, Zulassung, Produktaufmachung, rechtlich einwandfreie Vermarktung und Compliance Ihrer Aktivitäten. Regulatorische Aspekte der Zulassung empfinden selbst erfahrene Pharma-Manager als „Handstand auf der Rasierklinge". Und die Debatte, welche Werbung geht und welche nicht, wird meist leider erst vor Gericht entschieden. Nicht zuletzt erhöhen die europarechtlichen Bezüge die Komplexität dieser Fragestellungen.

Mehr als 25 Jahre umfassende Healthcare-Expertise

Gut, wenn Sie bei Ihrem Projekt von Anfang an die Weichen richtig stellen. Noch besser, wenn Sie das mit der Kanzlei Kozianka & Weidner tun – eine der führenden Adressen für Gesundheitsrecht mit mehr als 25jähriger Expertise auf allen für Gesundheitsprodukte bedeutsamen Rechtsgebieten.

Gemeinsam lösen wir Ihre Probleme. Schnell, pragmatisch und betriebswirtschaftlich vernünftig. Mehr unter www.kozianka-law.de

KOZIANKA & WEIDNER
Habichthorst 32 | 22459 Hamburg
+49 (0) 40 551 7041 | info@kozianka-law.de

LOYFORT
Transparent.
Verständlich.
Modern.
LOYFORT.DE ↗

MÖHRLE
HAPP
LUTHER
95
1928 - 2023
Exzellent beraten. Seit 95 Jahren.
Als führende Wirtschaftskanzlei mit Standorten in Hamburg, Berlin und Schwerin setzen sich bei uns mehr als 400 kluge Köpfe für den Erfolg unserer Mandantschaft ein.
Gemeinsam exzellent.
Mitglied von Crowe Global
www.mhl.de

SCHACKOW

Wir sind eine der führenden Wirtschaftskanzleien Norddeutschlands und steuern stets die ökonomisch sinnvollste Lösung an. Soweit möglich versuchen wir, gerichtliche Auseinandersetzungen zu vermeiden.

Durch individuelle Betreuung unterstützen wir Sie im In- und Ausland dabei, das Recht für Ihre unternehmerischen Ziele zu nutzen, insbesondere auf den Gebieten

- **Arbeitsrecht**
- **Bank- und Kapitalmarktrecht**
- **Gewerblicher Rechtsschutz**
- **Handels- und Gesellschaftsrecht**
- **Immobilienrecht**
- **Internationales Wirtschaftsrecht**
- **Maritime Wirtschaft**
- **Notare**
- **Sanierungs- und Insolvenzrecht**
- **Schiffsfinanzierung**
- **Transaktionen**
- **Transportrecht**
- **Vergaberecht**
- **Verwaltungsrecht**
- **Zwangsvollstreckung**

Langjährige Branchenerfahrung, ständige Fortbildung und Spezialisierung – das ist für unser über 60-köpfiges Team das Fundament dafür, Sie exzellent, zuverlässig, flexibel und schnell beraten zu können.

Dr. Schackow & Partner
Rechtsanwälte PartG mbB

Domshof 17
28195 Bremen
Telefon: 0421 3699-0
Telefax: 0421 3699-144
E-Mail: bremen@schackow.de

Jungfernstieg 30
20354 Hamburg
Telefon: 040 303730-0
Telefax: 040 303730-99
E-Mail: hamburg@schackow.de

www.schackow.de

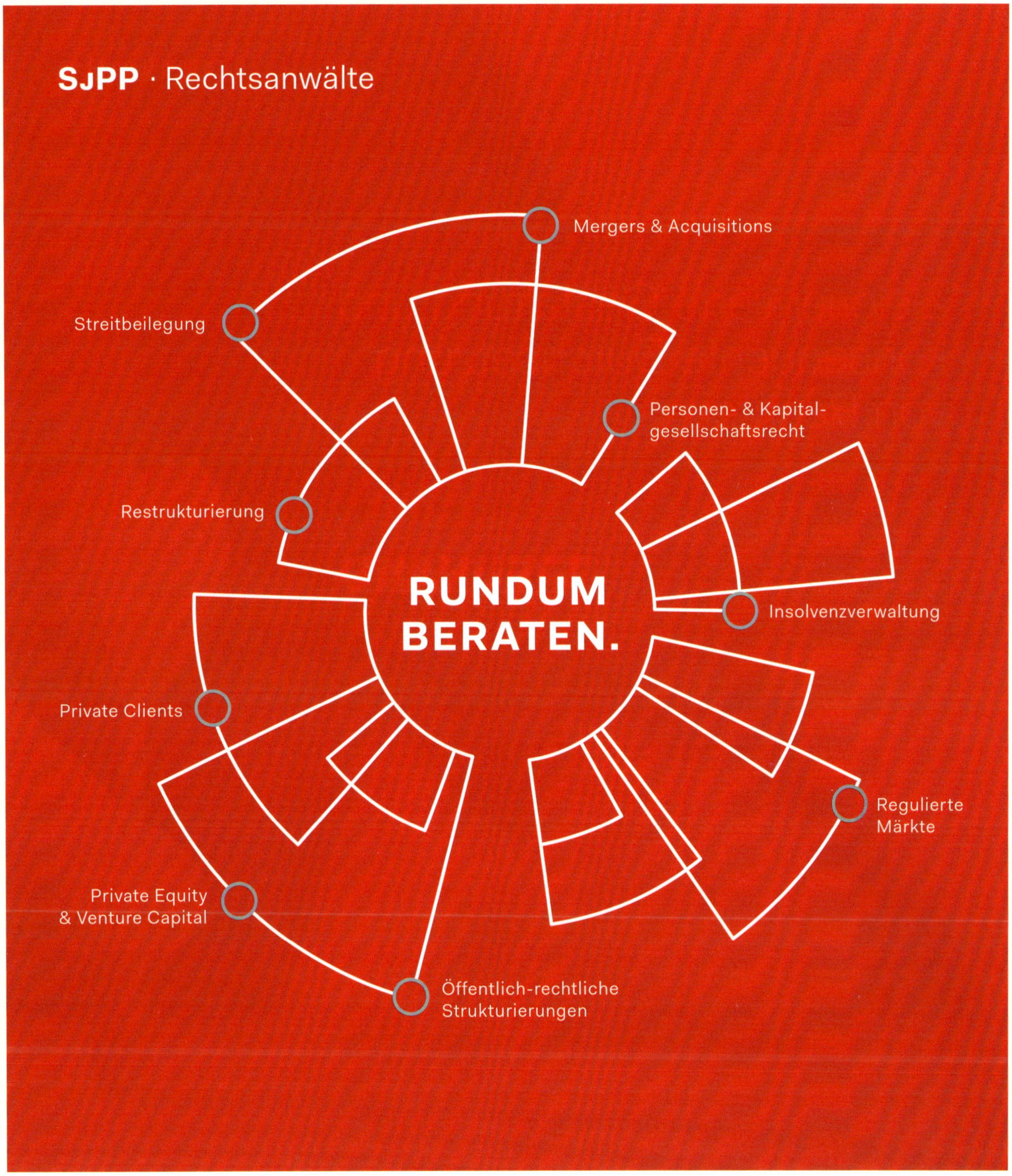
SJPP · Rechtsanwälte
Mergers & Acquisitions
Streitbeilegung
Personen- & Kapitalgesellschaftsrecht
Restrukturierung
RUNDUM BERATEN.
Insolvenzverwaltung
Private Clients
Regulierte Märkte
Private Equity & Venture Capital
Öffentlich-rechtliche Strukturierungen

treuhand-recht.de
Zielorientierte Gestaltung und konsequente Durchsetzung von Rechten
Treuhand Rechtsberatung
Hochhäusler · Duwe & Partner
Partnerschaft von Rechtsanwälten mbB
Bremen | Oldenburg
TREUHAND

Region: Osten

(Berlin, Land Brandenburg, Sachsen, Sachsen-Anhalt, Thüringen)

Zwischen Weltpolitik und Generationenwechsel

Der Kanzleimarkt im Osten ist unterschiedlichsten Dynamiken ausgesetzt: In Berlin müssen die Ministerien gewaltige Folgen eines europäischen Krieges managen und werben dafür auch Personal der Kanzleien ab. Gleichzeitig mandatiert die Verwaltung externe Kanzleien aus der Region für ihre Projekte und Probleme. Hiervon profitieren Einheiten wie **Lindenpartners**, die etwa die Bund-Länder-Geschäftsstelle für Braunkohlesanierung berät, aber ebenso **KPMG Law** und **Mazars**, die bei großen Energie- und Infrastrukturprojekten hinzugerufen werden. So ist die Big-Four-Gesellschaft z.B. bei diversen Bauprojekten der Berliner Verkehrsbetriebe und der Deutschen Rentenversicherung eingebunden, während **Mazars** etwa für die umfassende Beratung der BEN Berlin Energie u. Netzholding und der kommunalen sächsischen Energiebeteiligungsgesellschaften steht. Parallel durchläuft die Start-up-Szene der Hauptstadt eine Stabilisierungs- und Fusionswelle, bei der spezialisierte Kanzleien wie **Lambsdorff**, **Vogel Heerma Waitz** oder **Ypog** besonders gefragt sind. So halfen sie etwa, die beiden Shopping-Community-Betreiber Global Savings Group und Pepper.com zusammenzuführen.

Was Berlin auch ausmacht: Die Stadt bildet den wahrscheinlich besten Markt zur Rekrutierung von Kanzleinachwuchs. Den Kanzleien in Sachsen, Sachsen-Anhalt, Thüringen, Mecklenburg-Vorpommern und Brandenburg dagegen droht die Überalterung ihrer Partnerriege. Die Gründergeneration der Wendezeit hat über die Transformationsarbeiten bei den Mandanten oft die nachhaltige Weiterentwicklung der eigenen Sozietät vernachlässigt.

Potenziale heben

Doch zeigt sich auch hier langsam eine Nachwuchsgeneration, die in den vergangenen zwei Jahren mit eigenen Einheiten an den Start gegangen ist. Auffällig sind hier etwa die auf öffentliches Wirtschaftsrecht spezialisierte **HSA Hentschke & Partner**, deren Partner früher bei Dombert in Potsdam arbeiteten, sowie die gesellschafts- und steuerrechtlich ausgerichteten Kanzleien **WSP Wintzer Stauffenberg Pekruhl** und **Corta**. Erstere ist ein Erfurter Spin-off von PwC Legal, Letztere hat sich von der Erfurter Kanzlei Löffler abgespalten. Die Kombination von Gesellschafts- und Steuerrecht scheint sich in der Region momentan großer Nachfrage – und viel Potenzials – zu erfreuen. Der überraschende Weggang der wichtigsten Steuerpartnerin bei der regional führenden Leipziger Kanzlei **Petersen Hardraht Pruggmayer** wirft diese daher in einem sich dynamisch entwickelnden Feld zurück.

Zudem eröffnen sich gerade auch jüngeren Einheiten Chancen, weil Großkonzerne wie Tesla (nahe Berlin), Intel (in Magdeburg) und Infineon (in Dresden) neue Werke in Ostdeutschland hochziehen und damit – so die Hoffnung – die Wirtschaft insgesamt beleben. Dass Halle nicht nur Sitz der „Gemeinsamen Glücksspielbehörde der Länder" geworden ist, sondern von der Bundesregierung auch den Zuschlag für das „Zukunftszentrum für Deutsche Einheit und Europäische Transformation" erhalten hat, könnte da mehr als reine Symbolpolitik sein.

Besprochen werden in den Regionalkapiteln besonders die für ihre Beratung im regionalen und überregionalen Mittelstand bekannten Kanzleien und die führenden Berater aus diesen Kanzleien. Informationen zu Kanzleien, die zu den bundesweiten JUVE Top 50 gehören, sowie zu den Standorten internationaler Kanzleien, bei denen die Mehrheit der Anwälte im Ausland tätig ist, finden Sie in einer tabellarischen Übersicht und in den jeweiligen Rechtsgebietskapiteln.

JUVE KANZLEI DES JAHRES OSTEN

YPOG

JUVE 2023 AWARDS

Ypog ist schnell gewachsen an ihrem Berliner Stammsitz und hat im Zuge dessen auch erfolgreich ihr Beratungsspektrum ausgebaut. Mit Kompetenzen im Aufsichts-, IT- und Datenschutzrecht flankiert sie nun die technologiebasierten Geschäftsmodelle ihrer Mandanten sowie die Abstimmungsprozesse mit entsprechenden Behörden. Geschickt greift sie dem Größenwachstum und der weiteren Diversifizierung ihrer Kernklientel vor, die sich selbst häufig vom Start-up zum innovativen Mittelständler wandelt: Ypog verhandelte den auf rund €500 Mio taxierten Zukauf von Phenox für das Medizintechnikunternehmen Wallaby Medical und gleiste die anspruchsvollen SE-Umwandlungen bei dem Re-Commerce Unternehmen Momox und der Bank N26 auf.

Dass aus der hochspezialisierten Boutique für Fondsstrukturierungen, Start-up-Gründungen und Finanzierungsrunden binnen kürzester Zeit auch eine Corporate-Consigliere für ESG- und Mitarbeiterbeteiligungsprogramme, weitreichende gesellschaftsrechtliche Tranformationen und innovatives Transparenzregistermanagement werden konnte, liegt auch an einer vorausschauenden Personalentwicklung, die auf junge, aufstrebende Talente aus Großkanzleien setzt. Zuletzt zahlten sich etwa die Zugänge von **Dr. Emma Peters** und **Dr. Lilly Fiedler** aus, mit denen Ypog ihre Transaktionskompetenzen erweitert und ein schnell respektiertes gesellschaftsrechtliches Notariat etablierten konnte. Wettbewerber der Region sehen in der Wirtschaftskanzlei am Kurfürstendamm nun „ein super starkes Team" und „eine coole Truppe, von der wir noch viel hören werden".

Osten

★★★★★	
Lindenpartners	Berlin
Petersen Hardraht Pruggmayer	Leipzig, Dresden, Chemnitz
★★★★	
BMH Bräutigam & Partner	Berlin
KPMG Law	Berlin, Dresden, Leipzig
Mazars	Berlin, Dresden, Leipzig
Ypog	Berlin
★★★	
Aderhold	Leipzig
Battke Grünberg	Dresden
Buse	Berlin
Eureos	Dresden, Leipzig, Erfurt, Magdeburg, Chemnitz
Gruendelpartner	Leipzig, Jena, Berlin
Lambsdorff	Berlin
Vogel Heerma Waitz	Berlin
★★	
EY Law	Berlin
Kiermeier Haselier Grosse	Dresden
★	
BBL Brockdorff	Berlin, Dresden, Potsdam
Bergerhoff	Erfurt, Jena, Weimar
Hümmerich & Partner	Halle, Potsdam
Mulansky + Kollegen	Dresden
Wegnerpartner	Berlin
Weidinger Richtscheid	Leipzig
Weisskopf	Erfurt
Zenk	Berlin

Die Auswahl von Kanzleien und Personen in Rankings und tabellarischen Übersichten ist das Ergebnis umfangreicher Recherchen der JUVE-Redaktion. Sie ist in 2erlei Hinsicht subjektiv: Die Aussagen der befragten Quellen sind subjektiv u. spiegeln deren Erfahrungen u. Einschätzungen. Die JUVE-Redaktion wiederum analysiert die Rechercheergebnisse unter Einbeziehung ihrer eigenen Marktkenntnis. Der JUVE Verlag beabsichtigt keine allgemeingültige oder objektiv nachprüfbare Bewertung. Es ist möglich, dass eine andere Recherchemethode zu anderen Ergebnissen führt. Innerhalb einzelner Gruppen in Rankings und tabellarischen Übersichten sind Kanzleien und Personen alphabetisch sortiert.

ADERHOLD

Osten ★★★

Bewertung: Das Büro in Leipzig gehört mittlerw. in vielerlei Hinsicht zu den wichtigen Beratern für den ostdt. Mittelstand, betreut aber von Sachsen aus regelm. auch Mandate im gesamten Bundesgebiet. Deutl. wird dies etwa an der stetig ansteigenden immobilienrechtl. Beratung für westdt. Investoren bei Zukäufen bzw. fehlgeschlagenen Investitionen. Zudem wird die Schnittstelle zum ansonsten eher regionalen Gesellschaftsrecht auch bei krisengeprägten Umstrukturierungen in der Immobilienbranche u. gesellschaftsrechtl. Streitigkeiten klar. Zuletzt hat sich v.a. die umf. Beratung bei der Ansiedlung größerer Photovoltaik-Flächen in Ostdtl. als boomendes Betätigungsfeld erwiesen, wo ein Anfang 2023 ernannter Sal.-Partner seinen Schwerpunkt hat. Einen ähnl. Aufschwung erlebte zuletzt die Restrukturierungsberatung, die in Leipzig schon lange unabh. vom Dortmunder Stammhaus zu den Aushängeschildern der Kanzlei zählt. Der Abgang des zentralen Dortmunder Partners berührte das sächs. Büro daher nur periphär. Im Gegenteil: Mit dem Gewinn eines in der Begleitung von Insolvenzverf. erfahrenen, langj. Schultze & Braun-Anwalts sicherte Aderhold ihre Verwaltungsabteilung ab, um die Restrukturierungspraxis vor Ort ausbauen zu können. Eine weitere Säule in Leipzig ist das Arbeitsrecht: Laskawy, Leiter der bundesw. Praxis, hat die Beratung nach der Schließung des Münchner Büros hier konzentriert.

Stärken: Gesellschaftsrecht, Restrukturierung, Arbeitsrecht.

Oft empfohlen: Till Vosberg (Gesellschaftsrecht), Dirk Laskawy (Arbeitsrecht), Hubertus Frhr. von Erffa (Insolvenzrecht)

Team: 4 Eq.-Partner, 2 Sal.-Partner, 4 Counsel, 7 Associates

Schwerpunkte: Gesellschaftsrecht/▷*M&A* (inkl. gesellschaftsrechtl. Konfliktlösung), Immobilienwirtschaftsrecht (inkl. Transaktionen), ▷*Insolvenz/Restrukturierung* (inkl. Verwaltung, Kauf/Verkauf aus Insolvenz, Beratung von u. Prozessführung für andere Insolvenzverwalter), Arbeitsrecht (u.a. Führungskräftevertretung, kollektives Arbeitsrecht).

Mandate: Domo-Gruppe lfd. bei Umstrukturierungen; Busse, Rebotec, Schkeuditzer Metallveredelung bei Mitarbeiterbeteiligung als Nachfolgelösung; Leipzig International School lfd. (inkl. Datenschutzrecht); Co.don AG bei Eigenverwaltung u. Verkauf an US-chines. Investor; FF Agrarbau bei Restrukturierung u. in Eigenverwaltung; Projektentwickler für Photovoltaik bei Überlassungs- u. Bewirtschaftungsvertrag für Solarflächen für ostdt. Energieversorger; Ev. Luth. Landeskirche Sachsen lfd., u.a. bei Kooperationen mit Baulandentwicklern, Erbbaurechten zur Schaffung von Wohnraum, Vermarktung von Flächen für Erneuerbare Energien; Immobilienunternehmen bei gesellschaftsrechtl. Streit um Bebauung eines großen Areals in Berlin.

BATTKE GRÜNBERG

Osten ★★★

Bewertung: In Sachsen zählt die Kanzlei insbes. wg. ihrer Größe u. Schlagkraft im Arbeitsrecht zu den wichtigsten Wirtschaftskanzleien. Der hier praktizierte Ansatz einer ganzheitl. lfd. Beratung mit klaren mediativen Elementen findet sich so explizit in der Region sonst nicht u. dient BG immer wieder als Türöffner für breiteres Geschäft, v.a. für Umstrukturierungen. Zuletzt konnte die Kanzlei diese Kompetenz in Verbindung mit ihrer guten Positionierung bei staatl. Einrichtungen etwa bei den Stadtwerken Weißwasser unter Beweis stellen. Insges. ist es der Gleichklang der breit angelegten wirtschaftsrechtl. Beratung von Privatwirtschaft, öffentl. Hand u. Sozialwirtschaft, der die Kanzlei auszeichnet. Das ist einerseits ein klares Profil. Andererseits hat die Kanzlei noch einen Weg zu finden, auch bei hochwertigerer eigenständiger gesellschaftsrechtl. Beratung im Vergleich zu regionalen Wettbewerbern wie Petersen Hardraht oder Aderhold nicht an Boden zu verlieren. Mit einem verjüngten Management u. der noch stärkeren Betonung auf Digitalisierung modernisiert sich die Sozietät, auch in ihrer Beziehung zu Mandanten. So hat sie Co-Working-Tools etabliert, wie sichere Clouds für jeden Mandanten od. ein Ticketsystem für Rechtsabteilungen.

Oft empfohlen: Dr. Andrea Benkendorff (Arbeitsrecht), Jörg-Dieter Battke (Gesellschaftsrecht), Dr. Ekkehard Nolting (Gesellschaftsrecht), Dr. Ludger Meuten (Vergaberecht)

Team: 7 Eq.-Partner, 3 Counsel, 10 Associates

Schwerpunkte: Arbeitsrecht, Gesellschaftsrecht/M&A, Vergaberecht, IT-, Marken- u. Wettbewerbsrecht. Daneben Prozessvertretungen u. Schiedsverfahren (inkl. Schiedsrichterbestellungen), Medizinrecht, Energiewirtschaftsrecht. Branchen: regionale (Industrie-)Unternehmen, Wirtschaftsbetriebe der öffentl. Hand u. der Sozialwirtschaft.

Mandate: Deaxo, u.a. bei Umstrukturierungen u. Kauf eines Anlagenbauers; Lebenshilfe Sächs. Schweiz-Osterzgebirge bei Beteiligung an knackfrisch; IKD Ingenieur-Consult bei Kapitalerhöhung; Stadtwerke Weißwasser bei Aufspaltung in 3 Betriebsteile sowie arbeitsrechtl. bei Rekommunalisierung des Trink- u. Abwassergeschäfts; Zamek Food Solutions bei Schließung des Standortes Dresden (inkl. Interessenausgleich u. Sozialplan); Heliatek bei Betriebsvereinbarung zur Einführung neuer Zeiterfassung; AWV Ostthüringen bei europaw. Ausschreibung über die Verwertung von Pappe, Papier u. Kartonage; sächs. Staatsministerium bei europaw. Vergabeverfahren zur Beschaffung landwirtschaftl. Drohnen; Stadtwerke Pirna Energie lfd. im IT- u. Urheberrecht.

BBL BROCKDORFF

Osten ★

Bewertung: Die Sozietät, die Büros in Berlin, Dresden u. Potsdam hat, kennt den mittelständ. Mandanten nur zu gut – vor allem in Krisensituationen.

Anwaltszahlen: Angaben der Kanzleien zur Bürogröße vor Ort. Sie spiegeln nicht zwingend die Gesamtgröße einer Kanzlei wider.

Top 50 und internationale Kanzleien im Osten

Advant Beiten (Berlin)	▷Arbeit; ▷Gesellsch.recht; ▷Immo/Bau; ▷Kartellrecht; ▷Konfliktlösung; ▷M&A; ▷Marken u. Wettbewerb; ▷Medien; ▷Vergabe.
Baker McKenzie (Berlin)	▷Außenwirtschaft; ▷Beihilfe; ▷Energie; ▷ESG; ▷Gesellsch.recht; ▷Gesundheit; ▷Immo/Bau; ▷M&A; ▷Vergabe.
CBH Rechtsanwälte (Berlin)	▷Arbeit; ▷Vergabe; ▷Verkehr.
CMS Hasche Sigle (Berlin, Leipzig)	▷Arbeit; ▷Bankrecht u. -aufsicht; ▷Gesellsch.recht; ▷Gesundheit; ▷Immo/Bau; ▷Insolvenz/Restrukturierung; ▷IT-Recht u. Datenschutz; ▷Kredite u. Akqu.fin.; ▷M&A; ▷Medien; ▷Marken u. Wettbewerb; ▷Öffentl. Recht; ▷Private Equ. u. Vent. Capital; ▷Vergabe.
Dentons (Berlin)	▷Außenwirtschaft; ▷Beihilfe; ▷Energie; ▷ESG; ▷Gesellsch.recht; ▷Gesundheit; ▷Immo/Bau; ▷Insolvenz/Restrukturierung; ▷Kartellrecht; ▷Konfliktlösung; ▷M&A; ▷Marken u. Wettbewerb; ▷Notare; ▷Verkehr.
Eversheds Sutherland (Berlin)	▷Arbeit; ▷M&A.
Flick Gocke Schaumburg (Berlin)	▷Gesellsch.recht; ▷M&A; ▷Private Equ. u. Vent. Capital; Steuern.
Freshfields Bruckhaus Deringer (Berlin)	▷Beihilfe; ▷Energie; ▷ESG; ▷Gesellsch.recht; ▷Gesundheit; ▷Kartellrecht; ▷Konfliktlösung; ▷M&A; ▷Öffentl. Recht; ▷Priv. Equ. u. Vent. Capital; ▷Verkehr.
Gleiss Lutz (Berlin)	▷Arbeit; ▷Energie; ▷ESG; ▷Gesellsch.recht; ▷Gesundheit; ▷Immo/Bau; ▷IT-Recht u. Datenschutz; ▷Konfliktlösung; ▷M&A; ▷Marken u. Wettbewerb; ▷Notare; ▷Öffentl. Recht; ▷Private Equ. u. Vent. Capital; ▷Vergabe; ▷Verkehr.
Friedrich Graf von Westphalen & Partner (Berlin)	▷Gesellsch.recht; ▷M&A.
Görg (Berlin)	▷Arbeit; ▷Bankrecht u. -aufsicht; ▷Energie; ▷Gesellsch.recht; ▷Immo/Bau; ▷Insolvenz u. Restrukturierung; ▷IT-Recht u. Datenschutz; ▷Konfliktlösung; ▷M&A; ▷Notare; ▷Öffentl. Recht; ▷Vergabe; ▷Vertrieb.
Greenberg Traurig (Berlin)	▷Arbeit; ▷Gesellsch.recht; ▷Immo/Bau; ▷Insolvenz/Restrukturierung; ▷IT-Recht u. Datenschutz; ▷M&A; ▷Medien; ▷Private Equ. u. Vent. Capital; ▷Telekommunikation.
GSK Stockmann (Berlin)	▷Beihilfe; ▷Compliance; ▷Gesellsch.recht; ▷Immo/Bau; ▷Investmentfonds; ▷Konfliktlösung; ▷M&A; ▷Öffentl. Recht; ▷Private Equ. u. Vent. Capital.
GvW Graf von Westphalen (Berlin)	▷Arbeit; ▷Energie; ▷Gesellsch.recht; ▷Immo/Bau; ▷M&A.
Hengeler Mueller (Berlin)	▷Beihilfe; ▷Compliance; ▷Energie; ▷ESG; ▷Gesellsch.recht; ▷Gesundheit; ▷Insolvenz/Restrukturierung; ▷Konfliktlösung; ▷M&A; ▷Medien; ▷Nachfolge; ▷Öffentl. Recht; ▷Private Equ. u. Vent. Capital; ▷Telekommunikation; ▷Verkehr; ▷Wirtschafts- und Steuerstrafrecht.
Heuking Kühn Lüer Wojtek (Berlin, Chemnitz)	▷Arbeitsrecht; ▷Gesellsch.recht; ▷Immo/Bau; ▷Insolvenz/Restrukturierung; ▷M&A; ▷Vergabe.
Hogan Lovells (Berlin)	▷Außenwirtschaft.
K&L Gates (Berlin)	▷Immo/Bau; ▷M&A; ▷Medien; ▷Private Equ. u. Vent. Capital; ▷Vergabe; ▷Verkehr.
Kapellmann und Partner (Berlin)	▷Immo/Bau; ▷Vergabe; ▷Verkehr.
Linklaters (Berlin)	▷Beihilfe; ▷Energie; ▷ESG; ▷Gesellsch.recht; ▷Konfliktlösung; ▷M&A; ▷Öffentl. Recht.

Fortsetzung nächste Seite

Denn sie steht für anspruchsvolles Projektgeschäft im Restrukturierungsumfeld. Darunter sind Insolvenzverwaltungen u. Eigenverwaltungsverf. wie etwa bei der gr. Pflegegruppe Curata. Dass insbes. das Berliner Team Renommee für komplexe Fälle genießt, zeigte sich u.a. an der Mandatierung durch Gazprom Germania u. der Adler Group sowie am Restrukturierungsplan für einen Biolebensmittelhersteller – dem ersten StaRuG-Verfahren in der Hauptstadt. Aber auch an der Krisenberatung für den Uhrenhändler Watchmasters nach dem Diebstahl großer Bestände. Mit Partnerernennungen aus den eig. Reihen (1 Eq.-Partner in Berlin/1 Sal.-Partner in Dresden) stellte BBL nach einer internen Reorganisation die Weichen für Personalwachstum.
Stärken: Außergerichtliche Sanierungsberatung
Team: 7 Eq.-Partner, 2 Sal.-Partner, 16 Associates
Schwerpunkte: Sanierungs- u. Restrukturierungsberatung; Aufbereitung von Anfechtungs- u. Haftungsthemen; Begleitung von Distressed-M&A-Transaktionen.
Mandate: Gazprom Germania/Sefe zu Stabilisierung u. Finanzierung der Energieversorgung; Verwaltungsrat der Adler-Gruppe sowie Vorstände der Adler Real Estate u. Consus Real Estate zu div. Themen; Curata zu Sanierungsplan (in Eigenverwaltung); Remondis bei Kauf der Stadtwerke Bad Belzig; Zahnarztpraxis-Gruppe MeinDentist zu Verkauf an Medicover (aus Insolvenz); Verwaltung: Concept Store Shan, HZD-Druckguss Havelland; Spokebase, TransTec F&E Vetschau.

BERGERHOFF

Osten ★

Bewertung: Mit 3 Standorten u. 14 Berufsträgern zählt die Sozietät zu den größten Wirtschaftskanzleien Thüringens u. damit zu den regional dominantesten. Bis heute berät sie umf. einige der größten Unternehmen – etwa Carl Zeiss, Niederlassungen ausländ. Industrieunternehmen sowie Mittelständler u. große Freiberufler (u.a. Bauträger, Architektur- u. Ingenieurbüros), wobei viele Mandate ihren Ursprung im Bau- u. Immobilienrecht haben. Neben der Leipziger Wettbewerberin Gruendel ist Kanzleipartner Klepsch überdies der Hauptberater der zentralen thüring. Beteiligungsgesellschaft bm-t. Das sorgt einerseits für lfd. Geschäft im Umfeld potenziell wichtiger Unternehmen des Bundeslandes, steht aber zugleich sinnbildl. für die Sozietät Bergerhoff: Ihr droht wie vielen vor Ort eine gewisse Überalterung, wenn sie nicht den Generationswechsel vorantreibt.
Stärken: Gesellschafts- u. Immobilienrecht
Oft empfohlen: Dr. Michael Klepsch, Wolfgang Bergerhoff
Team: 11 Partner, 3 Associates
Schwerpunkte: Gesellschaftsrecht, M&A, Immobilien (öffentl. u. privates Baurecht, gewerbl. Mietrecht), Arbeitsrecht.
Mandate: bm-t lfd. bei Beteiligungen u. Verkäufen; DEWB lfd. bei Finanzierungsrunden u. Transaktionen; Carl Zeiss lfd. im öffentl. Baurecht; PZ Marktbau lfd. immobilienrechtl. u. bei Transaktionen; große Einzelhandelsgenossenschaft lfd. im Bauplanungsrecht; div. bundesw. tätige Bauunternehmen baubegl. sowie in Prozessen.

BMH BRÄUTIGAM & PARTNER

Osten ★★★★

Bewertung: Die Berliner Kanzlei ist bekannt für ihre Transaktionserfahrung, v.a. in den Branchen

Anwaltszahlen: Angaben der Kanzleien zur Bürogröße vor Ort. Sie spiegeln nicht zwingend die Gesamtgröße einer Kanzlei wider.

▷*Private Equity/Venture Capital* sowie ▷*Immobilien*. Ein Investor lobt die Einheit für ihre „Umsichtigkeit u. Vielseitigkeit", und meint, „komplexe JV-Strukturen, Share Deals und auch Grundstückskäufe deckt die Kanzlei sehr gut ab". Neben wiederkehrende Mandanten wie Capiton, Earlybird u. Signa treten vermehrt schnell gewachsene Start-ups u. Mittelständler, die sie für die Exit-Beratung oder Verhandlungen mit Wettbewerbern mandatieren. Exempl. dafür war der Verkauf der Mehrheitsbeteiligung von GMC-Instruments an Klar Partners im Zuge einer Nachfolgeregelung sowie der Zusammenschluss des Co-Living Anbieters Habyt mit US-Marktführer Common Living. Mit 2 Sal.-Partner-Ernennungen im M&A u. Steuerrecht untermauerte BMH einmal mehr ihr organisches Wachstum u. zeigt Ambitionen, tiefer in die transaktionsbegl. Steuerstrukturierung einzusteigen.

Oft empfohlen: Jan-Peter Heyer („sehr kompetent, schnell, flexibel", Mandant; Private-Equity), Dr. Patrick Auerbach („ein kluger Kopf", Wettbewerber; Venture Capital, Notariat), Dr. Andrea Reichert-Clauß (Gesellschaftsrecht), Bastian Reinschmidt (Gesellschaftsrecht inkl. Streitigkeiten), Boris Reschucha („unser Go-to-Berater für Berliner Immobilienthemen. Versteht sich als Co-Pilot", Mandant; Immobilienrecht), Alexander Nast („aus meiner Sicht der beste Notar in Berlin", Mandant)

Team: 9 Eq.-Partner, 3 Sal.-Partner, 12 Associates

Partnerwechsel: Johannes Wolf (Privatier), Heinz Winkler (Ruhestand)

Schwerpunkte: Personen- u. Kapitalgesellschaftsrecht; ▷*Private Equ. u. Vent. Capital;* ▷*Immo/Bau;* ▷*M&A;* Konfliktlösung im Handels- u. Gesellschaftsrecht (inkl. Compliance) sowie im Gewerbl. Rechtsschutz; Wettbewerbs- u. Kartellrecht; Notariat.

Mandate: Habyt zu Zusammenschluss mit Hmlet; Consentmanager zu Zusammenschluss mit Iubenda; Mehrheitsgesellschafter bei Verkauf der GMC-Gruppe; Gesellschafter bei Verkauf von Julep Media; Wundex bei Kauf von Ellipsa; Capiton, u.a. bei Kauf von Raith u. AEMte; Apic, TX Group, Balderton, Earlybird, UVC Partners zu VC-Investments; Carbon Removal Partners zu Wandeldarlehen; Better Together, Parloa, Deepdrive, Endurino, Doctorly, Recovery Cat bei Finanzierungsrunden; Messe Berlin, Signa im Immobilienrecht.

TOP 50 und internationale Kanzleien im Osten Fortsetzung

Luther (Berlin, Leipzig)	▷*Arbeit;* ▷*Beihilfe;* ▷*Energie;* ▷*Gesellsch.recht;* ▷*Gesundheit;* ▷*Immo/Bau;* ▷*Kartellrecht;* ▷*Konfliktlösung;* ▷*M&A;* ▷*Private Equ. u. Vent. Capital;* ▷*Öffentl. Recht;* Steuern; ▷*Vergabe.*
Morrison & Foerster (Berlin)	▷*Compliance;* ▷*Gesellsch.recht;* ▷*M&A;* ▷*Medien.*
Noerr (Berlin, Dresden)	▷*Arbeit;* ▷*Außenwirtschaft;* ▷*Bankrecht u. -aufsicht;* ▷*Compliance;* ▷*Energie;* ▷*Gesellsch.recht;* ▷*Gesundheit;* ▷*Insolvenz/Restrukturierung;* ▷*IT-Recht u. Datenschutz;* ▷*Kartellrecht;* ▷*Konfliktlösung;* ▷*Lebensmittel;* ▷*M&A;* ▷*Marken u. Wettbewerb;* ▷*Medien;* ▷*Nachfolge;* ▷*Öffentl. Recht;* ▷*Private Equ. u. Vent. Capital;* Steuern; ▷*Telekommunikation;* ▷*Verkehr;* ▷*Vertrieb.*
Orth Kluth (Berlin)	▷*Arbeit;* ▷*Verkehr.*
Osborne Clarke (Berlin)	▷*Arbeit;* ▷*Bankrecht u. -aufsicht;* ▷*Gesellsch.recht;* ▷*M&A;* ▷*Medien.*
Poellath (Berlin)	▷*Gesellsch.recht;* ▷*Immo/Bau;* ▷*Investmentfonds;* ▷*M&A;* ▷*Nachfolge.*
Raue (Berlin)	▷*Energie;* ▷*Gesellsch.recht;* ▷*Gesundheit;* ▷*M&A;* ▷*Medien;* Patent; ▷*Presse;* ▷*Private Equ. u. Vent. Capital;* ▷*Öffentl. Recht;* ▷*Telekommunikation;* ▷*Verkehr.*
Redeker Sellner Dahs (Berlin, Leipzig)	▷*Beihilfe;* ▷*Compliance;* ▷*Energie;* ▷*ESG;* ▷*Gesellsch. recht;* ▷*IT-Recht u. Datenschutz;* ▷*Immo/Bau;* ▷*Kartellrecht;* ▷*M&A;* ▷*Öffentl. Recht;* ▷*Vergabe;* ▷*Verkehr.*
Rödl & Partner (Berlin)	▷*Energie;* ▷*Gesellsch.recht;* ▷*M&A;* ▷*Verkehr.*
SKW Schwarz (Berlin)	▷*Arbeit;* ▷*M&A;* ▷*Marken u. Wettbewerb;* ▷*Medien;* ▷*Vergabe;* ▷*Vertrieb.*
Squire Patton Boggs (Berlin)	▷*Gesellsch.recht;* ▷*M&A;* ▷*Konfliktlösung.*
Taylor Wessing (Berlin)	▷*Arbeit;* ▷*Börseneinführ. u. Kapitalerhöhung;* ▷*Gesellsch.recht;* ▷*Immo/Bau;* ▷*IT-Recht u. Datenschutz;* ▷*Konfliktlösung;* ▷*M&A;* ▷*Marken u. Wettbewerb;* ▷*Medien;* ▷*Private Equ. u. Vent. Capital;* Steuern.
White & Case (Berlin)	▷*Bankrecht u. -aufsicht;* ▷*Beihilfe;* ▷*Compliance;* ▷*Energie;* ▷*ESG;* ▷*Gesellsch.recht;* ▷*Konfliktlösung;* ▷*M&A;* ▷*Medien;* ▷*Öffentl. Recht;* ▷*Telekommunikation;* ▷*Verkehr;* ▷*Versicherungsvertragsrecht;* ▷*Wirtschafts- u. Steuerstrafrecht.*

Die Auswahl von Kanzleien und Personen in Rankings und tabellarischen Übersichten ist das Ergebnis umfangreicher Recherchen der JUVE-Redaktion. Sie ist in 2erlei Hinsicht subjektiv: Die Aussagen der befragten Quellen sind subjektiv u. spiegeln deren Erfahrungen u. Einschätzungen. Die JUVE-Redaktion wiederum analysiert die Rechercheergebnisse unter Einbeziehung ihrer eigenen Marktkenntnis. Der JUVE Verlag beabsichtigt keine allgemeingültige oder objektiv nachprüfbare Bewertung. Es ist möglich, dass eine andere Recherchemethode zu anderen Ergebnissen führt. Innerhalb einzelner Gruppen in Rankings und tabellarischen Übersichten sind Kanzleien und Personen alphabetisch sortiert.

BUSE

Osten ★★★

Bewertung: Bei der Mittelstandskanzlei, die eng mit div. Family Offices vernetzt ist, gehört die ▷*gesellschaftsrechtl.* Beratung zum Kerngeschäft. Ihr Berliner Team ist auch regelm. an den Schnittstellen zur Gremien- u. Compliance-Beratung im Einsatz. Die bei Buse übl. partnerzentrierte Beratung wird auch von internat. Mandanten in Anspruch genommen, was sich bspw. an grenzüberschr. Strukturierungen zeigt sowie an der lfd. gesellschaftsrechtl. Beratung für kanad. Wirkstoff-Hersteller. Hier kommen nicht nur die Erfahrung der Anwaltsnotare, sondern auch die gesundheitsrechtl. Kompetenz, die Buse mit einem doppelqualifizierten Arzt/Anwalt an Bord hat, zum Tragen. Marktbekannt ist zudem ihre langj. Arbeit im IP-Recht, die auch die prozessrechtl. Vertretung umfasst.

Oft empfohlen: Jasper Hagenberg (IP), Prof. Dr. Peter Fissenewert (Compliance)

Team: 12 Eq.-Partner, 4 Sal.-Partner, 1 Counsel, 3 Associates, 1 of Counsel

Schwerpunkte: ▷*M&A,* ▷*Gesellsch.recht,* Immobilien- u. Arbeitsrecht sowie Nachfolge-/Vermögensberatung. Außerdem: Marken- u. Wettbewerbsrecht, auch Streitigkeiten, Medienrecht sowie Compliance, Immobiliennotariat.

Mandate: IMW Immobilien im Squeeze-out; Pütz Security ggü. BVG wg. Auftragskündigung; Spitzensportler zu Reputationsschutz u. fehlerhafter Berichterstattung; lfd: ABK Allgemeine Beamten Bank, Bettertrust, science.now, Stemme AG, Stiftung Königliche Porzellan-Manufaktur Berlin, Stiftung Zukunft Berlin, VR Business Club. **Prozesse:** Webhelp Deutschland im Statusverfahren zum Aufsichtsrat (Bundesarbeitsgericht).

EUREOS

Osten ★★★

Bewertung: In der Rechtsberatung macht Eureos, die als die multidiszipl. Vorzeigekanzlei in Ostdtl. gilt, seit einiger Zeit die größten Sprünge. Neben den gr. Büros in Dresden u. Leipzig, die für die etablierten u. disziplinübergr. Mandatsbeziehungen zu größeren Unternehmen wie etwa der Mercer-Gruppe stehen, entfaltet die erst 2022 eröffnete Erfurter Niederlassung aktuell die größte Dynamik. Mit einer Reihe von neuen Mandanten, wie bspw. der Leibniz-Gesellschaft, sowie dem Ausbau der arbeitsrechtl. Beratung zeigt die Kanzlei, dass eine Präsenz vor Ort für eine regionale Klientel auch heutzutage noch den Ausschlag zur Mandatierung geben kann. Das hofft Eureos auch in Magdeburg zeigen zu können: Mit dem Gewinn eines weiteren erfahrenen Restrukturierungsexperten wittert sie in diesem Feld Potenzial. Dreh- u. Angelpunkt bleibt aber der MDP-Ansatz, den Eureos etwa bei Transaktionen u. der Beratung der öffentl. Hand immer wieder ausspielt. Hier kommt es der Einheit zugute, dass sie auch die Corporate-Finance-Beratung in der jüngeren Ver-

Anwaltszahlen: Angaben der Kanzleien zur Bürogröße vor Ort.
Sie spiegeln nicht zwingend die Gesamtgröße einer Kanzlei wider.

gangenheit gezielt ausgebaut hat u. das Beratungsangebot so weiter abrunden konnte.
Stärken: Breites steuerl. Spezial-Know-how (inkl. Fördermittelrecht); Umstrukturierungen an der Schnittstelle Gesellschafts-, Steuer- sowie Arbeitsrecht; Beratung der Gesundheits- und Touristikbranche.
Oft empfohlen: Claus Meyer-Wyk (Gesellschaftsrecht), Arell Buchta (Steuer- u. Gesellschaftsrecht)
Team: 7 Eq.-Partner, 2 Sal.-Partner, 7 Associates (z.T. doppelt qualifiziert), 4 of Counsel, zzgl. mehr als 20 StB/WP
Schwerpunkte: Steuerrecht (u.a. Umstrukturierungen, internat. Steuerrecht, Umsatzsteuer, Verrechnungspreise), Gesellschafts- (Umstrukturierungen, M&A, Unternehmensnachfolgen) u. Arbeitsrecht. Daneben Nachfolgen, Öffentl. Recht (u.a. Wasser- u. Abwasserrecht, Energie-, Beihilfe-, Kommunalverfassungsrecht) u. Vergaberecht überw. für Kommunen u. Zweckverbände. IT- u. Datenschutzrecht über exklusive Kooperation mit ESB.
Mandate: Marienstift Arnstadt bei Umstrukturierung; Leibniz-Institut für Photonische Technologien bei Aufbau von Leibniz-Forschungseinrichtung; Bharat Forge Aluminiumtechnik umf. (auch Steuer- u. Arbeitsrecht, jew. mit internat. Bezügen); Dt. Verband für Physiotherapie Regionalverband Mitteldtl. bei Verschmelzung u. Neufassung Satzung; lfd.: Bistum Erfurt, DRK Kreisverband Naumburg/Nebra, Mercer-Gruppe (jew. inkl. Steuer- u. Arbeitsrecht).

EY LAW

Osten ★★

Bewertung: Der stetige Aufbau des Anwaltarms der Big-Four-Gesellschaft trägt auch in Berlin Früchte. Auch wenn das Team im Markt noch weniger bekannt ist als die Berliner Büros von KPMG Law oder Mazars, besticht EY Law durch ihre energierechtl. Kompetenz sowie ihre Nähe zu gr. Mittelstandsunternehmen. Im Gesellschaftsrecht zeigte sich dies etwa bei der Neuaufstellung der Entsorgung- u. Recycling-Geschäfte von Alba/Interzero sowie bei Transaktionen für die brit. Spectris-Gruppe. Hinzu kommt die im Markt anerkannte Restrukturierungserfahrung von Göcke, die bspw. den Ankauf aus Insolvenzen erleichtert, wie zuletzt etwa bei Hakle. Das internat. wie konzernrechtl. erfahrene Reorganisationsteam – primär in Berlin verankert – erhielt zuletzt in Frankfurt deutl. Zuwachs. Damit dürfte EY Law bei funktionierender Zusammenarbeit nun auch für größere Umstrukturierungsprojekte von Dax-Konzernen gut aufgestellt sein.
Stärken: Internat. Reorganisationen u. Umstrukturierungen; regulator. Beratung im ▷*Energiesektor*
Oft empfohlen: Dr. Torsten Göcke (M&A/Restrukturierung), Dr. Annedore Streyl („große Erfahrung, durchsetzungsstark", Wettbewerber; M&A/Energierecht), Dr. Boris Scholtka (Energierecht/Konfliktlösung)
Team: 7 Eq.-Partner, 2 Sal.-Partner, 8 Counsel, 14 Associates
Schwerpunkte: ▷*Gesellsch.recht*, ▷*M&A*, ▷*Energierechtl. Beratung* für kommunale Netzbetreiber, Energieerzeuger u. Projektentwickler.
Mandate: Alba bei Umstrukturierung u. Ausweitung des Entsorgungs-/Recycling-Geschäfts; Bridgestone bei Kauf von FinTyre-Geschäften; Sofidel zu Kauf von Hakle-Geschäften (beides aus Insolvenz); FLT Frasers bei grenzüberschr. Formwechsel nach NL; Spectris bei Kauf von MC conntect line; Arriva bei Verkauf von Landesgesellschaften (Polen, Portugal, Serbien, DK); CropEnergies u. East Energy zu Photovoltaik-Projekt; BS Energy zu Kraftwerksmodernisierung; Deutsche Energie-Agentur bei Rahmenvereinbarung mit BMWK. **Prozesse:** Alpha Neuer Wind in Gerichtsverfahren.

GRUENDELPARTNER

Osten ★★★

Bewertung: Die Leipziger Kanzlei, die auch eine Dependance in Jena betreibt, gilt seit langem als das Powerhaus für regionale Venture Capital- u. Private Equity-Transaktionen in Sachsen u. Thüringen. Mit der laufenden Beratung der teilstaatl. u. sparkassennahen Investmentgesellschaften TGFS, WMS, SIB u. b-mt verbucht sie ein hochfrequentes Geschäft, das so keine Wettbewerberin aufweist. Allerdings erweitert die Kanzlei Stück für Stück ihr Transaktionsprofil u. wird nun häufiger auch von strateg. Investoren in klass. M&A-Deals beauftragt. Die wiederholte Mandatierung durch das ägypt. Handelsunternehmen El Arabi untermauert die Entwicklung u. fordert die Kanzlei auch zunehmend im Außenhandelsrecht. Dass Gruendelpartner schon immer auf mehr als reines gesellschaftsrechtl. Deal-Know-how gesetzt hat, erweist sich als hilfreich, denn die Kompetenzen im Arbeits-, IT-/Datenschutz- u. Steuerrecht sind für die komplexer werdenden Transaktionen essenziell.
Stärken: Umfangr. Erfahrung im Beteiligungsgeschäft u. mit Transaktionen/VC.
Oft empfohlen: Dr. Mirko Gründel („hohes wirtschaftl. Verständnis, juristisch sehr sauber", Wettbewerber; Venture Capital, Gesellschaftsrecht), Dr. Steffen Fritzsche (M&A, Venture Capital), Ralph Schmidkonz (Medien- u. Presserecht), Steffen Tietze (Arbeitsrecht), Dr. Albrecht Tintelnot (Verwaltungs-, Immobilien- u. Gesellschaftsrecht)
Team: 12 Eq.-Partner, 1 Sal.-Partner, 5 Associates, 2 of Counsel
Schwerpunkte: Gesellschaftsrecht, M&A, Venture Capital (Beratung von Beteiligungsgesellschaften u. Finanziers, auch in Berlin), Immobilienrecht (Bau, Vergabe, Gewerbl. Mietrecht), IT-Recht. Daneben: Energie-, Arbeitsrecht, Gewerbl. Rechtsschutz, Presse- u. Medienrecht, Steuern.
Mandate: El Arabi Group bei div. Zukäufen in Ostdtl.; Intelligent Fluids bei €10-Mio-Series-B-Finanzierung; Technologiegründerfonds Sachsen lfd., u.a. bei Finanzierungen von Kopernikus Automotive u. Sunmaxx PVT sowie Verkauf von Anteilen an Pendix; Wachstumsfonds Mittelstand Sachsen lfd., u.a. bei Beteiligung an RStores, Kauf von Homatec; Pflegeplatzmanager vor der Vergabekammer Ba.-Wü. bei rechtl. Überprüfung durch US-beeinflusste Dienstleister für Server- und Clouddienste in Dtl.; Saxess lfd. im IT-Recht, CVD Mediengruppe presserechtl., Leipziger Volkszeitung im Medien- u. Arbeitsrecht.

HÜMMERICH & PARTNER

Osten ★

Bewertung: Die größte Wirtschaftskanzlei in Halle/Saale besticht dort durch ihre breite Aufstellung für kleine u. mittelgr. Unternehmen sowie kommunale Wirtschaftsgesellschaften u. Krankenhäuser. Trad. stark im Arbeitsrecht, zeichnet sie sich auch durch ihre Kompetenz an der Schnittstelle von Gesellschafts-, Steuerrecht u. Steuerberatung aus u. somit in den für ihre Klientel in Sachsen-Anhalt sowie Teilen von Thüringen u. West-Sachsen zentralen Gebieten. Dies ist insbes. für die zuletzt stark gewachsenen Nachfolgemandate hilfreich. Im Potstdamer Büro dominiert hingegen das Verwaltungsrecht, wobei auch hier gesellschaftsrechtl. Know-how vorhanden ist.
Stärken: Arbeitsrecht
Oft empfohlen: Beate Kallweit (Arbeitsrecht)
Team: 10 Partner, 3 Associates
Schwerpunkte: Arbeitsrecht, Gesellschaftsrecht, Verwaltungsrecht, Immobilienrecht (Bau, Gewerbl. Mietrecht), Steuerrecht und Steuerberatung (auch in Koop. mit der ostdt. StB-Gesellschaft Connex).
Mandate: Keine Nennungen.

KIERMEIER HASELIER GROSSE

Osten ★★

Bewertung: Der Kanzlei, die seit Jahrzehnten zu den anerkannten Adressen in Dresden gehört, gelingt es Jahr für Jahr, neue Beratungsmandate zu zentralen Infrastrukturprojekten der Region zu gewinnen. Öffentl. Auftraggeber sowie zunehmend private Unternehmen verlassen sich auf die Kompetenz von KHG, die an der Schnittstelle von Vergabe-, Bau- u. Immobilienrecht bei Mandanten punkten kann. So konnte die Kanzlei ihr Engagement für gr. Lebensmittelfilialisten wie Globus oder Edeka spürbar ausweiten. Dennoch sind einige Probleme unverkennbar: Der angestrebte Generationswechsel gestaltet sich schwieriger als gedacht, was u.a. dazu führt, dass die gesellschaftsrechtl. Beratung seit längerem stagniert. Die Kanzlei bleibt über die etablierten Beziehungen Kiermeiers zwar u.a. bei Unternehmensnachfolgen gefragt u. rundet mit ihrer Stiftungsberatung etwa Mandate des Freistaates ab, doch wird der Abstand in puncto gesellschaftsrechtl. Schlagkraft im Vgl. zu regionalen Wettbewerbern eher größer.
Stärken: Spezialisierung an der Schnittstelle von Bau- u. Vergaberecht.
Oft empfohlen: Lothar Kiermeier (Steuer- u. Gesellschaftsrecht, auch StB), Markus Haselier (Strafrecht), Dr. Tobias Hänsel (Vergaberecht)
Team: 7 Eq.-Partner, 5 Associates
Schwerpunkte: Vergaberecht, Immobilienrecht (v.a. Bau-, Architekten-, Gewerbl. Mietrecht), Wirtschaftsstrafrecht, Arbeitsrecht, Gesellschaftsrecht (Gründungen, M&A, Gesellschafterstreitigkeiten, Nachfolgeberatung/Erbrecht). Eigene Steuerberatungsgesellschaft.
Mandate: Stiftung Lebendiges Erbe Sachsen bei Gründung; Edeka Nordbayern-Sachsen-Thüringen lfd. im Bauplanungsrecht; Globus bei regionaler Projektentwicklung; Lausitzer u. Mitteldt. Bergbau-Verwaltungsgesellschaft baubegl. zu Wasserbehandlungsanlage für eine Seenlandschaft in der Lausitz; Allianz-IT-Tochter im gewerbl. Mietrecht; Freistaat Sachsen bei Vergaberechtskonzept für Holzbau-Kompetenzzentrum Sachsen; Sachsen Energie bei Bauvorhaben Ring 30 sowie bei gepl. neuem Flusswasserwerk.

KPMG LAW

Osten ★★★★

Bewertung: Die Big-Four-Gesellschaft gehört mit ihren Rechtsberatungsstandorten in Berlin, Dresden u. Leipzig zu den festen Größen in Ostdtl., allerdings ohne zwingend als regionale Akteurin wahrgenommen zu werden. Das liegt an der sehr unterschiedl. Aufstellung der Büros. Mittelständ. Unternehmen u. kommunale Einrichtungen vor Ort betreut v.a. Dresden – u. zwar über alle Rechtsgebiete hinweg. Das zeigen neben einer Reihe gesellschaftsrechtl. Mandate etwa die lfd. Prozess-

Anwaltszahlen: Angaben der Kanzleien zur Bürogröße vor Ort. Sie spiegeln nicht zwingend die Gesamtgröße einer Kanzlei wider.

vertretung der Sparkasse Ostsachsen oder die arbeitsrechtl. Beratung der sächs. Landeshauptstadt. Gleichz. bilden sich dort mehr u. mehr Spezialkompetenzen heraus, die wiederum Teil der bundesw. KPMG-Law-Aufstellung sind: So ist zuletzt mit dem Compliance-Spezialisten Dr. Thomas Uhlig der 3. Eq.-Partner in Dresden ernannt worden. Er steht aber für bundesw. Projektberatung bei Unternehmen wie Tui oder Hornbach. Berlin besticht dagegen im öffentl. Wirtschaftsrecht. Dank der Kompetenz im Vergabe- u. Baurecht u. in Zusammenarbeit mit dem Team aus Dresden punktet es bei div. Großprojekten – häufig mit Nachhaltigkeitskomponente – wie bspw. der Beratung der Berliner Verkehrsbetriebe. Gleichzeitig verbreitert sich KPMG stetig auch fachl., wie die unterschiedl. Neuzugänge zeigen. Will die Kanzlei aber einen stärkeren Abdruck im originären Berliner Anwaltsmarkt insges. hinterlassen, wird sie nicht umhinkommen, ihre dortige gesellschaftsrechtl. Kompetenz deutlich zu stärken. Ähnlich die Situation in Leipzig: Einzelne Berater od. ganze Teams des sächs. Büros sind seit Jahren feste Bestandteile bundesw. KPMG-Praxen. Doch wiederholt wechselten Leipziger Berater in den verg. Jahren in andere KPMG-Standorte, um als Eq.-Partner bundesw. Praxen auf- oder auszubauen. Mit einem Senior Manager als neuem Leiter will die Big-Four-Kanzlei – allerdings nicht zum ersten Mal – stärker ein Profil als Vor-Ort-Beraterin aufbauen.

Stärken: Bau- u. Vergaberecht, Prozessführung

Oft empfohlen: Dr. Matthias Aldejohann („sehr kompetent", Wettbewerber; Gesellschafts-/Prozessrecht), Henrik-Christian Baumann („exzellente Unterstützung", Mandant, „pragmatisch, strukturiert u. lösungsorientiert", Wettbewerber; Vergaberecht)

Team: 10 Eq.-Partner, 18 Sal.-Partner, 52 Associates

Partnerwechsel: Dr. Jyn Schultze-Melling (von Gunnercooke; Datenschutzrecht; Berlin), Dr. Jonas Brückner (von Baker McKenzie; Kartellrecht; Berlin)

Schwerpunkte: ▷*Gesellsch.recht*, inkl. ▷*M&A* u. Prozessführung, Öffentl. Recht, ▷*Vergabe-*, Beihilferecht, inkl. ÖPP, Energie- u. Infrastrukturprojekte, Arbeits-, Bau- u. Immobilienrecht.

Mandate: Saxonia Systems Holding bei Ansprüchen gg. ausgeschiedenen Vorstand; Volkssolidarität DD bei Satzungsneugestaltung; KWD Kupplungswerk Dresden, FEP Fahrzeugelektrik, u.a. bzgl. Transparenzregister; Tesoma bei Verkauf an israel. Investor; Ostsächs. Sparkasse DD lfd. bei Prozessen, u.a. bzgl. Prämiensparverträgen; BM für Digitales u. Verkehr bei Aufbau eines Innovations- u. Technologiezentrums Wasserstoff; BVG bei Neubau eines Straßenbahnbetriebshofs nach Niedrigstenergiestandards; Dt. Rentenversicherung Bund bei div. Bauprojekten mit Schwerpunkt nachhaltiges Bauen; Hornbach bei Implementierung eines Risikomanagementsystems (Lieferkettensorgfaltspflichten) G; Tui bzgl. LieferkettensorgfaltspflichtenG; Insolvenzverwalter der DGH-Gruppe arbeitsrechtl. bei Umstrukturierung u. Stilllegung; Landeshauptstadt DD lfd. arbeitsrechtlich.

LAMBSDORFF

Osten ★★★

Bewertung: Die Berliner Kanzlei hat sich fest im lokalen Markt etabliert, indem sie dort angesiedelten Frühphaseninvestoren u. Gründern regelm. gesellschafts- u. vertragsrechtl. zur Seite steht, so etwa dem Wasserstoffunternehmen HH2E. Sie ist aber auch als Novartis' Beraterin bekannt, etwa bei Beschaffungsprojekten, Lizenzverträgen u. Outsourcings. Wettbewerber loben die „stets konstruktive u. sehr zielgerichtete Zusammenarbeit." Geschickt hat das Team über die verg. Jahre parallel das IT-, lizenz- u. datenschutzrechtl. Know-how ausgeweitet u. konnte so etwa die Luca-App-Betreiber bei der Weiterentwicklung zu ‚Luca Pay' begleiten. Dank seiner guten internat. Vernetzung wird es auch regelm. als Local Counsel mandatiert, zuletzt etwa von Bird Rides (E-Scooter), Slalom (IT-Unternehmen/beide USA) u. dem finn. Lieferservice Wolt. Ein weiteres Standbein bildet die 10-köpfige immobilienrechtl. Praxis, die bspw. regelm. Berlinovo, Cushman & Wakefield u. Immowert unterstützt.

Oft empfohlen: Graf Konstantin Lambsdorff (M&A/ Venture Capital), Pablo Rüdiger de Erice (Venture Capital), Dr. Christian Stuhlmann („überragende Qualität, spontane Verfügbarkeit, angenehme Zusammenarbeit", Mandant über beide; Konfliktlösung)

Team: 8 Eq.-Partner, 12 Associates

Schwerpunkte: Gesellschaftsrechtl. Beratung u. M&A für junge u. mittelständ. Unternehmen sowie Einzelpersonen, zudem bau- u. immobilienrechtl. Fokus. Breite Beratung im Umfeld von ▷*Private Equ. u. Vent. Capital.*

Mandate: HH2E lfd. gesellschafts- u. vertragsrechtl.; Eurofins Group im M&A; Axa Ventures, Bootstrap zu VC-Investments; Blinks Labs, culture4life, KYP ai, Lesson Nine zu Finanzierungsrunden; AWI zu Umstrukturierung; Scope Secondary zu Beteiligung an Scope Ratings; Gesellschafter zu Verkauf der bluvo AG; Novartis-Gruppe in div. Outsourcing-, Bau- u. Beschaffungsvorhaben; Berlinovo, Signature Capital, Takeda Pharma, Cushman & Wakefield u. Immowert mietrechtl.; Stena Line transportrecht; Swapfiets im IP-/Wettbewerbsrecht.

LINDENPARTNERS

Osten ★★★★★

Bewertung: Lindenpartners deckt ein breites Spektrum an wirtschaftsrechtl. Beratung ab: Durch eine enge Verknüpfung von gesellschaftsrechtl. u. Prozess-Erfahrung sowie hoher Kompetenz im Bank- u. Finanzrecht hat sich die Kanzlei in den Kreis der wichtigsten Kanzleien in der Bundeshauptstadt vorgearbeitet. Das unterstreichen Highlight-Mandate wie die Beratung der langj. Corporate-Mandantin Trading Hub Europe zum €15Mrd-Kreditvertrag mit der KfW – der die bundesw. Gasversorgung flankierte –, sowie die weit gefächerte Beratung der Berlinovo. Das landeseigene Immob.-Unternehmen steht auch gleichermaßen für die Breite der gesellschaftsrechtl. Praxis: So berät die Kanzlei Berlinovo etwa bei Verschmelzungen/Formwechseln, zu Governance-Themen, Schuldverschreibungen u. kontroversen Gesellschafterversammlungen – aber genauso auch den Aufsichtsrat der Fernheizwerk Neukölln AG bei einem Organhaftungsfall. Das Know-how von Lindenpartners stößt auch bei Aktiengesellschaften in Westdtl. auf Nachfrage – z.B. Deutsche Wertpapier Service (D'dorf) u. Gesundheit Nordhessen Holding (Kassel) – u. fließt auch geschickt in Kooperationen mit Energierechtskanzleien ein. Daneben gelingt es Lindenpartners gut, ihre ESG-Kompetenz über die Bankenbranche hinaus – etwa in den Immobilien- u. Public Sector –auszurollen. Dabeil hilft auch der of Counsel-Zugang eines ehem. Staatssekretärs. Anerkannt ist zudem die Kompetenz des Prozessteams der Kanzlei, das Ministerien u. Bundesbehörden, Krankenhausträger sowie bspw. die Nord/LB vertritt, das einen Schwerpunkt aber auch bei Gesellschafterstreits im Mittelstand hat.

Stärken: Aufsichtsrecht; Gerichts- u. Schiedsverfahren.

Oft empfohlen: Dr. Matthias Birkholz (Gesellschaftsrecht/M&A), Dr. Thomas Asmus (Kapitalmarktrecht), Dr. Lars Röh (Kapitalmarktrecht), Dr. Brigitta Varadinek, Dr. Tobias de Raet („sehr sehr stark, super Beratung, seit Jahren extrem zufrieden", Mandant; Gesellschaftsrecht/M&A), Dr. Anneke Flatow („angenehm, weiß sich durchzusetzen", Mandant; Immobilien/M&A), Dr. Guido Waßmuth („extrem tiefes und umfangreiches Wissen, gleichzeitig aber anwendungsorientiert", Mandant; Konfliktlösung)

Team: 16 Eq.-Partner, 3 Sal.-Partner, 15 Associates, 1 of Counsel

Partnerwechsel: Jessica Glaser (von DSGV; Bank- u. Finanzrecht), Dr. Kati Meister (zu Unzer; Bank- u. Finanzrecht)

Schwerpunkte: Kapitalmarktrecht, ▷*Bankrecht u. -aufsicht*, daneben ▷*Gesellsch.recht* u. ▷*M&A*, auch Öffentl. Wirtschafts- u. Vergaberecht, ▷*ESG-Beratung*, Steuerrecht u. IP/IT, besondere Kompetenz bei Gerichts- u. Schiedsverfahren (▷*Konfliktlösung*), Datenschutz.

Mandate: Trading Hub Europe zu Finanzierung der KfW (€15 Mrd) u. zu EnSiG; Berlinovo lfd. gesellschafts-, immobilien- u. aufsichtsrechtlich (inkl. Schuldscheindarlehen u. Umsetzung der ESG-Pflichten); Howoge zu Kauf ehem. Bahnflächen; Dt. Derivate Verband zu Sustainable Finance-Projekten; Harvest AI, Urban Sports lfd.; Invision bei Akquisitionsfinanzierung (eduPro); KME zu Corporate- u. Factoring-Finanzierung; 4flow zu Gewerbemietverträgen; Datawrapper, DSGV, S-Communcation, Bundesverband der Dt. Volksbanken u. Raiffeisenbanken datenschutzrechtl.; VR Family Finance zu ‚Social-Banking-App'; Rajon zu Risiken aus Cum-Ex-Geschäften; Nord/LB bei Abwehr von Anlegerklagen; Agua im Gesellschafterstreit innerhalb der VGU Verwertungsgesellschaft. **Prozesse:** Traditional World Food in DIS Schiedsverfahren.

MAZARS

Osten ★★★★

Bewertung: Der Rechtsberatungsarm hat sich in den verg. Jahren bundesw. zum festen Bestandteil in der expansiven WP-Gesellschaft gemausert. Das gilt insbes. in Ostdtl.: Mit kluger Strategie u. starkem Personalzuwachs ist die Kanzlei zu einer der bestimmenden Größen der Region geworden. Besonders auffällig stellt sich dies anhand ihres engen Drahts zu einer Vielzahl kommunaler u. zum Teil sehr großer Wirtschaftsbetriebe v.a. aus dem Energie- u. Gesundheits- bzw. Krankenhaussektor dar, die umf. beraten werden. Highlights sind hier die Beratung der BEN Berlin Energie u. der versch. kommunalen Beteiligungsgesellschaften in Sachsen. Doch zeigt sich an dem federführend aus Dresden betreuten, aber büroübergr. relevanten Großmandat für die Bundesagentur für Sprunginnovationen (SPRIND), dass Mazars mit ihren untersch. Disziplinen mittlerw. auch für überregional wirtschaftspolit. sensible Aufträge in Frage kommt. Für den Mittelstand sticht die Kanzlei überdies im Immobilienrecht hervor, gleichzeitig wird v.a. aus Dresden heraus auch die internat. Mazars-Mandantschaft umf. bei Dtl.-Aktivitäten betreut. Mit dem Zugang eines erfahrenen Insolvenz-Teams um Renate Müller will die Kanzlei seit dem Frühjahr 2023 nun von

Anwaltszahlen: Angaben der Kanzleien zur Bürogröße vor Ort.
Sie spiegeln nicht zwingend die Gesamtgröße einer Kanzlei wider.

Leipzig aus eine bundesw. Restrukturierungspraxis aufbauen.
Stärken: Umf. Beratung öffentl. Wirtschaftsbetriebe u. des Krankenhaussektors.
Oft empfohlen: Dr. Hans-Martin Dittmann (Energie-/Öffentl. Wirtschaftsrecht), Dr. Daniel Ruppelt („hervorragender Jurist u. herausragender Verhandler", „pragmatische, dennoch sehr versierte Herangehensweise", Wettbewerber; M&A/Gesundheitsbranche), Rudolf von Raven (Immobilienrecht), Jan Kochta (IT-Recht/Datenschutz/Gesellschaftsrecht)
Team: 14 Eq.-Partner, 18 Sal.-Partner, 1 Counsel, 55 Associates, 2 of Counsel
Partnerwechsel: Renate Müller (von Andersen Tax & Legal; Insolvenzrecht; Leipzig)
Schwerpunkte: ▷*Energie*, M&A/Gesellschaftsrecht, insbes. Privatisierungen u. ÖPP im ▷*Gesundheits-*, IT- und Datenschutzrecht, Arbeitsrecht, Immobilien- u. Baurecht. Zudem Vergaberecht, zunehmend Bank(aufsichts)recht u. Governance-/Compliance-Beratung. Gute Verbindungen zu Non-Profit-Organisationen aus dem Wissenschaftsbereich. Beratung jew. auch steuerrechtlich.
Mandate: SPRIND lfd. u. umf. (u.a. bzgl. interner Prozesse, Kooperation mit den Bundesministerien, IT/Datenschutz, Health Care); BEN Berlin Energie u. Netzholding umf. (u.a. bei Post-Merger-Integration nach Kauf Stromnetz Berlin, Aufsichtsratsbegleitung sowie im Energie- u. Arbeitsrecht); Grün Berlin lfd. (u.a. bei Rekommunalisierung des Betriebs der Lichtsignalanlagen); Senatsverwaltung Berlin bei Überführung des Landesbetriebs Berlin Energie auf den Eigenbetrieb; lfd.: Berliner Wasserbetriebe, Energie und Wasser sowie Stadtwerke Potsdam, Nordwasser Rostock; Stadt Cottbus bei Verkauf des Carl-Thiem-Klinikum Cottbus; Saalekreis bei Anteilsverkauf an Carl-von-Basedow-Klinikum an Uniklinik Halle; Kommunale Beteiligungsgesellschaften an der envia, E.on u. Sachsen Energie lfd. im GesR; Boels Verhurr bei Post-M&A-Integration; DAC, Cainiao/Alibaba Group, Sodecia lfd. bzgl. Aktivitäten in Dtl.; Areal Group Wealth Management, DIM lfd. bei Immobilientransaktionen in Ostdtl.; Leipziger Messe, WWF Dtl., GoHiring, Kiwigrid lfd. im IT-Recht.

MULANSKY + KOLLEGEN

Osten ★

Bewertung: Die Kanzlei steht wie keine zweite Dresdner Einheit für ihr insolvenzrechtl. Know-how. Neben der lfd. Beratung u. Prozessvertretung von Insolvenzverwaltern gelingt es immer wieder, auch für große Distressed-Transaktionen mandatiert zu werden. Der finanziell u. regulierungsrechtl. komplexe Verkauf der Berliner Zahnarztkette MeinDentist mit 500 Mitarbeitern unterstreicht dies. Bei dieser u. ähnl. Transaktionen trägt die enge Kooperation mit der Restrukturierungseinheit von Deloitte Früchte. Zudem beweist die Transaktion, dass die Spezialisierung in der Healthcare-Branche mehr umfasst als nur die lfd. M&A- u. Gesellschaftsrechtsberatung bei Übernahmen von Arztpraxen u. Apotheken. Konsequenterweise hat sich die Kanzlei zuletzt mit einem erfahrenen Arbeitsrechtler als Associate verstärkt, der insbes. im Verbund mit der S + P Steuerberatung tätig ist.
Stärken: Dienstleistungen für Insolvenzverwalter u. Krisenunternehmen.
Oft empfohlen: Thomas Mulansky, Dr. Bernd Kugelberg
Team: 2 Partner, 11 Associates
Schwerpunkte: Insolvenzrecht (u.a. Eigenverwaltung, Sanierungsberatung, Anfechtungsprozesse), Gesellschaftsrecht/M&A. Spezial-Know-how für Ärzte u. Apotheken (u.a. Gesellschaftsverträge, Übernahmen, Werbe-/Berufsrecht). Steuerrecht u. Steuerberatung über Schneider+Partner-Gruppe.
Mandate: Geschäftsführung von MeinDentist in Eigenverwaltungs- u. Regelverfahren sowie bei Verkauf an Medicover; Eigenverwaltung von OnlineCasino Deutschland AG; Eigenverwalter von Bodeta in Verfahren u. bei Verkauf; lfd. Insolvenzverwalter bei Prozessen u. Eigenverwaltungen, u.a. hww, Flöther & Wissing, Voigt Salus, Tiefenbacher.

PETERSEN HARDRAHT PRUGGMAYER

Osten ★★★★★

Bewertung: Geschickt erweitert die größte Wirtschaftskanzlei Sachsens peu à peu ihr Beratungsspektrum für Mittelstand, Freiberufler u. Kommunen, ohne dabei den Kern ihrer gesellschafts-, arbeits- u. öffentl.-rechtlichen Beratung außer Acht zu lassen. Daraus wachsen Erfolge: Die Beratung einer sächs. Laborärztekette bei dem (gepl.) Verkauf an einen austral. Investor zu einem für ostdt. Verhältnisse enormen Kaufpreis belegt die Strategie, neben langj. Transaktionskompetenz auch auf Nischen wie Medizinrecht zu setzen. Das zahlt sich für Deals genauso aus wie in der lfd. Beratung oder in einer Vielzahl von Arzthaftungsprozessen. Stark involviert war PHP zuletzt auch im Energierecht gleichermaßen für private Projektierer wie die Gicon-Gruppe u. Kommunen bei Erneuerbare-Energie-Projekten. Mit der Übernahme der u.a. energierechtl. ausgerichteten Chemnitzer Kanzlei Fahr-Becker et Collegen im Frühjahr 2023 unterstrich PHP nicht nur ihren Anspruch, dieses Beratungsfeld weiter zu stärken, sondern auch als einzige sächs. Vorzeigekanzlei in allen 3 Wirtschaftsmetropolen des Bundeslandes wirklich präsent zu sein. Dass die Sozien die Partnerschaft von einem 2-stufigen auf ein einheitliches Partnermodell umgestellt haben, zielt auf eine nachhaltige Kanzleistruktur ab. Da passt der Abgang ihrer bekanntesten Steuerpartnerin Porompka so gar nicht ins Bild. Denn bei Umstrukturierungen bedarf es des gewichtigen steuerberatenden Arms, den sich die Kanzlei in den verg. Jahren aufgebaut hatte. Insofern dürfte PHP vieles daransetzen, steuerrechtl. Gestaltungsberatung perspektivisch wieder zu stärken, um ihre unternehm. Dynamik zu erhalten.
Stärken: Schnittstelle zw. Gesellschafts- u. Steuerrecht; Öffentl. Wirtschaftsrecht.
Oft empfohlen: Dr. Nikolaus Petersen (Gesellschaftsrecht), Klaus Hardraht (Öffentl. Recht), Steffen Pruggmayer (Arbeits- u. Medienrecht), Joachim Kloos (Öffentl. Recht)
Team: 10 Eq.-Partner, 11 Counsel, 13 Associates, 7 of Counsel
Partnerwechsel: Birgit Porompka (in eigene Kanzlei; Steuerrecht; Leipzig)
Schwerpunkte: Gesellschaftsrecht/M&A (inkl. Schnittstelle zum Steuerrecht); Öffentl. Recht (inkl. Vergabe-, Energie-, Abwasserwirtschaftsrecht sowie Bau-, Umwelt-, Fördermittelrecht); Immobilien-, Arbeitsrecht (Kollektiv-, Individualrecht); Datenschutzrecht; Krankenhaus-, Medizin- u. Arzthaftungsrecht. Über angeschlossene Unternehmensberatungsgesellschaft Organisationsberatung von Kommunen.
Mandate: Partnerschaft von Labor- u. Diagnostikärzten bei angestrebtem Verkauf an austral. Investor für 3-stell. Mio-€-Betrag; KdöR bei Gründung einer gGmbH zur zentralen Krebsregistrierung in Sachsen; Dermapharm bei Integration der Cannabinoid-Compound-Company-Gruppe; Familiengesellschaft bei Verkauf von Petromax an brit. Finanzinvestor; familiengeführte Modehausgruppe bei Umstrukturierung u. Nachfolgegestaltung; Familienunternehmen der Essensversorgung in Gemeinschaftseinrichtungen bei Umstrukturierung u. Nachfolge; lfd. im Gesellschaftsrecht: Funkwerk, Diözese Regensburg; Gicon Großmann Ingenieur Consult lfd. energie- u. planungsrechtl. bei Renewables-Großprojekten; div. kreisangehörige Städte u. Gemeinden u.a. in Normenkontrollverfahren gg. Bebauungspläne zu Windkraftvorhaben; Edeka Nordbayern-Sachsen-Thüringen lfd., u.a. bei Ansiedlung von Märkten, Einkaufs- u. Fachmarktzentren; lfd. im Arbeitsrecht: MDR (auch Medienrecht, marktbekannt), thüring. ÖPNV-Unternehmen, sächs. Bauunternehmensgruppe.

VOGEL HEERMA WAITZ

Osten ★★★

Bewertung: Die Berliner Sozietät, die auch unter dem Namen V14 bekannt ist, galt lange als reine Venture-Capital-Boutique. Mittlerw. umfasst ihre Tätigkeit auch Corporate Housekeeping, digitale Geschäftsmodelle u. Fusionen unter Wettbewerbern. Für Letzteres steht exempl. der Zusammenschluss der Global Savings Group mit Pepper.com zur ww. größten Shopping-Community. So federt V14 ggf. mit Konsolidierungen u. Exitgesprächen den wirtschaftl. verschärften Druck ihrer Mandanten ab. Mit einer Partnerernennung zum Jahresbeginn im IP-/IT- sowie Datenschutzrecht untermauert die Einheit ihr Bestreben, die digitalen Geschäftsideen ihrer aufstrebenden Mandanten weiter umf. zu begleiten.
Stärken: Breite Erfahrung im VC-Geschäft
Oft empfohlen: Dr. Frank Vogel („sehr erfahren und guter Verhandler", Wettbewerber; Gesellschaftsrecht), Dr. Clemens Waitz („sehr pragmatisch, sehr unternehmerischer Ansatz. Top Gründeranwalt", „eine echte Instanz für VC", Mandanten), Olga Balandina-Luke (beide Venture Capital), Dr. Jan Heerma (IP/IT)
Team: 7 Eq.-Partner, 1 Counsel, 12 Associates
Schwerpunkte: Gesellschaftsrecht, ▷*VC-Beratung* für Investoren u. Unternehmen/Gründer, inkl. Gewerbl. Rechtsschutz u. Datenschutz. Medien-, Gesundheits- u. Technologiebranche.
Mandate: Global Savings Group bei Zusammenschluss mit Pepper.com; HometoGo bei Kauf von e-domizil u. Secra; DFW (MYNE Homes) bei Kauf von VillaCircle; Gesellschafter von Highsnobiety zu Verkauf an Zalando; Gesellschafter bei Verkauf von ai-Motive an Stellantis; Gesellschafter bei Verkauf von Industrial Analytics IA an Infineon; Saarbrücker21 bei Verkauf von GotPhoto an EQT; btov bei Finanzierungsrunde von Deepl; Earlybird zu Beteiligung an Junto Education; ESG Book, Friday Finance, Leapsome, WorkMotion, Xolo in Finanzierungsrunden; Tochtergesellschaften der vitagroup, RR Technologies, Tripleye u. Aitme zu Datenschutz, IT u. Commercial; Alcemy zu Kooperationsverträgen; CupoNation bei Neuverhandlung der White Label-Verträge.

WEGNERPARTNER

Osten ★

Bewertung: Gesellschaftsrecht (inkl. Transaktionen), Prozessführung u. Immobilienrecht sind die 3

Anwaltszahlen: Angaben der Kanzleien zur Bürogröße vor Ort. Sie spiegeln nicht zwingend die Gesamtgröße einer Kanzlei wider.

wesentl. Beratungsfelder der Berliner Kanzlei. Mandanten kommen v.a. aus der Bau- u. Immobilienbranche oder sind Family Offices, die sie sowohl zur Strukturierung von Transaktionen als auch bau- u. architektenrechtl. berät. Projektentwickler vertritt sie regelm. in Prozessen gg. das Land Berlin. Wettbewerber sehen die Entwicklung der Kanzlei allerdings teils kritisch, was v.a. daran liegt, dass es Wegnerpartner nicht gelungen ist, die Abgänge der verg. Jahre angemessen zu kompensieren.

Oft empfohlen: Mario Wegner (Baurecht), Dr. Fabian Rief-Drewes (Gesellschaftsrecht/M&A)

Team: 4 Eq.-Partner, 5 Sal.-Partner, 3 Counsel, 6 Associates, 1 of Counsel

Schwerpunkte: Immobilienwirtschafts- u. Gesellschaftsrecht.

Mandate: Orderbird im Gesellschaftsrecht/M&A; Werbeagentur im Abfindungsstreit; Kilian-Gruppe zu Großbauvorhaben bau- u. architektenrechtl.; Graf Schwerin Forschungs-Gesellschaft baurechtl. sowie in div. Prozessen, Berliner Stiftung in Erbschaftsteuerverfahren. **Prozesse:** ausländ. Konzern in div. Bauprozessen; Sirplus im Gewerbemietrecht; Dr. Schillgalis als Insolvenzverwalterin (externe Prüfungen/Prozessvertretung). HHer Konzerngesellschaft in Gesellschafterstreit; Photovoltaik-Spezialist in ICC-Schiedsverfahren.

WEIDINGER RICHTSCHEID

Osten ★

Bewertung: Für die alteingesessene Leipziger Kanzlei mit ihren zentralen Beratungsfeldern Gesellschafts-, Arbeits- u. Energierecht bieten die aktuellen wirtschaftl. Verschiebungen viel Potenzial. So berät sie eine Reihe kommunaler Energieversorger, Stadtwerke sowie Industrieunternehmen zu den Herausforderungen der Energiepreisbremse. Hier kann WR ihre Kompetenzen im Energie- u. Finanzierungsrecht voll ausspielen. Zudem suchen regionale Stadtwerke bei Photovoltaik-Projekten den Rat der Kanzlei, etwa bei JV-Gründungen u. der Erschließung neuer Flächen. Daneben zeichnet sich die regulierungsrechtl. Beratung von Ingenieur- u. Bauunternehmen zum Breitbandausbau als neues Beratungsfeld ab. Zudem gelang es WR, in der wachsenden Pflegebranche Fuß zu fassen: Neben der lfd. arbeitsrechtl. Beratung kommt sie auch bei grundlegenden Fragen von Pflege- und Betreuungsverträgen sowie Verhandlungen mit Krankenkassen zum Zug. Das unterstreicht den Ansatz der Kanzlei, weniger im Projekt- denn im Tagesgeschäft beraten zu wollen.

Stärken: Arbeits- u. Energierecht.

Oft empfohlen: Steffen Richtscheid (Arbeits-/Gesellschaftsrecht)

Team: 1 Eq.-Partner, 4 Sal.-Partner, 5 Associates, 2 of Counsel

Schwerpunkte: Energierecht, M&A, Gesellschaftsrecht, Arbeitsrecht, Finanzierungen.

Mandate: Keine Nennungen.

WEISSKOPF

Osten ★

Bewertung: Die Kanzlei gehört seit Jahrzehnten zum Establishment in Thüringen. Mit dem Anspruch, den regionalen Mittelstand sowie die kommunalen Wirtschaftsbetriebe in ihrer ganzen Breite zu vertreten, hat sie sich über die Jahre als größte Wirtschaftskanzlei Erfurts gehalten. Ähnl. wie bei der thüring. Konkurrentin Bergerhoff gilt es nun, den Generationswechsel vorzubereiten. Mit einem Partner der nächsten Generation ist Weisskopf bereits seit einigen Jahren für Immobilien-Investoren aus Jena in größere Transaktionen in Ostdtl., aber auch in Teilen Westdtls. eingebunden. Ähnliches Potential hätte Weisskopfs Nachwuchs auch an der Schnittstelle von Corporate u. Infrastrukturprojekten.

Stärken: Bau- und Immobilienrecht

Oft empfohlen: Dr. Wolfgang Weisskopf

Team: 7 Partner, 3 Associates, 1 of Counsel

Schwerpunkte: Gesellschaftsrecht, öffentl. Wirtschaftsrecht, Immobilien, Nachfolgegestaltungen.

Mandate: Keine Nennungen.

YPOG

Osten ★★★★

JUVE AWARDS 2023 – Kanzlei des Jahres Osten

JUVE AWARDS 2023 – Kanzlei des Jahres

Bewertung: Die junge Kanzlei bietet an ihrem Stammsitz in Berlin ein Notariat sowie Transaktionskompetenzen, auf die etwa die börsennot. Delivery Hero ebenso zurückgreift wie der nordrhein-westfälische Flottenmanager DKV Mobility u. der kommunale Energiedienstleister enercity aus Hannover. Wesentliche Fortschritte machte das Team zuletzt v.a. in der hochwertigen gesellschaftsrechtl. Beratung, was sich etwa an der Beratung des Rechtsformwechsels der KWG-regulierten Digitalbank N26 mit ihrem breiten Gesellschafterkreis zeigt. Dass sogar Stammmandanten anderer Kanzleien für solche Umwandlungen Ypog mandatieren, unterstreicht das Vertrauen, das sich die Kanzlei im Berliner Markt erarbeitet hat. „Ein super starkes Team", finden einige Wettbewerber, „sie haben alles richtig gemacht", sagen andere. In der Hauptstadt wuchs die Kanzlei binnen 2 Jahren von 20 auf mehr als 40 Berufsträger. Sie stärkte dabei nicht nur ihre Kernkompetenzen wie Fondsstrukturierung u. Venture-Capital-Beratung, sondern schaffte damit auch eine fachl. Verbreiterung etwa ins IT- u. Aufsichtsrecht. Damit wird sie der weiteren Professionalisierung u. Diversifizierung ihrer Mandanten gerecht, die sich selbst teilweise vom Start-up zum innovativen Mittelständler wandeln, wie etwa Wallaby Medical u. die Momox-Gruppe. Gleichzeitig ist das Ypog-Team jetzt so breit aufgestellt, dass es auch M&A-Deals im oberen Mid Cap sowie umfangr. Pre-IPO-Arbeiten angehen kann.

Stärken: Stark integrierte steuerrechtl. Fondsstrukturierungs- u. Transaktionsarbeit.

Oft empfohlen: Dr. Helder Schnittker („führender Experte", Mandant; Fondsstrukturierung), Dr. Benjamin Ullrich („hohe Gestaltungskompetenz, gerade im Start-up-Bereich", Mandant; Venture Capital), Dr. Tim Schlösser (Corporate), Dr. Frederik Gärtner („sehr lösungsorientiert u. kompetent", Wettbewerber; Venture Capital), Dr. Stephan Bank („sicher einer der Top-3-Experten in Deutschland, zugleich ein perfekter Dienstleister", Mandant; Fondsstruktuierung/Venture Capital), Dr. Lilly Fiedler („sehr responsiv, kurzfristige Verfügbarkeit, beherrscht komplexe Themen", Mandant; Notariat)

Team: 9 Eq.-Partner, 4 Sal.-Partner, 1 Counsel, 29 Associates, 1 of Counsel

Partnerwechsel: Dr. Benedikt Flöter (von Taylor Wessing; IP/IT-Recht), Dr. Andreas Rodin (von Orbit; Investmentfonds)

Schwerpunkte: ▷*Gesellsch.recht*, ▷*M&A*, Fondsstrukturierung u. Investorenberatung, ▷*VC-Transaktionen*, auch Private Equity. Schwerpunkt auf ▷*Fondsseite*, aber auch für Gründer aktiv; Notariat. Weitere Standorte in Köln u. HH; Kooperation in den USA mit Gunderson Dettmer u. Cooley.

Mandate: Armira u. LSH zu Investitionsstruktur bzgl. Sartorius; Delivery Hero zu Anteilsaufstockung bei Glovo; N26 zu Rechtsformwechsel (GmbH/AG); Momox bei Umwandlung (AG/SE); Pepper.com zum Zs.schluss mit Global Saving Group; Wallaby Medical bei Kauf von Phenox; Gesellschafter zu Verkauf von LionsHome an Waterland; Project A bei Zusammenschluss der Portfoliogesellschaft Carl mit Doubledigit; DKV Mobility u. enercity zu Corporate Venture Deals; BlueYard Capital bei Fondstrukturierung (BlueYard3); Flex Capital zum 2.Fonds (€300 Mio); Hg Capital lfd. aufsichtsrechtl.; Oakly Capital; Planet A zur Strukturierung eines Impact Fonds; IDNow zu Finanzierung (€60 Mio).

ZENK

Osten ★

Bewertung: Die Mittelstandsberaterin ist seit mehr als 30 Jahren in der Hauptstadt vertreten u. gut mit Ministerien u. Bauträgern vernetzt. So gewährleistet sie bspw. die vergaberechtl. Beratung der ARGE, die einen nachhaltigen Modulbau für den Deutschen Bundestag errichtet. Im Gesellschaftsrecht steht sie für die Markteintrittsberatung für ausländ. Unternehmen wie British American Tobacco. Dass sich ihre Corporate-Beratung verbreitert, machen auch die Zugänge deutlich: Zuletzt kamen eine Notarin aus einer angelsächsischen Einheit sowie ein transaktionserfahrener Partner mit kanad. Hintergrund. Die Praxis konnte bislang zwar noch keine solche Marktdurchdringung erreichen wie etwa die der größeren Berliner Wettbewerber Raue u. Lindenpartners, aber sie kann dafür mit Spezialkompetenzen wie dem Planungs- u. Lebensmittelrecht punkten.

Stärken: Gesellschaftsrecht für öffentl.-rechtl. sowie ausländ. Unternehmen

Oft empfohlen: Jan Birkefeld, Dr. Stephan Schäfer (beide Handels- u. Gesellschaftsrecht)

Team: 11 Eq.-Partner, 3 Sal.-Partner, 4 Associates, 1 of Counsel

Partnerwechsel: Dr. Christopher Wright (von Görg; M&A), Irene Schmid (von DWF Germany; Immobilienrecht/Notarin), Stefan Meusel, Aldo Trentinaglia (beide zu Arnecke Sibeth Dabelstein; beide Immobilienrecht)

Schwerpunkte: M&A u. ▷*Gesellschaftsrecht*; ▷*öffentl. Recht, v.a. Umwelt- und Planungsrecht*; Energie- u. Vergaberecht; Arbeitsrecht; Beratung von Ministerien u. Non-Profit-Organisationen/Sozialunternehmen; breit aufgestellte ▷*Immobilien- u. Baurechtspraxis*; Transaktionen im ▷*Lebensmittelsektor*. Enge Anbindung an ▷*Hamburger Büro*.

Mandate: BGZ Gesellschaft für Zwischenlagerung bei Übernahme von Lagerflächen; Auswärtiges Amt zu Gründung des Kompetenzzentrums Ziviles Krisenmanagement; AEMtec lfd. gesellschaftsrechtl.; Verkehrsverbund, Seniorenhilfe, Tintenhersteller individual- u. kollektiv arb.rechtl.; frz. Molkerei u. Schweizer Lebensmittelhändler zu LkSG; Stadtwerke bei Planung einer Fernwärmespange; HELMA zu einem Wohnkomplex in Berlin-Spandau; Hansainvest bei div. Bauvorhaben; ARGE Prime Site & Kaufmann Bausysteme bzgl. Neubau zum Dt. Bundestag; Energiekonzern zu Rückbau eines Kraftwerks. **Prozesse:** Land Berlin in Abwehr einer Leistungsklage (VG Berlin).

Anwaltszahlen: Angaben der Kanzleien zur Bürogröße vor Ort. Sie spiegeln nicht zwingend die Gesamtgröße einer Kanzlei wider.

JUVE Handbuch
2023 | 2024

ANZEIGEN: KANZLEIEN OSTEN

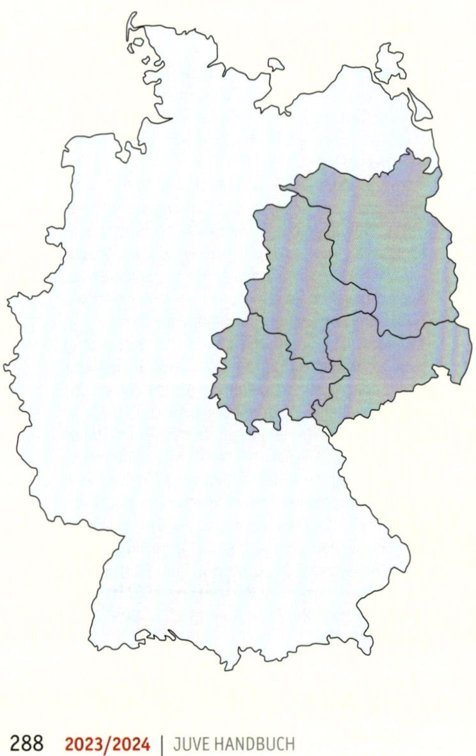

Alle hier alphabetisch erscheinenden Anzeigen sind kostenpflichtig und von den Kanzleien selbst gestaltet. Für den Inhalt sind die jeweiligen Kanzleien verantwortlich.

Region: Westen

(Nordrhein-Westfalen)

Markt unter Strom

Der Energiesektor ist seit jeher prägend für Nordrhein-Westfalen und insbesondere das Ruhrgebiet: Rund ein Fünftel des deutschen Stroms wird in NRW erzeugt und etwa ein Viertel hier verbraucht, von energieintensiven Industrien ebenso wie von den zahlreichen Mittelständlern und Privathaushalten. Viele Rechtsberater der Energiebranche sitzen in Düsseldorf und Essen – und sie waren selten so gefragt wie zuletzt. Wegen der Marktverwerfungen im Zusammenhang mit dem Ukraine-Krieg standen Unternehmen und Versorger vor teils existenzbedrohenden Herausforderungen und zogen Kanzleien etwa bei Vertragsanpassungen hinzu. Auch die Preisbremsen, mit denen die Politik reagierte, sorgten allerorten für Beratungsbedarf.

Dafür sind insbesondere die MDP-Einheiten wegen ihres zusätzlichen Know-hows in der Steuer- und Unternehmensberatung gut aufgestellt. Ein Beispiel dafür ist **EY Law**, deren Energieteam einen Großauftrag der Bundesnetzagentur ergatterte und sich außerdem im Vorjahr in Düsseldorf mit einer Partnerin von **Jones Day** verstärkte. Mit ihrem Fokus auf Transaktionen im Sektor Erneuerbare Energien steht sie für ein weiteres Geschäftsfeld, das zuletzt boomte. Auch einige der breit aufgestellten Mittelstandsberater im Westen können Kompetenzen im Energiesektor vorweisen – so etwa **Hoffmann Liebs**, die seit dem Zugang eines Energierechtsexperten im Jahr 2020 ein gut integriertes Team aufgebaut hat.

Eng mit dem Thema Energie und den Bestrebungen vieler Akteure zur Dekarbonisierung verknüpft ist auch die Beratung zu der Querschnittsmaterie ESG (Environmental, Social, Governance). Das Thema setzen auch mittelständische Unternehmen zunehmend auf ihre Agenda, entsprechend stellen sich die Kanzleien auf. **Loschelder** etwa verstärkte sich mit einem Salary-Partner von **Kapellmann**, der unter anderem die Beratung zu ESG-konformem Bauen vorantreiben soll. **PricewaterhouseCoopers Legal** kann in D'dorf bereits einige Prestigemandate vorweisen, etwa eine ESG-Analyse für Airbus.

Die Standortfrage

Für Aufsehen im Markt sorgte zuletzt die Kölner Kanzlei **Seitz**, die in Düsseldorf ein weiteres Büro eröffnet hat. Dafür gewann sie einen Partner von **Glade Michel Wirtz**, der künftig die insolvenz- und restrukturierungsnahe gesellschaftsrechtliche Beratung an der Schnittstelle zum Arbeitsrecht vorantreiben soll.

Über den Schritt freuen sich auch andere Seitz-Anwälte mit Wohnsitz in Düsseldorf. Trotz aller Möglichkeiten zur Arbeit im Homeoffice betrachten viele Kanzleien es – neben der Mandantennähe – nach wie vor als Recruiting-Vorteil, wenn sie dem Nachwuchs die Wahl zwischen mehreren Standorten bieten können. Ein Beispiel ist **Streitbörger**, die ihr Münsteraner Büro einst hauptsächlich wegen der Beliebtheit der Universitätsstadt bei Absolventen eröffnete. Mit ihrer Expansion aus dem Kölner Markt heraus ist Seitz hingegen eher ein Exot: Die meisten Kanzleien hier bleiben bei ihrer Ein-Standort-Strategie, genauso die Düsseldorfer M&A-Boutiquen.

Besprochen werden in den Regionalkapiteln besonders die für ihre Beratung im regionalen und überregionalen Mittelstand bekannten Kanzleien und die führenden Berater aus diesen Kanzleien. Informationen zu Kanzleien, die zu den bundesweiten JUVE Top 50 gehören, sowie zu den Standorten internationaler Kanzleien, bei denen die Mehrheit der Anwälte im Ausland tätig ist, finden Sie in einer tabellarischen Übersicht und in den jeweiligen Rechtsgebietskapiteln.

JUVE KANZLEI DES JAHRES WESTEN

STEIN & PARTNER

JUVE AWARDS 2023

Die Mittelstandskanzlei genießt in der Region Aachen und der angrenzenden Euregio einen hervorragenden Ruf. Gründe gibt es dafür gleich mehrere: Das Team um **Dr. Edgar Stein** hat äußerst stabile Beziehungen zu namhaften Stammmandanten wie Lindt geknüpft, deren Beratung sich nicht auf Unterstützung im laufenden Geschäft beschränkt. Dadurch hebt sich die Kanzlei klar von Wettbewerbern ab. Hinzu kommen stetig neue Kontakte, insbesondere im Transaktionskontext. Ein Highlight war die Beratung eines E-Mobility-Unternehmens zum Verkauf an einen weltweit tätigen Energiekonzern, bei dem die Gesellschafts- und Arbeitsrechtler eng zusammenarbeiteten. Dabei und auch an der Seite von Mandanten wie Atlas Copco bildet das Team wie selbstverständlich den Gegenpart zu Großkanzleien. Eine Erfolgsgeschichte ist auch die Entwicklung im Vergaberecht, das häufig im Tandem mit dem traditionell starken Baurecht gefragt ist. Hier positioniert sich die Einheit regelmäßig bei wichtigen Projekten, zum Beispiel für EVS Euregio beim Wiederaufbau ihres Streckennetzes nach dem verheerenden Hochwasser 2021.

Daneben überzeugt Stein & Partner mit ihrer Personalarbeit: Im Arbeitsrecht gewann sie eine erfahrene Associate, zudem nahm sie einen Anwalt mit Schwerpunkt im Öffentlichen Recht in die Partnerschaft auf. So leitet sie den Generationswechsel frühzeitig in die Wege, der bei vielen anderen Mittelständlern ein wunder Punkt ist.

ADERHOLD

Westen ★★★★

Bewertung: Der Erfolg der Kanzlei mit Stammsitz in Dortmund speist sich aus sehr guten Beziehungen zum regionalen Mittelstand. Dabei punktet sie – gerade im aktuellen Marktumfeld – v.a. mit ihrer ausgeprägten Sanierungs- u. Restrukturierungskompetenz. Hier ergeben sich regelm. Anknüpfungspunkte für standortübergr. Zusammenarbeit, z.B. zwischen den Dortmunder Bankrechtlern u. den Restrukturierern in D'dorf u. Köln. Am D'dorfer Standort musste Aderhold dieses Jahr den Weggang des bekannten Prigge hinnehmen, der die Restrukturierungspraxis geleitet hatte, jedoch keine weiteren Kollegen mitnimmt. Zuletzt war die Kanzlei erneut bei mehreren Distressed-Transaktionen gefragt, setzte ihre M&A-Kompetenz aber auch über das krisennahe Geschäft hinaus ein, z.B. bei der Beratung eines Zahnärzte-MVZ beim Verkauf an einen Investor. Dabei machte sich der Zugang eines erfahrenen Medizinrechtlers im Vorjahr bezahlt.

Stärken: Bundesw. tätige Teams in der Sanierungsberatung u. im Bank- u. Finanzrecht, sehr angesehene Schiedsrechtspraxis.

Oft empfohlen: Prof. Dr. Lutz Aderhold („kompetent, kollegial", Wettbewerber; Gesellschaftsrecht, Schiedsverfahren), Jürgen Schemann (Gesellschaftsrecht), Dr. Alexander Bardenz, Dr. Gunther Lehleiter („beste Bewertung in allen relevanten Kategorien", „breites Wissen, gute Lösungsansätze", Mandanten), Dr. Christian Hoppe („fachl. sehr versiert, absolut zuverlässig, mandantenorientiert", „viel Spezialwissen, gr. Engagement", Mandanten; alle Bankrecht)

Team: 13 Eq.-Partner, 6 Sal.-Partner, 16 Associates, 2 of Counsel

Partnerwechsel: Thorsten Prigge (unbekannt; Restrukturierung)

Schwerpunkte: ▷*Gesellsch.recht* (inkl. Finanzierungsfragen) sowie ▷*Sanierung u. Restrukturierung*. Auch M&A, daneben bundesw. Prozessführung im Bankenbereich, auch oft in gesellschaftsrechtl. Schiedsverfahren u. Prozessen. Gr. Engagement im Bank- u. Bankaufsichtsrecht.

Mandate: Dt. Anbieter für Flüssiggas zu Kartellschadensersatz; mittelständ. Kaminhersteller bei Verkauf an frz. Wettbewerber; Pflegeheimbetreiber bei Kauf von Pflegeheimgruppe mit 19 Einrichtungen; Zahnärzte-MVZ bei Verkauf an Investor; Borussia Dortmund gesellschafts- u. kapitalmarktrechtl.; Family Office immobilienrechtl. bei Portfolioaufbau; Adesso-Gruppe, Laudert, Kludi lfd. arbeitsrechtl.; div. Banken u. Sparkassen zu lfd. Fragen sowie prozessual.

Westen

★★★★★	
Kümmerlein	Essen
Schmidt von der Osten & Huber	Essen
★★★★	
Glade Michel Wirtz	Düsseldorf
★★★★	
Aderhold	Dortmund, Düsseldorf, Köln
Arqis	Düsseldorf
Aulinger	Bochum, Essen
Grüter	Duisburg
Loschelder	Köln
Seitz	Köln, Düsseldorf
Spieker & Jaeger	Dortmund
★★★	
Brandi	Bielefeld, Paderborn, Gütersloh u.a.
Busse & Miessen	Bonn
Deloitte Legal	Düsseldorf, Köln
Ebner Stolz Mönning Bachem	Köln
Hoffmann Liebs	Düsseldorf
LLR Legerlotz Laschet und Partner	Köln
Streitbörger	Bielefeld, Hamm, Münster, Düsseldorf, u.a.
★★	
EY Law	Düsseldorf, Köln, Essen u.a.
Harnischmacher Löer Wensing	Münster
Hecker Werner Himmelreich	Köln, Düsseldorf
KPMG Law	Düsseldorf, Köln, Bielefeld u.a.
Meilicke Hoffmann & Partner	Bonn
Meyer-Köring	Bonn
Rotthege	Düsseldorf, Essen
Schlüter Graf	Dortmund
Schmitz Knoth	Bonn
Stein & Partner	Aachen
★★	
Berner Fleck Wettich	Düsseldorf
Breidenbach	Wuppertal
Buse	Düsseldorf, Essen
Classen Fuhrmanns & Partner	Köln
LMPS von Laer Meyer Paul Stuttmann	Düsseldorf
PPR & Partner Pape Rauh	Düsseldorf
PricewaterhouseCoopers Legal	Düsseldorf, Köln, Bielefeld u.a.
Sernetz Schäfer	Düsseldorf
Ypog	Köln

Fortsetzung nächste Seite

ALPMANN FRÖHLICH

Westen ★

Bewertung: Die westfäl. Mittelstandskanzlei mit starkem Notariat ist bei zahlr. der wichtigsten Akteure der Region wie etwa Schmitz Cargobull, Ernsting's family oder Westfalen fest verankert u. steht ihnen teils als ausgelagerte Rechtsabteilung umf. zur Seite. Ihrem Standort in Rheine entspr. berät sie zudem niederl. Unternehmen. Hinzu kommt eine gr. Niederlassung in Emsdetten, die sich auf das Insolvenzrecht fokussiert. Themat. am breitesten aufgestellt ist der Münsteraner Standort, an dem die Beratung im Gesellschafts-, Arbeits-, Marken- u. Immobilienrecht im Vordergrund steht. 2 Partnerernennungen sowie mehrere Associate-Zugänge zeigten zuletzt, dass AF gut auf den anstehenden Generationswechsel vorbereitet ist.

Stärken: Gesellschaftsrecht. Internat. Geschäft, insbes. an der Schnittstelle zum niederl. Recht; Insolvenzverwaltung.

Team: 25 Eq.-Partner, 3 Sal.-Partner, 19 Associates

Schwerpunkte: Umf. Beratung v.a. im Gesellschaftsrecht (Umstrukturierungen u. Transaktionen bis ca. €50 Mio), auch Nachfolgefragen (mit Erbrecht). Großes Notariat. Mandantschaft: v.a. gehobener Mittelstand aus Westfalen, auch Banken, Kommunen u. einige Großunternehmen.

Mandate: Baustoffhändler bei Unternehmensverkauf; E-Commerce-Händler bei Formwechsel von KG über AG in SE; Schmitz Cargobull u. Vossko umf., u.a. im Gesellschafts-, Handels- u. Markenrecht; Ernsting's family u. Westfalen lfd. gesellschaftsrechtl.; Klarastift-Gruppe Münster arbeitsrechtl. bei Post-Merger-Integration; Café-Extrablatt-Gruppe bei Überarbeitung der Arbeitsverträge; Salience Labs arbeitsrechtl.; Compo, Jade Team, BU Power Systems, Sagaflor lfd. markenrechtlich.

Anwaltszahlen: Angaben der Kanzleien zur Bürogröße vor Ort. Sie spiegeln nicht zwingend die Gesamtgröße einer Kanzlei wider.

Westen Fortsetzung

★

Alpmann Fröhlich	Münster, Emsdetten, Rheine
Andersen	Köln
Austmann & Partner	Düsseldorf
d h & k	Aachen
Dr. Gantefführer Marquardt & Partner	Düsseldorf
Godefroid & Pielorz	Düsseldorf
Peters	Düsseldorf
Qivive	Köln
RellermeyerPartner	Düsseldorf
SSP-Law	Düsseldorf
Tigges	Düsseldorf
Wirtz & Kraneis	Köln

Die Auswahl von Kanzleien und Personen in Rankings und tabellarischen Übersichten ist das Ergebnis umfangreicher Recherchen der JUVE-Redaktion. Sie ist in 2erlei Hinsicht subjektiv: Die Aussagen der befragten Quellen sind subjektiv u. spiegeln deren Erfahrungen u. Einschätzungen. Die JUVE-Redaktion wiederum analysiert die Rechercheergebnisse unter Einbeziehung ihrer eigenen Marktkenntnis. Der JUVE Verlag beabsichtigt keine allgemeingültige oder objektiv nachprüfbare Bewertung. Es ist möglich, dass eine andere Recherchemethode zu anderen Ergebnissen führt. Innerhalb einzelner Gruppen in Rankings und tabellarischen Übersichten sind Kanzleien und Personen alphabetisch sortiert.

ANDERSEN

Westen ★

Bewertung: In ihrem recht kleinen Kölner Team setzt die MDP-Kanzlei v.a. auf die gesellschaftsrechtl. u. M&A-Beratung sowie eine tiefe steuerrechtl. Kompetenz, die in zahlr. Mandaten aus dem internat. Andersen-Netzwerk zum Einsatz kommt. Die Prozessführung als weiteres Standbein, vor knapp 2 Jahren in Köln durch einen Quereinsteiger aufgebaut, leidet ein wenig unter dem Abschied des insolvenzrechtl. Andersen-Teams, das in Leipzig u. Frankfurt ansässig war. In komplexen Post-M&A-Streitigkeiten kann sich die Kanzlei jedoch beweisen.

Team: 3 Eq.-Partner, 2 Sal.-Partner, 7 Associates, 1 of Counsel

Schwerpunkte: ▷*Gesellsch.recht*, M&A, Konfliktlösung, Bank- u. Finanzrecht, Steuerrecht.

Mandate: NGK Spark Plug Europe zu Joint Venture mit ZF Friedrichshafen, Hella sowie Clarios lfd. gesellschaftsrechtl.; PE-Investor zu Aufklärungspflicht- u. Garantieverletzungen aus Kaufvertrag; Best4Tyres bzw. Rivian Capital sowie TonerPartner lfd. gesellschaftsrechtlich. **Prozesse:** Medizintechnikunternehmen zu Verteidigung gg. Schadensersatzansprüche nach Verkauf.

ARQIS

Westen ★★★★

Bewertung: Von ihrem Stammsitz in D'dorf aus ist die Kanzlei bundesw. tätig u. bietet ihren Mandanten einen eng verzahnten Beratungsansatz. Dabei entwickelt das Team um einige sehr renommierte Partner sein Angebot kontinuierl. entspr. den Mandantenbedürfnissen weiter: So stellte es sich zuletzt stärker für die Beratung zum Thema ESG auf u. baute das Öffentl. Recht aus. Das zeigt sich anhand von Mandanten wie der Dortmunder Energie- u. Wasserversorgung, die dem Team z.B. in einem Verfahren gg. E.on vertraut. Das Thema wird von einem Anwalt vorangetrieben, der 2021 von Posser Spieth Wolfers kam u. bereits ein Jahr später zum Partner ernannt wurde. Auch die Bereiche, in denen Arqis trad. stark ist, entwickeln sich gut. Dazu zählt die Transaktionspraxis, die erneut zahlr. Deals stemmte, v.a. für Private-Equity-Investoren wie Omnes Capital, die sie bei der Beteiligung an der CCE Holding begleitete. Dabei übernahm Boche die Federführung, die ansonsten insbes. für die Beratung von W+I-Versicherern bekannt ist. Sehr eingespielt ist die Zusammenarbeit zw. dem Corporate-Team u. den Arbeitsrechtlern. Neben Deals waren sie zuletzt v.a. bei Restrukturierungen gefragt. Daneben sorgt die Japan-Praxis für einen steten Dealflow sowie für Anknüpfungspunkte für die Arbeits- u. Datenschutzrechtler. Sie beriet zuletzt vermehrt jap. Unternehmen bei Investments in Dtl.

Stärken: Grenzüberschr. ▷*M&A*, dt.-jap. Rechtsverkehr (eigenes Büro in Tokio), ▷*Arbeitsrecht*.

Oft empfohlen: Dr. Shigeo Yamaguchi („verlässl. u. fachl. hochwertig", „kompetent", Wettbewerber), Dr. Jörn-Christian Schulze („hilfreich u. kompetent", „Mastermind u. Anführer, besticht durch außerordentl. Kompetenz", Mandanten; „sehr strukturiert", „Experte für PE-Transaktionen, pragmat. u. zielorientiert", „ausdauernder Verhandler", Wettbewerber), Dr. Mirjam Boche („sehr gute Verhandlungsführung", „ausgezeichnete Kenntnisse im Versicherungsrecht, super Teamplayer", Wettbewerber), Johannes Landry (alle M&A/Gesellschaftsrecht), Dr. Andrea Panzer-Heemeier („sehr kompetent u. engagiert", Mandant), Tobias Neufeld (beide Arbeitsrecht)

Team: 6 Eq.-Partner, 8 Sal.-Partner, 7 Counsel, 25 Associates, 1 of Counsel

Schwerpunkte: ▷*Gesellsch.recht*, fachübergreifende Organberatung, ▷*M&A*, M&A-Versicherungen, ▷*Private Equ. u. Vent. Capital*. Außerdem Kapitalmarkt-, ▷*Arbeits-*, Datenschutz- u. Immobilienrecht sowie Restrukturierung. Viel grenzüberschr. Geschäft mit Japan-Bezug.

Mandate: VW bei strateg. Partnerschaft mit Miles Mobility; Omnes Capital bei Beteiligung an CCE Holding; KPIT Technologies beim Kauf von Technica Engineering; Blackned zu strateg. Partnerschaft mit Rheinmetall; DBR Holding arbeits- u. gesellschaftsrechtl. bei Pension-Buy-out; Autodoc arbeitsrechtl. bei SE-Umwandlung.; Ducati lfd. zu Arbeitsrecht u. Compliance; Dortmunder Energie u. Wasserversorgung umf. regulator., z.B. gg. E.on um Anpassung von Gaspreislieferungen; Lausitzer- u. Mitteldt. Bergbau-Verwaltungsgesellschaft umwelt- u. verwaltungsrechtl; Sunfire umf. regulatorisch.

AULINGER

Westen ★★★★

Bewertung: Als etablierte Mittelstandsberaterin profitieren Mandanten der Kanzlei von ihrer starken u. vielfach empfohlenen Basis im Gesellschaftsrecht u. im Notariat, die mit 2 Partnerernennungen weiter ausgebaut wurde. Auf dem Wachstumspfad ist zudem die Beratung der Immobilienwirtschaft, in der die Kompetenzen aus dem Transaktionsgeschäft mit der Full-Service-Aufstellung zusammenspielen u. zudem erste Anknüpfungspunkte für ESG-Mandate ergeben. Hier können die Erfahrungen aus großen, v.a. energierechtl. Infrastrukturprojekten nahtlos eingebracht werden. Die Breite der Mandantenempfehlungen reicht vom Arbeits- über das Kartell- bis hin zum Umweltrecht, ein Konzernmandant lobt das „unschlagbare Preis-Leistungs-Verhältnis" der Kanzlei im öffentl.-rechtl. Bereich. Allerdings fehlt im Kartellrecht jetzt altersbed. die Leitfigur Lotze, was auch von Mandanten bemerkt wird, wenngleich die fachl. Kapazitäten hier weiterhin vorhanden sind. Im Vergaberecht sind wegen des zuletzt kleinen Teams einzelne Mandate verloren gegangen.

Oft empfohlen: Dr. Markus Haggeney, Dr. Andreas Eickhoff (beide Gesellschaftsrecht), Dr. Christian Stenneken, („äußerst erfahren im Planungsrecht u. bei Infrastrukturthemen", Wettbewerber), Claudia Schoppen („Fachkompetenz u. Einsatz sind fast ohne Konkurrenz im Markt, herausragend", Mandant; beide Umwelt u. Planung) Dr. Bastian-Peter Stenslik („äußerst kompetent u. verhandlungsstark", Mandant; Arbeitsrecht), Dr. Nicola Ohrtmann (Vergaberecht)

Team: 18 Eq.-Partner, 8 Sal.-Partner, 16 Associates, 2 of Counsel

Partnerwechsel: Dr. Andreas Lotze (Ruhestand; Kartellrecht)

Schwerpunkte: Mandantenbasis aus öffentl. u. regulierten Unternehmen, Ruhrgebietsindustrie sowie gehobenem Mittelstand, u.a. aus dem Energie- u. Gesundheitssektor; ▷*Gesellsch.recht* u. ▷*M&A* notariell u. beratend; Immobilien-, Arbeits- u. Kartellrecht; ▷*Öffentl. Recht*; Vergaberecht. Ausgelagerte Datenschutz- u. Consulting-GmbH.

Mandate: VW planungs-, immissionschutz- u. mietrechtl. zu Projekten ‚Trinity' u. ‚Nordkopf'; Euco-Gruppe sowie Schneider Optikmaschinen lfd. immobilienrechtl.; Regionalverband Ruhr u. Stichting Manifesta zu Gründung der Trägergesellschaft Manifesta 16; NRW-Landesamt für zentrale polizeil. Dienste umf. vergaberechtl.; Energiekonzern sowie versch. ÖPNV-Anbieter lfd. arbeitsrechtl.; Altrad-Gruppe baubegleitend u. prozessual; IKT-Institut zu Neubau u. Modernisierung von Versuchseinrichtungen; Vonovia-Gesellschaften lfd. in immobilien- u. baurechtl. Prozessen; GasLine TK-Gesellschaft vertragsrechtl. u. zur Durchsetzung von Leitungsstrassen; Amprion zu EnLAG-Projekten; Thyssengas zu nachträgl. Wegerechtssicherung; Zeelink zu Enteignungsverfahren in NRW.

AUSTMANN & PARTNER

Westen ★

Bewertung: Die D'dorfer Kanzlei hat ihre Tätigkeit in der gesellschaftsrechtl. Konfliktlösung erneut ausgebaut: Sie vertrat ihre Mandanten in Post-M&A-Streits, Schiedsverfahren u. bei Gesellschafterstreitigkeiten. Daneben war sie in mehrere Transaktionen eingebunden. Dabei profitieren Mandanten nun von dem steuerrechtl. Know-how

Anwaltszahlen: Angaben der Kanzleien zur Bürogröße vor Ort. Sie spiegeln nicht zwingend die Gesamtgröße einer Kanzlei wider.

Top 50 und internationale Kanzleien im Westen

Advant Beiten (Düsseldorf)	*▷Arbeit; ▷Gesellsch.recht; ▷Immo/Bau; ▷IT-Recht u. Datenschutz; ▷Konfliktlösung; ▷M&A; ▷Nachfolge; ▷Private Equ. u. Vent. Capital;* Steuern; *▷Vergabe.*
Allen & Overy (Düsseldorf)	*▷Compliance; ▷Gesellsch.recht; ▷Konfliktlösung; ▷M&A;* Patent; *▷Unternehmensbez. Versichererberatung.*
Baker McKenzie (Düsseldorf)	*▷Arbeit; ▷Außenwirtschaft; ▷Compliance; ▷Energie; ▷ESG; ▷Gesellsch.recht; ▷Immo/Bau; ▷Kartellrecht; ▷Konfliktlösung; ▷M&A; ▷Pivate Equ. u. Vent. Capital;* Steuern; *▷Vertrieb.*
Bird & Bird (Düsseldorf)	*▷Arbeit; ▷Energie; ▷Gesellsch.recht; ▷IT-Recht u. Datenschutz; ▷Kartellrecht; ▷Konfliktlösung; ▷M&A; ▷Marken u. Wettbewerb;* Patent; *▷Private Equ. u. Vent. Capital; ▷Vergabe; ▷Verkehr; ▷Vertrieb.*
CBH Rechtsanwälte (Köln)	*▷Arbeit; ▷Beihilfe; ▷Gesellsch.recht; ▷Immo/Bau; ▷M&A; ▷Marken u. Wettbewerb; ▷Medien; ▷Öffentl. Recht;* Patent; *▷Vergabe; ▷Verkehr.*
Cleary Gottlieb Steen & Hamilton (Köln)	*▷Gesellsch.recht; ▷Kartellrecht; ▷Konfliktlösung; ▷M&A.*
Clifford Chance (Düsseldorf)	*▷Compliance; ▷Energie; ▷ESG; ▷Gesellsch.recht; ▷Gesundheit; ▷Immo/Bau; ▷Kartellrecht; ▷Konfliktlösung; ▷M&A; ▷Öffentl. Recht;* Patent; *▷Private Equ. u. Vent. Capital;* Steuern; *▷Vertrieb..*
CMS Hasche Sigle (Düsseldorf, Köln)	*▷Arbeit; ▷Außenwirtschaft; ▷Bankrecht u. -aufsicht; ▷Energie; ▷ESG; ▷Gesellsch.recht; ▷Immo/Bau; ▷Insolvenz/Restrukturierung; ▷IT-Recht u. Datenschutz; ▷Kartellrecht; ▷Konfliktlösung; ▷Kredite u. Akqu. fin.; ▷Lebensmittel; ▷M&A; ▷Marken u. Wettbewerb; ▷Medien; ▷Öffentl. Recht;* Patent; *▷Private Equ. u. Vent. Capital; ▷Unternehmensbez. Versichererberatung; ▷Vergabe; ▷Verkehr; ▷Versicherungsvertragsrecht; ▷Vertrieb.*
Dentons (Düsseldorf)	*▷Anleihen; ▷Arbeit; ▷Beihilfe; ▷Energie; ▷Gesellsch. recht; ▷Immo/Bau; ▷Kartellrecht; ▷Konfliktlösung; ▷M&A;* Steuern; *▷Verkehr.*
DLA Piper (Köln)	*▷Außenwirtschaft; ▷Energie; ▷ESG; ▷Gesellsch.recht; ▷Gesundheit; ▷Immo/Bau; ▷Insolvenz/Restrukturierung; ▷IT u. Datenschutz; ▷Konfliktlösung; ▷M&A; ▷Marken u. Wettbewerb; ▷Medien; ▷Öffentl. Recht;* Patent; *▷Unternehmensbez. Versichererberatung; ▷Vergabe; ▷Verkehr; ▷Vertrieb.*
Eversheds Sutherland (Düsseldorf)	*▷Energie; ▷Gesellsch.recht; ▷Immo/Bau; ▷Konfliktlösung; ▷M&A.*
Fieldfisher (Düsseldorf)	*▷Gesellsch.recht; ▷Kartellrecht; ▷M&A;* Patent.
Flick Gocke Schaumburg (Bonn)	*▷Arbeit; ▷Gesellsch.recht; ▷Kartellrecht; ▷M&A; ▷Nachfolge;* Steuern; *▷Wirtschafts- u. Steuerstrafrecht.*
Freshfields Bruckhaus Deringer (Düsseldorf)	*▷Arbeit; ▷Börseneinführ. u. Kapitalerhöhung; ▷Compliance; ▷Energie; ▷ESG; ▷Gesellsch.recht; ▷Gesundheit; ▷Immo/Bau; ▷Investmentfonds; ▷IT-Recht u. Datenschutz; ▷Kartellrecht; ▷Marken u. Wettbewerb; ▷Medien; ▷Öffentl. Recht;* Patent; *▷Private Equ. u. Vent. Capital;* Steuern; *▷Verkehr; ▷Vertrieb; ▷Wirtschafts- u. Steuerstrafrecht.*
Gleiss Lutz (Düsseldorf)	*▷Arbeit; ▷Außenwirtschaft; ▷Beihilfe; ▷Energie; ▷ESG; ▷Gesellsch.recht; ▷Gesundheit; ▷Kartellrecht; ▷Konfliktlösung; ▷Öffentl. Recht;* Patent; *▷Verkehr.*
Görg (Köln)	*▷Arbeit; ▷Bankrecht u. -aufsicht; ▷Energie; ▷Gesellsch.recht; ▷Gesundheit; ▷Immo/Bau; ▷IT-Recht u. Datenschutz; ▷Kartellrecht; ▷Kredite u. Akqu.fin.; ▷Konfliktlösung; ▷M&A; ▷Öffentl. Recht; ▷Private Equ. u. Vent. Capital.*
Friedrich Graf von Westphalen & Partner (Köln)	*▷Arbeit; ▷Gesellsch.recht; ▷Gesundheit; ▷Konfliktlösung; ▷M&A; ▷Marken u. Wettbewerb; ▷Versicherungsvertragsrecht; ▷Vertrieb.*

Fortsetzung nächste Seite

eines neuen Partners, der auch als StB qualifiziert ist. Er bringt zudem Kenntnisse in der Nachfolgeberatung sowie gute Kontakte in die Energiebranche mit. Wegen des Verlusts 2er Associates ist der Unterbau der Kanzlei jedoch geschwächt.
Stärken: Gesellschaftsrecht, Restrukturierung.
Oft empfohlen: Thomas Austmann, Dr. Norman Kulpa („zuverlässig, schnell, kompetent", Mandant; „präzise", Wettbewerber; beide Gesellschaftsecht/M&A)
Team: 3 Partner, 1 Associate, 1 of Counsel
Partnerwechsel: Stefan Lohmann (aus eigener Kanzlei; Steuerrecht)
Schwerpunkte: Gesellschaftsrecht (inkl. Restrukturierung), M&A u. gesellschaftsrechtl. Streitigkeiten. Viele mittelständ. Mandanten (u.a. Familienunternehmen), aber auch internat. Unternehmen sowie Investoren.
Mandate: Bauberatungs- u. Bauplanungsdienstleister umf. gesellschaftsrechtl., u.a. bei Post-Merger-Integration u. in Schiedsverfahren um Ansprüche aus Kaufvertrag; Setlog vertragsrechtl.; Medizinprodukteehersteller lfd. gesellschaftsrechtl. u. zu Kooperationsverträgen, z.B. mit Universitäten; Getränkehersteller gesellschaftsrechtl., u.a. bei Transaktionen; Sparkasse Rhein-Nahe im Gesellschaftsrecht; Fahrzeugbauer zu Schadensersatzansprüchen im Lkw-Kartell.

BERNER FLECK WETTICH

Westen ★★

Bewertung: Eng vernetzt mit anderen Spezialkanzleien hat die D'dorfer Corporate-Einheit mit ihrem Kerngeschäft ein sehr vielfältiges Jahr hinter sich gebracht. Neben zahlr. Deals, die auch gesellschaftsrechtl. herausfordernd waren, hat sich das Team insbes. in der Organberatung einen starken Trackrecord aufgebaut, der auch auf Konzernebene wahrgenommen wird – etwa wenn es darum geht, komplexe Beratungsthemen auf pragmat. Risikoeinschätzungen zu fokussieren. Die Vorstands- bzw. Aufsichtsratsmandate passen außerdem gut zum Beratungsfeld der Family Offices, für die BFW weitere Transaktionen bewältigte.
Stärken: Gesellschaftsrecht aufseiten von Organen oder Gesellschaftern, M&A.
Oft empfohlen: Dr. Thilo Fleck („erste Adresse für Start-ups u. komplexe Mitarbeiterbeteiligungsmodelle", Wettbewerber), Dr. Olaf Berner, („lösungsorientiert u. hoch erfahren", Wettbewerber), Dr. Carsten Wettich („Top-Berater für aufsichtsrechtl. Mandate", Wettbewerber), Dr. Christian Nienkemper („super schnell, umgänglich, echter Teamspieler", Wettbewerber; alle Corporate/M&A)
Team: 4 Partner, 2 Associates
Schwerpunkte: *▷Gesellschaftsrecht* inkl. Umstrukturierung, Organberatung, u.a. bei D&O-Haftungsfällen. Gesellschaftsrechtl. Prozessführung. Beratung von Familienunternehmen bei Investitionen in Start-ups sowie M&A.
Mandate: Vorstand u. Aufsichtsrat von Adler Real Estate zu Einigung mit Anleihegläubigergruppe (Volumen €970 Mio); LEG Immobilien zu Heizungs-Joint-Venture mit Mantro u. Oventrop; BetterDoc lfd. gesellschafts- u. finanzierungsrechtl.; Consus RE zu Auseinandersetzungen mit Minderheitsgesellschafter sowie ehem. GF; Picnic zu grenzüberschr. Verschmelzung u. Mitbestimmung; Techno Design zu Kauf des Beschaffungsmanagements von Gerry Weber u. strateg. Kooperation; Careciano zu Käufen von Pflegeheimen; Gesellschafter der

Anwaltszahlen: Angaben der Kanzleien zur Bürogröße vor Ort. Sie spiegeln nicht zwingend die Gesamtgröße einer Kanzlei wider.

SHD System-Haus Dresden zu Verkauf an Syserso; Qbabo Family Office zu Kauf von Natterer Jungpflanzen. **Prozesse:** InfraVest Wind lfd. zu Post-M&A-Streitigkeiten; Tönnies Holding lfd. gesellschaftsrechtl. u. in Prozessen gg. versch. ehem. GF; Yasin Qureshi als ehem. Vorstandsmitglied der Varengold Bank zu Verteidigung gg. Klage der Caceis Bank.

BRANDI

Westen ★★★

Bewertung: Mit ihrem dichten Netz an Standorten ist Brandi in Ostwestfalen eine der bekanntesten u. renommiertesten Kanzleien. Neben einem auch lokal starken Notariat haben sich die Büros fachl. stark spezialisiert, etwa Paderborn im Umwelt- u. Planungsrecht oder Gütersloh im internat. Wirtschafts- u. Vertriebsrecht. So gelingt es unverändert, den internat. Konzernen der Region u. ihren Tochtergesellschaften „kundenorientiert u. optimal aufgestellt" (Mandant) zur Seite zu stehen. Daneben beraten die Anwälte den Mittelstand u. zahlr. kommunale Unternehmen in der ganzen Breite. Mit ihrem internat. Netzwerk ist die Kanzlei anderen Beratern einen Schritt voraus u. kann nicht nur exportorientierte Mittelständler bei ihren Expansionsschritten unterstützen, sondern auch regelm. Inbound-Mandate gewinnen, etwa im Gewerbl. Rechtsschutz.

Stärken: Internat. gesellschaftsrechtl. Beratung, v.a. durch das Netzwerk Pangea. Tiefe Spezialisierung, insbes. im ▷*Öffentl. Recht* (Umwelt und Planung).

Oft empfohlen: Dr. Franz Tepper, Dr. Oliver Knodel (beide Gesellschaftsrecht), Prof. Dr. Martin Dippel (Öffentl. Recht), Dr. Kevin Kruse (Gewerbl. Rechtsschutz/IT), Dr. Sebastian Meyer („hervorragende Kompetenz im Datenschutzrecht", IT/Datenschutz)

Team: 53 Partner, 5 Counsel, 20 Associates, 3 of Counsel

Schwerpunkte: ▷*Gesellschafts-* u. Steuerrecht (Strukturberatung, Unternehmensnachfolge, Transaktionen) sowie im Bau- u. Immobilienrecht. Großes Notariat. Sehr internat. geprägtes Handels- u. ▷*Vertriebsrecht*. Starkes Standbein im Öffentl. Recht, zudem Arbeitsrecht u. ▷*M&A*, ▷*Marken u. Wettbewerb*.

Mandate: Miele Venture Capital lfd. zu Start-up-Beteiligungen sowie zu Kauf des Prüflabors SMP; Robifa zu Verkauf an Accent; Claas zu Umwandlungsmaßnahmen im Konzern; Ev. Johanneswerk sowie v. Bodelschwinghsche Stiftungen Bethel lfd. gesellschaftsrechtl.; Roller, Takko Holding sowie Polo Motorrad u. Sportswear lfd. mietrechtl.; Dyckerhoff Zement, Interargem Entsorgung, Kronospan, Pfeifer & Langen, Pfleiderer, PreZero, Südzucker, Tönnies-Gruppe lfd. umwelt- u. planungsrechtl.; Eckert u. Ziegler strahlenschutz- u. umweltrechtl. sowie im Medizinprodukterecht; Miele, Leineweber/Brax, Arvato Systems, Gauselmann-Gruppe, Edeka-Verband sowie Edeka-Regionalgesellschaften lfd. marken- bzw. wettbewerbsrechtlich u. prozessual.

BREIDENBACH

Westen ★★

Bewertung: Die Wuppertaler Traditionskanzlei ist insbes. für ihre interdiszipl. gesellschafts- u. steuerrechtl. Beratung angesehen. Darauf setzt eine meist mittelständ. u. inhabergeführte Mandantschaft, die zum gr. Teil in NRW, aber auch bundesw. angesiedelt ist. Sie zog Breidenbach erneut in erster Linie bei zahlr. Deals sowie in der gesellschafts-

TOP 50 und internationale Kanzleien im Westen Fortsetzung

GvW Graf von Westphalen (Düsseldorf)	▷*Energie*; ▷*Gesellsch.recht*; ▷*Immo/Bau*; ▷*M&A*; ▷*Öffentl. Recht*; ▷*Telekommunikation*; ▷*Vergabe*; ▷*Verkehr*; ▷*Versicherungsvertragsrecht*.
Hengeler Mueller (Düsseldorf)	▷*Bankrecht u. -aufsicht*; ▷*Beihilfe*; ▷*Börseneinführ. u. Kapitalerhöhung*; ▷*Compliance*; ▷*Energie*; ▷*ESG*; ▷*Gesellsch.recht*; ▷*Gesundheit*; ▷*Kartellrecht*; ▷*Konfliktlösung*; ▷*M&A*; ▷*Nachfolge*; ▷*Öffentl. Recht*; Patent; ▷*Private Equ. u. Vent. Capital*; ▷*Unternehmensbez. Versichererberatung*; ▷*Verkehr*; ▷*Wirtschafts- u. Steuerstrafrecht*.
Herbert Smith Freehills (Düsseldorf)	▷*Gesellsch.recht*; ▷*Kartellrecht*; ▷*Konfliktlösung*; ▷*M&A*; Patent; ▷*Unternehmensbez. Versichererberatung*.
Heuking Kühn Lüer Wojtek (Düsseldorf, Köln)	▷*Anleihen*; ▷*Arbeit*; ▷*Beihilfe*; ▷*Börseneinführ. u. Kapitalerhöhung*; ▷*Compliance*; ▷*Energie*; ▷*Gesellsch. recht*; ▷*Gesundheit*; ▷*Immo/Bau*; ▷*Insolvenz/Restrukturierung*; ▷*IT-Recht u. Datenschutz*; ▷*Kartellrecht*; ▷*Konfliktlösung*; ▷*Kredite u. Akqu.fin.*; ▷*M&A*; ▷*Marken u. Wettbewerb*; ▷*Medien*; ▷*Nachfolge*; Patent; Steuern; ▷*Vergabe*; ▷*Verkehr*; ▷*Versicherungsvertragsrecht*; ▷*Vertrieb*; ▷*Wirtschafts- u. Steuerstrafrecht*.
Hogan Lovells (Düsseldorf)	▷*Arbeit*; ▷*Bankrecht u. -aufsicht*; ▷*Compliance*; ▷*Energie*; ▷*ESG*; ▷*Gesellsch.recht*; ▷*Gesundheit*; ▷*Immo/Bau*; ▷*IT-Recht u. Datenschutz*; ▷*Kartellrecht*; ▷*Konfliktlösung*; ▷*Lebensmittel*; ▷*M&A*; ▷*Marken u. Wettbewerb*; ▷*Öffentl. Recht*; Patent; ▷*Private Equ. u. Vent. Capital*; Steuern; ▷*Telekommunikation*; ▷*Unternehmensbez. Versichererberatung*; ▷*Vertrieb*.
Jones Day (Düsseldorf)	▷*Gesellsch.recht*; ▷*Kartellrecht*; ▷*Konfliktlösung*; ▷*M&A*; Patent; ▷*Private Equ. u. Vent. Capital*.
Kapellmann und Partner (Düsseldorf, Mönchengladbach)	▷*Compliance*; ▷*Gesellsch.recht*; ▷*Immo/Bau*; ▷*M&A*; ▷*Vergabe*; ▷*Verkehr*.
Latham & Watkins (Düsseldorf)	▷*Compliance*; ▷*Energie*; ▷*Gesellsch.recht*; ▷*Kartellrecht*; ▷*Konfliktlösung*; ▷*M&A*.
Linklaters (Düsseldorf)	▷*Arbeit*; ▷*ESG*; ▷*Gesellsch.recht*; ▷*Kartellrecht*; ▷*Konfliktlösung*; ▷*M&A*; Patent; Steuern; ▷*Unternehmensbez. Versichererberatung*.
Luther (Düsseldorf, Essen, Köln)	▷*Arbeit*; ▷*Außenwirtschaft*; ▷*Energie*; ▷*Gesellsch.recht*; ▷*Immo/Bau*; ▷*Investmentfonds*; ▷*IT-Recht u. Datenschutz*; ▷*Kartellrecht*; ▷*Konfliktlösung*; ▷*M&A*; ▷*Marken u. Wettbewerb*; ▷*Private Equ. u. Vent. Capital*; ▷*Notare*; ▷*Öffentl. Recht*; ▷*Vertrieb*.
Mayer Brown (Düsseldorf)	▷*Gesellsch.recht*; ▷*Kartellrecht*; ▷*M&A*.
McDermott Will & Emery (Düsseldorf, Köln)	▷*Arbeit*; ▷*Gesellsch.recht*; ▷*Immo/Bau*; ▷*Insolvenz/Restrukturierung*; ▷*Kartellrecht*; ▷*Konfliktlösung*; ▷*M&A*; Patent; ▷*Private Equ. u. Vent. Capital*; Steuern.
Noerr (Düsseldorf)	▷*Arbeit*; ▷*Bankrecht u. -aufsicht*; ▷*Börseneinführ. u. Kapitalerhöhung*; ▷*ESG*; ▷*Gesellsch.recht*; ▷*Immo/Bau*; ▷*Konfliktlösung*; ▷*M&A*; ▷*Marken u. Wettbewerb*; ▷*Öffentl. Recht*; ▷*Private Equ. u. Vent. Capital*; ▷*Unternehmensbez. Versichererberatung*; ▷*Verkehr*.
Norton Rose Fulbright (Düsseldorf)	▷*Unternehmensbez. Versichererberatung*
Oppenhoff & Partner (Köln)	▷*Arbeit*; ▷*Außenwirtschaft*; ▷*Compliance*; ▷*Energie*; ▷*Gesellsch.recht*; ▷*IT-Recht u. Datenschutz*; ▷*M&A*; ▷*Konfliktlösung*; ▷*Nachfolge*; ▷*Private Equ. u. Vent. Capital*; Steuern; ▷*Unternehmensbez. Versichererberatung*; ▷*Vergabe*.
Orrick Herrington & Sutcliffe (Düsseldorf)	▷*Gesellsch.recht*; ▷*IT-Recht u. Datenschutz*; ▷*Konfliktlösung*; ▷*M&A*; ▷*Private Equ. u. Vent. Capital*.

Fortsetzung nächste Seite

Anwaltszahlen: Angaben der Kanzleien zur Bürogröße vor Ort. Sie spiegeln nicht zwingend die Gesamtgröße einer Kanzlei wider.

TOP 50 und internationale Kanzleien im Westen Fortsetzung

Orth Kluth (Düsseldorf)	▷*Arbeit;* ▷*Compliance;* ▷*Gesellsch.recht;* ▷*Immo/Bau;* ▷*IT-Recht u. Datenschutz;* ▷*M&A;* ▷*Marken u. Wettbewerb;* ▷*Verkehr;* ▷*Vertrieb.*
Osborne Clarke (Köln)	▷*Arbeit;* ▷*Energie;* ▷*Gesellsch.recht;* ▷*IT-Recht u. Datenschutz;* ▷*Kartellrecht;* ▷*M&A;* ▷*Marken u. Wettbewerb;* ▷*Medien;* ▷*Private Equ. u. Vent. Capital;* ▷*Vertrieb.*
Pinsent Masons (Düsseldorf)	▷*Beihilfe;* ▷*Energie;* ▷*Gesellsch.recht;* ▷*IT-Recht u. Datenschutz;* ▷*M&A;* ▷*Telekommunikation.*
Redeker Sellner Dahs (Bonn)	▷*Beihilfe;* ▷*Compliance;* ▷*Energie;* ▷*ESG;* ▷*Gesellsch. recht;* ▷*Kartellrecht;* ▷*M&A;* ▷*Medien;* ▷*Presse;* ▷*Vergabe;* ▷*Verkehr.*
Rödl & Partner (Köln)	▷*Gesellsch.recht;* ▷*M&A;* ▷*Nachfolge;* Steuern; ▷*Telekommunikation.*
Simmons & Simmons (Düsseldorf)	▷*Arbeit;* ▷*M&A;* Patent.
Taylor Wessing (Düsseldorf)	▷*Arbeit;* ▷*Beihilfe;* ▷*Energie;* ▷*ESG;* ▷*Gesellsch.recht;* ▷*Gesundheit;* ▷*Immo/Bau;* ▷*Insolvenz/Restrukturierung;* ▷*IT-Recht u. Datenschutz;* ▷*Konfliktlösung;* ▷*M&A;* ▷*Marken u. Wettbewerb;* ▷*Medien;* ▷*Nachfolge;* ▷*Öffentl. Recht;* Patent; ▷*Private Equ. u. Vent. Capital;* ▷*Unternehmensbez. Versichererberatung;* ▷*Vergabe;* ▷*Verkehr;* ▷*Versicherungsvertragsrecht.*
Watson Farley & Williams (Düsseldorf)	▷*Energie.*
White & Case (Düsseldorf)	▷*Energie;* ▷*Gesellsch.recht;* ▷*Insolvenz/Restrukturierung;* ▷*Kartellrecht;* ▷*Konfliktlösung;* ▷*M&A.*

Die Auswahl von Kanzleien und Personen in Rankings und tabellarischen Übersichten ist das Ergebnis umfangreicher Recherchen der JUVE-Redaktion. Sie ist in 2erlei Hinsicht subjektiv: Die Aussagen der befragten Quellen sind subjektiv u. spiegeln deren Erfahrungen u. Einschätzungen. Die JUVE-Redaktion wiederum analysiert die Rechercheergebnisse unter Einbeziehung ihrer eigenen Marktkenntnis. Der JUVE Verlag beabsichtigt keine allgemeingültige oder objektiv nachprüfbare Bewertung. Es ist möglich, dass eine andere Recherchemethode zu anderen Ergebnissen führt. Innerhalb einzelner Gruppen in Rankings und tabellarischen Übersichten sind Kanzleien und Personen alphabetisch sortiert.

rechtl. Dauerberatung hinzu. Ihre Beratungsfelder entwickelt die Kanzlei kontinuierl. entspr. der Bedürfnisse ihrer Mandanten weiter: So beriet sie zuletzt vermehrt im Restrukturierungskontext sowie zu den Themen Commercial u. Compliance, v.a. im Zshg. mit dem neuen Lieferkettengesetz.
Stärken: Gestaltende Beratung an der Schnittstelle von Gesellschafts- u. Steuerrecht.
Team: 3 Eq.-Partner, 3 Sal.-Partner, 2 Counsel, 4 Associates
Schwerpunkte: M&A-Transaktionen, Immobilienwirtschaftsrecht. Auch Arbeitsrecht. Gründungsmitglied von BDO Deutschland Alliance.
Mandate: Juprowa-Gesellschafter bei Verkauf ihrer Geschäftsanteile an OneQrew; Carl Aug. Picard bei Mehrheitsbeteiligung an Uwe Stücke Granuliertechnik; Pipersberg-Gesellschafter bei Verkauf von Geschäftsanteilen an EMZ Partners; Family Office lfd. gesellschafts- u. steuerrechtl. bei Investitionen in Immobilien; Hanza Holding bei Umstrukturierung der dt. Töchter u. bei Verkauf einer tschech. an eine poln. Tochter; Start-up bei Vorbereitung des Eintritts mehrerer Investoren in den Gesellschafterkreis; Interboden immobilienrechtlich.

BUSE

Westen ★★

Bewertung: Die Kanzlei mit NRW-Standorten in Essen u. D'dorf arbeitet in erster Linie mit mittelständ. u. familiengef. Unternehmen zusammen. An beiden Standorten spielt das Arbeitsrecht eine wichtige Rolle, für D'dorf ist zudem der Bereich Corporate/M&A prägend: Erneut begleiteten die Anwälte zahlr. Transaktionen u. Umstrukturierungen, z.B. Wilo bei mehreren Übernahmen. Dabei sind regelm. auch andere Praxen eingebunden, etwa die Immobilienrechtler oder die Arbeitsrechtler um Otto. Letztere stehen überdies für die lfd. Beratung regionaler Mandanten wie Uniklinik D'dorf oder Stiftung Museum Kunstpalast, aber auch für grenzüberschr. Projekte wie die Zusammenarbeit mit West Pharmaceutical Services bei deren europaw. Umstrukturierung. Genau wie viele Wettbewerber muss Buse den Generationswechsel meistern: Zuletzt verließen 2 Partner die Sozietät altersbed., 3 neue Associates kamen hinzu.
Oft empfohlen: Dr. Christian Quack (Gesellschaftsrecht/M&A, Kartellrecht), Dr. Mathias Kühnreich, Dr. Alexander Otto (beide Arbeitsrecht), Lars Roßner (Beratung von Familienunternehmen)
Team: 17 Eq.-Partner, 1 Counsel, 14 Associates
Partnerwechsel: Wolfgang Großmann (Gesellschaftsrecht), Detlef Kuhlen (beide jew. in eigene Kanzlei; Investmentrecht)
Schwerpunkte: Breit angelegte Praxis mit Schwerpunkten in ▷*Gesellsch.recht*, ▷*M&A*, u.a. zu Stiftungen u. Umstrukturierungen (auch für ausl. Unternehmen). Zudem Arbeitsrecht, Kartellrecht, Immobilienrecht, Vergaberecht, IT/Datenschutz. Regelm. in Prozessen. Länderschwerpunkt Japan, auch Naher Osten.
Mandate: Wilo bei Kauf von FSM Frankenberger sowie von WSM Walower Stahl- u. Maschinenbau; Stiebel Eltron bei Übernahme von Multitherm; CDM Smith Europe GmbH bei Formwechsel in eine SE; Schauenburg International bei Kauf von KM Hydrauliksysteme (alle öffentl. bekannt); West Pharmaceutical Services arbeitsrechtl. bei europaw. Umstrukturierung; lfd. arbeitsrechtl.: Nikon, Airbus Defence & Space, Uniklinik D'dorf, Stiftung Museum Kunstpalast, Dt. Städtetag, GWQ ServicePlus.

BUSSE & MIESSEN

Westen ★★★

Bewertung: Die spezialisierten Teams der Kanzlei mit Stammsitz in Bonn arbeiten eng verzahnt. In der breiten Aufstellung ragen das Franchiserecht sowie die umf. Beratung des ▷*Gesundheitssektors* heraus. Hier steht das Team um den renommierten Pflugmacher sowohl für tiefes regulator. Know-how als auch für die Transaktionsbegleitung. Auch für die Arbeitsrechtler ergeben sich hier regelm. Anknüpfungspunkte, z.B. die arbeits- u. tarifrechtl. Beratung des Klinikverbunds Sachsen-Anhalt, dem das Team zuletzt etwa bei einer konzernrechtl. Umstrukturierung zur Seite stand. Daneben baut die Kanzlei kontinuierl. weitere Bereiche aus: Bestes Bsp. ist das Baurecht, das sie durch mehrere Associate-Zugänge u. einen internen Wechsel auf Partnerebene verstärkt hat.
Stärken: Enge Verknüpfung von Fachgebieten.
Oft empfohlen: Dr. Patrick Giesler, Dr. Volker Güntzel (beide Franchiserecht), Michael Nimphius (Öffentl. Recht), Uwe Scholz, Dr. Ingo Pflugmacher (beide Medizinrecht)
Team: 18 Eq.-Partner, 2 Sal.-Partner, 4 Associates
Partnerwechsel: Rita d'Avis (von Tigges; Vertriebsrecht)
Schwerpunkte: Beratung im ▷*Franchiserecht*, im Gesundheitssektor mit Medizin- u. ▷*Krankenhaus*sowie Arzthaftungsrecht. Immobilien- u. Baurecht für Bauträger u. Investoren.
Mandate: Burger King Dtl. im Franchiserecht; Gustoso bei Übernahme eines Systemgastronomie-Franchisesystems; Benuta baurechtl. bei Neubauvorhaben; Solaris and more umf. baurechtl. zum Aufbau am Standort Hennef; Klinikverbund Sachsen-Anhalt umf. arbeits- u. tarifrechtl., z.B. bei konzernrechtl. Umstrukturierung; Universitätsklinikum arbeitsrechtl. zu Trennung von Führungskraft; Ambulantes Gesundheitszentrum der Charité vertragsarztrechtl., z.B. bei Zukäufen; Kliniken der Stadt Köln bei Restrukturierung u. Neugestaltung ambulant-station. Kooperationen/Ausbau der eigenen MVZ-Strukturen.

CLASSEN FUHRMANNS & PARTNER

Westen ★★

Bewertung: Die personell stabile, in Köln ansässige Truppe ist bei ihren Stammmandanten für lfd. Transaktionen gesetzt, aber auch für komplexe Deals gefragt. Eng vernetzt mit anderen Boutiquen bewältigt sie – etwa für gr. Mittelständler, Family Offices oder Privatinvestoren – auch Zukäufe im 3-stelligen Mio-Bereich. Neben Nachfolgeregelungen u. Start-up-Begleitung stehen dabei Private-Equity-Investitionen auf der Tagesordnung. Die gesellschaftsrechtl. Mandate stammen nicht selten von internat. tätigen Konzernen u. belegen die Dauerhaftigkeit der Beziehungen.
Stärken: M&A.
Oft empfohlen: Dr. Dirk Classen (M&A)
Team: 3 Eq.-Partner, 3 Counsel, 1 Associate
Schwerpunkte: Lfd. gesellschaftsrechtl. Beratung, ▷*M&A*-Transaktionen u. Post-M&A-Beratung, Private Equity. Arbeitsrecht, v.a. Reorganisation, betriebl. Altersvorsorge u. Prozesse. Finanzie-

Anwaltszahlen: Angaben der Kanzleien zur Bürogröße vor Ort. Sie spiegeln nicht zwingend die Gesamtgröße einer Kanzlei wider.

rungsfragen für Mittelständler u. Start-ups; Aufsichtsrecht.

Mandate: Paul Bauder zu versch. Transaktionen; Alleingesellschafter von Endreß Brandschutz zu Verkauf an svt; Kajo Neukirchen Family Office lfd. im M&A; sehr vermögende Privatpersonen lfd. gesellschaftsrechtl.; Vercammen & Cie. Lfd. zu Beteiligungen u. im M&A; dt. Töchter eines ausl. Technikkonzerns zu Umstrukturierungen u. Post-Merger-Integration; Artefact Dtl. sowie eTherapist lfd., v.a. gesellschaftsrechtlich.

DELOITTE LEGAL

Westen ★★★

Bewertung: Das etablierte D'dorfer Team konnte seine Präsenz v.a. bei mittelständ. Unternehmen sowie grenzüberschr. Transaktionen weiter ausbauen. Einen Schwerpunkt im Full-Service-Angebot bildet weiterhin der Mediensektor, häufig mit digitalisierungsbez. Mandaten, u. zunehmend die Unterstützung von Konzernen bei deren Legal Management. Die Erfahrung in der Beratung von Unternehmen aus den Niederlanden oder Belgien wird von Wettbewerbern ohne entspr. eigenes Know-how geschätzt. Der eigenständige Trackrecord der Deloitte-Anwälte wird lfd. ergänzt durch Mandate aus dem Steuer- u. Consulting-Netzwerk der MDP-Kanzlei. Allerdings gab es im angegliederten Kölner Büro etwas Unruhe: Eine erst kürzlich angeworbene Truppe von DWF zog weiter zu Grant Thornton, während mit dem Zugang des Gesellschaftsrechtlers Wittmann die Beratung im Öffentl. Sektor gestärkt wurde. Seine Kontakte zur öffentl. Hand könnten mittelfristig eine gute Ergänzung zu Mittelstands- u. Digitalisierungsthemen bieten.

Stärken: Gesellschaftsrecht/M&A-Praxis, internat. Verschmelzungen u. Umstrukturierungen sowie bekannter Benelux-Schwerpunkt; Steuerstrafrecht.

Oft empfohlen: Georg Lehmann, Felix Felleisen („versiert u. durchsetzungsstark, guter Kooperationspartner in Fällen mit niederl. Bezug", Wettbewerber), Dr. Michael von Rüden („extreme Leistungsbereitschaft, sehr ehrliche u. transparente Kommunikation, sehr hohes Verhandlungsgeschick, sehr gutes Verständnis für Medienbranche: alles top", Mandant), Dr. Markus Schackmann, Christofer Mellert (alle Gesellschaftsrecht/M&A)

Team: 12 Eq.-Partner, 13 Sal.-Partner, 13 Counsel, 25 Associates, 2 of Counsel

Partnerwechsel: Dr. Martin Wittmann (von EY Law; Gesellschaftsrecht); Klaus Brisch (IT-Recht), Michael Falter (Konfliktlösung), Dr. Mathias Reif (Gesellschaftsrecht; alle zu Grant Thornton)

Schwerpunkte: ▷*Gesellsch.recht*, v.a. Umstrukturierungen u. ▷*M&A*, ▷*Arbeitsrecht*, auch Bank- u. Finanzrecht, Energiewirtschaftsrecht u. Steuerstrafrecht, Insolvenz u. Sanierung. Außerdem Vertriebs- u. Versicherungsrecht sowie Private Equity u. Venture Capital.

Mandate: Exmox zu Verkauf an schwed. Aonic; HoldOne zu Verkauf an Iris Management; Klöckner & Co. zu Verkäufen; Main Capital Partners zu Kauf von pdv Financial Software/van den Berg sowie zu Verkäufen von Artegic u. Onventis; United Marketing zu Kauf von Marmind; RP Digital zu Minderheitsbeteiligung an Best it; E.on zu Entwicklung eines Legal-Matter-Management-Tools; SAP zu technologiegestützter Analyse von Cloud-Softwareverträgen; Lyreco zu Umstrukturierung nach Kauf der dt. Staples; TA Triumph-Adler zu Carve-out-Transaktion für Pensionsverbindlichkeiten; Kampa zu Umstrukturierung; Siltronic lfd. aktienrechtl.; Vermögensverwalter zu interner Reorganisation; Barilla, Daikin Chemical Europe, Foconis Holding, Getinge/Maquet, Karlsruher SC lfd. gesellschaftsrechtl.; Lixil/Grohe zu Führungskräfteverträgen; Winning Group zu arbeitsrechtl. Restrukturierungen.

D H & K

Westen ★

Bewertung: Die Kanzlei ist eine der etabliertesten Einheiten in der Region Aachen u. berät dank ihrer Position im Grenzgebiet auch länderübergr., wobei die Tätigkeit im Gesellschaftsrecht, auch transaktionsbegleitend, den Schwerpunkt bildet. Ein treuer Mandantenstamm, der Unternehmen wie Zentis oder Inoges umfasst, vertraut ihr umf., teils auch als ausgelagerte Rechtsabteilung. Ein Inhouse-Ansprechpartner lobt das „kollegiale Zusammenspiel" im Team. Neben trad. starken Praxen wie Arbeits- u. Baurecht stellt d h & k sich zunehmend im IT- u. Datenschutzrecht sowie in der Compliance-Beratung auf. Diese Themen deckt sie zudem über eine spezialisierte Tochtergesellschaft ab, in der sie u.a. durch Einsatz eines IT-Managers ganzheitl. Betreuung bietet.

Oft empfohlen: Dirk Daniel, Carsten Lange, Christoph Schmitz-Schunken („weitsichtig, guter Sparringspartner u. Ratgeber, hohe Kompetenz im Gesellschafts- u. Aktienrecht", Mandant; alle Gesellschaftsrecht), Thomas Hagelskamp („fachl. versiert, ausgesprochen menschl. u. kollegial", Wettbewerber; Baurecht), Dr. Dirk Brust (Arbeitsrecht)

Team: 12 Eq.-Partner, 6 Associates, 2 of Counsel

Schwerpunkte: Gesellschaftsrecht/M&A, Arbeitsrecht, Steuerrecht, Baurecht.

Mandate: Inoges umf. im M&A, u.a. bei Verkauf Vialife-Gruppe an Alexianer; Apo-Bank-Kunden bei Praxisabgaben u. Kooperationen; System Dialog aktienrechtl.; Uniklinik Aachen gesellschafts- u. arbeitsrechtl.; Zentis umf., u.a. gesellschaftsrechtl. u. zu Compliance; ATB Water bei Transaktionen in Belgien; Ages umf. im Gesellschafts-, Handels-, Arbeitsrecht u. zu IP; Nomainvest gesellschaftsrechtl. zu Beteiligungen; lfd. arbeitsrechtl.: Regio IT, Peakwork, Axxcon, Quip, Bellphone.

EBNER STOLZ MÖNNING BACHEM

Westen ★★★

Bewertung: Der Kölner Standort der MDP-Einheit steht für gute Beziehungen zum Mittelstand, den das Team umf. u. häufig interdiszipl. berät. Dafür bildet als größte Praxis oft das Gesellschaftsrecht die Grundlage, was sich u.a. in der Begleitung div. Deals in unterschiedl. Branchen zeigt. Während das Transaktionsgeschäft im Immobiliensektor dem Markttrend entspr. zuletzt rückläufig war, zog es im MVZ-Bereich erneut an: Mandanten wie Gilde Healthcare kommt das gr. regulator. Know-how zugute, das die Anwälte z.B. im Zulassungsrecht mitbringen. Auch das IT- u. datenschutzrechtl. Team, das in Köln von einem neu ernannten Sal.-Partner gesteuert wird, kann durch die Beratung namh. Mandanten wie Gothaer oder Soennecken zunehmend Erfolge vorweisen. Da ESMB sich zudem seit mehreren Jahren umf. im Bereich Legal Tech engagiert, verwundert es nicht, dass die Einheit zu den Gründern des neuen dt. Mittelstandsnetzwerks LegalAI zählt. Um ihre Internationalisierung noch besser zu fördern, verließ die Kanzlei zuletzt das Netzwerk Nexia u. trat RSM bei. Bei der nun schrittw. folgenden Integration übernimmt ESMB u.a. eine tragende Rolle beim Ausbau der Rechtsberatung.

Stärken: ▷*Gesellschaftsrecht* mit integrierter steuerrechtl. Beratung.

Oft empfohlen: Dr. Dirk Janßen („einfach nur top, jahrzehntelanges Vertrauensverhältnis", Mandant), Dr. Tim Odendahl („sehr erfahren bei Deals, hohe Fachkompetenz", Wettbewerber; beide Gesellschaftsrecht), Dr. Jörg Nickel (Gesellschafts- u. Kapitalmarktrecht), Dr. Daniel Kautenburger-Behr (Gesellschaftsrecht/M&A), Philipp Külz („absoluter Steuerstrafrechtsexperte", Wettbewerber; Wirtschafts- u. Steuerstrafrecht), Eva Einfeldt („kompetent und präzise", Mandant; „sehr erfahren", Wettbewerber; Arbeitsrecht)

Team: 6 Eq.-Partner, 4 Sal.-Partner, 11 Counsel, 27 Associates

Schwerpunkte: Gesellschafts-, Steuer- u. Erbrecht, ▷*M&A*, ▷*Insolvenzrecht* u. Restrukturierung, Kapitalerhöhungen. Umstrukturierung von Kapitalgesellschaften. Dauerberatung von Immobilien- u. IT-Unternehmen, Handel, Medien, Automobilzulieferern u. familiengeführten Gesellschaften. Wirtschafts- u. Steuerstrafrecht. Medizinrecht.

Mandate: Schufa bei Kauf von Bonify; Investorenkonsortium bei Kauf Talbot-Gruppe u. Gründung Talbot Holding; Centrum gesellschafts- u. immobilienrechtl. bei Immobilientausch mit Franzen; Swvl gesellschaftsrechtl. u. steuerl. bei Gründung einer dt. Zwischenholding u. Kauf Door2Door für Markteintritt in Dtl.; Sanoptis u. Gilde Healthcare umf. medizinrechtl., u.a. bei Transaktionen; Gothaer umf. IT- u. datenschutzrechtl. bei IT-Projekt; Soennecken IT- u. datenschutzrechtl. bei Einführung neues Shopsystem; Dahmen Maschinenteile u. Ditter Plastic bei Restrukturierung; Johanniter-Unfall-Hilfe lfd. arbeitsrechtlich.

EY LAW

Westen ★★

Bewertung: Mit dem Doppelstandort Düsseldorf/Köln u. weiteren Anwälten in Essen u. Dortmund ist EY Law im Westen breit vertreten. Neben dem ebenfalls breit gefächerten Mandantenstamm von Familienunternehmen, Mittelständlern u. internat. Firmen im Gesellschaftsrecht hat sie in NRW den Energiesektor erfolgreich ins Visier genommen – nicht nur, weil die hohe steuerl. Kompetenz von EY in der Energieindustrie auch den Anwälten gute Mandate beschert. In der großen Ausschreibung der Bundesnetzagentur zum Stromnetzausbau konnte das Team Anfang 2023 eines von 4 mioschweren Beratungspaketen ergattern u. kann sich jetzt auch stärker planungsrechtl. beweisen. Zuvor hatte EY in Düsseldorf bereits ihr Know-how bei Energietransaktionen ausgebaut.

Team: 7 Eq.-Partner, 17 Sal.-Partner, 15 Counsel, 21 Associates

Oft empfohlen: Dr. Robert Manger („guter Mandatsmanager, bestens vernetzt", Wettbewerber; Gesellschaftsrecht/M&A)

Partnerwechsel: Dr. Simon Dürr (von PricewaterhouseCoopers Legal; Gesellschaftsrecht); Dr. Martin Wittmann (zu Deloitte Legal; Gesellschaftsrecht)

Anwaltszahlen: Angaben der Kanzleien zur Bürogröße vor Ort. Sie spiegeln nicht zwingend die Gesamtgröße einer Kanzlei wider.

Schwerpunkte: ▷*Gesellschaftsrecht*, vielfach Reorganisationen; Transaktionen; ▷*Energierecht*; ▷*M&A*; ▷*Verkehrssektor*.

Mandate: Sofidel zu Kauf von Hakle aus der Insolvenz; Lieferdiensteanbieter zu Umstrukturierung seiner Holding; Henkel in M&A; Japan Steel Works, Regus Germany, Sino lfd. gesellschaftsrechtl.; Neusser Bauverein zu Rechtsformwechsel; Rockspring Transeuropean Properties zu Joint Venture mit ddp Berlin; Industriegüterkonzern zu Kauf von Standorten; Energiekonzern zu Kauf eines Holzpelletherstellers; DEW Dortmund energierechtl. sowie Dortmunder Netz zu Beschwerdeverfahren; Gelsenwasser Energienetze regulierungsrechtl.; Tennet TSO zu Ausbauvorhaben.

DR. GANTEFÜHRER MARQUARDT & PARTNER

Westen ★

Bewertung: Die D'dorfer Mittelstandskanzlei, die ein Mandant für das „sehr gute Preis-Leistungs-Verhältnis" lobt, berät ihre Mandantschaft dank ihres MDP-Ansatzes umfassend. Dabei war insbes. ihr gesellschaftsrechtl. Know-how zuletzt vermehrt in grenzüberschr. Mandaten gefragt, etwa von einem indischen Werkzeughersteller bei der Unternehmensgründung in Dtl. Bei gesellschaftsrechtl. Streitigkeiten – häufig mit D&O-Komponente – sind die Anwälte zudem regelm. forensisch tätig. Bundesw. renommiert ist GMP für die Beratung bei Nachfolgethemen u. im Stiftungsrecht, v.a. im Kunst- u. Kulturbereich, wobei sie ihr Know-how seit Kurzem in einem Multi Family Office bündelt. Hier ist sie zudem in der Start-up-Branche gut vernetzt.

Stärken: Beratung zu Nachfolge, Vermögen und Stiftungen mit einem Fokus auf der Kunst- u. Kulturbranche.

Oft empfohlen: Dr. Imke Aulbert („schnell, zuverlässig, stets kompetent", Mandant; Öffentl. Recht), Bernd Rühland („erklärt komplexe Zusammenhänge verständl., sehr mandantenorientiert", Mandant; „fachl. exzellent u. pragmatisch", „hervorragend, sehr responsive", „erfahren u. kollegial", Wettbewerber; Steuerrecht), Axel Kleinschmidt („mit seinem gr. Fachwissen immer spruchreif", Mandant; „sehr kompetent, präzise u. lösungsorientiert", Wettbewerber; Gesellschaftsrecht)

Team: 7 Partner, 6 Counsel, 9 Associates

Schwerpunkte: M&A u. Gesellschafts- sowie Immobilienrecht. Beratung im Öffentl. Recht, z.B. von Kommunen. Zunehmend IT- u. Versicherungsrecht.

Mandate: Duales System zu Gesellschaftsstrukturen u. vertragl. Auseinandersetzungen mit Marktteilnehmern; ind. Werkzeughersteller zu Unternehmensgründung in Dtl.; Familienbetrieb zu Schadensersatzansprüchen in Compliance-Fall; Familienstiftung in Klageverfahren gg. ehem. Geschäftsführer; Familienkonzern gesellschaftsrechtl., u.a. zu Post-Merger-Integration; Start-up-Millionär zu Nachfolge, Stiftungs- u. Gesellschaftsrecht sowie IT- u. Datenschutzrecht; div. namh. Künstler zu Vermögensnachfolge; lfd.: LifeFit Group, BellandVision, Haus u. Grund D'dorf, Xtrafit Service.

GLADE MICHEL WIRTZ

Westen ★★★★

Bewertung: Mit hochkarätigen Mandaten im gesellschaftsrechtl. Bereich bekräftigen die D'dorfer ihren Anspruch, auf Augenhöhe mit Großkanzleien zu agieren. Die Mandate, die nach der von GMW beratenen Konzernaufspaltung nunmehr sowohl von Daimler Truck als auch von Mercedes-Benz kommen, beweisen, dass das Großprojekt von 2021 kein Zufallstreffer war. Die aktien- u. kapitalmarktrechtl. fundierte Kompetenz in der Konfliktlösung bleibt ein weiteres großes Thema der Kanzlei, für das auch die Kartellrechtler einen guten Trackrecord aufgebaut haben. Neben den Prozessen betrafen die kartellrechtl. Mandate zuletzt v.a. wichtige Institutionen der Finanzindustrie, den Automotive-Bereich u. den Profisport. Die manchmal kleinteilige, insolvenzbez. Prozessführung aus dem Dezernat des langj. Corporate-/Restrukturierungspartners Markgraf wird hingegen nach dessen Ausscheiden nicht fortgesetzt.

Stärken: Gesellschaftsrecht, v.a. Aktien- u. Konzernrecht; Kartellrecht.

Oft empfohlen: Dr. Achim Glade („zu Recht hoch angesehen", Wettbewerber; Gesellschaftsrecht/M&A), Dr. Markus Wirtz („kompetent u. schnell, vertiefte Kenntnisse auch im Patentrecht", Wettbewerber; Kartellrecht), Dr. Marco Sustmann („pragmat. Lösungen, schnelle Reaktionszeiten, effektive Zusammenarbeit", Mandant; Aktien- u. Kapitalmarktrecht), Dr. Andreas Merkner (Gesellschaftsrecht/M&A), Dr. Silke Möller („überragende Expertise, egal wie schwierig die Frage ist", Mandant; Kartellrecht)

Team: 9 Partner, 2 Counsel, 14 Associates

Partnerwechsel: Dr. Jochen Markgraf (zu Seitz; Restrukturierung)

Schwerpunkte: ▷*Kartellrecht*; ▷*Gesellsch.recht*; ▷*M&A*; Aktien- u. Kapitalmarktrecht, auch prozessual, sowie Compliance.

Mandate: Continental zu Ermittlungsverfahren wg. illegaler Abschalteinrichtungen in VW-Dieselmotoren; Daimler Truck Holding zu erster ordentl. HV sowie lfd. gesellschafts- u. kapitalmarktrechtl.; Mercedes-Benz Group zu €4-Mrd-Aktienrückkaufprogramm sowie lfd. zu Kapitalanlegermusterverfahren; Red Bull u. Rauch Fruchtsäfte zu Kauf der Baruther Urstromquelle; Dt. Bank, Commerzbank u.a. sowie div. Bankenverbände als Projektberater zu einheitl. digitalen Bezahlsystem; Industrie-Arge zu Nachhaltigkeitskooperation bei Plastikverpackungen; Spielervermittlervereinigung zu Transfer- u. Vermittlungsregeln von Fifa u. DFB; Dt. Telekom gg. EU-Freigabe Vodafone/Liberty Global Assets; Samsung, u.a. im Zshg. mit standardessenziellen Mobilfunkpatenten; Bundesligaclub in BKartA-Verf. zur 50+1-Regel.

GODEFROID & PIELORZ

Westen ★

Bewertung: Die D'dorfer Traditionskanzlei um die renommierten Namenspartner steht regelm. an der Seite der Bank- u. Finanzbranche. Sie ist für ihre Prozessstärke angesehen u. steht ihren häufig langj. Mandanten in erster Linie bei Organhaftungs- u. Widerrufsfällen sowie bei Streitigkeiten mit Bezug zum Wertpapiergeschäft zur Seite. Auch das Thema ESG hat sich das Team vermehrt auf die Fahnen geschrieben u. berät dazu z.B. Banken u. Leasingunternehmen bei der Kreditvergabe. Bei Mandanten wie diesen kommt der Kanzlei ihr generalist. Ansatz zugute, bei dem die Anwälte auch zu Themen wie Wettbewerbsrecht beraten. Der Abgang einer Partnerin bremst den anstehenden Generationswechsel allerdings erst einmal aus.

Stärken: Gesellschaftsrecht (v.a. Organhaftung), Bankrecht (Leasing- u. Refinanzierungsstrukturen). Große Prozesserfahrung.

Oft empfohlen: Dr. Christoph Godefroid (Bank- u. Leasingrecht), Dr. Michael Pielorz (Gesellschaftsrecht)

Team: 5 Partner, 3 Associates

Partnerwechsel: Gwendolin Gottschick (zu WR Legal; Bank- u. Kapitalmarktrecht)

Schwerpunkte: ▷*Gesellsch.recht* u. Bank- u. Finanzrecht, in Prozessen ebenso wie beratend. Auch Beratung im Arbeitsrecht, Marken- u. Wettbewerbsrecht. Außerdem Kartell- u. Vergaberecht.

Mandate: Konzernorgane zu Compliance; Verbandspräsidium in Organstreit; ausl. Bank lfd. bankrechtl.; Konzernvorstand lfd. zu Compliance. **Prozesse:** Banken wettbewerbsrechtl., u.a. in Unterlassungsklageverfahren; div. Banken in Prozessen um Kreditgeschäft.

GRÜTER

Westen ★★★★

Bewertung: Neue Mandanten der Duisburger Kanzlei werden in der Regel zu Stammmandanten. Da Grüter sowohl komplexe Transaktionsstrukturen als auch grenzüberschr. Fragen im Beratungsportfolio hat, gibt es für den gehobenen Mittelstand u. Konzernunternehmen nur wenig Anlass, die Kanzlei zu wechseln. Zudem können die Corporate-Experten auch aufwendige Deals mit einem überschaubaren u. fokussierten Team zum Abschluss bringen, wie der Verkauf der Barthel-Gruppe zuletzt gezeigt hat. Wettbewerber loben auch das Verständnis der Grüter-Anwälte für industriebez. techn. Sachverhalte. Zuletzt konnten die Partner ihre Aktivitäten auf den Feldern Konfliktlösung und Unternehmensfinanzierung stetig erweitern. Immer wieder gelingt es ihnen gut, jüngere Anwälte schnell an die Mandatsverantwortung u. -akquise heranzuführen, sowohl im Corporate-Segment als auch im Arbeitsrecht.

Stärken: Prozessführung u. Corporate-Praxis. Große Erfahrung in Schiedsverfahren. Angesehenes Notariat.

Oft empfohlen: Dr. Ina-Maria Böning (Gesellschaftsrecht/M&A), Dr. Thorsten Schäckel („extrem hohe rechtliche Kompetenz, ist immer für einen da", Mandant; Arbeitsrecht), Dr. Achim Bischoff (Gesellschaftsrecht), Dr. Stephan Kessen („erfahrener Anwalt mit beeindruckendem Trackrecord", Wettbewerber; Schiedsrecht)

Team: 13 Eq.-Partner, 3 Sal.-Partner, 4 Associates, 2 of Counsel

Schwerpunkte: ▷*Gesellsch.recht*, ▷*M&A* sowie Konfliktlösung/Schiedsrecht. Ebenfalls Arbeitsrecht u. Sanierungsberatung sowie Kartellrecht.

Mandate: Hauptgesellschafter Barthel-Gruppe zu Verkauf an Asteria Labels & Packaging; Fahrzeugvermieter zu Anteils- u. Flottenverkauf; Industriezulieferer bei Neugestaltung der grenzüberschr. Konzernfinanzierung; Hoppecke-Gruppe zu Klage wg. Betriebsausfall; Knocks Fluid-Technik, Total Safety, Betriebsrat Medion-Gruppe sowie privater Hochschulträger lfd. arbeitsrechtlich. **Prozesse:** Hüttenwerke Krupp Mannesmann in einem Schiedsverfahren.

HARNISCHMACHER LÖER WENSING

Westen ★★

Bewertung: Das Renommee der Münsteraner Kanzlei speist sich v.a. aus 2 Quellen: Im regionalen Mittelstand ist sie – auch dank ihres angesehenen

Anwaltszahlen: Angaben der Kanzleien zur Bürogröße vor Ort. Sie spiegeln nicht zwingend die Gesamtgröße einer Kanzlei wider.

Notariats – fest verankert. Das zeigt sich in Mandatsbeziehungen wie der zu Remondis, die im Gesellschafts- u. Arbeitsrecht, in Compliance u. im Gewerbl. Rechtsschutz auf die Kanzlei setzt. Hinzu kommt die starke Außenwirtschaftspraxis, bei der die Beratung zu grenzüberschr. Themen an der Tagesordnung ist u. durch die HLW sich von lokalen Wettbewerbern wie Alpmann Fröhlich abhebt. Das Team war zuletzt vermehrt im Kontext der Russland-Sanktionen gefragt u. konnte dadurch neue Beziehungen zu namh. Mandanten wie Maersk knüpfen. Trad. stark ist das Team zudem bei Zoll- u. Einfuhrumsatzsteuerfragen – oft an der Schnittstelle zu Transport u. Logistik.

Stärken: Gesellschaftsrecht, inkl. Notariat. Prozesserfahrung.

Oft empfohlen: Dr. Christoph Harnischmacher (Gesellschaftsrecht), Dr. Jörg Bonke (Bankrecht, Zivilrecht), Dr. Nils Harnischmacher, Dr. Talke Ovie (beide Außenhandel)

Team: 14 Eq.-Partner, 11 Associates

Schwerpunkte: Gesellschaftsrecht, prozessual wie beratend, v.a. bei Umstrukturierungen, Transaktionen u. Nachfolgeregelungen. Daneben (insbes. kollektives) Arbeitsrecht u. Versicherungsrecht. ▷*Zoll- u. Außenwirtschaftsrecht*. Mandanten: v.a. regionaler Mittelstand, im Außenwirtschafts- u. im Bankrecht auch bundesw. tätig.

Mandate: Praxisverbund bundesw. zu Kauf von Zahnarztpraxen; Remondis lfd., u.a. im Gesellschafts- u. Arbeitsrecht, in Compliance u. im Gewerbl. Rechtsschutz; Maersk zu Russland-Sanktionen; Stadtwerke Münster gesellschaftsrechtl.; Unternehmen der Bauindustrie zu Nachfolge; Würth, Fiege, Jungbunzlauer zu Exportkontrolle; Deichmann, Homann, Grohe im Zollrecht; lfd. im Arbeitsrecht: Hengst, Helmut Brüninghaus, Saria, Stadtentsorgung Potsdam, Metro Dtl. (Individualarbeitsrecht).

HECKER WERNER HIMMELREICH

Westen ★★

Bewertung: Die Kölner Kanzlei, mit einer Niederlassung auch in Düsseldorf vertreten, hat durch ihre tiefe Spezialisierung im Immobilien- u. Baubereich eine Sonderstellung unter den NRW-Sozietäten. Insbes. das Bauprojektmanagement sowie die langfr. Begleitung von Ingenieur- u. Architekturbüros in allen rechtl. Fragen ergeben immer neue Schnittstellen innerh. der Kanzlei, wie etwa Gesellschafterstreitigkeiten oder Nachfolgelösungen. Die Gesellschafts- u. Erbrechtler beraten ihre mittelständ. Mandanten vielfach zu denselben Fragen. Zudem setzen die Baurechtler stets auf die Zusammenarbeit mit den Vergaberechtlern, nicht zuletzt, um neue Mandanten anzusprechen.

Stärken: ▷*Immo/Bau*.

Oft empfohlen: Prof. Frank Siegburg, Fabian Frechen („erfahren, hoch spezialisiert u. unaufgeregt", Wettbewerber; beide Bau- u. Immobilienrecht), Stefan Nüsser (Gesellschaftsrecht), Dr. Frank Heerspink (Strafrecht, Compliance), Dr. Susanne Sachs („erfahren u. kompetent, insbesondere in familienrechtl. Verfahren", Wettbewerber; Erbrecht)

Team: 14 Partner, 6 Associates, 5 of Counsel

Partnerwechsel: Ulrich Dölle (Ruhestand; Baurecht)

Schwerpunkte: Gesellschaftsrechtl. Beratung mittelständ. Unternehmen u. Körperschaften der Region u. Nachfolgeberatung für langj. Mandanten. Fachl. breite Prozesspraxis, regelm. bei Gesellschafterstreitigkeiten u. Haftungsfällen, ausgeprägte Schnittstelle zum Steuer- u. Wirtschaftsstrafrecht. Überregional etabliert im ▷*Baurecht*; Vergabe- u. Arbeitsrecht sowie IP.

Mandate: Stadt Köln vergabe- u. baurechtl. zu Maßnahmenpaket Schulneubau; Vorhabenträger vergaberechtl. zu Neugestaltung der Historischen Mitte Köln; öffentl. Auftraggeber baubegl. zu Großbauvorhaben Oper u. Schauspielhaus; Planer zu Neubau Flughafenterminal Frankfurt/Main; Unternehmensgruppe zu Beteiligung durch einen Finanzinvestor; Architektenbüro zu Ausscheiden eines Gesellschafters; Hochschule zu Satzung eines Stipendienprogramms; Engie Dtl. lfd. marken- u. vertriebsrechtlich.

HOFFMANN LIEBS

Westen ★★★

Bewertung: Mit einer fachl. breit aufgestellten u. regelm. erweiterten Partner- u. Counsel-Riege setzt HL unverändert auf eine unabh. Position in der Mittelstandsberatung. Der wichtige Bereich des Energierechts wurde mit Erfolg ausgebaut, auch die insolvenzrechtl. Beratung gewinnt über die Jahre an Gewicht. Zudem stärkt die Kanzlei behutsam das interne Cross-Selling, etwa um Mandanten aus dem Bank(aufsichts)recht auch weitergehend zu beraten, z.B. im IT-, Datenschutz- oder Vertragsrecht. Hoffmann Liebs begleitete auf diese Weise die Fintechplattform Tapline zu ihrem Launch Ende 2022. Das Kanzleimodell mit eher moderaten Stundensätzen erlaubt es, sowohl eine Vielzahl an Dauermandaten effizient abzuwickeln als auch in Großprojekten schnell Teams zu bilden. Bei großen arbeitsrechtl. Restrukturierungen, die die Kanzlei regelm. verhandelt, binden die Arbeitsrechtler immer häufiger auch Partner aus anderen Rechtsgebieten in die Beratung ein. Allerdings verließ ein jüngerer Arbeitsrechtspartner die Kanzlei.

Stärken: Hochkarät. Rechtsberatung zu vglw. günstigen Kosten; stark bei börsennot. Unternehmen. China-Kompetenz.

Oft empfohlen: Norbert Bröcker (Gesellschafts-, Kapitalmarktrecht), Dr. Andreas Gabler („hoher techn. Sachverstand, sehr freundlich u. lösungsorientiert", Mandant; Energierecht), Dr. Roland Erne (Bank- u. Bankaufsichtsrecht), Peter Huppertz („sehr breites Wissen im Datenschutzrecht", Mandant; IP/IT), Daniel-Sebastian Kaiser (M&A), Dr. Kerstin Pallinger (Kartellrecht), Felix Pott („schnelle u. lösungsorientierte Beratung mit Blick für das Wesentliche", Mandant), Heiko Langer, Dr. Jörg Podehl (alle Arbeitsrecht), Dr. Philipp Wehler (IP), Claus Eßers (Gesellschaftsrecht)

Team: 33 Partner, 5 Counsel, 17 Associates, 7 of Counsel

Partnerwechsel: Dr. Roman Sprenger (von Natsu Foods; Gesellschaftsrecht/M&A); Dr. Patrick Schlieper (von Weber & Sauberschwarz; IP); Michael Klipp (zu Peters; Arbeitsrecht)

Schwerpunkte: ▷*Gesellsch.recht* u. ▷*M&A*,▷*Energie*, ▷*Arbeits-* u. Steuerrecht, Steuerstrafrecht, Bank- u. Bankaufsichtsrecht, Konfliktlösung, Immobilienrecht, Compliance/Kartellrecht, IT/Datenschutz, auch Marken- u. Wettbewerbsrecht. Kommunen in Vergaberecht, ▷*Öffentl. Recht*.

Mandate: Paccor Packaging zu Beendigung eines Joint Ventures; Technotrans zu Umwandlungsmaßnahmen; Auxmoney lfd. bank-, bankaufsichts- u. vertragsrechtl.; Fintechplattform Tapline zu Vertragsdokumentation, Finanzierung u. Kooperation mit Fasanara; PNE zu Platzierung einer Unternehmensanleihe; Aurich Textilien zu Insolvenz in Eigenverwaltung u. Restrukturierung; Air Products zu Betriebsvereinbarung wg. Einführung einer HR-Software; Dt. Teilkauf zu 2 arbeitsrechtl. Restrukturierungen; Next Clinics zu arbeits-, gesellschafts- u. vertragsrechtl. Neustrukturierung; Dometic zu Interessenausgleich u. Sozialplan für Werk Siegen; Energieversorger zu Kauf von Photovoltaikprojekten; Rat für nachhaltige Entwicklung zum Dt. Nachhaltigkeitskodex; Bodenschutzbehörde zu Grundwasserverunreinigung an einem NATO-Flugplatz.

KPMG LAW

Westen ★★

Bewertung: Dass KPMG Law neben ihren großen NRW-Büros nunmehr auch einen Repräsentanten am kleinen Standort in Münster vorweisen kann, zeigt die Bereitschaft der Big-Four-Kanzlei, die Kapazitäten ihrer Muttergesellschaft zu nutzen. Das hat sich bereits im Bereich der Legal Operations u. auf weiteren, eher management- u. prozessorientierten Beratungsfeldern, als nützlich erwiesen. Mit rd. 60 Anwälten in D'dorf u. Köln sowie weiteren 20 in Bielefeld, Essen u. Münster hat das Team mehr Möglichkeiten als die meisten NRW-Kanzleien. Die Federführung einer D'dorfer M&A-Partnerin bei dem großen internat. Deal von GSG u. Pepper.com zeigt bsph., wie ansatzlos KPMG grenzüberschr., interdiszipl. Teams aufbieten kann. Doch setzen auch viele Unternehmen u. Finanzdienstleister aus NRW bei kleineren, strateg. Beteiligungen auf das auf das D'dorfer M&A-Team.

Oft empfohlen: Dr. Stefan Middendorf (Arbeitsrecht), Dr. Dr. Boris Schilmar (Gesellschaftsrecht)

Team: 10 Eq.-Partner, 19 Sal.-Partner, 50 Associates

Partnerwechsel: Dr. Stephan Tillkorn (von Peek & Cloppenburg; Handelsrecht), Dr. Roland Hens (von PricewaterhouseCoopers Legal; Gesellschaftsrecht)

Schwerpunkte: Klassisches ▷*Gesellschaftsrecht* in allen Facetten, ▷*M&A* u. Arbeitsrecht, häufig mit internat. Bezug; ▷*Vergaberecht*, Compliance, Bankaufsichtsrecht, IP/IT.

Mandate: GSG Global Savings Group zu Zusammenschluss mit Pepper.com; Hannoversche Volksbank zu Kauf der IMMAC Holding; Degussa Bank zu Verkauf von Prinas Montan u. zu eigenem Verkauf an OLB; Dt. Saatveredelung zu Kauf eines nordamerikan. Wettbewerbers; NordLB zu Reorganisationsprojekt ‚Standardisierung Kreditservices'; EnvisionTec, Mauser Industrieverpackungen sowie Hitachi Power Europe zu grenzüberschr. Umstrukturierungen; Marc O'Polo arbeitsrechtl. zu Umwandlung in SE; Dienstleister sowie Versicherungskonzern zu Compliance bei Fremdpersonaleinsatz.

KÜMMERLEIN

Westen ★★★★★

Bewertung: Als eine der marktführenden Kanzleien im Westen konnte Kümmerlein ihre Präsenz bei M&A-Transaktionen sowohl bundesw. als auch grenzüberschr. stärken. Sie erledigte die Due Diligence für das Südwestkonsortium im Bieterverfahren TransnetBW u. beriet DB Schenker bei 2 Transaktionen. Bei zahlr. größeren Mittelständlern geht die Vertrauensstellung der Kümmerlein-Partner so weit, dass sie neben dem Fachlichen auch als Struktur- u. Strategieberater gefragt sind. Eher nebenbei

Anwaltszahlen: Angaben der Kanzleien zur Bürogröße vor Ort.
Sie spiegeln nicht zwingend die Gesamtgröße einer Kanzlei wider.

bewältigen einige der Fachgruppen einen Generationswechsel, der zunächst v.a. den Corporate-Bereich betraf. Mit 6 Partnerernennungen Ende 2022 hat Kümmerlein die Basis für eine weitere Verjüngung der Partnerriege geschaffen. Zudem orientieren sich die Partner branchen- oder themenbez. stärker interdiszipl., etwa im Immobiliensektor oder für die Themen ESG u. Konfliktlösung. Auf den Beratungsfeldern Gesundheitswesen u. Energie ist diese engere Zusammenarbeit bereits erfolgreich.
Stärken: Sehr angesehene Corporate-Praxis inkl. renommiertem Notariat.
Oft empfohlen: Dr. Ulrich Irriger, Dr. Friedrich Grote, Dr. Christian Löhr („hands-on, kompetent u. lösungsorientiert", Wettbewerber; alle Gesellschaftsrecht/Notariat), Dr. Joachim Gores, Dr. Stefan Heutz („zielorientierter u. pragmatischer Problemlöser", „umfangr. Know-how für Umstrukturierungen im Gesundheitswesen", Mandant; beide Gesellschaftsrecht), Dr. Sebastian Longrée, Dr. Martin Gisewski (beide M&A), Christian Althaus, Dr. Martin Mönks (Arbeitsrecht), Dr. Bettina Keienburg („überragende Kompetenz, schnelle u. umfangr. Bearbeitung komplexer Sachverhalte", Mandant; Öffentl. Recht), Dr. Michael Neupert („versierter Ansprechpartner u. guter Verhandler", „sehr zufrieden", Mandanten; Baurecht)
Team: 17 Eq.-Partner, 16 Sal.-Partner, 2 Counsel, 21 Associates, 2 of Counsel
Partnerwechsel: Michael Schacke (Ruhestand; Gesellschaftsrecht)
Schwerpunkte: ▷*Gesellsch.recht* (u.a. Vermögens- u. Unternehmensnachfolge, Umstrukturierungen), Konfliktlösung; Kartellrecht; ▷*M&A*, ▷*Notariat*. Außerdem Arbeitsrecht, ▷*Öffentl. Recht*, insbes. Umweltrecht.
Mandate: LSG zu Verkauf an Aurelius; DB Schenker zu Kauf von Bitergo u. Verkauf von EVAG; Novum Capital zu Überführung der MMC-Gruppe in einen Continuation Fund; Fahrzeug-Werke Lueg zu Kauf von WAS; Thyssenkrupp Material Services zu Kauf von Westphalia DataLab; Klingenburg-Gruppe zu Verkauf an Carel Industries; Contilia zu versch. IT-Outsourcing-Projekten; Sparkassen-Südwestkonsortium mit Due Diligence zu Einstieg bei TransnetBW; Uniklinik Essen in Arbeitskampf um NRW-Entlastungstarifvertrag u. lfd. arbeitsrechtl.; Aalberts-Gruppe, St.-Josef-Krankenhaus Essen-Werden, Sicherheitsdienst DSW, Flughafen Düsseldorf lfd. arbeitsrechtl.; ArcelorMittal-Standorte lfd. planungs- u. umweltrechtlich. **Prozesse:** RAG zu abgewehrter Post-M&A-Klage von LMT.

LLR LEGERLOTZ LASCHET UND PARTNER

Westen ★★★

Bewertung: Tief in Köln u. Region verankert, berät die Kanzlei einen treuen Mandantenstamm, der ihr häufig praxisübergr. vertraut. Grundlage dafür ist eine starke gesellschaftsrechtl. Praxis mit bes. Akzenten im Aktien- u. Kapitalmarkrecht, auch bei der Betreuung von HVen. Dabei hat sich an der Schnittstelle von Aktien- u. Arbeitsrecht zuletzt ein junger Anwalt hervorgetan, der u.a. für mehrere Arbeitnehmer ein wichtiges Urteil gg. die Lufthansa erzielte. Mandanten aus Fachgebieten wie Arbeits- u. Gesellschaftsrecht vertrauen regelm. auch dem starken ▷*IP-Team*, das Unternehmen wie Mazda oder Dt. Post zu seiner Klientel zählt. Angesehen ist zudem die ▷*Immobilienpraxis*, die insbes. im Projektentwicklungsgeschäft zu den lokalen Platzhirschen zählt.
Oft empfohlen: Prof. Dr. Stefan Siepelt („fachkundige Unterstützung zu Fragen der D&O-Versicherung u. Managerhaftung", „verlässlich u. schnell, aber trotzdem präzise", Wettbewerber), Michael Schwartzkopff („profunde Fachkenntnisse", Wettbewerber), Till Freyling (alle Gesellschaftsrecht), Prof. Klaus Gennen (IP/IT), Christoph Legerlotz (Arbeitsrecht), Dr. Moritz Vohwinkel (IP)
Team: 12 Eq.-Partner, 4 Sal.-Partner, 11 Associates, 2 of Counsel
Schwerpunkte: ▷*Gesellschaftsrecht*, auch an der Schnittstelle zum Kapital- u. Aktienrecht (inkl. HV-Betreuung). Arbeitsrecht, ▷*Immo/Bau*, IT, ▷*Marken u. Wettbewerb*, Compliance. Kooperation mit finn. Kanzlei im IT-Recht; Initiative CPiT-Law mit anderen dt. Kanzleien.
Mandate: Mehrere Arbeitnehmer gg. Lufthansa um Wahl der Delegierten eines Technikbetriebs (LAG Köln); Mediatotal gesellschaftsrechtl. bei Restrukturierung u. im IP bei Aufbau Plattform u. Streaminggeschäft; Gründer bei Verkauf von Softwareunternehmen; Deutz umf. aktien- u. kapitalmarktrechtl. u. bei Demissionierung des CEO inkl. Unterstützung bei Neuausrichtung; Family Office bei div. Immobilientransaktionen; KZVK umf. Immobilienrechtlich; Brambles werbe- u. markenrechtl.; Dt. Post wettbewerbsrechtl.; Mazda zu Markenstrategie- u. -verwaltung. **Prozesse:** Bega Gantenbrink-Leuchten wettbewerbsrechtl. in Prozessserie gg. Plagiatoren (LG D'dorf u. Ffm.).

LMPS VON LAER MEYER PAUL STUTTMANN

Westen ★★

Bewertung: Mit ihrem tiefen Know-how im Aktien- u. (streitigen) Gesellschaftsrecht sowie im M&A hat sich die D'dorfer Einheit schneller als andere Kanzlei-Spin-offs etabliert. Das verdankt sie auch ihren guten Beziehungen zu Mandanten wie Bitburger, Hugo Boss oder EQT, die teils noch aus Linklaters-Zeiten stammen. Zuletzt hat die streitige Praxis an Bedeutung gewonnen, genau wie die Tätigkeit im Bereich Um- u. Restrukturierungen, für die in erster Linie eine Sal.-Partnerin steht. Daneben ist die Verwurzelung im VC-Umfeld stark, u. die Rolle von LMPS bei einem so prominenten Deal wie der Solaris-Transaktion zeigt, in welchem Segment die Partner agieren können. Mandanten profitieren zudem von ihrer Erfahrung mit öffentl. Übernahmen u. der starken Vernetzung mit Boutiquen in anderen Fachbereichen.
Stärken: Umstrukturierung, Organhaftung.
Oft empfohlen: Dr. Carl von Laer („ausgezeichnete Fachkompetenz u. äußert kollegiale Zusammenarbeit", Wettbewerber), Dr. Hubertus Stuttmann („sehr gute Verhandlungsführung, auch wegen seines Gespürs für die Grenzen der Gegenseite", Wettbewerber), Dr. Carsten Paul („kenntnisr. u. erfahren, vorbildl. Teamplayer", Wettbewerber), Dr. Daniel Meyer („kann sich mit jedem ‚Schwergewicht seiner Branche messen", „blitzgescheit", Wettbewerber; alle Gesellschaftsrecht/M&A)
Team: 4 Eq.-Partner, 1 Sal.-Partner, 3 Associates
Schwerpunkte: Konzern-, aktien- u. kapitalmarktrechtl. Begleitung von Großunternehmen, Organberatung sowie gesellschaftsrechtl. Prozesse. Stetiger Fluss an kl. bis mittelgr. Transaktionen, inkl. Venture Capital.
Mandate: Solaris bei Kauf des ADAC-Kreditkartenportfolios von LBB Landesbank; Bitburger Ventures bei div. Beteiligungen; Adler Beteiligung bei Verkauf von Adler Smart Solutions; EQT/Banking Circle bei Kauf von SEPAexpress; Hugo Boss gesellschaftsrechtl. (inkl. Vorstands- und Aufsichtsratsthemen); Gesco lfd. inkl. HV; Lang & Schwarz Aufsichtsrat (inkl. Vorstandswechsel). **Prozesse:** Philomaxcap zu HV. u. Abwehr von Anfechtungs- und Nichtigkeitsklagen.

LOSCHELDER

Westen ★★★★

Bewertung: Die breit aufgestellte Kölner Kanzlei berät ihre meist mittelständ. Mandantschaft umf. u. häufig in mehreren Rechtsgebieten. Besser als vielen anderen Kanzleien gelingt ihr regelm. die erfolgr. Integration von Quereinsteigern auf Partnerebene, oft mit Großkanzleihintergrund. Zuletzt verstärkte sie sich mit einem Partner aus der angesehenen baurechtl. Praxis von Kapellmann. Er soll die Beratung zu nachhaltigem u. ESG-konformem Bauen vorantreiben. Auch in anderen Rechtsgebieten spielte das Thema ESG zuletzt eine zunehmend wichtige Rolle, etwa bei den angesehenen ▷*Marken- u. Wettbewerbsrechtlern*, die dazu z.B. im Kontext von Werbeclaims gefragt waren. Trad. stark ist Loschelder im Corporate/M&A, wobei die Transaktionen, die die Praxis für Mandanten wie Atlas Copco oder Strabag stemmt, an Volumen zunehmen. Dabei deckt das Team sowohl die Schnittstelle zum ▷*Arbeitsrecht* als auch zur Restrukturierung ab u. beriet dank eines Partners, der im Vorjahr von Freshfields gekommen war, zuletzt vermehrt im Kontext von Distressed M&A. Daneben entwickelt sich die Nachfolgeberatung, die von einer jungen Anwältin ausgebaut wird, gut.
Oft empfohlen: Dr. Henning Wahlers (Gesellschaftsrecht), Dr. Thomas Schulte-Beckhausen (IP), Dr. Raimund Schütz (Telekommunikation/Energieregulierung), Dr. Detlef Grimm („pragmat. Rechtsrat ohne Schnörkel, effizient u. kostenschonend", Mandant; Arbeitsrecht), Dr. Stefan Stock („sehr mandantenorientiert, schnelle Auffassungsgabe, extrem professionell", „einer der besten Anwälte Dtl.s", Mandanten; Immobilien), Dr. Sebastian Kalb („einfach top", Wettbewerber), Dr. Nikolai Wolff („praxisbezogen u. sehr kompetent", „schnelle Auffassungsgabe, zuverlässig", Mandanten), Dr. Felix Ebbinghaus („exzellenter Gesellschaftsrechtler, sehr responsive", „kluger Kopf", Wettbewerber; alle Gesellschaftsrecht)
Team: 29 Eq.-Partner, 1 Sal.-Partner, 1 Counsel, 22 Associates
Partnerwechsel: Dr. Florian Dressel (von Kapellmann; Baurecht)
Schwerpunkte: Kompetenz in ▷*Marken u. Wettbewerb*, ▷*Arbeitsrecht*, ▷*Immo/Bau* u. ▷*Telekommunikation*, Medien, ▷*Öffentl. Recht* (Umwelt und Planung), Kartell- u. Vergaberecht (Letzteres an der Schnittstelle zur Praxis im ▷*Baurecht*). ▷*Gesellsch.recht* u. ▷*M&A*-Transaktionen. Mitglied im internat. Netzwerk TerraLex.
Mandate: Aktionäre der EWM AG bei strateg. Partnerschaft mit Armira; Strabag beim Kauf von Bockholdt; Atlas Copco bei div. Transaktionen, u.a. beim Kauf der CVS-Gruppe; DuMont Mediengruppe bei Vermietung u. Entwicklung eines Büroquartiers in Köln; Art Invest lfd. immobilienrechtl.; Industrieunternehmen bei Refinanzierung; Maschinenbauer insolvenz- u. sanierungsrechtl.; Flughafen Köln-Bonn umf. arbeitsrechtl., u.a. bei Verhandlungen mit Verdi zu Streik; Pfeifer & Langen umf. im Markenrecht, zu Lizenzverträgen u. Know-how-Schutz; Butlers lfd. im Marken- u. Designrecht.

Anwaltszahlen: Angaben der Kanzleien zur Bürogröße vor Ort. Sie spiegeln nicht zwingend die Gesamtgröße einer Kanzlei wider.

MEILICKE HOFFMANN & PARTNER

Westen ★★

Bewertung: Schwerpunkt der Bonner Kanzlei ist die Tätigkeit für mittelständ. Unternehmen, die sowohl regional als auch bundesw. angesiedelt sind. Im Gesellschafts- u. Aktienrecht ist sie für die Vertretung in Auseinandersetzungen bekannt u. war neben Organhaftungs- zuletzt besonders in komplexen Gesellschafterstreitigkeiten gefragt, z.B. von den Mehrheitsgesellschaftern eines Hotelkonzerns sowie eines Gartenbaugroßhändlers. Auch Deals begleitet sie regelm., so etwa einen CO2-Zertifikatehersteller u. -händler bei einem Joint Venture in Mexiko. Zudem ist MHP für ihre ▷*Nachfolgeberatung* renommiert, wobei Mandanten vom tiefen steuerrechtl. Know-how der Anwälte u. der Einbindung sozietätseigener StB profitieren.

Stärken: ▷*Gesellsch.recht* (u.a. Minderheitsaktionäre), Kapitalanlagerecht, Gesellschaftsrechtl. Streitigk., internat. Steuerrecht, ▷*Konfliktlösung*, ▷*Nachfolge*.

Oft empfohlen: Dr. Thomas Heidel („blitzgescheiter Prozessanwalt", Mandant), Dr. Jürgen Hoffmann („ausgewiesene Kompetenz im Steuer- u. Gesellschaftsrecht, vertrauensvolle u. zuverlässige Zusammenarbeit", Wettbewerber), Dr. Daniel Lochner („hervorragender Gesellschaftsrechtler", „hoch kompetenter Aktienrechtler mit geschickter Prozessführung", Mandanten; „langj. bewährte Zusammenarbeit", Wettbewerber; beide Gesellschaftsrecht), Dr. Wienand Meilicke (Steuerrecht), Dr. Uwe Scholz (Steuer- u. Gesellschaftsrecht)

Team: 10 Partner, 4 Associates, 2 of Counsel

Schwerpunkte: Beratung u. Vertretung von Mittelständlern, vermög. Privatpersonen/Unternehmern, Stiftungen u. Minderheitsaktionären v.a. im M&A/Gesellschafts-, Steuer- sowie Bank-, Aktien- u. Kapitalmarktrecht. Prozesse/Schiedsverfahren.

Mandate: Dt. Family Office bei Umstrukturierung Immobilienvermögen; CO2-Zertifikatehersteller und -händler zu Joint Venture in Mexiko; Schifffahrtsunternehmen zu Nachfolge; Falke lfd. gesellschafts-, handels- u. insolvenzrechtlich. **Prozesse:** Balaton gg. Biofrontera um Zustimmungspflicht der HV zu US-Börsengang einer Tochter; Mehrheitsgesellschafter eines Hotelkonzerns u. eines Gartenbaugroßhändlers in Gesellschafterstreits mit Minderheitsgesellschaftern; Dr. Carsten Maschmeyer u. MM Familien KG bei gerichtl. Auseinandersetzungen mit Prof. Dr. Utz Claassen; Covivio Office in Spruchverfahren.

MEYER-KÖRING

Westen ★★

Bewertung: Die breit aufgestellte Bonner Mittelstandskanzlei steht ihren Mandanten mit einem Full-Service-Beratungsansatz zur Seite, wobei sie Akzente im Arbeits- u. Gesellschaftsrecht setzt. Ein Zusammenspiel beider Bereiche war zuletzt vermehrt in Gesellschafterstreitigkeiten gefragt. Zudem begleiteten die Anwälte Transaktionen wie die Mehrheitsbeteiligung eines Immobilienentwicklers an einer Immobiliengesellschaft. Vermehrten Beratungsbedarf hatten ihre Mandanten zudem bei Compliance- u. ESG-Themen, zum Bsp. im Zshg. mit Lieferkettenfragen oder im Finanzierungskontext. Auch bei diesen Querschnittsmaterien kommt den Mandanten zugute, dass MK seit 2021 in stärker vernetzt arbeitenden Praxisgruppen aufgestellt ist.

Oft empfohlen: Dr. Nicolai Besgen („langj. bewährte Zusammenarbeit", Wettbewerber; Arbeitsrecht), Andreas Jahn (Gesellschaftsrecht)

Team: 13 Eq.-Partner, 5 Sal.-Partner, 5 Associates, 2 of Counsel

Schwerpunkte: Arbeits- u. Gesellschaftsrecht, insbes. an der Schnittstelle zu Steuern, auch Steuerstrafrecht. Gemeinsam mit dem Berliner Büro ausl. Institutionen u. vermögende Privatpersonen, u.a. bei Stiftungsgründungen, Krankenhaus- u. Medizinrecht.

Mandate: Bundesverband Dt. Unternehmensberatungen gesellschafts- u. arbeitsrechtl. zu GF-Anstellungsvertrag; Digitaler Hub Bonn zu Teilnahmerecht an HV; kommunale Beteiligungsgesellschaft im Verkehrsbereich zu Antikorruptions-Compliance u. Implementierung Hinweisgebersystem; Immobilienentwickler gesellschafts- u. immobilienrechtl. bei Mehrheitsbeteiligung an Immobiliengesellschaft; lfd. arbeitsrechtl. u. in Prozessen: Dt. Postbank, Hartmannbund Verband der Ärztinnen und Ärzte Deutschlands, Hochschule der Sparkassen-Finanzgruppe, Kreiskliniken Darmstadt-Dieburg.

PETERS

Westen ★

Bewertung: Die D'dorfer Kanzlei mit Schwerpunkt auf der Beratung familiengeführter u. mittelständ. Unternehmen wächst weiter: Nach 2 Partnerzugängen im Vorjahr nahm sie erneut 2 Quereinsteiger auf, die sie im Arbeits- sowie Immobilien- u. Baurecht verstärken. Dass insbes. letzterer Bereich weiterhin ausgelastet ist, zeigt sich anhand von Mandaten wie der Beratung von Siegfried Jacob Metallwerke bei der Errichtung einer Photovoltaikanlage. Auch im Gesellschaftsrecht war Peters zuletzt vermehrt gefragt, z.B. bei Gesellschafterstreitigkeiten oder von Ärzten bei mehreren Praxisverkäufen. Wie bei vielen D'dorfer Kanzleien ist außerdem der Japan-Desk eine wichtige Säule der Kanzlei, die sie zuletzt mit einem neuen Associate verstärkte.

Oft empfohlen: Dr. Wolfgang Peters (Gesellschaftsrecht), Dr. Jürgen Einbeck („hoch kompetent, immer tief in allen Themen, sehr gute Erreichbarkeit, perfektes Team", „professionell", Mandanten; Immobilien- u. Baurecht)

Team: 3 Eq.-Partner, 6 Sal.-Partner, 12 Associates, 1 of Counsel

Partnerwechsel: Dr. Stefan Blume (von Streitbörger; Bau- u. Immobilienrecht), Michael Klipp (von Hoffmann Liebs; Arbeitsrecht)

Schwerpunkte: Gesellschaftsrecht (inkl. M&A), v.a. für den Mittelstand, oft mit Regionalbezug. Auch Arbeits- u. Bau-/Immobilienrecht; Japan-Kompetenz.

Mandate: WSH Deutsche Vermögenstreuhand bei Kauf mehrerer Immobilien; Siegfried Jacob Metallwerke baurechtl. bei Bau von Photovoltaikanlage; Erbengemeinschaft Adlon in Restitutionsverfahren; Gesellschafter einer Orthopädiepraxis bei Verkauf; Lenzen-Gruppe lfd. gesellschaftsrechtl.; Tinbergen Immobilien immobilienrechtl. bei Kauf div. Grundstücke für Projektentwicklungen; Blome, Nice.brands arbeitsrechtl.; Hüsges-Gruppe arbeitsrechtl. bei Restrukturierung. **Prozesse:** Gesellschafter eines Garten- u. Landschaftsbauunternehmens in Gesellschafterstreit.

PPR & PARTNER PAPE RAUH

Westen ★★

Bewertung: Mit Transaktionsmandaten sowohl von strateg. als auch von Finanzinvestoren hat sich die in D'dorf ansässige Kanzlei insbes. für die Branchen Gesundheit u. Infrastruktur einen guten Trackrecord aufgebaut. Doch auch in anderen Bereichen ist die Anzahl der Deals hoch. Kleine, partnerzentrierte Teams sowie ein dem Mittelstand angepasstes Honorarniveau sorgen dafür, dass viele M&A-Mandate von ausl. Investoren auf den Schreibtischen von PPR landen. Doch auch ihre Stammmandanten aus der Dauerberatung setzen bei Deals auf PPR. Arbeits-, Wettbewerbs- u. gewerbl. Mietrecht bieten hier die Anknüpfungspunkte, hinzu kommt ein Ausbau der ESG-nahen Beratung.

Stärken: Grenzüberschreitendes M&A.

Oft empfohlen: Dr. Theo Rauh, Dr. Ulf Hackenberg (beide M&A), Dieter Pape (Arbeitsrecht), Markus Melcher (Immobilienrecht)

Team: 10 Partner, 5 Associates

Schwerpunkte: ▷*M&A* u. Gesellschaftsrecht, oft mit internat. Ausrichtung u. Mandanten v.a. aus den USA, Frankreich, den Niederlanden u. China. Außerdem Arbeits- u. Immobilienrecht sowie Marken-/Wettbewerbs-, Vertriebs- u. Prozessrecht.

Mandate: Niederl. GD Group zu Kauf von Agrobiogen u. Xenogenetik; Bäckereikette Goeken zu Verkauf an Finanzinvestor Auctus; Hoffbauer zu Anteilsverkauf DeNe Dt. Netzbau an Ensio; Mediq Holding zu Kauf von DiaExpert; Fernmeldetechnik-Gruppe zu Ausgliederung u. Verkauf eines Montagebetriebs; Thurmann Gewerbeimmobilien zu Steueroptimierung nach Transaktion; 1CTec Group sowie Acaris Management lfd. gesellschaftsrechtl.; Ethen Rohre zu Umstrukturierung mittels Anwachsungsmodell; Kentucky Fried Chicken German Branch lfd. immobilienrechtl.; Franchisenehmer Gastronomie zu Übernahme eines weiteren Franchisesystems.

PRICEWATERHOUSECOOPERS LEGAL

Westen ★★

Bewertung: Neben den Transaktionsexperten von PwC Legal, die sowohl in D'dorf als eigenständiges Team als auch büroübergr. aktiv sind, werden in letzter Zeit verstärkt die dortigen Arbeitsrechtler empfohlen. In gr., grenzüberschr. Mandaten wie dem des Industriedienstleisters FieldCore agierten sie als Projektmanager für zahlr. Ländergesellschaften. Ihren interdiszipl. Ansatz konnte PwC auch auf dem Gebiet der ESG-Beratung zur Geltung bringen. In einem Prestigemandat von Airbus, die eine Nachhaltigkeits- u. ESG-Konformitätsstudie in Auftrag gab, wirken D'dorfer Öffentlich-Rechtler u. Corporate-Experten Hand in Hand.

Stärken: ▷*Energie*, Carve-out-Transaktionen u. Umstrukturierungen (▷*Gesellsch.recht*).

Oft empfohlen: Lars Benger („fair, verlässlich", Wettbewerber), Dr. Fabian Jenderek („hervorragende Betreuung", Mandant; beide M&A), Arne Ferbeck, Dr. Steffen Nguyen-Quang („kompetent, professionell u. vorausschauend", Mandant; beide Arbeitsrecht), Peter Mussaeus (Energierecht), Susanne Thonemann-Micker (Nachfolge)

Team: 20 Partner, 80 Associates

Partnerwechsel: Dr. Roland Hens (zu KPMG Law; Gesellschaftsrecht)

Schwerpunkte: ▷*Gesellschaftsrecht*, ▷*M&A* (beides v.a. für regionale Mandantschaft), ▷*Energierecht* u. ESG-Beratung; Immobilienrecht, Öffentliches Recht, auch Arbeitsrecht, IT, ▷*Nachfolge*.

Anwaltszahlen: Angaben der Kanzleien zur Bürogröße vor Ort.
Sie spiegeln nicht zwingend die Gesamtgröße einer Kanzlei wider.

Mandate: Profifußballer-Agentur Roof zu Expansion nach GB; Salzbrenner Media zu Insolvenzplan u. Sanierung; VenITure zu Verkauf an Adaptavist; Compo zu Kauf von Heinr. Propfe Chem. Fabrik; SoftwareOne zu Kauf von Satzmedia; Green Flash zu Joint Venture mit DEG Nachhaltigkeit; Land Brandenburg zu Neuausschreibung des IT-Verwaltungsnetzes; FieldCore/GE europaw. zu arbeitsrechtl. Restrukturierung; Jones Lang LaSalle zu arbeitsrechtl. M&A-Folgen; Airbus zu ESG-Analyse.

QIVIVE

Westen ★

Bewertung: Alleinstellungsmerkmal der Kölner Kanzlei ist die Beratung im dt.-frz. Recht mit einem Schwerpunkt im Gesellschafts- u. Arbeitsrecht sowie in der Konfliktlösung. Mit ihrer Spezialisierung überzeugt sie sowohl namh. börsennotierte Konzerne wie CompuGroup Medical oder Mercedes als auch Mittelständler. Bes. gefragt waren ihre arbeitsrechtl. Kenntnisse zuletzt bei Restrukturierungen, zudem begleitete sie mehrere frz. Unternehmen wie Sphering gesellschaftsrechtl. beim Kauf dt. Unternehmen. Der Abgang einer erfahrenen Corporate-Anwältin hinterlässt in personeller u. fachl. Hinsicht eine Lücke, da sie sich jedoch nicht erneut einer Kanzlei anschloss, dürften ihre Mandatsbeziehungen überw. bei Qivive bleiben.

Stärken: Dt.-frz. Rechtsverkehr.

Oft empfohlen: Dr. Christophe Kühl („gr. Kompetenz im Gesellschafts- u. Insolvenzrecht, kollegiale Zusammenarbeit, menschl. hervorragend", Wettbewerber), Dr. Christine Beneke (beide Gesellschafts- u. Vertragsrecht), Anne Brion (Arbeitsrecht), Gordian Deger (Litigation)

Team: 1 Eq.-Partner, 2 Sal.-Partner, 6 Counsel, 13 Associates, 1 of Counsel

Schwerpunkte: Beratungv.a. deutscher Mandanten in Frankreich, Vertrags- u. Vertriebsrecht, Gesellschaftsrecht, M&A, Arbeitsrecht, Konfliktlösung. Weitere Standorte in Paris u. Lyon.

Mandate: CompuGroup Medical im M&A u. frz. Arbeitsrecht; Mercedes-Benz Group im frz. Gewerbemietrecht; Birkenstock im frz. Arbeitsrecht; dt. Automobilzulieferer arbeitsrechtl. u. bei Transaktionen; Sphering Group bei Kauf eines dt. Unternehmens; Modeunternehmen wettbewerbs-, gesellschafts- u. handelsrechtl.; BPW Aftermarket Group bei Verkauf einer frz. Niederlassung u. arbeitsrechtlich. **Prozesse:** Maisons du Monde in Prozessen.

RELLERMEYERPARTNER

Westen ★

Bewertung: Der klare Fokus der D'dorfer Kanzlei liegt auf der Beratung ihrer mittelständ. Mandantschaft im Gesellschaftsrecht, wofür Mandant Robert Tönnies das prominenteste Bsp. ist. Dabei deckt sie neben Transaktionen auch Gesellschafterstreitigkeiten ab, zuletzt etwa für eine Gesellschaft aus einem gr. Baukonzern. Mehreren Banken u. Leasinggesellschaften steht sie zudem im Bank- u. Bankaufsichtsrecht zur Seite u. bietet Spezial-Know-how beim Thema Finanzdienstleistungsaufsichtsrecht. Dank einer 2022 in die Partnerschaft aufgenommenen Anwältin mit Erfahrung im Bereich Insolvenzrecht u. Sanierung ist sie für den zu erwartenden Beratungsbedarf auf dem Gebiet gut gewappnet. Personell war es nach mehreren Abgängen im Vorjahr zuletzt wieder ruhiger.

Oft empfohlen: Dr. Stefan Gröblinghoff

Team: 6 Partner, 4 Associates, 1 of Counsel

Schwerpunkte: Gesellschaftsrecht (inkl. M&A), v.a. für regionalen Mittelstand. Bankrecht, u.a. Organhaftung, sowie Prozesse u. Schiedsverfahren. Auch Arbeitsrecht.

Mandate: Robert Tönnies lfd. im Gesellschaftsrecht; DKV umf., u.a. gesellschafts-, vertriebs- u. bankrechtl.; Argen Dental lfd. gesellschaftsrechtl.; UNITI bankrechtl. in Konsultationsverf. durch die EBA zur PSD2; Handelsunternehmen bankrechtl. bei Neustrukturierung Leasingvertrag; Automobilunternehmen zu finanzieller Restrukturierung; Agasaat gesellschafts- u. arbeitsrechtl.; Pharmaunternehmen lfd. arbeitsrechtl., auch in Prozessen. **Prozesse:** Gesellschaft aus Baukonzern in Gesellschafterstreit; Gesellschaft im Bereich Objektschutz in insolvenzbez. Prozessen.

ROTTHEGE

Westen ★★

Die Kanzlei mit Präsenz in D'dorf u. Essen hat sich auf die Kerngebiete Gesellschaftsrecht/M&A u. Immobilienrecht spezialisiert. In beiden Bereichen berät sie bundesw. u. kann im Gesellschaftsrecht mit div. Restrukturierungsmandaten sowie der Erfahrung aus Vorstandshaftungsprozessen auch 2 Besonderheiten vorweisen. Die Immobilienrechtler sind v.a. für Projektentwicklungen angesehen, beraten ihre Mandanten aber entlang des gesamten Immobilienzyklus. Ein Branchenschwerpunkt ist das Hotelgewerbe. Im Baurecht konnte Rotthege zuletzt Beziehungen zu namh. Akteuren wie Art-Invest u. Bauwens festigen u. auch neue Mandanten gewinnen. Mit dem Zugang einer erfahrenen Sal.-Partnerin von Luther erweitert das Team zudem sein Spektrum in Richtung Klinikbau.

Oft empfohlen: Dr. Lars Kölling („professionell", Wettbewerber; Immobilienrecht)

Team: Düsseldorf: 6 Partner, 6 Counsel, 8 Associates, 2 of Counsel; Essen: 3 Partner, 2 Associates, 1 of Counsel

Schwerpunkte: Ganzheitl. Betreuung von Projektentwicklungsvorhaben (▷*Immo/Bau*), Transaktionen (Hotels u. Einzelhandel), Mietrecht; ▷*gesellschaftsrechtl.* Beratung, auch an der Schnittstelle zu Bank- u. Kapitalmarktrecht u. Sanierung/Restrukturierung; M&A. Büro Essen mit Schwerpunkten Notariat, Arbeits- u. Steuerrecht.

Mandate: Adenauer & Co. gesellschaftsrechtl. u. zu Transaktionen; Celestra lfd. gesellschaftsrechtl.; FML Holding zur Restrukturierung der Projektfinanzierung ‚Sternwarte' München; Hahn-Gruppe lfd. gesellschafts-, insolvenz-, aufsichts- u. steuerrechtl.; Heo zum Management des Cyberrisikos; Landmarken zu Schuldscheinfinanzierung für Projektentwicklung Polizeipräsidium Köln; Stoba zu Verkauf des Geschäftsbereichs ‚Integrated E-Drive' an Huber; Siebers Partner zu ‚Clouth Tor 2'; Hines bauvertragl. u. -begl. bei ‚KOE37'; Art-Invest, u.a. zu ‚Neuer Kanzlerplatz' in Bonn; Gerch Group zu Planerverträgen für Neubau Uni Nürnberg.

SCHLÜTER GRAF

Westen ★★

Bewertung: Die Kanzlei mit gut aufgestelltem Notariat zählt zu den visibelsten Einheiten in Dortmund. Zu ihren überw. mittelständ. Mandanten pflegt sie langj. Mandatsbeziehungen, wobei die umf. Beratung im Gesellschaftsrecht als Zugpferd dient. Von ihren Wettbewerbern hebt sie sich durch ihre jahrzehntelang etablierte u. wachsende Präsenz im arabischen Raum ab. So begleitete sie zuletzt etwa ein dt. Reinigungsunternehmen gesellschaftsrechtl. bei Umstrukturierungen durch Share-Deals im Nahen Osten. Bei Mandaten wie diesen ist regelm. auch die starke arbeitsrechtl. Praxis gefragt. Potenzial hat Schlüter Graf zudem in Ägypten u. Pakistan erkannt u. weitet ihr Engagement zunehmend in diese Länder aus.

Stärken: Gesellschaftsrecht; eigenes Büro u. langj. Vernetzung in der Golfregion, u.a. VAE, Saudi-Arabien.

Team: 7 Eq.-Partner, 5 Associates, 3 of Counsel

Schwerpunkte: Gesellschafts- u. Arbeitsrecht (u.a. Umstrukturierungen, Übernahmen, Stilllegungen). Zudem Gewerbl. Rechtsschutz inkl. Markenrecht. Aus Büro in Dubai: Betreuung dt. Unternehmen bei Ansiedlung u. Vertrieb, Schiedsverfahren.

Mandate: Dt. Reinigungsunternehmen gesellschaftsrechtl. bei Umstrukturierungen im Nahen Osten; Rohrhersteller bei Verkauf von Anteilen an einer AG im Nahen Osten u. in Prozessen; Fluggesellschaft zu Restrukturierung u. Compliance-Themen von Niederlassungen in den VAE; Großhandelsunternehmen bei Gesellschafterstreit; BayWa, Hellweg lfd. gesellschaftsrechtl. u. im Gewerbl. Rechtsschutz; Signal Iduna im Wettbewerbs- u. Vertriebsrecht.

SCHMIDT VON DER OSTEN & HUBER

Westen ★★★★★

Bewertung: Mit ihrem umfangr. Angebot zur Beratung gr. mittelständ., auch inhabergeführter Unternehmen gehört die Traditionskanzlei zu den Marktführern im Ruhrgebiet. Die praxisübergr. Beratung ihrer Mandantschaft ist für sie eine Selbstverständlichkeit, teils steht sie ihnen auch als ausgelagerte Rechtsabteilung zur Seite. Zuletzt florierte erneut insbes. das Transaktionsgeschäft (▷*M&A*): Highlight war die Beratung der langj. Großmandantin Aldi Nord beim Kauf von Altmühltaler Mineralbrunnen, wobei auch die Öffentlich- u. Arbeitsrechtler umf. eingebunden waren. Letztere kommen für Aldi häufig zum Einsatz, zuletzt z.B. bei Umstrukturierungen. Auch an der Schnittstelle zum ▷*Gesundheitswesen* begleitete SOH wieder zahlr. Deals, v.a. für Investorengruppen u. Großpraxen im MVZ-Bereich. Mit ihrem tiefen regulator. Know-how überzeugt sie zudem vermehrt Mandanten im Pharmarecht, wie die neue Beziehung zu Fresenius Medical Care zeigt. Zudem hat sie die regulator. Beratung im Öffentl. Recht ausgebaut u. steht z.B. der börsennot. Flowserve lfd. im Umwelt- u. Bodenschutzrecht zur Seite. Im Gegensatz zu vielen Wettbewerbern hatten auch die Immobilienrechtler ein starkes Jahr u. begleiteten z.B. mehrere Family Offices bei Zukäufen sowie ein Krankenhaus beim OP-Neubau.

Stärken: Hohe Kompetenz im Stiftungsrecht. Angesehene Medizinrechtspraxis.

Oft empfohlen: Dr. Ulf Rademacher (Gesellschaftsrecht/IP), Dr. Till Wegmann (Arbeitsrecht), Dr. Jochen Lehmann („sehr gute Beratung, jederzeit ansprechbar, Berater nicht nur für Rechtsfragen, sondern auch für gr. Zusammenhänge", Mandant; Gesellschaftsrecht), Dr. Stefan Bäune (Medizinrecht)

Team: 15 Eq.-Partner, 9 Sal.-Partner, 12 Associates

Partnerwechsel: Dr. Marina Adams (von Glade Michel Wirtz; Gesellschaftsrecht)

Schwerpunkte: Die Kanzlei agiert häufig als ausgelagerte Rechtsabteilung auch für gr. Unternehmen v.a. im ▷*Gesellsch.recht* u. ▷*M&A*, Arbeits- u. Steuer-

Anwaltszahlen: Angaben der Kanzleien zur Bürogröße vor Ort. Sie spiegeln nicht zwingend die Gesamtgröße einer Kanzlei wider.

recht, auch Aktienrecht. Etabliert im ▷*Gesundheitsrecht*. Renommiert im Bereich ▷*Nachfolge*.

Mandate: Aldi Nord zuletzt bei Kauf Altmühltaler Mineralbrunnen; Aldi Nord u. Süd umf., insbes. im Gesellschafts-, Arbeits-, Marken- u. Immobilienrecht; Krankenhaus immobilienrechtl. bei Neubau eines Zentral-OP; Crealize umf., u.a. im Immobilienrecht; div. Family Offices bei Immobilientransaktionen; Flowserve umf. umwelt- u. bodenschutzrechtl.; Yusen Logistik immissions- u. umweltschutzrechtl. in Genehmigungsverf.; Fresenius Medical Care regulator., z.B. zu F&E-Verträgen; Dr. August Wolff umf. regulator.; Jacob Holding u.a. zu Gewerbl. Rechtsschutz; Schalke 04, Bofrost, Alfried Krupp Stiftung, Avitea lfd. arbeitsrechtlich.

SCHMITZ KNOTH

Westen ★★

Bewertung: Die breit aufgestellte Bonner Kanzlei mit Fokus auf dem Mittelstand berät ihre Mandanten umf. u. fungiert für einige auch als ausgelagerte Rechtsabteilung. Renommiert ist sie v.a. für die Beratung im Gesellschafts-, Bank- u. Versicherungs- sowie Arbeitsrecht, hier insbes. im streitigen Bereich. Zuletzt erzielte insbes. das Verfahren um angebl. Insolvenzverschleppung bei Solarworld viel Aufmerksamkeit, in dem SK einen der ehem. Vorstände vertritt. Stammmandanten zogen das Team in zunehmendem Maße hinzu, so etwa der Solarmodulhersteller Meyer Burger bei der Expansion ins Ausland sowie im Bank- u. Kapitalmarktrecht. Aber auch neue Unternehmen kann die Kanzlei für sich gewinnen: Seit Kurzem setzt etwa PKM Solutions auf die Bankrechtler.

Stärken: Breit angelegte Beratung mit Akzenten in Gesellschaftsrecht u. Forensik.

Oft empfohlen: Dr. Claus Recktenwald (Bank- u. Finanzrecht), Dr. Guido Plassmeier (Gesellschaftsrecht)

Team: 9 Eq.-Partner, 7 Associates, 2 of Counsel

Schwerpunkte: Gesellschafts- u. Handelsrecht für Unternehmer, Bank- u. Versicherungsrecht, Arbeitsrecht.

Mandate: Ehem. Solarworld-Vorstand gg. Vorwurf der Insolvenzverschleppung (LG Bonn); Mittelrhein-Verlag umf. gesellschaftsrechtl., u.a. bei Gründung eines Joint Ventures für Logistikdienstleistungen; Prestige BioPharma bei ww. Auslizenzierung neuer Produkte; ital. Pharmaunternehmen umf., u.a. gesellschaftsrechtl. bei Umstrukturierung; Meyer Burger umf., u.a. bei Expansion ins Ausland u. im Bank- u. Kapitalmarktrecht; Targo Bank u. PKM Solutions bankrechtlich. **Prozesse:** div. Versicherungen in Prozessen sowie zu Vertriebs- u. Regulierungsfragen.

SEITZ

Westen ★★★★

Bewertung: Die Kölner Kanzlei ist auf Expansionskurs: Anfang 2023 wurde bekannt, dass sie zum Jahresende mit einem 20-köpfigen Arbeitsrechtsteam um einige sehr renommierte Partner von Advant Beiten Standorte in Frankfurt u. München eröffnen wird. Wenig später folgte die Eröffnung in D'dorf mit einem mehrköpfigen Team von Glade Michel Wirtz rund um einen Partner, der dort künftig die insolvenz- u. restrukturierungsnahe gesellschaftsrechtl. Beratung an der Schnittstelle zum Arbeitsrecht vorantreiben soll. Herausforderung wird sein, die neuen Teams zu integrieren. Ebenfalls abzuwarten bleibt, wie es der Kanzlei gelingt, Renommee u. Verantwortung stärker auf mehrere Schultern zu verteilen, denn auch wenn insbes. jüngere Anwälte zunehmend empfohlen werden, hängt dies nach wie vor stark an dem Arbeitsrechtsexperten Seitz, der für Leuchtturmmandate wie die Beratung der Lufthansa bei ihrer Restrukturierung steht. Dabei liegt viel Potenzial in der Corporate-Praxis, die durch den Zugang in D'dorf an Schlagkraft gewinnt, z.B. für Post-M&A-Streitigkeiten, die die Kanzlei bereits jetzt viel beschäftigen. Erneut begleitete das Team zudem mehrere prominente Deals, z.B. die Unternehmensgruppe Theo Müller beim Kauf des Dtl.-Geschäfts von Friesland Campina. Ihre Verankerung im VC-Umfeld zeigt sich zudem in Beziehungen zu Mandanten wie Axa oder q.beyond, die sie regelm. bei Investments berät.

Stärken: Starke ▷*arbeitsrechtl.* Praxis, insbes. im Zshg. mit Umstrukturierungen. Vertragsrechtl. Beratung bekannter Privatpersonen, insbes. Profisportler.

Oft empfohlen: Dr. Stefan Seitz („takt. u. strateg. wichtigster Berater u. Ansprechpartner", „äußerst verlässl., gute Ergebnisse", Mandanten; „kompetent, konstruktiv, lösungsorientiert", Wettbewerber), Prof. Dr. Thomas Kania („fachl. unangefochten, dabei sehr angenehm", Wettbewerber), Dr. Marc Werner (alle Arbeitsrecht), Dr. Wolfgang Schüler, Dr. Daniel Grewe („kompetent, gut erreichbar, sehr angenehm im Umgang", Mandant; „sehr erfahren u. guter Verhandler", Wettbewerber; beide Gesellschaftsrecht/M&A), Nils Kröber („fachl. exzellent", Wettbewerber; Steuerstrafrecht)

Team: Köln: 10 Eq.-Partner, 15 Sal.-Partner, 13 Counsel, 31 Associates, 3 of Counsel; Düsseldorf: 1 Eq.-Partner, 4 Associates

Partnerwechsel: Dr. Jochen Markgraf (von Glade Michel Wirtz; Gesellschaftsrecht/Restrukturierung)

Schwerpunkte: Arbeits-, Steuer- u. ▷*Gesellsch.recht*, Letzteres v.a. bei ▷*M&A*, Outsourcing u. Umstrukturierungen, Prozessführung sowie Insolvenz u. Restrukturierung. Auch ▷*Nachfolge*, ▷*Private Equ. u. Vent. Capital* u. ▷*Wirtschafts- u. Steuerstrafrecht*. Zudem kartellrechtl. Beratung. Bewährte internat. Netzwerkkontakte.

Mandate: Alstom Group arbeitsrechtl. bei Post-Merger-Integration von Bombardier; Lufthansa bei Restrukturierung; Theo Müller bei Kauf Dtl.-Geschäft von Friesland Campina; Schwarz Werkzeugbau bei Verkauf des Geschäftsbetriebs an Kesseböhmer; Borbet Holding gesellschafts- u. arbeitsrechtl. zu Schutzschirmverfahren von Borbet Solingen; q.beyond bei Transaktionen; Axa, Smart Energy Innovationsfonds bei Investments; Bayer zu Compliance; Geschäftsführer Mineralölkonzern gg. Vorwurf der Steuerhinterziehung; Accentro, Biofrontera, DuMont Digital gesellschaftsrechtl.; Uniklinik Köln arbeitsrechtl. bei gepl. Zusammenschluss mit Städt. Kliniken Köln.

SERNETZ SCHÄFER

Westen ★★

Bewertung: Das tiefe aufsichtsrechtl. Know-how des Teams am D'dorfer Standort verschafft der Kanzlei immer wieder wirtschaftl. u. strateg. wichtige Mandate. Dazu zählte zuletzt die umf. Beratung der VTB Bank bei ihrer Abwicklung infolge von EU-Sanktionen u. BaFin-Anordnungen, wobei sie von ihrer Erfahrung aus dem Mandat für die Wirecard-Bank profitiert. Daneben ziehen Transaktionskanzleien sie immer wieder für aufsichtsrechtl. Fragen bei gr. Transaktionen hinzu. Aber auch die lfd. gesellschaftsrechtl. Beratung zählt zum Portfolio der Kanzlei, wobei sie einen Stamm an mittelständ. Mandanten aufgebaut hat, die sie auch bei Streitigkeiten vertritt. Regelm. gefragt ist Sernetz Schäfer zudem bei Organen, wofür etwa die Vertretung eines ehem. Mitglieds des Aufsichtsrats einer börsennot. AG bei der Abwehr von Haftungsansprüchen steht.

Stärken: Vertretung in Großverfahren, ▷*Bankrecht u. -aufsicht* (auch umf. gutachterl. Tätigkeit).

Oft empfohlen: Prof. Dr. Frank Schäfer („durchweg hohe Qualität u. Beratung", Wettbewerber; Gesellschaftsrecht/Bankrecht), Dr. Ulrike Schäfer (Gesellschaftsrecht/Prozessführung), Dr. Peter Balzer (Bank- u. Kapitalmarktrecht/Prozessführung), Dr. Hans-Michael Pott (Steuerrecht), Dr. Thomas Eckhold (Bank- u. Kapitalmarktrecht)

Team: 8 Partner, 1 Associate

Schwerpunkte: ▷*Bank- u. Finanzrecht* auf Bankenseite, oft für Organe u. zu Transaktionen, Produktentwicklung, Anlageberatung u. Vermögensverwaltung sowie Immobilienfinanzierung. Außerdem ▷*Gesellsch.recht*, auch ▷*Konfliktlösung* u. Beratung von vermög. Privatpersonen (Nachfolge, Vermögen und Stiftungen). Steuerrecht häufig für internat. Konzerne. Zudem mittelständ. Unternehmen.

Mandate: VTB Bank umf. bank- u. bankaufsichtsrechtl. sowie gesellschaftsrechtl. bei Abwicklung infolge von EU-Sanktionen u. BaFin-Anordnungen; Wirecard Bank aufsichtsrechtl. nach Wirecard-Skandal; EP Global Commerce bankaufsichtsrechtl. bei Kauf von Anteilen an Metro; Stiftung ProSiebenSat.1 lfd. bankaufsichts- u. steuerrechtlich. **Prozesse:** ehem. Geschäftsführerin zu Schadensersatz wg. angebl. Pflichtverletzung; ehem. Aufsichtsratsmitglied bei Abwehr von Organhaftungsansprüchen.

SPIEKER & JAEGER

Westen ★★★★

Bewertung: Die erfolgr. praxisübergr. Zusammenarbeit in der renommierten Dortmunder Kanzlei demonstrieren Mandate wie die Tätigkeit für Adesso beim Kauf einer Beteiligung an Wepex, bei dem zusätzl. zu Corporate-Anwälten auch Kartell-, Arbeits-, Steuer- sowie IP-Rechtler eingebunden waren. Der Deal ist zudem ein gutes Bsp. für die langj. etablierte Zusammenarbeit mit einem treuen Stamm an überw. mittelständ. Mandanten. Neben der Beratung im Gesellschaftsrecht wird S&J v.a. für ihr angesehenes Notariat geschätzt. Dass sie zudem Fortschritte beim Aufbau einer eigenständigen Kartellrechtspraxis macht, zeigen die Ernennung eines neuen Eq.-Partners u. prominente Mandate wie die Beratung der Sparkasse Dortmund zur Fusionskontrolle für den Zusammenschluss mit der Sparkasse Schwerte.

Stärken: ▷*Gesellsch.recht*, Notariat, Marken- u. Wettbewerbsrecht.

Oft empfohlen: Dr. Carsten Jaeger, Dr. Thorsten Mätzig („kompetent, kollegial", Wettbewerber), Dr. Steffen Lorscheider, Dr. Timo Floren („durchsetzungsstark, fachl. hervorragend", Wettbewerber; alle Gesellschaftsrecht/M&A), Dr. Achim Herbertz, Dr. Robert Jung (beide Marken- u. Wettbewerbsrecht)

Team: 19 Eq.-Partner, 5 Associates

Schwerpunkte: Steuer- u. Arbeitsrecht, häufig zu Umstrukturierungen, Akquisitionen u. Nachfolgefragen. Urheber- u. Markenrecht. Bau- u. Immobili-

Anwaltszahlen: Angaben der Kanzleien zur Bürogröße vor Ort.
Sie spiegeln nicht zwingend die Gesamtgröße einer Kanzlei wider.

enrecht. Kartellrecht (insbes. Kartellschadenersatz).
Mandate: Adesso bei Beteiligung an Wepex; SPIE bei Fusion mit HanseGas; Sparkasse Dortmund bei Fusionskontrolle für Zusammenschluss mit Sparkasse Schwerte; Brandt Zwieback-Schokoladen lfd. gesellschaftsrechtl., bei Transaktionen u. in Prozessen; Dr.-Peters-Gruppe u. weitere Fondsemissionshäuser lfd. im Kapitalanlage- u. Gesellschaftsrecht, u.a. in Musterverf. nach KapMuG; Dt. Mineralbrunnen Staatlich Bad Meinberger lfd. gesellschaftsrechtl. inkl. M&A; Kludi umf. markenrechtl., u.a. bei Erweiterung des Markenportfolios in China; Atlas Schuhfabrik, Signal Iduna zu Markenportfolio.

SSP-LAW

Westen ★

Bewertung: Eine lange Reihe an Deals hat die D'dorfer Kanzlei zuletzt begleitet, etwas abgekoppelt von der allg. schwächeren M&A-Marktentwicklung. Dabei ist SSP sowohl für strateg. als auch für Finanzinvestoren aktiv u. besorgt auch die jurist. Integration von Gesellschaften nach den Transaktionen. Zudem beraten die Partner auf der Leitungsebene von Unternehmen zu Haftungs-, Regulierungs- u. Mitbestimmungsfragen. In diesem Zshg. hat SSP zuletzt mehrfach Umstrukturierungen u. Rechtsformwechsel betreut.
Stärken: Strategische M&A-Transaktionen.
Oft empfohlen: Dr. Michael Schmidt-Versteyl („hat die Deals gut im Griff, in der Sache erfolgreich", Wettbewerber; Corporate), Stephan Schuran (Corporate, Steuerrecht)
Team: 3 Partner, 7 Associates (inkl. Steuerberater)
Schwerpunkte: ▷*M&A*-Geschäft, Private-Equity- u. Venture-Capital-Mandate, breite gesellschaftsrechtl. Beratung, v.a. Umstrukturierung, Rechtsformwechsel u. Gesellschafterstreitigkeiten. Auch Steuerrecht.
Mandate: WM bei Kauf von MTS MarkenTechnikService; SMP Strategy Consulting zu Verkauf an Eraneos; Deichmann, Snipes u. Fressnapf lfd. in Gesellschaftsrecht/M&A; Deichmann zu Kauf von Supremo Shoes & Boots (öffentl. bekannt).

STEIN & PARTNER

Westen ★★

JUVE AWARDS 2023
Kanzlei des Jahres Westen

Bewertung: Die angesehene Mittelstandskanzlei verfügt über sehr gute Beziehungen zu zahlr. Akteuren in der Region Aachen u. der angrenzenden Euregio. Hauptschwerpunkt liegt auf dem Gesellschaftsrecht, sowohl bei Gestaltungsthemen wie der Begleitung der Umstrukturierung von Missio Aachen als auch bei Deals. Highlight war zuletzt der Verkauf eines E-Mobility-Unternehmens an einen ww. tätigen Energiekonzern, wobei auch die Arbeitsrechtler eng eingebunden waren. Zudem ist das Team regelm. an der Schnittstelle von Bau- u. Vergaberecht tätig, z.B. für EVS Euregio. Ihre Kontakte zu namh. Stammmandanten kann die Kanzlei ausweiten, so bspw. zu Lindt, die S&P zuletzt bei der Aufsichtsratswahl hinzuzog. Zudem stärkt sie ihre Schwerpunkte durch die Aufnahme u. den Aufbau neuer Anwälte: Im Arbeitsrecht gewann sie eine erfahrene Associate u. nahm einen Anwalt mit Schwerpunkt im Öffentl. Recht in die Partnerschaft auf.
Stärken: Gesellschafts-, Bau- u. Arbeitsrecht.
Oft empfohlen: Dr. Edgar Stein, Thomas Schmitz (beide Gesellschaftsrecht), Dr. Frank Neuß (u.a. Wirtschaftsstrafrecht), Hans-Peter Girkens, Dr. Alexander Martius (beide Baurecht)
Team: 8 Eq.-Partner, 5 Sal.-Partner, 3 Associate, 1 of Counsel
Schwerpunkte: Kernkompetenzen i Gesellschaftsrecht/M&A (auch internat., bes. Euregio), Öffentl. Recht (z.B. Vergaberecht), Bau- u. Immobilienrecht.
Mandate: Gesellschafter eines Rehazentrums bei Verkauf ihrer Beteiligungen; Gesellschafter eines E-Mobility-Unternehmens bei Verkauf an internat. tätigen Energiekonzern; Atlas Copco bei Transaktionen; Lindt, u.a. vertrags- u. baurechtl. bei Neubau sowie gesellschafts- u. arbeitsrechtl. bei Aufsichtsratswahl; Missio Aachen gesellschafts- u. vereinsrechtl. bei Umstrukturierung; EVS Euregio umf.,

Anwaltszahlen: Angaben der Kanzleien zur Bürogröße vor Ort. Sie spiegeln nicht zwingend die Gesamtgröße einer Kanzlei wider.

u.a. bei Elektrifizierung des Streckennetzes sowie gesellschafts- u. öffentl.-rechtl. zu den Projekten ‚Euregio Railport' u. ‚Logistic Mobility Campus Stolberg'; RWTH Aachen zu neuen Rahmenverträgen, u.a. für F&E.

STREITBÖRGER

Westen ★★★

Bewertung: Die zuletzt gegangenen Entwicklungsschritte der Kanzlei zeugen von ihrem breiten, integrierenden Beratungsansatz. Mit einem neuen Büro in Herford, sehr nah am Hauptsitz Bielefeld, demonstriert Streitbörger einerseits die Nähe zum inhabergeführten Mittelstand u. dessen regionalem Mandatsgeschäft. Mit dem Neuzugang von Taylor Wessing-Partner Gerdes in D'dorf ist andererseits die Spezialisierung im Insolvenzrecht noch stärker im Fokus, mit der die Kanzlei bisher in Bielefeld v.a. in der Insolvenzverwaltung vertreten ist. Die jetzt in D'dorf ausgebaute Prozesserfahrung im Insolvenzbereich passt zu der Stärke der Kanzlei in anderen prozessrechtl. Fragen. Auch weitere gr. Bereiche wie etwa das Bankrecht im 2. Stammbüro Hamm arbeiten hoch spezialisiert u. können so den Großkanzleien Konkurrenz machen – nicht zuletzt mit jüngeren Partnern wie Seel.

Stärken: Große Prozesserfahrung, hohe Kompetenz im Bankrecht, großes Notariat.

Oft empfohlen: Dr. Martin Lange („fachl. versiert", Wettbewerber; Bankrecht), Dr. Götz Zerbe (Arbeitsrecht), Dr. Matthias Rose (Öffentl. Recht), Dr. Bertram Schacker (Gesellschaftsrecht), Dr. Philip Seel (Steuerrecht), Ingo Gerdes (Insolvenzrecht)

Team: 38 Partner, 37 Associates, 3 of Counsel

Partnerwechsel: Ingo Gerdes (von Taylor Wessing; Insolvenzrecht), Corinna Maringer (aus eigener Kanzlei; Arbeitsrecht); Dr. Stefan Blume (zu Peters; Immobilienrecht)

Schwerpunkte: In Bielefeld v.a. Gesellschaftsrecht u. Notariat, Öffentl. u. privates Baurecht sowie Insolvenzrecht inkl. Insolvenzverwaltung, in Hamm insbes. Bankrecht, Nachfolge, Vermögen und Stiftungen sowie Compliance, in Münster v.a. Bankrecht, auch Mittelstandsberatung, in D'dorf Arbeits- u. Insolvenzrecht. Weitere Standorte in Herford, Potsdam u. Lingen.

Mandate: Helinet Telekommunikation zu Eigenverwaltung (Generalvollmacht) u. Sanierung; Insolvenzverwalter in Deckungsprozess gg. D&O-Versicherer; Sparkasse in Grundsatzverfahren (BGH) zu Verantwortung für Mitarbeiterhandlungen; CM Sports u. GA Europe notariell bei Kauf von Reno Schuhhandel (öffentl. bekannt); lfd. Beratung, v.a. gesellschaftsrechtl.: Oetker, Schüco, Porta Möbel, Möbel Boss, Frankenfeld-Gruppe, JAB Anstoetz, Bugatti Holding Brinkmann, Plasmatreat, Hanning Elektro-Werke, Diamant Software, Alcina, Eriks-Gruppe, Paragon, Voltabox, Quakernack, Goldbeck, Hanning & Kahl, Stute, Seidensticker.

TIGGES

Westen ★

Bewertung: Mit ihrem Full-Service-Ansatz berät die D'dorfer Kanzlei ihre Mandanten häufig langj. u. praxisübergreifend. Einen Schwerpunkt setzt sie im Gesellschaftsrecht, das sie zuletzt durch die Aufnahme einer erfahrenen Sal.-Partnerin ausbaute. Neben der Verankerung im regionalen Mittelstand ist Tigges regelm. grenzüberschr. tätig u. insbes. für ihre guten Kontakte zu poln. Unternehmen anerkannt, häufig mit einem Schwerpunkt im Transportsektor. Ihnen steht sie bspw. bei Gründungen von Tochtergesellschaften in Dtl. zur Seite. Dabei profitieren Mandanten wie der Solarmodulhersteller Keno davon, dass Tigges auch Steuerberatung anbietet.

Stärken: Dt.-poln. Geschäft.

Team: 9 Eq.-Partner, 5 Sal.-Partner, 1 Counsel, 7 Associates, 7 of Counsel

Partnerwechsel: Bahar Beyaz (von Ecovis; Gesellschaftsrecht), Rita d'Avis (zu Busse & Miessen; Vertriebsrecht)

Schwerpunkte: Gesellschaftsrecht inkl. Nachfolgeberatung (inkl. Erb- u. Steuerrecht); Marken-, Arbeits-, Transportrecht u. Datenschutz.

Mandate: Keno umf. bei Gründungen von Tochtergesellschaften in Dtl.; Laude Smart Intermodal umf., u.a. im Gesellschafts- u. Transportrecht; Onde bei Transaktionen; Railwatch umf., u.a. gesellschaftsrechtl.; VGP im Miet- u. Baurecht sowie arbeits- u. datenschutzrechtl.; Dahmen Personalservice arbeits- u. IT-rechtl.; Oknoplast lfd. arbeits- u. gesellschaftsrechtl. sowie ihren poln. Mutterkonzern v.a. handelsrechtl.; Keter Plastic, Miltenyi Biotec im IP; lfd.: Duisburger Hafen, Hitschler.

WIRTZ & KRANEIS

Westen ★

Bewertung: Die auf die Mittelstandsberatung fokussierte u. in Köln fest verwurzelte Kanzlei ist insbes. für ihre Erfahrung im Gesellschafts- u. Versicherungsrecht angesehen: Im Gesellschaftsrecht berät sie Unternehmen u. ihre Gesellschafter regelm. bei Nachfolgeregelungen. Dafür bietet sie ihren Mandanten auch arbeits- u. steuerrechtl. Know-how. Auch bei Unternehmensgründungen wird sie hinzugezogen, zuletzt zum Bsp. von einem Medizinprodukte-Start-up. Die Stärken des Versicherungsteams sind komplexe D&O-Fälle u. die Haftung im Umfeld von Steuerberatung u. Wirtschaftsprüfung. Dabei sind die Anwälte regelm. forensisch tätig u. kooperieren bei Bedarf mit den Bank- u. Finanzrechtlern.

Stärken: Prozessvertretung beklagter Organe u. Geschäftsführer. D&O-Deckung.

Oft empfohlen: Dr. Thomas Klein, Dr. Randolf Mohr (Gesellschaftsrecht)

Team: 7 Partner, 6 Associates

Schwerpunkte: Breite zivilrechtl. Aufstellung im Gesellschafts-, Steuer-, Immobilien-, Arbeits- u. ▷*Versicherungsvertragsrecht*. Begleitung kleiner u. mittelgr. Transaktionen. Spezialisierung im Bank- u. Kapitalmarktrecht, dort u. in D&O-Haftung viel Forensik. Mandantschaft: überwiegend mittelständ. Unternehmen, Insolvenzverwalter, div. überregionale Versicherer, Banken.

Mandate: Geschäftsführer eines mittelständ. Lebensmittelunternehmens umf. zu Kauf des Unternehmens; Medizinprodukte-Start-up gesellschaftsrechtl. bei Gründung u. Ausgestaltung in GmbH; Rechtsanwaltskanzlei gesellschaftsrechtl. bei Neuordnung der Beteiligungsstruktur; Bauträger immobilienrechtl. bei Projektentwicklung u. Vertrieb von Apartments. **Prozesse:** Kreditinstitut lfd. bei Prozessen im Leasing- u. Bankrecht.

YPOG

Westen ★★

JUVE AWARDS 2023
Kanzlei des Jahres

Bewertung: Das Kölner Büro der bundesw. tätigen Kanzlei ist zwar ihr kleinster Standort, neue Mandatsbeziehungen wie die zur Rewe Group verdeutlichen jedoch, dass das Team über eigenständ., auch lokales Geschäft verfügt u. dies zunehmend ausbaut. In Köln angesiedelt ist die gesellschaftsrechtl. Praxis um den angesehenen Schatz sowie einen im Fondsbereich tätigen Partner. Die ▷*VC-Beratung*, für die Ypog bundesw. äußerst renommiert ist, treibt ein Anwalt voran, der sich der Einheit 2021 anschloss u. nun zum Eq.-Partner ernannt wurde. Er übernimmt zudem regelm. die Federführung in M&A-Transaktionen, wobei ein Highlight zuletzt die Tätigkeit für Miles Mobility beim Kauf von WeShare war. Durch einen weiteren Partner, der als Anwalt u. StB qualifiziert ist, sowie einen StB auf Partnerebene kann Ypog ihre Mandanten auch interdiszipl. beraten. Gut eingespielt ist zudem die Zusammenarbeit mit den anderen Standorten, etwa mit den IP/IT-Rechtlern in HH.

Oft empfohlen: Dr. Matthias Schatz („hervorragender Gesellschaftsrechtler, insbes. im Aktien- u. SE-Recht, sehr gut auf komplexen gesellschaftsrechtl. Mandaten, Go-to-Guy für SE-Umwandlungen u. Umstrukturierungen", Mandant; „erfahren u. gut", Wettbewerber; Gesellschaftsrecht)

Team: 4 Eq.-Partner, 11 Associates, 1 of Counsel

Schwerpunkte: ▷*Gesellsch.recht*, inkl. Streitigkeiten, Aktienrecht, SE-Recht, Umstrukturierungen. VC-Beratung, auch bei ▷*M&A*-Transaktionen. Steuerrecht, auch an der Schnittstelle zur Steuerberatung.

Mandate: Miles Mobility bei Kauf von WeShare; Altana bei Finanzierungsrunden u. zu Verkauf ihrer Beteiligung an dp polar; Rewe Group, Katjes Greenfood, Lufthansa Innovation Hub bei Finanzierungsrunden; Project A Ventures bei Verkauf von Klara an ModMed; Infas Holding aktien- u. kapitalmarktrechtlich.

Anwaltszahlen: Angaben der Kanzleien zur Bürogröße vor Ort.
Sie spiegeln nicht zwingend die Gesamtgröße einer Kanzlei wider.

JUVE Handbuch
2023 | 2024

ANZEIGEN: KANZLEIEN WESTEN

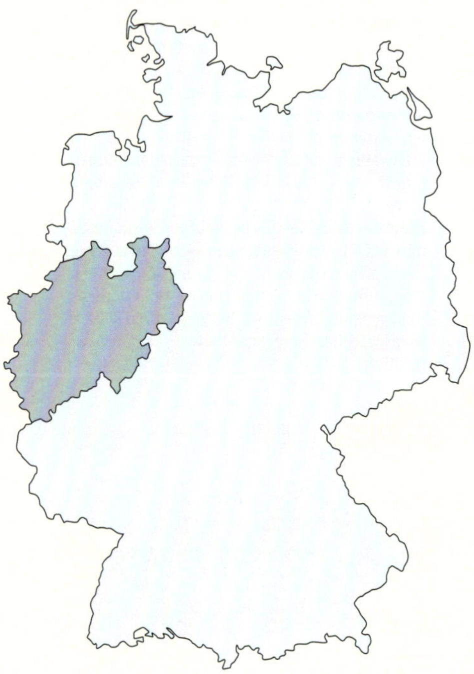

Alle hier alphabetisch erscheinenden Anzeigen sind kostenpflichtig und von den Kanzleien selbst gestaltet. Für den Inhalt sind die jeweiligen Kanzleien verantwortlich.

rellermeyer.
#wirtschaftsrecht
www.rellermeyer.de

ROTTHEGE
CORPORATE. REAL ESTATE.
MULTIDISZIPLINÄRE
EXPERTISE
FÜR OPTIMALE
RESULTATE

KARATE
BEHERRSCHEN WIR NICHT,
ARBEITSRECHT DAGEGEN
EXZELLENT
Deutschlands beste Anwälte
Handelsblatt
Top-Wirtschaftskanzlei
Top-Privatanwälte
FOCUS
The Best Lawyers in Germany
Best Lawyers
Beste Anwaltskanzleien im Arbeitsrecht
WirtschaftsWoche
Europe Guide Rankings Employment
Chambers
Empfohlene Kanzlei für Arbeitsrecht
JUVE-Handbuch
Beste Wirtschaftskanzleien im Arbeitsrecht
brand eins
Beste Anwaltskanzleien Deutschlands für Arbeitsrecht
stern

ANDERS

Region: Mitte

(Hessen, Rheinland-Pfalz)

Im Mittelstand brummt es

Die Kanzleien in Deutschlands Mitte, die regelmäßig dem Mittelstand zur Seite stehen, merkten kaum etwas von einer wirtschaftlichen Delle. Mit sehr unterschiedlichen Strategien behaupteten sie sich in dem dicht besetzten Markt. So profitierten **Metis** oder **Wendelstein** davon, dass der Dealmotor gerade bei mittelgroßen und kleineren Deals ungeachtet aller Wirtschaftsentwicklungen wie geschmiert weiterlief. Beide Kanzleien sind zugleich seltene Beispiele für erfolgreiche Ausgründungen aus großen Einheiten.

Langjährig ansässige Kanzleien wie **FPS Fritze Wicke Seelig**, **Schiedermair** oder **Schalast & Partner** setzen weiterhin auf die (regionale) Verbundenheit mit ihren Mandanten. Diese Strategie verfolgen auch die meisten Kanzleien im weiteren Umland, sei es in Koblenz, Mainz oder Darmstadt. Typische Beispiele dafür sind etwa **Dr. Caspers Mock & Partner** oder auch **Martini Mogg Vogt**, **Kunz** und **König**.

Der Druck bleibt hoch

Doch die regionalen Marktführer stehen unter dem Druck, ihr Geschäft professionalisieren zu müssen. Sie haben deswegen teils beträchtliche Investitionen in die Digitalisierung der Arbeitsabläufe und in eine ehrgeizigere Geschäftsentwicklung gesteckt. Das wiederum hat bei einigen Kanzleien zu einer expansiven Strategie geführt: Die Koblenzer Sozietät **Kunz** hat nach Köln u. Mainz expandiert. **Neussel KPA** hat schon im Vorjahr fusioniert und konnte inzwischen demonstrieren, wie gut die Einheiten zusammenpassen. Die Kluft zwischen derart ambitionierten Mittelstandsberatern und Kanzleien, die auf Altbewährtes setzen, wird so immer größer.

Viele Kanzleien setzen gerade im Frankfurter Markt mit seinen Besonderheiten nicht nur auf ihre etablierten Verbindungen, sondern auch auf ein vielfältigeres Mandantenspektrum, das sich über den Mitttelstand hinausbewegt. Dazu zählen **act AC Tischendorf** oder **Baker Tilly**, während sich andere auf die die Frankfurter Skyline beherrschende Bankenszene konzentrieren, wie **OMF Otto Mittag & Partner** oder die vor allem in Niedersachsen als etablierte Mittelstandsberaterin anerkannte Kanzlei **Göhmann**.

Solche Kanzleien dürften am ehesten bemerken, dass in Frankfurt auch zuletzt wieder einige neue Player ihre Zelte aufschlugen, die eine ähnliche Klientel im Visier haben, wie sie selbst: So eröffnete etwa **Gowling WLG** mit vier ehemaligen Taylor Wessing-Partnern ein Büro in Frankfurt, **Eversheds Sutherland** mit dem ehemaligen Managing-Partner von PwC Legal. Für Aufsehen sorgte auch die Büroeröffnung von **Seitz**, die zuletzt eklatant nicht nur im Arbeitsrecht mit neuen Büros expandierte. Hinzu gekommen ist in Frankfurt außerdem ein Spin-off im Bereich Schiedsverfahren von Morgan Lewis: **Aurelius Cotta**.

Besprochen werden in den Regionalkapiteln besonders die für ihre Beratung im regionalen und überregionalen Mittelstand bekannten Kanzleien und die führenden Berater aus diesen Kanzleien. Informationen zu Kanzleien, die zu den bundesweiten JUVE Top 50 gehören sowie zu den Standorten internationaler Kanzleien, bei denen die Mehrheit der Anwälte im Ausland tätig ist, finden Sie in einer tabellarischen Übersicht und in den jeweiligen Rechtsgebietskapiteln.

JUVE KANZLEI DES JAHRES MITTE

NEUSSEL KPA

JUVE AWARDS 2023

Die Kanzlei ist heute mehr als die Summe ihrer Teile: Als sich die Bad Kreuznacher Kanzlei Neussel Martin 2022 mit der Mainzer Einheit Petereit Armbrüster zusammentat, kamen komplementäre Kompetenzen zusammen, deren Kombination sich rasch zu einem Erfolgsmodell entwickelten. Die Neussel-Hälfte war gesellschaftsrechtlich fokussiert mit einer Reichweite bis an die französische Grenze. Die Mainzer Einheit dagegen war eine alteingesessene Bank- u. Insolvenzrechtskanzlei, die den Generationswechsel vorantreiben musste. Diese Fusion brachte zugleich kulturell ähnliche Partnerschaften zusammen, die von der geografischen Erweiterung ebenso profitierten wie von der jetzt gesünderen Altersstruktur.

Die Vergrößerung der Partnerriege hat eine noch konsequentere Fokussierung auf einzelne Fachgebiete ermöglicht, die zugleich die interne Zusammenarbeit intensivierte. Die internationale Ausrichtung von Neussel und die Kontakte zu Finanzinstituten von KPA mündeten so in einem grenzüberschr. Mandat für einen internat. Versicherungsdienstleister. Auch die Kernmandantschaft der Genossenschaftsbanken kann auf ein viel größeres Spektrum von Rechtsgebieten zurückgreifen als zuvor. Weitere Synergien ergaben sich durch die Kontakte von **Dr. Walther Neussel** selbst u. der insolvenzrechtl. Erfahrung von **Dr. Stefan Roßkopf**. Mit den beiden Standorten ist Neussel KPA in der Lage, andere Kanzleien in der Region herauszufordern.

ACT AC TISCHENDORF

Mitte ★★★★★

Bewertung: Die Frankfurter Kanzlei gehört zu den Marktführern der Region u. zeichnet sich durch einen heterogenen Mandantenstamm aus, der von mittelständ. Unternehmen bis zu Private-Equity-Häusern reicht. Ungebrochen stark ist sie im Insolvenzbereich, der regelmäßig eng mit der arbeitsrechtl. Praxis zusammenarbeitet. Hierzu berät sie u.a. Salamander/Klauser im Schutzschirmverf. u. Hessing bei der Neuorganisation der Kliniken. Auch bei Transaktionen war das Team gefragt, was es seinen guten Verbindungen zu Private-Equity-Häusern u. zu M&A-Beratern verdankt, die es immer wieder ins Boot holen. Zu nennen ist etwa die Vertretung von Harald Quandt beim Kauf der Mehrheitsanteile an Smal. Im Bereich Private Equity dürfte künftig auch noch weiteres Potenzial liegen: Im Sommer 2023 gab die Kanzlei bekannt, sich mit Skye zusammenzutun, einer Einheit, die sich ganz auf Transaktionen fokussiert. Da act – anders als ähnl. aufgestellte Wettbewerber – über ein eigenes internat. Netzwerk verfügt, ist sie außerdem regelm. in Transaktionen gefragt, die u.a. aus Österreich, Polen u. Holland stammen. Den größten Schritt nach vorne machte aber der Bereich Compliance, da sich der (Wieder-)Gewinn einer Partnerin aus dem Vorjahr in Mandaten niederschlug, etwa bei der Vertretung eines Privat-Equity-Hauses im Zshg. mit Betrugs- u. Untreuevorwürfen. Die Ernennung von 2 Anwälten zu Eq.-Partnern zeigt zudem, dass sie Aufstiegschancen bietet u. weiterhin auf eine partnerkonzentrierte Beratung setzt.

Stärken: Arbeitsrecht, Restrukturierungen, Transaktionen.

Oft empfohlen: Dr. Sven Tischendorf („sehr lösungsorientiert, hohe wirtschaftl. Kompetenz", „zielorientiert, unternehmer. denkend", Wettbewerber; M&A/Restrukturierung), Dr. Tara Kamiyar-Müller („verhandlungsstark, kluge Strategin", „souverän u. konstruktiv", Wettbewerber; Immobilienrecht), Dr. Matthias Müller („sehr breites Know-how", „sehr gut vernetzt, auf Großkanzleiniveau", „sehr präzise, sehr angenehme Zusammenarbeit", „sehr gut organisiert", „kaufmännisch sehr kompetent", Wettbewerber; Restrukturierung)

Team: 18 Eq.-Partner, 5 Sal.-Partner, 7 Associates, 3 of Counsel

Partnerwechsel: Christoph Breithaupt, Julia Rosigkeit (beide von Skye; beide Private Equity)

Schwerpunkte: Dauerberatung für Mittelstand u. Konzerne aus vielen Branchen mit Schwerpunkt im ▷*Gesellschafts-* u. ▷*Arbeitsrecht*; ▷*M&A*; Transaktionen inkl. Finanzierung u. Steuerrecht; ▷*Insolvenz/Restrukturierung*; Prozessführung, zudem lfd. im Gewerbl. Mietrecht, bei Immobiliendeals u. IP/IT. Internat. Kanzleiverbund ACT Legal.

Mandate: Techniplas bei Kauf der Borgers aus Insolvenz; Intersaction bei Kauf der Amberg Umwelttechnik; Harald Quandt bei Kauf der Mehrheitsanteile an Smal; Salamander/Klauser im Schutzschirmverf.; Robus bei geplantem Einstieg bei Hakle über einen Insolvenzplan; PE-Portfoliounternehmen bei Vorbereitung StaRUG-Verf.; Sachwaltung für ProFeet Innovatives; Rea bei Eigenverwaltungsverf.; Westfleisch arbeitsrechtl. bei standortübergr. Restrukturierung; Hessing arbeitsrechtl. bei Neuorganisation der Kliniken; ID Logistics arbeitsrechtl. bei Schließung mehrerer Standorte; Apollo im Zshg. mit Anmietung u. Bau der Firmenzentrale; Scoom zu Standortsicherung; Private-Equity-Untern. im Zshg. mit Betrugs- u. Untreuevorwürfen.

Mitte

★★★★★	
act AC Tischendorf	Frankfurt
FPS Fritze Wicke Seelig	Frankfurt
Göhmann	Frankfurt
Greenfort	Frankfurt
★★★★	
Dr. Caspers Mock & Partner	Koblenz, Mainz
Kunz	Koblenz, Mainz
Martini Mogg Vogt	Koblenz, Mainz
Metis	Frankfurt
Schalast & Partner	Frankfurt
Schiedermair	Frankfurt
Wendelstein	Frankfurt
★★★	
Arnecke Sibeth Dabelstein	Frankfurt
Avocado	Frankfurt
Bette Westenberger Brink	Mainz
König	Trier
KPMG Law	Frankfurt
Moog	Darmstadt
Neussel KPA	Mainz, Bad Kreuznach
★★	
Eifler Grandpierre Weber	Frankfurt
Möller Theobald Jung Zenger	Gießen
OMF Otto Mittag & Partner	Frankfurt
Rittershaus	Frankfurt
Waldeck	Frankfurt
★	
Baker Tilly	Frankfurt
Barckhaus	Frankfurt
Deloitte Legal	Frankfurt
Ettrich	Frankfurt
PricewaterhouseCoopers Legal	Frankfurt
Schulte	Frankfurt

Die Auswahl von Kanzleien und Personen in Rankings und tabellarischen Übersichten ist das Ergebnis umfangreicher Recherchen der JUVE-Redaktion. Sie ist in 2erlei Hinsicht subjektiv: Die Aussagen der befragten Quellen sind subjektiv u. spiegeln deren Erfahrungen u. Einschätzungen. Die JUVE-Redaktion wiederum analysiert die Rechercheergebnisse unter Einbeziehung ihrer eigenen Marktkenntnis. Der JUVE Verlag beabsichtigt keine allgemeingültige oder objektiv nachprüfbare Bewertung. Es ist möglich, dass eine andere Recherchemethode zu anderen Ergebnissen führt. Innerhalb einzelner Gruppen in Rankings und tabellarischen Übersichten sind Kanzleien und Personen alphabetisch sortiert.

ARNECKE SIBETH DABELSTEIN

Mitte ★★★

Bewertung: Nach personeller Unruhe in den vergangenen Jahren standen in Frankfurt am Main die Zeichen zuletzt auf Konsolidierung. Im Gesellschaftsrecht vertrauen verlässl. eine Reihe von mittelständ. Unternehmen auf ASD. Ausbauen konnte sie ihren Mandantenstamm etwa aufseiten der Banken durch Banco Santander. Gut entwickeln sich zudem Mandate an der Schnittstelle zw. Gesellschafts- u. Kartellrecht, was v.a. Dr. Sebastian Jungermann zu verdanken ist, der vor 2 Jahren kam u. beide Bereiche gleichermaßen abdeckt. Der größte Fortschritt gelang im IT-Recht: Durch den Gewinn von Fischer im vergangenen Jahr konnte sich ASD im IT-Recht bei einer Reihe von Industriemandanten gut positionieren u. ist in Digitalisierungsprojekten vermehrt gefragt, u.a. für Stammmandantin Bitkom bei der Neugestaltung der EVB-IT.

Stärken: Transportrecht.

Oft empfohlen: Thomas Fischer („hervorragend breite Expertise, pragmat., schnelle Reaktionszeit, sehr angenehmer Umgang", Mandant; IT)

Team: 21 Eq.-Partner, 9 Sal.-Partner, 5 Counsel, 22 Associates, 4 of Counsel

Schwerpunkte: Internat. Rechtsverkehr, v.a. Transportrecht, M&A. Auch regelm. für mittelständ. dt. Mandanten in Corporate/M&A u. Steuerrecht; Immo/Bau; ▷*Gesellsch.recht*. Gewerbl. Rechtsschutz, ▷*Marken u. Wettbewerb*, ▷*IT-Recht u. Datenschutz*, Kartellrecht. Daneben Arbeits- u. Versicherungsrecht. Zudem Sportrecht.

Anwaltszahlen: Angaben der Kanzleien zur Bürogröße vor Ort. Sie spiegeln nicht zwingend die Gesamtgröße einer Kanzlei wider.

Top 50 und internationale Kanzleien in der Region Mitte

Advant Beiten (Frankfurt)	▷*Arbeit*; ▷*Gesellsch.recht*; ▷*IT-Recht u. Datenschutz*; ▷*Kartellrecht*; ▷*M&A*; ▷*Marken u. Wettbewerb*; ▷*Medien*; ▷*Nachfolge*; Steuern.
Allen & Overy (Frankfurt)	▷*Anleihen*; ▷*Arbeit*; ▷*Bankrecht u. -aufsicht*; ▷*Börseneinführ. u. Kapitalerhöhung*; ▷*Compliance*; ▷*Energie*; ▷*Gesellsch.recht*; ▷*Immo/Bau*; ▷*Insolvenz/Restrukturierung*; ▷*Konfliktlösung*; ▷*Kredite u. Akqu.fin.*; ▷*M&A*; ▷*Öffentl. Recht*; ▷*Private Equ. u. Vent. Capital*; Steuern; ▷*Unternehmensbez. Versichererberatung*; ▷*Versicherungsvertragsrecht*.
Ashurst (Frankfurt)	▷*Anleihen*; ▷*Börseneinführ. u. Kapitalerhöhung*; ▷*Energie*; ▷*Gesellsch.recht*; ▷*Immo/Bau*; ▷*Insolvenz/Restrukturierung*; ▷*Kartellrecht*; ▷*Konfliktlösung*; ▷*Kredite u. Akqu.fin.*; ▷*M&A*; ▷*Private Equ. u. Vent. Capital*; ▷*Verkehr*.
Baker McKenzie (Frankfurt)	▷*Anleihen*; ▷*Arbeit*; ▷*Außenwirtschaft*; ▷*Compliance*; ▷*Energie*; ▷*Gesellsch.recht*; ▷*Gesundheit*; ▷*Immo/Bau*; ▷*IT-Recht u. Datenschutz*; ▷*Konfliktlösung*; ▷*Kredite u. Akqu.fin.*; ▷*M&A*; ▷*Marken u. Wettbewerb*; Patent; ▷*Private Equ. u. Vent. Capital*; Steuern; ▷*Telekommunikation*; ▷*Vertrieb*.
Bird & Bird (Frankfurt)	▷*Gesellsch.recht*; ▷*IT-Recht u. Datenschutz*; ▷*Konfliktlösung*; ▷*M&A*; ▷*Marken u. Wettbewerb*; ▷*Private Equ. u. Vent. Capital*; ▷*Telekommunikation*; ▷*Vertrieb*.
Cleary Gottlieb Steen & Hamilton (Frankfurt)	▷*Gesellsch.recht*; ▷*M&A*.
Clifford Chance (Frankfurt)	▷*Anleihen*; ▷*Bankrecht u. -aufsicht*; ▷*Börseneinführ. u. Kapitalerhöhung*; ▷*Compliance*; ▷*Energie*; ▷*ESG*; ▷*Gesellsch.recht*; ▷*Immo/Bau*; ▷*Insolvenz/Restrukturierung*; ▷*Investmentfonds*; ▷*Konfliktlösung*; ▷*Kredite u. Akqu.fin.*; ▷*M&A*; ▷*Notare*; ▷*Öffentl. Recht*; ▷*Private Equ. u. Vent. Capital*; Steuern; ▷*Unternehmensbez. Versichererberatung*; ▷*Vergabe*; ▷*Vertrieb*; ▷*Wirtschafts- u. Steuerstrafrecht*.
CMS Hasche Sigle (Frankfurt)	▷*Arbeit*; ▷*Bankrecht u. -aufsicht*; ▷*Börseneinführ. u. Kapitalerhöhung*; ▷*Gesellsch.recht*; ▷*Immo/Bau*; ▷*Insolvenz/Restrukturierung*; ▷*Investmentfonds*; ▷*Kartellrecht*; ▷*Konfliktlösung*; ▷*Kredite u. Akqu.fin.*; ▷*M&A*; ▷*Nachfolge*; ▷*Private Equ. u. Vent. Capital*; Steuern; ▷*Vergabe*; ▷*Versicherungsvertragsrecht*.
Covington & Burling (Frankfurt)	▷*Außenwirtschaft*; ▷*Gesundheit*; ▷*IT-Recht u. Datenschutz*; ▷*M&A*.
Debevoise & Plimpton (Frankfurt)	▷*Investmentfonds*; ▷*M&A*.
Dentons (Frankfurt)	▷*Anleihen*; ▷*Arbeit*; ▷*Außenwirtschaft*; ▷*Energie*; ▷*ESG*; ▷*Gesellsch.recht*; ▷*Gesundheit*; ▷*Immo/Bau*; ▷*Insolvenz/Restrukturierung*; ▷*Kartellrecht*; ▷*Konfliktlösung*; ▷*M&A*; ▷*Marken u. Wettbewerb*; ▷*Private Equ. u. Vent. Capital*; ▷*Unternehmensbez. Versichererberatung*.
DLA Piper (Frankfurt)	▷*Arbeit*; ▷*Außenwirtschaft*; ▷*Börseneinführ. u. Kapitalerhöhung*; ▷*Compliance*; ▷*Energie*; ▷*Gesellsch.recht*; ▷*Gesundheit*; ▷*Immo/Bau*; ▷*Insolvenz/Restrukturierung*; ▷*Investmentfonds*; ▷*Kartellrecht*; ▷*Konfliktlösung*; ▷*M&A*; ▷*Marken u. Wettbewerb*; ▷*Private Equ. u. Vent. Capital*; Steuern; ▷*Verkehr*; ▷*Vertrieb*; ▷*Wirtschafts- u. Steuerstrafrecht*.
Eversheds Sutherland (Frankfurt)	▷*Gesellsch.recht*; ▷*M&A*

Fortsetzung nächste Seite

Mandate: Certina bei Kauf der Isolite von Showa Denko Materials; 100% RE IPP bei Kauf u. Verkauf div. Windparks; AIF Kapitalverwaltungs AG/AIF infrastructure bei Kauf von europ. Wind- u. Solarparkportfolio; CoPhar Services bei Kauf von Jäger; lfd. gesellschaftsrechtl., u.a. Banco Santander, Deviale, Frontify, Safran-Gruppe; Gerch bei Finanzierung des Projektes ‚Altes Polizeipräsidium' in Ffm. u. zur Refinanzierung des Projekts ‚Laurenz' in Köln; Alba zur Offenlegung einer ungekürzten Fassung der Bußgeldentscheidung der Europ. Kommission im Kartellverf. zum Recycling von Autobatterien; Aryzta zu Kartellschadensersatzverf. beim LG Stuttgart; Safran zu Joint Venture mit MTU Aero Engine; Themis Schaden Folgeklage gg. Daimler im Zshg. mit Lkw-Kartell; Hersteller von Reinigungsgeräten zu ww. Logistik- u. Transportverträgen transportrechtl.; Agentur für Innovation in der Cybersicherheit zu div. Projekten; Bitkom bei Neugestaltung der EVB-IT; Datagroup bei div. Outsourcings.

AVOCADO

Mitte ★★★

Bewertung: Das Frankfurter Büro der überörtl. Kanzlei kennzeichnet 2 Schwerpunkte: Die Corporate-Praxis pflegt eine langjährige Tradition hinsichtl. der Beratung von inl. Mittelstandsmandaten. Gleichzeitig prägt ihr Geschäft ein hoher Anteil an grenzüberschr. Mandaten, die aus einem ausgedehnten Netzwerk befreundeter Kanzleien (u.a. in USA u. GB) stammen. Dank dieses Netzwerks ist sie auch in weitaus größere Transaktionen involviert. Ein Bsp. ist die Beratung eines großen Stahlproduzenten bei einer Akquisition, an der eine größere Zahl von Praxisbereichen u. Anwälten beteiligt war. Ein solches Mandat ist auch deswegen interessant, da es die Intensität der Zusammenarbeit mit den anderen Büros erhöht hat. Die lang ersehnte Verstärkung im Gewerbl. Rechtsschutz bringt nicht nur eine Patentpraxis, sondern bietet weitere Möglichkeiten, mehr Bereiche bei Transaktionsarbeit einzubinden. Die andere hervorstechende Praxis bleibt das ▷*IT- u. Datenschutzteam*, das eine Reihe an namh. Großunternehmen berät. Besonders visibel war die Beratung der Bundesrechtsanwaltskammer.

Stärken: IT u. Telekommunikation.

Oft empfohlen: Jan Voß („sehr versiert, zupackend mit freundlichen, zeitnahen u. praxistaugl. Empfehlungen", Mandant; IT), Dr. Christian Berger (Gesellschaftsrecht), Dr. Udo Zietsch (Gesellschafts- u. Bankrecht), Dr. Matthias Achenbach („freundlich u. schneidig nur wenn nötig", Mandant; Konfliktlösung)

Team: 12 Eq.-Partner, 1 Sal.-Partner, 2 Counsel, 6 Associates, 2 of Counsel

Partnerwechsel: Philipp Ess (von Klinkert; IP-Recht)

Schwerpunkte: ▷*Gesellsch.recht*; ▷*M&A*; klass. ▷*IT-Recht*; häufig an der Schnittstelle zu Telekommunikation, Datenschutz, Gewerbl. Rechtsschutz (Markenrecht, UWG) u. Prozessführung (u.a. für Banken, Telekommunikationsunternehmen). Arbeitsrecht, daneben Handels- u. Vertriebsrecht, Immobilienrecht. Notariat. Dt.-frz. Rechtsverkehr.

Mandate: Genovac Antibody Discovery bei Kauf von Aldevron Freiburg; imc Test & Measurement bei Verkauf an imc-Gruppe; NC-Vision bei Finanzierungsrunde mit Hongkong Investor; gr. internat. Stahlproduzent bei Kauf mehrerer Töchter eines

Anwaltszahlen: Angaben der Kanzleien zur Bürogröße vor Ort. Sie spiegeln nicht zwingend die Gesamtgröße einer Kanzlei wider.

Wettbewerbers; Partslife bei Einziehung von Geschäftsanteilen eines Gesellschafters sowie Verschmelzung mit Tochter; M.A. Med Alliance SA bei dt. Gründung; Gleason Corp. bei Umfinanzierung der dt. Tochter. Lfd.: Algeco, Genovac, Humanic Dtl., Mirado Real Estate, NC-Vision, Top Tools; BRAK IT-rechtl. bei Projekt zum Vergabeverf. ‚Relaunch Website'; Dt. Telekom umf., auch bei gerichtl. Auseinandersetzung, u.a. zu ITK-Beschaffung; DFL lfd., u.a. zu Wiederaufnahme des Bundesligaspielbetriebs nach Corona.

BAKER TILLY

Mitte ★

Bewertung: Die multidisziplinäre Einheit konzentriert sich auf die Rundumbetreuung meist mittelständ. Mandanten u. hat sich in den vergangenen Jahren auch dank einiger Partnerzugänge am Frankfurter Standort etabliert. Zuletzt kam Gemmel hinzu, wodurch BT nun Immobilienfinanzierungen gut abdecken kann. Überhaupt überzeugte die Immobilienpraxis, u.a. durch die Beratung von HH Invest Real Estate beim Kauf eines Immobilienportfolios von Quarterback Immobilien. Die arbeits- u. die insolvenzrechtl. Praxis agieren regelm. standortübergreifend, für Erstere ist die ADAC Luftrettung ein gutes Beispiel. Aber auch das China-Desk mit Know-how im Arbeits- u. Insolvenzrecht sowie IP gewinnt wieder mehr Raum. Nach einer coronabedingten Pause zogen Mandate mit Fernost-Bezug wieder an, gerade in der insolvenznahen Beratung.
Team: 11 Partner, 8 Counsel, 15 Associates
Partnerwechsel: Bernhard Gemmel (von Dentons; Immobilien)
Schwerpunkte: ▷*Gesellschaftsrecht*, ▷*M&A*, Arbeitsrecht, Bankaufsichtsrecht, Immobilien u. Baurecht, Steuern, China-Desk.
Mandate: ADAC Luftrettung, Benetton Group, Dalenys Payment, die Kartenmacherei arbeitsrechtl.; EHC Red Bull; lfd. immobilienrechtl. Allianz Global Investors; HIH Invest Real Estate u.a. bei Kauf eines Immobilienportfolios von Quarterback Immobilien; La Française Real Estate Managers bei Kauf einer Gewerbeimmobilie in Leinfelden-Echterdingen; Deba Vermögensverwaltung beim Kauf der Holzwerke Pfarrkirchen.

BARCKHAUS

Mitte ★

Bewertung: Als eine der wenigen Neugründungen im Frankfurter Markt ist Barckhaus auch wegen ihrer Zusammenstellung unüblich: Die Kanzlei wurde von einer Gruppe erfahrener Partner aus anderen Sozietäten (u.a. von Buse) u. Inhouse-Anwälten gegründet. Der Ansatz der Sozietät mit ihrer partnerzentrierten Beratung u. einem soliden Mandantenstamm, der meist aus dem Rhein-Main-Gebiet stammt, haben im Markt bereits für Aufmerksamkeit gesorgt. Hauptaugenmerk der Beratung liegt auf dem Bankrecht, insbes. für mittelständ. Finanzhäuser u. institutionelle Anleger mit einem hohen Anteil an Rechtsstreitigkeiten. Ebenfalls im Zentrum steht das Gesellschaftsrecht. Letztere Praxis verfügt über beträchtl. Erfahrung im dt.-frz. Rechtsverkehr, die in der Region bei anderen Kanzleien selten anzutreffen ist.
Stärken: Gesellschaftsrecht, Bankrecht.
Team: 6 Partner, 1 Associate
Schwerpunkte: Kern der Praxis ist die Beratung im Gesellschaftsrecht für mittelständ. Mandanten sowie Bankrecht für kl. bis mittelgr. Finanzdienst-

TOP 50 und internationale Kanzleien in der Region Mitte Fortsetzung

Flick Gocke Schaumburg (Frankfurt)	▷*Gesellsch.recht*; ▷*M&A*; ▷*Nachfolge*; ▷*Notariat*; Steuern.
Freshfields Bruckhaus Deringer (Frankfurt)	▷*Anleihen*; ▷*Arbeit*; ▷*Bankrecht u. -aufsicht*; ▷*Börseneinführ. u. Kapitalerhöhung*; ▷*Compliance*; ▷*ESG*; ▷*Gesellsch.recht*; ▷*Immo/Bau*; ▷*Insolvenz/Restrukturierung*; ▷*Investmentfonds*; ▷*IT-Recht u. Datenschutz*; ▷*Konfliktlösung*; ▷*Kredite u. Akqu.fin.*; ▷*M&A*; ▷*Private Equ. u. Vent. Capital*; Steuern; ▷*Telekommunikation*; ▷*Unternehmensbez. Versichererberatung*; ▷*Verkehr*; ▷*Vertrieb*.
Fried Frank Harris Shriver & Jacobson (Frankfurt)	▷*M&A*; ▷*Private Equ. u. Vent. Capital*.
Gibson Dunn & Crutcher (Frankfurt)	▷*Compliance*; ▷*Gesellsch.recht*; ▷*Kartellrecht*; ▷*Konfliktlösung*; ▷*M&A*; ▷*Private Equ. u. Vent. Capital*.
Gleiss Lutz (Frankfurt)	▷*Anleihen*; ▷*Arbeit*; ▷*Bankrecht u. -aufsicht*; ▷*Börseneinführ. u. Kapitalerhöhung*; ▷*Compliance*; ▷*Gesellsch. recht*; ▷*Immo/Bau*; ▷*Insolvenz/Restrukturierung*; ▷*Kartellrecht*; ▷*Konfliktlösung*; ▷*Kredite u. Akqu.fin.*; ▷*M&A*; ▷*Nachfolge*; ▷*Notare*; ▷*Private Equ. u. Vent. Capital*; Steuern; ▷*Unternehmensbez. Versichererberatung*; ▷*Verkehr*; ▷*Vertrieb*.
Görg (Frankfurt)	▷*Arbeit*; ▷*Bankrecht u. -aufsicht*; ▷*Gesellsch.recht*; ▷*Immo/Bau*; ▷*Insolvenz/Restrukturierung*; ▷*IT-Recht u. Datenschutz*; ▷*Konfliktlösung*; ▷*Kredite u. Akqu. fin.*; ▷*M&A*; ▷*Notare*; ▷*Private Equ. u. Vent. Capital*; ▷*Vergabe*; ▷*Vertrieb*.
Goodwin Procter (Frankfurt)	▷*Immo/Bau*; ▷*Investmentfonds*; ▷*Private Equ. u. Vent. Capital*.
Friedrich Graf von Westphalen & Partner (Frankfurt)	▷*Arbeit*; ▷*Gesellsch.recht*; ▷*Marken u. Wettbewerb*.
GSK Stockmann (Frankfurt)	▷*Bankrecht u. -aufsicht*; ▷*Compliance*; ▷*ESG*; ▷*Gesellsch. recht*; ▷*Immo/Bau*; ▷*Investmentfonds*; ▷*M&A*; ▷*Öffentl. Recht*; Steuern.
GvW Graf von Westphalen (Frankfurt)	▷*Arbeit*; ▷*Gesellsch.recht*; ▷*Immo/Bau*; ▷*IT-Recht u. Datenschutz*; ▷*Lebensmittel*; ▷*M&A*; ▷*Marken u. Wettbewerb*; ▷*Private Equ. u. Vent. Capital*.
Hengeler Mueller (Frankfurt)	▷*Anleihen*; ▷*Arbeit*; ▷*Bankrecht u. -aufsicht*; ▷*Börseneinführ. u. Kapitalerhöhung*; ▷*Compliance*; ▷*Energie*; ▷*Gesellsch.recht*; ▷*Gesundheit*; ▷*Immo/Bau*; ▷*Insolvenz/Restrukturierung*; ▷*Investmentfonds*; ▷*Konfliktlösung*; ▷*Kredite u. Akqu.fin.*; ▷*M&A*; ▷*Nachfolge*; ▷*Private Equ. u. Vent. Capital*; Steuern; ▷*Unternehmensbez. Versichererberatung*.
Herbert Smith Freehills (Frankfurt)	▷*Compliance*; ▷*Immo/Bau*; ▷*Konfliktlösung*; ▷*M&A*.
Heuking Kühn Lüer Wojtek (Frankfurt)	▷*Arbeit*; ▷*Beihilfe*; ▷*Gesellsch.recht*; ▷*Immo/Bau*; ▷*Investmentfonds*; ▷*IT-Recht u. Datenschutz*; ▷*Konfliktlösung*; ▷*Kredite u. Akqu.fin.*; ▷*M&A*; ▷*Marken u. Wettbewerb*; ▷*Medien*; Steuern; ▷*Verkehr*.
Hogan Lovells (Frankfurt)	▷*Anleihen*; ▷*Arbeit*; ▷*Bankrecht u. -aufsicht*; ▷*Börseneinführ. u. Kapitalerhöhung*; ▷*Compliance*; ▷*Energie*; ▷*ESG*; ▷*Gesellsch.recht*; ▷*Immo/Bau*; ▷*IT-Recht u. Datenschutz*; ▷*Konfliktlösung*; ▷*Kredite u. Akqu.fin.*; ▷*M&A*; ▷*Öffentl. Recht*; ▷*Private Equ. u. Vent. Capital*; Steuern; ▷*Unternehmensbez. Versichererberatung*; ▷*Verkehr*.

Fortsetzung nächste Seite

Anwaltszahlen: Angaben der Kanzleien zur Bürogröße vor Ort. Sie spiegeln nicht zwingend die Gesamtgröße einer Kanzlei wider.

bundesw. federführend für Tausende von Dieselfällen tätig war. Zudem hat sich der – möglicherweise überfällige – Generationswechsel in der Sozietät durch eine Gruppe jüngerer Partner mit Großkanzleihintergrund beschleunigt. Sie sind in Bereichen wie Arbeits- u. Immobilienrecht tätig, was eine Verbreiterung der Praxis weg vom früheren Kern der Prozessführung u. des Notariats bedeutet.
Stärken: Massenklageverfahren.
Team: 11 Partner, 3 Associates
Partnerwechsel: Hendrik Bourguignon (von Ebl factum; Arbeitsrecht), Friedrich Munding (von Advant Beiten; Immobilienrecht)
Schwerpunkte: Starker Schwerpunkt in Konfliktlösung v.a. bei Masseverfahren sowohl für Banken als auch Industrieunternehmen. Zuletzt Verbreitung der Praxis durch Arbeits- und Immobilienrecht. Auch Notariat.
Mandate: Stellantis bundesw. bei 4-stelliger Anzahl von Klageverf. im Zshg. mit Dieselskandal; Santander Consumer Bank dtl.weit bei Klageverf. im Bankrecht; Bundesministerium der Finanzen u. KfW bei Prospekthaftungsverf. wg. Börsengang der Dt. Telekom; Commerzbank u. Töchter bei versch. Klageverf., u.a. wg. angebl. Falschberatung bei Kapitalanlagen, insbes. Wirecard-Zertifikaten. Arbeitsrecht: Computacenter, Executive Channel Dtl., M Restaurant, Trendtours Holding. RSB Ratio bei Immobilien-Joint-Venture mit Photovoltaikentwickler; lfd.: VADcare, gr. Maklerhaus.

FPS FRITZE WICKE SEELIG

Mitte ★★★★★

Bewertung: Die anerkannte Bau- und Immobilienpraxis u. die Finanzierungspraxis der Frankfurter Kanzlei waren nach einer krisenbedingten Delle wieder gefragt wie eh und je. Gleiches galt für das Notariat. Das Corporate-Team, das bisher v.a. auf kleine bis mittelgroße M&A-Deals fokussiert war, entwickelte das wachsende Feld der Restrukturierungen schnell weiter. Die Praxis leitet nun ein junger Partner. Flankiert wird das Angebot von einer substanziellen IT-Praxis. Einen Rückschlag gab es jedoch für die Venture-Capital-Praxis, die der Abgänger Weber in den vergangenen Jahren aufgebaut hatte u. die in der Fintechszene gut Fuß gefasst hatte.
Oft empfohlen: Dietrich Sammer („unglaubl. erfahren in Transaktionen, aber auch vor Gericht", Mandant), Dr. Hendrik Sandmann (beide Immobilienrecht),Volker Serth („zuverlässiger und kompetenter Ansprechpartner", Mandant; Arbeitsrecht), Stephan Jüngst, Florian Wiesner (beide Baurecht), Dr. Holger Jakob (M&A), Bettina Komarnicki („super pragmat. u. extrem schnell, rundum eine perfekte Beraterin", Mandant; IT), Dr. Annette Rosenkötter („sehr gute Zusammenarbeit, fachl. super", Mandant; Vergaberecht)
Team: 24 Eq.-Partner, 23 Sal.-Partner, 36 Associates, 3 of Counsel
Partnerwechsel: Philipp Weber (zu Momentum; Gesellschaftsrecht, Venture Capital)
Schwerpunkte: *▷IT-Recht*, *▷Marken- u. Wettbewerbs-*, Energie-, *▷Immobilien- u. Baurecht*, *▷Vergabe-* u. Umwelt- u. Planungsrecht. Daneben Arbeits- u. *▷Gesellsch.recht*, *▷M&A*, Versicherungsvertragsrecht, Steuerrecht u. Kapitalanlageprozesse, Bank- u. Finanzrecht.
Mandate: Aurelis Real Estate bei div. Akquisitionen von Gewerbeimmobilien; Basecamp Group bei Verkauf eines Wohnportfolios; Benchmark Real Estate bei Verkauf des Double-Brand-Hotels der Marken Moxy; Carestone bei Verkauf von 9 Senioren- und Pflegeheimimmobilien; Microsoft bei Vorgehen gegen Botnetze u. bei Bekämpfung von Hate Speech u. Desinformation; Accenture bei gr. internat. Outsourcing-Projekt; Danone Dtl. bei Zusammenlegung dt. Gruppengesellschaften; Prok Elektroanlagen bei Verkauf an Vinci Energies; Schütt bei Verkauf eines Frankfurter Apartmenthauses.

GÖHMANN

Mitte ★★★★★

Bewertung: Als breit aufgestellte Einheit u. mit ihrer engen Verbundenheit zu mehreren Banken ist Göhmann aus Frankfurt nicht wegzudenken u. zählt zu den Marktführern der Region Mitte. Zu ihrem

Anwaltszahlen: Angaben der Kanzleien zur Bürogröße vor Ort. Sie spiegeln nicht zwingend die Gesamtgröße einer Kanzlei wider.

Mandantenstamm zählen so namh. Mandanten wie die Commerzbank, die ING-DiBa u. die Mercedes-Benz Bank. Finanzinstitute vertrauen sowohl bankenrechtl. als auch bei Prozessen auf die Kanzlei, wobei bankaufsichtsrechtl. Mandate – auch zu ESG-Themen – zuletzt verstärkt nachgefragt waren. Daneben überzeugte die Kanzlei bei vielen mittelgroßen Transaktionen, wie etwa an der Seite des Gesellschafters eines Medizinprodukteherstellers, dem die Praxis beim Verkauf an einen strateg. Investor zur Seite stand. Dass große Transaktionen insges. abnahmen, spürte die Kanzlei v.a. im Notariat. Während Göhmann im Gesellschaftsrecht in Frankfurt über ein angemessen großes Team verfügt, greift sie im Datenschutz auf das Know-how des Hannoveraner Büros zurück.

Oft empfohlen: Dr. Ilka Heigl (Bank- u. Finanzrecht), Dr. Peter Hoh-Malewski (Corporate/Notar), Dr. Holger Haas (M&A/Corporate)

Team: 9 Eq.-Partner, 4 Counsel, 12 Associates

Schwerpunkte: ▷*Gesellsch.recht*, ▷*M&A* sowie Bankrecht u. Konfliktlösung. Auch Beratung im Verkehrssektor, Vergaberecht u. ▷*Marken u. Wettbewerb*.

Mandate: Gesellschafter eines Medizinprodukteherstellers bei Verkauf an strateg. Investor; Hersteller von Analysetechnologie bei Verkauf an strateg. US-Investor; Gesellschafter eines Sicherheitstechnologieunternehmens bei Verkauf an einen Wettbewerber; Commerzbank, ING-DiBa, Mercedes-Benz Bank lfd. im Bankrecht u. bei Prozessen; Dt. Vermögensberatung marken- u. wettbewerbsrechtlich.

GREENFORT

Mitte ★★★★★

Bewertung: Die mittelgr. Kanzlei ist mit ihren 4 Beratungsschwerpunkten in Frankfurt gut positioniert und bemerkenswert stabil. Das Arbeitsrechtsteam hat mit Lembke einen bei Führungskräften gut etablierten Partner, während sich ein 2. auf kollektives Arbeitsrecht konzentriert. Die Litigation-Praxis ist ausgewogen zw. Gerichts- u. Schiedsverfahren mit Fokus auf Commercial-Verf. u. hat ihre Compliance-Arbeit, insbes. im ESG-Bereich, ausgebaut. Die Corporate-Praxis wiederum ist aktiver als in einigen anderen Kanzleien. Außerdem hat Greenfort ihre Beziehungen zu Private-Equity-Häusern u. internat. (insbes. US-)Unternehmen erweitert. 2 Partner sind nun fast ausschl. transaktionsorientiert, u. die Berufung eines 2. Notars hat der Kanzlei noch mehr Feuerkraft verliehen. Mandanten bleiben begeistert von der „Spitzenqualität in jeder Hinsicht zu vernünftigen Preisen". Greenforts Fähigkeit, immer wieder Associates von führenden Kanzleien zu gewinnen, ist ein weiteres Plus in einem sehr schwierigen Rekrutierungsmarkt.

Stärken: M&A, Arbeitsrecht, Konfliktlösung (inkl. Mediation).

Oft empfohlen: Andreas von Oppen („Top-Beratung bei M&A-Deals", Mandant), Gunther Weiss („zeichnet sich durch zielsicheres Manövrieren durch schwierigste Situationen mit viel Kreativität u. Empathie aus", Mandant), Dr. Daniel Röder, Tobias Glienke, Martin Asmuß (alle Corporate, Corporate Litigation), Dr. Carsten Angersbach („exzellenter Transaktionsnotar", Mandant), Dr. Mark Lembke („brillanter Kopf; wissenschaftl. u. praktisch unbestritten", Wettbewerber), Dr. Jens-Wilhelm Oberwinter („berät umfassend, fachl. ausgezeichnet, serviceorientiert", Mandant; beide Arbeitsrecht)

Team: 9 Eq.-Partner, 6 Counsel, 12 Associates

Schwerpunkte: ▷*Gesellsch.recht*, ▷*Konfliktlösung*. Notariat. Zudem Aktien-/Kapitalmarktrecht, ▷*M&A*, ▷*Arbeitsrecht*, Compliance.

Mandate: Celanese strateg. zu Konfliktprävention; ehem. Aufsichtsrat von Hypo Real Estate wg. angebl. Pflichtverletzungen; Interfer Steel bei Aufhebungsverf. wg. ICC-Schiedsspruch; 2 Avana-Fondsmanager wg. Cum-Ex; AWO Kreisverband Wiesbaden bei arbeitsrechtl. Compliance-Fall; Degussa Bank bei Interessenausgleichs- und Sozialplan; Wella im BetrVG u. Vertretung bis BAG. Varta bei Umstrukturierungen, Ausgliederungen u. Joint Ventures gesellschaftsrechtl.; Partex Capital bei Übernahme der kontrollierenden Mehrheit an Innoplexus durch Barkapitalerhöhung mit Ausschluss des Bezugsrechts; Smartclip/RTL bei Kauf von Realytics; Deutsche Private Equity bei Kauf einer Mehrheit an Adelphi-Gruppe.

KÖNIG

Mitte ★★★

Bewertung: Die etablierte Trierer Kanzlei ist fest im regionalen Mittelstand verankert, wobei die Immobilienwirtschaft besonders viel Raum einnimmt. Neben mehreren regionalen Bauunternehmen gewann die Kanzlei inzw. auch überregional tätige Player. Für Aufmerksamkeit sorgte zuletzt die Mandatierung durch Triwo beim Kauf des Flughafens Hahn aus der Insolvenz – ein Mandant, der schon seit Jahrzehnten auf König setzt. Diese langjährige Verbundenheit ist es auch, warum sich eine Reihe von Mandanten in Sachen Unternehmensnachfolge an die Kanzlei wandte. Die Beratung im Sportrecht, wofür König über die Region hinaus Ansehen genießt, ist wieder so stark nachgefragt wie vor Corona.

Stärken: Arbeits- u. Gesellschaftsrecht.

Oft empfohlen: Gerrit Strotmann (Gesellschaftsrecht), Gregor Lambertz (Arbeitsrecht), Alexander Bergweiler (Arbeits-/Sportrecht)

Team: 7 Eq.-Partner, 4 Associates, 3 of Counsel

Schwerpunkte: Arbeits- u. Gesellschaftsrecht; auch Bank-, Erb- u. Steuerrecht (Kooperation mit StB/WP-Gesellschaft Wicora) sowie Baurecht; Sportrecht. Mandantschaft: v.a. regionaler Mittelstand, öffentl. Körperschaften u. Banken. Insolvenzverwaltung u. Sanierungsberatung in separater Sozietät Prof. Dr. Dr. Schmidt.

Mandate: Immobiliengesellschaft Triwo u. Töchter lfd., u.a. zu Verkauf des Flughafens Hahn aus Insolvenz; Arctic Cooling bei Anteilsverkauf an Paul Wagner u. Fils; arbeitsrechtl. Weig-Gruppe, Bistum Trier, Aufsichtsrat der Akarion, Servify, Robert Bosch, Dt. Krebshilfe.

KPMG LAW

Mitte ★★★

Bewertung: Das Frankfurter Büro der Big-Four-Kanzlei deckt alle wesentl. Praxisbereiche der Sozietät ab, wenn auch manchmal nur mit einem Partner. Suchan ist einer der prominentesten Gesellschaftsrechtler der Sozietät u. fokussiert seine Praxis zunehmend auf Konzerne. Die M&A-Praxis bleibt aber unauffällig. Ansonsten ist das auffälligste Merkmal die starke Fokussierung auf Finanzdienstleister. Seit einigen Jahren baut die Kanzlei eine erfolgr. Praxis als ausgelagerte Rechtsabteilung für eine Reihe von Banken auf. Das Angebot wurde durch den Zugang des Digital-Asset-Spezialisten Pussar erweitert. Die jüngste Rotation von Wirtschaftsprüfern in der Bankenbranche hat der Praxis neue Möglichkeiten eröffnet, potenzielle Konflikte zu beenden u. den Hauptbereich der Zusammenarbeit mit dem gr. Beratungsarm zu erweitern: die Bankensanierungen. Hier sticht die Arbeit für die DZ Bank hervor. Einziger Rückschlag war der gescheiterte Versuch, die Asset-Management-Praxis zu verstärken: Der Partner, der letztes Jahr kam, verließ die Kanzlei nach kurzer Zeit.

Oft empfohlen: Miriam Bouazza (Bank- u. Finanzrecht), Dr. Stefan Suchan (Gesellschaftsrecht)

Team: 4 Eq.-Partner, 24 Sal.-Partner, 34 Associates

Partnerwechsel: Marc Pussar (von PwC Legal; Bankaufsichtsrecht); Dr. Martin Krause (unbekannt; Bank- u. Finanzrecht)

Schwerpunkte: Arbeitsrecht; Bank- u. Finanzrecht; Compliance, Wirtschaftsstrafrecht, ▷*Gesellschaftsrecht*; ▷*M&A*; ▷*Nachfolge*; ▷*Vergaberecht*, Datenschutz, Immobilienrecht, Beratung bei Legal Operations.

Mandate: DZ Bank bei Übernahme des Verwahrgeschäfts von Apobank; Baader Bank bei EU-Expansion; EIS bei Einrichtung eines Legal-Monitoring-Systems; European Bank for Financial Services bei europ. Umstrukturierung; Nect bei Einsatz innovativer digitaler Kundenidentifizierung. Lfd.: S-Kreditpartner; Marc O´Polo bei SE-Umwandlung der Konzernholding. Parship, Tengelmann lfd. gesellschaftsrechtl.; gr. Verkehrsunternehmen bei Umsetzung des Lieferkettensorgfaltspflichtengesetzes; gr. Autozulieferer arbeitsrechtl. bei Implementierung einer Matrixorganisation in 38 Ländern; gr. Leasingunternehmen arbeitsrechtl. bei Carve-out.

KUNZ

Mitte ★★★★

Bewertung: Die Kanzlei ist ihren Koblenzer Wurzeln entwachsen u. u.a. vom Wachstum im Öffentl. u. Umweltrecht in Mainz getrieben. Das Stammbüro bleibt jedoch Motor der Kanzlei, insbes. dank seines sehr erfolgreichen Branchenschwerpunkts in der Logistik. Die Verankerung wichtiger Mandantenbeziehungen im Gesellschaftsrecht, wie z.B. Canyon, war eine weitere positive Entwicklung. Ein ähnl. Trend zeichnet sich in Branchen wie Umwelttechnik u. Energie bzw. Genossenschaftsbanken, wo weiteres Wachstum schon zu sehen ist, ab. Die jüngsten Büroeröffnungen in Köln u. D'dorf haben dank einer internat. ausgerichteten Corporate- Praxis des Kölner Standorts eine andere Dimension für das rheinl.-pfälz. Stammgeschäft eröffnet. Der Zugang eines renommierten of Counsel im Öffentl. Recht in Köln dürfte der Sozietät weitere Impulse geben.

Stärken: Arbeitsrecht; Beratung für Transport- u. Logistikbranche sowie im Gesundheitswesen; Genossenschaftsbanken.

Oft empfohlen: Dominic Steinborn (Transportrecht), Heinrich Rohde (Gesellschaftsrecht), Tim Schwarzburg (Arbeitsrecht), Georg Kaiser (Gesellschaftsrecht/Prozessführung), Dr. Andreas Ziegler („zuverlässige u. rechtssichere Betreuung", Mandant; Vergaberecht)

Team: 10 Eq.-Partner, 4 Sal.-Partner, 23 Associates, 9 of Counsel

Schwerpunkte: Arbeits- u. Gesellschaftsrecht; Versicherungsrecht; zudem Steuer-, Wirtschaftsstraf- u. Baurecht sowie Öffentl. Recht, speziell Vergaberecht. Vielfach in den Branchen Transport/Logistik, Handel u. Gesundheitswesen tätig, sowohl für Mittelstand als auch öffentl.-rechtl. Gesellschaften.

Mandate: Kangaroo Personaldienstleistungen bei Verkauf der Gesundheitssparte; Canyon Bicycles

Anwaltszahlen: Angaben der Kanzleien zur Bürogröße vor Ort.
Sie spiegeln nicht zwingend die Gesamtgröße einer Kanzlei wider.

umf. inkl. Corporate Housekeeping, Immobilien- u. Steuerrecht; Interzero Circular Solutions bei div. Rechtsstreitigkeiten im Logistik- u. Kreislaufwirtschaftsrecht; Meyer Quick Service Logistics im Arbeits-, Transport- u. IT-Recht (v.a. bei Verträgen mit Ikea u. Burger King); Ravensburger bei Logistikvertrag mit führenden ww. Logistikunternehmen. Rewe Markt bei div. Logistikprojekten. Dt. Bahn vergaberechtl.; Vereinigte Volksbank Saarlouis, Volksbank Kaiserlautern, VR-Bank Rhein Sieg u. VR Bank Bonn lfd. bankrechtlich.

MARTINI MOGG VOGT

Mitte ★★★★

Bewertung: MMV zählt in der Region Mitte, v.a. in Koblenz, zu den tonangebenden Playern. Dank fachl. Breite u. einer weiter steigenden Vernetzung der Praxisgruppen behauptet sie ihre Position u. fungiert für eine Reihe von Mittelständlern als ausgelagerte Rechtsabteilung. Ihr mittelständ. Klientel wendet sich auch regelm. an sie, wenn Transaktionen anstehen. Ein Bsp. ist die Eigentümerfamilie eines Kfz-Unternehmens. Gleichzeitig vertiefte die Kanzlei ihr Engagement im Öffentl. Recht. Zu ihren Mandanten gehören (Uni-)Kliniken genauso wie Kommunen u. der ÖPNV, wo regelm. das Know-how im Beihilfe- u. Vergabe-, aber auch Baurecht gefragt ist. Zugelegt hat zudem der Bereich Energiewirtschaftsrecht. Hier konnte sie u.a. Terra Solarpower für sich gewinnen. Dass die Praxis für Energierecht floriert, zeigt auch die Partnerernennung eines Counsels.

Stärken: Gesellschaftsrecht u. Transaktionen, Öffentl. Recht.

Oft empfohlen: Georg Moesta (Gesellschafts- u. Verwaltungsrecht), Dr. Thomas Brübach (Baurecht), Dr. Andreas Dazert (Öffentl. Recht), Jochen Eberhard (Gesellschafts-/Beihilferecht), Dr. Arne Löser (Insolvenzrecht), Dr. Ottmar Martini (Gesellschaftsrecht)

Team: 8 Eq.-Partner, 7 Sal.-Partner, 11 Associates

Schwerpunkte: Beratung für Familienunternehmen, Stiftungen u. die öffentl. Hand im Gesellschaftsrecht u. in M&A, zu Nachfolge-, Compliance- u. Steuerfragen. Öffentl. Recht, speziell Verwaltungs- u. Vergaberecht, mit Fokus im Gesundheitswesen. Außerdem Arbeitsrecht, Bau- u. Immobilien-, IT- u. Insolvenzrecht. Eigenständige Servicegesellschaft für Datenschutz u. Vergaberecht.

Mandate: Mittelständ. Familienunternehmen zu Unternehmensnachfolge; Tochtergesellschaften eines Dax-Konzerns insolvenzrechtl.; dt. Maschinenbauer im Zshg. mit gescheitertem Joint Venture im Ausland; Reha-Kliniken als ausgelagerte Rechtsabteilung; Mineralwasserhersteller gesellschaftsrechtl.; Kreis Mayen-Koblenz u. Stadt Koblenz zu Verkauf Gemeinschaftsklinikum Mittelrhein; Zweckverband Flugplatz Bitburg zu Infrastrukturprojekt; Unternehmen der Freizeitbranche bei Auseinandersetzung mit der Kommune über Pachtvertrag; Eigentümerfamilie eines Kfz-Unternehmens bei Unternehmensverkauf; div. Landkreise u. Städte bei der Umsetzung ihrer Digitalstrategie; Pharmaunternehmen IT- u. datenschutzrechtl.; Klinikum Lippe u.a. zu Digitalisierungsstrategie nach dem Krankenhauszukunftsgesetz.

METIS

Mitte ★★★★

Bewertung: Die Frankfurter Kanzlei zählt zu den Verfolgern der Marktspitze u. v.a. im Bereich mittelgroße Transaktionen zu den Einheiten, die sich als feste Größe im Markt etabliert haben, was Transaktionen wie bspw. für Bel Fuse demonstrieren. Zugleich steht dieses Mandat beispielhaft für eine Reihe ausl. Transaktionen, die auf den Schreibtischen der Metis-Anwälte landen, weil sie von ausl. Unternehmen oder befreundeten ausl. Kanzleien hinzugezogen werden. Der Marktentwicklung gemäß legte das Geschäft im Bereich Distressed M&A zu. Transaktionen kann Metis zudem nun noch besser arbeitsrechtl. abbilden, weil sie sich im Vorjahr mit einer Counsel verstärkte. Neben der Begleitung von eigenen Transaktionen wird die arbeitsrechtl. Praxis regelm. von Großkanzleien hinzugeholt. Ein festes Standbein bleibt die Konfliktlösungspraxis, deren Know-how z.B. bei Organhaftungsfragen gefragt war.

Stärken: M&A, Organhaftungsprozesse.

Oft empfohlen: Bernhard Maluch, Dr. Lars Friske („kompetent", Wettbewerber über beide), Dr. Andreas Rasner („guter Verhandler, gute Mandatsführung", „fundierte Kenntnisse, hands-on", Wettbewerber; alle Corporate/M&A), Dr. Florian Wettner („akribisch, pragmatisch, durchsetzungsstark", Wettbewerber; Prozessführung), Dr. Daniel Benkert (Arbeitsrecht)

Team: 7 Partner, 3 Counsel, 7 Associates

Schwerpunkte: Insbes. Corporate/▷*M&A*, außerdem Litigation (▷*Konfliktlösung*), Arbeitsrecht.

Mandate: Bel Fuse beim Kauf einer Minderheitenbeteiligung von Innolectric; NTA Systemhaus beim Kauf der Hieronymus Sicherheits-Systemhaus; Hexagon u. Tochter Intergraph zu deutschrechtl. Fragen beim Kauf des US-basierten Unternehmens Qognify; Lafayette bei div. Transaktionen; Rudolf Dankwardt beim Verkauf des Liquid-Bereichs in Norderstedt an Sebapharma; Investor Thomas Fürst bei Finanzierungsrunde für Orangery; ehem. Geschäftsführer dt. Tochtergesellschaft eines US-Konzerns in 3 Komplexen zu Konfliktlösung.

MÖLLER THEOBALD JUNG ZENGER

Mitte ★★

Bewertung: Als breit aufgestellte multidisziplinäre Einheit gehört MTJZ zu den etablierten Einheiten im Markt u. zeigt mit 3 Standorten in Hessen Präsenz. Auf sie vertraut eine Reihe von Stammmandanten, für die Anwälte u. Steuerberater oft Hand in Hand arbeiten, sodass eine breite Rundumberatung gegeben ist. Besonders gut verdrahtet ist sie bei Industrie-, aber auch Bauunternehmen u. Banken. Neben der insolvenzrechtl. Praxis legte die vergaberechtl. Praxis zuletzt zu. Die vor 2 Jahren um 4 Anwälte vergrößerte medizinrechtl. Praxis überzeugte ebenfalls, sodass mittlerw. mehrere Krankenhausträger u. Ärzte auf MTJZ setzen. Eine sichere Bank bleibt ihr Notariat, das etwa den Verkauf des Flughafens Hahn notariell begleitete.

Oft empfohlen: Dr. Wolfgang Theobald (Gesellschafts- u. Steuerrecht), Dr. Hans-Jörg Laudenbach (Insolvenzverwaltung)

Team: 18 Partner, 3 Counsel, 2 Associates

Schwerpunkte: Insbes. Insolvenzrecht, außerdem Gesellschafts-, Bau- u. Medizinrecht, Notariat. Mandanten: viel Industrieunternehmen, auch Bauunternehmen, Banken u. Kliniken.

Mandate: Universitätsklinikum medizin- u. baurechtl.; Immobilienholding mit div. Töchtern immobilien- u. gesellschaftsrechtl.; div. mittelständ. Bauunternehmen baurechtl.; Elektrounternehmen gesellschaftsrechtl.; Bistum vergaberechtlich.

MOOG

Mitte ★★★

Bewertung: Die Darmstädter MDP gilt als die führende Kanzlei in ihrer Stadt mit einer langj. mittelständ. Klientel u. besonderer Kompetenz im Gesellschafts-, Arbeits- u. Steuerrecht. Die M&A-Tätigkeit, u.a. grenzüberschr. Deals unter Einbeziehung ihrer Netzwerkallianz, hat ebenso stark zugenommen wie handelsrechtl. Streitigkeiten im Bereich Lieferketten. Moog ist seit Jahren auf diese Kernbereiche fokussiert, verzeichnete aber auch ein starkes Wachstum bei Compliance-bezogenen Mandanten, insbes. im Kartellrecht. Die arbeitsrechtl. Beratung von Gewerkschaften bleibt ein ungewöhnliches, wenn auch prominentes Betätigungsfeld u. war im vergangenen Jahr besonders stark nachgefragt.

Stärken: Multidisziplinäre Beratung.

Oft empfohlen: Dr. Tobias Moog (M&A), Dr. Tim Becker (Gewerbl. Rechtsschutz/IT), Dirk Langner („berät umfassend u. praxistauglich", Mandant; „pragmat. u. erfahren, auch in grenzüberschreitenden Sachverhalten", Wettbewerber; Gesellschaftsrecht), Marc Sälzer, Dr. Moritz Schilling („sehr hilfreicher, kompetenter, praxisbezogener Berater", Mandant; Arbeitsrecht)

Team: 7 Partner, 12 Associates

Schwerpunkte: Mittelständ. orientiertes Beratungsangebot mit Fokus auf Gesellschafts-, Steuer- u. Arbeitsrecht; multidisziplinär aufgestellt; 2 Notare.

Mandate: Gesellschafter von Mogatec bei Verkauf ihrer Anteile an eine Gesellschaft des Stihl-Konzerns; Gründer von Limbic Entertainment bei Verkauf der Mehrheit an Bandai-Namco-Gruppe; Gewerkschaft Dt. Lokomotivführer bei div. Verfahren; Vereinigung Cockpit bei arbeitskampfrechtl. Fragen bei Streik von Lufthansa- u. Eurowings-Piloten; Gesellschafter von MarkStein bei Verkauf der Anteil an Investmentgesellschaft; Park Systems (Korea) bei Kauf von Accurion.

NEUSSEL KPA

Mitte ★★★

JUVE 2023 AWARDS

Kanzlei des Jahres Mitte

NOMINIERT
JUVE Awards 2023
Kanzlei des Jahres für den Mittelstand

Bewertung: Die beiden Hälften der 2022 fusionierten Kanzleien (Neussel Martin u. Petereit Armbrüster) in Bad Kreuznach bzw. Mainz hatten unterschiedliche, aber komplementäre Praxen. Die Kombination aus einer gesellschaftsrechtl. fokussierten Praxis mit Spezialisten im Bank- u. Insolvenzrecht hat sich als erfolgreich erwiesen. Die Verbindungen zu regionalen Unternehmen u. Institutionen von Mainz – hier sind Verbindungen zum Bistum bekannt – bis in den Hunsrück bleiben zwar das Rückgrat der Kanzlei, aber die erhöhte Kapazität hat eine noch konsequentere Fokussierung auf die Fachgebiete ermöglicht. Außerdem überzeugte das Team durch die Zusammenarbeit neue Mandanten, wie z.B. einen internat. Versicherungsdienstleister u. Genossenschaftsbanken, die auf einem weitaus breiteren Spektrum von Rechtsgebieten beraten werden als zuvor. Die Kombination aus den starken internat.

Anwaltszahlen: Angaben der Kanzleien zur Bürogröße vor Ort. Sie spiegeln nicht zwingend die Gesamtgröße einer Kanzlei wider.

Verbindungen von Neussel u. der Insolvenzerfahrung von Roßkopf war intensiver auch bei Verweismandaten von ausl. Kanzleien gefragt.
Oft empfohlen: Dr. Walther Neussel (Gesellschaftsrecht), Dr. Thomas Schmitt (Regulierung), Dr. Stefan Roßkopf (Insolvenzrecht)
Team: 6 Partner, 18 Associates
Schwerpunkte: Gesellschaftsrecht inkl. Nachfolgeregelungen für Familienunternehmen u. Transaktionen, Bank- u. Insolvenzrecht; Öffentl. Recht u.a. mit Spezialgebiet Eisenbahnrecht. Zudem Arbeitsrecht u. Gewerbl. Rechtsschutz; Mandantschaft: v.a. Mittelstand, Banken sowie dt. Töchter ausl. Konzerne; kommunale Unternehmen. Zweigstelle in Breslau (Polen).
Mandate: Dt. Bahn bei Geltendmachung von Kosten für Sanierung ehem. Tanklagergrundstücke; 15 Genossenschaftsbanken u. Sparkassen im Bankaufsichtsrecht, Immobilientransaktionen u. Konsortialkredite; kommunales Wohnungsunternehmen bei Gebietsentwicklung; Gesellschafter eines IT-Unternehmens bei Verkauf des Unternehmens.

OMF OTTO MITTAG & PARTNER

Mitte ★★

Bewertung: Ihre überaus guten Verbindungen zu div. Banken – u.a. zur Dt. Bank, Haspa u. der Société Générale – zeichnet die Frankfurter Einheit aus. Ein festes Standbein bleibt die Beratung zu Wertpapierprospekten, wie etwa für die Boerse Stuttgart Securities, die Citigroup oder die Haspa, ebenso wie die Beratung zur Konfliktlösung. Immer mehr Mandate kommen aus dem internat. Netzwerk, etwa für gesellschafts- u. steuerrechtl. Fragen oder zur gesellschaftsrechtl. Konfliktlösung.
Stärken: Transaktionsberatung bei mittelgroßen Deals.
Oft empfohlen: Dr. Jochen Mittag, Thomas Lesser (beide Bank- u. Finanzrecht)
Team: 7 Partner, 2 Associates, 1 of Counsel
Schwerpunkte: Transaktionsberatung, inkl. Finanzierung u. Steuerrecht. 2. Schwerpunkt ist die Beratung div. Großbanken bei Wertpapierprospekten.
Mandate: Ausl. Wertpapierhandelsbank bei Errichtung einer Zweigniederlassung in Dtl. gesellschaftsrechtl.; ISF International School Frankfurt Rhein-Main u. Schoeller Allibert lfd. gesellschaftsrechtl. auch zu Konfliktlösung; Kurtz Ersa lfd. zu Joint Ventures u. Kooperationen; Boerse Stuttgart Securities u. Degussa Bank zu Wertpapierprospekten für Emission von strukturierten Produkten; Citigroup zu Wertpapierprospekten für die Emission von Zertifikaten u. Optionsscheinen, zu Compliance u. WpHG-Meldepflichten; Haspa zu Wertpapierprospekten für Hypothekenpfandbriefe u. Schuldverschreibungen, zum Vertrieb von Finanzprodukten; Dt. Bank, u.a. zu Kreditdokumentation; Société Générale zu OTC-Transaktionen mit Fonds.

PRICEWATERHOUSECOOPERS LEGAL

Mitte ★

Bewertung: Das Frankfurter Büro der Big-Four-Sozietät hat mit dem Weggang des Managing-Partners und des bekanntesten Gesellschaftsrechtlers der Kanzlei, Dürr, ein turbulentes Jahr hinter sich. Vorherige Abgänge im Bereich der Beratung der öffentlichen Hand, die die frühere Strategie geprägt hatte, wurden rasch kompensiert, indem über ein Dutzend Berufsträger in diesem Bereich dazugeholt wurden. Die Bank- u. Finanzrechtspraxis ist wie auch bei Big-Four-Wettbewerbern auf Aufsichtsrecht fokussiert, u. es gibt auch eine rege Praxis in der Beratung von Krankenhäusern. Hervorzuheben ist die Aufnahme eines Immobilienrechtsteams, das dem Angebot eine neue Facette hinzufügt. Auch die Rückkehr eines der bekanntesten Gesellschaftsrechtler der Kanzlei in den M&A-Bereich nach einer Zeit, in der er vorwiegend als Notar tätig war, ist ein wichtiger Impuls. Der Standort ist zudem der Sitz des Legal-Operations-Teams, das u.a. Rechtsabteilungen zu Effizienzsteigerung berät.
Stärken: Bankrecht, Immobilienrecht.
Oft empfohlen: Michael Huertas („echter Regulierungsexperte", Wettbewerber; Bankrecht), Sebastian Knapp („hohe fachl. u. strateg. Kompetenz", Wettbewerber; Restrukturierung)
Team: 6. Eq.-Partner, 6 Sal.-Partner, 16 Counsel, 32 Associates
Partnerwechsel: Thomas Kessler (von Herbert Smith Freehills; Immobilienrecht), Dr. Tobias Nuß (von Pinsent Masons; Immobilienrecht); Dr. Simon Dürr (zu EY Law; Gesellschaftsrecht), Dr. Jan-Lieven Stöcklein (zu Taylor Wessing; Wirtschaftsstrafrecht), Dr. Steffen Schniepp (zu Eversheds Sutherland; M&A)
Schwerpunkte: Gesellschaftsrecht und M&A, Restrukturierung, Bank- und Finanzrecht, Öffentliches Recht (inkl. Beratung im Gesundheitswesen), Kartellrecht und Beihilfe, Bau- und Immobilienrecht, IT und Legal Operations.
Mandate: EZB-SSM bei Fragen zu Auslandszahlungsverkehr mit Russland; Korea Development Bank bei Zulassungs- und Genehmigungsverfahren; Oldenburg. Landesbank bei Genehmigungsverfahren für neue Produkte; Unternehmerfamilie bei umfangr. Nachfolgeplanung mit 2 Kindern mit Beteiligungen über Kreuz; Jones Lang LaSalle bei arbeitsrechtl. M&A-Beratung.

RITTERSHAUS

Mitte ★★

NOMINIERT
JUVE Awards 2023
Kanzlei des Jahres für den Mittelstand

Bewertung: Das Frankfurter Büro der Mittelstandskanzlei bietet ein eingespieltes Corporate-Team, das sowohl Cross-Border-Deals verhandelt als auch gr. Umstrukturierungsprojekte begleitet, etwa für die KAP AG aus Fulda u. den israel. Phosphatspezialisten BK Giulini. Dabei kommen häufig auch die 3 Notare ins Spiel, die ebenso fest in der Region verankert sind wie das vergabe- und baurechtl. Team um Partnerin Boldt, das u.a. für die Städte Frankfurt u. Heidelberg zahlr. Bauvorhaben begleitet. Auch die Teams für IT/Datenschutz bzw. die Gesundheits- u. Bankenbranche werden von Frankfurt aus geführt, sind aber weniger präsent im Markt als die Nachfolgepraxis. Diese musste zwar Abgänge hinnehmen, ist aber kanzleiweit gesehen solide aufgestellt. Immer besser entwickelt sich die Vernetzung einzelner Praxen, die in etwa in die Finanzierung von Bauvorhaben durch tokenisierte Schuldverschreibungen mündete.
Oft empfohlen: Dr. Wolf-Henrik Friedrich (Medizinprodukterecht), Prof. Dr. Antje Boldt (Vergaberecht), Steffen Holatka (Baurecht)
Team: 15 Eq.-Partner, 3 Sal.-Partner, 6 Associates
Partnerwechsel: Dr. Angelika Bartholomäi (zu K&L Gates; M&A), Dr. Eva Schwittek (zu May Partner), Pawel Blusz (zu gkn Gräfe Klümpen-Neusel; beide Vermögens- u. Nachfolgeberatung)
Schwerpunkte: ▷*Gesellsch.recht*, häufig in Verbindung mit ▷*Nachfolge*. ▷*M&A*, Marken- u. Wettbewerbsrecht, Heilmittelwerberecht mit Branchenfokus auf Biotech u. Pharma. Bank- u. Kapitalmarktrecht, IT- u. Telekommunikationsrecht sowie Arbeitsrecht. Bau- u. vergaberechtl. Beratung von Kommunen, Investoren u. Projektentwicklern. Notariat. Weitere Büros in ▷*Mannheim* u. München.
Mandate: Viskase zu Umstrukturierung der dt. Gesellschaften; KAP AG zu länderübergr. Holdingstruktur; Gesellschafter zu Verkauf von Feedmyanimal; lfd.: FF Sysgastro, BK Giulini/Israel Chemicals, Preventio, MotionRad, NEW Product-packlab; Dt. Bahn im Vergabeverf. zu ‚Ausbaustrecke Gäubahn – Abschnitt Nord'; Stadt Frankfurt zu Rahmenausschreibung ‚Schulen im Modulbau'; Gemeinde Eichenzell zu ‚Smart City'-Projektausschreibung; norddt. Hafenbetreiber zu gr. Tunnelvorhaben; Stadt Heidelberg zu Schulneubauten; dt. Pharmaunternehmen arbeitsrechtl. im SE-Beteiligungsverfahren; bayer. Metallverarbeiter zu Übernahme des Flächentarifabschlusses 2023/24; Union Investment in div. KapMuG-Verf.; Miterbin (Glasindustrie) im Familienstreit; Familienmitglieder (Stahlhandel) im streitigen Erbscheinverfahren; Private-Equity-Haus zu Abwehr einer Schadensersatzklage; ausl. Chemiekonzern in arbeitsrechtl. Streitigkeiten; Sanofi in HWG und UWG; DZ Privatbank in UWG; Earlybird-coffee u. fourty:love zu Verteidigung der Kernmarken.

SCHALAST & PARTNER

Mitte ★★★★

Bewertung: Mit fast 50 Berufsträgern ist das Frankfurter Büro das Herzstück der Sozietät. Das Büro beherbergt den größten Teil der gesellschaftsrechtl. Praxis u. verfügt über einen umfang. Mandantenstamm im Fintechbereich, der durch eine spezialisierte WP-Gesellschaft unterstützt wird. Die Beratung im Gesellschaftsrecht hat von der Expansion der Kanzlei in andere Städte profitiert. So konnte sie z.B. dank des Energieteams in Hamburg ihren Mandantenstamm im Bereich Stadtwerke erweitern. Auch die M&A/Private-Equity-Praxis des Namenspartners wurde durch einen breiteren Full-Service-Ansatz gestärkt, z.B. wurde die neue Markenrechtspraxis in Stuttgart bei Akquisitionen eingebunden. Der Verlust von 2 Partnern war zwar enttäuschend, doch die Tatsache, dass ein Finanzrechtler von einer führenden Kanzlei abgeworben wurde, zeigt, dass die Kanzlei in einem anderen Marktsegment tätig ist als noch vor einigen Jahren.
Oft empfohlen: Prof. Dr. Christoph Schalast, Kristof Schnitzler, Gregor Wedell (alle Corporate), Prof. Dr. Andreas Walter („energisch in der Beratung", Mandant; Bank- und Finanzrecht)
Team: 7 Eq.-Partner, 6 Sal.-Partner, 2 Counsel, 23 Associates, 5 of Counsel
Partnerwechsel: Dr. Roland Arlt (zu White & Case; Finanzrecht), Britta Fischer (zu DER Touristik; Arbeitsrecht)
Schwerpunkte: ▷*Gesellsch.recht* u. ▷*M&A*, zudem Arbeitsrecht, Bankrecht (v.a. Beratung von Fintechs), Immobilien, Telekommunikation.
Mandate: Stadtwerke Frankfurt/Mainova bei Klagen gg. Freigabe der E.on/RWE/innogy-Transaktion; Henssler-Gruppe bei Joint Venture mit Bührmann-Gruppe; 360x Music u. Twelvebytwelve bei Kooperation mit Gema. Nikkei bei Gründung Paris Aligned Benchmark; EstateGuru OÜ u. raisin.bank bei Crowdfunding-Plattform; Vivid Money bei Zahlungs- u. Anlageprodukten für dt. Markt; Tokenstreet bei der Strukturierung eines Wertpapier-To-

Anwaltszahlen: Angaben der Kanzleien zur Bürogröße vor Ort.
Sie spiegeln nicht zwingend die Gesamtgröße einer Kanzlei wider.

kens in Form eines Fonds; Beyond Capital bei Kauf von Daniel Baumann Gebäudereinigung; Bingmann Pflüger bei Verkauf einer Mehrheit an Joachim Lang; Ropa, NGN Telecom, HPL bei Verkauf von Strategic Fiber Network. Dt. Lufthansa, Fraport im Arbeitsrecht.

SCHIEDERMAIR

Mitte ★★★★

Bewertung: Aus Frankfurt ist Schiedermair nicht wegzudenken. Agierte sie im M&A lange eher unauffällig, werden ihr inzw. höhere Dealvolumina anvertraut. Zudem baute sie ihre US-Kontakte weiter aus, was Transaktionen mit US-Bezug nach sich zog. Eine erfreul. Entwicklung nahm auch die arbeitsrechtl. Praxis. Der Gewinn einer Partnerin aus dem Vorjahr kommt nicht nur der M&A-Praxis zugute, sondern schlug sich nun auch in originären Arbeitsrechtsmandaten nieder. Ein stabiles Geschäft bilanziert die Konfliktlösungspraxis, sie war u.a. zu Gesellschafterstreitigkeiten regelm. gefragt, u.a. von einem Energieversorgungsunternehmen. Eine feste Bank bleibt die Praxis für Marken- u. Wettbewerbsrecht. Sie punktet durch ihre kombinierte Kompetenz im IP u. bei Vertriebsfragen, worauf etwa Mattel schon seit Jahren vertraut.

Stärken: Prozessvertretung, Nachfolge u. Vermögen, IT/Datenschutz, ▷*Marken u. Wettbewerb*, ▷*Vertrieb*.

Oft empfohlen: Dr. Franz-Josef Kolb (Corporate), Dr. Matthias Möller (M&A), Dr. Ulf Heil (Marken- u. Wettbewerbsrecht), Dr. Swen Vykydal („sehr erfahren im IP, sehr kollegial u. professionell", Wettbewerber; Marken- u. Wettbewerbsrecht)

Team: 19 Eq.-Partner, 4 Sal.-Partner, 2 Counsel, 10 Associates, 1 of Counsel

Schwerpunkte: Arbeitsrecht; Gesellschaftsrecht; Immobilienrecht; IP u. IT; Steuern; Unternehmensnachfolge; Vertriebsrecht.

Mandate: Kfz-Unternehmen aus den USA bei Rückabwicklung eines Unternehmenskaufs; Medizinunternehmen bei Kauf eines dt. Einzelhandelsuntern. im Wege des Asset-Deals; US-Unternehmen bei Kauf von Assets einer dt. GmbH; Geschäftsleitung der Universal-Investment-Gesellschaft bei Übernahme der Anteile durch Montag; Energieunternehmen bei Vertrag mit Industrieunternehmen zur Sicherung der Verfügbarkeit von Schlüsselkomponenten; Tochter eines US-Konzerns bei Abwehr u. Folgenbeseitigung einer Cyberattacke; IP-rechtl. AHK Vermögensverwaltung bei Kauf von Leitz u. Ernst Leitz; lfd. Apollo-Optik, B&B Hotels, Diaexpert, Ferrero, Leica Camera, Mattel; Fonds bei Verkauf eines Gewerbekomplexes in Jena; Finanzunternehmen bei An- u. Verkauf ausl. Unternehmen; Immobilienfonds bei Ankauf eines Portfolios von Pflegeimmobilien.

SCHULTE

Mitte ★

Bewertung: Die Frankfurter Einheit konzentriert sich auf Kartell- u. Arbeitsrecht sowie Gesellschaftsrecht/M&A. Für Ersteres genießt sie besondere Anerkennung, da die Praxis um Peter u. Dallmann v.a. wegen ihrer tiefen Verwurzelung in der Baustoffbranche sehr präsent ist. Hinzu kommt eine Reihe von Mandanten aus der Lebensmittelindustrie. Die Aktivität der Kartellrechtspraxis verstellt jedoch den Blick dafür, dass die Arbeitsrechtspraxis in den vergangenen Jahren deutl. aufgerüstet u. sich auch verjüngt hat. Sie agiert häufig im Tandem mit der gesellschaftsrechtl. Praxis, etwa bei Umstrukturierungen für Hexagon Purus. Das verdankt sie auch einem jüngeren Partner im Gesellschaftsrecht, der vor 2 Jahren zum Team stieß u. im Markt reüssierte.

Oft empfohlen: Dr. Christoph Peter („kompetent u. kollegial", Wettbewerber), Dr. Michael Dallmann („guter Sparringspartner – schnelle Auffassungsgabe, immer zielführend", Mandant), Dr. Kim Künstner („brennt für seine Mandate", Wettbewerber; alle Kartellrecht)

Team: 10 Eq.-Partner, 1 Counsel, 10 Associates

Schwerpunkte: Kartellrecht mit Fusionsanmeldungen, dt. Bußgeldverfahren u. Kartellschadensersatz. Vertriebsfragen u. Gemeinschaftsunternehmen, auch Arbeitsrecht (in- u. ausl. Unternehmen u. ltd. Angestellte) u. Gesellschaftsrecht; Branchenschwerpunkte: Baustoffindustrie, Lebensmittel, Kfz; French-Desk.

Mandate: Straßen- und Tiefbauunternehmen in 2 BKartA-Verf.; Bauunternehmen, u.a. in Verf. vor Landeskartellbehörde u. BKartA; Fusionskontrollen, u.a. für Meiser, Xella, Kemna Bau. Delonghi, u.a. zu Selektivvertrieb; lfd. kartellrechtl. Bauhaus, Globus, Dt. Derivate Verband; Hexagon Purus, u.a. zu Haftungsansprüchen u. Umstrukturierungen; Industrieunternehmen u.a. zu Haftungsansprüchen u. LkSG; lfd. gesellschaftsrechtl. luxemb. Fondsgesellschaft, BrewDog, Logistiker, Hexagon Agility.

WALDECK

Mitte ★★

Bewertung: Die alteingesessene Frankfurter Kanzlei genießt einen guten Ruf für ihre Beratung von Banken, insbes. in Outsourcing-Projekten. Sie verfügt auch über langj. Beziehungen zum Land Hessen u. versch. Ministerien. Die Beratung im Finanzsektor macht die Hälfte der Arbeit aus u. reicht vom klass. Aufsichtsrecht für kl. bis mittelgr. Finanzinstitute über die Prozessführung für Großbanken bis hin zum zunehmenden Eindringen in die Fintechszene. Die Prozesspraxis hat sich in letzter Zeit auf den Immobiliensektor ausgeweitet u. eröffnet damit Chancen, auch beratend in dieser Branche tätig zu werden. Arbeitsrecht für die öffentl. Hand u. eine führende Praxis im Nischenbereich des Apothekenrechts runden das Bild ab. Allerdings bleiben Quereinsteiger im Corporate weiterhin notwendig.

Stärken: Beratung der Bankenbranche (v.a. Prozessführung, Aufsichtsrecht, IT-Outsourcing).

Team: 9 Partner, 5 Associates

Schwerpunkte: Bank- und Bankaufsichtsrecht inkl. Prozessführung; Konfliktlösung, IT-Outsourcing, M&A, Immobilienrecht.

Mandate: Commerzbank bei Ansprüchen wg. Kartenfälschungen; IFM Immobilien, Trafalgar International, IVU Traffic Technologies bei internat. Schiedsverfahren; lfd. gesellschaftsrechtl. Bareways, FBW-Gruppe, Franklin Templeton u. IVU Traffic Technologies Universal-Investment-Gesellschaft (auch in Prozessführung), Lexmark, Dinghan-Gruppe, Eurofins-Gruppe bei Kauf von Dr. Laux u. Dr. Breitling; gr. ausl. Bank bei Outsourcing des Kernbankensystems; regelm. bankrechtl. Tradias, Lang & Schwarz (auch Prozessführung), Lemon. Markets, MehrWert, Mwb fairtrade, National Westminster Bank, Sparda Bank Berlin.

WENDELSTEIN

Mitte ★★★★

Bewertung: Die Transaktions- u. Prozesskanzlei ist in die nächste Phase ihrer Entwicklung eingetreten: Der Weggang von Gründungspartner von Bismarck zur Mandantin DTCP war zweifellos schmerzlich, doch zeigte sich die Transaktionspraxis stabil. Für Private Equity bedeutet der Abgang zwar einen Umbruch, aber die Arbeit für Mandanten wie Crédit Mutuel Equity zeigt, dass Wendelstein eine relativ breite Mid-Cap-Praxis aufgebaut hat. Darüber hinaus haben M&A-Deals für Unternehmen wie Salzgitter das Profil der Kanzlei in diesem Markt verbessert. Die Konfliktlösungspraxis erweitert ihr Spektrum derweil kontinuierlich. V.a. für ihre Arbeit in der Finanzdienstleistungsbranche bekannt, hat sie inzw. auch ihre grenzüberschr. Arbeit, u.a. bei Post-M&A-Streitigkeiten, deutl. ausgebaut. Die Stabilität der Sozietät insges. wird durch eine nachhaltige Associate-Pyramide unterstrichen, mit deren Aufbau sich viele Wettbewerber schwertun.

Oft empfohlen: Dr. Daniel Müller-Etienne, Nikolaus Hofstetter („verlässl. u. sehr angenehme Zusammenarbeit, fachl. top u. durchsetzungsstark", Wettbewerber), Dr. Matthias Budde (alle M&A), Karl Koenen („fachl. exzellent u. sehr verhandlungsstark", Wettbewerber), Frank Fischer, Dr. Moritz Meister („hohe fachl. Kompetenz", Wettbewerber; alle Konfliktlösung)

Team: 7 Partner, 2 Counsel, 10 Associates

Partnerwechsel: Philipp von Bismarck (zu DTCP; Gesellschaftsrecht/M&A)

Schwerpunkte: ▷*Konfliktlösung*; ▷*M&A* (auch für Private-Equity-Mandanten) sowie Restrukturierungen u. Gesellsch.recht. Unabhängige Litigation-Praxis, fokussiert auf Bank- und Finanzrecht. Auch Kapitalmarkt- u. Immobilienrecht, Steuern/Nachfolge.

Mandate: Dt. Kreditinstitut bei Ansprüchen wg. Cum-Cum-Geschäften; dt. Unternehmen wg. Schadensersatzansprüche im Zshg. mit komplexen Finanzderivaten u. Referenzzinssätzen; institut. US-Investoren bei Ansprüchen gg. große WP-Gesellschaft wg. Betrugsvorwürfen bei Wirecard-Insolvenz; div. Auslandsunternehmen bei Post-M&A-Streitigkeiten; Salzgitter bei Verkauf von Salzgitter Bauelemente; DexKo Global/AL-KO bei Akquisitionen; Crédit Mutuel Equity, u.a. bei Kauf von Parat Solutions; Alago bei Joint Venture und Venture-Capital-Deals; AVV bei Kauf eines Wohnportfolios in Thüringen; DTCP bei Mehrheitsbeteiligung an Maincubes; DIH bei Kauf von HGGS Lasercut u. Arreda Systems.

Anwaltszahlen: Angaben der Kanzleien zur Bürogröße vor Ort. Sie spiegeln nicht zwingend die Gesamtgröße einer Kanzlei wider.

JUVE Handbuch 2023 | 2024

ANZEIGEN: KANZLEIEN MITTE

Alle hier alphabetisch erscheinenden Anzeigen sind kostenpflichtig und von den Kanzleien selbst gestaltet.
Für den Inhalt sind die jeweiligen Kanzleien verantwortlich.

Einfach
gut.

Region: Südwesten

(Baden-Württemberg, Saarland)

Aus Eins werden Viele

Für viel Bewegung sorgte auf dem Stuttgarter Kanzleimarkt zum Jahreswechsel 2022/23 der Zerfall der Traditionssozietät Eisenmann Wahle Birk & Weidner. Dort trennten sich Referate, die auch nach vielen Jahren wenig Überschneidungen hatten. Es entstanden zwei Einheiten mit erfahrenen Größen: Zum einen bildeten die Versicherungsrechtler um Dr. Ulrich Weidner, die Baurechtler um Dr. Frank Eisenmann und das familienrechtliche Referat **Eisenmann Weidner & Partner**, zum anderen formierte sich die Kanzlei **Birk und Partner** mit dem öffentlich-rechtlichen Team um den renommierten Verfassungsrechtler Prof. Dr. Hans-Jörg Birk. Sechs weitere Partner entschieden sich für andere Ziele, darunter ein Haftungsexperte, mit dem **Reith Leisle Gabor** ihr Beratungsangebot erweiterte, und ein Strafrechtler, der bei **Kuhn Carl Norden Baum** mit seinem Team die Compliance-Beratung ausbaut.

Auch andere Kanzleien in Baden-Württemberg legen in Sachen Compliance -Beratung insbesondere mit Blick auf die Lieferketten-Sorgfaltspflichten nach. Selbst wenn **PricewaterhouseCoopers Legal** sich entsprechende Experten von **EY Law** zurückholte, behauptet sich Letztere weiterhin in diesem Bereich. Vor allem aber gewann **Rittershaus** am Mannheimer Stammsitz Compliance-Mandate, etwa von dem Deutschen Ruder- und dem Deutschen Rugby-Verband. Dass sie als einzige deutsche Kanzlei für das ‚Global Outside Counsel Diversity, Equity and Inclusion Program' von BASF ausgewählt wurde, ist zudem ein Ritterschlag für die bewusste Personalentwicklung: Zehn Partnerinnen gehören inzwischen zur Gesellschafterriege.

In Freiburg wiederum punktet **Advant Beiten** mit einem rasanten personellen Ausbau und heizt damit den Wettbewerb um den Mittelstand im südlichen Baden-Württemberg an. Während sich **Friedrich Graf von Westphalen & Partner** auf diese neue Mitbewerberin ohne erkennbare Probleme einstellen konnte, könnte **Bender Harrer Krevet** trotz ihrer etablierten Position etwa bei Endress+Hauser und der Auto-Kabel-Gruppe möglicherweise an Boden verlieren, wenn sie nicht zügig ihre Corporate-Praxis ausbaut.

Strukturwandel im Saarland

Während die klassischen Industrien wie Stahl und Kohle im Saarland weiter an Bedeutung verlieren und der Autokonzern Ford sein Werk in Saarlouis verkaufen möchte, sehen internationale Investoren großes Potential für den Wirtschaftsstandort: Geplant sind die weltweit größte Chipfabrik des US-Konzerns Wolfspeed sowie die Produktion von Batterien für E-Autos durch den chinesischen Hersteller SVolt. Beteiligungen von saarländischen Kanzleien an diesen Projekten sind zwar bis dato nicht bekannt, aber sie dürften später im operativen Geschäft mit den Neuinvestoren in Berührung kommen. Neben ihrer breiten Kenntnis der regionalen Mittelstands- und Zuliefererfirmen punkten **Heimes & Müller**, **Abel und Kollegen** und **Staab & Kollegen** etwa auch mit Erfahrung in Restrukturierungs- und Refinanzierungsprojekten. Dies brachte nicht zuletzt der Strukturwandel der letzten Jahre mit sich, der sich nun u.a. auch im Arbeitsrecht spiegelt.

Besprochen werden in den Regionalkapiteln besonders die für ihre Beratung im regionalen und überregionalen Mittelstand bekannten Kanzleien und die führenden Berater aus diesen Kanzleien. Informationen zu Kanzleien, die zu den bundesweiten JUVE Top 50 gehören sowie zu den Standorten internationaler Kanzleien, bei denen die Mehrheit der Anwälte im Ausland tätig ist, finden Sie in einer tabellarischen Übersicht und in den jeweiligen Rechtsgebietskapiteln.

JUVE KANZLEI DES JAHRES SÜDWESTEN

RITTERSHAUS

JUVE AWARDS 2023

Rittershaus ist aus dem Mannheimer Markt nicht wegzudenken. Die Mandanten der Full-Service-Kanzlei loben die „sehr schnelle Reaktionsgeschwindigkeit" und „hohe Bereitschaft, sich auf neue Situationen einzustellen". Das bewies die Kanzlei zuletzt etwa bei der Compliance-Beratung. Sie berät die Stadt Hockenheim nach Compliance-Verstößen und ihre mittelständische Mandantschaft bei der Implementierung entsprechender Systeme. Zudem hat Praxisleiter **Prof. Dr. Ulrich Tödtmann** die Türen zu Konzernen wie der Deutschen Bahn und zu Sportverbänden geöffnet – ein Segment mit Wachstumspotential.

Rittershaus trifft aber auch in personeller Hinsicht den Nerv. Da sie frühzeitig auf die breite Förderung des Nachwuchses setzte, weist sie heute eine bessere Frauenquote im Partnerkreis auf als viele Wettbewerber – und wurde so zur einzigen deutschen Kanzlei im ‚Global Outside Counsel Diversity, Equity and Inclusion Program' der BASF. Die integrative Kraft zeigte sich auch nach der Aufnahme eines großen Teams in Frankfurt und München: Rasch arbeiteten die Anwälte zusammen. Mit ihrer an die aktuellen Erwartungen angepassten Kanzleikultur bringt sich Ritterhaus in eine exzellente Position, um sich weitere Marktanteile zu erobern.

Südwesten

★★★★★	
Menold Bezler	Stuttgart
Rittershaus	Mannheim
★★★★	
BRP Renaud & Partner	Stuttgart
Ebner Stolz Mönning Bachem	Stuttgart, Karlsruhe
Hennerkes Kirchdörfer & Lorz	Stuttgart
★★★	
Binz & Partner	Stuttgart
Haver & Mailänder	Stuttgart
Heimes & Müller	Saarbrücken
Kasper Knacke	Stuttgart
★★	
Bender Harrer Krevet	Lörrach, Freiburg, Karlsruhe, Pforzheim
Caemmerer Lenz	Karlsruhe
Heussen	Stuttgart
KPMG Law	Stuttgart, Freiburg
Kuhn Carl Norden Baum	Stuttgart
Ladenburger	Pforzheim
Lehmann Neunhoeffer Sigel Schäfer	Stuttgart
Melchers	Heidelberg, Mannheim
PricewaterhouseCoopers Legal	Stuttgart
Schlatter	Heidelberg, Mannheim
Tiefenbacher	Heidelberg
Voelker & Partner	Reutlingen, Balingen, Stuttgart
Wuertenberger	Stuttgart, Karlsruhe
★	
Adjuga	Heidelberg
Bartsch	Karlsruhe
Beinert & Partner	Karlsruhe
EY Law	Stuttgart, Mannheim, Heilbronn
KHH Kropp Haag Hübinger	Saarbrücken
Lutz Abel	Stuttgart
Nonnenmacher	Karlsruhe
Reeg	Mannheim
Reith Leisle Gabor	Stuttgart
RWT	Reutlingen, Nagold, Stuttgart, Albstadt
Staab & Kollegen	Saarbrücken
ZinnBöcker	Mannheim

Die Auswahl von Kanzleien und Personen in Rankings und tabellarischen Übersichten ist das Ergebnis umfangreicher Recherchen der JUVE-Redaktion. Sie ist in 2erlei Hinsicht subjektiv: Die Aussagen der befragten Quellen sind subjektiv u. spiegeln deren Erfahrungen u. Einschätzungen. Die JUVE-Redaktion wiederum analysiert die Rechercheergebnisse unter Einbeziehung ihrer eigenen Marktkenntnis. Der JUVE Verlag beabsichtigt keine allgemeingültige oder objektiv nachprüfbare Bewertung. Es ist möglich, dass eine andere Recherchemethode zu anderen Ergebnissen führt. Innerhalb einzelner Gruppen in Rankings und tabellarischen Übersichten sind Kanzleien und Personen alphabetisch sortiert.

ADJUGA

Südwesten ★

Bewertung: Die Heidelberger Kanzlei, die von ehem. Inhouse-Juristen gegründet wurde, fungiert für einige internat. vernetzte Mittelständler als ausgelagerte Rechtsabteilung für Gesellschafts- u. Arbeitsrecht. Das gibt ihr auch einen breiten Einblick in aktuelle Entwicklungs-, Handels- u. Vertriebsverträge unterschiedlichster Branchen. Zuletzt weitete sie ihr Rahmenvertragsmodell auch auf Ausschreibungen aus.

Stärken: Gute Kenntnis der Branchen Pharma, Maschinenbau, Verpackung u. Softwareentwicklungen.

Oft empfohlen: Dr. Markus Ackermann (Finanzierung/Gesellschaftsrecht), Andreas Dömkes (Handels- u. Vertriebsrecht), Dr. Tilo Jung (IT-Recht/Produkthaftung)

Team: 3 Eq.-Partner, 1 Sal.-Partner, 1 of Counsel

Schwerpunkte: Verträge zu Entwicklungskooperationen, Vertriebsabläufen u. zur Nutzung von Softwarelizenzen, Handels- u. Produkthaftungsrecht, Arbeits- u. Datenschutzrecht, Gesellschaftsrecht/M&A sowie Neuordnung von Beteiligungsstrukturen.

Mandate: Geschäftsführer zu Beendigung eines Franchise-Vertrages u. vollständ. Übernahme der Geschäftsanteile; Beratungsunternehmen bei Rechtsformwahl u. Aufnahme eines Neugesellschafters; gr. Mittelständler zu gruppeninterner Reorganisation u. Verschmelzung; Maschinenhersteller zu Aufnahme eines KI-Produktes; Sicherheitstechnikunternehmen zu Rahmenverträgen; Messtechniker zu Vertriebsverträgen; Beratungsunternehmen zu Honorarklage; Sanitärprodukte-Hersteller zu öffentl. Ausschreibung.

BARTSCH

Südwesten ★

Bewertung: Die Karlsruher Sozietät bietet ihrer mittelständ. Mandantschaft schon langjährig Beratung im M&A, IT-, Arbeits- u. Baurecht. Nachdem sie ihre Angebotspalette in den letzten Jahren um Lifescience-Experten u. über eine Schwestergesellschaft um steuerl. Kompetenzen erweitert hatte, überzeugte zuletzt das Vergaberecht mit Partnerin Przerwok, die etwa das Forschungszentrum Karlsruhe bei div. Vergabeverfahren unterstützt. Die Standorte Frankfurt u. München bleiben demgegenüber unauffällig.

Stärken: Branchenfokus auf IT-Unternehmen u. Consumer Electronics; infrastrukturbezogene Bauprojekte, inkl. Prozesse.

Oft empfohlen: Dr. Alexander Hoff („äußerst versiert, immer unverzügl. Bearbeitung", Mandant; Arbeits- u. Baurecht), Hendrik Stroborn („ein guter Kollege, dem kann man vertrauen" Wettbewerber; Gesellschaftsrecht/M&A), Bernhard Fritz („hochkompetent, weiß, was er tut", Wettbewerber; Bankrecht), Dr. Reinhard Möller (Arbeitsrecht), Sabine Przerwok („sehr angenehme Zusammenarbeit", Wettbewerber; Bau-/Vergaberecht)

Team: 9 Eq.-Partner, 9 Associates, 3 of Counsel

Schwerpunkte: Baurecht; Arbeitsrecht; Gesellschaftsrecht u. Gesellschafterstreitigkeiten; M&A u. Erbrecht/Unternehmensnachfolge; IT- u. Datenschutzrecht sowie Gewerbl. Rechtsschutz. Weitere Büros in Frankfurt u. in München. Zusammenarbeit mit dem europ. Netzwerk Advoselect.

Mandate: Gesellschafter zu Verkauf eines Karlsruher IT-Unternehmens; Mediengruppe bei div. Zukäufen; Frachtunternehmen zum Ausscheiden eines Gesellschafters; Rentenversicherungsträger zur Kündigung eines Pachtvertrages; schwäb. Technologiegruppe zum Aufbau einer Holdingsstruktur u. zu Mitarbeiterbeteiligungsprogramm; Sparkasse zu Quartiersentwicklung; Forschungszentrum Informatik in div. Vergabeverfahren; Klinikbetreiber Medclin, Textilservice Bardusch, Laborchemielieferant Carl Roth, IT-Berater Exxeta, Kosmetikunternehmen, E-Commerce Solute arbeitsrechtlich.

BENDER HARRER KREVET

Südwesten ★★

Bewertung: Die breit aufgestellte Sozietät mit 4 Büros im Südwesten zählt regional verankerte u. Schweizer Mittelständler ebenso zur regelm. Mandantschaft wie die öffentl. Hand. Insbes. ihre öffentl.-rechtl. Mandate erreichen häufig ein höheres Volumen, nicht zuletzt bei städtebaul. Entwicklungsmaßnahmen. So steht BHK etwa an der Seite eines Zweckverbands bei Kauf u. Neugestaltung eines Kasernengeländes, berät die Stadt Heilbronn bzgl. des neuen Stadtteils Längelter u. die Stadt Offenburg zum neuen Kreisklinikum. Ähnl. Erfolg verbuchte die Kanzlei zuletzt auch im europaw. Ausschreibeverfahren des EnBW-Konzerns, als sie neben einer weiteren Kanzlei den Zuschlag für IT-rechtl. Beratung erhielt. Damit verbreiterte sich die

Anwaltszahlen: Angaben der Kanzleien zur Bürogröße vor Ort. Sie spiegeln nicht zwingend die Gesamtgröße einer Kanzlei wider.

Mandatsbeziehung zu dem Energieunternehmen, die sich zuvor schon in öffentl. u. baurechtl. Mandaten gezeigt hatte. Ansonsten dominiert bei BHK die lfd. Beratung – bei Bedarf als ausgelagerte Rechtsabteilung –, die gelegentl. auch in M&A-Mandate oder Outsourcing-Projekte mündet. Der Weggang eines gut vernetzten Arbeitsrechtlers in Freiburg versetzte der Ausbauarbeit der vergangenen Jahre zwar einen Dämpfer, aber die arbeitsrechtl. Praxis ist mit 7 Eq.-Partnern kanzleiweit weiterhin sehr gut besetzt.

Stärken: gesellschaftsrechtl. Umstrukturierungen; Zoll- u. Steuerrecht. Geschäft mit dt.-schweizer. Bezug.

Oft empfohlen: Dr. Jochen Scholz, Birgit Roth-Neuschild (beide IT-Recht), Dr. Sebastian Seith (Verwaltungsrecht), Dr. Fabian Schmeisser (Arbeitsrecht)

Team: 28 Eq.-Partner, 1 Counsel, 11 Associates, 4 of Counsel

Partnerwechsel: Dr. Jörg Vogel (zu Kaiser & Sozien; Arbeitsrecht)

Schwerpunkte: Arbeitsrecht; IT- u. Datenschutzrecht; Vertriebs- u. Produkthaftungsrecht einschl. Rahmen- bzw. Lieferverträgen, E-Commerce; Markenverwaltungen; Energiewirtschaftsrecht; Öffentl. u. Baurecht; gerichtl. u. schiedsgerichtl. Vertretungen; gesellschaftsrechtl. Dauerberatung, Unternehmensnachfolgen.

Mandate: Automobilhändler bei Standortzukäufen; gr. Genossenschaftsunternehmen zu IT-Projekten; Klinikgruppe bei Verkauf eines MVZs; Verpackungsspezialist bei Rechtsformwechsel; dt. Tochter eines jap. Unternehmens bei Zukauf; Minderheitsgesellschafter zu Anteilsverkauf an internat. Konzern; Gesellschafter in datenschutzrechtl. Post-M&A-Streit; Endress + Hauser InfoServe, Matthews Internat. u. Auto-Kabel-Management im Datenschutz; Gemeinde Schallstadt zu DB Ausbaustrecke; Gemeinde Schömberg zu Windkraftanlagen; Stadt Offenburg zu Baugebiet Spitalbünd u. Ansiedlung einer Baustoffrecyclinganlage; EnBW im IT-Recht u. zu Aufhebung des Bebauungsplans Schlossbergtangente; Kai Etzel arbeitsrechtl.; Hersteller von Wasserzählern, Kassensystemhändler, Aluminiumprodukte-, Getriebe- u. Lackhersteller lfd. vertragesrechtl.; Ombudsfunktion für Land Ba.-Wü.

Top 50 und internationale Kanzleien im Südwesten

Advant Beiten (Freiburg)	▷*Gesellsch.recht*; ▷*M&A*.
CMS Hasche Sigle (Stuttgart)	▷*Arbeit*; ▷*Compliance*; ▷*Energie*; ▷*ESG*; ▷*Gesellsch. recht*; ▷*Gesundheit*; ▷*Immo/Bau*; ▷*Insolvenz/Restrukturierung*; ▷*IT-Recht u. Datenschutz*; ▷*Kartellrecht*; ▷*Konfliktlösung*; ▷*Kredite u. Akqu.fin.*; ▷*M&A*; ▷*Marken u. Wettbewerb*; ▷*Medien*; ▷*Nachfolge*; ▷*Öffentl. Recht*; Patent; ▷*Private Equ. & Vent. Capital*; Steuern; ▷*Vergabe*; ▷*Verkehr*; ▷*Vertrieb*.
Flick Gocke Schaumburg (Stuttgart)	▷*Gesellsch.recht*; ▷*Wirtschafts- u. Steuerstrafrecht*.
Gleiss Lutz (Stuttgart)	▷*Arbeit*; ▷*Compliance*; ▷*Energie*; ▷*ESG*; ▷*Gesellsch. recht*; ▷*Gesundheit*; ▷*Immo/Bau*; ▷*Insolvenz/Restrukturierung*; ▷*IT-Recht u. Datenschutz*; ▷*Kartellrecht*; ▷*Konfliktlösung*; ▷*Lebensmittel*; ▷*M&A*; ▷*Nachfolge*; ▷*Öffentl. Recht*; Patent; ▷*Private Equ. u. Vent. Capital*; Steuern; ▷*Unternehmensbez. Versichererberatung*; ▷*Vergabe*; ▷*Verkehr*; ▷*Vertrieb*.
Görg (Stuttgart)	▷*Insolvenz/Restrukturierung*.
Friedrich Graf von Westphalen & Partner (Freiburg)	▷*Arbeit*; ▷*Gesellsch.recht*; ▷*Gesundheit*; ▷*Konfliktlösung*; ▷*M&A*; ▷*Marken u. Wettbewerb*; ▷*Vertrieb*.
GSK Stockmann (Heidelberg)	▷*Bankrecht u. -aufsicht*; ▷*Gesellsch.recht*; ▷*Immo/Bau*; ▷*Insolvenz/Restrukturierung*; ▷*Konfliktlösung*; ▷*M&A*.
GvW Graf von Westphalen (Stuttgart)	▷*Arbeit*; ▷*Compliance*.
Heuking Kühn Lüer Wojtek (Stuttgart)	▷*Anleihen*; ▷*Beihilfe*; ▷*Gesellsch.recht*; ▷*Immo/Bau*; ▷*IT-Recht u. Datenschutz*; ▷*M&A*; ▷*Marken u. Wettbewerb*; ▷*Private Equ. u. Vent. Capital*; Steuern.
Luther (Stuttgart)	▷*Arbeit*; ▷*Gesellsch.recht*; ▷*IT-Recht u. Datenschutz*; ▷*Konfliktlösung*; ▷*M&A*; ▷*Private Equ. u. Vent. Capital*; ▷*Vertrieb*.
Oppenländer (Stuttgart)	▷*Energie*; ▷*Gesellsch.recht*; ▷*Gesundheit*; ▷*Kartell*; ▷*M&A*; ▷*Marken u. Wettbewerb*; ▷*Öffentl. Recht*; ▷*Vergabe*; ▷*Verkehr*.
Rödl & Partner (Stuttgart)	▷*Außenwirtschaft*; ▷*Gesellsch.recht*; ▷*M&A*; ▷*Nachfolge*; ▷*Vertrieb*.
SZA Schilling Zutt & Anschütz (Mannheim)	▷*Gesellsch.recht*; ▷*Insolvenz/Restrukturierung*; ▷*Kartellrecht*; ▷*Konfliktlösung*; ▷*M&A*; ▷*Nachfolge*; Steuern.

Die Auswahl von Kanzleien und Personen in Rankings und tabellarischen Übersichten ist das Ergebnis umfangreicher Recherchen der JUVE-Redaktion. Sie ist in 2erlei Hinsicht subjektiv: Die Aussagen der befragten Quellen sind subjektiv u. spiegeln deren Erfahrungen u. Einschätzungen. Die JUVE-Redaktion wiederum analysiert die Rechercheergebnisse unter Einbeziehung ihrer eigenen Marktkenntnis. Der JUVE Verlag beabsichtigt keine allgemeingültige oder objektiv nachprüfbare Bewertung. Es ist möglich, dass eine andere Recherchemethode zu anderen Ergebnissen führt. Innerhalb einzelner Gruppen in Rankings und tabellarischen Übersichten sind Kanzleien und Personen alphabetisch sortiert.

BEINERT & PARTNER

Südwesten ★

Bewertung: Die Karlsruher Sozietät, die schon langj. für dm als ausgelagerte Rechtsabteilung arbeitet, hebt sich vom regionalen Wettbewerb durch eine ausgewogene Altersstruktur ab. Nachdem sie sowohl ihr Transaktionsgeschäft als auch ihre Konfliktberatung – etwa bei gesellschaftsrechtl. Streits – in den vergangenen Jahren ausgebaut hat, überzeugt sie auch überregionale Neumandanten wie die Vulkan-Gruppe. In der arbeitsrechtl. Beratung u. Vertretung greift zwar auch die öffentl. Hand auf die Sozietät zurück, aber insges. bleibt sie in der Marktwahrnehmung noch hinter Wettbewerbern wie Caemmerer Lenz u. Ladenburger zurück.

Stärken: Gesellschaftsrecht, IP- u. IT-Recht.

Team: 14 Eq.-Partner, 2 Sal.-Partner, 1 Counsel, 10 Associates

Schwerpunkte: Gesellschafts- u. Kartellrecht, auch M&A, Handelsrecht (u.a. Vertrieb u. Lizenzen), Arbeitsrecht, IT- u. Datenschutzrecht, Bau- u. Immobilienrecht, Öffentl. u. Vergaberecht, div. Gemeinden in Prozessen; Medizinprodukterecht.

Mandate: dm-Markt lfd. beratend, sowie zu Implementierung neuer Produkte u. in Prozessen (aus dem Markt bekannt); d.i.i. Deutsche Invest Immobilien zu Restrukturierung u. Start-up-Investment; Vulkan-Gruppe zu M&A-Transaktionen, Flächenankauf u. lfd. in div. Rechtsgebieten; IT-Unternehmen zu Verkauf der wesentl. Vermögenswerte; Personengesellschaft im komplexem Gesellschafterstreit zw. Konzerngesellschaften; Einzelhändler zu Erstattungsansprüchen aus Corona-Maßnahmen; Energieunternehmen im IP-Recht; Regionalbank zu Abschluss eines städtebaul. Vertrages.

BINZ & PARTNER

Südwesten ★★★

Bewertung: Die renommierte Stuttgarter Boutique ist bekannt für die Beratung von bedeutenden dt. Familienunternehmen, die sie bei Gesellschafterstreitigkeiten u. Unternehmensnachfolgen unterstützt. Im Windschatten des umtriebigen Namenspartners Binz reüssieren auch andere Partner wie etwa Weinand. Für Transaktionsmandate holte sich die Sozietät zuletzt personelle Unterstützung von Allen & Overy. Dieser Zugang ändert jedoch nichts daran, dass die Kanzlei den eigenen Ansprüchen zur Diversität noch hinterherhinkt.

Stärken: Aufsichts- oder Beiratstätigkeit; außergerichtl. Beilegung von Gesellschafterstreitigkeiten; Governance-Beratung.

Oft empfohlen: Prof. Dr. Mark Binz, Prof. Dr. Götz Freudenberg, Dr. Gerd Mayer, Dr. Armin Weinand, („ausgesprochen vertrauenswürdig", „großartig, geschickt, sehr international vernetzt", Wettbewerber) Dr. Martin Sorg (alle Gesellschaftsrecht)

Team: 5 Eq.-Partner, 1 Sal.-Partner, 1 Counsel

Partnerwechsel: Frank Weiss (von Allen & Overy; M&A)

Schwerpunkte: Beratung von Familienunternehmen, v.a. zur ▷*Unternehmensnachfolge*, im

Anwaltszahlen: Angaben der Kanzleien zur Bürogröße vor Ort.
Sie spiegeln nicht zwingend die Gesamtgröße einer Kanzlei wider.

▷*Gesellsch.recht* u. in M&A, mit steuer- u. stiftungsrechtl. Kompetenz. Optimierung von Finanzierungsstrukturen u. Rechtsformen. Multidiszipl. Beratungsansatz mit Steuerberatung u. Wirtschaftsprüfung.
Mandate: Christian Haub lfd. als Tengelmann-CEO u. Mehrheitsgesellschafter u. zu geplanter Anteilsaufstockung; Logistiker zu Streitbeilegung bei zerstrittenen Gesellschafterstämmen, inkl. Beteiligungsneuordnung; Minderheitsgesellschafter eines westfäl. Familienunternehmens zu strateg. Fragen; Heidelberger Mittelständler zu Nachfolge; Berliner Klinikbetreiber zu Nachfolge-/Stiftungslösung; Hauptgesellschafter eines norddt. Handelsunternehmens in Gesellschafterauseinandersetzungen u. bzgl. Nachfolge. Gremienmitgliedschaften, u.a. bei Fielmann, Mosolf (jeweils AR-Vorsitz), Würth, Zahoransky. Lfd.: Minderheitsgesellschafter eines Stuttgarter Automobilzulieferers, Automobillogistik-Gruppe (auch Finanzierungen), Betreiber v. Rehabilitationszentren.

BRP RENAUD UND PARTNER

Südwesten ★★★★

Bewertung: Die Full-Service-Kanzlei bietet für die überw. mittelständ. Mandantschaft eine breit aufgestellte Beratermannschaft, die immer wieder überzeugend ihre gute interne Zusammenarbeit unter Beweis stellt: Beim Verkauf ihrer langj. Mandantin Hermann-Wein-Gruppe etwa waren Gesellsch.-, IP-, Kartell- u. Arbeitsrechtler involviert. Regelm. wird auch das kleinere Frankfurter Büro eingebunden, u.a. bei Immobilien- und Bauprojekten. Die Compliance-Beratung – häufig in Abstimmung mit der 7-köpfigen Arbeitsrechtspraxis – gewinnt dank des Hinweisgeberschutzes an Bedeutung. Das verdeutlicht die Mandatierung div. Unternehmen u. Versicherungen zur Errichtung u. Betreuung von Meldestellen. Die Kartellrechtler mussten hingegen einen Dämpfer hinnehmen. Durch den Weggang eines Sal.-Partners wird der erfahrene Praxisgruppenleiter Beutelmann nur noch durch einen Associate unterstützt.
Stärken: Patentanmeldungen; Kartell-, Arbeits- u. Gesellschaftsrecht.
Oft empfohlen: Dr. Martin Beutelmann („fachl. exzellent, jederzeit erreichbar, sehr angenehme Zusammenarbeit", „heller Kopf u. brillanter Kartellrechtler", Wettbewerber), Dr. Ulrich-Peter Kinzl (Gesellschaftsrecht, M&A), Dr. Thomas Glöckle, Dr. Jörg Fecker („herausragende Qualität, jederzeit persönl. ansprechbar", Mandant; beide Arbeitsrecht), Dr. Roman Wexler-Uhlich (Prozessrecht), Daniela Glöckle, Dr. Friedrich Bozenhardt („exzellent", Mandant; beide Gesellschaftsrecht), Sonja Fingerle (Strafrecht), Thomas Janssen („gr. Verhandlungsgeschick im UWG", Mandant; Marken- u. Wettbewerbsrecht)
Team: 24 Eq.-Partner, 16 Sal.-Partner, 16 Associates
Partnerwechsel: Dr. Johannes Scherzinger (zu Rödl & Partner; Kartellrecht)
Schwerpunkte: Gesellschaftsrecht u. Nachfolgeregelungen; Arbeits-, Steuer-, Kartell- u. Bankrecht für mittelständ. Mandanten, häufig Automotive oder andere techn. Branchen. Patentrecht mit eig. Patentanwälten. Wirtschafts- u. Steuerstrafrecht u. Compliance-Beratung, daneben u.a. Medizin-, IT-, Versicherungs-, Immobilien- u. Baurecht. Weiteres Büro in Frankfurt.
Mandate: Hermann-Wein-Gesellschafter zu Anteilverkauf an Radeberger Fleisch- u. Wurstwaren Korch; Instaclustr US zur Fusionskontrolle bei Übernahme durch NetApp; Standard Motor Products zu Umstrukturierung nach Umwandlungsgesetz; Versicherer zu handels- u. gesellschaftsrechtl. Strukturierung; Engelhardt Kaupp Kiefer zu Beteiligung an Probis Software; Gesellschafter zu Verkauf von Cit-Anteilen u. zu Joint-Venture-Gründung; Jonny Fresh zu Einstieg des Versorgungswerks Zahnärztekammer Berlin; Metallhändler zu Prüfverf. der Stimmrechte an Prometall; ehem. Aufsichtsratsmitglieder der Geno Wohnbaugesellschaft zu Organhaftungsansprüchen durch Insolvenzverwalter; ehem. Üstra-Vorstand bei Haftungsabwehr; ST Stanztechnik im kollektiven Arbeitsrecht; div. Unternehmen u. Versicherer zum HinSchG.

CAEMMERER LENZ

Südwesten ★★

Bewertung: Die Karlsruher Sozietät ist in der Region v.a. wg. ihrer Tätigkeit für Kommunen u. Genossenschaftsbanken bekannt. Doch zählt die partnerzentrierte Erb- u. Nachfolgeberatung – oft in enger Abstimmung mit den umliegenden Banken – inzw. genauso zum Beratungsportfolio wie etwa die dt.-fraz. Beratung. Letzteres unterstrich CL bei der Unterstützung von Iscar Germany bei der Verlagerung eines in Frankreich gelegenen Unternehmensstandortes nach Deutschland. Aufgrund der ökonom. Veränderungen trat die bankenseitige Sanierungsberatung zuletzt in den Vordergrund – worauf das Bankrechtsteam von CL, das auf Massenverfahren spezialisiert ist, gut reagieren konnte.
Stärken: Prozesserfahrung, v.a. bei Massenverfahren im Bank- u. Kapitalmarktrecht, sowie Organhaftung. Vernetzung mit Gebietskörperschaften.
Oft empfohlen: Dr. Michael Pap (Bank- u. Kapitalmarktrecht), Dr. Oliver Melber (Gesellschaftsrecht), Christian Walz (Bau- u. Vergaberecht), Jörg Schröder (Gesellschaftsrecht)
Team: 11 Eq.-Partner, 11 Associates, 3 of Counsel
Schwerpunkte: Gesellschaftsrecht; Nachfolge u. Erbrecht; Start-up-Beratung; Bau- u. Architektenrecht; öffentl.-rechtl. Beratung/Vergaberecht, Bank- u. Kapitalmarktrecht; Restrukturierung. Compliance- u. Datenschutzdienstleistungen über Tochtergesellschaft. Büro in Basel.
Mandate: Beherbergungsunternehmen zu Nachfolge u. Umwandlung; gr. Architekturbüro zu Nachfolge (syndikatsähnl. Regelung); EDV-Großhändler zum Ausscheiden des GF; Aufsichtsrat zu außerordentl. Gremien- und Anteilseignerversammlungen; Ex-Präsident eines Sportvereins zu Organhaftung; HNI zu Vermögensstrukturierung u. Immobilienentwicklung; Iscar zu Neuordnung des Vertriebs u. zur Verlagerung eines frz. Standortes; Bokela vertriebs-, kartell- u. arbeitsrechtl.; s.Oliver vertriebs-, miet- u. kartellrechtl.; Aldi Süd Immobilienverwaltung zu Neubauten; Bührer & Wehling, ViDia Kliniken, Volkswohnung u. Evohaus baurechtl.; Geistl. Pharma im Datenschutz; Gemeinde Eggenstein-Leopoldshafen zu Rathauserweiterung; ASIG zu Neubau des Wildparkstadions; Lana bzgl. Windenergieprojekten; gr. Automobilhersteller in Diesel-Prozessen (OLG-Bezirke Stuttgart u. Karlsruhe); MEEH in Schadensersatz-/Unterlassungsverfahren wg. Know-how-Abfluss; Volksbank Digital Solution zu digitalen Applikationen; Volksbank pur lfd. im Bank- u. Kapitlmarkrecht u. zu Sanierungsfinanzierung.

EBNER STOLZ MÖNNING BACHEM

Südwesten ★★★★

Bewertung: Die transaktionsgetriebene Kanzlei bedient Mittelständler wie Göhrum Fahrzeugteile, Beteiligungshäuser wie die Leo Familienholding u. auch börsennot. Konzerne wie E.on. Bei der Beratung von Neumandantin Encevo zum Kauf von Wieland & Schulz deckte das Team Steuern u. Recht ab u. stellte einmal mehr seine Kompetenz als MDP-Einheit unter Beweis. Die IT-Praxis um Lörcher treibt die Entwicklung von mandantenspezif. Tools voran. Dass sie die umf. Vertretung der Mandanten anstrebt, unterstrich die Kanzlei mit der Ernennung eines Sal.-Partners, der sein Handwerk in einer Spezialkanzlei für Immobilien-/Baurecht gelernt hat, sowie der Aufnahme einer Quereinsteigerin, die langj. Erfahrung mit US-Regulatorik u. dem Management von Massenverfahren einbringt. Einen Quereinstieg im Gesellschaftsrecht verzeichnete hingegen das 2016 eröffnete, kleinere Karlsruher Büro, das als Brückenkopf in die badische Region ausgebaut wird, wo ESMB etwa schon Grenke zu seiner Mandantschaft zählt.
Stärken: Gute Verankerung in der süddt. Unternehmenslandschaft; gesellschaftsrechtl. Dauerberatung, M&A u. Steuergestaltungsberatung.
Oft empfohlen: Dr. Oliver Schmidt („kreativ, lösungsorientiert, agiert nutzenorientiert u. verantwortungsvoll", Mandant), Dr. Roderich Fischer (beide Gesellschaftsrecht/M&A), Dr. Christoph Winkler („sehr guter M&A-Anwalt, sehr erfahren bei grenzüberschr. Transaktionen", Wettbewerber), Dr. Torsten Lörcher (IT-Recht)
Team: 6 Eq.-Partner, 6 Sal.-Partner, 12 Counsel, 35 Associates
Partnerwechsel: Moritz Burwick (von Deloitte Legal; Gesellschaftsrecht), Dr. Manuela Martin (von Squire Patton Boggs; Konfliktlösung)
Schwerpunkte: ▷*M&A* inkl. China-Desk, ▷*Gesellschaftsrecht;* ▷*Stiftungsrecht u. Nachfolgeplanung,* ▷*Insolvenzrecht* u. Restrukturierung, IT-, arbeits-, steuer- u. wirtschaftsstrafrechtl. Beratung sowie multidisziplinärer Full-Service-Ansatz.
Mandate: Encevo-Gruppe zu Kauf von Wieland & Schulz; S-Management Services zu Kauf einer Mehrheitsbeteiligung an der Cit; Beck Verwaltungsges. zum Verkauf der Beck Sensortechnik; Biotope (Frankr.) zu Kauf einer Minderheitsbeteiligung an BioConsult u. HiDef Aerial Surveying Ltd.; Calibre Chemicals Private (Indien) zu Kauf der RheinPerChemie; Carl Cloos Schweißtechnik zu Verkauf der Cloos electronic an Arkad Partners; Cteam-Gruppe zum Verkauf der Anlagentechnik an BKW Infra Services; Gesellschafter von Göhrum Fahrzeugteile zu Verkauf an Ernst Lorch; InSites Compages NV (Belgien) zu Kauf der Happy-Thinking-People-Gruppe; M3 EU (GB) zu Kauf der Pharma-insight; TEM SAS (Frankr.) zu Kauf von Stanhope Verlag; Kavo Dental u. Planmeca Oy (Finnland) zu Umstrukturierung; Schauffler Foundation zu Umstrukturierung; Richard Wolf zu Ransomware-Angriff; E.on Energie lfd. datenschutzrechtl.; Johanniter-Unfall-Hilfe lfd. im Arbeitsrecht.

EY LAW

Südwesten ★

Bewertung: Der Rechtsarm der Big-Four-Gesellschaft berät nationale wie internat. Mittelstandsfirmen bei strateg. Transaktionen – etwa den chin. Eletronikhersteller Universal Scientific Industrial zum Carve-out u. Kauf einer Sparte von TE Connec-

Anwaltszahlen: Angaben der Kanzleien zur Bürogröße vor Ort. Sie spiegeln nicht zwingend die Gesamtgröße einer Kanzlei wider.

tivity. Das Team unterstützt aber auch Mandanten in Massenstreitverfahren wie etwa der Maskenaffäre. In den 3 Büros im Südwesten bietet EY Law ein ausgesprochen breites Beratungsspektrum: Während im Stuttgarter Mutterhaus Managing Partner Bosse ein eingespieltes Team aus Gesellschafts- u. Insolvenzrechtlern um sich hat, das hochvolumige Verfahren zu Stuttgart 21 ebenso steuert wie etwa Transaktionen im Restrukturierungsumfeld, verteilen sich die Berater der gut etablierten ▷*Nachfolge- u. Private-Client-Praxis* auf Stuttgart u. Heilbronn, darunter auch Piechulla, die 2022 in die Equity-Partnerriege aufstieg. In Mannheim hingegen ist mit Wittig ein erfahrener Experte für Vergaberecht u. strateg. Themen im ▷*Verkehrssektor* verankert, der einen guten Ruf im Markt genießt, sowie ein junges Compliance-Team, das bspw. auch Risikomanagementsysteme zum LkSG implementiert. In einem nächsten Schritt gilt es nun, gezielter Synergien zw. den div. Praxen zu heben, um sich für Großprojekte in Süddeutschl. zu positionieren.

Stärken: Komplexe Nachfolgeregelungen; Distressed M&A; Haftungsthemen

Oft empfohlen: Dr. Christian Bosse („er hält gut die Fäden zusammen, ich schätze ihn sehr", Wettbewerber; Gesellschaftsrecht), Dr. Christian Steger, Lara Piechulla („eine sehr angenehme Kollegin, kann ich empfehlen", Wettbewerber; beide Nachfolge-/Erbrecht), Dr. Oliver Wittig (Vergaberecht)

Team: 4 Eq.-Partner, 5 Sal.-Partner, 15 Counsel, 15 Associates

Partnerwechsel: Dr. Thorsten Ehrhard (zu PricewaterhouseCoopers Legal; Gesellschaftsrecht)

Schwerpunkte: ▷*Gesellschafsrecht*, ▷*M&A*, ▷*Nachfolge*, breite Beratung im ▷*Verkehrssektor*, Compliance u. Konfliktlösung.

Mandate: Universal Scientific Industrial zu Kauf der Automotive Wireless Sparte von TE Connectivity; Northern HeliCopter zu Kauf von Wiking Helikopter Services aus Insolvenz; Growy Holding zu Kauf von Kalera aus Insolvenz; Transpereon zu Kauf von Tracks aus Insolvenz; Gesellschafter zu Verkauf von Poolarserver an Eos Partners; HNI zu Schenkung einer AG-Beteiligung; Familienstiftung zu steueroptimierter Umstrukturierung, inkl. Drittstaat; HNW-Familie zu Nachfolgeplanung unter Nutzung von US-Truststrukturen; Betreibergesellschaft eines Krankenhauses zu Insolvenzsicherung u. Verkauf eines Grundstücks; Pharmaunternehmen in BGH-Verfahren; Bundesgesundheitsministerium im Verfahren zu Maskenaffäre (Open-House-Verfahren); Hintco zu Ausschreibung zu grünem Wasserstoff; MKB Mannheimer Kommunalbeteiligungen vergaberechtlich.

HAVER & MAILÄNDER

Südwesten ★★★

Bewertung: Die Stuttgarter Sozietät ist bekannt für ihre Kerndisziplinen Konfliktlösung, Gesellschafts- u. Kartellrecht, in denen sie Mandanten wie Bosch u. die Dinkelacker-Gruppe oft langj. unterstützt. Die prozessuale Stärke der Kanzlei zeigte sich aber auch in der Vertretung der Bundesnetzagentur ggü. der Stuttgarter Airdata in einem Amtshaftungsverfahren. Zudem vertraute ihr das Finanzministerium Ba.-Wü. zuletzt die gesellschaftsrechtl. Beratung zu zahlr. Landesbeteiligungen an. Doch H&M hat ihr Beratungsportfolio in den vergangenen Jahren auch konsequent erweitert, etwa um die Compliance-Beratung, die v.a. das Team um Kauffeld abdeckt, sowie eine breitere arbeitsrechtl. Praxis, was ihr u.a. die Mandatierung durch die Stuttgarter Straßenbahnen einbrachte. Mit einem jüngeren Management u. der Ernennung einer Partnerin für die Kartellrechtspraxis sowie eines Partners im Schieds- bzw. Gesellschaftsrecht setzt H&M den eingeleiteten Generationenwechsel in ihren Kerngebieten Stück für Stück fort.

Stärken: Schiedsverfahren u. Litigation, Kartellrecht u. Beratung von Familienunternehmen.

Oft empfohlen: Dr. Gert Brandner („hervorragende Fachkenntnisse", Wettbewerber; Gesellschafts-/Schiedsrecht), Dr. Hans-Georg Kauffeld („herausragende analyt. Fähigkeiten, seine Stellungnahmen enthalten stets einen klaren Handlungsvorschlag", Mandant; Gesellschaftsrecht/Organhaftung), Prof. Dr. Ulrich Schnelle (Kartellrecht), Dr. Jörg Richardi (Arbeitsrecht), Dr. Peter Mailänder („sehr zielorientierter u. pragmat. Anwalt für komplexe Situationen", Mandant; Gesellschaftsrecht), Dr. Alexander Hübner (Vergaberecht), Dr. Roland Kläger („Schiedsrechtler der kommenden Generation", Wettbewerber), Dr. Timo Alte („fachl. sehr versierter, sehr angenehmer Kollege", Wettbewerber; Gesellschaftsrecht)

Team: 8 Eq.-Partner, 7 Sal.-Partner, 2 Counsel, 7 Associates, 3 of Counsel

Schwerpunkte: ▷*Gesellschaftsrecht* inkl. Organhaftung, M&A, Kartellrecht u. Schiedsverfahren (▷*Konfliktlösung*). ▷*Vergabe* u. ▷*Vertrieb*. Zudem Arbeits- sowie Marken- u. Wettbewerbsrecht, Medien, Beihilferecht (Zweigstelle in Brüssel), Bank- u. Finanzrecht.

Mandate: Finanzministerium Ba.-Wü. zu Beteiligungsverwaltung; Dinkelacker AG u. Dinkelacker-Schwaben, Oetker Hotel Collection, Henkell & Co., Hugo Benzing, Martin Braun lfd. gesellschaftsrechtl.; VfB Stuttgart u. 1. FC Kaiserslautern lfd. vereinsrechtl.; OEW zu Strukturierung der Glasfaserversorgung; Land Ba.-Wü. lfd in Compliance; VfB u. Württemberg. Tennis-Bund zu Aufbau von Compliance-System; Parkraumgesellschaft Ba.-Wü. bei Compliance-Untersuchung; Remondis lfd. abfallrechtl. (Ba.-Wü. u. Bayern); Stanley Black & Decker lfd. vertriebsrechtl.; div. Pharmaunternehmen in vergabrechtl. Nachprüfungsverf.; Bundesnetzagentur in Schadenersatzverfahren (€2 Mrd/OLG Stuttgart); Stuttgarter Straßenbahnen, Wilhelm Kächele arbeitsrechtl.; Allegion, Festivalveranstalter, Medizinprodukthersteller datenschutzrechtl.; Aurelius, Chem. Fabrik Budenheim lfd. kartellrechtl; Dt. Post, Friedrich Scharr, 4 Städte zu Schadenersatzansprüchen im Lkw-Kartell.

HEIMES & MÜLLER

Südwesten ★★★

Bewertung: Die Saarbrücker Sozietät ist arbeitsrechtl. breit aufgestellt – etwa für kommunale Arbeitgeber u. internat. Unternehmen, die sie u.a. kollektivrechtl., bei Umstrukturierungen u. prozessual unterstützt. Im Handels- u. Gesellschaftsrecht berät H&M neben Transaktionen überwiegend zu gesellschaftsrechtl. Streitigkeiten. Zwar besetzt die Kanzlei weiterhin die strafrechtl. Vertretung, doch rücken andere prozessuale Mandate stärker in den Fokus, etwa bei der Vertretung eines Lebensversicherers. Die Pandemie führte zu einem gesteigerten Bedarf der Beratung zur Nachfolgegestaltung bei der mittelständ. Mandantschaft. In diesem Bereich stärkt sie die Schnittstelle zum Steuerrecht durch eine Kooperation mit einem externen Steuerrechtler. Die 2-köpfige Medizinrechtspraxis berät lfd. med. Dienste versicherungsrechtl. sowie u.a. eine Dialysepraxis beim Verkauf.

Stärken: Arbeitsrecht; Beratung im Gesundheitswesen; Insolvenzrecht.

Oft empfohlen: Dr. Hans Ittenbach (Arbeitsrecht), Dr. Patrik Eckstein (Bankrecht), Udo Gröner (Insolvenzrecht), Dr. Alexander Mohr („ein solider Gesellschafts- und Erbrechtler", Wettbewerber)

Team: 10 Eq.-Partner, 5 Sal.-Partner, 3 Associates

Schwerpunkte: Arbeits- u. Gesellschaftsrecht; Insolvenzrecht mit eigener Verwaltungsabteilung sowie Beratung in der Gesundheitsbranche, v.a. Zulassungs- u. Krankenhausrecht. Daneben Wirtschaftsstraf-, Versicherungs-, Steuer-, Bank-, Erb- u. Vergaberecht, IP/IT, Bau- u. Planungsrecht, häufig für öffentl. Auftraggeber.

Mandate: Erbengemeinschaft zu Veräußerung einer Kaufhaus-Immobilie; Family Office zu Beteiligungen an Start-up; GmbH-Gesellschafter bei Verkauf der Geschäftsanteile; Stiftung, u.a. zu Beteiligung an Start-up; überreg. Baumarktkette als Gläubigerin in Insolvenzverfahren von Lieferanten; überörtl. Berufsausübungsgesellschaft zur Vertragsgestaltung mit Investor; Lebensversicherer in Rechtsstreitigkeit; dt. Glasfaseranbieter, frz. Konzern, kommunal. ÖPNV-Unternehmen u. Körperschaft öffentl. Rechts lfd. arbeits- u. prozessrechtl.; Kreditinstitut u. Autohaus lfd. datenschutzrechtl.; Unternehmen zu Compliance-Anforderungen wg. Russland-Sanktionen; div. med. Dienste lfd. zum Versicherungsrecht.; Dialysepraxis zu Verkauf.

HENNERKES KIRCHDÖRFER & LORZ

Südwesten ★★★★

Bewertung: Die Stuttgarter Einheit ist eine der führenden Adressen für die Beratung von Familienunternehmern. Ihre Partner, die ausschl. beratend tätig sind, unterstützten die Mandanten u. ihre Unternehmen nicht nur bei wichtigen strateg. Entscheidungen, sondern befassen sich auch regelm. mit ihren Vermögens- u. Nachfolgestrukturen. Ihre „praxisnahe Kompetenz", die auf umfangr. Gremienarbeit basiert, schätzen auch Wettbewerber. Die über Jahre aufgebaute internat. Vernetzung wird bei erbrechtl. Themen u. grenzüberschr. Familienstrukturen ebenso sichtbar wie bei grenzüberschr. Verschmelzungstransaktionen u. SE-Gründungen, etwa für dt. Ejot-Gruppe.

Stärken: Enge Verknüpfung von Nachfolge- u. ▷*gesellschaftsrechtl.* Beratung. Organbezogene Mandate. Großes Netzwerk mit familiengeführten Unternehmen.

Oft empfohlen: Prof. Dr. Andreas Wiedemann, Dr. Thomas Frohnmayer („kompetent u. umgänglich", Wettbewerber), Dr. Florian Reinhart („sehr kollegiale Zusammenarbeit", Wettbewerber; alle Nachfolge/Gesellschaftsrecht)

Team: 9 Partner, 1 Counsel, 7 Associates, zzgl. StB

Schwerpunkte: Gesellschaftsrechtl. basierte Nachfolgeberatung (▷*Nachfolge*) für inhabergeführte Firmen u. ehem. Unternehmer durch Umstrukturierungen, Stiftungen u. familienrechtl. Verträge. Außerdem strateg. u. operative Beratung in Aufsichts-, Verwaltungs- u. Beiräten. Zudem Transaktionen, Erb- u. Steuerrecht sowie Finanzierungs-, Kapitalmarkt- u. Aktienrecht. Enge Kooperation mit Family-Office-Dienstleister. Keine prozessuale Tätigkeit.

Anwaltszahlen: Angaben der Kanzleien zur Bürogröße vor Ort. Sie spiegeln nicht zwingend die Gesamtgröße einer Kanzlei wider.

recht), Dr. Frank Meininger (Vergaberecht), Verena Rösner („umfangr. Erfahrung", „sehr kompetente zielgerichtete Begleitung, sehr schnelle Reaktion", Mandanten; Energie- u. Planungsrecht), Lars Kuchenbecker („fachl. versiert, sehr gute, ruhige Prozessführung, kurze Reaktionszeiten", Mandant; Arbeitsrecht), Dr. Jochen Bernhard („versteht den Mandanten hervorragend, denkt unternehmer.", Mandant; Kartell- u. Beihilferecht)
Team: 23 Eq.-Partner, 19 Sal.-Partner, 7 Counsel, 37 Associates, 1 of Counsel
Schwerpunkte: Arbeitsrecht; Bau- u. Immobilienrecht; ▷*Gesellsch.recht*; IT-Recht; Kartellrecht; ▷*M&A* inkl. Kapitalmarktrecht; ▷*Marken u. Wettbewerb*; Nachfolgeberatungen u. gut vernetztes Notariat; ▷*Öffentl. Recht*; ▷*Vergabe*; zahlr. Mandanten in den Gesundheits-, Automobil- u. Energiesektoren; integrierte Steuerberatung/WP.
Mandate: Cenit zu Kauf von Mehrheitsbeteiligung an ISR Information Products u. zu Kauf von MIP Management Informations Partner; Klinikum der Landeshauptstadt Stuttgart zu Kauf der Sportklinik Stuttgart u. gesellschaftsrechtl. Integration in das Klinikum; AdCapital in Prozess mit Minderheitsaktionär; Engelhorn zur Nachfolgegestaltung u. erbrechtl. Verfügungen; Grifols zu Squeeze-out u. Verf. beim LG Frankfurt (mit Osborne Clarke); StudierendenGes. Witten/Herdecke zur Emission der StudierendenAnleihe 2022/2032; Umwelt- und Energieagentur Kreis Karlsruhe umf. rechtl. u. steuerl. zu Organisation; Ba.-Wü. Internat. zur Implementierung einer Vergütungsstruktur; Beiselen zu Kartellschadensersatzforderungen; Gardena Manufacturing zu Kauf von Bauland im Industrie- und Gewerbegebiet; Speidel zu Insolvenz u. Sanierung (mit Anchor); Alterric zu IT-Ausschreibungen; Fitmart wg. Kennzeichenverletzung; Ingenics in IP-Widerspruchsverf.; Grenke zu Markenverwaltung ; Dinkelacker lfd. im Aktien- und Kapitalmarktrecht.

NONNENMACHER

Südwesten ★

Bewertung: Die Karlsruher Kanzlei berät Unternehmen, Kommunen u. Bildungsträger wie die Karlshochschule zwar auch regelm. gesellschafts- u. arbeitsrechtl., punktet aber v.a. mit ihrer prozessualen Erfahrung. Darauf greift auch die Baumarktkette Hornbach bundesw. zurück. Da die versicherungs- u. haftungsrechtl. Kompetenz ebenfalls stark nachgefragt war, war es konsequent, einen weiteren Eq.-Partner zu ernennen. Der Sozietät, die v.a. mit öffentl-rechtl. Kommunalberatung assoziiert wird, gelang zuletzt eine fachl. Verbreiterung durch die Zusatzqualifikation eines BT zum Steuerberater. Dadurch lassen sich bspw. Mandate zur insolvenznahen Krisenberatung auch multidisziplinär angehen.
Stärken: Schadens- u. Sozialversicherungsrecht, Beamtenrecht, Verfassungsrecht. Breite Unterstützung von Gebietskörperschaften, ihrer Organe u. Töchter.
Team: 11 Eq.-Partner, 1 Sal.-Partner, 8 Associates
Schwerpunkte: Handels- u. Gesellschafts-, Bau- u. Immobilienrecht, Sozialversicherungs- u. Öffentl. Recht. Daneben Arbeits-, Bank- u. Finanzrecht. Gewerbl. Rechtsschutz, Steuer- u. Insolvenzrecht. Nachfolgeberatung. Wirtschaftsstrafrecht.
Mandate: Karlshochschule gesellschafts- u. stiftungsrechtl.; Smart Geomatics Informationssysteme zu Änderung des Gesellschaftsvertrages; Hornbach zivil-, bau- u., architektenrechtl.; Jakovljevic Holding im M&A; Immobiliengesellschaft in Anfechtungsverf.; ehem. GF in div. Haftungsprozessen; Conviva bei Abwehr der Nacherhebung von Sozialversicherungsbeiträgen u. Regressklage ggü. Steuerberater; gr. Gebietskörperschaft ggü. Ingenieurgesellschaft bzgl. Bundesstraßenbau; Architekten- u. Ingenieurgemeinschaft zu 3 gr. Bauvorhaben; minderjähr. Erben zu Einbringung der Firma in GmbH&Co KG; Gesellschafter-GF zu Insolvenzfolgen u. Besicherungen; Gewerkschaft aus Erziehungsbereich arbeits- u. dienstrechtl.; lfd.: Walter Neff Maschinenbau, Anglerverein Karlsruhe, Funkinform GmbH Ettlingen; Mischkonzernholding, Leasinggesellschaft, Götz Ticket.

PRICEWATERHOUSECOOPERS LEGAL

Südwesten ★★

Bewertung: Der Rechtsarm der Big-Four-Gesellschaft berät Mittelständler ebenso wie Start-ups, Private-Equity-Häuser u. die öffentl. Hand. Das Team überzeugt bei multidisziplinär angelegten Umstrukturierungen u. im Transaktionsgeschäft durch einen hohen Legal-Tech-Einsatz u. internat. Vernetzung. Analog baut der junge Stuttgarter Partner Sonder, der zuvor schon den Ausbau der digitalen Vernetzung rund um Heilbronn flankierte, die neue ww. Branchengruppe für ‚Government & Public Services' auf, die Kompetenzen für die Beratung digitaler Projekte des öffentl. Sektors verbindet. Während das Stuttgarter Team nach dem Weggang des früheren Standortleiters noch personell schlanker aufgestellt ist, kehrte am Mannheimer Standort Corporate-Partner Ehrhard samt 4-köpfigem Team zurück. Damit wächst die Kompetenz für SE-Umwandlungen u. Compliance-Systeme.
Stärken: Grenzüberschreitende M&A- u. Private-Equity-Transaktionen, teils mit Umstrukturierungen verbunden.
Oft empfohlen: Dr. Nicolas Sonder (Telekommunikations-/Beihilferecht)
Team: 2 Eq.-Partner, 4 Sal.-Partner, 8 Counsel, 7 Associates
Partnerwechsel: Dr. Thorsten Ehrhard (von EY Law; Gesellschaftsrecht)
Schwerpunkte: ▷*M&A*, ▷*Private Equ. u. Vent. Capital*, ▷*Gesellschaftsrecht*, enge Zusammenarbeit mit dem WP- u. StB-Stamm. Arbeitsrecht, Finanzierungen u. Nachfolgelösungen (Stiftungen, Umstrukturierungen, Familienverfassung). Gesellschaftsrechtl. Streitigkeiten. Digitale Infrastrukturvorhaben.
Mandate: Ziegler-Gruppe zu Kauf von Greenwood Sverige; Arbonia zu Minderheitsbeteiligung an Griffwerk; Eigentümer zu Verkauf des Mercedes-Autohauses Fricker an die Wackenhut-Gruppe; Comodule zu Kauf der Ampler-Gruppe; Qt Group zu Kauf von Axivion; Start-up Inspekto zu Mitarbeiterbeteiligungsprogramm; Lea Venturepartner zu Folgefinanzierung in Daedalus; Wecken & Cie. in div. Finanzierungsrunden; Landmaschinenhersteller zu grenzüberschr. Reorganisation; Solarenergieunternehmen in Organhaftung; Bundesministerium für Gesundheit bzgl. Maskenverfahren (Prozessvertretung).

REEG

Südwesten ★

Bewertung: Die Kanzlei ist im Südwesten v.a. für ihre Kompetenzen bei der Konfliktlösung, inkl. Schiedsverfahren, anerkannt, ist aber auch beratend tätig, v.a. bei Mandaten mit Auslandsbezug. Traditionell besonders eng ist ihr Bezug nach Spanien. Im vergangenen Jahr verließ der bis dato einzige Mitgesellschafter, Arbeitsrechtler Ballhaus, die Sozietät. Daraufhin rückten 2 Anwälte mit unterschiedl. Spezialisierungen in die Partnerschaft auf, die für die Beratung im Corporate-Bereich sowie im IP/IT-Recht stehen. Erfolgr. vertrat die Kanzlei etwa einen Klemmbaustein-Hersteller marken- u. wettbewerbsrechtl. vor dem LG. Zudem berieten die neuen Partner gemeinsam einen Beschaffungsdienstleister zur Gründung von Töchtern in versch. Ländern u. zur Umstrukturierung.
Stärken: Mandate mit Spanien-Bezug. Streitbeilegungen.
Oft empfohlen: Dr. Axel Reeg (Gesellschaftsrecht/Konfliktlösung)
Team: 3 Partner, 3 Associates, 1 of Counsel
Partnerwechsel: Hannes Ballhaus (zu SAP; Arbeitsrecht)
Schwerpunkte: Gesellschaftsrecht u. M&A, IP/IT, handelsrechtl. Prozesse, inkl. Schiedsverfahren (als Schiedsrichter u. Parteivertreter). Beratung oft mit Bezug zum Ausland; Branchenschwerpunkt: technologiebasierte Unternehmen, insbes. Automotive.
Mandate: Doduco Holding bei Verkauf einer dt. Tochter an Saxonia; Patentes Talgo zur Umsetzung des Rahmenvertrages mit Dt. Bahn Fernverkehr; Beschaffungsdienstleister zur Gründung von Töchtern in versch. Ländern u. zur Umstrukturierung; Metallhersteller zur Durchsetzung von Kaufpreisansprüchen u. zu Cyberkriminalität; Industrieverband zur Umstrukturierung der Führungsgremien; singapurisch. Prüflabor zu DIS-Schiedsverfahren; Klemmbaustein-Hersteller marken- u. wettbewerbsrechtl. vor LG.

REITH LEISLE GABOR

Südwesten ★

Bewertung: Die Anwalts- u. Notarkanzlei genießt einen guten Ruf für die Strukturierung von Vermögens- u. Unternehmensnachfolgen, bietet aber mit etwa gleichgroßen Teams in Stuttgart u. Tuttlingen auch die klass. Full-Service-Beratung für den Mittelstand. Dank des Zugangs eines erfahrenen u. anerkannten Partners aus der aufgelösten Sozietät Eisenmann Wahle Birk & Weidner erweiterte sie ihr Spektrum zuletzt um versicherungsrechtl. Beratung, einschl. Organhaftung.
Stärken: Notariat; Nachfolge- u. Unternehmensplanung; Restrukturierungsprozesse.
Oft empfohlen: Prof. Dr. Thomas Reith (Notariat)
Team: 5 Eq.-Partner, 9 Associates
Partnerwechsel: Dr. Stefan Mühlbauer (von ehem. Eisenmann Wahle Birk & Weidner; Gesellschaftsrecht)
Schwerpunkte: Nachfolge; Arbeits-, Steuer- u. Erbrecht. IT-Sicherheit u. Compliance; Versicherungsrecht. Notariat. Mandanten v.a. aus dem südd. Mittelstand u. Unternehmer, teils internat. tätige Unternehmen.
Mandate: Eberspächer-Gruppe im M&A u. zu Joint Ventures; Immobilienunternehmen zu Vermögensgestaltung u. Nachfolge; gr. Handelskonzern, feinmechan. High-Tech-Unternehmen, kanad. Medizintechniker, überregion. Verbund von Steuerberatern, südd. Beteiligungsgesellschaft u. Designuhrenhersteller lfd. gesellschaftsrechtl.; Aesculap u. deren Beteiligung lfd. arbeitsrechtl.; Arburg, Breyer, Stopa lfd. handelsrechtl; gr. Versicherungsunternehmen zu Schadensfällen; Schwarz-Gruppe, u.a. zu Fusionskontrolle u. notariell (aus dem Markt bekannt).

Anwaltszahlen: Angaben der Kanzleien zur Bürogröße vor Ort. Sie spiegeln nicht zwingend die Gesamtgröße einer Kanzlei wider.

RITTERSHAUS

Südwesten ★★★★★

JUVE AWARDS 2023

Kanzlei des Jahres Südwesten

NOMINIERT
JUVE Awards 2023
Kanzlei des Jahres für den Mittelstand

Bewertung: Die Sozietät ist einer der Platzhirsche in Mannheim u. bedient mit ihrem Full-Service-Ansatz ein breites Spektrum an Mandanten. Insbes. betonte sie zuletzt ihre transaktionsrechtl. IT-Beratung, als sie Heraeus zur Beteiligung an dem Berliner KI-Unternehmen Smart Steel Technologies beriet. Dass zudem ihr Münchner Team bei der Transaktion involviert war, unterstreicht die etablierte standortübergr. Zusammenarbeit im M&A. Mit ihren Spezialisierungen im Bau- u. Planungsrecht steht Rittershaus – auch mit dem ▷*Frankfurter* Team – der öffentl. Hand u. priv. Projektentwicklern gleichermaßen zur Seite – etwa der Stadt Heidelberg oder dem Bauunternehmen Heberger. Ihre starke Corporate-Praxis musste zwar im April den Weggang des anerkannten M&A-Partners Weber hinnehmen, dennoch verbleiben rund 20 Berufsträger in der Mannheimer Praxis, die auch zahlr. Gremienmandate aus der Region auf sich vereint. Der versierte China-Desk spürte die angespannten polit. Beziehungen, dafür erweiterte Rittershaus ihr Compliance- u. ESG-Engagement – u.a. für die Dt. Bahn, den Dt. Ruder- u. den Dt. Rugbyverband – u. schärft damit ihr Profil, auch als Krisenberaterin.

Stärken: Organberatung u. Transaktionen im gehobenen Mittelstand; Nachfolge- u. Private-Client-Beratung; Gewerbl. Rechtsschutz. Erfahrung in der Lifescience-Branche u. Medizintechnologie. Gut etablierter China-Desk.

Oft empfohlen: Verena Eisenlohr, Dr. Christina Eschenfelder, Dr. Patrick Certa, Dr. Patrick Treitz, Dr. Matthias Uhl („langjährige u. vertrauensvolle Zusammenarbeit, schnelle u. hochqualitativ Bearbeitung", Mandant), Dr. Milena Charnitzky („sie arbeitet sich einfühlsam in unsere besonderen Bedürfnisse ein – mit hoher Geschwindigkeit u. auch großer Geduld", Mandant; alle Gesellschaftsrecht/M&A), Dr. Andreas Notz, Dr. Annette Sättele („rechtl. top u. pragmat.", Wettbewerber; beide Arbeitsrecht), Dr. Hartmut Fischer („in jeder Hinsicht gewiefter Fachjurist", Mandant; Baurecht/Konfliktlösung)

Team: 20 Eq.-Partner, 4 Sal.-Partner, 3 Counsel, 16 Associates

Partnerwechsel: Dr. Moritz Weber (zu Moore TK; Corporate/M&A).

Schwerpunkte: ▷*Energie*, ▷*Gesellschaftsrecht* inkl. Finanzierung, ▷*M&A*, Private Equity u. Venture Capital; Steuerrecht; Arbeitsrecht; ▷*Nachfolge* u. Streitigkeiten. Marken- u. Wettbewerbsrecht, Patentprozesse. Öffentl. Recht. Daneben Bau-, Immobilien- u. Vergaberecht. Weitere Büros in Frankfurt u. München.

Mandate: CureVac zur Umwandlung in SE; Axxessio zur Beteiligung an Software-Unternehmen Infolytics; Inkubator eines Dax-Unternehmens zur Ausgründung von Ventures; Heraeus gesellschafts-, marken- u. IT-rechtl. bei Zukauf; Mitglieder einer westdt. Stahlhändlerfamilie bei streitigen Erbscheinverfahren; Aufsichtsrat der Dt. Bahn lfd.; Ombudsfunktion beim Dt. Ruderverband; Dt. Rugby-Verband als Governance- u. Ethik-Beauftragter; Agravis Raiffeisen zur Normenkontrolle von Bebauungsplan; Businesspark Konstanz zu Büro- und Wohnbebauung, inkl. Lärm- u. Artenschutz; Calvatis zur Änderung u. Neuerrichtung von BImSchG-Anlagen; Heberger zu Grundstückskäufen u. Bebauungsplanverfahren; Epple Projekt öffentl.-rechtl. zur Wohnungsbauprojekten; GML Gemeinschafts-Müllheizkraftwerk Ludwigshafen zu Anpassungspflichten; Vision Real Estate lfd. zu Verkaufsprospekten für Immobilieninvestoren; lfd. Stadt Heidelberg.

RWT

Südwesten ★

Bewertung: Die Anwaltskanzlei der multidisziplin. Einheit, die in Reutlingen ihren Hauptsitz hat, berät zum einen den regionalen Mittelstand, für den sie nach Einschätzung von Wettbewerbern „eine Alternative zu den Stuttgarter Big Four" bietet. Mit ihrer Transaktionserfahrung überzeugte RWT aber auch die Heidelberger MLP, die sie zunächst als Gegenüber in einem Deal kennenlernte, sowie zahlr. internat. Unternehmen, die sie auch hinsichtl. ihrer dt. Niederlassungen als Full-Service-Einheit unterstützt. Dank seiner steuerrechtl. Kompetenzen sieht man das RWT-Team auch bei Investments der Tuttlinger Rieker-Gruppe u. in Steuerverfahren.

Stärken: Transaktionen im Mittelstand; Datenschutz-Systeme; Verteidigung im Steuerstrafrecht.

Oft empfohlen: Dr. Anke Thiedemann („sehr schnell u. sehr kompetent", Mandant; IP/IT/Datenschutz)

Team: 6 Eq. Partner, 14 Associates

Schwerpunkte: Gesellschaftsrecht; M&A; Datenschutz; Steuerstrafrecht.

Mandate: MLP zu Kauf mehrerer Versicherungsmakler, u.a. DSV von HWT Invest; Erbe-Gruppe zu Kauf der Blazejewski Medi-Tech; Gesellschafter von Chr. Diener zu Einstieg von Gilde Healthcare; süddt. Familienunternehmen zu grenzüberschr. Verschmelzung; lfd. gesellschaftsrechtl.: Arnold-Gruppe u. Caravan; dt. Töchter des jap.-ital. Geico Taikisha-Konzerns; ital. Familienunternehmen (Heizungstechnik), börsennot. US-Konzern (inkl. Umwandlungsrecht); Private-Equity-Fonds der Healthcare-Branche, Erbe Elektromedizin, chin. Hersteller von Self-Service-Systemen, Sozialwirtschaftsunternehmen; pol.-brit. Konzern zu dt. Tochter. lfd. datenschutzrechtl.: Prüfgesellschaft, Hotelbetreiberin; Geschäftsmann u. ein Schweizer Handelunternehmen wg. Vorwurf der Steuerhinterziehung; Kühlkompressenhersteller in patentrechtl. Streit; Werner Baldessarini lfd. im Marken- u. Lizenzrecht.

SCHLATTER

Südwesten ★★

Bewertung: Die MDP-Kanzlei unterstützt von ihren Büros in Heidelberg u. Mannheim aus nicht nur zahlr. Unternehmen der Region langj. gesellschafts- u. steuerrechtl., sondern auch zahlr. Städte u. Gemeinden im Arbeits-, Bau- u. Öffentl. Recht. Deutl. stärker gefragt war sie zuletzt bei verkaufenden Gesellschaftern, etwa bei dem IT-Unternehmen WCA Walldorf Consulting AG. Damit zeigt sich auch, dass sie sich gut für Nachfolgelösungen im Mittelstand aufgestellt hat.

Stärken: Projektentwicklungen. Arbeitsrecht mit Schnittstellen zum Sportrecht. Bank- u. kapitalmarktrechtl. Beratung von Finanzvermittlern. Zoll- u. steuerrechtl. Konfliktfälle.

Oft empfohlen: Dr. Jörg Klingmann (Vertrags- u. Immobilienrecht), Dr. Björn Lange (Arbeitsrecht), Dr. Hanns-Uwe Richter (Arbeitsrecht/Mediation), Dr. Martin Duncker („sehr schnell, pragmatisch", Mandant; Datenschutz)

Team: 12 Eq.-Partner, 3 Counsel, 4 Associates, 2 of Counsel

Schwerpunkte: Gesellschafts-, Arbeits-, Steuer-, Bank- u. Kapitalmarkt- sowie Bau- u. Immobilienrecht, häufig prozessual geprägt. Auch Öffentl. Recht, Gewerbl. Rechtsschutz, Sportrecht, Produkthaftungsrecht, Wirtschafts- u. Steuerstrafrecht, Sanierungsberatung, Compliance. Branchenschwerpunkte: Sport, Energie, Maschinenbau, Bau, Medizin u. Versicherer.

Mandate: Gesellschafter zu Verkauf der WCA Walldorf Consulting an Timetoact Group; div. Alleingesellschafter zu Anteilsverkäufen; Tauber Solar gesellschaftsrechtl.; Unzer handelsrechtl.; Owens Corning prozessrechtl.; Kraus-Gruppe u. andere Investoren zu Kauf des Stammsitzes der Springer Nature Group; Aliaxis Deutschland im Produkthaftungs- u. Handelsrecht; Karlsruher Institut für Technologie in Musterverfahren zu Zulagengewährung; BG für Nahrung u. Gastgewerbe in Schadenersatzverfahren; Pitzek GMP Consulting, gr. Bildungsträger, Iptronik, Kunststoffverarbeiter lfd. arbeitsrechtl.; Spielervermittleragentur zu Transfer; Sportler zu Vertragsverlängerung (Bundesliga).

STAAB & KOLLEGEN

Südwesten ★

Bewertung: Die Kanzlei aus Saarbrücken ist durch ihre starke Insolvenzverwaltereinheit über die Grenzen des Saarlandes hinaus bekannt. Aufgr. der eher überschaubaren Zahl an Insolvenzverf. hat die Sozietät ihren Schwerpunkt zuletzt eher auf die Sanierungs- u. Restrukturierungsberatung verlagert, so beriet sie etwa Momentum zur Sanierung über einen angedachten Insolvenzplan. In den Verhandlungen greift sie auf langj. prozessrechtl. Erfahrung aus dem Bank- u. Versicherungsrechtrecht ebenso zurück wie auf die breite Transaktionserfahrung. So gelang es ihr etwa, ein IT-Unternehmen über einen Wandeldarlehensvertrag mit einem europ. Co-Investor zu stabilisieren. Langj. etabliert bei S&K ist auch die arbeitsrechtl. Beratung, die u.a. der Gartenbedarfshändlers Elmar Jung nachfragt.

Stärken: Insolvenznahe Beratung.

Oft empfohlen: Günter Staab („zurückhaltend, umgänglich, mandantenorientiert", „sehr verlässlich", Wettbewerber; Insolvenzrecht)

Team: 6 Partner, 8 Associates, 2 of Counsel

Schwerpunkte: Beratung im Mittelstand, auch vermögende Privatpersonen, sowie von Versicherungen, Sparkassen u. Volksbanken. Insolvenzrecht. Bank- u. Versicherungsrecht, vielfach prozessual geprägt. Abwicklung von Kreditgeschäften; Inkassoabteilung. Daneben Arbeits-, Gesellschafts-, Arzthaftungs-, Bau- u. Strafrecht.

Mandate: Saarl. Kurier- und Expressunternehmen zu Share Deal; Insolvenzverwalter G. Staab zu Übertragung des Schneider Werk St. Wendel; Firmengruppe aus Rheinl.-Pfalz zu Aufbau von Photovoltaikportfolios u. Unternehmensstruktur; Momentum zu Sanierung; Vermögensverwalter zu Insolvenzantrag; Elmar Jung Product Solutions arbeitsrechtl.; Bank zur Unwirksamkeit einer stillschweigenden Änderung der AGB.

Anwaltszahlen: Angaben der Kanzleien zur Bürogröße vor Ort.
Sie spiegeln nicht zwingend die Gesamtgröße einer Kanzlei wider.

TIEFENBACHER

Südwesten ★★

Bewertung: Die Heidelberger Mittelstandskanzlei bietet neben der lfd. gesellschaftsrechtl. Beratung, die auch die Prozessvertretung umfasst, vertiefte Kompetenzen im Arbeits,- Immobilien- u. Leasinggeschäft sowie Erfahrung mit In- u. Outbound-Transaktionen. So begleitete sie etwa ihre wichtige Mandantin Dennrée bei der Übernahme von Basic Austria Bio in Österreich u. griff dabei auf ihr Netzwerk an internat. Kanzleien zurück. Solche Deals – bei denen häufig auch Tiefenbachers Restrukturierungs- u. immobilienrechtl. Kompetenz gefragt sind – belegen einmal mehr, dass das junge Team für die Einzelhandelsbranche gut aufgestellt ist.

Stärken: Große Erfahrung im Bioeinzelhandel, Transaktionsberatung.

Oft empfohlen: Christin Krämer (Gesellschaftsrecht), Dr. Johannes Bickel (Bau- u. Immobilienrecht), Tobias Bieber (Vertragsrecht/Finanzierungen)

Team: 7 Eq.-Partner, 1 Sal.-Partner, 1 Counsel, 19 Associates, 2 of Counsel

Schwerpunkte: Gesellschaftsrecht/M&A, Bau- u. Immobilienrecht; Bank- u. Finanzrecht, hier insbes. Leasing; Arbeitsrecht, v.a. Arbeitgeber; Gewerbl. Rechtsschutz; Nachfolgeberatung; Prozessvertretung, u.a. im Handelsvertreterrecht u. bei Gesellschafterstreits, auch in Schiedsverfahren. Insolvenzverwaltung. Kooperation mit ALFA Netzwerk.

Mandate: Dennree zu Kauf von Naturgut (Stuttgart) u. Basic Austria Bio (Österreich); Inhaber zu Verkauf einer Unternehmensgruppe; Schweizer Lebensmittelhersteller zu Restrukturierung dt. Beteiligungen; frz. Private-Equity-Fonds bei Kauf einer Tochterfirma von kanad. Mutter; Entsorgungsfirma u. Küchengerätehersteller arbeitsrechtl.; europ. Planungsgesellschaft in Streit um Papiermaschinenneubau; Modehersteller zivilrechtl. u. zu Finanzierungen; Pharmaunternehmen zu Sicherheitsbestellung; neuseel. Bioobstbauer zu Vertriebsverträgen; lfd. Dennree, ABB (beides aus dem Markt bekannt), Geuder, Haus+Co (Family Office Weidenhammer).

VOELKER & PARTNER

Südwesten ★★

Bewertung: Mit ihren 3 Büros in der Region ist die multidiszipl. Kanzlei auch für Unternehmer sowie zahlr. Finanzinstitute über diese Regionen hinaus tätig. Neu hinzu kam zuletzt ein Zahlungsdienstleister, den sie bundesw. unterstützt. Während die in den vergangenen Jahren aufgebaute M&A-Beratung in der Gesundheitsbranche durch den Weggang einer Partnerin einen Dämpfer erhielt, ließ sich die 2022 eingegangene Kooperation mit der PKF-Wulf-Gruppe gut an: Gemeinsam mit der WP/StB-Einheit berieten die Anwälte etwa die Sigloch-Gruppe u. Digipark Holding. Parallel flankierte die Sozietät wieder IT-Migrations-Projekte, u.a. für eine öffentl. getragene Transportgesellschaft.

Stärken: Gesellschaftsrechtl. Streitigkeiten, Schiedsverfahren u. Organberatung. Bankrechtl. Prozesse. M&A-Beratung im Gesundheitssektor. Beratung von kirchl. Trägern sowie Behörden.

Oft empfohlen: Dr. Bernd Linnebacher (Bank- u. Kapitalmarktrecht), Dr. Karsten Amann („wir haben ihn auf der Gegenseite als lösungsorientierten Kollegen schätzen gelernt", Wettbewerber; Gesellschaftsrecht), Dr. Christian Lindemann (Vertragsrecht)

Team: 11 Eq.-Partner, 4 Sal.-Partner, 2 Counsel, 25 Associates, 3 of Counsel

Partnerwechsel: Dr. Christina Schröter (zu Friedrich Graf von Westfalen; M&A)

Schwerpunkte: Gesellschaftsrecht u. M&A, verzahnt mit steuerl. Beratung. Forens. Bank- u. Finanzrecht inkl. Aufsichtsrecht u. Compliance. Medizin- u. Krankenhausrecht. Datenschutzrecht. Arbeitsrecht, v.a. für Kreisstädte u. internat. Konzerne. IP- u. IT-Recht. Auch Stiftungs- u. Gemeinnützigkeitsrecht, Öffentl. Recht, Vergabe-, Bau- u. Immobilienrecht, Wirtschafts- u. Steuerstrafrecht, Insolvenz u. Sanierung. Kooperation mit der PKF Wulf-Gruppe u. dem europ. Netzwerk DIRO.

Mandate: Zahlungsdienstleister bank-, gesellschafts- u. IT-rechtl.; DigiPark Holding zu Verschmelzung von DigiPark Parksysteme mit Parconomy (Enkelin der EnBW); Sigloch zu Verkauf von Sigloch Distribution an Lila Logistik; Bauunternehmen zu Umstrukturierung; kirchl. Stiftung zu Verkauf einer Tochterfirma; ehem. Gesellschafter in Post-M&A-Streit; Branchenverband in Gesellschafterstreit u. Schadensersatzverfahren; Sülzle Stahlpartner lfd. gesellschaftsrechtl.; Transportgesellschaft zu IT-Migrationsprojekt; Regionalbank u. Maschinenbauer zu Entwicklungsverträgen; Med 360° SE im Datenschutz; Faro Europe, Maquet Cardiopulmonary, Sternebäck, gr. Kreisstadt, Energiekonzern, IT-Unternehmen, Krankenhäuser, Landkreis Zollernalbkreis lfd. arbeitsrechtl.; versch. frz. Mandanten zu gerichtl. Auseinandersetzungen in Dtl.; Automotive-Zulieferer in Auseinandersetzung mit OEM wegen Softwaremängeln.

WUERTENBERGER

Südwesten ★★

Bewertung: Die Stuttgarter Sozietät bietet gesellschaftsrechtl. Beratung u. zugleich bemerkenswerte Spezialkompetenzen, etwa im Gesundheits-, Kartell-, Verwaltungs- u. Glücksspielrecht. Damit ist das Kanzleiteam gut positioniert, um Transaktionen u. Kooperationen mit regulierten Branchenteilnehmern auszuhandeln, wie etwa den Einstieg eines Joint Ventures in den Cannabis-Markt. Dass auf dieses Know-how nun auch div. Family Offices u. Private-Equity-Häuser zurückgreifen, könnte den personellen Engpass im Transaktionsbereich verstärken. Die breite prozessuale Erfahrung der Sozietät speist sich u.a. aus der Vertretung von DocMorris/ZurRose Group in regulator. Verfahren sowie von zahlr. Städten im Lkw-Kartell.

Oft empfohlen: Dr. Hannes Kern („stets lösungsorientiert, nah am Markt u. dem Mandanten", Mandant; Kartell- u. Vergaberecht), Dr. Thomas Würtenberger (Öffentl. Wirtschaftsrecht), Dr. Marc Winstel (Gesellschaftsrecht)

Team: 7 Partner, 1 Counsel, 3 Associates, 1 of Counsel

Schwerpunkte: Beratung für regulierte Branchen, v.a. ▷*Gesundheit*, Verkehr, Glücksspiel, Energie; Gesellschaftsrecht inkl. Prozessführung; Vergabe- u. Kartellrecht (insbes. Schadensersatzprozesse auf Klägerseite); Arbeits- u. Immobilienrecht, Gewerbl. Rechtsschutz, Compliance.

Mandate: Schwa-Medico-Gruppe zu Verkauf von Minderheitsanteil an Palero Capital; Tipico-Gruppe zu Zukäufen in Süddtl.; Aristone Capital zu Kauf von Teamspeak; Chaos Software bei 2 Zukäufen; Apocourier in Finanzierungsrunde; Findus Venture als Lead Investor bei Ororatech; Lea Venture Capital-Fonds bei Finanzierungsrunden; Baumit zu Kauf von Sakret u. Dienser Farben, s.Oliver Group zu Kauf von Copenhagen Studios (letztere 3 nur Fusionskontrolle), ZG Raiffeisen Group bei zahl. Transaktionen u. zu Joint-Venture-Gründung mit Hoyer-Logistik; Hengstenberg u. Krieger-Gruppe zu Kartell-Compliance; DocMorris u. Sanacorp apothekenrechtl.; div. Betriebskrankenkassen in Forderungsabwehr bzgl. AvP-Insolvenz; ca. 350 Städte u. kommunale Unternehmen bundesweit zu Schadensersatz aus Lkw-Kartell.

ZINNBÖCKER

Südwesten ★

Bewertung: Die transaktions- u. exportorientierte Kanzlei ist Ansprechpartnerin vieler Mittelständler aus der Region. Dabei schätzen ihre Mandanten, die oft Bezug zu Spanien oder Rumänien haben, die „langj. Erfahrung bei Rechtsfragen im internat. Umfeld." Die Beratung eines Großhandelsunternehmens aus der Stahlbranche zu Zahlungsansprüchen wg. Lieferkettenproblemen aufgr. der Hafenschließung in China geben einen Eindruck von den grenzüberschr. Kompetenzen, die auch über Europa hinausreichen. Ein Mandant lobt explizit die „fachl. Qualität gepaart mit kreativen Ideen bei schneller Reaktionszeit".

Team: 3 Partner, 2 Counsel

Schwerpunkte: Gesellschaftsrecht; kollektives Arbeitsrecht u. GF-Verträge; Handels- u. Vertriebsrecht, Finanzierungen sowie Gewerbl. Rechtsschutz. Internat. tätige Konzerne, z.B. bei Investitionen in Dtl., mittelständ. Unternehmen bei Auslandsaktivitäten; Schiedsverfahren; Länderschwerpunkte: Rumänien, Spanien, Mexiko.

Mandate: Mex zur Freigabe vom Zoll blockierter Containerlieferungen von mexikan. Bio-Kaffee-Plantage; dt. Private-Equity-Fonds zu Vorbereitung von Asset-Deal aus Insolvenz eines ostdt. Automobilzulieferers (abgebrochen); Eisenbahngesellschaft zu Verträgen über die Herstellung u. Lieferung von 500 Güterwaggons; Health-Care-Unternehmen zur Aufstellung eines Virtual-Stock-Option-Programms für Mittelständler aus der Biotech-Branche; Großhändler in Stahlbranche zu Zahlungsansprüchen nach internat. Lieferkettenverzögerungen; Schweizer AG im Bereich Projektgeschäftsdienstleistungen zu Kauf eines Betriebsteils.

Anwaltszahlen: Angaben der Kanzleien zur Bürogröße vor Ort. Sie spiegeln nicht zwingend die Gesamtgröße einer Kanzlei wider.

JUVE Handbuch
2023 | 2024

ANZEIGEN: KANZLEIEN SÜDWESTEN

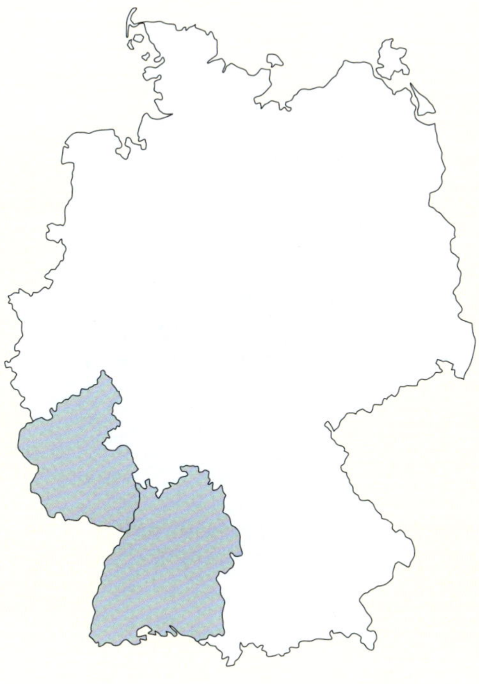

Alle hier alphabetisch erscheinenden Anzeigen sind kostenpflichtig und von den Kanzleien selbst gestaltet. Für den Inhalt sind die jeweiligen Kanzleien verantwortlich.

UNSER ANTRIEB

ECHTE LEIDENSCHAFT!

Die Stärken von **HAVER & MAILÄNDER** liegen in der internationalen, nationalen und regionalen Vernetzung und dem Verständnis für jeweilige Zusammenhänge. Wir beraten, unterstützen und vertreten unsere Mandanten bei Vertragsgestaltungen, in Verhandlungen oder vor Gericht. Hinter dem Namen **HAVER & MAILÄNDER** steckt aber noch viel mehr als Tradition und Expertise – nämlich echte Leidenschaft, die besten Ergebnisse für unsere Mandanten zu erzielen.

Vor mehr als 50 Jahren gegründet, berät **HAVER & MAILÄNDER** mit derzeit 30 Anwälten am Stammsitz Stuttgart oder im Büro Brüssel im Schwerpunkt mittelständische Unternehmen, Finanzinstitute, die öffentliche Hand oder Privatpersonen auf allen Gebieten des nationalen und internationalen Wirtschafts- und Unternehmensrechts. Wir stellen uns auf die individuellen Bedürfnisse unserer Mandanten ein, fördern den persönlichen Kontakt und arbeiten vertrauensvoll zusammen.

Teamgeist und Leidenschaft, damit sind wir erfolgreich!

HAVER & MAILÄNDER RECHTSANWÄLTE PARTNERSCHAFT mbB
Lenzhalde 83 – 85 · 70192 Stuttgart · Tel.: +49 (0) 711 22744 0 · Fax: +49 (0) 711 29919 35 · info@haver-mailaender.de

www.haver-mailaender.de

Squaring the circle.

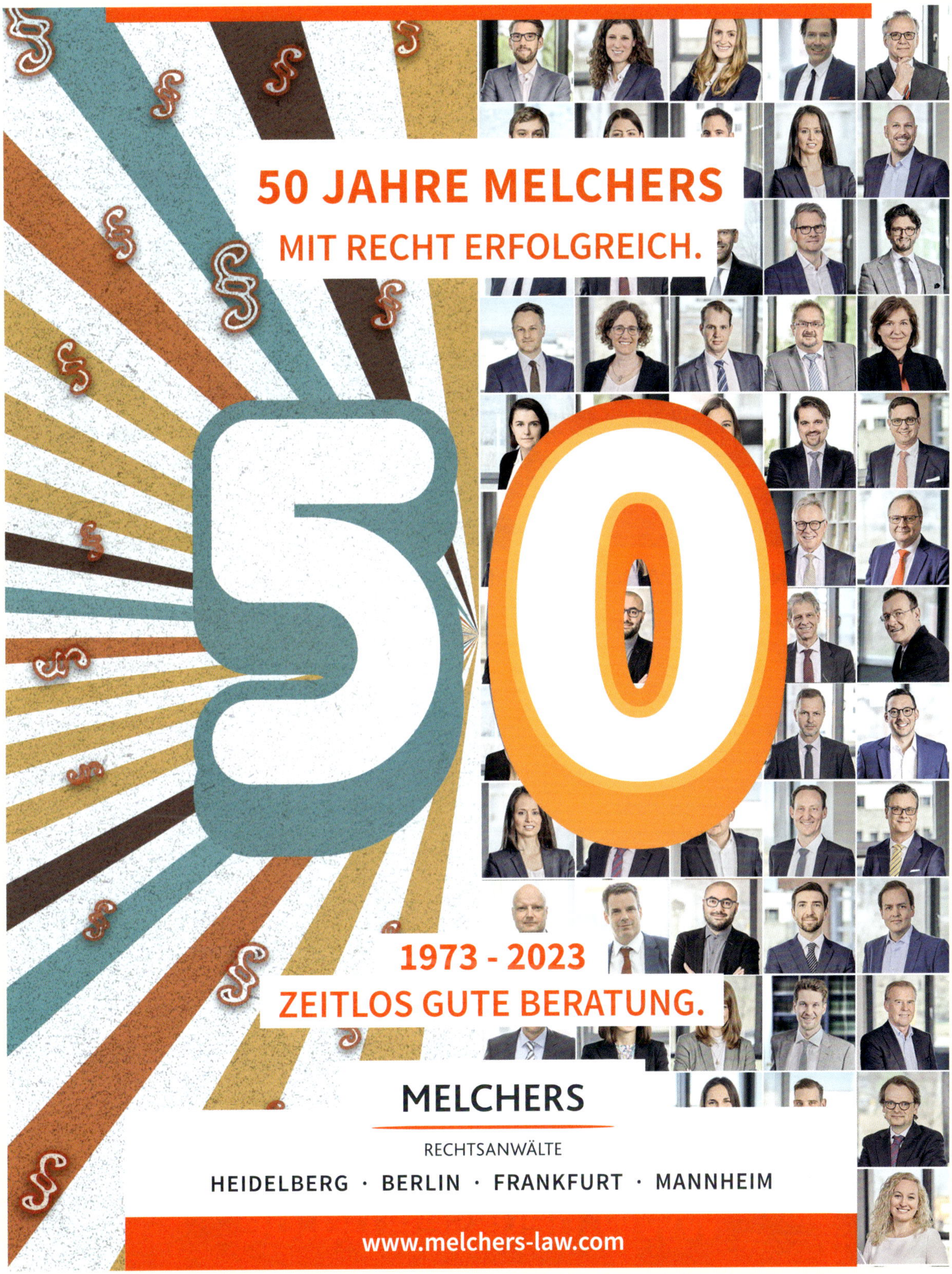
50 JAHRE MELCHERS
MIT RECHT ERFOLGREICH.
50
1973 - 2023
ZEITLOS GUTE BERATUNG.
MELCHERS
RECHTSANWÄLTE
HEIDELBERG · BERLIN · FRANKFURT · MANNHEIM
www.melchers-law.com

Region: Süden

(Bayern)

Steuer- und Arbeitsrecht als Teil vernetzter Beratung

Hohe Energiepreise, Lieferkettenprobleme, hohe Inflation: Trotz Krisenstimmung blieb das Beratungsgeschäft bayerischer Wirtschaftskanzleien von echten Krisenszenarien bisher weitgehend unberührt. Neben gesellschaftsrechtlichem Alltagsgeschäft bestimmten zuletzt strategische Mandate in Bezug auf Unternehmens- und Gruppenstrukturen, Rechtsformwechsel und Nachfolgelösungen die Arbeit. Angezogen hat auch die Beratung an der Schnittstelle von Gesellschafts- und Arbeitsrecht, die bei Re- und Umstrukturierungen ebenso eine Rolle spielt wie in der Organberatung. Und weil Strategie und Struktur nah beieinanderliegen und Strukturen häufig auch steuerrechtliche Einschläge haben, gewinnt das Zusammenspiel von Recht und Steuern immer stärker an Bedeutung. Während dies bei **Sonntag & Partner** schon lange zum Konzept gehört, setzen jetzt auch Kanzleien wie **Thorwart** aus Nürnberg oder **GLNS** aus München ganz bewusst auf die Verknüpfung dieser Kompetenzen und bauen intern gezielt entsprechende Kapazitäten auf.

Auch bei Transaktionen spielen steuerliche Aspekte regelmäßig eine Rolle. Allerdings gab es insbesondere großvolumige Deals in spürbar geringerer Taktung. Ein Beispiel war aber der milliardenschwere Anteilsverkauf der Erbengemeinschaft des Göttinger Pharma- und Laborzulieferers Sartorius an Amira. Beteiligt waren hier auch die mittelständisch aufgestellten Münchner Einheiten **Honert** und **Sernetz Schäfer**.

In Zeiten von weniger Deals ist indes oft mehr Streit zu beobachten. Auch im Süden führte dies zu mehr Arbeit für Prozessspezialisten. Gerade zur rechten Zeit kam da die personelle und strategische Erweiterung bei **Lutz Abel** durch ein Team um den bekannten Dr. Michael Zoller (vormals Namenspartner bei **Wirsing Hass**). Ebenfalls ein ganzes Team wechselte von der Strafrechtsboutique **Roxin** zur renommierten Wettbewerberin **Feigen Graf**. Letztere eröffnete dadurch ihren dritten Standort und tastet sich weiter in das Feld interner Untersuchungen vor. Für das größte Aufsehen sorgte der Wechsel des gesamten Büros von **Shearman & Sterling** zu **Morgan Lewis & Bockius**. Morgan Lewis machte mit einem zweiten deutschen Büro einen entscheidenden Expansionsschritt nach Jahren verhaltenen Wachstums. Shearman hingegen verschwand nur zwei Jahre nach ihrem Neustart wieder vom Münchner Markt. Nicht ganz so schlimm erwischte es **Arnecke Sibeth Dabelstein**: Sie verlor allerdings gut die Hälfte ihrer Münchner Partnerschaft, darunter auch bekannte Berater des Immobiliensektors.

Attacke auf den Nachwuchsmarkt?

Neben einzelnen Anwaltswechseln, etwa von **Rödl & Partner** zu **Beisse & Rath**, gab es auch jenseits der Landeshauptstadt einen größeren Zusammenschluss: Die neue Einheit **Biere Dörner Faller** entstand aus der Rechtsabteilung des Dienstleistungskonzerns Wisag. Erst 2020 hatten die heutigen Gründungspartner die Würzburger Kanzlei **Bendel & Partner** verlassen, um für Wisag eine Rechtsabteilung aufzubauen. Die neue Sozietät zählt 14 Berufsträger, weiteres Wachstum ist geplant.

Beachtenswert ist auch, dass die internationale Spitzenkanzlei **Freshfields Bruckhaus Deringer** einen Standort in Nürnberg eröffnete und Anwälte für das dritte Büro ihrer erst vor einem Jahr gegründeten Masseverfahrenseinheit sucht. Noch hat das Büro die regionalen Platzhirsche nicht in Aufregung versetzt. Mittelfristig könnte aber interessant sein, ob und wie sich das Büro auf den ohnehin schon angespannten Bewerbermarkt in der Region auswirkt.

Besprochen werden in den Regionalkapiteln besonders die für ihre Beratung im regionalen und überregionalen Mittelstand bekannten Kanzleien und die führenden Berater aus diesen Kanzleien. Informationen zu Kanzleien, die zu den bundesweiten JUVE Top 50 gehören sowie zu den Standorten internationaler Kanzleien, bei denen die Mehrheit der Anwälte im Ausland tätig ist, finden Sie in einer tabellarischen Übersicht und in den jeweiligen Rechtsgebietskapiteln.

JUVE KANZLEI DES JAHRES SÜDEN

GLNS

JUVE AWARDS 2023

Die noch relativ junge Münchner Kanzlei ist mittlerweile nicht mehr aus dem süddeutschen Anwaltsmarkt wegzudenken. Das verdankt sie einer kontinuierlichen und strategisch klugen Entwicklung. Besonders gut erkennbar war das zuletzt an ihrer Finanzierungspraxis, die der inzwischen zum Equity-Partner ernannte **Dr. Anselm Lenhard** aufgebaut hat. Zwei neu hinzugekommene Associates belegen den Erfolg und zeigen, dass die Praxis mehr ist als ein Anhängsel der Corporate-Praxis. Vielmehr gibt es auch eine Reihe von Mandanten, die auf die originäre Finanzierungskompetenz setzen. Neben der Beratung einer ganzen Reihe mittelständischer Mandanten vom Softwareentwickler bis zum BioTech-Unternehmen berät GLNS in gesellschafts- u. kapitalmarktrechtlichen Fragen auch einige Akteure aus der Top-Liga der deutschen Wirtschaft. Dazu zählen Audi, Morphosys und Zalando. **Dr. Tobias Nikoleyczik** gelang es, die neuen Eigentümer der Mandantin Zooplus zu überzeugen, sodass diese auch nach dem Kauf auf GLNS vertraut. Die Ernennung von **Julia Klesse** zur Partnerin in der Konfliktlösungspraxis ist in zweierlei Hinsicht bedeutsam: Zum einen ist sie die erste Partnerin in der gut zehnjährigen Kanzleigeschichte. Zum anderen sendet sie als erste Associate der Kanzlei ein wichtiges Signal an den Nachwuchs: Hier gibt es reelle Aufstiegschancen.

Süden

★★★★★	
Lutz Abel	München
Sonntag & Partner	Augsburg, Nürnberg
★★★★	
Baker Tilly	München
Beisse & Rath	Nürnberg
Bissel + Partner	Erlangen
KPMG Law	Nürnberg
★★★	
Heussen	München
Meinhardt Gieseler & Partner	Nürnberg
Peters Schönberger & Partner	München
Seitz Weckbach Fackler & Partner	Augsburg, Donauwörth
SNP Schlawien	München
Thorwart	Nürnberg, Bayreuth, Neumarkt
Zirngibl	München
★★★	
GLNS	München
Gütt Olk Feldhaus	München
Honert	München
Kantenwein Zimmermann Spatscheck & Partner	München
Theopark	Nürnberg
★★	
Bendel & Partner	Würzburg, Schweinfurt
von Boetticher	München
Dissmann Orth	München
Ego Humrich Wyen	München
Fries	Nürnberg, Würzburg, Bamberg, Schweinfurt
Martius	München
Scheidle & Partner	Augsburg
Sernetz Schäfer	München
★	
Acuris	München
Lieb	Erlangen, Nürnberg
Meyerhuber	Ansbach, Gunzenhausen, Weißenburg, Dinkelsbühl, Feuchtwangen, Fürth
Seufert	München

Die Auswahl von Kanzleien und Personen in Rankings und tabellarischen Übersichten ist das Ergebnis umfangreicher Recherchen der JUVE-Redaktion. Sie ist in 2erlei Hinsicht subjektiv: Die Aussagen der befragten Quellen sind subjektiv u. spiegeln deren Erfahrungen u. Einschätzungen. Die JUVE-Redaktion wiederum analysiert die Rechercheergebnisse unter Einbeziehung ihrer eigenen Marktkenntnis. Der JUVE Verlag beabsichtigt keine allgemeingültige oder objektiv nachprüfbare Bewertung. Es ist möglich, dass eine andere Recherchemethode zu anderen Ergebnissen führt. Innerhalb einzelner Gruppen in Rankings und tabellarischen Übersichten sind Kanzleien und Personen alphabetisch sortiert.

ACURIS

Süden ★

Bewertung: Kern des Beratungsangebots der Münchner Boutiquekanzlei bildet die gesellschafts- u. kapitalmarktrechtl. Beratung von Unternehmen, die Strukturmaßnahmen u. die Begleitung von HVen ebenso miteinschließt wie die Beratung von Aufsichtsräten. Hier ist Ringmetall nur ein Bsp. für langj. Stammmandanten, zu denen Familienunternehmen ebenso gehören wie börsennot. Unternehmen aus dem Mittelstand. Immer wieder ist das Transaktions-Know-how der Anwälte gefragt, wie die Mandatierung durch Stammmandantin Dr. Hönle bei einem Verkauf belegt. Hier agieren die Corporate-Anwälte regelm. im Schulterschluss mit einem aufs Arbeitsrecht spezialisierten Partner. Dessen Geschäft umfasst neben der Transaktionsbegleitung auch die lfd. arbeitsrechtl. Beratung.

Oft empfohlen: Dr. Hubert Krieger („präzise wirtschaftliche Analyse, sehr kollegial", Wettbewerber; Gesellschaftsrecht/M&A), Dr. Dirk Stahlberg (Gesellschaftsrecht/M&A)

Team: 5 Eq.-Partner, 1 Sal.-Partner

Schwerpunkte: Gesellschaftsrecht, M&A, Kapitalmarktrecht, Arbeitsrecht (u.a. Restrukturierungen), Prozesse, Steuerrecht sowie zu Unternehmens- u. Vermögensnachfolge. Beratung auch im österr. Recht. Datenschutz.

Mandate: Ringmetall, Blue Cap lfd. gesellschafts- u. kapitalmarktrechtl. u. zu HV; Alrise Biosystems, ECount Unternehmensgruppe, Vertilas lfd. gesellschaftsrechtl.; Dr. Hönle u.a. zu Umstrukturierung u. Verschmelzung eines Tochterunternehmens sowie zu Verkauf von Raesch Quartz; Navitapharm u.a. zu Joint-Venture mit frz. Pharmaunternehmen; Druckerei arbeitsrechtl. im Zshg. mit Betriebsschließung u. Verkauf; Aufsichtsrat einer Verwertungsgesellschaft zu Vorstandsvergütung.

BAKER TILLY

Süden ★★★★

Bewertung: An keinem anderen dt. Standort bietet die MDP-Kanzlei ihren Mandanten ein derart breites Beratungsportfolio wie in München. Dabei bleibt die gesellschafts- u. steuerrechtl. Beratung weiterhin ihr Nukleus. Wie Mandanten aus der Steuerberatung zunehmend auch auf das rechtl. Know-how der Kanzlei zurückgreifen, zeigt das Bsp. Wacker Neuson, wo das Team nun auch gesellschaftrechtl. berät. Zuletzt verstärkte die Kanzlei ihre Beratung mit Bezug zu Korea, was nicht zuletzt auf den Korean Desk zurückzuführen ist, den ein im Vorjahr hinzugekommener Partner betreut. Der Aufbau eines Teams mit Schwerpunkt auf Insolvenzen u. Restrukturierung hat sich als richtig erwiesen, wie eine Reihe von Neumandatierungen belegt. Die Arbeit für Unternehmen wie Gieseke + Devrient, zu außenwirtschaftsrechtl. Fragen oder mehrere Unternehmen zur Implementierung eines Whistleblower-Systems, zeigt, dass die Kompetenz der BT-Anwälte auch abseits steuer- u. gesellschaftsrechtl. Themen gefragt ist.

Stärken: Integrierte gesellschafts- u. steuerrechtl. Beratung.

Oft empfohlen: Dr. Thomas Gemmeke, Stephan Zuber (beide Gesellschaftsrecht/M&A), Wolfgang Richter, Oliver Hubertus (beide Steuerrecht)

Team: 15 Partner, 5 Counsel, 20 Associates, 2 of Counsel

Schwerpunkte: ▷*Gesellsch.recht*, u.a. Restrukturierungen, ▷*M&A* u. Finanzierungen umf. rechtl., steuerl. u. betriebswirtschaftlich, auch Arbeitsrecht, ▷*Nachfolge*, Steuer-, ▷*Wirtschafts- u. Steuerstrafrecht* u. Konfliktlösung. Mandanten: z.T. bedeutende mittelständ. u. börsennot. Unternehmen. Zudem Privatvermögende, institutionelle Investoren, Stiftungen/NPO u. Kliniken.

Mandate: ADAC-Gruppe lfd. einschl. gesellschaftsrechtl. Themen der Stiftung; Blue Elephant Venture zu Verkauf der Mehrheit an Blue Elephant Energy an Antin Infrastructure Partners; Bergader gesellschaftsrechtl. u. zu Kooperationsverträgen sowie Gruppenfinanzierung; Giesecke + Devrient, Elektroniksystem- u. Logistikunternehmen u. Werkzeugmaschinenhersteller jew. außenwirtschaftsrechtl.; Hersteller von Armaturen außenwirtschaftsrechtl. u. im Zshg. mit Russland-Sanktionen.

BEISSE & RATH

Süden ★★★★

Bewertung: Ihren Mandanten bietet die Nürnberger Kanzlei ein breites Beratungsportfolio, dessen Kern v.a. die gesellschaftsrechtl. Beratung u. Transaktionen bilden. Am nordbayer. Markt nimmt die Kanzlei eine führende Rolle ein, was nicht zuletzt die diversifizierte Mandantschaft der Kanzlei zeigt, die Mittelständler ebenso umfasst wie region. Konzerne oder vermögende Privatpersonen. Hier agieren die M&A-Anwälte regelm. mit den Ar-

Anwaltszahlen: Angaben der Kanzleien zur Bürogröße vor Ort. Sie spiegeln nicht zwingend die Gesamtgröße einer Kanzlei wider.

beits- u. Immobilienrechtlern der Kanzlei. Abseits der transaktionsbegl. Beratung sind diese Anwälte aber ebenso präsent. So mandatieren bspw. ein regionaler Backwarenhersteller u. ein Pumpen-Service-Dienstleister die Kanzlei für die lfd. arbeitsrechtl. Beratung, während die Immobilienrechtler eine Reihe von Projektentwicklern bei der Planung u. Umsetzung ihrer Vorhaben begleiteten. Darüber hinaus verfügt B&R über stiftungsrechtl. Know-how, das sie regelm. im Kontext von Nachfolgelösungen ausspielt. Dass die Kanzlei hier häufig gefragt ist, liegt nicht zuletzt an guten Kontakten, die einzelne Partner zu vermögenden Privatpersonen pflegen. Ein Partner, der von der Wettbewerberin Rödl wechselte, verstärkt sowohl die vertriebsrechtl. als auch die Konfliktlösungskompetenz, insbes. mit Blick auf Schiedsverfahren. Zugleich verbreitert er die Riege der jüngeren Anwälte, die stetig an Visibilität gewinnen und mit denen sich die Kanzlei für einen zukünftigen Generationswechsel gut aufgestellt hat.

Stärken: Gesellschaftsrecht/M&A.

Oft empfohlen: Peter Rath, Dr. Felix Hechtel (beide Gesellschaftsrecht), Marc-Sebastian Pohl („verlässlicher u. fairer Verhandlungspartner", Wettbewerber; M&A), Gisela Friedrich (Arbeitsrecht)

Team: 7 Eq.-Partner, 2 Sal.-Partner, 1 Counsel, 3 Associates

Partnerwechsel: Vincent Döbrich (von Rödl & Partner; Vertriebsrecht u. Konfliktlösung)

Schwerpunkte: Kernkompetenz im Gesellschaftsrecht (u.a. Sanierungsberatung, Compliance) u. Transaktionen (M&A, Immobilien). Enger Konnex mit Erb-, Stiftungs- u. Vertragsrecht. Arbeits- u. IT-Recht.

Mandate: Zulieferer-Gruppe in Familienbesitz zu gepl. Zukauf; regionaler Backwarenhersteller vertriebsrechtl. u. in Prozessen; Gesellschafter von Elektroinstallationsunternehmen zu Verkauf; Gesellschafter von Fahrschul-Gruppe zu Verkauf von Anteilen an Private-Equity-Portfoliounternehmen; Gesellschafter von Softwareentwicklungsunternehmen zu gepl. Verkauf; Medizinproduktehersteller zu Umwandlung in AG, Carve-out u. Verkauf von Sparte in Italien; österr. Schleifmittelhersteller vertriebsrechtl.; Semikron-Gruppe lfd. gesellschaftsrechtlich.

BENDEL & PARTNER

Süden ★★

Bewertung: Die Kanzlei versteht sich als Rundum-Beraterin des Mittelstands u. ist mit ihrem entspr. breiten Angebot der Platzhirsch in Unterfranken. Mittelständler unterschiedl. Größe u. Branchen setzen u.a. im Arbeits- u. Baurecht auf die Einheit. Anders als bei Wettbewerbern wie etwa Fries steht bei Bendel im Gesellschaftsrecht weniger die Dauerberatung als das Projektgeschäft im Vordergrund. Die Kanzlei beriet zuletzt u.a. zu mehreren kleineren Transaktionen. Durch ihr frühzeitiges Engagement in der Juristenausbildung hat die Kanzlei weniger Nachwuchsprobleme als manch andere Regionalkanzlei. Dafür spricht auch die Ernennung 2er junger Partner im Bau- u. Gesellschaftsrecht, zugleich unterstreicht es die positive Geschäftsentwicklung.

Team: 4 Eq.-Partner, 13 Associates, 1 of Counsel

Schwerpunkte: Betreuung v.a. mittelständ. Mandanten, u.a. bei Unternehmensgründungen u. -transaktionen, Umstrukturierungen u. Nachfolgeregelungen; Insolvenz/Restrukturierung. Breites

JUVE Top 50 und internationale Kanzleien im Süden

Advant Beiten (München)	▷*Arbeit*; ▷*Gesellsch.recht*; ▷*Kartellrecht*; ▷*Konfliktlösung*; ▷*M&A*; ▷*Marken u. Wettbewerb*; ▷*Medien*; Patent; ▷*Presse*; ▷*Private Equ. u. Vent. Capital*; ▷*Vergabe*.
Allen & Overy (München)	▷*Gesellsch.recht*; ▷*Insolvenz/Restrukturierung*; ▷*Konfliktlösung*; ▷*Kredite u. Akqu.fin.*; ▷*M&A*; Patent; ▷*Private Equ. u. Vent. Capital*; Steuern.
Ashurst (München)	▷*Gesellsch.recht*; ▷*Insolvenz/Restrukturierung*; ▷*Kartellrecht*; ▷*Konfliktlösung*; ▷*Kredite u. Akqu.fin.*; ▷*M&A*; ▷*Private Equ. u. Vent. Capital*.
Baker McKenzie (München)	▷*Arbeit*; ▷*Compliance*; ▷*Gesellsch.recht*; ▷*Gesundheit*; ▷*Immo/Bau*; ▷*IT-Recht u. Datenschutz*; ▷*Konfliktlösung*; ▷*Kredite u. Akqu.fin.*; ▷*M&A*; Patent; ▷*Private Equ. u. Vent. Capital*; ▷*Vertrieb*; Steuern.
Bird & Bird (München)	▷*Arbeit*; ▷*Energie*; ▷*Gesellsch.recht*; ▷*IT-Recht u. Datenschutz*; ▷*M&A*; ▷*Marken u. Wettbewerb*; Patent; ▷*Vergabe*; ▷*Verkehr*; ▷*Vertrieb*.
CBH Rechtsanwälte (München)	Patent.
Clifford Chance (München)	▷*Energie*; ▷*Gesellsch.recht*; ▷*Immo/Bau*; ▷*Investmentfonds*; ▷*Konfliktlösung*; ▷*Kredite u. Akqu.fin.*; ▷*M&A*; ▷*Private Equ. u. Vent. Capital*; ▷*Unternehmensbez. Versichererberatung*; ▷*Vertrieb*.
CMS Hasche Sigle (München)	▷*Arbeit*; ▷*Außenwirtschaft*; ▷*Compliance*; ▷*Gesellsch.recht*; ▷*Immo/Bau*; ▷*IT-Recht u. Datenschutz*; ▷*Konfliktlösung*; ▷*M&A*; ▷*Private Equ. u. Vent. Capital*; Steuern; ▷*Telekommunikation*; ▷*Vergabe*; ▷*Vertrieb*.
Dechert (München)	▷*Investmentfonds*; ▷*M&A*; ▷*Private Equ. u. Vent. Capital*.
Dentons (München)	▷*Anleihen*; ▷*Arbeit*; ▷*Beihilfe*; ▷*Energie*; ▷*Gesellsch.recht*; ▷*Gesundheit*; ▷*Immo/Bau*; ▷*Kartellrecht*; ▷*Konfliktlösung*; ▷*M&A*; ▷*Private Equ. u. Vent. Capital*; Steuern; ▷*Vergabe*; ▷*Verkehr*.
DLA Piper (München)	▷*Arbeit*; ▷*Gesellsch.recht*; ▷*Immo/Bau*; ▷*Investmentfonds*; ▷*IT-Recht u. Datenschutz*; ▷*Konfliktlösung*; ▷*M&A*; ▷*Medien*; ▷*Private Equ. u. Vent. Capital*; ▷*Vertrieb*.
Eversheds Sutherland (München)	▷*Arbeit*; ▷*IT-Recht u. Datenschutz*; ▷*Gesellsch.recht*; ▷*Immo/Bau*; ▷*Konfliktlösung*; ▷*M&A*; ▷*Vertrieb*.
Fieldfisher (München)	▷*Energie*; ▷*Gesundheit*; ▷*Konfliktlösung*.
Flick Gocke Schaumburg (München)	▷*Gesellsch.recht*; ▷*Investmentfonds*; ▷*Nachfolge*.
Freshfields Bruckhaus Deringer (München)	▷*Arbeit*; ▷*Gesellsch.recht*; ▷*Konfliktlösung*; ▷*M&A*; Patent; ▷*Private Equ. u. Vent. Capital*; Steuern; ▷*Unternehmensbez. Versichererberatung*.
Gibson Dunn & Crutcher (München)	▷*Compliance*; ▷*Gesellsch.recht*; ▷*Kartellrecht*; ▷*Konfliktlösung*; ▷*M&A*; ▷*Private Equ. u. Vent. Capital*.
Gleiss Lutz (München)	▷*Arbeit*; ▷*Energie*; ▷*Gesellsch.recht*; ▷*Insolvenz/Restrukturierung*; ▷*Kartellrecht*; ▷*Konfliktlösung*; ▷*Lebensmittel*; ▷*M&A*; ▷*Marken u. Wettbewerb*; Patent; ▷*Private Equ. u. Vent. Capital*; ▷*Unternehmensbez. Versichererberatung*; ▷*Vertrieb*.
Görg (München)	▷*Arbeit*; ▷*Gesellsch.recht*; ▷*Immo/Bau*; ▷*Insolvenz/Restrukturierung*; ▷*IT-Recht u. Datenschutz*; ▷*M&A*; ▷*Öffentl. Recht*; ▷*Private Equ. u. Vent. Capital*.

Fortsetzung nächste Seite

Anwaltszahlen: Angaben der Kanzleien zur Bürogröße vor Ort. Sie spiegeln nicht zwingend die Gesamtgröße einer Kanzlei wider.

JUVE Top 50 und internationale Kanzleien im Süden Fortsetzung

GSK Stockmann (München)	▷*Bankrecht u. -aufsicht;* ▷*Beihilfe;* ▷*Compliance;* ▷*ESG;* ▷*Gesellsch.recht;* ▷*Immo/Bau;* ▷*Insolvenz/Restrukturierung;* ▷*Investmentfonds;* ▷*Konfliktlösung;* ▷*M&A;* ▷*Öffentl. Recht;* ▷*Private Equ. u. Vent. Capital;* Steuern.
GvW Graf von Westphalen (München)	▷*Energie;* ▷*Gesellsch.recht;* ▷*Insolvenz/Restrukturierung;* ▷*IT-Recht u. Datenschutz;* ▷*M&A;* ▷*Marken u. Wettbewerb;* ▷*Öffentl. Recht;* Patent; ▷*Vergabe;* ▷*Verkehr;* ▷*Versicherungsvertragsrecht;* ▷*Vertrieb.*
Hengeler Mueller (München)	▷*Compliance;* ▷*Energie;* ▷*Gesellsch.recht;* ▷*Kartellrecht;* ▷*Konfliktlösung;* ▷*M&A;* ▷*Nachfolge;* ▷*Private Equ. u. Vent. Capital.*
Heuking Kühn Lüer Wojtek (München)	▷*Gesellsch.recht;* ▷*Gesundheit;* ▷*Immo/Bau;* ▷*Insolvenz/Restrukturierung;* ▷*Kartellrecht;* ▷*Konfliktlösung;* ▷*M&A;* ▷*Nachfolge;* ▷*Private Equ. u. Vent. Capital;* Steuern; ▷*Vergabe;* ▷*Versicherungsvertragsrecht;* ▷*Vertrieb.*
Hogan Lovells (München)	▷*Arbeit;* ▷*Außenwirtschaft;* ▷*Compliance;* ▷*ESG;* ▷*Gesellsch.recht;* ▷*Gesundheit;* ▷*Immo/Bau;* ▷*Insolvenz/Restrukturierung;* ▷*IT-Recht u. Datenschutz;* ▷*Kartellrecht;* ▷*Konfliktlösung;* ▷*M&A;* Patent; ▷*Öffentl. Recht;* ▷*Private Equ. u. Vent. Capital;* Steuern; ▷*Telekommunikation;* ▷*Unternehmensbez. Versichererberatung;* ▷*Verkehr;* ▷*Vertrieb.*
Jones Day (München)	▷*Compliance;* ▷*Gesellsch.recht;* ▷*IT-Recht u. Datenschutz;* ▷*M&A;* Patent; ▷*Private Equ. u. Vent. Capital.*
K&L Gates (München)	▷*M&A;* ▷*Immo/Bau.*
Kapellmann und Partner (München)	▷*Immo/Bau;* ▷*Verkehr.*
Kirkland & Ellis (München)	▷*Gesellsch.recht;* ▷*Insolvenz/Restrukturierung;* ▷*M&A;* ▷*Private Equ. u. Vent. Capital.*
Latham & Watkins (München)	▷*Anleihen;* ▷*Compliance;* ▷*Gesellsch.recht;* ▷*Insolvenz/Restrukturierung;* ▷*Konfliktlösung;* ▷*Kredite u. Akqu.fin.;* ▷*M&A;* ▷*Private Equ. u. Vent. Capital.*
Linklaters (München)	▷*Gesellsch.recht;* ▷*Immo/Bau;* ▷*Investmentfonds;* ▷*Konfliktlösung;* ▷*Kredite u. Akqu.fin.;* ▷*M&A;* ▷*Private Equ. u. Vent. Capital;* ▷*Unternehmensbez. Versichererberatung.*
Luther (München)	▷*Arbeit;* ▷*Gesellsch.recht;* ▷*Kartellrecht;* ▷*M&A;* ▷*Private Equ. u. Vent. Capital;* Steuern; ▷*Vergabe.*
McDermott Will & Emery (München)	▷*Arbeit;* ▷*Gesellsch.recht;* ▷*Gesundheit;* ▷*Insolvenz/Restrukturierung;* ▷*IT-Recht u. Datenschutz;* ▷*Konfliktlösung;* ▷*M&A;* ▷*Medien;* Patent; ▷*Private Equ. u. Vent. Capital;* Steuern.
Milbank (München)	▷*Gesellsch.recht;* ▷*Kredite u. Akqu.fin.;* ▷*Kartellrecht;* ▷*M&A;* ▷*Private Equ. u. Vent. Capital;* ▷*Insolvenz/Restrukturierung;* Steuern.
Morgan Lewis & Bockius (München)	▷*M&A;* ▷*Private Equ. u. Vent. Capital.*
Noerr (München)	▷*Arbeit;* ▷*Außenwirtschaft;* ▷*Bankrecht u. -aufsicht;* ▷*Beihilfe;* ▷*Compliance;* ▷*ESG;* ▷*Gesellsch.recht;* ▷*Gesundheit;* ▷*Immo/Bau;* ▷*Insolvenz/Restrukturierung;* ▷*IT-Recht u. Datenschutz;* ▷*Kartellrecht;* ▷*Konfliktlösung;* ▷*Kredite u. Akqu.fin.;* ▷*Lebensmittel;* ▷*M&A;* ▷*Marken u. Wettbewerb;* ▷*Medien;* ▷*Nachfolge;* ▷*Öffentl. Recht;* Patent; ▷*Private Equ. u. Vent. Capital;* Steuern; ▷*Unternehmensbez. Versichererberatung;* ▷*Verkehr;* ▷*Vertrieb;* ▷*Wirtschafts- u. Steuerstrafrecht.*

Fortsetzung nächste Seite

Spektrum: Gesellschafts-, Bau-, Arbeits-, Handels- u. Vertragsrecht, auch Prozesse. Auf diesen Gebieten auch Kooperation mit Kanzlei Dr. Lohmann (Stuttgart).
Mandate: Umf. für großen regionalen Baustoffhändler, Caterer, Fränk. Weinbauverband; Bauunternehmen lfd. im priv. u. öffentl. Baurecht.

BISSEL + PARTNER

Süden ★★★★

Bewertung: Die Kanzlei aus Erlangen gehört in Nordbayern aufgr. ihres breiten Beratungsangebots u. ihrer Personalstärke zu den präsentesten Einheiten. Ähnl. wie Meyerhuber oder Seitz Weckbach fungiert auch sie für ihre mittelständ. Stammklientel oft als ausgelagerte Rechtsabteilung. Mandanten loben regelm. die kompetente Beratung durch mehrere, auch jüngere, Anwälte. Von ihren Wettbewerbern unterscheidet sich B+P wiederum durch den stärkeren Akzent auf die Beratung zu Gesellschaftsrechts- u. M&A-Mandaten sowie durch ihr starkes Standbein in der Immobilienbranche. Regelm. ist das Team in Transaktionen versch. Größenordnung zu sehen, deckt aber auch lfd. immobilienrechtl. Themen wie Asset-Management sowie die baurechtl. Beratung ab, was auch in dealärmeren Zeiten eine gute Auslastung beschert.
Stärken: Transaktionen, gute Vernetzung in der Immobilienbranche.
Oft empfohlen: Dr. Frank Ebbing, Dr. Carsten Bissel (beide Gesellschaftsrecht/M&A), Dr. Michael Grüner („äußerst kompetent u. serviceorientiert", Mandant; Immobilienrecht), Martin Reymann-Brauer (Wirtschaftsstrafrecht, Compliance)
Team: 7 Partner, 15 Associates, plus StB
Schwerpunkte: Gesellschafts-, Bau- u. Immobilienrecht, Steuer-, Wirtschafts- u. Steuerstrafrecht. Compliance.
Mandate: Öffentl. bekannt: GBI regelm. bei Immobilientransaktionen; Familie Heide bei Verkauf von Entwicklungsgrundstück; regelm.: Siemens, Siemens Energy, Fackelmann.

VON BOETTICHER

Süden ★★

Bewertung: In der Münchner Kanzlei war zuletzt ein Wandel zu beobachten. Nach einer Reihe von Abgängen in den letzten Jahren stellten einige Außenstehende sogar ihre Zukunft in Frage. Doch über das vergangene Jahr hat sich gezeigt, wie die Stärke der einzelnen Partner u. ihrer Praxen dafür gesorgt hat, dass die Kanzlei wieder Stabilität erlangt hat und sogar ihren Marktanteil vergrößern konnte. Pharmarechtlerin Böhm genießt weiterhin einen sehr starken Ruf und konzentriert sich jetzt auf Heilmittelwerbeprozesse. Das Corporategeschäft war zuletzt stärker transaktionsorientiert u. neben dem prominenten Verkauf des Bankhauses von der Heydt sorgten US-Mandanten für einen soliden Dealflow. In der IT-Praxis offenbart die fortgesetzte Mandatierung durch marktführende Unternehmen aus den USA das Potenzial der Kanzlei. Im Frühsommer 2023 kam auch die lang ersehnte Verstärkung auf Partnerebene: Mit dem Zugang von Coschignano – dem ersten Quereinsteiger seit langer Zeit – baut von Boetticher ein Standbein bei vermögenden Privatpersonen auf. Zuletzt gelang nach längerer Durststrecke auch der Ausbau der Associate-Ebene.
Stärken: Pharmarecht; Gesellschaftsrecht; IT.

Anwaltszahlen: Angaben der Kanzleien zur Bürogröße vor Ort. Sie spiegeln nicht zwingend die Gesamtgröße einer Kanzlei wider.

Oft empfohlen: Dr. Stephan Rettenbeck, Jens Horstkotte, Bernhard Maierhofer (alle Gesellschaftsrecht/M&A), Dr. Claudia Böhm („Eine der Besten", „schnell, kompetent u. realistisch", Wettbewerber; v.a. Pharmarecht), Dr. Angelika Hoche, Sven Schlotzhauer (beide IT-Recht)
Team: 10 Partner, 3 Associates
Partnerwechsel: Alessandro Coschignano (aus eigener Kanzlei; Nachfolge)
Schwerpunkte: Breite Praxis in ▷*Gesellschaftsrecht* u. ▷*M&A*, mit gewissem Technologie-/▷*IT*-Fokus sowie integrierter bank- u. kapitalmarktrechtl. Beratung. Eigenständige Pharmapraxis (▷*Gesundheit*). Starke Überschneidungen zum Marken-/Wettbewerbsrecht.
Mandate: Fuba Automotive Electronics zu IT-Verträgen; Internat. Content Aggregation Netzwerk bei Leistungsschutzrecht der Presseverleger; Dietrich von Boetticher (Gesellschafter) bei Verkauf von Bankhaus von der Heydt an Bitcoin Group; amerikan. IT-Unternehmen bei Kauf von dt. Technologieanbieter aus der Insolvenz u. bei Kauf von Automobilzulieferer; Bavarian Nordic in Auseinandersetzung wg. Werbung für Impfstoffe; Ever Neuro Pharma umf., u.a. zu klinischen Studien u. Zulassungsfragen; Gilead Sciences umf. wg. Produkten für HIV-Therapie, Behandlung von Hepatitis C u. onkolog. Produkten.

DISSMANN ORTH

Süden ★★

Bewertung: Die auf familiengeführte Mittelstandsunternehmen u. hochvermögende Privatkunden ausgerichtete Münchner Traditionskanzlei gilt mit ihren engen Fokuspraxen als eine der hochkarätigen süddt. Adressen für Rechts- u. Steuerberatung. Mit einer Personalgröße, die immer rund ein Dutzend beträgt, sowie ihrer starken Partnerzentrierung ist praktisch jedes Mandat eine höchst individuelle Beratungsleistung. Das schätzen treue Mandanten, aber es lässt Massengeschäft oder großvol. Transaktionsberatung kaum zu. Die Ernennung einer neuen Eq.-Partnerin Anfang 2023 unterstreicht den Kurs der Kanzlei, den partnerseitigen Beratungsansatz aufrechtzuerhalten. Das ist gut fürs Geschäft u. für den Ruf, denn auch nach außen hin ist der Generationswechsel spürbar: Mit einem Sal.-Partner, der 2021 von Hogan Lovells gekommen war, hat Dissmann Orth es bspw. inzw. geschafft, ihre Schlagkraft in streitigen, v.a. gesellschaftsrechtl. Verfahren wieder spürbar zu erhöhen, wie eine Reihe von Mandaten belegen. Der Bereich hatte durch den kontinuierlichen Rückzug eines 2023 dann verstorbenen Senior-Partners bis vor einiger Zeit etwas brach gelegen. V.a. aber das Engagement des mittlerw. ebenfalls empfohlenen Brehm zeigt, dass die Kanzlei nicht stehen bleibt. Er hat in den vergangenen 3 Jahren eine respektable Praxis für Start-ups aufgebaut u. damit das Profil der Kanzlei an einer Stelle erweitert, die lange keine Rolle bei Dissmann Orth gespielt hatte.
Stärken: Kombinierte, mittelstandsfokussierte Beratung; ▷*Gesellsch.recht* u. Aktienrecht; Steuern; ▷*Nachfolge*.
Oft empfohlen: Dr. Jochen Ettinger („hohe Kompetenz bei steuerrechtlich komplizierten Transaktionen", „hochprofessionell, durchsetzungsstark", jew. Wettbewerber), Dr. Arne Friese („perfekt!", Mandant, „schnell, international, fachlich top", Wettbewerber), Dr. Tobias Beuchert („kreativer, fachlich absolut herausragender Steuer- und Gesellschaftsrechtler", Wettbewerber), Dr. Martin Lohse („juristisch kreativ, durchsetzungsstark", Wettbewerber; alle Gesellschaftsrecht/Steuerrecht), Dr. Christian Brehm („gute Marktkenntnis, viel Erfahrung", „schnell, zuverlässig", Wettbewerber; Venture Capital)
Team: 9 Eq.-Partner, 2 Sal.-Partner, 1 Associate, 1 of Counsel
Schwerpunkte: Steuerl. u. gesellschaftsrechtl. Beratung unternehmerischer u. familiärer Großvermögen, inkl. Aktienrecht (auch HV-Beratung), ▷*M&A*, gesellschaftsrechtl. Streitigkeiten, ▷*Nachfolgeberatung*. Über langj. Kontakte auch auslandsbez. Beratung.
Mandate: Gesellschafter von Giance Technology bei Verkauf an Unicepta; MCB Beteiligungsgesellschaft lfd. in M&A; Kyon Energy lfd. im Gesellschafts- u. Steuerrecht; Schweizer Kapital Global Impact Fund AG bei div. Start-up Investments in Dtl., EU u. USA; internat. mittelständ. Unternehmensgruppe bei Trennung der Gesellschafterstämme u. Herauskauf eines Stamms mit Übernahme eines ausländ. Unternehmensteils; mittelständ. Biotech-Unternehmen bei Gesellschafterstreitigkeit; vermögender Investor bei Gesellschafterstreitigkeit vor LG u. OLG (inkl. Klage auf Rückübertragung einer treuhänd. Beteiligung).

EGO HUMRICH WYEN

Süden ★★

Bewertung: Die Münchner Spezialkanzlei genießt ein hohes Ansehen im Gesellschaftsrecht. Ein Fokus liegt dabei auf der Beratung von Organen sowie Aktionärsgruppen, bspw. zur Wahrnehmung ihrer Rechte. Nicht selten haben diese Mandate auch

JUVE Top 50 und internationale Kanzleien im Süden Fortsetzung

Norton Rose Fulbright (München)	▷*Energie*; ▷*Gesellsch.recht*; ▷*Immo/Bau*; ▷*Konfliktlösung*; ▷*Kredite u. Akqu.fin.*; ▷*M&A*; ▷*Verkehr*.
Orrick Herrington & Sutcliffe (München)	▷*Gesellsch.recht*; ▷*Konfliktlösung*; ▷*M&A*; ▷*Private Equ. u. Vent. Capital*.
Osborne Clarke (München)	▷*Arbeit*; ▷*Gesellsch.recht*; ▷*IT-Recht u. Datenschutz*; ▷*Kartellrecht*; ▷*M&A*; ▷*Marken u. Wettbewerb*; ▷*Medien*; ▷*Vertrieb*.
Pinsent Masons (München)	▷*Energie*; ▷*Gesellsch.recht*; ▷*Immo/Bau*; ▷*IT-Recht u. Datenschutz*; ▷*Konfliktlösung*; ▷*M&A*; ▷*Telekommunikation*.
Poellath (München)	▷*Gesellsch.recht*; ▷*Immo/Bau*; ▷*M&A*; ▷*Nachfolge*; ▷*Private Equ. u. Vent. Capital*; Steuern.
Reed Smith (München)	▷*Gesellsch.recht*; ▷*IT-Recht u. Datenschutz*; ▷*M&A*; ▷*Medien*; ▷*Private Equ. u. Vent. Capital*.
Rödl & Partner (Nürnberg, München, Bayreuth, Fürth, Hof, Regensburg)	▷*Energie*; ▷*Gesellsch.recht*; ▷*Immo/Bau*; ▷*M&A*; ▷*Nachfolge*; Steuern; ▷*Telekommunikation*; ▷*Verkehr*; ▷*Vertrieb*.
Sidley Austin (München)	▷*M&A*; ▷*Private Equ. u. Vent. Capital*; ▷*Insolvenz/Restrukturierung*; Steuern.
Simmons & Simmons (München)	▷*M&A*; Patent; ▷*Private Equ. u. Vent. Capital*.
SKW Schwarz (München)	▷*Arbeit*; ▷*Gesellsch.recht*; ▷*IT-Recht u. Datenschutz*; ▷*M&A*; ▷*Marken u. Wettbewerb*; ▷*Medien*; ▷*Nachfolge*.
SZA Schilling Zutt & Anschütz (München)	▷*Gesellsch.recht*; ▷*M&A*.
Taylor Wessing (München)	▷*Arbeit*; ▷*Börseneinführ. u. Kapitalerhöhung*; ▷*Energie*; ▷*Gesellsch.recht*; ▷*Gesundheit*; ▷*Immo/Bau*; ▷*Insolvenz/Restrukturierung*; ▷*IT-Recht u. Datenschutz*; ▷*Konfliktlösung*; ▷*M&A*; ▷*Marken u. Wettbewerb*; ▷*Medien*; ▷*Nachfolge*; Patent; ▷*Private Equ. u. Vent. Capital*; ▷*Unternehmensbez. Versichererberatung*; ▷*Versicherungsvertragsrecht*; ▷*Vertrieb*.
Watson Farley & Williams (München)	▷*Arbeit*; ▷*Energie*; ▷*Gesellsch.recht*; ▷*M&A*; ▷*Private Equ. u. Vent. Capital*; ▷*Verkehr*.
Weil Gotshal & Manges (München)	▷*Gesellsch.recht*; ▷*Insolvenz/Restrukturierung*; ▷*M&A*; ▷*Private Equ. u. Vent. Capital*; Steuern.

Die Auswahl von Kanzleien und Personen in Rankings und tabellarischen Übersichten ist das Ergebnis umfangreicher Recherchen der JUVE-Redaktion. Sie ist in 2erlei Hinsicht subjektiv: Die Aussagen der befragten Quellen sind subjektiv u. spiegeln deren Erfahrungen u. Einschätzungen. Die JUVE-Redaktion wiederum analysiert die Rechercheergebnisse unter Einbeziehung ihrer eigenen Marktkenntnis. Der JUVE Verlag beabsichtigt keine allgemeingültige oder objektiv nachprüfbare Bewertung. Es ist möglich, dass eine andere Recherchemethode zu anderen Ergebnissen führt. Innerhalb einzelner Gruppen in Rankings und tabellarischen Übersichten sind Kanzleien und Personen alphabetisch sortiert.

Anwaltszahlen: Angaben der Kanzleien zur Bürogröße vor Ort. Sie spiegeln nicht zwingend die Gesamtgröße einer Kanzlei wider.

streitigen Charakter. Ein Beleg für das anerkannte prozessrechtl. Know-how der Kanzlei ist nicht zuletzt die Bestellung Humrichs zum Prozesspfleger des Wirecard-Vorstands im Verf. um die Nichtigkeit von Jahresabschlüssen. Darüber hinaus ist die Kanzlei auch als Beraterin für Berater gefragt, z.B. beim Thema Anwaltshaftung oder im Zshg. mit Kanzleiauflösungen u. damit verbundenen Prozessen. Daneben ist das Team auch in Transaktionen gleichermaßen für Strategen wie für Private-Equity-Häuser involviert.

Stärken: Gesellschaftsrechtl. u. Post-M&A-Streitigkeiten, Anwaltshaftung.

Oft empfohlen: Dr. Alexander Ego, Dr. Jan-Henning Wyen (beide Gesellschaftschaftsrecht, Konfliktlösung, M&A u. Private Equity), Dr. Henrik Humrich (Gesellschaftsrecht, Konfliktlösung)

Team: 4 Eq.-Partner, 1 Sal.-Partner, 1 Associate

Schwerpunkte: Umfangr. ▷*gesellschaftsrechtl.* Kompetenz, bes. stark bei Post-M&A- u. Gesellschafterstreitigkeiten sowie Organhaftung. Anerkannt für ▷*Konfliktlösung*.

Mandate: Prozesspfleger für den Wirecard-Vorstand bei Klage auf Nichtigkeit von Jahresabschlüssen durch Insolvenzverwalter; Aufsichtsrat eines börsennot. Unternehmens (Unterhaltungsbranche) u.a. gesellschafts- u. kapitalmarktrechtl. im Zshg. mit Übernahme durch Private-Equity-Fonds; Family Office in Gesellschafterstreit im Zshg. mit Verkauf an Private-Equity-Haus; Partner der ehem. Kanzlei Schnittker Möllmann in Gesellschafterstreit gg. ehem. Namenspartner Möllman; Maxburg Capital zu Verkauf der Maltego Technologies Gruppe.

FRIES

Süden ★★

Bewertung: Als Rundumberaterin des Mittelstands hat die Kanzlei ein entspr. umfangr. Beratungsangebot von Arbeits- bis Wettbewerbsrecht. Ihre themat. Akzente v.a. im Arbeits- u. Bau- sowie im Vertriebsrecht sind seit Langem etabliert und bekannt. In Letzterem spielten insbes. Fragen im Zshg. mit dem Lieferkettengesetz eine zentrale Rolle. Aber auch das Versicherungsrecht, vormals nur ein Nebenschauplatz, hat sich zuletzt, v.a. im Kontext krisennaher Beratung, gut entwickelt. In Praxisgruppen wie zum Bsp. dem Baurecht hat die Kanzlei den Generationswechsel schon vollzogen u. eine ausgewogene Alterspyramide geschaffen. Ein nächster wichtiger Schritt wird sein, auch im Gesellschaftsrecht jüngere Anwälte in die erste Reihe zu rücken, denn bisher konzentriert sich die Wahrnehmung der Kanzlei auf diesem Feld weiterhin sehr auf einen Senior-Partner.

Stärken: Arbeitsrecht.

Oft empfohlen: Michael Au („sehr kompetent, u.a. bei Betriebsratsverhandlungen“, Mandant; „konstruktiv“, Wettbewerber; Arbeitsrecht)

Team: Nürnberg: 9 Eq.-Partner, 1 Sal.-Partner, 5 Counsel, 8 Associates, 2 of Counsel; Würzburg/Schweinfurt: 2 Eq.-Partner, 1 Counsel, 3 Associates, 1 of Counsel

Partnerwechsel: Dr. Klaus Weller (Ruhestand; Baurecht)

Schwerpunkte: Arbeits-, Steuer- u. Gesellschaftsrecht, Vertrieb. Zudem IP/IT u. Datenschutz, Versicherungs-, Erbrecht. Kooperation im Öffentl. Recht mit Dr. Sojka & Kasch.

Mandate: Norma, Gebäudereinigungsunternehmen, Flughafengesellschaft, lfd. im Arbeitsrecht (marktbekannt).

GLNS

Süden ★★★

JUVE AWARDS 2023

Kanzlei des Jahres Süden

Bewertung: Der Boutique, die Mittelständler wie Dax-Konzerne zu ihren Mandanten zählt, ist es gelungen, ihre Position am Münchner Markt kontinuierl. auszubauen. Zuletzt machte sie Fortschritte beim Ausbau ihrer Finanzierungspraxis. Durch den Zugang 2er weiterer Associates baut sich Praxisgruppenleiter Lenhard, der jüngst Eq.-Partner wurde, sukzessive ein eigenes Team auf. Regelm. loben Wettbewerber wie Mandanten Lenhard für sein fachliches Know-how. Eine besondere Stärke der Kanzlei ist, dass sie für ihre Mandanten bei Deals neben Transaktions- u. der Finanzierungskompetenz auch steuerl. Themen mit abdecken kann, was sie von vergleichbaren Einheiten wie etwa Gütt Olk Feldhaus abhebt. Dass dieses Paket gefragt ist, zeigt die Beratung von FSN bei einer Mehrheitsbeteiligung an Lobster. Ein weiterer Baustein ist die Konfliktlösungspraxis, auf die bspw. ein Unternehmen aus der Event-Branche bei einem Streit im Zshg. mit einem Vertriebs-Joint-Venture setzte. Die gute geschäftl. Entwicklung unterstreicht die Ernennung von Julia Klesse zur Sal.-Partnerin, die bereits mit eigenen Mandaten am Markt visibel ist.

Stärken: Venture-Capital- u. Private-Equity-Beratung; Transaktionen. Zunehmend auch Finanzierungen.

Oft empfohlen: Dr. Ludger Schult, Dr. Daniel Gubitz („Einer der stärksten M&A-Anwälte. Verhandlungs- u. kommunikationsstark. Pragmatisch u. lösungsorientiert“, „super Arbeit, mit Umsicht u. mit kommerziellem Mindset“, Mandanten), Dr. Tobias Nikoleyczik, Dr. Reinhard Ege, Georg Lindner (alle Gesellschaftsrecht, M&A, Private Equity/Venture Capital), Dr. Philip Peitsmeyer, Andreas Scheidle, Dr. Anselm Lenhard („hervorragende Zusammenarbeit; sehr serviceorientiert u. zügig in der Bearbeitung. Fachl. eine große Bereicherung für unser Projekt.“, Mandant; „sehr angenehm u. versiert“, Wettbewerber)

Team: 9 Eq.-Partner, 3 Sal.-Partner, 4 Counsel, 8 Associates, 1 of Counsel

Schwerpunkte: ▷*Gesellschaftsrecht* u. ▷*M&A*, auch prozessrechtl. (insbes. gesellschaftsrechtl. u. Post-M&A-Streitigkeiten). Starker steuerrechtl. Fokus, sowohl in Transaktionen als auch im Konzernrecht/M&A; Branchenschwerpunkt: ▷*Private Equ. u. Vent. Capital*. Aktien- u. Kapitalmarktrecht. Finanzierung.

Mandate: Unternehmen aus Event-Branche zu Streit im Zshg. mit Vertriebs-Joint-Venture; Zooplus zu Kapitalerhöhung, HV, Delisting u. Formwechsel; Audi gesellschafts- u. kapitalmarktrechtl. sowie zu Joint-Ventures; Afinum zu Kauf von Christian Koenen-Gruppe; Emeram zu Kauf von Adler Smart Solution; FSN zu Kauf von Lobster u. Bäcker Görtz einschl. Finanzierung; Pharmaunternehmen zu Implementierung von Cash-Pooling; Minderheitsgesellschafterin zu Rückbeteiligung an Ingo Maurer; Dietz gesellschaftsrechtl., zu Mitarbeiterbeteiligungsprogramm u. Zukauf in Niederlanden; Hartl-Group gesellschaftsrechtl., zu Mitarbeiterbeteiligungsprogramm u. Zukäufen; Matrix42 u.a. zu gruppeninterner Verschmelzung u. Zukauf in Österreich; lfd.: Allianz Partners, Adidas, Audi, Grammer, Hello Fresh, Morphosys, Westwing, Zooplus.

GÜTT OLK FELDHAUS

Süden ★★★

Bewertung: Ihren Mandanten bietet die Münchner Kanzlei ein Beratungstableau, das gesellschafts-, aktien- u. kapitalmarktrechtl. Themen ebenso umfasst wie Transaktionen u. damit im Zshg. stehende Streitigkeiten. Dass GOF auf diesen Feldern über nennenswertes Know-how verfügt, belegen regelm. Mandatierungen durch namh. Unternehmen wie Garmin, MAN Energy Solutions, Mast-Jägermeister oder Villeroy & Boch. Zunehmend ist mandantenseitig bei Deals eine Beratung gefragt, die sowohl die Transaktion als auch die zugehörige Finanzierung mit abdeckt. Hier ist die Mandatierung durch Arcus Capital beim Kauf der Mehrheit an der Intercontent-Gruppe nur ein Beispiel. Abrunden könnte GOF das Beratungsangebot aus einer Hand noch durch eine steuerrechtl. Beratung. Dass ein solches gebündeltes Beratungsangebot bei Mandanten auf zunehmendes Interesse stößt, zeigt sich bspw. bei der hinsichtl. ihrer Ausrichtung vergleichbaren Kanzlei GLNS. Auch im Hinblick auf die Nachfolgeberatung der Kanzlei könnte eine steuerrechtl. Beratung das Portfolio verbreitern, wo dieses Thema trad. eine elementare Rolle spielt.

Stärken: M&A, Finanzierung.

Oft empfohlen: Dr. Tilmann Gütt (Finanzierung), Dr. Sebastian Olk („echter Transaktionsanwalt, guter Verhandler mit schneller u. fundierter Beratung“, Wettbewerber), Dr. Heiner Feldhaus („ein Dealmaker, schnell u. kompetent“, Wettbewerber; beide Gesellschaftsrecht/M&A)

Team: 6 Partner, 8 Associates, 2 of Counsel

Schwerpunkte: ▷*Gesellschaftsrecht* (auch gesellschaftsrechtl. Streitigkeiten), ▷*M&A*, ▷*Private Equ. u. Vent. Capital*. Finanzierung.

Mandate: Andechser Molkerei Scheitz lfd. gesellschaftsrechtl., zu Vermögensnachfolge u. Umstrukturierung; Familienunternehmen zu Corporate Governance u. Nachfolge; Gesellschafter der Melos-Gruppe zu Verkauf von Mehrheitsbeteiligung; Gründer von Asphaltgold zu Verkauf an Arklyz Group; Allianz X zu Kauf von Simplesurance; Arcus Capital zu Kauf von Mehrheit an Intercontent-Gruppe einschl. Akquisitionsfinanzierung; lfd. gesellschaftsrechtl.: MAN Energy Solutions SE, ZF Friedrichshafen, Villeroy & Boch, Mast-Jägermeister, Garmin.

HEUSSEN

Süden ★★★

Bewertung: Die Full-Service-Kanzlei ist fest im Münchner Mittelstand verwurzelt. Dank renommierter Praxen u. Anwälte ist sie in einzelnen Rechtsbereichen auch bundesw. gefragt. Dies gilt u.a. im Immobilien- u. Baurecht, wo das Team regelm. eine beachtl. Zahl an Transaktionen stemmt u. dtl.weit in mehrere Quartiersentwicklungen eingebunden ist. Durch die breite Aufstellung sowohl im Mandantenportfolio als auch im Beratungsangebot kann Heussen die derzeitige veränderte Marktlage in der Immobilienszene gut abfedern, weil sie für eigenkapitalstarke Mandanten weiter Deals begleitet u. auch bei Themen wie Asset-Management gut aufgestellt ist. Das deutl. Wachstum der Gesellschaftsrechtspraxis im Vorjahr schlug sich nun zudem im Gewinn neuer Mandanten u. Mandate jenseits von Süddtl. nieder. So berät Heussen u.a. einen Zahlungsdienstleister zu kapitalmarkt- u. aktienrechtl. Fragen. Parallel diversifiziert sie ihre Beratung etwa durch einen jungen Quereinsteiger aus

Anwaltszahlen: Angaben der Kanzleien zur Bürogröße vor Ort. Sie spiegeln nicht zwingend die Gesamtgröße einer Kanzlei wider.

dem Vorjahr, der gute Kontakte zu Start-ups pflegt. Erfolgr. hat die Kanzlei auch ihre Kompetenzen enger miteinander verknüpft u. berät Mandanten momentan verstärkt z.B. an der Schnittstelle von Immobilien u. Nachfolge sowie Gesellschafts- u. Arbeitsrecht.

Oft empfohlen: Dr. Dirk von dem Knesebeck (Gesellschaftsrecht/M&A), Uwe-Carsten Völlink (Vergaberecht), Jan Dittmann („pragmatischer Verhandler", Wettbewerber; Immobilien- u. Baurecht), Dr. Hermann Waldhauser („sehr zufrieden", Mandant; IT), Dr. Ralf Busch (Arbeitsrecht)

Team: 17 Eq.-Partner, 22 Sal.-Partner, 1 Counsel, 12 Associates, 5 of Counsel

Schwerpunkte: Breites Spektrum in ▷*Gesellsch. recht* (Restrukturierungen), M&A u. Kapitalmarktrecht (u.a. Finanzierungen, Medien- u. Immobilienfonds), Arbeitsrecht, ▷*Immo/Bau*, Marken u. Wettbewerb, ▷*Medien*, ▷*Nachfolge*; ▷*IT-Recht u. Datenschutz*, ▷*Vergabe*. Außerdem Öffentl. Recht (Umweltrecht), Insolvenzberatung. Eigene Steuerpraxis. Compliance.

Mandate: Technologiegruppe bei Zukauf; Ke Kelit bei Verkauf der DW Verbundrohr an frz. Unternehmen; Zahlungsdienstleister im Aktien- u. Kapitalmarktrecht; Unternehmensgruppe bei Umstrukturierung; Expleo Germany lfd. gesellschaftsrechtl.; Online-Marketing-Agentur im Urheberrecht; Brauerei zu Datenschutz; Verlagsgruppe urheber- u. vertragsrechtl.; Airbus Defence and Space vergaberechtl.; Immobilienunternehmen lfd. gesellschaftsrechtl. u. zu Gründung von Projektgesellschaften; Industria lfd. zu Transaktionen u. Projektentwicklungen.

HONERT

Süden ★★★

Bewertung: Das Beratungsportfolio der Münchner Kanzlei umfasst die klass. gesellschaftsrechtl. Beratung, einschl. kapitalmarktrechtl. sowie steuerl. Themen u. Transaktionen. So vertrauen bspw. Unternehmen bei HVen u. auch im Zuge von gesellschaftsrechtl. Umstrukturierungen auf die Kanzlei. Die Beratung zu Transaktionen reicht von strateg. M&A- über Private Equity bis hin zu Venture Capital. Dabei steht die Kanzlei zumeist aufseiten der Unternehmen. Bei Transaktionen kann die Boutique, ähnl. wie etwa GLNS, regelm. mit ihrem steuerrechtl. Know-how bei Mandanten punkten. Ein Bsp. ist die Beratung von Main Capital beim Kauf der Mehrheitsbeteiligung am dt. Healthcare-Softwareanbieter UHB Consulting. Mit der Ernennung eines Partners zum Jahreswechsel 2023, mit Schwerpunkt Gesellschaftsrecht u. M&A, setzt die Kanzlei konsequent ihre Strategie fort, junge Anwälte nach vorne zu bringen.

Stärken: M&A.

Oft empfohlen: Dr. Jochen Neumayer, Dr. Jürgen Honert (beide Steuerrecht/Gesellschaftsrecht), Sven Fritsche, Prof. Dr. Thomas Grädler (alle Gesellschaftsrecht/M&A)

Team: 7 Eq.-Partner, 1 Sal.-Partner, 7 Associates

Schwerpunkte: Gestaltungsberatung im transaktionellen Umfeld, auch mit internat. Bezügen. Schwerpunkte in Steuerrecht, ▷*M&A* sowie ▷*Gesellsch.recht* (Um- u. Restrukturierungen, Gesellschafterstreitigkeiten), lfd. Hauptversammlungsbetreuung. Daneben (steuerl.) Nachfolgegestaltungen u. Prozesse.

Mandate: IT-Unternehmen bei Kapitalerhöhung, Aktionärsvereinbarung u. HV; Unternehmen aus Bekleidungsbranche zu Umstrukturierung; Bauträger zu Implementierung von Holdingstruktur; Main Capital zu Kauf von Mehrheit an UHB Consulting; börsennotierter Finanzdienstleister zu Debt-to-Equity-Swap; GF eines Start-ups im Zshg. mit mögl. Schadensersatzansprüchen; Cap-on zu Finanzierungsrunde; süddt. Unternehmer zu steueroptimierter Nachfolge über Stiftungslösung; lfd. gesellschaftsrechtl.: Snowflakes Ventures.

KANTENWEIN ZIMMERMANN SPATSCHECK & PARTNER

Süden ★★★

Bewertung: Die in Bayern hoch anerkannte MDP-Kanzlei berät mittelständ. Unternehmen u. deren Gesellschafter aus Bayern insbes. im Rahmen von ▷*Unternehmens- u. Vermögensnachfolgegestaltungen*. Hier sind teils Vermögen bis in 3-stell. Mio-€-Bereiche betroffen. Zudem betreut sie zahlr. Stiftungen u. agiert für einige Mittelständler auch als ausgelagerte Rechts- u. Steuerabteilung. Seit einigen Jahren wenden sich Banken wg. potenzieller Haftung aus Cum-Ex-, aber v.a. Cum-Cum-Transaktionen an Kantenwein, denn auch über die Grenzen Bayerns hinaus ist die Kanzlei für ihre steuerstrafrechtl. Kompetenz bekannt. Im Spätsommer 2023 wurde bekannt, dass 3 Konfliktlösungspartner, darunter der hoch angesehene Kröck und Sabel, zum November ihre eigene Kanzlei gründen – ein herber Einschnitt für die Kanzlei.

Oft empfohlen: Dr. Thomas Kantenwein („stark bei BWL-lastigen Verfahren", Wettbewerber; Nachfolgeberatung, Gemeinnützigkeitsrecht), Dr. Rainer Spatscheck („dogmatisch hoch kompetent, glänzender Verhandlungsführer", Wettbewerber), Dr. Annett Kuhli-Spatschek „klug, dynamisch, analytisch, flexibel und durchsetzungsstark", Wettbewerber; Schiedsverfahren, Gemeinnützigkeits-, Steuerrecht), Dr. Gerhard Widmayer (Steuerrecht), Marcus van Bevern (Bank- u. Kapitalmarktrecht), Dr. Stefan Hackel („umsichtig, kollegial, kompetent", Wettbewerber; Gesellschaftsrecht)

Team: 5 Eq.-Partner, 2 Sal.-Partner, 1 Counsel, 7 Associates, 1 of Counsel, plus rund 15 StB u. WP.

Partnerwechsel: Dr. Alexander Kröck, Dr. Carolin Sabel, Nico Köppel (in eigene gemeinsame Kanzlei)

Schwerpunkte: Steuern u. ▷*Nachfolge* für vermögende Privatpersonen, mittelständ. u. Großunternehmen. Diese wie auch (internat.) Banken u. Fonds zudem in Schiedsverfahren u. Prozessen (▷*Konfliktlösung*). Bank- u. Bankaufsichtsrecht, Finanzierung. Restrukturierung u. Sanierung. ▷*Wirtschafts- u. Steuerstrafrecht*. Gesellschaftsrecht.

Mandate: Minderheitsaktionäre in Anfechtungsverf. gg. Squeeze-out-Beschluss u. anschl. Spruchverfahren (Streitvol.: €55 Mio); Energieversorger bei Verteidigung gg. Ansprüche aus telekommunikationsrechtl. Vertrag (inkl. Organhaftung u. Versicherungsdeckung; Streitvol.: €23 Mio); internat. Bank bei Absicherung des zivilrechtl. Rückgriffs bei Cum-Cum-Transaktionen im Gesamtvol. von ca. €2 Mrd (Steuerschaden €500 Mio); Schiedsrichter in DIS-Verfahren um gekündigtes Infrastrukturprojekt (Streitvol. €42 Mio); HNI bei Vermeidung von Gesellschafterstreitigkeiten bei Gestaltung einer Gesellschafts- u. Nachfolgestruktur (Vermögen €500 Mio); Erben/Gesellschafterin eines nach Thailand verzogenen Unternehmers bei Erbfall (Vermögen €15 Mio); Berliner Unternehmer bei Neustrukturierung von Konzern mit ca. 30 Gesellschaften (Unternehmenswert €150 Mio); Unternehmer bei Nachfolgeplanung (insbes. GmbH-Anteil an Private-Equity-Gesellschaft; Vermögen €20 Mio).

KPMG LAW

Süden ★★★★

Bewertung: An ihren Standorten in München u. Nürnberg hält die Big-Four-Kanzlei für ihre Mandanten ein breites Angebot vor, dessen Kern in gesellschaftsrechtl. sowie transaktionsbegl. Themen liegt. Sie zählt eine Reihe regionaler Unternehmen zu ihrem Mandantenkreis, verfügt aber zusätzlich über einen größeren bundesw. Aktionsradius. Gerade das Nürnberger Büro, nimmt innerh. der M&A-Praxis der Gesamtkanzlei sogar eine führende Rolle ein, wohl auch, weil deren Leiter, Kaut, in Nürnberg sitzt. Regelm. schlüpft das Team daher in die Federführung bei standort- u. oft auch grenzüberschr. Projekten, weshalb KPMG Law eine internat. Präsenz wie kaum eine andere vergleichbare Einheit in Nordbayern vorweisen kann. Ein Highlight der Arbeitsrechtler war die Beratung der NordLB im Rahmen eines Umstrukturierungsprozesses, bei der sich München u. Düsseldorf die Federführung teilten. Ebenfalls bundesweit präsent ist die öffentl. rechtl. Praxis, die von Nürnberg aus versch. vergaberechtl. Mandate betreut.

Stärken: Transaktionen. Enge Anbindung an WP u. StB.

Oft empfohlen: Dr. Daniel Kaut, Dr. Christian Hensel, Dr. Ian Maywald (alle Gesellschaftsrecht/M&A),

Team: 8 Eq.-Partner, 14 Sal.-Partner, 23 Associates

Partnerwechsel: Dr. Lisa Kopp (von Hengeler Mueller; Gesellschaftsrecht/M&A)

Schwerpunkte: ▷*Gesellschaftsrechtl.* Beratung inkl. Nachfolge. ▷*M&A*. Venture Capital. ▷*Vergaberecht*. Arbeits- u. Steuerrecht.

Mandate: Cafe + Co zu Kauf von dt. Unternehmen für Kaffeeautomaten, NordLB arbeitsrechtl. im Zshg. mit Umstrukturierung; Halbleiterhersteller lfd. arbeitsrechtl.; Barmherzige Brüder Trier u. IT-Dienstleistungszentrum Berlin vergaberechtl. zu Beschaffung von IT; kommunales Wohnungsbauunternehmen vergaberechtl. im Zshg. mit Kooperationsvereinbarung; Heptus 391/Chequers Capital zu Kauf von SHD System-Haus-Dresden; Envola zu Equity- u. Mezzanine-Finanzierung; Tier Mobility zu Umstrukturierung von dt. Beteiligungsgruppe; Adolf Würth zu VC-Investment in Software-Unternehmen; Pharmaunternehmen zu Verkäufen im Bieterverfahren.

LIEB

Süden ★

Bewertung: Ein profilierter Branchenfokus sorgt dafür, dass die Kanzlei mit Büros in Erlangen u. Nürnberg, wie kaum eine andere in Nordbayern über anerkanntes Know-how auf den Feldern Pharma, Healthcare u. Lifescience, Tourismus sowie IP/IT verfügt. Die Beratungspalette umfasst u.a. Gesellschaftsrecht u. (M&A-)Transaktionen, Fragen des gewerbl. Rechtsschutzes u. Medienrecht. Regelm. gelingt es den Anwälten das Know-how mehrerer Beratungsfelder in einem Mandat zu kombinieren. Ein Bsp. ist die Beratung eines Pharmaunternehmens zur Einbindung von Apps u. Social-Media Diensten, bei der IP-Fragen wie auch Medien- u. IT-Themen eine Rolle spielen. Zuletzt war die Kanzlei auch im Zshg. mit Compliance-Themen gefragt u. beriet ein Tourismusunternehmen zur Neuaufstellung seiner entspr. Strukturen.

Anwaltszahlen: Angaben der Kanzleien zur Bürogröße vor Ort.
Sie spiegeln nicht zwingend die Gesamtgröße einer Kanzlei wider.

Oft empfohlen: Dr. Christopher Lieb (Gewerbl. Rechtsschutz/Gesellschaftsrecht), Jörg Steinheimer (Arbeitsrecht)
Team: 1 Eq.-Partner, 5 Sal.-Partner, 6 Associates, 2 of Counsel
Schwerpunkte: Gesellschaftsrecht/M&A, Gewerbl. Rechtsschutz. Daneben: Vertriebs-, IT-, Arbeits-, Bau-, Immobilien- u. Steuerrecht. Öffentl. Recht.
Mandate: Defacto zu internen Strukturmaßnahmen, Transaktionen u. Verträgen; Unternehmen (Gesundheit u. Digitalisierung) zu Einstieg von strateg. Investor u. zu IP- u. Markenrecht; Software-Start-up zu Verkauf von Geschäftsanteilen; Tourismusunternehmen bei Zukauf, vertriebsrechtl. u. zu Compliance; Pharmaunternehmen lfd. zu IP sowie Einbindung von Apps u. Social-Media-Diensten; Genossenschaftsbank zu Immobilientransaktion über Projektgesellschaft; Projektentwicklungsgesellschaft zu Joint Venture; Immobilienfonds in Post-M&A-Streit.

LUTZ ABEL

Süden ★★★★★

Bewertung: In München sowie über die Stadtgrenzen hinaus gehört die Full-Service-Kanzlei zu den marktführenden Einheiten. Das belegen die Qualität der Mandate u. die Breite des Beratungsangebots. Besonders präsent sind die äußerst aktiven Praxen im Bau- u. Immobilienrecht sowie Venture Capital. Wettbewerber bescheinigen der Kanzlei eine stetige Weiterentwicklung. So ist es bspw. gelungen das Team um den Konfliktlösungsspezialisten Zoller, das sich zum Jahreswechsel 22/23 LA anschloss, zu integrieren, der mit seinen Kontakten zugleich den Aktionsradius bei Family Offices sowie Stiftungen vergrößerte. Zu seinen Mandanten zählt auch die Big-4-Gesellschaft EY, die er im Wirecard-Komplex u.a. in einem KapMuG-Verfahren berät. Und die Kanzlei konnte sich noch bei einem weiteren bundesw. beachteten Mandat in Position bringen: Ein Team um Namenspartner Lutz wurde vom Sender RBB mandatiert, um die Vorwürfe gg. die ehem. Intendantin zu untersuchen. Schon in der Vergangenheit beriet LA regelm. Mittelständler zu Compliancefragen. Das mittlerw. durch die Mandantin beendete RBB-Mandat stellte in Größe u. Umfang Neuland für die Kanzlei dar. Die Corporate-Praxis berät zu M&A-Transaktionen ebenso wie zu gesellschaftsrechtl. Fragen. Die Fülle der gesellschaftsrechtl. Themen, die von der lfd. Beratung über Umstrukturierungen bis hin zu Gründungen u. Liquidationen reichen, belegt ebenso wie die anerkannte Venture-Capital-Praxis, dass sich der Fachbereich nicht hinter anderen Praxen verstecken muss. Gut entwickelt ist auch das starke Team für Immobilien u. Bau- sowie Vergaberecht. Auch namh. Mandanten wie Ed. Züblin vertrauen regelm. auf die Praxis, während die öffentl. Hand bei einer Vielzahl von vergaberechtl. Fragen Rat sucht. Bei aller positiven Entwicklung muss die Kanzlei aber auch den Abgang von 3 Sal.-Partnern verbuchen, von denen einige bereits mit eigenen Mandaten am Markt präsent waren.
Oft empfohlen: Dr. Reinhard Lutz (Gesellschaftsrecht/Konfliktlösung), Dr. Wolfgang Abel („hervorragender Jurist", Wettbewerber; Bau- u. Immobilienrecht), Dr. Mathias Mantler (Vergaberecht), Dr. Bernhard Noreisch („sehr kompetent u. erfahren, angenehme, ruhige, professionelle Art", Mandant), Dr. Marco Eickmann (beide Venture Capital), Dr. Christian Kokew, Dr. Michael Zoller („ausgezeichnete Zusammenarbeit, hochprofessionell, zielorientiert", Wettbewerber; Konfliktlösung)
Team: 13 Eq.-Partner, 14 Sal.-Partner, 4 Counsel, 18 Associates, 1 of Counsel
Partnerwechsel: Dr. Kilian Eßwein (zu Freud Rüll Partner), Maximilian von Mettenheim (zu ParTec; beide Gesellschaftsrecht), Katharina Kendziur (zu HCOB; Bank- u. Bankaufsichtsrecht)
Schwerpunkte: ▷*Arbeit*, ▷*Immobilien- u. Baurecht*, ▷*Vergabe*. Gesellschafterauseinandersetzungen (▷*Gesellschaftsrecht*), ▷*Konfliktlösung*, ▷*Vent. Capital;* Litigation, ▷*Vertrieb, Handel u. Logistik*.
Mandate: RBB bei interner Untersuchung zu Vorwürfen gg. ehem. Intendantin; EY in KapMuG-Verfahren zur Abwehr von Schadensersatzansprüchen von Wirecard-Anlegern; Unternehmen bei Aufstellung von Bebauungsplan für PV-Freiflächenanlage, Bauleitverfahren im Überschwemmungsgebiet u. zur Erstellung städtebaul. Verträge; Bayerische Hausbau zu Mustermietvertrag u. Vermietung von Gebäudekomplex; Ed. Züblin baubegl. zu Projekt in München; Klinikum rechts der Isar zu Bau von Zentrum für Multiple Sklerose u. Neurowissenschaften; Doblinger Unternehmensgruppe gesellschaftsrechtl. u.a. im Zshg. mit Unternehmensbeteiligungen; europaw. tätiger Verein gesellschaftsrechtl.; versch. Familiengesellschaften in Gesellschafterstreit; Gründer zu Gründung von June; Privatperson zu Auflösung von GmbH-Konzern u. Einrichtung von Familienstiftung; Coparion zu Verkauf von Vimcar an Battery Ventures; APK in Growth-Finanzierungsrunde.

MARTIUS

Süden ★★

Bewertung: Der Kanzlei ist es innerhalb weniger Jahre gelungen, sich im Münchner Markt zu etablieren. Auch Wettbewerber zollen dieser Entwicklung Respekt. Dabei konzentriert sich die Kanzlei auf die Beratungsschwerpunkte Gesellschaftsrecht, Litigation u. Transaktionen, wo sie für Unternehmen wie bspw. Dermapharm ebenso wie für Family Offices u. Finanzinvestoren tätig ist. Regelm. ist Martius auch bei grenzüberschr. Themen gefragt u. a. für eine Reihe New Yorker u. Londoner Investoren, darunter Whitebox u. Fortress. Die hochkarät. gesellschaftsrechtl. Beratung umfasst auch kapitalmarkt- u. aktienrechtl. Fragen sowie Organhaftungsfälle. Hier ist die Beratung eines ehem. Vorstandsmitglieds von Audi nur ein Bsp. Neben dem anerkannten Grobecker gewinnen inzw. auch weitere Partner der Kanzlei an Präsenz.
Stärken: Organhaftung, Corporate Litigation.
Oft empfohlen: Dr. Wolfgang Grobecker (Gesellschaftsrecht)
Team: 4 Partner, 4 Associates
Schwerpunkte: Gesellschaftsrecht (v.a. Organhaftung, Konzern- u. Aktienrecht, Prozessführung, Beratung von Familienunternehmen), M&A.
Mandate: Dermapharm lfd. gesellschafts- u. kapitalmarktrechtl. einschl. Prozessführung sowie zu gepl. Verkauf von Axicorp-Gruppe u. Kauf von Arkopharma; Comyno zu Joint Venture mit DekaBank, Standard Chartered u. LBBW; Tetranomics zu Strukturierung u. Beteiligungsmanagement; Gesellschafter von Nonplusultra zu Verkauf von 50% der Anteile; Whitebox, GLG/MAN u. Balyasny zu gesellschaftsrechtl., teils grenzüberschr. Fragen bzgl. Adler Real Estate; Whitebox, Fortress, LMR, Kyma, Kytelake zu gesellschaftsrechtl., teils grenzüberschr. Fragen bzgl. Orpéa; ehem. Vorstandsmitgl. von Audi zu Abwehr von Haftungsansprüchen; Markel Insurance zu D&O-Versicherungsfällen.

MEINHARDT GIESELER & PARTNER

Süden ★★★

Bewertung: Das Beratungsportfolio der Kanzlei aus Nürnberg ist auf die Bedürfnisse ihrer mittelständ. Mandanten ausgerichtet. Neben Gesellschafts- u. Arbeitsrecht hat die Kanzlei auch eine äußerst anerkannte IP-Praxis um Scholz-Recht, deren Beratungsspektrum sowohl markenrechtl. Fragen als auch gewerbl. Rechtsschutz sowie IT-Vertragsrecht umfasst. Besonders anerkannt ist die Kanzlei für die Begleitung von Mandanten in bankrechtl. Prozessen – teils bis hin zum BGH. MGP berät dabei von Nordbayern aus dtl.weit ansässige u. tätige Banken sowie Bausparkassen. Nur sehr wenige andere Kanzleien in Dtl. verfügen über ein derart anerkanntes Know-how auf diesem Spezialfeld. Daneben ist es der Praxis um Meinhardt gelungen, die bankrechtl. Beratung abseits der Prozessbegleitung weiter auszubauen. Ein jüngerer Partner steht Mandanten nun auch bei bankaufsichtsrechtl. Themen zur Seite. Abermals traten die Gesellschaftsrechtler an der Seite mehrerer Start-ups in Erscheinung. Daneben ist MGP auch verstärkt im Kontext von Nachfolgekomplexen gefragt, was an einem Partner-Zugang im Vorjahr liegt, aber auch am ausgeprägten Know-how im Erbschafts- sowie Stiftungssteuerrecht. Dass die Kanzlei in diesem Kontext nun stärker als zuvor auch zum Stiftungssteuerrecht berät, liegt nicht zuletzt am Zugang aus dem Vorjahr.
Stärken: Bankrechtl. Prozesse, Gewerbl. Rechtsschutz.
Oft empfohlen: Nicola Scholz-Recht (Gewerbl. Rechtsschutz), Johannes Meinhardt, Dr. Cornelius Held (beide Bank- u. Kapitalmarktrecht), Dr. Norbert Gieseler (Gesellschafts-/Steuerrecht), Christian Prauser (Arbeitsrecht)
Team: 5 Eq.-Partner, 1 Sal.-Partner, 1 Counsel, 5 Associates, 1 of Counsel
Schwerpunkte: Bankrecht (insbes. Prozesse, ausschl. bankenseitig), IP/IT, Gesellschafts- u. Steuer(straf)recht, Arbeitsrecht, auch Restrukturierung/Insolvenz u. Datenschutz.
Mandate: Familienmitglied in Gesellschafterstreit um Anteile an Familienkonzern; dt. Unternehmer zu Gründung eines Unternehmens mit chin. Geschäftspartnern zur Herstellung von nachhaltigen Strohhalmen; mittelständ. Konzern zu Umstrukturierung u. Nachfolge; Bausparkasse in Prozessen zu Kündigung von Bausparverträgen u. AGB-Änderungen sowie Bankgebühren; Bausparkasse in Masseverfahren um Rückerstattung von Jahresentgelten u. zu Abmahnung von Verbraucherzentrale wg. Bankgebühren sowie lfd. in versch. Prozessen; Hersteller von Spezialwerkzeugen u.a. arbeitsrechtl.; Hersteller von Lesebrillen zu Vorwurf der wettbewerbswidrigen Nachahmung u. damit verbundener mögl. Regressansprüche; Markeninhaber von ‚Malle ist nur einmal im Jahr' in markenrechtl. Verfahren.

MEYERHUBER

Süden ★

Bewertung: Die Kanzlei hebt sich durch ihre Aufstellung mit mehreren Standorten in Bayern klar von Wettbewerbern ab. Neben Gunzenhausen als Stamm-

Anwaltszahlen: Angaben der Kanzleien zur Bürogröße vor Ort. Sie spiegeln nicht zwingend die Gesamtgröße einer Kanzlei wider.

sitz hat sie weitere Büros in kleineren Städten zwischen Augsburg u. München. Mit ihrem Full-Service-Ansatz u. der räuml. Nähe zu Mandanten ist sie prädestiniert für die Rundumberatung des regionalen Mittelstands. Zahlr., teils inhabergeführte Unternehmen der Region setzen auf die Kanzlei, sowohl in der Dauerberatung als auch bei streitigen Auseinandersetzungen. Im Gesellschaftsrecht sind es neben lfd. Themen auch regelm. Transaktionen, die das Team beschäftigen. Inhaltl. Schwerpunkte setzt Meyerhuber daneben im Arbeits- u. Medizinrecht. Aber auch in der krisennahen Beratung hat die Kanzlei viel Erfahrung, was sich für Mandanten auszahlt, wenn vermehrt Insolvenz- u. Restrukturierungsthemen wie erwartet in den Mittelpunkt rücken.
Oft empfohlen: Dr. Malte Schwertmann („kompetent u. verlässlich", Wettbewerber; Gesellschaftsrecht)
Team: 8 Partner, 12 Associates, 1 of Counsel
Schwerpunkte: Gesellschaftsrecht, Sanierung, Insolvenzrecht, vielfach an der Schnittstelle zum Arbeitsrecht (auch Betriebsräte). Auch Vergaberecht, v.a. aufseiten von Kommunen, Medizinrecht, Steuerrecht u. -strafrecht.
Mandate: Mittelstandsunternehmen bei Kauf eines Trockenmittelherstellers (Dealvol. €10 Mio.); Abgastechnik-Unternehmen bei Kauf von Lager u. Produktionsstandort; BRK Kreisverband Südfranken arbeitsrechtl.; Fränk. Landeszeitung arbeitsrechtl.; Beratungsunternehmen lfd. arbeits- u. handelsrechtl.; rd. 50 bayer. Kliniken zu Abrechnungen.

PETERS SCHÖNBERGER & PARTNER

Süden ★★★

Bewertung: Die angesehene Münchner MDP-Kanzlei ist seit einiger Zeit dabei, ihre etablierten Säulen Recht, Steuern, Prüfung u. Family Offices um Spezialthemen zu erweitern, ohne dabei ihr Profil für den Mittelstand aufzugeben. Zwar stehen die erfahrenen Quereinsteiger der verg. 2 Jahre auch für die Beratung bzw. Prozessvertretung großer Versicherer oder börsennot. Biotech-Unternehmen. Doch zeigt etwa die Ernennung des Gesellschaftsrechtlers Dr. Henning Blaufuß zum Eq.-Partner, dass die Kanzlei v.a. in der umf., interdiszipl. Beratung hochwertiger Mittelständler wie Vetter Pharma oder Dr. Schnell ihren Schwerpunkt hat. Zudem gehört die Betreuung von Unternehmenseignern u. hochvermögenden Privatkunden bei Nachfolge- u. Vermögensstrukturierungen u. damit verknüpften Transaktionen zu ihrer DNA. Mit dem vor rund 2 Jahren eröffneten sog. Investment Office hat PSP auch in diesem Feld ihre Aufstellung nochmals diversifiziert. Wie nach vorne gewandt die Kanzlei agiert, zeigt sich auch im Fachbereich Steuern. So treibt PSP die prozess-, technologie-, daten- u. automatisierungsorientierte Steuerberatung konsequenter voran als die meisten Wettbewerber.
Oft empfohlen: Christopher Schönberger (Nachfolge, M&A), Stefan Groß, Roland Graf (beide Steuern), Dr. Hannspeter Riedel, Iring Christopeit (beide Nachfolge)
Team: 4 Eq.-Partner, 7 Sal.-Partner, 6 Associates, 2 of Counsel, plus weitere 25 Berufsträger in Steuern, Wirtschaftsprüfung u. Family Office
Partnerwechsel: Christina Nitsche (unbekannt; Konfliktlösung)
Schwerpunkte: Umf. steuerl. u. rechtl. Transaktionsberatung; Restrukturierung u. Sanierung (inkl. betriebswirtschaftl. Spezialthemen u. WP-Kompetenz); ▷*Gesellsch.recht*; ▷*Nachfolge*.

Mandate: Nvidia lfd. in Handelsstreitigkeiten; dt. u. österr. Versicherer lfd. bei Haftungsfällen; DB Station & Service lfd. im Immobilienrecht; Horizont Jutta Speidel-Stiftung bei Bau des ‚Dritten Hauses' sowie lfd. im Stiftungsrecht; Constantin Film, Loden-Frey Verkaufshaus, Nokia Solutions and Networks, Vetter Pharma, Dr. Schnell, Uhlmann Group, Schulte Home lfd. gesellschaftsrechtl.; AEM Unternehmerkapital, Alveus-Beteiligungen, Marondo Capital, Maxburg, Querino, Studiocanal, ZGS Schülerhilfe lfd. bei Transaktionen.

SCHEIDLE & PARTNER

Süden ★★

Bewertung: Die Augsburger Kanzlei ist in Südbayern fest verankert, wo sie mittelständ. Unternehmen mit einem breiten Beratungsangebot versorgt. Trad. ist sie stark im Gesellschafts- u. Steuerrecht aufgestellt u. begleitet an dieser Schnittstelle auch Transaktionen. Nach der strateg. begründeten Trennung von ihren Wirtschaftsprüfern u. einem Teil der Steuerberatung vor gut 3 Jahren hat das Steuerrecht personell wieder zu alter Stärke gefunden. Das zeigt, dass die Strategie der Kanzlei, dieses Know-how nicht mehr fürs Massengeschäft, sondern fokussierter als komplementäres Puzzleteil in der Mittelstandsberatung einzusetzen, aufgeht. Das ist nicht nur mit Blick auf die im Mittelstand nach wie vor aktuelle Nachfolgethematik, sondern auch an der Schnittstelle zu klass. Gesellschafts- u. Arbeitsrecht sinnvoll. Wieder auf Wachstumskurs ist auch das Öffentl. Recht, was sich nicht nur am Gewinn neuer Mandate, sondern auch intern an einer Partnerernennung zeigt.
Oft empfohlen: Jens Goldschmidt (Arbeitsrecht)
Team: 4 Eq.-Partner, 2 Sal.-Partner, 13 Associates, 8 of Counsel, plus StB
Schwerpunkte: Arbeitsrecht, Immobilien-, Bau- u. Architektenrecht; Unternehmensnachfolgen u. Erbrecht, Gesellschafts- u. Steuerrecht. Auch Bank- u. Kapitalmarktrecht, Versicherungsrecht, Restrukturierung/Insolvenzen.
Mandate: Regelm. Greif-Gruppe, Lech-Stahlwerke, MAN Energy Solutions.

SERNETZ SCHÄFER

Süden ★★

Bewertung: Am Münchner Stammhaus bietet Sernetz Schäfer ihren Mandanten eine v.a. partnerzentrierte Beratung, deren Schwerpunkte auf Nachfolge- u. stiftungsrechtl. Themen sowie der Prozessführung liegen. So berät die Nachfolgepraxis bspw. im Zshg. mit Nachlassangelegenheiten u.a. im prominenten Fall Michael Ende, der die Praxis nun bereits seit mehreren Jahren beschäftigt. Zunehmend gelingt es, den Aktionsradius auf grenzüberschr. Nachfolgethemen zu erweitern. Ein Highlightmandat an der Schnittstelle von Nachfolge u. Litigation stellt die Beratung eines Testamentsvollstreckers für einen Nachlass in Mrd-Höhe dar. In der gesellschaftsrechtl. Arbeit liegt ein Fokus auf streitigen Mandaten, doch ist die Praxis auch in der Organberatung visibel u. berät zu klass. gesellschaftsrechtl. Themen wie Umstrukturierungen. Eine anerkannte Stärke der Kanzlei sind bankrechtl. (Massen-)Verfahren. Dass die Kanzlei auch jenseits der Bankenbranche gefragt ist, zeigt die Abwehr einer noch immer 4-stell. Zahl von Klagen im Zshg. mit dem Motor EA288 für VW, bei der Sernetz Schäfer auch auf Legal-Tech-Lösungen zurückgreift.

Stärken: Prozesse im Aktien- u. Bankrecht.
Oft empfohlen: Dr. Wolf-Dieter von Gronau (Gesellschaftsrecht, Nachfolge), Dr. Helge Großerichter, Dr. Manfred Wolf, Dr. Ferdinand Kruis („hervorragend, brillante Schriftsätze", „effizient", Mandant), Dr. Andreas Höder (alle Prozessführung), Dr. Fabian Dietz-Vellmer (Gesellschaftsrecht/M&A), Dr. Susanne Zwirlein-Forschner (Gesellschaftsrecht/Nachfolge)
Team: 10 Eq.-Partner, 5 Associates, 1 of Counsel
Schwerpunkte: Prozesse im ▷*Gesellsch.recht*, ▷*Konfliktlösung* u. ▷*Bankrecht u. -aufsicht* für namh. Großbanken u. -unternehmen. Zudem umf. Beratung mittelständ. Unternehmen, auch im Bereich Nachfolge, Vermögen u. Stiftungen. Daneben M&A.
Mandate: Ehem. GF eines Unternehmens bei Abwehr von Schadensersatzforderungen wg. angebl. Pflichtverletzung; brit. Investor in Verfahren gg. Adler Real Estate; Landesbank in ICC-Verfahren gg. ind. Unternehmer; VW bei Prozessen in Zshg. mit Dieselskandal; Testamentsvollstrecker im Zshg. mit Mrd-Nachlass; Testamentsvollstreckung Michael Ende sowie lfd. sämtl. Nutzungsprojekte bzgl. der Werke.

SEITZ WECKBACH FACKLER & PARTNER

Süden ★★★

JUVE AWARDS 2023
Kanzlei des Jahres für den Mittelstand

Bewertung: Die angesehene Augsburger Full-Service-Kanzlei setzt ihren Verjüngungsprozess fort. Eine Reihe von Neuzugängen auf unterschiedl. Senioritätsebenen u. eine Partnerernennung im Gesellschaftsrecht demonstrieren die Wachstumsambitionen, die SWFP hegt. Zunehmend übernimmt zugleich eine Riege jüngerer Partner immer häufiger die Federführung in wichtigen Mandaten, was speziell im Arbeits- u. Gesellschaftsrecht (insbes. Nachfolgeberatung) auch an den gut vorbereiteten Generationswechseln liegt. Damit zeigt sich die Kanzlei deutl. dynamischer als mancher süddt. Wettbewerber. Das vor 2 Jahren verjüngte Management der Kanzlei befasst sich auch mit strateg. Themen wie der Flexibilisierung der Arbeitswelt, was ihr mit Blick auf den teils angespannten Bewerbermarkt Vorteile verschaffen kann. In der Beratung ist SWFP v.a. für ihre gesellschafts-, arbeits- u. auch strafrechtl. Kompetenz bekannt. Teils über Jahrzehnte pflegt sie Beziehungen zu ihrer südwestbayer. Stammklientel, für die sie oft als ausgelagerte Rechtsabteilung arbeitet, aber auch zu einigen Konzernen.
Oft empfohlen: Nikolaus Fackler (Steuerstrafrecht), Dr. Sven Friedl („sehr erfahrener Berater", Mandant; Bank- u. Kapitalmarktrecht)
Team: 13 Partner, 14 Associates, 7 of Counsel, plus StB
Schwerpunkte: Gesellschafts- u. Steuerrecht, M&A, Umstrukturierungen, Nachfolge, Arbeitsrecht (häufig prozessual). Stark im Wirtschafts- u. Steuerstrafrecht, Bankrecht (v.a. Anlegerprozesse), Immobilien- u. Baurecht. Compliance, auch Versicherungsrecht.
Mandate: Al-Ko Kober, Hosokawa Alpine u. Cancom lfd., u.a. bei Transaktionen; Baustoffhersteller energierechtl.; internat. Maschinenbauer zu Joint-Venture; 2 regionale Energieversorger lfd. in Prozessen; Bank arbeitsrechtl. zu Umstrukturierung; Klinikgesellschaft arbeitsrechtl.; öffentl.-rechtl. Körperschaft zu Compliance-Regeln.

Anwaltszahlen: Angaben der Kanzleien zur Bürogröße vor Ort.
Sie spiegeln nicht zwingend die Gesamtgröße einer Kanzlei wider.

SEUFERT

Süden ★

Bewertung: Die Münchner Kanzlei tritt am Markt v.a. als Beraterin von Krankenhäusern sowie anderen Unternehmen aus dem Gesundheitssektor in Erscheinung. Ihr Branchen-Know-how konnte sie erneut bei einer Reihe von Transaktionen unter Beweis stellen. Daneben hält die Kanzlei u.a. auch arbeits-, gesellschaftsrechtl. sowie öffentl.-rechtl. Kompetenz vor. Regelm. schaffen es die Anwälte ihre Fähigkeiten zu bündeln u. Mandate u. Mandanten praxisübergr. zu bearbeiten.
Stärken: Beratung der Gesundheitswirtschaft.
Oft empfohlen: Dr. Bernhard Lambrecht (Gesellschaftsrecht/M&A)
Team: 17 Partner, 19 Associates
Schwerpunkte: Gesellschaftsrecht (inkl. Sanierungs- u. Nachfolgeberatung), ▷*Gesundheit*.
Mandate: Quartz Healthcare Group zu Kauf von Radprax-Gruppe; CAF vergaberechtl. in Vergabenachprüfungsverfahren um Lieferung von 275 Straßenbahnen in Hannover; Landkreis Kelheim zu strateg. Partnerschaft mit Diözesan-Caritasverband Regensburg betreffend Goldberg-Klinik Kelheim; Shop-Apotheke zu Kauf von Apothekenlieferdienst First A.

SNP SCHLAWIEN

Süden ★★★

Bewertung: Die Kanzlei mit Stammsitz in München genießt v.a. beim gehobenen Mittelstand hohes Ansehen. Unternehmen suchen bei SNP v.a. im Gesellschaftsrecht u. bei Transaktionen Rat. Dieses Feld könnte sich durch den Zugang von Schmid stärker internationalisieren. Denn der Orrick-Partner ist ein erfahrener Transaktionsspezialist u. verfügt über gute Kontakte zu (ausländ.) Technologieunternehmen. Präsent ist die Kanzlei auch in der Immobilien- u. Baubranche. Nachdem sie diese Beratungsfelder bereits im Vorjahr – auch an anderen Standorten – kräftig verstärkt hatte, kam in München Ende 2022 mit Baurechtler Vogel ein echtes Schwergewicht hinzu. Gemeinsam mit einer jungen Partnerin ergänzt er das bisher v.a. durch Transaktionen u. Asset-Management geprägte Beratungsangebot sinnvoll. Bereits in der Vergangenheit hat SNP bewiesen, dass sie Quereinsteiger gut integrieren kann. Zuletzt zeigte sich das am Bsp. eines Steuerrechtlers, der von Luther kam u. dessen Know-how sich insbes. bei Nachfolgethemen auszahlt. Dass 2 Partnerinnen zudem in Teilzeit arbeiten, zeigt, dass sich SNP mit dem derzeit angespannten Personalmarkt auseinandersetzt u. auf die Bedürfnisse jüngerer Anwälte eingeht.
Oft empfohlen: Sascha Sormann (Immobilien), Dr. Stefan Dietlmeier (Gesellschafts- u. Verwaltungsrecht), Dr. Christian Ostermaier (Arbeitsrecht), Dr. Olrik Vogel („angesehen, kompetent", Wettbewerber; Baurecht)
Team: 24 Eq.-Partner, 1 Counsel, 14 Associates, 4 of Counsel
Partnerwechsel: Dr. Olrik Vogel, Grete Langjahr (beide von ehem. Kraus Sienz & Partner; beide Baurecht); Dr. Thomas Schmid (von Orrick Herrington & Sutcliffe; Gesellschaftsrecht)
Schwerpunkte: Transaktionsberatung (M&A, Immobilien, auch Private Equity/Venture Capital), Gesellschafts- u. Steuerrecht. Gesellschaftsrechtl. Streitigkeiten u. Nachfolgeberatung. Arbeitsrecht. Mitglied im internat. Kanzleinetzwerk Legal Network International.
Mandate: Deutsche Investment bei Kauf von 2 Wohn- u. Geschäftshäusern; Quest bei Verkauf von Bürohaus in Frankfurt; strateg. Investoren bei Mehrheitbeteiligung an Münchner Energieversorger; Übertragungsnetzbetreiber zu Rahmenvereinbarung für Bau der Erdkabelanlage SuedLink.

SONNTAG & PARTNER

Süden ★★★★★

Bewertung: Die etablierte mittelgroße MDP-Kanzlei hat sich im Laufe der Jahre mit ihrem breiten Beratungsansatz zu einer der zentralen Adressen für den südd. Mittelstand entwickelt, berät in ausgewählten Fragen aber auch Konzerne, etwa bei Prozessen. Denn im Vergleich zu MDP-Wettbewerberinnen betreibt sie eine sehr große Konfliktlösungspraxis. Dennoch hat die Kanzlei jüngst nochmal den Wachstumsmotor eingeschaltet, nicht zuletzt mit Blick auf weitere Geschäftsfelder. Zum einen hat sie durch den Zusammenschluss mit der Ulmer Steuerkanzlei SP+P Anfang 2023 eine ihrer Hauptpraxen ausgebaut, mit dem Ziel, ihren Mandantenkreis signifikant zu verbreitern. Außerdem hat sie fachlich neue Ufer betreten: So hat sie im jurist. länger verwaisten Münchner Büro mit der Übernahme der Markenboutique Klinger & Kollegen einen Aufschlag in der Markenverwaltung gemacht. Das ist ein wichtiger Baustein beim Aufbau einer umf. u. eigenständigen Praxis für IP, die mit einem 2023 ernannten Sal.-Partner nun auch eine klare Führungsspitze hat u. die dynam. IT-/Datenschutzpraxis ergänzt. Zudem holte S&P einen Energierechtler von GGSC zurück, der sich auf Geothermie spezialisiert hat u. Kommunen bei Projekten sowie z.T. sehr große Unternehmen bei Umstellung der Wärmeversorgung auf Tiefengeothermie berät. Neben diesen 2 neuen Beratungsfeldern vertraut die Kanzlei durch die Ernennung 3er Sal.-Partner in den Kernbereichen M&A, Arbeits- u. Gesellschaftsrecht auf ihre eigene Stärke u. die nächste Generation. V.a. der personelle Ausbau in der gesellschaftsrechtl. Praxis – wo in den vergangenen Monaten noch über 10 Associates in die ohnehin mit Abstand größte Praxis gestoßen sind – zeigt, dass S&P ihren Ansatz als umf. Wirtschaftsberaterin für den Mittelstand konsequent weiter ausbaut.
Stärken: ▷*Nachfolge*. Konfliktlösung. Enge Anbindung an WP u. StB.
Oft empfohlen: Dr. Konrad Kern (Prozessführung), Ulrich Derlien („sehr guter Mittelstandsberater", Wettbewerber; Steuerrecht), Michael Wagner, Dr. Klaus Leuthe (beide Gesellschaftsrecht)
Team: Augsburg: 12 Eq.-Partner, 8 Sal.-Partner, rund 20 Counsel, rund 30 Associates; Nürnberg: 2 Partner, 10 Associates, 1 of Counsel; Ulm: 2 Counsel, 1 Associate; München: 1 of Counsel; plus insges. rund 65 StB/WP
Schwerpunkte: Steuer- u. Gesellschaftsrecht, M&A, Bau- u. Immobilienrecht, Arbeitsrecht, Konfliktlösung, Erbrecht u. Unternehmensnachfolge, Family Office für Privatvermögen.
Mandate: Patrizia-Gruppe u.a. im Gesellschaftsrecht, zu Immob.-Transaktionen, Prozessen u. Steuerrecht; MEZ Crafts Group lfd. u. umf.; Athera/Waterland lfd. bei Private-Equity-Transaktionen; Iveco bei Massenklagen bzgl. Diesel-Abschalteinrichtungen in Wohnmobilen; CNH Industrial lfd. bei Prozessen; Domicil Real Estate lfd. im Bau- u. Immobilienwirtschafts- u. Gesellschaftsrecht; Alpha-Gruppe lfd. bei Projektentwicklungen; Energieried in Musterverfahren zur kartellrechtl. Abwehr missbräuchl. Wasserpreiserhöhungen durch Vorlieferanten; PGA-Gruppe sowie Schreiber Foods lfd. im Arbeitsrecht (inkl. Beschäftigtendatenschutz); Unternehmen der Sportartikelindustrie bei Stiftungslösung für Unternehmensnachfolge.

THEOPARK

Süden ★★★

Bewertung: Den Kern der Arbeit der Nürnberger Kanzlei bildet die Beratung zu gesellschaftsrechtl. Themen, einschl. Nachfolge, und zu Transaktionen. Hier beriet Theopark den Labordienstleister Ariana bei einer grenzüberschr. Transaktion, bei der auch Know-how anderer Praxisgruppen eingebunden wurden. Die Kanzlei hält u.a. Spezialisierungen für Vertriebs- u. Insolvenzrecht sowie Finanzierungen vor, die das gesellschaftsrechtl. Angebot ergänzen. So vertraute die jap. Bank SMBC im Zshg. mit Finanzierungsprojekten auf die Kompetenz von Theopark. Daneben vertrauen Mandanten ihr steuerrechtl. Themen an, die nationale sowie teils grenzüberschr. Steuergestaltung u. Strukturierung umfassen. Nicht selten kommen die Steuerrechtler dabei an Schnittstellen zu anderen Beratungsgebieten der Kanzlei zum Einsatz, bspw. bei Transaktionen oder Nachfolgefragen.
Oft empfohlen: Rainer Schaaf (M&A, Insolvenz u. Restrukturierung), Gernot Giesecke (Gesellschaftsrecht/M&A)
Team: 6 Eq.-Partner, 2 Associate, plus StB
Schwerpunkte: Gesellschaftsrecht inkl. Nachfolge u. Erbrecht, M&A mit Spezialisierung an der Schnittstelle zum Insolvenzrecht. Steuer-, Vertriebs-, Bank- u. Finanzrecht. Konfliktlösung.
Mandate: Aleks Fahrzeugteile gesellschaftsrechtl.; Alleingesellschafter eines Pharmakonzerns zu Umstrukturierung; Ariana Holding zu mehreren Transaktionen u.a. dem Kauf von SL Stanlab u. zu div. gesellschaftsrechtl. Themen; Buch Service Shupp, Grino Water Solutions jew. insolvenzrechtl.; Max Bögel, SMBC-Bank, Stamos Ventures jew. zu Finanzierung; ABL Solutions lfd. u. umfängl. vertriebsrechtl.; Labordienstleister lfd. handels- u. gesellschaftsrechtl.; weltweit agierendes Medizintechnikunternehmen u.a. zu Kündigung von Vertriebspartnervertrag, zu Aufbau von Online-Shop u. Content-Kooperationsvertrag mit Vertriebspartner.

THORWART

Süden ★★★

Bewertung: Die etablierte Kanzlei mit Stammsitz in Nürnberg versteht sich als Rundumberaterin des Mittelstands. Sukzessive erweitert sie ihr Beratungsangebot, u.a. durch erfahrene Quereinsteiger, in Bereichen wie IT- oder Immobilien- u. Baurecht. Dass das von Mandanten gut angenommen wird, zeigt der Aufbau neuer Beziehungen wie bspw. zu einem großen Bauunternehmen. V.a. aber im Gesellschafts- u. Arbeitsrecht ist die Kanzlei weit über die regionalen Grenzen hinaus renommiert. Die Verknüpfung dieser beiden Kernkompetenzen mündete zuletzt häufiger in neuen Mandaten, u.a. im Zshg. mit der Beratung von Organen u. Führungskräften. Als Erfolgsrezept erweist sich mehr u. mehr eine gemeins. Mandantenbetreuung durch Anwälte, Steuer- u. Unternehmensberater, mit der sich Thorwart auch in noch eher neue Felder wie Projektmanagement vorarbeitet. Nicht nur bei diesen Themen, sondern auch strukturell hebt sich die Kanzlei von vielen regionalen Wettbewerbern ab, indem sie

Anwaltszahlen: Angaben der Kanzleien zur Bürogröße vor Ort. Sie spiegeln nicht zwingend die Gesamtgröße einer Kanzlei wider.

sich offen zeigt für neue Arbeitsmodelle (Teilzeit-Partnerschaft, Homeoffice) u. sich darüber hinaus bei der Nachwuchsförderung früh engagiert.
Oft empfohlen: Alexander Frey („sehr kompetent u. präsent", Wettbewerber; Gesellschaftsrecht/M&A), Prof. Dr. Rolf Seeling (Gesellschafts- u. Arbeitsrecht)
Team: 6 Eq.-Partner, 5 Counsel, 3 Associates, 3 of Counsel, zzgl. WP/StB
Schwerpunkte: Gesellschaftsrecht, inkl. Nachfolgeberatung, Arbeitsrecht u. Restrukturierung. Dazu breites Spektrum, z.B. IP/IT, M&A, Vertriebs-, Immobilien- u. Baurecht. Internat. Arbeit über das Netzwerk IAG.
Mandate: Bauunternehmen in gr. Prozess; Unternehmen zu Whistle-Blowing-Hotline; Ingenieurbüro bei Verkauf mehrerer Niederlassungen; mittelständ. Unternehmen bei Verkauf; Industrieunternehmen bei Umstrukturierung; Maschinenbauer bei Abwicklung.

ZIRNGIBL

Süden ★★★

Bewertung: Das Münchner Büro der Mittelstandskanzlei gehört mit seiner breiten Aufstellung zu den Platzhirschen. Seinen exzellenten Ruf, der über die Region hinausgeht, verdankt es v.a. seiner starken Bau- u. Immobilienrechtspraxis, die sowohl bei Transaktionen als auch bei Projektentwicklungen immer wieder von namh. Mandanten hinzugezogen wird. Darüber hinaus pflegt die Kanzlei einen ausgeprägten Full-Service-Ansatz. Neben der Gesellschaftsrechtspraxis – einschließl. Bank- u. Kapitalmarktrecht – steht der Münchner Standort für die umf. Beratung in Sachen IP u. IT, Arbeitsrecht u. zuletzt auch Vertriebsrecht, insbes. im Kontext des Lieferkettengesetzes. Die Kompetenzen aus den einzelnen Praxisteams bündelt Zirngibl in Arbeitsgruppen, die nicht – wie bei den etlichen Wettbewerbern – rein nach Branchen (bspw. Hotellerie u. Gesundheitswesen) zusammengefasst sind, sondern auch nach themat. Schwerpunkten wie M&A-Transaktionen oder Compliance. Interne strukturelle Veränderungen führten zu einer Professionalisierung insbes. auf Geschäftsführungsebene, von der letztlich auch Mandanten profitieren, wenn dadurch den Partnern mehr Raum für Mandatsarbeit u. Geschäftsentwicklung bleibt.
Stärken: ▷*Immo/Bau*. Gute Prozesspraxis, insbes. Organhaftung.
Oft empfohlen: Dr. Thomas Zwissler („kompetent, verbindlich, angenehm", Mandant; Gesellschaftsrecht), Dr. Dieter Lehner („sehr professionell u. zeitlich flexibel wurde eine sehr schwierige, da menschlich komplexe, Transaktion in einigen Wochen durchgeführt. Ganz stark war die moderierende Art", Mandant; Bank- u. Kapitalmarktrecht), Dr. Axel Anker, Dr. Lars Adler (beide Immobilien- u. Baurecht), Dr. Johann Kurreck (Arbeitsrecht), Dr. Martin Gebhardt, Dr. Caroline Otto (beide Marken- u. Wettbewerbsrecht)
Team: 20 Eq.-Partner, 8 Sal.-Partner, 1 Counsel, 24 Associates, 1 of Counsel
Schwerpunkte: Gesellschaftsrecht, M&A (Small-/Mid-Cap, regelm. mit internat. Bezug), Bank- u. Kapitalmarktrecht. ▷*Arbeit*, Marken u. Wettbewerb, IT und Datenschutz. Zunehmend: Steuerliche Beratung. Branchen: Immobilien (insbes. Hotellerie) u. Gesundheitswesen.
Mandate: mittelständ. Unternehmen zu Beendigung von Joint-Venture; mittelständ. Unternehmen zu Aktienrückkaufprogramm; bayer. Landkreis bei Ausgliederung der IT-Landschaft auf kommunales Unternehmen; Start-up bei Wachstumsfinanzierung; internat. tätiger Lebensmittelkonzern bei diversen Bauvorhaben; Klinikkonzern lfd. baurechtlich; Dt. Klinikkonzern bei umf. Restrukturierung; Chemieunternehmen, Modekonzern bei Personalabbau; Energieunternehmen bei Arbeitszeiterfassung.

Anwaltszahlen: Angaben der Kanzleien zur Bürogröße vor Ort.
Sie spiegeln nicht zwingend die Gesamtgröße einer Kanzlei wider.

JUVE Handbuch
2023|2024

ANZEIGEN: KANZLEIEN SÜDEN

Alle hier alphabetisch erscheinenden Anzeigen sind kostenpflichtig und von den Kanzleien selbst gestaltet.
Für den Inhalt sind die jeweiligen Kanzleien verantwortlich.

Brüssel

EU-Regulierung zieht weiter Kanzleien an

Regulierungsthemen, die die EU-Kommission auf die Agenda der Unternehmen und Kanzleien gesetzt hat, beherrschen den Alltag der Brüsseler Büros. Es gibt kaum eine Praxis, in der nicht Fusions-, Investitions- und die anstehenden Drittstaatensubventionskontrollen eine zentrale und gemeinsame Rolle bei der Beratung zu Transaktionen spielen. Ein erfahrener Partner spricht von einem „Dreiklang" als neuem Standard für Genehmigungserfordernisse. Durch die Einführung eines neuen Verweisungsmechanismus an die EU-Kommission, mit der diese mehr Zusammenschlüsse fusionskontrollrechtlich prüfen kann, hat auch das Kartellrecht selbst eine neue Facette bekommen. Einer der Pilotfälle ist die Auseinandersetzung zwischen den US-Unternehmen Illumina und Grail über Anmeldepflichten in der EU. Der Fall liegt aktuell beim Europäischen Gerichtshof, wo **Latham & Watkins** und **Cleary Gottlieb Steen & Hamilton** die Beteiligten bei der Anfechtung der EU-Kommissionsentscheidung vertreten.

Doch es geht bei den Rechtsakten der EU-Kommission um mehr als eine Aufsicht über wettbewerbliche Auswirkungen im Transaktionsgeschehen. Denn die intensivere Plattform- oder Digitalregulierung unterzieht digitale Geschäftsmodelle selbst einem kritischen Blick. Beispiele sind der Digital Markets Act (DMA), der Digital Services Act (DSA) und die Pläne zur Regulierung der Nutzung von Daten oder des Einsatzes von Künstlicher Intelligenz. Hier sind es ebenfalls die Marktführer, zu denen auch **Freshfields Bruckhaus Deringer** zählt, die nah an den Entwicklungen sind. Auch **Hengeler Mueller** und **Gleiss Lutz** sind in engem Schulterschluss mit den deutschen Büros sehr aktiv. Doch es gibt kaum ein Brüsseler Büro, das nicht aufseiten der Gatekeeper oder potenzieller Gatekeeper berät, denn erfahrene EU-Kartellrechtler haben die Entwicklungen schon seit Jahren eng begleitet. Gleichzeitig werden milliardenschwere Fonds für klima- und energiekrisenbedingte Transformationsprojekte aufgelegt. Dementsprechend stark an Bedeutung hat deshalb in allen Teams auch das Beihilferecht gewonnen. Mit einigen der anerkanntesten Spezialisten sind etwa **Gleiss Lutz**, **Freshfields Bruckhaus Deringer**, **Redeker Sellner Dahs** und **CMS Hasche Sigle** besonders gefragt.

Stolperschwellen müssen weg

Eine nahtlose Zusammenarbeit und inhaltlicher Austausch wird angesichts dieser komplexen und ineinandergreifenden Beratungsgegenstände unverzichtbar. Brüsseler Praxen, die eng mit den deutschen Büros und den dortigen Anwälten zusammenarbeiten, übernehmen zentrale Scharnier- oder Schnittstellenfunktionen, so etwa bei **Gleiss Lutz**, **CMS Hasche Sigle**, **Redeker Sellner Dahs** oder **Noerr**. Kanzleien, in denen frühere kanzleiinterne Konkurrenzverhältnisse zwischen Teams in Brüssel und an den nationalen Standorten nachwirken oder in denen eine fehlende finanzielle Integration zwischen Brüssel und den nationalen Praxen in London, Deutschland oder anderen Ländern einer nahtlosen Zusammenarbeit im Weg steht, müssen solche Hindernisse schleunigst angehen.

Die Amerikaner kommen

Auch die großen Londoner Kanzleien sind noch dabei, nach dem Brexit die Rolle ihrer Brüsseler Standorte auszugestalten. Soweit es um die kartellrechtliche Beratung geht, stehen sie vor der Situation, dass zudem die Competition Authority in London auf den Aufbau einer eigenen Reputation erpicht ist. Die strategische Unsicherheit zeigt sich teilweise im Weggang von Partnern. **Linklaters** erlebte im Vorjahr mehrere Weggänge europäischer Partner zu US-Kanzleien, Anfang 2023 ereilte **Allen & Overy** ein ähnliches Schicksal. Ein erfahrener deutscher Partner und eine gerade erst ernannte niederländische Partnerin verließen die Kanzlei, um für die US-Kanzlei **Davis Polk & Wardwell** zu eröffnen. Damit setzt sich die Welle von Investitionen durch US-Kanzleien in Brüssel fort.

Von den bedeutenden Londoner Kanzleien hat es **Freshfields Bruckhaus Deringer** am besten geschafft, den europarechtlichen Beratungsbedarf mit einem stark aufgestellten Büro abzubilden. Das Team zählt seit Langem zur Marktspitze und ist außerdem mit einem starken deutschen Partnerteam präsent. **Clifford Chance**, die einer Brüsseler Präsenz lange wenig Bedeutung zugemessen hatte, hat unter dem Einfluss des deutschen Leiters der globalen Kartellrechtspraxis eine Trendwende eingeleitet. Die US-Kanzlei **WilmerHale**, um die es zuletzt stiller geworden war, ist ebenfalls dabei, ihrer Brüsseler Präsenz wieder mehr Aufmerksamkeit zu widmen. Eine ihrer Stärken ist nach wie vor die Vertretung von heiklen Fällen vor den Luxemburger EU-Gerichten.

Das Kapitel behandelt Kanzleien, die in Brüssel eine besondere Bedeutung und Reputation in der Rechtsberatung genießen. Berücksichtigt werden nur Kanzleien, in denen deutschsprachige Anwälte tätig sind und die enge Beziehungen zum deutschen Rechtsmarkt unterhalten. Die Beratung ist meist europarechtlich geprägt. Sie betrifft grenzüberschreitende Sachverhalte aus dem Kartell- oder Beihilferecht, dem Außenhandel und dem Datenschutz oder bezieht sich auf regulierte Branchen. Weitere Informationen über in Brüssel tätige Kanzleien finden sich entsprechend in den Kapiteln ▹*Außenwirtschaftsrecht*, ▹*Beihilfe* und ▹*Kartellrecht*. Lobbytätigkeit wird im JUVE Handbuch nur dann besprochen, wenn eine Kanzlei diese neben einem marktbekannten Schwerpunkt in der Rechtsberatung anbietet.

Brüssel

ARNOLD & PORTER KAYE SCHOLER

Brüssel ★★

Bewertung: Das Brüsseler Büro ist Teil der ww. angesehenen Kartellrechtspraxis u. als solcher Ankerpunkt des kontinentaleurop. Geschäfts der US-Kanzlei. Neben Fusionskontrollen berät das Team auch regelm. zur Investitionskontrolle u. bietet seinen Mandanten damit von Brüssel aus die umf. Begleitung komplexer Transaktionsprojekte. Gutermuth, der weiterhin gr. Fusionskontrollmandate etwa für Boston Scientific betreut, hat sein Beratungsspektrum sukzessive ausgebaut. So berät er etwa ein Gatekeeper-Unternehmen im Zshg. mit dem Digital Markets Act. Daneben berät das Team zur Drittstaatensubventionsverordnung u. ist für versch. Unternehmen in lfd. EU-Kartellverf. im Einsatz.

Oft empfohlen: Axel Gutermuth (Kartellrecht)

Team: 3 (1 dt.) Partner, 2 Counsel, 10 (1 dt.) Associates, 1 of Counsel

Schwerpunkte: Gute Verbindungen im Pharma- u. Chemiesektor, Lifesciences u. Digitalkonzerne. Fusionskontrollen u. Kartellverfahren mit internat. Bezug (auch Kronzeugen), regelm. inkl. Investitionskontrollanmeldung u. Beihilferecht.

Mandate: Pfizer u.a. fusionskontrollrechtl. bei Kauf von Arena Pharmaceuticals (inkl. Investitionskontrolle); Bristol-Myers Squibb fusionskontrollrechtl. bei Kauf von Turning Point Therapeutics; Drittpartei zu Fusion Broadcom/VMware; dt. Chemieuntern. zu Verträgen mit Abnehmern, Lieferanten u. Wettbewerbern; Gatekeeper-Untern. zu DMA; regelm. BP, Boston Scientific, Samsung SDI.

BAKER MCKENZIE

Brüssel ★

Bewertung: Die Kanzlei steht in Brüssel v.a. für beihilfe- u. kartellrechtl. Beratung. Dabei bildet die Koordination länderübergr. Fusions- u. Investitionskontrollen das Kerngeschäft des internat. Teams, etwa für Trane Technologies u. Hitachi. Eine erfahrene dt. Associate tritt hier zunehmend federführend in Erscheinung. Die Zusammenarbeit mit den kontinentaleurop. Standorten der Kanzlei entwickelte sich zuletzt intensiver, auch in bau- u. förderrechtl. Fragen. So bspw. für Intel zu gepl. EU-Investitionen: Dem Brüsseler Team gelang es, das Mandat auch auf andere Standorte auszuweiten u. beriet gemeinsam mit den dt. Kollegen zum Bau 2er Halbleiterwerke in Magdeburg. Insbes. mit Niejahr verfügt das Büro über eine versierte Europa- u. Beihilferechtsspezialistin mit dt. Zulassung, deren beihilferechtl. Know-how auch in Bezug auf die Energiewende u. Dekarbonisierung bestimmter Wirtschaftszweige gefragt ist.

Oft empfohlen: Fiona Carlin (Kartellrecht), Dr. Nina Niejahr (Beihilfe)

Team: EU-Team: 4 Eq.-Partner, 3 Sal.-Partner, 2 dt. Counsel, 7 (1 dt.) Associates, plus große belg. Full-Service-Praxis

Schwerpunkte: ▷*Kartell-* u. ▷*Beihilferecht*. Oft Prozessvertretung um europarechtl. Fragen. Außenwirtschaft, ▷*Energie*, Investitionskontrolle.

Mandate: Sika zu Kauf von MBCC Group; Equinix lfd. kartell- u. investitionskontrollrechtl. zu ww. Aufbau von Rechenzentren; Hitachi zu Anteilsaufstockung an Hitachi Energy; Trane Technologies zu Kauf von Al-ko Air Technology; Intel beihilferechtl. zu gepl. EU-Investitionen, u.a. zu Bau von Halbleiterwerken; Rio Tinto, BBA Aviation u. Willis Towers beihilferechtl. gg. Rückforderungsbeschluss wg. Steuervorteilen in GB/CFC-Rules (EuG).

Brüssel

★★★★★

- Cleary Gottlieb Steen & Hamilton
- Freshfields Bruckhaus Deringer
- Latham & Watkins

★★★★

- CMS Hasche Sigle
- Gleiss Lutz
- Jones Day
- White & Case

★★★

- Cooley
- Covington & Burling
- Hengeler Mueller
- Linklaters

★★

- Arnold & Porter Kaye Scholer
- Bird & Bird
- Hogan Lovells
- Noerr
- Redeker Sellner Dahs
- Sullivan & Cromwell

★

- Baker McKenzie
- Kapellmann und Partner
- Luther
- Norton Rose Fulbright
- Reed Smith
- SZA Schilling Zutt & Anschütz
- Sheppard Mullin Richter & Hampton
- Willkie Farr & Gallagher

Die Auswahl von Kanzleien und Personen in Rankings und tabellarischen Übersichten ist das Ergebnis umfangreicher Recherchen der JUVE-Redaktion. Sie ist in 2erlei Hinsicht subjektiv: Die Aussagen der befragten Quellen sind subjektiv u. spiegeln deren Erfahrungen u. Einschätzungen. Die JUVE-Redaktion wiederum analysiert die Rechercheergebnisse unter Einbeziehung ihrer eigenen Marktkenntnis. Der JUVE Verlag beabsichtigt keine allgemeingültige oder objektiv nachprüfbare Bewertung. Es ist möglich, dass eine andere Recherchemethode zu anderen Ergebnissen führt. Innerhalb einzelner Gruppen in Rankings und tabellarischen Übersichten sind Kanzleien und Personen alphabetisch sortiert.

BIRD & BIRD

Brüssel ★★

Bewertung: Das Brüsseler Büro zeichnet sich durch europarechtl. erfahrene Partner aus, die innerhalb des Technologiefokus der Kanzlei ein breites Spektrum abdecken. Dabei standen zuletzt etwas stärker als zuvor Zoll- u. Antidumpingfragen im Fokus. Einen europ. Verband für Verpackungsmaterialien begleitete die Kanzlei in div. Prozessen. Daneben genießt die erfahrene Kartellrechtspartnerin Federle einen guten Ruf für die Beratung im Automobilsektor, die auch aktuelle Fragen zu Datenzugängen umfasst. Standortleiter Hobbelen pflegt intensive Kontakte zu einigen dynam. Unternehmen in der DACH-Region.

Stärken: Internat. Team mit großer Automotive-Branchenerfahrung.

Oft empfohlen: Anne Federle, Hein Hobbelen (beide Kartellrecht)

Team: EU-Team: 4 (1 dt.) Partner, 1 Counsel, 3 Associates; insges. rund 40 Anwälte

Schwerpunkte: ▷*Kartell-*, Beihilferecht u. Antidumping; ▷*Vertrieb*. Außerdem internat. Partnerteam mit regulator. Erfahrung in den Bereichen Automotive u. Zahlungssysteme. Dazu auch belg. Full-Service-Praxis u. ein Public-Policy-Team.

Mandate: dt. Papierhersteller kartellrechtl. zu F&E-Joint-Venture für Produktionstechniken; Industriegasunternehmen europarechtl. u. regulator. zu Wasserstoffinvestitionen in Dtl. u. anderen EU-Ländern; Beschwerdeführer gg. Apples Konditionen für In-App-Käufe; europ. Verpackungsmittelverbände u.a. zu kartellrechtl. Aspekten von Nachhaltigkeitsinitiativen; ETPA zollrechtl. zu Einfuhr von leichtem

Anwaltszahlen: Angaben der Kanzleien zur Bürogröße vor Ort. Sie spiegeln nicht zwingend die Gesamtgröße einer Kanzlei wider.

Thermopapier aus Südkorea (EuGH); dt. u. liechtenstein. Unternehmen zu mögl. Antidumping-Klage gg. Importe aus China; regelm. BorgWarner, John Bean Technologies.

CLEARY GOTTLIEB STEEN & HAMILTON

Brüssel ★★★★★

Bewertung: Die seit vielen Jahren herausragende Rolle des Brüsseler Büros als kartell- und europarechtlich erste Adresse bestätigte sich erneut. Kaum eine Konkurrentin kann mit der nahtlos integrierten Beratung in zentralen europ. Ländern wie Dtl., GB, Frankreich u. Italien u. der US-Praxis mithalten. Dazu trägt auch bei, dass die Kanzlei etwa bei großvolumigen Fusionskontrollen schon seit einigen Jahren unterstützende Technologie im Einsatz hat u. dies auf KI-Anwendungen erweitert hat. Mulitnat. Unternehmen wie Broadcom oder Whirlpool vertrauten dem Team auch dieses Jahr wieder bedeutende Mandate an. Das Renommee des Büros zeigt sich auch daran, dass regelm. neue Mandanten auf die Teams zukommen. Nach Ryanair, die die Kanzlei seit 2 Jahren erfolgr. in beihilferechtl. Prozessen vertritt, kam nun mit Illumina, die sich vor dem EuGH mit der Kommission um fusionskontrollrechtl. Anmeldepflichten streitet, ein weiteres prominentes Unternehmen dazu. In der Riege der jahrzehntelang marktprägenden Partner steht sukzessive ein Generationswechsel an u. Cleary forciert deutl. intensiver den Aufbau einer nachwachsenden Generation. Zum Jahresende wechselt der angesehene Antoine Winckler in die Of-Counsel-Funktion.

Stärken: Sehr etablierte europ. u. transatlant. Kompetenz. Traditionell starke Beziehungen zum frz. Markt.

Oft empfohlen: Thomas Graf, Dr. Patrick Bock, Enrique González-Díaz, Robbert Snelders, zunehmend François-Charles Laprévote (alle Kartellrecht), Dr. Till Müller-Ibold (Beihilfe u. Außenwirtschaft)

Team: EU-Praxis mit 11 Partnern, 3 (1 dt.) Counsel, plus Associates; dazu belg. Praxis

Schwerpunkte: ▷*Kartell-* u. Beihilferecht, inkl. Drittstaatensubventionen/FSR. Dazu Investitionskontrolle. Auch internat. Finanzierungs- u. Steuerkompetenz. In Schiedsverfahren enge Anbindung an die marktführende Praxis in Paris (▷*Konfliktlösung*).

Mandate: Broadcom fusionskontrollrechtl. zum Kauf von VMWare (Phase-II); Vivendi fusionskontrollrechtl. zu Kauf von Lagardère (Phase-II); Whirlpool fusionskontrollrechtl. zu Verkauf von europ. Geschäft an Arcelik; Chemours fusionskontrollrechtl. zu Joint Venture mit Fumatech zu HDFC-Membranen; Illumina in Auseinandersetzung mit EU-Kommission um fusionskontrollrechtl. Anmeldepflicht für den Kauf von Grail (EuGH); Sony hinsichtl. des Zusammenschlusses Microsoft/Activision Blizzard; Google u.a. in EU-Kartellverf. wg. 19a GWB (BKartA), Android-System (EuG); Telefónica zu Beschwerde von 1&1 gg. Teile des National Roaming Agreement (mit CMS); Ryanair bei Klagen gg. Beihilfen für div. Airlines (EuGH); Tosoh Hellas in Antidumping-Verfahren um Einfuhr von Mangan-Erz aus China; Frachtunternehmen bei EU-Beschwerde gg. Beihilfen an marktbeherrschende Wettbewerber; Eurofirma/Ges. für die Finanzierung von Eisenbahnmaterial zu beihilferechtl. Aspekten bei Kapitalerhöhung; beihilferechtl. Goodyear, GlobalFoundries, LG Energy Solutions, JCDecaux.

Brüsseler Kanzleien mit deutschen Anwälten und Besprechung nur in Rechtsgebieten

Advant Beiten	▷*Kartellrecht*
Dr. Andreas Bartosch	▷*Beihilfe*
Becker Büttner Held	▷*Energie*
CBH Rechtsanwälte	▷*Beihilfe*
Clifford Chance	▷*Kartellrecht*
Dentons	▷*Kartellrecht*
DLA Piper	▷*Kartellrecht*
WilmerHale	▷*Beihilfe* ▷*Kartellrecht*

Die Auswahl von Kanzleien und Personen in Rankings und tabellarischen Übersichten ist das Ergebnis umfangreicher Recherchen der JUVE-Redaktion. Sie ist in 2erlei Hinsicht subjektiv: Die Aussagen der befragten Quellen sind subjektiv u. spiegeln deren Erfahrungen u. Einschätzungen. Die JUVE-Redaktion wiederum analysiert die Rechercheergebnisse unter Einbeziehung ihrer eigenen Marktkenntnis. Der JUVE Verlag beabsichtigt keine allgemeingültige oder objektiv nachprüfbare Bewertung. Es ist möglich, dass eine andere Recherchemethode zu anderen Ergebnissen führt. Innerhalb einzelner Gruppen in Rankings und tabellarischen Übersichten sind Kanzleien und Personen alphabetisch sortiert.

CMS HASCHE SIGLE

Brüssel ★★★★

JUVE AWARDS 2023
Kanzlei des Jahres für Kartellrecht

Bewertung: Das Brüsseler Büro zeichnet sich durch ein eingespieltes Team aus, das kartell-, außenhandels- u. beihilferechtl. auf hohem Niveau berät. Bauer u. Neuhaus ist es nachhaltig gelungen, den Beratungsbedarf von Mandanten der dt. Standorte aufzugreifen, etwa im Beihilferecht oder zu Investitionsprüfungen u. anderen außenwirtschaftsrechtl. Fragen. Einen Durchbruch auch in der Marktwahrnehmung bildete zuletzt die Beratung des Bundes im Zshg. mit der Energie- und Gaskrise. Zugleich hat sich das Team eine zentrale Rolle in der europ. CMS-Allianz erarbeitet, wie die Beratung von führenden Unternehmen der Konsumgüterindustrie bei europaw. Mandaten u. die zentrale Rolle bei sanktionsrechtl. Fragen belegen. Der jüngste Partner baut zudem zusammen mit einer Anwältin der span. Praxis die europaw. Beratung zu datenwirtschaftl. Themen aus, die im Zuge des Data Act an Bedeutung gewinnen.

Stärken: Anerkannte dt. Partner; enge Verbindungen zu Büros in Dtl. u. Europa.

Oft empfohlen: Dr. Michael Bauer (Kartell- u. Beihilferecht), Kai Neuhaus („pragmatisch, umgänglich, klug", Wettbewerber; Kartellrecht u. Außenhandel)

Team: 3 Eq.-Partner, 6 Associates, 1 of Counsel

Schwerpunkte: ▷*Kartellrecht* u. kartellrechtl. ▷*Compliance* sowie Vertriebskartellrecht; ▷*Beihilferecht*, EU-Recht, Kontakte zu europ. Behörden; regelm. u. von wachsender Bedeutung: ▷*Außenwirtschaftsrecht*.

Mandate: Bund beihilferechtl. zu Rekapitalisierung von Uniper, inkl. Notifizierung; Bund fusionskontrollrechtl. zur Verstaatlichung von Sefe; Telefónica u.a. zu Beschwerde von 1&1 gg. NRA (mit Cleary) u. zu Fusions- u. Investitionskontrolle bei Verkauf von Telefonmasten; Flughafen Friedrichshafen bei Umsetzung von Zusagen für Umstrukturierungsbeihilfe; Hochtief u. Palladio zu Joint Venture für Entwicklung von Rechenzentren; Cicor Technologies zu div. Investitionsprüfungen; Coca-Cola in Lieferstreit mit Edeka.

COOLEY

Brüssel ★★★

Bewertung: Das stark wachsende Brüsseler Büro um Gründungspartner Israel koordiniert nun schon im 4. Jahr das kontinentaleurop. Geschäft der US-Kanzlei, die für starke Praxen im gewerbl. Rechtsschutz, VC-, Technologie- u. Regulierungssektor steht. Die kartellrechtl. Ausrichtung ist durch den Zugang des ehem. Linklaters-Partners Koponen im Vorjahr weiter gestärkt worden. Er berät u.a. Denso in versch. Schadensersatzverfahren u. Trelleborg beim Verkauf von Geschäftsbereichen. Für Condor erreichte die Kanzlei neben der Sicherung des Zugangsanspruchs zu Zubringerflügen der Lufthansa auch die erfolgr. Anfechtung der staatl. Beihilfen für die Wettbewerberin. Mit ihrer Nähe zu EU-Behörden u. einem Fokus auf IT- u. Datenschutzrecht ist Cooley sowohl bei jungen US-Technologie- u. Healthcare-Unternehmen als auch bei Tech-Riesen wie Google gut positioniert. Für noch mehr Schlagkraft im europ. Markt u. den Ausbau dt. Mandatsbeziehungen wird allerdings ein Standort in Dtl. nötig sein.

Oft empfohlen: Alexander Israel, Jonas Koponen (beide Kartellrecht)

Team: 4 Eq.-Partner, 3 Counsel, 9 Associates

Schwerpunkte: Kartellrecht, Fusionskontrollen sowie Missbrauchsverf.; Sektorerfahrung im Flugverkehr; Datenschutz. Sehr gute Kontakte zu EU-Behörden.

Mandate: Condor Flugdienst kartell- u. beihilferechtl., u.a. gg. Kündigung des Zubringerabkommens durch Lufthansa; Denso bei Abwehr von Kartellschadensersatz in Europa; Horizon Therapeutics umf., u.a. zu Kauf durch Amgen; Eurid zu DSGVO u. NIS-Gesetz; Grindr ggü. div. Behörden in Europa; Google u.a. vor Datenschutzbehörde u. zur legislativen Entwicklung der Cybersicherheitsanforderungen; Sodastream umf. IT- u. datenschutzrechtl.; Zoom datenschutzrechtl.; lfd.: Clarios. Fusionskontrollen: Amryt Pharma zu Verkauf an Chiesi Farmaceutici; Trelleborg zu Verkauf eines Geschäftsbereichs an Yokohama; Cincor Pharma bei Kauf durch Astra Zeneca.

COVINGTON & BURLING

Brüssel ★★★

Bewertung: Das Brüsseler Büro der Kanzlei hat sich zu einer gesuchten Adresse für die Beratung zu internat. Regulierungs- und Kartellrechtsthemen entwickelt. Neben dem letztj. Zugang von Ahlborn steht für diese Entwicklung auch eine Lifesciences- und Kartellrechtsspezialistin, die wie er lange bei Linklaters war. Sie ergänzt mit ihrer internat. Aufstellung die angesehenen Praxen von Koyuncu u. Bogaert. Die gute Position des Büros im Healthcare-Sektor zeigte auch der Ausbau der Arbeit für einen

Anwaltszahlen: Angaben der Kanzleien zur Bürogröße vor Ort. Sie spiegeln nicht zwingend die Gesamtgröße einer Kanzlei wider.

Medizinproduktehersteller, der die Beratung auf datenschutzrechtl. Fragen erweiterte. Zahlr. Mandanten der Kartellrechtspraxis, bspw. aus dem Automobilsektor, berieten die Anwälte zu aktuellen FDI-Themen. Hier überzeugt die Kanzlei zudem durch die eingespielte Zusammenarbeit mit der anerkannten CFIUS-Praxis in Washington.
Stärken: Viel Erfahrung in techn. u. regulator. geprägten Sektoren wie Finanzen, Halbleiter u. Pharma ▷*Gesundheitswesen*.
Oft empfohlen: Dr. Dr. Adem Koyuncu, Peter Bogaert (beide Pharmarecht), Dr. Peter Camesasca, Johan Ysewyn, Christian Ahlborn (alle Kartellrecht)
Team: 9 (4 dt.) Partner, 1 Counsel, 11 (1 dt.) Associates, 3 of Counsel
Schwerpunkte: Regulator. Themen, Beihilfe- u. Kartellrecht (v.a. mit Technologiebezug, aber auch Vertriebskartellrecht) sowie IP u. Datenschutz. Internat. Prozessführung. Public Affairs mit Branchenschwerpunkten bei Software, Hightech, IT u. Lifescience.
Mandate: Advent zu FDI u. anderen regulator. Aspekten beim Kauf von Maxar Technologies; Aptiv zu Fusionskontrolle u. Investitionsprüfung bei Kauf von Wind River; Dt. Telekom kartellrechtl. zu Klage von Phones 4U in GB; Medizinproduktehersteller lfd. u.a. regulatorisch, datenschutzrechtl. u. zu Verträgen mit Kliniken; MedTech Europe u. EFPIA u.a. zu Gesundheitsdatenschutz; regelm. Glencore, Samsung, Renesas, BioNTech.

FRESHFIELDS BRUCKHAUS DERINGER

Brüssel ★★★★★

Bewertung: Das Brüsseler Büro zählt weiterhin zu den führenden Einheiten vor Ort, wie anspruchsvolle Mandate aus den Bereichen Kartell- und Beihilferecht belegen. Ähnlich wie Cleary hat auch FBD hervorragend besetzte Kartellrechtspraxen in London, Dtl. u. USA u. ist deshalb insbes. für Mandate mit internat. Bezug gefragt. So ist Wessely etwa einer der erfahrensten Kenner der europ. Telekommunikationsmärkte u. berät seit Jahren CK Hutchison. Der Ruf für eng vernetzte Zusammenarbeit über die Standorte hinweg reicht nicht ganz an den der Konkurrentin Cleary heran, doch dafür wartet das Büro mit einer gut austarierten Riege an angesehenen dt. Partnern auf. Beihilferechtsspezialist von Bonin war bspw. Teil des Teams, das an der Seite der KfW zu den Stützungsmaßnahmen für Uniper und Sefe beriet. Neupartnerin Merit Olthoff baut ihr Engagement in der Digitalwirtschaft u. bei regulator. Fragen im Zshg. mit dem Digital Markets Act aus u. arbeitet dabei eng mit dem Berliner Team zusammen. Mit dieser strateg. Schwerpunktsetzung gelang es, ein begehrtes Mandat eines Technologieriesen zu gewinnen. Bei Fusionskontrollen haben Anwälte des Brüsseler Büros schon seit einigen Jahren Technologie im Einsatz u. treiben Innovationen auch mit Blick auf KI voran.
Stärken: Exzellente Vernetzung mit den EU-Behörden, internat. sehr erfahrene Partner.
Oft empfohlen: Dr. Frank Montag, Dr. Thomas Wessely, Dr. Andreas von Bonin („mit ihm kann man sehr gut zusammenarbeiten", Wettbewerber), Rafique Bachour, Sascha Schubert, Thomas Janssens, Onno Brouwer (alle Kartellrecht)
Team: 14 (5 dt.) Partner, 1 Counsel, 40 Associates
Schwerpunkte: ▷*Kartellrecht*; ▷*Beihilfe*; Investitionskontrolle. Außerdem Abteilung für Lobbying; dazu belg. M&A, Steuer- u. Immobilienrecht.
Mandate: Thyssenkrupp Steel Europe beihilferechtl. zu Dekarbonisierungsstrategie; Norsk Hydro fusionskontrollrechtl. zu Kauf von Alumetal (Phase-II); MásMóvil fusionskontrollrechtl. zu Joint Venture mit Orange/Spanien (Phase-II); Telenet/Liberty Global als Drittbeteiligter bzgl. Fusionsplänen Orange/Belgien u. Voo; CK Hutchison fusions- u. investitionskontrollrechtl. zu Verkauf der europ. Funktürme an Cellnex; ST Microelectronics beihilfe- u. fusionskontrollrechtl. zu Halbleiterwerk in Frankreich; KfW beihilferechtl. u.a. zu Maßnahmen in der Gaskrise; Facebook gg. Anforderung von Dokumenten durch die EU-Kommission in Kartelluntersuchung (EuG) u. zu Kartellverf. in der EU, den USA u. Japan.

GLEISS LUTZ

Brüssel ★★★★

Bewertung: Die immens gestiegene Bedeutung beihilfe- u. förderrechtl. Themen im Zusammenhang mit klima- u. energierelevanten Projekten forderten das Brüsseler Team um Soltész mehr denn je. Er zählt zu den erfahrensten Anwälten auf diesem Gebiet u. beriet in enger Vernetzung mit anderen Fachbereichen bei hochkarätigen Mandaten wie dem Aufbau eines Halbleiterwerks in Dresden u. der Umstrukturierung der Steag. Die Zusammenarbeit mit Gesellschafts-, Restrukturierungs- u. Kartellrechtlern der dt. Standorte ist seit jeher eingespielt, wie sich auch an Mandaten für den Daimler-Konzern zeigt. U.a. vertrat von Köckritz den Konzern bei einigen Vorlageverfahren am EuGH. Er steht zugleich zusammen mit Anwälten des Münchner Büros für die Beratung von Digitalkonzernen im Zshg. mit der Einordnung von digitalen Geschäftsmodellen.
Stärken: Eine der anerkanntesten beihilferechtl. Praxen.
Oft empfohlen: Dr. Ulrich Soltész („führender Beihilferechtler, sehr erfahren", Wettbewerber), Dr. Christian von Köckritz (beide Beihilfe u. Kartellrecht)
Team: 2 Eq.-Partner, 1 Counsel, 7 Associates
Schwerpunkte: ▷*Beihilfe*- (auch FSR) u. ▷*Kartellrecht*; zudem allgem. EU-Recht (▷*Öffentl. Recht*).
Mandate: Infineon, Bosch u. NTX Semiconductors beihilferechtl. zu Halbleiterwerk in Dresden; Globalfoundries fördermittelrechtl. zu IPCEI-Projekt für Nanotechnologie; Steag beihilferechtl. bei konzernw. Umstrukturierung u. teilw. Verkaufsprozess; Saft Group u. Total beihilferechtl. zu Batteriezellen-Projekt; Bilfinger beihilferechtl. zu Strukturierung von Wasserstoff-Joint-Venture; DEG Impulse beihilferechtl. u.a. zu dezentralen Trinkwasseraufbereitungsanlagen in der Ukraine; Canon zu kartellrechtl. Vorwurf von Verstoß gg. Vollzugsverbot (EuG); Daimler bei div. Vorabentscheidungsersuchen im Zshg. mit Dieselthematik (EuGH) u. zu Patenten (marktbekannt); Wieland-Werke gg. kartellrechtl. Untersagung eines Zukaufs von Aurubis (EuG); Bayern bei Klage gg. Rückforderung von Beihilfen für Milchgüteprüfungen.

HENGELER MUELLER

Brüssel ★★★

Bewertung: Hengeler bietet in Brüssel v.a. kartellrechtl. Beratung. Zum Repertoire gehören klass. Fusionskontrollen, die das Team vor Ort auch in gewohnt enger Vernetzung mit den dt. Standorten bearbeitet. Regelm. wird das Brüsseler Team auch mandatiert, ohne dass HM die Corporate-Seite der Transaktion berät, etwa um Fusionsanmeldungen internat. zu koordinieren, aber auch um gg. Kommissions-Entscheidungen vorzugehen. In mehreren Fällen vertrat HM auch vor EU-Gerichten. Insbes. mit ihrem Brüsseler Standort gelingt es HM zudem, Tech-Unternehmen wie Google u. Amazon zu gewinnen u. ggü. dem BKartA zu begleiten. Für den Ausbau der kartellrechtl. Arbeit für US-Unternehmen steht ein im Vorjahr zum Partner ernannter Anwalt, der Google im viel beachteten Showcase-Verfahren erfolgr. begleitete. Die regulator. Kompetenz beschränkt sich jedoch nicht auf Brüssel, sondern erstreckt sich auch auf Berlin u. seit Kurzem London. Wenngleich die Zusammenarbeit im Beihilferecht u. Investitionsschutz funktioniert, bleibt die Praxis am Brüsseler Standort mit Blick auf Beratungssegmente wie Drittstaatensubventionen/FSR ausbaufähig. Der erfahrene Niemeyer schied zuletzt aus der Partnerschaft aus, ist aber weiter in Mandaten aktiv.
Stärken: Enge Anbindung an die dt. Büros, sowie eigenständige, internat. Mandate.
Oft empfohlen: Dr. Hans-Jörg Niemeyer („erfahrener Beihilferechtler", Wettbewerber; Kartell- u. Beihilferecht), Dr. Markus Röhrig („sehr gute Sachkompetenz; lösungsorientiert", Mandant)
Team: 2 Partner, 6 Associates, 1 of Counsel plus ca. 20 Anwälte aus internat. Koop.-Kanzleien
Schwerpunkte: ▷*Kartellrecht*, Fusionskontrollen u. Kartellbußgeldverf., auch kartellrechtl. Compliance-Mandate; ▷*Beihilfe*.
Mandate: Lufthansa beihilfe- u. kartellrechtl., u.a. zu Beschwerde von Condor wg. Special Prorate Agreement (BKartA); Google im News-Showcase-Fall zu Untersuchung durch BKartA; Illumina bei Beschwerde gg. EuG-Urteil wg. Zusammenschlusskontrolle gem. Art. 22 FKVO; KKR bei Vantage-Towers-Partnerschaft; Axa zu Verkauf von Lebens- u. Rentenversicherungsportfolio an Athora; Danfoss A/S beim Kauf der Bock-Gruppe; Siemens zu Verkauf von Post- u. Paketgeschäft an Körber; Nippon Chemicon bei Klage gg. Kommissionsentscheidung u. Abwehr von Follow-on-Klagen; Portigon bei Klage gg. EU-Entscheidung ‚European Government Bonds'; Dehoga Dt. Hotel u. Gaststättenverband zu Wirtschaftshilfen; marktbekannt: Amazon in BKartA-Verfahren ‚marktübergr. Bedeutung'.

HOGAN LOVELLS

Brüssel ★★

NOMINIERT
JUVE Awards 2023
Kanzlei des Jahres für Kartellrecht

Bewertung: Das Brüsseler Büro bedient eine breite Palette von kartell- und außenwirtschaftsrechtl. Themen u. spiegelt mit seinem internat. zusammengesetzten Team immer konsequenter die Stärken der Gesamtkanzlei. Der deutl. gewachsene Beratungsbedarf zu Regulierungsthemen u. die seit dem Brexit gewachsene strateg. Bedeutung der kontinentaleurop. Praxis zeigt sich auch darin, dass der Mandatsfluss aus den USA gewachsen ist. Das gilt insbes. in der außenwirtschaftsrechtl. Beratung, die einen Schwerpunkt auf das Sanktions- u. Exportkontrollrecht sowie auf die transaktionsbegleitende Investitionskontrolle legt. Ein Team um den vor 2 Jahren von Van Bael & Bellis gewechselten Struys baut zudem gemeinsam mit dem Hamburger Partner Dr. Marc Schweda die Beratung zu Drittstaatensubventions-/FSR-Themen aus.
Oft empfohlen: Dr. Falk Schöning („sehr angenehm in der Zusammenarbeit", Wettbewerber; Kartell- u. Außenwirtschaftsrecht), Michel Struys (Kartell-/Europarecht)
Team: 7 (1 dt.) Partner, 3 Counsel, 17 (2 dt.) Associates
Schwerpunkte: Fusions- u. Investitionskontrolle (▷*Kartellrecht*, ▷*Außenwirtschaft*), kartellrechtl.

Anwaltszahlen: Angaben der Kanzleien zur Bürogröße vor Ort. Sie spiegeln nicht zwingend die Gesamtgröße einer Kanzlei wider.

Prozesse u. ▷*Vertriebssysteme*. Belg. Finance-Team. Branchen: Technologie und Gesundheit.
Mandate: Digital Charging Solutions (BMW u. Daimler) zu kartellrechtl. Compliance bei Aufbau von E-Ladestrukturen; Adressat von EU-Kartellbußgeldentscheidung wg. Zuordnung in Unternehmensgruppe; MSD Partners kartell- u. investitionskontrollrechtl. zu Transaktionen; chines. Käufer investitionskontrollrechtl. zu dt.-belg. Unternehmen im Bereich opt. Halbleiter (Phase II); dt. Tochter von japan. Konzern in außenwirtschaftsrechtl. Prüf- u. Ahndungsverfahren wg. Exporten von Dual-Use-Gütern; div. Unternehmen (u.a. Automotive, Energie, Computerchips) zu Russland-Sanktionen; US-Rüstungsunternehmen exportkontrollrechtlich.

JONES DAY

Brüssel ★★★★

Bewertung: Das etablierte Brüsseler Büro genießt mit internat. erfahrenen Partnern einen guten Ruf im Beihilfe- u. Kartellrecht. Dabei hebt es sich von rein fusionskontrollrechtl. ausgerichteten US-Büros vor Ort durch eine breitere Praxis ab, zu der auch anerkannte dt. Partner für Datenschutz u. Chemikalienrecht zählen. Weil regulator. Themen auch in Transaktionen wichtiger werden, hat sich zuletzt die Vernetzung mit den dt. Standorten intensiviert, etwa bei Fragen der Datensicherheit u. der aktuellen Foreign-Subsidies-Thematik. Auf Letztere hat sich ein Team um den beihilferechtl. äußerst angesehenen Partner Werner themat. erweitert. Von Brüssel aus koordiniert er zudem einige interne kartellrechtl. Untersuchungen für dt. Unternehmen u. ihre ww. Niederlassungen. Mandanten loben ein „breites, gut aufgestelltes internes Netzwerk".
Stärken: Vernetzung mit namh. frz. u. US-Praxen. Internat. versierte dt. Partner.
Oft empfohlen: Philipp Werner („hoch kompetent, pragmatisch", „to the point und kreativ", Mandanten; „herausragend", Wettbewerber; Beihilfe- u. Kartellrecht), Dr. Jörg Hladjk („sehr kompetent", Wettbewerber; Datenschutz), Bernard Amory (Kartellrecht), Ursula Schließner (EU-Umweltrecht)
Team: 21 (3 dt.) Partner, 2 Counsel, 30 (2 dt.) Associates, inkl. 12-köpf. belg. Praxis
Schwerpunkte: ▷*Kartellrecht*; ▷*Beihilfe*; ▷*IT u. Datenschutz* u. Cybersecurity; europ. Umwelt- u. Chemikalienrecht/Produkt- u. Substanzregulierung; auch Sanktionsrecht.
Mandate: SAP lfd. ww. zu Kartellrecht, Lizenzierung, Cloud-Geschäft u. Datenschutz; RWE in EU-Verfahren um Kompensationszahlungen für die Beendigung von Braunkohleverstromung; TSMC beihilferechtl. zu Aufbau von Halbleiterwerk in Dresden (aus dem Markt bekannt); dt. intermodaler Logistiker zu Fördermitteln in Frankreich, inkl. beihilferechtl. Beschwerde gg. Wettbewerber; EdF beihilferechtl. zu F&E-Förderung für modulare Reaktoren; Ravago lfd. kartellrechtl.; Cellcarta datenrechtl. hinsichtl. KI-Zukäufen; Orange zu Datenschutz- u. Cybersicherheitsbewertung bei MásMóvil im Vorfeld von gepl. Joint Venture in Spanien; Fragbite bei Datenschutz- u. Cybersicherheitsbewertung eines erworbenen Spieleentwicklers; datenschutzrechtl. zudem IBM, ICANN, Experian Information Solutions; lfd. div. REACH-Konsortien, u.a. CCST u. CTAC (Chromverbindungen).

KAPELLMANN UND PARTNER

Brüssel ★

Bewertung: Das eingespielte Brüsseler Team der in Dtl. v.a. im ▷*Baurecht* etablierten Kanzlei überzeugt mit einer erfahrenen EU-Prozesspraxis. Jüngst erzielte sie einen Erfolg vor dem EuG in einem Prozessmandat zur Regulierung von Titandioxid. Standortgründer van der Hout ist v.a. im Beihilferecht regelm. für die öffentl. Hand tätig u. beriet etwa das Land Rh.-Pf. im Zshg. mit dem Verkauf des Flughafens Frankfurt-Hahn. Auch im Bereich der Förderung erneuerbarer Energien u. der Umstellung auf umweltfreundl. Technologien punktet die beihilferechtl. Praxis. So begleitet das Team die Stahlsparte von Thyssenkrupp bei der Transformation u. berät dazu sowohl im EU-Beihilferecht als auch im dt. Zuwendungsrecht. Im Zuge der jüngsten geopolit. Verwerfungen verzeichnete die Gruppe außerdem zunehmendes Beratungsgeschäft im Außenwirtschaftsrecht, insbes. im Zoll- u. Sanktionsrecht.
Stärken: Gute Kontakte zu europ. Behörden, gute Anbindung an die dt. Praxis.
Oft empfohlen: Prof. Dr. Robin van der Hout („erfahrener u. versierter Beihilferechtler", Wettbewerber; Beihilfe- u. Kartellrecht), Dr. Christian Wagner (Beihilferecht u. Regulierung)
Team: 1 Eq.-Partner, 1 Sal.-Partner, 3 Associates
Schwerpunkte: Europarecht, auch Außenhandel; ▷*Beihilferecht*; ▷*Kartellrecht*; ▷*Verkehr*; gewachsene Kontakte zu EU-Institutionen; Public Affairs.
Mandate: CWS Powder Coatings, Brillux u. Daw gg. EU-Kommission wg. Titandioxid-Kennzeichnung; Thyssenkrupp Steel Europe bei Transformation u. Dekarbonisierung der Stahlherstellung; dt. Automobilhersteller beihilferechtl. im F&E-Bereich; mittelständ. Unternehmen beihilferechtl. zu Schieneninfrastrukturprojekt, u.a. Abstimmung mit Bund u. Ländern sowie Wettbewerberbeschwerden; Flughafen München beihilfe-, kartellrechtl. u. regulator. zu Entgelten; Land Rheinland-Pfalz lfd. beihilferechtl., u.a. zu Verkauf des Flughafens Frankfurt-Hahn; Energieversorger beihilferechtl. wg. Fernwärmenetz; internat. tätiges Logistikuntern. sanktionsrechtl.; Medizintechnikuntern. außenwirtschafts- u. investitionskontrollrechtl.; div. dt. Profifußballvereine u. Stadionbetreiber beihilferechtl. zu staatl. Fördermaßnahmen; 3 dt. Verkehrsflughäfen beihilferechtl.; div. EU-Agenturen in Prozessen; lfd.: Gea, Klarna, Rodenstock, Thyssenkrupp, Trovotech.

LATHAM & WATKINS

Brüssel ★★★★★

NOMINIERT
JUVE Awards 2023
Kanzlei des Jahres für Kartellrecht

Bewertung: Mit einem internat. zusammengesetzten Team u. der eingespielten standortübergreifenden Zusammenarbeit zählt das Büro zu den ersten Adressen im Brüsseler Markt. Die erfahrenen Kartellrechtspartner sind regelm. in wegweisenden fusionskontrollrechtl. Mandaten gefragt, wie etwa dem Streit von Grail/Illumina mit der EU-Kommission. Dabei hat L&W auch Anwälte mit viel Erfahrung vor den EU-Gerichten. In einigen Fällen wechselten Mandanten für die streitige Auseinandersetzung sogar zu ihnen. Ein Bsp. dafür ist Hyundai Heavy Industries. Bekannt ist auch Völckers regelm. Tätigkeit für Lufthansa in kartellrechtl. Prozessen. Dabei ist ähnlich wie bei Gleiss u. Cleary die Zusammenarbeit mit der Kartellrechtspraxis in Dtl. eng. Das gilt u.a. bei der Beratung mehrerer Softwarekonzerne u. bei Wettbewerbs- und regulator. Fragen im Zshg. mit dem Digital Markets Act. Allerdings hat ein dt. Counsel zuletzt die Kanzlei verlassen.
Stärken: Etablierte Zusammenarbeit im internat. zusammengesetzten Team u. transatlant. Zusammenarbeit.
Oft empfohlen: Prof. Dr. Sven Völcker („sehr gut für kreative Ansätze u. Ideen", Mandant), Lars Kjølbye (beide Kartellrecht)
Team: 10 (1 dt.) Partner, 3 (1 dt.) Counsel, 32 (1 dt.) Associates
Schwerpunkte: ▷*Kartellrecht*, häufig auch für Private-Equity-Investoren; Investitionskontrolle; auch umf. internat. kartellrechtl. Litigation.
Mandate: Vodafone und Telefonica zu Joint Venture mit Dt. Telekom u. Orange (Werbung auf Mobiltelefonen); Grail zu gepl. Fusion mit Illumina (EuGH); Orange Belgien fusionskontrollrechtl zu gepl. Kauf von Voo (Phase-II); MOL zu Kauf von slowen. OMV-Tankstellennetzwerk (Phase-II); Apollo Global Management fusions- u. investitionskontrollrechtl. zu Kauf von Univar; US-Softwarekonzern zu div. abgeschlossenen Zukäufen in Untersuchung um fusionskontrollrechtl. Anmeldepflichten; Hyundai Heavy Industries gg. Verbot des gepl. Kaufs von Daewoo Shipbuilding (EuG); Lufthansa u.a. zu Anfechtung von Bußgeldentscheidung im Luftfrachtkartell (EuGH); Valve gg. EU-Kartellbußgeld zu ‚Geo-Blocking von Videospielen' (EuG); ZF CV in beihilferechtl. Streit um belg. Steuerbefreiung (EuG); regelm. Apple, Meta (beides marktbekannt).

LINKLATERS

Brüssel ★★★

Bewertung: Das Brüsseler Büro der Kanzlei steht v.a. für kartellrechtl. Beratung u. übernimmt bei Transaktionsmandaten regelm. die Fusions- u. Investitionskontrolle. Hier genießt der dt. Partner Meyring einen guten Ruf im Markt. Neben langj. Industriekontakten im Automotive-Sektor verfügt er über Know-how im Bereich Digitalwirtschaft. Mandanten wie Kelkoo u. Zalando setzen dabei insbes. auf die gute standortübergreifende Vernetzung des internat. zusammengesetzten Teams. Zwar hat die Kanzlei im Vorjahr einige Partner, darunter den langj. Leiter der ww. Kartellrechtspraxis, an Wettbewerber verloren, mit einer Partner- u. 2 Counsel-Ernennungen geht sie jedoch beherzt einen nachhaltigen Teamwiederaufbau an.
Stärken: Internationale Fusionskontrollen.
Oft empfohlen: Dr. Bernd Meyring („fachlich herausragend, hands-on u. immer responsiv; meine erste Wahl für Kartellrecht", Mandant; Kartellrecht)
Team: EU-Kartellrecht: 5 (1 dt.) Partner, 4 (1 dt.) Counsel, 24 (5 dt.) Associates, belg. Praxis mit rund 100 Anwälten
Schwerpunkte: ▷*Kartellrecht*. Fusions- u. Investitionskontrolle. Namhafte belg. Praxis.
Mandate: Stada fusionskontrollrechtl. bei Kauf von Erkältungsmittelportfolio von Sanofi; einheitl. Abwicklungsmechanismus für Kreditinstitute in zahlr. Prozessen um Abwicklung der Banco Popular Español (EuG u. EuGH); Kelkoo in EU-Verf. gg. Googles Shopping-Anzeigen; regelm. Vitesco Technologies, Novartis, Zalando.

LUTHER

Brüssel ★

Bewertung: Die Arbeit im Brüsseler Büro ist, ähnlich wie bei Kapellmann, eng mit der anderer Praxen an den dt. Standorten verzahnt u. bildet damit einen wichtigen Pfeiler in der Luther-Strategie. Das zeigte sich aktuell wieder in Dekarbonisierungsprojekten der Stahlindustrie. Die Branchenkompeten-

Anwaltszahlen: Angaben der Kanzleien zur Bürogröße vor Ort.
Sie spiegeln nicht zwingend die Gesamtgröße einer Kanzlei wider.

zen der Kanzlei in den Sektoren Energie u. Gesundheit unterstützt der erfahrene Partner Janssen mit seiner kartell-, beihilfe- u. prozessrechtl. Erfahrung. Er ist bei Mandanten v.a. bei Fusionskontrollverfahren gefragt u. beriet etwa E.on u. EdF bei einer Joint-Venture-Gründung.
Oft empfohlen: Dr. Helmut Janssen („profunder Kenner der Materie", Wettbewerber; Kartell- u. Beihilferecht)
Team: 1 Partner, 1 Counsel, 2 Associates
Schwerpunkte: ▷*Beihilfe*; ▷*Kartellrecht*; ▷*Vertrieb*. Branchen: Kliniken (▷*Gesundheit*), ▷*Energie*, Medien.
Mandate: Cathay Pacific Airways kartellrechtl. zu Compliance-Review; niederl. Lebensmitteluntern. vetriebskartellrechtl.; EdF u. E.on fusionskontrollrechtl. zu Joint Venture; Lomar Shipping zu Kauf von Carl Büttner; Mehiläinen bei Kauf von MVZ; Spielbanken fusionskontrollrechtl. zu Konzessionsvergabe; Uni-Kliniken Heidelberg u. Mannheim bei Fusion; Großhändler für Sanitär-, Klima- u. Heizungsanlagen bei Abwehr von Kartellschadensersatz; Dillinger Hüttenwerke beihilferechtl. zu Transformation u. Dekarbonisierung der Stahlproduktion; Lausitz Energie Kraftwerke zu Wasserstoffprojekten u. Unternehmenstransformation; Stahlhersteller zuwendungs- u. beihilferechtl. zu Dekarbonisierung.

NOERR

Brüssel ★★

Bewertung: Das Brüsseler Büro ist ein zentraler Teil der Internationalisierungsstrategie der Kanzlei. Das Team zeigte an der Seite des Investors KPS bei komplexen Verhandlungen mit der EU-Kommission bei einem Zukauf im europ. Aluminiumrecycling-Markt erneut sein Können. Dabei gelingt die gemeinsame Beratung mit Anwälten der dt. Standorte ähnl. nahtlos wie etwa bei Gleiss. Ein weiteres Bsp. dafür lieferten die kartell- u. die investitionskontrollrechtl. Praxen bei der Beratung von Alcmene bei der Beteiligung an der Raffinerie in Schwedt. Wie sehr zudem europ. Regulierungsthemen im Mobilitätssektor zum Kern des Büros gehören, zeigt die lfd. Beratung von Stellantis, für die die Kanzlei vor dem EuGH u. LG Köln wichtige Prozesserfolge erkämpfte. Im Bereich CO2-Pooling zeigt sich zudem die funktionierende Zusammenarbeit mit Regulierungspartnern. Die vor 2 Jahren mit einem versierten Quereinsteiger von Sidley Austin erweiterte Außenhandelspraxis gewinnt durch die enge Vernetzung mit der dt. Praxis deutl. an Dynamik u. wurde auf Associate-Ebene weiter ausgebaut.
Stärken: Sehr erfahren im Vertriebskartellrecht im Automobilsektor (▷*Verkehr*).
Oft empfohlen: Dr. Dominik Wendel, Dr. Jens Schmidt („hervorragend; pragmatisch", Wettbewerber; Kartellrecht)
Team: 2 Eq.-Partner, 2 Sal.-Partner, 5 Associates
Schwerpunkte: ▷*Vertrieb*, ▷*Kartellrecht*, ▷*Beihilferecht*, ▷*Außenwirtschaft* u. Investitionskontrolle. Gute Anbindung an die dt. Standorte; Branchenfokus insbes. im Automobilmarkt, digitale Vertriebsmodelle, Daten (▷*Informationstechnologie*).
Mandate: KPS Capital Partners u. Speira (ehem. Hydro Aluminium) fusionskontrollrechtl. zu Kauf des europ. Geschäfts von Real Alloy; Gegenbauer-Gruppe kartellrechtl. zu Fusion von Facility-Management-Geschäft mit Apleona; Lear Corp. regelm. kartellrechtl. bei Zukäufen; brit. Investor Alcmene investitionsrechtl. zu Beteiligung an PCK-Raffinerie Schwedt; Stellantis u. Scania in Streit mit Reparaturdienstleistern um Zugang zu Wartungs- u. Reparaturinformationen; Automobilgruppe vertriebskartellrechtl. bei Aufbau von Agenturnetzwerk für E-Fahrzeuge, inkl. Rahmenverträgen; MAN Truck & Bus zu Strukturierung eines Internetvertriebsnetzes; zoll-/außenhandelsrechtl. für Stihl, Lear, Tüv Rheinland, chin. Automobilhersteller, GSI Helmholtzzentrum, Interfer.

NORTON ROSE FULBRIGHT

Brüssel ★

Bewertung: Das Brüsseler Büro zeichnet sich durch eine etablierte Kartellrechtspraxis aus, auf die einige ww. tätige Industriekonzerne vertrauen. Durch den Zugang einer Kartellrechtlerin von Covington im Vorjahr baute NRF die Beratung im Technologie- u. Lifescience-Bereich aus. Für den Brüsseler Standort u. die Beziehungen nach Dtl. steht Werner mit seinem Team, der neben dem Kartellrecht für seine breite regulator. Kompetenz bekannt ist. Stabile Beziehungen, etwa zur Schifffahrts-, Luftverkehrs- u. Automobilbranche kennzeichnen seine Praxis. Die langj. Mandantin Imperial vertritt er u.a. im Lkw-Kartell. Daneben gehört auch die kartellrechtl. Compliance-Beratung u.a. für Versicherungskonzerne zu seinen Schwerpunkten. Mit seiner Erfahrung in regulierten Infrastrukturbranchen (inkl. Beihilferecht) berät er zudem seit Jahren gemeinsam mit dem Münchner Standort das Verkehrsministerium in Berlin zu ÖPP-Straßenprojekten.
Stärken: Internat. Verkehrs-, ÖPP- u. Energieprojekte; gute Anbindung an dt. Standorte.
Oft empfohlen: Jürgen Werner (Beihilferecht u. Regulierung)
Team: 5 (1 dt.) Partner, 3 Counsel, 6 (2 dt.) Associates
Schwerpunkte: Kartellrecht; ▷*Beihilfe* u. Vergaberecht. Branchenerfahrung besteht auf den Gebieten ▷*Verkehr*, hier insbes. Transport, Luftverkehr u. Infrastruktur, außerdem Banken u. ▷*Energie*. Auch Außenhandel (Sanktionsrecht).
Mandate: Westcoast bei Fusion mit Komsa; Imperial Internat. Holding umf. kartellrechtl., u.a. im Lkw-Kartell; Automobilclub u. Consultingpartner kartellrechtl. zu Organisation, Durchführung u. Vermarktung von Rennserien; Direktimporteur für PSA-Produkte kartellrechtl. zu Ad-hoc-Bietergemeinschaften u. Joint-Venture-Gründung.

REDEKER SELLNER DAHS

Brüssel ★★

Bewertung: Zu den Kernkompetenzen des Brüsseler Büros gehört neben dem Kartell- v.a. das Beihilferecht, wie das Condor-Mandat belegt. Diese Materie ist zuletzt immer öfter zum Ausgangspunkt für gr. Mandate an der Schnittstelle zum Klima-, Energie- u. Umweltschutzrecht geworden. Dass RSD eine attraktive Beraterin für solche Projekte ist, belegen die Beratung der Bundesrepublik Österreich zur Taxonomie-VO u. die standort- u. rechtsgebietsübergreifende Arbeit für die H2Global-Stiftung. Mit Holtmann u.Lünenbürger verfügt RSD in diesem Zukunftsbereich über sehr angesehene Experten. Daneben punktet die Kanzlei mit ausgeprägter Prozesserfahrung vor dt. u. europ. Gerichten. Standortgründer Rosenfeld begleitet zahlr. Kartellschadensersatzverfahren, u.a. im Stahl-, Luftfracht- u. Rundholzkartell. Für die tiefgehende Branchenkenntnis der Kanzlei im Verkehrssektor stehen mehrere Mandate für die Dt. Bahn, die RSD auch aus Brüssel heraus u.a. zu Restrukturierungen im Bereich Eisenbahninfrastruktur berät.
Stärken: Gute Kontakte zu dt. u. europ. Behörden und Verbänden, gute Anbindung an die dt. Praxis.
Oft empfohlen: Dr. Andreas Rosenfeld (Kartell- u. Beihilferecht), Dr. Sebastian Steinbarth („sehr angenehmer Teamplayer", Wettbewerber; Kartellrecht), Dr. Clemens Holtmann („gute Kenntnis der öffentlichen Hand", Wettbewerber; Beihilfe), Dr. Simone Lünenbürger
Team: 3 Eq.-Partner, 2 Counsel, 4 Associates
Schwerpunkte: ▷*Kartellrecht*; ▷*Verwaltungs- u. Verfassungsrecht*, inkl. Zuwendungs- sowie EU- u. ▷*Beihilferecht*; ▷*Verkehr*.
Mandate: Condor Flugdienste wg. Klagen von Ryanair gg. die Beihilfenentscheidung der EU-Kommission; Landkreis Ostallgäu beihilferechtl. zu Moorschutz-Pilotprojekt des BMUV; H2Global-Stiftung kartell- u. compliancerechtl., u.a. zu Vereinbarkeit mit EU-Drittstaatensubventionsverordnung; Hintco beihilfe- u. zuwendungsrechtl. bei Ausschreibung von Wasserstoff-Derivaten; Dt. Bahn zuwendungsrechtl. zu Restrukturierung der Eisenbahninfrastruktur u. Geltendmachung von Kartellschadensersatz (Luftfracht); Österreich umf. zu Atomenergie u. Taxonomie-Verordnung; Now beihilferechtl. zu gepl. Förderprogramm für erneuerbare Kraftstoffe; div. Bundesländer bei Geltendmachung von Kartellschadensersatz (Lkw); GHT Mobility vertriebskartellrechtl. zu Bieterverfahren; KfW beihilfe- u. regulierungsrechtl. zu Fördervehikel für Drittstaat-Investitionen in internat. Wertschöpfungsketten für grünen Wasserstoff u. Derivate.

REED SMITH

Brüssel ★

Bewertung: Das Brüsseler Büro der US-Kanzlei ist bei komplexen Fusionsvorhaben besonders gefragt, zuletzt für Motherson beim Kauf der SAS-Cockpit-Sparte. Regelm. gelingt es dem kartellrechtl. erfahrenen Team um Filippitsch bestehende Mandatsbeziehungen auszuweiten, etwa im Automotivebereich u. regulierten Energiesektor. So begleitet das Team Dauermandantin PPC nicht nur in einem Missbrauchsverf. vor der EU-Kommission, sondern auch vergabe- u- beihilferechtlich. Neben dem eigenen Mandatsgeschäft erhält das Brüsseler Büro auch Mandate aus dem internat. Netzwerk u. anderen Praxisgruppen. Insbes. die kartell- u. investitionskontrollrechtl. Begleitung von Transaktionsmandaten macht einen Großteil der Arbeit aus. Die Verbindungen zum dt. Markt könnte die Kanzlei allerdings noch mehr ausschöpfen.
Oft empfohlen: Christian Filippitsch (Kartellrecht/ Regulierung)
Team: 4 (1 dt.) Eq.-Partner, 1 dt. Counsel, 8 Associates
Schwerpunkte: Kartellrecht, u.a. Steuerung von ww. Fusionskontrollen sowie Beschwerdeverf. u. Compliance-Beratung; Erfahrung im Energiesektor; EU-Recht.
Mandate: Public Power Corp. u.a. in EU-Missbrauchsverf. u. Tochter PPC Renewables kartell- u. beihilferechtl. zu Joint Venture mit RWE; Samvardhana Motherson Group zu Kauf der SAS-Interior-Gruppe von Faurecia; Messer-Gruppe zur Gründung eines Wasserstoff-Joint-Ventures; chin. Staatsunternehmen fusions- u. investitionskontrollrechtl. bei gepl. Investitionen in europ. Energieinfrastrukturprojekte; Sumitomo Chemical kartellrechtl. zu Kauf des Pflanzenschutzgeschäfts von Nufarm; lfd. u.a. kartellrechtl.: EFT-Gruppe, Messer-Gruppe, Stena.

Anwaltszahlen: Angaben der Kanzleien zur Bürogröße vor Ort. Sie spiegeln nicht zwingend die Gesamtgröße einer Kanzlei wider.

SHEPPARD MULLIN RICHTER & HAMPTON

Brüssel ★

Bewertung: Das Brüsseler Büro der US-Westküstenkanzlei steht für ein kartell- u. beihilferechtl. geprägtes Beratungsangebot. Neben der Anbindung an die jew. Heimatmärkte der Partner fungiert der Standort als kartellrechtl. Koordinationsstelle für internat. Transaktionsmandate, in denen das Team etwa länderübergreifende Fusions- u. zunehmend auch Investitionsschutzprüfungen übernimmt. Namh. Berater wie Derenne stehen zudem für hochklassige Beihilfemandate, etwa für Air France. Auch der dt. Partner Klotz pflegt gute Beziehungen zur EU-Kommission u. verfügt über regulator. Know-how etwa im TK-, Verkehrs- u. Energiesektor. Mandanten wie die ÖBB u. Leag/EPH berät er auf dieser Grundlage in kartell- u. beihilferechtl. Verfahren. Heinisch, der von London u. Brüssel aus agiert, berät Tech-Mandanten an der Schnittstelle Kartellrecht u. IP/Datenschutz. Zuletzt erweiterte die Kanzlei v.a. die Beratung der Automotive-Branche. Neben Toyota u. Pony.ai zählt nun auch Windrose zu ihren Mandanten.

Stärken: (Beihilferechtl.) Prozessführung.

Oft empfohlen: Robert Klotz (Kartellrecht/Regulierung), Jacques Derenne (Kartell/Beihilferecht), Oliver Heinisch (Kartellrecht, IP, Datenschutz)

Team: 4 (2 dt.) Eq.-Partner, 1 Counsel, 3 (1 dt.) Associates

Schwerpunkte: Beihilferecht u. Regulierung der Branchen Energie, TK u. Verkehr; daneben Kenntnis des Öffentl. Sektors; auch Außenhandel u. zunehmend Kartellrecht an der Schnittstelle zum IP-Recht.

Mandate: Leag u. EPH beihilferechtl. wg. Ausstieg aus dem Braunkohletagebau in Dtl.; Air France beihilferechtl. u.a. zu Covid-19-Beihilferahmen u. als Streithelferin beim EuGH im Streit mit Ryanair um Beihilfen; Bison Capital fusions- u. investitionskontrollrechtl. zu Kauf einer Unternehmensgruppe; Casio ww. im Kartellrecht, u.a. in GB; ÖBB fusionskontrollrechtl. u. ggü. EU-Kommission in Missbrauchsverf. um Schienenpersonentransport; Swisscom gutachterl. zu Vorgehen in lfd. kartellrechtl. Missbrauchsverf.; jap. Reifenhersteller zum EU-Vertriebs- u. Kartellrecht; Schweizer Technologieuntern. zu Kartellrechtseinwänden in Patentstreitigkeiten vor dt. Gerichten; Eurelec (Einkaufsgemeinschaft von E. Leclerc u. Rewe) in div. frz. u. EU-Verf.; lfd.: Asia Satellite Telecommunications, Diodes, Perrigo Germany, Kitron, Sharp, Southwest Airlines, Toyota, John Deere, C. F. Martin.

SULLIVAN & CROMWELL

Brüssel ★★

Bewertung: Das Brüsseler Büro der US-Spitzenkanzlei ist kartellrechtl. ausgerichtet, wobei die gute Vernetzung u. lange Erfahrung das Team ggü. anderen kleinen US-Büros herausheben. Die nahtlose Zusammenarbeit mit der Frankfurter Transaktionspraxis zeigt sich in der fusionskontrollrechtl. Begleitung von Deals für Bosch oder Bertelsmann. Doch zuletzt hat auch die Beratung bei EU-Untersuchungen für Rosenthal wieder zugenommen. Langj. Mandanten wie Dolby u. Silver Lake belegen das Vertrauen, das er auch bei internat. Unternehmen genießt.

Stärken: In Dtl. u. den USA sehr starke ▷*M&A-Praxis*.

Oft empfohlen: Dr. Michael Rosenthal (Kartellrecht)

Team: 1 (dt.) Partner, 5 (2 dt.) Associates, 1 (dt.) of Counsel

Schwerpunkte: Fusionskontrollen, Kartellbußgeldverfahren. Oft für Investoren tätig, regelm. auch für internat. Medienunternehmen und Plattformen.

Mandate: Bertelsmann/Fam. Saham fusionskontrollrechtl. zu Verkauf der Callcenter-Tochter Majorel; Advent/Centerbridge fusionskontrollrechtl. zu Gebot für Aareal Bank; Bosch fusionskontrollrechtl. bei Beteiligung an Husqvarna; VMWare fusionskontrollrechtl. zu Kauf durch Broadcom; Amgen fusionskontrollrechtl.zu Kauf von Horizon Therpeutics; Abiomed fusionskontrollrechtl. bei Verkauf an Johnson & Johnson; Baxter fusionskontrollrechtl. bei Verkauf von Biopharma Solutions; Dolby Laboratories bzgl. kartellrechtl. EU-Untersuchung um Videotechnik; Silver Lake wg. Beschwerde von Refundit gg. Portfoliounternehmen Global Blue (Missbrauch marktbeherrsch. Stellung); regelm.: Chevron, u.a. zu Kauf des Basisölgeschäfts von Neste u. kasach. Joint Venture, Triton Internat., Kering.

SZA SCHILLING ZUTT & ANSCHÜTZ

Brüssel ★

Bewertung: Das kleine Brüsseler Team ist Teil der Kartellrechtpraxis von SZA. Im Zuge des Rückzugs von Silvio Cappellari aus der Partnerschaft ernannte SZA die anerkannte Kartellrechtlerin Birmanns zur Partnerin. Sie stand aufgrund ihrer früheren Tätigkeit bei US-Kanzleien schon bisher für die internat. Kompetenz bei Fusions- u. Investitionskontrollen u. hat eine gute Zusammenarbeit mit der regen M&A-Praxis an den dt. Standorten aufgebaut. Auch auf Associate-Ebene gibt es eine gute Vernetzung mit der Mannheimer Kartellrechtspraxis, so etwa bei der gepl. Initiative Euro Plant Tray. Doch um im Markt eine größere Rolle zu spielen, wird die Kanzlei das mittelfristige Wachstum stärker in den Blick nehmen müssen.

Oft empfohlen: Dr. Stephanie Birmanns („angenehme Zusammenarbeit", Mandant; Kartellrecht)

Team: 1 Partnerin, 2 Associates, 1 of Counsel

Schwerpunkte: ▷*Kartellrecht*, enge Verzahnung mit den dt. Büros.

Mandate: DKV Mobility fusions- u. investitionskontrollrechtl. bei Mehrheitsbeteiligung an LIS Logistische Informationssysteme; türk. Investorenfamilien fusions- u. investitionskontrollrechtl. bei Mehrheitskauf von Veritas-Gruppe; Silex Microsystems investitionskontrollrechtl. zu gepl. Kauf der Halbleiter-Waferfertigung von Elmos Semiconductor; Euro Plant Tray zu Nachhaltigkeitsinitiative, u.a. mit Obi, Bauhaus, Hornbach, Coop Schweiz, Dehner u. Pflanzenproduzenten; Fusionskontrollen für ProSiebenSat.1, Gross & Perthun.

WHITE & CASE

Brüssel ★★★★

NOMINIERT
JUVE Awards 2023
Kanzlei des Jahres für Kartellrecht

Bewertung: Die US-Kanzlei unterhält in Brüssel ein großes u. internat. zusammengesetztes Team für Fusions- u. Investitionskontrollen. Dabei hat das Büro sein Gesicht im Zuge der strateg. betriebenen engeren ww. Vernetzung gewandelt, so ist die Arbeit an internat. Fusionskontrollmandaten wie etwa für Moeller Maersk inzw. selbstverständlich. Dazu passt auch der Umbau der dt. Kartellrechtspraxis in Düsseldorf, wo ein erfahrenes Team die Kanzlei bei internat. Fällen nach vorn brachte. Für ABB etwa arbeiteten Anwälte aus zahlr. Standorten zusammen. Mit dieser Aufstellung kann künftig auch das Potenzial der US-Praxis noch besser genutzt werden. Eine gewisse Zäsur bedeutet das Ausscheiden so renommierter Kartellrechtler wie Jacquelyn MacLennan u. Mark Powell aus der Partnerschaft, auch wenn Powell als of Counsel tätig bleibt. Für die zunehmende Beratung zu beihilferechtl. Themen hat W&C mit Arhold einen erfahrenen Spezialisten, der von Berlin u. Brüssel aus berät. Er war im vergangenen Jahr in vielen Mandaten im Zusammenhang mit den Umwälzungen der Energiebranche gefordert.

Stärken: Prozesserfahrung auf europ. Ebene; ww. Standortnetzwerk, insbes. starke Verbindung nach Ost- u. Nordeuropa sowie nach Japan u. zu den USA.

Oft empfohlen: Axel Schulz, Mark Powell (alle Kartellrecht), Christoph Arhold (Beihilferecht)

Team: 5 (2 dt.) Eq.-Partner, 4 Sal.-Partner, 1 Counsel, 20 (1 dt.) Associates, 1 of Counsel, plus belg. Praxis

Schwerpunkte: ▷*Beihilferecht* mit gr. europ. Prozesserfahrung; ▷*Kartellrecht*, ww. Fusionskontrollen u. Kartellverf.; Außenhandel, Sanktionsrecht; Lobbying.

Mandate: AP Moeller-Maersk fusions- u. investitionskontrollrechtl. bei Kauf des ww. Projektlogistikgeschäfts Martin Bencher; Fluxys fusions- u. investitionskontrollrechtl. zu Beteiligung an Open Grid Europe; regelm. fusionskontrollrechtl. für Louis Dreyfus, Toyota; Amazon zu ‚Buy Box'-Investigation der EU-Kommission; ABB zu Kauf des dt. u. US-PowerTech Converter Geschäfts von PTC; Google im Streit mit EU-Kommission um 2 Mrd-schwere Geldbußen in den Bereichen Shopping u. Betriebssysteme; regelm. Louis Dreyfus Company Sucos, Nexans, Nordic Capital, Toyota, Whirlpool; Micula in beihilferechtl. Streit mit EU-Kommission um Schiedsspruch u. Schadensersatz (EuG); franz. Konzern lfd. beihilferechtl. zu Investionen.

WILLKIE FARR & GALLAGHER

Brüssel ★

Bewertung: Das Brüsseler Büro der transaktionsfokussierten US-Kanzlei ist klein, überzeugt aber mit einer engen standortübergreifenden Vernetzung. Internat. Fusions- u. FDI-Kontrollen bilden den Schwerpunkt des Teams um den erfahrenen Kartellrechtler Murach. Mandate wie die kartellrechtl. Begleitung von Alleghany bei der Übernahme durch Berkshire Hathaway unterstreichen die gute Zusammenarbeit der EU- u. US-Praxen. Auch die Beratung von Mandanten im Vertriebs- u. Digitalkartellrecht gehört zum Portfolio des Brüsseler Teams. Die Schlagkraft des Brüsseler Büros auch im Außenwirtschaftsrecht u. mit Blick auf Zukunftsthemen wie DMA u. FSR kurzfristig zu vergrößern, wird allerdings nur mittels Quereinsteigern gelingen können.

Oft empfohlen: Dr. Jens-Olrik Murach („exzellent", Wettbewerber; Kartellrecht)

Team: 1 (dt.) Partner, 1 Counsel, 5 (1 dt.) Associates, plus belg. Anwälte

Schwerpunkte: Europ. u. nationale Fusions- u. Investitionskontrollen, oft mit ▷*Private-Equity-Bezügen*; Kartellverfahren. Auch Vertriebskartellrecht.

Mandate: Lfd. Krombacher; Stark Dtl. fusionskontrollrechtl. zu Kauf der Konz-Gruppe; Alleghany fusionskontrollrechtl. bei Kauf durch Berkshire Hathaway; Lagardère Travel Retail fusionskontrollrechtl. bei Kauf von Marché; Insight Partners fusionskontrollrechtl. bei Kauf von Quentic durch AMCS u. Beteiligung an Aptean; SGT Capital fusionskontrollrechtl. bei Kauf von Utimaco; CapVest fusionskontrollrechtl. bei Kauf von Natra; Brooks Sports zu Vertriebsfragen.

Anwaltszahlen: Angaben der Kanzleien zur Bürogröße vor Ort.
Sie spiegeln nicht zwingend die Gesamtgröße einer Kanzlei wider.

JUVE Handbuch 2023|2024

RECHTSGEBIETE

Das JUVE Handbuch finden Sie auch online: **juve.de/juve-rankings/deutschland**

Workation & Mobiles Arbeiten – New Normal im globalen Homeoffice

Von Dr. Michael R. Fausel, Dr. Christian Bitsch, BLUEDEX Labour Law, Frankfurt

Dr. Michael R. Fausel

Dr. Michael R. Fausel ist Rechtsanwalt und Diplom-Verwaltungswirt (FH). Er ist spezialisiert auf das (internationale) Arbeits- und Sozialversicherungsrecht sowie Lehrbeauftragter der Hochschule Fresenius, Schiedsgutachter für Arbeits- und Entsendungsrecht der RAK Frankfurt und Autor diverser Veröffentlichungen.

Dr. Christian Bitsch

Dr. Christian Bitsch ist Fachanwalt für Arbeitsrecht und schwerpunktmäßig mit Restrukturierungen sowie generell dem kollektiven Arbeitsrecht befasst. Er ist u.a. Mitautor des Formularhandbuchs „Fachanwalt Arbeitsrecht" und Lehrbeauftragter an der Hochschule Fresenius sowie Schiedsgutachter der RAK.

BLUEDEX Labour Law ist eine auf das Arbeitsrecht für Arbeitgeber spezialisierte Rechtsanwaltskanzlei mit Sitz in Frankfurt am Main. Ihre Anwälte und Steuerberater vertreten Großkonzerne, den Mittelstand und die öffentliche Hand in allen Bereichen des deutschen und internationalen Arbeitsrechts. Aufgrund ihres 360-Grad-Ansatzes übernimmt BLUEDEX auch die steuer-, gesellschafts- und sozialversicherungsrechtliche Beratung ihrer Mandanten.

Kontakt
BLUEDEX PartG mbB
Tower 185 | Friedrich-Ebert-Anlage 35-37
60327 Frankfurt am Main
T +49 (0) 69 - 78 90 48 50
F +49 (0) 69 - 78 98 85 89
www.BLUEDEX.de
Ansprechpartner:
Dr. Michael R. Fausel
Michael.Fausel@BLUEDEX.de
Dr. Christian Bitsch
Christian.Bitsch@BLUEDEX.de

Homeoffice und Mobiles Arbeiten (oder auch der Begriff der sog. „Workation") sind in aller Munde. Es scheint alltäglich zu werden, dass aus Italien, Frankreich oder den USA gearbeitet wird – im Anschluss an einen Urlaub, währenddessen oder unabhängig davon. Hinsichtlich Employer Branding und Arbeitgeberattraktivität gilt das als modern und angesagt. Es wird, zumindest in der öffentlichen Wahrnehmung, mehr und mehr zum Standard. Aus rechtlicher Sicht ergeben sich hingegen Probleme, die oftmals übersehen werden. Denn es stellt sich nicht nur die Frage nach dem anzuwendenden Recht. Auch sind die möglichen Folgen nicht auf das Arbeitsrecht beschränkt. Vielmehr spielen daneben u.a. sozialversicherungsrechtliche, steuerrechtliche und auch strafrechtliche Aspekte eine erhebliche Rolle, die von Arbeitgebern und insbesondere den Mitarbeitenden häufig nicht bedacht werden. Diese und weitere Fragen sollen im Folgenden zielgerichtet diskutiert und praxisnahe Lösungswege aufzeigt werden.

Arbeitsrechtliche Rahmenbedingungen für Mobile Work im Ausland

In der EU ermöglicht der Grundsatz der Freizügigkeit, dass jeder EU-Bürger in einem Mitgliedstaat arbeiten kann. Schwieriger wird es bei „Mobile Work" aus sog. Drittstaaten. Insbesondere in diesen Fällen ist gegebenenfalls eine Aufenthalts- und Arbeitserlaubnis erforderlich, um längerfristig außerhalb Deutschlands arbeiten zu können. Möglicherweise ist sogar ein Arbeitsvertrag nach lokalem (Arbeits-)recht notwendig.

Dies führt zur Frage, welches (Arbeits-) Recht im Falle von Mobile Work zur Anwendung kommt. Hierbei ist insbesondere auf die Rom-I-Verordnung zu verweisen, welche verdeutlicht, dass hinsichtlich des anzuwendenden Rechts eine Rechtswahl getroffen werden kann.

Diese Wahl ist grundsätzlich bindend, allerdings nur, solange keine zwingenden Schutzrechte für Arbeitnehmer umgangen werden.

Wird keine Rechtswahl getroffen, gilt der Grundsatz, dass das Recht des Landes gilt, mit dem der Arbeitnehmer mehr Anknüpfungspunkte aufweist. Zu prüfen ist daher, ob der Arbeitnehmer mit Deutschland oder dem Land, in dem das mobile Arbeiten durchgeführt wird, „verbunden" ist. Hierbei können Aspekte wie der Tätigkeitsort, der Wohnsitz des Mitarbeiters, Ansatzpunkte im Arbeitsvertrag oder auch die Zuordnung der Sozialversicherung berücksichtigt werden.

Die Wichtigkeit dieser „Rechtswahl" ist nicht zu unterschätzen, da sie insbesondere im Falle einer Kündigung eine entscheidende Rolle spielt. So gelten in jedem Land eigene Voraussetzungen für eine Kündigung, die erleichternd oder auch erschwerend sein können. Nach deutschem Recht bedarf es bspw. eines Kündigungsgrundes bei Anwendbarkeit des Kündigungsschutzgesetzes. Zudem bestehen Sonderkündigungsrechte von Betriebsräten, in der Elternzeit oder bei Schwerbehinderung.

Um dieses Problem von Beginn an zu vermeiden, empfiehlt es sich, eine entsprechende Zusatzvereinbarung, eine Rechtswahlklausel, im Arbeitsvertrag aufzunehmen, die verdeutlicht, dass deutsches Recht auch bei Mobile Work im Ausland anwendbar bleiben soll. Diese Regelung kann jedoch dann ins Leere laufen, wenn sie sich für den Arbeitnehmer als nachteilig erweist.

Ebenso ist zu beachten, dass in fast allen Staaten zwingende Arbeitnehmerschutzvorschriften gelten.

Sozialversicherung

Besondere Relevanz haben auch sozialversicherungsrechtliche Fragestellungen beim grenzüberschreitenden mobilen Arbeiten. Hierbei sind die Grundregeln der Entsendung und damit innerhalb der EU nach der Verordnung (EG) 883/2004 zu beurteilen. Es ist zu unterscheiden, ob eine Person nach Art. 12 dieser Verordnung zeitweise an den jeweiligen Ort im Ausland entsandt wurde, oder ob die Person in zwei oder mehreren Staaten dauerhaft körperliche Leistungen erbringt im Sinne des Art. 13 der Verordnung.

Eine „bloße" Tätigkeit im Ausland ist seit 2010 mit der Geltung der aktuellen Verordnung nicht mehr möglich. Sobald ein Arbeitnehmer eine Tätigkeit im Ausland körperlich erbringt, ist an die Sozialversicherung, insbesondere deren mögliche Weitergeltung als auch deren Neuintegration in das jeweilige lokale System des Landes, zu denken. Grundsätzlich gilt nämlich das sog. „Territorialitätsprinzip", welches besagt, dass man dort sozialversichert ist, wo man seine Tätigkeit erbringt. Der Arbeitgeber muss sich somit vor Erbringung der Tätigkeit des Arbeitnehmers im Ausland zur Versicherungssituation informieren und gegebenenfalls Maßnahmen getroffen haben.

Anders ist die Sachlage, wenn der Arbeitgeber die Mitarbeitenden in das jeweilige Ausland entsandt hat. Diese Situation ist beispielsweise denkbar, wenn ein Mitarbeiter in Spanien teilweise seinen Urlaub verbringt, aber auch vor Ort – rein physisch – mobile Arbeit verrichtet. Eine Entsendung ist grundsätzlich möglich, wenn die Tätigkeit in einem anderen Mitgliedstaat nicht länger als 24 Monate andauert. In einem solchen Fall sollte, wenn die deutsche Sozialversicherung aufrechterhalten werden soll, ein Antrag auf die Ausstellung einer sog. A1-Bescheinigung gestellt werden. So wird eine Ausnahme vom erwähnten Territorialprinzip dokumentiert.

Der Arbeitgeber hat darauf zu achten, ob eine Tätigkeit im Ausland unter die Regelungen der Entsendung fällt. Ansonsten drohen Versicherungslücken, Nachzahlungen und sogar Strafbarkeit.

Zu unterscheiden von „entsandten" Arbeitnehmern sind die sog. „Mehrstaater" i.S.d Art. 13 Verordnung (EG) 883/2004. Hierunter versteht man Personen, die in zwei oder mehr Staaten mindestens 5% der Tätigkeiten körperlich erbringen. Dies kann bspw. sein, wenn 80% mobiles Arbeiten in Frankreich und 20% der Tätigkeit in Deutschland erfolgt.

Es kann hier ebenfalls eine A1-Bescheinigung beantragt werden, es sollte aber darauf geachtet werden, dass diese tatsächlich für eine Mehrstaater-Tätigkeit ausgestellt wurde. Sodann ist zu prüfen, ob mindestens 25% der Tätigkeitszeiten im jeweiligen Wohnmitgliedstaat erbracht werden. Ist dies der Fall, greift die Sozialversicherung des Landes, in dem der Mitarbeiter seinen Wohnsitz hat.

Als absolutes „Auffangbecken" kommen zuletzt noch die Aus- und Einstrahlung im Sinne des SGB IV in Betracht. Diese sind dann zu beachten, wenn weder eine Entsendung innerhalb der EU/EWR/Schweiz vorliegt, noch ein Sozialversicherungsabkommen besteht. Sodann kann über die Aus- und Einstrahlung dennoch der Versicherungsstatus erhalten werden – jedoch gegebenenfalls mit dem Nachteil einer Doppelzahlung (Entsendungsstaat/Gaststaat).

Steuerrecht

Des Weiteren sind auch steuerrechtliche Gesichtspunkte zu beachten, denn für das Besteuerungsrecht kommt es auch auf den Tätigkeitsort an. Nach dem Doppelbesteuerungsabkommen stehen die Steuern aus Einkünften aus nichtselbständiger Arbeit regelmäßig dem Tätigkeitsstaat zu. Eine Ausnahme hierzu ist in Art. 15 Abs. 2 des OECD-Musterabkommens geregelt, das vielen Doppelbesteuerungsabkommen als Grundlage dient. Hiernach hat der Ansässigkeitsstaat das ausschließliche Besteuerungsrecht, wenn 1.) der Arbeitnehmer sich nicht länger als 183 Tage im Tätigkeitsstaat aufhält, 2.) der Arbeitgeber, der die Vergütung zahlt, nicht im Tätigkeitsstaat ansässig ist und 3.) der Arbeitslohn nicht von einer Betriebsstätte des Arbeitgebers im Tätigkeitsstaat wirtschaftlich getragen wird.

Es ist jedoch zu berücksichtigen, dass stets die Umstände des Einzelfalls zu berücksichtigen sind, da sich je nach Tätigkeitsstaat insbesondere der Bezugszeitraum unterscheidet. Denn die 183 Tage können sich auf das Kalenderjahr, das Steuerjahr oder einen (kalenderjahresübergreifenden) Zwölf-Monats-Zeitraum beziehen.

Ebenfalls sei noch auf das steuerrechtliche Risiko des Errichtens einer Betriebsstätte hingewiesen. Dieses Risiko kann bspw. dann realisiert werden, wenn ein Mitarbeiter in einem anderen Staat mobil arbeitet oder bei Montagetätigkeiten die maßgeblichen Zeitgrenzen überschreitet.

Strafrecht

Zuletzt bestehen im Hinblick auf das Mobile Arbeiten strafrechtliche Risiken.

Führt ein Arbeitgeber Sozialversicherungsbeiträge für einen aus dem Ausland kommenden und im Inland tätigen Arbeitnehmer nicht ab, obwohl er hierzu verpflichtet wäre, macht er sich möglicherweise nach § 266a StGB wegen Vorenthaltens und Veruntreuens von Arbeitsentgelt strafbar, da ihn die Pflicht zur Abführung der Sozialabgaben treffen kann.

Weiterhin besteht die Möglichkeit, dass sich der Arbeitgeber als Adressat der Verpflichtung zur Abführung der Lohnsteuer strafbar macht. Missachtet er zudem zwingende arbeitsschutzrechtliche Verpflichtungen, kann sich im Einzelfall auch aus solchen Vorschriften eine Strafbarkeit ergeben.

Fazit

Das nationale und internationale Recht bieten eine Vielzahl an Möglichkeiten, dem Bedürfnis vieler Arbeitgeber und Arbeitnehmer nach flexiblen Arbeitsmodellen gerecht zu werden.

Welche Rechtsfolgen sich aus dem Mobilen Arbeiten oder einer Workation aus dem Ausland ergeben, ist stets von einer Vielzahl von Faktoren abhängig, insbesondere von der Dauer des jeweiligen Aufenthalts und vom jeweiligen Aufenthaltsort. ■

KERNAUSSAGEN

- Zur Vermeidung von Unklarheiten über das anzuwendende Recht sollte eine Rechtswahlklausel in den Arbeitsvertrag aufgenommen werden.
- Das anzuwendende Sozialversicherungsrecht richtet sich grundsätzlich nach dem Territorialitätsprinzip, d.h. nach dem Ort, an dem die Arbeit erbracht wird.
- Im Ausnahmefall der Entsendung kann unter bestimmten Voraussetzungen die bisherige Sozialversicherung beibehalten werden.
- Steuerrechtlich ist vor allem entscheidend, wie lange ein Arbeitnehmer im Ausland arbeitet und welcher Bezugszeitraum maßgeblich ist.
- Aus der falschen Beurteilung der sozialversicherungs- und steuerrechtlichen Lage können sich strafrechtliche Risiken ergeben.

Interne Untersuchungen – darf der Betriebsrat mitbestimmen?

Von Dr. Sebastian Frahm, FRAHM KUCKUK Arbeitsrecht, Stuttgart/Berlin

Dr. Sebastian Frahm

Durchsetzungsstärker für Unternehmen und Executives von Berlin und Stuttgart aus! **Dr. Sebastian Frahm** hat den Schwerpunkt im Kollektiv-Arbeitsrecht.

Dr. Meike Kuckuk

Frau **Dr. Meike Kuckuk** berät insbesondere branchenübergreifend den Bereich Compliance.

Stark sind wir außerdem in den Themen Personalkostensenkung, Flexibilisierung von Arbeitsbedingungen und Digitalisierung. Wir freuen uns auf die Zusammenarbeit!

Kontakt
Frahm Kuckuk Arbeitsrecht
Königstraße 21
T +49-711-25 35 84-0
70173 Stuttgart
Friedrichstraße 206
10969 Berlin
T +49-30-30 87 85 88-31
www.fk.legal
info@fk.legal
Dr. Sebastian Frahm – Rechtsanwalt/ Fachanwalt für Arbeitsrecht/ Partner
frahm@fk.legal

Weitere Informationen zur Kanzlei in der Anzeige auf Seite 350

Die interne Untersuchung (Internal Investigation) von möglichen unternehmensinternen Gesetzes- oder Compliance- Verstößen gehört inzwischen zum täglichen Geschäft deutscher Unternehmen und deren Beratern. Zur Vermeidung möglicher betriebsinterner Spannungen und Eskalationen ist im Rahmen der internen Untersuchungen (auch) eine gute Zusammenarbeit mit dem Betriebsrat anzustreben. Diese Zusammenarbeit mit dem Betriebsrat fördert die Akzeptanz für interne Untersuchungen und führt zu einer erhöhten Aussagebereitschaft der Belegschaft. Nicht zuletzt vermeidet die gute Zusammenarbeit Unterlassungsansprüche des Betriebsrats wegen möglichen Verletzungen von Mitbestimmungsrechten. Diese Unterlassungsansprüche können nicht nur zu einer zeitlichen Verzögerung der internen Untersuchung führen, sie können auch den Erfolg der Ermittlungen gefährden. Bereits bei der Planung einer internen Untersuchung ist ein besonderes Augenmerk auf die Mitbestimmungsrechte des Betriebsrats zu legen.

Kein generelles Mitbestimmungsrecht bei internen Untersuchungen

Der Betriebsrat hat kein generelles Mitbestimmungsrecht bei internen Untersuchungen. Wie so oft hängen die Mitbestimmungsrechte des Betriebsrats davon ab, wie die interne Untersuchung konkret durchgeführt werden soll und welche Maßnahmen im Einzelnen ergriffen werden.

Mitbestimmung bei Interviews

Einen wichtigen Bestandteil von internen Untersuchungen bildet die Befragung von Auskunftspersonen und Mitarbeitern im Rahmen von Interviews. Umfang und Inhalt dieser Interviews können stark variieren. Mitbestimmungsrechte des Betriebsrats nach § 87 Abs. 1 Nr. 1 BetrVG können betroffen sein, wenn das betriebliche Zusammenwirken und Zusammenleben betroffen ist. Ein Mitbestimmungsrecht des Betriebsrats scheidet aus, wenn die Aufklärungsmaßnahme alleine das Arbeitsverhalten der Arbeitnehmer betrifft. Das Arbeitsverhalten ist betroffen, wenn ein unmittelbarer Zusammenhang mit der Arbeitsleistung und dem Aufgabengebiet des Arbeitnehmers betroffen ist.

Da es gemäß § 80 Abs. 1 Nr. 1 BetrVG zu den Aufgaben des Betriebsrats gehört, darüber zu wachen, dass die zugunsten der Arbeitnehmer geltenden Gesetze beachtet werden, können Interviews die Informationspflicht gem. § 80 Abs. 2 Satz 1 BetrVG auslösen. Damit der Betriebsrat seine Aufgaben sachgerecht wahrnehmen kann, sieht § 80 Abs. 2 Satz 1 BetrVG vor, dass er vom Arbeitgeber rechtzeitig und umfassend unterrichtet wird.

Mitbestimmung bei standardisierten Fragebögen

Bei der Ermittlung der Geschehnisse werden im Rahmen der internen Untersuchung oftmals standardisierte Fragebögen eingesetzt. Diese haben den Vorteil, dass ohne ein zeitaufwendiges persönliches Interview eine Vielzahl von Mitarbeitern in kürzester Zeit befragt werden kann. Die Verwendung und der Einsatz standardisierter Fragebögen für eine Vielzahl von Mitarbeitern kann das Mitbestimmungsrecht des Betriebsrats nach § 94 Abs. 1 BetrVG auslösen. Dies gilt jedenfalls dann, wenn im standardisierten Fragebogen persönliche Verhältnisse, Kenntnisse und Fähigkeiten einer Person erhoben werden. Beschränkt sich der Fragebogen auf die Erhebung von Geschäftsvorgängen, so ist das Mitbestimmungsrecht nach § 94 Abs. 1 BetrVG nicht berührt.

Mitbestimmung bei der Verwendung technischer Einrichtungen

Im Hinblick auf die zumeist standardisierten Verfahren zur internen Untersuchung werden für die Auswertung der Informationen, Befragungsergebnisse und sonstigen Unterlagen oftmals technische Einrichtungen verwendet. Nach § 87 Abs. 1 Nr. 6 BetrVG hat der Betriebsrat bei der Einführung und Anwendung von technischen Einrichtungen ein Mitbestimmungsrecht.

Hierzu zählen etwa der Einsatz von E-Mail Screening Programmen oder die Auswertung von Logfiles, die das IT-Sicherheitssystem anlegt, um Zugriffe auf einen Server zu dokumentieren.

Zumeist bestehen Betriebsvereinbarungen zur Nutzung von IT-Systemen insbesondere hinsichtlich der Leistungs- und Verhaltenskontrolle. Arbeitgeber sollten sorgfältig prüfen, ob und wenn ja wie weit das Recht zur Leistungs- und Verhaltenskontrolle eingeschränkt werden soll.

Lösungsansätze

Mitbestimmungsrechte des Betriebsrats sind vor der Durchführung von internen Ermittlungen zwingend zu prüfen und zu beachten. Für die sachgerechte Ausgestaltung des Beteiligungsverfahrens kann mit dem Betriebsrat eine Betriebsvereinbarung abgeschlossen werden. Eine Betriebsvereinbarung kann etwa festlegen, dass dem Arbeitgeber in Eilfällen festgelegte Handlungsspielräume zustehen, um ohne die Genehmigung des Betriebsrats tätig werden zu können.

Auch können Arbeitgeber und Betriebsrat einen Dauerausschuss bilden, innerhalb dessen in deutlich kleinerem Kreis über den Stand der internen Untersuchung informiert wird. Dies ist nach § 28 Abs. 1 und Abs. 2 BetrVG bei einem Betriebsrat mit mehr als neun Mitgliedern möglich. Ein Betriebsrat mit mehr als neun Mitgliedern kann ihm zustehende Mitbestimmungsrechte auf einen Ausschuss delegieren.

Fazit

Auch wenn kein generelles Mitbestimmungsrecht des Betriebsrats für interne Untersuchungen besteht, so können einzelne Maßnahmen solche auslösen. Bei der Vorbereitung der internen Untersuchung ist stets kritisch zu prüfen, ob eine Maßnahme ein Mitbestimmungsrecht auslösen kann.

Die sorgfältige Vorbereitung von internen Untersuchungen erspart nicht nur Verzögerungen bei der Ermittlung von Sachverhalten, sondern stärkt die vertrauensvolle Zusammenarbeit des Arbeitgebers mit dem Betriebsrat. Frühzeitige und proaktive Vereinbarungen mit dem Betriebsrat können zu sachgerechten Lösungen führen.

Arbeitgeber sollten es vermeiden, erst in Drucksituationen auf den Betriebsrat zuzugehen. Dies insbesondere auch vor dem Hintergrund, dass arbeitgeberseitig in der Regel Fristen zu beachten sind und daher Eile geboten sein wird. ■

KERNAUSSAGEN

- Der Betriebsrat hat kein generelles Mitbestimmungsrecht bei internen Untersuchungen. Eine sorgfältige Prüfung der Mitbestimmungsrechte für jede einzelne Maßnahme ist unerlässlich.
- Mitbestimmungsrechte des Betriebsrats nach § 87 Abs.1 Nr. 1 BetrVG können bei Interviews betroffen sein, wenn das betriebliche Zusammenwirken und Zusammenleben betroffen ist. Ein Mitbestimmungsrecht des Betriebsrats scheidet aus, wenn die Aufklärungsmaßnahme alleine das Arbeitsverhalten der Arbeitnehmer betrifft.
- Bei der Sachverhaltsklärung von Ergebnissen mit technischen Mitteln ist das Mitbestimmungsrecht des Betriebsrats aus § 87 Abs. 1 Nr. 6 BetrVG zu beachten.
- Frühzeitige und proaktive Vereinbarungen mit dem Betriebsrat können zu sachgerechten Lösungen führen. Mögliche Unterlassungsansprüche werden vermieden.

Stechuhr für alle: Wie Unternehmen mit der Pflicht zur Arbeitszeiterfassung umgehen

Von Dr. Henning Reitz, JUSTEM Rechtsanwälte, Frankfurt

Dr. Henning Reitz

Dr. Henning Reitz ist Partner der Sozietät **JUSTEM** Rechtsanwälte, einer auf das Arbeitsrecht spezialisierten Kanzlei in Frankfurt am Main, die deutsche und internationale Unternehmen umfassend in allen Fragen des individuellen und kollektiven Arbeitsrechts berät. Zu seinen Beratungsschwerpunkten zählt die Beratung in Umstrukturierungs- und Reorganisationsprozessen und hierüber hinausgehenden betriebsverfassungsrechtlichen Fragestellungen, die Gestaltung individueller und kollektiver Vereinbarungen im Bereich des Arbeitsrechts, die Prozessführung sowie die Begleitung von Trennungsprozessen. Herr Reitz doziert regelmäßig zu arbeitsrechtlichen Themen und ist Herausgeber bzw. Mitautor verschiedener arbeitsrechtlicher Publikationen.

Kontakt
JUSTEM Rechtsanwälte
Neue Mainzer Straße 26
60311 Frankfurt am Main
T +49 69 719 1894-0
h.reitz@justem.de
www.justem.de

Weitere Informationen zur Kanzlei in der Anzeige auf Seite 170

Eines ist inzwischen gewiss: Unternehmen in Deutschland sind verpflichtet, die Arbeitszeit ihrer Arbeitnehmer zu erfassen. Während dieser wahlweise als „notwendiger Arbeitnehmerschutz" oder „Bürokratiemonster" diskutierte Umstand einen Teil der deutschen Wirtschaft nicht unvorbereitet trifft, weil hier schon traditionell Arbeitszeiten erfasst werden, sahen und sehen sich viele andere Unternehmen erstmals mit der Notwendigkeit einer systematischen Arbeitszeiterfassung konfrontiert. Eine gesetzliche Regelung der Frage gibt es nach wie vor nicht. Auch lässt der inzwischen vorliegende Gesetzesentwurf befürchten, dass der Gesetzgeber etliche praxisrelevante Fragen ungeregelt lassen wird und die Wünsche der Praxis nach Schaffung eines moderneren, flexibleren Arbeitszeitrechts weitgehend ungehört bleiben. Der nachfolgende Beitrag schildert die Entwicklung hin zur heutigen Situation sowie unsere Beobachtungen zur Reaktion der Wirtschaft aus der täglichen Beratungspraxis.

Der Weg zur allgemeinen Arbeitszeiterfassung in Deutschland – der Auftakt des EuGH

Zur Erinnerung: Der Europäische Gerichtshof hat bereits mit Urteil vom 14.05.19 (Az. C-55/18) entschieden, dass die EU-Mitgliedstaaten insbesondere aufgrund der europäischen Arbeitszeitrichtlinie gehalten sind, Arbeitgeber zur Einführung eines „objektiven, verlässlichen und zugänglichen Systems" zur Messung der täglichen Arbeitszeiten zu verpflichten. Obwohl also schon seinerzeit absehbar war, dass eine gesetzliche Aufzeichnungspflicht kommen würde bzw. musste, reagierte der überwiegende Teil der Wirtschaft trotz breiter Debatte zunächst abwartend; dies insbesondere mit dem Argument, dass sich der aus dem Urteil folgende Handlungsbefehl ja nicht direkt gegen sie, sondern zunächst gegen die Mitgliedstaaten richtete. Allerdings blieb auch der deutsche Gesetzgeber in der Folge zunächst untätig.

Das Urteil des Bundesarbeitsgerichts aus dem Herbst 2022

Bewegung brachte dann ein Urteil des Bundesarbeitsgerichts aus dem Herbst vergangenen Jahres (Urteil vom 13.09.22, Az. 1 ABR 22/21): Das BAG entschied hier, dass bei unionsrechtskonformer Auslegung schon aus dem geltenden nationalen Recht eine Verpflichtung der Unternehmen zur Arbeitszeiterfassung folgt. Etwas überrascht hat die Begründung des Gerichts: Es leitet die Pflicht zur Erfassung der Arbeitszeiten nicht etwa aus Vorschriften des Arbeitszeitgesetzes, sondern aus § 3 Abs. 2 Nr. 1 des Arbeitsschutzgesetzes ab, wonach der Arbeitgeber im Rahmen des Arbeitsschutzes für eine insoweit „geeignete Organisation" zu sorgen und die „erforderlichen Mittel" bereitzustellen hat. Hierzu gehört es nach Auffassung des BAG auch, ein System zur Erfassung der täglichen Arbeitszeiten einzuführen, welches zumindest Beginn und Ende und damit die Dauer der Arbeitszeit einschließlich geleisteter Überstunden aufzeichnet.

Spätestens jetzt war also die Frage des „Ob" einer Arbeitszeiterfassungspflicht geklärt. Die Krux lag und liegt nun darin, dass auch die vom Gesetzgeber vorzunehmende nähere Ausgestaltung des „Wie" der Arbeitszeiterfassung etliche Folgefragen aufwirft. Hinzu kommt, dass die europäische Richtlinie den nationalen Gesetzgebern in Teilen Freiräume in der Ausgestaltung überlässt. So ermöglicht z.B. Art. 17 der Arbeitszeitrichtlinie Abweichungen für bestimmte Mitarbeitergruppen (z.B. leitende Angestellte).

Die Reaktionen der Praxis auf die durch die Entscheidung des BAG zwar veränderte, jedoch weiter nicht geklärte Situation waren und sind mannigfaltig: Viele Unternehmen zeigen jedenfalls mit Blick auf „große Lösungen" immer noch eine verständliche Zurückhaltung. Zu groß ist die Sorge, etwas zu implementieren, das man mit Blick auf die ausstehende gesetzliche Regelung kurze Zeit später schon wieder anpassen müsste. Die bestehende Unklarheit gepaart mit dem Umstand, dass nach aktueller Rechtslage Verstöße gegen die Aufzeichnungspflicht wohl jedenfalls nicht unmittelbar bußgeldbewehrt sind, führt dazu, dass viele Unternehmen weiter abwarten. Andere (v.a. größere) Unternehmen sind nach der Entscheidung im Sinne ihrer Arbeitszeit-Compliance dagegen durchaus tätig geworden, haben zumindest Arbeitsgruppen eingesetzt oder z.B. auch bereits bestehende HR-Software-Tools erweitert. Einige Unternehmen behelfen sich auch mit „kleineren" Lösungen, wie etwa der Nutzung von Apps zur (Selbst-)Erfassung der Arbeitszeiten oder gar mit einer manuellen Aufzeichnung auf Zetteln. Selbst bei denjenigen, die aktiv geworden sind, verbleibt jedoch ein deutliches Unbehagen hinsichtlich der Frage, wie zukunftsfähig der eingeschlagene Weg ist.

Der Referentenentwurf des BMAS

Keine echte Klärung hat leider auch der Mitte April 2023 seitens des Bundesministeriums für Arbeit und Soziales vorgelegte Referentenentwurf zur Änderung des Arbeitszeitgesetzes herbeigeführt. Dieser sieht eine allgemeine Erfassungspflicht vor, welche – vorbehaltlich vorgesehener Ausnahme-/Übergangsregelungen für kleinere Unternehmen – grundsätzlich durch elektronische Aufzeichnung noch am Tag der jeweiligen Arbeitsleistung zu erfüllen sein soll. Verstöße sollen als Ordnungswidrigkeit verfolgt und mit Geldbußen geahndet werden können. Es soll nach dem Entwurf zulässig sein, die Aufzeichnung auf den Arbeitnehmer selbst oder auch Dritte zu delegieren (was aber nichts an der Verantwortlichkeit des Arbeitgebers ändert). Daneben behandelt der Entwurf auch Informationsrechte der Arbeitnehmer und Fragen zur Aufbewahrungspflicht und sieht an einzelnen Stellen auch Abweichungsmöglichkeiten von den neuen Regeln vor, letzteres allerdings nur in Tarifverträgen oder aufgrund einer tariflichen Regelung in einer Betriebs- oder Dienstvereinbarung. Nicht tariflich regulierten Arbeitgebern wäre damit die Möglichkeit der Abweichung von vornherein verbaut, was vor dem Hintergrund der auch in „negativer" Hinsicht garantierten Koalitionsfreiheit mindestens bedenklich erscheint.

Der Entwurf hat insgesamt deutliche Kritik erfahren. Die Debatte hält an und die Entwicklung jüngerer Gesetzesvorhaben (vgl. Gebäudeenergiegesetz) befeuert zudem die – je nach Blickwinkel – Sorge oder Hoffnung, dass sich das spätere Gesetz u.U. deutlich vom Referentenentwurf abheben könnte. Der Zustand der Unklarheit besteht damit in gewisser Hinsicht fort und viele Unternehmen warten notgedrungen weiter ab; wohlwissend, dass sie damit bereits jetzt die vom BAG herausgearbeitete Pflicht verletzen.

Und was jetzt?

Die Entwicklung der vergangenen Jahre hat uns in eine Situation geführt, die aus rechtsstaatlicher Sicht stark zu kritisieren ist. Eine gesetzliche Regelung ist mehr als überfällig. Klarheit und Berechenbarkeit des Rechts gehört zum Kernbestand eines Rechtsstaates. Die in ihm agierenden Rechtssubjekte müssen wissen, was das Recht von ihnen verlangt. Aktuell ist dies nicht befriedigend gewährleistet.

Hinzu kommt, dass im Bereich des Arbeitszeitrechts ohnehin noch Fragen lauern, die vor dem Hintergrund der Aufzeichnungspflicht eine erheblich gesteigerte Bedeutung erhalten werden: Dies beginnt schon mit der grundlegenden Frage, welche „Arbeitszeiten" im Detail eigentlich zu erfassen sind. In den meisten Unternehmen wird die Arbeitszeit bisher mit dem Ziel erfasst, den Vergütungsanspruch des Mitarbeiters ermitteln zu können. Dieser „vergütungsrechtliche" Arbeitszeitbegriff deckt sich zwar weitgehend, nicht jedoch vollständig mit dem Begriff der Arbeitszeit im Sinne des Arbeitszeitrechts, so dass schon an dieser Stelle Nachjustierungsbedarf bestehen kann (auch dort, wo bereits erfasst wird). Konkret stellt sich diese Frage z.B. bei Dienstreisen, die ein Mitarbeiter in Bus, Bahn oder Flugzeug zurücklegt, ohne während dieser Zeit eine Arbeitsleistung zu erbringen. Und sogar hier ist einiges im Fluss: So spricht es wohl für sich, dass jüngst ein erstinstanzliches Urteil des Verwaltungsgerichts Lüneburg (Urteil vom 02.05.23, Az. 3 A 146/22) bundesweit hohe Wellen geschlagen hat, in dem es um die Frage ging, ob und wann Reisezeiten in der Bahn als Arbeitszeit im Sinne des Arbeitszeitgesetzes aufzufassen sind. Hier kollidiert die hergebrachte Sicht des BAG mit der Rechtsprechung des EuGH (Stichwort: „Beanspruchung" vs. „Freizeitopfer").

Unternehmen brauchen in diesem Dickicht des Arbeitszeitrechts dringend Orientierung und Halt in Gestalt möglichst klarer, verständlicher und umsetzbarer Regelungen zur Aufzeichnungspflicht. In inhaltlicher Hinsicht kann zudem nur der zusätzliche Wunsch wiederholt werden, dass sich das Gesetz am Ende nicht auf eine Regelung der Erfassungspflicht beschränkt, sondern im Rahmen der bestehenden Gestaltungsmöglichkeiten auch die Chance nutzt, das deutsche Arbeitszeitrecht moderner und zukunftsfähiger zu machen. Auch wenn dies sicher ein großer Wunsch und die Gestaltungsaufgabe enorm ist, erscheint eine Modernisierung des Arbeitszeitrechts unumgänglich. Soweit gegen derartige Reformüberlegungen häufig reflexartig eingewandt wird, man dürfe den durch das Arbeitszeitgesetz vermittelten Schutz von Arbeitnehmern nicht kurzfristigen Modeerscheinungen oder trendigen Buzzwords opfern, ist das richtig. Ebenso darf dieser Gedanke jedoch nicht als Ausrede herhalten, die dringend erforderliche Regulierung und Reform des Arbeitszeitrechts weiter zu verschieben. ■

KERNAUSSAGEN

- Die Pflicht zur Arbeitszeiterfassung ist spätestens seit der Entscheidung des Bundesarbeitsgerichts aus dem Herbst des vergangenen Jahres juristische Realität.
- Da gesetzliche Regelung fehlen, herrscht in der Praxis weiterhin große Verunsicherung, wie diese Pflicht im Detail umzusetzen ist. Die Untätigkeit des Gesetzgebers ist jedoch aus juristischer Sicht kein Argument für ein weiteres Zuwarten.
- Der Gesetzgeber ist schon aus rechtsstaatlichen Gründen dringend gefordert, die Pflicht zur Arbeitszeiterfassung klar und praktisch handhabbar zu regeln. Der vorliegende Referentenentwurf eines Gesetzes weckt hieran jedoch erhebliche Zweifel.
- Es bleibt weiter inständig zu hoffen, dass der Gesetzgeber die Chance einer Modernisierung des Arbeitszeitrechts nicht ungenutzt verstreichen lässt.

Das „S" in ESG: Wie Nachhaltigkeit die arbeitsrechtliche Beratung zukünftig prägt

Von Professor Dr. Michael Kliemt / Dr. Till Heimann, Fachanwälte für Arbeitsrecht, KLIEMT.Arbeitsrecht, Düsseldorf / Frankfurt a.M.

Professor Dr. Michael Kliemt

Dr. Till Heimann

Prof. Dr. Michael Kliemt berät Unternehmen bei Restrukturierungen und Transformationen. Außerdem begleitet er Compliance-Untersuchungen und ESG-Assessments (Analyse, Handlungsempfehlungen, Implementierung neuer Prozesse). **Dr. Till Heimann** berät Arbeitgeber im Rahmen von Transformationsprozessen, insbesondere im Zuge der Nachhaltigkeitswende. Er ist Co-Head der Fokusgruppe ESG bei KLIEMT.Arbeitsrecht.

KLIEMT.Arbeitsrecht ist mit mehr als 80 auf Arbeitsrecht spezialisierten Rechtsanwälten an fünf Standorten die größte auf Arbeitsrecht spezialisierte Kanzlei Deutschlands. Mehr als die Hälfte der DAX-Konzerne, eine Vielzahl mittelständischer Unternehmen sowie namhafte weltweit tätige Konzerne gehören zu den Mandanten von KLIEMT.Arbeitsrecht. Schwerpunkte der Tätigkeit bilden u.a. die Bereiche Restrukturierung, Transformation, betriebliche Mitbestimmung, betriebliche Altersversorgung, Datenschutz, Mobile Work, Compliance und ESG.

Kontakt
KLIEMT.Arbeitsrecht
Professor Dr. Michael Kliemt
Speditionstraße 21
40221 Düsseldorf
T +49 (0) 211 88288-115
michael.kliemt@kliemt.de
www.kliemt.de

Weitere Informationen zur Kanzlei in der Anzeige auf Seite 177

2023 wird als das Jahr in Erinnerung bleiben, in dem Nachhaltigkeitsaspekte in allen Bereichen der Gesellschaft in den Fokus gerückt sind. Unterbrochene Lieferketten, der weiter andauernde Ukraine-Krieg, die daraus folgende Energiekrise, steigende Inflation und Dekarbonisierung haben Arbeitgeber in Deutschland vor große Herausforderungen gestellt. Gleichzeitig dauert der Fachkräftemangel an; gut qualifizierte Bewerber stellen an die Unternehmen immer höhere Anforderungen, die personalpolitisch Investitionen zum Thema Nachhaltigkeit alternativlos machen. Damit wird die strategische Relevanz des Arbeitsrechts massiv aufgewertet.

Menschenrechte

Prominentestes Beispiel für soziale Nachhaltigkeitsaspekte ist die Pflicht zur Einhaltung sozialer Mindeststandards sowie der Menschenrechte, insbesondere entlang der Lieferkette. Was bisher in weitgehend unbeachteten soft laws verankert war (z.B. UN Global Compact, OECD-Leitsätze), erlangt nun kraft Selbstverpflichtungen sowie aufgrund der Erwartungen des Marktes immer größere Relevanz. Hier sind selbst arbeitsrechtlich gut aufgestellte Unternehmen häufig „blank."

Das Lieferkettensorgfaltspflichtengesetz (LkSG) verpflichtet Unternehmen seit 2023 unmittelbar sowie mittelbar (selbst wenn sie unterhalb der Anwendungsschwelle liegen, aber Zulieferer anderer Unternehmen sind) zu ausführlicher Prüfung und Dokumentation auch der sozialen Standards. Eine weitere Verschärfung ist durch die EU-Lieferkettenrichtlinie zu erwarten, die weitergehende Pflichten und insbesondere möglicherweise eine Handelndenhaftung für verantwortliche Manager vorsehen wird.

Diversity, Equality & Inclusion

Gleichbehandlung und Vielfalt stehen nicht mehr nur auf politischen Agenden, sondern sind auch wissenschaftlich fundierte Aspekte einer produktiveren Belegschaft. Insoweit müssen Unternehmen eine Vielzahl von Prozessen neu denken. Nicht alles daran ist rechtlich einfach. Als Beispiel mag die Erhebung statistischer Daten und die entsprechende Berichterstattung (Diversity Monitoring) dienen, der häufig der Datenschutz sowie betriebliche Mitbestimmungsfragen entgegenstehen.

Berichtspflichten

Das Thema Datenerhebung bzw. Datenmanagement wird Unternehmen auch an anderer Stelle wieder begegnen: Ab 2024 bzw. gestaffelt bis 2026 wird eine große Anzahl von Unternehmen der Verpflichtung zur Nachhaltigkeitsberichterstattung unterfallen. Hier müssen die Unternehmen etwa darstellen, welche Maßnahmen sie bezüglich sozialer Nachhaltigkeit ergriffen haben. Die entsprechenden Berichte bilden die Grundlage für Unternehmensbewertungen (ESG-Ratings), welche wiederum in Entscheidungen von Investoren und Kapitalmarkt einfließen werden. Wer hier schlecht aufgestellt ist, wird es in Zukunft schwerer haben, Fremdkapital einzuwerben; jedenfalls werden sich die Fremdkapitalkosten erhöhen.

Mitbestimmung

Die Umsetzung einer ESG-Strategie erfordert regelmäßig die Beachtung von Mitbestimmungstatbeständen, sei es bei der Transformation selbst (Betriebsänderung?), der Ausgestaltung von Ethikrichtlinien oder der Überführung der Vergütung in nachhaltige Systeme wie Long-Term-Incentives. Herausfordernd daran ist, dass die Mitbestimmung sich zumeist auf unterschiedlichen Ebenen abspielt und die Beteiligung passgenau erfolgen muss. Ansonsten drohen Unterlassungsansprüche der tatsächlich zuständigen Gremien. Gleiches gilt, wenn Projekte mit einem „Kopf-durch-die-Wand"-Ansatz gefahren werden, ohne die Arbeitnehmervertreter vorher ausreichend abzuholen. Dann kann die als notwendig erkannte Transformation im Extremfall gestoppt werden, so dass sie das Unternehmen in existentielle Nöte bringt. Es empfiehlt sich daher immer, die Arbeitnehmervertreter frühzeitig einzubinden, mit ihnen jedenfalls rahmenmäßige bzw. Verfahrensregelungen zum weiteren Vorgehen zu treffen (sog. ESG Cooperation Agreements) und von einem vorher komplett ausgeplanten auf ein iteratives Vorgehen umzuschwenken, das auch Veränderungen auf dem Transformationspfad zulässt.

Gesundheitsschutz

Auch das bislang eher stiefmütterliche Thema des Gesundheitsschutzes am Arbeitsplatz erlangt größere Relevanz, wenn Unternehmen darstellen müssen, wie sie durch Arbeitsschutzmaßnahmen langfristig die Arbeitskraft ihrer Beschäftigten erhalten wollen. Im Zuge zunehmender Digitalisierung und der daraus folgenden stärkeren Verzahnung menschlicher und maschineller Arbeitskraft müssen etwa bestehende Gefährdungsbeurteilungen und Regelungen zum Arbeitsschutz kritisch hinterfragt werden.

Whistleblowing

Seit dem kürzlich erfolgten Inkrafttreten des Hinweisgeberschutzgesetzes (HinSchG) ist die korrekte Umsetzung von Whistleblowing-Systemen verbindlich geworden. Über die dort genannten Tatbestände hinaus erstrecken viele Unternehmen als Teil ihres Compliance Managements die Systeme vorausschauend auch z.B. auf Verstöße gegen internationale Arbeits- und Umweltstandards. Herausforderungen liegen hier erneut in der rechtssicheren Ausgestaltung, der Beachtung der Mitbestimmung sowie dem Fristenregime des § 626 BGB in kündigungsrelevanten Fällen.

Entgeltgerechtigkeit

Äußerst relevant wird für Unternehmen zukünftig ein klarer Blick auf ihre Gehaltsstrukturen. Die Beseitigung möglicher Gender Pay Gaps ist schon lang erklärtes Ziel des europäischen und deutschen Gesetzgebers. Dies erfordert die Identifikation entsprechender Sachverhalte und den Aufbau tauglicher Vergleichsdatenbanken. Auf den weitgehend „zahnlosen Tiger" Entgelttransparenzgesetz folgt nunmehr die EU-Entgelttransparenzrichtlinie, welche den Arbeitgebern erhebliche bürokratische Mehrbelastungen aufbürdet:

So müssen sie Einstiegsgehälter schon im Bewerbungsprozess explizit offenlegen, etwa in Stellenausschreibungen. Unabhängig von der Unternehmensgröße müssen sie Durchschnittsgehälter angeben und die Beschäftigten über insoweit bestehende Auskunftsansprüche regelmäßig informieren, die über den Betriebsrat durchgesetzt werden können. Ab 100 Beschäftigten greifen zudem (mit gestaffelten Übergangsfristen bis 2031) Berichtspflichten zur Entgeltgleichheit bzw. dem Entgeltgefälle. Es gilt eine Abhilfepflicht bei inakzeptabel großen Entgeltgefällen zwischen den Geschlechtern.

Bekannt aus der DSGVO ist die „Sanktionskeule", wonach dem Arbeitgeber konkrete Handlungen aufgegeben werden können, um Bußgelder in erheblichem Umfang zu vermeiden.

Herausforderungen der Zukunft

Unter der Headline Nachhaltigkeit werden Unternehmen zukünftig viele altbekannte arbeitsrechtliche Themen in neuer Einkleidung begegnen. Aufgrund der hohen Veränderungsgeschwindigkeit – tatsächlich wie regulatorisch – werden aber auch stetig neue Fragen hinzukommen, zu denen es nur punktuelle Orientierung in der Rechtsprechung gibt. Das lässt großen Spielraum für die Beratung und kreative Ansätze. Gleichzeitig sind Unternehmen aber gezwungen, eine Vielzahl von Prozessen und Zuständigkeiten zu überdenken. Wie schon von der Lieferkettenproblematik bekannt, bedarf es Inputs zahlreicher Stakeholder, um Nachhaltigkeitsaspekte ganzheitlich zu bearbeiten. Zuständigkeitslücken oder Unklarheiten müssen unbedingt vermieden werden. Sich hier optimal aufzustellen, erfordert neben dem juristischen Know-how gleichermaßen Erfahrung wie Innovationskraft und eine sorgfältig geplante Strategie.

Neu und herausfordernd wird schließlich die Notwendigkeit, strukturiert(er als bisher) Daten zu verschiedenen Sachverhalten zu speichern und aufzubereiten, um diese für diverse Reportings und Analysen nutzbar zu machen. Neben den schon genannten Diversity Reportings betrifft dies u.a. Vergütungsstrukturen hinsichtlich des Gender Pay Gap. Unternehmen müssen sich daher immer stärker mit der Qualität ihrer Daten beschäftigen und sicherstellen, dass es keine prozeduralen Risiken bei deren Erhebung gibt (etwa aufgrund mitbestimmungsrechtlich lückenhafter Regelungen). ■

KERNAUSSAGEN

- Der Trend zu einer nachhaltigeren Unternehmensführung wird sich fortsetzen, erzwungen durch zunehmende Regulierung, aber auch aus Eigeninteresse der Unternehmen. Das „S" in ESG bildet hierbei einen wesentlichen Baustein in der Gesamtstrategie.
- Damit Nachhaltigkeit als Schnittstellenthema nicht unbearbeitet bleibt, bedarf es einer detaillierten Analyse und sodann häufig einer Neuordnung der Zuständigkeiten im Unternehmen.
- Die Nachhaltigkeitswende erfordert erhebliche personelle Ressourcen und prozessuale Umstellungen. Ohne einen wohl durchdachten Plan unter Einbindung aller Stakeholder drohen Verzögerungen, die insbesondere mit Blick auf die schon 2024 greifenden Berichtspflichten kaum tolerierbar sind.
- Empfehlenswert ist die Durchführung einer Nachhaltigkeits-Due Diligence und die Durchleuchtung aller relevanten Prozesse im Unternehmen sowie – wo einschlägig – eine frühzeitige Einbindung der Mitbestimmungsseite, etwa über ESG Cooperation Agreements.

Minimierung der Haftungsrisiken eines Geschäftsführers

Von Prof. Dr. Stefan Nägele, NAEGELE Rechtsanwälte, Stuttgart

Prof. Dr. Stefan Nägele

Prof. Dr. Stefan Nägele, Rechtsanwalt/Fachanwalt für Arbeitsrecht, ist Seniorpartner der Kanzlei NAEGELE Rechtsanwälte. Stefan Nägele berät Vorstände, Geschäftsführer, Aufsichtsräte und leitende Führungskräfte. Neben der Vertragsgestaltung ist Stefan Nägele regelmäßig in Haftungsprozesse eingebunden.

Kontakt
NAEGELE RECHTSANWÄLTE
Hohnerstraße 23
70469 Stuttgart
T 0711 80 60 91 60 0
F 0711 80 60 91 61 9
kanzlei@naegele-arbeitsrecht.eu

Geschäftsführer leben gefährlich. Mit Verhandlungsgeschick und guter Vertragsgestaltung kann das erhebliche Risiko der Haftung gegenüber der Gesellschaft verringert werden.

I. Haftungsgrundlage

1. Zwei Rechtsverhältnisse

Wer als Geschäftsführer für eine GmbH tätig wird, steht in aller Regel in zwei voneinander getrennt zu behandelnden Rechtsverhältnissen mit der Gesellschaft, und zwar:

- Das Organverhältnis: Das Organverhältnis wird begründet durch die Bestellung zum Geschäftsführer durch die Gesellschafterversammlung (§ 46 Nr. 5 GmbHG) und die Erklärung des Geschäftsführers, dass er das Amt übernehme.
- Das Anstellungsverhältnis: Das Anstellungsverhältnis beruht auf einem (schriftlichen oder mündlichen) Vertrag zwischen der Gesellschaft und dem Geschäftsführer, wobei für den Abschluss des Vertrages die Gesellschafterversammlung zuständig ist und nicht etwa ein schon für die Gesellschaft tätiger Geschäftsführer.

Durch den Anstellungsvertrag wird kein Arbeitsverhältnis begründet, sondern ein Dienstverhältnis (zuletzt BAG 08.02.22 – 9 AZB 40/21). In der Praxis wird häufig argumentiert, dass der Geschäftsführer einem Weisungsrecht, ähnlich einem Arbeitnehmer unterliege, weshalb von einem Arbeitsverhältnis i.S.v. § 611a Abs. 1 BGB auszugehen sei. Diese Argumentation übersieht jedoch, dass ein Geschäftsführer schon nach § 37 GmbHG einem gesellschaftsrechtlichen Weisungsrecht unterliegt.

2. Haftungsnorm

§ 43 Abs. 1 GmbHG bestimmt, welchen Pflichten ein Geschäftsführer unterliegt, und formuliert, dass Geschäftsführer in den Angelegenheiten der Gesellschaft die Sorgfalt eines ordentlichen Geschäftsmannes anzuwenden haben.

Verletzen die Geschäftsführer diese Sorgfaltspflichten, haften sie der Gesellschaft gegenüber nach § 43 Abs. 2 GmbHG für den entstandenen Schaden. Aus dem von der Rechtsprechung entwickelten umfangreichen Pflichtenkatalog ist auf folgende wesentliche Pflichten kurz hinzuweisen:

- Einhaltung gesetzlicher Pflichten, die das GmbH-Gesetz vorgibt.
- Beachtung gesetzlicher oder satzungsgemäßer Zuständigkeitsordnungen.
- Beachtung aller gesetzlichen Pflichten.
- Pflicht zur Einrichtung einer effizienten Organisationsstruktur.
- Pflicht zur Einrichtung eines Risikofrüherkennungssystems.
- Pflicht zur ständigen wirtschaftlichen Überwachung.

Gerade die Wahrung gesetzlicher Pflichten ist häufig nicht einfach zu beantworten. Verwiesen sei nur auf das Beispiel der Beschäftigung freiberuflicher Mitarbeiter, wenn später im Rahmen einer Sozialversicherungsprüfung oder gerichtlicher Verfahren die Auffassung vertreten wird, dass es sich tatsächlich um die Beschäftigung in einem Arbeitsverhältnis handelt und dann das Unternehmen verpflichtet ist, für die zurückliegenden Jahre den Gesamtsozialversicherungsbeitrag zu entrichten.

II. Regelungen im Dienstvertrag

1. Rechtliches Dürfen

Anders als im Rechtsverhältnis einer Aktiengesellschaft zum Vorstand kann im Verhältnis zwischen GmbH und Geschäftsführer wirksam die Haftung im Anstellungsvertrag abweichend vom Gesetz werden, und zwar auch, soweit es sich um Ansprüche aus dem Organverhältnis handelt (BGH 16.09.2022 – II ZR 107/01; BGH 07.04.03 – II ZR 193/02).

2. Beschränkung der Haftung

Im Anstellungsvertrag kann die Haftung des Geschäftsführers beschränkt werden. So kann beispielsweise die Haftung auf grobe Fahrlässigkeit und Vorsatz beschränkt werden, so dass fahrlässig begangene Pflichtverletzungen keinen Schadensersatzanspruch rechtfertigen. Es kann aber auch die Haftung der Höhe nach begrenzt werden, beispielsweise mit dem Betrag, der der Versicherungssumme einer D&O-Versicherung entspricht.

3. D&O-Versicherung

Jeder Geschäftsführer hat darauf hinzuwirken, dass eine D&O-Versicherung mit einer ausreichenden Versicherungssumme vom Unternehmen abgeschlossen und der Geschäftsführer in den Risikobereich eingeschlossen wird. Die D&O-Versicherung deckt Schadensersatzansprüche der Gesellschaft gegenüber dem Geschäftsführer, soweit diese nicht auf grober Fahrlässigkeit oder Vorsatz beruhen.

4. Verjährung und Verfall

Die Ansprüche gegenüber einem Geschäftsführer verjähren in fünf Jahren (§ 43 Abs. 4 GmbHG). Die Verjährung beginnt spätestens in dem Zeitpunkt, in dem die Gesellschaft Kenntnis von dem Sachverhalt hat, der einen Schadensersatzanspruch rechtfertigt, und der Schadensersatzanspruch im Rahmen einer Feststellungsklage gegenüber dem Geschäftsführer geltend gemacht werden kann. Die Gesellschaft kann nicht zuwarten, bis der Schaden tatsächlich entstanden ist.

Im Anstellungsvertrag kann wirksam die Verjährungsfrist von fünf Jahren abgekürzt werden, beispielsweise auf die regelmäßige Verjährungsfrist von drei Jahren (BGH 16.09.22 – II ZR 107/01). Es kann darüber hinaus eine Verfallklausel, wie sie üblicherweise in Arbeitsverträgen aufgenommen wird, vereinbart werden. Eine Verfallklausel regelt, dass ein bestehender Anspruch innerhalb einer bestimmten Frist (muss mindestens drei Monate betragen) gegenüber dem Vertragspartner geltend zu machen ist. Wird die Frist versäumt, geht der Anspruch ersatzlos unter. Solche Verfallklauseln werden nicht nur im Arbeitsverhältnis, sondern auch im Geschäftsführerdienst- und Organverhältnis für wirksam erachtet (OLG Hamm 12.09.16 – 8 U 25/16; BGH 18.02.08 – II ZR 62/07).

III. Regelungen im laufenden Vertragsverhältnis

1. Entlastungsbeschluss

Die Entlastung der Geschäftsführer fällt in die Kompetenz der Gesellschafter. In der unternehmerischen Praxis wird der Entlastungsbeschluss häufig mit der Billigung des Jahresabschlusses verbunden. Ein Anspruch auf Entlastung steht dem Geschäftsführer nicht zu. Dennoch sollte jeder Geschäftsführer wegen der für ihn sehr günstigen rechtlichen Konsequenzen darauf drängen, dass die Gesellschafterversammlung den Geschäftsführer entlastet.

Die Entlastung stellt die Billigung der bisherigen Amtsführung durch die Geschäftsführer dar (BGH 22.09.20 – II ZR 141/19). An die Entlastung ist die Folge geknüpft, dass die Gesellschaft mit Ersatzansprüchen ausgeschlossen ist, die der Gesellschafterversammlung bei sorgfältiger Prüfung aller Vorlagen und Berichte erkennbar sind oder von denen alle Gesellschafter privat Kenntnis erlangt haben (BGH 14.11.94 – II ZR 360/93). Damit der Entlastungsbeschluss seine volle Wirkung entfalten kann, ist der Geschäftsführer aufgefordert, dem Gesellschafter über alle (auch kritischen) Geschäftsvorfälle zu berichten.

2. Beteiligung der Gesellschaft

Jeder Geschäftsführer ist gut beraten, in die Entscheidungsprozesse die Gesellschafter einzubeziehen und deren Einwilligung zur Vorgehensweise einzuholen. Diese Zustimmung steht einem späteren Vortrag, der Geschäftsführer habe pflichtwidrig gehandelt, entgegen.

Von daher ist jeder Geschäftsführer gut beraten, regelmäßig die Gesellschafter in die Entscheidung einzubeziehen, und zwar auch dann, wenn nach Geschäftsverteilungsplan und Satzung der Geschäftsführer die Kompetenz hat, die Entscheidungen in eigener Verantwortung zu treffen.

3. Beendigung der Zusammenarbeit

Geschäftsführerdienstverhältnisse enden entweder durch Zeitablauf oder durch Kündigung. Da das Kündigungsschutzgesetz auf Geschäftsführerdienstverhältnisse keine Anwendung findet (§ 14 Abs. 2 KSchG), bedarf es keines Kündigungsgrundes. Im Falle der Beendigung wegen Fristablaufs oder Kündigung sollte der Geschäftsführer darauf drängen, dass ein Abwicklungsvertrag geschlossen wird, der letztlich den Beendigungstermin bestätigt und Regelungen enthält, die im auslaufenden Dienstverhältnis zu berücksichtigen sind.

Ein Dienstverhältnis kann auch durch Abschluss eines Aufhebungsvertrages enden.

Wichtig ist bei beiden Vertragsvarianten, dass sich im Vertrag eine Klausel findet, wonach mit Erfüllung der Ansprüche aus dieser Vereinbarung alle wechselseitigen Ansprüche aus dem Dienst- und Organverhältnis und gleich aus welchem Rechtsgrund, ob bekannt oder unbekannt, erledigt sind.

In der Praxis wird häufig nur geregelt, dass die Ansprüche aus dem Dienstverhältnis erledigt sind. Bei einer solchen Formulierung ist durch Auslegung zu ermitteln, ob auch gleichzeitig Ansprüche aus dem Organverhältnis miterledigt sein sollen (so z.B. OLG Hamm 12.09.16 – 8 U 25/16; OLG Stuttgart 26.05.03 – 5 U 160/02.

Wer all die hier angesprochenen Hinweise beachtet, kann das Risiko, von der Gesellschaft auf Schadensersatz in Anspruch genommen zu werden, deutlich herabsetzen. Dies gilt jedoch nicht für Haftungsansprüche Dritter, so zum Beispiel die der Finanzbehörden wegen vorenthaltener Umsatz- und Lohnsteuer oder der Sozialversicherungsträger wegen vorenthaltener Sozialversicherungsbeiträge. Diese Ansprüche können von Gesetzes wegen direkt gegenüber dem Geschäftsführer durchgesetzt werden.

Strafrechtliche Haftungsrisiken können nicht vom Geschäftsführer auf die Gesellschaft übertragen werden. ■

KERNAUSSAGEN

- Geschäftsführer einer GmbH unterliegen erheblichen Haftungsrisiken gegenüber der Gesellschaft und Dritten.
- Diese Haftungsrisiken können durch eine kluge Vertragsgestaltung deutlich reduziert werden.
- Der Abschluss einer D&O-Versicherung mit ausreichender Versicherungssumme ist unerlässlich.
- Im laufenden Vertragsverhältnis ist durch gute Kommunikation mit dem Gesellschafter, in Verbindung mit dem Entlastungsbeschluss, der Zeitraum, für den Schadensersatzansprüche geltend gemacht werden können, deutlich einzugrenzen.
- Im Zusammenhang mit der Beendigung eines Geschäftsführerdienstverhältnisses kann durch eine richtige Klausel im Aufhebungs- bzw. Abwicklungsvertrag ein vollständiger Risikoausschluss erreicht werden.

Digitalisierung der Arbeitswelt: Heute die Arbeitswelt von morgen gestalten – mit Gesetzen von gestern?

Von Stefanie Götz-Dertinger und Tobias Pusch, Pusch Wahlig Workplace Law, Berlin/Frankfurt

Dr. Tobias Pusch

Dr. Tobias Pusch ist der Gründer von Pusch Wahlig Workplace Law. Er berät nationale und internationale Unternehmen und Konzerne in sämtlichen Fragen des Arbeitsrechts und Start-Ups von der frühen Gründungsphase über unterschiedliche Finanzierungsrunden bis zum Exit und darüber hinaus. Außerdem ist er Mitglied des Management Boards von L&E Global.

Stefanie Götz-Dertinger

Stefanie Götz-Dertinger ist Rechtsanwältin bei Pusch Wahlig Workplace Law in Frankfurt. Die Schwerpunkte ihrer Beratungspraxis liegen insbesondere bei Kündigungsrechtsstreitigkeiten, Gestaltung von Arbeitsverträgen und Auflösungsvereinbarungen sowie in der Beratung bei Unternehmensumstrukturierungen.

Pusch Wahlig Workplace Law ist mit mehr als 70 Arbeitsrechtler:innen in Deutschland eine der größten auf Arbeitsrecht spezialisierten Kanzleien in Berlin, Düsseldorf, Frankfurt am Main, München, Hamburg und Köln. Das Team berät Unternehmen, Unternehmer:innen und Führungskräfte in allen Fragen des Arbeitsrechts. Als Gründungsmitglied der internationalen Allianz L&E Global steuert und bearbeitet PWWL gemeinsam mit über 1.700 Arbeitsrechtsexpert:innen in 30 Ländern auch internationale Projekte.
Pushing boundaries. Together.

Kontakt
Pusch Wahlig Workplace Law
Beisheim Center
Berliner Freiheit 2
10785 Berlin
pusch@pwwl.de
goetz@pwwl.de

Die Pandemie hat weltweit für eine Beschleunigung der Digitalisierung gesorgt. Besondere Auswirkungen zeigten sich in der Arbeitswelt. So ist etwa das überwiegende oder doch jedenfalls teilweise Mobile Arbeiten für viele Arbeitnehmer:innen Alltag geworden. Auch nach der Pandemie geht diese Entwicklung mit hohem Tempo weiter und beschränkt sich dabei keineswegs auf Mobiles Arbeiten. Alternative flexible Arbeitsmodelle sind stark nachgefragt. Nicht selten wird Fortschritt jedoch durch veraltete Gesetze verhindert oder erschwert. So ist der deutsche Gesetzgeber beispielsweise mit der Novellierung des Nachweisgesetzes und dem darin festgelegten Schriftformerfordernis für den Nachweis der wesentlichen Arbeitsbedingungen im Hinblick auf eine fortschreitende Digitalisierung einen Schritt zurück statt vorwärts gegangen. Diese Feststellung zieht sich durch viele Bereiche der Arbeitsrealität vieler Unternehmer:innen und Arbeitnehmer:innen in Deutschland.

Spannungsfeld Telearbeit, Home Office und Mobile Arbeit

Die coronabedingten Einschränkungen in den letzten Jahren haben gerade auf Unternehmensseite zu einer neuen Akzeptanz des Mobilen Arbeitens geführt. Das Bestehen der Möglichkeit, auch außerhalb des Büros zu arbeiten, ist neue Normalität und wird von Arbeitnehmer:innen auch nach dem Ende der Pandemie eingefordert. Ein Großteil der Unternehmer:innen kommt diesem Wunsch der Belegschaft gerne nach, ist dabei aber rechtlichen Risiken und Unklarheiten ausgesetzt. Welches Arbeitsmodell (Telearbeit, Home Office oder Mobiles Arbeiten) soll mit welchen rechtlichen Konsequenzen angeboten werden? Alle Modelle ermöglichen das Arbeiten außerhalb des Betriebs. Unterschiede gibt es aber in der konkreten Ausgestaltung der Modelle und den damit einhergehenden Pflichten der Arbeitgeber:innen. Die Arbeitnehmer:innen können ihre Arbeitsleistung dauerhaft oder teilweise an einem fest eingerichteten Bildschirmarbeitsplatz von zu Hause aus erbringen (Telearbeit oder Home Office) – dann sind aus Unternehmenssicht die Vorgaben der ArbStättVO und/oder des ArbSchG (insbesondere: Pflicht zur Gefährdungsbeurteilung) zu beachten, die mangels zwingendem Zutrittsrecht zu den privaten Wohnungen der Arbeitnehmer:innen nicht immer ohne Weiteres umzusetzen sind. Die Arbeitsleistung kann aber auch ohne Festlegung eines Arbeitsorts von jedem denkbaren Ort aus (Mobile Arbeit) mit einer maximalen Flexibilität und Gestaltungsfreiheit auf Seiten der Arbeitnehmer:innen erbracht werden – gleichzeitig geht damit eine eingeschränktere Kontroll- und Einflussmöglichkeit für Arbeitgeber:innen im Arbeitsalltag einher.

Neue Realität: Hybride Arbeit bei Wissensarbeiter:innen

Oftmals fällt die von Arbeitnehmer:innen präferierte und von Unternehmer:innen eingeräumte Möglichkeit auf ein hybrides Modell in Form einer Kombination aus Anwesenheit im Büro und Mobilem Arbeiten/Home Office. Unsere Erfahrung zeigt, dass ein hybrides Modell den in der Praxis teilweise bestehenden Konflikt von entgegenstehenden Interessen von Arbeitnehmer:innen und Arbeitgeber:innen bestmöglich löst: Die regelmäßige Anwesenheit der Arbeitnehmer:innen im Betrieb ermöglicht eine persönliche Mitarbeiterführung und stärkt den kollegialen Zusammenhalt und Teamgeist, während in den Zeiten der flexiblen Arbeit außerhalb des Betriebs häufig auch ein sehr effizientes Arbeiten möglich ist, gleichzeitig aber Wegezeiten gespart und somit wertvolle Freizeit gewonnen wird.

Auch viele Kanzleien gehen den Weg des hybriden Modells. Unter gleichzeitiger Sicherung des Servicelevels und der bestmöglichen Beratung der Mandant:innen schaffen flexible Arbeits(zeit)modelle wichtige Freiräume, die eine Vereinbarkeit des anwaltlichen Berufs mit Familie und sozialen Aktivitäten sicherstellen sollen und können. Die Akzeptanz solcher Modelle steigt nach unserer Wahrnehmung stetig, was auch daran liegt, dass eine ausgewogene Work-Life-Balance nicht nur in der Gesellschaft einen immer höheren Stellenwert einnimmt, sondern auch ein Abwandern von dringend benötigten und stark nachgefragten Fachkräften verhindert.

Digitale Nomaden: Arbeiten unter Palmen

Durch die neuen technischen Möglichkeiten muss sich Mobile Arbeit längst nicht mehr aufs Inland beschränken – arbeiten ohne Qualitätsverlust ist (prinzipiell) weltweit und jederzeit möglich. Immer häufiger erleben wir in der Beratungspraxis die Situation, dass Arbeitnehmer:innen für eine gewisse Zeit, teilweise auch dauerhaft, ihre Arbeit mobil im Ausland erbringen wollen. Hiermit geht derzeit noch ein nicht unerheblicher administrativer Aufwand einher, denn aus Unternehmenssicht müssen sowohl arbeits-, sozialversicherungs- und steuerrechtliche Vorschriften als auch datenschutzrechtliche Vorgaben beachtet werden.

Symbolpolitik statt echter Modernisierung

Leider hat es der Gesetzgeber bislang versäumt, die mit der Mobilen Arbeit einhergehenden Rechtsprobleme in einer umfassenden Gesetzesreform zu regeln. Bisher bleibt es bei einzelnen, nicht aufeinander abgestimmten Regeln.

Mit dem Betriebsrätemodernisierungsgesetz wurde z.B. in § 87 Nr. 14 BetrVG ein neuer Mitbestimmungstatbestand für die „Gestaltung der mobilen Arbeit" geschaffen. Der kollektive Tatbestand umfasst alle Arbeiten, die unter dem Einsatz von Informations- und Kommunikationstechnologie durch Arbeitnehmer:innen außerhalb der eigentlichen Betriebsstätte erbracht werden. Es obliegt richtigerweise weiterhin der Entscheidungsfreiheit von Unternehmer:innen, ob Mobile Arbeit eingeführt wird. Dies kann vom Betriebsrat nicht erzwungen werden. Die Schaffung des neuen Mitbestimmungstatbestands führt letztlich zu wenig Veränderung, denn entscheidende Regelungsaspekte bezüglich Mobilen Arbeitens unterfielen bereits zuvor den anderen Tatbeständen des § 87 BetrVG und waren und sind weiterhin mitbestimmungspflichtig.

Auch die Regelungen des Arbeitszeitgesetzes sind im Hinblick auf die fortschreitende Digitalisierung und die damit einhergehenden Veränderungen der Arbeitswelt nicht mehr zeitgemäß. Exemplarisch ist die Ruhezeitregelung nach § 5 Abs. 1 ArbZG zu nennen. Nach dieser haben Arbeitnehmer:innen nach Beendigung der täglichen Arbeitszeit eine Ruhezeit von mindestens 11 ununterbrochenen Stunden einzuhalten. Bereits eine kurze Arbeitsaufnahme, z.B. in Form eines Telefonats oder der Beantwortung von E-Mails, kann die Ruhezeit unterbrechen. Es ist nicht nur aus Unternehmenssicht im Hinblick auf die betrieblichen Abläufe problematisch, dass Arbeitnehmer:innen, die am späteren Abend noch für wenige Minuten E-Mails beantworten, erst im Laufe des darauf folgenden Vormittags ihre Arbeit aufnehmen dürfen. Es entspricht auch nicht (mehr) der Lebensrealität vieler Arbeitnehmer:innen, die ihre Tätigkeit am späten Nachmittag teilweise vorerst beenden, um mit der Familie zu Abend zu essen oder einen Sportkurs zu besuchen, und im Anschluss ihre Arbeit fortsetzen.

Weitere Bürokratie durch Arbeitszeiterfassung

Anstatt gesetzliche Regelungen zu modernisieren und eine digitale Arbeitsweise zu vereinfachen, schaffen Gesetzgeber und Rechtsprechung sogar weitere bürokratische Hürden. Mit Beschluss vom 13.09.22 (Az. 1 ABR 22/21) hat das BAG eine nationale Verpflichtung zur Erfassung der Arbeitszeit festgestellt und damit einen Handlungsbedarf zur Einführung eines Arbeitszeiterfassungssystems für alle Unternehmer:innen in Deutschland geschaffen. Im Laufe des Frühjahres diesen Jahres wurden auf Gesetzgeberseite erste Vorschläge für das „Wie" der Arbeitszeiterfassung entwickelt (u.a. delegationsfähige tägliche elektronische Aufzeichnungspflicht, Art der Aufzeichnung – z.B. auch per App – bleibt den Unternehmer:innen überlassen). Wie Gesetzgeber und Behörden, aber auch Unternehmer:innen die neuen Vorgaben im Bereich der Arbeitszeiterfassung in der Praxis umsetzen, bleibt abzuwarten. Einen höheren Bürokratieaufwand, verbunden mit Kosten für die technische Einführung einer elektronischen Arbeitserfassung sowie deren Betreibung und Wartung, bedeuten die neuen Regelungen zur Arbeitszeiterfassung aber allemal.

Veränderung der juristischen Arbeitswelt durch künstliche Intelligenz

Während der Gesetzgeber mit gemächlichem Tempo auf die Veränderungen der Arbeitswelt reagiert, schreitet gerade die Entwicklung von künstlicher Intelligenz in großen Schritten voran. Seit dem Launch von u.a. „Chat GPT" ist künstliche Intelligenz in aller Munde. Es besteht aber schon seit längerem die Diskussion, inwieweit Legal-Tech oder KI die Arbeit von Anwält:innen ersetzen kann. Unserer Auffassung nach kann eine Plattform wie „Legal OS" durch automatische und intelligente Dokumentenerstellung die juristische Arbeit erleichtern und sollte – auch aus Kostengründen – nach Erlangung von Marktreife in Anspruch genommen werden. Dies schafft Freiräume zur Bearbeitung umfangreicher und hochkomplexer Fragestellungen und Projekte. Weder „Legal OS" noch „Chat GPT" werden nach unserem Dafürhalten Anwält:innen in absehbarer Zeit ersetzen können. Für die Abwicklung etwa von Restrukturierungsprojekten, aber auch für die Verhandlung und Ausgestaltung von Betriebsvereinbarungen oder sonstigen höchst individuellen Vereinbarungen ist der anwaltliche Berufsstand – jedenfalls noch – unersetzbar. ■

KERNAUSSAGEN

- Die fortschreitende Digitalisierung hat zu einer neuen Akzeptanz des Mobilen Arbeitens geführt. Unternehmer:innen müssen bei der Umsetzung flexibler Arbeitsgestaltung verschiedene rechtliche Anforderungen beachten.
- Die Wahl eines hybriden Modells (Mobile Arbeit plus Betriebsanwesenheit) führt in der Praxis zu einer hohen Akzeptanz.
- Die mit Mobiler Arbeit einhergehenden Rechtsprobleme sind bislang nicht gesetzgeberisch gelöst, obwohl sie der Lebensrealität nicht mehr entsprechen.
- Auch juristisches Arbeiten unterliegt der Digitalisierung. Während künstliche Intelligenzen künftig vielleicht einfache juristische Tätigkeiten rechtssicher übernehmen können, wird die anwaltliche Beratung bei umfangreichen und hochkomplexen Projekten und Anfragen jedenfalls in absehbarer Zeit nicht ersetzt werden können.

Arbeitsrecht

Wachstumsmarkt auf allen Ebenen

Arbeitszeiten, Hinweisgeberschutz- und Nachweisgesetz: Erneut hat der deutsche Gesetzgeber dafür gesorgt, dass bei Arbeitsrechtlern keine Langeweile aufkommt. Neben der Dauerberatung zu aktuellen Gesetzesvorhaben nahm auch die Projektarbeit zuletzt spürbar zu, auch weil immer mehr Unternehmen im Umfeld von Krieg, Inflation und Zinserhöhungen in wirtschaftliche Schieflage geraten. Klassische Restrukturierungen in Form von Personalabbau und Betriebsschließungen gab es daher wieder vermehrt. Zu den prominentesten Fällen zählt Galeria Karstadt Kaufhof, die nach einer ersten Runde im Jahr 2020 erneut massiv Mitarbeiter entlässt. Wieder lässt sich die Warenhauskette dabei von einem **Seitz**-Team begleiten, das einmal mehr seine starke Marktposition bei arbeitsrechtlichen Großprojekten demonstrierte. Auch andere Marktführer wie **Kliemt**, **CMS Hasche Sigle** oder **Freshfields Bruckhaus Deringer** sind in große Restrukturierungsprojekte eingebunden. So steht Freshfields dem Traditionsverlag Gruner & Jahr bei einem Transformationsprozess zur Seite, der sowohl mit der Einstellung von Verlagstiteln als auch mit Hunderten von Entlassungen einhergeht. Einmal mehr zeigt die Großkanzlei mit dieser Mammutaufgabe, dass ihre Arbeitsrechtspraxis mehr ist als das Anhängsel der Transaktionskollegen. Zugleich brauchen Kanzleien ihres Zuschnitts, zu denen auch **Linklaters**, **DLA Piper** oder **Noerr** gehören, solche Projekte, um Flauten in anderen Beratungsfeldern wie zuletzt im Transaktionsgeschäft abfedern zu können. Je breiter die arbeitsrechtliche Beratung aufgestellt ist, desto leichter fällt Kanzleien diese Aufgabe. Und wer wie **White & Case** u. **Görg** eine ausgeprägte Spezialisierung im Insolvenzarbeitsrecht hat, profitiert sogar besonders vom derzeitigen Krisenumfeld.

Neu ist diese Krisenstimmung vor allem für Start-ups, die in den vergangenen Jahren primär eine Richtung kannten: nach oben. **SKW Schwarz**, **Pusch Wahlig** oder **Schramm Meyer Kuhnke** berieten die von Wachstum geprägten Unternehmen bei ersten Personalabbaumaßnahmen, was nicht nur juristisch, sondern vor allem kulturell anspruchsvoll war.

Ein Thema, das die Gemüter zuletzt sehr erhitzte, war die Vergütung von Konzern-Betriebsräten, die es nach dem BGH-Urteil Anfang 2023 endgültig aus der arbeitsrechtlichen Nische geschafft hat. Hierbei konnte sich **Arqis** frühzeitig in Position bringen, vor allem weil sie mit Dr. Andrea Panzer-Heemeier seit Jahren eine Expertin in ihren Reihen hat.

Paukenschlag bei Seitz

Kontrovers diskutiert wird auch das Thema Künstliche Intelligenz – bei Mandanten wie Kanzleien selbst. Während gerade große und internationale Kanzleien wie **Allen & Overy** ihr Geschäftsmodell mit KI und ähnlichen Digitalisierungstools voranbringen wollen, setzen andere weiter auf die klassische personelle Expansion. Hier sorgte **Seitz** für einen Paukenschlag: Der bereits im Frühjahr 2023 angekündigte Wechsel eines sehr großen **Advant Beiten**-Teams um die angesehenen Partner Dr. Christopher Melms und Dr. Wolfgang Lipinski soll zum Oktober vollzogen werden. Damit bekommt die Kanzlei auf einen Schlag zwei neue und stark besetzte Büros in München und Frankfurt hinzu. Eine klare Ansage an die Konkurrenz. Was die Zukunft für **Advant Beiten** bereithält, wird sich zeigen. Renommee verliert sie durch die Abgänge auf jeden Fall. Das hat – wenn auch in ganz anderen Dimensionen –zuletzt auch **Schweibert Leßmann & Partner** eingebüßt. Nach dem Weggang einer sehr anerkannten of Counsel im Vorjahr machte sich Anfang 2023 auch Prof. Dr. Anja Mengel in eigener Kanzlei selbstständig.

Die Bewertungen behandeln Kanzleien, die Unternehmen in ihrer Eigenschaft als Arbeitgeber beraten und in Prozessen vertreten. Auf die Arbeitnehmer- und Gewerkschaftsberatung spezialisierte Kanzleien sind in einer separaten Übersicht erfasst.

JUVE KANZLEI DES JAHRES FÜR ARBEITSRECHT

PUSCH WAHLIG

Kaum eine Boutique wächst so rasant wie diese. Rund 70 Anwälte an 6 Standorten stellt Pusch Wahlig mittlerweile. Doch dass Größe allein für sie nicht alles ist, stellte die Kanzlei zuletzt wieder unter Beweis. Zum einen mit herausragenden Mandaten, etwa der Vertretung der ehemaligen RBB-Intendantin Patricia Schlesinger oder der Schließung von 80 Filialen für den insolventen Schuhhändler Görtz. Zum anderen mit der exzellenten Einbindung von Quereinsteigern – und deren hochkarätigen Mandaten – in die bestehende Einheit. Zuletzt gelang ihr dies auch mit dem 2022 gekommenen Team um **Prof. Dr. Georg Annuß**. Ein neuer Baustein für die standortübergreifende Integration von Teams sind die 2022 eingeführten Praxisgruppen. Konsequent bündelt sie nun vorhandene Stärken, etwa bei Restrukturierungen, der Beratung von Start-ups oder zur Mitbestimmung. Insbesondere bei großen Restrukturierungsprojekten profitieren Mandanten nicht nur von der Größe und Qualität der Kanzlei, sondern auch von ihrer Effizienz: Denn als eine der Vorreiterinnen bei der Entwicklung von Legal Tech hat die Kanzlei ein Tool am Markt platziert, das das Annahmeverzugsrisiko in Kündigungsschutzprozessen deutlich reduziert. Mandanten und Wettbewerber loben die Anwälte dementsprechend für ihr „tiefes fachliches Verständnis" und zugleich den „hohen Praxisbezug".

Arbeitsrecht: Beratung von Unternehmen

★★★★★	
CMS Hasche Sigle	Köln, Düsseldorf, Stuttgart, München, Hamburg, Frankfurt u.a.
Gleiss Lutz	Stuttgart, Frankfurt, Düsseldorf, München, Berlin, Hamburg
Kliemt	Düsseldorf, München, Berlin, Frankfurt, Hamburg
Seitz	Köln, München, Frankfurt
★★★★★	
Freshfields Bruckhaus Deringer	Düsseldorf, Hamburg, Frankfurt
Noerr	Düsseldorf, München, Berlin, Frankfurt
Pusch Wahlig	Berlin, Frankfurt, Düsseldorf, München, Hamburg, Köln
★★★★	
Allen & Overy	Frankfurt, Hamburg
Eversheds Sutherland	München, Hamburg, Berlin
Görg	Köln, München, Frankfurt, Berlin, Hamburg
Küttner	Köln
Luther	Köln, Essen, Berlin, Düsseldorf, Stuttgart
Vangard	Hamburg, Düsseldorf, Berlin, München, Frankfurt
★★★	
Advant Beiten	München, Frankfurt, Düsseldorf, Berlin, Hamburg
Baker McKenzie	Frankfurt, München, Düsseldorf
DLA Piper	Hamburg, Frankfurt, München
Justem	Frankfurt
Linklaters	Frankfurt, Düsseldorf
Schramm Meyer Kuhnke	Hamburg
Schweibert Leßmann & Partner	Frankfurt, Berlin
Taylor Wessing	Düsseldorf, München, Hamburg, Frankfurt, Berlin
★★★	
Altenburg	München, Hamburg, Berlin
Arqis	Düsseldorf
Greenfort	Frankfurt
Heuking Kühn Lüer Wojtek	Köln, Düsseldorf, Hamburg, Frankfurt, Berlin
Watson Farley & Williams	Hamburg, München

Fortsetzung nächste Seite

ACT AC TISCHENDORF

Arbeitsrecht ★★

Bewertung: Entgegen dem Trend zur Spezialisierung verstehen sich die Arbeitsrechtler von ACT eher als generalistische Wirtschaftsanwälte, die über besondere Fachkenntnisse in zentralen Rechtsgebieten wie bspw. Arbeitsrecht verfügen, zugleich aber auch einen starken unternehm. Einschlag in ihre Beratung einbringen. Das wiederum passt zum Kanzleiansatz, sich mehr auf die ganzheitl. Beratung großer Projekte als auf Einzelsachverhalte zu konzentrieren, u. erinnert zugleich an den Ansatz von Seitz. Ein kanzleiw. Schwerpunkt sind Restrukturierungen, für die die Kanzlei einen guten Ruf im Markt genießt, u. die von Arbeitsrechtlern, Restrukturierungs- u. Insolvenzexperten regelm. gemeinsam bearbeitet werden. Exempl. dafür stehen Mandate für Westfleisch u. ein Logistikunternehmen. Daneben beraten sie im Tandem mit den Strafrechtlern zu Compliance-Vorfällen. Zum Selbstverständnis als Wirtschaftsberater gehört für die Kanzlei auch der Einsatz von Legal Tech, bspw. im Zshg. mit Whistleblowing.

Stärken: Praxisübergr. Beratung, insbes. mit den Restrukturierungs- u. Compliance-Anwälten.

Oft empfohlen: Dr. Sven Tischendorf, Dr. Stephan Schwilden, Dr. Friederike Jawad

Team: 6 Eq.-Partner, 2 Sal.-Partner, 1 Associate

Schwerpunkte: Umf. Beratung überw. mittelständ. Mandantschaft, vermehrt für Konzerne. Restrukturierungen u. bAV. Transaktionsbegleitung, häufig für Private-Equity-Investoren.

Mandate: Westfleisch zu standortübergr. Restrukturierung; McKesson zu Post-Merger-Integration in Phoenix-Konzern; Tailor Steel zu Betriebsübergängen u. digitaler Transformation; Belstaff zu Arbeitszeit- und Datenschutz sowie bei der Vereinheitlichung der Arbeitsbedingungen; Hubergroup zu Restrukturierung; Idem telematics zum Aufsetzen präventiver Compliance-Programme; Loparex Germany bei Personalabbau; lfd.: ADAC, DKMS.

ADVANT BEITEN

Arbeitsrecht ★★★

Bewertung: Stärker als die meisten Kanzleien ihres Zuschnitts war Beiten bislang auf die arbeitsrechtl. Beratung ausgerichtet. Doch mit dem Weggang eines Großteils des Münchner Teams zu Seitz schrumpft die Praxis nun auf rund die Hälfte der ehemals 60 Anwälte. Neben lang bestehenden Mandatsbeziehungen verliert sie damit auch das tiefe Spezialwissen im Tarifrecht, für das insbes. Melms u. Lipinski stehen, sowie die internat. Mandantschaft, die der jüngere Hund in den verg. Jahren aufgebaut hatte. Zwar verfügt die Praxis nach wie vor über ein schlagkräftiges Team mit Spezialisierungen etwa in der bAV, Restrukturierungen oder der Beratung der Gesundheitsbranche. Doch sie muss nun dafür sorgen, dass dies auch so bleibt u. der breiten Riege an Sal.-Partnern Perspektiven bieten. Nachbesetzungen auf Eq.-Partnerebene gilt es kurz- bis mittelfristig auch an anderen Standorten anzugehen, etwa in Ffm. oder in HH. Von D´dorf aus machte zuletzt Buddenbrock von sich reden. Gemeinsam mit Branchenverbänden u. Gewerkschaften handelte er für Uniper ein Sozialpartnermodell aus u. leistete damit Pionierarbeit im immer wichtiger werdenden Bereich der betriebl. Altersversorgung.

Stärken: Restrukturierungen.

Oft empfohlen: Dr. Thomas Barthel („versierter Dogmatiker, verhandlungsstark vor Gericht", „unfassbar gut in unseren tarifl. u. betriebl. Regelungen, immer erreichbar", „abgesehen von seiner fachl. Kompetenz ist er extrem zuverlässig u. verbindlich", Mandanten; „sehr schnell, juristisch präzise u. pragmat.", Wettbewerber), Markus Künzel, („Experte für Re- u. Umstrukturierungen von Unternehmen", Wettbewerber), Dr. Thomas Puffe („hohe fachl. Kompetenz u. Branchenkenntnis", „gut vernetzt, v.a. im Gesundheitswesen, fachlich versiert", Wettbewerber), Dr. Thomas Drosdeck, Christian Frhr. von Buddenbrock,

Team: 7 Eq.-Partner, 22 Sal.-Partner, 13 Associates

Partnerwechsel: Dr. Ariane Loof (von KPMG Law), Dr. Christopher Melms, Dr. Wolfgang Lipinski, Dr. Daniel Hund, Christina Kamppeter, Dr. Kathrin Bürger, Dr. Stefan Lochner, Martin Biebl, Dr. Florian Olms, Gerd Kaindl, Sonja Müller, Olga Morasch, Elisabeth Miesen, Dr. Anne Dziuba (alle zu Seitz), Dr. Thomas Lambrich (unbekannt), Dr. Andreas Reuther (zu Poellath), Dr. Michaela Felisiak (zu Eversheds), Doreen Methfessel (zu E.on)

Schwerpunkte: Betriebsverfassungsrecht, Prozesse, bAV u. viel Dauerberatung, insbes. mittelständ. Mandanten. Branchenschwerpunkte: ▷*Medien*, Kliniken. Dt. Mitglied im internat. Arbeitsrechtsnetzwerk ELA.

Mandate: Aenova, u.a. tarifrechtl., zu variabl. Vergütung, Arbeitszeit u. Betriebsänderung; BWI in betriebsverfassungsrechtl. Grundsatzprozessen; Gate Gourmet, u.a. zu Fragen der Tarifbindung u. bAV im Zuge der Post-Merger-Integration; MM Packaging bei Werksschließung (inkl. Interessenausgleich u. Sozialplan); Rewe in Tarifkonflikt; Uniper bei Gründung eines Sozialpartnermodells; Johanniter Unfallhilfe in sozialversicherungsrechtl. Fragen; FTI Touristik zu Vereinheitlichung von Arbeitsbedingungen (u.a. variabl. Vergütung, mobiles Arbeiten u. AZ-Erfassung).

ALLEN & OVERY

Arbeitsrecht ★★★★

Bewertung: Eng eingebunden in die Gesamtkanzlei stand die Arbeitsrechtspraxis zuletzt im Zeichen der Effizienzsteigerung. Dabei helfen soll die Einteilung in Expertenteams, etwa zum Tarifvertragsrecht, zur Restrukturierung oder zur Arbeitnehmerüberlassung. Schneller u. dementsprechend effizienter unterstützte die Kanzlei ihre Mandanten jedoch v.a. durch den konsequenten Einsatz der auf ChatGPT

Anwaltszahlen: Angaben der Kanzleien, wie viele Anwälte zu mind. ca. 50% in diesem Gebiet tätig sind. Sie spiegeln nicht zwingend die Gesamtgröße einer Kanzlei wider.

basierenden KI Harvey. Diese kam u.a. bei Investigations zum Einsatz oder glich im Zuge eines grenzüberschr. Personalabbaus Tarifkonditionen in den betroffenen Ländern ab. Neben den techn. Neuerungen ist es v.a. der Senior-Partner Ubber, durch den sich die Praxis von anderen internat. Großkanzleien abhebt: Befeuert durch wiedererstarkte Gewerkschaften nahm die Arbeit in seinen Spezialbereichen, dem Tarif- u. Arbeitskampfrecht, deutl. Fahrt auf. So vertrat er etwa die Dt. Bahn oder die Lufthansa bei der Streikabwehr. Der HHer Partner Behrendt war zuletzt in mehreren großen, meist grenzüberschr. Restrukturierungen gefragt, ist am Markt jedoch weit weniger präsent. Die Beratung von Banken u. Finanzdienstleistern gehört nach wie vor zu den Schwerpunkten der Praxis, hat jedoch an Strahlkraft eingebüßt. Bislang gelang es nicht, die beiden Counsel so am Markt zu positionieren, dass der eingeleitete Generationswechsel auch nach außen sichtbar wird.

Stärken: Arbeitskampfrecht; Branchenspezialisierungen, u.a. bei Banken, Pharma u. Luftfahrtindustrie.

Oft empfohlen: Thomas Ubber („sehr erfahren, unglaubl. Netzwerk", Wettbewerber), Markulf Behrendt, Peter Wehner („anerkannter Experte für betriebliche Altersversorgung", Wettbewerber)

Team: 3 Partner, 2 Counsel, 14 Associates

Schwerpunkte: Umf. Beratung z.T. sehr namh. internat. Unternehmen vielfach in grenzüberschr. Projekten (u.a. Restrukturierungen, Reorganisation, Vergütungssysteme). Transaktionsbegleitung (▷M&A).

Mandate: Lufthansa bei Tarifverhandl., Streikabwehr u. Prüfung von Schadensersatzansprüchen wg. Streikmaßnahmen; Fluggesellschaft bei Personalabbau; Dt. Bahn/AGV Move bei Streikabwehr u. in Verf. zur Durchsetzung Tarifeinheit; Nynas bei Teilschließung mit Interessenausgleich u. Sozialplan; globaler Chemiekonzern bei ww. Reorganisation; dt. Modeunternehmen zu Outsourcing u. Vergütungsthemen; kommun. Verkehrsges. zu BR-Vergütung; Tina Müller zu Beendigung des GF-Vertrags mit Douglas; Luft- u. Raumfahrtuntern. zu bAV; House of HR zu ANÜ; US-Fluggesellschaft zu internat. Personaleinsatz u. aufenthaltsrechtl. Fragen.

Arbeitsrecht: Beratung von Unternehmen Fortsetzung

★★	
Hogan Lovells	München, Frankfurt, Düsseldorf, Hamburg
Maat	München, Frankfurt
Oppenhoff & Partner	Köln, Frankfurt
Orth Kluth	Düsseldorf
Osborne Clarke	Köln, Hamburg, Berlin, München
White & Case	Hamburg
★★	
act AC Tischendorf	Frankfurt
Bird & Bird	Düsseldorf, Frankfurt, München
Bluedex	Frankfurt
Flick Gocke Schaumburg	Bonn
Greenberg Traurig	Berlin
Hengeler Mueller	Frankfurt
Keller Menz	München
Mainwerk	Frankfurt, Heidelberg
McDermott Will & Emery	Düsseldorf, Frankfurt, München
Michels pmks	Köln, Düsseldorf
Ruge Krömer	Hamburg
Trebeck & von Broich	Köln
TSC Schipp & Partner	Gütersloh
Zirngibl	München
★	
CBH Rechtsanwälte	Köln, Berlin
Deloitte Legal	Düsseldorf, Hamburg, München u.a.
Dentons	Berlin, Frankfurt, Düsseldorf, München
Esche Schümann Commichau	Hamburg
Frahm Kuckuk Hahn	Stuttgart, Berlin
Frings Partners	Düsseldorf
Göhmann	Hannover, Berlin
Friedrich Graf von Westphalen & Partner	Freiburg, Köln, Frankfurt
GvW Graf von Westphalen	Hamburg, Frankfurt, Berlin, Stuttgart
Hoffmann Liebs	Düsseldorf
Jacobsen + Confurius	Hamburg
Laborius	Hannover
Loschelder	Köln
Lutz Abel	Hamburg, München
Mayer Brown	Frankfurt
Neuwerk	Hamburg
Raue	Berlin
Simmons & Simmons	Düsseldorf, Frankfurt
SKW Schwarz	München, Berlin, Frankfurt, Hamburg
Wolff Schultze Kieferle	München

Die Auswahl von Kanzleien und Personen in Rankings und tabellarischen Übersichten ist das Ergebnis umfangreicher Recherchen der JUVE-Redaktion. Sie ist in 2erlei Hinsicht subjektiv: Die Aussagen der befragten Quellen sind subjektiv u. spiegeln deren Erfahrungen u. Einschätzungen. Die JUVE-Redaktion wiederum analysiert die Rechercheergebnisse unter Einbeziehung ihrer eigenen Marktkenntnis. Der JUVE Verlag beabsichtigt keine allgemeingültige oder objektiv nachprüfbare Bewertung. Es ist möglich, dass eine andere Recherchemethode zu anderen Ergebnissen führt. Innerhalb einzelner Gruppen in Rankings und tabellarischen Übersichten sind Kanzleien und Personen alphabetisch sortiert.

ALTENBURG

Arbeitsrecht ★★★

Bewertung: Die Boutique zählt im Arbeitsrecht zu den etablierten Playern, weil sie sämtl. relevante Themen von bAV bis Restrukturierung mit erfahrenen Beratern besetzt hat. Zuletzt beschäftigten sie v.a. Mandate im Zshg. mit Arbeitszeiten, NachweisG sowie der Whistleblower-Richtlinie. Auch die Restrukturierungsberatung zog an. Hier verstärkte sich Altenburg an ihrem Münchener Standort im Vorjahr mit einem erfahrenen Partner, der gute Kontakte zu Unternehmensberatungen u. Insolvenzkanzleien pflegt. Überhaupt ist die Boutique eine beliebte Anlaufstelle für fachfremde Kanzleien, mit denen sie gemeinsam Mandate an der Schnittstelle zu Gesellschaftsrecht, Compliance u.v.a. Transaktionen berät. Dass Altenburg zudem in der Lage ist, den eigenen Nachwuchs zu fördern, zeigt das Feedback von Mandanten u. Wettbewerbern zu Stark, die im Vorjahr zur Sal.-Partnerin befördert wurde.

Stärken: Sanierungs-/insolvenzbegl. Arbeitsrecht; arbeitsrechtl. Compliance.

Oft empfohlen: Stephan Altenburg („sehr erfahren", Wettbewerber), Dr. Tobias Schommer („sehr gut", Mandant), Dr. Axel Schmädicke („sehr kompetent, stets pragmatisch u. auf den Punkt", Mandant; „guter Praktiker", Wettbewerber), Dr. Manteo Eisenlohr, Dr. Charlotte Beck, Andreas Ege, Dr. Marc Spielberger, zunehmend: Dr. Eva Stark („sehr genau u. gewissenhaft, tief in den Themen, umsetzungsstark", „super Beratung, immer Lösungen parat u. selbst schwierigste Situationen konnten überwunden werden", Mandanten)

Team: 9 Eq.-Partner, 3 Sal.-Partner, 2 Counsel, 11 Associates

Schwerpunkte: Umf. auf Arbeitgeberseite auch transaktionsbegl. für Kanzleien ohne arbeitsrechtl. Kompetenz u. Insolvenzverwalter tätig. Zudem: arbeitsrechtl. Compliance, öffentl. Dienstrecht, Unternehmensmitbestimmung, Tarifrecht, Datenschutz u. bAV. Gründungsmitglied der internat. Allianz Ellint.

Mandate: ProSiebenSat.1-Gruppe zu div. Transaktionen u. Reorganisationen; Miles Mobility bei Kauf

Anwaltszahlen: Angaben der Kanzleien, wie viele Anwälte zu mind. ca. 50% in diesem Gebiet tätig sind. Sie spiegeln nicht zwingend die Gesamtgröße einer Kanzlei wider.

von Weshare; Onyx Generation Mgmt. bei Sozialplanverhandlungen in Zshg. mit Kohleausstieg; lfd.: Salamander, NXP Semiconductors, Berlin Chemie, Aareon, Allgeier, Gerry Weber.

ARQIS

Arbeitsrecht ★★★

NOMINIERT
JUVE Awards 2023
Kanzlei des Jahres für Arbeitsrecht

Bewertung: Kaum eine Praxis geht so strateg. vor wie das integrierte Arbeitsrechtsteam dieser Kanzlei. Nachdem sie zunächst mit ihrem ganzheitl. Ansatz, der die arbeitsrechtl. Beratung mit Compliance, Datenschutz u. Litigation kombiniert, neue Maßstäbe setzte, erntet sie nun die Früchte des personellen Aufbaus. Inzw. bringt das Team die Größe u. Erfahrung mit, die es ermöglicht, mehrere große Restrukturierungen parallel zu stemmen. Und tatsächl. ist Arqis zur gefragten Anlaufstelle für solche Projekte avanciert, wie ihre Arbeit für die Allianz oder eine Elektronikfachmarktkette zeigten. Dabei überzeugt sie nicht nur in Dtl. zahlr. neue Mandanten: Durch den Japan-Fokus der Gesamtkanzlei gelang es, sich bei div. jap. Unternehmen als Berater für die Restrukturierungen oder Verkäufe von dt. Tochtergesellschaften ins Spiel zu bringen. Diese profitieren zugleich von der großen Erfahrung Neufelds bei der Auslagerung von Pensionsverpflichtungen. An der Seite der Dt. Betriebsrenten Holding war er 2022 an einer der ersten Rentnergesellschaftstransaktionen beteiligt u. berät seitdem sowohl Anbieter als auch abgebende Unternehmen bei solchen Vorhaben. Einen noch größeren Mandatszulauf verzeichnete Panzer-Heemeier mit ihrer Kompetenz zur BR-Vergütung. Was weit vor dem BGH-Urteil als Nischengeschäft begonnen hatte, beschäftigt nun mehrere Anwälte im Team.
Stärken: BR-Vergütung, Arbeitnehmerdatenschutz, bAV.
Oft empfohlen: Dr. Andrea Panzer-Heemeier („hohe Kompetenz, sehr engagiert", Mandant), Tobias Neufeld („sehr responsive, immer erreichbar", Mandant; „sehr schlau in der bAV; sehr pragmatisch im Datenschutz", Wettbewerber)
Team: 2 Eq.-Partner, 2 Sal.-Partner, 2 Counsel, 9 Associates, 1 of Counsel
Schwerpunkte: Dauerberatung vorw. mittelständ. Unternehmen, zunehmend Umstrukturierungen u. Konzerne in Tariffragen/Mitbestimmung (ebenso auf BR-Seite), bAV-Themen. Zuletzt viel arbeitsrechtl. Compliance, v.a. Datenschutz u. AÜG. Beratung jap. Mandanten u. Transaktionsbegleitung.
Mandate: Dt. Betriebsrenten Holding bei Übernahme von Pensionsverbindlichkeiten eines ww. Healthcare-Konzerns (Rentnergesellschaft); Allianz bei Restrukturierung (öffentl. bekannt); Elektronikfachmarktkette bei Restrukturierung; Autodoc bei SE-Umwandlung; VW bei strateg. Partnerschaft mit Miles Mobility; Central Glass bei Verkauf der dt. Tochterges. an Evotec; Schweizer Arzneimittelvertrieb bei konzernweiter Einführung von Workday; lfd. Allianz Global Investors u. Allianz Real Estate, Hochland Dtl. u. Hochland SE, VW u. Töchter.

BAKER MCKENZIE

Arbeitsrecht ★★★

Bewertung: Große, länderübergr. Re- u. Umstrukturierungen sind das Kerngeschäft der Arbeitsrechtspraxis. Regelm. berät das Team internat. agierende Konzerne bei deren Projekten, aktuell etwa einen Dax-Konzern u. dessen Töchter bei der Harmonisierung der Arbeitsbedingungen in etl. Jurisdiktionen. Mandanten wie diese profitieren dabei von der exzellenten Vernetzung der Arbeitsrechtler in der Kanzlei – sowohl in Dtl. als auch global. Darüber hinaus verfügt BM über eine der wenigen Praxen im Markt, die mit Reichel auch einen renommierten bAV-Experten in ihren Reihen hat, der zuletzt – gemeinsam mit kanzleieig. Steuer- u. Kapitalmarktexperten – vermehrt zu CTA-Modellen beriet. Neben komplexen Großprojekten hat die Praxis zudem die nötige Größe, um auch im Kontext aktueller arbeitsrechtl. Themen wie zuletzt Hinweisgeberschutz, Compliance u. ESG Präsenz zu zeigen. Nichtsdestotrotz stehen die Zeichen intern weiter auf Wachstum, was sich an mehreren Associate-Zugängen zeigte u. zugleich den Stellenwert der Praxis in der Gesamtkanzlei illustriert.
Stärken: Komplexe (internat.) Restrukturierungen, bAV, internat. Arbeitsrecht.
Oft empfohlen: Dr. Christian Reichel („sehr erfahren in der bAV-Beratung", Wettbewerber), Dr. Bernhard Trappehl, Dr. Steffen Scheuer, Dr. Alexander Wolff, zunehmend: Katja Häferer („sehr kompetent", Mandant)
Team: 6 Eq.-Partner, 2 Sal.-Partner, 3 Counsel, 21 Associates
Schwerpunkte: Projektbezogene arbeitsrechtl. Betreuung von Unternehmen, grenzüberschr. Re- u. Umstrukturierungen sowie Post-Merger-Integration, bAV (speziell auch im internat. Kontext), ▷*Compliance*, Transaktionsbegleitung, SE-Gründungen, zunehmend Arbeitnehmerdatenschutz.
Mandate: Chemieunternehmen bei Übernahme von Geschäftsbereich u. zu Post-Merger-Litigation; Dentsply Sirona bei Umstrukturierung; Klöckner Pentaplast zu Umstrukturierung mit Betriebsänderungen in mehreren europ. Ländern inkl. Betriebsschließungen; Kiekert bei Personalabbau; Konzern zu ww. Harmonisierung der Arbeitsbedingungen; Beratungsunternehmen zu Einführung von IT-Tool; Celanese arbeitsrechtl. zu Joint Venture mit Mitsui inkl. Interessenausgleich- u. Sozialplanverhandlungen; Knorr-Bremse zu Gründung europ. BR; lfd.: Netflix, Mondelez.

BIRD & BIRD

Arbeitsrecht ★★

Bewertung: Durch die enge Einbindung in die Gesamtkanzlei war die Praxis auch zuletzt wieder überw. mit grenzüberschr. Fragen befasst. So verhandelten die Partner für zahlr. Mandanten BVs zum mobilen Arbeiten im Ausland. Abseits des Themas Entsendung, zu dem B&B nun auch Legal-Tech-Lösungen entwickelt, begleitet das Team seine häufig internat. aufgestellten Mandanten über die ganze Bandbreite des Arbeitsrechts – etwa zur Bildung europ. Betriebsräte, zu Outsourcing oder AN-Datenschutz. Für Solar-Panel-Hersteller Longi u. CommScope begleiteten die Partner zudem einige Restrukturierungsprojekte. Für das erwartete Geschäft in diesem Bereich ist die Praxis auch durch die Ernennung eines weiteren, tarifvertragsrechtl. versierten Partners künftig bestens gerüstet.
Oft empfohlen: Dr. Ralph Panzer („sehr schnelle Reaktion, pragmat. Lösungsvorschläge, gutes wirtschaftlichl. Verständnis", Mandant), Dr. Catharina Klumpp („sehr durchdachte u. zugleich pragmatische Beratung. Hervorragende Kenntnis unserer Organisation und ihrer Bedürfnisse", Mandant; „kollegial, schnell, gut", Wettbewerber), Thomas Hey („erfahren, ideenreich, hohe Verhandlungskompetenz, exzellentes Netzwerk", Mandant)
Team: 6 Eq.-Partner, 4 Counsel, 18 Associates, 1 of Counsel
Schwerpunkte: (Häufig grenzüberschr.) Restrukturierungen, Tarifvertragsrecht, AÜG, bAV. Enge Verknüpfung mit ▷*IT/Datenschutz*.
Mandate: CommScope u.a. bei Restrukturierung; Longi bei ww. Restrukturierung; Pfizer bei Kauf u. europaw. Integration von Global Blood; internat. Mischkonzern bei IT-BVs; Tiergesundheitsuntern. u.a. bei Trennung von Führungskräften u. Gründung eines europ. BR; lfd.: Octapharma, Tech Mahindra, Page Group.

BLUEDEX

Arbeitsrecht ★★

Bewertung: Bekannt ist die Frankf. Boutique insbes. für ihre Beratung zum grenzüberschr. Arbeitnehmereinsatz, die sie zuletzt mit neuen Mandan-

Arbeitsrecht: Beratung von Führungskräften

CMS Hasche Sigle (München)
Dr. Eckhard Schmid

dkm Rechtsanwälte (München)
Dr. Knut Müller

Ettrich (Frankfurt)
Hendrik Bourguignon

Filippi (Frankfurt)
Dr. Stefan Filippi

Greenfort (Frankfurt)
Prof. Dr. Mark Lembke

Groll & Partner (Frankfurt)
Peter Groll

Kasper Knacke (Stuttgart)
Dr. Frank Hahn

Kliemt (Düsseldorf)
Prof. Dr. Michael Kliemt

Naegele (Stuttgart)
Prof. Dr. Stefan Nägele

Ruge Krömer (Hamburg)
Jan Ruge

Seitz (Köln)
Dr. Stefan Seitz

Staudacher (München)
Peter Staudacher

Vangard (Düsseldorf)
Dr. Stefan Röhrborn

Die Auswahl von Kanzleien und Personen in Rankings und tabellarischen Übersichten ist das Ergebnis umfangreicher Recherchen der JUVE-Redaktion. Sie ist in 2erlei Hinsicht subjektiv: Die Aussagen der befragten Quellen sind subjektiv u. spiegeln deren Erfahrungen u. Einschätzungen. Die JUVE-Redaktion wiederum analysiert die Rechercheergebnisse unter Einbeziehung ihrer eigenen Marktkenntnis. Der JUVE Verlag beabsichtigt keine allgemeingültige oder objektiv nachprüfbare Bewertung. Es ist möglich, dass eine andere Recherchemethode zu anderen Ergebnissen führt. Innerhalb einzelner Gruppen in Rankings und tabellarischen Übersichten sind Kanzleien und Personen alphabetisch sortiert.

Anwaltszahlen: Angaben der Kanzleien, wie viele Anwälte zu mind. ca. 50% in diesem Gebiet tätig sind. Sie spiegeln nicht zwingend die Gesamtgröße einer Kanzlei wider.

Arbeitsrecht: Beratung von Betriebsräten, Gewerkschaften und Arbeitnehmern

AfA Rechtsanwälte (Nürnberg)
Britta Göppert, Melanie Maußner, Marc-Oliver Schulze

Apitzsch Schmidt Klebe (Frankfurt)
Wolfgang Apitzsch, Prof. Dr. Marlene Schmidt

Arbeitsrechtskanzlei Hamburg (Hamburg)
Heike Brodersen, Dr. Arendt Gast, Carola Greiner-Mai

CNH Anwälte (Essen)
Javier Davila Cano, Gunnar Herget

Cremon (Hamburg)
Gerhard Cesarano, Christoph Welscher

Decruppe & Kollegen (Köln)
Heinz Biermann, Thomas Wüllenweber

dka Rechtsanwälte (Berlin)
Marion Burghardt, Dieter Hummel, Nils Kummert

dkm Rechtsanwälte (München)
Felix Kratz, Thomas Krebs, Dr. Knut Müller (auch Arbeitgeberberatung)

EHZ Rechtsanwälte (Reutlingen)
Dirk Herfert, Dr. Jonas Zäh

Fischer (Frankfurt)
Schekib Fischer

Franzmann Geilen Brückmann (Frankfurt)
Jan Brückmann, Armin Franzmann

Gaidies Heggemann und Partner (Hamburg)
Ignatz Heggemann, Carsten Lienau, Wolfgang Steen

Gnann Thauer & Kollegen (Freiburg)
Kurt Höllwarth

HNK (Frankfurt)
Thomas Nitzsche, Thomas Haedge

Huber Mücke Helm (München)
Dr. Rüdiger Helm, Michael Huber, Matthias Mücke

Krebühl Biere (Frankfurt)
Benjamin Biere, Peter Krebühl

LNS Rechtsanwälte (Bochum)
Ralf Leifeld, Ralf Scholten, Susanne Schaperdot

Manske & Partner (Nürnberg)
Dr. Sandra Carlson, Beate Schoknecht

Müller-Knapp Hjort Wulff (Hamburg)
Andreas Bufalica, Jens Hjort

Fortsetzung nächste Seite

ten ausbauen konnte. Dabei gelingt es ihr immer wieder, sich über die zunächst punktuelle Beratung in ihrem Spezialbereich als Panel-Kanzlei für alle arbeitsrechtl. Fragen zu empfehlen, zuletzt bei einem internat. tätigen Mischkonzern. So kam Bitsch über seine Tätigkeit für Adecco nun auch für die Post-Merger-Integration von Akkodis u. den Aufbau einer neuen Betriebsratsstruktur für die Gruppe ins Mandat. Für Mäder u. Dystar ist er zudem in 2 großen Restrukturierungsprojekten aktiv. Ausbauen konnte das Team auch die Beratung zur BR-Vergütung. Ein Wermutstropfen ist jedoch die erneute Fluktuation auf Associate-Ebene, so verlor das Team 2 vielverspr. Anwälte an Mandanten.
Stärken: Internationaler Personaleinsatz.
Oft empfohlen: Dr. Christian Bitsch („kreativer Berater mit unkonventionellen Lösungsansätzen; außerordentl. guter Verhandler", Mandant)
Team: 3 Eq.-Partner, 1 Sal.-Partner, 9 Associates
Schwerpunkte: Breit aufgestellt, viele Konzernmandanten. Restrukturierungen u. AÜG-Themen; regelm. Prozessvertretung; auch Datenschutz. Zudem Schnittstellenberatung zum Gesellschafts- u. Steuerrecht.
Mandate: Akkodis bei Post-Merger-Integration u. Personalabbau; Zalando u.a. zu Entsendung; Mäder Group zu Standortschließung; ww. tätiger Mischkonzern u.a. zu grenzüberschr. Arbeitnehmereinsatz; Automobilhersteller zu BR-Vergütung; DyStar zu Standortschließung; Mäder bei Standortschließung u. in anschl. KüSchu-Verfahren; lfd. Audi, BMW, Zalando, Webasto, EnBW.

CBH RECHTSANWÄLTE

Arbeitsrecht ★

Bewertung: Dreh- u. Angelpunkt der Arbeitsrechtspraxis ist in geschäftl. u. personeller Hinsicht weiterhin Köln. Im Vordergrund steht die Beratung u. Vertretung von mittelständ. Dauermandanten aus Branchen wie Gesundheit, Verlagswesen u. Bau sowie öffentl. Arbeitgeber. Zuletzt knüpften die Arbeitsrechtler engere Kontakte zu anderen Praxen der Kanzlei, die Kooperation innerh. der eigenen bleibt allerdings ausbaufähig. Daher verwundert es nicht, dass die Praxis nicht als überzeugendes Team auffällt, sondern v.a. mit indiv. Stärken wie der Führungskräfteberatung oder auch dem Personalvertretungsrecht in Verbindung gebracht wird.
Stärken: Personalvertretungsrecht.
Oft empfohlen: Ernst Eisenbeis, André Ueckert
Team: 7 Eq.-Partner, 4 Associates
Schwerpunkte: Umf. arbeitsrechtl. Beratung mittelständ. Unternehmen, zudem öffentl.-rechtl. u. kirchl. Arbeitgeber. Auch Führungskräfte. Branchenerfahrung bei Handelsuntern., Automotive, Versicherern, Verlagen, im Gesundheitssektor u. im Sicherungsgewerbe.
Mandate: Stadtwerke Bonn arbeits- u. sozialrechtl.; Hochschule für Polizei & öffentl. Verwaltung in NRW im Personalvertretungsrecht; BBT, u.a. zu AN-Datenschutz; Chefs Culinar, u.a. zu Führungskräftethemen; Autobahn GmbH individual- u. kollektivarbeitsrechtl., auch Prozesse; lfd.: DuMont Mediengruppe, Trei Real Estate, KEC Kölner Eishockey Gesellschaft, gr. kirchl. Sozialverband.

CMS HASCHE SIGLE

Arbeitsrecht ★★★★★

Bewertung: Die Arbeitsrechtspraxis von CMS gehört seit Jahren unbestritten zu den Spitzenreitern. Aufgr. ihrer Personalstärke kann sie nicht nur alle relevanten Themen abdecken, sondern auch gezielt mit Kompetenzteams besetzen. Ihre Schwerpunkte – sowohl thematisch als auch bzgl. zentraler Branchen – hat die Praxisgruppe noch einmal neu zugeschnitten u. konnte mit einer stärkeren Akzentuierung bereits Mandanten wie Telefónica für ein neues Projekt zum Fremdpersonaleinsatz von sich überzeugen. Daneben setzen auch neue, zunehmend internat. Akteure auf das Team. So ist CMS in ihrer Paradedisziplin Restrukturierung in mehreren großflächigen Personalabbaumandaten für internat. Top-Konzerne tätig. Durch so spektakuläre Mandate für namh. Mandanten unterstreicht die Praxis regelm. ihre Position an der Spitze des Marktes. Bemerkenswert ist zudem, wie gut es der Praxis gelingt, ihre jungen Talente am Markt zu etablieren. Das gilt sowohl für Schäfer, die schon nach wenigen Jahren die Co-Praxisleitung übernommen hat, sowie für Falter u. Neupartner Dr. Benedikt Forschner. Neben der fachl. Exzellenz loben Inhouse-Juristen v.a. die praxisorientierte Beratung u. das hohe Dienstleistungsverständnis des gesamten Teams. Durch diese exzellente Nachwuchsarbeit hebt sich CMS in der Spitzengruppe noch einmal deutl. ab. Die Ernennung von 6 weiteren Counseln zeigt, wo die Reise auch künftig hingehen soll.
Stärken: Breite Aufstellung, standortübergr. umf. Beratung. Hoher Spezialisierungsgrad auf Partnerebene. Ausgeprägter Branchenfokus in Technologie, Energie, Lifescience/Pharma, Automotive, Immobilien u. Finanzen.
Oft empfohlen: Prof. Dr. Björn Gaul („sehr zufrieden mit der Zusammenarbeit, soll auf jeden Fall fortgesetzt werden", „pragmatisch u. hilfreich", Mandanten), Dr. Eckhard Schmid („viel Erfahrung in der Führungskräfteberatung", Wettbewerber), Martina Hidalgo, Jürgen Siemers, Dr. Gerlind Wisskirchen, Yvonne Wolfgramm, Dr. Björn Otto, Thomas Glaesmann, Dr. Oliver Simon („Unternehmeranwalt mit gutem Gespür für das Machbare", Wettbewerber), Amelie Schäfer, Dr. Nina Hartmann, Dr. Alexander Bissels („Experte für Arbeitnehmerüberlassungen", „Top-Performance, schnell, zuverlässig, ein toller Geschäftspartner", „hat sich intensiv in unsere Branche eingearbeitet, weist auf Risiken hin, arbeitet dabei aber sehr lösungsorientiert", Mandanten); zunehmend: Kira Falter („schnell, zuverlässig u. präzise", „gutes Gespür für unser Unternehmen", „professionell, pragmat. u. wirtschaftl. denkend", Mandanten)
Team: 32 Eq.-Partner, 21 Counsel, 64 Associates
Schwerpunkte: Umf. Beratung auf Unternehmensseite (z.B. ▷*Insolvenz/Restrukturierung*, strateg. Reorganisationen, Verschmelzungen, Tarifrecht), auch für kommunale Unternehmen. Dazu Erfahrung im Bereich Vorstände u. Führungskräfte (Unternehmens-, seltener Managerseite), zudem Transaktionsbegleitung u. Insolvenzarbeitsrecht, auch bAV, Vergütungsregelungen, ▷*Compliance* u. (Arbeitnehmer-) ▷*Datenschutz*.
Mandate: Da Vita Deutschland bei Reorganisation inkl. Stellenabbau; Steag arbeits- u. pensionsrechtl. zu Konzernspaltung; BMWK zu Stabilisierung von Uniper; internat. Energieunternehmen umf. im Zshg. mit Expansion, u.a. zu Arbeitszeit, Vergütung u. bAV; Bechtle bei Wahl der AN-Vertreter für Aufsichtsrat; Alliance Healthcare zu Post-Merger-Themen; Brenntag zu Konzernbetriebsvereinbarungen; Carl Zeiss umf. im Zshg. mit Ausscheiden von Organmitgliedern; DFB zu Compliance-Fall; El-

Anwaltszahlen: Angaben der Kanzleien, wie viele Anwälte zu mind. ca. 50% in diesem Gebiet tätig sind. Sie spiegeln nicht zwingend die Gesamtgröße einer Kanzlei wider.

be Flugzeugwerke im Betriebsverfassungsrecht; EnBW zu mobilem Arbeiten im Ausland; Gucci zu HR-Compliance u. Litigation; KK Wind Solutions bei Kauf von Forschungs- u. Entwicklungssparte der ConverterTec Dtl. u. zu Post-M&A-Themen; Leoni zu Digitalisierung von Geschäftsführerverträgen in 23 Ländern; Zulieferer für Kühler- u. Klimatechnik bei Personalabbau; lfd.: Arla Foods, Porsche, Vodafone, E.on, Fraport, Telefónica.

DELOITTE LEGAL

Arbeitsrecht ★

Bewertung: Die Arbeitsrechtspraxis der Big-Four-Kanzlei pflegt an den einzelnen Standorten unterschiedl. Schwerpunkte. An den größten, in D'dorf u. Hannover, überwiegt die klass. arbeitsrechtl. Dauerberatung flankiert von transaktionsbegl. Arbeit. In HH gelingt es Hinrichs durch sein Wissen zur bAV u. regulierten Vergütung, den Mandantenkreis stetig zu erweitern. Zuletzt kam mit N26 eine weitere Bank hinzu. Zudem profitierte der Standort vom Zugang eines Restrukturierungsexperten von Luther, der u.a. eine große Modekette als Mandantin mitbrachte, die das Team nun auch arbeitsrechtl. berät. In München ist nach dem Weggang eines gut vernetzten Partners ein Neuaufbau nötig. In großen Projekten, etwa grenzüberschr. Restrukturierungen u. SE-Gründungen arbeitet das Team standortübergr. zusammen u. nutzt geschickt die Schnittstellen sowohl zu den Corporate-Anwälten als auch den Deloitte-Steuerberatern. Von der engen Einbindung in das internat. Netzwerk profitieren Mandanten zudem bei Entsendethemen u. dem Einsatz von Legal Tech.

Oft empfohlen: Dr. Lars Hinrichs

Team: 2 Eq.-Partner, 7 Sal.-Partner, 6 Counsel, 11 Associates, 1 of Counsel

Partnerwechsel: Rafael Hertz (von Kallan), Klaus-Dieter Tammer (Ruhestand)

Schwerpunkte: Arbeitsrechtl. Dauerberatung, Transaktionsbegleitung, auch Restrukturierungen. Hier wie auch bei SE-Gründungen enge Schnittstelle zu ▷*Corporate-Praxis*; bAV u. regulierte Vergütung. Entsendung.

Mandate: Arvato bei Implementierung von Matrixstruktur; internat. tätiger Modekonzern bei Restrukturierung; JobRad bei SE-Umwandlung; Lixil/Grohe zu Mitarbeiterbeteiligung; FIL-Gruppe bei Restrukturierung der bAV; N26 zu IVV; lfd.: Brill, Motorola.

DENTONS

Arbeitsrecht ★

Bewertung: Die Praxis der internat. Kanzlei deckt alle arbeitsrechtl. Themen von bAV bis Mitbestimmung glaubhaft ab. An den Schnittstellen zu Fremdpersonal-Compliance u. Arbeitnehmerdatenschutz hatte die Kanzlei sich schon in den Vorjahren vermehrt ins Spiel gebracht. Mit dem Zugang von Byers, der für genau diese Themen einen sehr guten Ruf genießt, hat Dentons nun noch einen großen Schritt nach vorne gemacht. Denn ihm folgten namh. Mandanten aus Branchen wie Versicherung oder Finanzen in die Praxis. Regelm. profitieren Mandanten von der guten Zusammenarbeit der Arbeitsrechtler mit Praxisgruppen wie Gesellschaftsrecht, Compliance oder Restrukturierung.

Stärken: Internationale Vernetzung.

Oft empfohlen: Dr. Markus Diepold („Top! Super engagiert, super Service, jederzeit wieder", Mandant), Dr. Philipp Byers („sehr guter Datenschutzrechtler", Wettbewerber)

Team: 4 Partner, 6 Counsel, 6 Associates

Partnerwechsel: Dr. Philipp Byers (von Watson Farley & Williams)

Schwerpunkte: Restrukturierungen, Beratung von Healthcare-Unternehmen, Transport- u. Logistikbranche, bAV; internat. Verzahnung. HR-Compliance, inbes. Arbeitnehmerdatenschutz.

Mandate: Skoda, u.a. im Betriebsverfassungsrecht u. prozessual; Mappingunternehmen bei internat. Restrukturierung; Konzern zu Betriebsänderungen; Cariad arbeitsrechtl. bei Zukäufen; Stabilus bei SE-Gründung u. Standortverlegung; AeroGround Flughafen München bei Verkauf von Tochtergesellschaft; lfd.: Barmer, Landesbank Berlin, Acsys Lasertechnik, Actian, Sportalm.

DLA PIPER

Arbeitsrecht ★★★

NOMINIERT
JUVE Awards 2023
Kanzlei des Jahres für Arbeitsrecht

Bewertung: Die Arbeitsrechtspraxis von DLA hat ihr breites Beratungsangebot zuletzt durch die Einführung spezif. Fokusgruppen stärker strukturiert. Fachl. deckt die Praxis die gesamte kollektivrechtl. Bandbreite von Restrukturierungen über HR-Compliance bis zum Betriebsverfassungsrecht ab. Durch die neue Struktur will DLA ihr Angebot stärker mit den jew. Spezialisten verknüpfen u. reagiert damit bspw. an der Schnittstelle zu Compliance auch auf die aktuellen Marktentwicklungen. Themen wie ESG, aber auch die Beratung des Finanzsektors, die die Kanzlei durch den Zugang von Löw explizit ausbaut, was auch Wettbewerber bereits zur Kenntnis nehmen, kann sie so bei Mandanten glaubwürdiger anbieten. Ein wesentl. Merkmal der Praxis ist die enge Vernetzung der Arbeitsrechtler mit anderen Disziplinen, sei es Corporate, Datenschutz oder Strafrecht. Ein weiteres die gute internat. Vernetzung innerh. des globalen DLA-Netzwerks. Diese Aufstellung findet bspw. bei Konzernen wie BASF Anklang, bei dem sich DLA für sämtl. arbeitsrechtl. Belange im Zshg. mit Corporate-Themen (Deals, Joint Venture, Restrukturierungen) durchsetzen konnte u. auch ein Tochterunternehmen zu klass. kollektivrechtl. Fragen umf. berät. Die Koordination der europ. Themen liegt bei Norda, die mit dem Wechsel von Bodenstedt ins Kanzleimanagement die Praxisgruppenleitung übernahm. Beachtl. ist der deutl. Zuwachs von Associates auf allen Senioritätsstufen.

Stärken: Internat. Vernetzung (europaw., USA), Compliance-Untersuchungen.

Oft empfohlen: Dr. Kai Bodenstedt, Dr. Jens Kirchner, Pascal Kremp, Dr. Hans-Peter Löw („fachl. sehr stark, gewachsenes Vertrauensverhältnis", Mandant), Dr. Henriette Norda („empathisch, höchst kompetent u. sehr dienstleistungsorientiert", „selbst für komplexe Problemstellungen sehr gute Lösungen", „herausragende Einsatzbereitschaft u. schnelle Reaktionszeit", „Koryphäe auf dem Gebiet des Arbeitsrechts. Alle Beteiligten waren mit dem Ergebnis des Projekts mehr als zufrieden", Mandanten)

Team: 4 Partner, 5 Counsel, 15 Associates, 3 of Counsel, 1 Special Counsel

Schwerpunkte: Umf. Praxis im kollekt. u. indiv. Arbeitsrecht, Projekte (Umstrukturierungen), in Zusammenarbeit mit den M&A-Experten auch transaktionsbegleitend.

Arbeitsrecht: Beratung von Betriebsräten, Gewerkschaften und Arbeitnehmern Fortsetzung

RPO Ruttkamp Oberthür (Köln)
Dr. Nathalie Oberthür, Silke Ruttkamp (auch Arbeitgebervertretung)

Schindele Gerstner & Collegen (Dresden, Landshut)
Jens Didschun, Jutta Gerstner, Friedrich Schindele

Schütte Lange & Kollegen (Wiesbaden)
Jakob Lange, Reinhard Schütte

Schwegler (Berlin, Düsseldorf, Frankfurt, Köln, Oldenburg)
Dr. Michael Bachner, Dr. Michael Schwegler, Hajo Köhler, Michael Merzhäuser

Seebacher Fleischmann Müller (München)
Michael Fleischmann, Tanja Himmelsdorfer, Krikor Seebacher, Andreas Müller

Silberberger Lorenz (Düsseldorf)
Dr. Frank Lorenz, Dr. Uwe Silberberger

Stather Dr. Helmke Döther Hausmann Evisen Boger Schuhmacher Teiner (Heidelberg)
Dr. Mathias Helmke

Steiner Mittländer Fischer (Frankfurt)
Erika Fischer, Silvia Mittländer, Regina Steiner

SWP Rechtsanwälte (Düsseldorf)
Joachim Piezynski, Stephen Sunderdiek, Jörg Werth

Thür Werner Sontag (Köln)
Frank Behler, Franz Thür, Catherine Soulas (auch Arbeitgebervertretung)

TowaRa (Köln)
Roja Erdmann, Jörg Towara

Uhlenbruch (Köln)
Antje Dudenbostel, Dirk Schabram

Vieker & Chatziparaskewas (Minden)
Stefan Chatziparaskewas

Ulrich Weber & Partner (Frankfurt, Köln)
Daniel Hartmann, Jörg Weber, Dr. Martin Pröpper (Letzterer stärkere Präsenz bei Arbeitgebervertretung)

Weder Fischer Doyuran (Frankfurt)
Jürgen Weder

Wurll Jasper + Kollegen (Düsseldorf)
Guido Wurll

Die Auswahl von Kanzleien und Personen in Rankings und tabellarischen Übersichten ist das Ergebnis umfangreicher Recherchen der JUVE-Redaktion. Sie ist in 2erlei Hinsicht subjektiv: Die Aussagen der befragten Quellen sind subjektiv u. spiegeln deren Erfahrungen u. Einschätzungen. Die JUVE-Redaktion wiederum analysiert die Rechercheergebnisse unter Einbeziehung ihrer eigenen Marktkenntnis. Der JUVE Verlag beabsichtigt keine allgemeingültige oder objektiv nachprüfbare Bewertung. Es ist möglich, dass eine andere Recherchemethode zu anderen Ergebnissen führt. Innerhalb einzelner Gruppen in Rankings und tabellarischen Übersichten sind Kanzleien und Personen alphabetisch sortiert.

Anwaltszahlen: Angaben der Kanzleien, wie viele Anwälte zu mind. ca. 50% in diesem Gebiet tätig sind. Sie spiegeln nicht zwingend die Gesamtgröße einer Kanzlei wider.

Führende Namen im Arbeitsrecht (über 50 Jahre)

Prof. Dr. Georg Annuß
Pusch Wahlig, München

Dr. Marco Arteaga
Luther, Frankfurt

Christian Betz-Rehm
Maat, München

Prof. Dr. Martin Diller
Gleiss Lutz, Stuttgart

Prof. Dr. Björn Gaul
CMS Hasche Sigle, Köln

Dr. Burkard Göpfert
Kliemt, München

Martina Hidalgo
CMS Hasche Sigle, München

Dr. Klaus-Stefan Hohenstatt
Freshfields Bruckhaus Deringer, Hamburg

Dr. Jochen Keilich
Pusch Wahlig, Berlin

Prof. Dr. Michael Kliemt
Kliemt, Düsseldorf

Prof. Dr. Mark Lembke
Greenfort, Frankfurt

Dr. Wolfgang Lipinski
Seitz, München

Dr. Hans-Peter Löw
DLA Piper, Frankfurt

Dr. Christopher Melms
Seitz, München

Prof. Dr. Anja Mengel
AMA Dr. Anja Mengel, Berlin

Dr. Andrea Panzer-Heemeier
Arqis, Düsseldorf

Dr. Kara Preedy
Greenberg Traurig, Berlin

Dr. Tobias Pusch
Pusch Wahlig, Berlin

Dr. Christian Reichel
Baker McKenzie, Frankfurt

Dr. Barbara Reinhard
Kliemt, Frankfurt

Prof. Dr. Marlene Schmidt
Apitzsch Schmidt Klebe, Frankfurt

Dr. Elmar Schnitker
Freshfields Bruckhaus Deringer, Düsseldorf

Dr. Ulrike Schweibert
Schweibert Leßmann & Partner, Frankfurt

Dr. Stefan Seitz
Seitz, Köln

Fortsetzung nächste Seite

Mandate: BASF arbeitsrechtl. zu M&A-Deals, Restrukturierungen u. Joint Ventures; BASF-Tochter zu tarif-, betriebsverfassungs- u. pensionsrechtl. Themen; Alliance Healthcare kollektivrechtl. im Zshg. mit der Fusion mit Gehe; Medtronic umf., u.a. zu Joint Venture mit Da Vita, BV zu IT-Tools u. Bonusregelungen; Bank of Communication in Musterprozess zur gerechtfertigten Gehaltsdifferenzierung zw. Locals u. Expatriats; Borg Warner zu Restrukturierungsmaßnahmen u. arbeitsrechtl. Compliance; British Airways zu Umstrukturierung bei einer dt. Tochtergesellschaft; Qualcomm bei BVs zur KI u. zur Mitbestimmung bei Matrixstrukturen; lfd.: Heidelberger Druckmaschinen, Hennes & Mauritz Logistic, Hard Rock Cafe Germany.

ESCHE SCHÜMANN COMMICHAU

Arbeitsrecht ★

Bewertung: Neben der klass. Dauer- u. Restrukturierungsberatung stehen bei der MDP-Kanzlei aus HH Compliance-Themen im Vordergrund: Hier ist die Praxis derzeit v.a. im Kontext von Vergütung u. Beschäftigtendatenschutz aktiv. Letzteres Thema hatte sich ESC frühzeitig auf die Fahnen geschrieben u. Mandanten wissen dieses Spezial-Know-how entspr. zu schätzen. Regelm. berät das Team gemeinsam mit den kanzleieig. StB zu Mitarbeitermobilität – ein Thema, das die mittelständ. Kernmandantschaft seit einigen Jahren verstärkt umtreibt. Mit einer jungen Partnerin, die Erfahrungen im insolvenznahen Arbeitsrecht hat, ist die Kanzlei auch für die erwartete Restrukturierungswelle gerüstet.
Stärken: Multidisziplinärer Ansatz, Datenschutz.
Oft empfohlen: Dr. Patrizia Chwalisz („sehr große Erfahrung bei der Beratung ausl. Mandanten", Wettbewerber), Dr. Erwin Salamon („große Erfahrung in Tarifauseinandersetzungen", Wettbewerber), Dr. Christian Hoppe
Team: 4 Eq.-Partner, 2 Sal.-Partner, 7 Associates, 1 of Counsel
Schwerpunkte: Dauerberatung häufig mittelständ. Unternehmen, Restrukturierung/Personalabbau, ▷*Compliance*-Beratung, Spezialisierung im AN-Datenschutz, gemeinsam mit den StB umf. Beratung zu Mitarbeitermobilität, internat. Arbeitsrecht.
Mandate: Etteplan Germany zu Einführung bAV; Henssler Food Concepts zu Abwehr div. Kündigungsschutzklagen u. Vertragsgestaltung bei Vorständen; Logistikunternehmen zu betriebl. Arbeitszeitregelungen bei gleichz. Vermeidung von Personalabau; ÖPNV-Unternehmen, u.a. zu Einführung tarifvertragl. Strukturen nach Tarifwechsel; lfd.: Omexom GA Nord, Veolia, Evotec.

EVERSHEDS SUTHERLAND

Arbeitsrecht ★★★★

Bewertung: Die Arbeitsrechtspraxis mit Fokus auf Projektgeschäft setzt ihren Internationalisierungskurs fort. Neben der transaktionsbegl. Beratung, die weiterhin eine wichtige Rolle spielt, hatte sich das Team zuletzt auch im Zshg. mit Standortverlagerungen ins Ausland u. den damit verbundenen arbeitsrechtl. Themen befasst. Auch hier hatte ES ausreichend Gelegenheit, ihre grenzüberschr. Erfahrung einzubringen. Der Marktentwicklung entspr. hat sich bei den Arbeitsrechtlern das Engagement in Compliance-Untersuchungen verstärkt. Intern standen die Zeichen zuletzt auf Konsolidierung. In diesem Zshg. verließen auch 2 Partner die Praxis, darunter deren langj. Leiter Kursawe. Die gleichz. Ernennung von Andreas Krause zum Sal.-Partner zeigt aber, dass Arbeitsrecht weiterhin einen hohen Stellenwert in der Gesamtkanzlei hat u. die personellen Veränderungen auch unter das Stichwort Generationswechsel fallen.
Stärken: (Grenzüberschr.) Restrukturierungen; internat. Vernetzung; Führungskräfteberatung, strateg. Beratung von Personalstrukturen.
Oft empfohlen: Frank Achilles („guter Verhandler", Wettbewerber), Marco Ferme, Bernd Pirpamer, Dr. Rolf Kowanz
Team: 3 Eq.-Partner, 8 Sal.-Partner, 9 Counsel, 29 Associates
Partnerwechsel: Dr. Stefan Kursawe (zu Peter Hohlweg), Dr. Susanne Giesecke (in eigene Kanzlei)
Schwerpunkte: Umf. Beratung u. Vertretung im Individual- u. Kollektivarbeitsrecht (auch transaktionsbegl. u. Due Diligence). Zunehmend bAV.
Mandate: Securitas bei Zusammenarbeit mit BR-Gremien; Energieunternehmen, Automobilkonzern jew. zu bAV; städt. Wohnungsgesellschaft zu tarifrechtl. Folgen bei Verschmelzung mit anderen städt. Gesellschaft; lfd.: Knorr-Bremse.

FLICK GOCKE SCHAUMBURG

Arbeitsrecht ★★

Bewertung: Die Arbeitsrechtspraxis der Bonner Kanzlei untermauerte ihre Prozessstärke zuletzt gleich in mehreren zentralen Verfahren vor dem BAG. So setzte sie für Stammmandantin Ryanair das Weisungsrecht für Mitarbeiter auch an ausl. Standorten durch u. führt für Haribo mehrere Verfahren zu Nachtschichtzuschlägen. Neben dem Tarif- u. Betriebsverfassungsrecht hat sich die Begleitung von Transaktionen u. Umstrukturierungen zu einer weiteren Säule der Praxis entwickelt. Hier, wie auch bei der Beratung zur Arbeitnehmerüberlassung, kooperiert das Team eng mit den anderen Praxen der Kanzlei, allen voran den renommierten Steuer- u. ▷*Gesellschaftsrechtlern*. Einziger Wermutstropfen war ein erneuter Abgang auf Sal.-Partnerebene.
Stärke: Beratung an der Schnittstelle zum Steuer- u. Sozialversicherungsrecht
Team: 4 Eq.-Partner, 3 Sal.-Partner, 5 Associates
Partnerwechsel: Dr. Andreas Wirtz (zu LTY Hub)
Schwerpunkte: Tarifvertrags- u. Arbeitskampfrecht, auch Streikabwehr; Prozessvertretung; Restrukturierungen u. Begleitung von Transaktionen.
Mandate: Haribo, u.a. in Verf. zu Nachtschichtzuschlägen; Warburg Invest im Zshg. mit Cum-Ex; Energieversorger zu Compliance-Pflichten in Matrixorganisation; Laudamotion bei Standortschließungen u. anschl. KüSchu-Verf.; Onlineplattform für Tierbedarf zu Fremdpersonaleinsatz; Global Gruppe bei div. Zukäufen; Versicherung zu variabl. Vergütung; Softwareentwickler u.a. zu ANÜ; lfd.: Haribo, Laudamotion, Wirtgen, Ryanair, Bosch.

FRAHM KUCKUK HAHN

Arbeitsrecht ★

Bewertung: Die Stuttgarter Boutique ist für ihre Beratung im Bühnenarbeitsrecht bundesw. anerkannt. Das Gesicht dieser Beratung ist Namenspartnerin Kuckuk, die zuletzt mehrere Compliance-Mandate im Kulturbereich gewann. Themen wie Machtmissbrauch, Arbeitsschutz u. Scheinselbstständigkeit spielen auch bei anderen öffentl. Arbeitgebern eine zunehmend zentrale Rolle, von denen viele bei solch sensiblen Fragen schon lange auf die Kanzlei vertrauen. Frahm steht v.a. für die Beratung von Unternehmen u. ist insbes. im Restrukturierungskontext u. im Tarifrecht ein an-

Anwaltszahlen: Angaben der Kanzleien, wie viele Anwälte zu mind. ca. 50 % in diesem Gebiet tätig sind. Sie spiegeln nicht zwingend die Gesamtgröße einer Kanzlei wider.

erkannter Berater, was ihm regelm. neues Geschäft beschert.
Stärken: Vertretung öffentl. Arbeitgeber; Bühnenarbeitsrecht.
Oft empfohlen: Dr. Sebastian Frahm („kollegial u. kompetent", Wettbewerber), Dr. Meike Kuckuk
Team: 3 Partner, 1 Counsel, 3 Associates
Schwerpunkte: Restrukturierungen, regional auch Dauerberatung; Arbeitszeitrecht, zunehmend HR-Compliance; Führungskräfteberatung.
Mandate: PMG-Gruppe bei Restrukturierung; Phoenix Pharmahandel bei Optimierung der BR-Strukturen im Konzern; Mapal-Gruppe strateg. zu Reorganisation; Ikea zu Reorganisation; Gerhard-Hauptmann-Theater Görlitz – Zittau in sozialversicherungsrechtl. Grundsatzverf.; ATB Welzheim zu Austritt aus AG-Verband; ATB Nordenham zu HaustarifV; lfd. Universität Stuttgart, Klinikum Ingolstadt.

FRESHFIELDS BRUCKHAUS DERINGER

Arbeitsrecht ★★★★★

Bewertung: Dass die arbeitsrechtl. Praxis wie nur wenige andere komplexe Transaktionen u. Restrukturierungen über Ländergrenzen hinweg steuern kann, zeigt sie derzeit gleich in 2 Großprojekten für Novartis. So beraten u. koordinieren die beiden anerkannten HHer Partner Dzida u. Hohenstatt den ww. Personalabbau des Schweizer Pharmakonzerns u. zugleich die Ausgliederung der Generika-Sparte Sandoz. Parallel dazu stemmt die Praxis mit der Integration von Gruner + Jahr in die Strukturen von RTL News eine der größten Transformationen in der dt. Medienlandschaft – u. berät dabei beide Gesellschaften. Mit Projekten wie diesen kann das Team den marktbed. Rückgang in der transaktionsbegl. Beratung gut kompensieren. Unterbeschäftigt war es auch in anderen Bereichen nicht: So planten die bAV-Experten Schnitker u. Granetzny für zahlr. Mandanten die Auslagerungen ihrer Pensionsverpflichtungen, u. an der Schnittstelle von Arbeitsrecht u. Compliance sorgte der gestiegene Beratungsbedarf zur BR-Vergütung für ein erhöhtes Mandatsaufkommen. Gleiches gilt für Fragen zur Mitbestimmung beim Einsatz von künstl. Intelligenz, für die das Team von Anfang an eine gefragte Anlaufstelle ist. Zudem trägt die stärkere arbeitsrechtl. Präsenz im Münchener Büro erste Früchte, wie sich an neuen Mandatsbeziehungen ablesen lässt, etwa zu Bavaria Film.
Stärken: Grenzüberschreitende Verschmelzung u. CTA-Strukturierungen u. ▷*Compliance*-Untersuchungen, Vorstandsvergütungen/ARUG II.
Oft empfohlen: Dr. Thomas Müller-Bonanni („sehr erfahren, hervorragende Fachkenntnisse, sehr angenehme Zusammenarbeit, insbes. im Bereich IVV oder bei besonders komplexen Projekten", Mandant), Dr. Klaus-Stefan Hohenstatt („hervorragender Anwalt mit großem Verhandlungsgeschick", Wettbewerber), Dr. Elmar Schnitker („überzeugt durch analytische Vorgehensweise und schafft es, auch schwierigste Sachverhalte transparent u. nachvollziehbar darzustellen", Mandant), Dr. Boris Dzida („sehr guter Jurist u. Organisator", Wettbewerber), Dr. Ulrich Sittard („hoch erfahren im Transaktionsarbeitsrecht", „Einer, der's kann", Wettbewerber), Dr. Thomas Granetzny
Team: 7 Partner, 2 Counsel, 29 Associates
Schwerpunkte: Umf. Beratung bedeutender dt. u. internat. Unternehmen in vielfach grenzüberschreitenden Projekten, SE-Umwandlungen, Transaktionsbegleitung u. Post-Merger-Integration (▷*M&A*), bAV sowie Begleitung interner Ermittlungen.
Mandate: Gruner + Jahr bei Betriebsübergängen auf RTL News u. Personalabbau; RTL bei Integration von Gruner + Jahr; Novartis bei ww. Personalabbauprogramm u. Separierung der Sandoz-Sparte; Funding Solutions bei Kauf 2er Rentnergesellschaften von jap. Elektronik-Konzern; Porsche SE zu Börsengang der Porsche AG; Global Infrastructure Partners bei Kauf von VTG; Aldi Nord bei Reorganisation, insbes. zu Mitbestimmung; ww. tätiger Versicherer bei Anpassung des Whistleblower-Systems; börsennot. Automobilzulieferer bei Implementierung von Matrixstrukturen u. mögl. konzerninterner ANÜ; Telekommunikationsuntern. zu Einsatz von KI in Bewerbungsverf.; Pharmakonzern bei Abspaltung von Pensionsverpflichtungen; Traton zu konzernweiter Mitbestimmung; Continental zu Vorstandsvergütung; lfd.: Vodafone, VW u.a. zu Dieselskandal, RWE, Obi.

FRINGS PARTNERS

Arbeitsrecht ★

Bewertung: Der Schwerpunkt der D'Dorfer Boutique liegt in der lfd. Beratung großer mittelständ. Unternehmen. Die 2 Partner stehen ihren Stammmandanten in allen arbeitsrechtl. Fragen zur Seite, zuletzt etwa bei größeren Restrukturierungen, Betriebsschließungen oder der Neubesetzung des Vorstands. Neben der betriebsverfassungsrechtl. Beratung u. Vergütungsthemen sind beide auch in der Vertretung von KüSchu-Prozessen gefragt. Die Beratung u. Vertretung von Führungskräften, für die der 2022 verstorbene Namenspartner bundesw. anerkannt war, hat ein erfahrener Anwalt übernommen. Dass dieser nicht dessen Strahlkraft haben kann, steht jedoch außer Frage.
Oft empfohlen: Michael Bogati („kompetent u. höchst zuverlässing, angenehme Zusammenarbeit", Wettbewerber), Dr. Ulrich Wahlers („extrem lösungsorientiert", Mandant)
Team: 2 Partner, 7 Associates, 1 of Counsel
Schwerpunkte: Sehr erfahren bei Umstrukturierungen u. im Personalabbau, in Interessenausgleich- u. Sozialplanverhandlungen sowie Prozessen. Vertretung von Geschäftsführern u. Vorständen.
Mandate: Land NRW (Ministerium f. Umwelt, Landwirtschaft, Natur- u. Verbraucherschutz) in kündigungsrechtl. Auseinandersetzungen; Logistikunternehmen, u.a. zu Fremdpersonaleinsatz; Zahlungsdienstleister, u.a. bei Restrukturierung; lfd.: FrieslandCampina, Mitsubishi Electric, Igus, Mango Dtl., Vorwerk, Dörken-Gruppe, Helma Eigenheimbau.

GLEISS LUTZ

Arbeitsrecht ★★★★★

Bewertung: Die Arbeitsrechtspraxis der dt. Großkanzlei zählt insbes. aufgr. ihres beeindruckenden Trackrecords in der gremiennahen Beratung zur Marktspitze. Hier setzt das Who's who der dt. Konzernlandschaft von Bayer bis zur Telekom auf das Team. Zuletzt konnte GL in diesem Kontext auch unter Beweis stellen, dass sie, v.a. bei Vergütungsfragen, auch neue Themen wie ESG frühzeitig u. glaubwürdig abdecken kann. Hierzu beriet sie u.a. den Aufsichtsrat von Porsche. Insbes. zur Automobilindustrie im Südwesten pflegt die Praxis seit Jahren gute Beziehungen, was auch direkte Wettbewerber neidlos anerkennen: „Ohne Gleiss geht da nichts", bemerkt einer. Neben diesem herausragenden Teilbereich ist das Team aber ebenso präsent bei großen Restrukturierungen u. im Transaktionsgeschäft, bei dem die Arbeitsrechtler ihre exzellente Vernetzung mit anderen Teams regelm. für ihre namh. Mandanten einsetzen können, was diese auch positiv hervorheben. Bemerkenswert war zudem das Mandatsaufkommen im Zshg. mit der Vergütung von Betriebsräten, die durch das BGH-Urteil besondere Brisanz bekam, sowie in der bAV-Beratung.
Stärken: Enge Zusammenarbeit mit anderen Praxisgruppen, v.a. ▷*Gesellschaftsrecht*. Beratung zu Vorstandsangelegenheiten u. -vergütung. Umfangr. Re- u. Umstrukturierungen. Einer der Marktführer bei bAV.
Oft empfohlen: Dr. Martin Diller („pragmat. u. pointierte Beratung, keine Schnörkel", Mandant), Dr. Thomas Winzer („absolut top", Mandant), Dr. Doris-Maria Schuster („sehr stark bei Transaktionen", Wettbewerber), Prof. Dr. Christian Arnold („Experte im Bereich Vorstandsvergütung. Sehr gute, praxisnahe Beratung", „kann auch komplizierte Sachverhalte Zuhörern ohne Fachwissen gut erklären", Mandanten), Dr. Katrin Haußmann, Dr. Steffen Krieger („Die Zusammenarbeit ist immer sehr angenehm, sowohl inhaltlich als auch zeitlich u. insbes. persönlich; ein hervorragender Jurist u. Verhandler", „hervorragende Unterstützung in einem M&A-Projekt, sehr hohes fachl. Niveau, pragmat. Empfehlungen", Mandanten), Dr. Jens Günther, Prof. Dr. Gerhard Röder, Dr. Rut Steinhauser
Team: 8 Eq.-Partner, 8 Sal.-Partner, 5 Counsel, 24 Associates, 1 of Counsel
Schwerpunkte: Umf. tätige arbeitsrechtl. Praxis für eine große Zahl dt. u. internat. Unternehmen, vielfach in komplexen Projekten, Spezialfragen oder Grundsatzentscheidungen. Zentral auch ▷*Compliance*. IT-Sicherheit u. AN-Datenschutz (▷*IT u. Daten-*

Führende Namen im Arbeitsrecht (über 50 Jahre)

Fortsetzung

Dr. Uwe Silberberger
Silberberger Lorenz, Düsseldorf

Prof. Dr. Robert von Steinau-Steinrück
Luther, Berlin

Thomas Ubber
Allen & Overy, Frankfurt

Dr. Gerlind Wisskirchen
CMS Hasche Sigle, Köln

Dr. Tim Wißmann
Küttner, Köln

Die Auswahl von Kanzleien und Personen in Rankings und tabellarischen Übersichten ist das Ergebnis umfangreicher Recherchen der JUVE-Redaktion. Sie ist in 2erlei Hinsicht subjektiv: Die Aussagen der befragten Quellen sind subjektiv u. spiegeln deren Erfahrungen u. Einschätzungen. Die JUVE-Redaktion wiederum analysiert die Rechercheergebnisse unter Einbeziehung ihrer eigenen Marktkenntnis. Der JUVE Verlag beabsichtigt keine allgemeingültige oder objektiv nachprüfbare Bewertung. Es ist möglich, dass eine andere Recherchemethode zu anderen Ergebnissen führt. Innerhalb einzelner Gruppen in Rankings und tabellarischen Übersichten sind Kanzleien und Personen alphabetisch sortiert.

Anwaltszahlen: Angaben der Kanzleien, wie viele Anwälte zu mind. ca. 50% in diesem Gebiet tätig sind. Sie spiegeln nicht zwingend die Gesamtgröße einer Kanzlei wider.

Führende Namen im Arbeitsrecht (bis 50 Jahre)

Prof. Dr. Christian Arnold
Gleiss Lutz, Stuttgart

Dr. Frauke Biester Junker
Vangard, Düsseldorf

Dr. Alexander Bissels
CMS Hasche Sigle, Köln

Christian Frhr. von Buddenbrock
Advant Beiten, Düsseldorf

Dr. Philipp Byers
Dentons, München

Dr. Patrizia Chwalisz
Esche Schümann Commichau, Hamburg

Dr. René Döring
Linklaters, Frankfurt

Dr. Sebastian Frahm
Frahm Kuckuk Hahn, Stuttgart

Dr. Timon Grau
Linklaters, Düsseldorf

Dr. Jens Günther
Gleiss Lutz, München

Dr. Rüdiger Hopfe
Schweibert Leßmann & Partner, Frankfurt

Dr. Daniel Hund
Seitz, München

Dr. Steffen Krieger
Gleiss Lutz, Düsseldorf

Dr. Sebastian Maiß
Michels pmks, Düsseldorf

Tobias Neufeld
Arqis, Düsseldorf

Thomas Niklas
Küttner, Köln

Dr. Marcus Richter
Görg, Köln

Dr. Nils Schramm
Schramm Meyer Kuhnke, Hamburg

Dr. Michael Schwegler
Schwegler, Düsseldorf

Die Auswahl von Kanzleien und Personen in Rankings und tabellarischen Übersichten ist das Ergebnis umfangreicher Recherchen der JUVE-Redaktion. Sie ist in 2erlei Hinsicht subjektiv: Die Aussagen der befragten Quellen sind subjektiv u. spiegeln deren Erfahrungen u. Einschätzungen. Die JUVE-Redaktion wiederum analysiert die Rechercheergebnisse unter Einbeziehung ihrer eigenen Marktkenntnis. Der JUVE Verlag beabsichtigt keine allgemeingültige oder objektiv nachprüfbare Bewertung. Es ist möglich, dass eine andere Recherchemethode zu anderen Ergebnissen führt. Innerhalb einzelner Gruppen in Rankings und tabellarischen Übersichten sind Kanzleien und Personen alphabetisch sortiert.

schutz), auch in Prozessen. Transaktionsbegl. Beratung.
Mandate: Aufsichtsrat der Porsche AG zu Vorstandsvergütung einschließl. ESG-Kriterien; Aufsichtsrat der Bayer AG bei gesellschaftsrechtl. u. betriebsrentenrechtl. Fragen im Zshg. mit Neubesetzung des Vorstandsvorsitzes; Dt. Telekom arbeitsrechtl. zum Verkauf einer Mehrheitsbeteiligung an Funkturmgeschäft; Christian Friege zu Ausscheiden bei Cewe Color Stiftung; Heidelberg Cement zu Muster-Vorstandsvertrag u. Prüfung des Vorstandsvergütungssystems; Lanxess arbeitsrechtl. zu Gründung von Joint Venture mit Advent; lfd.: Infineon, Robert Bosch, Traton, TUI.

GÖHMANN

Arbeitsrecht ★

Bewertung: Im norddt. Raum, insbes. in Hannover u. Bremen, zählt die Praxis zu den präsentesten Arbeitsrechtseinheiten. Sie berät v.a. mittelständ. Unternehmen aus der Region, aber auch internat. tätige Konzerne bei Reorganisationen, Streikabwehr oder in Tariffragen. Auf die Prozessstärke, die das Team bereits in den Massenverfahren für TUIfly unter Beweis stellte, setzt nun auch VW. So steht Straube dem Automobilkonzern derzeit in 2 BAG-Verfahren zur Seite. Das Berliner Büro sticht durch die dienst- und arbeitsrechtl. Beratung zahlr. Ministerien hervor. Zuletzt gelang es zunehmend besser, standortübergr. zu beraten u. Mandanten davon zu überzeugen, auch andere Praxen in Anspruch zu nehmen.
Oft empfohlen: Dr. Gunnar Straube
Team: 8 Partner, 1 Counsel, 8 Associates
Schwerpunkte: Dauerberatung häufig mittelständ. Unternehmen, in Berlin v.a. öffentl. Dienst u. bei Ministerien. Restrukturierung/Personalabbau. Prozessvertretung.
Mandate: TUIfly lfd. in Prozessen; VW in Verf. zur Zulässigkeit von Videoaufnahmen zum Nachweis von Arbeitszeitbetrug u. zur Zulässigkeit des Konzernprivilegs bei der ANÜ (beide öffentl. bekannt); börsennot. Chemiekonzern u.a. im Tarifrecht; Automobilhändler bei konzerninterner Verschmelzung (Interessenausgleich, Sozialplan, BVs); Avient-Gruppe zu Post-M&A-Themen; öffentl.-rechtl. Körperschaft im Personalvertretungsrecht; lfd. DRK-Region Hannover.

GÖRG

Arbeitsrecht ★★★★

NOMINIERT
JUVE Awards 2023
Kanzlei des Jahres für Arbeitsrecht

Bewertung: Über alle Standorte hinweg war die anerkannte Praxis erneut mit Betriebsstilllegungen bzw. -verlagerungen beschäftigt. Doch auch abseits des Restrukturierungsschwerpunkts war das Team gefragt: So zog die Dauerberatung, die einen erhebl. Teil der Arbeit ausmacht, erneut an. Im Vordergrund standen neben Fragen zur Arbeitszeiterfassung insbes. Tarifverhandlungen, etwa die kurz vor Streikbeginn herbeigeführte Einigung für die Dt. Post. Mit Velux konnte das Team zudem ein weiteres personalstarkes Unternehmen für die Dauerberatung u. Vertretung vor Gericht von sich überzeugen. Dass sie in der Lage sind, Verfahren in der letzten Instanz zu drehen, stellten die Kölner Partner Richter u. Wilke unter Beweis: Vor dem BAG setzten sie für den insolventen Zulieferer Dura den „Sozialplan Null" durch. Einen weiteren Erfolg erzielte Görg im geschickten Ausbau des Ffmer Büros. Der Zugang des Teams um den anerkannten IVV-Experten Insam ergänzt das in der Bankenszene gut vernetzte Team um tiefes Know-how zur regulierten Vergütung.
Stärken: Zusammenspiel mit anerkannter ▷*Restrukturierungs-/Sanierungspraxis*. Öffentl. Dienstrecht.
Oft empfohlen: Burkhard Fabritius („besondere Kenntnisse bei Restrukturierungen", Wettbewerber), Dr. Thomas Bezani („herausragend, insbes. in kollektivrechtl. Mandaten, Wettbewerber), Dr. Marcus Richter („schnelle Reaktionszeit, jederzeit verbindlich", Mandant; „strategisch überragend", Wettbewerber), Dr. Ulrich Fülbier („hohe fachl. Kompetenz, sehr gute Verhandlungsführung, durchsetzungsstark", Wettbewerber), Dr. Frank Wilke („präzise, rechtlich sehr gut und pragmatischer Verhandler", Wettbewerber), Dr. Alexander Insam („eine Koryphäe in vergütungsregulator. Fragen. Menschlich sehr angenehm, unkomplizierte Zusammenarbeit, große Umsicht u. politisches Gespür", Mandant), Dr. Ralf Hottgenroth
Team: 11 Eq.-Partner, 1 Sal.-Partner, 3 Counsel, 19 Associates
Partnerwechsel: Dr. Alexander Insam (von GSK Stockmann)
Schwerpunkte: Fachl. breite Beratung von Unternehmen, speziell kollektivrechtl. Umstrukturierungen u. Sanierungen, inkl. Kündigungsschutzprozesse. Auch Beratung von Insolvenz- u. Organvertretern. Transaktionsbegleitung u. Post-M&A-Beratung.
Mandate: Velux umf. im Arbeitsrecht, einschließl. Gerichtsverfahren; Superior Industries bei Haus-TV, BVs zu Schichtmodells u. interner Untersuchung bzgl. Zeiterfassung von Leiharbeitnehmern; HUK Coburg bei Beteiligung an Pitstop; Dura Automotive in Prozessen; Pfalzmarkt zu Arbeitszeiterfassung; Rubix bei Restrukturierung; Dt. Post bei konzerninternen Betriebsübergängen u. in Tarifverhandlungen; Froneri Schoeller bei Betriebsschließung in Nürnberg; Thermo Fisher zu Mitbestimmung innerhalb von Matrixorganisationen; lfd.: LG, Dt. Post, Vivantes, Commerzbank, Helaba, Kadewe.

FRIEDRICH GRAF VON WESTPHALEN & PARTNER

Arbeitsrecht ★

Bewertung: Restrukturierungen sind das Kerngeschäft der Arbeitsrechtler von FGvW. Zuletzt berieten sie dazu, ähnl. wie Zirngibl, wieder vermehrt im Kliniksektor, wo die strukturellen Versäumnisse der verg. Jahre nach dem Ende der Corona-Pandemie u. damit verbundener Hilfen besonders offensichtl. wurden. Exempl. dafür stehen etwa mehrere Standortschließungen für die Paracelsus-Gruppe. In seiner Schwerpunktbranche Gesundheitswesen gewann das Team zuletzt auch neue Mandanten. Daneben steht die (branchenunabh.) Beratung zu gesetzl. Neuerungen wie Nachweisgesetz u. Arbeitszeiterfassung. Frischen Wind brachten zuletzt Quereinsteigerinnen sowohl aus dem Arbeitsrecht als auch anderen Praxisgruppen, die sich intern stärker vernetzten u. Mandanten so von Beratungssynergien profitieren ließen.
Team: 5 Eq.-Partner, 3 Sal.-Partner, 5 Associates, 1 of Counsel
Schwerpunkte: Umf. Beratung meist mittelständ. Unternehmen, insbes. zu Restrukturierungen u. Sanierungen; Branchen: Gesundheitswesen, Luft- u. Raumfahrt, Verteidigung. Auch Führungskräfteberatung.
Mandate: SMRC Smart Interior Systems Germany zu Interessenausgleich u. Sozialplan; Thielmann Ucon zu Sanierungs-TV mit IGM; Heritage B. Zug bei Outsourcing der Warenlogistik; Hutchinson lfd. bei Restrukturierungen; Kaiser Modehäuser bei Schließung; lfd. Paracelsus.

Anwaltszahlen: Angaben der Kanzleien, wie viele Anwälte zu mind. ca. 50 % in diesem Gebiet tätig sind. Sie spiegeln nicht zwingend die Gesamtgröße einer Kanzlei wider.

GREENBERG TRAURIG

Arbeitsrecht ★★

Bewertung: Die mittlerw. erreichte Größe erlaubt den Arbeitsrechtlern der US-Kanzlei eine tiefere Spezialisierung u. die gezielte Besetzung von Themen durch Partner u. erfahrene Associates. Im Fokus standen zuletzt u.a. sensible Fragen im Zshg. mit der Vergütung von Betriebsräten, die sich namh. Mandanten beantworten ließen, u. bei denen GT umf. zur Überprüfung der Strukturen beriet. Daneben beschäftigte sich das Team eingehend mit Tarifverträgen – sowohl mit Gestaltung u. Verhandlung als auch gerichtlich. Viel Aufmerksamkeit u. auch Folgegeschäft brachte die erfolgr. Verhinderung der Bestreikung des Elbtunnels für die Autobahn GmbH. Auch die Berufung von Preedy zur Co-Leiterin der europ. Arbeitsrechtspraxis trägt bei der internat. Vernetzung Früchte. So gewann das Team über das Kanzlei-Netzwerk insbes. einige US-Unternehmen im Nachgang von Transaktionen als neue Mandanten. Häufig erfolgt hier der Einstieg über die Transaktionsberatung, die GT dann in eine dauerhafte Beziehung überführen kann.

Stärken: Restrukturierung, Betriebsverfassungsrecht, Prozesse.

Oft empfohlen: Dr. Kara Preedy

Team: 3 Eq.-Partner, 5 Associates

Schwerpunkte: Umf. arbeitsrechtl. Beratung, u.a. zu Restrukturierungen, kollekt. u. indiv. Arbeitsrecht, Prozessführung, Compliance, Arbeiten 4.0.

Mandate: Autobahn GmbH im Zshg. mit Elbtunnel-Streik (öffentl. bekannt); lfd.: Douglas, Volvo, Serrala Group, LEG, Diebold Nixdorf, Erste Abwicklungsanstalt, Metro, Studiocanal.

GREENFORT

Arbeitsrecht ★★★

Bewertung: Die Praxis hat ihren Schwerpunkt nach wie vor in der Dauerberatung nationaler wie internat. Unternehmen. Dabei berät sie ihre Stammmandanten wie Parzeller oder John Zink zu Restrukturierungen ebenso wie zu IT-BVs, Tariffragen oder zum Fremdpersonaleinsatz. Daneben entwickelt sich die arbeitsrechtl. Compliance zunehmend zum Schwerpunkt, für den insbes. Oberwinter steht. Hier wie auch in der Führungskräfteberatung, ergeben sich regelm. Schnittstellen zu den ▷*Gesellschaftsrechtlern* der Kanzlei. Inzw. setzen auch die Chefetagen von Dax-Unternehmen auf das Verhandlungsgeschick der Partner. Für die Weiterentwicklung der Praxis entscheidend wird jedoch sein, dass die nächste Anwaltsgeneration Akzente setzt. So ist es ihr seit dem Weggang einer aufstrebenden Salary-Partnerin 2020 nicht gelungen, Nachwuchstalente am Markt zu etablieren.

Stärken: Mandate mit US-Bezug, Führungskräfteberatung.

Oft empfohlen: Dr. Jens-Wilhelm Oberwinter („stark im kollektiven Arbeitsrecht" „bester arbeitsrechtl. ‚Flankenschutz' in strafrechtl. Ermittlungsverfahren", Wettbewerber), Prof. Dr. Mark Lembke („brillanter Kopf", „wissenschaftlich u. praktisch unbestritten", Wettbewerber über beide)

Team: 2 Eq.-Partner, 2 Counsel, 5 Associates

Schwerpunkte: Umf. auf Arbeitgeberseite, u.a. transaktionsbegl. (▷*M&A*), individual- u. kollektivrechtl. (v.a. im Rahmen von Restrukturierungen u. Personalabbau), tarifrechtl., bAV/Pensionsverpflichtungen. Fremdpersonaleinsatz/AÜG. Zunehmend Compliance.

Mandate: Degussa Bank u.a. zu Erwerb durch Oldenburg. Landesbank; Awo Kreisverband bei Compliance-Fall; Personaldienstleister zu Plattformarbeit; internat. Automobilhersteller zu Verhandlungen mit BR über neues Vergütungssystem, Arbeitszeitmodell u. Mitarbeiterbeurteilung; Tätigkeit als Schiedsrichter in Streitigkeit zwischen ehem. Vorstand u. AG, insbes. im Hinblick auf Koppelungsklausel; Outplacement-Berater bei Restrukturierung u. Personalabbau, inkl. Vertretung in KüSchu-Verfahren; ehem. Vorstand eines reg. Energieversorgers bei Abwehr von Schadensersatzansprüchen wg. angebl. Compliance-Verstöße; lfd.: ING-DiBa, Wella.

GVW GRAF VON WESTPHALEN

Arbeitsrecht ★

Bewertung: Die Arbeitsrechtspraxis der Mittelstandskanzlei konnte zuletzt mehrere neue Mandate u. Mandanten gewinnen, die sie – auch konjunkturbed. – u.a. im Zshg. mit Restrukturierungsmaßnahmen beriet. Überzeugen kann GvW gerade mittelständ. Unternehmen regelm. durch die eingespielte Zusammenarbeit versch. Praxisgruppen innerh. der Kanzlei. Gerade wg. dieser engen Kooperation hat die Arbeitsrechtspraxis aber auch weiterhin im Markt kein klares Profil. Um sich nachhaltig für komplexe Mandate ins Gespräch zu bringen, müssen sich die Anwälte stärker auf Spezialthemen fokussieren.

Oft empfohlen: Dr. Malte Evers; Christof Kleinmann („routinierter Verhandler", Wettbewerber)

Team: 6 Eq.-Partner, 2 Sal.-Partner, 1 Counsel, 8 Associates

Schwerpunkte: Umf. arbeitsrechtl. tätig, u.a. Restrukturierungen u. Tarifrecht. In Ffm. Fokus auf Banken. Spezialisierung in Datenschutz (▷*IT u. Datenschutz*) u. bAV. Transaktionsbegleitung.

Mandate: Kasseler Verkehrs- u. Versorgungsgesellschaft bei TV; lfd.: Stiftung Kunstsammlung NRW, Degussa Bank, Brady, Volkswagen Financial Services.

HENGELER MUELLER

Arbeitsrecht ★★

Bewertung: Die Arbeitsrechtler der dt. Spitzenkanzlei fokussieren sich konsequent auf großvol. u. komplexe Mandate. Einen Großteil macht dabei die Begleitung von Transaktionsprojekten der angesehenen Praxen für ▷*M&A* u. ▷*Private Equity* aus. Daneben ist es v.a. die strateg. Beratung zu sensiblen u. originär arbeitsrechtl. Themen, für die das Team steht. Zuletzt waren die Arbeitsrechtsrechtler für die Vorstände von Adidas u. Axel Springer im Zshg. mit Ex-Bild-Chefredakteur Julian Reichelt tätig. An der Seite der ▷*Compliance*-Praxis arbeitete das Team auch bei einer gr. internen Untersuchung beim Wohnungskonzern Vonovia mit. In der Finanzbranche gehört HM insbes. bei Vergütungsfragen zu den profiliertesten Beratern. Die enge Verknüpfung mit den Transaktionsteams u. die starke High-End-Fokussierung tragen allerdings dazu bei, dass das Team eher punktuell im Zshg. mit besonders prominenten Fällen wahrgenommen wird.

Stärken: Begleitung von Transaktionen (▷*M&A*), Beratung von Banken, insbes. zu Vergütungsthemen.

Oft empfohlen: Dr. Christian Hoefs („hoch qualifizierter Partner mit großer Seniorität, legaler Top-Kompetenz u. operativem Geschick, verhandlungserprobt", Mandant), Hendrik Bockenheimer

Team: 2 Partner, 2 Counsel, 9 Associates

Schwerpunkte: Ausschl. Beratung u. Vertretung von Unternehmen, v.a. unterstützend in den Kernbereichen der Kanzlei (▷*Gesellsch.recht*/▷*M&A*/▷*Bankrecht u. -aufsicht*).

Mandate: Vonovia arbeitsrechtl. im Zuge von interner Untersuchung wg. Untreue-Vorwürfen; Axel Springer in arbeitsrechtl. Prozess gg. Ex-Bild-Chefredakteur Julian Reichelt (öffentl. bekannt); Adidas regelm. zu Führungskräftethemen; Axa bei Verkauf von Lebens- und Rentenversicherungsportfolio an Athora Dtl.; Morellato bei Kauf der Juwelierkette Christ; BDT Capital bei Beteiligung an Exyte; lfd.: Kompan, Generali Dtl., Metro, Morgan Stanley, Intel, JPMorgan.

Aufsteiger im Arbeitsrecht

- **Jan-Ove Becker** Vangard, Hamburg
- **Katja Giese** Kliemt, München
- **Dr. Thomas Granetzny** Freshfields Bruckhaus Deringer, Düsseldorf
- **Dr. Till Heimann** Kliemt, Frankfurt
- **Dr. Henriette Norda** DLA Piper, Hamburg
- **Dr. Eva Rütz** Luther, Köln
- **Amelie Schäfer** CMS Hasche Sigle, Düsseldorf
- **Christoph Seidler** Kliemt, Hamburg
- **Dr. Ulrich Sittard** Freshfields Bruckhaus Deringer, Düsseldorf
- **Dr. Alexander Willemsen** Oppenhoff & Partner, Köln

Die Auswahl von Kanzleien und Personen in Rankings und tabellarischen Übersichten ist das Ergebnis umfangreicher Recherchen der JUVE-Redaktion. Sie ist in 2erlei Hinsicht subjektiv: Die Aussagen der befragten Quellen sind subjektiv u. spiegeln deren Erfahrungen u. Einschätzungen. Die JUVE-Redaktion wiederum analysiert die Rechercheergebnisse unter Einbeziehung ihrer eigenen Marktkenntnis. Der JUVE Verlag beabsichtigt keine allgemeingültige oder objektiv nachprüfbare Bewertung. Es ist möglich, dass eine andere Recherchemethode zu anderen Ergebnissen führt. Innerhalb einzelner Gruppen in Rankings und tabellarischen Übersichten sind Kanzleien und Personen alphabetisch sortiert.

HEUKING KÜHN LÜER WOJTEK

Arbeitsrecht ★★★

Bewertung: Die Größe der arbeitsrechtl. Praxis u. die in den Vorjahren konsequent forcierte Spezialisierung einzelner Partner ermöglicht es HKLW, alle relevanten Themen glaubhaft abzudecken. Neben klass. Restrukturierungen u. betriebsverfassungs- bzw. tarifrechtl. Fragen war die Praxis zuletzt v.a. in Transformationsprojekte eingebunden. Dabei wird einmal mehr deutl., dass das Team auch aufgrund seiner Kontakte zu internat. Kanzleien einen regen Zulauf internat. Mandanten hat, die es zu arbeitsrechtl. Themen u. Projekten in Dtl. berät. Darüber hinaus hat das Team sich frühzeitig mit dem Hinweisgeberschutz auseinandergesetzt u. ein Tool entwickelt, das Entgegennahme von Meldungen, jurist. Fallbearbeitung u. Reporting digital abbil-

Anwaltszahlen: Angaben der Kanzleien, wie viele Anwälte zu mind. ca. 50% in diesem Gebiet tätig sind. Sie spiegeln nicht zwingend die Gesamtgröße einer Kanzlei wider.

det. Die gute Geschäftsentwicklung spiegelt intern die Ernennung von 2 Eq.- u. einem Sal.-Partner.
Stärken: Beratung an der Schnittstelle zu ▷*Gesellsch.recht*, ▷*Insolvenz/Restrukturierung* u. ▷*Vertrieb*.
Oft empfohlen: Prof. Dr. Martin Reufels, Christoph Hexel („erfahrener Verhandler in Vorstands- u. Geschäftsführerangelegenheiten, lösungsorientiert", Wettbewerber), Bernd Weller („sehr engagierter u. fachl. versierter Anwalt", Mandant), Astrid Wellhöner, Dr. Thorsten Leisbrock, Dr. Johan-Michel Menke, Dr. Andreas Walle, Dr. Utz Andelewski
Team: 22 Eq.-Partner, 10 Sal.-Partner, 23 Associates
Partnerwechsel: Joachim Littig (Ruhestand)
Schwerpunkte: Breit angelegte Dauerberatung, Prozesse u. Projektgeschäft, auch transaktionsbegl. Vertretung von Organen, Führungskräften u. ltd. Angestellten. Spezialisierungen u.a. auf Sportarbeitsrecht, Seearbeitsrecht, AÜG (in HH), Beratung öffentl. Arbeitgeber (in Berlin) u. bAV.
Mandate: Tesla lfd. arbeitsrechtl.; Murat Aksel bei Ausscheiden aus VW-Vorstand (marktbekannt); Mundipharma zu europaw. Restrukturierung; Chemieunternehmen bei Stellenabbau; Einzelhändler bei Einführung Hinweisgebersystem u. Verhandlung mit dem BR; Insolvenzverwalter der Nordeon Lighting Solutions bei Betriebsabwicklung; Autobahn GmbH in arbeitsrechtl. Verf.; lfd. DFL, Hamburger SV, Hertha BSC, VfB Stuttgart, Hamburger Hafen u. Logistik, Lübecker Hafen-Gesellschaft, Seal Software, Allianz.

HOFFMANN LIEBS

Arbeitsrecht ★

Bewertung: Die D'dorfer Praxis deckt alle Facetten der klass. arbeitsrechtl. Beratung ab. Zugleich entwickelt sie an den Schnittstellen zum Insolvenzrecht, der regulierten Vergütung u. zur datenschutzrechtl. Beratung zunehmend Geschäft. Auch durch ihren Indienschwerpunkt hebt sie sich von Wettbewerbern ähnl. Zuschnitts ab. Erneut war das Team mit großen Restrukturierungen, IT-Outsourcings u. der Neugestaltung von Arbeitsbedingungen befasst. Als neues Beratungsfeld entwickelt sich die HR-Compliance, auch im Zshg. mit internat. Verantwortlichkeit im Sinne des LkSG. So beriet HL praxisgruppenübergr. etwa Oculus bei der Gründung einer Tochtergesellschaft in Indien. Den Weggang eines Partners konnte die erfahrene Partnerriege gut auffangen u. besetzte zuletzt auf Associate-Ebene nach.
Oft empfohlen: Felix Pott („hohe Fachkompetenz,schnelle u. lösungsorientierte Beratung mit dem Blick für das Wesentliche u. Machbare", Mandant), Heiko Langer
Team: 5 Partner, 1 Counsel, 3 Associates, 3 of Counsel
Partnerwechsel: Michael Klipp (zu Peters)
Schwerpunkte: Überw. mittelständ. Mandanten. Restrukturierungen, Prozesse. Führungskräfteberatung. Auch Beratung von Banken, u.a. zu Vergütungsthemen. Beratung zu arbeitsrechtl. Fragen in Indien (bspw. Gründung von Tochterges.) in Zusammenarbeit mit den IT- u. ▷*Gesellschaftsrechtlern*.
Mandate: Toyo Tire Europe bei Einführung Whistleblower-System; Oculus zu HR-Compliance u. Gründung von Tochterges. in Mumbai; Next Clinics u.a. zu Betriebsübergängen; Dometic zu Werksstilllegung; Investmentges. u.a. zu Vergütung u. bAV; internat. tätiger Anlagenbauer zu HR-Compliance; dt. Kreditinstitut zu IT-Outsourcing; Lush u.a. zu TV-Verhandlungen; lfd.: Vodafone, OXG Glasfaser, Hellmann Worldwide Logistics, Sparda Bank West.

HOGAN LOVELLS

Arbeitsrecht ★★

Bewertung: Die Größe der Arbeitsrechtspraxis erlaubt es den einzelnen Partnern, sich abseits der transaktionsbegl. Arbeit auf best. Beratungsfelder oder Branchen zu konzentrieren. Neben der bAV-Beratung hat das Team etablierte Kontakte bspw. in die Finanz- u. Versicherungsbranche. Anders als bei Wettbewerbern wie Linklaters oder CMS werden die Partner allerdings weniger mit diesen Kernkompetenzen verknüpft. Punkten kann die Praxis dafür mit ihrem integrierten Ansatz, der die Kompetenzen versch. Praxisgruppen zusammenführt u. sich nicht auf Dtl. beschränkt. Regelm. ist das Team für Unternehmen tätig, deren arbeitsrechtl. Fragen mehrere Jurisdiktionen betreffen. Zuletzt profitierten Mandanten von der internat. Erfahrung u. Zusammenarbeit, insbes. bei SE-Umwandlungen. Wie mittlerw. viele andere Kanzleien integrieren auch die HL-Arbeitsrechtler Legal-Tech-Anwendungen in ihre Tätigkeit u. bieten Mandanten bspw. ein Vertragsautomatisierungsprogramm, zu dessen Einführung HL bspw. Sartorius beriet.
Stärken: Branchenspezialisierungen, u.a. bei Versicherern, Banken, Pharma; bAV.
Oft empfohlen: Dr. Kerstin Neighbour, Dr. Tim Joppich („fairer Verhandler", Wettbewerber), Dr. Hendrik Kornbichler, Dr. Eckard Schwarz, Bernd Klemm, Dr. Ingrid Ohmann-Sauer
Team: 8 Partner, 5 Counsel, 14 Associates
Schwerpunkte: Klass. Beratungsgeschäft z.T. sehr namh., internat. tätiger Unternehmen, auch in (grenzüberschr.) Projekten (u.a. ▷*Insolvenzen/Restrukturierungen*, Reorganisationen). Regelm. Begleitung bei Transaktionen (▷*M&A*) und Zusammenarbeit mit der ▷*Gesellsch.rechtspraxis*.
Mandate: Aluminium Oxid Stade, u.a. zu neuem Vergütungssystem u. Haus-TV; Dörken arbeitsrechtl. zu SE-Gründung; Kantar zu Transformationsprojekt; Linde zur Restrukturierung bestehender CTA-Modelle; Sartorius zu Einführung von Arbeitstool; Signal Iduna zu Transformationsprojekt; DIF Capital Partners im Zshg. mit Mehrheitsbeteiligung an Ruhrfibre; Mitsubishi Corp.-Gruppe arbeitsrechtl. zu Verkauf sämtl. Anteile an MCE Bank; lfd.: Dentsu, BNP Paribas, Generali, Statkraft.

JACOBSEN + CONFURIUS

Arbeitsrecht ★

Bewertung: Insbes. im norddt. Raum gehört die HHer Kanzlei im Arbeitsrecht zu den anerkannten Einheiten. Neben kleinen u. mittleren Betrieben vertrauen auch einige Konzerne auf die Rundumberatung der erfahrenen Partner. Während der von Mandanten hochgelobte Fehr insbes. in der Logistikbranche gefragt ist, ist das Mandantenportfolio der Kanzlei insges. breit gestreut. Themat. beriet J+C zuletzt nicht nur zu Restrukturierungen u. vermehrt zum Stellenabbau. Die Partner waren ebenso in tarifvertragl. Auseinandersetzungen u. bei der Verhandlung von BVs zur IT u. Arbeitszeit gefragt. Reger Beratungsbedarf über mehrere Branchen hinweg herrschte zudem rund um das Thema Scheinselbstständigkeit.
Oft empfohlen: Till Fehr („stark in der Verhandlung gegenüber Betriebsratsgremien sowie in allen arbeitsrechtl. Themen", Mandant), Manfred Confurius
Team: 6 Partner, 1 Associate
Schwerpunkte: Restrukturierungen, Beratung von Unternehmen zu betriebsverfassungsrechtl. Fragen und im Tarifrecht. Scheinselbstständigkeit. Auch Führungskräfteberatung.
Mandate: Dt. Sportverband zu Scheinselbstständigkeit von Trainern; lfd.: Philips, Edeka Minden-Hannover, Ikea, Vattenfall Sales, Verein Hamburger Spediteure (alle öffentl. bekannt).

JUSTEM

Arbeitsrecht ★★★

Bewertung: Seit Langem zählt die Boutique weit über Ffm. hinaus zu den anerkannten arbeitsrechtl. Einheiten. Das Beratungsspektrum der mittlerw. 14 Juristen umfassenden Kanzlei hat sich inzw. deutlich erweitert. In ihrer Paradedisziplin, der Beratung zu regulierter Vergütung, war sie zuletzt nicht nur von Banken, sondern zunehmend auch von Wertpapierinstituten gefragt. In, aber auch jenseits der Finanzbranche zog zudem das Restrukturierungsgeschäft an, so stand Reitz zuletzt einem Kommunikationsunternehmen bei einem umf. Outsourcing-Projekt zur Seite. Ebenfalls branchenübergr. stieg der Beratungsbedarf zu Compliance-Themen, etwa zur Betriebsratsvergütung, Arbeitszeit oder dem Einsatz von Fremdpersonal. Insbes. Mahnhold bestätigen Wettbewerber große „Erfahrung in Investigations". Auf das gestiegene Mandatsaufkommen reagierte die Kanzlei mit 2 Neueinstellungen auf Associate-Ebene.
Stärken: Beratung von (ausl.) Banken.
Oft empfohlen: Caroline Bitsch, Dr. Thilo Mahnhold („hervorragend auch an der Schnittstelle zum Datenschutzrecht", Wettbewerber), Dr. Henning Reitz („sehr erfahrene Prozessanwälte u. Verhandler", Wettbewerber über beide), Dr. Daniel Klösel („ausgewiesener Experte im Datenschutz und Sportarbeitsrecht; imposanter Kollege", Wettbewerber)
Team: 4 Eq.-Partner, 1 Counsel, 7 Associates, 2 of Counsel
Schwerpunkte: Umf. arbeitsrechtl. Beratung ausschl. auf Unternehmensseite, u.a. zu Restrukturierungen, Datenschutz u. Prozessführung. HR-Compliance. Vergütung.
Mandate: ABN AMRO Bank u.a. zu Compliance, Hinweisgeberschutz u. Arbeitszeiterfassung; CAA Base zu div. Bundesligatransfers; IT-Dienstleister zu Digitalisierung von Arbeitsprozessen; Emerson u.a. in Verf. zu Vergütung nach Austritt aus AG-Verband; Telekommunikationsuntern. zu Sozialplan/Interessenausgleich bei Teilbetriebsübergang; Investmentbank zum temp. Einsatz brit. MA in Ffm. u. variabl. Vergütung; Universal Investment zu BR-Beteiligung nach Implementierung internat. Matrixstruktur; lfd.: Evonik.

KELLER MENZ

Arbeitsrecht ★★

Bewertung: Das erfahrene Arbeitsrechtsteam berät seine überw. mittelständ. Mandanten in allen kollektivrechtl. Fragen. Geschickt nutzt es die engen Schnittstellen zu den kanzleieigenen Gesellschafts- u. Steuerrechtlern. Auch zuletzt war das Team in großen Projekten gefragt, etwa bei der Vereinheitlichung von Unternehmensstrukturen bei Danone, bei denen es u.a. komplexe tarifvertragl. Fragen zu klären galt. Aufbauend auf die Erfahrungen aus einem Großprojekt im öffentl. Bankensek-

Anwaltszahlen: Angaben der Kanzleien, wie viele Anwälte zu mind. ca. 50% in diesem Gebiet tätig sind. Sie spiegeln nicht zwingend die Gesamtgröße einer Kanzlei wider.

tor überzeugte KM jüngst eine Abwicklungsanstalt des öffentl. Rechts, die sie nun umf. bei der Restrukturierung u. beim Personalabbau begleitet. Im weiteren Verlauf dieses auf mehrere Jahre angelegten Projekts kann das Team von den Erfahrungen in Massenverfahren profitieren, die es derzeit noch für ein Finanzinstitut führt.
Oft empfohlen: Thomas Keller („denkt weiter, als nur oberflächlich erkennbare Probleme zu lösen", Wettbewerber), Dr. Christian Ley („perfekte Beratung: sehr schnell, sehr pragmatisch u. dennoch mit juristisch höchstem Tiefgang", Mandant)
Team: 3 Eq.-Partner, 7 Sal.-Partner
Schwerpunkte: Ganzheitl. Beratung überw. mittelständ. Arbeitgeber, auch Mediation; auch für BRe aktiv; Umstrukturierungen, bAV, sozialversicherungsrechtl. Betriebsprüfung, variable Vergütung; zunehmend Compliance u. AN-Datenschutz. Angesehen in der Führungskräfteberatung.
Mandate: Danone u.a. zu TV u. BR-Strukturen nach Verschmelzung von Konzernuntern.; Agrolab u.a. zu Post-Merger-Integration u. bAV; Abwicklungsanstalt des öffentl. Rechts u.a. zu bAV, ANÜ, mobiles Arbeiten u. Verhandlung von Rahmensozialplänen; US- Softwareuntern. u.a. zu ww. Reorganisation, strateg. Neuausrichtung u. in div. KüSchu-Verfahren; Verkehrsclub u.a. zu neuem Arbeitszeitsystem; div. BRe zu IT-Mitbestimmung u. Umstrukturierungen; lfd. BayernLB, Wort & Bild Verlag.

KLIEMT

Arbeitsrecht ★★★★★

Bewertung: Virtuos bespielt die größte dt. Arbeitsrechtsboutique die gesamte Klaviatur des Arbeitsrechts. Keine andere Einheit wird so breit empfohlen wie sie. Insbes. bei Transformationsprojekten u. zuletzt beim klass. Personalabbau war das Team wieder sehr gefragt, etwa von Axel Springer u. Zalando, aber auch von Industrieunterehmen wie Buderus. Doch auch abseits ihrer Paradedisziplinen, der Begleitung komplexer Restrukturierungen sowie der High-End-Führungskräfteberatung, gehört Kliemt zu den gefragtesten Anlaufstellen von Unternehmen u. Private-Equity-Investoren. Während Wettbewerber in der Vergangenheit mutmaßten, es könne für die Kanzlei schwierig werden, sollten Kliemt, Göpfert oder Reinhard irgendwann einmal kürzer treten, hat das Team derlei Bedenken inzw. erfolgreich widerlegt: Eine ganze Riege aufstrebender Partner u. Counsel hat sich einen Namen am Markt erarbeitet, auch weil die Kanzlei ihnen gezielt Raum u. Mandatsverantwortung überlässt. Einer der jungen Hoffnungsträger ist Eisenbeis, den die Kanzlei Ende 2022 zurückgewinnen konnte. Mit seinem Schwerpunkt auf die Start-up- u. Venture Capital-Beratung soll dieser einen New-Economy-Hub in Köln aufbauen.
Stärken: Restrukturierungen u. Führungskräfteberatung.
Oft empfohlen: Prof. Dr. Michael Kliemt („fachlich herausragend", Mandant; „brillant", Wettbewerber), Dr. Burkard Göpfert („der Architekt für knifflige Projekte", „einer der Experten für Restrukturierungsfragen, gerade in größeren Mandaten. Ein Manko ist allerdings die begrenzte zeitl. Verfügbarkeit", Mandanten), Dr. Alexander Ulrich („große Erfahrung bei der Vertretung von Vorständen und Geschäftsführern", Wettbewerber), Dr. Barbara Reinhard („fachl. starke u. faire Verhandlerin", Wettbewerber), Dr. Markus Bohnau, Stefan Fischer, Martin Wörle, Dr. Markus Janko („sehr IT- und Legal-Tech-affin, guter Prozessrechtler", Wettbewerber), Dr. Till Heimann („sehr angenehme, zielorientierte u. pragmatische Verhandlungsführung", Mandant), Christoph Seidler, Henrik Lüthge („fachl. hervorragend", Wettbewerber), Katja Giese („äußerst professionell, sehr reaktiv", Mandant), Martin Eisenbeis („der kompetenteste Arbeitsrechtler, den ich bisher kennengelernt habe. Unglaublich zuverlässig, sehr kommunikativ u. sehr hohe soziale Kompetenz", Mandant)
Team: 18 Eq.-Partner, 14 Counsel, 56 Associates
Partnerwechsel: Martin Eisenbeis (von Trebeck & von Broich)
Schwerpunkte: Umf. Beratung u. Vertretung von Unternehmen, Führungskräften, Behörden sowie gemeinnützigen Unternehmen u. Trägern. Stark bei Outsourcing, TVen, Entsendung u. IT-Implementierung sowie Organhaftung u. großvol. Restrukturierungen. Transaktionsbegleitende arbeitsrechtl. Beratung. Mitglied im internat. Netzwerk Ius Laboris.
Mandate: Zalando bei Restrukturierung; Siemens Energy bei Personalabbau, Buderus bei Restrukturierung; Uniper bei Betriebsschließung einer Tochtergesellschaft; EY zu gepl. Unternehmensspaltung; Axel Springer bei Restrukturierung; H&M zu Digitalisierungs-TV; Santander zu TV u. neuem Vergütungssystem; Wacker Neuson bei Zukunftsvereinbarung mit IG Metall u. Konzern-BV zur Arbeitszeit in Schichtsystemen; Personio bei SE-Umwandlung; Dt. Bahn zu BR-Vergütung; FC Bayern München zu HR-Compliance u. Anrechenbarkeit von Übungsleiterpauschale auf Mindestlohn; ehem. RBB-Verwaltungsratschef Wolf im Zshg. mit Entlassung von Intendantin Schlesinger; McDermott Will & Emery bei Trennung von Prof. Dr. Haarmann; Red Bull/Rauch bei Kauf von Baruther Urstromquelle.

KÜTTNER

Arbeitsrecht ★★★★

Bewertung: Erneut war die anerkannte Kölner Boutique bei umf. Restrukturierungsvorhaben ihrer Stammmandanten gefragt. Einen Branchenschwerpunkt hat die Kanzlei hier in der Logistik, wo sie u.a. DHL bei Fragen zum Betriebsübergang infolge der Neuvergabe von Dienstleistungsverträgen beriet. Doch auch in anderen arbeitsrechtl. Disziplinen u. Branchen war sie gefragt, etwa zur Digitalisierung u. IT-Mitbestimmung oder der Einführung agiler Arbeit, mit der die Diakonie Mitteldt. das Team erstmals beauftragte. Auch ein Wettbewerber lobt die „exzellente Arbeitsrechtsboutique" für ihr „beeindruckendes Engagement v.a. bei Zukunftsthemen". Zugleich gelang es, die Beratung öffentl. Arbeitgeber auszubauen, wie etwa die Arbeit für die TU Dortmund zeigt, die das Team in tarifrechtl. Fragen beauftragte. Für den öffentl.-rechtl. Rundfunk ist Küttner indes schon lange tätig, zuletzt verteidigte das Team den WDR gegen die Vorwürfe eines Reporters, ihn systemat. nicht beschäftigt zu haben. Dem insges. gestiegenen Mandatsaufkommen trug die Kanzlei mit der Ernennung 2er Partner Rechnung, die ihren Schwerpunkt im Beschäftigtendatenschutz u. New Work haben.
Stärken: Restrukturierungsprojekte u. Compliance.
Oft empfohlen: Dr. Tim Wißmann („kluger Kopf", „stark in komplexen Restrukturierungsprozessen", Wettbewerber), Dr. Benjamin Ittmann („beißt sich für den Mandanten richtig rein", „beeindruckender Verhandlungspartner u. -gegner", Wettbewerber), Thomas Niklas, („super Anwalt, pragmatisch", Mandant; „sehr versiert im BetrVG und zum Arbeitsrecht 4.0", Wettbewerber), Thomas Faas, Dr. Herbert Hertzfeld („menschlich herausragend, hervorragende Fallbearbeitung", Wettbewerber), Robert Lungerich, Thomas Köllmann, („umsichtiger Stratege, herausragende Fachkenntnis", Wettbewerber), Jürgen Röller,
Team: 10 Eq.-Partner, 1 Counsel, 6 Associates, 1 of Counsel
Schwerpunkte: Kollektiv- u. Individualrecht auf Arbeitgeber- u. seltener BR-Seite. Branchen: Medien u. Telekommunikation, Versicherer, Automotive u. Pharma. Strateg. Projekte: Restrukturierungen, Outsourcing. Auch bAV, Compliance. Beratung von Führungskräften, ebenso Organe. Öffentl. Dienstrecht.
Mandate: Aumund u.a. zu Anfechtung von BR-Wahl u. Einführung neues Vergütungssystem; BASF in Verf. zu Einhaltung tarifl. Abstandsgebot; Computershare u.a. bei BV zu Arbeitszeit; DHL bei Restrukturierung u. Einführung neues Arbeitszeiterfassungssystem; VDM Metals u.a. zu IT-BV, bAV u. Datenschutz; Diakonie Mitteldt. bei Einführung agiler Arbeitsmethoden; Detecon bei Neugestaltung Vergütungssystem; Nissan u.a. zu Workation; MDR in Verfahren gg. ehem. freie Mitarbeiter; WDR in Verf. gg. Reporter wg. vermeintl. systemat. Nichtbeschäftigung (öffentl. bekannt); lfd.: Ford, DEVK, Alfred Talke, Atlas Copco, Colonia Spezialfahrzeuge, Märkische Gesundheitsholding, TU Dortmund.

LABORIUS

Arbeitsrecht ★

Bewertung: Die Spezialkanzlei aus Hannover berät zu sämtl. Aspekten des Arbeitsrechts. Neben einem Schwerpunkt in der Automobil- u. Wohnungsbranche setzen einzelne Anwälte auch themat. Akzente im Betriebsverfassungs- sowie im kirchl. Arbeitsrecht. Der Weggang 3er Partner, die ihren Schwerpunkt in der ganzheitl. HR-Beratung sahen, hat dazu geführt, dass sich die Kanzlei künftig wieder stärker u. ausschließl. dem jurist. Kerngeschäft widmen wird. Dafür steht auch die Ernennung eines jungen Partners.
Stärken: Betriebsverfassungsrecht; kirchl. Arbeitsrecht, insbes. Mitbestimmung.
Oft empfohlen: Prof. Dr. Peter Schrader („erfahrener Vollblutprofi, dem niemand etwas vormachen kann", „tolle Zusammenarbeit", Mandanten)
Team: 3 Partner, 4 Associates
Partnerwechsel: Tina Thoms, Jens Siebert, Prof. Dr. Matthias Pletke (alle zu Work)
Schwerpunkte: Überwiegend Dauerberatung, daraus resultierend auch Projektgeschäft wie Umstrukturierungen u. Begleitung von Transaktionen. Betriebsverfassungsrecht. Prozessführung.
Mandate: Asmo Solutions zu internat. AN-Überlassung; Mutares bei Umstrukturierung; Personaldienstleister bei Compliance-Untersuchung; VW lfd., v.a. im Kollektivarbeitsrecht; lfd.: Meravis Wohnungsbau u. Immobilien, Brose Sitech, Vonovia.

LINKLATERS

Arbeitsrecht ★★★

Bewertung: Großvol. Mandate, die praxisgruppen- u. häufig auch länderübergr. bearbeitet werden, stehen im Fokus der Arbeitsrechtler. Regelm. handelt es sich dabei um Projekte, die ihren Ursprung im Gesellschafts- oder Kapitalmarktrecht haben wie

Anwaltszahlen: Angaben der Kanzleien, wie viele Anwälte zu mind. ca. 50% in diesem Gebiet tätig sind. Sie spiegeln nicht zwingend die Gesamtgröße einer Kanzlei wider.

bspw. die arbeitsrechtl. Begleitung des IPO von Porsche. Von Wettbewerbern gerne auf diese Art der Tätigkeit reduziert, ist das Spektrum der Praxis jedoch deutl. breiter angelegt. So leistete Devey mit seinem Team beim Kauf der Klimasparte von Viessmann durch Linklaters-Mandantin Carrier nicht nur im Mandat, sondern auch bei der Anbahnung einen wesentl. Beitrag – von der anschl. Post-Merger-Arbeit ganz zu schweigen. Das Gesicht der Compliance-Arbeit ist Grau, der enstpr. der aktuellen Marktentwicklung enger an die übergeordnete Compliance-Praxis herangerückt ist, womit Linklaters strateg. einen ähnl. Schritt ging wie DLA. Immer klarer wird zudem, wie klug es war, mit Döring einen bAV-Experten zu verpflichten, der seit seinem Einstieg vor 2 Jahren namh. Mandanten für die Praxis gewann u. durch seine Arbeit bspw. Kapitalmarkt- u. Steuerrechtler mit ins Boot holt. Neben der Partnerriege ist es aber auch eine Counsel, die sich insbes. bei IVV-Vergütungsthemen zunehmend einen Namen macht – ein wichtiges Signal auch an den Nachwuchs, den Linklaters insges. ab einem bestimmten Senioritätslevel teils nur schwer halten kann.
Stärken: Transaktions- u. projektbezogene Praxis im internat. Umfeld (v.a. USA, GB), Compliance.
Oft empfohlen: Dr. Timon Grau, Matthew Devey, Dr. René Döring („Spitzen-Arbeitsrechtler, sehr hilfreich u. kenntnisreich, tolle Zusammenarbeit", Mandant)
Team: 3 Partner, 2 Counsel, 11 Associates
Schwerpunkte: Grenzüberschr. Projektsteuerung, Vergütungsfragen im Bankensektor, Datenschutz u. ▷*Compliance* (v.a. interne Untersuchungen) sowie Kollektivarbeitsrecht.
Mandate: Carrier arbeitsrechtl. bei Kauf von Viessmann-Klimasparte; Uniper zu Corporate Governance u. neuartigen Vergütungsthemen im Zshg. mit Rettungspaket; Groupe Babilou bzgl. nicht autorisierter Zusagen von Boni/Einführung neues Vergütungssystem; Clark bei SE-Umwandlung; Audi arbeitsrechtl. zu Einstieg in die Formel1; Porsche arbeitsrechtl. im Zshg. mit IPO; lfd.: Hunter Engineering Company, Primark, Thyssenkrupp.

LOSCHELDER

Arbeitsrecht ★

Bewertung: Die Arbeitsrechtspraxis der Kölner Kanzlei (▷*Westen*) berät mittelständ. Unternehmen häufig als eine Art ausgelagerte Rechtsabteilung zu sämtl. arbeitsrechtl. Fragen u. Projekten. Mandanten loben insbes. den „praxistaugl. Beratungsansatz" der Anwälte. Die Zusammenarbeit mit Kollegen anderer Praxisgruppen wie Gesellschaftsrecht, Datenschutz oder jüngst Restrukturierung in passenden Projekten ist bei Loschelder mittlerw. eine Selbstverständlichkeit, wodurch sich die Kanzlei von einigen Wettbewerbern abhebt.
Oft empfohlen: Dr. Detlef Grimm („pragmatischer Rechtsrat ohne Schnörkel. Effizient u. kostenschonend", Mandant), Dr. Sebastian Pelzer
Team: 4 Partner, 1 Counsel, 2 Associates
Schwerpunkte: Umf. arbeitsrechtl. tätig, häufig langj. Mandatsbeziehungen zu regionalen Mittelständlern. Spezialisierung im Datenschutz.
Mandate: Strabag arbeitsrechtl. bei Zukauf; Mazda Motor, u.a. zu Arbeitszeiten; Atlas Copco, u.a. zu bAV; Metro bei Zukäufen, u.a. zu Verträgen u. bAV; Aok Systems lfd. inkl. IT-Betriebsvereinbarung; Flughafen Köln/Bonn, u.a. im Zshg. mit Streiks; lfd.: 1. FC Köln, Hochschule Fresenius, Hermann Bock.

LUTHER

Arbeitsrecht ★★★★

Bewertung: Die breit aufgestellte Praxis machte zuletzt nicht nur durch große Restrukturierungen von sich reden. In mehreren Grundsatzentscheidungen bewies das Team, dass es nicht nur Massenverfahren beherrscht, sondern seinen Mandanten auch in komplexen Rechtsfragen zum Erfolg verhelfen kann. So drehte das Ffmer Team vor dem BAG die Entscheidung der Vorinstanzen zur Wirksamkeit von Massenentlassungsanzeigen bei fehlenden Soll-Angaben. Der angesehene Steinau-Steinrück u. ein aufstrebender Berliner Partner untermauerten kurz darauf vor dem EGMR ihre Stärke in der tarifrechtl. Vertretung. Für die Dt. Bahn u. AGV Move stellten sie klar, dass das dt. Gesetz zur Tarifeinheit nicht der europ. Koalitionsfreiheit widerspricht u. so weiterhin von der Dt. Bahn angewandt werden kann. In der bAV-Beratung bewies der 2021 von DLA gekommene Arteaga erneut seine Exzellenz: An der Seite der R+V Versicherungen entwickelte er das erste branchenweite Sozialpartnermodell für die betriebl. Altersversorgung der Chemiebranche.
Stärken: Tarif- u. Streikrecht; betriebl. Altersversorgung; Restrukturierungen; Branchenerfahrung u.a. im ▷*Gesundheits-/Krankenhausbereich* u. Logistik.
Oft empfohlen: Dr. Eva Rütz, („pragmat., zielorientierte Beratung mit guten Ergebnissen", Mandant; „sehr kompetent an der Schnittstelle zum Medizinrecht, lösungsorientiert u. juristisch sehr gut", Wettbewerber), Prof. Dr. Robert von Steinau-Steinrück („sehr erfahren u. besonnen", Wettbewerber), Axel Braun („sehr qualif. Beratung, schnelle Antwort, pragmatischer Ansatz, gut in Abstimmung mit Dritten", Mandant), Dietmar Heise, Dr. Marco Arteaga, Paul Schreiner
Team: 18 Partner, 8 Counsel, 34 Associates, 2 of Counsel
Schwerpunkte: Breit aufgestellte Praxis auf Unternehmensseite mit projektbezogener Beratung (Transaktionen u. Restrukturierungen) u. Prozessführung. Für internat. Unternehmen in Funktion einer erweiterten Rechtsabteilung. Außerdem Führungskräfte.
Mandate: Metro Logistics zu Personalabbau u. Tarifwechsel; R+V Lebensversicherung zu bAV-Sozialpartnermodell für die Chemiebranche; US-Automobilhandelsgruppe zu Wirksamkeit einer Massenentlassungsanzeige; Dt. Bahn/AGV Move im Zshg. mit Tarifeinheit, einschl. Gerichtsverfahren; Banco Santander zu flex. Arbeitsmodellen; Automobilzulieferer bei Standortschließungen; lfd.: Alloheim Senioren-Residenzen, Amazon in Prozessen, Ericsson, Evonik, H&M, Makita.

LUTZ ABEL

Arbeitsrecht ★

Bewertung: Mit einer gesunden Mischung aus Quereinsteigern u. Eigengewächsen hat sich die Praxis in den verg. Jahren neu aufgestellt. Von 3 Standorten aus berät das Team in allen arbeitsrechtl. Fragen. Kopf der Praxis ist der HHer Restrukturierungsspezialist Abraham, der die Meyer Werften inkl. der zugehörigen Transfergesellschaften durch die Krise begleitete. Bundesw. Aufmerksamkeit wurde ihm u. seinem Team zuletzt jedoch v.a. durch die Compliance-Untersuchungen für den RBB im Fall Schlesinger zuteil. Eine jüngere Berliner Partnerin, die zu Jahresanfang in die Gesellschafterriege befördert wurde, hat sich erste Anerkennung am Markt erarbeitet.
Stärken: Begleitung von Re- u. Umstrukturierungsprojekten.
Oft empfohlen: Dr. Henning Abraham („gehört zu den besten Arbeitsrechtlern, mit denen dieses Unternehmen bisher zusammengearbeitet hat", Mandant)
Team: 3 Eq.-Partner, 1 Sal.-Partner, 2 Counsel, 9 Associates
Schwerpunkte: Dauerberatung überw. mittelständ. Unternehmen; Re- u. Umstrukturierungen, sozialversicherungsrechtl. Compliance (Fremdpersonaleinsatz), Arbeit 4.0.; Branchenschwerpunkte: (Wind-)Energie u. Schifffahrt (HH).
Mandate: RBB bei interner Untersuchung rund um die ehem. Intendantin Schlesinger; Meyer Werft bei umf. Personalabbau. u. Neuausrichtung; Meyer Wismar u.a. bei Verhandlung Haus-TV; Mediengruppe Klambt bei Personalabbau in HH u. Baden-Baden; CMA CGM bei Betriebsstilllegung u. Reorganisation; lfd.: Enercon, Lieken, Lloyd's Register, Jenoptik, Nordex, Rügenwalder Mühle, Strabag, Deel.

MAAT

Arbeitsrecht ★★

Bewertung: Die anerkannte Boutique ist weiter auf Wachstumskurs: Am Münchner Stammsitz dockte eine Partnerin an, die neben einem Stamm überw. mittelständ. Mandanten v.a. Erfahrung im Tarifrecht mitbringt. Damit fügt sie sich gut in die breit gefächerte Beratung der Einheit ein, die ihre Stammmandanten zuletzt u.a. zur Entgeltgleichheit u. Arbeitszeiterfassung sowie der Anpassung von Whistleblower-Hotlines an die dt. Gesetzgebung beriet. Daneben waren die Partner, je nach Spezialisierung zur bAV, in sozialversicherungsrechtl. Fragen oder bei Betriebsschließungen gefragt. Das bislang recht überschaubare Frankf. Team ist seit Jahresbeginn durch den Zugang 2er Counsel auf 5 Juristen angewachsen, die über langj. Erfahrung in der bAV-Beratung verfügen. Auch abseits dieses Beratungsschwerpunkts trieb Thum das Geschäft in Ffm. erfolgreich voran. Zunächst boomte die transaktionsbegl. Arbeit an der Seite von US-Kanzleien wie Shearman u. Kirkland. Das marktbedingte Abflauen des M&A-Geschäfts konnte das Team jedoch mehr als kompensieren, indem es die Lufthansa als neue Mandantin in zahlr. invidual- u. kollektivrechtl. Streitigkeiten vertritt.
Stärken: bAV, auch in Verfahren; arbeitsrechtl. Unterstützung von Großkanzleien bei Transaktionen.
Oft empfohlen: Thomas Bader („fachlich hervorragend in der betrieblichen Altersversorgung, sehr angenehm, gutes Urteilsvermögen", Mandant), Christian Betz-Rehm, Dr. Dominik Jochums, Dr. Rainer Thum, André Schiepel, Dr. Cornelia Marquardt („sehr gut beraten u. umgesetzt", Mandant; „fachlich wie menschlich stets eine uneingeschränkte Empfehlung", Wettbewerber), Dr. Raimund Lange („hervorragender Berater, pragmatisch u. zielorientiert, kompetent u. effizient", Mandant)
Team: 12 Partner, 2 Counsel, 8 Associates
Partnerwechsel: Dr. Kathrin Kentner (von Dornbach)
Schwerpunkte: Beratung in der Gesundheits- u. Versicherungsbranche; Umstrukturierungen, Restrukturierungen; Prozessvertretung.
Mandate: Lufthansa in arbeits. u. sozialrechtl. Streitigkeiten; Raytheon Technologies bei Verkauf von Raytheon Anschütz an DMB; Unternehmensberatung zu AÜG-Risiken beim Kauf von Marketing-

Anwaltszahlen: Angaben der Kanzleien, wie viele Anwälte zu mind. ca. 50 % in diesem Gebiet tätig sind. Sie spiegeln nicht zwingend die Gesamtgröße einer Kanzlei wider.

agentur; Bayr. Fußballverband bei Neuordnung betriebl. Versorgungswerk; Cargogate Flugh. München zu Haus-TV; Medizinproduktehersteller zu Betriebsschließung, Datenschutz u. in KüSchu-Verfahren; Dt. Großbank zu bAV; lfd.: Adidas, Mercer, Universitätsklinikum Frankfurt.

MAINWERK

Arbeitsrecht ★★

Bewertung: „Top-Kanzlei, Top-Berater", so umschreibt ein Mandant die aus Ffm. u. Heidelberg agierende Boutique. Und tatsächl. bringen die 5 Partner durch ihren Großkanzleihintergrund jahrelange Erfahrung in der Beratung u. Koordination großer Projekte mit. Dementspr. internat. aufgestellt sind auch viele ihrer Mandanten, zu denen Finanzinstitute, größere Mittelständler u. dt. Tochtergesellschaften globaler Konzerne zählen. Erneut war das Team zur IT-Mitbestimmung gefragt, darüber hinaus zog die Restrukturierungsberatung an. Mit dem Zugang eines ehem. Lufthansa-Juristen als of Counsel holt sich Mainwerk zudem weitere Unternehmenserfahrung ins Team.

Oft empfohlen: Ulla Rupp, Oliver Driver-Polke („Top-Anwalt im Arbeitsrecht", Wettbewerber), Kai Golücke („strategisch hervorragend", Wettbewerber), Dr. Henning Wiehe („sehr kompetente u. partnerschaftl. Zusammenarbeit auf Augenhöhe; hohes Maß an Erfahrung", Mandant; „durchsetzungsstarker Verhandler, perfekt für komplexe Umstrukturierungen", Wettbewerber)

Team: 5 Eq.-Partner, 3 Associates, 2 of Counsel

Schwerpunkte: Umf. arbeitsrechtl. Beratung u. Vertretung mittelständ. Unternehmen sowie Konzerne. Über Zusammenarbeit mit Seyfarth Shaw etabl. Netzwerk für internat. Projekte. Zunehmend Vorstands- u. Organberatung.

Mandate: Burger King bei TV-Verhandlungen; internat. tätiger Pharmakonzern zu IT-BVs; Capri Sun u.a. zu Betriebsänderung u. Vergütungssystem; Bank u.a. zu Bonusstreitigkeiten; Kassenärztl. Vereinigung Hessen zu Strukturreform u. Tarifwechsel; Teknos Dtl. bei Betriebsverlagerungen, inkl. Prozessvertretung; Oracle zu div. Umstrukturierungen; Telekommunikationsuntern. zu IT-Mitbestimmung; Finanzdienstleister u.a. bei Klage auf höhere betriebl. Altersversorgung; lfd.: FreeNow, Coca Cola, Air Alliance.

MAYER BROWN

Arbeitsrecht ★

Bewertung: Restrukturierungen bilden das Kerngeschäft der Arbeitsrechtspraxis. Wie für viele Wettbewerber ähnl. Zuschnitts bildet auch das Transaktionsgeschäft einen wesentl. Teil der Arbeit. Regelm. vertrauen hierbei neue Mandanten auf die Erfahrung des Teams, zuletzt etwa ein Private-Equity-Fondsmanager. Fortgesetzt hat die Praxis ihr Engagement bei Mitarbeiterbeteiligungsprogrammen u. beriet Unternehmen div. Branchen zu FCPE-basierten Aktienprogrammen, bei denen die investierten Einkünfte der AN u. entspr. Beträge des Unternehmens an Investmentfonds übertragen werden müssen. Dieses System hat seinen Ursprung in Frankreich, weshalb das dt. Team u.a. eng mit den Kollegen aus Paris zusammenarbeitete.

Stärken: Restrukturierung. AN-Datenschutz.

Oft empfohlen: Dr. Guido Zeppenfeld, Vanessa Klesy

Team: 2 Partner, 2 Counsel, 4 Associates

Schwerpunkte: Automobil-, Chemie- u. Luftfahrtindustrie, Finanzsektor (v.a. zu Vergütung). Etl. dt. Töchter internat. Konzerne. Outsourcing, auch Transaktionsbegleitung (▷*M&A*).

Mandate: Hoerbiger beim Kauf von Johnsin Matthey Piezo Products; Borromin Capital Fund arbeitsrechtl. zu Kauf von EBERLE Controls; Lear arbeitsrechtl. bei Restrukturierungen an mehreren Standorten; Macquarie Capital lfd., u.a. zu AN-Datenschutz; mehrere internat. Unternehmen zu Mitarbeiterbeteiligungsprogrammen.

MCDERMOTT WILL & EMERY

Arbeitsrecht ★★

Bewertung: Die US-Kanzlei berät Unternehmen v.a. zu originär arbeitsrechtl. Fragen u. eher vereinzelt als Unterstützung anderer Praxisgruppen. Gleichwohl ist die kanzleiinterne Vernetzung mit den Kollegen aus dem Insolvenz- oder Steuerrecht eng. Insbes. Letztere kam bei einem Thema zum Tragen, das einen Großteil des Teams im Frühjahr stark beschäftigte: die Vergütung von Konzernbetriebsräten, die nach einem BGH-Urteil enorme Brisanz gewann. Ein Konzern u. ein Energieversorger sowie mehrere größere Mittelständler suchten in diesem Kontext Hilfe bei MWE, die für ihre Erfahrung im Vergütungsrecht einen guten Ruf genießt. Seine Stärke bei Restrukturierungen spielte das Team sowohl in Mandaten mit klass. Stellenabbau aus, als auch in Fällen, in denen es stärker um Transformation als um Verkleinerung ging.

Stärken: Beratung ausl. Unternehmen bzw. dt. Töchter. Restrukturierungen.

Oft empfohlen: Volker Teigelkötter, Dr. Philipp Schäuble („sehr konstruktive Zusammenarbeit, persönl. angenehm", Wettbewerber)

Team: 1 Eq.-Partner, 5 Sal.-Partner, 6 Associates, 1 of Counsel

Schwerpunkte: Beratung in Projekten, v.a. auch krisennahe ▷*Restrukturierungen*, Transaktionsbegleitung. Lfd. Beratung im Tarifrecht, zu Auslandsentsendung u. Compliance (viel AÜG). Auch Führungskräfte, zunehmend Organberatung u. Vergütungsthemen im Konzernumfeld.

Mandate: Konzern, Energieunternehmen jew. zu BR-Vergütung; Hakle bei arbeitsrechtl. Restrukturierung; 1&1 Mail & Media zu Workation; 1&1 Telecommunication prozessual in Zshg. mit BR-Wahl; börsennot. Konzern zu Neustrukturierung Beteiligungssystem zur Vermeidung einer parität. Mitbestimmung; Agentur für Arbeit zu AN-Überlassung; Dixa ApS arbeitsrechtl. bei Kauf von Solvemate; DMG Mori Global Service zu Haus-TV für Standort Thüringen; Main Capital Partners arbeitsrechtl. bei div. Transaktionen; lfd. Audi u. Konzerntöchter, Trivago, Bauerfeind, Mitsubishi Power.

MICHELS PMKS

Arbeitsrecht ★★

Bewertung: Im Rheinland bleibt die Boutique mit Büros in Köln u. D'dorf eine der festen Größen im Arbeitsrecht. Anders als bspw. Oppenhoff oder Loschelder, die eher im Projektgeschäft unterwegs sind, ist Michels pmks v.a. in der Dauerberatung aktiv. Die Partner überzeugen dabei mit ihren Spezialkompetenzen etwa an der Schnittstelle von Arbeits- u. Sozialrecht, aber auch mit ausgewiesener Branchenkompetenz in Sparten wie Logistik oder Krankenhäusern. Diese breite Aufstellung bleibt auch Wettbewerbern nicht verborgen, die sowohl die Kanzlei insges. als auch einzelne Partner regelm. positiv hervorheben. Ein Alleinstellungsmerkmal in der Region hat das Team mit seiner Spezialisierung auf Entsendethemen.

Oft empfohlen: Dr. Marcus Michels („absoluter Spezialist für alles, was in der Betriebsverfassung kompliziert werden kann; Glücksgriff für jeden Mandanten", „angenehm u. fachl. hoch kompetent", Wettbewerber), Dr. Gunther Mävers („der Anwalt überhaupt für den internat. Arbeitnehmereinsatz; hervorragendes internat. Netzwerk", Wettbewerber), Dr. Tilman Isenhardt („juristisch wie persönlich immer 1. Wahl", Wettbewerber), Dr. Jannis Kamann („voller Einsatz für den Mandanten", „hervorragender Jurist", „stark bei Fragen in der Schnittstelle zwischen Arbeits- u. Sozialrecht", „verbindlicher u. zugleich durchsetzungsfähiger Verhandler", Wettbewerber), Ulrich Kortmann („perfekte Wahl für hoch versierte u. mandantenorientierte Beratung in der Betriebsverfassung", Wettbewerber), Peter Hützen („hervorragend", Wettbewerber), Dr. Sebastian Maiß („zielorientiert, kompetent, kollegial", Wettbewerber)

Team: 10 Eq.-Partner, 2 Associates, 1 of Counsel

Schwerpunkte: Beratung mittelständ. Unternehmen; internat. Arbeitnehmerentsendung. Viel Erfahrung im Krankenhaussektor.

Mandate: Reuter-Gruppe, u.a. zu Arbeitsmigration; internat. Lebensmittelkonzern zu neuem Arbeitszeitmodell; Duisburger Hafen bei Einführung neues Arbeitszeitmodell u. IT-Projekten; div. NRW-Städte umf. arbeitsrechtl.; lfd.: Der Grüne Punkt, Freudenberg-Gruppe, Kone, St. Antonius Hospital Eschweiler, Uniklinik Köln, Dillenburger-Gruppe, DTM Deutsche Tele Medien, Protection One, Reuter-Gruppe, Metro Markets, Johnson & Johnson.

NEUWERK

Arbeitsrecht ★

Bewertung: Die aufstrebende HHer Einheit hat sich innerhalb weniger Jahre auch im Arbeitsrecht Anerkennung weit über die Stadtgrenzen hinaus erarbeitet. Das junge Team um den ehem. Freshfields-Anwalt Naber berät u. vertritt Unternehmen in allen arbeitsrechtl. Fragen, zuletzt etwa Flensburg Schiffbau bei einer Restrukturierung oder Fortum beim Rückzug aus dem dt. Markt. Gefragt waren die Anwälte zudem bei Führungskräftethemen u. in der Vertretung arbeitsrechtl. Grundsatzverfahren.

Oft empfohlen: Dr. Sebastian Naber („solide Beratung", Mandant; „sehr gut u. praxisnah; kennt die spezifischen Anforderungen von Venture-Capital-Investoren u. Start-ups", Wettbewerber)

Team: 1 Partner, 7 Associates

Schwerpunkte: Arbeitsrechtl. Rundumberatung von Unternehmen aller Branchen; Vertretung in Grundsatzverfahren; Restrukturierungen.

Mandate: Hugo Boss in Vorstandsangelegenheiten; Fortum zu Beendigung des Geschäfts in Dtl.; Flensburg Schiffbau u.a. bei Restrukturierung u. zu Haus-TV; Tilray bei Restrukturierung; FGS Global zu Neugestaltung Bonussystem; Sparkasse Oberlausitz in Verf. bzgl. Pflicht zur Lohnfortzahlung an Corona-Impfgegner; lfd.: Amedes, NH Hotels, Encavis, DaVita, BP Europa.

NOERR

Arbeitsrecht ★★★★★

Bewertung: Die Basis der Arbeitsrechtspraxis bildet ein breit aufgestelltes u. an allen Kanzleistandorten vertretenes Team, das Noerr in den erweiter-

Anwaltszahlen: Angaben der Kanzleien, wie viele Anwälte zu mind. ca. 50% in diesem Gebiet tätig sind. Sie spiegeln nicht zwingend die Gesamtgröße einer Kanzlei wider.

ten Kreis der Marktführer bringt. Ein Schwerpunkt lag zuletzt auf der Beratung von Restrukturierungen, bei denen sich das Team bereits seit einigen Jahren einen guten Trackrecord aufgebaut hat u. Mandanten nun von diesen Erfahrungen profitieren lässt. Daneben spielte die Zusammenarbeit mit dem Compliance-Team eine zentrale Rolle, etwa bei umfangr. internen Untersuchungen. Der Legal-Tech-Einsatz bspw. für Fremdpersonal ist in solchen Mandaten mittlerw. Normalität. Zuletzt gewann Noerr u.a. Rheinmetall als neue Mandantin, die sich umf. zu Fragen der AN-Überlassung beraten ließ. Einen wesentl. Beitrag zum Renommee der Praxis trägt auch die Begleitung komplexer Transaktionen u. darauffolgender Post-Merger-Integrationen bei, von denen es zuletzt auch wieder mehrere gab bspw. für Henkel.

Oft empfohlen: Dr. Andreas Butz, Daniel Happ („ausgewiesener Experte im Bereich Fremdpersonaleinsatz u. HR-Compliance", Wettbewerber), Dr. Patrick Mückl („juristisch präzise; angenehmer kollegialer Umgang", „erste Adresse bei Konfliktempfehlungen", Wettbewerber), Dr. Wolfgang Schelling, Tillmann Hecht

Team: 6 Eq.-Partner, 10 Sal.-Partner, 3 Counsel, 19 Associates, 1 of Counsel

Schwerpunkte: Breit aufgestellte Praxis für die Beratung von Unternehmen, v.a. in Projekten (u.a. Restrukturierung, Outsourcing, Mitbestimmung), bei der Personalgestaltung (u.a. flexible Vergütungs-/Arbeitszeitmodelle) oder rechtl. Rahmenbedingungen (Tarifrecht). Zudem stark in Fremdpersonal-▷*Compliance*.

Mandate: Aurelius bei Einstieg in Dental-Branche; Flughafen BER zu Abwendung von Warnstreik; Edeka Südbayern zu Arbeitszeiten u. Compliance-System; Fresenius Medical Care bei Umstrukturierung, insbes. zu Abspaltung von Betriebsrenten u. Strukturierung der Betriebe; Versicherungskonzern zu Einführung Contractor-Compliance-Management-System; Halbleiterhersteller bei Abbau von 600 Stellen; Rheinmetall; Online-Händler jew. zu Fremdpersonaleinsatz; Henkel bei Transaktion, Post-Merger-Themen u. zu Standortschließung; HSV zu arbeitsrechtl. Auseinandersetzungen mit Sportdirektor Michael Mutzel; Armada Credit Partners zu Versetzung von in Schweden tätigen dt. Mitarbeitern nach Dtl. unter Weiterbeschäftigung beim schwed. AG; Baustoffhersteller zur Neustrukturierung von bAV.

OPPENHOFF & PARTNER

Arbeitsrecht ★★

Bewertung: Vergütungsthemen, Compliance u. Restrukturierung spielten zuletzt in der Arbeitsrechtspraxis eine zentrale Rolle. Häufig griffen die Themenstränge auch ineinander. So beim Thema BR-Vergütung, das durch die jüngste BGH-Entscheidung eine neue Brisanz bekam. Hier beriet Oppenhoff sowohl bestehende als auch neue Mandanten, bspw. aus der Versicherungsbranche. Bekannt ist das Team im Markt v.a. für seine Restrukturierungskompetenz, die es insbes. bei Industriemandanten zum Einsatz brachte. Neben klass. Themen wie Stellenabbau u. Betriebsschließungen spielten auch Produktionsverlagerungen eine Rolle. Hier konnte das Team seine Erfahrung mit dt. Tochterunternehmen ausl. Konzerne ausspielen.

Stärken: Unternehmensmitbestimmung bei ausl. Firmenmüttern, Transaktionsbegleitung, bAV.

Oft empfohlen: Dr. Gilbert Wurth, Dr. Alexander Willemsen („hervorragender Arbeitsrechtler, erfahren, pragmatisch, äußerst nett", Wettbewerber), Kathrin Vossen, Jörn Kuhn („lösungsorientiert, sehr qualifiziert u. einsatzbereit", Wettbewerber), Anja Dombrowsky („hervorragende juristische Kompetenz in Verbindung mit pragmat. Lösungsansätzen. Erstklassige Vorbereitungen auf anspruchsvolle Verhandlungen", Mandant; „unkompliziert u. lösungsorientiert", Wettbewerber)

Team: 3 Eq.-Partner, 3 Sal.-Partner, 7 Associates

Schwerpunkte: Umf. Beratung von dt. Töchtern internat. Unternehmen, Restrukturierungen, Tarifrecht. Zunehmend Datenschutz (▷*IT u. Datenschutz*) mit den IT-Experten.

Mandate: Sportartikelhändler umf., u.a. bei div. (Gesamt)BVen zu Digitalisierungsthemen, E-Commerce, Arbeitszeitsystemen; Versicherer zu BR-Vergütung; Logistikunternehmen lfd.; internat. Fluglinie umf.; Arzneimittelhändler bei Konzernreorganisation; Lebensmittelkonzern bei Restrukturierung des Außendienstes; lfd. Adient-Gruppe, Diebold Nixdorf, Food Chain ID Testing, Johnson Controls.

ORTH KLUTH

Arbeitsrecht ★★

Bewertung: Mittlerw. kann die Praxis der D'dorfer Mittelstandskanzlei die Früchte ihrer stärkeren Spezialisierung im Arbeitsrecht ernten. So hat sie sich neben der Restrukturierungs- u. Dauerberatung stark auf Digitalisierung, Datenschutz u. Tech-Themen sowie Arbeitnehmerüberlassung fokussiert. Mandanten, wie zuletzt ein internat. tätiger Industriekonzern, profitieren dabei zudem von kanzleieigenen Tools, etwa zum Fremdpersonaleinsatz. Auch in der Beratung zur digitalen Mitbestimmung ist das OK-Team auf der Höhe der Zeit u. begleitet etwa Gorillas bei der Einführung einer KI-gesteuerten Personalplanung. Durch eine 2020 von Noerr gekommene Sal.-Partnerin beginnt die Praxis auch in der bAV-Beratung Fuß zu fassen. So gelang es, den Versorgungsträger eines globalen Lebensmittelkonzerns als Mandanten zu gewinnen. Die arbeitsrechtl. Präsenz durch einen Sal.-Partner in Berlin war indes nur von kurzer Dauer, ihre dortigen Leuchtturmmandanten wie Bolt u. Gorillas betreuen die Partner nun wieder von D'dorf aus.

Oft empfohlen: Dr. Guido Matthey

Team: 2 Eq.-Partner, 4 Sal.-Partner, 2 Associates

Partnerwechsel: Lukas Stähler (zu Studio Legal)

Schwerpunkte: Überwiegend mittelständ. Mandanten, auch Konzernberatung. Restrukturierungen, Datenschutz u. AÜG. Zunehmend bAV. Auch Prozesse. Branchen: Industriekonzerne u. Unternehmen aus der Metall-/Elektrobranche sowie im Schienenverkehr.

Mandate: QVC bei Aufspaltung des Call-Centers Bochum u. bei Einführung Telearbeit; Bolt zu Fremdpersonaleinsatz; DFL in Geschäftsführerangelegenheiten; Gea, u.a. zu Produktionsstilllegung (inkl. Sozialplan u. Transfergesellschaft) u. Fremdpersonaleinsatz; Gorillas, u.a. bei Einführung KI-gesteuerter Personalplanung; globaler Lebensmittelkonzern bei Neuordnung der bAV; Sicherheitstechnikuntern. zu IT-Konzern-BV; internat. tätiges Industrieunternehmen zu Fremdpersonaleinsatz (inkl. Legal Tech); Zulieferer bei Abschluss Zukunfts-TV; lfd.: Bofrost, Ericsson, Siemens Industry Software.

OSBORNE CLARKE

Arbeitsrecht ★★

Bewertung: Die internat. Kanzlei berät ihre Mandanten zu allen Fragen des Arbeitsrechts u. punktet dabei regelm. durch ihre umf. Erfahrung mit Digitalisierungsthemen. Entspr. stark nachgefragt ist das Team bei seiner häufig internat. aufgestellten Mandantschaft bei Transformationsprojekten, die von Mitbestimmungsthemen über Datenschutz u. Compliance viele arbeitsrechtl. Themen aufwerfen. Auch beim Fremdpersonaleinsatz hat sich das Team eine gute Marktposition erarbeitet. Fester Bestandteil der Beratungspraxis ist zudem der Einsatz von Legal-Tech-Tools, den in dieser Konsequenz nur wenige Wettbewerber durchziehen. Neben Vertragsautomatisierung u. Kollaborationsplattformen hat OC ein Tool entwickelt, das Mandanten durch die datenschutz- u. arbeitsrechtl. Fragen des betriebl. Eingliederungsmanagements führt. Obwohl ein Großteil des Geschäfts in der Arbeit für ausl. Unternehmen liegt, ist OC durchaus auch bei dt. Mandanten aktiv, wie die Arbeit für die Stadtreinigung Hamburg oder im Vorjahr für den VfB Stuttgart zeigen.

Stärken: Enge Einbindung in Gesamtkanzlei, Beratung zu digitaler Transformation u. Fremdpersonaleinsatz.

Oft empfohlen: Dr. David Plitt („sehr pragmat. u. kreativ, stark in der SE", Wettbewerber), Dr. Anke Freckmann, Annabel Lehnen, Dr. Thomas Leister

Team: 7 Partner, 6 Counsel, 19 Associates

Partnerwechsel: Christoph Seidler (von Kliemt)

Schwerpunkte: Häufig mittelständ. Klientel, aber auch internat. Gesellschaften mit Präsenz in Deutschland. Sehr erfahren bei Umstrukturierungen u. in der Beratung zu AÜ, stark an der Schnittstelle zu ▷*IT u. Datenschutz*. Fokus auf Digitalisierungsprojekte. Branchenschwerpunkt: Personaldienstleister.

Mandate: Borealis Hotel Group arbeitsrechtl. bei Kauf von Bierwirth & Kluth; Wipro Technologies zu div. Themen; Cruise zu BV bzgl. mobiler Arbeit; Haema bei Restrukturierung; Ostfriesische Tee Gesellschaft, u.a. zu BV zu Arbeitszeit; Quest Software im Zshg. mit Mitbestimmung; lfd. Stadtreinigung HH, Air Canada, Claas.

PUSCH WAHLIG

Arbeitsrecht ★★★★★

JUVE AWARDS 2023

Kanzlei des Jahres für Arbeitsrecht

Bewertung: Kaum eine Boutique wächst so rasant wie diese. Mit knapp 70 Juristen an 6 Standorten stellt sie mittlerw. eines der größten Teams hierzulande. Damit ist PWWL exzellent aufgestellt für große Restrukturierungsprojekte u. die sich anschließenden Kündigungsschutzverfahren, wie zuletzt etwa die Beratung von Görtz bei der Schließung von knapp 80 Filialen zeigte. Im Berliner Büro landeten indes die Anfragen der zahlr. Start-up-Mandanten, die nach dem Personalaufbau der vergangenen Jahre nun im großen Stil entlassen müssen. Dass insbes. die Berliner Partner nicht nur bei Unternehmen, sondern auch bei Führungskräften zu den gefragten Beratern zählen, zeigte zuletzt die medienwirksame Vertretung der ehem. RBB-Intendantin Schlesinger. Doch die Kanzlei konnte nicht nur auf Mandatsebene Erfolge vorweisen: Nachdem sie im Vorjahr den renommierten Annuß als of Counsel zusammen mit 2 Partnern geholt hatte, haben sich Team u. Mandate gut in die bestehende Einheit eingefügt – nicht zuletzt dank der 2022 einge-

Anwaltszahlen: Angaben der Kanzleien, wie viele Anwälte zu mind. ca. 50 % in diesem Gebiet tätig sind. Sie spiegeln nicht zwingend die Gesamtgröße einer Kanzlei wider.

führten standortübergr. Praxisgruppen. Eine dieser Gruppen erhielt jedoch durch den Weggang eines aufstrebenden bAV-Experten zu Linklaters einen Dämpfer.

Stärken: Unternehmensmitbestimmung, internat. kollektives Arbeitsrecht; Restrukturierungen, auch unter Einsatz selbst entwickelter techn. Lösungen.

Oft empfohlen: Dr. Tobias Pusch („sehr zuverlässiger Berater mit Weitblick u. guter Strategie", Mandant), Thomas Wahlig („sehr kompetent u. praxisorientiert; hervorragende Kenntnisse im kollektiven Arbeitsrecht", Mandant; Restrukturierung), Dr. Jochen Keilich („stark in Restrukturierungen u. HR-Compliance", Wettbewerber), Katrin Scheicht („sehr kompetent u. dienstleistungsorientiert", Mandant),Dr. Holger Thomas („große Erfahrung bei Interessenausgleich u. Sozialplan, Mediator", Wettbewerber), Britta Alscher („kompetente Beratung, pragmatische Lösungen, hohe Responsiveness", Mandant), Dr. Tobias Brors („stark im Datenschutz", Wettbewerber), Prof. Dr. Georg Annuß („sehr stark in der Führungskräftevertretung u. bei komplexen Rechtsfragen", Wettbewerber), Ingo Sappa („juristisch exzellent, mit besonderer Erfahrung bei SE-Umwandlungen", Wettbewerber), Dr. Falko Daub, Verena Braeckeler-Kogel, Dr. Alexander Lorenz

Team: 21 Eq.-Partner, 12 Counsel, 31 Associates, 3 of Counsel

Partnerwechsel: Dr. Thorben Klopp (von Vangard)

Schwerpunkte: Arbeitsrechtl. Projekte, u.a. Restrukturierungen, Vereinheitlichung (internat.) Arbeitsverträge u. bei Unternehmensmitbestimmung, Transaktionsbegleitung für andere Kanzleien. Erfahren bei Zeitarbeit/AÜG u. Compliance. Schwerpunkt bei Führungskräften (Vorstände/Geschäftsführer, u.a. Haftungsfragen). Gründungsmitglied der internat. Allianz L&E Global.

Mandate: Flink u.a. zu BR-Gründung u. Herausgabe von Mitarbeiterdaten; Patricia Schlesinger bei Klage auf Ruhegeld nach fristloser Kündigung durch RBB; Klinikum Stuttgart bei Integration der Sportklinik; Görtz bei Schließung von 80 Filialen; Momox bei SE-Umwandlung; Noventi bei Restrukturierung u. Verhandlung von BVs zu Arbeitszeit; Elektrokeramik Sonneberg bei Werksschließung; Schweizer Unternehmensgruppe zu angebl. Verstößen gg. Corona-Arbeitsschutzregeln, DSGVO u. Mobbingvorwürfen; lfd. Flaschenpost, McDonald's Dtl., Sixt, McMakler.

RAUE

Arbeitsrecht ★

Bewertung: Die kleine Praxis der Berliner Full-Service-Kanzlei besticht insbes. durch ihre Erfahrung in der Beratung des Gesundheitssektors. So beauftragte die Charité die erfahrene Heyn im Anschluss an die Fusion mit dem Dt. Herzzentrum Berlin nun auch mit der Integration der betriebl. Altersversorgung. Neben der praxisübergr. Zusammenarbeit mit den renommierten ▷*Gesundheits-* u. den ▷*Gesellschaftsrechtlern* der Kanzlei berät das Team versiert zu tarifrechtl. Fragen oder Restrukturierungen. Zwar wechselte Altmeister Meinel kürzlich in die Of-Counsel-Rolle, seiner Präsenz in der Mandatsarbeit tat dies jedoch bislang keinen Abbruch.

Stärken: Unternehmensmitbestimmung, Prozessführung, öffentl. Dienstrecht. Beratung im Gesundheitssektor.

Oft empfohlen: Prof. Dr. Sascha Herms („hat eine Lösung für jedes Problem", Wettbewerber), Judith Heyn, Dr. Gernod Meinel

Team: 2 Eq.-Partner, 3 Counsel, 2 Associates, 1 of Counsel

Schwerpunkte: Indiv. u. kollektives Arbeitsrecht, darunter Prozesse, vielfach (Haus-)Tarifverträge, daneben Projekte u. Transaktionsbegleitung. Zudem: kirchl. Arbeitsrecht, bAV, Arbeitnehmerdatenschutz u. Compliance.

Mandate: Berliner Ensemble u.a. in Tarifverhandlungen; Dt. Herzzentrum Berlin bei Fusion mit Charité u. im Anschluss Charité u.a. zu bAV; Doctari zu Arbeitnehmerüberlassung; Hochland Dtl., u.a. zu Compliance-Managementsystem u. IT-BVen; Kliniken Nordoberpfalz zu (arbeitsrechtl.) Compliance; Labor Berlin u.a. in Tarifstreit; Omnicare Beteiligungen bei MVZ-Aufbau; Payfit bei Schließung des dt. Standorts; Rauch Möbelwerke bei Restrukturierung u. Einführung Kurzarbeit.

RUGE KRÖMER

Arbeitsrecht ★★

Bewertung: Auch wenn sie im vergangenen Jahr auf Partner- u. Associate-Ebene Abgänge verzeichnete, gehört die Kanzlei in HH nach wie vor zu den größeren Arbeitsrechtsboutiquen. Doch während Wettbewerber wie Vangard, Pusch Wahlig oder Kliemt auch im Norden recht dynamisch agieren, war es um RK zuletzt etwas stiller. Das liegt u.a daran, dass die Kanzlei über eine breite Basis an Dauermandanten verfügt, die sie geräuschlos in allen arbeitsrechtl. Fragen berät u. vertritt. Insbes. öffentl. Arbeitgeber vertrauen der langj. Erfahrung der Partner regelm. im Personalvertretungsrecht oder bei Fragen der Eingruppierung. Andere, wie Euler Hermes, setzen zuletzt auch in umf. Projekten auf das Team. Um ihren Mandanten wie auch den jüngeren Anwälten ein internat. Umfeld bieten zu können, trat die Boutique 2023 dem ww. multidisziplinären Netzwerk IR Global bei.

Stärken: Öffentl. Dienstrecht, Prozesse, Führungskräfteberatung.

Oft empfohlen: Jan Ruge, Martin Krömer

Team: 9 Partner, 9 Associates, 1 of Counsel

Schwerpunkte: Umf. Beratung u. Vertretung von Unternehmen u. öffentl. Dienstgebern; Schwerpunkt bei Krankenhäusern, Versicherungen, Studentenwerken u. Sparkassen.

Mandate: Warenhauskette in individualarbeitsrechtl. Streitigkeiten; Lebensmittelproduzent bei Betriebsschließung (inkl. Interessenausgleich u. Sozialplanverhandlung); div. Bundesämter u. Behörden u.a. in tarif- u. personalvertretungsrechtl. Streitigkeiten; div. Sparkassen zu Umstrukturierung, bAV oder Trennung von Vorständen; lfd. Euler Hermes, Nordex Energy, Verkehrsverbund Rhein-Ruhr, Postbank, Rhein. Post.

SCHRAMM MEYER KUHNKE

Arbeitsrecht ★★★

Bewertung: Erneut standen v.a. Restrukturierungen im Fokus der Beratung, für die insbes. die Namenspartner der renommierten HHer Boutique einen exzellenten Ruf genießen. Die deutl. Vergrößerung der Associate-Ebene verschaffte dem Team mehr Schlagkraft u. ebnete den Weg zu noch umfangr. Projekten, insbes. in der Compliance-Beratung. Die Basis des Geschäfts bilden Industrieunternehmen, die schon seit Jahren auf die Kanzlei vertrauen. Parallel dazu treibt die jüngere Partnergeneration die Diversifizierung des Mandantenstamms voran. So hat sich das Engagement in der Start-up-Szene bereits ausgezahlt, weil gerade diese Mandanten nach einer starken Wachstumsphase recht schnell in eine Konsolidierungsphase rutschten u. viel Beratungsbedarf hatten. Die gute Geschäftsentwicklung spiegelt sich auch intern in der Ernennung einer weiteren Partnerin.

Stärken: Transaktionsbegleitung, Restrukturierung.

Oft empfohlen: Dr. Nils Schramm, Dr. Holger Meyer („erfahren bei Restrukturierungen, sehr guter Support bei Transaktionen", Wettbewerber), Dr. Michael Kuhnke

Team: 3 Eq.-Partner, 2 Sal.-Partner, 6 Associates

Schwerpunkte: Neben der Dauerberatung kollektivrechtl. Projektgeschäft wie (insolvenznahe) Restrukturierungen, Transaktionen u. Personalabbau.

Mandate: Continental zu Restrukturierung u. Personalabbau (öffentl. bekannt); Technologieunternehmen zu Reorganisation u. Betriebszusammenschluss; mehrere Start-ups zu Personalabbau; lfd. Allianz Technology, Bilfinger, Apleona, Colgate-Palmolive, Dow Chemical, ECE-Gruppe, IBM, Ontex, Tesa, VTG.

SCHWEIBERT LESSMANN & PARTNER

Arbeitsrecht ★★★

Bewertung: Die Beratung umf. Restrukturierungen entwickelt sich zu einem bedeutenden Beratungsschwerpunkt der renommierten Boutique. So setzten auch zuletzt gleich mehrere ihrer Stammmandanten bei großen Projekten u. anschl. Kündigungsschutzverfahren auf das erfahrene Team. Auch die transaktionsbegl. Arbeit an der Seite internat. M&A-Kanzleien erhielt erneut Zulauf, so stand der anerkannte Hopfe etwa XXXLutz bei der Übernahme von Home24 zur Seite. Während das Team in Ffm. sowohl neue Mandanten als auch erfahrene Anwälte von sich überzeugte, erlitt das Berliner Büro Anfang 2023 durch den Weggang von Prof. Dr. Anja Mengel einen Rückschlag. Sie hatte den Berliner Standort seit 2018 aufgebaut u. mit ihr verlor SL innerh. weniger Jahre die 2. renommierte Anwältin mitsamt wichtigen Mandatsbeziehungen. Kurz zuvor hatte ein langj. Associate die Kanzlei in Richtung Frahm Kuckuk Hahn verlassen, sodass in Berlin nunmehr 1 Partnerin verbleibt.

Stärken: Beratung von Banken, internat. Erfahrung, sehr transaktionserfahren.

Oft empfohlen: Dr. Ulrike Schweibert („anerkannte Expertin im Bereich der Umwandlungen und Transformation", Wettbewerber); Dr. Jochen Leßmann („durchweg hohe Qualität", Wettbewerber), Dr. Rüdiger Hopfe („niemand ist in der Führungskräftevertretung so gut wie er", Wettbewerber), Dr. Christoph Herrmann („hervorragend, effektiv, kundenorientiert", Mandant)

Team: 5 Eq.-Partner, 3 Counsel, 6 Associates

Partnerwechsel: Prof. Dr. Anja Mengel (zu AMA Dr. Anja Mengel)

Schwerpunkte: Dauerberatung sowie Begleitung großer (Restrukturierungs-)Projekte; viel Erfahrung mit Banken u. Instituten, bspw. zu Vergütungsfragen. Transaktionsbegleitung. Prozesse.

Mandate: Bankdienstleister bei Einführung (teil-) automatisierter Prozesse; Beratungsuntern. bei Trennung von 15-köpf. Team, anschl. KüSchu-Verfahren u. interner Untersuchung; Gesundheitskonzern u.a. bei Betriebsschließung; Dax-Unternehmen bei ww. Transformation; XXXLutz bei

Anwaltszahlen: Angaben der Kanzleien, wie viele Anwälte zu mind. ca. 50% in diesem Gebiet tätig sind. Sie spiegeln nicht zwingend die Gesamtgröße einer Kanzlei wider.

Übernahme von Home24; lfd. Fresenius-Gruppe, KfW-Bankengruppe, Wisag, Volkswagen Bank.

SEITZ

Arbeitsrecht ★★★★★

Bewertung: Die Kölner Kanzlei, die seit einiger Zeit zum erweiterten Marktführerkreis zählt, hat die nächste Entwicklungsstufe gezündet: Spektakulär ist v.a. der Gewinn eines großen Teams von Advant Beiten um die renommierten Partner Melms u. Lipinski. Mit den Zugängen u. der damit verknüpften Eröffnung 2er Büros in Ffm. u. München im Oktober 2023 hat Seitz zur nationalen Großoffensive geblasen. Bereits im Frühjahr kam ein weiterer Standort in D´dorf mit Schwerpunkt auf Restrukturierung hinzu, der insbes. den Schulterschluss mit einem Kölner Team um eine junge, insolvenznah arbeitende Partnerin vollziehen soll. Durch die Zugänge gewinnt Seitz auf einen Schlag enorme Personalstärke u. auch Kompetenz hinzu. Zugleich steht die Kanzlei intern damit vor einer integrativen Herkulesaufgabe. Doch schon ohne die Verstärkung gelang es dem Kölner Team erneut, sich bei anspruchsvollen arbeitsrechtl. Großprojekten ins Spiel zu bringen. Jüngstes Bsp. ist die Begleitung der umfangr. Post-Merger-Integration bei Apleona/Gegenbauer. Viel Arbeit bereitet zudem das erneute Schutzschirmverf. für Galeria, das wohl eines der größten arbeitsrechtl. Restrukturierungen der verg. Jahre beinhaltet u. entspr. Arbeitsanfall für Seitz bedeutet. Neue Mandanten u. Projekte verdankt die Praxis meist der Akquisestärke ihres Namenspartners, der allerdings eher in strateg. als in die eigentl. jurist. Kernthemen involviert ist. Diese erledigen die teils jüngeren Partner regelm. zur vollsten Zufriedenheit ihrer Mandanten, die den „lösungsorientierten u. praxisnahen Ansatz" der Anwälte loben.

Stärken: Tarifrecht, Großprojekte/Restrukturierungen, Sportarbeitsrecht.

Oft empfohlen: Dr. Stefan Seitz („taktisch u. strategisch wichtigster von allen externen Beratern", „Tarifprofi mit sehr breitem Erfahrungsschatz u. exzellenten Kontakten", Mandanten), Prof. Dr. Thomas Kania, Dr. Marc Werner, Dr. Christopher Melms, Dr. Wolfgang Lipinski, Dr. Stephan Pötters („konstruktiv, kreativ, kompromissfähig", Wettbewerber), Dr. Corinna Bihn („in allen Arbeitsgerichtsprozessen gesetzt", Mandant), Dr. Daniel Hund („große Flexibilität u. Reaktionsschnelligkeit gerade bei kurzfristigen Themen, ist bei nahezu aussichtslosen Fällen erfolgreich, sehr gute Kommunikationsfähigkeiten auch in engl. Sprache", Mandant), Annika Hausmann, Axel von Netzer („sehr gute Zusammenarbeit, hohe fachl. Qualität, schnelles Feedback", „einer DER Arbeitsrechtler am Markt mit sehr guten Marktkenntnissen u. hervorragender Betreuung", Mandanten), Dr. Patrick Esser, Dr. Johannes Traut („herausrag. Fachmann in allen betriebsverfassungsrechtl. Themen u. Strukturfragen", Mandant; „sehr kollegial, auch in komplizierten Verhandlungssituationen", Wettbewerber)

Team: 6 Eq.-Partner, 21 Sal.-Partner, 11 Counsel, 35 Associates, 3 of Counsel

Partnerwechsel: Dr. Christopher Melms, Dr. Wolfgang Lipinski, Dr. Daniel Hund, Christina Kamppeter, Dr. Kathrin Bürger, Dr. Stefan Lochner, Martin Biebl, Dr. Florian Olms, Gerd Kaindl, Sonja Müller, Olga Morasch, Elisabeth Miesen, Dr. Anne Dziuba (alle von Advant Beiten)

Schwerpunkte: Projektbetreuung, auch in Verbindung mit der steuer- u. gesellschaftsrechtl. Praxis der Kanzlei, Führungskräfteberatung. Mittelständ. Unternehmen u. internat. Konzerne, Persönlichkeiten aus dem Sport.

Mandate: Apleona bei Post-Merger-Integration von Gegenbauer; Galeria Karstadt Kaufhof zu Abwicklung des Schutzschirmverfahrens 2023 u. damit einhergehender Restrukturierung nebst Tochterges.; Julian Reichelt arbeitsrechtl. gg. Axel Springer; Bayer lfd., u.a. zu Compliance-Vorfällen; Universitätsklinik Köln im Zshg. mit gepl. Fusion mit den Städt. Kliniken Köln, u.a. zu Entlastungs-TV; Fredi Bobic zu Trennung von Hertha BSC; DuMont zu div. arbeitsrechtl. Themen; Gothaer, u.a. zu Konzernumstrukturierung u. Digitalisierung; Odeon & UCI Cinemas Group zu Restrukturierung; Alstom bei Post-Merger-Integration von Bombardier; lfd. Bauwens, Lufthansa, Hexagon, Douglas, Esprit, Eintracht Frankfurt, E.on (Panelmitglied).

SIMMONS & SIMMONS

Arbeitsrecht ★

Bewertung: Die Arbeitsrechtspraxis der internat. Kanzlei ist in ihren Kernbranchen – Finanzen, Technologie u. Gesundheit – sehr gut vernetzt u. berät zu allen arbeitsrechtl. Themen. Durch den guten Ruf in der Restrukturierungsberatung setzen zuletzt mehrere Banken bei ihren brexitbedingten Transformationen auf das Team. Zudem sorgte die BAG-Entscheidung zu Arbeitszeiten für regen Beratungsbedarf. Wie in Kanzleien ihres Zuschnitts üblich, vernetzen sich auch die Simmons-Arbeitsrechtler mit Kollegen aus anderen Bereichen, um umfangr. Mandate an der Schnittstelle zu Litigation oder Compliance beraten zu können, was zuletzt insbes. bei Private-Equity-Mandanten sehr gefragt war. Ebenfalls eingespielt ist die Zusammenarbeit mit den ausl. Büros bspw. bei der Beratung internat. Banken zu arbeitsvertragl. u. vergütungsrechtl. Themen.

Stärken: Internationale Einbindung.

Oft empfohlen: Dr. Hans-Hermann Aldenhoff, Alexander Greth („fundierte rechtl. Beratung, bevorzugter Berater für unsere Personalabteilung, pragmatischer Rechtsrat mit Blick auf die Umsetzung in der Praxis", Mandant), Dr. Sascha Morgenroth

Team: 2 Eq.-Partner, 1 Counsel, 6 Associates

Schwerpunkte: Lfd. Beratung internat. Unternehmen, häufig auch zu Restrukturierungen, bAV u. Tariffragen. Compliance-Beratung. Branchenschwerpunkte bei Finanzdienstleistern, Technologie- u. Lifescience-Unternehmen.

Mandate: E-Commerce-Software-Anbieter bei Restrukturierung; ausl. Bank, u.a. zu Vergütungs- u. Arbeitszeitfragen; Ferrostaal zu bAV; FM Insurance Europe lfd. arbeitsrechtl., u.a. im Betriebsverfassungsrecht; Ion Trading, u.a. zu AN-Überlassung; John Hanson als erweiterter Umwelt-VW-Monitor zu dt. u. europ. Arbeitsrecht, inkl. Datenschutz; Teleflex-Gruppe zu Werksschließungen; Assetmanager arbeitsrechtl. u. regulator.; lfd.: Immucor Medizinische Diagnostik, Vanguard Group Europe, Starstone.

SKW SCHWARZ

Arbeitsrecht ★

Bewertung: Ihren Fokus auf der Beratung von IT- u. Medienunternehmen, die sie in allen arbeitsrechtl. Fragen u. in enger Zusammenarbeit mit den Medienrechtlern berät, behält die Arbeitsrechtspraxis bei. Darüber hinaus hat sich SKW mittlerw. auch in Branchen wie Dienstleistung u. Einzelhandel einen Mandantenstamm aufgebaut. Exempl. dafür steht die Tätigkeit für einen Paketdienstleister, den die Praxis zunächst nur in streitigen Fällen vertrat, mittlerw. aber auch beratend unterstützt. Viel beschäftigt war insbes. das Team um Römermann mit der Beratung von Start-ups, die aufgr. der veränderten Marktlage stärker unter Druck gerieten u. bspw. Stellen abbauten.

Stärken: Beratung IT- u. Medienunternehmen, Filmarbeitsrecht.

Oft empfohlen: Dr. Martin Römermann („fachl. hervorragend, sehr kollegial", Wettbewerber), Dr. Martin Greßlin, Bettina-Axenia Bugus, Dr. Martin Landauer

Team: 8 Eq.-Partner, 5 Associates, 1 of Counsel

Schwerpunkte: Umf. arbeitsrechtl. Beratung u. Prozessvertretung, häufig an der Schnittstelle zu IT; Arbeit 4.0.; Fremdpersonaleinsatz. Gute Vernetzung bei Start-ups.

Mandate: Verlag umf. zu Restrukturierung der Betriebsorganisation inkl. Massenentlassungen an bayr. Standort; Online-Sprachschule bei Stellenabbau; Dienstleistungsplattform zu arbeitsrechtl. Compliance; Lebensmittelunternehmen zu neuer Car-Policy unter Berücksichtigung von ESG-Standards; Paketdienstleister u.a. in Einigungsstellenverf. zur Regelung von Umkleide- u. Reinigungszeiten u. bei Transformationsprojekt; DVAG bei Restrukturierung.

TAYLOR WESSING

Arbeitsrecht ★★★

NOMINIERT
JUVE Awards 2023
Kanzlei des Jahres für Arbeitsrecht

Bewertung: Die angesehene Praxis war zuletzt insbes. in ihren Paradedisziplinen gefragt: HR-Compliance u. Fremdpersonaleinsatz. Dabei stößt sie zunehmend in die High-End-Beratung vor. Zum einen vertraut Audi für einen Teil der hochsensiblen Untersuchungen zur BR-Vergütung nun auch auf das Team um Bertram. Zum anderen focht eine junge Salary-Partnerin für Mandantin TimePartner zunächst vor dem EuGH u. anschl. vor dem BAG ein entscheidendes Urteil für die Zeitarbeitsbranche aus. Doch auch in der klass. arbeitsrechtl. Beratung setzen Unternehmen auf die Erfahrung des TW-Teams, zuletzt etwa Graphite Cova bei der Schließung einer Produktionsstätte oder ein großer Baumaschinenhersteller in tarifrechtl. Fragen. Durch die hervorragende Einbettung der Praxis in die Gesamtkanzlei berät sie regelm. Mandanten auch in internat. Großprojekten, besonders stark entwickelten sich zuletzt das aus den USA kommende Geschäft u. die Zusammenarbeit mit den TW-Teams in Zentral- u. Osteuropa.

Stärken: HR-/Fremdpersonal-Compliance, internat. Vernetzung.

Oft empfohlen: Marc Gimmy, Dr. Oliver Bertram („breites Fachwissen u. sehr routiniert, auch in kritischen Situationen", Wettbewerber), Dr. Kilian Friemel, („dynamisch, pragmatisch, verlässlich", Wettbewerber), Janine Krupa-Soltane („sehr engagierte Jung-Partnerin mit ausgezeichneten Kenntnissen an der Schnittstelle zum Beschäftigtendatenschutz", Wettbewerber), Dr. Christian Maron

Team: 12 Eq.-Partner, 11 Sal.-Partner, 29 Associates

Schwerpunkte: Branchenfokus auf ▷*IT* u. Personaldienstleistung, enge Schnittstelle zu ▷*Gesundheits-*

Anwaltszahlen: Angaben der Kanzleien, wie viele Anwälte zu mind. ca. 50 % in diesem Gebiet tätig sind. Sie spiegeln nicht zwingend die Gesamtgröße einer Kanzlei wider.

recht u. Datenschutz. Restrukturierung u. AÜG, internat. Arbeitsrecht (USA, Asien, zunehmend CEE), Dauerberatung mittelständ. Unternehmen.
Mandate: TimePartner Personalmanagement zu Gleichbehandlung von Zeitarbeitnehmern; Audi Gesamt-BR zu Betriebsratsvergütung; Lyft bei ww. Restrukturierung; DeepL bei SE-Umwandlung; Graphite Cova bei Betriebsschließung; Indigene zu Markteintritt in Dtl. u. Transfer der europ. MA auf dt. GmbH; Krankenhausdienstleister zu MVZ-Kauf u. Auslagerung von Pensionsverbindlichkeiten auf Rentnerges.; Baumaschinenhersteller bei Kündigung von TV; lfd.: Adobe, American Airlines; Evonik.

TREBECK & VON BROICH

Arbeitsrecht ★★

Bewertung: Die Paradedisziplin der Kölner Arbeitsrechtskanzlei sind Restrukturierungen. Teils konjunkturbedingt, teils strateg. motiviert, landeten entspr. Mandate zuletzt wieder häufiger auf dem Tisch der Partner. Mandanten profitieren dabei von eingespielten Netzwerkbeziehungen, die TvB sowohl zu dt. als auch ausl. Spezialkanzleien aufgebaut hat. Gemeinsam mit einer D'dorfer Corporate-Boutique ist sie bspw. regelm. an M&A-Deals u. Restrukturierungen beteiligt, mit Kölner Strafrechtlern bearbeitet sie Compliance-Mandate. In ihrem Bestreben, die US-Achse zu Partnerkanzleien zu stärken, ist die Kanzlei allerdings noch nicht nennenswert vorangekommen. Neben der Old Economy, in der insbes. die Namenspartner gut vernetzt sind, treibt die Einheit auch den Ausbau ihrer Start-up-Beratung voran, die anders als bei vielen Wettbewerbern noch stärker durch Wachstums- als durch Krisenthemen geprägt war. Der Weggang eines hier gut vernetzten Partners ist zwar ärgerlich, wirft TvB in ihren Bestrebungen aber nicht gravierend zurück.
Stärken: Restrukturierung, Prozessführung.
Oft empfohlen: Dr. Joachim Trebeck („fachl. sehr gut u. sehr schnell", geradlinig mit praktikablen u. umsetzbaren Lösungen", „unaufgeregt, sachlich, präzise. Mit ihm hat man immer gute Karten", Mandanten), Stefan von Broich („sehr engagiert u. lösungsorientiert", Mandant)
Team: 4 Partner, 3 Associates, 2 of Counsel
Partnerwechsel: Martin Eisenbeis (zu Kliemt)
Schwerpunkte: Restrukturierung, Betriebsverfassungsrecht, Vorstandsberatung, Prozesse.
Mandate: Verpackungshersteller zu Entsendung von Führungskräften u. Produktionsmitarbeitern in die USA; Lieken bei Restrukturierung; Sinn zu Restrukturierung u. Standortschließungen (inkl. Interessenausgleich u. Sozialplan); Fluggesellschaft zu Betriebsschließung inkl. Freiwilligenprogramm; Versicherungskonzern, u.a. zu IT-Mitbestimmung; lfd. Ruhrbahn, Dorint, Brussels Airlines, Lufthansa/Germanwings, Krüger Group.

TSC SCHIPP & PARTNER

Arbeitsrecht ★★

Bewertung: Erneut stellte die Gütersloher Boutique ihre Stärken in der betriebsrentenrechtl. Beratung u. in der Prozessvertretung unter Beweis. So mandatierte eine Stammmandantin die erfahrenen Partner für die Vertretung in einem Massenverfahren. Zudem wandten sich angesichts der steigenden Inflation zahlr. Unternehmen u. Verbände bzgl. der Anpassung von Betriebsrentenleistungen an das Team. Gleichzeitig entwickelt TSC das Restrukturierungsgeschäft erfolgr. weiter: In enger Zusammenarbeit mit Gesellschafts- u. Steuerrechtlern anderer Einheiten fängt die Kanzlei den erhöhten Beratungsbedarf familiengeführter Unternehmen bzgl. der von der Regierung geplanten Ausweitung der unternehm. Mitbestimmung auf. Das so aus mehreren Richtungen gestiegene Mandatsaufkommen macht personellen Ausbau notwendig, zumal eine Associate die Kanzlei im Frühsommer verließ.
Stärken: Betriebsverfassungs- u. -rentenrechtl. Beratung sowie Prozessführung.
Oft empfohlen: Dr. Johannes Schipp („fachlich sehr gut", Wettbewerber), Dr. Susanne Clemenz, Karl Geißler, Dr. Kathrin Schulze Zumkley
Team: 6 Partner, 1 Associate
Schwerpunkte: Dauerhafte wie auch projektbezogene Beratung u. Vertretung v.a. mittelständ. u. einiger namh. Großunternehmen (bAV, Restrukturierungen, Privatisierungen); Kliniken. Führungskräfteberatung. Zunehmend Compliance.
Mandate: Öffentl. bekannt: lfd. Pensionssicherungsverein, RAG.

VANGARD

Arbeitsrecht ★★★★

Bewertung: Neben Kliemt u. Pusch Wahlig zählt Vangard zu den großen Arbeitsrechtsboutiquen in Deutschland. Als Teil von Littler ist sie nicht nur regelm. in große internat. Projekte involviert, sondern profitiert auch bei der Entwicklung von Legal Tech von den Erfahrungen insbes. der US-Kollegen. Ein neues Tool für Massenverfahren soll Rechtsabteilungen dabei unterstützen, neben Rechtsstreitigkeiten u. Sozialplanverhandlungen die unterschiedl. Projekte u. Prozesse effizient zu bearbeiten. Inhaltlich gehörten erneut Restrukturierungen sowie Digitalisierungs- u. Transformationsbestrebungen zu den Beratungsschwerpunkten, etwa der Aufbau einer Matrixorganisation für RTL Adconnect. Solche Veränderungsprozesse unterstützt das Team regelm. nicht nur juristisch, sondern auch durch Wirtschaftsmediation. Aufgrund ihrer Erfahrung in der außergerichtl. Konfliktlösung gelang es Biester-Junker zuletzt, mehrere Gesellschafter von KMU als Mandanten zu gewinnen u. mit ihnen Strategien für die Unternehmensnachfolge zu entwickeln. Das HHer Büro erlitt mit dem Wechsel eines aufstrebenden Sal.-Partners zu Pusch Wahlig einen leichten Dämpfer, ist jedoch nach wie vor stark besetzt.
Stärken: Internat. Einbindung; Wirtschaftsmediation; Transformationsprozesse, auch unter Einsatz selbst entwickelter techn. Lösungen.
Oft empfohlen: Dr. Rajko Herrmann („breites Wissen, schnelle Reaktionszeiten, lösungsorientierte Beratung, angemessene Honorargestaltung", Mandant; „einer der besten Arbeitsrechtler", Wettbewerber), Jan-Ove Becker („hervorragender Berater, profunde Rechtskenntnis, starkes wirtschaftliches Denken", Mandant; „sehr erfahren im Transaktionsarbeitsrecht sowie bei Post-Merger-Integrations", Wettbewerber), Dr. Matthias Kast („einer der besten Arbeitsrechtler", Wettbewerber), Sebastian Juli („pragmatisch, gut vernetzt, fachlich fundiert", Wettbewerber), Dr. Frauke Biester-Junker, Dr. Thomas Griebe, Dr. Stefan Röhrborn, Dr. Alexander Bartz, Stefan Settekorn
Team: 15 Eq.-Partner, 12 Sal.-Partner, 41 Associates
Partnerwechsel: Dr. Thorben Klopp (zu Pusch Wahlig)
Schwerpunkte: Dauerberatung, z.T. als ausgelagerte Personalabteilung, daneben kollektivrechtl. Projektgeschäft wie Restrukturierungen, Outsourcing u. Personalabbau sowie AÜG. Zudem Führungskräfte u. bAV. Auch Begleitung von Transaktionen u. SE-Umwandlungen.
Mandate: Axa Group Operations bei Restrukturierung; Baxter bei Post-Merger-Integration von Hillrom; Dell u.a. bei Vereinheitlichung von Arbeitszeitregelungen; dpv – Dt. Pressevertrieb bei Personalabbau; Generali zu bAV; Indeed zu Zeiterfassung u. Bonussystemen; Maersk zu BR-Wahlen u. Betriebsverlegung; New Work bei grenzüberschr. Restrukturierung; Olympus bei europaw. Abspaltung von Scientific Solutions Division; RTL Adconnect bei Aufbau von Matrixorganisation; Sabena Aerospace u.a. zu bAV u. bei Neuverhandlung von TV u. BV nach Austritt aus Lufthansa-Verbund; Salesforce bei Personalabbau lfd.: Awista, Awo, Easyjet, Pemborke Reals Estate, Rheinbahn, Western Union.

WATSON FARLEY & WILLIAMS

Arbeitsrecht ★★★

Bewertung: Große Transformations- u. Compliance-Projekte für teils namh. Mandanten wie die Dt. Bahn beschäftigten die Arbeitsrechtler der internat. Kanzlei auch zuletzt. Während Krienkes Mandantenspektrum diversifizierter ist, berät Wiegreffe v.a. Energie- u. Logistikunternehmen, die gut in den Sektorfokus der Kanzlei passen. Die enge Vernetzung bspw. mit Gesellschafts- u. Energierechtlern ist aber auch bei Mandaten außerh. der Kernsektoren gefragt, wie bspw. bei der München Klinik oder Macquarie. Der Wechsel von Byers u. seinem Team wirft die Praxis in ihrer guten Entwicklung allerdings ein Stück zurück. Den Verlust der datenschutzrechtl. Kompetenz wird sie noch verkraften können. Darüber hinaus verliert sie aber nicht nur einen auch jenseits seiner Spezialkompetenz sehr angesehenen Partner, sondern auch 3 erfahrene Associates u. damit schlicht arbeitsrechtl. Knowhow u. personelle Schlagkraft.
Stärken: Restrukturierungen.
Oft empfohlen: Dr. Nikolaus Krienke („man kann sich jederzeit sehr gut auf ihn u. seine Beratung verlassen: lösungsorientiert", Mandant), Dr. Andreas Wiegreffe
Team: 2 Eq.-Partner, 10 Associates
Partnerwechsel: Dr. Philipp Byers (zu Dentons)
Schwerpunkte: Restrukturierungen u. Reorganisationen, zunehmend Compliance.
Mandate: Bauer Media Group bei arbeitsrechtl. Umstrukturierung; Baywa r.e. arbeitsrechtl. bei Transaktionen u. Post-Merger-Themen; Skyborn, u.a. zu AN-Überlassung u. Freelancern; Fujitsu bei umfangr. Reorganisation, neuer BR-Struktur, BVs zu Entgeltsystematik u. in Compliance-Fragen; Enervie bei Übernahme mehrerer Stadtwerke; München Klinik bei Sanierung; TUI Cruises bei Harmonisierung der Arbeitsbedingungen nach Zusammenlegung mit Hapag-Lloyd Kreuzfahrten; lfd. Vonovia, Apple Retail, ADAC, Orsted Services.

WHITE & CASE

Arbeitsrecht ★★

Bewertung: Kaum eine Praxis ist so erfahren im Insolvenzarbeitsrecht wie das Team um den anerkannten Röger. Eng angebunden an die starke Restrukturierungspraxis der Kanzlei landet dort regelm. die arbeitsrechtl. Aufarbeitung von Großinsolvenzen wie Görtz oder Curata. Entspr. routiniert ist das kleine Team beim Verhandeln von

Anwaltszahlen: Angaben der Kanzleien, wie viele Anwälte zu mind. ca. 50% in diesem Gebiet tätig sind. Sie spiegeln nicht zwingend die Gesamtgröße einer Kanzlei wider.

Sanierungstarifverträgen u. im Führen von Kündigungsschutzprozessen. Infolge der erfolgr. Prozessvertretung übertrug TUIfly dem Team nun auch die arbeitsrechtl. Beratung. Der 2. Schwerpunkt der Praxis liegt auf der transaktionsbegl. Arbeit, für die insbes. ein Frankf. Partner steht. Dass das M&A- u. Private-Equity-Geschäft marktbedingt zuletzt nachließ, betraf das Team durch seinen Restrukturierungsfokus kaum. Zahlr. Klienten ließen sich bei der Trennung von Führungskräften beraten.
Stärken: Insolvenzarbeitsrecht, enge Anbindung an die ▷*Sanierungspraxis*.
Oft empfohlen: Hendrik Röger („sehr gute Rechtsberatung und pragmatische Lösungsansätze", Mandant; „sehr erfahren", Wettbewerber)
Team: 2 Eq.-Partner, 5 Associates
Schwerpunkte: Arbeitsrechtl. Gestaltung internat. Transaktionen (aufseiten von Private-Equity-Investoren) u. anschl. Post-Merger-Integration; Restrukturierungen (insbes. insolvenznah) u. Personalabbau.
Mandate: TUIfly umf. arbeitsrechtl. u. in zahlr. KüSchu-Verfahren; Gorillas bei Verkauf an Getir; Orsay bei KüSchu-Verfahren im Nachgang der Insolvenz; Görtz bei Sanierung; Jost Werke bei SE-Umwandlung; Zulieferer bei Restrukturierung u. Sanierungs-TV; Caterpillar bei Betriebsschließungen, inkl. Sozialplan u. Interessenausgleich.

WOLFF SCHULTZE KIEFERLE

Arbeitsrecht ★

Bewertung: Das Kerngeschäft der Münchener Boutique bilden die arbeitsrechtl. Rundumberatung mittelständ. Mandanten u. die Prozessvertretung. Zuletzt waren die Anwälte aber auch verstärkt für Start-ups versch. Branchen aktiv, die sie aufgr. der veränderten Marktbedingungen vermehrt zum Stellenabbau, aber auch teilw. in der Wachstumsphase berieten. Zugenommen hat die Führungskräfteberatung. Hier begleitet insbes. Wolff einige prominente Fälle. Ungewöhnl. für eine dt. Kanzlei ihrer Größe ist der hohe Anteil internat. Arbeit, die aus der engen Zusammenarbeit mit ausl. Boutiquen (u.a. USA, Schweiz) rührt.
Stärken: Prozessführung.
Oft empfohlen: Dr. Andreas Wolff, Oliver Kieferle
Team: 3 Partner, 2 Associates, 1 of Counsel
Schwerpunkte: Lfd., auch kollektivrechtl. Beratung für mittelständ. Unternehmen, Kliniken u. Medienunternehmen. Öffentl. Sektor; Führungskräfte. Beratung internat. Mandanten durch enge Koop. mit US-Arbeitsrechtskanzlei.
Mandate: Drohnen-Start-up lfd. arbeitsrechtl u.a. zu Hinweisgeberschutz; Mobilitätsplattform zu Trennung von Mitarbeitern; Start-up (Healthcare) zu Stellenabbau; US-Tochterunternehmen zu div. arbeitsrechtl. Themen; div. Kliniken lfd. u. in arbeitsrechtl. Streitigkeiten; lfd. Bayer. Rundfunk, Aenova.

ZIRNGIBL

Arbeitsrecht ★★

Bewertung: Auch zuletzt war die anerkannte Praxis wieder bei Restrukturierungen im Gesundheitsbereich gefragt. Große Klinikkonzerne, aber auch Pflegeheimbetreiber setzten bei Standortschließungen, Sozialplanverhandlungen oder der Verschiebung von MA in Servicegesellschaften auf das überw. von München aus agierende Team. Abseits der Gesundheitsbranche mit ihren Zukäufen u. Praxiszusammenschlüssen fanden marktbedingt nur wenige Deals den Weg in die Praxis. So blieb die erstmalige Beratung eines Aufzugsherstellers beim Verkauf des Servicegeschäfts in mehreren Regionen eine Ausnahme. Neue Mandanten gewann die Praxis jedoch in der Restrukturierungsberatung, so begleitete sie u.a. ein Automotive- u. erstmals auch ein Chemieunternehmen beim Personalabbau. Erhöhten Beratungsbedarf durch die Anhebung des Mindestlohns hatten indes Mandanten aus der Fleischverarbeitung.
Stärken: Restrukturierungen, insbes. im Klinikbereich.
Oft empfohlen: Dr. Jens Kaspers („fachlich stark, klug und sehr sorgfältig", Wettbewerber), Dr. Lorenz Mitterer, Michel Attenberger
Team: 4 Eq.-Partner, 3 Sal.-Partner, 1 Counsel, 5 Associates
Schwerpunkte: Rundumberatung von Krankenhausträgern, auch Prozessvertretung; weitere Branchen: Hotel u. Event; Lebensmittelindustrie.
Mandate: Klinikkonzern bei Verschmelzung auf öffentl. Arbeitgeber u. anschl. Betriebsschließung; Automotive-Unternehmen bei grenzüberschr. Restrukturierung, inkl. anschl. KüSchu-Verfahren; Klinikkonzern bei Abwehr atyp. BR-Bildung; Aufzughersteller bei Verkauf mehrerer Regionen an Wettbewerber; internat. Energiekonzern, u.a. bei AZ-Erfassung; IT-Verbund bei Gründung u. zu Vergütungssysem; lfd. div. Unternehmen der Fleischverarbeitung.

Anwaltszahlen: Angaben der Kanzleien, wie viele Anwälte zu mind. ca. 50% in diesem Gebiet tätig sind. Sie spiegeln nicht zwingend die Gesamtgröße einer Kanzlei wider.

Außenwirtschaft: Das Ende der Globalisierung? Außenwirtschaftsrecht in Zeiten geopolitischen Wandels

Von Prof. Dr. Hans-Michael Wolffgang, AWB, Münster

Prof. Dr. Hans-Michael Wolffgang

Prof. Dr. Hans-Michael Wolffgang, Steuerberater, Fachberater für Zölle und Verbrauchsteuern, ist Gründungspartner der AWB Steuerberatungsgesellschaft mbH , der AWB Rechtsanwaltsgesellschaft mbH und der AWB Consulting GmbH mit Sitz in Münster, Hamburg und München.

Die AWB-Gruppe berät mit ihren Teams an den Standorten Münster, Hamburg und München international tätige Unternehmen in den Fach- und Rechtsgebieten Außenwirtschaft, Zoll und Umsatzsteuer, insbesondere Einfuhrabgaben, Zollverfahren, Exportkontrolle, Sanktionen, Antidumping, Ein- und Ausfuhrbeschränkungen, Lieferkettensorgfalt, Einfuhrumsatzsteuer und Umsatzsteuer im Binnenmarkt. Sie versteht sich als „Boutique" mit vertiefter Beratung in ihren Spezialgebieten; von der Unterstützung bei praktischen Fragen im Tagesgeschäft, der Analyse und Gestaltung der innerbetrieblichen Organisation, der Erstellung rechtlicher Gutachten und Stellungnahmen, der Vertretung vor Verwaltungsbehörden, der Verteidigung in Bußgeldverfahren bis hin zur Führung von Klageverfahren vor allen Instanzgerichten und dem Europäischen Gerichtshof.

Kontakt
AWB Rechtsanwaltsgesellschaft mbH
Piusallee 76, 48147 Münster
T +49 251 6203069-0

Ansprechpartner:
Prof. Dr. Hans-Michael Wolffgang
wolffgang@awb-international.de
www.awb-international.de

Die Gründung der Welthandelsorganisation in 1994 hat den globalen Handel in den letzten Jahrzehnten explosionsartig wachsen lassen. Der Multilateralismus führte zu einem Abbau von Handelshemmnissen und einer bisher nie gekannten Vernetzung der Volkswirtschaften. Ereignisse wie die Finanzkrise, die Corona-Pandemie, der Ukrainekrieg, die zunehmenden Spannungen in Asien und die nationalen bzw. nationalistischen Entwicklungen weltweit bedeuten einen geopolitischen Wandel, der sich auch im Außenwirtschaftsrecht niederschlägt.

Gemengelage in der globalen Wirtschaft

In der globalen Wirtschaft stellen wir seit mehreren Jahren eine Gemengelage von Themen fest, die eine sichere Orientierung erschwert oder sogar unmöglich macht. Die Corona-Pandemie zeigte die Anfälligkeit globaler Lieferketten. In der Folge des russischen Angriffs auf die Ukraine werden die geopolitischen Spannungen deutlich, die eigentlich schon lange zu erkennen waren. Die „Zeitenwende" war da.

Die Position Chinas und anderer Länder zu dem Krieg in der Ukraine führen uns das schwelende Konfliktpotential in Asien deutlich vor Augen. China hat sich über die letzten 20 Jahre zu einer wirtschaftlichen Großmacht entwickelt und ist dabei, diesen Status auch militärisch zu erreichen.

Die Regierungen Europas und auch der USA sind seit Februar 2022 im Krisenmodus. Da sind die russische Aggression, das Erstarken Chinas, aber auch die drohenden Katastrophen durch den Klimawandel, die eigentlich unsere Hauptsorge sein müssten. Die Mittel des Außenwirtschaftsrechts werden für die Bewältigung aller Probleme eingesetzt, seien es Wirtschaftssanktionen, Exportkontrollen, Investitionsschutz, Einfuhrbeschränkungen und -abgaben oder auch Freihandelsabkommen.

Wirtschaftssanktionen gegenüber Russland

Mit stetig verschärften Wirtschaftssanktionen soll Russland zum Ende des Krieges gezwungen werden. Im Juni 2023 wurde das 11. Sanktionspaket verabschiedet, mit dem die EU nicht nur die vorhandenen Instrumente wie Finanzsanktionen gegenüber russischen Institutionen und Personen sowie Exportbeschränkungen verschärft, sondern auch mögliche Umgehungsgeschäfte verhindern will. Der Verkauf, die Lieferung, Verbringung und Ausfuhr der dort gelisteten Güter in die gelisteten Unterstützerländer werden dann grundsätzlich verboten. Die hiermit einhergehenden Verbote (technische Hilfe, Vermittlungsdienste, sonstige Dienste, Finanzmittel, Finanzhilfen) gelten ebenfalls.

Diplomatie gegenüber China

Das Verhalten gegenüber China ist schwieriger. Eine Abkopplung von China ist faktisch unmöglich. Dafür ist die deutsche Wirtschaft viel zu sehr von China als Investitionsstandort sowie Produktions- und Absatzmarkt abhängig. Die Lieferschwierigkeiten im Handel mit China, die aufgrund der strikten Covid-Politik in China aufgetreten sind, sind nur ein Vorgeschmack auf die Probleme, denen wir im Falle von Wirtschaftssanktionen gegenüber China ausgesetzt wären.

Wie soll sich die deutsche Wirtschaft gegenüber China verhalten? Die Europäische Union und auch die Bundesregierung sehen China mittlerweile sehr kritisch. Der noch vor zwei Jahren nur als Wettbewerber und systemischer Rivale bezeichnete Staat wird jetzt offen als Bedrohung für unsere Sicherheit und unseren Wohlstand angesehen. Im Juni 2023 haben die Europäische Kommission und der Hohe Vertreter der EU eine neue Europäische Strategie für wirtschaftliche Sicherheit vorgelegt. Es geht um De-Risiking. Instrumente des Außenwirtschaftsrechts gehören zu den geplanten Maßnahmen, wie das Screening ausländischer Direktinvestitionen, die Sondierung von Optionen für eine angemessen gezielte Unterstützung für Forschung und Entwicklung von „Dual-use"-Technologien, die vollständige Umsetzung der EU-Verordnung zur Ausfuhrkontrolle von „Dual-use"-Technologien oder auch die Prüfung der Sicherheitsrisiken von Auslandsinvestitionen durch europäische Kapitalgeber.

Protektionismus in den USA

Die globale Komplexität wird durch die aktuelle Innenpolitik der USA erhöht. Mitte August 2022 unterzeichnete US-Präsident Joe Biden den Inflation Reduction Act of 2022. Das Gesetz soll der hohen Inflation entgegenwirken und den Klimaschutz in den USA vorantreiben. Rund 370 Milliarden US-Dollar sind für ökologische Maßnahmen und gleichzeitig die Förderung der US-Binnenwirtschaft vorgesehen. Kritisch sind die protektionistischen Aspekte des Gesetzes zu sehen. Dazu gehören die Kriterien für Steuergutschriften für Elektroautos, aber auch Buy-American- oder Local-content-Anforderungen in anderen Bereichen. Subventioniert werden nur Produkte US-amerikanischen Ursprungs. Die Ursprungsregeln sind weitaus schärfer als die üblichen Ursprungsregeln in der globalen Handelspolitik oder in Freihandelsabkommen.

EU-Handelspolitik: sozial und ökologisch, aber auch konfrontativ

Die EU-Kommission hat auf die amerikanische Initiative mit dem Green-Deal-Industrieplan vom Februar 2023 reagiert. Ausgangspunkt für den EU-Plan ist die Notwendigkeit, die technologische Entwicklung, die emissionsarme Produktion und die Energieversorgung im nächsten Jahrzehnt massiv zu steigern. Der Plan soll die laufenden Bemühungen zur Umgestaltung der Industrie im Rahmen des europäischen Green Deal und der EU-Industriestrategie ergänzen.

Für das Außenwirtschaftsrecht von besonderer Bedeutung ist die Bemerkung, dass der EU-Binnenmarkt nur soweit offen sei, wie die internationale Zusammenarbeit nicht zu ungleichen Wettbewerbsbedingungen führe oder unlauterer Wettbewerb festzustellen sei. Daher werde die EU weiterhin die handelspolitischen Schutzinstrumente in vollem Umfang nutzen, um den Binnenmarkt gegen unfaire Handelspraktiken wie Dumping und wettbewerbsverzerrende Subventionen zu verteidigen. Ebenso wird die Kommission darauf achten, dass die EU-Unternehmen gleichberechtigten Zugang zu den Beschaffungsmärkten in Drittländern erhalten. Ausländische Direktinvestitionen in der EU sollen vor dem Hintergrund des Schutzes der Vermögenswerte in der EU sowie der kollektiven Sicherheit betrachtet werden.

Im Sinne der Nachhaltigkeit wirkt die EU im internationalen Handel auf soziale und ökologische Veränderungen hin, die sich vor allem beim Import in Form tarifärer oder nichttarifärer Maßnahmen niederschlagen. Beispiele sind die neue Grenzausgleichsabgabe mittels Emissionshandel (Carbon Border Adjustment Mechanism), die Bemühungen um die Einhaltung von Sorgfaltspflichten in Lieferketten oder das Importverbot für Produkte aus Zwangsarbeit.

Regionalisierung und Blockbildung

Eine andere geopolitische Entwicklung mit Auswirkungen auf das Außenwirtschaftsrecht ist die zunehmende Regionalisierung der Weltwirtschaft. Mittlerweile gibt es mehr als 600 Freihandelsabkommen zwischen den verschiedenen Ländern der Erde. Wer mit wem welches Abkommen mit welchem Inhalt geschlossen hat, ist nur sehr schwer nachvollziehbar.

Vorzugsbehandlungen wie freier Marktzugang sind nach den Abkommen vom Ursprungsrecht abhängig. Zwar gibt es für das Ursprungsrecht global einige Grundprinzipen, im Detail weichen die Abkommen aber voneinander ab. Rechtssicher kann ein Unternehmen den korrekten Ursprung nur durch Anwendung des jeweils konkreten Abkommens ermitteln.

Besonderen Einfluss haben die Mega-Freihandelsabkommen, die in den letzten Jahren geschlossen worden sind. Das wirtschaftlich größte Abkommen ist das Regional Comprehensive Economic Partnership (RCEP); in Kraft seit 2022. Das RCEP umfasst die zehn Mitglieder der Association of Southeast Asian Nations (ASEAN) sowie China, Japan, Südkorea, Australien und Neuseeland. Ziel des RCEP ist es, Zölle zu senken, Regeln zu vereinheitlichen und gemeinsame Standards zu setzen. Der asiatische Wirtschaftsraum soll dadurch enger zusammenwachsen. Kritiker sagen: Unter chinesischem Einfluss!

Das RCEP ist aber nicht das einzige Mega-Freihandelsabkommen im asiatisch-pazifischen Raum. Das Comprehensive and Progressive Agreement for Trans-Pacific Partnership (CPTPP) mit den Vertragsparteien Australien, Brunei, Chile, Japan, Kanada, Malaysia, Mexiko, Neuseeland, Peru, Singapur und Vietnam ist seit 2019 für die meisten Unterzeichnerstaaten in Kraft. Das CPTPP deckt sowohl den Handel mit Dienstleistungen als auch mit Waren ab und setzt hohe Standards für den digitalen Handel, das geistige Eigentum, das öffentliche Beschaffungswesen, das Wettbewerbsrecht, die Korruptionsbekämpfung, Schutz der Arbeitnehmerrechte und Umweltschutz.

Die USA haben sich bisher – vorwiegend aus innenpolitischen Gründen – nicht für die Teilnahme am CPTPP entschieden. Dafür hat das Vereinigte Königreich unmittelbar nach seinem Austritt aus der EU einen Beitrittsantrag zum CPTPP gestellt, der im März 2023 grundsätzlich positiv beschieden wurde. Außenwirtschaftsrechtlich ist diese Entwicklung für die europäischen Unternehmen besonders interessant. Über Großbritannien kann sich ein zoll- und handelsrechtlich bevorzugter Zugang in den asiatisch-pazifischen Markt öffnen. ■

KERNAUSSAGEN

- Die internationale Wirtschaft befindet sich in einer komplexen Gemengelage, die ihre Gründe in geopolitischen, geoökonomischen und geoökologischen Veränderungen hat.
- Exportkontrollen und Wirtschaftssanktionen gegen Russland werden ausgeweitet. Mit den Instrumenten des Außenwirtschaftsrechts sollen sicherheitspolitische Ziele erreicht werden.
- Die Spannungen zwischen China und den USA haben Auswirkungen auf Europa. Die EU strebt eine Politik des De-Risking gegenüber China an. Handels- und Sicherheitsinteressen sollen ausgewogen berücksichtigt werden. Das schließt Handelsbeschränkungen und Wirtschaftskontrollen ein.
- In den letzten Jahren sind vor allem im asiatisch-pazifischen Raum Mega-Freihandelsabkommen abgeschlossen worden, die zu einer globalen Blockbildung führen. Transnationale Unternehmen mit Sitz in der EU müssen diversifizieren und die verschiedenen Ursprungsregeln beherrschen. Eine globale Unternehmensstrategie muss regionale Markt- und Rechtsbedingungen berücksichtigen.
- Die Globalisierung, wie sie sich in den letzten 30 Jahren rasant entwickelt hat, ist vorbei. Freihandel schwindet; Protektionismus nimmt zu. Das Außenwirtschaftsrecht gewinnt an Bedeutung.

Strafbarkeit der Umgehung von EU-Sanktionen?

Von Dr. Nils Harnischmacher, Dr. Talke Ovie, HARNISCHMACHER LÖER WENSING, Münster

Dr. Nils Harnischmacher

Dr. Nils Harnischmacher promovierte im Außenwirtschaftsrecht. Seit 2008 ist er in der HARNISCHMACHER LÖER WENSING RAe PartG mbB tätig, seit 2016 als Partner. Seine fachlichen Kompetenzen sind das Zoll-, Exportkontroll- und Sanktionsrecht. In diesen Rechtsgebieten veröffentlicht Herr Dr. Harnischmacher regelmäßig.

Dr. Talke Ovie

Dr. Talke Ovie promovierte im Zollrecht. Sie ist als Rechtsanwältin tätig. Ihre fachlichen Kompetenzen sind das Zoll-, Exportkontroll- und Sanktionsrecht. Für diese Fachgebiete ist sie in der HARNISCHMACHER LÖER WENSING RAe PartG mbB verantwortlich.

HARNISCHMACHER LÖER WENSING Rechtsanwälte PartG mbB ist eine vom „JUVE-Handbuch" empfohlene Wirtschaftskanzlei, die unter anderem auf das Zoll-, Exportkontroll-, Sanktions- und Transportrecht spezialisiert ist. Zu den Mandanten gehören sowohl mittelständische Unternehmen als auch internationale Konzerne.

Kontakt
HARNISCHMACHER LÖER WENSING
Rechtsanwälte PartG mbB
Dr. Nils Harnischmacher, Dr. Talke Ovie
Hafenweg 8
48155 Münster
nils.harnischmacher@hlw-muenster.de
talke.ovie@hlw-muenster.de
T +49 251 686860-0

Weitere Informationen zur Kanzlei in der Anzeige auf Seite 312

Seit Beginn des Angriffskrieges von Russland gegen die Ukraine hat die EU mittels zahlreicher Sanktionspakete die Verordnung (EU) Nr. 833/2014 (Russland-Embargo) verschärft. Hierdurch ist es für viele Güter zu einem Stillstand von unmittelbaren Lieferungen nach Russland gekommen. Es ist jedoch vermehrt festzustellen, dass sanktionierte Güter dennoch auf Umwegen nach Russland gelangen. Um eine Umgehung der Embargo-Maßnahmen zu verhindern, ist angedacht, Sanktionsumgehungen stärker ins strafrechtliche Visier zu nehmen. Die nachfolgenden Ausführungen setzen sich mit der Frage auseinander, ob und inwieweit dies (aktuell) rechtlich möglich ist.

Begriff der Umgehung

Gemäß Artikel 12 Verordnung (EU) Nr. 833/2014 ist es verboten, sich wissentlich und vorsätzlich an Tätigkeiten zu beteiligen, mit denen die Umgehung der in dieser Verordnung vorgesehenen Verbote bezweckt oder bewirkt wird. Eine Definition des Begriffs „Umgehung" gibt es in der Verordnung (EU) Nr. 833/2014 nicht. Auch sonst existiert keine allgemein gültige Definition dieses Begriffs. In der Literatur werden unter einer „Umgehung" Handlungen verstanden, die darauf gerichtet sind, dass das durch die Sanktionsmaßnahmen untersagte Verhalten auf andere Weise, wie etwa durch Zwischenschaltung weiterer Personen oder durch Täuschung, erreicht wird. In der Rechtsprechung wird der Begriff beschrieben als eine Aktivität, die zwar unter dem Deckmantel einer Form vorgenommen wird, mit der die Erfüllung des Verbotstatbestandes vermieden werden soll, die jedoch als solche oder auf Grund ihres Zusammenhanges mit anderen Aktivitäten unmittelbar oder mittelbar bezweckt oder bewirkt, dass das aufgestellte Verbot ausgehebelt wird.

Diese Begriffsbestimmungen verdeutlichen, dass eine Umgehung stets einen Verbotstatbestand voraussetzt, der umgangen wird. Für das Russland-Embargo sei beispielhaft das Ausfuhrverbot von Gütern des Anhangs VII in Artikel 2a Verordnung (EU) Nr. 833/2014 oder das Einfuhrverbot von Eisen- und Stahlerzeugnissen in Artikel 3g Verordnung (EU) Nr. 833/2014 erwähnt. Darüber hinaus existieren (mit zunehmender Tendenz) unzählige weitere Verbotstatbestände in der Verordnung (EU) Nr. 833/2014.

Strafbarkeit von Umgehungen

Ursprünglich sah das Außenwirtschaftsgesetz (AWG) in § 34 Absatz 4 AWG eine Strafbarkeit des Verstoßes gegen das Umgehungsverbot in § 34 Absatz 4 Nummer 2 AWG a.F. vor. Bereits im Jahr 2010 hatte sich der Bundesgerichtshof (BGH) in einer Entscheidung kritisch hinsichtlich dieser Strafbarkeit geäußert, da das Umgehungsverbot „unter Einebnung der Unterscheidung zwischen Täterschaft und Teilnahme in geradezu uferlose Weite auf alle möglichen Verhaltensformen ausgedehnt" werden könnte. Es stelle sich daher die Frage, ob die Strafbarkeit gegen den verfassungsrechtlichen Bestimmtheitsgrundsatz in Artikel 103 Absatz 2 Grundgesetz (GG) verstoße. Der Bestimmtheitsgrundsatz besagt, dass der Gesetzgeber die Voraussetzungen einer Strafbarkeit oder Bußgeldbewehrung so konkret zu umschreiben hat, dass sich der Anwendungsbereich der Straftat- oder Bußgeldtatbestände aus dem Wortlaut entnehmen lässt oder jedenfalls im Wege der Auslegung ermittelt werden kann.

Im Zuge der Reform des AWG im Jahr 2013 hat sich der deutsche Gesetzgeber diese Kritik zu Herzen genommen und auf die Strafbarkeit des Verstoßes gegen das Umgehungsverbot verzichtet. Die maßgebliche Strafvorschrift von § 18 Absatz 1 Nummer 1 a) AWG enthält demgemäß zwar eine Strafbarkeit für Verstöße gegen zahlreiche in EU-Sanktionsverordnungen enthaltene Verbote, es wird jedoch nicht (mehr) eine Zuwiderhandlung gegen das Umgehungsverbot aufgeführt.

Erfassung von Umgehungen durch weite Auslegung von Verbotstatbeständen?

Bereits in der Begründung zur Streichung der Strafbarkeit des Verstoßes gegen das Umgehungsverbot wies der Gesetzgeber darauf hin, dass Strafbarkeitslücken durch eine weite Auslegung des Tatbestandsmerkmals des „Bereitstellungsverbots" aufgefangen werden könnten. Das Bereitstellungsverbot betrifft den Bereich der personenbezogenen Sanktionen. Danach dürfen natürlichen oder juristischen Personen, die auf den Sanktionslisten der EU gelistet sind, weder unmittelbar noch mittelbar Gelder oder wirtschaftliche Ressourcen zur Verfügung gestellt werden. Insbesondere durch eine weite Auslegung des „mittelbaren" Bereitstellungsverbotes soll also eine Umgehung des Bereitstellungsverbotes verhindert und damit letztlich ein (strafbares) Umgehungsverbot wieder eingeführt werden.

Darüber hinaus sind im Russland-Embargo (wie auch in anderen Embargo-Verordnungen) nicht nur unmittelbare, sondern auch mittelbare Verhaltensweisen verboten. So ist etwa bei dem Einfuhrverbot für Eisen- und Stahlerzeugnisse nicht nur die unmittelbare, sondern auch die mittelbare Einfuhr von Eisen- und Stahlerzeugnissen in die EU verboten. In der Literatur und offenbar auch seitens der Bundesstaatsanwaltschaft lassen sich Tendenzen dahingehend erkennen, durch eine weite Auslegung des Begriffs „mittelbar" eine Umgehung der Sanktionen zu verhindern. Verstöße gegen mittelbare Verhaltensweisen werden gemäß § 18 Absatz 1 Nummer 1 a) AWG strafrechtlich sanktioniert. Für den Fall eines fahrlässigen Verstoßes sieht § 19 AWG einen Bußgeldtatbestand vor.

Nach unserem Dafürhalten begegnet diese Vorgehensweise rechtsdogmatischen Bedenken. Zunächst kann in rechtssystematischer Hinsicht eine Umgehung nach dem Willen des EU-Gesetzgebers nicht das gleiche wie eine mittelbare Verhaltensweise sein. Anderenfalls hätte keine Notwendigkeit dafür bestanden, sowohl mittelbare Verhaltensweisen als auch Umgehungen getrennt in eigenständigen Regelungen zu sanktionieren. Hinzukommt, dass eine uferlose Ausdehnung des Begriffs „mittelbar" genauso wie die uferlose Weite des Umgehungsverbotes verfassungsrechtlichen Bedenken auf Grund des Bestimmtheitsgebots von Artikel 103 Absatz 2 GG begegnet.

Bestrebungen des EU-Gesetzgebers

Möglicherweise kommt es bald auf Initiative des EU-Gesetzgebers zu der (erneuten) Einführung eines Straftatbestandes für den Verstoß gegen das Umgehungsverbot. Am 02.12.22 hat die EU-Kommission den Vorschlag für eine Richtlinie zur Definition von Straftatbeständen und Sanktionen beim Verstoß gegen restriktive Maßnahmen der Union vorgelegt. Darauf basierend gibt es seit dem 09.06.23 auch einen Standpunkt des Rates zur Harmonisierung auf der Ebene der Mitgliedstaaten hinsichtlich Straftatbeständen und Sanktionen für Verstöße gegen restriktive Maßnahmen der EU.

Hintergrund für diesen Vorschlag ist, dass die EU-Mitgliedstaaten Verstöße gegen EU-Sanktionen unterschiedlich ahnden. So hat etwa in zwölf EU-Mitgliedstaaten der Verstoß gegen eine EU-Sanktion ausschließlich eine Straftat zur Folge, wohingegen in dreizehn EU-Mitgliedstaaten ein Verstoß gegen EU-Sanktionen entweder als Ordnungswidrigkeiten oder als Straftat verfolgt werden kann. In zwei EU-Mitgliedstaaten hat ein Verstoß gegen EU-Sanktionen lediglich eine verwaltungsrechtliche Sanktion zur Folge. Die Freiheitsstrafen variieren zwischen zwei und zwölf Jahren, die maximalen Geldbußen bei natürlichen Personen zwischen 1.200,00 € und 5 Mio. € und bei juristischen Personen zwischen 133.000,00 € und 37,5 Mio. €.

Nach dem Richtlinienvorschlag sind nicht nur Verstöße gegen EU-Sanktionsvorschriften zu ahnden, sondern auch Verstöße gegen die Umgehung restriktiver Maßnahmen. Sämtliche EU-Mitgliedstaaten sollen über verhältnismäßige und abschreckende Sanktionen für Verstöße gegen restriktive Maßnahmen verfügen.

Zwar ist der Richtlinienvorschlag zur Einführung der Strafbarkeit wegen Verstoßes gegen Umgehungen zunächst auf die personenbezogenen Sanktionen beschränkt. Folglich hat dies keine Auswirkungen für die Umgehung der güterbezogenen Sanktionen, wie etwa Artikel 12 Verordnung (EU) Nr. 833/2014. Allerdings ist angesichts der zunehmenden Umgehung der güterbezogenen Sanktionen der EU die politische Diskussion insoweit noch nicht abgeschlossen.

Auswirkungen für die Praxis

Ob und inwieweit Umgehungsverstöße zukünftig unter die Verbote von mittelbaren Verhaltensweisen subsumiert werden oder ob es gar zur neuen (erneuten) Einführung eines Straftatbestandes wegen eines Verstoßes gegen das Umgehungsverbot kommt, bleibt abzuwarten und ist nicht ausgeschlossen.

Für Unternehmen, deren Güter in den Anwendungsbereich der Verordnung (EU) Nr. 833/2014 fallen, bedeutet dies ein erhöhtes Maß an Sorgfalt, um sich keines Risikos eines Verstoßes gegen ein mittelbares Verbot bzw. einer Umgehung auszusetzen.

Insoweit ist darauf zu achten, ob sich Anhaltspunkte für einen Verstoß gegen sanktionierte mittelbare Verhaltensweisen ergeben. So ist etwa nach Möglichkeit durch Einholung von Endverbleibserklärungen oder vertragliche Klauseln sicherzustellen, dass durch die Kunden nicht gegen sanktionierte Verhaltensweisen verstoßen wird. Dabei ist zu berücksichtigen, dass je nach Land, in dem der Kunde ansässig ist, gegebenenfalls Anti-Blocking-Maßnahmen einschlägig sind. Ferner wird es in Zukunft die eine oder andere (gerichtliche) Entscheidung dazu geben, welche Sorgfaltspflichten von den Wirtschaftsbeteiligten einzuhalten sind, um Verstöße gegen mittelbare Verhaltensweisen und damit auch Umgehungen zu verhindern. Vorstellbar ist, dass diese Entscheidungen je nach Mitgliedstaat der EU unterschiedlich ausfallen, auch wenn die Europäische Kommission mit der „Mitteilung an Wirtschaftsakteure, Einführer und Ausführer" (2022/C 145 I/01) versucht hat, diese Frage EU-einheitlich zu lösen. ■

KERNAUSSAGEN

- In Deutschland ist eine Strafbarkeit bei einem Verstoß gegen das Umgehungsverbot derzeit nicht vorgesehen.
- Es gibt Tendenzen, die verbotenen mittelbaren Verhaltensweisen in den Sanktionsverordnungen weit auszulegen, so dass diese auch um Umgehungen erfassen.
- Zudem strebt der EU-Gesetzgeber eine Strafbarkeit des Verstoßes gegen das Umgehungsverbot an.
- Für die Unternehmen bedeutet dies eine Erhöhung der Sorgfaltspflichten ausgehend von deren Produktportfolio und den Kunden.

Außenwirtschaftsrecht

De-Risking ist das Gebot der Stunde

Wer derzeit international Waren und Dienstleistungen handeln will, hat es nicht leicht. In Zeiten von Ukraine-Krieg und Russland-Sanktionen, sich verändernder Beziehungen zu China und stetig verschärfter Regularien auf EU-Ebene geht ohne fundierten außenwirtschaftsrechtlichen Rat heute so gut wie nichts mehr. Das haben auch die Kanzleien erkannt. Selbst einige der Einheiten, die sich wie **Linklaters** und **Clifford Chance** bisher im Außenwirtschaftsrecht vor allem auf die Investitionskontrolle konzentriert haben, erweitern das Beratungsspektrum nun zunehmend um Exportkontrolle und Sanktionsrecht. Hier fundierte Kompetenzen aufzubauen, kostet allerdings Zeit, und so sind es vor allem Kanzleien wie **GvW Graf von Westphalen**, **Baker McKenzie** oder **Harnischmacher Löer Wensing**, die sich schon seit Jahren diesen Themen widmen, die aktuell besonders gefragt sind.

Sanktionsmaßnahmen der EU, aber auch Willkür vonseiten russischer Behörden haben zur Folge, dass sich immer mehr Unternehmen vollständig aus Russland zurückziehen. Bei den Exit-Strategien können vor allem gut eingespielte, internationale und fachübergreifend arbeitende Teams punkten, in denen Außenwirtschaftsrechtler eng mit Corporate-Anwälten, Vertriebsrechtlern und Finanzierungsexperten kooperieren, wie bei **Noerr** und **Hogan Lovells**. Ihre Erfahrungen dürften auch künftig gefragt sein, wenn Unternehmen weitere risikobehaftete Handelsbeziehungen, etwa mit China, im Zuge des De-Risking unter die Lupe nehmen.

Bei Investitionen aus Drittstaaten schaut das BMWK seit Jahren genau hin. Dadurch hat das Thema Investitionskontrolle stark an Bedeutung gewonnen. So gründeten **Clifford Chance**, **Covington & Burling**, **Freshfields Bruckhaus Deringer**, **Gleiss Lutz**, **Hengeler Mueller**, **Linklaters** und **Noerr** jüngst das ‚Forum Investitionsprüfung'. Ziel ist es, den Austausch zwischen Ministerien, der Europäischen Kommission, Unternehmen, Investoren, Verbänden sowie der Anwaltschaft zu fördern. Neben diesen Großkanzleien sind auch Boutiquen wie **Blomstein** und **Held Jaguttis** stark bei der Investitionskontrolle positioniert.

Compliance ist Trumpf

Je enger der Rahmen des Möglichen, desto höher die Fehlerquote: „Mittlerweile ist es ist fast unmöglich, nicht gegen geltende Regeln zu verstoßen, da diese immer wieder verändert und verschärft werden", so ein Außenwirtschaftler.

Entsprechend hoch ist die Nachfrage nach Experten, die Unternehmen bei Selbstanzeigen und Ermittlungsverfahren aufgrund von Verstößen gegen das Außenwirtschaftsgesetz vertreten. Hier haben sich seit Jahren **Oppenhoff & Partner**, **CMS Hasche Sigle** und **Noerr** etabliert. Stark nachgefragt ist auch die Prävention: Bestehende Compliance-Programme werden um exportkontroll- und sanktionsrechtliche Regelungen ergänzt oder gänzlich neue Systeme implementiert. Dabei stehen Kanzleien wie **Gleiss Lutz** und **Baker McKenzie** besonders hoch im Kurs, die die Außenwirtschaftsberatung mit anderen Compliance-Themen verbinden.

Insbesondere bei **Baker McKenzie** beinhaltet das zumeist auch ESG-Themen in internationalen Lieferketten wie Menschenrechte und Umweltschutz. Ähnlich wie sie baut auch **GvW Graf von Westphalen** diesen Beratungszweig gezielt aus dem Außenwirtschaftsrecht auf.

Die Bewertungen behandeln Kanzleien, die hinsichtlich der internationalen Regulierung des Im- und Exports von Waren, Dienstleistungen und Rechten tätig sind. Eine wichtige Rolle spielen dabei, neben nationalen Bestimmungen wie dem Zollrecht, das europäische Recht und das Wirtschaftsvölkerrecht der Welthandelsorganisation WTO. Eine zentrale Rolle spielen auch der Investitionsschutz und zunehmend ▷*ESG-Fragen*. Fragen der Exportkontrolle sind zudem oft Gegenstand von ▷*Compliance-Untersuchungen*. In internationalen streitigen Auseinandersetzungen erfahrene Anwälte finden sich auch im Kapitel ▷*Konfliktlösung*.

JUVE KANZLEI DES JAHRES FÜR AUSSENWIRTSCHAFTSRECHT

NOERR

JUVE AWARDS 2023

Hätte Noerr die aktuellen globalen Multikrisen vorausgesehen – die Kanzlei hätte sich nicht besser aufstellen können. Mit einem feinen Gespür für die sich häufenden Herausforderungen ihrer Mandanten baut das Team um **Dr. Bärbel Sachs** die außenwirtschaftsrechtliche Beratung seit Jahren sukzessive aus. Strategisch geschickt stärkte Noerr dabei wichtige Schnittstellen. Die traditionell gut etablierte Vernetzung zu Strafrecht und Compliance – eines der Markenzeichen der Praxis – zahlt sich aktuell vor allem mit Blick auf die zunehmenden Verstöße gegen das Außenwirtschaftsgesetz sowie die Anfragen nach außenwirtschaftsrechtlichen Compliance-Systemen aus.

Die ebenfalls seit Langem gepflegten Schnittstellen zum Vertriebsrecht und der Corporate-Praxis bieten Mandanten derzeit vor allem im Zusammenhang mit dem Rückzug aus dem Russland-Geschäft einen Mehrwert, wie die Abwicklung der VTBE zeigt. Auch in der Investitionskontrolle agiert das Team auf Augenhöhe mit internationalen Transaktionskanzleien und unterstützt die M&A-Praxis bei einer wachsenden Anzahl grenzüberschreitender Deals. Dabei unterstützt das zuletzt gestärkte Brüsseler Team, das sich zudem im WTO- und EU-Recht und bei den Themen Antidumping und Freihandelsabkommen engagiert. Mit dieser Schlagkraft in der ganzen Breite des internationalen Warenverkehrs, die sonst kaum eine Kanzlei aufweist, ist Noerr bestens gewappnet, auch künftig in kürzester Zeit auf neue Herausforderungen für ihre Mandanten zu reagieren.

Außenwirtschaftsrecht

★★★★★	
Baker McKenzie	Amsterdam, Berlin, Düsseldorf, Frankfurt
Blomstein	Berlin
GvW Graf von Westphalen	Hamburg
Noerr	Berlin, Brüssel, München
★★★★	
CMS Hasche Sigle	Brüssel, Hamburg
Hogan Lovells	Brüssel, Berlin, München
Oppenhoff & Partner	Köln
★★★	
Dentons	Frankfurt, Berlin
DLA Piper	Frankfurt, Köln
Gleiss Lutz	Düsseldorf
Haellmigk	München
Harnischmacher Löer Wensing	Münster
Hohmann	Gelnhausen
★★	
AWB Rechtsanwälte	Münster, München, Hamburg
Luther	Brüssel, Essen, Köln
★	
Helmut Bleier	Kronberg

Die Auswahl von Kanzleien und Personen in Rankings und tabellarischen Übersichten ist das Ergebnis umfangreicher Recherchen der JUVE-Redaktion. Sie ist in 2erlei Hinsicht subjektiv: Die Aussagen der befragten Quellen sind subjektiv u. spiegeln deren Erfahrungen u. Einschätzungen. Die JUVE-Redaktion wiederum analysiert die Rechercheergebnisse unter Einbeziehung ihrer eigenen Marktkenntnis. Der JUVE Verlag beabsichtigt keine allgemeingültige oder objektiv nachprüfbare Bewertung. Es ist möglich, dass eine andere Recherchemethode zu anderen Ergebnissen führt. Innerhalb einzelner Gruppen in Rankings und tabellarischen Übersichten sind Kanzleien und Personen alphabetisch sortiert.

AWB RECHTSANWÄLTE

Außenwirtschaftsrecht ★★

Bewertung: Die Kanzlei ist v.a. für ihre Beratung zum Zollrecht bekannt. Diese reicht von Ursprungsregeln u. Zollwert über Tarifierung u. Präferenz bis zu Antidumping. Zudem vertritt das Team Mandanten regelm. in komplexen Streitfällen – nicht nur bei Vergehen gg. das Zollrecht, sondern auch gg. weitere AWG-Bestimmungen, denn seit einigen Jahren verbreitert die MDP-Kanzlei das Angebot sukzessive um Exportkontrolle u. Sanktionsrecht u. gewinnt dafür zunehmend an Respekt im Markt. Über Kooperationen mit einer US- u. einer chin. Kanzlei deckt AWB zudem das jew. länderspezif. Exportkontrollrecht ab. Auch angrenzenden Rechtsfragen, etwa dem LkSG u. ESG in internat. Lieferketten, widmet sich das Team. Mit einer Consulting-Tochter berät AWB zudem zur Digitalisierung u. dem Prozessmanagement im Zoll- u. Außenwirtschaftsrecht. Mit Voss verlor die Kanzlei allerdings einen ihrer renommiertesten Außenwirtschaftsrechtler u. schwächte damit ausgerechnet den Beratungszweig, den sie zuletzt ausgebaut hatte.

Stärken: Langj. Erfahrung im Zollrecht, inkl. Auseinandersetzung mit der Zollverwaltung. Starker Fokus auf Prozessberatung u. -führung, interne Ermittlung.

Oft empfohlen: Matthias Merz, Simon Vischer, Robert Witte („engagiert, ergebnisorientiert u. absoluter Experte in der Exportkontrolle", „sehr genau u. kompetent im Sanktionsrecht", Mandanten)

Team: 3 Eq.-Partner, 4 Sal.-Partner, 9 Associates, 1 of Counsel

Partnerwechsel: Nikolaus Voss (in eigene Kanzlei)

Schwerpunkte: Umf. zu allen Fragen des Zollrechts, Antidumping, Genehmigungspflichten. Exportkontrolle mit starkem Compliance-Bezug.

Mandate: Keine Nennungen.

BAKER MCKENZIE

Außenwirtschaftsrecht ★★★★★

Bewertung: Die Kanzlei berät zu einer großen Bandbreite an außenhandelsrechtl. Themen, wobei EU- u. US-Exportkontrolle u. Sanktionen sowie die umf. ▷*Compliance*-Beratung großen Raum einnehmen. So beschäftigten v.a. die Beratung zum Russland-Embargo u. Exit-Strategien sowie die Integration der stetig verschärften Sanktionsstufen in die Compliance-Systeme das Team um die D'dorfer Partnerin Thoms. Ihre Erfahrung mit außenwirtschaftsrechtl. Compliance kam Mandanten zuletzt auch bei Sanktionsverstößen zugute, wo BM mehrere Unternehmen bei Ermittlungsverfahren begleitet. Früher als viele Mitbewerber erweiterte Thoms ihre Beratung auf die Themen Menschenrechte u. Umweltschutz in internat. Lieferketten. Damit machte sie BM zur Vorreiterin in der ESG-Beratung in Dtl. u. koordiniert die Beratung auch länder- u. fachübergr., was mittlerw. zahlr. Mandanten überzeugt, die sie mit der Prüfung u. Erstellung ww. Compliance-Programme inkl. des LkSG u. den geplanten EU-Vorgaben betrauen. Zudem ist das Team zunehmend für die Investitionskontrolle in internat. Transaktionen gefragt, etwa beim US-Unternehmen ServiceNow beim Kauf des Berliner KI-Start-ups G2K. Regelm. übernimmt die Praxis bei M&A-Deals auch die exportkontrollrechtl. Due Diligence. Ergänzt wird das Angebot von der trad. starken Zolleinheit um die erfahrene Steuerpartnerin Looks, die internat. Mandanten unterschiedl. Branchen zur Strukturierung ihrer Zollprozesse oder zu Haftungsregeln bei Zoll und Einfuhrumsatzsteuer berät.

Stärken: Außenwirtschaftsrecht mit Schwerpunkt auf ▷*Compliance*, insbes. auch zu Menschenrechten u. Nachhaltigkeit im Zshg. mit der ▷*ESG-Beratung*. Zollrecht.

Oft empfohlen: Anahita Thoms („für alles, was außenwirtschaftsrechtl. Compliance angeht", Mandant), Nicole Looks

Team: 4 Eq.-Partner, 1 Sal.-Partner, 2 Associates

Schwerpunkte: EU- u. US-Exportkontroll- u. Sanktionsrecht sowie Investitionskontrolle u. Geldwäschefragen. Über die Steuerpraxis zudem USt- u. Zollrecht, dabei auch finanzgerichtl. Vertretung, Bußgeldverf. u. Zollbetriebsprüfungen.

Mandate: Exportkontrolle/Sanktionen: Dax-Konzern zu Sanktionen im Zshg. mit Russland, Iran, Syrien, China; Reifenhersteller zu Russland-Exit; div. Unternehmen, u.a. der Gesundheits-, Banken-, Kfz-, Chemie u. Konsumgüterbranche zu Russland-Sanktionen; israel. Technologieunternehmen zu Technologietransfer; dt. Einzelhandelskonzern zu exportkontrollrechtl. Compliance; Verpackungsunternehmen, Pflegedienstleister, dt. Pharmaunternehmen, US-Technologieunternehmen u. kanad. Kfz-Zulieferer zu LkSG u. ESG in der Lieferkette; NGO zu ESG-Standards. **Prozesse/Ermittlungsverfahren:** US-Pharmaunternehmen bei Strafverfahren wg. Verstößen gg. AWG u. bei Überarbeitung des Compliance-Programms; US-Technologiekonzern im Bergbau zu internen Ermittlungen u. Compliance-Programm. **Investitionskontrolle:** ServiceNow bei Kauf von G2K; BizLink zu Anteilskauf an Leonie; Sika bei Kauf von MBCC. **Zollrecht:** div. Onlineplattformen zur Einführung neuer Zollregelungen; E-Mobilitätsunternehmen zum Zollwert; Technologieunternehmen bei Warenursprung und Präferenzen.

HELMUT BLEIER

Außenwirtschaftsrecht ★

Bewertung: Der Einzelanwalt hat sich v.a. in der Beratung zu Zoll u. Verbrauchsteuern im grenzüberschr. Warenverkehr einen Namen gemacht. Regelm. vertritt er seine z.T. langj. Mandanten – zumeist mittelständ. Zulieferer div. Industrien – auch in Auseinandersetzungen mit den Finanz- u. Zollbehörden, z.T. bis zum EuGH, wo er zuletzt erfolgreich Urteile für den Tierleinenhersteller Flexi u. den Aromenimporteur Y GmbH erstritt. Daneben berät Bleier regelm. zur Exportkontrolle, was Mandanten zugutekommt, bei denen im Zshg. mit der zollrechtl. Außenprüfung auch Fragen zu Sanktionen z.B. mit Russland auftreten. Im Fall von Verstößen begleitet er sie auch bei den Bußgeldverfahren.

Stärken: Langj. Erfahrung im Zollrecht, inkl. Auseinandersetzung mit der Zollverwaltung.

Oft empfohlen: Helmut Bleier („engagierter Zollrechtler", Wettbewerber)

Team: 1 Partner

Schwerpunkte: Umf. zu allen Fragen des Zollrechts, Antidumping, Genehmigungspflichten.

Mandate: Zollrecht: Werkstoffhersteller zur zolltarifl. Einreihung u. Antidumping; Kfz-Zulieferer, u.a. zu Antidumping bei Importen von Reifen aus Belarus; div. Fahrradhersteller u. -zulieferer zu Antidumping; jap. Lebensmittelimporteur, u.a. zu zolltarifl. Einreihung, u.a. von Reiswein. **Prozesse/Ermitt-**

Anwaltszahlen: Angaben der Kanzleien, wie viele Anwälte zu mind. ca. 50 % in diesem Gebiet tätig sind. Sie spiegeln nicht zwingend die Gesamtgröße einer Kanzlei wider.

lungsverfahren: Flexi Montagetechnik gg. Hauptzollamt Hamburg in EuGH-Verfahren um Verzinsung nacherhobener Zölle (entschieden 2022); Y GmbH in EuGH-Verfahren zu zolltarifl. Einreihung von Vanillearomen aus Madagaskar (entschieden 2022); Biolebensmittelhändler in 12 Revisionsverfahren vor BFH zu zolltarifl. Fragen. **Exportkontrolle:** Medizinprodukteehersteller zu Exporten nach Russland; osteurop. Mineralölkonzern zu Dieselimporten.

BLOMSTEIN

Außenwirtschaftsrecht ★★★★★

NOMINIERT
JUVE Awards 2023
Kanzlei des Jahres

Bewertung: In nur wenigen Jahren hat es die Berliner Boutique geschafft, sich an der Marktspitze zu positionieren. Dabei muss sich das Team weder vom Beratungsumfang, der personellen Schlagkraft noch der Breite des Mandantenstamms hinter gr. Platzhirschen wie GvW, Noerr oder Baker verstecken. Das Team um Stein u. Friton berät gr. Mittelständler ebenso wie Konzerne aus Industrie, Technologie u. Energiewirtschaft u. begleitet sie im Fall von Verstößen gg. das AWG auch vor Finanzgerichten u. Behörden. Dafür erhält Blomstein Lob von allen Seiten. Laut einem Inhouse-Counsel „überzeugt u. begeistert das Team mit fachl. Leistung u. Einstellung", u. ein Wettbewerber lobt die „fachl. exzellente Qualität u. das hervorragende wirtschaftl. Verständnis". Neben den trad. Export- u. Sanktionsthemen sowie dem Zollrecht berät Blomstein an der Seite von Transaktionskanzleien auch regelm. bei M&A-Deals zur Investitionskontrolle u. übernimmt die Anmeldung beim BMWK, etwa für die chin. Reederei Cosco. Oft greift auch das Ministerium selbst auf die Kompetenz von Blomstein zurück, wie z.B. bei einer Anfechtungsklage gg. einen investitionskontrollrechtl. Bescheid.
Bes. Akzente setzt die Kanzlei mit der geschickten Verknüpfung von außenwirtschafts- u. vergaberechtl. Know-how, insbes. für Mandanten aus der Rüstungsbranche, sowie der Ausrichtung auf Brasilien, für die ein brasilian. Anwalt steht. Erstmals seit ihrem Bestehen ernannte die Kanzlei mit Wolf auch einen Partner. Er war erst im Vorjahr zum Counsel aufgestiegen. Auch eine junge Associate erhält schon Lob als „Rising Star" – ein weiteres Zeichen dafür, dass die Nachwuchsförderung funktioniert u. jüngeren Anwälten Raum zur Entfaltung gegeben wird.
Stärken: Exportkontroll-, Zoll- u. Verbrauchsteuerrecht, marktordnungsrechtl. Fragen, Investitionskontrolle, oft gemeinsam mit ▷*Fusionskontrolle*.
Oft empfohlen: Dr. Roland Stein („verlässl. Experte", „hohe Qualität der Beratung", „praxisnah", Wettbewerber), Dr. Pascal Friton („ambitioniert, hoch motiviert u. clever", Mandant über beide), Dr. Hans-Joachim Prieß, Dr. Florian Wolf („schnell u. gut", „fachl. u. persönl. gute Zusammenarbeit", Wettbewerber)
Team: 3 Eq.-Partner, plus Associates, 3 of Counsel
Schwerpunkte: Umf. zu Außenwirtschaftsrecht, insbes. Handels-Compliance, Exportkontrolle u. Sanktionen sowie Zoll- u. Verbrauchsteuerrecht. Zunehmend Investitionskontrolle u. ▷*ESG-Beratung*. Verf. vor Hauptzollämtern u. Finanzgerichten. Daneben Völker- u. EU-Recht, EU-Marktordnung, WTO-Recht.
Mandate: Exportkontrolle/Sanktionen: Knorr-Bremse u. Broetje-Automation zu Russland-Sanktionen; Kurtz Ersa, DKV Euro Service, Doctorly u. Fiege zu Sanktionsrecht; IMAC u. ABIEC zu EU-EntwaldungsVO; lfd.: ADM, Delivery Hero, Eckert & Ziegler, Glatfelter, Infineon, Lenze Operations, Miles & More, TDK. **Prozesse/Ermittlungsverfahren:** BMWK bei Anfechtungsklage im Zshg. mit Investitionskontrolle. ED&F Man Holdings in Zollverfahren in Polen u. Spanien; Südzucker in finanzgerichtl. Verfahren im Zshg. mit Marktordnungsrecht. Olenex Edible Oils in 2 zollrechtl. Streitigkeiten mit HZA Hamburg. **Investitionskontrolle:** Cosco bei Beteiligung an HHLA; MAN Energy bei Verkauf des Gasturbinengeschäfts an CSIC Longjiang GH Gas Turbine; DPE bei Verkauf der BE-terna an Telefónica; Summit Partners (mit Goodwin) bei Verkauf von Anteilen der Elatec an SGT; Vodafone zu Joint Venture mit Altice, Prosperity Group bei Kauf von Traxon Technologies. **Zollrecht:** lfd.: BMW, ED&F Man Holdings, Vattenfall, Hollywood Garment Sales, Südzucker.

CMS HASCHE SIGLE

Außenwirtschaftsrecht ★★★★

Bewertung: Die Kanzlei legt den Schwerpunkt ihrer außenwirtschaftsrechtl. Beratung auf Sanktions- u. Exportkontrollrecht, wo zuletzt das Russland-Embargo u. diesbzgl. Exit-Strategien sowie damit zusammenhängende Themen die Arbeit dominierten. So wandten sich das BMWK u. die BNetzA im Zshg. mit der Schaffung einer Treuhandgesellschaft für Gazprom an ein fachübergr. Team von CMS, in dem die Außenwirtschaftsrechtler auch zu sanktions- u. investitionsrechtl. Fragen berieten. Daneben war Neuhaus zusammen mit der M&A-Praxis wieder bei zahlr. internat. Transaktionen für die Investitionskontrolle gesetzt – wobei Mandanten oft auch für die Fusionskontrolle von der kartellrechtl. Kompetenz im Team profitierten. So beriet es etwa United Robotics beim Joint Venture mit Softbank Robotics zu beiden Themen. Auch die in den vergangenen Jahren gestärkte internat. Vernetzung im CMS-Verbund kam Mandanten dabei zugute, da das Team dadurch die Genehmigungen für grenzüberschr. Deals in verschiedenen Jurisdiktionen koordinieren kann. Auch mit anderen Praxisgruppen pflegen die Außenwirtschaftsrechtler eine enge Kooperation, etwa mit den Strafrechtlern, wenn sie Mandanten bei Verstößen gg. das AWG bei Bußgeld- u. Strafverfahren begleiten oder mit den ▷*Bankaufsichtsrechtlern* bei Geldwäschethemen. Zu ESG in der internat. Lieferkette berät CMS v.a. aus der ▷*Vertriebsrechts*- u. der Compliance-Praxis heraus.
Stärken: Fragen zu Russland-Sanktionen, auch in enger Kooperation mit internat. CMS-Büros.
Oft empfohlen: Kai Neuhaus („sehr besonnen, pragmat., umgängl. u. klug", „versierter Außenwirtschaftsrechtler", Wettbewerber)
Team: 2 Partner, plus Associates
Schwerpunkte: Sanktions-, Embargo- u. Zollrecht, auch ▷*Compliance* mit Bezug zu US- u. EU-Recht. Auch ▷*ESG-Beratung*. Zunehmend Investitionskontrolle bei ▷*M&A*-Deals.
Mandate: Exportkontrolle/Sanktionen: BMWK, u.a. sanktions- u. investitionskontrollrechtl. zu Schaffung der Treuhand der BNetzA für Gazprom Dtl.; Halbleiterproduzent zu exportkontroll- u. sanktionsrechtl. Compliance; Finanz- u. Versicherungsinstitute sowie div. Unternehmen aus den Branchen Automobil, Schifffahrt, Energie, Gesundheit, Immobilien, Industrie, Lebensmittel u. Konsumgüter zu Russland-Sanktionen; Generatorenhersteller zu Iran-Sanktionen; Kfz-Zulieferer zu Exportkontrolle im Zshg. mit SpaceX; Crown Equipment in Antidumping Expiry Review der

Zollrecht

Advant Beiten (Düsseldorf)

AWB Rechtsanwälte (Münster, München, Hamburg)
Manuel Sieben, Prof. Dr. Peter Witte, Prof. Dr. Hans-Michael Wolffgang

Baker McKenzie (Amsterdam)
Nicole Looks

Becker Büttner Held (Berlin, München)

Helmut Bleier (Kronberg)
Helmut Bleier

Blomstein (Berlin)
Dr. Hans-Joachim Prieß, Dr. Leonard Rummel, Dr. Roland Stein

Deloitte (Frankfurt, Mannheim)
Bettina Mertgen, Tino Wunderlich

DLA Piper (Frankfurt)
Dr. Björn Enders

Ebner Stolz Mönning Bachem (Hamburg)
Eva Rehberg

GvW Graf von Westphalen (Hamburg)
Dr. Lothar Harings, Marian Niestedt

Harnischmacher Löer Wensing (Münster)
Dr. Talke Ovie

Heuking Kühn Lüer Wojtek (Düsseldorf)
Wolfram Meven

KMLZ (München)
Dr. Christian Salder

KPMG (Hamburg, Stuttgart)

Gabriel Kurt (Hamburg)
Gabriel Kurt

Mazars (Düsseldorf)
Birgit Jürgensmann

Noerr (Berlin)
Dr. Bärbel Sachs

Oppenhoff & Partner (Köln)
Stephan Müller

Peterka (Hamburg)
Thomas Peterka

PKF Fasselt (Hamburg, Duisburg)

PricewaterhouseCoopers (Düsseldorf, Frankfurt, Hamburg)
Dr. Michael Tervooren

Rödl & Partner (Stuttgart)

WTS Digital (Düsseldorf, Hamburg, Köln)
Dr. Karen Möhlenkamp

Die Auswahl von Kanzleien und Personen in Rankings und tabellarischen Übersichten ist das Ergebnis umfangreicher Recherchen der JUVE-Redaktion. Sie ist in 2erlei Hinsicht subjektiv: Die Aussagen der befragten Quellen sind subjektiv u. spiegeln deren Erfahrungen u. Einschätzungen. Die JUVE-Redaktion wiederum analysiert die Rechercheergebnisse unter Einbeziehung ihrer eigenen Marktkenntnis. Der JUVE Verlag beabsichtigt keine allgemeingültige oder objektiv nachprüfbare Bewertung. Es ist möglich, dass eine andere Recherchemethode zu anderen Ergebnissen führt. Innerhalb einzelner Gruppen in Rankings und tabellarischen Übersichten sind Kanzleien und Personen alphabetisch sortiert.

Anwaltszahlen: Angaben der Kanzleien, wie viele Anwälte zu mind. ca. 50 % in diesem Gebiet tätig sind. Sie spiegeln nicht zwingend die Gesamtgröße einer Kanzlei wider.

Investitionskontrolle

Advant Beiten (Berlin)

Baker McKenzie (Düsseldorf, Brüssel)
Anahita Thoms

Blomstein (Berlin)
Dr. Roland Stein, Dr. Pascal Friton

Clifford Chance (Düsseldorf)
Dr. Dimitri Slobodenjuk

CMS Hasche Sigle (Brüssel)
Kai Neuhaus

Covington & Burling (Frankfurt)
Horst Henschen

Dentons (Frankfurt, Berlin)
Dr. Maria Brakalova

DLA Piper (Köln)
Dr. Thilo Streit

Freshfields Bruckhaus Deringer (Düsseldorf, Berlin)
Dr. Juliane Hilf, Dr. Frank Röhling

Gleiss Lutz (Düsseldorf)
Dr. Jacob von Andreae

GvW Graf von Westphalen (Hamburg)

Held Jaguttis (Köln)

Hengeler Mueller (Berlin, Düsseldorf)
Dr. Jan Bonhage, Dr. Vera Jungkind

Hogan Lovells (Brüssel)
Dr. Falk Schöning

Jones Day (Frankfurt)
Dr. Jürgen Beninca

Linklaters (Düsseldorf, Berlin)
Christoph Barth

Luther (Köln)

Noerr (Berlin, München)
Dr. Bärbel Sachs

Oppenhoff & Partner (Köln)
Stephan Müller

Taylor Wessing (Düsseldorf)
Dr. Michael Brüggemann

Die Auswahl von Kanzleien und Personen in Rankings und tabellarischen Übersichten ist das Ergebnis umfangreicher Recherchen der JUVE-Redaktion. Sie ist in 2erlei Hinsicht subjektiv: Die Aussagen der befragten Quellen sind subjektiv u. spiegeln deren Erfahrungen u. Einschätzungen. Die JUVE-Redaktion wiederum analysiert die Rechercheergebnisse unter Einbeziehung ihrer eigenen Marktkenntnis. Der JUVE Verlag beabsichtigt keine allgemeingültige oder objektiv nachprüfbare Bewertung. Es ist möglich, dass eine andere Recherchemethode zu anderen Ergebnissen führt. Innerhalb einzelner Gruppen in Rankings und tabellarischen Übersichten sind Kanzleien und Personen alphabetisch sortiert.

EU; Folienhersteller zu Antidumping. **Investitionskontrolle:** Cicor bei Kauf von SMT Elektronik u. bei Übernahme des EMS-Geschäft von Phoenix Mecano; Blue Elephant Energy bei Anteilsverkauf an Antin; Clariant bei Verkauf des Quats-Geschäfts an Global Amines; Greencoat Renewables PLC bei Anteilskauf an Offshore-Windpark Borkum Riffgrund I.

DENTONS

Außenwirtschaftsrecht ★★★

NOMINIERT
JUVE Awards 2023
Kanzlei des Jahres

Bewertung: Die Kanzlei hat sich mit ihrer Beratung zu EU- u. US-Exportkontroll- sowie Sanktionsrecht einen guten Ruf aufgebaut. Dafür steht insbes. Pfeil, die Mandanten aus einer gr. Bandbreite an Branchen zuletzt intensiv zu Russland-Sanktionen beriet. Dabei spielt das aus dem Öffentl. Recht kommende Team auch seine regulator. u. vergaberechtl. Kompetenz aus. Bsph. hierfür ist die Beratung der brit. Institution for Engineering and Technology (IET), die es zu einer Erklärung beriet, die einen Russland-Bezug von Lieferanten u. Auftragnehmern im Zshg. mit öffentl. Aufträgen ausschließt. Bes. stark entwickelt sich seit Jahren auch die investitionskontrollrechtl. Arbeit, bei der das Team regelm. bei internat. Transaktionen mit der ▹*M&A-Praxis* kooperiert. Mandanten profitieren dabei bes. von der trad. starken internat. Vernetzung im Dentons-Netzwerk. Zuletzt baute die Kanzlei insbes. die Zusammenarbeit mit Büros in Polen u. Rumänien aus, wie die Arbeit für ICIG u. Dt. Leasing zeigt. Dem stetig wachsenden Strom an Fragen zum Außenwirtschaftsrecht begegnete Dentons erneut mit einer personellen Verstärkung auf Associate-Ebene u. der Einstellung eines Counsels, der von Freshfields kam u. die bereits etablierte Schnittstelle zw. Vergabe- u. Sanktionsrecht verstärkt.

Stärken: EU- u. US-Exportrecht, Investitionskontrolle.

Oft empfohlen: Dr. Julia Pfeil („praxisbezogene Beratung", Mandant), Dr. Maria Brakalova

Team: 4 Partner, 2 Counsel, 4 Associates

Schwerpunkte: Exportkontroll- u. Sanktionsrecht sowie Investitionskontrolle. Auch ▹*ESG* in internat. Lieferketten.

Mandate: Exportkontrolle/Sanktionen: Arevipharma zu sanktions- u. exportkontrollrechtl. Einordnung pharmazeut. Wirkstoffe; Dt. Bahn, u.a. zu Russland-Sanktionen; Flowserve Ahaus zu außenwirtschaftsrechtl. Compliance-System; IET zu Russland-Sanktionen im Zshg. mit IP-Rechten; lfd.: Dt. Leasing, Duisburger Hafen, Resonac, Solvay. **Investitionskontrolle:** KPS bei Verkauf von Howden an Chart; Beretta bei Kauf von Ruag Ammotec; Britishvolt bei Kauf von EASBatteries; ICIG bei Kauf des Compound-Geschäfts der Benvic Group SAS von PVC Europe; Victoria's Secret bei Joint Venture mit Regina Miracle; Voith bei Anteilskauf an Argo Hytos u. Kauf der Eisenbahnsparte von IGW sowie bei Kauf der Siemens-Geschäftssparte eDrive.

DLA PIPER

Außenwirtschaftsrecht ★★★

Bewertung: Markenzeichen der außenwirtschaftsrechtl. Arbeit ist die ausgeprägte fach- u. ländergrenzübergr. Vernetzung. So gelingt es DLA, aus unterschiedl. Praxisgruppen heraus wichtige Themen des Außenwirtschaftsrechts abzudecken. Aus dem Öffentl. Wirtschaftsrecht kommend, beraten Giesberts u. Streit zu Exportkontrolle u. Sanktionen, wobei zuletzt die Russland-Sanktionen das Team beschäftigt. Auf diese Kompetenz setzte z.B. ein Mischkonzern im Zshg. mit Genehmigungen u. Anforderungen für die Lieferung von Gütern u. Dienstleistungen nach Russland u. Belarus, wobei u.a. DLA-Anwälte aus den USA u. Dubai das dt. Team unterstützten. Daneben sind die Außenwirtschaftsexperten trad. sehr aktiv in der Investitionskontrolle in grenzüberschr. Transaktionen, etwa für ResMed, die ein dt.-brit. Team beim Kauf von Medifox begleitete. Der Frankfurter Partner Enders ergänzt die außenwirtschaftsrechtl. Beratung mit seiner Kompetenz im Zollrecht, das immer wieder auch in umf. Compliance-Systeme Eingang findet. In Kooperation mit den Wirtschaftsstrafrechtlern steht das Team zudem regelm. Mandanten bei Verstößen gg. Genehmigungspflichten u. damit verbundenen Selbstanzeigen zur Seite.

Stärken: Embargoberatung, enge Kontakte zu Behörden u. polit. Gremien. Beratung zu grenzüberschr. Zahlungsverkehr u. Exportfinanzierungen.

Oft empfohlen: Dr. Björn Enders („sehr angenehme Zusammenarbeit", Wettbewerber), Dr. Ludger Giesberts, Dr. Thilo Streit („der Fachmann zu komplexen Fragen des EU- u. US-Außenwirtschaftsrechts", Mandant)

Team: 2 Partner, 1 Counsel, plus Associates

Schwerpunkte: Exportkontrolle u. Sanktionen. Regelm. strafrechtl. Begleitung bei Verstößen gg. das AWG an der Schnittstelle zu ▹*Strafrecht* u. ▹*Compliance*. Investitionskontrolle bei ▹*M&A*-Transaktionen u. ▹*ESG-Beratung*.

Mandate: Exportkontrolle/Sanktionen: Olympus zu Zoll- u. Exportkontroll-Compliance; Biotechnologieunternehmen zu Meldepflichten bei grenzüberschr. Zahlungen; Luftfahrtunternehmen zu außenwirtschaftsrechtl. Compliance im Zshg. mit internat. Projekt; Hersteller von Inspektionsgeräten zu Russland-Sanktionen; lfd.: Atos, Georgsmarienhütte, Zeppelin. **Investitionskontrolle:** ResMed bei Kauf von Medifox; Sviper bei Verkauf an The Sandbox; Netwix investitionskontrollrechtl. u. außenwirtschaftsrechtl. DD bei Kauf von Mateso; Borosil Renewables bei Kauf von Interfloat; Yougov bei Kauf von GfK. **Zollrecht:** Netjets umf. u. im Zshg. mit Streit vor dem Finanzgericht; lfd.: Atos, Axalta, Kodak, Olympus, D'Addario, Jarltech, Shred-it, Unify Software.

GLEISS LUTZ

Außenwirtschaftsrecht ★★★

Bewertung: Die außenwirtschaftsrechtl. Beratung ist trad. v.a. von der Arbeit rund um das Thema Investitionskontrolle geprägt. So band die renommierte ▹*M&A-Praxis* das Team erneut bei einer gr. Zahl von Anmeldungen ausl. Investitionen beim BMWK ein, etwa für Rheinmetall, SLM Solutions, Blackstone u. Microsoft. Immer wieder koordinieren die Außenwirtschaftsrechtler dabei auch die Investitionskontrollverfahren in anderen Ländern, wie im Fall Phoenix Pharmahandel. Daneben intensiviert sich die Beratung zu Exportkontrolle u. Sanktionen seit einigen Jahren, u. namh. Mandanten wie Merz Pharma, Zeppelin, Linde u. Puma vertrauen – nicht zuletzt im Zshg. mit den aktuell brennenden Fragen zum Russland-Embargo – auf GL. Hier macht sich insbes. die junge Counsel Koch einen Namen. Die außenwirtschaftsrechtl. Kompetenz, die auch Fragen des Zollrechts umfasst, weiß GL besonders gut in umf. Compliance-Programmen einzusetzen, wo das Team eng mit der marktführenden ▹*Compliance-Praxis* kooperiert. Durch die gute internat. Vernetzung, v.a. mit Kanzleien in den USA u. China, deckt GL auch die Beratung zu länderspezif. Exportkontrollrecht ab. Zudem ist das noch junge Londoner Büro eine gute Basis für die Ausweitung des internat. Geschäfts.

Stärken: Investitionskontrolle bei ▹*M&A*-Transaktionen, außenhandelsrechtl. ▹*Compliance*. Enge Verknüpfung zur ▹*Bank- u. Finanzrechtspraxis*.

Oft empfohlen: Dr. Jacob von Andreae („sehr professionell, bes. Know-how in investitionsrechtl.

Anwaltszahlen: Angaben der Kanzleien, wie viele Anwälte zu mind. ca. 50% in diesem Gebiet tätig sind. Sie spiegeln nicht zwingend die Gesamtgröße einer Kanzlei wider.

Fragen, kreativ u. praxisorientiert", Wettbewerber), zunehmend Dr. Eva Koch („gr. unternehmerisches Verständnis", Mandant)
Team: 3 Eq.-Partner, 1 Sal.-Partnerin, 1 Counsel, plus Associates, 1 of Counsel
Schwerpunkte: Transaktionsbegl. Investitionskontrolle, Exportkontrolle u. Sanktionsberatung an der Schnittstelle zur außenhandelsrechtl. Compliance, regelm. auch Begleitung bei Ermittlungsverfahren sowie ▷*ESG-Beratung*.
Mandate: Exportkontrolle/Sanktionen: Merz Pharma zu exportkontrollrechtl. Compliance u. Russland-Sanktionen; Refratechnik zu Embargos; Zeppelin zu außenwirtschaftsrechtl. Fragen im Zshg. mit Konsortialkreditvertrag; Ergo zu Sanktionsklauseln; FUW Treuhand sanktions- u. bankaufsichtsrechtl. im Zshg. mit Auflösung der VTBE; VTG Rail zu mögl. Insolvenz ihrer Kundin Rosneft; Andreas Stihl, Alfred Ritter, ASW, Bertelsmann, Bundesdruckerei, Bunker, Heidelberg Materials, Linde, Puma u. Voestalpine zu Russland-Sanktionen; lfd.: Emag, Gelita Medical, Hotjar, Ineos Styrolution. **Investitionskontrolle:** Rheinmetall bei Verkauf des Großkolbengeschäfts an Koncentra Verkstads; SLM Solutions bei öffentl. Übernahme durch Nikon; Blackstone bei Kauf des Klimatechnologiegeschäfts von Emerson; Microsoft bei Investition in Nuance; Lanxess bei Joint Venture mit Advent International; Tiger Global bei Investition in Lunar X; Phoenix Pharma bei Anteilskauf an McKesson; Atlantic Park u. GIC bei Investitions in Cheplapharm. **Zollrecht:** lfd.: Andreas Stiehl, Linde.

GVW GRAF VON WESTPHALEN

Außenwirtschaftsrecht ★★★★★

Bewertung: Die Leuchtturmpraxis der Kanzlei überzeugt mit ihrer gr. Kompetenz in sämtl. Fragen des grenzüberschreitenden Warenverkehrs u. gehört seit Jahren zur unbestrittenen Marktspitze. Internat. Konzerne aus div. Industrien u. Handel sowie dt. Mittelständler setzen gleichermaßen auf das Team um den Hamburger Partner Harings, das Wettbewerber regelm. für das tiefe Know-how u. die gr. Erfahrung loben. Dabei spannen die Anwälte den Bogen von Exportkontrolle u. Sanktionsrecht über Investitionskontrolle hin zum Zollrecht u. der Einfuhr-USt. Zuletzt standen, wie bei fast allen Wettbewerbern, die Russland-Sanktionen im Mittelpunkt der Beratung. Hier wirft GvW das Know-how einer Russland-Expertin in die Waagschale, die im Vorjahr von PwC Legal kam u. aus der Corporate-Praxis heraus v.a. zu Exit-Strategien u. der Sanktions-Compliance im Zshg. mit russ. Tochtergesellschaften berät. Auf die hohe Kompetenz des Teams vertrauen Mandanten zunehmend auch für umf. Compliance-Programme, wo die Außenwirtschaftsrechtler eng mit der Compliance-Praxis zusammenarbeiten. Diese schließen neben klass. exportkontrollrechtl. Fragen oft auch die Themen ESG in der Lieferkette u. LkSG ein, die Harings gezielt aus der Außenwirtschaftspraxis heraus entwickelt hat u. wo er neben Unternehmen mittlerw. auch die Welthungerhilfe berät, die GvW in einer Mandatsausschreibung überzeugte. Daneben zieht auch die ▷*M&A-Praxis* die Außenwirtschaftsrechtler standardmäßig bei grenzüberschr. Transaktionen für die Investitionskontrolle hinzu, wo v.a. Niestedt einen Schwerpunkt hat. Wettbewerber wie Noerr sind bei AWV-Anmeldungen beim BMWK jedoch noch deutl. aktiver.
Stärken: Voll integrierte Praxis, die in sämtl. Bereichen des Zoll- u. Außenwirtschaftsrechts berät.
Oft empfohlen: Dr. Lothar Harings („Experte mit unternehmerischem Denken", Mandant; „extrem tiefes Fachwissen", Wettbewerber), Dr. Gerd Schwendinger, Marian Niestedt, Dr. Hartmut Henninger, Dr. Katja Göcke
Team: 4 Eq.-Partner, 1 Sal.-Partner, 5 Associates, 1 of Counsel
Schwerpunkte: Sämtl. Themen des Außenwirtschaftsrechts. Export- u. Investitionskontrolle, Sanktionen u. Freihandelsabkommen. Viel Dauerberatung zu zoll- u. umsatzsteuerrechtl. Themen, zoll- u. exportrechtl. ▷*Compliance*, zunehmend ▷*ESG-Beratung*. Oft Unternehmen des gehobenen, internat. aktiven Mittelstands.
Mandate: Exportkontrolle/Sanktionen: Lürssen Werft, Momeni, Precision Dispensing Solutions, u.a. zu Russland-Sanktionen; Osapiens zu IT-Tool zur Umsetzung des LkSG; Celanese zu Russland-Sanktionen, LkSG u. Zollrecht; Welthungerhilfe zu LkSG; Paragon Partner u. Proponent zu Sanktionen; TopSeven zu exportkontrollrechtl. Meldepflichten für Hard- u. Software; ONE Mobility Solutions zu Meldepflichten im Kapital- u. Zahlungsverkehr; lfd.: Afghan Credit Guarantee Foundation, DMK, DNV-GL, Europ.-Iran. Handelsbank, Foley Hoag, FläktGroup, GEA, Leser, Sikora, Umarex, Universität Stuttgart, Utimaco. **Prozesse:** CPG Engineering in Musterprozess gg. Showa-Denko-Tochter um Reichweite der US-Sanktionen u. der EU-Blocking-VO (OLG Frankfurt); Gräfendorfer in zollrechtl. Verfahren vor FG HH, EuGH u. BFH; Galaxy Energy Cargodian vor FG zur Erstattung von Antidumpingzöllen. **Investitionskontrolle:** Gründer von Optano bei Verkauf an Kearney. **Zollrecht:** Daher Projects zu Einfuhr-USt. u. Verfahren ggü. Zollbehörden; lfd.: Power Data, Windeln.de, Jabil.

HAELLMIGK

Außenwirtschaftsrecht ★★★

Bewertung: Der Einzelanwalt ist mit seinem klaren Fokus auf der Beratung im US- u. EU-Exportkontrollrecht fest im Markt etabliert. Zu den Stammmandanten gehören namh. Industriekonzerne wie Voestalpine ebenso wie gr. Mittelständler aus Maschinenbau u. Technologie. Auch immer mehr Unternehmen aus rüstungsnahen Sektoren, etwa der Sicherheitstechnologie, vertrauen bei Fragen der Einstufung ihrer Güter u. zum Technologietransfer auf die Kompetenz von Haellmigk – so wie der US-Kofferhersteller Hardigg, der sich im Zshg. mit einer Ausfuhrgenehmigung für Schutzkoffer für Flugraketen an den Außenwirtschaftsexperten wandte. Zuvor hatte dieser bereits die Muttergesellschaft Pelican beraten. Auch Kanzleien ohne eigene Kompetenz im Außenwirtschaftsrecht binden Haellmigk ein, etwa eine US-Kanzlei, deren chin. Mandantin er zu EU-Exportkontrolle beriet. Regelm. begleitet er Unternehmen u. Geschäftsführer auch bei Bußgeldverfahren u. Selbstanzeigen im Zshg. mit Verstößen gg. das AWG, woraus sich oft Folgemandate zu umf. außenwirtschaftsrechtl. Compliance-Programmen ergeben.
Oft empfohlen: Prof. Dr. Philip Haellmigk („hervorragend, außerordentl. kompetent, insbes. in der US-Exportkontrolle", Mandant; „erfahren", Wettbewerber)
Team: 1 Partner
Schwerpunkte: EU- u. US-Exportkontrollrecht, Außenhandelsfinanzierung, Klassifizierung von Gütern u. Genehmigungsverf. sowie Vertretung vor Behörden. Begleitung interner Export-Control-Audits u. Compliance-Programme.
Mandate: Exportkontrolle/Sanktionen: Robert Bosch zu Russland-Embargo, EagleBurgmann zu Russland-Sanktionen u. US-Exportkontrolle; Hardigg zu Exportgenehmigungen; Hat.tec zu exportkontrollrechtl. Einstufung u. Ausfuhrgenehmigung; Spinner zu US-Exportkontrollrecht; Inova Semiconductors zu Produktklassifizierung u. Compliance-Programm; jap. Anlagenbauer zu Russland-Sanktionen; lfd.: Martin Bauer, Streifeneder, Voestalpine, Wainwright Instruments, Wälischmiller Engineering.

Führende Namen im Außenwirtschaftsrecht

Dr. Lothar Harings
GvW Graf von Westphalen, Hamburg

Dr. Harald Hohmann
Hohmann, Büdingen

Stephan Müller
Oppenhoff & Partner, Köln

Marian Niestedt
GvW Graf von Westphalen, Hamburg

Dr. Bärbel Sachs
Noerr, Berlin

Dr. Roland Stein
Blomstein, Berlin

Anahita Thoms
Baker McKenzie, Düsseldorf

Die Auswahl von Kanzleien und Personen in Rankings und tabellarischen Übersichten ist das Ergebnis umfangreicher Recherchen der JUVE-Redaktion. Sie ist in 2erlei Hinsicht subjektiv: Die Aussagen der befragten Quellen sind subjektiv u. spiegeln deren Erfahrungen u. Einschätzungen. Die JUVE-Redaktion wiederum analysiert die Rechercheergebnisse unter Einbeziehung ihrer eigenen Marktkenntnis. Der JUVE Verlag beabsichtigt keine allgemeingültige oder objektiv nachprüfbare Bewertung. Es ist möglich, dass eine andere Recherchemethode zu anderen Ergebnissen führt. Innerhalb einzelner Gruppen in Rankings und tabellarischen Übersichten sind Kanzleien und Personen alphabetisch sortiert.

HARNISCHMACHER LÖER WENSING

Außenwirtschaftsrecht ★★★

Bewertung: War die Kanzlei lange v.a. für ihre Kompetenz im Zollrecht bekannt, hat sie sich in nur wenigen Jahren zu einer gefragten Anlaufstelle für Fragen rund um Exportkontrolle u. Sanktionen entwickelt. Gemessen an ihrer Größe stemmt die Außenwirtschaftspraxis eine beeindruckende Zahl an Mandaten, die sich insbes. im Zshg. mit dem Russland-Embargo nochmals steigerte. Dabei vertrauen Mandanten aus einer gr. Bandbreite an Branchen auf Harnischmacher. Neben gr. dt. Mittelständlern – viele davon ww. führend in ihrem Segment – überzeugt HLW zunehmend auch Konzerne, wie die zu Rethmann gehörenden Rhenus u. Saria. Regelm. mandatieren sie die Kanzlei auch für die Risikoanalyse im grenzüberschr. Warenverkehr u. daraus folgend umf. außenwirtschaftsrechtl. Compliance-Prozesse. Oft profitieren Mandanten dabei sowohl von der exportkontroll- als auch der etablierten zollrechtl. Kompetenz des kl. Teams. Akzente setzt es zudem mit der Beratung im Logistiksektor, wo mittlerw. namh. Logistikdienstleister u. Assekuradeure wie Maersk, Fiege u. Hoyer auf HLW vertrauen. Geschickt verbindet v.a. die erfahrene Ovie dabei die Kompetenz im Zollrecht mit ihrer Spezialisierung im Transportrecht.
Oft empfohlen: Dr. Nils Harnischmacher („tief im Thema, zielorientiert", „extrem kompetent", Wettbewerber), Dr. Talke Ovie
Team: 1 Partner, 1 Associate

Anwaltszahlen: Angaben der Kanzleien, wie viele Anwälte zu mind. ca. 50% in diesem Gebiet tätig sind. Sie spiegeln nicht zwingend die Gesamtgröße einer Kanzlei wider.

Schwerpunkte: Exportkontroll-, Zoll- u. Einfuhrumsatzsteuerrecht, häufig an der Schnittstelle zu Transport- u. Speditionsrecht. Auch Vertretung in Straf- u. Bußgeldverfahren.
Mandate: Exportkontrolle/Sanktionen: Maersk Dtl., u.a. zu Russland-Embargo; Mahle zu ww. Exportkontrollsystem u. US-Exportkontrolle; Combi Lift zu Sanktionsrecht; Gizeh zu exportkontrollrechtl. Compliance; Jungbunzlauer zu Implementierung exportkontrollrechtl. Prozesse; Helmholtz-Zentrum zu Technologietransfer; lfd.: Fiege Logistik, Hoyer, Luftkryo, Meyer Burger, Mitsui Chemicals, Rhenus, RWTH Aachen, Technotrans, Teekanne, Teepack, VDM Metals, Würth Elektronik, SAL Heavy Lift, Jungbunzlauer. **Zollrecht:** Alpha Engineered Composites, u.a. zu zolltarifl. Einreihung u. Abwehr von Antidumpingzöllen; Apetito, u.a. zu Zollauditierung; Betek, u.a. zu Abwehr von Zollbescheiden; Euro Alkohol u. Gebo Armaturen zu Warenursprung u. Präferenzen. Lfd.: Caldic, Grohe, Gebr. Weiss, KGH Customs Services, KNF Neuberger, Knocks Fluid-Technik, Kravag, Mailer Stahl, Otto Fuchs, Rise Up Fashion, Sitek Spikes, Vestel.

HOGAN LOVELLS

Außenwirtschaftsrecht ★★★★

Bewertung: Wie viele andere internat. Wettbewerber legt die Kanzlei in der außenwirtschaftsrechtl. Beratung einen Schwerpunkt auf das Sanktions- u. Exportkontrollrecht sowie auf die transaktionsbegleitende Investitionskontrolle. Die umf. Beratung im Zshg. mit dem Russland-Embargo beschäftigte das Team zuletzt bes. stark, wobei es einmal mehr die gut etablierte internat. u. fachübergr. Vernetzung ausspielte. Zahlr. Mandanten aus den Sektoren Automobil, Energie, Finanzen, Lifescience u. Digitales etwa beriet ein Dtl., GB u. die USA umspannendes Team aus Außenwirtschafts- u. Vertriebsrechtlern umf. zu Sanktions-Compliance u. den Auswirkungen des Embargos auf die Lieferketten. Für Mandanten in rüstungsnahen Sektoren wie Lockheed Martin oder Helsing setzt HL ähnl. wie Blomstein auf die Verknüpfung des Außenwirtschaftsrechts mit der regulator. Kompetenz der ▷*Vergaberechtler*, u. im Zuge der zunehmenden internen Ermittlung wg. mögl. Verstöße gg. das AWG verstärkten sie nochmals die Kooperation mit der Compliance-Praxis. Darüber hinaus ziehen die Außenwirtschaftsrechtler bei Außenprüfungen durch die Zollbehörden auch einen Steuerpartner sowie bei Finanzsanktionen die Bankaufsichtsrechtler hinzu. Als internat. Transaktionskanzlei ist HL regelm. mit der Investitionskontrolle bei M&A-Deals befasst, wo der Kartellrechtler Schöning die Investitionskontrolle in versch. Ländern koordiniert u. gleichzeitig für die Fusionskontrolle verantwortlich zeichnet. Daneben holen ihn die Gesellschaftsrechtler zunehmend für die exportkontroll- u. sanktionsrechtl. Due Diligence bei Transaktionen ins Boot.
Stärken: Enge Kontakte u.a. zu den Branchen Automobil, Technologie, Maschinen- u. Anlagenbau. Beratung an den Schnittstellen zu ▷*Kartell-* u. ▷*Vertriebsrecht*, ▷*M&A* u. ▷*Compliance*.
Oft empfohlen: Dr. Falk Schöning
Team: 1 Eq.-Partner, plus Associates (Kernteam)
Schwerpunkte: Sehr internat. Projekte, auch mit ▷*M&A*-Bezug. Export- u. Investitionskontrolle, ▷*Compliance* u. ▷*ESG*. Branchen: Automotive.
Mandate: Exportkontrolle/Sanktionen: Svevind sanktionsrechtl. zu Wasserstoffprojekt in Kasachstan; Sicoya zu Kauf von Dawning Semi u. anschl. Compliance-System; Helsing u.a. zu EU- u. US-Exportkontrollrecht; Lockheed Martin exportkontrollrechtl. im Zshg. mit Beschaffungsprojekt der Bundeswehr; Motel One, u.a. zu außenwirtschaftsrechtl. Compliance; div. Unternehmen aus den Sektoren Automobil, Energie, Finance, Lifescience, Technologie zu Russland-Sanktionen; div. US-Rüstungsunternehmen zu Dual-Use-VO. Lfd.: Hyundai, Wacker, VinFast. **Investitionskontrolle:** AtlasEdge zu Kauf von Datacenter One; Georg Stumpf/M+W zu Verkauf der Exyte an BDT; Borromin Capital bei Kauf von Aerotec u. A.E.S.; PTC bei Kauf von Intland Software; Talanx/HDI bei Kauf von Privatkundengeschäft u. div. südamerik. Gesellschaften von Liberty.

HOHMANN

Außenwirtschaftsrecht ★★★

Bewertung: Die kl. Boutique berät umf. im Außenwirtschaftsrecht, mit einem Schwerpunkt auf Exportkontrolle sowie dem EU- u. US-Sanktionsrecht.

Anwaltszahlen: Angaben der Kanzleien, wie viele Anwälte zu mind. ca. 50% in diesem Gebiet tätig sind. Sie spiegeln nicht zwingend die Gesamtgröße einer Kanzlei wider.

Dabei standen zuletzt v.a. Fragen zu Russland-, aber auch weiterhin zu Iran-Sanktionen im Mittelpunkt. Zu den z.T. langj. beratenen Mandanten zählen v.a. Unternehmen aus dem dt. Mittelstand in den Branchen Anlagen- u. Maschinenbau, Elektronik, Chemie, Rüstung u. div. Dienstleistungssektoren, die auch bei zollrechtl. Fragen u. bei AWG-Verstößen auf Hohmann setzen. Zuletzt verstärkte sich die Kanzlei um einen Associate, der von White & Case kam u. Erfahrung in Litigation mitbringt, was eine gute Basis für die zunehmenden Widerspruchsklagen gg. die Ablehnung von Exportgenehmigungen durch das BAFA sowie in der Vertretung von Mandanten bei Verstößen gg. Zoll- oder Embargorecht u. damit verbundenen Selbstanzeigen ist.
Stärken: EU- u. US-Embargorecht. Viel Erfahrung auch mit operativen Fragen des Außenhandels.
Oft empfohlen: Dr. Harald Hohmann („erfahren", Wettbewerber)
Team: 1 Partner, 3 Associates
Schwerpunkte: Umf. Beratung zu außenwirtschaftsrechtl. Themen, v.a. Sanktions- u. Embargofragen, Exportgenehmigungen, Außenwirtschaftsrechtsverstöße u. Selbstanzeigen; zuletzt vermehrt Zollrecht. Branchen: mittelständ. dt. Unternehmen aus Maschinen- u. Anlagenbau, Elektronik u. Chemie, u.a. an der Schnittstelle zu Stoffrecht.
Mandate: Exportkontrolle/Sanktionen: Maschinenbauer zu Technologietransfer nach China; div. Maschinen- u. Anlagenbauer zu Lieferungen in den Iran u. nach Russland. Lfd.: ALJO, Clariant Dtl., Dürr, Fresenius Medical Care, Hydro Systems, Jungbunzlauer, Kamag, Mann + Hummel, Merck, Schenck Ro-Tec, Schuler Pressen, Würth Elektronik. **Prozesse:** Maschinenbauer in Klage vor VG Ffm. um Aufhebung des Ablehnungsbescheids für Technologietransfer nach China. **Zollrecht:** Hersteller von Pressen zu Zolltarifeinreihung.

LUTHER

Außenwirtschaftsrecht ★★

Bewertung: Die Kanzlei deckt die unterschiedl. Aspekte des Außenwirtschaftsrechts mit einem standortübergr. Team ab, in das einzelne Partner unterschiedl. Spezialisierungen einbringen. Der Essener Partner Melchior berät v.a. zum Exportkontroll- u. Sanktionsrecht, wo zuletzt zahlr. der oft mittelständ. Mandanten mit Fragen zu Russland-Sanktionen auf ihn setzten. Vereinzelt begleitet er sie auch zu außenwirtschaftsrechtl. Compliance-Programmen, wie z.B. einen Pumpenhersteller u. ein Onlineportal für Hotelbuchungen. Derweil befasst sich der Brüsseler ▷*Kartellrechtspartner* Janssen mit Fragen rund um EU-Marktregulierung und WTO-Recht. Zudem war er im Tandem mit der ▷*M&A-Praxis* verstärkt in der Investitionskontrolle aktiv. Dieser Beratungszweig nahm bei Luther zuletzt zu, u.a. bei M&A-Deals mit US- u. China-Bezug, wie z.B. die Beratung von Matthews beim Kauf von Olbrich und SE Automotive zeigt.
Stärken: Exportkontroll- u. sanktionsrechtl. Beratung (Essen), EU-Marktregulierung, WTO-Recht, Antidumping (Brüssel).
Oft empfohlen: Dr. Helmut Janssen (EU- u. Kartellrecht), Ole-Jochen Melchior (Handels- u. Vertriebsrecht)
Team: 2 Partner, plus Associates
Schwerpunkte: Exportkontroll- u. Embargorecht. Daneben Entwicklung u. Überprüfung von Compliance-Systemen, Begleitung im Genehmigungs- oder Widerspruchsverfahren.
Mandate: Exportkontrolle/Sanktionen: Kfz-Zulieferer zu US-Sanktionen und Boykottverbot; Pumpenhersteller zu EU-Embargos gg. Russland und Iran; Handelsunternehmen exportkontrollrechtl. im Zshg. mit Expansion in Afrika u. Naher Osten; Maschinenbauer zu Dual-Use-VO; Kupplungs- u. Getriebehersteller im Widerspruchsverf. gg. BAFA im Zshg. mit Ausfuhrgenehmigung für Kupplungen nach Taiwan; Hotelzimmervermittler u. Pumpenhersteller zu Compliance-Programm. **Investitionskontrolle:** Arendals Fossekompani bei Kauf von IPT Technology (mit Advokatfirmaet CLP); Matthews bei Kauf von Olbricht u. R+S Automotive; Gurit bei Verkauf der Aerospace-Sparte an Isovolta.

NOERR

Außenwirtschaftsrecht ★★★★★

JUVE AWARDS 2023
Kanzlei des Jahres für Außenwirtschaftsrecht

Bewertung: Markenzeichen der Kanzlei ist ihre umf. Beratung zu allen Fragen des Außenwirtschaftsrechts u. der starke Bezug zu Compliance. Damit gehört Noerr zu den wenigen Kanzleien, die Export- und Investitionskontrolle, Sanktions- u. Zollberatung inkl. Litigation sowie EU-, WTO- u. Völkerrecht aus einer Hand anbieten. Zuletzt war dieses geballte Know-how v.a. im Kontext der Russland-Sanktionen gefragt, wo das Team um die renommierte Berliner Partnerin Sachs div. Unternehmen zu Exit-Strategien u. allg. Sanktions-Compliance beriet. Ähnl. gut wie Hogan Lovells nutzt Noerr dabei die eingespielte fachübergr. Kooperation, etwa für Mercedes, die die Außenwirtschaftsrechtler mit der ▷*Corporate-* u. der marktführenden ▷*Vertriebsrechtspraxis* zum Verkauf des Russland-Geschäfts beriet. VTBE, die europ. Tochter der russ. Bank VTB, unterstützte ein fachübergr. Team zusammen mit ausl. Kanzleien, zu denen Noerr enge Kontakte pflegt, bei der Abwicklung ihrer Geschäfte. Zudem gelingt es der Kanzlei regelm., die enge Verknüpfung der außenwirtschaftsrechtl. mit ihrer strafrechtl. Kompetenz zu nutzen, was Mandanten aktuell ebenfalls v.a. im Zshg. mit den Russland-Sanktionen u. daraus folgenden AWG-Verstößen zugutekommt. Das zuletzt stark ausgebaute ▷*Brüsseler* Büro positioniert sich zudem im EU- u. WTO-Recht sowie bei Handelshemmnissen. Damit überzeugte Noerr u.a. Interfer, die das Team zu Antidumping- u. Antisubventionsmaßnahmen berät. Sehr aktiv waren die Außenwirtschaftsrechtler erneut bei internat. Transaktionen, bei denen sie die ▷*M&A-Praxis* mit der Investitionskontrolle sowie regelm. auch bei der außenwirtschaftsrechtl. Due Diligence unterstützen. Mit Blick auf die steigenden Anforderungen u. die gr. Bandbreite des Beratungsangebots ist es nur folgerichtig, dass das Team nun erneut auf Associate-Ebene wuchs.
Stärken: Regulator. u. strafrechtl. Beratung an der Schnittstelle zu ▷*Compliance* u. ▷*Wirtschafts- u. Steuerstrafrecht*, interne Ermittlung u. Entwicklung von Compliance-Programmen.
Oft empfohlen: Dr. Bärbel Sachs („kompetent u. praxisbezogen", „fokussiert u. effektiv", „marktführende Expertin u. Vordenkerin in der Investitionsprüfung", Wettbewerber)
Team: 4 Eq.-Partner, 1 Sal.-Partner, 1 Counsel, 7 Associates
Schwerpunkte: Beratung dt. u. internat. Unternehmen zu sämtl. Fragen des Zoll-, Exportkontroll- u. Embargorechts. Starker Fokus auf Compliance, Prozessberatung, interne Ermittlung. Zunehmend ▷*ESG-Beratung*.
Mandate: Exportkontrolle/Sanktionen: Mercedes u. Omnicon bei Russland-Exit; VTB Bank, Bazan, Claas u. GSI Helmholtzzentrum für Schwerionenforschung zu Russland-Sanktionen; Hauck Aufhäuser Lampe zu sanktionsrechtl. Compliance; Renk zu exportkontroll- u. sanktionsrechtl. Audit; Vantage Towers zu exportkontroll-, sanktions- u. zollrechtl. Compliance-Programm; internat. Großbank zu Finanzierung von Exporten. Lfd.: API Heat Transfer; Bauer Kompressoren, Bosch Rexroth, Robert Bosch, TÜV Rheinland, Zeppelin. **Prozesse/Ermittlungsverfahren:** Vertriebsleiter wg. Verstoß gg. Russland-Embargo. **Investitionskontrolle:** Rhône Group u. Maxam bei Verkauf von Expal Systems S.A. an Rheinmetall; Foresight bei Anteilskauf an HH2E; Liwathon bei Beteiligung an PCK Schwedt. **Zollrecht:** Heraeus-Quarzglas zu Antidumping; Von Roll Dtl. zu Tarifierung u. Antidumping; Tally Weijl zu zollrechtl. Compliance; Baltic Distillery zoll- und verbrauchsteuerrechtlich; lfd.: Andreas Stihl, ArentFox Schiff, Bauer-Kompressoren, Lear.

OPPENHOFF & PARTNER

Außenwirtschaftsrecht ★★★★

Bewertung: Das Team um den erfahrenen Müller war einmal mehr durch die gestiegene Bedeutung von Sanktionsthemen u. exportkontrollrechtl. ▷*Compliance* stark gefordert. So waren es v.a. die zahlr. Verschärfungen im Zshg. mit dem Russland-Embargo, zu denen die Praxis beriet u. bei Verstößen vor den Behörden vertrat. Dabei kam Mandanten die langj. Erfahrung von Müller im Sanktionsrecht mit Russland-Bezug zugute. Daneben ist er bei der industrie- u. rüstungslastigen Mandantschaft bei sämtl. exportkontrollrechtl. Fragen, insbes. zu Technologietransfer u. der Ausfuhr von Dual-Use-Gütern, ein gefragter Ansprechpartner. Erneut war das Team an der Seite der ▷*M&A-Praxis* investitionskontrollrechtl. im Rüstungs- u. Technologiesektor aktiv. Regelm. wird O&P dabei auch von ausl. Kanzleien für die Prüfungen u. Anmeldeverfahren am BMWK hinzugezogen, was durch die Bildung eines entspr. internat. Netzwerks, in dem 17 Kanzleien ww. für die Investitionskontrolle zusammenarbeiten, noch weiter verstetigt wird. Dabei zahlt sich aus, dass das Team sich im Vorjahr mit einem Associate verstärkte, der schwerpunktmäßig zu Investitionskontrolle berät.
Stärken: Exportkontrolle mit starkem ▷*Compliance*-Bezug, inkl. Technologietransfer.
Oft empfohlen: Stephan Müller („exzellente Beratung durch hervorragende Marktkenntnisse", Mandant; „hoch kompetent u. praxisnah", Wettbewerber)
Team: 2 Eq.-Partner, 1 Sal.-Partner, 3 Associates
Schwerpunkte: Umf. Beratung von vielfach dt. Töchtern internat. Unternehmen in exportkontrollrechtl. Fragen, Embargolisten-Screening.
Mandate: Exportkontrolle/Sanktionen: EnBW, u.a. zu Compliance-Konzept; div. Unternehmen zu Russland-Sanktionen; US-Chemiekonzern zu Russland-Exit; ind. Ingenieursdienstleister zu Compliance bei Technologietransfer. Lfd.: Airbus Helicopters, B. Braun Melsungen, KMW, Microsoft, Saint-Gobain. **Prozesse/Ermittlungsverfahren:** Hersteller von Antriebssystemen zu Feststellungsklage im Zshg. mit Klassifizierung von Exportgütern.

Anwaltszahlen: Angaben der Kanzleien, wie viele Anwälte zu mind. ca. 50% in diesem Gebiet tätig sind.
Sie spiegeln nicht zwingend die Gesamtgröße einer Kanzlei wider.

Fallstricke der Europäischen Offenlegungsverordnung bei der Strukturierung von Private Equity- und Venture Capital-Fonds

Von Louise Hertz und Philipp Neidel, Orbit, Berlin

Louise Hertz

Louise Hertz ist Fund Associate bei Orbit und berät Fondsmanager zu den Themen ESG und Impact Investing.

Philipp Neidel

Philipp Neidel ist Partner bei Orbit und berät Fondsmanager zu allen Aspekten der Fondstrukturierung und laufenden Fondsverwaltung.

Orbit ist eine ausschließlich auf Fondsrecht spezialisierte Boutique-Kanzlei. Orbit berät Fondsmanager und Initiatoren von Private Equity- und Venture Capital-Fonds sowie institutionelle, öffentliche und private Investoren solcher Fonds u.a. in den Bereichen Strukturierung, Regulierung, Steuern, Fonds Due-Diligence, Fonds Compliance, ESG und Sekundärtransaktionen.
Orbit | All. About. Funds.

Kontakt
Orbit | Fund Boutique
Invalidenstraße 73
10557 Berlin
www.orbit.law

Ansprechpartner: Inga Gernet
inga.gernet@orbit.law
M +49 151 70688476
F +49 30 509305 129

Weitere Informationen zur Kanzlei in der Anzeige auf Seite 204

Die Verordnung (EU) 2019/2088 (Offenlegungsverordnung oder „SFDR") ist seit März 2021 in Kraft. Seitdem sind unter anderem Kapitalverwaltungsgesellschaften („KVGen") verpflichtet, auf ihrer Website in den vorvertraglichen Informationen ihrer Fonds und gegebenenfalls in regelmäßigen Berichten transparent zu machen, inwieweit Nachhaltigkeit in ihren Investitionsentscheidungen berücksichtigt wird. Wo anfänglich noch zahlreiche Auslegungslücken die KVGen mit einigen Unwägbarkeiten zurückließen, blicken sie nun auf einen Flickenteppich aus Erläuterungen aus mehreren Q&As verschiedener Aufsichtsbehörden, einem Supervisory Briefing der europäischen Aufsichtsbehörden (ESA) und diverser FAQs der nationalen Aufsichtsbehörden. Im Folgenden sollen einige Themen aufgegriffen werden, die KVGen insbesondere im Private Equity- und Venture Capital-Bereich häufiger vor Herausforderungen stellen, und Ansätze skizziert werden, wie diese Hürden überwunden werden können.

Die SFDR differenziert zwischen „unternehmensbezogenen" und „produktbezogenen" Offenlegungspflichten. Mit Unternehmen ist die KVG selbst, mit dem Produkt der jeweils von der KVG verwaltete Fonds gemeint. Alle KVGen müssen auf ihrer Website transparent machen, wie sie Nachhaltigkeitsrisiken berücksichtigen und ob sie die wichtigsten nachteiligen Auswirkungen von Investitionsentscheidungen auf Nachhaltigkeitsfaktoren (sog. Principal Adverse Impacts bzw. „PAI") berücksichtigen. Die Möglichkeit, die PAI unberücksichtigt zu lassen, besteht nur für Finanzmarktteilnehmer, die weniger als 500 Mitarbeiter haben (sog. Opt-out).

Berücksichtigen von PAI

Die meisten KVGen im Private Equity- und Venture Capital-Bereich haben weniger als 500 Mitarbeiter und können damit vom Opt-out Gebrauch machen.

Insbesondere zu Beginn des Inkrafttretens der SFDR entschieden sich daher viele KVGen dafür, die PAI unberücksichtigt zu lassen. Inzwischen fordern aber immer mehr Investoren (auch um ihren eigenen Reportingpflichten nachzukommen) die Übermittlung von PAI-Daten, so dass KVGen sich vermehrt dazu entscheiden, die Daten – die sie nun sowieso erheben müssen – bei Investitionen zu berücksichtigen. Was genau aber bedeutet „berücksichtigen"? Das war bis vor kurzem noch unklar. Ist es ausreichend, die Daten zu erheben und transparent zu machen, oder erfordert die Berücksichtigung auch konkrete Maßnahmen? Wird die Entscheidungsfreiheit der KVG durch die Berücksichtigung von PAI eingeschränkt? Die EU-Kommission hat in ihrem letzten Q&A festgehalten, dass KVGen auch Angaben über ihre Maßnahmen machen müssen. Danach muss die Offenlegung sowohl eine Beschreibung der nachteiligen Auswirkungen als auch der zur Eindämmung dieser Auswirkungen ergriffenen Maßnahmen enthalten. Das bloße Darlegen der Daten ist somit nicht ausreichend.

Die produktbezogenen Transparenzpflichten beinhalten Offenlegungen in den vorvertraglichen Informationen und für Artikel 8 und Artikel 9 SFDR-Fonds auch Website-Offenlegungen und jährliche Berichte.

Die Schwelle zu Artikel 8 SFDR

Einstiegshürde jeder produktbezogenen Offenlegung ist die Einordnung unter die Artikel 6, 8 und 9 SFDR. Denn der Umfang der Offenlegungspflichten richtet sich nach den Bestimmungen der jeweiligen Artikel. Je „nachhaltiger" ein Fonds investiert, desto umfangreicher sind die Transparenzpflichten. Artikel 9 SFDR-Fonds tätigen 100 % nachhaltige Investitionen im Sinne der SFDR und sind deshalb leicht von Artikel 8 SFDR abzugrenzen. Doch wo verläuft die Grenze zwischen Artikel 6 und 8 SFDR? Nach Artikel 8 SFDR legt offen, wer ökologische oder soziale Merkmale bewirbt bzw. fördert.

Die Kommission hat dazu klargestellt, dass allein die Berücksichtigung von Nachhaltigkeitsrisiken nicht ausreichen kann. Es ist wohl auch möglich, PAI zu berücksichtigen, ohne sich unter Artikel 8 SFDR einzuordnen (jedenfalls dann, wenn diese Berücksichtigung nicht extensiv beworben wird).

Wo verläuft also die Grenze? Für viele KVGen ist dabei insbesondere relevant, ob die Sektorausschlüsse in ihren Fondsverträgen schon als relevante ökologische oder soziale Merkmale anzusehen sind.

Eine Auflistung von Beispielen des „Bewerbens" bzw. „Förderns" durch die EU-Kommission im Juli 2021 ("The term 'promotion' within the meaning of Article 8 of Regulation (EU) 2019/2088 encompasses, by way of example, [...], compliance with sectoral exclusions [...]") legte nahe, dass schon Sektorausschlüsse für eine Pflicht zur Offenlegung nach Art. 8 SFDR genügen.

Die luxemburgische Aufsichtsbehörde CSSF hat im Dezember 2022 ein FAQ veröffentlicht und darin dieses weite Verständnis eingeschränkt: "Should only an exclusion strategy be applied as a key element of the ESG strategy applicable to the relevant fund, the CSSF would expect the detailed exclusion strategy to allow investors to understand how the fund's environmental and/or social characteristics are being met." Der CSSF genügt allein der Sektorausschluss im Fondsvertrag nicht. Eine Einordnung unter Artikel 8 SFDR kommt nur in Betracht, wenn mit den Ausschlüssen die Förderung von bestimmten ökologischen oder sozialen Merkmalen beabsichtigt ist.

Für KVGen mit Sitz in Deutschland ändert dies nichts: Die BaFin geht bei Ausschlüssen im Fondsvertrag oder auch in der Unternehmens-Policy von einer Offenlegungspflicht nach Artikel 8 SFDR aus.

Angesichts der Rezeption der Artikel als Klassifizierung ist der Versuch der CSSF, die sehr weite Auslegung der EU-Kommission einzugrenzen, durchaus nachvollziehbar. Zum einen belastet Artikel 8 SFDR mit zusätzlichen Berichtspflichten, insbesondere kleine Fonds und KVGen, zum anderen werden Fonds „grüner" wahrgenommen, als sie eigentlich sind.

X % nachhaltige Investitionen im „Artikel 8+"-Produkt

Wer einen sog. „Artikel 8+"-Fonds auflegen möchte, beabsichtigt, teilweise – jedoch nicht zu 100 % – nachhaltige Investitionen zu tätigen. Ein Artikel 9 SFDR-Fonds tätigt ausschließlich nachhaltige Investitionen. In den durch die Regulatory Technical Standards zur SFDR („RTS") vorgesehenen Templates für die Offenlegung in vorvertraglichen Unterlagen müssen in einem solchen Fall konkrete Prozentangaben zum Anteil der nachhaltigen Investitionen an den gesamten Investitionen des Fonds getätigt werden. Für KVGen eines Venture Capital- oder Private Equity-Fonds, bei denen üblicherweise im Zeitpunkt ihrer vorvertraglichen Aufklärungspflichten die Portfoliounternehmen noch nicht feststehen, ist dies äußerst schwierig. Dennoch ist die EU-Kommission hier sehr klar in ihrer Antwort: Der angegebene Prozentsatz ist keine bloße Absichtserklärung, sondern soll den Anteil darstellen, der in nachhaltige Investitionen getätigt werden wird. Darüber hinaus soll dieser Anteil für die gesamte Fondslaufzeit zutreffen (typischerweise 10 – 12 Jahre). Auch das ist für Venture Capital- oder Private Equity-Fonds kaum umsetzbar. Als Lösung für die Praxis sollte hier auf hohe Transparenz gesetzt werden und in den Offenlegungen über diese Besonderheiten im Bereich Private Equity bzw. Venture Capital aufgeklärt werden.

Mindeststandards bei nachhaltigen Investitionen

Eine nachhaltige Investition im Sinne der SFDR erfordert, dass die Investition zur Verfolgung eines Nachhaltigkeitsziels getätigt wird, die Investition keine anderen Nachhaltigkeitsziele wesentlich beeinträchtigt und die Grundsätze der guten Unternehmensführung in den Portfoliounternehmen eingehalten werden. Mit Blick auf das Nachhaltigkeitsziel war zunächst unklar, wie dies ausgestaltet sein muss. In ihrem letzten Q&A hat die EU-Kommission nun klargestellt, dass die SFDR keine Mindeststandards für die Nachhaltigkeitsziele vorsieht. Es liegt vielmehr in der Verantwortung der KVGen, Nachhaltigkeitsziele für ihre Fonds zu definieren und in den Offenlegungen transparent zu machen. Für KVGen ergibt sich so ein größerer Freiraum bei der Entwicklung ihrer Investitionsstrategien. Für Investoren bedeutet dies, dass sie auch bei Artikel 8+ und 9 SFDR-Fonds die Offenlegungen sorgfältig lesen müssen, um sicherzugehen, dass der Fonds ihren Nachhaltigkeitspräferenzen entspricht.

Die Stellungnahme der EU-Kommission ist insofern konsequent, als es sich bei der SFDR um ein Transparenzregime und nicht um ein Klassifizierungssystem handelt. Für Investoren bleibt der Blick in die Offenlegung unerlässlich, um Informationen über die Nachhaltigkeit eines Fonds zu erlangen.

Datenschutz und Geheimhaltung bei Veröffentlichung der periodischen Offenlegungen auf der Website

Ist der Fonds nach Artikel 8 oder 9 SFDR eingeordnet, ergibt sich daraus eine jährliche Berichtspflicht. Für die Berichte mussten dieses Jahr erstmals die Templates der RTS verwendet werden. Diese verlangen unter anderem eine Auflistung der Portfoliounternehmen einschließlich der Nennung des jeweiligen Anteils an den gesamten Vermögenswerten des Fonds und des jeweiligen Sektors. An dieser Stelle kann es zu Konflikten zwischen Geheimhaltungs- oder Datenschutzpflichten und Offenlegungspflichten kommen.

Leider bieten derzeit weder die SFDR noch die RTS oder die verfügbaren Auslegungshinweise eine Lösung für diese Problematik an. Diskutiert wird vielfach, die periodischen Offenlegungen in einem nur für Investoren zugänglichen, passwort-geschützen Bereich der Website zu veröffentlichen. Ob das mit der SFDR im Einklang steht, ist derzeit unklar. Eine ausdrücklich gegenteilige Auffassung gibt es aber auch nicht.

Fazit

Insbesondere die Unübersichtlichkeit der vielen nachträglich erschienenen Stellungnahmen und Auslegungshinweise macht es den KVGen schwer, stets „compliant" mit den Offenlegungspflichten zu sein, zumal die europäischen Aufsichtsbehörden (ESA) bereits weitere Anpassungen der RTS vorgeschlagen haben (Consultation Paper with amendments to the Delegated Regulation of the Sustainable Finance Disclosure Regulation (SFDR)). Positiv ist, dass es einen lebhaften Diskurs aller Marktteilnehmer gibt und zu erwarten ist, dass sich viele Unklarheiten im Laufe der Zeit auflösen werden. ■

KERNAUSSAGEN

- Viele Private Equity- und Venture Capital-Fonds müssen bereits wegen ihrer Sektorausschlüsse im Fondsvertrag nach Artikel 8 SFDR offenlegen.
- In den Offenlegungen zu den PAI muss sowohl eine Beschreibung der nachteiligen Auswirkungen als auch der zur Eindämmung dieser Auswirkungen ergriffenen Maßnahmen enthalten sein.
- Nachhaltigkeitsziele von nachhaltigen Investitionen sind nicht an bestimmte Mindeststandards geknüpft.
- Unklar bleibt weiterhin, wie in den Jahresberichten mit Konflikten zwischen Offenlegungs- und Datenschutz- bzw. Geheimhaltungspflichten umgegangen werden soll.

BaaS-Modelle im FinTech-Bereich: Entwicklung und Umsetzung

Von Jan Liepe, Jens-Holger Petri und Dr. Hendrik Pielka, Waldeck Rechtsanwälte, Frankfurt am Main

Jan Liepe

Jan Liepe, Rechtsanwalt und Partner, berät im Bank-, Börsen- und Kapitalmarktrecht. Er ist auf Fragen der Marktintegrität und Compliance spezialisiert und vertritt Kreditinstitute, Broker und sonstige Finanzdienstleister in aufsichtsrechtlichen Angelegenheiten.

Jens-Holger Petri

Jens-Holger Petri, Rechtsanwalt und Partner, ist auf die Beratung zu branchenspezifischen Outsourcing- und IT-Projekten, insbesondere im Finanzsektor, spezialisiert. Er unterstützt seine Mandanten bei Vertragsverhandlungen ebenso wie bei der Projektdurchführung. Seine Beratung umfasst zudem datenschutzrechtliche und bankaufsichtsrechtliche Themen sowie das IT-Vergaberecht.

Dr. Hendrik Pielka

Dr. Hendrik Pielka, Rechtsanwalt und Partner, ist auf Fragen rund um Börse und Finanzplatz spezialisiert. Er unterstützt Banken, Broker, Kapitalverwalter und Investoren in bank- und wertpapierrechtlichen Angelegenheiten sowie Streitigkeiten mit Marktbetreibern und der Finanzmarktaufsicht.

Kontakt
Waldeck Rechtsanwälte PartmbB
Eschersheimer Landstraße 14 | TurmCenter
60322 Frankfurt am Main
T +49 69 90747-0
jan.liepe@waldeck.eu
jens-holger.petri@waldeck.eu
hendrik.pielka@waldeck.eu

Weitere Informationen zur Kanzlei in der Anzeige auf Seite 238

Will ein FinTech-Unternehmen Produkte bzw. Services anbieten, die als erlaubnispflichtige Bankgeschäfte oder Finanzdienstleistungen nach § 32 KWG, Wertpapierdienstleistungen nach § 15 WpIG oder Zahlungsdienste nach § 10 ZAG einzuordnen sind, stellt sich vor Markteintritt die entscheidende Frage, ob hierzu eine eigene Lizenz beantragt werden soll und falls ja, ob dies mit Blick auf die geplante Time-to-Market realistisch durchführbar ist.

Oftmals schreckt allein schon der mit einem Erlaubnisverfahren verbundene Zeit- und Kostenaufwand junge FinTech-Unternehmen ab: Die damit verbundene Time-to-Market und entsprechende Vorinvestitionen entsprechen nicht dem in der Regel dynamischen und innovativen unternehmerischen Ansatz. Zudem führen die mit dem Betrieb eines erlaubnispflichtigen Instituts einhergehenden regulatorischen Aufgaben zu einem deutlichen Anstieg der Kosten für entsprechend sachkundiges Personal. Vor diesem Hintergrund haben sich am Markt sogenannte Banking-as-a-Service (BaaS)-Modelle etabliert – die aus Sicht des FinTechs sowohl als dauerhafte operative Lösung oder als auch als Übergangslösung bis zur Erteilung einer eigenen Lizenz in Betracht kommen.

Begriffsbestimmung

Banking-as-a-Service (BaaS) wird aus Sicht von FinTech-Unternehmen in der Regel primär als „License-as-a-Service" verstanden, das dem FinTech ermöglicht, seine Produkte und Services mit einem zugelassenen Institut als regulatorisch Verantwortlichem am Markt anzubieten. Genutzt werden hierbei insbesondere auch die bei dem lizensierten Partner etablierten, regulatorisch relevanten Prozesse (KYC, Geldwäscheprävention, Meldewesen etc.).

Die technische Anbindung zwischen Institut und FinTech erfolgt in aller Regel über APIs (Application Programming Interface, Programmierschnittstelle). Die Bank tritt hierbei in der Regel nur dezent auf dem Frontend (Benutzeroberfläche, also Website und/oder Mobile App) des FinTech in Erscheinung, etwa durch den Zusatz „powered by XY-Bank". Das grafische Erscheinungsbild (sog. Branding) wird durch das FinTech dominiert.

Typische BaaS-Konstellationen im FinTech-Bereich

Die zwei häufigsten Konstellationen für eine Zusammenarbeit zwischen FinTechs und Instituten auf Basis eines BaaS-Modells sind

- **(a)** ein FinTech hat eine Geschäftsidee und hierfür eine technische Lösung entwickelt; um Produkte bzw. Services anzubieten, bedarf es jedoch einer Lizenz (siehe bereits eingangs), oder
- **(b)** ein ausländisches FinTech (z.B. eine Kryptobörse) will auch Kunden in Deutschland erreichen, besitzt jedoch nicht die erforderliche Lizenz, um Produkte oder Services direkt in Deutschland anbieten zu dürfen.

Rechtliche Umsetzung und Herausforderungen

BaaS-Modelle zwischen FinTech-Unternehmen und Instituten werden in der Regel über eine wesentliche Auslagerung gemäß § 25b KWG (bei Banken und Finanzdienstleistern), § 40 WpIG (bei Wertpapierinstituten) und § 26 ZAG (bei Zahlungsdienstleistern) umgesetzt.

Bei üblichen BaaS-Modellen als Form des Outsourcings bleibt das Institut der regulatorisch Verantwortliche für Produkt bzw. Services. Das Institut ist für die erlaubnispflichtigen Produkte und Services Vertragspartner des Endkunden. Das FinTech-Unternehmen ist der Dienstleister, an den die Bank die Erbringung bestimmter Leistungen (z.B. technischer Betrieb einer über das Internet und/oder App erreichbaren Plattform) ausgelagert hat. Unabhängig davon kann die Website im Branding des FinTech ausgestaltet sein, solange ein textlicher Hinweis auf das Institut auf der Website allgemein und insbesondere in Impressum und den AGB enthalten ist. Daneben ist es für nicht erlaubnispflichtige Zusatzdienste denkbar, dass das FinTech eine eigene (parallele) Vertragsbeziehung mit dem Endkunden auf Basis eigener AGB eingeht.

Der Vertrag zwischen Institut und FinTech muss die üblichen regulatorischen Anforderungen an wesentliche Auslagerungen umsetzen, insbesondere die Anforderungen nach AT

9 der MaRisk sowie der BAIT. Vertraglich zu vereinbaren sind u.a. Informations- und Prüfungsrechte zu Gunsten des Instituts und seinen Aufsichtsbehörden, soweit erforderlich Weisungsrechte (vor allem wenn die Leistungsbeschreibung aus Sicht des Instituts nicht hinreichend detailliert ist), Regelungen zu Notfallkonzepten, Vorkehrungen für die Vertragsbeendigung, Leistungskriterien (KPIs, SLA), Datenschutz- und Sicherheitsanforderungen sowie Regelungen zu sog. Weiterverlagerungen, d.h. für den Fall, dass das FinTech seinerseits Dienstleister (aus Sicht des Instituts Subunternehmer) im Rahmen der ausgelagerten Leistungen einsetzt.

Die erforderlichen Regelungen zum Datenschutz sind abhängig von der jeweiligen Verarbeitungskonstellation. Häufig handelt es sich aufgrund der Auslagerung um eine Auftragsverarbeitung gemäß § 28 DSGVO, d.h. das FinTech verarbeitet die personenbezogenen Daten der Endkunden im Auftrag und Weisung des Instituts. Wenn aber das FinTech auch eigenständige Verarbeitungs- und Nutzungszwecke sowie die Mittel der Verarbeitung festlegt und etwa aufgrund einer eigenen Vertragsbeziehung ebenfalls personenbezogene Daten der Endkunden verarbeitet (z.B. für Analyse- und Statistik-Services) wird es sich in der Regel um ein sog. Joint Controllership handeln, d.h. Institut und FinTech sind datenschutzrechtlich gemeinsam Verantwortliche gemäß Art. 26 DSGVO.

Im Rahmen des Onboardings der Endkunden wird im FinTech-Bereich üblicherweise auf Verfahren der Video-Identifizierung zurückgegriffen, ein gängiges und bei der Zielgruppe beliebtes (da schnelles) Verfahren. Hier ist zu beachten, dass aufgrund der Vorgaben der BaFin im Rundschreiben 3/2017 (GW) eine direkte Vertragsbeziehung zwischen Institut und Video-Ident-Provider erforderlich ist; eine Sub-Auslagerung der Video-Identifizierung in Form einer Auslagerungskette Institut – FinTech – Video-Ident-Provider ist unzulässig.

Weiterer wesentlicher Beachtungspunkt sind die Verpflichtungen zur Geldwäscheprävention. Je nach Konstellation kann eine Auslagerung im Sinne des § 17 Abs. 5 GwG in Bezug auf die Sorgfaltspflichten nach § 10 Abs. 1 Nr. 1 bis 4 GwG, eine Auslagerung interner Sicherungsmaßnahmen gemäß § 6 Abs. 7 GwG, insbesondere der Pflichten nach § 6 Abs. 2 GwG oder der Monitoringpflichten nach § 10 Abs. 1 Nr. 5 GwG oder aber ein sog. KYC-Sharing im Rahmen des § 17 Abs. 1 S. 2 Nr. 1 i.V.m. Abs. 3a GwG, d.h. die Nutzung von durch andere geldwäscherechtlich Verpflichtete erhobenen KYC-Daten, das Mittel zum Zweck sein.

Im Bereich der Anlageberatung und Anlagevermittlung stellt die Anbindung eines FinTech als vertraglich gebundener Vermittler an ein Institut eine verbreitete und in der Regel einfach umsetzbare Alternative zu einer BaaS-Gestaltung dar. Der vertraglich gebundene Vermittler erbringt die genannten Leistungen unter dem Haftungsdach, d.h. für Rechnung und unter der Haftung eines Instituts, tritt in diesem Rahmen aber visibel und eigenständig am Markt auf. Die Kontroll- und Eingriffsbefugnisse des Instituts reichen im Vergleich zum BaaS-Modell weniger weit. Auf der anderen Seite ist der Anwendungsbereich eines Haftungsdachs auf den gesetzlich geregelten Rahmen fixiert und hierdurch auch beschränkt. Ein BaaS-Modell ist weitaus flexibler und kann auf die spezielle Kooperation zugeschnitten werden.

Insbesondere bei der Zusammenarbeit mit einem FinTech im Ausland ist darauf zu achten, dass sich dieses nicht selbst mit erlaubnispflichtigen Leistungen „zielgerichtet an den deutschen Markt wendet". Insoweit sind die Verlautbarungen der BaFin und der Europäischen Aufsichtsbehörden zu berücksichtigen. Das Institut muss wesentliche Teile der Leistung und des Risikomanagements selbst erbringen und darf sich nicht darauf beschränken, dem FinTech eine „leere Hülle" für dessen Dienstleistungserbringung bereitzustellen.

In Grenzbereichen und bei Zweifelsfragen empfiehlt es sich, frühzeitig die Aufsicht in die Überlegungen einzubinden. Dies gilt namentlich auch dann, wenn die Zusammenarbeit auf neue, dem Regulator bislang wenig bekannte Produkte abzielt. Bundesbank und BaFin stehen hier in der Regel für einen regulatorischen Austausch zur Verfügung, um dort offene Themen gezielt und vorbereitet zu adressieren. Dies unterscheidet das deutsche Aufsichtsmodell mitunter vom Ansatz im europäischen Ausland. ■

KERNAUSSAGEN

- BaaS-Modelle im FinTech-Bereich ermöglichen im Gegensatz zum langwierigen Erlaubnisverfahren des FinTech-Unternehmens selbst eine rasche Umsetzung neuer Geschäftsideen und damit die unmittelbare Reaktion auf neue Kundenbedürfnisse im Markt.
- Bei den Instituten selbst fehlt es häufig an eigener Kundennähe, um neue Geschäftschancen auf Stand-alone-Basis im FinTech-Bereich erfolgreich umzusetzen. Auch regulierte Institute profitieren damit nachhaltig von der Zusammenarbeit in BaaS-Modellen.
- Die Modelle sind dabei flexibel gestaltbar. Bei alldem kann auf einem bestehenden regulatorischen Rahmen aufgesetzt werden.
- Namentlich bei der Entwicklung neuer Produkte empfiehlt es sich, frühzeitig den Dialog mit der Aufsicht zu suchen.

Das DLT Pilot Regime und die MiCA

Von Dr. Carola Rathke und Thomas Tüllmann, YPOG, Hamburg

Carola Rathke

Thomas Tüllmann

Carola Rathke und **Thomas Tüllmann** beraten nationale und internationale Banken, Finanzdienstleister, Wertpapierfirmen und Börsen zu Fragen der Finanzmarktregulierung und des Aufsichtsrechts. Seit 2017 konzentrieren sie sich insbesondere auf die Beratung von Unternehmen, die DLT-basierte Dienstleistungen oder Produkte anbieten.

YPOG ist eine Spezialkanzlei für Wirtschafts- und Steuerrecht. Unter anderem berät die Kanzlei FinTechs, Banken und Finanzdienstleister zu aufsichtsrechtlichen Fragestellungen, IP/ IT und Steuern, schwerpunktmäßig im Bereich Distributed Ledger Technology (DLT). Ein weiterer Schwerpunkt der Beratung liegt im Bereich Fonds, Venture Capital und Transaktionsfinanzierung.

Kontakt
YPOG Hamburg
Willy-Brandt-Straße 59
20457 Hamburg

Dr. Carola Rathke
carola.rathke@ypog.law
+49 40 6077281 106

Thomas Tüllmann
thomas.tuellmann@ypog.law
+49 40 6077281 144

Weitere Informationen zur Kanzlei in der Anzeige auf Seite 7, 245

Die Schaffung eines EU-weiten Rahmens für den Handel mit Kryptowerten und tokenisierten Finanzinstrumenten nimmt Gestalt an: Am 23.03.23 ist die Verordnung 2022/858 des Europäischen Parlaments und des Rates über eine Pilotregelung für auf Distributed Ledger Technologie (DLT) basierende Finanzmarktinfrastrukturen in Kraft getreten, das sog. Pilot Regime. Darüber hinaus wurde am 09.06.2023 die Markets in Crypto Assets Regulation (MiCA) im Amtsblatt der EU veröffentlicht. Sie ist Ende Juni in Kraft getreten. Die MiCA-Regelungen werden insgesamt jedoch erst nach einer Übergangsphase von 18 Monaten nach Inkrafttreten wirksam werden. Für einige Regelungen gilt eine 12-monatige Übergangsphase.

Das DLT Pilot Regime

Das DLT Pilot Regime schafft eine Art Testumgebung (Sandbox) für den Handel mit bestimmten Finanzinstrumenten, die auf DLT-Basis ausgegeben werden, sog. tokenisierten Finanzinstrumenten. „Finanzinstrumente" meint in diesem Zusammenhang nur Finanzinstrumente im Sinne der 2. EU-Finanzmarktrichtline (MiFID II). Unter dem DLT Pilot Regime können Wertpapierfirmen und bestimmte andere Marktteilnehmer für eine begrenzte Zeit (drei Jahre mit der Möglichkeit einer Verlängerung) testen, inwieweit die Tokenisierung von Finanzinstrumenten zu Effizienzsteigerungen im Handels- und Nachhandelsbereich führt. Das Regime ermöglicht den Betrieb von (i) multilateralen DLT-Handelssystemen (DLT-MTF), auf denen Kauf- und Verkaufsorders zusammengeführt werden (sog. Matching), (ii) DLT-Abwicklungssystemen (DLT-SS), mit denen Handelsgeschäfte abgewickelt werden, und (iii) kombinierten DLT-Handels- und -Abwicklungssystemen (DLT-TSS).

Das DLT Pilot Regime sieht eine Reihe von Ausnahmen von bestehenden Regeln für den Handel mit Finanzinstrumenten und die Abwicklung von Handelsgeschäften über Marktinfrastrukturen vor, um die Vorteile der DLT nutzbar zu machen. Bevor aber eine langfristige Änderung der aktuellen Regelungen erfolgt, soll mit dem DLT Pilot Regime zunächst einmal eine Testphase vorgeschaltet werden. Die Nutzung der Ausnahmen muss beantragt werden, sie gelten nicht automatisch.

Der Markt nimmt das DLT Pilot Regime grundsätzlich positiv auf. Zwar bleiben die Möglichkeiten, die das Regime bietet, zum Teil hinter den Erwartungen einiger Marktteilnehmer zurück, etwa wegen der Begrenzung auf bestimmte Finanzinstrumente (insbes. Aktien, Anleihen, Corporate Bonds und OGAW-Anteile) oder weil die Grenzwerte (Marktkapitalisierung bzw. Emissionsvolumen), bis zu denen DLT-Finanzinstrumente gehandelt werden, nicht allzu hoch sind. Dennoch ermöglicht das Pilot Regime, die Vorteile der DLT beim Handel mit Finanzinstrumenten effektiv zu testen.

Einer dieser Vorteile besteht in der Möglichkeit, sog. Smart Contracts einzusetzen. Smart Contracts sind Programme, die automatisch im DLT-System ausgeführt werden, wenn bestimmte Bedingungen erfüllt sind. Durch den Einsatz von Smart Contracts lassen sich zahlreiche Vorgänge beim Handel und bei der Abwicklung von Geschäften mit tokenisierten Finanzinstrumenten automatisieren. Zudem ermöglicht die Infrastruktur, dass Matching und Abwicklung zeitgleich stattfinden können. Damit die Smart-Contract-basierten Prozesse ihr volles Potential entfalten können, ist allerdings die Zahlung mit DLT-basiertem E-Geld (E-Geld-Token) notwendig, die das DLT Pilot Regime explizit vorsieht. Denn ohne den Einsatz sog. E-Geld Token müsste die Übertragung von Geld zur Abwicklung eines Handelsgeschäfts zwangsläufig außerhalb des DLT-Systems stattfinden.

Zudem ermöglicht das Regime Retailkunden den direkten Handel an einem DLT-Handelsplatz, ohne Einschaltung von Intermediären. Damit wird zwar die Attraktivität des Systems erhöht, es stellen sich aber auch Themen des Verbraucherschutzes.

Zahlreiche Fragen sind allerdings noch offen. Noch nicht abschließend geklärt ist etwa, welche Arten tokenisierter Instrumente von dem Regime erfasst werden. Eindeutig fallen sog. Kryptowertpapiere nach dem elektronischen Wertpapiergesetz (eWpG) in den Anwendungsbereich. Bisher können unter dem eWpG aber nur Inhaberschuldverschreibungen und Anteile an Sondervermögen DLT-basiert ausgegeben werden.

Unklar ist hingegen, wie mit (physischen) globalverbrieften Wertpapieren umzugehen ist. Die EU-Wertpapieraufsichtsbehörde ESMA scheint die Auffassung zu vertreten, dass auch diese Wertpapiere tokenisiert in das System eines DLT-SS oder DLT-TSS eingebucht und DLT-basiert gehandelt und abgewickelt werden können. Das würde den Anwendungsbereich des DLT Pilot Regimes deutlich erweitern.

Das Potential, das die DLT-Infrastruktur für den Handel mit Finanzinstrumenten bietet, liegt auf der Hand, und so bleibt zu hoffen, dass das DLT Pilot Regime ausgiebig genutzt wird. Denn dann besteht die Möglichkeit, dass der regulatorische Rahmen für den Handel von Finanzinstrumenten auf Marktinfrastrukturen dauerhaft erweitert wird und so die Vorteile der DLT auch langfristig genutzt werden können.

Die Markets in Crypto Assets Regulation (MiCA)

Während das DLT Pilot Regime ein (zunächst) zeitlich begrenztes Ausnahmesystem darstellt, ist die MiCA unmittelbar und dauerhaft geltendes Recht.

Mit der MiCA wird der Markt für Kryptowerte EU-weit einheitlich reguliert. Auf MiFID II Finanzinstrumente, auf die sich das DLT Pilot Regime bezieht, findet die MiCA allerdings keine Anwendung.

Zwar müssen beim Handel mit Kryptowerten bereits heute EU-weit bestimmte geldwäscherechtliche Pflichten erfüllt werden, eine umfassende Regulierung besteht bisher aber nur in Deutschland: Das KWG und das WpIG klassifizieren Kryptowerte als Finanzinstrumente. Anbieter, die Dienstleitungen in diesem Zusammenhang in Deutschland anbieten, benötigen daher eine Erlaubnis der BaFin. Darüber hinaus wurde im Jahr 2020 die Verwahrung von Kryptowerten als neue Finanzdienstleistung in das KWG eingeführt.

Die MiCA enthält viele Regelungen, die in ähnlicher Form in Deutschland bereits gelten. Doch zum Teil geht sie darüber hinaus. Das schlägt sich auch im Umfang der Verordnung nieder: Mit über 500 Seiten handelt es sich um ein Mammutwerk. Sicher ist dieser Umfang auch Folge der nicht immer effizienten Regelungstechnik. Doch auch die Regelungsgegenstände der MiCA sind umfassend: Neben Regelungen, wie sie auch in der MiFID II für Finanzinstrumente enthalten sind, insbesondere zu Erlaubnispflichten für bestimmte (Kryptowerte-)Dienstleistungen, enthält die MiCA auch Pflichten im Zusammenhang mit der Emission von Kryptowerten und zur Vermeidung von Marktmissbrauch. Für MiFID II Finanzinstrumente gelten hingegen insoweit separate Verordnungen.

So bedürfen u.a. Handelstätigkeiten (z.B. der Betrieb eines MTF, Eigenhandel etc.) sowie die Verwahrung von Kryptowerten einer Erlaubnis. Zudem führt die MiCA ein kryptowertspezifisches „Prospektrecht" ein. Zentrale Pflicht ist die Veröffentlichung eines sog. Whitepapers vor jedem öffentlichen Angebot von Kryptowerten.

Zusätzlich gelten strenge Erlaubnis- und Organisationspflichten für Emittenten, sog. Stablecoins. Dabei handelt es sich um Kryptowerte, deren Wertentwicklung an andere Werte, etwa stabile Währungen oder sonstige stabile Werte angeknüpft wird. Das „Libra"-Projekt von Facebook und anderen Internetkonzernen zielte auf die Einführung eines solchen Stablecoins ab. Stablecoins haben das Potential, traditionelles Geld zumindest teilweise zu ersetzen und stellen damit u.a. ein Risiko für die Geldwertstabilität dar. Dem will die MiCA entgegenwirken. Dabei unterscheidet die MiCA zwischen E-Geld-Token (e-money tokens, EMT), die eine Unionswährung, also etwa den Euro referenzieren, und sonstigen Stablecoins (asset-referenced tokens, ART), die andere Werte referenzieren. Für E-Geld-Token ist dabei zu beachten, dass neben der MiCA auch weiter die bisherigen Regelungen für E-Geld (teilweise modifiziert durch die MiCA) gelten.

Wie beim DLT Pilot Regime sind auch bei der MiCA noch viele Fragen offen. Dennoch wird die MiCA in der Kryptobranche begrüßt, denn sie vereinheitlicht den Rechtsrahmen für den Handel mit Kryptowerten in Europa. Unternehmen, die bereits in Deutschland eine Erlaubnis der BaFin erhalten haben, um z.B. Kryptowerte zu handeln oder zu verwahren, sind grundsätzlich gut aufgestellt, um diese Herausforderungen, die die MiCA stellt, zu meistern, denn zahlreiche Regelungen der MiCA finden nach dem KWG oder dem WpIG bereits heute Anwendung.

Doch auch Unternehmen, die bereits über eine BaFin-Erlaubnis verfügen, müssen sorgfältig prüfen, welche Anforderungen sie erfüllen müssen, um in das MiCA-Regime zu wechseln. Sicherlich wird es für bereits regulierte Kryptoverwahrer und Kryptohandelseinheiten Erleichterungen geben. Dennoch werden zusätzliche Anforderungen auf sie zukommen. Dasselbe gilt für Unternehmen, die bereits eine MiFiD II-Lizenz haben, und nun bestimmte Kryptowerte-Dienstleistungen anbieten wollen. Zwar müssen sie die Aufnahme dieser Dienste nur notifizieren, aber auch eine derartige Notifizierung ist mit nicht unerheblichen Anforderungen verbunden. Die Übergangsphase bis zur Anwendbarkeit der MiCA sollten die Unternehmen daher nutzen. ■

KERNAUSSAGEN

- Das DLT Pilot Regime eröffnet die Möglichkeit, für einen bestimmten Zeitraum Ausnahmen von derzeit geltenden rechtlichen Anforderungen zu beantragen, um das Potential des Handels mit DLT-basierten Finanzinstrumenten zu testen.
- Erfasst vom DLT Pilot Regime sind nur bestimmte Finanzinstrumente nach der MiFID II und es gelten bestimmte Grenzwerte.
- Die MICA schafft einen dauerhaften Rechtsrahmen für den Handel, die Verwahrung und die Ausgabe von Kryptowerten.
- Sie betrifft nicht nur bestimmte Dienstleistungen im Zusammenhang mit Kryptowerten, sondern regelt z.B. auch bestimmte Pflichten für Emittenten oder für öffentliche Angebote von Kryptowerten.
- Finanzinstrumente nach der MiFID II werden von der MiCA nicht erfasst, die E-Geld-Regelungen gelten neben der MiCA.

Bank- und Finanzrecht

Wuchernde Aufsicht

Wenig Sorgen um ihre Auslastung dürften sich die Aufsichtsrechtler machen. Die Regulierung zieht weiter an. Das zeigt sich einerseits an der nicht nachlassenden Flut neuer gesetzlicher Vorgaben, allen voran durch die EU und ihre Harmonisierungsauflagen. Doch liegt es nicht nur am europäischen Harmonisierungseifer, sondern auch an den technischen Entwicklungen, insbesondere bei der Digitalisierung. Der von der Europäischen Kommission geplante Digital Operational Resilience Act (DORA) umfasst viele neue Vorschriften. Diese verfolgen das Ziel, die digitale Betriebsstabilität im Finanzsektor auf EU-Ebene zu vereinheitlichen, und wissensstarke Praxen wie die von **Allen & Overy** berichten schon jetzt von einer Zunahme der Nachfragen.

Andererseits beschäftigt die exekutive Praxis der diversen Aufsichtsbehörden die Berater. Etwa bei Krypto-Assets, Inhaberkontrolle und Fit & Proper Governance geriert sich die BaFin wohl deutlich strikter und pedantischer als zuvor. Im Mai 2023 etwa schlugen sich die Rechtsberater mit den Konsultationen zu dem schon im Titel sperrigen „Rundschreiben zur fachlichen Eignung und Zuverlässigkeit von Mitgliedern der Geschäftsleitung, von Mitgliedern von Verwaltungs- und Aufsichtsorganen und von Personen, die für Schlüsselaufgaben verantwortlich sind oder für Schlüsselaufgaben tätig sind, gemäß VAG“ herum. Auch die EU-Behörden erfordern das Augenmerk der Bankrechtler: Diverse Klagen gegen den Single Resolution Board wurden vor dem EuG verhandelt. Zahlreiche Teams, allen voran **White & Case**, engagieren sich hier weiterhin.

Was ist ein „grüner“ Fonds?

Zu der Menge neuer Gesetze gesellen sich Probleme mit der Umsetzung. Die Praxen berichten beispielsweise über Unsicherheit der Produktgeber, was als „grün“ bezeichnet werden darf – keine Lappalie angesichts der Bedeutung von ESG. Ende Mai 2022 hatten die Ermittler von Staatsanwaltschaft, Polizei und Finanzaufsicht die Büroräume der DWS in Frankfurt durchsucht. Der Greenwashing-Skandal führte daraufhin zu einem Wechsel des Vorsitzenden des Vermögensverwalters der größten deutschen Bank.

Kein Wunder, dass regulierungsbedingt auch die Teams zur Beratung der Investmentfonds allerorten wachsen. Beispiele liefern die Praxen bei **Ypog**, **Poellath** und **Simmons & Simmons**. Die Fondsstrukturierung und die Regulierung werden mit den Themen Geldwäsche und SFDR, der Verordnung des EU-Gesetzgebers über nachhaltigkeitsbezogene Offenlegungspflichten, immer komplexer. Auch beim Investmentsteuerrecht wird das staatliche Netz wie mit der Umsatzsteuer auf Management Fees enger. Weil die Praxen wachsen, gab es auch Partnerernennungen in zahlreichen Teams. Außerdem sorgten Partnerwechsel und ihre Folgen wie der von Dr. Caroline Herkströter von **Norton Rose Fulbright** zu **DLA Piper** für Bewegung.

Der Ukraine-Krieg und die Gaskrise waren bereits seit Februar 2022 ein Thema für die Praxen – aber ein so großes, dass es auch der Arbeit 2023 seinen Stempel aufdrückte und weiter aufdrücken wird. Die Folgen zogen sich durch Mandate jeglicher Couleur von der Finanzierung von Uniper mit **Freshfields Bruckhaus Deringer** und **Hengeler Mueller** bis zur Abwicklung der VTB Bank (Europe) mit **Gleiss Lutz**, **Noerr** und **Sernetz Schäfer** im Bankaufsichtsrecht. Die Kanzleien mussten hier nicht nur das übliche rechtliche und wirtschaftliche, sondern auch viel politisches Gespür beweisen. Ein IDW-S6-Gutachten zu Uniper oder Sefe, der ehemaligen Gazprom Germania, reicht etwa von Finanzierungsfragen bis tief in die Zukunft der europäischen Energieversorgung.

JUVE KANZLEI DES JAHRES FÜR BANK- UND FINANZRECHT

LINKLATERS

Keine Praxis vereinte im Kapitalmarktrecht zuletzt so viele Highlight-Mandate auf sich wie sie. Zwar ist sie, wenn es um Dual-Track-Prozesse, Carve-outs und großvolumige Transaktionen mit rechtlichen Kniffen geht, längst eine der gefragtesten Beraterinnen hierzulande, doch mit der Beratung von Porsche und Volkswagen beim Mega-IPO der Porsche AG erreichte sie eine neue Dimension. Auch die Bond-Spezialisten stachen hervor und setzten sich an die absolute Marktspitze. Der Wandler von Rheinmetall über eine Milliarde Euro und weitere große Anleihen wie für Heraeus und Adidas sind beispielhaft dafür, dass immer mehr Emittenten auf das Team vertrauen. So beschreibt ein Wettbewerber die Anleihenpraxis schlicht als „einmalig im Markt“.

Zudem unterstrich die Fondspraxis zuletzt ihre Stärke bei innovativen Fonds- und Finanzierungsstrukturen für Schwergewichte wie Allianz und DWS. Strategisch klug hat sich die traditionell immobilienlastige Praxis schon vor der Krise als eine der wichtigsten Beraterinnen für Spezialimmobilienfonds wie Logistik, Hotel oder Einzelhandel etabliert und damit auf ein Feld gesetzt, das weiterhin floriert.

Alle Augen auf Porsche

Auch was an den Märkten nicht geschah, hängt mit dieser Krise zusammen: Die Fenster für Kapitalmarkttransaktionen schlossen sich im Frühjahr 2022 schlagartig. Porsche steht unter den IPOs des Jahres wie ein riesiger Solitär in den Büchern. Außer **Linklaters** berieten etwa ein Dutzend Kanzleien zu Themen rund um den Börsengang, bei dem die Aktien parallel in sechs Ländern angeboten wurden. Ansonsten befassten sich viele der sonst mit Börseneinführungen und Kapitalerhöhungen beschäftigten Anwälte mit angrenzenden Rechtsgebieten wie aktienrechtlichen Fragen des Gesellschaftsrechts oder Hybridprodukten auf den Fremdkapitalmärkten. So war die Stimmung in den ECM-Teams nicht rosig und expansiv. Dass sich mit **Milbank** und **Willkie Farr & Gallagher** trotzdem zwei neue Teams formierten, zeugt von der Bedeutung des Rechtsbereichs für die Kanzleien.

Die geopolitische Lage und die wirtschaftliche Unsicherheit beeinträchtigten insbesondere das Geschäft bei großen Transaktionen. Eine entsprechende Zurückhaltung verspürten Marktführer wie **Latham & Watkins**, die in den Vorjahren erste Wahl mit diversen Milliardendeals waren. Das konjunkturelle Pendel schlug in diesen Monaten zugunsten der breiter aufgestellten Allround-Finanzierungspraxen wie **Freshfields Bruckhaus Deringer** aus. Ob es dauerhaft wieder zurückschwing, wie sich im Sommer 2023 andeutete, wird erst 2024 zeigen. Zwischenzeitlich tummelten sich die Teams, vielfach auch wie bei **Hogan Lovells** und **White & Case** in Hamburg, in Wachstumsfeldern wie der Infrastrukturfinanzierung.

Zinswende

Der markante Zinsanstieg unter großen Schwankungen zwang die Kanzleien zu noch flexibleren Lösungen und einer schnellen Anpassung der eigenen Schwerpunktsetzung. Innerhalb eines halben Jahres schnellte die Umsatzrendite der Bundesanleihen von unter Null auf zwei Prozent.

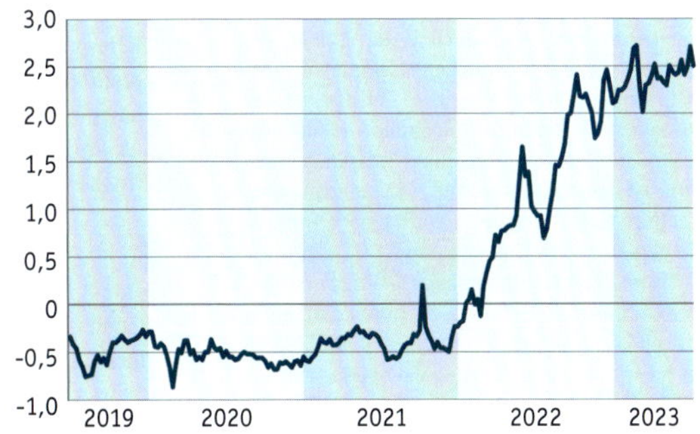

Quelle: eigene Recherche

Private Capital als Makrotrend

Spätestens beim Begriff Fremdkapital ist der nun nachhaltige Zinsanstieg das zentrale Thema. Mit Ausbruch des Ukraine-Kriegs stieg die Umlaufrendite der Bundesanleihen (▸*Zinswende*) nach über zehn Jahren unter größeren Schwankungen wieder dauerhaft über zwei Prozent.

Dieses neue Niveau und die Volatilität des Anstiegs wirkten auf die Produkte. Schnell platzierbare Anleihen erhielten die Vorfahrt vor Schuldscheinen, bei denen schon in der Platzierungsphase die Konditionen überholt oder unattraktiv wurden. Dementsprechend berichten Praxen wie die von **Linklaters** nach dem Sommer 2022 über einige Debütanten am Anleihenmarkt. Erst im Frühling 2023 verstetigte sich die Zinsentwicklung auf dem erhöhten Niveau.

Bei der Frage, wo das Geld für die Unternehmen herkommt, fiel öfter als in den Vorjahren der Begriff ‚Private Capital'. **Allen & Overy** bezeichnete dies in seinem Geschäftsbericht im Juli 2023 gar als einen der drei globalen Makrotrends. Ein Finanzierungsrechtler brachte das Wachstum in Verbindung mit den immensen Hilfsgeldern der KfW, die nämlich damit letztendlich genau diese privaten Kapitalgeber hebele. Umfassende regulatorische Auflagen für die Geschäftsbanken auf der einen und hohe Mittelzuflüsse in die Anlageklasse Private Debt auf der anderen Seite sorgen schon länger für inzwischen deutliche Marktanteilsverschiebungen von Banken zu Debt Fonds. In Praxen, die wie die von **Ashurst** zu den ersten Adressen für Debt Fonds zählen, wachsen die Transaktionsvolumina entsprechend mit.

Fast vergessen wäre über die neue Gas- die alte Coronakrise. Hier schwang ein Pendel zurück: Start-ups, denen in der Pandemie ein Sonderstatus zugebilligt wurde, landeten in einer neuen Wirklichkeit. Ein Beispiel bieten die stark gewachsenen Lieferdienste. Bei Delivery Hero etwa stürzte der Aktienkurs in einem halben Jahr um drei Viertel ab, und für die neue Finanzierung mussten sich die Teams von **White & Case** und **Milbank** unter Zeitdruck mühen.

Eine Frage für 2024 dürfte werden, wie die anderen US-Kanzleien ihre hiesigen Praxen weiterentwickeln. Im schmal aufgestellten Team von **Skadden Arps Slate Meagher & Flom** etwa könnten für einen friktionslosen Generationswechsel schon bald jüngere Partner für die Kontinuität der Beratung gefragt sein. **Goodwin Procter** wiederum baut um den bekannten Winfried Carli eine Finanzierungsrechtspraxis auf, die dauerhaft in Deutschland Fuß fassen dürfte.

Die Bewertungen behandeln Kanzleien, die sich mit unterschiedlichen Facetten des operativen Geschäfts des Bankensektors (▷*Anleihen und Strukturierte Finanzierung*, ▷*Börseneinführungen und Kapitalerhöhungen*, ▷*Fonds* (Aufsicht, Strukturierung, Investments), ▷*Kredite und Akquisitionsfinanzierung*) befassen oder die Branche selbst beraten (▷*Bank- und Bankaufsichtsrecht*). Aufgrund der Regulierung durch nationale und EU-Institutionen arbeiten die Teams bei Letzterem oft eng mit den ▷*öffentlich-rechtlichen* Fachbereichen zusammen. Teilweise bestehen Überschneidungen mit ▷*Beihilfe*, ▷*Insolvenz und Restrukturierung* sowie ▷*Konfliktlösung*. Die Beratung zu Immobilienfonds und zu spezifischen Projektfinanzierungen ist zum Teil auch im ▷*Immobilien- und Baurecht* und ▷*Energiewirtschaftsrecht* erfasst.

Anleihen und Strukturierte Finanzierung

Anleihen

★★★★★	
Linklaters	Frankfurt
★★★★★	
Clifford Chance	Frankfurt
Freshfields Bruckhaus Deringer	Frankfurt, Düsseldorf
Hengeler Mueller	Frankfurt
Latham & Watkins	Frankfurt, München
White & Case	Frankfurt
★★★★	
Allen & Overy	Frankfurt
Hogan Lovells	Frankfurt
Noerr	Frankfurt
★★★	
Dentons	Frankfurt
Mayer Brown	Frankfurt
Norton Rose Fulbright	Frankfurt
Sullivan & Cromwell	Frankfurt
★★	
Ashurst	Frankfurt
Gleiss Lutz	Frankfurt
Simmons & Simmons	Frankfurt
★	
Heuking Kühn Lüer Wojtek	Köln
Luther	Frankfurt

Die Auswahl von Kanzleien und Personen in Rankings und tabellarischen Übersichten ist das Ergebnis umfangreicher Recherchen der JUVE-Redaktion. Sie ist in 2erlei Hinsicht subjektiv: Die Aussagen der befragten Quellen sind subjektiv u. spiegeln deren Erfahrungen u. Einschätzungen. Die JUVE-Redaktion wiederum analysiert die Rechercheergebnisse unter Einbeziehung ihrer eigenen Marktkenntnis. Der JUVE Verlag beabsichtigt keine allgemeingültige oder objektiv nachprüfbare Bewertung. Es ist möglich, dass eine andere Recherchemethode zu anderen Ergebnissen führt. Innerhalb einzelner Gruppen in Rankings und tabellarischen Übersichten sind Kanzleien und Personen alphabetisch sortiert.

ALLEN & OVERY

Anleihen	★★★★
Strukturierte Finanzierung	★★★★

Bewertung: Die Anleihenpraxis ist u.a. für die Beratung zu High-Yield-Bonds bekannt, die von Ffm. aus durch Plepelits abdeckt wird. Zuletzt vertraute etwa ein Bankenkonsortium bei der High-Yield-Anleihe von Azelis auf ein Team um ihn. Darüber hinaus setzen Geldhäuser, aber auch Unternehmen bei komplexen, internat. Anleiheemissionen u. -restrukturierungen auf die Kanzlei. Ein Bsp. ist das Mandat von Unicredit Czech Republic and Slovakia im Zshg. mit deren Hypothekenpfandbriefprogramm, bei dem das Ffmer Team zusammen mit dem Prager Büro zu dt. u. tschech. Recht beriet. Die Praxis für Strukturierte Finanzierung ist für klass. sowie synthet. Verbriefungen angesehen, auch hier spielen oft internat. Bezüge u. die gute Zusammenarbeit mit ausländ. A&O-Büros eine Rolle. Zudem stach sie mit der Mandatierung bei neuen (europ.) Assetklassen hervor: So kam sie zuletzt für M&G Investments bei der Investition in dt. Solar-ABS von Enpal für Wohngebäude zum Einsatz. Bei Derivaten ist die Kanzlei u.a. zur Marktinfrastruktur aktiv u. erstellt Gutachten für Bankenverbände, Clearinghäuser u. Finanzinstitute. Personell sind beide Praxen inzw. weitgehend von Kontinuität geprägt, was den Mandanten hohe Qualität u. gute inhaltl. Ergänzung bringt.

Oft empfohlen: Dr. Stefan Henkelmann, Marc Plepelits, Martin Scharnke („hervorragende Zusammenarbeit, pragmatische Lösungen", Mandant)

Team: 3 Partner, 4 Counsel, 6 Associates

Schwerpunkte: Anleihen: Equity-linked u. High Yield. Strukturierte Finanzierung: verbriefungsfähige Covered-Bond-Programme. Häufig Produkte mit derivativen Elementen. Betreuung div. Zertifikateprogramme. Klass. Verbriefungen.

Mandate: Anleihen: Banken zu dematerialisierter Anleihe von EIB, nach lux. Recht über Blockchain-gestützte Plattform nach dt. Recht; Raiffeisenbank bei MREL-fähigen Schuldverschreibungen über €500 Mio; UniCredit Bank (Czech Republic and Slovakia) bei Aktualisierung von internat. Hypothekenpfandbriefprogramm u. €500-Mio-Benchmark-Emission darunter; ILOS Projects bei Strukturierter Finanzierung in Form von €500-Mio-Namensschuldverschreibungen; Banken bei €400-Mio-High-Yield-Bond von Azelis; IHO bei besicherter €500-Mio-Anleihe; Acciona bei €325-Mio-ESG-linked-Schuldschein; OeKB lfd. bei Anleihen in $. **Strukturierte Finanzierung:** M&G Investments bei Einstieg als Mezzanine Investor in Debüt-Verbriefungstransaktion von Enpal (€356 Mio); Banco Santander bei Verbriefungsprogramm für Volkswagen Financial Services Poland; Société Générale GBIS bei Verbriefung zur Refinanzierung von Forderungen im Rahmen der Renault/Nissan-Händlerfinanzierungen in Dtl.; GLAS als Sicherheitentreuhänder bei Leoni-Restrukturierung; Banken bei Änderungen von Anforderungen für die Erstellung von Basisinformationsblättern unter PRIIPS-Verordnung; Bankinter bei Emissionsprogramm für strukt. Produkte; Invesco bei physisch unterlegten Bitcoin-Inhaberschuldverschreibungen; Credit Suisse lfd. zu strukt. Produkten u. Weiterentwicklung von paneurop. Emissionsplattform für strukt. Produkte.

ASHURST

Anleihen	★★
Strukturierte Finanzierung	★★★

Bewertung: Die Praxis ist sowohl bei Anleihen als auch bei Strukturierten Finanzierungen sehr gezielt aufgestellt. Verbriefungsspezialist Kaiser ist in dem sich neu entwickelnden Feld der Forderungsfinanzierung in der Subscription Economy zuletzt mehrfach in Erscheinung getreten. Nach der Beratung von Finn Auto vertraute u.a. eine amerikan. Bank bei der Finanzierung einer Start-up Fintech-Plattform, die SaaS-Unternehmen Dienstleistungen erbringt, sowie Leaseplan bei der Verbriefung dt. E-Auto-Leasingforderungen u. -Restwerte auf ihn. Zudem zählt er bei klass. Verbriefungen zu den gefragtesten Beratern im dt. Markt. Krug ist für seine Kompetenz bei strukt. Produkten anerkannt u. berät dazu u.a. seit vielen Jahren Patrimonium u. Barclays. Darüber hinaus hat er sich mit seinem Wissen zu Infrastrukturfinanzierungen im Markt etabliert. Zuletzt mandatierten ihn etwa Talanx u. NordLB unter Einbindung der DAL Dt. Anlagen-Leasing u. der OstseeSparkasse Rostock bei der Finanzierung von Straßenbahnen mit u.a. Namensschuldverschreibungen. Die Zunahme an Infrastruktur-Mandaten war ein Grund, die Associate-Ebene aufzustocken.

Oft empfohlen: Dr. Tobias Krug („durchweg hohe Qualität der Beratung", „erfahren, gutes Mandantenhandling", Wettbewerber), Dr. Martin Kaiser

Team: 2 Partner, 1 Counsel, 5 Associates

Schwerpunkte: Beratung zu Verbriefungen, insbes. True Sales div. Asset-Klassen u. zu verbrieften Derivaten. Begleitung bei strukturierten Namensschuldverschreibungen.

Mandate: Anleihen: Barclays zu div. Basisprospekten u. Informationsmemoranden; Patrimonium u.a. bei besicherten Inhaberschuldverschreibungen von Gröner u. Kineo; Penumbra/Dt. Bank zu strukturierten Namensschuldverschreibungen; Talanx, NordLB unter Einbindung der DAL Dt. Anlagen-Leasing u. der OstseeSparkasse Rostock bei Finanzierung von Straßenbahnen mit u.a. Namensschuldverschreibungen; Jefferies bei Aufsetzen u. jährl. Aktualisierung von Namensschuldverschreibungsprogramm sowie lfd. zu u.a. Emissionen im Rahmen des Programms. **Strukturierte Finanzierung:** Leaseplan bei Verbriefung dt. E-Auto-Lea-

Anwaltszahlen: Angaben der Kanzleien, wie viele Anwälte zu mind. ca. 50 % in diesem Gebiet tätig sind. Sie spiegeln nicht zwingend die Gesamtgröße einer Kanzlei wider.

singforderungen u. -Restwerte; amerikan. Bank bei Finanzierung von Start-up Fintech-Plattform (Subscription Economy/SaaS) u. 5 Asset-Based-Verbriefungen für Start-ups/Fintech/Tech-Unternehmen; BNP Paribas bei ihrer 1. dt. Verbriefung von Autokrediten mit ihrer dt. Niederlassung 'Concors' (€1 Mrd); internat. Non-Captive Leasing bei €1-Mrd-Verbriefung von dt. Leasingverträgen u. Restwerten; Santander, Société Générale u. UniCredit bei €1-Mrd-Verbraucherkredittransaktion SC Germany.

Strukturierte Finanzierung

★★★★★	
Clifford Chance	Frankfurt
Linklaters	Frankfurt
★★★★	
Allen & Overy	Frankfurt
Hengeler Mueller	Frankfurt
Hogan Lovells	Frankfurt
White & Case	Frankfurt
★★★	
Ashurst	Frankfurt
Dentons	Frankfurt, München
Freshfields Bruckhaus Deringer	Frankfurt
Jones Day	Frankfurt
Mayer Brown	Frankfurt
★★★	
Baker McKenzie	Frankfurt
★★	
Luther	Frankfurt
OMF Otto Mittag & Partner	Frankfurt
★	
Gleiss Lutz	Frankfurt
Latham & Watkins	Frankfurt

Die Auswahl von Kanzleien und Personen in Rankings und tabellarischen Übersichten ist das Ergebnis umfangreicher Recherchen der JUVE-Redaktion. Sie ist in 2erlei Hinsicht subjektiv: Die Aussagen der befragten Quellen sind subjektiv u. spiegeln deren Erfahrungen u. Einschätzungen. Die JUVE-Redaktion wiederum analysiert die Rechercheergebnisse unter Einbeziehung ihrer eigenen Marktkenntnis. Der JUVE Verlag beabsichtigt keine allgemeingültige oder objektiv nachprüfbare Bewertung. Es ist möglich, dass eine andere Recherchemethode zu anderen Ergebnissen führt. Innerhalb einzelner Gruppen in Rankings und tabellarischen Übersichten sind Kanzleien und Personen alphabetisch sortiert.

BAKER MCKENZIE

Strukturierte Finanzierung ★★★

Bewertung: Die Praxis für Strukturierte Finanzierungen ist auf grenzüberschr. Verbriefungen, insbes. Auto-ABS u. ABCP-Transaktionen aus dem Bereich der Handelsforderungen, spezialisiert. Regelm. vertrauen Banken u. Originatoren sowie zuletzt auch vermehrt Corporate Trustees auf das Team um die auch für ihr aufsichtsrechtl. Know-how anerkannte Wittinghofer. Sie berät zahlr. langj. Mandanten wie die LBBW u. Porsche Financial Services, die ihr auch immer wieder Neugeschäft anvertrauen. Eng verzahnt arbeitet sie mit anderen Praxisgruppen, wie dem Finanzierungs- oder dem Restrukturierungsteam. Letzteres etwa im Fall eines insolventen Unternehmens, bei dem eine Bank als ABS-Investor auf BM setzte. Gemeinsam mit dem Finanzierungsteam konnte sie einen Automobilzulieferer bei einer Ausschreibung bzgl. der 1. Verbriefungsfinanzierung des Unternehmens überhaupt u. einer Konsortialfinanzierung von der Kanzlei überzeugen. Aufgr. der vielen internat., insbes. europ. Bezüge arbeitet das Team auch oft mit den ausländ. Baker-Büros zusammen. Die Verstärkung der dünnen Personaldecke hat mit einem zusätzl. Associate einen Anfang gefunden.

Oft empfohlen: Sandra Wittinghofer („hervorragende Juristin", „sehr erfahren, angenehme Zusammenarbeit", Wettbewerber)

Team: 1 Sal.-Partner, 2 Associates

Schwerpunkte: Schwerpunkt bei True-Sale-Transaktionen div. Asset-Klassen. Fokus u.a. auf Autodarlehen. Betreut werden sowohl Banken als auch (mittelständ.) Emittenten.

Mandate: Strukturierte Finanzierung: Automobilzulieferer bei €300-Mio-Verbriefung von durch 15 europ. Gruppengesellschaften originierte Handelsforderungen; Bank als ABS-Investor bei Insolvenz von Unternehmen u. weiteren dt. Gesellschaften des Unternehmens zu Verbriefungstransaktion der Gruppengesellschaften in mehreren europ. Jurisdiktionen; Unternehmen bei Forderungsfinanzierung nach dt., engl. u. schweizer. Recht; LBBW bei Verbriefung von Leasingforderungen der Volkswagen Leasing (VCL 36); lfd.: LBBW, Porsche Financial Services, NIBC, Ratepay, Dt. Sparkassen Leasing, UniCredit, N26 Bank, BNP Paribas.

CLIFFORD CHANCE

Anleihen ★★★★★

Strukturierte Finanzierung ★★★★★

Bewertung: Das DCM-Team arbeitet als grenzüberschr. Stützpunkt eng mit den Londoner Kollegen zusammen, was auch Mandanten insbes. im internat. Kontext regelm. zugute kommt. Immer wieder berät es bspw. zu Emissionen in Mittel- u. Osteuropa. Es pflegt hervorragende Kontakte zu den Großbanken, sowohl dt. wie Commerzbank als auch europ. wie ING u. Barclays Bank als auch US-Instituten wie Morgan Stanley. Bei großen Emissionen berät es regelm. deren Konsortien. Der stete Mandatsfluss u. die tiefe Marktdurchdringung verschaffen dem Team v.a. bei neuen Themen wie nachhaltigen u. grünen Anleihen wie für Südzucker oder die Aareal-Bank einen Vorsprung. Das gilt gleicherm. bei strukturierten Produkten: Neben großen konventionellen Verbriefungen ist das Team um den angesehenen Kronat bei neuen Entwicklungen wie aktuell Solarverbriefungen stets dabei. Entspr. häufig vertrauen Mandanten CC bei Marktneuerungen wie der Umstellung auf risikofreie Zinssätze u. elektron. Wertpapiere. Die Mitarbeit in Branchengremien etwa durch Evenkamp als externer Berater des DDV unterstreicht diese Kompetenz. Von diesem Paket überzeugen konnten die Teams zuletzt bspw. Daimler Truck bei Anleihen u. BNP Paribas bei ihrer Plattform für strukturierte Produkte im deutschspr. Raum. Zur Beratung gehört auch die Umstrukturierung von Beteiligungen an alternativen Investmentfonds durch gelistete Wertpapierlösungen für institut. Anleger mit der Fondsrechtspraxis.

Stärken: Breite Praxis mit einer gr. Mischung an Finanzierungsformen, enge Verbindung zw. starken Securitisation- u. Derivatepraxen, herausragendes ▷*Immobilien*-Know-how.

Oft empfohlen: Sebastian Maerker, Dr. Gregor Evenkamp, Dr. Oliver Kronat („zählt zu den Marktführern", Wettbewerber), Kerstin Schaepersmann („Aufsteigerin, extrem hohes Wissen", Wettbewerber)

Team: 3 Partner, 2 Counsel, 4 Associates

Schwerpunkte: Anleihen: breite Praxis mit lfd. Programmarbeit (Updates) u. neuen EMTN- u. ECP-Programmen. Zudem Beratung bei Standalone-Bonds, Equity-linked-Transaktionen. Zertifikate: Indexzertifikate, auch Anleihenrückkäufe. Derivate: OTC- u. börsengehandelte Produkte, alternative Investments. Strukturierte Finanzierung: Beratung im gesamten Spektrum der Securitisation.

Mandate: Anleihen: RBI-Gruppe zu Anleihenprogramm über insges. €4 Mrd; Banken bei €750-Mio-Hybridanleihe der Hannover Rück; Banken bei €500-Mio-Anleihe u. €800-Mio-Hybridanleihe von Bayer; Banken bei €400-Mio-Nachhaltigkeitsanleihe von Südzucker; Banken bei div. Anleihen der Aareal über insges. €3,6 Mrd, u.a. grüne u. Pfandbriefe; Banken bei div. Anleihen der Dt. Bahn in div. Fremdwährungen im Wert von insges. ca. €3 Mrd; Banken bei div. Anleihen von Siemens über insges. €5Mrd; Banken bei €10-Mrd-Anleihenprogramm u. 2 Anleihen über insges. CAD800-Mio von Daimler Truck; Banken bei div. Anleihen der Rep. Österr. über insges. rd. €20 Mrd; VW bei div. Anleihen im Wert von insges. ca. €5Mrd, u.a. in $ mit SOFR-Bezug, grüne u. in CAD; Banken bei Anleihenprogramm u. Anleihen der rumän. CEC Bank. **Strukturierte Finanzierung:** Commerzbank bei Verbriefung grundpfandrechtl. besicherter Darlehen; Dt. Bank bei synthet. Verbriefung von €1-Mrd-Unternehmenskrediten für die BayernLB; VW bei

Anwaltszahlen: Angaben der Kanzleien, wie viele Anwälte zu mind. ca. 50% in diesem Gebiet tätig sind. Sie spiegeln nicht zwingend die Gesamtgröße einer Kanzlei wider.

vor wie kaum ein anderes im dt. Markt. Diese Stärke setzt es ein, um div. internat. Großbanken bei grenzüberschr. Projekten zu ihren Vertriebsplattformen für strukt. Produkte umf. einschließlich Kryptowährungen, nachhaltiger Finanzierung u. regulator. Aspekte zu beraten. Seine Verbriefungen in allen Assetklassen ergänzt es regelm. mit Innovationen, wie etwa mit einer Besicherung durch Solaranlagen für Enpal. Hier könnte sich bei Restrukturierungen, wie sie etwa Seitz u. Fischer für eine US-Bank berieten, ein Feld für praxisübergr. Beratung eröffnen.

Stärken: Viel Erfahrung bei Autoverbriefungen u. Emissionsprogrammen sowie Derivatetransaktionen.

Oft empfohlen: Dr. Sven Brandt, Dr. Dietmar Helms („sehr kompetent u. mit kreativen Lösungen", Mandant; „sehr vielseitig", Wettbewerber), Dr. Jochen Seitz, Dr. Julian Fischer

Team: 6 Partner, 4 Counsel, 9 Associates

Schwerpunkte: Beratung von Banken u. v.a. Originatoren bei Verbriefungen (u.a. Handels-, Leasing- u. Kreditkartenforderungen, aber auch neue Asset-Klassen), insbes. Autoverbriefungen. Begleitung öffentl.-rechtl. u. halbstaatl. Banken bei Programmen. Emissionsprogramme für Anleihen u. strukturierte Wertpapiere, verbriefte Derivate, OTC-Derivate.

Mandate: Anleihen: BayernLB bei Aktualisierung des €60-Mrd-Anleihenprogramms; BBBank bei Namenspfandbrief; Commerzbank bei Aktualisierung des €50-Mrd-Anleihenprogramms der PBB; Commerzbank bei €300-Mio-CPP von Jungheinrich; Demire bei €50-Mio-Anleihenrückkauf; NordLB bei Aktualisierung des €25-Mrd-Anleihenprogramms; UniCredit bei Aktualisierung eines €60-Mrd-Anleihenprogramms von VW; US-Bank bei Anleihe. **Strukturierte Finanzierung:** Bank11 bei €500-Mio-Verbriefung von Autodarlehen; DDV lfd. zu Gesetzgebungsverfahren u. aufsichtsrechtl.; Enpal bei €300-Mio-Verbriefung von Solaranlagenkrediten; Santander Consumer Bank bei €1-Mrd-Verbriefung von Verbraucherkrediten; VW bei €965-Mio-Verbriefung von Leasingforderungen u. lfd. zu Verbriefungsplattform; führende frz. Bank u. 2 US-Banken jew. zu Plattform für Vertrieb von strukt. Produkten; Dt. Bank zu Kreditabsicherungsinstrument aus Mezzanine-Verbriefung; internat. Bank zum Vertrieb strukt. Produkte in versch. europ. Ländern u. zur Aktualisierung ihrer Basisprospekte; Crédit Agricole bei besicherter €1-Mrd-Finanzierung von Autos für Auto1; US-Bank bei Restrukturierung u. Abwicklung einer €373-Mio-Emissionsplattform für verbriefte Derivate in Form von Vorsorgezertifikaten.

JONES DAY

Strukturierte Finanzierung ★★★

Bewertung: Die Praxis für Strukturierte Finanzierungen ist mit Kreppel für seine Erfahrung bei Verbriefungen anerkannt. Regelm. berät er Mandanten wie die Volkswagen Bank bei großvol. Transaktionen. Auch bei der Restrukturierung von Verbriefungen kam das Team zuletzt zum Einsatz, so etwa für Neumandantin Creditis Servizi Finanziari, die die Ffmer Anwälte gemeins. mit Kollegen aus dem Mailänder Büro berieten. Die Kompetenz beim Thema Distributed-Ledger-Technologie, insbes. Blockchain, ist mit Derivatespezialist Wittek ebenfalls marktbekannt u. zieht regelm. (neue) Mandanten an. Nachdem das Team die DZ Bank bei einem Blockchain-basierten Derivat beraten hatte, zog die Mandantin JD auch beim Handel u. dem vollautomat. Abwickeln eines rechtsverbindl. außerbörsl. Derivats als Smart Derivative Contract (SDC) hinzu. Da sowohl Bestandsmandanten als auch neue Akteure die Praxis zunehmend beauftragen, scheint eine Erweiterung der Associate-Ebene geboten – zumal ein Counsel die Kanzlei in Richtung Unternehmen verließ.

Oft empfohlen: Ulf Kreppel („sehr professionell u. kunden-/lösungsorientiert", Mandant), Dr. Nicolas Wittek („arbeite sehr gern mit ihm; macht viel, gerade im digitalen Bereich", Wettbewerber)

Team: 2 Partner, 1 Counsel, 2 Associates

Schwerpunkte: Beratung bei Verbriefungen von u.a. Autokrediten u. Handelsforderungen. Begleitung von Debt-Fonds. Zudem strukturierte Produkte, u.a. Derivate.

Mandate: Strukturierte Finanzierung: Creditis Servizi Finanziari bei Restrukturierung von priv. Verbriefung von Verbraucher- u. CQS-Kreditforderungen (Reviewing Counsel); DZ Bank bei Handel u. vollautomat. Abwicklung von rechtsverbindl. außerbörsl. Derivat (Zinsswap) als Smart Derivative Contract (SDC); FCA Bank bei Verschmelzung von FCA Bank Dtl. GmbH auf FCA Bank S.p.A. in ihrer Rolle als Originator u. Servicer div. dt. Autokreditverbriefungen; Natixis bei durch Vermögenswerte besicherter Finanzierung von frz. u. dt. Verbraucherkrediten durch Gründung von frz. Fonds; Volkswagen Bank bei €15-Mrd-Verbriefungsprogramm für Autokredite.

LATHAM & WATKINS

Anleihen ★★★★★

Strukturierte Finanzierung ★

Bewertung: Die Anleihenpraxis ist durch ihren starken Fokus auf High-Yield-Emissionen bekannt, der auch eine zentrale Rolle im Corporate-Finance-Ansatz der Kanzlei einnimmt. Denn nicht selten finden diese Transaktionen im Nachgang von Kreditfinanzierungen u. im Vorfeld von IPO-Beratungen statt. Aufgrund des schwachen High-Yield-Marktes verlagerte sich die Arbeit zuletzt allerdings hin zu restrukturierungsbez. Anleihenberatung. So etwa für Löwen Play/Safari Holding bei der Refinanzierung bzw. Restrukturierung von Anleihen u. für Accentro bei einer komplexen Refinanzierung, bei der gleichzeitig Änderungen 2er unterschiedl. Anleihen vorgenommen wurden. Im Sinne einer nachhaltigen personellen Aufstellung ernannte die Kanzlei einen Anwalt aus der Anleihenpraxis zum Partner. Personell schmal aufgestellt u. ohne Partnerbesetzung bleibt dagegen die Praxis für Strukturierte Finanzierungen. Sie widmet sich klass. Verbriefungen, Poolings sowie Derivaten. Zuletzt zogen sie auch ein Fintech-Unternehmen u. ein internat. Asset-Manager bei der Begebung börsennot., als Social Bonds qualifizierter Asset-backed Securities hinzu, durch die ein Portfolio dt. Konsumentenkredite verbrieft wurde. Darüber hinaus war das Team vermehrt bei Factoring-Themen gefragt.

Stärken: Hervorragend bei High-Yield-Bonds u. Bank-Bond-Finanzierungen.

Oft empfohlen: Dr. Rüdiger Malaun

Team: 3 Partner, 3 Counsel, 4 Associates

Schwerpunkte: Beratung insbes. bei High-Yield-Bonds, daneben auch weitere Standalone-Bonds. Zudem Schuldverschreibungen u. Pfandbriefe. Intensive Einbindung in die starke internat. Praxis.

Mandate: Anleihen: Löwen Play/Safari Holding bei Refinanzierung bzw. Restrukturierung von Anleihen; Morgan Stanley bei div. Anleihen von BMW über $600-Mio-, $500-Mio-, $500-Mio u. $400-Mio; Accentro bei Refinanzierung (Änderung von €250-Mio- u. €100-Mio-Anleihe). **Strukturierte Finanzierung:** Helaba u. BayernLB lfd. bei Aufstockung von Kreditpool für Sparkassen; FinTech u. Asset-Manager bei börsennot., als Social Bonds qualifizierter Asset-backed Securities.

LINKLATERS

Anleihen ★★★★★

Strukturierte Finanzierung ★★★★★

JUVE AWARDS 2023
Kanzlei des Jahres für Bank- und Finanzrecht

Bewertung: Als einzige Kanzlei zählt sie sowohl bei Anleihen als auch bei Strukturierten Finanzierungen zur ersten Garde. Die Anleihenpraxis beschreibt ein Wettbewerber schlicht als „einmalig im Markt". Zuletzt stieg der Anteil emittentenseitig beratener Mandate erneut an, so vertrauten etwa Heraeus, Adidas oder Rheinmetall auf die DCM-Spezialisten. Kaum eine Transaktion bewegt sich dabei unter einer halben Mrd Euro. Treiber dieser Entwicklung ist der aufstrebende jüngere Partner Schlee, der gleicherm. für seine Kompetenz bei ECM-Transaktionen marktbekannt ist. Während die Praxis bei Equity-linked-Produkten über den erfahrenen Waltz seit Langem marktführend ist, kommt das Team inzw. auch vermehrt bei US-Platzierungen für Emittenten zum Zug. Ein sich marktbed. entwickelndes Geschäft sind Anleihemandate mit Restrukturierungsbezug, wie für die Dt. Bank u. emittentenseitig für ProCredit zu Anleiherestrukturierungen im Wege von Gläubigerversammlungen unter dem Schuldverschreibungsgesetz. Die Praxis für Strukturierte Finanzierungen erhält von Mandanten wie Wettbewerbern für ihre personelle wie inhaltl. Breite u. fachl. Exzellenz ebenfalls viel Lob. Von (synthet.) Verbriefungen über NPL-Transaktionen, (Commodity-)Derivate u. DLT-Beratungen kann sie ausgewiesene Experten vorweisen u. wird regelm. mit komplexen Transaktionen betraut: So zog die dt. Niederlassung der BNP Paribas als Originator bei deren 1. dt. STS-Verbriefung, eines dt.-rechtl. Verbraucherdarlehensportfolios unter Einsatz einer frz. Fonds Expertin Lauer hinzu. Neuland betrat auch Mandantin DekaBank, die bei der Entwicklung einer DLT-basierten Marktinfrastruktur für tokenisierte Wertpapiere u. beim Erlaubnisantrag zur Kryptoverwahrung auf Storck setzte. Im Zshg. mit ESG wird das Team ebenfalls vielfach mandatiert, u.a. von div. Geldhäusern zum Handel mit CO2-Emissionszertifikaten.

Oft empfohlen: Dr. Alexander Schlee („sehr gut erreichbar – angenehme Zusammenarbeit", „äußerst hohe Fachkompetenz, jederzeit ansprechbar, pragmatisch u. sehr lösungsorientiert", Mandanten; „stets sehr konstruktiv u. kollegial", „weitreichende Erfahrung u. schnelle Reaktionszeit", Wettbewerber), Peter Waltz („sehr viel Erfahrung, insbes. im Bereich des regulator. Kapitals", Wettbewerber), Dr. Christian Storck, Barbara Lauer („Kompetenz, Serviceeinstellung, wirtschaftl. Verständnis für die Transaktionsart (Verbriefung) u. das zu verbriefende Produkt habe ich als exzellent wahrgenommen", Mandant; „fachlich überragend, schnell u. präzise, top Zusammenarbeit", „Leute hören ihr zu, durchsetzungsstark", Wettbewerber),

Anwaltszahlen: Angaben der Kanzleien, wie viele Anwälte zu mind. ca. 50 % in diesem Gebiet tätig sind. Sie spiegeln nicht zwingend die Gesamtgröße einer Kanzlei wider.

Jördis Heckt-Harbeck („extrem gut u. schlau", „sehr gutes Team", Wettbewerber über beide), Dr. Kurt Dittrich („durchweg hohe Qualität der Beratung", Wettbewerber)

Team: Anleihen: 4 Partner, 4 Counsel, 13 Associates; Strukturierte Finanzierung: 5 Partner, 4 Counsel, 16 Associates

Schwerpunkte: Breite Anleihenpraxis mit aktiver Programmarbeit (MTN, strukturierte Anlagenprodukte) sowie Eigenkapital-, Equity-linked-Transaktionen, Anleihenrückkäufe u. gr. Standalone-Bonds. Gestaltung von SPV-Verpackungsplattformen. Gleichermaßen synthet. Transaktionen wie True Sales. Derivate: Structured-Notes-Programme, CLNs; OTC-Transaktionen.

Mandate: Anleihen: Rheinmetall bei €1-Mrd-Wandelschuldverschreibung; Adidas bei €1-Mrd-Anleihe; Banken bei Aufsetzen von DIP u. €750-Mio-Anleihe von Porsche; Vonovia bei €1,5-Mrd-Anleihe; Talanx bei €1,25-Mrd-Anleihe; Daimler Truck jew. bei garantierten Schuldverschreibungen über CAD800 Mio u. €1,75 Mrd; JAB Holdings bei garantierten Sustainability-linked-Schuldverschreibungen (€500 Mio); Dt. Bank bei Restrukturierung ausstehender Anleihen; Heraeus bei garantierter Schuldverschreibung (€500 Mio); Dt. Börse bei €600-Mio-Schuldverschreibung; Asklepios bei Aufsetzen von CPP; Goldman Sachs bei Restrukturierung von ausstehenden Anleihen u. Schuldscheinen von ProCredit; Berenberg bei Wandelschuldverschreibung von Tonies; Münchner Rück bei nachrangigen grünen Schuldverschreibungen ($1,25 Mrd). **Strukturierte Finanzierung:** BNP Paribas bei 1. dt. Verbriefung von dt.-rechtl. Verbraucherdarlehensportfolio unter Einsatz von frz. FCT u. bei Strukturierung von 1. Fahrzeugflottenfinanzierung von Virtuo in Fkr., Spanien u. Dtl.; BdB bei Musterdokumentation für Referenzwert-Nachfolgeregelungen; Deka Bank bei DLT-basierter Marktinfrastruktur für tokenisierte Wertpapiere u. Erlaubnisantrag zur Kryptoverwahrung; Helaba bei synthet. Verbriefung von €2-Mrd-Darlehensforderungen ggü. Unternehmen; Société Générale bei STS-Verbriefung zu regulator. EK-Entlastung von dt.-rechtl. Autodarlehensforderungen von Bank Dt. Kraftfahrzeuggewerbe; Chartered Investment Germany bei Aufsetzen von Programm zur Emission von struk. Edelmetallanleihen u. anschließender Emission durch Opus (Public) Chartered Issuance; Santander u. Société Générale bei Verbriefung von dt.-rechtl. Leasingforderungen u. Restwerten über luxemburg. Zweckgesellschaft (Bumper DE S.A. 2023-1-Transaktion).

LUTHER

Anleihen	★
Strukturierte Finanzierung	★★

Bewertung: Die Anleihenpraxis berät schwerpunktmäßig Anleiheemissionen von Mittelständlern u. spielt so eine wichtige Rolle bei der Kapitalmarktfinanzierung des Mittelstands. Hier liegt in einer stärkeren praxisübergr. Beratung weiteres Potenzial. Der mit Initiative von Luther gegründete Interessenverband kapitalmarktorientierter kleiner u. mittlerer Unternehmen verschafft der Kanzlei regelm. neue Mandate, etwa Stadt und Land bei der Erstemission ihres Schuldscheindarlehens. Eine Referenzmandantin bei strukturierten Finanzierungen ist seit einigen Jahren die Dt. Bank, die Wegerich zum Update mehrerer Basisprospekte u. Wertpapierbeschreibungen für Zertifikate, Optionsscheine u. Schuldverschreibungen berät. Mit Neuerungen wie etwa der Begebung elektronischer Wertpapiere ist sie damit ebenfalls regelm. betraut.

Oft empfohlen: Ingo Wegerich

Team: 1 Partner, 4 Associates

Schwerpunkte: Beratung zu Anleihen mit Fokus auf mittelständ. Unternehmen; Begleitung bei Emissionen verbriefter Derivate u. strukturierter Produkte (Prospekte, Dokumentation).

Mandate: Anleihen: Stadt u. Land Wohnbauten bei Schuldscheindarlehen; Thallos bei €15-Mio-Anleihe; priv. Anleihegläubigerin zu Herausgabeansprüchen; Euroboden zu €75-Mio-Anleihe. **Strukturierte Finanzierung:** CFD-Verband aufsichtsrechtl. zu Anlagestrategie für Privatkunden; Dt. Bank zu Basisprospekten u.a. bei Aktualisierung bzgl. eWpG u. zu strukturierten Emissionsprogrammen u. Produkten, Zertifikaten, Optionsscheinen u. Schuldverschreibungen u. bei Aktualisierung von MREL-Klauseln.

Anwaltszahlen: Angaben der Kanzleien, wie viele Anwälte zu mind. ca. 50% in diesem Gebiet tätig sind. Sie spiegeln nicht zwingend die Gesamtgröße einer Kanzlei wider.

MAYER BROWN

Anleihen ★★★

Strukturierte Finanzierung ★★★

Bewertung: Das DCM-Team deckt v.a. bei besonders aufsichtsrelevanten Grundsatzfragen durch Rechtsänderungen eine breite inhaltl. Palette ab. Ein Schwerpunkt der Beratung der Praxis sind Anleiheprogramme von Banken. Weitgehend fokussiert sie sich darüber hinaus auf komplexe Fragen, die auch die Fachverbände bewegen. Bei der Umstellung des Prospektrechts hat das Team div. erste u. marktprägende Billigungen bei der BaFin u. der CSSF erreicht. Bei einigen Großbanken wie der UniCredit Bank berät Scholl das komplette europ. Zertifikate-Geschäft. Bei der Deka ist es die ges. Retail-Emissionsplattform, einschließlich Tier-2-, Senior-Non-Preferred-, Senior Preferred- u. MREL-Notes, Pfandbriefen u. elektron. Schuldverschreibungen. Bei Fragen zu Derivaten u. deren Clearing ist die Praxis zu akt. Entwicklungen gefragt, wie den neuen Marktstandards des dt. Bankenverbandes für die Besicherung von nicht geclearten Derivaten durch die Initial Margin u. die Umsetzung der EMIR-Verordnung. Darüber hinaus berät das Team regelm. zu innovativen Verbriefungen neuer Assetformen, etwa in der Energiekrise zu einer Besicherung mit Erdgas. Mit diesem breiten Themenspektrum nutzt die Praxis ihre personelle Verstärkung im ECM aus dem Vorjahr gut für einen strateg. Fokus der Gesamtkanzlei auf das Kapitalmarktrecht.

Oft empfohlen: Dr. Ralf Hesdahl, Dr. Patrick Scholl („sehr zuverlässig u. kompetent; nett; gute Zusammenarbeit", Wettbewerber)

Team: 5 Partner, 5 Counsel, 6 Associates

Schwerpunkte: Beratung v.a. bei Kreditportfoliodeals u. ▷*Insolvenzen/Restrukturierungen*. Erfahren bei True Sales. Zudem klass. Anleihen, Schuldscheindarlehen u. Namensschuldverschreibungen sowie Beratung zu strukturierten Schuldverschreibungen, (OTC-)Derivaten u. strukturierten Retailprodukten.

Mandate: Anleihen: Dekabank bei Aktualisierung div. Anleihen-Basisprospekte; Dt. Bank bei Schiffspfandbrief u. Aktualisierung des Basisprospekts der HCOB; Leonteq bei Aktualisierung des Basisprospekts der EFG u. div. eigenen Basisprospekten; Nat. Bank of Canada bei Anleihenprogramm; brit. Bank zu Swap-Anleihe; Photon bei €25-Mio-Anleihe; UniCredit Bank bei Aktualisierung div. Basisprospekte; Versorger bei seinem 1. Schuldscheindarlehen. **Strukturierte Finanzierung:** Bank zu Anlegerschutz-Regelungen; DekaBank u. Leonteq jew. bei Aktualisierung div. Basisprospekte; Bank bei Umstellung von Swaps auf SOFR; DDV lfd. zu nachhaltigen strukt. Produkten; Bank bei Derivaten auf € u. Yuan; Bank bei neuem Swap-Produkt; Bank bei Emissionsprogramm; Bank bei Basisprospekt für Credit Linked Notes; Unicredit Bank bei Aktualisierung der Basisprospekte.

NOERR

Anleihen ★★★★

Bewertung: Das DCM-Team ist geprägt durch eine starke Schnittstellenkompetenz der Anwälte im ▷*Gesellschaftsrecht* u. ▷*Eigenkapitalmarktrecht*. Ein Mandat, das dies vereint, ist jenes von Ceconomy, bei der Noerr sowohl bei der Ausgabe u. Zulassung neuer Aktien aus einer Sachkapitalerhöhung sowie bei Wandelschuldverschreibungen in Höhe von insges. €150 Mio beriet. Die wiederholte Mandatierung durch Fresenius Medical Care, die die Kanzlei regelm. in Fragen des Aktien- u. Kapitalmarktrechtes sowie zu Finanzierungen berät, verdeutlicht zudem die gute Verwurzelung bei dt. Konzernen. Wesentl. seltener, aber dennoch spürbar ist dagegen die Bankenberatung. Immer wieder setzt etwa die chin. Bank of Communications über Lex Mundi auf sie, was deren europ. Marktzugang angeht. Aber auch heimische Geldhäuser wie die Baader Bank vertrauen ihr, wenn es darum geht, Neuland zu betreten: Sie setzte zuletzt etwa bzgl. des Handels mit Kryptowährungen auf sie.

Oft empfohlen: Dr. Julian Schulze de la Cruz

Team: 4 Eq.-Partner, 1 Sal.-Partner, 1 Counsel, 4 Associates

Schwerpunkte: Emittentenberatung; Standalones, Aufsetzen von EMTN-Programmen; Wandelanleihen u. Restrukturierung von Anleihen.

Mandate: Anleihen: Ceconomy bei Ausgabe u. Zulassung neuer Aktien u. €150-Mio-Wandelschuldverschreibungen; Fresenius Medical Care bei vorrangig unbesicherter €750-Mio-Anleihe; TAG Immobilien bei Aufsetzen von €3Mrd-EMTN-Programm; Mutares bei gepl. €100-Mio-Anleihen; Bank of Communications bei Update von Certificate of Deposits-Programm; Baader Bank bei Erweiterung des Handelsspektrums um Kryptowährungen; Semper idem Underberg bei €45-Mio-Anleihe; Actaqua bei €15-Mio-Green-Bond; Alvotech Holdings bei Refinanzierung von bestehender Anleihenstruktur; Demetra bei besicherter Anleihe zur Finanzierung med. Forschung.

NORTON ROSE FULBRIGHT

Anleihen ★★★

Bewertung: Emissionsprogramme für Anleihen stehen im Zentrum der Beratung. Viele Mandanten, etwa die Dt. Bank, Mercedes u. Sixt, sind schon länger Mandanten der Praxis. Aber auch neue, wie die Commerzbank bei ProSieben, kommen über Pitches hinzu. Hinsichtlich der Anzahl der in Dtl. beratenen Transaktionen liegt die Praxis damit quantitativ in der Spitzengruppe. Die Kenntnisse aus den Aktualisierungen bringt das Team auch in die Beratung von Einzelanleihen ein, etwa in die ESG-Papiere aus NRW oder für die Dt. Bank zu neuen risikofreien Zinssätzen. Viele Mandate kommen von der Bankenseite mit Emittenten der öffentl. Hand, bei deren Emissionen das Team über große Erfahrung verfügt. Daneben sind immer wieder Beratungen zu Krisensituationen im Sub-Investment-Bereich gefragt. Die Volumina sind hier zwar kleiner, die oft praxis- u. grenzüberschr. Beratung wie bei Metalcorp aber komplex.

Oft empfohlen: Christoph Enderstein

Team: 2 Partner, 2 Counsel, 4 Associates

Schwerpunkte: Anleihen: Beratung bei EMTN-/Debt-Issuance-Programmen sowie Pfandbrief- u. Schuldschein-/CP-Programmen. Auch Standalone-Bonds, insbes. Mittelstandsanleihen.

Mandate: Anleihen: BNP Paribas bei Aktualisierung des $10-Mrd-Anleihenprogramms der Nat. Bank of Canada; Bank bei 2 Yuan-Anleihen mit Clearing in Hongkong; Dt. Bank bei Yuan1-Mrd-Anleihe u. lfd. bei €80-Mrd-Anleihenprogramm; Banken bei sozialer €1-Mrd-Anleihe der NRW-Bank; Banken bei 2 nachhaltigen Anleihen des Landes NRW über insges. €3,5 Mrd; Mercedes-Benz lfd. bei Update von €70-Mrd-Anleihenprogramm; Metalcorp bei Verlängerung ihrer €140-Mio-Anleihe u. Verhandlungen mit Anleihegläubigern; kanad. Investmentbank bei Namensschuldverschreibungen; Commerzbank zu €2,5-Mrd-Anleihenprogramm von ProSiebenSat.1 Media.

OMF OTTO MITTAG & PARTNER

Strukturierte Finanzierung ★★

Bewertung: Die Praxis für strukturierte Produkte ist spezialisiert auf die Beratung u. Vertretung von Emittenten aus der Finanzbranche zu verbrieften Derivaten für institut. Anleger. Repräsentativ für die Arbeit der Anwälte ist etwa die langj. Beratung der Hamburger Sparkasse, u.a. bei Wertpapierprospekten für Hypothekenpfandbriefe u. Schuldverschreibungen sowie zu strukt. Produkten. Vermehrt war die Kanzlei zuletzt zur MREL-Fähigkeit gefragt, wozu neben bestehenden Mandanten auf Empf. dieser auch ein weiteres Institut erstmals auf die Erfahrung der anerkannten Spezialisten setzte. Darüber hinaus ist sie wie für die Citigroup zu Zertifikaten u. Optionsscheinen auch bei Trendthemen wie im Zshg. mit Kryptowährungen gefragt.

Stärken: Tiefgehendes Produktwissen, auch wirtschaftswissenschaftlich.

Oft empfohlen: Dr. Jochen Mittag, Thomas Lesser

Team: 4 Partner, 2 Associates

Schwerpunkte: Begleitung bei Wertpapierprospekten für Emissionen von EMTN, Anleihen, Derivaten (v.a. Zertifikate, Optionsscheine), auch streitig. Zudem Beratung bei Pfandbriefprospekten.

Mandate: Strukturierte Finanzierung: Krypto-Handelsplatz zu strukturierten Wertpapieren bezogen auf div. Kryptowährungen; Börse Stuttgart, Vontobel, Prinas Montan, Degussa Bank u. ein Schweizer Finanzinstitut jew. zu Prospekten für strukturierte Produkte; Haspa lfd. bei Prospekten für Hypothekenpfandbriefe, Schuldverschreibungen u. strukturierte Produkte sowie Ausgabe u. Platzierung von Schuldscheindarlehen u. Namensschuldverschreibungen; eine dt. Bank lfd. bei ETCs; Citigroup lfd. zu Zertifikaten u. Optionsscheinen; Société Générale lfd., u.a. bei Anleihen, Zertifikaten, EMTN, strukturierten Produkten, CLN u. OTC-Finanztermingeschäften; Verband zu Emissions-/Vertriebsfragen, u.a. zu PRIIPs-VO; Bank im Zshg. mit Kundenbeschwerden bzgl. Wertpapieren.

SIMMONS & SIMMONS

Anleihen ★★

Bewertung: Die Anleihenpraxis hat sich in der Beratung klass. Anleihen u. Emissionsprogramme etabliert, aber auch bei strukt. Produkten ist sie anerkannt. So beriet das Team die Banken bei einer der größten Fremdkapital-Transaktionen in Dtl. für Bosch. Auch dass die Banken um die Citibank ihm beim Aufsetzen des großen ECP-Programms von Covestro vertraut haben, belegt seine gute Position insbes. bei CP. Bei grenzüberschr. Projekten zeigt sich die Ffmer Praxis gut mit den anderen internat. S&S-Büros vernetzt u. beriet etwa Nordmazedonien bei Namensschuldverschreibungen. Als weiteres Standbein könnte sich die Zusammenarbeit mit der im August 2021 gegründeten Praxis für finanzielle Restrukturierungen entwickeln, denn das DCM-Team berät lfd. zu Anleihenrestrukturierungen.

Oft empfohlen: Dr. Felix Biedermann

Team: 2 Partner, 1 Counsel, 1 Associate

Schwerpunkte: Beratung zu Standalone-Anleihen u. Programmen sowie Schuldscheinen; Zertifikate, Derivate u. Debt-Issuance-Programme.

Mandate: Anleihen: Banken bei 2 Anleihen von Talanx über insges. €1,5 Mrd; Liga Bank, Aareal Bank u. Münchener Hypothekenbank jew. bei Aktualisierung des Emissionsprogramms; Banken bei €1,5-Mrd-Anleihenprogramm von Covestro; internat. Finanzinstitut bei Schuldscheindarlehen u. Re-

Anwaltszahlen: Angaben der Kanzleien, wie viele Anwälte zu mind. ca. 50 % in diesem Gebiet tätig sind. Sie spiegeln nicht zwingend die Gesamtgröße einer Kanzlei wider.

strukturierung mehrerer Anleihen; JPMorgan bei Anleihen, Optionsscheinen u. Zertifikaten im Rahmen ihres Emissionsprogramms für strukturierte Produkte u. Update von Programmen; Nordmazedonien bei Anleihen. **Strukturierte Finanzierung:** niederl. Großbank lfd. zu Rahmenvertrag für Finanztermingeschäfte; Banken bei €4,5-Mrd-Anleihe für Bosch.

SULLIVAN & CROMWELL

Anleihen ★★★

Bewertung: Einzelne mrd-schwere Emissionen kennzeichnen die Arbeit der Anleihenpraxis, etwa für Dauermandanten wie die KfW. Hier ist sie insbes. wg. ihrer Kompetenz bei Transaktionen mit US-Bezug gefragt. Weitere öff. Förderbanken wie die AIIB, die CEB u. die Landwirtsch. Rentenbank nutzen dies für ihre Dollaranleihen. Daneben stehen viele Emissionen in Verbindung zu den großen Transaktionen von S&C im ▷*Eigenkapitalmarkrecht*- u. ▷*M&A* u. ergänzen diese immer wieder um eine Fremdkapitalkomponente. Seit dem Spin-off von Daimler Truck beriet das Team bspw. die Banken bereits dreimal bei der Platzierung von Anleihen. Auch Delivery Hero, die das Team in schwieriger Lage zu 2 Wandlern beriet, zählt bereits seit ihrem IPO zu den Mandanten des Kapitalmarktrechts-Teams.

Stärken: Equity-linked-Produkte (Wandel-, Umtauschanleihen). In Ffm. eine der führenden Adressen im US-dt. Rechtsverkehr.

Oft empfohlen: Krystian Czerniecki

Team: 3 Partner, 2 Counsel, 15 bis 20 Associates, 1 of Counsel (ges. Kapitalmarktteam)

Schwerpunkte: Beratung insbes. bei SEC-registrierten Emissionen nach Rule-144A/Regulation-S.-Programmgeschäft, aber auch Standalone-Bonds.

Mandate: Anleihen: Asian Infrastructure Investment Bank bei Anleihen über insges. $3,75 Mrd; Banken bei $1,8-Mrd-Anleihe von Daimler Truck; Entwicklungsbank des Europarates bei $1-Mrd-Anleihe; Delivery Hero bei €1-Mrd-Wandler; KfW lfd. bei Anleihen über insges. $16 Mrd 2022; Diebold Nixdorf anleiherechtl. zu $400-Mio-Refinanzierung; Landwirtsch. Rentenbank bei $1,25-Mrd-Anleihe; Munich Re bei nachrangiger $1,25-Mrd-Anleihe.

WHITE & CASE

Anleihen ★★★★★

Strukturierte Finanzierung ★★★★

NOMINIERT
JUVE Awards 2023
Kanzlei des Jahres für Bank- und Finanzrecht

Bewertung: Eines der rund- um am stärksten besetzten Kapitalmarktteams in Dtl. berät zu einer breiten Palette von Fremdkapitalprodukten inkl. US-Recht auf hohem Niveau. W&C zählt bei Programmen wie Einzelanleihen zu den Marktführern. Neue Themen wie ESG spiegeln sich regelm. in grünen u. sozialen Anleihen wider, aktuell etwa für JAB u. Vonovia auf Bankenseite. Als die Kapitalmärkte einen Einbruch erlitten, baute die Praxis ihre Beratung zu Schuldscheindarlehen u. Namensschuldverschreibungen mit Debut-Transaktionen für Brenntag, EnBW u. Keolis aus. Ihre Spezialitäten High Yield u. regulator. Kernkapital für Finanzinstitute waren 2022 marktbed. zwar seltener gefragt, die Kapazität hierfür wird aber von Mandanten geschätzt. Die Ernennung einer weiteren Salary-Partnerin unterstreicht den Anspruch von W&C, hier dauerhaft zur Spitze zählen zu wollen. Wichtige Mandate zu strukt. Produkten sind Verbriefungen wie die 1. synthet. Verbriefung der BayernLB gem. STS u. diejenigen zur Restrukturierung europ. Banken. Das Team berät regelm. bei div. großvol. NPL-Transaktionen, etwa für Intrum. Zu den Stammmandanten kommen neue Wachstumsunternehmen wie Creditshelf hinzu, die das Know-how zu einer besicherten Refinanzierung ihrer KMU-Finanzierungsplattform nutzte.

Stärken: High-Yield- u. Non-Investment-Grade-Bonds; NPL-Verbriefungen; Anleihenprogramme.

Oft empfohlen: Dr. Dennis Heuer („sehr konstruktiv, arbeite gerne mit ihm zusammen", Wettbewerber), Karsten Wöckener („innovativ u. hochgeschätzt", Mandant; „sehr kooperativ", Wettbewerber), Gernot Wagner

Team: 6 Eq.-Partner, 2 Sal.-Partner, 6 Associates

Schwerpunkte: Beratung sowohl bei MTN-/CP-/DI-Programmen (Aufsetzen, Updates, Drawdowns) u. Standalone-Bonds als auch bei strukturierten Schuldscheinen (insbes. Equity-, Index-, Credit-linked) sowie High-Yield-Bonds. Strukturierte Finanzierung: True-Sale-Securitisations (insbes. MBS), zudem synthet. Verbriefungen (Finanzgarantien, CDS, CLNs) u. Asset-based Funding sowie Verbriefung von Leasingforderungen u. NPL-Transaktionen.

Mandate: Anleihen: Dt. Bahn, Lufthansa, EnBW, E.on, Eurogrid, Evonik, Grenke, ING Diba, LBBW, Morgan Stanley, Société Générale u. Spk Köln-Bonn, UniCredit Bank jew. lfd. bei Anleiheprogrammen; Dt. Bank lfd. bei Anleiheprogrammen u.a. von BMW, Continental, Covestro, Knorr Bremse, Metro u. RBI; Barclays lfd. bei Anleiheprogramm von OMV; Commerzbank lfd. bei Anleiheprogramm von Schaeffler; Société Générale lfd. bei Anleiheprogramm von Vonovia; UniCredit Bank lfd. bei Anleiheprogramm der Berlin Hyp; Citigroup lfd. bei Anleiheprogramm der Helaba; Brenntag, DIC Asset, Keolis, Symrise u. Valeo jew. kapitalmarktrechtl.; Banken bei €500-Mio-Nachhaltigkeitsanleihe der JAB Holding; Banken bei Bundesanleihen für insges. €17 Mrd.; Banken bei Anleihen von Adidas für insges. €1 Mrd; Heights Capital anleiherechtl.; Banken bei grüner u. sozialer Anleihe von Vonovia für insges. €1,5 Mrd. **Strukturierte Finanzierung:** Bayern LB bei synthet. €1-Mrd-Verbriefung; Chorus Capital u. FWU jew. kapitalmarktrechtl.; Creditshelf bei €100-Mio-ABS-Finanzierung durch Goldman Sachs; Intrum weiterh. bei NPL-Verbriefungstransaktionen von Piraeus Bank u. bei Co-Investitionsvertrag mit Kistefos; Bank bei NPL-Verbriefungsprogramm; Lufthansa Cargo bei Verkauf besicherter Geldmarktpapiere.

Bank- und Bankaufsichtsrecht

ALLEN & OVERY

Bank- und Bankaufsichtsrecht ★★★★

Bewertung: Ihre guten Kontakte zu den Banken nutzt die personell stark aufgestellte finanzregulator. Praxis als Ausgangspunkt für komplexe Mandate. Div. Kreditinstitute setzen bei strateg., grenzüberschr. Strukturveränderungen u. Kooperationen, etwa im IT-Bereich, auf das Team um Behrens. Exemplarisch zeigt dies ihre Beratung vieler Brexit-Banken bei deren Umbau zu hiesigen Großbanken, von Buchungsmodellen über Sonderprüfungen, Ordnung der Gruppenstruktur bis zur internen Governance, wie aktuell bei einer jap. Großbank. Nach dieser strukturellen Arbeit für die Institute gelingt ihr häufig der Mandatsausbau mit der Beratung zu neuen Marktthemen wie ESG u. Digitalisierung, etwa der Société Générale bei deren digitaler €-Anleihe auf der Blockchain. Mit ihrer starken Verdrahtung nach London für grenzüberschr. Beratung prädestiniert, nutzt A&O ihr internat. Netzwerk, indem sie eine Regulierungsplattform unterhält u. hier den Mandanten regulator. Wissen über die wichtigsten europ. Jurisdiktionen anbietet.

Oft empfohlen: Dr. Alexander Behrens („fachlich sehr gut, persönlich sehr angenehm", Wettbewerber)

Team: 3 Partner, 2 Counsel, 6 Associates, 1 of Counsel

Schwerpunkte: Gründung von Zweigniederlassungen, M&A u. Derivateregulierung, auch fondsrechtl. Beratung. Digitale Geschäftsmodelle u. Zahlungsdienste.

Mandate: Société Générale bei erster digitaler €-Anleihe der EIB auf Blockchain; jap. Finanzinstitut lfd., u.a. zu Umstrukturierungen in Europa; 2 frz. Banken jew. bei Markteintritt in Dtl.; Finanzinstitut lfd. bei Bankgründung mit JV-Partner in Dtl.; div. Finanzdienstleister mit Legal-Tech-Tool zur lfd. bankaufsichtsrechtl. Compliance; Auslandsbank bei ESG-Dokumentation als präventive Maßnahme zur Vermeidung von Compliance-Risiken.

ANNERTON

Bank- und Bankaufsichtsrecht ★★★★

NOMINIERT
JUVE Awards 2023
Kanzlei des Jahres für Bank- und Finanzrecht

Bewertung: Die finanzaufsichts- u. zahlungsdiensterechtl. geprägte Kanzlei nutzt die Digitalisierung in der Branche als Triebfeder für den Ausbau ihrer Beratung. Ein guter Beleg dafür ist die Arbeit für ihre Mandantin Solaris beim Kauf des ADAC-Kreditkartengeschäfts von der Landesbank Berlin, bei der die renommierten Teams von Hengeler Mueller u. Linklaters andere Beteiligte berieten. Inzwischen finden sich unter ihren Mandanten zunehmend Großunternehmen u. -banken sowie deren Töchter, darunter die DZ Bank u. Helaba Digital; beide setzen bei IT-basierten Diensten auf das Know-how der Praxis. Damit hat die Kanzlei ihr Portfolio deutlich erweitert u. ist dem Start-up-, Fintech- u. Kryptomarkt entwachsen, auf den sie viele Wettbewerber beschränkt sehen. Einen richtungsweisenden Schub brachte auch der Zu-

Anwaltszahlen: Angaben der Kanzleien, wie viele Anwälte zu mind. ca. 50% in diesem Gebiet tätig sind. Sie spiegeln nicht zwingend die Gesamtgröße einer Kanzlei wider.

gang des erfahrenen Bankjuristen Glaab, der Anfang 2022 zu der Kanzlei stieß u. unter anderem auf die geldwäscherechtl. Beratung spezialisiert ist. Mit 2 Counsel-Zugängen stärkte die Kanzlei außerdem die Beratung im Bereich IT u. Datenschutz. Für die weitere Digitalisierung der Finanzbranche, auch im Wertpapier- u. Investmentbereich, ist sie trotz des Wechsels einer Sal.-Partnerin zu Ebner Stolz damit sehr gut aufgestellt.
Stärken: Payment- u. Fintechberatung mit starker internat. Vernetzung.
Oft empfohlen: Peter Frey („verlässlich, kompetent", Mandant), Frank Müller, Dr. Anna Izzo-Wagner („versiert", Wettbewerber), Sebastian Glaab („sehr praxiserfahren", Mandant; „sein Zugang ist ein guter Move", Wettbewerber), Dr. Susanne Grohé („in Berlin sehr gut positioniert", Wettbewerber)
Team: 7 Eq.-Partner, 4 Sal.-Partner, 2 Counsel, 7 Associates, 2 of Counsel
Partnerwechsel: Nasim Jenkouk (zu Ebner Stolz Mönning Bachem)
Schwerpunkte: Dt. u. internat. Banken, Zahlungsdienste u. Fintechs aufsichts- u. zivilrechtl. sowie zu Geldwäsche u. Auslagerungen; Handels-, Industrie- u. Dienstleistungsunternehmen aufsichts- u. zahlungsdiensterechtl.; Bank- u. Investmentaufsichtsrecht inkl. Digitalisierungs- u. Kryptothemen; Family Offices zu regulator. Fragen. Steuerberatung. Internat. ‚Fintech Lawyers Network' u. Standort in Luxemburg.
Mandate: Solaris bei Übernahme des ADAC-Kreditkartengeschäfts von der Landesbank Berlin; DZ Bank, u.a. aufsichtsrechtl. zu DLT-Lösung für Zahlungen; Vereinigte Volksbank Raiffeisenbank bei Fronting-Kooperationen; Volksbank Mittweida bei Emission von tokenisierter Namensschuldverschreibung; J&T Banka bei dt. Markteintritt; dt. Autohersteller zu zahlungsrechtl. Fragen bei Tochter; Olinda Dtl./Qonto bei Post-Merger-Integration; WP-Ges. zu ESG-Datenplattform; Trade Republic Bank, u.a. zu MiFID-Regulierung; Accel Growth Fund V bei Lizenzierungsverf. von Trade Republic; Kadmos zu internat. Zahlungsplattform; BSS zu IT-Lösung für geldwäscherechtl. Identifizierung; B4C Markets, u.a. zu Erlaubnis als Wertpapierhandelsbank; Fuel, License.rocks u. Kollektor.io je regulator. zu NFT-Plattformen; Banxware aufsichtsrechtl. zu Geschäftsstruktur; Coinpanion bei dt. Markteintritt; Unternehmensstiftung zu Bankaufsichts- u. Investmentrecht; lfd.: Helaba Digital aufsichtsrechtl. bei Joint Ventures u. Investments, Delivery Hero zahlungsverkehrsrechtl., Toyota Kreditbank, HIH Warburg bankaufsichtsrechtl., Smava, Prepaid Verband Dtl., Payone, Feri Trust, Ferrari Financial Services, Finleap Connect, Stokr, Creditshelf, Värdex Suisse, Ratepay, Crimson, Binance Dtl., Classic Token, Adorsys, 1inch Exchange, Anlagenwert Hamburg, Capitell Vermögensmanagement, EV Digital Invest bankaufsichtsrechtlich.

Bank- und Bankaufsichtsrecht

Kanzlei	Standorte
★★★★★	
Freshfields Bruckhaus Deringer	Frankfurt
Hengeler Mueller	Frankfurt, Düsseldorf
Linklaters	Frankfurt
★★★★	
CMS Hasche Sigle	Frankfurt, Hamburg, Berlin, Köln
Hogan Lovells	Frankfurt, Düsseldorf
Latham & Watkins	Frankfurt, Hamburg
White & Case	Frankfurt, Hamburg, Berlin
★★★★	
Allen & Overy	Frankfurt
Annerton	München, Berlin, Frankfurt
Clifford Chance	Frankfurt
★★★	
GSK Stockmann	München, Frankfurt, Hamburg, Heidelberg
Noerr	Berlin, Hamburg, Frankfurt, München, Düsseldorf
★★	
Gleiss Lutz	Frankfurt, Brüssel
LSP Lindemann Schwennicke & Partner	Berlin
Mayer Brown	Frankfurt
Sernetz Schäfer	Düsseldorf, München
★	
Deloitte Legal	Frankfurt, Berlin, Stuttgart
EY Law	Eschborn
Görg	Köln, Frankfurt, Berlin
Lindenpartners	Berlin
Osborne Clarke	Berlin
Schalast & Partner	Frankfurt
Waldeck	Frankfurt

Die Auswahl von Kanzleien und Personen in Rankings und tabellarischen Übersichten ist das Ergebnis umfangreicher Recherchen der JUVE-Redaktion. Sie ist in 2erlei Hinsicht subjektiv: Die Aussagen der befragten Quellen sind subjektiv u. spiegeln deren Erfahrungen u. Einschätzungen. Die JUVE-Redaktion wiederum analysiert die Rechercheergebnisse unter Einbeziehung ihrer eigenen Marktkenntnis. Der JUVE Verlag beabsichtigt keine allgemeingültige oder objektiv nachprüfbare Bewertung. Es ist möglich, dass eine andere Recherchemethode zu anderen Ergebnissen führt. Innerhalb einzelner Gruppen in Rankings und tabellarischen Übersichten sind Kanzleien und Personen alphabetisch sortiert.

CLIFFORD CHANCE

Bank- und Bankaufsichtsrecht ★★★★

Bewertung: Die hoch angesehene aufsichtsrechtl. Praxis um Benzler gehört zu den zentralen Beraterinnen bei Transaktionen sowie zu Institutsstrukturen u. -krisen. Dabei sticht die enge Zusammenarbeit mit anderen Teams im In- u. Ausland hervor, etwa in den Insolvenzen der Greensill Bank u. der North Channel Bank, in denen die Anwälte den BdB vertreten. In der transaktionellen Beratung belegt u.a. das zukunftsweisende Mandat der EIB bei der Ausgabe einer blockchainbasierten Anleihe diese Stärke, an dem auch frz. u. luxemb. Teams beteiligt waren. Unter die klassischen dt. Banktransaktionen fiel zuletzt das Mandat der Oldenburgischen Landesbank beim Kauf der Degussa Bank. Allerdings schnürt die dünne Personaldecke die Praxis im Geschäftsausbau ein, u. der Weggang eines renommierten Counsels im Herbst zog das Korsett nochmals enger. Da die Bedeutung der finanzaufsichtsrechtl. Beratung in der EU zunimmt, erwächst daraus eine Herausforderung für die gesamte Kanzlei.
Oft empfohlen: Dr. Marc Benzler („fachlich souverän, führt das Team überzeugend u. rechnet mit Augenmaß ab", Mandant)
Team: 1 Partner, 1 Counsel, 3 Associates
Schwerpunkte: Bankgründungen, produktbezogene Beratung, Eigenkapitalfragen u. ▷*M&A*-Transaktionen. Außerdem Beratung von Spezialkreditinstituten, ▷*Versicherern* u. öffentl.-rechtl. Anstalten. Div. Investmentbanken zu Outsourcing u. Offshoring. Auch regelm. Banking Litigation (▷*Konfliktlösung*), ▷*Wirtschafts- u. Steuerstrafrecht*.
Mandate: Oldenburg. Landesbank bei Kauf der Degussa Bank; Altor bei 80%-Beteiligung an Kommunalkredit Austria; EIB bei €100-Mio-Emission von Anleihe über priv. Blockchain; BdB als Gläubiger im Insolvenzverf. der Greensill Bank u. ihrer brit. u. austral. Töchter; BdB u. EdB zu Insolvenz der North Channel Bank; BdB bei Neufassung von Rahmenverträgen für Wertpapierdarlehens- u. -pensionsgeschäfte; Tencent bei Investition in Scalapay in US$497-Mio-Finanzierungsrunde; NatWest bei Ausgestaltung der Institutsstruktur in der EU; EZB regelm. zu Einzelfragen bzgl. geldpolit. Maßnahmen u. Wertpapierabwicklung; Tesseract zu Gesetzesinitiativen in der EU-Kryptoregulierung.

CMS HASCHE SIGLE

Bank- und Bankaufsichtsrecht ★★★★

Bewertung: Die Stärke der Praxis für Bank- u. Bankaufsichtsrecht liegt unverändert in der Beratung zu Erlaubnis-, Compliance- u. Vergütungsangelegenheiten. Ein hochkarätiges Bsp. dafür ist die Arbeit

Anwaltszahlen: Angaben der Kanzleien, wie viele Anwälte zu mind. ca. 50% in diesem Gebiet tätig sind. Sie spiegeln nicht zwingend die Gesamtgröße einer Kanzlei wider.

für Mercedes-Benz, deren dt. Leasingtochter Kaetzler zu parallelen Erlaubnissen als Leasing- u. Zahlungsdiensteinstitut sowie zur IT-Auslagerung beriet. Die Lizenzierung von Anbietern mit Geschäftsmodellen, die auf digitale u. kryptobasierte Dienste zurückgehen, nimmt ebenfalls einen erhebl. Teil der Tätigkeit der Praxis ein. Darüber hinaus vertritt sie Finanzmarktteilnehmer regelm. ggü. der BaFin, ggf. auch in gerichtl. Verfahren, u. führt zivilrechtl. Prozesse. Dass das Team in Zusammenarbeit mit anderen Praxisgruppen bei Restrukturierungs- u. Transaktionsmandaten mit finanzaufsichtsrechtl. Aspekten inzw. zu den Top-Adressen zählt, belegt die Arbeit für das Finanz- u. das Wirtschaftsministerium in Berlin bei den mrd-schweren Stabilisierungsmaßnahmen für Uniper u. Sefe infolge der Energieengpässe im Winter 2022/23.

Stärken: Breit ausgerichtete Praxis mit Fokus auf Umstrukturierungen u. ▷*Compliance*. Auch Mandanten aus Industrie u. Behörden.

Oft empfohlen: Dr. Joachim Kaetzler, Andrea München

Team: 6 Partner, 4 Counsel, 12 Associates

Schwerpunkte: Dt. Banken, Finanzdienstleister u. Unternehmen zu Erlaubnis- u. Vergütungsfragen. Internat. Finanzhäuser bei Gründungen u. Lizenzen, Rechtsformänderungen, grenzüberschr. Dienstleistung u. Vergütung (auch ▷*Investmentfonds*). Beratung von Ministerien u. Behörden, u.a. in Krisenszenarien. Zahlr. Prozesse für dt. u. ausl. Finanzinstitute.

Mandate: Mercedes-Benz Leasing Dtl. bei Gründung von hybridem Institut für Finanzleasing u. Zahlungsverkehr; BMWK u. BMF bei Mehrheitsbeteiligung der Bundesrepublik an Uniper; BMWK finanzregulator. zu Stabilisierungsmaßnahmen bei Gazprom Germania/Sefe; MM Warburg u. Landeskrankenhilfe bei Verkauf der Warburg Hypothekenbank an Münchner Hypothekenbank; Warburg Bank aufsichtsrechtl. bei Verkauf der Warburg Invest an Bantleon; HQ Holding regulator. bei Verkauf der Mehrheitsbeteiligung an HQ Capital an LFPI; Oikocredit aufsichtsrechtl. zu europ. Angebotsstruktur; div. Wertpapierinstitute u. KVGen in Verfahren gg. Entschädigungseinrichtung.

DELOITTE LEGAL

Bank- und Bankaufsichtsrecht ★

Bewertung: Die personell große Praxis für Bank- u. Bankaufsichtsrecht ist v.a. bei Mandanten gefragt, die sie aus ihrer intensiven Zusammenarbeit mit den Wirtschaftsprüfern u. Steuerberatern von Deloitte kennen. Zu nennen ist bspw. die Beratung einer internat. Großbank zu geldwäscherechtl. u. Compliance-Anforderungen in einem gemeinsamen Projekt. Ausgehend von solchen Mandaten entwickelt die Praxis tiefere Beziehungen als vglw. spezialisierte Berater, etwa bei der Commerzbank in Projekten rund um Kontenmanagement u. Zahlungsverkehr. Dies führt auch zu komplexen Transaktionsmandaten wie etwa die Ausgründung der Investitionsbank Sachsen-Anhalt aus der NordLB einschl. des Erlaubnisverfahrens bei der BaFin u. der Gesetzgebungsberatung. Der Zugang des mit Portfoliotransaktionen erfahrenen Grieser eröffnet hier weiteres Potenzial. Das auch im internat. Kanzleiverbund von DL starke dt. Team berät häufig die in Frankfurt wachsende Gruppe der Auslandsbanken zu hiesigen Geschäftsaktivitäten, etwa die Digitaltochter einer europ. Großbank. Bei solchen grenzüberschr. Beratungen zahlt sich aus, dass Hanten auch die Leitung der ww. Praxis für Bank- u. Finanzrecht innehat.

Stärken: Integrierte WP-/StB-Expertise.

Oft empfohlen: Dr. Mathias Hanten

Team: 2 Eq.-Partner, 5 Sal.-Partner, 4 Counsel, 8 Associates, 2 of Counsel

Partnerwechsel: Dr. Simon Grieser (von Reed Smith)

Schwerpunkte: Institutsgründungen u. -umstrukturierungen, Outsourcing, Banken-▷*M&A*, auch Fintech, Zahlungsdienstefragen u. Prozesse.

Mandate: Commerzbank lfd. bankaufsichtsrechtl.; Investitionsbank Sachsen-Anhalt bei Ausgründung aus NordLB; Digitaltochter einer europ. Großbank zu dt. Zweigniederlassung; Serviceprovider im Bereich E-Mobility zu Erlaubnisantrag nach ZAG; NordLB, N26 u. div. mittelgr. Banken u. Sparkassen jew. lfd. zu Vergütungssystemen; Lufthansa, Compay, EB – Sustainable Investment, Edekabank, Geno Broker, Hoerner Bank, Intercard, Leaseplan, Lunadis, Reisebank, Rothschild & Co., Sodexo Pass, Solaris, Sparkasse Rhein-Nahe jew. aufsichtsrechtlich.

EY LAW

Bank- und Bankaufsichtsrecht ★

Bewertung: Der Schwerpunkt der Mandate des Teams für Bank- u. Bankaufsichtsrecht liegt bei einem Stamm kleiner u. mittlerer Banken. Die Praxis berät sie oft lfd. u. umf. wie eine externe Rechtsabteilung zum Aufsichtsrecht u. zu bankspezifischen Compliance-Themen. Mit der DZ Bank u. der dwpbank gewann sie jew. über Pitches große Institute als Mandanten hinzu. Ein wichtiges Einstiegsthema für erstmalige Mandatierungen bildet dabei die Beratung zur Institutsvergütung. Für die DZ Bank ist EY Law zudem mit ihrer Kompetenz im für die Branche zunehmend wichtigen Geldwäscherecht mandatiert. Durch die langj. Beratung etwa der dt. Niederlassung der ICBC hat sie zudem tiefe Einblicke in die Funktions- u. Arbeitsweise einer chin. Großbank. Dadurch ist sie auch bei neuen Marktentwicklungen gefragt u. berät bspw. die NordLB zur IBOR-Umstellung. Die bankaufsichtsrechtl. Beratung zu einzelnen Transaktionen in der Finanzbranche wie bei der Süd-West-Kreditbank beim Kauf eines Kreditportfolios runden die Mandatspalette der Praxis ab.

Team: 2 Eq.-Partner, 2 Sal.-Partner, 2 Counsel, 21 Associates, 1 of Counsel

Partnerwechsel: Dr. Johannes Blassl (zu Heuking Kühn Lüer Wojtek)

Schwerpunkte: Institutsumstrukturierungen, Auslagerungen, Banken-▷*M&A*, auch Fintech u. Zahlungsdienstefragen. Integrierte WP-/StB-Kompetenz.

Mandate: Agora Invest, C24 Bank, dt. Niederlassung der ICBC jew. lfd. aufsichtsrechtl.; Airbus Bank aufsichtsrechtl.; europ. Justizministerium lfd. zu neuen Finanzmarktgesetzen; Autohersteller u. Autobank jew. geldwäscherechtl.; Autobank u. Fahrzeughersteller jew. lfd. aufsichtsrechtl.; Bank aufsichtsrechtl. zu Umstrukturierung; div. Banken jew. lfd. zu InstitutsvergütungsVO; dwpbank zu Kryptoverwahrung; DZ Bank zu Kryptoverwahrgeschäft u. lfd. aufsichtsrechtl.; IWG Dtl. zu Zahlungsinstitut; NordLB u.a. bei Verkauf 2er NPL-Portfolios über insges. €1,5 Mrd; Süd-West-Kreditbank aufsichtsrechtl. beim Kauf eines Kreditportfolios der Augsburger Aktienbank.

Führende Namen im Bank- und Bankaufsichtsrecht

Dr. Marc Benzler
Clifford Chance, Frankfurt

Dr. Dirk Bliesener
Hengeler Mueller, Frankfurt

Dr. Alexander Glos
Freshfields Bruckhaus Deringer, Frankfurt

Dr. Markus Krüger
Latham & Watkins, Frankfurt

Dr. Maximilian von Rom
Gleiss Lutz, Frankfurt

Prof. Dr. Frank Schäfer
Sernetz Schäfer, Düsseldorf

Dr. Gunnar Schuster
Freshfields Bruckhaus Deringer, Frankfurt

Dr. Jochen Seitz
Hogan Lovells, Frankfurt

Andreas Steck
Linklaters, Frankfurt

Die Auswahl von Kanzleien und Personen in Rankings und tabellarischen Übersichten ist das Ergebnis umfangreicher Recherchen der JUVE-Redaktion. Sie ist in 2erlei Hinsicht subjektiv: Die Aussagen der befragten Quellen sind subjektiv u. spiegeln deren Erfahrungen u. Einschätzungen. Die JUVE-Redaktion wiederum analysiert die Rechercheergebnisse unter Einbeziehung ihrer eigenen Marktkenntnis. Der JUVE Verlag beabsichtigt keine allgemeingültige oder objektiv nachprüfbare Bewertung. Es ist möglich, dass eine andere Recherchemethode zu anderen Ergebnissen führt. Innerhalb einzelner Gruppen in Rankings und tabellarischen Übersichten sind Kanzleien und Personen alphabetisch sortiert.

FRESHFIELDS BRUCKHAUS DERINGER

Bank- und Bankaufsichtsrecht ★★★★★

Bewertung: Im Bankaufsichtsrecht reicht der Praxis kaum eine Wettbewerberin das Wasser. Das belegen hochkarätige, zeitkritische Mandate wie die Beratung der UBS bei der notfallartigen Übernahme des Schweizer Konkurrenten Credit Suisse sowie der KfW u. der dt. Bundesregierung bei der mrd-schweren Stabilisierung des Gashändlers Uniper. Daneben tritt die Beratung zu klassischen Transaktionen wie Übernahmen u. grenzüberschr. Verschmelzungen, darunter die Arbeit für die Aareal Bank bei der €1,75-Mrd-Übernahme durch die PE-Häuser Advent u. Centerbridge. Dennoch steht die Praxis vor der Herausforderung, das Ausscheiden des Aufsichtsrechtlers Benzing aus der Partnerschaft aufzufangen – denn er nahm zentrale Rollen in den wichtigen Mandaten der KfW u. der WP-Ges. Ernst & Young ein. Als jüngstem Partner in der Praxis kam ihm zudem eine große Rolle im strateg. Weiterführen der Gruppe zu, etwa in Hinblick auf ESG-Regularien. Um die Schlagkraft der Praxis aufrechtzuerhalten, ist es deshalb unerlässlich, dass die Kanzlei diese Lücke schließt. Ihren Nachwuchskräften kann sie dabei Karriereperspektiven eröffnen.

Stärken: Exzellentes aufsichtsrechtl. Know-how; flexible u. homogene Zusammenarbeit mit anderen Fachbereichen.

Oft empfohlen: Dr. Gunnar Schuster, Dr. Alexander Glos („das schnelle Umsetzen macht die Arbeit mit ihm gut", Mandant)

Anwaltszahlen: Angaben der Kanzleien, wie viele Anwälte zu mind. ca. 50 % in diesem Gebiet tätig sind. Sie spiegeln nicht zwingend die Gesamtgröße einer Kanzlei wider.

Renommierte Fintechberater

Dr. Till Brocker
LSP Lindemann Schwennicke & Partner, Berlin

Dr. Susanne Grohé
Annerton, Berlin

Frank Müller
Annerton, München

Eric Romba
Osborne Clarke, Berlin

Dr. Matthias Terlau
Görg, Köln

Die Auswahl von Kanzleien und Personen in Rankings und tabellarischen Übersichten ist das Ergebnis umfangreicher Recherchen der JUVE-Redaktion. Sie ist in 2erlei Hinsicht subjektiv: Die Aussagen der befragten Quellen sind subjektiv u. spiegeln deren Erfahrungen u. Einschätzungen. Die JUVE-Redaktion wiederum analysiert die Rechercheergebnisse unter Einbeziehung ihrer eigenen Marktkenntnis. Der JUVE Verlag beabsichtigt keine allgemeingültige oder objektiv nachprüfbare Bewertung. Es ist möglich, dass eine andere Recherchemethode zu anderen Ergebnissen führt. Innerhalb einzelner Gruppen in Rankings und tabellarischen Übersichten sind Kanzleien und Personen alphabetisch sortiert.

Team: 2 Partner, 4 Counsel, 9 Associates
Partnerwechsel: Dr. Markus Benzing (aus Partnerschaft ausgeschieden)
Schwerpunkte: Umfangr. u. breite Aufsichtsrechtspraxis: ▷*M&A* für Banken, Verschmelzungen, Portfoliotransaktionen, Beratung zu regulator. Eigenkapital, Outsourcing, Bankgründungen, Fintechs. Enge Verzahnung mit ▷*Compliance-Untersuchungen*, ▷*Konfliktlösung* sowie regierungs- u. institutionennaher Beratung inkl. ▷*Beihilferecht*. Steuerrecht.
Mandate: UBS bei Notübernahme von Credit Suisse (mit Bär & Karrer u. Davis Polk & Wardwell); KfW/BRD bei €33-Mrd-Rettung von Uniper; Aareal Bank bei €1,75-Mrd-Übernahme durch Advent u. Centerbridge; DZ Bank/DVB Bank u.a. regulator. bei konzerninterner Verschmelzung der DVB; Goldman Sachs u.a. regulator. bei Integration von NN Investment Partners; MCE Bank bei Kauf durch Santander Consumer Bank; Solaris u.a. aufsichtsrechtl. zu SE-Umwandlung; Ernst & Young in Auseinandersetzungen um Tätigkeit als Wirtschaftsprüferin bei Wirecard-Gesellschaften, u.a. ggü. StA u. APAS; Raisin DS/Sutor Bank in EuG-Verfahren um Berechnung der SRB-Bankenabgabe; HCOB regulator. zu €1,5-Mrd-Dividendenausschüttung; ProCredit bei Änderung der Kapitalmarktfinanzierungen in Zshg. mit Ukraine-Krieg; Upvest Securities bei Lizenzierung als Wertpapierinstitut; lfd.: Visa.

GLEISS LUTZ

Bank- und Bankaufsichtsrecht ★★

Bewertung: Die bank- und bankaufsichtsrechtliche Praxis ist bei hochkarätigen Angelegenheiten etabliert: Eines der herausragenden Mandate war zuletzt die Beratung des Treuhänders in der sanktionsbedingten Abwicklung der VTB Bank (Europe). Es unterstreicht als eines mehrerer Beispiele das Know-how bei Institutskrisen. Die Zusammenarbeit mit den Gesellschaftsrechtlern in der Kanzlei kam auch bei Kooperationen u. Transaktionen zum Tragen, etwa der Beratung des BVR zu einem Joint Venture im Genossenschaftssektor u. dem Einstieg der SBI Group bei Pliant, einem Anbieter digitaler Kreditkarten. Für die regulatorische Beratung holte die Kanzlei zusätzlich den früheren Clifford-Counsel Hissnauer als Partner an Bord.
Stärken: Enge Anbindung an die starken ▷*M&A*-, ▷*Gesellschaftsrechts*- u. ▷*Insolvenz-/Restrukturierungspraxen*.
Team: 2 Eq.-Partner, 1 Counsel, 1 Associate
Partnerwechsel: Dr. Christian Hissnauer (von Clifford Chance)
Schwerpunkte: Transaktionen im Bankensektor, institutsbez. Aufsichtsrecht inkl. Vergütungsfragen, ▷*Compliance*- u. Geldwäschethemen, umfangr. Restrukturierungserfahrung. In Ffm. gemeinsame Regulierungsgruppe mit Chiomenti (Italien), Cuatrecasas (Spanien/Portugal) u. Gide Loyrette Nouel (Frankr.).
Mandate: FUW Treuhand Projekt als Treuhänder für Stimmrechte der VTB Bank (Europe), u.a. zu Auflösungsbeschluss; BVR bei Forschungs- u. Entwicklungs-JV einer Vielzahl von Volks- u. Raiffeisenbanken; SBI Group bei Investment in Pliant; MAP-WSV Beteiligungen bei Kauf einer Grundstücksgesellschaft von Immobilienfonds; Octopus Investments, Moneygram je aufsichtsrechtl.; div. Kredit- u. Wertpapierinstitute lfd. aufsichtsrechtlich.

GÖRG

Bank- und Bankaufsichtsrecht ★

Bewertung: Das personell breit aufgestellte Aufsichtsrechtsteam berät neben div. mittelgroßen Instituten dtl.-weit mit langj. Erfahrung Sparkassen u. Genossenschaftsbanken. Dazu zählen auch deren Beteiligungen, Tochter- u. Dachgesellschaften wie der Finanzdienstleister Paydirekt. Hier ist die Praxis häufig eingebunden wie eine externe Rechtsabteilung. Dadurch besetzt sie neben den klass. aufsichtsrechtl. Mandaten neue Themenfelder an den Schnittstellen zu IT u. Datenschutz, etwa bei Zahlverfahren u. Auslagerungsverträgen. Das Wissen etwa aus den Erlaubnisverfahren für Zahlungsdienste schätzen ebenso Unternehmen außerhalb der Finanzbranche, wie die dt. Samsung-Tochter zur aufsichtsrechtl. Beratung bei neuen Techniken. Auch Start-ups wie Moss, eines der am besten finanzierten dt. Fintechs, nutzen dies für Erlaubnisanträge u. -verfahren. Ein weiterer Schwerpunkt liegt in streitigen Fällen, bei denen die Praxisgruppe eng mit den Prozessrechtlern zusammenarbeitet, insbes. aufseiten der Kreditinstitute gg. Unternehmen. Mit den Schadensersatzansprüchen im Fall Wirecard arbeitet sie einen der bedeutendsten aktuellen Wirtschaftsskandale auf.
Stärken: Beratung von Sparkassen, Prozesse um Ausfälle von Finanzinstrumenten.
Oft empfohlen: Dr. Yorick Ruland, Dr. Matthias Terlau
Team: 5 Eq.-Partner, 1 Sal.-Partner, 2 Counsel, 11 Associates
Schwerpunkte: Klass. Aufsichtsrecht, daneben stark in der insolvenznahen Beratung (▷*Insolvenzen*). Auch ▷*M&A*-Transaktionen, hoher prozessualer Anteil (▷*Konfliktlösung*), zunehmend Fintechthemen.
Mandate: Banken lfd. aufsichtsrechtl. zu Schadensersatz gg. Organe u. EY aus Wirecard-Insolvenz; Banken lfd. gg. Bayer wg. fehlerhafter Kapitalmarktinformation, u.a. im Zshg. mit der Übernahme von Monsanto; Moss lfd. bei einem Erlaubnisantrag für E-Geld-Lizenz; Paydirekt lfd. bankrechtl.; Verimi aufsichtsrechtl. bei Zusammenschluss mit Identifizierungsdienst Yes; Banken lfd. gg. Daimler wg. fehlerhafter Kapitalmarktinformation im Zshg. mit Dieselskandal; Spk. KölnBonn aufsichtsrechtl.; Samsung Electronics lfd. bankaufsichtsrechtl., u.a. zu Zahlungssystemen.

GSK STOCKMANN

Bank- und Bankaufsichtsrecht ★★★

Bewertung: Die Praxis für Bank- u. Bankaufsichtsrecht segelt weiter auf einem klaren Wachstumskurs. Für Vortrieb sorgt der Fokus auf zukunftsgewandte Fragen: Darunter fallen u.a. die aufsichtsrechtl. Vorgaben in der Digitalisierung der Finanzbranche, die steigenden Compliance-Anforderungen u. die Nachhaltigkeitsregularien. Herausragende Beispiele dafür waren die Beratung der DF Dt. Finance Systems zu einer Lizenz als Kryptoregisterführer inkl. der techn. u. Compliance-Dokumentation u. die Beratung von Portagon bei einer cloudbasierten Finanzierungsplattform mit Anlegerverwaltung, bei der auch die ESG-Compliance zu beachten war. Daraus entwickeln sich inzw. auch innovative, namh. Transaktionsmandate wie die Beratung von Siemens bei der ersten Emission einer Kryptowertpapieranleihe durch ein Dax-Unternehmen. Mit dem Zugang des Eq.-Partners Thomas baute die personalstarke Praxis Ende 2022 die Beratung in die Kapitalmarkt-Compliance aus. Für den Bereich der bankrechtl. Prozessführung ernannte die Kanzlei außerdem Anfang 2023 einen neuen Eq.-Partner.
Stärken: Breites aufsichtsrechtl. Know-how inkl. Zahlungsdiensteaufsichtsgesetz; eig., personalstarker Standort in Luxemburg.
Oft empfohlen: Dr. Markus Escher, Daniela Eschenlohr („sehr kompetent u. serviceorientiert", Mandant über beide), Dr. Oliver Glück, Dr. Harald Feiler
Team: 13 Eq.-Partner, 7 Sal.-Partner, 1 Counsel, 12 Associates, 1 of Counsel
Partnerwechsel: Dr. Alexander Thomas (von Pinsent Masons)
Schwerpunkte: Breite aufsichtsrechtl. Beratung, u.a. Bankgründungen u. ▷*Compliance*, transaktionsbegleitend (▷*M&A*), aufsichtsrechtl. Fragen zu KVGen, Wertpapierabwicklungsbanken u. Fonds (▷*Immo/Bau* u. ▷*Investmentfonds*) sowie zu Digitalisierung (Zahlungssysteme, Kryptowährungen u.a.), Vergütungsrecht. Streitige Verfahren.
Mandate: DF Dt. Finance Systems u.a. in BaFin-Erlaubnisverfahren als Kryptoregisterführer; Siemens bei Emission von €60-Mio-Kryptowertpapieranleihe; Portagon u.a. zu Cloud-basierter Finanzierungsplattform; Solaris u.a. bei Einstieg in den Wertpapierhandel; Volksbank Wien u. österr. Volksbankenverbund zu ESG-Veröffentlichungspflichten; GLS Gemeinschaftsbank aufsichtsrechtl. zu ESG-Vorgaben; Yapi ve Kredi Bankasi bei gepl. Kauf einer dt. Privatbank; internat. Fondsanbieter zu Neuaufstellung des Private-Markets-Geschäfts in Dtl. u. Luxemb.; BNP Paribas Real Estate Investment Management Dtl. bei Auslagerungsverträgen; Finba Technologies aufsichtsrechtl. zu digit. Plattform für tokenisierte Finanzforderungen; Fleming Finanz-IT zu Kreditplattform für (Zahn-)Ärzte; Hoeller Electrolyzer ESG-rechtl. bei Mehrheitsbeteiligung durch Rolls-Royce Power Systems; 3Red Partners lfd. in börsenrechtl. Verf. um Optionshandel; Versicherer u.a. regulator. bei Joint Venture für Immobilieninvestment; lfd.: Trianel regulator., Fundsaccess.

Anwaltszahlen: Angaben der Kanzleien, wie viele Anwälte zu mind. ca. 50% in diesem Gebiet tätig sind. Sie spiegeln nicht zwingend die Gesamtgröße einer Kanzlei wider.

HENGELER MUELLER

Bank- und Bankaufsichtsrecht ★★★★★

Bewertung: Die regulator. Praxis zeichnet sich durch herausragendes, die ganze Breite des Finanzaufsichtsrechts abdeckendes Know-how aus. Ihre langjährig erfahrenen Berater sind bei Transaktionen in der Branche regelm. mandatiert, zuletzt etwa durch Alteigentümer der Kommunalkredit Austria, die eine Mehrheitsbeteiligung verkauften. Ebenso ist das Team präsent bei Transaktionen mit Fintechs u. Zahlungsdiensten sowie Strukturanpassungen innerhalb von Instituten u. Lizenzverfahren. Ein Bsp. dafür war zuletzt die Arbeit für eine europ. Bank. Neben diesen wichtigen Transaktionen ist das Team auch im produkt- u. vertriebsbezogenen Aufsichtsrecht lfd. tätig, u.a. für Clearing-Dienste. Seine Breite an der Marktspitze zeigt es zudem bei der Vertretung ggü. Behörden, etwa im Zuge der Sonderprüfung durch die BaFin bei Grenke, sowie in zivilrechtl. Streitigkeiten wie den mrd-schweren Auseinandersetzungen um Steuerforderungen infolge des Cum-Ex-Skandals.

Stärken: Koordination großer Restrukturierungen u. Transaktionen, produktspezif. Aufsichtsrecht.

Oft empfohlen: Dr. Dirk Bliesener, Prof. Dr. Johannes Adolff

Team: 5 Partner, 3 Counsel, plus etwa 14 Associates

Schwerpunkte: Hoch spezialisierte Produktberatung, v.a. bei Risikoabschirmungen. Transaktionsbezogen sowie genuin aufsichtsrechtl. tätig. Regelm. Restrukturierungen (▷*Insolvenz/Restrukturierung*). Prozessführung für Banken (▷*Konfliktlösung*), Schnittstellen zum Öffentl. Wirtschaftsrecht u. zum ▷*Beihilferecht*, zu ▷*Compliance* u. internen Untersuchungen. Kooperation mit ausl. Best-Friend-Kanzleien.

Mandate: Landesbank Berlin bei Verkauf der Berlin Hyp an LBBW; Münchener Hypothekenbank bei Kauf von MM Warburg Hypothekenbank; Centerbridge u. Advent aufsichtsrechtl. bei Kauf der Aareal Bank; Qonto u.a. aufsichtsrechtl. bei Kauf von Penta; Valar Ventures bei US$43-Mio-Finanzierungsrunde für Mondu; Blackfin Capital bei Mehrheitsbeteiligung an dt. u. luxemb. Fondsvertrieb der DWS u. bei Gründung von ‚Morgenfund' als gem. Fondsplattform; Global Payments bei Kauf von Evo Payments; Interritus u. Trinity Investments als Gesellschafter bei Verkauf einer 80%-Beteiligung an Kommunalkredit Austria an Altor; PE-Fonds bei Kauf von Zahlungsdienstleister; europ. Bank zu grenzüberschr. Fusion u. neuer Lizenz; Grenke in Zshg. mit BaFin-Sonderprüfung u.a. zu Geldwäschefragen; Portigon in Verf. gg. EAA um €1-Mrd-Steuerforderungen; lfd.: Eba Clearing, Europ. Commodity Clearing.

HOGAN LOVELLS

Bank- und Bankaufsichtsrecht ★★★★

Bewertung: Die breit aufgestellte u. personalstarke Bankaufsichtsrechtspraxis mit einer erfahrenen Partnerriege nähert sich der Marktspitze weiter an. Sie zählt zahlr. dt. u. internat. Spitzeninstitute zu ihren Mandanten, ist aber vgl. mit Freshfields weniger in marktprägenden Transaktionen zu sehen. Vielmehr stehen die Berater Banken, Zahlungsdienstleistern u. Industrieunternehmen bei internen Strukturveränderungen, bei neuen Geschäftsmodellen u. bei Vertriebsfragen zur Seite. Das belegen etwa die Mandate von Scalable Capital zur Expansion in der EU u. einer US-Investmentbank zu aufsichtsrechtl. Vorgaben für Kryptowährungen. Das Know-how der Praxis im Kernbereich des Bankaufsichtsrechts untermauern die Mandate der Berlin Hyp u. der Ford Bank, die u.a. Fragen der Eigenkapitalausstattung betrafen. Ebenso präsent ist das Team in der Vertretung ggü. Aufsichtsbehörden: Die NordLB u. die NRW.Bank vertritt Seitz in mehreren Verfahren gg. den SRB. Einer Schweizer Bank u. einem Zahlungsdienstleister steht die Praxis ggü. den nationalen Behörden BaFin u. AMF zur Seite. Die Ernennung 2er Counsel ist Ergebnis des intensiven Engagements der Praxis.

Oft empfohlen: Dr. Richard Reimer, Dr. Jochen Seitz („gutes u. tiefes Verständnis für unsere Belange", Mandant), Dr. Tim Brandi

Team: 5 Partner, 5 Counsel, 11 Associates

Schwerpunkte: Breite regulator. Tätigkeit inkl. Wertpapieraufsichtsrecht u. enge Anbindung an Corporate/M&A. Outsourcing u. Compliance, zudem Zahlungsdienstethemen u. Fintech. Prozessführung.

Anwaltszahlen: Angaben der Kanzleien, wie viele Anwälte zu mind. ca. 50% in diesem Gebiet tätig sind. Sie spiegeln nicht zwingend die Gesamtgröße einer Kanzlei wider.

Mandate: Mitsubishi bei Verkauf der MCE Bank an Santander Consumer Bank; Scalable Capital bei Expansion nach Belg., in die Niederlande u. nach Irland; NordLB in EuG-Verfahren gg. SRB um Bankenabgabe 2020–2022; NRW.Bank in 2 Verf. gg. SRB um Beiträge zum Abwicklungsfonds für 2016 u. 2019; Tilta Fintech zu Onlineanwendung für Buy-now-pay-later-Modell im Geschäftskundensegment; frz. Großbank lfd. zu Plattform zum Vertrieb struktur. Produkte in div. EU-Ländern; US-Investmentbank zu Vertrieb von struktur. Produkten u. regulator. zu Kryptowährungen; Marex Financial zu Vertrieb von struktur. Produkten mit Kryptowährungen als Basiswert; Investmentbank bei Restrukturierung u. Abwicklung einer €373-Mio-Emissionsplattform für verbriefte Derivate; Schweizer Bank zu AMF-Anfrage bzgl. Vertrieb strukturierter Produkte; Hokodo bei Markteintritt in Dtl.; Ford Bank zu aufsichtsrechtl. Konsolidierung u. Kapitalbehandlung; Berlin Hyp zu aufsichtsrechtl. Eigenkapitalanforderungen; lfd.: 2 US-Investmentbanken zu Kundenbeschwerden, DDV.

LATHAM & WATKINS

Bank- und Bankaufsichtsrecht ★★★★

Bewertung: Die Bankaufsichtsrechtler der transaktionsorientierten US-Kanzlei beraten häufig bei Strukturveränderungen in der Finanzbranche. Neben dem trad. Schwerpunkt Bank-M&A wie beim Verkauf der Fondsdepot Bank sind sie auch bei aufsichtsrechtl. relevanten Transaktionen mit Fonds bzw. Asset-Managern u. Finanzdienstleistern gefragt. Ihre grenzüberschr. Aufstellung bildet für Transaktionen wie dem Mandat von Simon Property, bei der neben Ffm. das Schweizer u. das US-Büro eingebunden waren, eine Stärke in der internat. M&A-Beratung. Gerade wegen der Ausweitung der Aufsicht auf weitere Wirtschaftsbereiche schätzen die großen PE-Mandanten der Kanzlei die Praxis auch bei ihren Investments in aufsichtsrechtl. regulierte Unternehmen, darunter Apollo u. Hg Capital. So kennt das Team sich bestens mit den Befugnissen von EZB u. BaFin aus, was Mandanten bei strittigen Behördenfragen zu regulator. Untersuchungen u. Auflagen nutzen. Solche transaktionsunabh. Mandate für die Finanzinstitute laufen häufig bis in die Compliance hinein, etwa bei Brexit-Folgen, der MiFID-Umsetzung oder Evercores Passporting bei der Aufnahme des grenzüberschr. europ. Geschäfts.

Stärken: Enge Anbindung an marktführende Praxis für ▷*Private Equ. u. Vent. Capital*, große Prozesserfahrung (▷*Konfliktlösung*). Ausgezeichnete internat. regulator. Präsenz, gute Position bei Branchenverbänden.

Oft empfohlen: Dr. Markus Krüger, Axel Schiemann („hohes Niveau", Wettbewerber), Frank Bierwirth

Team: 4 Partner, 2 Counsel, 2 Associates

Schwerpunkte: Regelm. Transaktionen mit Bezug zu Finanzinstituten, Bankinsolvenzen u. -restrukturierungen. Originäres Aufsichtsrecht insbes. zu neuen Technologien im Finanzmarkt. Zudem Kapitalmarktfragen u. ausgeprägte Prozesspraxis.

Mandate: BdB/ESF lfd. zur Entschädigung von Greensill-Einlegern; Evercore lfd. aufsichtsrechtl.; Aufsichtsrat der Aareal Bank lfd. zu geplanter Investition durch Atlantic BidCo; 20 dt. Kreditinstitute lfd. zu Eigenkapitalanforderungen bei Auslandssicherheiten; Apollo Global lfd. aufsichtsrechtl. zu indirekter Beteiligung an Oldenburg. Landesbank; DXC aufsichtsrechtl. beim Verkauf der Fondsdepot Bank an FNZ; Prosegur aufsichtsrechtl. beim Kauf der ChangeGroup; Simon Property aufsichtsrechtl. bei Beteiligung an Jamestown; lfd. aufsichtsrechtl.: Hg Capital.

LINDENPARTNERS

Bank- und Bankaufsichtsrecht ★

Bewertung: Die Bankaufsichtsrechtspraxis hat ein breites Spektrum an Beratungsfeldern auf der Palette. Stark an Gewicht gewannen zuletzt die div. Elemente der ESG-Regulierung, darunter die Offenlegungsverordnung (SFDR) – sowohl auf Institutsals auch auf Produktebene. Das belegen die Mandate des BVR u. einer Landesbank. Ein 2. Standbein bildet die Beratung zum digitalen Umbau der Finanzbranche, bei dem die Anwälte etwa Star Finanz zur Seite stehen. An diesen Bsp. zeigt sich bereits, dass stärker als vor dem Weggang des Teams um Romba u. Oppenheim Anfang 2022 ein Gutteil der Mandate von Instituten u. Verbänden aus dem Genossenschafts- u. Sparkassensektor stammt. Just vom Spitzenverband DSGV holte die Kanzlei im Frühjahr die erfahrene Anwältin u. Steuerberaterin Glaser, die auf regulator. Eigenmittelanforderungen u. das Sanierungs- u. Abwicklungsregime für Banken spezialisiert ist. Mit dem Zugang stärkte die Praxis ihr Know-how in diesem Kernbereich des Aufsichtsrechts.

Stärken: Bestens vernetzt im Sparkassen- und Genossenschaftssektor.

Oft empfohlen: Dr. Lars Röh, Dr. Frank Zingel

Team: 4 Eq.-Partner, 3 Sal.-Partner, 5 Associates

Partnerwechsel: Jessica Glaser (von DSGV); Dr. Kati Meister (zu Unzer)

Schwerpunkte: Beratung im Sparkassen-, Genossenschafts- u. Landesbankensektor u. in Verbänden. Beratung in KWG-, WpHG-, depot- u. bankaufsichtsrechtl. Fragen u. zunehmend Fintechthemen. Hoher Anteil an kapitalmarktbez. Mandaten. Große Prozesserfahrung, u.a. ggü. BaFin u. in Abwehr von Anlegerklagen.

Mandate: BVR lfd., u.a. zu Digitalisierung u. zu ESG-Regulierung des Online-Brokerage-Geschäfts; Berliner Volksbank bei SFDR-Umsetzung; Landesbank u.a. zu Compliance von ESG-Finanzprodukten; Star Finanz zu Entwicklung digit. Bankprodukte; ausl. Payment-Anbieter zu Compliance in Dtl.; lfd.: Raisin zivilrechtl. u. zu Compliance, Weberbank zu SFDR-Regulierung, Berliner Sparkasse, Hamburger Sparkasse u. Liquid Asset Management.

LINKLATERS

Bank- und Bankaufsichtsrecht ★★★★★

JUVE AWARDS 2023
Kanzlei des Jahres für Bank- und Finanzrecht

Bewertung: Das große Team der Bankaufsichtsrechtler gehört zu den Top-Praxen im dt. Markt. Es punktet mit seiner langj. Erfahrung bei der strateg. Ausrichtung der Banken u. ist transaktionsberatend regelm. bei den größten Deals im dt. Finanzsektor eingebunden. Ein Bsp. ist die Beratung von Advent, Centerbridge u. deren Co-Investoren zur Regulatorik bei der Übernahme der Aareal Bank, eine der komplexesten Transaktionen der letzten Jahre. Eine Stärke ist hierbei die praxis- u. jurisdiktionsübergr. Beratung, auch über klass. Kreditinstitute hinaus: Dafür stehen bsph. die Übertragung des ADAC-Kreditkartenportfolios von der LBB auf Solaris u. Montagus Anteilsverkauf an Universal Investment nach Kanada. Mandanten schätzen jedoch über Transaktionen hinweg die umfassende „Kompetenz zu allen aufsichtsrechtl. Themen". Dazu zählen erstklassige Beziehungen zu BaFin, Bundesbank u. EZB. So konnte etwa nach 2 Jahren die Beratung der Otto Group bei ihrem ZAG-Erlaubnisantrag erfolgr. abgeschlossen werden.

Stärken: Exzellentes Know-how im Aufsichtsrecht u. enge Anbindung an die marktführenden ▷*M&A-* u. ▷*Insolvenz-/Restrukturierungspraxen*; interne Untersuchungen.

Oft empfohlen: Andreas Steck, Dr. Frederik Winter („praxisnah u. effizient", Mandant), Dr. Andreas Dehio („freundlich u. hohe Qualität", „pragmatisch, schnell u. freundlich", Wettbewerber)

Team: 3 Partner, 2 Counsel, 11 Associates

Schwerpunkte: Ausgewogenes Verhältnis von instituts- (Gründung, Auslagerung, ▷*Compliance*) u. produktbezogener Arbeit (Eigenmittelunterlegung, Hedgefonds, Credit-Default-Produkte) an der Schnittstelle zu ▷*Investmentfonds* u. zur strukturierten Produktepraxis (▷*Anleihen*). Zudem ▷*Beihilfe* u. regierungsnahe Beratung. Auch ▷*Unternehmensbez. Versichererberatung*.

Mandate: Advent, Centerbridge, CPPIB u. Goldman Sachs lfd. regulator. zu Übernahmeangebot für Aareal Bank; Montagu lfd. aufsichtsrechtl. bei Verkauf eines Minderheitsanteils an Universal Investment an CPPIB; HSH-Portfoliomanagement aufsichtsrechtl. bei Verkauf des verbleibenden Schifffahrtsportfolios u. anschl. Auflösung; Otto lfd. zu E-Commerce, u.a. zum Aufbau eines regulierten Zahlungsdienstleisters; ADAC zu Übertragung des Kreditkartenportfolios von der LBB auf die Solarisbank; Börse Stuttgart aufsichtsrechtl. beim Ausbau ihrer strateg. Partnerschaft mit Axel Springer u. SBI im Digitalgeschäft.

LSP LINDEMANN SCHWENNICKE & PARTNER

Bank- und Bankaufsichtsrecht ★★

Bewertung: Im Bankaufsichtsrecht ist das Team als Beraterin zur digitalen Transformation u. in der Vertretung ggü. Aufsichtsbehörden anerkannt. Ein stark digital geprägtes Beratungsfeld ist aktuell der Umbau des Girocard-Systems, an dem das Berliner Team u.a. für Stripe u. für die Dt. Kreditwirtschaft tätig ist. Damit ist es an einem branchenbestimmenden Vorhaben an zentraler Stelle beteiligt. Gute Kontakte in den Sparkassensektor belegen u.a. div. Mandate für den DSGV, S-Payment u. S Broker, etwa bei der Ausgliederung von Wertpapierdepots auf die Dekabank. Neben dem Sparkassensektor beraten die Anwälte regelm. Institute, Fintechs, Investoren u. Industrieunternehmen zu Erlaubnispflichten u. deren Umsetzung. Zu den hochkarätigen Mandanten gehört hier das Medienhaus Axel Springer, das LSP u.a. für eine Compliance-Untersuchung bei ‚Finanzen.net Zero' mandatierte.

Stärken: Fintechunternehmen u. Venture-Capital-Investoren, Banking Litigation u. Finanzierungen.

Oft empfohlen: Dr. Thomas Lindemann, Dr. Till Brocker

Team: 5 Eq.-Partner, 1 Sal.-Partner, 3 Counsel, 7 Associates

Schwerpunkte: Beratung von dt. u. ausl. Banken, Finanzdienstleistern u. Versicherern zu Gründung, Erlaubnisverfahren, Compliance u. Corporate Governance, vereinzelt auch im Kapitalmarktrecht. Prozesse aufseiten von Banken u. Initiatoren. Umsetzung techn. Entwicklungen im Aufsichts- u. Zahlungsdiensterecht, auch für Industrieunternehmen.

Anwaltszahlen: Angaben der Kanzleien, wie viele Anwälte zu mind. ca. 50% in diesem Gebiet tätig sind. Sie spiegeln nicht zwingend die Gesamtgröße einer Kanzlei wider.

Mandate: Stripe zu Kooperations-/Konzentratorverträgen mit 9 dt. Issuer-Konzentratoren im Girocard-System; Euro-Kartensysteme zu ‚Girocard 4.0' u. zu Altersverifikation bei Girokarten; Dt. Kreditwirtschaft zu ‚GiroAPI' u. zu Kooperation mit Paydirekt; S-Payment bei Erwerb sämtl. Assets von GIZS, zu tabletgestütztem Point-of-Sale-Geschäft u. zu Kooperation mit Mollie Payments; Pluscard zu Kooperation mit Solaris; Anheuser-Busch Inbev bei Kooperation mit Rolling Funds; DSGV zu elektron. Signaturen u. Siegeln im Verbraucherkreditgeschäft; Outsourcing-Dienstleister in EZB-Auskunftsverfahren; BayernLB zu Compliance-Vorgaben im Förderkreditgeschäft; Axel Springer bei Paymentvereinbarung mit Stripe sowie bankaufsichtsrechtl. zu Börsenspiel-Sendung u. Compliance-Untersuchung bei ‚Finanzen.net Zero'; FWU u.a. zu Status als Finanz-/Versicherungsholding u. zu KWG-/ZAG-Erlaubnispflichten; Hypoport zu Geldwäsche-Compliance; Re:Cap u.a. zu bankaufsichtsrechtl. Compliance in Dtl.; S Broker zu Ausgliederung von Wertpapierdepots auf Dekabank; GLS Gemeinschaftsbank zu Beratungsvertrag mit Fondsvehikel; Ortolan Advisors zu bankaufsichtsrechtl. Erlaubnispflichten bei NPL-Transaktion; Soundcloud zu ZAG-Compliance; Wise bankaufsichtsrechtl. zu grenzüberschr. Depotkreditgeschäft.

MAYER BROWN

Bank- und Bankaufsichtsrecht ★★

Bewertung: Die aufsichtsrechtl. Praxis arbeitet in ähnl. personeller Aufstellung wie das Team für die Beratung zu strukturierten Produkten u. ist daher vor allem in diesem Produktbereich renommiert. Die Banken schätzen die langj. Erfahrung bei der Gestaltung der Marktinfrastruktur u. dem Vertrieb von Wertpapieren. Seit 2022 zählen hierzu auch Mandate zu nachhaltigen Finanzprodukten u. der Umsetzung der EU-TaxonomieVO. Die Praxis berät die Deka zur gesamten Retail-Emissionsplattform u. führte u.a. elektr. Schuldverschreibungen nach dem eWpG ein. Mehr als die Hälfte ihrer Beratungen tätigt sie für Stammmandanten, zu denen seit dem Brexit zunehmend Auslandsbanken wie JPMorgan gehören. Durch seine Spezialisierung zählt das Team im dt. Markt zu den Vorreitern für die Beratung zur EMIR-VO: Es berät div. Banken über den Zugang zu Clearing u. die Aushandlung von Clearing-Vereinbarungen.

Stärken: Erfahrung bei Marktinfrastruktur/Derivate-Clearing; Wertpapieraufsichtsrecht.

Oft empfohlen: Dr. Patrick Scholl („wir schätzen sein Know-how zum Prospektrecht u. zur PRIIPs-Regulierung", Mandant)

Team: 4 Partner, 3 Counsel, 6 Associates, 1 of Counsel

Schwerpunkte: Wertpapieraufsichtsrecht, Digitalisierung, Outsourcing. Auch Institutsgründung, Abwicklung, Compliance (▷*Gesellsch.recht*).

Mandate: DekaBank lfd. bei Aktualisierung ihres Basisprospekts für klass. u. struktur. Schuldverschreibungen u. Credit-linked-Notes; DDV lfd. zu Standards für nachhaltige struktur. Produkte; Finanzdienstleister bei Beteiligung an Fintech; Bank zu Abschluss von Repo-Geschäften nach Brexit; JPMorgan bei Muster für Plattformdienstvertrag; Bank bei Insolvenzanalyse u. Netting-Begutachtung von Körperschaften u. AöR; Bank bei ISDA-Self-Disclosure-Briefen; Finanzdienstleister aufsichtsrechtl. bei Verwendung eigener Indizes; Bank bei Clearing von OTC-Derivaten; Bank zu PRIIPS-KIDs-Vorlagen.

NOERR

Bank- und Bankaufsichtsrecht ★★★

Bewertung: Die Aufsichtsrechtspraxis profiliert sich mit einem interdisziplinären Full-Service-Ansatz. Ihre Zusammenarbeit mit den Spezialisten für ▷*Corporate*, ▷*IT-/Datenschutzrecht* u. ▷*Konfliktlösung* ist gut eingespielt. Besonders relevant ist diese für Projekte, die sich mit der Digitalisierung von Finanzinstituten u. Fintechs sowie der ESG-Beratung beschäftigen. Die Frankfurter Volksbank etwa ließ sich zur Implementierung von ESG-Anforderungen in die Vermögensverwaltung beraten u. daneben zu der von der BaFin verstärkt geforderten Geldwäsche-Compliance. Die Erfahrung der Kanzlei mit Fintechs nutzen auch Banken wie Baader für ihre diesbezüglichen Themen wie die Erbringung von Kryptodienstleistungen u. -Assets. Dass das Team das klass. allgem. Bankaufsichtsrecht beherrscht, beweist es auch immer wieder bei komplexen Abwicklungen, jüngst etwa nach Wirecard auch beim Rückzug der VTB (Europe). Häufig wird es zur regulator. Beratung bei M&A-Transaktionen hinzugezogen, sowohl von Finanzinstituten wie dem Vermögensmanager Lunis als auch bei Transaktionen in der Realwirtschaft mit Bezug zu Finanzdienstleistungen.

Stärken: Standort- u. rechtsgebietsübergr. Zusammenarbeit, Beratung zu ZAG, Bankprozesse.

Oft empfohlen: Dr. Torsten Fett, Dr. Jens Kunz („pragmatisch, kompetente Zusammenarbeit", Wettbewerber), Hans Kirchner

Team: 5 Eq.-Partner, 3 Sal.-Partner, 3 Counsel, 4 Associates

Partnerwechsel: Dr. Kai-Michael Hingst (Ruhestand)

Schwerpunkte: Breit aufgestellte Praxis, auch in bankrechtl. Auseinandersetzungen (▷*Konfliktlösung*); Fintechthemen, u.a. mit dem Berliner Büro (▷*IT-/Datenschutzrecht*); Restrukturierung von Krediten u. Finanzierungen (▷*Kredite u. Akqu.fin.*).

Mandate: Baader Bank lfd., u.a. zu Krypto-Assets; Flatexdegiro finanzaufsichtsrechtl.; Frankfurter Volksbank zu Finanzregulierung; Inflexion bei Inhaberkontrollverf. bei Übernahme von Infront; Lunis aufsichtsrechtl. bei Zusammenschluss mit Vermögensverwaltung Huber Reuss & Kollegen; VTB Bank (Europe) bei Abwicklung; Asset-Manager einer Versicherung aufsichtsrechtl. zu Fonds in Schieflage; Niederlassung einer europ. Bank zu BaFin-Verfahren u. Klage eines Kunden, u.a. wg. angebl. Prospektfehler; dt. Beteiligungsunternehmen zu BaFin-Verfahren bzgl. der Position als herrschender Gesellschafter eines dt. Kreditinstituts.

OSBORNE CLARKE

Bank- und Bankaufsichtsrecht ★

Bewertung: Die finanzaufsichtsrechtl. Praxis der technologiegeprägten Kanzlei hat eine Schippe draufgelegt: Der Zugang des Teams um Romba u. Oppenheim Anfang 2022 brachte ernsthafte Präsenz am Fintechstandort Berlin u. Know-how, das die Beratung zu Kryptogeschäften intensivierte; inzwischen sind dort in der Regulatorik 5 Anwälte tätig. Dass Romba zu den Vordenkern bei neuen digitalen Markttrends zählt, zeigt das Mandat der Crowd-Investmentplattform Zinsbaustein, die mithilfe der Praxis die erste ECSP-Lizenz in Dtl. erlangte. Auch Unternehmen aus der Handels-, Sport- u. Musikbranche, die an Tokenisierungsprojekten arbeiten, finden aufgrund der tiefgr. Kenntnisse aus der Beratung zu Kryptowährungen u. Zahlungsdiensten zunehmend den Weg in die Praxis, darunter der Sportartikler Puma u. 360X Music. Ein weiteres Standbein sind Mandate hochkarätiger US-Unternehmen wie JPMorgan u. Airbnb, die in der lfd. Beratung auf die Regulierungsexperten setzen. Neben dem Ausbau des aufsichtsrechtl. Teams stärkte die Kanzlei im Sommer auch die finanzierungsrechtl. Beratung mit einer Partnerernennung in München.

Stärken: Erlaubnisverfahren zu kryptobasierten Geschäftsmodellen.

Oft empfohlen: Eric Romba („viel Beratungserfahrung im Bereich kryptobezogener Geschäftsmodelle", „beeindruckender Trackrecord", Wettbewerber)

Team: 4 Eq.-Partner, 8 Associates

Schwerpunkte: Aufsichtsrechtl. Beratung zu Erlaubnisfragen (Kryptohandel u. -vertretung, Wertpapierhandel, AIFMs, Zahlungsdienste, ECSP); Kooperationsverträge, Outsourcing u. Digitalisierung in div. Branchen (Finanz, auch Musik, Handel). Außerdem Finanzierung u. Fondsstrukturierung.

Mandate: Zinsbaustein zu ECSP-Erlaubnis; Upvest zu Erlaubnis als Wertpapierhandelsbank u. Kryptoverwahrer; Speedinvest zu Konzession als Venture-Capital-AIFM; ECDC2 Blockchain.com (Germany) zu Erlaubnis für Kryptohandel; internat. Dienstleister zu BaFin-Erlaubnis für Eigenhandel u. Kryptoverwahrung; US-Kryptoverwahrer zu Erlaubnisverf. für indiv. Portfolioverwaltung von Kryptowerten u. Kryptoverwahrung; Bunch Technology u.a. aufsichtsrechtl. zu Onlineplattform für Digitalisierung von VC-Investments durch Business Angels; JustETF aufsichtsrechtl. zu internat. Expansion; Chartered Investment bei Emission von Kryptowertpapieren; Simply Delivery/Sides bei Kooperationsvertrag mit Stripe; Trality zu Kooperationsvertrag mit DLT Finance; UnitPlus InnoInvest zu ETF-Roboadvisor u. Kooperation mit Aion Bank; dt. Großbank bei NFT-Projekt für Mitarbeiter; DKB Dt. Kreditbank zu Spendenplattform; Eco2Grow zu Onlineplattform für vPPAs zw. KMUs u. Energieerzeugern; Puma aufsichtsrechtl. zu Fashion-NTFs; Dienstleister zu Tokenisierung von CO2-Zertifikaten; 360X Music u. Twelvebytwelve je bei Tokenisierung von Musikrechten; MFC Labs bei Tokenisierung von Profifußballern; Molkerei zu Hedging von Milchpreisen. Lfd.: JPMorgan, Airbnb, Brain Capital aufsichtsrechtl., Clearbank, S-Public Services, Wex Europe Services.

SCHALAST & PARTNER

Bank- und Bankaufsichtsrecht ★

Bewertung: Im Zuge ihrer Weiterentwicklung in den verg. Jahren hat die Kanzlei die Beratung in der Regulatorik für die Bank- u. Finanzbranche zu einer angesehenen Praxis ausgebaut. Dabei bildet sie zwar eine breite Beratungspalette ab, ihr klarer Schwerpunkt liegt aber bei Fintechs u. der Beratung zur Anpassung der Bank- u. Finanzdienstleistungen an technische Neuerungen. Ein Bsp. hierfür ist die Beratung zur Einrichtung u. Umsetzung eines tokenisierten Verwaltungskontos bei Winbridge, die eine aufsichtsrechtl. Genehmigung erforderte. Einige der Mandanten sind in den verg. Jahren erheblich mit ihrem Umsatz u. ihrer internat. Präsenz gewachsen, sodass das Team auch Expansionsfragen in div. grenzüberschr. Mandate handhabt, u.a. über das Netzwerk Multilaw. Mandanten wie Interbridge u. Kineo konnte sie so nahtlos bei der in-

Anwaltszahlen: Angaben der Kanzleien, wie viele Anwälte zu mind. ca. 50 % in diesem Gebiet tätig sind. Sie spiegeln nicht zwingend die Gesamtgröße einer Kanzlei wider.

ternat. Geschäftserweiterung in zahlr. Jurisdiktionen unterstützen. Neben diesem Schwerpunkt berät die Praxis div. Mandanten bankaufsichtsrechtl. zu den eher klass. regulator. u. auch streitigen Fragen.
Oft empfohlen: Prof. Dr. Andreas Walter („überzeugend, fachlich super", „vielseitig u. engagiert", Wettbewerber)
Team: 2 Eq.-Partner, 3 Sal.-Partner, 5 Associates, 1 of Counsel
Schwerpunkte: Fintechberatung. Fronting-Lösungen für Nichtbanken. Banking Litigation u. Finanzierungen.
Mandate: Aledius Quantum zu regulator. Fragen bei Einführung von neuen Finanzprodukten; AQE Management bei Registrierung als KVG; Estate Guru u. Raisin.Bank bei Strukturierung der gepl. Crowdfunding-Plattform; HKB Bank zu BaFin-Maßnahmen; Kineo Finance zu Strukturierung von Darlehens-Fronting; Mondu zu Zahlungsoptionen auf Onlinemarktplätzen; Moss (Nufin) bei Firmenkreditkarten; Myos bei Internationalisierung von Warenfinanzierungen; Nikkei zu ESG-finanzierungsrelevanten Indizes; Vivid Money zu Zahlungs- u. Anlageprodukten; Wayflyer zu Plattform für Betriebsmitteldarlehen; Winbridge zu Utility-Token u. WpH-Bankzulassung; 360X Music u. Twelvebytwelve zur Tokenisierung von Musikkunstwerken.

SERNETZ SCHÄFER

Bank- und Bankaufsichtsrecht ★★

Bewertung: Die Praxis zeichnet sich durch ihr exzellentes Know-how in der bank- u. zahlungsdiensteaufsichtsrechtl. Beratung u. in bankrechtl. Verfahren aus. Ein Beleg dafür sind die Mandate zur Abwicklung der EU-Tochter der ehem. VTB Bank u. der früheren Wirecard Bank. In beiden Angelegenheiten kommt der Praxis ihre Aufstellung mit langjährig erfahrenen Partnern zugute, die auch weiterhin mit den Aufräumarbeiten nach dem Zusammenbruch der Hypo Real Estate beschäftigt sind. Daneben steht als wichtige Säule die lfd. Arbeit für Finanzinstitute in Prozessen, etwa um zivilrechtl. Ausgleichsansprüche infolge des Cum-Ex-Skandals, u. um Beitragsbescheide von Entschädigungs- u. Sanierungseinrichtungen; Mandanten loben die „brillanten Schriftsätze" u. die „sehr kompetente, schnelle" Arbeit. Mit ihrer Vertretung ggü. Aufsichtsbehörden u. der zahlungsdiensterechtl. Beratung von Industrie- u. Handelsunternehmen ist die Praxis zudem in 2 wachsenden Segmenten gut aufgestellt.
Stärken: Komplexe Prozessführung u. hervorragende Branchenkontakte.
Oft empfohlen: Prof. Dr. Frank Schäfer, Dr. Helge Großerichter, Dr. Ferdinand Kruis
Team: 10 Eq.-Partner, 2 Associates
Partnerwechsel: Dr. Christian Sturm (zu Düchs)
Schwerpunkte: Prozesse mit bankrechtl. Hintergrund u. Gutachtertätigkeit (▷*Konfliktlösung*), zunehmend weitere Finanzdienstleister u. Industriekonzerne in aufsichtsrechtl. u. zahlungsdiensterechtl. Beratung. Starker Bezug zu gesellschaftsrechtl. Streitigkeiten.
Mandate: VTB Bank (Europe), u.a. bank- u. bankaufsichtsrechtl. bei Abwicklung des Instituts; WDB Abwicklung (Ex-Wirecard-Bank), u.a. aufsichtsrechtl. bei Abwicklung; Hypo Real Estate in KapMuG-Verf. wg. vermeintl. falscher Ad-hoc-Meldungen vor der Finanzkrise; Hypo Real Estate Holding bei €900-Mio-Vergleich mit Musterkläger; Dt. Pfandbriefbank in Schadensersatzverf. gg. Vorstände der früheren Hypo Real Estate; Stadtsparkasse München in kapitalmarktrechtl. Verfahren; UniCredit Bank zu vermeintl. EC-Gebührenkartell der Dt. Kreditwirtschaft; EP Global Commerce aufsichtsrechtl. bei Zukauf von Anteilen an Metro; div. Finanzinstitute in Verf. zur Abwehr von Ausgleichsansprüchen aus Cum-Ex-Geschäften; Bank in Organhaftungsklagen gg. ehem. Vorstände wg. rechtswidriger Kreditvergaben; PE-Gesellschaft, Gutscheinanbieter u. Sportgerätehändler je zahlungsdiensteaufsichtsrechtl.; Großbank in EuG-Verf. um SRB-Beitragsbescheid; Wertpapierinstitute in Widerspruchsverf. gg. EdW-Beitragsbescheide; KVG in BaFin-Sonderprüfung; lfd.: Bankenverband, Bausparkassen, u.a. Institute zu BGH-Urteil bzgl. Bank-AGBs, ProSiebenSat.1 bankaufsichtsrechtl., Großbank in div. zivilrechtl. Verf., Versorger zu Energiehandel u. ZAG, WealthCap.

WALDECK

Bank- und Bankaufsichtsrecht ★

Bewertung: Die regulatorische Praxis baut auf 2 zukunftsgewandten Fundamenten auf: der Beratung zur Digitalisierung der Finanzbranche u. der zivil- u. verwaltungsrechtl. Vertretung, insbes. ggü. Aufsichtsbehörden. Dass die Kanzlei in der Beratung u.a. auf Lizenzanträge bei der BaFin setzt, zeigte Anfang 2023 die Ernennung eines Equity-Partners, der etwa in das Tradecom-Mandat eingebunden war u. die National Westminster Bank in Dtl. lfd. regulator. berät. An die Beratung zu BaFin-Lizenzen knüpft die Arbeit für Institute u. Dienstleister zu Kryptogeschäftsmodellen an, die in der Praxis breiten Raum einnimmt, darunter in Mandaten für Triadas. Aufgrund des tiefen Know-hows der Anwälte in der Finanzbranche wenden sich Mandanten zudem an die Praxis, wenn sie Auseinandersetzungen mit Behörden oder anderen Marktteilnehmern gerichtl. ausfechten. So wehrte das Team für einen Asset-Manager zuletzt den Vorwurf des Insiderhandels ab.
Stärken: Vertretung ggü. Aufsichtsbehörden u. Staatsanwaltschaft sowie zivilrechtl. ggü. Finanzmarktteilnehmern; IT-Recht für die Finanzbranche.
Oft empfohlen: Jan Liepe, Dr. Hendrik Pielka
Team: 6 Eq.-Partner, 3 Associates
Schwerpunkte: Beratung von Finanzinstituten u. Handelsplattformen zum Bank- u. Wertpapieraufsichtsrecht inkl. Vertretung in Streitfällen zivilrechtl. u. ggü. Behörden, auch IT-rechtl. in der Finanzbranche.
Mandate: ING-DiBa zu div. Auslagerungs- u. IT-Verträgen inkl. Datenschutz; Işbank lfd., u.a. zu WpHG-Compliance im OTC-Handel; Blockchain Founders Group zu Token-Emissionen (NFT, Security-Token) für Verschmutzungsrechte; Tradias u.a. zu Kooperationsvereinbarungen im Kryptohandel mit KVGen u. Banken u. zu tokenisierten Schuldverschreibungen; Tradecom in Inhaberkontrollverf. wg. Wechsel des Mehrheitseigners; VWD Transaction Solutions bei Handels- u. Orderrouting-Lösungen für Börsen u. Marktbetreiber; Dienstleister zu Vertragsstruktur mit dt. Großbank; Spezialinstitut zu Auslagerungsverträgen; Asset-Manager in erfolgr. Verteidigung gg. Vorwurf des Insiderhandels; lfd.: Commerzbank in streitigen Verf., National Westminster Bank aufsichtsrechtl., Universal-Investment, Finanzdatenanbieter zu IT-Projektverträgen mit dt. Banken, Bankhaus Scheich zu WpIG, BfV Bank für Vermögen zu WpHG-Compliance u. WpIG, BMCE Euroservices, Development Company for Israel (Europe) aufsichtsrechtl., Euwax, Hellwig Wertpapierhandelsbank, Lang & Schwarz, Lemon.markets, MWB Fairtrade, Umweltbank.

WHITE & CASE

Bank- und Bankaufsichtsrecht ★★★★

NOMINIERT
JUVE Awards 2023
Kanzlei des Jahres für Bank- und Finanzrecht

Bewertung: In der regulatorischen Prozessführung gehört die Aufsichtsrechtspraxis zur Spitzengruppe. Das Team war an vielen der wichtigsten Bankenregulierungsfragen in Dtl. u. dem europ. Markt beteiligt. Es hat einen zunehmend EU-weiten Fokus u. dient den Mandanten u. internat. Büros der Kanzlei als Drehscheibe für Angelegenheiten in Zshg. mit der EZB u. den Unionsgerichten. So hat es etwa führende dt. Banken u. Nordea in derzeit ca. 30 Nichtigkeitsklagen vor dem EuG gg. den SRB beraten. Mandanten profitieren bei solchen Themen von der internen Vernetzung der Bank- u. Finanzaufsichtsrechtler an der Schnittstelle zu ▷*Compliance*, ▷*Kapitalmarkt-* u. ▷*Datenschutzrecht*. Bei den Sicherungssystemen für die Finanzwirtschaft zählt die Praxis mit Mandanten wie der EdB ebenfalls zu den Marktführern. Doch auch bei den großen Transaktionen in der Finanzbranche ist die Praxis zu sehen: Dieses Beratungsfeld reicht vom großen klass. Banken-M&A wie dem Kauf der Berlin Hyp bis zu Fintechs wie der KI-basierten, digitalen Plattform Pair Finance für Inkasso- u. Forderungsmanagement. Härings Aufnahme als Partner belegt, dass W&C dem Rechtsgebiet großes Gewicht beimisst und verstärkt insbes. die Kapazität bei der aufsichtsrechtl. Beratung zu M&A-Transaktionen in der Finanzbranche.
Stärken: Enge Anbindung an marktführende Praxis für ▷*Kapitalmarktrecht* u. ▷*Compliance*. Hervorragende europ. regulator. Präsenz.
Oft empfohlen: Dr. Henning Berger
Team: 3 Eq.-Partner, 1 Counsel, 4 Associates
Partnerwechsel: Woldemar Häring (von Allen & Overy)
Schwerpunkte: Breite Praxis, insbes. auf Produktseite, auch Koordination ausl. Sicherheiten. Corporate-Arbeit für Banken u. Finanzdienstleister mit aufsichtsrechtl. Beratung. Zudem Outsourcing-Projekte, Beratung bei Wertpapierabwicklungssystemen. Prozesse um Akkreditive, Prospekthaftung, Anlegerklagen.
Mandate: Div. Banken bei ca. 30 Nichtigkeitsklagen vor dem EuG gg. SRB; systemrelevante EU-Bank aufsichtsrechtl. zu Governance, Risikomanagement u. IT; dt. Großbank bei aufsichtsrechtl. gebotener Mrd-Umstrukturierung der Kernkapitalstruktur; Banken zu Klagemöglichkeiten gg. Änderung der Konditionen des TLTRO-Programms der EZB vor europ. Gerichten; EdB lfd. umf.; FNZ aufsichtsrechtl. bei Kauf von Diamos von ConQor; LBBW bei Kauf der Berlin Hyp von der LBB; Pollen Street bei Kauf der Mehrheitsbeteiligung an Pair Finance; systemrelevante EU-Bank zu EZB-Prüfung von IT u. Outsourcing.

Anwaltszahlen: Angaben der Kanzleien, wie viele Anwälte zu mind. ca. 50 % in diesem Gebiet tätig sind. Sie spiegeln nicht zwingend die Gesamtgröße einer Kanzlei wider.

Börseneinführungen und Kapitalerhöhungen

ALLEN & OVERY

Börseneinführung und Kapitalerhöhung ★★★★

Bewertung: Das insbes. bei großen Transaktionen etablierte dt. ECM-Team hat seine Strategie, sich stärker als Emittentenberaterin zu positionieren, erfolgreich weiterverfolgt. Belege sind die weitere Mandatierung durch Tui bei einer mrd-schweren Kapitalerhöhung u. die Beratung von SGL Carbon bei einer Wandelanleihe. Letzteres zeigt auch, wie gut es A&O gelingt, die Arbeit für bestehende Mandanten auszuweiten. So beriet sie SGL bereits zuvor in Bezug auf eine High-Yield-Anleihe. Einige Unternehmen vertrauen auch für geplante IPOs auf das Team. Der häufigeren Mandatierung durch Emittenten u. der damit gestiegenen Auslastung u. Produktivität trug die Praxis mit einer Counsel-Ernennung u. der Verstärkung der Associate-Ebene Rechnung. Dass die Kanzlei auch bei Banken weiterhin eine gefragte Kraft ist, lässt sich an der Rolle bei der großvol. Rheinmetall-Wandelanleihe u. der Bezugsrechtskapitalerhöhung von TAG Immobilien ablesen.

Stärken: Hervorragende internat. Kontakte zu Banken.

Oft empfohlen: Marc Plepelits, Dr. Knut Sauer („unaufgeregte Art, routiniert“, Mandant)

Team: 2 Partner, 1 Counsel, 6 Associates

Schwerpunkte: IPOs, Bezugsrechtsemissionen, Zweitplatzierungen, Kapitalerhöhungen, Blocktrades, Notierungen, daneben Equity-linked-Produkte (▷*Anleihen*).

Mandate: Tui bei €1,8-Mrd-Kapitalerhöhung; Banken bei €1-Mrd-Wandelanleihe von Rheinmetall; Ankerinvestor bei IPO von Unternehmen aus der Automobilindustrie; Uniper bei Stabilisierungspaket, u.a. €267-Mio-Kapitalerhöhung u. bis zu €7,7-Mrd-Pflichtwandelinstrumente (gepl.); SGL Carbon bei Wandelanleihe; Banken bei €200-Mio-Bezugsrechtskapitalerhöhung von TAG Immobilien; MCH Group bei CHF80-Mio-Bezugsrechtsemission; Investment- u. Asset-Manager, dt. Projektentwickler jew. bei gepl. IPO; Schweizer Unternehmen bei gepl. Privatplatzierung neuer Aktien.

Börseneinführungen und Kapitalerhöhungen

★★★★★	
Freshfields Bruckhaus Deringer	Frankfurt, Düsseldorf
Hengeler Mueller	Frankfurt, Düsseldorf
Latham & Watkins	Frankfurt
Linklaters	Frankfurt
Sullivan & Cromwell	Frankfurt
★★★★	
Allen & Overy	Frankfurt
Clifford Chance	Frankfurt
Hogan Lovells	Frankfurt
Skadden Arps Slate Meagher & Flom	Frankfurt
White & Case	Frankfurt
★★★	
Gleiss Lutz	Frankfurt
Noerr	Frankfurt, Düsseldorf
★★	
Ashurst	Frankfurt
DLA Piper	Frankfurt
Heuking Kühn Lüer Wojtek	Köln
Milbank	Frankfurt, München
★	
CMS Hasche Sigle	Frankfurt
Norton Rose Fulbright	Frankfurt
Taylor Wessing	Frankfurt, München, Berlin
Willkie Farr & Gallagher	Frankfurt

Die Auswahl von Kanzleien und Personen in Rankings und tabellarischen Übersichten ist das Ergebnis umfangreicher Recherchen der JUVE-Redaktion. Sie ist in 2erlei Hinsicht subjektiv: Die Aussagen der befragten Quellen sind subjektiv u. spiegeln deren Erfahrungen u. Einschätzungen. Die JUVE-Redaktion wiederum analysiert die Rechercheergebnisse unter Einbeziehung ihrer eigenen Marktkenntnis. Der JUVE Verlag beabsichtigt keine allgemeingültige oder objektiv nachprüfbare Bewertung. Es ist möglich, dass eine andere Recherchemethode zu anderen Ergebnissen führt. Innerhalb einzelner Gruppen in Rankings und tabellarischen Übersichten sind Kanzleien und Personen alphabetisch sortiert.

ASHURST

Börseneinführungen und Kapitalerhöhungen ★★

Bewertung: Das Markenzeichen der ECM-Praxis um den erfahrenen u. gut vernetzten von Oppen sind kleine bis mittelgroße Kapitalerhöhungen u. Börsengänge. Zuletzt setzte etwa Vulcan Energy erneut bei einer Kapitalerhöhung auf sie. Regelm. wird Ashurst auch als gemeinsame Beraterin von Emittenten u. Banken mandatiert – so etwa bei einem gepl. IPO eines dt. Cleantech-Unternehmens. Mandate wie diese sind beispielhaft für den strateg. Branchenfokus der Praxis. Im zuletzt schwachen Immobiliensektor, in dem sie ebenfalls einen Schwerpunkt hat, setzte jüngst Domicil auf sie. Darüber hinaus hat eine Investmentbank sie für die Vorbereitungen des IPOs einer dt. Immobiliengesellschaft mandatiert. Viele der Mandate entstehen über gute Kontakte zu u.a. Geldhäusern wie Berenberg, Commerzbank u. Jefferies. Sollte der Markt wieder anziehen, würde sich Wachstum auf Associate-Ebene anbieten.

Oft empfohlen: Matthias von Oppen („energetisch, macht das gut“, Wettbewerber)

Team: 3 Partner, 2 Counsel, 3 Associates, 1 of Counsel

Schwerpunkte: Unternehmen u. Banken bei IPOs u. z.T. komplexen Kapitalerhöhungen.

Mandate: Vulcan Energy Resources bei €66-Mio- u. €50-Mio-Kapitalerhöhung; ausl. Cleantech-Unternehmen bei €250-Mio-Kapitalerhöhung; dt. Cleantech-Unternehmen u. Banken bei gepl. IPO des Unternehmens; Banken bei gepl. IPO von Omnichannel-Unternehmen in Dtl.; Bank bei gepl. IPO von dt. Immobiliengesellschaft; Parabellum Acquisitions bei Zusammenschluss mit EnOcean (De-SPAC); Domicil Real Estate bei €15-Mio-Kapitalerhöhung.

CLIFFORD CHANCE

Börseneinführung und Kapitalerhöhung ★★★★

Bewertung: Das Team für Eigenkapitalmarktrecht aus dt. u. US-Anwälten um den erfahrenen Hacket punktet bei Mandanten mit praxisübergr. Beratung u. seinem internat. Netzwerk. Auch wenn seit Herbst 2022 ein dt.-rechtl. Partner fehlt, war in dem schwachen Marktumfeld ein Einbruch der Beratung bisher nicht zu erkennen. Die Banken vertrauten dem Team bei Siemens Energy eine der wenigen großen dt. Pflichtwandelanleihen der letzten Jahre an. Die Kompetenz für komplexe Transaktionen wiederum zeigte sich in der Bankenberatung beim Porsche-IPO als größtem dt. Börsengang seit Jahrzehnten. Die Koordination der Büros in 5 weiteren europ. Ländern unterstreicht die wichtige Rolle des dt. Teams im internat. Geflecht der Kanzlei. Dies zeigte zudem Präsenz in der Region Naher Osten und Nordafrika mit dem nächsten Mrd-IPO in Riad. Praxisübergr. ist das dt. Team zudem gut eingebunden in die Beratung zu PE-Exits, weil CCs Private-Equity-Praxis nun wesentl. besser aufgestellt ist als noch vor einigen Jahren. Der Wandler für die Software AG war innovativ als direkte, bilaterale PE-Investition in ein öffentl. notiertes Unternehmen. Nun wäre die Verpartnerung eines starken u. auch von Wettbewerbern gelobten Counsels ein nächster logischer Schritt, auch um wieder einen dt.-rechtl. Partner im Team zu haben.

Oft empfohlen: Dr. George Hacket („sehr souverän, vertrauenswürdig u. nett“, Mandant; „sehr kooperativ u. kompetent“, Wettbewerber)

Team: 1 Partner, 2 Counsel, 6 Associates

Anwaltszahlen: Angaben der Kanzleien, wie viele Anwälte zu mind. ca. 50% in diesem Gebiet tätig sind. Sie spiegeln nicht zwingend die Gesamtgröße einer Kanzlei wider.

Führende Namen bei Börseneinführungen und Kapitalerhöhungen

Rick van Aerssen
Freshfields Bruckhaus Deringer, Frankfurt

Dr. Carsten Berrar
Sullivan & Cromwell, Frankfurt

Dr. Reinhold Ernst
Hengeler Mueller, Düsseldorf

Dr. Christoph Gleske
Freshfields Bruckhaus Deringer, Frankfurt

Dr. Stephan Hutter
Skadden Arps Slate Meagher & Flom, Frankfurt

Prof. Dr. Michael Schlitt
Hogan Lovells, Frankfurt

Dr. Oliver Seiler
Latham & Watkins, Frankfurt

Die Auswahl von Kanzleien und Personen in Rankings und tabellarischen Übersichten ist das Ergebnis umfangreicher Recherchen der JUVE-Redaktion. Sie ist in 2erlei Hinsicht subjektiv: Die Aussagen der befragten Quellen sind subjektiv u. spiegeln deren Erfahrungen u. Einschätzungen. Die JUVE-Redaktion wiederum analysiert die Rechercheergebnisse unter Einbeziehung ihrer eigenen Marktkenntnis. Der JUVE Verlag beabsichtigt keine allgemeingültige oder objektiv nachprüfbare Bewertung. Es ist möglich, dass eine andere Recherchemethode zu anderen Ergebnissen führt. Innerhalb einzelner Gruppen in Rankings und tabellarischen Übersichten sind Kanzleien und Personen alphabetisch sortiert.

Schwerpunkte: IPOs, Kapitalerhöhungen, Privatplatzierungen. In Frankfurt auch US-rechtl. Kompetenz.
Mandate: Banken bei IPO von Porsche; Hochtief bei 10%-Kapitalerhöhung; Power and Water Utility Company for Jubail and Yanbu bei SAR3,36-Mrd-IPO in Riad; Banken bei €212-Mio-Kapitalerhöhung von Nordex; Banken bei €960-Mio-Wandler von Siemens Energy; Software AG bei €344-Mio-Investition von Silver Lake; Eiffel bei €20-Mio-Investition in Joint Venture mit Pacifico Energy.

CMS HASCHE SIGLE

Börseneinführung und Kapitalerhöhung ★

Bewertung: Die Praxis ist bei mittelgr. Kapitalmarkttransaktionen seit Langem eine feste Größe. V.a. über die Gesellschaftsrechtler kommen regelm. Mandanten auf das Team zu. Dies belegt etwa die Beratung zu Aktiendividenden, auf die seit Jahren ein fester Mandantenstamm setzt, zu dem sich zuletzt Encavis gesellte. Rund um den Börsengang von Porsche war das Team eingebunden u. beriet gemeinsam mit dem Corporate-Team aktien- u. konzernrechtlich. Auch zu einigen Spezialbanken hat die Praxis etablierte Kontakte, etwa zu Stifel, die sie bei der Kapitalerhöhung von 7C Solarparken beriet. Das Potenzial, die internat. Kanzleipräsenz wie bei Clearvise bei der grenzüberschr. Transaktionsberatung, hier gemeinsam mit Frankr., auszuspielen, könnte das Team künftig noch stärker nutzen. Allerdings wäre hierzu auf Sicht Verstärkung nötig, wenn Zanner 2024 planmäßig aus der Partnerschaft ausscheidet.
Oft empfohlen: Dr. Andreas Zanner, Philipp Melzer
Team: 2 Partner, 1 Counsel, 2 Associates
Schwerpunkte: Traditionell tätig für Banken, Emittenten u. Gesellschafter.
Mandate: Clearvise bei €25-Mio-Kapitalerhöhung; Encavis bei Wahldividende; Porsche AG zu €9,4-Mrd-IPO; Stifel Europe bei €1,75-Mio-Kapitalerhöhung von 7C Solarparken.

DLA PIPER

Börseneinführung und Kapitalerhöhung ★★

Bewertung: Das ECM-Team arbeitet eng mit den im Aktienrecht etablierten Gesellschaftsrechtlern zusammen. Dadurch ist seine Erfahrung auch in transaktionsarmen Marktphasen gefragt, etwa bei der Beratung zu verwandten Themen wie Corporate Governance, konzerninterne Fusionen, grenzüberschr. Unternehmensumwandlungen u. Offenlegungspflichten aus einer Hand. Die kapitalmarktrechtl. Arbeit für zahlr. Unternehmen von MDax-Konzernen wie Varta bis zu börsennot. Mittelständlern belegt dies. Der anerkannte Teamleiter Maaß ist seit Februar 2023 auch einer der beiden Co-Heads der internat. ECM-Praxisgruppe von DLA u. kann so die Beratung grenzüberschr. Mandate stärker fördern. Die US-rechtl. Anwälte in London beraten bereits häufig an internat. Transaktionen aus Dtl. mit, etwa bei Exceet u. Anzu.
Oft empfohlen: Dr. Roland Maaß („angenehmster Kollege, den man sich vorstellen kann", Wettbewerber)
Team: 1 Partner, 4 Associates
Schwerpunkte: Gute internat. Vernetzung u. Branchenkenntnis.
Mandate: Exceet börsenrechtl. bei Zusammenschluss mit Apex; Anzu Capital bei Investition in Voxeljet; Varta bei €51-Mio-Kapitalerhöhung; Voltabox bei Pflichtangebot der Triathlon.

FRESHFIELDS BRUCKHAUS DERINGER

Börseneinführung und Kapitalerhöhung ★★★★★

Bewertung: Die zur Marktspitze zählende ECM-Praxis ist Jahr für Jahr an mehreren der relevantesten Transaktionen am dt. Markt beteiligt. Zuletzt belegte sie dies mit ihren Rollen beim Porsche- sowie beim Ionos-Börsengang. Angesichts des schwachen IPO-Marktes trat sie darüber hinaus vor allem mit großvol. Wandelanleihen, insbes. Pflichtwandlern wie für Siemens Energy u. RWE, in Erscheinung. Dabei handelt es sich regelm. um hochkomplexe Transaktionen; so stand das Mandat von RWE etwa im Kontext der €6,9 Mrd schweren Übernahme von Con Energy Clean Businesses. Dies zeigt den hervorragenden Ruf der erfahrenen Anwälte u. auch ihr Zusammenspiel mit den starken ▷*Gesellschaftsrechtlern* bei großen Konzernstrukturierungen. So beherrscht das Team das Kapitalmarktrecht virtuos, u. es verwundert nicht, dass es bei einer ganzen Reihe weiterer in Vorbereitung befindl. IPOs mandatiert ist – sei es auf Banken-, Emittenten- oder Sponsorenseite. Neben den seit Langem etablierten u. hoch renommierten Partnern Gleske u. van Aerssen hat indes auch die jüngere Counsel Christina Zapf einen respektablen Trackrecord vorzuweisen.
Stärken: Breite Kapitalmarkterfahrung. Eingespielte Teams.
Oft empfohlen: Rick van Aerssen („sehr hands-on, zügig, spricht mit Investmentbankern auf Augenhöhe", Mandant), Dr. Christoph Gleske („maximale Qualität u. Responsiveness", Mandant; „Zusammenarbeit ist stets effizient u. pragmatisch", „schnell u. dabei hervorragend", Wettbewerber), Christina Zapf („wir waren hier alle von ihr sehr begeistert: tough, gutes selbstbewusstes Auftreten, responsive u. tief im Thema", Mandant; „up and coming", Wettbewerber)
Team: 3 Partner, 2 Counsel, 11 Associates
Schwerpunkte: Oft Beratung von Emittenten zu Börsengängen, Kapitalerhöhungen, daneben Hybridprodukte (▷*Anleihen*).
Mandate: Banken bei IPO von Ionos; Vorstand von Porsche SE bei IPO von Porsche AG; Siemens Energy bei indirekter Begebung von €960-Mio-Pflichtwandelanleihe; RWE bei €2,4-Mrd-Pflichtwandelschuldverschreibung an Qatar Investment Authority; Banken bei €1-Mrd-Wandelanleihe von Delivery Hero u. bei Rückkauf von 2 Wandelanleihen über insges. €725 Mio; Banken bei Privatplatzierung von Pharmaunternehmen; Nordex u.a. bei Kapitalerhöhung; SFC Energy bei €60-Mio-Kapitalerhöhung; Tui bei Rückzahlung von Stabilisierungsmaßnahmen an WSF, u.a. €1,6-Mrd-Kapitalherabsetzung u. Rückführung von €730-Mio-Optionsscheinen.

GLEISS LUTZ

Börseneinführung und Kapitalerhöhung ★★★

Bewertung: Die ECM-Praxis der dt. Großkanzlei hat einen langen Trackrecord bei der Beratung mittelständ. Unternehmen. Ein herausragendes Mandat im Jahr 2022 war allerdings die Begleitung des Volkswagen-Aufsichtsrates beim riesigen Porsche-IPO. Dabei arbeitete das ECM-Team u.a. eng mit der starken ▷*Gesellschaftsrechtspraxis* zusammen. Darüber hinaus setzte etwa der Va-Q-Tec-Gründer u. -Hauptaktionär bei der Übernahme durch eine von PE-Investor EQT beratene Gesellschaft u. einer damit zusammenhängenden Kapitalerhöhung auf GL. In diesem Fall kam die Kanzlei auf Empfehlung einer Wettbewerberin zum Zuge. Für die Zufriedenheit der Mandantschaft spricht auch die weitere Beratung von Unternehmen wie SLM u. Schaltbau. Zuletzt setzte die Schmid Group beim gepl. Listing an der NYSE auf ein Team um den langj. Praxischef Aubel.
Stärken: Starke Corporate-Tradition.
Oft empfohlen: Dr. Stephan Aubel („ausgezeichnet, erfahren, ein echter Gewinn", Mandant; „Top-Jurist", „schätze ich sehr", Wettbewerber)
Team: 2 Eq.-Partner, 2 Counsel, 3 Associates
Schwerpunkte: Schwerpunkt auf Emittentenberatung bei IPOs u. Kapitalerhöhungen.
Mandate: Aufsichtsrat Volkswagen bei Porsche-IPO; SLM bei öffentl. Übernahmeangebot von Nikon, inkl. 10%-Kapitalerhöhung u. bei Wandelschuldverschreibung sowie Gläubigerversammlung zu Änderungen von Anleihebedingungen; Schmid Group bei gepl. Listing an NYSE (De-SPAC); Va-Q-Tec-Gründer u. -Hauptaktionär bei Übernahme, Kapitalerhöhung u. Partnership Agreement mit von EQT-beratener Gesellschaft; Schaltbau bei €60-Mio-Pflichtwandelanleihe, Übernahme- u. Delisting-Erwerbsangebot; LEG bei Aktiendividende; Highlight Communications bei Squeeze-out.

HENGELER MUELLER

Börseneinführung und Kapitalerhöhung ★★★★★

Bewertung: Die ECM-Praxis der dt. Vorzeigekanzlei ist mit einem großen Team an der Schnittstelle zum Gesellschaftsrecht u. DCM hervorragend aufgestellt u. bespielt die ges. Klaviatur des Kapitalmarktrechts. Feedback von Mandanten wie Wettbewerbern lässt keinen Zweifel daran, dass die Praxis nach wie vor zu den ersten Adressen gehört, wenn es um Kapitalerhöhungen u. Börsengänge geht. In einem ruhigen Markt bereitete sie hinter den Kulissen

Anwaltszahlen: Angaben der Kanzleien, wie viele Anwälte zu mind. ca. 50% in diesem Gebiet tätig sind. Sie spiegeln nicht zwingend die Gesamtgröße einer Kanzlei wider.

zahlreiche gr. Transaktionen vor, das Licht der Welt erblickten davon allerdings (bisher) nur wenige. Eine davon war der Ionos-Börsengang, bei dem United Internet/Ionos auf HM setzte. Neben klass. IPOs u. Kapitalerhöhungen war die Kanzlei auch bei Privatplatzierungen u. prospektpflichtigen Share-for-Share-Übernahmen gefragt. Zudem ist sie bei Dual-Track-Prozessen neben Linklaters eine der gefragtesten Adressen hierzulande. Auffällig war zuletzt eine Ausweitung der internat. Aktivitäten: So kam das Team bspw. für Valmet bei einem gepl. IPO u. Erstnotierung an der Nasdaq Helsinki zum Einsatz u. auch ein ähnl. Mandat mit Singapur-Bezug wurde ihm zuteil.

Oft empfohlen: Dr. Reinhold Ernst („fachl. u. strateg. herausragend", Wettbewerber), Alexander Rang („sehr angenehme, konstruktive u. kollegiale Zusammenarbeit", Wettbewerber), Dr. Wolfgang Groß, Dr. Dirk Busch

Team: 4 Partner, 2 Counsel, 7 bis 10 Associates

Schwerpunkte: Emittenten bei IPOs, Kapitalerhöhungen u. Equity-bezogene Produkte.

Mandate: United Internet/Ionos bei IPO; Valmet bei gepl. IPO u. Erstnotierung an der ‚Offical List' der Nasdaq Helsinki (abgebrochen); Mobilitäts- u. Zahlungsdienstleistungsgruppe bei gepl. IPO; Klimatechnologieunternehmen bei Dual-Track-IPO; Einzelhandelsgruppe u. Modeeinzelhandelsgruppe jew. bei gepl. IPO; Bankenkonsortium bei mögl. IPO (Dual Track) von Gasmotorenunternehmen; Industriegruppe bei gepl. IPO u. Erstnotierung in Singapur; Nice & Green bei Einrichtung von Convertible-Notes-Fund-Programm für börsennot. dt. Unternehmen; Günther Holding als Hauptaktionärin bei gemischter Bar-/Sachkapitalerhöhung von Max Automation; United Internet bei Kauf von 13,9 Mio Aktien im Rahmen von öffentl. Aktienrückkaufangebot; PE-Sponsor bei gepl. Kauf von Minderheitsbeteiligung an dt. Pharmaunternehmen im Privatbesitz durch ein Convertible-Instrument; Gesundheitskonzern bei potenziellem öffentl. Share-for-Share-Übernahmeangebot für dt. Dax-Unternehmen.

HEUKING KÜHN LÜER WOJTEK

Börseneinführung und Kapitalerhöhung ★★

Bewertung: Der etablierte Schwerpunkt der Praxis ist die umfassende Beratung mittelständ. Emittenten bzw. Unternehmen auf dem Weg an den Eigenkapitalmarkt. Dank interner Zusammenarbeit mit den Gesellschaftsrechtlern wird das Team häufig wie bei Cantourage bereits im Vorfeld von ECM-Transaktionen am dt. Markt hinzugezogen u. wirkt an zahlreichen IPOs, Listings u. Transaktionen im Public M&A mit. Aus diesen Transaktionen entwickelt sich dann auch meist umfangreiches Folgegeschäft, wie etwa weitere Kapitalmaßnahmen, lfd. Beratungen der HVen u. Mitarbeiterbeteiligungen. Die Praxis arbeitet sehr integriert mit den sich weitgehend personell überschneidenden Teams für ▷*Fremdkapital*- u. Bankaufsichtsrecht, wie etwa für das Bankhaus Gebr. Martin.

Oft empfohlen: Dr. Thorsten Kuthe, Dr. Anne de Boer

Team: 3 Eq.-Partner, 4 Sal.-Partner, 4 Associates (ges. Kapitalmarktteam)

Schwerpunkte: IPOs, Kapitalerhöhungen, Segmentwechsel u. Delistings. Häufig an Transaktionen v.a. jüngerer Unternehmen beteiligt.

Mandate: 029 Group bei Sachkapitalerhöhung, Reverse-IPO u. Wechsel des Börsensegments; Bankhaus Gebr. Martin lfd. bei Zahlstellenfunktion (Kapitalerhöhungen u. weitere Kapitalmarkttransaktionen, auch digitale Aktienemissionen wie KSC); Cantourage bei Börsengang; Aktionäre rund um Karl Ehlerding kapitalmarktrechtl. zu Restrukturierung der Corestate zu gepl. Kapitalerhöhung u. Debt-to-Equity-Swap; Geratherm Medical, Pantaflix, Dt. Geothermische Immobilien, Medondo u. Nasco Energie & Rohstoff jew. bei 10%-Kapitalerhöhung; Aufsichtsrat Va-Q-Tec u.a. bei Kapitalerhöhung u. öffentl. Übernahme.

HOGAN LOVELLS

Börseneinführung und Kapitalerhöhung ★★★★

Bewertung: Das Team um den renommierten Partner Schlitt arbeitet eng mit den starken ▷*Gesellschaftsrechtlern* zusammen. Dadurch spielt es bei großen Kapitalmarkttransaktionen, die mehrere Komponenten enthalten, sein Know-how aus. Bei der Refinanzierung von Tui etwa konnte es die während der Corona-Krise aufgebaute Mandatsbeziehung zur Finanzagentur wie zuvor schon bei Lufthansa fortsetzen. Gleiches gelingt ihr bei öffentl. Übernahmen wie bei Va-Q-Tec beim Zusammenschluss mit EQT. Diese Erfahrung regelmäßiger in Transaktionen einzubringen, bietet weiteres Potenzial. Neben Mittelständlern u. einzelnen Großkonzernen ist das Team v.a. bei Finanzinstituten gefragt. Schlitts gute Verdrahtung zeigt sich derzeit am deutlichsten bei Aktiendividenden, bei denen HL zu den Marktführern gehört.

Oft empfohlen: Prof. Dr. Michael Schlitt („kompetent u. kooperativ", Wettbewerber)

Team: 1 Eq.-Partner, 1 Counsel, 2 Associates, 1 of Counsel

Schwerpunkte: Beratung bei Kapitalerhöhungen, IPOs, Sekundärplatzierungen.

Mandate: Banken bei €56-Mio-Kapitalerhöhung von SFC Energy; Finanzagentur zu Kapitalerhöhung von Tui; Voxeljet bei $4,4-Mio-Kapitalerhöhung; Baader Bank u. DIC Asset jew. bei Aktiendividende; Dt. Bank bei Aktiendividende von LEG Immobilien; Demire kapitalmarktrechtl. bei €121-Mio-Verkauf des LogParks Leipzig; Va-Q-Tec kapitalmarktrechtl. bei Zusammenschluss mit Sotus 861; S&T zu öffentl. Teilangebot von Grosso Tec.

LATHAM & WATKINS

Börseneinführung und Kapitalerhöhung ★★★★★

Bewertung: Die Praxis gehört fest zur Riege der Marktführer. Ihre Alleinstellungsmerkmale sind die hervorragende Vernetzung in der Bankenszene, die Stärke bei Dual-Track-Prozessen im Zusammenhang mit PE-Exits u. die gute Position der Gesamtkanzlei bei US-IPOs dt. Unternehmen. Darüber hinaus glänzt sie wie zuletzt in schwierigen Märkten mit Kreativität: So verhalf sie Cheplapharm nach dem marktbedingt gescheiterten IPO mit einem in Aktien wandelbaren Instrument 2er Investoren zu bilanziellem Eigenkapital. Dass der Corporate-Finance-Ansatz der Kanzlei sich auch an konkreten Mandatsabfolgen ablesen lässt, macht die Beratung von Renk deutlich, die – wie Cheplapharm – nach einem Kredit und einem High-Yield-Bond auch beim gepl. IPO auf L&W setzt. Die bankenseitige Arbeit im Rahmen der mrd-schweren Tui-Kapitalerhöhung war insbes. mit gesellschaftsrechtl. Herausforderungen gespickt, wofür das Team prädestiniert ist. Dass die Kanzlei bei IPOs dt. Unternehmen in den USA zu den gefragtesten Adressen hierzulande gehört, ist angesichts der größeren Aufnahmefähigkeit des dortigen Marktes u. der Beliebtheit einiger dt. Marken dort vielversprechend. Bei einer Wiederbelebung des hiesigen Marktes wäre eine Verstärkung der Associate-Riege nicht nur deshalb sinnvoll.

Oft empfohlen: Dr. Oliver Seiler („mein Lieblingsanwalt, analysiert jurist. das Problem", Mandant; „schnell u. dabei hervorragend", Wettbewerber), David Rath („gehört technisch zu den Besten u. ist stets kollegial u. kooperativ", „einfach exzellent", Wettbewerber), Dr. Camilla Kehler-Weiß

Team: 2 Partner, 2 Counsel, 4 Associates

Schwerpunkte: Auf Emittenten- u. Bankenseite bei IPOs u. Kapitalerhöhungen. Enge Vernetzung mit US-Kapitalmarktpraxis.

Mandate: Cheplapharm bei €550-Mio-Investment von Atlantic Park u. GIC in Form von nachrangigem Wandelinstrument; Banken bei Carve-out u. IPO von Thyssenkrupp Nucera; Renk/Triton bei gepl. IPO (Dual Track); Banken bei gepl. IPO von Oldenburg. Landesbank; Banken jew. bei €1,8-Mrd-Kapitalerhöhung von Tui u. €50-Mio-Kapitalerhöhung von Max Automation.

Aufsteiger bei Börseneinführungen und Kapitalerhöhungen

Alexander Rang
Hengeler Mueller, Frankfurt

David Rath
Latham & Watkins, Frankfurt

Dr. Alexander Schlee
Linklaters, Frankfurt

Die Auswahl von Kanzleien und Personen in Rankings und tabellarischen Übersichten ist das Ergebnis umfangreicher Recherchen der JUVE-Redaktion. Sie ist in 2erlei Hinsicht subjektiv: Die Aussagen der befragten Quellen sind subjektiv u. spiegeln deren Erfahrungen u. Einschätzungen. Die JUVE-Redaktion wiederum analysiert die Rechercheergebnisse unter Einbeziehung ihrer eigenen Marktkenntnis. Der JUVE Verlag beabsichtigt keine allgemeingültige oder objektiv nachprüfbare Bewertung. Es ist möglich, dass eine andere Recherchemethode zu anderen Ergebnissen führt. Innerhalb einzelner Gruppen in Rankings und tabellarischen Übersichten sind Kanzleien und Personen alphabetisch sortiert.

LINKLATERS

Börseneinführung und Kapitalerhöhung ★★★★★

JUVE AWARDS 2023
Kanzlei des Jahres für Bank- und Finanzrecht

Bewertung: Wenn es um Dual-Track-Prozesse, Carve-outs u. großvol. Transaktionen mit rechtl. Kniffen geht, ist Linklaters eine der gefragtesten Beraterinnen hierzulande. Bestes Bsp. ist die Beratung von Porsche u. Volkswagen beim Mega-IPO der Porsche AG 2022. Für dieses Mandat zollten Wettbewerber der Kanzlei unisono Respekt. Mit der Beratung von Neumandantin Lufthansa bei einer mögl. Veräußerung einer Minderheitsbeteiligung über IPO oder M&A schließt sich gleich das nächste Prestigemandat an. Wie hier kam sie auch beim Dual Track für KD Pharma, hinter der der PE-Investor Capiton steht, erstmals über einen erfolgreichen Pitch ins Mandat. Auf Bankenseite ist sie mit Renk u. dem Glasverpackungsgeschäft von Schott ebenfalls bei gepl. IPOs mandatiert. Neben Kapitalerhöhungen im Milliardenbereich, die sie ebenfalls für Emittenten bzw. Banken vorbereitet, vertraute zuletzt Rheinmetall zu einer €1-Mrd-Wandelanlei-

Anwaltszahlen: Angaben der Kanzleien, wie viele Anwälte zu mind. ca. 50 % in diesem Gebiet tätig sind. Sie spiegeln nicht zwingend die Gesamtgröße einer Kanzlei wider.

he auf ein Team um Schlee. Abgerundet wird das Geschäft durch regelm. IPO-Mandatierungen aus der Schweiz u. Skandinavien.

Stärken: Konzerne bei Abspaltungen.

Oft empfohlen: Marco Carbonare („auf Zack u. umgänglich u. hat ein eingespieltes Team", „sehr große Erfahrung, angenehm in der Zusammenarbeit", Mandanten; „extrem kompetent u. souverän, behält auch in schwierigen Situationen die Nerven", Wettbewerber), Dr. Alexander Schlee („sehr gut erreichbar, angenehme Zusammenarbeit", „äußerst hohe Fachkompetenz, jederzeit ansprechbar, pragmat. u. sehr lösungsorientiert", Mandanten; „stets sehr angenehme, konstruktive u. kollegiale Zusammenarbeit", „weitreichende Erfahrung u. schnelle Reaktionszeit", Wettbewerber)

Team: 3 Partner, 3 Counsel, 15 bis 20 Associates

Schwerpunkte: Beratung sowohl von Banken als auch Emittenten. Enge Verbindung zur ▷*Anleihenpraxis*.

Mandate: Volkswagen u. Porsche bei IPO der Porsche AG; Dt. Lufthansa u. Lufthansa Technik bei Dual Track, inkl. Reorganisation; Capiton u. KD Pharma bei Dual Track von KD Pharma; Thyssenkrupp u. Thyssenkrupp Nucera bei IPO von Nucera, inkl. Reorganisation; Banken bei gepl. IPO von EV Charging Division von ABB an der SIX Swiss Exchange; Banken jew. bei gepl. IPO von med. Glasverpackungsgeschäft von Schott u. bei gepl. Renk-IPO; dt. Gesellschaft bei gepl. Bezugsrechtskapitalerhöhung; Banken bei gepl. Bezugsrechtskapitalerhöhung von Healthcare-Unternehmen; Rheinmetall bei €1-Mrd-Wandelanleihe; Sany Heavy Industries bei gepl. Listing von GDRs an der Frankfurter Wertpapierbörse.

MILBANK

Börseneinführung und Kapitalerhöhung ★★

NOMINIERT
JUVE Awards 2023
Kanzlei des Jahres für Bank- und Finanzrecht

Bewertung: Mit dem Zugang des bereits erfahrenen Klöckner u. einem zeitgleich von Clifford Chance gekommenen Counsel legte Milbank 2022 den Grundstein für eine dt. ECM-Praxis. Bei ihrem Wechsel zogen Mandanten wie HomeToGo u. auch die nach ihrem Börsengang weiter kapitalmarktrechtl. beratene Synlab mit. Auch personell starteten die beiden nicht bei null, sondern schufen durch eine enge Zusammenarbeit mit der Londoner Praxisgruppe mehr Personalstärke, als ein erster Blick auf das kleine Team in Frankfurt u. München glauben macht. Bei grenzüberschr. Mandaten wie der Bankenberatung bei der Schweizer Meyer Burger kommt diese von vornherein internat. Teamzusammenstellung den Mandanten zugute. Für die Kanzlei war der Lückenschluss im Kapitalmarktrecht folgerichtig. Das zeigt die ansatzlose Einbindung in benachbarte Beratungen aus dem Gesellschaftsrecht wie bei Cura, dem Family-Office der Otto-Familie, u. in Restrukturierungsfällen wie Corestate. Bei solchen Restrukturierungen mit gleichzeitiger Beratung auch der Anleihengläubiger ist das Team zudem im Fremdkapitalrecht gefragt. Eine Erweiterung auf Associate-Ebene ist bei dieser Aufgabenfülle geboten u. auch zu erwarten.

Oft empfohlen: Philipp Klöckner („guter u. bereits erfahrener junger Kollege", Wettbewerber)

Team: 1 Partner, 1 Counsel, 1 Associate

Schwerpunkte: Kapitalerhöhungen im Zshg. mit gesellschaftsrechtl. Transaktionen, insbes. Public M&A; restrukturierungsnahe Kapitalmarkttransaktionen.

Mandate: Sartorius bei 10%-Kapitalerhöhung der BICO u. der Zeichnung dieser Anteile; Banken bei Bezugsrecht von Meyer Burger; Cura/ECE-Gruppe bei öffentl. Übernahme u. Bezugsrecht von Dt. Euroshop; Gläubiger von u.a. €200-Mio-Wandler von Corestate bei Restrukturierung; HomeToGo zu Sachkapitalerhöhungen; Fahrenheit AcquiCo bei öff. Übernahme von Va-Q-Tec zu Kapitalerhöhung u. Zeichnung durch Bieter.

NOERR

Börseneinführung und Kapitalerhöhung ★★★

Bewertung: Das ECM-Team ist zugleich bei DCM-Transaktionen sowie an der Schnittstelle zum Gesellschaftsrecht erfahren. Dies prädestiniert es auch für komplexe Mandate wie die Restrukturierung von Ceconomy, die u.a. eine Kapitalerhöhung über €500 Mio umfasste. Die Arbeit für TAG Immobilien bei einer Bezugsrechtsemission über rund €200 Mio ist ein Zeichen für die Zufriedenheit der Mandantin, die zuvor auch bei dem Kauf eines poln. Unternehmens u. dessen Finanzierung auf Noerr setzte. Neben hervorragenden Kontakten zu Emittenten pflegt die Kanzlei ein gutes Netzwerk zu Banken. Regelm. kommt sie auch als gemeinsame Beraterin für Emittenten u. Banken bei meist mittelgr. Kapitalmaßnahmen zum Einsatz. Bei Neumandantin Hypoport kam die Praxis etwa über eine Empfehlung von Berenberg zum Zuge.

Oft empfohlen: Dr. Holger Alfes, Dr. Laurenz Wieneke

Team: 4 Eq.-Partner, 2 Sal.-Partner, 7 Associates

Schwerpunkte: Begleitung von IPOs, Kapitalerhöhungen. Schwerpunkt in der Emittentenberatung. Mandate entstehen regelm. aus der Corporate-Arbeit.

Mandate: SML Group bei gepl. IPO in Hongkong (zu dt. Recht); Ceconomy bei Sachkapitalerhöhung u. €151-Mio-Wandelschuldverschreibungen; Daimler Truck bei Kooperationsvereinbarung mit Deutz, inkl. Sachkapitalerhöhung; TAG Immobilien bei €200-Mio-Bezugsrechtskapitalerhöhung; Hypoport bei €50-Mio-Kapitalerhöhung; H&K bei Debt-to-Equity-Swap u. gepl. Bezugsrechtsemission zur Durchführung von Debt-to-Equity-Swap.

NORTON ROSE FULBRIGHT

Börseneinführung und Kapitalerhöhung ★

Bewertung: Das erfahrene Team für Eigenkapitalmarktrecht ist in eine zu allen Aspekten des Kapitalmarktrechts beratende Praxis eingebettet. Regelin ist an der Schnittstelle zum ▷*Fremdkapitalmarktrecht* tätig, Gillessen an der zum Aktienrecht und öffentl. M&A. So beriet er etwa die Dt. Euroshop umf. bei der Kapitalerhöhung vor dem Hintergrund des Übernahmeangebots von Oaktree, einschl. des Investment-Agreements u. der Organstellungnahmen. Diese Klasse kommt jedoch immer noch seltener als mögl. in praxisübergr. Mandaten zum Ausdruck. Denn zusätzl. zu den Partnern verfügt das Team über einen erfahrenen anwaltl. Unterbau u. im Kanzleiverbund über US-Wertpapierrechtskapazitäten. Aufseiten der Kreditinstitute verfügt NRF über gute Kontakte, bei Großbanken wie der DZ Bank u. größeren Mittelstandsbanken. Der Schwerpunkt der Mandate liegt dabei auf inländ. Transaktionen, insbes. bei Mid-Cap-Transaktionen zählt NRF zu den etablierten Adressen.

Oft empfohlen: Dr. Benedikt Gillessen, Dr. Frank Regelin

Team: 2 Partner, 2 Counsel, 3 Associates

Schwerpunkte: IPOs, Kapitalerhöhungen u. Aktienplatzierungen. Schwerpunkt im Mid-Cap-Bereich. Mandanten v.a. Banken.

Mandate: Dt. Euroshop bei Vorbereitung einer Kapitalerhöhung; DZ Bank bei Kapitalerhöhung u. Schaffung neuer Aktien der Ceconomy; ERWE Immobilien bei Wechsel des Börsensegments; Banken bei Kapitalerhöhung gg. Bareinlagen der Formycon.

SKADDEN ARPS SLATE MEAGHER & FLOM

Börseneinführung und Kapitalerhöhung ★★★★

Bewertung: Die Kanzlei ist bei Eigenkapitalmarkttransaktionen mit Auslandsbezügen eine der gefragtesten Adressen. Insbes. große Mandate mit US-rechtl. Aspekten werden kompetent durch das erfahrene Team bearbeitet, auch wenn in den verg. Monaten die Beträge eher im Mid-Cap-Bereich lagen. Ein Bsp., das zugleich Hutters gute Beziehungen nach Österr. untermalt, ist die fortgesetzte Beratung von Signa Sports nach deren New Yorker De-SPAC. Häufig entwickeln sich solche aus großen Transaktionen entstandene Mandatsbeziehungen zu langj. Dauerberatungen für die Kapitalmarktfinanzierung. Ein weiteres Bsp. hierfür ist Armira, die das Team nun beim ersten öffentl. Folgeangebot nach dem De-SPAC-Listing von Tonies an der Börse Frankfurt beriet. Weiteres Potenzial schlummert derzeit in der Emittentenberatung, die durch die Verzahnung mit der starken ▷*Corporate-Praxis* ausgebaut werden könnte. Das wäre auch für die Teamkontinuität hilfreich, denn allmählich gelingt es einem Counsel, sich trotz Transaktionsflaute am Markt neben dem erfahrenen Partner einen Namen zu erarbeiten.

Oft empfohlen: Dr. Stephan Hutter

Team: 1 Partner, 2 Counsel, 3 Associates

Schwerpunkte: IPOs, Kapitalerhöhungen, z.T. komplexe Transaktionen, auch zu US-rechtl. Fragen. Ebenso auch auf Österreich u. die Schweiz ausgerichtet.

Mandate: Armira bei €30-Mio-Investition bei Privatplatzierung neuer Aktien von Tonies; Signa Sports bei Vertrag mit Signa Holding zu €100-Mio-Wandelanleihen u. €130-Mio-Eigenkapitalzusage.

SULLIVAN & CROMWELL

Börseneinführung und Kapitalerhöhung ★★★★★

Bewertung: Die Praxis um den renommierten Partner Berrar verfügt über herausragende Erfahrung aus zahlr. großen internat. IPOs. Folgerichtig spielte sie auch beim Börsengang von Porsche als dem Größten der letzten Jahre eine wichtige Rolle, für die Familie bereits im Vorfeld, aber auch beim Mrd-Aktienkauf der Holding. Von (US-)Investmentbanken wird sie gerne für Transaktionen herangezogen, ebenso von Emittenten, insbes. aus dem E-Commerce; hier pflegt die Kanzlei u.a. zu dt. Wachstumsunternehmen gute Kontakte. Deshalb ist sie regelm. bei neuen Marktwellen führend dabei u. hat etwa bei kaum einem erfolgreich in Frankfurt gelisteten SPAC wie zuletzt für SMG gefehlt. Entwicklungen wie diese kombiniert mit den regelm. begleiteten Großtransaktionen unterstreichen die Spitzenstellung der Praxis. Mit u.a. Innio u. der Oldenburg. LB stecken bereits weitere wichtige Börsengänge in der Pipeline.

Stärken: Herausragende Reputation für Transaktionsmanagement u. Disclosure-Erfahrung. Bei integrierten 144A-Mandaten sehr stark.

Oft empfohlen: Dr. Carsten Berrar („ausgezeichnet, hat angenehme Art, ist ausgleichend u. konst-

Anwaltszahlen: Angaben der Kanzleien, wie viele Anwälte zu mind. ca. 50% in diesem Gebiet tätig sind. Sie spiegeln nicht zwingend die Gesamtgröße einer Kanzlei wider.

ruktiv, bringt immer wieder kreative Kompromissvorschläge", Mandant; „sehr kluger Mensch, muss man hervorheben", Wettbewerber), Dr. Clemens Rechberger („immer erreichbar, immer eine fundierte Antwort, jeden Cent wert", Mandant)
Team: 3 Partner, 2 Counsel, 15 bis 20 Associates, 1 of Counsel (ges. Kapitalmarktteam)
Schwerpunkte: Breite Palette an Equity-Produkten, v.a. Erfahrung bei SEC-registrierten Deals, 144A-Listings.
Mandate: GP Bullhound bei €200-Mio-Privatplatzierung u. Listing in Amsterdam; home24 u. SLM Solutions jew. bei 10%-Kapitalerhöhung; Innio u. Oldenburg. Landesbank jew. zu gepl. IPO; 3 PE-gesteuerte gepl. IPOs; Mynaric lfd. kapitalmarktrechtl.; Familien Porsche u. Piëch zu IPO von Porsche; Porsche SE bei €7-Mrd-Kauf von Porsche-Aktien; SMG Europ. Recovery SPAC bei €115-Mio-IPO; ODDO BHF zu Kapitalerhöhung von Tele Columbus; Tonies bei €60-Mio-Privatplatzierung u. €10-Mio-Wandler.

TAYLOR WESSING

Börseneinführung und Kapitalerhöhung ★

Bewertung: Die ECM-Praxis ist insbes. auf die Beratung von meist kleineren u. mittelgroßen börsennot. Unternehmen bei Kapitalmarkttransaktionen sowie aktienrechtl. Fragen fokussiert. Einen Schwerpunkt bilden Aktiendividenden, wozu Aroundtown u. Grand City Properties TW regelm. heranziehen. Ein Loch riss der Weggang 2er erfahrener Partner aus dem Frankfurter Büro, seitdem ist die ECM-Praxis ganz überwiegend in Berlin angesiedelt. Um das Team wieder zu stabilisieren u. die gewohnte Schlagkraft zurückzuerlangen, ist Zuwachs auf Partnerebene am Frankfurter Standort allerdings unumgänglich.
Oft empfohlen: Marc-Oliver Kurth („schnell u. gut", Mandant)
Team: 2 Eq.-Partner, 4 Sal.-Partner, 5 Associates (ges. Kapitalmarktteam)
Partnerwechsel: Ulrich Reers, Dr. Lars-Gerrit Lüßmann (zu Gowling WLG)
Schwerpunkte: Begleitung von v.a. kleineren bis mittelgr. IPOs u. Kapitalerhöhungen.
Mandate: Aap Implantate bei Kapitalerhöhung u. Bezugsangebot; Aroundtown u.a. bei Scrip-Dividende sowie bei Verlängerung u. Aufstockung von Aktienrückkaufprogramm; Grand City Properties bei Scrip-Dividende; The New Meat Company bei mehreren Kapitalerhöhungen gg. Sacheinlagen mit Ausgabe neuer Aktien als Akquisitionswährung.

WHITE & CASE

Börseneinführung und Kapitalerhöhung ★★★★

NOMINIERT
JUVE Awards 2023
Kanzlei des Jahres für Bank- und Finanzrecht

Bewertung: Die Berater zum Eigenkapitalmarktrecht arbeiten voll integriert mit dem starken ▷*DCM*-Team zusammen. In dem IPO-armen Jahr wirkte es europaw. bei zahlr. Transaktionen mit, u. sein integrierter Corporate-Finance-Ansatz kam hierzulande etwa bei Porsche verstärkt zum Tragen. Immer wieder empfiehlt sich die Praxis in Erstmandaten für weitere Transaktionen: Zur Dt. Euroshop hatte sie bereits JPMorgan zur Finanzierung der Übernahme durch Oaktree beraten u. wurde nun von der Dt. Bank für die Kapitalerhöhung mandatiert. Sie beriet einige Mandanten im schwierigen IPO-Markt dabei, Finanzierungsbedarf durch innovative Eigenkapitalfinanzierungen zu decken, etwa GIC bei seiner Investition in den Pflichtwandler von Cheplapharm. Das könnte als Blaupause für die Zwischenfinanzierung unmittelbar vor einem IPO genutzt werden. In fast allen Mandaten arbeitet W&C unter Einbeziehung ihrer internat. Büros – so etwa bei Athena, die nur ein Bsp. für div. komplexe De-SPAC-Transaktionen liefert.
Stärken: Integriertes internat. Kapitalmarktteam aus ECM- u. DCM-Experten.
Oft empfohlen: Rebecca Emory („enorm kenntnisreich u. fleißig", Mandant), Thilo Diehl („versiert", Mandant; „sehr angenehmer u. fähiger Kollege", Wettbewerber)
Team: 3 Partner, 1 Counsel, 3 Associates, 1 of Counsel
Schwerpunkte: Kapitalerhöhungen, gemischte Transaktionen u. Aktienplatzierungen u. IPOs. Mandanten: sowohl Emittenten als auch Banken.
Mandate: SPAC Athena bei $913-Mio-Zusammenschluss mit Next e.GO Mobile; Dt. Bank bei €316-Mio-Bezugsrecht der Dt. Euroshop; GIC Private bei €550-Mio-Pre-IPO-Pflichtwandler von Cheplapharm; Quatar Investment Authority als Investor bei IPO von Porsche.

WILLKIE FARR & GALLAGHER

Börseneinführung und Kapitalerhöhung ★

Bewertung: Die US-Kanzlei hat mit dem Zugang der erfahrenen Anwälte Weiss u. Marx im Juni 2022 hierzulande eine ECM-Praxis ins Leben gerufen, deren Wettbewerbsfähigkeit sich bei einer Marktbelebung noch beweisen muss. Das eingespielte Team brachte jedoch neben einem erfahrenen Associate eigene Mandate u. Kontakte insbes. in die Bankenszene mit, etwa zu Berenberg, Baader Bank u. Hauck Aufhäuser. Beispiele sind die Mandatierung als gemeinsamer Emittenten- u. Bankenberater bei dem gepl. IPO von Comforte oder für die Baader Bank beim De-SPAC zum Kauf von Learnd durch GFJ. Auch im Schulterschluss mit der Restrukturierungspraxis ist das ECM-Team gefragt. Aufgrund des Zuschnitts der Gesamtkanzlei ist zu erwarten, dass dieses vorhandene Geschäft durch die IPO-Beratung im Rahmen von PE-Exits ergänzt wird, wenn der Markt dafür wieder attraktiv ist.
Team: 2 Eq.-Partner, 4 Associates
Partnerwechsel: Simon Weiss, Joseph Marx (beide von McDermott Will & Emery)
Schwerpunkte: Begleitung von Kapitalerhöhungen u. IPOs, insbes. im Zshg. mit PE-Exits; dt. u. US-amerik. ECM-Team in Frankfurt.
Mandate: Hauck Aufhäuser Lampe Privatbank als Transaction Counsel bei gepl. IPO von Comforte; Baader Bank bei De-SPAC zum Kauf von Learnd durch GFJ ESG Acquisitions I; Joh. Berenberg Gossler bei Bezugsrechtsangebot von Heliad Equity Partners.

Investmentfonds

CLIFFORD CHANCE

Fondsstrukturierung ★★★★★
Fondsaufsicht u. -investments ★★★★★

Bewertung: An der herausragenden Stellung der Kanzlei in der Fondsberatung zweifelt im Markt niemand: In allen Asset-Klassen vertreten, mit sehr erfahrenem Team, internat. bestens integriert u. immer wieder bei innovativen Premieren-Strukturen gefragt, dürfte Clifford bis auf Weiteres die Kanzlei sein, an der sich Wettbewerber u. Mandanten im Fondssegment orientieren. Insofern überrascht es nicht, dass die trad. stark bei Immobilienfonds engagierte Kanzlei es geschafft hat, rechtzeitig zur europ. Immobilienkrise umzuschwenken. So setzt sie schon seit einiger Zeit auf stark gefragte Segmente wie Infrastruktur u. Erneuerbare Energien (das belegen Mandate für KfW Capital oder Copenhagen Infrastructure Partners) sowie auf Mrd-schwere Immobilienfonds in Fernost u. Nordamerika. Damit ist Clifford auch hier – zusammen mit Linklaters – Marktführerin. Auch bei ELTIF-Strukturen nach bisherigem sowie nach dem neuen, ab 2024 geltenden Recht sitzt die Kanzlei bereits fest im Sattel. Zudem spielt sie ihre (Immob.-)Fonds- u. ▷*M&A*-Kompetenz in Krisenzeiten wie keine Wettbewerberin aus und berät bei Asset-Umschichtungen u. der Konsolidierung des Asset Management-Marktes. Bsph. hierfür steht die Arbeit für Allianz Real Estate, LBBW Immobilien oder Redevco. Dass die Kanzlei große Nachfrage verspürt u. unter Volllast arbeitet, wird nicht zuletzt durch die Ernennung des bisherigen Counsels Dr. Andrius Bielinis zum Partner sowie die marktbekannte Suche nach weiteren Partner-Quereinsteigern deutlich.
Stärken: Umf. Beratung zu Fondsstrukturierung, Dokumentation u. Auflage in allen Anlageklassen inkl. Schnittstellen zu ▷*Börsen- u. Kapitalmarktrecht* sowie ▷*M&A-Transaktionen*. Exzellente internat. Anknüpfung nach Luxemb., GB u. in die USA. Branchenerfahrung- u. verständnis.
Oft empfohlen: Marco Simonis („nach wie vor eine Koryphäe auf seinem Gebiet", „exzellent, umf. Kenntnis der komplexen Querschnittsmaterie von Steuer- u. Vers.aufsichtsrecht, gepaart mit hervorragendem wirtschaftl. Verständnis", Mandanten; „er weiß wirklich sehr viel", Wettbewerber), Sonya Pauls („eine Institution", Wettbewerber), Dr. Jan Grabbe („sehr gut in der Erstellung von Dokumentationen", Mandant), Dr. Josef Brinkhaus („Übervater für Fondsstrukturen", Wettbewerber)
Team: 7 Partner, 7 Counsel, rd. 15 Associates
Schwerpunkte: Fondsstrukturierung (u.a. VC-, PE-, Immobilien-, Infrastruktur-, Erneuerbare-Energien-, Debt-Fonds), Investment-/Regulierungsberatung, Aufsichtsrecht, Investmentsteuern sowie ▷*PE- u. VC-* u. ▷*Immobilien-Transaktionen* u. M&A im Fondssektor.
Mandate: **Fondsstrukturierung:** KfW Capital bei €1-Mrd-Wachstumsfonds Dtl.; Copenhagen Infrastructure Partners bei €3-Mrd-Energy-Transition-

Anwaltszahlen: Angaben der Kanzleien, wie viele Anwälte zu mind. ca. 50% in diesem Gebiet tätig sind. Sie spiegeln nicht zwingend die Gesamtgröße einer Kanzlei wider.

Fonds; DWS Grundbesitz bei 1. dt. Infrastruktur-Publikumsfonds; Aquila/BRR II bei Aufbau einer alternat. Anlageplattform für Inhaberschuldverschreibungen (Vol. €4 Mrd) sowie div. Renewables-Fonds; Maguar Capital Partners, Endeavour Vision, Invision, Genui, Montana Capital lfd. bei Fundraisings u. Strukturierungen; Lakestar, Rocket Internet umfassend. **Fondsaufsicht u. -investments:** Union Investment bei offenen Immob.-Fonds; Salm-Salm zu internat. investierenden Timberfonds mit Anlagen u.a. in den USA u. Neuseeland; Munich RE/MEAG, Allianz, Provinzial, Versicherungskammer Bayern, Generali lfd. steuerl. bei Kapitalanlagen; Colliers, GPEP, Greenium bei Zulassung als Investmentgesellschaft; Nuveen, Brookfield, Blackstone, CVC u. andere Asset-Manager lfd. hinsichtl. Besteuerung dt. Anleger. **M&A im Fondssektor:** Eiffel Investment Group bei JV mit Pacifico Energy Partners; Allianz Real Estate bei JV mit Heimstaden Bostad bzgl. dt. Wohnimmob.-Portfolio der Allianz; LBBW Immob. Investment bei Kauf von Acteum Investment; Amundi Dtl. bei Integration von Lyxor.

Fondsstrukturierung

★★★★★	
Clifford Chance	Frankfurt, München
Linklaters	Frankfurt
★★★★	
Debevoise & Plimpton	Frankfurt
Poellath	Berlin, Frankfurt
Ypog	Berlin, Hamburg, Köln
★★★	
CMS Hasche Sigle	Frankfurt
Luther	Frankfurt, Köln
★★	
Dechert	München
GSK Stockmann	Frankfurt, München
Orbit	Berlin
★★	
Goodwin Procter	Frankfurt
McDermott Will & Emery	Frankfurt
King & Spalding	Frankfurt
Simmons & Simmons	Frankfurt
★	
Flick Gocke Schaumburg	München
Heuking Kühn Lüer Wojtek	Frankfurt, Hamburg

Die Auswahl von Kanzleien und Personen in Rankings und tabellarischen Übersichten ist das Ergebnis umfangreicher Recherchen der JUVE-Redaktion. Sie ist in 2erlei Hinsicht subjektiv: Die Aussagen der befragten Quellen sind subjektiv u. spiegeln deren Erfahrungen u. Einschätzungen. Die JUVE-Redaktion wiederum analysiert die Rechercheergebnisse unter Einbeziehung ihrer eigenen Marktkenntnis. Der JUVE Verlag beabsichtigt keine allgemeingültige oder objektiv nachprüfbare Bewertung. Es ist möglich, dass eine andere Recherchemethode zu anderen Ergebnissen führt. Innerhalb einzelner Gruppen in Rankings und tabellarischen Übersichten sind Kanzleien und Personen alphabetisch sortiert.

CMS HASCHE SIGLE

Fondsstrukturierung	★★★
Fondsaufsicht u. -investments	★★★★

Bewertung: Stück für Stück robbt sich die Fondspraxis der Kanzlei, die sich u.a. auf die intensive Zusammenarbeit der Büros in Ffm. u. Luxemb. stützen kann, im Markt nach vorne. Basis für den Erfolg sind wichtige Stammmandanten wie Aquila u. Encavis, die CMS immer wieder mit großen Strukturierungsprojekten betrauen. Angesichts der Krise im Immob.-Segment wird nun deutlich, wo sich die Praxis verbessern musste u. zuletzt verbessert hat: Sie ist bereits stark bei Erneuerbare-Energien-Fonds u. konnte die Investment-Beratung für Pensionsfonds großer dt. Unternehmen deutl. ausbauen. Letzteres ergänzt die rege Beratung für Deka, Kenfo u. andere. Zudem sieht sie weiteres Ausbaupotenzial bei Debt-Fonds, wo sie mit Kingstone bereits einen wichtigen Akteur berät, sowie bei VC- u. PE-Fonds. Bei den Equity-Fonds findet sich CMS allerdings noch deutl. hinter den Marktführern. Mit einem größer u. breiter aufgestellten Team könnte die Kanzlei hier aber mittelfristig sicher Fortschritte erzielen.
Oft empfohlen: Dr. Daniel Voigt („technisch brillant, nah am Markt, schnell, pragmatisch", „zielorientiert und pragmatisch", Mandanten), Dr. Tillman Kempf (Investmentsteuern)
Team: 3 Partner, 3 Counsel, 8 Associates
Schwerpunkte: Fondsstrukturierung (v.a. Immobilien-, Erneuerbare-Energien-, Debt-Fonds), Investment-/Regulierungsberatung, Aufsichtsrecht (inkl. OGAW-Beratung), Investmentsteuern sowie ▷*PE- u. VC-* u. ▷*Immob.-Transaktionen*.
Mandate: Fondsstrukturierung: Kingstone/Kreo bei Auflage eines opportunistischen Immob.-Fonds (Vol. €500 Mio, inkl. Art. 9 SFDR-Komponente); BayernInvest bei Auflage eines Agrar-Fonds (Vol. €500 Mio, inkl. Art. 9 SFDR-Komponente) sowie eines Infrastruktur-Dachfonds; Encavis bei €1,2 Mrd-Renewables-Fonds V; Berenberg bei Strukturierung eines Renewables-Teilfonds für CRR-Investoren; lfd. Aquila. **Fondsaufsicht u. -investments:** Kenfo bei div. Investments iHv insges. €180 Mio; Deka Investment, WillisTowersWatson lfd. bei Investments; Oikocredit bei Umstrukturierung ihrer Beteiligungsstruktur. **M&A im Fondssektor:** Jamestown bei Verkauf von 50% der Gesellschaft u. Übertragung ihrer US-Fonds Simon Property.

DEBEVOISE & PLIMPTON

Fondsstrukturierung	★★★★
Fondsaufsicht u. -investments	★★★★

Bewertung: Das kleine, aber sehr anerkannte dt. Fondsteam um Volhard zeichnet sich dadurch aus, mehr als jede Wettbewerberin strukturell von vorneherein auf multijurisdiktionale u. büroübergr. High-End-Beratung ausgelegt zu sein. Das beschränkt die Arbeit zwar einerseits auf internat. Großmandate. Andererseits punktet die US-Kanzlei in Dtl. damit seit Jahren v.a. bei den wichtigen amerikan. Fondsgesellschaften wie Clayton, Dubilier & Rice, Blackstone oder Carlyle, die Beratung bei ihren europ. Aktivitäten suchen. Zuletzt beriet etwa ein aus den USA, Dtl. u. GB stammendes Team KKR bei ihrem bislang größten PE-Fonds in Europa. Ihre Kompetenz stellt Debevoise aber auch im Rahmen der EU-Offenlegungsverordnung unter Beweis, um bei der Koordination nach EU-, UK- und US-Recht abgestimmter ESG-Fondsprodukte zu unterstützen. Zudem wendete sich der große frz. Asset-Manager Tikehau erstmals an die Kanzlei, die ihn u.a. bei der Auflage eines internat. strukturierten Dachfonds berät. Das bestätigt den Weg der Kanzlei, ihren eng gefassten, aber hochkarätigen Beratungsansatz durchzuziehen.
Stärken: International hochintegrierte Beratung (Frankfurt, Luxemburg, Paris, London, New York) bei großvol. Fondsauflagen.
Oft empfohlen: Patricia Volhard („Unfassbare Kenntnis des Rechts u. der Marktstandards. Sie verhandelt ruhig, aber zielsicher im Sinne ihrer Mandanten", Mandant)
Team: 1 Eq.-Partner, 1 Counsel, 6 Associates
Schwerpunkte: Fondsstrukturierung (v.a. PE-, VC-, Debt-, Immob.-, Impact-, Infrastrukturfonds), Aufsichtsrecht.
Mandate: Fondsstrukturierung: Tikehau u.a. bei USD 300 Mio-Collateralized-Fund-Obligation; KKR bei USD 8-Mrd-PE-Fonds-European-Fund VI; DBAG, VR Equity bei Fondsauflagen; sehr großer dt., global agierender Asset-Manager lfd. bei Strukturierung u. Administration div. Infrastruktur-(Dach-) Fonds u. Co-Investments. **Fondsaufsicht:** Asante Capital bei Antrag der Erlaubnis als Wertpapierinstitut; lfd. Ardian (u.a. zu SFDR), DBAG, Adams Street Partners, Apera.

DECHERT

Fondsstrukturierung	★★
Fondsaufsicht u. -investments	★★

Bewertung: In der für Fondsstrukturierung anerkannten US-Kanzlei spielt das Investmentrecht ww. traditionell eine zentrale Rolle. Entspr. internat. ist die Beratung aus Dtl. heraus, die fast ausnahmslos in Zusammenarbeit mit den Teams in Luxemb. u. London, teilw. auch mit den USA erfolgt. Das ermöglicht der Kanzlei, Fondsvolumina zu beraten, die hierzulande zu den größten zählen. Zugleich macht es sie von der internat. Praxis abhängig u. erschwert den Ausbau des eigenständ. Geschäfts

Anwaltszahlen: Angaben der Kanzleien, wie viele Anwälte zu mind. ca. 50% in diesem Gebiet tätig sind. Sie spiegeln nicht zwingend die Gesamtgröße einer Kanzlei wider.

hierzulande bzw. mit dem dt. Team in der Federführung. Umso wichtiger ist es, dass es in Sachen ESG u. Fondsvertrieb in Dtl. lfd. bei der breiten Stammklientel der Kanzlei gefragt ist. Zudem stellt das Team mit der wiederholten Beratung von Union Investment in Bezug auf die wieder aufkommenden bzw. neu zu strukturierenden ELTIFs unter Beweis, dass es – anders als vielfach in der Marktwahrnehmung – nicht nur als verlängerte Werkbank der amerikan. u. engl. Praxis agiert.
Stärken: Eng verzahnte Beratung u. dt.-sprachige Anwälte in London u. Luxemburg.
Team: 2 Eq.-Partner, 1 Sal.-Partner, 2 Associates
Schwerpunkte: Fondsstrukturierung (u.a. VC-, PE-, Immobilien-, Krypto- sowie Wertpapierfonds/ OGAW), Aufsichtsrecht, Investment-/Regulierungsberatung, Investmentsteuern, daneben ▷*PE- u. VC-Transaktionen*.
Mandate: Fondsstrukturierung: Allianz Global Investors lfd. bei div. Fonds-Auflagen (marktbekannt); Rubinstein & Schmiedel bei Strukturierung u. Auflage ihres 1. regulierten Crypto Trading Investmentfonds; Union Investment bei Auflage eines luxemb. Teil II Fonds, der als ELTIF qualifiziert; Swiss Capital Alternative Investments/Stepstone bei Auflage div. Fondsplattformen in Luxemb., Irland u. Cayman Islands; Altarius Asset Management lfd. bei Auflage von VC-Fonds; Prime Capital lfd. bei Strukturierung u. Fundraisings. **Fondsaufsicht u. -investments:** Investec Bank lfd. bei Verbriefungsvehikel zum Ankauf von Flugzeugkrediten.

Fondsaufsicht u. -investments

★★★★★	
Clifford Chance	Frankfurt, München
Linklaters	Frankfurt, München
★★★★	
GSK Stockmann	Frankfurt, München, Hamburg, Berlin
Poellath	Frankfurt, Berlin
Simmons & Simmons	Frankfurt
★★★★	
CMS Hasche Sigle	Frankfurt
Debevoise & Plimpton	Frankfurt
Freshfields Bruckhaus Deringer	Frankfurt, Düsseldorf
Hengeler Mueller	Frankfurt
Luther	Frankfurt, Hamburg
Ypog	Berlin, Hamburg, Köln
★★★	
Goodwin Procter	Frankfurt
McDermott Will & Emery	Frankfurt
★★	
Dechert	München
King & Spalding	Frankfurt
Orbit	Berlin
★	
DLA Piper	Frankfurt, München
Flick Gocke Schaumburg	München
Heuking Kühn Lüer Wojtek	Frankfurt, Hamburg

Die Auswahl von Kanzleien und Personen in Rankings und tabellarischen Übersichten ist das Ergebnis umfangreicher Recherchen der JUVE-Redaktion. Sie ist in 2erlei Hinsicht subjektiv: Die Aussagen der befragten Quellen sind subjektiv u. spiegeln deren Erfahrungen u. Einschätzungen. Die JUVE-Redaktion wiederum analysiert die Rechercheergebnisse unter Einbeziehung ihrer eigenen Marktkenntnis. Der JUVE Verlag beabsichtigt keine allgemeingültige oder objektiv nachprüfbare Bewertung. Es ist möglich, dass eine andere Recherchemethode zu anderen Ergebnissen führt. Innerhalb einzelner Gruppen in Rankings und tabellarischen Übersichten sind Kanzleien und Personen alphabetisch sortiert.

DLA PIPER

Fondsaufsicht u. -investments ★

Bewertung: Das Fondsteam erfreut sich insbes. bei LP-/Investoren weiter steigender Beliebtheit, so verzeichnete DLA zuletzt vermehrt Zulauf von dt. Family Offices. Das ist ein Grund für die wachsende Teamstärke. V.a. ist es aber die globale Strategie, die Ambitionen weckt: So sollen die Beteiligungen internat. Investoren, v.a. aus der starken US-Praxis, ww. aus einer Hand abgedeckt werden. In Dtl. kommt hinzu, dass – nicht zuletzt nach dem Zugang einer erfahrenen Associate von Clifford Chance – der Ansatz der Rundumberatung von Investoren im Sinne einer Verknüpfung von Struktur- u. Asset-Ebene (durch Compliance-, Accounting- u. Tax-Reporting-Betreuung) besser gelebt werden kann. Allerdings hinkt die Kanzlei etwa im Hinblick auf Fondsstrukturierungen u. -aufsichtsrecht den meisten Wettbewerbern noch hinterher. Mit dem Zugang der bekannten Partnerin Herkströter, die bei Norton Rose div. Großbanken u. internat. Asset-Manager beraten hatte, könnte sich das ändern.
Team: 3 Eq.-Partner, 2 Counsel, 8 Associates, 1 of Counsel
Partnerwechsel: Dr. Caroline Herkströter (von Norton Rose Fulbright)
Schwerpunkte: Investment-/Regulierungsberatung (v.a. bei Immobilien-, Debt-, PE- u. Infrastrukturinvestments), Aufsichtsrecht, Investmentsteuern, daneben ▷*PE- u. VC-* u. ▷*Immob.-Transaktionen*.
Mandate: Fondsaufsicht u. -investments: div. Fonds von Golding Capital lfd. bei Primary-, Secondary- u. Co-Investments.

FLICK GOCKE SCHAUMBURG

Fondsstrukturierung ★
Fondsaufsicht u. -investments ★

Bewertung: Die Fondspraxis um Schatz gehört in der VC-Strukturierungs- u. Investmentberatung zu den festen Größen in München, kann es jedoch – nicht zuletzt aufgrund der überschaubaren Größe – nicht mit Powerhäusern wie Poellath oder Ypog aufnehmen. Diese entfernen sich eher Jahr für Jahr von FGS. Neben der lfd. Arbeit dominierte im Team zuletzt die Beratung in der steuerrechtl. Aufarbeitung der Strukturen sowie der künftigen Aufstellung von KVGen im Hinblick auf die anhaltende, auch ▷*strafrechtl.* Debatte um den Ort der Geschäftsleitung bei PE- u. VC-Fonds.
Stärken: Fondsberatung verknüpft mit hochkarätigem steuerl. Know-how.
Oft empfohlen: Christian Schatz (Steuerrecht)
Team: 2 Eq.-Partner, 4 Associates
Schwerpunkte: Fondsstrukturierung (v.a. VC-, Small- u. Mid-Cap-PE-Fonds), Investment-/Regulierungsberatung, Investmentsteuern sowie Fondstransaktionen.
Mandate: Fondsstrukturierung: Bregal lfd. sowie bei Auflage des Fonds Unternehmerkapital IV; LEA Partners lfd. bei Auflage div. VC- und Mid-Cap-PE-Fonds. **Fondsaufsicht u. -investments:** Access Capital, CAM, HV Holtzbrinck Ventures, Hitachi, ECM u.v.a. bei steuerlichen Einzelfragen, Strukturierung, Auflage und lfd. Betreuung div. Fonds und Investments; Ardian u.a. hinsichtlich Carried Interest; Adams Street, Pantheon, Schroders Adveq bei Investments in Continuation-Fonds; Siemens, Volkswohlbund lfd. bei Fondsinvestments.

FRESHFIELDS BRUCKHAUS DERINGER

Fondsaufsicht u. -investments ★★★★

Bewertung: Investmentrechtl. Beratung betreibt die Kanzlei v.a. als Komplementärgeschäft u. Schnittstellenmaterie für die Vielzahl wichtiger Finanzinstitute, die Freshfields lfd. im ▷*Bankaufsichtsrecht*, bei ▷*Finanzierungen* u. bei ▷*Übernahmen im Bankensektor*, aber auch bei ▷*Restrukturierungen* u. im Steuerrecht berät. Damit klammert sie den Kern der Investmentfondsberatung explizit aus u. setzt vielmehr auf die (investment)aufsichtsrechtl. Beratung bei ergänzenden Fragen, die z.T. sehr weit gehen können. So kamen zuletzt etwa internat. Banken auf die Kanzlei zu, um eine rechtl. Einordnung von russ. Assets u. Rubelbeständen als Depotbank in Bezug auf Wertpapierfonds angesichts der Russland-Sanktionen zu erhalten.
Oft empfohlen: Dr. Konrad Schott
Team: 9 Partner, 2 Counsel, 6 Associates
Schwerpunkte: Aufsichtsrecht (jew. v.a. für OGAW, Publikums-AIF u. Verwahrstellen), Investment-/Regulierungsberatung, daneben Fondsstrukturierung, Investmentsteuern sowie ▷*Private-Equity-* u. ▷*Immob.-Transaktionen* u. M&A im Fondssektor.

Anwaltszahlen: Angaben der Kanzleien, wie viele Anwälte zu mind. ca. 50% in diesem Gebiet tätig sind. Sie spiegeln nicht zwingend die Gesamtgröße einer Kanzlei wider.

Führende Namen im Investmentrecht

Dr. Josef Brinkhaus
Clifford Chance, Frankfurt

Sonya Pauls
Clifford Chance, München

Achim Pütz
Luther, Frankfurt

Dr. Andreas Rodin
Ypog, Berlin

Dr. Helder Schnittker
Ypog, Berlin

Marco Simonis
Clifford Chance, Frankfurt

Amos Veith
Poellath, Berlin

Alexander Vogt
Linklaters, Frankfurt

Patricia Volhard
Debevoise & Plimpton, Frankfurt

Dr. Benedikt Weiser
Simmons & Simmons, Frankfurt

Markus Wollenhaupt
Linklaters, Frankfurt

Die Auswahl von Kanzleien und Personen in Rankings und tabellarischen Übersichten ist das Ergebnis umfangreicher Recherchen der JUVE-Redaktion. Sie ist in 2erlei Hinsicht subjektiv: Die Aussagen der befragten Quellen sind subjektiv u. spiegeln deren Erfahrungen u. Einschätzungen. Die JUVE-Redaktion wiederum analysiert die Rechercheergebnisse unter Einbeziehung ihrer eigenen Marktkenntnis. Der JUVE Verlag beabsichtigt keine allgemeingültige oder objektiv nachprüfbare Bewertung. Es ist möglich, dass eine andere Recherchemethode zu anderen Ergebnissen führt. Innerhalb einzelner Gruppen in Rankings und tabellarischen Übersichten sind Kanzleien und Personen alphabetisch sortiert.

Mandate: Fondsaufsicht u. -investments: Entwicklungsbank lfd. als singulärer Investor eines AIF u. anschl. Übertragung der Assets eines auf Mauritius aufgelegten Fonds auf den dt. Fonds; BlackRock lfd. im Fondsaufsichtsrecht (für OGAW u. AIF); div. ausländ. OGAW-Fonds bei BaFin-konformem Vertrieb; ww. tätiger Verwahrer zur regulator. Behandlung von Krypto-Vermögenswerten bzgl. Verwahrungs- u. Depotdienstleistungen in div. Rechtsordnungen; lfd. US-Banken zu internat. Restrukturierungsrahmenverträgen für Repo- u. Wertpapierdarlehen. **Fondsstrukturierung:** lfd. Viridium bei Errichtung einer Single-Managed-Account-Plattform für Kapitalanlagen mit insges. 5 AIF in 4 Ländern (inkl. Verhandlungen mit jew. aufsetzenden Fondsgesellschaften u. BaFin-Abstimmung); dt. Investor steuerl. bei Errichtung eines luxemb. Investmentfonds. **M&A im Fondssektor:** Goldman Sachs bei Integration von NN Investment Partners.

GOODWIN PROCTER

Fondsstrukturierung	★★
Fondsaufsicht u. -investments	★★★

Bewertung: Das dt. Fondsteam der US-Kanzlei hat sich innerh. weniger Jahre zu einem festen Bestandteil des überschaubaren Beratungsmarkts entwickelt. Das liegt einerseits daran, dass es eng in die ww. Praxis der Kanzlei eingebunden ist u. so mit der Strukturierung von Parallelfondsstrukturen für US- oder UK-Fonds in Luxemb. sowie mit Aufsichts- u. Fondsvertriebsfragen in Dtl. lfd. größere Projekte begleitet. Zum anderen gehören die Partner zu den bekannten Beratern hierzulande, was den Zugang zu dt. Investoren u. Asset-Managern erleichtert. Strukturell ist die Aufstellung der Kanzlei mit ihren integriert arbeitenden Büros in London, Paris, Luxemb., Ffm. u. den USA etwa mit Debevoise oder Linklaters vergleichbar, allerdings ist das Ffmer. Team noch zu frisch am Werk, um mit den genannten Kanzleien in Sachen Marktpräsenz u. Mandatsqualität auch nur annähernd mithalten zu können. Zudem mangelt es dem Team auch noch an Präsenz in der dt. VC- u. PE-Szene, selbst wenn diese nicht die Kernmandantschaft darstellen mag.
Stärken: Internat. integrierte Fondspraxis.
Team: 4 Partner, 3 Associates (Kernteam)
Schwerpunkte: Fondsstrukturierung (v.a. Immob.-, Infrastruktur-, Debt-Fonds), Investment-/Regulierungsberatung, Aufsichtsrecht, Investmentsteuern sowie ▷*Immob.*- u. ▷*PE-Transaktionen*.
Mandate: Fondsstrukturierung: PCCP bei Auflage eines Real-Estate-Debt-Fonds in Luxemb. für einen dt. Versicherer; Aavishkaar Capital bei Auflage eines Impact-Fonds zum dt. Lieferkettengesetz. **Fondsaufsicht u. -investments:** EIG Global Energy Partners lfd. bei Investments dt. Versicherer; KfW Entwicklungsbank als Seed Investor bei Strukturierung div. Fonds, u.a. Women's and Children's Health Technology Fund; ICG bei Fondsvertrieb in Dtl.; LGT lfd. bzgl. Fondsbeteiligungen dt. Versicherer; Girteka bei Investment in Early Stage Fund.

GSK STOCKMANN

Fondsstrukturierung	★★
Fondsaufsicht u. -investments	★★★★

Bewertung: Die Fondspraxis der traditionell immob.-fokussierten Kanzlei bleibt trotz der Krise dieser Asset-Klasse eine der anerkannten im Markt. Das liegt v.a. an der engen Verzahnung von Fondsaufsichts- u. -steuerrecht, mit der es GSK schafft, bei den aktuell relevanten Themen auf der Höhe der Zeit zu sein. So bleibt die Praxis etwa durch die stark nachgefragte Beratung zur Auflage von Mezzanine-Debt-Fonds zur alternat. Finanzierung von Immob.-Projekten fest an der Seite ihrer Kernklientel. Auch die ESG-Beratung für Fonds nimmt mittlerw. einen gewichtigen Raum ein, sei es bei der Auflage von Neuprodukten oder einem SFDR-konformen Upgrade. Beleg für die Akzeptanz der Praxis ist die Beförderung einer auf ESG spezialisierten Counsel zur Non-Equity-Partnerin. Auch steuerrechtl. standen zuletzt Themen im Mittelpunkt, die die geänderte Gesetzeslage für Investitionen in Erneuerbare Energien (inbes. PV-Anlagen) widerspiegeln. Mit der Ernennung des Prozessanwalts Dr. Antonius Jonetzki zum Eq.-Partner hebt GSK auch das Thema Fonds-Litigation auf eine neue Stufe u. trägt damit der Nachfrage in einem Feld Rechnung, dass viele Kanzleien mit größerer Fondspraxis bewusst umschiffen.
Stärken: Kombination aus Investmentaufsichts- u. Steuerrecht.
Oft empfohlen: Sascha Zentis (Immob.-Fonds), Dr. Oliver Glück („extrem breites Know-how in der Finanzmarktregulierung/ESG mit sehr gutem Verständnis der aktuellen BaFin-Präferenzen. Immer bereit, an pragmat. Lösungen zu arbeiten", Mandant; Aufsichtsrecht), Dr. Petra Eckl (Steuerrecht)
Team: 12 Eq.-Partner, 6 Sal.-Partner, 3 Counsel, 15 Associates (plus gr. Fondsteam in Luxemburg)
Partnerwechsel: Dr. Rainer Werum (zu Werum Notare)
Schwerpunkte: Fondsstrukturierung (v.a. Immobilien- u. Debt-Fonds, vereinzelt VC-, PE-Fonds), Aufsichtsrecht, Investmentsteuern, zudem Investment-/Regulierungsberatung, daneben Fondstransaktionen (▷*PE/VC-*, ▷*Immobilienwirtschaft*).
Mandate: Fondsstrukturierung: Recon bei Strukturierung u. eines geschl. Spezial-AIF als Darlehensfonds zur Finanzierung von Immob.-Projektentwicklungen; Competo Capital bei Strukturierung eines Debtfonds u. Begebung von Mezzanine-Darlehen aus 2 Fonds zur Finanzierung einer Projektentwicklung in Berlin; Atmira bei Gründung u. Registrierung einer KVG u. Auflage von Mezzanine-Debt-Fonds als geschl. Spezial-AIF. **Fondsaufsicht:** Terra KVG bei Strukturierung eines Art.-9-SFDR-Produktszur Investition in eine Quartiersentwicklung in Köln; Multi-Asset-Manager eines gr. Versicherers bei Umstrukturierung u. möglicher Co-Finanzierung einer strateg. Beteiligung an Energieunternehmen; Gothaer Vers. bei ESG-Compliance von ihr gemanagter Investmentfonds; lfd. Corestate Capital, Catella, Real I.S., Donner & Reuschel (jew. zu ESG).

HENGELER MUELLER

Fondsaufsicht u. -investments	★★★★

Bewertung: Im Fondssegment führt das wg. seiner aufsichtsrechtl. Kompetenz anerkannte Team in gewisser Hinsicht ein Nischendasein. Denn neben der lfd. Beratung ausländ. AIF u. OGAW im Fondsvertrieb ist Hengeler v.a. bei der Beratung von Finanzkonglomeraten u. Allfinanzkonzernen in praxisübergr. Fonds-Spezialthemen gefragt. Sei es – zusammen mit Wirtschaftsstrafrechtlern – bei internen Untersuchungen wie etwa bei DWS in Sachen Greenwashing, Sanktionen, Geldwäsche oder zusammen mit der ▷*M&A-Praxis* bei der Auslagerung von Asset-Manager-Töchtern oder klass. Deals, wie zuletzt etwa für die Apobank oder Motive Partners. Spektakulärstes Bsp. für die gelungene praxisübergr. Beratung, die Hengeler von vielen Wettbewerbern im Fondsmarkt unterscheidet, war die Mandatierung durch die Stadt Marburg, die ihre sprudelnden Steuereinnahmen in einem eigens konzipierten Fonds anlegt. Hier kam das Investmentteam auch aufgr. der öffentl.-rechtl. Kompetenz der Kanzlei zum Zuge.
Oft empfohlen: Dr. Christian Schmies
Team: 3 Partner, 1 Counsel, rd. 10 Associates
Schwerpunkte: Aufsichtsrecht (inkl. Fonds-Compliance, Vertrieb, Marktzugang v.a. bzgl. dt. u. ausl. OGAW, Publikums-AIF u. Verwahrstellen), Investment-/Regulierungsberatung, Fund Litigation, daneben Fondsstrukturierung sowie ▷*M&A* im Fondssektor.
Mandate: Fondsaufsicht: Blackstone Europe bei Errichtung neuer Zweigniederlassung in Dtl.; Versorgungswerk bei Ausgründung eines Asset-Managers/Lizenzierung Wertpapierinstitut; div. Sparkassen bei Fondsinvestments; div. ausländ. Asset-Manager lfd. bei Auslagerungsverträgen mit dt. KVGen; div. US-Fondsmanager bei Fondsvertrieb in Dtl.; div. ausländ. OGAW bei Vertriebscompliance. **Fondsstrukturierung:** Stadt Marburg als Single Investor bei Auflage eines von Universal Invest-

Anwaltszahlen: Angaben der Kanzleien, wie viele Anwälte zu mind. ca. 50% in diesem Gebiet tätig sind. Sie spiegeln nicht zwingend die Gesamtgröße einer Kanzlei wider.

ment als Master-KVG aufgesetzten €450-Mio-Spezialfonds mit 3 Anlagesegmenten; US-PE-Fonds bei Aufbau einer Private-Debt-Plattform in Luxemb. mit Anlagefokus in Dtl. **M&A im Fondssektor:** Apobank bei Übertragung des Verwahrstellengeschäfts an die DZ Bank; Motive Partners bei Kauf embedded/capital.

HEUKING KÜHN LÜER WOJTEK

Fondsstrukturierung ★
Fondsaufsicht u. -investments ★

Bewertung: Das erfahrene HHer Fonds-Team genießt v.a. bei Investment-Armen norddt. Family Offices u. Immob.-Gesellschaften hohes Vertrauen, bei VC-Fonds entwickelt sich die Ffmer. Praxis stetig fort. Doch v.a. im Immob.-Segment führt die Krise auch an HKLW nicht vorbei, sodass die Anwälte zuletzt vermehrt mit der Neustrukturierung von Fonds-Verträgen befasst waren u. die Beratung zu Immob.-Publikumsfonds zunahm. Auch die im HHer Büro gut eingeführte Schifffahrtsbranche erlebt mit Private Placements zur Beteiligung an Schiffen ein gewisses Comeback.
Team: 3 Eq.-Partner, 3 Sal.-Partner, 3 Associates
Schwerpunkte: Fondsstrukturierung (v.a. Venture-Capital-, Immob.-Fonds), Aufsichtsrecht, Investment-/Regulierungsberatung, Investmentsteuern. Mandanten: dt. Asset-Manager u. Fondsgesellschaften, Family Offices.
Mandate: Fondsstrukturierung: BE-Investment Partners bei Auflage eines Nachfolge-Mezzanine-Fonds; coinIX Capital bei Auflage einer offenen Spezial-InvAG mit Schwerpunkt Crypto u. Bonds; Paribus bei Auflage 2er ESG-Fonds; STS Co-Investment Funds bei Auflage 2er VC-Fonds (Schwerpunkt DACH-Region sowie Universitäts-Spin-offs). **Fondsaufsicht u. -investments:** Land Hessen bei Investment in ein VC-Nachhaltigkeitsfonds mit Hessenbezug; Deka Investment bei Auslagerung Fondsadministration; lfd.: Aquila, Kontora, BIT Capital, Values, Wealthcap.

KING & SPALDING

Fondsstrukturierung ★★
Fondsaufsicht u. -investments ★★

Bewertung: Das v.a. für die Strukturierung u. regulator. Beratung dt. Immobilienfonds anerkannte Ffmer. Büro der US-Kanzlei durchlebt zurzeit die wichtigste Neujustierung seit dem Start hierzulande. Das liegt nicht nur an dem letztj. Weggang ihres bis dato bekanntesten Partners, sondern auch an der aktuellen Krise des Immob.-Segments, in dem die Auflage klass. Fonds drastisch eingebrochen ist. Entspr. passt sich das Team an die neue Lage an: Einerseits bedient es die nach wie vor anziehende Nachfrage bei der Umstellung bestehender Fondsvertragswerke bzgl. ESG-Konformität, andererseits wird es vermehrt für die Restrukturierung u. ggf. langsame Liquidation von Immob.-Fonds hinzugezogen. Zudem rückt die Beratung zu Miteigentumsfonds wieder stärker in den Fokus. Gleichzeitig versucht K&S in anderen Asset-Klassen einen Aufschlag zu machen: So partizipiert sie an dem gerade im Entstehen begriffenen Segment der nach dt. Recht strukturierten Infrastruktur-Sondervermögen. Zudem erhofft sie sich größere Synergieeffekte mit dem 2022 geholten PE-Transaktionsteam, um künftig auch bei der Strukturierung dt. PE-Fonds ein Wörtchen mitzureden. Das ändert jedoch auf absehbare Zeit nichts an der Immob.-Zentrierung der Praxis.

Stärken: Kombination von Fonds- u. Immobilienwirtschaftsrecht sowie Finanzierung.
Team: 3 Partner, 3 Counsel, 2 Associates
Schwerpunkte: Fondsstrukturierung (v.a. Immobilien), Aufsichtsrecht (u.a. Vertrieb, Marktzugang), Investmentsteuern sowie Immob.-Transaktionen u. Transaktionsfinanzierung.
Mandate: Fondsstrukturierungen: AEW Invest, Hannover Leasing, Patrizia, Savills, 2IP lfd. bei Fondsstrukturierungen, im Aufsichtsrecht sowie bei Finanzierung u. Transaktionen. **Fondsaufsicht u. -investments:** CP Capital bei Vertrieb von US-Immob.-Fonds in Dtl.; Commerz Real, Hansainvest, Tishman Speyer lfd. (inkl. Transaktionen); Wertgrund umfassend.

LINKLATERS

Fondsstrukturierung ★★★★★
Fondsaufsicht u. -investments ★★★★★

JUVE AWARDS 2023
Kanzlei des Jahres für Bank- und Finanzrecht

Bewertung: Während einige Wettbewerber einen schleichenden Bedeutungsverlust der Investmentpraxis ausmachen wollen, beweist diese ihnen das Gegenteil. Denn Linklaters besticht mit ihrer Erfahrung, breiter Produktkenntnis u. internat. Aufstellung. So hat sich die traditionell immob.-lastige Praxis schon vor der Krise als eine der wichtigsten Beraterinnen für Spezialimmob.-Fonds wie Logistik, Hotel oder Einzelhandel etabliert u. damit auf ein Feld gesetzt, was weiterhin floriert. Zudem unterstreicht das Vertrauen, das ihr Schwergewichte wie AGI u. DWS immer wieder bei neuartigen Fondsstrukturierungen zuletzt etwa in Sachen Nachhaltigkeit u. ELTIF entgegenbringen, die Marktstellung des Teams. Und auch in der personellen Aufstellung macht sich die Kanzlei zukunftsfest: Mit Olena Tokman wurde eine im Markt bereits anerkannte Anwältin 2023 zu Partnerin befördert. Zudem verfolgt Linklaters – neben einer Partnernachfolge in Luxemb. – mit der Ernennung eines Partners in Hongkong auch den Weg der weiteren internat. Integration der ww. Fondspraxis wie Mandate für Hines oder USAA belegen. Wenn es der Kanzlei gelingt, ihre internat. Aufstellung auch auf den bislang kaum von ihr beratenen dt. VC- u. PE-Sektor auszuweiten, um diesen seinerseits bei der Internationalisierung v.a. in Richtung luxemb. Strukturen zu begleiten, könnte Linklaters die wichtigsten Beraterinnen dieser Häuser, Poellath u. Ypog, praktisch an der einzigen Stelle treffen, an denen beide verwundbar sind.
Stärken: Innovative Fonds- u. Finanzierungsstrukturen.
Oft empfohlen: Alexander Vogt, Markus Wollenhaupt („exzellent vernetzt, unschlagbare Marktkenntnis", Mandant)
Team: 3 Partner, 1 Counsel, 10 Associates
Schwerpunkte: Fondsstrukturierung (u.a. Immobilien-, Infrastruktur-, PE-, Nachhaltigkeitsfonds, ELTIFs), Investment-/Regulierungsberatung, Aufsichtsrecht, Investmentsteuern (zusammen mit Steuerpraxis), daneben ▷*PE-* u. ▷*Immob.-Transaktionen* sowie ▷*M&A* im Fondssektor.
Mandate: Fondsstrukturierung: Allianz Global Investors bei Auflage eines luxemb., auf Nachhaltigkeit ausgelegten €1-Mrd-Fonds; DWS bei Auflage eines ELTIF in Luxemb.; Hines u.a. bei Auflage eines offenen Immob.-Fonds in Asien; Garbe Industrial Real Estate bei Auflage des €400-Mio-Logistics Real Estate Fund Plus III; Genesta Nordic Capital bei Auflage eines Immob.-Fonds; Hauck Aufhäuser Lampe bei Auflage eines Spezialfonds für dt. Handelsimmob.; TUI lfd. bei Auflage von Hotelfonds; Aurelius bei Special Situations Fonds European Opportunities IV. **Fondsaufsicht u. -investments:** Pimco bzgl. Produktzugängen für dt. Anleger; USAA Real Estate bei US-Investments u. Expansion nach Europa; Allianz SE lfd. steuerl. bei Investments in internat. Debt-, Infrastruktur- u. Dachfonds; KKR lfd. steuerl. bei (Re-)Strukturierung 8 versch. Fonds mit Blick auf dt. institutionelle Anleger. **M&A im Fondssektor:** Montagu bei Verkauf einer Beteiligung an Universal Investment an Canada Pension Plan Investments.

LUTHER

Fondsstrukturierung ★★★
Fondsaufsicht u. -investments ★★★★

Bewertung: Das ambitionierte Investmentfonds-Team gehört mit seiner Mischung aus Erfahrung, die allen voran Pütz verkörpert, internat. Vernetzung, Kompetenz im Fondsaufsichts- u. steuerrecht sowie ihrem zentralen Standort in Luxemb. zu den vollständigsten Praxen im Markt. Den Zugang zu sehr großen institut. Investoren wie Versorgungswerken u. Versicherern konnte das in den verg. Jahren stark gewachsene Team zuletzt um eine ganze Reihe dt. Großunternehmen ergänzen. Dies macht den Weggang des erfahrenen Wilbert, der auf Investorenberatung spezialisiert war, weniger schmerzhaft. Daneben bilden lfd. Fondsstrukturierungen für eingeführte Mandanten wie Luxcara eine gute Basis für mehr. Insbes. in der Spezialität des Teams, der Strukturierung von Verbriefungsplattformen für alternative Fondszugänge, wenden sich mehr u. mehr internat. Asset-Manager an die Praxis; diese werden häufig in Kooperation mit unabh. US-Kanzleien beraten. Die ohnehin breit angelegte, aber auf AIF fokussierte Praxis verbreitert Luther durch ein Team um den erfahrenen bisherigen KPMG Law-Partner Brockhaus, der als ehem. DWS-Jurist für die Beratung von Wertpapierfonds steht. Die Kanzlei wird allerdings gefordert sein, dieses als weniger margenstark geltende Geschäft, das darin besteht, KVGen als ausgelagerte Werkbank dauerhaft zu beraten, gewinnbringend in die bestehenden Kanzleistrukturen zu integrieren.
Stärken: Langj. Erfahrung in der Beratung von Versorgungswerken, integriertes Team in Luxemburg.
Oft empfohlen: Achim Pütz
Team: 6 Partner, 2 Counsel, 10 Associates
Partnerwechsel: Henning Brockhaus (von KPMG Law), Dr. Frank Wilbert (zu WTS)
Schwerpunkte: Investment-/Regulierungsberatung, Fondsstrukturierung (u.a. Debt-, Immobilien-, Infrastruktur-, Erneuerbare-Energien-Fonds), Aufsichtsrecht, Investmentsteuern, daneben ▷*Immob.-Fonds-Transaktionen*.
Mandate: Fondsstrukturierung: Luxcara Group lfd. bei Fondsauflagen in Luxemb.; HIH Invest Real Estate bei Auflage eines luxemb. Renewables Fonds; CEE/Brookfield lfd. bei Fondsstrukturierung in Luxemb.; dt. Privatbank bei Strukturierung eines luxemb. Immobilien- u. Schiffs-Kreditfonds; kirchl. Einrichtung bei Strukturierung einer Masterfondsplattform in Dtl. u. Auflage weiterer Spezial-AIF zur Vermögensallokation. **Fondsaufsicht u. -investments:** Sehr gr. dt. Versorgungseinrichtung lfd.; lfd. im Aufsichtsrecht: Hauck & Aufhäuser Alternative Investment (bzgl. luxemb. Plattform für Inha-

Anwaltszahlen: Angaben der Kanzleien, wie viele Anwälte zu mind. ca. 50% in diesem Gebiet tätig sind. Sie spiegeln nicht zwingend die Gesamtgröße einer Kanzlei wider.

berschuldverschreibungen für dt. regulierte Investoren), aam2cred Debt Investments, I Squared Capital Advisors; lfd. bei Fondsinvestments: AMP Capital, Investitions- und Förderbank Niedersachsen/Wachstumsfonds, sehr gr. dt. Rückversicherer, ein Ärzteversorgungswerk.

MCDERMOTT WILL & EMERY

Fondsstrukturierung ★★
Fondsaufsicht u. -investments ★★★

Bewertung: Dt. Immob.-Fondsgesellschaften stehen bei der Praxis hoch im Kurs. Das bleibt auch in der aktuellen Immob.-Krise der Fall, wenn auch unter neuen Umständen. So nahmen v.a. Restrukturierungen von Immob.-Fonds – mit Bezügen zum Investmentaufsichts-, Steuer- u. Gesellschaftsrecht – sowie Fonds-Litigations zuletzt großen Raum ein. Zudem wird das Team auch für neue Marktphänomene mandatiert: Bsph. hierfür stehen Angriffe von institut. Investoren auf Asset-Manager u. KVGen, die planmäßig gg. Rechnungslegung u. Kalkulation von Immob.-Fonds vorgehen sowie Streitigkeiten, in denen etwa Versorgungswerke Ansprüche gg. (v.a. luxemb.) Mezzanine-Fonds geltend machen. Dennoch zwingt die Krise McDermott, die Beratung schneller auf andere Asset-Klassen auszuweiten als ursprüngl. geplant. Mit dem Zugang eines erfahrenen Counsels von Goodwin Procter ist der erste Schritt getan, um etwa die LP-/Investorenseite (z.B. für Versorgungseinrichtungen u. Förderbanken) zu stärken. Zudem soll mittelfristig auch das PE-Strukturierungsgeschäft ausgebaut werden.

Oft empfohlen: Frank Müller („hohe Kompetenz bzgl. Auflage nachhaltiger Fonds", Wettbewerber)

Team: 4 Partner, 2 Associates

Schwerpunkte: Investment-/Regulierungsberatung, Fondsstrukturierung (v.a. Immob.-Fonds), Aufsichtsrecht, Investmentsteuern, daneben Fonds-Litigation u. ▷*Immob.-Fonds-Transaktionen*.

Mandate: Fondsstrukturierung: FOM Invest u. GEG bei erstmaliger Auflage von geschl. Sondervermögen; HT Group lfd. bei Fondsauflagen sowie Transaktionen; lfd.: ABG Capital, Accumulata, Momeni, Montano Real Estate; lfd. bei Strukturierung von ESG-Fonds: Empira, Fundamenta Group. **Fondsaufsicht u. -investments:** Hansainvest, Universal Invest lfd. bei ESG-Themen; lfd. bei Fonds-Investments: Swiss Life, regionales Ärzteversorgungswerk; lfd. im Fondsaufsichtsrecht: BayernInvest, Corestate, Reinvest.

ORBIT

Fondsstrukturierung ★★
Fondsaufsicht u. -investments ★★

Bewertung: Die Gründung der Fonds-Boutique im Jahr 2021 ist im Markt voll eingeschlagen. Der dynamisch wachsenden Kanzlei ist es nicht nur gelungen, vom Start weg eine Reihe angesehener VC-Fonds wie bspw. Earlybird oder 415 Capital u. wichtige Investoren wie EIF oder Uniqa in ihren Mandantenkreis aufzunehmen, sondern sie konnte ihr Netzwerk sogar ausbauen. Insbes. wendeten sich Manager u. Fonds bei neuen Aktivitäten vermehrt an die Kanzlei, wie etwa das Engagement für Beyond Capital zeigt. Zudem ist es ihr schnell gelungen, über ihren VC-Kern hinaus auch erste Small-Cap-PE-Fonds zu beraten, was Mandatierungen durch BID oder FCM belegen. Nun geht es für Orbit daran, der nach wie vor hohen Nachfrage nach lfd. Compliance-Beratung besser Rechnung zu tragen: Mit dem Zugang eines erfahrenen Steuerberaters will sie auch in die Fonds-Deklaration einsteigen, zudem hat das Fondsscreening mit grundsätzl. Fondsanalysen, aber auch im Hinblick auf die Geldwäsche- u. Sanktionsberatung, mit Hilfe digitaler Tools an Gewicht gewonnen.

Stärken: Umfassende Fondsberatung, inkl. Managerberatung.

Oft empfohlen: Philip Mostertz, Dr. Joachim Mogck („sehr responsiv, immer professionell, sehr praxisnaher Rat und hohes Fachwissen", Wettbewerber über beide)

Team: 5 Eq.-Partner, 1 Counsel, 7 Associates

Schwerpunkte: Fondsstrukturierung (v.a. Small- u. Mid-Cap-VC-Fonds), Investment-/Regulierungsberatung, Investmentsteuern, Aufsichtsrecht.

Mandate: Fondsstrukturierung: Earlybird bei Auflagen div. Fonds (sowie lfd. in Compliance u. Aufsichtsrecht); Alpine Space Ventures bei Auflage von Fund I; Beyond Capital bei Auflage ihres €21,5-Mio-Angel-Operator-Fonds; BID Equity bei Auflage eines Small-Cap-Buy-Out-Fonds; FCM Frederic Capital bei Strukturierung eines PE-Co-Investmentfonds; Blockchain Founders bei 1. Fonds; Robin Haak bei Strukturierung eines VC-Fonds; Marantix bei Auflage des 3. Fonds; lfd. u. umf.: 415 Capital, 4P Capital, Cadence Growth, eCapital Fund V, Odewald KMU III, Sevest Management. **Fondsaufsicht u. -investments:** EIF, KfW Capital, Uniqa, Finvia, Burda Principal Investments, DEG Impact (alle bei Investments); DBAG (lfd. zu Fonds-Compliance u. Governance).

POELLATH

Fondsstrukturierung ★★★★
Fondsaufsicht u. -investments ★★★★

Bewertung: Seit Langem wird der Kanzlei bescheinigt, den Markt im dt. VC- u. PE-Segment zu „dominieren", eine Wettbewerberin bezeichnet Poellath gar als „Fondsfabrik". Diese Stimmen drücken einerseits die Anerkennung aus, die sich das große Team mit vielen Partnern erarbeitet hat. Andererseits wird – anders als früher – die Dominanz von Poellath heute stets in einem Atemzug mit Ypog genannt, u. die Kanzlei als Fondsfabrik im Gegensatz zu einer Fondsmanufaktur charakterisiert. Die außergewöhnl. Marktstellung der Kanzlei ist also ein zweischneidiges Schwert. Denn die Praxis ist trotz der allgem. Wirtschaftskrise so gut ausgelastet mit der lfd. Fondsstrukturierungs- u. Investmentarbeit für ihre Stammmandanten, dass die Veränderungen im Geschäft eher stetig erfolgen (müssen) u. eine Erweiterung z.B. in andere Asset-Klassen kaum wahrnehmbar erfolgt. So dürfte es auf der Habenseite bspw. kaum eine Wettbewerberin geben, die bei Secondaries u. Continuation-Fonds einen derart großen Trackrecord nachweisen kann. Zudem baut Poellath ihre Compliance-Beratung in Sachen Steuern sowie Geldwäsche, CRS etc. ebenso weiter aus wie bei der SFDR-Offenlegungsverordnung. Auf der Sollseite ist zu verzeichnen, dass sich Poellath unter den gegebenen Bedingungen schwertut, bei aktuell gefragten Asset-Klassen wie Private Debt oder Infrastruktur auf Initiatoren/GP-Seite wirklich einen Fuß in die Tür zu kriegen.

Stärken: Facettenreiche Spezialisierung im VC- u. PE-Fonds-Segment, inkl. Fondssteuern u. Managerberatung.

Oft empfohlen: Amos Veith („sehr gute Fachkenntnisse", Wettbewerber), Uwe Bärenz, Dr. Peter Bujotzek

Team: 9 Eq.-Partner, 2 Sal.-Partner, 6 Counsel, 29 Associates

Schwerpunkte: Fondsstrukturierung (u.a. VC-/PE-, Immobilien-, Infrastrukturfonds), Investment-/Regulierungsberatung, Aufsichtsrecht, Investmentsteuern.

Mandate: Fondsstrukturierung: Astorius Capital bei Teilfonds PE IX (USA) u. PE X (Europa); Emeran bei €400-Mio-PE Fund II; Capiton bei €250-Mio-Continuation Fonds Capiton Quantum; High-Tech Gründerfonds bei 4. Fondsauflage (Vol. €400 Mio); Afinum bei €450-Mio-Fonds Afinum 9; Castik Capital bei luxemb. Fonds EPIC Fund III; SHS bei SHS VI Medtech Investments. **Fondsaufsicht u. -investments:** lfd. Ampega Asset Management/Talanx, Signal Iduna, Europ. Investmentfonds (EIF), Circle Eleven. **M&A im Fondssektor:** embedded/capital bei Verkauf an Motive Partners.

SIMMONS & SIMMONS

Fondsstrukturierung ★★
Fondsaufsicht u. -investments ★★★★

Bewertung: Das Fondsteam der brit. Kanzlei verspürt seit einigen Jahren eine klar aufsteigende Tendenz. So verfügt Simmons & Simmons über ein mittlerw. fest etabliertes u. gleichz. wachsendes Netzwerk dt. u. internat. Asset-Manager, die lfd. im Aufsichtsrecht auf die Kompetenz der Ffmer. u. Luxemb. Teams vertrauen, u. zwar bis hin zur Beratung komplexer Verschiebungen ganzer Portfolios. Auch in der noch vergleichsweise weniger marktpräsenten Fondsstrukturierung setzt sich die positive Entwicklung fort, etwa für Renewables-Fonds. V.a. setzt die Kanzlei in ihrer traditionellen Stärke der Beratung von Fondsinvestoren mit der ständigen Ausweitung ihres Tools für Zielfonds Maßstäbe; Simmons ist mit einer solchen Tech-Lösung zwar nicht die einzige in Dtl., das Tool umfasst aber eine Reihe von Asset-Klassen u. ist internat. ausgerichtet. Konsequenz: Mit der Ernennung der Fondsexpertin Sabrina Schwiebert u. des Aufsichtsrechtlers Daniel Lühmann stammen die 2 neuen Eq.-Partner aus Dtl. des Jahres 2023 beide aus der Fondspraxis.

Stärken: Aufsichts- u. steuerrechtl. Know-how, Präsenz in 12 westeurop. Märkten, Tech-gestützte Zielfondsprüfung für über 10 Länder ww.

Oft empfohlen: Jochen Kindermann, Dr. Harald Glander, Dr. Benedikt Weiser („tief im Markt, pragmatisch, klaren Fokus auf das Risikoprofil der Mandanten", Mandant), Dr. Bernulph Frhr. von Crailsheim (Steuerrecht)

Team: 6 Partner, 1 Counsel, 10 Associates, 1 of Counsel

Schwerpunkte: Investment-/Regulierungsberatung, Aufsichtsrecht (u.a. Gründung von Finanzinstituten u. Zweigniederlassungen, Marktzugang, Vertrieb, Reporting für Asset-Manager), Fondsstrukturierung (u.a. Debt-, Infrastruktur-, EEG-Fonds), Investmentsteuern.

Mandate: Fondsstrukturierung: Susi Partners. **Fondsaufsicht u. -investments:** Baillie Gifford u.a. zu europ. Distributionsnetzwerk u. Portfolio-Management-Dienstleistungen sowie ESG- u. Krypto-Fragen; sehr großer globaler Asset-Manager u.a. zu geschl. Fonds u. Inhaberkontrollverfahren; Cambridge Associates umf. bzgl. Asset-Management-Aktivitäten in Dtl.; Jupiter bei Neugründung einer Zweigniederlassung eines luxemb. Asset-Managers u. anschl. Asset-Transfer der Bestands- auf die neue Niederlassung; Asset-Manager in Luxemb. bei Übernahme der Verwal-

Anwaltszahlen: Angaben der Kanzleien, wie viele Anwälte zu mind. ca. 50% in diesem Gebiet tätig sind. Sie spiegeln nicht zwingend die Gesamtgröße einer Kanzlei wider.

tung eines Portfolios von PE-Fondsbeteiligungen in 2-stellig. €-Mrd-Höhe; Houlihan Lokey lfd.; First Sentier lfd., u.a. bei Fondsvertrieb; Coinbase lfd. zu tokenisierten Finanzinstrumenten; Harris Associates u.v.a. lfd. zu Reportingvorgaben; Macquarie lfd. investmentsteuerl. zu 6 dt. geschl. Infrastrukturfonds.

YPOG

Fondsstrukturierung ★★★★
Fondsaufsicht u. -investments ★★★★

JUVE 2023 AWARDS
Kanzlei des Jahres

NOMINIERT
JUVE Awards 2023
Kanzlei des Jahres für Bank- und Finanzrecht

Bewertung: Das anerkannte Fonds-Team der Kanzlei erschwingt Jahr um Jahr neue Höhen, ein Ende ist kaum absehbar. Ein Mandant bescheinigt Ypog eine „beeindruckende Entwicklung von einer Fonds- u. VC-Kanzlei, die nun auch stark im klassischen Gesellschaftsrecht ist", ein Wettbewerber sieht in der „dauerhaften Rundumberatung von Initiatoren" einen der wesentl. Gründe für ihren Erfolg, ein anderer empfindet die Kanzlei einfach als „saustark". Tatsächl. schützt sie ihre fachl. Breite in der Fondsberatung nicht nur im aktuell krisenhaften wirtschaftl. Umfeld, sondern ist ihr großes Ass. Denn solange der Fondsmarkt boomte, unterstützte Ypog ihre Mandanten bei Fondsauflagen mit immer größeren Volumen u. deckte im vollen Umfang die erforderlichen BaFin-Lizenzierungsverfahren ab, wie sich bspw. bei HV Capital zeigt. Mit der Krise sind dagegen individuellere Liquiditätsplanung u. Restrukturierungsberatung in den Fokus getreten, für die die Partner wegen ihrer allerorts bescheinigten Branchenexpertise ebenfalls gefragt sind. Ausweis des Erfolgs ist die Ernennung 2er weiterer Eq.-Partner. Gleichzeitig baut Ypog ihre digitalen Fonds-Tools aus. Mit dem Tool für VC- u. PE-Investoren-Onboarding war Ypog nicht nur Vorreiter in Dtl., es zieht mittlerw. auch Manager jenseits des Mandantenstamms der Kanzlei an. Zudem intensivierte das Team ihre Beziehungen zur Investorenseite. Das dient generell der Abrundung des Geschäfts, ist aber perspektivisch v.a. wichtig, um in Krisenzeiten breiter aufgestellt zu sein. Zentrale Player wie die Europ. Investitionsbank (EIF) oder eine Reihe von Corporate- oder Family Office-Investoren wie Armira werden für Ypog somit immer wichtiger. Gelingt es der Kanzlei mittelfristig auch noch bei institutionellen Investoren aus dem regulierten Bereich zu punkten, ist ihr der weitere Aufstieg kaum zu nehmen.

Stärken: Bestens vernetzt in der VC-Capital-Szene, insbes. in Berlin. Große Erfahrung bei Krypto-Fonds.

Oft empfohlen: Dr. Stephan Bank („perfekter Dienstleister", „sehr erfahren, verlässlich u. responsive", Mandanten, „branchenerfahren, lösungsorientiert u. präzise", Wettbewerber), Dr. Helder Schnittker („VC-Koryphäe", „sehr erfahren, sehr überlegt und unternehmerisch, hervorragender Marktüberblick", Mandanten), Dr. Andreas Rodin („hervorragende Kenntnisse, sehr pragmatisch, schnelle Lösung", Mandant), Jens Kretzschmann („absolute Marktspitze bei der Strukturierung von VC-Fonds u. im InvStG", Wettbewerber)

Team: 8 Eq.-Partner, 2 Sal.-Partner, 25 Associates

Schwerpunkte: Fondsstrukturierung (v.a. VC-, PE-, Krypto-, Impactfonds), Aufsichtsrecht, Investmentsteuern, Investment-/Regulierungsberatung, daneben ▷*VC- u. PE-Transaktionen*.

Mandate: **Fondsstrukturierung:** HV Capital bei €700-Mio-Fonds IX (inkl. Art. 8 SFDR-Komponente); Project A Ventures bei USD-375-Mio-Fonds IV; Planet A Ventures bei €160-Mio-Impact-Fonds; La Famiglia bei €165-Mio-Seed Fonds III sowie bei €90-Mio-Growth-Fonds; DTCP bei USD-300-Mio-Growth Equity III-Fonds; 468 Capital bei USD-400-Mio- Fonds II sowie €52-Mio-Early-Stage-Fonds; Greenfield One bei USD-130-Mio-Kryptofonds III; Headline Europe bei €320-Mio-Fonds VII; World Fund bei €350-Mio-Fonds; lfd. für Apollo Health Ventures, Speedinvest, Cherry Ventures, Orlando Capital. **Fondsaufsicht u. -investments:** HV Capital bei BaFin-Vollerlaubnis; La Famiglia bei Registrierung als EuVEC-Manager; Armira bei Beteiligung an 468 SPAC/tonies; EIF, Golding Capital lfd. bei Investments; Triton, Hg Capital, Oakley, General Atlantic lfd. zu dt. Fonds-Aspekten.

Kredite und Akquisitionsfinanzierung

ALLEN & OVERY

Kredite und Akquisitionsfinanzierung ★★★★

Bewertung: Mit einem der personell größten Teams im dt. Markt berät die Praxis zur gesamten Bandbreite von Krediten u. Akquisitionsfinanzierungen. Glanzstück ist dabei die regelm. Präsenz bei den größten grenzüberschr. Deals am Markt, mal auf Unternehmens-, mal auf Bankenseite, wie bspw. bei den Finanzierungen für Porsche u. Vantage Towers. Bei solch syndiz. Krediten zählt A&O zu den Marktführern. Weil das Team neben diesen klass. Großkrediten weitere Finanzierungsformen abdeckt, setzen namh. Mandanten wie Schaeffler seit vielen Jahren auf seine Beratung, so jüngst bei einem Kreditvertrag, bei dem die Margen an ESG-Ziele gekoppelt sind. Beim erhöhten Bedarf für Projektfinanzierungen im Zuge der Energiewende brachte die Praxis ihr Know-how in Mandate wie Ilos ein. Wenn auch die Aufträge aus dem Kreis der Sponsoren im Private-Equity- u. Leveraged-Finance-Markt marktbedingt nicht im Vordergrund standen, so kommen doch immer wieder ausgewählte dazu u. unterstreichen die auch hinsichtl. der Mandanten breite Aufstellung. Eine wichtige Rolle bei kommenden Krisenfinanzierungen deutet sich in Mandaten wie für TAG Immobilien an.

Stärken: Investment-Grade-Finanzierungen (Kreditnehmer u. Banken), starkes Restrukturierungsteam.

Oft empfohlen: Dr. Walter Uebelhoer („sehr gute Qualität u. kurze Reaktionszeiten", Mandant), Thomas Neubaum

Team: 5 Partner, 2 Counsel, 25 Associates, 1 of Counsel

Schwerpunkte: Trad. regelm. großvol. syndiz. Darlehen bei Kreditnehmern u. -gebern. Weiterhin stark in ▷*Insolvenz/Restrukturierung*, zudem Asset- u. Projektfinanzierungen.

Mandate: Mercedes-Benz bei Umwandlung von revolvierender €11-Mrd-Kreditfazilität in einen nachhaltigen Kredit; Autohersteller bei Refinanzierung seines syndiz. revolv. Kredits; Avenga zur Finanzierung zum Kauf der argent. Incluit; Schaeffler weiterh. zu syndiz. €2,5-Mrd-Kreditvertrag; Evonik bei Refinanzierung einer syndiz. €1,75-Mrd-Kreditlinie; Bilfinger bei Refinanzierung; Banken bei Konsortialkredit für Porsche Automobil; Banken bei €575-Mio-Konsortialkredit für Schön Klinik; Banken bei €650-Mio-Brückenfinanzierung für TAG Immobilien; Banken im Zshg. mit gepl. Kauf einer Beteiligung an Vantage Towers durch Konsortium von Fonds; Ilos Projects bei €500-Mio-Namensschuldverschreibung durch EIG; Glasfaser Nordwest bei Debutfinanzierung; AlphaPet im Zshg. mit Finanzierung eines Unternehmenskaufs; Bencis u.a. jew. bei Finanzierung des Kaufs von Heytax Bramsche u. Elbe Tiefkühlkost; Flixtrain lfd. bei Finanzierung von Personenzügen; BMW bei revolv. €8-Mrd-Konsortialkredit.

ASHURST

Kredite und Akquisitionsfinanzierung ★★★★

Bewertung: Mit erneut mehr als 70 Transaktionen im Jahr 2022 zählen die Finanzierungsrechtler zu den Marktführern bei mittelgr. Akquisitionsfinanzierungen u. Unternehmenskrediten. Zu den ersten Adressen für Debt Funds zählt die Praxis aber auch, weil sie jenseits der Standardprodukte immer wieder anspruchsvolle Lösungen entwickelt, so etwa eine innovative ARR-Finanzierung für BlackRock, die statt eines üblichen Leverage Covenants auf Basis der wiederkehrenden Umsätze des Geschäfts strukturiert wurde. Die Finanzierung für Pepper.com, einer der größten Deals der Branche im Jahr 2022, enthielt einerseits Elemente einer Leveraged-Finance-Transaktion u. andererseits von Corporate Finance. So gewinnt die Praxis auch neue Mandanten wie Rantum Capital. Die im Markt anerkannte Praxisgruppenleiterin Grewlich konnte so das Team mit Associates weiter verbreitern.

Stärken: Leveraged Finance für mittelgr. Buy-outs, sehr starke Marktposition bei alternat. Kreditgebern.

Oft empfohlen: Anne Grewlich, („direkt u. sehr gut", Mandant) („eifrig, angenehme Zusammenarbeit", Wettbewerber), Derk Opitz, Dr. Matthias Weissinger

Team: 3 Partner, 5 Counsel, 10 Associates

Schwerpunkte: Trad. starke Betonung auf Leveraged Finance, daneben Unternehmens-, ▷*Immobilien*-, Projekt- u. Asset-Finanzierungen, auch Restrukturierung u. Kreditportfoliotransaktionen.

Mandate: Finanzierer bei $400-Mio-Refinanzierung von Diebold Nixdorf; Banken bei Finanzierung des Zusammenschlusses der Global Savings Group u. Pepper.com; Capiton bei Finanzierung einer

Anwaltszahlen: Angaben der Kanzleien, wie viele Anwälte zu mind. ca. 50% in diesem Gebiet tätig sind.
Sie spiegeln nicht zwingend die Gesamtgröße einer Kanzlei wider.

Mehrheitsbeteiligung an Betonbau; Rantum Capital/Aqua Group bei Finanzierung des Kaufs von Scherer Südbaden; Hayfin bei Finanzierung des Kaufs von Realeyes durch Zentrum Gesundheit; BlackRock bei Finanzierung für IDnow; Capital Four bei Finanzierung für Limehome; Silicon Valley Bank bei Finanzierung des Kaufs von xSuite durch 3i; Vivonio Furniture bei Refinanzierung; Credit Suisse u. Patrimonium bei Finanzierung des Kaufs eines Mehrheitsanteils an Lässig durch Ambienta u. von Dietzgen durch Sihl; Kartesia bei Finanzierung des Zusammenschlusses von Siccum Trocknung u. Santeq; Capiton bei 2 Finanzierungen für Schließung des Continuation-Fonds Capiton Quantum u. die Übernahme von AEMtec u. Raith über insges. €248 Mio; Sartorius-Herbst bei Finanzierung von Anteilskauf von Erbengemeinschaft mit Rechten auf den Kauf von Sartorius-Aktien.

BAKER MCKENZIE

Kredite und Akquisitionsfinanzierung ★★

Bewertung: Schwerpunkte der Praxis für Kredite u. Akquisitionsfinanzierungen bilden syndiz. Kredite auf Bankenseite u. Exportfinanzierungen. Aber die Mandanten nutzten die Stärke der internat. Einbindung auch bei grenzüberschr. Akquisitionsfinanzierungen auf Unternehmensseite. Beispiele hierfür sind die Federführung bei der Finanzierung der Übernahme von AL-KO Air Technology durch Trane Technologies mit Beteiligung der Büros in Amsterdam, Brüssel u. Schanghai sowie die Mrd-Übernahme für Magna gemeinsam mit Stockholmer Kollegen. Für beide Mandate war die gute Verzahnung mit dem Corporate/▷*M&A*-Team wichtig. Zwar stehen die guten Bankenkontakte im Vordergrund vieler Mandate, aber die Praxis geht mit der Beratung von Leveraged-Finance-Transaktionen seit einiger Zeit auch immer wieder erfolgreich auf Fonds bzw. Private-Equity-Mandanten wie Adiuva zu.

Oft empfohlen: Dr. Oliver Socher

Team: 2 Eq.-Partner, 3 Sal.-Partner, 2 Counsel, 4 Associates

Schwerpunkte: Überwiegend für dt. Banken tätig; neben mittelgr. Transaktionen auch Handels-, Export- u. ▷*Immobilien- u. Projektfinanzierung*.

Mandate: DZ Bank bei €100-Mio-Konsortialkredit für Gelita; Highbridge bei $104-Mio-Finanzierung für Invacare; Sanecum/Adiuva Capital bei €145-Mio-Expansionsfinanzierung mit div. Kreditlinien; Banken bei Restrukturierung der Gruppenfinanzierung der Woco Franz Josef Wolf; Berlin Hyp bei €190-Mio-Ankaufsfinanzierung des Deka Office Hub durch die DIC-Gruppe; Banken bei gedeckter GBP336-Mio-Finanzierung an Indaver Rivenhall für eine Waste-to-Energy-Anlage; Trane Technologies bei Finanzierung des Kaufs des Geschäftsbereichs Air Technology von AL-KO; Banken bei Projektfinanzierung für eine Urea-Anlage für Gemlik Gubre; DBAG bei Finanzierung des Kaufs von Anteilen an VHF Camfacture; Magna bei Finanzierung des $1,5-Mrd-Kaufs von Veoneer Active Safety von SSW Partners; Pacoma beim Verkauf an Legget & Platt.

CLIFFORD CHANCE

Kredite und Akquisitionsfinanzierung ★★★★

Bewertung: Die im Vergleich mit anderen brit. Top-Kanzleien personell schlank aufgestellte Praxis für Kredite u. Akquisitionsfinanzierung steht weiterhin für hochkarätige u. umf. Beratung zu Finanzierungsinstrumenten. Die komplexe Transaktion für

Kredite und Akquisitionsfinanzierung

★★★★★	
Freshfields Bruckhaus Deringer	Frankfurt, München
Hengeler Mueller	Frankfurt
★★★★	
Allen & Overy	Frankfurt, München
Latham & Watkins	Frankfurt, Hamburg, München
Linklaters	Frankfurt, München
Milbank	München
White & Case	Frankfurt, Hamburg
★★★★	
Ashurst	Frankfurt, München
Clifford Chance	Frankfurt, München
Gleiss Lutz	Frankfurt
★★★	
CMS Hasche Sigle	Berlin, Frankfurt, Hamburg, Stuttgart, Köln
Noerr	Frankfurt, München
Taylor Wessing	Frankfurt, Hamburg
★★	
Baker McKenzie	Frankfurt, München
Hogan Lovells	Frankfurt
Mayer Brown	Frankfurt
Norton Rose Fulbright	Frankfurt, Hamburg, München
★	
Görg	Frankfurt, Köln
Heuking Kühn Lüer Wojtek	Frankfurt, Düsseldorf
Skadden Arps Slate Meagher & Flom	Frankfurt
Willkie Farr & Gallagher	Frankfurt

Die Auswahl von Kanzleien und Personen in Rankings und tabellarischen Übersichten ist das Ergebnis umfangreicher Recherchen der JUVE-Redaktion. Sie ist in 2erlei Hinsicht subjektiv: Die Aussagen der befragten Quellen sind subjektiv u. spiegeln deren Erfahrungen u. Einschätzungen. Die JUVE-Redaktion wiederum analysiert die Rechercheergebnisse unter Einbeziehung ihrer eigenen Marktkenntnis. Der JUVE Verlag beabsichtigt keine allgemeingültige oder objektiv nachprüfbare Bewertung. Es ist möglich, dass eine andere Recherchemethode zu anderen Ergebnissen führt. Innerhalb einzelner Gruppen in Rankings und tabellarischen Übersichten sind Kanzleien und Personen alphabetisch sortiert.

Hochtief verdeutlicht dies: Gemeinsam mit dem austral. Büro wurde das Darlehen mit dem dortigen Übernahmerecht abgestimmt, einschließl. der Squeeze-out-Mechanismen. Die Transaktion musste eng mit dem Jahresabschluss u. daher mit der ▷*M&A*-Praxis sowie der Refinanzierung des Überbrückungskredits über Schuldscheindarlehen koordiniert werden. Neben einer großen Anzahl teils öffentl. Übernahmetransaktionen war seit der zweiten Hälfte 2022 mit Krisenfinanzierungen ein weiteres, ebenfalls praxisübergreifendes Beratungsfeld zunehmend wichtig, wie etwa im Schutzschirmverfahren von Cordenka. Ebenfalls „regelmäßig" bzw. sogar „vermehrt", so Wettbewerber übereinstimmend, sieht man das Team bei Infrastrukturfinanzierungen, unter denen das Mandat der Dt. Glasfaser herausragte.

Stärken: Exzellente Finance-Praxis für mittelgr. u. gr. Deals jegl. Spielart mit internat. eingebundenem, sehr erfahrenem u. renommiertem Team.

Oft empfohlen: Dr. Bettina Steinhauer

Team: 2 Partner, 2 Counsel, 7 Associates

Schwerpunkte: Large- u. Mid-Cap-Akqu.-Fin. sowie klass. syndiz. Kredite für Banken, alternat. Kreditgeber u. Kreditnehmer, zusätzl. hochkarätiges Team für ▷*Immobilien- u. Projektfinanzierung* in D'dorf.

Mandate: JPMorgan bei €4,2-Mrd-Überbrückungsfinanzierung für Siemens Energy bei Barangebot für Siemens Gamesa; Hochtief bei Überbrückungsfinanzierung für Kauf von Anteilen an Cimic; Vitesco bei revolv. €800-Mio-ESG-Konsortialkreditlinie; MTU bei revolv. €500-Mio-ESG-Konsortialkreditlinie; Oldenburg. LB bei Finanzierung des €220-Mio-Kaufs der Degussa Bank; Speedbreak/Dt. Glasfaser bei Finanzierung des €5,75-Mrd-Glasfaserausbaus; Eurazeo bei der Finanzierung des Kaufs von Developx durch Bencis; Citibank bei Finanzierung des Kaufs des Dualen Systems Dtl. durch Circular Resources von H.I.G.; UniCredit bei Kreditfazilitäten für SAF-Holland im Zshg. mit Barangebot an Haldex-Aktionäre; Ares bei Refinanzierung von Artemis.

CMS HASCHE SIGLE

Kredite und Akquisitionsfinanzierung ★★★

Bewertung: Die Praxis für Kredite u. Akquisitionsfinanzierungen spielt eine wichtige Rolle bei großvol. kapitalmarktnahen Finanzierungstransaktionen für bonitätsstarke Großunternehmen. In den vergangenen Jahren hatten aktuelle Krisen erhebl.

Anwaltszahlen: Angaben der Kanzleien, wie viele Anwälte zu mind. ca. 50% in diesem Gebiet tätig sind. Sie spiegeln nicht zwingend die Gesamtgröße einer Kanzlei wider.

Einfluss auf die Entwicklung der Arbeitsschwerpunkte des personell breit aufgestellten Teams: Nach coronabedingten Finanzierungen brachte die Energiekrise mit ihren Folgen gewichtige Mandate. Hervorzuheben ist dabei die lfd. Beratung des Bundesministeriums für Wirtschaft u. Klimaschutz. Mit dem Ziel, die dt. Energieversorgung zu stabilisieren, berät die Kanzlei die BNetzA in ihrer Funktion als Treuhänder der SEFE zur Absicherung von KfW-Darlehen. Die Kreditrechtler sind dabei Teil eines praxisübergreifenden Teams unter Leitung der ▷*Gesellschafts-* u. ▷*Insolvenzrechtler*. Wirtschaftl. passen zu dieser Beratung div. großvol. Projektfinanzierungen in der Energiebranche u. das Know-how des Teams in der Netzökonomie ist auch bei Glasfaseranschlüssen gefragt. Hinzu kamen immer wieder Akquisitionsfinanzierungen, besonders aufseiten der Finanzinstitute.

Stärken: Traditionell stark in Hamburg (v.a. erneuerbare ▷*Energien*); Kreditnehmerberatung bei Immobilien- u. Projektfinanzierungen, zunehmend Banken u. alternative Kreditgeber.

Oft empfohlen: Dr. Marc Riede, Dr. Jens Moraht, Dr. Markus Pfaff, Dr. Peter Ruby

Team: 10 Eq.-Partner, 7 Counsel, 17 Associates

Partnerwechsel: Axel Dippmann (in eigene Kanzlei)

Schwerpunkte: Breite Fremdfinanzierungspraxis mit Fokus auf Akquisitionen u. ▷*Immobilien* (Projekte/Anlagenbau).

Mandate: LBBW bei Schuldscheindarlehen u. Namensschuldverschreibungen für Unternehmen im Investment-Grade-Bereich über insges. €10 Mrd; Railpool bei €1,1-Mrd-Finanzierung; Commerzbank bei div. Unternehmens- u. Akquisitionsfinanzierungen, u.a. bei WTW u. Schlüter Baumaschinen; Stadtwerke Düsseldorf bei Schuldscheindarlehen mit ESG-Bezug; Aquila Capital bei der Finanzierung eines rd. €1-Mrd-Portfolios von Erneuerbare-Energie-Projekten in Spanien u. Portugal u. bei €80-Mio-Private-Placements zur Finanzierung von Wasserkraftwerken; MEAG bei €250-Mio-Finanzierung des Kaufs von Schienenfahrzeugen per Schuldverschreibung für das Teilnetz Main-Weser; BNetzA weiterh. bei KfW-Darlehen an SEFE, vorm. Gazprom Germania; Greensill-Insolvenzverwalter weiterh. bei Restrukturierung u. Abwicklung von Forderungskaufprogrammen; Pfisterer bei Konsortialkredit; Allianz bei €280-Mio-Konsortialkredit; Dt. Sparkassen Verlag bei Finanzierung des Kaufs einer €180-Mio-Büroprojektentwicklung; Immobilienfonds der Credit Suisse bei Immobilienfinanzierung; DSV Immobilien Service bei Finanzierung der neuen Konzernzentrale.

FRESHFIELDS BRUCKHAUS DERINGER

Kredite und Akquisitionsfinanzierung ★★★★★

Bewertung: Das von Mandanten wie Wettbewerbern geachtete Team für Kredite u. Akquisitionsfinanzierung um die Partner Laudenklos, Hüther u. Josenhans verfügt über großes Wissen um aktuelle Krisenthemen, wie aus den Mandaten Gazprom Germania, Uniper u. Leag zum Umbau der Energieversorgung. Diese Stärke der Praxis komplementieren marktführende Teams in div. angrenzenden Rechtsgebieten u. Jurisdiktionen – insgesamt eine Kombination, über die in dieser Form derzeit kein Wettbewerber verfügt. Stark ist die Praxis aber nicht nur bei Krisenbranchen u. -finanzierungen, sondern über die gesamte Palette. Für Infrastrukturfinanzierungen stehen Mandate wie GlasfaserPlus, für klass. großvol. Akquisitionsfinanzierungen RWE mit dem Kauf von Con Edison. Aber auch Fonds- u. Wagnisfinanzierungen gehören zum Beratungsportfolio. Hier erscheint FBD nicht immer als naheliegendste Wahl, aber das Team nimmt die Herausforderung bisher mit Erfolg an, die Großunternehmen von morgen bereits in diesem Stadium als Mandanten zu gewinnen.

Stärken: Seit Jahren marktführende Praxis auf Kreditnehmer- wie -geberseite. Enge Verbindungen zu ▷*M&A*, Restrukturierung, ▷*Bankaufsichts-* u. ▷*Kapitalmarktrecht* sowie ▷*Immobilien- und Baurecht* (Projektentwicklung).

Oft empfohlen: Dr. Frank Laudenklos („herausragendes Wissen, pragmat. Ansatz, auf den Punkt", Mandant; „klasse u. total nett", Wettbewerber), Dr. Mario Hüther, („arbeite gerne mit ihm zusammen", Wettbewerber), Dr. Michael Josenhans („sehr gute Qualität", Mandant)

Team: 5 Partner, 1 Counsel, 12 Associates

Schwerpunkte: Beratung von strateg. Investoren, Private-Equity-Sponsoren, Unternehmen u. Banken zu großvol. Finanzierungen sowie zu ▷*Insolvenz/Restrukturierung*, ▷*Beihilferecht*.

Mandate: GlasfaserPlus bei einer €2,15-Mrd-Infrastrukturfinanzierung durch Banken; Global Infrastructure Partners bei Übernahmefinanzierung der WPD Offshore von der WPD; H.I.G. bei Fremdfinanzierung für Anteilskauf an RUF durch Waterland Private Equity von Nord Holding; Hayfin bei Finanzierung des Kaufs von Hipp; KfW weiterh. jew. bei revolv. €13,8-Mrd-Kreditlinie für Gazprom Germania u. €18-Mrd-Kreditlinie für Uniper; Leag zu €5,5-Mrd-Kredit von KfW; Merck bei syndiz. €2,5-Mrd-Kreditlinie von Bankenkonsortium; RWE bei Finanzierung des $6,8-Mrd-Kaufs von Con Edison Clean Energy Businesses; Siemens Energy bei Finanzierung des öffentl. Kaufangebots für Siemens Gamesa Renewable Energy; Teamviewer bei €600-Mio-Kreditlinie von Konsortium; RWE bei Refinanzierung von Offshore-Windpark-Projekten mit €1-Mrd-Fazilität von Banken; Banken bei €400-Mio-Refinanzierung von Huf Hülsbeck & Fürst; Banken bei revolv. €800-Mio-Kreditfazilität mit ESG-Bezug für Vitesco Technologies; Banken bei syndiz. €1,5-Mrd-Finanzierung für Brenntag; Krauss Maffei bei €400-Mio-Refinanzierung; Peri bei €200-Mio-Schuldscheindarlehen.

GLEISS LUTZ

Kredite und Akquisitionsfinanzierung ★★★★

Bewertung: Kernmandanten der personell stabilen u. erfahrenen Praxis für Kredite u. Akquisitionsfinanzierungen sind dt. Konzerne sowie Private-Equity-Fonds. Seitens dieser Kreditnehmer war ihre Beratung aktuell insbes. zu den Folgen der Energiekrise gefragt, etwa bei der umfassenden Transformation von Steag u. KSBG sowie bei diversen Mandaten um komplexe Sanktionsfragen. Dabei nutzten Mandanten die enge Zusammenarbeit der Praxis mit den ▷*Insolvenz-* u. den ▷*Beihilferechtlern*. Aber auch bei expansiven Finanzierungen sorgten Dauermandanten wie die DBAG für Deals. Das Team beriet div. LBO-Finanzierungen auf Sponsorenseite u. gewann H.I.G. als neue Mandantin. Werden die Deals internat., bezieht GL ihr Netzwerk hochkarätiger Auslandskanzleien ein, darunter Proskauer Rose bei Atlantic City. Regelm. nutzen Mandanten das Know-how der Praxis zu Schuldscheinen als Teil des Finanzierungsportfolios, u.a. Infraserv bei der Platzierung ihres hochvol. Schuldscheindarlehens u. Robert Bosch bei der Begebung von Schuldscheindarlehen u. Namensschuldverschreibungen.

Oft empfohlen: Dr. Eva Reudelhuber („sehr erfahren u. souverän, trifft den Punkt, angenehm im Umgang", Mandant), Dr. Helge Kortz („super", Wettbewerber), Frank Schlobach („kennt den Markt, harter Verhandler", Mandant), Dr. Burkhard Jäkel

Team: 4 Eq.-Partner, 4 Counsel, 6 Associates

Schwerpunkte: Breites Spektrum von LBO-Finanzierungen (meist aufseiten von Private-Equity-Sponsoren) über Großkredite für Unternehmen bis hin zu komplexen ▷*Restrukturierungen*. Stark bei ▷*Immobilienfinanzierungen*, auch Projekt- u. Asset-Finanzierungen.

Mandate: Atlantic Park/GIC bei Investition in Cheplapharm über ein nachrangiges €550-Mio-Wandeldarlehen; Dt. Telekom zu Finanzierung von

Führende Namen bei Krediten und Akquisitionsfinanzierung

Winfried Carli
Goodwin Procter, Frankfurt

Anne Grewlich
Ashurst, Frankfurt

Alexandra Hagelüken
Latham & Watkins, Frankfurt

Dr. Mario Hüther
Freshfields Bruckhaus Deringer, Frankfurt

Dr. Thomas Ingenhoven
Milbank, Frankfurt

Dr. Johannes Kremer
Skadden Arps Slate Meagher & Flom, Frankfurt

Dr. Frank Laudenklos
Freshfields Bruckhaus Deringer, Frankfurt

Barbara Mayer-Trautmann
Milbank, München

Dr. Eva Reudelhuber
Gleiss Lutz, Frankfurt

Dr. Bettina Steinhauer
Clifford Chance, Frankfurt

Dr. Johannes Tieves
Hengeler Mueller, Frankfurt

Marc Trinkaus
Linklaters, Frankfurt

Dr. Nikolaus Vieten
Hengeler Mueller, Frankfurt

Thomas Weitkamp
Latham & Watkins, München

Die Auswahl von Kanzleien und Personen in Rankings und tabellarischen Übersichten ist das Ergebnis umfangreicher Recherchen der JUVE-Redaktion. Sie ist in 2erlei Hinsicht subjektiv: Die Aussagen der befragten Quellen sind subjektiv u. spiegeln deren Erfahrungen u. Einschätzungen. Die JUVE-Redaktion wiederum analysiert die Rechercheergebnisse unter Einbeziehung ihrer eigenen Marktkenntnis. Der JUVE Verlag beabsichtigt keine allgemeingültige oder objektiv nachprüfbare Bewertung. Es ist möglich, dass eine andere Recherchemethode zu anderen Ergebnissen führt. Innerhalb einzelner Gruppen in Rankings und tabellarischen Übersichten sind Kanzleien und Personen alphabetisch sortiert.

Anwaltszahlen: Angaben der Kanzleien, wie viele Anwälte zu mind. ca. 50% in diesem Gebiet tätig sind. Sie spiegeln nicht zwingend die Gesamtgröße einer Kanzlei wider.

Aufsteiger bei Krediten und Akquisitionsfinanzierung

Dr. Daniela Böning, Hengeler Mueller

Dr. Christian Jahn, Latham & Watkins

Dr. Michael Josenhans, Freshfields Bruckhaus Deringer

Andreas Lischka, White & Case

Die hier getroffene Auswahl der Personen ist das Ergebnis der auf zahlreichen Interviews basierenden Recherche der JUVE-Redaktion (siehe S. 12). Sie ist in 2erlei Hinsicht subjektiv: Sämtliche Aussagen der von JUVE-Redakteuren befragten Quellen sind subjektiv u. spiegeln deren eigene Wahrnehmungen, Erfahrungen u. Einschätzungen wider. Die Recherchеergebnisse werden von der JUVE-Redaktion unter Einbeziehung ihrer eigenen Marktkenntnis analysiert u. zusammengefasst. Der JUVE-Verlag beabsichtigt mit dieser Tabelle keine allgemein gültige oder objektiv nachprüfbare Bewertung. Es ist möglich, dass eine andere Recherchemethode zu anderen Ergebnissen führen würde.

Joint Ventures mit DigitalBridge u. Brookfield zu Funktürmen durch syndiz. Infrastrukturfinanzierung; Hornbach bei €500-Mio-Konsortialkredit; Infraserv Höchst bei €50-Mio-Schuldscheindarlehen; Bosch bei gemischter Finanzierung mit unbesicherter Darlehnsfazilität, Konsortialkreditvertrag u. Schuldscheindarlehen; Steag u. KSBG finanzierungsrechtl. bei Restrukturierung; VNG bei revolv. Kreditlinie der KfW; Progress-Werk Oberkirch bei Refinanzierung durch €155-Mio-Konsortialkredit; Banken bei Finanzierung des Baus von Photovoltaik-Projekten in Italien für die Sunprime-Gruppe; Elydan bei Finanzierung des Kaufs von DW Verbundrohr; DBAG zur Finanzierung des LBO von Akquinet.

GÖRG

Kredite und Akquisitionsfinanzierung ★

Bewertung: In den vergangenen Jahren zunehmend u. mittlerweile stetig haben sich bei Görg eigenständige Mandate zu Krediten u. Finanzierungen entwickelt. Ausgangspunkt waren häufig die starke Restrukturierungspraxis u. die etablierte Beratung zum ▷*Bankaufsichtsrecht*. So ist die Beratung von Darlehensgebern wie der Sparkasse KölnBonn, also Finanzierungen auf Bankenseite, heute neben der Akquisitionsfinanzierung ein Beratungsschwerpunkt der Praxis. Mandanten wie GBC u. BBA, ein Private-Equity-Fonds aus München, kamen zunächst aus anderen Praxen, doch nutzte das Team diese Kontakte zum weiteren Ausbau der Kontakte zu Sponsoren im Leveraged Finance. Danach gelingt es vielfach, die Beziehungen auszubauen: Hanseatic beauftragte eine weitere komplexe Transaktion, in der Görg eine Portfoliogesellschaft von Ufenau berät, u. auch Oakley u. QuinScape übertrugen Folgemandate. Krisenberatung ist natürlich weiter ein wichtiger Mandatsbestandteil, etwa bei Rupf, die das Know-how zu coronabedingten Sonderfinanzierungsmöglichkeiten nutzte.

Team: 2 Eq.-Partner, 1 Sal.-Partner, 3 Counsel, 5 Associates

Schwerpunkte: Breites Spektrum von Unternehmens- u. Akquisitionsfinanzierungen bis hin zu ▷*Restrukturierungen*.

Mandate: Hanseatic Power bei Add-on-Finanzierung durch Raiffeisenlandesbank Oberösterreich; Oakley bei Akquisitionsfinanzierung für Investition in Vice Sporting Goods; Sparkasse KölnBonn als Konsortialbank bei Finanzierung der Entwicklung des Quartiers ‚Die Welle' durch Empira; Ufenau bei der Akquisitionsfinanzierung von CVC Credit für den Kauf von Altano; BBA Capitalpartners finanzrechtl.; Bank zu €45-Mio-Kreditfazilität; Blumenbecker bei 1. Konsortialkredit; Collana IT bei Refinanzierung; European AV bei Add-on-Finanzierung eines engl. Unternehmens durch Akquivest; GBC zu Mezzanine-Kapital von Pride Capital; QuinScape bei Add-on-Finanzierungen durch Raiffeisenlandesbank Niederösterreich-Wien; Rupf-Gruppe zu €10-Mio-Nachrangdarlehen des WSF.

HENGELER MUELLER

Kredite und Akquisitionsfinanzierung ★★★★★

Bewertung: Das hoch angesehene Team für Kredite u. Akquisitionsfinanzierung spielt insbes. bei der Unternehmensfinanzierung vorne mit. Im Fall der Adler Group hat es sein Geschick u. seine Erfahrung im Umgang mit komplexen Multi-Stakeholder-Finanzierungskonstellationen eindrucksvoll bewiesen. Das Krisenmandat zeigt, ebenso wie die Beratung von Fortum seit dem Jahr 2022, wie sehr sich Mandanten auf die Finanzierungskompetenz von HM besonders in akuten finanziellen Notsituationen verlassen. Bei solchen zeitkrit. Lösungen außerhalb des Standards punktet das erfahrene u. personalstarke Team, indem es eng mit den starken ▷*Corporate*-Beratern zusammenarbeitet. Das ist aber nur der Schwerpunkt einer Rundum-Beratungskapazität, zu der weitere Mandantenkreise zählen: So wird das Team als Bankenberater für Unternehmensfinanzierungen beauftragt, jüngst etwa bei der Brückenfinanzierung für Bertelsmann u. der Finanzierung von Nordzucker. In den Akquisitionsfinanzierungen findet auch ein mittelgr. u. internat. Segment an Mandanten Beratung, wie bspw. der Private-Equity-Investor Waterland. Themat. hat das Team mit div. nachhaltigen Finanzierungen gerade auch für schwächere Bonitäten seine Kompetenz in Richtung ESG ausgebaut.

Stärken: Hervorrag. Verbindungen zu dt. Konzernen u. Banken. Ausgezeichnete Reputation der Partner, deren Know-how auch ins Aufsichts- u. Kapitalmarktrecht reicht.

Oft empfohlen: Dr. Johannes Tieves („nett, humorvoll u. sehr zuverlässig", Mandant), Dr. Nikolaus Vieten, Dr. Daniel Weiß, Dr. Daniela Böning („durchdringt komplexeste Sachverhalte sehr schnell", Mandant)

Team: 4 Partner, 2 Counsel, plus etwa 10 Associates

Partnerwechsel: Heinrich Knepper (Ruhestand)

Schwerpunkte: Großkredite u. Bank-Bond-Finanzierungen für Kreditnehmer u. -geber. Außerdem Akquisitionsfinanzierung, Restrukturierungen u. Refinanzierungen, überwiegend für Kreditnehmer. Auch ▷*Immobilienfinanzierung*.

Mandate: Fortum bei Finanzierung im Zshg. mit €33-Mrd-Stabilisierungspaket für Uniper; Morellato bei Finanzierung des Kaufs von Christ; Waterland beim Kauf einer Mehrheitsbeteiligung an MT; Porsche SE bei €2,7-Mrd-Schuldscheindarlehen; Banken bei nachhaltiger €350-Mio-Finanzierung für Nordzucker; Zalando bei €1,25-Mrd-Kreditlinie; Jost bei €130-Mio-Schuldscheindarlehen mit ESG-Komponente; Phoenix Contact bei ESG-Finanzierung; Brenntag bei €1,5-Mrd-Kreditfazilität; BDT bei Finanzierung des Kaufs einer Beteiligung an Exyte; Siltronic bei €200-Mio-Finanzierung durch die EIB; Metro bei nachhaltigem €1-Mrd-Konsortialkredit; Viessmann bei nachhaltiger Finanzierung; SIG Combibloc bei €650-Mio-ESG-Schuldschein; Investoren bei Finanzierung eines öffentl. Übernahmeangebots für Dt. Euroshop; Heidelberg Cement bei nachhaltiger €2-Mrd-Refinanzierung; Software AG bei €100-Mio-Finanzierung durch die EIB; Armira zu Finanzierung des Kaufs einer Beteiligung an Erbengemeinschaft Sartorius; BNP Paribas zu Brückenfinanzierung für Bertelsmann.

HEUKING KÜHN LÜER WOJTEK

Kredite und Akquisitionsfinanzierung ★

Bewertung: Bei den speziellen Anforderungen kl. u. mittelgroßer Kredite u. Akquisitionsfinanzierungen spielt das erfahrene Team von HKLW seine Stärke aus. Dabei genießt es Vertrauen seitens der Unternehmen ebenso wie der Banken u. Fonds, denn neben seiner klass. Beratung der mittelständ. Kreditnehmer wird es inzw. immer wieder auf Kreditgeberseite beauftragt, etwa durch die VW-Bank. Mit dieser breiten Vernetzung ist das Team in der Lage, Mandanten ergebnisoffen zu unterschiedl. Lösungsvarianten zu beraten, denn die Finanzierungen landen mal bei Fonds wie Auctus, mal bei Großbanken wie der NordLB. Bei Ersteren zeigt das Bsp. Carlyle, dass auch die praxisgruppenübergreifende Zusammenarbeit gelingen kann. Aufsetzend auf der Beratung zu ▷*Private Equity* berät das Team nun zur Finanzierung der Buy&Build-Strategie der Beteiligungsgesellschaft. Ein fester Bestandteil der Arbeit sind seit Jahren Projektfinanzierungen.

Oft empfohlen: Michael Neises, Thomas Schrell

Team: 6 Eq.-Partner, 6 Associates

Schwerpunkte: Breites Spektrum von Akquisitions-, LBO- u. Unternehmensfinanzierungen, daneben Immobilien- u. Projektfinanzierungen.

Mandate: Auctus Capital u.a. bei Finanzierung des Kaufs von A1-Envirosciences; BBGI Global Infrastructure beim Kauf von 49%-Beteiligung an der ÖPP-Projektgesellschaft Via Solutions Nord von Hochtief; Carlyle bei Kauf von Kapstone finanzierungsrechtl.; Feuer Powertrain bei besicherter Private-Debt-Finanzierung durch H&A Global Investment Management; NordLB bei Finanzierung des Kaufs von Clean-Tek durch E3; Strabag Infrastruktur finanzierungsrechtl. zu Vergabeverfahrens für Autobahn-A1-ÖPP; Volkwagen Bank als Kreditgeber bei syndiz. Konsortialfinanzierung; VR Equitypartner bei Finanzierung des Kaufs einer Beteiligung an Schmidt + Bartl.

HOGAN LOVELLS

Kredite und Akquisitionsfinanzierung ★★

Bewertung: Die personell große Praxis für Kredite u. Akquisitionsfinanzierungen berät ausgewogen Kreditnehmer u. -geber. Ein Beratungsschwerpunkt sind weiterhin Leveraged-Finanzierungen: Erneut beriet das Team etwa den Kreditfonds Akquivest bei Unternehmenskäufen u. neuen Finanzierungsstrukturen. Dabei gewann es auch neue Investoren. Eine gute Marktposition hat sich die Praxis auch bei Infrastrukturfinanzierungen erarbeitet, wie die Mrd-Finanzierung eines internat. Bankenkonsortiums für Maincubes untermauert. Nützlich ist hier wie bei den Unternehmensfinanzierungen die verbesserte Zusammenarbeit mit den ▷*Gesellschafts-* u. ▷*Kapitalmarktrechtsteams* wie etwa beim Glasfaser- u. Telekommunikationsnetzbetreiber Strategic Fiber Networks. Die Teamgröße der Kanzlei hilft auch beim Schnittstellenthema ESG. So berieten die Finanzierer u.a. Hapag-Lloyd bei ihren ersten beiden

Anwaltszahlen: Angaben der Kanzleien, wie viele Anwälte zu mind. ca. 50% in diesem Gebiet tätig sind. Sie spiegeln nicht zwingend die Gesamtgröße einer Kanzlei wider.

grünen Schiffsflottenfinanzierungen nach den Green Loan Principles der Londoner LMA.
Stärken: Internat. gute Verbindungen, insbes. nach London u. Paris.
Oft empfohlen: Dr. Katlen Blöcker („jurist. hervorragend, sehr klare Aussagen, pragmat. u. sehr angenehm im Umgang", Mandant), Dr. Carla Luh („total nett", Wettbewerber)
Team: 4 Partner, 11 Associates
Schwerpunkte: Leveraged-Transaktionen u. (Re-) Finanzierungen, Immobilien- u. Asset-Finanzierungen sowohl für Kreditnehmer wie für Banken u. alternative Kreditgeber.
Mandate: AkquiVest u.a. bei Finanzierung des Kaufs von Audio Logic durch European u. einer Kommanditbeteiligung an Steiger Elektromontagen durch Builtech Ostwestfalen; Banken bei Finanzierung des Kaufs von Elbfrost durch Bencis; ALD Vacuum Technologies zu Avalkrediten von Banken; Banken bei €325-Mio-Finanzierung für TNG Glasfaser mit u.a. revolv. Kreditfazilität u. Darlehen; Banken bei €1-Mrd-Kredit für Maincubes; Strategic Fiber Networks bei €95-Mio-Kreditfazilitäten von Banken; Wirelane bei Finanzierung von Ladestationen; Baltic Power lfd. zu Finanzierung; Hapag-Lloyd lfd. bei Finanzierung mit ESG-Komponente; pbb bei €85-Mio-Finanzierung von Logistikimmobilien; UniInstitutional Private Debt u.a. bei Mezzanine-Finanzierung für Gerch zur Refinanzierung eines Bürogebäudes.

LATHAM & WATKINS

Kredite und Akquisitionsfinanzierung ★★★★

Bewertung: In den Vorjahren mit der Finanzierung großer Transaktionen glänzend, blieb L&W 2022 deutl. unauffälliger. Das liegt an der v.a. im Vergleich mit Freshfields Bruckhaus Deringer spezialisierteren Aufstellung der Praxis. Den Abgang 2er Counsel 2023 konnte das Team für Kredite u. Akquisitionsfinanzierung daher gut verkraften, zählt dank angesehener Partner weiterhin zu den Marktführern u. berät eine Vielzahl von Transaktionen. Eine besondere Stärke sind komplexe Finanzierungen für weniger etablierte Kreditnehmer. Das Team konnte Mandanten in der aktuellen Marktlage daher auch durch seine guten Kontakte zu Private-Debt-Finanzierern u. die Verzahnung mit den marktführenden ▷*Restrukturierern* überzeugen. Ein Bsp. aus dem Private Debt ist die 1. Finanzierungsberatung des dt. Teams für ELF. Die Kompetenz in schwierigen Branchensituationen belegt das Mandat von Huf Hülsbeck & Fürst, bei deren grenzüberschr. Refinanzierung die Praxis ggü. Kreditgebern u. 60 Schuldscheininhabern in einem volatilen Marktumfeld eng mit den Hamburger Insolvenzrechtlern zusammenarbeitete. Weiter wichtig waren zudem die Beratung zu Fusionen u. Übernahmen in der Infrastrukturbranche, bspw. für Swiss Life u. Vauban oder für die Kreditgeber von Infrafibre.
Stärken: Integrierte Kapitalmarkt- u. High-Yield-Erfahrung (▷*Anleihen u. Strukt. Fin.*); Akqu.-Fin., v.a. für Private Equity, u. im Mid-Cap-Bereich für Banken; Sponsorenarbeit auch bei gr. Transaktionen; Restrukturierungen.
Oft empfohlen: Alexandra Hagelüken („rege, mit hoher Marktwahrnehmung", Wettbewerber), Christian Jahn („einer der wichtigen Köpfe in München", Wettbewerber), Sibylle Münch, Thomas Weitkamp („zuverlässig, klar u. pragmat. auf höchstem Niveau", Mandant)
Team: 4 Partner, 1 Counsel, 12 Associates
Schwerpunkte: Akquisitionsfinanzierung für Banken u. Kreditnehmer; Corporate-Kredite. Standortübergr. integrierte Praxis. Leveraged-Finanzierungen.
Mandate: Apera bei Finanzierung des Kaufs von Factor Eleven durch Amira; DPE Dt. Private Equity bei Laufzeitdarlehen u. revolv. Kreditfazilität für €708-Mio-Transaktion für ihr Portfoliounternehmen Valantic u. bei Finanzierung des Kaufs von Sill Optics; 3i Dtl. bei Finanzierung des Kaufs von Xsuite; Adesso bei einem €130-Mio-Konsortialkredit mit ESG-Komponente; Glenwood bei Finanzierung des Kaufs eines Pharmaportfolios von Astra Zeneca u. neuer Finanzierung; Huf Hülsbeck & Fürst bei €350-Mio-Finanzierung aus Konsortial- u. Schuldscheindarlehen; GIP u. KKR finanzierungsrechtl. zu Partnerschaft mit Vodafone zu Investition in Vantage Towers; BlackRock bei Finanzierung des Kaufs von Angiowell durch EOS Partners; Commerzbank bei revolv. Fazilität für Heckler & Koch u. Konsortialkredit für Stabilus; Unicredit bei €750-Mio-Kreditlinie für Sixt; Kreditgeber bei Infrastrukturkrediten für Infrafibre Germany; ELF European Lending Fund bei Finanzierung des Kaufs von Oppermann & Fuß; Swiss Life Asset Management u. Vauban Infrastructure bei Plattformfinanzierung von Wascosa u. Aves One; Banken bei €650-Mio-Refinanzierung für Kaefer; Porsche AG bei €2,5-Mrd-Konsortialkredit.

LINKLATERS

Kredite und Akquisitionsfinanzierung ★★★★

JUVE AWARDS 2023
Kanzlei des Jahres für Bank- und Finanzrecht

Bewertung: Eine breite Mandantenbasis setzt auf das eng mit den marktführenden ▷*Gesellschaftsrechtlern* verbundene Team für Kredite u. Akquisitionsfinanzierungen. Dazu zählen langj. Beziehungen zu Konsortialbanken wie Barclays, Dt. Bank u. Goldman Sachs sowie in 2. Linie Konzerne wie die Dt. Börse. Bei den Kreditnehmern gewann die Praxis neue Mandanten unter klass. Unternehmen wie Ströer u. der New Economy wie SellerX. Aushängeschild sind aber die großen grenzüberschr. Akquisitions- u. Übernahmefinanzierungen wie für RWE beim Kauf von Con Edison Clean Energy. Hier erweist sich die enge Zusammenarbeit mit dem starken Londoner Büro immer wieder als ein Vorteil, den rein dt. Wettbewerber nicht bieten können. Daneben deckt die Praxis ein breites Spektrum ab. Dazu zählen die klass. Kreditfazilitäten, wie bei HeidelbergCement mittlerw. häufig Sustainability-linked, Schuldscheindarlehen wie für Asklepios u. Infrastrukturfinanzierung wie bei OXG Glasfaser. In diesem breiten Portfolio hat die Praxis viel Erfahrung mit ESG-bezogenen Kredittransaktionen unterschiedlichster Ausgestaltung gewonnen.
Stärken: Sehr gute Kontakte zu vielen führenden Banken u. großen Unternehmen.
Oft empfohlen: Marc Trinkaus
Team: 3 Partner, 2 Counsel, rund 10 Associates
Schwerpunkte: Beratung von Kreditgebern u. -nehmern, auch Debt-Fonds, Unternehmen u. PE-Häuser; hochvolumige Schuldscheindarlehen. Daneben ▷*Insolvenz/Restrukturierung*. Arbeit am Übergang zu Projekt- u. ▷*Immobilienfinanzierung*.
Mandate: Bankenkonsortium bei Brückenfinanzierung für RWE für $6,8-Mrd-Kauf von Con Edison Clean Energy Businesses; Banken bei revolv. Konsortialkredit für Wiener Stadtwerke; Dt. Börse bei Kreditlinie für gepl. €3,9-Mrd-Kauf von SimCorp; Banken bei revolv. €8-Mrd-Konsortialkredit für BMW; Banken bei Kreditfazilität für Südwest Konsortium für Kauf eines Anteils an TransnetBW; OXG Glasfaser bei Finanzierung des Ausbaus der Glasfaserinfrastruktur; SellerX/MXP Prime Plattform zur Finanzierung des Kaufs von Elevate Brands; Banken bei Kreditfazilität für Busch-Gruppe für Investition in Pfeiffer Vacuum; Banken bei syndiz. Kreditlinie für Hochtief; Banken bei syndiz. €2-Mrd-Kreditlinie für HeidelbergCement mit Nachhaltigkeitsbezug; Ströer bei syndiz. €650-Mio-Kreditlinie; Mann + Hummel bei revolv. €800-Mio-Konsortialkreditlinie; Asklepios Kliniken bei Refinanzierung von Schuldscheindarlehen; Ströer bei syndiz. €650-Mio-Kreditlinie.

MAYER BROWN

Kredite und Akquisitionsfinanzierung ★★

Bewertung: Die trotz kontinuierl. Wachstums noch immer personell vergleichsw. überschaubare Praxis für Kredite u. Akquisitionsfinanzierungen verfügt über einen steten Fluss häufig grenzüberschreitender u. komplexer Mandate. Die meisten davon, vielfach für internat. Großbanken, finden im Verborgenen statt u. bieten daher wenige Belege für das hochkarätige Know-how der Praxis. Einer der öffentl. bekannten großen Kreditgeber ist die Kanzleimandantin JPMorgan. Für Mandanten wie die frz. Bank BECM, die Beteiligungsgesellsch. Avedon u. den Investmentmanager Rothschild ist die Praxis regelm. tätig. Neben diesen sehr internat. Transaktionen, bei denen das Team reibungslos mit den Auslandsbüros zusammenarbeitet, bilden langfristige Beratungen heimischer Stammmandanten einen 2. Schwerpunkt. Gemeinsam ist allen diesen Beratungen, dass sie weniger für Standard- als vielmehr für Spezialprodukte wie Asset-based Lending u. spezielle Formen des Forderungsverkaufs gefragt sind, in denen das Team über viel Erfahrung verfügt.
Stärken: Internat. Großbanken u. Private-Equity-Investoren bei (Akqu.-)Finanzierungen.
Team: 1 Eq.-Partner, 2 Sal.-Partner, 1 Counsel, 5 Associates
Schwerpunkte: Akqu.-Fin. u. Kredite für dt. u. internat. Banken, Unternehmen, Private-Equity- u. Debt-Fonds, insbes. mit grenzüberschr. Elementen. Auch Immobilien- u. Asset-Finanzierungen, NPL-Transaktionen, Verbriefungen.
Mandate: Avedon Capital bei Finanzierung der Übernahme von FormMed durch eine Unitranche von Kartesia; Banque Européenne du Crédit Mutuel (BECM) zu vorrangigen Finanzierungen für den Kauf von Bürogebäuden über insges. €1,1 Mrd u. syndiz. €230-Mio-Refinanzierung eines Wohnimmobilienportfolios; JPMorgan regelm. finanzierungsrechtl.; DBAG bei Kauf von Akquinet; Edmond de Rothschild Real Estate bei Refinanzierung des Kaufs einer Logistikimmobilie in London.

MILBANK

Kredite und Akquisitionsfinanzierung ★★★★

NOMINIERT
JUVE Awards 2023
Kanzlei des Jahres für Bank- und Finanzrecht

Bewertung: Die Praxis ist auf eine breite Palette an Akquisitionsfinanzierungen ausgerichtet, die häufig mehrschichtig oder in einem komplizierten Umfeld spielen u. inzw. immer wieder über einer €Mrd liegen. Ein Bsp. ist die Beratung des Infrastrukturinvestors EIG als Finanzierungsgeber

Anwaltszahlen: Angaben der Kanzleien, wie viele Anwälte zu mind. ca. 50% in diesem Gebiet tätig sind. Sie spiegeln nicht zwingend die Gesamtgröße einer Kanzlei wider.

bei der Strukturierung u. Dokumentation einer großen Holdco-Finanzierung für Ilos. Sie begann bei der rechtl. Due Diligence der Gruppe u. ihrer Pipeline bei Solar- u. Batterieprojekten u. umfasste die Ausgabe von dt.-rechtl. Namensschuldverschreibungen durch Ilos, die EIG u. andere Investoren zeichneten, inkl. einer Option zur Aufstockung. Dabei ist das Team auch in schwierigen Marktsituationen in der Lage, flexible Lösungen unter Zeitdruck zu entwickeln, etwa auf Kreditgeberseite für Delivery Hero oder als Kaefer eine fällige Anleihe jenseits des Kapitalmarktes refinanzierte. Diese Stärke der Praxis bei Deals mit intensiven Verhandlungen schätzen auf Kreditgeber- u. Fondsseite Private-Equity-Investoren wie Bregal. Ihr guter Ruf in krisennahen Finanzierungen manifestierte sich jüngst darin, dass ihr bisheriger Finanzierungspartner Dr. Mathias Eisen jetzt eine mit dem Team weiterhin eng verbundene separate Frankfurter Restrukturierungspraxis leitet.

Stärken: Starkes Corporate-Team, das Kreditnehmer wie -geber berät.

Oft empfohlen: Dr. Thomas Ingenhoven („höchste Kompetenz, auch für Wirtschaftliches, pragmat., kundenorientiert", Mandant), Barbara Mayer-Trautmann („viel Ausdauer u. Energie", Wettbewerber)

Team: 2 Partner, 1 Counsel, 9 Associates

Schwerpunkte: Akquisitions- u. Konzernrefinanzierungen.

Mandate: Ardian bei €185-Mio-Refinanzierung von d&b Audiotechnik; Axel Springer bei €2,3-Mrd-Refinanzierung mit Laufzeitdarlehen u. revolv. Kreditlinie; Kreditgeber bei insges. €1,5-Mrd-Fazilitäten für Delivery Hero; Eircom/InfraVia bei €1-Mrd-Transaktionsfinanzierung für Kauf von Glasfaseranlagen; Funke Mediengruppe bei über €1-Mrd-Refinanzierung durch u.a. Konsortialkredit u. Kreditlinie; Webasto bei über €1-Mrd-Refinanzierung durch Konsortialkredit; Bregal bei Finanzierungen der Käufe von Medavis u. Theobald Software; Kreditgeber bei ESG-gebundener €250-Mio-Konsortialfinanzierung von Trimet Aluminium; Europ. Locomotive Leasing bei €150-Mio-Finanzierung des Kaufs von Lokomotiven von Siemens Mobility; Hensoldt bei €990-Mio-Refinanzierung eines Konsortialkredits; IK Partners bei Finanzierungen des Kaufs einer Mehrheitsbeteiligung an Müpro von Stein HGS u. von Conet; Körber bei €600-Mio-Refinanzierung; Kaefer bei Refinanzierung durch Überbrückungskredite u. Super-Senior-Fazilitäten.

NOERR

Kredite und Akquisitionsfinanzierung ★★★

Bewertung: Die Praxis für Kredite u. Akquisitionsfinanzierung wächst personell seit Jahren u. zählt inzw. zu den großen Teams am dt. Markt. Zu Beginn des Jahres 2023 ernannte Noerr einen weiteren Partner. Diese Beratervielfalt spiegelt sich in einer breiten Palette von Finanzierungen. Ein Schwerpunkt liegt in der Arbeit für Banken, bei denen Noerr seit der Corona-Pandemie als Krisenberater nun auch bei den Problemen mit der Energiewende, den Pflegesätzen oder den Immobilienzinsen an Bord ist. Die Beratung eines Bankenkonsortiums beim Umbau der Steag u. eines Schuldverschreibungsinhabers bei der Umstrukturierung des frz. Pflegeheimbetreibers Orpea sind prominente Beispiele. Für die gewachsene Präsenz der Praxis auch bei Großunternehmen stehen allein im Immobilienmarkt die namh. Konzerne LEG, Peach Property u. TAG. Noerr auf Branchenkrisen zu reduzieren, wäre zwar zu kurz gesprungen, aber dieser Schwerpunkt zeigt, dass die praxisgruppenübergreifende Beratung eine ihrer Stärken bildet.

Stärken: Beratung von Kreditgebern, v.a. Banken, ▷*Insolvenz/Restrukturierung*.

Oft empfohlen: Andreas Naujoks („schätzen wir sehr", Wettbewerber), Dr. Torsten Wehrhahn, Dr. Nikolai Warneke, Sebastian Bock

Team: 6 Eq.-Partner, 2 Sal.-Partner, 1 Counsel, 8 Associates

Schwerpunkte: Beratung von Banken (internat. u. dt. Institute), alternativen Finanzierern u. Kreditnehmern; Restrukturierungen u. ▷*Immobilienfinanzierungen*.

Mandate: Aequita bei Finanzierung zum Kauf der IFA-Gruppe; Banken bei €500- Mio-Konsortialkredit an Hornbach; Banken bei €250-Mio-Refinanzierung von Deutz mit ESG-Bezug; Schuldscheininhaber über rd. €1 Mrd bei Umstrukturierung von Orpea; LEG Immobilien bei €600-Mio-Konsortialfinanzierung; Peach Property bei €100-Mio-Konsortialfinanzierung; SAF-Holland bei €500-Mio-Konsortialfinanzierung; Avalkreditgeber bei Umfinanzierung von Steag; TAG Immobilien bei Brückenfinanzierung; Banken bei €400-Mio-Umfinanzierung von Varta; Willy Bogner bei Konsortialkredit; Atmira bei Senior- u. Mezzanine-Finanzierung des Logistikzentrums BGF in Erfurt; Banken bei Konsortialkredit für Dermapharm; Banken zu €385- u. $70-Mio-Konsortialfinanzierung für Grammer; Emeram bei Finanzierung mehrerer Add-ons zu Officium; ERGO bei Refinanzierung des Maas Towers in Rotterdam; IDT Biologika bei €140-Mio-Konsortialkredit mit ESG-Bezug; Banken bei €300-Mio-Finanzierung von Bauabschnitten des Quartiers Heidestraße in Berlin; Maeander Capital bei Finanzierung des Kaufs von Soli Infratechnik.

NORTON ROSE FULBRIGHT

Kredite und Akquisitionsfinanzierung ★★

Bewertung: Kaum eine Praxis für Kredite u. Akquisitionsfinanzierung zählt so viele Anwälte zu ihrem Team. Entsprechend breit berät sie eine heterogene Vielzahl von Mandaten als Generalistin zu unterschiedl. Finanzierungsformen von Akquisitions- u. Unternehmensfinanzierungen bis zu Asset-, Projekt- u. Infrastrukturfinanzierungen. Ausgehend von einem Mandantenschwerpunkt auf der Bankenseite steht das personalstarke Team zunehmend an der Seite dt. Kreditnehmer. Zu langjährigen Mandanten wie Nordzucker gesellen sich auch neue wie Noventi, Komsa u. Mann+Hummel. Hier spiegeln sich weitere Schwerpunkte der Kanzlei wie Energie, Infrastruktur u. Transport überproportional wider. Was mit diesem großen Team auch an grenz- u. praxisgruppenübergreifender Beratung möglich ist, zeigen Mandate wie die Beratung der KfW IPEX. Beim Verkauf eines Luxuskreuzfahrtschiffs an Royal Caribbean nach der Insolvenz von Genting beriet NRF bei der Finanzierung des Schiffskaufs durch ein unbesichertes Darlehen u. einer Exportkreditgarantie.

Stärken: Viel Erfahrung mit Großbanken; breites Know-how bei Projektfinanzierungen am Hamburger Standort; Schiffs-, Flugzeug- u. Exportfinanzierung.

Oft empfohlen: Dirk Trautmann, Dr. Oliver Sutter

Team: 8 Partner, 1 Counsel, 19 Associates, 1 of Counsel

Schwerpunkte: Grenzüberschreitende Transaktionsfinanzierungen für Großbanken u. andere Kreditgeber. Umfangr. Erfahrung in der Projektfinanzierung, starke Asset- u. Exportfinanzierungspraxis, auch Immobilienfinanzierung.

Mandate: Dt. Bank, UniCredit Bank u. LBBW jew. bei über 15 Akquisitions- u. Unternehmensfinanzierungen über insges. €12 Mrd; dt. Solarunternehmen bei der Finanzierung von Photovoltaik-Parks in Osteuropa; europ. Fluggesellschaft bei gedeckter Finanzierung eines A330 neo durch eine dt. Landesbank; EIB bei div. Unternehmens- u. Risikokreditfinanzierungen über insges. €1 Mrd; Autobahnbetreiberin weiterh. bei ÖPP-Projekt A6; German Operating Aircraft Leasing bei Kauffinanzierungen u. Leasings div. Flugzeuge; KfW IPEX bei Verkauf in Verbindung mit Insolvenzverfahren des Luxuskreuzfahrtschiffs „Crystal Endeavor" an Royal Caribbean; Komsa zu Finanzierung der Fusion mit Westcoast; NordLB u. Santander bei €90-Mio-Finanzierung eines Solarkraftwerks in Spanien; Nordzucker bei €350-Mio-Konsortialkredit; Noventi Health bei Refinanzierung von €1,4-Mrd-Konsortialkredit; austral. Bank bei einer von Allianz Trade garantierten $300-Mio-Exportfinanzierung für Start-up; Mann+Hummel zu Finanzierung des Verkaufs des Geschäftsbereichs Hochleistungskunststoffe.

SKADDEN ARPS SLATE MEAGHER & FLOM

Kredite und Akquisitionsfinanzierung ★

Bewertung: Die kleine Praxis für Kredite u. Akquisitionsfinanzierung spielt eine zuverlässige Rolle bei deren großen ww. Transaktionen des internat. Büronetzes der Kanzlei. Ein gerade in M&A-armen Phasen wichtiges Standbein bilden aber auch eigene Mandate mit Bezug zu dt., schweiz. u. österr. Schuldnern wie Agravis Raiffeisen oder dem Investor Energy Infrastructure Partners (EIP). Bei den beiden Deals der EIP war die internat. Zusammenarbeit v.a. mit dem New Yorker Büro ein wichtiger Trumpf. Andere Mandanten schätzen die Anbindung an das starke hiesige ▷*M&A*-Team. Weil diese Finanzierungen häufig kompliziert sind, wird das bewährte Team oft jahrelang bei Folgefinanzierungen u. Add-ons konsultiert. Novelis mit ihren Kreditgebern u. Hillenbrandt etwa zählen zu solchen Dauermandanten. Eine Verbreiterung der Partnerebene neben dem etablierten Kremer wäre ein Bekenntnis zur Kontinuität dieser Arbeit.

Oft empfohlen: Dr. Johannes Kremer

Team: 1 Partner, 1 Counsel, 4 Associates

Schwerpunkte: Überwiegend Beratung von Kreditnehmern, v.a. bei großen Übernahmen, auch in Private-Equity- u. Venture-Capital-Transaktionen.

Mandate: Agravis Raiffeisen bei ESG-Schuldscheindarlehen u. lfd. zu syndiz. €650-Mio-Kreditvertrag u. €100-Mio-Verbriefung von Handelsforderungen; Black Diamond bei Finanzierung des $425-Mio-Kaufs eines Geschäftsbereichs von Hexion; EIP bei Finanzierung des Anteilskaufs an 350-MW-Offshore-Windpark ‚Wikinger' von Iberdrola u. an Fluxys von Caisse de dépôt et placement du Québec; Gulf Energy Development bei Finanzierung des Anteilsverkaufs an €3-Mrd-Offshore-Windpark Borkum Riffgrund 2 an Keppel; Hillenbrandt lfd. zu Avalfazilität; Odin Automotive lfd. zu Darlehensvertrag; Standard Chartered Bank lfd. zu $775-Mio-Kreditfazilität u. $1,5-Mrd-Überbrückungsfazilität für Novelis; Wells Fargo Bank bei revolv. Asset-based $1,5-Mrd-Fazilität von Novelis zur Finanzierung des Kaufs von Aleris.

Anwaltszahlen: Angaben der Kanzleien, wie viele Anwälte zu mind. ca. 50% in diesem Gebiet tätig sind. Sie spiegeln nicht zwingend die Gesamtgröße einer Kanzlei wider.

TAYLOR WESSING

Kredite und Akquisitionsfinanzierung ★★★

Bewertung: Das große u. stabile Team für Kredite u. Akquisitionsfinanzierung ist im mittleren Marktsegment eine etablierte Größe. Die Partner legen unterschiedl. Schwerpunkte u. decken so in guter Zusammenarbeit eine breite Produktpalette ab. Die Beratung der Commerzbank bei der Konsortialfinanzierung für die internat. aktive KAP, bei der die Praxis diverse TW-Auslandsbüros einband, verdeutlicht die globale Präsenz der Kanzlei in Verbindung mit ihrem Mittelstandscharakter. Bedeutende Mandate stammen aus der Finanzierung mittelgroßer M&A-Transaktionen, bei denen die Investoren auf die Praxis u. deren gute Zusammenarbeit mit dem ▷*Private-Equity*-Team setzen. Neben den etablierten Schwerpunktbranchen Technologie u. Gesundheit war auch die Energiewirtschaft häufig unter den Mandanten. Bei der Beratung von Berenberg zur Finanzierung eines ungar. Solarparks bspw. brachte die Praxis ihre Erfahrung bei Projektfinanzierungen ein. Eine bisher weniger am Markt wahrgenommene, aber zuletzt wachsende Mandatsgruppe bilden die Sanierungsfinanzierungen. Hier setzte sich die Praxis vermehrt bei Pitches durch, in denen sie mit den starken ▷*Insolvenzrechtlern* reibungslos zusammenarbeitet.

Stärken: Langj. Erfahrung mit dt. Banken u. Private-Equity-Häusern.

Oft empfohlen: Sabine Schomaker, Clemens Niedner („einfach gutes Niveau", Mandant), Ulf Gosejacob („Bestandteil der wachsenden Qualität von TW", Mandant; „sehr gut", Wettbewerber)

Team: 7 Eq.-Partner, 4 Sal.-Partner, 8 Associates

Schwerpunkte: Akqu.- u. Unternehmensfinanzierungen für Banken, Investoren u. Firmen, tlw. zusammen mit ▷*M&A* u. ▷*Gesundheit*. Auch ▷*Insolvenzen u. Restrukturierungen*, ▷*Immobilien*- u. Projektfinanzierungen.

Mandate: Borromin Capital im Zshg. mit einem Management-Buy-out bei Finanzierung einer Beteiligung an Aerotec Europe; Global Savings Group bei Finanzierung des Zusammenschlusses mit Pepper.com; HCOB jew. bei €31-Mio-Finanzierung für Peakside Capital zu Kauf u. Revitalisierung eines Hotelkomplexes u. €160-Mio-Finanzierung für Internat. Campus; Alpina im Zshg. mit einem Management-Buy-out bei Finanzierung einer Mehrheitsbeteiligung an The Project Group Informationstechnologie; Berenberg Green Energy Junior Debt Fund zu Finanzierung eines ungar. Solarparks; Commerzbank bei Konsortialfinanzierung für KAP; Helaba bei Finanzierung von 14 Batteriehybridfahrzeugen für SPNV Teilnetz Warnow II; Tishman Speyer bei €250-Mio-Refinanzierung des Quartier 205 in Berlin durch die Helaba; Viola Credit bei €15-Mio-Venture-Debt-Finanzierung von Habyt.

WHITE & CASE

Kredite und Akquisitionsfinanzierung ★★★★

NOMINIERT
JUVE Awards 2023
Kanzlei des Jahres für Bank- und Finanzrecht

Bewertung: Das Team für Kredite u. Akquisitionsfinanzierungen zählt inzw. zu den größten am dt. Markt. Es verknüpft hervorragend die Einzelfähigkeiten mehrerer starker Partner, die nach dt., engl. u. US-Recht qualifiziert sind, u. hat sich für seine zahlr. u. großen Mandate noch einmal auf Associate-Ebene verbreitert. Denn neben div. Stammmandanten fragten neue große Corporates wie E.on für sein Joint Venture Westconnect sowie Lufthansa u. Delivery Hero für Mrd-Refinanzierungen seine Beratung nach. Bei strukturierten Finanzierungen insbes. für Energie u. Infrastruktur u. bei ECA-gedeckten Finanzierungen internat. Projekte zählt das Team zu den etablierten Marktführern. Die Mrd-Finanzierung für den Bau der iberischen Pipeline von Aquila Clean Energy fand internat. Beachtung am Markt. Auf Kreditgeberseite liegt der Schwerpunkt in der Beratung von Banken, Finanzinvestoren u. Sponsoren zu solchen strukturierten Projektfinanzierungen u. zu Refinanzierungen. Konnte sich die Praxis in den Vorjahren bei grenzüberschr. Transaktionsfinanzierungen hervortun, so spielte sie zuletzt ihre Stärke bei ergebnisoffenen krisennahen Refinanzierungen wie der Stabilisierungsfinanzierung für die Adler-Gruppe aus. Dies gelang, ohne den Marktanteil bei Transaktionen preiszugeben, was Mandate bei der öffentl. Übernahme von EuroShop u. die Wachstumsfinanzierungen für Wefox u. Enpal belegen.

Stärken: Integrierte ▷*Anleihen*- u. High-Yield-Kompetenz in dt., engl. u. New Yorker Recht, zudem enge Vernetzung mit London u. den USA; hervorrag. Insolvenzpraxis (▷*Insolvenz/Restrukturierung*).

Oft empfohlen: Florian Degenhardt („eine Bank bei Infrastrukturfinanzierungen", Wettbewerber), Dr. Thomas Flatten, Vanessa Schürmann („sehr rege", Wettbewerber), Andreas Lischka („ausgezeichnet u. auch von der Gegenseite super respektiert", Mandant, „super u. total nett", Wettbewerber)

Team: 6 Partner, 7 Counsel, 10 Associates

Partnerwechsel: Florian Ziegler (zu Shearman & Sterling, inzw. Morgan Lewis & Bockius)

Schwerpunkte: Akqu.-Fin. u. Unternehmenskredite, v.a. auf Bankenseite, Restrukturierungen, ▷*Immobilien*- u. zunehmend Projektfinanzierung (insbes. ▷*Energie*). Finanzierungsteams in Frankfurt u. Hamburg.

Mandate: Adler Group bei besicherter €938-Mio-Fremdfinanzierung; Banken bei revolv. €650-Mio-Kreditlinie für Ströer; Banken bei €7-Mrd-Finanzierung für Global Infrastructure Partners u. Abu Dhabi Investment Authority zum Kauf einer Mehrheitsbeteiligung an VTG; Battery Ventures bei €100-Mio-Akquisitionsfinanzierung u.a. zum Einstieg bei Vimcar u. Avrios; Banken bei gemischter Finanzierung für Glasfaser Nordwest; Delivery Hero bei gemischter Finanzierung über insges. rd. €1,5 Mrd; Enpal bei €215-Mio-Eigenkapitalfinanzierung durch Investoren; EIB u. Banken bei €1-Mrd-Finanzierung für Energieprojekte von Aquila Clean Energy; Banken bei Finanzierung des freiwilligen öffentl. Übernahmeangebots von Hercules BidCo für Dt. EuroShop; Dt. Lufthansa bei revolv. €2-Mrd-Kreditlinie; Banken weiterh. bei versch. Finanzierungen für den €18-Mrd-Kauf von Mehrheitsanteil an Dt. Funktürme durch DigitalBridge; NordLB bei Finanzierung des Solarprojekts Alhendín u. bei Überbrückungsfinanzierungen für BayWa; Stabilus bei €450-Mio-Kreditfazilitäten; Wefox bei $400-Mio-Eigenkapitalfinanzierung; E.on u. Igneo Infrastructure bei Finanzierung des Projekts Westconnect.

WILLKIE FARR & GALLAGHER

Kredite und Akquisitionsfinanzierung ★

Bewertung: WFGs kleines Team für Kredite u. Akquisitionsfinanzierung berät schwerpunktmäßig Private-Equity-Sponsoren u. Debt-Fonds. Dass Mandanten wie 3i bereits bei der Übernahme einer Mehrheitsbeteiligung an Christ im Jahr 2014 u. beim aktuellen Verkauf wieder auf die Praxis setzen, belegt 2 konstante Stärken: Eine liegt in der engen Zusammenarbeit mit der starken ▷*M&A*-Praxis der Kanzlei, mit der sie übergreifend Transaktionen berät. Die andere liegt in der guten grenzüberschr. Kooperation sowohl mit den eigenen Büros in New York u. London als auch mit einem Netzwerk erstklassiger internat. Kanzleien wie Nauta Dutilh etwa in den Mandaten für Bain u. Barings. Die Beratung beschränkt sich nicht auf die starke Position bei Direct Lending, sondern reicht auch wie bei Investec in den Bankensektor hinein.

Team: 2 Partner, 1 Counsel, 3 Associates

Schwerpunkte: Beratung von Sponsoren bei LBOs, auch Projektfinanzierung.

Mandate: Bain bei Finanzierung des Kaufs von Onventis Keensight; CVC bei Finanzierung des Kaufs einer Mehrheitsbeteiligung an The Quality Group; 3i jew. finanzrechtl. bei Verkauf von Christ an Morellato u. bei €179-Mio-Refinanzierung von Formel D; Barings weiterh. bei Kreditfazilitäten für Analytichem; Investec Bank bei Finanzierung des Kaufs von Medavis durch Bregal; MMC Medienholding bei Kreditvertrag; SGT finanzrechtl. bei Kauf von Utimaco von EQT; Stingray Healthcare bei Akquisitions- u. Add-on-Finanzierung.

Anwaltszahlen: Angaben der Kanzleien, wie viele Anwälte zu mind. ca. 50% in diesem Gebiet tätig sind.
Sie spiegeln nicht zwingend die Gesamtgröße einer Kanzlei wider.

Das Lieferkettensorgfaltspflichtengesetz – Offene Fragen für Unternehmen und Juristen

Von Dr. Malte Passarge, HUTH DIETRICH HAHN, Hamburg

Dr. Malte Passarge

Dr. Malte Passarge ist Fachanwalt für Handels- und Gesellschaftsrecht und Partner bei Huth Dietrich Hahn. Er berät größere mittelständische und inhabergeführte Unternehmen in allen Fragen rund um Compliance und im Gesellschaftsrecht.

Huth Dietrich Hahn ist eine international tätige Wirtschaftskanzlei mit den Schwerpunkten Corporate, M&A, Compliance, Regulatorik und Immobilien. Ein besonderer Schwerpunkt liegt in der High End-Beratung von inhabergeführten Unternehmen, Beteiligungsgesellschaften, Family Offices, Stiftungen und vermögenden Privatpersonen.

Kontakt
HUTH DIETRICH HAHN
Rechtsanwälte
Partnerschaftsgesellschaft mbB
Neuer Jungfernstieg 17
20354 Hamburg
T +49 40 41525-0
F +49 40 41525111
Dr. Malte Passarge
passarge@hdh.net

Weitere Informationen zur Kanzlei in der Anzeige auf Seite 166

Seit dem 1.1.23 gilt das LkSG für Unternehmen mit mehr als 3.000 Mitarbeitern, ab dem 1.1.24 für Unternehmen ab 1.000 Mitarbeiter. Mit der Corporate Sustainability Due Diligence Directive (CSDDD) steht die nächste Verschärfung an, nach der die Regularien für Unternehmen ab 500 Mitarbeitern inhaltlich verschärft werden und vor allem eine unmittelbare zivilrechtliche Haftung begründet werden soll. Angesichts der komplexen Regelungen, zahlreichen Pflichten und schwerwiegenden Rechtsfolgen bei Verstößen müssen sich Unternehmen frühzeitig mit den Aufgaben und Fragestellungen auseinandersetzen. Erste praktische Erfahrungen bei der Umsetzung zeigen, dass die Anforderungen nur selten voll umsetzbar sind. Angesichts der zahlreichen und schwerwiegenden Schwachstellen sollen die wesentlichen offenen Rechtsfragen bekannt sein, da sich hieraus Haftungsrisiken, aber auch Gestaltungsspielräume ergeben.

Anwendungsbereich

Derzeit gilt das LkSG für Unternehmen mit mehr als 3.000 Arbeitnehmern; ab dem Jahr 2024 wird es für Unternehmen mit mehr als 1.000 Arbeitnehmern gelten. Eine Regelung für Konzerne findet sich in § 1 Abs. 3 LkSG, wonach für konzernangehörige (Tochter-)Unternehmen die Anzahl der eigenen Arbeitnehmer maßgeblich ist. Eine Zurechnung von Arbeitnehmern anderer Unternehmen innerhalb des Konzernverbundes erfolgt nicht. Das LkSG ist demnach auf konzernangehörige Unternehmen nur dann anwendbar, wenn diese selbst über mehr als 3.000 (1.000) Arbeitnehmer verfügen. Eine analoge Anwendung der Rechtsgedanken aus den § 24 Abs. 3 LkSG, § 81c Abs. 5 GWB scheitert an der fehlenden Vergleichbarkeit der Regelungen. Der Blick auf den ähnlichen Regelungsgehalt des § 9 GwG zeigt, dass eine solche Unterscheidung vom Gesetzgeber durchaus gewollt ist. Somit ist das LkSG auf Konzerne nur eingeschränkt anwendbar, denn eine (Konzern-)Obergesellschaft mit mehr als 1.000 oder gar 3.000 Mitarbeitern wird sich kaum finden. So kann es sein, dass die Vorgaben des LkSG nur für besonders große Konzerngesellschaften, Tochter- und Schwestergesellschaften aber nicht gelten.

Mikromanagement durch Gesetzgeber und BAFA

Das LkSG ist in seiner Regelungstiefe widersprüchlich. Zum einen werden ausgesprochen viele unbestimmte Begriffe verwendet, die Bußgeldtatbestände auslösen und somit gegen das Bestimmtheitsgebot verstoßen könnten. Zum anderen werden Unternehmen kleinteilige Vorgaben für die umzusetzenden Maßnahmen gegeben. Die Vorgaben zu den Sorgfaltspflichten (Risikoanalyse, Risikomanagement, Präventionsmaßnahmen, Abhilfemaßnahmen bei festgestellten Rechtsverstößen, Beschwerdeverfahren, Grundsatzerklärungen, Dokumentations- und Berichtspflicht) stehen im Widerspruch zu dem Grundsatz des risikobasierten Ansatzes für den Umgang mit Compliance-Risiken und den Grundsätzen der Business Judgement Rule (§ 93 Abs. 1 S. 1 und S. 2 AktG). Hinzu kommt die faktische Rechtsetzung durch eine Flut kaum überschaubarer Handreichungen und Empfehlungen des zuständigen BAFA. Beispielsweise hat das BAFA jüngst erklärt, dass Klauseln, mit denen entlang der Lieferkette KMU Pflichten zur Einhaltung der Vorgaben aus dem LkSG auferlegt werden sollen, gegen AGB-Recht verstoßen könnten. Ob vertragliche Klauseln zwischen Unternehmen wirksam sind oder nicht, entscheidet aber nicht eine Behörde, sondern die Rechtsprechung. Denn es handelt sich lediglich um Empfehlungen einer Behörde, nicht aber um Rechtsetzungsakte.

Das Zusammenspiel zwischen unklarer Gesetzgebung und Mikromanagement reduzieren den Handlungsspielraum für die betroffenen Unternehmen und verhindern die Entwicklung sinnvoller Maßnahmen und Strukturen. Diese massiven Eingriffe in die unternehmerische Entscheidungsfreiheit verstoßen möglicherweise gegen Art. 12 und Art. 14 GG.

Befugnisse des BAFA

Die Vorgaben des LkSG sollen im Wege des Public enforcement vom BAFA durchgesetzt werden und zwar auf zwei Ebenen, der anlassunabhängigen Berichtsprüfung und des anlassbezogenen Einschreitens. Ersteres erfolgt nach §§ 12 ff LkSG durch Überprüfung der von den Unternehmen zu erstellenden Dokumentationen und Berichten; die anlassbezogene Kontrolle nach § 14 LkSG erfolgt von Amts wegen oder auf Antrag von Dritten. Als solche antragsberechtigt sind natürliche und juristische Personen, Personenvereinigungen, Gewerkschaften oder Sonstige. Ein besonderer räumlicher oder sachlicher Bezug zu den angezeigten Maßnahmen ist nicht erforderlich.

Die Ermittlungsbefugnisse des BAFA in den §§ 15–18 LkSG sind ausgesprochen umfangreich, so dürfen die Betriebsgrundstücke betreten werden, es darf in Unterlagen Einsicht genommen und Auskünfte und Herausgabe von Unterlagen angeordnet werden. Schließlich können zur Beseitigung des vom BAFA monierten Verhaltens Handlungsanweisungen erteilt werden. Als Generalklausel gewährt § 15 LkSG dem BAFA das Recht, geeignete und erforderliche Anordnungen und Maßnahmen zu treffen, um Verstöße gegen Sorgfaltspflichten festzustellen, zu beseitigen und zu verhindern. Unternehmen sind nicht nur zur Duldung verpflichtet, sondern zur Erteilung von Auskünften und Herausgabe von Unterlagen verpflichtet. Faktisch entsprechen die Befugnisse denen der Staatsanwaltschaft, allerdings mit dem Unterschied, dass ein Richtervorbehalt nicht vorgesehen ist.

Diese Mitwirkungsbefugnis engt die Unternehmen massiv ein und dürfte gegen den Grundsatz nemo tenetur verstoßen.

Schließlich erlässt das BAFA zahlreiche Empfehlungen und Handreichungen, in denen die unbestimmten Tatbestände des LkSG definiert und Vorgaben zu den verschiedenen Sorgfaltspflichten gemacht werden.

Diese Aufgabenvielfalt des BAFA ist rechtsstaatlich ausgesprochen bedenklich. Das BAFA ist zugleich Ermittlungsbehörde, verpflichtet die Betroffenen zur Mitwirkung und verhängt Sanktionen. Überdies schwingt sich das BAFA zu einem Ersatzgesetzgeber auf, indem es zahlreichen sanktionsbegründenden Normen inhaltlich durch die – rechtsunverbindlichen – Empfehlungen und Handreichungen konkretisiert. Damit werden faktisch die Aufgaben der Legislative, Exekutive und Judikative in einer Behörde vereint.

Sanktionen

Das LkSG sieht zahlreiche Bußgeldtatbestände vor, deren Höhe bei Unternehmen mit mehr als 400 Mio. € Jahresumsatz nach § 24 Abs. 3 LkSG bis zu 2 % des weltweiten Jahresumsatzes betragen kann. Dabei sind folgende Aspekte zu beachten. Zum einen sind die Bußgeldtatbestände unbestimmt und lösen angesichts des Bußgeldrisikos eine erhebliche Rechtsunsicherheit aus. Führt ein Unternehmen die Risikoanalyse fahrlässig nicht richtig, nicht vollständig oder nicht rechtzeitig durch, so stellt dies gemäß § 24 Abs. 2 S. 1 Nr. 2 LkSG eine bußgeldbewehrte Ordnungswidrigkeit dar. Dabei stellt sich die Frage, ob jeder einzelne Fehler innerhalb einer Risikoanalyse eine Ordnungswidrigkeit darstellt, oder ob die gesamte (fehlerhafte) Risikoanalyse als eine einheitliche Ordnungswidrigkeit zu behandeln ist. Vor allem stellt sich die Frage nach den Anforderungen an die Erkennbarkeit der Risiken für das Unternehmen. Inwieweit muss es etwa im Hinblick auf Umweltschäden eine belastbare fachliche Expertise haben? Stellt die Verwendung von Elektroautos einen positiven Aspekt da, oder stellt diese angesichts der erheblichen Umweltbelastungen bei der Gewinnung von Lithium oder anderer Rohstoffe ein Umweltrisiko dar?

Positiv zu erwähnen ist, dass bei der Bemessung von Bußgeld Compliance-Maßnahmen positiv und bußgeldmindernd zu berücksichtigen sind, §§ 24 Abs. 4 Nr. 6, 7 LkSG.

Abhilfemaßnahmen

Bei festgestellten Verstößen gegen Umweltbelange oder Menschenrechte muss das Unternehmen als ultima ratio die Geschäftsbeziehung abbrechen, § 7 Abs 3 LkSG. Was dies für die Betroffenen bedeutet, ist völlig unklar. Was ist die Rechtsfolge für das Unternehmen, wenn der Lieferant weder gegen die Vorgaben des Liefervertrages noch gegen lokales Recht verstoßen hat? Bei einer Kündigung dürfte ein Schadensersatzanspruch bestehen, denn das LkSG gilt weder in China, Bangladesch oder Vietnam. Was ist zu tun, wenn das Unternehmen den Lieferanten nicht ersetzen kann? Wird es laufend ein Bußgeld für dauerhafte Verstöße erhalten oder wird der Betrieb geschlossen?

Nicht ganz unwichtig dürfte auch die Frage sein, was nach der Beendigung einer Geschäftsbeziehung mit den Arbeitsplätzen vor Ort geschieht. Es ist kaum zu erwarten, dass die Arbeiter einer Textilfabrik nach Kündigung der Aufträge von Modehäusern Medizin studieren oder Energieberater werden. Realistisch ist zu erwarten, dass ein Auftraggeber mit niedrigeren Anforderungen einspringt oder die Fabrik Insolvenz anmeldet.

Haftung und Prozessstandschaft

Gemäß den begleitenden Erklärungen und der Regelung in § 3 LkSG sollen Schadensersatzansprüche von betroffenen Personen gegen Unternehmen nicht bestehen. Diese Regelung ist aber irreführend. Denn § 11 LkSG sieht eine Regelung zur Prozessstandschaft vor – was ohne unmittelbaren Anspruch nur wenig Sinn macht. Zudem wird die Beschränkung des § 3 Abs. 3. S.1 aufgehoben und in S. 2 erklärt: „Eine unabhängig von diesem Gesetz begründete zivilrechtliche Haftung bleibt unberührt". Dies weist nun sehr deutlich darauf hin, dass es sich bei dem LkSG um ein Schutzgesetz i.S.d. § 823 Abs. 2 BGB handeln dürfte. Unternehmen sollten also auf Klagen durch die für sie zuständigen NGOs vorbereitet sein. Sollte die CSDDD umgesetzt werden, wird diese Schadensersatzansprüche der betroffenen Personen gegenüber Unternehmen begründen. ■

KERNAUSSAGEN

- Die umfangreichen Pflichten des LkSG sind eine Herausforderung für das gesamte Unternehmen und dürfen nicht unterschätzt werden.
- Compliance-Abteilungen müssen die komplexen Anforderungen zur Erfüllung der Vorgaben koordinieren und auf Sanktionen vorbereitet sein.
- Besondere Risiken dürften sich neben Maßnahmen des BAFA auch von öffentlichkeitswirksamen Klagen von NGOs ergeben – Unternehmen müssen hierauf unbedingt vorbereitet sein.
- Neben großen Unternehmen sind auch mittelständische Unternehmen betroffen, die auf Anforderungen ihrer Großkunden reagieren müssen.
- Das LkSG ist von zahlreichen schwerwiegenden Mängeln gekennzeichnet – es lohnt sich, diese vor Gericht auszufechten.

Compliance-Untersuchungen

Der Fokus ändert sich

In den vergangenen Jahren war Compliance vor allem durch Korruptions- und Kartellrisiken angetrieben. Entsprechend dominierten straf- und kartellrechtlich versierte Berater den Markt. Doch inzwischen ist die Welt komplizierter: Ohne Strafrechtler, die in vielen Kanzleien den Nukleus der Compliance-Beratung bilden, geht es jedoch nach wie vor nur schwer. Auch deshalb muss sich **White & Case** mit ihrer langen strafrechtlichen Tradition in Deutschland nun rasch neu sortieren, will sie weiter eine Rolle spielen: Mit dem Ausscheiden ihres bekanntesten Partners Karl-Jörg Xylander, heute in der Kanzlei **CCI**, hat sie deutlich an Marktpräsenz verloren.

Die Mandatierung von **Lutz Abel** durch den RBB, der das Mandat inzwischen beendete, zeigt jedoch eindrücklich zwei Phänomene: Untersuchungen lassen sich auch in Kanzleikooperationen angehen und – wichtiger – sie werden längst durch nicht primär strafrechtliche Risiken getriggert. Das belegt auch die wachsende Zahl sogenannter MeToo-Fälle, die inzwischen nicht mehr bei **Freshfields Bruckhaus Deringer**, sondern auch u.a. bei **Baker McKenzie** aufschlagen. Sie sind ebenso gesellschaftlich getrieben wie die zunehmende Konsequenz, mit der Unternehmen ESG-Risiken begegnen. Hier hat **Hengeler Mueller** mit der Arbeit für DWS eines der wohl prominentesten Mandate ergattert. Kanzleien mit starken Regulierungspraxen dürften künftig großflächig stärker gefragt sein, wenn es ihnen gelingt, die Kompetenzen strukturell zu bündeln. Recht weit sind damit bereits **Clifford Chance**, **Pohlmann & Company** und **Redeker Sellner Dahs**. Auch ein internationales Phänomen führt weg vom Kernstrafrecht: Wenn das US-Justizministerium verkündet, „Sanctions are the new FCPA", dann ist klar, wohin insbesondere Kanzleien mit starker US-Präsenz ihren Blick richten: **Skadden Arps Slate Meagher & Flom**, die mit der Mandatierung durch ProSiebenSat.1 erneut eine prominente Untersuchung gewann, aber auch **Norton Rose Fulbright**, die im Vorjahr einen Russland-Experten von **Noerr** aufnahm, hatten schon jetzt eine regelrechte Sonderkonjunktur aufgrund der Sanktionen.

Diese Entwicklungen lassen auch die Compliance Due Diligence immer essenzieller werden: **Allen & Overy** baut auf diese Entwicklung, und auch **Willkie Farr & Gallagher** wird Ähnliches angetrieben haben, als sie einen Anwalt von **Gibson Dunn & Crutcher** aufnahm.

Der Mittelstand ist aufgewacht

Sanktionen und die ESG-Debatte, das Lieferketten- und das nun verabschiedete Whistleblower-Gesetz sind auch Treiber dafür, dass sich der Mittelstand inzwischen intensiver um sein juristisches Risikomanagement kümmert. Die Folge: Immer mehr mittelständisch orientierte Kanzleien engagieren sich v.a. in der präventiven Beratung. **Heuking Kühn Lüer Wojtek** ist schon lange dabei, aber auch **Esche Schümann Commichau**, **Park** mit ihrem auf den Mittelstand zugeschnittenen Engagement oder **Kapellmann und Partner** mit ihrem Zugang zur Bauwirtschaft sind hier exzellent positioniert. Die Zugänge bei **Eversheds Sutherland** und **Advant Beiten** zeigen, dass weitere Kanzleien aufrüsten. Neu im Markt ist die Boutique **Arktik**, die, so Wettbewerber, ein „vielversprechendes Konzept" verfolgt, angesiedelt zwischen Litigation, Strafrecht und Risikoprävention.

Die Bewertungen behandeln Kanzleien, die sich mit Aufbau und Überprüfung von Compliance-Strukturen, internen Untersuchungen bei Verdachtsfällen und akuten Krisensituationen fachübergreifend befassen. In einer separaten Übersicht werden Kanzleien erfasst, die primär in einem spezifischen Fachgebiet beraten. Hier skizzierte Vorwürfe gegen Unternehmen und Manager sind in der Regel nicht rechtskräftig festgestellt. Weitere Kanzleien, die sich mit einzelnen Aspekten von Compliance befassen, finden sich in den Kapiteln ▷*Wirtschafts- und Steuerstrafrecht*, ▷*Kartellrecht*, ▷*Außenwirtschaft*, ▷*ESG*, ▷*IT-Recht und Datenschutz*, ▷*Vergabe-* (v.a. drohende Vergabesperren), ▷*Gesellschafts-* (u.a. Managerhaftung, Due Diligence), ▷*Arbeits-*, ▷*Bank- und Finanz-* und ▷*Versicherungsrecht* (v.a. Aufsichtsrecht).

JUVE KANZLEI DES JAHRES FÜR COMPLIANCE-UNTERSUCHUNGEN

HENGELER MUELLER

JUVE AWARDS 2023

Nach einer beeindruckenden Aufholjagd macht sich Hengeler daran, die Compliance-Marktspitze anzugreifen. Recht spät in das Beratungsfeld gestartet, hat die Kanzlei konsequent an Strukturen, Kompetenzen u. Technik geschraubt. Der Lohn: Mandate wie die Untersuchung von Greenwashing-Vorwürfen gegen DWS oder die interne Untersuchung bei Vonovia. Das Vonovia-Mandat steht zugleich für den Aufbau des Wirtschaftsstrafrechts. Schon immer punktete Hengeler mit Governance- und Regulierungsexperten, allen voran **Prof. Dr. Wolfgang Spoerr**, der die Praxisentwicklung maßgebl. beeinflusst hat, doch fehlte ihr lange die Glaubwürdigkeit, gegenüber Ermittlungsbehörden zu bestehen. Das hat sich mit **Dr. Constantin Lauterwein** geändert, der das Vonovia-Mandat und ein umfangreiches Mandat zu Russland-Sanktionen führt sowie ein vielköpfiges Associate-Team u. einen frisch ernannten Counsel um sich geschart hat. Das DWS-Mandat, das von **Dr. Daniel Weiß** geführt wird, beweist wiederum, dass internat. Kooperationen – v.a. in Richtung USA – äußerst tragfähig sein können. Zugleich sichert sich das Team damit einen Auftrag, der die Tür zur ESG-Compliance noch ein Stück weiter aufstößt. Hengeler ist damit bestens gerüstet, um auf der zu erwartenden Untersuchungswelle im Zusammenhang mit dem Lieferkettengesetz und den Sanktionsfolgen vorne mitzureiten.

AGS ACKER SCHMALZ

Compliance-Untersuchungen ★★

NOMINIERT
JUVE Awards 2023
Kanzlei des Jahres für Compliance

Bewertung: Die Kanzlei erobert sich mit ihrer Kompetenzmischung aus Compliance, Arbeitsrecht u. Litigation immer mehr Marktanteile. Die Positionierung gerade bei arbeitsrechtsnaher Compliance ist dabei nicht nur dem allg. Trend geschuldet, sondern der besseren Verzahnung der Kompetenzen. AGS ist zudem auf internat. Parkett erfahren, berät eine Mandantin gemeinsam mit einer chin. Kanzlei bei Problemen der chin. Tochter. Erfahrung besteht, nicht zuletzt aufgrund der seit Langem gepflegten Verbindungen zu Ingenieur- u. Bauunternehmen, auch mit der Aufarbeitung kritischer Projekte in Afrika. So positioniert sich AGS als ernst zu nehmende Wettbewerberin für Großkanzleien, von denen sie jedoch nach wie vor hinzugezogen wird, nicht nur für die strafrechtl. Vertretung von Einzelpersonen. Den Erfolg der Praxis untermauert die Berufung von gleich 3 Vollpartnern. Zugleich stockte sie die Associate-Riege deutl. auf u. gewann einen of Counsel, der erfahren in Personalarbeit u. dem Umgang im polit. Umfeld ist.
Oft empfohlen: Dr. Jan Kappel („hoch kompetent bei Aufarbeitung u. Durchsetzung von Schadensersatzansprüchen in komplexen Wirtschaftsstrafsachen, effizient", „herausragende Erfahrung in Untersuchungen", Wettbewerber), Dr. Florian Junkers („kompetent, zuverlässig u. höchst akribisch; denkt strategisch u. mit Weitblick", Wettbewerber)
Team: 6 Eq.-Partner, 9 Associates, 1 of Counsel
Schwerpunkte: Beratung von geschädigten Unternehmen; sowohl präventiv/strukturell als auch akut tätig, langj. Litigation-Erfahrung u. Arbeitsrecht, Organberatung u. -haftung u. Corporate Defense, auch Individualverteidigung.
Mandate: Automotive-Unternehmen bei Aufarbeitung div. Verdachtsfälle, Scheinrechnungen, Missmanagement; Technikunternehmen wg. Verdachtsfällen bei chin. Tochter; Digital-Start-up als Geschäd., inkl. Asset Tracing; gr. Logistiker bei sog. Workplace-Investigation; Geres bei Prozessen im Zshg. mit Compliance-Verstößen; Uniklinik wg. Unregelmäßigkeiten bei Sanierung; ADAC, Altendorf, Privatbank, Giesecke + Devrient, Jones Lang Lasalle, Smurfit regelm.; Dax-Vorstandschef im Zshg. mit interner Untersuchung; EY-Manager im Wirecard-Komplex; Ex-VW-Manager wg. Dieselskandal, auch Organhaftung.

Compliance-Untersuchungen

★★★★★	
Freshfields Bruckhaus Deringer	Frankfurt, Düsseldorf u.a.
Gleiss Lutz	Frankfurt, Stuttgart u.a.
★★★★	
Hogan Lovells	Frankfurt, München, Düsseldorf u.a.
Pohlmann & Company	Frankfurt, München
★★★★	
Baker McKenzie	München u.a.
Clifford Chance	Frankfurt, Düsseldorf
Hengeler Mueller	Frankfurt, Düsseldorf, München
Linklaters	Frankfurt
★★★	
CMS Hasche Sigle	München, Stuttgart, Hamburg u.a.
DLA Piper	Frankfurt, Hamburg
Gibson Dunn & Crutcher	München, Frankfurt
★★	
AGS Acker Schmalz	Frankfurt
Allen & Overy	Frankfurt, Düsseldorf u.a.
GSK Stockmann	München, Frankfurt, Berlin
Herbert Smith Freehills	Frankfurt
Heuking Kühn Lüer Wojtek	Düsseldorf, Stuttgart
Latham & Watkins	Düsseldorf, Frankfurt, München
McDermott Will & Emery	Frankfurt
Morrison & Foerster	Berlin
Noerr	München, Frankfurt, Berlin u.a.
Oppenhoff & Partner	Köln
Redeker Sellner Dahs	Berlin, Bonn
White & Case	Berlin, Frankfurt
★	
Comfield Legal	Berlin
Esche Schümann Commichau	Hamburg
FS-PP Berlin	Berlin
Jones Day	Frankfurt, München
Kapellmann und Partner	Mönchengladbach, Düsseldorf
Norton Rose Fulbright	Frankfurt, Hamburg
Orth Kluth	Düsseldorf
Park	Dortmund
Skadden Arps Slate Meagher & Flom	Frankfurt, München
WilmerHale	Berlin, Frankfurt

Die Auswahl von Kanzleien und Personen in Rankings und tabellarischen Übersichten ist das Ergebnis umfangreicher Recherchen der JUVE-Redaktion. Sie ist in 2erlei Hinsicht subjektiv: Die Aussagen der befragten Quellen sind subjektiv u. spiegeln deren Erfahrungen u. Einschätzungen. Die JUVE-Redaktion wiederum analysiert die Rechercheergebnisse unter Einbeziehung ihrer eigenen Marktkenntnis. Der JUVE Verlag beabsichtigt keine allgemeingültige oder objektiv nachprüfbare Bewertung. Es ist möglich, dass eine andere Recherchemethode zu anderen Ergebnissen führt. Innerhalb einzelner Gruppen in Rankings und tabellarischen Übersichten sind Kanzleien und Personen alphabetisch sortiert.

ALLEN & OVERY

Compliance-Untersuchungen ★★

Bewertung: Das Tätigkeitsspektrum der Compliance-Praxis erweitert sich beständig u. deckt allmähl. die gesamte Palette der Beratungsleistungen ab. Mit einem ambitionierten Techteam hat A&O inzw. auch außerhalb der Finanzwirtschaft attraktive internat. Untersuchungsmandate gewonnen. Im Gegensatz zu anderen internat. Kanzleien will sich das Team aber nicht auf derartige Mandate beschränken, sondern setzt auch auf präventive oder akute Beratung, unterstützte etwa eine Private-Equity-Portfoliogesellschaft beim ww. Aufbau eines Compliance-Systems oder flankierte das Krisenmanagement nach Cyberattacken. Bei derartigen Mandaten zeigt sich die enge Vernetzung innerh. der Gesamtkanzlei, die sich auch auf das Transaktions- u. Post-Transaktionsgeschäft erstreckt. Auch der Tax Compliance nimmt sich die Kanzlei an u. hat dabei eine im Vorjahr von KPMG hinzugekommene Anwältin problemlos eingebunden. Eine inhaltl. Erweiterung etwa in Richtung ESG ist allerdings bisher kaum ersichtlich. Schon jetzt ist die Compliance-Praxis aber regelm. bei Mandaten mit US-Bezug gefragt. Funktioniert der angekündigte Zusammenschluss mit Shearman & Sterling, dürfte sich die Schlagkraft in den USA noch deutl. erhöhen – zweifellos mit Folgen für die dt. Praxis.
Oft empfohlen: Dr. Tim Müller („sehr hohes fachl. Know-how, pragmat. Lösungsansätze", „klug, behält Verteidigungsinteressen des Unternehmens im Blick", Wettbewerber; Strafrecht)
Team: 14 Partner, 4 Counsel, ca. 45 Associates
Partnerwechsel: Florian Lechner (von Jones Day); Dr. Hans-Peter Löw (zu DLA Piper)
Schwerpunkte: Internat. Praxisgruppe, u.a. GB u. USA. Breites Engagement, u.a. ▷*kartell-*, ▷*arbeits-* u. ▷*gesellschaftsrechtl.*, zu Vergütungsregeln, u.a. Governance-Fragen, Haftung u. in Audits bestehender Systeme, starke Steuerpraxis. Auch präventive Beratung u. vereinzelt Individualvertretung.

Anwaltszahlen: Angaben der Kanzleien, wie viele Anwälte zu mind. ca. 50 % in diesem Gebiet tätig sind. Sie spiegeln nicht zwingend die Gesamtgröße einer Kanzlei wider.

Führende Namen bei Compliance-Untersuchungen

Dr. Eike Bicker
Gleiss Lutz, Frankfurt

Rolf Hünermann
McDermott Will & Emery, Frankfurt

Dr. Heiner Hugger
Clifford Chance, Frankfurt

Dr. Jan Kappel
AGS Acker Schmalz, Frankfurt

Dr. Sebastian Lach
Hogan Lovells, München

Prof. Dr. Norbert Nolte
Freshfields Bruckhaus Deringer, Düsseldorf

Dr. Andreas Pohlmann
Pohlmann & Company, Frankfurt

Dr. Christian Schoop
DLA Piper, Frankfurt

Die Auswahl von Kanzleien und Personen in Rankings und tabellarischen Übersichten ist das Ergebnis umfangreicher Recherchen der JUVE-Redaktion. Sie ist in 2erlei Hinsicht subjektiv: Die Aussagen der befragten Quellen sind subjektiv u. spiegeln deren Erfahrungen u. Einschätzungen. Die JUVE-Redaktion wiederum analysiert die Rechercheergebnisse unter Einbeziehung ihrer eigenen Marktkenntnis. Der JUVE Verlag beabsichtigt keine allgemeingültige oder objektiv nachprüfbare Bewertung. Es ist möglich, dass eine andere Recherchemethode zu anderen Ergebnissen führt. Innerhalb einzelner Gruppen in Rankings und tabellarischen Übersichten sind Kanzleien und Personen alphabetisch sortiert.

Internat. Techteam sowie Projektmanagement u. erweiternde Kapazitäten u.a. in Belfast.
Mandate: US-Investmentbanking- u. Wertpapierhandelsunternehmen bei Untersuchung von Fehlverhalten von Tradern in Dtl. u. GB; dt. Medizintechnikunternehmen bei Untersuchung von u.a. Bilanzmanipulation in Nordamerika; Dienstleister umf. nach Ransomware-Attacke; Aufsichtsrat eines internat. tätigen dt. E-Commerce-Unternehmens bei Untersuchung von Whistleblower-Vorwürfen gg. Vorstand; dt. Mobilitätsunternehmen bei Aufbau eines ww. Compliance-Systems; E-Commerce-Händler wg. Vertrieb von möglicherw. nicht EU-konformen Bremsscheiben (mit Spanien, Italien, Frankreich); ausl. Investmentbank u. europ. Immobilieninvestor zu Russland-Sanktionen; amerikan. Medizintechniker u. niederl. Schlauchsystemhersteller bei Käufen in Dtl. zu Compliance-Risiken; börsennot. dt. Kreditinstitut zu Risiken im Zshg. mit Cum-Cum-Geschäften; Medienunternehmen wg. verspäteter Insiderinformation; dt. Kreditinstitut wg. Betrugsvorwürfen gg. Vertragspartner in Singapur; Private-Equity-Haus wg. Steuerhinterziehung durch früheren Eigentümer einer Portfoliogesellschaft.

BAKER MCKENZIE

Compliance-Untersuchungen ★★★★

Bewertung: Die Compliance-Praxis gehört zu den Verfolgerinnen der Marktspitze, nicht zuletzt, weil eine stabile Reihe von Dax-Unternehmen bei umfangr. Untersuchungen auf das Team setzt. Dabei deckt sie verschiedene Branchen ab: Kfz genauso wie die Finanzindustrie, Bau u. Logistik, auch desw., da sie zu den Ersten zählte, die auf eigene Legal-Tech-Tools setzte. Den Mandanten kommt zugute, dass sie auf ein internat. Netzwerk bauen können, speziell in die USA. Gerade mit US-Büros arbeitete die Praxis verstärkt zusammen, klassischerweise wenn ein US-Unternehmen Verdachtsmomente in Dtl. verfolgt. Inhaltl. ging es – wie bei manchem Wettbewerber auch – häufiger als früher um Integritätsvorfälle. Für eine Art Sonderkonjunktur sorgt der Ukraine-Krieg: Die Compliance-Praxis arbeitet eng mit der Praxis für ▷*Außenwirtschaftsrecht* u. dem Team von Thoms zusammen, sodass die Beratung zu ▷*ESG*, Lieferketten, Menschenrechten u. Nachhaltigkeit breit abgedeckt wird. Vieles davon spielt zurzeit noch im präventiven Bereich. Wenn dann die ersten Fälle akut werden, dürfte BM aufgrund der umfangr. Erfahrung mit den Themen zu den ersten Anlaufstellen gehören.
Stärken: Starke US-FCPA-Einheit.
Oft empfohlen: Dr. Andreas Lohner, Dr. Nicolai Behr, Anahita Thoms
Team: 6 Eq.-Partner, 8 Sal.-Partner, 1 Counsel, 23 Associates, 2 of Counsel
Schwerpunkte: Internat. Prägung, Aufbau von Strukturen, oft ww.; Organisationsfragen u. Entwicklung eigener Modelle; ausgewogene akute u. präventive Arbeit; umfangr. tätig bei Untersuchungen, sowohl Dax-Unternehmen als auch Mittelstand; Beratung an der Schnittstelle zu ▷*Außenwirtschaft*, ▷*Arbeitsrecht* u. Datenschutz (▷*IT-Recht u. Datenschutz*).
Mandate: Dax-Unternehmen im Zshg. mit Verf. der US-Börsenaufsicht; Professional-Services-Unternehmen zu internat. Compliance Due Diligence mit Fokus auf Antikorruption u. Exportkontrolle; Dax-Unternehmen bei Compliance Due Diligence im Rahmen von Transaktionen; Dax-Unternehmen zu EU-weitem Hinweisgebersystem; Dax-Unternehmen zu interner Untersuchung wg. Korruption u. Kartellrecht; jap. Medizinproduktehersteller zu Korruptionsuntersuchung in Nordafrika u. Mittl. Osten; internat. Dienstleistungsunternehmen zu steuerstrafrechtl. Untersuchung; Dax-Unternehmen zu KYC bei Transaktionen u. Konzeptionierung der ww. M&A-Compliance-Due-Diligence-Prozesse; Pharmaunternehmen wg. 2 internen Untersuchungen wg. Abrechnungsbetrug u. Vorteilsgewährung.

CLIFFORD CHANCE

Compliance-Untersuchungen ★★★★

Bewertung: Die Compliance-Praxis ist den Marktführern eindrückl. auf den Fersen. Das breit aufgebaute Team um Dieners, der mittlerw. die globale Compliance-Praxis leitet, u. Strafrechtler Hugger deckt dabei den Beratungsbedarf ihrer Mandaten auf breiter Basis ab. Dazu zieht die Praxis ad hoc, ähnl. wie Linklaters, die benötigten Experten aus den unterschiedl. Praxisgruppen, wie etwa dem Arbeits-, Gesellschafts-, Steuer- oder Immobilienrecht, zusammen u. bindet regelm. Kollegen aus den internat. Büros mit ein. Angezogen hat u.a. die Compliance-Begleitung von Transaktionen, wo sich v.a. Investoren immer mehr um die Compliance ihrer Unternehmen kümmern u. entsprechend Druck aufbauen. Ein weiterer Antreiber des Geschäfts ist die globale Initiative zum Thema Whistleblowing, die die Arbeitsrechtlerin Dr. Ines Keitel leitet und bereits jetzt zu mehreren internen Untersuchungen führte. Mehr als die meisten Wettbewerber kann CC außerdem ihr langj. regulator. Know-how in den Ring werfen, das sie in den relevanten ESG-Themen ganz nach vorne spült. Dazu zählt die Produkt-Compliance, u.a. für Mandanten der Healthcare-Branche u. aus der Tabak-, Lebensmittel u. Kfz-Industrie. Neben internen Untersuchungen oder Verfahren, wie etwa der Klimaklage aufseiten von BMW, ist die Praxis auch zum Aufbau grenzüberschreitender Compliance-Programme gefragt. Ein Beispiel ist ein Mandat einer internat. Krankenhausgruppe im Mittl. Osten. Dass mit der anerkannten Baedorff nun eine Anwältin der Praxisgruppe zur Partnerin ernannt wurde, zeigt den Stellenwert des Bereichs.
Stärken: Ausgeprägter Branchenfokus auf Finanzinstitute u. Pharmaindustrie.
Oft empfohlen: Dr. Peter Dieners („höchste fachl. Kompetenz, lösungsorientiert, schnell u. effizient mit hohem Service-Level u. Kundenorientierung", Mandant; „fachl. sehr gut, langj. Erfahrung", Wettbewerber), Dr. Heiner Hugger („ganz vorne mit dabei", Wettbewerber), Dr. David Pasewaldt („ruhige u. besonnene Verhandlungsführung", „sehr kompetent u. zupackend", Wettbewerber), Dr. Julia Baedorff („exakt u. mit großer Weitsicht", „sehr gut, ausgezeichnetes Projektmanagement", „bietet hohe Qualität", Wettbewerber)
Team: 11 Partner, 7 Counsel, 2 Associates, 2 of Counsel
Schwerpunkte: Internat. Praxis, in Dtl. koordiniert über ▷*wirtschaftsstraf-* u. ▷*gesundheits-*/pharmarechtl. Partner sowie Litigation (▷*Konfliktlösung*), ▷*ESG*; auch Steuerrecht, in London Forensik-Audit-Gruppe; inhaltl. breite Abdeckung, sowohl präventive als auch repressive Mandate.
Mandate: Merck. lfd. zu Compliance in 17 Ländern; internat. Krankenhausgruppe im Mittl. Osten zu Compliance-Programm; US-Medizintechnikunternehmen zu Compliance-Programm in Europa, Mittl. Osten u. Afrika; Freiwillige Selbstkontrolle für die Arzneimittelindustrie zu Kodizes für Ärzte u. Patientenorganisationen u. Wettbewerbsverf.; div. Banken regulator. zu ESG u. Finanzmärkten; Internetunternehmen zu europ. Green Deal u. ESG/Compliance; E-Mobility-Unternehmen in Bußgeldverf. wg. Produkt-Compliance; Kfz-Hersteller zu Governance-Anforderungen nach Konfliktmineralienverordnung; Tabakunternehmen zu Fragen der Produkt-Compliance; Immobilienunternehmen bei interner Untersuchung wg. Betrugs- u. Korruptionsvorwürfen; internat. Vermögensverwalter, US-Bank, europ. Bank bei interner Untersuchung wg. Cum-Ex; Bank zu interner Untersuchung wg. Rassismusvorwürfen.

CMS HASCHE SIGLE

Compliance-Untersuchungen ★★★

Bewertung: Die Compliance-Praxis ist ein Abbild der Gesamtkanzlei u. deckt die Compliance-Beratung in nahezu allen Facetten ab. Weitgehend unbemerkt hat sie inzw. auch das aufgebaut, was ihr bis dato fehlte: ein Team mit strafrechtl. Kompetenz. Das kommt nicht zu früh, denn der Marktentwicklung gemäß haben bei CMS immer mehr Compliance-Mandate einen strafrechtl. Ursprung, der dann in eine interne Untersuchung mündet. Letztere nahmen, wie schon im Vorjahr, wieder viel Raum ein, nicht zuletzt weil sie bereits früh in Legal Tech investiert hat. Öffentl. bekannt ist etwa das Mandat von RTK, für Aufmerksamkeit sorgte ebenfalls das schon langjährige Mandat der Augustinum-Gruppe. Neben der Beratung zu Cum-Ex, das sich auf gleichbleibendem Niveau eingependelt hat, hat die ESG-Beratung weiter an Fahrt aufgenommen, sodass das Team um Potinecke vermehrt Compliance-Manage-

Anwaltszahlen: Angaben der Kanzleien, wie viele Anwälte zu mind. ca. 50 % in diesem Gebiet tätig sind. Sie spiegeln nicht zwingend die Gesamtgröße einer Kanzlei wider.

ment-Systeme dazu aufsetzte – sowohl für namh. gr. Mandanten als auch für eine Reihe von Mittelständlern.

Stärken: Full-Service-Angebot, operativ orientierte Beratung.

Oft empfohlen: Dr. Harald Potinecke („kenntnisreich", Wettbewerber), Dr. Joachim Kaetzler („pragmat., kenntnisreich, gut vernetzt", Wettbewerber)

Team: 15 Partner, 10 Counsel, 50 Associates

Schwerpunkte: Beratung bei internat. internen Untersuchungen, auch im Organisationsaufbau u. bei Risikoanalysen; zudem Aufbau u. Betrieb von (internat.) Hotlines u. Untersuchungen. Unterstützung durch Tools u. Servicecenter. Breite Aufstellung, einschl. Geldwäsche, Datenschutz (▷*IT-Recht u. Datenschutz*), ▷*Arbeitsrecht*, ▷*Außenwirtschaft*, ▷*ESG* u. Produkthaftung.

Mandate: RTK bei interner Untersuchung wg. Datenweitergabe (aus dem Markt bekannt); Augustinum-Gruppe umf., u.a. zu gerichtl. Vermögensrückgewinnung, Geschäftsführerhaftung; Noventi Health bei interner Untersuchung; Signal Iduna bei strag. Partnerschaft mit Google Cloud; Dax-Unternehmen bei interner Untersuchung.

COMFIELD LEGAL

Compliance-Untersuchungen ★

Bewertung: Das interdiszipl. besetzte Team der Berliner Compliance-Boutique bleibt in der präventiv-organisator. Beratung eine gefragte Adresse. Es ist auch diese präventive Beratung, die sie veranlasst, aufkommende Themen im Blick zu behalten. So kooperiert sie mit einer Nachhaltigkeitsagentur, um in Sachen ESG einen interdiszipl. Ansatz zu bieten. Auch auf diesem Gebiet bleibt die Kanzlei ihrem Ansatz treu: breite Beratung auch jenseits des Rechtlichen, flankiert von IT-Unterstützung. Das überzeugt immer wieder neue Mandanten – so etwa das Schifffahrtsunternehmen Dohle –, die dem Team neue Branchen erschließen. Auf Prävention beschränken lässt sich die gut vernetzte Einheit jedoch nicht. So sind die Anwälte an etl. Untersuchungen beteiligt. Das ohnehin kleine Team musste allerdings den Weggang des Inhouse-erfahrenen Jüngling hinnehmen, der seine eigene Kanzlei gründete. In der Arbeit dürfte dies keine größeren Friktionen mit sich bringen. In Anbetracht der teils komplexen Mandate könnte auch eine Erweiterung auf Associate-Ebene die Arbeit entzerren.

Stärken: Interdisziplinäre Beratung.

Oft empfohlen: Dr. Tobias Teicke („beeindruckende Kompetenz, äußerst angenehm", „fachl. stark, pragmat.", Wettbewerber), Dr. Martin Schmidt („sehr erfahren, guter Datenschutz- u. Kartellrechtler", Wettbewerber), Oliver Schieb („erfahrener u. pragmat. Gesprächspartner", Mandant)

Team: 3 Eq.-Partner, 3 Associates, 2 of Counsel

Partnerwechsel: Dr. Alexander Jüngling (zu Accomplie)

Schwerpunkte: Beratung zu Aufbau u. Optimierung von Compliance-Systemen, sehr prozessorientiert; auch interne Untersuchungen.

Mandate: Zeppelin u.a. zu Sanktionen u. Korruptionsprävention; Schmitz Cargobull, u.a. zu Hinweisgebersystem, Governance u. LkSG; Peter Dohle, u.a. bei Risikoanalyse u. Optimierung Compliance-System; Melitta zur Umsetzung des LkSG, inkl. Governance-Strukturen; Dax-Unternehmen zu LkSG-bezogenen Meldungen u. ESG-Prozessen; Flughafen BER zu LkSG; Dormakaba bei Weiterentwicklung u. Umsetzung des globalen Compliance-Systems; Affimed bei Weiterentwicklung Compliance-System, inkl. ESG-Themen; Medizinproduktehersteller zu Umsetzung von Nachhaltigkeitsstandards; Pentagast, Cargobeamer zu Kartell-Compliance; Trolli bei Optimierung Compliance-System u. zu LkSG; Jimdo präv. u. bei Compliance-Vorfällen; Fujitsu bei Auditierung ausl. Geschäftspartner; Compliance-Zertifizierungsstelle im Zshg. mit Wettbewerbsregister; regelm. Verband der Dt. Holzwerkstoffindustrie, Friedhelm Loh, BME.

DLA PIPER

Compliance-Untersuchungen ★★★

Bewertung: Die Kanzlei hat ihre Compliance-Praxis neu strukturiert, um ihrer inhaltl. breiten Aufstellung mehr Gesicht zu verleihen. Seit Jahren standen v.a. die ▷*Wirtschaftsstrafrechtler* im Fokus u. verstellten – bei allen Erfolgen – den Blick auf die breiten Kompetenzen der Kanzlei. Nun rückt ein Arbeitsrechtler in die Praxisleitung, zum Kernteam gesellt sich zudem ein frisch ernannter Corporate-Partner u. Partner aus dem Regulierungsbereich. DLA trägt damit den Mandantenbedürfnissen Rechnung, für die Themen wie Lieferketten, Sanktionen oder ESG-Compliance relevanter werden. Von einer ähnl. Motivation ist auch die engere Einbindung des Gesellschaftsrechts getragen. Anders als viele andere internat. Einheiten setzt DLA dabei auch darauf, weiterhin präventiv/strukturell zu beraten u. nicht nur auf Untersuchungen abzuzielen. Die Schwerpunkte bleiben jedoch unverändert: Internat. Mandate, die primär aus der Realwirtschaft kommen, prägen die Praxis, die einige namh. Mandanten von sich überzeugen konnte.

Stärken: Internat. Compliance-Gruppe inkl. USA u. Asien; anerkannte Praxis für Datenschutz (▷*IT-Recht u. Datenschutz*).

Oft empfohlen: Dr. Christian Schoop („exzellent, sehr gute Kommunikation", Mandant; „herausragender Unternehmensanwalt", „strateg. Weitblick", Wettbewerber), Emanuel Ballo („klug, unaufgeregt, souverän", Wettbewerber), David Kappel („gut im Asset Tracing u. bei der Vermögensrückgewinnung", Wettbewerber; alle Strafrecht)

Team: 21 Eq.-Partner, 9 Counsel, 22 Associates, 2 of Counsel

Schwerpunkte: Akut, aber auch präventiv/strukturell tätig, enge Zusammenarbeit mit Regulierungspraxis, auch ▷*ESG*, u. ▷*Arbeitsrecht*, auch ▷*Kartell-*, ▷*Außenwirtschafts-* u. Steuerrecht sowie ▷*Litigation*; starke ▷*Versicherungspraxis*.

Mandate: Börsennot. Autohersteller zu Compliance im Zshg. mit Batterie-Joint-Venture in Fernost; Medizintechniker bei interner Untersuchung wg. umweltstrafrechtl. Ermittlungen; Dt. Bahn bei interner Untersuchung u. Anpassung Compliance-System; internat. Forstwirtschaftsunternehmen bei interner Untersuchung bei chin. Tochter, u.a. wg. Korruption; Unilever zu Produkt-Compliance u. LkSG; Maschinenbauer zu GWG-Compliance; Verpackungshersteller bei Implementierung von Compliance-Richtlinien in Europa; Halbleiterhersteller zu Compliance-Richtlinien; Industrieverband, Systemgastronom ww. zu LkSG; internat. Pharmaunternehmen, Themenparkbetreiber zu Scheinselbstständigkeit; europ. Gruppe aus dem IT-Sektor, Onlinehändler, Kfz-Zulieferer zu datenschutzrechtl. Compliance, teilw. auch Audits u. zu Cybervorfällen; Borg Warner regelm., inkl. Aufbau v. europ. Hinweisgebersystem.

Compliance: für Teilbereiche empfohlene Kanzleien

Altenburg (München)
Arbeitsrecht

Arqis (Düsseldorf)
Arbeitsrecht

Avocado (Köln)
Umweltrecht

Dentons (München)
Arbeitsrecht

Fieldfisher (Düsseldorf)
Kartellrecht

Flick Gocke Schaumburg (Bonn)
Steuerrecht, *Wirtschafts- und Steuerstrafrecht*

Glade Michel Wirtz (Düsseldorf)
Kartellrecht

GND Geiger Nitz Daunderer (München)
Gesundheitswesen

Greenfort (Frankfurt)
Arbeitsrecht

GvW Graf von Westphalen (Hamburg, München)
Außenhandel, Exportkontrolle, Zoll-Compliance

Dr. Kai Hart-Hönig (Frankfurt)
Wirtschafts- und Steuerstrafrecht

Knierim & Kollegen (Mainz)
Wirtschafts- und Steuerstrafrecht

KNPZ Rechtsanwälte (Hamburg)
Datenschutz (*IT-Recht u. Datenschutz*)

Lindenpartners (Berlin)
Bank- u. Bankaufsichtsrecht

Rödl & Partner (Nürnberg)
Steuerrecht

Fortsetzung nächste Seite

ESCHE SCHÜMANN COMMICHAU

Compliance-Untersuchungen ★

Bewertung: Die Hamburger MDP ist ein Paradebeispiel dafür, wie sich mittelständ. Kanzleien die Compliance-Beratung erschließen. Schon vor Jahren fiel sie mit internen Untersuchungen bei Hempel u. der Elsflether Werft in der Gorch-Fock-Affäre auf. Seitdem ist die Arbeit facettenreicher geworden: Urspr. immer wieder kartellrechtl. geprägt, definiert ESC das Beratungsfeld heute fachübergreifend u. multidisziplinär. Regelm. ist sie so bei mittelgr. internen Untersuchungen gefragt. Entspr. ihrer überwiegend mittelständ. Klientel ist sie ebenfalls präventiv intensiv tätig, sei es zum LkSG, dem AgrarOLkG oder in Ombudsfunktion. Über diese präventive Arbeit nähert sie sich auch der ESG-Compliance, für die sie ein breit aufgestelltes Team etabliert hat. Engelhoven, der sich v.a. in Norddtl. einen exzellenten Ruf erarbeitet hat, leitet auch dieses Team. Dass im Gesamtbereich 1 Eq.-Partner u. 1 Sal.-Partnerin ernannt wurden, zeigt, wie entschlossen ESC das Beratungsfeld weiterentwickelt hat.

Anwaltszahlen: Angaben der Kanzleien, wie viele Anwälte zu mind. ca. 50 % in diesem Gebiet tätig sind. Sie spiegeln nicht zwingend die Gesamtgröße einer Kanzlei wider.

Compliance: für Teilbereiche empfohlene Kanzleien

Fortsetzung

Sernetz Schäfer (München, Düsseldorf)
Bank- u. Bankaufsichtsrecht

Simmons & Simmons (Düsseldorf)
Arbeitsrecht

SZA Schilling Zutt & Anschütz (Mannheim, Frankfurt)
Gesellschaftsrecht

Taylor Wessing (Frankfurt, Hamburg, Düsseldorf, München)
IT-Recht u. Datenschutz, Arbeitsrecht Exportkontrolle

Trebeck & von Broich (Köln)
Arbeitsrecht

Tsambikakis & Partner (Köln)
Wirtschafts- und Steuerstrafrecht

VBB Rechtsanwälte (Düsseldorf)
Wirtschafts- und Steuerstrafrecht

Wessing & Partner (Düsseldorf)
Wirtschafts- und Steuerstrafrecht

Die Auswahl von Kanzleien und Personen in Rankings und tabellarischen Übersichten ist das Ergebnis umfangreicher Recherchen der JUVE-Redaktion. Sie ist in 2erlei Hinsicht subjektiv: Die Aussagen der befragten Quellen sind subjektiv u. spiegeln deren Erfahrungen u. Einschätzungen. Die JUVE-Redaktion wiederum analysiert die Rechercheergebnisse unter Einbeziehung ihrer eigenen Marktkenntnis. Der JUVE Verlag beabsichtigt keine allgemeingültige oder objektiv nachprüfbare Bewertung. Es ist möglich, dass eine andere Recherchemethode zu anderen Ergebnissen führt. Innerhalb einzelner Gruppen in Rankings und tabellarischen Übersichten sind Kanzleien und Personen alphabetisch sortiert.

Stärken: Compliance-Beratung im Mittelstand u. im Handel; MDP-Ansatz
Oft empfohlen: Dr. Philipp Engelhoven („verlässl., kluger Taktiker", Wettbewerber)
Team: Kernteam: 4 Eq.-Partner, 1 Sal.-Partnerin, 5 Associates; zzgl. StB/WP
Schwerpunkte: Präventive u. repressive Beratung, inkl. interner Untersuchungen; inhaltl. Schwerpunkte Kartell-, ▷*Vergabe-*, ▷*Gesellschafts-* u. ▷*Arbeitsrecht* sowie Prozessführung. Auch Außenhandel u. Vertrieb. Strafrecht regelm. in Kooperation mit hanseat. Boutiquen.
Mandate: Reederei bei interner Untersuchung wg. Vorwurf des ‚Beachings'; Jebsen & Jessen bei Compliance-Programm; J. J. Darboven bei Compliance-Audit; mittelständ. Maschinenbauer wg. Verstoß gg. Russland-Sanktionen, inkl. Selbstreinigung; in Projekten: Zajadacz, Veolia, Otto, Immugenetics, Lübecker Hafen; regelm. RTG (v.a. Kartell), HHLA, Herose u. Gobber (beide inkl. Hotline), Henssler Food Concepts (u.a. Vertriebs-Compliance u. arbeitsrechtl.), DFKI Dt. Forschungszentrum für künstl. Intelligenz; Stadtwerk als Ombudsfunktion.

FRESHFIELDS BRUCKHAUS DERINGER

Compliance-Untersuchungen ★★★★★
Bewertung: Die Compliance-Praxis hat sich inzw. fest an der Marktspitze etabliert u. demonstriert einmal mehr, wie befruchtend eine intensive Verzahnung zw. verschiedenen Praxisgruppen ist. So war sie erneut – u.a. wg. ihrer anerkannten IT- u. Datenschutzpraxis – bevorzugte Adresse, wenn Cyberangriffe Unternehmen lahmlegten. Wie nur wenige kann sie dabei die ganze Bandbreite an Beratung abdecken, die vonnöten ist – angefangen bei der Durchforstung von riesigen Datenmengen bis hin zu Litigation. Bei Ersterem profitiert sie sowohl von ihrer inzw. langj. Erfahrung, die die Dieselfälle brachten, als auch von ihrem frühen Engagement in Legal Tech, bei dem ihr allenfalls Hogan Lovells die Stirn bieten kann. Auch der anfangs im Markt argwöhn. beäugte Schritt, Strafrechtler zu integrieren, ist eine Erfolgsgeschichte u. Strafrecht nun fester Bestandteil bei internen Untersuchungen. Selbst MeToo-Mandate sind mittlerw. nirgendwo so prominent vertreten wie hier u. belegen ihr Ansehen im Arbeitsrecht bzw. ESG. Interne Untersuchungen, die FBD u.a. für Industriemandanten genauso wie für Techunternehmen u. zunehmend auch Finanzinstitute leitet, gehen dabei häufiger als früher vom Aufsichtsrat aus, zunehmend durch Whistleblower-Hinweise initiiert. Im Markt hat sich ihr tiefes Know-how herumgesprochen. Ein Wettbewerber lobt: „Gerade bei komplexen Investigations gibt es qualitativ u. menschlich keine bessere Wahl". Dass die Praxis inzw. auch immer wieder im Rahmen von parlamentar. Untersuchungsausschüssen gefragte Beraterin ist, rundet das Bild ab.
Stärken: Gut vernetzte Praxis, enge Zusammenarbeit mit ww. Büros.
Oft empfohlen: Prof. Dr. Norbert Nolte („bietet perfekte Beratung", Mandant; „prägender Akteur", „strateg. klug u. gut vernetzt", „hohe Fachkompetenz, professionell u. immer erreichbar", „kollegial", Wettbewerber; Technologie), Dr. Moritz Pellmann („ausgezeichnetes Projektverständnis, er denkt in Kategorien der Unternehmen", Wettbewerber), Dr. Simone Kämpfer („derzeit die Nummer 1", „führend bei Investigations", „ausgezeichnet u. sorgfältig, durchsetzungsstark u. immer auf den Punkt", „hoch kompetent", Wettbewerber), zunehmend: Dr. Daniel Travers „dogmat. hoch kompetent", „weitsichtig", „kollegial", Wettbewerber; beide Strafrecht)
Team: 24 Partner, 2 Counsel, 80 Associates, 2 of Counsel
Schwerpunkte: Interne Untersuchungen, meist internat., sowie präventive Beratung; internat. Praxis mit einheitl. Leitung u. struktureller Vernetzung (u.a. ▷*Kartell-*, ▷*Arbeitsrecht* u. Vergabe sowie ▷*M&A*, ▷*Konfliktlösung* sowie ▷*Wirtschaftsstrafrecht*, ▷*ESG* u. Außenhandel); Mandanten oft aus Bestand, zunehmend Dax-Unternehmen.
Mandate: EY umf. zu Compliance u. Strafrecht bzgl. Wirecard; Audi u. VW zu Dieselskandal; div. Finanzinstitute, u.a. in BaFin-Bußgeldverf.; Kfz-Hersteller wg. Compliance-Vorfall mit asiat. Geschäftspartner; Industrieunternehmen aus der Verpackungsindustrie präventiv für mögl. Cyberangriffe; Baustoffunternehmen wg. Cyberangriff u. Auswirkungen auf 80 Länder; Beratungsunternehmen u. Vermögensverwalter zu interner Untersuchung wg. MeToo; Kreditinstitut zur Vorbereitung auf Durchsuchungen; div. Unternehmen zu ESG-Compliance-Themen, einschl. Lieferkettenregelungen u. Menschenrechten; Kfz-Unternehmen bei Sachverhaltsaufklärung von Hinweisgeberfällen; Versicherer bei Überarbeitung der ww. internen Compliance-Vorschriften.

FS-PP BERLIN

Compliance-Untersuchungen ★
Bewertung: Die Kanzlei gilt als ausgewiesene Spezialistin für GWG-Compliance. Zwar bewegt sich eine Vielzahl der Mandate dabei im präventiv-organisator. Bereich, doch vertreten die Anwälte ebenso Unternehmen ggü. den Aufsichts- u. Ermittlungsbehörden. Weiter Fahrt aufgenommen hat daneben die Ombudstätigkeit: Mehr als 70 Unternehmen u. öffentl. Stellen setzen inzw. auf die Kanzlei, zuletzt kam u.a. Springer hinzu. Daneben prägen eine Reihe interner Untersuchungen u. klass. präventive Mandate die Arbeit. Auffällig ist weiterhin der gute Zugang zu öffentl. u. halböffentl. Unternehmen. Kaum eine andere Kanzlei verfügt über derart viel Erfahrung mit den Compliance-Bedürfnissen dieser Klientel. Bemerkenswert ist, wie es dem relativ kleinen Team gelingt, die Vielzahl von Dauermandaten u. anspruchsvolle interne Untersuchungen unter einen Hut zu bringen. Der Wechsel eines erfahrenen strafrechtl. Counsels zu Continental war schon mit Blick auf Kapazitäten ein Verlust.
Oft empfohlen: Dr. Niklas Auffermann („sehr versiert, gute Zusammenarbeit", Wettbewerber), Dr. Rainer Frank
Team: 4 Eq.-Partner, 1 Counsel, 8 Associates
Schwerpunkte: Vorwiegend präv. Beratung, oft Geldwäsche, einschl. Ombudstätigkeit; auch interne Untersuchungen; ▷*wirtschaftsstrafrechtl.* Erfahrung.
Mandate: Finleap connect, Deuter, Ortovox, Stabilo, Cosmetics bei Auf- u. Ausbau GWG-Compliance; Gewobag, VR Ventures lfd. zu GWG; Unternehmen des Baugewerbes bei Aufbau Compliance-System; Gebäudetechniker bei interner Untersuchung wg. Bestechung/Betrug durch Mitarbeiter; österr. Unternehmen bei Untersuchung von finanz. Unregelmäßigkeiten bei Projekt in Fernost; Medienkonzern bei Untersuchung div. Vorwürfe gg. einen GF; öffentl. Versorger wg. mögl. Fehlverhaltens eines Vorstands; Fintechunternehmen bei interner Untersuchung wg. mögl. Beihilfe zur Untreue u. der Geldwäsche durch Unternehmensverantwortliche; Autobahn GmbH, Kjellberg lfd. zu Datenschutz-Compliance; regelm., meist präventiv BIM, Toll Collect, TLG, Messe Berlin, Siltronic.

GIBSON DUNN & CRUTCHER

Compliance-Untersuchungen ★★★
Bewertung: Die angesehene Compliance-Praxis um Schwarz ist nach wie vor für namh. Mandanten im Einsatz. Ähnl. wie Morrison Foerster weiß sie ihre überaus engen US-Kontakte zu nutzen: So kann sie z.B. den Weggang eines frisch zum of Counsel ernannten Anwalts verkraften, der auf Exportkontrolle fokussiert war, denn diesen Teil der Beratung deckt sie nun mit einem anerkannten US-Kollegen ab. Der Marktentwicklung gemäß ist ESG auch bei GDC ein Beratungsfeld, das zuletzt viel Raum einnahm. Da die Praxis eng mit der Konfliktlösungspraxis kooperiert, die Schlagzeilen mit der ersten Klimaklage machte, ist sie, anders als manche Wettbewerber, dazu nicht nur präventiv eine gefragte Adresse. Ein großer, aber auch überfälliger Schritt war die Ernennung einer Partnerin. Damit demonstriert GDC die Relevanz der dt. Praxis im Gesamtgefüge der Kanzlei. Außerdem hat damit auch die dt. Partnerschaft endlich eine Frau in ihren Reihen.

Anwaltszahlen: Angaben der Kanzleien, wie viele Anwälte zu mind. ca. 50 % in diesem Gebiet tätig sind. Sie spiegeln nicht zwingend die Gesamtgröße einer Kanzlei wider.

Stärken: Ausgeprägtes US-Netzwerk, langj. Erfahrung im Osteuropa-Geschäft.
Oft empfohlen: Dr. Benno Schwarz („strateg. stark, versiert", „sehr klug u. sympathisch", Wettbewerber)
Team: 8 Partner, 13 Associates, 1 of Counsel
Partnerwechsel: Michael Walther (Ruhestand)
Schwerpunkte: Grenzüberschr. Arbeit in den Bereichen Prävention, Untersuchung u. FCPA, zudem Due Diligence im Rahmen von ▷*M&A* u. Beratung zu FATCA. Nahezu ausschl. Konzernberatung.
Mandate: Aufsichtsrat Allianz bei Einigung mit US-Behörden; Clariant bei interner Untersuchung wg. Bilanzunregelmäßigkeiten im Zshg. mit Rückstellungen u. Abgrenzungen (aus dem Markt bekannt); lfd. Daimler.

GLEISS LUTZ

Compliance-Untersuchungen ★★★★★

Bewertung: Die Praxis überzeugt immer wieder neue Mandanten von ihren Compliance-Kompetenzen, darunter auch Banken. Denen bietet sie breite Erfahrung mit nahezu allen Mandatskonstellationen, sei es Governance-Beratung, (internat.) interne Untersuchungen, Haftungsthemen oder Unternehmensverteidigungen. Während zivilrechtl. Streitigkeiten dank der hoch angesehenen ▷*Litigation*-Praxis schon lange ein Pfund sind, mit dem sich wuchern lässt, gewinnen Verteidigungen – ebenso wie andere Mandate mit straf- oder ordnungswidrigkeitsrechtl. Schwerpunkt – erst allmähl. an Bedeutung, was sich auch in der Ernennung von Skoupil zum Partner spiegelt. Vor diesem Hintergrund dürfte es ohne große Folgen bleiben, dass sich ein strafrechtl. erfahrener of Counsel in den Ruhestand verabschiedete. Die Praxis überzeugt nicht nur mit ihrem exzellenten Ruf im Markt, der Akzeptanz bei einschlägigen Behörden u. ihrem breiten Ansatz, sondern auch mit ihren bisherigen Erfolgen: So zieht das umfangr. Wirecard-Mandat Fintechs, aber auch klass. Banken u. andere Finanzdienstleister an – eine Branche, in der bisher abseits von Cum-Ex noch ein gewisser Nachholbedarf bestand. Im Infrastruktursektor gab es ebenfalls einen Erfolg: Das Mandat der Dt. Bahn hätten auch andere Großkanzleien gerne übernommen, und erste repressive Mandate im Zshg. mit den Russland-Sanktionen u. mit ▷*ESG* deuten an, dass GL bei den gerade aufblühenden Krisenthemen mit von der Partie sein wird.
Stärken: Breites fachl. Know-how auf hohem Niveau.
Oft empfohlen: Dr. Eike Bicker („fachl. ausgezeichnet", Wettbewerber), Dr. Christoph Skoupil („umf. Kenntnisse, zuverlässig, belastbar", Wettbewerber)
Team: Team ges.: 22 Partner, 5 Counsel, 38 Associates
Schwerpunkte: Untersuchungen (auch grenzüberschreitend, u.a. USA) u. ▷*gesellschaftsrechtl. Governance*, auch präventive Beratung. Traditionell starke ▷*kartellrechtl.* Bezüge, ▷*Arbeitsrecht* u. Kompetenz bei ▷*Außenwirtschaft*, ▷*IT-Recht und Datenschutz* u. im Strafrecht.
Mandate: Dt. Bahn bei Untersuchung des Unfalls in Burgrain u. Prüfung des Risikomanagementsystems; Insolvenzverwalter von Wirecard bei interner Untersuchung u. Prozessführung; Audit Committee von OMV bei Untersuchung von Pflichtverletzung durch Ex-CEO; Regiomed-Kliniken bei interner Untersuchung; Carl Zeiss Meditec, Thyssenkrupp zu Governance; Allianz AM zu Geldwäscheprävention; Merz Pharma, Puma präventiv.

GSK STOCKMANN

Compliance-Untersuchungen ★★

Bewertung: Immer besser ist das Compliance-Kernteam mit den anderen Praxen der Kanzlei vernetzt. Das zeigt sich in der Mandatierung durch Europa-Center u. einen Maschinenbauer – bislang Mandanten der Immobilien- bzw. öffentl.-rechtl. Praxis – ebenso wie darin, dass Compliance-Mandantin Süss nun auch auf die Kompetenzen eines hinzugestoßenen Kapitalmarktrechtlers in München zurückgreift. Die Beratung zur ESG-Compliance hat zugenommen, bewegt sich aber oft im Bereich Taxonomie. Insbes. Vertreter aus den Kernbranchen der Kanzlei – Finanzen u. Immobilien – suchen dabei Rat. Hier wie in der Geldwäscheberatung spielt das Bank- u. Finanzteam die zentrale Rolle, während das auch internat. gut vernetzte Compliance-Kernteam v.a. die präventiv-strukturelle Beratung sowie Risikoanalysen u. Audits abdeckt. Vereinzelte Untersuchungen sind hingegen eher in der Litigation-Praxis verortet. Diese Zersplitterung sorgt bei aller internen Vernetzung dafür, dass die Kompetenzen weiterhin schwer als Ganzes wahrzunehmen sind u. sich GSK entspr. schwer tut, ggü. klarer positionierten Wettbewerbern Boden gutzumachen.
Stärken: Interdisziplinärer Ansatz.
Oft empfohlen: Eric Mayer („internat. sehr gut vernetzt, angenehm im Umgang", Wettbewerber)
Team: 5 Eq.-Partner, 1 Sal.-Partner, 4 Counsel, 6 Associates, zzgl. Luxemburg
Schwerpunkte: Präventiv-organisator. Beratung, auch durch Übernahme der Gesamtfunktion u. Legal-Tech-Tools (u.a. für Geldwäsche- u. KYC-Projekte sowie Risikoanalysen); auch interne Untersuchungen; trad. stark im ▷*Aufsichtsrecht*, viel Erfahrung im Immobiliensektor.
Mandate: Europa-Center AG bei Aufbau Compliance-System; Medraxa, u.a. bei Geschäftspartnerprüfung; Olam bei gepl. Kauf eines dt. Unternehmen umf., auch bei Compliance Due Diligence; Tesla zu Datenschutz-Compliance u. Greenwashing-Vorwürfen; MLP zu LkSG; Rejuveron bei Aufbau Compliance-Management u. Risikoanalyse; Apogenix, Vetter Pharma, Lupin Atlantis, Vonovia, Süss Microtex regelm., u.a. bei Geschäftspartnerprüfung.

HENGELER MUELLER

Compliance-Untersuchungen ★★★★

JUVE AWARDS 2023
Kanzlei des Jahres für Compliance

Bewertung: Mit Mandaten bei Vonovia u. DWS untermauert die Compliance-Praxis ihren Anspruch, bei großen internen Untersuchungen mit von der Partie zu sein. Dabei lässt sie sich nicht auf eine Partei festlegen, berät bei DWS etwa den Vorstand, in einem Dax-Unternehmen hingegen den Aufsichtsrat. Bei dem zuletzt genannten Mandat positioniert sich HM nach der Allianz-Beratung zudem erneut in einem internat. Fall mit US-Bezug. In den Staaten kooperiert sie derzeit mit versch. Kanzleien. Wichtiger ist aber womögl. die Arbeit für DWS, steht dahinter doch ein prominenter Auftrag aus dem wichtiger werdenden ▷*ESG*-Bereich. Präventiv-organisator. Beratung steht hingegen auch weiterhin nicht unbedingt ganz oben auf der strateg. Agenda von HM. Fachl. deckt das Team allerdings inzw. alle relevanten Themen u. viele Branchen ab u. war entspr. intensiv bei den derzeit virulenten Themen Sanktionen u. LkSG gefragt. Die Erfahrung mit regulierungsnahen Problemen dürfte HM hier zu einer gesuchten Beraterin machen. Weiter aufgerüstet hat HM bei ihren Projektmanagementkapazitäten u. auch an der hauseigenen IT-Plattform weiter gefeilt, um komplexe Investigations effizient abzuwickeln. Hier sind ihr Freshfields oder Hogan Lovells aber noch eine Nasenlänge voraus.
Stärken: Sehr angesehene ▷*gesellschaftsrechtl.* Praxis.
Oft empfohlen: Dr. Daniel Weiß („klug, strateg. überzeugend, herausragend in Koordination komplexer Prozesse", Wettbewerber), Dr. Constantin Lauterwein („hoch kompetent", Wettbewerber), Prof. Dr. Wolfgang Spoerr
Team: 11 Partner, 3 Counsel, 41 Associates
Schwerpunkte: Untersuchungen, gelegentl. Beratung bei CMS-Aufbau u. -Prüfung, stark bei Governance-Beratung, Due Diligence im Rahmen von ▷*M&A*, Organhaftung, ▷*Kartellrecht*, Beratung im Umfeld regulierter Industrien, auch ▷*Straf-* u. ▷*Arbeitsrecht*.
Mandate: DWS bei interner Untersuchung zu ‚Greenwashing´; Vonovia bei interner Untersuchung; Dax-Konzern bei internat. Untersuchung von US-Vorfällen (mit US-Kanzlei); Washtec zu Compliance-Strukturen hinsichtl. LkSG; Industrieunternehmen bei Untersuchung u. Verteidigung in Bezug auf Lieferungen an russ. Rüstungsindustrie (mit US-Kanzlei); Bank bei Untersuchung von Unregelmäßigkeiten bei Corona-Hilfen; ww. tätiges Gesundheitsunternehmen bei behördl. Verf. wg. Produkt-Compliance; Anwaltskanzlei bei Implementierung von Compliance-System; Versicherer zu GWG; Versicherer zu Fremdpersonal, inkl. Untersuchung; Luxus-Hersteller zu LkSG-Compliance; Industrieunternehmen zu Geschäft in Russland u. EU-Sanktionen; internat. Großbank bei Untersuchung wg. Cum-Ex; weiterhin Unzer, Grenke, TÜV Süd, Robert Bosch wg. aktueller Vorwürfe.

HERBERT SMITH FREEHILLS

Compliance-Untersuchungen ★★

Bewertung: Asset Tracing ist der Bereich, für den die Compliance-Praxis um Seiler wie keine 2. im Markt steht. Davon abgesehen berät sie zur präventiven wie akuten Compliance auch strafrechtl. in ganzer Breite, z.B. zu Dauerbrennern wie Diesel u. Cum-Ex, sowie zu aktuellen Themen wie Lieferketten. Ähnl. gut wie etwa Gibson Dunn ist sie mit den internat. Büros vernetzt, sodass von dort immer wieder Mandate nach Dtl. gespült werden, wie ein austral. Chemieunternehmen. Gleichz. setzt sich die Praxis auch in Ausschreibungen gg. Wettbewerber durch, sodass sie stetig, aber nicht mit großen Schritten ihren Wirkungskreis erweitert.
Stärken: Langj. Erfahrung v.a. im Asset Tracing, eigenes Forensikteam.
Oft empfohlen: Dr. Dirk Seiler („äußerst fokussiert u. effektiv; absoluter Fachmann bei Unternehmensverteidigung u. internen Untersuchungen", „sehr erfahren, kompetent u. praxisnah", „sehr durchschlagskräftig", Wettbewerber)
Team: 1 Partner, 1 Counsel, 5 Associates, zzgl. Forensiker
Schwerpunkte: Unternehmen als potenziell Geschädigte, etwa bei Verrat von Betriebsgeheimnissen, inkl. Asset Tracing u. ggf. Prozessführung. Auch Präventivberatung u. Untersuchungen. Wiederbeschaffung auch für namh. Insolvenzverwalter.

Anwaltszahlen: Angaben der Kanzleien, wie viele Anwälte zu mind. ca. 50% in diesem Gebiet tätig sind. Sie spiegeln nicht zwingend die Gesamtgröße einer Kanzlei wider.

Mandate: Internat. Luftfahrtunternehmen präventiv zu Korruption; lfd. Microsoft Dtl. zu Compliance, u.a. im Verf. wg. Betrug u. Urheberrechtsverletzung; Kfz-Hersteller bei interner Untersuchung wg. Dieselskandal; dt. Medizintechnikunternehmen wg. Verletzung von Geschäftsgeheimnissen gg. ehem. Mitarbeiter; Softwareentwickler bei interner Untersuchung wg. Untreue u. Geldwäsche eines ehem. Mitarbeiters; Kfz-Hersteller wg. Korruption u. Untreue; internat. Investmentbank zu Cum-Ex; austral. Chemieunternehmen wg. Diebstahl; Technologieunternehmen wg. Verrat von Betriebs- u. Geschäftsgeheimnissen.

HEUKING KÜHN LÜER WOJTEK

Compliance-Untersuchungen ★★

Bewertung: Die Compliance-Praxis u. die ▷*wirtschaftsstrafrechtl.* Praxis sind bei HKLW eng miteinander verwoben – v.a. durch den anerkannten Strafrechtler Szesny, der für beide Bereiche steht. Die interne Vernetzung schreitet weiter voran: Sie funktioniert trad. mit den Steuerrechtlern, aber z.B. auch mit den Arbeitsrechtlern. Letztere belegen Mandate eines Logistikers u. die eines Reifenherstellers. Rechtzeitig gründete HKLW zudem Gruppen, die sich fachübergr. mit den relevanten aktuellen Themen wie Außenwirtschaftsrecht, ESG u. Cybercrime beschäftigen – eine Organisation, mit der sie sich von den meisten Wettbewerbern abhebt. Das im Vorjahr entwickelte Hinweisgebersystem kurbelte v.a. die präventive Beratung weiter an u. dürfte in ihrer Stammklientel, dem Mittelstand, weiteres Potenzial bieten. Personell gehört das Team zu den stabilsten Einheiten. Dass Stauder mittlerw. deutl. im Markt wahrgenommen wird, ist ein Zeichen für eine erfolgr. Nachwuchspolitik.

Oft empfohlen: Dr. André-Marcel Szesny („greift Themen proaktiv auf", „jurist. kreativ, professionell", „strateg. denkender Teamplayer", „hervorragender Kopf, guter Unternehmensverteidiger", „erste Adresse", „großartige Expertise", Wettbewerber), Dr. Susanne Stauder („durchsetzungsstark, klug, kollegial u. starke Persönlichkeit", „immer verfügbar", „hoch professionell", Wettbewerber)

Team: 5 Eq.-Partner, 5 Sal.-Partner, 4 Associates

Schwerpunkte: Präventive u. strukturelle Beratung, auch Untersuchungen, oft im Mittelstand; Fokus oft strafrechtlich.

Mandate: Logistiker bei interner Untersuchung wg. Korruption; Reifenhersteller bei interner Untersuchung wg. MeToo; Maschinenbauunternehmen im Zshg. mit Verf. der Weltbank wg. Korruption; Fußball-Bundesligist bei interner Untersuchung wg. MeToo; Maschinenbauer bei Untersuchung mögl. Geheimnisverrats durch GF; IT-Dienstleister wg. Untreue u. Steuerhinterziehung; Kanzlei zu GWG-Compliance; Handelskonzern geldwäscherechtlich.

HOGAN LOVELLS

Compliance-Untersuchungen ★★★★

Bewertung: In der Kfz-Industrie ist die Compliance-Praxis, die weiter Richtung Marktspitze strebt, fest verdrahtet. Eine erneute Erweiterung ihres Industriemandatportfolios, zu dem u.a. Porsche zählt, ist ablesbar an einer internen Untersuchung, für die Vitesco HL (gemeinsam mit SZA) ins Boot holte. Umfangr. Untersuchungen kann die Praxis auch deswegen abwickeln, weil sie zahlenmäßig mit zu den größten u. stetig wachsenden Teams im Markt zählt u. neben Freshfields die Einheit ist, die früh u. umfangr. in Legal Tech investierte. Gleichz. ist das Team um den angesehenen Lach für mehrere Finanzinstitute in Sachen Cum-Ex tätig. Durch die mittlerw. abgeschl. interne Untersuchung für Currenta war sie bei ESG-Themen früh gefragt. Dass die Kanzlei ESG als zentrales Zukunftsthema identifiziert hat, ist auch an der Partnerernennung eines Anwalts ablesbar, der sich darauf fokussiert. Neu ist zudem, dass auch Mandanten aus der Start-up-Szene Berlins sich an die Praxis wenden: Ein im verg. Jahr neu gewonnener Counsel kann hier erste Erfolge verbuchen. HL hat somit einen gewissen Trend früh erkannt, da immer mehr Geldgeber der Start-ups hinsichtl. Compliance Druck aufbauen.

Stärken: Breite Branchenabdeckung, u.a. Kfz u. Pharma.

Oft empfohlen: Dr. Sebastian Lach („sein Projektmanagement ist einfach klasse", „international

Anwaltszahlen: Angaben der Kanzleien, wie viele Anwälte zu mind. ca. 50 % in diesem Gebiet tätig sind. Sie spiegeln nicht zwingend die Gesamtgröße einer Kanzlei wider.

stark", „einfach der Beste im Bereich Automotive", „strukturiert, kollegial", Wettbewerber), zunehmend Désirée Maier („zuverlässig, versiert, schnell", „gründlich u. kompetent", Wettbewerber)
Team: 7 Partner, 7 Counsel, 51 Associates
Schwerpunkte: Interne Untersuchungen; auch präventiv/strukturell tätig; industriegeprägte US-Praxis; Beratung zu Abwehr von Organhaftungsansprüchen. Anerkannte Kompetenz in Produkthaftung (▷*Konfliktlösung*) u. ▷*Vertriebsrecht*. Zudem ▷*Arbeitsrecht*, ▷*ESG*.
Mandate: Amedes zur Implementierung eines Hinweisgebersystems; AtlasEdge bei der Übernahme von Datacenter One; Cariad SE zu div. Compliance-Themen u. Risikoanalyse; Currenta im Zshg. mit dem Explosions- u. Brandereignis; Porsche bei internen Untersuchungen, einschl. ww. Koordination der Behördenkommunikation u. Verteidigung gg. zivilrechtl. Schadensersatzklagen; Medela zur Einführung eines ww. Compliance-Systems; Obi zu LkSG; ProSiebenSat.1 Media zu Hinweisgebersystem; Svevind im Zshg. mit Wasserstoffprojekt zu Business Partner Code of Conduct u. KYC; Vitesco Technologies zu interner Untersuchung wg. Diesel.

JONES DAY

Compliance-Untersuchungen ★

Bewertung: Die Compliance-Praxis hat sich wieder eine gewisse Präsenz im Markt erarbeitet. Nach dem Debakel bei VW 2015 mit der anschließenden Durchsuchung der Kanzlei schien sie eine Weile das Beratungsfeld Compliance ad acta gelegt zu haben. Diesen Eindruck hat sie revidiert – auch Dank des anerkannten Partners Preute. Dabei bleibt JD ihrem Prinzip treu, ww. Anwälte für die jew. Mandate zusammenzuziehen, wodurch sie auch umfangr. u. internat. interne Untersuchungen gut bewerkstelligen kann. V.a. für ihre Industriemandanten arbeitet die Praxis regelm. mit den kartell-, arbeits- u. datenschutzrechtl. Praxen zusammen. Wichtig ist zudem die Compliance-Beratung bei Transaktionen, die immer öfter einen ESG-Schwerpunkt haben, wie etwa bei Hynamics Dtl. bei Gründung eines Joint Ventures für grünen Wasserstoff u. E-Methanol.
Stärken: Starke Vernetzung mit den internat. Büros
Oft empfohlen: Dr. Thomas Preute („sehr strukturiert u. professionell", Wettbewerber)
Team: 1 Eq.-Partner, 1 Counsel, 2 Associates, 2 of Counsel
Schwerpunkte: Umfangr. interne Untersuchungen, regelm. internat. sowie präventive Beratung; enge Zusammenarbeit mit Datenschutz, Kartell- u. Arbeitsrecht u. Steuern.
Mandate: Energieunternehmen lfd.; Ahlström Capital bei Kauf von Bast Fibre Technologie; Ansys bei Kauf von DYNAmore; Hynamics Dtl. bei Gründung eines Joint Ventures für grünen Wasserstoff u. E-Methanol; asiat. Kfz-Hersteller zu LkSG; FleetCor Technologies bei Kauf von Plugsurfing.

KAPELLMANN UND PARTNER

Compliance-Untersuchungen ★

Bewertung: Die Compliance-Beratung bei KuP wird allmähl. deutlicher von der Kernbranche der Kanzlei beeinflusst. Gerade im Bausektor stehen immer wieder Fragen von Selbstreinigung u. Vergabesperren im Vordergrund, aber auch die arbeitsrechtl. Compliance ist gefragt. Hier zeigt sich, dass der Druck auf die Branche, ihre Bemühungen zu intensivieren, nicht zuletzt dank LkSG, ESG-Taxonomie u. GWG steigt. Ganz überwiegend bewegen sich Compliance-Mandate im präventiven Bereich u. prägend bleiben kartell- u. vertriebsrechtl. Fragen. Das strafrechtl. Team hat sich inzw. jedoch wieder stabilisiert, u. es scheint gut möglich, dass sich der Zugang aus dem Vorjahr im Markt einen Namen macht. Das könnte die akute Compliance-Beratung beflügeln u. hat bereits dazu geführt, dass die Individualverteidigung zugenommen hat.
Team: 9 Eq.-Partner, 7 Sal.-Partner, 2 Associates
Schwerpunkte: Mandate oft kartell- u. vertriebsrechtl. orientiert, aber auch Geldwäsche u. Arbeitsrecht. Breites Angebot von Schulung u. Organisation, auch Individualverteidigung.
Mandate: Div. Baukonzerne zu arbeitsrechtl. Compliance; Direktvertrieb zu Vertriebs-Compliance; Cook regelm., auch Schulungen; Bio-Einzelhandelskette zu Vertriebs- u. Kartell-Compliance; große med. Einkaufsgemeinschaft zu Healthcare-Compliance; Immobiliendienstleister, u.a. bei Vorbereitung Zertifizierung; Eventveranstalter bei Compliance-Audit; Immobilienverwalter in der chem. Industrie bei Überprüfung Compliance-System; Industriekonzern bei Implementierung CMS; internat. TV-Produktionsunternehmen präventiv zu Durchsuchungen; Elektrozulieferer zu umweltrechtl. Compliance; internat. Logistiker zu strafrechtl. Compliance; internat. Bekleidungshersteller zu Korruptionsprävention; Mischkonzern, u.a. zu Geldwäsche-Audits; regelm. Flughäfen München u. Düsseldorf, Fresenius, Fresenius Kabi, Thyssenkrupp u. div. Töchter kartellrechtlich.

LATHAM & WATKINS

Compliance-Untersuchungen ★★

Bewertung: Die Kernmannschaft der Compliance-Praxis besteht aus Mitgliedern der Praxisgruppen White Collar, ▷*Datenschutz* u. ▷*Gesellschaftsrecht*, die je nach Mandat Anwälte aus dem Arbeitsrecht u. Konfliktlösung, aber auch Restrukturierung hinzuziehen. Diese interne Vernetzung klappt immer besser, was ein Mandat zeigt, das mit einer internen Untersuchung begann, letztl. dann aber mit Restrukturierern u. Konfliktlösern zusammen bearbeitet wurde. Auffallend ist zudem, dass die Praxis ihr Netzwerk auch in dt. Unternehmen ausbaut, wo sie häufiger direkt vom Aufsichtsrat mandatiert wird. Dass sie auch für Mandate mit regulator. Hintergrund mittlerw. zum Zuge kommt, ist eine Entwicklung, die noch vor wenigen Jahren schwer vorstellbar war. Im Markt wird L&W nach wie vor v.a. wegen ihres Einsatzes bei Transaktionen wahrgenommen. Das bleibt zwar eine wichtige Säule des Geschäfts, ist aber längst nicht mehr die einzige.
Stärken: Gute Verbindungen zum US-Netzwerk.
Oft empfohlen: Dr. Thomas Grützner („professionelle Unternehmensvertretung", Wettbewerber), Tim Wybitul („fachl. ausgezeichnet", „absoluter Fachmann für komplexe Verfahren u. Bußgeldthematiken", „unglaubl. visibel zum Thema Bußgelder", „Spezialist für komplexe Datenschutzfragen", „sehr gut vernetzt", „herausragend", Wettbewerber; Datenschutz)
Team: 12 Partner, 6 Counsel, 17 Associates
Schwerpunkte: Interne Untersuchungen, regelm. internat. sowie präventive Beratung; zunehmend miteinander verzahnte Praxis, auch ▷*Arbeitsrecht*; Mandanten oft aus dem Netzwerk, Dax-Unternehmen.
Mandate: Strabag zu interner Untersuchung im Zshg. mit Vergabeverf.; Credit Suisse wg. Geldwäsche- u. Korruptionsvorwürfen; Dt. Wohnen wg. DSGVO-Bußgeldbescheid; Bregal-Portfoliounternehmen Actico bei Kauf einer Mehrheitsbeteiligung an Fact Informationssysteme u. Consulting; Partnersgroup beim Kauf einer Mehrheitsbeteiligung an Cloudflight; EMZ beim Kauf einer Mehrheitsbeteiligung an Aspire Education; ADAC lfd., u.a. zu Corporate Governance.

LINKLATERS

Compliance-Untersuchungen ★★★★

Bewertung: Zur Arbeit der angesehenen Compliance-Praxis gehören umfangr. nationale wie grenzüberschr. interne Untersuchungen genauso wie die Beratung zu aktuellen Themen wie Sanktionen u. Exportkontrolle sowie zu ESG u. LkSG. Ein Bsp. dafür ist VW, der Linklaters beim Russland-Ausstieg zur Seite stand. Viele Mandate zu ESG u. LkSG spielen zwar noch hauptsächl. auf präventiver Ebene, allerdings dürfte die Praxis damit gut gerüstet sein, wenn derart gelagerte Fälle akut werden. Denn das Team schlägt nachhaltig Kapital aus der Tatsache, dass es wie kaum eine Wettbewerberin in den Vorstandsetagen namh. Mandanten ein- u. ausgeht. Governance-Beratung, sowohl bei Finanzinstituten, aber auch bei Industriemandanten, steht im Mittelpunkt – nicht zuletzt, weil auch der visibelste Kopf der Praxis, Wilsing, hierfür hohes Ansehen genießt. Anders als bei Hogan Lovells setzt Linklaters aber darauf, dass ihre Anwälte sich nicht ausschl. mit Compliance beschäftigen, sondern ihren urspr. Schwerpunkt wie Gesellschaftsrecht, Steuer- oder Kartellrecht weiterhin verfolgen u. die Compliance-Teams ad hoc zusammengezogen werden. Das gelingt, ähnl. wie bei Hengeler, immer besser, kann aber an Freshfields Organisationsgrad noch nicht herankommen.
Stärken: Viel Erfahrung bei internat. Untersuchungen.
Oft empfohlen: Dr. Hans-Ulrich Wilsing („bester Corporate-Gegenanwalt", „exzellent, sehr gut vernetzt, sein Wort hat auch in Vorständen u. Aufsichtsräten Gewicht", Wettbewerber; Corporate), zunehmend: Dr. Kerstin Wilhelm
Team: 14 Partner, 3 Counsel, 7 Associates
Schwerpunkte: Strukturierte Praxis mit Schwerpunkt auf ▷*Konfliktlösung*, zudem ▷*Kartellrecht*, Steuer-, ▷*Arbeits-* u. ▷*Gesellsch.recht*, ▷*ESG*. Beratung v.a. zu Untersuchungen bei Konzernen. Mandanten u.a. Banken, Versicherer u. Technologieunternehmen.
Mandate: VW bei Russland-Ausstieg; Dt. Oppenheim Family Office bei Ansprüchen aus Organhaftung; Porsche zu kartellrechtl. Compliance u. zu Projekten bzgl. der Compliance-Organisation; Landis + Gyr zu allg. Compliance-Fragen; VW zu kartellrechtl. Compliance in Zshg. mit E-Mobilität u. zu chin. Joint Ventures. Lfd. Beiersdorf, Revlon, SGL Carbon, Ströer, Tesa.

MCDERMOTT WILL & EMERY

Compliance-Untersuchungen ★★

Bewertung: Die Compliance-Praxis von MWE ist national wie internat. stark gewachsen, allerdings noch in einer gewissen Findungsphase. In Dtl. kamen im Herbst 2022 3 in Compliance-Themen sehr erfahrene Anwälte, darunter der anerkannte u. gut vernetzte Hünermann von Reed Smith, aber auch das Kartellteam wurde erweitert. Abgerundet wird das strateg. Wachstum mit einer angesehenen Quereinsteigerin in Frankreich. Für eine US-Kanzlei

Anwaltszahlen: Angaben der Kanzleien, wie viele Anwälte zu mind. ca. 50% in diesem Gebiet tätig sind. Sie spiegeln nicht zwingend die Gesamtgröße einer Kanzlei wider.

kommt dieses Engagement zwar spät, doch es zeigte sich jedenfalls in Dtl. rasch, welches Potenzial die breite inhaltl. Aufstellung bietet. Ein erstes großes Mandat führte bereits Compliance, Arbeits- u. Kartellrechtler zusammen, und auch die internat. Verzahnung gelang schnell.
Oft empfohlen: Rolf Hünermann („zuverlässig, punktgenau u. praxisrelevant; hervorragendes Gespür für Risiken u. Unwägbarkeiten", Mandant)
Team: insges. 9 Eq.-Partner, 1 Counsel, zzgl. Associates
Partnerwechsel: Rolf Hünermann, Dr. Philip Schmidt (beide von Reed Smith)
Schwerpunkte: Beratung präventiv/strukturell, auch akut bei internen Untersuchungen, zudem Compliance Due Diligence. Erfahrung im ▷*Gesundheitswesen* u. ▷*Kartellrecht*. Internat. Netzwerk.
Mandate: Ascendis Pharma bei Markteintritt in Dtl.; Axa bei Aufbau eines Compliance-Systems um Gesundheitsplattform DHP; börsennot. Transportzulieferer bei div. Projekten, Compliance-Zertifizierung u. internat. Untersuchung; Lifespin bei Aufbau Compliance-System; global tätiger Immobilieninvestmentmanager zu div. Compliance-Fragen, inkl. ESG; Private-Equity-Haus bei Untersuchung von Vorfällen in Portfoliogesellschaft; internat. Pharmakonzern zu Haftungsrisiken u. Nachjustierung im Zshg. mit ESG-Risiken; börsennot. Immobilienverwalter bei Aufarbeitung von Vorgängen bei Kapitalerhöhung u. Transaktion.

MORRISON & FOERSTER

Compliance-Untersuchungen ★★

NOMINIERT
JUVE Awards 2023
Kanzlei des Jahres für Compliance

Bewertung: Die kleine, aber stetig wachsende Compliance-Praxis um Steinmeyer baut ihr Geschäft sukzessive auf. Im Fokus bleibt die Organberatung: Langj. setzt bspw. der Aufsichtsrat von Daimler zur Dieselthematik auf M&F. Doch das Beratungsspektrum des Teams hat seine Erfahrungen mittlerw. deutl. erweitert u. berät umfängl. operativ etwa zu virulenten ESG-Themen, speziell zum LkSG oder zu Menschenrechtsstandards. Zuletzt holte sich der Aufsichtsrat eines Technologieunternehmens Rat wg. Compliance-Verstößen im Unternehmen. Ähnl. wie bei Gibson Dunn ist das dt. Compliance-Team von M&F integraler Bestandteil der US-White-Collar-Gruppe u. arbeitet entspr. eng zusammen, teilw. unter US-, teilw. unter dt. Federführung. Dass sich die Kanzlei auch langfristig zur Compliance-Beratung bekennt, belegt die Personalpolitik: Nach 2 Counsel-Ernennungen im Vorjahr folgte nun eine Partnerernennung. Für eine verhältnismäßig kleine US-Kanzlei in Dtl. ist das ein bemerkenswerter Schritt.
Stärken: Gute Verbindungen in die US-Büros.
Oft empfohlen: Dr. Roland Steinmeyer
Team: 3 Eq.-Partner, 2 Counsel, 3 Associates
Schwerpunkte: Prävention, Untersuchungen sowie Vorstandshaftung.
Mandate: Daimler-Aufsichtsrat wg. Dieselskandal; Aufsichtsrat eines Technologieunternehmen zu mögl. Compliance-Verstößen; Vorstand eines Finanzdienstleisters bei interner Untersuchung u. Untersuchung der Finanzmarktaufsicht; Bekleidungshersteller bei behördl. Verf. wg. Einsatz von Zwangsarbeit bei Zulieferern in ww. Lieferkette; Bekleidungshersteller zu LkSG; umf. Hamburg Commercial Bank u. Helaba; NGO zu humanitären Projekten in Syrien; Technologieunternehmen bei interner Untersuchung wg. Zahlungen an Drittdienstleister.

NOERR

Compliance-Untersuchungen ★★

Bewertung: Wie bei anderen Kanzleien auch, sorgten das LkSG u. die EU-Sanktionen in der Compliance-Praxis für eine Reihe von Mandaten, sowohl präventiv als auch für interne Untersuchungen. Die Kanzlei stellte ein ESG-Kompetenzteam auf, das sich insbes. der LkSG-Fragen annahm. Bemerkenswert daran ist, dass eine Sal.-Partnerin bereits beginnt, sich bei diesem Thema im Markt zu profilieren. Techn. flankiert wird die Beratung bei Compliance-Mandaten mit einer individualisierbaren Review-Plattform, aber auch Tools für Fremdpersonal u. Lieferketten. Weiterhin spielen die Stärken in der Produkthaftung u. im Außenhandel eine wichtige Rolle. Aus beiden Praxen kommen immer wieder Compliance-Themen in die Kanzlei. Mit einem Quereinsteiger soll nun auch Tax-Compliance angegangen werden. So bietet Noerr glaubwürdig Compliance-Full-Service. Das Compliance-Kernteam, obwohl früh aufgesetzt, tut sich allerdings wohl auch aufgrund der Diversität der Gesamtpraxis schwerer als das von Gleiss, sich ein starkes Profil zu erarbeiten.
Stärken: Einheitl. Koordination, konsequenter fachübergreifender Ansatz.
Oft empfohlen: Dr. Christian Pelz (Strafrecht), Dr. Sophia Habbe, Dr. Torsten Fett
Team: insges. 16 Eq.-Partner, 17 Sal.-Partner, 4 Counsel, 12 Associates
Partnerwechsel: Andre Happel (von Fieldfisher)
Schwerpunkte: Breiter Beratungsansatz, der von Prävention über Strukturberatung bis zur Begleitung in Ermittlungsverfahren reicht. Starke Praxen für ▷*Außenwirtschaft*, ▷*Konfliktlösung* (u.a. Produkthaftung), ▷*Kartellrecht*, ▷*Wirtschafts- u. Steuerstrafrecht*, ▷*ESG*, Datenschutz (▷*IT-Recht u. Datenschutz*) u. ▷*Arbeitsrecht*.
Mandate: Förderbank wg. aufsichtsrechtl. Vorwürfe, auch arbeitsrechtl.; Hertha BSC wg. mögl. Beeinflussungskampagne; Kfz-Zulieferer zu LkSG-Compliance; Maschinenhersteller bei Untersuchung zu Russland-Sanktionen u. Optimierung Compliance-System; Bosch-Gruppe zu Exportkontrolle u. Sanktionen; Vermögensverwalter bei Untersuchung zu ESG-Themen; Vermögensverwalter bei Untersuchung von Verleumdungsvorwürfen; Dax-Unternehmen bei Untersuchung von Fehlverhalten von Führungskräften; Kommunikationsagentur zu Datenherausgabeverlangen; Energieversorger bei Untersuchung von Verdacht des Missbrauchs von Geschäftsgeheimnissen; Metallverarbeiter wg. Vorwürfen zur Rechnungslegung (mit Noerr-WP); Verkehrsunternehmen zu Selbstreinigung; Werkzeughersteller, Versicherung zu Fremdpersonal; SDax-Unternehmen bei Untersuchung von mögl. Verstößen gg. Russland-Sanktionen.

NORTON ROSE FULBRIGHT

Compliance-Untersuchungen ★

Bewertung: Die Compliance-Praxis um Strafrechtler Cappel hat sich weiter etabliert. Die inzw. solide Vernetzung innerh. der internat. NRF-Praxis trägt dem Team attraktive Mandate zu, doch ist das in die Disputes-Praxis eingebettete Kernteam hierauf nicht angewiesen. Gefragt sind die Anwälte bei internat. Untersuchungen u. in der Unternehmensverteidigung inzw. ebenso selbstverständl. wie bei präventiven Mandaten u. Risikoanalysen. Personell kam eine Verstärkung im Vorjahr genau zur rechten Zeit: Die Kompetenz eines Russland-erfahrenen Counsels war insbes. bei der Beratung zum LkSG, zu Menschenrechten u. zu Sanktionen gefragt. Damit öffnet sich das Team auch die Tür zu ESG-Mandaten u. hat den Fuß bei einigen namh. Industriemandanten bereits in der Tür.
Oft empfohlen: Dr. Alexander Cappel („tiefe Kenntnis des LkSG, hoher Grad an Erfahrung, gute Risikoabschätzung, hervorragend vernetzt", „hat mich schlicht überzeugt", Mandanten; „kluger Stratege, beherrscht komplexe Angelegenheiten", Wettbewerber)
Team: 1 Eq.-Partner, 3 Sal.-Partner, 1 Counsel, 7 Associates
Schwerpunkte: Fokus oft strafrechtl.; interne Untersuchungen, auch präventiv, viel Finanzierer u. Versicherer, auch Industriemandanten, regelm. gemeinsam mit den ▷*gesellschafts-*, steuer- u. kartellrechtl. Praxen.
Mandate: Ausl. Rohölhändler zu Russland-Sanktionen; dt. Kfz-Zulieferer bei ww. geldwäscherechtl. Risikoanalyse u. Implementierung einer globalen Geldwäscherichtlinie; internat. Industrieunternehmen bei Untersuchung von mögl. Fehlverhalten im Rahmen eines Vergabeverfahrens in Tschechien; Luftfahrtkonzern bei geldwäscherechtl. Risikoanalyse; internat. Pharmakonzern bei LkSG-Risikoanalyse; mittelständ. Industrieunternehmen bei Untersuchung von Korruption bei tschech. Tochter; Frachtspediteur in Strafverf. gg. Mitglieder der Geschäftsleitung wg. Vorenthaltens u. Veruntreuens von Arbeitsentgelt.

OPPENHOFF & PARTNER

Compliance-Untersuchungen ★★

NOMINIERT
JUVE Awards 2023
Kanzlei des Jahres für Compliance

Bewertung: Im Markt hat sich Müllers Know-how beim Thema Exportkontrolle genauso herumgesprochen wie Hartungs langj. Erfahrung in der Datenschutzberatung. Beide Bereiche dominierten die Arbeit der Compliance-Praxis der verg. Jahre u. sind zurzeit wg. des Ukraine-Krieges bzw. einer wachsenden Zahl von Cyberangriffen stark nachgefragt. Doch die Zeiten, sich auf diese Themen nahezu ausschl. zu fokussieren, sind vorbei. Ihr noch recht frisches Engagement, die Praxis gemeinsam mit den Arbeits- u. Kartellrechtlern auf ein breiteres Fundament zu stellen, trägt erste Früchte. Bemerkbar ist das v.a. bei ESG-Themen, speziell dem LkSG, zu denen das Compliance-Team gemeinsam mit einer Nachhaltigkeitsgruppe, die diese Themen bündelt, immer mehr Mandanten berät. Doch auch bei klass. Compliance-Themen wie der Implementierung von CMS gewann sie neue Mandanten, etwa in einem Pitch bei einem namh. Unternehmen.
Stärken: Exportkontrolle u. Datenschutz (▷*IT-Recht u. Datenschutz*).
Oft empfohlen: Stephan Müller („exzellente Rechtsberatung durch hervorragende Kenntnisse am Markt", Mandant), Dr. Jürgen Hartung („hervorragender Datenschutzrechtler, v.a. auch im Bankensektor", Wettbewerber)
Team: 3 Eq.-Partner, 3 Sal.-Partner, 6 Associates
Schwerpunkte: Strukturierte Praxis, Fokus auf Datenschutz/IT, Exportkontrolle u. Kartellrecht; v.a. Beratung zur strategischen Analyse u. bei der Begleitung von Compliance-Programmen; breitere Aufstellung bei Untersuchungen; auch ▷*Arbeitsrecht*; neben Konzernen v.a. im Mittelstand aktiv.

Anwaltszahlen: Angaben der Kanzleien, wie viele Anwälte zu mind. ca. 50% in diesem Gebiet tätig sind. Sie spiegeln nicht zwingend die Gesamtgröße einer Kanzlei wider.

Mandate: Fraunhofer-Gesellschaft lfd., u.a. zu Geldwäsche; Verband der Automobilindustrie zu ESG; Entwicklungsdienstleister wg. Beihilfe der GF einer Tochter zu Korruption u. Steuerhinterziehung eines Geschäftspartners; Versicherer zu HR-Compliance, u.a. zu Vergütungsfragen im Vertrieb; Maschinenbauunternehmen wg. Compliance-Verstößen eines ehem. Vorstandsmitglieds; Einzelhändler zu interner Untersuchung wg. Kassen- u. Arbeitszeitbetrugs.

ORTH KLUTH

Compliance-Untersuchungen ★

Bewertung: Die Compliance-Beratung wird nach wie vor von einer Reihe von Dauermandaten geprägt. Es zeigt sich aber, dass immer häufiger Mandanten anderer OK-Praxen ihre Compliance-Projekte dem Team anvertrauen. So begleiten die Anwälte ein TK-Unternehmen bei einer internen Untersuchung u. beraten es hinsichtl. einer mögl. Buße. Im Markt bleibt dieses Engagement oft unbemerkt, da es weniger die spektakulären Skandale sind, bei denen OK gefragt ist, als Unterstützung bei Aufbau oder Audit von Compliance-Systemen. Inhaltl. deckt die Kanzlei die gesamte Palette ab, wobei die Zusammenarbeit über Teamgrenzen hinweg inzwischen eingespielt ist. So wird Borgwarner etwa auch hinsichtl. gesellschafts- u. datenschutzrechtl. Compliance-Themen beraten. Treibende Kraft bleibt jedoch das Strafrechtsteam, das regelm. bei Unternehmens- u. vereinzelt bei Individualverteidigungen gefragt ist – eine Erfahrung, die es erlaubt, Compliance-Projekte von einem frühen präventiven Stadium bis vor Gericht zu begleiten. OK setzt bei all dem auf eher kleine Teams u. teils selbst entwickelte IT-Unterstützung. Über ein Tochterunternehmen bietet OK etwa ein Hinweisgebersystem u. ein Geldwäschepräventionstool für Kanzleien an. Hier ziehen aber immer mehr Wettbewerber nach.

Oft empfohlen: Dr. Markus Berndt

Team: Kernteam: 2 Eq.-Partner, 4 Sal.-Partner, 2 Associates, 1 of Counsel

Schwerpunkte: Ausgangspunkt einer breiter angelegten Beratung oft Wirtschaftsstrafrecht. Prävention ebenso wie Strukturberatung, interne Untersuchungen u. Vertretung in Ermittlungsverfahren. Flankierend Kartell-, ▷*Gesellschafts-* u. ▷*Arbeitsrecht*, auch Beratung zum Datenschutz.

Mandate: Rüstungsunternehmen bei Prüfung eines neuen Geschäftsmodells; TK-Unternehmen hinsichtl. Buße u. bei interner Untersuchung; Genussmittelhersteller bei interner Untersuchung; Rüstungsunternehmen in Rechtshilfeverf.; Medizinprodukteunternehmen umf., u.a. bei Audit des Compliance-Systems u. zu LkSG; regelm. Thyssenkrupp u. TK Elevator strafrechtl., RWE, Melitta, Gea, Stadtsparkasse D'dorf, Personaldienstleister.

PARK

Compliance-Untersuchungen ★

Bewertung: Die Dortmunder Strafrechtskanzlei erweitert ihr Angebot für die Compliance-Beratung des Mittelstands kontinuierlich. Dabei setzt sie nicht nur auf serviceorientierte IT-Tools aus dem eigenen Haus, sondern schmiedet – u.a. über den von ihr initiierten ‚Expertenrat Mittelstands-Compliance' – auch Allianzen, die eine breitere fachl. Abdeckung erlauben. Aus diesem Engagement sind inzw. eine Reihe von Mandatsbeziehungen entstanden, Bindeglied ist dabei u.a. das hauseigene Hinweisgebersystem. Im Zentrum steht weiterhin die strateg.-präventive Beratung, doch verfügt das Team inzw. sowohl techn. als auch fachl. über ein für eine Kanzlei dieses Zuschnitts beachtl. Rüstzeug für interne Untersuchungen. Unterstützend steht den Anwälten neben einem IT-Spezialisten inzw. auch ein Projektmanager zur Seite. Dass die Kanzlei sich darüber hinaus gemeinsam mit anderen darum bemüht, tragfähige Standards für interne Untersuchungen zu entwickeln, zeigt, mit welcher Akribie sie sich dem Thema nähert.

Stärken: ▷*Wirtschaftsstrafrechtl.* Perspektive.

Oft empfohlen: Dr. Tobias Eggers („hoch kompetent", Wettbewerber)

Team: 3 Eq.-Partner, 3 Associates

Schwerpunkte: V.a. auf den Mittelstand zugeschnittene Beratung zu Compliance-Strukturen; auch interne Untersuchungen u. Risikoanalysen.

Mandate: Compliance-Risikoanalyse für internat. Stahlhersteller; Rohstoffproduzent bei Aufbau Antikorruptions-Compliance; Wohnungsunternehmen u. Baukomponentenhersteller bei Risikoanalyse u. Hinweisgebersystem; internat. Waffenhersteller im Zshg. mit strafrechtl. Vertragsrisiken bei Lieferung von Panzern; Juwelierkette zu GWG; regelm. Veka, Woolworth, GPM, Tedi (auch interne Untersuchung).

POHLMANN & COMPANY

Compliance-Untersuchungen ★★★★

Bewertung: Mit ihrer interdiszipl. Arbeit bleibt die Kanzlei eine Besonderheit im Markt der Compliance-Berater – u. ausgesprochen gefragt. Kernkompetenz ist die umf. Beratung bei der Implementierung von Compliance-Systemen, wobei es regelm. nicht allein ums Rechtliche geht, sondern ein ganzheitl. u. meist grenzüberschr. Konzept verfolgt wird. Zuletzt suchte u.a. ein internat. Fahrzeugkonzern entspr. Rat. Oft gefragt waren die Berater auch bei der Implementierung der Lieferkettensorgfaltspflichten, teils bei der Harmonisierung mit anderen Governance-Pflichten. Die bereits vorhandenen IT-Tools etwa zur Risikoanalyse wurden erweitert bzw. neue Tools entwickelt. Das Ericsson-Monitorship wurde derweil verlängert u. ist weiterhin sehr arbeitsintensiv. Lange war P&C v.a. für ihre Arbeit in der Industrie bekannt, doch differenziert sich das Portfolio: Private-Equity-Häuser gehören ebenso zur Mandantschaft wie Stiftungen. Zugenommen hat daneben die Arbeit bei internen Untersuchungen u. der Unternehmensverteidigung. Mit dafür verantwortl. ist der Vorjahresquereinsteiger Schorn, der neben strafrechtl. Kompetenz auch attraktive Mandate mitbrachte u. zum Eq.-Partner ernannt wurde. Unruhig bleibt es hingegen auf den anderen Rängen: Erneut verließen Associates u. ein Counsel die Kanzlei. Die Kanzlei steuerte rasch gegen u. gewann u.a. einen Compliance-erfahrenen Counsel von Audi. Mehr Stabilität würde dennoch guttun, um den Arbeitsanfall zu bewältigen. Dies gilt umso mehr, als dass sich der anerkannte Öffentlichrechtler Schlemminger aus der anwaltl. Arbeit zurückgezogen hat u. zur Schwestergesellschaft gewechselt ist. Der Beratung in ESG-Fragen tut dies jedoch keinen Abbruch.

Stärken: Internat. praktische Erfahrung.

Oft empfohlen: Dr. Andreas Pohlmann („eine Ausnahmeerscheinung", Wettbewerber), Thomas Lüthi, Nicole Willms („pragmat. u. lösungsorientierte Arbeitsweise; gute Sparringspartnerin", Mandant; „Top-Compliance-Praktikerin", „durchsetzungsstark u. klar, absolute Spezialistin", „gut vernetzt, gute Teamplayerin", Wettbewerber), Dr. Martin Schorn („strateg. stark", „Teamplayer", Wettbewerber)

Team: 6 Eq.-Partner, 1 Sal.-Partner, 5 Counsel, 2 Associates, zzgl. Betriebswirte

Partnerwechsel: Dr. Horst Schlemminger (zu Pohlmann Unternehmensberatung)

Schwerpunkte: Breit angelegte multidisziplinäre Compliance-Unterstützung in rechtl., strateg. u. organisator. Hinsicht, oft international. Zudem ▷*ESG-Beratung*.

Mandate: Monitorship bei Ericsson; ausl. Fahrzeughersteller zu Compliance-Organisation u. Governance; Familienkonzern bei Risikoanalyse; Dax-Konzern zu Compliance-System, inkl. teilw. Reorganisation; Automotive-Unternehmen bei Implementierung eines Compliance-Due-Diligence-Prozesses; internat. Unternehmen aus dem Pflegesektor zu LkSG; Handelskonzern zu Risikoanalyse u. deren Integration in Risikomanagement; Entega nach Ransomware-Angriff; Bekleidungsunternehmen bei Gap-Analyse, Aufbau CMS u. zu Haftung; Onlinehändler als Diebstahlsgeschäd.; Verkehrstechnikunternehmen wg. Korruption u. Betrug in Luxemburg; Luftfahrtunternehmen wg. AÜG-Verstoß; ital. Unternehmen bei interner Untersuchung; ehem. Oberstadtdirektor von Duisburg wg. Untreue; lfd. Celanese, Tanklagerbetreiber, Dr. Willmar Schwabe, Zalando.

REDEKER SELLNER DAHS

Compliance-Untersuchungen ★★

Bewertung: Die Kanzlei hat den Schwung, den die Arbeit für Currenta in die Praxis brachte, aufrechterhalten können. Die fachübergr. Zusammenarbeit wird immer mehr zum Standard. Grund dafür ist zum einen die generelle Entwicklung in der Wirtschaft, v.a. arbeits- u. umweltrechtl. Problemen mehr Aufmerksamkeit zu widmen, zum anderen ein erkennbarer Wandel bei RSD. V.a. die jüngere Generation trägt den breiten Beratungsansatz u. die nahtlose Kooperation der Standorte erfolgr. in die Kanzlei. So bleibt es zwar dabei, dass sich Mandate v.a. im Umfeld der trad. Stärken der Kanzlei bewegen (▷*Öffentl.* u. ▷*Strafrecht*), aber an Komplexität auch im Projektmanagement zunehmen. Zuletzt kümmerte sich so z.B. ein Brüsseler ▷*Kartellrechtler* mit einer Bonner Kollegin um ein Compliance-Audit. Geldwäsche- u. LkSG-Beratung ebnen zudem langsam den Weg zu Governance-Themen, auch wenn hier noch viel Luft nach oben ist. Dass ein Compliance-nah arbeitender Öffentlichrechtler in die Partnerschaft aufgenommen wurde, zeigt nicht nur den Erfolg der Praxis, sondern auch ihre momentan prägende Ausrichtung.

Stärken: Beratung im öffentl. Raum, ▷*ESG*.

Oft empfohlen: Dr. Michael Winkelmüller („hoher Grad an Praxisorientierung, jederzeit passende Ratschläge", Mandant), Dr. Daniel Neuhöfer („verlässl., kooperativ, pragmat. ", „guter Moderator u. Kommunikator, behält den Überblick", Wettbewerber)

Team: 8 Eq.-Partner, 1 Sal.-Partner, 2 Counsel, 10 Associates, zzgl. Brüssel

Schwerpunkte: Lfd. Beratung, u.a. für Pharmaunternehmen u. Unternehmen der Daseinsvorsorge, auch Forschungseinrichtungen, Verbände u. Industrie. Prävention ebenso wie Untersuchungen.

Mandate: Currenta weiterhin im Zshg. mit Explosion, inkl. Aufarbeitung nachfolgender Ab-

Anwaltszahlen: Angaben der Kanzleien, wie viele Anwälte zu mind. ca. 50% in diesem Gebiet tätig sind. Sie spiegeln nicht zwingend die Gesamtgröße einer Kanzlei wider.

wassereinleitung; Compliance-Begleitung des Projekts ‚H2Global'; Wohnungsbaukonzern bei Untersuchung bzgl. des Umgangs mit Asbest bei Sanierung; Bildungsanbieter bei Compliance-Audit; Chemieparkbetreiber zu LkSG-Compliance; Rüstungsunternehmen bei Untersuchung gg. CCO über die Einhaltung von Investigation-Standards; Baustoffhändler zu Produkt-Compliance; Logistikkonzern bei Aufbau GWG-Compliance; WBM u. CleverShuttle Südwest bei Aufbau Datenschutz-Compliance; Chemieunternehmen bei Untersuchung eines Anlagenvorfalls; Industrieparkbetreiber zu Umweltinspektion u. vermeintl. Mängeln; regelm. Momentive Performance Materials, u.a. EHS-Compliance, Epta, CFP Brands, u.a. zu Vertrieb, BWI u. Debeka.

SKADDEN ARPS SLATE MEAGHER & FLOM

Compliance-Untersuchungen ★

Bewertung: Die Compliance-Praxis hatte eine Art Sonderkonjunktur: Sie unterstützte zahlr. Mandanten, oft aus der internat. Praxis, beim Verkauf ihrer Russland-Aktivitäten. Doch auch bei Unsicherheiten über EU-Sanktionen für andere Teile der Welt war das Team gefragt. Damit ist die dt. Praxis der US-stämmigen Kanzlei auch bestens vorbereitet auf die Pläne der US-Behörden, sich intensiver um Sanktionsverstöße zu kümmern. Kern der Arbeit in Dtl. bleiben Untersuchungen oft internat. Compliance-Vorfälle. Meist stehen die Anwälte an der Seite von Aufsichtsräten u. sind entspr. mit Governance-Fragen (▷*Gesellschaftsrecht*) befasst. Erregte im Vorjahr die Übernahme des Continental-Mandats Aufmerksamkeit, so war es zuletzt die Arbeit für ProSiebenSat.1, die Skadden in den Fokus rückte. Die Beauftragung belegt nicht nur die breite Branchenakzeptanz der Praxis, sondern auch ihren Schwerpunkt in der Realwirtschaft – auch wenn gerade das letztgenannte Mandat bankrechtl. Fragen aufwirft.
Stärken: Starke US-Praxis.
Oft empfohlen: Dr. Bernd Mayer
Team: 2 Eq.-Partner, 4 Counsel, 9 Associates
Schwerpunkte: Zumeist Gremienberatung, auch Compliance Due Diligence ▷*M&A* u. internat. Untersuchungen; ergänzend Litigation (▷*Konfliktlösung*), u.a. Vorstandshaftung.
Mandate: ProsiebenSat.1. bei Untersuchung mögl. bankaufsichtsrechtl. Defizite bei Konzerntöchtern (marktbekannt); Aufsichtsrat von Continental bei Untersuchung wg. Diesel u. zu Governance-Fragen; Daimler im Zshg. mit Untersuchung zu Abgasen; ausländ. Logistikdienstleister wg. internat. Korruption (Europa, Afrika, Süd- u. Mittelamerika), gemeinsam mit US- u. GB-Büros; dt. Technologieunternehmen bei Untersuchung wg. Korruption u. zu Governance; Citigroup bei Verkauf eines Portfolios von Rubel-Krediten; u.a. Halliburton, L´Occitane, Finanzdienstleister, Ball Corp. u. Renault bei Verkauf von Russland-Aktivitäten; div. Beteiligungsgesellschaften, Kreuzfahrtunternehmen, Hotelkette zu EU-Sanktionen.

WHITE & CASE

Compliance-Untersuchungen ★★

Bewertung: Ihr überaus gutes Netzwerk innerh. der Bankenbranche zeichnet die Praxis seit vielen Jahren aus. Finanzinstitute zählen auf sie bei Cum-Ex-Mandaten genauso wie bei Fragen zu Russland-Sanktionen. Bei Letzterem kann sie ihre guten internat. Beziehungen genauso einsetzen wie beim relevanten Thema Cybercrime u. der Beratung von Plattformen, bei dem sie mit den Pfunden ihrer anerkannten IT- u. Datenschutzpraxis wuchern kann. Allerdings hat keine andere Kanzlei zuletzt im Strafrecht personell derart Federn gelassen: Der anerkannteste Kopf der Praxis, Strafrechtler Xylander, verabschiedete sich in die kleine Münchner Einheit CCI, Dr. Thomas Helck bevorzugte die Selbstständigkeit, u. Prof. Dr. Nils Clemm steht als of Counsel nun deutl. in der 2. Reihe. Ein 2022 gewonnener Partner passt zwar mit seinem strafrechtl. Hintergrund gut zu W&C, kann die Weggänge aber in der kurzen Zeit nicht kompensieren. Die nun stark verkleinerte u. verjüngte Partnerschaft wird stärker als bisher das vorhandene Know-how der Gesamtkanzlei für Compliance-Mandate zusammenführen müssen u. auch um personelle Ergänzungen, v.a. im Wirtschaftsstrafrecht, nicht herumkommen. Erschwerend kommt hinzu, dass die Annahme des Adler-Mandats – W&C übernahm hier die interne Untersuchung – im Sommer 2023 für Kritik im Markt sorgte, da die Kanzlei in der Vergangenheit bereits div. Transaktionen für die Mandantin über die Bühne brachte.
Stärken: Enge internat. Kooperation, v.a. starke US-Präsenz, umfangr. Erfahrung im Bankensektor.
Oft empfohlen: Dr. Detlev Gabel („umfassende Kompetenz", Wettbewerber; Datenschutz)
Team: 2 Eq.-Partner, 1 Sal.-Partner, 6 Associates
Partnerwechsel: Karl-Jörg Xylander (zu CCI), Dr. Thomas Helck (in eigene Kanzlei)
Schwerpunkte: Anerkannte ▷*IT*-rechtl. Praxis, auch ▷*Strafrecht*- u. ▷*ESG*; zudem Steuern; auch Mandate im ▷*Gesellschafts*- u. ▷*Arbeitsrecht*. Präventiv/strukturell u. akut tätig, inkl. interner, oft grenzüberschr. Untersuchungen.
Mandate: Adler Immobilien zu interner Untersuchung; Facebook regelm.; LBBW in div. Aspekten (alle marktbekannt).

WILMERHALE

Compliance-Untersuchungen ★

NOMINIERT
JUVE Awards 2023
Kanzlei des Jahres für Compliance

Bewertung: Die nach wie vor recht kleine Compliance-Praxis verbuchte zuletzt einen bemerkenswerten Erfolg: Nach den Monitorships für Fresenius u. Bilfinger entschied sich nun der DOJ, ihr ein Monitorship für ein Rohstoffunternehmen anzuvertrauen – ein Mandat, das auch wesentl. größere Einheiten gerne gewonnen hätten. Ähnl. wie Morrison & Foerster ist die Basis des Geschäfts die enge Zusammenarbeit, die das dt. Team mit den US-Kollegen unterhält. Die Kehrseite der Medaille: Manch Wettbewerber spricht ihr noch immer eine Relevanz für Dtl. ab. Doch damit wird WH leben können, zumal sie mit 2 Counsel-Ernennungen ein klares Bekenntnis für das dt. Büro abgibt u. zunehmend in mittelgroßen Untersuchungen Flagge zeigt.
Stärken: Enge Zusammenarbeit mit den US-Büros.
Oft empfohlen: Dr. Martin Braun („absoluter Experte", „extrem versiert", „überragendes Wissen u. gut vernetzt", „sehr erfahren", Wettbewerber; Datenschutz)
Team: 5 Eq.-Partner, 1 Sal.-Partner, 3 Counsel, 3 Associates
Schwerpunkte: Kernteam besteht hauptsächl. aus Corporate, aber auch ▷*Kartell*-, Datenschutz- (▷*IT-Recht u. Datenschutz*) u. Arbeitsrecht; sowohl Prävention als auch Untersuchungen sowie Vorstandshaftung.
Mandate: Rohstoffunternehmen im Zshg. mit DOJ Compliance Monitorship (marktbekannt).

Anwaltszahlen: Angaben der Kanzleien, wie viele Anwälte zu mind. ca. 50 % in diesem Gebiet tätig sind. Sie spiegeln nicht zwingend die Gesamtgröße einer Kanzlei wider.

Sustainable Corporate Governance: nachhaltige Unternehmensführung und das Aktienrecht

Von Dr. Alexander Thomas, Dr. Marcel Vietor und Anna Lindner, GSK Stockmann, München/Luxemburg

Dr. Alexander Thomas

Dr. Alexander Thomas ist Partner und Rechtsanwalt bei GSK Stockmann in München. Sein Schwerpunkt liegt auf der aktien- und kapitalmarktrechtlichen Beratung börsengelisteter Unternehmen.

Dr. Marcel Vietor

Dr. Marcel Vietor ist Partner und Rechtsanwalt bei GSK Stockmann in München. Er berät hauptsächlich zu M&A- und Joint-Venture-Projekten sowie zu gesellschaftsrechtlichen Themen.

Anna Lindner

Anna Lindner ist Partnerin bei GSK Stockmann in Luxemburg und als Rechtsanwältin in Deutschland und Luxemburg zugelassen. Sie berät Unternehmen zum luxemburgischen Gesellschaftsrecht.

GSK Stockmann ist eine führende unabhängige europäische Wirtschaftskanzlei mit über 250 Rechtsanwälten und Steuerberatern in Deutschland, Luxemburg und dem Vereinigten Königreich. Wenn es um Immobilienrecht und Finanzdienstleistungen geht, zählt GSK Stockmann zu den ersten Adressen. Darüber hinaus verfügen wir über umfassende Expertise in den Sektoren Fonds, Kapitalmarkt, Öffentlicher Sektor, Mobility, Energiewirtschaft und Healthcare.

Kontakt
GSK Stockmann
Karl-Scharnagl-Ring 8
80539 München
T +49 89 288 174-275
presse@gsk.de
www.gsk.de

Weitere Informationen zur Kanzlei in der Anzeige auf Seite 157

Beim Thema Nachhaltigkeit liegt der Fokus insbesondere in der rechtlichen Literatur meist auf Pflichten, sei es auf Basis der weitreichenden regulatorischen Vorgaben der Europäischen Union oder als unternehmerische (Selbst-)Verpflichtung. Nachhaltige Unternehmensführung erfordert aber weit mehr als Pflichterfüllung, um erfolgreich zu sein: Denn die Best Practices der Zukunft sind derzeit noch in der Findungsphase. Für Sustainable Corporate Governance von Unternehmen ist eine kreative und passgenaue Nutzung von Gestaltungsspielräumen der Schlüssel zum Erfolg. Das europäische Aktienrecht bietet kapitalmarktorientierten Unternehmen eine vielfältige Toolbox für ihren Weg zu einer nachhaltigen Corporate Governance.

Was bedeutet nachhaltige Unternehmensführung?

Unter nachhaltiger Unternehmensführung versteht man regelmäßig einen integrativen Ansatz der Unternehmensführung, der die Leitung des Unternehmens nicht mehr nur auf bloße Gewinnmaximierung (Shareholder-Ansatz) ausrichtet. Vielmehr gewinnen für Unternehmen die Schlagwörter Environmental (insbesondere Berücksichtigung des Klimawandels, Verwendung natürlicher Ressourcen, Minimierung von Emissionen), Social (Nutzung von Humankapital, Steigerung der Produktverantwortung und des Stakeholdermanagements) und Governance (nachhaltige und ethische Unternehmensführung und -finanzierung), kurz ESG, zunehmend an Bedeutung.

Nachhaltigkeit wird zur Unternehmensstrategie und damit zur Aufgabe der Geschäftsleitung

Das Thema Nachhaltigkeit rückt in fast allen Bereichen der Unternehmensführung immer mehr in den Mittelpunkt, sei es bei Berichterstattung, Strategie und Geschäftsentwicklung, Risk Management oder Compliance. Ein Trend ist klar erkennbar: Nachhaltigkeit in seinen vielen Formen wird zunehmend vom Nischenthema zur Chefsache. Regulatorische Anforderungen, insbesondere im Hinblick auf die Nachhaltigkeitsberichterstattung, aber auch an die Realwirtschaft selbst, werden viele Unternehmen in den kommenden Jahren vor große Herausforderungen stellen. Der Deutsche Corporate Governance Kodex empfiehlt etwa, dass Umwelt- und Sozialfaktoren bei der Führung und Überwachung des Unternehmens berücksichtigt werden. Die Angst vor Stranded Assets und versteckten ESG-Risiken schürt außerdem die Erwartung vieler Investoren an die ESG-Compliance von Emittenten.

Damit Nachhaltigkeit kein Lippenbekenntnis bleibt, steht am Anfang einer unternehmerischen Nachhaltigkeitsstrategie zumeist die Definition von Key-Performance-Indikatoren (KPIs), an denen sich die nachhaltigen Ziele des Unternehmens messen lassen. Die Festlegung der KPIs und die Schwerpunktsetzung zwischen verschiedenen Indikatoren liegt in der Hand des Unternehmens. Gestaltungsfreiheit ist garantiert – und erinnert zuweilen an Orientierungslosigkeit. Nachhaltigkeits-KPIs fehlt es zum heutigen Stand an Einheitlichkeit und Vergleichbarkeit. Neben allgemeinen Nachhaltigkeitszielen wie Diversität am Arbeitsplatz, Inklusion und Vermeidung von Treibhausgasemissionen stehen oft branchenspezifische Erwartungen der Investoren und Gesetzgeber. Die regulatorischen Vorgaben der EU-Taxonomie, der Corporate Sustainability Reporting Directive und der European Sustainability Reporting Standards (in ihrer derzeitigen Fassung) sowie internationale und Branchen-Standards können hier Abhilfe schaffen. Global betrachtet ist der Weg zu einheitlichen und vergleichbaren Nachhaltigkeits-KPIs aber noch weit. Die Festlegung der für den jeweiligen Sektor relevanten Nachhaltigkeitsziele und KPIs ist eine Mammutaufgabe, die der europäische Gesetzgeber ohne die Branchenkenntnis der Wirtschaft und Standardisierung durch Interessenverbände kaum alleine stemmen kann. Diesen Spielraum können Unternehmen nutzen: Vorreiter zu sein, ist nicht nur ein strategischer Wettbewerbsvorteil, sondern kann auch spätere Gesetzgebung und Standardisierung maßgeblich beeinflussen.

Nachhaltige Anreize in der Vergütung

Sind KPIs erst einmal festgelegt, ist es naheliegend, diese auch an die Vergütung der Geschäftsleitung zu knüpfen. So besteht aus Sicht des Aufsichtsrats ein weiter Gestaltungsspielraum in den Verhandlungen mit den Vorstandsmitgliedern, welche Nachhaltigkeitsziele in der jeweiligen Vorstandsvergütung, insbesondere im Zusammenhang mit den kurzfristigen und langfristigen variablen Vergütungsbestandteilen, implementiert werden. Die Einführung von Nachhaltigkeitszielen betrifft aber auch die Festlegung von Boni für Mitarbeiter. Gerade auch hier hat der Vorstand einen weiten Spielraum, welche nachhaltigen Ziele er für welche Mitarbeiter anstrebt.

Sustainability Governance im Aufsichtsrat

Im Zusammenhang mit der Etablierung von Nachhaltigkeit in der Aufsichtsratsarbeit wird die organisatorische Einbindung in der Praxis unterschiedlich gehandhabt. Auch insoweit steht dem Aufsichtsrat ein weiter Gestaltungsspielraum zu. Gerade die größeren börsennotierten Gesellschaften etablieren hierzu vielfach einen ESG-Ausschuss oder Nachhaltigkeitsausschuss, der sich spezifisch mit den Nachhaltigkeitsaspekten in der unternehmerischen Ausrichtung und der Überwachung der Geschäftsführung in Bezug auf solche Aspekte beschäftigen soll. Andere Gesellschaften dagegen benennen Einzelpersonen im Gesamtplenum als für das Thema verantwortlich. Wiederum andere Gesellschaften kombinieren beide Modelle, indem diese neben einem spezifischen Ausschuss auch eine verantwortliche Person im Gesamtplenum benennen, um auch die ganzheitliche Betrachtung von Nachhaltigkeitszielen im Aufsichtsrat sicherzustellen. Dafür spricht, dass das Thema Nachhaltigkeit in der langfristigen Betrachtung auch ein Risikothema werden kann, das in der Aufsichtsratsarbeit insgesamt Berücksichtigung finden muss.

Nachhaltige Gestaltungsmöglichkeiten in Luxemburg

Für in Deutschland börsennotierte luxemburgische Gesellschaften stellt das luxemburgische Gesellschaftsrecht weitere Gestaltungsmöglichkeiten zur Verfügung. Die société anonyme kann nach dem deutschen Modell eine Geschäftsführung durch Vorstand und Aufsichtsrat wählen oder nach dem internationalen Modell eingliedrig durch ein Board of Directors geführt werden. Durch das Einrichten von ESG- oder Nachhaltigkeitsausschüssen kann das Board of Directors einen Fokus auf unternehmensrelevante ESG-Themen setzen. Unabhängige Direktoren mit nachhaltigen Qualifikationen können zudem auch im allgemeinen Geschäftsbetrieb kontinuierlich beratend tätig werden. Bemerkbar ist insbesondere, dass ESG-Themen zunehmend auch im Risk Management eine wichtige Rolle spielen.

Die luxemburgischen Ten Principles of Corporate Governance, vergleichbar mit dem Deutschen Corporate Governance Kodex, betonen in Prinzip 9 die Bedeutung von Nachhaltigkeit für den Finanzplatz Luxemburg. Unternehmen wird darin empfohlen, CSR-Aspekte in ihrer Strategie zur Schaffung von „long-term value" zu berücksichtigen, nichtfinanzielle Risiken regelmäßig zu prüfen und die variable Vergütung der Geschäftsführung mit qualitativ und quantitativ messbaren CSR-Zielen zu verknüpfen. Die Festlegung von Nachhaltigkeits-KPIs, die hierfür erforderliche Datenerhebung und die Nachhaltigkeitsberichterstattung nach international anerkannten Standards wird von den Ten Principles of Corporate Governance ebenfalls empfohlen. ■

KERNAUSSAGEN

- Für Sustainable Corporate Governance von Unternehmen ist eine kreative und passgenaue Nutzung von Gestaltungsspielräumen der Schlüssel zum Erfolg.
- Am Anfang einer unternehmerischen Nachhaltigkeitsstrategie steht die Definition von Key Performance-Indikatoren (KPIs), an denen sich die nachhaltigen Ziele des Unternehmens messen lassen.
- Sind KPIs erst einmal festgelegt, ist es naheliegend, diese auch an die Vergütung der Geschäftsleitung zu knüpfen. Auch Boni für Mitarbeiter sollten auf diese KPIs ausgerichtet werden.
- Die Etablierung von Nachhaltigkeit in der Aufsichtsratsarbeit wird organisatorisch unterschiedlich umgesetzt. Neben einem ESG-Ausschuss werden auch bestimmte Personen im Gesamtgremium als Verantwortliche für ESG benannt.

Wertschätzung des Privateigentums im Aktienrecht

Von Klaus Nieding, Nieding + Barth Rechtsanwaltsaktiengesellschaft, Frankfurt am Main

Klaus Nieding

Die Rechtsanwaltsaktiengesellschaft **Nieding + Barth** ist eine der führenden Kanzleien im Kapitalanlagerecht in Deutschland. Bereits seit 1994 setzen sich die Anwälte von Nieding + Barth für die Rechte privater Kapitalanleger und institutioneller Investoren ein – auf nationaler und internationaler Ebene. Bis heute hat sie Investoren mit einer Gesamtschadenssumme von über 30 Milliarden Euro gerichtlich und außergerichtlich vertreten. Seit 1994 vertritt die Kanzlei Deutschlands größte Aktionärsvereinigung, die DSW (Deutsche Schutzvereinigung für Wertpapierbesitz e.V.). In bis zu 150 Hauptversammlungen pro Jahr nehmen die Anwälte von Nieding + Barth im Rahmen dieser Aufgabe die Rechte von privaten und institutionellen Aktionären wahr und haben damit erhebliche Erfahrung im Bereich Shareholder Activism. Einer der größten Erfolge der Kanzlei in diesem Rechtsbereich war die rechtskräftige Durchsetzung der Sonderprüfung bei der Volkswagen AG zur Aufklärung des sogenannten „Dieselskandals" im Jahr 2017 sowie die rechtskräftige Bestätigung dessen im Jahr 2019 für einen institutionellen Investor. Zusätzlich hat die Kanzlei eine umfassende Expertise in Kartellschadensfallen. Weitere Themenschwerpunkte liegen in den Rechtsbereichen des gewerblichen Immobilienrechts, des Versicherungsrechts sowie M&A-Transaktionen.

Kontakt
Klaus Nieding
Fachanwalt für Bank- und Kapitalmarktrecht
Nieding + Barth
Rechtsanwaltsaktiengesellschaft
An der Dammheide 10
60486 Frankfurt
T +49-69-238538-0
F +49-69-238538-10
k_nieding@niedingbarth.de

Die intensive und auch sehr lang geführte Diskussion über die Zukunft der Hauptversammlung in einem (auch) virtuellen Format hat erneut die Frage ins Zentrum gerückt, welche Relevanz die Vorstellungen und Wünsche der Eigentümer auf Seiten des Gesetzgebers und auch im politischen Berlin derzeit haben.

Zunächst ist festzustellen, dass die Regelungen rund um die virtuelle Hauptversammlung dabei nur einen weiteren Mosaikstein in einem Gesamtbild darstellen, was im Folgenden etwas näher erläutert werden wird.

So fand die Diskussion über die Erweiterung der Hauptversammlungsregelung um eine virtuelle Variante definitiv nicht in einem luftleeren Raum statt, sondern fügte sich in eine Reihe von Regelungen ein, die immer wieder die gleiche Frage zu adressieren hatten: Welche Rolle spielt eigentlich der Eigentümer, damit der Aktionär, sowie das Privateigentum in unserem Gesellschafts-, insbesondere Aktienrecht.

Eigentümer vs. Unternehmen?

Gerade die Regeln rund um die virtuelle Hauptversammlung haben gezeigt, dass sich der Gesetzgeber oftmals entscheiden muss, ob er auf Seiten der Eigentümer oder auf der Seite der Unternehmen steht. Denn augenscheinlich bedeutete ein jedes „Mehr" an Rechten auf der Eigentümerseite zugleich ein „Minus" auf der Unternehmensseite. So zumindest hat sich seit Frühjahr 2020 die Diskussion immer stärker auseinanderdividiert und auch deutlich verhärtet. Das ist für sich genommen bereits eine bedenkliche Entwicklung.

Diese Entwicklung lässt sich zudem gut an dem Ablauf der einzelnen Etappen im Gesetzgebungsverfahren ablesen. War der Referentenentwurf noch sehr stark unternehmensseitig geprägt, so war der Regierungsentwurf doch deutlich aktionärsorientierter ausgestaltet. Im parlamentarischen Verfahren dann gab es an der einen oder anderen Stelle die Neigung, den Unternehmen stärker entgegenzukommen und damit gegenüber dem Regierungsentwurf die Position der Eigentümer wieder zu schwächen.

Damit hat sich das Gesetzgebungsverfahren rund um die virtuelle Hauptversammlung zu einem Paradebeispiel dafür generiert, was wir in der Vergangenheit schon öfter gesehen haben und was wir wahrscheinlich auch zukünftig wieder erkennen werden. Der Gesetzgeber muss sich entscheiden, auf welcher Seite er steht.

Wer trägt das Risiko?

Aus Sicht eines Aktionärsvertreters ist die Frage einfach und auch schnell zu beantworten. Der Gesetzgeber sollte auf der Seite der Risikoträger stehen. Dies sind weder die Vorstände noch die Aufsichtsräte, sondern die Aktionäre und damit die Eigentümer der Aktiengesellschaften.

Schaut man in den gesetzgeberischen Rückspiegel, so gab es jedoch immer wieder Tendenzen und auch Regelungen, die diese Abwägung zugunsten der Unternehmen getroffen haben.

Eine derartige Regelung ist sicherlich die Einführung des Freigabeverfahrens über das Gesetz zur Unternehmensintegrität und zur Modernisierung des Anfechtungsrechts (UMAG) sowie dessen Reformierung im Jahr 2009 durch das Gesetz zur Umsetzung der Aktionärsrechterichtlinie (ARUG).

So richtig es war und bis heute ist, räuberisch agierenden Aktionären einen Riegel vorzuschieben und diese in ihre Schranken zu weisen und damit das Unternehmen sowie zugleich die Aktionäre zu schützen, so sehr zeigt sich ein Freigabeverfahren in der praktischen Umsetzung als „absolute Hürde" für Anfechtungsklagen, auch wenn es nur als „relative Hürde" wirken sollte.

Zukunftsfinanzierungsgesetz ante portas

Auch aktuell zeigt sich eine Entwicklung, die aus Eigentümer- und damit aus Aktionärssicht eher beunruhigt.

Konkret wird im Referentenentwurf des Zukunftsfinanzierungsgesetzes über die Wiedereinführung von Mehrstimmrechten und auch die Ausweitung einer Barkapitalerhöhung ohne Bezugsrecht auf 20% diskutiert. Zugleich sollen die Aktionäre bei der Barkapitalerhöhung auf das Spruchverfahren verwiesen und eine Anfechtung ausgeschlossen werden.

Das Zukunftsfinanzierungsgesetz geht also wieder einen Schritt weiter und orientiert sich erneut verstärkt an den Interessen der Unternehmen und weniger an den Interessen der Eigentümer.

Kontrollrechte essenziell für einen funktionierenden Kapitalmarkt

Sicherlich lässt sich argumentieren, dass ein frei agierender Vorstand, kontrolliert durch den Aufsichtsrat, auch mehr Möglichkeiten entfalten kann, und wenn mehr frisches Geld aufgenommen werden könnte, wird das Unternehmen schneller wachsen. Wenn ein Gründer nicht befürchten muss, dass seine Macht mit einem Börsengang schwindet, könnte er sich früher und schneller dafür entscheiden, sein Unternehmen an die Börse zu bringen.

Am Ende wird aber ein Kapitalmarkt nur so gut funktionieren und so gut sein, wie die Kontrollrechte der Eigentümer ausgestaltet sind. Dies sollte mindestens die Lehre aus der Causa Wirecard sein. Es ist gerade mal drei Jahre her, dass Wirecard implodiert ist, und so kurz sollte unser aller Gedächtnis nicht sein, dass wir vergessen, was seinerzeit passiert ist. Es geht also darum, dass die Aktionäre die Möglichkeit haben, mehr Kontrolle auszuüben und nicht weniger.

Ausbalanciertes System

Das alles hat weniger zu tun mit Misstrauen oder einem pauschalen Richten über das Agieren von Vorständen und Aufsichtsräten. Es geht um ein austariertes System von Checks und Balances, in dem wir uns aber derzeit befinden und von dem wir uns immer weiter entfernen, wenn wir die Aktionärsrechte stärker einschränken.

Gleiches gilt auch für die seit sehr langer Zeit diskutierte Reform des Beschlussmängelrechts, die auch im Rahmen der Regelungen rund um die virtuelle Hauptversammlung teilweise neu angestoßen oder zumindest als Wunsch präsentiert wurde.

Beim Anfechtungsrecht befinden wir uns in einem ausbalancierten System. Die Aktionäre haben die Möglichkeit, bei dem Vorliegen von Rechtsverstößen gegen die entsprechenden Beschlüsse vorzugehen, die Unternehmen haben – nicht zuletzt durch das Freigabeverfahren – die Möglichkeit geschützter in der Umsetzung zu agieren. Greift man nun in dieses gelebte und funktionierende System ein, würde dies zu deutlichen Unruhen und auch zu Verunsicherungen führen. Dies nicht zuletzt, da auch die Gerichte die Lücken zwischenzeitlich gefüllt haben, bei denen das Gesetz vielleicht nicht die klaren Antworten parat hat, die für den Einzelfall relevant sind.

Sanktionsmöglichkeit bei Fehlentwicklungen

Besonders interessant ist im Gesamtkontext, dass sich zugleich sowohl die Europäische Kommission wie auch die deutsche Regierung wünschen, dass mehr Bürgerinnen und Bürger ihr Erspartes über die Kapitalmärkte den Unternehmen als Eigenkapital zur Verfügung stellen.

Dieser Wunsch wird jedoch nur dann nicht zu einem Wagnis, wenn man zugleich den Bürgerinnen und Bürgern auch ausreichend Sanktionsmöglichkeiten an die Hand gibt, um Fehlentwicklungen zu adressieren und zu beenden. Das Ziel muss also sein, den Status quo in Sachen Anlegerrechte nicht zu verschlechtern, sondern eher zu verbessern, oder aber mindestens nicht zu reduzieren.

Der „ungetrübte" Blick ins Ausland

Oftmals wird bei einem Blick auf unser aktienrechtliches Schutzsystem für Aktionäre ins Ausland geschaut. Dabei scheint es aber oft so, dass man auf einem Auge blind ist.

Wenn man geradezu sehnsüchtig in andere Rechtssysteme schaut, sollte man diese Systeme auch in ihrer Gesamtheit betrachten. Denn, wünscht sich die Industrie tatsächlich eine BaFin à la SEC mit all ihren Sanktionsmöglichkeiten (von Problemen mit dem Gewaltenteilungsgrundsatz unseres Grundgesetzes einmal abgesehen)? Wollen wir wirklich ein feinmaschiges gesetzliches Geflecht, wie es der Sarbanes Oxley Act darstellt? Wollen Vorstände und Aufsichtsräte tatsächlich ein Haftungsrecht, wie wir es in den USA sehen?

Die Antwort auf diese Fragen ist relativ einfach: Das will kein Vorstand und das will auch kein Aufsichtsrat. Und das wollen auch die Aktionäre nicht, so dass sich der eine oder andere Blick ins Ausland doch eher als recht durchsichtig entlarvt. ■

KERNAUSSAGEN

- Die Wertschätzung des Privateigentums sieht sich im Laufe der letzten 20 Jahre in der Gesetzgebung merklichen Veränderungen gegenüber.
- Im Rahmen der Regulierung der virtuellen Hauptversammlung musste sich der Normsetzer zwischen den Interessen der Eigentümer und der Unternehmen entscheiden.
- Kontrollrechte der Eigentümer sind essenziell für einen funktionierenden Kapitalmarkt.
- Sanktionsmöglichkeiten bei Fehlentwicklungen sind als Hygienefaktor von hoher Relevanz.
- Ohne ein angemessenes Anlegerschutzniveau werden die Kapitalmarktunion und der Green Deal der EU nicht funktionieren.
- Bei einem Vergleich mit dem Ausland müssen die Systeme in ihrer Gesamtheit betrachtet werden.

Die Flucht aus der Mitbestimmung durch SE-Beteiligungsvereinbarung aus Arbeitnehmerperspektive

Von Dr. Roja Erdmann, TowaRA:Arbeitsrecht, Köln

Dr. Roja Erdmann

Dr. Roja Erdmann ist Gründungspartnerin der Kanzlei TowaRA:Arbeitsrecht, Towara Erdmann PartGmbB. Frau Dr. Erdmann begleitet Betriebsratsgremien in komplexen kollektivrechtlichen Fragestellungen sowohl in deutscher als auch englischer Sprache. Der Schwerpunkt ihrer anwaltlichen Tätigkeit liegt insbesondere in der betrieblichen Mitbestimmung bei Umstrukturierungen, der Einführung und Änderung von IT-Anwendungen inklusive Arbeitnehmer-Datenschutz sowie bei der Begleitung von Regelungsfragen im Arbeits- und Gesundheitsschutz.

TowaRA:Arbeitsrecht ist eine innovative, bundesweit agierende Arbeitsrechtsboutique mit Spezialisierung im (Kollektiv-)Arbeitsrecht auf Arbeitnehmerseite.

Kontakt
TowaRA:Arbeitsrecht
Towara Erdmann PartGmbB
Dr. Roja Erdmann, LL.M. (La Trobe University Melbourne)
Rechtsanwältin | Fachanwältin für Arbeitsrecht | Partnerin
Erftstraße 19a
50672 Köln
www.towara.com
erdmann@towara.com
T +49 221/292484-0

Weitere Informationen zur Kanzlei in der Anzeige auf Seite 233

Die Gesellschaftsform der SE wird insbesondere durch die Unternehmens-/Arbeitgeberseite sehr geschätzt. Dies liegt nicht zuletzt daran, dass durch eine Umwandlung in die Rechtsform der SE die Mitbestimmung in den Aufsichtsratsgremien mit dem Ist-Zustand eingefroren (sog. „Vorher-Nachher-Prinzip") beziehungsweise gänzlich vermieden werden soll. Es ist indes für die Arbeitgeberseite möglich, den Aufsichtsrat weiterhin nicht mit Arbeitnehmervertretern zu besetzen, obwohl etwa der Schwellenwert von 500 Arbeitnehmern gem. § 1 Abs. 1 DrittelbG überschritten wird; bzw. so kann auch bei über 2.000 Arbeitnehmern (§ 1 Abs. 1 Nr. 2 MitbestG) eine paritätische Mitbestimmung vermieden werden. Rechtsdogmatischer Anknüpfungspunkt hierfür sind die §§ 1 Abs. 1, 21 Abs. 6 S. 1, 35 Abs. 1 SEBG. Maßgeblich in diesem Beitrag soll die Flucht aus der Mitbestimmung durch Beteiligungsvereinbarung nach § 21 Abs. 6 SEBG durch Umwandlung und der Umgang hiermit aus Arbeitnehmerperspektive sein. Zur besseren Lesbarkeit des Textes wird nachfolgend die maskuline Form verwendet, wobei alle Geschlechter gemeint sind.

Fluchtweg: Rechtliche Ausgangssituation

Bereits Art. 12 SE-VO normiert, dass eine SE erst dann eingetragen werden kann, wenn das Arbeitnehmerbeteiligungsverfahren abgeschlossen oder die entsprechende Frist (nach § 20 SEBG) abgelaufen ist (die Regelungen zur Vorrats-SE sind nicht Gegenstand des Beitrags). Hierbei gilt i.S.d. § 1 Abs. 2 SEGB das Prinzip des Vorrangs der Verhandlungslösung (§ 21 Abs. 1 SEBG) vor der gesetzlichen Auffanglösung.

§ 21 Abs. 6 S. 1 SEBG – welcher Art. 4 Abs. 4 der SE-RL umsetzt – legt hierbei fest, dass unbeschadet des Verhältnisses des SEBG zu anderen Regelungen in der Vereinbarung im Falle einer durch Umwandlung gegründeten SE in Bezug auf alle Komponenten der Arbeitnehmerbeteiligung zumindest das gleiche Ausmaß gewährleistet werden muss, das in der Gesellschaft besteht, die in eine SE umgewandelt werden soll. Damit wird das Verbot der Minderung der Beteiligungsrechte und im gleichen Zuge eine spezifische Ausprägung des Vorher-Nachher-Prinzips geregelt (Habersack/Henssler, MitbestR, SEBG § 1 Rn. 2; § 21 Rn. 55 ff.). Dies ermöglicht insoweit, einen bestehenden Mitbestimmungszustand einzufrieren. Eine richtlinienkonforme Auslegung von § 1 Abs. 1 S. 3 SEBG ergibt hingegen, dass die vor Gründung einer SE bestehenden Rechte der Arbeitnehmer nur Ausgangspunkt für die Gestaltung ihrer Beteiligungsrechte in der SE sein sollten (Erwägungsgrund 18 der SE-RL).

Die Bundesregierung tat bereits mit Koalitionsvertrag 2021 kund, auf diese Situation reagieren zu wollen (Koalitionsvertrag, S. 56). Aus dem gewählten Wortlaut „dafür einsetzen, dass die Unternehmensmitbestimmung weiterentwickelt wird, sodass es nicht mehr zur vollständigen Mitbestimmungsvermeidung beim Zuwachs von SE-Gesellschaften kommen kann (Einfriereffekt)", könnte sich erkennen lassen, dass dies aufgrund der teilweisen Zuständigkeit im europäischen Kontext diskutabel bis schwierig sein könnte.

Blick über den Tellerrand: Missbrauchsregelungen bei grenzüberschreitenden Umwandlungen

Jüngst erfolgte durch das europäische Company Law Package u.a. die Implementierung der Umwandlungs-RL. In der deutschen Umsetzung im März 2023 wurden die bisherigen Regelungen in §§ 305–319 UmwG neu gefasst, zudem wurden Regelungen zu grenzüberschreitenden Spaltungen und Formwechseln manifestiert (§§ 320– 332; §§ 333–345 UmwG). Darüber hinaus erfolgte eine Anpassung des MgVG zur Beteiligung der Arbeitnehmer im Rahmen von grenzüberschreitenden Verschmelzungen. Weiterhin wurde das MgFSG novelliert, welches Regelungen zur Unternehmensmitbestimmung bei grenzüberschreitenden Spaltungen und Formwechseln beinhaltet. Hierbei wurde sich an den Regelungen zur SE orientiert, eine Änderung der SE-Regelungen oder -Vorgaben erfolgte jedoch nicht, es bleibt im Unterschied zur SE auch bei einer nationalen Gesellschaft (Düwell, BetrVG, EA (SE) Rn. 38).

Nachfolgend sollen nun die Missbrauchsregelungen nach § 316 Abs. 3 UmwG (vgl. hierzu auch § 329, § 343 Abs. 3 UmwG) und § 36 MgFSG dargestellt werden, um sodann eine Heranziehung für die nationalen Regelungen im Zuge des SE-Rechts zu untersuchen.

Nach § 316 Abs. 3 S. 1 UmwG hat das Registergericht u.a. bei Vorliegen von Anhaltspunkten zu prüfen, ob die grenzüberschreitende Verschmelzung zu missbräuchlichen oder betrügerischen Zwecken, die dazu führen oder führen sollen, sich Unionsrecht oder nationalen Recht zu entziehen oder es zu umgehen, oder zu kriminellen Zwecken vorgenommen werden soll. Ein Anhaltspunkt kann nach § 316 Abs. 3 S. 4 Nr. 2 UmwG sein, wenn die Zahl der Arbeitnehmer mindestens vier Fünftel des für die Unternehmensmitbestimmung maßgeblichen Schwellenwerts beträgt, im Zielland keine Wertschöpfung erbracht wird und der Verwaltungssitz in Deutschland verbleibt.

§ 36 S. 1 MgFSG regelt, dass ein grenzüberschreitendes Vorhaben nicht dazu missbraucht werden darf, Arbeitnehmern Mitbestimmungsrechte zu entziehen oder vorzuenthalten. Nach § 36 S. 2 MgFSG liegt Missbrauch insbesondere vor, wenn innerhalb von vier Jahren ab Wirksamwerden des grenzüberschreitenden Vorhabens strukturelle Änderungen erfolgen, die bewirken, dass ein Schwellenwert der Mitbestimmungsgesetze im Sitzstaat überschritten wird oder sonst Arbeitnehmern Mitbestimmungsrechte vorenthalten oder entzogen werden.

Lösungs- und Rechtsgedanken: Auslegung und Anpassung des SE-Rechts i.S.d. Missbrauchsregelungen zur Umsetzung des Company Law Package?

Art. 11 der SE-RL ermöglicht den Mitgliedstaaten, konkrete Missbrauchsregelungen auf nationaler Ebene zu erlassen. Die Regelung enthält eine generalklauselartig formulierte Öffnungsklausel für mitgliedstaatliche Regelungen (Teichmann, Unternehmerische Mitbestimmung, S. 45). § 43 SEBG setzt hierbei in Satz 1 Art. 11 der SE-RL 1:1 um. Nach § 43 S. 2 SEBG wird als Konkretisierung ein Missbrauch vermutet, wenn ohne Durchführung eines Verfahrens nach § 18 Abs. 3 innerhalb eines Jahres nach SE-Gründung strukturelle Änderungen stattfinden, die bewirken, dass den Arbeitnehmern Beteiligungsrechte vorenthalten oder entzogen werden.

§ 43 S. 1 SEBG kann dabei i.V.m. § 36 S. 2 MgFSG systematisch ausgelegt werden, zumal sich das MgFSG an dem SEBG orientiert bzw. gar im Kern auf diesem fußt. Dabei konkretisiert § 36 S. 2 MgFSG die Regelung aus § 43 S. 1 SEBG dahingehend, dass § 36 S. 2 ein Regelbeispiel für die Annahme eines Missbrauchstatbestandes i.S.v. § 43 S. 1 SEBG kodifiziert (Kumpan/Pauschinger, EuZW 2023, 446 (452)). Aus Rechtssicherheitsgründen wäre eine Klarstellung des deutschen Gesetzgebers dennoch wünschenswert, gerade weil § 36 S. 2 MgFSG von strukturellen Änderungen ausgeht und an diesem Tatbestandsmerkmal bei der SE die Anwachsung der Arbeitnehmerzahl in weiten Teilen nicht angenommen wird (Düwell, BetrVG, EA (SE) Rn. 52).

Zudem sollte der deutsche Gesetzgeber weitergehende Konkretisierungen im Rahmen von Art. 11 der SE-RL vornehmen. Dabei kann er sich an verschiedenen Regelungen anderer europäischer Mitgliedstaaten orientieren. Dazu zählen etwa Österreich, Finnland, Schweden, Dänemark und Luxemburg. So normiert etwa die Umsetzungsregelung aus Österreich, dass als eine wesentliche Änderung der Struktur beispielsweise eine erhebliche Änderung der Zahl der Beschäftigten gilt (Teichmann, Unternehmerische Mitbestimmung, S. 42).

Überdies wäre eine Diskussion des deutschen Gesetzgebers begrüßenswert, inwieweit eine nach dem Vorbild des § 316 Abs. 3 UmwG ähnliche Regelung zur Stärkung des Registergerichts erlassen werden kann. Sicherlich ist hier diskutabel, ob es sich bei Art. 12 Abs. 2 der SE-VO um abschließendes Recht handelt. Dagegen spricht, dass bereits jetzt umstritten ist, wie weit die Prüfpflicht des Registergerichts reicht (Habersack/Henssler, MitbestR, SEBG § 21 Rn. 67), sowie auch der Charakter von Art. 12 Abs. 2 SE-VO als Arbeitnehmerschutznorm. In der Praxis wäre dies hilfreich, da in den Verhandlungen, die regelmäßig aus Arbeitnehmersicht unter dem Damoklesschwert der drohenden Einfrierung durch Zeitablauf stehen, neue Verhandlungssituationen entstehen können. Denn nach entsprechender Ankündigung (i.S.d. vertrauensvollen Zusammenarbeit) dürften wohl auch Stellungnahmen der Arbeitnehmerseite an das Registergericht möglich sein. Bis zu einem Tätigwerden des nationalen und/oder europäischen Gesetzgebers bleibt aus Arbeitnehmerperspektive, neben intensiven Verhandlungen und Öffentlichkeitsarbeit, weiterhin oftmals erst einmal die Einlegung von diversen Rechtsbehelfen, wie das Statusverfahren nach § 98 AktG und wohl künftig auch der Missbrauchsüberprüfungen. Dies kann weder im Interesse der Arbeitgeber- noch der Arbeitnehmerseite sein.

Fazit

Arbeitgeber sollten sich gut überlegen, ob es nicht doch nur ein kurzfristiger Erfolg ist, den Schritt der Flucht aus der Mitbestimmung im Aufsichtsrat zu gehen. Der Fluchteindruck gibt weder nach außen, noch nach innen ein nachhaltiges Bild ab. Gerade die betriebsverfassungsrechtliche Mitbestimmung wird in vielen Entscheidungen – auch unter ordnungsgemäßer Beteiligung – die (damalige) Vermeidung vor Augen haben. Ferner hat gerade die Corona-Pandemie gezeigt, wie wichtig weit akzeptierte und damit effektive Entscheidungen sind. Dies funktioniert durch Mitbestimmung auf allen Ebenen – als Identifikationsfaktor und nachhaltiges Unternehmenskonzept. ■

KERNAUSSAGEN

- Die Gesellschaftsform der SE wird insbesondere durch die Unternehmens-/Arbeitgeberseite durch die mögliche Flucht aus der Mitbestimmung sehr geschätzt.
- Die Bundesregierung tat bereits mit Koalitionsvertrag 2021 kund, auf die Mitbestimmungsvermeidung reagieren zu wollen, hierbei ist die teilweise Zuständigkeit im europäischen Kontext zu beachten.
- Nationale Missbrauchsregelungen zur Umsetzung des europäischen Company Law Package sowie die Umsetzung der Missbrauchsregelungen aus Art. 11 SE-RL in anderen Mitgliedstaaten könnten Vorbildcharakter für das nationale SE-Recht haben.
- Der Schritt in die Mitbestimmungsvermeidung kann für die Arbeitgeberseite nur ein kurzfristiger Erfolg sein.

Gesellschaftsrecht

Konstanz prägt die Marktspitze

In Krisenzeiten sind die Top-Gesellschaftsrechtler gefragt – für Gremienberatungen, Carve-outs und die Verschlankung von Konzernstrukturen – und doch gibt es an der Spitze des Marktes sehr wenig Bewegung. **Freshfields Bruckhaus Deringer**, **Hengeler Mueller** und **Linklaters** dominieren dort das Geschehen – Letztere unterstützte etwa die VW-Gruppe beim Porsche-IPO und Fresenius SE in ihrer Neuaufstellung, Hengeler stand einer Allianz-Tochter und dem Vermögensverwalter DWS bei behördlichen Verfahren bei und Freshfields beriet Continental nach dem Hackerangriff und beim Rückzug aus Russland, wobei bei **Freshfields** die Anzahl der Konzernrechtler deutlich geringer ist als bei ihren beiden Mitstreitern. Die Freshfields-Partner, die sich auf die Boardroom-Beratung fokussieren, bieten dafür ein umfassenderes Risikomanagement.

Diesen Marktführern ist v.a. **Gleiss Lutz** auf den Fersen. Die Kanzlei hat die Aufsichtsratsberatung von VW inzwischen auf die ganze Konzerngruppe erweitert – u.a. zu Traton – und wird z.B. auch gerufen, wenn Bayers Aufsichtsrat den CEO auswechselt. Mit Mandaten wie diesen erhöht **Gleiss** nicht nur den Druck auf die Marktspitze, sondern setzt sich auch im Stammterrain von **SZA Schilling Zutt & Anschütz** fest. Diese wiederum stand u.a. dem Aufsichtsrat bei der Stabilisierung von Uniper zur Seite, während **Allen & Overy** auf Vorstandsseite tätig war.

Eine solche Gremiennähe herzustellen, fällt **CMS Hasche Sigle**, die im Energiesektor stark gefragt war, hingegen weiter schwer. Hinzu kam, dass sie die erste Hauptversammlung nach dem Porsche-IPO **Linklaters** überlassen musste. Dafür verbuchten etwa **Orrick Herrington & Sutcliffe** (Vantage Towers) und **Baker McKenzie** (Evonik) neue HV-Mandate.

Bewegung im Mittelfeld

Unterhalb der Marktspitze ist personell deutlich mehr Bewegung zu sehen. Nachdem **Advant Beiten** 2022 ein großes Freiburger Team an Bord genommen hatte, verstärkte nun **Görg** ihre Corporate-Praxis mit Quereinsteigern von **GSK Stockmann**. **Heuking Kühn Lüer Wojtek** holte sich von EY Law gesellschaftsrechtliche Verstärkung.

Auch neue Büros entstanden durch den Wechsel von Corporate-Teams: **Norton Rose Fulbright** und **Seitz** eröffneten weitere Standorte in Düsseldorf, **Eversheds Sutherland** und **Gowling WLG** vergrößerten sich in Richtung Frankfurt. Und **GSK Stockmann** bekam nach Luxemburg vor einigen Jahren nun einen Standort in London hinzu. **Seitz** ist vor allem im Arbeitsrecht stark, will aber auch im Frankfurter und Münchner Markt mit Corporate-Teams Fuß fassen. Wie schnell sich eine solche Expansion im gegenwärtigen Markt nachhaltig umsetzen lässt, ist allerdings derzeit offen. International ambitioniert zeigt sich **Eversheds**, die eine exklusive Kooperation mit der asiatischen Sozietät **King & Wood Mallesons** einging. Ob das deutsche Team, das etwa die BAIC Group und Geely berät, auch bei ihr andockt, wird sich spätestens 2024 zeigen.

Die Bewertungen behandeln Kanzleien, die Unternehmen und deren Organe u.a. zu Umstrukturierungen, Verschmelzungen, Ausgliederungen, Joint Ventures und Übernahmen nach dem WpÜG beraten. Die Beratung zu sonstigen Akquisitionen ist im Kapitel ▷*M&A* erfasst. Sondersituationen, die gesellschaftsrechtliche Beratung erfordern, werden in den Kapiteln ▷*Insolvenz/Restrukturierung* und ▷*Compliance-Untersuchungen* betrachtet, weitere Facetten gesellschaftsrechtlicher Beratung in den Kapiteln ▷*Konfliktlösung* und ▷*Notariat*.

JUVE KANZLEI DES JAHRES FÜR GESELLSCHAFTSRECHT

GLADE MICHEL WIRTZ

Eindrucksvoll ist es Glade Michel Wirtz gelungen, ihren hochkarätigen Mandantenkreis kontinuierlich zu erweitern. Heute steht sie dem Who's who der deutschen Konzernlandschaft zur Seite. Aus der ehemaligen Mandantin Daimler erwuchsen mit Daimler Truck und Mercedes-Benz gleich zwei neue schwergewichtige Mandanten, die auf das Know-how der Düsseldorfer Kanzlei setzen. Zu diesen gesellten sich zuletzt die Deutsche Wohnen ebenso wie die zu VW gehörende Scania und Hella. Insbesondere **Dr. Marco Sustmann** und **Dr. Andreas Merkner** sind als hoch angesehene Gesellschafts-, Aktien- und Kapitalmarktrechtler gefragt, wenn es um das juristische Hochreck geht. So verwundert es wenig, dass der Aufsichtsrat von ProSiebenSat.1 für die kapitalmarktrechtliche Beratung im Kontext der internen Untersuchung um die Jochen-Schweizer-Beteiligung Glade Michel Wirtz ins Boot holte. Dass die Kanzlei aber auch für die Zukunft gut aufgestellt ist, zeigen die beiden jüngeren Partner **Dr. Alexander Retsch** und **Dr. Friedrich Schulenburg**, die regelmäßig im Tandem mit den senioreren Partnern in hochkarätigen Mandaten agieren und so Erfahrung und Profil gewinnen.

ACT AC TISCHENDORF

Gesellschaftsrecht ★

Bewertung: Gesellschaftsrechtspraxis aus Frankfurt. Nähere Informationen finden Sie im Regionalkapitel ▷*Mitte*.

Team: 5 Eq.-Partner, 1 Associate

Schwerpunkte: Regelm. für Konzerne aus vielen Branchen, Schnittstellen u.a. zum ▷*Arbeits-* u. ▷*Insolvenzrecht*.

Mandate: Siehe Regionalkapitel.

ADDLESHAW GODDARD

Gesellschaftsrecht ★

Bewertung: Die brit. Sozietät baut ihre gesellschaftsrechtl. Beratung allmählich aus. Vorwiegend berät sie internat. Unternehmen (bzw. deren Töchter) bei dt.-rechtl. Fragen. Besonderes Knowhow besteht bei Logistik-, Finanzdienstleistungs- u. Immobilienunternehmen.

Team: 4 Partner, 6 Associates

Schwerpunkte: V.a. Beratung von internat. mittelgr. Unternehmen. Auch Family Offices, u.a. bei Beteiligungen.

Mandate: Brickability Group als JV-Partner bei einer Kapitalerhöhung; Octopus Energy bei interner Umstrukturierung; Cerner Health Services bei Einführung von Geschäftsordnung bei verbundenem Unternehmen; Pebble Group bei AIM-Börsengang; lfd.: AniCura Germany, Beit Capital Advisors, Decorative Products, Hemsley Wynne Furlonge.

ADERHOLD

Gesellschaftsrecht ★★

Bewertung: Neben dem renommierten Notariat steht die Kanzlei für ausgeprägtes Know-how bei Finanzierung u. Restrukturierung, das regelm. bei der gesellschaftsrechtl. Beratung eine Rolle spielt. Bei den Themen arbeiten insbes. die Teams in den 3 NRW-Büros eng zusammen. Das Team in Leipzig wuchs zuletzt auf Associate-Ebene u. wurde von Mandanten wie Rebotec vermehrt bei Mitarbeiterbeteiligungen als Nachfolgemodell hinzugezogen.

Stärken: Angesehenes Notariat; sehr gute Industriekontakte.

Oft empfohlen: Prof. Dr. Lutz Aderhold („kompetent u. kollegial", „sehr professionell und lösungsorientiert", Wettbewerber), Jürgen Schemann

Team: 8 Eq.-Partner, 2 Counsel, 10 Associates

Schwerpunkte: Schwerpunkte bei Strukturierungs- u. Finanzierungsfragen; ▷*Insolvenz- u. Restrukturierungsberatung*. Mandanten aus Bauindustrie, Großhandel, Maschinenbau, Finanzbranche, Software u. Medien, zudem Investoren.

Mandate: Borussia Dortmund gesellschafts- u. kapitalmarktrechtl., u.a. bei der HV; Rebotec, Busse, Schkeuditzer Metallveredelung zu Mitarbeiterbeteiligung als Nachfolgemodell; gr. Bauträger bei Konzernumstrukturierung; Domo-Gruppe zu Umstrukturierungen u. Verschmelzungen; GBK Beteiligungen, Hahn Immobilien aktienrechtl. (inkl. HV).

ADVANT BEITEN

Gesellschaftsrecht ★★

Bewertung: Die gesellschaftsrechtl. Praxis, die sich auf 6 Standorte verteilt, wird v.a. vom gehobenen dt. Mittelstand in Anspruch genommen. Das von Vogel u. Mayer geführte Team unterstützt bspw. das lfd. Geschäft von Otto Ganter und Testo, ist aber v.a. bei grenzüberschr. Umstrukturierungen u. gesellschaftsrechtl. Streitigkeiten gefragt. Diese breiten Kompetenzen nutzen inzw. auch regelm. internat. Unternehmen – wie etwa Captanas Muttergesellschaft Store Electronic Systems, die den dt. Markteintritt suchen. Dass die Breite der Praxis aufrechterhalten werden soll, lässt sich an den jüngsten Partnerernennungen ablesen. Die neuen Partner decken von der gesellschaftsrechtl. Konsolidierung im Krankenhaussektor über ▷*VC-Investments* bis hin zu ▷*Unternehmensnachfolgen* eine breite Palette ab. Nachdem sich das Freiburger Corporate-Team nach seinem Zugang 2022 schnell integriert hat, gilt es nun, die Kapazitäten der Praxis noch stärker für Großmandate zu bündeln. Parallel ist das Büro in Moskau kriegsbedingt weiterhin mit zahlr. Geschäftsabwicklungen befasst.

Stärken: Breite Branchenerfahrung im Mittelstand. Personelle Verzahnung mit der größeren ▷*M&A-Praxis*. Geschäftsführerhaftung u. Konfliktlösung. Angesehene China-Praxis. Erfahrenes Team in Moskau.

Oft empfohlen: Dr. Christian von Wistinghausen („versteht es, die Interessen seiner Mandanten erfolgreich zu vertreten", Wettbewerber), Prof. Dr. Hans-Josef Vogel, Benjamin Knorr („immer kompetent, zeitnah u. sachlich – insgesamt hervorragende Zusammenarbeit", Mandant), Dr. Barbara Mayer („erfahren u. tough", Wettbewerber), Gerhard Manz („hervorragender Kollege, sehr geschätzt", Wettbewerber)

Team: 19 Eq.-Partner, 28 Sal.-Partner, 23 Associates, 2 of Counsel

Partnerwechsel: Jan Dwornig (zu TN Legal)

Schwerpunkte: Breite gesellschaftsrechtl. Bera-

Gesellschaftsrecht

★★★★★	
Freshfields Bruckhaus Deringer	Düsseldorf, Frankfurt, München, Hamburg, Berlin
Hengeler Mueller	Düsseldorf, Frankfurt, München, Berlin
Linklaters	Düsseldorf, Frankfurt, München, Berlin, Hamburg
★★★★	
Allen & Overy	Düsseldorf, Frankfurt, Hamburg, München
Clifford Chance	Frankfurt, Düsseldorf, München
Gleiss Lutz	Stuttgart, Frankfurt, Düsseldorf, München, Hamburg, Berlin
SZA Schilling Zutt & Anschütz	Mannheim, Frankfurt, München
★★★★	
Broich	Frankfurt
CMS Hasche Sigle	München, Hamburg, Stuttgart, Frankfurt, Düsseldorf, u.a.
Glade Michel Wirtz	Düsseldorf
Hogan Lovells	München, Düsseldorf, Frankfurt, Hamburg
Latham & Watkins	Frankfurt, Hamburg, München, Düsseldorf
Milbank	Frankfurt, München
Noerr	München, Düsseldorf, Berlin, Frankfurt, Hamburg, Dresden
Sullivan & Cromwell	Frankfurt
White & Case	Frankfurt, Düsseldorf, Hamburg, Berlin
★★★	
Ashurst	Frankfurt, München
Baker McKenzie	Frankfurt, München, Berlin, Düsseldorf
Dentons	Berlin, Frankfurt, München, Düsseldorf
Dissmann Orth	München
DLA Piper	Frankfurt, Köln, Hamburg, München
Eversheds Sutherland	München, Düsseldorf, Frankfurt
Flick Gocke Schaumburg	Bonn, Berlin, Düsseldorf, Hamburg, Frankfurt, München
Gibson Dunn & Crutcher	München, Frankfurt
GLNS	München
GSK Stockmann	Berlin, München, Frankfurt, Heidelberg, Hamburg
Heuking Kühn Lüer Wojtek	Düsseldorf, Köln, Frankfurt, München, Berlin, u.a.
Jones Day	Düsseldorf, Frankfurt, München
Luther	Köln, Düsseldorf, Essen, Hamburg, Leipzig, Stuttgart, München, Frankfurt, Hannover, Berlin
McDermott Will & Emery	Düsseldorf, München, Frankfurt, Köln
Oppenhoff & Partner	Köln, Frankfurt, Hamburg
Poellath	Berlin, Frankfurt, München
PricewaterhouseCoopers Legal	Düsseldorf, Frankfurt, München, Stuttgart, Hannover, Berlin
Taylor Wessing	Düsseldorf, Frankfurt, Hamburg, München, Berlin

Fortsetzung nächste Seite

Anwaltszahlen: Angaben der Kanzleien, wie viele Anwälte zu mind. ca. 50% in diesem Gebiet tätig sind. Sie spiegeln nicht zwingend die Gesamtgröße einer Kanzlei wider.

tung mit Schnittstellen zum Steuer- u. Kapitalmarktrecht, v.a. im industriellen Mittelstand sowie für internat. Konzerne u. die öffentl. Hand. Grenzüberschr. Mandate durch europ. Netzwerk u. Länder-Desks. Regelm. außergerichtl. Streitbeilegung u. Prozessführung mit gesellschaftsrechtl. Bezügen (▷*Konfliktlösung*). Auch Aufsetzen von Compliance-Systemen. Langj. Erfahrung mit ▷*Nachfolgeregelungen u. Stiftungen*.
Mandate: Aston Martin Lagonda UK zu Intercompany-Verträgen in Europa; dt.-amerikan. Institut zu Gründung eines Dachverbands; FTI Touristik zu GF-Bestellungen; Pyramid Computer zu Reverse-IPO; Immobilienverwaltung zu Beschlussanfechtungsklage; Family Office hoch.rein in gesellschaftsrechtl. Auseinandersetzung; Moving Content in Gesellschafterstreit u. bei Abwehr von Sonderprüfung; JobRad Holding zu SE-Umwandlung; Loxam zu Kapitalerhöhung; lfd. Autogrill Europe, Captana, Haufe-Gruppe, Herder-Gruppe, Diotec-Gruppe, Neuroloop, Münchner Genossenschaftsbank, Testo SE, Zoharansky AG.

Gesellschaftsrecht Fortsetzung

★★

Advant Beiten	München, Düsseldorf, Frankfurt, Freiburg, u.a.
Aulinger	Bochum, Essen
Baker Tilly	München, Hamburg, Frankfurt
Deloitte Legal	Düsseldorf, Hannover, München, Frankfurt, Köln, u.a.
Ego Humrich Wyen	München
Esche Schümann Commichau	Hamburg
Görg	Köln, Frankfurt, Hamburg, Berlin
Friedrich Graf von Westphalen & Partner	Freiburg, Köln, Frankfurt, Berlin
Grüter	Duisburg
GvW Graf von Westphalen	Hamburg, Frankfurt, Düsseldorf, München
Honert	München, Hamburg
Kirkland & Ellis	München
KPMG Law	Nürnberg, Düsseldorf, Stuttgart, Frankfurt, u.a.
Kümmerlein	Essen
LMPS von Laer Meyer Paul Stuttmann	Düsseldorf
Martius	München
Menold Bezler	Stuttgart
Möhrle Happ Luther	Hamburg
Norton Rose Fulbright	Frankfurt, Hamburg, München, Düsseldorf
Oppenländer	Stuttgart
Orrick Herrington & Sutcliffe	Düsseldorf, München
Sernetz Schäfer	München, Düsseldorf

Fortsetzung nächste Seite

ALLEN & OVERY

Gesellschaftsrecht ★★★★

Bewertung: Die gesellschaftsrechtl. Beratung von Gremien, insbes. an der Schnittstelle von Corporate Governance, Compliance u. ESG, ist das Aushängeschild der Kanzlei. Die Beratung von Uniper bei der mrd-schweren Rettung durch den Bund zeigt das Repertoire: Die erfahrenen Partner waren mit einem gr. Team umf. gesellschafts-, kapitalmarkt- u. fusionskontrollrechtl. sowie zu Fragen ausl. Direktinvestitionen tätig. Dabei war auch die starke nachfolgende Partnerriege gesetzt. Das Mandat ist zugleich Ausdruck der Branchenausrichtung, die sich neben Energie auf (digitale) Infrastruktur, Tech u. Versicherungen erstreckt. Das Branchenwissen ist regelm. ein Asset bei der Beratung von strateg. Unternehmensentwicklungen wie – teils grenzüberschr. – Reorganisationen, Um- u. Restrukturierungen sowie Joint Ventures. Zudem fügt sich der Sektorfokus gut in das internat. Geflecht ein, das sich enorm erweitern soll: Die geplante Fusion mit der US-Kanzlei Sherman & Sterling schafft neue transatlant. Beratungshorizonte für Mandanten.
Stärken: Aktien- u. Konzernrecht; eine der führenden übernahmerechtl. Praxen; gute Kontakte zu namh. Konzernen durch die Banken- u. Versicherungspraxen (▷*Bankrecht u. -aufsicht*, ▷*Börseneinführ. u. Kapitalerhöhung*, ▷*Unternehmensbezogene Beratung von Versicherern*). Hohes Ansehen in der Schifffahrtsbranche.
Oft empfohlen: Dr. Hans Diekmann („fachlich stark, angenehmer Verhandlungspartner", Wettbewerber), Dr. Christian Eichner („vertrauensvoll für Vorstand u. Aufsichtsrat", Mandant), Dr. Helge Schäfer, Dr. Hartmut Krause, Dr. Alexander Veith („hält die Fäden zusammen", Mandant), Dr. Jan Schröder
Team: 19 Partner, 12 Counsel, 37 Associates
Schwerpunkte: Aktienrecht für börsennot. Unternehmen, bei Mitarbeiterbeteiligungen, Kapitalerhöhungen, Umstrukturierungen, Rückkauf eigener Aktien, Vorstandspflichten, Vorstandsvergütung, HVen. Dabei Verbindung zu ▷*Insolvenz/Restrukturierung*. Auch ▷*Konfliktlösung* u. Compliance.
Mandate: Uniper zu Stabilisierungspaket mit Bundesregierung u. Fortum; Autodoc bei komplexer Reorganisation u. Formwechsel in SE; Standard Chartered bei Joint Venture mit LBBW u. Comyno zur Finanzierung der Blockchain-Plattform SWIAT; Gerry Weber umf. bei Restrukturierung; Bundesministerium für Bildung u. Forschung bei Gründung u. Operationalisierung der Dt. Agentur für Transfer u. Innovation; Canada Life Irish Holding bei Joint Venture mit JDC u. Bain Capital für Kauf von Versicherungsmaklern u. -agenturen in Dtl. u. Österr.; ProSiebenSat.1 kapital- u. gesellschaftsrechtl.; RAG-Stiftung stiftungsrechtl.; Scout24 zu Aktienrückkaufprogrammen; HelloFresh zu Corporate Governance; HV-Beratung: TUI, Scout24, Bilfinger, Uniper, Dürr Dental, Emlos Semiconductor, Alstria Office, Isra Vision, KWS Saat, Gerry Weber Internat., Corestate Capital, MLP SE, Superior Industries; lfd. SAP, Hapag-Lloyd, Autodoc, Uniper, Axel Springer, German Naval Yards-Gruppe, Corpus Sireo, Primark.

ANDERSEN

Gesellschaftsrecht ★

Bewertung: Gesellschaftsrechtspraxis an mehreren dt. Standorten, aber Schwerpunkt im Kölner Büro. Nähere Informationen finden Sie im Regionalkapitel ▷*Westen*.
Team: 2 Eq.-Partner, 3 Sal.-Partner, 4 Associates
Schwerpunkte: Integrierte gesellschafts- u. steuerrechtl. Beratung. Großes internat. Netzwerk, Mandate vielfach aus dem internat. tätigen Mittelstand. Transaktionspraxis u. Konfliktlösung in Köln, Immobilien u. Venture Capital in Berlin.
Mandate: Siehe Regionalkapitel.

ARNECKE SIBETH DABELSTEIN

Gesellschaftsrecht ★★

Bewertung: Mittelständ. Unternehmen, v.a. aus den Bereichen Energie u. Transportwesen sowie aus der Immobilienbranche, bilden die Kernklientel der gesellschaftsrechtl. Praxis. Neue Mandanten gewann das Team zuletzt auch durch vorherige Arbeit auf der Gegenseite: So beriet es Certina gesellschaftsrechtl. beim Kauf von Isolite, nachdem es zuvor Sodexo beim Verkauf des dt. Cateringgeschäfts für Schulen u. Kitas an Certina zur Seite stand. Dank eines Quereinsteigers, der vor 2 Jahren zur Kanzlei stieß, berät ASD auch an der Schnittstelle zwischen Gesellschafts- u. Kartellrecht. Die Ankündigung, dass der Münchner Partner u. Co-Praxisgruppenleiter Nitzsche die Kanzlei zum Jahreswechsel 2023/24 mit noch unbekanntem Ziel verlassen wird, stellt einen herben Verlust dar. Sie verliert nicht nur einen anerkannten Partner, sondern auch – was schwerer ins Gewicht fällt – den einzigen Corporate-Partner im Münchner Büro.
Stärken: Beratung der Transportbranche.
Oft empfohlen: Dr. Wolfgang Scholl, Bernd Thalmann, Dr. Dagobert Nitzsche („viel Erfahrung bei Transaktionen im Windbereich, unkompliziert, mit höchster fachl. Kompetenz", Wettbewerber)
Team: 18 Eq.-Partner, 4 Sal.-Partner, 2 Counsel, 7 Associates, 2 of Counsel
Schwerpunkte: Breite gesellschaftsrechtl. Tätigkeit für Unternehmen mit Schwerpunkt im internat. Rechtsverkehr (USA, GB, Frankreich u. Skandinavien). Große Erfahrung v.a. in der Transportbranche u. im Immobiliensektor.
Mandate: Banco Santander, Devialet Dtl., Safran, Stena, Torrent, Valsoft lfd.; Certina gesellschaftsrechtl. beim Kauf von Isolite von Showa Denko Materials; Sodexo beim Verkauf des dt. Cateringgeschäfts für Schulen u. Kitas an Certina; Summa Equity beim Kauf von Logpoint.

ARQIS

Gesellschaftsrecht ★★

Bewertung: Der Schwerpunkt der gesellschaftsrechtl. Arbeit liegt zwar auf der transaktionsbeglei-

Anwaltszahlen: Angaben der Kanzleien, wie viele Anwälte zu mind. ca. 50% in diesem Gebiet tätig sind. Sie spiegeln nicht zwingend die Gesamtgröße einer Kanzlei wider.

tenden Beratung, doch tritt Arqis auch abseits dieses Feldes in Erscheinung. Neben der Beratung zu Strukturmaßnahmen u. lfd. gesellschaftsrechtl. Themen ist die Kanzlei bei Streitigkeiten u. bei der Beratung von HVen gefragt. Nicht selten handelt es sich dabei um langj. Mandanten der Kanzlei, die von der ersten Finanzierungsrunde bis zum Börsengang begleitet wurden. Besonders engagiert ist die Praxis im Markt für jap. Unternehmen bzw. deren dt. Tochterunternehmen, was nicht zuletzt auf die starken Beziehungen der Kanzlei nach Japan insbes. durch Yamaguchi zurückzuführen ist.
Stärken: Dt.-jap. Geschäft, Aktienrecht.
Oft empfohlen: Dr. Shigeo Yamaguchi, Prof. Dr. Christoph von Einem, Johannes Landry, Andreas Dietl, Dr. Christof Schneider („pragmatisch", Wettbewerber)
Team: 6 Eq.-Partner, 5 Sal.-Partner, 4 Counsel, 14 Associates, 2 of Counsel
Schwerpunkte: Lfd. Beratung oft ausl. Unternehmen (v.a. Japan in D'dorf, China in München); Aktien- u. Konzernrecht (u.a. Squeeze-outs u. Prozesse); Umstrukturierungen. Auch ▷*M&A* u. ▷*Private Equity*, insolvenznahe Beratung.
Mandate: Agile Robots, Skyroads, Hydrogen Rise, Primag, SkyFive, Smart Mobile Labs jew. gesellschaftsrechtl. einschl. HV; InduTrax lfd. gesellschaftsrechtl.; Upside Equity, Neogym Group, Sumitomo Electric Industries Group jew. zu gesellschaftsrechtl. Fragen.

ASHURST

Gesellschaftsrecht ★★★

Bewertung: Trad. stark gefragt ist die gesellschaftsrechtl. Praxis der Kanzlei bei Unternehmen aus den Sektoren Infrastruktur, Erneuerbare Energien u. Technologie (insbes. Automotive). Zu den Mandanten, die regelm. auf das Wissen der Kanzlei vertrauen, gehören Branchengrößen wie Grammer oder Bosch, für die Ashurst bereits häufiger tätig war. Die Beratungspalette reicht von der lfd. gesellschaftrechtl. Beratung über aktienrechtl. Fragen u. Umwandlungen bis hin zur HV-Beratung. Zusehends gewinnt Drinhausen, der sich vor gut 2 Jahren der Kanzlei anschloss, an Präsenz, v.a. bei der Organberatung bspw. im Kontext von Corporate Governance. So ist es ihm gelungen, Northern Data aus seinem eigenen Netzwerk heraus für die Kanzlei zu gewinnen. Hier berät er den Aufsichtsrat des Unternehmens gesellschaftsrechtl. u. begleitete Northern Data auch im Zshg. mit der Durchführung ihrer ersten virtuellen HV. Daneben sorgte auch das Knowhow des ehem. General Counsels im Finanzsektor dafür, dass Ashurst bei Mandanten punkten konnte.
Stärken: Aktienrecht, öffentl. Übernahmen; starke Fernost-Büros; zunehmend gesellschaftsrechtl. Beratung für Banken.
Oft empfohlen: Dr. Thomas Sacher, Matthias von Oppen („über jeden Zweifel erhaben", Mandant), Dr. Gerrit Clasen, Prof. Dr. Florian Drinhausen
Team: 7 Partner, 4 Counsel, 8 Associates, 1 of Counsel
Schwerpunkte: AGen, aber auch mittelständ. Mandantenstamm (v.a. in Südtl.). Zusätzl. Kompetenzen an der Schnittstelle zu ▷*Konfliktlösung* u. Restrukturierung.
Mandate: Aufsichtsrat Northern Data lfd. gesellschaftsrechtl.; Northern Data zu HV; Finanzdienstleister zu Umwandlung in SE; Umwandlung einer börsennot. Gesellschaft in eine SE; Perspix Biotech im Zshg. mit Markteintritt; OLB zu Umsetzung von Beteiligungsprogramm für Senior-Management u. OLB-Vorstand zu gesellschaftsrechtl. Pflichten im Zshg. mit der Übernahme der Degussa Bank. Lfd.: Grammer, Noratis, HGears.

Gesellschaftsrecht Fortsetzung

★★

Aderhold	Dortmund, Düsseldorf
Arnecke Sibeth Dabelstein	Frankfurt, Berlin, Hamburg, München
Arqis	Düsseldorf, München
Berner Fleck Wettich	Düsseldorf
Binz & Partner	Stuttgart
Bird & Bird	Düsseldorf, Frankfurt, München
BRL Boege Rohde Luebbehuesen	Hamburg, Berlin
Cleary Gottlieb Steen & Hamilton	Frankfurt, Köln
Ebner Stolz Mönning Bachem	Köln, Hamburg, Stuttgart, Frankfurt
EY Law	Berlin, Mannheim, Stuttgart, Düsseldorf, u.a.
Fieldfisher	Düsseldorf, Hamburg, München, Frankfurt
Göhmann	Hannover, Braunschweig, Frankfurt
Greenberg Traurig	Berlin
Greenfort	Frankfurt
Gütt Olk Feldhaus	München
Haver & Mailänder	Stuttgart
Hennerkes Kirchdörfer & Lorz	Stuttgart
Herbert Smith Freehills	Düsseldorf, Frankfurt
Hoffmann Liebs	Düsseldorf
Huth Dietrich Hahn	Hamburg
K&L Gates	Berlin, Frankfurt, München
Kapellmann und Partner	Düsseldorf
Leo Schmidt-Hollburg Witte & Frank	Hamburg
Lindenpartners	Berlin
Lupp + Partner	Berlin, Frankfurt, Hamburg, München
Lutz Abel	München, Berlin, Hamburg, Stuttgart
Mayer Brown	Frankfurt, Düsseldorf
Morrison & Foerster	Berlin
Orth Kluth	Düsseldorf
Osborne Clarke	Köln, München, Hamburg, Berlin
Pinsent Masons	München, Düsseldorf, Frankfurt
Raue	Berlin
Redeker Sellner Dahs	Bonn, Berlin, München, Leipzig
Rittershaus	Mannheim, Frankfurt, München
Rödl & Partner	Nürnberg, Köln, Stuttgart, München, u.a.
Seitz	Köln, Düsseldorf
Skadden Arps Slate Meagher & Flom	Frankfurt, München
Spieker & Jaeger	Dortmund
Squire Patton Boggs	Berlin, Frankfurt
Watson Farley & Williams	Frankfurt, Hamburg, München
Weil Gotshal & Manges	Frankfurt, München
Willkie Farr & Gallagher	Frankfurt
Ypog	Köln, Berlin, Hamburg

Fortsetzung nächste Seite

AULINGER

Gesellschaftsrecht ★★

Bewertung: Die Ruhrgebietskanzlei demonstriert das Gelingen ihres allmähl. Generationswechsels in der gesellschaftsrechtl. Beratung durch eine beeindruckende Kontinuität bei ihren Mandanten. Zu diesen gehören ganz unterschiedl. Mittelständler, aber auch Konzerne wie RAG oder BP Europe. 2 Partnerernennungen unterstreichen die Stärke der Praxis, die sich zugleich auf das Notariat erstreckt. Außerdem gelingt es, Spezialisierungen herauszuarbeiten – etwa beim Thema Gesellschafterstreit oder in der Start-up-Beratung.
Stärken: Regionale Verwurzelung, renommiertes gesellschaftsrechtl. Notariat.
Oft empfohlen: Dr. Markus Haggeney, Dr. Martin Alberts („findiger, sehr guter Anwalt, der das wirtschaftl. Endergebnis im Auge behält", Mandant), Dr. Andreas Eickhoff
Team: Corporate insges.: 9 Eq.-Partner, 3 Sal.-Partner, 7 Associates, 2 of Counsel
Schwerpunkte: Dauerberatung z.T. als ausgelagerte Rechtsabteilung, auch Umstrukturierungen u. Nachfolgelösungen, zudem Prozessführung. Renommiertes Notariat. Start-up-Beratung.

Anwaltszahlen: Angaben der Kanzleien, wie viele Anwälte zu mind. ca. 50% in diesem Gebiet tätig sind. Sie spiegeln nicht zwingend die Gesamtgröße einer Kanzlei wider.

Mandate: Gelsenwasser zu Infrastrukturprojekten und lfd. gesellschaftsrechtl.; Automotive-Konzern zu Umstrukturierung, Käufen u. Nachfolgeregelung; E.on Bioerdgas, u.a. zu Beteiligungen; BP Europe im gesellschaftsrechtl. Notariat; Roadfans zu Expansion u. Finanzierung; RAG, Hergarten u. Hertel Dtl. umf. gesellschaftsrechtl. u. im Notariat; Stadt Herne zu Beteiligungsmanagement; Stadt Oberhausen zu Strukturierung des Immobiliengeschäfts; lfd. Bleistahl-Gruppe, Bio-Rad Laboratories, Bochumer Eisenhütte, Cirkel-Gruppe, Enetty.

AVOCADO

Gesellschaftsrecht ★

Bewertung: Gesellschaftsrechtspraxis v.a. in Frankfurt. Nähere Informationen finden Sie im Regionalkapitel ▷*Mitte*.

Team: Corporate insges.: 8 Eq.-Partner, 2 Sal.-Partner, 3 Counsel, 3 Associates

Schwerpunkte: Lfd. Beratung mittelständ. Mandanten sowie einer Reihe dt. Tochtergesellschaften ausl. Unternehmen. Auch in gesellschaftsrechtl. Prozessführung tätig. Im Kölner Büro ausgeprägter Schwerpunkt im ▷*Öffentl. Recht*.

Mandate: Siehe Regionalkapitel.

BAKER MCKENZIE

Gesellschaftsrecht ★★★

Bewertung: Traditionell ist die Gesellschaftsrechtspraxis der internat. Kanzlei eher auf dt. Tochtergesellschaften internat. Konzerne (z.B. Ebay, Visa) fokussiert, machte in den letzten Jahren jedoch bemerkenswerte Schritte bei der Positionierung bei dt. Konzernen. Vocke steht an der Spitze dieser Bemühungen u. gewann eines der größten Einzelhandelsfamilienunternehmen – eine vielversprechende Entwicklung. Die Verstärkung durch Stüber im Vorjahr hat die Erwartungen übertroffen: Wettbewerber u. Mandanten empfehlen sie gleichermaßen, u. der Gewinn von Evonik als Mandantin war ein gr. Erfolg für BM. Ihr Wechsel kam zum richtigen Zeitpunkt, denn gerade im konzernrechtl. Bereich ist ein Generationswechsel besonders wichtig. Die Stärken der Praxis bleiben unverändert: die Fähigkeit, gr. Carve-outs (Sika u. Thales) zu organisieren u. ein traditionell starkes China-Geschäft.

Stärken: Globale Reorganisationen sowie Beratung an der Schnittstelle von Gesellschaftsrecht u. Compliance.

Oft empfohlen: Dr. Christian Vocke, Dr. Andreas Lohner, Dr. Katharina Stüber („wahnsinnig gut, umfangreiche Kenntnisse im konzernrechtl. Bereich“, Mandant), Dr. Peter Wand, Christian Atzler, Joachim Ponseck (Restrukturierung)

Team: 8 Eq.-Partner, 11 Sal.-Partner, 4 Counsel, 22 Associates, 1 of Counsel

Partnerwechsel: Dr. Michael Bartosch (zu Jones Day)

Schwerpunkte: Beratung bei gr., auch internat. Umstrukturierungen sowie Refinanzierungen. Vor- u. Nachbereitungen von HVen (inkl. Spruchverfahren). Haftungsrechtl. Prozesse u. Post-M&A-Streitigkeiten (▷*Konfliktlösung*). Starke ▷*Compliance-Praxis*.

Mandate: Evonik im Aktien- u. Kapitalmarktrecht inkl. HV, Aktienrückkaufprogramm, Marktmissbrauchsrecht, Corporate Governance; Pfeiffer Vacuum bei Beherrschungsvertrag mit der Pangea/Busch-Gruppe; Insolvenzverwalter der Maple Bank wg. Cum-Ex-Organhaftung; S&P Global bei Umstrukturierungen; Thales bei Carve-out des Geschäftsbereichs Ground Transportation Systems; Sika bei Carve-out des Betonzusatzmittelgeschäfts. Lfd.: Dassault Systèmes, Ebay, Visa, Schneider Electric, Aesku Diagnostics, McDonald's Dtl., ScaleHub, internat. tätiges Ride-Sharing-Unternehmen.

Gesellschaftsrecht Fortsetzung

★

Kanzlei	Standorte
act AC Tischendorf	Frankfurt
Avocado	Frankfurt, Köln
Brandi	Bielefeld, Detmold, Gütersloh, Paderborn
Buse	Berlin, Düsseldorf, Essen, Hamburg, München, Stuttgart
CBH Rechtsanwälte	Köln
FPS Fritze Wicke Seelig	Düsseldorf, Frankfurt, Berlin, Hamburg
Godefroid & Pielorz	Düsseldorf
Heussen	Berlin, Frankfurt, Stuttgart, München
King & Wood Mallesons	Frankfurt
LLR Legerlotz Laschet und Partner	Köln
Melchers	Heidelberg, Frankfurt, Berlin
Mutter & Kruchen	Düsseldorf
Raschke von Knobelsdorff Heiser	Hamburg
Renzenbrink & Partner	Hamburg
Rowedder Zimmermann Hass	Mannheim
Schmidt von der Osten & Huber	Essen
SKW Schwarz	Hamburg, Frankfurt, München
Voigt Wunsch Holler	Hamburg
WilmerHale	Berlin, Frankfurt

★

Kanzlei	Standorte
Addleshaw Goddard	Hamburg
Andersen	Köln, Frankfurt, Berlin
Blaum Dettmers Rabstein	Bremen, Hamburg
von Boetticher	Berlin, München
Brödermann Jahn	Hamburg
Eifler Grandpierre Weber	Frankfurt
Lawentus	Hamburg
Loschelder	Köln
Meilicke Hoffmann & Partner	Bonn
Peters Schönberger & Partner	München
Reed Smith	Frankfurt, München
Rotthege	Düsseldorf
Schalast & Partner	Frankfurt
Zenk	Hamburg, Berlin

Die Auswahl von Kanzleien und Personen in Rankings und tabellarischen Übersichten ist das Ergebnis umfangreicher Recherchen der JUVE-Redaktion. Sie ist in 2erlei Hinsicht subjektiv: Die Aussagen der befragten Quellen sind subjektiv u. spiegeln deren Erfahrungen u. Einschätzungen. Die JUVE-Redaktion wiederum analysiert die Rechercheergebnisse unter Einbeziehung ihrer eigenen Marktkenntnis. Der JUVE Verlag beabsichtigt keine allgemeingültige oder objektiv nachprüfbare Bewertung. Es ist möglich, dass eine andere Recherchemethode zu anderen Ergebnissen führt. Innerhalb einzelner Gruppen in Rankings und tabellarischen Übersichten sind Kanzleien und Personen alphabetisch sortiert.

BAKER TILLY

Gesellschaftsrecht ★★

Bewertung: Die gesellschaftsrechtl. Arbeit der MDP-Kanzlei ist geprägt von der lfd. Begleitung mittelständ. Unternehmen, einschl. Corporate-Governance-Themen u. -Streitigkeiten. Mandanten profitieren dabei regelm. vom multidiszipl. Netzwerk, v.a. bei Umstrukturierungen, Verschmelzungen u. Joint Ventures. Bsph. dafür steht die Beratung von Stammmandantin ADAC bei einem JV mit Airbus. In den verg. Jahren hat sich ein gewisser Schwerpunkt bei Energie u. Gesundheit etabliert, den das Münchner Büro durch eine Partnerernennung im Healthcare-Bereich unterstreicht. Diese Sektorfokussierung findet zudem Anklang im aus Dtl. angeschobenen internat. Netzwerk BTs: Über die China-, Korea- u. Baltic-Desks wird zunehmend gesellschaftsrechtl. Geschäft abgewickelt.

Oft empfohlen: Dr. Thomas Gemmeke, Stephan Zuber, Wolfgang Richter

Team: 23 Partner, 9 Counsel, 36 Associates, 1 of Counsel

Schwerpunkte: Breite gesellschafts-, aktien- u. kapitalmarktrechtl. Beratung. Im Rahmen der MDP-Praxis eng mit der Steuerpraxis verbunden. Vorwiegend mittelständ. Mandantschaft.

Mandate: Cavanna Group bei JV mit anderen Verpackungsherstellern; Fritz Wohlenberg zu Corporate Litigation; Holoride bei Serie-A-Finanzierungsrunde u. bzgl. Kooperation mit Audi; KLS Martin Group bei Neustrukturierung; Korian bei Übertragung von 19 Pflegeheimen auf eine neue Konzerngesellschaft; Patronus Health bei Pre-Seed-Finanzierungsrunde u. Einwerbung von Fördergeldern; Red Bull zu Lieferkettengesetz; Stamag Ersatzteil- u. Industrievertrieb, u.a. bei Nachfolgeregelung; Rockaway Ventures u. Serpentine Ventures bei Investment in Apaleo u. Se-

Anwaltszahlen: Angaben der Kanzleien, wie viele Anwälte zu mind. ca. 50% in diesem Gebiet tätig sind. Sie spiegeln nicht zwingend die Gesamtgröße einer Kanzlei wider.

Führende Namen im Gesellschaftsrecht (über 50 Jahre)

Prof. Dr. Johannes Adolff
Hengeler Mueller, Frankfurt

Prof. Dr. Michael Arnold
Gleiss Lutz, Stuttgart

Dr. Andreas Austmann
Hengeler Mueller, Düsseldorf

Dr. Carsten Berrar
Sullivan & Cromwell, Frankfurt

Dr. Tim Brandi
Hogan Lovells, Frankfurt

Josef Broich
Broich, Frankfurt

Dr. Tobias Bürgers
Noerr, München

Steffen Carl
Gleiss Lutz, München

Dr. Hans Diekmann
Allen & Overy, Düsseldorf

Dr. Daniela Favoccia
Hengeler Mueller, Frankfurt

Dr. Karsten Heider
CMS Hasche Sigle, Stuttgart

Dr. Matthias Hentzen
Hengeler Mueller, Düsseldorf

Dr. Gerald Reger
Noerr, München

Prof. Dr. Jochem Reichert
SZA Schilling Zutt & Anschütz, Mannheim

Dr. Norbert Rieger
Milbank, München

Dr. Carsten Schapmann
Hengeler Mueller, Düsseldorf

Prof. Dr. Christoph Seibt
Freshfields Bruckhaus Deringer, Hamburg

Dr. Marco Sustmann
Glade Michel Wirtz, Düsseldorf

Prof. Dr. Jochen Vetter
Hengeler Mueller, München

Dr. Stephan Waldhausen
Freshfields Bruckhaus Deringer, Düsseldorf

Dr. Hans-Ulrich Wilsing
Linklaters, Düsseldorf

Dr. Ralph Wollburg
Linklaters, Düsseldorf

Die Auswahl von Kanzleien und Personen in Rankings und tabellarischen Übersichten ist das Ergebnis umfangreicher Recherchen der JUVE-Redaktion. Sie ist in 2erlei Hinsicht subjektiv: Die Aussagen der befragten Quellen sind subjektiv u. spiegeln deren Erfahrungen u. Einschätzungen. Die JUVE-Redaktion wiederum analysiert die Rechercheergebnisse unter Einbeziehung ihrer eigenen Marktkenntnis. Der JUVE Verlag beabsichtigt keine allgemeingültige oder objektiv nachprüfbare Bewertung. Es ist möglich, dass eine andere Recherchemethode zu anderen Ergebnissen führt. Innerhalb einzelner Gruppen in Rankings und tabellarischen Übersichten sind Kanzleien und Personen alphabetisch sortiert.

rie-A-Finanzierung; Hansainvest Real Assets bei Investition in Portfolio von 231 poln. Solarparks; NordWestBahn gesellschafts- u. arbeitsrechtl. bei Abspaltung 2er Verkehrsnetze.

BERNER FLECK WETTICH

Gesellschaftsrecht ★★

Bewertung: Eng vernetzt mit Spezialkanzleien anderer Fachrichtungen hat die D'dorfer Corporate-Einheit in ihrem Kerngeschäft ein sehr vielfältiges Jahr hinter sich gebracht. Das Team hat insbes. in der Organberatung einen starken Trackrecord aufgebaut, der auch auf Konzernebene wahrgenommen wird – etwa wenn es darum geht, komplexe Beratungsthemen auf pragmat. Risikoeinschätzungen zu fokussieren. Die Vorstands- bzw. Aufsichtsratsmandate passen gut zur Beratung der Family Offices, für die BFW auch M&A-Transaktionen bewältigte.
Stärken: Beratung für Organe oder Gesellschafter.
Oft empfohlen: Dr. Thilo Fleck („erste Adresse für Start-ups u. komplexe Mitarbeiterbeteiligungsmodelle", Wettbewerber), Dr. Olaf Berner („lösungsorientiert u. hoch erfahren", Wettbewerber), Dr. Carsten Wettich („Top-Berater für aufsichtsrechtl. Mandate", Wettbewerber), Dr. Christian Nienkemper („super schnell, umgänglich, echter Teamspieler", Wettbewerber)
Team: 4 Partner, 2 Associates
Schwerpunkte: Aktienrecht, Corporate Governance, Umstrukturierung; Organberatung, u.a. bei D&O-Haftungsfällen. Gesellschaftsrechtl. Prozessführung. Beratung von Familienunternehmen bei Investitionen in Start-ups sowie M&A.
Mandate: Vorstand u. Aufsichtsrat von Adler Real Estate zu Einigung mit Anleihegläubigergruppe (Volumen €970 Mio); LEG Immobilien zu Heizungs-JV mit Mantro u. Oventrop; BetterDoc lfd. gesellschafts- u. finanzierungsrechtl.; Picnic zu grenzüberschr. Verschmelzung u. Mitbestimmung; InfraVest Wind lfd. prozessual zu Post-M&A-Streitigkeiten; Tönnies Holding lfd. gesellschaftsrechtl. u. in Prozessen gg. versch. ehem. GF; Yasin Qureshi als ehem. Vorstandsmitglied der Varengold Bank zu Verteidigung gg. Klage der Caceis Bank.

BINZ & PARTNER

Gesellschaftsrecht ★★

Bewertung: Die gesellschaftsrechtliche Arbeit der Stuttgarter Boutique wird v.a. von der engen Vernetzung ihrer Partner in die Gremien familiengeführter Unternehmen wie etwa Tengelmann, Fielmann u. Würth geprägt. Während Namenspartner Binz zuletzt v.a. bei Gesellschafterstreitigkeiten eingeschaltet wurde, wird Weinand im Markt häufig von befreundeten Sozietäten in Mandate empfohlen.
Stärken: Konfliktmanagement; Aufsichts- oder Beiratstätigkeit.
Oft empfohlen: Dr. Armin Weinand („ausgesprochen vertrauenswürdig", „gute Zusammenarbeit", Wettbewerber)
Team: 5 Eq.-Partner, 1 Sal.-Partner, 1 Counsel
Schwerpunkte: Beratung von Familienunternehmen, v.a. zu Umstrukturierungen u. ▷*Nachfolgethemen*.
Mandate: Christian Haub lfd. als Tengelmann-CEO/Mehrheitsgesellschafter u. zu geplanter Anteilsaufstockung; Logistiker zu Streitbeilegung von zerstrittenen Gesellschafterstämmen, inkl. Beteiligungsneuordnung; Minderheitsgesellschafter eines westfäl. Familienunternehmens zu strateg. Fragen; Heidelberger Mittelständler zu Nachfolgegestaltung; Gremienmitgliedschaften, u.a. bei Fielmann, Mosolf (jeweils AR-Vorsitz), Würth, Zahoransky.

BIRD & BIRD

Gesellschaftsrecht ★★

Bewertung: Die gesellschaftsrechtl. Praxis der internat. Sozietät ist größtenteils transaktionsbasiert, aber die ausgeprägte Branchenfokussierung, die B&B als Ganzes auszeichnet, bedeutet, dass auch komplexe Joint Ventures regelm. Bestandteil der Tätigkeit sind. Fundament der Praxis ist die lfd. Beratung für ein breites Spektrum von – teils internat. – Mandanten, mit einem bes. Schwerpunkt im Technologiesektor. Das Commercial-Team von B&B gilt als eines der stärksten im Markt, was ebenfalls zu Mandaten an der Schnittstelle zum Gesellschaftsrecht führt.
Oft empfohlen: Dr. Stefan Gottgetreu, Dr. Kai Kerger
Team: 10 Partner, 5 Counsel, 11 Associates, 1 of Counsel
Schwerpunkte: Breite gesellschaftsrechtl. Praxis, v.a. fokussiert auf die Branchen Gesundheit, ▷*Energie*, ▷*Verkehr* sowie ▷*Telekommunikation*. Ausgeprägte Verbindungen nach Japan u. China.
Mandate: Efeso Management Consultants bei JV mit Tsetinis Consulting; Digitalfirma bei Verschmelzung einer dt. Tochter mit vorheriger Anteilsübertragung; Canopy Growth gesellschafts- u. handelsrechtl.; lfd.: Aphria, Bolt Technology, Cooper Standard, Infront (VWD Group), Share Now, Shanghai Jaka Robotics, Verizon.

BLAUM DETTMERS RABSTEIN

Gesellschaftsrecht ★

Bewertung: Gesellschaftsrechtspraxen in Bremen u. Hamburg. Nähere Informationen finden Sie im Regionalkapitel ▷*Norden*.
Team: 12 Eq.-Partner, 5 Associates
Schwerpunkte: Mittelständ. Fokus. Beratung in der Logistikbranche, Erfahrung mit grenzüberschr. Mandaten. In Bremen sehr starkes Notariat.
Mandate: Siehe Regionalkapitel.

VON BOETTICHER

Gesellschaftsrecht ★

Bewertung: Gesellschaftsrechtspraxis aus München. Nähere Informationen finden Sie im Regionalkapitel ▷*Süden*.
Team: 6 Partner, 3 Associates, 1 of Counsel
Schwerpunkte: Rundumberatung (auch Prozessführung u. Transaktionen) von mittelgr. Unternehmen, stark vertreten in Technologiebranchen. Zahlr. Mandanten aus dem Ausland, v.a. USA.
Mandate: Siehe Regionalkapitel.

BRANDI

Gesellschaftsrecht ★

Bewertung: Gesellschaftsrechtspraxis in Ostwestfalen u. Hannover. Nähere Informationen finden Sie in den Regionalkapiteln ▷*Norden* u. ▷*Westen*.
Team: 14 Partner, 1 Counsel, 6 Associates, 2 of Counsel
Schwerpunkte: Beratung mittelständ., teils namh. Stammmandanten, häufig auch in internat Fragen u. bei Transaktionen (▷*M&A*). Unternehmens- u. Vermögensnachfolge, Schnittstelle zu Steuer- u. Immobilienrecht. Angesehenes Notariat.
Mandate: Siehe Regionalkapitel.

Anwaltszahlen: Angaben der Kanzleien, wie viele Anwälte zu mind. ca. 50 % in diesem Gebiet tätig sind. Sie spiegeln nicht zwingend die Gesamtgröße einer Kanzlei wider.

BRL BOEGE ROHDE LUEBBEHUESEN

Gesellschaftsrecht ★★

Bewertung: Die gesellschaftsrechtl. Praxis ist v.a. für die multidiszipl. Beratung des dt. Mittelstands bekannt. Oft sind neben den Gesellschaftsrechtlern auch Anwälte anderer Ausrichtung bei den Stammmandanten gefragt. Fast schon folgerichtig ist daher eine neue Strukturierung der Praxen, die nun das Know-how etwa für die maritime Wirtschaft oder beim Thema ESG bündelt. Das Angebot von BRL spricht vermehrt Mandanten aus dem Ausland an: Über den inzw. lang etablierten French-Desk werden Brücken in andere Jurisdiktionen geschlagen. So vertraute ein US-Softwareunternehmen für Angelegenheiten seiner dt. Tochter auf die Praxis. Der strateg. Ausbau zeigt sich zudem im Berliner Büro, das durch eine Venture-Capital-Expertin von Poellath gestärkt wurde.

Stärken: Insolvenzrecht, multidisziplinäre Rundumberatung für den Mittelstand.

Oft empfohlen: Thilo Rohde, Dr. Oliver Tomat, Dominik Demisch („erste Liga, umfangreiche Erfahrung aus Insolvenzverwaltung und Sanierungsberatung, besondere Erfahrung im Gesundheitssektor", Wettbewerber), Dr. Rüdiger Brock, Dr. Constantin Sapunov

Team: 5 Eq.-Partner, 8 Sal.-Partner, 10 Associates, 1 of Counsel

Partnerwechsel: Katja Weberpals (von Poellath)

Schwerpunkte: Lfd. Beratung u. Umstrukturierungen, oft in Zusammenarbeit mit der Steuerpraxis. Regelm. auch in ▷*insolvenznahen* Konstellationen u. zu Nachfolgethemen. Aktiver French-Desk.

Mandate: DEF/Coflec-Gruppe lfd., u.a. bei Umstrukturierung der dt. Tochtergesellschaften; Schwan/Stabilo bei Umstrukturierung der Gruppe u. zu Corporate Governance; Veja umf. gesellschafts-, steuer-, arbeits- u. mietrechtl. u. zu Compliance bei erster Tochtergesellschaft in Dtl.; frz. Investmentgesellschaft bei Umstrukturierung, Beteiligungen u. Geschäftsführung; dt. Tochtergesellschaft eines US-Softwareunternehmens gesellschaftsrechtlich. Lfd.: Ostmilch, Handwerksgruppe Philip Mecklenburg, J.P. Bachem.

BRÖDERMANN JAHN

Gesellschaftsrecht ★

Bewertung: Gesellschaftsrechtspraxis aus Hamburg. Nähere Informationen finden Sie im Regionalkapitel ▷*Norden*.

Team: 5 Partner, 3 Associates

Schwerpunkte: Beratung zu Beteiligungen u. Joint Ventures, sehr oft mit Bezug zu Lateinamerika, Frankr., Afrika, den USA u. China. Auch Schiedsverfahren.

Mandate: Siehe Regionalkapitel.

BROICH

Gesellschaftsrecht ★★★★

Bewertung: Die Frankfurter Kanzlei genießt einen hervorragenden Ruf für ihre Arbeit für Minderheitsaktionäre bei komplexen Sachverhalten. So ist der Name Broich bspw. mit den Aktivitäten von Elliott in Dtl. verbunden, ein Umstand, der Headline-Deals u. die Beteiligung an hochkomplexen übernahmerechtl. Mandaten garantiert. Während die Corporate-Litigation-Praxis weiterhin etwa 25% der Arbeit ausmacht u. damit zur Präsenz auch einiger jüngerer Anwälte beiträgt, war die weitere Internationalisierung der Mandantenbasis die wichtigste Entwicklung des vergangenen Jahres. Durch die regelm. Arbeit für Investoren aus der Golfregion konnte sich die Kanzlei einen Mandantenstamm aufbauen, der in direktem Wettbewerb mit internat. Kanzleien steht. Lange sah es so aus, dass die beiden Seniorpartner Broich u. von Rom die Praxis dominierten, doch eine starke Associate-Riege könnte die Kanzlei in eine neue Ära führen.

Stärken: Beratung von Minderheitsaktionären; ausgezeichneter Ruf bei komplexen gesellschaftsrechtl. Sachverhalten.

Oft empfohlen: Josef Broich, Ferdinand von Rom, Wolfgang Sturm

Team: 4 Partner, 1 Counsel, 5 Associates

Schwerpunkte: Beratung von Minderheitsaktionären bei Übernahmen, Restrukturierungen u. gesellschaftsrechtl. Streitigkeiten. Mandanten sind sowohl Konzerne, einzelne Vorstände u. Aufsichtsräte als auch Investoren (oft Hedgefonds).

Mandate: Primestone als Aktionär bei Brenntag, inkl. bei HV; Elliott als Aktionär bei Vantage Towers u. als Beigeladener bei Musterverf. gg. Porsche im Zshg. mit gepl. Übernahme von Volkswagen u. bei öffentl. Übernahme von SLM Solutions durch Nikon.

BUSE

Gesellschaftsrecht ★

Bewertung: An versch. Standorten tätige Gesellschaftsrechtspraxis, die partnerzentrierte Beratung anbietet, v.a. in Düsseldorf, Berlin u. HH. Nähere Informationen finden Sie in den Regionalkapiteln ▷*Norden*, ▷*Osten* u. ▷*Westen*.

Team: 28 Partner, 6 Counsel, 13 Associates

Partnerwechsel: Rafael Barber-Llorente (in eigene Kanzlei), Astrid Zielke (zu OliveLaw)

Schwerpunkte: Klass. Mittelstandsberatung mit etablierten Spezialisierungen für VC-Investoren u. Start-ups (HH), Aktienrecht u. Compliance (Berlin) oder Gesellschafterauseinandersetzungen (München u. Stuttgart). Mandanten u.a. aus den Branchen Technologie, Automobil, Krankenhäuser, Immobilienwirtschaft, Messe u. Chemie. Diverse Organmandate.

Mandate: Siehe Regionalkapitel.

CBH RECHTSANWÄLTE

Gesellschaftsrecht ★

Bewertung: Die Praxisgruppe der Kanzlei bietet ein breites Portfolio, das von der lfd. gesellschaftsrechtl. Beratung bis zu gerichtl. gesellschaftsrechtl. Streitigkeiten reicht. Zu ihren Mandanten zählt CBH eine ganze Reihe von Mittelständlern, beachtl. ist zudem ihr Engagement für Unternehmen der öffentl. Hand. Durch die enge Zusammenarbeit der Praxisgruppen gelingt es der Kanzlei immer wieder, ihren Mandanten eine umfängl. Beratung aus einer Hand zu bieten. So stand sie einem Netzwerktechnologie-Unternehmen im Zshg. mit einem Joint Venture mit einem Flugzeugbauer zur Seite, bei dem auch IP- u. kartellrechtl. Themen eine Rolle spielten. Beachtl. ist zudem, dass es der Kanzlei – nicht zuletzt über ihr internat. Netzwerk – gelingt, sich auch bei ausl. Mandanten zu positionieren.

Oft empfohlen: Johannes Ristelhuber, Dieter Korten

Team: 5 Partner, 1 Counsel, 3 Associates, 1 of Counsel

Schwerpunkte: Lfd. zu Gründungen, Umstrukturierungen, Kooperationen u. insolvenzrechtl. Beratung, teils im Zshg. mit Unternehmensnachfolge. Regelm. Gestaltung von Mitglieder- u. Gesellschafterversammlungen. Schiedspraxis bei Gesellschafterstreitigkeiten u. bei GF- u. Organhaftung. Auch Beiratstätigkeit.

Mandate: Dt. Rückversicherung zu div. Mezzanine-Beteiligungen, u.a. auch in Streitigkeit mit weiteren Beteiligten; Eos Partners gesellschaftsrechtl. zu Beteiligungsstrukturen; Hyrican Informationssysteme im Zshg. mit Haftung der Gesellschaft und der Organe nach Kapitalerhöhung; Obi-Gruppe zu

Führende Namen im Gesellschaftsrecht (bis 50 Jahre)

Dr. Lucina Berger
Hengeler Mueller, Frankfurt

Dr. Adrian Bingel
Gleiss Lutz, Stuttgart

Dr. Michael Brellochs
Noerr, München

Dr. Patrick Cichy
Freshfields Bruckhaus Deringer, Hamburg

Dr. Christian Eichner
Allen & Overy, Düsseldorf

Dr. Hilke Herchen
CMS Hasche Sigle, Hamburg

Staffan Illert
Linklaters, Düsseldorf

Dr. Tim Johannsen-Roth
Linklaters, Düsseldorf

Kristina Klaaßen-Kaiser
Linklaters, Düsseldorf

Dr. Sabrina Kulenkamp
Freshfields Bruckhaus Deringer, Frankfurt

Dr. Benjamin Leyendecker
Kirkland & Ellis, München

Dr. Simon Link
Hengeler Mueller, München

Dr. Marc Löbbe
SZA Schilling Zutt & Anschütz, Frankfurt

Dr. Andreas Merkner
Glade Michel Wirtz, Düsseldorf

Dr. Daniel Möritz
Hengeler Mueller, München

Dr. Thomas Paul
Hengeler Mueller, Düsseldorf

Dr. Simon Schwarz
Freshfields Bruckhaus Deringer, Frankfurt

Dr. Markus Stephanblome
Clifford Chance, Frankfurt

Die Auswahl von Kanzleien und Personen in Rankings und tabellarischen Übersichten ist das Ergebnis umfangreicher Recherchen der JUVE-Redaktion. Sie ist in 2erlei Hinsicht subjektiv: Die Aussagen der befragten Quellen sind subjektiv u. spiegeln deren Erfahrungen u. Einschätzungen. Die JUVE-Redaktion wiederum analysiert die Rechercheergebnisse unter Einbeziehung ihrer eigenen Marktkenntnis. Der JUVE Verlag beabsichtigt keine allgemeingültige oder objektiv nachprüfbare Bewertung. Es ist möglich, dass eine andere Recherchemethode zu anderen Ergebnissen führt. Innerhalb einzelner Gruppen in Rankings und tabellarischen Übersichten sind Kanzleien und Personen alphabetisch sortiert.

Anwaltszahlen: Angaben der Kanzleien, wie viele Anwälte zu mind. ca. 50% in diesem Gebiet tätig sind. Sie spiegeln nicht zwingend die Gesamtgröße einer Kanzlei wider.

grenzüberschr. Formwechsel u. Corporate Housekeeping; lfd.: Stadt Köln, Stegerwald-Stiftung, Verkehrsverbund Rhein-Sieg, Appelrath & Cüpper, Landschaftsverband Rheinland, Dt. Städtetag.

CLEARY GOTTLIEB STEEN & HAMILTON

Gesellschaftsrecht ★★

Bewertung: In Dtl. ist die US-Kanzlei v.a. durch ihre ▷*Transaktionspraxis* präsent. Seit der strateg. Abkehr von der Kapitalmarktarbeit vor einigen Jahren ist die Frage, welche Rolle die dt. gesellschaftsrechtl. Praxis genau spielen soll, noch nicht eindeutig geklärt. Mit jetzt 3 Partnern, darunter ein frisch ernannter, ist nun eine stärkere Spezialisierung möglich, um der Praxis auf diesem Wege mehr Profil zu verleihen. Insbes. Ulmer kann sich so klarer auf die komplexe lfd. Beratung von aktivist. Aktionären konzentrieren. Daneben tat sich die Praxis regelm. bei der Beratung zu gr. grenzüberschr. Joint Ventures hervor.

Oft empfohlen: Dr. Michael Ulmer, Dr. Nico Abel

Team: 3 Partner, 2 Counsel, 11 Associates, 1 of Counsel

Schwerpunkte: Internat. sehr aktiv, u.a. für Dax-Unternehmen in den USA; enge Beziehungen zu Finanzberatern u. Investmentbanken.

Mandate: Chemours bei Joint Venture mit BWT Fumatech; Citi als Finanzberater bei Verkauf von SLM Solutions Group an Nikon; DCC bei komplexem Managementbeteiligungsprogramm. Lfd.: GN Store Nord, MAX Automation, Polypore Internat., Rimowa, Westlake Chemical.

CLIFFORD CHANCE

Gesellschaftsrecht ★★★★

Bewertung: Im Markt genießt nicht nur die gesellschaftsrechtl. Praxis von CC einen Ruf als Beraterin mit besonderem Know-how in den Branchen Automotive, Finanzdienstleistungen, Energie u. Pharma. Eben jene Kombination, verbunden mit enger Kooperation mit anderen Praxen, ist ein Pfund, mit dem CC bei Mandanten überzeugt. Daneben punktet CC regelm. bei grenzüberschr. Projekten mit ihrer internat. Aufstellung. Neben der Beratung zu versch. Joint-Venture-Gründungen, u.a. an der Seite von Allianz Real Estate, RHI Magnesita u. Semikron, war die Praxis verschiedentl. an der Schnittstelle zwischen Gesellschafts- u. Kapitalmarktrecht im Einsatz. Hier agierten insbes. Stephanblome u. Vogel oft im Schulterschluss mit der Kapitalmarktrechtspraxis. Mandate wie die Beratung des Bankenkonsortiums beim Porsche-IPO u. der Software AG im Zshg. mit einem öffentl. Übernahmeangebot belegen die enge Zusammenarbeit u. zeigen, dass die beiden Praxen, trotz des Abgangs eines renomierten Partners im Vorjahr, bei ihrer Zusammenarbeit nichts an Schlagkraft verloren haben. Mit dem Software-AG-Mandat stellte CC zudem unter Beweis, dass sie in der Lage ist, bei gr. öffentl. Übernahmen mitzumischen. Seit Ende 2022 leiten Holstein u. Rhiel die Praxis, nachdem der bisherige Praxisgruppenleiter Krecek die Verantwortung für die kontinentaleurop. Corporate-Praxis übernommen hat, was nicht zuletzt auf seine internat. Anerkennung zurückgeht.

Stärken: Langj. anerkannte Branchenspezialisierung, v.a. in den Sektoren ▷*Gesundheit*, ▷*Energie*, ▷*Bank- u. Finanzdienstleistung* sowie Automotive.

Oft empfohlen: Dr. Christian Vogel, Dr. Markus Stephanblome, Dr. Anselm Raddatz („unkompliziert u. freundlich, dabei fachlich brillant", Wettbewerber), Dr. Thomas Krecek („sehr schnell u. fokussiert", Wettbewerber), Dr. Christoph Holstein („sehr stark u. absolut verlässlich", Mandant), Dr. Frank Scholderer, Dr. Jörg Rhiel

Team: 16 Partner, plus Associates

Schwerpunkte: V.a. bei internat. Konzernen verankert, mit Schwerpunkt im ▷*Gesundheits-*, ▷*Energie-* u. ▷*Finanzsektor*, ▷*M&A-* u. ▷*Private-Equity-Beratung*. Beratung zu Joint-Venture-Gründungen u. Umstrukturierungen.

Mandate: Software AG zu öffentl. Übernahmeangebot von Silver Lake; Hochtief/ACS im Zshg. mit öffentl. Übernahme der Restaktien von Cimic u. Kapitalerhöhung; Bankenkonsortium im Zshg. mit Porsche-IPO; Kuka zu Squeeze-out von Minderheitsaktionären; Air Liquid zu Wasserstoff-Joint-Venture mit Siemens Energy; Allianz Real Estate (jetzt Pimco Prime Real Estate) zu Joint Venture mit Heimstaden Bostad; RHI Magnesita zu Recycling-Joint-Venture mit Horn & Co. Group; Tristan Capital Partners zu Squeeze-out bei GxP German Properties; Infrastrukturinvestoren u. deren Aufsichtsratsmitglieder bei nicht börsennot. AG im Zshg. mit interner Untersuchung wg. mögl. Pflichtverletzungen von Vorstandsmitgliedern u. zu HV; Ceconomy zu HV.

CMS HASCHE SIGLE

Gesellschaftsrecht ★★★★

Bewertung: Die Gesellschaftsrechtspraxis von CMS hat sich in zeitkrit. Rettungsmaßnahmen bewährt: So standen standortübergr. Teams an der Seite der Projektgesellschaft Hanseatic Energy Hub für den LNG-Terminal Stade u. waren als Berater des BMWK bei der Stabilisierung von Uniper u. Gazprom Germania gefragt – jedes Mandat barg ein rechtl. Novum. Hier zahlt sich die zunehmende fachl. Spezialisierung im ▷*Energiesektor* nun genauso aus wie die tiefe Verwurzelung im Automobilsektor, die zwar zu JV-Gründungen bei VW u. Daimler Truck u. zu den IPO-Vorbereitungen bei der langj. Mandantin Porsche führten, nicht jedoch zur HV-Beratung dort. Hier kommen CMS noch oft die marktführenden Sozietäten in die Quere, die über deutl. mehr Vorstands- u. Aufsichtsratskontakte bei gr. börsennot. Unternehmen verfügen, doch CMS hat schon häufiger gezeigt, dass sie zum systemat. Kompetenzaufbau in der Lage ist. Zwar liegen die meisten Mandate derzeit im gehobenen Mittelstand, darunter zeitintensive SE-Umwandlungen u. grenzüberschr. Umstrukturierungen, bei denen zuletzt etwa Hawesko, Gelsenwasser u. der Schweizer Börsenbetreiber Six auf CMS-Teams setzten, aber auch die Schnittstellen zu Organhaftung u. ▷*Compliance* bieten für jüngere Partner durchaus Ausbaupotenzial. Das wiederum zeigte der Fall Augustinum. Dass die Praxis das altersbedingte Ausscheiden von zahlr. gestandenen Partnern – darunter von Lenthe u. Drouven – wegstecken kann, ist Beleg für das vorausschauende Management des Teams.

Stärken: Starke Praxis bei Joint Ventures, grenzüberschr. Umstrukturierungen und Formwechseln; renommierte CMS-Büros in Mittel- u. Osteuropa. Branchenbezogene Beratung.

Oft empfohlen: Dr. Hilke Herchen („äußerst versiert und hilfreich", Mandant), Dr. Maximilian Grub, Dr. Karsten Heider, Dr. Jürgen Frodermann, Richard Mitterhuber, Dr. Henrik Drinkuth („konstruktiver Kollege, fachlich exzellent", Wettbewerber), Dr. Christoph von Eiff, Dr. Jörg Zätzsch („der Beste, den ich kenne", Mandant; „erstklassiger Jurist", Wettbewerber)

Team: 40 Partner, 10 Counsel, knapp 90 Associates

Partnerwechsel: Dr. Ralph Drouven (zu Drouven Dietlein); Dr. Christian von Lenthe, Dr. Peter Baisch, Dr. Wolfgang Richter, Graf Jan von Spee, Prof. Dr. Martin Erker (alle Ruhestand)

Schwerpunkte: Breit gefächerte Spezialisierungen, die sowohl AGen als auch mittelständ. bzw. Familienunternehmen umfassen. Stark vertreten in den Branchen Biotechnologie, Automotive/Mobilität, ▷*Energie*, ▷*Telekommunikation*, ▷*Presse*. Beratung eng verzahnt mit der ▷*M&A-Praxis*, starkes Notariat. Legal-Tech-Lösungen für die HV-Begleitung u. Corporate Housekeeping.

Mandate: BMWK zu Verstaatlichung von Uniper u. der Sefe-Gruppe; Porsche AG in IPO-Vorbereitungen; Saria-Gruppe zu öffentl. Übernahme von Devro; Blue Elephant Energy zum Einstieg von Antin Infrastructure Partners; Hanseatic Energy Hub zu Einstieg von Dow u. Enagás; Volkswagen zu JV-Gründung mit Umicore; Porsche zu JV-Gründungen mit Ponooc; Daimler Truck zu JV-Gründung (Lkw-Ladeinfrastruktur); DekaBank zu JV-Gründung (Blockchain); Raiffeisen Waren-Zentrale Rhein-Main zu Umwandlung (eG/AG); Franz Haniel & Cie zu Aufsichtsratswahl/MitbestG.; Aufsichtsrat des Augustinum in Schadensersatzverfahren gg. früheren Manager u. Geschäftspartner; HV-Mandate: Bastei Lübbe, Bechtle, Deutsche Lufthansa, EnBW, Encavis, H&K AG, Homag Ludwig Beck, Telefónica Deutschland, Wenig Fine Art, Westag.

DELOITTE LEGAL

Gesellschaftsrecht ★★

Bewertung: Die multidisziplinäre Einheit hat eine personalstarke gesellschaftsrechtl. Praxis, die v.a. für grenzüberschr. Reorganisationsprojekte bekannt ist, etwa über 17 Jurisdiktionen für KSB SE. Dieses Team liefert nach Angaben von Wettbewerbern „immer solide Arbeit" u. gewinnt neue, auch internat. Klienten. So kamen die Park Now Holding (NL) u. ein Premierenmandat der norweg. DNV-Gruppe zum Carve-out des Renewable-Energy-Zertifizierungsgeschäfts hinzu. Bemerkenswert sind die gesellschaftsrechtl. Kapazitäten, die das Team um Jentgens u. Petersen für das ‚Entity Reduction Programme' einsetzt, das Mittelständler u. Konzerne zur Reduzierung von Verwaltungskosten in Anspruch nehmen, u. die Aufbauleistung im Berliner Start-up-Bereich. Damit bringt sich DL in eine gute Ausgangsposition für weiteren Mandatszuwachs jenseits ihrer Kernkompetenz.

Stärken: Internat. Umstrukturierungen u. Corporate Housekeeping.

Oft empfohlen: Georg Lehmann, Dr. Gregor Bender, Dr. Harald Stang, Dr. Michael von Rüden, Felix Felleisen, Michael Schneider („taktisch versiert, fachlich exzellent", Wettbewerber), Dr. Julia Petersen, Andreas Jentgens

Team: Corporate insges.: 17 Eq.-Partner, 13 Sal.-Partner, 13 Counsel, 34 Associates, 7 of Counsel

Partnerwechsel: Dr. Martin Wittmann (von EY Law)

Schwerpunkte: Umstrukturierungen u. Verschmelzungen, oft grenzüberschr. oder im Zshg. mit ▷*M&A-Transaktionen*. Zu den betreuten Branchen zählen Schwerindustrie, Chemie, Mode, Elektronik, Immobilien, der Finanzsektor u. der Lebensmittelsektor.

Mandate: KSB SE bei Umstrukturierung (17 Länder); Nintendo zu Errichtung einer SE; Park Now zu Umstrukturierung dt. Gesellschaften; DLG (DK) zu Umstrukturierung des Dtl.geschäfts (Hage/teams SE); Helu Kabel zu Post-M&A-Arbeit; DNV zu Carve-

Anwaltszahlen: Angaben der Kanzleien, wie viele Anwälte zu mind. ca. 50% in diesem Gebiet tätig sind. Sie spiegeln nicht zwingend die Gesamtgröße einer Kanzlei wider.

out des Renewable-Geschäfts; BioMedion Holding zu Managementbeteiligung; Bundesärztekammer vereins-/gesellschaftsrechtl.; CentralNIC Group zu Umwandlung der VGL (GmbH/AG); Cycas Hotels zu Verschmelzungen; Kampa in Umstrukturierung. Lfd.: Barilla, Daikin Chemical Europe, DMK Dt. Milchkontor, Foconis, niiio finance group, Salzgitter Maschinenbau (inkl. HV).

DENTONS

Gesellschaftsrecht ★★★

Nach Redaktionsschluss wurde bekannt, dass zwei Energiespezialisten mit Team zu Hogan Lovells wechseln.

Bewertung: Einmal mehr sind es die globale Reichweite der weltgrößten Kanzlei u. die ausgeprägten Branchenschwerpunkte in den dt. Büros in den Sektoren Energie u. Automotive, mit denen Dentons punktet. Als bes. glücklich erwies sich der Ausbau des Energieteams im Jahr 2020, das nun eine überragende Rolle in der gesamten Corporate-Praxis spielt, aber auch die Aktien- u. Konzernrechtspraxis unter Weber hat wichtige Mandate wie Stabilus u. BioNTech (Letztere aus dem Markt bekannt) für die HV-Arbeit gewonnen. Erhebl. investiert wurde auch in die Stärkung der Schnittstelle zu Compliance, die v.a. bei der Beratung von Führungskräften im Bereich Lieferketten u. Außenwirtschaftsrecht wichtig ist – ein Feld, das wie geschaffen ist für die gr. internat. Kanzlei. Weniger auffällig, aber hoch renommiert ist die langj. Begleitung von Familienunternehmen aus der gr. Berliner Praxis, wo sich v.a. Binge hervortut.

Stärken: Beratung an der Schnittstelle von Gesellschaftsrecht u. ▷*Insolvenz/Restrukturierung*; Aktienrecht, inkl. HV.

Oft empfohlen: Dr. Robert Weber („besonnen und sehr erfahren, besonders stark im Aktien- u. Konzernrecht", Wettbewerber), Dr. Matthias Santelmann (v.a. Notariat), Andreas Ziegenhagen (auch Restrukturierung), Dr. Alexander von Bergwelt („sehr gute Beratung u. Umsetzung", Mandant), Dr. Christoph Binge („breites Fachwissen, sehr gründlich u. angenehm im Umgang", Mandant), Dr. Stephan Busch, Thomas Strassner, Dr. Gesine von der Groeben („eine Eins-a-Anwältin", Mandant; beide v.a. an der Schnittstelle zu ▷*Venture Capital*), Philipp Becker („sehr erfahrener Berater im W&I-Bereich, ausgewogen kommerzieller Beratungsansatz u. sehr gute Verfügbarkeit", Mandant)

Team: Corporate insges.: 33 Partner, 18 Counsel, 31 Associates, 3 of Counsel

Schwerpunkte: Konzernrecht, Umwandlungen, Hauptversammlungen, sanierungsbezogene Mandate sowie Umstrukturierungen zusammen mit der Steuerpraxis, daneben Organberatung. Viel Verweisgeschäft aus dem internat. Netzwerk. In Berlin auch China-Desk u. 3-köpf. Notariat.

Mandate: Alba-Gruppe bei Neuordnung; Microvast bei Partnerschaft mit REE Automotive zu Lieferung von Lithium-Ionen-Batterien; Munich Airport New Jersey bei Betreibervertrag für Terminal A von Newark Internat. Airport; Qualitas Energy bei Partnerschaft mit Surplus Equity bei Windparks in Dtl.; Stabilus bei HV u. Corporate Governance sowie SE-Formwechsel; Welle Environmental bei Umstrukturierung; Puma bei formwechselnder Sitzverlegung einer Tochtergesellschaft; Mercedes-Benz bei JVs; Dt. Sparkassen Leasing; dt. Energieunternehmen bei gruppeninterner Restrukturierung. HVen: BioNTech (aus dem Markt bekannt), Bayer. Gewerbebau, Dt. Grundstücksauktionen, Pearl Gold, Pyrum Innovations.

DISSMANN ORTH

Gesellschaftsrecht ★★★

Bewertung: Das Aushängeschild der Praxis der Münchner Kanzlei ist die gesellschaftrechtl. Beratung an der Schnittstelle zum Steuerrecht. Hier vertraut eine ganze Reihe mittelständ. Unternehmen auf das Know-how der Kanzlei, ebenso vermögende Privatpersonen. Daneben verfügt die Praxis auch über die notwendige Kompetenz, um an der Schnittstelle von klass. Gesellschafts- zum Kapitalmarkt- u. Aktienrecht zu beraten. Hierzu zählt die Begleitung von HVen ebenso wie die Beratung von Organen im Zshg. mit Kapitalmaßnahmen.

Stärken: Beratung an der Schnittstelle zum Steuerrecht sowie zu ▷*Nachfolge*.

Oft empfohlen: Dr. Armin Hergeth, Dr. Martin Lohse („jurist. kreativ u. durchsetzungsstark", Wettbewerber), Dr. Hermann Orth, Dr. Jochen Ettinger („kompetent, konstruktiv u. kollegial", Wettbewerber), Thomas Wieland

Team: 8 Eq.-Partner, 1 Sal.-Partner, 1 of Counsel

Schwerpunkte: Breite gesellschafts- u. aktienrechtl. Praxis (u.a. Umstrukturierungen, HV-Vorbereitungen, Kapitalmaßnahmen), auch zu internat. Aspekten u. mit Transaktionsbezug.

Mandate: Dt. Tochtergesellschaft der ausl. Holding eines engl. Investors lfd. zu Kapitalmaßnahmen und Kooperationsverträgen; div. nicht gelistete AGen, u.a. zu HVen, aktienrechtl. u. zu Kapitalmaßnahmen; Immobiliengesellschaft im Zshg. mit dem Tod eines wesentl. beteiligten Gesellschafters; Immobiliengesellschaft bei Trennung der Gesellschafterstämme durch Ausscheiden eines wesentl. Gesellschafterteils. Lfd.: div. Münchner Family Offices, Kyon Energy.

DLA PIPER

Gesellschaftsrecht ★★★

Bewertung: Durch ihre breite aktien- u. kapitalmarktrechtl. Erfahrung wird die gesellschaftsrechtl. Praxis teils langj. von gr. dt. Konzernen bei HVen, Corporate-Governance- oder Compliance-Fragen herangezogen. Vielfach ist das Team um Schnabel u. Meyer-Landrut aber auch bei Um- u. Restrukturierungen oder Verschmelzungen gefragt, wie zuletzt für eine dt. Versicherung, die mit ihrer luxemb. Tochter verschmolzen wurde. Bei dem Mandat waren auch die ▷*Versicherungsrechtler* involviert – ein Bsp. dafür, wie eng die Praxen bei DLA mandatsspezifisch zusammenarbeiten. Das zeigt sich auch in der Beratung zum Trendthema ESG, bei dem die Praxis bes. mit den ▷*Öffentl.-Rechtlern* kooperiert. Seit Inkrafttreten des ARUG II wurde die gesellschaftsrechtl. Praxis zudem vermehrt zu Vergütungssystemen mandatiert. Die sich unter Parameswaran sehr gut entwickelnde ▷*M&A-Praxis* bringt dem etablierten Team immer wieder auch lfd. Geschäft nach Transaktionen.

Stärken: Hoch spezialisiertes Aktienrecht (Squeeze-out-Szenarien). Versierte Beratung an der Schnittstelle zu Organhaftung, ▷*Compliance* u. ▷*Konfliktlösung*.

Oft empfohlen: Kerstin Schnabel („ausgewiesenes Fachwissen, sehr schnelle Reaktion, höchste Professionalität", Mandant), Dr. Andreas Meyer-Landrut, Dr. Nils Krause („fokussiert seine M&A-Verhandlung auf wirklich relevante Themen", Wettbewerber), Dr. Benjamin Parameswaran („sehr schnell im Thema, sehr erfahren in internat. Fragen, maximal zielorientiert", Mandant), Andreas Füchsel, Dr. Roland Maaß („feste Größe auf den dt. Kapitalmärkten, unvoreingenommene Herangehensweise an Transaktionsverhandlungen, sicher bei jeder komplizierten grenzüberschr. Transaktion", Wettbewerber), Dr. Cornelius Frie

Team: 14 Partner, 11 Counsel, 25 Associates, 2 of Counsel

Partnerwechsel: Lars Jessen (von Paul Hastings)

Schwerpunkte: Aktien- u. Konzernrecht, HVen. Auch Organberatung, Prozesse, gewachsene Kontakte zur ▷*Versicherungswirtschaft*. Internat. Reorganisationsprojekte. Beratung zu Umstrukturierungen, Rechtsformwechseln u. Verschmelzungen.

Mandate: BASF bei Partnerschaft mit Vattelfall zu Offshore-Windparks; LPKF Laser & Electronics bei Umwandlung in SE u. umf. gesellschaftsrechtl.; Warner Bros. Discovery bei Kooperationsmodell mit ProSiebenSat.1 für Streaminplattform Joyn; Heidelberger Druckmaschinen umf. aktien- u. gesellschaftsrechtl. u. HV; Borealis bei Equity-Joint-Venture mit Reclay; dt. Versicherung bei Verschmelzung mit luxemb. Tochter; HV-Beratung: Jungheinrich, Varta, Dt. Beteiligungs AG, Atoss Software.

EBNER STOLZ MÖNNING BACHEM

Gesellschaftsrecht ★★

Bewertung: Die lfd. gesellschaftsrechtl. Arbeit speist sich oft aus der starken Transaktionspraxis, denn die überwiegend mittelständ. Mandanten verfolgen nicht selten den strateg. Ansatz des Buy and Build. In der Integrationsphase nach Käufen ergeben sich wiederum regelm. Umstrukturierungen. So berät das Team etwa das innovative Netzwerk für Augenheilkunde Sanoptis zu zahlr. Umwandlungen. Dabei greift die Kanzlei auf ihr multidiszipl. Team zurück u. deckt Recht, Steuern, Finanzierungen u. Due Diligence gleichzeitig ab.

Stärken: Beratung an der Schnittstelle zum Steuerrecht u. zur Nachfolgeberatung.

Oft empfohlen: Dr. Oliver Schmidt („kreativ, lösungsorientiert, agiert nutzenorientiert u. verantwortungsvoll", Mandant), Dr. Roderich Fischer, Dr. Dirk Janßen („verbindet die Rechtsgebiete Gesellschafts- u. Immobilienrecht am besten", Mandant), Dr. Tim Odendahl, Andreas Rupp

Team: 7 Eq.-Partner, 8 Sal.-Partner, 12 Counsel, 22 Associates

Schwerpunkte: Umstrukturierungen u. ▷*Transaktionen* sowie ▷*Nachfolge* bei Familienunternehmen u. HV-Betreuung. Zudem ▷*Restrukturierungen*, Finanzierungen u. Gesellschafterauseinandersetzungen. In Köln auch Kapitalmarktrecht. Eingespielte Vernetzung mit StB u. WP.

Mandate: Wieland Capital zu Kapitalrunde bei einem Start-up für Biochemietechnologie; Bergbahnen im Siebengebirge zu Formwechsel von AG zu GmbH; Sanoptis zu Verschmelzung von Gruppengesellschaften; Gilde Healthcare Partners u. Henke-Sass, Wolf zu Umstrukturierung; KaVo Dental GmbH/ Kavo Dental Holding GmbH/Planmeca Oy (Finnland) zu Umstrukturierung u. Reorganisation; MCL zu gruppeninterner Verschmelzung; Sägebandhersteller zu Neuordnung der Holdinggesellschaften eines Familienstammes durch Aufspaltung im Nachgang zu vorweggenommenen Erbfolgen.

EGO HUMRICH WYEN

Gesellschaftsrecht ★★

Bewertung: Die Münchner Boutique mit partnerzentriertem Beratungsangebot genießt einen aus-

Anwaltszahlen: Angaben der Kanzleien, wie viele Anwälte zu mind. ca. 50% in diesem Gebiet tätig sind. Sie spiegeln nicht zwingend die Gesamtgröße einer Kanzlei wider.

gezeichneten Ruf, insbes. bei komplexen gesellschafts-, aktien- oder kapitalmarktrechtl. Themen. Präsent ist das prozesserfahrene Team bei Gesellschafterstreitigkeiten u. an der Seite von Aktionären im Zshg. mit der Wahrnehmung ihrer Rechte. Daneben steht die Praxis auch an der Seite von (ehem.) Organen, auch hier oft im streitigen Kontext. Herausragend ist weiterhin die Arbeit Humrichs als Prozesspfleger für den Wirecard-Vorstand.
Oft empfohlen: Dr. Henrik Humrich („exzellenter Gesellschaftsrechtler u. Litigator mit tiefer aktienrechtl. Kenntnis", Wettbewerber), Dr. Jan-Henning Wyen („entscheidungsstark u. fachlich spitze", Wettbewerber)
Team: 4 Eq.-Partner, 2 Associates
Schwerpunkte: Fokussierung auf Organberatung u. gesellschaftsrechtl. Prozesse. Regelm. Arbeit für ▷*Private-Equity*-Mandanten.
Mandate: Ex-Vorstand von Wirecard als Prozesspfleger gg. Klage des Insolvenzverwalters auf Nichtigkeit der Jahresabschlüsse 2017 u. 2018; Petrus Advisers im Zshg. mit aktivist. Engagement bei Aareal Bank; Aufsichtsrat von börsennot. Unternehmen aus der Unterhaltungsindustrie zu Gewinnabführungs- u. Beherrschungsvertrag sowie gesellschafts- u. kapitalmarktrechtl. nach Übernahme durch Private-Equity-Fonds; Family Office im Zshg. mit Gesellschafterstreit bei lfd. Exit-Prozess; Family Office im Zshg. mit Durchsetzung eines Wettbewerbsverbots aus Unternehmenskaufvertrag.

EIFLER GRANDPIERRE WEBER

Gesellschaftsrecht ★

Bewertung: Gesellschaftsrechtspraxis aus Frankfurt. Nähere Informationen finden Sie im Regionalkapitel ▷*Mitte*.
Team: 5 Eq.-Partner, 2 Associates
Schwerpunkte: Tätig v.a. für Mittelständler, Family Offices und Private-Equity-Fonds. Auch Notariat.
Mandate: Siehe Regionalkapitel.

ESCHE SCHÜMANN COMMICHAU

Gesellschaftsrecht ★★

Bewertung: Die gesellschaftsrechtl. Arbeit der Hamburger Kanzlei ist geprägt vom hanseat. Mittelstand. Dieser greift teils langj. auf den eingespielten MDP-Ansatz der Kanzlei zurück. Neben lfd. Themen ist v.a. das Prozessführungs-Know-how – insbes. in Post-M&A-, D&O- oder Gesellschafterstreitigkeiten – gefragt. Viel Erfahrung haben die Anwälte zudem bei Nachfolgethemen u. Umstrukturierungen. Für Letzere vertraute etwa Jeben & Jessen auf das Team. Die Praxisgruppe ist Teil einer Initiative für Handelsunternehmen, interdisziplinär bei ESG-Themen zu beraten, wobei auch die ▷*Compliance*-Erfahrung gefragt ist.
Stärken: Eingespielte MDP-Kapazität, daher starke Bezüge zum Steuerrecht. Sehr angesehen im Stiftungsrecht (▷*Nachfolge*).
Oft empfohlen: Dr. Klaus Kamlah, Dr. Stephan Bauer, Jakob Kleefass (v.a. Prozesse), Dr. Sebastian Garbe („sehr gute Fachkenntnis, gute Verhandlungsführung", Wettbewerber), Eva Homborg
Team: 8 Partner, 8 Associates
Schwerpunkte: Beratung von norddt. Familien- u. Mittelstandsunternehmen. Kapitalerhöhungen, HVen, Refinanzierung u. gesellschaftsrechtl. Prozessführung. Gute internat. Kontakte. Auch ▷*M&A*.
Mandate: Jebsen & Jessen bei Umstrukturierung; dän. Unternehmen bei Schiedsverfahren; Teletronic Energy bei Joint Venture für Solar- u. Windparks in Meck.-Vorp.; Green Planet Energy/Green Planet Projects u.a. in Prozessen u. bei Kooperationen zur Flächenakquisition; Energy & Water Development u.a. zu Umstrukturierung; Socotec u.a. zu Umstrukturierung u. Mitarbeiterbeteiligungsmodellen; Allcura u. Nynomic bei HV; Elis lfd., u.a. zu Post-Merger-Integration u. Post-M&A-Streitigkeiten; lfd.: AHS Aviation Handling Services, CTS Eventim, Diana Kliniken, Spiegel Verlag.

EVERSHEDS SUTHERLAND

Gesellschaftsrecht ★★★

Bewertung: Die Praxis der internat. Kanzlei wird insbes. bei gesellschaftsrechtl. Strukturierungen oder Reorganisationen hinzugezogen, häufig mit internat. Bezug. Parallel dazu vertrauen zahlr. Unternehmen ihr die lfd. aktien- u. kapitalmarktrechtl. Beratung u. ▷*Konfliktfälle* an. Langj. etablierte Partner traten zuletzt auch häufiger als Family-Office-Berater in Erscheinung. Ein jüngerer Partner, der maßgebl. die ▷*Transaktionspraxis* vorantreibt, ist regelm. gesellschafstrechtl. bei internat. Mandanten nach M&A-Projekten gesetzt. Die dt. Büros im internat. Kanzleinetzwerk haben durch den Zugang von Dr. Steffen Schniepp, der neuer Leiter der Corporate-Praxis ist, an Statur gewonnen. Er treibt die internat. Vernetzung gezielt aus dem neu eröffneten Frankfurter Büro voran. Der neue Standort fügt der Arbeit zudem eine neue Facette hinzu: Neupartnerin Gantzckow ist Notarin, berät aber auch bei Fusionen, Joint Ventures, Strukturierungen u. grenzüberschr. Transaktionen.
Stärken: Große internat. Konzernrechtpraxis, die oft für innovative Preisgestaltung hervorgehoben wird.
Oft empfohlen: Dr. Matthias Heisse („effizient, kommunikationsstark, hohe Expertise", Wettbewerber), Dr. Alexander Honrath, Christof Lamberts („strukturiert in Verhandlungen", Wettbewerber), Dr. Christian Mense, Dr. Oliver Maaß
Team: 5 Eq.-Partner, 6 Sal.-Partner, 8 Counsel, 10 Associates, 1 of Counsel
Partnerwechsel: Dr. Silke Gantzckow (von Baker McKenzie), Dominique Strieder (von Pohlmann & Company); Dr. Werner Brickwedde (zu Orrick Herrington & Sutcliffe)
Schwerpunkte: Gesellschafts- u. Kapitalmarktrecht (inkl. Steuern, Finanzierungen, auch Verfahren), auch ▷*M&A*. Mandantenstamm: Mittelständler aus Süddtl., daneben in beträchtl. Umfang auch dt. und v.a. internat. Konzerne, v.a. aus GB und den USA. Technologien-unterstütztes Corporate Housekeeping. Branchen u.a. ▷*Energiesektor*.
Mandate: Fiserv bei Joint Venture zw. First Data u. Dt. Bank; All for One im Aktienrecht; Cewe Stiftung u. Funkwerk aktien- u. kapitalmarktrechtl. sowie HV; Eitan Medical bei Setup der Tochtergesellschaft aus Israel; Goldbach Group u.a. bei Umstrukturierungen; GSL Immobilien u.a. bei Streitigkeiten aus Deals; JKV Media bei gesellschaftsrechtl. Strukturierung; Ophthalmica gesellschaftsrechtl. bei Nachfolgeregelung; lfd.: Lion E-Mobility, Norges Bank Investment Managements, Hanwha Q Cells.

EY LAW

Gesellschaftsrecht ★★

Bewertung: Die gesellschaftsrechtl. Praxis, die neben der lfd. Corporate-Beratung für den Mittelstand auch Umstrukturierungen koordiniert, hat sich für internat. Großprojekte breiter aufgestellt: Das Team um den Berliner Praxisleiter Grothaus erhielt signifikante Verstärkung durch ein Team der Wettbewerberin PwC Legal, das einen beachtl. Trackrecord vorweist u. von Dürr angeführt wird. Daneben bringt auch der Ausbau der Konfliktlösungspraxis Neugeschäft für die Gesellschaftsrechtler, etwa hinsichtl. Haftungsthemen. Aufmerksamkeit erregt hier Managing-Partner Bosse mit der Vertretung des Stuttgarter Flughafens im Streitkomplex Stuttgart 21.
Oft empfohlen: Dr. Achim Grothaus, Dr. Torsten Göcke, Dr. Simon Dürr, Dr. Christian Bosse, Alexander Schmiegel („geschätzter Kollege, der wohltuend unprätentiös ist und das Ziel nicht aus den Augen verliert", Wettbewerber)
Team: 13 Eq.-Partner, 17 Sal.-Partner, 6 Counsel, 20 Associates
Partnerwechsel: Dr. Simon Dürr, Claire Cheung-Ah-Seung, Matthias Diegelmann (alle von PwC Legal); Dr. Martin Wittmann (zu Deloitte Legal)
Schwerpunkte: Strukturmaßnahmen, häufig grenzüberschr. u. in enger Zusammenarbeit mit anderen Praxen, u. unternehmer. Mitbestimmung. Begleitung von Gesellschafter- u. Hauptversammlungen. Organhaftung.
Mandate: Neusser Bauverein in Umwandlung; Rockspring Transeuropean Properties zu JV-Gründung mit ddp Berlin Holding; frz. IT-Dienstleister zu Umsetzung einer Reorganisation bei dt. Töchtern; internat. Bildschirmhersteller in Klageverfahren gg. ehem. GF; Stuttgarter Flughafen im Streit um die Mehrkosten von Stuttgart 21 (aus dem Markt bekannt); lfd.: MMI Leisure & Capital Management, Westfalen Weser Energie.

FIELDFISHER

Gesellschaftsrecht ★★

Bewertung: In der Corporate-Praxis der brit. Kanzlei arbeiten Gesellschaftsrechtler u. M&A-Anwälte eng verzahnt mit den Restrukturierungs- u. Steuerspezialisten. Das schätzen Unternehmen wie der Puppenhersteller Zapf Creation für die Dauerberatung, aber auch das Wirtschaftsministerium im Hinblick auf das paneurop. Projekt Gaia-X. Mit dem Delisting-Prozess eines Immobilienprojektentwicklers, den der HHer Partner Labudda steuerte, besetzte die Praxis erneut die Schnittstelle zum Kapitalmarktrecht, an der auch das Düsseldorfer Team um Rückert mit der regelm. Organberatung für kl. börsennotierte Unternehmen überzeugt. Dieses Team flankierte wiederum einen der Gesellschafter im mrd-schweren Zusammenschluss von GfK u. Nielsen IQ u. untermauerte damit zugleich die internat. Kompetenzen.
Stärken: Beratung von Aufsichtsräten, auch zu Übernahmerecht u. ▷*Compliance*.
Oft empfohlen: Dr. Susanne Rückert („sehr engagiert und erfahren", Wettbewerber), Dr. Patrick Halfpap, Dr. Sven Labudda
Team: 12 Eq.-Partner, 4 Counsel, 20 Associates, 1 of Counsel
Schwerpunkte: Lfd. Beratung, auch im Aktienrecht, Compliance, Übernahmerecht (Düsseldorf), Erneuerbare Energien (München), Finanzindustrie inkl. Fintech (Frankfurt), Skandinavien, French-Desk u. Public Corporate Law (HH). Abwehr von Ansprüchen aus Pflichtverletzungen, Schiedsrichtertätigkeiten sowie Pre- u. Post-Arbeiten für die ▷*M&A-Praxis*.
Mandate: Börsennot. US-Gesellschaft zu Organhaftung u. Compliance; SDax-Unternehmen zu Effi-

Anwaltszahlen: Angaben der Kanzleien, wie viele Anwälte zu mind. ca. 50 % in diesem Gebiet tätig sind. Sie spiegeln nicht zwingend die Gesamtgröße einer Kanzlei wider.

zienzprüfung/Selbstbeurteilung des Aufsichtsrats; NIM Nürnberg Institut für Marktentscheidungen zu Zusammenschluss von GfK u. NielsenIQ sowie lfd. als Co-Gesellschafter; BMWK zu Projekt Gaia-X; Next Generation Invest zu Mitarbeiteraktienprogramm; ital. Plastikproduzent in Organhaftung u. Abwehr von Ansprüchen; Soini Asset Management zu Umstrukturierung; lfd.: IKAV-Gruppe (projektbezogen), Credion, Zapf Creation.

FLICK GOCKE SCHAUMBURG

Gesellschaftsrecht ★★★

Bewertung: Die respektierte gesellschaftsrechtl. Praxis, die gleichermaßen für familiengeführte u. gelistete Unternehmen sowie die öffentl. Hand arbeitet, ist häufig bei grenzüberschr. Reorganisationen gefragt. So beriet sie unter der Federführung von Erkens den börsennot. Versorger Gelsenwasser zur Bündelung der Energievertriebsaktivitäten. Diese Art von Mandaten gewinnt die urspr. steuerzentrierte Einheit nun gleichermaßen über das Corporate-Team, was zu einem wechselseitigen Verweisgeschäft geführt hat. Dass gerade die jüngere Partnerriege auch zunehmend als Corporate-Governance- u. Vergütungsberater in Regulierten Industrien gefragt ist – etwa Partner Merkelbach bei Finanzinstituten u. Rulf bei Mandanten wie der Limbach-Gruppe im Gesundheitsbereich –, weist auf die Tiefe ihrer Branchenkenntnisse hin. Mit ihrer breit aufgestellten Nachwuchsgeneration, aus der heraus erneut Partner ernannt wurden, gewinnt FGS so Stück für Stück an Terrain.

Stärken: Corporate-Governance- u. Compliance-Beratung; Umstrukturierungen mit integriertem steuer- u. konzern- bzw. umwandlungsrechtl. Ansatz. Branchen: Energie, Banken, Versicherern u. Medien.

Oft empfohlen: Dr. Michael Erkens, Prof. Dr. Dieter Leuering (v.a. Organberatung u. Schiedsrecht), Dr. Irka Zöllter-Petzoldt („taktisch versiert, fachlich exzellent", Wettbewerber), Dr. Matthias Merkelbach („scharfsinnig und erfahren", „kompetent in der Beratung von Bankvorständen", Wettbewerber), Dr. Christian Bochmann („fachlich u. menschlich top", Wettbewerber), Dr. Fred Wendt (v.a. Familiengesellschaften), Dr. Anja Herb (v.a. für HV u. Organvergütungen), Dr. Alexander Goertz („geschätzter Kollege, super Zusammenarbeit", Wettbewerber), Dr. Philipp Rulf

Team: 25 Eq.-Partner, 14 Sal.-Partner, 30 Associates, 1 of Counsel

Partnerwechsel: Dr. Matthias Heusel (von SZA Schilling Zutt & Anschütz)

Schwerpunkte: Breite Praxis für Re- u. Umstrukturierungen, Umwandlungen, Verschmelzungen, konzernrechtl. Corporate Governance, Organberatung, HVen, Joint-Venture-Gründungen sowie ▷*Priv. Equity* u. ▷*M&A*, auch mit kapitalmarktrechtl. Bezügen; gesellschaftsrechtl. Streitigkeiten. Mandantschaft: Großkonzerne u. Familien-/Mittelstandsunternehmen sowie Shareholder. Langj. Erfahrung mit ▷*Stiftungen* u.a. gemeinnütz. Organisationen.

Mandate: Gelsenwasser zu Bündelung der Energievertriebsaktivitäten u. hauptversammlungspflichtigen Strukturmaßnahmen; Automobilhersteller zu 4 Abspaltungen; Dax-Unternehmen zur Überprüfung des Compliance-Systems; Arax Properties u. FCC Group zu grenzüberschr. Formwechsel; Superior Industries Europe zu Konzernverschmelzungen; Bayern LB, BerlinHyp, Bethmann, DKB zu Corporate Governance. Lfd.: Allane SE, Bilnder Beteiligung, Dr. Hans Riegel Stiftung, Haribo, Limbach-Gruppe, M.M.Warburg, Talanx, Teag Thüringer Energie, TLG Immobilien, Vattenfall Europe, VNG.

FPS FRITZE WICKE SEELIG

Gesellschaftsrecht ★

Bewertung: Gesellschaftsrechtspraxis mit Schwerpunkt in Frankfurt. Nähere Informationen finden Sie im Regionalkapitel ▷*Mitte*.

Team: 12 Eq.-Partner, 1 Sal.-Partner, 7 Associates

Partnerwechsel: Dr. Menso Engelmann (von Krohn); Maxim Gnatjuk (zu Squire Patton Boggs)

Schwerpunkte: Traditionell breit gestreute Mittelstandsmandantschaft; auch starkes Standbein in der ▷*Immobilienwirtschaft*, auch Start-ups u. Venture-Capital-Beratung, v.a. in Frankfurt.

Mandate: Siehe Regionalkapitel.

FRESHFIELDS BRUCKHAUS DERINGER

Gesellschaftsrecht ★★★★★

Bewertung: FBD verfolgt in der gesellschaftsrechtl. Beratung einen viel breiteren Ansatz als andere führende Kanzleien. Sie hat in ihrer Praxis ein breites Verständnis der Analyse von Unternehmensrisiken und -opportunitäten verankert, was dazu führt, dass einzelne Anwälte die Rolle von Investmentbankern u. Unternehmensberatern übernehmen. So analysieren u. beraten sie bspw. zu Auswirkungen von geopolit. Verschiebungen ebenso wie zu Dekarbonisierung. Das hat einen Nebeneffekt: Die Zahl der klass. Konzernrechtler ist geringer als bei Hengeler u. Linklaters, nur noch eine Handvoll Partner sind auf die konzernrechtl. Boardroom-Beratung ausgerichtet. Allerdings bleibt der Fußabdruck der Corporate-Gruppe im Markt beeindruckend tief: Vor allem Seibt u. Waldhausen gehören zu einem kleinen Kreis führender Köpfe im Markt. Hinzu kommt die jüngere Generation von Kulenkamp u. Schwarz, die inzw. ebenfalls gut etabliert ist. Zudem verfügt die Kanzlei mit Cichy über einen noch relativ jungen Partner, der eine zentrale Rolle bei der Sanierung der Bankenlandschaft spielt. Die Mandantenbasis hat sich in der jüngeren Vergangenheit vom Mittelstand u. großen Familienunternehmen deutl. in Richtung internat. Konzerne verschoben. So hat FBD ihre Rolle bei der Dt. Telekom u. Infineon erweitert. Dies ist u.a. eine Folge des inzw. vollzogenen Generationswechsels in der Partnerschaft. Es bleiben jedoch auch Herausforderungen: Das viel beschworene Thought Leadership, das die Marktposition von FBD kennzeichnet, ist stark auf Seibt ausgerichtet. Wettbewerber haben die Dominanz von FBD im Bereich öffentl. Übernahmen beendet, u. in Marktsegmenten wie Energie und Infrastruktur müsste die Partnerschaft gestärkt werden. Daneben ist FBD weit von ihrem selbstgesteckten Ziel entfernt, eine wichtige Akteurin auf dem US-Markt zu werden. Hier wird den dt. Partnern eine wichtige Rolle beim Export von Schlüsselbeziehungen zu Industrieunternehmen zukommen.

Stärken: Herausragende Kompetenz bei öffentl. Übernahmen, Governance u. Restrukturierungen. Europaw. sehr eng vernetzt; dt. Partner sehr internat. tätig. Angesehene ▷*Compliance*-Praxis.

Oft empfohlen: Prof. Dr. Christoph Seibt („bester Berater im gesellschaftsrechtl. Bereich, hervorragender Blick für das rechtlich u. wirtschaftlich Mögliche", Mandant), Dr. Stephan Waldhausen, Dr. Andreas Fabritius, Dr. Patrick Cichy („sehr starkes Verständnis der Bankenbranche", Wettbewerber), Dr. Arend von Riegen („sehr intelligent u. erfahren bei öffentl. Übernahmen", Wettbewerber), Dr. Kai Hasselbach, Rick van Aerssen („unermüdlich, hervorragender Gesellschafts- u. Kapitalmarktrechtler", Wettbewerber), Dr. Franz Aleth, Dr. Barbara Keil, Dr. Wessel Heukamp („sehr guter Manager der Praxis", Wettbewerber; auch für ▷*Versicherung*, Dr. Heiner Braun („breite Erfahrung in der Vorstandsberatung, gr. Verhandlungsgeschick", Mandant), Dr. Simon Schwarz („hoch intelligent, sehr schnelle Auffassungsgabe, sehr gutes wirtschaftl. Verständnis", Mandant), Dr. Sabrina Kulenkamp („hervorragende Beratung u. Begleitung bei Umwandlung", Mandant), Dr. Nicholas Günther („menschl. angenehme u. fachl. erstklassige Zusammenarbeit", Mandant)

Team: 26 Partner, rund 120 Associates

Partnerwechsel: Dr. Markus Benzing (aus Partnerschaft ausgeschieden)

Schwerpunkte: Gesamte Breite des Gesellschaftsrechts, inkl. Konzern- u. Aktienrecht (▷*Börseneinführ. u. Kapitalerhöhung*). Ausgeprägte Arbeit in gesellschaftsrechtl. Streitigkeiten (▷*Konfliktlösung*) u. bei Finanzierungslösungen für Konzerne. ▷*Insolvenz/Restrukturierung* ist wesentl. Bestandteil der Praxis.

Mandate: Familienstamm Theo Albrecht bei Vereinbarung mit Familienstamm Berthold Albrecht u. Familienstiftungen; Continental im Krisenmanagement u. bei Folgen des Hackerangriffs; KfW bei Stabilisierung von Uniper; Porsche SE bei Börsengang von Porsche AG; RWE bei Forderung aktivist. Aktionäre; ZF Friedrichshafen bei Carve-out der Sparte Passive Safety Systems; Dt.-Telekom-Vorstand zu Business Judgement Rule bei Veräußerung der Mehrheit an Funkturmgeschäft; Deutz bei Strategic Review wg. Nachhaltigkeitstransformation u. bei Kooperation mit Daimler Truck; Grünenthal bei Joint Venture mit Kyowa Kirin; Hella lfd. bei grenzüberschr. Konzernverhältnis mit Faurecia; Neumüller Cewe Color bei komplexer Multi-Stakeholder-Situation, inkl. besonderer Governance-Struktur; Patrizia bei SE-Umwandlung; SFC Energy bei strateg. Partnerschaft in Indien.

GIBSON DUNN & CRUTCHER

Gesellschaftsrecht ★★★

Bewertung: Im Vergleich zu einigen anderen US-Kanzleien in Dtl. verfügt GDC über eine Praxis mit starkem Fokus auf originär gesellschafts- u. konzernrechtl. Themen. Beachtl. ist dabei auch, dass die Kanzlei über einen breiten Stamm an dt. Mandanten verfügt u. ihr Geschäft nicht ausschl. aus ihrem internat. Netzwerk bezieht oder es nur als Begleiterscheinung der Transaktionspraxis betreibt. Zudem verfügt GDC über eine ganze Reihe von Praxisgruppen, die an Schnittstellen agieren, wie der zwischen Gesellschaftsrecht u. Compliance. An eben jener kam die Praxis zuletzt für einen hochkarät. Mandanten zum Einsatz: den Allianz-Aufsichtsrat. Im transatlant. Mandat brachte GDC nicht nur ihre Praxis in Dtl. ein, sondern band auch Kollegen aus den USA ein.

Oft empfohlen: Dr. Wilhelm Reinhardt, Dr. Ferdinand Fromholzer, Dr. Lutz Englisch („fundiertes gesellschaftsrechtl. Wissen", Wettbewerber), Dr. Benno Schwarz („hoch intelligent u. dabei sympathisch", Wettbewerber; v.a. Compliance), Dr. Markus Nauheim

Team: 6 Partner, 8 Associates, 4 of Counsel

Anwaltszahlen: Angaben der Kanzleien, wie viele Anwälte zu mind. ca. 50% in diesem Gebiet tätig sind. Sie spiegeln nicht zwingend die Gesamtgröße einer Kanzlei wider.

Schwerpunkte: Beratung internat. u. dt. Mandanten, insbes. zu Umstrukturierungen, Joint Ventures, gesellschaftsrechtl. Streitigkeiten, HVen, Organberatung u. ▷*Compliance*.

Mandate: 4SC gesellschafts- u. kapitalmarktrechtl. einschl. HV; Atlas Copco in Squeeze-out-Verfahren bei Isra Vision; Aufsichtsrat Allianz im Zshg. mit Verfahren in den USA betreffend Structured-Alpha-Fonds; Vorstand Baur Versand gesellschafts- u. konzernrechtl. einschl. Corporate Governance; PJT Partners zu Fairness Opinion im Zshg. mit Porsche-IPO; Aufsichtsrat Talanx zu Zustimmungsbeschluss im Zshg. mit neuer Finanzierung; Wacker Chemie gesellschafts- u. kapitalmarktrechtl. einschl. HV; Aufsichtsrat VIB Vermögen zu öffentl. Teilübernahmeangebot; lfd.: Inwerk, Lotto24, Zeal Network, Nestlé Dtl.

GLADE MICHEL WIRTZ

Gesellschaftsrecht ★★★★

JUVE AWARDS 2023
Kanzlei des Jahres für Gesellschaftsrecht

Bewertung: Das Aushängeschild der D'dorfer Einheit ist ihr Know-how in komplexen gesellschafts-, kapital- u. aktienrechtl. Fragen. Hier verfügt GMW über gleich mehrere etablierte Partner, insbes. Sustmann u. Merkner. Stetig ist es der Kanzlei gelungen, namh. Unternehmen von sich zu überzeugen. So setzte bspw. die Dt. Wohnen erstmals auf das Team, u. aus der ehem. Stammmandantin Daimler erwuchsen Mandatsbeziehungen zu Mercedes-Benz u. Daimler Truck. Dass auch Knorr-Bremse u. Scania auf GMW vertrauen, sind weitere Belege für das hohe Ansehen, das die Kanzlei im Automotive-Sektor genießt. Ein weiteres Feld, auf dem die Kanzlei immer mehr Statur gewinnt, ist die Beratung an der Schnittstelle zu krit. Themen wie Compliance u. Litigation. Nachdem in der Vergangenheit Continental u. Mercedes-Benz bzw. Daimler in derartigen Komplexen auf GMW vertrauten, kam nun – wie öffentl. bekannt – der Aufsichtsrat von ProSiebenSat.1 im Zshg. mit der internen Untersuchung zur Beteiligung an Jochen Schweizer hinzu. Durch den Abgang von Markgraf mit mehreren Associates ist nun allerdings die Schnittstelle zur Insolvenz- u. Restrukturierungsberatung unbesetzt u. eine Nachbesetzung ist strateg. nicht geplant.

Stärken: Konzernrecht, Aktien- u. Kapitalmarktrecht.

Oft empfohlen: Dr. Marco Sustmann („pragmatische Lösungen, schnelle Reaktionszeiten u. effektive Zusammenarbeit", Mandant), Dr. Andreas Merkner, Dr. Achim Glade („zielorientiert u. kompetent", „exzellenter Aktienrechtler mit umfassender Erfahrung", Mandanten)

Team: 5 Eq.-Partner, 1 Sal.-Partner, 1 Counsel, 8 Associates

Partnerwechsel: Dr. Jochen Markgraf (zu Seitz)

Schwerpunkte: Lfd. gesellschaftsrechtl. Beratung von mittelständ. dt. u. ausl. Unternehmen sowie Konzernen. Gesellschaftsrechtl. Streitigkeiten sowie Aktien- u. Kapitalmarktrecht.

Mandate: Continental gesellschafts- u. kapitalmarktrechtl. im Zshg. mit Ermittlungen wg. Diesel; Daimler Truck gesellschafts- u. kapitalmarktrechtl. einschl. HV u. Corporate Governance; Dax-Vorstandsmitglied zu Aufhebungsvertrag; Gea Group gesellschafts- u. kapitalmarktrechtl. einschl. HV u. zu Aktienrückkaufprogramm; Gesellschafterausschuss von Hella im Zshg. mit Pflichtenstellung der Mitglieder im fakt. Konzern; Knorr-Bremse kapitalmarktrechtl. u. zu Corporate Governance; Mercedes-Benz gesellschafts- u. kapitalmarktrechtl., u.a. zu Corporate Governance, zu Klage im Zshg. mit Ad-hoc-Publizitätspflicht wg. Diesel u. Aktienrückkaufprogramm; Aufsichtsrat von ProSiebenSat.1 kapitalmarktrechtl. im Zshg. mit interner Untersuchung wegen Jochen Schweizer.

GLEISS LUTZ

Gesellschaftsrecht ★★★★

Bewertung: Die gesellschaftsrechtl. Praxis zählt zu den angesehensten Adressen im Markt. Sie ist bekannt für hochkarätige Gremienberatungen – etwa in der VW-Gruppe, aber zuletzt auch erstmals für die Aufsichtsräte von Bayer u. der Software AG – sowie für die lfd. Beratung im börsennot. oder familiengeführten Mittelstand. Nachdem GL zunächst ihre Präsenz bei öffentl. Übernahmen gesteigert hatte – außer Cascante sind dort nun auch

Anwaltszahlen: Angaben der Kanzleien, wie viele Anwälte zu mind. ca. 50 % in diesem Gebiet tätig sind. Sie spiegeln nicht zwingend die Gesamtgröße einer Kanzlei wider.

Aubel u. Tyrolt als Lead-Partner zu sehen –, stellte sie zuletzt ihre Kompetenz bei Transformationen unter Beweis – so etwa beim Aufsetzen von Steag Power u. Iqony nach ESG-Kriterien, aber auch beim Carve-out der Funkturmsparte der Dt. Telekom. Dies sind typischerweise Mandate von Linklaters oder Hengeler, doch nachdem GL ihre Belastbarkeit in der Aufarbeitung der Dieselaffäre unter Beweis gestellt hat, vertrauen ihr die Mandanten auch solche Großprojekte an. Dass alle 4 Neupartner im weitesten Sinne mit Corporate-Themen befasst sind, zeigt den Bedarf.

Stärken: Organberatung mit starkem Trackrecord in der Aufsichtsratsberatung; Corporate-Governance u. Compliance. Sehr erfahren bei streitigen HVen.

Oft empfohlen: Prof. Dr. Michael Arnold („sehr zuverlässig", „sehr guter Überblick über Vorstand und Gremien in der Dax- und MDax-Landschaft, rechtlich top und unprätentiös", Mandanten), Steffen Carl, Dr. Gabriele Roßkopf (v.a. Familienunternehmen), Dr. Christian Cascante (v.a. öffentl. Übernahmen/Large-Cap-Deals), Dr. Andreas Spahlinger (v.a. Restrukturierung), Dr. Dirk Wasmann („ich schätze seine Erfahrung und Umsicht", Mandant; u.a. Spruchverfahren), Dr. Vera Rothenburg („hat einiges auf dem Kasten und schon viel gesehen", Wettbewerber), Martin Hitzer, Dr. Adrian Bingel, Dr. Tobias Harzenetter („sehr professionell", Mandant), Dr. Stephan Aubel, Dr. Thorsten Gayk („hohe Kompetenz, dabei aber pragmatisch", Mandant)

Team: 17 Eq.-Partner, 8 Sal.-Partner, 7 Counsel, 21 Associates, 3 of Counsel

Partnerwechsel: Dr. Stefan Widder (von Latham & Watkins)

Schwerpunkte: Konzern- u. Aktienrecht, v.a. HVen u. Spruchstellenverfahren. Aktienbasierte Vergütungssysteme u. Belegschaftsprogramme; praxisübergr. ESG- u. Corporate-Purpose-Beratung; Einsatz digitaler Tools zu Corporate Governance; stark auch bei ▷*M&A*, ▷*Insolvenz/Restrukturierung*, Organhaftung bzw. ▷*Konfliktlösung* u. ▷*Compliance*. Renommiertes ▷*Notariat*.

Mandate: Bayer-Aufsichtsrat zu Neubesetzung des Vorstandes; VW-Aufsichtsrat bzgl. Porsche (IPO/Governance); Software-AG-Aufsichtsrat zu Übernahmeangeboten; Dt. Telekom zu Carve-out des Funkturmgeschäfts; Steag u. KSBG zu Neuaufstellung/Verkaufsvorbereitungen; Lanxess zu JV mit Advent; Phoenix Group zu Squeeze-out bei McKesson Europe; Voestalpine High Performance Metals zu SE-Gründung; Wirecard-Insolvenzverwalter in Organhaftungsklage; Infineon gg. Qimonda-Insolvenzverwalter; Nidda Healthcare in Stada-Spruchverf.; OMV-Aufsichtsrat zu Pflichten eines ehem. CEO; lfd.: Audi, Dekra, Ernst Klett, Gelita, GFT Technologie, HeidelbergMaterials, Henkel, Mühlhahn, Nemetschek, Patrizia, Phoenix Pharma, TUI, Würth, Aufsichtsrat von VW u. NTT Data. HV-Mandate u.a. bei All for One Group, Hornbach Holding u. Baumarkt, Schaltbau, Scout24.

GLNS

Gesellschaftsrecht ★★★

Bewertung: Die Münchner Kanzlei deckt mit gesellschafts-, aktien- u. kapitalmarktrechtl. Beratung alle wesentl. Elemente ab. Entsprechend breit ist der Mandantenkreis, der von mittelständ. Unternehmen bis zu namh. börsennot. Konzernen reicht. Beachtl. ist hier v.a. die Stabilität der Beziehungen zu Audi, Adidas oder Delivery Hero, die alle seit mehreren Jahren auf GLNS vertrauen. Ebenfalls zum Angebot der Kanzlei gehört die Beratung an der Schnittstelle zu Litigation.

Oft empfohlen: Dr. Tobias Nikoleyczik („hervorragende Qualität", Mandant), Dr. Bernd Graßl

Team: 9 Eq.-Partner, 3 Sal.-Partner, 3 Counsel, 6 Associates, 1 of Counsel

Schwerpunkte: Beratung von Mittelstands- u. Wachstums- bis hin zu Großunternehmen u. Dax-Konzernen. Hoher Anteil an Aktien- u. Kapitalmarktrecht, inkl. Übernahmerecht, u. an der Schnittstelle zu Private Equity u. Venture Capital.

Mandate: Zooplus, u.a. zu Formwechsel, Delisting, Kapitalerhöhungen u. HV; Audi lfd. gesellschafts- u. kapitalmarktrechtl., u.a. zu Umstrukturierungen u. zu Joint Venture mit kanad. BiMM; Aufsichtsrat von Zalando im Zshg. mit Vorstandsvergütung u. Neubestellung von Vorstandsmitgliedern; Audi Business Innovation zu versch. Beteiligungen; Allianz Partners, u.a. im Zshg. mit grenzüberschr. Verschmelzungen; Nagarro umfängl., u.a. zu aktienbasiertem Mitarbeiterbeteiligungsprogramm. Lfd.: BSH Hausgeräte, Marley Spoon, Delivery Hero, Grammer, Adidas, Westwing.

GODEFROID & PIELORZ

Gesellschaftsrecht ★

Bewertung: Gesellschaftsrechtspraxis aus Düsseldorf. Nähere Informationen finden Sie im Regionalkapitel ▷*Westen*.

Team: 4 Partner, 2 Associates

Schwerpunkte: Langj. Kontakte zu Banken u. Versicherern, Vertretung in gesellschaftsrechtl. Prozessen u. Beratung insbes. von Aktionären u. Vorständen zu Organhaftungsfragen.

Mandate: Siehe Regionalkapitel.

GÖHMANN

Gesellschaftsrecht ★★

Bewertung: Mittelstandsunternehmen genauso wie Dax-Konzerne zählen zum festen Mandantenstamm der anerkannten Praxis für Gesellschaftsrecht. Das gilt v.a. für die niedersächs. Büros in Hannover u. Braunschweig. Sie sind bei HVen namh. niedersächs. Unternehmen, auch mit ihrem ▷*Notariat*, ebenso gesetzt wie bei ihren langj. mittelständ. Mandanten. Peu à peu leitet die Praxis zudem einen Generationswechsel ein. Etabliert ist die standortübergr. Zusammenarbeit. Berlin steuert z.B. Kompetenzen im Öffentl. Recht bei, während Frankfurt v.a. bei Mandanten aus der Finanzbranche gefragt ist, wo Göhmann schon langjährig etabliert ist.

Stärken: Anerkanntes Notariat.

Oft empfohlen: Axel Müller-Eising, Sebastian Scherrer, Dr. Johannes Waitz, Dr. Ulrich Haupt, Dr. Florian Hartl („gute u. kompetente Zusammenarbeit", Wettbewerber), Dr. Henning Rauls

Team: 14 Eq.-Partner, 4 Counsel, 12 Associates

Schwerpunkte: Regelm. Re- u. Umstrukturierungen. Angesehenes ▷*Notariat* u. lfd. Beratung. Mandanten sind einige AGen (v.a. in ▷*Hannover* u. ▷*Ffm.*) sowie zahlr. norddt. mittelständ. Unternehmen, oft mit Nachfolgethemen.

Mandate: Ehem. Vorstandsmitglied bei Abwehr von Vorstandshaftung ggü. Insolvenzverwalter; städt. Bau- u. Planungsgesellschaft bei Auseinandersetzung mit Geschäftsführer; Bau-Gruppe umf. gesellschaftsrechtl. u. bei Gesellschafterstreitigkeiten; Bauträgergruppe bei Gründung eines Joint Ventures mit Projektentwicklungsgesellschaft; Gesellschafter eines Industrieunternehmens gerichtl. wg. unlauterer Geschäftsübernahme; Gesellschafter eines Sekterzeugers bei streitiger Gesellschafterversammlung; mittelständ. Unternehmen der Baustoffindustrie bei Gründung eines Joint Ventures.

GÖRG

Gesellschaftsrecht ★★

Bewertung: Lange war die gesellschaftsrechtl. Arbeit an das große Restrukturierungsteam der Sozietät angebunden, doch inzw. hat Görg eine eigenständige Praxis aufgebaut. Neben einem Aktien- und Konzernrechtsteam in Köln u. München verfügt die Kanzlei in Frankfurt um Menke über ein Team mit langj. Erfahrung in der Betreuung von Joint Ventures, insbes. für die öffentl. Hand. Mit der starken ▷*Vergaberechtspraxis* ist das eine schlagkräftige Kombination. Zudem gibt es in Frankfurt einen etablierten Asien-Schwerpunkt, der sich von China auf andere Länder, z.B. Korea, verlagert, u. einen ausgeprägten Fokus auf Energiewirtschaft. Trotz dieser Diversifizierung steht Görg im Markt v.a. für insolvenznahe Beratung. Auf diesem Feld gibt es nur wenige Kanzleien, die es mit ihrem Ruf aufnehmen können.

Stärken: Beratung der öffentl. Hand; angesehene ▷*Insolvenz-/Restrukturierungspraxis*.

Oft empfohlen: Dr. Bernt Paudtke, Dr. Matthias Menke („sehr versiert bei Joint Ventures", Wettbewerber), Dr. Roland Hoffmann-Theinert, Dr. Alexander Kessler („immer Herr der Lage, juristisch exzellent u. persönlich angenehm", Wettbewerber), Dr. Wolfgang König („sehr verlässlich", Wettbewerber)

Team: 25 Eq.-Partner, 6 Sal.-Partner, 7 Counsel, 34 Associates

Partnerwechsel: Markus Söhnchen, Dr. Tobias Riethmüller (beide von GSK Stockmann), Dr. Philipp Grzimek (von Norton Rose Fulbright); Dr. Christopher Wright (zu Zenk)

Schwerpunkte: Lfd. Beratung mittelständ. Unternehmen, aber auch Unternehmen der öffentl. Hand zu Umstrukturierungen, Nachfolgeregelungen u. Prozessen (▷*Konfliktlösung*), Gründungen, Vorbereitung von HVen u. Kapitalmaßnahmen für Industrie, Handel, Family Offices u. Investoren. Anerkannte ▷*Notare* in Frankfurt u. Berlin.

Mandate: Stadt Düsseldorf zu neuer Gesellschaft u. Vergabeverfahren für Abfall u. Straßenreinigung; Frankfurter Allgemeine Zeitung zu Beteiligungsunternehmen; HUK-Coburg bei Einstieg der LVM Versicherung bei Onpier; Main-Kinzig-Kreis bei Gründung der Main-Kinzig-Akademie für Pflege und Gesundheit, bei Auskreisung der Stadt Hanau u. zu Beteiligungen; Verimi bei Fusion mit Yes u. bei Kapitalerhöhung; Christian Güssow zu Beteiligung an Weser-Kurier-Mediengruppe; Huf Hülsbeck & Fürst zu Corporate Governance; Stadt Kassel zu div. Beteiligungsgesellschaften. Lfd.: First Sensor (inkl. HV), Ekosem, Ekotechnika, Tech Mahindra.

FRIEDRICH GRAF VON WESTPHALEN & PARTNER

Gesellschaftsrecht ★★

Bewertung: Die Erfahrung der Gesellschaftsrechtspraxis, die sich auf alle 4 Standorte verteilt, reicht von der Start-up-Beratung, über HV-Begleitung des SDax-Unternehmens FlatexDegiro u. Nachfolgeberatung im gehobenen Mittelstand bis hin zur Vertretung in ▷*gesellschaftsrechtl. Streitigkeiten*. Nachdem die 2 langj. Praxisleiter die Kanzlei 2022

Anwaltszahlen: Angaben der Kanzleien, wie viele Anwälte zu mind. ca. 50 % in diesem Gebiet tätig sind. Sie spiegeln nicht zwingend die Gesamtgröße einer Kanzlei wider.

verließen, wurde die neu aufgestellte Leitung mit einem Quintett besetzt, das alle Standorte repräsentiert. Das spiegelt die Ambition, über die bundesw. Zusammenarbeit eine Neupositionierung im Markt anzugehen. Untermauert wurde dies mit dem personellen Ausbau der branchenorientierten Teams im Gesundheits- u. Umweltsektor.
Stärken: Gutes internat. Netzwerk; Erfahrung mit Holdingstrukturen, grenzüberschr. Verschmelzungen u. Post-Merger-Streitigkeiten. Besondere Kompetenz im ▷*Gesundheitssektor*.
Oft empfohlen: Carsten Laschet („hervorragendes Verhandlungsgeschick, sehr gute Zusammenarbeit", Wettbewerber; v.a. Organhaftung), Dr. Hendrik Thies (auch Kapitalmarkrecht), Arnt Göppert, Dr. Annette Bödeker (v.a. internat. Mandanten), Dr. Alexander Hartmann („lösungsorientiert, Drafting-Spezialist", „hands-on und sehr intelligent", Wettbewerber), Dr. Albert Schröder (u.a. Umstrukturierungen u. Schiedsverfahren)
Team: 11 Eq.-Partner, 1 Sal.-Partner, 14 Associates
Partnerwechsel: Dr. Christina Schröter (von Voelker & Partner)
Schwerpunkte: Optimierung von Holdingstrukturen (inkl. Steuerrecht). Gesellschafter- u. Gremienberatung, inkl. Corporate Governance. Breite Start-up-Beratung. Nachfolgegestaltungen. Enge Anbindung an ▷*M&A*. Starke Praxis für Organhaftung/D&O (▷*Versicherungsrecht*) u. gesellschaftsrechtl. Streitigkeiten. Komplexe Spruchverfahren.
Mandate: Fraunhofer-Institut für Nachrichtentechnik bzgl. Start-up Factory; Eps Holding in Restrukturierungsprozess; Essilor-Gruppe zu Neustrukturierung von Gruppenfunktionen; Plasmotion bei Gründung; QBE Insurance zu Großschadensfall Wirecard; Ehrentreich Vermögensverwaltung zu Umstrukturierung; Raith Engineering & Manufacturing zu 2 dt. Töchtern; lfd.: Fastlane Marketing, FlatexDegiro (inkl. HV), JP Beteiligungsgesellschaft, Gremien des Metropolitankapitel der Hohen Domkirche Köln, Sympatient, The Go-Ahead Group, Veru Inc., XPO Logistics.

GREENBERG TRAURIG

Gesellschaftsrecht ★★
Bewertung: In der gesellschaftsrechtlichen Praxis der US-Kanzlei spielen die angestammten Fokusbranchen Immobilien und Medien weiterhin eine wichtige Rolle, da regionale Wohnkonzerne wie Gewobag ebenso auf das Berliner Team vertrauen wie US-Filmstudios. Mehr Dynamik entfaltet sich für das Team um Schorling u. Armah aber in der Infrastruktur- u. Telekommunikationsindustrie, etwa in der Beratung von Altice im mrd-schweren Aufbau eines Glasfasernetzes mit Vodafone. Dabei ist GTs umfangr. Erfahrung mit Joint Ventures gefragt, die in der Regel auch zahlr. Vertragsvereinbarungen für das operative Geschäft beinhalten u. dem Full-Service-Angebot der Sozietät gut entsprechen.
Oft empfohlen: Dr. Peter Schorling („unternehmerisch und fachlich versiert", Wettbewerber), Dr. Nicolai Lagoni („inhaltlich top", „fachlich sehr gut", Wettbewerber), Dr. Josef Hofschroer, Dr. Henrik Armah („kennt sich aus und ist lösungsorientiert", „fachlich stark und pragmatisch", Wettbewerber), Dr. Christoph Enaux („guter Berater für Kabel-Netzebene 4", Wettbewerber)
Team: 13 Eq.-Partner, 18 Associates
Schwerpunkte: Umf. Erfahrung in der ▷*Immobilien-* u. ▷*Medienbranche*; grenzüberschr. Kooperationen.
Mandate: Altice Luxembourg zu JV mit Vodafone Group; 3F Group zu JV-Gründung; NSF V Denmark Advisor zu JV mit Artisa (Co-Living-Projekte); Wing Group zu JV mit Griffin Capital; Oxford Properties zu JV mit Norges Bank (bzgl. Sony Center); CCC zu Umstrukturierung der HR Group; Magrath Holding weiterhin zu öffentl. Übernahmeangebot für Halloren-Aktien; Tempur Sealy zu Umwandlungsmaßnahmen; lfd. Beos (inkl. HV), Halloren, Nvidia, Gewobag, Uferhallen AG, Velero Management, Vertbaudet, ZTE Services Deutschland.

GREENFORT

Gesellschaftsrecht ★★
Bewertung: Die gesellschaftsrechtl. Praxis der ▷*Frankfurter* Kanzlei ist gut positioniert, um internat. Konzerne in Dtl. lfd. zu beraten. Darüber hinaus verfügt sie über einen soliden dt. Mittelstandsmandantenstamm. Dass sie nicht allein auf die Alltagsarbeit fokussiert ist, zeigte sich zuletzt bei der komplexen Übernahme von Innoplexus. Nachdem Greenfort bereits einen der bekanntesten Notare Frankfurts in ihren Reihen hat, wurde nun ein 2. Notar berufen, was das Engagement weiter erhöht. Daneben verfügt die Kanzlei auch über eine anerkannte Konfliktlösungspraxis.
Oft empfohlen: Andreas von Oppen, Gunther Weiss („unternehmerischer Blick u. enorme Spannweite juristischen Wissens", Mandant), Dr. Daniel Röder, Dr. Carsten Angersbach, Tobias Glienke
Team: 7 Eq.-Partner, 4 Counsel, 5 Associates
Schwerpunkte: Gründungen u. Umstrukturierungen, Finanzierung an der Schnittstelle zum Kapitalmarktrecht; HV-Begleitung, Squeeze-outs, Kapitalmaßnahmen, Beratung von Vorständen u. Gesellschaftern, auch ▷*M&A*. Anerkanntes Notariat.
Mandate: Varta-Gruppe bei Umstrukturierungen, Ausgliederungen und Joint Ventures; Partex Capital bei Übernahme der kontrollierenden Mehrheit an Innoplexus durch Barkapitalerhöhung mit Ausschluss des Bezugsrechts; Gesellschafter von Westbridge Advisory bei Beitritt neuer Gesellschafter; Oase-Gruppe bei gruppeninternen Reorganisationen; Tottenham Hotspur bei Beteiligung an One-Football. Lfd.: European Net ID Stiftung, Praesidad bei Umstrukturierungen.

GRÜTER

Gesellschaftsrecht ★★
Bewertung: Da die Duisburger Kanzlei sowohl komplexe Transaktionsstrukturen als auch grenzüberschr. Fragen im Beratungsportfolio hat, sind ihre Mandanten aus dem gehobenen Mittelstand u. Konzernunternehmen in der Regel treue Stammmandanten. Umstrukturierungen im Gesellschafterkreis oder die Neuordnung von Unternehmensstrukturen sind weitere Erfahrungsfelder. Zuletzt erweiterten die Partner ihr Engagement bei Konfliktlösung u. Unternehmensfinanzierung. Immer wieder gelingt es bei alldem, jüngere Anwälte an die Mandatsverantwortung heranzuführen.
Team: Corporate insges.: 5 Eq.-Partner, 1 Sal.-Partner, 4 Associates
Schwerpunkte: Transaktionen für internat. Unternehmen, Konzerngesellschaften u. dt. Mittelständler, v.a. in ▷*Nordrhein-Westfalen*. Zudem Notariat, Nachfolgeberatung u. Unternehmensfinanzierung.
Mandate: Hauptgesellschafter der Barthel-Gruppe zu Verkauf an Asteria Labels & Packaging; Fahrzeugvermieter zu Anteils- u. Flottenverkauf; Industriezulieferer bei Neugestaltung der grenzüberschr. Konzernfinanzierung; Hoppecke-Gruppe zu Klage wg. Betriebsausfall.

GSK STOCKMANN

Gesellschaftsrecht ★★★
Bewertung: Die gesellschaftsrechtl. Praxis ist insbes. für ihre breite Erfahrung im Immobiliensektor bekannt, seien es Joint Ventures oder Strukturierungen im Nachgang einer Immobilientransaktion. Darüber hinaus verfügt sie über ausgeprägte Kenntnisse in der Finanzdienstleistungsindustrie, dem Öffentl. Sektor u. die Healthcare-Branche. Von Bedeutung ist zudem ihr luxemb. Büro, das mit der soliden Berliner Praxis regelm. im Venture-Capital-Bereich mandatiert wird. Weiteren internat. Schub könnte die Praxis durch das neue Londoner Büro bekommen: Erste Erfolge zeigen sich bereits bei Private-Equity-Investitionen, häufig mit Immobilienbezug. Während die Sozietät in Frankfurt gleich 2 gut vernetzte Partner mit ihren Teams verlor, bringt Thomas in München viel Erfahrung im Kapitalmarktrecht mit u. ergänzt das Team damit sinnvoll.
Stärken: Starke Präsenz im ▷*Immobiliensektor*, gute Kontakte zu ▷*Banken*, ▷*Investmentfonds* u. an der Schnittstelle zu erneuerbaren Energien.
Oft empfohlen: Dr. Rainer Stockmann, Dr. Katy Ritzmann (v.a. Venture Capital), Dr. Andreas Bauer, Dr. Uwe Jäger
Team: Corporate insges.: 17 Eq.-Partner, 2 Sal.-Partner, 2 Counsel, 16 Associates
Partnerwechsel: Dr. Alexander Thomas (von Pinsent Masons); Markus Söhnchen, Dr. Tobias Riethmüller (zu Görg)
Schwerpunkte: Branchenschwerpunkte u.a. Automotive, Immobilien, Finanzdienstleister, Erneuerbare Energien. Enge Zusammenarbeit mit ▷*M&A*-, Steuerrechts- u. Finanzierungspraxis in Luxemburg. Auch ▷*Private Equ./Vent. Capital*. Anerkannte Notare in Ffm. u. Berlin.
Mandate: Bauer aktien- u. kapitalmarktrechtl. bei Bezugsrechtskapitalerhöhung auf Grundlage eines EU-Wiederaufbauprospekts; Equilis-Gruppe bei Finanzierung von 2 Projektentwicklungen; Europ. Metropolregion München bei Beteiligung an Gesellschaftsstruktur von IBA München; Hoeller Electrolyzer bei der Kapitaleinwerbung u. beim Erwerb einer Mehrheitsbeteiligung durch die Rolls-Royce Power Systems; Nord Holding bei internat. Equity-Joint-Venture mit niederl. Softwareunternehmen; Praeclarus Asset Management bei der Strukturierung zur Beteiligung u. Finanzierung an einem Immobilienprojekt in Hamburg; Propertyteam umf. bei Solarprojekt.

GÜTT OLK FELDHAUS

Gesellschaftsrecht ★★
Bewertung: Die Münchner Boutique ist bestens etabliert als gesellschaftsrechtl. Beraterin für mittelständ. u. börsennot. Unternehmen sowie für vermögende Familien. Die Bandbreite des Angebots reicht dabei von der lfd. Beratung über Umstrukturierungen bis hin zu Nachfolgethemen. Auf die volle Breite des Know-hows vertraute bspw. die Andechser Molkerei Scheitz. Regelm. gefragt ist die gesellschaftsrechtl. Erfahrung zudem bei Carveout-Projekten, z.B. für Stammmandanten wie ZF Friedrichshafen oder MAN Energy Solutions, aus denen regelm. auch Transaktionen erwachsen.
Oft empfohlen: Dr. Sebastian Olk („fair u. verlässlich", Wettbewerber), Dr. Heiner Feldhaus („schnell u. kompetent", Wettbewerber), Adrian von Prittwitz

Anwaltszahlen: Angaben der Kanzleien, wie viele Anwälte zu mind. ca. 50 % in diesem Gebiet tätig sind. Sie spiegeln nicht zwingend die Gesamtgröße einer Kanzlei wider.

Team: 4 Eq.-Partner, 7 Associates
Schwerpunkte: Gesellschafts- u. aktienrechtl. Beratung sowie gesellschaftsrechtl. Prozesse. Zudem Beratung von Private Clients einschl. Nachfolgethemen.
Mandate: Andechser Molkerei Scheitz u.a. zu Umstrukturierung u. Nachfolgefragen; Gesellschafterstämme der Eberspächer-Gruppe zu Nachfolgethemen; Hamelin zu Umstrukturierung; MAN Energy Solutions u. ZF Friedrichshafen lfd. u. zu Carve-outs; Tamara Comolli, u.a. zu Mitarbeiterbeteiligungsprogramm; Isar-Klinik II u. nachgeordnete Gesellschaften u.a. in Streitigkeiten. Lfd.: Garmin, Mast-Jägermeister, Villeroy & Boch.

GVW GRAF VON WESTPHALEN

Gesellschaftsrecht ★★

Bewertung: Die gesellschaftsrechtl. Praxis der dt. Mittelstandskanzlei ist in den letzten Jahren transaktionsorientierter geworden, jedoch hat die Kanzlei mit Mayer-Gießen auch einen hoch renommierten Gesellschaftsrechtler mit breiter Praxis in ihren Reihen. Zu den weiteren nennenswerten Elementen der GvW-Praxis gehören ein namh. u. nach wie vor sehr aktives chin. Team u. die Arbeit an der Schnittstelle zur öffentl. Hand, wie das Großprojekt Schienennetz in Mitteldtl. zeigt. Im M&A-Segment ist es der Kanzlei gelungen, sich bei komplexeren Mandaten zu empfehlen. Um eine ähnl. Entwicklung im Gesellschaftsrecht zu ermöglichen, wäre – v.a. nach der Umstrukturierung der Praxis, deren Ziel es war, das Team nicht in Transaktionen einbinden zu müssen – ein personeller Ausbau vonnöten.
Stärken: Mittelstandsberatung mit internat. Bezug. Dt.-chin. Rechtsverkehr.
Oft empfohlen: Christian Mayer-Gießen, Dr. Frank Süß („sehr angenehmer Verhandler, harter Litigator“, Wettbewerber), Dr. Malte Hiort
Team: Corporate insges.: 19 Eq.-Partner, 7 Sal.-Partner, 13 Associates
Partnerwechsel: Dr. Marc Seiffert (von Lutz Abel)
Schwerpunkte: Beratung des gehobenen, internat. aktiven Mittelstands. Viel Dauerberatung, inkl. HVen u. gesellschaftsrechtl. Streitigkeiten. Auch VC-Praxis (▷*Priv. Equ./Vent. Capital*) u. ▷*M&A*. Eigenes Büro in Schanghai.
Mandate: Länder Sachsen-Anhalt u. Thüringen zu gesellschaftsrechtl. Aspekten des Vergabeverfahrens für Schienennetze in Mitteldtl. nach Insolvenz von Abellio; Weber bei Sitzverlegung von chin. Tochter; LucaNet bei strateg. Partnerschaft mit Hg (v.a. in China); Energieanlageninvestor bei Joint Venture im Bereich Photovoltaik. Lfd.: gr. US-Luftfahrtunternehmen, Joby Aero, PSS Group, Health Care of Ontario Pension Plan bei dt. Töchtern.

HAVER & MAILÄNDER

Gesellschaftsrecht ★★

Bewertung: Die ▷*Stuttgarter Sozietät* bietet in ihrer gesellschaftsrechtl. Praxis eine Mischung aus Gremien- u. Compliance-Beratung u. unterstützt ihre Kernklientel auch bei weitreichenden Strukturmaßnahmen. Für die Vielfältigkeit der Mandantschaft stehen bsph. der VfB Stuttgart, die mittelständ. Brauerei Dinkelacker u. das Finanzministerium Ba.-Wü. Dank langj. Erfahrung mit Prozessen u. Schiedsverfahren wird das Team auch regelm. bei Organhaftungsverfahren mandatiert.
Stärken: Umstrukturierungen; erfahrene Konfliktlösungspraxis.
Oft empfohlen: Dr. Peter Mailänder („schnell, lösungsorientiert, pragmatisch und sehr angenehm“, Wettbewerber), Dr. Gert Brandner, Dr. Hans-Georg Kauffeld („hervorragende Fachkenntnisse, kollegiale Zusammenarbeit“, Wettbewerber über beide; Letzterer v.a. Organhaftung), Dr. Timo Alte
Team: 5 Eq.-Partner, 3 Sal.-Partner, 1 Counsel, 4 Associates
Schwerpunkte: Beratung von mittelständ. Familien- u. Kapitalgesellschaften, auch lfd. Betreuung zu Corporate Governance u. Transaktionen. Führungskräfteberatung sowie Organvertretung in Prozessen (▷*Konfliktlösung*).
Mandate: Finanzministerium Ba.-Wü. zu Beteiligungsverwaltung, einschl. div. Töchter u. Führungskräfteberatung; VfB Stuttgart u. 1. FC Kaiserslautern lfd. vereins- u. gesellschaftsrechtl.; Leonhardt Andrä u. Partner aktienrechtl.; OEW zu Ausbau der Organisation für Glasfaserversorgung; Land Ba.-Wü., Württembergischer Tennis-Bund zu Compliance; Parkraumgesellschaft Ba.-Wü. zu interner Untersuchung. Lfd.: Chemische Fabrik Budenheim, Dinkelacker AG u. Dinkelacker-Schwaben, Oetker Hotel Collection, Henkell & Co., Hugo Benzing, Wallbox-Hersteller.

HENGELER MUELLER

Gesellschaftsrecht ★★★★★

Bewertung: Die hoch angesehene Gesellschaftsrechtspraxis berät die Vorstände zahlr. Dax- u. MDax-Konzerne, wie etwa Allianz, Siemens Healthineers, Adidas u. Gerresheimer, aber auch Familienkonzerne wie Hella u. Tengelmann, teils schon über mehrere Generationen. Traditionell ist Hengeler stark gefragt in der Krisenberatung. Das manifestierte sich zuletzt etwa beim LNG-Terminal Lubmin u. bei der Beratung der Allianz durch ihr Münchner Team in der US-bezogenen Structured-Alpha-Angelegenheit. Auch wenn das Corporate-Team auf eine zentrale Praxisleitung verzichtet, gehören prägende Leitfiguren wie Austmann, Schiessl u. Vetter zum Team. Wenn Ersterer zum Jahresende die Partnerschaft verlässt, ist das zweifelsohne eine Zäsur, auch wenn etwa Schapmann u. Sassenrath Mandatsbeziehungen zu Axel Springer, Metro u. Porsche SE weiterführen können. Doch auch Mandatierungen jüngerer Partner wie Möritz u. Berger bei der öffentl. Übernahme von SimCorp durch die Dt. Börse u. die HV-Mandate von Paul, Link u. Illhardt sprechen dafür, dass der Generationswechsel gut vorbereitet wurde. Hinzu kommt, dass die enge Verknüpfung von Gesellschafts- u. Kapitalmarktrecht nun häufiger bei internat. Strategen gefragt ist: Während Kress maßgebl. die Ausstiegsverhandlungen für Fortum bei Uniper führte, wurde HM auch für die ital. MediaForEurope (bei P7S1) u. die Schweizer Octapharm (bei SNP Schneider-Neureither) tätig u. erweiterte so die Beratung von Großaktionären. Bemerkenswert ist die Mandatierung durch Silver Lake hinsichtl. der Software AG: Dass HM hier Skadden verdrängte, setzte ebenso ein Signal wie die Erstmandatierung durch die langj. Freshfields-Mandantin Messer hinsichtl. der Neuaufstellung des gr. JV Messer Industries.
Stärken: Seit Jahrzehnten marktführende Position mit konkurrenzloser Breite. Enge Zusammenarbeit mit den Compliance-, Kapitalmarkt- u. ▷*Finanzierungspraxen*, auch starkes Restrukturierungsteam.
Oft empfohlen: Dr. Andreas Austmann („sehr stark in der Organberatung“, Wettbewerber), Prof. Dr. Jochen Vetter („ein phantastischer Gesellschaftsrechtler“, „ein Experte mit dem notwendigen Augenmaß“, Wettbewerber), Dr. Matthias Hentzen („fachlich herausragend, sehr intelligent“, Mandant), Dr. Daniela Favoccia („super smart“, Wettbewerber), Dr. Carsten Schapmann („hat in gewohnt ruhiger Manier unsere HV begleitet – ein sehr guter Mann“, Mandant), Prof. Dr. Johannes Adolff („brillanter Kopf, der auch klare Antworten auf sehr schwierige und nicht nachlesbare Fragen gibt und diese auch extrem gut kommuniziert“, Mandant), Dr. Kai-Steffen Scholz („stets sehr hohe Qualität, passgenaue Lösungen“, Mandant), Dr. Viola Sailer-Coceani („empfehlen wir immer wieder, eine exzellente Gesellschaftsrechtlerin, die einen guten Blick dafür hat, was zumutbar ist“, Wettbewerber), Dr. Lucina Berger („ihre Kenntnisse des deutschen Wertpapierrechts und ihre Fähigkeit, dieses Wissen pragmatisch auf reale Szenarien anzuwenden, sind hervorragend, ist eindeutig ein junger aufstrebender Superstar“, Mandant), Dr. Simon Link („ist sehr gut in dem, was er tut, sein Rat ist managementtauglich“, Mandant), Dr. Christian Wentrup („Top-Qualität, immer erreichbar, sehr angenehme Zusammenarbeit“, Mandant; v.a. Familienunternehmen), Dr. Katharina Hesse, Dr. Thomas Paul („ausgezeichnet, inhaltlich im Gesellschaftsrecht und verwandten Gebieten lückenlos aufgestellt,“, „sehr guter Jurist, der sich die Materie sorgfältig anschaut“, Mandanten), Dr. Gerd Sassenrath
Team: 21 Partner, 4 Counsel, plus Associates
Schwerpunkte: Hochkarätige aktien- u- konzernrechtl. Arbeit mit entspr. Governance- u. Vorstandsvergütungsberatung (inkl. ▷*ESG* u. ▷*Compliance*), gesellschaftsrechtl. Streitigkeiten. Stark auch in ▷*Insolvenzen/Restrukturierungen* u. ▷*Kapitalmarktfragen*. Viel HV-Beratung, inkl. Anfechtungsklagen u. Spruchverfahren. Personelle Überschneidungen zum ▷*M&A-Team* u. zur ▷*Nachfolgepraxis*; zudem Notariat.
Mandate: Allianz zu Verfahren vor US-Behörden u. US-Zivilklagen (gesellschafts- u. kapitalmartkrecht., inkl. Compliance); Fortum zu Stabilisierung von Uniper; Frank Kebekus als Galapagos-Insolvenzverwalter (BGH-Verf.); 14 internat. Fonds bzgl. Adler-Group-Anleihen; Fresenius zu Neuausrichtung der FMC; Dt. Börse zum Übernahmeangebot für SimCorp; Octapharma zu Übernahmeangebot für SNP Schneider-Neureither u. Silver Lake für Software AG; Leoni zu Carve-outs u. StaruG-Verfahren; Axel Springer zu IPO-Vorbereitung von StepStone u. zu Anfechtungsklage des DWS; Apleona zum Zusammenschluss mit Gegenbauer; Ionos/United Internet im Pre-IPO; Messer zu Konzernstruktur u. JV Messer Industries; Cheplapharm-Aufsichtsrat zu mögl. IPO; lfd.: 1&1, Adidas, Dürr, Gerreseheimer, Grenke, Hella, K+S, Knorr-Bremse, Metro, Aufsichtsräte von Carl Zeiss, SAP u. Beiersdorf; HV-Mandate:Commerzbank, Epigenomics, Siemens Energy, Siemens Healthineers, Rheinland Holding, United Internet, Vitesco.

HENNERKES KIRCHDÖRFER & LORZ

Gesellschaftsrecht ★★

Bewertung: Die gesellschaftsrechtl. Erfahrung der Stuttgarter Sozietät ist häufig im Kontext von Unternehmensnachfolgen u. steuerl. Umstrukturierungen gefragt. Ihre Kernklientel sind mittlere u. gr. Familienunternehmen, bei denen das Kanzleiteam auch regelm. operative Beratungsaufga-

Anwaltszahlen: Angaben der Kanzleien, wie viele Anwälte zu mind. ca. 50 % in diesem Gebiet tätig sind. Sie spiegeln nicht zwingend die Gesamtgröße einer Kanzlei wider.

ben in Aufsichts-, Verwaltungs- u. Beiräten übernimmt.

Team: 12 Partner (inkl. 3 Steuerberater), 1 Counsel, 7 Associates

Schwerpunkte: Gesellschaftsrechtl. basierte ▷*Nachfolgeberatung* für inhabergeführte Unternehmen, inkl. Umstrukturierungen, Transaktionen u. Stiftungen.

Mandate: Ejot-Gruppe zu grenzüberschr. Verschmelzung u. SE-Gründung (33 Länder); organbez. Mandate u.a. bei Hager, Dussmann-Stiftung, DVAG, Bauerfeind, Uzin Utz, Theo Müller, Conrad, Kannegiesser, Talke, Handtmann.

HERBERT SMITH FREEHILLS

Gesellschaftsrecht ★★

Bewertung: Mit einer starken Präsenz in den Sektoren Infrastruktur u. Energie ist HSF gut aufgestellt, um bei der Konsolidierung der Branchen, die erhebl. gesellschaftsrechtl. Kapazitäten erfordern wird, eine wichtige Rolle zu spielen. Die Zahl der durch das Team beratenen Joint-Venture-Gründungen ist beeindruckend. Insbes. Nawroth erntete hier die Früchte jahrelanger Investitionen in diesem Bereich. Mit der Beförderung des jungen Partners Brandt schloss HSF zudem die Lücke an der Schnittstelle zum Kapitalmarktrecht. Becker verfügt über viel Erfahrung mit komplexen Vertragsverhandlungen, u. seine etablierten Beziehungen z.B. zur Lufthansa führen regelm. zu Mandaten.

Oft empfohlen: Dr. Sönke Becker, Dr. Christoph Nawroth, Dr. Julius Brandt („hervorragende Kombination aus breiter Sachkenntnis, starkem Business-Verständnis und Umsetzungsgeschwindigkeit", Mandant)

Team: 4 Partner, 4 Counsel, 10 Associates

Schwerpunkte: Industriemandanten in Düsseldorf, Kapitalmarktrecht und öffentl. Übernahmen in Frankfurt. Auch intensiv tätig in der ▷*Versicherungssparte*.

Mandate: Infravia bei Joint Venture für Glasfasernetz mit Liberty Global; BP bei Joint Venture für digitale Ladelösungen mit Daimler Mobility u. BMW; Learnd Ltd. bei Fusion mit GFJ ESG SPAC; Pacifico Energy Partners bei Joint Venture mit Eiffel Investment.

HEUKING KÜHN LÜER WOJTEK

Gesellschaftsrecht ★★★

Bewertung: Das Spektrum der gesellschaftsrechtl. Beratung ist groß, in dieser Hinsicht ähnelt HKLW bspw. Luther, die sich auch durch viel Erfahrung in der Beratung mittelständ. Unternehmen auszeichnet. Hier wie dort stehen lfd. Geschäft, die Beratung zu Joint Ventures u. einige Spezialthemen nebeneinander. Bekannt sind etwa die stabilen Kontakte von Partnern wie Urban zu Family Offices oder Konzernvorständen. Die erfolgreiche Praxis für das kapitalmarktrelevante Gesellschaftsrecht für Mittelständler hat im Kölner Büro ihren Schwerpunkt. Ins Auge fiel auch die verstärkte Beteiligung an grenzüberschreitenden Strukturmaßnahmen. Solche Mandate werden durch das von der Praxisleitung seit rund 3 Jahren geförderte vernetzte Arbeiten häufiger an HKLW herangetragen. Zugleich schafft es die Kanzlei mit ihrem Akzent auf unternehmer. Verantwortung der Anwälte, auch junge Partner hervorzubringen, die sich zunehmend Profil erarbeiten. Darunter sind auch einige, die Erfahrung aus internat. Kanzleien mitbringen.

Stärken: Anerkannte Prozess- u. Schiedspraxis (▷*Konfliktlösung*), sehr starke Beziehungen zu Familienunternehmen (▷*Nachfolge*).

Oft empfohlen: Dr. Andreas Urban („umgänglich, lösungsorientiert", Wettbewerber), Dr. Mirko Sickinger, Dr. Thorsten Kuthe („sehr gutes Verständnis für komplexe Verhältnisse, pragmatisch, viel Erfahrung", Mandant), Prof. Dr. Georg Streit (v.a. Restrukturierung), Dr. Pär Johansson, Dr. Mathias Schröder, Dr. Anne de Boer, Dr. Rainer Herschlein, Dr. Bodo Dehne

Team: 69 Eq.-Partner, 45 Sal.-Partner, 48 Associates, 1 of Counsel

Partnerwechsel: Dr. Dr. Johannes Blassl (von EY Law)

Schwerpunkte: Branchen: Technologie, Logistik, Fonds, Energie, Medien, Gesundheit, Immobilien. Stark in ▷*Insolvenz/Restrukturierung*, ▷*Private Equity u. Venture Capital*, aktienrechtl. Umstrukturierungen, Spruchstellenverfahren, Kapitalmaßnahmen.

Mandate: Elbstein bei öffentl. Übernahme von ERWE Immobilien; Aufsichtsrat von va-Q-tec zu Übernahmeangebot; Arbitrage Invest zu Reverse-IPO; Rheinenergie zu Beteiligungs-Joint-Venture mit Westenergie; Nordzucker zu Joint Venture mit Norddt. Flüssigzucker; ehem. VW-Vorstand M. Aksel bzgl. Vorstandsumbau; Edding zu Vorstandsbesetzung in Jobsharing; Appassionata im Nachgang zu Gesellschafterstreit; Cantourage u. EV Digital Invest jew. zu Umstrukturierung u. IPO; frz. Kfz-Zulieferer zu grenzüberschr. Formwechsel; Stagecoach bei Rückzug aus Dtl.; Seco Northern Europe zu Post-M&A-Umstrukturierung; chin. Unternehmen zu Gründung dt. Niederlassung; Projekte für Amadeus IT, Cultureespace, Groupe Sterne, Saraya; rund 40 HVen, u.a. 11 88 0 Solutions, Nordzucker, Jungheinrich, Bitcoin Group Datagroup, Helma Eigenheimbau, Medondo Holding, Stinag.

HEUSSEN

Gesellschaftsrecht ★

Bewertung: An versch. Standorten tätige Gesellschaftsrechtspraxis, v.a. in München u. Stuttgart. Nähere Informationen finden Sie in den Regionalkapiteln ▷*Süden* u. ▷*Südwesten*.

Team: 22 Partner, 4 Associates, 2 of Counsel

Partnerwechsel: Dr. Daniel Smyrek (von Alexander & Partner); Robert Heym (in eigene Kanzlei)

Schwerpunkte: Breite Praxis inkl. Prozessvertretung u. Beratung zu Nachfolgelösungen. Starke Verankerung bei mittelständ. Unternehmen sowie in den Branchen ▷*IT*, Energie u. Immobilien.

Mandate: Siehe Regionalkapitel.

HOFFMANN LIEBS

Gesellschaftsrecht ★★

Bewertung: Die Kanzlei hat gr. Erfahrung in der aktien- u. kapitalmarktrechtl. Dauerberatung u. insbes. bei Aktien- u. Anleiheemissionen von ganz unterschiedl. börsennot. Mandanten. Dieses Wissen nutzt die Kanzlei, um sich für gesellschaftsrechtl. Umstrukturierungen u. Rechtsformwechsel, aber auch für die Start-up-Szene zu empfehlen. Dabei gelingt es, das Full-Service-Beratungsangebot durch Hinzuziehen der Arbeits-, Insolvenz- oder Energierechtler auszunutzen.

Stärken: Kapitalmarktrecht.

Oft empfohlen: Norbert Bröcker, Andreas Hecker („kompetent, professionell, pragmatisch", Mandant)

Team: 7 Partner, 1 Counsel, 1 Associate, 3 of Counsel

Schwerpunkte: Vielfach HVen, Aktien- u. Kapitalmarktrecht sowie Konfliktlösung, Letztere vielfach auf der Führungskräfteebene. Häufig internat. Mandanten, v.a. mit asiat. Bezug; China-Desk.

Mandate: Paccor Packaging zu Beendigung eines internat. Joint Ventures u. Paccor Group lfd. gesellschaftsrechtl.; Rat für Nachhaltige Entwicklung zu Überarbeitung des Dt. Nachhaltigkeitskodexes; Stadtwerke Lemgo zu Projektierung eines Windparks; Scanblue, PNE u. Dt. Bestattungsvorsorge Treuhand gesellschaftsrechtl.; Technotrans zu lfd. Umstrukturierung u. HV; Start-up für digitale Kunst zu Joint Venture.

HOGAN LOVELLS

Gesellschaftsrecht ★★★★

Nach Redaktionsschluss wurde bekannt, dass zwei Energiespezialisten mit Team von Dentons wechseln.

Bewertung: Ein Markenzeichen der gesellschaftsrechtl. Praxis ist die Beratung bei ww. Umstrukturierungen, die von der dt. Praxis gesteuert wird. Die hohe Akzeptanz auf diesem Gebiet beruht u.a. auf einem marktführenden Projektmanagement u. techn. Unterstützung, aber auch auf einem ausgeprägten Industriefokus der einzelnen Partner. In den Bereichen ▷*Energie*, ▷*Versicherungen* u. Automotive ist HL marktführend. Der Branchenfokus bedeutet auch, dass die Partner bei großen Joint Ventures u. Zusammenschlüssen regelm. gesetzt sind. Die Arbeit von Rose bei der Fusion von Adva mit Adtran fand im Markt große Anerkennung. Die globale Präsenz der Kanzlei bedeutet, dass HL immer wieder bei komplexen Projekten für Industrieunternehmen gefragt ist, oft auch bei internat. Carve-outs, die einer Transaktion vorausgehen. Eine Reihe von Seniorpartnern, die die Speerspitze des Versuchs bildeten, die Position bei Vorständen und Aufsichtsräten hierzulande zu verbessern, wird kurz- bis mittelfristig altersbedingt ausscheiden. Da HL in diesem Bereich ohnehin untergewichtet ist, wird hier nachjustiert werden. Auch bei deutschen Familienunternehmen sind viele der großen Konkurrenten von HL im Vergleich besser positioniert.

Stärken: Tiefe Branchenkompetenzen in ▷*Versicherung*, ▷*Gesundheit*, ▷*Energie*, ▷*Finanzinstitute* u. ▷*Immobilien* sowie Chemie u. Automotive.

Oft empfohlen: Dr. Nikolas Zirngibl („herausragender Anwalt mit Tiefgang, bringt in komplexe und umfangreiche Mandate Struktur", Mandant), Dr. Lutz Angerer, Dr. Tim Brandi, Dr. Michael Rose („sehr intelligent u. ein Spitzenjurist", Wettbewerber), Dr. Christoph Louven („bei Versicherungen bestens verdrahtet", Wettbewerber), Matthias Hirschmann („unterhält eine breitere Praxis, als öffentl. bekannt ist, hat gute Verbindungen zu Familienunternehmen", Wettbewerber), Peter Huber, Dr. Andreas Meyer, Jens Uhlendorf, Prof. Dr. Michael Schlitt (öffentl. Übernahmen)

Team: Corporate insges.: 22 Partner, 12 Counsel, 40 Associates, 1 of Counsel

Partnerwechsel: Dr. Alexander Rieger (zu Latham & Watkins), Dr. Urszula Nartowska (zu Obi Group Holding)

Schwerpunkte: Starke grenzüberschr. Praxis. Umstrukturierungen, Joint-Venture-Verhandlungen sowie Organhaftungsfragen, v.a. im Automotive-, Konsumgüter-, Lifescience-, Energie- u. Technologiesektor. Schnittstelle zu ▷*Compliance* u. ▷*Konfliktlösung*.

Mandate: BASF, BMW, Mercedes-Benz u. 7 weitere Konzerne bei Gründung des Joint Ventures Cofinity-

Anwaltszahlen: Angaben der Kanzleien, wie viele Anwälte zu mind. ca. 50 % in diesem Gebiet tätig sind. Sie spiegeln nicht zwingend die Gesamtgröße einer Kanzlei wider.

X; Mercedes-Benz bei Kooperation mit Prologium zur Entwicklung von Feststoffbatteriezellen; Finanzagentur bei Veräußerung durch Wirtschaftsstabilisierungsfonds gehaltenen Aktienpaket an Lufthansa u. bei Abschluss einer Rückführungsvereinbarung mit TUI; va-Q-tec bei öffentl. Übernahmeangebot durch EQT; Greenvolt – Energias Renovaveis bei Joint Venture mit Nature Infrastructure Capital; Fresenius bei erster Aktiendividende; Adva Optical Networking bei Fusion mit Adtran; S&T bei öffentl. Teilangebot durch Grosso tec; Voxeljet bei Kapitalerhöhung; Storengy Dtl. bei Joint Venture mit CM Fluids; Barclays/Berenberg Gossler u. Dt. Bank bei Kapitalerhöhung von SFC Energy; Generali-Gruppe, Gothaer-Gruppe lfd.

HONERT

Gesellschaftsrecht ★★

Bewertung: Die Praxis zeichnet sich insbes. durch ihr Know-how an der Schnittstelle von gesellschafts- u. steuerrechtl. Beratung aus. Hier ist es v.a. das Münchner Büro, das im gesellschaftsrechtl. Beratungssegment auffällt. Zum Beratungsangebot gehört die Begleitung von HVen ebenso wie die von Umstrukturierungen. Daneben ist Honert regelm. bei Nachfolgethemen gefragt. Mit der Ernennung eines Partners im Bereich Gesellschaftsrecht/M&A setzt die Kanzlei ihre Strategie, junge Anwälte nach vorne zu bringen, konsequent fort.

Stärken: Kombination von Gesellschafts- u. Steuerrecht.

Oft empfohlen: Dr. Jochen Neumayer („sachorientiert, pragmatisch mit bewundernswerter Analyseschärfe", Wettbewerber), Dr. Jürgen Honert, Sven Fritsche, Dr. Peter Slabschi, Prof. Dr. Thomas Grädler („hervorragende fachl. Qualifikation u. überragendes wirtschaftl. Verständnis", Wettbewerber)

Team: 12 Eq.-Partner, 2 Sal.-Partner, 13 Associates

Schwerpunkte: Eignergeführte Unternehmen, daneben Family Offices, in München auch börsennot. Gesellschaften; Nachfolgegestaltungen u. Prozesse.

Mandate: Bauträgerunternehmen zu Implementierung von Holdingstruktur; börsennot. Finanzdienstleister im Zshg. mit Debt-to-Equity-Swap; Geschäftsführer von Start-up im Zshg. mit mögl. Schadensersatzansprüchen der Gesellschaft gg. Geschäftsführer u. Ausscheiden als Minderheitsgesellschafter; börsennot. IT-Unternehmen zu Kapitalerhöhung, Aktionärsvereinbarung u. HV. Lfd.: Aeditive, Snowflake Ventures.

HUTH DIETRICH HAHN

Gesellschaftsrecht ★★

Bewertung: Die Gesellschaftsrechtspraxis der Hamburger Traditionskanzlei berät norddt. u. überreg. Stammmandanten im lfd. Geschäft, darunter auch die börsennot. Aves One. Ein weiteres Standbein der Praxis bilden Fragen zur Vorstands- und Geschäftsführerhaftung.

Stärken: Enge Kombination von Gesellschafts- und Handelsrecht.

Oft empfohlen: Dr. Sebastian Kühl („stark in Verhandlungen", Wettbewerber), Oliver Förster („sehr kompetent und erfahren in der Organhaftung", Wettbewerber)

Team: 7 Partner, 3 Associates

Schwerpunkte: Lfd. Beratung von mittelständ., teils familiengeführten Unternehmen. Regelm. auch mit Bezug zu ▷*Immobilien* u. Transaktionen. Zudem Vertretung in streitigen Fällen.

Mandate: Maltes. Unternehmen bei Formwechsel in dt. GmbH; Unternehmer Jörn Reinicke zu div. Beteiligungen; Erik Bischoff in Auseinandersetzung bzgl. Beteiligung an Germania; norddt. Stromnetzbetreiber bei interner Untersuchung; Lfd.: Aves One u. Tochtergesellschaften, Appinio, Engel & Völkers Capital, EV Venture Management.

K&L GATES

Gesellschaftsrecht ★★

Bewertung: Der starke Branchenfokus mit einem Schwerpunkt auf der Automobilindustrie zeichnet die gesellschaftsrechtl. Praxis aus. Die Arbeit von Ortner bei der Abwicklung des Argo-Joint-Ventures für autonomes Fahren zwischen Ford u. VW zeigt dies eindrücklich. Im Markt hinterlässt das relativ kl. Team bei der klass. gesellschaftsrechtl. Beratung nur einen schwachen Fußabdruck, nicht zuletzt, weil der Fokus der Kanzlei auf dem ▷*M&A*-Segment liegt. Ein erfahrenes Kapitalmarkt- u. ein Restrukturierungsteam in Frankfurt verleihen der Praxis jedoch mehr Tiefe, als viele Wettbewerber mit einer ähnl. großen Praxis vorweisen können.

Oft empfohlen: Boris Kläsener, Dr. Thomas Lappe, Dr. Martina Ortner, Alexander Kollmorgen („exzellente, langjährige Beratung in allen Fragen des Gesellschaftsrechts", Mandant)

Team: 7 Partner, 5 Sal.-Partner, 2 Counsel, 6 Associates

Schwerpunkte: Internat. aufgestellte Praxis mit Fokus auf dem gehobenen Mittelstand, auch für dt. Konzerne tätig.

Mandate: Lfd.: Argo AI, Exasol, Industrie Saleri Italo, Koenig & Bauer, MotorK Italia, Veganz Group, Zeal Network inkl. öffentl. Aktienrückkaufangebot. Aufsichträte: VTG, Francotyp Postalia Holding.

JONES DAY

Gesellschaftsrecht ★★★

Bewertung: Die gesellschaftsrechtl. Arbeit der US-Kanzlei ist weiterhin zu einem guten Teil transaktionsgetrieben, nicht zuletzt wg. der personellen Überschneidung zu den entsprechenden Praxen. Häufig war das Know-how der Praxis daher bei Carve-outs im Vorfeld von Transaktionen gefragt. Ein prominentes Bsp. ist die Begleitung von Sanofi beim Herauslösen eines Geschäftsbereichs einschl. anschließender Börsennotierung in Paris. Hier agierten die dt. Anwälte im Schulterschluss mit ihren frz. Kollegen. Dass JD aber auch bei der Strukturierung von Mitarbeiterbeteiligungsprogrammen, Strukturmaßnahmen u. der Beratung von Organen zu Corporate Governance u. an der Schnittstelle zu Compliance zum Zuge kommt, zeigt, dass die Kanzlei auch bei Themen, die über die transaktionsnahe Beratung hinausreichen, das Vertrauen ihrer Mandanten genießt. Zuletzt verstärkte sich die Kanzlei am Münchner Standort mit einem Partner, der neben Transaktionen auch zu Joint-Venture-Gründungen u. Reorganisationen berät.

Oft empfohlen: Ansgar Rempp

Team: 13 Partner, 2 Counsel, 12 Associates, 5 of Counsel

Partnerwechsel: Dr. Michael Bartosch (von Baker McKenzie)

Schwerpunkte: Beratung von Töchtern internat. Unternehmen in Dtl., oft im Umfeld von Transaktionen u. öffentl. Übernahmen (▷*M&A*). Zusätzl. auch dt. Mittelstandsunternehmen, u.a. zu Strukturen u. Organhaftung. Aktive Praxis im ▷*Venture Capital*).

Mandate: FCA Bank zu Verschmelzung von Töchtern; Hynamics SAS gesellschaftsrechtl. im Zshg. mit Umsetzung von Wasserstoffprojekt u. zu Gründung von Joint Venture zur Herstellung von grünem Wasserstoff; LyondellBasell zu Gründung von Joint Venture für nachhaltige Recyclinganlage mit 23 Oaks Investments; Sanofi zu Carve-out von Geschäftsbereich u. börsennot. in Frankreich.

KAPELLMANN UND PARTNER

Gesellschaftsrecht ★★

Bewertung: Die gesellschaftsrechtl. Praxis der Kanzlei etabliert sich immer besser u. wartet inzw. mit erfahrenen Partnern in D'dorf u. Hamburg auf. Zwar oft aus dem Schatten der dominierenden Immobilienpraxis heraus agierend, zeigt sich in der Mandatsstruktur dennoch eine bemerkenswerte Vielfalt, die von Streitigkeiten bis zu Restrukturierungen u. aktienrechtl. Fragen reicht. Joint-Venture-Lösungen sind zunehmend auch in der Kernbranche von KuP gesucht, sodass Verweismandate häufiger werden. Gerade im Zusammenspiel unterschiedl. Praxen liegt jedoch nach wie vor Potenzial, das sich mit der deutl. vergrößerten Associate-Mannschaft womögl. leichter heben lässt.

Oft empfohlen: Dr. Thomas Bunz („breites Wissen, sehr angenehme Umgangsformen", Wettbewerber), Dr. Christoph Carstens („präzise und vorausschauend", „guter Verhandler, behält immer einen ruhigen Kopf", Wettbewerber)

Team: 4 Eq.-Partner, 4 Sal.-Partner, 6 Associates

Schwerpunkte: Umstrukturierungen, Umwandlungen, Joint Ventures (v.a. im Ausland) sowie Gesellschafterstreit, Organhaftung u. Transaktionen ▷*M&A*, auch Stiftungen.

Mandate: Infrastrukturdienstleister bei grenzüberschr. Restrukturierung; US-Immobilienunternehmen zur Umstrukturierung der europ. Konzernfinanzierung; Investor bei Strukturierung einer Investmentgesellschaft zum Bau eines Surfparks; Schweizer PE-Investor bei Restrukturierung 2er Immoblien-Joint-Ventures; dt. Projektentwickler in Gesellschafterstreit in Dtl., NL u. Israel; europ. Zahlungsdienstleister bei JV; Grieger bei Verschmelzung einer Schwestergesellschaft; IT-Start-up bei JV-Gründung für Vermittlung neuartiger Finanzdienstleistungen für den internat. Handel; Gladbacher Bank lfd. aktienrechtl., inkl. HV; lfd. Tecklenburg, Flughafen D'dorf.

KING & WOOD MALLESONS

Gesellschaftsrecht ★

Bewertung: Gesellschaftsrechtspraxis aus Frankfurt, die v.a. für die Beratung von asiat. Unternehmen in Europa bekannt ist. Trotz Erfahrung im Aktien- u. Kapitalmarktrecht bleibt die Praxis zum gr. Teil transaktionsgetrieben.

Team: 5 Partner, 3 Counsel, 5 Associates

Schwerpunkte: Beratung ostasiat. (v.a. chin.) Investoren in Dtl., Portfoliounternehmen von ▷*Private-Equity*-Häusern u. dt. Familienunternehmen.

Mandate: Lfd.: Argos Wityu u. Portfoliounternehmen, BAIC Group, China Pingmei Shenma Energy Chemical Group, Finance in Motion, Neumonda.

KIRKLAND & ELLIS

Gesellschaftsrecht ★★

Bewertung: Die Stärke der US-Kanzlei liegt in erster Linie in ihrer transaktionsorientierten Praxis, die bei der Beratung bei öffentl. Übernahmen zu den Marktführerinnen gehört. Entsprechend stark

Anwaltszahlen: Angaben der Kanzleien, wie viele Anwälte zu mind. ca. 50% in diesem Gebiet tätig sind. Sie spiegeln nicht zwingend die Gesamtgröße einer Kanzlei wider.

ist die Arbeit an der Schnittstelle zwischen Gesellschafts- u. Kapitalmarktrecht. Der Aufschwung der Restrukturierungsarbeit dürfte aber auch ein weitaus stärkeres Engagement in komplexen gesellschaftsrechtl. Mandaten nach sich ziehen.
Oft empfohlen: Dr. Achim Herfs, Dr. Anna Schwander („zupackend und lösungsorientiert", Wettbewerber), Dr. Benjamin Leyendecker („erfahrener Kollege, vertrauensvoller Umgang", Wettbewerber; v.a. öffentl. Übernahmen)
Team: 4 Eq.-Partner, 5 Sal.-Partner, 15 Associates
Schwerpunkte: Börsennot. Unternehmen, inkl. Organhaftung, Kapitalmarktrecht. Oft transaktionsbez. Gesellschaftsrecht wie Übernahmerecht (▷*M&A*). Zudem starke ▷*Insolvenz- u. Restrukturierungspraxis*.
Mandate: Gepl. Übernahmetransaktionen u.a. für CVC, Apax, Thoma Bravo, Bain Capital, Blackstone, Bridgepoint, Cinven.

KPMG LAW

Gesellschaftsrecht ★★

Bewertung: Die gesellschaftsrechtl. Praxis der Big-Four-Kanzlei hat sich immer besser etabliert. Dies belegt nicht zuletzt die Veränderung des Mandantenkreises. Urspr. mittelständ. orientiert, wuchs der Anteil an Dax-Konzernen, die bspw. bei der Implementierung von Matrixstrukturen oder der Reorganisationen auf Partner Suchan setzen. Die Themenpalette, die die Praxis für ihre Mandanten vorhält, umfasst Organberatung, auch im Zshg. mit öffentl. Übernahmen wie bei der Degussa Bank, ebenso wie (grenzüberschr.) Verschmelzungen oder Compliance- u. Corporate-Governance-Themen. In München verstärkte sich die Praxis mit einer Kapitalmarktrechtlerin von Hengeler Mueller.
Stärken: Grenzüberschr. Umstrukturierungen.
Oft empfohlen: Dr. Nikolaus Manthey („exzellenter Jurist u. sehr engagiert", Wettbewerber), Dr. Matthias Aldejohann („sehr kompetent", Wettbewerber), Dr. Stefan Suchan, Dr. Dr. Boris Schilmar, Dr. Daniel Kaut
Team: Corporate insges.: 17 Eq.-Partner, 20 Sal.-Partner, 31 Associates
Partnerwechsel: Dr. Lisa Kopp (von Hengeler Mueller); Dr. Andreas Vath (zu Luther)
Schwerpunkte: Zusammenarbeit mit KPMG-WP u. StB bei großen, oft steuergetriebenen, grenzüberschr. Umstrukturierungen, Eigengeschäft v.a. für dt. Mittelstand, zunehmend auch Großunternehmen.
Mandate: Dax-Unternehmen zu Umstrukturierung von Konzerngruppe; 2 Dax-Unternehmen zu Einführung von Matrixstruktur; Degussa Bank bei Vorstands- und Aufsichtsratssitzungen im Zshg. mit Übernahme durch die Oldenburg. Landesbank u. Monitoring des Informationsaustauschs zwischen Degussa Bank u. OLB; Stiftung wg. Compliance-Vorfall betreffend Organ einer Tochtergesellschaft; Tengelmann konzernrechtl. einschl. Corporate Governance; Marc O'Polo zu Umwandlung der Konzernholding in SE; Hitachi zu grenzüberschr. Umstrukturierung; Hawe Hydraulik zu Mitarbeiterbeteiligungsprogramm.

KÜMMERLEIN

Gesellschaftsrecht ★★

Bewertung: Bei zahlr. größeren Mittelständlern geht die Vertrauensstellung der Partner so weit, dass sie nicht nur als Gesellschaftsrechtler, sondern auch als Struktur- u. Strategieberater gefragt sind. Eher nebenbei bewältigt die Kanzlei einen Generationswechsel, der zunächst v.a. den Corporate-Bereich betrifft u. etl. Ernennungen für eine weitere Verjüngung der Partnerriege mit sich brachte. Neben dem starken Notariat als Kontaktebasis setzen die Partner mehr auf branchen- oder themenbez. Interdisziplinarität, etwa im Immobiliensektor oder für die Themen ESG u. Konfliktlösung. Auf den Beratungsfeldern Gesundheitswesen u. Energie ist diese engere Vernetzung für den Corporate-Bereich bereits fruchtbar geworden.
Stärken: Umstrukturierungen. Angesehenes ▷*Notariat*.
Oft empfohlen: Dr. Ulrich Irriger, Dr. Joachim Gores, Dr. Christian Löhr
Team: Corporate insges.: 20 Partner, 1 Counsel, 6 Associates
Partnerwechsel: Michael Schacke (Ruhestand)
Schwerpunkte: Umstrukturierungen, Formwechsel, Nachfolgeregelungen, Konzern- u. Aktienrecht, Joint Ventures; aktives ▷*M&A*-Geschäft. Jahrzehntelange Beratung einiger Ruhrkonzerne, inkl. HV. Auch gesellschaftsrechtl. Prozesse u. D&O-Fälle.
Mandate: Novum Capital zu Überführung der MMC-Gruppe in einen Continuation Fund; Sparkassen-‚Südwestkonsortium' bei Due Diligence zu Einstieg bei TransnetBW; RAG bei abgewehrter Post-M&A-Klage von LMT; Alexanderwerk gesellschafts- u. kapitalmarktrechtl.; Cloppenburg-Beteiligung zu Vergleich in Post-M&A-Streit; Kruse-Gruppe, Märk. Gesundheitsholding, Paul Pleiger Maschinenfabrik lfd.; Dt. Triathlon Union zu Sponsoringverträgen mit Suzuki u. Hamburg Wasser.

LATHAM & WATKINS

Gesellschaftsrecht ★★★★

Bewertung: Auch abseits der transaktionsbegleitenden gesellschaftsrechtl. Beratung – bspw. zu Carve-outs oder anderen Transaktionen vor- oder nachgelagerter Strukturmaßnahmen – zeigt sich die Praxis als engagierter Akteur. Dies ist auch auf eine immer breitere Riege von Partnern zurückzuführen, aus der insbes. wg. der Fülle der von ihnen betreuten Mandate v.a. Paschos u. Schneider herausstechen. Larisch wiederum ist wg. seines anerkannten Know-hows im Energiesektor bei Unternehmen wie RWE gefragt, berät aber auch in anderen Branchen, wie die Arbeit für den ADAC belegt. Daneben gewinnen auch jüngere Partner wie Gotsche Profil, u. mehrere Counsel, die regelm. an der Seite der Partner auftreten, werden von Wettbewerbern lobend hervorgehoben. Beachtl. ist auch, dass es L&W gelingt, den Kreis namh. Mandanten stetig zu erweitern. So setzte bspw. Dax-Schwergewicht Munich Re erstmals abseits der lfd. gesellschaftsrechtl. Beratung auf die Kanzlei u. ließ sich bei der Gründung eines mrd-schweren Joint Ventures unterstützen.
Stärken: Internat. Aufstellung, ausgeprägte Branchenfokussierung einzelner Partner (z.B. Gesundheitswesen, Finanzdienstleister). Hervorrag. ▷*Private-Equity-*, ▷*Insolvenz- u. Restrukturierungspraxis*.
Oft empfohlen: Dr. Henning Schneider, Dr. Nikolaos Paschos, Dr. Rainer Traugott, Dr. Tobias Larisch („smart u. lösungsorientiert", Wettbewerber), Dr. Ingo Strauss, Dr. Heiko Gotsche („top Qualität u. sehr belastbar", Wettbewerber über beide), Frank Grell („begnadeter Jurist u. Taktiker", Wettbewerber), Dr. Alexander Rieger
Team: 13 Partner, 4 Counsel, 24 Associates
Partnerwechsel: Dr. Alexander Rieger (von Hogan Lovells), Dr. Stefan Widder (zu Gleiss Lutz)
Schwerpunkte: Umstrukturierungen, Formwechsel, Carve-outs, Kooperationen u.a. Projekte sowie lfd. Beratung (auch HVen) für Großkonzerne. Lfd. Beratung für Portfoliounternehmen von Private-Equity-Gesellschaften in beträchtl. Umfang.
Mandate: RWE u. RWE Power umf. gesellschaftsrechtl.; Munich Re gesellschaftsrechtl. u. zu Gründung von Joint Venture zw. Tochter Meag Munich Ergo u. Tochter von Hannover Rück; Bio-Rad aktien- und kapitalmarktrechtl. im Zshg. mit Beteiligung an Sartorius; Vorstand DAK Gesundheit zu strateg. Projekten; Dr. August Oetker gesellschaftsrechtl., u.a. im Zshg. mit Verkauf von Bankhaus Lampe; GIP u. KKR zu Gründung von Joint Venture mit Vodafone; Teamviewer gesellschaftsrechtl., zu Aktienrückkaufprogramm u. zu SE-Umwandlung. Lfd.: ADAC, BayWa, Stadt HH, HSV.

LAWENTUS

Gesellschaftsrecht ★

Bewertung: Die Hamburger Corporate-Boutique besticht durch ihre sehr breite gesellschaftsrechtl. Beratung, die von Corporate Housekeeping über Transaktionen bis hin zu Unternehmensnachfolgen – bes. Verkäufe an Finanzinvestoren – reicht. Letzteres bescherte den Anwälten zuletzt eine Reihe neuer Mandate, ebenso wie die Prozessvertretung. Vor Gericht treten regelm. die mittlerw. erfahrenen Associates auf, die zunehmend auch die Federführung in Mandaten übernehmen. Ein weiteres wichtiges Standbein ist die Insolvenz- u. Sanierungsberatung. Diese war zuletzt häufig von Start-ups gefragt.
Team: 2 Partner, 3 Associates
Schwerpunkte: Beratung oft mit Restrukturierungsbezug. Auch Transaktionen, Prozesse u. Vertragsgestaltung.
Mandate: HES Wilhelmshaven Tankterminal bei Corporate Housekeeping; Kapitalgesellschaft aus dem Bereich Energieversorgung bei Gesellschafterstreit; 90seven-Gruppe insolvenz- u. sanierungsrechtl.; Holoplot insolvenzrechtl. u. bei Neustrukturierung; Brand Trading bei Kooperation mit einem Family Office; Human Med bei Verkauf an PE-Investor.

LEO SCHMIDT-HOLLBURG WITTE & FRANK

Gesellschaftsrecht ★★

Bewertung: Die kleine, aber etablierte Gesellschaftsrechtspraxis aus Hamburg beriet bspw. den dän. Logistikriesen DSV in einer Post-Closing-Umstrukturierung, vertritt aber auch regelm. umf. in Konfliktsituationen. Auf die breite Erfahrung ihrer Partner greifen auch Gesellschafter ortsansässiger Sozietäten zurück.
Oft empfohlen: Dr. Thorben Rein, Dr. Tom Frank („fachlich sehr gut; hands-on bei der Entwicklung pragmatischer Lösungen im Sinne der Mandanten", Wettbewerber über beide), Hubertus Leo („exzellenter, vorausblickender und sehr erfahrener Transaktionsanwalt", Wettbewerber)
Team: 4 Partner, 1 Counsel, 1 Associate
Schwerpunkte: Lfd. Beratung einer Reihe meist norddt. Unternehmen und Privatpersonen. Auch ▷*M&A*, Private Equity u. Venture Capital sowie gesellschaftsrechtl. Prozesse.
Mandate: DSV-Konzern in Post-Closing-Umstrukturierung der Gruppe nach Erwerb der Panalpina (betr. 10 Gesellschaften); Vivum zu Besicherung von Immobilienprojekten; Pharmazutatenhändler

Anwaltszahlen: Angaben der Kanzleien, wie viele Anwälte zu mind. ca. 50% in diesem Gebiet tätig sind. Sie spiegeln nicht zwingend die Gesamtgröße einer Kanzlei wider.

zu HV u. Anfechtungsklagen; Immobilienunternehmen in gesellschaftsrechtl. Streit; Gründer einer HHer Kanzlei in Auseinandersetzung; lfd.: Zertus, Adolf Nissen.

LINDENPARTNERS

Gesellschaftsrecht ★★

Bewertung: Die Berliner Sozietät bietet gesellschaftsrechtl. Kompetenz eng verknüpft mit ▷*ESG-Beratung* und finanzierungsrechtl. Know-how. Auf das Team setzen Berlinovo und die Trading Hub Europe schon langjährig u. zuletzt auch das Farming-Start-up Harvest AI sowie der internat. Investor VC Alpha bei einem komplexen Gesellschafterstreit.

Oft empfohlen: Dr. Tobias de Raet („Senkrechtstarter im Berliner Markt, bedenkenlose Empfehlung", „breites Wissen im Gesellschaftsrecht", Wettbewerber), Dr. Frhr. Alexander von Rummel („hohe Fachkompetenz, vielseitig", Wettbewerber)

Team: 5 Partner, 5 Associates

Schwerpunkte: Lfd. Beratung von mittelständ. u. internat. Unternehmen, auch Erfahrung mit Start-ups. Regelm. Restrukturierungen u. Kapitalmarktrecht; starker prozessrechtl. Einschlag u. steuerrechtl. Kompetenz.

Mandate: Berlinovo zu Formwechsel, Satzungsänderungen, Schuldscheindarlehen u. Verschmelzungen; Cool Planet Technologies bei Markteintritt; E-Commerce-Unternehmen im Aktienrecht; Aufsichtsrat der Fernheizwerk Neukölln AG bzgl. Organhaftung; JPT Group zu Managementbeteiligung u. Kapitalerhöhung; VC Alpha u. Agua in Gesellschafterstreit; Berliner Unternehmen in Schadensersatzklage gg. Steuerberater; lfd.: Harvest AI, Urban Sports.

LINKLATERS

Gesellschaftsrecht ★★★★★

Bewertung: Linklaters hat in den letzten Jahren bei einer beispiellosen Anzahl u. in beachtl. Bandbreite wichtige Strukturmaßnahmen in der dt. Wirtschaft beraten. Ihr Marktanteil im Vergleich zu den Hauptwettbewerbern ist bemerkenswert. Ob es nun die Arbeit für Porsche, VW, E.on oder Thyssenkrupp ist, meist liegt der Ursprung in der außergewöhnl. Praxis u. Wollburgs Ruf. Dieses Jahr war er nicht nur bei börsennot. Konzernen gefragt, sondern spielte auch die wesentl. Rolle bei der Umstrukturierung von Aldi. Diese starke Fokussierung auf seine Person könnte eine inhärente Schwäche der Praxis sein, doch gibt es Entwicklungen, die diesen Befürchtungen entgegenwirken: So war die enge Verzahnung mit der von Carbonare geleiteten ECM-Praxis entscheidend für den Erfolg des Mammutbörsengangs von Porsche u. den Gewinn von Lufthansa als Mandantin bei einer gr. Abspaltung. Linklaters verfügt damit über eine Kombination, bei der nur Freshfields eine ernsthafte Konkurrenz darstellt. Zudem weist die dt. Praxis heute eine vergleichbare Profitabilität wie der Rest der ww. Praxis auf, sodass frühere Vorwürfe im Markt, Linklaters käme auch mit aggressiver Preisgestaltung in attraktive Mandate, nicht mehr haltbar sind. Dies wiederum ist nicht zuletzt auf eine viel stärkere Mandatsverteilung u. Zusammenarbeit zwischen den Partnern zurückzuführen, die früher individualistischer agierten. Auch auf internationaler Ebene, wo Klaaßen-Kaiser eine wichtige europ. Rolle innehat, hat sich die Integration deutl. verbessert, wie die Arbeit für die geplanten EY-Aufspaltung zeigte. Im neuen Managementteam verkörpert Johannsen-Roth zudem einen zupackenderen Ansatz als in der Vergangenheit. Damit ist Linklaters auf dem Weg, das Beste aus den Stärken der Praxis herauszuholen u. die übermäßige Abhängigkeit genau von diesen Stärken abzubauen.

Stärken: Hochkarätiges Konzern- u. Aktienrecht; Vernetzung bei führenden Vorständen u. Aufsichtsräten; fachübergr. Verknüpfung insbes. zu Finanzierungen u. Steuern.

Oft empfohlen: Dr. Hans-Ulrich Wilsing („bester Gegner, den ich erlebt habe", Wettbewerber), Dr. Ralph Wollburg („beispiellose Überzeugungskraft, erste Wahl für Vorstands- und Aufsichtsratsthemen", „sehr sicheres Judiz und Gespür für Kommunikation", Mandanten), Dr. Tim Johannsen-Roth („ausgezeichnete Aktienrechtler", Wettbewerber), Staffan Illert („exzellent, jetzt einer der führenden Anwälte bei Linklaters", Wettbewerber), Achim Kirchfeld („beeindruckende Kompetenz", Wettbewerber), Dr. Wolfgang Krauel („exzellenter Anwalt, Top-Verhandler, hervorragende Fachkenntnisse, sehr angenehme Zusammenarbeit", Mandant), Ulrich Wolff, Stephan Oppenhoff („herausragender Übernahmerechtler", Wettbewerber), Dr. Thomas Nießen, Kristina Klaaßen-Kaiser („sehr gut und umgänglich, hat einen tollen Job gemacht bei den Vodafone-Vantage-Deals", Wettbewerber), Dr. Marco Carbonare („der Star der letzten 2 Jahre", Wettbewerber), Dirk Horcher („jetzt schon besonders erfahren in Public M&A", Wettbewerber), Claudia Schneider („geschickte und ergebnisorientierte Verhandlungsführung", Wettbewerber), Dr. Jochen Laufersweiler („hervorragende Mandantenbetreuung inhaltlich, wie prozessual", Wettbewerber), Dr. Klaus von der Linden („es macht große Freude, mit ihm zu arbeiten, tief rechtlich drin, ein echter HV-Experte", Wettbewerber)

Team: 27 Partner, 15 Counsel, 83 Associates, 2 of Counsel

Schwerpunkte: Aktien- u. Konzernrecht in D'dorf u. Frankfurt (Formwechsel, HVen), regulierte Branchen in Berlin. Oft im Zshg. mit Transaktionen (▷*Insolvenz/Restrukturierung* u. ▷*M&A*) sowie Finanzsektor (▷*Anleihen*/▷*Bankrecht u. -aufsicht*). Beratung von Vorständen bei Organklagen (▷*Konfliktlösung*) u. Joint Ventures.

Mandate: Volkswagen bei Börsengang von 25% der Porsche AG u. bei Verteidigung gg. Sonderprüfungsantrag; Jakobus-Stiftung bei Reorganisation von Aldi Nord mit neuer Konzern- und Stiftungsstruktur; Uniper bei Rettungspaket durch Bund über Eigenkapitalmaßnahmen; Fresenius bei Dekonsolidierung von Fresenius Medical Care u. AG-Formwechsel; Porsche AG bei wesentl. Fragen der Dieselthematik, Compliance und HV; Vodafone Group bei strateg. Partnerschaft mit GIP u. KKR für Vantage Towers; E.on bei versch. Streitigkeiten, im Nachgang zu Innogy-Ubernahme u. bei HV; Thyssenkrupp bei mögl. Verselbstständigung der Stahlsparte u Abspaltung von Nucera; Audi bei Einstieg in die Formel 1 u. der Auswahl des strateg. Partners; Daimler bei Spin-off der Mehrheit an Daimler Truck; EY bei mögl. Aufspaltung in Prüfungs- und Beratungsgeschäft (aus dem Markt bekannt); BP Europe bei Umstrukturierung zu SE; lfd.: Dt.-Bank-Aufsichtsrat u. HV, Dt. Börse.

LLR LEGERLOTZ LASCHET UND PARTNER

Gesellschaftsrecht ★

Bewertung: Gesellschaftsrechtspraxis aus Köln. Nähere Informationen finden Sie im Regionalkapitel ▷*Westen*.

Team: 3 Eq.-Partner, 1 Sal.-Partner, 1 Associate, 1 of Counsel

Schwerpunkte: Beratung an der Schnittstelle zum Aktien- u. Kapitalmarktrecht, inkl. HVen.

Mandate: Siehe Regionalkapitel.

LMPS VON LAER MEYER PAUL STUTTMANN

Gesellschaftsrecht ★★

Bewertung: Mit ihrer Erfahrung im Aktien-, Konzern- u. Gesellschaftsrecht hat sich die D'dorfer Boutique schneller als andere Spin-off-Kanzleien profiliert. Die streitige Praxis hat im vergangenen Jahr an Bedeutung gewonnen, die meisten Partner sind inzw. dort aktiv. Die Fähigkeit, Vorstände und Aufsichtsräte bei komplexen Sachverhalten zu einem anderen Preis als Top-Corporate-Praxen zu beraten, bleibt eine höchst attraktive Eigenschaft, ebenso wie die tiefe Verwurzelung im VC-finanzierten Umfeld, wo LMPS bei einer Reihe von Pre-IPO-Mandaten eingeschaltet wurde.

Oft empfohlen: Dr. Daniel Meyer („brillanter Jurist mit treffsicherem Blick für wirtschaftl. Zusammenhänge", Wettbewerber), Dr. Carsten Paul („ausgesprochen strukturierter und lösungsorientierter Denker, dem kein relevantes Detail entgeht", Wettbewerber), Dr. Hubertus Stuttmann („hohe fachl. Kompetenz", Wettbewerber), Dr. Eva Georg („sehr kluge Anwältin; gr. Verstärkung für die Kanzlei", „absolute Restrukturierungsexpertin", Wettbewerber)

Team: 4 Eq.-Partner, 1 Sal.-Partner

Schwerpunkte: Konzern-, aktien- u. kapitalmarktrechtl. Beratung von Großunternehmen, Organberatung u. gesellschaftsrechtl. Prozesse. Auch Post-M&A-Arbeit. Auch ▷*M&A*.

Mandate: Hugo Boss, auch Vorstands- und Aufsichtsratsthemen; Gesco lfd., inkl. HV; Lang-&-Schwarz-Aufsichtsrat, inkl. Vorstandswechsel; Philomaxcap, inkl. HV u. Abwehr von Anfechtungs- und Nichtigkeitsklagen; EWL-Gruppe bei dt. Markteintritt; 1komma5 bei mögl. künftigen Börsengang. Auch lfd. Indus Holding, Aristra-Gruppe, Pantera.

LOSCHELDER

Gesellschaftsrecht ★

Bewertung: Gesellschaftsrechtspraxis aus Köln. Nähere Informationen finden Sie im Regionalkapitel ▷*Westen*.

Team: 7 Eq.-Partner, 1 Sal.-Partner, 7 Associates

Schwerpunkte: Umstrukturierungen u. Beteiligungen, v.a. im Mittelstand u. für Konzerntöchter, teils mit Bezug zu Nachfolgegestaltung. Auch gesellschafts- u. aktienrechtl. Streitigkeiten, einschl. Organhaftung.

Mandate: Siehe Regionalkapitel.

LUPP + PARTNER

Gesellschaftsrecht ★★

Bewertung: Die ausgeprägte Fokussierung auf Transaktionen drückt der gesellschaftsrechtl. Arbeit der mittelständ. Kanzlei eine Prägung auf Pre- u. Post-M&A-Beratung auf. Zuletzt verstärkte L+P aber auch ihr Engagement im klass. Gesellschaftsrecht, indem sie Kontakte zu führenden Unternehmerfamilien knüpfte.

Oft empfohlen: Dr. Dirk Reidenbach („juristisch hervorragend, mit dem Blick für praktische Fragen", Mandant), Dr. Nikolaus Schrader

Team: Corporate insges.: 10 Eq.-Partner, 2 Sal.-Partner, 6 Counsel, 19 Associates

Anwaltszahlen: Angaben der Kanzleien, wie viele Anwälte zu mind. ca. 50% in diesem Gebiet tätig sind. Sie spiegeln nicht zwingend die Gesamtgröße einer Kanzlei wider.

Schwerpunkte: Transaktionsbez. Gesellschaftsrecht, Beratung von Familienunternehmen bei unterschied. Strukturmaßnahmen.
Mandate: Gesellschafter von Burmester, Duncker & Joly bei Zusammenschluss der BDJ-Gruppe mit der GGW-Gruppe.

LUTHER

Gesellschaftsrecht ★★★

Bewertung: Erneut ist es die Erfahrung mit Umstrukturierungen u. der Gestaltung von Joint Ventures, oft mit grenzüberschreitender Perspektive, die die Gesellschaftsrechtspraxis hervorstechen lässt. Hier sind langj. Mandanten wie Atlas Copco, Warsteiner oder Ottobock ebenso zu nennen wie Energiekonzerne u. andere Unternehmen, die mit Blick auf klimaschutzrelevante Initiativen Kooperationen aufbauen. Luther punktet dabei neben ihrer gesellschaftsrechtl. Erfahrung auch mit der Einbindung der versierten Teams aus Arbeits- oder Kartellrechtlern. In solchen Projekten sind auch regelm. jüngere Gesellschaftsrechtler dabei, Profil zu entwickeln, sodass der mittelfristig anstehende Generationswechsel keine Drohkulisse bildet. Gut zu tun hatte auch die VC-Praxis, die Luther in den vergangenen Jahren schrittweise aufgebaut hat u. die inzw. an mehreren Standorten mit aktiven Teams vertreten ist.
Stärken: Viel Erfahrung in den Branchen Energie u. Gesundheit. Tiefe Wurzeln im Mittelstand.
Oft empfohlen: Dr. Stefan Galla („arbeitet sehr genau, bleibt trotzdem flexibel", „hoher Servicelevel", Wettbewerber), Dr. Michael Bormann, Thomas Weidlich, Dr. Jörgen Tielmann („fachl. gut u. persönl. angenehm", Wettbewerber), Dr. Andreas Kloyer
Team: 45 Partner, 15 Counsel, 57 Associates
Schwerpunkte: Umf. Branchenkenntnis im ▷*Energiesektor* in D'dorf sowie im ▷*Gesundheitssektor* in Hannover u. Essen. Breit aufgestellt in Köln, Frankfurt u. Hamburg. Eigene Büros in Singapur u. Luxemburg; intensivierte Zusammenarbeit mit ital. u. frz. Partnerkanzleien. Auch HV-Betreuung, Kapitalmarktrecht u. Finanzierung, inkl. VC. Großes ▷*Notariatsteam*.
Mandate: Warsteiner Eurovision zu Beschaffungs-Joint-Venture; EnBW, u.a. zu langfr. LNG-Lieferverträgen; Eneco zu Virtual-Power-Plant-Joint-Venture mit Softwareentwickler; Krankenhaus zu Übertragung von priv. Trägerschaft in mehrheitl. öffentl. Hand; Asia Maritime Pacific Holdings zu Verschmelzungsvorhaben; Atlas Copco, u.a. zu Integration von Zukäufen, Mitbestimmungsstatut, Governance-Struktur; BörseGo zu Kapitalerhöhung; Bundesverb. Kalkindustrie bei Gestaltung von Pilotprojekt u. Joint Venture für Dekarbonisierung; Energiekonzern bei Joint Venture für E-Antrieb für Schwerlastverkehr; städt. Beteiligungsges. zu Umstrukturierung; regelm. Haribo, Baukonzern, Lechwerke (HV), Sunfire.

LUTZ ABEL

Gesellschaftsrecht ★★

Bewertung: Die gesellschaftrechtl. Praxis der dt. Mittelstandskanzlei berät ihre Mandanten zu einer breiten Palette von gesellschaftsrechtl. Themen, die neben der lfd. Beratung die Begleitung von Umstrukturierungen u. Gründungen ebenso wie Liquidationen umfasst. Ferner zeigt sich LA als visible Beraterin bei Nachfolgethemen, sowohl an der Seite von Individuen als auch Unternehmen – ein Beratungsfeld, auf dem neben Namenspartner Lutz auch Vorjahreszugang Zoller aktiv ist. Gefragt ist LA zudem regelm. bei gesellschaftsrechtl. Streitigkeiten an der Seite ihrer Mandanten, bspw. in Organhaftungsverfahren. Zuletzt musste die Praxis jedoch den Abgang von 3 Sal.-Partnern verzeichnen, von denen einige bereits mit eigenen Mandaten am Markt präsent waren.
Team: 4 Eq.-Partner, 3 Sal.-Partner, 3 Associates, 1 of Counsel
Partnerwechsel: Dr. Kilian Eßwein (zu Freud Rüll Partner), Maximilian von Mettenheim (zu Partec), Dr. Marc Seiffert (zu GvW Graf von Westphalen)
Schwerpunkte: Lfd. Beratung v.a. von mittelständ. Unternehmen, aber auch Wachstumsunternehmen (▷*Venture Capital*). Starker Ruf bei Gesellschafterstreitigkeiten.
Mandate: Doblinger Unternehmensgruppe u.a. aktienrechtl. im Zshg. mit Beteiligungen; europaw. tätiger Verein grenzüberschr. gesellschafts- u. vereinsrechtl.; Abel Mobilfunk lfd. einschl. Nachfolge; Familienunternehmen aus der Immobilienbranche zu Nachfolge; GF in Verfahren betreffend Inanspruchnahme durch Insolvenzverwalter; lfd.: Curt Wills-Stiftung, Raffinerie Heide, Vermögensverwaltungsgesellschaft.

MARTIUS

Gesellschaftsrecht ★★

Bewertung: Die positive Entwicklung der gesellschaftsrechtl. orientierten Münchner Boutique, die auch Wettbewerbern nicht entgangen ist, zeigt sich eindrucksvoll durch hochkarätige Mandanten, darunter die Dt. Bank u. ein ehem. Vorstandsmitglied von Audi. Besonders anerkannt ist insbes. Grobecker bei Organhaftungsfragen einschl. damit verbundener Prozesse sowie Corporate Governance. Daneben gewinnt ein junger Partner zunehmend an Profil, der ein breites Feld beackert, das Umstrukturierungen ebenso umfasst die streitiges Gesellschaftsrecht.
Stärken: Organhaftung, Corporate Litigation.
Oft empfohlen: Dr. Wolfgang Grobecker
Team: 4 Partner, 4 Associates
Schwerpunkte: Gesellschaftsrecht (v.a. Organhaftung, Konzern- u. Aktienrecht, Prozessführung, Beratung von Familienunternehmen), M&A.
Mandate: Boos-Immobiliengruppe lfd. u. in gesellschaftrechtl. Streitigkeiten; Markel Insurance lfd. zu Organhaftungsfällen; Data Modul lfd. u. zu Umstrukturierung u. HV; Tilke zu Gründung von Joint Venture u. zu Corporate Governance; Aufsichtsrat der Dt. Bank bei div. Fragen; ehem. Vorstandsmitglied von Audi zu Abwehr von Haftungsansprüchen im Zshg. mit Diesel.

MAYER BROWN

Gesellschaftsrecht ★★

Bewertung: Die gesellschaftsrechtl. Arbeit der US-Kanzlei ist weit weniger transaktionsgeprägt als bei anderen US-Einheiten. Zum Kreis ihrer Mandanten zählt MB internat. wie dt. Unternehmen. Die Bandbreite der angebotenen Beratung reicht dabei von gesellschafts- über aktien- u. kapitalmarktrechtl. Themen, wie bspw. Squeeze-out-Szenarien. Daneben ist die Praxis regelm. bei Mandaten an der Schnittstelle zum Insolvenzrecht gefragt – ein Feld, das v.a. Wilhelm bespielt. Mit Binder verfügt die Kanzlei zudem über eine Partnerin, die hohes Ansehen bei Banken genießt u. von diesen regelm. zurate gezogen wird. In ihre Verantwortung fällt nun die Leitung der Corporate-Praxis, nachdem der bisherige Praxisgruppenleiter Lemor MB verließ. Im Hinblick auf die gesellschaftsrechtl. Beratung fällt sein Abgang jedoch weniger ins Gewicht als bei Transaktionen.
Stärken: Ww. aufgestellt, u.a. stark in Asien u. bei Finanzdienstleistern. Mittelstandsberatung in D'dorf, v.a. für ▷*Insolvenz/Restrukturierung*.
Oft empfohlen: Dr. Ulrike Binder, Dr. Marco Wilhelm, Dr. Joachim Modlich
Team: 7 Eq.-Partner, 7 Counsel, 6 Associates
Partnerwechsel: Dr. Julian Lemor (zu Noerr)
Schwerpunkte: Zahlr. Branchenschwerpunkte, u.a. Chemie-, Pharma- u. Automobilindustrie, Immobilien, Banken, Medien/Entertainment. Internat. Praxis, geprägt von industriellem Mandantenstamm. Auch ▷*M&A*.
Mandate: Carlyle zu Gründung von Joint Venture mit Safestore zu Kauf von MyStorage; WiseTech Global lfd. u. zu Squeeze-out bei Softship; Raffinerie Heide u. Société General zu gesellschaftsrechtl. Themen. Lfd.: HCOB, WiseTech Global.

MCDERMOTT WILL & EMERY

Gesellschaftsrecht ★★★

Bewertung: Im Gesellschaftsrecht präsentiert sich die US-Kanzlei mit einer Praxisgruppe, die eigenständig u. unabhängig von der ▷*M&A*- u. ▷*Private-Equity-u.-Venture-Capital*-Praxis agiert, wenngleich es zu personellen Überschneidungen kommt. Die Eigenständigkeit manifestiert sich u.a. in der Beratung bei Reorganisationen u. Strukturmaßnahmen (z.B. bei Galeria Karstadt Kaufhof), Joint-Venture-Gründungen u. aktien- u. kapitalmarktrechtl. Themen einschl. HV-Beratung. Beachtl. ist zudem die Zahl an dt. Mandanten, die von mittelständ. Unternehmen über Family Offices bis hin zu börsennot. Unternehmen reicht. Insbes. an der Schnittstelle von gesellschaftsrechtl. Beratung zu Compliance u. Corporate Governance verstärke die Kanzlei ihr Engagement durch die Aufnahme 2er Partner im Vorjahr. Während die Praxis aktuell auf Partnerebene den Zugang eines Kapitalmarktrechtlers verzeichnete, verließen 2 erfahrene Corporate-Partner die Kanzlei in Richtung Reed Smith.
Stärken: Internat. Restrukturierungen; ausgeprägte Branchenfokussierung auf Immobilien, Healthcare u. Medien.
Oft empfohlen: Dr. Philipp Grenzebach, Dr. Norbert Schulte („professionell u. versiert", Wettbewerber), Dr. Clemens Just („sehr guter Gesellschaftsrechtler und Verhandler", Wettbewerber), Dr. Uwe Goetker („effektiv u. fachlich stark", Wettbewerber), Dr. Stephan Rau, Dr. Matthias Kampshoff (v.a. Restrukturierung)
Team: 20 Partner, 4 Counsel, 18 Associates, 1 of Counsel
Partnerwechsel: Dr. Felix Ganzer (von Weil Gotshal & Manges); Christian von Sydow, Dr. Nikolaus von Jacobs (beide zu Reed Smith)
Schwerpunkte: Lfd. Beratung sowohl von US-Unternehmen in Dtl. als auch Mandanten aus der DACH-Region, v.a. große Mittelständler. Schnittstelle zu ▷*Insolvenz/Restrukturierung* (D'dorf). Kapitalmarktrecht in Ffm. Branchen: v.a. ▷*Gesundheit*, Lebensmittel, ▷*Immobilien*, ▷*Medien/Telekommunikation* u. Einzelhandel.
Mandate: Agilent Technologies zu Reorganisation der Agilent-Gruppe; Galeria Karstadt Kaufhof zu div. konzerninternen Strukturmaßnahmen; Hy2B

Anwaltszahlen: Angaben der Kanzleien, wie viele Anwälte zu mind. ca. 50 % in diesem Gebiet tätig sind. Sie spiegeln nicht zwingend die Gesamtgröße einer Kanzlei wider.

Wasserstoff bei Kaptalerhöhung u. Einstieg von 8 Gesellschaftern; MEC Metro-ECE Centermanagement im Zshg. mit ZAG-Erlaubnispflichten u. GWG-Themen; Sport1 Medien zu Squeeze-out u. HV; SportScheck lfd. gesellschaftsrechtl. u.a. zu Aufsichtsratswahl u. Integration von Karstadt Sports; Synlab zur Gründung von gemeinnütz. GmbH; Delignit zu HV. Lfd.: Kirinus Health.

MEILICKE HOFFMANN & PARTNER

Gesellschaftsrecht ★

Bewertung: Gesellschaftsrechtspraxis aus Bonn. Nähere Informationen finden Sie im Regionalkapitel ▷*Westen*.

Team: 8 Eq.-Partner, 2 Associates, 2 of Counsel

Schwerpunkte: Beratung von Mittelstandsunternehmen, vermög. Privatpersonen u. Minderheitsaktionären v.a. im Aktienrecht. Auch Schnittstelle zum Steuer- und Kapitalmarktrecht, inkl. Prozesse.

Mandate: Siehe Regionalkapitel.

MELCHERS

Gesellschaftsrecht ★

Bewertung: Gesellschaftsrechtspraxis in Heidelberg, Frankfurt und Berlin. Nähere Informationen finden Sie im Regionalkapitel ▷*Südwesten*.

Team: 7 Eq.-Partner, 2 Sal-Partner, 7 Associates, 2 of Counsel

Schwerpunkte: Im Rhein-Neckar-Gebiet lfd. Beratung von regionalen Unternehmen zu Nachfolgeplanung, Compliance u. Organhaftung. In Frankfurt v.a. internat. Streitigkeiten u. grenzüberschr. M&A. Kleines Notariat in Berlin.

Mandate: Siehe Regionalkapitel.

MENOLD BEZLER

Gesellschaftsrecht ★★

Bewertung: Die gesellschaftsrechtl. Praxis der ▷*Stuttgarter Sozietät* deckt ein breites Beratungsspektrum im gehobenen Mittelstand u. für die öffentl. Hand ab. Etabliert ist MB auch bei börsennot. Unternehmen wie Cenit u. Manz. Rechtl. Neuland betrat sie zuletzt mit der StudierendenGesellschaft Witten/Herdecke bei der Strukturierung einer innovativen Anleiheemission. Bemerkenswert ist aber auch ihre stetige Erweiterung der multdiziplinären Dauerberatung, zuletzt u.a. um die Neumandanten The Quality Group u. die Umwelt- und Energieagentur Kreis Karlsruhe.

Stärken: Beratung des gehobenen Mittelstands. Beratung von Gebietskörperschaften zur Neuorganisation kommunaler Töchter.

Oft empfohlen: Dr. Michael Oltmanns („sehr überzeugend im Mandat und strukturiert im Angang", Wettbewerber), Hansjörg Frenz, Vladimir Cutura („fachlich versiert, angenehme Zusammenarbeit", Wettbewerber), Dr. Beatrice Fabry (v.a. kommunale Träger), Dr. Roland Haberstroh (v.a. Organhaftung), Dr. Axel Klumpp, Jost Rudersdorf (beide auch Restrukturierung), Dr. Guido Quass („sehr gute Durchdringung der Materie, maximal sorgfältig und detailliert in der Arbeit", Wettbewerber; v.a. Aktien- u. Kapitalmarktrecht)

Team: 10 Eq.-Partner, 4 Sal.-Partner, 1 Counsel, 10 Associates

Schwerpunkte: Lfd. Beratung größerer Mittelständler, häufig an der Schnittstelle zu Kapitalmarktrecht oder in finanziellen Sondersituationen u. bei Organhaftung, HVen, Kapitalerhöhungen, Gesellschafterstreitigkeiten. Umstrukturierung von städt. Betrieben, ▷*Nachfolgeberatungen* u. gut vernetztes Notariat.

Mandate: Manz zu HV u. Neuaktionär Daimler Truck; Speidel zum Einstieg von Dussmann; Stuttgarter Straßenbahnen zu Schadensersatzklage gg. ehem. Vorstand (aus dem Markt bekannt); AdCapital im Streit mit Minderaktionär; Grifols zu Squeeze-out bei Biotest; lfd.: Anton Häring Werk, Apleona, Arcadia Verwaltung, ARE Beteiligungen, BWK, Cenit, Dt. Immobilien-Renten AG, Dinkelacker, Geiger Holding, Hewi Group, Kambly, Laut AG, Model Holding, Müller – Die lila Logistik, Reisser, Ritter Energie- u. Umwelttechnik, Seitenbau, Stadt u. Stadtwerke Stuttgart, Winker W3 Holding.

MILBANK

Gesellschaftsrecht ★★★★

Bewertung: Wenngleich der Fokus der Gesamtkanzlei v.a. auf Transaktionen liegt, präsentiert sich die gesellschaftsrechtl. Praxis als durchaus engagiert. Insbes. Rothenfußer u. Rieger stehen regelm. bei gesellschafts-, aktien- u. kapitalmarktrechtl. Themen an der Seite namh. Unternehmen wie Sixt, Auto1 oder ProSiebenSat.1, die allesamt bereits seit mehreren Jahren auf Milbank vertrauen. Sein kapitalmarktrechtl. Know-how stellte Vorjahreszugang Klöckner u.a. bei der Beratung von Sartorius zum Abschluss einer strateg. Kooperation unter Beweis, bei der er sich die Mandatsführung mit einem anerkannten Transaktionspartner der Kanzlei teilte. Nicht selten ist das kapitalmarktrechtl. Know-how auch bei öffentl. Übernahmen gefragt. Darüber hinaus verfügt die Kanzlei mit Friese-Dormann über eine Partnerin, die auch bei streitigen Mandaten in Erscheinung tritt, wie bspw. bei der Beratung eines Wirecard-Vorstandsmitglieds.

Stärken: Hohe Reputation für Konzernrecht, öffentl. ▷*M&A*-Deals u. gesellschaftsrechtl. Prozesse. Starke ▷*Private Equ. u. Vent. Capital*-Praxis.

Oft empfohlen: Dr. Norbert Rieger („fachlich sehr gut aufgestellt u. angenehm in der Zusammenarbeit", Wettbewerber), Dr. Ulrike Friese-Dormann, Dr. Christoph Rothenfußer („exzellentes Fachwissen, unglaublich schnell und präzise, sehr angenehme Zusammenarbeit", Mandant)

Team: 6 Partner, 2 Counsel, 3 Associates

Schwerpunkte: Umstrukturierungen, HV-Betreuung, öffentl. Übernahmen, gesellschaftsrechtl. Streitigkeiten, Spruch- u. Anfechtungsverfahren; lfd. Beratung von Vorständen u. Aufsichtsräten, u.a. zu Corporate-Governance- u. Haftungsfragen.

Mandate: Carlyle/Innio Jenbacher zu Struktur u. Durchführung eines Compliance Audits; Kaefer Isoliertechnik im Zshg. mit Konzernstruktur; Otto Group im Zshg. mit Kontrollbeteiligung an AboutYou Holding; Vorstand ProSiebenSat.1 Media zu interner Untersuchung im Zshg. mit Jochen-Schweizer-Beteiligung; Richard von Rheinbaben in Spruchverfahren zu Squeeze-out bei Mediantis; Vorstandsmitglied Wirecard als Strategic Lead Counsel im Zshg. mit etwaigen Organhaftungsansprüchen. Lfd. einschl. HV u. zu Vorstandsvergütungsthemen: PharmaSGP Holding SE, Auto1 Group, ProSiebenSat.1 Media. Lfd. einschl. HV: Allane, Dermapharm Holding, Sartorius, Sixt.

MÖHRLE HAPP LUTHER

Gesellschaftsrecht ★★

Bewertung: Dass sich die HHer MDP-Kanzlei von ihrem Ruf, steuer- u. prüfungsdominiert zu sein, freischwimmt, hat sie bes. ihrer starken gesellschaftsrechtl. Praxis zu verdanken. Stammmandanten wie AstraZeneca oder Brick Holding vertrauen auf die breit aufgestellte Praxis, die andere Disziplinen ihrer Kanzlei regelm. bei Bedarf, bspw. bei Umstrukturierungen, einbindet. Die Praxis hat durch einen vor 2 Jahren dazugestoßenen Steuerrechtler insbes. bei internat. Themen hinzugewonnen u. verzahnt ihre Kenntnisse mit dem Berliner Büro, das bes. im Krypto- u. Finanzierungsbereich Kompetenzen vorhält. Zudem hat MHL fachbereichsübergr. Beratungsgruppen etwa für Familienunternehmen, neuerdings für kapitalmarktorientierte Unternehmen u. Nachfolgethemen entwickelt, in denen Gesellschaftsrecht den Kern ausmacht. Eine Spezialität der Praxis ist die enge Verknüpfung mit der IT-Abteilung, die kontinuierl. Produkte für die Mandatsarbeit schafft, etwa ein Tool für gemeinsames Projektmanagement.

Stärken: Langj. Know-how in der Beratung norddt. Unternehmerfamilien; Aktienrecht.

Oft empfohlen: Rüdiger Ludwig, Dr. Sven Oswald, Dr. Tobias Möhrle („hohe Spezialkompetenz, angenehme Zusammenarbeit in zahlreichen Schnittstellenmandaten", Wettbewerber), Dr. Helge Hirschberger („professionelle Zusammenarbeit, pragmatisch, zielstrebig, lösungsorientiert", Wettbewerber), Dr. Frauke Möhrle

Team: 11 Partner, 15 Associates, 1 of Counsel

Schwerpunkte: Konzernrecht; daneben Betreuung von Stifterfamilien, HVen, regelm. gesellschaftsrechtl. Prozesse, zudem Kapitalmarkt- u. Finanzierungsfragen. Für Emissionshäuser u. Reedereien Abwehr von Prospekthaftungsklagen. Enge Zusammenarbeit mit den Steuer- u. ▷*Insolvenzpraxen*. Branchenschwerpunkte auf Pharma, Medizinprodukte, Versicherer u. maritime Wirtschaft.

Mandate: Brightbay Real Estate Partners bei grenzüberschr. Verschmelzung einer dt. auf eine luxemb. Tochtergesellschaft; Tricontes360-Gruppe, u.a. zu vorinsolvenzliche Sanierung; SeaRenergy Offshore umf., u.a. zu Gesellschaftervereinbarung u. Managementbeteiligung; Brick Holding lfd.; Camerit lfd. aktien-, kapitalmarkt- u. aufsichtsrechtl.; regelm. AstraZeneca, Hammonia Schiffsholding.

MORRISON & FOERSTER

Gesellschaftsrecht ★★

Bewertung: Die Corporate-Praxis der US-Westküstenkanzlei ist größtenteils transaktionsorientiert, die starke Branchenfokussierung auf ▷*Medien* u. Technologie bringt jedoch auch Joint-Venture-Arbeit u. lfd. Beratung u.a. für ausl. Konzerne in Dtl. in die Praxis. Mit Besse verfügt die Kanzlei zudem über einen der wenigen übernahmerechtl. Experten in der Hauptstadt.

Oft empfohlen: Dr. Dirk Besse („der präsenteste Partner der Corporate-Praxis", Wettbewerber)

Team: 4 Partner, 2 Counsel, 6 Associates

Schwerpunkte: Beteiligungen u. Transaktionen (▷*M&A*) mit starkem Branchenfokus auf ▷*Medien* u. Telekommunikation. ▷*Compliance- u. Governance-Beratung*.

Mandate: Fujitsu bei öffentl. Übernahmeangebot für GK Software; Nikon bei öffentl. Übernahmeangebot für SLM Solutions; BearingPoint bei Joint Venture mit IFS; Dax-Aufsichtsrat zu mögl. Compliance-Verstößen im Unternehmen.

Anwaltszahlen: Angaben der Kanzleien, wie viele Anwälte zu mind. ca. 50% in diesem Gebiet tätig sind. Sie spiegeln nicht zwingend die Gesamtgröße einer Kanzlei wider.

MUTTER & KRUCHEN

Gesellschaftsrecht ★

Bewertung: Die D'dorfer Boutique genießt im Markt einen ausgezeichneten Ruf für ihre aktien- u. konzernrechtl. Kompetenz. Zum partnerzentrierten Angebot zählt die breite lfd. Begleitung von (börsennot.) Unternehmen ebenso wie Strukturmaßnahmen – teils auch Post-M&A – u. die Beratung von Organen. Aufgrund der Struktur der oft langj. betreuten Mandantschaft, zu der auch die Alfried Krupp von Bohlen und Halbach-Stiftung gehört, berät die Kanzlei auch im Stiftungsrecht.

Stärken: Aktien- und Konzernrecht, HV-Betreuung sowie auch stiftungsrechtl. Beratung.

Oft empfohlen: Dr. Stefan Mutter („exzellenter Jurist", Wettbewerber), Dr. Carsten Kruchen („akribische Vorbereitung, fehlerlose Verfahrensbetreuung", Mandant)

Team: 2 Partner, 1 Associate

Schwerpunkte: Langj. Erfahrung bei Beratung von AGen; zunehmend auch Beratung mittelständ. Unternehmen u. von Versicherern. Auch M&A u.a. für Minderheitsgesellschafter.

Mandate: Aareon zu konzerninternen Verschmelzungen u. damit verbundener Bereinigung u. Straffung der Konzernstruktur sowie lfd. gesellschafts- u. konzernrechtl.; Alfried Krupp von Bohlen und Halbach-Stiftung stiftungs-, aktien- und kapitalmarktrechtlich. u.a. im Zshg. mit Beteiligung an Thyssenkrupp; Bertrandt gesellschafts- und kapitalmarktrechtl.; Cinetic in Spruchverfahren nach Squeeze-out bei Atevia; lfd.: Ista Internat., Provinzial Holding, Sino, Wasgau.

NOERR

Gesellschaftsrecht ★★★★

Bewertung: Seit dem vergangenen Jahr bilden die Gesellschaftsrechtler eine eigenständig Praxisgruppe, die sich auch wg. personeller Überschneidungen zu Praxen wie M&A u. Kapitalmarktrecht fachl. breit engagiert. Transaktionsbedingte Strukturmaßnahmen gehören ebenso zum Erfahrungsspektrum wie die Beratung zu gesellschafts-, aktien- u. kapitalmarktrechtl. Fragen. Schritt für Schritt gelingt es der Praxis um Brellochs u. Neuhaus, den Kreis ihrer Mandanten um namh. Unternehmen u. Konzerne zu erweitern, darunter bspw. Heckler & Koch, die Noerr in einer Mandatsausschreibung überzeugte. Im kapitalmarktrechtl. Segment gewinnt insbes. Brellochs an Profil u. trat u.a. bei einer Kooperation von Daimler Truck in Erscheinung, die eine starke kapitalmarktrechtl. Komponente enthielt. Wie akzeptiert das gesellschaftsrechtl. Know-how der Kanzlei ist, zeigt nicht zuletzt eine ganze Reihe von Mandaten zu Corporate Governance, Compliance u. Organhaftung, Letzteres an der Schnittstelle zu Litigation. Die eingespielte Zusammenarbeit mit Praxen wie ▷*IT* oder ▷*Versicherungs-* u. ▷*Bankaufsichtsrecht* zeigte sich bei der Beratung von Omnicom zu einem Joint Venture für die Einführung von NFTs, wo auch regulator. Know-how gefragt war, u. beim Carve-out eines Insuretechunternehmens aus einer Tochter der Allianz. Erneut stand Noerr an der Seite mehrerer dt. u. internat. Konzerne, die bei ihrem Rückzug aus Russland Rat suchten.

Stärken: ▷*Insolvenz/Restrukturierung*, ▷*Konfliktlösung*. Eigene Büros in Osteuropa. Viel Erfahrung bei internat. Joint Ventures. Starke Praxis für ▷*Nachfolgeberatung*.

Oft empfohlen: Dr. Tobias Bürgers, Dr. Gerald Reger, Dr. Harald Selzner („exzellente Unterstützung in komplexen Fällen", Mandant), Rainer Wilke („sehr mandanten- u. ergebnisorientiert", Mandant), Dr. Michael Brellochs („exzellente Kompetenz und Beratungsleistung", Mandant), Dr. Laurenz Wieneke, Dr. Torsten Fett, Dr. Alexander Ritvay, Prof. Dr. Christian Pleister („versteht auch die geschäftlichen Herausforderungen u. Chancen", Mandant), Dr. Tibor Fedke („hat immer eine pragmatische u. wirtschaftliche Lösung", Mandant), Dr. Thomas Hoffmann, Dr. Holger Alfes, Dr. Thorsten Reinhard, Dr. Volker Land, Dr. Martin Neuhaus, Dr. Hans Radau, Robert Korndörfer

Team: Corporate insges.: 36 Eq.-Partner, 23 Sal.-Partner, 1 Counsel, 31 Associates

Partnerwechsel: Dr. Julian Lemor (von Mayer Brown); Dr. Armin Bartsch (zu Taylor Wessing), Holger Ebersberger (zu McDermott Will & Emery), Dr. Kathrin Hoger (zu Göring Schmiegelt & Fischer)

Schwerpunkte: Ausrichtung auf insbes. Regulierte Industrien, Automotive, ▷*Gesundheit*, ▷*Medien*, Finanzdienstleister. Sehr aktiv in Organhaftungsstreitigkeiten. Starke Praxis für insolvenznahe Restrukturierungen. Angesehenes ▷*Notariat*.

Mandate: Heckler & Koch zu Debt-to-Equity-Swap u. Bezugsrechtsemission; Daimler Truck zu Kooperationsvereinbarung mit Deutz mit Einbringung von IP-Portfolio als Sacheinlage gg. Ausgabe von neuen Deutz-Aktien; Omnicom zu Gründung von Joint Venture mit Mercedes-Benz zur Implementierung von NFT; Allianz/Syncier zu Carve-out von Apinity; Else Kröner-Fresenius-Stiftung u. Fresenius Medical Care im Zshg. mit Reorganisation von Fresenius; Vorstand eines Automobilherstellers u.a. aktienrechtl.; Befesa zu Corporate Governance; Unternehmen im Reha- u. Pflegebereich wg. möglicher Inanspruchnahme ehem. Organe; Flughafen Berlin Brandenburg zu Neuordnung der Corporate Compliance; Unternehmensgruppe im Lebensmitteleinzelhandel zur Umstrukturierung sämtl. dt. Gesellschaften einschl. Compliance; Sportartikelhersteller, Henkel, Mercedes-Benz, Omnicom Group zu Rückzug aus Russland.

NORTON ROSE FULBRIGHT

Gesellschaftsrecht ★★

Bewertung: Auch nach einer deutl. personellen Erweiterung der gesellschaftsrechtl. u. ▷*M&A*-Praxis im Vorjahr folgt das Team der kanzleiweiten Spezialisierung auf Finanzinstitute, Energie, Lifescience u. Technologie. Der Zugang von Fischer stärkte nicht nur das junge D'dorfer Büro, vielmehr bewies sie ihre tiefen Verbindungen in die Versicherungsbranche bereits bei der Arbeit für den Aufsichtsrat einer Pensionskasse. Sie suchte, ebenso wie die Zugänge des Vorjahrs, rasch den Schulterschluss mit der internat. Praxis. So wurden bereits Mandate gemeinsam mit US-Kollegen abgewickelt.

Stärken: Internat. vernetzt, v.a. in GB, Osteuropa, Kanada u. den USA.

Oft empfohlen: Dr. Katrin Stieß, Frank Henkel, Frank Regelin

Team: 20 Partner, 11 Counsel, 28 Associates

Partnerwechsel: Anne Fischer (von Allen & Overy); Dr. Philipp Grzimek (zu Görg), Dr. Marco Niehaus (zu Arquinex)

Schwerpunkte: Branchenfokussierung auf Finanzdienstleistungen u. ▷*Energie* (auch in ▷*M&A*), Rohstoff- u. Pharmaindustrie; internat. Konfliktlösung.

Mandate: Autoscout24 bei Neustrukturierung von Joint Venture mit norweg. Casi; Banque Européenne Crédit Mutuel bei internat. Integration des dt. Corporate-Finance-Geschäfts in Targobank; Aufsichtsrat einer Pensionskasse gesellschafts- u. aktienrechtl. im Zshg. mit der Finanzierung der Pensionskasse. Lfd.: BioNTech, Paragon (auch HV), Erwe Immobilien, Fattal/Leonardo, Mantro, AnaCap.

OPPENHOFF & PARTNER

Gesellschaftsrecht ★★★

Bewertung: Die Praxis ist auf mittelständ. börsennot. Unternehmen u. Familienunternehmen fokussiert. Das Dezernat des hoch renommierten Maier-Reimer ist nun an 3 Partner weitergegeben worden: Wenzel hat ein starkes Standbein bei Unternehmern u. Privatpersonen, Seulen ist ein versierter Kapitalmarktrechtler u. stellte seine Erfahrung mit öffentl. Übernahmen zuletzt bei 3 gr., allerdings abgebrochenen Transaktionen für ausl. Bieter unter Beweis. Schließl. verfügt Gesell über jahrel. Erfahrung in der Betreuung komplexer konzernrechtl. Mandate, u.a. an der Schnittstelle zum Insolvenzrecht. O&P bleibt mit ihrer großen W&I-Praxis in Frankfurt einzigartig, die ein wertvolles Trainingsfeld u. eine Ressource für die Corporate-Praxis darstellt. Dennoch gibt es eine Generationslücke zur nächsten Gruppe aufstrebender Gesellschaftsrechtler.

Stärken: Starke Praxis bei Familienunternehmen. Langj. Erfahrung im Aktien- u. Konzernrecht. Begleitung von ausl. Investoren; W&I-Versicherung.

Oft empfohlen: Dr. Georg Maier-Reimer, Dr. Harald Gesell („langjährige und vertrauensvolle Zusammenarbeit", Mandant), Dr. Günter Seulen, Dr. Axel Wenzel, Dr. Gregor Seikel (beide v.a. Nachfolge)

Team: Corporate insges.: 18 Eq.-Partner, 2 Sal.-Partner, 18 Associates, 3 of Counsel

Schwerpunkte: Gesellschaftsrechtl. Restrukturierungen u. Umwandlungen, insbes. grenzüberschr. Aktienrecht, gesellschaftsrechtl. Prozesse u. Schiedsverfahren. Enge Verzahnung mit ▷*M&A*, Steuerrecht u. ▷*Nachfolge*. Zudem ▷*Compliance* u. Corporate Governance. Mandanten: überwiegend internat. Unternehmen, Family Offices, dt. Großindustrie u. mittelständ. Unternehmen. Branchen: ▷*Versicherung*, Wehrtechnik, ▷*Technologie*.

Mandate: AustriaEnergy Group bei JV mit Ökowind; Edizione zu dt.-rechtl. Aspekte des Übernahmeangebots für Atlantia; Singapur Investor bei gepl. öffentl. Übernahme eines dt. börsennot. Unternehmens; Horn & Co. bei Zusammenlegung der europ. Recyclingaktivitäten mit RHI Magnesita; CCE Group bei Realisierung des Solarparks ‚Sol de Atacama' in Chile; Expleo Germany bei grenzüberschr. Sitzverlegung; Auctus bei Integration von Stranet u. Smaser; European Innovation Council bei dt. Investments; Lindsay Goldberg Europe bei Strukturmaßnahmen. Lfd.: Family Trust Investor, Flex IT Distribution, G.B.A. Services, Beyondbuild, Bergfreunde; RiskPoint, RSG, Vale bei W&I-Versicherung.

OPPENLÄNDER

Gesellschaftsrecht ★★

Bewertung: Die respektierte Stuttgarter Einheit bietet gesellschaftsrechtl. Beratung für Familienunternehmen, Konzerne u. die öffentl. Hand. Bei Bedarf übernimmt sie auch die Prozessführung u. (Organ-)Haftungsfälle. Das Team um Trölitzsch hat

Anwaltszahlen: Angaben der Kanzleien, wie viele Anwälte zu mind. ca. 50% in diesem Gebiet tätig sind. Sie spiegeln nicht zwingend die Gesamtgröße einer Kanzlei wider.

enge Schnittstellen zur regulator. Beratung, etwa in den Sektoren Gesundheit, Verkehr u. Energieversorgung. Mit dem Gewinn eines Counsels von Gleiss Lutz erfolgte Anfang des Jahres ein erster deutl. Schritt zum lang erwarteten Ausbau des Corporate-Teams, das bislang oft im Schatten der anderen Kanzleipraxen stand. Zugleich erweitert Oppenländer damit ihr Beratungsspektrum, da der Neuzugang sowohl Erfahrung mit aktien- u. haftungsrechtl. Großkomplexen mitbrachte als auch Genossenschaften als Mandanten.

Oft empfohlen: Dr. Thomas Trölitzsch („ein schlauer Kopf", Wettbewerber), Dr. Rolf Leinekugel („fachlich exzellent, lösungsorientiert und immer top vorbereitet", Mandant; „sehr versiert und durchsetzungsstark", Wettbewerber), Dr. Felix Born („sehr pragmatisch, zielorientiert", „phänomenal gut, empfehlen wir gerne im Konfliktfall", Wettbewerber)

Team: 7 Eq.-Partner, 2 Sal.-Partner, 7 Associates

Partnerwechsel: Dr. Thomas Kreuz (von Gleiss Lutz)

Schwerpunkte: Beratung, gesellschaftsrechtl. Prozessführung sowie ▷*M&A* für Eigentümerfamilien u. börsennot. Unternehmen. Interne Ermittlungen, Compliance u. Organhaftungsanalyse. Umf. Branchenkenntnis in ▷*Gesundheit*, ▷*Energie*, ▷*Verkehr* u. ▷*Medien/Presse*.

Mandate: Mineralplus bei Verschmelzung mit Minex; Generikahersteller zu JV mit Pharmagroßhändler; Optica Abrechnungszentrum zu Neufassung der Satzung; OMS Online Marketing Service im Liquidationsprozess; Trivis zu Gesellschafterausschluss; ehem. Vorstände von Gelita in Schadensersatzverf.; KW Karosseriewerke Weinsberg in Organhaftungsprozess; Lorch Schweißtechnik, Modellfabrik Papier, Nehlsen AG, Verkehrsministerium Ba.-Wü. jew. projektbezogen; Lfd.: Ehninger Energie, Schotterwerk-Gruppe, Score Media Group, Staatsanzeiger für Ba.-Wü., Waldmann-Gruppe.

ORRICK HERRINGTON & SUTCLIFFE

Gesellschaftsrecht ★★

Bewertung: Die gesellschaftsrechtl. Praxis steht ihrer dt. u. internat. Mandantschaft in einem breiten Spektrum von Themen zur Seite, etwa zu Corporate Governance, aber auch vor u. nach Transaktionen. Häufig stammen Mandanten aus dem Technologiesektor und profitieren auch vom ▷*Venture-Capital-u.-Private-Equity*-Know-how der Kanzlei. Auf diese Kombination setzte Vantage Towers bei ihrer Transaktion mit Vodafone, KKR u. GIP. Orrick berät Vantage Towers auch weiterhin, zuletzt bei der außerordentl. Hauptversammlung. Bei den jüngsten Partnerernennungen standen jedoch VC u. M&A im Fokus.

Stärken: Starke Beziehungen zu asiat. Mandanten; ▷*Konfliktlösung*.

Oft empfohlen: Dr. Oliver Duys, Dr. Wilhelm Nolting-Hauff („sehr angenehmer Verhandler", Wettbewerber), Dr. Sven Greulich

Team: 10 Eq.-Partner, 6 Sal.-Partner, 6 Counsel, 13 Associates

Partnerwechsel: Dr. Werner Brickwedde (von Eversheds Sutherland), Dr. Jörg Ritter (zu PwC Legal)

Schwerpunkte: Viel grenzüberschr. Beratung v.a. mit den USA. Zudem lfd. Beratung von Portfoliounternehmen von ▷*Private-Equity-Häusern*; transaktionsbez. Gesellschaftsrecht.

Mandate: Vantage Towers bei Infrastruktur-Joint-Venture mit Vodafone, KKR u. GIP u. lfd. gesellschaftsrechtl.; EP Power Minerals bei Zusammenführung mit gekaufter SCR-Sibelco in neue EP Power Grit; MorphoSys zu Beteiligungs- u. Lizenzvereinbarungen mit Human Immunology Bioscience; Symbioworld bei Wachstumsinvestition; lfd.: Lilium, Creditshelf.

ORTH KLUTH

Gesellschaftsrecht ★★

Bewertung: Auf dem Feld der gesellschaftsrechtl. Beratung beherrscht die Kanzlei eine breite Klaviatur, die von der lfd. Begleitung des Unternehmens über die Gestaltung von Gesellschaftervereinbarungen bis zu Joint-Venture-Gründungen reicht. Mittelständler setzen ebenso wie börsennot. Unternehmen auf das Know-how. Beachtl. ist, dass es der Kanzlei gelang, einen weiteren Dax-Konzern als Mandant zu gewinnen, den OK zur Auflösung eines Joint Ventures beriet. Über ihren China-Desk unterhält die Kanzlei gute Kontakte zu Unternehmen aus China bzw. deren dt. Tochterunternehmen. Daneben ist die Praxis bei Organhaftungsfragen äußerst gefragt. Am Standort Berlin verfügt OK weiterhin über kein eigenes Team.

Stärken: Breit angelegtes Beratungsangebot; Beratung zu Organhaftung.

Oft empfohlen: Dr. Robert Orth, Boris Körner („pragmatisch u. top in der Zusammenarbeit", Wettbewerber), Dr. Marc Henze („kollegial u. pragmatisch", Wettbewerber), Dr. Kai-Michael König („sehr versiert u. stets zielorientiert", Wettbewerber), Dr. Christian Meyer („exzellenter Berater in mehreren langjährigen Verfahren mit höchster Erfolgsquote", Mandant; „fachlich hervorragend u. ein guter Verhandler", Wettbewerber)

Team: 5 Eq.-Partner, 4 Sal.-Partner, 2 Associates

Schwerpunkte: Breite gesellschaftsrechtl. Beratung im Mittelstand, regelm. auch dt. u. internat. Konzerne, vereinzelt Finanzinvestoren.

Mandate: Brock Kehrtechnik im Zshg. mit Kapitalmaßnahmen; Chiho Environmental Group im Zshg. mit dt. Tochterunternehmen; Demag Cranes & Components, u.a. zu Auflösung eines Joint Ventures; FCF Holding zu Umstrukturierung; GeWi Solutions 1827 u. deren Gesellschafter zu Gründung von Versicherungsagentur, Abschluss einer Gesellschaftervereinbarung u. Agenturvertrag mit der Gothaer-Versicherungsgruppe; Precise Vision zu Neustrukturierung von Praxisgesellschaften.

OSBORNE CLARKE

Gesellschaftsrecht ★★

Bewertung: Die Sozietät ist vor allem für ihren Mandantenstamm aus der Technologiebranche bekannt und dank ihrer marktführenden VC-Praxis auch bei Wachstumsunternehmen gut vertreten. Dies hatte OC jedoch in ein Dilemma gebracht, da die Tiefe ihrer Aktien- und Konzernrechtspraxis nicht ausreichte, um die Abwanderung einiger Mandanten zu traditionelleren Gesellschaftsrechtskanzleien zu verhindern. Der Aufbau eines Counsels mit starker Spezialisierung auf HV-Beratung in München ist ein Schritt in die richtige Richtung.

Stärken: Marktführende Venture-Capital-Praxis mit ausgeprägtem Fokus auf Industriesektoren (▷*Private Equ. u. Vent. Capital*).

Oft empfohlen: Dr. Martin Sundermann, Matthias Elser, Nicolas Gabrysch (v.a. Venture Capital), Philip Meichssner

Team: Corporate insges.: 15 Partner, 6 Counsel, 21 Associates

Schwerpunkte: Fokus auf technologienahe Branchen. Über HH: Logistik u. Erneuerbare Energien; Umstrukturierungen u. kapitalmarktrechtl. Maßnahmen; dazu lfd. Beratung eines mittelständ. Mandantenstamms, inkl. ▷*M&A*. In Köln auch Beratung zu Nachfolge, inkl. Steuerrecht, Post-M&A-Litigation u. D&O-Praxis.

Mandate: Grifols bei Squeeze-out bei Biotest; PwC Dtl. gepl. Gründung von CertifAI; HH-Global-Gruppe bei Integration von InnerWorkings; Unternehmensberatung bei Umstrukturierung unter Verwendung einer SE. Lfd. Allgeier.

PETERS SCHÖNBERGER & PARTNER

Gesellschaftsrecht ★

Bewertung: Gesellschaftsrechtspraxis aus München. Nähere Informationen finden Sie im Regionalkapitel ▷*Süden*.

Team: 3 Eq.-Partner, 3 Sal.-Partner, 5 Associates

Schwerpunkte: MDP-Ansatz mit umf. rechtl. u. steuerl. Beratung, inkl. Restrukturierung u. Transaktionen, ▷*Nachfolgeberatung*. Häufig für Beteiligungsgesellschaften, Unternehmerfamilien u. vermög. Privatpersonen tätig.

Mandate: Siehe Regionalkapitel.

PINSENT MASONS

Gesellschaftsrecht ★★

Bewertung: Die gesellschaftsrechtl. Praxis berät eine Reihe bekannter Unternehmen lfd., darunter Kempinski, Canon u. NGK. Abseits dessen ist PM regelm. für internat. Mandanten tätig, oft bei deren Markteintritt in Dtl., wie das Bsp. HomeServe zeigt. Im Ausland zählte das Unternehmen bereits länger zum Mandantenkreis von PM. Dass die Beratung nun auch auf die dt. Praxis ausgeweitet werden konnte, zeugt von der starken Vernetzung der Praxisgruppen innerhalb des internat. Netzwerks. Zuletzt traten die Anwälte auch mehrfach an der Seite von Finanzinvestoren u. Wachstumsunternehmen im Zshg. mit Investitionen in Erscheinung.

Team: Corporate insges.: 9 Eq.-Partner, 2 Counsel, 12 Associates

Schwerpunkte: Reorganisationen über mehrere Länder; Joint Ventures.

Oft empfohlen: Thomas Mayrhofer („exzellenter Berater, Dealmaker", Mandant)

Mandate: HomeServe zu Markteintritt in Dtl. u. lfd. Lfd.: Kempinski, Röder-Gruppe, Zimmer MedizinSysteme, Canon Dtl., Transgourmet einschl. Tochtergesellschaften, F&B-Gruppe, Orbia-Dtl.-Gruppe einschl. Tochtergesellschaften, Europe Chemi-Con.

POELLATH

Gesellschaftsrecht ★★★

Bewertung: Die gesellschaftsrechtl. Arbeit war zuletzt geprägt von der Beratung zu Umstrukturierungen u. Formwandlungen, hier v.a. SE-Umwandlungen. Darüber hinaus suchten mehrere Mandanten bei Fragen der Corporate Governance den Rat der Praxis. Als engagierte Organberaterin, nicht selten im streitigen Kontext, verfügt das Team hier über viel Erfahrung. Ein Highlight, bei dem Partnerin Nase ihr aktien- u. kapitalmarktrechtl. Know-how eindrucksvoll unter Beweis stellte, war die Beratung von Dr. Hans Michel Piëch im Zshg. mit dem Porsche-IPO. Zuletzt verstärkte sich Poellath mit einem Sal.-Partner, der an der Schnittstelle zum Arbeitsrecht agiert – eine Erweiterung, die zum bisherigen Spektrum passt.

Anwaltszahlen: Angaben der Kanzleien, wie viele Anwälte zu mind. ca. 50% in diesem Gebiet tätig sind.
Sie spiegeln nicht zwingend die Gesamtgröße einer Kanzlei wider.

Stärken: Sehr anerkannt in der ▷*Nachfolgeberatung* sowie bei Steuern mit entspr. Zugang zu Eignerfamilien. Auch Aktienrecht, öffentl. Übernahmen.
Oft empfohlen: Dr. Eva Nase („bietet bei organrechtl. Fragen exzellente Rechtsberatung", Mandant), Dr. Matthias Bruse, Dr. Michael Inhester
Team: 3 Partner, 3 Associates
Schwerpunkte: Traditionell Familienunternehmen; inzw. auch Aktien- u. Konzernrecht, öffentl. Übernahmen u. gesellschaftsrechtl. Prozesse. Zunehmend internat. Minderheitsaktionäre.
Mandate: Dr. Hans Michel Piëch wg. IPO von Porsche; BayWa zu Corporate Governance u. Incentivierung des Managements bei Teil-Exit von Solarhandelsparte aus der BayWa einschl. damit verbundener gesellschaftsrechtl. Fragen; Investor Kulczyk zu SE-Gründung u. der vorherigen Restrukturierung der FL-Fintech-Gruppe; Nagel Group zu Einführung von One-Tier SE Corporate Governance bei Nagel Group u. deren Tochter-SEs; Fiege Logistik Holding Stiftung zu Umstrukturierung; Aufsichtsrat der Münchener Hypothekenbank gg. Klage eines ehem. Vorstandsmitglieds wg. angebl. Vergütungsansprüche; SevenVentures bzgl. Beteiligung an About You einschl. Beratung zum mögl. Verkauf von Aktien; börsennot. Medizintechnikunternehmen zu Umwandlung in SE.

PRICEWATERHOUSECOOPERS LEGAL

Gesellschaftsrecht ★★★

Bewertung: Die gesellschaftsrechtl. Praxis steht auf 2 Standbeinen: Unter der Ägide von Mirza Khanian – seit Juli ww. Leiter der Sparte ‚Legal Business Solutions' – u. Sal.-Partnerin Braun stemmt sie grenzüberschr. Transformationsprojekte. Das Team überzeugte die 2021 gewonnene Mandantin Hewlett Packard Enterprise so sehr, dass es inzw. alle ww. Reorganisationsvorhaben des US-Konzerns begleitet. Allerdings musste PwC Legal in dem Bereich einen erhebl. Erfahrungsverlust hinnehmen: Dürr, der Europa-Verantwortliche für internat. Reorganisationsprojekte, wechselte mit Team zur Wettbewerberin EY Law. Das andere Standbein der Praxis bildet die lfd. gesellschaftsrechtl Beratung von Start-ups, Mittelständlern u. der öffentl. Hand.
Stärken: Internat. Post-Merger-Integration für Konzerne sowie Abspaltungen.
Oft empfohlen: Dr. Frederic Mirza Khanian, Gerhard Wacker, Minkus Fischer („gut vernetzt im Stuttgarter Raum", Wettbewerber), Ursula Braun
Team: 5 Eq.-Partner, 18 Sal.-Partner, 26 Associates
Partnerwechsel: Dr. Jörg Ritter (von Orrick Herrington & Sutcliffe), Dr. Simon Dürr, Claire Cheung-Ah-Seung, Matthias Diegelmann (alle zu EY Law)
Schwerpunkte: Umstrukturierungen, Umwandlungen u. Vereinfachung von Strukturen, in enger Zusammenarbeit mit Steuerberatung u. Wirtschaftsprüfung. Lfd. Beratung mittelgr. Unternehmen, inkl. ▷*Nachfolge*, sowie auch bei Streit.
Mandate: Adidas zu Carve-out des ww. Reebok-Geschäfts; Hewlett Packard Enterprise zu Integration von Ampool, Determined A u.a.; Landmaschinenhersteller zur Reorganisation des europ. Vertriebsgeschäfts; Green Flash zu JV mit DEG Nachhaltigkeit, einer Tochter der Dachdecker-Einkauf Holding; BMGesundheit in sog. Maskenverfahren; börsennot. Verlagsgesellschaft zu Geltendmachung von Earn-out-Regelungen; Gesellschafter der Komet Austria zum Einstieg von Trill Impact; UnternehmerTUM, Nalka Invest, Sophora Unternehmerkapital projektbezogen.

RASCHKE VON KNOBELSDORFF HEISER

Gesellschaftsrecht ★

Bewertung: Gesellschaftsrechtspraxis aus Hamburg. Nähere Informationen finden Sie im Regionalkapitel ▷*Norden*.
Team: 5 Partner, 2 Counsel, 6 Associates, 1 of Counsel
Schwerpunkte: Lfd. Beratung sowie kleinere u. mittlere Transaktionen, inkl. Kapitalmarktrecht, Restrukturierungen u. Streitigkeiten.
Mandate: Siehe Regionalkapitel.

RAUE

Gesellschaftsrecht ★★

Bewertung: Der gute Ruf der gesellschaftsrechtl. Praxis reicht weit über Berlin hinaus. Insbes. Nelle gilt als fachl. exzellent. Seine Erfahrung ist bspw. im Organhaftungsverfahren gg. ein ehem. AR-Mitglied des Wirecard-Konzerns u. beim Wasserstoff-Start-up HH2E zum Investoreneinstieg gefragt. Regelm. wird das Team aufgrund seiner Branchenkenntnisse – etwa in Energie, Telekommunikation u. Gesundheit – mandatiert. Durch die enge Verknüpfung von Regulatorik- u. Corporate-Beratung ist Raue – ähnlich wie Oppenländer – auch immer wieder für Quereinsteiger aus Großkanzleien attraktiv. Mit Hartung wechselte zuletzt eine im Gesundheitssektor gut vernetzte Corporate-Partnerin.
Oft empfohlen: Prof. Dr. Andreas Nelle („sachlich genau, sehr klug und sehr präzise", „intelligent, strukturiert und kooperativ", Wettbewerber), Dr. Jörg Jaecks, Dr. Justus Schmidt-Ott, Dr. Nadine Hartung („richtig gut, vor allem im Healthcare-Sektor", Wettbewerber)
Team: 6 Eq.-Partner, 1 Counsel, 8 Associates, 1 of Counsel
Partnerwechsel: Dr. Nadine Hartung (von McDermott Will & Emery)
Schwerpunkte: Zunehmend internat. Mandate (oft in Koop. mit anderen Kanzleien). Branchen: ▷*Energie*, ▷*Gesundheit*, ▷*Medien/IT/Telekom*. Zudem Start-up- u. Investorenberatung (▷*Private Equity u. Venture Capital*). Organhaftung.
Mandate: Ehem. Aufsichtsrätin von Wirecard zu Organhaftung; Tobis zu grenzüberschr. JV-Gründung mit Legendary Entertainment (USA); Allmyhomes zu JV in Österreich; Omnicare zu Aufbau eines MVZ-Netzwerks für Onkologie; HH2E AG zu Finanzierungsrunde (€500 Mio) u. Investoreneinstieg von Foresight; Dr. Ryll Lab zu Aufbau eines Unternehmensbereichs; lfd.: Edition Peters Group, Gasag, Televic Group, Walter de Gruyter.

REDEKER SELLNER DAHS

Gesellschaftsrecht ★★

Bewertung: Die kleine gesellschaftsrechtl. Praxis der Kanzlei berät häufig in engem Zusammenspiel mit den angesehenen ▷*Öffentlichrechtlern*. So unterstützt sie etwa die Dt. Bahn bei der Neuorganisation der Infrastrukturtöchter (marktbekannt) u. zahlr. kommunale Träger bei der Konsolidierung im ▷*Krankenhaussektor*. Bundesw. noch mehr Eindruck hinterlassen könnte die Sozietät, wenn sie – ähnl. wie zuvor Flick Gocke u. SZA Schilling Zutt & Anschütz – den personellen Ausbau vorantreibt u. die Profilbildung beim Nachwuchs intensiviert.
Stärken: Öffentl. Unternehmen.
Oft empfohlen: Dr. Jürgen Lüders („ein hervorragender Partner für wirtschaftliche Neuausrichtungen", Mandant), Dr. Jakob Wulff („versierter Gesellschaftsrechtler, präzise in der Analyse, gut in der Gestaltung", Mandant), Prof. Dr. Peter-Andreas Brand („hoch intelligenter und sehr erfahrener Prozessanwalt", Mandant)
Team: 5 Eq.-Partner, 2 Counsel, 5 Associates, 1 of Counsel
Schwerpunkte: Beratung öffentl. Unternehmen (inkl. Verfassungs-, Gemeinnützigkeits- u. Steuerrecht), z.B. aus Gesundheitswesen, ▷*Energie-*, Kredit- u. Versorgungsbranche. Auch Aktien-, Vereins-, Stiftungsrecht u. ▷*M&A*; ▷*Compliance*.
Mandate: Dt. Bahn zur Um- u. Restrukturierung der Eisenbahn-Infrastrukturgesellschaften; US-Maschinenbauer zu Umstrukturierungsmaßnahmen der dt. Sparte; Träger einer Wasserstoff-Projektgesellschaft zu Umwandlung in Stiftung; junges Versicherungsunternehmen zu Wandelschuldverschreibung; kirchl. Versorgungskasse bei Umstrukturierungsmaßnahme; dt. Hotelgruppe zu Governance-Themen.

REED SMITH

Gesellschaftsrecht ★

Bewertung: Die gesellschaftsrechtl. Arbeit der US-Kanzlei ist eng verzahnt mit der Transaktionspraxis u. entsprechend regelm. bei vor- oder nachgelagerten Strukturmaßnahmen gefragt. Zuletzt gelang es der Kanzlei, sich mit 2 erfahrenen Partnern zu verstärken. Beide bringen gesellschaftsrechtl. Kompetenz mit, wenngleich auch ihr Schwerpunkt auf der Transaktionsberatung liegt.
Team: 4 Partner, 3 Associates
Partnerwechsel: Dr. Nikolaus von Jacobs u. Christian von Sydow (beide von McDermott Will & Emery)
Schwerpunkte: Post-M&A-Integrations- und Strukturmaßnahmen, auch Prozessführung; internat. Umstrukturierungen. Enge Verknüpfung mit Compliance-Praxis.
Mandate: Keine Nennungen.

RENZENBRINK & PARTNER

Gesellschaftsrecht ★

Bewertung: Gesellschaftsrechtspraxis aus Hamburg. Nähere Informationen finden Sie im Regionalkapitel ▷*Norden*.
Team: 5 Eq.-Partner, 1 Sal.-Partner, 1 Counsel, 6 Associates
Schwerpunkte: Lfd. Beratung, oft im Nachgang von Transaktionen (▷*M&A*). Auch bei norddt. Familienunternehmen gut vernetzt.
Mandate: Siehe Regionalkapitel.

RITTERSHAUS

Gesellschaftsrecht ★★

Bewertung: Die auf 3 Standorte verteilte gesellschaftsrechtl. Praxis bietet eine breite Mittelstandsberatung mit Branchenschwerpunkten etwa im Immobilien-, Bildungs- u. Gesundheitssektor. Ihre Anwälte stehen aber auch Amtsträgern aus der jeweiligen Region u. Gremien von Großkonzernen bei, wie etwa dem Aufsichtsrat der Dt. Bahn. Die Governance- u. Compliance-Beratung wurde unter der Ägide von Tödtmann zuletzt noch in den Leistungssport ausgeweitet. Auch die Corporate-Venture- u. Start-up-Beratung hat sich zu einem festen Standbein entwickelt: So unterstützte Eisenlohr etwa den Medizintechniker Creative Balloons bei 2 Mitarbeiterbeteiligungsprogrammen. Dass Rittershaus schnell wachsende Unternehmen aktienrechtl. flankieren u. bei Bedarf auf (US-)Börsengänge vorbereiten kann, hatte sie mit einem Team um Eschenfelder schon vor 2 Jahren bei CureVac bewiesen.

Anwaltszahlen: Angaben der Kanzleien, wie viele Anwälte zu mind. ca. 50% in diesem Gebiet tätig sind.
Sie spiegeln nicht zwingend die Gesamtgröße einer Kanzlei wider.

Neupartnerin Charnitzky forciert nun konsequent den Ausbau des internat. Netzwerks.
Stärken: Integrierte Restrukturierungspraxis. Gerichtl. u. außergerichtl. Vertretung in Gesellschafterstreitigkeiten. Renommiertes Mediationsteam.
Oft empfohlen: Verena Eisenlohr („hervorragende Rechtsanwältin", Wettbewerber), Rainer Dietmann („sehr erfahrener, geschickter Verhandler", Wettbewerber), Christina Eschenfelder, Prof. Dr. Ulrich Tödtmann („engagiert, pragmatisch", Wettbewerber), Dr. Claudia Pleßke, Dr. Matthias Uhl („langjährige und vertrauensvolle Zusammenarbeit, schnelle und qualitativ hohe Bearbeitung", Mandant), Dr. Marc Hauser, Dr. Milena Charnitzky („mich beindruckt ihre Fähigkeit, die juristischen Themen sauber aufzuarbeiten, u. das mit hoher Geschwindigkeit", Mandant)
Team: 16 Eq.-Partner, 2 Counsel, 8 Associates
Partnerwechsel: Dr. Moritz Weber (zu Moore TK Legal)
Schwerpunkte: Beratung des gehobenen Mittelstands bei Reorganisationsvorhaben. Kompetenz in ▷*Nachfolgefragen u. Familienstiftungsrecht*. Compliance u. Organhaftung. China-Desk in Mannheim (▷*Südwesten*) sowie Italien-Desk (München). Zahlr. Mandanten aus Israel im ▷*Frankfurter* Büro. Kompetenzen in den Branchen ▷*Energie*, ▷*Immobilien*, Gesundheit, Medien u. Bildung.
Mandate: CureVac zu SE-Umwandlung (grenzüberschr. Verschmelzung); Viskase zu Umstrukturierung der dt. Gesellschaften; KAP AG zu ländérübergr. Holdingstruktur; Dievini Hopp BioTech Holding zu Nachtrag/Investmentvereinbarung bei Heidelberg Pharma; SRH-Gruppe zu Umstrukturierungen; Aufsichtsrat der Dt. Bahn u.a. zu Vergütungssystemen; Dt. Ruderverband in Ombudsfunktion; Creative Ballons zu ‚phantom stocks' u. direkter Mitarbeiterbeteiligung; Dt. Rugby Verband als Governance- u. Ethikbeauftragter; lfd.: CureVac, Calvatis-Gruppe, Israel Chemicals, Preventio, Progroup, Viskase.

RÖDL & PARTNER

Gesellschaftsrecht ★★

Bewertung: Es gibt wenige Sozietäten, die so konsequent den Mittelstand in den Fokus ihrer Arbeit rücken wie Rödl. Ihre gesellschaftsrechtl. Praxis ist daher auch regelm. mit haftungsrecht. Fragen ihrer exportorientierten Mandanten befasst, die sich mit der Strukturierung der ausl. Niederlassungen, Sanktionen u. der GF-Haftung auseinandersetzen müssen. Daneben besetzt der Münchner Partner Schmitt aber auch die aktien- u. kapitalmarktrechtl. Beratung von börsennot. Unternehmen wie Splendid Medien u. Sporttotal (inkl. HV). Nach wie vor tut sich die Kanzlei trotz ihres sehr breiten Unterbaus mit der Bekanntmachung jüngerer Anwälte im Markt jedoch schwer. Mittelfristig wird sie hier gegensteuern müssen, um einen nahtlosen Generationswechsel sicherzustellen.
Stärken: Multidiszipl. Beratung, v.a. Kombination von Steuer- u. Gesellschaftsrecht. Große Anzahl von Auslandsbüros.
Oft empfohlen: Prof. Dr. Christian Rödl, Dr. Dirk Halm (v.a. Familienunternehmen), Horst Grätz, Frank Bernardi („guter Anwalt für Handels- und Gesellschaftsrecht", Wettbewerber)
Team: 7 Eq.-Partner, 6 Sal.-Partner, 16 Counsel, 24 Associates
Schwerpunkte: Unternehmensumstrukturierungen. Enge Verzahnung mit internat. Steuerrecht u. Finanzierungen. Vorstandsberatung. Compliance-Beratung.
Mandate: Balluff- u. Kathrein-Gruppe zu Reorganisation ihres Auslandsgeschäfts; HKK Bionics zu Crowdfunding-Runde; Hörmann-Gruppe zu Beteiligungsmanagement; Liebherr-Electronics & Drives, Schattdecor, Verkehrsverbund Großraum Nürnberg u. Auctus Capital projektbezogen; lfd.: BKW Energie, Internacional Farmacéutica, It'sQ, Sporttotal u. Splendid Media inkl. HV, Wika Konzern.

ROTTHEGE

Gesellschaftsrecht ★

Bewertung: Gesellschaftsrechtspraxis in Düsseldorf. Nähere Informationen finden Sie im Regionalkapitel ▷*Westen*.
Team: 3 Partner, 2 Counsel, 4 Associates, 1 of Counsel
Schwerpunkte: Beteiligungen u. Transaktionen, häufig mit Immobilienbezug; Restrukturierungen; Vorstandshaftung. Integrierte steuerrechtl. Beratung über das Essener Büro.
Mandate: Siehe Regionalkapitel.

ROWEDDER ZIMMERMANN HASS

Gesellschaftsrecht ★

Bewertung: Gesellschaftsrechtl. Gutachten, aktienrechtl. Zweitmeinungen u. gerichtl. Auseinandersetzungen sind das Kerngeschäft der Einheit. Auch streitbehaftete Nachfolgeregelungen gehören zu ihrem Repertoire.
Oft empfohlen: Prof. Dr. Andreas Pentz („sehr hohe Kompetenz, hohe Flexibilität u. sehr angenehm in der Kommunikation", Mandant; „exzellenter und erfahrener Gesellschaftsrechtler", Wettbewerber)
Team: 3 Partner, 4 Associates
Schwerpunkte: Konzern- u. Aktienrecht, oft als Gutachter. Langj. Erfahrung in der Organberatung.
Mandate: Keine Nennungen.

SCHALAST & PARTNER

Gesellschaftsrecht ★

Bewertung: Gesellschaftsrechtspraxis in Frankfurt, Stuttgart und Düsseldorf. Nähere Informationen finden Sie im Regionalkapitel ▷*Mitte*.
Team: 6 Eq.-Partner, 5 Sal.-Partner, 1 Counsel, 6 Associates
Schwerpunkte: Lfd. Beratung von mittelständ. Unternehmen, teils inkl. Kapitalmaßnahmen. Auch Notariat.
Mandate: Siehe Regionalkapitel.

SCHMIDT VON DER OSTEN & HUBER

Gesellschaftsrecht ★

Bewertung: Gesellschaftsrechtspraxis aus Essen. Nähere Informationen finden Sie im Regionalkapitel ▷*Westen*.
Team: Corporate insges.: 7 Eq.-Partner, 2 Sal.-Partner, 6 Associates
Schwerpunkte: Hauskanzlei für einige namh., v.a. inhabergeführte Unternehmen. Auch regelm. ausl. Unternehmen. Strukturelle, steuergetriebene Gestaltungsberatung, Transaktionen u. ▷*Nachfolgelösungen*. Auch Notariat.
Mandate: Siehe Regionalkapitel.

SEITZ

Gesellschaftsrecht ★★

Bewertung: Die eingespielte gesellschaftsrechtl. Kölner Praxis, die v.a. rheinl. u. westfäl. Mittelständler berät, ist auf Expansionskurs: Das zeigte die Ernennung gleich 3er Counsel u. v.a. ein Teamzugang von Glade Michael Wirtz: Markgraf u. 4 Associates eröffneten zum Mai ein Büro in Düsseldorf u. besetzen die Schnittstelle zur gesellschaftsrechtl. Restrukturierungsberatung. Inzw. ist das Corporate-Team das zweitgrößte der Sozietät. Bemerkenswert ist der Gewinn der von Gesellschafterstreitigkeiten geprägten Biofrontera, der einmal mehr die Akzeptanz im prozessualen Umfeld zeigt. Aufgrund der engen Verzahnung mit der angesehenen ▷*arbeitsrechtl. Praxis* sind auch Compliance- u. Organhaftungsthemen regelm. Teil der gesellschaftsrechtl. Beratung.
Team: 6 Eq.-Partner, 1 Sal.-Partner, 4 Counsel, 9 Associates, 1 of Counsel
Partnerwechsel: Dr. Jochen Markgraf (von Glade Michel Wirtz)
Oft empfohlen: Dr. Daniel Grewe („gute Qualität, schnelle Reaktionszeit", Mandant; „fachlich auf den Punkt und mit Blick für das Wesentliche", Wettbewerber), Dr. Wolfgang Schüler, Dr. Florian Lauscher („sehr guter Jurist, sehr gute Erfahrungen an der Schnittstelle von Insolvenz- und Gesellschaftsrecht", Wettbewerber)
Schwerpunkte: Familienunternehmen bei Umstrukturierungen u. gesellschaftsrechtl. Streitigkeiten.
Mandate: Biofrontera zu HV, Anfechtungsverfahren u. Auseinandersetzungen mit ehem. Vorständen; Gesellschafterstamm der Colonia Spezialfahrzeuge in Auseinandersetzung; Hannover 96 im Vereinsrecht; Mojo Rental zu Mitarbeiterbeteiligungsprogramm; M+W-Gruppe im Schadensersatzprozess gg. ehem. GF-Mitglieder; Lauff und Bolz Versicherungsmakler zu GF/Vertragsaufhebung; lfd.: Accentro, Anedis, Axa-Konzern, Bertsch, Biofrontera, DaMedic, DuPont Digital, IFA Powertrain, Keiper Kreth Versicherungsmakler, Q.beyond AG.

SERNETZ SCHÄFER

Gesellschaftsrecht ★★

Bewertung: Die Kanzlei ist bei gesellschaftsrechtl. ebenso wie aktienrechtl. Themen gefragt. V.a. bei Streitigkeiten genießt sie einen exzellenten Ruf. Hier deckt die Kanzlei ein äußert breites Feld ab, dass die Vertretung zu Fragen der Organhaftung ebenso wie Gesellschafterstreitigkeiten umfasst. Über gleich 2 Stränge ist die Kanzlei in die Aufarbeitung des Wirecard-Komplexes involviert. So hat zum einen der anerkannte Höder die Position des Prozesspflegers für den Wirecard-Aufsichtsrat inne, zum anderen begleiten die Juristen die Abwicklung der nicht insolventen Wirecard Bank. Gleich mehrere Mandatierungen im Zshg. mit Testamentsangelegenheiten zeugen zudem vom hohen Ansehen, das die Einheit im Kreise vermögender Privatpersonen genießt.
Stärken: Prozesse im Finanzsektor, Organhaftungsfragen.
Oft empfohlen: Prof. Dr. Frank Schäfer, Dr. Andreas Höder („kompetent, zuverlässig u. strategisch versiert", Wettbewerber), Dr. Susanne Zwirlein-Forschner („fachlich herausragende Kollegin", Wettbewerber), Dr. Fabian Dietz-Vellmer, Dr. Wolfgang Selter
Team: 11 Eq.-Partner, 3 Associates
Schwerpunkte: Betreuung namh. (Finanz-)Konzerne, v.a. bei ▷*gesellschaftsrechtl.* sowie bank- u. kapitalmarktrechtl. Streitigkeiten, Organhaftung,

Anwaltszahlen: Angaben der Kanzleien, wie viele Anwälte zu mind. ca. 50% in diesem Gebiet tätig sind. Sie spiegeln nicht zwingend die Gesamtgröße einer Kanzlei wider.

zudem Vertretung von Großgesellschaftern bei Unternehmensverkäufen.
Mandate: Dt. Pfandbriefbank bei Organhaftungsklage; Kreditinstitut in Organhaftungsklage gg. ehem. Vorstände wg. rechtswidriger Kreditvergaben; WealthCap-Gruppe in gesellschaftsrechtl. Prozessen; Testamentsvollstrecker Heinz Herbert Thiele im Zshg. mit Auseinandersetzung mit Erben (aus dem Markt bekannt); Prozesspfleger für den Wirecard-Aufsichtsrat; Wirecard Bank u.a. zu Abwicklung.

SKADDEN ARPS SLATE MEAGHER & FLOM

Gesellschaftsrecht ★★

Bewertung: Entsprechend der Fokussierung der Kanzlei auf Transaktionen zeigt sich auch die gesellschaftsrechtl. Arbeit der US-Kanzlei v.a. transaktionsgetrieben. Abseits dessen verfügt die Kanzlei mit Mayer über einen Partner, der an der Schnittstelle zwischen Gesellschaftsrecht u. Compliance agiert u. den Continental-Aufsichtsrat im Zshg. mit einer internen Untersuchung u. damit verbundenen Fragen der Corporate Governance berät.
Stärken: Übernahmerecht, starke ▷*Compliance*-Praxis. Herausragend für industrielle Mandanten in den USA.
Oft empfohlen: Dr. Bernd Mayer („sehr erfahren in komplexen Sachverhaltsgestaltungen", Wettbewerber), Dr. Matthias Horbach
Team: 3 Partner, 1 Counsel, 13 Associates
Schwerpunkte: V.a. transaktionsbezogene Beratung (auch Post-M&A-Streitigkeiten), regelm. für Investmentbanken.
Mandate: Goldman Sachs als Financial Advisor des Vorstandes von Klöckner & Co im Zshg. mit öffentl. Übernahmeangebot von Swoctem; Aufsichtsrat von Continental im Zshg. mit interner Untersuchung u. damit verbundenen Fragen zur Corporate Governance; ProSiebenSat.1-Aufsichtsrat bzgl. Aufarbeitung der Jochen-Schweizer-Geschäfte; dt. Technologieunternehmen bei einer internen Untersuchung im Zshg. mit Korruptionsvorwürfen u. zu Corporate Governance.

SKW SCHWARZ

Gesellschaftsrecht ★

Bewertung: Die gesellschaftsrechtl. Arbeit erstreckt sich von der Organberatung über aktienrechtl. Themen, Nachfolgeberatung bis hin zu Umstrukturierungen. Dabei ist die Praxis konsequent auf den – auch internat. – Mittelstand ausgerichtet u. wird von einem breiten Branchenspektrum mandatiert. Schwerpunkte liegen kanzleiweit in den Branchen ▷*Tech* u. ▷*Medien*, doch ist das Team auch im Healthcare- u. Lifescience-Sektor gefragt. Diesen Bereich hatte die Kanzlei vor 2 Jahren mit einem Quereinsteiger verstärkt, während ein Vorjahreszugang v.a. bei Gesellschafts-, Gesellschafter- u. Post-M&A-Streitigkeiten engagiert ist.
Team: Corporate insges.: 12 Eq.-Partner, 2 Sal.-Partner, 4 Counsel, 6 Associates, 3 of Counsel
Schwerpunkte: Organberatung; Gesellschafterstreitigkeiten; Umstrukturierungen u. Joint-Venture-Gründungen; auch Post-M&A-Streitbeilegungen.
Mandate: Sierra Nevada Corp. bei Umstrukturierung von Dt. Aircraft; Arabella Hospitality bei Managementübertragung von Luxushotel Schloss Fuschl an Rosewood Hotels & Resorts; Raiffeisen Waren-Zentrale Rhein-Main bei Refinanzierung.

SPIEKER & JAEGER

Gesellschaftsrecht ★★

Bewertung: Im Fokus der Gesellschaftsrechtspraxis steht die Beratung des gehobenen, häufig in Dortmund u. der weiteren Region angesiedelten Mittelstands. Ihm bietet die Kanzlei ein umf. Beratungsangebot, das neben Umstrukturierungen u. Nachfolgethemen auch die Vertretung in Gesellschafterstreitigkeiten umfasst. Es wird komplettiert durch das angesehene Notariat u. die gut funktionierende Zusammenarbeit mit anderen Praxen, die z.B. bei Deals zum Tragen kommt.
Stärken: Traditionsreiche Praxis inkl. Prozessführung u. gesellschaftsrechtl. Notariat.
Oft empfohlen: Dr. Carsten Jaeger (Notariat), Dr. Thorsten Mätzig („guter Verhandler", „fair", „kompetent u. kollegial", Wettbewerber), Dr. Steffen Lorscheider
Team: 5 Partner, 1 Associate
Schwerpunkte: Beratung des gehobenen Mittelstands, zunehmend überreg., auch internat. Geschäft (z.T. über Interlegal-Netzwerk). Zudem traditionell etliche Großunternehmen der Region.
Mandate: Dt. Mineralbrunnen Staatl. Bad Meinberger lfd. gesellschaftsrechtl. einschl. Beteiligungsstrukturen; Familienstamm bei Umstrukturierung einer Gesellschaftergruppe; div. Fonds-Emissionshäuser einschl. Dr.-Peters-Gruppe lfd., auch in Prozessen; Fruchtsafthersteller zu Verträgen u. in Prozessen; Zementhersteller, u.a. zu Nachfolgethemen; lfd.: Volmary, Uniorg.

SQUIRE PATTON BOGGS

Gesellschaftsrecht ★★

Bewertung: Die gesellschaftrechtl. Praxis, die sich auf Berlin u. Frankfurt verteilt, gilt als Stammberaterin der Dt. Wohnen, aber auch internat. Konzerne, v.a. aus den USA, nutzen ihre breite Kompetenz zur Begleitung ihrer dt. Tochtergesellschaften u. Assets. Mit Bick auf anstehende Portfoliorestrukturierungen hat SPB die Berliner Corporate-Real-Estate-Praxis um Mertens schon um 2 branchenerfahrene Berufsträger ergänzt. Dass sie parallel ihr Frankf. Büro um einen PE-erfahrenen Anwalt von Linklaters ergänzen konnte, der als Partner einstieg, passt zur paneurop. Strategie der Sozietät, sich die Investorenberatung zu erschließen.
Oft empfohlen: Dr. Kai Mertens („ohne Zweifel einer der allerbesten Berater im Aktienrecht", Mandant)
Team: 6 Eq.-Partner, 1 Sal.-Partner, 3 Counsel, 8 Associates
Partnerwechsel: Sascha Konwalski (von Linklaters)
Schwerpunkte: Umstrukturierungen, Joint Ventures sowie ▷*M&A*, oft mit internat. Bezug. Daneben Organberatung, gesellschaftsrechtl. Streitigkeiten u. internat. Schiedsverfahren (▷*Konfliktlösung*).
Mandate: Dt. Wohnen im Spruchverfahren zu GSW Immobilien; internat. Spieleunternehmen zu JV mit One Football; OnGrid Sports Technology bei Gründung u. Seed-Runde; brit. Gastronomiebetreiber zu dt. Tochtergesellschaften; brit. Tado-Gesellschafter zu SPAC-Transaktion; US-Chemieunternehmen zu Umstrukturierung dt. Töchter.

SULLIVAN & CROMWELL

Gesellschaftsrecht ★★★★

Bewertung: Die Gesellschaftsrechtler sind – im Tandem mit den Kapitalmarktrechtlern – sehr renommiert für öffentl. Übernahmen. Mit ihrer Hilfe brachte etwa ein internat. PE-Konsortium die Übernahme der Aareal Bank im Frühjahr erfolgr. zum Abschluss. Der BGH-Entscheid, den Schnorbus im TLG-Spruchverfahren zu marktorientierten Abfindungen bei öffentl. Übernahmen herbeiführte, dürfte über den Einzelfall hinausstrahlen. Berrar wiederum war eng involviert in die marktbewegende Anteilsverschiebung u. Governance-Abstimmungen zw. VW u. der Porsche SE u. wurde von der Dt.-Bank-Tochter DWS einbezogen, um ihren ESG-Compliance-Fall in den USA aufzuklären. Während sich viele angelsächs. Kanzleien auf das transatlant. M&A-Geschäft fokussieren, verbreitert sich die Beratung des hiesigen Sullivan-Teams immer mehr ins dt. Aktien- u. Konzernrecht, um es dann bei Strategen u. Investoren in allen Facetten ausspielen zu können.
Stärken: Herausragender Ruf für großvol. öffentl. Übernahmen u. deren Abwehr.
Oft empfohlen: Dr. Carsten Berrar („der führende deutsche Kapitalmarktrechtler und Anwalt für Public M&A", Mandant; „kompetent, kollegial und angenehm", Wettbewerber), Dr. York Schnorbus („konstruktiv, offen, sehr gute Zusammenarbeit", „immer ruhig und souverän", Wettbewerber)
Team: 6 Partner, 3 Counsel, 26 Associates, 1 of Counsel
Schwerpunkte: Beratung börsennot. Konzerne bei Kapitalmaßnahmen (▷*Börseneinführ. u. Kapitalerhöhungen*). Gesellschaftsrechtl. Litigation. Gute Kontakte zu Investmentbanken.
Mandate: Porsche SE bzgl. Porsche-Beteiligung u. Governance; SLM Solutions-Aufsichtsrat zu Nikons Übernahmeangebot; home24 zu Zusammenschluss mit XXXLutz; Faurecia bzgl. Aktivität des Investors Elliot; DWS in der sog. Greenwashing-Affäre (mit Hengeler); Linde zu Delisting/irischer Verschmelzung; European Healthcare Acquisition & Growth Company zu De-SPAC mit Croma Pharma; GFJ ESG Acquisition I zu De-SPAC mit Learnd; Next.e.GO zu De-SPAC mit Athena Consumer Acquisition Corp.; Majorel im geplanten Zusammenschluss mit Sitel Group (abgebrochen); HV-Beratung u.a. bei bike24, HelloFresh, home24, Schaeffler.

SZA SCHILLING ZUTT & ANSCHÜTZ

Gesellschaftsrecht ★★★★

Bewertung: Die Gesellschaftsrechtpraxis zählt zu den hoch angesehenen Adressen im Markt. Die Teams in Mannheim, Frankfurt u. München beraten familiengeführte u. börsennot. Unternehmen gleichermaßen. Welches Vertrauen sie dabei genießen, zeigte sich einerseits in der aufsichtrechtl. geprägten Beratung von P7S1 bei der Aufarbeitung der Jochen-Schweizer-Beteiligungen – dort war Gross-Langenhoff im Lead –, zum anderen hatte Löbbe als Berater des Uniper-Aufsichtsrats über Monate wirtschaftl. u. polit. geprägte Entscheidungen mit seinem Team aktienrechtl. zu überprüfen. Mit der Vertretung der Heidelberger SNP Schneider Neurath im Public-M&A-Prozess parierte SZA erneut eine unerwartete Übernahme. Deutl. verbreitert hat sich auch die Schnittstelle zur Governance- u. Compliance-Beratung. So bringt sich die jüngere u. mittlere SZA-Generation immer wieder zielstrebig ins Gespräch u. kann mit der neu eingeführten Sal.-Partner-Stufe auch schneller ihre Reihen verbreitern.
Stärken: Lange Tradition im Konzern- u. Aktienrecht. Sehr gute Verbindungen zu Vorständen u. Aufsichtsräten. Besonders stark bei Prozessen u. Organhaftungsfragen.
Oft empfohlen: Prof. Dr. Jochem Reichert („langjährige Erfahrung sowohl in der Beratung als auch

Anwaltszahlen: Angaben der Kanzleien, wie viele Anwälte zu mind. ca. 50 % in diesem Gebiet tätig sind. Sie spiegeln nicht zwingend die Gesamtgröße einer Kanzlei wider.

im Bereich Litigation und hohes Renommee im Markt", Mandant), Dr. Marc Löbbe („sehr schlau und gut", Wettbewerber), Dr. Thomas Liebscher, Dr. Stephan Brandes („sehr kompetenter und sehr engagierter Kollege", Wettbewerber), Dr. Christoph Nolden („extrem profunder Rat bei allen relevanten Themen, reagiert sehr schnell", Mandant), Dr. Nicolas Ott („hoch professionell, sehr gute Rechtskenntnisse, sehr gutes unternehmerisches Verständnis", Mandant), Markus Pfüller, Dr. Martin Gross-Langenhoff („der Anwalt, den ich anrufe, wenn es um viel geht, bringt auch brenzlige Situationen schnell unter Kontrolle", Mandant; beide auch Kapitalmarktrecht), Dr. Cäcilie Lüneborg („äußerst kompetente und sehr freundliche Ansprechpartnerin, die mit praxistauglichen Lösungsansätzen punktet, eine Expertin in ihrem Bereich, sehr empfehlenswert", Mandant; auch Compliance)
Team: 19 Eq.-Partner, 1 Sal.-Partner, 5 Counsel, 32 Associates, 4 of Counsel
Schwerpunkte: Intensive Beratung zu Organhaftung (▷*Konfliktlösung*), zu Dienstverträgen u. Compliance, inkl. Kapitalmarktrecht. Enge Verzahnung mit ▷*Insolvenz/Restrukturierung* u. ▷*M&A*. Anerkannte ▷*Nachfolgeberatung*.
Mandate: Uniper-Aufsichtsrat zu staatl. veranlassten Rettungsmaßnahmen u. Vorstandwechseln; Vorstand von P7S1 zu Aufarbeitung und Beilegung der regulator. Sachverhalte um Jochen Schweizer; Land Hessen zu Ausbau der Universitätskliniken Gießen u. Marburg; Vitesco zu Aufbau der Corporate-Governance-Strukturen u. Kooperation mit Sunfire; Treuhänder der Steag zu Restrukturierung u. Aufspaltung; Groupe La Française zu Konsolidierung ihres Dtl.-Geschäfts; Diebold Nixdorf zu 2 Spruchverfahren u. Squeeze-out; Bayer wg. Schadensersatzklagen; Michael Jaffé als Insolvenzverwalter der Qimonda. Lfd.: Aufsichtsrat der Mercedes-Benz Group, Aufsichtsrat der Dt. Bahn (zu Stuttgart 21), Franz Haniel, Hoffmann-Gruppe, Luxempart, Freudenberg, Trumpler.

TAYLOR WESSING

Gesellschaftsrecht ★★★
Bewertung: Die gr. Corporate-Praxis ist insges. konsequent nach Branchenschwerpunkten organisiert u. die einzelnen Partner sind oft sowohl transaktionsbezogen, inkl. Carve-outs, als auch in lfd. Beratung tätig. Mandanten sind eine Mischung aus Mittelstandsfirmen u. Töchtern großer internat. Konzerne. Besonders präsent sind die Teams in der Gesundheitsindustrie u. dem Technologiesektor, nicht zuletzt dank des Full-Service-Angebots. Die Arbeit für Investoren von u. nach China ist seit Langem ein Markenzeichen der Kanzlei, auch wenn die Outbound-Arbeit in letzter Zeit zurückgegangen ist. Der Verlust eines auf Kapitalmarkt- u. Übernahmerecht fokussierten Teams in Frankfurt war schmerzhaft. Auch wenn die Senior Associates bei TW geblieben sind u. die Kanzlei mit Kurth weiterhin einen erfahrenen Praktiker hat, ist eine Verstärkung in Frankfurt notwendig.
Stärken: Technologiegetriebene Transformationen. Anerkannte dt.-chin. Praxis. Rechtsgebietsübergr. ▷*Compliance-Beratung*.
Oft empfohlen: Marc-Oliver Kurth, Dr. Klaus Grossmann, Stephan Heinemann, Michael-Florian Ranft („führender China-Experte im Markt", Wettbewerber), Martin Kraus („analytisch u. strategisch führender Kopf", Wettbewerber), Dr. Christian Traichel („sehr erfahren, sehr kompetent, sehr angenehm im Umgang, guter Verhandler", Wettbewerber), Dr. Jakob Riemenschneider, Dr. Frank Koch („perfekte Leistung, sehr hohe Kompetenz und super Präsenz", Mandant)
Team: Corporate insges.: 31 Eq.-Partner, 21 Sal.-Partner, 45 Associates, 1 of Counsel
Partnerwechsel: Dr. Christian Köhler (von Berlin Hyp); Dr. Lars-Gerrit Lüßmann, Michael Sinhart, Ulrich Reers (alle zu Gowling WLG)
Schwerpunkte: Breite Praxis, v.a. für mittelständ. u. Familienunternehmen sowie börsennot. Unternehmen zu Corporate-Governance-Fragen und deren gesellschaftsrechtl. Implementierung. Auch ▷*Gesellschafterstreitigkeiten* u. umfangr. ▷*Restrukturierungen*. Sektorfokussierte ▷*M&A* -Beratung. Branchen: Markenartikel, ▷*Medien*, ▷*Gesundheit*, Mode, Schifffahrt, Chemie, ▷*IT* u. Hightech. Auch ▷*Private Equ. u. Vent. Capital*.
Mandate: Panasonic Industry Europe bei internat. Konzernreorganisation; OrderYOYO bei Fusion mit App smart; Vebego bei Integration der Hectas-Gruppe. Lfd.: IU Group, KPS, Aroundtown, Aladin, Ernst Russ, Hypoport, Incity Immobilien, Üstra Hannoversche Verkehrsbetriebe, Saint-Gobain Isover.

VOIGT WUNSCH HOLLER

Gesellschaftsrecht ★
Bewertung: Gesellschaftsrechtspraxis aus Hamburg. Nähere Informationen finden Sie im Regionalkapitel ▷*Norden*.
Team: 3 Eq.-Partner, 1 Sal.-Partner, 6 Associates
Schwerpunkte: Lfd. Beratung inkl. Aktien- u. Kapitalmarktrecht, Schiedsverfahren u. Nachfolgeberatung.
Mandate: Siehe Regionalkapitel.

WATSON FARLEY & WILLIAMS

Gesellschaftsrecht ★★
Bewertung: Die gesellschaftsrechtl. Praxis folgt den kanzleiweiten Branchenschwerpunkten bei den Sektoren ▷*Energie*, Infrastruktur u. Schifffahrt. Ihre häufig mittelständ. Mandanten setzen auf die breit aufgestellte Praxis zur lfd. Beratung, zur Vor- u. Nachbereitung von ▷*Transaktionen* oder zu Umstrukturierungen. Charakterist. ist die enge Zusammenarbeit mit den Finanzierungs- u. Regulierungsteams. Diese Beratungskombination war zuletzt vermehrt bei Infrastrukturprojekten gefragt. wie etwa beim Joint Venture von NWG Charging mit Shell Energy zu einem Projekt für Ladestationen für E-Autos. Die Energiewende brachte zudem weitere Dynamik im Bereich Erneuerbare Energien.
Stärken: Multidiszipl. Betreuung. Viel Erfahrung in den Branchen ▷*Energie*, Schifffahrt/Verkehr u. zunehmend Infrastruktur.
Oft empfohlen: Dr. Malte Jordan
Team: Corporate insges.: 13 Partner, 20 Associates, 1 of Counsel
Schwerpunkte: Internat. Joint Ventures, Beratung im Zshg. mit ▷*M&A*- u. ▷*Private-Equ.-Transaktionen*, lfd. Beratung von Portfoliounternehmen. Gute Kontakte zu Family Offices, auch Nachfolgeberatung.
Mandate: NWG Charging bei Joint Venture mit Shell Energy für E-Ladestationen; PNE Group bei Joint Venture mir schwed. Eolus für Offshore-Windpark; Alpina Capital bei Managementbeteiligungsprogrammen, Corporate Governance u. Umstrukturierung von Portfoliounternehmen; Aukera bei Joint Venture mit Securenergy solutions; Enervie bei einer Vereinbarung zum Management der Gas- u. Wasserversorgung der Kommunen Plettenberg u. Werdohl; Gemeinde Kirchweidach bei Joint Venture mit privatem Investor für Geothermieprojekt; Germanedge Group umf. zu Umstrukturierung inkl. M&A.

WEIL GOTSHAL & MANGES

Gesellschaftsrecht ★★
Bewertung: Die gesellschaftsrechtl. Arbeit der US-Kanzlei bleibt stark von den Transaktions- u. Restrukturierungsteams geprägt. Die Kanzlei hat über die Jahre, v.a. durch Senior-Partner Schmidt, einen starken Trackrecord bei öffentl. Übernahmen aufgebaut. Allerdings ist es Wettbewerbern wie Kirkland hier mehr u. mehr gelungen, Marktanteile für sich zu gewinnen. Die Restrukturierungspraxis bleibt, v.a. international, trotz des altersbedingten Ausscheidens eines Partners, überzeugend.
Oft empfohlen: Prof. Dr. Gerhard Schmidt
Team: 5 Partner, 4 Counsel, 11 Associates
Schwerpunkte: ▷*Insolvenz u. Restrukturierung*); Prozessführung; Begleitung von Transaktionen (▷*M&A* u. ▷*Private Equity*).
Mandate: DIC Asset bei freiwilligen öffentl. Teilerwerbsangebot an VIB Vermögen; Tree Energy Solutions bei Joint Venture mit Open Grid Europe; IKB Dt. Industriebank zu Investorenklagen/Genussscheinen.

WHITE & CASE

Gesellschaftsrecht ★★★★
Bewertung: Die angesehene Gesellschaftsrechtspraxis von W&C arbeitet an der Seite von etablierten Konzernen – etwa bei grenzüberschr. Umstrukturierungen, Eigenkapitalmaßnahmen und HV-Vorbereitungen – u. schnell wachsenden Jungunternehmen wie N26, Trevow u. Bitpanda. So steuerte ein fachübergr. Frankf. Team mit Pitz etwa die komplexe Umhängung des Kryptoanbieters Bitpanda aus Österreich in eine Schweizer Holding AG u. belegte damit wie nebenbei den Fortschritt der europ. Praxisintegration. Hatte sich schon in den vergangenen Jahren entlang der Expansion von Adler das engere Zusammenspiel mit der ▷*Kapitalmarkt*- u. ▷*Finanzierungspraxis* gezeigt, so klappt es nun auch mit dem ▷*Restrukturierungsteam* im hochkomplexen, multijurisdiktionalen Stabilisierungsprozess für Adler. Dass eine Neupartnerin aus den eigenen Reihen sich auf grenzüberschr. Umwandlungen spezialisiert hat – sie war schon mit Praxisleiter Kiefner bei den Jost Werken im Einsatz –, verbreitert das Beratungsspektrum ebenso wie die auffälligere Vertretung von Aktionärsinteressen.
Stärken: Gute Verbindung mit der ▷*Kapitalmarktpraxis*; Cash-Management-Systeme; starke ▷*Insolvenz-/Restrukturierungspraxis*; Versiertes ▷*Notariat*.
Oft empfohlen: Dr. Jörg Kraffel, Prof. Dr. Roger Kiem, Dr. Alexander Kiefner („ein unaufgeregter, exzellenter Berater im Gesellschaftsrecht", „juristisch sehr versiert und kann eine praxistaugliche Beratung geben", Mandanten), Dr. Tobias Heinrich („kompetenter Ansprechpartner mit sehr gutem Geschäftsverständnis", Mandant), Sebastian Pitz („beindruckendes Fachwissen im Bereich Corporate, es macht unglaublich viel Freude, mit ihm zu arbeiten", Mandant; „professionell, pragmatisch, freundlich", Wettbewerber)

Anwaltszahlen: Angaben der Kanzleien, wie viele Anwälte zu mind. ca. 50% in diesem Gebiet tätig sind. Sie spiegeln nicht zwingend die Gesamtgröße einer Kanzlei wider.

Team: 11 Eq.-Partner, 2 Sal.-Partner, 9 Associates, 1 of Counsel
Schwerpunkte: Strateg. Arbeit für internat. Großkonzerne – u.a. aus der Schweiz, Frankreich u. den Vereinigten Arab. Emiraten. Corporate Housekeeping mit HVen für breiten dt. Mandantenstamm. Branchenkompetenz bei ▷*Banken*, ▷*Immobilien*, ▷*Energiewirtschaft*, ▷*Verkehr*, Automobil- u. Einzelhandel. Angesehene Praxen für ▷*Konfliktlösung*, ▷*M&A* u. ▷*Private Equity*.
Mandate: ABB zu Ausgliederung u. Börsenvorbereitung von Accelleron; Jost Werke (SDax) zu SE-Umwandlung; Schufa Holding zu Übernahmeversuch durch EQT; Tesla zu Unternehmensvertrag mit Tesla Manufactoring; Athena Consumer Acquisition zu De-SPAC mit Next.e.GO Mobile; Bitpanda zu Umhängung in Schweizer Holding; PPF Group als Aktionär von P7S1; E.on zu JV mit Igneo Infrastructure Partners (Breitbandinfrastruktur); GfK SE zu Zusammenschluss mit NielsenIQ (Konsumforschung); HV: About You, Adler Real Estate, Aixtron, Commerzbank, Easy Software, Jenoptik, Jost Werke, Symrise.

WILLKIE FARR & GALLAGHER

Gesellschaftsrecht ★★

Bewertung: Die Gesellschaftsrechtspraxis aus Frankfurt verfügt über einen konstanten Strom komplexer Transaktionsarbeit, aus der sich regelm. gesellschaftsrechtl. Themen ergeben. Daneben verfügt sie über beträchtl. Erfahrung mit öffentl. Übernahmen. Das schwierigere Umfeld für Private-Equity-Mandanten führte zuletzt dazu, dass die Praxis zunehmend mit Umstrukturierungen befasst war – ein Beratungsfeld, das wiederum auf dem Markt an Bedeutung gewinnt.
Team: 8 Partner, 3 Counsel, 24 Associates
Schwerpunkte: Vorwiegend transaktionsbezogene Arbeit (▷*Priv. Equ.* u. ▷*M&A*), aber auch gesellschaftsrechtl. Projektarbeit. Auch bei grenzüberschr. Umstrukturierungen tätig.
Mandate: Lindal Group bei Joint Venture für pharmazeut. Verpackungen mit Coster Group.

WILMERHALE

Gesellschaftsrecht ★

Bewertung: Die US-Kanzlei verfügt über eine Gesellschaftsrechtspraxis, die hauptsächl. in Frankfurt ansässig ist. Eine der großen Stärken bleibt die Beratung an der Schnittstelle zwischen Gesellschaftsrecht, Regulierung u. politiknaher Beratung, die v.a. im Berliner Büro zu finden ist. Daneben zeigt sich die Compliance-Praxis, die notwendigerweise eine enge Verknüpfung zu Organhaftungsthemen vorweist, stark.
Team: 3 Eq.-Partner, 1 Sal.-Partner, 2 Counsel, 4 Associates
Schwerpunkte: Bes. enge Verbindung mit ▷*Compliance-Praxis*. Im Übrigen eng in die internat. Praxis integriert.
Mandate: Keine Nennungen.

YPOG

Gesellschaftsrecht ★★

Bewertung: Die gesellschaftsrechtl. Praxis berät insbes. Wachstumsunternehmen mit komplexen gesellschaftsrechtl. Belangen, die überw. aus anderen Praxen der Sozietät stammen (v.a. ▷*Venture Capital*), aber zunehmend auch von befreundeten Sozietäten zu Ypog verwiesen werden. Da die junge Sozietät über zahlr. Juristen mit Großkanzleihintergrund verfügt, haben sich diese rasch für umfangr. Rechtsformwechsel positioniert u. begleiteten etwa die Digitalbank N26 zur AG u. das Re-Commerce-Unternehmen Momox in eine 2-stöckige SE-Gruppenstruktur. Eine Mandantin bescheinigt dem Team um Schatz u. Schaper „eine beeindruckende Entwicklung“. Abgerundet wird das Angebot durch Vertretungen bei gesellschaftsrechtl. Streitigkeiten u. fachspezif. Legal-Tech-Entwicklungen, etwa zur Verwaltung der Transparenzregistermeldungen.
Stärken: (Um)Strukturierungsmandate.
Oft empfohlen: Dr. Matthias Schatz („Experte für Vorstandshaftung“, „hervorragender Gesellschaftsrechtler, insbesondere sehr versiert im Aktien- und SE-Recht; für viele unserer Portfolio-Companies der Go-to Guy für SE-Umwandlungen und Umstrukturierungen“, Mandanten; „fachlich exzellent, durchsetzungsstark vor Gericht“, Wettbewerber), Dr. Martin Schaper („kompetent, lösungsorientiert“, Wettbewerber), Dr. Tim Schlösser („sehr international, bestens vernetzt und juristisch hervorragend“, Wettbewerber), Dr. Benjamin Ullrich („hohe Gestaltungskompetenz, gerade im Start-up-Bereich“, Mandant)
Team: 8 Eq.-Partner, 6 Sal.-Partner, 18 Associates
Schwerpunkte: Lfd. Corporate-Beratung von Unternehmen mit digitalen Geschäftsmodellen; Rechtsformwechsel (auch grenzüberschr. u. steuerlich); ▷*Investmentstrukturierung*; Vertretung in Organhaftungsfragen u. aktienrechtl. Streitigkeiten. Eng vernetzte ▷*Start-up-Beratung* u. ▷*M&A-Praxis*. Notariat in Berlin.
Mandate: N26 bei Umwandlung (GmbH/AG), Momox Holding u. Momox AG bei SE-Umwandlung; Dt. GigaNetz zu Einstieg des Infrastrukturinvestors DWS; Armira u. LifeScienceHolding zur Investitionsstruktur bzgl. Sartorius; 3 Investoren zum Zusammenschluss von Habyt mit US-Wettbewerber Common; Pepper.com zu Zusammenschluss mit Global Savings Group.

ZENK

Gesellschaftsrecht ★

Bewertung: Gesellschaftsrechtspraxis aus Hamburg und Berlin. Nähere Informationen finden Sie in den Regionalkapiteln ▷*Norden* u. ▷*Osten*.
Team: 5 Eq.-Partner, 1 Sal.-Partner, 2 Associates
Partnerwechsel: Dr. Christopher Wright (von Görg); Dr. Bastian Schmidt-Vollmer (zu BKL Fischer Kühne), Dr. Zoran Domić (in eigene Kanzlei)
Schwerpunkte: Umstrukturierungen u. Joint Ventures; oft auch bei Projektentwicklungen mit öffentl.-rechtl. Bezug. Im Berliner Büro gute Kontakte zu Bundesministerien.
Mandate: Siehe Regionalkapitel.

Anwaltszahlen: Angaben der Kanzleien, wie viele Anwälte zu mind. ca. 50% in diesem Gebiet tätig sind. Sie spiegeln nicht zwingend die Gesamtgröße einer Kanzlei wider.

Immobilien- und Baurecht

Die Party ist vorbei!

„Survive till 2025" – so lautet der neue Slogan in der Immobilienbranche. Denn zum Jahreswechsel 2022/23 haben sich die Prognosen vieler Experten, der Immobilienmarkt würde einbrechen, erfüllt. Egal ob Wohnen, Gewerbe oder Hotel: In allen Segmenten und Assetklassen haben die Transaktionsvolumina schon 2022 spürbar abgenommen. Und die Prognosen für 2023 und sogar 2024 sehen nicht besser aus. Also: durchhalten bis 2025.

Die Kanzleien haben auf das deutlich veränderte Marktumfeld unterschiedlich reagiert. **Allen & Overy** und **Herbert Smith Freehills** haben sich schon vor ein paar Jahren stärker dem Infrastrukturbereich gewidmet und verkaufen aktuell eher Funkmasten als Bürotürme. Kanzleien wie **K&L Gates** oder **Jebens Mensching** konzentrieren sich eher aufs Asset-Management und nutzen die Zeit, um Mandatsbeziehungen zu festigen. Wieder andere spüren aufgrund ihrer breiten Aufstellung und ihres diversen Mandantenportfolios kaum Veränderung. Insbesondere mittelständische Kanzleien wie **Heuking Kühn Lüer Wojtek** und **Loschelder** beraten ihre Mandanten auch weiterhin zu Small- und Midcap-Deals sowie zu Projektentwicklungen und im Baurecht. Den Marktführern, darunter **Clifford Chance** und **Noerr**, macht die Transaktionsflaute zwar mehr zu schaffen, doch sind sie ihr durch eine diverse Aufstellung nicht hilflos ausgeliefert. Zudem gab es vereinzelt auch die ganz großen Tickets, an denen **Clifford** und Co. maßgeblichen Anteil hatten. Viel Beachtung fand der Verkauf des Südewo-Portfolios von Vonovia an Apollo vor allem wegen seines Volumens von einer Milliarde Euro. Vonovia vertraute dabei auf **Freshfields Bruckhaus Deringer** und **Dentons**, für Apollo kam ein Team von **Latham & Watkins** zum Zug, was den vorsichtigen Schluss zulässt, dass der zweite Anlauf, im Real-Estate-Private-Equity Fuß zu fassen, mit dem Zugang von Dr. Carsten Loll im Vorjahr klappen könnte.

Druck auf dem Kessel

Auch die Baubranche bleibt von Inflation, steigenden Materialkosten und Zinsen nicht verschont. Doch das Geschäft der Baurechtspraxen ist von Natur aus weniger volatil. Hinzu kommt, dass Themen wie Infrastruktur und Energiewende politisch derart aufgeladen sind, dass massiver Handlungsdruck besteht. LNG-Terminals und Trassenausbau sind nur zwei Beispiele, bei denen sich die Marktführer **Leinemann & Partner**, **Kapellmann und Partner** sowie **CMS Hasche Sigle** hervortun. Aber auch **GvW Graf von Westphalen** findet mit ihrer Beratung von Amprion gerade viel Beachtung. Wohl auch, weil der Ausbau der Trasse ‚A-Nord' nach einem IPA-Mehrparteienvertrag realisiert werden soll. Die Vertragsmodelle werden in der Branche weiterhin kontrovers diskutiert. Während die einen die integrierte Projektabwicklung für „neumodischen Kram" halten, sind Kanzleien wie **Breyer**, **Rittershaus**, **GvW**, aber auch die Marktführer bereits in mehrere Projekte eingebunden und treiben so den Kulturwandel in der Baubranche sukzessive voran. Nachdem es im Vorjahr einige Wechsel mit teils großen Teams gegeben hatte, blieb es zuletzt verhältnismäßig ruhig, was auch daran lag, dass unklar ist, wann der Transaktionsmarkt wieder anziehen wird. Dr. Holger Wolf zog es von **White & Case** zu **Norton Rose Fulbright** und Thomas Kessler, bis dato Praxisgruppenleiter bei **Herbert Smith Freehills**, ging zu **PricewaterhouseCoopers Legal**.

Die Bewertungen behandeln Kanzleien, die rund um das Investitionsprojekt Immobilie beraten. Tabellarische Übersichten verdeutlichen dabei die Ausrichtung der Kanzleien: Immobilienwirtschaftsrecht berücksichtigt v.a. Transaktionen, Finanzierungen und die Strukturierung von Immobilienfonds (siehe auch ▷*Investmentfonds*). Baurecht erfasst die baubegleitende Beratung und daraus resultierende Streitigkeiten sowie das Verhältnis der am Bau Beteiligten. Projektentwicklung/Anlagenbau bildet die Schnittstelle und zeigt Kanzleien, die mit komplexen Großprojekten Erfahrung haben. Besonders erfahrene Kanzleien in einem Teilgebiet des Baurechts sind in einer weiteren Übersicht erfasst. Empfohlene immobilienrechtl. orientierte Notare finden sich im Kapitel ▷*Notariat*.

JUVE KANZLEI DES JAHRES FÜR IMMOBILIEN- UND BAURECHT

GVW GRAF VON WESTPHALEN

JUVE AWARDS 2023

Schritt für Schritt erobert GvW den Markt im Anlagenbau. Am Rückbau der Atomkraftwerke für Preussen Elektra ist die Baurechtspraxis um **Dr. Thomas Senff** und **Dr. Robert Theissen** zwar schon seit Jahren beteiligt. Doch mit der Beratung von Amprion im Zuge des Trassenbaus hat das Team nochmal einen Zahn zugelegt. **Theissen** u. **Dr. Sebastian Rohrer** standen dem Netzbetreiber im Vergabeverfahren zum Ausbau der Trasse ‚A Nord' zur Seite und verhandelten den Bauvertrag nach einem IPA-Modell. Projekte dieser Größenordnung gibt es bisher nur wenige. Der Zugang des Beiten-Teams um **Rohrer** 2021 hat sich für die Beratung als echter Glücksfall erwiesen, weil insbesondere er neben der baurechtlichen auch die entsprechende regulatorische Kompetenz in die Projekte einbringt. Mit der Beratung von Neuconnect zur geplanten Stromautobahn zwischen Deutschland und Großbritannien ist GvW in Großkanzlei-Terrain vorgestoßen und unterstreicht zugleich ihre Ambitionen, auch im internationalen Kontext beraten zu wollen. Insbesondere bei Großprojekten setzt die Kanzlei mittlerweile wie selbstverständlich auf den Einsatz digitaler Tools. Eine kanzleiinterne Legal-Tech-Expertin unterstützt das Team bei der Optimierung der Mandatsabläufe. Mit dieser Herangehensweise, verbunden mit der Entwicklung neuer Produkte, ist es nicht nur vielen Wettbewerbern voraus, sondern auch prädestiniert, für weitere Großprojekte.

ALLEN & OVERY

Immobilienwirtschaftsrecht ★★★

Bewertung: Die Immobilienpraxis der brit. Kanzlei musste sich zuletzt – so wie auch viele Wettbewerber ähnl. Zuschnitts – mit der Flaute am Transaktionsmarkt auseinandersetzen. Ausgezahlt hat sich in dieser Marktphase, dass das Team seine Beratung bereits vor einigen Jahren in Richtung Infrastrukturdeals ausgeweitet hatte, wie 2021 beim Funkmasten-Deal für American-Towers. Wie divers die Immobilienpraxis derzeit unterwegs ist, zeigt auch die Beratung der öffentl. Hand, u.a. zur Entwicklung u. Vermietung einer Batteriemontagefabrik. Konsequent wie nur wenige setzt die Praxis zudem auf die Unterstützung von spezialisierten Wirtschaftsjuristen sowie Legal-Tech-Tools, was insbes. bei namh. Branchenakteuren immer zentraler wird. Renommiert ist A&O in der Branche aber nach wie vor insbes. durch die Finanzierungspraxis um Meisen, die auch Wettbewerber – neben Clifford – unangefochten auf der Poleposition sehen. Das Team unterstreicht diesen Ruf regelm., indem es frühzeitig komplexe u. neue Finanzierungsthemen besetzt, wie Gap Financing oder HoldCo-Finanzierungen.

Stärken: Immobilienfinanzierung.

Oft empfohlen: Dr. Olaf Meisen, Dr. Christian Hilmes

Team: 9 Partner, 3 Counsel, 22 Associates, 2 of Counsel (inkl. ▷*Finanzierung*, ▷*Gesellschaftsrecht*/▷*M&A*, ▷*Öffentl. Recht*)

Partnerwechsel: Dorothee Atwell (von Pinsent Masons)

Schwerpunkte: Beratung von Banken u. Investoren bei Transaktionen/(Re-)Finanzierung, NPL u. Verbriefungen.

Mandate: Immobilienrecht: Fortescue Future Industries Pty immobilienrechtl. zu JV mit Tree Energy Solutions (Wasserstoffprojekt; LNG-Terminal); Hamburger Energiewerke bei Kauf von Kohlekraftwerk Moorburg; Projektgesellschaft (öffentl. Hand) im Zshg. mit Entwicklung u. Vermietung von Batteriemontagefabrik. **Finanzierung:** Vonovia als Sponsor u. Darlehensnehmer im Zshg. mit versch. Kreditfazilitäten dt. Banken (insges. €650 Mio); ausländ. Bank im Zshg. mit Finanzierung von Projekt ‚Duke'.

ASHURST

Immobilienwirtschaftsrecht ★★★

Bewertung: Großvol. Transaktionen u. Finanzierungen sind das Kerngeschäft der Immobilienpraxis von Ashurst. Auch in einem schwächeren Immobilienmarkt gelang es dem Team, bestehende Mandatsbeziehungen zu festigen u. neue zu knüpfen – immer wieder auch, wenn Ashurst zuvor auf der Gegenseite beraten hat. So beriet das Team um die angesehene Muschter erstmals ABG Capital im Zshg. mit dem Kauf u. der Finanzierung der Büroimmobilie ‚Sky Eschborn'. Der Deal ist bsph. für die enge Vernetzung zwischen Immobilienrecht u. -finanzierung u. die lebendige Verbindung mit dem Büro in Luxemburg. Von dieser eingespielten Beratung profitieren Mandanten aktuell auch bei notleidenden Projekten, Refinanzierungen u. alternat. Finanzierungen. Die stabile Beziehung zu umtriebigen Stammmandaten wie Panattoni führte dazu, dass die Kanzlei u.a. auch mit dem Verkauf des Panattoni-Logistikparks beauftragt wurde.

Oft empfohlen: Dr. Liane Muschter („fachlich versiert u. verhandlungstaktisch bestens aufgestellt", Mandant; „exzellente Juristin", Wettbewerber), Nicolas Deuerling, Filip Kurkowski, Derk Opitz („Top-Anwalt", Mandant)

Immobilienwirtschaftsrecht

★★★★★	
Clifford Chance	Frankfurt, Düsseldorf, München
Greenberg Traurig	Berlin
Hogan Lovells	Frankfurt, Hamburg, Düsseldorf, München
★★★★★	
CMS Hasche Sigle	Berlin, Stuttgart u.a.
Freshfields Bruckhaus Deringer	Hamburg, Frankfurt
Noerr	München, Düsseldorf, Frankfurt u.a.
★★★★	
DLA Piper	Frankfurt, München, Köln
GSK Stockmann	München, Frankfurt, Berlin u.a.
Hengeler Mueller	Frankfurt
McDermott Will & Emery	Düsseldorf, Frankfurt
★★★	
Allen & Overy	Frankfurt, Hamburg
Ashurst	Frankfurt
Bryan Cave Leighton Paisner	Frankfurt, Berlin
Gleiss Lutz	Frankfurt, Berlin, Hamburg
Görg	Berlin, Köln, München u.a.
Mayer Brown	Frankfurt
Norton Rose Fulbright	Hamburg, München u.a.
Poellath	Berlin
Reius	Hamburg
Taylor Wessing	Hamburg, Berlin u.a.
White & Case	Frankfurt
★★	
Dentons	Frankfurt, Berlin, Düsseldorf
FPS Fritze Wicke Seelig	Frankfurt
Herbert Smith Freehills	Frankfurt
Heuking Kühn Lüer Wojtek	Düsseldorf, München u.a.
Jebens Mensching	Hamburg
Jung & Schleicher	Berlin
Linklaters	Frankfurt
Loschelder	Köln
★	
Baker McKenzie	Berlin, Frankfurt u.a.
BMH Bräutigam & Partner	Berlin
Goodwin Procter	Frankfurt
HauckSchuchardt	Frankfurt
Huth Dietrich Hahn	Hamburg
K&L Gates	Berlin, München
Kucera	Frankfurt
Luther	Berlin, Leipzig, Köln
Neuwerk	Hamburg
Pinsent Masons	München
Trûon	Hamburg
Wagensonner	München

Die Auswahl von Kanzleien und Personen in Rankings und tabellarischen Übersichten ist das Ergebnis umfangreicher Recherchen der JUVE-Redaktion. Sie ist in 2erlei Hinsicht subjektiv: Die Aussagen der befragten Quellen sind subjektiv u. spiegeln deren Erfahrungen u. Einschätzungen. Die JUVE-Redaktion wiederum analysiert die Rechercheergebnisse unter Einbeziehung ihrer eigenen Marktkenntnis. Der JUVE Verlag beabsichtigt keine allgemeingültige oder objektiv nachprüfbare Bewertung. Es ist möglich, dass eine andere Recherchemethode zu anderen Ergebnissen führt. Innerhalb einzelner Gruppen in Rankings und tabellarischen Übersichten sind Kanzleien und Personen alphabetisch sortiert.

Team: 4 Partner, 3 Counsel, 11 Associates, inkl. Finanzierung

Schwerpunkte: Transaktionen auf Investorenseite; zudem umfangr. Erfahrung bei (Re-) u. alternativen Finanzierungen. Gut funktionierendes kanzleiw. Netzwerk.

Anwaltszahlen: Angaben der Kanzleien, wie viele Anwälte zu mind. ca. 50% in diesem Gebiet tätig sind. Sie spiegeln nicht zwingend die Gesamtgröße einer Kanzlei wider.

Mandate: Immobilienrecht: ABG Capital bei Kauf u. Finanzierung des ‚Sky Eschborn'; AEW beim Kauf von Büroensemble ‚Grand Slam' (Köln); LIP u.a. bei Kauf von Logistikneubau (Giengen); HIH regelm. bei Transaktionen, u.a. bei Verkauf Olivandenhof (Köln); HAT bei Kauf von Bürohaus; Cilon bei Kauf von Gewerbeimmobilie; Values bei Kauf von Logistikzentrum ‚Coreport'; Panattoni bei Verkauf von Logistikpark.

BAKER MCKENZIE

Immobilienwirtschaftsrecht ★

Bewertung: Die Immobilienpraxis berät v.a. internat. Mandanten zu Transaktionen u. Finanzierungen, bei denen sie die gute Anbindung an das globale Kanzleinetzwerk einbringen kann. Bsph. steht dafür die Beratung von Intel, die BM bei einem der größten dt. Transformationsprojekte begleitet, dem Bau eines Halbleiterwerkes in Magdeburg (€17 Mrd). Bei Transaktionen u. Projektentwicklungen profitieren Mandanten zudem von der engen Zusammenarbeit zw. Immobilien-, Bau-, u. Umweltrechtlern. Hinzu kommen gut ausgebildete Schnittstellen zur ▷*Energierechts-* u. ▷*Health-Care-*Praxis, bspw. beim Bau einer Arzneimittelproduktionsanlage für ein internat. Pharmaunternehmen. Ergänzt wird die breite Aufstellung des Teams durch den Immobilien-Finanzierungsexperten Mittmann.

Oft empfohlen: Dr. Florian Thamm, Dr. Patrick Mittmann

Team: 2 Eq.-Partner, 3 Sal.-Partner, 1 Counsel, 6 Associates

Schwerpunkte: (Portfolio-)Transaktionen, regelm. mit grenzüberschr. Bezug; auch Unterstützung bei M&A-Deals. Gute Anbindung an das ww. Kanzleinetzwerk. Finanzierung. Trad. stark in der Beratung von (ausl.) Family Offices.

Mandate: Immobilienrecht: Intel bei Planung u. Bau eines Halbleiterwerks (Magdeburg); Peakside bei Kauf ‚Grandhotel Hessischer Hof'; Großhändler beim Verkauf eines Logistikportfolios in einer Reihe von Einzel- u. Portfoliotransaktionen; Automobilhersteller beim Aufbau eines Ladenetzwerks für E-Autos. **Finanzierung:** Berlin Hyp bei Ankaufsfinanzierung des Deka Office Hubs; Landesbank bei Erwerbsfinanzierung einer Büroimmobilie (Stuttgart).

BMH BRÄUTIGAM & PARTNER

Immobilienwirtschaftsrecht ★

Bewertung: Die Immobilienpraxis der Berliner Kanzlei berät seit Jahren hochkarätige Mandanten, die die „Umsichtigkeit u. Vielseitigkeit" des Teams loben. Dass auch eine Associate schon im Markt anerkannt wird, zeigt das gute Standing der Gesamtpraxis, zu der auch ein sehr angesehenes Notariat gehört. Neben Transaktionen u. Asset-Management berät BMH zu JV-Strukturen u. Finanzierungsthemen. Zuletzt nahm konjunkturbed. auch die Beratung zu Solarparks zu.

Oft empfohlen: Boris Reschucha („blickt weit über den Tellerrand hinaus", Mandant); Alexander Nast („der beste Notar Berlins", Mandant); Katja Walkhoff („immer auf den Punkt", Mandant)

Team: 3 Eq.-Partner, 2 Associates, inkl. Notariat

Schwerpunkte: (Portfolio-)Transaktionen, Gewerbl. Mietrecht, Projektentwicklungen (v.a. JV-Strukturen u. Finanzierung), anerkanntes Notariat.

Mandate: Immobilienrecht: re.venture zu Struktur u. Kauf eines Solarparks; Trockland transaktional; Signa, Blackstone lfd. im Gewerbl. Mietrecht.

Projektentwicklung und Anlagenbau

★★★★★	
CMS Hasche Sigle	Frankfurt, Berlin, Stuttgart
GSK Stockmann	Frankfurt, München u.a.
Kapellmann und Partner	Mönchengladbach, Düsseldorf, Hamburg u.a.
★★★★	
DLA Piper	München
Heussen	München, Stuttgart
Leinemann & Partner	Berlin, Frankfurt, Köln
Luther	Berlin, Essen, Köln, Leipzig
Redeker Sellner Dahs	Bonn
Rotthege	Düsseldorf
SMNG	Frankfurt
Taylor Wessing	Hamburg, Berlin, München
★★★	
Clifford Chance	Frankfurt, Düsseldorf
Freshfields Bruckhaus Deringer	Hamburg
Greenberg Traurig	Berlin
GvW Graf von Westphalen	Hamburg, Düsseldorf, Frankfurt
Hogan Lovells	Frankfurt, Düsseldorf, Hamburg
McDermott Will & Emery	Düsseldorf
★★	
CBH Rechtsanwälte	Köln
Chatham Partners	Hamburg
Görg	Berlin, Frankfurt, Köln u.a.
Loschelder	Köln
Noerr	Dresden, Düsseldorf, München
Norton Rose Fulbright	Hamburg, München
★	
Eversheds Sutherland	München, Düsseldorf u.a.
LLR Legerlotz Laschet und Partner	Köln

Die Auswahl von Kanzleien und Personen in Rankings und tabellarischen Übersichten ist das Ergebnis umfangreicher Recherchen der JUVE-Redaktion. Sie ist in 2erlei Hinsicht subjektiv: Die Aussagen der befragten Quellen sind subjektiv u. spiegeln deren Erfahrungen u. Einschätzungen. Die JUVE-Redaktion wiederum analysiert die Rechercheergebnisse unter Einbeziehung ihrer eigenen Marktkenntnis. Der JUVE Verlag beabsichtigt keine allgemeingültige oder objektiv nachprüfbare Bewertung. Es ist möglich, dass eine andere Recherchemethode zu anderen Ergebnissen führt. Innerhalb einzelner Gruppen in Rankings und tabellarischen Übersichten sind Kanzleien und Personen alphabetisch sortiert.

BÖRGERS

Baurecht ★

Bewertung: Die Boutique berät umf. im Baurecht inkl. Vergaberecht u. hat darüber hinaus 3 Anwaltsnotare. Damit ist ihre inhaltl. Ausrichtung vergleichbar mit der ihrer Berliner Wettbewerberin Stassen. Allerdings hat Börgers auch Standorte in HH u. Stuttgart u. ist bundesw. präsenter.

Team: 6 Partner, 1 Counsel, 7 Associates

Schwerpunkte: Umf. Beratung im Baurecht, auch Infrastrukturprojekte (u.a. Breitbandausbau). Schnittstelle zum Vergaberecht. Notariat an 2 Standorten in Berlin.

Mandate: Baurecht: Lfd.: landes- u. bundeseig. Immobiliengesellschaften bauvertragl. oder baubegl.; Museum bei Sanierung.

BREYER

Baurecht ★★★

Bewertung: Die Baurechtskanzlei mit Stammsitz in Stuttgart wird im Markt v.a. mit IPA-Mehrparteienverträgen in Verbindung gebracht. Namenspartner Breyer gehört zu den Anwälten, die die meiste Erfahrung mit den kooperativen Vertragsmodellen vorweisen können. Exempl. dafür stehen Projekte wie Siemensstadt. Mittlerw. ist die Kanzlei, die trad. die Bauindustrie berät, auch verstärkt im Projektentwicklungsgeschäft mit entspr. Mandaten aktiv. Neben der festen Allianz mit einer frz. u. einer amerikan. Spezialkanzei pflegt Breyer weitere Kontakt zu ausländ. Kanzleien, über die sie zuletzt Projekte in der Türkei u. Mexiko bekam. Ende 2022 kam zudem mit Berlin ein weiterer Standort hinzu, für den Breyer einen of Counsel gewann, der umf. Inhouse-Erfahrung u.a. bei der Dt. Bahn mitbrachte u. die Schnittstelle von Bau- u. Vergaberecht bedient.

Stärken: IPA-Mehrparteienverträge.

Oft empfohlen: Dr. Wolfgang Breyer („Experte in Sachen IPA-Verträge", Mandant), Dr. Michael Burdinski („hervorragender Spezialist in allen Facetten des Baurechts", Mandant)

Team: 3 Eq.-Partner, 4 Sal.-Partner, 19 Associates, 1 of Counsel zzgl. Büros in Wien u. Bukarest

Schwerpunkte: Umf. baubegl. Beratung, insbes. viel Erfahrung mit alternativen Vertragsmodellen. Auch Architektenrecht. Zunehmend Projektent-

Anwaltszahlen: Angaben der Kanzleien, wie viele Anwälte zu mind. ca. 50% in diesem Gebiet tätig sind. Sie spiegeln nicht zwingend die Gesamtgröße einer Kanzlei wider.

wicklungen. Regelm. Mandate mit internat. Bezug. Schnittstelle zum Vergaberecht.
Mandate: Baurecht: Siemens bei erstem Bauabschnitt ‚Siemensstadt'; Lebensmittelkonzern bei Bau von Logistikzentren u. Produktionsstätte nach IPA-Modell; Bietergemeinschaft im Vergabeverf. für Mehrparteienvertrag bei Infrastrukturprojekt; Projektentwickler bei Bau von Wohnquartier (Berlin); LBBW Immobilien Development bei Umgestaltung des ‚Schlossgartenareals'; Spring Park Valley bei Entwicklung Innovationsquartier nach Mehrparteienvertrag; Vector Informatik bei Standorterweiterungen.

BRYAN CAVE LEIGHTON PAISNER

Immobilienwirtschaftsrecht ★★★

Bewertung: Die Immobilienpraxis ist in ihrer internat. Wachstumsstrategie insbes. in Dtl. einen großen Schritt vorangekommen. Durch den Zugang eines größeren Teams von DLA hat die Kanzlei ihr Immobilien-Know-how an entscheidenden Schnittstellen wie Restrukturierung ergänzt u. bestehende Kompetenzen bei Transaktionen u. Finanzierungen ausgebaut. Neben neuen Mandaten u. Mandanten, die das Team bereits gemeins. gewinnen konnte, gab es auch Überschneidungen im Mandatsportfolio von BCLP u. deren Neuzugängen, was die Position der Kanzlei bei wesentl. Akteuren der Branche stärken dürfte. Exempl. dafür stehen v.a. einige großvol. Finanzierungen für Banken aber auch Kreditnehmer. Der Marktlage entspr. blieb das Transaktionsaufkommen auch bei BCLP überschaubar. Entscheidend wird nun sein, die durch die Quereinsteiger gewonnene Dynamik zu nutzen, um sich weitere Marktanteile zu erschließen, v.a. weil die Entwicklung der Praxis in den verg. Jahren sehr wellenartig verlief.
Stärken: Immobilientransaktionen.
Oft empfohlen: Roland Fabian, Hanns-William Mülsch, Dr. Norbert Impelmann, Tina Siebenhaar („sehr gut, v.a. als Notarin", Wettbewerber), Dr. Torsten Pokropp („fachl. exzellent, sehr angenehm im Umgang; immer flexibel u. pragmat. bei der Lösung auch komplexer Schwierigkeiten", Mandant), Frank Schwem, Christian Lonquich
Team: 13 Partner, 8 Counsel, 26 Associates, 3 of Counsel, inkl. Finanzierung u. Steuern
Schwerpunkte: (Portfolio-)Transaktionen, Restrukturierung u. (Re-)Finanzierung, angesehenes Notariat in Ffm. u. Berlin.
Mandate: Immobilienrecht: Project Immobilien-Gruppe bei Verkauf von Hotel (Berlin); Global Gate Capital bei Verkauf von 2 Gewerbeimmobilien; Allianz RE regelm. bei Transaktionen; Bental Green Oak bei Refinanzierung; Cromwell Germany zu JV mit JP Morgan wg. Aufbau von Logistikportfolio. **Finanzierung:** FOM Real Estate bei Refinanzierung ‚Maas Tower'.

Baurecht

★★★★★	
Kapellmann und Partner	Mönchengladbach, Düsseldorf, Berlin, München u.a.
★★★★★	
CMS Hasche Sigle	Berlin, Hamburg u.a.
Leinemann & Partner	Berlin, Düsseldorf, Hamburg, Frankfurt, München u.a.
Redeker Sellner Dahs	Bonn, Berlin, Leipzig
★★★★	
GSK Stockmann	München, Berlin, Hamburg u.a.
GvW Graf von Westphalen	Hamburg, Düsseldorf, Berlin u.a.
Heuking Kühn Lüer Wojtek	München, Düsseldorf, Chemnitz u.a.
Luther	Köln, Berlin, Essen u.a.
Lutz Abel	Hamburg, München, Stuttgart
SMNG	Frankfurt, Köln
★★★	
Breyer	Stuttgart, Frankfurt
FPS Fritze Wicke Seelig	Frankfurt, Hamburg
HFK Heiermann Franke Knipp und Partner	Frankfurt, Berlin, München u.a.
★★	
CBH Rechtsanwälte	Köln
Franz + Partner	Köln
KNH Rechtsanwälte	Berlin, Frankfurt u.a.
Loschelder	Köln
Orth Kluth	Düsseldorf
Zenk	Hamburg, Berlin
Zirngibl	München, Berlin
★	
Börgers	Berlin, Hamburg, Stuttgart
Hecker Werner Himmelreich	Köln, Leipzig u.a.
Heinemann & Partner	Essen
Jahn Hettler	Frankfurt, München
Kasper Knacke	Stuttgart
Rembert	Hamburg
Rittershaus	Frankfurt, München, Mannheim
Stassen	Berlin

Die Auswahl von Kanzleien und Personen in Rankings und tabellarischen Übersichten ist das Ergebnis umfangreicher Recherchen der JUVE-Redaktion. Sie ist in 2erlei Hinsicht subjektiv: Die Aussagen der befragten Quellen sind subjektiv u. spiegeln deren Erfahrungen u. Einschätzungen. Die JUVE-Redaktion wiederum analysiert die Rechercheergebnisse unter Einbeziehung ihrer eigenen Marktkenntnis. Der JUVE Verlag beabsichtigt keine allgemeingültige oder objektiv nachprüfbare Bewertung. Es ist möglich, dass eine andere Recherchemethode zu anderen Ergebnissen führt. Innerhalb einzelner Gruppen in Rankings und tabellarischen Übersichten sind Kanzleien und Personen alphabetisch sortiert.

CBH RECHTSANWÄLTE

Projektentwicklung und Anlagenbau ★★
Baurecht ★★

Bewertung: Die Kanzlei ist auf die Beratung öffentl. Entwicklungsprojekte spezialisiert. Dabei wird sie hauptsächl. von Auftraggebern mandatiert, aber auch regelm. von Auftragnehmerseite. Hier hat das Team zuletzt die Beratung von Architektur- u. Planungsbüros ausgebaut. Eine Vielzahl der lang lfd. Mandate ist in Köln u. NRW angesiedelt, wie zum Bsp. die 3. Baustufe der Nord-Süd-Bahn u. die wieder belebte Beziehung zur Stadt Köln im Zshg. mit der Errichtung von Hochwasserschutzsystemen. Doch über ein modernisiertes u. praxisgruppenübergr. Pitch-Management hat die Kanzlei in den verg. Jahren stetig neue Mandate der öffentl. Hand aus dem gesamten Bundesgebiet hinzugewonnen. Bsph. steht hier als Leuchtturm-Mandat der Neubau des Life Science-Campus Martinsried für die Max-Planck-Gesellschaft nach einer europaw. Ausschreibung. Strateg. ausgebaut hat CBH zudem die Beratung von Kommunen in puncto klimaneutrales Bauen: Eine jüngere Partnerin aus dem Baurecht berät gemeinsam mit einer jüngeren Partnerin aus dem Vergaberecht div. Gemeinden beim Bau von Bildungseinrichtungen. Die vorbildl. Zusammenarbeit zw. Öff. u. Priv. Bau-, Vergabe-, Planungs-, u. Förderrechtlern kommt auch den Mandanten im Immobilienrecht zugute, wo die Kanzlei zu Projektentwicklungen u. im Asset-Management berät.
Stärken: Projektentwicklungen.
Team: 6 Eq.-Partner, 5 Associates (Kernteam)
Schwerpunkte: Integrierte Beratung im Öffentl./Priv. Baurecht mit Schwerpunkten im (Spezial-) Tief- u. Klinik- sowie Anlagenbau. Beratung bei Entwicklung von Wohngebieten u. Innenstadtflächen. Umfangr. Erfahrung mit Prozessen.
Mandate: Baurecht: Max-Planck-Institut bei Neubau Life Science Campus Martinsried; div. Kommunen zu Schul- u. Kindergartenbau; Stadt Köln im Zshg. mit Hochwasserschutzsystemen; Planungs- u. Architekturbüros vertragsrechtl.; Johann Bunte

Anwaltszahlen: Angaben der Kanzleien, wie viele Anwälte zu mind. ca. 50% in diesem Gebiet tätig sind. Sie spiegeln nicht zwingend die Gesamtgröße einer Kanzlei wider.

Immobilien- und Baurecht: Kanzleien mit ausgeprägter Spezialkompetenz

Advant Beiten (Berlin, Frankfurt, München)
Gewerbl. Mietrecht

Prof Englert + Partner (Aichach)
Tiefbau

GTW Rechtsanwälte (Düsseldorf, Krefeld)
Gewerbl. Mietrecht

Prof. Dr. Rolf Kniffka (Hamm)
Streitschlichtung, Schiedsverfahren

Koeble Fuhrmann Locher Zahn Hüttinger (Reutlingen)
Architektenrecht

Prof. Stefan Leupertz (Essen)
Streitschlichtung, Schiedsverfahren

May und Partner (Frankfurt)
Streitschlichtung, Mediation, Schiedsverfahren

Meincke Bienmüller (Berlin)
Gewerbl. Mietrecht

MGR Rechtsanwälte (Frankfurt)
Internat. Baurecht (v.a. Spezial- u. Anlagenbau)

Rath (Frankfurt)
Architektenrecht

Rödl & Partner (Nürnberg)
Facility-Management

Die Auswahl von Kanzleien und Personen in Rankings und tabellarischen Übersichten ist das Ergebnis umfangreicher Recherchen der JUVE-Redaktion. Sie ist in 2erlei Hinsicht subjektiv: Die Aussagen der befragten Quellen sind subjektiv u. spiegeln deren Erfahrungen u. Einschätzungen. Die JUVE-Redaktion wiederum analysiert die Rechercheergebnisse unter Einbeziehung ihrer eigenen Marktkenntnis. Der JUVE Verlag beabsichtigt keine allgemeingültige oder objektiv nachprüfbare Bewertung. Es ist möglich, dass eine andere Recherchemethode zu anderen Ergebnissen führt. Innerhalb einzelner Gruppen in Rankings und tabellarischen Übersichten sind Kanzleien und Personen alphabetisch sortiert.

zu Bau von Test- u. Präsentationsstrecke für Kfz; Rheinland Versicherung bau- u. immobilienrechtlich. **Projektentwicklungen**: Birkenstock bei Bau von Produktionsstätte; WvM Immobilien bei Projektentwicklungen; internat. Projektentwickler zu div. Projekten im Büro- u. Logistikbereich. **Immobilienrecht:** BImA, Obi, Personalvermittler, Fachverlag, Krankenkasse lfd. mietrechtlich.

CHATHAM PARTNERS

Projektentwicklung und Anlagenbau	★★

Bewertung: Die Boutique aus HH konzentriert sich auf die Beratung von Projektentwicklungen inkl. Transaktionen. Dabei liegt ein regionaler Schwerpunkt in HH, wo die Kanzlei an zahlr. Projektentwicklungen beteiligt ist, bspw. dem ‚Elbtower' u. dem ‚Überseequartier'. Das wirkt sich auch auf die Transaktionsberatung aus, wo Chatham an einer Reihe markanter Deals in HH beteiligt ist, zuletzt dem Verkauf des histor. Fernmeldeamtes u. dem Kauf des ‚Georgstors'. Für Mandanten wie Peakside u. Garbe ist sie auch bundesw. bei Projektentwicklungen im Einsatz. Ins Mandat kommt sie regelm. über Empfehlungen von anderen Marktteilnehmern, die sich v.a. auf die Stärke des Teams im Öffentl., Vergabe- u. Vertragsrecht beziehen.
Oft empfohlen: Dr. Michael Schäfer
Team: 1 Eq.-Partner, 1 Counsel, 4 Associates
Schwerpunkte: Projektentwicklungen inkl. Transaktionen (auch Infrastruktur). Verknüpfung mit Öffentl. Recht.
Mandate: Projektentwicklungen: Art-Invest zu Entwicklung eines Gebäudekomplexes (HH); Garbe bei Entwicklung von Logistikimmobilien; Peakside bei div. Projektentwicklungen (HH); Signa zu div. Projekten, u.a. ‚Elbtower'; Unibail-Rodamco-Westfield bei ‚Überseequartier'. **Immobilienrecht:** Hines bei Kauf des ‚Georgstors' (HH); Sprinkenhof im Zshg. mit Projektentw. u. Transaktionen.

CLIFFORD CHANCE

Immobilienwirtschaftsrecht	★★★★★
Projektentwicklung und Anlagenbau	★★★

Bewertung: Die wenigen großvol. Immobiliendeals, die es Ende 2022 noch gab, haben eins gemeinsam: Das Immobilienteam von CC war (fast) immer dabei. Für Mandantin Tristan kaufte Stoecker ein Wohnportfolio für fast €300 Mio u. Prologis setzte beim Kauf eines mrd-schweren Logistikpakets in 7 Ländern auf ein internat. Team, zu dem auch Jaeger zählte. Aber auch jenseits der großen Deals ist die Praxis der brit. Spitzenkanzlei im Immobilienmarkt weiter präsent, was sich auch am Feedback von Wettbewerbern zeigt, die CC nach wie vor eine „tiefe Marktdurchdringung" attestieren. U.a. begleitet sie Projektentwicklungen u. Anlagenbauvorhaben für Mandanten wie Siemens u. ein gr. Pharmaunternehmen. Eng verbandelt sind die Immobilienrechtler seit jeher mit ihren Finanzierungskollegen, die Wettbewerber – zusammen mit A&O – als Marktführer sehen.
Stärken: (Portfolio-)Transaktionen. Langj. integrierte Beratung der Branche.
Oft empfohlen: Dr. Christian Keilich („sehr stark", „guter Verhandler", Wettbewerber), Reinhard Scheer-Hennings („sehr angenehm u. konstruktiv – immer", Wettbewerber), Thomas Reischauer, Dr. Gerold Jaeger („immer gut", Wettbewerber), Dr. Fabian Böhm („toller Anwalt; beruhigend, ihn bei Verhandlungen an der Seite zu haben", Mandant), Tobias Schulten, Dr. Philipp Stoecker („starke Präsenz, schnell u. fachl. hervorragend", Mandant), Dennis Blechinger („exzellent, mit kompetentem u. dienstleistungsorientiertem Team", Mandant), Dr. Kristina Jaeger
Team: 9 Partner, 2 Counsel, 25 Associates (inkl. Transaction Lawyer)
Schwerpunkte: (Portfolio-)Transaktionen, Beratung von Banken u. Investoren. Projektentwicklungen inkl. Finanzierung, auch ▷*Öffentl. Recht*. Außerdem steuer- u. investmentrechtl. Strukturierungen. Sehr angesehenes ▷*Notariat*.
Mandate: Immobilienrecht: Prologis bei Kauf von ‚Crossbay-Portfolio' (€1,6 Mrd); Tristan bei Kauf von Wohnportfolio (€280 Mio); BVK/Values bei Kauf von ehem. Fernmeldeamt HH (€400 Mio); Pimco Prime RE (ehem. Allianz RE) bei JV mit Heimstaden Borstad; Dietz bei Verkauf von Logistik-Zentrum; Union Investment bei Kauf von Bürohochhaus (D´dorf); AEW bei Kauf von ‚Franken Quai'; BNP Paribas bei Kauf von Büroobjekt (München); Generali bei Kauf u. Finanzierung von Bürogebäude; Bankenkonsortium bei Mrd-JV (Infrastruktur). **Projektentwicklungen:** GE Healthcare bei Bau Radiologieerweiterungsbau; German LNG Terminal bei Planung, Bau u. Betrieb eines Flüssiggasterminals; Tesla bei Vertragsgestaltung u. Bau von ‚Gigafactory Brandenburg'; LBBW Immobilien Development bei 2 Wohnarealen.

CMS HASCHE SIGLE

Immobilienwirtschaftsrecht	★★★★★
Projektentwicklung und Anlagenbau	★★★★★
Baurecht	★★★★★

Bewertung: CMS deckt mit ihrem großen Team die komplette Palette der bau- u. immobilienrechtl. Beratung ab. Die starken Einzelpraxen im Immobilien- (insbes. Transaktionen) u. Baurecht (insbes. Anlagenbau) arbeiten regelm. zusammen bzw. kooperieren mit Praxen, die Schnittstellenthemen wie Öffentl. Recht, IT oder Energie abdecken. Im klass. Baurecht hat die Kanzlei in den verg. Jahren ihre Aktivitäten sukzessive in Richtung komplexe Großprojekte mit internat. Bezug ausgebaut. Generell wird das internat. Netzwerk von CMS mittlerw. deutl. stärker genutzt, was sie auch für internat. Aktivitäten der Mandanten hierzulande oder im Ausland attraktiv macht. Ein kanzleiw. Team beriet bspw. Allianz RE bei der Gründung eines JV zum Bau von 2 Bürogebäuden in London. Gleiches gilt auch für den Anlagenbau (Windparks, Wasserstoff, Pharma- u. Chemieanlagen). Allein im Offshore-Bereich ist CMS an der überwiegenden Zahl der Projekte beteiligt. Darüber hinaus hat die Kanzlei wie viele Wettbewerber die Assetklasse Datencenter ins Auge gefasst u. berät bspw. Yondr u. ein Hochtief-JV in diesem Bereich.
Stärken: Transaktionen. Internat. Anlagenbau, Projektentwicklungen, Streitschlichtung.
Oft empfohlen: Dr. Volker Zerr, Heinrich Schirmer, Dr. Andreas Otto, Dr. Matthias Kuß, Dr. Sebastian Orthmann („sehr guter, erfahrener Transaktionsanwalt", Mandant), Philipp Schönnenbeck („hervorragende Beratung, in der Lage komplexe Projekte auf hohem Niveau zu begleiten", Mandant), Heinz-Joachim Kummer („exzellent", Mandant), Andreas Roquette, Martin Krause (beide Baurecht)
Team: 23 Partner, 17 Counsel, 48 Associates, 2 of Counsel, im ges. Fachbereich Real Estate & Public
Partnerwechsel: Dr. Thorsten Schätzlein (in eigene Kanzlei)
Schwerpunkte: ▷*M&A*, ▷*Kredite u. Akqu.fin.*, Projektentwicklung u. internat. Anlagenbau. Umf. Baubegleitung, auch Prozesse u. Schiedsverfahren. Notariat. Große Erfahrung beim Einsatz von Legal Tech-Tools u. Projektjuristen.
Mandate: Immobilienrecht: Art-Invest bei Beteiligung von DTCP an Maincubes; Union Investment regelm. bei Transaktionen, u.a. bei Kauf von Nahversorgungszentrum; Allianz Lebensversicherung bei Verkauf von ‚Central One'; Allianz RE, u.a. zu Kauf Logistikportfolio u. zu JV. **Projektentwicklungen/Anlagenbau:** Valor bei Ankauf u. Entwicklung von Logistikfläche (Berlin); Versorgungskammer bei Kauf von Neubauprojekt B.munich u. Büro- u. Geschäftsgebäude (Berlin); Yondr zu Datencenter (Bischofsheim); Tata Steel zu Bau Produktionsanlage inkl. Finanzierung; u.a. RWE, Iberdrola zu Offshore-Windparks.

DENTONS

Immobilienwirtschaftsrecht	★★

Bewertung: Ähnl. wie bei Wettbewerbern stand auch in der immobilienrechtl. Beratung von Dentons zuletzt das Asset-Management stärker im Fokus als

Anwaltszahlen: Angaben der Kanzleien, wie viele Anwälte zu mind. ca. 50% in diesem Gebiet tätig sind. Sie spiegeln nicht zwingend die Gesamtgröße einer Kanzlei wider.

das Transaktionsgeschäft. Ersteres nutzt die Kanzlei, um noch junge Mandatsbeziehungen zu vertiefen u. sich ggfs. für transaktionsreichere Zeiten in eine gute Ausgangslage zu bringen. Bereits gelungen ist ihr das beim Wohnungskonzern Vonovia, der Dentons mittlerw. regelm. auch bei größeren Deals mandatiert. Ein Bsp. ist der Porfolioverkauf an CBRE für mehr als €500 Mio, der im Zuge des initiierten Abverkaufsprogramms stattfand, für das Dentons laut Marktinformationen gesetzt sein soll. V.a. durch Quereinsteiger hatte Dentons ihre Beratung in den verg. Jahren – geografisch u. themat. – weiter ausgebaut u. setzte diesen Kurs auch 2023 fort. Ein erfahrener Partner von HFK wird neben klass. immobilienrechtl. Beratung von Ffm. aus auch als Notar tätig sein, was sich auch schon in anderen Großkanzleien als erfolgr. Modell herausgestellt hat.

Oft empfohlen: Dirk-Reiner Voss, Sebastian Schmid

Team: 10 Partner, 10 Counsel, 12 Associates, 1 of Counsel (inkl. Corporate, Steuern, Öffentl. Recht)

Partnerwechsel: Dr. Maximilian Schulte (von HFK); Bernhard Gemmel (zu Baker Tilly)

Schwerpunkte: Transaktionen inkl. (Re-)Finanzierung u. Steuern. Projektentwicklungen. Investmentrecht. Asset-Management.

Mandate: Immobilienrecht: Vonovia bei Verkauf von 1.350 Wohnungen (€560 Mio) u. bei Verkauf von Südewo-Portfolio an Apollo (Vendor-Due Diligence; €1 Mrd); Soini Asset bei Ankauf von Logistikimmobilien; Union Investment lfd. zu Hotelprojekten; Roundhill Capital bei Ankäufen für Pflegeheim-Portfolio; Coros bei Ankauf von Hotelimmobilie; Palmira lfd. bei Logistiktransaktionen; lfd.: P3 Logistic Parks, Advenis, Castleforge. **Projektentwicklungen:** israel. Forschungsinstitut bei JV für Projektentwicklung; lfd.: AEW.

DLA PIPER

Immobilienwirtschaftsrecht	★★★★
Projektentwicklung und Anlagenbau	★★★★

Bewertung: Die Größe ihrer Partnerriege u. die damit verbundene fachl. Breite ermöglichen es DLA, sich dem veränderten Marktumfeld in der Immobilienbranche anzupassen. So liegt derzeit der Fokus stärker auf dem Projektentwicklungsgeschäft, für das insbes. Haller aber auch Neupartner Dr. Manuel Indlekofer stehen. „Verhandlungsstärke, Flexibilität, Erreichbarkeit u. Diversität" fasst ein Mandant die aus seiner Sicht wesentl. Pluspunkte des Teams zusammen. Reubekeul hat sich schon frühzeitig mit den damals noch als Nischenprodukt geltenden Datencentern befasst u. bringt sein Know-how heute in zahlr. Projekten ein. Größere Deals machte zuletzt v.a. Mühlen, bspw. für DHL beim Verkauf eines paneurop. Portfolios. Nach dem Weggang eines 4-köpf. Partnerteams im Vorjahr hat DLA auf der Finanzierungsseite schnell die Lücke mit der erfahrenen Sopp geschlossen, was dazu führte, dass zentrale Mandanten auch künftig auf DLA vertrauen. Anlass zur internen Neupositionierung gab auch der Umstand, dass mit Mühlen u. Haller gleich 2 Partner wichtige Funktionen innerh. der Gesamtkanzlei übernahmen, was nun Reubekeul zum alleinigen PG-Leiter macht.

Stärken: Projektentwicklungen; hoher Spezialisierungsgrad innerh. der Praxisgruppe.

Oft empfohlen: Fabian Mühlen („in der Sache harter Verhandler, menschl. sehr angenehm", „dealorientiert, Zusammenarbeit macht viel Spaß", Wettbewerber), Dr. Martin Haller („seit Jahren kompetent u. sehr zuverlässig", „exzellente Beratung", „gutes Verständnis für Problemthemen", Mandanten), Lars Reubekeul („ein ruhender Pol in hektischen Transaktionen, große Markterfahrung aus div. Zyklen der Branche mit einem starken Team", Mandant), Dr. Florian Biesalski („sehr geschätzter Berater", Mandant, „sehr strukturiert u. kompetent", Wettbewerber über beide)

Team: 7 Partner, 2 Counsel, 18 Associates (Kernteam inkl. Immobilienfinanzierung)

Partnerwechsel: Michaela Sopp (von Simmons & Simmons)

Schwerpunkte: Transaktionen u. Projektentwicklungen. Finanzierung v.a. auf Darlehensgeberseite. Daneben auch Mietrecht u. Asset-Management.

Mandate: Immobilienrecht: DHL bei Verkauf von Immobilienportfolio aus klimaneutralen Lagerhäusern in 6 Jurisdiktionen; Hahn bei Verkauf von FMZ-Portfolio; Opel Automobile bei Verkauf eines Teils des Werksgeländes (Kaiserslautern); Art-Invest bei Hotelkauf (Braunschweig); Barings mietrechtl.; PGIM bei Verkauf des PLUS-Hotels. **Finanzierung:** Deka bei Akquisitionsfinanzierung für Logistikimmobilie; Helaba bei Finanzierung von Büroportfolio; Collineo zu Mezzanine-Finanzierungen. **Projektentwicklungen:** Lfd.: GLP, Gazeley, Catella.

EVERSHEDS SUTHERLAND

Projektentwicklung und Anlagenbau	★

Bewertung: Die Kanzlei ist im Bau- u. Immobilienrecht breit aufgestellt, wobei ein gewisser Schwerpunkt auf Projektentwicklungen u. dabei wiederum auf Logistikobjekten u. Rechenzentren liegt. Über einen neu hinzugewonnenen Partner u. sein Team mit vielverspr. Mandantenstamm konnte die Kanzlei u.a. die Beratung im Retail-Sektor weiter ausbauen. Dazu gehört einerseits das Asset-Management u. die mietrechtl. Beratung von Markenartiklern u. Luxuslabeln, aber auch die Beratung von Investmentmanagern wie Garbe. Außerdem war die Kanzlei zuletzt an einigen großen Transaktionen beteiligt, v.a. in der Region München. Ein zentrales Mandat war dabei die Beratung von Nuveen beim Verkauf des Einkaufszentrums Pep. Durch die steigenden Anforderungen an Entwicklungsprojekte mit Blick auf Energiewende, Nachhaltigkeit, aber auch Datenschutz profitieren Mandanten von der guten Vernetzung des Immobilienteams mit diesen angrenzenden Fachbereichen.

Team: 1 Eq.-Partner, 8 Sal.-Partner, 9 Counsel, 12 Associates, 1 of Counsel

Partnerwechsel: Dr. Stefan Fink (von Advant Beiten); Dr. Maximilian Findeisen (zu Norton Rose Fulbright)

Schwerpunkte: Projektentwicklungen. Asset-Management. Auch Finanzierung.

Mandate: Projektentwicklungen: Logistik-Gruppe Post-Closing bei Entwicklung von Logistikzentrum; Investmentmanager bei div. Projektentwicklungen in München; internat. Investor bei div. Logistik-Projektentwicklungen sowie Sale- and Lease-Back-Strukturen. **Immobilienrecht:** Nuveen bei Kauf von Pep-Einkaufszentrum; Boeing mietrechtl.; Immobilieninvestor bei Kauf von Misch-Portfolio; Apartment-Investor bei Ankauf von Hotelkette; lfd.: Meta, Microsoft, Axa, Invesco, Patrizia.

FPS FRITZE WICKE SEELIG

Immobilienwirtschaftsrecht	★★
Baurecht	★★★

Bewertung: Die Kanzlei steht für eine ganzheitl. Beratung im Immobilien- u. Baurecht. Dabei hat die Arbeit noch immer einen Schwerpunkt in Ffm., doch hat FPS Zug um Zug ihr Standing auch außerh. der Region verbessert. Zugute kommt Mandanten wie Benchmark, Premier Inn u. Edeka Südwest dabei die strateg. durchdachte Verzahnung der Praxisgruppen, die nicht nur Immobilien- u. Baurecht, sondern auch Fachgebiete wie Steuer-, ▷*IT*- u. ▷*Vergaberecht* einschließt. Dies zeigt sich auch in der langsam, aber stetig wachsenden Transaktionsberatung trotz eines relativ schwachen Marktumfeldes. Ergänzend zur renommierten Partnerriege gewinnen auch jüngere Anwälte an Profil: So erhält eine jüngst im Öffentl. Baurecht ernannte Partnerin bereits Lob von Mandantenseite.

Oft empfohlen: Stephan Jüngst (Baurecht), Dietrich Sammer („immer ein gutes Gefühl, ihn an unse-

Führende Namen im Immobilienwirtschaftsrecht (über 50 Jahre)

Dr. Roland Bomhard
Hogan Lovells, Düsseldorf

Dr. Dirk Brückner
GSK Stockmann, München

Dr. Michael Eggersberger
GSK Stockmann, München

Dr. Philipp Jebens
Jebens Mensching, Hamburg

Peter Junghänel
Goodwin Procter, Frankfurt

Dr. Christian Keilich
Clifford Chance, Frankfurt

Dr. Stefan Lebek
Poellath, Berlin

Thomas Müller
Hengeler Mueller, Frankfurt

Hanns-William Mülsch
Bryan Cave Leighton Paisner, Berlin

Dr. Christian Schede
Greenberg Traurig, Berlin

Reinhard Scheer-Hennings
Clifford Chance, Düsseldorf

Dr. Niko Schultz-Süchting
Freshfields Bruckhaus Deringer, Hamburg

Dr. Hinrich Thieme
Hogan Lovells, Frankfurt

Marc Werner
Hogan Lovells, Frankfurt

Dr. Tim Weber
Gleiss Lutz, Frankfurt

Die Auswahl von Kanzleien und Personen in Rankings und tabellarischen Übersichten ist das Ergebnis umfangreicher Recherchen der JUVE-Redaktion. Sie ist in 2erlei Hinsicht subjektiv: Die Aussagen der befragten Quellen sind subjektiv u. spiegeln deren Erfahrungen u. Einschätzungen. Die JUVE-Redaktion wiederum analysiert die Rechercheergebnisse unter Einbeziehung ihrer eigenen Marktkenntnis. Der JUVE Verlag beabsichtigt keine allgemeingültige oder objektiv nachprüfbare Bewertung. Es ist möglich, dass eine andere Recherchemethode zu anderen Ergebnissen führt. Innerhalb einzelner Gruppen in Rankings und tabellarischen Übersichten sind Kanzleien und Personen alphabetisch sortiert.

Anwaltszahlen: Angaben der Kanzleien, wie viele Anwälte zu mind. ca. 50% in diesem Gebiet tätig sind. Sie spiegeln nicht zwingend die Gesamtgröße einer Kanzlei wider.

Führende Namen im Immobilienwirtschaftsrecht (bis 50 Jahre)

Marc Bohne
Goodwin Procter, Frankfurt

Dr. Dirk Debald
Hogan Lovells, Hamburg

Wolfram Krüger
Linklaters, Frankfurt

Dr. Carsten Loll
Latham & Watkins, München

Dr. Olaf Meisen
Allen & Overy, Frankfurt

Fabian Mühlen
DLA Piper, Frankfurt

Dr. Liane Muschter
Ashurst, Frankfurt

Dr. Jens Ortmanns
McDermott Will & Emery, Düsseldorf

Annette Pospich
Noerr, München

Dr. Peter Schorling
Greenberg Traurig, Berlin

Die Auswahl von Kanzleien und Personen in Rankings und tabellarischen Übersichten ist das Ergebnis umfangreicher Recherchen der JUVE-Redaktion. Sie ist in 2erlei Hinsicht subjektiv: Die Aussagen der befragten Quellen sind subjektiv u. spiegeln deren Erfahrungen u. Einschätzungen. Die JUVE-Redaktion wiederum analysiert die Rechercheergebnisse unter Einbeziehung ihrer eigenen Marktkenntnis. Der JUVE Verlag beabsichtigt keine allgemeingültige oder objektiv nachprüfbare Bewertung. Es ist möglich, dass eine andere Recherchemethode zu anderen Ergebnissen führt. Innerhalb einzelner Gruppen in Rankings und tabellarischen Übersichten sind Kanzleien und Personen alphabetisch sortiert.

rer Seite zu wissen", Mandant; Immobilienrecht), Dr. Hendrik Sandmann („versteht unsere Bedürfnisse", Mandant; Immobilienrecht), Dr. Holger Scherer („zuverlässig, fachl. stark", Mandant; Immobilienrecht), Florian Wiesner
Team: 24 Eq.-Partner, 11 Sal.-Partner, 23 Associates, 3 of Counsel
Schwerpunkte: Projektbegleitende Beratung, v.a. für Auftraggeber, Entwickler u. Investoren. Engagierte Prozesspraxis, enge Verzahnung mit dem Öffentl. Baurecht. Im Immobilienrecht: Transaktionen, aber auch Mietrecht u. Asset-Management.
Mandate: Immobilienrecht: Premier Inn immobilien-, miet- u. baurechtl.; Basecamp bei div. Projekten, u.a. bei Verkauf eines Areals (Göttingen); Edeka Südwest mietrechtl. u. bei Ankäufen; Benchmark bei Hotelverkäufen; OFB Projektentwicklung baubegl., mietrechtl. u. transaktional; Aurelis bei div. Ankäufen. **Projektentwicklungen:** Investmentgesellschaft bei großvol. Rahmenvertrag im Miet- u. Baurecht; Projektentwickler bei Neubau von Multi-Tenant-Objekt; CV bei Kauf u. Entwicklung der ehem. HVB-Zentrale; Gustav Zech Stiftung mietrechtl. u. baubegl.; St. Katharinen- u. Weißfrauenstift baubegleitend. **Baurecht:** Benchmark zu div. Bauprojekten (Wohnen, Hotel, Büro); Stadtwerke Bayreuth zu Neubau Konzernzentrale; Zentralrat der Juden in Deutschland bei Neubau Jüdische Akademie/Ffm.; Fraport baubegleitend.

FRANZ + PARTNER

Baurecht ★★

Bewertung: Die Boutique zählt zu den renommierten Akteuren im Baurecht. Das liegt insbes. am hervorragenden Ruf ihrer Partner, allen voran Franz, deren Kompetenz Wettbewerber wie Mandanten regelm. betonen. 3 Jahre nach Gründung hat die Kanzlei nun auch den Sprung über den Kölner Stammsitz hinausgewagt u. ein Büro in München eröffnet. Dort begleitet das Team für Zech den Abbruch des Hbf. München im Zshg. mit der 2. Stammstrecke. In Ausschreibungen kann das Team auch regelm. neue Mandanten von sich überzeugen, z.B. den Landkreis Konstanz u. die Arge Neubau Gürzenichstraße/Köln. Eine Paradedisziplin der Kanzlei sind zudem komplexe Infrastrukturprojekte, die sie für die AN-Seite begleitet, bspw. die Bietergemeinschaft im Zshg. mit der Stromtrasse A-Nord in einem Mehrparteienvertrag. Neue Wege beschreitet die Kanzlei nach den BRAO-Änderungen durch Gründung einer gemeinsamen Gesellschaft mit einem Sachverständigenbüro.
Oft empfohlen: Dr. Birgit Franz („Lieblingsgegenseite", Wettbewerber) Dr. Andreas Bahner („lösungsorientiert", Wettbewerber)
Team: 3 Eq.-Partner, 5 Associates
Schwerpunkte: Baubegl. Beratung, häufig Infrastrukturprojekte. Auch Prozesse. Enge Verknüpfung mit dem Vergaberecht. Immobilienrecht: v.a. Vermietung u. Asset-Management.
Mandate: Baurecht: BieGe A-Nord zur Stromtrasse A-Nord (€1,2Mrd); Zech bei Rückbau u. Abbruch des Hbf. München für Westerweiterung; Landkreis Konstanz bei Neubau Berufsschulzentrum; Arge bei Neubau Gürzenichstr. (Köln); Wolff & Müller bei div. BAB-Vorhaben; Krankenhaus Porz am Rhein projektbegl. zu Neu- u. Umbau.

FRESHFIELDS BRUCKHAUS DERINGER

Immobilienwirtschaftsrecht ★★★★★
Projektentwicklung und Anlagenbau ★★★

Bewertung: Die Beratung bei großvol. u. komplexen Transaktionen ist die Paradedisziplin des Immobilienteams. Dazu gehören sowohl klass. Share- u. Asset-Deals, wie der Verkauf einer Minderheitsbeteiligung von Südewo an Apollo für Stammmandantin Vonovia, wie auch JV-Gründungen. Hinzu kommen große Projektentwicklungen wie bspw. das ‚Überseequartier' in HH. Nach dem Wechsel von Altmeister Conradi in den Ruhestand wird deutlicher denn je, dass der Generationswechsel, der schon vor einiger Zeit eingeleitet wurde, reibungslos funktioniert hat. Mandanten loben Praxisgruppenleiter Dr. Niko Schultz-Süchting als „würdigen Nachfolger, der ein starkes u. schlagkräftiges Team führt". Dass zuletzt zahlr. Immobilienprojekte u. -unternehmen auch restrukturierungs- sowie insolvenz- u. litigationnahe Beratung benötigten, konnte das Team mit den gut ausgeprägten Schnittstellen zu anderen Teams auffangen u. bildete entspr. Spezialberatungsgruppen. Gleiches gilt für die ESG-Beratung in der Branche, die von einer jüngeren Partnerin vorangetrieben wird. Die Position unter den marktführenden Kanzleien unterstreicht FBD zudem mit konsequentem Einsatz digitaler Lösungen in der Beratung u. deren ständiger Weiterentwicklung.
Stärken: Transaktionen; breite Finanzierungserfahrung; techn. unterstütztes Projektmanagement.
Oft empfohlen: Dr. Niko Schultz-Süchting („starker Verhandler mit viel Detailwissen", Mandant), Dr. Timo Elsner („klarer Denker mit starkem ‚hands-on'-Ansatz", Mandant)
Team: 7 Partner, 1 Counsel, 19 Associates, 1 of Counsel, inkl. Finanzierung
Schwerpunkte: Transaktionen, Projektentwicklungen, Joint Ventures, ▹*Kredite u. Akqu.fin.* (inkl. Fonds).
Mandate: Immobilienrecht: Azora bei Kauf eines Hotelportfolios; Vonovia bei Verkauf von Minderheitsbeteiligung an Südewo u. JV-Gründung mit Apollo (€1 Mrd); Investor beim Verkauf eines großen Immobilienportfolios (Berlin); PGIM bei Verkauf ‚Rossmarkt 18' (Ffm.); Data4 beim Kauf Kasernengelände (Hanau); Conren Land bei Kauf Bürohaus (D'dorf); Tishman Speyer bei Kauf von ‚Galerie Lafayette'; Li-Cycle mietrechtlich. **Projektentwicklung:** HafenCity HH bei ‚Überseequartier' u. ‚Elbtower'; In-Campus bei Technologiepark; Dt. Herzzentrum/Charité bei Zusammenschluss. insbes. zum Nutzungsvertrags über gemeins. genutzte Krankenhaus-Räumlichkeiten u. damit zusammenhängende Mietverträge.

GLEISS LUTZ

Immobilienwirtschaftsrecht ★★★

Bewertung: Komplexe Transaktionen, Finanzierungen u. Umstrukturierungen stehen im Fokus der immobilienrechtl. Beratung. Dabei spielt die Kanzlei ihre Stärken als Full-Service-Einheit aus u. bezieht Finanzierungs-, Steuer- u. Kapitalmarktexperten ein, aber auch öffentl.-rechtl. Berater etwa bei Projektentwicklungen. Damit bindet sie Mandanten wie RFR, Invesco u. die südkorean. Investorin Daishin Securities. Mandanten loben zudem das wirtschaftl. Verständnis der Anwälte. Über London spricht die Immobilienpraxis nun auch vermehrt Mandanten aus der Private-Equity-Branche an. Branchentyp. spielen aktuell Restrukturierungen u. Refinanzierungen eine größere Rolle im Beratungsportfolio.
Stärken: Transaktionen u. Finanzierung.
Oft empfohlen: Dr. Tim Weber („ausnahmslos qualitativ hochwertige u. zügige Bearbeitung", „fachlich sehr stark, immer um eine pragmat. Lösung bemüht", Mandanten), Dr. Johannes Niewerth
Team: 7 Eq.-Partner, 6 Counsel, 18 Associates, 1 of Counsel, inkl. Finanzierung, Steuern, Corporate
Schwerpunkte: Transaktionen u. ▹*Finanzierung*. Projektentwicklung. Etabliertes ▹*Notariat* in Berlin.
Mandate: Immobilienrecht: Invesco bei Kauf von Logistikimmobilie bei München; RFR bei Verkauf Karstadt-Warenhaus (Lübeck); Shinhan zur Refinanzierung u. Restrukturierung einer Beteiligung am FCB Frankfurt; Europi Property beim Kauf des ‚Silizium'-Büroturms in D'dorf; ABG zu Abschluss Erbbaurechtsvertrag; Brainlab mietrechtlich. **Projektentwicklung**: Hornbach, u.a. bei Grundstückskäufen; Invesco bei Erweiterungsbau für Logistikobjekt.

GOODWIN PROCTER

Immobilienwirtschaftsrecht ★

Bewertung: Der Fokus des Immobilienteams von GP liegt auf Transaktionen u. Finanzierungen für Investoren. Analog zur Ausrichtung der Gesamtkanzlei stehen v.a. Private Equity-Investoren im Mittelpunkt. Für Stammandantin Slate war GP bspw. bei einem der größten Deals des Jahres tätig, dem Kauf eines mrd.-schweren Einzelhandelsportfolios von x+bricks. Generell spielt auch das kanzleiw. Netzwerk von u. nach GB, in die USA u. Luxemburg eine entscheidende Rol-

Anwaltszahlen: Angaben der Kanzleien, wie viele Anwälte zu mind. ca. 50% in diesem Gebiet tätig sind. Sie spiegeln nicht zwingend die Gesamtgröße einer Kanzlei wider.

le in der Beratung. Besonders präsent ist das von Mandanten wie Wettbewerbern gelobte Team inzw. in der Immobilienfinanzierung, wo es einige neue Mandanten hinzugewann, bspw. Besser Wohnen, u. beim Aufsetzen u. bei der Beratung von Immobilienfonds. Die Kanzlei stärkte personell aber auch das Kernimmobilienrecht mit einer neu ernannten Partnerin.

Oft empfohlen: Marc Bohne, Peter Junghänel („hervorragende Beratung", Mandant), Dr. Stephan Kock („genaue Analyse, gutes Team", Mandant), Dr. Anke Johann („vertritt Interessen, ohne übers Ziel hinaus zu schießen", Mandant)

Team: 6 Partner, 2 Counsel, 12 Associates, inkl. Finanzierung

Schwerpunkte: Transaktionen inkl. Finanzierung. Strukturierung u. Implementierung von Immobilienfonds, Joint Ventures u. börsennot. Immobilien-AGen und REITs. Restrukturierung. Schnittstelle zu ▷*Private Equity*.

Mandate: Immobilienrecht: Slate bei Kauf von Einzelhandelsportfolio (€1Mrd); Fonds beim Verkauf von Studentenwohnungen; 777 Capital Partners, u.a. bei Kauf u. Entwicklung Nahversorgungszentrum u. Kauf Micro-Living-Wohnentwicklung inkl. Finanzierung; Fonds bei Kauf von Pflegeimmobilien; KanAm u. KanAm-Fonds lfd. u. bei Kauf „Nexus"-Büroimmobilie (Berlin); Patrizia im Zshg. mit ‚Dawonia'-Wohnungsportfolio (lfd.); lfd. bei Transaktionen u. Finanzierungen: Slate, Cerberus.

GÖRG

Immobilienwirtschaftsrecht	★★★
Projektentwicklung und Anlagenbau	★★

Bewertung: Das Immobilienteam der Kanzlei steht für eine breite Aufstellung in Verbindung mit tragfähigen Schnittstellen zu anderen Praxisgruppen wie Restrukturierung, Steuerrecht u. Finanzierung. Ähnlich breit ist der Mandantenstamm, zu dem neben Immobilienfirmen u. Investoren auch die öffentl. Hand zählt. Bspw. berät Görg die Städte Hamburg, D'dorf u. Wiesbaden zu div. Immobilienprojekten. Trad. stark ist die Kanzlei im Small- u. Mid-Cap-Segment, wie die Beratung von Jamestown zum Kauf des ‚Böhler-Areals' oder von Real I.S. beim Verkauf der Bayernwerk-Zentrale zeigen. Flankiert wird die anwaltl. Arbeit von einem sehr angesehenen Notariat in Ffm. u. Berlin. Einen Namen hat die Kanzlei auch im Anlagenbau, wo neben Trianel auch die Energiewerke Hamburg bei einem großen Projekt auf Görg setzen.

Oft empfohlen: Jan Lindner-Figura, Daniel Seibt, Dr. Markus Heider

Team: 25 Eq.-Partner, 4 Sal.-Partner, 4 Counsel, 31 Associates

Schwerpunkte: Transaktionen u. Projektentwicklungen. Zudem ausgeprägt Gewerbl. Mietrecht (u.a. für Fonds). Auch Finanzierung. ▷*Energierecht*, ▷*Öffentl. Recht*. ▷*Notariat*. Schnittstelle ▷*Insolvenz/Restrukturierung*.

Mandate: Immobilienrecht: Jamestown bei Kauf Böhler-Areal (D'dorf); Real I.S. bei Verkauf d. Bayernwerk-Zentrale (Regensburg); Ampega, u.a. bei Kauf Bürogebäude ‚Forum'; HanseMerkur bei Kauf des ‚Medical Science Center'; Diakoniewerk Simeon bei An- u. Verkauf von Pflegeimmobilien u. mietrechtl.; Metropol bei Verkauf von Bestandsimmobilien; Edmond de Rothschild bei Transaktion u. mietrechtl.; lfd: DFI, HIE Hamburg Invest. **Projektentwicklungen:** Trianel lfd. im Zshg. mit Entwicklung, Bau, Betrieb von Onshore-Windparks u. PV-Anlagen; Energiewerke Hamburg/Gasnetz Hamburg bei Neubau Heizkraftwerk.

GREENBERG TRAURIG

Immobilienwirtschaftsrecht	★★★★★
Projektentwicklung und Anlagenbau	★★★

Bewertung: Das Immobilienteam der US-Kanzlei gehört weiterhin zu den führenden des Marktes. Ähnl. wie Clifford zeichnet sich auch GT durch eine bemerkenswerte Marktdurchdringung aus, die sich u.a. an einer großen Zahl von Transaktionen in allen Preiskategorien ablesen lässt – u. die für Großkanzleien in der derzeitigen Marktlage nicht selbstverständlich ist. Darüber hinaus beweist die Kanzlei regelm. ein gutes Gespür für Trends. Aktuelles Bsp. ist die Beratung zu Betreiberimmobilien etwa im Bereich des student. Wohnens oder bei gr. Quartiersentwicklungen, bei der GT ihre Stärke im TMT bei Themen wie Datenschutz aber auch im ESG-Kontext ausspielen kann. Dass derartige Beratungsprodukte keine Eintagsfliegen sind, sondern das Ergebnis strateg. Weitsicht zeigen auch die Partnerernennungen der verg. beiden Jahre: Beide Neupartner hatten bewusst auf diese Themen gesetzt. Bemerkenswert ist auch, wie regelm. Mandanten u. Wettbewerber das „großartige Team" u. die „konstant hochwertige Beratung" loben. Positives Feedback in dieser Intensität u. Häufigkeit gibt es sonst nur für sehr wenige Praxen, darunter Clifford u. DLA.

Stärken: Hervorragende Vernetzung in der Immobilienbranche. Beratung bei der Energie- u. Breitbandversorgung von (Wohn-)Immobilien.

Oft empfohlen: Dr. Christian Schede, Dr. Peter Schorling („besonders schnell in der Bearbeitung versch. Themen, sehr pragmatisch, sehr gutes Branchenwissen", Mandant), Dr. Florian Rösch („hat genau die rechtl. Unterstützung geliefert, die wir benötigten", Mandant), Dr. Henning-Wolfgang Sieber („gutes Vertrauensverhältnis, zielgerichtete Zusammenarbeit", Mandant), Wencke Bäsler, Dr. Nicolai Lagoni, Claudia Hard, Dr. Anika Mitzkait, Dr. Josef Hofschroer („fachl. exzellent, sehr umsichtig", „hervorragender Jurist, fachl. immer auf den Punkt u. mit Weitblick", Mandanten), Dr. Martin Hamer, Dr. Henrik Armah („smarte, ruhige, pragmatische Art, zügig; sehr zu empfehlen", Mandant)

Team: 25 Partner, 33 Associates, inkl. Finanzierung, Steuern, Corporate, Öffentl. Recht

Schwerpunkte: Transaktionen, Projektentwicklungen. Enge Verbindung mit Steuer-, ▷*Gesellschafts-*, Finanzierungs- u. Öffentl. Recht. Fondsstrukturierung u. regulatorische Beratung.

Mandate: Immobilienrecht: Brack Capital Properties bei Verkauf von Wohnportfolio (€240 Mio); Wing Group u. Griffin Capital Partners bei gemeins. Anteilskauf an Bauwert; Velero bei Kauf von 300 Wohneinheiten; Tristan bei Kauf von Industriepalast Leipzig sowie mietrechtl.; Wertgrund regelm. bei Transaktionen, u.a. bei Kauf von Wohnquartier; Garbe bei Kauf von Produktionsstandort; Aventos regelm. bei Transaktionen, u.a. bei Kauf von Kyocera-Areal.

GSK STOCKMANN

Immobilienwirtschaftsrecht	★★★★
Projektentwicklung und Anlagenbau	★★★★★
Baurecht	★★★★

Bewertung: Mit ihrer Personalstärke u. der breit gefächerten Aufstellung bietet die Kanzlei Beratung rund um die Immobilie. Dabei kommt sie ihrem Anspruch nahe, an wichtigen Immobilien- u. Bauprojekten in der Nähe ihrer Standorte beteiligt zu sein. Wie einige Wettbewerber versucht auch GSK über ein neu eröffnetes Büro in London internat. Investoren anzusprechen u. besetzt dieses auch mit 2 Immobilienpartnern. An die ersten Mandatsgewinne vor Ort im verg. Jahr kann die Kanzlei anknüpfen u. berät z.B. Alchemy beim Kauf einiger Hotels in Deutschland. In Kombination mit dem Büro in Luxemburg ist das Immobilienteam gut für internat. Aktivitäten aufgestellt u. kann die verstärkte Nachfrage zu alternativen Finanzierungen, auch im ESG-Kontext, bedienen. Im Anlagenbau ist die Kanzlei auch bei Energiewende- u. -beschaffung gefragt u. berät bspw. mit dem Niedersachsen Port u. der Biogasanlage C-Port bei 2 großvol. Projekten. Erneut ist die Partnerschaft zudem durch interne Ernennungen gewachsen, auch die jüngere Riege wird schon von Mandanten gelobt. Auf den Weggang des renommierten Notars Werum hat sich die Kanzlei vorbereitet u. eine Partnerin ernannt.

Stärken: Breiter Ansatz für immobilienrechtl. Rundumbetreuung. Investmentrecht.

Oft empfohlen: Dr. Dirk Brückner, Dr. Bernhard Laas, Dr. Michael Eggersberger („hohe Kompetenz, gute Kommunikation; Mandant), Sascha Zentis, Dr. Olaf Schmechel, Max Wilmanns, Johann Rumetsch, Dr. Michael Jani, Monique Franke; Daniel Cammann-Reiß („immer auf den Punkt", Mandant); Prof. Dr. Jan Kehrberg, Prof. Dr. Oliver Moufang (beide Baurecht)

Team: 35 Eq.-Partner, 10 Sal.-Partner, 4 Counsel, 74 Associates, 4 of Counsel

Partnerwechsel: Dr. Rainer Werum (in eigene Kanzlei)

Schwerpunkte: Baubegleitung, Projektentwicklung, Transaktionen. Finanzierung/Fonds. Notariat. Ergänzende Kompetenzen im ▷*Öffentl. Recht* sowie im ▷*Vergaberecht*. Regelm. Einsatz u. Weiterentwicklung von Legal Tech-Tools (Vertragsgenerator).

Mandate: Immobilienrecht: Alchemy Step bei Kauf u. Finanzierung div. Hotels; Dt. Finance u. Cells Property bei Kauf Sheraton Hotel Esplanade (Berlin); Quantum bei Kauf von Mischimmobilien; Fondsgrund u. andere bei Kauf Technisches Rathaus; Imaxxam bei Kauf von 8 Bürohäusern; Patrizia bei Verkauf CO:WK/Werksviertel (München); Siemens

Aufsteiger im Immobilien- und Baurecht

Dr. Pierre-André Brandt
McDermott Will & Emery, Düsseldorf

Dr. Dennis Hog
Görg, Frankfurt

Lara Luxenhofer
Hogan Lovells, Hamburg

Dr. Hildrun Siepmann
Capstone, Hamburg

Dr. Philipp Stoecker
Clifford Chance, Frankfurt

Die Auswahl von Kanzleien und Personen in Rankings und tabellarischen Übersichten ist das Ergebnis umfangreicher Recherchen der JUVE-Redaktion. Sie ist in 2erlei Hinsicht subjektiv: Die Aussagen der befragten Quellen sind subjektiv u. spiegeln deren Erfahrungen u. Einschätzungen. Die JUVE-Redaktion wiederum analysiert die Rechercheergebnisse unter Einbeziehung ihrer eigenen Marktkenntnis. Der JUVE Verlag beabsichtigt keine allgemeingültige oder objektiv nachprüfbare Bewertung. Es ist möglich, dass eine andere Recherchemethode zu anderen Ergebnissen führt. Innerhalb einzelner Gruppen in Rankings und tabellarischen Übersichten sind Kanzleien und Personen alphabetisch sortiert.

Anwaltszahlen: Angaben der Kanzleien, wie viele Anwälte zu mind. ca. 50% in diesem Gebiet tätig sind. Sie spiegeln nicht zwingend die Gesamtgröße einer Kanzlei wider.

Führende Namen im Baurecht

Dr. Christian Bönker
Kapellmann und Partner, Berlin

Dr. Wolfgang Breyer
Breyer, Stuttgart

Dr. Klaus Eschenbruch
Kapellmann und Partner, Düsseldorf

Dr. Birgit Franz
Franz + Partner, Köln

Dr. Heiko Fuchs
Kapellmann und Partner, Mönchengladbach

Dr. Thomas Hildebrandt
Leinemann & Partner, Hamburg

Philipp Hummel
Redeker Sellner Dahs, Bonn

Prof. Dr. Kai-Uwe Hunger
Kapellmann und Partner, Düsseldorf

Ralf Kemper
Kemper, Berlin

Bernd Knipp
HFK Heiermann Franke Knipp und Partner, Frankfurt

Prof. Dr. Werner Langen
Kapellmann und Partner, Mönchengladbach

Prof. Dr. Ralf Leinemann
Leinemann & Partner, Berlin

Achim Meier
Luther, Essen

Prof. Dr. Burkhard Messerschmidt
Redeker Sellner Dahs, Bonn

Prof. Dr. Oliver Moufang
GSK Stockmann, Frankfurt

Prof. Christian Niemöller
SMNG, Frankfurt

Dr. Robert Theissen
GvW Graf von Westphalen, Hamburg

Prof. Thomas Thierau
Redeker Sellner Dahs, Bonn

Dr. Olrik Vogel
SNP Schlawien, München

Die Auswahl von Kanzleien und Personen in Rankings und tabellarischen Übersichten ist das Ergebnis umfangreicher Recherchen der JUVE-Redaktion. Sie ist in 2erlei Hinsicht subjektiv: Die Aussagen der befragten Quellen sind subjektiv u. spiegeln deren Erfahrungen u. Einschätzungen. Die JUVE-Redaktion wiederum analysiert die Rechercheergebnisse unter Einbeziehung ihrer eigenen Marktkenntnis. Der JUVE Verlag beabsichtigt keine allgemeingültige oder objektiv nachprüfbare Bewertung. Es ist möglich, dass eine andere Recherchemethode zu anderen Ergebnissen führt. Innerhalb einzelner Gruppen in Rankings und tabellarischen Übersichten sind Kanzleien und Personen alphabetisch sortiert.

beim Anteilsverkauf Siemens Campus Erlangen Modul 2. **Projektentwicklungen:** Biomethan C-Port bei Bau v. Biogasanlage; Niedersachsen Ports bei Entwicklung v. Hafeninfrastruktur für Betrieb von LNG-Terminals; Copro bei Wohnungsbauprojekt (Berlin); Verdion bei Ankauf u. Entwicklung von Logistikimmobilie; Consus RE zu ‚Cologneo' (Köln); Dax-Konzern bei Transformation eines Firmenstandortes; Engie zu Quartierwerksvertrag ‚Das neue Gartenfeld'; Instone zu div. Bauprojekten umf.; Discounter bundesw. zu Projektentwicklungen. **Baurecht:** Siemens Real Estate lfd. planungsrechtl. u. baubegl. bei ‚Siemensstadt 2.0'; Eyrise bau- u. vergaberechtl.; Merck im Anlagenbau; Tegel Projektgesellschaft bzgl. Nachnutzung des Flughafenareals.

GVW GRAF VON WESTPHALEN

Projektentwicklung und Anlagenbau ★★★
Baurecht ★★★★

JUVE 2023 AWARDS
Kanzlei des Jahres für Immobilien- und Baurecht

Bewertung: Die Baurechtspraxis der Mittelstandskanzlei ist ihrem Vorhaben, sich stärker im Anlagenbau zu positionieren, ein großes Stück nähergekommen. Neben der Beratung internat. Mandanten hat v.a. die mittlerw. etablierte (marktbekannte) Beziehung zu Amprion wesentl. Anteil an dieser Entwicklung. Das Team um Theissen u. einen 2021 neu hinzugekommenen Partner stand dem Unternehmen u.a. im Vergabeverf. zum Ausbau der ‚A Nord' zur Seite. Bemerkenswert ist, dass die Ausschreibung im Zuge des IPA-Modells durchgeführt wurde. Projekte dieser Größenordnung gibt es in Dtl. bisher kaum, weil IPA hierzulande im Markt weiter auf große Skepsis stößt. Durch den Zugang eines Beiten-Teams hat die Beratung derartiger Projekte weiteren Schwung bekommen, weil die Neuzugänge über entspr. regulator. Kompetenz verfügen, die das baurechtl. Know-how zwingend ergänzen muss. Parallel dazu ist GvW weiterhin in der klass. baurechtl. Beratung aktiv. Projektentwicklungen bilden naturgemäß die Schnittstelle, an der die Kanzlei ihre Kompetenzen aus dem Bau-, Immobilien- u. Öffentl. Recht bündelt.
Stärken: Enge, standortübergr. Zusammenarbeit der Teams im Immobilien-, Bau- u. ▹*Öffentl. Recht.*
Oft empfohlen: Dr. Robert Theissen („sehr angenehmer u. konstruktiver Verhandler", Wettbewerber), Dr. Lorenz Czajka, David Wende (beide Immobilienrecht)
Team: 19 Eq.-Partner, 6 Sal.-Partner, 15 Associates, 2 of Counsel (im Immobilien- u. Baurecht, vereinzelt Überschneidungen mit Öffentl. Recht)
Schwerpunkte: Im Baurecht: Projektbegleitung sowohl für Auftragnehmer als auch -geber. Ausgeprägte Prozesspraxis, hier insbes. Auftragnehmer, zunehmend Anlagenbau, Infrastrukturprojekte. Projektentwicklungen, inkl. Forward-Deals; im Immobilienrecht: Transaktionen, Asset-Management, große Erfahrung im Hotelsektor.
Mandate: Baurecht: Tennet bauvertragl. zu Erweiterung des Firmensitzes; Schleich & Haberl Sozialimmobilien bei Bauvorhaben; HC34 bei Bau von gemischtgenutzter Immobilie in der HafenCity; Elevion zu div. Projekten, u.a. Fußballstadion, Werkshalle; lfd.: Universitätsklinikum D'dorf; Caverion, Euromicron, Barceló, Union Investment. **Projektentwicklungen/Anlagenbau:** Amprion in div. Projekten im Kontext der Energiewende, u.a. ‚A Nord'-Trasse u. Planung Konverterstationen für ‚LanWin1' u. ‚LanWin3'; NeuConnect bei Finanzierung von Stromautobahn zwischen Dtl. u. GB (Federführung CMS); PreussenElektra bei Rückbau von Kernkraftwerken; lfd.: Brack Capital, Victoria Mühlenwerke.

HAUCKSCHUCHARDT

Immobilienwirtschaftsrecht ★

Bewertung: Ein besonderes Merkmal der Frankfurter Immobilienboutique ist die vernetzte Beratung von Immobilien-, Gesellschafts- u. Steuerrecht. Dies macht sich bei Deals vor allem im Small- u. Mid-Cap-Segment bezahlt, aber auch bei der Beratung von notleidenden Projektentwicklungen. Mit der Beratung zu großvol. Mietverträgen u. im Asset-Management für Stammmandanten ist die Kanzlei auch im volatilen Branchenumfeld nicht untätig.
Oft empfohlen: Dr. Hans-Christian Hauck
Team: 3 Eq.-Partner, 4 Sal.-Partner, 5 Associates, 2 of Counsel, zzgl. Steuern
Schwerpunkte: Transaktionen, starke Verbindung von Immobilien-, Gesellschafts- u. Steuerrecht.
Mandate: Immobilienrecht: Mark/Crossbay bei dt. Teil des Verkaufs eines europ. Logistik-Fonds (insges. €1,585 Mrd); Bank bei Verkauf eines Immobilienportfolios von 26 Objekten u. mietrechtl.; Hess. Hausstiftung beim Verkauf des Grandhotel Hessischer Hof; internat. Projektentwickler bei Projekt für spätere Nutzung durch die öffentl. Hand (€100Mio).

HECKER WERNER HIMMELREICH

Baurecht ★

Bewertung: Die Baurechtspraxis der Kanzlei mit Stammsitz in Köln ist insbes. durch ihre Kompetenz im Architekten- u. Ingenieurrecht sehr angesehen. Daraus ergaben sich zuletzt auch Mandate zu Nachfolgefragen, die das Team mit den Corporate-Experten der Kanzlei beantwortete. In der klass. Baubegleitung ist HWH v.a. in Kölner Großprojekten präsent. Hier kommen auch Legal Tech-Instrumente zum Einsatz, z.B. zur automatisierten Mängelerfassung u. -bearbeitung. Zudem spielen Prozesse eine wichtige Rolle. Flankierend berät sie auch im Miet- u. Vergaberecht.
Team: 10 Eq.-Partner, 3 Associates, 2 of Counsel inkl. Vergaberecht
Schwerpunkte: Architekten- u. Ingenieurrecht.
Mandate: Baurecht: Gebäudewirtschaft der Stadt Köln zu Nachtragsmanagement; Stadt Köln zu Schulbaupaket; Bauherr zu Neubau Kläranlage; Kommune zu Neubau Stadtarchiv; Stadt Bergheim, u.a. zu Konzept für städtebaul. Verträge. **Prozesse:** Baustofflieferant in 3 Klageverfahren; Architekt in Mängelprozess; Ingenieur in selbstständ. Beweisverfahren.

HEINEMANN & PARTNER

Baurecht ★

Bewertung: Das Essener Baurechtsteam berät seine Mandanten bei klass. Projekten u. v.a. im Infrastrukturbereich. Mandatiert wird es dabei regelm. von der öffentl. Hand. Umfangr. ist das Team um Bröker etwa für die Autobahn GmbH sowohl baubegleitend als auch in Prozessen tätig. Aber auch priv. Unternehmen wie Projektentwickler vertrauen zunehmend auf H&P.
Oft empfohlen: Prof. Jörn Bröker
Team: 4 Eq.-Partner, 1 Counsel, 2 Associates, 1 of Counsel
Schwerpunkte: Gesamte Palette des Baurechts. Trad. stark in der Beratung von Architekten u. Ingenieuren. Infrastrukturprojekte, v.a. Straßenbau. Prozesse.
Mandate: Baurecht: Autobahn GmbH baubegl. u. prozessual; NRW-Stadt vergabe- u. baurechtl. bei Entwicklung von Stadtareal; Projektentwickler bau-

Anwaltszahlen: Angaben der Kanzleien, wie viele Anwälte zu mind. ca. 50% in diesem Gebiet tätig sind. Sie spiegeln nicht zwingend die Gesamtgröße einer Kanzlei wider.

begl. zu Bürogebäude in Cradle-to-Cradle-Bauweise; div. Ingenieur- u. Architekturbüros, u.a. im Forderungs- u. Nachtragsmanagement.

HENGELER MUELLER

Immobilienwirtschaftsrecht ★★★★

Bewertung: Auch in einem schwierigeren Transaktionsmarkt bleibt die Immobilienpraxis von HM eine der ersten Adressen bei großvol. u. komplexen Transaktionen, auch für internat. Mandanten. So setzte Dauermandantin JPMorgan Asset Management beim Kauf des Panattoni-Logistikparks in HH erneut auf das Team um den angesehenen Müller. Entspr. der Marktentwicklung nahm die Beratung zu Refinanzierungen u. Restrukturierungen im Immobilienumfeld zu, die v.a. von Kress abgedeckt wird. Damit konnte die Kanzlei auch neue Mandanten überzeugen, bspw. Castlelake u. Roundshield. Auch die Beratung einer der größten Gläubigergruppen von Adler durch die Restrukturierungspraxis beschäftigt die Immobilienrechtler. Einen Schritt in Richtung Stärkung des Mittelbaus u. Nachwuchsförderung unternahm die Kanzlei mit der Ernennung eines Counsel.

Stärken: Transaktionsmanagement (▷*M&A*).

Oft empfohlen: Thomas Müller, Dr. Daniel Kress

Team: 6 Partner (inkl. Finanzierung), 1 Counsel, 14 Associates

Schwerpunkte: Transaktionen, Corporate Real Estate (inkl. Fondsstrukturierung u. NPL-Transaktionen), Finanzierungen. Notariat.

Mandate: Immobilienrecht: JPMorgan Asset Management bei Transaktionen, u.a. bei JV u. Kauf von Panattoni-Logistikpark bei HH; Investor bei Kauf von Logistikportfolio aus Last-Mile-E-Commerce-Logistikzentren; Blackstone bei Verkauf Bürogebäude ,K26' (Ffm.); Molento bei Verkauf Nahversorgungsportfolio; Motel One bei Kauf von Hotelimmobilie. **Finanzierung:** Castlelake im Zshg. mit Akquisitionsfinanzierung; Roundshield im Zshg. mit Solidare-Insolvenz u. der Vollstreckung von Immobiliendarlehen.

HERBERT SMITH FREEHILLS

Immobilienwirtschaftsrecht ★★

Bewertung: Die Immobilienpraxis der globalen Kanzlei versteht sich als Rundumberaterin der Branche. Neben der typ. Kombination aus Transaktions- u. Finanzierungs-Know-how liegt der Fokus – der Marktentwicklung entspr. – momentan v.a. auf regulator. Input, für den eine im Vorjahr hinzugekommene Partnerin steht. Neben der Beratung rund um das Thema Nachhaltigkeit bringt HSF diese Kompetenz auch bei Mandaten aus dem Infrastruktursektor ein. Dass dieser Beratungszuschnitt erfolgr. ist, zeigen Neumandatierungen durch Art-Invest (ESG) oder einen großen Investmentmangager (Infrastruktur). Neben diesem Projektgeschäft hat naturgemäß das Asset-Management insbes. in der 1. Jahreshälfte stark angezogen u. mit kontinuierl. Grundrauschen für einen gewissen Ausgleich der Transaktionsdelle gesorgt. Auch wenn das Team weiterhin gut besetzt ist, war der Weggang von Kessler doch ein Einschnitt, weil HSF damit nicht nur ihr bekanntestes Gesicht verlor, sondern auch den Partner, der die Praxis vor rund 10 Jahren aufbaute.

Oft empfohlen: Dr. Sven Wortberg

Team: 3 Partner, 1 Counsel, 6 Associates

Partnerwechsel: Thomas Kessler (zu PwC Legal)

Schwerpunkte: Portfolio- u. Einzeltransaktionen sowie (Re-)Finanzierung. Projektentwicklungen u. Asset-Management. Aufsichtsrecht häufig im Kontext von ESG-Themen.

Mandate: Immobilienrecht: Art-Invest zu ESG-Themen u. im Asset-Management; Generali RE zu allen Fragen im Zshg. mit EU Sustainable Finance-Strategie; Nuveen zu Mietvertrag im ,The Four'; Le Masurier beim Verkauf von dt. Retail-Portfolio; Luwin im Asset-Management; Baumaschinenhersteller zu Transaktionen u. mietrechtlich. **Finanzierung:** Kreditgeber im Zshg. mit Finanzierung von 725 Kilometer langer Stromverbindung zwischen Dtl. u. GB.

HEUKING KÜHN LÜER WOJTEK

Immobilienwirtschaftsrecht ★★

Baurecht ★★★★

Bewertung: Die Mittelstandskanzlei berät im Immobilien- u. Baurecht entlang des gesamten Zyklus. Die gr. Partnerriege ist ähnl. wie bei GSK oder Luther über sämtl. dt. Standorte verteilt. Sie ist bundesw. in zahlr. Projektentwicklungen sowie Infrastrukturvorhaben, wie etwa den Bau des ersten LNG-Terminals, involviert. Ein ausgewogenes Mandantenportfolio, zu dem neben institut. Investoren auch Projektentwickler u. Familiy Offices gehören, verschafft HKLW in einem abgeflauten Transaktionsmarkt einen stetigen Fluss an kleineren u. mittleren Transaktionen insbes. für eigenkapitalstarke Mandanten. Daneben ist die Praxis im Baurecht auch bei der öffentl. Hand sehr gut positioniert, die wiederum von der engen Anbindung an das starke u. große Vergabeteam profitiert. Dieses Gesamtpaket überzeugt regelm. auch neue Mandanten, wie zuletzt eine Restaurantkette. Die Ernennung eines Eq.- u. eines Sal.-Partners spiegelt die positive Entwicklung.

Stärken: Projektentwicklung; Beratung bei Infrastrukturvorhaben.

Oft empfohlen: Stephan Freund („sehr gut", Wettbewerber), Dr. Armin Frhr. von Grießenbeck, Dr. Sönke Görgens, Dr. Peter Vocke („konstruktiv, pragmat., nett", Wettbewerber)

Team: 2 Eq.-Partner, 10 Sal.-Partner, 13 Associates

Schwerpunkte: Transaktionen, Projektentwicklung, Baurecht, Asset-Management, Mietrecht.

Mandate: Baurecht: Jade Weser Port bei Bau von LNG-Terminal; Niedersachsen Ports zu div. Bauprojekten an versch. Standorten; Edeka Nordbayern bei Bau eines automat. Hochregallagers; div. Kommunen bei Bauprojekten (Kita, Rathaussanierung); lfd.: Höffner, Uniklinik D´dorf. **Projektentwicklungen:** Flughafen München zu sämtl. Projekten; Bauunternehmung Hans Lamers zu Brainergy Park (Jülich). **Immobilienrecht:** Consent Retail Group bei FMZ-Kauf; Corestate bei Restrukturierung; Projektentwickler zu Abwicklung von Bauprojekt; lfd.: HIH Invest, LEG.

HEUSSEN

Projektentwicklung und Anlagenbau ★★★★

Bewertung: Neben bau-, immobilien- u. öffentl.-rechtl. Know-how bietet die Mittelstandskanzlei auch aufsichts- sowie steuer- u. gesellschaftsrechtl. Erfahrung. Diese Breite erweist sich gerade in transaktionsärmeren Zeiten als hilfreich, weil sie Auslastungsdellen aufgrund ausbleibender Deals ausgleichen kann. Hinzu kommt, dass die baurechtl. Beratung zumindest bei lfd. Projekten von den aktuellen wirtschaftl. Entwicklungen kaum tangiert wird. So steht Heussen ihren Stammmandanten, zu denen neben Bauträgern u. Projektentwicklern auch Investoren u. die öffentl. Hand gehören, meist zeitgleich in mehreren Projekten zur Seite. In diesen Projekten kann die Kanzlei regelm. ihr Know-how bei neuartigen Themen wie Vorhaben in Holzbauweise oder auch alternative Vertragsmodelle einbringen.

Stärken: Projektentwicklungen, in diesem Zshg. auch Transaktionen.

Oft empfohlen: Dr. Jan Dittmann, Christian Weinheimer, Benedikt Murken

Team: 6 Eq.-Partner, 16 Sal.-Partner, 11 Associates, 2 of Counsel, inkl. Baurecht u. Fondspraxis

Schwerpunkte: Hohe Zahl an betreuten Projektentwicklungen, in diesem Kontext auch Transaktionen, Portfolios inkl. Finanzierung u. Steuerrecht. Asset-Management u. Gewerbl. Mietrecht. Baurecht. ▷*Vergaberecht.*

Mandate: Projektentwicklungen: Ehret + Klein lfd. bei Ankäufen inkl. Projektentwicklung; Projektentwickler bei Projektierung, Entwicklung, baubegl. bei div. Vorhaben. **Immobilienrecht:** Blue Colibri bei Ankauf; Kingstone bei Sale-and-Lease-Back-Transaktion für ,Kingstone Bavaria Süd'; Industria, Matrix, Real I.S. regelm. bei Transaktionen. **Baurecht:** Geiger Schlüsselfertigbau lfd.; div. Kliniken bei Projekten; Stiftung bei Wohnheim für Erwachsene in Holzbauweise.

HFK HEIERMANN FRANKE KNIPP UND PARTNER

Baurecht ★★★

NOMINIERT
JUVE Awards 2023
Kanzlei des Jahres für Immobilien- und Baurecht

Bewertung: Nukleus der Praxis ist ein breites baurechtl. Beratungsangebot, das regelm. auch gr. Infrastrukturprojekte einschließt. Bemerkenswert ist – trotz des Verlustes eines Partners – die dynam. Entwicklung der Boutique über die letzten Jahre, die sich personell einerseits im signifikanten Ausbau des Mittelbaus sowie auf Associates-Ebene niederschlägt, aber auch in Form von neuen Marktanteilen bei Quartiers- u. Projektentwicklungen, wie u.a. die Beratung von IFC zu einer Baugebietsentwicklung (€80 Mio) in Ffm. zeigt. Dass die Kanzlei zudem bereit ist, neue Wege zu beschreiten, zeigt die Gründung einer gemeinsamen Gesellschaft mit einem Ingenieurbüro in Stuttgart, die nun das Verkehrsministerium im Rahmen eines BIM-Projekts im Fernstraßenbau berät. Dieses Mandat steht auch für eine Ausweitung der Beratungsarbeit in Richtung Südwesten u. dafür, dass das Team sein Profil erfolgr. geschärft hat: Im Infrastrukturbereich fokussiert es sich zunehmend auf Schiene, Autobahn u. Brücken. Die verzahnte Beratung der Bau- u. Immobilienrechtler mit den Vergabe- u. den Öffentlichrechtlern kommt auch bei Themen wie BIM, ESG u. Smart Living zum Tragen, bei denen HFK ihre Mandanten auch strateg. berät.

Stärken: Verknüpfung von Bau-, Immobilien- u. Vergaberecht.

Oft empfohlen: Bernd Knipp, Dr. Christian Nunn, Ernst Wilhelm

Team: 7 Eq.-Partner, 15 Sal.-Partner, 15 Associates, 2 of Counsel, inkl. Immobilienwirtschaftsrecht

Partnerwechsel: Dr. Maximilian Schulte (zu Dentons)

Schwerpunkte: Baubegl. Beratung, Infrastrukturprojekte, auch Prozesse. BIM u. alternative Vertragsmodelle. Daneben ▷*Öffentl. Recht* (Umwelt u. Planung) u. ▷*Vergaberecht*. Im Immobilienrecht: Transaktionen, Miete, Projektentwicklung.

Mandate: Baurecht: Verkehrsministerium Ba.-Wü. bei BIM-Projekt im Fernstraßenbau, ca. 50 Projekte

Anwaltszahlen: Angaben der Kanzleien, wie viele Anwälte zu mind. ca. 50 % in diesem Gebiet tätig sind. Sie spiegeln nicht zwingend die Gesamtgröße einer Kanzlei wider.

(Vol. €150 Mio); Gentes zur Entwicklung ‚Bilker Westend'/D'dorf; kommunale Behörde bei großvol. Büroneubau; Seestern 18 Grundbesitz bei Neuentwicklung von Eurocenter I u. II; DIE AG bei div. Projekten; Hochtief baubegleitend; lfd.: Charité; VTG, Züblin. **Projektentwicklungen:** DIE AG bei div. Projekten; Flughafen Kassel bei Nachnutzung Flughafen Calden; Projektenwickler bei Entwicklung in Ba.-Wü. (€75 Mio); IFC bei Baugebietsentwicklung in Glashütte (€80 Mio); div. Kommunen zu Smart City.

HOGAN LOVELLS

Immobilienwirtschaftsrecht ★★★★★

Projektentwicklung und Anlagenbau ★★★

Bewertung: Die Praxis zählt in der Immobilienszene zu den marktführenden Akteuren. Ihre tiefe Marktdurchdringung, die sie insbes. durch eine breite Aufstellung in der Beratung u. Experten in allen Asset-Klassen erreicht, kommt ihr in der aktuellen schwachen Phase am Transaktionsmarkt zugute. So hat HL für Stammmandanten wie Union Investment oder Axa durchaus Deals beraten. Zugleich sind trotz der Fokussierung auf Transaktionen klass. Themen wie Asset-Management u. Mietrecht sowie Zukunftsfragen etwa zum Betrieb von Immobilien fester Bestandteil der Beratung. Von anderen Spitzenpraxen hebt sich HL durch ihren Status in der Hotelbranche ab. Es gab in den verg. Monaten kaum einen Deal in diesem Segment, an dem das Team um Werner nicht beteiligt war. Exempl. dafür stehen die Mandatierung durch Bierwirth & Kluth beim Verkauf eines Hotelportfolios u. die Beratung der HR Group beim Kauf von Anteilen an der U Global Hospitality Company aus Bangkok.

Stärken: Langj. Erfahrung auf der ganzen Breite des Immobilienrechts; Hotelspezialisierung; angesehenes Notariat.

Oft empfohlen: Dr. Roland Bomhard, Dr. Hinrich Thieme, Marc Werner, Dr. Dirk Debald („herausragend", „hervorragende Beratung, Verhandlungsstärke, Erfahrung", Mandanten), Sabine Reimann („alle Deals wurden erfolgreich, zeitnah u. kostenbewusst erledigt. Einwandfreie Beratung u. Vertragsentwicklung", Mandant), Dr. Martin Haase („ausgeprägtes wirtschaftl. Verständnis, lösungsorientierte u. pragmati. Ansätze, tolle Servicezeiten", Mandant)

Team: 11 Partner, 5 Counsel, 24 Associates, zzgl. Finance

Schwerpunkte: Transaktionen u. Projektentwicklungen/Anlagenbau. Kredite u. Akquisitionsfinanzierung.

Mandate: Immobilienrecht: Axa bei Verkauf von technoCampus Spandau (€400 Mio); Bayer. Landesbank bei Verkauf von 4 Büroimmobilien; HR Group bei der Übernahme von Anteilen von U Global Hospitality Company u. bei Kauf der österr. Vienna House Hotelgesellschaft u. deren operativer Betriebsgesellschaft; Corum Origin bei Verkauf von Büroimmobilie; Values bei Kauf von Büro- u. Geschäftshaus; Shaftesbury Real Estate Investment bei Verkauf von ‚Frisia'-Portfolio; Bierwirth & Kluth bei Verkauf von Hotelportfolio; Infraserv bei Abschluss von Vertrag mit US-Datencenter-Entwickler über Ansiedlung eines Rechenzentrum-Campus; Union Investment bei Kauf von Ferienhotel (Usedom). **Projektentwicklungen:** Smurfit Kappa bei Neubauprojekten; lfd.: Prologis, Hillwood, Groß & Partner bei Verträgen.

HUTH DIETRICH HAHN

Immobilienwirtschaftsrecht ★

Bewertung: Das Immobilienteam der Hamburger Kanzlei (▷*Norden*) gehört zu den stärksten Akteuren im regionalen Markt. Aufgr. der Mandantenstruktur, die v.a. von eigenkapitalstarken Investoren geprägt ist, ist die Praxis von der Krisenstimmung am Immobilientransaktionsmarkt kaum betroffen. Neben kleineren Deals ist die Kanzlei v.a. in der Projektentwicklung aktiv u. in mehrere prominente Vorhaben in u. um HH involviert, bspw. für die Körber-Gruppe. Die gute Entwicklung spiegelt die Ernennung eines weiteren Eq.-Partners, der die Schnittstelle zur Finanzierung stärkt.

Oft empfohlen: Dr. Jörg Strasburger, Dr. Friedrich-Carl Frhr. von Gersdorff

Team: 5 Partner, 4 Associates

Schwerpunkte: Projektentwicklungen, auch für die öffentl. Hand. Schnittstelle zum Öffentl. Recht. Kleinere Transaktionen inkl. Finanzierung.

Mandate: Immobilienrecht: Engel & Völckers Capital lfd. zu Mezzanine-Kapitalvergabe für div. Neubau- u. Bestandsobjekte; lfd.: Karg-Stiftung, Captiva, Körber-Gruppe.

JAHN HETTLER

Baurecht ★

Bewertung: Die Boutique setzt im Baurecht auf die umf. Beratung ihrer Mandanten, zu denen Projektentwickler, Bauträger u. Investoren gehören. Erneut konnte JH ihren Mandantenstamm ausbauen. Zudem hat sich inzw. konjunkturbed. auch ein gewisser Schwerpunkt bei der prozessualen oder prozessnahen Beratung herausgebildet. Bei insolvenzrechtl. Bezügen kooperiert JH mit einer Spezialkanzlei. Zudem schätzen Mandanten die Erfahrung bei der Beratung von Fonds. Durch Hettlers Zusatzqualifikation als Ingenieur ist JH prädestiniert für die Beratung techn. komplexer Vorhaben einschließl. ESG u. bei Projekten, bei denen bspw. der Lärmschutz im Vordergrund steht.

Oft empfohlen: Dr. Maximilian Jahn („durchsetzungsstark", Wettbewerber), Dr. Steffen Hettler

Team: 2 Eq.-Partner, 1 Sal.-Partner, 9 Associates

Schwerpunkte: Beratung von Bauträgern, Baubegleitung, insbes. von Infrastrukturvorhaben. Prozesse.

Mandate: Baurecht: KRO Kiesgruben in Genehmigungsverfahren; Melisa Reitzentrum zu Abriss; Sakosta zu Planungshonoraren; Industriekonzern zu div. Bauvorhaben; Vilgertshofer zu div. Projektentwicklungen; lfd: Münchenbau. **Prozesse:** Kraftwerkbetreiber im Streit um Vertragsstrafen; R&W wg. Teilkündigung u. Restwerklohn; Zech, u.a. in Prozess um Winx-Maintor-Projekt.

JEBENS MENSCHING

Immobilienwirtschaftsrecht ★★

Bewertung: Traditionell hebt sich die HHer Immobilienboutique von vielen Wettbewerbern durch die enge Verknüpfung von klass. Immobilienrecht mit finanzierungs-, aufsichts- u. steuerrechtl. Themen ab. Damit ist sie für das derzeitige Marktumfeld gut positioniert, da strukturelle Themen wieder stärker im Vordergrund standen. Erneut betreute das Team trotz Flaute eine ganze Reihe von kleineren u. mittelgr. Transaktionen für Stammmandanten wie Captiva oder Quest. Intern verjüngte u. erweiterte die Kanzlei ihre Führungsriege, indem sie auf einen Schlag 3 neue Partner ernannte. Darunter ist nicht nur eine Frau, 2 der 3 Neupartner arbeiten zudem in Teilzeit – ein wichtiges Signal an die Nachwuchsgeneration im immer enger werdenden Wettbewerb um Talente.

Stärken: Enge Verknüpfung von immobilien- u. steuerrechtl. Kompetenz.

Oft empfohlen: Dr. Philipp Jebens („nicht immer einfach, aber immer konstruktiv", Wettbewerber), Bendix Christians, Hans-Thomas Nehlep („sehr guter u. angenehmer Verhandler", Wettbewerber)

Team: 8 Partner, 4 Counsel, 7 Associates

Schwerpunkte: Transaktionen, (Re-)Finanzierungen, Projektentwicklungen. Zudem steuerrechtl. Kompetenz u. Investmentrecht.

Mandate: Immobilienrecht: Quantum bei Mehrheitsbeteiligung an SHI; ABG bei Kauf von Logistik-Objekt; CT Real Estate (ehem. BMO) bei Kauf von Mischimmobilie u. Projektentwicklung; Captiva regelm. bei Transaktionen, u.a. bei Kauf von 7 NVZ; Proximus u. Quantum bei Vermietung ‚Gerling Quartier'.

JUNG & SCHLEICHER

Immobilienwirtschaftsrecht ★★

Bewertung: Die angesehene Berliner Boutique fokussiert sich in ihrer Beratung auf Transaktionen, Finanzierung u. Asset-Management. Ein Schwerpunkt liegt darüber hinaus auf der Hotelbranche. Insbes. auf diesem Feld war sie zuletzt vermehrt gefragt, da der Markt nach fast 3 Jahren pandemiebedingter Zurückhaltung wieder anzog. Im Vordergrund standen Repositionierungen von Objekten u. Betreiberwechsel. Vereinzelt begleitete J&S auch kleinere Deals für ihre Mandanten, wie den Verkauf eines ‚Premier Inn'-Hotels. Jenseits des Hotelmarktes gab es kaum Transaktionen, sodass die Arbeit des Teams von Asset-Management geprägt war, worunter die Kanzlei auch bspw. ESG-Themen fasst.

Oft empfohlen: Dr. Mathias Jung („herausragend", Mandant)

Team: 4 Eq.-Partner, 3 Sal.-Partner, 1 Counsel, 7 Associates

Schwerpunkte: Transaktionen, Finanzierung, Asset-Management. Spezielle Kenntnisse der Hotelbranche.

Mandate: Immobilienrecht: TLG bei Verkauf Technisches Rathaus Leipzig; Aroundtown bei Verkauf ‚Wriezener Karree' an Edge u. Allianz; DIO Deutsche Immobilien Opportunitäten bei Verkauf ‚Premier Inn' (Braunschweig); MHP Hotel im Zshg. mit Betreiberwechsel von Jumeirah-Hotel (Frankfurt); Empira, Covivio, Grand City Properties lfd. bei Transaktionen; Hyatt u. Marriott lfd. zu Hotelthemen.

K&L GATES

Immobilienwirtschaftsrecht ★

Bewertung: Die Immobilienpraxis der US-Kanzlei konnte erneut neue Mandanten von sich überzeugen. Darunter einen Hotelbetreiber u. Investoren wie Art-Invest, die sie zu Transaktionen, v.a. aber im Asset-Management berät. Sowohl das diverse Mandantenportfolio aus institut. u. opportunist. Investoren sowie Projektentwicklern u. Familiy Offices als auch das umf. Beratungsangebot verschaffen der Kanzlei eine gute Ausgangslage für die derzeitige Marktlage. Mandanten profitieren insbes. von der gr. Erfahrung mit krisennaher Beratung, was u.a. in einigen Restrukturierungsmandaten bereits sichtbar wurde. Darüber hinaus ist das Team seit den Zugängen in München auch stark in der Projektentwicklung, was nicht nur auf die umf. Tätigkeit für einen US-Online-Versandhändler zurückzuführen ist.

Anwaltszahlen: Angaben der Kanzleien, wie viele Anwälte zu mind. ca. 50% in diesem Gebiet tätig sind. Sie spiegeln nicht zwingend die Gesamtgröße einer Kanzlei wider.

Team: 3 Eq.-Partner, 6 Sal.-Partner, 4 Counsel, 9 Associates

Schwerpunkte: (Portfolio-)Transaktionen, regelm. mit grenzüberschr. Bezug. Gute Anbindung an das ww. Kanzleinetzwerk. (Re-)Finanzierungen. Restrukturierungen. Projektentwicklungen inkl. Öffentl. Recht.

Mandate: Immobilienrecht: Art-Invest bei Kauf Telekom-HQ; Swiss Life AM zu Kauf von Pflegeheim-Portfolio; Hotel Oderberger bei Kauf von Hotelimmobilie; Inbright Development bei Kauf von mehreren Immobilien; Asset-Manager zu Refinanzierung von div. Immobilieninvestitionen in Dtl.; ind. Family Office bei Kauf von Boutique-Hotel; Peloton, Luxus-Modekette lfd. mietrechtlich. **Projektentwicklungen:** Online-Versandhändler umf. zu Projektentwicklungen (Ankauf, Entwicklung, Mietverträge); Aroundtown bei Entwicklung von Hotel Bristol; lfd.: Thirteen Seven.

KAPELLMANN UND PARTNER

Projektentwicklung und Anlagenbau ★★★★★
Baurecht ★★★★★

Bewertung: Die Kanzlei behauptet sich an der Spitze des Marktes im Baurecht. Das nötigt auch Wettbewerbern regelm. zähnekirschend Respekt ab. Sie bescheinigen dem Team eine „lösungsorientierte Beratung im Sinne der Projekte". Die Zutaten zum Erfolg sind ein außerordentl. großes Team sowie die Branchenspezialisierung der einzelnen Partner u. die Verankerung in lokalen Märkten. Der hervorragende Ruf führt dazu, dass die Berater nicht nur operativ gefragt sind, sondern auch als rechtspol. u. strateg. Experten, bspw. als Gutachter für das Bauministerium zur Novellierung der HOAI oder als Sparringspartner der Stadt Köln zur Klimaneutralität. V.a. in Sachen ESG u. BIM treibt die Kanzlei zudem das Thema Digitalisierung in der Baubranche voran. Für Renowate entwickelt sie bspw. zur ESG-konformen seriellen Sanierung von Bestandsgebäuden techgestützte Vertrags- u. Projektabwicklungsvorlagen u. forciert in einer neu gegründeten GmbH die Entwicklungen für ein automatisiertes Vertragsmanagementsystem. Trad. stark ist die Kanzlei zudem bei umfangr. Infrastrukturprojekten wie Tunnel-, Autobahn- u. Brückenbau sowie im Anlagenbau in allen Branchen. Sie berät zum Bsp. ein Konsortium zum Rückbau von Atomkraftwerken.

Stärken: Projektorientierte Spezialisierung.

Oft empfohlen: Prof. Dr. Werner Langen („denkt 'out of the box'", Mandant), Prof. Dr. Klaus Eschenbruch, Prof. Dr. Kai-Uwe Hunger, Dr. Christian Bönker („sehr gut strategisch u. in der rechtl. Argumentation", Mandant); Prof. Dr. Heiko Fuchs („effizient u. praxisnah", Mandant), Prof. Dr. Martin Havers, Dr. Martin Jung, Dr. Guido Schulz, Dr. Jochen Markus, Dr. Thomas Jelitte, Prof. Dr. Ralf Steding, Dr. Claus von Rintelen, Dr. Robert Elixmann, Prof. Dr. Christian Lührmann, Dr. Thomas Rütten („sehr guter Praxisanwalt mit der notwendigen Theorie im Fokus", Mandant);Prof. Dr. Marijan-Maximilian Lederer („sehr gute Verfügbarkeit, sehr kompetent", Mandant)

Team: 47 Eq.-Partner, 22 Sal.-Partner, 42 Associates, 4 of Counsel

Partnerwechsel: Dr. Florian Dressel (zu Loschelder)

Schwerpunkte: Vertrags-, Architekten-, Ingenieur-, ▷*Vergabe*- u. Öffentl. Wirtschaftsrecht. Ausgeprägte Spezialisierung für div. Arten von Großprojekten, z.B. Flughäfen u. Tunnel. Auch Schlichtung u. Mediation, Mietrecht, Grundstücksfragen. Baubezogenes Straf- u. Beihilferecht. BIM-Beratung.

Mandate: Baurecht: BVG, u.a. vergaberechtl., vertragsrechtl. u. baubegl. zu U-Bahngroßprojekten; Bund bei Neubau Paul-Ehrlich-Institut; Gesellschaft zu Rückbau Atomkraftwerke; Bauunternehmen zu Schadensfall beim Neubau S-Bahnstrecke; Stadt Köln strateg. u. operativ zur Erreichung Klimaneutralität; Mercedes Benz Real Estate bei Anti-Claim-Management zu Großbauprojekten; BAUProjekt Hanau zu Neubau Bürokomplex mit der Bundesarbeitsagentur; BioCampus Cologne Projektentwicklung für Start-up-Ansiedlung; BIMA zu Neubau Friedrich-Löffler-Institut; Kölnmesse zu Neubau Messezentrale; Renowate zu serieller Sanierung von Bestandsgebäuden; Eiffage Infra-Süd bei Neubau von 8 Autobahnbrücken auf der A9. **Projektentwicklung/Anlagenbau:** Soravia bei Quartiersentwicklung Parkstadt Mülheim; Aldi Süd bei Mixed-Use-Projektentwicklungen im Filial- u. Logistikbau; Unibail-Rodamco bei Überseequartier-Westfield HH; Commodus bei div. Projekten in Berlin.

KASPER KNACKE

Baurecht ★

Bewertung: Die Baurechtspraxis der Stuttgarter Kanzlei ist im Mittelstand tief verwurzelt u. berät Mandanten auf Auftragnehmerseite teils über Jahrzehnte. Neben der Projektbegleitung spielen auch Prozesse eine wesentl. Rolle, für die KK regelm. von lokalen Wettbewerbern hinzugezogen wird, wenn deren Mandate ein streitiges Stadium erreichen. Aufgr. der ausgewogenen Altersstruktur in der Praxis gelingt die Überleitung von Mandaten auf jüngere Anwälte gut, wie das Bsp. von Prof. Dr. Christian Döring zeigt, der sich in den of Counsel-Status zurückzog.

Team: 8 Partner, 2 Associates

Schwerpunkte: Starke Prozesspraxis.

Mandate: Prozesse: DB Netz zu Stuttgart 21 (öffentl. bekannt). **Immobilienrecht:** Wohninvest lfd. bei Transaktionen.

KNH RECHTSANWÄLTE

Baurecht ★★

Bewertung: Die Boutique mit Büros in Ffm. u. Berlin berät ihre Mandanten zu allen Facetten des Baurechts u. ist in diesen Regionen auch sehr präsent. Neben Großprojekten wie der Erweiterung des Teilchenbeschleunigers Fair ist sie auch in städtebaul. Entwicklungen engagiert. In Sachen BIM gilt KNH neben Kapellmann als eine der Vorreiterinnen. Das Thema hat sich langsam aber stetig seinen Weg vom Modellstadium in Mandatsarbeit gebahnt u. ist v.a. bei der Beratung der öffentl. Hand in den Fokus gerückt. Für stetige Auslastung des Teams sorgt auch seit Jahren die Arbeit für ein gr. Verkehrsunternehmen. Ein Partner-Zugang aus dem vergangenen Jahr brachte zudem einige neue Mandate mit.

Oft empfohlen: Dr. Steffen Hochstadt, Volker Nitschke, Dr. Alexander Wronna

Team: 5 Eq.-Partner, 5 Sal.-Partner, 3 Counsel, 7 Associates

Schwerpunkte: Baubegl. Beratung, insbes. Projektentwicklungen. Architektenrecht. Engagiert bei BIM. Für Auftraggeber, Auftragnehmer u. die öffentliche Hand tätig.

Mandate: Baurecht: Projektgesellschaft zu Erweiterung Teilchenbeschleuniger; Ingenieurbüro umfassend; Projektentwickler zu Vertragsgestaltung u. Abwicklungsthemen; Kaufhausbetreiber bei mehreren Umbauvorhaben.

KUCERA

Immobilienwirtschaftsrecht ★

Bewertung: Die Immobilienboutique überzeugt in der Transaktionsberatung regelm. auch mit ihrem Steuer- u. Finanzierungs-Know-how. Mandanten loben das Dienstleistungsbewusstsein des Teams. Zudem ist Kucera bei Fondsrestrukturierungen u. NPLs sowie im Asset-Management u. Gewerbl. Mietrecht aktiv.

Stärken: Umf. Know-how u. langj. Beratung der Hotelbranche.

Oft empfohlen: Dr. Stefan Kucera, Oliver Platt

Team: 10 Eq.-Partner, 3 Counsel, 20 Associates

Schwerpunkte: Transaktionen, enge Zusammenarbeit mit Steuerrechtlern u. Finanzierern. Spezialkompetenz im Hotelsektor. Daneben Baurecht, Öffentl. Recht u. Prozesse. Notariat.

Mandate: Immobilienrecht: Hotelgruppe bei Kauf von 13 Hotels; aam2cred Debt Investment zu Finanzierungen; Hallesche Krankenvers. bei Verkauf Bestandsgebäude; Odyssey mietrechtl. zu Luxushotel ‚Alte Post'; lfd.: Alte Leipziger, Steigenberger, Intercity-Hotel, Welcome Hotels.

LEINEMANN & PARTNER

Projektentwicklung und Anlagenbau ★★★★
Baurecht ★★★★★

Bewertung: Die Boutique gehört insbes. aufgr. ihrer großen Erfahrung bei Infrastrukturprojekten zu den führenden Baurechtsteams im Markt. Neben Projekten für Straße, Schiene u. Wasser, von denen L&P auch aktuell mehrere betreut, rückte der Energiesektor zuletzt stärker in den Fokus. Aushängeschild für ihre Kompetenz im Kontext der Energiewende ist u.a. das Mandat für Depenbrock zum Bau eines LNG-Terminals in Stade, bei dem zudem die enge Verknüpfung von bau- u. vergaberechtl. Know-how deutl. wird. Zudem ist die Kanzlei in die Realisierung einiger Windparkprojekte (On- u. Offshore) involviert. Mit der Beratung der Rhomberg Sersa Rail Group beim Neubau des ICE-Instandhaltungswerks Cottbus zeigt sie, dass sie auch beim Thema Mehrparteienverträge mitreden u. sich Marktanteile sichern kann.

Stärken: Beratung von Argen bei Infrastrukturprojekten; enge Verbindung von Bau-, Immobilien- u. Vergaberecht.

Oft empfohlen: Prof. Dr. Ralf Leinemann („Top-Berater, Kompetenz, Praxisnähe, internat. Erfahrung; konkurrenzlos im Markt", Mandant), Dr. Thomas Hildebrandt („sehr gut", Mandant), Oliver Schoofs, Prof. Dr. Marc Hilgers, Stephan Kaminsky, zunehmend Jarl-Hendrik Kues

Team: 14 Eq.-Partner, 5 Sal.-Partner, 7 Counsel, 59 Associates

Schwerpunkte: Auftragnehmerberatung, wichtige Bau-Argen, Architekten u. gr. Mittelständler im Infrastrukturbereich, auch Auftraggeberseite. Prozesse. ▷*Vergaberecht*. Spezielle Erfahrung im Verkehrswegebau; ÖPP.

Mandate: Baurecht: Depenbrock Ingenieurwasserbau bau- u. vergaberechtl. im Zshg. mit Bau des LNG-Terminals Stade; Femern Link Contractors baubegl. zu ‚Fehmarnbelt Fixed Link'; Hamburger SV bei Umbau des Volksparkstadion für Euro 2024; Rhomberg Sersa Rail Group zu Neubau des ICE-Instandhaltungswerks Cottbus; Anton Schick bei Rohbau Terminal 3 für Fraport; Adolf Lupp bei div. Hochbauprojekten in Berlin, darunter ‚Wohnen am Spittelmarkt'. **Prozesse:** Bauunternehmen in Auseinandersetzung um Aushub u. Entsorgung von

Anwaltszahlen: Angaben der Kanzleien, wie viele Anwälte zu mind. ca. 50 % in diesem Gebiet tätig sind. Sie spiegeln nicht zwingend die Gesamtgröße einer Kanzlei wider.

kontaminiertem Bodenaushub im Zshg. mit Campus-Neubau für Continental-Tochter; Arge U-Bahn Nürnberg U3 SW BA 2.2 gg. Nachunternehmer.

LINKLATERS

Immobilienwirtschaftsrecht ★★

Bewertung: Die Immobilienpraxis der brit. Spitzenkanzlei ist seit Jahren für einige namh. Stammmandanten tätig, die ihr bei gr. u. komplexen Transaktionen regelm. vertrauen. Bestes Bsp. ist CBRE, die beim Kauf eines Wohnungsportfolios von Vonovia ein Team um den angesehenen Krüger mandatierte – ein Deal mit einem Volumen von mehr als €500 Mio, der auch in einem besseren Marktumfeld viel Beachtung gefunden hätte. Nach dem Weggang eines anerkannten Partners setzt die Praxis nun primär auf organ. Wachstum u. stärkte durch die Ernennung einer Counsel den Mittelbau hinter dem Praxisgruppenleiter.

Stärken: Enge interdiszipl. Zusammenarbeit des Kernteams mit anderen Praxisgruppen, insbes. ▷*Fonds*, ▷*Kapitalmarktrecht* u. ▷*Finanzierungen*.

Oft empfohlen: Wolfram Krüger („dealorientiert", Wettbewerber)

Team: 2 Partner, 1 Counsel, 9 Associates, 1 of Counsel, inkl. Finanzierung

Schwerpunkte: Finanzierungen u. Refinanzierungen, oft grenzüberschreitend (London, Luxemburg), (Portfolio-)Transaktionen, tlw. mit Private-Equity-Fokus.

Mandate: Immobilienrecht: BNP Paribas REIM bei Kauf von Light Industrial Immobilien-Portfolio; CBRE bei Kauf von Wohnungsportfolio (€560 Mio) u. regelm. bei Transaktionen; Garbe bei Kauf von Logistik-Portfolio (in 2 Phasen); Credit Suisse lfd.; Goldman Sachs mietrechtlich.

LLR LEGERLOTZ LASCHET UND PARTNER

Projektentwicklung und Anlagenbau ★

Bewertung: Projektentwicklungen sind die Paradedisziplin der Kölner Mittelstandskanzlei. Hierbei kann sie ihre Kompetenzen aus Immobilien-, Bau- u. Öffentl. Recht optimal für ihre Mandanten einbringen. Dadurch ist es kaum verwunderlich, dass das Team in nahezu alle großen Vorhaben in u. um Köln involviert ist. Exemplar. dafür steht etwa der Deutzer Hafen. Daneben begleitet LLR ihre mittelständ. Stammmandanten, zu denen v.a. Family Offices, Versorgungswerke u. Entwickler zählen, auch immer wieder bei kleineren Transaktionen.

Oft empfohlen: Christoph Heinen („sehr guter Transaktionsanwalt", Wettbewerber)

Team: 2 Partner, 4 Associates

Schwerpunkte: Projektentwicklungen, inkl. An- u. Verkauf sowie Öffentl. Baurecht.

Mandate: Keine Nennungen.

LOSCHELDER

Immobilienwirtschaftsrecht ★★
Projektentwicklung und Anlagenbau ★★
Baurecht ★★

NOMINIERT
JUVE Awards 2023
Kanzlei des Jahres für Immobilien- und Baurecht

Bewertung: Das Kraftzentrum der Kanzlei ist nach wie vor der Großraum Köln, allerdings hat das ambitionierte Team seinen Beratungsradius stetig über den Stammmarkt erweitert u. ist inzw. regelm. bundesw. aktiv. Namh. Mandanten wie Signa, Art-Invest oder seit neuestem Fraser setzen sowohl bei Zukäufen als auch mietrechtl. u. im Asset-Management auf die Kanzlei. Überschwänglich ist das Mandatenfeedback für das Team, das als „extrem kompetent" u. „lösungsorientiert" gilt. Die gut funktionierende Zusammenarbeit der Bau- u. Immobilienrechtler untereinander u. mit angrenzenden Praxisgruppen führt dazu, dass Loschelder immer häufiger von Mandanten bei komplexen Quartiersentwicklungen angefragt wird, bspw. beim I/D Cologne. Aber auch unabhängig voneinander entwickeln sich die Teams im Immobilien- u. im Baurecht. Im Anlagenbau kommt das Team seinem Anspruch, größeren Wettbewerbern wie Luther oder GSK Stockmann nachzueifern, ein Stück näher. Ähnl. breit angelegt wie bei GSK ist auch die Mandantschaft von Loschelder. Strateg. hat sich die Kanzlei zuletzt mit einem Experten für ESG u. einem Mietrechtler verstärkt. Mit der Ernennung eines Partners mit Prozesskompetenz unterstreicht die Kanzlei die Bedeutung der starken Prozesspraxis.

Stärken: Gute Vernetzung zw. Bau- u. Immobilienrecht sowie dem ▷*Öffentl. Recht* (v.a. Planung).

Oft empfohlen: Dr. Walter Klein („hochqualifiziert", Wettbewerber), Dr. Jürgen Lauer („starker Forensiker", Wettbewerber), Dr. Mirko Ehrich (alle Baurecht), Dr. Stefan Stock („einer der besten Anwälte Deutschlands", Mandant), Dr. Nikolai Wolff („schnelle Auffassungsgabe, sehr zuverlässig", Mandant, beide Immobilienrecht)

Team: 9 Eq.-Partner, 1 Sal.-Partner, 10 Associates; 1 of Counsel (Immobilien- u. Baurecht)

Partnerwechsel: Dr. Florian Dressel (von Kapellmann & Partner)

Schwerpunkte: Transaktionen u. Projektentwicklungen, vereinzelt internat. Projekte. Baubegl. Beratung, ausgeprägte Prozesspraxis.

Mandate: Immobilienrecht: Energiekonzern zu Nutzung Kavernenfeld; Kintyre zu Shopping Center Berlin Märkisches Zentrum; lfd. Prologis. **Baurecht:** Arge Nord-Süd Stadtbahn Köln baubegl; Centrum baurechtl u. zu ESG; Flughafen Köln/Bonn zu Neu- u. Umbau; StraßenNRW zu Ausbau BAB 3. **Projektentwicklung:** Art Invest u.a. bei der Quartierentwicklung I/D Cologne; IC International Campus bau- u- immobilienrechtl; DuMont zu Büroquartier ‚Friedrich und Karl'; lfd.: Signa; Bauwens; Frasers Property; MSREF/d.i.i.; Redevco; Values. **Prozesse:** Gothaer, Zurich regelm. in Haftpflichtprozessen; lfd.: Koelnmesse, Dahlem Ingenieurbüro, Hochtief.

LUTHER

Immobilienwirtschaftsrecht ★
Projektentwicklung und Anlagenbau ★★★★
Baurecht ★★★★

Bewertung: Die Immobilien- u. Baurechtler von Luther sind bekannt als Branchenberater u. kommen ihrem Anspruch, möglichst früh bei komplexen Großprojekten eingebunden zu sein, sehr nahe. Zuletzt hat sich v.a. das Vergaberecht als Eintrittskarte zu umfangr. Mandaten erwiesen, über die sich das Team eine umfassendere Beratung im Bau-, Planungs-u. Immobilienrecht erschließen konnte. Bsph. dafür sind der Neubau der Asklepios Kliniken in Hamburg u. der im Vorjahr begonnene Neubau eines Laborgebäudes für die translationale Forschungseinrichtung der Uniklinik Mainz. V.a. Letzterer beschäftigt das Team um Meier. Ungewöhnl. für eine mittelständ. Kanzlei ist auch der Ansatz, in größerem Maße nichtjurist. Projektmanager in Großmandaten einzusetzen, damit bedient sie vermehrt die öffentl. Hand als Auftraggeberin, die sie inzw. von allen Standorten aus im Bau- u. Immobilienrecht beraten kann. Im Immobilienrecht berät das Team zu Deals im Midcap-Segment. Dass sie zeitgleich auch im Asset-Management u. Gewerbl. Mietrecht gefragt ist, zeigt die Ernennung einer Partnerin in Frankfurt. Zu den Mandanten in diesem Bereich zählt bspw. ein internat. Logistikmanager, den das Team in Dtl. im Asset-Management u. im ESG-Kontext berät.

Oft empfohlen: Achim Meier („verhandlungsstark", Wettbewerber), Prof. Christian Zanner (beide Baurecht), Dr. Thomas Gohrke, Ingo Erberich („erfahren u. lösungsorientiert", Mandant, „hoch kompetent", Wettbewerber), Ruth-Maria Thomsen („einfach überragend", Mandant, alle Immobilienrecht)

Team: 20 Partner, 4 Counsel, 30 Associates

Schwerpunkte: Breite Aufstellung im Baurecht, inkl. ▷*Beihilfe*, ▷*Öffentl. Recht* (Umwelt u. Planung), ▷*Vergaberecht*. Im Immobilienwirtschaftsrecht: Transaktionen, Asset- u. Property-Management. Projektentwicklungen.

Mandate: Baurecht: Tron bei Neubau Laborgebäude (inkl. Projektmanagement); BIMA u.a. projektbegl. zu Neubau Besucherzentrum Bundestag; Barmer strateg. u. baubegl. zu Sanierung von zwei Standorten; Steag zu Neubau Teilchenbeschleuniger Fair; Bund wg. Bau Dt. Botschaft Washington prozessrechtlich. **Immobilienrecht:** AOC bei Verkauf Bauprojekt ‚Löbtauer Tor'; GP Papenburg u.a. bei Teilverkauf ‚Neue Ortsmitte' Michendorf; JV bei Kauf Projektentwicklung (Köln); Lang & Cie. u.a. bei Verkauf Bürogebäude (Frankfurt). **Projektentwicklungen/Anlagenbau:** EWN Entsorgungswerk für Nuklearanlagen zu Rückbau von Atomkraftwerken; Dt. Museum zu Bau Zentraldepot; Landesbetrieb Immobilienmanagement u. Grundvermögen HH zu Quartiersentwicklung in HH-Altona; Stadtwerke Leipzig bau- u. immissionsschutzrechtl. zu Kraftwerksbau (Umstellung auf Betrieb mit Wasserstoff); RAG zu Bau v. Grubenwasseraufbereitungsanlage.

LUTZ ABEL

Baurecht ★★★★

NOMINIERT
JUVE Awards 2023
Kanzlei des Jahres für Immobilien- und Baurecht

Bewertung: Die Kanzlei gehört in der Beratung von Tunnel- u. Autobahnprojekten, v.a. ÖPP, neben Leinemann seit Jahren zu den Marktführern, lässt sich aber längst nicht mehr darauf beschränken. Eine jüngere Partnerriege aus dem Stuttgarter Büro macht sich in Sachen Klinikneubauten einen Namen u. berät zu zahlr. großvol. Projekten in der Region, bspw. die Kreiskliniken Böblingen. Dabei setzt das Team u.a. auf innovative Themen wie BIM u. Mehrparteienverträge, über die bspw. ein Neubauprojekt für Buwog verhandelt wird. Der von Mandanten u. Wettbewerbern gelobte Eix wurde zuletzt in die Eq.-Partnerschaft aufgenommen. Ähnl. wie Luther erschließt sich LA häufig Mandate über das Vergaberecht u. transferiert sie dann erfolgr. in angrenzende Praxisgruppen. Ein Bsp. dafür ist die Beratung der TU München zu einem Forschungsprojekt mit SAP, zu dem auch ein gr. Büro- u. Forschungsgebäude gehört. Auch bei klass. Beratungsmandaten aus dem Infrastrukturbereich ist die Kanzlei nach wie vor prominent vertreten. Im Immobilienrecht berät das Team von allen Standorten aus bei kleineren Transaktionen, hat seinen Wirkungskreis jedoch vor allem im Gewerbl. Mietrecht u. im Asset-Management deutl. erweitert.

Stärken: ÖPP-Projekte; Autobahn- u. Tunnelbau; Kliniken.

Oft empfohlen: Dr. Wolfgang Abel, Dr. Daniel Junk, Ulrich Eix, Dr. Robert Castor („präzise, pragma-

Anwaltszahlen: Angaben der Kanzleien, wie viele Anwälte zu mind. ca. 50% in diesem Gebiet tätig sind. Sie spiegeln nicht zwingend die Gesamtgröße einer Kanzlei wider.

tisch, lösungsorientiert, Top-Anwalt", Mandant), Dr. Hubert Bauriedl („breites Wissen, sehr zuverlässig", Wettbewerber) (Baurecht)
Team: 8 Eq.-Partner, 8 Sal.-Partner, 14 Associates
Schwerpunkte: Baubegleitung, Projektentwicklung, Prozesse. Auch Immobilienrecht, inkl. Transaktionen. Gewerbl. Mietrecht. Mehrparteienverträge.
Mandate: Baurecht u. Projektentwicklung: Buwog zu Neubau von 540 Wohn- u. Gewerbeeinheiten in Weingarten; Kommune vergabe- u. baurechtl. zu Rathausneubau; Alb Fils Kliniken bei Neubau ,Klinik am Eichert'; Arge bei 2. Stammstrecke S-Bahn München; Lebensmittelhersteller bei Fabrikneubau u. Bau Photovoltaikanlagen; Kreiskliniken Böblingen zu Klinikneubau; NPG zu Neubau Medienhaus; Regiomed zu Neubau Klinikum Coburg; TU München zu Abschluss Forschungskoop. mit SAP inkl. Neubau Büro- u. Forschungsgebäude; Arge Tunnel Cannstatt im Rahmen von Stuttgart 21; Klinikum Esslingen zu div. Neubauten; lfd.: Ed. Züblin, Max Bögl, Hochtief, Stadt München, Wisag. **Prozesse:** Arge Tunnel Rastatt in Beweiserhebungs- u. Schlichtungsverf.; Instone in Beweisverf. zu Bauträgerprojekt in Freiburg; Bauunternehmen bei Durchsetzung Restwerklohnanspruch ggü. Landesbetrieb; Dachbauer bundesw. gerichtl. u. außergerichtlich.

MAYER BROWN

Immobilienwirtschaftsrecht ★★★

Bewertung: Die Immobilienpraxis der US-Kanzlei steht für die Beratung institut. Investoren, die sie vorwiegend bei Transaktionen begleitet. Strukturell hat sich die dt. Praxis mit ihren Pendants in Frankreich u. GB zusammengeschlossen, um internat. Mandanten künftig verstärkt gemeins. zu beraten. Einen ersten Beleg für das Zusammenrücken liefert die Beratung von Carlyle beim Kauf des MyStorage-Geschäfts. Stärker im internat. Kontext sichtbar ist aber die Finanzierungspraxis um Heuber. Dass Immobilienrecht für die Gesamtkanzlei auch singulär in Dtl. durchaus eine wichtige Rolle spielt, zeigt die Ernennung von Dr. Philipp Schaefer zum Partner.
Oft empfohlen: Dr. Fabian Hartwich („Top-Anwalt", Mandant), Dr. Jörg Lang, Dr. Martin Heuber („sehr reaktiv, genaue Analyse, gute Beratung u. Umsetzung, sehr freundlich, gutes Team", „sehr gut", Mandanten)
Team: 5 Eq.-Partner, 4 Counsel, 6 Associates (inkl. Finanzierung)
Schwerpunkte: Transaktionsberatung, daneben auch Finanzierung. Starkes Notariat.
Mandate: Immobilienrecht: Carlyle bei Kauf von MyStorage inkl. Portfolio aus 7 Selfstorage-Objekten; AIF Capital bei Kauf u. Finanzierung von Wohnanlage u. bei Kauf von 3 Pflegeeinrichtungen; Banque Européenne du Crédit Mutuel im Zshg. mit einer vorrangigen Finanzierung für den Kauf von Bürogebäuden (München); Prologis regelm. bei Transaktionen; Ardian RE, Barclays bei Finanzierungen.

MCDERMOTT WILL & EMERY

Immobilienwirtschaftsrecht ★★★★
Projektentwicklung und Anlagenbau ★★★

Bewertung: Mandanten wie Art-Invest, Imfarr u. Hahn setzen im Immobilienrecht regelm. auf MWE, ebenso wie eine Reihe von Familiy Offices. Gerade Letztere waren es, die der Kanzlei auch im aktuellen Marktumfeld noch einen soliden Dealfluss verschafften, der aber eher unter dem Marktradar stattfand. Beachtung fanden eher die wenigen hochvolumigen Deals für Stammmandanten wie Swiss Life, die im Konsortium mit Norges in Berlin zukaufte. Ihrer seit Jahren kontinuierl. gewachsenen Partnerriege, die aus Quereinsteigern renommierter Praxen u. aus Eigengewächsen besteht, verdankt MWE eine Aufstellung, die es ermöglicht, auch jenseits des Transaktionsgeschäfts die relevanten immobilienrechtl. Themen abzudecken. Ein Bsp. ist das Geschäft um den angesehenen Flege, der gr. Retailer vertritt u. zudem bei Projektentwicklungen berät.
Stärken: (Portfolio-)Transaktionen, Projektentwicklungen.
Oft empfohlen: Dr. Jens Ortmanns („Großprojekte werden von ihm u. seinem Team präzise wie ein Uhrwerk abgearbeitet. Hohes Maß an Kompetenz u. sehr lösungsorientiert", Mandant), Thomas Beisken („sehr kollegial u. kompetent"), Dr. Maximilian Clostermeyer, Dr. Holger Weiß („sehr guter Verhandler", Mandant), Dr. Ulrich Flege („sehr kollegial, lösungsorientiert u. tief in den jew. Themen", Wettbewerber über alle 3), Frank Müller („kompetent, pragmatisch, zuverlässig", Mandant)
Team: 8 Partner, 1 Counsel, 17 Associates (Kernteam)
Schwerpunkte: Beratung von Immobilienfonds, Investmentbanken u. Immobilieninvestoren. (Portfolio-)Transaktionen inkl. Finanzierung, Rundumberatung bei Projektentwicklungen, auch Asset-Management u. Gewerbl. Mietrecht.
Mandate: Immobilienrecht: Norges u. Swiss Life bei Kauf ,VoltAir Berlin' (marktbekannt); Imfarr bei Aufsetzen von Konsortium für Kauf von 3 Bauabschnitten des Quartiers Heidestraße (€488 Mio); Catella u. Orange bei Kauf von Parkhaus für gemeins. Fonds; Die Developer bei JV mit Rockspring TransEuropean Properties; Family Office bei Verkauf des Wohnquartiers „Fürstenhöfe" (D´dorf); Galeria Karstadt Kaufhof bei Restrukturierung des Filialportfolios; lfd. bei Transaktionen: OfficeFirst, Signa, Redevco; lfd. mietrechtl.: Mango, Hema. **Projektentwicklungen:** Signa bei div. Projekten, u.a. Bahnhofsvorplatz in München; Goodman bei Logistikentwicklungen.

NEUWERK

Immobilienwirtschaftsrecht ★

NOMINIERT
JUVE Awards 2023
Kanzlei des Jahres für Immobilien- und Baurecht

Bewertung: Nicht nur im Vgl. mit starken regionalen Einheiten wie Reius oder Jebens Mensching, sondern auch bundesw. hat sich die Immobilienpraxis von Neuwerk eine beeindruckende Marktpräsenz erarbeitet. Das bestätigen Wettbewerber wie auch Mandanten, die das Team zunächst auf der Gegenseite kennenlernten u. schließl. selbst beauftragten. Kaum verwunderl., dass es der Kanzlei erneut gelang, neue Akteure vom Asset-Manager bis zum Projektentwickler von sich zu überzeugen. Dank einer ausgewogenen Mandantenstruktur, zu der bspw. auch Family Offices u. branchenfremde Unternehmen zählen, war Neuwerk auch an verhältnismäßig vielen Transaktionen im kleineren u. mittleren Segment beteiligt. Regelm. kommt dabei auch die investmentrechtl. Kompetenz von Heinz zum Tragen.
Oft empfohlen: Dr. Claudia Jehle („sehr angenehme u. konstruktive Verhandlerin", „anerkannte Expertin", „lösungsorientiert", Wettbewerber), Dr. Philipp Jehle, Dr. Annette Heinz („gute Strategie, besonnen u. durchsetzungsstark, aber auch partnerschaftl.", Mandant über alle)
Team: 3 Eq.-Partner, 5 Associates
Schwerpunkte: Transaktionen, z.T. inkl. Finanzierung und Fonds. Projektentwicklung. Asset-Management u. Gewerbl. Mietrecht.
Mandate: Immobilienrecht: Tishman Speyer bei Anteilsverkauf an ,Klöpperhaus'; Soravia lfd. bei Transaktionen; lfd.: Anheuser-Busch InBev Germany, Hamburger Pensionskasse, luxemb. Fonds, Marquard & Bahls. **Projektentwicklungen:** Unibail Rodamco umf. im Zshg. mit ,Westfield Hamburg-Überseequartier'; Garbe lfd. immobilienrechtl. u. bei Projektentwicklungen.

NOERR

Immobilienwirtschaftsrecht ★★★★★
Projektentwicklung und Anlagenbau ★★

Bewertung: Ihre tiefe Marktduchdringung, die auf einem umf. Beratungsansatz u. einem diversen Mandantenportfolio beruht, demonstriert Noerr, indem sie neben immobilienrechtl. Themen auch Mandate im klass. Baurecht sowie Projektentwicklungen betreut. Neben einer breiten Aufstellung im Team ist bei Noerr seit jeher die praxisgruppenübergr. Zusammenarbeit ein hohes Gut, von der Mandanten aktuell v.a. bei strukturellen u. strateg. Themen, die im heiß gelaufenen Transaktionsmarkt der Vorjahre oft zu kurz kamen, profitieren können. Doch auch im Transaktionsgeschäft beriet die Kanzlei Stammmandanten wie Goldtree, gewann aber auch neue Akteure wie die Deka hinzu. Die Finanzierer beraten trad. auf Banken-, z.T. auch Kreditgeberseite haben sich aber in den verg. Jahren auch vermehrt bei Darlehensnehmern wie bspw. AEW durchgesetzt. Zuletzt von sich überzeugen konnten sie bspw. Peach Property. Gut aufgestellt ist das Team zudem für die erwartete Restrukturierungswelle, weil die Finanzierer über entspr. Know-how verfügen.
Oft empfohlen: Annette Pospich („weitsichtig, großer Überblick, großes Verhandlungsgeschick, immer die Interessen des Mandanten im Blick", „bestens", „verhandlungsstark, souverän", „hervorragende Markt-u. Fachkenntnis", Mandanten), Christoph Brenzinger („smart, strukturiert, schnell", Mandant), Dr. Alexander Jänecke („exzellente Kanzlei mit sehr kompetentem u. dienstleistungsorientiertem Team", Mandant), Volker Bock, Andreas Naujoks („sehr engagiert u. in jedem Detail, angenehme Zusammenarbeit, harter Verhandler", Mandant), zunehmend: Dr. Tim Behrens („ruhige, besonnene Art", Mandant)
Team: 17 Eq.-Partner, 9 Sal.-Partner, 4 Counsel, 15 Associates (gesamte Sektorgruppe)
Schwerpunkte: Transaktionen. Langj. Erfahrung mit Projektentwicklungen u. im Anlagenbau. Ergänzung insbes. durch Steuerrecht u. Finanzierung (▷*Kredite u. Akqu.fin.*). Fondsberatung, Gewerbl. Mietrecht.
Mandate: Immobilienrecht: CommerzReal bei Kauf von 25% an ,Elbtower'; Garbe bei Kauf von Gewerbegrundstück; BNP-Fonds bei Kauf von Hotelkomplex (HH); Deka bei Kauf von Büroimmobilie (München); Goldtree Group regelm. bei Transaktionen; Redos regelm. bei Transaktionen, u.a. bei Kauf von Geschäftszentrum; Adolf Mohr Maschinenfabrik bei Verkauf von Betriebsgrundstück in Schutzschirmverfahren; AEW regelm. bei Transaktionen; Ergo Group bei Refinanzierung ,Maas Tower'; Finanzinstitut bei Ankaufsfinanzierung von 3 Retail-Immobilien; Gegenbauer bei Zusammenschluss mit Apleona. **Projektentwicklungen/Anlagenbau:** Beos bei Entwicklung von Logistikimmobilie in NRW; Catella, u.a. bei Quartier ,Grand Central' in D'dorf u. ,See-

Anwaltszahlen: Angaben der Kanzleien, wie viele Anwälte zu mind. ca. 50% in diesem Gebiet tätig sind. Sie spiegeln nicht zwingend die Gesamtgröße einer Kanzlei wider.

stadt mg' in Mönchengladbach; GLP bei Entwicklung u. Vermietung div. Logistikimmobilien; Halbleiterunternehmen bei Ausschreibung u. Bau eines Kraftwerks.

NORTON ROSE FULBRIGHT

Immobilienwirtschaftsrecht ★★★
Projektentwicklung und Anlagenbau ★★

Bewertung: Das Immobilienteam der internat. Kanzlei deckt das gesamte Beratungsspektrum ab, inkl. Finanzierung, Steuern u. Investmentrecht. Nach einem größeren Teamzugang im verg. Jahr standen die Zeichen erneut auf Wachstum: Von White & Case wechselte der in Transaktionen u. Restrukturierungen erfahrene Wolf mit einem Team, wodurch NRF eine Lücke auf Partnerebene in Ffm. geschlossen hat. Ein erfahrener of Counsel von Greenfort deckt öffentl.-rechtl. Themen in der Immobilienberatung ab. Die gute Vernetzung auf internat. Ebene, insbes. mit den Büros in London u. Luxemburg, zeigt sich bspw. bei der Beratung von LCN Capital. Mit einer Partnerin, die sich mit einem gr. Team auf immobilienrechtl. Streitigkeiten konzentriert u. dabei stark technikgestützt arbeitet, hat die Kanzlei ein Alleinstellungsmerkmal.
Oft empfohlen: Dr. Stefan Feuerriegel („kompetent u. zuverlässig", Mandant), Patrick Narr, Dr. Maren Stölting, Dr. Andrea Spellerberg („argumentativ sehr gut", Mandant);Veit Sahlfeld („pragmatisch, zielorientiert", Mandant)
Team: 10 Partner, 10 Counsel, 29 Associates, inkl. Finanzierung
Partnerwechsel: Dr. Holger Wolf (von White & Case)
Schwerpunkte: Transaktionen, Finanzierung. Projektentwicklungen, Branchenschwerpunkte: Hotels u. Shoppingcenter.
Mandate: Immobilienrecht: BNP Paribas, u.a. bei Kauf v. Cocrafting-Immobilie (Mannheim); Invesco-Fonds bei div. Finanzierungen u. Restrukturierungen; EIB bei Finanzierung von Bauprojekt (Hannover); HCOB bei Finanzierung von Bauprojekten (Berlin); JV Garbe/Bremer Projektentwicklung/Quakernack zu Technologiepark Mitteldtl.; Union Investment u.a. bei Teilkauf v. Hauptsitz Siemens Energy; Fattal zu div. Projekten umf.; Edeka bei Kauf von Einzelhandelsimmobilien; Unibail Rodamco Westfield zu div. Projekten u.a. zum Verkauf Gera Arcaden. **Projektentwicklungen**: Ditting zu div. Entwicklungen; Patrizia bei div. Projekten in der HafenCity in HH.

ORTH KLUTH

Baurecht ★★

Bewertung: Die Kanzlei ist v.a. für ihre baurechtl. Beratung bekannt u. unterhält stabile Mandatsbeziehungen zu Bauunternehmen sowie zu Projektentwicklern u. Investoren. Der Zugang eines immobilienrechtl. Teams in Berlin im verg. Jahr verschaffte OK Zugang zu neuen Mandaten vor Ort, die sie bspw. zu versch. Projektentwicklungen u. außergerichtl. bei der Abwehr eines hohen Schadensersatzanspruches berät. Ausgeprägt ist auch die gerichtl. Vertretung. Die gute Vernetzung der Praxisgruppen in der Mittelstandskanzlei insges. verschafft den Baurechtlern zudem einen kontinuierl. Zufluss branchenfremder Akteure, die bei ihren Projekten auf OK setzen. Vermehrt ist das Team auch beim Bau von Pharma- u. Medizintechnikgebäuden inkl. der Produktionsanlagen gefragt u. erschließt sich über die Beratung zu einem Solar- u. einem Windpark auch den Energiesektor.
Oft empfohlen: Dr. Gary Klaft („fair, sachlich, kompetent", „guter Verhandler", Wettbewerber), Dr. René Runte
Team: 2 Eq.-Partner, 6 Sal.-Partner, 4 Associates, inkl. Immobilienwirtschaftsrecht
Schwerpunkte: Umf. baubegl. Beratung, insbes. Industrieanlagenbau u. Projektentwicklungen. Dabei auch enge Zusammenarbeit mit Immobilienrechtlern. Architekten- u. Ingenieurrecht. Streitigkeiten
Mandate: Baurecht: Dt. Glasfaser zu Breitbandausbau; SMS zu Neubau Hauptverwaltung; Aroundtown baurechtl.; Lieken zu Bauverträgen; Parkett Interfloor baubegleitend; Versicherung bei Vertragsgestaltung für Bürgschaften; Akasol zu jurist. Projektmanagement; lfd. Ergo. **Prozesse**: Burchard Architekten; GRP Global Rail bei Schadensfall; Ingenieurbüro wg. Vergütungsforderungen. **Projektentwicklungen:** Projektgesellschaft zu Solarpark (bau- u. planungsrechtl.); Energieunternehmem zu gepl. Windpark; Siedlungsgesellschaft zu Projekten; Planungsbüro zu Pharmaneubau; Nanz bei Autohöfen; Konzepta bei Vicus Quartier u. mietrechtlich.

PINSENT MASONS

Immobilienwirtschaftsrecht ★

Bewertung: Auch bedingt durch personelle Veränderungen hat sich die Immobilienpraxis der internat. Kanzlei neu aufgestellt. Im Fokus steht künftig eine ganzheitl. Beratung von Immobilienakteuren u. branchenfremden Unternehmen, zu der neben den immobilienrechtl. Kernkompetenzen auch Felder wie Litigation oder IP gehören. Ein Bsp. bietet Langzeitmandant Premier Inn, der nicht nur im Zshg. mit Deals u. Entwicklungen auf PM setzt, sondern auch bei Fragen des operativen Geschäfts. Profitieren sollen gerade internat. Mandanten künftig auch vom engeren Zusammenrücken mit der starken u. deutl. breiter aufgestellten GB-Praxis. Nichtsdestotrotz büßt PM durch den Abgang von 3 Partnern Schlagkraft ein. Insbes. mit Atwell in der Fondsberatung verliert die Praxis an einer Schnittstelle Kompetenz u. Kapazität, die für ihren Rund-um-Branchen-Ansatz von enormer Bedeutung ist.
Oft empfohlen: Katharina von Hermanni („dynam., hohe Fachkompetenz, Durchsetzungsvermögen, Spaß in der Zusammenarbeit, Flexibilität, Verhandlungsstärke, Persönlichkeit", „sehr kompetent; jederzeit tief im Vertragswerk u. behält auch bei komplexen Zusammenhängen den Überblick; Hat stets das Anlegerinteresse im Blick", Mandant)
Team: 2 Partner, 1 Counsel, 5 Associates
Partnerwechsel: Dr. Wolfram Pätzold (zu Gowling WLG), Dr. Tobias Nuß (zu PwC Legal), Dorothee Atwell (zu Allen & Overy; Investmentfonds)
Schwerpunkte: Transaktionen, Projektentwicklungen (nur für Investoren), Gewerbl. Mietrecht, Asset-Management. Zudem Finanzierung u. aufsichtsrechtl. Beratung.
Mandate: Immobilienrecht: BVK u. Universal Investment bei Kauf von ‚Duke'; Investor zu Hotelprojekten; Momeni bei Kauf von Olivandenhof (Köln); lfd.: Premier Inn, Accom-Gruppe, Versorgungswerk.

POELLATH

Immobilienwirtschaftsrecht ★★★

Bewertung: Transaktionen u. Finanzierungen stehen im Fokus der angesehenen Immobilienpraxis. Dies schließt auch die Fondsgestaltung ein. Für ihre Mandanten, die häufig aus dem Private Equity- oder Family-Office-Umfeld kommen, bietet die Kanzlei dazu passend auch die gesellschafts- u. steuerrechtl. Beratung mit an. Trotz eines schwächelnden Immobilienmarktes kann das Team aufgrund seines Mandantenstammes einen beachtl. Dealflow vorweisen. Neben div. neuen Mandanten wie bspw. DFI u. CI haben sich die Beziehungen zu anderen, bspw. CBRE, weiter verfestigt.
Stärken: Transaktionen. Enge Verknüpfung von ▷*Gesellschafts*- u. Steuerrecht.
Oft empfohlen: Dr. Stefan Lebek, Dr. Matthias Durst
Team: 4 Eq.-Partner, 2 Sal.-Partner, 3 Counsel, 9 Associates
Schwerpunkte: Transaktionen, Finanzierung (auf Investorenseite), Projektentwicklung.
Mandate: Immobilienrecht: Henderson Park zu Mehrheitsbeteiligung an GBI; Caleus bei Kauf TechnoCampus Berlin; CA Immo zu Verkauf ‚Langes Land' (München); Quantum, u.a. bei Kauf Silver Swan HH City; CBRE bei Asset-Deals; Hines, u.a. zu Grundstückskauf; ZIB zu An- u. Verkäufen von Wohnportfolios; Hepp zu Grundstückskauf ‚Central E1' (/Stuttgart).

REDEKER SELLNER DAHS

Projektentwicklung und Anlagenbau ★★★★
Baurecht ★★★★★

Bewertung: Die junge Partnergeneration treibt die Entwicklung der Baurechtspraxis weiter voran, indem sie die Kompetenzen der einzelnen Teams stärker miteinander verknüpft. Zugleich entwickelt sie Bereiche wie Immobilienrecht u. auch die Prozessvertretung zu eigenständigen Beratungsfeldern weiter. Im Immobilienrecht gilt das v.a. für Projektentwicklungen, bei denen RSD auch ihre Öffentl.-rechtl. sowie Baurechtskompetenz einbringen kann. Die Paradedisziplin der Baurechtler bleibt die Realisierung großer Vorhaben im Infrastrukturbereich u. im Kraftwerksbau, wo sie regelm. in umfangr. u. komplexe Projekte eingebunden sind. Ein Bsp. ist die Beratung einer Uniklinik bei Erweiterungsbauten samt Errichtung eines Blockheizkraftwerks. Ein anderes die Mandatierung durch eine RWE-Tochter beim Neubau des Kraftwerks Eemshaven. Regelm. – so auch hier – schließen sich komplexe Prozessverfahren an die Beratung solcher Vorhaben an, in denen die RSD-Anwälte viel Erfahrung haben u. für die sie von Wettbewerbern geschätzt werden. Durch ihr Renommee gewinnt die Praxis zudem regelm. neue Mandanten hinzu, wie zuletzt einen Energieversorger, die RSD bspw. auch zu ESG-Themen – in diesem Fall das neue Lieferkettengesetz – mandatieren.
Stärken: Großbauvorhaben, insbes. Kraftwerksbau.
Oft empfohlen: Philipp Hummel („jurist. ausgezeichnet, prägnant u. berücksichtig stets die Interessen des Mandanten", „geht immer die Extra-Meile, lässt nicht locker, ordnet ein", Mandanten; „sehr guter Baurechtler", Wettbewerber), Dr. Thomas Stickler, Ulrich Birnkraut, Prof. Dr. Burkhard Messerschmidt, Prof. Thomas Thierau
Team: 11 Eq.-Partner, 1 Counsel, 9 Associates
Schwerpunkte: Anlagenbau, Projektentwicklungen, Infrastrukturprojekte, insbes. für die öffentl. Hand, u.a. Bundesbehörden. Prozesse. Immobilientransaktionen, Mietrecht. ▷*Vergaberecht*.
Mandate: Baurecht: Uniklinik zu Kooperation mit örtl. Energie- u. Wärmelieferanten für Klinikerweiterung samt Blockheizkraftwerk; Bund/Hessen Mobil zu Zahlungsforderungen u. Mängeln bei Projekt ‚Tunnel Hirschhagen'; Autobahn GmbH baubegl. zu BAB 66 Bau Riederwaldtunnel u. Vervollständigung der BAB 661 Ostumgehung Ffm.; Stadt Regensburg bei

Anwaltszahlen: Angaben der Kanzleien, wie viele Anwälte zu mind. ca. 50 % in diesem Gebiet tätig sind.
Sie spiegeln nicht zwingend die Gesamtgröße einer Kanzlei wider.

neuer Stadtbahnlinie inkl. damit verbundener Projekte; Arge zu Quartierssanierung der Stadt Dortmund; DB Netz bzgl. Havarie Oströhre Tunnel Rastatt. **Prozesse:** Industriekonzern zu Schadensersatz aus Verzug bei Klinikneubau; RWE Generation in Prozess wg. erhebl. Schadensersatzansprüchen aufgrund von Bauverzögerungen beim Neubau einer Doppelblock-Kraftwerksanlage; regelm. Vonovia, Hochtief.

REIUS

Immobilienwirtschaftsrecht ★★★

Bewertung: Die HHer Boutique ist bundesw. aktiv bei Transaktionen u. Projektentwicklungen im Wohn- u. Logistikbereich sowie im Investmentrecht u. Asset-Management. Dabei hat sie sich einen beachtl. Mandantenstamm geschaffen. Auch Private-Equity-Gesellschaften, eine Kernzielgruppe von Reius, griffen wieder auf die Dienste des Teams zurück. Regelm. kommen neue Mandanten hinzu, bspw. ein gr. Family Office u. Bartels-Langness. Neu ist auch eine Erweiterung der Asset-Klassen um Datencenter, zu deren Entwicklung insbes. Thiele inzw. regelm. berät. Strateg. hat sich die Kanzlei mit einem erfahrenen Associate von Latham zu Restrukturierungs- u. insolvenznaher Beratung verstärkt, der auch den Bereich Finanzierung weiter voranbringen soll, sowie mit einer Berufsanfängerin, die transaktionsbegl. die Beratung im Öffentl. Recht in Angriff nimmt.
Stärken: Transaktionen, Investmentrecht.
Oft empfohlen: Dr. Christian Thiele, Dr. Stefanie Fuerst („klug, tough, pragmatisch", Mandant), Annette Griesbach, Dr. Holger Iversen, Christina Hölder („kompetent u. schnell", Mandant)
Team: 6 Partner, 4 Counsel, 6 Associates
Schwerpunkte: (Portfolio-)Transaktionen, häufig mit PE-Fokus. Beratung von institut. Investoren. Projektentwicklungen, inkl. Öffentl. Recht. Investmentrecht. Asset-Management.
Mandate: Immobilienrecht: Angelo Gordon bei JV mit DCD zur Entwicklung von Datencentern; Catella bei Verkauf Wohnportfolio in Dtl. u. NL; Bartels-Langness bei Kauf SB-Warenhaus; Captiva bei Kauf Gesundheitszentrum; Garbe regelm. bei Transaktionen, u.a. bei Grundstückskäufen; Hanse Merkur, u.a. bei Verkauf Büro- u. Einzelhandels-Portfolio in Süddtl. u. Österreich; Redos-Gesellschafter bei Verkauf Mehrheitsanteile; Panattoni regelm. bei Transaktionen; LIP Invest regelm. bei Kauf von Logistikanlagen. **Projektentwicklungen:** Lfd.: Panattoni, Garbe, Dt. Logistik Holding.

REMBERT

Baurecht ★

Bewertung: Die HHer Kanzlei verzahnt das Private Baurecht mit dem Öffentl. sowie dem Vergaberecht. Anders als viele Wettbewerber begleitet Rembert sowohl Auftraggeber als auch -nehmer bei der Realisierung ihrer Vorhaben. Obwohl die klass. Baubegleitung u. damit einhergehende prozessuale Mandate im Fokus stehen, ist die Kanzlei auch vereinzelt in Transaktionen gefragt, wo sie sich der baurechtl. Fragen annimmt.
Team: 8 Partner, inkl. Öffentl. Baurecht
Schwerpunkte: Breite Beratung im Baurecht mit regelm. Schnittstellen zum Öffentl. u. Vergaberecht.
Mandate: Baurecht: Klinikverbund umf. baurechtl., auch prozessual; Moß zu div. Bauvorhaben; Freimuth Unternehmensgruppe zu Abbruchmaßnahmen; Alstria Office lfd. im Bau- u. Architektenrecht; div. Bauträger u. Kliniken bei Bauvorhaben. **Prozesse:** Architekturbüro gerichtl.; Wohnungsbauunternehmen in Baumängelprozess.

RITTERSHAUS

Baurecht ★

Bewertung: Die Mittelstandskanzlei ist ähnl. breit aufgestellt wie Heuking oder GvW. Dieser Ansatz kommt v.a. bei Projektentwicklungen zum Tragen, bei denen Immobilien- u. Öffentlichrechtler eng zusammenarbeiten. Heraus sticht – nach dem Zugang von Boldt u. Holatka im Vorjahr – die Tätigkeit der Kanzlei im priv. Baurecht. Insbes. Boldt zählt zu den Vorreiterinnen bei IPA-Verträgen, in deren Kontext sie derzeit 3 Projekte betreut. Darüber hinaus ist das Team als Berater bei Krankenhäusern u. Kommunen etabliert.
Oft empfohlen: Prof. Dr. Antje Boldt („profundes Wissen", „Expertin an der Schnittstelle von Bau- u. Vergaberecht", Wettbewerber), Steffen Holatka
Team: 8 Eq.-Partner, 3 Associates
Schwerpunkte: Baubegl. Beratung, Vertragsgestaltung, insbes. erfahren bei Mehrparteienverträgen, Prozesse. Schnittstelle zum Öffentl. u. Vergaberecht. Im Immobilienrecht: Transaktionen u. Finanzierung.
Mandate: Baurecht: Öffentl. Hand bei Neubau Regierungsgebäude in integrierter Projektabwicklung; Dt. Bahn zu Projekt ‚Ausbaustrecke Stuttgart – Singen – Grenze D/CH, Abschnitt Nord' (integrierte Projektabwicklung) u. zu Neubau Cottbus (IPA-Mehrparteienvertrag); Hansainvest zu Bauvorhaben ‚Südstadtbogen Neu-Ulm'; Stadtentwässerung Frankfurt bei mehreren Bauprojekten; Stadt Frankfurt baubegl. bei Schul- u. Kitabauten.

ROTTHEGE

Projektentwicklung und Anlagenbau ★★★★

Bewertung: Die D'dorfer Kanzlei ist v.a. für ihre Stärke bei Projektentwicklungen im Markt angesehen, berät ihre Mandanten aber entlang des gesamten Immobilienzyklus. Insbes. im Baurecht festigte sie zuletzt Beziehungen zu namh. Akteuren wie Art-Invest u. Bauwens u. überzeugte auch neue Mandanten. Durch die Aufnahme einer erfahrenen Sal.-Partnerin von Luther erweitert das Team zudem sein Spektrum in Richtung Klinikbau u. konnte bereits ein erstes Mandat gewinnen. In der immobilienrechtl. Beratung lag der Fokus – wie derzeit bei den meisten Wettbewerbern – stärker auf Asset-Management. Wie nur wenige Kanzleien ist Rotthege auch im Hotelsektor aktiv u. begleitete eine Reihe von Stammmandanten beim Abschluss neuer Verträge.
Stärken: Projektentwicklungen.
Oft empfohlen: Dr. Lars Kölling („professionell", Wettbewerber), Martin Butzmann, Dr. Martin Ludgen („sehr zufrieden", Mandant; „konstruktiver Verhandler", Wettbewerber)
Team: 5 Eq.-Partner, 5 Sal.-Partner, 6 Associates (Immobilien- u. Baurecht)
Schwerpunkte: Ganzheitl. Betreuung von Projektentwicklungen, primär in dem Kontext auch Transaktionen. Gewerbl. Mietrecht, Asset-Management. Viel Erfahrung im Hotelsektor. Im Baurecht: klass. Baubegleitung, Vertragsgestaltung, Architekten- u. Ingenieurrecht.
Mandate: Projektentwicklungen: Westgard bei Ankauf Entwicklungsgrundstück sowie zu Planervertrag für ‚Innovationscampus Langenfeld'; Bauwens zu div. Projekten, u.a. bei Grundstücksentwicklung in HafenCity HH; Siebers Partner zu ‚Clouth Tor 2'. **Baurecht:** Hines bauvertragl. u. -begl. bei ‚KOE37'; Art-Invest, u.a. zu ‚Neuer Kanzlerplatz' in Bonn; Gerch Group zu Planerverträgen für Neubau Uni Nürnberg; Barmherzige Brüder Trier zu Erweiterungsbau; lfd.: Landmarken, Dornieden Generalbau.

SMNG

Projektentwicklung und Anlagenbau ★★★★
Baurecht ★★★★

Bewertung: Die Boutique mit Hauptsitz in Ffm. gehört zu den Kanzleien, die regelm. in Großprojekten gefragt ist. Mandanten, zu denen u.a. große Projektentwickler zählen, loben die Anwälte für ihren „gr. Erfahrungsschatz" u. die „pragmat. Beratung", was u.a. an den tiefgehenden Spezialisierungen der Anwälte liegt. Neben der Projektbegleitung zog zuletzt auch das streitige Geschäft u. dabei insbes. internat. Schiedsverf. – konjunkturbed. – an. Nachdem die Kanzlei in den Vorjahren versucht hat, im Immobilienwirtschaftsrecht Fuß zu fassen, konzentriert sie sich nun wieder auf ihre Kernkompetenzen u. verstärkte sich zuletzt in Köln u. Ffm. mit erfahrenen Baurechtlern, von denen einer auch in Schnittstellenthemen wie Versicherungs- u. Gesellschaftsrecht berät. Auffällig ist das regelm. positive Feedback, das jüngere Anwälte von Mandanten erhalten.
Stärken: Hoher Spezialisierungsgrad.
Oft empfohlen: Prof. Christian Niemöller, Klaus Höflich, Alexander Dietrich, Klaus-Peter Radermacher, Helwig Haase, Jörg Teller, Dr. Normen Crass
Team: 15 Eq.-Partner, 9 Sal.-Partner, 15 Associates
Partnerwechsel: Heinrich Große-Venhaus (von Caverion)
Schwerpunkte: Baubegleitung für Auftraggeber wie -nehmer; Projektentwicklung. Beratung von Architekten u. Ingenieuren. Mediation, u.a. außergerichtl. Streitbeilegung. Forensik, auch Verbandsklagen. Vergaberecht. Immobilientransaktionen/ Due Diligences.
Mandate: Baurecht: Logistikimmobilienentwickler bauvertragl.; Hochbauunternehmen zu zahlr. Brückenbauvorhaben auf Bundesautobahnen; Hersteller von Bauelementen zu Lieferverträgen; Investor im Zshg. mit Entwicklung von Wohn- u. Geschäftsquartier; Nahrungsmittelkonzern zu Erweiterung von Produktionsstandort. **Prozesse:** Fassadenbauer in Schiedsverf. um Mängel an Hochschulgebäude in Schweden.

STASSEN

Baurecht ★

Bewertung: Die Baurechtskanzlei ist im Berliner Markt fest etabliert. Zu ihren oft langj. Mandanten gehören u.a. Bauträger u. gr. Architekturbüros. In u. um Berlin betreut sie eine Reihe größerer Bauvorhaben, darunter den Bau eines neuen Repräsentationsgebäudes für ein Bundesministerium. 2. Standbein der Kanzlei ist ihr Notariat, in dem sich mit Bogen eine junge Partnerin immer mehr Beachtung verschafft.
Oft empfohlen: Prof. Dr. Dieter Stassen, Dr. Uwe Mehlitz, Anke Bogen („präsent in Berlin", gute Notarin", Wettbewerber)
Team: 4 Eq.-Partner, 1 Sal.-Partner, 1 Counsel, 1 Associate
Schwerpunkte: Architektenrecht, Haftpflichtstreitigkeiten für Versicherungen. Umf. baubegl. Beratung für die öffentl. Hand.
Mandate: Baurecht: Beos baubegl. bei div. Bauvorhaben; Bundesministerium bei Neubauvorhaben; Brenne Architekten lfd. baubegleitend. **Prozesse:** Stiftung Humboldt-Forum in div. Rechtsstreitigkeiten

Anwaltszahlen: Angaben der Kanzleien, wie viele Anwälte zu mind. ca. 50% in diesem Gebiet tätig sind. Sie spiegeln nicht zwingend die Gesamtgröße einer Kanzlei wider.

bzgl. Neubau Stadtschloss; Architekturbüro bei Geltendmachung von zusätzl. Vergütungsansprüchen.

TAYLOR WESSING

Immobilienwirtschaftsrecht ★★★

Projektentwicklung und Anlagenbau ★★★★

Bewertung: Konsequent hat sich die Immobilienpraxis der Kanzlei best. Branchen verschrieben. Das gilt v.a. für regulierte Sektoren wie Energie u. Gesundheit, aber auch für Technologie. Hier stehen Projektentwicklungen im Pflege- u. Gesundheitssegment im Fokus, aber auch die Ansiedelung von Datencentern, Beratung zu Auf-Dach-Anlagen u. Smart-Living-Immobilien. In diesem Kontext ist auch die strateg. u. operative Beratung der Mandanten zum Thema ESG zu sehen. Hinzu kommen klass. Transaktionen u. versch. Quartiersentwicklungen wie das Projekt Tide in HH, bei dem TW Stammmandantin ECE beim Vorstoß in neue Asset-Klassen wie Wohnen u. Büro begleitet. Durch den Branchenfokus ergibt sich auch eine Rund-um-Beratung im Anlagenbau, bei der TW regelm. von den Projektverträgen über Bau bis zum Betrieb der Anlagen berät. Dazu zählen Energieanlagen wie Wind, Solar- u. Wasserstoff sowie Chemie- u. Pharma- u. große Industrieanlagen.

Oft empfohlen: Dr. Patrick Brock, Dr. Adrian Birnbach, Dr. Anja Fenge, Dr. Thomas Fehrenbach („ein Mann für komplizierte Fälle", Mandant), Sarah Anderson („präzise, effizient, schlagfertig", Mandant),Johannes Callet („hohe Qualität, überragende Zuverlässigkeit", Mandant)

Team: 9 Eq.-Partner, 14 Sal.-Partner, 15 Associates,1 of Counsel, inkl. Baurecht

Schwerpunkte: Breit angelegte immobilienrechtl. Beratung mit Fokus auf Transaktionen u. Projektentwicklungen, Hotels; Asset-Management. Auch baurechtl. Begleitung, eigenes Team im Anlagenbau. Zudem Notariat.

Mandate: Immobilienrecht: Art-Invest, u.a. zu Umsetzung von ESG-Kriterien u. Einführung eines Smart-Metering-Systems; Wacker Chemie bei Kauf im Werksviertel (München); Pflegeheimbetreiber immobilien- u. mietrechtl.; Lifento bei Kauf v. Pflege- u. Gesundheitsimmobilien; Premier Inn, u.a. zu Kauf von Hotelprojekt (Berlin); Trammell Crow bei Transaktionen. **Projektentwicklungen/Anlagenbau:** ECE, u.a. zu Quartiersentwicklung Tide/Hafen City; CEE umf. zu Solarpark in Brandenburg; Entwickler zu Quartiersentwicklung in HH; Garbe bei div. Projektentwicklungen.

TRÛON

Immobilienwirtschaftsrecht ★

Bewertung: Die Boutique, die in HH zu den gefragten immobilienrechtl. Beratern zählt, ist v.a. im Projektentwicklungs- u. Transaktionsgeschäft aktiv. Das Team überzeugt insbes. durch die enge Verknüpfung von Immobilien- u. Öffentl. Recht. So berät Trûon seine Mandanten bei der Realisierung von Bauvorhaben ebenso wie beim Ankauf entspr. Flächen. Dabei ist die Kanzlei schwerpunktmäßig bei Projekten in u. um HH aktiv, begleitet einige Mandanten aber auch bundesweit.

Oft empfohlen: Dr. Sonja Tegtmeyer, Dagmar Jonski

Team: 4 Partner, 5 Associates, 1 of Counsel, inkl. Öffentl. Recht

Schwerpunkte: Projektentwicklungen, enge Verknüpfung von Öffentl. u. Immobilienrecht.

Mandate: Immobilienrecht: Garbe, ECE, Stadt Hamburg, DC Developments, Alstria Office Reit, Gropyus zu lfd. Themen.

WAGENSONNER

Immobilienwirtschaftsrecht ★

Bewertung: Die Münchner Boutique berät zu allen Fragen des Immobilien- u. Baurechts inkl. Öffentl. Recht. Ihr Portfolio reicht von Bestandshaltern bis zu Versicherern, die auch bei Finanzierungen oder Joint-Venture-Strukturen auf Wagensonner setzen. Das führt dazu, dass die Kanzlei einerseits bei großen Projektentwicklungen u. Mietverträgen involviert ist, sich aber auch für großvol. Deals empfehlen kann, bspw. für den Kauf des Quadriga Portfolios durch die Versicherungskammer Bayern. Mit einem neu ernannten Sal.-Partner akzentuiert die Kanzlei Finanzierungsberatung zusätzlich.

Oft empfohlen: Dr. Andreas Helm, Dr. Götz Mezger, Christopher Patt („pragmatisch im Interesse d. Mandanten", Wettbewerber)

Team: 4 Eq.-Partner, 5 Sal.-Partner, 1 Counsel, 3 Associates, zzgl. Bau- u. Öffentl. Recht

Schwerpunkte: Kleine bis mittlere Transaktionen, tlw. inkl. Finanzierung. Bei Projektentwicklungen auch Öffentl. Recht (Umwelt u. Planung). Gewerbl. Mietrecht.

Mandate: Immobilienrecht: JV bei Verkauf Bürokomplex ‚Voltair' (€460 Mio); ABG u.a. mietrechtl. zu ‚Deutschlandhaus'/HH; Versicherungskammer Bayern bei Kauf Quadriga-Portfolio (€250 Mio); Bayer. Rotes Kreuz, Immobilienunternehmen lfd. mietrechtl.; SWMUNICH zu Konzertarena MUC-cc; Rock Capital lfd. bei Transaktionen u. Joint Ventures.

WHITE & CASE

Immobilienwirtschaftsrecht ★★★

Bewertung: Die Praxis der internat. Kanzlei ist bekannt für Transaktions- u. Finanzierungsberatung von Immobilieninvestoren, häufig mit Private-Equity-Bezug, u. von Immobilienunternehmen. Eine gr. Mandantin der Kanzlei ist nach wie vor Adler RE, die die Kanzlei auch im Kapitalmarktrecht berät u. von der die Immobilienrechtler regelm. bei größeren Abverkäufen angefragt werden. Zudem ist das Team eng ins internat. Kanzleinetzwerk eingebunden u. bedient dort die gr. Nachfrage zu Data-Center u. Logistikentwicklungen. Ein empfindl. Verlust ist der Wechsel ihres Partners Dr. Holger Wolf u. einer Associate zu Norton Rose, da die W&C-Praxis nun nur noch aus einem Immobilienrechtspartner besteht. Hier hilft es dem Ansehen des Teams, dass Telyatnykov am Markt präsenter wird, bspw. war er federführend bei einem der wenigen Mrd-Deals des Jahres, bei dem W&C x+bricks beim Verkauf ihres Einzelhandelsportfolios an Slate beriet. Gleichzeitig bekommt in diesem Kontext auch die Finanzierungsberatung innerh. der Praxis mehr Gewicht, zu der mit Seele u. dem erfahrenen Flatten 2 angesehene Köpfe des Marktes zählen. Auf Dauer wird die Kanzlei jedoch wieder Kompetenz im klass. Immobilienrecht aufbauen müssen.

Oft empfohlen: Dr. Thomas Flatten, Dr. Sébastien Seele („pragmatischer Finanzierer mit tiefer Marktkenntnis", Wettbewerber); Rostyslav Telyatnykov („sehr kompetente u. schnelle Transaktionsbegleitung", Mandant)

Team: 3 Eq.-Partner, 3 Sal.-Partner, 1 Counsel, 3 Associates, inkl. Finanzierung

Partnerwechsel: Dr. Holger Wolf (zu Norton Rose)

Schwerpunkte: Transaktionen u. ▷*Finanzierung*. Sehr erfahren bei Logistik u. Datacentern.

Mandate: Immobilienrecht: Adler lfd. immobilienrechtl. u. transaktional; x+bricks beim Verkauf Einzelhandelsportfolio (€1Mrd); Gemini Börsencenter bei Verkauf ‚Schillerportal'. **Finanzierung:** Konsortium bei Finanzierung v. Datencenterkauf.

ZENK

Baurecht ★★

Bewertung: Die Kanzlei mit Hauptsitz in HH bietet ihren Mandanten eine Rundumversorgung in Sachen Immobilien. In den verg. Jahren hat sich allerdings ein Schwerpunkt in Richtung Projektentwicklungen sowie Begleitung von gr. Infrastrukturprojekten herausgebildet. Hier verschafft sich insbes. eine jüngere Partnerriege an Bau- u. Architektenrechtlerinnen Anerkennung, die sowohl von Mandanten als auch Wettbewebern lobend erwähnt werden. Gleichwohl ist das Team auch nach wie vor bei Transaktionen präsent, die es für seine langj. Stammklientel verhandelt. In ihrem Bestreben, die immobilienrechtl. Beratung in Berlin auszubauen, erlitt Zenk einen Rückschlag, da 2 Partner die Kanzlei nach nur kurzer Zeit wieder verließen. Im Notariatsbereich fängt sie dies mit einer Notarin von DWF auf.

Oft empfohlen: Carolin Klüpfel („top", Mandant, „begleitet Mandanten mit großem Einfühlungsvermögen", Wettbewerber), Florian Werner („herausragender Anwalt", Wettbewerber) ‚Anja Teiwes („gute Verhandlerin", Wettbewerber; alle Baurecht); Alexander Baden (Immobilienrecht)

Team: 9 Eq.-Partner, 5 Sal.-Partner, 2 Associates

Partnerwechsel: Irene Schmid (von DWF), Aldo Trentinaglia, Stefan Meusel (beide zu Arnecke Sibeth)

Schwerpunkte: Projektentwicklungen; kleinere bis mittl. Transaktionen, Gewerbl. Mietrecht.

Mandate: Immobilienrecht: Projektgesellschaft zu Bau- u. Mietverträgen bei Großbauvorhaben; HH2E bei Zukäufen; lfd.: Beos, Corestate, HBB, Otto Group, Lorenz. **Projektentwicklungen:** Arge Prime Site zu Luisenblock (vergabe- u. vertragsrechtl.); Landmarken regelm.; Investor zu Planungs- u. Bauverträgen für Neubau in HafenCity; Family Office zu Projektentwicklung nahe Berlin.

ZIRNGIBL

Baurecht ★★

Bewertung: Die bau- u. immobilienrechtl. Praxis mit Stammistz in München berät ihre Mandanten entlang des Immobilienzyklus. Das umfasst neben der Errichtung u. dem Kauf von Objekten auch die Betreuung während der Haltephase, was sich insbes. in transaktionsschwächeren Zeiten auszahlt. Ähnl. wie Heussen hat auch Zirngibl einen Schwerpunkt im Gesundheitssektor, wodurch sie sich zugleich von Wettbewerbern wie Arnecke Sibeth abhebt. Darüber hinaus ist sie gut in der Hotelbranche vernetzt.

Stärken: Beratung von Kliniken.

Oft empfohlen: Dr. Axel Anker, Dr. Lars Adler

Team: 9 Eq.-Partner, 1 Sal.-Partner, 4 Counsel, 9 Associates

Schwerpunkte: Baubegleitung, Projektentwicklung, kleinere Transaktionen. Besondere Kompetenz im Klinik- u. Hotelbereich.

Mandate: Projektentwicklungen: Lambrecht-Gruppe u. UBM lfd.; Lebensmittelhändler bei Entwicklung von Mischimmobilie. **Baurecht:** Internat. tätiger Lebensmittelkonzern bei diversen Bauvorhaben; Klinikkonzern lfd. baurechtlich; Kreditinstitut bei Neubau von Zentrale nach ESG-Kriterien, Modeunternehmen bei Erweiterung von Logistikimmobilien.

Anwaltszahlen: Angaben der Kanzleien, wie viele Anwälte zu mind. ca. 50% in diesem Gebiet tätig sind. Sie spiegeln nicht zwingend die Gesamtgröße einer Kanzlei wider.

Insolvenzgericht, Verwalter, Gläubigerausschuss: Wie funktioniert ein Insolvenzverfahren?

Von Jens Lieser, Dr. Alexander Jüchser und Dr. Martin Kaltwasser, LIESER Rechtsanwälte, Koblenz

Jens Lieser

Jens Lieser, Fachanwalt für Insolvenzrecht und Sanierung, wird regelmäßig zum Insolvenzverwalter und Sachwalter in Verfahren aller Größenordnungen bestellt. Er hat als Restrukturierungsbeauftragter bereits einen StaRUG-Fall erfolgreich abgeschlossen.

Dr. Alexander Jüchser

Dr. Alexander Jüchser, Fachanwalt für Insolvenzrecht und Sanierung, Wirtschaftsmediator (EBS). Seine Expertise als Insolvenzverwalter und Sachwalter liegt in der Herausarbeitung interessensbasierter Lösungen.

Dr. Martin Kaltwasser

Dr. Martin Kaltwasser begleitet als Insolvenzverwalter, Sachwalter und auch Generalbevollmächtigter in Eigenverwaltungen Unternehmen in Krisensituationen. Ein Schwerpunkt seiner Tätigkeit liegt auf grenzüberschreitenden Sachverhalten.

LIESER Rechtsanwälte Partnerschaft mbB ist eine rein auf Insolvenz- und Sanierungsverfahren spezialisierte Sozietät. Wir verstehen uns als Krisenmanager! Jeder Fall erfordert eine maßgeschneiderte Lösung. Jedes Mandat ist für uns Chefsache. Wir schauen voraus und denken langfristig.

Kontakt
LIESER Rechtsanwälte Partnerschaft mbB
Josef-Görres-Platz 5
56068 Koblenz
T: + 49 261 30479-0
info@lieser-rechtsanwaelte.de
www.lieser-rechtsanwaelte.de

Eingeleitet wird das Insolvenzverfahren mit einem Insolvenzantrag – sei es als Schutzschirm-, Eigenverwaltungs- oder Regelverfahren beim Insolvenzgericht. Aber wie geht es nach dem Insolvenzantrag weiter? Welche Aufgaben haben Insolvenzgericht bzw. Insolvenzverwalter? Wer kontrolliert den Insolvenzverwalter? Welche Rechte haben die Gläubiger, welche Pflichten haben die insolventen Unternehmen?

Insolvenzgericht

Die Insolvenzgerichte sind an den Amtsgerichten angesiedelt. Die Insolvenzordnung sieht dem Grundsatz nach eine Konzentration beim Amtsgericht am Ort des Landgerichts vor. Einige Bundesländer haben die Öffnungsklausel genutzt und weitere Amtsgerichte zu Insolvenzgerichten gemacht oder ein zentrales Insolvenzgericht eingerichtet. Im Antragsverfahren – also bis zur Entscheidung über die Eröffnung des Insolvenzverfahrens – ist der Insolvenzrichter zuständig. Es handelt sich um eine Einzelrichterzuständigkeit, eine Gremienentscheidung ist nicht vorgesehen. Zudem ist der Insolvenzrichter in den überwiegenden deutschen Insolvenzgerichten nicht nur Insolvenzrichter, sondern darüber hinaus häufig auch für weitere Rechtsgebiete zuständig. Der Insolvenzrichter des lokalen Amtsgerichts bestellt den (vorläufigen) Insolvenzverwalter. Dabei greift er regelmäßig auf einen ihm bekannten und bewährten Verwalter zurück. Der Antragsteller kann einen Verwalter vorschlagen. An den Vorschlag ist das Gericht jedoch nur in Ausnahmefällen gebunden. Die Erfolgsaussichten eines Vorschlags unterscheiden sich, je nach Fallkonstellation, Insolvenzgericht und Insolvenzrichter. Nach Insolvenzeröffnung ist der Richter nur noch zuständig, soweit ein Insolvenzplanverfahren durchgeführt wird. In allen anderen Fällen wechselt die Zuständigkeit auf den Rechtspfleger.

Insolvenzverwalter

Im Insolvenzantragsverfahren bestellt das Insolvenzgericht bei einem laufenden Geschäftsbetrieb regelmäßig einen vorläufigen Insolvenzverwalter. Außer im Saarland wird die Verfügungsbefugnis nicht zugleich auf den vorläufigen Insolvenzverwalter übertragen. Der vorläufige Insolvenzverwalter soll gemeinsam mit der bisherigen Geschäftsführung das Unternehmen erhalten, bis eine Entscheidung über die Eröffnung getroffen ist.

Auf Basis eines Eröffnungsgutachtens, in welchem geprüft wird, ob ein Insolvenzgrund vorliegt und ob die Verfahrenskosten gedeckt sind, erfolgt die Insolvenzeröffnung. Aufgabe des Insolvenzverwalters ist es, das schuldnerische Vermögen zu verwerten. Dazu können einzelne Vermögensbestandteile, Rechte, Grundstücke oder der Geschäftsbetrieb ganz oder teilweise verkauft werden, offene Forderungen eingetrieben und nachteilige Verträge beendet werden. Der Rechtsträger kann aber auch im Wege des Insolvenzplans saniert werden. Der Insolvenzverwalter prüft zudem, ob es im Vorfeld Vermögensverschiebungen zulasten der Gläubigergesamtheit gab, die er mit einer Insolvenzanfechtung rückgängig machen kann.

Parallel prüft der Insolvenzverwalter die von den Gläubigern zur Insolvenztabelle angemeldeten Verbindlichkeiten des schuldnerischen Unternehmens. Kommt der Insolvenzverwalter zu dem Schluss, dass die Forderungen der Gläubiger bestehen, so werden sie festgestellt und nehmen an der Verteilung der Insolvenzmasse bei Abschluss des Verfahrens teil.

In Eigenverwaltungsverfahren verbleibt eine Vielzahl der oben genannten Aufgaben bei der Geschäftsführung des Unternehmens. Der (vorläufige) Sachwalter übt eine Aufsicht aus, führt die Tabelle und ist darüber hinaus für Sonderthemen zuständig.

Gläubigerversammlung und Gläubigerausschuss

Das Insolvenzverfahren ist ein Gesamtvollstreckungsverfahren, es orientiert sich also primär am Interesse der Gläubiger. Die Gläubiger beteiligen sich über die Gläubigerversammlung am Verfahren. Das Insolvenzgericht bestimmt mit der Eröffnung den Zeitpunkt für die erste Gläubigerversammlung (Berichtstermin), die in den ersten drei Monaten des Verfahrens abzuhalten ist (§§ 29 Abs. 1 Nr. 1, 156 InsO). Im Berichtstermin werden wichtige Entscheidungen über den Fortgang des Verfahrens getroffen, z.B. die Fortführung oder Stilllegung des Geschäftsbetriebs oder die Abwahl des Insolvenzverwalters.

Die Gläubigerversammlung muss außerdem besonders wichtigen Rechtsgeschäften zustimmen. Dazu gehören insbesondere

- der Verkauf des Unternehmens oder eines Unternehmensteils;
- der Verkauf eines Grundstücks;
- die Aufnahme eines Darlehens, dass die Masse erheblich belasten würde, oder
- die Führung eines Rechtsstreits mit erheblichem Streitwert.

In Verfahren ab einer gewissen Größenordnung sieht die Insolvenzordnung die Einrichtung eines Gläubigerausschusses vor. Im Eröffnungsverfahren ist ein vorläufiger Gläubigerausschuss einzusetzen, wenn im vorangegangenen Geschäftsjahr mindestens zwei der drei in § 22 Abs. 1 InsO genannten Merkmale erfüllt sind: Mindestens 6 Mio. Euro Bilanzsumme, mindestens 12 Mio. Euro Umsatzerlöse und im Jahresdurchschnitt mindestens 50 Arbeitnehmer. War bis zum Berichtstermin noch kein Gläubigerausschuss eingesetzt, kann die Gläubigerversammlung beschließen, dass ein solcher gebildet wird. Der (vorläufige) Gläubigerausschuss unterstützt und überwacht den Insolvenzverwalter. Bei besonders wichtigen Rechtsgeschäften ist zudem die Zustimmung des (vorläufigen) Gläubigerausschusses einzuholen.

Die Gläubigerausschussmitglieder sind den Interessen der Gläubigergesamtheit verpflichtet. Sie werden für ihre Tätigkeit aus der Insolvenzmasse vergütet, haften den übrigen Gläubigern gegenüber aber auch, wenn sie ihre Kontrollpflichten nicht wahrnehmen.

Eigenverwaltung, Schutzschirm und Insolvenzplan

Seit Januar 2021 sind Geschäftsleiter von juristischen Personen verpflichtet, Instrumente zur Krisenfrüherkennung zu installieren und im Falle einer Krise frühzeitig Maßnahmen zu ergreifen (§ 1 StaRUG). Ergeben sich daraus Hinweise, dass die Zahlungsunfähigkeit droht, aber noch nicht eingetreten ist, so kann das Unternehmen den sogenannten Schutzschirm beantragen (§ 270d InsO). Das Schutzschirmverfahren ist ein Insolvenzverfahren, welches in Eigenverwaltung geführt wird und darauf gerichtet ist, mithilfe eines Insolvenzplans die Sanierung des Rechtsträgers zu erreichen.

Im Insolvenzplan können die Unternehmen die Rechtsverhältnisse zu ihren Gläubigern flexibler gestalten als im regulären Verfahren, während gleichzeitig im Vorfeld des Insolvenzplans die Gestaltungsmöglichkeiten der Insolvenzordnung bei der Beendigung nachteiliger Verträge genutzt werden können. Denn gerade Eingriffe in bestehende Verträge können außerhalb des Insolvenzverfahrens nicht gegen den Willen der Gläubiger vorgenommen werden.

In der Eigenverwaltung geht die Verfügungsbefugnis über das schuldnerische Vermögen nicht auf einen Insolvenzverwalter über, sondern der Schuldner bzw. die Geschäftsführung des Unternehmens bleibt zuständig. Allerdings sind insolvenzrechtlich versierte Berater zu engagieren, damit sichergestellt ist, dass die insolvenzrechtlichen Pflichten erfüllt werden. Zusätzlich muss vom Insolvenzgericht ein Sachwalter bestellt werden, der wie ein Insolvenzverwalter die Forderungsprüfung und die Insolvenzanfechtung übernimmt und gleichzeitig den Schuldner überwacht.

Der Eintritt in ein Eigenverwaltungsverfahren ist dabei an konkrete gesetzliche Herausforderungen geknüpft, die ab dem 01.01.21 noch einmal verschärft wurden. So muss der Schuldner eine umfangreiche Eigenverwaltungsplanung vorlegen. Diese umfasst einen Finanzplan, der einen Zeitraum von sechs Monaten abdeckt, ein Durchführungskonzept, das ausgehend von einer Krisenanalyse das Ziel der Eigenverwaltung und die zur Zielerreichung vorgesehenen Maßnahmen beschreibt, eine Darstellung des Verhandlungsstands mit den Gläubigern, am Schuldner beteiligten Personen und Dritten, eine Darstellung der Vorkehrungen, wie der Schuldner die Einhaltung der insolvenzrechtlichen Pflichten sicherstellt, sowie einen Verfahrenskostenvergleich zwischen der Eigenverwaltung und der Regelinsolvenz. Zudem muss der Schuldner Erklärungen zu bestimmten, für die Anordnung der vorläufigen Eigenverwaltung wesentlichen Sachverhalten abgeben.

Beendigung des Insolvenzverfahrens

Sind alle Vermögenswerte des Unternehmens verwertet bzw. ist ein Insolvenzplan durch die Gläubigerversammlung bestätigt, kann das Verfahren abgeschlossen werden. Die Insolvenzgläubiger erhalten eine Insolvenzquote, nachdem die Verfahrenskosten und sonstigen Verbindlichkeiten aus dem Insolvenzverfahren bedient sind. Die Aufhebung des Insolvenzverfahrens erfolgt durch Beschluss des Insolvenzgerichts. ■

KERNAUSSAGEN

- Bis zur Insolvenzeröffnung ist der Insolvenzrichter an den Amtsgerichten für das Verfahren zuständig, der auch den (vorl.) Insolvenzverwalter bestellt.
- Aufgabe des Insolvenzverwalters nach Insolvenzeröffnung ist es, das schuldnerische Vermögen zu verwerten. Dazu kann er das Unternehmen fortführen, mit einem Insolvenzplan sanieren, ganz oder in Teilen verkaufen oder ggf. zerschlagen.
- Das Insolvenzverfahren ist auf die bestmögliche Befriedigung der Gläubiger ausgerichtet. Die Gläubiger beteiligen sich in der Gläubigerversammlung oder im Gläubigerausschuss an wichtigen Verfahrensentscheidungen.
- Mit der Eigenverwaltung und dem Schutzschirmverfahren können sich Unternehmen in Eigenregie sanieren. Häufig wird dann auch ein Insolvenzplan vorgeschlagen, um den Rechtsträger zu sanieren.

Insolvenzverfahren

★★★★★	
Dr. Beck & Partner	Nürnberg, München u.a.
Jaffé	München, Frankfurt u.a.
White & Case	Hamburg, Düsseldorf, Frankfurt u.a.
★★★★	
Anchor	München, Augsburg, Hannover u.a.
Brinkmann & Partner	Hamburg, Frankfurt u.a.
Flöther & Wissing	Halle, Mannheim u.a.
Görg	Köln, Hamburg, Stuttgart u.a.
Grub Brugger	Stuttgart u.a.
Kebekus et Zimmermann	Düsseldorf
Pluta	Ulm, München, Hannover, Berlin u.a.
★★★	
BRL Boege Rohde Luebbehuesen	Hamburg, Berlin u.a.
CMS Hasche Sigle	Frankfurt, Düsseldorf
Eckert	Hannover, Köln u.a.
Müller-Heydenreich Bierbach & Kollegen	München, Nürnberg
Reimer	Hamburg, Frankfurt, Kiel u.a.
Schultze & Braun	Achern, Bremen, Nürnberg u.a.
SGP Schneider Geiwitz & Partner	Neu-Ulm, München, Hamburg u.a.
★★	
AndresPartner	Düsseldorf u.a.
BBL Brockdorff	Potsdam, Berlin u.a.
Gerloff Liebler	München
hww Hermann Wienberg Wilhelm	Berlin, Frankfurt, Düsseldorf u.a.
Lambrecht	Düsseldorf u.a.
Schmidt-Jortzig Petersen Penzlin	Hamburg
Willmer Köster	Verden, Bremen, Hamburg
★	
Buchalik Brömmekamp	Düsseldorf
Ebner Stolz Mönning Bachem	Köln
FRH Fink Rinckens Heerma	Hamburg, Düsseldorf
Lieser	Koblenz u.a.
Münzel & Böhm	Hamburg, Berlin
Niering Stock Tömp	Köln, Krefeld
Voigt Salus	Berlin, Leipzig, Köln
Wellensiek	Heidelberg

Die Auswahl von Kanzleien und Personen in Rankings und tabellarischen Übersichten ist das Ergebnis umfangreicher Recherchen der JUVE-Redaktion. Sie ist in 2erlei Hinsicht subjektiv: Die Aussagen der befragten Quellen sind subjektiv u. spiegeln deren Erfahrungen u. Einschätzungen. Die JUVE-Redaktion wiederum analysiert die Rechercheergebnisse unter Einbeziehung ihrer eigenen Marktkenntnis. Der JUVE Verlag beabsichtigt keine allgemeingültige oder objektiv nachprüfbare Bewertung. Es ist möglich, dass eine andere Recherchemethode zu anderen Ergebnissen führt. Innerhalb einzelner Gruppen in Rankings und tabellarischen Übersichten sind Kanzleien und Personen alphabetisch sortiert.

ALLEN & OVERY

Restrukturierung und Sanierung ★★★★★

Bewertung: Die breite Aufstellung ermöglicht bei komplexen Restrukturierungsprojekten einen ganzheitl. Beratungsansatz, der tief genug bohrt, um Wechselwirkungen zu antizipieren: Auf großer Bühne belegte A&O dies bei der Rettungsaktion für Uniper. Die Anwälte berieten federführend die gesamten Strukturierung des €33 Mrd schweren Stabilisierungspakets. In versch. Szenarien waren nicht nur Konsequenzen einer Insolvenz des Energieversorgers für den Bau eines LNG-Terminals mitzudenken, sondern auch für die Wasserstoffstrategie der Bundesregierung. Mit im Boot waren hier u.a. auch ▷*Gesellschafts-*, ▷*Kapitalmarkt-* und ▷*Kartellrechtler*. Als eine der gr. internat. Projektfinanzierungspraxen kann A&O für jede Branche das passende Know-how bündeln, sei es an der Seite von namh. Unternehmen mit Transformationsdruck, Private-Equity-Investoren oder Banken, ob im Steuerrecht, zu Litigation-Fragen oder ESG bei Sanierungen. Ein neuer Partner in München soll die Schlagkraft erhöhen, v.a. mit Blick auf Private-Debt- u. Distressed-Debt-Fonds sowie Restrukturierungen von Unternehmen, u.a. in der Autobranche.

Stärken: Komplexe Restrukturierungen; Beratung internat. Kreditgeber u. Investoren.

Oft empfohlen: Dr. Sven Prüfer („präzise, juristisch gut", Mandant), Dr. Franz-Bernhard Herding („sehr empfehlenswert", Mandant), Dr. Walter Uebelhoer

Team: 11 Partner, 1 Counsel, 9 Associates, 1 of Counsel

Partnerwechsel: Dr. Josef Parzinger (von Kirkland & Ellis)

Schwerpunkte: Beratung von Kreditgebern, auch in Konsortien, zu grenzüberschr. Refinanzierungen; Unternehmen u. Investoren (Fonds, strategische Käufer) bzw. deren Management zu Restrukturierung von Darlehen, Käufen, Insolvenzplänen u. Begleitung in Insolvenzverf. ▷*Kredite u. Akqu.fin.*, Prozesse im insolvenznahen Bereich, ▷*Konfliktlösung*.

Mandate: Uniper federführend bei Strukturierung des €33-Mrd-Stabilisierungspakets; Wachtel bei Restrukturierung sowie übertragender Sanierung in lfd. Eigenverwaltung; weiterhin Gerry Weber bei umf. Restrukturierung; weiterhin staatl. finn. Gesellschaft bei Finanzierungsbeteiligung mit Genting Hong Kong Group, insbes. zu insolventen MV Werften; Kreditinstitute bei Refinanzierung internat. Autozulieferer; Bankenkonsortium bei Restrukturierung Buchhandelskette; weiterhin Benteler bei Restrukturierung.

ANCHOR

Restrukturierung und Sanierung ★★★
Insolvenzverfahren ★★★★

Bewertung: Anchor zählt zu den Vorreitern eines 3-Säulen-Modells aus klass. Insolvenzverwaltung, rechtl. u. betriebswirtschaftl. Beratung. Mit bundesw. 15 Standorten u. rund 150 Mitarbeitern zählt die Kanzlei zu den großen Restrukturierungsberatern. Mandanten sind oft größere Mittelständler, häufig aus den Branchen Einzelhandel, Immobilien u. Autozulieferung. So ließ sich bspw. dank insolvenzrechtl. Beratung, Umsetzung einer Finanzierung u. Einstiegs eines Investors bei einer Großbäckerei eine Insolvenz vermeiden. Der Ansatz von Anchor erweist sich auch als Asset bei Treuhandschaften: z.B. bei Übernahme einer doppelnützigen Treuhandschaft für eine börsennot. Gesellschaft, um die Geschäftsanteile der Treugeber bei der Sanierung der Gruppe zu halten. Bisher war die Kanzlei in Norddtl. nur mit einem kleinen Büro in Hannover präsent, nun stärkt der neue Standort HH den Antritt im Norden. Dem Trend zur Internationalität trägt Anchor u.a. mit einem French-Desk Rechnung, der die frz. Qair-Gruppe bei Übernahme der insolv. Green City beriet.

Oft empfohlen: Tobias Wahl („erfahren, empathisch, klar, pragmatisch u. zielorientiert", Wettbewerber); Dr. Christoph Herbst („erfahren sowohl als Verwalter als auch als Berater", Wettbewerber), Alexander Reus („erfahrener Team-Player, auf den Punkt", Wettbewerber), Dr. Christoph Herbst („exzellent im Insolvenzrecht", Wettbewerber), Prof. Dr. Martin Hörmann („erfahren als Verwalter u. Berater", Wettbewerber), Silvio Höfer („sehr guter Verhandler", Wettbewerber)

Team: 10 Eq.-Partner, 3 Sal.-Partner, 6 Counsel, 17 Associates

Schwerpunkte: Krisennahe Beratung von Unternehmen u. ihren Organen zu Sanierungsoptionen, Insolvenzantrag u. -plan; Übernahme von Sach- u. Eigenverwaltungsrollen; Insolvenzverwaltung in Süddtl., Nds. u. NRW; Prozessführung (Anfechtung u. Haftung) u. Sanierungsarbeitsrecht; Treuhandschaften. Separate Managementgesellschaft.

Mandate: Qair bei Übernahme der insolv. Green City; Autozulieferer weiterhin als doppelnütziger Treuhänder bei finanz. Restrukturierung; internat. Baumarktkette zu Insolvenz von Lieferanten u. Ab-

Anwaltszahlen: Angaben der Kanzleien, wie viele Anwälte zu mind. ca. 50% in diesem Gebiet tätig sind. Sie spiegeln nicht zwingend die Gesamtgröße einer Kanzlei wider.

wehr von Anfechtungsansprüchen; Insolvenzverwalter von Medizintechnikunternehmen bei Distressed M&A u. Insolvenzplan; Hedgefonds als Gläubiger zu Forderungen in Insolvenzverfahren; Möbelhersteller bei S6-Gutachten u. arbeitsrechtl. Sanierungskonzept; Schiffsbauunternehmen zu Sanierungsmöglichkeiten. **Verwaltung:** Bausion-Gruppe (Duisburg); weiterhin Borbet, Licht- u. Kraftanlagen (beide Wuppertal); Noni, Bous Internat. Maschinenbau (Köln); Heger Ferrit (Kaiserslautern); Pulsgetriebe, Sonotronic Nagel (beide Karlsruhe); Havita Frischsalate (Ludwigshafen); Speidel (Göppingen); Franz Schuck (Ulm); Flughafen Friedrichshafen (Friedrichshafen); Altuntas Backwaren, Ludwig Leuchten (beide Augsburg); Küchen Beck (Regensburg); Sedia Küchentechnik Handel (Heilbronn); Biomammut (Stuttgart); Aurora Lichtwerke (Ingolstadt).

ANDRESPARTNER

Insolvenzverfahren ★★

Bewertung: Die Kanzlei zählt zu den führenden Eigenverwaltungsberatern. Mit einer Vielzahl von Verwaltern setzt sie konsequent auf gerichtl. Verfahren. Das Team zählt zu den großen u. in den vergangenen Jahren gewachsenen Insolvenzspezialisten, die sowohl regelm. beraten als auch verwalten. Etwa 2/3 ihrer rd. 20 Standorte liegen in ihrem Schwerpunktmarkt NRW. Aber auch entfernte Büros wie Dresden verbuchen seit Jahren gerichtl. Bestellungen. Die interne Bearbeitung angrenzender Rechtsgebiete wie Arbeits-, Bank- u. Steuerrecht fördert eine homogene Qualität in der Verwaltung u. trägt ebenso Früchte in der Eigenverwaltungsberatung. Dort übernehmen die erfahrenen Verwalter häufig Organverantwortung in umf. leistungswirtschaftl. Restrukturierungen. Der erfahrene Namenspartner Andres stieg im medienwirksamen Schutzschirmverfahren der D'dorfer P&C als Restrukturierungsgeschäftsführer in die brisante Geschäftsleitung ein. Bei den Verwaltungen kam zur Fortsetzung einiger Altverfahren wie Reformhaus Bacher u.a. in der sanierungsbedürftigen Krankenhausbranche mit der Sachwaltung der Kath. Nord-Kreis Kliniken Linnich u. Jülich eine weitere Bestellung hinzu.

Oft empfohlen: Dr. Dirk Andres („schätze ich sehr, in Verwaltungen u. Sachwaltungen sehr stark", Wettbewerber)

Team: 8 Eq.-Partner, 5 Associates, 1 of Counsel

Schwerpunkte: Insolvenzverfahren mit Schwerpunkt NRW; breite Erfahrung im produzierenden Gewerbe, z.B. Technologieunternehmen u. Autozulieferer; Beratung für Krisenunternehmen mit Schwerpunkt Eigenverwaltung. Kompetenz für Arbeitsrecht u. Prozessführung.

Mandate: Peek & Cloppenburg Düsseldorf (GF), Trägerverein ambulanter Hilfsdienste u. Hugo Karrenberg & Sohn jew. in Eigenverwaltung. **Verwaltung:** Kath. Nord-Kreis Kliniken Linnich u. Jülich (Aachen); SeniorenWohnHaus Fahrenbusch (Essen); Starke Objekteinrichtungen (Dresden); Beckmann Print & Medien (Dortmund); weiterhin Reformhaus Bacher (Düsseldorf).

ASHURST

Restrukturierung und Sanierung ★★

Bewertung: Die Mandate der Restrukturierungpraxis sind in der Regel gr. vorinsolvenzl. Restrukturierungen, die häufig grenzüberschr. sind. Die Anwälte sind in der Autobranche sehr gut vernetzt, was ein Asset für konsensuale Lösungen darstellt. Diese Erfahrung nutzen auch regelm. Verwalter: bspw. für internat. Distressed M&A-Transaktionen oder um Ansprüche der Insolvenzmasse gegen einen OEM durchzusetzen. Auch auf Gläubigerseite ist die Restrukturierungspraxis zu sehen, bspw. bei einer komplexen $400-Mio-Refinanzierung von Diebold Nixdorf. Insbes. bei Finanzierungen mit Asien-Bezug nimmt die Praxis eine führende Marktposition ein.

Stärken: Restrukturierung von Autozuliefererkonzernen.

Oft empfohlen: Alexander Ballmann („äußerst versiert, internat. erfahren, fachlich herausragend", Wettbewerber)

Team: 3 Eq.-Partner, 3 Counsel

Schwerpunkte: Finanzrestrukturierung für Gläubiger u. insolvenzrechtl. Beratung auf Unternehmensseite sowie für Insolvenzverwalter; eng integrierte internat. Restrukturierungspraxis; Verkäufe aus der Insolvenz, Distressed ▷*M&A*.

Mandate: Gl. zu komplexer Refinanzierungsstruktur von Darlehen u. Anleihen für Diebold Nixdorf; 3 Autozulieferer bei umf. grenzüberschr. Restrukturierung; Insolvenzverwalter bei grenzüberschr. Restrukturierung von Autozulieferer u. M&A-Prozess; Insolvenzverwalter zu Sicherung von Vermögenswerten der Insolvenzmasse (insbesondere IP-Vermögen) gg. Klagen ehemaliger Gesellschafter; Gläubiger der insolv. Dt. Lichtmiete (öffentl. bekannt); US-Fonds bei mögl. Erwerb von Forderungen gg. insolvente Greensill Bank.

BBL BROCKDORFF

Insolvenzverfahren ★★

Bewertung: BBL ist immer wieder in namh. Beratungen u. Verwaltungen gefragt. Ein Verfahren mit Leuchtturmwirkung ist etwa die große Sachwaltung bei der German Property Group. Die Sachwaltungen u. Fremdverwaltungen gerieten dabei eher in den dennoch wichtigen Hintergrund u. gehören weiterhin zu den Schwerpunkten der Arbeit. In der Energiebranche folgte auf Neckermann Strom u. Enyway das Großmandat bei Gazprom Germania. Nach der Treuhandschaft u. Umbenennung in Sefe ist BBL weiter für das Unternehmen tätig u. prüft Teilbereiche im Zshg. mit der Fortführung. Allen voran Damerius baut in Berlin nach der coronabedingten Krisenberatung 2er internat. Hotelketten u. der fortgesetzten Beratung der insolventen Unternehmen der Terragon-Gruppe die Erfahrung des Teams rund um Immobilien aus. Bei der Beratung 3er Organe der Adler-Gruppe wirkte BBL bei der Stabilisierung eines der größten dt. Immobilienunternehmen mit. Eine der guten Auslastung synchrone interne Dynamik signalisierte die Boutique mit 5 Verpartnerungen.

Stärken: Verzahnung von finanzieller u. operativer Sanierung mit Verwaltungserfahrung.

Oft empfohlen: Christian Graf Brockdorff, Justus von Buchwaldt, Dr. Oliver Damerius

Team: 13 Partner, 4 Sal.-Partner, 22 Associates

Schwerpunkte: Sanierungs- u. Restrukturierungsberatung für Unternehmen sowie Kreditgeber; Treuhandschaften; Begleitung von Distressed-M&A-Transaktionen; Aufbereitung von Anfechtungs- u. Haftungsthemen, insolvenznahes Arbeitsrecht. Insolvenzverwaltung mit rd. 20 Verwaltern an etwa 30 Standorten bundesweit.

Mandate: Verwaltungsrat der Adler Group u. Vorstände der Adler Real Estate u. Consus Real Estate bei Restrukturierung; Curata (GV), Gesamtbetriebsrat Galeria Karstadt Kaufhof u. Armster (GV) jew. in Eigenverwaltung; Gazprom Germania insolvenzrechtl. bei Sicherung des Geschäftsbetriebes; Molinari Rail bei Einleitung eines Insolvenzverfahrens; Terragon-Gruppe weiterhin bei Restrukturierung. **Verwaltung:** HZD Druckguss, Lioncare Wohnen u. Pflege (beide Potsdam); Kopfzentrum-Gruppe (Leipzig); MeinDentist, Shan, eQuota (alle Berlin); Transtec F&E Vetschau (Cottbus); Jean Brangeier Bau (Offenbach).

Führende Namen für Restrukturierung/Sanierung

Dr. Thorsten Bieg
Görg, Hamburg

Kolja von Bismarck
Sidley Austin, München

Stefan Denkhaus
BRL Boege Rohde Luebbehuesen, Hamburg

Arndt Geiwitz
SGP Schneider Geiwitz & Partner, Neu-Ulm

Frank Grell
Latham & Watkins, Hamburg

Dr. Thomas Hoffmann
Noerr, Frankfurt

Dr. Jörn Kowalewski
Latham & Watkins, Hamburg

Dr. Holger Leichtle
Görg, Stuttgart

Dr. Leo Plank
Kirkland & Ellis, München

Dr. Stefan Sax
Clifford Chance, Frankfurt

Dr. Andreas Spahlinger
Gleiss Lutz, Stuttgart

Detlef Specovius
Schultze & Braun, Achern

Dr. Lars Westpfahl
Freshfields Bruckhaus Deringer, Hamburg

Andreas Ziegenhagen
Dentons, Frankfurt

Die Auswahl von Kanzleien und Personen in Rankings und tabellarischen Übersichten ist das Ergebnis umfangreicher Recherchen der JUVE-Redaktion. Sie ist in 2erlei Hinsicht subjektiv: Die Aussagen der befragten Quellen sind subjektiv u. spiegeln deren Erfahrungen u. Einschätzungen. Die JUVE-Redaktion wiederum analysiert die Rechercheergebnisse unter Einbeziehung ihrer eigenen Marktkenntnis. Der JUVE Verlag beabsichtigt keine allgemeingültige oder objektiv nachprüfbare Bewertung. Es ist möglich, dass eine andere Recherchemethode zu anderen Ergebnissen führt. Innerhalb einzelner Gruppen in Rankings und tabellarischen Übersichten sind Kanzleien und Personen alphabetisch sortiert.

DR. BECK & PARTNER

Insolvenzverfahren ★★★★★

Bewertung: Die Verwalterkanzlei ist eine 1. Adresse für große, oft auch grenzüberschr. Verfahren im Süden. So war sie gefragt bei der drittgrößten dt. Insolvenz im Jahr 2022, der des Autozulieferers Dr. Schneider. Im Insolvenzverfahren der Biomax Informatics setzten die Vermögenstreuhänder rasch einen ww. Investorenprozess auf, mit 110 potent. In-

Anwaltszahlen: Angaben der Kanzleien, wie viele Anwälte zu mind. ca. 50% in diesem Gebiet tätig sind. Sie spiegeln nicht zwingend die Gesamtgröße einer Kanzlei wider.

Führende Namen bei Insolvenzverfahren

Dr. Dirk Andres
AndresPartner, Düsseldorf

Dr. Biner Bähr
White & Case, Düsseldorf

Axel Bierbach
Müller-Heydenreich Bierbach & Kollegen, München

Dr. Rainer Eckert
Eckert, Hannover

Joachim Exner
Dr. Beck & Partner, Nürnberg

Prof. Dr. Lucas Flöther
Flöther & Wissing, Leipzig

Dr. Christian Gerloff
Gerloff Liebler, München

Dr. Michael Jaffé
Jaffé, München

Dr. Frank Kebekus
Kebekus et Zimmermann, Düsseldorf

Stefan Meyer
Pluta, Lübbecke

Dr. Christoph Morgen
Brinkmann & Partner, Hamburg

Martin Mucha
Grub Brugger, Stuttgart

Dr. Jan Plathner
Brinkmann & Partner, Frankfurt

Dr. Sven-Holger Undritz
White & Case, Hamburg

Die Auswahl von Kanzleien und Personen in Rankings und tabellarischen Übersichten ist das Ergebnis umfangreicher Recherchen der JUVE-Redaktion. Sie ist in 2erlei Hinsicht subjektiv: Die Aussagen der befragten Quellen sind subjektiv u. spiegeln deren Erfahrungen u. Einschätzungen. Die JUVE-Redaktion wiederum analysiert die Rechercheergebnisse unter Einbeziehung ihrer eigenen Marktkenntnis. Der JUVE Verlag beabsichtigt keine allgemeingültige oder objektiv nachprüfbare Bewertung. Es ist möglich, dass eine andere Recherchemethode zu anderen Ergebnissen führt. Innerhalb einzelner Gruppen in Rankings und tabellarischen Übersichten sind Kanzleien und Personen alphabetisch sortiert.

vestoren. Die Verwalter-Kanzlei bewältigt Verfahren nahezu jeder Größe, wobei sie das eigene Team aus Anwälten u. Ökonomen bei Bedarf mit anderen Kanzleien ergänzt, etwa für grenzüberschr. M&A-Transaktionen. Häufig sind die Verwalter gefordert, im Verfahren operativ zu sanieren. Für die Autobranche umfasst die Bandbreite des Angebots deshalb auch ein kanzleiexklusives Netzwerk von Technikern u. Ingenieuren, die Unternehmen bei Bedarf für die produktionstechnische Umsetzung an die Seite gestellt werden. Insbes. in der Auto- u. Pflegebranche ist das Know-how der Kanzlei sehr hoch.
Oft empfohlen: Joachim Exner („Top-Insolvenzverwalter, löst auch ausweglose Situationen in Verhandlungen“, Wettbewerber), Dr. Hubert Ampferl („fair u. pragmatisch“, Wettbewerber), Dr. Ulf Pechartscheck („kommender Mann, fachlich exzellent, extrem engagiert, sehr angenehmer zuverlässiger Verhandlungspartner“, Wettbewerber)
Team: 8 Eq.-Partner, 7 Sal.-Partner, 20 Associates
Schwerpunkte: Insolvenzverwaltung in Bayern, einige Verfahren in Hessen, Sachsen u. Thüringen, häufig erste Wahl für Konzerninsolvenzen mit internat. Bezug. Eigenes Prozess- u. Arbeitsrechtsdezernat, große betriebswirtschaftl. Abteilung.
Mandate: Verwaltung: Fritsch-Gruppe, René Lezard (beide Würzburg); Schlemmer-Gruppe, Biomax Informatics; Regensburger Druckgusswerk Wolf (Regensburg); Decon (Meiningen); WSW Wohnsachwerte (Weiden); Verostone (Ingolstadt); SenVita-Gruppe, Xavo Software (Bayreuth); Ontec (Hof); Polyden-Folienfabrik (Ansbach); Sun-Air of Germany, expert Megastore, H&S Maschinenbau; Distel Stanz- u. Biegetechnik, print.media.network, K&M Gebäudedienste (Nürnberg); Green Trust (Bamberg); Dr.-Schneider-Gruppe (Coburg); weiterhin Eisenmann (Stuttgart).

BRINKMANN & PARTNER

Insolvenzverfahren ★★★★

Bewertung: Die große u. angesehene Hamburger Insolvenzrechtskanzlei genießt besonderes Ansehen für schwierige u. umfangreiche Sachwaltungen. Trotz der Flaute in diesem Segment baut sie auf ihre Stärke u. hält sich mit einem in Berlin u. D'dorf erneut verbreiterten Team auch für bundesw. Großverfahren bereit. Wegen der „extrem angenehmen Kooperation“ nutzen auch Wettbewerber gerne diese hohe personelle Kapazität zur Zusammenarbeit. Partner wie Morgen u. Plathner genießen hohes Ansehen für polit. schwierige Verwaltungen wie bei den MV Werften u. dem Flughafen Frankfurt-Hahn. Für Letzteren musste der Verwalter mehrere Kaufverträge abschließen, ehe der schwierige Distressed-M&A-Deal zustande kam. Auch das mit gerichtl. Verfahren verbundene Treuhandgeschäft hat die Kanzlei wg. hoher Nachfrage u. ihrer Erfahrung etwa bei der großen Sanierung von Steag ausgebaut. Zudem nutzt sie ihre Verwaltererfahrung seit Jahren für die Beratung von Unternehmen in Restrukturierungen. Hier liegt der Fokus entsprechend auf der Vorbereitung von Eigenverwaltungen u. der Beratung in diesen Verfahren wie bei IBEO.
Oft empfohlen: Dr. Jan Plathner, Dr. Christoph Morgen („sehr gut u. extrem angenehm“, Wettbewerber), Berthold Brinkmann, Manuel Sack
Team: 5 Eq.-Partner, 19 Sal.-Partner, 64 Associates
Partnerwechsel: Carsten Werner (von Leonhardt Rattunde), Dr. Christian Holzmann (von CMS Hasche Sigle)
Schwerpunkte: Beratung zu Insolvenz, speziell Eigenverwaltung, Sanierung u. Distressed M&A; auch Treuhandschaften. Insolvenzverwaltung an 30 Standorten dtl.weit, Bestellungen v.a. in Norddtl. sowie Hessen, Ba.-Wü., Bayern u. Berlin.
Mandate: Beragena Arzneimittel, IBEO Automotive jew. in EV; Steag weiterhin mit doppelnütziger Treuhand. **Verwaltung:** Polar Group (Frankfurt); Convivo (Bremen); Cycle-Union (Oldenburg); Dronco (Marburg); HS Homecare-Service, Teknihall Services (beide Offenbach); Hülsta-Werke (Münster); Notemachine Dtl. (Mainz); Protec Polymer Processing (Darmstadt); Prophete, Störmer (beide Bielefeld); weiterhin Flughafen Hahn (Bad Kreuznach); weiterhin MV Werften (8 Gesellsch.; Schwerin).

BRL BOEGE ROHDE LUEBBEHUESEN

Insolvenzverfahren ★★★

Bewertung: In der Hamburger MDP-Kanzlei nutzen die Insolvenzrechtler geschickt die sich bietende praxisgruppenübergr. Kapazitäten. Das wissen nicht nur Gerichte u. notleidende Unternehmen, sondern auch Verwalter aus anderen Kanzleien zu schätzen. Daher u. auch wegen wenig neuer Großinsolvenzen verteilt sich ihre urspr. mehr von Verwaltungen bestimmte Arbeit mittlerweile hälftig auf Beratungen u. Bestellungen. Große neue Verfahren beschäftigten BRL allerdings bei Kliniken, bei denen sie mittlerweile zu den großen Playern neben Eckert zählt. In dieser Branche demonstriert das Team div. Stärken: Bei Convivo zogen die Verwalter sie als Kapazitätserweiterung hinzu u. lobten die „erstklassige Zusammenarbeit“. Bei Imland u. in Bad Bramstedt war Partner Denkhaus als Sachwalter im Schutzschirmverfahren gefragt, bei DIAKO stellte BRL Generalbevollmächtigte in der Eigenverwaltung. Die weitere Restrukturierung des Bahnunternehmens Abellio zeigt die praxisübergreifende Zusammenarbeit des Teams im M&A-Prozess für die 5 insolventen Gesellschaften der Gruppe mit Insolvenzplänen u. einer Asset-Deal-Transaktion.
Oft empfohlen: Stefan Denkhaus, („sehr vertrauensvoll, kreativ, pragmatisch u. lösungsorientiert“, Mandant; „sehr angenehm, kann sich aber gleichzeitig durchsetzen“, Wettbewerber), Friedemann Schade, Dominik Demisch („sehr zuverlässig u. hohe Expertise“, Mandant)
Team: 5 Eq.-Partner, 4 Sal.-Partner, 2 Counsel, 12 Associates, 1 of Counsel
Schwerpunkte: Sanierungsberatung bundesw., häufig für Organe im Konzernverbund; Anfechtungs-/Haftungsprozesse sowohl für Verwalter als auch abwehrend für Unternehmen; Distressed M&A. Verwalterbestellungen an zahlr. norddt. Gerichten u. in Berlin sowie Bochum u. Dortmund.
Mandate: DIAKO Krankenhaus in Eigenverwaltung; Dr. Christoph Morgen als Sachwalter von Senvion bei Geltendmachung insolvenzrechtl. Ansprüche; FAM insolvenzrechtl. u. bei Distressed M&A; Friedrich von Kaltenborn-Stachau insolvenzrechtl. als Insolvenzverwalter der Köver Metall- u. Kunststoffverarbeitung; Hendrik Gittermann insolvenzsteuerl. als Insolvenzverwalter von Nobiskrug; europaw. tätige Hotelkette in Krise weiterhin insolvenzrechtl.; KüchenQuelle in Fremdverwaltung; Insolvenzverwalter der MV Werften weiterhin bei M&A für Betriebsstätten in Insolvenz; Dr. Malte Köster u. Dr. Christoph Morgen als Insolvenzverwalter der Convivo-Gruppe bei Verkäufen von Pflege- u. Wohneinrichtungen an 28 Investoren. **Verwaltung:** Dynamo Services, A. W. Niemeyer, Ben Green Europa Passage (alle Hamburg); Imland (Itzehoe); BS Sport (Lübeck); Bady Garten- u. Landschaftsbau (Tostedt); Akademien für Kirche u. Diakonie, MSOne, Urban Drivestyle, KaGaParkgärten Lichtenrade, Oculid (alle Berlin); Heidewitzka Gastro & Upcycle, HarvPipe, REBO Heimbetreuung, Auktora (Bochum); Suvox, Maier Industrieservice (Hagen); Deerberg (Uelzen); Klinikum Bad Bramstedt (Neumünster).

BUCHALIK BRÖMMEKAMP

Insolvenzverfahren ★

Bewertung: Die D'dorfer Kanzlei zählt zu den erfahrensten Beraterinnen für Eigenverwaltungen. Ihren Ruf verdankt sie v.a. der Beratung von Schuldnerunternehmen, für die sie mit einem großen u. eingespielten Netzwerk an Wirtschaftsberatern tief bis in die operative Sanierung einsteigt. Dabei überwiegen derzeit mittelgr. Schuldner. Das schnell bewältigte Verfahren des Marien Hospitals Papenburg Aschendorf ragt hier mit seiner Größe heraus

Anwaltszahlen: Angaben der Kanzleien, wie viele Anwälte zu mind. ca. 50 % in diesem Gebiet tätig sind. Sie spiegeln nicht zwingend die Gesamtgröße einer Kanzlei wider.

u. zeigt zugleich, dass das Netzwerk u. Know-how von BB auch in dieser Krisenbranche u. weit über den Kernmarkt NRW hinaus reüssieren. Die Partner übernehmen dabei regelm. Funktionen in den Organen der Krisenunternehmen, etwa mit einer Generalvollmacht in der Eigenverwaltung der Dücker-Gruppe. Hierbei kommt auch die Beratergeneration hinter dem bisher prägenden Gründungspartner mittlerw. in den Verfahren zum Zuge.
Team: 13 Eq.-Partner, 8 Counsel
Partnerwechsel: Daniel Trowski (zu Targobank)
Schwerpunkte: Umf. insolvenznahe Beratung mit gleichermaßen jurist. u. betriebswirtschaftl. Ansatz (ausgegliederte Unternehmensberatung); regelm. in operativer Funktion als CRO; übertragende Sanierungen; auch Poolverwaltung u. Gläubiger bei der Abwehr von Insolvenzanfechtungen. Insolvenznahes Arbeits- u. Kapitalanlegerrecht.
Mandate: Cutall, Lehmensiek (2 Gesellsch.), Marien Hospital Papenburg Aschendorf, nah & frisch, Völker, Globalcarrier Telecom, Devolo, Segbers Bedachungen jew. insolvenzrechtl. in Eigenverwaltung; weiterhin Vertretung eines Gläubigers im Gläubigerausschuss der Adcada; weiterhin Dt. Lichtmiete (3 Gesellsch.) insolvenzrechtl.; Abwehr von Forderungen des Insolvenzverwalters im Insolvenzverfahren P&R; Dücker-Gruppe in Eigenverwaltung (3 Gesellsch.; Generalvollmacht); Unternehmen zu Joint Venture mit insolv. Galeria Karstadt Kaufhof; ProTec Polymer Processing insolvenzrechtl. in Insolvenzverfahren.

CLIFFORD CHANCE

Restrukturierung und Sanierung ★★★★★

Bewertung: Auch 2022/23 war CC an gr. Restrukturierungen beteiligt, die die Marktstellung der Kanzlei unterstreichen: Bei dem StaRUG-Leuchtturmverfahren Leoni waren die Anwälte als Berater der Pierer-Gruppe im Einsatz. Gläubiger bauen immer wieder auf das internat. Netzwerk, um ihre Forderungen mit Blick auf StaRUG, das engl. SOA oder das niederl. WHOA auch grenzüberschr. zu schützen u. durchzusetzen. Weiterhin beschäftigte das Team die Restrukturierung der Modekette Takko, bei der versch. Gruppen von Kreditgebern u. mehrere Jurisdiktionen zu orchestrieren waren. Das Mandat des Investors SCP Retail für Teilverkauf u. Restrukturierung der Real-Gruppe wiederum umfasste einen komplexen Carve-out, bei dem CC die teamübergreifende Zusammenarbeit u.a. mit den Praxen für Gesellschafts- u. ▷*Immobilienrecht* sowie M&A ausspielte. Die Verstärkung mit 2 erfahrenen Counseln in München u. Frankfurt soll den Weggang einer Partnerin auffangen.
Oft empfohlen: Dr. Stefan Sax („inhaltlich fundierte Beratung aus Praktikersicht", Mandant, „sehr erfahren in finanziellen Restrukturierungen, auch mit UK-/US-Bezug", Wettbewerber), Dr. Martin Jawansky
Team: 1 Eq.-Partner, 2 Counsel, 5 Associates
Partnerwechsel: Dr. Cristina Weidner (zu Kirkland & Ellis)
Schwerpunkte: Beratung zur finanziellen Restrukturierung für Banken, Unternehmen bzw. deren Management u. auch Insolvenzverwalter; Distressed ▷*M&A*; Anfechtungs- u. Haftungsthemen. Zusammenarbeit mit den Praxen für ▷*Anleihen*, ▷*Bankrecht u. -aufsicht*, ▷*Kredite u. Akqu.fin.*, ▷*Gesellschafts-* u. Steuerrecht sowie ▷*Konfliktlösung*.
Mandate: SCP Retail/Real-Gruppe weiterhin zu Verkauf von 63 Real-Supermärkten u. Restabwicklung; B&C bei Restrukturierung Schur Flexibles; Pierer-Gruppe bei Restrukturierung von Leoni; Automotive Engineering Corp. bei Abwehr von Rückforderung des Insolvenzverwalters; Gl. Aerotech bei finanz. Restrukturierung; Tristan Capital bei Erwerb von Wohnimmobilien von Adler Real Estate; Gläubiger bei Restrukturierung von Modekette Takko; weiterhin Goldman Sachs u. Barings bei Schutzschirm u. Insolvenzplan; Milestone Aviation bei Insolvenz Wiking Helikopter Service; Cofinimmo als Vermieter von Curata; Verbunduntern. von Finoba zu Abwehr von Ansprüchen des Insolvenzverwalters.

CMS HASCHE SIGLE

Restrukturierung und Sanierung ★★★
Insolvenzverfahren ★★★

Bewertung: Eine Stärke der Restrukturierungspraxis von CMS ist es, praxisübergreifende Teams schnell auf die Straße zu bringen, die komplexe Probleme u. Wechselwirkungen für versch. Player rasch erfassen. Ein Bsp. für die starke Position in der Energiebranche ist die Beratung von BMWK u. BNetzA, um das angeschlagene Gasunternehmen Securing Energy for Europe (Sefe), vormals Gazprom, in Eigentum des Bundes zu überführen u. eine Insolvenz zu vermeiden. Ein Novum in der dt. Rechtsberatung war das Projekt allein wg. der sich stets weiter entwickelnden Gesetzgebung zum ESiG. Ww. waren 16 CMS-Standorte beteiligt. Internat. Zusammenarbeit war auch bei der Stabilisierung des Gasimporteurs Uniper gefragt, u.a. mit dem Brüsseler Büro für die Prüfung im ▷*Beihilferecht*. Große Erfahrung besitzt das Team zudem mit Restrukturierungen u. Insolvenzen von Banken, sind aber auch bei Unternehmen im Auto-, Maschinen u. Anlagenbau gefragt. Der wachsenden Nachfrage trägt CMS mit einer eigenen Organisationseinheit für betriebswirtschaftl. Restrukturierungsberatung Rechnung.
Stärken: Bankeninsolvenzen u. Restrukturierungen von Finanzinstituten. Restrukturierungen in der Energiebranche.
Oft empfohlen: Dr. Rolf Leithaus („seit Jahren eine feste Größe am Markt", Wettbewerber), Dr. Charlotte Schildt („hohe fachliche Kompetenz", Wettbewerber), Dr. Alexandra Schluck-Amend („pragmatisch, souverän, freundliche, aber harte Verhandlerin", Wettbewerber), Niklas Lütcke, Dr. Michael Frege („ hat seine Spezialkompetenz", Wettbewerber), Dr. Maximilian Hacker
Team: 11 Eq.-Partner, 2 Counsel, rd. 30 Associates (inkl. Insolvenzverwaltung)
Partnerwechsel: Dr. Christian Holzmann (zu Brinkmann & Partner)
Schwerpunkte: Beratung von Unternehmen (Management u. Gesellschafter), Insolvenzverwaltern oder auf der Seite von Gläubigern u. Investoren zu Restrukturierung, Anfechtungsrecht u. bei weiteren prozessualen Fragen (▷*Konfliktlösung*), regelm. krisennahe Transaktionen. ▷*M&A*, ▷*Kredite u. Akqu. fin.*, ▷*Gesellsch.recht*. Insolvenzpläne, Liquidationen; Insolvenzverwaltung mit Spezialisierung auf den Bankensektor.
Mandate: BNetzA/BMWK weiterhin zu Gazprom/Sefe u. Uniper; WSF weiterhin im Rahmen der Insolvenzen A-Kaiser u. Orsay; Nynas bei Restrukturierung; Insolvenzverwalter GPG-Group weiterhin u.a. zu allg. insolvenzrechtl. Fragen u. Prozessführung gg. Sicherheitengläubiger; Ruhfus insolvenzrechtl.; div. Unternehmen in regulierten Industrien, Auto-, Maschinen- u. Anlagenbau zu Restrukturierung im Rahmen der Transformation. Verwaltung: weiterhin Greensill Bank (Bremen); Checkstone Survey Technologies (Leipzig); EV Smart Money Holding, Yababa (beide Berlin).

DENTONS

Restrukturierung und Sanierung ★★★★★

Bewertung: Die richtige Mischung sichert die Position in der erweiterten Marktspitze. Der Fokus der Praxis für Insolvenz u. Restrukturierung liegt auf Produkten, bei denen Marktkenntnis u. Internationalität genauso wichtig sind wie die interdiszipl. Stärke, z.B. bei doppelnützigen Treuhandgesellschaften oder Restrukturierungen von Schuldscheinen u. Anleihen, teilw. im Mrd-€-Bereich. Mandatiert wird das Team sowohl auf Banken- als auch Gläubigerseite. Oft findet es einvernehml. Lösungen, um ein StaRUG-Verfahren oder gar eine Insolvenz zu vermeiden. Auch Investoren setzen auf die internat. Aufstellung der Kanzlei, etwa mit Blick auf die Verwertbarkeit von Sicherheiten z.B. in China oder die Folgen für ein US-Listing. In der Immobilienbranche hinterließ die Praxis mit finanziellen Restrukturierungen einen deutl. Fußabdruck, z.B. bei der Anleiherestrukturierung der Adler Group.
Oft empfohlen: Andreas Ziegenhagen („einzigartiges Know-how als RA, StB, WP; umfangreiche Erfahrung in Distressed-Situationen, u.a. Treuhandschaften", Wettbewerber), Dr. Arne Friel („sehr gute persönliche u. fachliche Zusammenarbeit", Wettbewerber), Daniel Fritz („eine schillernde Figur der Insolvenzverwalter, fachlich ausgesprochen gut u. kollegial, auch internat. sehr gut vernetzt", Wettbewerber), Judith Schmid („zuverlässig, fachlich kompetent", Wettbewerber)
Team: 7 Eq.-Partner, 3 Sal.-Partner, 7 Counsel, 5 Associates, 1 of Counsel
Schwerpunkte: Beratung für Kreditgeber bzw. Gläubiger, Schuldnerunternehmen u. Verwalter zu Insolvenzverfahren; krisenbezogene ▷*M&A*-Transaktionen, zahlreiche Treuhänderschaften u. Poolverwaltung; Sanierungskonzepte u. Bewertungsfragen auch über die angeschlossene Wirtschaftsprüfergesellschaft. Steuerrecht.
Mandate: Anleihegläubiger Adler Group zu div. Anleihen über €3 Mrd zu finanziellem Restrukturierungskonzept mit GB-Bezug; Schuldscheingläubiger Leoni zu Restrukturierung nach StaRUG; Anleihegläubiger Green City zu Insolvenz; Schuldscheingläubiger Benteler, EMAG, Grillo weiterhin bei Restrukturierung; Welle Environmental bei Übernahme EuRec in Dtl. u. Umstrukturierung Management; europ. Großbank zu Insolvenz einer Werft; Start-up zu Restrukturierung.

DLA PIPER

Restrukturierung und Sanierung ★★

Bewertung: Aktiv ist die Restrukturierungspraxis häufig in den Branchen Auto, Banken, Immobilien, Hotels u. Einzelhandel, oft an der Seite von Gläubigern. So berät sie Swiss Merchant als größte Anleihegläubigerin von Evan im StaRUG-Verfahren. Mit Varta, einer Stammmandantin im Kapitalmarktrecht, zeigt das Team auch auf Schuldnerseite Flagge bei finanz. u. operativen Restrukturierungen. In gr. u. grenzüberschr. Fällen kann es die interdiszipl. Aufstellung u. Internationalität ausspielen: Z.B. war die Restrukturierungspraxis federführend in Dtl. mit den Praxen ▷*IP* u. ▷*Gesellschaftsrecht* für Alchemy Copyrights bei Strukturierung u. Risikoabschirmung von $1,8-Mrd-Musikrechten aktiv. Die Mandatierung durch das Single Resolution Board in

Anwaltszahlen: Angaben der Kanzleien, wie viele Anwälte zu mind. ca. 50% in diesem Gebiet tätig sind.
Sie spiegeln nicht zwingend die Gesamtgröße einer Kanzlei wider.

Brüssel unterstreicht das Renommee bei Bankenkonsolidierungen u. -abwicklungen. Regelm. berät das Team zudem Insolvenzverwalter u. Manager zu Anfechtungs- u. Haftungsfragen.
Stärken: Internationale Restrukturierungspraxis.
Oft empfohlen: Dr. Dietmar Schulz („pragmatisch", Wettbewerber)
Team: 2 Eq.-Partner, 2 Counsel, 5 Associates
Schwerpunkte: V.a. Gläubigerberatung u. Investoren in Insolvenzsituationen, etwa zu Vertragsgestaltung, Finanzierungsstrukturen u. ▷*M&A*-Transaktionen, dt. u. internat. Kreditinstitute zu Refinanzierungen u. Verkäufen, häufig von Immobilienportfolios (▷*Immo/Bau*); Prozesstätigkeit.
Mandate: Varta bei finanz. u. operativer Restrukturierung; Francotyp-Postalia bei Distressed M&A; Swiss Merchant als Anleihegläubigerin bei Restrukturierung u. StaRUG Evan; Hotel Königshof München weiterhin bei Restrukturierung u. Verkauf; Einride bei internat. Strukturierung und Risikoabschirmung; Alchemy Copyrights zu Risikoabschirmung bei Verbriefung u. Strukturierung von $1,8-Mrd-Musikrechten; InterContinental Hotels Management weiterhin bei Insolvenzplan für Success Hotel; Single Resolution Board als Ausschuss für die einheitl. Abwicklung von Banken; Phoenixus zu Haftung bei Vorbereitung Chapter 11; div. Insolvenzverwalter zu Anfechtung u. Geschäftsführerhaftung.

EBNER STOLZ MÖNNING BACHEM

Insolvenzverfahren ★

Bewertung: Die in Köln angesiedelte, jurist. geprägte Sanierungspraxis berät schwerpunktmäßig in Eigenverwaltungsverfahren, in denen sie operative Verantwortung übernimmt. Ihre Generalvollmachten bei Dahmen, Ditter u. Steuler belegen, dass sie damit überregional u. in unterschiedl. Branchen insbes. der produzierenden Industrie gefragt ist. Trotz multidisziplinärer Zusammenarbeit in der MDP-Kanzlei reduziert sich das kleine Team nicht darauf, interne Krisenmandate zu übernehmen, sondern überzeugt neue Mandanten damit, rechtl., steuerl. u. kaufmänn. Lösungsaspekte aus einer Hand zusammenzuführen. So kommt zu den Eigenverwaltungen die außergerichtl., vorinsolvenzl. Sanierungsberatung mit weiteren Mandaten hinzu.
Stärken: Multidisziplinärer Beratungsansatz.
Team: 1 Eq.-Partner, 2 Counsel, 3 Associates
Schwerpunkte: Restrukturierung, v.a. operativ für Schuldnerunternehmen, daneben auch Beratung von Insolvenzverwaltern. Enge Vernetzung mit hauseigener Unternehmensberatung u. dem WP-/StB-Bereich.
Mandate: Dahmen Maschinen- u. Formenbau, Ditter Plastic, Steuler Fliesengruppe jew. in Eigenverwaltung (Generalvollmacht); Glasfaser Direkt vorinsolvenzlich.

ECKERT

Insolvenzverfahren ★★★

Bewertung: Die Kanzlei ist seit Jahren als Expertin für Restrukturierungen in der Klinikbranche anerkannt. Hier sind insbes. die Partner Eckert u. Boddenberg als Berater sehr gefragt, wie zahlr. neue Mandate bundesw. eindrucksvoll belegen. Dabei hat sich das Einzugsgebiet um den Stammsitz Hannover herum längst weit ins Bundesgebiet ausgedehnt. Urspr. als Verwalterkanzlei aufgestellt, kamen in den vergangenen Monaten marktbedingt nach der Großinsolvenz Abellio keine neuen Highlights aus den Gerichten hinzu. Zu einem passenden Zeitpunkt kam im August 2022 eine Berliner Partnerin parallel zu den Terragon-Verfahren ins Team, die über viel Erfahrung in der Immobilienbranche verfügt. Denn auch bei diesem Thema ist die Kanzlei gefragt, standen doch etwa bei Imland Immobilien im Zentrum der Restrukturierung u. div. Real-Estate-Unternehmen ließen sich außergerichtl. zu Sanierungen beraten.
Stärken: Insolvenzen im Gesundheitssektor.
Oft empfohlen: Dr. Rainer Eckert („sehr erfahren, hervorragende Kommunikationsfähigkeiten", Mandant; „gute Zusammenarbeit", Wettbewerber), Dr. Mark Boddenberg
Team: 14 Eq.-Partner, 15 Associates, 4 of Counsel
Schwerpunkte: Sachwaltung u. Insolvenzverwaltung, Schwerpunkte Niedersachsen u. Rheinland. Zudem spezialisiertes Arbeits-, Gesellschafts- u. Steuerrecht sowie Prozessführung. Restrukturierungsberatung.
Mandate: Gemeinschaftsklinikum Mittelrhein, Kathol. Nord-Kreis Kliniken Linnich u. Jülich, Spremberger Krankenhaus jew. bei Sanierung; Hülsta, Imland, Klinikum Bad Bramstedt, St. Mauritius Therapieklinik, Rotkreuzklinik Lindenberg jew. in Eigenverwaltung; Gläubiger jew. bei Insolvenz von Reformhaus Bacher u. Rüster. **Verwaltung:** Glasfaser Direkt (Köln); weiterhin FAM (Magdeburg), Terragon (4 Gesellsch.; Berlin).

FINKENHOF

Restrukturierung und Sanierung ★★

Bewertung: Die Boutique hat sich mit ihrer Arbeit an der Schnittstelle Sanierungsberatung, Litigation u. M&A etabliert. Neue Wege beschreitet die Kanzlei, indem Partner Strumpf bei versch. Insolvenzgerichten als Sachwalter u. Insolvenzverwalter gelistet ist, was mit der Bestellung beim Armaturenhersteller Phönix bereits Früchte trägt. Für die Königsdisziplin der Anwälte steht der Einsatz beim Schuhhandelsunternehmen Görtz über 3 Jahre, der Managementberatung in der Krise, Vorbereitung von Schutzschirm bzw. Eigenverwaltung u. Sicherstellung der Betriebsfortführung umfasste. Die Kanzlei steuert zudem den Verkaufsprozess über Insolvenzplan, u. ein Anwalt ist Generalbevollmächtigter der Görtz Retail u. Görtz Logistik. In der Immobilienbranche wird der Fußabdruck immer deutlicher, u.a. mit M&A-Transaktionen, die mit Krisenbezug einen wesentl. Teil des Geschäfts stellen. Flagge zeigen die Anwälte auch bei Prozessen, v.a. bei delikaten Fällen, bei denen z.T. mehr als €100 Mio im Feuer stehen.
Oft empfohlen: Dr. Lorenzo Matthaei („vertrauensvolle Zusammenarbeit, immer um sinnvollen Ausgleich bemüht", Wettbewerber), Stephan Strumpf („großer Erfahrungsschatz u. sehr hohe Einsatzbereitschaft", Wettbewerber), Dr. Maximilian von Mangoldt („fachlich kompetent, durchsetzungsstark, angenehme Zusammenarbeit", Wettbewerber)
Team: 3 Eq.-Partner, 2 Counsel, 6 Associates
Schwerpunkte: Sanierungs- u. insolvenznahe Beratung v.a. aufseiten von Unternehmen, deren Management bzw. Gesellschaftern; Insolvenzpläne; prozess-, v.a. anfechtungsrechtl. Beratung; M&A-Transaktionen, auch ohne insolvenzrechtl. Bezug; Treuhand u. Liquidationen. BWL-Unterstützung in separater Managementgesellschaft.
Mandate: Pharmazulieferer bei Restrukturierung einzelner Gruppengesellschaften u. geplanten Verkauf von Werken; Kabelnetzbetreiber bei Restrukturierung; internat. Druckfarbenhersteller bei finanz. Restrukturierung mit über €1 Mrd Volumen; Reiseanbieter insolvenzrechtl.; Verpackungsuntern. bei Restrukturierung mit WSF-Bezug; Insolvenzverwalter bei Vergleichsverhandlung wg. Insolvenzanfechtung gg. Banken; Vertretung in 4 Haftungsprozessen gg. Insolvenzverwalter; Vorstand Immobilienkonzern bei Restrukt. der Gruppe; Ludwig Görtz bei Eigenverwaltung u. M&A-Prozess; Görtz Retail u. Görtz Logistik (GV); Zahlungsdienstleister bei Restrukturierung; Management Woco-Gruppe zu Pflichten in der Krise. **Verwaltung:** Phönix Armaturen-Werke Bregel, Strack, Phönix Valve Group (alle Korbach).

FLÖTHER & WISSING

Insolvenzverfahren ★★★★

Bewertung: Die Boutique steht seit der Corona-Pandemie exemplarisch dafür, dass durch die staatl. Rettungsaktionen Insolvenzverfahren vermieden wurden. Der angesehene Namenspartner Flöther stand nach Angaben der Wettbewerber „für das eine oder andere große als Verwalter- oder Sachwalter-Wunschkandidat vorne auf dem Zettel", aber es kam nicht dazu. Die Kanzlei ist spezialisiert aufgestellt für Regelinsolvenzen u. hat in div. Großverfahren ihre Leistungsfähigkeit bewiesen. Jüngst verlängerten jedoch nur einzelne kleine Bestellungen aus den neuen Bundesländern den Trackrecord. Eine neuartige Aufgabe in der Bankenbranche kam auf die Namenspartner auf Antrag der BaFin hinzu, indem sie in der zur Kanzlei gehörigen FUW Treuhand die Stimmrechte der Muttergesellschaft bei der Abwicklung der VTB Bank (Europe) treuhänderisch ausübten. Als Liquidator bewältigte Flöther die damit einhergehenden bankrechtl. Besonderheiten u. positionierte die Kanzlei für weitere Aufgaben in der Finanzbranche.
Stärken: Großinsolvenzen mit hohem Kommunikationsbedarf.
Oft empfohlen: Prof. Dr. Lucas Flöther („Profi durch u. durch; hat bewiesen, dass er Unternehmen retten u. das insolvenzrechtl. Instrumentarium positiv nutzen kann", Mandant; „gute Zusammenarbeit, total serviceorientiert", Wettbewerber)
Team: 7 Eq.-Partner, 4 Sal.-Partner, 2 Counsel, 7 Associates
Schwerpunkte: Insolvenzverwaltung mit Schwerpunkt in Sachsen-Anhalt u. Sachsen, in Sachwalterrollen bundesweit. Interne Kooperation mit etwa gleich großer Beratungs- u. Prozessabteilung. Zahlreiche Verfahren mit Konzernstrukturen, regelm. Insolvenzpläne.
Mandate: Terrot in Eigenverwaltung; Treuhand bei der VTB Bank (Europe); weiterhin FAM in Eigenverwaltung. **Verwaltung:** Cargo-Logic Germany (Leipzig); Bodeta (Magdeburg); P.C.S. Precision Works (Dresden).

FRESHFIELDS BRUCKHAUS DERINGER

Restrukturierung und Sanierung ★★★★★

Bewertung: Zusammen mit Latham & Watkins bildet die Praxis die Marktspitze in der Beratung zu finanziellen Restrukturierungen u. insolvenznahen Sanierungen. Sie ist auf versch. Seiten an vielen maßgebl. Transaktionen im Restrukturierungsmarkt beteiligt u. beeindruckt in Verfahren selbst Insolvenzboutiquen durch „extrem gründliche Detailkenntnis". So beriet sie auf Unternehmensseite den Autozulieferer WKW bei dessen finanzieller Restrukturierung, auf Bankenseite bei Leoni in div. Jurisdiktionen. Auch internat. Debt-Fonds als Investoren gehören zu den Mandanten, wie im Ad-hoc-Komitee der Anleihegläubiger der Takko-Gruppe bei der Übernahme der

Anwaltszahlen: Angaben der Kanzleien, wie viele Anwälte zu mind. ca. 50% in diesem Gebiet tätig sind. Sie spiegeln nicht zwingend die Gesamtgröße einer Kanzlei wider.

Anteile von dem bisherigen Eigentümer. Jenseits der Transaktionen zeugt die Vertretung in insolvenzrechtl. Streitigkeiten von inhaltl. Breite, eingebettet in den praxisgruppenübergreifenden hochkarätigen Full Service der Kanzlei. Im Zshg. mit der Greensill-Insolvenz führt sie etwa einen äußerst umfangr. Rechtsstreit, der sowohl vor engl. als auch dt. Gerichten anhängig ist. Jenseits solcher Großmandate ist FBD gesetzt, wenn eine große Krise hereinbricht, wie etwa beim Ukrainekrieg: Die Umgestaltung der Energieversorgung war 2023 keineswegs abgeschlossen, sondern beschäftigte das Team über das KfW-Mandat bei Gazprom Germania hinaus.
Stärken: Rechtsgebietsübergreifendes Know-how, enge internat. Zusammenarbeit.
Oft empfohlen: Dr. Lars Westpfahl („Spitze, arbeitet sich tief in die Materie", Wettbewerber), Dr. Marvin Knapp („sehr erfolgreich bei unserer großen finanziellen Restrukturierung", Mandant; „Supertyp", Wettbewerber)
Team: 2 Eq.-Partner, 1 Counsel, 12 Associates
Schwerpunkte: Beratung von Gläubigern verschiedenster Rangstufen bei Krisenengagements (Fonds, Kreditinstitute u. Investmentbanken, ▷*Kredite u. Akqu.fin.*), gleichwertig von Darlehensnehmern bzw. Gesellschaftern bzgl. ihrer Beteiligungen in Krisen u. Insolvenzen. Enge Zusammenarbeit mit Kapitalmarktrechtlern sowie ▷*M&A*, ▷*Gesellsch.*- u. Steuerrecht.
Mandate: KfW bei Notlage bei Gazprom Germania; WKW-Gruppe bei finanzieller u. operativer Restrukturierung; Treuhänderin eines Autozulieferers in Krise bei Verkauf der Gruppe in Auktion; Vermögensverwaltung bei Insolvenz von Greensill; Hersteller in Tabakindustrie bei ESG-bedingter Finanzierungskrise; Unternehmensgruppe mit Kohlenwasserstoffprodukten u. ihre Gesellschafter bei Umstrukturierung u. finanzieller Restrukturierung; weiterhin Autohersteller zu Restrukturierung eines Zulieferers; Dortmunder Stadtwerke als Gesellschafterin zur Restrukturierung von Steag; weiterhin Banken bei finanzieller Restrukturierung von Leoni, u.a. mit länderverbürgtem Kredit im Zshg. mit der Corona-Pandemie; Minderheitsgesellschafter zur finanziellen Restrukturierung eines Anbieters von Verpackung; Mehrheitsanleihegläubiger von Takko im Rahmen einer finanziellen Restrukturierung.

FRH FINK RINCKENS HEERMA

Insolvenzverfahren ★

Bewertung: Die auf Eigenverwaltung u. Sachwaltung konzentrierte Boutique hat sich bei Gerichten, Gläubigern u. Unternehmen in häufig langwierigen Verfahren durch Ausdauer u. Unabhängigkeit ausgezeichnet. Mittlerweile dehnt sie diese Kompetenz aus in Restrukturierungsaufträge als Vorstufe zum StaRUG mit dem Ziel der Abwendung eines Insolvenzverfahrens durch außergerichtl. Beseitigung von Insolvenzgründen. Charakterist. auch hierbei ist ihr unternehmerischer Ansatz, (faktische) Organstellungen in der Krise temporär zu übernehmen. Dabei arbeitet das kleine u. stabile Team mit hoher Partnerzentrierung v.a. in seinen Kernregionen Rheinland u. Norddeutschland. Bei den KMG Kliniken vertiefte FRH u.a. beim Kauf von Krankenhäusern aus der Insolvenz, Verhandlungen über Insolvenzplanumsetzungen u. Besserungsscheine ihre Erfahrungen in der Klinikbranche u. mit der Gestaltung von Insolvenzplänen.
Oft empfohlen: Dr. Hendrik Heerma, Dr. Paul Fink
Team: 6 Partner, 1 Counsel, 3 Associates
Schwerpunkte: Insolvenzverwaltung mit Schwerpunkten NRW u. Norddtl., Treuhandstellung sowie angrenzendes Arbeits-, Gesellschafts- u. Steuerrecht (Kooperationsbüro in Erfurt). Sanierungsberatung in Einzelfällen.
Mandate: KMG Kliniken bei Kauf von Krankenhäusern aus Insolvenz; Filialeinzelhändler bei finanzieller Restrukturierung. **Verwaltung:** Gustav Andreas Peper Häusl. Kranken- u. Altenpflege, Monsees 101, weiterhin Lloyd Werft (alle Bremerhaven); Behrens Systemtechnik (Hamburg); XP Express Air & Sea (Bremen); Dr. M. Kampschulte, Glees & Auge (beide Düsseldorf); Care Plus 4 You, Riks Consulting, Drello Ing. Paul Drewell (alle Mönchengladbach); Publication Partners Medienkompetenz (Krefeld).

GERLOFF LIEBLER

Insolvenzverfahren ★★

Bewertung: Neben der klass. Insolvenzverwaltung für das Agrar-Start-up Kalera oder die Ex-Reno-Mutter HR Group sind die Anwälte auch als Restrukturierungsberater tätig, um einer Insolvenz vorzubeugen. Bei Bedarf kooperiert GL insbes. in grenzüberschr. Mandaten mit Großkanzleien, setzt aber selbst auf die Wendigkeit u. Flexibilität einer kleinen Einheit. So arbeitete Gerloff als Sanierungs-GF des Ofenbauers Wachtel erneut mit Allen & Overy zusammen wie zuvor schon bei Gerry Weber. Über die so geschaffenen Netzwerke erschließt sich GL auch Neumandate. Die separate Einheit GL Management, die in Verfahren operatives Know-how einbringt, ist denn auch zunehmend gefragt. Bei der Eigenverwaltung des Autozulieferers Rüster übernahm GL ebenfalls die CRO-Funktion.
Oft empfohlen: Dr. Christian Gerloff („pragmatisch u. zielorientiert, hervorragende Branchenerfahrung im Bereich Mode", „phantastisch gut, schnell, mit sehr kleinem Team", Wettbewerber)
Team: 2 Partner, 5 Associates
Schwerpunkte: Insolvenzverwaltung u. insolvenznahe Beratung, Übernahme von operativer Verantwortung. Viel Branchenerfahrung in Mode u. Einzelhandel, Automotive sowie Gesundheitswesen.
Mandate: Rüster bei Kauf durch Bayrak Lastik; Gerry Weber Retail (GV); Wachtel (Sanierungs-GF). **Verwaltung:** HR Group (Osnabrück); Basic, Kalera (beide München).

GLEISS LUTZ

Restrukturierung und Sanierung ★★★★★

Bewertung: Die besondere Stärke von GL liegt in praxisübergreifenden Restrukturierungen, die oft breit angelegt u. langlfd. sind wie bei Steag oder Takko. Brückenbauer für den Erfolg u.a. in mehreren Pitches war erneut ein in London tätiger Partner, der finanz. Restrukturierungsmandate wie das der Minderheitsgläubiger der Adler Group auch wegen seiner Kontakte zu gr. engl. Fonds an Land ziehen konnte. Die grenzüberschr. Praxis mit Fokus auf Finanzgläubiger, Hedgefonds, Distressed-Debt-Investoren u. -Sponsoren bietet weiteres Wachstumspotenzial. Der Standort an der Themse arbeitet sehr gut mit den Stuttgarter u. Frankfurter Büros zusammen, um das Know-how bei komplexen Finanzierungsstrukturen mit US-/GB-Bezug auch auf Untenehmensseite zu nutzen, bspw. für die Restrukturierung von Leoni. Bei dem Autozulieferer haben die Anwälte eine der ersten Restrukturierungen nach StaRUG durchgeführt.
Stärken: Rechtsgebietsübergreifende Restrukturierungen.
Oft empfohlen: Dr. Andreas Spahlinger („dt. Spitze, extrem fachlich versiert und erfahren", Wettbewerber), Dr. Matthias Tresselt („unkonventionell, pragmatisch, höchste fachliche Kompetenz", Wettbewerber); Dr. Helge Kortz („sehr ausgeglichen, erfahren, professionell", Mandant)
Team: 9 Eq.-Partner, 4 Counsel, rd. 10 Associates
Schwerpunkte: Krisennahe Beratung für Unternehmen, Organe, Investoren bzw. Gesellschafter u. div. Gläubigergruppen; ▷*Kredite u. Akqu.fin.*; insolvenzbez. Prozessführung (▷*Konfliktlösung*); feste ▷*arbeitsrechtl.* u. ▷*M&A*-Einbindung; regelm. Tätigkeit für Insolvenzverwalter; ▷*Beihilfe*.
Mandate: Sefe (früher Gazprom) zu Refinanzierung und Debt-Equity-Swap von mehreren €Mrd; Anleihegläubiger der Adler Group zu grenzüberschr. Restrukturierung; Leoni zu Refinanzierung, Restrukturierung u. StaRUG; Wittur u. Bain zu finanz. Cross-Border-Restrukturierung; Ara zu grenzüberschr. Restrukturierung u. Refinanzierung; Adhoc-Gruppe vorrangiger Kreditgeber der Avaya zu finanz. Restrukturierung; Robus u. Whitebox als Eigentümer u. Mehrheitskreditgeber von Gerry Weber zu Vorbereitung u. Durchführung StaRUG-Verf.; Gerry Weber Retail bei Eigenverwaltung, SSD-Restrukturierung u. Debt-Equity-Swap im Insolvenzplanverfahren; Anleihegläubiger Mangrove/Galapagos zu finanz. Restrukturierung; Steag weiterhin zu Refinanzierung u. Restrukturierung.

GÖRG

Restrukturierung und Sanierung ★★★★★
Insolvenzverfahren ★★★★

Bewertung: In der DNA der Restrukturierungspraxis liegt die insolvenznahe Beratung in komplexen Fällen, in denen die Kanzlei gr. Teams rasch zusammenstellen kann. Ein Bsp. für ihr tiefes Know-how bietet in der Immobilienbranche die Beratung von SCP u. x+bricks bei Übernahme der SB-Warenhauskette Real. Betroffen waren 276 Märkte, rund 80 Immobilien u. ca. 34.000 Beschäftigte. Zeitweise über 50 Anwälte berieten über die gesamte fachl. Bandbreite u. begleiten SCP bis heute bei Verkauf u. Restrukturierung der Märkte. Operative Restrukturierungsmandate im insolvenznahen Bereich kommen häufig aus der Autobranche, bspw. von Zulieferern, bei denen die Anwälte auch die Rolle eines Treuhänders oder CROs übernehmen. Weiter gefragt ist das energierechtl. Know-how, bspw. bei der Beratung des Insolvenzverwalters der Green City beim Verkauf an Qair oder bei Sachwaltung u. Sanierung der Kehag Energiehandel durch Insolvenzplan. In der klass. Insolvenzverwaltung sind die Anwälte bundesw. wieder häufiger zu sehen, bspw. bei der Eigenverwaltung des Social-Media-Unternehmens Social Chain u. als Insolvenzverwalter des Schleusen- u. Brückenherstellers Schorisch Magis.
Stärken: Breite Sanierungskompetenz; Verbindung zwischen Verwaltung u. Beratung; Krisenberatung für Organe.
Oft empfohlen: Dr. Thorsten Bieg („sehr versiert", Wettbewerber), Dr. Holger Leichtle („sehr angenehm in der Zusammenarbeit, souveränder Verwalter", Wettbewerber), Dr. Helmut Balthasar („exzellent, zielorientiert", Wettbewerber), Dr. Jörg Bornheimer („umfassende Erfahrung u. beste Branchenkenntnis", Wettbewerber), Dr. Martin Stockhausen („erfahren, fair, genau", Wettbewerber), Dr. Christian Bärenz, Dr. Christian Wolf („fair, schnell, präzise", Wettbewerber), Oliver Nobel, Dr. Torsten Martini („sehr versiert", Wettbewerber), Dr.

Anwaltszahlen: Angaben der Kanzleien, wie viele Anwälte zu mind. ca. 50 % in diesem Gebiet tätig sind. Sie spiegeln nicht zwingend die Gesamtgröße einer Kanzlei wider.

Michael Nienerza („höchstes fachliches Niveau u. durchsetzungsstark", Wettbewerber), Tim Beyer („hohe Kompetenz, pragmatische Lösungsansätze", Wettbewerber)
Team: 44 Eq.-Partner, 1 Sal.-Partner, 4 Counsel, 44 Associates
Schwerpunkte: Umf. insolvenzrechtl. Beratung für Unternehmen, Gesellschafter u. Geschäftsführungen, auch für externe Verwalter; zudem für Gläubiger u. Investoren/Fondsgesellschaften. Vielf. insolvenznahes ▷*Arbeitsrecht*, Übernahme operativer Funktionen u. aktives Treuhandgeschäft. Insolvenzverwaltung/Sachwaltung mit Schwerpunkt Norddtl., Südwesten, NRW u. Berlin. Regelm. Einbindung von ▷*Gesellschaftsrecht*, ▷*M&A*, ▷*Prozessführung* u. ▷*Energiewirtschaftsrecht*.
Mandate: x+bricks u. SCP weiterhin bei Übernahme von Real; Dt. Lichtmiete bei Verkauf aus Insolvenz; Autozulieferer (CRO); kommunale Gesellschafter der KSBG (mittelbar Steag) weiterhin zu Restrukturierung u. Treuhand; Leoni umf.; Rönner u. Gustav Zech Stiftung bei Kauf Lloyd Werft; SOL Capital bei Erwerb Polar aus Schutzschirmverfahren; Ströer in Insolvenz von Tricontes; Thyssenkrupp Marine Systems bei Erwerb einer Werft in Wismar aus Insolvenz; Insolvenzverwalter Green City bei Verkauf an Qair. **Verwaltung:** Social Chain (Berlin); Schorisch Magis (Neuruppin); Hermann Höhing Kartonagenfabrik (Heilbronn); SuperBioMarkt (Münster); SMA Metalltechnik (Ludwigsburg); FitGym24 (Mönchengladbach); Lohr Technologies (Wuppertal); Knapheide Hydraulik-Systeme (Bielefeld); Wachtel (Düsseldorf); Mettec (Meiningen); Kohl Automotive (Meiningen u. Eisenach); Advansa Manufacturing (Dortmund); Schorisch Magis (Neuruppin); Pitthan (Betzdorf); Thyle-Lokenberg Betonwerke (Vechta); HTU Härtetechnik (Konstanz); SMB Copia Invest (Berlin); Beechcraft Berlin Aviation (Cottbus); Reuther STC (Frankfurt/Oder); 2-Komponenten-Maschinenbau (Köln); Wölfen Motoren (Osnabrück); weiterhin Kehag Energiehandel (Oldenburg).

GREENBERG TRAURIG

Restrukturierung und Sanierung ★

Bewertung: Für die Krise am Immobilienmarkt ist GT mit ihrer Kombination aus marktführender Immobilienpraxis u. gr. Erfahrung des Restrukturierungsteams gut aufgestellt. Die Verstärkung mit Quereinsteigerin Benner, einer Spezialistin für immobilienbezogene Restrukturierungen, kommt zur rechten Zeit. Zum Angebot des Teams zählt auch die Übernahme von Organfunktionen. So hat Geiser beim Wohninvestor Accentro 2 gr. Unternehmensanleihen mit Gesamtvolumen von €350 Mio erfolgr. restrukturiert. Gefragt sind die Restrukturierer auch bei Autozulieferern sowie Start-ups, v.a. in den Branchen Fintech u. Immobilien, die in Finanzierungsrunden zunehmend Probleme bekommen.
Oft empfohlen: Dr. Gordon Geiser („pragmatisch, fachlich exzellent", Wettbewerber)
Team: 4 Eq.-Partner, 1 of Counsel, 1 Associate
Partnerwechsel: Annette Benner (von RFR)
Schwerpunkte: Sanierungsberatung, häufig in operativer Funktion als CRO, Insolvenzverwaltung in Berlin u. München sowie solvente Liquidation. Viel ▷*immobiliennahes Geschäft*. Einbindung in die internat. Full-Service-Kanzlei.
Mandate: Wohninvestor Accentro bei Restrukturierung von Unternehmensanleihen (CIO); Get-it-done bei vorl. Sachwaltung; Kairos Industries bei Distressed M&A; Nuri u. Nuri21 zu Insolvenz u. Sanierung; Scaling One zu Restrukturierung u. Eigenverwaltung (CRO).

GRUB BRUGGER

Insolvenzverfahren ★★★★

Bewertung: Die Insolvenzrechtskanzlei beherrscht die ges. Palette des Rechtsgebiets u. hatte schon vor dem Eintritt von Scholz zahlr. anerkannte Berater in ihren Reihen. Der Zuwachs durch das Team von Menold Bezler im Herbst 2021 wirkt sich nach gelungener Integration positiv auf die fachl. Breite insbes. in der Beratung aus, auf die Kapazitäten für gr. Verfahren u. nicht zuletzt auf die Altersstruktur der Partnerschaft. Mittlerw. berät das Team auch sehr oft vorinsolvenzlich, meist auf Schuldnerseite. Angesichts dieser Entwicklungen nicht zu unterschätzen sind eine Vielzahl gerichtl. Bestellungen, die weiterhin viel zum Know-how der früheren Verwalterkanzlei beitragen. Diese Verfahren umfassen Eigen- wie Fremdverwaltungen regelm. in div. Generalvollmachten u. auch gr. Unternehmen wie Klingel. Arbeitsintensiv war etwa die Sachwaltung bei Rüster, die in den Verkauf an einen türk. Investor mündete. Dabei pflegt die Kanzlei selbst keinen M&A-Schwerpunkt, verfügt aber über ein gutes Kooperationsnetzwerk. Diese Verwalterkompetenz spiegelt sich regelm. in div. Generalvollmachten wider.
Stärken: Sanierungen im Mittelstand, Eigenverwaltungen, Insolvenzverwaltung mit Fortführungsperspektive.
Oft empfohlen: Dr. Thilo Schultze, Dr. Volker Muschalle („schafft Klarheit u. Sicherheit für Organe in extremen Situationen", Mandant), Martin Mucha, Dr. Hans Schenk, Dr. Frank Schäffler, Michael Vilgertshofer, Dr. Jasmin Urlaub, Jochen Sedlitz; Dr. Richard Scholz („denkt sehr wirtschaftlich u. beweist großes Verhandlungsgeschick", Mandant)
Team: 17 Eq.-Partner, 4 Sal.-Partner, 1 of Counsel, 18 Associates
Schwerpunkte: Restrukturierungs- u. Krisenberatung v.a. im Mittelstand, auch bundesw. für Großunternehmen; auf Gläubigerseite etwa für Kreditinstitute u. Immobiliendienstleister. Intensives Treuhandgeschäft. Umf. Begleitung der eigenen Insolvenzverwaltung. Eigenverwaltungs- u. StaRUG-Fälle; gerichtl. Bestellungen als Insolvenzverwalter in weiten Teilen des Südwestens. Spezialisierte Arbeits- u. Prozessrechtler.
Mandate: Carl Leipold, Kappus, Pluradent, Ritter Leichtmetallguss jew. mit Generalvollmacht in Eigenverwaltung; Compleo Charging Solutions in Eigenverwaltung; IT-Unternehmen bei außergerichtl. Sanierung; Gruppenunternehmen der Eyemaxx in StaRUG-Verfahren; Immobilienkonzern zu internen Besicherungen u. Krediten; In.Power bei Verkauf für den Insolvenzverwalter; Phönix Armaturenwerke Bregel bei Insolvenzantrag; Axel Bierbach als Insolvenzverwalter von Die Abendzeitung bei gerichtl. Durchsetzung von Ansprüchen gg. Gesellschafter; SUSI Partners als Finanzierer der insolventen Discovergy; Allgaier in Insolvenzverfahren. **Verwaltung:** Ditter Plastic (Offenburg); Rüster (Göppingen); Zellaerosol (Waldshut-Tiengen); Strohhekerschulz (Pforzheim); MÜKO Maschinenbau, Klingel (3 Gesellsch.) (beide Stuttgart); REAL General Contracting (Mosbach).

GSK STOCKMANN

Restrukturierung und Sanierung ★

Bewertung: Immer wieder überzeugen die Restrukturierer Mandanten, in dem sie gut eingespielt praxisübergr. mit den Teams im ▷*Immobilien-*, ▷*Gesellschafts-* u. ▷*Bankrecht* zusammenarbeiten. So ist das Team in 2 gr. Insolvenzen von Pflegeimmobilien präsent u. berät die Vermieter von rd. 40 der über 100 Standorte zur Insolvenz der Convivo mit über 60 Einzelverfahren. Da die Immobilien oft von institutionellen Fonds gehaltenen werden, ist das Know-how bei ▷*Investmentfonds* ein Asset. Dank Büros in Luxemburg u. neu in London punktet das Team auch grenzüberschreitend.
Oft empfohlen: Dr. Raoul Kreide („kreativer u. sehr professioneller Restrukturierungsexperte", Wettbewerber), Andreas Dimmling („kompetent u. lösungsorientiert", Mandant)
Team: 3 Eq.-Partner, 4 Associates, 1 of Counsel
Schwerpunkte: Restrukturierungsberatung an 5 dt. Standorten u. starkes Büro in Luxemburg. Praxisübergreifende Breite im Insolvenzrecht mit gleichzeitigen Schwerpunkten in den Branchen Immobilien u. Fonds.
Mandate: Swiss Life zu Insolvenz Convivo-Gruppe; Projektentwickler zu Betreiberverträgen mit Convivo; Liquidator Sberbank zu Abwicklung 2er Töchter durch EU-SRM-VO; frz. Vermieter zu Curata-Insolvenz; Ryanair als Gläubiger zu Insolvenz Flughafen Hahn; Greenmarck bei Kauf internat. Fondsgesellschaften; 2 Private-Equity-Häuser zu Haftung als Gesellschafter bei Insolvenz u. Restrukturierung; mehrere Vermieter zu Insolvenzplan von Success Hotel; Centerscape, DC Values, AXA, BNP Paribas, Art Invest u. Patricia Real zu Vermieterinsolvenzen.

GVW GRAF VON WESTPHALEN

Restrukturierung und Sanierung ★

Bewertung: Nach coronabedingter Sonderkonjunktur für Hotel-Restrukturierungen mit einem der ersten Sanierungsmoderationsverfahren in Dtl. für den Mandanten Art Invest Real Estate kommen die Restrukturierungsfälle nun wieder aus versch. Branchen, u.a. Auto. Hier profitieren Mandanten auch vom Know-how der Steuerrechtspraxis. Die praxisübergr. Zusammenarbeit mit den Vergaberechtsspezialisten zahlte sich im Abellio-Mandat aus: Es erstreckt sich inzw. auf den Regionalverband Großraum Braunschweig u. den Zweckverband für den Nahverkehrsraum Leipzig. Mandatiert wird die Restrukturierungspraxis auch zu Fragen der Organhaftung u. Anfechtung, die sich teilw. im 3stelligen Mio-€-Bereich bewegen. U.a. wenden sich D&O-Versicherer an das Team, bspw. um Vorstände u. GF gg. Haftungsansprüche eines Insolvenzverwalters zu verteidigen.
Oft empfohlen: Dr. Wolfram Desch („sehr guter Jurist, schnell, erfahren", „pragmatische Lösungen, schnelle Reaktionen", Wettbewerber)
Team: 4 Eq.-Partner, 4 Sal.-Partner, 3 Associates
Schwerpunkte: Insolvenzrechtl. Beratung auf Unternehmens- u. Gläubigerseite, Spezialisierung auf Abwehr von Haftungs- u. Anfechtungsansprüchen, zudem Insolvenzverwaltung regional um Berlin u. München.
Mandate: Art-Invest Real Estate zu Hotel in der Krise u. Sanierungsmoderationsverfahren u. zu Insolvenz Success Hotel; Nahverkehrsservice Sachsen-Anhalt, Freistaat Thüringen u. weitere öffentl. Aufgabenträger zu Abellio-Insolvenz; Verbraucherzentrale Bundesverband in Musterfeststellungsklage gg. Insolvenzverwalter der BEV; Paulaner Brauerei bei Erwerb Standort Gotha der Oettinger-Brauerei. **Verwaltung:** JKL Kunststofflackierung (Dresden).

Anwaltszahlen: Angaben der Kanzleien, wie viele Anwälte zu mind. ca. 50% in diesem Gebiet tätig sind. Sie spiegeln nicht zwingend die Gesamtgröße einer Kanzlei wider.

HENGELER MUELLER

Restrukturierung und Sanierung ★★★★

Bewertung: HM liefert auch im Insolvenzrecht praxisgruppenübergreifende Beratung am jurist. Hochreck. Sie berät sowohl auf Geldgeber- als auch auf Unternehmensseite sowie zu prozessrechtl. Themen. Ausgehend von ihrer etablierten Beratung in finanziellen Krisensituationen hat sich ein kleines Team um den anerkannten Tasma auf Restrukturierungen spezialisiert u. etabliert. Insbes. die Mandate in der Kombination mit den ▷*Finanzierungsrechtlern* u. ▷*M&A*-Spezialisten finden marktweite Beachtung. Aus einer Spezialeinheit für in die Krise geratene Finanzierungen ist längst eine selbstständige Anlaufstelle für Restrukturierungen geworden. Exempl. zeigt dies die immer komplexer gewordene Restrukturierung der Adler-Gruppe mit der Herausforderung, div. Anleihegläubiger in der grenzüberschr. Konstellation zu vertreten. Hier setzte sich das Team gg. im Londoner Restrukturierungsmarkt tätige internat. Kanzleien durch, die teils langj. Beziehungen zu den beteiligten Investoren pflegten. Auch HMs bereits in den Vorjahren intensive Mandate bei Fortum u. Galapagos gehörten 2022/23 erneut zu den rechtl. spannenden der Branche.

Stärken: Komplexe Refinanzierungen; Banken- u. Kapitalmarkt-Know-how.

Oft empfohlen: Dr. Martin Tasma („gute Beziehungen zu Corporate", Wettbewerber)

Team: 2 Eq.-Partner, 5 Associates

Schwerpunkte: Beratung von Investoren, Banken u. anderen Gläubigern, auch bei Bankenrestrukturierungen (▷*Bankrecht u. -aufsicht*); Unternehmen in Verhandlungen mit Darlehensgebern u. bei Restrukturierungen (▷*Anleihen*), Steuerrecht u. bei Distressed-Transaktionen (▷*M&A*), auch Insolvenzverwalter in Spezialfragen. ▷*Konfliktlösung*.

Mandate: Gläubiger der Adler Group weiterhin zu Restrukturierung; Fortum weiterhin zu Stabilisierungspaket für Uniper; Dr. Frank Kebekus weiterhin als Insolvenzverwalter Galapagos zu Ansprüchen aus Sicherheitsverwertung von Anleihen; Glencore zu vorübergehender Schließung des Standorts; Nederlandse Spoorwagen bei Kauf von Abellio Rail Mitteldtl. u. WestfalenBahn aus Insolvenz; EPH zu Beteiligung an Leag in Energiekrise; europ. Debt-Fonds zu Insolvenz eines Portfoliounternehmens; Great Wall weiterhin zu Alba-Joint Ventures in Restrukturierung; Private-Equity-Sponsor im Zshg. mit finanzieller Restrukturierung eines Beteiligungsunternehmens inkl. Debt-to-Equity-Swap.

HEUKING KÜHN LÜER WOJTEK

Restrukturierung und Sanierung ★★★

Bewertung: Im Fokus der Restrukturierungspraxis liegen mittlere u. gr. Unternehmen in einer Krise. Aber auch gr. Gläubiger mandatieren die Praxis, z.B. Finanzinvestoren beim Kauf zahlungsgestörter Forderungen oder Family Offices zu Investitionen in Unternehmen in finanz. Schieflage. Mandanten kommt dabei die eingespielte praxisübergr. Zusammenarbeit zugute, u.a. mit den Experten für ▷*Gesellschafts-*, ▷*Bank-* u. ▷*Kapitalmarktrecht*. So setzte One Square Advisors auf HKLW als gemeinsame Vertreterin der Anleihegläubiger von Dt. Lichtmiete u. Eyemaxx Real Estate. Hinzu kommen langj. Mandate wie die Abellio-Insolvenz. Aktuell zieht die Beratung von Schuldnern u. gr. Gläubigern infolge der Zinswende wieder an, was die Restrukturierer v.a. im Immobilienbereich bemerken. Im Rahmen von Distressed ▷*M&A* sind sie sowohl auf Verkäufer- als auch Investorenseite zu sehen, u.a. in den Branchen Infrastruktur u. Gesundheit. Ein weiterer Schwerpunkt bleiben insolvenzbezogene Streitigkeiten.

Oft empfohlen: Prof. Dr. Georg Streit („fachlich stark, setzt sich überobligatorisch für seine Mandanten ein", Wettbewerber), Dr. Johan Schneider („sehr gute Vernetzung, erfahren auch in Eigenverwaltungsverfahren", Wettbewerber), Dr. Stefan Proske („erfahrener Insolvenzrechtler, sehr angenehme Zusammenarbeit", Wettbewerber)

Team: 11 Eq.-Partner, 6 Sal.-Partner, 9 Associates

Schwerpunkte: Sanierungsberatung u. verfahrensbez. Kompetenz in bzw. vor einer Insolvenz für Unternehmen, Gesellschafter u. Organe sowie Banken u. weitere Gläubiger, auch in Haftungs- u. Strafrechtsfragen. Investorenberatung in Krisensituationen, etwa zu Portfoliorestrukturierung, ▷*M&A*-Transaktionen u. Steuerfragen; Prozessrecht, v.a. zu Anfechtung u. Organhaftung; Arbeitsrecht; Treuhand.

Mandate: Weiterhin Ba.-Wü. u. VRR in Abellio-Insolvenz; Möbelhersteller bei Restrukturierung; Gesellschafter eines Autountern. zu Sanierung u. Schutzschirm; Finanzinvestor bei Erwerb von Forderungen gg. Greensill; Beratungsuntern. (Infrastruktur, Gebäude) bei Restrukturierung, Verkauf u. Übertragung von Teilen des Geschäftsbetriebs auf Investoren; One Square Advisors als Vertreter Anleihegläubiger bei Dt. Lichtmiete u. weiterhin bei Eyemaxx; Gesellschafter/GF mehrerer Immobilien-Projektgesellschaften insolvenzrechtl.; Bank zu Kreditengagement bei Immobilienkonzern; Käufer einer Klinik aus Insolvenz; brit. Investor zu Erwerb von Forderungen gg. Greensill Bank; Chemieuntern. bei Restrukturierung.

HOGAN LOVELLS

Restrukturierung und Sanierung ★★

Bewertung: Die Stärken des auf Restrukturierungen spezialisierten Teams der internat. Großkanzlei liegen in seiner Kombination aus grenzüberschr. Aufstellung u. Transaktionserfahrung. Insges. berät die gut angesehene u. personell breit aufgestellte Praxis zu einer breiten Themenpalette bei Unternehmen, Investoren, Gläubigern, Schuldnern oder Organen des Schuldners sowie Insolvenzverwaltern. Bei Mandaten wie der Beratung der mit über 100 Hotels in 6 Ländern aktiven HR Group beim Kauf der Success Hotel Group im Wege eines Insolvenzplans blitzt die Klasse des Teams auf. Mit dem Ziel, das Unternehmen neu aufzustellen, hatte Success ein Insolvenzverfahren in Eigenverwaltung beantragt. Im daraufhin eingeleiteten M&A-Verfahren ging die von der Praxis unter Einbeziehung ▷*immobilien-*, ▷*gesellschafts-* u. steuerrechtl. Teams beratene HR Group als Meistbietende hervor. Zu dieser praxis- u. grenzüberschr. Stärke kommt die Erfahrung aus der fortgesetzten Beratung der öffentl. Hand zu den Hilfen der Bundesfinanzagentur.

Oft empfohlen: Dr. Heiko Tschauner

Team: 4 Partner, 7 Counsel, 5 Associates

Schwerpunkte: Beratung von Unternehmen sowie Banken u. anderen Gläubigern zu Restrukturierungen u. Insolvenzverfahren; lfd. Beratung von Insolvenzverwaltern zu grenzüberschr. Fragen sowie Haftungs-/Anfechtungsansprüchen. Hoch spezialisierte Prozessführung (▷*Konfliktlösung*) u. Begleitung von Investoren. ▷*M&A*.

Mandate: HR Group beim Kauf der Success Hotel Group aus Insolvenz; weiterhin Saurer-Gruppe im Nachgang zur Rücknahme der Insolvenzanträge der dt. Tochtergesellschaften; weiterhin chin. Unternehmen zur Restrukturierung einer Beteiligung; weiterhin großer Druckfarbenspezialist zu finanzieller Restrukturierung; weiterhin Bundesfinanzagentur bei Stabilisierungsmaßnahmen für Galeria Karstadt Kaufhof durch den WSF.

HWW HERMANN WIENBERG WILHELM

Insolvenzverfahren ★★

Bewertung: Die Insolvenzgroßkanzlei mit einer Vielzahl erfahrener Verwalter hat sich in den vergangenen Jahren verkleinert u. nach Jahren mit bundesw. Anspruch regional eher wieder fokussiert. Zentren ihrer Arbeit bilden Hessen, Berlin u. Ostdtl., wo hww seit Langem zu den bedeutendsten Einheiten zählt. Hier war sie auch wg. ihrer guten Quote übertragender Sanierungen lange Zeit gesetzt. Diese Erfahrung überträgt sie, wenn auch bei derzeit oft kleineren Verfahren, erfolgreich auf Sachwaltungen u. Generalvollmachten in der Eigenverwaltung. Die derzeit wichtigste Sachwaltung liegt weiterhin bei Kappel-Gnirs mit der erneuten Insolvenz von Pluradent. Mit ihrer Verwaltung der Reha-Klinik Wüsthofen kam der aktuelle Sanierungsbedarf dieser Branche auch bei hww an. Das Vertrauen in das Verwalter-Know-how der Kanzlei äußert sich in 2 weiteren Betätigungsfeldern: der intensiven Tätigkeit als Treuhänderin u. der insolvenzbezogenen Prozessführung für Verwalter bzw. der außergerichtl. Vertretung in streitigen Restrukturierungen.

Stärken: Insolvenzverwaltung mit zahlr. Betriebsfortführungen u. Insolvenzplänen.

Oft empfohlen: Rüdiger Wienberg, Dr. Gregor Bräuer, Julia Kappel-Gnirs, Ottmar Hermann

Team: 11 Eq.-Partner, 10 Sal.-Partner, 5 Counsel, 4 Associates

Schwerpunkte: Insolvenzverwaltung an rund 20 dt. Standorten, gerichtl. Bestellungen bundesweit. Erfahrung mit Großverfahren etwa im Einzelhandel u. produz. Gewerbe; häufig Insolvenzpläne. Sanierungsberatung für Unternehmen bzw. Kreditgeber, Begleitung von Investoren bei Käufen aus der Insolvenz. Sanierungstreuhand. Auch Beratung externer Verwalter.

Mandate: Insolvenzverwalter gg. Gläubiger zur Rückgewähr anfechtbar erlangter Grundpfandrechte; Insolvenzverwalter bei Rückforderung nicht verbrauchter Deposits im mittleren 2stelligen Mio-€-Bereich gg. mehr als 60 Zahlungsempfänger; div. GF gg. Finanzamt u. Kommune wg. Inhaftungnahme wg. Nichtabführens von Steuern im Vorfeld der Insolvenzeröffnung. **Verwaltung:** Minda KTSN Plastic Solutions (Dresden); Pluradent (Offenbach); DVS Dt. Volleyball Sport, Media Direkt Ges. für Marketing u. Produktion von Werbung für Fernsehen u. Printmedien (beide Frankfurt); Reha-Klinik Wüsthofen (Fulda); Symacon Maschinenbau (Magdeburg); Affinia Metals, DKF Dt. Krankenfahrdienst, Piqma Consulting (beide Köln); GfN Ges. für Netzbautechnik (Bonn).

JAFFÉ

Insolvenzverfahren ★★★★★

Bewertung: Jaffé wird von den Gerichten meist bei Insolvenzen mit komplexen Konzernstrukturen bestellt. Die Kanzlei verfügt über bes. Know-how für grenzüberschr. Sachverhalte: Prominentes Beispiel ist die Rekonstruktion betrüger. Strukturen im Wirecard-Skandal mit Töchtern u.a. in Asien, Amerika, Südafrika u. der Türkei, aber auch die ww. Fahndung nach Containern der P&R-Gruppe. Dabei erfreuen die Insolvenzexperten um Namensgeber Jaffé immer wieder die Gläubiger: Bei P&R wird voraussichtl. mehr als eine €Mrd erlöst ggü. rd. €250 Mio im Falle

Anwaltszahlen: Angaben der Kanzleien, wie viele Anwälte zu mind. ca. 50% in diesem Gebiet tätig sind. Sie spiegeln nicht zwingend die Gesamtgröße einer Kanzlei wider.

eines Verkaufs. Das Kölner Büro zeigte Flagge mit der Sanierung des Shoppingcenters Rathaus Galerie Hagen: Dank mio-schwerer Massekredite lassen sich die Schäden der Flutkatastrophe von 2021 mit damaligem Investitionsvolumen von €130 Mio beseitigen.
Stärken: Komplexe Insolvenzverfahren; Aufklärung betrüger. Strukturen; Prozessführung.
Oft empfohlen: Dr. Michael Jaffé, Dr. Michael Schuster („kennt die Insolvenzverwaltung von A bis O, hervorragender Prozessanwalt“, „starker Verhandler, Wettbewerber), Miguel Grosser („sehr weitsichtig u. souverän“, Wettbewerber)
Team: Rd. 30 Anwälte
Schwerpunkte: Bestellungen als Insolvenzverbzw. Sachwalter, insbes. in Bayern, NRW, Hessen, Thüringen u. Baden-Württemberg. Eigenständiger Zweig für Insolvenzrecht, insbes. Anfechtungs- u. Prozessthemen, in der Jaffé PartG mbB.
Mandate: Verwaltung: weiterhin Wirecard; Personaldienstleister TTP; GNO Grundstücksverwaltung (Rathaus Galerie Hagen); Feinkost Schlemmermeyer, weiterhin P&R Container, HPI Fleet&Mobility (alle München).

KEBEKUS ET ZIMMERMANN

Insolvenzverfahren ★★★★

Bewertung: Die Kanzlei beschäftigen weiterhin komplexe Altverfahren wie die Eigenverwaltung für das Lebensmittel- u. Gastronomiegeschäft der Galeria-Gruppe u. die Insolvenzverwaltung von Pilatus, die Immobilienprojekte mit einem geschätzten Nominalwert von über €100 Mio entwickelt. Exemplar. für die Fälle, die den Ruf des bundesw. angesehenen Namenspartners Kebekus begründeten, steht der Autozulieferer Borgers: Die Gruppe beliefert sämtl. dt. u. fast alle internat. Hersteller. Der Koordinationsaufwand war hoch, aber das Verfahren wurde erfolgr. mit Einstieg eines strateg. Investors abgeschlossen. Weiter in Atem hält das Team auch die Galapagos-Insolvenz u. der Streit mit Gesellschafter Triton. Zumindest die Bestellung als Insolvenzverwalter hat der BGH für rechtm. erklärt. Die Kanzlei übernimmt auch Beratungen, bleibt aber v.a. der klass. Verwaltung mit Schwerpunkt in NRW treu.
Oft empfohlen: Dr. Frank Kebekus („schätzen ihn fachlich und persönlich sehr“, Wettbewerber)
Team: 2 Eq.-Partner, 6 Associates
Schwerpunkte: Bestellungen in NRW, v.a. Düsseldorf (insges. 4 Verwalter). Arbeitsrecht u. internat. Insolvenzrecht. Außergerichtl. Sanierungsberatung, auch in operativer Funktion, für Unternehmen.
Mandate: Verwaltung: weiterhin Pilatus SR Holding (div. Gesellschaften) u. Galapagos (Düsseldorf); Galeria-Töchter für Food u. Gastro (Düsseldorf); Borgers (Bielefeld); Oschatz Energy and Environment (Essen); Doering (Wetzlar); HuDe (Mönchengladbach).

KIRKLAND & ELLIS

Restrukturierung und Sanierung ★★★★★

Bewertung: Die Praxis ist regelm. auf Gläubigerseite bei wichtigen grenzüberschr. Restrukturierungen dabei, darunter komplexe finanzielle Restrukturierungen u. Debt-Equity-Swaps. Hier ist sie eine der führenden Adressen für Kreditfonds, die in notleidende Schulden investieren, gewinnt aber auch Banken u. Direct-Lending-Fonds als Mandanten. In der durch die Galapagos-Insolvenz initiierten Litigation ist die Praxis an versch. Fronten im Einsatz: Sie beriet lux. Holdings bei der finanziellen Restrukturierung sowie bei nachfolgenden Rechtsstreitigkeiten, einschließl. eines Rechtsbeschwerdeverfahrens vor dem BGH mit korrespondierender Vorlage an den EuGH. Eher operative Sanierungen auf Unternehmensseite passen weniger zu den globalen Honorarerwartungen der Kanzlei, auf Finanziererseite berät sie aber regelm. bei den wichtigen grenzüberschr. dt. Sanierungen. Prominentes Bsp. ist der Restrukturierungsplan gemäß StaRUG bei Leoni, wo dieses Verfahren erstmalig für ein Unternehmen dieser Größenordnung angewandt wurde. Der Generationswechsel in der Praxis geht derweil friktionsarm weiter mit je einem Partnerzu- u. -abgang sowie einer Ernennung.
Stärken: Innovative finanzielle Restrukturierung, internat. integrierte Praxis.
Oft empfohlen: Dr. Leo Plank, Sacha Lürken, Dr. Marlene Ruf („hervorragende Fachkenntnisse u. Mandantenorientiertheit“, Wettbewerber)
Team: 3 Eq.-Partner, 2 Sal.-Partner, 5 Associates
Partnerwechsel: Dr. Josef Parzinger (zu Allen & Overy), Dr. Cristina Weidner (von Clifford Chance)
Schwerpunkte: Beratung von Investoren (▷*Private Equ. u. Vent. Capital*, Hedgefonds, Direct-Lending-Fonds) zu Restrukturierungen u. Distressed ▷*M&A*; Begleitung von Schuldnerunternehmen u. deren Management, v.a. in grenzüberschr. Fällen, sowie von Gläubigern in Insolvenzverfahren (Kreditinstitute u. nachrangige Kreditgeber) u. insolvenzbezogenen Prozessen.
Mandate: Gläubiger einer €300-Mio-Anleihe von Metalcorp in Restrukturierung; BMC/Cordenka in Eigenverwaltung; Galapagos Holding zu Rechtsstreitigkeiten in Restrukturierung; Banken bei Restrukturierung von Leoni; Anleihegläubiger von Air Berlin, Wirecard u. Rickmers Reederei jew. weiterhin in Insolvenzverfahren; Gläubiger von Solarworld weiterhin zu Insolvenzverfahren u. Verkäufen; Gläubiger u. Aktionäre der Adler Real Estate bei Refinanzierung; Finanzgläubiger von SGB Smit bei Restrukturierung nach engl. Recht.

LAMBRECHT

Insolvenzverfahren ★★

Bewertung: Das Team um den Namenspartner hat sich ein Renommee als geradlinige u. Missstände offen ansprechende Verwalterkanzlei erarbeitet. Schwerpunkt der Beratungen wie auch Bestellungen sind Eigenverwaltungen mit Schutzschirm. So beweist das Team seine Qualität häufig im Kernland NRW in Bestellungen als Sachwalter wie bei Compleo. Für die 3 Gesellsch. des börsennot. Anbieters von Ladestationen erarbeitet es gemeinsam mit Grub Brugger eine Insolvenzplanlösung. Seine Erfahrung macht das Team auch überregional gefragt, wie bei der vorinsolvenzl. Beratung von Convivo in Bremen. Auch von Käufern wird die kritische u. unabhängige Analyse der Kanzlei bei Distressed M&A geschätzt. Am Stammsitz D'dorf etwas verschlankt, hat sich die kleine Insolvenzrechts-Boutique personell, örtlich u. inhaltl. in Berlin mit einem Team von Leonhardt Rattunde verstärkt. Neben dem Arbeitsrechtler Schulz hat die Kanzlei nun dort einen freiberuflichen Notar.
Oft empfohlen: Martin Lambrecht) („empfehlenswerter Gläubigervertreter“, Mandant)
Team: 3 Partner, 5 Associates
Partnerwechsel: Dr. Peter Schulz (von Leonhardt Rattunde)
Schwerpunkte: Sanierungsberatung, bes. in Eigenverwaltung, sowie Insolvenzverwaltung; Insolvenzpläne; zusätzl. insolvenznahes Arbeits- u. Gesellschaftsrecht; Gläubigervertretung. Regionaler Schwerpunkt in NRW u. Rh.-Pf.
Mandate: Emma Capital in Insolvenz von Küchen Quelle; Convivo-Gruppe vorinsolvenzl. u. zu Insolvenzanträgen. **Verwaltung:** Compleo Charging (3 Gesellsch.; Dortmund); weiterhin Cartec Tooling (Siegen).

LATHAM & WATKINS

Restrukturierung und Sanierung ★★★★★

JUVE AWARDS 2023
Kanzlei des Jahres für Insolvenz und Restrukturierung

Bewertung: Die renommierte Praxis bildet bei der insolvenznahen Sanierungsberatung u. der finanziellen Restrukturierung gemeinsam mit der von Freshfields die Marktspitze. LW verfügt über eine personalstarke dt. Praxis, die sie um die 3 Partner herum erneut verbreitert hat, u. in vielen wichtigen Jurisdiktionen über erstklassige Restrukturierungsteams. Im Vgl. zu spezialisierteren internat. Großkanzleien stellt sie ihre Beratung breit auf für Schuldner, Gläubiger u. Insolvenzverwalter. So bewältigt sie zahlr. Großmandate, allein bei Autozulieferern etwa Benteler, Borgers, Huf Hülsbeck & Fürst, Leoni u. WKW auf unterschiedl. Seiten. So prägt das Team ganze Branchen u. immer wieder auch die Rechtsanwendung: Bei Accentro Real Estate gelang erstmals die Restrukturierung in dieser Größenordnung unter Nutzung des dt. Schuldverschreibungsgesetzes. Dass die Arbeit nicht nur praxisübergr., sondern auch multijurisdiktional klappt, zeigen die Auseinandersetzungen bei Schur Flexibles sowie die kapitalmarktrechtl. Manöver bei Arvos, wo das engl. Scheme zur finanziellen Restrukturierung eines dt. Unternehmens nach dem Brexit genutzt wurde.
Oft empfohlen: Frank Grell („sehr gut“, Mandant; „kollegial, gute Zusammenarbeit“, Wettbewerber), Dr. Jörn Kowalewski („Grandseigneur der Szene, erstklassig vernetzt“, Mandant), Dr. Ulrich Klockenbrink („ausgeglichen u. professionell“, Mandant)
Team: 3 Partner, 3 Counsel, 11 Associates
Schwerpunkte: Vertretung von Investoren u. Kreditgebern sowie Unternehmen bei Restrukturierung von vielschichtigen Kreditkonstruktionen sowie in Verkaufsprozessen. Breite Gläubigerberatung in insolvenznahen Fragen; Refinanzierung unter Einbindung von Steuerrecht, ▷*Kredite u. Akqu.fin.*, ▷*M&A* u. Arbeitsrecht.
Mandate: Accentro bei Refinanzierung 2er Anleihen in finanzieller €450-Mio-Restrukturierung; Insolvenzverwalter von Air Berlin zur Durchsetzung von Ansprüchen gg. Etihad; Gläubiger bei Restrukturierung der €400-Mio-Kreditlinie von Arvos; Banken bei Restrukturierung von Benteler; Banken bei Restrukturierung von Borgers; EMAG bei Restrukturierung; Huf Hülsbeck & Fürst bei finanzieller €350-Mio-Restrukturierung; Hüls bei Restrukturierung; Leoni bei Restrukturierung; Banken als Kreditgeber der KSBG bei Restrukturierung von Steag; US-Unternehmen als Kunde u. Gläubiger in Insolvenz der Nobiskrug-Werft; PE-Anteilseigner bei Restrukturierung von Schur Flexibles; Insolvenzverwalter von S+K in Klagen gg. Anleger; Tanklagerunternehmen im Zshg. mit Insolvenz der O.W.Bunker-Gruppe; Banken im Zshg. mit Restrukturierung der WKW-Gruppe; All 4 Golf bei finanzieller Restrukturierung.

LIESER

Insolvenzverfahren ★

Bewertung: Die Boutique wird mandatiert in Fällen, in denen die wirtschaftl. Entscheidung zuguns-

Anwaltszahlen: Angaben der Kanzleien, wie viele Anwälte zu mind. ca. 50 % in diesem Gebiet tätig sind. Sie spiegeln nicht zwingend die Gesamtgröße einer Kanzlei wider.

ten eines strukturierten Verfahrens gefallen ist: in StaRUG- u. Insolvenzverfahren, als Sachwalterin etwa bei Biovegan oder Generalbevollmächtigter in Eigenverwaltungen, bspw. beim Fitnessgerätehersteller Ergofit. Dazu kommen regelm. Bestellungen in Regelverfahren durch Gerichte im Südwesten. Zuletzt zeigte das Team, wie zügig es Lösungen erarbeiten kann: Als Insolvenzverwalter des E-Mobilitäts-Start-ups Elvah gelang Namenspartner Lieser innerhalb von 2 Monaten nach Antragstellung der Verkauf an E.on.

Oft empfohlen: Jens Lieser („lösungsorientiert, hohe Flexibilität", Wettbewerber), Dr. Alexander Jüchser („klare Fokussierung u. sehr freundlicher Umgang", „hat immer den Überblick; sehr gut vernetzt", Wettbewerber)

Team: 4 Eq.-Partner, 3 Associates

Schwerpunkte: Insolvenzverwaltung u. Sachwaltung im Westen u. Südwesten mit hoher Fortführungsorientierung.

Mandate: weiterhin Reifen Kiefer u. RKKR zu Eigenverwaltung (Generalvollmacht); SHG Klinikum Merzig in Schutzschirmverfahren (Generalvollmacht).

Verwaltung: Elvah (Koblenz); Biovegan (Neuwied); Bama (2 Gesellsch.) (Mosbach); Röber Kunststoffe, Fischer Oberflächentechnologie, Bolwin & Heemann Systemtechnik (alle Montabaur); Dubnica Bau (Frankfurt); Thilmann Brot (Koblenz); e-bility (Bad Neuenahr); Wagner + Kühner (Bad Kreuznach).

LINKLATERS

Restrukturierung und Sanierung ★★★★

Bewertung: Die Praxis für Insolvenz u. Restrukturierung hat sich in den vergangenen Jahren einen guten Ruf als Beraterin der Banken erarbeitet u. seit 2022 ihren Fokus stärker auf die Beratung von Unternehmen gerichtet. Abseits großer Transaktionen ist die Kanzlei oft bei Fragen der Risikoabschirmungen mandatiert u. entsprechend weniger präsent im Markt als viele Wettbewerber. Mit ihrer Stärke in der praxisgruppenübergr. Zusammenarbeit ist sie hier sehr gefragt, etwa als Teil des großen Teams um die marktführenden ▷*Gesellschaftsrechtler*, das den Vorstand von Uniper beriet. Die Beratung der Global Loan Agency bei Galapagos steht bsph. für eine weitere Stärke, die enge Zusammenarbeit mit der Londoner Praxis. Als wissensstarkes Team berät LL wie selbstverständlich zu neuen Entwicklungen in der Restrukturierung. Unter den vertraulichen Mandaten nimmt neben dem StaRUG die sanktionsbezogene Beratung aufgrund der Folgen des Ukrainekriegs zu, ein neues Thema in der Finanzbranche war die Restrukturierung von Kryptowerten.

Stärken: Grenzüberschr. Finanzrestrukturierungen.

Oft empfohlen: Dr. Sabine Vorwerk

Team: 2 Partner, 1 Counsel, 6 Associates

Schwerpunkte: Beratung von Banken (insbes. dt. u. internat. Großkreditgeber u. Investmentbanken), Schuldnerunternehmen, Investoren u. Gläubigern zu finanziellen Restrukturierungen. Abwicklung von Finanzinstituten, insbes. in der EU, mit starkem ▷*bank- u. aufsichtsrechtl.* Bezug. Prozess- u. insolvenzrechtl. Mandate.

Mandate: Alvarez & Marsal weiterhin als Provisional Liquidator bei Liquidation von Genting-Gruppe; Uniper zu €30-Mrd-Rettungspaket durch den Bund; Crédit Agricole lfd. insolvenzrechtl. bei Verbriefung von Europcar; Dr. Rainer Bähr weiterhin als Insolvenzverwalter der Minda KTSN Plastic Solutions; Global Loan Agency lfd. als Gläubiger zu finanzieller Restrukturierung von Galapagos; KfW weiterhin zu €550-Mio-Corona-Rettungsfinanzierung für Condor; Ernst & Young zu Aufspaltung (öffentl. bekannt); Oosterdam als Gesellschafter im Zshg. mit Insolvenz der dt. Tochterges. Orsay.

MAYER BROWN

Restrukturierung und Sanierung ★

Bewertung: Die Praxis für Insolvenz u. Restrukturierung ist innerhalb der internat. Großkanzlei sehr gut vernetzt u. hat sich für eine Full-Service-Beratung positioniert. Sie berät internat. viel auf Gläubigerseite u. zielt auch in Dtl. darauf, die Beratung von Finanzinstituten – in enger Zusammenarbeit mit der ▷*Kreditfinanzierungspraxis* – u. Kreditfonds zu verstärken. Einer der öffentl. bekannten großen Kreditgeber ist die Kanzleimandantin JPMorgan. Allerdings liegt daneben bereits ein etablierter Schwerpunkt in der Restrukturierungsberatung großer familiengeführter mittelständ. Unternehmen wie Wepa. Unternehmensseitig zählt auch die Dt. Post als Gläubigerin in Insolvenzfällen zu den Mandanten. Als Spezialgebiet bietet die Beratung zu Treuhandmodellen wie Collateral Trust Arrangements (CTA) eine Besonderheit unter den großen internat. Anwaltskanzleien.

Team: 1 Eq.-Partner, 3 Sal.-Partner, 4 Counsel, 1 Associates

Schwerpunkte: Restrukturierungsberatung mit finanz-, immobilien-, ▷*gesellschafts-* u. arbeitsrechtl. Aspekten; Distressed ▷*M&A*. Prozessführung in insolvenznahen Mandaten; Organberatung u. Aufstellung von Treuhandmodellen, speziell CTA.

Mandate: Air Namibia, Cummins, Dt. Post, DHL Freight, Innio Jenbacher, JPMorgan (öffentl. bekannt), Raffinerie Heide, Wepa jew. insolvenzrechtl.; Unternehmen bei Distressed-Verkauf eines kontaminierten Standorts; Unternehmer zu Insolvenz des Energielieferanten; Unternehmen bei außergerichtl. Restrukturierung; Großbank zu mögl. Liquidation eines Unternehmens; Gutachten für Großbank zu Insolvenzferne von AöR; Unternehmer zu Insolvenz des Lieferanten; Insolvenztreuhandgutachten für Finanzdienstleister.

MCDERMOTT WILL & EMERY

Restrukturierung und Sanierung ★★

Bewertung: Gr. internat. Unternehmen aus Einzelhandel oder Autobranche mandatieren die dt. Restrukturierungspraxis in der Krise, insbes. wg. der Erfahrung mit Eigenverwaltungs- u. Schutzschirmverfahren sowie Distressed M&A. So begleitete das Team federführend die Eigenverwaltung des Toilettenpapierherstellers Hakle, die trotz des derzeit schwierigen Marktes für Transaktionen erfolgr. über Insolvenzplan u. Einstieg eines Investors abgeschlossen wurde. Sowohl für Unternehmen als auch Investoren u. alternative Finanzierer ist die internat. Aufstellung ein Asset. Bei der finanz. Restrukturierung des Autozulieferer Borgers waren nahezu alle Büros ww. eingebunden, um die Folgen einer dt. Insolvenz für die globale Finanzierung zu bewerten. Die eingespielte Zusammenarbeit mit den GB- u. US-Kollegen u. der Praxisgruppe ▷*Immobilienrecht* bietet angesichts der heraufziehenden Krise am Immobilienmarkt Wachstumspotenzial, da sich Investoren für den Sekundäreinstieg in Immobilien interessieren.

Oft empfohlen: Dr. Matthias Kampshoff („sehr gut unterwegs, schlau, fleißig", Wettbewerber), Dr. Uwe Goetker („gut vernetzt, erfahren", Wettbewerber), Dr. Benedikt Schulz („bei Borgers guten Job gemacht", Mandant)

Team: 8 Partner, 8 Associates

Schwerpunkte: Beratung von Unternehmen bzw. deren Organen zu außergerichtl. Sanierung, in Insolvenzverfahren sowie Distressed M&A; seltener Banken zu notleidenden Darlehen; Investoren, u.a. Fonds, zu Kauf u. Restrukturierung von Unternehmen, häufig integriert mit ▷*Arbeits-* u. ▷*Immobilienrecht*; Haftungs- u. Anfechtungsabwehr.

Mandate: Borgers bei finanzieller Restrukturierung, Verkauf div. Gesellschaften, Insolvenzverfahren u. Verkauf aus Insolvenz; CE Capital bei Distressed M&A; Galeria Kaufhof im Schutzschirmverfahren; Hakle bei Eigenverwaltung u. Insolvenzplan; HealthCareRoyalty Partners bei insolvenzfester Strukturierung des Erwerbs von Lizenzeinnahmeansprüchen an Pharmaunternehmen; Debt-Fonds zu Kreditgewährung u. finanz. Restrukturierung von VC-Investitionen; Beteiligungsholding eines PE-Investors zu Restrukturierung bei Tochtergesellschaften.

MÖHRLE HAPP LUTHER

Restrukturierung und Sanierung ★

Bewertung: Die Hamburger MDP-Kanzlei verfügt für die krisennahe Beratung über vielfältige Kompetenzen, insbes. steuer-, arbeits- u. ▷*gesellschaftsrechtl.* Art. Beim Callcenterbetreiber Tricontes360 mit bundesw. 11 u. weiteren internat. Standorten war diese praxisübergr. Kapazität in einem großen u. komplexen Sanierungsverfahren gefragt. Auch Clean Logistics hielt als börsennot. SE Herausforderungen bereit, die sonst eher Großkanzleien bewältigen. Solche Erfahrungen führen zu Vertrauen der Insolvenzverwalter, die in Norddtl. regelm. MHL als Unterstützung bei Anfechtungs- u. Geschäftsführerhaftungsprozessen hinzuziehen. Mit der hausinternen Erfahrung der Wirtschaftsprüfer bspw. bei der IT-gestützten Ermittlung des Zeitpunkts des Eintritts der Zahlungsunfähigkeit oder für die Prüfung von Schlussrechnungen punktet MHL mit wichtigen Zusatzleistungen in den Prozessen für die Boutiquen.

Oft empfohlen: Dr. Helge Hirschberger

Team: 2 Eq.-Partner, 1 Sal.-Partner, 4 Associates

Schwerpunkte: Sanierungs- u. Restrukturierungsberatung, insolvenzbezogene Prozessführung, angrenzendes insolvenznahes Steuer- u. Arbeitsrecht sowie M&A. Branchenschwerpunkt Schifffahrt.

Mandate: Bertram Rickmers/Brick Holding weiterhin insolvenzrechtl.; weiterhin Dr. Tjark Thies (Reimer) als Insolvenzverwalter; Unternehmen weiterhin als Gesellschafterin in einem Insolvenzplanverfahren mit Debt-to-Equity-Swap; Tricontes360 in Insolvenzverfahren; Clean Logistics zu Insolvenzverfahren.

MILBANK

Restrukturierung und Sanierung ★★★

Bewertung: Die Beratung zur finanziellen Restrukturierung hat sich in Dtl. durch jahrelange Erfahrung von der starken Praxis für ▷*Kredite u. Akquisitionsfinanzierung* freigeschwommen. Das kleine Team fokussiert sich auf die Arbeit für Gläubiger in meist internat. u. anleihebezogenen Restrukturierungen. Hier geht es in die Tiefe u. überzeugt mit den Spitzenmandaten eines schmalen Marktsegments, in dem sie nun gg. etablierte Wettbewerber wie Kirkland & Ellis antritt. Div. Mandate stammen derzeit aus Krisen der Immobilienbranche. Bei Accentro etwa umfasste die Anleiherestrukturierung u.a. eine Laufzeitverlängerung u. Besicherung, mit der Herausforderung, dass sich die Restrukturierung über den

Anwaltszahlen: Angaben der Kanzleien, wie viele Anwälte zu mind. ca. 50% in diesem Gebiet tätig sind. Sie spiegeln nicht zwingend die Gesamtgröße einer Kanzlei wider.

Fälligkeitstag der Anleihe hinauszog. Um diese Großmandate zu bewältigen, spielt die Zusammenarbeit mit dem starken engl. Team um den dortigen ww. Praxisgruppenleiter eine wichtige Rolle für die Kapazität. Bei Adler u. Schur etwa leitete er das Mandat gemeinsam mit dem dt. Partner. Die Beratung der internat. Gläubigergruppen hat vielfach Bezug zum Finanzzentrum London u. dem dortigen Team.

Team: 1 Eq.-Partner, 3 Associates

Schwerpunkte: Beratung von Ad-hoc-Gruppen in internat. Restrukturierungen.

Mandate: Gläubiger von €250-Mio-Anleihe bei finanzieller Restrukturierung von Accentro; Gläubiger von Hochzinsanleihe weiterhin bei Restrukturierung von Galapagos; Gläubiger von €200-Mio-Wandelanleihe u. €300-Mio-Anleihe bei Restrukturierung von Corestate Capital; Kreditgeber weiterhin bei finanzieller Restrukturierung u. Verkauf von Schur Flexibles; Gläubigermehrheit weiterhin bei Restrukturierung der Anleihen der Adler Group; ECM bei finanzieller Restrukturierung von Konsortialkredit; Flint-Gruppe zu Optionen für finanzielle Restrukturierung; Kalera bei Verkauf einer dt. Gesellschaft in Insolvenzverfahren.

MÜLLER-HEYDENREICH BIERBACH & KOLLEGEN

Insolvenzverfahren ★★★

Bewertung: Bereits anerkannt ist die klass. Verwalterkanzlei für ihre Kompetenz u. Leistungsstärke im Energiesektor, belegt durch das Green-City-Verf., das Ende 2022 u.a. mit der Insolvenz der GCE Kraftwerkspark weiter für Beschäftigung sorgte. Die Bestellung in 3 Verf. größerer Bauträger am Standort München zeigt, dass die Verwalter auch für die heraufziehende Krise am Immobilienmarkt gut aufgestellt sind. Auffällig oft ist die Kanzlei im Bereich Food-Start-ups gefragt: Nach der Millionenpleite von Spoosty wurde das Nürnberger Büro mit der Verwaltung beauftragt, die Münchner Kollegen bei den Insolvenzen Burgerista u. Pumperlgsund. Die Rettung von Enders Reisen u. die erfolgr. Assetübertragung beim Verkauf des IT-Telemarketing-Start-ups Innosales an Dimarcon sind Beispiele dafür, dass sich die Verwalter auf Betriebsfortführungen u. Sanierungen verstehen.

Oft empfohlen: Axel Bierbach („exzellenter Insolvenzverwalter", Wettberber), Dr. Stefan Debus („exzellenter Insolvenzverwalter, unkompliziert und fair", Wettbewerber), Oliver Schartl

Team: 7 Partner, 13 Associates

Schwerpunkte: Insolvenzverwaltung in Bayern u. Thüringen; Schwerpunkte u.a. Fonds, Energie- u. Mediensektor sowie grenzüberschr. Insolvenzen. Starke insolvenzrechtl. ausgerichtete Prozessabteilung (Anfechtungsrecht); außerdem Gesellschafts-, Arbeits- u. Steuerrecht.

Mandate: Verwaltung: Kohl Automotive u. Mettec (Meiningen); Burgerista, Enders Reisen, Elements, Pumperlgsund, 3 Bau Projekt (alle München); Trans-o-Pro Logistik, Innosales Consulting & Services (beide Nürnberg); Flen Krematech, Spoosty (beide Regensburg); Global Precursor Ceramics (Bamberg); Memminger Brauerei (Memmingen).

MÜNZEL & BÖHM

Insolvenzverfahren ★

Bewertung: Die erfahrene Verwalterboutique punktet mit ihrer Effizienz u. Kompetenz an zahlr. norddt. Standorten u. in Berlin. Eine erneut gestiegene Vielzahl kleiner u. mittlerer Verfahren zwingt sie einerseits zur internen Arbeitsoptimierung. Andererseits fordern Insolvenzen außerhalb der typischen Strukturwandelsbranchen wie Handel u. die Rechtsentwicklungen den Aufbau neuen Knowhows: Bei Start-ups wie dem Lastenrad-Vermieter AVO Cargo u. Aidhere mit digitalen Gesundheitsanwendungen arbeitete sich das Team in die Probleme der New Economy u. digitaler Geschäftsmodelle ein. Außer den klassischen Fremd- u. Eigenverwaltungen ist das Team bereits in ersten StaRUG-Verfahren geübt. Diese neue Option nutzt es mittlerw. auch in einzelnen Beratungen als Lösungsoption.

Team: 5 Eq.-Partner, 4 Sal.-Partner, 12 Associates

Schwerpunkte: Insolvenzverwaltung, seltener Beratung zu Eigenverwaltung; 12 Standorte in HH, Schl.-Holst. u. Niedersachsen sowie Berlin.

Mandate: Verwaltung: Krögers Buch- & Verlagsdruckerei (Pinneberg); 2 med. Versorgungszentren in Schleswig-Holstein (StaRUG; Flensburg); Better by Less, Aidhere (beide Hamburg); Edeka Gothmann, Babyton (beide Norderstedt); Peter Kampen (Wilhelmshaven); Borek media (Magdeburg); SGW Schaltgerätewerk, AVO Mobility, Juicy Grow (alle Berlin).

NIERING STOCK TÖMP

Insolvenzverfahren ★

Bewertung: Die Verwalterkanzlei hat ihre Stärke, insolvente Betriebe lange u. eigenständig fortzuführen, auch auf Beraterseite in Generalvollmachten gezeigt. Über besonders viel Erfahrung verfügt sie dabei in der Gesundheitsbranche bei Einrichtungen in kirchl. u. kommunaler Trägerschaft. Daneben berät NST immer wieder mittelgr. Maschinenbauer u. Unternehmen aus der Autobranche in der Krise. Die sehr partnerzentrierte Arbeit der Kanzlei würde durch den Aufbau jüngerer Associates an Zukunftsperspektive gewinnen. Trotz des bekannten Namenspartners u. Vorsitzenden des Berufsverbandes Niering waren Bestellungen in Großverfahren zuletzt rar.

Team: 9 Partner, 1 Associates, 1 of Counsel

Schwerpunkte: Insolvenzverwaltung u. Sachwalterbestellungen in NRW, Schwerpunkt Rheinland. Zudem Sanierungsberatung, z.B. im Gesundheitswesen.

Mandate: Verwaltung: Ayoxxa Biosystems (Köln); MG MedienGruppe, Medicus Ärztegenossenschaft Rhld. (beide Mönchengladbach).

NOERR

Restrukturierung und Sanierung ★★★★★

Bewertung: Dank der Bandbreite der insolvenznahen Beratung u. der Stärke bei operativ geprägten Sanierungen ist die Praxis gut aufgestellt für komplexe internat. Restrukturierungen, die derzeit zunehmen. So setzte KKR Credit Advisors auf das Team als Gläubiger bei der Restrukturierung des Aufzugzulieferers Wittur mit angelsächs. Finanzierungsstruktur. Im Rahmen einer der größten europ. Restrukturierungen mit Gesamtvolumen von €9 Mrd berieten die Anwälte eine Gruppe von Schuldscheininhabern des Pflegekonzerns Orpea. Ein weiterer Trumpf ist die Kompetenz bei der Insolvenzberatung börsennot. Unternehmen. Ausspielen konnte die Praxis diesen u.a. bei der Beratung des Ladesäulenanbieters Compleo zu Eigenverwaltung u. Verkauf von Vermögenswerten an die Kostal-Gruppe. Im Bereich Distressed M&A war die Kanzlei 2022/23 wieder häufiger als Begleiterin führender Verwalter gefragt, u.a. beim Verkauf des Autozulieferers Beissbarth aus Eigenverwaltung u. der Veräußerung des Geschäftsbetriebs der Bolta Werke. Die Spannbreite der Beratung, zu der auch die gr. Erfahrung bei Eigenverwaltungen zählt, konnte die Restrukturierungspraxis noch einmal ausdehnen, mit Mandant Silvercourt Capital als größtem Anleihegläubiger im StaRUG-Verfahren von Gerry Weber.

Stärken: Distressed-Transaktionen; Prozessführung; Erfahrung im operativen Krisenmanagement.

Oft empfohlen: Dr. Thomas Hoffmann, Dr. Dorothée Prosteder („hohe Fachkompetenz", Wettbewerber), Prof. Dr. Christian Pleister („sehr erfahrener Berater, der im Bereich Restrukturierungen alles gesehen hat u. pragmatisch berät", Mandant)

Team: 10 Eq.-Partner, 3 Sal.-Partner, 1 Counsel, 11 Associates

Schwerpunkte: Beratung von Krisenunternehmen u. Organen; Kreditgeber bzw. Gläubiger u. Investoren in der Insolvenz oder zu Refinanzierungen. Insolvenznahe Transaktionen (▷*M&A*). Regelm. Prozessführung (▷*Konfliktlösung*). Sanierungstreuhand in separater Gesellschaft, auch Bankenpools.

Mandate: Adolf Mohr Maschinenfabrik bei Erwerb durch Polar; weiterhin Banken zu Steag; Beissbarth zu Verkauf aus Insolvenz; Insolvenzverwalter der Bolta Werke bei Verkauf an Winning Group; Insolvenzverwalter von CargoLogic zu Ansprüchen gg. Gesellschafter; Compleo Charging Solutions bei Verkauf der Vermögenswerte an Kostal; ehem. Vorstand börsennot. Gesellschaft bei Abwehr von Haftungsansprüchen wg. Zahlungen nach Insolvenzreife; Fidelis Insurance, Windeln.de jew. insolvenzrechtl.; Insolvenzverwalter von Frimo zu Investorenlösung u. übertragender Sanierung; Glas Trust als Sicherheitsagent der Galapagos-Banken bei Abwehr von Anfechtungsklage; Hertha BSC bei Restrukturierung u. Einstieg Investor; Schuldscheininhaber Orpea bei Restrukturierung; KKR als Gläubiger bei Restrukturierung von Wittur; Silvercourt Capital als Anleihegläubiger zu StaRUG-Verf. der Gerry Weber Internat.; Techno Design bei Kauf der Beschaffungsaktivitäten Gerry Weber; Insolvenzverwalter von Veritas bei Prüfung von Haftungsansprüchen u.a. gg. Organe; weiterhin Wirecard zu internationalen Verkäufen.

PLUTA

Insolvenzverfahren ★★★★

Bewertung: Urspr. süddt. orientiert, ist Pluta inzw. bundesw. sowohl für Insolvenzverwaltung als auch für Restrukturierungs- u. Sanierungsberatung anerkannt. Von Gerichten wird die Kanzlei regelm. in Verfahren in der Autobranche bestellt, z.B. als Insolvenzverwalter des Mobilitätsdienstleisters Clevershuttle, vorl. Insolvenzverwalter beim Autozulieferer Allgaier oder als vorläuf. Sachwalter im Schutzschirmverfahren des Solarauto-Start-ups Sono Motors. Die Erfahrung mit Regel-, Eigenverwaltungs- u. Schutzschirmverf. verhilft den Anwälten auch zu Beratungsmandaten: bspw. die Übernahme der CRO-Funktion bei der Eigenverwaltung des Versandhändlers Klingel. Seine Bandbreite noch erweitern kann das Team als gerichtl. bestellter Restrukturierungsbeauftragter für das StaRUG-Verf. des Modehändlers Gerry Weber. Traditionell stark ist die Restrukturierungspraxis bei der Beratung zu Transaktionen. So hat die Kanzlei den Onlineshop Windeln.de an einen Schweizer Investor verkauft u. den türk. Autozulieferer Bayrak Lastik beim Kauf von Rüster beraten. Ein neuer Partner im Süden, der Erfahrung mit internat. M&A- u. Private-Equity-Transaktionen mitbringt, soll den Bereich weiter ausbauen. 3 Partnerernennungen aus den eigenen Reihen unterstreichen den Wachstumskurs der Kanzlei.

Anwaltszahlen: Angaben der Kanzleien, wie viele Anwälte zu mind. ca. 50% in diesem Gebiet tätig sind. Sie spiegeln nicht zwingend die Gesamtgröße einer Kanzlei wider.

Stärken: Betriebsfortführungen, transparente Verfahrensabwicklung, Distressed M&A.
Oft empfohlen: Stefan Meyer („sehr erfahrener Verwalter u. akribischer Arbeiter", Wettbewerber), Michael Pluta („Grand Seigneur der Insolvenzverwaltung mit Weitblick", Wettbewerber), Dr. Stephan Thiemann, Steffen Beck, Dr. Christian Kaufmann, Dr. Ruth Rigol („erfahren, kompetent, fachlich exzellent", Wettbewerber)
Team: 29 Gesellschafter, rd. 100 weitere Berufsträger
Partnerwechsel: Dr. Oliver Liersch (von Brinkmann Weinkauf),
Dr. Norman Werner (aus eigener Kanzlei),
Schwerpunkte: Insolvenzverwaltung an über 40 dt. Standorten, gerichtl. Bestellungen bundesweit. Rechtsberatungszweig mit Spezialisierungen im Arbeits-, Bau- u. Sicherheitenrecht. Beratungseinheit für Sanierung u. Restrukturierung, separate Gesellschaft für Managementfunktionen. Distressed M&A. Auslandsbüros in Spanien u. Italien; zudem internat. Netzwerk.
Mandate: Bayrak Logistik bei Kauf von Autozulieferer Rüster aus Insolvenz; Klingel (CRO); Käufer im M&A-Prozess Galvanoform; Gerry Weber International als Restrukturierungsbeauftragter im StaRUG-Verf. **Verwaltung:** Windeln.de, Sono (beide München); Dankwardt (Norderstedt); Clevershuttle (Berlin-Charlottenburg); Intercontinentale Ziegra (Hannover); Pölking (Osnabrück); Frimo, Warendorf Küchenfabrik (beide Münster); Gerry Weber Retail, Heinz Schwarz (beide Bielefeld); Druckpartner (Essen); Allgaier Werke (Göppingen); Küchen Quelle (Nürnberg); Metron Vilshofen (Passau); Bäckerei Dörsch (Bayreuth); Tubesolar (Augsburg).

REIMER

Insolvenzverfahren ★★★
Bewertung: Die Verwalterkanzlei ist viel in klass. Verfahren aktiv. Das Gros des Arbeitsaufwands erfordern weiterhin die großen Verfahren typischer Krisenbranchen, wie die Krankenhausgesellschaft Diako mit 1.400 Mitarbeitern. Das Team verfügt über eine Riege starker Partner, die in Hamburg u. ganz Schl.-Holst. regelm. bestellt werden. Dabei gelingt den etablierten Partnern, dass auch die nächste Generation in div. Verfahren als Verwalter bestellt wird. Das Frankfurter Büro sorgt zusätzlich für Präsenz bei hess. Gerichten. Es steuert außerdem wichtige Impulse zur Begleitung des Eigenverwaltungsverfahrens als Sanierungsberater bei. Diese Beratung sowie die Mandate in außerinsolvenzlichen Sanierungen hat Reimer insgesamt neben ihrer klass. Verfahrensarbeit gestärkt. Die Mandate entstehen durch Empfehlungen u. haben die Branchenerfahrung etwa bei Start-ups u. Fintech erweitert.
Oft empfohlen: Dr. Tjark Thies („gut, kollegial", Wettbewerber), Reinhold Schmid-Sperber, Peter-Alexander Borchardt
Team: 5 Eq.-Partner, 8 Sal.-Partner, 13 Associates
Schwerpunkte: Insolvenzverwaltung u. Sachwaltung in ganz Norddtl. u. in Hessen, dazu insolvenznahe Beratung zu Eigenverwaltung, Antragspflichten, Haftungs- u. Prozessthemen sowie Insolvenzplänen.
Mandate: Fintech-Start-up, Bauunternehmen in Eigenverwaltung jew. insolvenzrechtlich; Ludwig Pfeiffer Hoch- u. Tiefbau (Generalvollmacht) weiterhin in Eigenverwaltung. **Verwaltung:** Ibeo Automotive, Amptown System, GSO Ges. für Studienmanagement u. Onkologie, Date Up Training, Hamburg 1 Fernsehen, Biomagnetik Park, Fitness and Friends Dtl., Bressler Aircraft Catering, Dunz-Wolff Mediendienstleistungen, Menck Fenster, Tricontes360 (mehrere Gesellsch.) (alle Hamburg); DIAKO Krankenhaus, ROKO Dienstleistungen (beide Flensburg); Zerspanungs Fabrik Rellingen (Pinneberg); HWB Nussfrucht (Husum), Clena (Flensburg), Yachtcharter Palme (Pinneberg), Blomebau (Reinbek), Clean Logistics (Lüneburg).

SCHMIDT-JORTZIG PETERSEN PENZLIN

Insolvenzverfahren ★★
Bewertung: Die Kanzlei verfügt über umf. Erfahrung aus wichtigen Großverfahren, insbes. in der maritimen Wirtschaft, bei erneuerbaren Energien u. dem ÖPNV. Sie ist als Boutique rund um Insolvenzverfahren gut aufgestellt. Andere Kanzleien schätzen sie als Spezialistin, deren Anwälte gut zusammenarbeiten, umgekehrt weiß sie Boutiquefremdes auszulagern. Die Restrukturierer arbeiten eng mit den Gesellschaftsrechtlern u. M&A-Anwälten, etwa beim Asset Deal mit nachfolgendem Insolvenzplan im Regelverfahren von Doose. Die integrierten Beratungen zum Post-M&A bei den MV-Werften belegen dies ebenfalls. Hier zeigt sich auch ihr routinierter Umgang mit der öffentl. Hand. Ihre Verwalter beherrschen viele Rollen in Eigenverwaltungen u. bauen ihre Erfahrung auch in diesen Verfahren aus, wie etwa als Sachwalter der Quality Group Lottery Solutions u. als Gläubigerausschussmitglied im Insolvenzplanverfahren der DIAKO Krankenhaus.
Oft empfohlen: Dr. Dietmar Penzlin („kollegial, sehr gute Zusammenarbeit", Wettbewerber)
Team: 2 Eq.-Partner, 1 Sal.-Partner, 1 Counsel, 1 Associate
Schwerpunkte: Insolvenzverwaltung in Hamburg u. an weiteren norddt. Gerichten; insolvenzrechtl. Beratung, z.B. von Organen u. Gesellschaftern speziell zu Haftungsfragen u. bei Transaktionen.
Mandate: Hauptgläubigerin in bevorstehendem Insolvenzplanverfahren bei Medizintechnikunternehmen; Aufgabenträger im Schienenpersonennahverkehr bei Ausschreibungsverfahren zur Bewertung insolvenzrechtl. Verfahrensabläufe; Gläubigerausschussmitglied im Insolvenzplanverfahren der DIAKO Krankenhaus; Dr. Dietmar Penzlin als Insolvenzverwalter der C-Klasse-Schiffsflotte; Gebietskörperschaft in Norddtl. bei Restrukturierung des Regionalbusverkehrs; Hansestadt Stralsund bei Insolvenz der MV-Werften. **Verwaltung:** Tkaczyk Dienstleistungen (Neumünster); Fasmas (Pinneberg); The Quality Group Lottery Solutions, Metavectum, Wasserneutral-Gruppe, Tel Aviv Air, LWD Lüchtwelle (alle Hamburg); W. Doose Werkzeugbau (Norderstedt); AMC Business IT (Kiel); MSP Meinhardt (Pinneberg).

SCHULTZE & BRAUN

Restrukturierung und Sanierung ★★
Insolvenzverfahren ★★★
Bewertung: Die Anwälte der bundesweit vertretenen Kanzlei nutzen die Erfahrung mit Regel-, Eigenverwaltungs- und Schutzschirmverfahren für die Restrukturierungs- u. Sanierungsberatung von Unternehmen in der Krise, etwa bei der Beratung des Aluminiumverarbeiters Alfer im Rahmen der Eigenverwaltung u. einer Werft bei der finanz. Restrukturierung. In der Pflegebranche war S&B als vorl. Insolvenzverwalter des Pflegeheims Baars in Braunschweig zu sehen u. als Restrukturierungsberater der Hansa Seniorenzentren. Dank ihrer süddt. Wurzeln ist die Kanzlei traditionell stark vernetzt in der Autobranche u. besitzt gute Kontakte zu Kunden, Investoren u. Kreditgebern. Dies kommt der Praxis auch im Norden zugute: Das Bremer Büro beriet 4 Zulieferer in Eigenverwaltungen. Bei Banken tritt das Team sowohl auf Berater- als auch der Verfahrensseite auf, jüngst etwa als Verwalter der insolventen North Channel Bank infolge von Cum-Ex-Geschäften. Für den Wachstumskurs der Kanzlei steht die Ernennung von gleich 5 Partnern.
Stärken: Erfahrung mit Insolvenzen aller Größenordnungen, Poolverwaltung.
Oft empfohlen: Detlef Specovius („hervorragend im Bereich Restrukturierung", „hohe fachliche & strategische Kompetenz", Wettbewerber), Dr. Rainer Riggert, Holger Blümle („hervorragender Diplomat, hilft bei der Entschärfung von Konflikten", Wettbewerber), Dietmar Haffa („sehr gute Marktstellung", Wettbewerber)
Team: 40 Partner, 44 Associates
Schwerpunkte: Insolvenzverwaltung bundesw. mit rd. 30 Verwaltern, am stärksten in Ba.-Wü. Insolvenzrechtl. Beratung für Banken, Kreditversicherer u. Lieferanten in Insolvenzen (Pools, Sicherheitenmanagement) sowie Unternehmen. Auch leistungs- u. finanzwirtschaftl. Sanierung, dazu Arbeitsrecht u. Prozessführung; Übernahme von Geschäftsführerpositionen, Asset-Tracing u. Fraud Investigation; internat. Zweig in Frankreich u. London. Treuhand.
Mandate: Alfer Aluminium insolvenzrechtl.; Hansa Seniorenzentren bei Sanierung in Eigenverwaltung; Cordenka weiterhin in Schutzschirmverfahren (CRO); Vertretung mehrerer Lieferantenpools, u.a. Dr. Schneider; Werft bei finanz. Restrukturierung; Touristikuntern. bei Verkauf von Anlagevermögen; Mischkonzern bei Vollstreckungsabwehrklage, 4 Autozulieferer insolvenzrechtl. zu Eigenverwaltung. **Verwaltung:** EOD, Kappus (beide Freiburg), North Channel Bank (Mainz); Biuno (Gießen); Eumepro, Ideal Pharma Packaging (Heilbronn); Bäckerei Goldjunge (Fürth); Hacker Touristik, Roylin Krankentransporte (Heidelberg); Henftling Holzindustrie (Bamberg); Höchster Porzellanmanufaktur (Frankfurt); Hotel Alte Posthalterei (Augsburg); Medifa-Gruppe (Baden-Baden); Metallbau Korsche (Weiden); Natursteinwerk Theuma, RSH Transporte (beide Chemnitz); Paul Valentine (Mannheim); Pflegeheim Baars (Braunschweig); PMP Precise Metal Production (Offenburg); Privatbrauerei Bischoff (Kaiserslautern); Bäckerei Griesinger (Karlsruhe).

SGP SCHNEIDER GEIWITZ & PARTNER

Insolvenzverfahren ★★★
Bewertung: Nicht nur wegen ihres dominanten Namenspartners Geiwitz, sondern mittlerweile auch als Kanzleimarke ist die angesehene MDP-Einheit im Insolvenzrecht etabliert. Neue Verwaltungen kamen 2022/23 allerdings wenige hinzu. Bei Dual gelang den Verwaltern eine Lösung durch den Verkauf an ein Investorenkonsortium. Solche Distressed-Transaktionen aus Verfahren heraus zählen zu den Stärken der Kanzlei. Typisch ist hierfür auch das Mandat beim Schuhpflegespezialisten Bama, wo der Sachwalter das Team hinzuzog, um im Rahmen des Insolvenzplans einen kompetitiven, internat. M&A-Verkauf umzusetzen. Geiwitz selbst prägt die Praxis weiterhin als Mittelpunkt in den prominenten Mandaten wie bei Galeria Karstadt Kaufhof. Hier ist sein Renommee als Konfliktlöser wie im ersten Schutzschirmverfahren als Sanierungsberater mit

Anwaltszahlen: Angaben der Kanzleien, wie viele Anwälte zu mind. ca. 50% in diesem Gebiet tätig sind. Sie spiegeln nicht zwingend die Gesamtgröße einer Kanzlei wider.

Generalvollmacht erneut gefragt. Er ist sehr erfahren in großen Handelsinsolvenzen und verfügt über bewährte Kontakte zu Managementberatern u. genießt hohes Vertrauen als ausdauernder Konfliktlöser in Unternehmen wie Bogner.
Oft empfohlen: Arndt Geiwitz („empfehlenswerter Treuhänder", „macht das unschlagbar gut", Wettbewerber)
Team: 7 Eq.-Partner, 23 Sal.-Partner, rd. 22 Associates, 1 of Counsel
Schwerpunkte: Multidisziplinär aufgestellt, mit starker Praxis für Wirtschaftsprüfung, Steuerberatung, Unternehmensbewertung u. -finanzierung, auch ohne Insolvenzbezug. Kartell-, Arbeits- u. Gesellschaftsrecht sowie vielfältige Sanierungsberatung über Kanzlei; Treuhand. Insolvenzverwaltung v.a. in Bayern u. Ba.-Wü., Sachwaltung überregional.
Mandate: Galeria Karstadt Kaufhof in Schutzschirm (Generalvollmacht); Jeurink Stanzformtechnik mit Generalvollmacht in Eigenverwaltung; Sono Group (2 Gesellsch.) in Schutzschirm bzw. Eigenverwaltung; Investoren bei Kauf von Kappus aus Eigenverwaltung; Bogner-Gesellschafter bei Refinanzierung nach Treuhand; Metron Vilshofen bei Verkauf aus Insolvenz; Bama bei Verkauf aus Eigenverwaltung an MKCP; ALKU Aluminiumgießerei bei Verkauf aus Insolvenz an Foundry Alliance. **Verwaltung:** Dual (Augsburg).

SIDLEY AUSTIN

Restrukturierung und Sanierung ★★

Bewertung: Die Restrukturierungspraxis hat sich spezialisiert auf die Beratung bei komplizierten Finanzierungen in Krisenunternehmen. Schwerpunktmäßig vertritt sie dabei die Interessen großer Private-Equity-Investoren, die eine Portfolioges. umfinanzieren oder gar -bauen müssen. Liegen Spezialrechtsfragen außerhalb der zugespitzten Praxiskompetenz, verfügt das Team über ein erstklassig funktionierendes Netzwerk unter Kanzleien u. Unternehmensberatern. Die internat. tätige Schur Flexibles beriet sie bei ihrer umkämpften, aber erfolgreichen finanziellen Restrukturierung inklusive detailliert vorgeplanter Szenarien bis hin zu einem Gerichtsverfahren u. koordinierte ergänzende Berater wie Financial Advisor u. Gutachter. Die eng verzahnte Zusammenarbeit mit der starken Londoner Praxis machte hier wie in vielen anderen Mandaten eine Stärke des Teams aus.
Oft empfohlen: Kolja von Bismarck
Team: 4 Eq.-Partner, 2 Associates
Schwerpunkte: Finanzielle Restrukturierung für Kreditgeber bzw. Gläubiger, Begleitung von Investoren, ▷*Private Equity*, ▷*M&A*, auch operative Sanierung auf Unternehmensseite.
Mandate: Schur Flexibles, Losberger De Boer jew. bei finanzieller Restrukturierung; Volkswagen bei Abwicklung des Joint Ventures Argo AI; Glas Trust weiterhin zu Insolvenz von Galapagos.

SZA SCHILLING ZUTT & ANSCHÜTZ

Restrukturierung und Sanierung ★★

Bewertung: Im Fokus der Restrukturierungspraxis stehen produzierende Unternehmen aus dem Mittelstand. Zugleich werden die Anwälte auch von rund 10 Gerichten der Kurpfalz in Verfahren bestellt und nutzen diese Erfahrung regelm. für Beratungsmandate. Beispiele sind der Einsatz als CRO im Eigenverwaltungsverf. der Gießerei Heger Ferrit oder die Eigenverwaltung des Baggerherstellers Rohr Idreco, die Ende letzten Jahres mit der Übernahme durch ein Investorenkonsortium abgeschlossen wurde. Die Anwälte berieten nicht nur bei Vorbereitung des Insolvenzantrags, zu Eigenverwaltung u. Distressed M&A, sondern ein Anwalt wurde auch als Eigenverwalter bestellt. Für den Investor Nimbus arbeitete die Kanzlei beim Kauf der Dücker-Gruppe mit 3 Insolvenzplänen u. umf. Investorenvereinbarungen mit der Gründerfamilie rasch u. effektiv, weil ein praxisübergr. Team alle wesentl. Rechtsgebiete abdecken konnte. Auch grenzüberschr. Mandate werden der Kanzlei anvertraut: Bei der Beratung türk. Investoren zum Kauf des Autozulieferers Veritas steuerte SZA etliche Kanzleien im europ. u. außereurop. Ausland.
Oft empfohlen: Marc-Philippe Hornung („für mich der Beste der Besten, erfahren, ergebnisorientiert in der Zusammenarbeit mit Anwälten der Gegenseite", Mandant; „harter, versierter Verhandler", Wettbewerber)
Team: 4 Eq.-Partner, 1 Sal.-Partner, 1 Counsel, 5 Associates
Schwerpunkte: Insolvenzverwaltung u. Sachwaltung; insolvenzrechtl. Beratung von Schuldnerunternehmen u. Gläubigern, Eigenverwaltungsverfahren; Distressed-M&A-Transaktionen. ▷*M&A*. ▷*Gesellschaftsrecht*. Treuhandschaften.
Mandate: MKCP bei Übernahme von Bama; Nimbus hands-on Investors bei Übernahme Dücker; Rohr Idreco Bagger zu Eigenverwaltung u. Distressed M&A; weiterhin Borbet Solingen bei Triple-Track-Prozess u. Betriebsschließung; Gießerei Heger Ferrit (CRO); türk. Investoren bei Erwerb von Veritas inkl. Töchter im Ausland. **Verwaltung:** Galvanoform (Offenburg); FK Galvanik, Emcotrade (beide Pforzheim).

TAYLOR WESSING

Restrukturierung und Sanierung ★★★★

Bewertung: Eine Stärke der bundesweit renommierten Restrukturierungspraxis ist die Beratung von Verwaltern zu insolvenzspezif. Ansprüchen, insbes. bei komplexen u. grenzüberschr. Mandaten. So prüfen die Anwälte seit 2020 bis heute für den Sachwalter von Senvion zahlr. Sachverhalte, u.a. in den USA, Tschechien, Polen, GB, Österr. u. der Schweiz. Erfahrungen wie diese sind die Basis, dass Mandanten der Kanzlei bei vorinsolvenzl. Restrukturierungen vertrauen. Für eine Gruppe Mediz. Versorgungszentren (MVZ) schloss das Hamburger Team bspw. das erste StaRUG-Verfahren in Schl.-Holst. erfolgr. ab. Bundesw. häufiger zu sehen sind die Anwälte bei Distressed M&A-Transaktionen: Der bei Insolvenz-Streitigkeiten gut etablierte Düsseldorfer Standort baut nun auch den Bereich Distressed M&A aus, z.B. mit der Beratung des Insolvenzverwalters beim Verkauf der Borek Media oder der ind. Lohia beim Kauf des Elektroherstellers e-bility aus der Insolvenz. Die Münchner zeigten im Bereich Distressed M&A u.a. mit Walstead Leykam Flagge beim Kauf der insolventen GD Gotha Druck sowie Ende 2022 mit dem Verkauf des Baukonzerns Ludwig Pfeiffer, an dem auch die Büros in Prag u. Wien mitwirkten. Fonds u. Banken mandatieren die Full-Service-Kanzlei bei gr. Finanzierungen, auch als Mitglied im Gläubigerausschuss.
Stärken: Distressed M&A, Aufarbeitung von Haftungs- u. Anfechtungsthemen in Insolvenzverfahren; Bankenvertretung in Insolvenzverfahren u. Restrukturierungen.
Oft empfohlen: Ingo Gerdes, Dr. Hendrik Boss („sehr geschätzter Kollege, durchsetzungsstarker u. harter Verhandler, aber fair in der Sache", Wettbewerber), Dr. Michael Malitz, Dr. Martin Heidrich („erfolgreiche Etablierung eines insolvenzrechtl. Schwerpunktes in Hannover", Wettbewerber)
Team: 5 Eq.-Partner, 4 Sal.-Partner, 12 Associates, 1 of Counsel
Schwerpunkte: Beratung von dt. u. internat. Gläubigern u. Schuldnerunternehmen in Restrukturierungen u. Insolvenzen; Beratung u. gerichtl. Vertretung von Insolvenzverwaltern, insbes. Haftung u. Anfechtung (siehe ▷*Konfliktlösung*; ▷*Arbeitsrecht*) sowie Distressed ▷*M&A*.
Mandate: Walstead Leykam, weiterhin Ludwig Pfeiffer Hoch- u. Tiefbau, Eigenverwalter Ibeo Automotive Systems, Insolvenzverwalter Veritas, Lohia (alle bei Distressed M&A); MVZ-Gruppe zu StaRUG-Verf.; Köver zu Eigenverwaltung; Imageware zu Vorbereitung Insolvenz dt. Tochter; Huuuge Games zu Insolvenzrecht; Bankenkonsortium zu Restrukturierung Gienanth Gruppe; Insolvenzverwalter bei übertragender Sanierung der Borek Media; Joyson Control zu Restrukturierung europ. Einheiten; Kryptohandel zu insolvenzrechtl. Anforderungen an Geschäftsmodell.

VOIGT SALUS

Insolvenzverfahren ★

Bewertung: Die Boutique ist von ihrem Stammsitz Berlin ausgehend bei div. Gerichten für ihre Insolvenzverwaltung anerkannt. Die Übertragung der Verwalterkompetenz in insolvenznahe Krisenmandate gelingt seit einigen Jahren besser. Das verdeutlicht der Ausbau ihrer Beratung im Distressed M&A, insbes. auf Käuferseite. Die Beratung zur außergerichtl. finanziellen Restrukturierung u. Veräußerung von 7 Architekturbüros an einen chin. Investor etwa zeigt diese Kompetenz. Neben der fortgesetzten Beratung der Stadtwerke Bad Belzig, auf die ein Energiedienstleister folgte, kam als neue Branche mit Getfaster einer der gestrauchelten Lieferdienste hinzu. Nach versch. regionalen Expansionsversuchen konzentriert sich die Kanzlei angesichts der Marktflaute auf ihre Kernstandorte. Hier entwickelte sich das Kölner Büro zu einer wichtigeren Stütze der Kanzlei.
Team: 7 Eq.-Partner, 1 Sal.-Partner, 2 Associates
Schwerpunkte: Insolvenzverwaltung, Sachwaltung u. Sanierungsberatung mit angrenzendem Arbeits-, Gesellschafts-, Prozess- u. Steuerrecht, vorwiegend Berlin, Sachsen u. Nordrhein.
Mandate: Aida Textil bei Gläubigervergleichen u. Insolvenzantrag; Bieter für Regionalflughafen aus Insolvenz; US-Konzern bei Restrukturierung der operativen dt. Tochterges.; Energiedienstleister zu finanzieller €15-Mio-Restrukturierung; GetFaster zu Restrukturierung u. Antragstellung; Heinz Schwarz in Eigenverwaltung (Sanierungs-GF); Schweizer Unternehmen insolvenzrechtl.; 7 Architekturbüros bei finanzieller Restrukturierung u. Verkauf; Livos bei Kauf aus Insolvenz; RII Rhein Ruhr zu Restrukturierung u. Antragstellung; TWP Lage bei Antragstellung u. Verkauf; weiterhin Stadtwerke Bad Belzig (Generalvollmacht) in Eigenverwaltung. **Verwaltung:** Solid Hebezeug, PSD, Jägers (alle Köln); Bulca, Residencia Immobilien (beide Krefeld); Ludwig Leuchten (Dresden); Leben im Alter, HelloFreshGo, Fast Despatsch Logistics, Auricon Technische Dienste, Edition F, Objektgesellsch. Müggelseedamm 288-298 (alle Berlin); Sachsen Kinik Nauenhof BFS Betreibergesellschaft für Sozialeinrichtungen (Leipzig); Quant Capital (Düsseldorf).

Anwaltszahlen: Angaben der Kanzleien, wie viele Anwälte zu mind. ca. 50% in diesem Gebiet tätig sind. Sie spiegeln nicht zwingend die Gesamtgröße einer Kanzlei wider.

WEIL GOTSHAL & MANGES

Restrukturierung und Sanierung ★

Bewertung: Der Fokus der Praxis liegt auf der Beratung vor u. in der Insolvenz, v.a. in den Branchen Immobilien, Logistik, Autozulieferer u. Infrastruktur. Sowohl Schuldner als auch Gläubiger, Investoren oder Gesellschafter setzen auf die langj. Erfahrung mit Investmentfonds u. notleidenden Kreditinstituten. Ein Paradebsp. ist die Restrukturierung der Schuldverschreibungen des Immobilienmanagers Corestate im Nominalwert von €500 Mio Die Anwälte mussten die Interessen zahlr. Stakeholder unter einen Hut bringen. Dank der eingespielten nationalen u. ww. praxisübergr. Zusammenarbeit ist das Team zudem gut aufgestellt für grenzüberschr. Restrukturierungen. Die Co-Managing-Partnerin der dt. Büros Grauke hat zugleich auch viel Litigation-Erfahrung mit der Abwehr teils sehr hoher Anfechtungs- u. Haftungsansprüche.

Oft empfohlen: Britta Grauke („optimale Zusammenarbeit, juristisch, strategisch u. fachlich sehr tief im Thema", Mandant; „sehr erfahrene u. fachlich exzellente Anwältin an der Schnittstelle Litigation u. Restrukturierung", Wettbewerber)

Team: 3 Eq.-Partner, 3 Counsel, 3 Associates

Schwerpunkte: Beratung für internat. ▷*Private Equ. u. Vent. Capital*, Investoren, Hedgefonds u. Banken; auch Schuldnerunternehmen. Prozessführung v.a. zur Abwehr von Anfechtungs- u. Haftungsansprüchen. Enge Verbindung zur internat. Praxisgruppe (USA, Frankreich, GB); ▷*M&A*.

Mandate: Corestate Capital bei Restrukturierung; Pensionsfonds als Gesellschafter eines dt. Untern. zu Insolvenzrecht; US-Untern. bei komplexer Restrukturierung dt. Konzerngesellschaften.

WELLENSIEK

Restrukturierung und Sanierung ★★
Insolvenzverfahren ★

Bewertung: Das Angebot der bundesw. renommierten Kanzlei umfasst neben klassischer Insolvenzverwaltung alle Sanierungs- u. Restrukturierungsinstrumente für krisengeschüttelte Unternehmen. Mit Kooperationspartnern sind die Anwälte auch grenzüberschreitend tätig. Ein Aushängeschild für die betriebs- u. finanzwirtschaftliche Kompetenz des Teams ist die Cornelius Treuhand, die Anteile als doppelnützige Treuhand oder als Shareholder as a Service übernimmt. Aktiv war sie 2022/23 für 2 Unternehmen der Autobranche. Das kaufmännische Know-how ist zudem ein Plus für operative Rollen wie die eines CROs, die dadurch erworbene Management-Erfahrung wiederum ein Asset für Mandanten in der Restrukturierungsberatung. In mehreren Bundesländern werden die Anwälte in Verf. von Gerichten bestellt, sehr häufig als Nachlass-Insolvenzverwalter.

Stärken: Ausgeprägte Spezialisierung auf Insolvenz, speziell Treuhand.

Oft empfohlen: Alfred Hagebusch („souveräner, erfahrener u. fachlich sehr versierter Kollege", Wettbewerber), Matthias Krämer („sehr pragmatische u. kompetente Beratung, sehr gute u. vertrauensvolle Zusammenarbeit", Wettbewerber), Christopher Seagon, Dr. Volker Büteröwe („sehr gute Zusammenarbeit, guter Forensiker", Wettbewerber)

Team: 16 Partner, 41 Associates

Schwerpunkte: Beratung von Gesellschaften, Gesellschaftern, Management, Banken u. Investoren (national u. internat.) zu Krise u. Insolvenz; auch Übernahme operativer Rollen. Gewichtige Treuhänderschaften; externe Poolführung; Prozessführung u. Nachlassvermögensverwaltung. Distressed M&A. Insolvenzverwaltung u. Sachwaltung überregional in bedeutenden Verfahren.

Mandate: ppm Fulda zu Restrukturierung; Inmatec zu Eigenverwaltung (Generalbevollmächtigter) u. Distressed M&A; Frimo zu Insolvenzrecht; Basic zu Insolvenzrecht u. Eigenverwaltung (beide aus dem Markt bekannt); Treuhand für Autozulieferer; Treuhand für Konzerntochter eines Autozulieferers. **Verwaltung:** Dorea (Berlin), Paracelsus Klinik Reichenbach (Osnabrück); Walzen Irle (Siegen; alle öffentl. bekannt).

WHITE & CASE

Restrukturierung und Sanierung ★★★★
Insolvenzverfahren ★★★★★

Bewertung: Als einzige Verwaltersozietät unter den internat. Großkanzleien hat sich W&C eine Sonderstellung erarbeitet. Der Erfolg der Praxis fußt auf der dtl.weiten Präsenz von mehr als einem Dutzend größtenteils sehr renommierter Verwalter mit lückenloser Altersstruktur. Dementsprechend bildet sie insbes. bei Verfahren, die fachübergr. Kompetenzen u. eine internat. Vernetzung voraussetzen, die Marktspitze. Die Akquise neuer Beratungsmandate bleibt verglichen mit den Wettbewerbern u. diesem Potenzial ausbaufähig. Stark ist bereits die Beratung von Finanzgläubigern wie Banken u. Private-Debt-Fonds bei der Restrukturierung von internat. Finanzierungen. Auf Unternehmens- oder Investorenseite dagegen erscheint eine Ausweitung wie bei Daimler möglich. Hier beriet die Praxis nicht nur bei der Restrukturierung der IFA-Gruppe, im Konzern kamen weitere Projekte hinzu wie die fortlaufende Beratung von Mercedes-Benz bei der Restrukturierung von Autozulieferern. Viel Branchenwissen stammt aus den Verfahren, besonders im Handel. Zuletzt kamen etwa die Sanierung des Schuhhändlers Görtz in Eigenverwaltung mit einem intensiven Investorenprozess durch Undritz, der Luxusuhren-Händler Watchmaster u. der Online-Lieferdienst Getfaster hinzu. Sein Können in die Waagschale werfen musste das Team auch, als die Adler-Gruppe zum Restrukturierungsmandat wurde. Unter hohem Zeitdruck stabilisierte es zusammen mit den ▷*Gesellschafts*-- u. ▷*Kapitalmarktrechtlern* den Betrieb u. die Kapitalstruktur.

Stärken: Internat. Büros mit insolvenzrechtl. Know-how; viel Erfahrung mit großen Insolvenzverfahren; gr. Branchenkenntnis bei Energie u. Mobilität.

Oft empfohlen: Dr. Sven-Holger Undritz („sehr gut, netter Kollege", „hervorragender Treuhänder", Wettbewerber), Dr. Biner Bähr („sehr guter u. erfahrener Verwalter", Wettbewerber), Dr. Jan-Philipp Hoos („toller Fachmann", Wettbewerber), Sylvia Fiebig („kompetent, lösungsorientiert, kommunikationsstark, angenehm", Mandant; „extrem kluge Juristin, tolle Verwalterin u. menschlich super", Wettbewerber), Dr. Andreas Kleinschmidt („fachl. top, auf den Punkt u. absolut angenehm", Mandant; „sehr ordentliche Arbeit u. kollegial", Wettbewerber)

Team: 12 Partner, 16 Counsel, 9 Associates, 1 of Counsel

Schwerpunkte: Insolvenzverwaltung durch einen Teil der Anwälte (rd. 14 Verwalter) in weiten Teilen Dtl.s, Erfahrung in zahlr. Großverfahren mit bes. verfahrenslogistischen Anforderungen, Prozessvertretung von Insolvenzverwaltern u. Gläubigern. Beratung von Banken u. anderen Kreditgebern zu Refinanzierungen, von Gesellschaften u. deren Management in der Krise; Gläubigervertretung vor u. in Insolvenzverf.; weiterhin Investoren bei Distressed-Deals (▷*M&A*), ▷*Kredite u. Akqu.fin.*, ▷*Beihilfe*.

Mandate: Adler Group im Zshg. mit finanzieller Restrukturierung; Mercedes-Benz fortlaufend bei der Restrukturierung von Autozulieferern; weiterhin Lufthansa bei finanzieller Restrukturierung im Zshg. mit der Corona-Pandemie; Hertz weiterhin im Zshg. mit internat. Restrukturierung ihrer Finanzierungen; HSH Portfoliomanagement weiterhin bei Verkauf von Schiffskreditportfolio; Investor im Hinblick auf einen Klinikkauf; Bauunternehmen zu insolvenzgefährdetem Hauptlieferanten. **Verwaltung:** Dahmen Maschinen- u. Formenbau (Aachen); Curata Care, Holzconnection, Watchmaster ICP (Berlin); DRK Ostwestfalen-Lippe Soziales Wohnen (Bielefeld); Völker (Bochum); GetFaster, Hakle (Düsseldorf); Harfid, ITR Industry to Retail, The Big Bread (Essen); EKN Footware (Restrukturierungsbeauftragter; Frankfurt); Der Blaue Hummer Eventcatering, Forest Garden Labs, Ludwig Görtz (3 Gesellsch.; Hamburg); HelloFiber, Bonus Gold (Köln); DMV Dt. Metallveredlung (Siegen); Codema (Kleve); Orsay weiterhin (Offenburg).

WILLMER KÖSTER

Insolvenzverfahren ★★

Bewertung: Die Verwalterkanzlei hat sich jahrelang durch die effiziente Bewältigung auch kleinerer Verfahren v.a. in Niedersachsen u. Bremen etabliert. Mit dem personellen Wachstum der Kanzlei wird der bekannte Namenspartner Köster seit einigen Jahren auch in großen Insolvenzverfahren bestellt. Dabei hat sich die Kanzlei, zunächst oft im Tandem mit bekannten Marktführern wie Görg und Brinkmann & Partner, bewährt u. als kooperativ erwiesen u. wird von Beratern vorgeschlagen. Allein die beiden Pflegekonzerne Convivo u. Hansa würden kleinere Boutiquen schnell überfordern, denn sie kamen in kurzer Zeit zu div. mittelgroßen Verfahren hinzu. Nach zunächst strikter Konzentration auf Bestellungen weitet WK behutsam ihre Tätigkeit in Geschäftsführungen bei Eigenverwaltungen u. seit der Corona-Krise punktuell auch der anwaltl. Krisenberatung außerhalb von Verfahren aus.

Oft empfohlen: Dr. Malte Köster („schlagen wir gerne vor", Wettbewerber)

Team: 4 Eq.-Partner, 1 Counsel, 1 of Counsel, 4 Associates

Schwerpunkte: Insolvenzverwaltung mit Schwerpunkt in Bremen, Niedersachsen, Hamburg u. Münster.

Mandate: Intercontinentale Ziegra Eismaschinen in Eigenverwaltung (Sanierungs-GF). **Verwaltung:** Convivo-Gruppe (39 Gesellsch.; Bremen); Hamm-Gruppe (3 Gesellsch.), Berner Ladenbau (beide Osnabrück); Roba Press Medienagentur (2 Gesellsch.), Achimer Stadtbäckerei (beide Verden); Rickmers Reismühle (Bremen); Select World (Hamburg); Kinderpflege Bärenstark (Hameln); Preussen Personal (Münster); Altenpflegeheim Olberding (Vechta); Hansa-Gruppe (5 Gesellsch.; Oldenburg).

Anwaltszahlen: Angaben der Kanzleien, wie viele Anwälte zu mind. ca. 50% in diesem Gebiet tätig sind. Sie spiegeln nicht zwingend die Gesamtgröße einer Kanzlei wider.

Aufgepasst: Auch Kooperationen für mehr Nachhaltigkeit sind kein rechtsfreier Raum

Von Dr. Tatjana Mühlbach, BUNTSCHECK Rechtsanwaltsgesellschaft mbH, München

Dr. Tatjana Mühlbach

Dr. Tatjana Mühlbach ist Rechtsanwältin und Partnerin der Kanzlei BUNTSCHECK. Sie ist seit knapp 20 Jahren in sämtlichen Bereichen des deutschen und europäischen Kartellrechts tätig. Zu ihrem Beratungsspektrum gehören Kartell- und Missbrauchsverfahren des Bundeskartellamtes und der Europäischen Kommission, Kartellschadensersatzverfahren, Vertriebskartellrecht, Fusionskontrolle, die präventive Compliance-Beratung und die Beratung von Verbänden und Initiativen im Bereich Nachhaltigkeit.

Die Kanzlei **BUNTSCHECK** ist eine auf Kartellrecht und Außenwirtschaftsrecht spezialisierte Kanzlei mit Sitz in München. Sie zählt im Kartellrecht und insbesondere bei der Vertretung von Unternehmen in Kartellschadensersatzverfahren sowie in Kartell- und Missbrauchsverfahren zu den führenden Adressen in Deutschland. Zum Team von BUNTSCHECK gehören drei PartnerInnen, ein Counsel, vier Associates und zwei WirtschaftsjuristInnen.

Kontakt
BUNTSCHECK Rechtsanwaltsgesellschaft mbH
Dr. Tatjana Mühlbach
Herzog-Wilhelm-Str. 1
80331 München
T 089 89 08 3080
Tatjana.Muehlbach@buntscheck.com
www.buntscheck.com

Weitere Informationen zur Kanzlei in der Anzeige auf Seite 376

Nachhaltigkeit ist in aller Munde. Die Europäische Kommission hat das Ziel ausgerufen, dass Europa mit dem Green Deal der erste klimaneutrale Kontinent werden soll. Unternehmen sind gesellschaftlich, politisch und zunehmend auch rechtlich in der Pflicht, Nachhaltigkeit wirksam in der eigenen Geschäftspolitik zu verankern. Dies ist oftmals nur gemeinsam in Kooperation mit Wettbewerbern und Lieferanten leistbar. Konflikte mit den Anforderungen des Kartellrechts können insbesondere dort entstehen, wo es um die Förderung nachhaltiger Lieferketten geht. Wo die kartellrechtlichen Risiken liegen und wie damit umzugehen ist, wird im Folgenden näher dargestellt.

Keine Ausnahme von Kooperationen, die „Gutes tun", vom Kartellrecht

In Deutschland verpflichtet seit Anfang des Jahres das Lieferkettensorgfaltspflichtengesetz Unternehmen ab einer gewissen Unternehmensgröße, ihre menschenrechtlichen Sorgfaltspflichten in bestimmter Form zu erfüllen. Dies beinhaltet, dass sie menschenrechtliche Risiken analysieren, Präventions- und Abhilfemaßnahmen ergreifen, Beschwerdemöglichkeiten einrichten und über ihre Aktivitäten berichten. Es sieht dabei in § 7 ausdrücklich den „Zusammenschluss mit anderen Unternehmen im Rahmen von Brancheninitiativen und Branchenstandards, um die Einflussmöglichkeit auf den Verursacher zu erhöhen" vor. Tatsächlich existiert in Deutschland bereits eine Vielzahl von Brancheninitiativen mit dem Ziel, die Menschenrechte und den Erhalt der natürlichen Lebensgrundlagen zu schützen, u.a. in der Textil-, der Automobil- und der Energiewirtschaft, der chemischen Industrie und dem Lebensmitteleinzelhandel.

Das Kartellrecht basiert dagegen auf dem „Selbständigkeitspostulat". Danach sollen Unternehmen ihre Geschäftspolitik jeweils autonom bestimmen. Dies umfasst nach gängiger Lesart auch den Wettbewerb um (mehr) Nachhaltigkeit und um Innovationen, die es Unternehmen ermöglichen, nachhaltiger zu wirtschaften und nachhaltigere Produkte auf den Markt zu bringen. Ausdruck findet das Selbständigkeitspostulat in dem Kartellverbot des § 1 GWB bzw. Art. 101 Abs. 1 AEUV.

Brancheninitiativen sind dabei auch dann nicht vom Kartellverbot ausgenommen, wenn sie den Schutz hochrangiger Rechtsgüter verfolgen. Lediglich im Agrarbereich existiert mit Art. 210a der Verordnung über eine gemeinsame Marktorganisation für landwirtschaftliche Erzeugnisse eine gesetzliche, inhaltlich begrenzte Ausnahme vom Kartellverbot für Nachhaltigkeitsinitiativen durch landwirtschaftliche Erzeuger. Brancheninitiativen müssen daher stets, auch wenn sie mit besten Intentionen handeln, das Kartellrecht beachten. Worauf sich diese weitreichende Geltung des Kartellrechts gründet und wie Nachhaltigkeitskooperationen dennoch durchgeführt werden können, auch wenn sie Auswirkungen auf den Wettbewerb haben, ist Gegenstand intensiver rechtlicher Debatten.

Praxis des Bundeskartellamtes

Das Bundeskartellamt hat eine generelle Ausnahme vom Kartellverbot für Brancheninitiativen in einem Hintergrundpapier aus dem Jahr 2020 zwar erwogen, sich im Ergebnis jedoch nicht dazu bekannt. Es verfolgt konsequent einen einzelfallbezogenen Ansatz und ermutigt Brancheninitiativen zur Rücksprache mit dem Bundeskartellamt. Erachtet es das jeweilige Vorhaben im Einzelfall für legitim, verzichtet es darauf, von seinem Aufgreifermessen Gebrauch zu machen, und kommuniziert dies typischerweise durch Pressemitteilungen in den Markt.

Geprüft hat das Bundeskartellamt unter anderem das Fairtrade-Siegel und die damit verbundene Verpflichtung zur Zahlung von Mindestpreisen an die Produzenten in den Erzeugerländern (erlaubt), die Einigung auf Standards bei der Beschaffung von Bananen durch den Lebensmitteleinzelhandel, um existenzsichernde Löhne in den Erzeugerländern zu fördern (erlaubt), die „Initiative Tierwohl", die Verbesserungen der Haltungsbedingungen seitens der Tierhalter mit einem einheitlichen Tierwohlzuschuss pro Kilogramm Fleisch, finanziert durch den Lebensmitteleinzelhandel, honoriert (ursprünglich erlaubt, nunmehr kritisch gesehen) und den

Aufbau des Datennetzwerkes Catena X in der Automobilindustrie, das u.a. die Rückverfolgbarkeit von Komponenten erleichtern oder die Bestimmung ihres CO2-Abdrucks entlang der Wertschöpfungskette ermöglichen soll (erlaubt).

Damit kristallisieren sich zwar Anhaltspunkte für die kartellrechtliche Bewertung heraus, die jedoch punktuell bleiben und für andere Branchenkooperationen bei eigenen Vorhaben – selbst wenn sie vergleichbar erscheinen – keine Rechtssicherheit schaffen.

Horizontalleitlinien der Europäischen Kommission

Auch die Europäische Kommission akzeptiert keine Ausnahme vom Kartellverbot für Brancheninitiativen. Nachhaltigkeitsvereinbarungen sollen vielmehr anhand der allgemeinen Grundsätze und Erwägungen des Kartellrechts, unter Berücksichtigung des spezifischen Nachhaltigkeitsziels, geprüft werden.

In ihrem Entwurf der Horizontalleitlinien umreißt die Kommission in einem neuen Kapitel „Nachhaltigkeitsvereinbarungen" die Anwendung dieser Grundsätze. Wesentliche Aspekte sind die Offenheit des Prozesses bei der Entwicklung von Nachhaltigkeitsstandards und der diskriminierungsfreie Zugang dazu für alle interessierten Unternehmen. Mechanismen müssen gewährleisten, dass Unternehmen, die sich am Standard beteiligen, auch tatsächlich dessen Anforderungen erfüllen, wobei allerdings zugleich sichergestellt werden soll, dass Unternehmen, die sich nicht am Standard beteiligen wollen, dies auch nicht tun müssen.

Während diese vier Anforderungen noch weitgehend unproblematisch zu befolgen sein dürften, bringen drei weitere – kumulativ zu erfüllende – Anforderungen Brancheninitiativen schnell aus einem weitgehend geschützten Bereich in die kartellrechtliche Grauzone:

Erstens soll der Nachhaltigkeitsstandard nicht zu einem erheblichen Preisanstieg oder zu einer erheblichen Einschränkung der Auswahl der auf dem Markt verfügbaren Produkte führen. Oftmals wird es aber gerade das Nachhaltigkeitsziel sein, Produktion, Einkauf oder Vertrieb von Produkten mit besonders negativen Auswirkungen zu vermeiden und das Produktangebot insoweit zu verringern, und nachhaltige Beschaffungspraktiken – z.B. durch Zahlung angemessener Preise für Rohstoffe – können durchaus auch zu einem Preisanstieg bei den Endprodukten führen.

Zweitens soll es Teilnehmern möglich bleiben, einen höheren Nachhaltigkeitsstandard zu praktizieren als denjenigen, den die Branchenkooperation vereinbart hat. Während Wettbewerb um mehr Nachhaltigkeit grundsätzlich wünschenswert ist, sind die Unsicherheiten, was „Wettbewerb um mehr Nachhaltigkeit" verlangt, in der Praxis groß. Ein Beispiel: Einigt sich eine Brancheninitiative auf die gemeinsame Zertifizierung von Lieferanten nach einem als hochwertig eingestuften Standard, um Effizienzen zu schaffen und die Flut unterschiedlicher Nachhaltigkeitsanforderungen für Lieferanten handhabbar zu machen, so wird dies voraussichtlich dazu führen, dass die einzelnen Teilnehmer von ihren Lieferanten gerade keine Zertifizierungen nach höheren Nachhaltigkeitsstandards mehr verlangen.

Drittens sollen Brancheninitiativen keine sensiblen Geschäftsinformationen austauschen, die nicht für die Entwicklung des Nachhaltigkeitsstandards erforderlich sind. Welche Informationen aber jeweils „erforderlich" sind, ist eine Frage des Einzelfalls, die von unterschiedlichen Kartellbehörden auch unterschiedlich bewertet werden kann. So hat z.B. die brasilianische CADE – anders als das Bundeskartellamt – den Informationsaustausch über die Catena X-Plattform als unzulässig erachtet. Geht ein Informationsaustausch aber zu weit, drohen den Teilnehmern erhebliche Bußgelder. Die Bereitschaft, einen offenen Prozess des Voneinander-Lernens zu initiieren und Transparenz in der Lieferkette zu schaffen, ist in der Praxis angesichts dieser Risiken oftmals gedämpft.

Herausforderungen für Unternehmen

Dabei ist auch im Blick zu halten, dass die Vorgaben unterschiedlicher Kartellbehörden weltweit ganz unterschiedlich sein können. So hat die brasilianische CADE kürzlich ihre Besorgnis geäußert, dass zu hohe private Nachhaltigkeitsstandards zu einer Marktverschließung führen könnten, während die Europäische Kommission in ihrer AdBlue-Entscheidung erstmals eine reine Beschränkung des Technologiewettbewerbs um höhere Nachhaltigkeitsstandards mit hohen Geldbußen sanktioniert hat.

Brancheninitiativen bewegen sich vor diesem Hintergrund oftmals in einem rechtlichen Graubereich. Als Faustformel kann derzeit gelten, dass die kartellrechtliche Zulässigkeit der Kooperation umso eher geprüft werden sollte,

- je stärker die Maßnahme auf Produkte (z.B. Ausschluss bestimmter Produkte von der Beschaffung) und nicht lediglich auf Prozesse (z.B. Definition von Anforderungen an Beschaffungsprozesse) bezogen ist;
- je unmittelbarer sich die Kooperation auf die Absatzmärkte auswirkt, vor allem auf Preis und Menge;
- je eher es den Teilnehmern möglich wäre, individuell Nachhaltigkeitsstandards zu etablieren; und
- je eher die Maßnahme einzelne Marktteilnehmer diskriminiert oder den Marktzugang abschottet.

Für die Zukunft wären klarere und einheitliche Leitlinien, die global größere Spielräume für Branchenkooperationen schaffen, wünschenswert. ■

KERNAUSSAGEN

- Viele Unternehmen wollen Nachhaltigkeit in der eigenen Geschäftspolitik verankern. Dabei müssen sie die Vorgaben des Kartellrechts befolgen. Eine geschriebene oder ungeschriebene Ausnahme für Kooperationen, die Menschenrechte, Umwelt oder Klima schützen wollen, existiert nicht.
- Fälle aus der Praxis zeigen, dass das Bundeskartellamt Branchenkooperationen, die „Gutes tun", keine kartellrechtlichen Steine in den Weg legt. Es handelt sich aber immer um Entscheidungen im Einzelfall.
- Die Europäische Kommission nennt in ihren neuen Horizontalleitlinien erstmals allgemeine kartellrechtliche Kriterien für Nachhaltigkeitskooperationen. Gemessen an diesen Kriterien bewegen sich viele Kooperationen in einer Grauzone. Wünschenswert wären mehr Klarheit und größere Spielräume für Branchenkooperationen.

Kartellrecht

Mehr Macht für Kartellbehörden

Das Kartellrecht rückt immer mehr ins Zentrum von Geschäftsmodellen und Unternehmensentscheidungen. Damit wird ein Paradigmenwechsel im Kartellrecht immer augenfälliger. Wesentliche Treiber dieser Entwicklung sind Gesetzgeber rund um den Globus: Wettbewerbsbehörden wie die EU-Kommission und das Bundeskartellamt bekommen erheblich mehr Macht, um durchzugreifen, wenn aus ihrer Sicht der Wettbewerb gestört ist. Dafür stehen der Digital Markets Act (DMA) der EU und die 11. GWB-Novelle, nach der künftig das Bundeskartellamt auch dann in das Geschäft von Unternehmen eingreifen dürfen soll, wenn es keine konkreten Kartellrechtsverstöße festgestellt hat. Ein zentraler Anwendungsbereich für diesen Trend zur kartellrechtlichen Regulierung sind insbesondere große Digital- und Tech-Konzerne und ihre Rolle als digitale Gatekeeper.

Allein das Bundeskartellamt führt ein Dutzend Verfahren gegen die fünf Konzerne Meta, Amazon, Alphabet, Apple und neuerdings auch gegen Microsoft. Noch kleiner als die Runde dieser Tech-Giganten ist der Kreis der Kanzleien, die sie in diesen neuartigen Kartellverfahren vertreten: **Gleiss Lutz**, **Hengeler Mueller**, **Latham & Watkins** und **Cleary Gottlieb Steen & Hamilton** sind hier allesamt schon länger fest engagiert. Ihnen stehen zahlreiche Beschwerdeführer gegenüber, hier spielen oft Boutiquen wie **Heinz & Zagrosek** und **Buntscheck** eine wichtige Rolle, während aufseiten der angegriffenen Konzerne meist Großkanzleien stehen. Untypisch ist der Fall **Rocan**: Der junge Düsseldorfer Freshfields-Spin-off ist an der Seite von **Cleary** für Google aufseiten der Tech-Konzerne im Einsatz. Es zeigt sich daran, welches Marktpotenzial Boutiquen im boomenden Kartellrechtsmarkt haben – wenn sie das richtige Netzwerk besitzen. Inzwischen rücken neben den US-Unternehmen zunehmend weitere Akteure ins Fadenkreuz von Wettbewerberbeschwerden. Das zeigt etwa ein Verfahren gegen die Deutsche Bahn, in dem zwei Mobilitätsplattformbetreiber, vertreten durch **Hengeler** und **Hogan Lovells**, dem Staatsunternehmen Marktmachtmissbrauch vorwerfen.

Subventionskontrolle schafft neues Beratungsfeld

Ein weiteres Beispiel, wie Regulierung Beratungsbedarf erzeugt, ist die EU-Verordnung zur Kontrolle drittstaatlicher Subventionen (Foreign Subsidies Regulation, FSR): Sie schafft nach der Fusions- und Investitionskontrolle (FDI) eine dritte Prüfebene, die in zahlreichen Transaktionen eine Rolle spielt. Und zwar auch in solchen, die anders als etwa das Hafeninvestment durch Cosco, keinen Bezug zu China haben. Neben den großen Praxen an der Marktspitze, die heutzutage durchweg entsprechende Kompetenzen aufweisen, zählt dabei die Boutique **Blomstein** zu den besonders auffälligen Akteuren.

Ein Wachstumsfeld bleiben auch Unternehmenskooperationen. Ob es um die Sicherung von Lieferketten geht, die Zusammenarbeit im Kampf gegen die Erderwärmung oder das Auffangen von Folgen des Ukrainekriegs – immer geht es dabei auch um Kartellrecht. Ein Beispiel ist die Arbeit von **Oppenländer** für den Verband der Automobilindustrie, über den Dutzende Hersteller gemeinsam Wege aus der Halbleiterkrise suchen.

E-Mobilität, Digitalisierung und andere Themen im Umfeld der Nachhaltigkeitsdiskussion sind mittlerweile an vielen Stellen so bedeutend, dass ‚grünes Kartellrecht' ein etablierter Begriff ist. Darunter fällt neben gut gemeinten Kooperationen auch das EU-Kartellverfahren ‚Fahrzeugrecycling' gegen mehrere Hersteller. Es ist nur eines von mehreren neuen Bußgeldverfahren, die Unternehmen und Berater auf Trab halten.

Die Bewertungen behandeln Kanzleien, die zu Fusionskontrollen ebenso beraten wie in behördlichen Kartellverfahren und zivilrechtlichen Schadensersatzprozessen (siehe auch ▷*Brüssel*). Die Verbindungen zu ▷*Vertrieb*, ▷*Beihilfe*, ▷*Vergabe* und ▷*Compliance* sind eng. Insbesondere bei Kartellschadensersatz arbeiten Kartellrechtler eng mit Prozessexperten (▷*Konfliktlösung*) zusammen.

JUVE KANZLEI DES JAHRES FÜR KARTELLRECHT

CMS HASCHE SIGLE

JUVE AWARDS 2023

Die nachhaltige, strategische Entwicklung der Kartellrechtspraxis setzt sich eindrucksvoll in Mandate um. Mühelos positionierten sich mehrere Partner bei Trendthemen des aktuell speziellen Marktumfelds.

So brachten Teams um den Brüsseler Partner **Dr. Michael Bauer** und Praxisleiter **Dr. Rolf Hempel** aus Stuttgart für den Bund die Milliarden-Unterstützung für die Gashändlerin SEFE Securing Energy for Europe und den Einstieg bei Uniper kartell- und beihilferechtlich über die Ziellinie. Sie waren damit maßgebliche Akteure in heiklen Großprojekten, in denen es auf eine enge Vernetzung mit anderen Fachbereichen ankam.

Die Fokussierung von **Kai Neuhaus** auf die Schnittstelle zum Außenwirtschaftsrecht machte ihn jetzt zum ständig gefragten Ansprechpartner bei Investitionskontrollen, so etwa für Volkswagen bei einem Batterie-Kathoden-Joint-Venture mit dem belgischen Partner Umicore.

Insbesondere **Bauer** hat als Leiter der europäischen Praxis zugleich die Vernetzung mit den CMS-Partnerkanzleien forciert und berät einen bemerkenswerten Stamm an Top-Mandanten aus dem Konsumgütersektor auch grenzüberschreitend. So vertraute ihm nun Coca-Cola die Vertretung im Streit um Belieferungspflichten und Preisanpassungen mit Edeka an. Dass die Praxis längst weitere Zukunftsfelder im Blick hat, zeigt ihre wachsende Präsenz bei Projekten zur Datenwirtschaft und grüner Transformation.

ADVANT BEITEN

Kartellrecht ★

Bewertung: Nach wie vor bilden Fusionskontrollen für mittelständ. Unternehmen u. vertriebskartellrechtl. Beratung das Rückgrat der Kartellrechtspraxis. Die Festigung des Advant-Netzwerks erhöht zudem inzw. die internat. Präsenz – so war für die Mandantin Wienerberger beim Kauf von Terreal-Sparten neben einem Team um Wellmann auch die frz. Advant-Kanzlei eingebunden. Gleiches gilt für eine Transaktion des US-Konzerns Amphenol. Während die Integration ins internat. Netzwerk voranschreitet, ist die rein männl. Partnerriege an der Integration der ersten Kartellrechtlerin gescheitert: Dr. Andrea Pomana, die von Debevoise kam, entschied sich nach nur einem Jahr wieder für eine US-Kanzlei. Unterhalb der Partnerebene bleibt der Ausbau des verhältnismäßig kleinen Associate-Teams ein Thema.

Oft empfohlen: Philipp Cotta, Uwe Wellmann, Dr. Christian Heinichen („guter Allrounder im dt. u. europ. Kartellrecht", Wettbewerber)

Team: 3 Eq.-Partner, 5 Sal.-Partner, 3 Associates

Partnerwechsel: Dr. Andrea Pomana (zu Mayer Brown)

Schwerpunkte: Vertriebskartell- u. fusionskontrollrechtl. Beratung mittelständ. Unternehmen. Kartellrechtl. Prozesse, inkl. Kartellschadensersatz. Viele Schnittstellen wie ▷*IT/IP*, Datenschutz, ▷*Vergabe*- u. ▷*Markenrecht* sowie ▷*Medien*. Interdisziplinäre Arbeit von Anwälten, ITlern u. Ökonomen.

Mandate: Fusionen/Kooperationen: Wienerberger bei Kauf von Terreal-Sparten; Sappi zu Verkauf u. Ausgliederung div. Papierfabriken; Avemo bei Gründung von Autohandelsgruppe; weitere Fusionskontrollen: Trasteel/Profilmec, Laumann/Ponzio Polska, Amphenol/CMR; Cipla/Ethris. **Prozesse:** Abwehr von Kartellschadensersatz für Direktbank (Girocard) u. Maurer (Dehnfugen). Estée Lauder umf. zu selektivem Vertriebssystem u. Compliance; Tier Mobility zu Strukturierung von ww. Geschäftsmodell; Antenne NRW ggü. BKartA bei Einrichtung von neuem Hörfunksender; lfd. Baywa, Sharp, Veka, VKE Verband der Vertriebsfirmen kosmet. Erzeugnisse.

ALLEN & OVERY

Kartellrecht ★★★

Bewertung: Das erfahrene Kartellsrechtsteam aus Hamburg zählt sowohl in komplexen Fusionskontrollen als auch kniffligen Prozessen zu den gefragten Adressen – u. das in bemerkenswerter Breite. So umfasst die Arbeit etwa Mandate aus dem Energiesektor für Uniper, von Investoren wie Advent oder aus dem Finanzsektor (Frankfurter Leben). Für Friesland Campina erzielte die Praxis nach einer intensiven Phase-II-Prüfung durch das BKartA zuletzt die Freigabe eines Deals mit der Theo-Müller-Gruppe. Hier trat ein erfahrener Counsel federführend in Erscheinung. Die Arbeit für Google setzte sich in der Vertretung in zahlr. Zivilprozessen fort. Dass A&O nach einigen Jahren des erfolgr. Aufbaus der Praxis allerdings mit dem Brüsseler Partner Schindler einen Kartellrechtler mit viel internat. Erfahrung an die US-Kanzlei Davis Polk verlor, bedeutet einen schmerzl. Einschnitt. Denn wenngleich Mandanten wie Saudi Aramco auch weiterhin mit der Kanzlei zusammenarbeiten, wird es für das verkleinerte Team beim geplanten Zusammenschluss der Kanzlei mit Shearman & Sterling nicht eben leichter, seine Rolle in der internat. Praxis auszuformen.

Kartellrecht

★★★★★	
Freshfields Bruckhaus Deringer	Düsseldorf, Berlin, Brüssel
Gleiss Lutz	Stuttgart, Frankfurt, München, Düsseldorf, Brüssel
Hengeler Mueller	Düsseldorf, Brüssel, München
★★★★	
Cleary Gottlieb Steen & Hamilton	Köln, Brüssel
Clifford Chance	Düsseldorf, Brüssel
Hogan Lovells	Düsseldorf, München, Hamburg, Brüssel
Latham & Watkins	Düsseldorf, Brüssel, Frankfurt, Hamburg
Linklaters	Düsseldorf, Brüssel
★★★	
CMS Hasche Sigle	Stuttgart, Hamburg, Brüssel, Frankfurt, Düsseldorf
Glade Michel Wirtz	Düsseldorf
Noerr	Berlin, München, Hamburg, Frankfurt, Brüssel
Oppenländer	Stuttgart
★★★	
Allen & Overy	Hamburg, Brüssel
Blomstein	Berlin
Buntscheck	München
Commeo	Frankfurt
Dentons	Berlin, München, Frankfurt, Düsseldorf, Brüssel
Jones Day	Frankfurt, Düsseldorf, Brüssel
Luther	Düsseldorf, Brüssel, München, Berlin
Redeker Sellner Dahs	Bonn, Brüssel, Berlin
SZA Schilling Zutt & Anschütz	Mannheim, Brüssel
WilmerHale	Berlin, Frankfurt, Brüssel
★★	
Baker McKenzie	Düsseldorf, Brüssel
Bird & Bird	Düsseldorf, Brüssel
Hausfeld	Düsseldorf, Berlin
Hermanns Wagner Brück	Düsseldorf
Heuking Kühn Lüer Wojtek	Düsseldorf, Hamburg, München
Kapellmann und Partner	Mönchengladbach, Düsseldorf, Brüssel
Milbank	München
Osborne Clarke	Köln, München
White & Case	Düsseldorf, Brüssel
★★	
Ashurst	München, Frankfurt
DLA Piper	Frankfurt, Hamburg, Brüssel
Fieldfisher	Hamburg, Düsseldorf
Gibson Dunn & Crutcher	München, Frankfurt
Mayer Brown	Düsseldorf, Brüssel
Taylor Wessing	Hamburg, Düsseldorf

Fortsetzung nächste Seite

Stärken: Enge internat. Vernetzung der Büros. Erfahrung mit eigens entwickelten Legal-Tech-Anwendungen.

Oft empfohlen: Dr. Ellen Braun („exzellent in allen Rechtsbereichen, sehr gute Balance zwischen Pragmatismus u. Rechtssicherheit", Mandant; „sehr geschätzte Kollegin", Wettbewerber), Dr. Börries Ahrens („fachl. u. strateg. sehr gut", Wettbewerber)

Team: 2 Partner, 2 Counsel, 10 Associates

Partnerwechsel: Jürgen Schindler (zu Davis Polk)

Schwerpunkte: Fusionskontrollen, Bußgeld- u. Schadensersatzverfahren. Viel Erfahrung in kartellrechtl. Prozessführung (▷*Konfliktlösung*). Beratung zu Vertriebsstrukturen u. ▷*Compliance*.

Mandate: Fusionen/Kooperationen: Frankfurter Leben (Fosun) zu Kauf von Generali Dtl. Pensionskasse; Advent Internat. zu Kauf u. Zusammenführung der Kunststoffsparte von DSM mit Lanxess; Friesland Campina zu Verkauf von Geschäftsbereichen, u.a. Landliebe, an Theo Müller (Phase II); Uniper zu Stabilisierungspaket u. Mehrheitsbetei-

Anwaltszahlen: Angaben der Kanzleien, wie viele Anwälte zu mind. ca. 50% in diesem Gebiet tätig sind. Sie spiegeln nicht zwingend die Gesamtgröße einer Kanzlei wider.

ligung des Bundes; Infinigate zu Kauf der Nuvias-Gruppe; Hapag-Lloyd zu Beteiligung an JMBPL; Investorenkonsortium zu Anteilskauf an gepl. Offshore-Windpark ,He Dreiht' von EnBW; regelm. Edeka, Evonik, Saudi Aramco, Nikon, Salzgitter. **Prozesse:** Google in Zivilprozessen in Dtl. bzgl. Online-Ads; Procter & Gamble zu KWR-Verfahren; Scania bei Abwehr von Kartellschadensersatz (Lkw) u. in Streit um Selektivvertrieb; XXXLutz gg. Verbot der Fusion mit Roller u. Tessner-Gruppe (BGH). **Kartellverfahren:** Scania zu europaw. Selektivvertrieb, inkl. gg. Klagen nicht zugelassener Händler. Lfd. Eli Lilly.

ASHURST

Kartellrecht ★★

Bewertung: Die Kartellrechtspraxis hat sich zuletzt immer mehr Respekt bei der Beratung in Kartellverf. der Behörden u. streitigen Fällen erarbeitet. So konnte sie sich in einigen Mandatierungsentscheidungen sogar gg. etablierte Wettbewerber behaupten, auch bzgl. der Beratung in EU-Kartellfällen. Zudem arbeitet das Team um Holzhäuser eng vernetzt mit den Prozessspezialisten der Kanzlei (▷*Konfliktlösung*). So kann es trotz der überschaubaren Größe auch seine Rolle in Prozesskomplexen wie den Streitigkeiten um Kartellschadensersatz gg. die Lkw-Kartellanten behaupten.

Oft empfohlen: Dr. Michael Holzhäuser

Team: 1 Partner, 1 Counsel, 3 Associates

Schwerpunkte: Breite Praxis mit Fusionskontrollen, Vertriebskartellrecht, zunehmend Prozesse u. Kartellverfahren. Viele asiat. Mandanten.

Mandate: Fusionen/Kooperationen: MEAG u. Ärzteversorgung Westfalen-Lippe zu Glasfaser-Joint-Venture ,Open German Fiber'; Eni International u. BP Exploration bei Joint Venture ,Azule Energy'. **Prozesse:** Geltendmachung von Kartellschadensersatz für Ryder in GB (Lkw). Lfd.: Amazonen-Werke, K+S, Knorr-Bremse, Xiaomi, Hinte Expo and Conference/Fama Fachverband Messe und Ausstellungen, Athos/Strüngmann, Bombardier, SGL Technologies, Wisag, internat. Bekleidungsunternehmen, Maschinenbauer.

BAKER MCKENZIE

Kartellrecht ★★

Bewertung: Der Schwerpunkt der insges. breit aufgestellten Kartellrechtspraxis liegt in grenzüberschr. Fusionskontrollmandaten. Hier konnte das Team um Kredel zuletzt in einem Phase-II-Verfahren beim BKartA eine Freigabe ohne Auflagen für ihre Mandantin Fluidra erzielen. Wie gut die Kartellrechtler internat. vernetzt sind, belegt auch die erneute Mandatierung durch Sika – zuletzt im Zshg. mit einer Divestmenttransaktion. Mit Schürmann kann die Kanzlei ihren Mandanten zudem kartell- u. strafrechtl. Kompetenz aus einer Hand anbieten. Ihre Arbeit für die Carlsberg-Brauerei stieß auf viel Anerkennung im Markt. Der Weggang eines Frankf. Partners im Vertriebsrecht trifft die klass. Beratung im Kartellrecht weniger, da das Vertriebskartellrecht weiterhin vom D'dorfer Büro in enger Zusammenarbeit mit dem Brüsseler Standort abgedeckt wird. Durch den Weggang von Burholt hingegen verliert die Praxis einen präsenten Partner mit langj. Erfahrung im Gesundheitssektor, der etwa bei Krankenhausfusionen regelm. gefragt war. Mit dem Zugang des erfahrenen, auf Kartell- u. Beihilferecht spezialisierten Martin-Ehlers Anfang 2023 erweiterte die Kanzlei dafür ihre Praxis im Beihilferecht. Profitieren können Mandanten auch von der stetigen Entwicklung u. dem umf. Einsatz von Legal-Tech-Tools, etwa zur Compliance-Analyse.

Stärken: Großes internat. Netzwerk, eigene Wettbewerbsökonomen, strafrechtl. Kompetenz, Integration von Legal-Tech-Tools.

Oft empfohlen: Dr. Nicolas Kredel, Dr. Anika Schürmann („starke Performance, insbes. in internat. Mandaten", Wettbewerber), Dr. Andrés Martin-Ehlers, („versierter Anwalt", Wettbewerber)

Team: 1 Eq.-Partner, 3 Sal.-Partner, 3 Counsel, 8 Associates

Partnerwechsel: Dr. Christian Burholt, Dr. Johannes Teichmann (beide zu Luther)

Schwerpunkte: Fusionskontrollen, Bußgeld- u. Missbrauchsverfahren, inkl. ▷*Compliance* u. Kartellschadensersatz. Marktführende Praxen für ▷*Vertriebs-* u. ▷*Außenwirtschaftsrecht*, inkl. Schnittstelle zum Strafrecht. Branchen-Know-how insbes. im ▷*Gesundheitswesen*.

Mandate: Fusionen/Kooperationen: Sika zu Verkauf der MBCC-Gruppe an Cinven (Folgemandat); Aurelius zu Erwerb der Catering-Sparte LSG von Lufthansa; Kölner Cellitinnen zu Fusion ihrer Stiftungen; Fluidra zu Erwerb der Meranus-Gruppe (BKartA Phase II); Hitachi zu Anteilsaufstockung an Hitachi Energy (Folgemandat); MicroVision zu Übernahme von Ibeo Automotive Systems aus der Insolvenz; Trane Technologies zu Kauf von Al-ko Air Technology; Vinci Energies zu Erwerb wesentl. Anteile des IT-Servicegeschäfts von Kontron. **Prozesse:** Carlsberg gg. Bußgeld im Bierkartell (OLG); Eckes-Granini bei Geltendmachung von Schadensersatz gg. Zuckerkartell. Asics u. Karl Storz lfd. vertriebskartellrechtl.; Mercedes-Benz lfd. kartellrechtl.; internat. Anlagenbauer umf. zu Compliance; Pharmaunternehmen zu ww. Compliance-Audits (Korruption, Geldwäsche u. Kartellrecht).

BIRD & BIRD

Kartellrecht ★★

Bewertung: Die Praxis gilt als Spezialistin für patentrechtnahes Kartellrecht u. hat einen guten Ruf als technologienahe Beraterin. Mit Mandaten wie der Beratung von 450connect zur Vertriebsstruktur u. Check24 zu Preisparitätsklauseln baut die Kanzlei nun ihre vertriebskartellrechtl. u. plattformbezogene Beratung weiter aus. Ein jüngerer Partner konzentriert sich neben der Digitalökonomie auf den Automotive-Sektor, wo v.a. im Bereich Datenzugang viel Beratungsbedarf besteht. Ihre starke Position als Technologieberaterin zeigt sich in der Mandatierung durch einen Mobilitätsanbieter bei der Beschwerde zum BKartA u. im Prozess gg. Uber. Daneben erhält die Praxis zunehmend Verweismandate aus der Corporatepraxis, insbes. in den Bereichen Fusions- u. Investitionskontrolle – hierfür stehen die investitionskontrollrechtl. Beratung des Bio-Pharma-Unternehmens AbbVie u. des jap. IT-Unternehmens DeNa. Wittings Steckenpferd bleiben komplexe Prozesse, regelm. mit grenzüberschr. Bezügen. Beim Thema Schadensersatz konnte die Kanzlei für Melitta bei der Abwehr von Ansprüchen aus dem Kaffeekartell jüngst einen bemerkenswerten Etappensieg vor dem LG Dortmund erringen, das die Klage des Lebensmittelunternehmens Bartels abgewiesen hat.

Stärken: Marktführende Erfahrung an der Schnittstelle zu ▷*Patent-* u. ▷*Marken- und Wettbewerbsrecht*. Erfahrung im Kfz-Zuliefierersektor.

Oft empfohlen: Dr. Jörg Witting, Anne Federle

Team: 3 Partner, 3 Associates, 1 of Counsel

Schwerpunkte: Marken- u. patentrechtnahes Kartellrecht, inkl. Missbrauch, Lizenzen u. ▷*Vertriebsrecht*. Zudem Fusionskontrollen, Investitionskontrolle, Prozesse u. Compliance. Auch ▷*Brüsseler Büro*.

Mandate: 450connect zu Vertriebsstrukturen; AbbVie investitionskontrollrechtl. bei Seed-Finanzierungsrunde; Ace u. Grace lfd. in kartellrechtl. Compliance-Fragen; Check24 vertriebskartellrechtl., u.a. zu Preisparitätsklauseln; Hisense Gorenje vertriebskartellrechtl. u. zu EU-weiter Kartellrechtscompliance. **Fusionen/Kooperationen:** DeNa auch investitionskontrollrechtl. bei Kauf von Krankenhausinformationssystem; Hy24

Kartellrecht Fortsetzung

★	
Advant Beiten	München, Berlin, Frankfurt, Brüssel
Görg	Hamburg, Köln
Herbert Smith Freehills	Düsseldorf
McDermott Will & Emery	Düsseldorf
Rocan	Düsseldorf

★	
Deloitte Legal	Hamburg
Flick Gocke Schaumburg	Bonn
Heinz & Zagrosek	Köln
Marck	Düsseldorf
Norton Rose Fulbright	Hamburg, Brüssel
Oppolzer Seifert	Hamburg
PricewaterhouseCoopers Legal	Berlin
Schulte	Frankfurt
Wuertenberger	Stuttgart

Die Auswahl von Kanzleien und Personen in Rankings und tabellarischen Übersichten ist das Ergebnis umfangreicher Recherchen der JUVE-Redaktion. Sie ist in 2erlei Hinsicht subjektiv: Die Aussagen der befragten Quellen sind subjektiv u. spiegeln deren Erfahrungen u. Einschätzungen. Die JUVE-Redaktion wiederum analysiert die Rechercheergebnisse unter Einbeziehung ihrer eigenen Marktkenntnis. Der JUVE Verlag beabsichtigt keine allgemeingültige oder objektiv nachprüfbare Bewertung. Es ist möglich, dass eine andere Recherchemethode zu anderen Ergebnissen führt. Innerhalb einzelner Gruppen in Rankings und tabellarischen Übersichten sind Kanzleien und Personen alphabetisch sortiert.

Anwaltszahlen: Angaben der Kanzleien, wie viele Anwälte zu mind. ca. 50% in diesem Gebiet tätig sind. Sie spiegeln nicht zwingend die Gesamtgröße einer Kanzlei wider.

Führende Namen im Kartellrecht (über 50 Jahre)

Prof. Dr. Albrecht Bach
Oppenländer, Stuttgart

Dr. Michael Bauer
CMS Hasche Sigle, Brüssel

Dr. Bettina Bergmann
Bergmann, Köln

Dr. Helmut Bergmann
Freshfields Bruckhaus Deringer, Berlin

Marc Besen
Clifford Chance, Düsseldorf

Dr. Wolfgang Bosch
Gleiss Lutz, Frankfurt

Dr. Ellen Braun
Allen & Overy, Hamburg

Dr. Ingo Brinker
Gleiss Lutz, München

Dr. Martin Buntscheck
Buntscheck, München

Dr. Ulrich Denzel
Gleiss Lutz, Stuttgart

Dr. Wolfgang Deselaers
Cleary Gottlieb Steen & Hamilton, Köln

Dr. Michael Esser
Latham & Watkins, Düsseldorf

Dr. Andreas Hahn
Oppenländer, Stuttgart

Hans-Joachim Hellmann
SZA Schilling Zutt & Anschütz, Mannheim

Christian Horstkotte
Mayer Brown, Düsseldorf

Dr. Uta Itzen
Freshfields Bruckhaus Deringer, Düsseldorf

Dr. Helmut Janssen
Luther, Brüssel

Dr. Harald Kahlenberg
CMS Hasche Sigle, Stuttgart

Dr. Jörg Karenfort
Dentons, Berlin

Dr. Tobias Klose
Freshfields Bruckhaus Deringer, Düsseldorf

Dr. Martin Klusmann
Freshfields Bruckhaus Deringer, Düsseldorf

Dr. Johanna Kübler
Commeo, Frankfurt

Dr. Petra Linsmeier
Gleiss Lutz, München

Dr. Thorsten Mäger
Hengeler Mueller, Düsseldorf

Dr. Frank Montag
Freshfields Bruckhaus Deringer, Brüssel

Fortsetzung nächste Seite

u. Mirova zu Investition in Wasserstoffprojekt u. Ausbau von Wasserstoffladenetz; Lloyd lfd. vertriebskartellrechtl., u.a. zu Einführung von Kooperationsmodellen mit dem Handel; NürnbergMesse zur Gründung von Gemeinschaftsunternehmen mit Messe München; Wolfspeed bei gepl. Chipfabrik im Saarland u. zu Joint Ventures mit ZF Friedrichshafen. **Prozesse:** Mobilitäts-Start-up bei Kartellamtsbeschwerde u. Prozess gg. Uber; Melitta u.a. zu Kartellschadensersatz; regelm. Mastercard Europe, Nokia.

BLOMSTEIN

Kartellrecht ★★★

NOMINIERT
JUVE Awards 2023
Kanzlei des Jahres

Bewertung: Die Kartellrechtspraxis steht wie wenige für regulator. geprägte Fälle. Ihre Kompetenz an den Schnittstellen zum Vergabe-, Beihilfe- u. Außenwirtschaftsrecht beschert ihr regen Zulauf, denn der Trend zum Protektionismus hat das Nischenthema FDI allgegenwärtig gemacht. So übernahm Blomstein diese Prüfung für Vodafone bei einem Joint Venture mit Altice u. wurde vom chin. Cosco-Konzern im Zshg. mit dem gepl. Erwerb eines Hafenterminals in HH eigens für die heikle Investitionskontrolle hinzugezogen. Eine weitere Spezialität der Praxis sind Monitoring-Mandate zur Überwachung von Zusagen nach Fusionen oder Kartellverfahren. Dass die EU-Kommission dem Team um Klasse u. Huttenlauch den komplizierten Fall Amazon anvertraute, spricht für die Reputation der Praxis. Während die Kanzlei ihren Trackrecord bei Kartellverfahren durch ein Dawn-Raid-Netzwerk gezielt ausbaut, kommen andere Themen nahezu von allein auf sie zu: So gehört Blomstein aufgrund ihrer Aufstellung zu den Einheiten, denen die FSR-Regulierung der EU schon vor Inkrafttreten reichl. Arbeit bescherte.

Oft empfohlen: Dr. Max Klasse („verliert nie den Überblick und ist sehr fokussiert", Wettbewerber), Dr. Anna Huttenlauch („beeindruckend, was sie in kurzer Zeit aufgebaut haben", Mandant über beide; „schnelle Reaktionszeit, erfahren, lösungsorientiert", Wettbewerber)

Team: 2 Partner, 8 Associates

Schwerpunkte: Fusions- u. Investitionskontrollen. Regelm. Beschwerdeverf. gg. Behördenentscheidungen; Fälle oft regulator. geprägt an der Schnittstelle zum ▹*Vergaberecht*, ▹*Beihilferecht* u. ▹*Außenwirtschaftsrecht*; EU-Monitoring-Trustee-Mandate.

Mandate: Kartellverfahren: Monitoring-Treuhänder für: Amazon, London Stock Exchange (beide Verhaltenszusagen), Gazprom (Zusagen aus EU-Verfahren), Air France u. TAP (Corona-Beihilfen). **Fusionen/Kooperationen:** Vodafone, u.a. bei Joint Venture mit Altice (auch FDI), RTL Radio und Regiocast bei Audio-Technologie-Joint-Venture; Maguar, u.a. bei Kauf von afb Application Services; Verdane bei div. Zukäufen; Feintool/Kienle+Spiess, IVC Evidensia/Tierklinik Hofheim, Oakley/Vice Golf, Capvis/AdEx. **Prozesse:** DCM Film Distribution gg. EU-Kommission im Zshg. mit Förderprogramm (EuGH); Edeka bei Geltendmachung von Kartellschadensersatz (Drogerieartikel); Vodafone, u.a. bei Beschwerde gg. BKartA-Freigabe von Glasfaser-Joint-Venture EWE/Dt. Telekom (BGH). Fastned zu E-Auto-Ladeinfrastruktur in Dtl.; regelm. Axel Springer, Tennet, Unilever, Uplink, AB InBev, Delivery Hero.

BUNTSCHECK

Kartellrecht ★★★

Bewertung: Die Boutique wird seit einigen Jahren geprägt von der Arbeit für Iveco im Lkw-Kartell, die sämtl. Anwälte der Kanzlei beschäftigt. Die Einheit ist an u. mit dem Ausnahmemandat auch personell gewachsen, sodass sie neben ihrer Spezialität Kartellschadensersatz auf weiteren Feldern an Präsenz gewinnt. Immer häufiger etwa übernimmt sie bei Transaktionen den kartellrechtl. Part, so für Armira beim Kauf von Factor Eleven an der Seite der Deal-Beraterin White & Case. Die inzw. beachtl. Zahl an Private-Equity-Investoren mit hoher Deal-Schlagzahl, die regelm. auf Buntscheck setzen, hat die Fusions- u. zunehmend die Investitionskontrolle zu einem starken Standbein der Praxis werden lassen. Ein weiteres Wachstumsfeld sind Marktmachtmissbrauchsverf. rund um digitale Geschäftsmodelle – hier führt Boos v.a. für ProSiebenSat.1 div. Verfahren. Über Mühlbachs Schwerpunkt im Medizinkartellrecht kam die Praxis zuletzt in ein BKartA-Verf. im Gesundheitssektor.

Oft empfohlen: Dr. Martin Buntscheck („extrem kompetent, verlässlich, gründlich", Wettbewerber), Dr. Andreas Boos („sehr stark", Wettbewerber), Dr. Tatjana Mühlbach („schnell, präzise, kreativ", Wettbewerber)

Team: 3 Partner, 6 Associates

Schwerpunkte: Reichl. Prozesserfahrung, auch bei europ. Gerichten. Lfd. Fusionskontrollen, v.a. für einige Finanzinvestoren. Bußgeld- sowie v.a. im Marktmachtmissbrauchs- u. Beschwerdeverfahren. Medizinkartellrecht.

Mandate: Prozesse: Abwehr von Kartellschadensersatz für Iveco (Lkw), BeautyLab (Kosmetik), Kfz-Zulieferer (Akustik-Bauteile); Geltendmachung von Kartellschadensersatz für ProSiebenSat.1 (gg. Google) u. Bett1 (Matratzen); Zooplus, u.a. gg. Mars wg. Lieferkonditionen für Royal Canin; Fakro gg. Velux wg. Marktmachtmissbrauch. **Kartellverfahren:** Verband in BKartA-Verfahren gg. Arge von Hilfsmittelverbänden; ProSiebenSat.1 in EU-Beschwerdeverf. Wetter.com gg. Google u. bei BKartA-Beschwerde gg. Apple; Bobbie bei BKartA-Beschwerde gg. Eurobaustoff wg. Boykottverbot. **Fusionen/Kooperationen:** ADAC bei div. internat. Kooperationen; Siemens Energy zu Wasserstoff-Koop. mit Air Liquide (Elektrolyseure) und Longi (Solarmodule); GIZ zu Branchendialog Automobilindustrie; Armira, u.a. bei Kauf von Factor Eleven (auch FDI); Fusions-/Invest.-Kontrollen, u.a. für Auctus, Alpina, Castik, DICP, Emeram, Fluorsid Alkeemia, FSN, Hamamatsu Photonics. Hipp zu ww. Vertriebssystem u. Streit mit kroat. Vertriebspartner; Gardena zu Compliance. Regelm. Assistance Partners, ProSiebenSat.1 Media, DMK Dt. Milchkontor, Stahlgruber.

CMS HASCHE SIGLE

Kartellrecht ★★★

JUVE AWARDS 2023
Kanzlei des Jahres für Kartellrecht

Bewertung: Die Kartellrechtspraxis gehört zu den größten im Markt. Dank der Stärke im Vertriebskartellrecht steht CMS wie wenige Wettbewerber im Zentrum der angesichts hoher Inflation zunehmend intensiv geführten Preiskämpfe zwischen Handel u. Markenherstellern. Schlagzeilen machte etwa Bauer-Mandantin Coca-Cola, die mit Edeka vor div. Gerichten einen Lieferstreit austrug. Insges. war die Praxis stark durch besonders komple-

Anwaltszahlen: Angaben der Kanzleien, wie viele Anwälte zu mind. ca. 50 % in diesem Gebiet tätig sind. Sie spiegeln nicht zwingend die Gesamtgröße einer Kanzlei wider.

xe Transaktionen im Energiesektor ausgelastet: Große Teams berieten den Bund bei der Verstaatlichung der ehem. Gazprom Germania u. von Uniper. Die ausgeprägten Binnenspezialisierungen der Praxis – Bauer an der Schnittstelle zum Beihilferecht, Neuhaus als Spezialist für Investitionskontrollen – kamen bei diesen gewaltigen Projekten voll zur Geltung. Ihre Rolle beim Umbau des Energiesektors unterstrich die Praxis auch bei der Gründung des Joint Ventures ‚Rostock Energy Port' zur Erzeugung von grünem Wasserstoff, die Soltau kartellrechtl. begleitete. Im Kartellschadensersatz sind Reher u. Hempel auf Verteidigerseite, u.a. in einem der Leitfälle zu mögl. Kartellschäden durch bloßen Informationsaustausch, beteiligt (Drogerieartikel). Für den ungebrochenen Boom kartellrechtl. Streitigkeiten spricht, dass auch Schöner, der sonst v.a. vertriebskartellrechtl. berät, neuerdings für mehr als 100 Kabelnetzbetreiber Schadensersatz-Prozesse im Zshg. mit Einspeiseentgelten gg. öffentl.-rechtl. Sender führt.
Stärken: Vertriebskartellrecht, v.a. in Brüssel auch für internat. Mandanten.
Oft empfohlen: Dr. Michael Bauer, Dr. Tim Reher („taktisch brillant", „wir schätzen die unkomplizierte Kommunikation", Mandanten), Dr. Harald Kahlenberg („gut u. kompetent", Mandant), Dr. Markus Schöner, Kai Neuhaus („besonnen, pragmatisch, umgänglich, klug", Wettbewerber), Dr. Rolf Hempel („auch bei schwierigen Mandanten stets professionell im Umgang", Wettbewerber), Dr. Christian Haellmigk, Christoff Soltau („stets konstruktive Zusammenarbeit", Wettbewerber)
Team: 12 Partner, 4 Counsel, 21 Associates
Schwerpunkte: Fusionskontrollen u. Kartellschadensersatzprozesse, stark im ▷*Vertriebskartellrecht*. Auch Bußgeldverfahren. Einige standortbezogene Schwerpunkte, u.a. ▷*Energie*/Stuttgart, ▷*Medien* u. Schnittstelle zu IP/Hamburg. In ▷*Brüssel* auch ▷*Beihilferecht*.
Mandate: Fusionen/Kooperationen: EnBW, RheinEnergie, RWE u. Rostock Port zu Wasserstoff-Joint-Venture; Bund bzgl. Verstaatlichung von Gazprom Germania u. Uniper (Fusions- u. Invest.-Kontrollen); Hochtief u. Palladio bei Rechenzentren-Joint-Venture; Allianz Real Estate bei Kauf von DHL-Lagerhäusern; Atlas Copco, u.a. bei Kauf von Lewa, Geveke u. Wangen; Blue Elephant Energy bei Verkauf an Antin; Clariant bei Übertragung von Tenside-Sparte auf ein Joint Venture mit Wilmar. **Prozesse:** CCEP (Coca-Cola) gg. Edeka bzgl. kartellrechtl. Belieferungspflicht (LG, OLG); 137 Kabelnetzbetreiber bei Schadensersatzklage bzgl. Einspeiseentgelte; Vodafone gg. Dt. Telekom wg. Kabelmieten (BGH, OLG); Abwehr von Schadensersatz, u.a. für Baden-Württemberg (Holzvermarktung), Dt. Bahn (Ticketvertrieb), Johnson & Johnson (Drogerieartikel), Magna (TV-Werbezeiten); Geltendmachung von Kartellschadensersatz für Goldeck, Storck, Jägermeister (alle Zucker), Hoyer (Lkw). **Kartellverfahren:** Rossmann in Beschwerdeverf. gg. BKartA-Bußgeld ‚Kaffee' (BGH, OLG); Arla in BLE-Verf. (AgrarOlKG) bzgl. Milchabrechnungssystemen; Pharmahändler in EU-Bußgeldverf.; Baukonzern in 2 BKartA-Verf. (Industriebau). Lfd.: vertriebskartellrechtl. Chanel, Birkenstock, Porsche, Sennheiser, Mars, Kellogg, Jacobs Douwe Egberts.

CLEARY GOTTLIEB STEEN & HAMILTON

Kartellrecht ★★★★

Bewertung: Das Kartellrechtsteam aus erfahrenen u. angesehenen Anwälten überzeugt mit eingespielter Zusammenarbeit in hochkarät. Mandaten. Das zeigt die fusionskontrollrechtl. Begleitung etwa von Mercer u. Veolia bei Zukäufen in bereits engen Märkten ebenso wie die internat. Erfahrung, die schon ein Kölner Nachwuchspartner bei der Beratung zu einem Joint Venture in China oder Mandaten um die Nutzung alternat. Energien unter Beweis stellte. Deselaers u. sein Team konnten zu der mehrjähr. Vertretung von Google in vielen streitigen Auseinandersetzungen weitere Mandate hinzufügen. Der Konzern vertraut beim Verfahren des Bundeskartellamts bzgl. der Marktposition u. Datenverarbeitungskonditionen auf Anwälte aus Köln u. Brüssel um die erfahrene Partnerin Polley. Doch das Gesicht der Praxis ändert sich, nachdem eine erfahrene u. angesehene Counsel aus Köln die Kanzlei verließ u. der renommierte Prof. Dr. Dirk Schroeder in den Of-Counsel-Status wechselte. Auch die lange marktprägende Riege Brüsseler Partner dünnt sich schrittweise aus. Wie sich die Rolle der Nachwuchspartner u. damit der Generationsübergang gestaltet, ist auch eine zentrale Frage an die US-Partnerschaft, die sich lange allzu zögerlich hinsichtl. der Ernennung von Nachwuchspartnern zeigte.
Stärken: Eine der ww. am stärksten internat. integrierten Praxen. Eingespielte Teams hoch angesehener Kartellrechtler auch in ▷*Brüssel*, London u. den USA.
Oft empfohlen: Dr. Wolfgang Deselaers („strateg. Kopf u. sehr erfahren bei Prozessen", Wettbewerber), Prof. Dr. Romina Polley („sehr kompetent", „hohe Präsenz bei Digitalthemen", Wettbewerber), Rüdiger Harms, Dr. Patrick Bock
Team: 5 Partner, 2 Counsel, 14 Associates, 3 of Counsel
Schwerpunkte: Fusionskontrollen, inkl. Investitionskontrollen, Kartellverfahren, Compliance u. Prozesse (▷*Konfliktlösung*). In Brüssel langj. Erfahrung mit Beihilfemandaten, inkl. Drittstaaten-Subventionsprüfungen.
Mandate: Fusionen/Kooperationen: Veolia zu Kauf von Hofmann-Gruppe (Entsorgung); Mercer Internat., u.a. zu Kauf von Holzindustrie Torgau; Dassault Systèmes zu Joint Venture mit China Aerospace Science and Technology; Chemours zu Joint Venture mit BWT Fumatech Mobility für Brennstoffzellenmembranen; DWS Group zu Einstieg bei Dt. GigaNetz; Raytheon Technologies bei Verkauf von Raytheon Anschütz. **Prozesse:** BayWa in Kartellverf. ‚Pflanzenschutz'; Lundbeck im Zshg. mit Pay-for-Delay-Fall; Abwehr von Kartellschadensersatz, u.a. für Beiersdorf (KWR), Henkel (Waschmittel), Otis (Fahrstühle), Google (u.a. Shopping); Google gg. EU-Bußgeld wg. Android; Nestlé bei Klage gg. Zuckerkartell; Eni bei Klage gg. Banken (‚EC-Cash'). **Kartellverfahren:** Google in BKartA-Verf. ‚Marktübergreifende Bedeutung' u. ‚Datenverarbeitung'; VfL Wolfsburg, Bayer Leverkusen, TSG Hoffenheim in BKartA-Verf. im Zshg. mit 50+1-Regel der DFL; Mercer in EU-Untersuchung ‚Zellstoffgeschäft' u. interner Untersuchung; Telefónica zu National Roaming Agreement mit 1&1.

CLIFFORD CHANCE

Kartellrecht ★★★★

Bewertung: Die Kartellrechtspraxis gewinnt an Profil, auch deshalb, weil die Vernetzung mit den internat. Teams sichtbar voranschreitet. Hier hat der sehr angesehene Praxisleiter Besen viele Anknüpfungspunkte, u.a. mit London u. Brüssel, aktiviert u. der Erfolg zeigt sich erneut in hochkarätigen Mandaten. So vertrat CC mit einem büroübergreifenden Team einen Online-Lieferdienst im Rahmen einer Untersuchung durch die EU-Kommission u. kann beim Thema Investitionskontrolle schon jetzt viel Erfahrung vorweisen. Auch bei div. Mandaten zur digitalen Wirtschaft sind insbes. Besen u. Dietrich präsent, ohne dass die Verankerung des Teams bei Industriemandanten u. die tiefe Kompetenz in der Begleitung von Transaktionen aus Gesundheit oder Handel an Bedeutung verliert. Ein im Vorjahr aus Moskau zurückgekehrter Partner bringt seine Erfahrung bzgl. Lieferkettenthemen u. Compliance in vertriebskartellrechtl. Mandate ein. Ein besonderer Erfolg war die endgültige Bestätigung des Freispruchs für die Kölsch-Brauerei Früh durch den BGH.
Stärken: Branchenkompetenz, v.a. im ▷*Gesundheitssektor* sowie ▷*Energie*, (Lebensmittel-)Handel, TK, Automotive u. Chemie.

Führende Namen im Kartellrecht (über 50 Jahre) Fortsetzung

Dr. Stephanie Pautke
Commeo, Frankfurt

Prof. Dr. Romina Polley
Cleary Gottlieb Steen & Hamilton, Köln

Dr. Tim Reher
CMS Hasche Sigle, Hamburg

Dr. Alexander Rinne
Milbank, München

Dr. Andreas Rosenfeld
Redeker Sellner Dahs, Brüssel

Prof. Dr. Daniela Seeliger
Linklaters, Düsseldorf

Dr. Christoph Stadler
Hengeler Mueller, Düsseldorf

Dr. Christian Steinle
Gleiss Lutz, Stuttgart

Dr. Martin Sura
Hogan Lovells, Düsseldorf

Prof. Dr. Sven Völcker
Latham & Watkins, Brüssel

Dr. Dominique Wagener
Commeo, Frankfurt

Dr. Kathrin Westermann
Noerr, Berlin

Dr. Markus Wirtz
Glade Michel Wirtz, Düsseldorf

Die Auswahl von Kanzleien und Personen in Rankings und tabellarischen Übersichten ist das Ergebnis umfangreicher Recherchen der JUVE-Redaktion. Sie ist in zweierlei Hinsicht subjektiv: Die Aussagen der befragten Quellen sind subjektiv u. spiegeln deren Erfahrungen u. Einschätzungen. Die JUVE-Redaktion wiederum analysiert die Rechercheergebnisse unter Einbeziehung ihrer eigenen Marktkenntnis. Der JUVE Verlag beabsichtigt keine allgemeingültige oder objektiv nachprüfbare Bewertung. Es ist möglich, dass eine andere Recherchemethode zu anderen Ergebnissen führt. Innerhalb einzelner Gruppen in Rankings und tabellarischen Übersichten sind Kanzleien und Personen alphabetisch sortiert.

Anwaltszahlen: Angaben der Kanzleien, wie viele Anwälte zu mind. ca. 50 % in diesem Gebiet tätig sind. Sie spiegeln nicht zwingend die Gesamtgröße einer Kanzlei wider.

Führende Namen im Kartellrecht (bis 50 Jahre)

Katrin Gaßner
Freshfields Bruckhaus Deringer, Düsseldorf

Dr. René Grafunder
Dentons, Frankfurt

Dr. Rolf Hempel
CMS Hasche Sigle, Stuttgart

Dr. Moritz Holm-Hadulla
Gleiss Lutz, Stuttgart

Dr. Anna Huttenlauch
Blomstein, Berlin

Dr. Max Klasse
Blomstein, Berlin

Dr. Tilman Kuhn
White & Case, Düsseldorf

Dr. Silke Möller
Glade Michel Wirtz, Düsseldorf

Dr. Alex Petrasincu
Hausfeld, Düsseldorf

Dr. Georg Weidenbach
Gibson Dunn & Crutcher, Frankfurt

Dr. Christoph Wünschmann
Hogan Lovells, München

Die Auswahl von Kanzleien und Personen in Rankings und tabellarischen Übersichten ist das Ergebnis umfangreicher Recherchen der JUVE-Redaktion. Sie ist in 2erlei Hinsicht subjektiv: Die Aussagen der befragten Quellen sind subjektiv u. spiegeln deren Erfahrungen u. Einschätzungen. Die JUVE-Redaktion wiederum analysiert die Rechercheergebnisse unter Einbeziehung ihrer eigenen Marktkenntnis. Der JUVE Verlag beabsichtigt keine allgemeingültige oder objektiv nachprüfbare Bewertung. Es ist möglich, dass eine andere Recherchemethode zu anderen Ergebnissen führt. Innerhalb einzelner Gruppen in Rankings und tabellarischen Übersichten sind Kanzleien und Personen alphabetisch sortiert.

Oft empfohlen: Marc Besen („klare u. praxisorientierte Beratung", „sehr erfahren, immer responsive", Mandanten), Dr. Michael Dietrich („Top-Verhandler, kann komplexe Rechtsfragen nachvollziehbar erläutern, absolute Empfehlung im Kartellrecht", Mandant), Dr. Dimitri Slobodenjuk, Dr. Joachim Schütze

Team: 4 Partner, 2 Counsel, 9 Associates, 1 of Counsel

Schwerpunkte: Fusions- u. Investitionskontrolle (▷*M&A*, ▷*Außenwirtschaft*), Kartellverfahren, zivilgerichtl. Prozesse u. ▷*Vertriebskartellrecht*, ▷*Compliance*.

Mandate: Fusionen/Kooperationen: GE Gas & Power zu Kauf von Nexus Controls (inkl.); Investitionskontrolle Montagu zu Kauf von KB Associates; Green Investment Group zu Kauf von BayWa Bioenergy; Heraeus zu Verkauf der Platin-Temperatursensoren-Sparte; Neuraxpharm bei Kauf von Sanofi-Produktportfolien; Telefónica; Tech zu Kauf von BE-Terna; Dt. Telekom zu gepl. Joint Venture mit Vodafone, Orange u.a.; Software AG zu Partnerschaft mit Silverlake; regelm. Rewe, Pfizer. **Prozesse:** Moravia bei Abwehr von Schadensersatzklage gg. Dt. Bahn (LG Frankfurt); Dt. Telekom zu standardessenziellen Patenten u. Datentransport-Entgelten; Sanitärgroßhändler gg. BKartA-Bußgeld (OLG D'dorf); Cölner Hofbräu P. Joseph Früh gg. BKartA-Bußgeld (Bier; BGH). **Kartellverfahren:** Internat. Online-Lieferdienst zu EU-Kartellvorwürfen; Untern. in EU-Ladeinfrastruktur-Untersuchung; Handelsuntern. zu Handelskooperationen (EU); Spotify zu EU-Beschwerde gg. Apple; Soft-/Hardwarehersteller als Beigel. zu Kartellamtsverf. gg. Tech-Konzern um marktübergreifende Bedeutung. Lfd. Oracle, Amazon.

COMMEO

Kartellrecht ★★★

Bewertung: Nach wie vor steht kaum eine Kanzlei so sehr für vertriebskartellrechtl. Know-how wie Commeo. Doch wie nachhaltig sie nahezu die gesamte Bandbreite des Kartellrechts entwickelt hat, zeigt sich auf mehreren Ebenen. So steht die Partnerernennung Christoph Weinerts für den Ausbau von Kartellschadensersatzprozessen u. Bußgeldverfahren. Es ist bereits die 2. Partnerernennung langfr. aufgebauter Nachwuchskräfte, nachdem die 2 Jahre zuvor ernannte Oest sich inzw. gut etabliert hat. Auffällig oft heben Wettbewerber die Einheit im Ganzen hervor: „Sehr gutes, schlagkräftiges u. sympath. Team, das hochkarätige u. komplexe Fälle bearbeitet", lobt einer. Dass auch komplexe internat. Zusammenschlüsse beherrscht werden, zeigt u.a. die Arbeit eines Team um Oest u. Schultze für Semikron bei der Gründung eines Joint Ventures mit Danfoss – hier mussten in mehr als 15 Ländern Fusions- u. Investitionskontrollen koordiniert werden.

Stärken: Vertriebskartellrecht. Eingespieltes Team, großes Netzwerk von Partnerkanzleien.

Oft empfohlen: Dr. Jörg-Martin Schultze („gut bei großen Fusionskontrollen", Wettbewerber), Dr. Stephanie Pautke („exzellentes Fachwissen, sehr hoher Einsatz für den Mandanten", Wettbewerber), Dr. Dominique Wagener („Spezialistin für Kartellschadensersatz", Mandant; „versiert, erfahren, gut vernetzt", Wettbewerber), Dr. Johanna Kübler („kompetent, konstruktiv, lösungsorientiert", Wettbewerber), Isabel Oest („,Rising Star' im Kartellrecht, lösungsorientiert u. fachl. gut", Wettbewerber)

Team: 6 Partner, 6 Associates

Schwerpunkte: Sehr stark in vertriebskartellrechtl. Fragen. Regelm. auch Fusionskontrolle sowie Kartellverfahren u. Schadensersatzfälle. Branchenerfahrung insbes. bei Gesundheit, Medien, Kfz-Zulieferern, Konsumgütern.

Mandate: Fusionen/Kooperationen: Lampe Privatinvest/QVM bei Verkauf von ETW an Schwarz-Gruppe; McWin bei Kauf von L'Osteria; Vimcar-Gesellschafter bei Anteilsverkauf an Battery Ventures; Fusionskontrollen: Chart/Howden, Magna/Mutares, Nimbus/Zertus, Nord/Heizkurier; Beratung zu Joint-Venture-Gründungen: Semikron/Danfoss (auch FDI), Epex. **Prozesse:** Abwehr von Kartellschadensersatz für Japan Airlines (Luftfrachtkartell), Dillinger Hütte (Quartobleche); Rotkäppchen-Mumm zu Kartellschadensersatz gg. Zuckerkartell. **Kartellverfahren:** Unternehmen in BKartA-Verfahren ‚Industriebau' u. ‚Kabel'. Regelm. zu Compliance: Carglass, Fraport, Dormakaba, Uvex, VDMA.

DELOITTE LEGAL

Kartellrecht ★

Bewertung: Kern der kartellrechtl. Arbeit ist eine solide Basis an lfd. Fusionskontrollen, allerdings gibt es immer wieder Fälle, in denen Skala seine langj. Erfahrung in der ganzen Bandbreite des Kartellrechts ausspielen kann. So berät er mit einem internat. Deloitte-Team die EU-Kommission zur Evaluation des seit 2003 geltenden kartellrechtl. Regelwerks. Ebenfalls beteiligt ist eine Spezialistin im Vertriebskartellrecht, die kürzl. zur Counsel ernannt wurde. Mandanten wie Rossmann u. Expert zeigen, wie es gelingt, die Praxis strateg. weiterzuentwickeln. Allerdings wird dazu auch weiteres personelles Wachstum erforderlich sein.

Oft empfohlen: Felix Skala

Team: 1 Partner, 1 Counsel, 1 Associate

Schwerpunkte: Lfd. Fusionskontrollen (▷*M&A*), Beratung im Rahmen von multidiszipl. aufgesetzten Compliance-Projekten; regelm. Schnittstellen zu Vergabe- u. Beihilferecht.

Mandate: Fusionen/Kooperationen: Rossmann, u.a. zu Einkaufskooperation RTG; Fusionskontrollen für DLG, Winning Group, DuMont, Getec, Main Capital, Mitsubishi HiTec Paper. **Prozesse:** Tessner, u.a. als Beigeladene in Beschwerdeverf. von XXXLutz gg. BKartA-Freigabebedingungen zur Fusion mit Tessner (OLG). EU-Kommission zu Evaluierung von Kartellrechtsverordnungen 1/2003 und 773/2004; DAT, u.a. zu Plattformen u. Compliance; Datev u. Expert, u.a. im Vertriebskartellrecht.

DENTONS

Kartellrecht ★★★

NOMINIERT
JUVE Awards 2023
Kanzlei des Jahres

Bewertung: Als eines der größeren Kartellrechtsteams im Markt bildet die Praxis zunehmend Spezialisierungen aus, etwa bei Technologiethemen u. in der Automotive-Branche. Dass Karenfort die Praxis über Jahre personell u. inhaltl. mit strateg. Weitblick ausgebaut hat, zeigt sich auch am eingeleiteten Generationswechsel: Er hat die jetzigen Praxisleiter Grafunder u. Wiesner einst als Quereinsteiger von Linklaters u. Clifford zu Dentons geholt, wo sie seitdem eine große Präsenz im Markt entfaltet haben. Ins Auge sticht u.a. Wiesners rasch wachsender Trackrecord als Berater von Automobilkonzernen: Die Arbeit für Audi bei einem IT-Consulting-Joint-Venture mit dem jap. Hersteller HDY u. für Porsche/Red Bull zu einem gepl. Formel-1-Joint-Venture sind aktuelle Beispiele. Während auch Hainz die Mandatsbeziehungen in die Autoindustrie festigt, v.a. mit Blick auf Daimler, erreichte Karenfort nach langj. Prozessen vor dem LG Berlin einen Etappensieg für den Bankenverband im Girocard-Komplex. Dass Mandanten auch bei investitionskontrollrechtl. heiklen Projekten auf Dentons vertrauen, zeigt u.a. die Arbeit für Beretta bei einem Rüstungsdeal mit Ruag Ammotec, den Wiesner mit einer auf Außenwirtschaftsrecht spezialisierten Partnerin begleitete.

Stärken: Branchenkompetenz in den Sektoren Automotive, Banken, ▷*Energie*, Medien u. im ▷*Gesundheitswesen*.

Oft empfohlen: Dr. Jörg Karenfort („gute Qualität, vertrauensvolle Zusammenarbeit", Wettbewerber), Dr. René Grafunder („pragmatisch u. kreativ – bringt Projekte im vorgesehenen Budget zum Abschluss", Mandant), Dr. Matthias Nordmann („angenehm, lösungsorientiert, kompetent", Wettbewerber), Dr. Josef Hainz („hat stets auch die nicht rechtl. Interessenlagen im Blick", Wettbewerber), Dr. Florian Wiesner („immer erreichbar, kompetent u. schnell – sehr gute Risikobewertung", Mandant)

Team: 8 Partner, 4 Counsel, 11 Associates, 3 of Counsel

Anwaltszahlen: Angaben der Kanzleien, wie viele Anwälte zu mind. ca. 50% in diesem Gebiet tätig sind. Sie spiegeln nicht zwingend die Gesamtgröße einer Kanzlei wider.

Schwerpunkte: Dt. u. internat. Fusionskontrollen, Bußgeldverfahren, Schadensersatzklagen. Oft mit Schnittstellen zu ▷*Beihilfe-* u. ▷*Vergaberecht* sowie Regulierungsthemen. Branchenerfahrung im Medien-/Kabelbereich.

Mandate: Fusionen/Kooperationen: Porsche u. Red Bull zu gepl. Joint Venture im Zshg. mit Formel-1-Einstieg von Porsche; Munich Re u. Hannover Re zu Asset-Management-Joint-Venture; 5NPlus bei Kauf von Azur Space Solar Power (FDI); Audi u. HDY zu IT-Consulting-Joint-Venture; Beretta bei Kauf von Ruag Ammotec; Cariad bei Kauf von Inztenta-Sparte u. Paragon Semvox; Duisburger Hafen im Zshg. mit Terminalprojekt; Fusionskontrollen Geodis/Trans-o-Flex, CHG Meridian/Hemmersbach, ICIG/Benvic (auch Investitionskontrolle), Lactalis/BMI. **Prozesse:** Abwehr von Kartellschadensersatz für BdB (Girocard) u. Merck KGaA (Pay-for-Delay). **Kartellverfahren:** Kabelhersteller in BKartA-Verfahren; Entsorger in BKartA-Sektoruntersuchung gg. Rethmann/Remondis; Silgan bei EuG-Klage gg. Settlement ,Metallverpackungen'. Stiftung Zentrale Stelle Verpackungsregister bzgl. Verpackungsgesetz u. Einwegkunststoffrichtlinie; Yamaha, u.a. zu Vertriebssystem bzgl. Vertikal-GVO u. Compliance. Lfd.: Aeroground u. Flughafen München, Daimler Truck, Hensoldt, Otto Group, Wacker Chemie.

DLA PIPER

Kartellrecht ★★

Bewertung: Die Kartellrechtspraxis hat einen Schwerpunkt bei transaktionsbezogener Arbeit, wie sich zuletzt an div. Fusions- u. Übernahmeprojekten zeigte – so etwa für einen internat. Hersteller von Schienen- u. Fahrzeugbremsen beim Kauf eines Diagnosesystem-Herstellers, für den ein Team um den Frankfurter Partner O Freigaben in div. Ländern erreichte. Für andere Mandanten begleitete das Team Phase-II-Fusionskontrollen. Abseits des Transaktionsgeschäfts erweitert DLA dank des Zugangs von Herrlinger im Vorjahr ihren Trackrecord bei kartellrechtl. Streitigkeiten – zuvor lange ein Schwachpunkt der Praxis. Für besonderes Aufsehen sorgte Herrlingers Einsatz für Edeka, nicht nur im Zshg. mit Schadensersatz: Er vertritt den Händler in einem Streit über Preissteigerungen gg. Coca-Cola. Es ist der prominenteste Fall der größeren Marktentwicklung, dass marktmächtige Hersteller u. Händler sich u.a. inflationsbedingt mit harten Bandagen streiten. Die Verbreiterung der Praxis zeigt sich auch an der Beteiligung an mehreren jüngeren Bußgeldverf. des Kartellamts.

Oft empfohlen: Dr. Justus Herrlinger („wird seinem guten Ruf gerecht", Wettbewerber), Semin O („gute u. effiziente Zusammenarbeit", Wettbewerber)

Team: 3 Partner, 1 Counsel, 5 Associates

Schwerpunkte: Fusionskontrollen, oft internat. u. im Verbund mit der ▷*M&A-Praxis*. Auch regelm. Bezüge zu ▷*Compliance*. Branchenschwerpunkte: Industrie, Energieversorger, Automotive.

Mandate: Fusionen/Kooperationen: Knorr-Bremse bei Mehrheitsübernahme von Cojali; BASF, u.a. bei Offshore-Joint-Venture mit Vattenfall; Fluvius bei Glasfaser-Joint-Venture ,NetCo' mit Telenet; ResMed bei Kauf von Medifox; Schweizer Chemiekonzern zu internat. M&A-Projekt bzgl. Bio-Fuels; Kfz-Zulieferer bei Joint Venture dt. Tier-1-Zulieferer. AOC bei div. Zukäufen, u.a. Exmox u. Milky Tea; Uniper bei Verkauf von Geschäftsbereichen in den VAE. **Prozesse:** Edeka in Lieferstreit mit Coca-Cola (LG, OLG); Geltendmachung von Kartellschadensersatz für Edeka (Bierkartell) u. Autohersteller (Zündkerzen, Lamdasonden); BorgWarner im Zshg. mit mögl. Schadensersatz wg. überhöhter Preise u. Lieferstopps von Zulieferer. **Kartellverfahren:** Unternehmen im BKartA-Verf. ,Kabel'. Otto, u.a. zu Onlinehandelsplattform; Lebensmittelkonzern bei Compliance-Untersuchung.

FIELDFISHER

Kartellrecht ★★

Bewertung: Die Kartellrechtspraxis zeichnet sich durch ein eingespieltes Partnerteam aus, das in Prozessen ebenso versiert ist wie in Digital- u. Vertikalthemen. Neben der Fusionskontrolle gehört auch die Investitionskontrolle zum Beratungsportfolio von Bahr u. Dethof. Hier berät die Praxis etwa ein chin. Unternehmen zur Beteiligung an einem Lithiumprojekt. Obwohl die aktive Rolle bei Schadensersatzklagen im Lkw-Kartell die Praxis unverändert stark bindet, gelingt es dem Team, die Beratung von einzelnen Mandanten weiter auszubauen, etwa im Vertriebskartellrecht u. hinsichtl. Compliance. Eine enge praxisübergr. Zusammenarbeit, v.a. mit den ▷*Datenschutzrechtlern*, bewährt sich etwa bei internen Compliance-Untersuchungen oder der Beratung zu Onlineplattformen. Eine Erweiterung der personellen Kapazitäten würde es erlauben, bereits vorhandene Schnittstellen weiter auszubauen.

Oft empfohlen: Dr. Christian Bahr („sehr gutes Branchenwissen, immer up to date mit neuesten Entwicklungen", Mandant; „unkompliziert, lösungsorientiert u. umsichtig", Wettbewerber), Dr. Sascha Dethof („guter Zuhörer, strateg. Denke, findet für komplexe Themen pragmat. Lösungen", Wettbewerber)

Team: 3 Partner, 1 Counsel, 4 Associates

Schwerpunkte: Bußgeld- u. Missbrauchsverfahren. Kartellschadensersatzprozesse. Compliance u. Vertriebskartellrecht.

Mandate: Prozesse: Div. Unternehmen aus Logistik u. Handel sowie Kommunen bei Schadensersatzforderungen gg. das Lkw-Kartell; Versicherer zu Schadensersatzforderung gg. Autoglaskartell. **Fusionen/Kooperationen:** Technologiekonzern lfd. vertriebskartellrechtl.; Handelsgesellschaft zu Einkaufskooperationen; Personaldienstleister zu Verschmelzung von Gesellschaften; chin. Unternehmen investitionskontrollrechtl. zu Investition in Lithiumprojekt. **Kartellverfahren:** Unternehmen in Kartellverf. ,Techn. Gebäudeausrüstung'. Regelm. Edding, Thyssenkrupp Industrial Solutions, Dt. Obstkonsortium.

FLICK GOCKE SCHAUMBURG

Kartellrecht ★

Bewertung: Die kartellrechtl. Praxis hat neben der Arbeit in Transaktionen einen Schwerpunkt im Medienkartellrecht. Hier berät Haus etwa Funke zu Kooperationen u. RTL in Kartellverf. im Zshg. mit AdTech u. Plattformmärkten. Im Fokus stand zuletzt auch ein ungewöhnl. Mandat als Vertreter der EU-Kommission: FGS soll gemeinsam mit Osborne Clarke Beschwerden div. dt. Stadtwerke gg. den E.on/RWE-Asset-Swap vor den europ. Gerichten abwehren. Personell ist die Praxis angesichts derartiger Großmandate etwas schwachbrüstig aufgestellt, allerdings konnte sie den Wechsel eines Associate zu Thyssenkrupp durch Einstellung 2er Associates rasch mehr als ausgleichen. Einer der Zugänge ist ein erfahrener Redeker-Anwalt mit Know-how im Vergaberecht, was mit Blick auf Themen wie das Wettbewerbsregister oder wachsenden Beratungsbedarf zur FSR-Regulierung der EU eine sinnvolle Weiterentwicklung der Praxis ist.

Oft empfohlen: Dr. Florian Haus („sehr kluger Kopf", Wettbewerber)

Team: 1 Partner, 2 Associates

Schwerpunkte: Fusionskontrollen u. Joint Ventures. Erfahrung auch in Kartellverfahren.

Mandate: Fusionen/Kooperationen: US-Unternehmen bei Kauf von Rüstungsunternehmen (auch FDI); Zeitschriftenverleger-Verband bei Fragen der Beschaffung von Papier; Gerdes bei Verkauf von Gefängnistelefoniegeschäft (auch FDI); Fusionskontrollen für Rewe, Begros, Limbach. **Prozesse:** EU-Kommission bei Abwehr von Klagen div. Stadtwerke gg. Freigabe von E.on-RWE-Asset-Swap (EuG). **Kartellverfahren:** RTL in BKartA- u. EU-Verfahren zu Online-Werbung, AdTech u. Plattformmärkten; Kfz-Zulieferer in Bußgeldverfahren; Bauunternehmen in Bußgeldverf. ,Industriebau'. Lfd. Verband der internat. Autovermieter, Burgbad, Lea Partners.

FRESHFIELDS BRUCKHAUS DERINGER

Kartellrecht ★★★★★

Bewertung: Die Kartellrechtspraxis zählt zur Marktspitze in Dtl. u. in Brüssel, wo inzw. 6 dt.-sprach. Partner agieren. Neben internat. Fusionskontrollen u. Kartellverfahren gewinnt die strateg. Beratung zu Transformationsprozessen an Bedeutung. An der Arbeit für die Kernmandantin VW lässt sich die große Bandbreite der Praxis ablesen: Ein Team um Klusmann begleitet den Konzern beim Wandel zum Plattformdienstleister, etwa bei div. Projekten mit Ford zur E-Mobilität u. einer Kooperation mit dem chin. Softwareunternehmen Horizon Robotics. Zugleich vertritt die Kanzlei VW in Kartellverf. der EU u. der brit. CMA bzgl. Absprachen bei Altfahrzeugen u. bei der Abwehr von Kartellschadensersatz. Dass FBD eine der ersten Adressen für multinat. Transaktionen ist, zeigen Projekte wie die Übernahme von GCP durch Saint-Gobain – hier waren für den frz. Konzern ein halbes Dutzend FBD-Büros von Washington über Brüssel bis Wien im Einsatz. Röhling steuerte aus Berlin die dt. FDI-Anmeldung, er steht für den umf. Know-how-Aufbau bzgl. dieses neuen Themas. Auch bei der Beratung zur neuen FSR-Regulierung der EU gehört FBD dank beihilferechtl. versierter Partner wie von Bonin zu den auffälligsten Akteuren. Für die öffentl. sichtbaren Verfahren zum Zukunftsthema Marktmacht in der Digitalökonomie gilt das bisher nicht, hier sind Wettbewerber wie Gleiss, Hengeler u. Latham präsenter – allerdings berät v.a. Itzen div. Plattformunternehmen strateg. zu Regulierungsfragen etwa im Zshg. mit dem DMA sowie zu Kartellverf. gg. Wettbewerber.

Stärken: Kombination aus internat. Aufstellung u. hoch angesehener dt. Praxis, parallele Beratung zu Fusions- u. Investitionskontrolle. Marktführendes ▷*Brüsseler* Büro.

Oft empfohlen: Dr. Frank Montag, Dr. Martin Klusmann („hervorragend", Wettbewerber), Dr. Helmut Bergmann, Dr. Tobias Klose, Dr. Uta Itzen („unglaubl. schnelle Auffassungsgabe, praxisnahe Beratung", Mandant; „fachl. u. menschl. exzellent", Wettbewerber), Dr. Peter Niggemann („unfassbar gut im Durchdringen von Produkten", Wettbewerber), Dr. Thomas Lübbig („brillanter Kopf", Wettbewerber), Dr. Frank Röhling („sehr kompetent u. er-

Anwaltszahlen: Angaben der Kanzleien, wie viele Anwälte zu mind. ca. 50% in diesem Gebiet tätig sind. Sie spiegeln nicht zwingend die Gesamtgröße einer Kanzlei wider.

fahren, Top-Beratung", Mandant), Dr. Thomas Wessely, Katrin Gaßner („sehr angenehm im Umgang", Wettbewerber), Dr. Ulrich Scholz, Dr. Andreas von Bonin

Team: 14 Partner, 4 Counsel, 49 Associates, 28 Support Lawyers, 3 of Counsel

Schwerpunkte: Breite Praxis mit Erfahrung bei ▷*Compliance-Untersuchungen* u. Kronzeugenanträgen. Schadensersatzstreitigkeiten meist mit (▷*Konfliktlösungspraxis*). Dt. u. internat. Fusions- u. Investitionsschutzkontrollen mit führenden ▷*M&A-* u. ▷*Private-Equ.-Praxen*, häufig mit Bezug zum ▷*Außenwirtschaftsrecht*. Stark auch an Schnittstellen zu ▷*Patent-* u. ▷*Beihilferecht*.

Mandate: Fusionen/Kooperationen: Aurubis bei Sparten-Verkauf an KME/Intek; Continental, u.a. bei Kauf von Trelleborgsparte (auch FDI); Deutz, u.a. zu Koop. mit Daimler Truck; Digitalplattform zu Nachhaltigkeitsprojekten mit Wettbewerbern bzgl. Einwegplastik; Knorr-Bremse zu Kauf von Bosch-Joint-Venture-Anteilen; RWE, u.a. zu Beitritt in LNG-Terminal-Projekt in Brunsbüttel; VW, u.a. zu De-Investment in Argo AI, Joint Venture mit Horizon Robotics (auch FDI) u. Koop. mit Ford bzgl. Elektroplattform MEB; weitere Fusionskontrollen: Culligan/Waterlogic, Lufthansa/ITA Airways, Ebay/TCGplayer, Saint-Gobain/GCP, Etex/Ursa (beide auch FDI), EQT, u.a. zu gepl. Kauf von Schufa, Jungheinrich/SSI. **Prozesse:** Thyssenkrupp bei Beschwerde gg. Untersagung von Fusion mit Tata (EuG); RWE bei Abwehr von Klagen gg. die Freigabe von RWE/E.on-Asset-Swap (EuG); VW gg. ATU bzgl. Software-Bereitstellung (LG); Abwehr von Kartellschadensersatz, u.a. Pfleiderer (Spanplatten), Pfeifer & Langen (Zucker), Volvo/Renault (Lkw), Thyssenkrupp (Schienen, Quartobleche), Hage Nord (Pflanzenschutzmittel), Webasto (Standheizungen). **Kartellverfahren:** VW in EU-Verf. ‚Fahrzeugrecycling'; AB Inbev in Comesa-Verf. zum afrikan. Biermarkt. Lfd.: ABB, Aschendorff, Audi, Axel Springer, Bucherer, CME, Dazn, JAB Group, Knauf, Lanxess, Meta, Sandvik, Zalando.

GIBSON DUNN & CRUTCHER

Kartellrecht ★★

Bewertung: Die Praxis legt Schwerpunkte auf Fusionskontrollen u. Kartellschadensersatz. Weidenbach macht insbes. im Zshg. mit Kfz-Zuliefererkartellen für div. Geschädigte Ansprüche geltend, darunter BMW u. VW. Im Münchner Büro bedeutet das altersbedingte Ausscheiden Walthers eine Zäsur, die jedoch mit der Ernennung eines jüngeren Partners mit ähnl. Ausrichtung im Vorjahr umsichtig eingeleitet wurde. Über ihr Brüsseler Büro ist GD stark in US-Transaktionsgeschäft eingebunden, zuletzt auch in einem komplexen Phase-II-Verf. im Tech-Sektor. Nahezu das komplette dt. Team ist zudem in einem EU-Kartellverf. für einen US-Konzern im Einsatz. Neben dem originär dt. Geschäft v.a. im Kartellschadensersatz gelingt es damit, Mandanten aus dem US-Heimatmarkt in Dtl. zu begleiten. Ein weiteres Bsp. für den Erfolg dieser Strategie ist die Arbeit bzgl. einer dt. Kino-Branchenvereinbarung – hier kam Weidenbach für die Motion Picture Association auf Empfehlung eines US-Partners ins Mandat.

Oft empfohlen: Dr. Georg Weidenbach („für seine kreativen Ansätze ist er immer in der engeren Wahl", Mandant)

Team: 2 Partner, 5 Associates

Partnerwechsel: Michael Walther (in Ruhestand)

Schwerpunkte: Fusionskontrollen, oft in technologienahen Branchen. Auch ▷*Compliance*, Kartellverfahren u. ▷*Konfliktlösung*.

Mandate: Fusionen/Kooperationen: Giesecke + Devrient, u.a. bei Kauf von US-Geschäft von Valid; Motion Picture Association zu Branchenvereinbarungen in der Film- u. Kinoindustrie; Fusionskontrollen, u.a. für Atlas, Brembo, Dachser, Elliott, Lone Star, Mauser, Secop, Tishman, Xylem. **Prozesse:** Geltendmachung von Kartellschadensersatz für VW (RoRo-Shipping) u. BMW; Abwehr von Kartellschadensersatz für Arcelor Mittal (Langstahl). **Kartellverfahren:** US-Konzern im Energiesektor in EU-Kartellverf. Lfd.: TDK Electronics.

GLADE MICHEL WIRTZ

Kartellrecht ★★★

Bewertung: Die Praxis steht für kartellrechtl. anspruchsvolle Mandate wie den Angriff auf Freigabe-Entscheidungen der Kartellbehörden, aktuell etwa mit Gleiss an der Seite der Dt. Telekom gg. den von der EU genehmigten Vodafone/Liberty Global-Deal. Wirtz' Arbeit im Zshg. mit Prozessen um standardessenzielle Patente, etwa für Samsung u. einen frz. Rüstungskonzern, betrifft ein wichtiges Feld der Digitalökonomie, das derzeit kartellrechtl. vermessen wird. Weitere Schwerpunkte sind Kartellschadensersatz, auf Klägerseite, v.a. gg. div. Stahlkartelle, sowie zunehmend die Beratung zur Ausgestaltung von Handelsplattformen. Karbaum, der hier auf die Erfahrungen der Praxis mit einer B2B-Plattform für Klöckner aufbauen konnte, hat zuletzt 2 bedeutende Mandate im Zshg. mit B2C-Marktplätzen gewonnen. Möller knüpft in neuen Mandaten an die Beratung der dt. Bankenbranche beim Aufbau eines gemeinsamen Bezahlsystems an u. erweitert so ihren Trackrecord bei Projekten zur Digitalisierug der Finanzwirtschaft. Mehrere Erstmandatierungen durch Dax-Konzerne, u.a. zur Überprüfung von Compliance-Systemen, zeugen vom exzellenten Ruf der Praxis, die zuletzt einen Counsel ernannt hat.

Oft empfohlen: Dr. Markus Wirtz („fachl. exzellent u. angenehm im Umgang", Wettbewerber), Dr. Silke Möller („fachl. exzellent, praxisorientiert, gibt uns Sicherheit", Mandant), Dr. Christian Karbaum („wahnsinnig schlau", Mandant; „ruhig, klar, auf den Punkt", Wettbewerber)

Team: 3 Partner, 1 Counsel, 5 Associates

Schwerpunkte: Fusionskontrollen u. Kartellschadensersatz sowie weitere komplexe, kartellrechtl. motivierte Prozesse. Auch Compliance u. Vertriebskartellrecht; Kartellverfahren.

Mandate: Fusionen/Kooperationen: Red Bull bei Joint Venture mit Rauch zum Kauf von Baruther Urstromquelle; Dt. Bank, Commerzbank u.a. sowie div. Bankenverbände als Projektberater zu einheitl. digitalen Bezahlsystem; Industrie-Arge zu Nachhaltigkeitskooperation bei Plastikverpackungen; Klöckner, u.a. zu B2B-Plattform XOM. **Prozesse:** Spielervermittlervereinigung zu gepl. neuen Transfer- u. Vermittlungsregeln von Fifa u. DFB; Dt. Telekom gg. EU-Freigabe Vodafone/Liberty Global Assets (mit Gleiss Lutz; EuG); Samsung, u.a. im Zshg. mit standardessenziellen Mobilfunkpatenten; frz. Rüstungskonzern bei Klage u. Discovery-Verf. gegen Avanci u. Nokia im Zshg. mit verweigerten SEP-Lizenzen (LG, US-Gerichte); Abwehr von Kartellschadensersatz, u.a. für SC Johnson (‚Drogerieartikel'); Geltendmachung von Schadensersatz, u.a. in Kartellen ‚Techn. Gebäudeausrüstung' (für Siemens Energy), ‚Aluminium-Schmieden', ‚Stahl-Schmieden', ‚Grobblech', ‚Edelstahl'. **Kartellverfahren:** Bundesligaclub in BKartA-Verf. zur 50+1-Regel. Lfd.: Haniel, Rügenwalder, Schneider Electric, dm, Mosecker; Dax-Konzern zu kartellrechtl. Compliance-Management.

GLEISS LUTZ

Kartellrecht ★★★★★

Bewertung: Die Kartellrechtspraxis zählt zu den führenden u. fehlt in nahezu keinem Kartellverfahren. So gehört GL zum kleinen Kreis der Kanzleien, die im neuen großen EU-Bußgeldverfahren gg. Duftmittelhersteller eine zentrale Rolle spielen. Im Einsatz ist ein Team um Denzel u. Raible. Auch auf dem wachsenden Feld der Streitigkeiten um Marktmachtmissbrauch gehört GL zu den präsentesten Akteuren – insbes. im Zshg. mit digitalen Geschäftsmodellen. Das gilt v.a. aufseiten der Silicon-Valley-Konzerne Meta u. Apple, für die v.a. Brinker, von Köckritz u. die renommierte Counsel Bodenstein im Einsatz sind, sowie bei Beschwerden gg. Google – hier sind Teams um Linsmeier u. Holm-Hadulla für DuckDuckGo u. TomTom tätig. Auch abseits der Tech-Konzerne ist kaum ein Wettbewerber so präsent im Zshg. mit der kartellrechtl. Durchdringung von Geschäftsmodellen der Digitalökonomie: Linsmeier u. Fritzsche verteidigen etwa die Dt. Bahn in einem BKartA-Verf. gg. 2 Betreiber von Mobilitätsplattformen. Während Hauptwettbewerberin Freshfields mit ihrem extrem starken Brüsseler Büro bei großen internat. Fusionskontrollen einen Tick präsenter ist, gelang es GL in den vergangenen Jahren besser, Talente zu entwickeln, die rasch eine eigene Marktgeltung entfaltet haben.

Stärken: Rundum hochkarätige Kartellrechtspraxis. Viel Erfahrung in Prozessen vor europ. Gerichten.

Oft empfohlen: Dr. Ingo Brinker („schlau u. fachl. stark", Wettbewerber), Dr. Wolfgang Bosch („absolut top", Mandant), Dr. Ulrich Soltész („ein Ass an der Schnittstelle zum Beihilferecht", Wettbewerber), Dr. Petra Linsmeier („Top-Juristin, beeindruckendes Geschäftsverständnis", Mandant; „erfahren u. angenehm in der Zusammenarbeit – sehr gute Sparringspartnerin", Wettbewerber), Dr. Christian Steinle („einfach überragend, guter Typ, sehr effektive Zusammenarbeit", Mandant; „juristisch brillant, zugleich kreativ u. pragmatisch in der Beratung", Wettbewerber), Dr. Ulrich Denzel („sehr vielseitig, mit Premium-Mandaten in allen Bereichen des Kartellrechts", Wettbewerber), Dr. Martin Raible („kämpferisch, aber immer kollegial", Wettbewerber), Dr. Christian von Köckritz („hat sich stark entwickelt", Wettbewerber), Dr. Matthias Karl („pragmatischer Ansatz, große Marktkenntnis", Mandant), Dr. Moritz Holm-Hadulla („ganz stark, auch bei Kartellschadensersatz", Wettbewerber), Dr. Alexander Fritzsche, Dr. Ines Bodenstein („professionell, strukturiert, sehr zu empfehlen", Mandant), Dr. Johannes Hertfelder („clever, smart, schnell", Wettbewerber)

Team: 12 Eq.-Partner, 8 Counsel, 35 Associates

Schwerpunkte: Umf. ausgerichtete Kartellpraxis mit Kompetenz in Fusionskontrollen, Bußgeld- u. Missbrauchsverf., Kartellschadensersatz, ▷*Vertriebskartellrecht*. ▷*Compliance-Untersuchungen*. Starke Branchen: Automobil, Technologie, Konsumgüter, ▷*Gesundheit*, Medien. ▷*Beihilfe*, insbes. im ▷*Brüsseler* Büro.

Anwaltszahlen: Angaben der Kanzleien, wie viele Anwälte zu mind. ca. 50 % in diesem Gebiet tätig sind. Sie spiegeln nicht zwingend die Gesamtgröße einer Kanzlei wider.

Mandate: Kartellverfahren: Apple in BKartA-Verf. ‚Marktübergreifende Bedeutung'; internat. Konzern in EU-Verf. ‚Duftstoffe'; Hersteller in BKartA-Verf. ‚Kabel'; TomTom u. DuckDuckGo in Beschwerdeverf. gg. Google; Mercedes-Benz in EU-Verf. ‚Abgasreinigung' u. ‚Fahrzeugrecycling'; Dt. Bahn in BKartA-Verf. ‚Mobilitätsplattformen'; Meta, u.a. in BKartA-Verf. ‚Oculus' u. bei Beschwerde gg. BKartA im Zshg. mit Kustomer-Übernahme (BGH). **Prozesse:** Abwehr von Kartellschadensersatz, u.a. für Daimler (Lkw), Südzucker, Dt. Bank (Girocard), Erismann (Tapeten), Mahle (Klimaanlagen), Reckitt Benckiser (Drogerieartikel), Voestalpine (Schienen); Rogon bei Klagen gg. DFB u. Fifa im Zshg. mit Spielerberater-Regelement (OLG, BGH); Dt. Telekom, u.a. gg. Freigabe der Fusion Vodafone/Unitymedia (EuG); Wieland-Werke bei Anfechtung von Untersagung der Fusion Wieland/Aurubis (EuG). **Fusionen/Kooperationen:** Lanxess bei Chemie-Joint-Venture mit Advent; Airbus Defense, MBDA, FCMS (Hensoldt, Rohde & Schwarz, Diehl Defense, ESG) bei Rüstungs-Joint-Venture; HeidelbergCement bei gepl. Erwerb von Garbe (Bieterverfahren); Remondis zu gepl. Alttextilien-Joint-Venture mit H&M; weitere Fusionskontrollen: Dt. Post DHL/Hillebrand; Phoenix/McKesson; Curaleaf/Four 20 Pharma, Jenoptik/Altechna/Eksma Optics; De Rigo Vision/Rodenstock, Groz-Beckert/TKM; regelm. Bosch, Daimler, Dt. Private Equity, B. Braun Melsungen, Siemens.

GÖRG

Kartellrecht ★

Bewertung: Die Praxis hat ihren Schwerpunkt bei Fusionskontrollen mit dem Zugang des Hamburger Teams um Kleine in Richtung Bußgeldverfahren u. Kartellschadensersatz verlagert. Noch immer beschäftigt das Schienenkartell die Praxis stark. Dass er komplexe Streitigkeiten auch diskret aus der Welt schaffen kann, bewies Kleine an der Seite eines Wasserversorgers, für den er im EV-Verfahren kartellrechtl. eine unbefristete Weiterbelieferung zu Fixpreisen durchsetzte. Für den Hersteller Pano erreichte er nach 7 Jahren eine Einstellung im BKartA-Verf. ‚Metallverpackungen'. Für das Kölner Team war die Beratung von Stellantis als dt. Counsel unter Führung von Racine im ShareNow-Deal ein Höhepunkt. Die Vernetzung der inzw. 3 Standorte der Praxis untereinander ist in einigen Mandaten erkennbar, könnte aber intensiviert werden.

Stärken: Enge Verbindung zur ▷*insolvenzrechtl.* Praxis.

Oft empfohlen: Dr. Maxim Kleine („hervorragende Fachkenntnis u. pragmatischer Ansatz", Mandant)

Team: 3 Eq.-Partner, 5 Associates

Schwerpunkte: Fusionskontrollen, Kartellschadensersatz; Beratung im ▷*Vertriebskartellrecht*.

Mandate: Fusionen/Kooperationen: Stellantis bei Kauf von ShareNow; Veolia bei gepl. Kauf von Hofmann-Gruppe; Avia, u.a. bei Kauf von OLF-Anteilen u. 46 Esso- u. OMV-Tankstellen; Huk-Coburg, u.a. zu Pitstop-Beteiligung u. zu LVM-Einstieg bei Onpier; Fusionskontrollen Bluegem/Petromax, Verimi/Yes, Delius Klasing/Klambt; Green City/Qair. **Prozesse:** Abwehr von Kartellschadensersatz für Balfour Beatty/Schreck-Mieves (Schienen), RWZ Rhein-Main (Pflanzenschutzmittel) u. Dörrenberg (Edelstahl); kommun. Betrieb bzgl. Leistungsverfügung auf Weiterbelieferung (EV-Verfahren). **Kartellverfahren:** Großhändler in BKartA-Verf. ‚Kabel'; Pano-Verschluss in EU-Verf. ‚Metallverschlüsse'. Stadt Düsseldorf im Zshg. mit Neuorganisation der Abfallwirtschaft u. Straßenreinigung; lfd.: Notino, Ferrostaal, DKE-Data, fht Flüssiggas, Trekstor, Ufenau Capital.

HAUSFELD

Kartellrecht ★★

Bewertung: Kartellschadensersatz auf Klägerseite u. der Kampf gg. Marktmachtmissbrauch, v.a. durch Digitalkonzerne: Das sind die Leib- u. Magenthemen der Praxis, die in dieser Kombination u. Tiefe kaum ein Wettbewerber durchdringt. Zunehmend verschmelzen beide Themen, was an den Google-Fällen gut sichtbar wird: Auf die großen EU-Missbrauchsverfahren ‚Shopping' u. ‚Android' folgen immer mehr Schadensersatzklagen. Auch Apple u. Amazon haben nicht nur die Kartellbehörden im Visier, sondern längst auch insbes. von Höppner unterstützte Unternehmen u. Verbände, die ihr Vorgehen gg. marktmächtige Gatekeeper

Anwaltszahlen: Angaben der Kanzleien, wie viele Anwälte zu mind. ca. 50% in diesem Gebiet tätig sind. Sie spiegeln nicht zwingend die Gesamtgröße einer Kanzlei wider.

mit Hausfeld oft über Jahre hinweg strateg. koordinieren. Bei klass. Schadensersatzfällen wie dem Lkw-Kartell hat der Streit über die Zulässigkeit von Bündelklagen die Prozesslawine an dt. Gerichten lange gebremst – allerdings sieht es inzw. so aus, als ob sich in diesem Punkt Kläger wie Financialright, vertreten von Petrasincu u. Richter, am Ende durchsetzen.

Oft empfohlen: Dr. Alex Petrasincu („vereinigt Know-how in Kartellrecht, Litigation u. Prozessoptimierung bei Massenverfahren", Wettbewerber), Prof. Dr. Thomas Höppner („tiefes Branchenverständnis der Internetökonomie", Wettbewerber), Dr. Ann-Christin Richter („stark als Klägervertreterin in Schadensersatzprozessen", Wettbewerber)

Team: 3 Eq.-Partner, 3 Counsel, 14 Associates

Schwerpunkte: Geltendmachung von Kartellschadensersatz, oft mit Prozessfinanzierern. Vertretung von Verbänden u. Unternehmen gg. marktmächtige Digitalplattformen.

Mandate: Prozesse: Geltendmachung von Kartellschadensersatz für BMW (div. Zuliefererkartelle), Jet, Deichmann (Girocard); Idealo u. Stylight (Google Shopping; mit Oppenländer), Financialright, Coca-Cola, Dachser, PostNord, Rewe, Waberer's (alle Lkw); Barely Digital gg. Google bzgl. Anzeigenkonto-Sperrung (OLG); Compliance Solutions zu Unterlassungsansprüchen wg. irreführender Werbung gg. Prewave u. Taylor Wessing; Save.tv bei Abwehr von Unterlassungsklage gg. RTL (Zwangslizenzeinwand). **Kartellverfahren:** Div. Werbe- u. Medienverbände in BKartA-Verf. gg. Apple im Zshg. mit Werbe-Tracking nach iOS14-Update; Stepstone, u.a. bei EU-Beschwerde zu ‚Google for Jobs'; Corint Media zu Leistungsschutzrecht für Presseverleger, insbes. in BKartA-Verf. ‚Google News Showcase'. Div. Verbände, Preisvergleichsdienste u. Suchmaschinen im Zshg. mit Auflagen aus EU-Verf. ‚Google Shopping' u. ‚Android'; Medienunternehmen bzgl. mögl. Marktmachtmissbrauchs durch Amazon; Truecaller zu DMA, insbes. mögl. Durchsetzungmaßnahmen gg. digit. Gatekeeper; RTL Radio zur Nutzung von Hörfunksignalen durch digit. Sprachassistenten, insbes. Amazon Alexa; OC&C Strategy Consultants zu Wettbewerbs- u. Regulierungsfragen bzgl. digitaler Märkte; OIP/ICOMP im Zshg. mit Wettbewerb auf Digitalmärkten.

HEINZ & ZAGROSEK

Kartellrecht ★

Bewertung: Die Boutique legt einen Schwerpunkt auf das zukunftsträchtige Feld der Plattformökonomie. Ein wichtiges Mandat in diesem Zshg. ist die Vertretung von Tinder bei einer BKartA-Beschwerde gg. den Zwang zur Nutzung des Apple-eigenen Systems für In-App-Käufe – hier dürfte die Arbeit der Kanzlei dazu beigetragen haben, dass das BKartA Apple den Status eines Unternehmens von ‚marktübergreifender Bedeutung' zuerkannt hat. Auch gg. Google ist die Kanzlei im Einsatz. Auffällig ist die für eine Einheit dieser Größe hohe Zahl an Kartellverfahren, nicht nur an der Seite von Beschwerdeführern u. persönl. Betroffenen.

Oft empfohlen: Silke Heinz („kennt sich super in Tech-Themen aus", Wettbewerber), Dr. Roman Zagrosek („fachl. versiert, serviceorientiert", Wettbewerber)

Team: 2 Partner

Schwerpunkte: Kartellbußgeldverfahren (insbes. Vertretung persönl. Betroffener), Missbrauchsverfahren. Fusionskontrollen.

Mandate: Kartellverfahren: Match/Tinder bei Beschwerde gg. Apple wg. App-Store-Praktiken; Ingenieurunternehmen in BKartA-Verf. ‚Industriebauten', auch bzgl. Wettbewerbsregister; brit. Kanzlei bzgl. BKartA-Kronzeugenantrags; IT-Dienstleister als Drittbeteiligter in BKartA-Verf. ‚Google Maps'; Bauunternehmen in BKartA-Verf. ‚Straßenbau'. **Fusionen/Kooperationen:** internat. Wirtschafts- u. Industrieverband zu Compliance u. Nachhaltigkeitsinitiativen; WP-Gesellschaft zu Anmeldepflichten bzgl. gepl. Umstrukturierung eines Unternehmens. **Prozesse:** Einzelperson bei Abwehr von Kartellschadensersatz (Heizklimageräte). Lfd.: Engie, Masco.

HENGELER MUELLER

Kartellrecht ★★★★★

Bewertung: Die Kartellrechtspraxis zählt zur Marktspitze u. fehlt in kaum einem wegweisenden Verfahren. So begleitet das Team gleich mehrere komplexe Fusionskontrollen auf dt. u. EU-Ebene, etwa für Allianz X im Digitalbereich u. Ørsted an der Schnittstelle zum Energierecht. Zuletzt konnte HM auch das BKartA-Verf. ‚News Showcase' für Mandantin Google erfolgr. abschließen. In enger Zusammenarbeit mit dem Brüsseler Standort begleitet die Praxis zudem die Nichtigkeitsklagen von Portigon u. Nippon Chemi-Con gg. Bußgeldentscheidungen der EU-Kommission. Ihre hohe Marktpräsenz verdankt die Kartellrechtspraxis der gr. Zahl laufender Schadensersatz- u. Missbrauchsverfahren, etwa im Lkw- u. Zuckerkartell. Auch bei Verf. zum Zukunftsthema Marktmacht in der Digitalökonomie ist HM gut positioniert, wie die Vertretung von Mobilitätsplattformbetreiber Omio in einem Missbrauchsverf. gg. die Dt. Bahn zeigt. Mit der Ernennung von Dr. Philipp Neideck zum Partner, der v.a. in der Digitalwirtschaft u. im Automotive-Sektor beheimatet ist, verstärkt die Kanzlei diesen Bereich zusätzlich u. setzt damit ihren robusten Wachstumskurs fort. Der erfahrene Niemeyer schied zuletzt aus der Partnerschaft aus, ist aber weiter in Mandaten aktiv.

Stärken: Exzellente Branchenkontakte (Energie, Telekommunikation, Banken, Versicherer).

Oft empfohlen: Dr. Thorsten Mäger („fachlich exzellent", „herausragend im Kartellrecht", „genaue u. besonnene Beratung", Wettbewerber), Dr. Christoph Stadler („immer gerne für Fusionskontrollen", „schindet keine Zeit, immer pragmatisch", Mandanten), Dr. Alf-Henrik Bischke, Dr. Hans-Jörg Niemeyer („erfahrener Beihilferechtler", Wettbewerber), Dr. Markus Röhrig („sehr gute Sachkompetenz, lösungsorientiert", Mandant), Dr. Daniel Zimmer, Dr. Sarah Milde

Team: 9 Partner, 4 Counsel, 20 Associates, 1 of Counsel

Schwerpunkte: Fusionskontrollen mit Joint-Venture- ebenso wie Transaktionsbezug, Begleitung von Zusammenschlüssen u. Konzernumstrukturierungen. Kartellbußgeldverfahren u. Prozesse (inkl. Abwehr von Schadensersatz, ▷*Konfliktlösung*). In ▷*Brüssel* auch ▷*beihilferechtl.* Erfahrung.

Mandate: Fusionen/Kooperationen: Silver Lake zu Kauf der Software AG; Viessmann zu Verkauf der Klimasparte an Carrier Global; Northland Power, Ørsted u. Statkraft zu Joint-Venture-Gründung; KKR bei Vantage-Towers-Partnerschaft; Allianz X zu Kauf der Innovation Group; Fortum zu staatl. Stabilisierungspaket für Uniper; Swiss Life zu Kauf von Elips Life u. Kauf von Elips-Versicherungsportfolio; Cura, Oaktree u. Capital zu gemeinsamer Kontrolle über Dt. Euroshop; Bosch zu Kauf von Arioso Systems; Danfoss zu Leistungselektronik-Joint-Venture mit Semikron u. Kauf der Bock-Gruppe. **Prozesse:** Illumina bei Beschwerde gg. EuG-Urteil wg. Zusammenschlusskontrolle gem. Art. 22 FKVO; Tessner gg. BKartA wg. Bedingungen zu Verkauf Roller an XXXLutz (OLG D'dorf); Funke-Mediengruppe gg. Untersagung des Kaufs der Ostthüringer Zeitung (OLG); Abwehr von Kartellschadensersatz für MAN (Lkw), Marelli (therm. Systeme), Jacobs Douwe Egberts (Kaffee u. Drogerie), Nordzucker; RTL bei Abwehr von Schadensersatz wg. unzuläss. Rabattgestaltung; Nippon Chemicon bei Klage gg. EU-Entscheidung ‚Electrolytic Capacitors' u. Abwehr von Kartellschadensersatz; Portigon gg. EU-Entscheidung ‚European Government Bonds'; Vestas Wind Systems gg. Klage der Dt. Windtechnik auf Zugang zu bestimmter Hard- u. Software. **Kartellverfahren:** Google in BKartA-Verf. Google ‚News Showcase'; Lufthansa zu Beschwerde von Condor wg. Special Prorate Agreement (BKartA); Omio zu Missbrauchsverf. gg. Dt. Bahn; Amazon in BKartA-Verfahren ‚marktübergr. Bedeutung'; lfd.: 1&1, Aurubis, Ørsted.

HERBERT SMITH FREEHILLS

Kartellrecht ★

Bewertung: Die Kartellrechtspraxis hat sich sowohl personell wie auch mit Blick auf Mandatsbeziehungen rasant entwickelt. Unter dem Partner Nuys bildet eine Reihe erfahrener Anwälte einen schlagkräftigen Mittelbau. Sky etwa weitete die Zusammenarbeit nach einem Pitch rasch aus, inzw. begleitet das Team div. Projekte wie Bieterverf. um Senderechte u. Kooperationen. Auch Coca-Cola entschied sich nach einer von HSF begleiteten EU-Untersuchung dafür, die dt. Praxis im Zshg. mit drohenden Handelsstreitigkeiten bei der Tochter Innocent einzuschalten. Arcelor Mittal zog Nuys in einem Schadensersatzverfahren gg. die Dt. Bahn als Co-Counsel zu Gibson Dunn hinzu. Diese Mandate verbindet – wie auch die Arbeit für einen OEM im EU-Verf. ‚Fahrzeugrecycling' – die enge Kooperation der dt. Büros mit Brüssel u. London. Insges. verdichten sich diese Aufbauerfolge zu einem von vielen Marktteilnehmern wahrgenommenen Aufwärtstrend der Praxis.

Stärken: Komplexe Fusionskontrollen.

Oft empfohlen: Dr. Marcel Nuys („sehr sachkundig, verzettelt sich aber nie in techn. Details, schnell u. pragmatisch – fantastischer Anwalt", Mandant; „nett, kollegial, selbstbewusst", Wettbewerber)

Team: 1 Partner, 1 Counsel, 6 Associates

Schwerpunkte: Fusionskontrollen, Kartellverfahren, kartellrechtl. Prozesse. Branchen: u.a. Automotive, Medien, Rüstung, Lebensmittel.

Mandate: Fusionen/Kooperationen: Arcelor Mittal, u.a. bei Kauf von 3 Recycling-Unternehmen von Alba; Rheinmetall bei Kauf von Expal; Sky Dtl., u.a. zu digit. Plattformgeschäft, Sportrechte-Bieterverfahren u. BKartA-Verf. zum DFL-Vermarktungsmodell; Horizon Robotics zu Joint Venture mit VW; DIF Capital Partners bei Verkauf von Projektgesellschaft; Softbank Robotics, u.a. bei Verkauf von frz. Tochter u. Vertriebskooperation mit 1NCE. **Kartellverfahren:** Autohersteller (OEM) im EU-Verf. ‚Fahrzeugrecycling', Coca-Cola in kartellrechtl. Voruntersuchung der EU. **Prozesse:** Abwehr von Kartellschadensersatz für Bharat Forge (Aluminium u. Stahl). Tennet regelm. bzgl. Offshore-Windpro-

Anwaltszahlen: Angaben der Kanzleien, wie viele Anwälte zu mind. ca. 50% in diesem Gebiet tätig sind. Sie spiegeln nicht zwingend die Gesamtgröße einer Kanzlei wider.

jekte; Innocent, u.a. bzgl. Handelsstreit Edeka/Coca-Cola; lfd. Veepee, Eat Happy, Johnson Matthey, Statkraft.

HERMANNS WAGNER BRÜCK

Kartellrecht ★★

Bewertung: Die Düsseldorfer Kartellrechtsboutique steht für partnerzentrierte Beratung, oft an der Seite von persönl. Betroffenen in Kartellverfahren oder als Stammberaterin für Transaktionen. Bei Wettbewerbern u. Mandanten genießen die Partner hohes Ansehen, u.a. weil sie dank umfangr. Arbeit für Verbände tiefes Branchen-Know-how insbes. in Handel u. Agrar aufgebaut haben. Diese Beratung mündet immer wieder in Fusionskontrollen u. trägt zum außergewöhnl. Trackrecord bei Kartellverfahren bei, etwa im Bereich Stahl. Auch die Abwehr von Kartellschadensersatz für Agravis im Pestizidkartell geht auf die engen Branchenkontakte von Brück u. Wagner zurück. Dasselbe gilt für die Begleitung von Fressnapf bei Expansionsplänen durch Neunzig. Dass die Kanzlei bewusst auf Associates verzichtet, ist für viele Mandanten ein Pluspunkt – versperrt aber auch den Weg zu Mandaten, die einen gewissen Kapazitätsumfang überschreiten.

Oft empfohlen: Johann Brück („immer Herr der Lage", Wettbewerber), Dr. Achim Wagner („herausragend u. sehr versiert in der kartellrechtl. Prozessführung", Wettbewerber), Corinna Neunzig („lange prakt. Erfahrung, Branchenkenntnis, schnelle Reaktionszeit", Mandant)

Team: 3 Partner

Schwerpunkte: Fusionsanmeldungen, Bußgeldverfahren, Schadensersatz; starker Fokus auf Verbandsberatung.

Mandate: **Fusionen/Kooperationen:** Fressnapf, u.a. zu Joint Venture mit Maga; Initiative Tierwohl zu Nachhaltigkeitsinitiativen. Fusionskontrollen, u.a. für Quantum CapitalPartners, Agravis, Oventrop. **Prozesse:** Abwehr von Kartellschadensersatz für Dörrenberg (Edelstahl) u. Agravis (Pflanzenschutzmittel); Bäko-Gruppe bei Geltendmachung von Schadensersatz (Lkw-Kartell); Prevent in div. Prozessen um Kündigung von Lieferverträgen durch VW. **Kartellverfahren:** Gaffel in BKartA-Verf. ‚Kölsch' (BGH). Lfd. Arge Neue Medien, Bundesverb. Dt. Lebensmittelhandel, Drägerwerk, Hauptverb. Dt. Einzelhandel, Tengelmann Twenty-One, Verband Dt. Dentalindustrie, Vestolit, Vitrulan, Ziemann, ElectronicPartner Handel, Eurovia, Landgard, Capri-Sun.

HEUKING KÜHN LÜER WOJTEK

Kartellrecht ★★

Bewertung: Die Praxis hat ihre Schwerpunkte bei Fusionskontrollen u. im Vertriebskartellrecht. Ein Meilenstein war zuletzt die Arbeit an der Seite von Rheinenergie zur Neuordnung der rhein. Energieversorgung. Bei diesem Joint Venture mit E.on spielte das Kartellrecht eine entscheidende Rolle: Ein Team um Wiemer erreichte in einem Phase-II-Verfahren beim BKartA eine Freigabe unter Auflagen – die nun vor dem OLG gg. eine Klage der Wettbewerberin Lichtblick verteidigt werden muss. Für Orlen griff Heuking ihrerseits die Freigabe der Tankstellenfusion EG/OMV an. Dem Trackrecord im Energiesektor, für den insbes. die Büros in HH u. D'dorf stehen, ist auch die Arbeit für Shell u. Esso im Fall ‚Girocard' zu verdanken – beide Tankstellenbetreiber, vertreten von Wiemer u. Praxisleiter Bretthauer, gehören zu den größten Klägern in diesem Komplex. Die Mandate stehen auch für die wachsende Präsenz beim Thema Kartellschadensersatz. Insgesamt sind dem Wachstum allerdings Grenzen gesetzt, wenn es nicht gelingt, die im Marktvergleich niedrige Leverage zu erhöhen. Diese hat sich durch die Ernennung einer Sal.-Partnerin u. Associate-Abgänge zuletzt weiter verringert.

Stärken: Vertriebskartellrechtl. Know-how.

Oft empfohlen: Dr. Rainer Velte („angenehm u. kompetent", Wettbewerber), Dr. Frederik Wiemer („kollegial u. responsive", Wettbewerber), Dr. Reinhard Siegert, Dr. Stefan Bretthauer („Fachmann an der Schnittstelle zu IT-Themen", Wettbewerber)

Team: 4 Eq.-Partner, 3 Sal.-Partner, 2 Associates

Schwerpunkte: ▷*Vertriebskartellrecht* u. Fusionskontrollen. Auch Bußgeldverfahren u. Schadensersatzprozesse. In HH ▷*Energiefokus*.

Mandate: **Fusionen/Kooperationen:** Rheinenergie zu Joint Venture mit E.on/Westenergie (Phase II) u. bei Abwehr von Lichtblick-Beschwerde gg. Freigabe (OLG); Infrared zu DWS-Aufnahme als Investor von Dt. GigaNetz; Fusionskontrollen für Jungheinrich, Moll, Strabag. **Prozesse:** Geltendmachung von Kartellschadensersatz für Shell, Esso u. Tamoil (EC-Cash), Egger (Lkw); Egger bei Abwehr von Kartellschadensersatz (Spanplatten); Chiquita in kartellrechtl. Streitverfahren; Falke bei Klage gg. dt. Beihilferegelung Fixkostenhilfe (EuGH); Land Hessen, u.a. als Beschwerdegegner in Missbrauchsverf. gg. ESWE (OLG); Link Mobility in kartellrechtl. Verf. gg. DTAG (OLG); Orlen als Beschwerdeführer gg. BKartA-Freigabe von EG/OMV. **Kartellverfahren:** Elektrogroßhändler u. Kabelhersteller in BKartA-Verf. ‚Kabel'; Messtechnikunternehmen in BKartA-Verfahren. Techtronic zu Selektivvertrieb. Lfd.: Gemeinsame Stelle dualer Systeme; Galderma, Paulaner, Salzgitter AG, Soennecken, Viessmann. Vertriebskartellrechtl.: Hänel, Audi; HJC, HSE24.

HOGAN LOVELLS

Kartellrecht ★★★★

NOMINIERT
JUVE Awards 2023
Kanzlei des Jahres für Kartellrecht

Bewertung: Die Kartellrechtspraxis gehört zu den größten im Markt u. ist aktuell besonders präsent, weil mehrere Markttrends mit den Stärken ihrer Partner korrespondieren: So hat der Technologie-Fokus insbes. Wünschmanns u. des neuen Praxisleiters Schweda das erste große Prozessmandat für Google begünstigt. Dabei geht es um die Abwehr von Schadensersatz im Zshg. mit ‚Google Shopping' – u. damit einen der wichtigsten Fälle der Plattformökonomie. Auch auf Kläger- u. Beschwerdeführerseite ist HL aktiv, etwa gg. die Dt. Bahn. Schöning ist im aktuellen Marktumfeld stark gefragt als Experte für Investitionskontrollen – zuletzt etwa an der Seite des Spezialingenieurkonzerns Exyte. Für das neue Großthema Drittstaatensubventionen ist Schweda als Spezialist an den Schnittstellen zu Vergabe- u. EU-Beihilferecht perfekt positioniert. Insges. rückt HL durch ihren Automotive-Fokus ins Zentrum der grünen Transformation einer der wichtigsten Branchen. Wenige Wettbewerber beraten so umf. zu Technologie-Joint-Ventures im Zshg. mit E-Mobilität u. zu neuartigen Kartellverfahren im Umfeld von Nachhaltigkeit. Dass sich die Beratung auf dem Zukunftsfeld ESG nicht auf die Autoindustrie beschränkt, zeigt der Einsatz eines Teams um Ritz, das für Hitachi Energy ww. div. Projekte im Zshg. mit nachhaltiger Strominfrastruktur begleitet.

Stärken: Know-how an den Schnittstellen zum Vergabe-, ▷*Patent-* u. Außenwirtschaftsrecht, enge Verzahnung mit ▷*Konfliktlösung* u. ▷*Compliance*.

Oft empfohlen: Dr. Martin Sura („wirkt unspektakulär – aber nur, weil er einen ohne Aufsehen ins Ziel bringt", Mandant), Dr. Marc Schweda („ergebnisorientiert, fachl. top, klare Absprachen, top in der Zusammenarbeit", Wettbewerber), Dr. Christoph Wünschmann („genießt zu Recht hohes Vertrauen, fachl. sehr gute Beratung, die in der Praxis gut umsetzbar ist", Mandant), Dr. Falk Schöning („sehr konstruktiv in der Zusammenarbeit", Wettbewerber), Christian Ritz

Team: 5 Partner, 5 Counsel, 18 Associates

Schwerpunkte: Dt. u. europ. Fusionsanmeldungen, oft inkl. Investitionskontrolle (▷*Außenwirtschaft*); Unternehmenskooperationen (▷*Vertriebsrecht*). Missbrauchs- u. Bußgeldverfahren, inkl. Schadensersatzklagen u. ▷*Compliance*. Erfahren an der Schnittstelle zu ▷*Vergabe-* u. Beihilferecht. Branchen: ▷*Gesundheit*, ▷*Energie*, Rüstung, Automotive, Transport, Versicherung.

Mandate: **Fusionen/Kooperationen:** Div. Konzerne bei Gründung von Datennetzwerk Catena X; BASF, BMW, Henkel, Mercedes-Benz, SAP, Schaeffler, Siemens, T-Systems, VW und ZF bei Gründung von Daten-Joint-Venture Cofinity-X; Daiichi Sankyo Europe zu Kooperation mit Wettbewerber; BMW/Daimler-Joint-Venture ‚Digital Charging Solutions' zu Geschäftsmodell; EB-SIM bei Kauf von Windpark Aldermyrberget; Hitachi Energy in div. M&A -u. Joint-Venture-Projekten, u.a. Nachhaltigkeitskooperationen; M+W/Exyte bei Verkauf von Anteil an BDT Capital (auch FDI); Fusionskontrollen: Adva/Adtran, Banijay Germany/Sony Pictures Film- u. Fernseh Produktion, Chubu/Eavor Technologies, Kirkbi u. William Demant bei Verkauf von Riffgrund-I-Beteiligung. **Kartellverfahren:** BMW in EU-Verf. ‚Abgastechnik'; Trainline in BKartA-Verf. gg. Dt. Bahn bzgl. Online-Plattform. **Prozesse:** Abwehr von Kartellschadensersatz für Korean Air (Luftfracht) u. Google (Google Shopping); Geltendmachung von Schadensersatz für Transdev gg. Dt. Bahn (Ticketvertrieb). Autobahn Tank & Rast im Zshg. mit Aufbau von Schnellladeinfrastruktur; lfd.: Flixbus, Lürssen, Thalia, VW Financial Services.

JONES DAY

Kartellrecht ★★★

Bewertung: Trotz recht klar abgrenzbarer Praxen u. Schwerpunkte der einzelnen Kartellrechtspartner, gelingt dem Team inzw. eine gute fach- u. standortübergreifende Zusammenarbeit. Mandate wie die Beratung von Real Alloy beim Verkauf des europ. Geschäftsbereichs an Speira zeigen, dass JD in der Lage ist, gr. Beraterteams zusammenzustellen u. das internat. Netzwerk effizient auszuspielen. Der Großteil der kartellrechtl. Arbeit steht weiterhin im Zeichen des internat. Transaktionsgeschäfts. Neben der fusionskontrollrechtl. Beratung hat auch die Investitionskontrolle an Bedeutung gewonnen, hier ist v.a. Beninca regelm. im Einsatz, so auch für Neumandantin Rejuvenate. Auch in Compliance-Fragen u. bei internen Untersuchungen vertrauen Mandanten auf die Kartellrechtspraxis. Mit dem Brüsseler Partner Werner hat die Kanzlei zudem einen anerkannten Partner an der Schnittstelle zum Beihilferecht.

Stärken: Internat. Fusionskontrollen. Gute Beziehungen zur Top-US-Praxis. Angesehene europa- u. beihilferechtl. Praxis in ▷*Brüssel*.

Anwaltszahlen: Angaben der Kanzleien, wie viele Anwälte zu mind. ca. 50% in diesem Gebiet tätig sind. Sie spiegeln nicht zwingend die Gesamtgröße einer Kanzlei wider.

Oft empfohlen: Dr. Johannes Zöttl, Dr. Philipp Werner („breites, gut aufgestelltes Netzwerk", „hoch kompetent, pragmatisch u. kreativ", Mandanten; „überaus sympathischer u. im Markt häufig empfohlener Anwalt", Wettbewerber), Dr. Jürgen Beninca („grundlagenorientiert u. strategisch", Wettbewerber), Dr. Carsten Gromotke

Team: 4 Partner, 5 Associates

Schwerpunkte: Fusions- u. Investitionskontrollen (▷*Außenwirtschaft*). Zudem Missbrauchsverfahren, Prozesse (▷*Konfliktlösung*) u. ▷*Beihilferecht*. Außerdem branchenspezif. ▷*Compliance*, u.a. bei Pharma-/Biotech- u. Luftfahrtunternehmen.

Mandate: Fusionen/Kooperationen: Regelm. SAP, u.a. zu Lizenzierung, Cloud-Geschäft u. Businessprojekten; Ansys bei gepl. Kauf von Dynamore; Real Alloy bei Verkauf von Real Alloy Europe an Speira; Rejuvenate bei Kauf des operativen Geschäfts von Co.don; Archimed bei Kauf von PlasmidFactory; Avient zu Kauf eines Geschäftsbereichs von Koninklijke DSM; Cenntro Electric Group bei Kauf einer Mehrheitsbeteiligung an Tropos Motors Europe; Plastic Omnium zu Kauf des AMLS-Geschäfts von Ams Osram; Evoqua Water Technologies zu Fusion mit Xylem; Koch Industries bei Joint-Venture-Gründung einer Tochtergesellschaft mit OCP; Marubeni bei Verkauf des ww. Getreidegeschäfts an Viterra nach Umstrukturierung; Roper Technologies bei Verkauf einer Mehrheitsbeteiligung am Industriegeschäft an Tochter von Clayton Dubilier & Rice; The Timken Company bei Kauf von GGB Bearing Technology u. der Nadella Group. **Prozesse:** Griesson gg. Bußgeld ‚Süßwarenkartell' u. Schadensersatzklagen; Koelnmesse regelm., u.a. im Hinblick auf die Art Cologne.

KAPELLMANN UND PARTNER

Kartellrecht ★★

Bewertung: Der Schwerpunkt im Vertriebskartellrecht, insbes. mit Blick auf E-Commerce, verschafft der Praxis eine Hochkonjunktur. Nach dem BKartA-Vertikalverf. zu Musikinstrumenten u. einem weiteren, an denen die Kanzlei beteiligt war, ist Kallmayer nun erneut in einem dieser raren Verfahren für einen zentralen Akteur tätig. Er führt zudem ein Grundsatzverf. vor der Schweizer Wettbewerbsbehörde. Häufig geht es in den vertriebskartellrechtl. Mandaten um eine Anpassung an neue Standards wie die Vertikal-GVO. Viele klass. kartellrechtl. Fragen stellen sich im Zuge der Digitalisierung neu. So werden im Onlinevertrieb viele Hersteller auch Händler. Daneben ist die Praxis häufig in Compliance-Mandaten zu sehen. Neben ThyssenKrupp, über viele Jahre eine der wichtigsten Mandantinnen in dem Bereich, sind hier etwa du Mont u. eine jüngere Partnerin für Demeter im Einsatz.

Stärken: Beratung zu ▷*Compliance*, gut vernetztes Büro mit dt. Partner in ▷*Brüssel*.

Oft empfohlen: Dr. Axel Kallmayer („umf. Knowhow insbes. in Kartellverfahren", Wettbewerber), Dr. Ivo du Mont („verlässlich, sympathisch, ausgeprägter kartellrechtl. Sachverstand", Wettbewerber), Prof. Dr. Robin van der Hout („erfahren u. versiert auch im Beihilferecht", Wettbewerber), Dr. Gregor Schiffers („berät zügig u. kompetent, sehr kundenorientiert", Mandant; „stark in der Mittelstandsberatung", Wettbewerber)

Team: 5 Eq.-Partner, 3 Sal.-Partner, 5 Associates

Schwerpunkte: Lfd. kartellrechtl. Beratung, v.a. im Vertriebskartellrecht; Fusionskontrollen u. Compliance-Aufbau; auch strafrechtl. Kompetenz. Vertretung in Kartellverfahren.

Mandate: Fusionen/Kooperationen: Thyssenkrupp, u.a. zu F&E-Projekten u. Kooperationen im Zshg. mit Wasserstoff; GIZ im Zshg. mit Multi-Akteurs-Partnerschaften; Fusionskontrollen für Fresenius, Rheinmetall, Bünting, Keller Holding, Präg, Oqema, Vorwerk. **Prozesse:** Gea, u.a. bei Beschwerde gg. Bußgeld (‚Hitzestabilisatoren', EuGH) u. zu Compliance. **Kartellverfahren:** 2 Gesundheitskonzerne in BKartA-Verf.; Fond of, u.a. zu Zusammenarbeit mit Handelspartnern u. E-Commerce; internat. Textilkonzerne, u.a. bei Anpassung von Vertriebssystem an neue Vertikal-GVO; regelm. Schiesser, Trovotech, EWE, Flughäfen D'dorf u. München, Rodenstock, Zech Bau.

LATHAM & WATKINS

Kartellrecht ★★★★

NOMINIERT
JUVE Awards 2023
Kanzlei des Jahres für Kartellrecht

Bewertung: Die Kartellrechtspraxis hebt sich durch ihre enge internat. Integration hervor, v.a. mit Blick auf Brüssel u. die USA. So ist die Kanzlei an mehreren sehr komplexen Fusionsvorhaben beteiligt – darunter der ww. beachtete Pionierfall Illumina/Grail, in dem ein Team aus London, Brüssel, Washington u. D'dorf für Grail gg. eine EU-Untersagungsentscheidung kämpft. Auch wenn ein vielversprechender Neu-Counsel aus den eigenen Reihen Latham zuletzt verließ, ist das Team in den verg. Jahren deutl. gewachsen u. hat eine neue Anwaltsgeneration um Hauser, Höft u. Dammann de Chapto hervorgebracht. Diese hat sich neben den etablierten Schwergewichten Esser u. Völcker bereits einen Namen gemacht. Hauser u. Dammann de Chapto erreichten etwa für GIP/KKR Freigaben für den €16-Mrd-Kauf von Vantage Towers. Die Funktürme zählen zur kritischen Infrastruktur u. stehen in div. Ländern, sodass neben Fusions- auch umfangr. Investitionskontrollen nötig waren, die Dammann de Chapto ww. koordinierte. Neben transaktionsbezogenen High-End-Mandaten verbreiterte die Praxis zuletzt ihren durch die langj. Arbeit für Meta einschlägigen Trackrecord bzgl. der Durchsetzung des Kartellrechts im Technologiesektor. Die Vertretung der langj. Hengeler-Mandantin Microsoft in einem neuen 19a-Marktmachtverf. des Kartellamts durch ein Team um Esser u. Höft ist ein Bsp. für diese Entwicklung.

Stärken: Starke ▷*Private-Equ.- u. Vent.-Capital-* sowie Prozesspraxen (▷*Konfliktlösung*), gute Verzahnung mit US-Praxis, starkes ▷*Brüsseler* Büro.

Oft empfohlen: Prof. Dr. Sven Völcker („sehr gut für kreative Ansätze u. Ideen", Mandant; „tough Grader – hart, aber nett", Wettbewerber), Dr. Michael Esser, Dr. Max Hauser („Wahnsinnspensum bei Fusionskontrollen", Wettbewerber), Dr. Jan Höft, Dr. Jana Dammann de Chapto („erfahren, professionell u. kollegial", Wettbewerber)

Team: 4 Partner, 2 Counsel, 14 Associates

Schwerpunkte: Dt. u. EU-Kartellrecht sowie Fusionskontrollen. Regelm. in Kartelluntersuchungen u. zu Marktmissbrauchsvorwürfen tätig.

Mandate: Fusionen/Kooperationen: Vodafone, Orange, Telefónica zu Digital-Joint-Venture mit Dt. Telekom; GIP/KKR zu Koop. mit Vodafone zum Kauf von Vantage Towers; EG bei Kauf von 285 OMV-Tankstellen; Fusions- u. Investitionskontrollen: Antin/Blue Elephant Energy, Cerner/Oracle, Ares/SLR Global, Astorg (CordenPharma/ICIG, Astorg/Epiris/Euromoney), Dropbox/Secomba, EMZ (Ankerkraut/Nestlé, EMZ/Wishcard), Hg (Transporeon/Trimble, ResMed/Medifox), Silver Lake/Qualktrics, Carlyle (u.a. Flender/Moventas, Atotech/MKS, Theramax/CVC), SATS/WFS, Tower Semi-conductor/Intel; außerdem für One Equity, One Rock, PAI, Perusa, Renewable Energy Group, TA Associates, SIG. **Kartellverfahren:** Microsoft in BKartA-Verf. ‚Marktübergreifende Bedeutung'; Meta, u.a. bei Beschwerde gg. BKartA-Entscheidung wg. Marktmachtmissbrauch u. ggü. Kartellbehörden im Zshg. mit Giphy-Übernahme; US-Softwarekonzern in BKartA-Verf. bzgl. mögl. Anmeldepflicht div. abgeschlossener Übernahmen; Valve gg. EU-Bußgeld im Zshg. mit Geo-Blocking von Videospielen (EuG); Coca-Cola Hellenic Bottling in EU-Verf. zu mögl. Marktmachtmissbrauch. **Prozesse:** Vodafone bei Klage gg. Dt. Telekom wg. Marktmachtmissbrauch bei Kabelkanälen (BGH, OLG); Grail in div. Verf. (EuG, EuGH) im Zshg. mit Übernahme durch Illumina. Lfd.: Siemens, Apple.

LINKLATERS

Kartellrecht ★★★★

Bewertung: Ein gr. Pluspunkt der Kartellrechtspraxis ist die enge Anbindung an die starke Transaktionspraxis. Die enge grenz- u. fachbereichsübergr. Zusammenarbeit zeigt sich in Mandaten wie der umf. fusions- u. investitionskontrollrechtl. Beratung von Carrier beim Kauf der Klimasparte von Viessmann. Bei Unternehmen wie Uniper, Zalando u. VW ist die Kanzlei gut verankert u. überzeugte zuletzt auch neue Mandanten wie Gelita u. Sanofi. Daneben ist die Kartellrechtspraxis mit Kartellfällen betraut, berät etwa E.on als Streithelferin im Hinblick auf 22 Nichtigkeitsklagen vor dem EuG. Dabei arbeitet sie regelm. mit der Frankfurter ▷*Konfliktlösungspraxis* zusammen. Die D'dorfer Kartellrechtspraxis um die im Markt sehr angesehene Partnerin Seeliger arbeitet in vielen Mandaten Hand in Hand mit dem Brüsseler Standort, der nach einigen Abgängen im Vorjahr nun auf internes Wachstum setzt. Unterhalb der Partnerebene gewinnen starke Nachwuchskräfte an Präsenz, darunter ein im Vorjahr ernannter D'dorfer Counsel mit Branchenkenntnis im Automotive-Sektor.

Stärken: Sehr dyn. ▷*M&A-* u. ▷*Private-Equ.- u. Vent.-Capital-Praxen*.

Oft empfohlen: Prof. Dr. Daniela Seeliger („sehr gut vernetzt u. fachl. exzellent", „verhandlungsstark", Wettbewerber), Dr. Carsten Grave („hohe Kompetenz im Bereich Fusionskontrolle u. angenehm in der Zusammenarbeit", Wettbewerber), Christoph Barth („sehr erfahren u. gut vernetzt", „sehr umgänglicher, ruhiger u. pragmatischer Anwalt", Wettbewerber), Dr. Bernd Meyring („fachlich herausragend, hands-on u. immer responsive, meine 1. Wahl für Kartellrecht", Mandant)

Team: 4 Partner, 4 Counsel, 20 Associates, 1 of Counsel

Schwerpunkte: Dt. u. europ. Fusionskontrollen mit multinat. Anmeldungen, inkl. Invest.-Kontrollen durch eingespielte Zusammenarbeit im europ. Linklaters-Netzwerk u. oft in enger Zusammenarbeit mit der ▷*M&A-Praxis*. Auch Bußgeldverfahren u. ▷*Compliance* u. ▷*Brüsseler* Büro.

Mandate: Fusionen/Kooperationen: Carrier Global zu Kauf der Klimasparte von Viessmann; VW zu Verkauf der Anteile an Volkswagen Group Rus an Art-Finance; Schaeffler zu Kauf der Ewellix-Gruppe von Triton; Westenergie zu Koop. mit Rheinenergie; Südwestkonsortium zu Beteiligung an TransnetBW von EnBW; Capiton u. KD Pharma zu Dual-Track-Sell-

Anwaltszahlen: Angaben der Kanzleien, wie viele Anwälte zu mind. ca. 50 % in diesem Gebiet tätig sind. Sie spiegeln nicht zwingend die Gesamtgröße einer Kanzlei wider.

Side-Prozess der KD Pharma; ESSVP IV, u.a. zu Kauf von Bolan Home Fashion; EDP Renewables Europe zu Kauf eines Mehrheitsanteils an Kronos Solar; EY Law zu gepl. Trennung des Beratungs- u. Prüfungsgeschäfts; Gelita zu Kauf von Gelnex durch Darling Ingredients/Rousselot; KfW zu Investition in LNG-Terminal Brunsbüttel; Mayr-Melnhof-Gruppe zu Kauf von Essentra Packaging; Mediahuis zu Übernahme der Aachener Verlagsgesellschaft; Macquarie zu Verkauf der Beteiligung an Energie Steiermark; Sanofi zu mögl. Kauf von Horizon Therapeutics; Thermo Fisher Scientific zu Kauf der Binding-Site-Gruppe; Trans-o-flex zu Verkauf an Geodis; Qatar Investment Authority zu €2,43-Mio-Investition in RWE; VW zu IPO von Porsche; Uniper umf., u.a. zu Einstieg des Bundes u. Auflösung div. Koop. mit Fortum Oyj; regelm. Daimler Truck, Dt. Börse, Ineos, Zalando. **Prozesse:** E.on zu Nichtigkeitsklagen div. Stadtwerke u. regionaler Energieunternehmen gg. Beteiligungstausch mit RWE (EuG). **Kartellverfahren:** Porsche/VW in EU-Verf. ‚Abgastechnik' (mit Freshfields).

LUTHER

Kartellrecht ★★★

Bewertung: Die Kartellrechtspraxis punktet mit tiefer Branchenkompetenz in den Sektoren Energie, Gesundheitswesen u. Automotive. Insbes. bei komplexen Klinikfusionen u. energierechtl. Transformationsprozessen ist sie regelm. gefragt. In ihrer Paradedisziplin, dem Energiekartellrecht, für die v.a. Stappert verantwortl. ist, berät sie mehrere Energieversorger zu einer Vielzahl ESG-naher Themen. Neben der Fusionskontrolle verzeichnet das Team auch einen Anstieg in der investitionskontrollrechtl. Beratung, etwa für Dauermandantin Mutares. Die Vertriebsspezialistin Wegner ist für Mandanten trad. Anlaufstelle für die Gestaltung von Vertriebs- u. Lieferverträgen im Zshg. mit der neuen Vertikal-GVO. Dem gestiegenen Beratungsbedarf auf diesem Feld begegnete Luther zuletzt mit der Aufnahme 2er Vertriebskartellrechtler am Frankfurter Standort. Dass das Team auch mit anderen Rechtsbereichen wie der ▷*Vergaberechtspraxis* gut zusammenarbeitet, zeigt sich bspw. in der erfolgr. Vertretung von Egenberger in einem Vorabentscheidungsverf. beim EuGH zu dem Vorwurf kartellrechtswidriger Beteiligung an Absprachen bei öffentl. Ausschreibungen. Mit dem Zugang von Burholt von Baker McKenzie am Berliner Standort ist es gelungen, einen Kartellrechtler mit langj. Erfahrung im Pharmasektor zu gewinnen, der den Lifescience-Bereich weiter verstärkt.

Stärken: Branchen-Know-how, v.a. Energie, Automotive, Stahl u. Gesundheit; ausgeprägte Schnittstelle zum ▷*Vertriebsrecht*.

Oft empfohlen: Dr. Helmut Janssen („sehr kompetenter Anwalt, gute Zusammenarbeit", Wettbewerber), Dr. Holger Stappert („sehr guter Jurist mit enormer Erfahrung, denkt wirtschaftlich", Wettbewerber), Anne Wegner („ausgewiesene Kartellrechtsexpertin", „faire u. pragmatische Verhandlerin", Wettbewerber), Dr. Sebastian Janka („starker Verhandler, theoretisch versiert", Wettbewerber), Dr. Christian Burholt („effizient u. lösungsorientiert", „fachlich sehr versiert", Wettbewerber)

Team: 9 Partner, 4 Counsel, 13 Associates

Partnerwechsel: Dr. Christian Burholt, Dr. Johannes Teichmann (beide von Baker McKenzie)

Schwerpunkte: Bußgeldverf., Fusionskontrollen u. Compliance, auch Schadensersatzverf. Branchenerfahren u.a. in Automotive, ▷*Energie*, ▷*Gesundheitswesen* u. ÖPP. In ▷*Brüssel* auch ▷*Beihilfe*.

Mandate: Fusionen/Kooperationen: Autoneum bei Kauf von Borgers aus der Insolvenz; Arendals Fossekompani bei Kauf von IPT Technology; EDF u. E.on zu Joint-Venture-Gründung (Wasserstoff); Lomar bei Kauf von Carl Büttner; Mehiläinen bei Kauf von MVZ; Johanniter zu Kauf der EKF Evangel. Krankenhausförderungsges. u. Beteiligung an Valeo-Kliniken; Uni-Kliniken Heidelberg u. Mannheim bei Fusion; Abfallverwertungsuntern. zu Anpassung des Fernwärmeliefervertrags; Wasserversorger zu Abschluss eines neuen Wasserliefervertrags; LiveWire vertriebskartellrechtl. zu Agenturvertrag; Mineralöluntern. umf. vertriebskartellrechtl. im Zshg. mit der neuen Vertikal-GVO; Sportartikelhersteller vertriebskartellrechtl. im Zshg. mit Händler-

Anwaltszahlen: Angaben der Kanzleien, wie viele Anwälte zu mind. ca. 50 % in diesem Gebiet tätig sind. Sie spiegeln nicht zwingend die Gesamtgröße einer Kanzlei wider.

klage; Cathay Pacific Airways bei Durchführung eines Compliance-Review; Industrieuntern. in Compliance-Fragen u. zu LkSG; Hyundai Motor Europe zu Erstellung eines EU-weiten Vertriebsvertrags im Zshg. mit der neuen Vertikal-GVO; Tophi wg. Eröffnung eines Insolvenzverf.; lfd. Mutares, Alexander Bürkle, Fischerwerke, Harley-Davidson. **Prozesse:** Carcoustics bei Abwehr von Kartellschadensersatz (akustische Bauteile). **Kartellverfahren:** Egenberger kartell- u. vergaberechtl. zu Vorwurf von Absprachen bei öffentl. Ausschreibungen (EuGH).

MARCK

Kartellrecht ★

Bewertung: Die Gründer der Kartellrechtskanzlei sind ehem. Inhouse-Juristen u. Compliance-Experten aus dem Metro-Konzern. Diesen Hintergrund in eine besonders praxisnahe Beratung zu übersetzen, scheint zu gelingen. Auffällig oft wird der pragmat. Ansatz hervorgehoben, nicht nur von Wettbewerbern. „Die Anwälte sind äußerst sachverständig u. nachhaltig lösungsorientiert", lobt ein Mandant. Ihr Know-how wenden sie oft im Zshg. mit Lieferketten-Compliance u. Vertriebsstrukturen an, u.a. mit Blick auf das AgrarOLkG, der neuen kartellrechtsnahen Regulierung von Handelsbeziehungen entlang der Lebensmittelversorgungskette. Häufig übernimmt Marck zudem Fusionskontrollen für Kanzleien ohne Kartellrechtler, so etwa Schmittmann an der Seite von Arqis für Alloheim u. Batzel für Metro beim Kauf des Gastronomieausstatters Günther mit Loschelder. Zuletzt holte die Kanzlei einen E.on-Juristen als of Counsel an Bord, der das Know-how von Marck v.a. im Beihilferecht erweitert.

Stärken: Eingespieltes Team mit Inhouse-Erfahrung.

Oft empfohlen: Dr. Reto Batzel („seine Kombination Kartellrecht, Compliance u. Praxisnähe ist einzigartig", Mandant; „guter Jurist u. Compliance-Experte, menschl. sehr angenehm", Wettbewerber), Dr. Georg Schmittmann („kombiniert anwaltl. Sicht mit Inhouse-Compliance-Erfahrung", Wettbewerber)

Team: 2 Partner, 1 of Counsel

Schwerpunkte: Fusionskontrollen u. Compliance, auch Drittstaatensubventionen u. Investitionskontrollen; Kooperationen, u.a. in der Lebensmittelbranche u. im Handel.

Mandate: Fusionen/Kooperationen: Metro bei Kauf von Günther-Gruppe; Alloheim, u.a. bei Kauf von Novent-Pflegeheimen; Apricum bei Verkauf von GMC an Klar Partners; Bencis bei Kauf von A+K Kälte-Team u. Oppermann & Foss; Qair bei Kauf von Solar- u. Windparkprojekten der insolventen Green City AG; Quadriga bei Kauf von Signition; Sabo bei Kauf von Evonik-Sparte; Schneider zu F&E-Koop.; US-Prüfsystemhersteller bei Zukauf in Dtl.; Teehändler u. Zuckerproduzent zu Nachhaltigkeitsinitiativen. Feinkosthersteller zur Vereinbarkeit von Vertriebsmodell mit AgrarOLkG; Betonhersteller zur ‚Walzasphalt'- u. ‚Transportbeton'-Entscheidungspraxis des BKartA. Lfd.: TecAlliance, Brauns-Heitmann, HelloFresh, Skoda.

MAYER BROWN

Kartellrecht ★★

Bewertung: Das eingespielte Kartellrechtsteam konnte sich nach dem Zugang von Horstkotte u. Weichbrodt vor rd. 3 Jahren nun auch am Brüsseler Standort mit einer dt. Partnerin verstärken, die v.a. zu komplexen Fusionskontrollen u. ausl. Direktinvestitionen berät. Zum Mandantenstamm der Kanzlei zählen neben gr. dt. Industrieunternehmen wie Hochtief, Dt. Bahn u. Thyssenkrupp vermehrt auch internat. Mandanten aus der Chemie- u. Automobilbranche, darunter Cummins. Hier profitiert das Team von der Integration in die US-Praxis. Durch die gute Vernetzung im Automotive-Sektor ist es der Kartellrechtspraxis zuletzt gelungen, Daimler Truck als Mandantin zu gewinnen. Auch beim Thema Digitalökonomie zeigt das Team Präsenz, wie die Beratung eines Industrieverbands bei der Unterstützung der Beschwerde von Meta gg. die Entscheidung des BkartA in der Sache Meta/Kustomer zeigt.

Oft empfohlen: Christian Horstkotte („gut, fundiert bei dt. u. europ. Fusionskontrollen", Mandant), Dr. Johannes Weichbrodt („Spezialist für Compliance-Fälle", Wettbewerber)

Team: 1 Eq.-Partner, 2 Sal.-Partner, 1 Counsel, 3 Associates

Partnerwechsel: Dr. Andrea Pomana (von Advant Beiten)

Schwerpunkte: Fusionskontrollen u. Kooperationen.

Mandate: Fusionen/Kooperationen: Norsk Hydro zu Kauf der Hueck-Gruppe; Morningstar zu Kauf des Geschäftsbereichs Leveraged Commentary & Data von S&P Global; Konsortium EcoBeautyScore, u.a. aus Estée Lauder, Johnson & Johnson, L'Oréal, LVMH, Unilever, zu gepl. ESG-Kooperation; Benteler bei Verkauf von Stahlwerk in USA; Cummins zu gepl. Kauf von Automobilzulieferer (inkl. Investitionskontrolle); Senator zu Verkauf an Maersk; Unternehmen zu Joint Venture für Power-to-Liquid-Projekt; VW Financial Services regelm. in Kartell- u. Compliance-Fragen; lfd.: Aurubis, Borromin Capital, Nordic Metal Holdings. **Prozesse:** Ideal Automotive bei Abwehr von Kartellschadensersatz (‚akust. Bauteile'); IT-Verband CCIA, u.a. bei Stellungnahme zur Prüfung des Kaufs von Kustomer durch Meta (OLG D'dorf); Chemieunternehmen zu mögl. Schadensersatzklage gg. Ethylenkartell. Regelm. Daimler Truck, Dt. Bahn, Giesecke + Devrient, Hochtief, Thyssenkrupp Steel.

MCDERMOTT WILL & EMERY

Kartellrecht ★

Bewertung: Die Kartellrechtspraxis verzeichnete im verg. Jahr ein starkes personelles Wachstum u. konnte dadurch v.a. ihre Beratungskapazität im Vertriebskartellrecht u. in Fusionskontrollen weiter erhöhen. Das Team um Praxisleiter Krohs konnte zuletzt nicht nur bestehende Mandatsbeziehungen intensivieren, etwa zu Signa u. Krüger, sondern die Beratungspraxis auch auf die Branchen Automotive, Immobilien u. Healthcare ausweiten. Wie gut MWE v.a. in der Konsumgüter- u. Lebensmittelbranche positioniert ist, belegt der Gewinn von Tönnies als Mandantin. Aus anderen Büros u. Praxisgruppen erreichen die Kartellrechtler zudem immer wieder Verweismandate: Hier übernahm das Team etwa die Fusionskontrolle für Mandantin Hanwha Q Cells. Auch in der Compliance-Beratung u. Geltendmachung von Schadensersatzansprüchen ist die Praxis beschlagen: Im Zshg. mit dem Lkw-Kartell ist sie in gleich mehreren Sammelklagenkomplexen tätig. In klass. Kartellverfahren ist die Praxis hingegen weniger präsent.

Stärken: Gute Verzahnung mit US-Praxis.

Oft empfohlen: Christian Krohs („lösungsorientiert u. freundl.", Mandant)

Team: 1 Partner, 2 Counsel, 4 Associates

Schwerpunkte: Fusionskontrollrechtl. Beratung u. kartellrechtl. Prozesse; auch Vertriebskartellrecht u. lfd. Compliance-Beratung.

Mandate: Fusionen/Kooperationen: Hanwha Q Cells zu Mehrheitsbeteiligung an Lynqtech; Hakle zu Verkauf aus Insolvenz; Krüger zu Kauf von Geschäftsbereich der Laurens Spethmann Holding; Lobster-Gesellschafter zu Verkauf einer Mehrheitsbeteiligung an FSN Capital VI; Piepenstock zu Verkauf der wesentl. Vermögenswerte an Tiemeyer; Zech-Gruppe zu Immobilien-Joint-Venture mit Patrizia. Regelm. Intersnack. **Prozesse:** Geltendmachung von Kartellschadensersatz für div. Mandanten (Lkw); RTL Television gg. Eyeo (Adblocking). Krüger, Nagel regelm. zu Compliance. Lfd.: umf. Pfeifer & Langen, Signa, Tönnies-Gruppe; Pharmauntern. im Vertriebskartellrecht.

MILBANK

Kartellrecht ★★

Bewertung: Die Kartellrechtler sind an der Seite der starken Transaktionspraxis regelm. mit umfangr. Fusionskontrollen befasst. Zuletzt nahm die Arbeit für den Investor HIG großen Raum ein, v.a. was Investitionskontrollen angeht. Wie auch bei Transaktionen für Sartorius, etwa den Kauf von Albumedix, zahlt sich die Stärkung des Londoner Büros mit FDI-Spezialisten aus: Anmeldungen bei den brit. Behörden muss Milbank nicht mehr an andere Kanzleien abgeben. Neben transaktionsbezogener Arbeit, zuletzt etwa für HIG bei der kartellrechtl. kniffligen Übernahme von France Elevateur, ist das Team um Rinne auffällig oft in Schadensersatzprozessen tätig, neuerdings etwa im Zshg. mit dem Dehnfugenkartell. Ein ambitionierter Ausbau der Praxis könnte sinnvoll sein, um etwa stärker am wachsenden Markt strateg. bedeutsamer kartellrechtl. Regulierungsmandate teilzuhaben – allerdings sieht die stark transaktionsfokussierte Strategie der Gesamtkanzlei dies aktuell nicht vor.

Oft empfohlen: Dr. Alexander Rinne („hohe Auffassungsgabe, kreativer Gestalter kartellrechtssicherer Geschäftsmodelle", Mandant; „kompetent, effizient, kreativ", Wettbewerber)

Team: 1 Eq.-Partner, 1 Counsel, 5 Associates

Schwerpunkte: Fusionskontrollen, v.a. für Finanzinvestoren, u. Prozesse; auch Kartellbußgeldverfahren. Vertriebskartellrecht u. lfd. Compliance-Beratung.

Mandate: Fusionen/Kooperationen: Theo Müller, u.a. bei Kauf von Landliebe von FrieslandCampina (BKartA Phase II); HIG Capital bei div. Käufen, u.a. Morningside, France Elevateur, SportFive/Dentsu; ProSiebenSat.1, u.a. bei Übernahme von Joyn u. im Zshg. mit gepl. Beteiligungserhöhung von Mediaset; weitere Fusionskontrollen für Otto Group, Orix Aviation, SK Group, SQM, CPPIB, EQT, Carlyle, General Atlantic, Pamplona, Sartorius, Roche Diagnostics. **Prozesse:** Abwehr von Kartellschadensersatz für Brugg Kabel (Starkstromkabel), Mageba (Dehnfugen, Brückenlager), Eurofoam (Schaumstoffe), Dallmayr (Kaffee); Geltendmachung von Kartellschadensersatz für FrieslandCampina, Müller-Milch, Pepsi (alle Zucker); Bonduelle im Zshg. mit Schadensersatzklagen wg. Kartellverfahren ‚Pilze u. Gemüsekonserven'; Husqvarna, u.a. bei Abwehr von Klagen gg. selektives Vertriebssystem. Lfd. BMW.

Anwaltszahlen: Angaben der Kanzleien, wie viele Anwälte zu mind. ca. 50% in diesem Gebiet tätig sind. Sie spiegeln nicht zwingend die Gesamtgröße einer Kanzlei wider.

NOERR

Kartellrecht ★★★

Bewertung: Die gr. u. breit aufgestellte Kartellrechtspraxis punktet mit einem umfangr. Beratungsportfolio u. berät Mandanten neben Vertriebsfragen, Investitionsvorhaben u. Zusammenschlüssen auch in streitigen Auseinandersetzungen mit den Kartellbehörden. Die zunehmende Internationalisierung des Geschäfts spiegelt sich dabei v.a. in grenzüberschr. Fusions- u. Investitionskontrollmandaten. Es ist bemerkenswert, wie sich hier neben dem ▷*Brüsseler* Team auch Partner aus den dt. Büros immer stärker positioniert haben, z.B. Birnstiel, der inzw. Erfahrung mit asiat. Mandanten aufgebaut hat. Neben der lfd. Beratung des ww. tätigen US-Automobilzulieferers Lear stand das Team auch an der Seite von SAF-Holland bei deren öffentl. Übernahmeangebot für Haldex. Im Digitalkartellrecht war Noerr zudem für Corint Media im Beschwerdeverf. gg. Google u. Meta im Einsatz. Daneben vollzieht Noerr auch den Generationswechsel: Mit dem Vertriebsexperten Prof. Dr. Karsten Metzlaff ist ein renommierter Partner in den Of-Counsel-Status gewechselt. Dass jüngere Partner wie Steinvorth an seinen Erfolg anknüpfen können, belegt etwa die Mandatierung durch den Bauer Verlag, für den er die Fusionskontrolle Funke/Burda federführend begleitet. Auf die starke Nachfrage im Beihilferecht reagierte Noerr mit einer Partnerernennung zum Jahresanfang.

Stärken: Medien- u. Vertriebskartellrecht. Stark im Außenwirtschaftsrecht. Enge Vernetzung mit Kartellrechtlern der osteurop. Büros.

Oft empfohlen: Dr. Kathrin Westermann („sehr professionell u. äußerst angenehm", Mandant; „souverän, große Übersicht, enorm erfahren bei Kartellschadensersatz", Wettbewerber), Dr. Alexander Birnstiel („kompetent", Wettbewerber), Prof. Dr. Karsten Metzlaff („schnell, kompetent, mit Blick für wirtschaftliche Ziele u. Grenzen", Wettbewerber), Dr. Fabian Badtke („hervorragend, Experte bei multijurisdiktionalen Fusionskontrollen", Wettbewerber), Dr. Jens Schmidt („hervorragend, pragmatisch", Wettbewerber), Dr. Till Steinvorth („versiert u. durchsetzungsstark", Wettbewerber)

Team: 7 Eq.-Partner, 4 Sal.-Partner, 1 Counsel, 12 Associates

Schwerpunkte: Fusionskontrollen, inkl. Investitionskontrollen (▷*Außenwirtschaft*), Schadensersatzklagen u. Compliance sowie ▷*vertriebsrechtl. Beratung* u. Kartellverfahren. Branchen: Automobil- u. Bauindustrie, ▷*Medien*, Bekleidung, Energie, Versicherung sowie Gesundheit. Daneben ▷*Beihilferecht*, u.a. in Zusammenarbeit mit der ▷*Insolvenzpraxis*.

Mandate: Fusionen/Kooperationen: Solarisbank zu Koop. mit ADAC (Co-Branding); 3G Capital bei Kauf von Hunter Douglas; Genossenschaftsbanken im Zshg. mit gepl. Übernahme der Schufa durch EQT; Heinrich Bauer Verlag u. Wort & Bild Verlag als Beigeladene in BKartA-Phase-II-Verf. Funke/Burda; Deutsche Börse zu strateg. Koop. mit Google Cloud; KPS Capital Partners u. Speira bei Übernahme des europ. Geschäfts von Real Alloy; Lear bei Kauf der IG Bauerhin-Gruppe; SAF-Holland zu Übernahmeangebot für Haldex; 3i bei Übernahme von Digital Barriers; BBV-Gruppe bei Ausgliederung u. Verkauf eines Geschäftsbereichs im Rahmen eines Bieterverf.; Lincoln Electric bei Kauf von Fori Automation; Cemex bei Erwerb einer Mehrheitsbeteiligung an ProStein; Commerz Real bei Erwerb einer Minderheitsbeteiligung am HHer ‚Elbtower'; Dt. Telekom zu Rahmenvertrag im Zshg. mit Verkauf der Funkturmsparte; Strauman-Gruppe bei Übernahme von PlusDental. **Prozesse:** Geltendmachung von Kartellschadensersatz für Bosch (Wälzlager), Mercedes-Benz (Zuliefererkartelle), Kaufland (Zucker); Abwehr von Kartellschadensersatz für DAF (Lkw), BVR (EC-Cash), Bahlsen (Süßwaren). **Kartellverfahren:** Corint Media bei Beschwerde gg. Google u. Meta sowie Begleitung der BKartA-Untersuchungen ‚Marktübergreifende Bedeutung' u. ‚Google News Showcase'; Scania in EuGH-Verf. im Zshg. mit Bereitstellung von Datenbankschnittstelle; DFL zu Bundesligaverwertungsrechten u. im Zshg. mit 50+1-Regel; Claas in rumän. Bußgeldverf.; Lech-Stahlwerke in Einspruchverf. gg. Bußgeldbescheid; BMWK lfd. beihilferechtl., u.a. zu staatl. Beihilfen im Zusammenhang mit der Energiekrise; chin. Handyhersteller zu standardessenzieller Patentverletzung.

NORTON ROSE FULBRIGHT

Kartellrecht ★

Bewertung: Die Kartellrechtspraxis arbeitet eng vernetzt mit Teams aus den internat. Büros. Im Fokus stehen Fusions- u. Investitionskontrollen: Hier war die Beratung von Westcoast bei der Fusion mit Komsa zuletzt ein Highlight u. zugleich ein Beleg für die etablierte Rolle des Brüsseler Büros u. das gute Renommee von Werner im Bereich regulierter Märkte. Auch bei der Beratung in Kartellverf. u. streitigen Fällen zeigt das Team Präsenz. Durch einen personellen Ausbau ließen sich weitere Synergien heben, etwa an der Schnittstelle zur Konfliktlösungspraxis.

Oft empfohlen: Jürgen Werner, Dr. Tim Schaper („erfahrener Spezialist", Wettbewerber)

Team: 1 Partner, 1 Sal.-Partner, 3 Associates

Schwerpunkte: Kartellverf., inkl. Schadensersatzprozesse. Fusions- u. Investitionskontrollen. Branchenerfahrung bei Transport, Luftverkehr u. Infrastruktur (enge Verknüpfung mit ▷*Beihilfe-* u. ▷*Verkehrspraxis*.

Mandate: Fusionen/Kooperationen: Barmenia bei Beteiligung an PrismaLife; Dt. Euroshop bei Beteiligungen an 6 Shoppingcenter-Kommanditges.; Dubag bei Kauf von Emitec von Vitesco Technologies; Greencoat UK Wind bei Beteiligung an Offshore-Windpark Hornsea 1; Mann+Hummel zu Verkauf der Kunststoffsparte an Mutares (Carve-out); SiriusPoint bei Beteiligung an Cogitanda; Westcoast bei Fusion mit Komsa. **Prozesse:** Imperial Internat. bei Klage gg. Lkw-Kartell. **Kartellverfahren:** Mineralöluntern. zu Kartellschadensersatz.

OPPENLÄNDER

Kartellrecht ★★★

NOMINIERT
JUVE Awards 2023
Kanzlei des Jahres für Kartellrecht

Bewertung: Markenzeichen der Praxis sind Kartellschadensersatzprozesse, aber das Team deckt inzw. ein viel breiteres kartellrechtl. Spektrum ab. Für Aufsehen sorgten zuletzt etwa Klumpp u. eine weitere Partnerin, als sie ein Vermarktungs-Joint-Venture der Verlage Funke u. Burda in trockene Tücher brachten – der Deal war einer von wenigen Phase-II-Fällen des Amts in diesem Jahr. Ins Mandat kam Oppenländer, weil das Team sich bereits zuvor einen Namen bei ähnl. heiklen Projekten in der Medienbranche gemacht hatte. Die Branchenspezialisierung ist auch im Energiekartellrecht Trumpf, wo Hahn zu den erfahrensten Beratern gehört – ebenso wie Ulshöfer an den Schnittstellen zur Gesundheits- u. Vergabepraxis. Große Schritte macht die Praxis auch als Spezialistin im Automotive-Sektor: Bach u. Wolf sind für den Herstellerverband VDA an zentraler Stelle bei einer Brancheninitiative gegen die Halbleiterkrise tätig. Das Mandat zu diesem hochsensiblen Thema spricht für das hohe Renommee insbes. Bachs – u. es rückt die Kanzlei ins Blickfeld nahezu jedes wichtigen Akteurs der Branche. So gelang es, die Beziehung zu Mercedes-Benz zu vertiefen, während Bach u. Schmidt-Volkmar Vitesco als neue Mandantin gewannen.

Stärken: Viel Erfahrung in kartellrechtl. Schadensersatzklagen.

Oft empfohlen: Prof. Dr. Albrecht Bach („beeindruckende Analysen u. Aufmerksamkeit für Details", Mandant; „braucht man nicht viel zu sagen – brillant!", Wettbewerber), Dr. Andreas Hahn („angenehm sachlich", Wettbewerber), Dr. Ulrich Klumpp („fundierte Kenntnisse im Medienkartellrecht", Mandant; „pragmatisch u. kompetent", Wettbewerber), Dr. Matthias Ulshöfer („fachl. sehr stark", Wettbewerber), Dr. Florian Schmidt-Volkmar („viel Know-how im Automobilbereich, pragmatisch u. praxisorientiert", Mandant), Dr. Christoph Wolf („effizient u. fachkundig", Mandant; „hervorragend im Kartellschadensersatz", Wettbewerber)

Team: 8 Eq.-Partner, 1 Sal.-Partner, 6 Associates

Schwerpunkte: Fusionskontrollen u. kartellrechtl. Gerichtsverfahren, stark bei Schadensersatzprozessen. Branchen: u.a. ▷*Energie*, Banken, Automotive, Medien (v.a. Verlage), ▷*Gesundheit*.

Mandate: Prozesse: Geltendmachung von Kartellschadensersatz, u.a. für 272 Sparkassen (gg. Visa), Idealo (Google Shopping), BVG u. div. Nahverkehrsunternehmen (Schienen); Abwehr von Kartellschadensersatz, u.a. für DSGV (Girocard), GlaxoSmithKline u. L'Oréal (Drogerieartikel), Georgsmarienhütte (Edelstahl), Baywa (Pestizide); Forst BW bei Abwehr von Klage der Stadtwerke Heidenheim im Zshg. mit Windkraft-Ausbau; Stadtwerke Gießen bei Beschwerde gg. LKartA-Preismissbrauchsverfügung (BGH). **Fusionen/Kooperationen:** Burda/Funke bei Vermarktungs-Joint-Venture (BkartA Phase II); VDA, u.a. bei Brancheninitiative bzgl. Chipmangel; Emil Frey bei Kauf div. dt. Renault-Händler; Accord Healthcare zu gepl. Joint Venture im Gesundheitsbereich; Daimler Truck zu Beteiligung an Manz; Landesbank Berlin bei Schufa-Anteilserwerb; weitere Fusionskontrollen, u.a. für Siemens Energy, EnBW, Equinor, Fraunhofer, IK Partners, Südwestdt. Medienholding, Zeag. Abschleppunternehmen bei Selbstreinigungsgutachten im Zshg. mit Wettbewerbsregister.

OPPOLZER SEIFERT

Kartellrecht ★

Bewertung: Die HHer Kartellrechtsboutique zeichnet sich durch etablierte Mandatsbeziehungen aus, u.a. zu Haspa Beteiligungen u. Signify. Zuletzt konnten die beiden Namenspartner auch einen großen dt. Online-Modehändler u. ein SDax-Unternehmen von ihrem Know-how überzeugen. Neben Fusionskontrollen u. kartellrechtl. Compliance beraten sie Mandanten auch zur Geltendmachung von Kartellschadensersatz. Gut funktioniert v.a. der Schulterschluss mit einem Netzwerk aus kl. Kanzleien, für das die partnerzentrierte Einheit in gemeinsamen

Anwaltszahlen: Angaben der Kanzleien, wie viele Anwälte zu mind. ca. 50% in diesem Gebiet tätig sind. Sie spiegeln nicht zwingend die Gesamtgröße einer Kanzlei wider.

Projekten bspw. die kartellrechtl. Begleitung von Transaktionen übernimmt.
Oft empfohlen: Sebastian Oppolzer („fachl. exzellent, erfahren u. pragmatisch", „große Kompetenz u. lösungsorientierter Beratungsansatz", Wettbewerber), Dr. Konstantin Seifert („verlässl. Zusammenarbeit für alle Fragen des Kartellrechts", „sehr kompetent u. engagiert", Wettbewerber)
Team: 2 Partner
Schwerpunkte: Fusionskontrollen, Joint Ventures u. Compliance. Vernetzt mit div. Boutiquen, auch im Ausland.
Mandate: Fusionen/Kooperationen: Rheinmetall Electronics zu Kauf von Blackned; Haspa Beteiligungsgesellschaft für den Mittelstand u. Haspa PeB regelm. bei Zukäufen; gr. dt. Online-Modehändler vertriebskartellrechtl. u. in Compliance-Fragen. **Kartellverfahren:** Reinert Logistic bei Kartellschadensersatzforderung (Lkw); Spezialbau- u. Planungsunternehmen in div. Verfahren (u.a. Submissionsabsprachen). Kässbohrer lfd. zu Compliance; regelm. Peter Döhle Schifffahrt, Signify; GS-Agri-Gruppe; Nobilia-Werke, AWG Innovative Wasser- u. Abwassertechnik lfd., u.a. zu Compliance.

OSBORNE CLARKE

Kartellrecht ★★

Bewertung: Die Praxis steht für Know-how bei Technologiethemen u. kann dies immer besser ausspielen. So beziehen sich 3 der wichtigsten neuen Mandate Hacks auf Transaktionen u. Projekte im Zshg. mit dem wirtschaftl. Potenzial von KI – u. die Frage, wie sich die neue Technik kartellrechtl. einhegen lässt. In ihren Paradedisziplinen Vertriebskartellrecht u. Wettbewerberkooperationen konnte die Praxis zuletzt bestehende Mandatsbeziehungen wie die TÜV-Organisationen vertiefen u. neue Mandanten wie Miele u. Snipes gewinnen. Funke stand zuletzt in 2 großen Prozessen im Rampenlicht: an der Seite der EU-Kommission bzgl. Klagen gg. den E.on/RWE-Asset-Swap vor dem EuG u. als Dt.-Bahn-Vertreter in einem der größten Prozesse gg. das Lkw-Kartell. Neben solchen kartellrechtl. Streitigkeiten, für die Funke seit Langem steht, fällt auf, dass das von ihm geleitete Team bei Fusions- u. Investitionskontrollen oft auch die internat. Führung innerhalb der ww. Praxis übernimmt.
Stärken: Kartellschadensersatz, Vertriebskartellrecht, Technologiethemen.
Oft empfohlen: Dr. Thomas Funke („umtriebig u. unerbittlich als Klägervertreter", Mandant), Dr. Sebastian Hack („angenehm, pragmatisch, freundlich", Wettbewerber)
Team: 2 Partner, 1 Counsel, 5 Associates
Schwerpunkte: Kartellschadensklagen; Prozessführung, u.a. in Grundsatzverfahren vor europ. Gerichten. Auch Bußgeld- u. Fusionskontrollverfahren; Branchen: Kfz-Zulieferer, Lebensmittelhandel, Technologie. Ausgeprägte Schnittstellen zum ▷*Vertriebs-* u. ▷*IT-Recht.*
Mandate: Prozesse: Geltendmachung von Kartellschadensersatz für Dt. Bahn (Lkw); EU-Kommission in 16 Verf. gg. Energieunternehmen wg. Freigabe von E.on/RWE-Asset-Swap; Entsorger in kartellrechtl. Streit über Mengenclearingvereinbarungen der dt. Systembetreibern unter der Verpackungsverordnung; Dt. Windtechnik gg. Vestas im Zshg. mit Datenzugang u. -nutzung bei Windrädern; FCI internat. gg. Klage von 13 Züchtervereinigungen. **Fusionen/Kooperationen:** Taxfix bei Kauf von Steuerbot; Verifort bei Gründung von Joint Venture mit Otto Group u. Signal Iduna. Miele umf., u.a. zu Compliance; Snipes, u.a. zu kartellrechtl. Compliance. Lfd.: J. Wagner Group; Miele, Funke, TÜV Rheinland. Smart Technologies.

PRICEWATERHOUSECOOPERS LEGAL

Kartellrecht ★

Bewertung: Die Kartellrechtspraxis ist seit dem Zugang der erfahrenen Zühlke auf Wachstumskurs. So ist es gelungen, in Berlin ein Team aufzubauen, das sich zunehmend Marktanteile erobert. Insbes. Fusions- u. Investitionskontrollen gehören zum Tagesgeschäft der Praxis, die durch enge Vernetzung etwa mit der Regulierungs- u. Außenwirtschaftspraxis Mandanten bei Transaktionsprojekten aus einer Hand beraten kann. Dabei sitzt die Kanzlei v.a. bei mittelständ. Mandanten wie Goldbeck-, Ziegler- u. Weller-Gruppe fest im Sattel. Die Globus-Gruppe beriet das Team zuletzt im Rahmen der Fusionskontrollverf. Edeka/Real u. Kaufland/Real. Daneben ist die Praxis sowohl in Kartellverf. als auch präventiv tätig. In diesen Fällen u. bei internen Untersuchungen erfolgt die Arbeit meist praxisübergreifend, auch mit dem Forensikteam der WP-Gesellschaft. Bei Kartellschadensersatzverf. fehlt es allerdings noch an Sichtbarkeit.
Oft empfohlen: Susanne Zühlke („praxisorientiert, erkennt schnell wirtschaftliche Perspektiven", Mandant)
Team: 1 Partnerin, 2 Sal.-Partner, 2 Counsel, 10 Associates
Schwerpunkte: Lfd. Fusions- u. Außenwirtschaftskontrollen ▷*M&A.* Regelm. Schnittstellen zu ▷*Vergabe-* u. ▷*Beihilferecht.*
Mandate: Fusionen/Kooperationen: ArcelorMittal zu Kaufangebot für frz. Schienenwerk; UnternehmerTUM zu Joint Venture mit Schwarz-Gruppe; Helegejos zu Verkauf von Interpane an AGC; RWV zu Kündigung des Joint Venture mit Funke-Gruppe; Globus-Gruppe in Fusionskontrollverf. Edeka/Real u. Kaufland/Real; Nalka zu Kauf der Norres-Gruppe; Goldbeck-Gruppe zu Kauf der DS-Gruppen; Messe Friedrichshafen zu Joint Venture mit Messe Frankf.; Sparkasse Magdeburg bei Fusion mit Spark. Jerichower Land; jap. Untern. bei gepl. Joint Venture mit dt. Chemiehersteller; Bund zu LNG Terminals. Lfd.: Goldbeck-Gruppe, Ziegler-Gruppe, Weller-Gruppe, Flix, HTGF, Sennheiser, Giant Bicycles, QVC Dtl., Arbonia.

REDEKER SELLNER DAHS

Kartellrecht ★★★

Bewertung: Die Praxis steht v.a. für kartellrechtl. geprägte Prozesse u. verlängerte zuletzt die Reihe ihrer Klägermandate im Kartellschadensersatz: Eine Reihe von Landesbehörden aus dem Straßenbau setzt bei Klagen gg. die Kartelle ‚Brückendehnfugen' u. ‚Grobblech' auf die Erfahrung von Rosenfelds Team. Die Nähe zu staatl. Institutionen, prägend für die Gesamtkanzlei, zeigt sich auch im Kartellrecht in zahlr. weiteren Mandaten, etwa der Vertretung div. Länder in den Schadensersatzkomplexen Holzvermarktung u. Lkw. Früchte trägt die seit Jahren strateg. vorangetriebene interne Vernetzung mit Praxen wie Beihilfe-, Vergabe- u. ▷*Wirtschaftsstrafrecht.* Nach der umf. Compliance-Untersuchung bei Currenta mit Hogan Lovells, die über Verbindungen der Kartellrechtler zustande kam, hat RSD sich in einem Pitch für eine weitere Investigation durchgesetzt.
Stärken: Prozesserfahrung u. eingespieltes ▷*Brüsseler* Team.
Oft empfohlen: Dr. Andreas Rosenfeld („ich bin ein Fan von ihm", Mandant), Dr. Sebastian Steinbarth („angenehmer Teamplayer", Wettbewerber)
Team: 4 Eq.-Partner, 1 Counsel, 8 Associates
Schwerpunkte: Kartellrechtl. Prozesse u. Bußgeldverfahren. Schnittstellen, u.a. zu Regulierungsthemen in ▷*Medien*, Glücksspiel u. ▷*Verkehr.* Aktive ▷*Compliance-*, ▷*beihilfe-* u. ▷*vergaberechtl.* Praxen. Branchen: Entsorgung, Bau, Energie, LEH, Automotive.
Mandate: Prozesse: Geltendmachung von Kartellschadensersatz, u.a. für österr. Metallkonzern (Stahl), Bund, div. Länder, Lebensmittelhändler, Sofidel, Alois Omlor, Haas-Nutzfahrzeuge (alle Lkw), Dt. Bahn u.a. (Luftfracht), Energiekonzern (Stahl, Quartoblech), div. Landesbehörden (Dehnfugen, Quartoblech), Kraftwerksbetreiber (techn. Gebäudeausrüstung), Metro (Spülmittel); Abwehr von Kartellschadensersatz: Rheinland-Pfalz, Hessen u. Thüringen (Holzvermarktung), CFP (Süßwaren); BKartA in Staatshaftungsklage durch BayWa. **Fusionen/Kooperationen:** Beratung Projekt H2Global zur Vermarktung von Wasserstoff; Fusionskontrollen für Arkil. **Kartellverfahren:** Straßenbauunternehmen in Verf. wg. angebl. Submissionsabsprachen u. Löschung aus Wettbewerbsregister (Landeskartellbehörde BaWü, BGH). Bildungsanbieter bei Compliance-Audit; European Power Tools Association, u.a. zu Compliance.

ROCAN

Kartellrecht ★

NOMINIERT
JUVE Awards 2023
Gründerzeit-Award

Bewertung: Der Freshfields-Spin-off hat sich rasch im Markt etabliert. Die Kontakte aus Großkanzleizeiten sowie ein lebhaftes Netzwerk von Boutiquen u. anderen Kanzleien ohne dt. Kartellrechtspraxis bringen einen steten Fluss an Transaktionen, aber auch Kartellverfahren für namh. Mandanten. So ist es einer Empfehlung aus Großbritannien zu verdanken, dass Pukropski an der Seite von Cleary Google in BKartA-Verfahren bzgl. Marktmacht u. Geschäftspraktiken begleitet – das ist bemerkenswert, weil personell überschaubare, partnerzentrierte Boutiquen wie z.B. Heinz & Zagrosek typischerweise eher aufseiten von Beschwerdeführern tätig sind. Auch die Vertretung eines Unternehmens im BKartA-Verf. ‚Kabel' geht auf Marktempfehlungen zurück. Insges. hat sich Rocan inzw. eine beachtl. Basis an Dauermandaten zu kartellrechtl. Housekeeping, etwa bzgl. Vertriebsthemen u. Compliance erarbeitet. Ein Wettbewerber lobt: „Trotz ihres kurzen Bestehens bereits an hochkarätigen Mandaten beteiligt", aus einem Unternehmen heißt es, anerkennend, sie „rollen den Markt auf".
Stärken: Gut vernetzt in der Szene.
Oft empfohlen: Dr. Timo Angerbauer („praxisnahe Beratung", Mandant; „schnell, unkompliziert, hat perfekt aufbereitete Lösungen parat", Wettbewerber), Dr. Tobias Pukropski („fachl. brillant u. sehr schnell", Wettbewerber), Paul Drößler („kompetent, pragmatisch, schnell", Wettbewerber)
Team: 3 Partner, 1 Associate
Schwerpunkte: Fusionskontrollen u. Vertriebskartellrecht, inkl. Compliance. Auch Investitionskontrollen. Branchen: v.a. Automotive u. Technologie.
Mandate: Fusionen/Kooperationen: Continental, u.a. zu div. Kooperationen u. zum Informationsaustausch in M&A-Projekten; Knauf zu Compliance-System, insbes. im Zshg. mit Joint Venture; Lindab,

Anwaltszahlen: Angaben der Kanzleien, wie viele Anwälte zu mind. ca. 50% in diesem Gebiet tätig sind. Sie spiegeln nicht zwingend die Gesamtgröße einer Kanzlei wider.

u.a. bei Kauf von Felderer u. zu Compliance; Thyssenkrupp, u.a. zu 3D-Druck-Joint-Venture mit Wilhelmsen u. zu Lieferketten-Compliance; Highsnobiety bei Verkauf an Zalando; Maltego bei Verkauf an Charlesbank (FDI); Dermapharm bei Kauf von Arkopharma; BME/Blackstomne bei Kauf von Gebhardt Bauzentrum; Pepper.com bei Fusion mit Global Savings Group. **Kartellverfahren:** Google, u.a. in BKartA-19a-Verf. (mit Cleary), v.a. im Zshg. mit Datenverarbeitung; Unternehmen im BKartA-Verf. ‚Kabel'. Lone Star im Zshg. mit Umstrukturierung von GTT (FDI); Flink u. Autodoc u.a. zu Compliance u. Vertriebskartellrecht; lfd.: Audi, AbInBev, DKV Mobility, IAV.

SCHULTE

Kartellrecht ★

Bewertung: Die Kartellrechtspraxis ist tief verwurzelt in der Baustoffbranche, was insbes. Peter u. Dallmann angesichts div. lfd. BKartA-Verfahren in diesem Bereich nach wie vor reichl. Arbeit beschert. Zuletzt beriet das sehr partnerzentriert arbeitende Team in einem Verfahren, das Bedeutung weit über den Einzelfall hinaus entfaltet: Künstner, der sich innerhalb der Praxis als Prozessspezialist etabliert, erreichte für die Mandantin Vogelsberger Basaltwerk beim BKartA, dass deren Verfahrensgegnerin ein Bußgeld wg. eines kartellrechtswidrig gekündigten Pachtvertrags zahlen muss – u. erstritt zudem mit Rohnke Winter ein BGH-Grundsatzurteil zur kartellrechtl. Überprüfbarkeit von Schiedssprüchen durch staatl. Gerichte. Künstner erschließt der Praxis zudem mit seiner Arbeit für Verbände im Zshg. mit Nachhaltigkeitskooperationen die Lebensmittelbranche, während insges. aber Mandate aus der Baustoffbranche u. dem Finanzsektor noch immer dominieren.

Stärken: Gute Kenntnis der Baustoffbranche.

Oft empfohlen: Dr. Christoph Peter („kompetent u. kollegial", Wettbewerber), Dr. Michael Dallmann („guter Sparringspartner – schnelle Auffassungsgabe, immer zielführend", Mandant), Dr. Kim Künstner („brennt für seine Mandate", Wettbewerber)

Team: 3 Eq.-Partner, 2 Associates

Schwerpunkte: Fusionsanmeldungen, dt. Bußgeldverfahren u. Kartellschadensersatz. Vertriebsfragen u. Gemeinschaftsunternehmen. Branchen: Banken, Bauwirtschaft, Lebensmittel.

Mandate: Fusionen/Kooperationen: Fusionskontrollen, u.a. für Meiser, Xella, Kemna Bau. Delonghi, u.a. zu Selektivvertrieb; lfd.: Bauhaus, Globus, Dt. Derivate Verband; Vereinigte Asphalt Mischwerke; Standardisierungsverein BIAN (Großbanken u. Techunternehmen, u.a. SAP, Microsoft, IBM, ING). **Prozesse:** Vitembal bei Abwehr von Gesamtschuldnerhaftung im EU-Verpackungskartell (OLG); Vogelsberger Basaltwerk in Streit über kartellrechtswidrige Kündigung von Pachtvertrag (BKartA, BGH, mit Rohnke Winter); Geltendmachung von Kartellschadensersatz Praktiker (Tapeten) u. Bauunternehmen (Lkw). **Kartellverfahren:** Straßen- und Tiefbau-Unternehmen in 2 BKartA-Verf.; Bauunternehmen, u.a. in Verf. vor Landeskartellbehörde u. BKartA.

SZA SCHILLING ZUTT & ANSCHÜTZ

Kartellrecht ★★★

Bewertung: Der Ruf der Kartellrechtspraxis ist seit Langem stark durch die große Erfahrung bei der Vertretung in Kartellbußgeldverfahren u. in Prozessen geprägt. Der bemerkenswerte Erfolg, den der Freispruch ihrer Mandantin in der Untersuchung um ein Kartell der Kölsch-Brauereien darstellt, ist dabei keineswegs das einzige heikle Mandat von Praxischef Hellmann u. der erfahrenen Counsel Malz. Beiden vertrauten Mandanten auch neue Kartellverfahren an. Die koordinierende Rolle bei einem gepl. Nachhaltigkeits-Joint-Venture im Gartencenter-Markt unterstreicht ebenfalls, wie gefragt SZA auch in aktuellen Kartellrechtsthemen ist. Die Brüsseler Partnerin Birmanns spielt zudem ihre Erfahrung bei der Begleitung internat. Fusions- u. zunehmend auch Investitionskontrollen aus. Hier hat sich eine intensive Zusammenarbeit mit der zuletzt verstärkten M&A-Praxis der Kanzlei eingespielt. Dennoch lässt der Rückzug von Silvio Cappellari aus der Partnerschaft die Themen Wachstum u. Generationswechsel weiter auf der Tagesordnung.

Stärken: Prozesserfahrung.

Oft empfohlen: Hans-Joachim Hellmann („engagierter Verteidiger in Kartellbußgeldsachen", Wettbewerber), Dr. Stephanie Birmanns („angenehm in der Zusammenarbeit", Mandant), Dr. Christina Malz

Team: 1 Partner, 1 Sal.-Partner, 1 Counsel, 3 Associates, 1 of-Counsel

Schwerpunkte: Kartellbußgeldverf. u. Follow-on-Klagen. Zudem Fusionskontrollmandate, oft international, v.a. im ▷*Brüsseler Büro*.

Mandate: Fusionen/Kooperationen: DKV Mobility bei Mehrheitsbeteiligung an LIS Logistische Informationssysteme; Euro Plant Tray zu Nachhaltigkeitsinitiative, u.a. mit Obi, Bauhaus, Hornbach, Coop Schweiz, Gartencenter Dehner u. Pflanzenproduzenten; türk. Investorenfamilien bei Mehrheitskauf von Veritas-Gruppe; zudem für Gläser & Flaschen, Gross & Perthun, ProSiebenSat.1, Renolit, Vossloh. **Prozesse:** Nike in div. Prozessen; Erzquell gg. Bußgeld in BKartA-Kartellverf. ‚Bier' (BGH); Abwehr von Kartellschadensersatz für Campine u. Campine Recycling NV (Altbatterienrecycling), Vossloh (Schienen; BGH, LG Ffm), Hansa Armaturen (Badausstattung), Tapetenfabrik Gebr. Rasch (Tapeten); Overgas, u.a. in Schiedsverf. u. Prozessen mit Gazprom. Reinert und The Family Butchers, u.a. zu Compliance.

TAYLOR WESSING

Kartellrecht ★★

Bewertung: Die Kartellrechtspraxis punktet mit ausgewiesener Erfahrung bei Themen der Digitalwirtschaft u. Plattformökonomie. Hier berät das Team sowohl Mandanten aus der herstellenden Industrie als auch den Handel regelm. im Kontext der Digitalisierung im Vertriebskartellrecht. Auch Start-ups wie Flink u. GetYourGuide vertrauen regelm. auf das Know-how der Kartellrechtler. An der Seite der Transaktionspraxis ist das Kartellrechtsteam zudem oft mit umfangr. Fusionskontrollen befasst, neben die immer häufiger die Investitionskontrolle tritt. Ein Bsp. für ein grenzüberschr. Fusionskontrollmandat ist die Beratung von Triathlon beim Zusammenschluss mit der Sunlight Group. Der erfahrene Hartmann-Rüppel koordiniert die Zusammenarbeit mit 10 anderen Ländern u. hat seine Tätigkeit teils nach Brüssel verlagert, wo er die dortige Praxis leitet u. die Internationalisierung weiter vorantreibt.

Oft empfohlen: Dr. Marco Hartmann-Rüppel, Manuel Nagel („zielstrebiger Verhandler", „angenehm in der Zusammenarbeit", Wettbewerber)

Team: 2 Eq.-Partner, 1 Sal.-Partner, 4 Associates

Schwerpunkte: Internat. Vernetzung, Digitalisierung (▷*IT*) u. Fusions- u. Investitionskontrollen.

Mandate: Fusionen/Kooperationen: AMCS zu Kauf von Quentic; Duisburger Hafen zu Gründung von Logistik-Joint-Venture; Triathlon zu Fusion mit Sunlight-Gruppe; Alpina Partners zu Kauf einer Mehrheitsbeteiligung an The Project Group; Internat. Chemical Investors Group zu Kauf von Inprotec; Flink Compliance-rechtl.; Thyssenkrupp zu Einstieg von Fleet in CarValoo; Pfeiffer zu Verkauf der insolv. Pfeiffer-Unternehmensgruppe; GetYourGuide umf. kartellrechtl.; lfd. Deutz AG, Doordash, Fegime, Flughafenges. Berlin Brandenburg, Kratzer Automation, Motortech, Toyota, OHB, Sennder; Röhm, VDDI u. Thyssenkrupp zu Compliance. **Prozesse:** Unilegion zu Geltendmachung einer Kartellschadensersatz-Sammelklage (Pflanzenschutz).

WHITE & CASE

Kartellrecht ★★

NOMINIERT
JUVE Awards 2023
Kanzlei des Jahres für Kartellrecht

Bewertung: Die Kartellrechtspraxis hat in den letzten Jahren Schritt für Schritt an ihrer Aufstellung gefeilt u. die europ. u. fachübergreifende Vernetzung strateg. in den Mittelpunkt gerückt. Seitdem die internat. Erfahrung von Kuhn u. Schulz verstärkt in größere Beraterteams integriert wird, zeigt sich das Potenzial der Praxis deutlicher als in früheren Jahren. Das unterstreichen der Sprung auf die Beraterlisten von Konzernen wie Nestlé u. E.on sowie erste Mandate für weitere namh. dt. Konzerne. Bemerkenswert ist zudem die engere Zusammenarbeit mit der angesehenen Energie- u. Infrastrukturpraxis der Kanzlei, die sich u.a. bei der Beratung von Fluxys u. anderen Investoren zu Gasleitungs-, Dekarbonisierungs- oder Wasserstoffprojekten zeigt. Wie strateg. der Praxisaufbau vorangeht, zeigt auch die Einbindung von Anwälten mit investitionskontroll- u. beihilferechtl. Erfahrung in Transaktionen. Dass Kuhn von Symrise bei der EU-Durchsuchung im Duftstoffe-Kartell eingebunden wurde u. anschl. zusammen mit Büros in den USA u. Europa auch internat. die Verteidigung koordiniert, ist ein Ausweis für die internat. Erfahrung u. verbesserte Vernetzung.

Oft empfohlen: Axel Schulz, Dr. Tilman Kuhn („hervorragend, kundenorientiert, pragmatisch, Top-Anwalt", Mandant)

Team: 2 Eq.-Partner, 2 Sal.-Partner, 1 Counsel, 5 Associates

Schwerpunkte: Neben ▷*M&A*-begleitender Fusionskontrolle regelm. auch Kartellbußgeldverfahren u. rege ▷*Beihilfepraxis*. Auch Investitionskontrolle.

Mandate: Fusionen/Kooperationen: E.on zu Breitbandinfrastruktur-Joint-Venture mit Igneo Infrastructure, inkl. Investitionskontrolle; AP Moeller-Maersk bei Kauf des ww. Projektlogistikgeschäfts Martin Bencher, inkl. Investionskontrolle; ABB zu Kauf des dt. u. US-PowerTech Converter Geschäfts von PTC; Handelskette zu Benchmarking-Plattform im dt. Lebensmittel- u. Einzelhandel sowie bzgl. Untersuchung in der Schweiz; Familienholding zu Beteiligung an börsennot. Unternehmen; Stora Enso bei Verkauf von Papierfabrik Maxau; jap. Unternehmen zu Neugestaltung des europ. Vertriebs; Fluxys zu Beteiligung an Open Grid Europe; regelm. ExxonMobil, Nordic Capital, Nestlé, Toyota, Whirlpool. **Prozesse:** Autoliv ww. bei Abwehr von Schadensersatzklagen

Anwaltszahlen: Angaben der Kanzleien, wie viele Anwälte zu mind. ca. 50% in diesem Gebiet tätig sind. Sie spiegeln nicht zwingend die Gesamtgröße einer Kanzlei wider.

(Kfz-Sicherheitsausrüstung). Kartellverfahren: Elektronik-Händler bei BKartA-Untersuchung zu Weiterverkaufspreisen; NCR-Gruppe bei BKartA-Untersuchung zu Mindesterwerbspreisen. **Kartellverfahren:** Symrise bei Untersuchung gg. Duftstoffhersteller (EU, GB, USA); Nexans in BKartA-Verfahren (Kabelhersteller).

WILMERHALE

Kartellrecht ★★★

Bewertung: Die regulator. geprägte Praxis gehört zu den wenigen im Markt, die wie Oppenländer oder Glade Michel Wirtz sowohl auf Kläger- als auch auf Beklagtenseite umfangr. im Kartellschadensersatz tätig sind. Zuletzt hat die Praxis ein Prozessmarathon am LG Berlin beschäftigt: der Fall Girocard, in dem Ohlhoff u. Vertreter anderer Kanzleien für div. Bankenverbände ein Dutzend großvol. Klagen weitgehend abwehrten. Kamann, der inzw. die Praxisleitung übernommen hat, steht für einen enormen Trackrecord bei Verfahren vor EU-Behörden u. Gerichten. Ihn beschäftigen an der Seite der IT-Praxis datenschutz- u. kartellrechtl. Grundsatzfragen im Zshg. mit dem europ. Digital Markets Act – nicht nur im Zshg. mit dem Meta-Konzern, für den WH nach wie vor vor dem EuGH mit dem BKartA streitet. In die personelle Entwicklung der Praxis mit Blick auf den Generationswechsel ist zuletzt nach einer längeren Phase der Stagnation durch eine Sal.-Partner- u. eine Counsel-Ernennung in Frankfurt Bewegung gekommen.

Stärken: Enge Verknüpfung von Kartell- u. ▷*Prozesspraxis* mit erfahrenen Partnern, stark an der Schnittstelle zum ▷*Datenschutz*.

Oft empfohlen: Prof. Dr. Hans-Georg Kamann („perfekt für komplexe kartellrechtl. Litigation", Wettbewerber), Ulrich Quack, Dr. Stefan Ohlhoff („kluger Stratege", Wettbewerber), Dr. Peter Gey

Team: 3 Eq.-Partner, 3 Sal.-Partner, 2 Counsel, 9 Associates

Schwerpunkte: Kartellrechtl. geprägte Prozesse, Missbrauchs- u. Bußgeldverfahren. Auch Fusionskontrollen. Enge Verbindung zu regulator. geprägten Branchen wie ▷*Energie* (v.a. in Berlin), Telekommunikation u. ▷*Beihilferecht*.

Mandate: Prozesse: Abwehr von Kartellschadensersatz, u.a. für VÖB im Zshg. mit EC-Cash-Klagen; Geltendmachung von Kartellschadensersatz, u.a. für Krombacher, Katjes Fassin (Zucker), Dt. Bahn (Schienen), Kfz-Zulieferer (Edelstahl). **Kartellverfahren:** Meta, u.a. in BKartA-Verf. wg. Marktmachtmissbrauch u. Beschwerdeverf. (EuGH; mit Latham, Gleiss u. Rohnke Winter); Ex-Carlsberg-CEO in Einspruchsverfahren wg. Bierkartellbußgeldern. **Fusionen/Kooperationen:** Hessen, u.a. im Zshg. mit Zertifizierungs-Joint-Venture ‚AI Quality & Testing Hub' mit dem VDE; Dt. Telekom, u.a. zu Glasfaser-Joint-Venture mit EWE (BKartA; inkl. Abwehr von Beschwerden von Vodafone; BGH). Fusionskontrollen für Tui, Wepa, Baker Hughes, Fortive, Danaher (u.a. Kauf von Cevec Pharmaceuticals), Institut Straumann; lfd.: Bundesverband der Musikindustrie, Cosnova, DPG, Syngenta. Schaeffler.

WUERTENBERGER

Kartellrecht ★

Bewertung: Die Kartellrechtspraxis legt ihren Schwerpunkt auf Kartellschadenseratz u. verfügt zudem über Know-how zum Apotheken- u. Arzneimittelmarkt. Für beide Bereiche steht u.a. Kern, der den Pharmakonzern Merck u. den Pharmagroßhändler Phoenix zu seinen Mandanten zählt. Beim Thema Kartellschadensersatz nimmt die Kanzlei eine Sonderstellung im wichtigen Lkw-Komplex ein: Die Vertretung von 350 Städten u. Gemeinden auf Klägerseite ist auch logist. ein Kraftakt, der Wettbewerbern Respekt abnötigt – u.a. erreichte die Praxis einen viel beachteten Erfolg für die Berliner Stadtreinigung, als zum ersten Mal ein Gericht im Lkw-Kartell den Schaden schätzte. Dass in Kartellschadensersatzkomplexen auch Beklagte der Kanzlei ihre Fälle anvertrauen, zeigt der Einsatz für die ZG Raiffeisen im Pestizidkartell, die von SZA zu Wuertenberger wechselte. Der Einstieg des früheren SGP-Partners Zwecker bereichert die Praxis durch enge Kontakte in die Baustoffbranche u. reichl. Erfahrung in anspruchsvollen Fusionskontrollen.

Stärken: Legal-Tech-gestützte Kartellschadensersatzklagen; regulator. Kompetenz im Gesundheitswesen.

Oft empfohlen: Dr. Hannes Kern („pragmatisch, nah am Markt – für schweres regulator. Umfeld ist er super", Mandant; „klare Argumentation, kein Geschwafel – macht es einem als Gegner schwer", Wettbewerber), Prof. Dr. Kai-Thorsten Zwecker („erfahren u. lösungsorientiert", Mandant)

Team: 2 Partner, 2 Associates

Schwerpunkte: Regulierungsnahes Kartellrecht, häufig an der Schnittstelle zum Vergaberecht. Sektor-Know-how im ▷*Gesundheitswesen* u. in der Baubranche. Kartellschadensersatz für Kläger u. Beklagte; Kartellverfahren. Auch Fusionskontrolle.

Mandate: Prozesse: Abwehr von Kartellschadensersatz für ZG Raiffeisen u. AGRO Agrargroßhandel (Pestizide); Geltendmachung von Schadensersatz für 350 Städte, Gemeinden u. kommunale Unternehmen (Lkw-Kartell) u. Bauunternehmen (Quartoblech). **Kartellverfahren:** Unternehmen in BKartA-Verf. ‚Kabel'. **Fusionen/Kooperationen:** Baumit bei Kauf von Sakret; Pharmahändler strateg. zu Umgang mit Daten im Apotheken- u. Arzneimarkt; Hengstenberg u. Krieger-Gruppe zu Compliance; lfd.: Lapp Group, Merck, Theo Müller, Deubus, Sanacorp, S. Oliver, Seeberger, Solenhofer Zement.

Anwaltszahlen: Angaben der Kanzleien, wie viele Anwälte zu mind. ca. 50 % in diesem Gebiet tätig sind. Sie spiegeln nicht zwingend die Gesamtgröße einer Kanzlei wider.

Commercial Courts als echte Alternative zur Schiedsgerichtsbarkeit?

Von Florian Zindler, Kantenwein Zimmermann Spatscheck & Partner, München

Florian Zindler

Florian Zindler ist Rechtsanwalt im Bereich Commercial Dispute Resolution. Er berät und vertritt Unternehmen in komplexen Streitigkeiten vor staatlichen Gerichten und Schiedsgerichten. Er ist zudem als Schiedsrichter tätig. Zu seinen Tätigkeitsschwerpunkten gehören u.a. die Beratung und Vertretung in handels- und gesellschaftsrechtlichen Streitigkeiten. Über besondere Expertise verfügt er insbesondere in den Branchen Automotive und Informationstechnologie sowie dem Finanzdienstleistungssektor.

Kantenwein Zimmermann Spatscheck & Partner ist eine multidisziplinäre Kanzlei aus Rechtsanwälten, Steuerberatern und Wirtschaftsprüfern. Einen wesentlichen Schwerpunkt hat Kantenwein im Bereich Commercial Dispute Resolution. Das Team unterstützt Unternehmen dabei, Konfliktsituationen richtig und angemessen zu beurteilen und passgenaue Strategien zur Konfliktlösung zu entwickeln und umzusetzen. Dabei profitiert das Team von einer jahrelangen fokussierten Spezialisierung in wirtschaftsrechtlichen Streitverfahren vor ordentlichen Gerichten und Schiedsgerichten.

Kontakt

Kantenwein Zimmermann Spatscheck & Partner
Theatinerstraße 8
80333 München
info@kantenwein.de
www.kantenwein.de

Weitere Informationen zur Kanzlei in der Anzeige auf Seite 172

Ein Blick in die Statistik legt den Schluss nahe, dass der Streitbeilegungsstandort Deutschland zunehmend unattraktiv geworden ist. Nach dem Willen des Referentenentwurfs eines „Justizstandort-Stärkungsgesetzes" vom 25.04.2023 (Bundesministerium der Justiz) sollen die deutschen Zivilgerichte unter anderem von der Einführung sog. Commercial Courts profitieren. Hier könnten Rechtsstreitigkeiten auch in englischer Sprache verhandelt und entschieden werden. Die staatlichen Gerichte sollen dadurch auch gegenüber der Schiedsgerichtsbarkeit wettbewerbsfähiger werden.

Deutsche Ziviljustiz in der Krise

Die Zahlen der bei den deutschen Zivilgerichten geführten Verfahren sind seit geraumer Zeit rückläufig. Bei den Landgerichten erledigten die Kammern im Jahr 2011 insgesamt noch 370.603 Verfahren. Bis 2018 sank die Zahl der erledigten Verfahren auf 303.993, bedingt durch die Diesel-Klagewelle stieg sie bis zum Jahr 2021 wieder auf 340.741 an (Quelle: Statistisches Bundesamt).

Bei den Kammern für Handelssachen, die kaum mit Dieselfällen befasst waren, zeichnet sich dieses Bild noch gravierender ab: Hier haben sich die Verfahren im selben Zeitraum seit 2011 von 38.220 Verfahren auf 21.151 Verfahren im Jahr 2021 fast halbiert (Quelle: Statistisches Bundesamt).

Demgegenüber erfreut sich die Schiedsgerichtsbarkeit einer ungebrochenen Nachfrage insbesondere im Bereich der Wirtschaftsstreitigkeiten. Die Schiedsgerichte stehen daher im Verdacht, den staatlichen Gerichten die Fälle streitig zu machen. Dies lässt sich indes anhand der Zahlen der Schiedsinstitutionen nicht bestätigen. Die Verfahrenseingänge etwa bei der Deutschen Institution für Schiedsgerichtsbarkeit e.V. (DIS) und dem ICC International Court of Arbitration (ICC) sind konstant (Quelle: DIS, ICC), wenngleich die Zahl der geführten Verfahren in nur dreistelliger Höhe im Vergleich mit den staatlichen Gerichten gering ausfällt.

Die fachliche Diskussion beschäftigt sich mit verschiedenen potentiellen Ursachen dieser erstaunlichen Entwicklung. Insbesondere die außergerichtliche Streitbeilegung in Verbraucherangelegenheiten, d.h. beispielsweise die Geltendmachung von Ansprüchen aus der Fluggastrechteverordnung über Online-Rechtsdienstleister hat im Betrachtungszeitraum stark zugenommen. Dieses Phänomen erklärt den Rückgang der Verfahren vor den Landgerichten aber nur bedingt.

Eine von dem Bundesministerium der Justiz im Jahr 2020 in Auftrag gegebene Studie (Forschungsvorhaben „Erforschung der Ursachen des Rückgangs der Eingangszahlen bei den Zivilgerichten") kam im Abschlussbericht vom 21.04.23 zu dem Ergebnis, dass u.a. der hohe Aufwand, die Kosten, die Verfahrensdauer und die Unsicherheit bzgl. der Erfolgsaussichten potentielle Kläger:innen von einer Klage abhielten. Weitere Gründe sind die üblichen Verdächtigen, namentlich die mangelnde Digitalisierung der Justiz und die (angeblich) fehlende Spezialisierung staatlicher Richter:innen. Laut Studie bestehe daher insgesamt eine erhöhte Bereitschaft zur außergerichtlichen Streitbeilegung.

Der Gesetzgeber versucht der Entwicklung rückläufiger Verfahrenszahlen entgegenzuwirken. Dabei geht es für die Justiz nicht nur um ihre Finanzierung durch Gerichtsgebühren, sondern sie ist auch der Rechtsfortbildung verpflichtet. Daher ist die Abwanderung von Streitfällen in alternative Streitbeilegungsforen, wie z.B. die Schiedsgerichtsbarkeit, unerwünscht und soll verhindert werden. Zwar sind die Fallzahlen dort auf einem konstanten Niveau. Gleichwohl sind bestimmte Arten von Streitigkeiten, wie z.B. Auseinandersetzungen nach Unternehmenskäufen, den staatlichen Gerichten weitgehend entzogen. Unternehmenskaufverträge enthalten in aller Regel Schiedsklauseln, welche die sog. Post-M&A-Streitigkeiten vor Schiedsgerichte bringen. In der Konsequenz ist die Rechtsfortbildung in diesem Bereich stark gehemmt oder gar zum Stillstand gekommen, weil Schiedssprüche gemeinhin nicht veröffentlicht werden.

Um die staatlichen Gerichte für wirtschaftsrechtlich geprägte Sachverhalte attraktiv zu machen, wird seit vielen Jahren die Einführung von sog. Commercial Courts diskutiert. Initiativen des Bundesrates gehen bis in das Jahr 2010 zurück. Das Bundesministerium der Justiz hat nach seinem Eckpunktepapier vom Januar 2023 am 25.04.23 den Referentenentwurf eines „Gesetzes zur Stärkung des Justizstandortes Deutschland durch Einführung von Commercial Courts und der Gerichtssprache Englisch in der Zivilgerichtsbarkeit (Justizstandort-Stärkungsgesetz) vorgelegt".

Gegenstand des Referentenentwurfs

Viele der im Referentenentwurf enthaltenen Gesetzesänderungen adressieren die anerkannten und von den Nutzer:innen der Schiedsgerichtsbarkeit geschätzten Vorzüge der Vertraulichkeit, einer kürzeren Verfahrensdauer sowie der flexibleren und individuellen Verfahrensgestaltung und übernehmen diese in die staatliche Verfahrensordnung.

Nach dem Referentenentwurf würden die Länder durch eine GVG-Novelle berechtigt, sog. Commercial Chambers (als Kammern der LG) und sog. Commercial Courts (als Senate der Oberlandesgerichte oder Obersten Landesgerichte) einzuführen. Letztere könnten erst ab einem Streitwert von 1 Mio. € angerufen werden. In beiden Fällen könnten die Verfahren kraft Landesverordnung vollständig in englischer Sprache geführt werden.

Der Vertraulichkeit der dort geführten Verfahren würde durch Einführung einer neuen Regelung zur Geheimhaltung (§ 273a ZPO-RefE), welche an das Gesetz zum Schutz von Geschäftsgeheimnissen (GeschGehG) anknüpft, ein höherer Stellenwert beigemessen.

Um die Verfahrensdauer zu begrenzen, wäre der Instanzenzug von erstinstanzlichen Verfahren vor dem Commercial Court, d.h. wenn sich die Parteien ab einem Streitwert von 1 Mio. € auf die Anrufung des Commercial Court verständigt haben, abgekürzt: Spätestens nach der – gemäß Referentenentwurf stets zulässigen – Revision zum Bundesgerichtshofs würde die Entscheidung rechtskräftig.

Das Verfahren könnte dann auch im Rechtsmittel auf Englisch geführt werden, in der Revision allerdings nur im Einvernehmen mit dem zuständigen Zivilsenat des BGH (§ 184b GVG-RefE). Hinsichtlich der Verfahrensgestaltung vor den Commercial Courts übernimmt der Referentenentwurf die „Case Management Conference" als gängiges Instrument der Schiedsgerichtsbarkeit und des angloamerikanischen Prozessrechts (sog. Organisationstermin gemäß § 621 ZPO-RefE). Auf übereinstimmenden Antrag der Parteien wäre ein in Echtzeit mitlesbares Wortlautprotokoll (live transcript) der mündlichen Verhandlung zu erstellen (§ 622 Abs. 1 ZPO-RefE).

Commercial Courts als Konkurrenten der Schiedsgerichte?

Die Praxis hat den Referentenentwurf überwiegend als richtigen Schritt in Richtung Modernisierung der deutschen Justiz begrüßt. Es wird sich zeigen, ob Commercial Courts die beabsichtigten Ziele erreichen können. Jedoch sind Zweifel angebracht, ob sie sich in der Praxis als veritable Alternative zu den Schiedsgerichten erweisen können.

Die Vertraulichkeit des Verfahrens ist oftmals der ausschlaggebende Faktor für die Parteien, die sich für eine Schiedsvereinbarung entscheiden. Demgegenüber wäre auch die neue Geheimhaltung im Zivilprozess (§ 273a ZPO-RefE) an die Öffentlichkeitsmaxime des § 169 GVG gebunden. Geheimhaltung würde sich daher nicht als Grundsatz, sondern als die Ausnahme darstellen: Auf Antrag einer Partei entscheidet das Gericht nach seinem Ermessen. Eine Anordnung nach § 20 Abs. 1 GeschGehG würde in aller Regel nicht den Ausschluss, sondern eine bloße Beschränkung der Öffentlichkeit bedeuten.

Auch die Vollstreckbarkeit von Schiedssprüchen ist für transnationale Streitparteien attraktiv: Sie können auf Grundlage des „New Yorker Übereinkommens über die Anerkennung und Vollstreckung ausländischer Schiedssprüche" (1958) in 172 Vertragsstaaten vollstreckt werden (Quelle: UNCITRAL). Ferner bleibt auch die auf das jeweilige Verfahren zugeschnittene Besetzung den Schiedsgerichten vorbehalten, da der Commercial Court an das Justizgrundrecht des gesetzlichen Richters (Art. 101 Abs. 1 S. 2 GG) gebunden ist.

Vorteile hätte der Commercial Court aber jedenfalls im Bereich des einstweiligen Rechtsschutzes, der in Schiedsverfahren besonders schwierig ist. So ist das Schiedsgericht bei Einleitung eines Verfahrens regelmäßig noch nicht konstituiert und die Verfahrensordnungen tun sich schwer mit effizientem Eilrechtsschutz.

Ausblick und Fazit

Die staatlichen Gerichte könnten durch die Gesetzesnovelle in puncto Verfahrensdauer und Verfahrensgestaltung durchaus an Attraktivität gewinnen. Die Schiedsgerichtsbarkeit wird sich jedoch auch in Zukunft durch die Spezialisierung des Spruchkörpers, die Vertraulichkeit des Verfahrens und die internationale Anerkennung des Titels auszeichnen. Der Erfolg der Commercial Courts wird daher abzuwarten sein, wobei es maßgeblich auf die konkrete Umsetzung durch die Bundesländer ankommen wird.

Um den Justizstandort Deutschland nachhaltig zu stärken, müssten – aus Sicht von B2B-Nutzer:innen – auch die seit langem bestehenden Reformvorschläge zum deutschen Sachrecht aufgegriffen werden, wie z.B. die strikte und teils unabdingbare Anwendbarkeit des AGB-Rechts im (internationalen) Geschäftsverkehr.

Selbst wenn Commercial Courts den Schiedsgerichten in der Zukunft nicht den Rang ablaufen werden, so ist die gesetzgeberische Initiative doch begrüßenswert im Sinne einer fälligen Modernisierung der deutschen Ziviljustiz. Der Erfolg der Commercial Courts wird letztlich von der Qualität der Verfahren und Entscheidungen und der daraus resultierenden Akzeptanz bei den Nutzer:innen abhängen. Unter diesen Voraussetzungen bestehen im Hinblick auf Effizienz (das Gericht existiert schon) und Verfahrenskosten sicherlich Vorteile gegenüber der Schiedsgerichtsbarkeit. Ein wesentlicher Unterschied wird aber die Vertraulichkeit bleiben, die aufgrund der verfassungsrechtlichen Gegebenheiten in Commercial Courts nicht konsequent umgesetzt werden kann. ■

KERNAUSSAGEN

- Das Justizstandort-Stärkungsgesetz würde den deutschen Zivilprozess in mancher Hinsicht verbessern und für internationale Parteien im Bereich B2B attraktiver machen.
- Schiedsgerichtsbarkeit verfügt insbesondere mit Blick auf die Vertraulichkeit des Verfahrens und die Vollstreckbarkeit von Titeln über Vorteile für kommerzielle Nutzer:innen, die auch Commercial Courts nicht darstellen können.
- Um den Streitbeilegungsstandort Deutschland im Sinne des Justizstandort-Stärkungsgesetzes nachhaltig attraktiver und wettbewerbsfähiger zu gestalten, bedürfte es auch Anpassungen im anwendbaren materiellen Recht.

Konfliktlösung – Dispute Resolution

(V.a. handels- und gesellschaftsrechtliche Zivilprozesse, Schiedsverfahren, Mediation, Produkthaftung)

Politik als Wachstumstreiber für Disputes-Praxen

Zahlreiche politische und wirtschaftliche Entwicklungen halten die Welt in Atem – zusammen ergeben sie so etwas wie den perfekten Sturm für Konfliktlösungspraxen. Während Zinswende und wachsende Unsicherheiten in Bereichen wie Immobilienrecht oder Private Equity Bremsspuren hinterlassen, können sich Disputes-Spezialisten vor Arbeit kaum retten. Abzulesen ist dies auch an personellen Entwicklungen: Viele Kanzleien stocken ihre Associate-Teams deutlich auf, darunter **Clifford Chance**, **White & Case**, **CMS Hasche Sigle** und **DLA Piper**. Das Gewicht der Konfliktlöser innerhalb der Kanzleien nimmt zu, wirtschaftlich und strategisch. Der von vielen erwartete große Schwung an Schiedsverfahren wegen ausgebliebener Energielieferungen aus Russland ist zunächst zwar ausgeblieben, dennoch beschäftigen die Folgen des russischen Überfalls auf die Ukraine Konfliktlösungspraxen auf vielen Ebenen: Der Rückzug westlicher Unternehmen aus dem russischen Markt ist immer mit Streitigkeiten verbunden. Dass hier meist auch das Sanktionsrecht eine Rolle spielt, ist nur ein Beispiel dafür, dass staatliche Regulierung Konfliktlösungsspezialisten auf den Plan ruft. Dasselbe ist in Bezug auf die grüne Transformation zu beobachten, wo hoheitliche Eingriffe in den Energiemarkt Streit über die Finanzierung zahlreicher Projekte auslösen – so kämpfen etwa Uniper mit **Allen & Overy** und RWE mit **Luther** um eine Entschädigung wegen des niederländischen Kohleausstiegs. Mit **Aurelius Cotta** ist eine neue Boutique mit Know-how auf diesem Gebiet entstanden.

Masse macht Kasse

All diese Entwicklungen werden getrieben von Krisen: Corona-Krise, Ukraine-Krise, Klimakrise. Unabhängig davon setzen die Digitalisierung und die Justizpolitik weitere Entwicklungen in Gang, die Konfliktlösungspraxen tiefgreifend verändern. Mit der Abhilfeklage verbessert Deutschland das Instrument Sammelklage. Das könnte die Gewichte zugunsten von klagenden Verbrauchern verschieben. Entsprechend wachsam verfolgen Unternehmen und ihre Berater die Entwicklung. Massenklagen jedenfalls – im Sinne von massenhaften Einzelklagen – pflügen bereits jetzt den Markt um. Kanzleien wie **Freshfields Bruckhaus Deringer**, **CMS** und **Fieldfisher** haben Teams aufgebaut, in denen mit reichlich Technologieeinsatz Großmandate bearbeitet werden. Ein Beispiel ist die Klagewelle gegen Onlinecasinoanbieter auf Rückzahlung von Wetteinsätzen: Hier sind etwa bei **Fieldfisher**, **Redeker Sellner Dahs** und **DLA** große Teams auf Beklagtenseite im Einsatz. Nachdem sich mit **Classreaction** bereits die erste Kanzlei mit einem reinen Fokus auf die Abwehr von Massenklagen gegründet hat, haben sich auf Verbraucherseite zuletzt die renommierten Klägerkanzleien **Dr. Stoll & Sauer** und **Baum Reiter & Collegen** zu **brc Consumer Litigation** zusammengeschlossen. Die Erwartungen der meisten Marktteilnehmer sind klar: Es braucht gar keine neue Welle an Dieselverfahren, die der BGH mit seiner Thermofenster-Entscheidung vom Sommer möglicherweise ausgelöst hat – Massenverfahren, ob mit Bezug zu Datenschutz oder Greenwashing oder AGB-Themen, werden weiterhin den Markt prägen.

Die Bewertungen behandeln Kanzleien, die bei der Beilegung von Konflikten in unterschiedlichen Streitformen beraten, sowohl vor staatlichen als auch vor Schiedsgerichten. Dazu zählen etwa sog. Commercial Litigation, Post-M&A-, Produkthaftungs- sowie gesellschaftsrechtliche Streitigkeiten. Spezialisten für Schiedsverfahren und die BGH-Vertretung sind in separaten tabellarischen Übersichten dargestellt. Auch in anderen Fachkapiteln finden sich Ausführungen zur Prozesskompetenz, darunter ▷*Vertrieb, Handel und Logistik*, ▷*Arbeits-*, ▷*Gesellschaftsrecht*, ▷*Marken- und Wettbewerbs-*, ▷*Versicherungs-*, ▷*Vergabe-*, ▷*Kartell-*, ▷*Immobilien- u. Bau-* u. ▷*Wirtschafts- und Steuerstrafrecht* sowie ▷*Insolvenz und Restrukturierung*. Mit der Vertretung vor den europäischen Gerichten befassen sich u.a. die Kapitel ▷*Brüssel* u. ▷*Außenwirtschaftsrecht*.

JUVE KANZLEI DES JAHRES FÜR KONFLIKTLÖSUNG

WHITE & CASE

JUVE AWARDS 2023

Der Mix aus bestehenden Stärken und neuen Schwerpunkten hat White & Case bei mehreren schlagzeilenträchtigen Streitkomplexen ins Zentrum gerückt. So erntete die von **Dr. Markus Burianski** und **Markus Langen** geleitete Praxis viel Anerkennung, als sie für Uniper einen milliardenschweren Titel gegen Gazprom Export erstritt. Das Verfahren unterstreicht das große Know-how der Praxis bei internationalen Vollstreckungsthemen, das zuletzt auch an der Seite Indiens in einem Investitionsschutzstreit mit der Deutschen Telekom gefragt war. Beide Verfahren zeigen zudem: Es gelingt dem über die Jahre durch kluge strategische Entscheidungen stark gewachsenen Team immer besser, die Vorteile des weltweiten Kanzleinetzwerks im Sinne ihrer Mandanten auszuspielen. Unter anderem werden Prozesse in Ländern wie Australien, Israel und Großbritannien im Rahmen einer prozessualen Gesamtstrategie aus Deutschland heraus koordiniert.

Die Arbeit für Biontech zeigt, dass White & Case sich auch das Feld der Pharmastreitigkeiten erschlossen hat: Ein Team um die jüngeren Partner **Dr. Alexandra Diehl** und **Christian Theissen** überzeugte das Unternehmen von sich – und wurde für die Abwehr einer Klagewelle wegen mutmaßlicher Impfschäden mandatiert.

Konfliktlösung: Prozesse

★★★★★

Freshfields Bruckhaus Deringer	Frankfurt, Hamburg, Düsseldorf, München
Gleiss Lutz	Frankfurt, Stuttgart, München, Hamburg, Düsseldorf
Hengeler Mueller	Frankfurt, Berlin, München
Linklaters	Frankfurt, München

★★★★

Allen & Overy	Frankfurt, Hamburg, München
Clifford Chance	Düsseldorf, Frankfurt, München
CMS Hasche Sigle	München, Stuttgart, Köln, Hamburg, Düsseldorf
Hogan Lovells	Düsseldorf, München, Hamburg, Frankfurt
Latham & Watkins	Frankfurt, Hamburg, München
Noerr	Berlin, Dresden, Düsseldorf, Frankfurt, München
White & Case	Berlin, Frankfurt, Hamburg, Düsseldorf

★★★★

Baker McKenzie	Düsseldorf, Frankfurt, München
DLA Piper	Köln, Frankfurt, München
Quinn Emanuel Urquhart & Sullivan	Hamburg, München, Mannheim, Stuttgart
Sernetz Schäfer	München, Düsseldorf
SZA Schilling Zutt & Anschütz	Mannheim, Frankfurt

★★★

Ashurst	Frankfurt, München
Gibson Dunn & Crutcher	München, Frankfurt
Hausfeld	Berlin, Düsseldorf
Heuking Kühn Lüer Wojtek	Düsseldorf, Hamburg, München, Frankfurt
Luther	Hamburg, Köln, Essen, Düsseldorf
Lutz Abel	München, Stuttgart, Hamburg
Orrick Herrington & Sutcliffe	Düsseldorf, München
Wach und Meckes und Partner	München
WilmerHale	Berlin, Frankfurt

Fortsetzung nächste Seite

ADVANT BEITEN

Konfliktlösung: Prozesse ★★
Konfliktlösung: Schiedsverfahren ★

Bewertung: Die Praxis befindet sich weiter im Umbruch, nachdem über Jahre Großmandate wie Toll Collect u. VW-Dieselklagen eine gewisse Stagnation in der Entwicklung weiterer Schwerpunkte mit sich brachten. Neue Akzente soll Hafner setzen, der zum Eq.-Partner u. Praxisleiter ernannt wurde. Eine der strateg. Aufgaben des anerkannten Schiedsexperten dürfte es sein, den Wert des im Vorjahr erweiterten internat. Kanzleinetzwerks für Mandanten stärker herauszuarbeiten, denn hier bleibt die Praxis bisher unter ihren Möglichkeiten. Ein mögl. Wachstumsbereich ist die Vertretung von Organmitgliedern u. Beratern in Haftungsfällen, für die insbes. 2 Sal.-Partner stehen. Sichtbar ist bereits, dass die lange allein in München angesiedelte Praxis auch in anderen Büros wie Frankfurt stärker Fuß fasst, wodurch die Kanzlei ihren Vorteil einer guten Verankerung in regionalen Märkten stärker ausspielen kann.
Oft empfohlen: Dr. Ralf Hafner („akribisch in der Sache, souverän in der Verhandlungsführung", Wettbewerber)
Team: 5 Eq.-Partner, 7 Sal.-Partner, 9 Associates
Schwerpunkte: Handelsrechtl., Post-▷*M&A*- u. gesellschaftsrechtl. Streitigkeiten, bankrechtl. Prozesse sowie insolvenznahe Litigation, insbes. D&O-Fälle. Schwerpunkte in den Branchen Energie u. Automotive, auch im Bausektor.
Mandate: Handelsunternehmen in chin. Verfahren bei Abwehr von Verkäuferansprüchen (CIETAC, mit Freshfields); 90 Unternehmen in div. Verf. gg. Bund bzgl. Corona-Schutzausrüstung; Maurer bei Abwehr von Kartellschadensersatz (Dehnfugenkartell); Autozulieferer ggü. span. Firma wg. Rückzahlung von Vorschüssen; DRK-Kreisverband gg. Ex-Vorstand bzgl. Organhaftung.

ALLEN & OVERY

Konfliktlösung: Prozesse ★★★★
Konfliktlösung: Schiedsverfahren ★★★

Bewertung: Die Kanzlei gehört aufgrund ihrer engen Beziehungen zur Finanzindustrie nach wie vor zu den präsentesten Akteuren bei der Aufarbeitung von Cum-Ex- u. Cum-Cum-Fällen. Bussian u. Windthorst arbeiten in diesen Mandaten eng mit den Steuerrechtlern der Kanzlei zusammen. Beraterhaftungsspezialist Zimmerling spielt an der Seite von EY eine wichtige Rolle im Wirecard-Komplex. Besonders prägend für die Disputes-Praxis sind aktuell die Folgen des Ukraine-Kriegs. Die damit verbundene Welle an Streitigkeiten hat u.a. zur starken Entwicklung des Schiedsteams um Masser beigetragen: Es umfasst inzw. ein Dutzend Anwälte – eine bemerkenswerte Aufbauleistung, nachdem sich vor einigen Jahren nahezu die komplette Schiedspraxis abgespalten hatte. Zuletzt gewann A&O einen internat. erfahrenen Counsel von Cleary. Massers Schwerpunkt im Energiesektor – u.a. vertritt sie Uniper in einem Investitionsschutzstreit gg. die Niederlande – passt in eine Zeit, in der eine Welle an Lieferstreitigkeiten im Zshg. mit Gas u. Öl über Europa rollt. Außerhalb der Schiedsgerichte führt hier auch Bussian große Verfahren, etwa für 2 Chemieunternehmen. Windthorst übernimmt neben seinen finanzrechtl. Mandaten zunehmend Post-M&A-Schiedsverfahren, die im Zshg. mit der Zinswende ebenfalls zunehmen.
Stärken: Bank- u. finanzrechtl. Streitigkeiten.
Oft empfohlen: Dr. Marc Zimmerling („Banken u. Versicherer lieben ihn", Wettbewerber), Dr. Wolf Bussian („kompetent u. versiert", Mandant), Jan-Erik Windthorst („stark in Verhandlungen", Wettbewerber), Anna Masser („erfahren, zielführend, herausragende Strategin", Wettbewerber), Dr. Alice Broichmann („kluge u. souveräne Schiedsrichterin", Wettbewerber)
Team: 4 Partner, 5 Counsel, 19 Associates
Schwerpunkte: Bankrechtl. Auseinandersetzungen, Klagen wg. ▷*Anleihen u. Strukturierte Finanzierung* u. Prozesse mit steuerrechtl. Hintergrund; Berater- u. Organhaftung, häufig mit Insolvenz- oder ▷*Versicherungsbezug*. Zudem Abwehr von ▷*Kartellschadensersatz*, Patent-, Vergabe- u. ▷*Compliance*-Beratung. Bei Schiedsverf. v.a. Post-M&A u. Streitigkeiten im ▷*Energiesektor*; auch Investitionsschutz.
Mandate: EY bei Abwehr von Schadensersatz im Zshg. mit Wirecard-Insolvenz; Dt. Bank bei Abwehr von div. großvol. Klagen von M.M. Warburg im Zshg. mit Cum-Ex; Handelsbank bei Abwehr von Forderungen im Zshg. mit Cum-Cum-Geschäften; dt. Chemieunternehmen in €60-Mio-Streitigkeit bzgl. Lieferausfall; Uniper gg. NL im Zshg. mit Zuständigkeit eines ICSID-Schiedsgerichts (BGH); internat. Vermögensverwalter gg. 2 Vertriebspartner im Zshg. mit Mio-€-Ansprüchen; Kreditkarten-Acquirer bei Abwehr von Haftung bzgl. flächendeckendem Ausfall von Zahlungsterminals u. Schadensersatz ggü. Terminalhersteller; Finanzdienstleister in EV-Verf. bzgl. drohender Kontenschließungen wg. Geldwäscheverdachts; österr. Investmentgruppe in Post-M&A-Streit im Zshg. mit mögl. Bilanzbetrug.

ASHURST

Konfliktlösung: Prozesse ★★★

Bewertung: Die Praxis gehört seit Jahren zu den am schnellsten wachsenden Einheiten im Markt. Zuletzt wechselte Schiedsexperte Fuchs von McDermott ins Frankfurter Büro. Damit erschließt sich Ashurst die prestigeträchtige Nische der Investitionsschutzverf., was perspektiv. auch in Kombination mit der starken Stellung der Kanzlei in Südostasien ein interessanter Schritt ist. Insges. hat die Praxis rd. um die komplexen u. arbeitsintensiven Großmandate für FIFA u. Commerzbank inzw. ein beachtl. Portfolio großvol. Mandate gewonnen, was sich auch deutl. in der Akzeptanz bei Wettbewerbern niederschlägt. Der Aufbau über die vergangenen Jahre ist eine Erfolgsgeschichte, die vielen imponiert – allerdings dürfte es eine Herausforderung sein, das auch auf Associate-Ebene stürmisch gewachsene Team zu konsolidieren u. nachhaltig tragfähige Strukturen zu schaffen. Dazu gehört auch, den Frankfurter Schwerpunkt der Praxis u. deren Münchner Teil noch enger zu verzahnen. Während Sawang sich v.a. als Schiedsexpertin rasch

Anwaltszahlen: Angaben der Kanzleien, wie viele Anwälte zu mind. ca. 50% in diesem Gebiet tätig sind. Sie spiegeln nicht zwingend die Gesamtgröße einer Kanzlei wider.

etabliert hat, konnte ein Quereinsteiger aus dem vergangenen Jahr sein Know-how bzgl. Massenverfahren bisher noch nicht so einbringen, dass Ashurst auf diesem Gebiet im Markt aufgefallen wäre.
Stärken: Finanzrechtl. Streitigkeiten, Investitionsschutz.
Oft empfohlen: Dr. Nicolas Nohlen („sehr smart, commercially minded, taktisch klug", Mandant; „engagiert u. überzeugend", Wettbewerber), Dr. Judith Sawang („absoluter Rising Star – sollte auf jeder Schiedsrichter-Shortlist stehen", Wettbewerber), Arne Fuchs („mit allen Wassern gewaschen", Wettbewerber)
Team: 4 Partner, 1 Counsel, 12 Associates
Partnerwechsel: Arne Fuchs (von McDermott Will & Emery)
Schwerpunkte: Bei Prozessen v.a. gesellschaftsrechtl. Streitigkeiten, Commercial Disputes, Post-M&A, häufig mit Insolvenzbezug. Zunehmend Schiedsverfahren, auch Investitionsschutz. Branchen: Automotive, Finanzen, Immobilien, Gesundheit.
Mandate: FIFA in div. Verf. gg. Spielervermittler; Investitionsschutzverf. für Heidelberg Cement (gg. Ägypten; ICSID) u. Nordmazedonien (Uncitral); Dax-Konzern bei Durchsetzung von handelsrechtl. $125-Mio-Forderung (DIS); Commerzbank im Wirecard-Komplex; Credit Suisse in div. Verfahren; Ryder bei Schadensersatzklage gg. Lkw-Kartell (GB).

Konfliktlösung: Prozesse Fortsetzung

★★

Advant Beiten	Düsseldorf, München
Cleary Gottlieb Steen & Hamilton	Köln, Frankfurt
Dentons	Düsseldorf, Frankfurt, München, Berlin
Ego Humrich Wyen	München
Haver & Mailänder	Stuttgart
Kantenwein Zimmermann Spatscheck & Partner	München
Meilicke Hoffmann & Partner	Bonn
Neuwerk	Hamburg
Nieding + Barth	Frankfurt
Oppenhoff & Partner	Köln, Frankfurt
Pinsent Masons	München
Taylor Wessing	Hamburg, Düsseldorf, Frankfurt, München, Berlin

★

Bird & Bird	Düsseldorf, Frankfurt
Borris Hennecke Kneisel	Köln
Eversheds Sutherland	München, Düsseldorf, Hamburg
Fieldfisher	München, Frankfurt, Hamburg
Görg	Berlin, Köln, Frankfurt
Greenfort	Frankfurt
GSK Stockmann	Hamburg, Berlin, München, Heidelberg
Jones Day	Düsseldorf, Frankfurt
Lindenpartners	Berlin
Manner Spangenberg	Hamburg
McDermott Will & Emery	Düsseldorf, München, Frankfurt
Metis	Frankfurt
Norton Rose Fulbright	München, Frankfurt, Hamburg
Skadden Arps Slate Meagher & Flom	Frankfurt
Tilp	Kirchentellinsfurt
Wendelstein	Frankfurt

Die Auswahl von Kanzleien und Personen in Rankings und tabellarischen Übersichten ist das Ergebnis umfangreicher Recherchen der JUVE-Redaktion. Sie ist in 2erlei Hinsicht subjektiv: Die Aussagen der befragten Quellen sind subjektiv u. spiegeln deren Erfahrungen u. Einschätzungen. Die JUVE-Redaktion wiederum analysiert die Rechercheergebnisse unter Einbeziehung ihrer eigenen Marktkenntnis. Der JUVE Verlag beabsichtigt keine allgemeingültige oder objektiv nachprüfbare Bewertung. Es ist möglich, dass eine andere Recherchemethode zu anderen Ergebnissen führt. Innerhalb einzelner Gruppen in Rankings und tabellarischen Übersichten sind Kanzleien und Personen alphabetisch sortiert.

AURELIUS COTTA

Konfliktlösung: Schiedsverfahren ★

Bewertung: Die Schiedsboutique besteht aus dem ehem. Frankfurter Arbitration-Team von Morgan Lewis, das sich selbstständig gemacht hat. Bekanntestes Gesicht der Kanzlei ist Konrad. Das gesamte Team arbeitet v.a. international u. hat einen klaren Schwerpunkt bei Investor-Staat-Konflikten. Allerdings ist es aktuell insbes. ein staatl. Verfahren, mit dem die Kanzlei im Rampenlicht steht: Der Gaskonzern Wintershall Dea setzt bei der Abwehr einer neuartigen Klimaklage der Dt. Umwelthilfe auf das Team.
Stärken: Investitionsschiedsverfahren.
Oft empfohlen: Dr. Sabine Konrad („klar strukturiert, auf den Punkt, gutes Team", Mandant)
Team: 3 Partner, 1 Associates
Schwerpunkte: Internat. Schiedsverfahren, insbes. Investitionsschutzstreitigkeiten – sowohl auf Kläger- als auch auf Staatenseite. Auch Schiedsrichter.
Mandate: Wintershall Dea bei Abwehr von Klimaklage der DUH auf CO2-Reduktion (LG); div. Landesbanken u. div. weitere dt. Investoren bei Klagen gg. Spanien wg. Kürzung von Solarförderung (ICSID); Hamburg Commercial Bank bei Klage gg. Italien bzgl. Erneuerbare-Energien-Investition (ICSID); Tschechien bei Abwehr von €40-Mio-Klage gg. JCDecaux (ICSID).

BAKER MCKENZIE

Konfliktlösung: Prozesse ★★★★
Konfliktlösung: Schiedsverfahren ★★★★★
Konfliktlösung: Produkthaftung ★★

Bewertung: Die Praxis steht v.a. für internat. Schiedsverfahren, häufig mit Bezug zu Anlagenbau- u. Infrastrukturprojekten. Ein typisches Bsp. ist Pickrahns Vertretung von Uniper in einem großvol. DIS-Verfahren um das Kraftwerk Datteln 4. Intensiver als viele Wettbewerber ist die Praxis auch in Verfahren mit Asien-Bezug gefragt. Risse ist einer der renommiertesten Schiedsrechtler, gehört aber auch zu den wenigen dt. Spezialisten für alternative Streitbeilegung u. ist, ebenso wie Haller, ein gefragter Berater bei Streitigkeiten im Zshg. mit dem Umbau der europ. Energieversorgung. Über die Jahre hat BM mit Blick auf Schiedsverfahren ein Team geschmiedet, das ein Wettbewerber als „fachl. top u. in seiner Struktur nachhaltig" bezeichnet: Neben den Grandseigneuren etabliert sich auch Haller an der Marktspitze, während mit Dr. Markus Altenkirch ein neu ernannter Sal.-Partner nachrückt, der als Schiedsexperte im Markt bereits von sich reden gemacht hat. Dass BM auch mit Blick auf staatl. Verfahren ambitioniert ist, zeigt die Ernennung des Corporate Litigators Dr. Tobias Höfling, ebenfalls zum Sal.-Partner.
Stärken: Renommierte Schiedspraxis, gr. Erfahrung in Anlagenbau u. Infrastrukturprojekten.
Oft empfohlen: Dr. Jörg Risse („hervorragender Stratege – führt Verfahren souverän u. zielgerichtet", Mandant; „souverän, tiefgehende Sachverhaltsaufklärung", Wettbewerber), Dr. Heiko Haller („immer gut vorbereitet", Wettbewerber), Dr. Günter Pickrahn, Dr. Ragnar Harbst
Team: 3 Eq.-Partner, 5 Sal.-Partner, 4 Counsel, 12 Associates
Schwerpunkte: Internat. Schiedsverf., v.a. zu Anlagenbau, Lieferverträgen, Infrastruktur, Pharma, Energie u. Post-M&A, auch als Schiedsrichter. Auch Mediationen u. Adjudikationsverfahren. Daneben gesellschafts- u. vertriebsrechtl. Auseinandersetzungen. Auch ▷*Gewerbl. Rechtsschutz*, ▷*Compliance* u. Produkthaftung.
Mandate: Uniper in DIS-Verf. gg. Mitsubishi/Hitachi im Zshg. mit ‚Datteln 4'; Mercedes-Benz bei Abwehr von Kundenklagen im Dieselkomplex; Maple-Bank-Insolvenzverwalter bei Klagen gg. ehem. Geschäftsführer.

BAUMANN RESOLVING DISPUTES

Konfliktlösung: Schiedsverfahren ★★★

Bewertung: Spezialität der Konfliktlösungsboutique sind Post-M&A-Streitigkeiten, oft mit Energie-, IT- oder Pharmabezug. Vorprozessual u. gerichtl. berät das Team häufig zu D&O-Themen. Der ausgezeichnete Ruf der Kanzlei ist v.a. in der Arbeit von Namenspartnerin Baumann begründet. Diese ist insbes. als Schiedsrichterin gefragt – so kam unter ihrem Vorsitz der €243-Mio-Vergleich zw. Bund u. Betreiberfirmen bzgl. der Pkw-Maut zustande. Parteivertretungen übernimmt hingegen v.a. die im Vorjahr hinzugekommene Asschen-

Anwaltszahlen: Angaben der Kanzleien, wie viele Anwälte zu mind. ca. 50% in diesem Gebiet tätig sind. Sie spiegeln nicht zwingend die Gesamtgröße einer Kanzlei wider.

feldt, die ebenfalls schon seit ihrer Freshfields-Zeit eine gewisse Bekanntheit genießt u. Wettbewerbern positiv auffällt. Bei größeren oder internat. Fällen arbeitet die Kanzlei oft mit Kooperationspartnern zusammen, bspw. wurde sie im Pestizidkartell als Co-Counsel von Wagner Legal hinzugeholt. Diese Kooperationen sind nötig, da Baumann trotz der neuen Eq.-Partnerin in ihren Wachstumsbemühungen deutl. zurückgeworfen wurde, nachdem 2 langjährige Mitarbeiter die Kanzlei verlassen haben, darunter eine Sal.-Partnerin. Auch die geplante Kooperation mit einer Frankfurter Schiedsexpertin kam letztlich nicht zustande.

Stärken: Schiedsrichtertätigkeit.

Oft empfohlen: Prof. Dr. Antje Baumann („zu Recht auf jeder Shortlist", „sehr präzise, analyt., schnell u. stets verlässlich", Wettbewerber), Kathrin Asschenfeldt („besonders angenehm u. kompetent", Wettbewerber)

Team: 2 Eq.-Partner, 1 Sal.-Partner, 1 Associate, 1 of Counsel

Partnerwechsel: Birthe Renzing (zu VTG)

Schwerpunkte: Schiedsrichtertätigkeit sowie Partei- u. Prozessvertretung, Fokus auf D&O, Post-M&A u. Beraterhaftung.

Mandate: Litfin als Co-Counsel im Zshg. mit Kartellschadensersatzverf. zu Pestizidkartell; internat. Softwareunternehmen im Zshg. mit Vergütungsansprüchen u. Abwehr von behaupteten SE-Ansprüchen; Immobilienunternehmen im Zshg. mit mögl. Ansprüchen gg. Steuerberater.

BIRD & BIRD

Konfliktlösung: Prozesse ★
Konfliktlösung: Produkthaftung ★★

Bewertung: Die Praxis steht in einer Klarheit, die man bei Wettbewerbern selten findet, für die Branchenschwerpunkte Automotive u. Energie. B&B ist für zahlr. Zulieferer im Zshg. mit Serienschäden tätig, aber auch bei div. Lieferstreitigkeiten u. in Produkthaftungsfällen. Diesen Bereich hat die Praxis zuletzt mit der Partnerernennung von Miriam Richter u. einem deutl. vergrößerten Associate-Team ausgebaut. Egler, der im Markt von vielen als Branchenkenner geschätzt wird, war zuletzt vermehrt in großvol. Mediationsverf. tätig. In Produkthaftungsfällen liegen die Streitwerte, wie auch bei einigen energierechtl. Streitigkeiten, im 3-stelligen Mio-€-Bereich.

Oft empfohlen: Dr. Philipp Egler („streiterprobter Automotive-Star mit detaillierten Branchenkenntnissen", Wettbewerber)

Team: 6 Partner, 7 Counsel, 16 Associates, 2 of Counsel

Schwerpunkte: Handelsrechtl. Auseinandersetzungen, Lieferstreitigkeiten, Produkthaftung, v.a. in der Energie- u. Automotive-Branche.

Mandate: Social-News-Aggregator bei Abwehr von Schadensersatz nach Datenschutzvorfall; Tennet, u.a. bei Anlagenbaustreitigkeiten im Zshg. mit Offshorewindparks; Finanzinstitut in €10-Mio-Swap-Streitigkeit; korean. Maschinenbauer bei Abwehr von Ansprüchen im Zshg. mit Beendigung von Vertriebshändlervertrag; Kfz-Zulieferer in €8,5-Mio-ICC-Verf. im Zshg. mit mögl. Serienschaden; Tier-1-Zulieferer im Zshg. mit €7-Mio-Serienschaden; Tier-1-Zulieferer umf. bei Abwehr von OEM-Ansprüchen im Zshg. mit globaler Halbleiterkrise; lfd.: Hella, Cummins, Thyssenkrupp.

Konfliktlösung: Schiedsverfahren

★★★★★	
Baker McKenzie	Düsseldorf, Frankfurt, München
CMS Hasche Sigle	München, Stuttgart, Köln, Hamburg
Freshfields Bruckhaus Deringer	Frankfurt, Düsseldorf, München
★★★★★	
Clifford Chance	Frankfurt, München, Düsseldorf
Gleiss Lutz	Frankfurt, Stuttgart, Hamburg, Düsseldorf
Hogan Lovells	Düsseldorf, München, Hamburg
★★★★	
Busse Disputes	Frankfurt
Hanefeld	Hamburg
Hengeler Mueller	Frankfurt, Berlin
Linklaters	Frankfurt
Luther	Hamburg, Köln
Noerr	Düsseldorf, Frankfurt, München
★★★	
Allen & Overy	Frankfurt
Borris Hennecke Kneisel	Köln
Latham & Watkins	Hamburg, Frankfurt, München
Orrick Herrington & Sutcliffe	Düsseldorf
White & Case	Frankfurt, Berlin
★★★	
Baumann Resolving Disputes	Hamburg
Haver & Mailänder	Stuttgart
Heuking Kühn Lüer Wojtek	Düsseldorf, München, Hamburg
Jones Day	Düsseldorf, Frankfurt
Kantenwein Zimmermann Spatscheck & Partner	München
Rothorn	Frankfurt
★★	
DLA Piper	Köln, München, Frankfurt
Herbert Smith Freehills	Frankfurt, Düsseldorf
King & Spalding	Frankfurt
Manner Spangenberg	Hamburg
Wach und Meckes und Partner	München
★	
Advant Beiten	München, Berlin
Aurelius Cotta	Frankfurt
Dentons	Frankfurt, Berlin, München
Fieldfisher	München, Berlin
Gantenberg	Düsseldorf
GSK Stockmann	Hamburg
Sernetz Schäfer	München, Düsseldorf
Skadden Arps Slate Meagher & Flom	Frankfurt, München
SZA Schilling Zutt & Anschütz	Mannheim, Frankfurt
Taylor Wessing	Düsseldorf, Hamburg, München, Berlin

Die Auswahl von Kanzleien und Personen in Rankings und tabellarischen Übersichten ist das Ergebnis umfangreicher Recherchen der JUVE-Redaktion. Sie ist in 2erlei Hinsicht subjektiv: Die Aussagen der befragten Quellen sind subjektiv u. spiegeln deren Erfahrungen u. Einschätzungen. Die JUVE-Redaktion wiederum analysiert die Rechercheergebnisse unter Einbeziehung ihrer eigenen Marktkenntnis. Der JUVE Verlag beabsichtigt keine allgemeingültige oder objektiv nachprüfbare Bewertung. Es ist möglich, dass eine andere Recherchemethode zu anderen Ergebnissen führt. Innerhalb einzelner Gruppen in Rankings und tabellarischen Übersichten sind Kanzleien und Personen alphabetisch sortiert.

BLD BACH LANGHEID DALLMAYR

Konfliktlösung: Produkthaftung ★★★★

Bewertung: BLD ist eine der führenden Adressen für die Prozessvertretung von Versicherern. In diesem Zshg. ist sie häufig in große Schadensfälle eingebunden, sowohl in Produkthaftungs- als auch D&O-Streitigkeiten. Zunehmend gibt es auch Verfahren zu Cyberangriffen u. Datenschutzvorfällen;

Anwaltszahlen: Angaben der Kanzleien, wie viele Anwälte zu mind. ca. 50% in diesem Gebiet tätig sind. Sie spiegeln nicht zwingend die Gesamtgröße einer Kanzlei wider.

so berät BLD bspw. ein internat. Versicherungskonsortium zu einem Datenschutzvorfall bei einem US-Telekommunikationsanbieter. Bei diesen internat. Komplexen kann die Kanzlei inzw. auf ihre institutionalisierte Kooperation mit DAC Beachcroft zurückgreifen u. so den Wettbewerbsnachteil ggü. Kanzleien wie Clyde in puncto Internationalität ausgleichen. Auch in Dtl. hat sich die Kanzlei zuletzt regional ausgedehnt: Mit dem gerade entstehenden Büro in Hamburg u. einem Standort in Dortmund, jeweils in Gerichtsnähe, kann BLD die zahlreichen Prozesse einfacher bewältigen u. den auch von Mandanten geforderten persönl. Kontakt zu den Gerichten ausbauen. 4 neu ernannte Counsel dokumentieren zudem das Wachstum der Kanzlei insgesamt u. die Strategie, den Nachwuchs nachhaltig aus dem eigenen Haus zu fördern, anstatt mit Quereinsteigern zu wachsen.

Stärken: Marktführende Praxis im ▹*Versicherungsrecht*, Massenverfahren, internat. Netzwerk.

Oft empfohlen: Dr. Martin Alexander, Bastian Finkel („aufseiten der Versicherer ganz klar die Nummer eins im Markt", Wettbewerber), Björn Seitz („äußerst verlässl., gute Ergebnisse", Mandant über beide), Dr. Simon Kubiak („immer noch eine weitere Lösung parat, schnell u. unkompliziert", Mandant)

Team: 21 Partner, 14 Counsel, 42 Associates, 1 of Counsel

Schwerpunkte: Prozessführung für Versicherer u. Unternehmen in haftpflichtrechtl. Streitigkeiten, auch D&O-Fälle. In Produkthaftung Begutachtung, Abwicklung von Schadensfällen u. ww. Rückrufen.

Mandate: Industrieversicherer bei Abwehr von Massenansprüchen gg. div. Arzneimittelhersteller u. bei internat. Produktrückruf; dt. Versicherer in China zu Brand von Containerschiff mit Todesfolge u. Ladungsverlust; div. Industrieversicherer zu D&O-Fällen im Zshg. mit Wirecard; Industrieversicherer gg. Rückversicherer wg. Inanspruchnahme aus Sturmschäden ($295 Mio); Industrieversicherer zu diversen Schadensfällen im Zshg. mit Flügen u. Flugzeugherstellern; Industrieversicherer eines Lieferanten im Zshg. mit Kranunfall im Hafen Rostock; internat. Versicherungskonsortium zu Datenschutzvorfall bei US-Telekommunikationsanbieter.

Konfliktlösung: Produkthaftung

Kanzlei	Standorte
★★★★★	
Hogan Lovells	München
Noerr	München
★★★★	
BLD Bach Langheid Dallmayr	Köln, München, Frankfurt, Berlin
CMS Hasche Sigle	München, Stuttgart, Frankfurt, Köln
Freshfields Bruckhaus Deringer	Düsseldorf, München
Gleiss Lutz	Berlin, Stuttgart
★★★	
Friedrich Graf von Westphalen & Partner	Köln
Linklaters	Frankfurt
Taylor Wessing	Frankfurt, Berlin
★★	
Baker McKenzie	Düsseldorf, Frankfurt
Bird & Bird	Düsseldorf, Frankfurt
DLA Piper	München
Hengeler Mueller	Frankfurt
Luther	Köln, Hannover
McDermott Will & Emery	München
Squire Patton Boggs	Böblingen, Frankfurt

Die Auswahl von Kanzleien und Personen in Rankings und tabellarischen Übersichten ist das Ergebnis umfangreicher Recherchen der JUVE-Redaktion. Sie ist in 2erlei Hinsicht subjektiv: Die Aussagen der befragten Quellen sind subjektiv u. spiegeln deren Erfahrungen u. Einschätzungen. Die JUVE-Redaktion wiederum analysiert die Rechercheergebnisse unter Einbeziehung ihrer eigenen Marktkenntnis. Der JUVE Verlag beabsichtigt keine allgemeingültige oder objektiv nachprüfbare Bewertung. Es ist möglich, dass eine andere Recherchemethode zu anderen Ergebnissen führt. Innerhalb einzelner Gruppen in Rankings und tabellarischen Übersichten sind Kanzleien und Personen alphabetisch sortiert.

BORRIS HENNECKE KNEISEL

Konfliktlösung: Prozesse ★

Konfliktlösung: Schiedsverfahren ★★★

Bewertung: Die Kölner Konfliktlösungsboutique steht v.a. für Schiedsverfahren, berät aber auch vorprozessual u. vor staatl. Gerichten. Die Bandbreite reicht dabei von kleineren Streitwerten bis zu internat. Verfahren im Mrd-Bereich, wie aktuell die Arbeit des Teams als dt. Co-Counsel in einem mrd-schweren Pharmaverfahren. Nicht nur die 3 Partner sind v.a. für ihre Schiedsrichtermandate sehr angesehen, auch ein Associate wird bereits regelm. als Schiedsrichter bestellt. Den Weggang einer erfahrenen Associate, die Notarin wurde, konnte BHK mit 2 Neueinstellungen zumind. nominell ausgleichen.

Stärken: Hoher Spezialisierungsgrad, eingespieltes Team.

Oft empfohlen: Dr. Christian Borris („exzellenter Obmann mit viel Erfahrung", Wettbewerber), Rudolf Hennecke („viel Erfahrung, ruhiges, ausgleichendes Wesen, fachlich makellos", Wettbewerber), Dr. Sebastian Kneisel („empfehlenswerter Schiedsrichter der jüngeren Generation", Wettbewerber)

Team: 3 Eq.-Partner, 4 Associates

Schwerpunkte: Schiedsverf.; große Erfahrung als Schiedsrichter. In Prozessen regelm. gesellschaftsrechtl. Streitigkeiten u. D&O-Fälle.

Mandate: Dt. Co-Counsel eines Pharmaunternehmens in €13-Mrd-ICC-Verfahren wg. Schadenersatzansprüchen im Zshg. mit Vertragsstreitigkeiten; Industrieunternehmen in Post-M&A-Verfahren (DIS u. LG); Eisenbahnunternehmen außergerichtl. zu Ansprüchen aus Insolvenz eines Zulieferers (bis zu €100 Mio); Technologieunternehmen gg. Insolvenzverwalter bzgl. €20-Mio-Insolvenzforderungen (BGH); Finanzunternehmen in Organhaftungsklage (€235 Mio); Prüfunternehmen im Zshg. mit Haftungsrisiken für Bauunternehmen.

BUSSE DISPUTES

Konfliktlösung: Schiedsverfahren ★★★★

Bewertung: Die Kanzlei nimmt eine Sonderstellung unter den Disputes-Boutiquen ein: Nach Kopfzahl kann sie sich durchaus mit den Schiedspraxen von Großkanzleien messen, u. im Vergleich zu spezialisierten Wettbewerbern wie Hanefeld, Borris Hennecke Kneisel oder Baumann liegt ihr Schwerpunkt viel klarer in der Parteivertretung. Zwar gehört Busse selbst auch zu den renommiertesten dt. Schiedsrichtern, doch insges. steht die Boutique für großvol. Schiedsverf. – auch an der Seite von Mandanten, die das Team nach seiner Allen & Overy-Zeit gewonnen hat. Schwerpunkt sind nach wie vor Post-M&A- u. energierechtl. Streitigkeiten, doch zunehmend etablieren sich Verfahren in der Pharmabranche als weiterer Schwerpunkt. Für diesen stehen neben Justen inzw. bereits 3 Anwälte unterhalb der Partnerebene, darunter die neu ernannte Counsel Dr. Manuela Doughan.

Stärken: Post-M&A-Verf., eingespieltes Team.

Oft empfohlen: Dr. Daniel Busse („präzise, lösungsorientiert, kenntnisreich", Wettbewerber), Silke Justen („taktisch klug, unheimlich akribisch, schnelle Auffassungsgabe", Wettbewerber)

Team: 1 Eq.-Partner, 3 Sal.-Partner, 3 Counsel, 9 Associates

Schwerpunkte: Schiedsverf., v.a. Post-M&A, häufig in energierechtl. oder Anlagenbaustreitigkeiten; v.a. als Parteivertreter. Zudem Vollstreckungsverf. vor staatl. Gerichten. Auch Investitionsschutz.

Mandate: Dt. Energiekonzern in 2 Schiedsverf. zur Anpassung langfr. Energiebezugsverträge (UNCITRAL); Privinvest in €7-Mrd-Post-M&A-Verf. (ICC) u. ICSID-Verf. gg. Griechenland im Zshg. mit der Werft Hellenic Shipyards.

CLEARY GOTTLIEB STEEN & HAMILTON

Konfliktlösung: Prozesse ★★

Bewertung: Die Praxis durchlebt einen Umbruch u. eine Neupositionierung: Im Schieds- u. im Kartellrecht sind Partner, die Cleary in Dtl. lange geprägt haben, altersbedingt in den Of-Counsel-Status gewechselt. Damit rücken internat. Schiedsverfahren, für die die Praxis einst stand, aus dem Fokus – auch wenn Harms nach wie vor für Agfa-Gaevert eines der größten Schiedsverfahren im Markt führt. Dass hier inzw. unter Willkie-Flagge ehem. Cleary-Anwälte als Co-Counsel hinzugezogen wurden, unterstreicht die strateg. Abkehr von Schiedsverfahren. Auf der anderen Seite vertieft Cleary die Spezialisierung, für die die Praxis seit jeher steht: kartellrechtl. Streitig-

Anwaltszahlen: Angaben der Kanzleien, wie viele Anwälte zu mind. ca. 50% in diesem Gebiet tätig sind. Sie spiegeln nicht zwingend die Gesamtgröße einer Kanzlei wider.

Konfliktlösung: Parteivertreter in Schiedsverfahren

Dr. Henning Bälz
Hengeler Mueller, Berlin

Dr. Daniel Busse
Busse Disputes, Frankfurt

Dr. Armin Dürrschmidt
CMS Hasche Sigle, München

Prof. Dr. Siegfried Elsing
Orrick Herrington & Sutcliffe, Düsseldorf

Daniel Froesch
Heuking Kühn Lüer Wojtek, Frankfurt

Ulrike Gantenberg
Gantenberg, Düsseldorf

Dr. Heiko Haller
Baker McKenzie, Düsseldorf

Dr. Richard Happ
Luther, Hamburg

Dr. Boris Kasolowsky
Freshfields Bruckhaus Deringer, Frankfurt

Dr. Moritz Keller
Clifford Chance, Frankfurt

Dr. Sabine Konrad
Aurelius Cotta, Frankfurt

Dr. Torsten Lörcher
CMS Hasche Sigle, Köln

Anna Masser
Allen & Overy, Frankfurt

Dr. Anke Meier
Noerr, Frankfurt

Michael Molitoris
SZA Schilling Zutt & Anschütz, München

Dr. Patricia Nacimiento
Herbert Smith Freehills, Frankfurt

Heiner Nedden
Hanefeld, Hamburg

Dr. Tilman Niedermaier
CMS Hasche Sigle, München

Dr. Günter Pickrahn
Baker McKenzie, Frankfurt

Karl Pörnbacher
Hogan Lovells, München

Dr. David Quinke
Gleiss Lutz, Düsseldorf

Prof. Dr. Jochem Reichert
SZA Schilling Zutt & Anschütz, Mannheim

Prof. Dr. Jörg Risse
Baker McKenzie, Frankfurt

Dr. Stefan Rützel
Gleiss Lutz, Frankfurt

Fortsetzung nächste Seite

keiten. Neben klass. Follow-on-Prozesse treten hier zunehmend internat. Streitkomplexe im Zshg. mit Marktmachtmissbrauch u. Geschäftsmodellen der Digitalwirtschaft. Google ist in dieser Hinsicht ein zentraler Mandant, nicht nur für die dt. Praxis.
Stärken: Komplexe internat. Verf., Kartellschadensersatzprozesse.
Oft empfohlen: Rüdiger Harms („tief in den Fällen", Wettbewerber), Dr. Wolfgang Deselaers („kompetent u. kollegial", Wettbewerber)
Team: 1 Eq.-Partner, 1 Counsel, 11 Associates, 2 of Counsel
Schwerpunkte: ▷*Kartellrechtl.* geprägte Prozesse, v.a. Abwehr von Schadensersatz; Branchen: Automotive, Technologie, Konsumgüter.
Mandate: General Motors bei Abwehr von Kundenklagen gg. Opel im Zshg. mit Dieselemissionen; Broadcom in div. kartellrechtl. Streitigkeiten; Agfa-Gevaert in €600-Mio-Verf. gg. Insolvenzverwalter Agfa Photo (ICC); Abwehr von Kartellschadensersatz, u.a. für Beiersdorf (Drogerieartikel), Henkel (Waschmittel, Drogerieartikel), Google (Google Shopping), Masco (Sanitär), Otis (Aufzüge), Valeo (Klimaanlagen), Johnson Controls (Batterierecycling); Nestlé bei Geltendmachung von Kartellschadensersatz (Zucker).

CLIFFORD CHANCE

Konfliktlösung: Prozesse	★★★★
Konfliktlösung: Schiedsverfahren	★★★★★

NOMINIERT
JUVE Awards 2023
Kanzlei des Jahres für Dispute Resolution

Bewertung: Die Praxis hat über die vergangenen Jahre eine bemerkenswerte Schwerpunktverlagerung von bank- u. finanzrechtl. Streitigkeiten hin zu großen Schiedsverf. vollzogen. Für diese Entwicklung steht v.a. Keller, der mit seinem Team das Frankfurter Büro zum Hub für internat. Schiedsverf. entwickelt hat u. inzw. zu den präsentesten Akteuren bei Investitionsschutz-Streitigkeiten gehört. Dies zeigt etwa die Arbeit für ein austral. Bergbauunternehmen bei einer ww. vielbeachteten Klage gg. Grönland im Zshg. mit Abbaulizenzen für Mineralien. Keller steuert hier ein 15-köpfiges Team, zu dem auch Anwälte aus Singapur, Australien u. Japan gehören. Auch Kremer in Düsseldorf u. der von vielen Wettbewerbern als aufstrebend wahrgenommene Counsel Hauser haben ihre Schiedspraxis ausgebaut – Hauser bereitet für eine Industrieholding etwa ein rechtl. innovatives Mehrparteienschiedsverfahren gg. div. W&I-Versicherer vor. Jenseits von Schiedsverf. gibt es einen Schwerpunkt bei Kartellschadensersatz, wo Kremer u. ein Kartellrechtler vor dem LG Frankfurt für Moravia im Schienenkartell einen bedeutenden Sieg gg. die Dt. Bahn errungen haben. Schreiber in München gelang es zuletzt, mehrere der im Markt eher seltenen großen Mediationsverf. zu begleiten. Ein Wermutstropfen ist der Abgang Gärtners, nicht zuletzt weil die Praxis dadurch auf Partner- u. Counsel-Ebene bzgl. weibl. Berater wieder weitgehend blank ist. Ein Lichtblick ist immerhin der Zugang einer schiedserfahrenen Counsel, die mit ihren Verbindungen nach Russl. u. in die Ukraine in div. Verf. wertvolles Know-how beisteuern kann.
Stärken: Grenzüberschr. Komplexe, v.a. in Investitionsschutz, ▷*Bankrecht u. -aufsicht* u. ▷*Energierecht*. Integrierte ▷*Compliance-Praxis*.
Oft empfohlen: Dr. Michael Kremer („große Präsenz in Schiedsverfahren", Wettbewerber), Sebastian Rakob („extrem präzise", Wettbewerber), Uwe Hornung („kreativ, brillant im Vortrag, zuverlässig, kollegial", Wettbewerber), Tim Schreiber („Mr. 24/7 available – stets herausragend vorbereitet", Wettbewerber), Dr. Moritz Keller („herausragend bei Investitionsschutzverfahren", Wettbewerber), zunehmend Dr. Paul Hauser („analytisch scharfes Hausgewächs, das sich schnell etabliert hat", Wettbewerber)
Team: 6 Eq.-Partner, 4 Counsel, 33 Associates, 1 of Counsel
Partnerwechsel: Christine Gärtner (zu Klinkert)
Schwerpunkte: Post-M&A-, Anlagenbau- u. Investitionsschutzstreitigkeiten, Organhaftung, ▷*Kartellschadensersatz*, gesellschaftsrechtl. Streitigkeiten; Schwerpunkte bei Banken u. in den Branchen ▷*Immobilien- u. Baurecht*, ▷*Energie*. Internal Investigations häufig mit Praxen für Steuer- u. ▷*Wirtschaftsstrafrecht*.
Mandate: Encavis in €50-Mio-ECT-Schiedsverf. gg. Frankreich im Zshg. mit Photovoltaikförderung; Moravia Steel bei Abwehr von €800-Mio-Kartellschadensersatzklage der Dt. Bahn; dt. Infrastrukturfonds bei Abwehr von €1-Mrd-Preisanpassungsklage bzgl. Gaskavernenmietvertrag u. in Aufhebungsverf. (DIS, OLG); asiat. Energiekonzern zu Vollstreckung von $200-Mio-Schiedssprüchen (LCIA, LMMA, UNCITRAL); Autozulieferer in €130-Mio-Post-M&A-Verf. (DIS); SEG Automotive in €150-Mio-Verf. gg. Bosch, u.a. wg. Kartellschadensersatz; Eckes-Granini in div. Ländern bei Abwehr von Vollstreckung von russ. Ad-hoc-Schiedsspruch; Industrieholding bei Vorbereitung von €290-Mio-Mehrparteien-Schiedsverfahren gg. 9 W&I-Versicherer nach gescheitertem M&A-Deal (DIS); BMW gg. Dt. Umwelthilfe bei Abwehr von Klage auf CO2-Reduktion (LG); Energy Transition Minerals in Ad-hoc-Schiedsverf. gg. Grönland/Dänemark im Zshg. mit Bergbaurechten; Tier-1- u. Tier-2-Zulieferer bei Mediation im Zshg. mit Halbleiterkrise; internat. Energiekonzern bei Vorbereitung von ICC-Verf. gg. Gazprom wg. Lieferstopp; österr.-ital. Unternehmen gg. ukrain. Energiekonzern wg. Verletzung von Lieferpflichten (SCC).

CMS HASCHE SIGLE

Konfliktlösung: Prozesse	★★★★
Konfliktlösung: Schiedsverfahren	★★★★★
Konfliktlösung: Produkthaftung	★★★★

Bewertung: Die Praxis zählt zu den größten im Markt u. hat zuletzt erneut einen deutl. Wachstumsschub erlebt. Grund dafür sind v.a. Massenverfahren für Mandanten wie Stellantis u. Mercedes, die CMS in einer eigenen Gruppe unter hohem Technikeinsatz abwickelt. Die sog. Smart-Litigation-Einheit umfasst ca. 50 Juristen abseits des regulären Karrieretracks u. ist inzw. in rd. einem Dutzend Verfahrenskomplexen tätig. Neben klassischen Prozessen umfasst die Arbeit des Teams zunehmend auch Forderungsmanagement und die ww. Koordination von Produkthaftungsfällen. Zudem beschäftigen zahlr. neue Fälle in den klass. Paradedisziplinen Schiedsverfahren, Produkthaftung sowie handels- u. gesellschaftsrechtl. Streitigkeiten die Praxis. Bestes Bsp. ist ein €14-Mrd-Schiedsverfahren für das taiwan. Unternehmen PharmaEssentia, das gleich mehrere Stärken der Praxis illustriert: Es unterstreicht die starke Stellung im Lifescience-Sektor, zudem gehört CMS neben Baker McKenzie zu den Akteuren, die bei Streitigkeiten mit Asien-Bezug besonders häufig zum Zuge kommen. Dass im Fall PharmaEssentia neben Wiegand u. einem Berli-

Anwaltszahlen: Angaben der Kanzleien, wie viele Anwälte zu mind. ca. 50% in diesem Gebiet tätig sind. Sie spiegeln nicht zwingend die Gesamtgröße einer Kanzlei wider.

ner Partner auch die frisch ernannte Counsel Amy Wen Wei aus dem Hongkonger Büro im Lead ist, zeigt die tiefe ww. Integration der Praxis.
Stärken: Abwicklung von Massenverfahren, eigene Einheit für Legal-Tech-gestützes Claims-Management.
Oft empfohlen: Prof. Dr. Klaus Sachs („über jeden Zweifel erhaben, einfach top", Wettbewerber; v.a. Schiedsrichter), Dr. Torsten Lörcher („sehr engagiert, exzellentes Case-Management", Wettbewerber; v.a. Schiedsrichter), Claus Thiery, Dr. Matthias Schlingmann („stets gut vorbereiteter Stratege", Wettbewerber), Dr. Nicolas Wiegand, Dr. Tobias Bomsdorf („zuverlässig, schnell, kompetent, exzellente Prozessführung", Mandant; „lösungsorientiert, professionell", Wettbewerber), Dr. Armin Dürrschmidt („fällt auf durch glasklare Schriftsätze", Wettbewerber), Dr. Benjamin Lissner („juristisch hervorragend, sehr kollegial", Wettbewerber), Dr. Tilman Niedermaier („klug, dynamisch, analytisch, flexibel, angenehm", Wettbewerber), Dr. Peter Wende („angenehm, always on the spot", Wettbewerber)
Team: 17 Eq-Partner, 11 Counsel, 58 Associates
Schwerpunkte: Handels- u. vertriebsrechtl. Auseinandersetzungen, gesellschaftsrechtl. Streitigkeiten, Post-M&A u. Organhaftungsprozesse, Investitionsschutz. Außerdem tätig u.a. im ▷*Marken- u. Wettbewerbsrecht*, ▷*Arbeitsrecht*, ▷*Patentrecht*, ▷*kartellrechtl.* Zivilverf., ▷*Versicherungsprozesse*, ▷*Compliance* sowie im ▷*Immobilien- u. Baurecht*, ▷*Anlagenbau* u. Bankrecht. Im Schiedsbereich viele internat. Verf., oft als Schiedsrichter. Zudem alternative Streitbeilegung/Mediation.
Mandate: Mercedes-Benz u. Stellantis bei Abwehr von Kundenklagen im Dieselkomplex; CTS Eventim bei Abwehr von Musterfeststellungsklage bzgl. Preiserstattung bei Event-Absage; US-Zahlungsdienstleister bei Abwehr von Schadensersatz gg. Kunden; Dtl. bei Verstaatlichung von Uniper u. Gazprom Germania; Autoticket in €560-Mio-Verf. gg. Bund wg. Pkw-Maut (DIS); Noventi Health bei interner Untersuchung bzgl. Compliance-Verstöße, insbes. Abwehr von Abfindung u. Geltendmachung von Organhaftung; PharmaEssentia in €14-Mrd-Schiedsverf. bzgl. Lizenzvertrag gg. österr. Unternehmen (ICC); Uniklinik Bonn bei Abwehr von Schadensersatzklage gg. Asklepios, u.a. wg. Abwerbung von Ärzten; Dax-Konzern ggü. Winzern bei Abwehr von Produzentenhaftung bzgl. Nebenwirkungen eines Pflanzenschutzmittels; Augustinum gg. ehem. Manager u. Geschäftspartner zu Schadensersatz nach fehlgeschlagenem Immobiliendeal; Vorsitzender Schiedsrichter u.a. in Investitionsschutzverf. gg. Kolumbien, Polen, Pakistan (ICSID).

DENTONS

Konfliktlösung: Prozesse	★★
Konfliktlösung: Schiedsverfahren	★

Bewertung: Die Praxis steht für ein weit verzweigtes internat. Netzwerk, das insbes. in China feinmaschiger ist als das vieler Wettbewerber. So ist es keine Überraschung, dass Dentons eine zentrale Rolle in Streitigkeiten zwischen dem Bund u. div. Lieferanten von Corona-Schutzausrüstung spielt. Heppner, der ohnehin als Spezialist für dt.-chin. Streitigkeiten gilt, führt Verhandlungen in China regelm. selbst. Bei Anlagenbaustreitigkeiten, für die v.a. Nebel steht, ist inzw. auch ein jüngerer Partner in einigen kleineren Schiedsverfahren zu sehen. Zentral für die Praxis ist nach wie vor die Legal-Tech-gestützte Arbeit für Mercedes-Benz im Dieselkomplex. Das gewonnene Know-how im Handling von Massenverfahren kommt zunehmend auch für Paypal zur Anwendung. Aus München heraus steuert die Kanzlei inzw. Prozesse unter Einbeziehung zahlr. ww. Büros wie Mailand, Paris u. London.
Oft empfohlen: Dr. Thomas Nebel, Heiko Heppner („gut im Geschäft bei Streitigkeiten mit China-Bezug", Wettbewerber)
Team: 4 Partner, 2 Counsel, 16 Associates
Schwerpunkte: Prozesse u. Schiedsverf., v.a. Post-M&A, Anlagenbau, Energie, Vertrieb, häufig mit internat. Bezügen. Bank- u. kapitalmarktrechtl. sowie handels- u. gesellschaftsrechtl. Prozesse.
Mandate: Bund in div. Streitigkeiten wg. Corona-Schutzausrüstung; Mercedes-Benz bei Abwehr von Kundenklagen im Zshg. mit Dieselmotoren; dt. Anlagenbauer bei Abwehr von Kartellschadensersatz gg. dt. Stromproduzenten; Stahlunternehmen in D&O-Prozess gg. Ex-Vorstand wg. Kartellverstoß; dt. Tochter von jap. Konzern in 3 Verf. im Zshg. mit US-Sanktionen gg. Iran (BGH, BVerfG); Immobilienkonzern, u.a. in div. Streitigkeiten bzgl. gewerbl. Mietverträge; Gesellschafter von internat. Hightech-Unternehmen in Streit um Kontrolle über US-Tochter (US-Bundesgericht, div. dt. Verf.); Entwickler von Solarkraftwerken bei Abwehr von Ansprüchen aus angebl. Standgeldkosten (DIS); Paypal ww. in Rechtsstreitigkeiten; lfd.: Schaeffler; Share Now, Pyrum Innovations.

DLA PIPER

Konfliktlösung: Prozesse	★★★★
Konfliktlösung: Schiedsverfahren	★★
Konfliktlösung: Produkthaftung	★★

Bewertung: Die Praxis verzeichnete auf Associate-Ebene zuletzt einen Wachstumsschub. Ein Treiber sind Massenverfahren, die DLA seit einigen Jahren strateg. entwickelt. Für einen internat. Anbieter von Onlineglücksspielen wehrt etwa ein Team um den neuen Praxisleiter Gädtke Schadensersatz in Hunderten von Verf. ab. Dass damit rd. 20 Associates u. 25 Projektanwälte befasst sind u. intensiv Legal Tech zum Einsatz kommt, zeigt die Dimension des Komplexes. Auch die Arbeit für den Insolvenzverwalter des Energieversorgers BEV im Zshg. mit einer Musterfeststellungsklage unterstreicht das Know-how der Praxis im Umgang mit Instrumenten des kollektiven Rechtsschutzes. Weitere Wachstumsbereiche sind Produkthaftung, wo Gädtke etwa für einen Dax-Konzern in einem ww. Komplex inkl. US-Discovery-Verf. tätig ist, u. IT-Streitigkeiten. Bei gescheiterten IT-Großprojekten v.a. der öffentl. Hand setzen zahlr. Mandanten aus der Techbranche auf Roths Erfahrung mit Vergabeverf. u. Technologiethemen. Ein Quereinsteiger aus dem Vorjahr, der den Bereich Investitionsschutz erschließen soll, hat u.a. die Beratung eines Dax-Konzerns im Zshg. mit dessen Rückzug aus Russland übernommen. Die stärkere Integration in das internat. Kanzleinetzwerk könnte weitere Impulse setzen.
Oft empfohlen: Dr. Thomas Gädtke („erfrischende Ansätze, kein Schwätzer, hat immer alles Hand und Fuß", Wettbewerber), Dr. Daniel Sharma („erfahren, präzise, hoch kompetent – nicht aus der Ruhe zu bringen", Mandant), Dr. Christian Schneider („starkes internat. Netzwerk", Mandant), Dr. Frank Roth („viel Know-how in IT-Streitigkeiten", Wettbewerber), Dr. Wolfgang Jäger („Innovationsfreude gepaart mit Hartnäckigkeit, die absoluten Einsatzwillen für den Mandanten zeigt", Mandant)

Konfliktlösung: Parteivertreter in Schiedsverfahren Fortsetzung

Dr. Judith Sawang
Ashurst, Frankfurt

Jan Schäfer
King & Spalding, Frankfurt

Dr. Nils Schmidt-Ahrendts
Hanefeld, Hamburg

Dr. Carsten van de Sande
Hengeler Mueller, Frankfurt

Dr. Stephan Wilske
Gleiss Lutz, Stuttgart

Dr. Mathias Wittinghofer
Herbert Smith Freehills, Frankfurt

Die Auswahl von Kanzleien und Personen in Rankings und tabellarischen Übersichten ist das Ergebnis umfangreicher Recherchen der JUVE-Redaktion. Sie ist in 2erlei Hinsicht subjektiv: Die Aussagen der befragten Quellen sind subjektiv u. spiegeln deren Erfahrungen u. Einschätzungen. Die JUVE-Redaktion wiederum analysiert die Rechercheergebnisse unter Einbeziehung ihrer eigenen Marktkenntnis. Der JUVE Verlag beabsichtigt keine allgemeingültige oder objektiv nachprüfbare Bewertung. Es ist möglich, dass eine andere Recherchemethode zu anderen Ergebnissen führt. Innerhalb einzelner Gruppen in Rankings und tabellarischen Übersichten sind Kanzleien und Personen alphabetisch sortiert.

Team: 7 Partner, 6 Counsel, 33 Associates, 1 of Counsel
Schwerpunkte: Prozesse bei gesellschafts-, handels- u. vertragsrechtl. Streitigkeiten, z.T. mit insolvenzrechtl. Bezug. Schnittstellen zu Umwelt- u. Planungsrecht, ▷*Versicherungsprozessen*, ▷*Compliance* u. Produkthaftung. Zunehmend Massenverfahren. Schiedsverf. regelm. mit Branchenbezug (▷*Energie*, internat. Handel, Logistik).
Mandate: Internat. Gruppe bei Abwehr von Schadensersatz in Dtl. u. Österr. im Zshg. mit Onlinecasinos; BEV-Insolvenzverwalter bei Abwehr von Musterfeststellungsklage im Zshg. mit Neukundenbonus (BGH); europ. Chemiekonzern zu Investitionsschutz bzgl. Russland-Exit; internat. E-Auto-Hersteller in div. Streitigkeiten mit Kunden bzgl. Garantie- u. Deliktsansprüche; Pharmakonzern bei internat. Produkthaftungsfall im Zshg. mit Medizinprodukt; IT-Dienstleister zu Schadensersatz wg. wechselseitiger Kündigung von IT-Projektvertrag bzgl. bundeseinheitl. Datenbankgrundbuchs; IT-Dienstleister eines Versicherungskonzerns gg. US-IT-Firma im Zshg. mit gescheitertem Rechenzentrum-Outsourcing; US-Unternehmensgruppe in €100-Mio-Streit gg. Eigentümer u. Betreiber von europ. Offshorewindpark; tschech. Logistikunternehmen bei Durchsetzung Schadensersatz- u. Staatshaftungsansprüchen gg. Dtl.; Zurich gg. Lixil wg. W&I-Police im Zshg. mit Grohe-Deal.

EGO HUMRICH WYEN

Konfliktlösung: Prozesse	★★

Bewertung: In der Münchner Corporate-Boutique legen 3 der 4 Partner einen ausgeprägten Schwerpunkt auf Litigation. Dabei hat sich das Team v.a. bei gesellschaftsrechtl. u. Post-M&A-Streitigkeiten einen Namen gemacht, die v.a. Wyen u. Humrich abdecken. Stretz ist zudem mit Commercial Litigation befasst. Ein weiterer Schwerpunkt der Einheit ist

Anwaltszahlen: Angaben der Kanzleien, wie viele Anwälte zu mind. ca. 50 % in diesem Gebiet tätig sind. Sie spiegeln nicht zwingend die Gesamtgröße einer Kanzlei wider.

Konfliktlösung: Schiedsrichter

Prof. Dr. Antje Baumann
Baumann Resolving Disputes, Hamburg

Prof. Dr. Klaus Berger
Universität zu Köln, Köln

Dr. Christian Borris
Borris Hennecke Kneisel, Köln

Dr. Gert Brandner
Haver & Mailänder, Stuttgart

Dr. Daniel Busse
Busse Disputes, Frankfurt

Prof. Dr. Siegfried Elsing
Orrick Herrington & Sutcliffe, Düsseldorf

Dr. Ulrike Gantenberg
Gantenberg, Düsseldorf

Dr. Klaus Gerstenmaier
Haver & Mailänder, Stuttgart

Dr. Inka Hanefeld
Hanefeld, Hamburg

Rudolf Hennecke
Borris Hennecke Kneisel, Köln

Dr. Sebastian Kneisel
Borris Hennecke Kneisel, Köln

Prof. Dr. Stefan Kröll
Bucerius Law School, Hamburg

Dr. Annett Kuhli-Spatscheck
Kantenwein Zimmermann Spatscheck & Partner, München

Dr. Torsten Lörcher
CMS Hasche Sigle, Köln

Dr. Simon Manner
Manner Spangenberg, Hamburg

Dr. Anke Meier
Noerr, Frankfurt

Dr. Markus Meier
Hengeler Mueller, Frankfurt

Heiner Nedden
Hanefeld, Hamburg

Karl Pörnbacher
Hogan Lovells, München

Prof. Dr. Jörg Risse
Baker McKenzie, Frankfurt

Dr. Dorothee Ruckteschler
Dr. Dorothee Ruckteschler, Stuttgart

Dr. Stefan Rützel
Gleiss Lutz, Frankfurt

Prof. Dr. Klaus-Michael Sachs
CMS Hasche Sigle, München

Jan Schäfer
King & Spalding, Frankfurt

Fortsetzung nächste Seite

die Beratung zu Konflikten innerhalb von Kanzleien, außerdem setzt EHW auch bei D&O-Haftungsfällen Akzente. Über frühere Kontakte hat sich das Team ein gut funktionierendes nationales u. internat. Netzwerk geschaffen u. ist darüber immer wieder von internat. Mandanten bei Streitigkeiten in Dtl. gefragt.
Stärken: Gesellschaftsrechtl. u. Post-M&A-Streitigkeiten, Anwaltshaftung.
Oft empfohlen: Dr. Jan-Henning Wyen („schnell, verhandlungsstark u. pragmatisch“, Wettbewerber), Dr. Henrik Humrich („exzellenter Gesellschaftsrechtler u. Litigator mit tiefer aktienrechtl. Kompetenz“, Wettbewerber), Dr. Christian Stretz („hohe Souveränität u. blitzgescheit“, Wettbewerber)
Team: 4 Partner, 2 Associate
Schwerpunkte: ▷*Gesellschaftsrechtl.* Streitigkeiten, Organhaftung, Berufshaftung von Anwälten; Spruchverf., Schiedsverfahren.
Mandate: Wirecard-Vorstand als Prozesspfleger bei Klage auf Nichtigkeit von Jahresabschlüssen durch Insolvenzverwalter (OLG); Immobilieninvestor im Zshg. mit Streitigkeiten bei Abwicklung von Bauvorhaben (€22 Mio); Private-Equity-Gesellschaften bei Post-M&A-Streit; Gelita, u.a. bei Schadensersatzklage gg. Organmitglieder (BGH).

EVERSHEDS SUTHERLAND

Konfliktlösung: Prozesse ★

NOMINIERT
JUVE Awards 2023
Kanzlei des Jahres für Dispute Resolution

Bewertung: Die Prozesspraxis ist stark in der Beratung zu Streitigkeiten im Handels- u. Vertriebsrecht. Diese Stärke kommt aktuell besonders zum Tragen, da Themen wie Lieferkettenunterbrechung u. Preisanpassungsklauseln den Markt bestimmen. Passend dazu hat ES einen Partner in diesem Bereich ernannt, der bspw. mit Praxisleiter Hellert div. Tier-1-Automobilzulieferer bei Streitigkeiten mit OEMs berät, die infolge von Halbleiterengpässen u. des Ukraine-Krieges entstanden sind. Dass sich auch die Produkthaftung hin zu größeren u. internat. Verfahren entwickelt, zeigt die Verteidigung verschiedener mittelständ. Hersteller ggü. Lieferanten oder Versicherungen nach Schadensfällen. Daran ist auch abzulesen, dass die Zusammenarbeit der internat. Büros immer selbstverständlicher wird. Dass dt. Partner Client-Partner internat. Konzerne sind, unterstreicht zudem die Bedeutung der dt. Konfliktlösungspraxis innerhalb des Kanzleinetzwerkes. Eine Schärfung der Profile der Berufsträger u. die stärkere Spezialisierung auf Themen u. Branchen hat insges. zu einer besseren Akzeptanz der Partner im Markt geführt.
Oft empfohlen: Dr. Joos Hellert, Fabian Volz, Dr. Stephan von Marschall
Team: 1 Eq.-Partner, 10 Sal.-Partner, 9 Counsel, 10 Associates
Schwerpunkte: Vertriebs- u. produkthaftungsrechtl. Streitigkeiten, auch Schiedsverfahren, auch präventiv. Branchen: Automotive, Handel, Gastronomie, Konsumgüter.
Mandate: Hersteller von Kugellagern gg. mögl. Haftungsansprüche von zahlr. Kunden (€100 Mio); Hersteller aus dem Bergbau bei Durchsetzung von Ansprüchen ggü. Lieferanten (LG); jap. Maschinenbauer bei €600-Mio-Haftungsstreit nach Produktfehler; Ex-Geschäftsführer eines Techunternehmens in D&O-Verf. (€30 Mio); internat. Motorenhersteller zu Erstattungsansprüchen (Rückruf); Senvion zu Ansprüchen ggü. Versicherer nach Großschaden in Offshore-Windpark (LG); div. Tier-1-Automobilzulieferer gg. OEMs zu Lieferstreitigkeiten; ADM als europ. Koordinator zu div. Lieferstreitigkeiten in der CH, Rumän. u. Tschechien; skand. Windparkbetreiber zu Ansprüchen aus Serienschaden an Turbinen ggü. Versicherern; lfd. Burger King, Staat Libyen.

FIELDFISHER

Konfliktlösung: Prozesse ★
Konfliktlösung: Schiedsverfahren ★

Bewertung: Der Fokus der Konfliktlösungspraxis liegt auf Manager- und Beraterhaftungsfällen sowohl auf Kläger- als auch auf Beklagtenseite sowie gesellschaftsrechtl. u. Post-M&A-Streitigkeiten. Mit dem Wechsel des im Markt anerkannten Dunckers von Hogan Lovells erhöhte sich die Präsenz des Teams noch einmal deutlich. Neben dem kanzleityp. Schwerpunkt auf Mandanten aus der Tech- u. IT-Branche berät das Team auch regelm. Family Offices. Der Legal-Tech-Hub Fieldfisher X kommt bei einem Massenverf. im Glücksspielsektor zum Einsatz. Bei internat. Schiedsverf. arbeitet Duncker eng mit einem Counsel in Paris zusammen.
Oft empfohlen: Philipp Duncker („immer gut vorbereitet, übersieht nichts, hartnäckig“, Wettbewerber; Schiedsverfahren)
Team: 2 Eq.-Partner, 3 Counsel, 7 Associates
Partnerwechsel: Philipp Duncker (von Hogan Lovells)
Schwerpunkte: Organhaftung sowie gesellschafts-, vertragsrechtl. u. Post-M&A-Streitigkeiten. Produkthaftung; techgestützte Massenverfahren.
Mandate: Family Office im Zshg. mit D&O-Verf. (€235 Mio); Glasfasernetzbetreiber im Zshg. mit mehreren D&O-Verf.; Onlineglücksspielanbieter in Masseverf. bei Abwehr von Rückzahlungsansprüchen; US-Lifescience-Unternehmen im Zshg. mit Ansprüchen nach Datenleck aus früherer Geschäftsbeziehung; Versicherer u. Lebensmittelkonzern im Zshg. mit Produktrückruf und Haftungsfragen.

FRESHFIELDS BRUCKHAUS DERINGER

Konfliktlösung: Prozesse ★★★★★
Konfliktlösung: Schiedsverfahren ★★★★★
Konfliktlösung: Produkthaftung ★★★★

Bewertung: Konsequent wie keine andere Kanzlei hat FBD ihre Erfahrungen im Dieselkomplex genutzt u. weite Teile ihrer Arbeit in die digitale Welt transformiert. Mandanten bekommen zur anwaltl. Beratung bei Bedarf digitale Unterstützung durch verschiedene teils selbst entwickelte Tools. So wurde der Prozess zum Umgang mit außergerichtl. Anspruchsschreiben auf KI-Basis weitgehend automatisiert u. dadurch rd. 100.000 Abtretungen bei der Verteidigung der Zurich ausgewertet. Diese Entwicklung u. die Gründung einer eigenen Massenklageeinheit werden zwar von einigen Wettbewerbern skeptisch beäugt, doch auch sie räumen ein, dass FBD in ihren klass. Paradedisziplinen weiter brilliert, etwa als strateg. Beraterin für EY im Wirecard-Komplex, in nahezu allen Kartellschadensersatzfällen oder bei großvol. Schiedsverf. u. Bankenstreitigkeiten. Dass FBD in puncto ESG-Klagen früh positioniert war u. für RWE die Klimaklage eines peruan. Landwirts abwehrt, hat die Kanzlei v.a. bei der strateg. Beratung zu mögl. ESG-Risiken in Unternehmen in eine Poleposition gebracht.
Stärken: Breit aufgestellte, internat. bestens ver-

Anwaltszahlen: Angaben der Kanzleien, wie viele Anwälte zu mind. ca. 50% in diesem Gebiet tätig sind. Sie spiegeln nicht zwingend die Gesamtgröße einer Kanzlei wider.

netzte Praxis. Ww. Praxisgruppe für ▷*Compliance-Untersuchungen*.

Oft empfohlen: Dr. Boris Kasolowsky („hervorragender Schiedsrechtler", Wettbewerber), Dr. Michael Rohls, Dr. Martina de Lind van Wijngaarden, Dr. Roman Mallmann („gibt 100% für die Mandanten", Wettbewerber), Dr. Moritz Becker („exzellenter Stratege", „vorbehaltlos bei jedem ‚big ticket' zu empfehlen, egal worum es geht", Wettbewerber), Dr. Hans-Patrick Schroeder („exzellent u. fair", Wettbewerber), Dr. Martin Mekat („Name der kommenden Generation", Wettbewerber), Dr. Daniel Schnabl („hervorragender Jurist", Wettbewerber)

Team: 23 Partner, 17 Counsel, ca. 200 Associates

Schwerpunkte: Vertretung in komplexen, internat. geprägten Streitigkeiten; Schiedsverf. zu Post-▷*M&A*, Joint Ventures, Vertriebsrecht, Anlagenbau, auch Investitionsschutz. ▷*Gesellschaftsrechtliche* Streitigkeiten. Im ▷*Bankrecht* u. zu Finanzprodukten (▷*Anleihen*), insbes. Prospekthaftung u. Abwehr von Anlegerklagen. Abwehr von ▷*kartellrechtl.* Schadensersatzklagen sowie Versicherungsrecht/D&O, ▷*Vertriebsverträge* u. im Zshg. mit Insolvenzen. Auch ▷*Wirtschaftsstrafrecht*.

Mandate: VW-Konzern umf. in Dieselaffäre, u.a. gg. Zivilklagen u. bei Umsetzung von Vergleichen; DB Netz bei Abwehr von Ansprüchen im Zshg. mit Gleishavarie bei Rastatt; Facebook in Zivilverfahren gg. dt. Nutzer; US-Technologiekonzern zu mögl. Massenklagen u. Behördenverf. im Zshg. mit DSGVO-Verstößen; Scottish Widows bei Abwehr von Massenklagen; internat. Großbank bei Abwehr von Schadensersatz gg. kommunales Großunternehmen im Zshg. mit Swapgeschäften; Zurich als Kundengeldsicherer von Thomas Cook bei Abwehr von Forderungen des Bundes; Lowell, Terex u. UniCredit in Spruchverfahren nach Squeeze-out; Strabag in ICSID-Verf. gg. Dtl. bzgl. Investitionen in dt. Offshorewindanlagen; Portigon in ICSID-Verf. gg. Spanien wg. Solarförderung; Marriott bei Abwehr von Datenschutzkundenklagen im Zshg. mit Cyberangriff; RWE bei Abwehr von Klage wg. mögl. Haftung für Klimawandel; Abwehr von Kartellschadensersatz, u.a. für Volvo/Renault (Lkw), Pfeifer & Langen (Zucker).

GANTENBERG

Konfliktlösung: Schiedsverfahren ★

Bewertung: Die Boutique ist im Markt v.a. für die Schiedsrichtertätigkeit der Namenspartnerin bekannt. Die frühere Heuking-Partnerin Gantenberg gehört in den Kreis derer, denen auch größere internat. Verfahren als Vorsitzende anvertraut werden – so etwa ein €650-Mio-ICC-Investitionsschutzverf., in dem es um Lithiumabbaurechte in einem afrikan. Staat geht. Als Parteivertreterin war Gantenberg zuletzt für den Anlagenbauer Mitsubishi in einem großvol. DIS-Verf. gg. Uniper im Einsatz. Ausgebaut hat die Kanzlei ihre Associate-Riege – was auch nötig ist, um neben dem Grundrauschen an Schiedsrichtermandaten u. kleineren Streitigkeiten langfr. die Kapazitäten für derart umfangreiche Verfahren zu haben.

Oft empfohlen: Ulrike Gantenberg („engagiert und to the point", Wettbewerber)

Team: 1 Eq.-Partnerin, 3 Associates

Schwerpunkte: Schiedsverfahren, v.a. Anlagenbau- u. Post-M&A-Streitigkeiten. Schiedsrichterin u. Parteivertretung; auch Prozesse vor staatl. Gerichten.

Mandate: Mitsubishi gg. Uniper in Anlagenbaustreit bzgl. Datteln 4 (DIS); Anlagenbauer in Rechtsstreit mit Kunden bzgl. Silikonmodulanlage (LG); VC/PE-Konsortium bei Regressansprüchen gg. Verkäufer; chin. Konzern in DIS-Verf. wg. Kaufpreisanpassung; Private-Equity-Unternehmen gg. Berater zu Haftung bzgl. M&A-Due-Diligence; Schiedsverf. bzgl. Lithium-Lizenzverträge in afrikan. Staat (ICC; Vorsitzende Schiedsrichterin).

GIBSON DUNN & CRUTCHER

Konfliktlösung: Prozesse ★★★

Bewertung: Stück für Stück befreit sich die Praxis aus der Nische der Compliance-bezogenen u. aktienrechtl. Streitigkeiten, für die v.a. Zeidler nach wie vor steht. Inzw. gehört GDC v.a. dank Rieder zu den auffälligsten Einheiten im Zshg. mit den zunehmenden ESG-bezogenen Streitigkeiten. Sein Team hat für Mercedes-Benz eine der wenigen sog. Klimaklagen der Dt. Umwelthilfe abgewehrt. Der Autohersteller u. Rieders gute Kontakte dorthin sind für die Praxisentwicklung nicht zu unterschätzen, denn kollektiver Rechtsschutz ist ein weiteres Thema, das sich die Praxis vorwiegend über die Arbeit für Mercedes-Benz erschlossen hat: Sowohl die Abwehr massenhafter Einzelklagen als auch einer Musterfeststellungsklage von Dieselkäufern hat der Konzern Rieders Team anvertraut. Personell spiegelt sich das Wachstum in der Ernennung 2er Counsel u. der Erweiterung des Associate-Teams. Weitere Entwicklungsschritte könnten eine engere Verbindung zur Praxis in den USA sein, wo GDC zu den absoluten Top-Adressen für Litigation zählt, sowie eine stärkere Zusammenarbeit mit den Kartellrechtlern bei Schadensersatzstreitigkeiten.

Stärken: Spruchverfahren.

Oft empfohlen: Dr. Markus Rieder („durchdringt Fälle sehr tief", Wettbewerber), Dr. Finn Zeidler („durchweg hohe Beratungsqualität", Wettbewerber)

Team: 4 Partner, 2 Counsel, 18 Associates

Schwerpunkte: Gesellschaftsrechtl., insbes. aktienrechtl. Streitigkeiten; daneben Prozesse u. Schiedsverfahren, zunehmend Massenverfahren. Branchen: Banken- und Finanzsektor, Automotive, Technologie, Energie, verarbeitende Industrie.

Mandate: Mercedes-Benz, u.a. bei Abwehr von Kundenklagen im Dieselkomplex (inkl. Musterfeststellungsklage) u. gg. DUH im Zshg. mit Klage auf CO2-Reduktion; Atlas Copco in Spruchverf. nach Squeeze-out von Isra-Vision-Aktionären; UniCredit gg. Aktionärsklagen in div. Ländern nach Umstrukturierung.

GLEISS LUTZ

Konfliktlösung: Prozesse ★★★★★

Konfliktlösung: Schiedsverfahren ★★★★★

Konfliktlösung: Produkthaftung ★★★★

Bewertung: Auf das Konfliktlösungsteam von GL baut das Who's who der dt. Konzernlandschaft: VW, Audi, Daimler, Dt. Telekom, Dt. Bank, Infineon, RWE, Lanxess. Sie alle setzen bei unterschiedlichsten Streitigkeiten auf das Know-how der Praxis, meist aber in Großkomplexen mit relevanten finanziellen oder reputationsbezogenen Risiken. Das macht GL zu einer der führenden Kanzleien für Konfliktlösung. Generell profitieren Mandanten häufig von der engen Vernetzung zwischen Konfliktlösungs- u. anderen Praxisgruppen, das zeigt z.B. die Vertretung des Wirecard-Insolvenzverwalters gemeinsam mit den Compliance-Experten u. die enge Zusammenarbeit mit den Gesellschaftsrechtlern bei VW u. Audi. Traditionell eng u. fruchtbar ist auch das Tandem Konfliktlösung u. Kartellrecht, mit dem GL bspw. für Daimler u. Südzucker Schadensersatz abwehrt. Einen mutigen Schritt unternimmt die Kanzlei, weil sie nach ihrer Büroeröffnung in London auch Mandate von Investorenseite annimmt, die sie noch vor einigen Jahren ausgeschlossen hätte. Die Anerkennung der Gesamtpraxis lässt sich auch daran ablesen, dass ausnahmslos alle Partner auf positive Resonanz im Markt stoßen u. auch Counsel für ihre Arbeit von Mandanten gelobt werden.

Stärken: Kapitalmarkt-, insolvenz- u. gesellschaftsrechtl. Streitigkeiten. Interne Untersuchungen (▷*Compliance*). Abwehr kartellrechtl. Schadensersatzklagen. Schiedsverfahren. Produkthaftung.

Oft empfohlen: Dr. Stefan Rützel („herausragend", „pfiffig"; als Schiedsrichter: „brillant, gut für schwierige Fälle", Wettbewerber), Dr. Stephan Wilske („sehr gut in allen Fragen des Schiedsrechts", „hervorragender Sachverstand", Wettbewerber), Dr. Luidger Röckrath („brillanter, hartnäckiger Litigator", Wettbewerber), Dr. Andrea Leufgen („gute Strategin, verhandlungsstark u. lösungsorientiert", „sehr sorgfältig in der Analyse", Wettbewerber), Dr. David Quinke („führende Persönlichkeit", „ausgezeichnete Wahl für gesellsch.rechtl. Streitigkeiten", Wettbewerber), Prof. Dr. Eric Wagner („messerscharfer Verstand u. äußerst pragmatisch", Wettbewerber), Dr. Lukas Schultze-Moderow („Top-Berater mit Erfahrung in großvol. Verfahren", Wettbewerber), Dr. Marc Ruttloff („ruhig u. besonnen, fachlich brillant", Wettbewerber)

Team: 8 Eq.-Partner, 5 Counsel, 26 Associates

Schwerpunkte: Gesellschaftsrechtl., handels- u. kapitalmarktrechtl. sowie Vertriebs- u. ▷*insolvenz-*

Konfliktlösung: Schiedsrichter

Fortsetzung

Dr. Nils Schmidt-Ahrendts
Hanefeld, Hamburg

Dr. Jan Spangenberg
Manner Spangenberg, Hamburg

Prof. Dr. Roderich Thümmel
Thümmel Schütze & Partner, Stuttgart

Dr. Rolf Trittmann
Rothorn, Frankfurt

Dr. Karl Wach
Wach + Meckes, München

Dr. Stephan Wilske
Gleiss Lutz, Stuttgart

Die Auswahl von Kanzleien und Personen in Rankings und tabellarischen Übersichten ist das Ergebnis umfangreicher Recherchen der JUVE-Redaktion. Sie ist in 2erlei Hinsicht subjektiv: Die Aussagen der befragten Quellen sind subjektiv u. spiegeln deren Erfahrungen u. Einschätzungen. Die JUVE-Redaktion wiederum analysiert die Rechercheergebnisse unter Einbeziehung ihrer eigenen Marktkenntnis. Der JUVE Verlag beabsichtigt keine allgemeingültige oder objektiv nachprüfbare Bewertung. Es ist möglich, dass eine andere Recherchemethode zu anderen Ergebnissen führt. Innerhalb einzelner Gruppen in Rankings und tabellarischen Übersichten sind Kanzleien und Personen alphabetisch sortiert.

Anwaltszahlen: Angaben der Kanzleien, wie viele Anwälte zu mind. ca. 50% in diesem Gebiet tätig sind. Sie spiegeln nicht zwingend die Gesamtgröße einer Kanzlei wider.

BGH-Kanzleien

Dr. Brunhilde Ackermann (Karlsruhe)
Dr. Brunhilde Ackermann („kämpferisch, gute Schriftsätze – gute Wahl für Verfahren mit IP-Bezug")

Baukelmann Tretter (Karlsruhe)
Dr. Peter Baukelmann („Top-Jurist, Spitzenadresse"), Norbert Tretter („höchste rechtsdogmatische Kompetenz verbunden mit Pragmatismus")

Engel & Rinkler (Karlsruhe)
Axel Rinkler („hat noch Feuer, echtes Interesse am Gewerblichen Rechtschutz")

Dr. Reiner Hall (Karlsruhe)
Dr. Reiner Hall („hervorragende Auffassungsgabe, gute Aufbereitung komplexer Sachverhalte")

Koch (Karlsruhe)
Dr. Matthias Koch („genau, erfahren, angenehm")

Mennemeyer & Rädler (Karlsruhe)
Dr. Siegfried Mennemeyer („schnell und fachlich sehr gut"), Dr. Peter Rädler („großartiger, überobligationsgemäßer Einsatz für Mandanten")

Dr. Thomas von Plehwe (Karlsruhe)
Dr. Thomas von Plehwe („kenntnisreich im Gesellschaftsrecht, extrem ‚user friendly'")

Rohnke Winter (Karlsruhe)
Prof. Dr. Christian Rohnke („überzeugender Auftritt in komplexen mündlichen Verhandlungen"), Dr. Thomas Winter („versteht wie kein anderer Gesamtzusammenhänge und kann daraus Argumente und Lösungen bauen")

Dr. Jörg Semmler (Karlsruhe)
Dr. Jörg Semmler („sehr engagiert, hohe Kompetenz, aufstrebend")

Dr. Matthias Siegmann (Karlsruhe)
Dr. Matthias Siegmann („beeindruckend, wie schnell er sich in Sachverhalte einarbeiten kann und wie präzise die Schriftsätze sind")

Toussaint & Schmitt (Karlsruhe)
Prof. Dr. Ralph Schmitt („unprätentiös und schlau"), Dr. Guido Toussaint („professionell, kollegial, engagiert")

Vorwerk (Karlsruhe)
Prof. Dr. Volkert Vorwerk („profunder Kenner der Materie, v.a. im Baurecht")

Die Auswahl von Kanzleien und Personen in Rankings und tabellarischen Übersichten ist das Ergebnis umfangreicher Recherchen der JUVE-Redaktion. Sie ist in 2erlei Hinsicht subjektiv: Die Aussagen der befragten Quellen sind subjektiv u. spiegeln deren Erfahrungen u. Einschätzungen. Die JUVE-Redaktion wiederum analysiert die Rechercheergebnisse unter Einbeziehung ihrer eigenen Marktkenntnis. Der JUVE Verlag beabsichtigt keine allgemeingültige oder objektiv nachprüfbare Bewertung. Es ist möglich, dass eine andere Recherchemethode zu anderen Ergebnissen führt. Innerhalb einzelner Gruppen in Rankings und tabellarischen Übersichten sind Kanzleien und Personen alphabetisch sortiert.

bez. Streitigkeiten. Zusammen mit ▷*Kartellrechtlern* Abwehr von Schadensersatz. Produkthaftung, Freiberufler- u. Organhaftung. Regelm. internat. Schiedsverf., v.a. Post-M&A, ▷*Energie* u. Investitionsschutz. Bei internen Untersuchungen Zusammenarbeit mit internat. Partnerkanzleien.
Mandate: Abellio-Rail-Insolvenzverwalter umf. im Zshg. mit mögl. Ansprüchen gg. div. Nahverkehrsverbünde, auch gerichtl.; Bund bei Abwehr von Ansprüchen im Zshg. mit Covid-Impfstoffen; Wirecard-Insolvenzverwalter bei interner Aufarbeitung u. Durchsetzung von Ansprüchen; AOK Nordost im Streit mit Pharmaunternehmen über Schadensersatz aus mögl. fehlerhafter Vergabeentscheidung; Proform Solar im Streit um Forderungen aus Stromliefervertrag; Abwehr von Kartellschadensersatz, u.a. für Daimler Truck (Lkw), Dt. Bank (ehem. Postbank, EC-Cash), Mercedes-Benz bei Abwehr von Kundenklagen im Zshg. mit Dieselaffäre; Dt. Telekom, u.a. gg. Vodafone/Unitymedia wg. Kabelkanalmieten (BGH) u. gerichtl. zur Vollstreckbarkeit eines Schiedsspruches gg. Indien; Strabag zu Vollstreckbarkeit von ICSID-Schiedsspruch gg. Libyen; Alberdingk Boley zu Schadensersatzforderungen gg. Verkäufer von verunreinigten Chemikalien; Aufsichtsräte von VW u. Audi zur Dieselaffäre.

GÖRG

Konfliktlösung: Prozesse ★

Bewertung: Die Konfliktlösungspraxis ist geprägt durch Dauermandate, die sich v.a. aus dem Bank- u. Finanzwesen speisen u. meist einen kapitalmarktrechtl. Hintergrund haben. Bspw. ist sie für div. Kapitalanlagegesellschaften u. Asset-Manager im Zshg. mit der Wirecard-Insolvenz u. Schadensersatzansprüchen gg. EY aktiv. Weitere Schwerpunkte bilden lfd. Mandate mit marken-, wettbewerbs- u. vertriebsrechtl. Hintergrund. Dass die Kanzlei auch immer wieder Teil marktbewegender Komplexe ist, zeigt ihre Beteiligung an einer Musterfeststellungsklage, die sie für die Sparkasse KölnBonn abwehrt.
Team: 8 Eq.-Partner, 3 Counsel, 10 Associates
Schwerpunkte: Handels- u. vertriebsrechtl. Streitigkeiten, Bank- u. kapitalmarktrechtl. Prozesse., wettbewerbsrechtl. Streitigkeiten.
Mandate: Sparkasse KölnBonn bei Abwehr von Musterfeststellungsklage; Investorengruppe bei kapitalmarktrechtl. Klagen gg. Daimler im Zshg. mit Dieselaffäre; institutionelle Anleger gg. Bayer wg. Kursverlusten nach der Monsanto-Übernahme; div. Asset-Manager, Kapitalverwaltungsges. u. Versicherer im Wirecard-Insolvenzverf. u. zu Schadensersatzansprüchen ggü. EY; Helaba gg. eine dt. Stadt bzgl. Negativzinsen in Darlehensverträgen; Thomas Henry zu handels- u. IP-rechtl. Streitigkeiten.

FRIEDRICH GRAF VON WESTPHALEN & PARTNER

Konfliktlösung: Produkthaftung ★★★

Bewertung: Die Praxis gehört zu den renommierten Adressen für Manager- und Produkthaftung. Dank ihrer exzellenten Kontakte in die Versicherungsbranche fehlen die FGvW-Anwälte in kaum einem großen D&O-Komplex – u.a. sind sie in den Fällen Wirecard, Air Berlin u. Solarworld tätig. Immer wieder berühren die Streitigkeiten versicherungsrechtl. Grundsatzfragen: Für Zurich etwa erreichte das Team in einem Prozess gg. VW vor dem BGH eine Klärung bzgl. des Deckungsschutzes von Versicherungsnehmern bei Rückrufen. Insges. hat sich der Bereich Produkthaftung spürbar ausgeweitet u. internationalisiert. Ein Bsp. ist die Arbeit für einen Modulhersteller in einer Prozessserie gg. Solarparkbetreiber im Zshg. mit Produktmängeln. Seit einiger Zeit arbeitet FGvW daran, das Team um die zentralen Partner Lenz u. Laschet zu erweitern u. damit auf einen Generationswechsel vorzubereiten. Nach div. Beförderungen im Vorjahr wurde zuletzt Jerome Nimmesgern zum Sal.-Partner ernannt. Die Marktgeltung der neuen Partner zu erhöhen, ist eine der zentralen Aufgaben für die nachhaltige Entwicklung der Praxis.
Stärken: Erfahrung mit Großschäden; Beratung bei D&O-Deckung u. -Haftung.
Oft empfohlen: Prof. Dr. Tobias Lenz („lösungsorientiert u. angenehm", Wettbewerber), Carsten Laschet („pragmat. u. mit Überblick", Mandant; v.a. Produkthaftung)
Team: 4 Eq.-Partner, 2 Sal.-Partner, 6 Associates
Schwerpunkte: Rückrufe u. Regulierung von Großschäden, auch international. Regelm. Beratung von ▷*Versicherern*. Daneben ▷*vertriebsrechtl.* u. projektbezogene Streitigkeiten.
Mandate: Ex-Solarworld-Finanzvorstand bei Abwehr von Organhaftung; ßSolarzellenhersteller bei Abwehr von Schadensersatz gg. Solarparkbetreiber in div. Prozessen; Zurich, u.a. in €30-Mio-Streit mit VW bzgl. Rückruf (BGH); Versicherer zu €30-Mio-CFO-Fraud; Versicherer bzgl. Bayer/Monsanto-Investorenklagen; Versicherer in €30-Mio-Prozess wg. Wasserschäden bei Bauprojekt in Frankfurt; Industrie- und Personenversicherer, u.a. im Zshg. mit Schiedsverf. bzgl. Gaskavernen; Generalunternehmer zu €400-Mio-Verzugsschaden im Zshg. mit Kraftwerksbau in Hamm/Westfalen; lfd.: AIG, AGCS.

GREENFORT

Konfliktlösung: Prozesse ★

Bewertung: Die Praxis steht für eine enge Verbindung von Corporate- u- Disputes-Praxis, auch personell: Mehrere Anwälte werden wie Röder von Wettbewerbern für beide Gebiete empfohlen. Entsprechend spielen sich zahlr. Fälle an der Schnittstelle beider Fachgebiete ab. Alle Disputes-Partner führen auch Schiedsverfahren. Zudem steht die Praxis wie wenige für alternat. Streitbeilegung. Darüber hinaus kommt die Kanzlei regelm. für D&O-Versicherer zum Einsatz, oft auch als Monitoring Counsel, u. gewinnt über sie regelm. neue Mandanten. Ein Ausnahmemandat, bei dem die gute Vernetzung mit Strafrechtskanzleien ein Vorteil war, ist die Arbeit der Kanzlei bei der Aufarbeitung eines Betrugsskandals bei der AWO Wiesbaden.
Stärken: Alternat. Streitbeilegung.
Oft empfohlen: Dr. Daniel Röder („fachlich u. persönl. herausragend", Wettbewerber), Tobias Glienke („Spezialist für gesellschaftsrechtl. Streitigkeiten", Wettbewerber)
Team: 5 Eq.-Partner, 2 Counsel, 5 Associates
Schwerpunkte: D&O-Haftungsfälle; Gesellschafterauseinandersetzungen; Post-M&A- u. Handelsstreitigkeiten.
Mandate: AWO Wiesbaden bei interner Untersuchung u. €50-Mio-Streitigkeiten gg. Ex-Management im Zshg. mit Betrugsskandal; 2 Fondsmanager bei Abwehr von Klage der Depotbank Caceis in €300-Mio-Cum-Ex-Verfahren; Celanese lfd. zu Konfliktmanagement; ehem. HRE-Aufsichtsratsmitglied in KapMuG-Prozess; Interfer Steel and Commodities in Aufhebungsverf. bzgl. ICC-Schiedsspruch in Streit mit Painel 2000 (OLG); US-Elektronikunternehmen in €20-Mio-Post-M&A-Streit; TKS in €5-Mio-Lizenzstreit gg. Vertragspartner.

Anwaltszahlen: Angaben der Kanzleien, wie viele Anwälte zu mind. ca. 50% in diesem Gebiet tätig sind. Sie spiegeln nicht zwingend die Gesamtgröße einer Kanzlei wider.

GSK STOCKMANN

Konfliktlösung: Prozesse ★
Konfliktlösung: Schiedsverfahren ★

Bewertung: Das Kernkonfliktlösungsteam um Partner Jansen kooperiert regelm. mit den Teams anderer Praxisgruppen, bspw. mit den traditionell starken Immobilien- u. Baurechtlern, aber auch mit Partnern aus dem Bank- u. Finanzrecht, dem Öffentl. Recht u. dem Marken- u. Wettbewerbsrecht. Konjunkturbedingt haben Liefer-, Post-M&A- u. gesellschaftsrechtl. Streitigkeiten im Beratungsportfolio zugenommen. Ein Wachstumsfeld ergibt sich an den Schnittstellen zu Strafrecht u. Compliance u. zu ESG-Beratung, z.B. bei Greenwashing-Vorwürfen. Zudem besteht eine funktionierende Zusammenarbeit mit dem luxemb. Büro bei Streitigkeiten mit Fondsbeteiligung. Dass GSK ihre Strategie fortsetzt u. Konfliktlösung als eigenständige Fachgruppe begreift, unterstreicht sie mit der Ernennung eines Eq.-Partners, der einen Fokus auf bank- u. finanzrechtl. Streitigkeiten legt.

Oft empfohlen: Dr. Justus Jansen („sehr kompetent im Gesellschaftsrecht, gr. Erfahrung bei internat. Schiedsverf.", Wettbewerber)

Team: 14 Eq.-Partner, 4 Sal.-Partner, 1 Counsel, 20 Associates

Schwerpunkte: Baurechtl. Streitigkeiten, Schiedsverf.; Joint-Venture-Auseinandersetzungen; gesellschaftsrechtl. Streitigkeiten. Branchen insbes. ▷*Immobilien*, Energiewirtschaft, Mobilität, Banken.

Mandate: Onlineversandhändler im Zshg. mit Ansprüchen aus Logistikrahmenvertrag; börsennot. Nahrungsmittelkonzern im Zshg. mit Ansprüchen aus Vertriebsvertrag; Joint-Venture-Gesellschaft bei Abwehr von Schadensersatz im Zshg. mit Dammprojekt im Nahen Osten (€70-Mio-Schiedsverf.); Fonds für Kryptowährungen gg. mögl. Anlegeransprüche wg. FTX-Insolvenz; Tesla u.a. in Streit um Claim ‚Autopilot' u. zu Streit um Greenwashing-Vorwürfe u. datenschutzrechtl. Compliance; Versicherungskonzern im Streit mit Pächterin einer Hotelimmobilie um Pachtzahlungen; AFIAA im Zshg. mit mietrechtl. Ansprüchen gg. Escada-Insolvenzverw.; Ryanair in wettbewerbsrechtl. Streit mit Onlinereisebüro; THD Treuhanddepot im Zshg. mit Insolvenzverf. Dt. Lichtmiete.

HANEFELD

Konfliktlösung: Schiedsverfahren ★★★★

Bewertung: Die HHer Kanzlei gehört zu den führenden dt. Schiedsboutiquen. Der hervorragende Ruf basiert schon lange nicht mehr nur auf der Arbeit der renommierten Namenspartnerin Hanefeld als Schiedsrichterin in internat. Verfahren – auch die Partner Nedden u. Schmidt-Ahrendts haben sich einen Namen gemacht. Die ausgeprägte Marktpräsenz der Kanzlei fußt v.a. auf der Arbeit ihrer Anwälte als Schiedsrichter. Dazu passt, dass sich der renommierte Schiedsrechtler Seelmann-Eggebert nach seinem Ausscheiden bei Latham Hanefeld als of Counsel angeschlossen hat, um sich auf Schiedsrichtermandate zu konzentrieren. Auch Associates werden in der Kanzlei bereits als Schiedsrichter bestellt. Die Ernennung eines Eq.-Partners, der auch regelm. vor staatl. Gerichten auftritt, sowie 2 Counsel-Ernennungen untermauern die Entwicklungen auf personeller Ebene.

Stärken: Große Erfahrung in internat. Schiedsverfahren.

Oft empfohlen: Dr. Inka Hanefeld („eine der Besten, höchst professionell", Wettbewerber), Jörn Hombeck („gr. Erfahrung mit komplexen Streitigkeiten", Wettbewerber), Heiner Nedden („arbeiten auf höchstem Niveau", Wettbewerber), Dr. Nils Schmidt-Ahrendts („beeindruckend – egal, von wem er als Schiedrichter benannt wurde", Wettbewerber), Dr. Friedrich Rosenfeld („brillant", Wettbewerber), Dr. Sebastian Seelmann-Eggebert („sehr klare u. präzise Analysen", Wettbewerber)

Team: 5 Eq.-Partner, 3 Counsel, 3 Associates, 1 of Counsel

Schwerpunkte: Schiedsrichtertätigkeit u. Parteivertretung in Schiedsverf.; Präventivberatung, ADR, Mediation u. Prozesse. Branchen: Maschinen-, Anlagenbau u. Infrastruktur, Finanzen, Energie, Medien. Auch Investitionsschutz. Gutes internat. Netzwerk zu Kanzleien u. Schiedsinstitutionen, zunehmend Verfahren vor staatl. Gerichten.

Mandate: Vorsitz 2er ICSID-Tribunale im Energiesektor; Mitschiedsrichterin in ICSID-Tribunal im Energiesektor; div. Schiedsverf. (DIS, DAB) im Offshorewindbereich; Vertretung eines Investors in ICSID-Verfahren; Vertretung eines Retail-Unternehmens in großvol. ICC-Verfahren.

HAUSFELD

Konfliktlösung: Prozesse ★★★

Bewertung: Ähnl. wie Wettbewerberin Quinn Emanuel hat auch Hausfeld ihr Betätigungsfeld seit dem Markteintritt in Deutschland stetig verbreitert. Als Spezialistin für prozessfinanzierte Sammelklagen zu Kartellschadensersatz an den Start gegangen, hat sie sich durch den parallel einsetzenden Dieselkomplex schnell einen Namen bei Massenklagen gemacht. Inzw. hat das Team mit erfolgr. geführten Verfahren zur RDG-Konformität von Abtretungsmodellen Rechtsgeschichte geschrieben. Mit diesem Wind im Rücken erschließt sich die Kanzlei neue Betätigungsfelder, z.B. mit kapitalmarktrechtl. Bezügen wie im Fall ‚Fonds gg. Bayer' oder mit Investorenklagen zu Transparenzpflichten bei klimawandelbezogenem Lobbying (VW). Bei diesen sog. Greenwashing-Streitigkeiten betritt die Kanzlei wieder Neuland. Dass die Streitigkeiten meist großvol. sind, aber nicht immer mit Masseverf. zusammenhängen, zeigt ein Prozess, den von Bernuth nach Marktinformationen an der Seite eines Investors gg. die dt. Niederlassung der russ. Staatsbank VTB führt (€300 Mio). Ein neues Büro in HH sowie die Arbeit eines Counsels, der sich in D'dorf um mittelständ. Mandanten bemüht u. dafür bereits positives Feedback erhält, unterstreichen die Experimentierfreudigkeit der Kanzlei.

Stärken: Geltendmachung von Kartellschadensersatz, Massenverfahren.

Oft empfohlen: Dr. Alex Petrasincu („klare u. fundierte Beratung", Wettbewerber)

Team: 4 Eq.-Partner, 5 Counsel, 14 Associates

Schwerpunkte: ▷*Kartellschadensersatz* auf Klägerseite, auch kartellrechtl. geprägte Klagen wg. Marktmachtmissbrauch; zunehmend Vertretung institutioneller Investoren in kapitalmarktrechtl. Klagen.

Mandate: Div. Fonds gg. VW in Streit um Satzungsänderung bzgl. Berichtspflichten zu Klimalobbying; Geltendmachung von Kartellschadensersatz, u.a. für BMW (Zündkerzen, u.a. gg. Bosch), Financialright, Coca-Cola, Rewe (alle Lkw); Immowelt in Verf. gg. Immoscout bzgl. Rabattsystem (Tipping-Regel, LG); eClaim zu Schadensersatzansprüchen von über 15.000 Speditionen u. anderen Unternehmen gg. Bund bzgl. Lkw-Maut-Berechnung; Fonds zu Schadensersatzansprüchen gg. Bayer wg. mangelnder kapitalmarktrechtl. Information bzgl. Monsanto; ausl. Investor bzgl. Ansprüchen im Zshg. mit Delisting von Rocket Internet; Gesellschafter div. mittelständ. Unternehmen (IT, Transport) bei ges.rechtl. Streitigkeiten; Verteidigung eines ausl. Lebensmittelherstellers gg. angebl. Zahlungsanspr. nach Internal Investigation; mittelständ. Maschinenhersteller lfd. in Litigation-Fragen.

HAVER & MAILÄNDER

Konfliktlösung: Prozesse ★★
Konfliktlösung: Schiedsverfahren ★★★

Bewertung: Die Praxis ist insbes. renommiert für Schiedsverfahren. Neben dem nach wie vor aktiven u. internat. bekannten Gerstenmaier haben sich v.a. Brandner u. Kläger einen Namen gemacht. Dass beide sowohl in Schiedsverf. als auch vor staatl. Gerichten erfolgreich prozessieren, zeigt, die Arbeit für die BNetzA in einem Amtshaftungsfall, bei dem Brandner eine mrd-schwere Klage abwehren konnte, u. die gefestigte Beziehung zu Bosch, die das Team in div. staatl. sowie in Schiedsverf. vertritt. Die intensivere Zusammenarbeit der Partner innerhalb der Praxis u. in Schnittstellenbereichen wie Compliance u. Arbeitsrecht schlug sich zuletzt auch in der Aufarbeitung eines Finanzskandals beim Württ. Tennis-Bund unter Federführung von Kauffeld nieder, der bundesw. in der Abwehr von Organhaftungsansprüchen sehr gefragt ist.

Stärken: Schiedsverfahren.

Oft empfohlen: Dr. Klaus Gerstenmaier („gründlich, sehr engagiert, scharfsinnig", Wettbewerber), Dr. Gert Brandner („ausgezeichneter Schiedsrechtler", Wettbewerber), Dr. Hans-Georg Kauffeld („herausragende analytische Fähigkeiten, klare Handlungsvorschläge", Mandant), Dr. Roland Kläger („steht den Granden der Kanzlei in nichts nach", Wettbewerber), Christian Aufdermauer („pragmatisch, durchsetzungsstark", Wettbewerber)

Team: 2 Eq.-Partner, 4 Sal.-Partner, 1 Counsel, 1 Associate, 1 of Counsel

Schwerpunkte: Regelm. Schiedsverf., v.a. Post-M&A. Zudem Streitigkeiten bzgl. Organhaftung, Anlagenbau, Vertriebs- u. Lizenzverträgen, häufig in der Automotive-Branche. Kartellrechtl. Schadensersatzklagen.

Mandate: Bosch in div. Streitigkeiten; BNetzA bei Abwehr von €2-Mrd-Amthaftungsfall im Telekommunikationsrecht; 2 Kfz-Zulieferer in Liefer- u. Schadensersatzklagen (staatl. u. Schiedsverf.); Kunststoffhersteller bei Abwehr von Ansprüchen wg. Baumängeln bei Fabrikbau; WTB in Haftungsprozessen nach Compliance-Fall.

HENGELER MUELLER

Konfliktlösung: Prozesse ★★★★★
Konfliktlösung: Schiedsverfahren ★★★★
Konfliktlösung: Produkthaftung ★★

Bewertung: HM zählt seit Jahren zu den führenden Einheiten in der Konfliktlösung. Im Wesentlichen hat sie sich wie SZA diesen Ruf aus der sehr renommierten Corporate-Praxis heraus erarbeitet. Dass sie die High-End-Beratung schon längst über die Schnittstellen zu anderen Fachgebieten wie ▷*TMT* u. ▷*Compliance* in die Disputes-Praxis übertragen hat, zeigen Mandate wie die Abwehr von über 1.000 Schadensersatzklagen für den TÜV Süd nach einem Staudammbruch in Brasilien, wofür v.a. Hanfland

Anwaltszahlen: Angaben der Kanzleien, wie viele Anwälte zu mind. ca. 50 % in diesem Gebiet tätig sind. Sie spiegeln nicht zwingend die Gesamtgröße einer Kanzlei wider.

steht. Dieses Mandat kam nach einer internen Untersuchung zustande. Aus London u. Berlin wird ein Streit für Meta gesteuert, bei dem sich der US-Konzern mit der Dt. Telekom über IP-Peering auseinandersetzt u. der neben Dtl. auch in den USA u. Irland ausgefochten wird. Diese Mandate sind auch Beleg dafür, dass die Arbeit von HM internationaler ist, als im Markt häufig angenommen, v.a. bei Streitigkeiten vor staatl. Gerichten. Darüber hinaus fehlt das Disputes-Team in kaum einem Großkomplex. Dazu zählen die zivilrechtl. Aufarbeitung von Cum-Ex-Deals, die v.a. Meier, Bälz u. Wirth an der Seite der Banken Sarasin, Caceis u. Portigon beschäftigt, u. auch die umf. Arbeit für VW, Porsche u. Bosch bei der Abwehr von Anlegerklagen im Dieselkomplex. Hinzu kommen zahlr. großvol. DIS-Schiedsverfahren. Es spricht für die Entwicklung der Disputes-Praxis, dass auch Counsel u. jüngere Partner im Markt Anerkennung finden.

Stärken: Komplexe gesellschafts- u. kapitalmarktrechtl. geprägte Großverf., Abwehr von Kartellschadensersatz.

Oft empfohlen: Dr. Markus Meier („weiterhin das Maß aller Dinge“, Wettbewerber), Dr. Henning Bälz, Johanna Wirth („hervorragend“, Wettbewerber), Dr. Carsten van de Sande („Top-Beratung an der Schnittstelle von M&A und Dispute Resolution“, Mandant), Dr. Philipp Hanfland („sehr schlau u. blitzschnell“, Wettbewerber), Prof. Dr. Jochen Vetter, Dr. Viola Sailer-Coceani („sehr gut bei Organhaftung“, Wettbewerber), Dr. Thomas Paul, Dr. Matthias Blaum, Dr. Daniel Zimmer („findet pragmatische Lösungen“, Wettbewerber)

Team: 16 Partner, 5 Counsel, 35 Associates

Schwerpunkte: Über Konzernrecht u. ▷*Compliance* Schwerpunkt bei gesellschaftsrechtl. Streitigkeiten. Neben finanz- u. kapitalmarktnahen Verf. Post-▷*M&A*-Streitigkeiten. ▷*Kartellrechtl.* Schadensersatzklagen. Streitigkeiten im Medien-, TK- u. Healthcare-Bereich. Regelm. Schiedsverf. in Großtechnik u. Anlagenbau (Schiedsrichter u. Parteivertreter). Zudem Vorfeldberatung u. ADR sowie regelm. Corporate Governance.

Mandate: VW bei Abwehr von Anlegerklagen wg. Dieselaffäre; Bosch ww. bei strateg. Koordination von Dieselklagen; TÜV Süd bei Abwehr von Anlegerklagen wg. angebl. falscher Prüfbescheinigungen u. Ansprüchen im Zshg. mit Dammbruch in Brasilien; Galapagos-Insolvenzverwalter ww. in div. Prozessen, u.a. zu Insolvenzanfechtung u. Schadensersatz; Verteidigung von Tengelmann gg. €1-Mrd.-Gesellschafterklage wg. Auflösung von Rücklagen; Catherine Fürstenberg-Dussmann im Zshg. mit Nachlassverfahren; Dt. Bank bei Abwehr von €700-Mio-Aktionärsklagen im Zshg. mit Postbank-Übernahme (BGH); Porsche, u.a. in €6,4 Mrd-KapMuG-Verf. wg. gepl. VW-Übernahme u. bei Abwehr von Anlegerklagen im Zshg. mit VW-Dieselaffäre; div. Banken, u.a. Sarasin, Caceis, Portigon sowie Wertpapierdienstleister jew. in Verf. bzgl. Cum-Ex; Meta (Facebook) wg. IP-Peering gg. Dt. Telekom; Google u.a. in Grundsatzverf. zur Bildersuche; dt. Industrieunternehmen in ICC-Schiedsverf. wg. Ansprüchen aus Kooperationsvertrag; Rocket Internet in Verf. nach Delisting; Abwehr von Kartellschadensersatz, u.a. für MAN (Lkw), Nordzucker.

HERBERT SMITH FREEHILLS

Konfliktlösung: Schiedsverfahren	★★

Bewertung: Die Praxis steht v.a. für ihr Know-how in internat. Schiedsverfahren – was sie zuletzt durch die Partnerernennung von Catrice Gayer unterstrichen hat. Gemeinsam mit Nacimiento ist sie etwa in einem Komplex aus div. Schiedsverfahren im Stahlsektor tätig. Nacimiento begleitet seit vielen Jahren Kasachstan in einem Großkomplex um einen betrüger. erlangten Investmentschiedsspruch. Das Ausnahmemandat, bei dem die Praxis ihre Kompetenz in Vollstreckungsfragen ausspielen kann, hat Türen geöffnet für weitere Fälle, wie ein Investitionsschutzverf. gg. Kirgisien, das HSF auf Russisch führt. Mit der Ernennung Gayers u. eines auf Investitionsschutz spezialisierten Counsels sowie einem deutl. Ausbau bei den Associates hat HSF nach personell unruhigen Zeiten mit mehreren Abgängen erfahrener Anwälte zuletzt ein Wachstumssignal gesetzt.

Stärken: Schiedsverf. im Anlagenbau, Know-how im Strafrecht.

Oft empfohlen: Dr. Patricia Nacimiento („ihr Blick über den Tellerrand in andere Themen ist legendär“, Mandant; „kompetent u. schnell“, Wettbewerber), Dr. Dirk Seiler („erfahren, kompetent u. praxisnah“, Wettbewerber), Dr. Mathias Wittinghofer („sehr engagiert, stark in der Analyse“, Wettbewerber)

Team: 5 Partner, 2 Counsel, 13 Associates, 1 of Counsel

Schwerpunkte: Schiedsverf., häufig im Anlagenbau u. Post-M&A, auch Investitionsschutz; Prozesse, dabei Branchenschwerpunkte Banken, Energie, Gesundheit u. Automotive. Häufig IP- u. Insolvenzbezüge. Über ▷*Compliance* Kompetenz bei Vollstreckung von Schiedssprüchen.

Mandate: QazaqGaz in Ad-hoc-Investitionsschiedsverf. gg. Kirgisien im Zshg. mit Mid-Stream-Investitionsprojekt; Mongolei bei Abwehr von Investitionsschutzklage von Wallbridge Mining im Zshg. mit Goldabbau; Kasachstan im Zshg. mit Aufhebung von Investitionsschutzschiedsspruch u. Verteidigung gg. Vollstreckung; Unterhaltungskonzern in Post-M&A-Schiedsverfahren nach gescheitertem Verkauf von dt. Kinogruppe (DIS); internat. TK-Konzern in Post-M&A-Verf. im Zshg. mit Garantieverletzungen (ICC); Medizinproduktehersteller bei Abwehr von €39-Mio-Schiedsklage im Zshg. mit Geschäftsgeheimnissen; Lkw-Hersteller, u.a. in Beweisverfahren im Zshg. mit mögl. Produktmängeln an Bussen.

HEUKING KÜHN LÜER WOJTEK

Konfliktlösung: Prozesse	★★★
Konfliktlösung: Schiedsverfahren	★★★

Bewertung: Die Praxis gehört weiterhin zu den besonders breit aufgestellten Einheiten im Markt. Allerdings befasst sich inzw. ein Kernteam ausschl. mit Prozessen. Diese werden entweder direkt aus der Disputes-Praxis geführt, wie bspw. die großvol. Klage der Deka gg. EY im Wirecard-Komplex, bei dem HHer u. Stuttgarter Partner zusammenarbeiten, oder es arbeiten DR-Experten im Tandem mit anderen Fachgruppen, z.B. mit dem Vergabeteam bei der Klage versch. Verkehrsverbünde gg. den Abellio-Rail-Insolvenzverwalter. Dies belegt die voranschreitende Vernetzung der Teams u. Standorte. Auch eine inhaltl. Spezialisierung verschafft den Partnern ein klareres Profil. So steht Froesch inzw. für Schiedsverf. mit Schwerpunkten in der Automobilbranche u. beim Anlagenbau, während sich Umbeck auf die Energiebranche fokussiert. Für die staatl. Verfahren zeichnet u.a. Wambach verantwortlich.

Stärken: Abwehr von Prospekthaftung u. Streitigkeiten mit ▷*energierechtl.* Hintergrund.

Oft empfohlen: Dr. Walter Eberl („argumentationsstark im mündl. Vortrag“, Wettbewerber), Dr. Elke Umbeck, Dr. Thomas Wambach, Daniel Froesch („sehr durchsetzungsstark“, Wettbewerber)

Team: 17 Eq.-Partner, 4 Sal.-Partner, 12 Associates

Schwerpunkte: Breite inhaltl. Aufstellung in Prozessen. Handelsvertreterfragen, ▷*Versicherungsprozesse* u. Transportrecht. Auch ▷*gesellschaftsrechtl.* Prozesse u. D&O. Daneben ▷*Immobilien- u. Baurecht*, Architektenrecht, ▷*Vertriebsrecht*. Parteivertretung u. Schiedsrichter in Schiedsverf., v.a. ▷*Post-M&A*, Anlagenbau u. ▷*Energiesektor*. Auch ADR.

Mandate: Deka Investment in €150-Mio-Klage gg. EY wg. Wirecard-Insolvenz (KapMuG-Verf., OLG); div. Verkehrsverbünde gg. Klagen von Abellio-Rail-Insolvenzverwalter im Zshg. mit Ansprüchen aus Vertragsanpassungen; ehem. Vorstände eines Möbelherstellers zu Vorstandshaftung; Rüstungskonzern in div. Verf. gg. Softwareunternehmen im Zshg. mit Kommunikationssystem für Fregatten; VW u. Audi bei Abwehr von Verbraucherklagen wg. Dieselaffäre; Durchführung von Zwangsvollstreckung gg. Treuhänder von Kryptowährungen; Familiengesellschaft bei Mediation zu Grundstücksverkäufen (€135 Mio); austral. Großkonzern bei Abwehr von Schadensersatz nach angebl. Umweltskandal; Automobilzulieferer in €120-Mio-Schiedsverfahren um Ausschluss eines Gesellschafters (DIS).

HOGAN LOVELLS

Konfliktlösung: Prozesse	★★★★
Konfliktlösung: Schiedsverfahren	★★★★★
Konfliktlösung: Produkthaftung	★★★★★

Bewertung: Die Praxis ist auf einigen Gebieten stark, die im aktuellen Marktumfeld besonders gefragt sind. So verzeichnet das Schiedsteam zahlr. neue Mandate, die ihre Wurzel in den Verwerfungen durch Pandemie u. Ukraine-Krieg haben. Pörnbacher u. Knief mit ihren Spezialisierungen in der Energie- u. Lifescience-Branche sind hier für viele Mandanten eine naheliegende Wahl. Mit Brock verfügt die Praxis zudem über eine der anerkanntesten Expertinnen für Produkthaftung im med. Bereich – was u.a. zur Arbeit für Moderna im Zshg. mit mögl. Corona-Impfschäden geführt hat. Auch der Transformationsprozess der Automotive-Branche treibt wenige Praxen so stark um wie HL. Neben Diesel-Massenverfahren für Porsche u. weitere OEMs sowie Lieferkettenstreitigkeiten steht die Kanzlei im Markt v.a. für ihr Münchner Produkthaftungsteam, das für nahezu jeden Akteur der Branche im Einsatz ist. Ein Erfolg ist die erstmalige Mandatierung durch Google: Im Kartellschadensersatzkomplex ‚Google Shopping‘ spielt die jüngere Partnerin Marx an der Seite der Kartellrechtler eine zentrale Rolle – das spricht für die Nachwuchsentwicklung der Praxis, die sich auch deutl. darin spiegelt, dass die Kanzlei zuletzt 5 Counsel auf einmal ernannte.

Stärken: Internat. Produkthaftungspraxis.

Oft empfohlen: Dr. Detlef Haß, Karl Pörnbacher („unkonventionell, sehr präzise u. schnell – da können nur wenige mithalten“, Wettbewerber), Dr. Tanja Eisenblätter („kämpft für ihre Mandanten“, Wettbewerber), Ina Brock, Dr. Jürgen Witte („erfahren, zuvorkommend, das Wohl des Mandanten im Blick“, Mandant), Dr. Sebastian Lach,

Anwaltszahlen: Angaben der Kanzleien, wie viele Anwälte zu mind. ca. 50% in diesem Gebiet tätig sind. Sie spiegeln nicht zwingend die Gesamtgröße einer Kanzlei wider.

Dr. Kim Mehrbrey, Dr. Inken Knief („sehr schlau u. engagiert, super Schriftsätze", Wettbewerber), Dr. Olaf Gärtner („unschlagbar, wenn es hart auf hart geht", Mandant), Dr. Sebastian Polly („pragmatisch, kennt die Branche aus dem Effeff – eine Allzweckwaffe", Mandant), Carolin Marx („treibt einen als Gegnerin in die Verzweiflung, aber fair u. konstruktiv, immer hervorragend vorbereitet", Wettbewerber)

Team: 12 Partner, 19 Counsel, 72 Associates, 1 of Counsel

Schwerpunkte: Breites Spektrum in der Produkthaftung; Auseinandersetzungen in ▷*Gesellschaftsrecht* u. ▷*Anlagenbau u. Immobiliensektor*, auch ▷*kartell-* u. ▷*insolvenzrechtl.* Streitigkeiten. ▷*Compliance*-Beratung. In Schiedsverf. als Parteivertreter oder Schiedsrichter tätig. Branchen v.a.: Automotive, Lifescience, Pharma, Versicherungen.

Mandate: Google bei Abwehr von Kartellschadensersatz (bzgl. ‚Google Shopping'); Porsche gg. Kundenklagen im Dieselskandal; Nord/LB u. NRW-Bank wg. Beiträgen zum europ. Abwicklungsfonds; TÜV Rheinland bei Abwehr von Ansprüchen bzgl. PIP-Silikonimplantaten; Autokonzern zur standardisierten Bearbeitung von Lieferantenvertragseinsprüchen; dt. Nutzfahrzeughersteller gg. Zulieferer in Streit bzgl. Lieferstopp; Danube Private University gg. Studienplatzvermittler bzgl. Kooperationsvertrag; dt. Biotechunternehmen in US-Schiedsverf.; Anlagenbaudienstleister gg. brasil. Bergbauunternehmen bzgl. techn. Kooperation mit Mindestabnahme (ICC); VW, u.a. in Streitigkeiten mit Prevent-Gruppe; div. Finanzunternehmen im Zshg. mit Cum-Ex; lfd.: Hyundai, Wirelane.

JONES DAY

Konfliktlösung: Prozesse ★

Konfliktlösung: Schiedsverfahren ★★★

Bewertung: Die dt. Disputes-Anwälte sind eng in das internat. Netzwerk der Kanzlei integriert. Insbes. Willheims Know-how bei energierechtl. Streitigkeiten kommt so auch im Zshg. mit Investitionsschutzverf. zum Einsatz. Dass er für seine langj. Hauptmandantin Gazprom nicht mehr tätig sein kann, schafft Raum für weitere Mandate aus diesem insges. wachsenden Feld, so etwa im Zshg. mit mutmaßl. Kartellverstößen in langfr. Energielieferverträgen. Zudem hat ein großes ICC-Verfahren an der Seite von Bayer gg. BASF das Team stark beansprucht – Willheim u. Kläsener brachten hier ihre Schiedserfahrung an der Seite eines M&A-Partners ein. Obwohl das Team mit inzw. 4 Partnern andere Schiedspraxen personell überflügelt, fällt der Eindruck, den es im Markt hinterlässt, vergleichsweise schwach aus.

Oft empfohlen: Dr. Johannes Willheim, Dr. Dieter Strubenhoff („vertritt klug die Interessen seiner Mandanten, juristisch stark", Wettbewerber), Amy Kläsener

Team: 4 Eq.-Partner, 2 Counsel, 2 Associates

Schwerpunkte: Dt. u. internat. Schiedsverf., Post-M&A- sowie handels- u. vertragsrechtl. Streitigkeiten, insbes. wg. Energie-, Technologie-. Planungs-, Bau- u. Infrastrukturprojekten.

Mandate: Bayer in €1,7-Mrd-Schiedsverfahren gg. BASF im Zshg. mit Spartenverkauf (ICC); Kryptostiftung in ICDR-Verf. bzgl. Forderungen aus Softwareentwicklungsvertrag; finn. Energieunternehmen zu Schadensersatz im Zshg. mit Neufestsetzung regul. Netzzugangstarife.

KANTENWEIN ZIMMERMANN SPATSCHECK & PARTNER

Konfliktlösung: Prozesse ★★

Konfliktlösung: Schiedsverfahren ★★★

Bewertung: Die Münchner Prozesspraxis steht v.a. für steuer- u. finanzrechtl. geprägte Streitigkeiten. Mehrere Partner sind zugleich Steuerberater oder Wirtschaftsprüfer. So ist die Kanzlei stark involviert in die Aufarbeitung des Cum-Ex-Skandals. Die Anwälte verfügen über ein tiefes Verständnis für komplexe steuer- u. bilanzrechtl. Probleme u. sind, anders als viele Wettbewerber, nicht wg. allzu vieler Konflikte gesperrt. Zunehmend beschäftigt auch die Absicherung des zivilrechtl. Rückgriffs im Zshg. mit Cum-Cum die Praxis, seit die Finanzbehörden auch diese Deals angreifen. Ein ernstzunehmender Rückschlag ist die Abspaltung eines Teams, das eine neue Kanzlei gründet. Kantenwein verliert dadurch nicht nur ihren renommiertesten Schiedsexperten Kröck, sondern auch 2 Sal.-Partner. Diese standen als Nachwuchstalente mit ihren Schwerpunkten bei Schiedsverfahren u. Cum-Ex-/Cum-Cum-Aufarbeitung für die nächste Generation der Praxis. Dass neben der äußerst anerkannten Schiedsrechtlerin Kuhli-Spatscheck ein jüngerer Partner zuletzt größere D&O-Mandate eines Energieversorgers gewinnen konnte, zeigt allerdings, dass die Kanzlei weiterhin zu den Schwergewichten im Markt zählt.

Oft empfohlen: Dr. Annett Kuhli-Spatscheck („klug, dynamisch, analytisch, flexibel u. durchsetzungsstark", Wettbewerber), Marcus van Bevern („kompetent u. effizient", Wettbewerber)

Team: 3 Eq.-Partner, 3 Associates, 1 of Counsel

Partnerwechsel: Dr. Alexander Kröck, Dr. Carolin Sabel, Nico Köppel (in gemeinsame eigene Kanzlei)

Schwerpunkte: Durch MDP-Hintergrund viele finanz-, bilanz- u. steuerrechtl. Auseinandersetzungen, oft Cum-Ex-/Cum-Cum-bezogen. Daneben gesellschaftsrechtl. Streitigkeiten (Post-M&A, Organhaftung), Prozesse aus Handels- u. Vertriebsverträgen u. Berufshaftung von Freiberuflern. Schiedsverf. insbes. nach DIS u. ICC.

Mandate: Internat. Konzern in €90-Mio-Verf. vor London High Court als Sachverständiger für dt. Recht im Zshg. mit Unterschlagung; internat. Bank bzgl. Absicherung von Rückgriff im Zshg. mit €2-Mrd-Cum-Cum-Deals; Finanzdienstleister u. Investmentbank je bzgl. €20-Mio-Regress im Zshg. mit Cum-Ex; Gesellschafter von Metallbauunternehmen in €17-Mio-Post-M&A-Streit bzgl. Kaufpreisanpassung; Investor in €500-Mio-Streitkomplex aus 11 parallelen DIS-Verf.; europ. Industriekonzern bei Abwehr von Provisionsansprüchen, u.a. wg. Korruptionsverdachts (ICC); Aktionärsgruppe in aktienrechtl. €55-Mio-Streit gg. Mehrheitsaktionärin; Abwicklungsanstalt bzgl. Einlagensicherung von Termingeldern in Bankinsolvenz; Energieversorger, u.a. zu Organhaftung bzgl. nachteilhaftem Vertrag.

KING & SPALDING

Konfliktlösung: Schiedsverfahren ★★

Bewertung: Bei Investitionsschutzverfahren gehört die US-Kanzlei zu den Marktführern. 20 Kläger vertritt K&S in ICSID-Verfahren, v.a. gg. Spanien u. Italien. Dabei arbeitet Schäfer eng mit den internat. Büros zusammen, weshalb er in Dtl. vor allem als Schiedsrichter wahrgenommen wird u. dafür einen guten Ruf genießt. Aber auch in staatl. Verfahren ist die Kanzlei hierzulande aktiv, z.B. für Halliburton vor dem LG. Der Zugang des Corporate-Spezialisten Dr. Peter Memminger, der auch in gesellschaftsrechtl. Verfahren wie bspw. dem Galapagos-Komplex eingebunden ist, könnte in der Konfliktlösungspraxis in Dtl. neue Akzente setzen.

Stärken: Investitionsschutz, enge internat. Einbindung.

Oft empfohlen: Jan Schäfer („souveräne Verfahrensführung, großer Erfahrungsschatz", Wettbewerber)

Team: 1 Partner, 4 Associates

Schwerpunkte: Parteivertreter u. Schiedsrichter in Post-M&A- u. handelsrechtl. Streitigkeiten; Investitionsschutz (meist mit US-Büros u. Paris); Branchen: Energie, Anlagenbau, Automotive. Zunehmend Compliance u. Sanktionsberatung.

Mandate: Co-Counsel von Halliburton in DIS-Schiedsverfahren u. US-Discovery sowie Vertretung in Gerichtsverf.; Vertretung von Romcab in Gerichtsverf.; div. ICSID-Verf. gg. Spanien u. Italien im Zshg. mit Solarförderung; Porsche zum US-Umweltrecht, u.a. im Zshg. mit VW-Dieselaffäre.

LATHAM & WATKINS

Konfliktlösung: Prozesse ★★★★

Konfliktlösung: Schiedsverfahren ★★★

Bewertung: Groß, komplex, international – das ist die Art von Mandaten, für die Latham mit ihrer starken Stellung sowohl in den USA als auch in Dtl. gut gerüstet ist. Dies gilt sowohl für die Zusammenarbeit zwischen den Büros in den unterschiedl. Jurisdiktionen als auch bei der Verzahnung der versch. Praxisgruppen. Hier spielt neben den datenschutzrechtl. Verf. von Wybitul v.a. das Compliance-Geschäft des Münchner Partners Grützner eine Rolle, der mit Praxischef Baus u. dem Büro in Madrid bspw. bei der Verteidigung der Credit Suisse im Fall ‚Suisse Secrets' zusammenarbeitet. Auch beim zwischenzeitl. verglichenen Verf. für Mastercard im Zshg. mit massenhaften Kundenklagen nach einem Datenleck kämpfte das Trio an vorderster Front. Neben den etablierten Köpfen ist v.a. McCorkle dabei, sich einen Namen zu machen. Die junge Partnerin mit Schwerpunkt Schiedsverfahren erregte Aufsehen, als sie gem. mit Baus einen ww. beachteten Fall vor dem US Supreme Court für ZF Friedrichshafen gewinnen konnte. Auch die Münchner Neupartnerin Löhner erntet Lob von Wettbewerbern u. steht für den Generationswechsel innerhalb der Partnerschaft. Nach dem Wechsel eines Partners in den Ruhestand im verg. Jahr schied nun auch der renommierte Schiedsrechtler Seelmann-Eggebert aus, um sich als of Counsel bei Hanefeld auf die Arbeit als Schiedsrichter zu konzentrieren.

Oft empfohlen: Prof. Dr. Thomas Grützner („fachlich fundiert, effektiv", Wettbewerber), Dr. Christoph Baus („gedankenschnell, präzise Schriftsätze", Wettbewerber), Dr. Alena McCorkle („perfekte Koordination in einem multidisziplinären Umfeld", Mandant), Tim Wybitul („Koryphäe im Datenschutz", Mandant; „absoluter Fachmann, gerade für Bußgeldthemen im Datenschutz", Wettbewerber),Dr. Anne Löhner („Harvey Specter in einer weiblichen u. einfühlsameren Version", Wettbewerber)

Team: 6 Partner, 4 Counsel, 24 Associates

Partnerwechsel: Dr. Sebastian Seelmann-Eggebert (zu Hanefeld)

Schwerpunkte: Prozesse häufig mit finanzrechtl. Hintergrund, auch Vertretung ggü. US-Behörden; ▷*datenschutzgetriebene* Zivil- u. Behördenverf.; Branchenschwerpunkte: Finanzen, Energie, Auto-

Anwaltszahlen: Angaben der Kanzleien, wie viele Anwälte zu mind. ca. 50% in diesem Gebiet tätig sind. Sie spiegeln nicht zwingend die Gesamtgröße einer Kanzlei wider.

motive, Technologie. Regelm. Post-▷*M&A*-Verf., ▷*gesellschaftsrechtl.* u. ▷*insolvenzrechtl.* Streitigkeiten.

Mandate: Leoni bei begleitender Litigation in StaRUG-Verfahren (€2 Mrd); Crédit Suisse, u.a. im Zshg. mit Geldwäsche- u. Korruptionsvorwürfen (‚Suisse Secrets') u. Greensill-Insolvenz; US-Investor im Zshg. mit mögl. Fehlverhalten von Geschäftsführern vor Verkauf von Beteiligung an Verpackungshersteller in Österr.; Mastercard, u.a. bei Vergleich mit Kunden im Zshg. mit Datenschutzvorfall; Vodafone gg. Dt. Telekom wg. Kabelschachtmieten (OLG); Autokonzern, u.a. in datenschutzrechtl. Gerichtsverfahren; Mercedes-Benz, u.a. bei Abwehr von Kundenklagen wg. Dieselaffäre; Warner bei Einigung zur Verwertungskette bei Filmproduktionen; Royal London Mutual Insurance bei Abwehr von Massenklagen im Zshg. mit mögl. Falschberatung bei Lebensversicherungen; Einlagensicherungsfonds bei Abwehr von Ansprüchen im Zshg. mit Greensill-Insolvenz; Meta in Beschwerdeverfahren gg. Kartellamtsentscheidung zu Marktmissbrauchsvorwürfen (EuGH); Dt. Wohnen im Zshg. mit DSGVO-Bußgeld (EuGH); Scottish Widows bei Abwehr von Investorenklagen (BGH).

LINDENPARTNERS

Konfliktlösung: Prozesse ★

Bewertung: Die Berliner Kanzlei steht v.a. für die Vertretung in bankrechtl. Streitigkeiten, wobei sich im Umfeld zunehmender Regulierung u. corona- u. kriegsbedingter Folgen der Beratungsfokus in den letzten Jahren erweitert hat. Auch wenn die Vertretung u. Verteidigung von Banken, Sparkassen u. Fonds gegen lang laufende Kollektivklagen oder das KapMuG-Verf. gg. VW auf Bankenseite nach wie vor viel Raum einnehmen, so haben konjunkturbedingt Corporate u. Commercial Litigation zugenommen. Normenfeststellungsklagen zahlr. Krankenhausträger u. umweltrechtl. Verf. für ein Infrastrukturunternehmen zeigen zudem, dass sich der Großteil aller Partner regelm. mit Streitigkeiten beschäftigt, die Entwicklung aufgrund der Kanzleigröße aber eher opportunist. als strateg. begründet ist.

Oft empfohlen: Dr. Thomas Asmus, Dr. Tobias de Raet („sehr stark, super Beratung", Mandant), Dr. Lars Röh, Dr. Guido Waßmuth („extrem tiefes u. umfangreiches Wissen, gleichzeitig aber anwendungsorientiert", Mandant)

Team: 8 Eq.-Partner, 2 Sal.-Partner, 7 Associates

Schwerpunkte: Kapitalmarktrechtl. Anleger- u. Prospekthaftungsklagen, meist auf Abwehrseite. Organhaftung sowie gesellschafts- u. vertragsrechtl. Streitigkeiten. Mandanten: priv. u. öffentl. Kreditinstitute, Fondsinitiatoren u. Emittenten, zunehmend Familiengesellschaften.

Mandate: Zahlr. Krankenhausträger, u.a. bei Normenfeststellungsklage gg. Neuregelungen bei Frühchenversorgung u. bei Ösophaguseingriffen; brit. Immobilieninvestor zu Gesellschafterstreit in 2 Immobilienprojekten; Gesellschafterstreit in Familiengesellschaft (€170 Mio); Traditional World Food (Frankr.) in Lieferstreit mit jap. Lebensmittelhersteller (DIS-Verf.); Kommanditistin von Detinox im Zshg. mit Gesellschafterstreit; LBBW u. div. Finanzinstitute zu €70-Mio-Schadensersatzforderung als Beigeladene in KapMuG-Verf. gg. VW; lfd.: Berliner Flughafen-Gesellschaft, Berlinovo, Hamburger Sparkasse.

LINKLATERS

Konfliktlösung: Prozesse ★★★★★
Konfliktlösung: Schiedsverfahren ★★★★
Konfliktlösung: Produkthaftung ★★★

NOMINIERT
JUVE Awards 2023
Kanzlei des Jahres für Dispute Resolution

Bewertung: Die Praxis arbeitet seit Jahren daran, die Profile ihrer Partner zu schärfen – u. konnte zuletzt reichl. Früchte dieser Binnenspezialisierungen ernten. So ist Chatzinerantzis mit seinem Erfahrungsschatz bei Anlagenbau- u. energierechtl. Streitigkeiten ein gefragter Berater im Zshg. mit div. gescheiterten Großprojekten, häufig mit Russland-Bezug. Bei diesen Fällen zahlt sich auch aus, dass die Praxis mit Wilhelm inzw. über eine anerkannte Expertin im Sanktionsrecht verfügt: Eine entscheidende Rolle spielte ihr Know-how etwa beim Rückzug von VW aus Russland, den die Kanzlei mit einem großen Team begleitet hat. Auch beim Porsche-Börsengang waren Disputes-Partner eingebunden, Grothaus prüfte hier u.a. ESG-Themen. In beiden Fällen wird sichtbar, wie stark das Spezialwissen der Prozessexperten in strateg. bedeutsame Mandate der Gesamtkanzlei einfließt. Dass die Praxis auch in ihren klass. Schwerpunkten finanzrechtl. Streitigkeiten u. Organhaftung weiter Mandanten von sich überzeugt, zeigt u.a. die marktbekannte Arbeit von Schmitt u. Bellinghausen für den Immobilienkonzern Adler.

Stärken: Intensive, fachbereichsübergreifende Zusammenarbeit, insbes. mit den ▷*Insolvenz-/Restrukturierungs-*, ▷*Gesellschafts-*, ▷*Kartell-* u. Bank- u. Kapitalmarktrechtspraxen.

Oft empfohlen: Alexandros Chatzinerantzis („Spitzenmann in Dtl. für energierechtl. Streitigkeiten", Wettbewerber), Dr. Rupert Bellinghausen („stark bei Fällen von Berater- u. Managerhaftung", Wettbewerber), Dr. Julia Grothaus („ausgezeichnet vernetzt, sehr gute Prozessrechtler", Wettbewerber über beide), Dr. Kerstin Wilhelm („Überblick u. Detailkenntnis in allen Mandaten", Wettbewerber), Dr. Christian Schmitt

Team: 7 Partner, 2 Counsel, 23 Associates

Schwerpunkte: Regelm. ▷*gesellsch.rechtl.* Auseinandersetzungen u. Post-▷*M&A* sowie im Anlagenbau u. um Vertriebsverträge. Insolvenzbedingte Streitigkeiten (auch Immobilien- u. Baurecht). Im Bankrecht insbes. Prospekthaftungs- u. Anlegerklagen. ▷*Energierechtl.* u. regulator. Verfahren. Zudem ▷*Kartellrecht* u. Produkthaftung.

Mandate: Dt. Oppenheim Family Office in div. Gesellschafterstreitigkeiten, u.a. bzgl. Arcandor; VW, u.a. bei Rückzug aus Russland u. Abwehr von Dieselsonderprüfung; Steinhoff bei Abwehr von Aktionärsklagen; Erste Abwicklungsanstalt gg. Portigon im Zshg. mit Cum-Ex; Adler RE zu Organhaftung gg. aktuelle u. ehem. Vorstandsmitglieder (marktbekannt); internat Investmentbank bei Abwehr von Schadensersatz wg. versehentl. Wertpapierverkauf weit unter Wert; Chemieunternehmen bei interner Untersuchung u. zu Organhaftung im Zshg. mit €180-Mio-Steuerschaden; internat. Chemiekonzern strateg. gg. Vollstreckung von €500-Mio-Urteil von russ. Gericht in Drittstaaten im Zshg. mit sanktionsbetroffenem russ. Chemieparkprojekt; dt. Industrieunternehmen umf. bzgl. 2er Kraftwerksprojekte in Russl.; Abwehr von Kartellschadensersatz für Visa gg. div. Banken (bzgl. Kundenentgelten); Dax-Konzern bei Abwehr von €750-Mio-Ansprüchen gg. russ. Vertragspartner; Yunneng Wind Power, u.a. zu Anspruchsdurchsetzung in Dtl. u. Malaysia, div. Adjudikations- u. Schiedsverfahren im Zshg. mit Windparkprojekt in Taiwan; E.on, u.a. gg. ehem. Innogy-Aktionäre bzgl. Barabfindung.

LUTHER

Konfliktlösung: Prozesse ★★★
Konfliktlösung: Schiedsverfahren ★★★★
Konfliktlösung: Produkthaftung ★★

Bewertung: Während die Arbeit für VW im Dieselkomplex andauert, rücken andere gr. Verfahren in den Vordergrund: Dies sind bspw. die Vertretung von Kommunen im Zshg. mit Geldanlagen bei der insolventen Greensill Bank. Aber auch großvol. Verfahren im Energiebereich prägen das Bild der Kanzlei. Das Team vertritt aktuell bspw. div. Energieversorger gg. Gazprom wg. unterlassener Gaslieferungen. Im Lichte der Öffentlichkeit steht zudem Schiedsrechtler Happ mit der Vertretung von RWE gg. die Niederlande wg. des dort beschlossenen Kohleausstiegs in einem ICSID-Verfahren. Ein weiteres Standbein der Konfliktlösungspraxis ist die starke bank- u. finanzrechtl. Beratung. Neben Bausch gewinnt hier Dux-Wenzel an Profil im Markt. Zu den Mandanten gehören Fonds u. Banken, wie bspw. Hauck Aufhäuser Lampe. Eine Partner- u. eine Counsel-Ernennung stehen für eine nachhaltige personelle Entwicklung.

Stärken: Schiedsverf., Know-how in der Energiebranche, Massenverfahren, bank- u. finanzrechtl. Streitigkeiten.

Oft empfohlen: Dr. Richard Happ („extrem guter Jurist u. Prozessrechtler", Wettbewerber), Dr. Stephan Bausch („ausgeprägte Expertise im Banking", „beeindruckende Leistungen im VW-Mandat", Wettbewerber), Dr. Borbála Dux-Wenzel („exzellente Prozessrechtler", Wettbewerber über beide)

Team: 13 Partner, 6 Counsel, 50 Associates (bis zu 20 Associates davon ausschl. im VW-Mandat)

Schwerpunkte: Handels- u. gesellschaftsrechtl. Streitigkeiten, Post-M&A-Fälle, auch Investitionsschutz. Schwerpunkte bei Prozessen für Finanzdienstleister, starke Schnittstellen zu ▷*Vertriebs-*, ▷*Immobilien- u. Baurecht*. Organ- u. Produkthaftung.

Mandate: Schweizer Stromgroßhändler in Schiedsverf. gg. Dtl. im Zshg. mit Kohleausstieg; Schweizer Energieversorger gg. Gazprom im Zshg. mit ausbleibenden Gaslieferungen (€640 Mio, ICC); dt. Gasversorgungsunternehmen gg. Gazprom wg. ausbleibender Zahlungen (ICC/LG); CEO eines US-börsennot. Haushaltsgeräteherstellers im Zshg. mit Alno-Insolvenz; Hauck Aufhäuser Lampe, u.a. bei Abwehr von €11-Mrd-Klage im Zshg. mit Insolvenz einer Sabet-Gesellschaft; ehem. Wirecard-Vorstand F. als Nebenintervenient bei Klage von Effecten-Spiegel gg. Wirecard, Markus Braun u. EY; RWE gg. Niederlande bei €1,4-Mrd-Klage im Zshg. mit Kohleausstieg (ICSID, OLG); S-Kreditpartner in div. bankrechtl. Streitigkeiten, auch strateg.; VW bei Abwehr von Klagen im Zshg. mit Dieselaffäre; institutionelle Investoren zu Schadensersatz aus Anlageberatungshaftung gg. Crédit Suisse Dtl. im Zshg. mit Supply Chain Finance Fund; Köln u. Gießen in €25-Mio-Schadensersatzstreit im Zshg. mit Greensill-Insolvenz; ICSID-Verf. für E.on gg. Spanien wg. Solarförderung u. Vattenfall gg. Dtl. wg. Atomausstieg; Bundesland im Streit mit chin. Maskenlieferanten (Schiedsverf. in Schanghai u. Peking).

Anwaltszahlen: Angaben der Kanzleien, wie viele Anwälte zu mind. ca. 50% in diesem Gebiet tätig sind. Sie spiegeln nicht zwingend die Gesamtgröße einer Kanzlei wider.

LUTZ ABEL

Konfliktlösung: Prozesse ★★★

Bewertung: Die Konfliktlösungspraxis von LA hat in den vergangenen Jahren ihr Angebot in gr. Schritten weiterentwickelt. Abgesehen von der von gesellschaftsrechtl. u. Organhaftung geprägten Praxis des renommierten Namenspartners Lutz hat sich die Produkthaftungsberatung um Mann in Stuttgart etabliert. Einen vorläufigen Höhepunkt erreichte die Entwicklung mit dem inzw. erfolgten Zugang Zollers u. seines 5-köpfigen Teams, das auf die Abwehr von Massenklagen (insbes. KapMuG) spezialisiert ist. Das bekannteste Mandat ist die Abwehr von Investorenklagen für EY im Zshg. mit der Wirecard-Insolvenz. Die ausgezeichneten Kontakte von Lutz u. Zoller zu Verbänden u. div. Haftpflichtvers. schlagen sich in einer Reihe von Mandaten nieder, bei denen LA Schadensersatzforderungen für WP- u. Steuerberatungsgesellschaften abwehrt. Damit zählt LA zu einer der führenden Einheiten in diesem Bereich. Außerdem brachte ein mit Zoller gewechselter Partner Know-how in bankrechtl. Streitigkeiten mit. Dass die Kanzlei sich aber nicht nur mit Quereinsteigern weiterentwickelt, zeigt sich darin, dass auch jüngere Partner wie Fluck bei Mandanten positiv auffallen.

Stärken: Gesellschafts-, handels- u. vertriebsrechtl. Streitigkeiten. Abwehr von Organ- u. Berufshaftung.

Oft empfohlen: Dr. Reinhard Lutz („sehr hohe Fachkompetenz", Wettbewerber), Dr. Marius Mann („starker Gegner, aber angenehm u. fair", Wettbewerber), Dr. Michael Zoller („ausgezeichnete Zusammenarbeit, hoch professionell, zielorientiert", Wettbewerber), Dr. Bernd Fluck („top, sehr kompetent, pragmatisch, schnell, verlässlich", Mandant; „junger Kollege, der juristische Exzellenz mit Lösungsorientierung verbindet", Wettbewerber)

Team: 3 Eq.-Partner, 5 Sal.-Partner, 6 Associates

Schwerpunkte: Vertretung von Anwälten, Wirtschaftsprüfern u. Steuerberatern; Handels- u. vertragsrechtl. Streitigkeiten sowie Gesellschafter- u. Post-M&A-Streitigkeiten u. Organ- u. Berufshaftung.

Mandate: Zahlr. WP.- u. Steuerberatungsgesellschaften bei Abwehr von Schadensersatzansprüchen, u.a. EY bei Abwehr von Anlegerklagen im Zshg. mit Wirecard-Insolvenz (KapMuG; OLG), Deloitte gg. Anlegerklagen im Zshg. mit Prospektbegutachtung von Hannover-Leasing-Fonds; Berliner Wirtschaftsprüfer bei Abwehr von Massenanlegerschaden wg. mögl. Schneeballsystem (ca. €100 Mio); KGAL bei Abwehr von Anlegeransprüchen im Immobilienfondsbereich; Caesar Business Angels in Venture-Capital-Streit; Hersteller von Automationssystemen u.a. im Streit mit ind. Kooperationspartner; Kanzlei bei der Durchsetzung von umfangr. Honoraransprüchen; Ex-CEO von Kodak Alaris bei Abwehr von Schadensersatz im Zshg. mit Joint-Venture-Beendigung; dt. Tochter eines kanad. Autozulieferers im Zshg. mit mögl. großvol. Produktrückruf; Maskenhersteller gegen Land Ba.-Wü. wg. Maskenlieferungen; lfd.: VbW, Aequifin, Getränkehersteller, HCOB, Putzmeister, Pyrolyx, Wüstenrot.

MANNER SPANGENBERG

Konfliktlösung: Prozesse ★

Konfliktlösung: Schiedsverfahren ★★

Bewertung: Die Konfliktlösungsboutique ist v.a. für die Vertretung von Opfern eines Dammbruchs in Brasilien mit über 1.200 Geschädigten gg. den TÜV Süd bekannt (€450 Mio, LG). Aus der engen Zusammenarbeit mit dem internat. Netzwerk ergab sich zudem die Vertretung von rd. 400 brasil. Frauen gg. Bayer im Zshg. mit mögl. Schäden durch die Verhütungsspirale Essure, wo derzeit ein US-Discovery-Verfahren läuft. Gleichzeitig wehrt sie für einen Windanlagenhersteller u. als Panelkanzlei eines Pharmaunternehmens Klagen ab. Dass dieser für eine Kanzlei ihres Zuschnitts ungewöhnliche Spagat gelingt, zeigt das positive Feedback von Mandanten, das bereits Associates einschließt. Ähnl. gut gelingt der Brückenschlag zwischen staatl. u. Schiedsverfahren: Die Schiedsrichtertätigkeit der Namenspartner u. ihre Parteivertretungen sind im Markt anerkannt. Bislang hat MS zudem ein glückl. Händchen beim Nachwuchs bewiesen: Mit einer in den letzten Jahren stetig gewachsenen Associate-Riege ist sie personell heute für Großverfahren besser gerüstet.

Stärken: Gutes (internat.) Netzwerk.

Oft empfohlen: Dr. Jan Spangenberg („sehr guter Jurist mit Blick für das Wesentliche", Mandant), Dr. Simon Manner („pragmatisch, kompetent, effektiv u. effizient", Wettbewerber)

Team: 2 Partner, 5 Associates, 1 of Counsel

Schwerpunkte: Schiedsverf., als Parteivertreter u. Schiedsrichter; Massenverf., oft mit ausl. Bezügen.

Mandate: Energieunternehmen in div. Streitigkeiten im Zshg. mit der Errichtung von Windparks in Schweden u. Dtl.; Opfer des Brumadinho-Dammbruchs gg. TÜV Süd; brasil. Frauen gg. Bayer wg. Essure-Verhütungsspirale; parteibenannter Schiedsrichter u.a. in DIS-Verf. zu Post-M&A-Streit (€40 Mio); Vorsitzender Schiedsrichter u.a. in ICC-Verfahren über Baustreitigkeit in Skandinavien ($43 Mio); Windenergieanlagenhersteller in div. Streitigkeiten mit Lieferanten und Kunden.

MCDERMOTT WILL & EMERY

Konfliktlösung: Prozesse ★

Konfliktlösung: Produkthaftung ★★

Bewertung: Die Praxis mit Schwerpunkten bei Produkt- u. Organhaftung durchlebt turbulente Zeiten. Mit dem Weggang des jungen Partners Fuchs verliert sie Know-how u. Mandate v.a. in Investitionsschutzverf. – was einerseits zu verschmerzen ist, da der Bereich eine Nische ist u. wenig Bezüge zu anderen Teilen der Kanzlei aufwies. Andererseits waren diese Verf. das sichtbare Aushängeschild einer ansonsten vergleichsweise blassen Praxis, die zudem den erst im Vorjahr ernannten Neupartner Gräbener bereits wieder verloren hat. Auf der Habenseite stehen auf Mandatsebene durchaus bundesw. beachtete Erfolge wie Hauss' Managerhaftungsmandat im Solarworld-Prozess u. die Arbeit eines Münchner Partners für Eckes-Granini in div. Streitigkeiten. Solche Leuchtturmmandate könnten künftig auch helfen, die Marktpräsenz der jüngeren Partner zu erhöhen.

Stärken: Produkthaftung, D&O-Prozesse.

Oft empfohlen: Dr. Thomas Hauss („erfahren u. umsichtig", Wettbewerber)

Team: 5 Partner, 7 Associates, 1 of Counsel

Partnerwechsel: Arne Fuchs (zu Ashurst), Dr. Richard Gräbener (zu NR Partners)

Schwerpunkte: Vertriebsstreitigkeiten, häufig mit ▷*Insolvenzrechtl.* Bezug. Schwerpunktbranchen. Immobilien u. Automotive, auch Produkthaftung. D&O-Prozesse, v.a. als Defense Counsel.

Mandate: Apotheken-Abrechnungsdienstleister bei Abwehr div. Verf. bzgl. Herausgabe- und Aussonderungsrechte; Ex-Solarworld-Vorstandsmitglied Frank Henn bei Abwehr von Haftung; Eckes-Granini bei Durchsetzung von Granini-Flaschendesign; Warenhauskonzern, u.a. zu Schadensersatz wg. Corona-Schließungsverordnungen u. in Prozessserie gg. Vermieter, die Rechte aus Insolvenzplan geltend machen.

MEILICKE HOFFMANN & PARTNER

Konfliktlösung: Prozesse ★★

Bewertung: Die Bonner Kanzlei ist bekannt für ihre aktien- u. gesellschaftsrechtl. Beratung, oft kombiniert mit steuerrechtl. Komponenten. In dem Zshg. ist sie häufig mit komplexen Auseinandersetzungen befasst: Delistings, Squeeze-outs u. krit. Hauptversammlungen stehen auf der Tagesordnung. Zudem werden die Partner regelm. zum Besonderen – oder in Spruchverf. zum Gemeinsamen – Vertreter (Veritas, Diebold Nixdorf, Covivo) bestellt. Für diese Kernkompetenzen ist MHP bundesweit bekannt u. regelm. mit medial aufmerksamkeitsstarken Fällen befasst, wie mit den vehement geführten Dauerstreitigkeiten zwischen Carsten Maschmeyer u. Utz Claassen über die Syntellix AG oder dem Gesellschafterstreit bei Gelita. Dass das Team außerdem in Organhaftungsfällen eine Bank ist, zeigen zahlreiche Mandate, wie z.B. die Klage einer Beteiligungsfirma gg. ehem. Vorstandsmitglieder.

Stärken: Gr. Erfahrung mit kritischen HVen, insbes. zu Sonderprüfungen u. als Bes. u. Gemeinsamer Vertreter; Gesellschafterstreitigkeiten.

Oft empfohlen: Dr. Thomas Heidel, Dr. Daniel Lochner („hoch kompetenter Aktienrechtler mit geschickter Prozessführung", Mandant)

Team: 8 Partner, 1 Counsel, 2 Associates, 2 of Counsel

Schwerpunkte: Aktienrechtl. Prozesse u. Spruchverf. v.a. für Minderheitsgesellschafter, Familienunternehmen u. vermögende Privatpersonen; kapitalmarktrechtl. Massenverf.; auch insolvenzrechtl. Auseinandersetzungen u. Organhaftungsfälle sowie gesellschaftsrechtl. Schiedsfälle.

Mandate: Aktionäre eines Softwareunternehmens in erb.- u- gesellschaftsrechtl. Streit; austral. Immobilieninvestor im Zshg. mit Immobilienprojekten in div. Gerichtsverf.; Wertpapierhändler im Zshg. mit Schadensersatzklagen gg. Aktionäre; Carsten Maschmeyer u. MM Familien KG gg. Prof. Dr. Utz Claassen/Syntellix; Investmentgesellschaft bei Durchsetzung von Ansprüchen gg. Gesellschaft u. deren Management im Zshg. mit Ausschluss des Bezugsrechts; Gemeinsamer Vertreter in div. Verfahren (Veritas, Diebold Nixdorf, Covivo); Mehrheitsgesellschafter eines Hotelbetreibers in der DACH-Region bei Gesellschafterstreit; Beteiligungsfirma zu Organhaftungsklage gg. ehem. Vorstandsmitglieder.

METIS

Konfliktlösung: Prozesse ★

Bewertung: Die Praxis ist spezialisiert auf Haftungsfragen, v.a. mit Blick auf Unternehmensorgane, Anwälte u. Berater. Häufig treten die Fälle im Zshg. mit Insolvenzen auf. Mandate kommen u.a. durch gute Kontakte zu Versicherern u. größeren Wettbewerbern zustande. Auch Schiedsverfahren u. Lieferkettenstreitigkeiten in der Automotive-Branche sind Wachstumsfelder. Dass auch Konzer-

Anwaltszahlen: Angaben der Kanzleien, wie viele Anwälte zu mind. ca. 50% in diesem Gebiet tätig sind. Sie spiegeln nicht zwingend die Gesamtgröße einer Kanzlei wider.

ne wie Nestlé regelm. auf Wettners Know-how setzen, spricht für das Potenzial der Praxis.
Stärken: Abwehr von Berater- u. Organhaftung.
Oft empfohlen: Dr. Florian Wettner („fachl. exzellent, responsive, faire Preise", Mandant; „clever, gut u. mandantenorientiert", Wettbewerber)
Team: 2 Eq.-Partner, 2 Counsel, 4 Associates
Schwerpunkte: Handelsrechtl., Post-▷*M&A*-, gesellschafts- u. kapitalmarktrechtl. Streitigkeiten; Berater- u. Organhaftung.
Mandate: Dt. Energieversorger in €100-Mio-Post-M&A-Streitigkeit (LG, DIS); Ex-Geschäftsführer bei Abwehr von €8,6-Mio-Organhaftungsklagen u. €5,5-Mio-Ansprüchen des Finanzamts; Ex-Geschäftsführer bei Abwehr von 8,5-Mio-Organhaftungsklage im Zshg. mit explodierten Kosten eines Bauprojekts; ehem. Gesellschafter von Bauunternehmen in 2 €10-Mio-Post-M&A-Prozessen (LG, OLG); lfd.: MLP, Nestlé.

NEUWERK

Konfliktlösung: Prozesse ★★

NOMINIERT
JUVE Awards 2023
Kanzlei des Jahres für Dispute Resolution

Bewertung: Die Arbeit des Konfliktlösungsteams der Kanzlei hat sich von ihren Ursprüngen bei Streitigkeiten im finanzrechtl. Bereich Schritt für Schritt in Richtung Full-Service-Disputes-Beratung entwickelt. Dazu zählen handels-, Post-M&A-, D&O-, u. gesellschaftsrechtl. Streitigkeiten. Entsprechend breit ist auch der Mandantenstamm, der von Pharmakonzernen wie Grünenthal über Immobilienfirmen (Patrizia), Autozulieferer (Continental, Vitesco) bis zu Familiengesellschaften (Holsten) reicht. Diese Entwicklung manifestiert sich in der Ernennung einer Partnerin, die sich auch bei Schiedsverf. engagiert. Deiß wird zudem regelm. als Gemeinsamer Vertreter in Spruchverf. bestellt. Um das Wachstum nachhaltig zu unterfüttern, hat die Kanzlei nach der Partnerernennung die Associate-Ebene wieder ausgebaut, weil auch eine erfahrene Mitarbeiterin die Kanzlei in Richtung Justiz verlassen hat.
Stärken: Kapitalmarktrechtl. Prozesse; bei Prozessen v.a. Commercial Disputes, Post-M&A. Branchen: Automotive, Finanzen, Immobilien, Gesundheit.
Oft empfohlen: Dr. Johannes Deiß („fachl. hervorvorragend, klare Sprache", Wettbewerber)
Team: 2 Partner, 4 Associates
Schwerpunkte: Streitigkeiten im Handels-, Vertriebs-, Finanzrecht. Gesellschaftsrechtl. Streitigkeiten, auch Organhaftung. Schiedsverf. als Parteivertreter.
Mandate: Grünenthal in div. Streitigkeiten, u.a. in DIS-Verf. zu Forderung aus SPA ($23 Mio); Continental, u.a. in Streitigkeiten im Zshg. mit der Einstellung des E-Bike- u. Pedelec-Geschäfts (DIS u.a.); Vitesco u.a. bei Abwehr von Ansprüchen eines E-Bike-Herstellers u. zu Beweisverf. im Zshg. mit Produkthaftungsfall (LG); Holsten-Erben in Post-M&A-Verfahren (LG u. Koordination High Court London); 2 ehem. Varengold-Aufsichtsräte bei Abwehr von €92-Mio-Klage der Caceis-Bank wg. Cum-Ex-Deals; Patrizia bei Abwehr von €15-Mio-Freistellungsanspruch aus SPA über Silberturm Frankfurt (LG); Puma bei Durchsetzung von Forderungen u. Abwehr von Gegenansprüchen aus langj. Geschäftsbeziehung; Ströer bei Abwehr von €7-Mio-Klage aus Vermarktungsvertrag (LG); Pharmaunternehmen in englischsprachigem DIS-Verfahren wg. $23-Mio-Forderung aus SPA; Öko-Test im Zshg. mit D&O-Streit mit Ex-Vorstand.

NIEDING + BARTH

Konfliktlösung: Prozesse ★★

Bewertung: Die Kanzlei ist spezialisiert auf Anlegerprozesse u. fokussiert sich dabei auf die Vertretung von institutionellen Investoren. Den Kern des Geschäfts bilden aktien- u. kapitalmarktrechtl. Streitigkeiten, bei denen sie meist mit Prozessfinanzierern zusammenarbeitet. Ähnlich wie Tilp fehlt sie in kaum einem großen Komplex: Für Anleger von VW, Porsche u. Daimler ist sie in div. Verfahren im Zshg. mit der Dieselaffäre tätig. Auch der Streit um den Sonderprüfer für VW, den sie über mehrere Instanzen durchsetzen will, findet vor dem OLG eine Fortsetzung. Künftig wird vor allem der Wirecard-Komplex das Bild der Kanzlei in der Öffentlichkeit prägen, wo sie für Aktionäre €8 Mrd Schadensersatz von EY geltend machen will. Dass sich das Team auch immer wieder Geschäftsfelder außerhalb ihres kapitalmarktrechtl. Fokus erschließen will, zeigt ihre Arbeit im Lkw-Kartell u. im ESG-Kontext, in dem sie mögliche Geschädigte von PFTA-Verbindungen mobilisiert.
Stärken: Kapitalanlegerprozesse.
Oft empfohlen: Klaus Nieding, Andreas Lang, Peter Barth
Team: 4 Eq.-Partner, 6 Associates, 2 of Counsel
Schwerpunkte: Vertretung institutioneller u. privater Anleger im Bank-, Börsen- u. Kapitalmarktrecht sowie im kapitalmarktnahen Gesellschaftsrecht. Auch Insolvenzverf. u. Anlagebetrug. Mittelständ. Unternehmen u. Kommunen zu Swaps.
Mandate: Wirecard-Aktionäre bei Geltendmachung von €8 Mrd Schadensersatz gg. EY; Musterkläger u. div. Anleger in KapMuG-Verf. gg. Porsche wg. Dieselaffäre; rund 700 institutionelle Investoren gg. Porsche u. Volkswagen wg. Dieselaffäre, auch für Aktionäre im KapMuG-Verf. gg. VW; DSW, u.a. in Verf. zu Sonderprüfer bei VW; institut. Investoren ggü. Anlageberatern u. Wirtschaftsprüfern bei Geltendmachung €100-Mio-Ansprüchen im Zshg. mit Greensill-Insolvenz; Anleger gg. Dtl. zu Schadensersatz im Zshg. mit Aixtron (Widerruf von Unbedenklichkeitsbescheinigung); KTG-Anleger bzgl. Schadensersatz/Organhaftung; Anleihegläubiger zu Schadensersatz gg. Windreich-WP; Aktionäre in €2-Mrd-US-Verfahren gg. Bayer zu Schadensersatz im Zshg. mit Monsanto-Übernahme (dt. Counsel); div. Handelsverbände u. Unternehmen bei Entschädigungsklagen wg. Corona-Maßnahmen.

NOERR

Konfliktlösung: Prozesse ★★★★
Konfliktlösung: Schiedsverfahren ★★★★
Konfliktlösung: Produkthaftung ★★★★★

Bewertung: Das Konfliktlösungsteam der Kanzlei gehört mit rd. 160 Berufsträgern zu den personell größten im Markt. Dass auch einige Counsel regelm. von Mandanten u. Wettbewerbern gelobt werden, spricht dafür, dass es der Kanzlei gelingt, auch jüngere Anwälte u. Nichtpartner ins rechte Licht zu rücken. Es spricht auch dafür, dass die vor einigen Jahren eingeführten neuen Strukturen in der Praxis Früchte tragen u. die zunehmende Spezialisierung zu einer besseren Profilierung im Markt beigetragen hat. So schlägt bspw. Bryants Arbeit im Schiedsbereich durch, was neben einer Galionsfigur wie der internat. renommierten Meier eine Herausforderung ist. Sieg steht vor allem für Organhaftung u. Streitfälle mit versicherungsrechtl. Bezügen – etwa in großen Verf. an der Seite eines ehem. Solarworld-Vorstands u. des TÜV Süd. Die Gruppe zu gesellschaftsrechtl. u. bankrechtl. Themen um eine Münchner Partnerin ist derzeit stark mit Prozessen rund um die sich in Abwicklung befindl. Tochter der russ. VTB Bank beschäftigt, bei der Noerr als Lead Counsel zahlr. internat. Kanzleien koordiniert u. ww. Prozesse u. Schiedsverf. führt.
Stärken: Haftungsfragen aus Produkthaftung u. ▷*Versicherungsrecht* (insbes. Organhaftung), bank-, insolvenz- u. kapitalmarktrechtl. Prozesse, Kartellschadensersatz, großvol. Schiedsverfahren.
Oft empfohlen: Prof. Dr. Thomas Klindt (Produkthaftung), Dr. Oliver Sieg („exzellenter, sehr erfahrener Berater", Mandant; „exzellente versicherungsrechtliche Kompetenz", Wettbewerber), Dr. Anke Meier („eine der wenigen Deutschen, die international im Schiedsrecht ernst genommen werden", Wettbewerber), Dr. Barbara Maucher („äußerst erfreuliche, sehr unterstützende Zusammenarbeit mit ausgeprägtem Durchsetzungsvermögen beider Beraterinnen", Mandant über beide), Christian Kirchner, Helmut Katschthaler, Dr. Arun Kapoor („gern als Empfehlung bei Konflikten oder Kapazitätsengpässen", Wettbewerber), Dr. Jennifer Bryant („rhetorisch stark u. engagiert", „Rising Star", Wettbewerber), Dr. Henner Schläfke
Team: 16 Eq.-Partner, 25 Sal.-Partner, 6 Counsel, ca. 60 Associates, 2 of Counsel
Schwerpunkte: Produkthaftung in München, einschl. internat. Koordination u. Durchsetzung von Regressen. ▷*Bankrechtl.* Prozesse v.a. in Berlin; Organ-, Manager- u. Berufshaftung v.a. in D'dorf. Zudem ▷*insolvenzrechtl.*, ▷*versicherungsrechtl.* u. ▷*Kartellschadensersatz*-Streitigkeiten, ▷*Compliance*- u. ▷*wirtschaftsstrafrechtl.* Beratung; internat. Prozesse, ADR/Mediation sowie nationale u. internat. Schiedsverf., oft Post-▷*M&A*, auch Investitionsschutz.
Mandate: VTB Deutschland (in Liquidation) als Global Lead Counsel bei großvol. Prozessserie in Dtl. u. internat., u.a. im Zshg. mit den sog. ‚Tuna Bonds'; Verwaltungsrat einer SE bei Sonderprüfung im Zshg. mit Schadenserstzanspruch gg. Organe wg. mögl. überhöhtem Kaufpreis; Ex-CEO bei Abwehr von Sammelklage nach niederl. Recht (mit Nauta Dutilh); Ex-GF von Chemieunternehmen gg. Schadensersatzforderungen des Insolvenzverwalters; Ex-Vorstand von Solarworld bei Abwehr von €731-Mio-Organhaftung im Zshg. mit Insolvenz (LG); Wirecard-Insolvenzverwalter in Streitigkeiten u.a. in Dtl., GB u. Frankr.; Fidelis grenzüberschreitend im Zshg. mit Ansprüchen aus W&I-Versicherung wg. Insolvenzvorwürfen bei der Zielgesellschaft; TÜV Süd bzgl. Versicherungsschutz nach Dammbruch in Brasilien; Bund bei Abwehr von Investitionsschutzklagen von Strabag u. Mainstream Renewable (beide ICSID); Niederlande gg. RWE u. Uniper im Zshg. mit 2 ICSID-Verf. (BGH); Spielwarenhersteller im Zshg. mit Todesfall im Umgang mit Spielzeug; Motorsportabteilung eines internat. Autoherstellers umf. in Streitkomplex, u.a. in Schiedsverf. (DIS) zur Qualität von 3D-Druckern; Audi gg. Kundenklagen im Zshg. mit Dieselaffäre; Abwehr von Kartellschadensersatz für DAF (Lkw), BVR (Girocard).

NORTON ROSE FULBRIGHT

Konfliktlösung: Prozesse ★

Bewertung: Die breit aufgestellte Konfliktlösungspraxis bedient die gesamte Palette der Litigation-Beratung. Für gesellschafts- u. handelsrechtl. The-

Anwaltszahlen: Angaben der Kanzleien, wie viele Anwälte zu mind. ca. 50% in diesem Gebiet tätig sind. Sie spiegeln nicht zwingend die Gesamtgröße einer Kanzlei wider.

men steht v.a. Praxisleiter Nowak. Ein weiteres Beratungsfeld ist Produkthaftung auch im Zshg. mit versicherungsrechtl. geprägten Streitigkeiten. Insges. gelingt dem Team die Zusammenarbeit mit den internat. Büros immer besser, wie die Arbeit Wolfs für ein internat. Aluminiumunternehmen in einem großvol. DIS-Verfahren zeigt. Eine HHer Partnerin steuert ein gr. Team, das u.a. ECE bei mietrechtl. Streitigkeiten berät u. stark technikgestützt arbeitet. Mit diesem Angebot hebt sich NRF von Mitbewerbern ab.

Oft empfohlen: Jamie Nowak („durchsetzungsstark, erfahren", „beste Kontakte zur Justiz, international sehr stark", Wettbewerber), Dr. Christian Wolf („ein Virtuose: nicht nur am Flügel, sondern auch vor Gericht", Wettbewerber)

Team: 7 Eq.-Partner, 3 Counsel, 13 Associates

Schwerpunkte: Prozesse im ▷*Gesellsch.recht* u. Handelsrecht, Investment- u. Bankrecht, Post-M&A u. Anlagenbau; auch Schiedsverf.; für Versicherer in Haftungsprozessen, häufig mit Londoner Büro. IP-Streitigkeiten v.a. in München. In HH immobilienrechtl. Streitigkeiten.

Mandate: Internat. Investmentges. im Zshg. mit Vergütungsansprüchen aus Kooperationsvertrag mit Private-Equity-Unternehmen (DIS-Verf.); Pensionskasse in versch. Verf., u.a. im Zshg. mit Schadensersatzansprüchen wg. Garantieverletzung aus Immobilienportfoliokäufen; Staatsbank als Konsortialführerin im Streit über Ausfallbürgschaft bei Finanzierung eines Kreuzfahrtschiffes (Kreditsumme €1,3 Mrd); Private-Equity-Haus zu Strukturierung von Prozessfinanzierungsfonds in Dtl. u. Kooperation mit Legal-Tech-Anbietern; ECE lfd. in gewerbemietrechtl. Streitigkeiten; internat. Prozessfinanzierer lfd. zu Rechtsverhältnis zwischen Kapitalgeber u. Anbieter von Finanzierungen; Unternehmen der Aluminiumbranche in Post-M&A-Verf. (DIS).

OPPENHOFF & PARTNER

Konfliktlösung: Prozesse ★★

Bewertung: Die Konfliktlösungspraxis der Kanzlei ruht auf 2 Säulen: Zum einen ist dies Commercial Litigation, die zz. v.a. bei Praxisleiterin Pickenpack in Köln angesiedelt ist. Sie wurde inzw. zur Eq.-Partnerin ernannt. Zum anderen besteht die Praxis aus dem Team um Weigel, dass sich in Ffm. mit div. langwierigen Organ- u. Beraterhaftungsverf. beschäftigt. Dazu gehören 2 Großmandate, in denen über 100 institutionelle Anleger mit Oppenhoff gg. VW u. Daimler wg. unterlassener Ad-hoc-Mitteilung beim Dieselskandal vorgehen. In Köln hat Pickenpack parallel ihre Schiedspraxis weiter ausgebaut u. wird inzw. auch regelm. als Schiedsrichterin bestellt. Für einen dt. Mittelständler führt sie zudem ein komplexes internat. ICC-Verfahren gg. iran. Joint-Venture-Partner. An den Schnittstellen zum Datenschutz (Xandr), zum Öffentl. Recht (Ministerium), Kartell- (Lkw) u. Energierecht arbeitet v.a. Pickenpack mit ihrem Kölner Team regelm. mit anderen Praxisgruppen zusammen. Auf Dauer könnten sich auch bei Weigel mehr Anknüpfungspunkte zur Gesamtkanzlei ergeben.

Stärken: Beraterhaftung, kapitalmarkt-, handels- u. vertriebsrechtl. Streitigkeiten.

Oft empfohlen: Dr. Michael Weigel („sehr gewissenhafter Analytiker", Wettbewerber), Dr. Vanessa Pickenpack („sehr erfahrene Prozessrechtlerin", Wettbewerber)

Team: 2 Eq.-Partner, 5 Associates, 3 of Counsel

Schwerpunkte: Gesellschafts- u. finanzrechtl. Streitigkeiten; Haftung von Organen u. Beratern; handels- u. vertriebsrechtl. sowie Post-M&A-Streitigkeiten; Kartellschadensersatz; Schiedsverfahren.

Mandate: Bundesministerium in Zshg. mit Auskunftsansprüchen aus dem UIG- u. dem IFG; komplexe Beschlussmängelstreitigkeit zwischen 5 Start-up-Gesellschaftern (DIS-Verf.); Hersteller von E-Autos bei Abwehr von zahlr. außer- u. gerichtl. Streitigkeiten aus Lieferverträgen; mittelständ. Anlagenbauer bei 2 Klagen gg. 2 iran. Joint-Venture-Partner (€6,4-Mio-ICC-Verf.); Xandr bei Abwehr von DSGVO-Klagen; Automobilzulieferer gg. Big-Four-Wirtschaftsprüfer wg. mögl. fehlerhafter Testate; Investoren bei Klagen gg. VW u. Daimler wg. unterlassener Ad-hoc-Mitteilung im Zshg. mit Abgasaffäre; TIP Trailer Services bei €7-Mio-Schadensersatzklage gg. Lkw-Kartell (LG).

ORRICK HERRINGTON & SUTCLIFFE

Konfliktlösung: Prozesse ★★★

Konfliktlösung: Schiedsverfahren ★★★

Bewertung: Die Praxis ist insbes. für großvol. Schiedsverfahren renommiert u. derzeit v.a. als Vertreterin der Bundesrepublik im Streit um die Pkw-Maut bekannt. Auch aktuelle Themen schlagen sich in der Praxis nieder, z.B. vertritt sie eine luxemb. Gruppe im Zshg. mit dem Rückzug ihres Vertragspartners vom russ. Markt. Insges. prägt noch immer v.a. die Arbeit des höchst renommierten Elsing die Wahrnehmung des Teams. Dass diese Einschätzung oft falsch ist, zeigen nicht nur div. staatl. Verf., in denen insbes. Faulhaber u. Kessler aktiv sind, bspw. in Fällen von Organhaftung oder in einem großvol. Verfahren für Hemlock im Zshg. mit der Solarworld-Pleite, alle Partner werden auch regelm. als Schiedsrichter bestellt, auch eine gerade ernannte Sal.-Partnerin. Diese für eine Großkanzlei ungewöhnl. Strategie unterstreicht den Stellenwert, den Arbitration insges. in der Kanzlei genießt.

Stärken: Internat. Schiedsverf., gute internat. Integration.

Oft empfohlen: Prof. Dr. Siegfried Elsing („sehr erfahrener Schiedsrichter mit hoher Überzeugungskraft", Wettbewerber), Dr. Karsten Faulhaber, Dr. Nicholas Kessler („herausragender Jurist, hohe Einsatzbereitschaft, absoluter Teamplayer, enorm vernetzt", Wettbewerber)

Team: 4 Eq.-Partner, 2 Sal.-Partner, 6 Associates

Schwerpunkte: Schiedsverf. u. Prozesse, v.a. Post-M&A, Energie u. Anlagenbau; auch gesellschaftsrechtl. Streitigkeiten u. Investitionsschutz.

Mandate: Luxemb. Gruppe im Zshg. mit Rückzug ihres Vertragspartners vom russ. Markt; Bund in Schiedsverf. gg. Autoticket bzgl. Pkw-Maut; Hemlock gg. Solarworld-Insolvenzverwalter (LG); Nordmazedonien, u.a. bei Vollstreckung von Uncitral-Kostenschiedsspruch aus Investitionsschutzverf. gg. Ehepaar Binani; Familie Merckle gg. Porsche wg. kapitalmarktrechtl. Streitigkeiten; MET, zu div. Streitigkeiten im Rahmen der Energiekrise u. bei Vollstreckung von Schiedsspruch; Mobile Telesystems gg. Turkmenistan (ICSID; Vorsitzender Schiedsrichter); Hilfsorganisation bei Durchsetzung von Vergütungsansprüchen aus Versorgung von Flüchtlingseinrichtungen; Private-Equity-Unternehmen bei Gesellschafterstreit in dt. Techunternehmen.

PINSENT MASONS

Konfliktlösung: Prozesse ★★

Bewertung: Die Praxis verfügt über ein starkes Grundrauschen von Streitigkeiten der Industriemandantschaft um Handels-, Vertriebs- u. Projektverträge, treibt daneben aber die Entwicklung von Spezialgebieten voran. Am deutlichsten wird dies in Bezug auf Massenverfahren: Die 3 Komplexe Wirecard, VW-Diesel u. Scottish Widows lasten jeweils größere Teams aus. Eine dt. Partnerin hat die Leitung der globalen Arbeitsgruppe kollektiver Rechtsschutz übernommen, u. die Kanzlei entwickelt anhand dieser Fälle auch techn. Lösungen zur Bewältigung von Klagewellen weiter – zuletzt gewann sie einen Legal Engineer der Plattformsoftware June als Produktentwickler. Die Partnerernennung von Dr. Alexander Shchavelev betont diesen Bereich weiter. Zudem ist es ein Schritt nach vorn für die Schiedspraxis u. mit Blick auf Lieferketten- u. Anlagenbaustreitigkeiten im Zshg. mit dem Ukraine-Krieg: Shchavelev spricht Russisch, er berät u. vertritt mehrere Mandanten bzgl. Projekten mit Russland-Bezug.

Oft empfohlen: Sibylle Schumacher („bei einem Streit kann man sich glücklich schätzen, sie auf seiner Seite zu haben", Mandant; „immer klar in der Sache u. pragmatisch", Wettbewerber)

Team: 4 Partner, 1 Counsel, 13 Associates

Schwerpunkte: Internat. Schiedsverf. u. Prozesse, v.a. Gesellschafter- u. Geschäftsführerstreitigkeiten u. Massenverfahren; daneben auch Mediation u. Schiedsrichtertätigkeit.

Mandate: VW bei Abwehr von Kundenklagen im Dieselskandal; 4.000 Wirecard-Investoren zu Schadensersatz, u.a. ggü. EY; div. Investoren im Zshg. mit Immobilienfonds-Restrukturierung bzgl. Rückzahlungsansprüche u. Schadensersatz gg. externen Fonds; dt. Vermögensverwalter in €5-Mio-Verf. gg. Erbengemeinschaft im Zshg. mit Einkaufszentrum; jap. Maschinenbauer in Post-M&A-Streit im Zshg. mit Verkauf von dt. Tochter an US-Käufer (DIS); AGC Glass Europe in div. Handelsstreitigkeiten mit Lieferanten und Logistikpartnern; Lloyds Banking Group, u.a. bei Abwehr von Massenklagen in Dtl. (mit Latham u. Freshfields).

QUINN EMANUEL URQUHART & SULLIVAN

Konfliktlösung: Prozesse ★★★★

Bewertung: Die Litigation-Kanzlei ist aus kaum einem dt. Großkomplex mehr wegzudenken: Wirecard, Cum-Ex, Diesel, Kartellschadensersatz oder großvol. IP-Prozesse. Ihrem Ziel, die gesamte Palette der Litigation-Beratung anzubieten, kommt die Kanzlei dabei Schritt für Schritt näher. Mit dem Zugang der Corporate-Größe Ihrig als of Counsel gewinnt sie wichtiges Know-how in der gesellschaftsrechtl. Konfliktlösung. Die Spezialisierung auf großvol. Verfahren u. der gute Ruf der Praxis insges. führen dazu, dass sie nicht einseitig auf Klägerseite positioniert ist. Nicht nur Daimler setzt bei der Abwehr von Kundenklagen auf Quinn, sondern auch Booking bei der Abwehr von Kartellschadensersatzklagen. Um kapitalmarktrechtl. u. insolvenznahe Litigation kümmert sich nach dem Tod der angesehenen Partnerin Dr. Nadine Herrmann nun Lehnhardt. Auch wenn er naturgemäß noch nicht Hermanns Format erreicht hat, so fällt er Wettbewerbern in anspruchsvollen Großkomplexen wie Cum-Ex u. Wirecard positiv auf.

Anwaltszahlen: Angaben der Kanzleien, wie viele Anwälte zu mind. ca. 50% in diesem Gebiet tätig sind. Sie spiegeln nicht zwingend die Gesamtgröße einer Kanzlei wider.

Oft empfohlen: Joachim Lehnhardt („hervorragend", „tiefe Kenntnisse bei strukt. Anleihen", Wettbewerber), Prof. Dr. Rüdiger Lahme („sehr klug u. sehr angenehm", Wettbewerber), Dr. Marcus Grosch (v.a. Patentprozesse), Dr. Hans-Christoph Ihrig („über jeden Zweifel erhabene Kompetenz", Wettbewerber)

Team: 6 Eq.-Partner, 15 Counsel, 33 Associates, 1 of Counsel

Schwerpunkte: Kartellschadensersatz u. kapitalmarktrechtl. Verf. auf Kläger-, zunehmend auch auf Beklagtenseite; Patentprozesse.

Mandate: Booking bei Abwehr von Kartellschadensersatzklagen wg. Verwendung von Best-Preis-Klauseln; Investoren gg. NordLB im Zshg. mit Kündigung von ‚Fürstenberg Anleihen'; Chargeback24 strateg. u. bei Abwicklung von Massenklagen in Zshg. mit Onlineglücksspiel; Investoren bei €2,2-Mrd-Schadensersatzklage gg. VW u. Porsche im Zshg. mit Dieselaffäre; Geltendmachung von Kartellschadensersatz, u.a. für Sägewerke (Rundholz), CDC (Zucker); IPCom bei Abwehr von Kartellschadensersatzklagen gg. Dt. Telekom; Warburg, u.a. bei €100-Mio-Schadensersatzklage gg. Dt. Bank (OLG) u. €200-Mio-Klage gg. Hanno Berger, ICAP u.a. (LG) im Zshg. mit Cum-Ex; Daimler, u.a. bei Abwehr von Kundenklagen im Dieselkomplex; Union Investment u.a. zu Schadensersatz im Zshg. mit Wirecard ggü. EY (€1 Mrd) u. Insolvenzverwalter (€1,8 Mrd).

ROTHORN

Konfliktlösung: Schiedsverfahren ★★★

NOMINIERT
JUVE Awards 2023
Gründerzeit-Award

Bewertung: Die Disputes-Kanzlei unterhält 2 personell ungefähr gleich starke Büros in Zürich u. Frankfurt u. verfügt mit ihrer dt.-schweizer. Aufstellung über ein Alleinstellungsmerkmal. Auf dem Papier ist das sinnvoll, weil die Schweiz eine der beliebtesten Jurisdiktionen für Schiedsverfahren ist, allerdings agieren die Teams bisher eher neben- als miteinander – dies aber mit großem Erfolg: Nach nur wenigen Jahren hat sich Rothorn als Boutique für großvol. internat. Fälle etabliert. Das Associate-Team ist zuletzt deutl. gewachsen. In Dtl. fallen Wettbewerbern auch jüngere Partner wie Schmitt zunehmend auf. Obwohl Trittmann für VW, eine seiner Leib-und-Magen-Mandantinnen, an vielbeachteten staatl. Verfahren bzgl. sog. Klimaklagen beteiligt ist, steht die Kanzlei doch ganz überwiegend für Schiedsverfahren. Häufiger als Wettbewerber wie Hanefeld oder Baumann sind die Partner als Parteivertreter im Einsatz, wobei es mehrere große Fälle im 3-stelligen Mio-Bereich gibt.

Stärken: Hervorragendes Netzwerk; gr. Erfahrung bei komplexen Verf., auch als Schiedsrichter.

Oft empfohlen: Prof. Dr. Rolf Trittmann („erfahren u. kreativ", Wettbewerber), Moritz Schmitt („sehr vielseitig – insbes. stark in Kreuzverhören", Wettbewerber)

Team: 6 Eq.-Partner, 7 Associates

Schwerpunkte: Schiedsverf., insbes. Commercial u. Post-M&A, häufig Automotive-Branche; Parteivertretung u. Schiedsrichter.

Mandate: Flughafenbetreiber bei EGMR-Beschwerde nach Verweigerung staatl. Gerichte zur Vollstreckung von ICC-Schiedsspruch; Volkswagen, u.a. bei Abwehr von Greenpeace-Klimaklagen auf CO2-Reduzierung (mit PSWP u. Sernetz Schäfer).

SERNETZ SCHÄFER

Konfliktlösung: Prozesse ★★★★

Konfliktlösung: Schiedsverfahren ★

Bewertung: Die klass. Schwerpunkte der Praxis bei bank- u. gesellschaftsrechtl. Streitigkeiten bescheren ihr regelm. schlagzeilenträchtige Mandate. So spielen Höder u. Dietz-Vellmer wichtige Rollen in Organhaftungsstreitigkeiten an der Seite der Wirecard-Bank u. der ehem. Hypo Real Estate. Im Verbund mit den aufsichtsrechtl. Experten aus dem Düsseldorfer Büro streitet Kruis für Stammmandantin UniCredit u.a. Banken um Beiträge zum europ. Bankenabwicklungsfonds. Neue Schwerpunkte entwickelt Sernetz über die Arbeit für VW im Dieselkomplex, die sie zugleich für einen umfangr. Know-how-Aufbau bzgl. Legal Tech nutzt, u. bei Abwehr einer sog. Klimaklage, die neue Fragen im Zshg. mit der grünen Transformation der Wirtschaft aufwirft. Es ist auffällig, wie sehr Wettbewerber immer wieder die jurist. Qualität mehrerer Partner hervorheben – auch von jüngeren wie insbes. Zwirlein-Forschner, die ihr Know-how im internat. Privatrecht u. Erbrecht häufig in Streitigkeiten für vermög. Private Clients einsetzt u. der Praxis damit ebenfalls neue Felder erschließt.

Stärken: Gesellschafts- u. bankrechtl. Streitigkeiten, internat. Privatrecht.

Oft empfohlen: Dr. Andreas Höder („kompetent, zuverlässig, strateg. versiert", Wettbewerber), Dr. Ferdinand Kruis („hervorragend, effizient – brillante Schriftsätze", Mandant), Prof. Dr. Frank Schäfer („fachl. stark, sehr responsive", Wettbewerber), Dr. Helge Großerichter, Dr. Fabian Dietz-Vellmer („extrem guter Jurist u. kluger Taktiker", Wettbewerber), Dr. Manfred Wolf, Dr. Susanne Zwirlein-Forschner („kompetent u. dynamisch", Mandant; „fachl. herausragend, erfolgreich – u. dabei sehr nett", Wettbewerber)

Team: 13 Eq.-Partner, 1 Sal.-Partner, 5 Associates

Partnerwechsel: Uwe Düchs (in eigene Kanzlei)

Schwerpunkte: Schwerpunkt bei bankrechtl. Prozessen für Großbanken u. -unternehmen; gesellschaftsrechtl. Streitigk. u. D&O-Prozesse für Unternehmen u. (Ex-)Organe; auch Schiedsverf. u. insolvenzrechtl. Streitigkeiten.

Mandate: Wirecard-Bank, u.a. bei Organhaftungsklage im 2-stelligen Mio-Bereich gg. Ex-Vorstände wg. rechtswidriger Kreditvergaben; Testamentsvollstrecker gg. Thiele-Erben im Zshg. mit mögl. Honorarforderungen; Landesbank in Schiedsverfahren gg. ind. Schuldner aus Projektkrediten (ICC); VW bei Abwehr von Greenpeace-Klimaklagen (mit PSWP u. Rothorn) u. Kundenklagen im Dieselskandal; UniCredit u.a. Banken bei Klagen gegen Beitragsbescheide zum europ. Bankenabwicklungsfonds; VW-Bank bei Abwehr von Darlehenswiderrufen im Zshg. mit Dieselkomplex; Prozesspfleger für den Wirecard-Aufsichtsrat; Hypo Real Estate bzgl. Organhaftung gg. Ex-Vorstände; Basic-Gesellschafter in Gesellschafterstreit; Sparta in Strabag-Spruchverfahren zur Abfindung nach Squeeze-out; Stadtsparkasse München in div. kapitalmarktrechtl. Streitigkeiten; Medizinfirma bei Vollstreckung von €500-Mio-Kontenpfändungsbeschluss gg. EU-Staat.

SKADDEN ARPS SLATE MEAGHER & FLOM

Konfliktlösung: Prozesse ★

Konfliktlösung: Schiedsverfahren ★

Bewertung: Markenzeichen der Praxis sind internat. Streitigkeiten, häufig aus den USA gesteuert u. mit Dtl.-Bezug, sowie Organhaftungsfälle, die sich oft aus internen Untersuchungen der Compliance-Praxis ergeben. Aktuell ist Skadden z.B. immer noch für den Aufsichtsrat von Continental mit der Dieselaffäre befasst. Neben diesen Schwerpunkten tritt die Kanzlei zunehmend in Kartellschadensersatzstreitigkeiten in Erscheinung, häufig mit Bezug zur Automobilbranche. Insges. gewinnt neben Sessler Counsel Stein zunehmend Anerkennung im Markt. Das spricht für die Entwicklung der Praxis, allerdings setzt die internat. Struktur der Kanzlei dem Wachstum in Dtl. auch bzgl. Partnerperspektiven Grenzen, was in der Vergangenheit zu Abgängen erfahrener Anwälte geführt hat.

Oft empfohlen: Dr. Anke Sessler („angenehm u. kompetent, auch als Mediatorin", Mandant), zunehmend Max Stein („genießt zu Recht hohes Vertrauen: gut, zuverlässig, überragende Kommunikationsfähigkeit im Prozess", Mandant; „gedankenschneller Litigator, schreibt prägnante Schriftsätze", Wettbewerber)

Team: 1 Partner, 1 Counsel, 2 Associates

Schwerpunkte: Nationale u. internat. Handelsschieds- u. Investitionsschutzverf. sowie Post-M&A-Streitigkeiten. Auch Organhaftung u. Prozessführung, oft aus Compliance-Vorgängen, u.a. für Banken.

Mandate: Continental-Aufsichtsrat bei interner Untersuchung im Dieselkomplex, u.a. zur Verfolgung mögl. Ansprüche; ind. Zulieferer der Automobil- und Windkraftindustrie in €9-Mio-Joint-Venture-Schiedsverf., Aufhebungsverf. u. bzgl. Vollstreckung (BGH); Eco-Bat/Berzelius bei Abwehr von Kartellschadensersatz wg. Batteriekartell; internat. Hersteller von Materiallösungen in €500-Mio-Post-M&A-Verfahren (DIS).

SQUIRE PATTON BOGGS

Konfliktlösung: Produkthaftung ★★

Bewertung: Die SPB-Mannschaft versteht sich als dt. Werkbank der internat. Konfliktlösungspraxis u. ist deshalb meist Teil jurisdiktionsübergreifender Beraterteams. Die Praxis setzt Akzente bei IP-rechtl. Streitigkeiten, Produkthaftung u. Kartellschadensersatz. Seit mehreren Jahren wehrt sie aus dem Böblinger Büro Produkthaftungsklagen für Daimler in den USA ab, steuert inzw. aber von Böblingen aus auch für Autoliv die Abwehr großvol. Produkthaftungsklagen. Bekannt ist die Kanzlei zudem für die Vertretung div. Staaten in Investitionsschiedsverf., wie z.B. die Republik Lettland in einem UNCITRAL-Verfahren

Team: 5 Eq.-Partner, 3 Sal.-Partner, 10 Associates

Schwerpunkte: Vertriebsrechtl. Prozesse u. Schiedsverf., häufig mit Bezug zum ▷*Marken- u. Wettbewerbsrecht*, auch Investitionsschutzverfahren. Branchenschwerpunkte: Lebensmittel, Automotive. Kartellschadensersatz für Kläger u. Beklagte. Produkthaftung.

Mandate: Autoliv in div. SCC-Schiedsverf. u. Beweissicherungsverf. um Produkthaftung ($300 Mio); EZ zu Gaslieferstreit mit Gazprom ($50 Mio); schweiz. Energieuntern. bei Klage wg. unterlassener Gaslieferung (€60-Mio-ICC-Verf.); Versicherung im Zshg. mit Abwehr von Ansprüchen nach Erdbeben durch Bau einer geotherm. Anlage; Republik Lettland in UNCITRAL-Verf.; Strojmetal in ICC-Schiedsverfahren; Daimler zu Produkthaftung (marktbekannt); lfd. Uzbekistan Airways.

Anwaltszahlen: Angaben der Kanzleien, wie viele Anwälte zu mind. ca. 50% in diesem Gebiet tätig sind. Sie spiegeln nicht zwingend die Gesamtgröße einer Kanzlei wider.

SZA SCHILLING ZUTT & ANSCHÜTZ

Konfliktlösung: Prozesse ★★★★
Konfliktlösung: Schiedsverfahren ★

Bewertung: Die Kanzlei steht in der Poleposition bei hochkarätiger gesellschaftsrechtl. u. kapitalmarktrechtl. Prozessberatung. Dies rührt aus der ausgezeichneten Vernetzung der Gesamtkanzlei in die Vorstandsetagen dt. Konzerne. Aus dieser Tradition führen viele der Partner regelm. Verf., z.B. im Bereich Organhaftung u. bei Gesellschafterstreitigkeiten. Neben dem angesehenen Liebscher hat sich inzw. jedoch auch bei anderen Partnern ein klarer Litigation-Schwerpunkt herausgebildet, bspw. bei Steinbrück u. Zeyher. Hier fügt sich auch der Zugang Molitoris' mit seinem gr. Team im verg. Jahr ein, der das SZA-Angebot mit seiner renommierten Produkthaftungspraxis sowohl personell als auch inhaltl. deutl. erweitert hat. Marktbekannt ist bspw. dessen Arbeit in der Automotive-Branche, u.a. für Audi u. den Wohnmobilhersteller Knaus Tabbert im Dieselkomplex. Die traditionell guten Kontakte zu Insolvenzverwaltern (Liebscher vertritt z.B. Wirecard-Verwalter Jaffé) führt auch dazu, dass SZA mehrere Insolvenzkanzleien in Beraterhaftungsfragen vertritt.

Oft empfohlen: Dr. Thomas Liebscher („mit ihm bekommt man festgefahrene Verhandlungen noch über die Ziellinie", Wettbewerber), Dr. Ben Steinbrück („herausragende Rechtskenntnisse, sehr angenehmer, kollegialer Umgang", Wettbewerber; „sehr umfassende, strategisch vorausschauende Beratung, viel einschlägige Erfahrung", Mandant über beide), Prof. Dr. Jochem Reichert („seit Jahren etablierte Zusammenarbeit", Wettbewerber), Dr. Marc Löbbe, Michael Molitoris, Dr. Stefan Zeyher („hervorragend an der Schnittstelle zwischen Gesellschafts- und Schiedsverfahrensrecht", Wettbewerber)

Team: 11 Eq.-Partner, 3 Counsel, 23 Associates

Schwerpunkte: Gesellschaftsrechtl. Streitigkeiten inkl. Aktienrecht, Compliance, stark bei Organhaftung. Zudem kapitalmarktrechtl. u. insolvenzrechtl. Streitigkeiten. Post-M&A-Auseinandersetzungen, insbes. Schiedsverfahren. ▷*Kartellrecht*. Prozesse um Schadensersatz auf Beklagtenseite; Produkthaftung.

Mandate: Wirecard-Insolvenzverwalter, u.a. gg. institutionelle Anleger u. gg. EY; Bayer bei Abwehr von kapitalmarktrechtl. Klagen im Zshg. mit Monsanto-Übernahme; Ex-Vorstands- u. Ex-Aufsichtsratsmitglied in HRE-KapMuG-Verf.; Diebold Nixdorf als Leadcounsel in Spruchverf. im Zshg. mit Squeeze-out (80 Anspruchsteller) u. im Zshg. mit Abschluss eines Beherrschungs- oder Gewinnabführungsvertrages (90 Anspruchsteller); Audi u. Knaus Tabbert bei Abwehr von Dieselklagen (marktbekannt); Tier-1-Automobilzulieferer gg. Vorlieferanten wg. Regressansprüchen nach Rückrufen.

TAYLOR WESSING

Konfliktlösung: Prozesse ★★
Konfliktlösung: Schiedsverfahren ★
Konfliktlösung: Produkthaftung ★★★

Bewertung: Die Arbeit der Konfliktlösungspraxis ist geprägt durch die Abwehr von Produkthaftungsansprüchen, insbes. in der Pharmabranche, aber auch im Energiebereich u. beim Anlagenbau. Neben Bayer u. Grünenthal gehört auch AstraZeneca zu den Mandanten. Letztere verteidigt sich mit TW gg. mögl. Schadensersatzansprüche im Zshg. mit dem Corona-Impfstoff. Erfahrung mit Massenverf. konnte das Team um den anerkannten Praxisleiter Behrendt z.B. bei der Abwehr von Klagen div. Krankenkassen für einen internat. Medizinproduktehersteller sammeln. Dass das Beratungsportfolio ansonsten breit angelegt ist, beweisen div. gesellschaftsrechtl. u. handelsrechtl. Streitigkeiten, bspw. in der Automobilbranche, oder die Vertretung von Sparkassen gegen EY im Wirecard-Komplex. Zudem ist es der im Vorjahr ernannten HHer Arbitration-Partnerin von Enzberg gelungen, ein internat. Schiedsverfahrenteam mit aufzubauen, mit dem sie bereits im Markt Akzente setzt.

Stärken: Pharmaprodukthaftung.

Oft empfohlen: Dr. Henning Moelle (Produkthaftung), Dr. Philipp Behrendt, Donata von Enzberg („sehr gute Lösungen bei Schiedsverfahren", Mandant)

Team: 9 Eq.-Partner, 10 Sal.-Partner, 13 Associates, 1 of Counsel

Schwerpunkte: Produkthaftung, hier Schnittstelle zum ▷*Gesundheitswesen*; Auseinandersetzungen um Unternehmenskäufe, handelsrechtl. Streitigkeiten u. Organhaftung; gesellschaftsrechtl. Streitigkeiten. Prozesse auch im ▷*Versicherungs-*, ▷*Arbeits-*, ▷*Patent-*, ▷*Marken- u. Wettbewerbs-*, Schifffahrts- u. ▷*Vertriebsrecht*, ▷*Anlagenbau*.

Mandate: AstraZeneca zur Produkthaftung im Zshg. mit Corona-Impfstoff (marktbekannt); Medizintechnikkonzern bei Abwehr von Massenklagen div. Krankenkassen; Bayer lfd. in Arzneimittelhaftung, u.a. wg. Kontrazeptiva; Grünenthal bei Abwehr von Produkthaftung im Zshg. mit Contergan (ww. Koordination); Raiffeisenlandesbank Oberösterreich gg. EY im Zshg. mit Wirecard-Insolvenz (marktbekannt); Asset-Manager aus der Energiebranche im Zshg. mit Streit um Modullieferverträge; Windenergieanlagenhersteller zu Produkthaftung in div. Verf. inkl. Steuerung von Verf. in Frankr. u. Österreich; Friedrich Carl Janssen als ehem. Gesellschafter von Sal. Oppenheim gg. Dt. Bank u. D&O-Versicherer; mittelständ. Anlagenbauer bei Lieferstreit; W.L. Gore & Associates bei Lieferstreit; lfd. Ergo, Toyota.

TILP

Konfliktlösung: Prozesse ★

Bewertung: Die auf Investorenklagen spezialisierte Kanzlei ist in mehreren umfangr. Komplexen tätig, unter denen das Vorgehen für Geschädigte der Wirecard-Pleite herausragt. Hier haben inzw. mehr als 25.000 Privatleute u. 300 institut. Anleger Tilp Mandate erteilt – allein gg. die Finanzaufsicht sind inzw. mehrere 100 Klagen anhängig. Der Fall stellt im Volumen u. auch organisator. alle bisherigen kapitalmarktrechtl. Großverf. der Kanzlei in den Schatten – auch wenn das Gericht Wettbewerberin Mattil als Vertreterin des Musterklägers bestimmt hat. Weitere wichtige Großkomplexe sind die Klagen gg. VW- u. Daimler-Anleger im Zshg. mit der Dieselaffäre sowie das KapMuG-Verf. gg. Bayer bzgl. der Monsanto-Übernahme. Die Fälle sind so umfangr., dass die Kanzlei auch jenseits der Anwälte ihr Personal aufstocken musste. Das ist ein Erfolg für die nach dem Tod ihres Gründers neu aufgestellte Kanzlei. Die wirtschaftl. Abhängigkeit von wenigen, aber sehr großen Mandaten stellt allerdings auch ein gewisses Risiko dar, wenn nicht auch ausreichend neue Fälle hinzukommen.

Stärken: KapMuG-Verf., starkes internat. Netzwerk.

Team: 6 Partner, 4 Associates

Schwerpunkte: Vertretung institutioneller Investoren u. vermögender Privatanleger in kapitalmarktrechtl. Streitigkeiten, insbes. KapMuG, u.a. Wertpapierrecht, grauer Kapitalmarkt, Prospekthaftung.

Mandate: 288 institutionelle Investoren in €2,2-Mrd-Anlegerklagen gg. Bayer bzgl. Monsanto-Übernahme; Mittelständler bei €11-Mio-Klage gg. Sparkasse Ulm u. BayernLB bzgl. Haftung von Wertpapierkonstrukteur (LG); div. Investoren gg. EY/ BaFin/Insolvenzverwalter im Zshg. mit Wirecard; div. Investoren bei €1,3-Mrd-Klagen u. Musterkläger in KapMuG-Verf. gg. Daimler im Zshg. mit Dieselaffäre; Hafez Sabet bei €11-Mrd-Schadensersatzklage gg. Dt. Bank u. Hauck & Aufhäuser wg. angebl. Ansprüche im Zshg. mit einer Insolvenz (LG); Deka als Musterklägerin in KapMuG-Verf. gg. Porsche bzgl. Dieselskandal.

WACH UND MECKES UND PARTNER

Konfliktlösung: Prozesse ★★★
Konfliktlösung: Schiedsverfahren ★★

Bewertung: Die Münchner Konfliktlösungsboutique ist für Prozesse u. Schiedsverfahren gleichermaßen renommiert, häufig sind die Partner in Verfahren mit internat. Bezügen zu sehen. Typische Bsp. sind etwa Meckes' Vertretung eines brit. Anlagenbauers in einer €175-Mio-Streitigkeit im Zshg. mit einem Kraftwerk oder eines brit. Private-Equity-Investors in einem Gesellschafterstreit über ein Kryptounternehmen. Auch die Arbeit für Etihad in einer Auseinandersetzung mit dem Air-Berlin-Insolvenzverwalter läuft nach wie vor. Personell vollzieht die Kanzlei einen Generationswechsel: Das 2. Jahr in Folge hat sie einen Partner ernannt, diesmal Maximilian Menz, der mit seinem Fokus auf internat. Zivilprozessrecht die Ausrichtung der Kanzlei betont. Gründungspartner Petsch ist dagegen in den Of-Counsel-Status gewechselt, bleibt aber weiter in zahlr. Mandate eingebunden.

Stärken: Großes internat. Netzwerk.

Oft empfohlen: Dr. Karl Wach („fachl. versiert u. angenehm", Wettbewerber), Frank Meckes („angenehm im Umgang, viel Erfahrung mit Organhaftung", Wettbewerber)

Team: 4 Eq.-Partner, 1 Sal.-Partner, 7 Associates, 1 of Counsel

Schwerpunkte: Post-M&A-, gesellschafts- u. kapitalmarktrechtl. Streitigkeiten. Präventivberatung wie auch Prozess- u. Schiedsverf., hier auch Schiedsrichtermandate.

Mandate: Ww. agierender Asset-Manager in €900-Mio-Streit bzgl. Restrukturierung von dt. Immobiliengesellschaft; brit. Private-Equity-Investor in Gesellschafterstreit über Kryptounternehmen; ehem. Organ der HRE in KapMuG-Verf. wg. angebl. Verletzung von Ad-hoc-Pflichten; Ex-Porsche-Vorstand Wiedeking bei Abwehr von Ansprüchen internat. Investoren bzgl. Kapitalmarktinformationen wg. gepl. VW-Übernahme; brit. Anlagenbauer bei Durchsetzung von €175-Mio-Ansprüchen im Zshg. mit Ersatzbrennstoffkraftwerk; Etihad gg. €2-Mrd-Schadensersatzklage des Air-Berlin-Insolvenzverwalters (BGH; mit Shearman); institut. US-Investor in Post-M&A-Streit mit 3 dt. Automobilkonzernen wg. Gewinnbeteiligungen; brit. Portfoliomanager im Zshg. mit Massenklageportfolioinvestment im Automobilsektor; US-Fonds in €150-Mio-Kapitalmarktverfahren gg. dt. Autokonzern.

Anwaltszahlen: Angaben der Kanzleien, wie viele Anwälte zu mind. ca. 50% in diesem Gebiet tätig sind. Sie spiegeln nicht zwingend die Gesamtgröße einer Kanzlei wider.

WENDELSTEIN

Konfliktlösung: Prozesse ★

Bewertung: Die Kanzlei hat über die Jahre die Litigation-Praxis stetig ausgebaut. Ein Wettbewerber lobt den Aufbau über die Jahre als „extrem starke Leistung“. Neben Fischer, der von Anfang an für Konfliktlösung stand, ist auch der erste aus den eigenen Reihen ernannte Partner vorwiegend in komplexen Streitigkeiten tätig. Für eine Boutique sind die Fälle oft auffällig internat. u. großvolumig – was auch eine Frucht der Hengeler-Vergangenheit u. des starken Netzwerks der Kanzlei ist. So ist nahezu das komplette Team für eine Mandantin in einem €750-Mio-Post-M&A-Komplex tätig, in dem es div. Prozesse u. Schiedsverf. sowie interne Untersuchungen in mehreren Ländern koordiniert. Eine starke Nische besetzt die Praxis bzgl. Cum-Ex- u. Cum-Cum-Streitigkeiten, sowohl auf Banken- wie auf Unternehmensseite. Zuletzt unterstrich die Praxis ihre Ambitionen durch die Ernennung eines Counsel.

Stärken: Große Erfahrung mit Cum-Ex- u. Cum-Cum-Streitigkeiten.

Oft empfohlen: Frank Fischer („Top-Prozessrechtler“, Wettbewerber)

Team: 3 Partner, 1 Counsel, 5 Associates

Schwerpunkte: Prozesse u. Schiedsverf., häufig mit bank- u. finanz-, kapitalmarkt- u. steuerrechtl. Bezügen. Post-M&A- u. gesellschaftsrechtl. Streitigkeiten; Beraterhaftung.

Mandate: Ausl. TK-Unternehmen bzgl. €100-Mio-Ansprüchen gg. Versicherer; ausl. Unternehmen in €750-Mio-Post-M&A-Komplex mit Gerichts- u. Schiedsverf. in div. Ländern; dt. Mischkonzern bzgl. mögl. €15-Mio-Post-M&A-Schiedsverf.; dt. Unternehmen in €300-Mio-Prozess im Zshg. mit Finanzderivaten u. Referenzzinssatzmanipulation; div. US-Investoren bei Geltendmachung von €150-Mio-Ansprüchen gg. EY im Zshg. mit Wirecard-Insolvenz; Aktiengesellschaft bei Abwehr div. Anfechtungs-, Nichtigkeits- und Beschlussfeststellungsklagen sowie Sonderprüfung.

WHITE & CASE

Konfliktlösung: Prozesse ★★★★

Konfliktlösung: Schiedsverfahren ★★★

JUVE 2023 AWARDS
Kanzlei des Jahres für Dispute Resolution

Bewertung: Die Praxis ist über mehrere Jahre deutl. gewachsen u. hat dadurch bestehende Schwerpunkte betont u. neue geschaffen. Auffällig ist, wie stark W&C an der Seite von internat. agierenden Konzernen wie Mercedes-Benz u. Allianz inzw. die Vorteile ihres internen Netzwerks ausspielt: So umfasst die Arbeit in internat. Streitkomplexen oft Prozesse in Ländern wie Australien, Israel u. Großbritannien, die von Dtl. aus im Rahmen einer Gesamtstrategie koordiniert werden. Für die Allianz Re hat ein internat. Team um Wirth ww. Streitigkeiten zur Abwicklung von wirtschaftl. Corona-Großschäden geführt. Besonders stark gewachsen ist die Schiedspraxis, wo inzw. 3 Partner starke eigene Profile herausgebildet haben – so bei Technologiethemen, z.B. an der Seite von Alstom, oder bei Pharmastreitigkeiten, etwa als Beraterin von Biontech. Eine jüngere Partnerin hat inzw. mit Burianski den Trackrecord der Praxis bei Investitionsschutzverf. deutl. erweitert. Auch hier zeigt sich, etwa in Verf. gg. Spanien oder aufseiten von Bulgarien, die enge Einbindung der dt. Partner in das internat. Kanzleinetzwerk. Ein Highlight, das die große Erfahrung mit Vollstreckungsthemen zeigt: Die Praxis erstritt für Uniper einen €3,7-Mrd-Titel gg. Gazprom Export. Langen, der lange v.a. für finanzrechtl. Streitigkeiten stand, hat einen neuen Schwerpunkt bei IT-Streitigkeiten entwickelt, u. ist zudem für ein frz. Unternehmen zentral in einer der aktuell größten Gesellschafterstreitigkeiten im dt. Markt involviert.

Stärken: ▷*Bank-* u. ▷*versicherungsrechtl.* sowie ▷*insolvenzrechtl.* Streitigkeiten; internat. Vollstreckungsthemen.

Oft empfohlen: Christian Wirth („Blick fürs Wesentliche – harter, aber immer fairer Verhandler“, Wettbewerber), Dr. Markus Burianski („professionell u. angenehm“, Wettbewerber), Markus Langen („kann vor Gericht extrem scharf auftreten“, Wettbewerber), Sara Vanetta („sehr kollegial, auch auf der Gegenseite – fällt positiv auf“, Wettbewerber)

Team: 9 Eq.-Partner, 7 Counsel, 33 Associates

Schwerpunkte: Schiedsverf. u. Prozesse für Banken, Versicherer, Automotive-, Elektronik-, Anlagenbau-, ▷*Immobilien-* u. ▷*Energieunternehmen.* Ausgeprägte Schnittstellen zu ▷*Compliance*, ▷*Versicherungs-*, ▷*Insolvenz-* u. ▷*Strafrecht.* Schiedsverf. v.a. in Ffm., auch Investitionsschutz u. gesellschaftsrechtl. Streitigkeiten.

Mandate: Uniper gg. Gazprom Export bzgl. Gaslieferungen (im Markt bekannt); Indien gg. Dt. Telekom im Zshg. mit Vollstreckung von Schiedsspruch (BGH); IBG Monforts-Gläubiger bei rd. 120 Anfechtungsklagen; AvP-Insolvenzverwalter bei Klagen wg. Organhaftung u. Rückerstattung von Apothekerrabatten; German-Pellets-Insolvenzverwalter in 80 teils grenzüberschreitenden Streitigkeiten; Twitter, u.a. in Zivilprozessen u. im Zshg. mit NetzDG; Baden-Württemberg gg. Klage der Dt. Bahn bzgl. Stuttgart 21; Vallourec in Gesellschafterstreit gg. Thyssenkrupp u. Salzgitter Mannesmann bzgl. Hüttenwerke Krupp Mannesmann; Air-Berlin-Insolvenzverwalter umf. in div. Ländern bei insolvenzrechtl. Streitigkeiten; Allianz Re umf. bei Durchsetzung von Versicherungsansprüchen im Zshg. mit Corona-Folgen; Mitsui bei Klage gg. Spanien (ICSID); Mercedes-Benz, u.a. bei Abwehr von Kundenklagen wg. Dieselaffäre; Bulgarien bei Abwehr von €52-Mio-Investorenklage (ICSID); Transportkonzern in Mrd-Post-M&A- u. Projektstreitigkeiten (ICC, VIAC); Versicherer bei Abwehr von €120-Mio-Forderung aus Warenkreditversicherung; Biontech bei Abwehr von Schadensersatz wg. Mutmaßl. Impfschäden. Lfd. Eurocitybank, Symrise, Alstom.

WILMERHALE

Konfliktlösung: Prozesse ★★★

Bewertung: Die Praxis steht für komplexe Streitfälle an der Schnittstelle von zivilrechtl. u. regulator. Fragen. Insbes. bei kartellrechtl. geprägten Prozessen verfügt sie über einen langen Trackrecord. Aktuelle Beispiele sind Ohlhoffs Vertretung des Bankenverbands VÖB gg. eine Reihe großvol. Kartellschadensersatzklagen, die vom LG Berlin weitgehend abgewiesen wurden, u. sein Einsatz für die Telekom bei der Abwehr einer Beschwerde von Vodafone gg. die Freigabe eines Glasfaser-Joint-Ventures mit EWE. Wettner gelang es zuletzt, neben div. markenrechtl. Streitigkeiten die Arbeit für WhatsApp u. weitere US-Techkonzerne vor dt. Gerichten auszuweiten. Zudem betraute Stammmandantin Dt. Bahn das Team um ihn mit einem weiteren strateg. wichtigen Projekt. Ein Wermutstropfen ist, dass trotz hochkarät. Mandate über mehrere Jahre neben den etablierten Partnern kaum weitere Anwälte im Markt von sich reden gemacht haben u. die Praxis insges. eher als stagnierend wahrgenommen wird. Die kürzl. Ernennung 2er Counsel könnte ein Schritt sein, diesem Eindruck entgegenzuwirken.

Stärken: ▷*Kartellrechtl.* Schadensersatzklagen, Prozesse vor europ. Gerichten.

Oft empfohlen: Dr. Vanessa Wettner („setzt sich engagiert für ihre Mandanten ein“, Wettbewerber), Dr. Stefan Ohlhoff („guter Stratege, immer Top-Schriftsätze“, Wettbewerber), Prof. Dr. Hans-Georg Kamann („immer lösungsorientiert“, Wettbewerber)

Team: 5 Eq.-Partner, 2 Sal.-Partner, 5 Counsel, 7 Associates

Schwerpunkte: Prozesse oft mit regulator. Hintergrund u. in Verbindung mit Fachpraxen. Neben Corporate v.a. bei ▷*Compliance*, Kartellrecht, Marken u. Wettbewerb, Datenschutz (▷*IT u. Datenschutz*). Schiedsverf. v.a. über die renommierte Praxis in London. Branchen: Technologie, Logistik, Finanzen, Handel, Energie.

Mandate: Syngenta in Verf. zu Anforderungen über die Rückverfolgbarkeit von Pflanzenschutzmitteln (EuGH); Meta, u.a. in Verfahren zu App-Center, Fanpages, Like-Button (EuGH, OLG) u. gg. div. datenschutzrechtl. Klagen; Hugo Boss europaweit bei Durchsetzung von Markenrechten gg. Bekleidungsdiscounter (LG, OLG); Medtronic bei Abwehr von Unterlassungsansprüchen eines Markentrolls (EUPIO); Aeroxon Insect Control bei strateg. Vorgehen gg. dt. Biozidverordnung; Abwehr von Kartellschadensersatz, u.a. für VÖB im Zshg. mit Girocard-Klagen; Geltendmachung von Kartellschadensersatz u.a. für Krombacher, Katjes Fassin (Zucker), Kfz-Zulieferer (Edelstahl); Dt. Bahn, u.a. umf. in Prozessen zu Stuttgart 21 u. zu Schadensersatz ggü. Schienenkartell; Dt. Telekom im Zshg. mit Beschwerde von Vodafone gg. kartellrechtl. Genehmigung von Glasfaser-Joint-Venture mit EWE (BGH).

Anwaltszahlen: Angaben der Kanzleien, wie viele Anwälte zu mind. ca. 50% in diesem Gebiet tätig sind. Sie spiegeln nicht zwingend die Gesamtgröße einer Kanzlei wider.

Vorsicht vor einer neuen Grunderwerbsteuerfalle bei Share Deals

Von Marcus Heinrich Rohner und Mark Langenbach, BREIDENBACH RECHTSANWÄLTE, Wuppertal

Marcus Heinrich Rohner

Mark Langenbach

Herr RA/StB **Marcus Heinrich Rohner** und Herr RA/StB **Mark Langenbach** sind als Partner bei BREIDENBACH RECHTSANWÄLTE tätig. Als Rechtsanwälte beraten sie Unternehmen mit dem Schwerpunkt in den Bereichen M&A- und Immobilien-Transaktionen, gesellschaftsrechtliche und steuerliche Gestaltung, Restrukturierung sowie Unternehmensnachfolge. Hierbei haben zahlreiche Transaktionen internationalen Bezug. Marcus Heinrich Rohner ist Co-Autor des Beck'schen Anwaltshandbuchs Personengesellschaftsrecht, 4. Auflage 2023, sowie des Münchener Vertragshandbuchs, Band 2 Wirtschaftsrecht I, 8. Auflage 2020.

BREIDENBACH RECHTSANWÄLTE ist auf wirtschafts- und steuerrechtliche Fragestellungen spezialisiert. Zu den Mandanten zählen Unternehmer und Unternehmen aus allen Branchen sowie vom neu gegründeten Start-up bis zum internationalen Konzern. Schwerpunkt sind inhabergeführte Unternehmen aus dem gehobenen Mittelstand, Family Offices und Beteiligungsgesellschaften.

Kontakt
BREIDENBACH RECHTSANWÄLTE GmbH
Marcus Heinrich Rohner
M.Rohner@breidenbach-ra.de
Mark Langenbach
M.Langenbach@breidenbach-ra.de
Friedrich-Engels-Allee 32
42103 Wuppertal
T: +49 202 49374-0
www.breidenbach-ra.de

Die Gesichter entspannen sich, Gläser werden ausgetrunken und zufriedene Stimmen erfüllen den Raum. Der Notar hat die Urkunde als letzter nach langen Vorlesestunden unterzeichnet – wie so häufig wurden noch Kleinigkeiten im Vertragstext korrigiert, obwohl zahlreiche Anwälte jenen zuvor über Wochen bis hin zu Satzzeichen diskutiert haben.
Die Berater haben einen guten Job gemacht. Die Financial, Tax und Legal Due Diligence wurde akribisch durchgeführt und dem Käufer wurden diverse Risiken benannt, welche Einfluss auf Kaufpreis, Einbehalte, Sicherheiten und Garantien hatten. Wegen des im Konzern vorhandenen Grundbesitzes wird Grunderwerbsteuer anfallen. Auch dies ist im DD-Bericht dargestellt worden und den Beteiligten bewusst. Trotz unterschiedlicher Interessen der Parteien gab es ein gemeinsames, letztlich zum Abschluss führendes und höherrangiges Ziel: das gekaufte Unternehmen in gutem Fahrwasser zu belassen. Nach menschlichem Ermessen wurde dieses Ziel erreicht. Dieses Projekt ist abgeschlossen. Aber: Ist dieses Projekt wirklich abgeschlossen?

Eine Transaktion – zwei Mal Grunderwerbsteuer

Aufgrund der neuen Verwaltungsauffassung zum Verhältnis der sog. „Bewegungstatbestände" in § 1 Abs. 2a und Abs. 2b GrEStG zur sog. „Anteilsvereinigung" gem. § 1 Abs. 3 Nrn. 1 und 3 GrEStG und § 1 Abs. 3a GrEStG hat sich bei Kaufverträgen über Gesellschaftsanteile unerwartet eine Steuerfalle aufgetan. Bei der Beratung entsprechender Transaktionen muss nunmehr absolut sichergestellt werden, dass die in der Vergangenheit oft eher nachlässig behandelten grunderwerbsteuerlichen Anzeigepflichten ordnungsgemäß erfüllt werden. Ansonsten droht eine Doppelbesteuerung ein und desselben Transaktionsvorgangs, einmal beim „Signing" und einmal beim „Closing"!

Gehört zum Vermögen einer Personen- oder Kapitalgesellschaft ein inländisches Grundstück und ändert sich innerhalb von zehn Jahren der Gesellschafterbestand unmittelbar oder mittelbar dergestalt, dass mindestens 90 % der Anteile am Gesellschaftsvermögen auf neue Gesellschafter übergehen, gilt dies gem. § 1 Abs. 2a und 2b GrEStG als ein auf die Übereignung eines Grundstücks auf eine neue Personen- bzw. Kapitalgesellschaft gerichtetes Rechtsgeschäft. Die sog. Bewegungstatbestände werden beim Vollzug (Closing) eines Anteilskaufvertrages erfüllt. Steuerschuldner und anzeigeverpflichtet ist hierbei die Gesellschaft, bei der sich unmittelbar oder mittelbar die relevante Anteilsbewegung ergibt.

Gehört zum Vermögen einer Gesellschaft ein inländisches Grundstück, so unterliegen der Grunderwerbsteuer, soweit „eine Besteuerung nach § 1 Abs. 2a und Abs. 2b GrEStG nicht in Betracht kommt", außerdem

- ein Rechtsgeschäft, das den Anspruch auf Übertragung eines oder mehrerer Anteile der Gesellschaft begründet, wenn durch die Übertragung unmittelbar oder mittelbar mindestens 90 % der Anteile der Gesellschaft in der Hand des Erwerbers oder in der Hand von herrschenden und abhängigen Unternehmen oder abhängigen Personen oder in der Hand von abhängigen Unternehmen oder abhängigen Personen vereinigt werden (§ 1 Abs. 3 Nr. 1 GrEStG) und
- ein Rechtsgeschäft, das den Anspruch auf Übertragung unmittelbar oder mittelbar von mindestens 90 % der Anteile der Gesellschaft begründet (§ 1 Abs. 3 Nr. 3 GrEStG).

Die Tatbestände nach § 1 Abs. 3 Nr. 1 und 3 GrEStG werden beim Abschluss eines Anteilskaufvertrages (Signing) ausgelöst – und damit in der Regel zeitlich vor dem entsprechenden Bewegungstatbestand. Im Fall der Anteilsvereinigung nach § 1 Abs. 3 Nr. 1 GrEStG ist der Erwerber der Steuerpflichtige und anzeigeverpflichtet, in dessen Hand sich die wesentliche Beteiligung (i.H.v. mind. 90 %) aufgrund der Transaktion erstmalig bildet. Im Fall der Anteilsvereinigung gem. § 1 Abs. 3 Nr. 3 GrEStG (Veräußerung einer bereits bestehenden wesentlichen Beteiligung) sind sowohl der Veräußerer als auch der Erwerber steuer- und anzeigepflichtig.

Keine Transaktions-/Registersteuern *(„droits d'enregistrement")* in Deutschland

Ein Unternehmenskauf in Frankreich ist zwar grundsätzlich nicht beurkundungspflichtig, unterfällt aber einer vom Käufer zu tragenden Registersteuer und ist damit beim Finanzamt anzumelden. Die zu zahlende Steuer variiert zwischen 0,1 % (SAS – französische AG) und 3 % (SARL – französische GmbH) des Wertes der Geschäftsanteile (share deal) bzw. des Unternehmenswertes (asset deal). Besonderheiten gibt es bei Unternehmen mit einem im Wesentlichen aus Immobilien bestehenden Betriebsvermögen (ggf. 5 %). Eine solche Registersteuer existiert in Deutschland nicht. Auch was diesen Punkt angeht, besteht regelmäßig Erläuterungsbedarf.

Grunderwerbsteuer bei Share Deals

Auch die bei einem Share Deal über Gesellschaftsanteile an einer grundbesitzenden Gesellschaft oftmals ausgelöste Grunderwerbsteuer führt zumeist zu einer unangenehmen Überraschung auf französischer Seite. Lösen in Deutschland Anteilsübertragungen von mindestens 90 % der Anteile für jeglichen von der Gesellschaft gehaltenen Grundbesitz Grunderwerbsteuer aus, ist dies in Frankreich nur der Fall, wenn es sich um eine Immobiliengesellschaft handelt, d.h. der Marktwert der Immobilien mehr als 50 % der Aktivposten der Gesellschaft ausmacht. Folglich entstehen in Deutschland bei Immobilienbesitz des Targets regelmäßig Zusatzkosten in Form der deutschen Grunderwerbsteuer, die in den Finanzplanungen der französischen Käufer nicht berücksichtigt sind.

Bilanzierungsunterschiede der franz. Rechnungslegung gegenüber HGB

Französische Unternehmer und Investoren sind hin und wieder erstaunt, wenn ihr deutsches Gegenüber das EBIT für ein und dasselbe Unternehmen (deutlich) anders beziffert als sie selbst. Das kann sowohl in M&A-Projekten in Deutschland vorkommen als auch im Controlling einer deutschen Tochtergesellschaft. Einige Bilanzierungs- und Ausweisunterschiede zwischen den beiden Regelwerken führen dazu, dass sich Ergebnisgrößen und Rentabilitätskennzahlen teils deutlich unterscheiden können.

Zwar ist die französische Rechnungslegung der des deutschen Handelsrechts in ihren Grundzügen und Prinzipien sehr ähnlich. So gelten auch in Frankreich das Vorsichtsprinzip, nach dem unter anderem Gewinne nur zu berücksichtigen sind, wenn diese am Abschlussstichtag realisiert sind, der Grundsatz der Periodenabgrenzung sowie die Grundsätze der Stetigkeit der Bewertungsmethoden und der Einzelbewertung.

Zur Beurteilung der Profitabilität eines Unternehmens wird in Frankreich häufig das in der Gewinn- und Verlustrechnung ausgewiesene Zwischenergebnis *„résultat d'exploitation" („REX")* herangezogen, das in etwa dem Betriebsergebnis entspricht. Dabei wird das REX häufig als Indikation für das EBIT verwendet bzw. – fälschlicherweise – gar vereinfachend als EBIT bezeichnet.

Bilanzierungsunterschiede der französischen Rechnungslegung gegenüber der des HGB können jedoch dazu führen, dass sich die Ertragslage je nach Regelwerk unterschiedlich darstellt und dass das REX nicht dem (für Bewertungs- und Performance-Analysen relevanten) EBIT entspricht.

Während zudem in Deutschland das außerordentliche Ergebnis mit dem Bilanzrichtlinie-Umsetzungsgesetz ab 2016 abgeschafft wurde, ist das *„résultat exceptionnel" (RE)* unverändert ein fester Bestandteil (fast) jeder französischen Gewinn- und Verlustrechnung.

Auch die Definition von Rückstellungen in der Bilanz ist nicht identisch

Es kann insoweit sehr leicht zu Missverständnissen bzw. Konfrontationen kommen, die die gesamte Transaktion gefährden und die Stimmung zwischen den Parteien unnötig „vergiften" können, ohne dass es einen wirklichen Grund dafür gibt. Auch hier ist es von zentraler Bedeutung, wenn erfahrene Berater dies antizipieren und auch als Vermittler fungieren bzw. in der Lage sind, die Unterschiede zu erläutern und Missverständnisse auszuräumen.

Entlastung vs. „Quitus"

Bei deutschen GmbHs und Personengesellschaften führt ein Entlastungsbeschluss grundsätzlich dazu, dass die Gesellschaft auf mögliche Schadensersatzansprüche gegen die Geschäftsführer verzichtet, jedenfalls soweit die zugrunde liegenden Tatsachen im Zeitpunkt der Beschlussfassung bekannt waren.

Im Frankreich hingegen kommt dem französischen Pendant zum Entlastungs-Beschluss, dem sogenannten „Quitus", unabhängig von der Gesellschaftsform keine rechtsverbindliche/präkludierende Wirkung zu. Die Möglichkeit, Ansprüche gegenüber der Geschäftsführung geltend zu machen, wird damit nicht ausgeschlossen.

Erfahrungsgemäß fassen französische Gesellschafter deutscher GmbHs daher oftmals zu „leichtfertig" Entlastungsbeschlüsse, in der Annahme, der entsprechende Beschluss würde wie in Frankreich keine Konsequenz im Hinblick auf eine etwaige spätere Haftung der Geschäftsführung haben. ■

KERNAUSSAGEN

- Keine Beurkundungspflicht und damit auch keine Notarkosten in Frankreich;
- Aber: Käufer in Frankreich haben Transaktionssteuern zu tragen;
- Insbesondere bei Share Deals bestehen große Unterschiede im Bereich der Grunderwerbsteuer zwischen Deutschland und Frankreich;
- Bilanzierungsunterschiede können zu unterschiedlichen Ergebnissen führen;
- Entlastung und „Quitus" haben unterschiedliche rechtliche Auswirkungen;
- Im Rahmen von deutsch-französischen Transaktionen spielt die Sprache stets eine zentrale Rolle;
- Im deutsch-französischen Bereich erfahrene Berater können mögliche Missverständnisse antizipieren, vermitteln und auf diese Weise den positiven Abschluss von Transaktionen fördern und auf kulturellen Unterschieden beruhende Konflikte vermeiden.

M&A

Trübe Aussichten

Es ist ruhiger geworden im Transaktionsmarkt. Bereits gegen Ende des Jahres 2022 machte sich die Befürchtung breit, dass die fetten Jahre nun vorbei seien. Für die einen ist es eine Delle, andere sprechen schon von der „neuen Normalität". Allerdings waren Akteure und Kanzleien auch sehr verwöhnt: Zuletzt reihte sich Rekordjahr an Rekordjahr. Dass das nicht ewig so weitergehen kann, war den meisten auch klar. Doch letztlich gibt es genug Trends und Themen, die dafür sorgen, dass die M&A-Teams genügend Arbeit haben, denn die Transformation der Wirtschaft, ob nun durch die Digitalisierung oder Nachhaltigkeit getrieben, spült ebenso Mandate auf die Schreibtische der Anwälte. Besonders punkten hier Kanzleien wie beispielsweise **CMS Hasche Sigle**, **Hogan Lovells** oder **Watson Farley & Williams**, die neben ihrer vorhandenen Sektorerfahrung auch mit den entsprechenden regulatorischen Kenntnissen aufwarten können.

Dort, wo sich für Strategen Opportunitäten für das eigene Geschäft ergeben, sind sie weiterhin zu Transaktionen bereit und im Falle eines Zukaufs auch gewillt, in die Tasche zu greifen – bisweilen sehr tief, wie der milliardenschwere Kauf der Klimasparte von Viessmann durch Carrier zeigt, der mit **Linklaters** und **Hengeler Mueller** gleich zwei Top-M&A-Praxen beschäftigte. Im Kapitalmarkt sorgte die öffentliche Übernahme der Software AG für Wirbel. **Clifford Chance** beriet hier beide Gremien des Zielunternehmens. Transaktionen dieser Art hatten zuletzt allerdings Seltenheitswert. Für Aufsehen sorgten wiederum zum einen der offengelegte Beraterwechsel bei Silver Lake von **Skadden Arps Slate Meagher & Flom** hin zu **Hengeler Mueller**, zum anderen der ausgebremste Bieterwettkampf mit Bain Capital.

Da regt sich etwas

Blieb die Partnerriege während der Corona-Pandemie-Jahre noch stabil, ebenso wie im Jahr von Ukraine-Krieg und Energiekrise, so kommt nun wieder mehr Bewegung in die Personalstruktur der M&A-Teams. Eine ganze Reihe von Partnerwechseln, etwa von **McDermott Will & Emery** zu **Reed Smith** oder von **Hogan Lovells** zu **Latham & Watkins**, zeigt, wie der Markt wieder Fahrt aufnimmt.

In München wechselte gar ein ganzes Team von **Shearman & Sterling** zu **Morgan Lewis & Bockius** – vor allem wohl, weil der Marktanteil von Morgan Lewis im Corporate-Segment bisher eher überschaubar war. Mit dem Teamzugang in München verfügt die Kanzlei nun nicht nur über mehr Personalkapazitäten, sondern auch über einen weiteren Standort neben Frankfurt. Für Shearman bedeutete der Wechsel das Ende ihrer Präsenz am Münchner Markt. Wenig später wurde bekannt, dass die US-Kanzlei mit **Allen & Overy** zusammengehen will. Damit verschwände sie weltweit als eigenständige Einheit von der Bildfläche.

Einen namhaften Abgang verzeichnete auch **Mayer Brown**, die ihren Leiter der deutschen Corporate-Praxis zu **Noerr** ziehen lassen musste. Seine Position übernimmt nun eine etablierte Partnerin. Das macht den M&A-Markt wieder ein Stückchen weiblicher, zumal **Noerr** wie bspw. auch **Dentons** und **CMS Hasche Sigle** schon eine weibliche Co-Leitung in der M&A-Praxisgruppenspitze hat. Dass diese Positionen hier mit Frauen besetzt sind, sind jedoch noch Ausnahmeerscheinungen. Hoffnung auf mehr Diversität macht aber die Transaktionsarbeit selbst, in der immer mehr Partnerinnen eine maßgebliche Rolle spielen und in Deals die Federführung übernehmen.

Die Bewertungen behandeln Kanzleien, die zum Kauf oder Verkauf von Vermögenswerten (Asset-Deals) oder Anteilen (Share-Deals) eines Unternehmens beraten und das Transaktionsmanagement übernehmen. Verschmelzungen und Fusionen sind im Kapitel ▷*Gesellschaftsrecht* erfasst. Berater von Private-Equity-Häusern zu Käufen und Verkäufen finden sich im Kapitel ▷*Private Equity und Venture Capital*. Eine Auswahl oft empfohlener Notare ist im Kapitel ▷*Notariat* aufgeführt, Spezialisten für Investitionskontrolle im Kapitel ▷*Außenwirtschaftsrecht*.

JUVE KANZLEI DES JAHRES FÜR M&A

HENGELER MUELLER

JUVE AWARDS 2023

Hengeler hat es zuletzt allen gezeigt: Die Arbeit in hochvolumigen Outbound-Deals gehörte bisher noch nicht zum Standardrepertoire der deutschen Spitzenpraxis. Das ist nun anders: Die Deutsche Börse setzte auf ein Team um die Partner **Dr. Daniel Möritz** und **Dr. Lucina Berger** für den Zukauf der dänischen Simcorp. Auch der Energiekonzern RWE vertraute für den Ausbau seines Erneuerbare-Energien-Portfolios in den USA auf das Zusammenspiel zwischen Hengeler und der US-Top-Tier-Kanzlei Cravath Swaine & Moore – Volumen: US$6,8 Milliarden. Co-Federführung: **Dr. Martin Ulbrich**. Der Einsatz für Dax-Konzerne, internationale Strategen und Familienunternehmen bei Veräußerungen von großen Geschäftsbereichen gehört schon lange zum Geschäft. Zuletzt zeigte Hengeler aber wieder eindrucksvoll, dass sie auch in einem ruhigeren M&A-Markt zu den Top-Adressen für großvolumige Deals zählt. **Dr. Matthias Hentzen** und **Thomas Meurer** verhandelten den wohl größten Deal des Jahres: den Verkauf der Klimasparte von Viessmann mit einem Volumen von €12 Milliarden. Mandanten loben sowohl die junge Partnergeneration als auch das internationale Best-Friend-Netzwerk in den höchsten Tönen. Damit hat sich die Kanzlei im internationalen Deal-Geschäft zur echten Alternative zu US-Sozietäten und Magic-Circle-Kanzleien entwickelt.

ACT AC TISCHENDORF

M&A ★★

Bewertung: Die M&A-Praxis der Frankf. Sozietät arbeitet eng mit internat. Investoren, Strategieberatern u. Insolvenzrechtlern zusammen. Damit verschafft sie sich neben ihrer marktbekannten Sanierungsberatung einen regelm. Dealflow im Small- u. Mid-Cap-Bereich. Das Team, das bspw. das noch junge Unternehmen The Platform Group bei Akquisitionen unterstützt, bildet zugleich das Drehkreuz für das selbst aufgebaute europ. Netzwerk ACT Legal u. das internat. Netzwerk Laworld. Breiter aufgestellt hat sich ACT zuletzt durch den Zusammenschluss mit der Frankf. Transaktionsboutique Skye, die PE-Mandanten einbringt, sowie durch enge Kooperation mit zahlr. dt. Boutiquen.

Stärken: Zeitkritische Transaktionen.

Oft empfohlen: Dr. Matthias Müller („sehr gut, schnell, auf Großkanzleiniveau", „sehr präzise, sehr angenehm in der Zusammenarbeit", Wettbewerber), Dr. Fabian Brocke

Team: 5 Eq.-Partner, 1 Sal.-Partner, 4 Associates, 1 of Counsel

Partnerwechsel: Christoph Breithaupt, Julia Rosigkeit (beide von Skye)

Schwerpunkte: Small- u. Mid-Cap-Deals im dt. Mittelstand, häufig auch grenzüberschr. oder im Restrukturierungsumfeld.

Mandate: Family Office Tischendorf zu Ankauf von über 60 Real-Märkten u. Rückverkauf an SCP Retail Investments; The Platform Group zu Beteiligung an Fashionette u. an Autoplattform Cluno; Schuhhändler Salamander u. Klauser zu mögl. Verkauf von Assets; Eprimo zu Kauf eines Solarparks in Biehla (Sachsen); HQIB zu Kauf der Agentur Smal; BMair zu Kauf von Amberg Umwelt-Technik; Lafayette zu Kauf der früheren Siemens-Sparte mdexx (aus Insolvenz).

ADDLESHAW GODDARD

M&A ★

Bewertung: Die brit. Sozietät ist durch die Expansion in München u. Ffm., ihrem Ziel, Full-Service anzubieten, näher gekommen. Der Aufbau von Kartellrecht und Steuern war besonders für die M&A-Praxis von Bedeutung. Allerdings ist die M&A-Kernpraxis relativ klein geblieben, kann aber mit ihrer breiteren Aufstellung nun auch komplexere M&A-Deals betreuen. Die Zahl der M&A-Partner muss nun weiter steigen, um die Verbreiterung des Angebots für Mandaten nutzbar zu machen. Es dominiert die grenzüberschr. Arbeit, meist für internat. mittelständ. Unternehmen.

Oft empfohlen: Eckart Budelmann „sehr gutes wirtschaftl. Verständnis, arbeitet effizient u. zielgerichtet", Mandant), Dr. Hubertus Schröder

Team: 4 Partner, 6 Associates

Schwerpunkte: V.a. Beratung von internat. mittelständ. Unternehmen mit bes. viel grenzüberschr. Transaktionen mit GB, Frankreich und Irland. Auch Family Offices zu Beteiligungen. Bes. Schwerpunkt bei Logistik-, Finanzdienstleistungs- u. Immobilienunternehmen.

Mandate: Anicura bei div. Akquisitionen von Tierkliniken in Dtl.; Brickability Group bei Asset-Deals; Gebhardt Holding bei Verkauf Automotive-Sparte an Gentherm; Kernel bei Verkauf von Personaldienstleister; Octopus Energy umf. bei Transaktionen.

M&A

★★★★★

Freshfields Bruckhaus Deringer	Düsseldorf, Frankfurt, München, Hamburg, Berlin
Hengeler Mueller	Düsseldorf, Frankfurt, München, Berlin
Linklaters	Düsseldorf, Frankfurt, München, Berlin, Hamburg

★★★★★

Clifford Chance	Düsseldorf, Frankfurt, München
Gleiss Lutz	Stuttgart, Frankfurt, München, Berlin, Hamburg, Düsseldorf
Latham & Watkins	Frankfurt, Hamburg, Düsseldorf, München

★★★★

Allen & Overy	Hamburg, Frankfurt, Düsseldorf, München
CMS Hasche Sigle	München, Hamburg, Stuttgart, Köln, Düsseldorf, Frankfurt, Berlin, Leipzig
DLA Piper	Hamburg, Köln, Frankfurt, München
Hogan Lovells	München, Düsseldorf, Frankfurt, Hamburg
Noerr	München, Berlin, Düsseldorf, Frankfurt, Hamburg, Dresden
White & Case	Frankfurt, Düsseldorf, Berlin, Hamburg

★★★★

Baker McKenzie	Frankfurt, Düsseldorf, München, Berlin
Dentons	Berlin, Frankfurt, München, Düsseldorf
Heuking Kühn Lüer Wojtek	Düsseldorf, Köln, Hamburg, München, Stuttgart, Frankfurt, Berlin, Chemnitz
Jones Day	Frankfurt, München, Düsseldorf
McDermott Will & Emery	München, Düsseldorf, Frankfurt, Köln
Milbank	München, Frankfurt
Sullivan & Cromwell	Frankfurt
SZA Schilling Zutt & Anschütz	Mannheim, Frankfurt, München
Taylor Wessing	Düsseldorf, München, Hamburg, Frankfurt, Berlin

Fortsetzung nächste Seite

ADERHOLD

M&A ★

Bewertung: M&A-Praxis in Dortmund, D'dorf u. Köln sowie in Leipzig. Nähere Informationen finden Sie in den Regionalkapiteln ▷*Osten* u. ▷*Westen*.

Team: 4 Eq.-Partner, 3 Sal.-Partner, 5 Associates

Schwerpunkte: Enge Zusammenarbeit mit den Restrukturierern bei Distressed-M&A-Deals (▷*Insolvenz/Restrukturierung*), v.a. im Rheinland u. Ruhrgebiet. Mittelgr. M&A-Transaktionen in Leipzig.

Mandate: Siehe Regionalkapitel.

ADVANT BEITEN

M&A ★★★

Bewertung: Die M&A-Praxis, die sich im verg. Jahr personell u. fachl. noch mal deutl. verbreiterte, ist fest im Markt etabliert. Sie begleitet v.a. internat. aktive Mittelständler wie Wörwag Pharma u. Rohde & Schwarz regelm. bei grenzüberschr. Transaktionen. Die österr. Wienerberger setzte beim Kauf von wesentl. Geschäftsbereichen der frz. Terreal-Gruppe ebenso auf das Team wie die US-Mandantin Amphenol Corporation bei europ. Zukäufen. Dabei spielt dem Team die enger gewordene Verknüpfung mit den anderen Advant-Sozietäten in Europa in die Hände. Dies nutzte es zuletzt auch zur Gewinnung von Neumandanten, u.a. dem gr. US-Konzern Medline, House of HR (Belgien) u. dem traditionsreichen Tapetenhersteller Erismann. Zugleich zeigte die M&A-Praxis, wie schnell sich Neuzugänge integrieren lassen: Das eingespielte Freiburger Transaktionsteam, das im Vorjahr zur Kanzlei wechselte, prägte gleich auch die neu gewählte dt. Praxisleitung mit: Sie setzt sich nun aus dem langj. Co-Leiter Vogel (D'dorf) u. der 2022 neu hinzugekommenen Partnerin Mayer (Freiburg) zusammen.

Stärken: Grenzüberschr. Deals, v.a. mit Bezug nach China u. Russland sowie nach Frankreich u. Italien. Enge Verbindung zur Praxis für ▷*Nachfolge*.

Oft empfohlen: Dr. Barbara Mayer, Prof. Dr. Hans-Josef Vogel, Dr. Christian von Wistinghausen („sehr versierter M&A-Anwalt, kollegial im Umgang", „hohe fachliche Kompetenz", Wettbewerber), Dr. Markus Ley („in Deutschland nehmen wir gerne ihn", Mandant), Dr. Jan Barth („lösungsorientiert u. taktisch versiert", Wettbewerber)

Team: 19 Eq.-Partner, 27 Sal.-Partner, 22 Associates, 2 of Counsel

Partnerwechsel: Jan Dwornig (zu TN Legal)

Schwerpunkte: Dt. u. grenzüberschr. Mid-Cap-Transaktionen für Mittelständler, Industriekonzerne, Finanzdienstleister u. vermögende Privatpersonen, einschl. Post-M&A-Streitigkeiten u. ▷*Schiedsverfahren*, zudem ▷*PE*. Enge Zusammenarbeit mit ▷*Arbeits-* u. ▷*Gesellsch.recht*, Banking u. ▷*Medien*, ▷*Informationstechnologie* u. kanzleieigenen WP. Zahlr. Länder-Desks, u.a. USA. Eigene Büros in Peking u. Moskau.

Mandate: Amphenol Corporation zu Kauf der frz. CMR-Gruppe; Wienerberger bei Kauf der Terreal-Gruppe; Medine International bei Kauf von Asid Bonz; Aesculap bei Mehrheitsbeteiligung an Schölly Fiberoptic; Ecovia Holding bei Kauf von Energu; Erismann & Cie bei Kauf von Weco (NL); House of HR

Anwaltszahlen: Angaben der Kanzleien, wie viele Anwälte zu mind. ca. 50% in diesem Gebiet tätig sind. Sie spiegeln nicht zwingend die Gesamtgröße einer Kanzlei wider.

bei Kauf von Jobraccoon; Gesellschafter bei Verkauf von RNT Rausch an Securize IT Solutions; Gesellschafter bei Verkauf von SAC Sirius Advanced Cybernetic an Cognex Corporation; Schwäb. Verlag u.a. bei Kauf von Hermann Daniel.

ALLEN & OVERY

M&A ★★★★

Bewertung: In einem virulenten M&A-Markt zeigt A&O, wie richtig die vor wenigen Jahren beschlossene Fokussierung auf die Sektoren Energie u. Infrastruktur, Telekommunikation sowie Finanzdienstleister war. Speziell in diesen Branchen vertrauen multinat. Konzerne bei komplexen dt. u. internat. Transaktionen auf das erfahrene M&A-Team. Bsph. dafür steht die Beratung von Uniper, wobei auch die starke nachfolgende Partnerriege zum Zuge kam: So war Landshut etwa neben Praxisgruppenleiter Ascherfeld beim Anteilsverkauf von Iberdrola tätig. Erfolge verzeichnet die Praxis auch im Healthcare- u. Techsektor, für die insbes. Veith steht. Er hat zuletzt SAP beim Kauf von Askdata beraten u. dabei gleich das neue Büro im Silicon Valley einbezogen. Das zuletzt erfolgte personelle Wachstum in den USA u. die Ankündigung der Fusion mit der US-Kanzlei Shearman & Sterling würde für Mandanten weitere transatlant. Beratungshorizonte schaffen. Bisher agiert das Team in Dtl. aber mit vglw. geringer Schlagkraft, die es perspektivisch erhöhen muss, um mitzuhalten.

Stärken: Starke europ. Corporate-Praxis, v.a. in GB u. Benelux. Versiert in öffentl. Übernahmen u. renommiert für Transaktionen im ▷*Versicherungssektor*.

Oft empfohlen: Dr. Hartmut Krause, Dr. Hans Schoneweg, Dr. Astrid Krüger („sehr fähige Transaktionsanwältin", Mandant), Dr. Christian Eichner („vertrauensvoll für Vorstand u. Aufsichtsrat", Mandant), Dr. Nicolaus Ascherfeld („jederzeit verfügbar, top Kenntnisse. Gutes Preis-Leistungs-Verhältnis", Mandant), Dr. Jan Schröder, Dr. Matthias Horn, Dr. Alexander Veith („hält die Fäden zusammen", Mandant), Max Landshut, Dr. Helge Schäfer

Team: 19 Partner, 12 Counsel, 37 Associates

Schwerpunkte: Internat. Transaktionen, auch große dt. Deals. Regelm. tätig im ▷*Banken-*, ▷*Energie-*, ▷*Immobilien-*, Telekom- u. Gesundheitssektor. Enge Verzahnung mit ▷*PE. u. VC* u. ▷*Gesellsch.recht*.

Mandate: Uniper bei Anteilsverkauf an Bundesregierung; Bayer bei Verkauf von Nebido an Grünenthal; Digital Bridge Investments bei Beteiligung an GD Towers; Iberdrola bei Anteilsverkauf von Wikinger Offshorewindpark an Energy Infrastructure Partner; Hapag Lloyd bei div. Investments, u.a. bei Minderheitsbeteiligung an ind. JM Baxi Ports & Logistics; Infrastrukturinvestoren-Konsortium bei Beteiligung an MW Offshorewindpark (EnBW); Santander Consumer Bank bei Kauf von MCE Bank; SAP bei Kauf von Askdata; Neom bei Beteiligung an Volocopter.

M&A Fortsetzung

★★★

Advant Beiten	München, Düsseldorf, Hamburg, Berlin, Frankfurt, Freiburg
Ashurst	Frankfurt, München
Bird & Bird	Düsseldorf, Frankfurt, München
Eversheds Sutherland	München, Düsseldorf, Berlin, Hamburg, Frankfurt
Flick Gocke Schaumburg	Bonn, Berlin, Frankfurt, Hamburg
Gibson Dunn & Crutcher	München, Frankfurt
Görg	Köln, Frankfurt, Hamburg, München, Berlin
Herbert Smith Freehills	Düsseldorf, Frankfurt
Luther	Köln, Hannover, München, Hamburg, Düsseldorf, Berlin, Frankfurt, Leipzig, Stuttgart
Norton Rose Fulbright	München, Frankfurt, Hamburg, Düsseldorf
Oppenhoff & Partner	Köln, Frankfurt, Hamburg
Poellath	München, Frankfurt, Berlin
Skadden Arps Slate Meagher & Flom	Frankfurt, München
Willkie Farr & Gallagher	Frankfurt

★★★

Baker Tilly	München, Frankfurt, Hamburg, Düsseldorf, Berlin, Stuttgart
Cleary Gottlieb Steen & Hamilton	Frankfurt, Köln
Fieldfisher	Düsseldorf, München, Hamburg
Glade Michel Wirtz	Düsseldorf
Friedrich Graf von Westphalen & Partner	Freiburg, Köln, Frankfurt, Berlin
Greenberg Traurig	Berlin
GSK Stockmann	München, Berlin, Frankfurt, Hamburg, Heidelberg
GvW Graf von Westphalen	Frankfurt, Hamburg, Düsseldorf
Kirkland & Ellis	München
Mayer Brown	Frankfurt, Düsseldorf
Morrison & Foerster	Berlin
Orrick Herrington & Sutcliffe	Düsseldorf, München
Osborne Clarke	Köln, München, Hamburg, Berlin
Pinsent Masons	München, Düsseldorf, Frankfurt
Renzenbrink & Partner	Hamburg
Watson Farley & Williams	Hamburg, München, Frankfurt
Weil Gotshal & Manges	Frankfurt, München
Ypog	Berlin, Hamburg, Köln

Fortsetzung nächste Seite

ARQIS

M&A ★★

Bewertung: Die Arbeit der Praxis lässt sich in 3 Schwerpunkte gliedern: die Beratung zu PE-nahen Themen (wie bspw. Add-ons für Portfoliogesellschaften), die Begleitung von W&I-Versicherern – für die v.a. Boche steht – u. die Arbeit für klass. Strategen. Regelm. ist Arqis bei Letzteren bei grenzüberschr. Transaktionen gefragt, insbes. bei solchen mit Bezug nach Japan. Nicht zuletzt aufgrund ihrer Präsenz vor Ort – durch ein Büro in Tokio – sowie der generell starken Verbindungen nach Japan kann Arqis hier bei Mandanten punkten. Für sein starkes jap. Geschäft genießt u.a. Partner Yamaguchi im Markt hohes Ansehen. Dass die Praxis ebenso das Vertrauen von namh. Playern in Dtl. genießt, belegt eine Mandatierung durch VW. Für das Mandat übernahm ein junger Partner die Verantwortung, der erst im verg. Jahr in die Eq.-Partner-Riege aufstieg. Auch in diesem Jahr ernannte die Kanzlei wieder einen neuen Eq.-Partner, der sich im Markt bereits mit eigenen Mandaten positionieren konnte.

Stärken: Transaktionen mit Japan-Bezug, Begleitung von W&I-Versicherern.

Oft empfohlen: Dr. Shigeo Yamaguchi („herausragend positioniert im dt.-jap. Markt", Wettbewerber), Dr. Jörn-Christian Schulze („Mastermind u. Anführer", Mandant; „strukturiert u. klar mit viel Erfahrung", Wettbewerber), Prof. Dr. Christoph von Einem („langj. Erfahrung u. visionäre Lösungsansätze", Wettbewerber), Dr. Mirjam Boche („fachl. exzellent mit souveräner Verhandlungsführung", Wettbewerber) Andreas Dietl

Team: 6 Eq.-Partner, 6 Sal.-Partner, 4 Counsel, 14 Associates, 2 of Counsel

Schwerpunkte: Große Bandbreite an mittelgr. Transaktionen, v.a. im Healthcare-Sektor, oft mit grenzüberschr. Aspekten. Zudem ▷*PE u. VC*. Starke Japan-Spezialisierung, auch dank Joint Venture mit Büro in Tokio.

Mandate: BME-Gruppe zu Kauf von Gebhardt Bauzentrum; Central Glass zu Verkauf von dt. Geschäft an Evotec; KPIT Technologies zu Kauf von Technica Engineering; Volkswagen zu Verkauf von Carsharing-Tochter Weshare an Miles Mobility im Zshg. mit strateg. Partnerschaft; Gesellschafter m.Doc zu Verkauf Mehrheit Compugroup; Gesellschafter Klinik auf der Karlshöhe zu Verkauf an DPE; Dual Specialty, Themis Capital jew. zu W&I-Versicherungen.

ASHURST

M&A ★★★

Bewertung: Die M&A-Praxis der brit Kanzlei gilt als bes. angesehen bei Transaktionen in den Sektoren Infrastruktur u. Energie sowie Automotive. Im Infrastruktursegment zeigt sich die Kanzlei beim Thema digitale Infrastruktur zunehmend

Anwaltszahlen: Angaben der Kanzleien, wie viele Anwälte zu mind. ca. 50% in diesem Gebiet tätig sind. Sie spiegeln nicht zwingend die Gesamtgröße einer Kanzlei wider.

präsent, wie die Beratung von 1&1 zum Kauf von Antennenstandorten zeigt. Hier ist es dem noch jungen Partner Hennrich gelungen, die Beziehung zum Unternehmen weiter zu vertiefen. Dass die Kanzlei bei infrastrukturnahen Themen auch das notwendige regulator. u. Finanzierungs-Know-how vorhält, stößt bei Mandanten regelm. auf Gegenliebe. Wie stark die Kompetenz der Kanzlei bei Deals in der Industrie gefragt ist, zeigen Mandatierungen durch Branchengrößen wie Knorr-Bremse, Robert Bosch o. Siemens Energy. Bei derartigen Transaktionen ist insbes. der erfahrene Sacher regelm. gefragt. Durch den Zugang eines IT-Partners in München, der die Arbeit der M&A-Praxis flankieren soll, stellt sich die Praxis zudem für zukunftsträchtige Themen wie technologienahe Transaktionen weiter auf.

Stärken: Starke asiat. Praxis, tiefe Branchenfokussierung (Automotive, Energie).

Oft empfohlen: Dr. Thomas Sacher, Dr. Benedikt Frhr. von Schorlemer, Dr. Stephan Hennrich

Team: 7 Partner, 4 Counsel, 9 Associates, 1 of Counsel

Schwerpunkte: Mittel- bis großvol. Transaktionen, v.a. im Infrastruktursektor. Starker Transaktionsfluss aus Asien; auch ▷*PE*.

Mandate: Siemens Energy zu Verkauf von Geschäftsbereich an Balcke-Dürr; 1&1 zu Kauf von neuen Antennenstandorten; ABC Technologies zu Kauf von Mehrheit an Karl Etzel u. SAM; Knorr-Bremse zu Kauf von Minderheit an Nexxiot im Rahmen einer Kooperation; Robert Bosch zu Verkauf von Minderheit an ADS-Tec Energy Storage.

AULINGER

M&A ★

Bewertung: M&A-Praxis in Bochum u. Essen. Nähere Informationen finden Sie im Regionalkapitel ▷*Westen*.

Team: 8 Eq.-Partner, 1 Sal.-Partner, 4 Associates, 2 of Counsel

Schwerpunkte: Langj. Beratung für Transaktionen der etablierten Mandantschaft. Anerkanntes Notariat u. ▷*Gesellschaftsrecht*.

Mandate: Siehe Regionalkapitel.

AVOCADO

M&A ★

Bewertung: M&A-Praxis in Frankfurt. Nähere Informationen finden Sie im Regionalkapitel ▷*Mitte*.

Team: Corporate insges.: 8 Eq.-Partner, 2 Sal.-Partner, 3 Counsel, 3 Associates

Schwerpunkte: Regelm. Begleitung von Mid-Cap-Transaktionen mit gewissem Technologiefokus (▷*IT-Recht*). Relativ hoher Anteil grenzüberschr. Arbeit, v.a. mit Frankreich-Bezug.

Mandate: Siehe Regionalkapitel.

BAKER MCKENZIE

M&A ★★★★

Bewertung: Das Jahr stand bei der internat. Kanzlei ganz im Zeichen des gigantischen Sika-Deals, einem der größten in der ww. Geschichte der Sozietät. Er zeigte einmal mehr, dass Kästle gr. Carveouts u. M&A-Projekte beherrscht, u. verwies auf die traditionellen Stärken von BM, die von Wettbewerbern oft unterschätzt werden. Hier zählt die Fähigkeit, bei Transaktionen mit mehreren Rechtsordnungen (in diesem Fall 40) schnell u. integriert zu handeln. Die schiere Größe sowie der Umfang des Sika-Mandats zeigen, dass BM die führenden Kanzleien bei solchen Projekten weiterhin herausfordern kann. Einen Schritt nach vorne machte die Praxis bei der Akquise von bedeutenden Mandaten für dt. Konzerne. Hier spielte nicht zuletzt der Zugang Lorys eine Rolle, dem es u.a. gelang, eine Mandatsbeziehung zu Siemens zu knüpfen. Weiterhin stabil zeigt sich das China-Geschäft, welches für einen regelm. Dealflow sorgt. Im Mid-Cap-Segment ist BM ebenfalls gut vertreten, u.a. durch ihr starkes Standbein in der Gesundheitsbranche. Aufgrund von altersbed. personellen Lücken in der Praxis – ebenso wie in der Gesamtkanzlei – wird BM in den nächsten Jahren einen Generationswechsel durchlaufen müssen. Bleibt das Team stabil, ist BM dafür bestens gerüstet.

Stärken: Internat. Netzwerk für grenzüberschr. Deals. Hohe Deal-Anzahl im Industriebereich. Häufig dt.-chin. Transaktionen.

Oft empfohlen: Christian Atzler, Dr. Thomas Gilles, Dr. Florian Kästle („großartiger Projektmanager von gr. Deals", Wettbewerber), Dr. Christian Vocke, Berthold Hummel, Dr. Thorsten Seidel, Dr. Jakub Lorys („sehr beeindruckend für einen so jungen Partner", Wettbewerber), Dr. Peter Wand

Team: 8 Eq.-Partner, 7 Sal.-Partner, 8 Counsel, 26 Associates, 2 of Counsel

Partnerwechsel: Dr. Michael Bartosch (zu Jones Day)

Schwerpunkte: Grenzüberschr. Transaktionspraxis. Für M&A-Due-Diligence ein Support-Team in

M&A Fortsetzung

★★	
Arqis	Düsseldorf, München
Deloitte Legal	Düsseldorf, Hannover, München, Frankfurt, Stuttgart, Hamburg
Ebner Stolz Mönning Bachem	Köln, Stuttgart, Hamburg
GLNS	München
Greenfort	Frankfurt
K&L Gates	Berlin, Frankfurt, München
KPMG Law	Nürnberg, Düsseldorf, Stuttgart, Dresden, Hannover, Hamburg, Frankfurt
Lupp + Partner	Frankfurt, München, Hamburg, Berlin
Morgan Lewis & Bockius	Frankfurt, München
PricewaterhouseCoopers Legal	Stuttgart, Düsseldorf, Frankfurt, München, Hamburg, Berlin
Simmons & Simmons	Düsseldorf, München, Frankfurt
Squire Patton Boggs	Berlin, Frankfurt

★★	
act AC Tischendorf	Frankfurt
Covington & Burling	Frankfurt
Debevoise & Plimpton	Frankfurt
Dechert	München
Dissmann Orth	München
EY Law	Berlin, Hamburg, Stuttgart, Düsseldorf
FPS Fritze Wicke Seelig	Düsseldorf, Frankfurt
Goodwin Procter	Frankfurt
Grüter	Duisburg
Gütt Olk Feldhaus	München
King & Wood Mallesons	Frankfurt
Kümmerlein	Essen
LMPS von Laer Meyer Paul Stuttmann	Düsseldorf
Menold Bezler	Stuttgart
Oppenländer	Stuttgart
Orth Kluth	Düsseldorf
Raue	Berlin
Redeker Sellner Dahs	Bonn, München, Berlin
Reed Smith	München, Frankfurt
Rittershaus	Mannheim, Frankfurt
Rödl & Partner	Nürnberg, Eschborn, Köln, Stuttgart, München, Hamburg, Berlin
Schalast & Partner	Frankfurt, Stuttgart, Berlin, Hamburg
Schmidt von der Osten & Huber	Essen
Seitz	Köln, Düsseldorf
Sidley Austin	München
SKW Schwarz	München, Frankfurt, Berlin, Hamburg
Wendelstein	Frankfurt

Fortsetzung nächste Seite

Anwaltszahlen: Angaben der Kanzleien, wie viele Anwälte zu mind. ca. 50% in diesem Gebiet tätig sind. Sie spiegeln nicht zwingend die Gesamtgröße einer Kanzlei wider.

Belfast. Breite Erfahrung bei Deals mit Asien-Bezug. Anerkannte Kompetenz im ▷*Energiesektor* u. ▷*Gesundheitswesen* sowie in der ▷*außenwirtschaftsrechtl. Compliance*. Auch ▷*PE*.

Mandate: Sika bei Verkauf des Betonzusatzmittelgeschäfts der MBCC-Gruppe an Ineos; Siemens bei Verkauf von Commercial-Vehicles-Geschäft an Meritor; Nikkiso bei Verkauf von Lewa u. Geveke an Atlas Copco; Magna International bei Kauf des Veoneer-Active-Safety-Geschäfts von SSW Partners; Accenture bei Kauf von ARZ Allgemeines Rechenzentrum; Funke Digital bei Kauf einer Mehrheit an Baseplus; Nokian Tyres bei Verkauf des Russland-Geschäfts; Pacoma Holding bei Verkauf der Pacoma-Gruppe; Stark bei Kauf von Automotive Cable Solutions von Leoni; Vinci Energies bei Kauf des IT-Servicegeschäfts von Kontron.

BAKER TILLY

M&A ★★★

Bewertung: Im Zentrum des Rechtsbereichs der MDP steht die umf. Corporate-Beratung mit einer starken M&A-Praxis, die regelm. auch das steuerl. u. Audit-Know-how zur Rundumberatung einbezieht. Die Praxis ist trad. stark im dt. Mittelstand verankert – insbes. im Energie- u. Gesundheitssektor – u. profitierte zuletzt vom aus Dtl. angeschobenen internat. Legal-Netzwerk BTs. So kam bspw. Floral Growth (USA) beim Kauf von Franchise Global Health in Dtl. auf BT zu. Besonders die Achse nach London bringt zunehmend grenzüberschr. Geschäft. Die personell stabile Praxis zehrt von jüngeren Beratern, die sich zunehmend auch dem VC-Markt nähern. Eine Partnerernennung in München unterstreicht zudem die Stärke in der Healthcare-Branche.

Oft empfohlen: Dr. Thomas Gemmeke, Stephan Zuber

Team: 28 Partner, 10 Counsel, 23 Associates

Schwerpunkte: MDP-Ansatz, insbes. mit steuerrechtl. Kompetenz, Beratung v.a. mittelgr. u. Familienunternehmen, inkl. ▷*Nachfolge* u. klass. ▷*Gesellsch.recht*. Auch Immobilien- u. Distressed-M&A-Deals.

Mandate: Bionorica bei Kauf von Lomapharm; Blue Elephant Venture bei Kauf von Blue Elephant Energy; Deba Vermögensverwaltung 1 bei Kauf von Holzwerke Pfarrkirchen; Flora Growth bei Kauf von Franchise Global Health; Instrument Systems bei Kauf von Kimsoptec; Kensai Helios bei Kauf von Westdeutsche Farben.

BIRD & BIRD

M&A ★★★

Bewertung: Die internat. Sozietät verfügt über eine M&A-Praxis, die sich auf größtenteils kl. bis mittelgr. Deals in jenen Sektoren konzentriert, für die sie am besten bekannt ist, insbes. Gesundheit, Technologie u. Energie. Die verbesserte Vernetzung zw. den Praxisgruppen hat es der Corporate-Praxis ermöglicht, sich an komplexeren Deals zu beteiligen. Daneben führte die internat. Integration zu einem stärkeren Dealflow mit GB u. Frankreich. B&B dient auch als europ. Referenzkanzlei für namh. US-M&A-Praxen.

Stärken: Integrierte europ. Praxis. Beständiges Japan- u. China-Geschäft. Schwerpunkt bei Technologieunternehmen. Büro in San Francisco mit dt. Partner.

Oft empfohlen: Dr. Peter Veranneman, Dr. Peter Leube, Alfred Herda, Stefan Münch

Team: 10 Partner, 5 Counsel, 11 Associates, 1 of Counsel

Schwerpunkte: Branchenansatz mit kanzleiweiter Fokussierung auf ▷*IT-Sektor*, ▷*Energie*, Lifescience, ▷*Telekommunikation*, Automotive u. Entertainment. Rege Mid-Cap-▷*PE- u. VC-Praxis* u. Post-M&A-Strukturarbeit (▷*Gesellschaftsrecht*).

Mandate: Free2move (Stellantis Group) bei Kauf von Share Now; Azolver bei internat. Verkauf von Töchtern in Belgien, Dänemark, Estland, Finnland, Italien, Norwegen, der Schweiz u. Schweden an börsennot. Francotyp-Postalia-Gruppe; Cyient bei Kauf von Citec-Gruppe; Fortum Oyj bei Verkauf des europ. Geschäftsbereichs für Ladesoftware für Elektrofahrzeuge (Plugsurfing) an Fleetcor UK Acquisition; Labvantage Solutions bei Kauf von Vermögenswerten von Biomax; Transmed bei Beteiligung an L&K Brandtrading; United Marketing Technologies by DuMont bei Beteiligung an Artegic; Wascosa bei Verkauf an Swiss Life Asset Managers u. Vauban Infrastructure Partners.

M&A Fortsetzung

★

Addleshaw Goddard	Hamburg
Aulinger	Bochum, Essen
Avocado	Frankfurt
Brock Müller Ziegenbein	Flensburg, Kiel, Lübeck
Buse	Düsseldorf, Berlin, Hamburg, Stuttgart
CBH Rechtsanwälte	Köln
Esche Schümann Commichau	Hamburg
Fried Frank Harris Shriver & Jacobson	Frankfurt
Hoffmann Liebs	Düsseldorf
Honert	München, Hamburg
Kapellmann und Partner	Düsseldorf
Leo Schmidt-Hollburg Witte & Frank	Hamburg
Loschelder	Köln
Paul Hastings	Frankfurt
PPR & Partner Pape Rauh	Düsseldorf
Voigt Wunsch Holler	Hamburg

★

Aderhold	Dortmund, Düsseldorf, Leipzig
Blaum Dettmers Rabstein	Bremen, Hamburg
BMH Bräutigam & Partner	Berlin
von Boetticher	München, Berlin
Brandi	Bielefeld, Detmold, Gütersloh, Paderborn
BRL Boege Rohde Luebbehuesen	Hamburg, Berlin
Classen Fuhrmanns & Partner	Köln
Corvel	Hamburg
Eifler Grandpierre Weber	Frankfurt
Göhmann	Hannover, Frankfurt, Braunschweig
Kallan	Frankfurt, Berlin
KSB Intax	Hannover
Lindenpartners	Berlin
Metis	Frankfurt
Raschke von Knobelsdorff Heiser	Hamburg
SSP-Law	Düsseldorf
WilmerHale	Berlin, Frankfurt

Die Auswahl von Kanzleien und Personen in Rankings und tabellarischen Übersichten ist das Ergebnis umfangreicher Recherchen der JUVE-Redaktion. Sie ist in 2erlei Hinsicht subjektiv: Die Aussagen der befragten Quellen sind subjektiv u. spiegeln deren Erfahrungen u. Einschätzungen. Die JUVE-Redaktion wiederum analysiert die Rechercheergebnisse unter Einbeziehung ihrer eigenen Marktkenntnis. Der JUVE Verlag beabsichtigt keine allgemeingültige oder objektiv nachprüfbare Bewertung. Es ist möglich, dass eine andere Recherchemethode zu anderen Ergebnissen führt. Innerhalb einzelner Gruppen in Rankings und tabellarischen Übersichten sind Kanzleien und Personen alphabetisch sortiert.

BLAUM DETTMERS RABSTEIN

M&A ★

Bewertung: M&A-Praxen in Bremen u. Hamburg. Nähere Informationen finden Sie im Regionalkapitel ▷*Norden*.

Team: 5 Eq.-Partner, 5 Associates

Schwerpunkte: Beratung in der Logistikbranche. Erfahrung bei Transaktionen mit Auslandsbezug. In Bremen sehr starkes Notariat.

Mandate: Siehe Regionalkapitel.

BMH BRÄUTIGAM & PARTNER

M&A ★

Bewertung: M&A-Praxis aus Berlin. Nähere Informationen finden Sie im Regionalkapitel ▷*Osten*.

Team: 7 Eq.-Partner, 3 Sal.-Partner, 11 Associates

Schwerpunkte: Transaktionen für Konzerne, Start-ups u. ▷*PE-Portfoliogesellschaften*. Notariat (v.a. VC).

Mandate: Siehe Regionalkapitel.

Anwaltszahlen: Angaben der Kanzleien, wie viele Anwälte zu mind. ca. 50% in diesem Gebiet tätig sind. Sie spiegeln nicht zwingend die Gesamtgröße einer Kanzlei wider.

Führende Namen in M&A (über 50 Jahre)

Dr. Jan Bauer
Skadden Arps Slate Meagher & Flom, Frankfurt

Dr. Sönke Becker
Herbert Smith Freehills, Düsseldorf

Dr. Carsten Berrar
Sullivan & Cromwell, Frankfurt

Dr. Christian Cascante
Gleiss Lutz, Frankfurt

Dr. Matthias Hentzen
Hengeler Mueller, Düsseldorf

Dr. Wessel Heukamp
Freshfields Bruckhaus Deringer, München

Dr. Christoph Holstein
Clifford Chance, Düsseldorf

Dr. Stephanie Hundertmark
Freshfields Bruckhaus Deringer, München

Dr. Ralph Kogge
Freshfields Bruckhaus Deringer, München

Dr. Thomas Krecek
Clifford Chance, Frankfurt

Georg Linde
Willkie Farr & Gallagher, Frankfurt

Thomas Meurer
Hengeler Mueller, Düsseldorf

Prof. Dr. Christian Pleister
Noerr, Berlin

Dr. Anselm Raddatz
Clifford Chance, Düsseldorf

Ansgar Rempp
Jones Day, Düsseldorf

Dr. Ulf Renzenbrink
Renzenbrink & Partner, Hamburg

Dr. Norbert Rieger
Milbank, München

Dr. Alexander Ritvay
Noerr, Berlin

Dr. Maximilian Schiessl
Hengeler Mueller, Düsseldorf

Prof. Dr. Gerhard Schmidt
Weil Gotshal & Manges, Frankfurt

Dr. Henning Schneider
Latham & Watkins, Hamburg

Prof. Dr. Christoph Seibt
Freshfields Bruckhaus Deringer, Hamburg

Dr. Harald Selzner
Noerr, Düsseldorf

Dr. Rainer Traugott
Latham & Watkins, München

Fortsetzung nächste Seite

VON BOETTICHER

M&A ★

Bewertung: M&A-Praxis aus München u. Berlin. Nähere Informationen finden Sie im Regionalkapitel ▷*Süden*.
Team: 6 Partner, 3 Associates, 1 of Counsel
Schwerpunkte: Rundumberatung von mittelgr. Unternehmen, stark vertreten in Technologiebranchen. Auch erhebl. Anteil an Mandanten aus dem Ausland, v.a. USA.
Mandate: Siehe Regionalkapitel.

BRANDI

M&A ★

Bewertung: M&A-Praxis in Ostwestfalen u. Hannover. Nähere Informationen finden Sie in den Regionalkapiteln ▷*Norden* u. ▷*Westen*.
Team: 16 Partner, 1 Counsel, 10 Associates, 2 of Counsel
Schwerpunkte: Tätig für mittelständ., teils namhafte Stammmandanten, häufig auch international, mit Schnittstelle zu Steuer- u. Immobilienrecht. Angesehenes Notariat.
Mandate: Siehe Regionalkapitel.

BRL BOEGE ROHDE LUEBBEHUESEN

M&A ★

Bewertung: M&A-Praxis aus Hamburg und Berlin. Nähere Informationen finden Sie im Regionalkapitel ▷*Norden*.
Team: 5 Eq.-Partner, 8 Sal.-Partner, 8 Associates, 1 of Counsel
Partnerwechsel: Katja Weberpals (von Poellath)
Schwerpunkte: Rechtl. u. transaktionssteuerl. Begleitung von Mid-Cap-Deals. Oft Bezüge zu Distressed M&A (▷*Insolvenz/Restrukturierung*). Enge Verzahnung mit dem ▷*Gesellsch.recht*.
Mandate: Siehe Regionalkapitel.

BROCK MÜLLER ZIEGENBEIN

M&A ★

Bewertung: M&A-Praxis an mehreren Standorten in Schleswig-Holstein. Nähere Informationen finden Sie im Regionalkapitel ▷*Norden*.
Team: 4 Partner, 1 Counsel, 4 Associates
Schwerpunkte: V.a. tätig für mittelständ. Unternehmen. Viel Erfahrung mit Verlagen u. Radiosendern sowie im Gesundheitssektor; großes Notariat.
Mandate: Siehe Regionalkapitel.

BUSE

M&A ★

Bewertung: An versch. Standorten tätige M&A-Praxis, v.a. in Düsseldorf, Berlin u. HH. Nähere Informationen finden Sie in den Regionalkapiteln ▷*Norden*, ▷*Osten* u. ▷*Westen*.
Team: Corporate insges.: 28 Partner, 6 Counsel, 13 Associates
Partnerwechsel: Astrid Zielke (zu OliveLaw)
Schwerpunkte: Klass. Mittelstandsberatung u. große Bandbreite an Transaktionen v.a. für eigentümergeführte Unternehmen; spezielle Kompetenzen z.B. für Start-ups (HH), ausl. Investoren (D'dorf), Private Clients (Berlin) sowie Medizinprodukte u. Messeveranstalter (Stuttgart).
Mandate: Siehe Regionalkapitel

CBH RECHTSANWÄLTE

M&A ★

Bewertung: Zur Stammklientel der dt. Kanzlei gehören v.a. mittelständ. Unternehmen. Daneben ist CBH aber auch bei ausl. Mandanten gefragt, die über das internat. Netzwerk den Weg in die Kanzlei finden. So setzte bspw. die niederl. Van Mossel Automotive Group bei einem Zukauf in Dtl. auf das Know-how der Praxis. Einen weiteren Beleg dafür, wie gefragt die Kanzlei bei ausl. Mandanten ist, liefert die Vertiefung der Mandatsbeziehung zu Eos, die CBH inzwischen bei einer weiteren Transaktion mandatierte. Hervorzuheben ist auch die Beratung des US-Unternehmens L3Harris Technologies zum Einstieg bei Mynaric. Wenngleich es der Kanzlei gelang, sich auf Associate-Ebene zu verstärken, bleibt die Praxis recht dünn besetzt.
Stärken: Betreuung von Mid-Cap-Deals mit Auslandsbezug.
Oft empfohlen: Dieter Korten, Andrea Heuser
Team: 3 Partner, 1 Counsel, 3 Associates, 1 of Counsel
Schwerpunkte: Dt. u. internat. Transaktionen sowohl für Mittelstand als auch für größere Konzerne (meist 2-stell. Mio-€-Bereich). Erfahrung im Gesundheitssektor. Eingespielte Zusammenarbeit im Netzwerk Iurope. Auch Kartell- u. ▷*Gesellsch.recht*. Notariat im Berliner Büro.
Mandate: Van Mossel Automotive Group zu Kauf von Hugo Pfohe; Eos zu versch. Transaktionen; Krombacher Brauerei Schadeberg zu Kauf von Heil- u. Mineralquellen Germete; L3Harris Technologies zu Beteiligung an Mynaric; WBG Holding zu gepl. Kauf von Prinzregenten Reha-Holding Bad Reichenhall.

CLASSEN FUHRMANNS & PARTNER

M&A ★

Bewertung: M&A-Praxis aus Köln. Nähere Informationen finden Sie im Regionalkapitel ▷*Westen*.
Team: 3 Eq.-Partner, 3 Counsel, 1 Associate
Schwerpunkte: Deals für Strategen, PE-Investoren u. Family Offices; Finanzierungsfragen für Mittelständler. Verbindungen zur Start-up-Szene.
Mandate: Siehe Regionalkapitel.

CLEARY GOTTLIEB STEEN & HAMILTON

M&A ★ ★ ★

Bewertung: Der Zugang des sehr erfahrenen Abel sowie die erste interne Corporate-Partner-Ernennung seit rund 15 Jahren hat der dt. Praxis der US-Kanzlei neue Schlagkraft verliehen. Der Fokus liegt nach wie vor auf grenzüberschr. M&A-Transaktionen für große Konzerne – z.B. DCC. Darüber hinaus zeigte die Kanzlei einmal mehr, dass sie über hervorragende institut. Kontakte zu Staatsfonds wie Mubadala verfügt. Vor diesem Hintergrund erweist sich die Integration der Außenwirtschaftspraxis in das Corporate-Team als sinnvolle strateg. Entscheidung. Zudem erlaubt die erhöhte Kapazität eine weitere Spezialisierung, u.a. für PE-Mandanten, die in den dt. Büros lange Zeit eine eher untergeordnete Rolle spielten.
Stärken: Grenzüberschr. M&A, eingespielte internat. Zusammenarbeit.
Oft empfohlen: Dr. Michael Ulmer, Dr. Nico Abel
Team: 3 Partner, 2 Counsel, 11 Associate, 1 of Counsel
Schwerpunkte: V.a. bei großvol., grenzüberschr. Transaktionen aktiv. Transaktionserfahrene ▷*Kartell*- u. Arbeitsrechtler. Auch ▷*Gesellsch.recht*.
Mandate: DCC bei Kauf der Medi-Globe-Gruppe von Duke Street; ABB bei Kauf von Siemens NEMA-Niederspannungsmotoren-Sparte; Mubadala bei öffentl. Übernahmeangebot für Q-tec; Infinite Electronics bei Kauf von Cable Connectivity Group;

Anwaltszahlen: Angaben der Kanzleien, wie viele Anwälte zu mind. ca. 50% in diesem Gebiet tätig sind. Sie spiegeln nicht zwingend die Gesamtgröße einer Kanzlei wider.

International Flavors & Fragrances bei Verkauf des ww. Savory-Solutions-Geschäfts; Max Automation bei Kauf einer Beteiligung an Zeal Network; Mercer International bei Kauf von Holzindustrie Torgau; Veolia bei Verkauf von Bereich Mobile Water Services.

CLIFFORD CHANCE

M&A ★★★★★

Bewertung: Eine Stärke der brit. Kanzlei ist ihr Sektorenansatz, der sich auch auf die Arbeit der M&A-Praxis auswirkt u. für eine entspr. Marktpräsenz sorgt. Bsph. ist die grenzüberschr. Beratung von Atlantia bei einem €950 Mio schweren Zukauf im Infrastruktursektor. Ein weiteres Highlight stellt die Beratung der span. Cellnex in versch. Bieterverfahren dar, u.a. in einem Konsortium mit dem PE-Haus GIC, bei dem CC das ges. Konsortium beriet. Abseits des Infrastruktursektors zeigte sich die Kanzlei mit Deals für die Neuraxpharm-Gruppe, Symrise u. die Oldenburgische Landesbank als äußerst visibler Marktteilnehmer. Noch stärker will sie sich bei technologiebez. Transaktionen positionieren u. hat durch den Zugang eines IT-Partners bereits entspr. Schritte eingeleitet. Dass die Kanzlei auch bei kapitalmarktnahen Transaktionen über das notwendige Know-how verfügt, zeigte sie bei der Beratung der Software AG im Zshg. mit dem mrd-schweren-öffentl. Übernahmeangebot. Ihre Partnerriege verbreiterte die Praxis durch 2 neue Anwälte aus den eigenen Reihen mit Schwerpunkten auf öffentl. Übernahmen u. kapitalmarktnahen Transaktionen sowie auf Private M&A für Strategen aus dem Automotive- u. Healthcare-Sektor. Seit Ende 2022 agiert die Praxisgruppe der Kanzlei unter der Leitung von Holstein u. Rhiel, nachdem der vorherige Praxisgruppenleiter Krecek die Verantwortung für die kontinentaleurop. Corporate-Praxis übernommen hatte.

Stärken: Starke Branchenfokussierung (z.B. ▷*Gesundheit*), Banken (▷*Bankaufsichtsrecht*), Automotive, ▷*Energie*.

Oft empfohlen: Dr. Anselm Raddatz („routiniert auch bei anspruchsvollen Projekten", Mandant), Dr. Thomas Krecek („kompetent u. verlässlich", Wettbewerber), Dr. Christoph Holstein („sehr pragmatisch, praxisorientiert u. proaktiv", Mandant; „fachlich sehr gut", Wettbewerber), Dr. Nicole Englisch, Dr. Jörg Rhiel

Team: 22 Partner, plus Associates, 1 of Counsel

Schwerpunkte: Breites Spektrum, bes. stark in bestimmten Sektoren, v.a. Pharma, Energie, Finanzdienstleister sowie ▷*PE* u. ▷*Gesellsch.recht*. Hoher Anteil an internat. Arbeit (▷*Außenwirtschaftsrecht*).

Mandate: ACS/Hochtief zu öffentl. Übernahme von Cimic einschl. Finanz.; Software AG im Zshg. mit öffentl. Übernahmeangebot; Ariston Holding zu Kauf von Centrotec Climate Systems; Cellnex zu gepl. Kauf von Telekom Funkturmgeschäft; Cellnex/GIC in Bieterverfahren für Vantage Towers; Telefónica Tech zu Kauf von BE terna; Aptiv zu Kauf von Mehrheit an Intercable; Assa Abloy zu Kauf von Mehrheit an Bird Home Automation; Heraeus zu Verkauf von Tochter Heraeus Nexensos an Yageo-Gruppe; KNM zu Verkauf von Borsig an GPR Siebzigste Verwaltungsgesellschaft; Neuraxpharm-Gruppe zu Kauf von 2 Produktportfolios von Sanofi, OLB zu Kauf von Degussa Bank; Plastic Omnium zu Kauf von Geschäftsbereich von Actia Group; Royal DSM zu Verkauf von Geschäftsbereichs an JV aus Advent u. Lanxess; Symrise zu Kauf von Minderheit an Bio-Actives Synergio.

CMS HASCHE SIGLE

M&A ★★★★

Bewertung: Die angesehene M&A-Praxis deckt eine bemerkenswerte Bandbreite an Deals ab. Sie hat einen hohen Dealflow bei Hidden Champions des dt. Mittelstands u. steht regelm. an der Seite von börsennot. Strategen wie etwa VW, Synlab u. Plastic Omnium. Ihre internat. Aufstellung unterscheidet sie von dt. Wettbewerbern wie Gleiss u. Hengeler u. bewährt sich regelm. bei einer Reihe von europ. Investments, etwa für die langj. Mandantin Porsche. Hatte CMS ihr Transaktionsgeschäft in den vergangenen Jahr schon signifikant ausgebaut, so beeindruckte sie zuletzt v.a. im ▷*Energiesektor*, wo sie dank ihrer Branchenkompetenz u. der allg. Weltlage rund 50% ihres Transaktionsgeschäftes verbuchte: Die schlagkräftigen Teams um Kraft u. Becker-Boley berieten etwa den Bund zur Mehrheitsbeteiligung an Uniper sowie Neumandantin Schaeffler zum Erwerb von Photovoltaikparks. So erweist sich die Energiebranche für CMS neben dem traditionsreichen Automobilsektor als weiteres stabiles Standbein. Ähnlich wie zuvor schon in Stuttgart vollzog sich nun auch am HHer Standort ein gut geplanter Generationswechsel mit dem altersbed. Ausscheiden von Partner von Lenthe. Dass seine Mandatsbeziehungen geräuschlos übergeleitet werden konnten, unterstreicht die deutl. breitere, nachrückende Riege an Transaktionsanwälten. Damit ist CMS nun weniger von Individuen abhängig als manche Wettbewerberin.

Stärken: Sehr große Praxis, mit hoher Schlagzahl an mittelgr. Deals sowie mit gr. personellen Ressourcen für hochvolumige Deals. Gute Vernetzung innerh. des europ. CMS-Verbunds. Etablierte Branchenspezialisierungen.

Oft empfohlen: Klaus Jäger („kompetent, angenehm u. pragmatisch", Wettbewerber), Dr. Hendrik Hirsch, Dr. Maximilian Grub, Dr. Jacob Siebert, Dr. Hilke Herchen („äußerst versiert u. hilfreich", Mandant; „kompetent u. sehr konstruktiv", Wettbewerber), Dr. Oliver Wolfgramm, Dr. Jörg Lips („exzellenter Dealmaker, freundlich im Umgang u. verbindlich in der Sache", Wettbewerber), Dr. Holger Kraft („hervorragender Trackrecord", Wettbewerber), Dr. Antje Becker-Boley (beide v.a. Energiesektor), Dr. Tobias Schneider, Dr. Oliver Thurn, Dr. Kai Wallisch („angenehm u. fairer Verhandler", Wettbewerber)

Team: 57 Partner, plus Associates

Partnerwechsel: Dr. Christian von Lenthe, Dr. Wolfgang Richter, Dr. Peter Baisch (alle Ruhestand), Dr. Ralph Drouven (zu Drouven Dietlein)

Schwerpunkte: U.a. ▷*Energie*, ▷*Gesundheit*, ▷*Medien*, Finanzdienstleister, Automotive. Insgesamt breites Spektrum an Transaktionen, auch ▷*insolvenznah* u. im Umfeld von ▷*Nachfolgen*. Personelle Überschneidungen zum ▷*Gesellsch.recht*. Erfahrung mit Investitionskontrolle (▷*Außenwirtschaftsrecht*).

Mandate: Schaeffler zu Kauf von Photovoltaikpark; Porsche zu E-Bike-Investments; Chart Industries bei Übernahme von Howden; Saria-Gruppe zu öffentl. Übernahme von Devro; Siemens Project Ventures zu Anteilsverkauf an Veja Mate; Webasto zu Kauf von Carlex Glass; Allgaier zu Einstieg der Westron Group; Gesellschafter zu Verkauf von 1a Berlin-Tyre; Cicor (Schweiz) zu Kauf von Teilgeschäften der Electronic Manufacturing Services; Bruker Corporation zu Kauf von Biognosys; Gesellschafter zu Verkauf von Medavis; Yposmed u. Mediq zu Verkauf von DiaExpert; Gesellschafter zu Verkauf von Barkey Holding an Azenta; Aktionäre zu Verkauf der MM. Warburg Hypothekenbank.

Führende Namen in M&A (über 50 Jahre) Fortsetzung

Dr. Stephan Waldhausen
Freshfields Bruckhaus Deringer, Düsseldorf

Dr. Ralph Wollburg
Linklaters, Düsseldorf

Prof. Dr. Hans-Jörg Ziegenhain
Hengeler Mueller, München

Die Auswahl von Kanzleien und Personen in Rankings und tabellarischen Übersichten ist das Ergebnis umfangreicher Recherchen der JUVE-Redaktion. Sie ist in 2erlei Hinsicht subjektiv: Die Aussagen der befragten Quellen sind subjektiv u. spiegeln deren Erfahrungen u. Einschätzungen. Die JUVE-Redaktion wiederum analysiert die Rechercheergebnisse unter Einbeziehung ihrer eigenen Marktkenntnis. Der JUVE Verlag beabsichtigt keine allgemeingültige oder objektiv nachprüfbare Bewertung. Es ist möglich, dass eine andere Recherchemethode zu anderen Ergebnissen führt. Innerhalb einzelner Gruppen in Rankings und tabellarischen Übersichten sind Kanzleien und Personen alphabetisch sortiert.

CORVEL

M&A ★

Bewertung: M&A-Praxis aus Hamburg. Nähere Informationen finden Sie im Regionalkapitel ▷*Norden*.

Team: 3 Partner, 1 Associate

Schwerpunkte: Betreuung von Mid-Cap-Transaktionen, häufig auch bei Projektentwicklungen im Bereich erneuerbarer Energien. Zudem Immobilientransaktionen u. Start-ups.

Mandate: Siehe Regionalkapitel.

COVINGTON & BURLING

M&A ★★

Bewertung: Die in Ffm. ansässige M&A-Praxis der US-Kanzlei ist zwar klein, hat aber dank ihres guten Rufs im Technologie- u. Gesundheitssektor einen konstanten Fluss an Transaktionsarbeit. Der NielsenIQ-Deal war ein besonders komplexer, der dafür sorgte, dass C&B am Markt nun stärker wahrgenommen wird. Das dt. Büro spielt eine zentrale Rolle für den Import von Mandaten in die USA: Eine Reihe gr. dt. Konzerne setzt nicht zuletzt wegen ihrer Kompetenz im Außenwirtschaftsrecht auf die Kanzlei.

Team: 3 Partner, 3 Associates, 3 of Counsel

Schwerpunkte: V.a. mittelgroße Transaktionen aus den Branchen Technologie (▷*IT*) u. ▷*Gesundheit*. Oft mit internat. Bezug.

Mandate: NielsenIQ bei Kauf von GfK; Investcorp bei Verkauf von Softgarden E-Recruiting; Gesellschafter von Acxit Capital bei dt.-rechtl. Aspekten des Verkaufs an Stifel Financial; Cameco Corporation bei dt.-rechtl. Aspekten des Kaufs von Westinghouse Electric Company.

DEBEVOISE & PLIMPTON

M&A ★★

Bewertung: Die in Ffm. ansässige M&A-Praxis der US-Kanzlei bleibt recht klein (v.a. im Vgl. zu vielen ihrer ähnlich strukturierten US-Wettbewerber) u. ist auf Counsel von Holst fokussiert. Schwerpunkt der Praxis ist die Arbeit auf der dt. Seite bei komplexen internat. Deals. Meist werden diese aus der Ar-

Anwaltszahlen: Angaben der Kanzleien, wie viele Anwälte zu mind. ca. 50% in diesem Gebiet tätig sind. Sie spiegeln nicht zwingend die Gesamtgröße einer Kanzlei wider.

Führende Namen in M&A (bis 50 Jahre)

Dr. Nicolaus Ascherfeld
Allen & Overy, Hamburg

Dr. Malte Bruhns
CMS Hasche Sigle, Köln

Dr. Natalie Daghles
Noerr, Düsseldorf

Dr. Natascha Doll
Freshfields Bruckhaus Deringer, Hamburg

Staffan Illert
Linklaters, Düsseldorf

Kristina Klaaßen-Kaiser
Linklaters, Düsseldorf

Dr. Nils Krause
DLA Piper, Hamburg

Dr. Tobias Larisch
Latham & Watkins, Düsseldorf

Dr. Lars Meyer
Freshfields Bruckhaus Deringer, Berlin

Dr. Daniel Möritz
Hengeler Mueller, München

Dr. Ralf Morshäuser
Gleiss Lutz, München

Dr. Martin Neuhaus
Noerr, Düsseldorf

Dr. Steffen Oppenländer
Milbank, München

Dr. Benjamin Parameswaran
DLA Piper, Hamburg

Mario Pofahl
Linklaters, Hamburg

Dr. Jörg Rhiel
Clifford Chance, Frankfurt

Dr. Christian Schwandtner
Hengeler Mueller, Düsseldorf

Dr. Ingo Strauss
Latham & Watkins, Düsseldorf

Dr. Cornelia Topf
Gleiss Lutz, Frankfurt

Dr. Jochen Tyrolt
Gleiss Lutz, Stuttgart

Dr. Martin Ulbrich
Hengeler Mueller, Düsseldorf

Dr. Nikolas Zirngibl
Hogan Lovells, München

Die Auswahl von Kanzleien und Personen in Rankings und tabellarischen Übersichten ist das Ergebnis umfangreicher Recherchen der JUVE-Redaktion. Sie ist in 2erlei Hinsicht subjektiv: Die Aussagen der befragten Quellen sind subjektiv u. spiegeln deren Erfahrungen u. Einschätzungen. Die JUVE-Redaktion wiederum analysiert die Rechercheergebnisse unter Einbeziehung ihrer eigenen Marktkenntnis. Der JUVE Verlag beabsichtigt keine allgemeingültige oder objektiv nachprüfbare Bewertung. Es ist möglich, dass eine andere Recherchemethode zu anderen Ergebnissen führt. Innerhalb einzelner Gruppen in Rankings und tabellarischen Übersichten sind Kanzleien und Personen alphabetisch sortiert.

beit der Kanzlei im New Yorker Büro generiert – vor Ort gilt die Corporate-Praxis als eine der vornehmsten Adressen.
Oft empfohlen: Philipp von Holst
Team: 1 Counsel, 3 Associates, 1 of Counsel
Schwerpunkte: M&A- u. PE-Deals oft gemeinsam mit internat. Büros. Angesehene US-Praxis.
Mandate: Evercare bei Verkauf der Mehrheit am Metropolitan Hospital Holdings; Mtech Capital, Solenis, Vinci Energies jew. bei Transaktionen.

DECHERT

M&A ★★

Bewertung: Die Praxisgruppe der US-Kanzlei zeigt sich am Markt insbes. durch Partner u. Praxisgruppenleiter Pappalardo präsent. So setzen u.a. die Alleingesellschafter von L'Osteria oder Vestiaire Collective bei Deals auf sein Team. Daneben ist die Praxis regelm. bei Add-on-Transaktionen für Portfoliounternehmen von PE-Fonds, aber auch beim Verkauf von Start-ups durch ihre Gründer gefragt. Hier ist der Verkauf von GridX an E.on ein Bsp., bei dem ein jüngerer Partner die Federführung übernahm. Ihre Partnerriege verbreiterte die Kanzlei mit einem Counsel von WilmerHale, dessen Fokus auf PE-Transaktionen liegt, der aber ebenso zu M&A-Deals berät.
Oft empfohlen: Federico Pappalardo („exzellente Beratung, ein echter Dealmaker", Mandant)
Team: 2 Eq.-Partner, 3 Sal.-Partner, 4 Counsel, 5 Associates
Schwerpunkte: Grenzüberschr. Transaktionen, auch in ▷*PE u. VC*. Gute Kontakte nach Italien.
Mandate: Gesellschafter der FR L'Osteria zu Verkauf von Mehrheit an McWin; Vestiaire Collective zu Kauf von Tradesy; Gründer von GridX zu Verkauf an E.on.

DELOITTE LEGAL

M&A ★★

Bewertung: Die bundesw. aufgestellte M&A-Praxis kommt häufig bei grenzüberschr. Deals zum Einsatz. Traditionell liegt der Schwerpunkt der Mandantschaft im privat geführten dt. Mittelstand, wo Deloitte zuletzt etwa 3 Deals für die DuMont-Mediengruppe verhandelte u. den Logistikdienstleister Dachser hinzugewann. Beraten werden jedoch auch börsennot. Konzerne. Zusammen mit der ▷*Gesellschaftsrechtspraxis* verbuchte die Einheit weitere grenzüberschr. Carve-out-Transaktionen, etwa für die norweg. DNV-Gruppe u. die jap. Mitsubishi Paper. Diese multidisziplinäre Carve-out-Arbeit hatten in den vergangenen Jahren auch andere Big-Four-Einheiten wie PwC Legal und EY Law in den Fokus genommen. Die Wahl der Berliner Transaktionsanwältin Petersen in das weltweite Executive-Gremium könnte künftig dazu beitragen, die internat. Vernetzung des Teams zu intensivieren.
Stärken: Grenzüberschr. M&A. Über die WP-/StB-Arme von Deloitte ausgezeichnete Steuer- u. Due-Diligence-Betreuung.
Oft empfohlen: Dr. Harald Stang („berät lösungsorientiert u. mittelstandsgerecht", Mandant), Dr. Michael von Rüden („exzellenter Sparringspartner", „extreme Leistungsbereitschaft, sehr ehrliche u. transparente Kommunikation", Mandanten), Dr. Markus Schackmann, Dr. Julia Petersen („gute M&A-Anwältin, kann ich empfehlen", „sehr gut organisiert", Wettbewerber), Felix Felleisen („pragmatisch u. lösungsorientiert, trotzdem mit feiner juristischer Klinge", Wettbewerber), Dirk Hänisch, Dr. Charlotte Sander („fachlich wie menschlich stets eine uneingeschränkte Empfehlung bei eigenem Interessenkonflikt", Wettbewerber), Georg Lehmann, Andreas Jentgens, Dr. Maximilian Habel („berät lösungsorientiert u. mit hohem persönl. Einsatz", Mandant)
Team: 14 Eq.-Partner, 12 Sal.-Partner, 13 Counsel, 23 Associates, 4 of Counsel
Schwerpunkte: Beratung gr. dt. Mittelständler u. internat. Gruppen, die in Dtl. tätig werden, sowie PE-Häuser; großes StB-/WP-Netzwerk von Deloitte. W&I-Versicherungen über Deloitte Broker. Niederlande- u. Israel-Desks in D'dorf, Japan-Desk in Ffm. Büros in 80 Ländern. Auch erfahren in ▷*gesellschaftsrechtl. Strukturierungen*.
Mandate: Felderer Holding zu Verkauf der Felderer AG an schwed. Lindab Group; Artcom zu Verkauf von Telamo Musik & Unterhaltung an BMG Rights; BWK Energie zu Verkauf von Proxima Solutions; DuMont Mediengruppe zu Verkauf von DuMont Process; Gründer zu Verkauf von Exmox-Anteilen u. Beteiligung an Aonic; Mitsubishi Papers zu Verkauf eines Papierwerks; Becker Stahl-Service (Klöckner) zu Kauf von RSC Rostfrei; Family Office zu Kauf eines Marketing-/Designunternehmens; Royal Aero zu Kauf von div. Flugzeugen/JV-Anteilen; Salzgitter Maschinenbau zu Verkauf der Braunschweig. Maschinenanstalt.

DENTONS

M&A ★★★★

Nach Redaktionsschluss wurde bekannt, dass die Energiespezialisten Dr. Tim Heitling und Dr. Thomas Dörmer mit Team zu Hogan Lovells wechseln.
Bewertung: Die Kanzlei verfügt schon jetzt über eine bemerkenswerte internat. Reichweite. Diese hat durch die Ankündigung, als erste Kanzlei eine Indien-Praxis unter eigenem Namen zu gründen, d.h. in einem Wirtschaftsraum, der an Attraktivität gewinnen wird, einen weiteren Schub bekommen. Strateg. geschah dies zu einer günstigen Zeit, nämlich als das ehem. wichtige Alleinstellungsmerkmal – das riesige China-Netzwerk – für die europ. Büros aus geopolit. Gründen an Bedeutung verloren hat. Doch selbst mit der Verlangsamung des China-Geschäfts hatten die dt. Büros von Dentons einen starken Dealflow von mittelgr., meist grenzüberschr. Deals, was dafür sorgte, dass die Kanzlei schneller wuchs als die meisten ihrer Wettbewerber. Ein besonders wichtiger Teil für die positive Bilanz des M&A-Teams bleibt die Energiepraxis um Heitling u. Dörmer. Eine weitere wichtige Entwicklung ist die konzentrierte Anstrengung zur Verbesserung der Zusammenarbeit innerhalb Europas. Ein Anstieg des Dealflows aus Frankreich (insbes. Frankf. Büro) u. Italien (München) war die Folge. Generell fällt auf, dass nun deutl. mehr der jüngeren Partner empfohlen werden als in vorherigen Jahren.
Stärken: Sehr gr., breites internat. Netzwerk. Transaktionen in der Energiebranche. Gr. Due-Diligence-Projekte.
Oft empfohlen: Dr. Alexander von Bergwelt („perfekte Beratung, immer up to date", „ein Kämpfer, sehr kreativ, u. findet alternative Lösungen, hat daneben auch gute Associates", Mandanten), Dr. Christof Kautzsch, Dr. Arne Friel („fachl. sehr versiert u. ein Universaljurist", Wettbewerber), Andreas Ziegenhagen („einzigartiges Know-how mit umfangr. Erfahrung in Distressed M&A", Wettbewerber), Dr. Clemens Maschke („stark in Emerging

Anwaltszahlen: Angaben der Kanzleien, wie viele Anwälte zu mind. ca. 50% in diesem Gebiet tätig sind. Sie spiegeln nicht zwingend die Gesamtgröße einer Kanzlei wider.

Markets", Wettbewerber), Dr. Tim Heitling, Dr. Thomas Dörmer, Thomas Schubert („hoch professionell, umfangr. Transaktions- u. Verhandlungserfahrung, ausgeprägtes Fingerspitzengefühl", Mandant), Dr. Rebekka Hye-Knudsen („sehr angenehme Zusammenarbeit", „immer sehr präsent", Mandanten), Sven-Oliver Friedrich („jederzeit exzellent mit einem praktischen u. lösungsorientierten Ansatz, juristisch stets auf höchstem Niveau", Mandant), Dr. Gesine von der Groeben
Team: Corporate insges.: 33 Partner, 18 Counsel, 31 Associates, 3 of Counsel
Schwerpunkte: Schwerpunkt bei grenzüberschr. Transaktionen. Trad. Schwerpunkt im ▷*Energie-* u. ▷*Gesundheitssektor* sowie enge Verknüpfung mit ▷*Restrukturierungen*, Steuer- u. ▷*Immobilienrecht*.
Mandate: Geodis bei Kauf von Trans-o-Flex; VW Cariad bei Kauf des Mobility Services von Hexad sowie von Paragon Semvox; Giesecke+Devrient bei Kauf von Mecomo; JLL bei Kauf von Envio Systems; AIMotive bei Verkauf an Stellantis; Voith bei Kauf von IGW Rail u. von Argo-Hytos; Britishvolt bei Kauf von EAS Batteries; Aeroground Flughafen München bei Verkauf Aeroground Berlin; International Chemical Investors bei Kauf des Compound-Geschäfts von Benvic; Lactalis bei Kauf des Milch- u. Frischegeschäfts von Bayerische Milchindustrie; R-Biopharm bei Kauf von Clinical Evidence Enterprises; Welle Environmental bei Kauf von Eurec.

DISSMANN ORTH

M&A ★★

Bewertung: Regelm. ist die Münchner Einheit im Rahmen von M&A-Transaktionen bei ihrem Mandantenkreis gefragt, der sich vornehmlich aus vermög. Privatpersonen bzw. Familien sowie mittelständ. Unternehmen zusammensetzt. So vertraute bspw. eine Beteiligungsgesellschaft beim Verkauf eines von ihr gehaltenen Technologieunternehmens auf DO. Im Markt anerkannt ist die Kanzlei zudem für ihr Know-how an der Schnittstelle zum Steuerrecht.
Oft empfohlen: Dr. Jochen Ettinger („kompetent, konstruktiv u. kollegial", Wettbewerber), Thomas Wieland, Dr. Arne Friese („perfekte Arbeit", Mandant; „schnell, international u. fachlich top", Wettbewerber)
Team: 8 Eq.-Partner, 1 Sal.-Partner, 1 of Counsel
Schwerpunkte: Aus langj. Mandantenverbindungen vielfach steuerrechtl. getriebene Transaktionen für Familienunternehmen, vermög. Privatpersonen (▷*Nachfolge*) u. kleine PE-Häuser.
Mandate: Altgesellschafter Giance Technology zu Verkauf an Unicepta; MCB-Beteiligungsgesellschaft zu diversen M&A-Projekten; Beteiligungsgesellschaft zu Verkauf Technologieunternehmen einschl. Verkauf von Betriebsimmobilie; geschäftsführender Gesellschafter mittelständ. Heizungs- und Sanitär-Gruppe zu gepl. Verkauf an PE-Fonds; gr. mittelständ. Unternehmensgruppe im Zshg. mit Geltendmachung von Garantiethemen aus M&A-Transaktion; geschäftsführender Gesellschafter von mittelständ. Handelsunternehmen zu Verkauf an Strategen; mittelständ. Spezialmaschinenbauer zu gepl. Verkaufsprozess; vermögende Privatpersonen zu Kauf div. mittelständ. Beteiligungen.

DLA PIPER

M&A ★★★★

Bewertung: Die M&A-Praxis von DLA ist zu einer anerkannten Beraterin gr. dt. Konzerne herangereift. Bsph. dafür stehen Mandanten wie Knorr-Bremse oder – neu hinzugewonnen – HeidelbergCement. Mandanten wie BASF vertrauen sowohl bei Transaktionen als auch bei der breiten ▷*gesellschaftsrechtl.* Beratung auf das Team um Parameswaran u. Krause, die beide jüngst in das globale Corporate-Führungsteam gewählt wurden u. damit den gehobenen Stellenwert der dt. Praxis im internat. Netzwerk repräsentieren, denn immer häufiger werden gr. internat. Transaktionen aus dt. Hand gemanagt – so auch ein Zukauf für Goldbeck Solar in Kanada u. den USA. Diese Transaktion steht zudem bsph. für den strateg. Ausbau der Energiesektorkompetenz an den Standorten Köln u. Berlin, die die Fokusfelder von DLA – Tech/IT, Gaming u. Lifescience – nun erweitert. Auch die nächste Generation steht schon in den Startlöchern, zieht wichtige Mandate an Land u. übernimmt zunehmend Verantwortung. Beleg für diese Strategie ist etwa die Partnerernennung von von Hesberg.
Stärken: Sehr gute internat. Vernetzung u. enger Austausch mit US-Praxis. Branchenkompetenz in Luftfahrt u. Technologie.
Oft empfohlen: Dr. Benjamin Parameswaran („sehr schnell im Thema, sehr erfahren in internat. Fragen, maximal zielorientiert", Mandant), Dr. Nils Krause („fokussiert seine M&A-Verhandlung auf wirklich relevante Themen", Wettbewerber), Dr. Mathias Schulze Steinen, Andreas Füchsel, Dr. Thomas Schmuck, Dr. Moritz von Hesberg („brillanter Jurist", Wettbewerber)
Team: 13 Partner, 12 Counsel, 25 Associates, 2 of Counsel
Schwerpunkte: Grenzüberschr. Transaktionen, eingebettet in ein Full-Service-Konzept mit u.a. ▷*Gesellsch.recht*, ▷*Immobilien-*, ▷*Arbeits-* u. ▷*Kartellrecht*, einschl. ▷*Post-M&A-Streitigkeiten*. Zunehmend auch ▷*PE- u. VC-Deals*. Etablierter China-Desk.
Mandate: HeidelbergCement bei Kauf von SER-Gruppe; Knorr-Bremse u. Knorr-Bremse Systeme für Nutzfahrzeuge bei Mehrheitsbeteiligung Cojali; Popcore bei Verkauf an Rollic; ResMed bei Kauf von Medifox Dan; 2Ride bei Kauf von Casco; Avenga bei Kauf der argent. IncluIT; ind. Borosil Renewables bei Mehrheitsbeteiligung an Interfloat Group; Goldbeck Solar bei Kauf der nordamerik. GP Joule PV Canada u. USA; Heidelberger Druckmaschinen/ Amperfied bei Beteiligung an Flotteladen; Iubenda bei Kauf von schwed. Consent-Manager; Team Blue bei Kauf von Raidboxes u. Leadinfo.

EBNER STOLZ MÖNNING BACHEM

M&A ★★

Bewertung: Ebner Stolz überzeugt mittelständ. Unternehmen wie die traditionsreiche CWS-Gruppe u. Bauwens sowie internat. Investoren gleichermaßen mit ihrem MDP-Ansatz. So beriet sie u.a. das ind. Spezialchemieunternehmen Calibre Chemicals Private zum Kauf der RheinPerChemie u. festigte einen ihrer Branchenschwerpunkte im Lifescience-Sektor, als sie vom brit. Marktforscher M3 EU zum Kauf von Pharma-insight mandatiert wurde. Die Mandate belegen auch, dass sich ihre Bemühungen, das grenzüberschr. M&A-Geschäft auszubauen, auszahlen. Konsequenterweise tauschte ES ihre Mitgliedschaft im Nexia-Netzwerk gg. eine exklusive Kooperation mit dem deutl. größeren Netzwerk RSM. Ein erneuter Quereinsteiger von einer Big-Four-Gesellschaft bringt zusätzl. Kompetenzen als Steuerberater mit, um den vglw. kleinen Karlsruher Standort zu stärken.
Oft empfohlen: Dr. Dirk Janßen („einfach nur top, ein jahrzehntelanges Vertrauensverhältnis", Mandant), Dr. Oliver Schmidt („umfangreiches Fachwissen u. Erfahrungsschatz", Mandant), Dr. Christoph Winkler, Dr. Roderich Fischer, Dr. Tim Odendahl
Team: 11 Eq.-Partner, 6 Sal.-Partner, 16 Counsel, 19 Associates
Partnerwechsel: Moritz Burwick (von Deloitte Legal)
Schwerpunkte: Große Bandbreite an Transaktionen, teils im Rahmen von Buy-and-Build-Strategien, die in enger Zusammenarbeit mit den Steuerberatern, Wirtschaftsprüfern u. Finanzierungsspezialisten begleitet werden. Regelmäßig auch im Zshg. mit ▷*Nachfolgesachverhalten* u. ▷*Insolvenz/ Restrukturierung*.
Mandate: Encevo Deutschland zu Kauf von Wieland & Schultz; Inhaber zu Verkauf der CWS Lackfabrik Conrad W. Schmidt (inkl. in- u. ausl. Töchter); Schufa zum Kauf von Bonify u. Verkauf von Finapi; S-Management Services zu Kauf von Mehrheitsbeteiligung an Softwarehersteller Cit; Bauwens zu Verkauf von Projektentwicklung in Kölner Schildergasse; Biotope (Frankreich) zu Kauf einer Minderheitsbeteiligung an Bioconsult u. an Hidef Aerial Surveying; Calibre Chemicals Private (Indien) zu Kauf der Rheinperchemie.

EIFLER GRANDPIERRE WEBER

M&A ★

Bewertung: M&A-Praxis aus Frankfurt. Nähere Informationen finden Sie im Regionalkapitel ▷*Mitte*.
Team: 6 Eq.-Partner, 2 Associates
Schwerpunkte: Lfd. Transaktionsbegleitung für Mittelständler, PE-Investoren u. Family Offices.
Mandate: Siehe Regionalkapitel.

ESCHE SCHÜMANN COMMICHAU

M&A ★

Bewertung: M&A-Praxis aus Hamburg. Nähere Informationen finden Sie im Regionalkapitel ▷*Norden*.
Team: 7 Eq.-Partner, 1 Sal.-Partner, 8 Associates
Schwerpunkte: Betreuung v.a. kleiner u. mittelgr. Transaktionen, oft auch mit internat. Bezug (v.a. Schweiz, NL u. Frankreich). Etablierter MDP-Ansatz mit integrierter steuerrechtl. Beratung. Auch Unternehmensnachfolge u. Prozessführung, u.a. in Post-M&A-Streitigkeiten.
Mandate: Siehe Regionalkapitel.

EVERSHEDS SUTHERLAND

M&A ★★★

Bewertung: Die Stärke des M&A-Teams von ES ist seine internat. Couleur. Die grenzüberschreitende Arbeit treiben bes. ein im Vorjahr hinzugekommener sowie der junge Partner Cross voran. Mit ihrem Team steuern sie zunehmend grenzüberschr. Transaktionen aus Dtl. heraus, zuletzt etwa für den Automobilzulieferer Meritor, wobei 12 Jurisdiktionen involviert waren. Die Schlagzahl an Cross-Border-Deals mit Asien dürfte sich durch die exklusive Kooperation mit King Wood & Malleson (Asien) erhöhen. Trotz der Abgänge im Vorjahr u. des Wechsels des für Energiedeals bekannten Brickwedde bleibt der Branchenfokus neben regulierten Industrien u. Tech auf Energie bestehen – nicht zuletzt wg. des Zugangs der ebenfalls darin erfahrenen Transaktionsanwältin Gantzckow, durch die ES zusätzl. Notars- u. PE-Kompetenz in Ffm. gewann.
Stärken: Großes ww. Netzwerk. Erfahrung mit innovativen Service- u. Honorarmodellen.

Anwaltszahlen: Angaben der Kanzleien, wie viele Anwälte zu mind. ca. 50 % in diesem Gebiet tätig sind. Sie spiegeln nicht zwingend die Gesamtgröße einer Kanzlei wider.

Oft empfohlen: Christof Lamberts („fairer und klar strukturierter Verhandler", Wettbewerber), Holger Holle, Anthony Cross
Team: 4 Eq.-Partner, 6 Sal.-Partner, 8 Counsel, 10 Associates, 1 of Counsel
Partnerwechsel: Dr. Silke Gantzckow (von Baker McKenzie); Dr. Werner Brickwedde (zu Orrick Herrington & Sutcliffe)
Schwerpunkte: Dt. wie internat. Transaktionen im ▷*Energie-* u. ▷*Immobiliensektor* sowie im TMT-Bereich. Breites Spektrum im ▷*Gesellschafts-* u. Kapitalmarktrecht (inkl. Steuern u. Finanzierungen). Stark im transaktionsbegleitenden ▷*Arbeits--* u. Kartellrecht.
Mandate: Shell bei Kauf von SBRS; Nuveen Real Estate bei Verkauf von PEP-Einkaufszentrum; The Sherwin-Williams Company bei Kauf vom Gross & Partner u. SIC Group; Meritor bei Kauf von Siemens-Nutzfahrzeuggeschäft; Tepco Power Grid bei Kauf von Minderheitsbeteiligung an NeuConnect; Linné & Nagel Executive Management bei Verkauf der Atreus Group; Management u. Minderheitsgesellschafter von Blue Ocean Capital bei Verkauf von Data Center One; Camplify bei Kauf von PaulCamper; Johnson Matthey bei Verkauf von Johnson Matthey Piezo; DNV bei Kauf von Proxima Solutions.

EY LAW

M&A ★★

Bewertung: Die M&A-Praxis wird von börsennot. Unternehmen ebenso mandatiert wie vom gehobenen dt. Mittelstand. Ihre gute internat. Aufstellung u. Belastbarkeit zeigte sie etwa an der Seite der Dt.-Bahn-Tochter Arriva, als diese parallel ihre Aktivitäten in Dänemark, Serbien u. Polen verkaufte, sowie für eine Mandantin aus Schanghai zum Spartenankauf von TE Connectivity. Während die erfahrene Partnerin Streyl ihren Mandantenkreis an Henrich überführt, treibt der neue dt. M&A-Praxisleiter Manger die servicelineübergr. Zusammenarbeit voran, was punktuell zu personellen Bewegungen führt. Um umfassenden Support gewährleisten zu können, bindet das Team regelm. Legal-Managed-Service-Einheiten in Südamerika u. Indien ein, u.a. für Due-Diligence-Prozesse.
Stärken: Transaktionen über mehrere Länder hinweg. Auch Post-M&A-Arbeit.
Oft empfohlen: Dr. Torsten Göcke („angenehmer Verhandler", „eine echte Bereicherung im Berliner Markt", Wettbewerber), Dr. Jan Feigen („pragmatisch, mit Blick für das große Ganze", „super Typ u. für EY Law ein wahrer Segen", Wettbewerber), Dr. Kerstin Henrich, („hoch kompetent u. pragmatisch", Wettbewerber), Dr. Annedore Streyl („keine Frage, sehr erfahren", Wettbewerber)
Team: 11 Eq.-Partner, 14 Sal.-Partner, 15 Counsel, 55 Associates
Partnerwechsel: Max Hortmann (von Jones Day), Wolf Wienen (von Deloitte Legal); Dr. Martin Wittmann (zu Deloitte Legal); Heike Jagfeld-Emmerich (Ruhestand), Dr. Timo Rinne (zu PwC Legal), Dr. Maximilian Koch (in eigene Kanzlei)
Schwerpunkte: Grenzüberschr. Deals, häufig zusammen mit Steuer- u. Financial-Beratung. Internat. Due-Diligence-Arbeit für andere Großkanzleien.
Mandate: Arriva zu Verkauf von Landesgesellschaften (Portugal, DK, PL, Serbien); Universal Scientific Industrial zu Kauf der Automotive-Wireless-Sparte von TE Connectivity; Northern Helicopter bei Kauf von Wiking Helikopter (aus Insolvenz); Cropenergie u. East Energy im Ankauf eines geplanten Photovoltaikparks; De Jong Packaging Group bei Kauf einer Wellpappefabrik. Gesellschafter zu Verkauf der Facultatieve-Gruppe (Krematorien); HS Holding zu Verkauf ihrer Tochterunternehmen; Pion Group zu Verkauf von Poolia Deutschland; Solis Tractors & Agricultural Machinery zu Kauf von Thaler.

FIELDFISHER

M&A ★★★

Bewertung: Das M&A-Team um Praxisleiter Hartmann, das sich in Dtl. über 4 Standorte verteilt, sei „angenehm pragmatisch u. effizient", so ein ausl. Mandant, der dieses europaw. mandatiert. Unter ihren Inbound-Deals war jüngst auch ein Erstmandat der China State Shipbuilding Corporation. Die langj. aufgebaute Kompetenz der Kanzlei im ▷*Energiesektor*, die v.a. der Münchner Partner Marhewka verkörpert, sowie die Erfahrung eines D'dorfer Partners mit Distressed M&A sind gute Voraussetzungen, um in der aktuellen Wirtschaftslage an Präsenz zu gewinnen, zumal die Kanzlei noch ein Büro in Wien eröffnete. Dies tröstet darüber hinweg, dass der ▷*Gesundheitsbereich* nach dem Weggang einer erfahrenen Partnerin schmaler besetzt ist.
Stärken: Grenzüberschr. M&A-Deals v.a. in der Technologiebranche u. im Energiesektor; öffentl. Übernahmen; steuerrechtl. Strukturierungen.
Oft empfohlen: Jan Hartmann, Daniel Marhewka („pragmatisch", Wettbewerber)
Team: 8 Eq.-Partner, 1 Counsel, 12 Associates
Partnerwechsel: André Suttorp (von Addleshaw Goddard); Dr. Stefanie Greifeneder (zu Taylor Wessing), Andre Happel (zu Noerr)
Schwerpunkte: Kleine bis mittelgr. Deals, sehr häufig grenzüberschreitend. Erfahren auch bei öffentl. Übernahmen. Regionale Branchenschwerpunkte in Infrastruktur/▷*Erneuerbare Energien* (München), Fintech-/Payment-Anbieter (Ffm.) u. Immobilien (Hamburg). Angesehene Praxis für (▷*Gesellschaftsrecht*).
Mandate: Chin. CSSC/GHGT zu Kauf des Gasturbinengeschäfts von MAN Energy Solutions; Danstar Ferment zu Kauf div. BASF-Assets; Enova IPP zu Beteiligung an 3 Onshorewindparks; Grenvolt Power Solar zu Kauf v. Projektgesellschaften; Hansainvest bzgl. Beteiligung an neuer Infrastrukturgesellschaft/Solarpark Witznitz; LHI Leasing zu Kauf von 5 Wasserkraftprojekten (Norwegen); Gründer zu Verkauf von Baseplus Digital Media; IKAV-Gruppe zu Kauf der verbleib. Anteile an Geysir Europe; Remondis zu Verkauf von Westphalia; Deutsche Immobilien Invest Hotel Fonds zu Verkauf des Arosa-Hotels.

FLICK GOCKE SCHAUMBURG

M&A ★★★

Bewertung: Die M&A-Praxis der Sozietät hat langj. Erfahrung mit Infrastrukturunternehmen wie der Dt. Bahn u. der börsennot. Gelsenwasser, aber auch mit eigentümergeführten Unternehmen wie dem Holzlieferanten Binder, der zuletzt in UK zukaufte. „Flick Gocke sieht man oft in Deals, wo man sie nicht erwartet – u. sie liefert ihren Mandanten eine super Beratung", lobt ein mittelständ. Wettbewerber. Die Konsolidierung der Versicherungsbranche spielt der Praxis ebenso in die Hände wie die Unternehmensverkäufe von Regtech-Entwicklern wie Steuerbot, die gern auf die technikaffine Sozietät mit ihren multidiszipl. Kompetenzen zurückgreifen. Neben erfahrenen Partnern hat sich die jüngere Generation u.a. auf die Schnittstelle zum PE/VC-Geschäft spezialisiert sowie im Gesundheits- u. Bankenbereich vernetzt. Mit einem transaktionserfahren Counsel von SZA rollt FGS zudem ihre M&A- u. VC-Beratung erfolgr. in die Stuttgarter Region aus.
Stärken: Enge Kombination von Steuer- u. ▷*Gesellsch.recht* mit Transaktionserfahrung sowie Bewertungsanalysen.
Oft empfohlen: Dr. Michael Erkens, Prof. Dr. Dieter Leuering („vertrauensvolle u. zuverlässige Zusammenarbeit", Wettbewerber), Dr. Fred Wendt, Dr. Christian Bochmann („kompetent, schnelle Auffassungsgabe", Wettbewerber), Dr. Matthias Heusel („sehr gute Rechtskenntnisse gepaart mit sehr gutem Lösungsbewusstsein", Mandant)
Team: 17 Eq.-Partner, 6 Sal.-Partner, 28 Associates
Partnerwechsel: Dr. Matthias Heusel (von SZA Schilling, Zutt & Anschütz)
Schwerpunkte: Strateg. Transaktionen, häufig mit steuerrechtl. Komponente. Stark im Energie- u. Bankensektor u. in der Medienbranche sowie bei mittelständ. u. Familienunternehmen. Häufig komplexe ▷*Nachfolgeregelungen*. Internat. Vernetzung über das Steuernetzwerk Taxand.
Mandate: Joachim Herz Stiftung zu Verkauf der Anteile an VTG; Binderholz zu Kauf von Scott Group; STP-Gruppe zu Kauf von Advo-web (Anbieter von Kanzleisoftware); Gründer zu Verkauf der Steuerplattform Steuerbot an Taxfix; Gesellschafter zu Verkauf von Polar-Mohr Maschinenvertrieb u. Adolf Mohr Maschinenfabrik an Sol Capital; Gelsenwasser zu Mehrheitsbeteiligung an Gelsen-Net; +simple SAS u. Global-Gruppe bei Zukäufen von Versicherungsmaklern; Brillux zu Kauf von Herfunk Radio; Gerdes zu Verkauf von Gerdes Communications; Westfalen Weser Energie zu Verkauf des Fernwärmegeschäfts Minden.

FPS FRITZE WICKE SEELIG

M&A ★★

Bewertung: Die Kanzlei verfügt über eine mittlerw. etablierte M&A-Praxis, die insbes. von teils gr. Mittelständlern bundesw. mandatiert wird. Dabei kommt sowohl für lfd. Themen als auch bei (Um-) Strukturierungen oder Verschmelzungen immer wieder ihr ▷*gesellschaftsrechtl.* Know-how zum Tragen, auf das etwa Danone setzt. Durch die tiefe Verankerung in der Immobilienbranche kommt das M&A-Team immer wieder auch in diesem Sektor zum Einsatz. Bsph. dafür ist die Beratung von Basecamp u. European Student Housing Fund. Neuerdings wird durch den von der HHer Kanzlei Krohn gewonnenen Gesellschaftsrechtler Engelmann neben ▷*Ffm.*, Berlin u. D'dorf nun auch von HH heraus das Feld der Corporate-Themen bespielt. Zudem wurden mit Daniel Herper ein Eq.-Partner mit Schwerpunkt auf Sanierungsthemen ernannt u. gleich 4 neue Associates eingestellt.
Stärken: Transaktionen im Immobiliensektor.
Oft empfohlen: Dr. Holger Jakob
Team: 12 Eq.-Partner, 1 Sal.-Partner, 7 Associates
Partnerwechsel: Dr. Menso Engelmann (von Krohn); Maxim Gnatjuk (zu Squire Patton Boggs)
Schwerpunkte: Mittelgr. Deals (in ▷*Ffm.*) mit Anteilen (v.a. in Berlin) an ▷*Immobilientransaktionen*; in D'dorf Fokussierung auf regionale Industrie. Mandanten vielfach aus dem Mittelstand, teils internat. tätig. Auch rege VC-Praxis.
Mandate: Danone bei Zusammenlegung aller dt. Gruppengesellschaften (Alpro, Danone Waters, Nutricia Milupa); Basecamp u. European Student

Anwaltszahlen: Angaben der Kanzleien, wie viele Anwälte zu mind. ca. 50% in diesem Gebiet tätig sind. Sie spiegeln nicht zwingend die Gesamtgröße einer Kanzlei wider.

Housing Fund bei Verkauf von 5341-Wohnungsportfolio; 2Bros Digital Group bei Kauf von Geschäftsanteilen von HB Campus; norweg. NFM bei Kauf von Hexonia; Prok Elektroanlagen bei Verkauf an Vinci Energies; Schütt bei Immobilienverkauf an Leyendecker.

FRESHFIELDS BRUCKHAUS DERINGER

M&A ★★★★★

Bewertung: Mit dem stetigen Wachstum der US-Praxis sowie dem bisher unerreichten Grad der internat. Praxisgruppenintegration ist der Umfang der grenzüberschr. Arbeit in der M&A-Praxis von FBD bemerkenswert. Das ist auch gut so, denn damit wurde ein schwieriges Jahr auf dem hiesigen Markt wettgemacht, in dem gr. Deals mit dt. Kernmandanten nicht zum Vollzug kamen. Es ist zudem bemerkbar, dass ihre größten Wettbewerber Linklaters u. Hengeler über die Jahre eine breitere Präsenz bei dt. Konzernen gewonnen haben. Stattdessen wartet FBD mit einer gr. Anzahl von mittelgr. bis gr. Deals für Industrieunternehmen abseits der Riege dt. Konzerne auf, die oft komplexe Carve-out-Arbeiten beinhalten. Weniger sichtbar ist der Umfang der Inbound-Arbeit für ausl. (v.a. US-)Mandanten, die bereit sind, internat. Spitzenpreise für Transaktionen zu zahlen, auch wenn diese nicht unbedingt Schlagzeilen machen. Diese Art der Arbeit ist zu einem Kernbestandteil der Corporate-Praxis geworden. Als Highlights des vergangenen Jahres stechen eine ganze Reihe von Exit-Transaktionen aus Russland, der VW/Porsche-Komplex sowie die Arbeit für namh. Familienunternehmen (auch im ▷*Gesellschaftsrecht*) heraus. Gerade das VW/Porsche-Mandat bestätigt Waldhausen als Schwergewicht neben Seibt. Daneben wird Meyer mit einem bemerkenswerten Dealflow im Technologiebereich u. im Segment der Wachstumsunternehmen (z.B. Getir/Gorillas-Deal) immer präsenter. Die vielleicht wichtigste Entwicklung für die dt. Praxis ist jedoch die Art u. Weise, in der sie zu einer Drehscheibe für branchenfokussiertes M&A für das gesamte internat. Netzwerk wird, was dt. Partner zwangsläufig in eine Rolle als internat. Berater bei Transaktionen ohne notwendigen Kontakt zur hiesigen Rechtsordnung bringt. Für diesen Kurs stehen auch die neu ernannten Partner, die einen Schwerpunkt in Branchen wie Gesundheitswesen/Pharma, Chemie, Versicherung u. Technologie haben.

Stärken: Konkurrenzlose fachl. Breite im obersten Marktsegment. Stark für dt. Konzerne, grenzüberschr. Mandate, ▷*PE u. VC* u. gehobener Mittelstand, inkl. Technologiesektor. Internat. Kompetenz vieler Partner.

Oft empfohlen: Dr. Andreas Fabritius, Prof. Dr. Christoph Seibt („beeindruckender Typ: immer verfügbar, hat immer sofort eine Antwort", Mandant), Dr. Stephan Waldhausen („agil u. robust, harter Knochen in Verhandlungen", „er wägt sehr genau ab, in welchen Punkten seine Mandanten nachgeben sollten u. wo nicht", Mandanten), Dr. Ralph Kogge („ist sehr genau u. denkt unternehmerisch: eine gute Kombination", Wettbewerber), Dr. Arend von Riegen („eines der Aushängeschilder für öffentl. Übernahmen", Wettbewerber), Dr. Wessel Heukamp, Dr. Lars Meyer („beeindruckende u. breit gefächerte Kompetenz, immer auf den Punkt mit Augenmaß für die Dynamik", Mandant), Dr. Barbara Keil, Dr. Stephanie Hundertmark („Vorbild für die Praxis", Wettbewerber), Dr. Kai Hasselbach, Dr. Natascha Doll („Infrastrukturkönigin bei Freshfields", Wettbewerber), Dr. Gregor von Bonin, Julia Sellmann

Team: 28 Partner, 4 Counsel, rund 145 Associates

Partnerwechsel: Dr. Markus Benzing (aus Partnerschaft ausgeschieden)

Schwerpunkte: Komplexe Transaktionen mit internat. kapitalmarkt-, steuer- oder ▷*kartellrechtl.* Komponenten. Auch marktführend im ▷*Gesellsch.recht*. Besonderer Schwerpunkt auf börsennot. Unternehmen u. regulierten Branchen, zuletzt vermehrt Energie-, Pharma- u. Finanzbranche. Hoher Anteil an internat. Arbeit, inkl. Investitionskontrolle.

Mandate: GK Software bei Übernahmeangebot von Fujitsu; Porsche SE bei Kauf von 25% der Stammaktien an Porsche AG; Indivumed bei Verkauf der Indivuserv-Sparte; Stumpf/M+W bei Verkauf einer bedeutenden Minderheit an Exyte; Compugroup Medical bei gepl. Kauf der Insight-Health-Gruppe; Getir bei Kauf von Gorillas; Aareal Bank bei Übernahmeangebot durch Centerbridge Partners; Aurubis bei Verkauf versch. europ. Konzerngesellschaften; Deutz bei Kauf von IP u. Lizenzrechten von Daimler Truck; SEB Kort Bank bei Kauf der Lufthansa AirPlus Servicekarten; UPM-Kymmene bei Kauf von AMC; Grünenthal bei Kauf des Produkts Nebido von Bayer; Penta bei Kauf durch Qonto; AMS-Osram bei Verkauf der Digital-Systems-Sparte u. von Traxon Technologies; Hapag-Lloyd bei Kauf von SAAM Ports.

FRIED FRANK HARRIS SHRIVER & JACOBSON

M&A ★

Bewertung: Die in Ffm. ansässige M&A-Praxis besitzt mit ihren 3 Partnern eine solide Basis für ihre Transaktionsarbeit in Deutschland. Eine weitere Expansion hat für die Gesamtkanzlei, die bes. stark im US-Markt ist, voraussichtl. keine strateg. Priorität. Nichtsdestotrotz wird die Praxis aufgrund ihrer Schwerpunkte bei Immobilientransaktionen u. Deals in der Logistikbranche von Wettbewerbern wahrgenommen. Zudem gibt es einen stetigen Strom an PE-Transaktionen, u.a. für frz. Häuser.

Oft empfohlen: Dr. Christian Kleeberg („sehr umgänglich u. pragmatisch, kreative Herangehensweise", Mandant), Dr. Jürgen van Kann (auch Immobilientransaktionen)

Team: 3 Partner, 4 Counsel, 2 Associates

Schwerpunkte: U.a. Mandanten aus PE u. der Immobilienbranche. Auch starke Beziehungen nach Frankreich. Große US-Praxis.

Mandate: ECF Group bei Kauf der Gastro-Total-Gruppe; DHL Freight bei Kauf der Rhenus-Logistiksparte sowie von Gertner Spedition.

GIBSON DUNN & CRUTCHER

M&A ★★★

Bewertung: Die M&A-Praxis der US-Kanzlei ist regelm. bei ihren originär dt. sowie internat. Netzwerkmandanten im Rahmen von – oft grenzüberschr. – Transaktionen gefragt. Insbes. im transatlant. Geschäft kann die Kanzlei mit ihren Teams in den USA u. der somit gegebenen länderübergr. Beratung aus einer Hand punkten. So verwundert es bspw. nicht, dass Giesecke+Devrient bei einem Zukauf in den USA auf GDC vertraute. Dass auch umkehrt Mandanten aus den USA auf die Kompetenz der dt. Anwälte vertrauen, belegt die Beratung von US-Mandantin Handshake, die in Dtl. zukaufte. Tiefe Verbindungen zu dt. Mandanten resultieren nicht selten aus der ▷*gesellschaftrechtl.* Arbeit der Kanzlei, die deutl. breiter ausfällt als bei anderen Wettbewerbern aus den USA.

Stärken: Internat. Transaktionserfahrung.

Oft empfohlen: Dr. Lutz Englisch („sehr fundiertes Wissen u. große Dealerfahrung", Wettbewerber), Dr. Dirk Oberbracht, Dr. Wilhelm Reinhardt, Dr. Ferdinand Fromholzer

Team: 6 Partner, 4 Counsel, 8 Associates

Schwerpunkte: Viel internat. M&A-Transaktionen, aber auch stark verwurzelt bei dt. Unternehmen. Auch ▷*PE*. Gute Beziehungen nach Japan, Indien sowie zu Großunternehmen aus den USA.

Mandate: 3B Scientific/JH Whitney zu Verkauf von 3B Scientific an G Square Capital; Giesecke+Devrient zu Kauf von Nordamerika-Geschäft von Valid; Handshake zu Kauf von Talentspace; Kubota Corporation zu Kauf von Brabender Technologie; Muehlhan zu Verkauf von europ. u. amerikan. Geschäft an One Equity Partners; NetApp zu gepl. Fusion mit börsennot. Unternehmen.

GLADE MICHEL WIRTZ

M&A ★★★

Bewertung: Immer besser gelingt es der D'dorfer Kanzlei, ihr Engagement bei M&A-Transaktionen zu steigern. So mandatierte ein Dax-Konzern, den die Kanzlei in anderem Kontext bereits mehrfach beraten hatte, GMW erstmals bei einem Deal. Daneben gelang es der Kanzlei, den österr. Fruchtsaftproduzenten Rauch als Mandanten zu gewinnen, der gemeinsam mit Red Bull in Dtl. eine strateg. Transaktion tätigte. Erneut stark gefragt war GMW bei der Beratung an der Schnittstelle zum Aktien- u. Kapitalmarktrecht, wie die Beratung der Mercedes-Benz Group sowie GEA zu Aktienrückkaufprojekten zeigt. Durch dem Abgang von Markgraf, der mit 4 Associates zu Seitz wechselte, verliert GMW jedoch einen Partner, der an der Schnittstelle zu insolvenznahen Restrukturierungen agiert. Dass ein langj. Partner die Einheit verließ, ist bei GMW ein Ereignis mit Seltenheitswert. Für die Arbeit der M&A-Praxis spielt der Wechsel jedoch – im Vergleich zum ▷*Gesellschaftsrecht* – eher eine untergeordnete Rolle, nicht zuletzt da Glade regelm. bei Distressed-M&A-Deals in Erscheinung tritt u. so kein Vakuum an der Schnittstelle zur insolvenzbezogenen Beratung entsteht.

Stärken: Öffentl. Übernahmen.

Oft empfohlen: Dr. Achim Glade („umsichtig u. hervorragend in der Kommunikation", Mandant; „erfahren bei Transaktionen, pragmatisch u. verhandlungsstark", Wettbewerber), Dr. Jan Hermes („agiert schnell u. souverän", Wettbewerber), Dr. Friedrich Schulenburg

Team: Corporate insges.: 5 Eq.-Partner, 1 Sal.-Partner, 2 Counsel, 8 Associates

Partnerwechsel: Dr. Jochen Markgraf (zu Seitz)

Schwerpunkte: Beratung dt. u. internat. Unternehmen aller Branchen, auch Dax-Konzerne. Enge Verbindung mit den ▷*Gesellsch.rechts-* u. ▷*Kartellrechtspraxen*.

Mandate: Dax-Konzern bei Kauf von Testinstitut im Nachhaltigkeitsbereich; Red Bull u. Rauch Fruchtsäfte zu Kauf von Brandenburger Urstromquelle; ZF Friedrichshafen zu Verkauf von ZF Luftfahrttechnik.

GLEISS LUTZ

M&A ★★★★★

Bewertung: Die renommierte M&A-Praxis überzeugt bei Inbound-Deals für internat. Strategen ebenso wie an der Seite von Familienunternehmen u. gr. dt. Konzernen. Nach einer kontinuierl. Aus-

Anwaltszahlen: Angaben der Kanzleien, wie viele Anwälte zu mind. ca. 50% in diesem Gebiet tätig sind. Sie spiegeln nicht zwingend die Gesamtgröße einer Kanzlei wider.

weitung der Mandatsbeziehungen in den verg. Jahren konnte GL sowohl Verkaufsmandate für Traditionsunternehmen als auch gr. Carve-out-Deals etwa bei der Deutschen Telekom u. Rheinmetall für sich verbuchen. Die Konzerne vertrauen auch zunehmend bei Outbound-Deals auf das eingespielte Team, so etwa Schaeffler bei der Übernahme der frz. ECO-Adapt. Diese Fortschritte erzielte GL auch durch eine engere Verzahnung der Praxen u. punktet so etwa mit regulator. Erfahrung im ▷*Energiesektor*. Deutl. sichtbarer wurden zuletzt die Gleiss-Partner Cascante, Tyrolt u. Aubel im zeitkritischen Public-M&A-Bereich, wo sie zwar (noch) nicht die visibelsten Bieterberater, aber durchaus gefragt für ihre Kompetenzen sind – etwa beim Aufsichtsrat der Software AG zu den konkurrierenden Übernahmeangeboten sowie beim Management von SLM Solutions u. va-Q-tec. Derzeit wächst die Partnerriege kontinuierl. aus den eigenen Reihen – zuletzt sogar genderparitätisch mit einer PE-erfahrenen Transaktionsanwältin in HH u. einem Stuttgarter Partner, der Erfahrung mit Cross-Border-Deals aus Asien vorweisen kann. Auch der Wechsel eines geschätzten M&A-Partners von Latham in das Hamburger Büro im August 2023 stellt eine signifikante Verstärkung dar. Dass GL nun auch die Ebenen darunter verstärkt, ist sinnvoll, wenn sie die hohe Schlagzahl an attraktiven Mrd.-Deals aufrechterhalten möchte u. sich direkt als Alternative zu Wettbewerbern wie Hengeler u. Linklaters positionieren will.

Stärken: Stark im kapitalmarkt- u. insolvenznahen M&A u. bei Verkaufsmandaten von Familiengesellschaften. Versierte PE-Praxis.

Oft empfohlen: Dr. Ralf Morshäuser („sehr professionelle u. effiziente Zusammenarbeit bei einem Bieterverfahren", Wettbewerber), Dr. Jochen Tyrolt („immer positiv", Mandant), Dr. Cornelia Topf („angenehm klar in ihren Formulierungen", Wettbewerber), Dr. Christian Cascante, Dr. Alexander Schwarz („fokussiert u. präzise", Wettbewerber), Dr. Michael Burian, Dr. Jan Balssen

Team: 21 Eq.-Partner, 16 Sal.-Partner, 10 Counsel, über 50 Associates, 3 of Counsel

Partnerwechsel: Dr. Stefan Widder (von Latham & Watkins)

Schwerpunkte: Große Bandbreite an privaten u. öffentl. Deals. Auch stark in ▷*PE u. VC* u. Distressed M&A (▷*Insolvenz/Restrukturierung*), ▷*Energie*, ▷*Unternehmensbez. Versichererberatung*. Personelle Überschneidungen zum ▷*Gesellschafts-* u. ▷*Kapitalmarkrecht*.

Mandate: Deutsche Telekom zu Verkauf der Funkturmsparte GD Towers (einschl. Carve-out); Rheinmetall zu Verkauf des Großkolbengeschäfts; Muehlhan zu Verkauf ihres europ. u. amerikan. Geschäfts an One Equity Partners; Gesellschafter zu Verkauf von Intland Software; Atlantia zu Verkauf ihrer Hochtief-Beteiligung; GFT Technologies zu Kauf von Targens; SLM Solutions zu Übernahmeangebot von Nikon; Heidelberg Materials zu Kauf der RWG I Holding; Schaeffler zu Kauf von ECO-Adapt SAS; Groz-Beckert zu Kauf von TKM; Colas Rail zu Kauf der Hasselmann-Gruppe; De Rigo zu Kauf des Brillengeschäfts von Rodenstock; Gentherm zu Kauf von Alfmeier Präzision.

GLNS

M&A ★★

Bewertung: Die Arbeit der M&A-Praxis deckt die Beratung von klass. Strategen bei Zu- u. Verkäufen ebenso ab wie die Beratung von Portfoliounternehmen von PE-Investoren bei Add-on-Transaktionen. Letzteres ergibt sich aus der personellen Überschneidung der Praxisgruppen u. zeugt von den inzw. tiefen Beziehungen der Kanzlei zu einigen PE-Häusern. Im Mandat für die Smile-Eyes-Gruppe ist es GLNS gelungen, den neuen Eigentümer Trilantic Europe von sich zu überzeugen, nachdem das Team in der vorangegangenen Transaktion noch aufseiten der Verkäufer stand. Die Beratung von Delivery Hero im Kontext von Transaktionen ist nur eines der Bsp. für das Engagement der Kanzlei für Strategen. Eine erstmalige Mandatierung durch Roland Berger zeigt, dass es der Kanzlei gelingt, ihren Aktionsradius hier weiter auszubreiten. Dass GLNS auch bei grenzüberschr. Transaktionen gefragt ist, belegte die Beratung des in den USA börsennot. Unternehmens Luna Innovations beim Kauf einer Geschäftssparte der dän. NKT Photonics, wo sie zum dt. Teil der Transaktion beriet.

Anwaltszahlen: Angaben der Kanzleien, wie viele Anwälte zu mind. ca. 50 % in diesem Gebiet tätig sind. Sie spiegeln nicht zwingend die Gesamtgröße einer Kanzlei wider.

Oft empfohlen: Dr. Daniel Gubitz („guter u. lösungsorientierter Verhandlungspartner", Mandant), Georg Lindner („sehr kompetent u. angenehm", Wettbewerber), Dr. Ludger Schult
Team: 8 Eq.-Partner, 1 Sal.-Partner, 1 Counsel, 3 Associates, 1 of Counsel
Schwerpunkte: M&A-Deals, oft für Portfoliounternehmen kleinerer ▷*PE*-Häuser, VC-Investoren u. VC-Gesellschafter bei Exit. Auch Post-M&A-Streitigkeiten. Integrierte kapitalmarkt- u. steuerrechtl. Beratung.
Mandate: Luna Innovations zu Kauf von Geschäftsbereich von NKT Photonics; Razor Group zu Kauf von mehreren E-Commerce-Shops; Roland Berger Holding zu Kauf von Polarixpartner; Gesellschafter Smileneo zu Verkauf an Makeo Tootshi Group; Smiles-Eyes-Gruppe/Trilantic zu Kauf von SEL Leipzig; Hartl Group/Afinum zu 2 Add-on-Transaktionen; Teknia Group zu Kauf von Forschner PTM.

GÖHMANN

M&A ★

Bewertung: M&A-Praxis v.a. an den Standorten Hannover, Braunschweig u. Frankfurt. Nähere Informationen finden Sie in den Regionalkapiteln ▷*Mitte* u. ▷*Norden*.
Team: 8 Eq.-Partner, 9 Associates
Schwerpunkte: Tiefe Verbindungen zu inhabergeführten, mittelständ. Unternehmen, v.a. in Niedersachsen. In Ffm. auch Erfahrung in grenzüberschr. M&A. Bekannte ▷*Notare*. In Berlin Erfahrung mit Arztpraxen u. Immobilien.
Mandate: Siehe Regionalkapitel.

GÖRG

M&A ★ ★ ★

Bewertung: Die kontinuierl. wachsende Kanzlei verfügt heute über eine stabile Mid-Cap-M&A-Praxis, die sich auf alle Büros verteilt. Viele der Partner waren zuvor bei internat. Kanzleien tätig u. sind erfahrene Transaktionsmanager. Das Ergebnis ist eine Praxis, die v.a. durch die Anzahl ihrer Deals stetig an Reputation gewinnt, auch wenn ihr Geschäft relativ heterogen bleibt: So weist die Praxis ein beträchtl. dt.-frz. M&A-Geschäft vor, ebenso wie eine solide Distressed-M&A-Praxis in mehreren Büros sowie Immobilien-M&A in Berlin. Der breite Full-Service-Ansatz bietet erhebl. Potenzial, wie sich schon im bereits empfohlenen Team im Bereich Energie-M&A zeigt. Ein weiterer Entwicklungsbereich ist das grenzüberschr. M&A. Trotz der allmähl. Vertiefung der Beziehungen mit befreundeten Auslandskanzleien bleibt Görg bemerkenswert unterrepräsentiert bei internat. Deals.
Stärken: Transaktionen im Umfeld von ▷*Insolvenz u. Restrukturierung*.
Oft empfohlen: Dr. Christian Becker („fachlich auf den Punkt, angenehm in der Zusammenarbeit", Wettbewerber), Dr. Tobias Fenck, Dr. Frank Evers („erfahren, verlässlich u. fair", Wettbewerber), Dr. Christoph Niemeyer, Dr. Bernt Paudtke, Dr. Achim Compes („sehr versierter Berater, gutes Projekt-Handling, gute Übersicht zu allen Handlungssträngen", Mandant; Energie-M&A), Dr. Jan-Henric Punte („berät pragmatisch u. vorausschauend, auch für internat. Transaktionen sehr zu empfehlen", Mandant), Paul Rode („sehr freundliche u. professionelle Zusammenarbeit in komplexem Distressed-Deal", Wettbewerber)
Team: 25 Eq.-Partner, 7 Sal.-Partner, 7 Counsel, 34 Associates
Partnerwechsel: Markus Söhnchen, Dr. Tobias Riethmüller (beide von GSK Stockmann), Dr. Philipp Grzimek (von Norton Rose Fulbright)
Schwerpunkte: Dt. u. grenzüberschr. Transaktionsgeschäft, etwa bei Asset-Verkäufen u. Beteiligungen für Unternehmen u. Insolvenzverwalter; Kauf- u. Verkaufstransaktionen relativ ausgeglichen; ebenso Joint Ventures. Auch ▷*Gesellsch.recht*, ▷*PE u. VC*, ▷*arbeits*- u. steuerrechtl. Begleitung sowie ▷*Notariat* in Ffm. u. Berlin.
Mandate: Huk-Coburg bei Kauf von 25,1% an Pitstop; Veolia bei Kauf der Hofmann-Unternehmensgruppe; Addapptr-Gruppe bei Verkauf an Aonic; Alliance Automotive bei Kauf von Knoll; Con Energy bei Verkauf Energate an DFV; Corestate bei Verkauf der Anteile an Capera Immobilien Service; Deutsche Avia-Gruppe bei Kauf von Anteilen an OLF Dtl. sowie von 46 Esso- u. OMV-Tankstellen; Aktionäre von Greencom Networks bei Verkauf an Enphase Energy; Gesellschafter von DP Polar bei Verkauf; GBC-Gruppe bei Kauf von Maxxys u. von Pohl Consulting; Gesellschafter von Sealnet bei Verkauf; Insolvenzverwalter von Green City bei Verkauf des operativen Geschäftes.

GOODWIN PROCTER

M&A ★ ★

Bewertung: Die US-Kanzlei ist stark transaktionsorientiert u. dabei regelm. für Unternehmen aus der ▷*Immobilienbranche* sowie für ▷*PE-Fonds* tätig. Entspr. dominiert die M&A-Beratung für Portfoliounternehmen die Arbeit der Praxis, nicht zuletzt seit dem Aufbau des Münchner Büros, in dem der Großteil des PE-Geschäfts angesiedelt ist. Der breit aufgestellten Praxis von Klenk ist es gelungen, namhafte VC-Investoren nach Dtl. zu holen, was zwangsläufig auch Add-on- u. Exit-Arbeit mit sich bringt.
Stärken: Sehr starke Lifescience-Praxis in den USA. Viel Arbeit für Portfoliounternehmen von ▷*PE-Mandanten*
Oft empfohlen: Gregor Klenk, Dr. Jan Schinköth, Florian Hirschmann
Team: 4 Partner, 1 Counsel, 6 Associates
Schwerpunkte: Traditionell stark für Finanzinvestoren (▷*PE*) tätig sowie im ▷*Immobilienwirtschaftsrecht*. Oft grenzüberschreitend.
Mandate: VfB Stuttgart bei Investition von Jako; Cionix bei Verkauf des Webhosting-Geschäfts an Dogado; Veracode bei Kauf von Crashtest Security; App Smart bei Zusammenschluss mit Orderyoyo; Veganz Group bei strateg. Zusammenarbeit mit Vitiprints u. Aramark.

FRIEDRICH GRAF VON WESTPHALEN & PARTNER

M&A ★ ★ ★

Bewertung: Die M&A-Praxis der Mittelstandsberaterin verteilt sich bundesw. auf 4 Standorte, wobei rund die Hälfte der Berufsträger im Freiburger Raum verwurzelt ist. Den gr. Teamabgang zu Advant Beiten im Sommer 2022, der auch einige Mandatsverluste nach sich zog, hat die Transaktionsmannschaft gut weggesteckt u. fokussiert sich nun darauf, ihre branchenspezif. Spezialkompetenzen – etwa im Gesundheitssektor – auszuspielen. Während Thies den Verkauf des Medtech-Unternehmens Dr. Langer begleitete, unterstützen Neupartnerin Schröter div. Pflegedienstleister u. der Berliner Partner Hartmann Healthcare-Start-ups wie Sympatient. Ähnliches Potenzial läge etwa im Energie- u. Logistiksektor, wo eine Frankf. Partnerin u.a. Enphase Energy (USA) als Mandantin hinzugewonnen hat u. ein Kölner Corporate-Anwalt die Schweizer Hupac beim Kauf des Terminals Köln-Nord unterstützte.
Stärken: Grenzüberschr. Mid-Cap-Deals. Nachfolgeregelungen. Gute, internat. Vernetzung im ▷*Gesundheitssektor*.
Oft empfohlen: Dr. Hendrik Thies („angenehm lösungsorientiert", Wettbewerber), Dr. Stefan Lammel („immer gute Zusammenarbeit", Wettbewerber), Dr. Jan Martens, Dr. Alexander Hartmann („hands-on u. sehr intelligent", Wettbewerber), Dr. Annette Bödeker („sehr versiert im US-Geschäft", Wettbewerber), Dr. Christina Schröter, Dr. Meike Kapp-Schwoerer, Arnt Göppert
Team: 12 Eq.-Partner, 1 Sal.-Partner, 14 Associates
Partnerwechsel: Dr. Christina Schröter (von Voelker & Partner)
Schwerpunkte: Transaktionen für Familienunternehmen u. dt. Töchter von internat. Konzernen. Grenzüberschr. Arbeit. Gute Kompetenz im ▷*Gesundheitswesen*. Distressed M&A, auch eng verknüpft mit ▷*Arbeitsrecht*, sowie Pre- u. Post-M&A-Strukturarbeit durch personelle Überschneidung zum ▷*Gesellsch.recht*.
Mandate: Enphase Energy zu Kauf von Greencom; Networkairline Assistance Switzerland zu Kauf von Aeroground Berlin; Hauptgesellschafter zu Verkauf von Cryptshare-Anteilen; Gesellschafter zu Verkauf von Dr. Langer Medical an Brainlab; Investorengruppe zu Kauf von GEZ Rail Solutions; Hupac zu Kauf der Umschlaganlage Terminal Köln-Nord; Gesellschafter zu Verkauf von IQS Software; jap. Medtech-Unternehmen bei div. Zukäufen in Dtl.; JBT zu Kauf eines Maschinenlieferanten; Gesellschafter zu Verkauf eines Umwelttechniklabors.

GREENBERG TRAURIG

M&A ★ ★ ★

Bewertung: Das M&A-Team der US-Kanzlei ist v.a. im grenzüberschr. M&A tätig u. verfügt über Branchenkompetenzen u.a. im Immobilien-, Medien- u. Telekommunikationssektor. Zuletzt zeigte das Team kapitalmarktrechtl. Kompetenz mit dem Übernahmeangebot, das die Luxemburger Magrath Holding für die Halloren Schokoladenfabrik lancierte. Gut verläuft die Erschließung des Gesundheitssektors, wo GT eine steigende Anzahl an Mandaten verbucht, zuletzt u.a. von den Anteilseignern des Healthtech-Start-ups Plusdental u. des Benelux-Investors Gilde Healthcare. Frühzeitiger als viele Wettbewerber hatte die Kanzlei zudem die Distressed-M&A-Kompetenzen ausgebaut u. ergänzte diese im Sommer um eine Partnerin für immobilienbez. Restrukturierungen, die allerdings in der Schwestereinheit GT Restructuring tätig ist.
Oft empfohlen: Dr. Peter Schorling („Top-Jurist", Wettbewerber), Dr. Nicolai Lagoni („hat einen Blick für die ökonomischen Aspekte einer Transaktion", Wettbewerber), Dr. Christian Schede („kompetent, fokussiert u. dazu noch ein netter Kollege", Wettbewerber), Dr. Henrik Armah („sehr guter Verhandler, bleibt stets ruhig", Mandant; „kennt sich aus u. ist lösungsorientiert", Wettbewerber), Dr. Sara Berendsen („erfahren in der Organisation von internat. Immobilientransaktionen", Wettbewerber)
Team: 12 Eq.-Partner, 4 Sal.-Partner, 27 Associates
Schwerpunkte: Umf. Erfahrung in den Branchen ▷*Immobilien* u. ▷*Medien*, zunehmend auch Energie. Regelm. internat. Geschäft.

Anwaltszahlen: Angaben der Kanzleien, wie viele Anwälte zu mind. ca. 50% in diesem Gebiet tätig sind. Sie spiegeln nicht zwingend die Gesamtgröße einer Kanzlei wider.

Mandate: 3F Group zu Beteiligung an Bernd Heuer Karriere; Globallogic (Hitachi-Gruppe) zu Kauf von Fortec; Magrath Holding zu Kauf der Halloren Schokoladenfabrik; Wing Group u. Griffin Capital Partners bei Kauf von Bauwert; Gesellschafter zu Verkauf von Plusdental an Straumann-Gruppe; Eigentümer zu Verkauf von Targenomix an Bayer; Cyren zu Verkauf des E-Mail-Security-Gateway-Geschäfts an Content Services Group.

GREENFORT

M&A ★★

Bewertung: Die Corporate-Praxis hat sich als ein Team etabliert, das einen weitaus höheren Dealflow als so manche größere Kanzlei produziert, sogar wenn der Schwerpunkt der Arbeit auf Small- bis Mid-Cap-Deals liegt. Bes. interessant ist die Stärkung der Beziehungen zu PE-Häusern sowie internat. Unternehmen insbes. aus den USA. Auch unter Wettbewerbern genießt die Kanzlei einen guten Ruf, wird regelm. für ihre „hervorragende Arbeit" gelobt. Die Ernennung eines 2. Notars hat der Kanzlei noch mehr Visibilität im Frankf. Transaktionsmarkt verliehen.

Oft empfohlen: Andreas von Oppen („Top-Beratung bei M&A-Deals", Mandant), Gunther Weiss („zeichnet sich durch zielsicheres Manövrieren durch schwierigste Situationen mit viel Kreativität u. Empathie aus", Mandant), Dr. Daniel Röder, Tobias Glienke, Martin Asmuß

Team: 7 Eq.-Partner, 4 Counsel, 5 Associates

Schwerpunkte: Begleitung v.a. mittelständ. Unternehmen sowie ausl. Konzerne bei Deals, regelm. aus der lfd. Beratung heraus. Gute Verbindungen zu ausl. Kanzleien.

Mandate: Smartclip/RTL bei Kauf von Realytics; Deutsche Private Equity bei Kauf einer Mehrheit an Adelphi-Gruppe; Afinum bei Kauf von 72% an Bit Consulting; Cesra Pharma bei Kauf von Niehaus Pharma; Prodege bei Kauf von Bitburst; Circustrix bei Verkauf der Superfly-Gruppe; European Dental Partners bei Kauf von Medtech Medizintechnik; Juma Maastricht bei Kauf der Mehrheit an Chronext; Nacon bei Kauf von Daedalic Entertainment; Sorb/Lifco bei Kauf von Heinz Schuller.

GRÜTER

M&A ★★

Bewertung: Da Grüter sowohl komplexe Transaktionsstrukturen als auch grenzüberschr. Fragen im Beratungsportfolio hat, sind ihre Mandanten aus dem gehobenen Mittelstand u. Konzernunternehmen in der Regel treue Stammmandanten. Die Corporate-Experten bringen auch aufwendige Deals mit einem überschaubaren u. fokussierten Team zum Abschluss, wie der Verkauf der Barthel-Gruppe zuletzt gezeigt hat. Dabei gelingt es der Sozietät gut, jüngere Corporate-Anwälte schnell an die Mandatsverantwortung u. -akquise heranzuführen.

Oft empfohlen: Dr. Ina-Maria Böning, Andreas Felsch

Team: Corporate insges.: 5 Eq.-Partner, 1 Sal.-Partner, 4 Associates

Schwerpunkte: Transaktionsberatung für internat. Unternehmen, Konzerngesellschaften u. dt. Mittelständler, v.a. in ▷*Nordrhein-Westfalen* (Duisburg). Zudem Nachfolgetransaktionen u. Unternehmensfinanzierung; Notariat.

Mandate: Hauptgesellschafter Barthel-Gruppe zu Verkauf an Asteria Labels & Packaging; Fahrzeugvermieter zu Anteils- u. Flottenverkauf.

GSK STOCKMANN

M&A ★★★

Bewertung: GSK ist zwar nach wie vor v.a. für ihren Fokus auf die Immobilien- und Finanzdienstleistungssektoren bekannt, verfügt aber über eine relativ breit gefächerte Praxis, die sich auf alle ihre Büros verteilt. Die VC-Praxis bringt weiterhin einen stetigen Strom an Transaktionsarbeit, und das erfolgreiche Luxemburger Büro gibt der Kanzlei ein gewisses Alleinstellungsmerkmal im Mid-Cap-Markt, da es sowohl für Investmentfonds als auch für die Kapitalmarktarbeit eine wichtige Tiefe bietet. GSK ist zudem eine der wenigen bundesw. Kanzleien mit einem starken Standbein in der Rhein-Neckar-Region. Allerdings war der Weggang von 2 Partnern zu Görg im Frühjahr 2023 eine gr. Enttäuschung für die Praxis, die durch den Zugang von Thomas im Münchner Büro, der viel Erfahrung im Kapitalmarktrecht mitbringt, teilweise kompensiert wurde.

Stärken: Mittelständ. Transaktionen, bes. Schwerpunkt in ▷*Immobilien*, Finanzindustrie u. ▷*PE*. Erfolgreiche Zusammenarbeit mit dem Luxemburger Büro.

Oft empfohlen: Dr. Andreas Bauer, Dr. Michael Stobbe („sehr konstruktive Zusammenarbeit", Wettbewerber), Dr. Uwe Jäger, Max Wilmanns, Jennifer Bierly

Team: Corporate insges.: 15 Eq.-Partner, 2 Sal.-Partner, 2 Counsel, 16 Associates

Partnerwechsel: Dr. Alexander Thomas (von Pinsent Masons); Dr. Tobias Riethmüller, Markus Söhnchen (beide zu Görg)

Schwerpunkte: Transaktionen in versch. Branchen, teils auch grenzüberschreitend. Besonders stark bei Immobilien, PE, Automobil, ▷*Finanzdienstleister* u. Energie.

Mandate: Aman bei Verkauf von Aman Media; Daily Mail and General Trust Group bei Kauf der dt. Tochter; Digital Transformation bei Verkauf von Investments; Insolvenzverwalter von Britze Elektronik bei Verkauf; Atmos-Gruppe bei Verkauf an Ufenau Capital Partners; Becken-Gruppe bei Kauf weiterer 10,1% an Industria Wohnen von Degussa Bank; Greenmarck bei verschieden Akquisitionen von internat. Gesellschaften von institutionellem Fondsanbieter; L-REA bei Verkauf der Mehrheit an Fundament Advisory; Olam International bei Kauf von Märsch Importhandel; Yapi Kredi Banksi bei Kauf des Bankhauses Faisst.

GÜTT OLK FELDHAUS

M&A ★★

Bewertung: Die M&A-Praxis der Münchner Boutique zeigt sich am Markt mit der Beratung von Strategen wie auch PE-Portfoliounternehmen bei Add-on-Transaktionen präsent. Bsph. für ihr Engagement bei Portfoliotransaktionen ist die Begleitung von Auctus oder Egeria. Bei strateg. M&A-Transaktionen sind es namh. Stammmandanten wie MAN Energy Solutions u. ZF Friedrichhafen, die regelm. auf GOF vertrauen. MAN Energy Solutions beriet sie jüngst zum Verkauf des Gasturbinengeschäfts an ein chin. Unternehmen. Hier bezog die Kanzlei ihr internat. Netzwerk ein u. konnte ihrer Mandantin so eine grenzüberschr. Beratung anbieten. Ein weiterer Beleg dafür, dass ihr Know-how bei M&A-Transaktionen auch über die Landesgrenzen hinaus bekannt ist, zeigt eine erstmalige Mandatierung durch das engl. IT-Unternehmen Adaptavist, das in Dtl. zukaufte.

Oft empfohlen: Dr. Sebastian Olk („sehr erfahren, pragmatisch u. schnell", Wettbewerber), Dr. Heiner Feldhaus („nervenstark, ausdauernd u. jurist. sehr beschlagen", Mandant), Adrian von Prittwitz („guter Verhandler, sehr schnelle u. versierte Beratung", Wettbewerber)

Team: 4 Partner, 7 Associates, 1 of Counsel

Schwerpunkte: Regelm. Deals u. Beteiligungen v.a. aus den Bereichen ▷*PE u. VC* sowie zunehmend auch für Konzerne.

Mandate: Adaptavist Group zu Kauf von Veniture; Gesellschafter Melos-Gruppe zu Verkauf von Mehrheit an GUS; Gründer Asphaltgold zu Verkauf an die Arklyz Group; MAN Energy Solutions zu Verkauf von Gasturbinengeschäft an CSIC Longjiang GH Gas Turbine; Villeroy & Boch zu Transaktionen; Gesellschafter von Beratungsunternehmen zu Verkauf; internationaler Verpackungshersteller für Luxusartikel zu Verkauf von Mehrheit.

GVW GRAF VON WESTPHALEN

M&A ★★★

NOMINIERT
JUVE Awards 2023
Kanzlei des Jahres für M&A

Bewertung: Das M&A-Team der dt. Kanzlei hat in den verg. 2 Jahren sein gesundes Wachstum beibehalten u. profitiert von einer Umstrukturierung des Corporate-Teams, das eine stärkere Spezialisierung auf best. Sektoren sowie eine bessere Zusammenarbeit mit anderen Praxisgruppen ermöglicht hat. Während GvW-Partner in der Vergangenheit bei kleineren Deals eher allein tätig waren, profitieren Mandanten heute regelm. von der sektorbezogenen u. teamübergr. Zusammenarbeit. Zudem hat die Verstärkung durch Seiteneinsteiger in den verg. Jahren dazu beigetragen, einen deutlich größeren Dealflow aufzubauen. Sowohl Rajani als auch Sachslehner haben eine solide Praxis an der Schnittstelle zu ▷*PE* aufgebaut, die Portfoliounternehmen bei Expansionstransaktionen berät. Alles in allem sorgte die Entwicklung dafür, dass GvW im M&A-Markt mit gänzlich neuem Profil sichtbar ist.

Stärken: Mittelgroße Transaktionen, oft mit internat. Bezug. Eigenes Büro in Schanghai.

Oft empfohlen: Dr. Ritesh Rajani („Top-Spezialist, sehr kommunikationsstark", Mandant), Eric Messenzehl, Dr. Markus Sachslehner, Titus Walek („hervorragender Anwalt mit tiefem Sachverständnis u. ein exzellenter Verhandler", Mandant), Dr. Ulrich Schroeder („gute Projektsteuerung", Mandant).

Team: 14 Eq.-Partner, 6 Sal.-Partner, 10 Associates

Schwerpunkte: Small- u. Mid-Cap-M&A für mittelständ. Mandanten mit gr. grenzüberschr. Anteil. Starke China-Praxis. Ebenso Joint Ventures (▷*Gesellsch.recht*). Enge Verzahnung mit Steuerpraxis.

Mandate: Enagás bei Einstieg in Projektkonsortium Stade; Paulaner Brauerei bei Kauf des Gothaer Standorts von Oettinger Brauerei; Gesellschafter von MSM.Digital beim Einstieg von BPE; Hexad bei Verkauf von Mobility Services an VW Cariad; Hopon Mobility bei Kauf von TAF Mobile; Architrave bei Kauf von Arex Technologies; Fielmann bei versch. M&A-Projekten; Osapiens Services bei Kauf einer Mehrheit an Ftrace; Cefetra Group bei Kauf einer Mehrheit an Heinrich Brüning; Gründer bei Verkauf von Optamo an Kearney-Gruppe; Gebr. Wendelstadt bei Kauf der Kloepferholz-Gruppe; Elydan bei Kauf von DW Verbundrohr; FL Technics bei Kauf der Reifen- u. Bremsenwartungssparte von Tui/Tui Fly.

Anwaltszahlen: Angaben der Kanzleien, wie viele Anwälte zu mind. ca. 50% in diesem Gebiet tätig sind. Sie spiegeln nicht zwingend die Gesamtgröße einer Kanzlei wider.

HENGELER MUELLER

M&A ★★★★★

JUVE 2023 AWARDS

Kanzlei des Jahres für M&A

Bewertung: Die M&A-Praxis von HM gehört zu den renommiertesten Adressen der Republik. Dass Dax-Konzerne wie Siemens u. Bayer auf sie als ww. Deal Counsel bei Verkäufen von gr. Geschäftsbereichen zählen, hat Tradition, schließlich bringt HM tiefes gesellschafts- u. kapitalmarkt- u. regulator. Know-how ins Transaktionsgeschäft ein. Ebenfalls setzen internat. Strategen wie Danfoss u. Fortum sowie gr. Familienunternehmen auf die Sozietät, die zusammen mit ihren Mandanten den wohl größten Deal des Jahres, den Verkauf der Klimasparte von Viessmann (ca. €12 Mrd), aushandelte. Eine neue Entwicklung hingegen ist die Mandatierung in hochvol. Outbound-Deals: Dass etwa RWE für den US$6-Mrd schweren Ausbau ihres Portfolios für Erneuerbare Energien in den USA auf das Zusammenspiel zw. Hengeler u. der US-Top-Tier-Kanzlei Cravath Swaine & Moore setzte, ist bemerkenswert, denn somit ist HM im lukrativen transatlant. Dealgeschäft eine Alternative zu US-Spitzenkanzleien wie Latham, Kirkland u. Sullivan, u. das dürfte nicht nur ihnen, sondern auch den Magic-Circle-Kanzleien zu denken geben. Hengelers Best-Friend-Netzwerk funktioniere „absolut reibungslos", lobt ein Mandant. Da die Kanzlei zudem eine nachhaltige Nachwuchsarbeit geleistet hat, kann sie mit einer breiten Riege an Top-Anwälten in den besten Jahren ihren wenigen Wettbewerbern im Markt Paroli bieten. Zu ihren treibenden Kräften dort zählen u.a. Ulbrich, Möritz u. Berger, die schon einen beachtlichen Trackrecord aufgebaut haben. Bemerkenswert ist zudem Schneiders Arbeit für den dän. Energiekonzern Ørsted, der jetzt auch bei Onshorewindparks u. Photovoltaikprojekten auf HM setzt.

Stärken: Hoch renommierte Partner u. Partnerinnen, die eine Vielfalt an Spitzenmandaten, Asset-Klassen u. Transaktionsgrößen betreuen.

Oft empfohlen: Prof. Dr. Hans-Jörg Ziegenhain („einer der 3 besten M&A-Partner in Deutschland", Mandant; „kommerziell outstanding", Wettbewerber), Dr. Maximilian Schiessl („mit ihm arbeite ich gerne zusammen, einfach gut u. verlässlich", Wettbewerber), Dr. Christof Jäckle, Dr. Matthias Hentzen, Dr. Daniela Favoccia, Dr. Emanuel Strehle, Thomas Meurer („super Anwalt", Mandant), Dr. Bernd Wirbel („angenehm im Umgang, lösungsorientiert u. fachlich über jeden Zweifel erhaben", Mandant), Dr. Daniel Wiegand („fachlich herausragend; sehr kommerziell", Wettbewerber), Dr. Alexander Nolte („hohe Fachkompetenz, professionell u. immer erreichbar", Wettbewerber), Dr. Georg Seyfarth, Dr. Martin Ulbrich („hervorragende Fachkenntnisse u. sehr pragmatisch", Mandant; „extrem kompetent, sehr starker Verhandler", Wettbewerber), Dr. Daniel Möritz („er hat alles, was man sich wünscht – ein enormes Wissen u. eine sehr angenehme Art", Mandant), Dr. Annika Clauss („mit ihr haben wir eine gute, stabile Verbindung", Mandant), Dr. Jens Wenzel („sehr kompetent u. sehr engagiert", Wettbewerber), Elisabeth Kreuzer, Dr. Daniel Kress („kompetent u. zuverlässig", Mandant)

Team: 33 Partner, 2 Counsel, rund 60 Associates

Schwerpunkte: Hochkarätige M&A-Arbeit mit starkem Partnereinsatz, u.a. in den Branchen ▷*Energie*, ▷*Banken* u. ▷*Medien*. Konzentration auf dt. Blue-chip-Firmen, starke internat. Verbindungen, teils über befreundete Kanzleien. Auch führend im ▷*Gesellsch.recht* u. personelle Überschneidung zur ▷*PE-Praxis*. Kernmandanten: Dax- u. MDax-Konzerne, internat. Strategen u. Finanzinvestoren, Hidden Champions in Familienhand.

Mandate: RWE zu Kauf des Clean-Energy-Geschäfts von Con Edison; ViessmannGroup zu Verkauf der Klimasparte; Deutsche Börse zum Übernahmeangebot für SimCorp (DK); Münchner Hypothekenbank zu Kauf von M.M. Warburg & Co Hypothekenbank; Leoni zu Verkauf der Business Group Automotive Cable Solutions (bei gepl. Verkauf); Investorengruppe zu Übernahmeangebot für Deutsche EuroShop; Qonto (Frankreich) zu Kauf von Penta; Danfoss zu Kauf der Bock-Gruppe; Ørsted u.a. zu Kauf von Ostwind sowie von Baltica 2+3; Schneider Electric u.a. zu Verkauf der Vinzero-Gruppe; Morellato Group zu Kauf von Juwelier Christ; Atoss Software zu Einstieg von General Atlantic; Altmühltaler Mineralbrunnen/Familie Schäff zu Verkauf von Mineralwasseranlagen.

HERBERT SMITH FREEHILLS

M&A ★★★

NOMINIERT
JUVE Awards 2023
Kanzlei des Jahres für M&A

Bewertung: Das immer noch relativ kl. Team der brit.-asiat. Kanzlei blickt auf ein Jahr zurück, in dem es eine bemerkenswert hohe Auslastung verzeichnete u. eine zentrale Rolle bei einer Reihe prominenter Deals spielte. Dies ist für die Kanzlei besonders erfreulich, hatte sie doch im Vorjahr einen ihrer führenden M&A-Anwälte verloren. Die beiden prominenten Partner der Praxis bleiben Becker u. Nawroth, Letzterer mit immer deutlicherem Fokus auf Infrastruktur- u. Energiearbeit, u.a. beriet er zur bedeutenden Wasserstofftransaktion für Apex. Becker hat sich als einer der führenden M&A-Anwälte für dt. Industrieunternehmen im Markt erwiesen. Dies ist umso bemerkenswerter, da hier das ww. Netzwerk nur eine untergeordnete Rolle spielte. Ein weiterer komplexer Deal für die Lufthansa war der Lohn für diese Arbeit. Die Begleitung von Rheinmetall bei einem gr. Deal in Spanien ermöglichten u.a. die starken Büros vor Ort. Das Mandat belegt auch, dass HSF in der Lage ist, ihr Netzwerk stärker auszuspielen. Dies birgt auch für die jüngere Generation, die zunehmend an Visibilität gewinnt, ein nicht zu unterschätzendes Potenzial, da sie hier eine Plattform findet, auf die sie ihr Geschäft aufbauen u. so ihren Mandanten bei grenzüberschr. Mandaten Beratung aus einer Hand anbieten kann.

Stärken: Starke asiat. Büros; Schwerpunkt bei Beratung von Industrieunternehmen.

Oft empfohlen: Dr. Sönke Becker („extrem guter Stratege u. Verhandler, sehr versiert u. engagiert", Wettbewerber), Dr. Christoph Nawroth, Dr. Sebastian Schürer („ausgewogen kommerzieller Beratungsansatz kombiniert mit ausgezeichneten analytischen Fähigkeiten", „intelligent, überzeugend u. pragmatisch", Mandanten)

Team: 4 Partner, 4 Counsel, 10 Associates

Schwerpunkte: Insbes. Industrieunternehmen, oft bei grenzüberschr. Deals, daher viel Zusammenarbeit mit den Büros in Paris, London u. Asien. Auch Fokus auf Infrastruktur, Bank- u. Finanzdienstleistungen.

Mandate: Lufthansa bei Verkauf der außereurop. Cateringsparte LSG; Rheinmetall bei Kauf von Maxamcorp; Apex Group bei Verkauf der Anteile an Exceet; Softbank bei Verkauf von Softbank Robotics Europe sowie bei Beteiligung an 1NCE; DIF Capital bei Verkauf eines indirekten 45%-Anteils an Projektgesellschaft für Universitätsklinikum Schleswig-Holstein; Generali Investments bei Investition in Erneuerbare Energien; Pearson bei Verkauf des dt. K12-Kursunterlagen-Geschäfts.

HEUKING KÜHN LÜER WOJTEK

M&A ★★★★

Bewertung: Die M&A-Praxis ist mit einer Größe von gut 100 Partnern eine der größten u. vielfältigsten im Markt. Ebenso breit sind ihre zahlr. gewachsenen Kontakte zu mittelständ. Mandanten aus vielen Branchen. Bei näherem Hinsehen wird deutl., dass sich eine bemerkenswerte Zahl an jüngeren Partnern gezielt Marktanteile aufbaut. Bsp. dafür sind Schneider, die zuletzt verstärkt an der Schnittstelle zu PE agierte, oder Brombach, der div. Deals im Gesundheitsbereich begleitete. 11 neue Partnerernennungen unterstreichen, wie HKLW hier weiter an ihrer Aufstellung arbeitet. Dass namh. Mandanten wie VW Group Services, 1&1 oder Al-Ko der Kanzlei inzw. wiederholt Deals anvertrauen, sind Belege für den Erfolg. Der angestoßene Weg zu mehr interner u. praxisübergr. Vernetzung kommt der neuen Partnergeneration entgegen. Eine systemat. Überleitung von Kontakten älterer Partner, wie es in stärker gemanagten Kanzleien üblich ist, steht allerdings nicht im Mittelpunkt.

Stärken: Vielfältige, branchenorientierte Transaktionspraxis; Erfahrung mit öffentl. Übernahmen; Partner gelten als unternehmerisch u. industrienah.

Oft empfohlen: Dr. Pär Johansson („schnell u. erfahren", „fachl. auf höchstem Niveau", Wettbewerber), Boris Dürr („hoch spezialisiert u. erfahren", „kollegial u. verlässlich", Wettbewerber), Dr. Andreas Urban, Dr. Mathias Schröder, Dr. Peter Ladwig, Dr. Stefan Duhnkrack, Dr. Oliver von Rosenberg, Dr. Rainer Herschlein, Dr. Lothar Ende, Dr. Martin Imhof („lösungsorientiert u. professionell", „gut in Verhandlungen", Wettbewerber), Dr. Oliver Böttcher, Dr. Helge-Torsten Wöhlert, Kristina Schneider („fachl. u. praktisch gut", Wettbewerber), Dr. Florian Brombach („gut vernetzt u. pragmatisch", „fachl. u. menschl. top", Wettbewerber), Dr. Marc Scheunemann, Dr. Anne de Boer

Team: 69 Eq.-Partner, 45 Sal.-Partner, 48 Associates, 1 of Counsel

Schwerpunkte: Transaktionsberatung v.a. für mittelständ. Unternehmen u. teils Konzerne, insbes. in den Branchen Automotive, Informationstechnologie, Industrie (v.a. Anlagen- u. Maschinenbau), Gesundheit, Transport u. Logistik sowie Energie. Auch Schnittstellen zu ▷*Nachfolge* oder ▷*Inso/Restrukturierung*. Auch öffentl. Übernahmen (▷*Gesellsch. recht*) u. aktive ▷*PE-Praxis*. China-Desk in HH u. French-Desk in München.

Mandate: 1&1 Versatel zu Kauf von Glasfasernetzen in div. Städten; Agrofert zu grenzüberschr. Kauf von Borealis-Geschäftsbereichen; Al-Ko zu Verkauf von Airtech an US-Unternehmen; Elbstein bei öffentl. Übernahme für ERWE Immobilien; Pyramid zu Kauf von Faytech; Bitcoin Group zu Kauf von Bankhaus Heydt; Supremo Shoes + Boots bei Verkauf an Deichmann; DMB bei Kauf von Raytheon Anschütz; Schön-Klinik-Gruppe zu Kauf von Imland-Kliniken; Vectron Systems zu Kauf von Acardo; Deals für European Dental Group, VW Group Services, BHG Group, ArlaPlast.

Anwaltszahlen: Angaben der Kanzleien, wie viele Anwälte zu mind. ca. 50% in diesem Gebiet tätig sind. Sie spiegeln nicht zwingend die Gesamtgröße einer Kanzlei wider.

HOFFMANN LIEBS

M&A ★

Bewertung: M&A-Praxis in Düsseldorf. Nähere Informationen finden Sie im Regionalkapitel ▷*Westen*.
Team: 6 Partner, 1 Counsel, 2 of Counsel
Schwerpunkte: Branchen v.a. Chemie, Metallverarbeitung, IT, Banken u. Automobilzulieferer. Regelm. kleine bis mittelgr. Deals mit China-Bezug.
Mandate: Siehe Regionalkapitel

HOGAN LOVELLS

M&A ★★★★

Nach Redaktionsschluss wurde bekannt, dass die Energiespezialisten Dr. Tim Heitling und Dr. Thomas Dörmer mit Team von Dentons wechseln.

Bewertung: Die Partner der M&A-Praxis sind so fokussiert wie nur wenige Wettbewerber auf Branchen wie Energie u. Automotive. Zuletzt wurde immer deutlicher, wie sinnvoll dieser Ansatz ist u. welche Fortschritte HL deshalb gemacht hat. Ein wichtiger Punkt waren strateg. wichtige Partnerzugänge im Vorjahr, v.a. im ehemals schwachen Frankf. Büro. Hier zeigt sich bereits, dass die Schnittstellen zu erneuerbaren Energien u. ▷*Private Equity* sinnvoll genutzt werden. Zudem hat die Zusammenarbeit der Partner eine neue Qualität erreicht – fachübergr. insbes. zwischen Corporate u. Finance, was auch an der Zusammenlegung der Bereiche liegt, sowie in der transatlant. Transaktionsarbeit. Hinzu kommt, dass die Praxis den Generationswechsel erfolgreich gemeistert hat, der es einer Reihe jüngerer Partner ermöglicht, sich am Markt zu etablieren. Huber ist das prominenteste Beispiel. Er ist v.a. über seine Flixbus-Arbeit bekannt, weist aber insges. eine breite Palette an Deals vor. Auch die Counsel entwickeln sich positiv: Etliche haben zuletzt eine wichtige Rolle bei den gr. Deals gespielt. Marktführend ist HL im Segment Energie-M&A, auch wenn das Infrastrukturteam durch den Weggang von Rieger, der auch für die verbesserte Zusammenarbeit mit den Finanzierern stand, einen schweren Schlag erlitt. Doch unter Leitung des angesehenen Hirschmann sollte HL dies überwinden können. Beachtl. ist einmal mehr die Bilanz bei Transaktionen in der Automobilindustrie, u. der starke Fußabdruck in anderen regulierten Branchen (z.B. Versicherung) zeigt, dass das Full-Service-Angebot bei solchen Mandanten weiterhin gut ankommt.
Stärken: Branchenfokussierungen: ▷*Unternehmensbez. Versichererberatung*, ▷*Banken*, ▷*Gesundheit*, ▷*Energie* u. Chemie. Europaweit eng vernetzte ▷*Gesellsch.rechts-* u. ▷*Immobiliengruppe*.
Oft empfohlen: Dr. Nikolas Zirngibl („kann auch um 3 Uhr nachts hoch komplexe Klauseln verhandeln u. treibt Deals zum Erfolg“, „charmanter u. starker Verhandler“, Mandanten), Matthias Hirschmann, Dr. Volker Geyrhalter („sehr erfahren u. konstruktiv“, Wettbewerber), Dr. Christoph Louven, Dr. Lutz Angerer, Dr. Andreas Meyer, Peter Huber („sehr kompetent u. pragmatisch“, Wettbewerber), Jens Uhlendorf, Birgit Reese, Dr. Matthias Jaletzke, Dr. Jörg Herwig („sehr präziser u. hoch qualitativer Transaktionsspezialist“, Wettbewerber), Dr. Torsten Rosenboom („stets pragmatisch, bestes Verständnis für Mandantenbedürfnisse u. Konzernkommunikation“, Mandant), Dr. Christoph Naumann („umtriebig, immer visibler im Markt“, Wettbewerber)
Team: Corporate insges.: 22 Partner, 10 Counsel, 41 Associates
Partnerwechsel: Dr. Alexander Rieger (zu Latham & Watkins), Dr. Urszula Nartowska (zu Obi Group Holding)
Schwerpunkte: Multijurisdiktionale Transaktionen; bes. Kompetenz in Hamburg: skand. Investitionen, Energie u. Medien; D'dorf: Versicherer u. Chemie; München: TMT u. Pharma; Ffm.: Finanzinstitute. Auch ▷*PE*.
Mandate: BMW u. Mercedes-Benz bei Verkauf von Share Now an Stellantis; Dürr bei Kauf BBS Automation von EQT; Motherson-Gruppe bei Kauf von SAS Autosystemtechnik; Fressnapf-Beteiligung bei Kauf der Arcaplanet-Gruppe; Covestro bei Verkauf der Additive-Manufacturing-Sparte an Stratasys; Saint-Gobain bei Kauf von Monofrax; Kirkbi/William Demant bei Verkauf der indirekten Beteiligungen am Windpark Borkum Riffgrund; Northland Power bei Verkauf von 29,4% an Offshore-Windprojekt Hai Long; BRD Finanzagentur bei Verkauf der Beteiligung an Lufthansa; Talanx bei Kauf der lateinamerik. Versicherungssparte von Liberty; Mitsubishi bei Verkauf von MCE Bank an Santander; CureVac bei Kauf von Frame Therapeutics; Bierwirth & Kluth bei Verkauf ihres Hotelportfolios; Banijay Germany bei Kauf von Sony Pictures; Ideal Versicherung bei Kauf von MyLife Lebensversicherung u. HonorarKonzept.

HONERT

M&A ★

Bewertung: M&A-Praxen in München u. Hamburg. Nähere Informationen finden Sie in den Regionalkapiteln ▷*Norden* u. ▷*Süden*.
Team: 11 Partner, 2 Counsel, 16 Associates
Schwerpunkte: Kombinierte gesellschafts- u. steuerrechtl. Beratung großer Mittelständler u. Unternehmerfamilien, oft mit internat. Aspekten. Auch für PE-Häuser u. Fondsinitiatoren aktiv.
Mandate: Siehe Regionalkapitel.

JONES DAY

M&A ★★★★

Bewertung: Schwerpunktmäßig berät die M&A-Praxis der US-Kanzlei bei grenzüberschr. Transaktionen Mandanten aus Dtl. sowie dem internat. Netzwerk. Hier ist die Präsenz der Kanzlei im Ausland u. die damit verbundene Beratung aus einer Hand über die Landesgrenzen hinweg ein Pfund, mit dem JD bei Mandanten wuchern kann: so bspw. bei der Beratung von Ansys zu einer Transaktion, in der – neben dem JD-Team aus Dtl. – auch Anwälte aus Italien, Frankreich u. den USA zum Einsatz kamen. Daneben ist die Praxis regelm. bei Zukäufen für PE-Portfoliounternehmen gefragt. Im Beratungsangebot der Kanzlei hinterlässt der Wechsel einer bekannten Partnerin aus dem Vorjahr dahingehend eine Lücke, dass Beratung zu Transaktionen im Erneuerbare-Energien-Sektor aktuell nicht angeboten wird. Um auch weiterhin an den Entwicklungen auf diesem zukunftsträchtigen Marktsegment partizipieren zu können, gilt es, diese Lücke schnellstmöglich zu schließen.
Stärken: Globale Reichweite mit außergewöhnl. starker US-Praxis. Transaktionserfahrene Fusions- u. Investitionskartellrechtler.
Oft empfohlen: Ansgar Rempp („große Kompetenz, proaktive Herangehensweise u. sehr serviceorientiert“, Mandant), Dr. Ulrich Brauer, Adriane Sturm, Ivo Posluschny, Sandra-Christine Kamper
Team: 14 Partner, 2 Counsel, 12 Associates, 5 of Counsel
Partnerwechsel: Dr. Michael Bartosch (von Baker McKenzie)
Schwerpunkte: Grenzüberschr. Transaktionen, häufig mit US- u. Europa- oder Asien-Bezug (▷*Außenwirtschaftsrecht*) u. ▷*PE u. VC*. Auch innerdt. Tätigkeit für dt. Konzerne.
Mandate: Ansys zu Kauf von Dynamore; Arrowhead Engineered Products zu Kauf von Best4Forst; Rejuvenate zu Kauf von Geschäft von Co.don; Sanofi zu Carve-out von Eu-Roapi u. im Zshg. mit Beteiligung durch Republik Frankreich; Timken Company zu Kauf von GGB Bearing; Cenntro Electric Group zu Kauf von Tropos Motors; EcoVadis zu Kauf von Ecotrek; Gründer von Effution zu Verkauf an A2MAC1; FleetCor Technologies zu Kauf von Plugsurfing; Karos zu Kauf von GoFlux.

K&L GATES

M&A ★★

Bewertung: Seit einiger Zeit liegt der Schwerpunkt der US-Kanzlei in Dtl. auf Deals für Industrieunternehmen der Automobil- u. Technologiebranche. Der Fokus hat sich v.a. in den Büros in Berlin u. München etabliert, wobei Letzteres auch über traditionell starke Verbindungen nach Italien verfügt. So beriet etwa ein Team aus München einen ital. Autobauer bei einem Zukauf in Deutschland. Auch wenn die meiste Arbeit im Mid-Cap-Segment angesiedelt ist, fällt auf, dass K&L Gates allmähl. in immer größere Deals involviert wird – eine Entwicklung, die sich noch verstärken wird, sollte es gelingen, die lange erhoffte Verstärkung für das Frankf. Büro zu gewinnen.
Stärken: Grenzüberschr. mittelgroße Transaktionen.
Oft empfohlen: Dr. Thomas Lappe („sehr unkomplizierte u. klare Auskunft, insbes. auch zu grenzüberschr. Fragestellungen; sehr angenehme Zusammenarbeit“, Mandant), Dr. Martina Ortner, Dr. Franz Schaefer, Dr. Thilo Winkeler („gute Vertragsgestaltung u. Beratung“, Mandant; „top vernetzt, super Marktpräsenz“, Wettbewerber)
Team: 7 Partner, 5 Sal.-Partner, 2 Counsel, 6 Associates
Schwerpunkte: Stark internat. aufgestellte Praxis mit Fokus auf Mid-Cap-Deals.
Mandate: Exact Sciences bei Kauf von Omicera Diagnostics; Atos-Gruppe bei Kauf von rheinländ. orthopädischen Behandlungszentren; DFDS bei Kauf von Primerail; Argo bei gr. Transaktion in Dtl.

KALLAN

M&A ★

Bewertung: Die Kanzlei hat mit ihrer M&A-Beratung von gr. nordeurop. Unternehmen u. Investoren – die sie v.a. käuferseitig berät – ein Alleinstellungsmerkmal. Umfängl. behält sie deren Töchter in Dtl. dann auch im Blick.
Stärken: Umf. Kenntnis schwed. Mandanten.
Team: 2 Partner, 3 Associates
Schwerpunkte: Skandinavische Unternehmen/Investoren bei Transaktionen u. Investments in Deutschland.
Mandate: Leica Geosystems (Hexagon-Gruppe) zu Kauf von LocLab (einschl. Produktionstochter in Pakistan); Lindlab bei Kauf von Raab Lüftungstechnik; Mimir bei Kauf des Metallrecyclinggeschäfts von Metso Outtotec; Hexpol bei M&A-Transaktion.

KAPELLMANN UND PARTNER

M&A ★

Bewertung: Das kleine M&A-Team erarbeitet sich bei Mandanten der starken Baurechtspraxis offen-

Anwaltszahlen: Angaben der Kanzleien, wie viele Anwälte zu mind. ca. 50% in diesem Gebiet tätig sind. Sie spiegeln nicht zwingend die Gesamtgröße einer Kanzlei wider.

bar immer mehr Respekt: So vertraute Currenta, die bislang v.a. im Anlagenbau Rat suchte, dem Team mehrere Transaktionen an. Derweil positionieren sich in München 2 Anwältinnen an der Seite von Enova bei Deals im Sektor Erneuerbare Energien. Teils ist ihr Spezialwissen nur bei der Due Diligence gefragt, teils sind sie in den gesamten Deal involviert. V.a. die Arbeit des inzw. vorwiegend von HH aus tätigen Carstens erstreckt sich jedoch über die Kernbranchen hinaus. Technikunternehmen gehören ebenso zu seiner Mandantschaft wie Händler.
Oft empfohlen: Dr. Christoph Carstens („präzise u. vorausschauend", „guter Verhandler", Wettbewerber)
Team: 2 Eq.-Partner, 3 Sal.-Partner, 5 Associates
Schwerpunkte: Mittelgr. Transaktionen, teils mit Bezug zur ▷*Baurechtspraxis*, aber mit insges. breitem Spektrum. Auch ▷*Gesellschaftsrecht*.
Mandate: Currenta bei div. geplanten Unternehmenskäufen, auch aus Insolvenz; Enova Value u.a. bei Kauf der Windparks Gerdshagen I u. Mannhagen-Bälau; Gesellschafter eines mittelständ. Projektentwicklers bei gepl. Verkauf sämtl. Anteile in einem strukturierten Bieterprozesses; norddt. Bauunternehmen bei Kauf einer Kiesgrube inkl. Abbaurechten u. gesamter -unternehmung.

KING & WOOD MALLESONS

M&A ★★

Bewertung: Seitdem sich die Transaktionspraxis der gr. asiat.-europ. Kanzlei vor 2 Jahren hin zu mehr Arbeit für Finanzinvestoren verlagert hat, spielt strateg. M&A eine untergeordnete Rolle. Weiterhin stabil ist der Anteil der Arbeit, der aus Asien heraus nach Dtl. importiert wird u. etwa 20% der Transaktionsarbeit ausmacht, welche durch die vereinbarte engere Zusammenarbeit mit den Teams von Eversheds Sutherland breiter nach Europa austreuen dürfte. Daneben ist KWM regelm. bei Portfoliounternehmen gefragt. Die Praxis befindet sich inmitten eines scheinbar erfolgreichen Generationswechsels, der auch Auswirkungen auf die Schnittstelle zu ▷*Private Equity* hat.
Stärken: Beratung ▷*PE* bei Portfoliodeals. Riesige asiat. Praxis.
Team: 5 Partner, 3 Counsel, 5 Associates
Schwerpunkte: Kleine bis mittelgr. Transaktionen für internat. Unternehmen u. historisch größere Volumina, v.a. für chin. Industriekonzerne. Auch Aktien-/Übernahmerecht u. ▷*PE*.
Mandate: Hangzhou Honghua Digital Technology bei Kauf von Texpa; Sinoseal Holding bei Kauf von Krüger & Sohn; Gesellschafter von Cryptshare bei Verkauf ihrer Anteile an Pointsharp-Gruppe; Zvoove bei Kauf Fortytools u. ProSolution.

KIRKLAND & ELLIS

M&A ★★★

Bewertung: Mit der sehr starken Fokussierung auf ▷*PE*-Mandanten taucht K&E bei klass. M&A-Deals entweder für Portfoliounternehmen der PE-Häuser auf oder in ihrer 2. Paradedisziplin öffentl. Übernahmen wie z.B. bei XXXLutz. Die Anwälte genießen – bis in die Reihen der Senior Associates – einen herausragenden Ruf für ihr Transaktionsmanagement.
Stärken: Öffentl. Übernahmen, umfangr. US-Praxis.
Oft empfohlen: Dr. Benjamin Leyendecker, Attila Oldag
Team: 4 Eq.-Partner, 5 Sal.-Partner, 15 Associates
Schwerpunkte: V.a. Beratung von ▷*PE*-Mandanten (inkl. Portfoliogesellschaften).
Mandate: Groupe Bruxelles Lambert bei Kauf einer Mehrheit an Sanoptis; Ingenio bei Kauf der Adviqo-Gruppe; XXXLutz-Gruppe bei öffentl. Übernahmeangebot für ausstehende Aktien von Home24.

KPMG LAW

M&A ★★

Bewertung: Die M&A-Praxis der Big-Four-Kanzlei ist inzw. fest im M&A-Markt etabliert. Dass sie zusehends der Beratung mittelständ. Unternehmen entwächst, belegen vermehrte Mandatierungen durch große dt. Unternehmen. So berät die Praxis u.a. einen gr. dt. Pharmakonzern bei einem Abverkauf über ein Bieterverfahren ebenso wie ein in Dtl. börsennot. Bergbauunternehmen zu Ver- u. Zukäufen. Erneut agierte die dt. Praxis in einer grenzüberschr. Transaktion mit den Kollegen aus Österr., diesmal an der Seite von ZF Friedrichshafen. Neben klass. strateg. M&A ist die Praxisgruppe auch bei Add-on-Transaktionen für Portfoliounternehmen von PE-Häusern gefragt.
Oft empfohlen: Dr. Dr. Boris Schilmar („kompetente u. sachl. Mandatsführung", Wettbewerber), Lars-Alexander Meixner, Dr. Daniel Kaut („kompetent u. fair", Wettbewerber), Dr. Christian Nordholtz
Team: Corporate insges.: 17 Eq.-Partner, 20 Sal.-Partner, 31 Associates
Partnerwechsel: Dr. Andreas Vath (zu Luther)
Schwerpunkte: V.a. mittelgr. M&A-Deals, auch mit internat. Bezug. Anwälte sind auf mehr als ein Dutzend Büros verteilt, mit M&A-Schwerpunkten in Nürnberg, D'dorf und Stuttgart.
Mandate: Pharmaunternehmen zu Verkauf von Geschäftssparte, börsennot. Bergbauunternehmen zu Ver- u. Zukäufen; ZF Friedrichshafen zu Verkauf von Mehrheit an Ing. Tsetinis Beratung an Efeso Consulting France; Eintracht-Frankfurt-Tochter zu Kauf von Dreieich Sportstätten Betrieb u. Marketing; Hannoversche Volksbank zu Kauf von Mehrheit an Immac; Questel zu Kauf von Aktien von Branstock Services; Aegidius Rückversicherung/Wertgarantie Group zu Verkauf aller Aktien an Agila Haustierversicherung an Pinnacle Pet Group.

KSB INTAX

M&A ★

Bewertung: M&A-Praxis mit Hauptsitz in Hannover, die einen integrierten steuerrechtl. Ansatz hat. Nähere Informationen finden Sie im Regionalkapitel ▷*Norden*.
Team: 14 Partner, plus Associates
Schwerpunkte: Beratung des Mittelstands, mittelgr. Transaktionen, Käufe u. Verkäufe im Pflegesektor. Auch Notariat.
Mandate: Siehe Regionalkapitel.

KÜMMERLEIN

M&A ★★

Bewertung: Die Kanzlei hat ihre Präsenz bei M&A-Transaktionen sowohl bundesw. als auch grenzüberschr. gestärkt. Sie erledigte z.B. die Due Diligence für das ‚Südwestkonsortium' im Bieterverfahren TransnetBW u. beriet DB Schenker bei 2 Transaktionen. Bei zahlr. größeren Mittelständlern geht die Vertrauensstellung der Kümmerlein-Partner so weit, dass sie neben dem Fachlichen auch als Struktur- u. Strategieberater gefragt sind. Eher nebenbei bewältigen einige der Fachgruppen einen Generationswechsel: Mit insges. 6 Partnerernennungen, davon 2 im Corporate-Bereich, hat Kümmerlein die Basis für eine weitere Verjüngung der Führungsriege geschaffen.
Stärken: Langj. Mandantenstamm v.a. im ▷*Ruhrgebiet*. Angesehenes Notariat.
Oft empfohlen: Dr. Sebastian Longrée, Dr. Martin Gisewski
Team: Corporate insges.: 20 Partner, 1 Counsel, 6 Associates
Partnerwechsel: Michael Schacke (Ruhestand)
Schwerpunkte: Beratung des Mittelstands, Konzerne bei mittelgr. Transaktionen u. zunehmend Transaktionen mit Auslandsbezug. Zunehmende Vernetzung mit anderen Praxisgruppen für umf. Projektberatung.
Mandate: LSG zu Verkauf an Aurelius; DB Schenker zu Kauf von Bitergo u. Verkauf von EVAG; Fahrzeug-Werke Lueg zu Kauf von WAS; Thyssenkrupp Material Services zu Kauf von Westphalia DataLab; Klingenburg-Gruppe zu Verkauf an Carel Industries; Sparkassen-‚Südwestkonsortium' mit Due Diligence zu Einstieg bei TransnetBW.

LATHAM & WATKINS

M&A ★★★★★

Bewertung: Die zu den Marktführern gehörende M&A-Praxis der US-Kanzlei bespielt die ges. Bandbreite von Private bis Public M&A. Von Wettbewerbern werden die L&W-Anwälte regelm. für ihr „besonderes jurist. Know-how" sowie ihre „angenehme Verhandlungsführung" gelobt. Neben etablierten u. erfahrenen Partnern erhalten auch Jüngere wie Gotsche eine ganze Reihe von Empfehlungen. Bes. präsent ist die Kanzlei bei der Beratung zu grenzüberschr. – regelm. transatlant. – Transaktionen, bei denen L&W mit ihren ebenso starken Teams in anderen Jurisdiktionen punkten kann. Bsph. für derartige Transaktionen ist die Beratung von Siemens Smart Infrastructure bei einem mrd-schweren Zukauf in den USA. Einen besonderen Fokus legt die Kanzlei auf die Beratung in den Sektoren Healthcare, Tech, Energie u. Infrastruktur, in denen das Team einen beachtl. Trackrecord vorweisen kann. Insbes. im Energie- u. Infrastruktursektor hat sich der D'dorfer Partner Larisch im Markt mit einer Reihe von Transaktionen positioniert. Durch den Zugang von Rieger, der ebenfalls den Infrastruktursektor bespielt, rüstet L&W in diesem zukunftsträchtigen Bereich weiter auf u. deckt dadurch auch Transaktionen in Asset-Klassen wie Datencentern oder Energiespeichern ab, die bisher nicht im Fokus der Praxis standen. Nicht zuletzt sorgt die hoch angesehene PE-Praxis dafür, dass Mandanten bei Themen mit entspr. Bezug auf die Kanzlei vertrauen. Die belegt die Beratung von Cheplaharm im Zshg. mit dem Investment 2er Investoren.
Stärken: Große Gruppe von Transaktionsanwälten, die häufig auch in PE aktiv sind.
Oft empfohlen: Dr. Tobias Larisch („pragmatisch, unaufgeregt u. brillant", Wettbewerber), Oliver Felsenstein, Dr. Henning Schneider, Dr. Nikolaos Paschos, Dr. Rainer Traugott („sehr guter Verhandler", Mandant), Burc Hesse („er u. sein Team sind super", „sehr gute Zusammenarbeit", Mandanten), Dr. Ingo Strauss („schnell, gut, kommerziell u. sozial intelligent – so wünscht man sich einen Anwalt", Mandant), Dr. Heiko Gotsche („sehr angenehm in der Verhandlung", Wettbewerber)
Team: 20 Partner, 8 Counsel, 37 Associates
Partnerwechsel: Dr. Alexander Rieger (von Hogan Lovells), Dr. Stefan Widder (zu Gleiss Lutz)

Anwaltszahlen: Angaben der Kanzleien, wie viele Anwälte zu mind. ca. 50% in diesem Gebiet tätig sind. Sie spiegeln nicht zwingend die Gesamtgröße einer Kanzlei wider.

Schwerpunkte: Branchen: u.a. ▷*Gesundheit*, Finanzdienstleister, Energie, Medien. Starke ▷*PE-Praxis*. Gute Verbindungen zu Großkonzernen.
Mandate: JV aus Advent u. Lanxess zu Kauf von DSM Engineering Materials von der niederl. Royal DSM; Aareal Bank zu öffentl. Übernahmeangebot Atlantic BidCo; Cheplapharm zu Investition durch Atlantic Park u. GIC; Deutsche Bank AG/Orchard Global Asset Management zu Verkauf von HIT Holzindustrie Torgau an Merger International; IKB Deutsche Industriekreditbank im Zshg. mit möglichem Verkauf durch Lonestar; Körber Supply Chain Software Management zu Kauf von Envista; Lincoln International zu Buy-out von Minderheitsaktionären bei Lincoln Deutschland; Nichi-Iko Pharmaceutical zu Verkauf von Sagent Pharmaceuticals u. Omega Laboratories; Omers als Minderheitsgesellschafter von VTG im Zshg. mit Verkauf von VTG durch Morgan Stanley Infrastructure Partners; Siemens Smart Infrastructure zu Kauf von Brightly Software; RWE zu Verkauf von Electra Insurance; ZF Friedrichshafen Verkauf von Geschäftssparte an Aequita.

LEO SCHMIDT-HOLLBURG WITTE & FRANK

M&A ★

Bewertung: M&A-Praxis aus Hamburg. Nähere Informationen finden Sie im Regionalkapitel ▷*Norden*.
Team: 4 Eq.-Partner, 1 Counsel, 1 Associates
Schwerpunkte: Technologiegetriebene Transaktionen. Auch Management bei gr. Buy-out-Transaktionen.
Mandate: Siehe Regionalkapitel.

LINDENPARTNERS

M&A ★

Bewertung: M&A-Praxis aus Berlin. Nähere Informationen finden Sie im Regionalkapitel ▷*Osten*.
Team: 5 Eq.-Partner, 4 Associates
Schwerpunkte: Beratung von Fondsgesellschaften u. Mandanten aus dem Immobiliensektor.
Mandate: Siehe Regionalkapitel.

LINKLATERS

M&A ★★★★★

NOMINIERT
JUVE Awards 2023
Kanzlei des Jahres für M&A

Bewertung: Große, primär gesellschaftsrechtl. geprägte Strukturmaßnahmen standen in den verg. Jahren im Zentrum der Corporate-Beratung bei der brit. Kanzlei. Zuletzt hat Linklaters eindrucksvoll gezeigt, dass dies keinerlei Auswirkungen auf ihren M&A-Trackrecord hat u. sie sich nicht so schnell von Wettbewerbern überholen lässt. Trotzdem gibt es offene Fragen in der dt. Praxis. Eine ist die nach der Präsenz jüngerer Partner, die nicht mit der bei Hengeler oder Freshfields vergleichbar ist. Die Breite u. Qualität der Deals hat sich über das verg. Jahr enorm verbessert. Hinzu kam, dass das Highlight-Mandat für die ges. Corporate-Praxis – der Porsche-IPO – auch eine große M&A-Komponente hatte. Besonders auffällig war, dass die Bemühungen um die Integration der europ. Praxis zu greifen beginnen. So gab es deutl. mehr Inbound-Deals, wie den Carrier-Globals-Erwerb der Viessmann-Sparte als bes. Highlight u. koordinierte Mandatsbearbeitung mit anderen Ländern (z.B. London bei Vodafone). Lufthansa u. Schaeffler sind Belege dafür, dass Linklaters neue Mandanten für gr. Deals gewinnen konnte. Im Vergleich zu Hengeler u. Freshfields ist Linklaters allerdings auf die Spitze der High-End-Mandate fokussiert. Es gibt einen ganzen Sockel gut bezahlter, (oft) grenzüberschr. Deals, bei denen jüngere Partner glänzen könnten: Die Arbeit von Farkas in HH neben dem bereits bemerkensw. erfolgr. Pofahl ist ein gutes Zeichen. Diese Entwicklung sollte Linklaters auch in anderen Büros, v.a. München, forcieren.
Stärken: Sehr starke Vernetzung von M&A u. Gesellschaftsrecht, viel Erfahrung mit öffentl. Übernahmen. Guter Trackrecord in Infrastrukturdeals.
Oft empfohlen: Dr. Ralph Wollburg („weiterhin ein führender Name in öffentl. Übernahmen, dadurch ein beeindruckender Trackrecord", Wettbewerber), Staffan Illert, Dr. Tim Johannsen-Roth, Dr. Wolfgang Krauel, Ulrich Wolff, Achim Kirchfeld, Dr. Ralph Drebes („Spitzenjurist, immer ruhig, aber sehr bestimmend", Wettbewerber), Kristina Klaaßen-Kaiser („bei Verhandlungen gar nicht aus der Ruhe zu bringen, sehr beeindruckend", Wettbewerber), Mario Pofahl („in kurzer Zeit zu einem der führenden Namen in Hamburger Markt geworden", Wettbewerber), Stephan Oppenhoff („ruhig u. besonnen bei öffentl. M&A", Wettbewerber), Dr. Timo Engelhardt, Andreas Müller, Martina Farkas („schnell im Kopf, gut im Mandanten-Handling; wird wichtig bei Linklaters", Wettbewerber)
Team: 27 Partner, 15 Counsel, 83 Associates, 2 of Counsel
Schwerpunkte: Bes. stark bei dt. Großunternehmen, auch viele Transaktionen für ausl. Investoren in Dtl.; auch ▷*Insolvenz/Restrukturierung* u. ▷*Gesellsch.recht*. Gewisser Branchenfokus auf ▷*Energie*, ▷*Unternehmensbez. Versichererberatung*, Automobil, Konsumgüter, Maschinenbau, Informationstechnologie u. Banken.
Mandate: VW bei Verkauf von 25% an Porsche AG an Porsche SE u. bei Verkauf des Russland-Geschäfts; Qatar Investment Authority bei Investition in RWE; Carrier Global bei Kauf von Viessmann Klimalösungen; Vodafone bei JV mit GIP u. KKR für Vantage Towers inkl. öffentl. Übernahmeangebot an ausstehende Aktionäre; Traton bei Kauf von MAN/VWTB Financial Services; Fresenius Kabi bei 55%-Beteiligung an Mabxience; Schaeffler bei Kauf der Ewellix-Gruppe; Trans-o-Flex Express bei Verkauf der Trans-o-Flex-Gruppe; Macquarie bei Verkauf der Beteiligung an Open Grid Europe u. Verkauf einer Minderheit an Estag; Uniper bei gepl. Verkauf der Mehrheit an einem börsennot. Energieunternehmen; McKesson bei Verkauf des europ. Geschäfts an div. Unternehmen; KfW bei Kauf von 50% an LNG-Terminal in Brunsbüttel.

LMPS VON LAER MEYER PAUL STUTTMANN

M&A ★★

Bewertung: Die D'dorfer Boutique hat sich inzw. als eine der prominenteren Spin-off-Kanzleien im Markt etabliert. Grund dafür ist nicht zuletzt ihre Fähigkeit, Marktanteile bei prominenten Mandanten wie Bitburger zu gewinnen. Auch die Verbindungen zu VC-finanzierten Unternehmen sind stark. So zeigt die Rolle von LMPS bei einem so prominenten Deal wie der Solaris-Transaktion, in welchem Segment die Partner agieren können. Die Erfahrung bei öffentl. Übernahmen ist ein nennenswertes Differenzierungsmerkmal zu anderen Boutiquen, ebenso das starke Netzwerk zu Boutiquen in anderen Fachbereichen, das auch das Transaktionsmanagement verbessert. Ein Wettbewerber lobt die schnelle Reaktionszeit u. Beratung auch in komplexen grenzüberschr. Sachverhalten.
Stärken: Beratung von Family Offices.
Oft empfohlen: Dr. Carl von Laer („hervorragender Verhandler, extrem angenehm in der Zusammenarbeit", Wettbewerber), Dr. Hubertus Stuttmann („breite Erfahrung in Transaktionen, professionell u. immer lösungsorientiert", „sehr umtriebig", Wettbewerber), Dr. Carsten Paul („ausgesprochen schnell u. sehr angenehm im Umgang", Wettbewerber)
Team: 4 Eq.-Partner, 1 Sal.-Partner, 3 Associates
Schwerpunkte: Stetiger Fluss an kl. bis mittelgr. Transaktionen, inkl. VC. Auch konzern-, aktien- u. kapitalmarktrechtl. Begleitung von Großunternehmen, Organberatung sowie gesellschaftsrechtl. Prozesse.
Mandate: Solaris bei Kauf des ADAC-Kreditkartenportfolios von LBB Landesbank; Bitburger Ventures bei div. Beteiligungen; Adler-Beteiligung bei Verkauf von Adler Smart Solutions; EQT/Banking Circle bei Kauf von Sepaexpress; Medwing bei mehreren Übernahmen von dt. Personaldienstleistern; Philomaxcap bei öffentl. Übernahmeangebot durch Capana; Robu-Gruppe u. Familienstämme bei Verkauf an QSIL.

LOSCHELDER

M&A ★

Bewertung: M&A-Praxis aus Köln. Nähere Informationen finden Sie im Regionalkapitel ▷*Westen*.
Team: 7 Eq.-Partner, 1 Sal.-Partner, 7 Associates
Schwerpunkte: Starke Mittelstandskontakte, zunehmend für Konzerne u. in grenzüberschreitenden Deals tätig. Auch starke Immobilienpraxis.
Mandate: Siehe Regionalkapitel.

LUPP + PARTNER

M&A ★★

Bewertung: Die Transaktionskanzlei verfügt nun über eine kritische Masse an erfahrenen Partnern, die eine Spezialisierung auf ▷*PE* u. strateg. M&A-Transaktionen ermöglicht. Die gr. Erfahrung u. die Kontakte von Schrader haben zu einer Reihe von mittelgr. Transaktionen geführt, darunter auch einige für namh. Family Offices. Der Gewinn eines Mandats von einem führenden dt. Autokonzern für eine Transaktion im Ausland war eine bedeutende Entwicklung für die Praxis. Die PE-Praxis hat gezeigt, dass L+P eine wichtige Rolle auf dem Transaktionsmarkt spielen kann; weitere Neueinstellungen für M&A-Aktivitäten wären notwendig, um die Dynamik in diesem Segment aufrechtzuerhalten.
Oft empfohlen: Dr. Nikolaus Schrader („sehr erfahren u. entspr. souverän in Verhandlungen", Wettbewerber), Dr. Matthias Lupp („guter Verhandler, innovativ", Wettbewerber), Dr. Nis Carstens, Dr. Stefan Jörgens, Dr. Kerstin Kopp, Ksenia Ilina („sehr hohe interkulturelle Kompetenz", Wettbewerber), Dr. Thomas Krawitz („erfahrener Transaktionsrechtler, sehr angenehmer Umgang", Wettbewerber)
Team: Corporate insges.: 15 Partner, 4 Counsel, 21 Associates
Schwerpunkte: Zum gr. Teil mittelgr. Deals für dt. Unternehmen, auch gute Beziehungen zu Family Offices. Stark in ▷*PE*.
Mandate: Gesellschafter von A&H Meyer Leuchten bei Verkauf an Legrand; Gesellschafter von Burmester, Duncker & Joly bei Zusammenschluss mit GGW-Gruppe u. bei Reinvestment; HIH/Warburg, Patrizia u. KGAL bei Verkauf der control.IT-Gruppe an Planon; Hauhinco bei Kauf von Longwall Mining

Anwaltszahlen: Angaben der Kanzleien, wie viele Anwälte zu mind. ca. 50 % in diesem Gebiet tätig sind. Sie spiegeln nicht zwingend die Gesamtgröße einer Kanzlei wider.

Business von Caterpillar; Dricon bei Kauf von Rocket Food Invest von Emma & Paul; Gesellschafter von AMP bei Verkauf an WPP; Implenia bei Verkauf an Peri; Soravia bei Kauf von Capera.

LUTHER

M&A ★★★

Bewertung: Die M&A-Praxis zeichnet sich durch einige markante Schwerpunkte aus: Neben der bemerkenswerten Positionierung im ▷*Energiesektor*, wo auch E.on u. EnBW auf die Kanzlei vertrauen, ist sie eine der gefragtesten Adressen für Transaktionen im ▷*Krankenhaussektor*. Zuletzt gewann das Team einen namh. Leistungsträger als Mandanten, der ihm eine Reihe von Transaktionen anvertraute. Auch viele gewachsene Verbindungen zu mittelständ. Unternehmen sorgten für einen lfd. Dealflow, wobei sich einige jüngere Partner vermehrt auch bei Finanzinvestoren positionierten. Die anerkannte Erfahrung bei internat. Transaktionen mit Asien-Bezug war zuletzt vermehrt über das Büro in Singapur gefragt – so konnte die Kanzlei den Rückgang im China-Geschäft ausgleichen. Doch über Kuhnles Arbeit für einen US-Konzern sowie mit den vermehrten Verweismandaten über das noch neue Netzwerk Unyer dürfte sich Luthers Position als Anlaufstelle für Mid-Cap-Deals mit Auslandsbezügen weiter festigen.

Stärken: Starke Wurzeln in allen Regionen Dtl.; viel grenzüberschr. Erfahrung. Transaktionen im Krankenhaus- u. Energiesektor (▷*Gesundheit*, ▷*Energie*).

Oft empfohlen: Dr. Thomas Kuhnle, Dr. Michael Bormann, Dr. Andreas Kloyer, Dr. Thomas Halberkamp, Dr. Oliver Kairies, Dr. Ulrich Philippi („guter M&A-Mann mit gutem Verständnis für Geschäftsmodelle“, Mandant), Philipp Dietz („kompetent u. lösungsorientiert“, Wettbewerber), Dr. Axel Mühl („schnell und durchsetzungsfähig“, „sehr kreativ, harter Verhandler“, Wettbewerber)

Team: 45 Partner, 15 Counsel, 57 Associates, 1 of Counsel

Schwerpunkte: Branchenerfahrung im ▷*Energie-* bzw. ▷*Gesundheitssektor*. Teils auch für PE-Fonds. Eingespielte Zusammenarbeit mit den Fachbereichen ▷*Gesellsch.recht*, ▷*Vertrieb* u. ▷*Arbeitsrecht*. Auf internat. Ebene gute Zusammenarbeit mit eigenen Auslandsbüros (insbes. Singapur u. Luxemburg) u. mit Kooperationskanzleien.

Mandate: Autoneum zu Kauf von Borgers aus Insolvenz; I.G. Bauerhin zu Verkauf an Lear Corp.; Al Seer Marine als Bieter für Lloyd Werft Bremerhaven; Lomar Shipping zu Kauf von Schifffahrtsunternehmen, inkl. Tankerflotte; Dietz-Motoren zu Verkauf u. Einbringung in E-Motoren-Holding; Warsteiner Brauerei, u.a. zu Beteiligung an Hye; Ottobock, u.a. zu Kauf von Orthopädie Brillinger; DKV Mobility Services zu Kauf von InNuce Solutions; Qsil zu Kauf von 4 internat. Standorten von H.C. Starck; Landesbehörde zu mögl. Beteiligung an Fernwärmeanbieter.

MAYER BROWN

M&A ★★★

Bewertung: Die Beratung zu klass. strateg. M&A-Transaktionen sowie die Begleitung von PE-Portfoliounternehmen bei Add-on-Transaktionen bilden die Säulen der Arbeit in der M&A-Praxis. Im klass. M&A kommt MB regelm. bei (Industrie-)Mandanten zum Zuge, sowohl aus Dtl. als auch aus dem Ausland. Entspr. stark präsentiert sich MB bei grenzüberschr. Transaktionen. Anders als andere US-Kanzleien verfügt sie über ein beachtl. originär dt. Geschäft. Ein Bsp. für die Beziehung zu dt. Mandanten sowie das Know-how in grenzüberschr. Transaktionen ist die Beratung von Benteler zu einem Verkauf in den USA. Einen herben Verlust für die Praxis stellt jedoch der Abgang des angesehenen Partners u. bish. Leiters der dt. Corporate-Praxis Lemor dar, der in der Vergangenheit mehrfach bei prominenten Deals wie der Beratung vom Dow zum Einstieg in das LNG-Terminal in Stade in Erscheinung trat. Bei vielen Wettbewerbern galt Lemor als Gesicht der Praxis u. deren visibelster Marktteilnehmer – eine Lücke, die es nun zu füllen gilt.

Stärken: Ww. Netzwerk mit eigenen Büros in Asien.

Oft empfohlen: Dr. Marco Wilhelm (v.a. Distressed M&A), Carsten Flaßhoff, Dr. Jan Streer („präzise rechtl. Beratung u. fundierte Einschätzungen“, „praxisorientiert u. hoch professionell“, Mandanten), Carlos Robles y Zepf, Dr. Fabio Borggreve („angenehme u. professionelle Zusammenarbeit“, Wettbewerber)

Team: 8 Partner, 7 Counsel, 5 Associates

Partnerwechsel: Dr. Fabio Borggreve (von Squire Patton Boggs); Dr. Julian Lemor (zu Noerr)

Schwerpunkte: Mittelgr. Deals für Konzerne u. gr. Mittelständler, internat. v.a. industrielle Mandanten bei Investitionen im dt. Markt. Add-on-Akquisitionen für ▷*PE*-gehaltene Firmen. Auch ▷*Insolvenz/Restrukturierung*.

Mandate: AaviGen im Zshg. mit Investition durch DH-LT Investments; Benteler Group zu Verkauf von Standort in USA an Tenaris; Goodyear zu Kauf von Reifen Burkhardt GmbH & Co. KG; Hoerbiger zu Kauf von Johnson Matthey Piezo Products; Albemarle Corporation, Albemarle Germany, Ante-Holz GmbH, Raffinerie Heide, Wepa jew. zu Transaktionen.

MCDERMOTT WILL & EMERY

M&A ★★★★

Bewertung: Die M&A-Praxis der US-Kanzlei tritt im Markt v.a. bei Mid-Cap-Transaktionen in Erscheinung u. ist dort fest etabliert. Bes. häufig vertrauen dabei Family Offices sowie mittelständ. Unternehmen auf das Know-how der Kanzlei. Neben dem trad. starken Engagement von MWE für Mandanten dieser Kategorie gelingt es ihr sukzessive, bei dt. börsennot. Unternehmen Fuß zu fassen. Daneben zeigte sich MWE zuletzt auch bei Transaktionen im Finanzdienstleistungssektor bzw. an der Schnittstelle zw. diesem u. dem IT-Sektor. Bei einer Transaktion für Payxpert konnte MWE eine ihrer Stärken ausspielen: die grenzüberschr. Beratung aus einer Hand dank zahlr. Büros im Ausland. Personell war bei MWE zuletzt einiges in Bewegung. Durch den Wechsel von von Jacobs u. von Sydow gingen 2 langj. u. erfahrene Partner. Eine jüngere Partnerin mit Fokus auf den Gesundheitssektor ging zu Raue. In München stießen 2 Transaktionspartner hinzu, deren Schwerpunkt jedoch auf PE-Transaktionen liegt.

Stärken: Immobilienschwerpunkt in D'dorf u. Ffm., Gesundheitsschwerpunkt in München.

Oft empfohlen: Dr. Norbert Schulte („besonders gut an der Schnittstelle zum Immobilienrecht“, Wettbewerber), Dr. Stephan Rau, Dr. Carsten Böhm, Dr. Michael Cziesla („ruhig u. kompetent“, Wettbewerber), Dr. Jan Hückel

Team: Corporate insges.: 28 Partner, 4 Counsel, 16 Associates, 1 of Counsel

Partnerwechsel: Holger Ebersberger (von Noerr), Hanno Witt (von Latham & Watkins); Christian von Sydow, Dr. Nikolaus von Jacobs (beide zu Reed Smith), Dr. Tobias Koppmann (zu Pricewaterhouse-Coopers Legal), Dr. Nadine Hartung (zu Raue); Norman Wasse (zu Squire Patton Boggs)

Schwerpunkte: Branchenfokussierung v.a. in ▷*Gesundheit*, Medien u. ▷*Immobilien*. Auch ▷*Private Equ. u. Vent. Capital*.

Mandate: Belden zu Kauf von NetModule-Gruppe; Cflox zu Kauf von Certain real,- Digital Payment & Technology Services; CirComp Group im Zshg. mit Verkauf an Albany International; Door2Door zu Verkauf aller Anteile an Swvl; Gesellschafter der Office-Partner-Gruppe zu Verkauf von Mehrheit an die Printus-Gruppe; Great Mountain Partners zu Kauf von Mehrheit an Squareone u. Kauf weiterer Filmproduktionsgesellschaften; Lobster-Gruppe zu Verkauf von Mehrheitsbeteiligung an FSN Capital; Merck zu Abschluss von Vereinbarung zu Kauf von Exelead; Van Leeuwen Deutschland zu Kauf aller Vermögenswerte von Allstahl; Gründer u. Gesellschafter von FotoFinder Systems zu Verkauf von Mehrheitsbeteiligung an EMZ Partners; Intersnack International zu Kauf von ausstehenden Anteilen an URC Oceania.

MENOLD BEZLER

M&A ★★

Bewertung: Das M&A-Team der Stuttgarter Kanzlei ist hauptsächlich für den gehobenen Mittelstand – wie das Familienunternehmen Alfred Ritter –, aber auch für börsennot. Unternehmen u. öffentl. Träger tätig. Zuletzt hat das eingespielte, schlank aufgestellte Team um Cutura u.a. einen zeitkritischen Deal für das städt. Klinikum ausgehandelt. Die integrierte rechtl. u. steuerl. Beratung bewährte sich dort ebenso wie in der angesehenen ▷*Nachfolgepraxis*. Dass – marktbekannt – auch die LBBW erstmals bei einer M&A-Transaktion auf das Team setzt, ebenso wie die langj. Corporate-Mandantin Müller – Die lila Logistik, zeigt, dass die Mandanten in MB eine Alternative zu dt. Großkanzleien sehen.

Stärken: Zeitkritische Transaktionen. Gute Verzahnung mit den Steuerberatern u. Wirtschaftsprüfern.

Oft empfohlen: Dr. Michael Oltmanns („agiert überlegt und vorausschauend“, Wettbewerber), Vladimir Cutura („harter Verhandler, aber immer lösungsorientiert“, Wettbewerber), Dr. Karsten Gschwandtner („sehr erfahren u. zielorientiert“, Wettbewerber), Jens Schmelt, Jost Rudersdorf („zielorientiert u. pragmatisch“, Wettbewerber), Hansjörg Frenz („sehr faire, kollegiale und fachlich qualifizierte Verhandlungen“, Wettbewerber)

Team: 8 Eq.-Partner, 3 Sal.-Partner, 1 Counsel, 9 Associates

Schwerpunkte: Beratung des mittleren bis gehobenen Mittelstands. Auch Führungskräfte u. Gründer (inkl. MBOs). Multidiszipl. Beratung mit StB u. WP. Immobilien- u. Kapitalmarktkompetenz. Best-Friend-Netzwerk u.a. mit Stevens & Bolton (UK) u. Valrois Advocats (F).

Mandate: Müller – Die lila Logistik zu Kauf der Sigloch-Gruppe; Gesellschafter zu Verkauf von The Quality Group an CVC Capital; LBBW zu Verkauf von targens an GFT Technologies (marktbekannt); Cenit AG bei Kauf der Management Informations Partner u. ISR Information Products; Haag Streit (Metall-Zug-Gruppe) bei Verkauf von IPRO; Ritter-Gruppe zu Kauf von 2 Windenergiegesellschaften; Eigner zu Verkauf der Axivion; Klinikum der Landeshauptstadt Stuttgart zu Kauf der Sportklinik Stuttgart.

Anwaltszahlen: Angaben der Kanzleien, wie viele Anwälte zu mind. ca. 50% in diesem Gebiet tätig sind.
Sie spiegeln nicht zwingend die Gesamtgröße einer Kanzlei wider.

Extend your reach
in Austria and the
United States
RPCK
Rastegar Panchal

M&A
Corporate
Venture Capital
ESG & Impact Investing
für den Mittelstand
VIENNA | NEW YORK | DENVER
www.rpck.com

METIS

M&A ★

Bewertung: M&A-Praxis mit Sitz in Frankfurt. Nähere Informationen finden Sie im Regionalkapitel ▷*Mitte*.

Team: 5 Partner, 1 Counsel, 3 Associates

Schwerpunkte: Umfassende Begleitung von kleineren bis Mid-Cap-Transaktionen für dt. u. internat. Mandanten.

Mandate: Siehe Regionalkapitel.

MILBANK

M&A ★★★★

Bewertung: Im Transaktionssektor inhaltl. v.a. auf den PE-Bereich fokussiert, zeigt sich die Kanzlei bei Deals für klass. Strategen nicht weniger präsent. So beriet Bernhardt abermals Stammmandantin Sartorius zu versch. Transaktionen. Neben einem mrd-schweren Zukauf gehörte auch eine Transaktion mit kapitalmarktrechtl. Schnittstelle zum Engagement für den Dax-Konzern. Bei Letzterem agierte das Team im Schulterschluss mit einem Kapitalmarktrechtler, der im verg. Jahr von Clifford kam. Auch die Beratung bei grenzüberschr. Transaktionen nimmt einen besonderen Stellenwert ein. Ein Bsp. ist hier die Begleitung von ProSiebenSat.1 bei Verkäufen in den USA, bei denen die dt. Anwälte auch Kollegen aus den US-Büros miteinbezogen. Neben Rieger gewinnt der jüngere Partner Heim stetig an Visibilität. Beide erhalten regelm. Lob von Wettbewerbern für ihre Arbeit.

Stärken: Viel Erfahrung mit nichtöffentl. M&A u. öffentl. Übernahmen.

Oft empfohlen: Dr. Norbert Rieger („absolut lösungsorientiert", Wettbewerber), Dr. Steffen Oppenländer, Dr. Martin Erhardt („höchste Qualität", Wettbewerber), Dr. Michael Bernhardt („intelligent, kompetent u. präzise", Wettbewerber), Dr. Sebastian Heim, Markus Muhs, Dr. Christoph Rothenfußer (öffentl. M&A)

Team: 9 Partner, 4 Counsel, 22 Associates

Schwerpunkte: Internat. u. dt. Mandanten in mittelgr. bis Big-Ticket-Transaktionen. Auch viele ▷*PE-Deals*. Eingespielte Kooperation mit den hauseigenen Steuer- u. ▷*Kartellrechtspraxen*.

Mandate: AdhexPharma zu Kauf von Tesa Labtec; Alpina Burkard Bovensiepen zu Verkauf von Marken an BMW Group; Gesellschafter der FormMed Healthcare zu Verkauf von Mehrheit an Avedon Capital Partners; M2Capital/DYNOS Group zu Kauf von Geschäft Cheney Pulp & Paper USA; Management von CordenPharma im Zshg. mit gepl. Verkauf von CordenPharma durch ICIG an Astorg; Personio zu Kauf von Back Technologies; Productsup zu Kauf von World of Content; ProSiebenSat.1 Group zu Verkauf von US-Teil des Produktionsgeschäfts von Red Arrow Studios; Sartorius-Konzern zu Kooperation Bico Group sowie Beteiligung an Bico, zu Kauf von Albumedix; SquareOne Holding zu Verkauf von Geschäftsbereich an Vuelta.

MORGAN LEWIS & BOCKIUS

M&A ★★

Bewertung: Mit dem Zugang des gesamten Münchner Büros von Shearman & Sterling hat sich die Corporate-Praxis der US-Kanzlei komplett verändert. Zuvor war die MLB-Praxis v.a. auf die Betreuung von Mandanten aus dem internat. Netzwerk fokussiert. Mit dem schlagkräftigen Team um Harder gibt es nun endlich genug Kapazitäten in Dtl., um die enormen ww. Mandantenbeziehungen der Kanzlei – für In- als auch Outbound-Deals – nutzen zu können. Dass das Team anderen Kanzleien Mandate streitig machen kann, wurde durch die sofortige Mandatierung durch ProSiebenSat.1 für die Arbeit an der Schnittstelle zum Gesellschaftsrecht belegt. Die wachsende Sichtbarkeit von Korth aus Ffm. zeigt auch, dass die Kanzlei künftig nicht ausschl. auf das neue Münchner Büro angewiesen ist.

Oft empfohlen: Dr. Florian Harder, Dr. Ulrich Korth

Team: 5 Partner, 3 Counsel, 12 Associates, 1 of Counsel

Schwerpunkte: In Frankfurt Begleitung mittelgroßer, teils großer Transaktionen aus den Branchen Chemie, Gesundheit, Technologie, oft mit US-Schwerpunkt. München: Schwerpunkt auf Energie u. Infrastruktur, auch ▷*Private Equity*.

Mandate: A.P. Moeller-Maersk bei Kauf von Pilot Freight Services von ATL Partners u. British Columbia Investment; Calibre Scientific bei Kauf Mikromanipulation-Produktportfolio von Eppendorf; Indie Semiconductor bei Kauf von Silicon Radar; Kemira Oyj bei Verkauf seines Farbstoffgeschäfts an Chromascape; Morgan Stanley bei Kauf einer Minderheit an Celonis; Takeda Pharma bei Verkauf von Assets des TAK-607-Programms; Viromed bei Verkauf Viromed Medical an Fonterelli.

MORRISON & FOERSTER

M&A ★★★

Bewertung: Die Berliner Praxis der US-Kanzlei ist zwar noch klein, hat aber bewiesen, dass sie eine beeindruckende Schlagzahl an Deals bewältigen kann. Mit Besse verfügt die Kanzlei über einen erfahrenen Übernahmerechtler, der 2 in Highlight-Deals (Fujitsu u. Nikon) beriet, die auch die Verbindungen zur starken Japan-Praxis veranschaulicht. Meißner ist für Finanzinvestoren tätig, ein Bereich, den die Kanzlei in den kommenden Jahren weiter erschließen will. Das außergewöhnl. starke Medien- u. Technologieteam ist auch regelm. in Transaktionsmandaten tätig. Allerdings ist M&F merkwürdigerweise nicht so aktiv im Berliner Markt für Growth-Unternehmen wie einige ihrer Wettbewerber. Die SellerX-Transaktion hat das Potenzial in diesem Bereich gezeigt, nicht zuletzt in der Verbindung zum starken Technologieteam an der US-Westküste. Für dt. Technologieunternehmen, die den Anschluss in die USA suchen, wird damit M&F damit eine attraktive Alternative.

Stärken: Fokus auf technologiegetriebenen Transaktionen, häufig grenzüberschr., gutes Netzwerk in die USA u. Asien.

Oft empfohlen: Dr. Jörg Meißner, Dr. Dirk Besse („souverän u. erfahren, pragmatisch u. lösungsorientiert", Mandant), Dr. Christoph Wagner (v.a. Medientransaktionen)

Team: 4 Partner, 2 Counsel, 6 Associates

Schwerpunkte: Internat. aufgestellte Praxis mit Fokus auf Technologieunternehmen. Viel Erfahrung in der ▷*Medien-* sowie IT-Branche.

Mandate: Fujitsu bei öffentl. Übernahmeangebot für GK Software; Nikon bei öffentl. Übernahmeangebot für SLM Solutions; SellerX bei Kauf von Elevate Brands; Soundcloud bei Kauf von Musiio; Elvaston Capital bei Verkauf von Magnolia; Medios bei Kauf von Blisterzentrum Baden-Württemberg; Nouryon bei Kauf von ADOB Fertilizers.

NOERR

M&A ★★★★

NOMINIERT
JUVE Awards 2023
Kanzlei des Jahres für M&A

Bewertung: Die M&A-Praxis der dt. Großkanzlei bespielt die ges. Breite des M&A-Segments u. stemmt für ihre Mandanten komplexe – regelm. grenzüberschr. u. großvol. – Transaktionen. Dies schlägt sich in einem beeindruckenden Trackrecord nieder, der belegt, dass es Noerr gelungen ist, sich als Berater bei namh. Dax-Unternehmen zu positionieren. Beim Abverkauf von russ. Geschäftsfeldern tritt Noerr recht prominent in Erscheinung u. begleitet eine ganze Reihe Unternehmen bei ihrem Rückzug aus Russland. So setzten ein bekannter Sportartikelhersteller ebenso wie Mercedes-Benz u. Henkel beim Verkauf ihres Geschäfts vor Ort auf das Know-how der Kanzlei. Für Henkel verkaufte ein Team um Daghles u. Selzner zudem – marktbekannt – eine Sparte des D'dorfer Konzerns. Ferner zählt die Kanzlei u.a. die DFL zum Kreis ihrer Mandanten. Letztere begleitete Noerr im Zshg. mit der gepl. Beteiligung eines Finanzinvestors an den Medienerlösen, der mrd-schwere Deal kam letztendlich jedoch nicht über die Ziellinie. Ein weiterer Beleg für das Know-how der Kanzlei im Sportsegment stellt zudem die Beratung von Hertha BSC beim Einstieg des Investors 777 dar. Beide Mandate zeigen zudem, dass Noerr auch im Bereich PE mit ihrem Know-how punkten kann.

Stärken: Erfolgr. Branchenfokussierung, etwa im Bereich Technologie, Regulierte Industrien u. ▷*Immobilien*. Auch starke ▷*Insolvenz-/Restrukturierungspraxis* u. daher Distressed-M&A-Praxis.

Oft empfohlen: Dr. Alexander Ritvay, Prof. Dr. Christian Pleister („sehr erfahren", Mandant), Dr. Harald Selzner („exzellente Unterstützung in komplexen Fällen", Mandant), Dr. Alexander Hirsch („erfahren u. fachlich sehr kompetent", Wettbewerber), Dr. Holger Alfes („guter Verhandler u. deshalb kein leichter Gegner, aber immer konstruktiv", Wettbewerber), Dr. Thomas Hoffmann („pragmatischer u. wirtschaftlich denkender Jurist", Wettbewerber), Dr. Thorsten Reinhard, Dr. Sascha Leske („clever, erfahren u. schnell", Wettbewerber), Dr. Gerald Reger, Dr. Martin Neuhaus, Dr. Natalie Daghles, Dr. Volker Land, Dr. Thomas Schulz, Dr. Florian Becker, Dr. Michael Brellochs („äußerst kompetent", Wettbewerber; öffentl. Übernahmen), Dr. Jens Liese

Team: Corporate insges.: 36 Eq.-Partner, 21 Sal.-Partner, 1 Counsel, 29 Associates

Partnerwechsel: Holger Ebersberger (zu McDermott Will & Emery), Dr. Armin Bartsch (zu Taylor Wessing)

Schwerpunkte: Branchen: Automotive, Chemie, ▷*Medien*, ▷*IT*, Dienstleistungen u. ▷*Energie*, ▷*Gesundheit*. Ausgezeichnete Verbindungen zu Insolvenzverwaltern.

Mandate: Sportartikelhersteller, Mercedes-Benz u. Henkel jew. zu Verkauf von Russland-Geschäft; Hertha BSC zu Einstieg von 777; DFL zu gepl. Beteiligung von Finanzinvestor an Medienerlösen; Henkel zu Verkauf von Oral-Care-Sparte an Katjes (marktbekannt); Daimler Truck zu Kooperation mit Deutz u. damit verbundener Beteiligung an Deutz; Deutsche Telekom zu Verkauf von Mehrheit an Mobilfunkmastengeschäft; Gegenbauer Holding zu Zusammenschluss mit Apleona; MS Pharma zu Kauf von Sanofi-Generikaportfolio in Saudi-Ara-

Anwaltszahlen: Angaben der Kanzleien, wie viele Anwälte zu mind. ca. 50% in diesem Gebiet tätig sind. Sie spiegeln nicht zwingend die Gesamtgröße einer Kanzlei wider.

bien; Omnicom-Gruppe zu Verkauf von Geschäftsbereichen in Russland u. zu versch. weiteren Transaktionen; SAF-Holland zu öffentl. Übernahmeangebot für Haldex; Schwarz-Gruppe zu Kooperation mit XM Cyber u. damit verbundenem Kauf von Mehrheit; Stellantis zu Kauf von AIMotive.

NORTON ROSE FULBRIGHT

M&A ★★★

Bewertung: Das M&A-Team der internat. Kanzlei präsentiert sich durch bes. Sektorenspezialisierungen auf Finanzinstitute, Energie, Lifescience u. Technologie. Die Praxis wird regelm. bei Mid- u. immer häufiger auch bei Large-Cap-Transaktionen mandatiert, wie zuletzt von der Dt. EuroShop bei der Minderheitsbeteiligung an 6 Shoppingcentern. Eine Partnerin, die im Vorjahr von A&O kam u. Teil des D'dorfer Gründungsteams ist, etabliert vom jüngsten Kanzleistandort aus ihre tiefen Verbindungen in die Versicherungsbranche bereits im internat. Netzwerk für Transaktionen.

Stärken: Ww. Anbindung, zunehmende Branchenspezialisierung, u.a. auf Finanzbranche, Rohstoff- u. Pharmaindustrie, ▷*Verkehr*/Transport u. ▷*Energie*.

Oft empfohlen: Frank Henkel, Dr. Katrin Stieß, Dr. Klaus Bader, Karsten Kühnle („jederzeit ansprechbar, serviceorientiert", Mandant)

Team: Corporate insges.: 16 Partner, 8 Counsel, 21 Associates

Partnerwechsel: Dr. Philipp Grzimek (zu Görg), Dr. Marco Niehaus (zu Arquinex)

Schwerpunkte: Mittelgr. bis gr. Transaktionen v.a. für strateg. Investoren, oft grenzüberschr. in enger Koop. mit dem ww. Standortnetz der Kanzlei (v.a. GB, Osteuropa, Kanada). In Hamburg gute Verbindungen zum örtl. Mittelstand.

Mandate: Knorr-Bremse bei Kauf von Westcode; Archer Daniels Midland u. Marel International bei Food-Joint-Ventures; Deutsche EuroShop bei Minderheitsbeteiligung an 6 Shoppingcentern; Komsa bei Zusammenschluss mit Westcoast; Mann + Hummel bei Verkauf der Hochleistungskunststoffprodukt-Sparte an Mutares; Sankvik bei Kauf Bergbausparte von Schenck-Process.

OPPENHOFF & PARTNER

M&A ★★★

Bewertung: Die dt. Praxis ist v.a. für ihre lange Tradition im grenzüberschr. Mid-Cap-M&A bekannt, was trotz eines nicht immer einfachen Marktes für eine gute Auslastung der Praxis sorgte. Doch auch die Branchenkompetenz in Versicherungen oder Wehrtechnik in Verbindung mit einer bes. starken ▷*Außenwirtschaftsrechtspraxis* hat sich als Dreh- u. Angelpunkt der Praxis erwiesen. Dies zeigte sich am besten in einer Reihe von – kurz vor Schluss abgebrochenen – öffentl. Übernahmen von gr. ostasiat. Investoren, die gezeigt haben, dass O&P in einem ganz anderen Marktsegment agieren kann als zuvor. In vorherigen Jahren lag der Schwerpunkt der Arbeit auf Inbound-Deals aus den USA u. GB. Zuletzt kamen regelm. Deals aus Frankreich, Italien u. Belgien hinzu. Daneben setzte die Energiepraxis ihren, für eine dt. Kanzlei unüblichen, Erfolg in Lateinamerika fort. Ungewöhnl. ist auch die Größe der W&I-Praxis der Kanzlei in Ffm., für die v.a. Rasner steht u. die weiterhin zu den Marktführern in diesem Bereich gehört.

Stärken: Grenzüberschr. Transaktionen, insbes. für ausl. Investoren. Kontakte zu vermögenden Industriellenfamilien.

Oft empfohlen: Myriam Baars-Schilling, Dr. Stephan König, Dr. Peter Etzbach, Alf Baars, Dr. Gabriele Fontane („schnell u. erfahren bei Transaktionen", Wettbewerber), Till Liebau („sympathisch u. erfahren", Wettbewerber), Dr. Markus Rasner, Christof Gaudig, Dr. Nefail Berjasevic

Team: Corporate insges.: 18 Eq.-Partner, 2 Sal.-Partner, 18 Associates, 3 of Counsel

Schwerpunkte: Lange Tradition in der Begleitung ausl. Investoren bei dt. Aktivitäten. Eingespieltes Netzwerk von unabhängigen ausl. Kanzleien. Zunehmend aktiv für dt. Konzerne. Auch ▷*Gesellsch. recht*.

Mandate: Singapur Investor bei gepl. öffentl. Übernahme eines dt. börsennot. Unternehmens; Gesellschafter der Coresis-Gruppe bei Verkauf; Tesa bei Verkauf von Tesa Labtec; VHV Allgemeine Versicherung bei Kauf von 50% an Olimpia Managing General Agent; Saint-Gobain bei Verkauf der Performance-Plastics-Pampus-Sparte; Wolf-Gruppe bei Verkauf der Metallverarbeitungssparte; Gesellschafter von Etiscan Identifikationssysteme bei Verkauf; Addlife bei Kauf der Biocat-Gruppe; Gesellschafter von Smart Paws bei Verkauf an Trupanion; Federal-Mogul bei Verkauf von VDT Vakuumtechnik Dresden; Heristo bei Verkauf der Appe-Feinkost-Sparte; Gesellschafter des Medizinischen Versorgungszentrums Nephrologicum Westfalen bei Verkauf; Village Holdings bei Verkauf von Funbox Entertainment.

OPPENLÄNDER

M&A ★★

Bewertung: Das M&A-Team gibt der regulator. versierten Stuttgarter Kanzlei immer mehr einen internat. Anstrich: Es verhandelt bspw. nicht nur für das gr. Schweizer Kfz-Handelsunternehmen Emil Frey fortlaufend Zukäufe hierzulande, sondern steuerte auch für den IT-Dienstleister NTT Data (Hauptsitz Japan) einen dt. Zukauf, für den zahlr. weitere internat. Sozietäten eingebunden werden mussten. Somit wächst Oppenländer über ihre trad. Branchenschwerpunkte – Verlage, Pharmaindustrie u. Energiekonzerne – hinaus. Da war es folgerichtig, dass sie die Associate-Ebene ausbaute u. die fast personalgleiche ▷*gesellschaftsrechtl. Praxis* Anfang des Jahres mit einem Zugang von Gleiss verstärkte.

Stärken: Transaktionen in regulierten Branchen.

Oft empfohlen: Dr. Felix Born („exzellentes Niveau", „Transaktion souverän abgewickelt", Wettbewerber), Dr. Rolf Leinekugel („konsequent bei der Durchsetzung der Mandanteninteressen, dabei sehr angenehm in der Zusammenarbeit", Wettbewerber), Dr. Thomas Trölitzsch („wie immer kompetent", Wettbewerber), Dr. Christian Gunßer („sehr, sehr schnelle kompetente Antworten", Mandant)

Team: 6 Eq.-Partner, 2 Sal.-Partner, 7 Associates

Partnerwechsel: Dr. Thomas Kreuz (von Gleiss Lutz)

Schwerpunkte: Transaktionen von großen Mittelständlern, börsennot. Unternehmen u. Family Offices, eng abgestimmt mit ▷*Gesellschaftsrecht* sowie ▷*Gesundheit*, ▷*Energie*, ▷*Umwelt*, ▷*Verkehr* u. Medien. Fusionskontrollerfahrene ▷*Kartellrechtspraxis*.

Mandate: NTT Data zu Kauf von Natuvion; Emil-Frey-Gruppe zu div. Zukäufen u. Post-M&A-Streit; Senec (EnBW-Tochter) zu div. Transaktionen; Gesellschafter zu Verkauf eines Computerzubehörunternehmens; Radeberger Fleisch- u. Wurstwaren Korch (Rieker Investment) zu Kauf der Hermann-Wein-Gruppe.

ORRICK HERRINGTON & SUTCLIFFE

M&A ★★★

Bewertung: Den Kern der M&A-Praxis bilden grenzüberschr. Mid-Cap-Transaktionen mit Techbezug – mehrheitl. im ▷*VC- u. -PE*-Umfeld. Die Praxis der US-Kanzlei ist geübt darin, Investoren bei Transaktionen zu beraten u. schöpft dabei regelm. die volle Kraft ihres internat. Netzwerks aus, wie zuletzt für Coatue beim Verkauf von Gorillas an Getir. Ihr Infrastruktur-Know-how kam ihr bei Dtl.s größter Tech-PE-Transaktion zugute: Vantage Towers mandatierte Orrick bei ihrem Large-Cap-Deal mit Vodafone, KKR u. GIP. Als zusätzl. Standbein etabliert sich zunehmend die Beratung von, häufig grenzüberschr., Transaktionen im Energiesektor, etwa für EP Power Minerals. Dieses Feld stärkte die Praxis zuletzt mit dem Zugang des Energiespezialisten Brickwedde u. eines Counsels von Eversheds. Überraschend kam jedoch der Wechsel von Praxisgruppenleiter Schmid, der über eine breite Praxis mit einem Technologieschwerpunkt verfügt u. die Kanzlei in Richtung SNP Schlawien verließ.

Stärken: Einzelne angesehene Partner, die im internat. Netzwerk gut positioniert sind. Technologiesektor, v.a. dank US-Büros.

Oft empfohlen: Dr. Oliver Duys („sehr erfahren, verhandlungsstark", Wettbewerber), Dr. Christoph Brenner („sehr erfahren, schnell, lösungsorientiert", Wettbewerber), Dr. Wilhelm Nolting-Hauff („führt präzise Verhandlungen über die relevanten Punkte ohne Selbstdarstellung", Wettbewerber), Dr. Sven Greulich („pragmatisch u. schnell, auch bei grenzüberschr. Transaktionen", Wettbewerber; v.a. VC)

Team: 9 Eq.-Partner, 6 Sal.-Partner, 6 Counsel, 13 Associates

Partnerwechsel: Dr. Werner Brickwedde (von Eversheds Sutherland); Dr. Thomas Schmid (zu SNP Schlawien), Dr. Jörg Ritter (zu PwC Legal)

Schwerpunkte: V.a. mittelgr. Transaktionen, trad. stark grenzüberschr. aktiv. Rege Beratung auch im ▷*PE*.

Mandate: Vantage Towers bei Infrastrukturtransaktion mit Vodafone, KKR u. GIP; ifb bei Verkauf an Ernst & Young; Coatue bei Anteilsverkauf an Gorillas; Aptean bei Kauf von ImPuls; Cajoo Technology (Frankreich) bei Verkauf an Flink; Hueck-Gruppe bei Verkauf an norweg. Norsk Hydro-40-30 Development bei Kauf von texan. Muto Technology; EP Power Minerals bei Kauf von belg. SCR-Sibelco.

ORTH KLUTH

M&A ★★

Bewertung: Die M&A-Praxis der Kanzlei ist inhaltl. breit aufgestellt. Entspr. divers stellt sich auch der Kreis der Mandanten dar, die auf OK vertrauen, u. der mittelständ. Unternehmen, wo die Kanzlei trad. stark positioniert ist, ebenso umfasst wie Finanzinvestoren u. börsennot. Unternehmen. Ebenso vielfältig sind die Branchenschwerpunkte, wobei es OK erneut gelungen ist, ihr Profil in den Sektoren Healthcare u. Energie weiter zu schärfen. Dies belegen eine ganze Reihe von Transaktionen im HC-Sektor, bei denen OK sowohl aufseiten der Verkäufer als auch an der Seite von Finanzinvestoren zum Zuge kam. Ein Highlight stellte zudem die Beratung der Schmidt Kranz Group beim Verkauf einer Tochtergesellschaft an den jap. Konzern Komatsu dar.

Stärken: Inhaltl. breit aufgestellte Praxis. Erfahrung im Gesundheitswesen u. im Energiesektor

Oft empfohlen: Dr. Robert Orth, Dr. Kai-Michael König („sehr versiert u. stets zielorientiert", Wett-

Anwaltszahlen: Angaben der Kanzleien, wie viele Anwälte zu mind. ca. 50% in diesem Gebiet tätig sind.
Sie spiegeln nicht zwingend die Gesamtgröße einer Kanzlei wider.

bewerber), Boris Körner („pragmatisch mit guter Zusammenarbeit", Wettbewerber)
Team: 5 Eq.-Partner, 4 Sal.-Partner, 2 Associates
Schwerpunkte: Auch ▷*Gesellsch.recht*. Mandantenkreis neben Mittelstand u. dt./internat. Konzernen auch Finanzinvestoren.
Mandate: 4PL Logistics Management zu Kauf von schwed. Tochtergesellschaft eines Wettbewerbers; BMS Berens Mosiek Siemes Consulting zu Verkauf von Eudemonia; Gesellschafter Radiologiegruppe zu Verkauf; Juwi Konzerngesellschaften zu mehreren Windparktransaktionen; Schmidt, Kranz & Co. zu Verkauf der GHH-Gruppe an Komatsu-Gruppe; Danieli Germany, Outokumpu Nirosta, Talis Beteiligung jew. zu Transaktionen.

OSBORNE CLARKE

M&A ★★★

Bewertung: Mit einem technologieorientierten Mandantenstamm u. einem starken Fußabdruck bei VC-finanzierten Wachstumsunternehmen hat OC einen konstanten Flow von meist kl. Transaktionen, oft als Teil einer Buy-and-Build-Strategie. Im Allgemeinen hat die Reife des marktführenden ▷*VC-Teams* zu einer Änderung in der Praxis geführt, da damit eine Reihe der VC-Partner in die normale M&A-Arbeit eingebunden ist. Das Ergebnis ist, dass OC zunehmend als mittelständ. Transaktionskanzlei anerkannt wird – mit einer besonders starken IT- u. Commercial-Praxis. Die Verbindungen zwischen den europ. Büros wurden größtenteils als relativ lose angesehen, aber es gibt Anzeichen dafür, dass die Kanzlei immer erfolgreicher beim Export u. Import wichtiger Mandantenbeziehungen wird – BioNTech für einen Deal in UK war ein Bsp. dafür. Obwohl die Kanzlei in der Lage war, eine Reihe von Associates einzustellen, um eine halbwegs nachhaltige Leverage zu erzielen, kann das nur der Anfang sein, um Stabilität in die Praxis u. ins Transaktionsmanagement zu bekommen.
Stärken: In der Technologiebranche fest etabliert. Marktführende VC-Praxis (▷*PE u. VC*).
Oft empfohlen: Philip Meichssner, Dr. Björn Hürten, Matthias Elser, Dr. Fabian Christoph, Nicolas Gabrysch, Robin Eyben
Team: Corporate insges.: 15 Partner, 6 Counsel, 21 Associates
Schwerpunkte: Branchenschwerpunkte in ▷*IT*/▷*Medien*, Automotive, Biotech, Energie, dank der internat. Verbindungen oft mit grenzüberschr. Aspekten. Ausgeprägte VC-Bezüge.
Mandate: 3 Mitgründer von Gorillas bei Verkauf ihrer Anteile an Getir; Cloudfactory bei Kauf von Hasty; Akquinet bei Verkauf von Anteilen an DBAG; Borealis Hotel Group bei Kauf von Bierwirth & Kluth; BioNTech bei Kauf von InstaDeep (UK); Citnow bei 5 Akquisitionen (u.a. Auto Imaging, Auto SLM, Real Time Communications); Taxfix bei Kauf von Steuerbot; Infosys bei Kauf von Oddity; Kobra Formen bei Verkauf von Anteilen an Rieker Investment; Smart Steel Technologies bei Beteiligung durch Heraeus.

PAUL HASTINGS

M&A ★

Bewertung: Die US-Kanzlei verfügt über ein regelm. M&A-Inbound-Geschäft mit dem sehr erfahrenen Engelstädter. Hauptfokus des Büros bleibt jedoch die starke Mid-Cap-▷*PE*-Praxis mit Wolff, der gelegentl. auch im klass. M&A-Geschäft tätig ist. Nach dem Weggang eines Partners zu DLA sahen die Reihen ausgesprochen dünn aus, sodass die Einstellung von Mühl dem Team nicht nur die dringend benötigte Tiefe verleiht, sondern auch zeigt, dass die Kanzlei Dtl. als eine wichtige strateg. Investition neben GB u. Frankreich sieht.
Oft empfohlen: Dr. Regina Engelstädter, Dr. Christopher Wolff, Frederik Mühl
Team: 3 Eq.-Partner, 1 Sal.-Partner, 1 Counsel, 6 Associates
Partnerwechsel: Frederik Mühl (von Clifford Chance); Lars Jessen (zu DLA Piper)
Schwerpunkte: Internat. Transaktionspraxis mit grenzüberschr. M&A u. ▷*PE*.
Mandate: Compagnie de Développement de l'Eau bei Umwandlung einer Anleihe im Tausch gegen zusätzliche Aktien der H&K; A2Mac1 bei Kauf von effution; Harbour Investment bei Kauf von Omeko Papier; Intel Kauf von Linutronix.

PINSENT MASONS

M&A ★★★

Bewertung: Am Markt präsentiert sich die M&A-Praxis der internat. Kanzlei v.a. als Beraterin bei private M&A-Transaktionen im Mid-Cap-Segment. Bei den zunehmend grenzüberschr. Transaktionen agiert die Kanzlei in engem Schulterschluss mit den internat. Büros u. kann ihren Mandanten auf diesem Wege Beratung aus einer Hand anbieten. Ein Bsp. ist hier die Beratung von Homeserve International, einer Mandantin aus dem internat. Netzwerk der Kanzlei, die PM nun erstmals auch in Dtl. bei Transaktionen beriet. Der Fokus der Kanzlei liegt weiterhin auf den Sektoren Technologie, Energie, Lifescience u. Immobilien. Dass PM ebenso bei Public-M&A-Mandaten gefragt ist, zeigt die grenzüberschr. Beratung der Beteiligungsgesellschaft Grosso Tec bei einem öffentl. Teilübernahmeangebot in Österreich.
Stärken: Grenzüberschreitende Transaktionen.
Oft empfohlen: Dr. Thomas Peschke
Team: 9 Partner, 2 Counsel, 12 Associates
Schwerpunkte: Branchen: ▷*IT*-, Technologie- (v.a. München) u. ▷*Energiesektor* (D'dorf). Auch PE- u. VC-Transaktionen.
Mandate: Grosso Tec bei einem öffentl. Teilübernahmeangebot für S&T; A.T. Kearney zu Kauf von Optano; Cognex zu Kauf von SAC Sirius Advanced Cybernetics; Gesellschafter Cubus Partners zum Verkauf aller Anteile an MCF Corporate Finance; Desay SV Automotive Europe zu Kauf von Antenna Technology Center; Enit Energy IT Systems zu Verkauf von Proalpha Group GmbH; Halma zu Kauf von Weetech Holding; HomeServe International u.a. zu Kauf von Barella Gebäude- u. Energietechnik u. Egly Kälte-Klimatechnik GmbH; Hypergene/Monterro zu Kauf von Proventis; Knorr-Bremse AG zu Kauf von DSB Component Workshops.

POELLATH

M&A ★★★

Bewertung: Neben klass. M&A-Transaktionen für Strategen liegt ein Schwerpunkt der M&A-Praxis auf der Transaktionsbegleitung mit PE- oder VC-Bezug. Hier beriet die Kanzlei bspw. eine Portfoliogesellschaft von Emeram im Rahmen eines Abverkaufs. Eine zentrale Rolle im Beratungsangebot der Kanzlei stellt die Managementberatung bei Verkäufen an Finanzinvestoren dar, was sich erneut in einem beachtl. Trackrecord niederschlägt. In diesem Segment ist Poellath so stark positioniert wie kaum eine andere Kanzlei am Markt. Mit von Drygalski verabschiedete sich eine prominente Partnerin nun in den Ruhestand, durch entspr. Vorbereitung dieses Schrittes wiegt der Abgang für die Praxis weniger schwer. Daneben hat sich Bruse zunehmend aus der Transaktionsarbeit zurückgezogen. Wenngleich er nicht wie von Drygalski in den Ruhestand geht, bedeutet dieser Schritt dennoch eine Reduzierung der Schlagkraft der Praxis.
Stärken: Gute Kontakte zu Familienunternehmen. Portfoliotransaktionen für PE-Häuser.
Oft empfohlen: Jens Hörmann, Dr. Michael Inhester, Dr. Frank Thiäner, Christian Tönies („zielorientiert u. pragmatisch", Wettbewerber), Philipp von Braunschweig, Dr. Eva Nase (öffentl. Übernahmen)
Team: 15 Eq.-Partner, 3 Sal.-Partner, 12 Counsel, 23 Associates, 2 of Counsel
Partnerwechsel: Dr. Andrea von Drygalski (Ruhestand)
Schwerpunkte: Transaktionsbegleitung für Käufer u. Verkäufer, insbes. im ▷*Private-Equ.-u.-Vent.-Capital*-Sektor, aber auch große Privatanleger, Anteilsinhaber, institutionelle Anleger (Versicherer, Stiftungen) u. Investmentbanken. Auch ▷*Nachfolge*.
Mandate: Henderson Park Capital Park Partners zu Kauf von Mehrheit an GBI Holding; Diva-e/Emeram zu Verkauf von Firstcolo Datacenters an Cube Infrastructure; Mehrheitsgesellschafter von Pinion im Zshg. mit Verkauf von Mehrheit an BRP; SAP Fioneer zu Kauf von Mehrheit an Okadis Consulting; Gesellschafter First A zu Verkauf an Shop Apotheke Europe; Adcuram zu Verkauf an Heidelberger Sand u. Kies; Prodalim zu Kauf von FlavoLogic; AB Tasty zu Kauf von Epoq Internet Services; Gründer Cho-Time-Gruppe zu Verkauf an KKA.

PPR & PARTNER PAPE RAUH

M&A ★

Bewertung: M&A-Praxis aus Düsseldorf. Nähere Informationen finden Sie im Regionalkapitel ▷*Westen*.
Team: 5 Partner, 3 Associates
Schwerpunkte: Grenzüberschreitende Transaktionen für Investoren, v.a. mit Bezügen nach Westeuropa, USA u. China. Auch regelm. für Mittelständler tätig.
Mandate: Siehe Regionalkapitel.

PRICEWATERHOUSECOOPERS LEGAL

M&A ★★

Bewertung: Die Big-Four-Gesellschaft ist im M&A-Geschäft fest etabliert: Mit einer Mischung aus dt. Mittelstand u. internat. Strategen im Mandantenportfolio hat sie einen soliden Dealflow aufgebaut. Dass die gut 10-köpfige Partnerriege inzw. auch Mandate im oberen Mid-Cap-Bereich auffangen kann, ist nach den vielen Personalzugängen der verg. Jahre aus Großkanzleien eine Selbstverständlichkeit. Das nutzt nicht nur das Wirtschaftsministerium zur Beteiligung der KfW am LNG-Terminal Brunsbüttel, sondern auch Cherry SE zum Zukauf in Schweden. Erstmandatierungen durch die börsennot. SoftwareOne u. Mandanten wie UnternehmerTUM sind ein weiterer Beleg für die deutl. Weiterentwicklung der Praxis.
Team: 6 Eq.-Partner, 4 Sal.-Partner, 17 Counsel, 23 Associates
Partnerwechsel: Dr. Tobias Koppmann (von McDermott Will & Emery); Dr. Jörg Ritter (von Orrick Herrington & Sutcliffe), Dr. Roland Hens (zu KPMG Law)
Schwerpunkte: Transaktionen für Industriemandanten u. gehobenen Mittelstand sowie für die öffentl. Hand; ▷*Nachfolgelösungen*; gute Vernetzung im Gesundheits- u.▷*Energiesektor*. Kompe-

Anwaltszahlen: Angaben der Kanzleien, wie viele Anwälte zu mind. ca. 50% in diesem Gebiet tätig sind. Sie spiegeln nicht zwingend die Gesamtgröße einer Kanzlei wider.

tenzen in ▷*PE- u. VC-Deals* sowie in Distressed M&A. Transaktionen im strukturierenden ▷*Gesellschaftsrecht*.
Mandate: BM für Wirtschaft u. Klimaschutz bzgl. KfW-Beteiligung an German LNG; Ziegler Group bei Kauf von Greenwood Sverige; Wellergruppe zu Kauf von Walkenhorst-Gruppe; Energieversorgung Mittelrhein u. Kevag Telekom zu Kauf der teliko; Qt Group bei Kauf von Axivion; Cherry SE zu Kauf von Xtrfy; Köu-Mobility-Gruppe zu Aktientausch.

RASCHKE VON KNOBELSDORFF HEISER

M&A ★

Bewertung: M&A-Praxis aus Hamburg. Nähere Informationen finden Sie im Regionalkapitel ▷*Norden*.
Team: 5 Partner, 2 Counsel, 6 Associates, 1 of Counsel
Schwerpunkte: V.a. kleine u. mittlere M&A-Transaktionen, oft mit Bezug zu Kapitalmarktrecht u. Restrukturierungen.
Mandate: Siehe Regionalkapitel.

RAUE

M&A ★★

Bewertung: Das eingespielte M&A-Team der Berliner Sozietät erhielt zuletzt signifikante Verstärkung: Neupartnerin Hartung bringt nicht nur Transaktionserfahrung ein, sie ist auch primär im Gesundheitssektor tätig u. somit eine direkte Ergänzung zu den Regulierungsexperten der Kanzlei. Dass auch Raues Kompetenz im ▷*Energiesektor* derzeit gefragt ist, liegt nahe u. zeigte sich u.a. am Verkauf eines neuen Agriphotovoltaikprojekts sowie an den jüngsten Investments des Ökoenergieunternehmens LichtBlick. Parallel gelang Koch der Ausbau der Mandatsbeziehungen zur brit. Conjoy- bzw. Enjoy-Gruppe, die ein Investment am Flughafen Hahn erwog u. inzw. auch in anderen Fachdisziplinen auf Raue setzt.
Oft empfohlen: Prof. Dr. Andreas Nelle („hervorragender Kollege, sehr umsichtig", „sachlich genau, sehr klug u. sehr präzise", Wettbewerber), Dr. Jörg Jaecks („sehr erfahren u. kompetent", „ruhig u. fokussiert", Wettbewerber), Dr. Justus Schmidt-Ott, Dr. Nadine Hartung („juristisch exzellente Kollegin mit großer Erfahrung im Bereich des Gesundheitswesens", Wettbewerber), Dr. Stephan Koch
Team: 6 Eq.-Partner, 1 Counsel, 8 Associates, 1 of Counsel
Partnerwechsel: Dr. Nadine Hartung (von McDermott Will & Emery)
Schwerpunkte: Branchen: insbes. ▷*Medien*, IT, Telekom, ▷*Energie*, ▷*Gesundheit*, ▷*Verkehr*, Dienstleistungen u. Hotels. Auch ▷*Private Equ. u. Vent. Capital*. Eigenes Netzwerk mit ausl. Sozietäten u. eingespielte Arbeit bei grenzüberschr. Deals.
Mandate: LichtBlick zu Beteiligung an Eventus Wind (50%) u. zu Kauf des Solarparks Calbe; Elysium Solar zu Verkauf des ersten Agriphotovoltaikprojekts an den Impact-Fonds Klimavest; Conjoy zu Anteilskauf an Flughafen Hahn (über JV Swift Conjoy); Gesellschafter zu Verkauf des Tech-Start-up Lofelt; Omnicare zu Ankauf von div. MVZ (Onkologie); Televic Conference zu Kauf der Unite-Produktreihe von beyerdynami; Theegarten-Pactec zu Beteiligung an Makrev Packaging.

REDEKER SELLNER DAHS

M&A ★★

Bewertung: Das M&A-Team rund um den erfahrenen Partner Lüders ist v.a. für seine Kompetenz bei hochvol. Krankenhaustransaktionen bekannt. Es ist aber auch verhandlungssicher in anderen regulierten Branchen wie Chemie u. Energie, worauf gelegentl. auch private Investoren zurückgreifen. Sollte sich die Praxisgröße in München u. Berlin noch signifikant erweitern lassen, läge hier durchaus noch Potenzial, das Renommee der Kanzlei weiter auszurollen.
Stärken: Kompetenz im Öffentl. Sektor u. Gesundheitswesen.
Oft empfohlen: Dr. Jürgen Lüders
Team: 4 Eq.-Partner, 2 Counsel, 5 Associates, 1 of Counsel
Schwerpunkte: Beratung öffentl. Unternehmen, gemeinnütziger Organisationen, außerdem aus den ▷*Energie-*, Banken-, Chemie-, Immobilien-, Versorgungs- u. Gesundheitsbranchen. Auch ▷*Gesellsch.recht* u. Prozessführung. Internat. Zusammenarbeit mit der US-brit. Kanzlei Womble Bond Dickinson.
Mandate: Kommunale Gesellschafter zu Verkauf des Krankenhaus Düren an Artemed; brit. Biotechunternehmen zu MBO; familiengeführter Holzverarbeiter zu Kauf eines Mitbewerbers; dt. Chemieunternehmen zu Verkauf eines Produktionsstandorts; Softwareanbieter (AG) zu Kauf eines Wettbewerbers.

REED SMITH

M&A ★★

Bewertung: Die M&A-Praxis der US-Kanzlei mit ihren Büros in Ffm. u. München ist eingebettet in das gr. internat. Netzwerk der Sozietät. Dieses konstituiert maßgebl. die mittelständ. geprägte Mandatsstruktur des Teams: zahlr. grenzüberschr. Transaktionen, häufig mit PE-Bezug, stemmt das Team, daneben agiert es immer häufiger als Koordinator für paneurop. Deals. Insbes. de Sousa steht für die Dynamik des zunehmenden dt. Geschäfts der Praxis. Nachdem die Praxis in den verg. Jahren eine Reihe essenzieller Abgänge verkraften musste, ist sie durch die Zugänge von von Jacobs u. von Sydow nun wieder in der Aufbauphase.
Oft empfohlen: Dr. Octávio de Sousa
Team: 5 Partner, 1 Counsel, 5 Associates
Partnerwechsel: Dr. Nikolaus von Jacobs, Christian von Sydow, Dr. Germar Enders (alle von McDermott Will & Emery)
Schwerpunkte: Strateg. M&A mit mittelgr. Volumen, oft für Mandanten aus dem internat. Netzwerk; PE u. VC.
Mandate: Kennametal bei gepl. Kauf der Hobe-Tools-Gruppe; North Channel Bank bei gepl. Verkauf; Sphera Solutions u. Gesellschafter Blackstone bei Kauf von riskmethods.

RENZENBRINK & PARTNER

M&A ★★★

Bewertung: Dtl.weit genießt die M&A-Praxis der HHer Boutique einen sehr guten Ruf für ihre Transaktionsberatung. Sowohl mittelständ. Unternehmen als auch börsennot. Konzerne vertrauen auf die für ihre „hohe Qualität" gelobten Berater, die bei Transaktionen auch die steuerl. Belange mit abdecken. Darauf vertraute zuletzt etwa die Phoenix-Mecano-Gruppe beim Beteiligungsverkauf der PM Digital Elektronik u. PM Digital Tunisie an die Cicor-Gruppe. Herzstück der Kanzlei bleibt allerdings die ▷*PE-Praxis*, deren Mandanten – oft strateg. Investoren – zu einem regelm. Dealflow beitragen. Bemerkenswert ist, wie die Boutique im angespannten Bewerbermarkt ihre Associate-Ebene verstärkte: Das Corporate-Team bekam 3 Berufsanfänger hinzu.
Oft empfohlen: Dr. Ulf Renzenbrink („beeindruckende Transaktionserfahrung, hervorragendes Fachwissen", Wettbewerber), Dr. Andreas Stoll, Dr. Dennis Schlottmann („sehr guter u. souveräner Corporate-Anwalt", Wettbewerber; „schlagkräftiges, fachl. exzellentes Team", Wettbewerber über alle)
Team: 5 Eq.-Partner, 1 Sal.-Partner, 1 Counsel, 6 Associates
Schwerpunkte: Große Bandbreite an Transaktionen, oft mit internat. Bezug. Zudem lfd. Beratung im ▷*Gesellschaftsrecht*, Prozessführung u. Steuern. Auch in ▷*PE- u. VC*-Deals tätig.
Mandate: Phoenix-Mecano-Gruppe bei Beteiligungsverkauf der PM Digital Elektronik u. PM Digital Tunisie an Cicor-Gruppe; 1000eyes bei Verkauf an Assa-Abloy-Gruppe; Engel & Völkers bei Kauf div. Franchiseunternehmern; PHM Group bei Kauf der Schultz-Gruppe; Wai Nani Venture bei Beteiligungsverkauf an Remazing an IK Small Cap III Fund.

RITTERSHAUS

M&A ★★

Bewertung: Die M&A-Praxis der Mittelstandskanzlei hat an ihren 3 Standorten unterschiedl. Schwerpunkte: Während das ▷*Mannheimer* Stammhaus regelm. bemerkenswerte Transaktionen für Bildungsträger u. im Gesundheitssektor begleitet – etwa das größte chin. Investment in ein dt. Biotech (Heidelberg Pharma) –, hat das ▷*Frankf.* Team es oft mit Strategen aus Israel, der Schweiz, Frankreich u. den USA zu tun. Das Münchner Team wiederum setzt Schwerpunkte im Bauprojekt- u. Wasserkraftsektor. Somit bleibt es eine Herausforderung für die Praxisleitung, ein klares Profil für das bundesw. M&A-Geschäft zu entwickeln, ohne die unternehmer. Freiheit der Partner zu sehr zu beschränken.
Stärken: Umfangr. Erfahrung in der Lifescience-Branche. Akquisitionen im Hochschulbereich.
Oft empfohlen: Verena Eisenlohr, Marc Hauser, Dr. Matthias Uhl („schnelle u. qualitativ hohe Bearbeitung", Mandant), Dr. Patrick Certa, Dr. Markus Bauer, Dr. Kirsten Girnth, Dr. Christina Eschenfelder, Dr. Milena Charnitzky („hohe Geschwindigkeit u. große Geduld", Mandant)
Team: 16 Eq.-Partner, 10 Associates
Partnerwechsel: Dr. Moritz Weber (zu Moore TK Legal), Dr. Angelika Bartholomäi (zu K&L Gates)
Schwerpunkte: Breite Mischung aus kl. u. mittelgr. Transaktionen, sowohl für Konzerne als auch die mittelständ. Mandanten, gut eingespieltes VC-Geschäft. Auch Distressed M&A u. Nachfolgeregelung. China-Desk (Mannheim) u. Italien-Desk (München). Kompetenzen im Marken- u. Patentrecht sowie im Immobiliensektor. Starke ▷*Nachfolgepraxis* u. anerkanntes ▷*Gesellschaftsrechtsteam*. Grenzüberschreitende Deals mit dem Kanzleinetzwerk Legalink.
Mandate: Dievini Hopp BioTech Holding zu Einstieg eines chin. Investors in Heidelberg Pharma; Gesellschafter zu Verkauf von Alfons Dollenbacher; Axxessio zu Beteiligung an Infolytics; Dana Inc. zu Verkauf ihres europäischen Business; Detmers Transport & Logistik zu Kauf von CCI Transport; Florian Schicker als Gesellschafter zu Verkauf von dogao-Anteilen; Heraeus-Holding-Tochter zu Kauf von Smart Steel Technologies; Thomas Kübler zu In-

Anwaltszahlen: Angaben der Kanzleien, wie viele Anwälte zu mind. ca. 50% in diesem Gebiet tätig sind. Sie spiegeln nicht zwingend die Gesamtgröße einer Kanzlei wider.

vestorenbeteiligungen in Kübler-Gruppe; Israel Chemicals bei Zukäufen.

RÖDL & PARTNER

M&A ★★

Bewertung: Die etablierte MDP-Kanzlei mit Hauptsitz in Nürnberg fokussiert sich auf kleine bis mittelgr. M&A-Transaktionen, die sie primär für Familienunternehmen wie Balluff, Hoffmann-Gruppe oder Herbold Meckesheim aushandelt. Das Team kann sich dabei auf ein eigenes globales Büronetz stützen, welches von den USA über Brasilien bis Vietnam reicht. Dass Rödl ihr Geschäft personell u. strateg. auszubauen weiß, hatte in den verg. Jahren schon das Team am Stuttgarter Standort bewiesen, wo sich die Dealfrequenz deutl. erhöht hat. Daran könnten sich auch andere dt. Standorte orientieren.

Stärken: Eigene Büros in zahlr. Ländern. Eingespielte, mittelständ. geprägte Steuerpraxis.

Oft empfohlen: Michael Wiehl, Dr. Oliver Schmitt, Dr. Dirk Halm, Dr. José Campos Nave („fachlich ausgezeichneter Kollege", Wettbewerber), Graf Kai von der Recke, Dr. Alexander Kutsch

Team: 7 Eq.-Partner, 10 Sal.-Partner, 13 Counsel, 20 Associates

Schwerpunkte: Kleine u. mittelgr. Transaktionen in Dtl. u. internat., dabei enge Verknüpfung von rechtl. u. steuerl. Beratung.

Mandate: Großaktionäre zu Verkauf von Collogia-Aktien an affinis; Aktionär zu Verkauf von evidanza-Aktien; AVIAPharma zu Kauf der Allergika Pharma; Herbold-Meckesheim zu Nachfolgeregelung/Verkauf an Coperion- bzw. Hillenbrand-Gruppe; Putzmeister zu Kauf von Itas-Cas; Gesellschafter zu Verkauf der Häsele-Gruppe an Hagebau; Equativ zu Kauf von Nowtilus; Gibus zu Kauf der Leiner-Gruppe; Hofmann-Unternehmensgruppe zu Verkauf ihrer Recycling- u. Entsorgungsaktivitäten.

SCHALAST & PARTNER

M&A ★★

Bewertung: Mit jahrel. Erfahrung in der Telekommunikations- u. Fintechbranche u. einem wachsenden Full-Service-Angebot in der gesamten Kanzlei hat das Schalast-Team das Spektrum seiner M&A-Praxis schrittweise erweitert. Kern des Teams ist weiterhin das ▷*Frankfurter* Büro, das sich auch im Bereich PE für kleine bis mittelgr. Deals einen Namen gemacht hat. Die Reputation im Bereich M&A ist relativ stark mit dem Namenspartner verbunden, es gibt jedoch Anzeichen dafür, dass die jüngere Generation (z.B. Rousseau) immer sichtbarer wird.

Oft empfohlen: Prof. Dr. Christoph Schalast („erfahren, sehr versiert u. souverän", Wettbewerber), Gregor Wedell („erfahren u. fachlich ausgezeichnet", Wettbewerber), Dr. Marc-André Rousseau („sehr responsive u. lösungsorientiert, stets klar u. mandantenorientiert", Wettbewerber)

Team: 6 Eq.-Partner, 5 Sal.-Partner, 1 Counsel, 6 Associates

Schwerpunkte: V.a. mittelgr. Deals für dt. mittelständ. Mandanten, mit langj. Erfahrung in Bereichen wie Telekom u. Finanzbranche. WP-Gesellschaft mit umfangreicher Erfahrung in der Finanzbranche.

Mandate: Beyond Capital bei Kauf von Daniel Baumann Gebäudereinigung, von ANK Sanitätshausgruppe; Bingmann Pflüger bei Verkauf einer Mehrheit an Joachim Lang; Ropa, NGN Telecom, HPL bei Verkauf von Strategic Fiber Network;

SCHMIDT VON DER OSTEN & HUBER

M&A ★★

Bewertung: Der M&A-Praxis der ▷*Essener* Kanzlei gelingt es immer besser, Qualität u. Zahl ihrer Deals zu steigern. Bestes Bsp. war zuletzt die Tätigkeit für Stammmandantin Aldi beim Kauf von Altmühltaler Mineralbrunnen, bei dem SOH ihr Know-how im Arbeits- u. Öffentl. Recht einbringen konnte. Auch grenzüberschr. Transaktionen sind bei dem Team zunehmend an der Tagesordnung, zuletzt der Verkauf eines Seifenherstellers an einen span. Mittelständler. Dass SOH zudem regelm. für MVZ-Deals (▷*Gesundheit*) hinzugezogen wird u. dank guter Beziehungen zu mehreren Family Offices auch einen steten Dealflow im Immobiliensektor hat, schärft das Sektorenprofil der Kanzlei.

Team: 7 Eq.-Partner, 1 Sal.-Partner, 6 Associates

Schwerpunkte: Im ▷*Gesundheitssektor* oft bei MVZ-Transaktionen. Zudem regelm. für Familienunternehmen u. Stiftungen – auch zur ▷*Nachfolgeberatung*.

Mandate: Aldi Nord bei Kauf Altmühltaler Mineralbrunnen; ökoloco zu Mehrheitsbeteiligung durch Enercity; div. Familiy Offices bei Immobilientransaktionen; Kosmetikunternehmen bei Verkauf eines Seifenherstellers an ein span. Unternehmen; Jacob Holding u. One Family Office bei div. Transaktionen.

SEITZ

M&A ★★

Bewertung: Neben zahlr. mittelständ. Mandaten, u.a. aus der Immobilien- u. Medienbranche, vertrauen auch Konzerne vereinzelt auf das M&A-Team der Kölner Kanzlei. Durch den Zugang eines Anwalts von Glade Michel Wirtz samt Team gewann Seitz nicht nur Kompetenzen an der Schnittstelle zu Restrukturierungen, was insbes. mit Blick auf den kriselnden Immobiliensektor sinnvoll scheint, sondern auch einen weiteren Standort in D´dorf.

Team: 5 Eq.-Partner, 1 Sal.-Partner, 4 Counsel, 5 Associates, 1 of Counsel

Partnerwechsel: Dr. Jochen Markgraf (von Glade Michel Wirtz)

Schwerpunkte: Begleitung kleiner u. mittlerer Deals, teils für namh. Mandanten. Regelm. Bezüge zu ▷*VC*, Restrukturierungen u. ▷*Unternehmensnachfolge*.

Mandate: Gesellschafter eines IT-Dienstleisters bei Verkauf aller Geschäftsanteile; Family Office Drengenberg, q.beyond AG lfd. bei Transaktionen.

SIDLEY AUSTIN

M&A ★★

Bewertung: Nicht zuletzt wg. der starken allg. Fokussierung der Kanzlei auf PE-Transaktionen zeigt sich die US-Kanzlei am M&A-Markt v.a. durch die Beratung von Portfoliounternehmen im Rahmen von Zukäufen. Bsph. ist hier das Engagement für Proalpha, einem Portfoliounternehmen von ICG in 2 Transaktionen. Dass das Know-how von Sidley bei nahm. Unternehmen ebenso gefragt ist wie bei Finanzinvestoren, zeigt die Beratung von Rodenstock zum Verkauf einer Geschäftssparte. Durch eine anerkannte Insolvenz- u. Restrukturierungspraxis, die in der Lage ist, im Schulterschluss mit der Transaktionspraxis zu agieren, ist die Kanzlei gut aufgestellt für zukünftige Distressed-Deals.

Oft empfohlen: Dr. Christian Zuleger, Dr. Björn Holland („extrem erfahren mit hervorr. Marktüberblick", Wettbewerber), Nicole Janssen („pragmatisch u. angenehm in der Zusammenarbeit", Wettbewerber), Dr. Marcus Klie („souveräne Koordination auch bei internat. Projekten", Wettbewerber)

Team: 8 Partner, 1 Counsel, 17 Associates

Schwerpunkte: Breites Netzwerk an US-Mandanten; kleine, aber hochkarätig besetzte ▷*Restrukturierungspraxis*. Viel Portfolioarbeit für ▷*PE*-Häuser.

Mandate: BBI Solutions zu Kauf von Biotez Berlin-Buch; Dynamore Holding zu Verkauf von 6 Tochtergesellschaften an Ansys; Proalpha/ICG zu Kauf von Empolis u. zu Kauf von Enit; Rodenstock im Zshg. mit Verkauf von Eyewear-Geschäft an De-Rigo-Gruppe.

SIMMONS & SIMMONS

M&A ★★

Bewertung: Die M&A-Praxis der brit. Kanzlei präsentiert sich am Markt als durchaus visible Beraterin bei grenzüberschr. Transaktionen. Hier kann die Kanzlei mit ihren internat. Büros punkten u. ihren Mandanten so eine Beratung durch eigene Teams über die Landesgrenzen hinweg anbieten. So war Simmons erneut bei Stammmandantin Moog für die Beratung zu mehreren Transaktionen gefragt, die versch. europ. u. außereurop. Jurisdiktionen umfasste. Neben techbez. Deals fokussiert sich die Praxis zunehmend auch auf den Sektor Energie- u. Infrastruktur. So begleite Simmons bspw. British Telecommunications beim Verkauf von Teilen ihres Glasfasergeschäfts. Abseits von strateg. M&A-Transaktionen stellt die Beratung von PE-Portfoliounternehmen bei Zu- u. Verkäufen einen nicht zu vernachlässigenden Teil des Geschäfts dar. Nach einem Partnerzugang im Vorjahr gelang es, das Team in Ffm. mit den Zugängen von Associates sowie einer Counsel, die von D'dorf nach Ffm. wechselte, weiter zu stärken.

Oft empfohlen: Dr. Stephan Ulrich („fachl. sehr versiert, lässt sich nicht aus der Ruhe bringen", Wettbewerber), Dr. Fabian von Samson-Himmelstjerna („extrem einsatzbereit", Mandant), Klaus Banke („immer eine sehr angenehme Zusammenarbeit", Wettbewerber)

Team: 7 Eq.-Partner, 6 Counsel, 13 Associates, 1 of Counsel

Schwerpunkte: Fokussierung auf die Branchen Technologie, Lifescience u. Infrastruktur. Regelm. auf Investorenseite. Anerkannte, transaktionserfahrene ▷*Arbeitsrechtler*. Eigene Legal-Tech-Gesellschaft Wavelength.

Mandate: BT zu Verkauf von Glasfaserkabelnetzen an 1&1 Versatel; Diploma zu Verkauf von A1-Envirosciences an Auctus; Kinnevik/Norwest/Maveron/8VC zu Fusion von Portfoliounternehmen Common Living u. Habyt; Köberl Group/Gimv zu Kauf von Rohrreinigungs-Service RRS u. THG Abwassertechnik; Mersen-Gruppe zu Verkauf von Real Estate Holdinggesellschaften; Mitratech zu Kauf von Quovant; OL International Holdings/Headhaul Capital zu Kauf von ITMS Deutschland; Moog zu mehreren Transaktionen.

SKADDEN ARPS SLATE MEAGHER & FLOM

M&A ★★★

Bewertung: Die M&A-Praxis der US-Kanzlei ist im Markt für ihr Know-how bei komplexen, großvol. u. grenzüberschr. Transaktionen bekannt. Bsph. sind hier mehrere Deals im Energiesektor, bei denen Skadden die thail. Gulf Energy Development beriet. Hier vertraute das Unternehmen mit Hofmeister auf einen jüngeren Partner der Kanzlei, der zunehmend

Anwaltszahlen: Angaben der Kanzleien, wie viele Anwälte zu mind. ca. 50% in diesem Gebiet tätig sind. Sie spiegeln nicht zwingend die Gesamtgröße einer Kanzlei wider.

an Präsenz gewinnt. Unter Bauers Federführung stemmte ein Team zudem einen mrd-schweren Zukauf in Dtl. für US-Mandantin Trimble, bei der auch amerikan. Anwälte zum Einsatz kamen. Bei derartigen transatlant. Projekten ist die eingespielte Zusammenarbeit mit der starken Praxis von Skadden in den USA ein schlagendes Verkaufsargument. Daneben agiert die Kanzlei regelm. bei Add-on-Transaktionen an der Seite von PE-Portfoliounternehmen.
Stärken: Öffentl. M&A, v.a. grenzüberschr. Corporate-Praxis in den USA; internat. einer der Marktführer.
Oft empfohlen: Dr. Jan Bauer („gute Projektorganisation, sehr effizient", Mandant), Dr. Matthias Horbach, Dr. Holger Hofmeister
Team: 3 Partner, 1 Counsel, 13 Associates
Schwerpunkte: Langj. Trackrecord bei öffentl. M&A; viele US-Mandanten; häufig auch Immobilientransaktionen.
Mandate: Goldman Sachs als Financial Advisor für Vorstand von Klöckner & Co im Zshg. mit öffentl. Übernahmeangebot von Swoctem; Gulf Energy Development zu Kauf von Minderheit an Gaskraftwerksprojekt Jackson Generation in Illinois von J-Power, zu Verkauf Mehrheit an Offshorewindpark Borkum Riffgrund 2 u. zu Kauf von indirekter Minderheit an Outer Dowsing Offshore Wind Project; Pinnacle Pet Group/JAB Holding Company zu Kauf von Agila Haustierversicherung; Trimble zu Kauf von Transporeon-Gruppe.

SKW SCHWARZ

M&A ★★

Bewertung: Bes. präsent ist die M&A-Praxis bei Transaktionen in den kanzleiweit etablierten Branchen Technologie und Medien. Die fast ausschl. mittelständ. Mandantschaft vertraut bei Small- u Mid-Cap-Deals, häufig grenzüber., auf das für seine Schnelligkeit gelobte Team. Dabei agieren die Berater meist praxisübergr., worauf zum Bsp. Bosch regelm. setzt. Bei einem US-Softwareunternehmen konnte sich SKW an eine Transaktion anschließend als feste dt. Beraterin etablieren u. deckt mittlerw. auch ▷*gesellschaftsrechtl. Themen* ab. Auch als Beraterin für Healthcare u. Lifescience ist die Kanzlei gefragt.
Oft empfohlen: Dr. Stephan Morsch, Dr. Sebastian Graf von Wallwitz
Team: 8 Eq.-Partner, 1 Sal.-Partner, 2 Counsel, 2 Associates
Schwerpunkte: Branchen: ▷*Medien* u. ▷*IT*, v.a. für mittelständ. Unternehmen. Gut funktionierendes internat. Kanzleinetzwerk.
Mandate: Robert Bosch bei Kauf von eesy-ic; Sierra Nevada Corporation bei Beteiligungsverkauf von Dt. Aircraft an AFK u. OHB; Crashtest Security bei Verkauf an US-Strategen; Dutch Ophthalmic Research Center bei Kauf von Wefis; Alleingesellschafterin eines Softwareunternehmens bei Verkauf; Alleingesellschafterin eines Elektronikunternehmens bei Verkauf.

SQUIRE PATTON BOGGS

M&A ★★

Bewertung: Das M&A-Team der US-Kanzlei hat Branchenkompetenzen vorzuweisen, etwa für den Immobilien-, Chemie- u. Pharmasektor. Dass es aber opportunistisch auch darüber hinaus tätig ist, zeigte ein gr. Deal in der Übersetzungsbranche sowie eine PE-geprägte Transaktionsstruktur für einen US-Automobilzulieferer. Die personelle Präsenz hat sich in Ffm. u. Berlin mit einem PE-erfahrenen Anwalt von Linklaters, der als Partner einstieg, sowie einem Experten für Immobiliendeals von Poellath erhöht.
Oft empfohlen: Dr. Kai Mertens („guter Stratege", Wettbewerber), Jost Arnsperger, Dr. Volker Heidbüchel („Pragmatismus u. Übersicht, fachlich hoch kompetent", Wettbewerber)
Team: 7 Eq.-Partner, 1 Sal.-Partner, 3 Counsel, 8 Associates
Partnerwechsel: Sascha Konwalski (von Linklaters), Norman Wasse (von McDermott Will & Emery), Dr. Fabio Borggreve (zu Mayer Brown)
Schwerpunkte: V.a. für Unternehmen, strateg. Investoren sowie PE- u. VC-Häuser tätig. In Berlin zudem zahlr. Immobilientransaktionen.
Mandate: Loar Group zu Kauf der Schroth-Safety-Gruppe; EVS Holding zu Verkauf von EVS Translations; UK-Unternehmen für Notfallreparaturen zu SPAC-Transaktion; angelsächs. Firma zu Verkauf von span. Solarprojekten; Havea-Gruppe zu Kauf von beautybears; ind. Mandant zu Kauf eines dt. Unternehmens; KI-Dienstleister zu Kauf eines Onlinemarketingunternehmens; US-Live-Entertainment-Veranstalter zu Kauf einer Berliner Bookingagentur.

SSP-LAW

M&A ★

Bewertung: M&A-Praxis aus Düsseldorf. Nähere Informationen finden Sie im Regionalkapitel ▷*Westen*.
Team: 3 Partner, 7 Associates (inkl. Steuerberater)
Schwerpunkte: Strateg. Transaktionen von mittelständ. u. Familienunternehmen, inkl. Steuerrecht; Zu- u. Verkäufe von Beteiligungsfonds; gesellschaftsrechtl. Beratung.
Mandate: Siehe Regionalkapitel.

SULLIVAN & CROMWELL

M&A ★★★★

Bewertung: S&C verfügt über eines der führenden Transaktionsteams, das v.a. bei öffentl. Übernahmen sowie privaten Large-Cap-Deals zum Einsatz kommt. So sah man es zuletzt etwa an der Seite der Porsche SE zum Ankauf einer rd. €10-Mrd-Beteiligung sowie bei Robert Bosch bei einem strateg. Investment in Schweden. Dass das Team gleicherm. für Einhörner wie GoStudent oder Finanzinvestoren sein „extrem gutes Fachwissen" einbringt, so ein Mandant, u. etwa die erste öffentl. Übernahme eines börsennot. Finanzinstituts durch PE (Aareal Bank) steuert, untermauert die Bandbreite seiner Transaktionsarbeit. Für die Generation erfahrener Senior Associates, die solche Deals entscheidend mitträgt, bietet der anstehende Generationswechsel echte Perspektiven auf eine Partnerschaft.
Stärken: Spitzenpraxis in den USA u. exzellent vernetztes dt. Team. Öffentl. Übernahmen sowie Share-for-Share-Deals.
Oft empfohlen: Dr. Carsten Berrar („einer der besten Verhandler der Republik", Wettbewerber), Dr. York Schnorbus („immer ruhig u. souverän", Wettbewerber), Dr. Konstantin Technau („sehr belastbar u. gut", Wettbewerber),
Team: 6 Partner, 3 Counsel, 26 Associates, 1 of Counsel
Schwerpunkte: Oft grenzüberschr. Deals für Strategen u. PE-Investoren. Häufig öffentl. Übernahmen oder ggf. Abwehr feindlicher Übernahmen. Personelle Überschneidungen zur hoch angesehenen Praxis für ▷*Börseneinführungen u. Kapitalmaßnahmen*.
Mandate: Porsche SE (Familien Porsche u. Piech) zu Beteiligung an Porsche AG; Robert Bosch zu Kauf von Husqvara-Anteilen; Baxter zu Verkauf des Geschäftsbereichs Biopharma Solutions; Enercity zu Hanwhas Mehrheitsbeteiligung an Enercitys-Tochter Lynqtec; GoStudent zu Kauf der Studienkreis Group; Aufsichtsrat der SLM Solutions zu Übernahmeofferte der Nikon Corporation; PE-Investoren zu öffentl. Übernahme der Areal Bank; Hauptgesellschafter zu Verkauf von Majorel; Foxconn Interconnect Technology zu Kauf von Prettl SWH.

SZA SCHILLING ZUTT & ANSCHÜTZ

M&A ★★★★

Bewertung: Die im Markt anerkannte M&A-Praxis wird gleichermaßen von internat. Strategen, dt. Börsenteilnehmern u. gr. Familienunternehmen mandatiert. Neben dem US-Konzern Diebold Nixdorf sorgte auch das Ratinger Unternehmen DKV Mobility für einen stetigen Dealflow – etwa zur strateg. Beteiligung an der paneurop. LIS AG mit 12 Familienaktionären u. Erwerbsangeboten an weitere 55 Anteilseigner. Verlassen kann sich SZA bei solchen Deals auf ihre büroübergr. Zusammenarbeit. „Das Team tickt wie ein gut laufendes Uhrwerk", findet ein Mandant. Nach dem personellen Ausbau der verg. Jahre erschließt sich das SZA-Team systematisch neue Mandatsbeziehungen, etwa über erfolgr. Pitches – wie bei VIB Vermögen u. Verifone Systems – sowie über Kontakte aus dem internat. Netzwerk. Mit ihrer breit aufgestellten u. viel gelobten Partnergeneration zw. 40 u. 50 ist SZA gut gewappnet, um in den kommenden Jahren hierzulande weitere Marktanteile zu gewinnen.
Stärken: Herausragend im ▷*Gesellsch.recht*, eng verzahnt mit kapitalmarktrechtl. Kompetenzen u. der ▷*Nachfolgepraxis*. Erfahrung mit transatlant. Deals.
Oft empfohlen: Dr. Martin Gross-Langenhoff („reaktionsschnell, fachlich erhaben, versteht es, große Teams effizient zu führen", Mandant; „pragmatisch, konstruktiv u. technisch exzellent", Wettbewerber; auch Kapitalmarktrecht), Dr. Michaela Balke, Dr. Martin Kolbinger (auch PE), Dr. Oliver Schröder (auch Außenwirtschaftsrecht), Dr. Marc Löbbe (v.a. Aktienrecht), Prof. Dr. Jochem Reichert (v.a. Familiengesellschaften), Dr. Christoph Nolden („angenehme u. pragmatische Zusammenarbeit", Wettbewerber; v.a. Investoren).
Team: 15 Partner, 1 Sal. Partner, 3 Counsel, 13 Associates, 3 of Counsel
Schwerpunkte: Hochkarät. aktien- u. konzernrechtl. Praxis mit kapitalmarktrechtl. u. steuerrechtl. Kompetenz. Distressed-M&A-Transaktionen (▷*Insolvenz/Restrukturierung*). Zusammenarbeit mit einem internat. Netzwerk an unabhängigen Sozietäten.
Mandate: DVK Mobility zu Mehrheitsbeteiligung an LIS AG; Mutares zu Verkauf von Lacroix + Kress; Gesellschafter zu Einstieg von FSN Capital bei Bäcker Görtz; Proact IT Group (Schweden) zu Kauf von sepago; Fuchs Schmierstoffe zu Kauf von E-Lyte Innovation; Diebold Nixdorf zu div. Zukäufen; Gesellschafter zu Verkauf der Gläser & Flaschen GmbH; Gesellschafter zu Verkauf von Gross-Perthun an Sherwin-Williams; türk. Investorenfamilie zu Kauf von Veritas-Geschäften (aus Insolvenz); Alira Health zu Kauf der Sourcia-Gruppe; Cafeyn/LeKioske.fr zu Beteiligung an schwed. Readly-Gruppe (Bonnier).

Anwaltszahlen: Angaben der Kanzleien, wie viele Anwälte zu mind. ca. 50 % in diesem Gebiet tätig sind. Sie spiegeln nicht zwingend die Gesamtgröße einer Kanzlei wider.

Marken- und Wettbewerbsrecht

Sichere Bank

Der Schutz von Marken bleibt für viele große Unternehmen ein zentrales Thema. Auch wenn im Krisenjahr 2022 beim Deutschen Patent- und Markenamt deutlich weniger Marken angemeldet und eingetragen wurden, stieg im selben Zeitraum die Zahl der Nichtigkeitsanträge. Vor allem aber bei der Verfolgung von Rechtsverletzungen spart kaum ein Unternehmen. Nach dem Ende der Corona-Krise gehen viele wieder vehement gegen Produktpiraterie und Nachahmungen vor. Kanzleien wie **Bardehle Pagenberg** oder **Rospatt Osten Pross** sind mit gut gestaffelten und ausreichend großen Teams gut gerüstet, um solche umfangreichen – und bei Messen auch zeitkritischen – Mandate zu stemmen. Komplexe marken- und wettbewerbsrechtliche Prozesse vor den Zivilgerichten sind weniger personalintensiv, hier kommt es neben dem Fachlichen allein auf die Gerichtserfahrung der IP-Anwältinnen und -anwälte an.

Doch nicht nur Marken gilt es zu schützen, längst sagen Praktiker auch dem Designrecht eine künftig noch stärkere Rolle voraus, da eine Reform dieses Schutzrecht bald modernisieren und aufwerten soll. Auch zum Thema Green Claims hat die EU eine Richtlinie auf den Weg gebracht, doch bereits jetzt beschäftigen Streitigkeiten um umweltbezogene Aussagen Wettbewerbsrechtler intensiv. Bei international aufgestellten Kanzleien fügt sich das Thema zudem in den Gesamtkomplex ESG ein – Kanzleien wie **DLA Piper** oder **CMS Hasche Sigle** nutzen dies zunehmend, um Mandanten bei grenzüberschreitenden Werbekampagnen Service aus einer Hand zu bieten.

Geteilter Markt

Damit liefert das Thema gleichzeitig ein Beispiel dafür, wie sich der Markt im Soft-IP immer mehr teilt: Kleinteiligeres Prozess- und Projektgeschäft passt immer weniger in die Strukturen transaktionsfokussierter Großkanzleien. **Freshfields Bruckhaus Deringer** und **Baker McKenzie** etwa fokussieren sich zunehmend auf die Beratung großer Konzerne bei wichtigen Digitalisierungsprojekten. IP-Know-how ist dabei zwar eine wichtige, aber eben nur eine Komponente neben Bereichen wie Kartell-, Regulierungs-, Medien- und IT-Recht. Diese Fokussierung schlägt sich auch personell nieder: Die noch immer angesehenen Teams im Marken- und Wettbewerbsrecht wachsen zumindest auf Equity-Partner-Ebene schon länger nicht mehr – Baker verlor zuletzt sogar mit Dr. Rembert Niebel einen bekannten Partner an **SKW Schwarz**. Bei **Hogan Lovells**, **Bird & Bird** und **Taylor Wessing** dagegen gehört IP zur DNA und genießt weiterhin einen hohen Stellenwert: Auch sie zielen auf große Mandanten, setzen dabei aber weiterhin auf eine große Bandbreite im IP, die auch eine visible Prozesspraxis umfasst.

Personell treibt einige Kanzleien der Generationswechsel um: Bei **FPS Fritze Wicke Seelig**, **Lorenz Seidler Gossel** u. **CMS Hasche Sigle** verabschiedeten sich einige der bekanntesten dt. Soft-IP-Rechtler in den Ruhestand. Gleichzeitig liefern diese Kanzleien ein Beispiel für den Aufbau starker Nachwuchsgenerationen, die für die Kontinuität in den Mandaten sorgen. Für das größte Aufsehen im Markt sorgte allerdings eine ungewöhnliche Personalie: Der führende Prozessspezialist und **Schultz-Süchting**-Partner Dr. Lars Kröner entschied sich, seine Tätigkeit als Anwalt im IP zu beenden und sich beruflich sowie persönlich neu zu orientieren. Eine Entscheidung mit echtem Seltenheitswert – nicht nur im IP, sondern im gesamten Anwaltsmarkt.

Die Bewertungen behandeln Kanzleien, die im Marken-, Design- u. Wettbewerbsrecht beraten. Trotz starker Überschneidungen setzen die Kanzleien unterschiedliche Schwerpunkte, sodass Marken- und Wettbewerbsrecht in separaten tabellarischen Übersichten dargestellt sind. Im Markenrecht sind nur Kanzleien erfasst, die sich auch intensiv in zivilrechtl. Prozessen engagieren. Urheberrechtl. Kompetenz wird wg. der engen Verknüpfung mit der Branche im Kapitel ▷*Medien* berücksichtigt.

JUVE KANZLEI DES JAHRES FÜR MARKEN- UND WETTBEWERBSRECHT

SKW SCHWARZ

Mit beeindruckendem Engagement und klarer Fokussierung auf Digitalisierungsthemen hat SKW ihre Praxis ausgebaut – und zuletzt noch einmal eine Schippe draufgelegt. Mit sicherem Auge identifiziert das Team aktuelle Trendthemen wie E-Sport, Influencer-Werbung, NFTs oder Nachhaltigkeits-Claims. Dabei schnürt es in enger Zusammenarbeit mit den IT-, Datenschutz- u. Medienrechtlern passgenaue Beratungsangebote für seine Mandanten. Zu denen, die darauf immer stärker zurückgreifen, gehört auch einer der größten Discounter Deutschlands. Gleichzeitig zeigen die Partner im klassischen Soft-IP regelmäßig ihre Sattelfestigkeit: So wird die Münchner Partnerin **Dr. Dorothee Altenburg** neuerdings für den Softwareanbieter Imos im Markenrecht tätig. Insbesondere aber rege Prozesstätigkeit einiger Partner für Mandanten wie Merck oder Atlantic Natural Foods sorgen für eine hohe Präsenz in IP-rechtlichen Streits. Bereits im Vorjahr hatte SKW durch den Zugang von **Dr. Oliver Stöckel** ihre Beziehungen zu Pharmamandanten wie Gilead ausgebaut – eine Erfolgsstory, die sich nicht nur in der Ernennung Stöckels zum Equity-Partner, sondern auch zum neuen Praxisgruppenleiter zeigt. Und SKW ist noch nicht fertig. Nächste Station: Frankfurt. Mit **Dr. Rembert Niebel** kam ein bekannter Marken- und Wettbewerbsrechtler von Baker McKenzie dazu, zudem ernannte SKW intern einen Counsel – mit beiden setzt sie noch einmal ein Ausrufezeichen hinter ihre expansive IP-Strategie.

ADVANT BEITEN

Marken- und Designrecht ★★★
Wettbewerbsrecht ★★

Bewertung: Die Beratung u. Prozessvertretung im Marken- u. Wettbewerbsrecht ist ein fester Bestandteil der breit aufgestellten IP-Praxis dieser gr. Mittelstandsberaterin. Im klass. Markenrecht zeigt v.a. das Münchner Team einen hohen Spezialisierungsgrad, u. Hackbarth hat bspw. viel Erfahrung mit dem Schutz von Farbmarken aufgebaut sowie mit dem Vorgehen gg. bösgläubige Markenanmeldungen; hier unterstützte sie zuletzt mehrere Mandanten. Personell u. inhaltl. gibt es viele Überschneidungen zur anerkannten Medienpraxis: Die ausgezeichneten Beziehungen eines Frankf. Partners zur Games-Branche sowie Weimanns starke Position im Rundfunkmarkt strahlen stark in die Soft-IP-Praxis aus. So vertrat AB etwa Antenne Bayern in EV-Verf. gg. Meta bzgl. marken- u. persönlichkeitsrechtl. Verletzungen durch User. Bei diesem Mandat kam direkt auch die neue Sal.-Partnerin Müller zum Einsatz, die mit ihrer Spezialisierung auf IP u. Medien sowie ihrer früheren Inhouse-Erfahrung (Nintendo) gut zur Branchenspezialisierung passt. Die Partner haben zudem gute Beziehungen zu internat. Korrespondenzanwälten, daneben nimmt die Zusammenarbeit innerhalb der Advant-Allianz weiter Form an, für Mandantin Nio bspw. arbeiten markenrechtl. alle 3 Mitgliedskanzleien (Dtl., Italien u. Frankreich).
Stärken: Branchenbezogene Beratung für Medien-, Spiele- u. Sportmandanten (▷*Medien*).
Oft empfohlen: Dr. Holger Weimann, Dr. Christina Hackbarth
Team: 4 Eq.-Partner, 8 Sal.-Partner, 4 Associates, 1 of Counsel
Partnerwechsel: Dr. Peggy Müller (von Klinkert)
Schwerpunkte: Strateg. Beratung u. Prozessvertretung im Marken- u. Wettbewerbsrecht. In München konzentriert umfangr. Portfoliomanagement. In Berlin v.a. an der Schnittstelle zum Urheber- u. Vertriebskartellrecht. In Ffm. viele Mandanten aus der Games-Branche.
Mandate: Antenne Bayern in Streit mit Meta bzgl. marken- u. persönlichkeitsrechtl. Verletzungen durch User; Tencent in internat. Prozess gg. Urheber- u. UWG-Verletzungen; DFB zu Markenverletzungen u. Ambush-Marketing; Mustang in Streit mit Markenlizenznehmer; Verivox in Prozessen bzgl. Werbung; Inbus IP in Verfallsverf.; Dörken Coatings in Markenverletzungsprozess gg. CWS Lackfabrik; Einzelhandelskette, u.a. in 2 Farbmarkenverf.; lfd. im Markenrecht: FC Bayern, Nio.

ARNECKE SIBETH DABELSTEIN

Marken- und Designrecht ★
Wettbewerbsrecht ★

Bewertung: Das Soft-IP-Team dieser mittelständ. Kanzlei ist innerh. seines fachl. breiten Beratungsansatzes sehr erfahren in marken- u. wettbewerbsrechtl. Prozessen. Dank eines klaren Branchenfokus (v.a. Sport, Chemie u. Lebensmittel) baut es seinen Aktionsradius kontinuierl. aus. So wird ASD etwa für die DFL immer umfangreicher tätig u. berät nicht nur zu klass. IP-, sondern auch zu Schnittstellenthemen wie NFTs. Zudem setzt neuerdings Huawei auf das insbes. für die Markenkollisionsüberwachung gut aufgestellte Team. V.a. aber die rege Prozessvertretung von Werner & Mertz in zahlr. UWG-Streitigkeiten sorgte zuletzt dafür, dass das Team im Markt bekannter wird.

Marken- und Designrecht

Kanzlei	Standorte
★★★★★	
CMS Hasche Sigle	Hamburg, Köln, Stuttgart, Düsseldorf, Leipzig
Hogan Lovells	Hamburg, Düsseldorf
★★★★★	
Bird & Bird	Düsseldorf, München, Frankfurt, Hamburg
Harmsen Utescher	Hamburg
Harte-Bavendamm	Hamburg
Taylor Wessing	Hamburg, München, Düsseldorf, Frankfurt
★★★★	
Bardehle Pagenberg	München
FPS Fritze Wicke Seelig	Frankfurt, Hamburg
Gleiss Lutz	Stuttgart, Berlin, München
Grünecker	München
Klaka	München
Lorenz Seidler Gossel	München
Lubberger Lehment	Berlin, Hamburg, München
★★★★	
Bock Legal	Frankfurt
Boehmert & Boehmert	Berlin, München, Bremen
Jonas	Köln
Nordemann Czychowski & Partner	Potsdam, Berlin
★★★	
Advant Beiten	München, Berlin, Frankfurt
Baker McKenzie	Frankfurt
CBH Rechtsanwälte	Köln, Hamburg
DLA Piper	Köln, Frankfurt, Hamburg
Friedrich Graf von Westphalen & Partner	Freiburg, Köln, Frankfurt
Heuking Kühn Lüer Wojtek	Köln, Frankfurt, Hamburg, Düsseldorf, Stuttgart
Hoyng ROKH Monegier	Düsseldorf
Noerr	München, Berlin
Rospatt Osten Pross	Düsseldorf
SKW Schwarz	München, Frankfurt, Berlin
Vossius & Partner	München
★★	
Arnold Ruess	Düsseldorf
Eisenführ Speiser	Bremen, Hamburg
Eversheds Sutherland	München
Fieldfisher	Hamburg
Freshfields Bruckhaus Deringer	Düsseldorf
Göhmann	Hannover, Braunschweig, Bremen
KNPZ Rechtsanwälte	Hamburg
Luther	Köln, Hamburg, Düsseldorf, Essen
Oppenländer	Stuttgart
Osborne Clarke	Köln, München, Hamburg
Preu Bohlig & Partner	Berlin, München
Schmitt Teworte-Vey Simon & Schumacher	Köln
Schultz-Süchting	Hamburg

Fortsetzung nächste Seite

Oft empfohlen: Dr. Thomas Körber („Top-Markenrechtler", Mandant; „sehr erfahren, kompetent, auf den Punkt u. fair", Wettbewerber), Julia Wiefel („gute Markenrechtlerin, führt Verhandlungen souverän", Wettbewerber)
Team: 3 Eq.-Partner, 3 Sal.-Partner, 3 Counsel, 6 Associates, 1 of Counsel
Schwerpunkte: Neben Prozessvertretung auch strateg. Beratung u. Markenverwaltung. Branchenorientierte Beratung von Lebensmittel-, Chemie- u. Sportunternehmen. Oft Bezüge zum IT- u. Kartellrecht.
Mandate: DFL lfd. im IP, u.a. in Prozess bzgl. Domains sowie zu NFTs u. Produktpiraterie; Werner & Mertz u. Tana-Chemie in div. UWG-Prozessen, u.a.

Anwaltszahlen: Angaben der Kanzleien, wie viele Anwälte zu mind. ca. 50 % in diesem Gebiet tätig sind. Sie spiegeln nicht zwingend die Gesamtgröße einer Kanzlei wider.

zur Abgrenzung von Bioziden u. Lebensmitteln; Universal Investment zu Markenverwaltung u. -verletzungen; Huawei zu Produktpiraterie; Pharmaserv, u.a. in Prozess gg. Markenstreit; Nocco No Carbs Company lfd. im IP- u. Lebensmittelrecht; Media Broadcast, u.a. zu Kollisionsüberwachung.

ARNOLD RUESS

Marken- und Designrecht ★★
Wettbewerbsrecht ★

Bewertung: Die D'dorfer IP-Boutique ist neben ihrem Schwerpunkt im ▷*Patentrecht* auch im Marken- u. Wettbewerbsrecht aufgr. ihrer ausgewiesenen Kompetenz in Prozessen bekannt. Nicht selten geht es dabei um grundsätzl. Streitigkeiten, etwa für Sony u. den Tabakgeschäftebetreiber Dr. Eckert. Der Soft-IP-Partner Ruess ist ausgezeichnet im Markt vernetzt u. erweitert kontinuierl. seinen Mandantenkreis; so kamen zuletzt etwa die Dt. Lufthansa u. Kaldewei hinzu.

Stärken: Prozesse.

Oft empfohlen: Prof. Dr. Peter Ruess („sehr kompetent u. eloquent mit guter Überzeugungskraft", „setzt sich nachdrückl. für seine Mandanten ein", Wettbewerber)

Team: 1 Partner, 1 Counsel, 10 Associates

Schwerpunkte: Umf. Prozessvertretung u. Beratung im Marken- u. Designrecht sowie UWG u. Urheberrecht. Am Rande auch Markenverwaltung u. strateg. Beratung.

Mandate: Dt. Lufthansa u. Kaldewei markenrechtl.; Odin Automotive zu Markenverletzungen; Sigro Licht in Designprozessen; Boxine umf. im IP, u.a. in Streit mit gr. Retailer; Novoluto/Wow Tech in 2 UWG-Prozessen; Sony Interactive Entertainment in Verletzungsverf.; Dr. Eckert in Prozess zu Tabakwerbung; Zentis umf. im IP; lfd.: Subaru, Johanniterorden (u.a. in Verf. zu ‚Malteserkreuz').

Marken- und Designrecht Fortsetzung

★

Kanzlei	Standorte
Arnecke Sibeth Dabelstein	Frankfurt, München
Brandi	Bielefeld
Cohausz & Florack	Düsseldorf
Dentons	Frankfurt, Berlin
Esche Schümann Commichau	Hamburg
GvW Graf von Westphalen	Frankfurt, Hamburg
Hildebrandt	Berlin
Hoffmann Eitle	München, Düsseldorf
JBB Rechtsanwälte	Berlin
Kleiner	Stuttgart, Düsseldorf
Klinkert	Frankfurt
LLR Legerlotz Laschet und Partner	Köln
Löffel Abrar	Düsseldorf
Loschelder	Köln
Meissner Bolte	München, Nürnberg
Menold Bezler	Stuttgart
Norton Rose Fulbright	Frankfurt
Notos	Frankfurt
Orth Kluth	Düsseldorf
Schalast & Partner	Stuttgart
Schiedermair	Frankfurt
Squire Patton Boggs	Frankfurt
Taliens	München
Uexküll & Stolberg	Hamburg
Unit 4 IP	Stuttgart
Zenk	Hamburg

Die Auswahl von Kanzleien und Personen in Rankings und tabellarischen Übersichten ist das Ergebnis umfangreicher Recherchen der JUVE-Redaktion. Sie ist in 2erlei Hinsicht subjektiv: Die Aussagen der befragten Quellen sind subjektiv u. spiegeln deren Erfahrungen u. Einschätzungen. Die JUVE-Redaktion wiederum analysiert die Rechercheergebnisse unter Einbeziehung ihrer eigenen Marktkenntnis. Der JUVE Verlag beabsichtigt keine allgemeingültige oder objektiv nachprüfbare Bewertung. Es ist möglich, dass eine andere Recherchemethode zu anderen Ergebnissen führt. Innerhalb einzelner Gruppen in Rankings und tabellarischen Übersichten sind Kanzleien und Personen alphabetisch sortiert.

BAKER MCKENZIE

Marken- und Designrecht ★★★
Wettbewerbsrecht ★★★

Bewertung: Die Soft-IP-Praxis, die im Markt bislang insbes. für ihre Stärke in lizenzvertragl. Themen u. die Prozessvertretung bekannt ist, stellt sich auch im Marken- u. Wettbewerbsrecht immer stärker als Rundumberaterin ihrer gr. internat. Mandanten bei deren Digitalisierung auf. Wie viele andere internat. Kanzleien mit ähnl. Aufstellung setzt sie dabei auf eine stärkere interne Zusammenarbeit mit der IT-Praxis: Weil sie gleichz. über exzellente Kontakte durch ihr riesiges Netzwerk verfügt, wird sie so für gr. Technologie- u. Plattformunternehmen tätig, ein Bsp. dafür ist Netflix. Daneben übernahm zuletzt etwa ein dt. Counsel eine koordinierende u. wichtige Rolle in einem europ. Team, das einen chin. Technologiekonzern beim Markteintritt in einen Geschäftsbereich beriet. Der veränderte Fokus der kombinierten IP/IT-Praxis spiegelt sich auch personell wider: Mit Niebel ging ein langj. Eq.-Partner, der stark für das klass. IP stand u. damit einen Verlust für die genuine IP-Praxis bedeutet. Dass sich das Team dagegen mit einem transaktionserfahrenen Sal.-Partner von Hengeler verstärkte, unterstreicht einen Bereich, der in den Vorjahren bereits stark gewachsen war u. den BM auch weiter ausbauen will.

Stärken: Internat. Markenstrategien, Lizenzverträge.

Oft empfohlen: Dr. Michael Fammler, Markus Hecht („ausgezeichnet im Markenrecht, pragmat. u. umsichtig", Mandant über beide)

Team: 1 Eq.-Partner, 1 Sal.-Partner, 3 Counsel, 4 Associates

Partnerwechsel: Patrick Wilkening (von Hengeler Mueller); Dr. Rembert Niebel (zu SKW Schwarz)

Schwerpunkte: Umf. zu Fragen in IP u. Wettbewerbsrecht inkl. Urheberrecht u. zu Lizenzverträgen. Internat. Portfoliomanagement u. Beratung zu Rebrandings, Merchandising-Strategien u. Franchisesystemen (▷*Vertriebsrecht*). Neben Betreuung von Grenzbeschlagnahmeverf. auch prozessual tätig. Markenverwaltung über IP-Servicecenter (v.a. in Manila) u. fachl. Experten vor Ort.

Mandate: Chin. Technologiekonzern zu europ. Markteintritt; Cassina in grenzüberschr. Markenverletzungsprozess; CSL Behring in markenrechtl. Streit u. zu Parallelimporten; Netflix im UWG; Filmproduktionsunternehmen zu Markenverletzungen; GE in Widerspruchsverf.; umf. im Markenrecht (inkl. Portfolioverwaltung): SAP, Leica Microsystems, Abbott, Abbvie, Unilever, BAT, Calvin Klein.

BARDEHLE PAGENBERG

Marken- und Designrecht ★★★★
Wettbewerbsrecht ★★

NOMINIERT
JUVE Awards 2023
Kanzlei des Jahres für IP

Bewertung: Das erfahrene Soft-IP-Team der gemischten Kanzlei steht im Markt neben ihrer marken- u. wettbewerbsrechtl. Kompetenz wie kaum ein 2. für eine hohe Spezialisierung im Designrecht. Darauf setzen namh. Markenartikler wie Adidas u. Apple in gr. Umfang. Hier sowie im Markenrecht ist die umfangr. Portfoliomanagementpraxis ein starkes Rückgrat. Insbes. aber der Ruf der Partner als erprobte Prozessvertreter sorgt dafür, dass sie Mandanten oft auch in Streitigkeiten vor Ämtern u. Zivilgerichten beistehen. Zuletzt ging es etwa viel um komplexe Fragen zu Farb- u. 3D-Marken u. den Schutz gg. bösgläubige Markenanmeldungen. Die Soft-IP-Rechtler decken dabei routiniert angrenzende Beratungsfelder wie Domain- u. Urheberrecht mit ab. Letzteres zeigte sich insbes. in ihrer Arbeit für Penta Shoes u. Calzados D'Simons in einem Streit mit Birkenstock. Regelm. u. eng arbeitet das Team mit der renommierten ▷*patentrechtl.* Praxis zusammen. Hier wird das Team neuerdings auch für Occhio im Marken- u. Designrecht tätig – ein Kontakt, den der Patentprozessspezialist Wuttke mitbrachte.

Stärken: Prozesse, formelles Markenrecht, Designschutz, internat. Ausrichtung.

Oft empfohlen: Claus Eckhartt, Pascal Böhner („lösungsorientiert u. fachl. gut im Marken- u. Domainrecht", „sehr vernünftig in der Sache, zudem kollegial", Wettbewerber), Dr. Philipe Kutschke („sehr präzise u. schnelle Beratung zu Designs", Mandant; „hervorragender IP-Rechtler, starke, fundierte Schriftsätze u. sehr höfl. im Umgang", Wettbewerber), Dr. Henning Hartwig („der Design-Warrior", Wettbewerber), Prof. Dr. Alexander v. Mühlendahl

Team: 3 Eq.-Partner, 2 Sal.-Partner, 1 Counsel, 3 Associates

Anwaltszahlen: Angaben der Kanzleien, wie viele Anwälte zu mind. ca. 50 % in diesem Gebiet tätig sind. Sie spiegeln nicht zwingend die Gesamtgröße einer Kanzlei wider.

Partnerwechsel: Dr. Tobias Wuttke (von Meissner Bolte)
Schwerpunkte: Umf. Prozessvertretung u. Beratung im Marken- u. Designrecht sowie im UWG u. Urheberrecht, daneben gr. Verwaltungspraxis von Marken u. Designs. Zudem im Werberecht, bei Produkteinführungen u. Grenzbeschlagnahmen tätig. Eigene Büros in Mailand u. Barcelona, im Soft-IP v.a. aber regelm. Austausch mit dem Pariser Büro.
Mandate: Adidas umf. im Designrecht u. in div. Markenverletzungsfällen; Apple zu EU-Designverwaltung u. in Nichtigkeitsverf.; Ethicon Endo Surgery in div. Verletzungsprozessen u. zu Messebeschlagnahme; MZE Möbel Zentral Einkauf u.a. in Prozess gg. Ex-Lizenznehmer; Genuins u. Pentra Shoes in design- u. wettbewerbsrechtl. Prozessen gg. Birkenstock; Occhio lfd. im Designrecht; Air up, Livinguard u. Coca-Cola umf. im IP; lfd. im Markenrecht: Gibson, Marriott, Husqvarna/Gardena, L'Oréal, Reckitt, XL-Energy, Wago.

BIRD & BIRD

Marken- und Designrecht	★★★★★
Wettbewerbsrecht	★★★★

Bewertung: Es ist beeindruckend, wie kontinuierl. das Soft-IP-Team der Kanzlei seine personelle Schlagkraft u. gleichz. die fachl. Spezialisierung im Marken- u. Wettbewerbsrecht ausbaut. Innerh. eines guten Jahres ernannte sie intern gleich 2 Partner sowie einen Counsel, deren Spezialisierungen in den Bereichen Pharma, ESG-Werbung u. geograf. Herkunftsangaben die ohnehin bereits breite IP-Aufstellung noch einmal vertiefen u. ergänzen. So vertritt etwa ein junger Münchner Partner Teva/Ratiopharm in div. UWG-Prozessen, deckt dabei regulator. Fragen mit ab u. arbeitet eng mit dem renommierten Patentteam zusammen. Herzstück im Markenrecht ist aber weiterhin ihre starke formelle Markenpraxis, die techn. gut unterstützt u. internat. integriert einen umf. Service anbietet u. damit zuletzt Mandanten wie Fressnapf überzeugte. V.a. aber der ausgezeichnete Ruf vieler Partner als erfahrene Prozessvertreter sowie deren Präsenz in oft grundsätzl. Streitkomplexen führt dazu, dass B&B im Markt eine der präsentesten internat. Großkanzleien im Soft-IP ist.
Stärken: Markenstrateg. Beratung, Prozesse (u.a. wg. Farbmarken).
Oft empfohlen: Dr. Joseph Fesenmair („sehr kompetent u. erfahren im Marken- u. Sportrecht, zudem gut vernetzt", Mandant), Dr. Uwe Lüken, Dr. Markus Körner („herausragender Anwalt, sehr kompetent u. lösungsorientiert, gute Kommunikation", Mandant; „sehr guter Stratege, v.a. bei Vertragsverhandlungen stark", Wettbewerber), Dr. Richard Dissmann („sehr strateg. u. vorausschauend, absoluter Kenner des Markenrechts, Champions League", Mandant; „richtig guter IP-Rechtler", Wettbewerber), Dr. Frederik Thiering („schlauer Kopf, kooperativ u. angenehm im Umgang", „sehr aktiv u. einnehmend", Wettbewerber), Marion Jacob, Dr. Constantin Eikel
Team: 10 Partner, 7 Counsel, 21 Associates, 1 of Counsel
Schwerpunkte: Umf. Beratung bei der Entwicklung von Markenstrategien u. Vertretung in Markenverletzungsprozessen sowie formelles Markenrecht. Im UWG neben Prozessen insbes. strateg. Beratung, insbes. auch zu Klima-Claims sowie im Zshg. mit der Pkw-EnVKV. Zudem Beratung von Schutzverbänden zu geograf. Herkunftsangaben u. Datenschutz (▷*IT u. Datenschutz*).

Wettbewerbsrecht

★★★★★

Kanzlei	Standorte
CMS Hasche Sigle	Hamburg, Stuttgart, Köln, Berlin, Leipzig
Harmsen Utescher	Hamburg
Harte-Bavendamm	Hamburg
Hogan Lovells	Düsseldorf, Hamburg
Lubberger Lehment	Berlin, Hamburg, München
Taylor Wessing	Hamburg, München, Düsseldorf, Frankfurt, Berlin

★★★★

Kanzlei	Standorte
Bird & Bird	Düsseldorf, München, Hamburg
Bock Legal	Frankfurt
Danckelmann und Kerst	Frankfurt
FPS Fritze Wicke Seelig	Frankfurt, Hamburg
Gleiss Lutz	Stuttgart, Berlin, München
JBB Rechtsanwälte	Berlin
Klaka	München, Düsseldorf
Lorenz Seidler Gossel	München
Oppenländer	Stuttgart

★★★

Kanzlei	Standorte
Baker McKenzie	Frankfurt
CBH Rechtsanwälte	Köln, Hamburg
DLA Piper	Hamburg, Köln, Frankfurt
Friedrich Graf von Westphalen & Partner	Freiburg, Köln
Heuking Kühn Lüer Wojtek	Köln, Frankfurt, Hamburg
Jonas	Köln
Loschelder	Köln
Noerr	München, Berlin
Osborne Clarke	Köln, München, Hamburg
Schultz-Süchting	Hamburg
SKW Schwarz	Frankfurt, München, Berlin
Weber & Sauberschwarz	Düsseldorf

★★

Kanzlei	Standorte
Advant Beiten	München, Berlin
Bardehle Pagenberg	München
Eversheds Sutherland	München
Fieldfisher	Hamburg
Freshfields Bruckhaus Deringer	Düsseldorf
Grünecker	München
Hoyng ROKH Monegier	Düsseldorf
KNPZ Rechtsanwälte	Hamburg
Luther	Köln, Hamburg, Düsseldorf, Essen
Menold Bezler	Stuttgart
Nordemann Czychowski & Partner	Potsdam, Berlin
Preu Bohlig & Partner	Berlin, München
Rospatt Osten Pross	Düsseldorf
Schiedermair	Frankfurt

Fortsetzung nächste Seite

Mandate: Adidas bzgl. Green Claims; Fressnapf zu marken- u. wettbewerbsrechtl. Beratung inkl. Markenverwaltung; Audi im Marken-, Designrecht u. UWG, u.a. in Prozessen bzgl. Pkw-EnVKV; SoundCloud in markenrechtl. Verf.; Teva/Ratiopharm in div. UWG-Prozessen; Dr. Loges + Co. in UWG-Prozessen; Lloyd Schuhe umf. im IP, u.a. zu Positionsmarke; VW lfd., u.a. in Prozess um Markenfamilie; HP zu Umweltwerbung; TK-Konzern zu Produktpiraterie; lfd. im Markenrecht: Gruner + Jahr, HelloFresh, DSGV, Procter & Gamble, DTM.

BOCK LEGAL

Marken- und Designrecht	★★★★
Wettbewerbsrecht	★★★★

Bewertung: Die IP-Partner der Frankf. Kanzlei zählen zu den Marken- u. Desgin- sowie Wettbewerbsrechtlern hierzulande, die für ihr umfangr. Knowhow u. ihre langj. Erfahrung in Prozessen hoch angesehen sind. „Alles Top-IP-Rechtler, eine verlässl. Größe im Markt", lobt ein Wettbewerber. Im Markenrecht zählen neben zahlr. Luxusgüterherstellern wie Tod's oder Gucci (insbes. bzgl. Produkt-

Anwaltszahlen: Angaben der Kanzleien, wie viele Anwälte zu mind. ca. 50% in diesem Gebiet tätig sind. Sie spiegeln nicht zwingend die Gesamtgröße einer Kanzlei wider.

piraterie) auch viele gr. dt. Unternehmen aus dem Mittelstand zu ihren Mandanten, denen das Team oft in komplexen Themen wie dem Farbmarkenschutz zur Seite steht. Insbes. Döring hat daneben durch eine intensive Tätigkeit für die Stammmandantin Vodafone viel Erfahrung u. Branchen-Knowhow in UWG-Prozessen im TK-Sektor aufgebaut. Die gefragte Praxis erhöhte ihre personelle Schlagkraft zuletzt auf Partnerebene durch eine interne Ernennung, mit Associates wächst sie dagegen eher langsam.

Stärken: Prozesse, Produktpiraterie. Betreuung von Luxusgüterherstellern, Designrecht.

Oft empfohlen: Dr. Andreas Bock („sachl. u. lösungsorientiert", Wettbewerber), Dr. Jan Müller-Broich („kämpft hart, aber fair", „umf. Wissen im Soft-IP, erfahren u. gutes Preis-Leistungs-Verhältnis", Wettbewerber), Dr. Reinhard Döring („fokussiert, engagiert u. lösungsorientiert", „sehr guter u. kollegialer Wettbewerbsrechtler", Wettbewerber), Michael Fügen

Team: 5 Eq.-Partner, 1 Sal.-Partner, 1 Counsel, 2 Associates

Schwerpunkte: Oft umf. Betreuung in Fragen des Marken-, Design- u. Wettbewerbsrechts, häufig auch an der Schnittstelle zum Urheberrecht. Zu 70% prozessual tätig, daneben auch formelles Markenrecht. Außerdem Patentrecht.

Mandate: The Swatch Group umf. im IP, u.a. in Prozessen gg. Amazon bzgl. Designnachahmungen; Vodafone, u.a. in UWG-Prozessen um Werbeaussagen zum 5G-Netz; Audiotec Fischer umf. zu IP u. selekt. Vertriebssystem; frz. Luxusmodehersteller in designrechtl. Streit gg. Schuhhersteller; Leuchtenhersteller zu Nachahmungsschutz; Unitymedia im IP; Cepewa in urheber- u. markenrechtl. Streit um Zauberwürfel; Kettler im Marken- u. Designrecht; Guccio Gucci umf. im Marken- u. Designrecht; EZB, Chopard, Tod's, Bottega Veneta, Drykorn, K+S lfd. im IP.

Wettbewerbsrecht Fortsetzung

★

Arnecke Sibeth Dabelstein	Frankfurt, München
Arnold Ruess	Düsseldorf
Boehmert & Boehmert	München, Berlin
Brandi	Bielefeld
Cohausz & Florack	Düsseldorf
Dentons	Frankfurt, Berlin
Esche Schümann Commichau	Hamburg
Göhmann	Hannover, Braunschweig, Frankfurt
GvW Graf von Westphalen	Hamburg, Frankfurt, München
Insquare	Mannheim
Kleiner	Stuttgart, Düsseldorf
Klinkert	Frankfurt
LLR Legerlotz Laschet und Partner	Köln
Löffel Abrar	Düsseldorf
Norton Rose Fulbright	Frankfurt
Orth Kluth	Düsseldorf
Schalast & Partner	Stuttgart
Schmitt Teworte-Vey Simon & Schumacher	Köln
Squire Patton Boggs	Frankfurt
Zenk	Hamburg

Die Auswahl von Kanzleien und Personen in Rankings und tabellarischen Übersichten ist das Ergebnis umfangreicher Recherchen der JUVE-Redaktion. Sie ist in 2erlei Hinsicht subjektiv: Die Aussagen der befragten Quellen sind subjektiv u. spiegeln deren Erfahrungen u. Einschätzungen. Die JUVE-Redaktion wiederum analysiert die Rechercheergebnisse unter Einbeziehung ihrer eigenen Marktkenntnis. Der JUVE Verlag beabsichtigt keine allgemeingültige oder objektiv nachprüfbare Bewertung. Es ist möglich, dass eine andere Recherchemethode zu anderen Ergebnissen führt. Innerhalb einzelner Gruppen in Rankings und tabellarischen Übersichten sind Kanzleien und Personen alphabetisch sortiert.

BOEHMERT & BOEHMERT

Marken- und Designrecht	★★★★
Wettbewerbsrecht	★

Bewertung: Die Markenrechtler dieser gr. gemischten IP-Kanzlei sind mit ihrer dezentralen Teamaufstellung seit vielen Jahren fest im Markt verankert u. insbes. aufgr. ihrer Arbeit für gr. internat. Mandanten wie Huawei bekannt. Zugleich ist das ein Bsp. für die ausgezeichneten Beziehungen zu chin. Konzernen u. zeigt, dass die Stärke der Kanzlei in einer Rundum-IP-Beratung liegt. Dieser Ansatz überzeugt auch immer mehr gr. dt. u. oft mittelständ. sowie Start-up-Mandanten. So setzt etwa Fraport mittlerw. umfangr. im Marken- u. Patentrecht auf Boehmert. Rückgrat der Praxis ist eine weiterhin sehr umfangr. Markenverwaltungspraxis, die ihre Stärke bei ww. Schutzrechtsstrategien hat. Daraus ergeben sich regelm. zivilrechtl. Prozesse, insbes. Haarmann gehört dabei zu den erfahrenen Litigators u. zeigt dies bspw. in Verletzungsstreitigkeiten für BLG Kardesler. Daneben baut eine junge Partnergeneration das Soft-IP-Geschäft engagiert aus u. behält immer auch relevante Schnittstellen etwa zur IT- u. ▷*Medienpraxis* im Blick, bspw. bei der Beratung von MGM zu einem neuen Streamingkanal. Einen personellen Verlust bedeutete allerdings zuletzt der Tod von Dr. Björn Bahlmann: Der ebenfalls prozesserfahrene Münchner Partner sollte den gepl. Ausbau der rechtsanwaltl. Soft-IP-Praxis in Ffm. verantworten.

Stärken: Umfangr. formelle Markenpraxis, internat. Ausrichtung (u.a. USA u. Asien).

Oft empfohlen: Dr. Volker Schmitz-Fohrmann, Dr. Martin Wirtz, Dr. Rudolf Böckenholt („sehr guter Markenrechtler, durchsetzungsstark, auch in Verhandlungen; stets angenehm u. fair im Umgang", Wettbewerber), Dr. Carl-Richard Haarmann („guter Marken- u. Patentrechtler", Mandant), Dr. Eckhard Ratjen („kompetenter IP-Rechtler, mit pragmat. Ansatz", Wettbewerber), Peter Gross („engagierter Markenrechtler mit gutem Gespür für den Fall", Wettbewerber), Dr. Sebastian Engels

Team: 9 Eq.-Partner, 3 Sal.-Partner, 19 Associates, 3 of Counsel

Schwerpunkte: Umf. Beratung im Marken-, Design- u. Wettbewerbsrecht. In Bremen traditionell starke Anmeldepraxis, v.a. in München ausgeprägte Prozesspraxis, insbes. auch bei Verfolgung von Produktpiraterie. Liaisonbüro in Schanghai, zudem Präsenzen in Alicante u. Paris.

Mandate: BLG Kardesler in zahlr. Markenverletzungsprozessen gg. u.a. Baktat; Zoom bzgl. Bildmarke; Anker Innovations umf. im IP; Fraport umf. im Marken- u. Patentrecht; Huawei umf. zu Portfoliomanagement u. zu Verletzungen, u.a. in Prozess gg. Ideahub; Imtron, u.a. in Prozessserie bzgl. ‚ISY'; Spezialschuhhersteller, u.a. zu Produktpiraterie u. in Prozess gg. dt. Sportartikelhersteller; MGM markenrechtl. bzgl. neuem Streamingkanal; US-Filmstudio zu Produktpiraterie u. Grenzbeschlagnahme; United Internet zu Neuausrichtung ‚Ionos'; lfd. im Markenrecht: Commerzbank, Schiesser, BeautySweeties, Newell Brands, Rational, Ruag Ammotec, Imtron, Pentax.

BRANDI

Marken- und Designrecht	★
Wettbewerbsrecht	★

Bewertung: Innerh. ihres Rundumberatungsansatzes haben die IP-Partner der mittelständ. Kanzlei auch im Marken- u. Wettbewerbsrecht starke Beziehungen zu Unternehmen aus der Region aufgebaut. Darunter sind mit Claas u. Miele gr. Konzerne, aber ebenso einige mittelständ. Unternehmen, die meist auch in anderen Fachbereichen zu den Mandanten der Kanzlei gehören. Im IP überzeugt Brandi mit einer umf. Beratung, zu der neben dem klass. Markenrecht v.a. die Vertretung in Prozessen gehört. Einige Partner haben einen breiten fachl. Ansatz u. sind bspw. auch im Datenschutz oder Patentrecht aktiv.

Oft empfohlen: Dr. Kevin Kruse („prozessstark, schnell u. gründlich, gr. Fachwissen im IP", Mandant)

Team: 8 Partner, 4 Associates

Schwerpunkte: Umf. Beratung u. Prozessvertretung im Marken- u. Wettbewerbsrecht, daneben auch Designrecht. Zudem Portfolioverwaltung sowie Vertretung zu Geschäftsgeheimnisschutz u. IP-rechtl. Begleitung von Transaktionen.

Mandate: Miele lfd., u.a. zu Markenverletzungen; Hudora in markenrechtl. Prozess; Claas umf. im IP inkl. Prozesse; div. Edeka-Regionalgesellschaften sowie Verband lfd. im Marken- u. Wettbewerbsrecht; Gauselmann lfd. im IP inkl. Markenanmeldungen; Glaskoch (‚Leonardo') umf., v.a. im UWG; ScanVest in Prozessen bzgl. Geschäftsgeheimnisschutz; Wettbewerbszentrale lfd. in Prozessen; Fressnapf, Ritex u. LR Health and Beauty im UWG; lfd. im IP: Arvato, Elmar Flötotto, Leineweber (‚Brax').

CBH RECHTSANWÄLTE

Marken- und Designrecht	★★★
Wettbewerbsrecht	★★★

Bewertung: Die Kanzlei zählt insbes. aufgr. ihrer Erfahrung mit komplexen Markenformen (zum Bsp. Gewährleistungs- u. Farbmarken) u. ihrer UWG-

Anwaltszahlen: Angaben der Kanzleien, wie viele Anwälte zu mind. ca. 50% in diesem Gebiet tätig sind. Sie spiegeln nicht zwingend die Gesamtgröße einer Kanzlei wider.

Kompetenz zu den anerkannten Praxen im Marken- u. Wettbewerbsrecht. V.a. das Team am Kölner Stammsitz positioniert sich mit dieser Kombination immer besser als strateg. Beraterin in wichtigen IP-Komplexen, zuletzt kamen als Mandanten Trusted Shops sowie ein Unternehmen aus der Modebranche hinzu. Dabei überzeugt das Team oft mit einem eingespielten, umf. Ansatz, der gut in die Gesamtpraxis der mittelständ. Kanzlei integriert ist: „Gute Beratung, die sich an der besten Lösung für den Mandanten orientiert", lobt ein Mandant, der nicht nur im Markenrecht auf CBH setzt. Dabei erweitert das Team seine Spezialisierungen im UWG kontinuierl.: So hat es neben seiner Stärke an der Schnittstelle zum Glücksspielrecht viel Know-how beim Thema Nachhaltigkeitswerbung aufgebaut. Hier berät es mit ClimatePartner einen wichtigen Player, wird zunehmend aber auch für Stammmandanten wie SSI Schäfer Shop tätig. Um die Rundumberatung zu verbessern, gründete CBH zuletzt auch eine fachbereichsübergr. ESG-Gruppe.

Stärken: UWG-Beratung mit Bezug zum Glücksspielrecht (Köln) u. Vertretung von Luxusgüterkonzernen zu Produktpiraterie u. Grenzbeschlagnahme (HH).

Oft empfohlen: Prof. Dr. Ingo Jung („sehr kreativ auf höchstem Niveau, sehr gute Kostentransparenz", Mandant; „sehr gute Argumentation im Markenrecht, durchsetzungsfähig, trotzdem kollegial", Wettbewerber), Nadja Siebertz („hervorragend in Markenschutzangelegenheiten, gutes Team", Mandant), Prof. Dr. Markus Ruttig (Glücksspiel-/Wettbewerbsrecht), Dr. Detlef von Schultz, Sebastian Eble („gute Kontakte in die Modebranche", „sehr konstruktiv", Wettbewerber)

Team: 7 Partner, 9 Associates, 1 of Counsel

Schwerpunkte: In Köln Beratung u. Vertretung von vorwiegend dt. Mandanten (u.a. Start-up-Unternehmen) im Marken- u. Wettbewerbsrecht, oft auch strateg. im Vorfeld u. bei Werbekampagnen. Daneben auch formelles Markenrecht v.a. für mittelständ. Mandanten. In HH überwiegend Produktpiraterie- u. Grenzbeschlagnahmefälle für Luxusgütermandanten.

Mandate: Trusted Shops zu Markenmanagement u. UWG-Beratung; ClimatePartner umf. bzgl. Bezeichnung ‚Klimaneutral'; SSI Schäfer Shop u.a. zu Nachhaltigkeitswerbung u. Dachmarkenstrategie; Aeneas in div. Markenverf. u. in Prozess um Unternehmenskernmarke; Dt. Verband Gas- u. Wassertechnik zu Güte- u. Gewährleistungsmarken; Linda u. Obi umf. im IP; Burberry, Swatch u. LVMH, v.a. zu Produktpiraterie u. Grenzbeschlagnahme; lfd. im Markenrecht: Superior-Gruppe, Mercedes-Benz, Saint-Gobain Glass Dtl., Bastei Lübbe, Dt. Lotto- u. Totoblock.

CMS HASCHE SIGLE

Marken- und Designrecht	★★★★★
Wettbewerbsrecht	★★★★★

Bewertung: Das große Soft-IP-Team von CMS verteidigt seine Position an der Marktspitze im Marken- u. Wettbewerbsrecht mit einem umf. Beratungsangebot u. vielen prozesserfahrenen Partnern souverän. Konsequent fokussiert es sich auf die Beratung div. Branchen u. deckt dabei alle relevanten Verästelungen innerh. des IP gekonnt ab – u. erzeugt damit eine starke Bindung an ihre oft langj. Mandanten. Das wird besonders deutlich bei der Beratung der Pharmabranche, der angesehensten Branchenspezialisierung des Teams. Hier setzt nicht mehr nur Dauermandantin Bayer Vital auf die Erfahrung der Kanzlei in UWG- u. HWG-Streitigkeiten, sondern verstärkt auch die Konzernmutter Bayer direkt. Doch auch andere Sektoren schätzen den IP-Rundumversorgungsansatz, der immer auch angrenzende Fachbereiche sinnvoll einbezieht: Versicherungen wie Zurich, Axa u. Gothaer überzeugte die Kanzlei bspw. zuletzt mit ihrer Erfahrung im Geschäftsgeheimnisschutz, u. Medienkonzerne schätzen insbes. die IP-Beratung an der Schnittstelle zum Daten-, Regulierungs- u. IT-Recht. So begleitete CMS etwa VIMN beim Launch eines neuen Streamingdienstes in allen medien-, E-Commerce- u. wettbewerbsrechtl. Fragen. Gleichzeitig zeigt das Team in solchen Mandaten, wie eingespielt die Zusammenarbeit mit der internat. CMS-Allianz mittlerweile ist. Das gilt ebenso für die starke klass. Markenpraxis: So wird etwa August Storck schon lange ganz umf. in der Verwaltung u. vor internat. Gerichten vertreten. Wie eng bspw. die Achse mit dem poln. CMS-Büro ist, belegte zuletzt die Beauftragung durch Matex in einem Markenverletzungsprozess. Besonders beeindruckend ist aber, wie durchdacht u. vorausschauend die Kanzlei den Generationswechsel bewältigt. So verlor die Praxis etwa mit Sill einen bekannten Soft-IP-Partner, dessen altersbed. Ausscheiden aber gut vorbereitet war. Nun betreut das Team um Gregor wichtige Mandanten wie Hörmann oder Melitta weiter u. sorgt so für Kontinuität.

Stärken: Prozesse, Anmeldepraxis. Besondere Kompetenz für die Branchen ▷*Medien* u. Versicherungen, ▷*Lebensmittel* sowie Pharma (▷*Gesundheit*).

Oft empfohlen: Prof. Dr. Gordian Hasselblatt („Top-Markenrechtler", Mandant), Dr. Alexander von Bossel („hohes Niveau im UWG", Wettbewerber), Dr. Heralt Hug, Dr. Carsten Menebröcker, Dr. Heike Blank, Dr. Markus Schöner, Dr. Nikolas Gregor („hohes Niveau im Wettbewerbsrecht, angenehme Zusammenarbeit u. pragmat. Vorgehen", Mandant), Stefan Lüft („kompetenter u. kollegialer Wettbewerbsrechtler", Wettbewerber), Dr. Jens Wagner (UWG/HWG)

Team: IP insges.: 20 Partner, 15 Counsel, 33 Associates

Partnerwechsel: Dr. Torsten Sill, Prof. Dr. Matthias Eck (beide Ruhestand), Gerd Schoenen (zu Kleiner)

Schwerpunkte: Breit aufgestellte IP-Praxis mit starker Branchenfokussierung, umfangr. Markenverwaltungsabteilung u. markenrechtl. Prozesstätigkeit sowie Beratung, daneben Transaktionsbegleitung. Im Wettbewerbsrecht ebenfalls viele Prozesse sowie Beratung im Vorfeld von Werbekampagnen u. bei Produkteinführungen.

Mandate: Bayer u. Bayer Vital in zahlr. UWG- u. HWG-Prozessen; Matex in Markenverletzungsprozess gg. Beiersdorf; Axa u. Zurich lfd. im UWG, u.a. zu Geschäftsgeheimnisschutz; Vodafone in Prozess gg. Dt. Telekom bzgl. ‚GIGA'-Werbung; Primark u.a. zu Nachhaltigkeits-Claims; Aesculap in Verletzungsprozess; apo.com lfd. im IP, v.a. bzgl. Onlinevertrieb; August Storck umf. im IP u. in Prozess zu Geschäftsgeheimnisschutz; Bitburger zu Produkteinführungen u. Marketingkampagnen; Eli Lilly lfd., v.a. zu Produktpiraterie; GE Healthcare u.a. zu Parallelimporten u. Lizenzverträgen; WOA Festival zu Agenturverträgen u. im Urheber- u. Wettbewerbsrecht; VIMN bzgl. neuem Streamingdienst; Zum Goldenen Hirschen umf. im IP- u. Medienrecht; lfd. im IP: Unilever, Mars, Leifheit, Hörmann, Melitta, Upfield.

Führende Namen im Markenrecht

Dr. Dorothee Altenburg
SKW Schwarz, München

Andreas Bothe
Hogan Lovells, Hamburg

Dr. Richard Dissmann
Bird & Bird, München

Dr. Michael Fammler
Baker McKenzie, Frankfurt

Dr. Burkhart Goebel
Hogan Lovells, Hamburg

Dr. Michael Goldmann
Harte-Bavendamm, Hamburg

Dr. Ralf Hackbarth
Klaka, München

Prof. Dr. Henning Harte-Bavendamm
Harte-Bavendamm, Hamburg

Prof. Dr. Gordian Hasselblatt
CMS Hasche Sigle, Köln

Prof. Dr. Ulrich Hildebrandt
Hildebrandt, Berlin

Rainer Kaase
Harmsen Utescher, Hamburg

Prof. Dr. Maximilian Kinkeldey
Grünecker, München

Dr. Andreas Lubberger
Lubberger Lehment, Berlin

Dr. Anke Nordemann-Schiffel
Nordemann Czychowski & Partner, Potsdam

Dr. Stefan Völker
Gleiss Lutz, Stuttgart

Die Auswahl von Kanzleien und Personen in Rankings und tabellarischen Übersichten ist das Ergebnis umfangreicher Recherchen der JUVE-Redaktion. Sie ist in 2erlei Hinsicht subjektiv: Die Aussagen der befragten Quellen sind subjektiv u. spiegeln deren Erfahrungen u. Einschätzungen. Die JUVE-Redaktion wiederum analysiert die Rechercheergebnisse unter Einbeziehung ihrer eigenen Marktkenntnis. Der JUVE Verlag beabsichtigt keine allgemeingültige oder objektiv nachprüfbare Bewertung. Es ist möglich, dass eine andere Recherchemethode zu anderen Ergebnissen führt. Innerhalb einzelner Gruppen in Rankings und tabellarischen Übersichten sind Kanzleien und Personen alphabetisch sortiert.

COHAUSZ & FLORACK

Marken- und Designrecht	★
Wettbewerbsrecht	★

Bewertung Die gemischte IP-Kanzlei mit Schwerpunkt im Patentrecht berät ebenfalls viele Mandanten im Markenrecht u. hat sich so auch im Soft-IP etabliert. Bekannt ist C&F v.a. für ihre Tätigkeit im formellen Markenrecht, ihr Fokus liegt auf der Markenverwaltung inkl. Widerspruchsverf. u. strateg. Beratung, daneben ist sie auch mit Abmahnungen u. Grenzbeschlagnahme sehr erfahren. Nachdem mit Schäfer ein erfahrener Prozesspartner ausschied, übernahm ein junger Partner die Verantwortung in dessen Mandaten u. baut dabei zudem ein Team auf: Gleich 2 Associates stellte die Kanzlei dafür ein.

Anwaltszahlen: Angaben der Kanzleien, wie viele Anwälte zu mind. ca. 50% in diesem Gebiet tätig sind. Sie spiegeln nicht zwingend die Gesamtgröße einer Kanzlei wider.

Führende Namen im Wettbewerbsrecht

Dr. Wiebke Baars
Taylor Wessing, Hamburg

Dr. Andreas Bock
Bock Legal, Frankfurt

Dr. Dirk Bruhn
Schultz-Süchting, Hamburg

Prof. Dr. Henning Harte-Bavendamm
Harte-Bavendamm, Hamburg

Dr. Jan-Felix Isele
Danckelmann und Kerst, Frankfurt

Dr. Martin Jaschinski
JBB Rechtsanwälte, Berlin

Dr. Erhard Keller
Hogan Lovells, Düsseldorf

Dr. Andreas Lubberger
Lubberger Lehment, Berlin

Nikolaus Rehart
Danckelmann und Kerst, Frankfurt

Dr. Thomas Schulte-Beckhausen
Loschelder, Köln

Die Auswahl von Kanzleien und Personen in Rankings und tabellarischen Übersichten ist das Ergebnis umfangreicher Recherchen der JUVE-Redaktion. Sie ist in 2erlei Hinsicht subjektiv: Die Aussagen der befragten Quellen sind subjektiv u. spiegeln deren Erfahrungen u. Einschätzungen. Die JUVE-Redaktion wiederum analysiert die Rechercheergebnisse unter Einbeziehung ihrer eigenen Marktkenntnis. Der JUVE Verlag beabsichtigt keine allgemeingültige oder objektiv nachprüfbare Bewertung. Es ist möglich, dass eine andere Recherchemethode zu anderen Ergebnissen führt. Innerhalb einzelner Gruppen in Rankings und tabellarischen Übersichten sind Kanzleien und Personen alphabetisch sortiert.

Oft empfohlen: Rebekka Schiffer
Team: 3 Eq.-Partner, 2 Associates
Partnerwechsel: Erik Schäfer (Ruhestand)
Schwerpunkte: Trad. eng verzahnte Zusammenarbeit mit der starken ▷*Patentpraxis*. Im Soft-IP formelles Markenrecht u. strateg. Beratung, auch Prozesse (UWG, Marken- u. Designrecht).
Mandate: Bugatti in Verf., Grenzbeschlagnahme u. zu Markenstrategie; Rimowa strateg. zu Marken u. Designs; Innogy, Vorwerk u. Schmitz Cargobull zu Designanmeldungen; lfd. im Markenrecht: Acer, LG Electronics, Dt. Edelstahlwerke, Rhenus Lub, Philips, SIG Combibloc.

DANCKELMANN UND KERST

Wettbewerbsrecht ★★★★

Bewertung: Die IP-Partner der Frankf. Kanzlei unterstreichen ihren ausgezeichneten Ruf als Prozessvertreter im Wettbewerbsrecht immer wieder aufs Neue: Als eingespieltes Team bewältigen sie eine hohe Schlagzahl an Streitigkeiten für gr. Mandanten wie Emma, Dt. Telekom u. div. Versicherungen, aber auch der Wettbewerbszentrale. Zuletzt kamen außerdem namh. Mandanten aus den Branchen Handel u. Kfz dazu. Oft geht es in den Prozessen um grundsätzl. Fragen, zuletzt etwa viel zur Preisangabenverordnung. In ihrer Arbeit für die Telekom zeigt DuK zudem auch regelm., dass sie auch alle Facetten des Urheber-, Telemedien- u. Vertragsrechts beherrscht, etwa bei Fragen zur Access-Provider-Haftung. Daneben wächst die Zahl der Start-ups unter den Mandanten kontinuierl.: Für Mandiko Nails bietet sie bspw. eine Rundumberatung, die neben dem UWG auch Markenrecht sowie gesellschaftsrechtl. Notariat u. Arbeitsrecht umfasst. Personell wurde das Team allerdings zuletzt durch 2 Associate-Wechsel kleiner, mit dem schon länger gepl. Ausbau tut sich DuK im Vgl. zu anderen Wettbewerbern eher schwer.
Stärken: Wettbewerbsrechtl. Prozessvertretung, tiefes Branchen-Know-how im TK-Bereich.
Oft empfohlen: Dr. Jan-Felix Isele („juristisch sehr kreativ, sehr durchsetzungsstark u. trotzdem fair", „brillanter Wettbewerbsrechtler mit pragmat. Lösungen", Wettbewerber), Nikolaus Rehart („eine etablierte Größe im Wettbewerbsrecht, breite Kenntnis der Rechtsprechung u. sehr prozesserfahren", „souveräner Auftritt vor Gericht", Wettbewerber), Dr. Hans-Jürgen Ruhl
Team: 3 Partner, 3 Associates
Schwerpunkte: Im Wettbewerbsrecht stark in Prozessen, aber auch beratend im Vorfeld von Streitigkeiten tätig. Besondere Branchenkompetenz: Telekommunikation, Arzneimittel, Energieversorger u. Versicherungen. Oft auch an der Schnittstelle zum Heilmittelwerbe-, TK-, Patent-, Kartell- u. Urheberrecht. Zudem Markenrecht v.a. für mittelständ. Mandanten.
Mandate: Emma Matratzen u. Dunlopillo im Wettbewerbs- u. Markenrecht inkl. Verwaltung u. Prozesse gg. Wettbewerber; Dt. Telekom in div. Prozessen, u.a. im Grundsatzverf. zur Einschränkung des fliegenden Gerichtsstands u. in UWG-Prozessen zu 5G; Roche Diabetes Care u. Stadtwerke Ingolstadt lfd. im UWG; Wettbewerbszentrale u.a. in Prozess gg. Burda zu Ärztesiegeln sowie gg. Amazon bzgl. veganer Produktbezeichnungen; Wiener Feinbäckerei im Markenrecht.

DENTONS

Marken- und Designrecht ★
Wettbewerbsrecht ★

Bewertung: Im Marken- u. Wettbewerbsrecht überzeugt die Kanzlei durch ihre ganzheitl. Beratung u. prozessuale Arbeit, dabei sticht sie v.a. durch die Kombination ihres marken- u. strafrechtl. Know-hows hervor. Das Team um Rehaag, zu dem auch ein ehem. Staatsanwalt gehört, steht seinen Mandanten hier sehr umf. bei der Rechtedurchsetzung zur Seite. Darauf setzt neben vielen langj. Mandanten wie Novartis neuerdings auch Nestlé. Insbes. bei Pharmamandanten arbeiten die Soft-IP-Rechtler eng mit dem Patentanwaltsteam zusammen, v.a. bei techn. Aspekten wie dem Know-how-Schutz.
Oft empfohlen: Dr. Constantin Rehaag („außergewöhnl., sehr zuverlässiger Berater mit Verständnis für unsere wirtschaftl. Belange", Mandant; „inhaltlich erstklassig, kreativ, zuverlässig, schlagkräftig u. auf den Punkt", Wettbewerber)
Team: 3 Partner, 1 Counsel, 9 Associates, 1 of Counsel
Schwerpunkte: Tlw. grenzüberschr. Prozesse im UWG, Marken- u. Designrecht. Auch klassische Rechtedurchsetzung/Beratung, u.a. zu Know-how-Themen, Lizenzverträgen u. an der Schnittstelle zum Urheber- u. Patentrecht. Oft auch umf. Beratung zu Technologie- u. Digitalisierungsprojekten. Marken- u. Designverwaltung in Paris u. Frankfurt.
Mandate: dtv Verlag in markenrechtl. Streit mit dtw-Buch; Delta Airlines in div. Löschungs- u. Verletzungsverf. gg. gr. Hotelgruppe; Eres (Chanel) bzgl. Produktnachahmungen; Nestlé u.a. zu Grenzbeschlagnahme; Amazon in markenrechtl. Verf.; US-Modelabel u.a. in div. zivil- u. strafrechtl. Prozessen; Novartis zu strafrechtl. Verletzung von Marken u. Patenten; Lactalis bzgl. Streit mit ehem. Kooperationspartner; lfd. im Markenrecht: LinkedIn, Konica Minolta.

DLA PIPER

Marken- und Designrecht ★★★
Wettbewerbsrecht ★★★

NOMINIERT
JUVE Awards 2023
Kanzlei des Jahres für IP

Bewertung: DLA kombiniert ihre gr. internat. Reichweite mit einem ausgeprägten Branchenfokus u. einer hohen Spezialisierung im Wettbewerbs- u. Markenrecht u. bringt sich damit immer öfter als Beraterin grenzüberschr. Werbekampagnen ins Spiel. Hier hat sie viel Know-how zu aktuell wichtigen Themen aufgebaut: Zu Direktmarketing-, ESG- u. Gewinnspielthemen ist durch die enge Zusammenarbeit mit der IT- u. Datenschutz- sowie Medienpraxis Beratung aus einer Hand gewährleistet. So war sie zuletzt etwa für langj. Mandanten wie Samsung, Mondelez u. Lufthansa zu Nachhaltigkeits-Claims tätig u. auch Refurbished.nl vertraut neuerdings darauf. Ergänzt wird das Angebot durch eine ausgewiesene Prozesstätigkeit, am bekanntesten dafür ist im klass. Soft-IP bislang v.a. Führmeyer, der zuletzt etwa wichtige Prozesse für Nike steuerte. Das dt. Team ist gut in das ww. Netzwerk eingebunden u. weiß es bei Bedarf für seine expandierenden Mandanten wie AboutYou zu nutzen. Zugleich ergeben sich darüber regelm. neue Beziehungen: Aus der UK-Praxis kam zuletzt etwa die Premier League als Mandantin hinzu. Eine starke Counsel-Riege baut z.T. engagiert ihre Spezialisierung u. Netzwerke aus. In Köln hinterließ allerdings der Wechsel der im Markt oft empfohlenen Gabriele Engels zu D Young eine Lücke im klass. Markenrecht, die es wieder zu füllen gilt.
Oft empfohlen: Dr. Burkhard Führmeyer („sehr guter Litigator, verbindl. im Ton, hart in der Sache", Wettbewerber), Prof. Dr. Stefan Engels (UWG/Medienrecht), Dr. Kai Tumbrägel
Team: 3 Partner, 4 Counsel, 12 Associates, 1 of Counsel
Schwerpunkte: Prozessvertretung sowie Beratung im Marken-, Design- u. Wettbewerbsrecht (inkl. Markenverwaltung). Schwerpunktbranchen: Unterhaltung u. Mode (v.a. in Köln), ▷*Medien* u. Einzelhandel (HH), Technik u. Pharma (Ffm.).
Mandate: Nike in div. markenrechtl. Prozessen gg. Wettbewerber; Refurbished.nl in UWG-Prozess; The Football Association Premier League in div. urheber- u. markenrechtl. Verf.; Dt. Lufthansa u. Mondelez zu ESG-Werbekampagnen; Lego lfd. zu Werbekampagnen u. Onlinegewinnspielen; ProSiebenSat.1 in medien- u. wettbewerbsrechtl. Grundsatzprozess; Bosch BASF Smart Farming/One zu Markenstrategie; Undone zu Getränkekennzeichnung; lfd. im IP für Bacardi, Samsung, CFA Institute, Brita, dpa, HSBC, Happy Socks, Heinrich Bauer, Hyatt, Ralph Lauren, Rituals, Spin Master, ZeniMax Media.

EISENFÜHR SPEISER

Marken- und Designrecht ★★

Bewertung: Die Soft-IP-Praxis der gemischten Kanzlei genießt insbes. aufgr. ihrer langj. Erfahrung mit 3D-Marken sowie der bekannten Prozessstärke ihrer Rechtsanwälte einen guten Ruf im Markenrecht. Dass sie dabei auch viel Know-how mit

Anwaltszahlen: Angaben der Kanzleien, wie viele Anwälte zu mind. ca. 50 % in diesem Gebiet tätig sind. Sie spiegeln nicht zwingend die Gesamtgröße einer Kanzlei wider.

Umfrageinstituten u. Verkehrsgutachten aufgebaut hat, zeigt sie regelm. in streitigen Mandaten für Philips. Auch im Wettbewerbsrecht ist Eisenführ dank vieler Fälle zum Nachahmungsschutz gut aufgestellt, zuletzt vertrat sie hier etwa Langzeitmandantin Hüppe in div. Prozessen gg. Baumärkte. Wie bei vielen gemischten IP-Kanzleien sind die Rechtsanwälte auch im Patentrecht tätig, die Zusammenarbeit entspr. eng: So greift Triple A bspw. auf die integrierte Beratung u. Prozessvertretung zurück. Auch die ausgezeichneten Beziehungen zu vielen mittelständ. Mandanten gehen auf teils jahrelange Kontakte der Patentrechtler zurück.
Stärken: Formmarken.
Oft empfohlen: Rainer Böhm, Dr. Julian Eberhardt („sehr kollegial, lösungsorientiert u. schnell", Wettbewerber), Dr. Andreas Ebert-Weidenfeller
Team: 3 Eq.-Partner, 1 Sal.-Partner, 1 Counsel, 4 Associates
Schwerpunkte: Trad. Fokus im ▷*Patentrecht* sowie umfangr. Markenverwaltungspraxis, Beratung zu Markenstrategien inkl. Prozesse. Zudem Verfolgung von Produktpiraterie u. Betreuung von Grenzbeschlagnahmen. Daneben auch Urheber- u. Lizenzvertragsrecht.
Mandate: Philips lfd. zu Marken- u. Designverletzungen sowie im UWG; Meemken Wurstwaren in UWG-Prozess gg. Egetürk; Sennheiser umf. im IP; Agrarfrost in div. Prozessen u. Löschungsverf. gg. McCain bzgl. 3D-Marke; Hüppe in EV-Verf. gg. Baumärkte; Triple A in div. UWG-Prozessen gg. Wow Tech; lfd. im Markenrecht: gr. dt. Kfz-Hersteller, Basler, CWS-boco (Haniel), Stiebel Eltron, Werner & Mertz.

ESCHE SCHÜMANN COMMICHAU

Marken- und Designrecht	★
Wettbewerbsrecht	★

Bewertung: Die gut in die mittelständ. Kanzlei eingebundene IP-Praxis überzeugt regelm. Mandanten anderer Fachbereiche auch im Marken- u. Wettbewerbsrecht, zuletzt etwa Rotocontrol EMT, die neben dem Gesellschaftsrecht nun auch im Markenrecht auf ESC setzen. Daneben gehören auch Prozesse zum festen Repertoire der IP-Rechtler, zuletzt vertraten sie bspw. einen Spirituosenhersteller gg. Discounter u. Hersteller bzgl. Nachahmungen. Mit der Stadt HH u. St. Peter-Ording zeigt ESC auch im IP Stärke in der Beratung regionaler Mandanten aus Norddeutschland.
Oft empfohlen: Dr. Ralf Möller („sehr gute, engagierte Beratung im Markenrecht", Mandant; „zielorientiert, pragmat. gut", Wettbewerber)
Team: 4 Eq.-Partner, 1 Sal.-Partner, 3 Associates
Schwerpunkte: Umf. tätig im formellen Markenrecht u. in strateg. Beratung; auch Prozesse sowie Presse-, Urheber- u. Patentrecht.
Mandate: Lely bzgl. Werbeaussagen; Souvenirworld in UWG- u. urheberrechtl. EV-Verf.; Amplifon im UWG/HWG; Audi Business Innovation, u.a. zu IP-Verträgen; Freie u. Hansestadt Hamburg lfd. zu ‚Elbphilharmonie'; Bocci lfd. im Design- u. Markenrecht; lfd. im Markenrecht: G. Pohl-Boskamp (u.a. ‚Gelomyrtol'), Veolia, Rotocontrol EMT, Planty of Meat, Ichthyol, Herta Foods.

EVERSHEDS SUTHERLAND

Marken- und Designrecht	★★
Wettbewerbsrecht	★★

Bewertung: Die Kanzlei baut ihren branchenbez. Beratungsansatz im Marken- u. Wettbewerbsrecht kontinuierl. aus. Die Soft-IP-Rechtler arbeiten oft eng mit anderen Fachgebieten wie Datenschutz u. Vertriebsrecht zusammen u. beziehen gekonnt ihr stetig wachsendes internat. Netzwerk ein – insbes. wenn es um die Beratung zu Sponsoring, E-Commerce u. gr. Werbekampagnen geht. Darauf setzen schon seit Längerem namh. Mandanten aus den Sektoren Medien/Sport, Mode u. Pharma. Zunehmend spricht dieses Angebot aber auch gr. US-Techkonzerne an, zuletzt etwa Twitter u. Paypal. Auch beim Ausbau ihrer Praxis orientiert sich Eversheds strikt an den Bedarfen ihrer Klientel: So treibt sie den internat. Ausbau voran u. schloss in Dtl. durch den Zugang einer prozesserfahrenen Patentrechtspartnerin eine Lücke in ihrer Gesamt-IP-Aufstellung, zudem brachte diese viel Know-how in puncto Geschäftsgeheimnisschutz u. Mitarbeiterabwerbung mit. Gleichz. bleibt die Kanzlei auch eine Anlaufstelle für mittelständ. Mandanten, die sie umf. im klass. IP berät, hier verfügt insbes. der erfahrene Münchner Partner Zimmermann über langj. gute Kontakte.
Oft empfohlen: Axel Zimmermann („schnelle praxistaugl. Lösungen im Markenrecht", Mandant), Dr. Thomas Farkas („harter, aber fairer Kämpfer im Marken- u. Designrecht", Wettbewerber)
Team: 2 Partner, 3 Counsel, 5 Associates
Schwerpunkte: Neben markenrechtl. Beratung u. Lizenzverträgen sowie zu IP-Kooperationen auch in Prozessen mit Bezügen zum IT-, Urheber-, Design-, Sport- u. ▷*Vertriebsrecht* tätig. Im UWG oft Prozessvertretung zu Abwerbung von Mitarbeitenden sowie Pharmaunternehmen im HWG.
Mandate: Puma zu Sponsoringverträgen u. E-Commerce; Segway/Ninebot zu IP-Lizenzen; Topps in div. EV-Verf. bzgl. Sammelkarten; Paypal zu werbe- u. wettbewerbsrechtl. Fragen; Newell Brands umf. im IP; Twitter bzgl. E-Commerce u. Verbraucherschutz; Watches of Switzerland bei Markteintritt; Bearing Point zu Markenstrategie; Basil in designrechtl. Streit; Adidas bzgl. Lizenzen u. im UWG; Leonine umf. im IP inkl. div. Prozesse; Next u. Ted Baker in Prozessen; Kering lfd. im IP u. zu Werbemaßnahmen; Aspen u. Sinclair Pharma in HWG-/UWG-Prozessen; lfd. für Loesdau Pferdesport, Burger King, Discovery.

FIELDFISHER

Marken- und Designrecht	★★
Wettbewerbsrecht	★★

Bewertung: Die Beratung technologiestarker Unternehmen u. Start-ups entwickelt sich immer mehr zur Visitenkarte der Soft-IP-Praxis im Wettbewerbsrecht. Der Rundumberatungsansatz kombiniert datenschutz-, IT- u. medienrechtl. mit klass. Soft-IP-Kompetenz. So kann das Team für Mandanten wie Avocadostore Themen wie Werberegulierung, Jugendmedienschutz, E-Commerce sowie die Abwehr von Markenrechtsverletzungen in sozialen Medien übernehmen. Herzstück der marken- u. designrechtl. Praxis bleibt die umfangr. Tätigkeit bei Recherchen, Anmeldungen u. Amtsverf. Auch wenn die Kanzlei hier keinen speziellen Sektorfokus verfolgt, ist ihr Mandantenkreis ebenfalls von vielen IT-/Techunternehmen u. Plattformen wie d.velop u. Identity Valley geprägt. Ausgezeichnete Kontakte hat das Team in die USA, zudem deckt es mit UK u. China in wichtigen Ländern glaubhaft eigene internat. Markenkompetenz mit ab. Die Praxis konzentriert sich seit dem Weggang der Münchner Partnerin Greifeneder, die neben ihrem Schwerpunkt Gesundheitswesen v.a. zu Lizenzen beriet, nun ausschl. auf Hamburg. Die standortübergr. Zusammenarbeit mit anderen Fachbereichen (u.a. Gesellschaftsrecht) ist aber ohnehin eng, sodass der Abgang der Weiterentwicklung des Teams nicht im Wege stehen dürfte.
Stärken: Wettbewerbsrechtl. Absicherung digit. Geschäftsmodelle.
Oft empfohlen: Prof. Dr. Alexandra von Bismarck, Matthias Berger, Dr. Philipp Plog
Team: 5 Partner, 1 Counsel, 3 Associates
Partnerwechsel: Dr. Stefanie Greifeneder (zu Taylor Wessing)
Schwerpunkte: Neben formellem u. prozessualem Markenrecht im Wettbewerbsrecht Betreuung von Medienunternehmen, Bewertungsportalen u. sozialen Netzwerken, oft aus den USA. Zusammenarbeit mit der ▷*IT- und Datenschutz*-Praxis.
Mandate: Thinking Gifts Company in design- u. UWG-Prozess gg. 2 dt. Wettbewerber; Tam Fashion zu Markenverwaltung u. in Verf., u.a. gg. Mango; Ackision IP-rechtl. bei Firmengründung; Helpcheck in Prozess gg. Nürnberger Versicherung; Giordano in markenrechtl. Verf.; Avocadostore in Prozessen, u.a. zu Markenverletzungen; Bismarck Bräu in markenrechtl. Streit mit Hansa-Heemann; Samsung v.a. zu Markenrecherchen; lfd. im Markenrecht: Identity Valley, d.velop, Medac, Kayak, Sazerac, Olympus, Kolibri Games, Zapf Creation, Breville (‚Sage').

FPS FRITZE WICKE SEELIG

Marken- und Designrecht	★★★★
Wettbewerbsrecht	★★★★

Bewertung: Mit einer langen Tradition im Soft-IP sowie hoch angesehenen Teams in HH u. Ffm. gehört FPS zu den etablierten Adressen im Marken- u. Wettbewerbsrecht. Unter den vielen langj. Mandanten sind internat. Markenartikler wie Abercrombie & Fitch u. Chanel genauso namh. dt. Mandanten, die teils immer umfassender auf das Angebot der Kanzlei setzen. So mandatiert EnBW, die schon lange im UWG vertreten wird, FPS nach einer Mandatsausschreibung nun auch im Markenrecht. Als Prozessvertreter sind viele der Partner sehr anerkannt, v.a. Verletzungsfälle u. Prozesse bzgl. irreführender Werbung sorgten hier zuletzt für eine hohe Schlagzahl. Wie viele mittelständ. Kanzleien bietet auch FPS ein breites Leistungsspektrum an, das viele Bezüge zu angrenzenden Fachgebieten wie IT- u. Patentrecht aufweist. Das kommt auch in ihrer Arbeit für BigBen Interactive zum Einsatz, dessen design- u. patentrechtl. Vertretung die Kanzlei in einem wichtigen lfd. Prozess übernahm. Personell setzt sich der Generationswechsel weiter fort: Mit Hertz-Eichenrode verabschiedete sich in HH erneut ein marktbekannter IP-Rechtler, das dortige Team ist dafür aber mit einer gut strukturierten u. engagierten jungen Partnerriege bestens aufgestellt.
Stärken: Prozesse, Bekämpfung von Produktpiraterie für Luxusgüterhersteller u. IT-Unternehmen (▷*IT*).
Oft empfohlen: Dr. Christoph Holzbach, Dr. Oliver Wolff-Rojczyk, Dr. Andreas Freitag, Dr. Frank Hagemann („schnell, zuverlässig u. kompetent im Markenrecht", Mandant), Askan Deutsch („internat. gut vernetzt", „erfahrener Wettbewerbsrechtler, angenehm im Umgang", Wettbewerber), Georges Brox („kompetenter Wettbewerbsrechtler, gut vernetzt im frz. Markt", Wettbewerber)
Team: 9 Eq.-Partner, 3 Sal.-Partner, 3 Associates, 1 of Counsel

Anwaltszahlen: Angaben der Kanzleien, wie viele Anwälte zu mind. ca. 50% in diesem Gebiet tätig sind. Sie spiegeln nicht zwingend die Gesamtgröße einer Kanzlei wider.

Partnerwechsel: Christian Hertz-Eichenrode (Ruhestand)
Schwerpunkte: Umf. im Marken- u. Wettbewerbsrecht tätig. Markenanmeldepraxis u. Vertretung von Markenartiklern bei Bekämpfung von Produktpiraterie, insbes. in HH Betreuung von Unternehmen der frz. Luxusgüterindustrie. In Ffm. oft für südkorean. Mandanten sowie berühmte Persönlichkeiten im Markenrecht. Im Wettbewerbsrecht neben Prozessvertretung werberechtl. Beratung, zudem Vertragsrecht.
Mandate: BigBen Interactive in div. Prozessen gg. Nintendo bzgl. Design- u. Patentverletzungen; EnBW umf. im IP u. UWG; Odigeo in Prozessen bzgl. Preisangaben; Paramount umf. im IP; Microsoft lizenzrechtl. zu Softwarepiraterie (öffentl. bekannt); Wünsche in Prozess gg. Jeanshersteller; Yours Truly bei Produkteinführung; Abercrombie & Fitch in Markenprozessen u. zu Grenzbeschlagnahme; Chanel in Verletzungsfällen; Levi's, Superdry, Visa, Johnson Controls bei Markenanmeldungen; Tumi/Samsonite, DWS u. Hassia lfd. im IP.

FRESHFIELDS BRUCKHAUS DERINGER

Marken- und Designrecht	★★
Wettbewerbsrecht	★★

Bewertung: Bei der internat. Kanzlei bleibt die anerkannte marken- u. wettbewerbsrechtl. Praxis ein essenzieller Baustein bei der umf. Beratung gr. Unternehmen. Bei der dtl.weiten Vertretung eines US-Technologiekonzerns überzeugt sie nun auch mit eng verzahnten Teams aus IP-, Datenschutz- u. Regulierungsexperten. Doch auch im klass. Marken- u. Wettbewerbsrecht begleitet FBD einige sehr namh. Mandanten wie Rewe oder Zalando seit Jahren. Das Team um die beiden erfahrenen Partner ist gut strukturiert, wird aber bislang im Markt wenig wahrgenommen. Insbes. um den Generationswechsel strateg. anzugehen u. die Bedeutung des Soft-IP-Bereichs zu unterstreichen, wäre der Aufbau weiterer Partner sinnvoll.
Oft empfohlen: Dr. Andrea Lensing-Kramer, Matthias Koch
Team: 2 Partner, 1 Counsel, 7 Associates
Schwerpunkte: Umf. marken- u. wettbewerbsrechtl. Beratung sowie Prozessvertretung. Häufig strateg. Beratung auf internat. Ebene sowie transaktionsbegl. u. zu Markenlizenzverträgen sowie zu Geschäftsgeheimnisschutz. Beratung oft an der Schnittstelle zu ▷*Vertriebs-* u. ▷*IT-Recht.*
Mandate: 3M lfd. im IP, u.a. zu Verteidigung einer Farbmarke; Ahlers zu Lizenzverträgen; Julius Meinl zu Nachhaltigkeits-Claims; Sodastream in div. UWG-Prozessen, u.a. zu umweltbez. Aussagen; VW in UWG-Prozessen im Zshg. mit Dieselskandal; UPS, Rewe, Dt. Apotheker- u. Ärztebank, EWE u. Zalando lfd. im IP.

GLEISS LUTZ

Marken- und Designrecht	★★★★
Wettbewerbsrecht	★★★★

Bewertung: Die Kanzlei gehört mit einem konstant hohen Beratungsniveau, einer erfahrenen Partnerriege u. gr. Bandbreite im Soft-IP seit vielen Jahren zu den bekannten Adressen im Marken- u. Wettbewerbsrecht. Im klass. Markenrecht bietet sie weiterhin umf. Service, der auch eine umfangr. Portfoliomanagementpraxis umfasst. Hier zeigte das Team um Wehlau zuletzt für Mandantin Heidelberg Materials, dass es gr. globale Rebranding-Projekte stemmen kann. Daneben gehören v.a. komplexe, oft grundsätzl. IP-Streitigkeiten zu den bekannten Stärken der Praxis, darauf setzen bspw. Stihl (Farbmarke) u. auch Emmentaler Switzerland (Kollektivmarke). Insbes. in Berlin profitieren digitalstarke Mandanten wie BlueStack davon, dass Weidert auch eine ausgeprägten IT-rechtl. Spezialisierung hat. Zudem zeigt er in einem UWG-Prozess für die Wettbewerbszentrale gg. einen Pharmahersteller, dass auch die Zusammenarbeit mit der öffentl.-rechtl. Praxis reibungslos funktioniert.
Stärken: Strateg. Beratung u. Prozessvertretung. Betreuung der Branchen Pharma (▷*Gesundheit*), Kfz, Telekommunikation, ▷*IT* u. ▷*Lebensmittelrecht*. Transaktionsbegleitung.
Oft empfohlen: Dr. Stefan Völker („sehr erfahren im Markenrecht, schnell, zuverlässig u. sprachlich gewandt", Mandant), Dr. Andreas Wehlau, Dr. Stefan Weidert (IP/IT), Dr. Matthias Sonntag, zunehmend Marcel Pemsel („sehr zuverlässig, kann gut erklären, auch ggü. Nichtjuristen", Mandant)
Team: 5 Eq.-Partner, 6 Counsel, 13 Associates
Schwerpunkte: Umfangr. formelle Markenrechtsabteilung sowie Prozesse u. strateg. Beratung; auch Verfolgung von Produktpiraterie u. Domaingrabbing. Im Wettbewerbsrecht enge Bezüge zum ▷*Kartellrecht*, Betreuung in Prozessen sowie strateg. Werbe- u. Produktberatung.
Mandate: HeidelbergCement/Heidelberg Materials bei Rebranding; Emmentaler Switzerland in EuGH-Verf. bzgl. Kollektivmarke; Shopify in grundsätzl. Streit um Brexit-Auswirkungen in markenrechtl. Beschwerdeverf.; Wettbewerbszentrale in Prozess gg. Pharmahersteller bzgl. Preisnachlässe; Hetronic in Markenverletzungsprozess gg. Abitron; Stihl bzgl. Farbkombinationsmarke; BlueStack Systems in Prozessen um Einsatz von u. Werbung für Emulationssoftware; Masco lfd. im UWG, lfd. im IP: d&b Audiotechnik, Flamagas, Opel.

GÖHMANN

Marken- und Designrecht	★★
Wettbewerbsrecht	★

Bewertung: Die Kanzlei ist auf breiter Front u. an mehreren Standorten im Marken- u. Wettbewerbsrecht tätig. V.a. Schunke ist mit seinem Team in Hannover durch die intensive Vertretung von Langzeitmandantin Puma in marken- u. wettbewerbsrechtl. Prozessen sehr erfahren u. präsent. Primär vertrauen aber mittelständ. Unternehmen sowie einige niedersächs. Konzerne teils seit Jahren auf die IP-Kompetenz der breit aufgestellten Kanzlei. Dazu passt, dass viele Partner auch zu angrenzenden Bereichen wie Datenschutz u. Patent- bzw. Arbeitnehmererfinderrecht beraten.
Oft empfohlen: Dr. Maximilian Schunke („hart, aber immer lösungsorientiert", Wettbewerber), Dr. Michael Ott („immer kollegial u. fair, aber in der Sache knallhart", „sehr guter Prozessrechtler im UWG", Wettbewerber), Kai Welkerling
Team: 6 Eq.-Partner, 1 Sal.-Partner, 1 Counsel, 6 Associates
Schwerpunkte: In Hannover v.a. formelles Marken- u. Designrecht sowie Vertretung in Verletzungsfällen, zudem Design- u. Wettbewerbsrecht. In Bremen v.a. Markenrecht sowie Datenschutz. In Ffm. v.a. wettbewerbsrechtl. Beratung u. Prozessvertretung.
Mandate: Puma EU-weit im Markenrecht u. in UWG- sowie Designprozessen; Mainova lfd. im UWG; Motorenhersteller zu Produktpiraterie; dt. Konsumgüterproduzent lfd. zu Verletzungsfällen u. neuen Produktbezeichnungen; lfd. für Adama Dtl., Amino, BCD Travel Services, Minimax Viking, DVAG, Cobra Golf u. Heinz v. Heiden/Mensching.

FRIEDRICH GRAF VON WESTPHALEN & PARTNER

Marken- und Designrecht	★★★
Wettbewerbsrecht	★★★

Bewertung: Die IP-Partner dieser mittelständ. Kanzlei bauen ihre Erfahrung im Marken- u. Wettbewerbsrecht kontinuierl. aus u. setzen dabei ihre indiv. Akzente. Keimzelle der umfangr. markenrechtl. Praxis bleibt das Freiburger Team, dem viele langj. Mandanten wie Wilkinson u. Spectrum Brands die Treue halten. Darüber bestehen auch gute Kontakte zu internat. IP-Anwälten, die das Team auch in anderen Mandaten nutzen kann: Bei der Produktpiraterieberatung eines Outdoorherstellers arbeitete es zum Bsp. mit einer ind. Kanzlei zusammen. Zudem ist das Freiburger Team insbes. für die Beratung u. Vertretung von Apotheken u. Pharmaunternehmen bundesw. sehr anerkannt u. begleitet diese regelm. auch in div. grundsätzl. UWG- u. HWG-Prozessen ebenso wie zu angrenzenden regulator. Fragen. Daneben war zuletzt insbes. der Kölner Partner Kipping durch die intensive Vertretung von Dr. Martens/Airwair, u.a. in einem Nachahmungsprozess gg. Deichmann, sehr präsent im Markt. Ein Partner in Ffm. ergänzt die Praxis mit seiner Spezialisierung im Medien- u. Urheberrecht, was bspw. die designrechtl. Beratung der Möbelbranche sinnvoll ergänzt.
Stärken: Formelles Markenrecht, Betreuung der Pharma-, Apotheken- u. Verlagsbranche.
Oft empfohlen: Norbert Hebeis, Dr. Morton Douglas („sehr versiert u. effizient im Markenrecht", Mandant; „durchsetzungsstarker Prozessspezialist, gerade im Pharmabereich", Wettbewerber), Eva Kessler, Dr. David Kipping („vehementer Kämpfer, engagierter Designspezialist mit gr. Prozesserfahrung", Wettbewerber)
Team: 6 Eq.-Partner, 2 Sal.-Partner, 7 Associates, 2 of Counsel
Schwerpunkte: Markenrecht inkl. Portfoliomanagement. Im Wettbewerbsrecht häufig Bezüge zum HWG, v.a. bei der Betreuung von gr. Pharmamandanten u. Apotheken. Weitere Branchen: Konsumgüter, Mode, Lebensmittel, Energie u. Verlage.
Mandate: Boffi u. De Padova in Prozessen gg. Vitsœ; Dr. Martens/Airwair in zahlr. Prozessen gg. Schuhhändler u -hersteller wg. Produktnachahmungen; Erima u.a. zu Positionsmarke; US-Medienhaus in Streit um Wortspiel-Bezeichnung; Apothekerkammer Nordrhein in zahlr. Prozessen, u.a. in Grundsatzverf. zu Lieferplattformen für Arzneien; Smol in UWG-Prozessen zu Werbeaussagen; lfd. im Markenrecht: Alnatura, Wilkinson Sword, Spectrum Brands, Tetra, Triaz.

GRÜNECKER

Marken- und Designrecht	★★★★
Wettbewerbsrecht	★★

Bewertung: Das Rechtsanwaltsteam dieser gr. gemischten IP-Kanzlei hat ein starkes eigenes Profil im Soft-IP u. ist neben seiner Paradedisziplin Markenrecht auch im Wettbewerbsrecht äußerst angesehen, v.a. wenn es um Fälschungsbekämpfung u. Nachahmungsschutz geht. Über die Jahre hat es hier einen umf. Service aufgebaut, den immer mehr Mandanten aus der Luxusgüterbranche schätzen, neben langj. Mandanten wie Hermès u. Christian Louboutin sind das neuerdings Marc Cain

Anwaltszahlen: Angaben der Kanzleien, wie viele Anwälte zu mind. ca. 50% in diesem Gebiet tätig sind. Sie spiegeln nicht zwingend die Gesamtgröße einer Kanzlei wider.

sowie ein weiteres Branchenschwergewicht. Ihr Know-how im Modesektor überzeugte zuletzt auch E. Breuninger, die nach einer Ausschreibung nun umfangr. im Markenrecht auf Grünecker setzen. Für ein hohes Grundrauschen im klass. Markenrecht sorgt außerdem eine beeindruckende Zahl gr. Techkonzerne aus den USA sowie Asien, wobei das Team etwa von Microsoft zunehmend in Prozessen nachgefragt wird. Dies trieb auch die personelle Entwicklung voran: Eine Counsel, die viele US-Mandanten betreut, wurde zur Sal.-Partnerin ernannt. Eng u. eingespielt ist auch die Zusammenarbeit mit der renommierten Patentpraxis: Etl. mittelständ. Mandanten wie Endor, aber auch XLink u. Happybrush schätzen die Rundumberatung im IP.

Stärken: Bekämpfung von Produktpiraterie für die Luxusgüterbranche, strateg. Beratung u. Durchsetzung von Markenrechten.

Oft empfohlen: Prof. Dr. Maximilian Kinkeldey („rhetorisch exzellent, auch auf Englisch, einer der besten IP-Rechtler", „sehr reaktionsschnell", „sehr zielführend, pragmat., kooperativ u. kreativ", Wettbewerber), Dr. Nicolás Schmitz („fachkundiger u. erfahrener Markenrechtler", Wettbewerber), Dr. Holger Gauss („schnell u. kreativ, dabei inhaltl. top", „Allround-Talent im IP, guter Litigator", Wettbewerber), Anja Franke, zunehmend Philipp Strommer („guter Designrechtler", Wettbewerber; „einfach eine gute IP-Kanzlei, uneingeschränkt zu empfehlen", Wettbewerber über alle)

Team: 5 Eq.-Partner, 2 Sal.-Partner, 8 Counsel, 20 Associates

Schwerpunkte: Kanzlei mit umfangr. IP-Tätigkeit, insbes. im ▷*Patentrecht*, daneben im Marken-, Design- sowie Wettbewerbsrecht. Markenprozesse sowie umf. Anmelde- u. Beratungstätigkeit für dt. u. sehr viele internat. Mandanten (insbes. USA u. Asien) sowie gesamtstrateg. Beratung. Zudem intensive Beratung an der Schnittstelle zum IT u. Datenschutz.

Mandate: E. Breuninger zu Markenverwaltung u. in Nachahmungsprozessen; Hermès in Prozessen gg. Ludwig Reiter bzgl. Kelly Bag; Fenix Outdoor (‚Fjäll Räven') bzgl. Nachahmungsschutz; Harley-Davidson in Verletzungsprozessen u. zu Produktpiraterie; Microsoft lfd., v.a. Beratung u. markenrechtl. Verf.; Christian Louboutin in Prozessen zu Positionsmarke; Endor zu Lizenzen; Happybrush zu internat. IP-Strategie u. im UWG; umf. zu Marken: Facebook, Google, Orcan Energy, XLink.

GVW GRAF VON WESTPHALEN

Marken- und Designrecht	★
Wettbewerbsrecht	★

Bewertung: Schon seit Langem ist GvW im Soft-IP für einige gr. Mandanten wie Carlsberg oder einen internat. Kfz-Hersteller umf. im Markenrecht tätig. Aber v.a. mittelständ. Unternehmen überzeugt die fachl. breit aufgestellte Praxis. Insbes. die Partner, die im Wettbewerbsrecht tätig sind, haben oft noch Schwerpunkte in angrenzenden Fachgebieten wie Urheber-, IT- oder Patentrecht u. können dies für ihre Mandanten gewinnbringend einsetzen.

Stärken: Gute Kontakte zur ▷*Lebensmittel-* u. ▷*IT-*Branche.

Oft empfohlen: Dr. Kristofer Bott, Dr. Christian Triebe, zunehmend Dr. Gabriel Wittmann („sehr smarter u. juristisch brillanter Kopf, den man im Auge behalten sollte", Mandant)

Team: 9 Partner, 2 Counsel, 6 Associates

Schwerpunkte: Umf. im Markenrecht tätig, inkl. Portfolioverwaltung. Daneben auch Designrecht. Im Wettbewerbsrecht neben Prozessen (oft an der Schnittstelle zum HWG) Beratung im Vorfeld bspw. zu Gewinnspielen u. Verpackungsgestaltungen.

Mandate: Eden Europe in UWG-Prozess bzgl. Regalsystem; Viabizzuno in designrechtl. Prozess; Tommy Hilfiger u. Hilfiger Stores in markenrechtl. Streitigkeiten; namh. Kfz-Hersteller umf. im Markenrecht; SkyCell in div. UWG-Prozessen gg. Wettbewerber; TÜV Saarland lfd. im UWG; Onlineshopbetreiber in markenrechtl. Grundsatzprozess; lfd. im Markenrecht: Carlsberg, Galileo Lebensmittel, Braun, Ceravis, Demeter, Technogroup IT-Service.

HARMSEN UTESCHER

Marken- und Designrecht	★★★★★
Wettbewerbsrecht	★★★★★

Bewertung: Die HHer IP-Boutique gehört seit Jahren verlässlich zu den tonangebenden Kanzleien im Marken- u. Wettbewerbsrecht. Im Markt steht ihr Name für Beratung u. Prozessvertretung auf höchstem Niveau. Gekonnt deckt sie dabei angrenzende relevante Rechtsbereiche wie Arzneimittel-, Kosmetik- u. Lebensmittelrecht mit ab. Damit überzeugt sie etl. namh. Mandanten wie Stada, Douglas u. Intersnack seit Langem; hier übernimmt HU zudem z.T. immer stärker die internat. Koordination in markenrechtl. Verf. u. liefert Mandanten in diesem Bereich einen nahtlosen Service. Daneben baut eine junge Partnergeneration ihren Wirkungskreis sehr engagiert aus: Plate etwa vertritt zahlr. neue Mandanten wie bspw. MediaMarktSaturn, die nach einer Ausschreibung sehr umfangr. im UWG auf die Kanzlei setzen. Solche Mandate unterstreichen sehr gut die hohe Bekanntheit des Teams als Prozessvertreter. Dass dieser Kreis kontinuierl. wächst, ist beeindruckend u. zeigt, dass die Kanzlei für den anstehenden Generationswechsel bestens vorbereitet ist.

Stärken: Umfangr. formelle Markenpraxis. Prozessvertretung, Betreuung der Handels-, Medien-, ▷*Lebensmittel-*, Arzneimittel- u. Kosmetikbranche (▷*Gesundheit*).

Oft empfohlen: Rainer Kaase („sehr erfahren u. kompetent", Wettbewerber), Dr. Matthias Wolter, Dr. Karin Sandberg („extrem kompetente u. sorgfältige Markenrechtlerin", Wettbewerber), Dr. Martin Kefferpütz („exzellenter IP-Rechtler, sehr fundierte Schriftsätze", Wettbewerber), Dr. Christoph Schumann („sehr gute Kenntnis der Materie, angenehm im Umgang, offen für zielführende Vergleichsgespräche", „hervorragender Teamplayer", Wettbewerber), Till Lampel („kompetenter Markenrechtler, schnell, zuverlässig, praxisorientiert u. nett", Mandant; „mit allen Wassern gewaschen", Wettbewerber), Henrik Dirksmeier („guter IP-Rechtler, schnell, mit viel Eigeninitiative u. nett", Mandant), Dr. John-Christian Plate („gut u. solide", Mandant; „reaktionsschnell, fachl. hervorragend", Wettbewerber), zunehmend Anna Wrage („sehr kooperativ u. kollegial im Wettbewerbs- u. Designrecht", Wettbewerber)

Team: 8 Partner, 2 Counsel, 6 Associates

Schwerpunkte: Konzentration auf Gewerbl. Rechtsschutz (inkl. ▷*Patent-*), Wettbewerbs- (inkl. HWG), Kartell- u. Urheberrecht sowie angrenzende Gebiete wie ▷*Vertriebsrecht*. Umfangr. formelle Markenpraxis. Neben Prozessen auch sehr branchenbezogen beratend tätig.

Mandate: 8Panda in Streit um Markenschutzfähigkeit des Unternehmensnamens; MediaMarktSaturn in zahlr. UWG-Prozessen; Shell in Prozess bzgl. umweltbezogener Werbeaussagen; Adler Modemärkte in markenrechtl. Prozess gg. tschech. Wettbewerber; Hej Organic in markenrechtl. Streit mit gr. Wettbewerber; Kratki in urheberrechtl. u. UWG-Streit; Lidl im Markenrecht u. UWG (öffentl. bekannt); lfd.: Ikea, Stada, Intersnack, Ferrero, Formula One, Panasonic, Scout24, Kion, Real, Douglas, Cafea, Hapag-Lloyd, Goebber.

HARTE-BAVENDAMM

Marken- und Designrecht	★★★★★
Wettbewerbsrecht	★★★★★

Bewertung: Die HHer IP-Boutique ist besonders für ihre Kompetenz in komplexen Prozessen im Marken- u. Wettbewerbsrecht anerkannt. Darauf setzen nicht nur viele namh. Dauermandanten wie Procter & Gamble, die Dt. Bahn u. Haribo, sondern zuletzt etl. neue, zu denen bspw. Thom Browne u. ein bekanntes US-Softwareunternehmen gehören. Verstärkt war die Kanzlei zuletzt auch in Auseinandersetzungen um Nachhaltigkeitsaussagen tätig, hier vertrat sie BP in einem wichtigen Verf. Eine weitere Säule bleibt daneben ihre umfangr. Tätigkeit im formellen Markenrecht, hier ist die Kanzlei durch die langj. Arbeit für Mandanten wie Nestlé u. Desitin sehr erfahren u. hat ein gut strukturiertes Team aufgebaut. Den Ausbau des Geschäfts treibt dabei schon seit einiger Zeit eine starke u. im Markt sehr anerkannte Partnerriege voran, auch der Namenspartner ist in wichtigen Komplexen weiterhin tätig. Den Aufbau der nächsten Generation hat die Kanzlei ebenfalls im Blick, mit Thomsen ernannte sie eine Counsel, die im Markt immer bekannter wird.

Stärken: Prozessvertretung, Gutachten.

Oft empfohlen: Prof. Dr. Henning Harte-Bavendamm („harter Gegner, der einem nichts schenkt", Wettbewerber), Dr. Michael Goldmann, Dr. Karolina Schöler („immer kompetente u. sehr passgenaue Antworten im Vertragsrecht", Mandant), Dr. Andrea Jaeger-Lenz („engagiert, fundiert u. erfolgreich", Mandant; „zielorientiert u. pragmat.", „gute Strategin", Wettbewerber), Dr. Arne Lambrecht („schnell, fachl. super u. hands-on, hoher Servicegedanke", Wettbewerber), Dr. Malte Lieckfeld („auch als Gegner angenehm im Umgang, versierter UWG-Fachmann", „vernünftiger u. guter Verhandler, der weiß, was er tut", Wettbewerber), Janna Thomsen („sehr strukturiert in gr. Projekten", Mandant)

Team: 6 Partner, 2 Counsel, 6 Associates

Schwerpunkte: Beratung u. Prozessvertretung im Marken-, UWG-/HWG-, Design- u. Urheberrecht sowie Vertriebsrecht. Zudem Markenverwaltungspraxis. Daneben auch Betreuung von Medienunternehmen.

Mandate: BP Europa in Prozess um Werbeaussage; Thom Browne in Prozess gg. Adidas um Streifendesign; US-Softwareunternehmen in markenrechtl. Prozess u. in Löschungsverf.; Haribo umf. im IP, u.a. in Prozess um 3D-Marke; Levi Strauss umf. in markenrechtl. u. UWG-Prozessen; Nestlé u. DRK umf. im Markenrecht; Procter & Gamble in UWG-Prozessen, u.a. zu Green Claims; Almased u. Dt. Bahn im Markenrecht.

HEUKING KÜHN LÜER WOJTEK

Marken- und Designrecht	★★★
Wettbewerbsrecht	★★★

Bewertung: Die gr. Soft-IP-Praxis, die sich über alle Standorte der Kanzlei verteilt, überzeugt mit ihrem

Anwaltszahlen: Angaben der Kanzleien, wie viele Anwälte zu mind. ca. 50% in diesem Gebiet tätig sind. Sie spiegeln nicht zwingend die Gesamtgröße einer Kanzlei wider.

Oft empfohlen: Dr. Ralf Hackbarth („so macht man das im Markenrecht: konsequent, aber nicht brutal", „sehr kompetent im Markenrecht u. hohe Branchenkenntnis im Bereich Kfz", Wettbewerber), Dr. Andreas Schulz („kompetenter u. fairer Markenrechtler", „sehr erfahren u. gut im UWG", Wettbewerber), Dr. Stefan Eck („fachkundige u. erfahrene IP-Rechtler", Wettbewerber über beide), Dr. Wolfgang Götz („sehr kompetent im Lizenz-/Vertragsrecht, effiziente u. zielgerichtete Beratung", Mandant), Dr. Stefan Abel („kompetent u. praxisgerecht", „offen für zielführende Lösungen", Wettbewerber), Oliver Rauscher („kompetent u. blitzscharf in allen Bereichen des Marken- u. Designrechts, vorausschauend u. erfolgreich in Prozessen", Mandant), Dr. Constantin Kurtz, Florian Schmidt-Sauerhöfer
Team: 8 Partner, 3 Associates, 2 of Counsel
Schwerpunkte: Marken- u. designrechtl. Beratung u. Prozessvertretung sowie Anmelde- u. Verwaltungspraxis. Im Wettbewerbsrecht v.a. Prozesse, häufig an der Schnittstelle zu Lebensmittel- u. Urheberrecht sowie HWG. Renommierte Praxis in ▷*Patentprozessen*.
Mandate: BMW umf. in zahlr. Marken- u. Designprozessen, u.a. in zahlr. Verf. bzgl. ‚M'; Lafuma Mobilier in Prozessserie zu Nachahmungen; Lackmann in ca. 25 Prozessen bzgl. Vertrieb russ. Lebensmittel; Beiersdorf regelm. in markenrechtl. Verf. vor dem DPMA; UBS zu Domain- u. Markenverletzungsstreitigkeiten; Champagnerverband lfd. bzgl. ‚Champagner'-Verletzungsfällen; Longchamp lfd. zu Nachahmungen; Wettbewerbszentrale in zahlr. UWG-Prozessen, u.a. gg. Tesla bzgl. ‚Autopilot'; Deichmann u. Snipes lfd. im Marken- u. Designrecht; lfd.: dt. Halbleiterhersteller, Adelholzener Alpenquellen, Börlind, DFB, KfW, UniCredit, Nestlé.

KLEINER

Marken- und Designrecht	★
Wettbewerbsrecht	★

Bewertung: In der mittelständ. Kanzlei spielt das Marken- u. Wettbewerbsrecht eine immer wichtigere Rolle, was sich zuletzt auch in einer sehr dyn. Teamentwicklung widerspiegelte: Mit Beck kam in Stuttgart ein erfahrener IP-Spezialist mit ausgezeichneten Kontakten insbes. in die Tuningbranche dazu. Auch in D'dorf stärkte Kleiner ihre Eq.-Partner-Ebene: Mit Dr. Heike Freund beförderte sie eine ebenfalls erfahrene Soft-IP-Rechtlerin, die viel zum Thema Influencermarketing berät u. im Markt zuletzt für ihr Know-how in der Gesundheitsbranche gelobt wurde. Mit dem Zugang eines of Counsels von CMS ergänzte Kleiner ihr IP-Angebot v.a. im Patentrecht, der aber mit dem Gartenbundesverband ein umfangr. Markenmandat mitbrachte. Neben der Marken- u. Designverwaltung sowie der Durchsetzung u. strateg. Beratung verfügt die Praxis wie nur wenige andere Wettbewerber über gr. Erfahrung bei Gewährleistungs- u. Kollektivmarken sowie geograf. Herkunftsangaben. Hier suchen regelm. v.a. Erzeugerverbände aus Ba.-Wü. sowie Unternehmen den Rat der Kanzlei.
Oft empfohlen: Dr. Wolfgang Heisrath, Alexander Späth, Dr. Frank Dehn
Team: 7 Eq.-Partner, 4 Associates, 1 of Counsel
Partnerwechsel: Dr. Thomas Beck (von Heussen)
Schwerpunkte: Beratung im formellen Markenrecht sowie umf. strategische Beratung auch im UWG, Designrecht u. zu Kollektivmarken/geograf. Herkunftsangaben. Auch Prozesse.
Mandate: Quality First in Prozess bzgl. Influencermarketing; Fitmarkt in UWG-Prozessen; Bundesverband Garten-, Landschafts- u. Sportplatzbau umf. im IP; Campofrio (‚Aoste') zu Markenverwaltung u. IP-Beratung; dt. Lebensmittelhersteller lfd. im UWG; südwestdt. Fleischerzeugergemeinschaft zu Markenanmeldungen u. geograf. Herkunftsangaben; Bundesland zu Kollektivmarken; Lieken u. dm-Folien lfd. im Markenrecht.

KLINKERT

Marken- und Designrecht	★
Wettbewerbsrecht	★

Bewertung: Die Frankfurter Kanzlei ist zunehmend bei Pharma- u. Medizinprodukteherstellern auch im Marken- u. Wettbewerbsrecht gefragt. Dabei verfolgt sie einen Rundumberatungsansatz, der neben Markenverletzungen bei Parallelimporten u. UWG/HWG-Prozessen auch Patentrecht umfasst. Ein Bsp. dafür lieferte zuletzt Advanz Pharma, die neben dem Patentrecht neuerdings auch in UWG-Prozessen auf das Team setzt. Daneben nimmt die Arbeit für Mepal einen gr. Raum ein: Hier zeigt das Team um die angesehene IP-Partnerin Keßler regelm. sein designrechtl. Know-how. Personell liegt allerdings ein eher unruhiges Jahr hinter der Kanzlei: 2 Counsel wechselten in andere Kanzleien u. mit Zindel verabschiedete sich ein erfahrener Partner in den Ruhestand, der bis zuletzt auch noch im IP tätig war. Dass sich die Strafrechtler der Kanzlei selbstständig machten, betraf die Praxis allerdings nach dem Abschluss eines gr. Know-how-Schutz-Prozesses nicht mehr.
Oft empfohlen: Nora Keßler („sehr gut im Designrecht, professionell u. lösungsorientiert", „strateg. außerordentl. klug u. erfahren, hervorragend im Marken- u. Patentrecht", Wettbewerber)
Team: 3 Partner, 2 Associates, 1 of Counsel
Partnerwechsel: Johannes Zindel (Ruhestand)
Schwerpunkte: Im IP strateg. Beratung sowie zu Parallelimporten u. Produktpiraterie. Daneben Prozessvertretung im UWG, oft für die Gesundheits- sowie ▷*Medienbranche*.
Mandate: Mepal in zahlr. EV-Verf. zu Designverletzungen; Advanz Pharma in 2 UWG-Prozessen; Paul Hartmann lfd. im UWG/HWG, v.a. zu Parallelimporten; Cosnova lfd. im IP, u.a. Prozesse; Faber-Castell lfd. im IP; Jimmy Choo u. Taylor Swift im Markenrecht; Documenta/Museum Fridericianum umf. im IP; gr. Pharmaunternehmen zu Parallelimporten.

KNPZ RECHTSANWÄLTE

Marken- und Designrecht	★★
Wettbewerbsrecht	★★

Bewertung: Die Partner der Hamburger IP- u. Medien-Boutique decken gleich mehrere Spezialisierungen im Marken-, Design- u. Wettbewerbsrecht gekonnt ab u. sind dafür im Markt sehr angesehen. Für das klass. Markenrecht steht v.a. Zintler, der über seine langj. u. enge Begleitung von Mandanten wie Colgate u. Snap ausgezeichnete Kontakte zu internat. Kanzleien u. Unternehmen hat. Darüber ergeben sich regelm. neue Projektmandate, zuletzt etwa der Marken-Relaunch eines Schweizer Verpackungsspezialisten. V.a. aber im Wettbewerbsrecht erweitert KNPZ kontinuierl. ihren Aktionsradius: Gekonnt bedient sie etwa bei der Beratung einiger Verlage relevante Schnittstellen zum Medienrecht, zudem etabliert sie sich immer mehr an der Seite teils gr. Unternehmen beim Thema Know-how-Schutz. V.a. aber wenn es um das Spannungsfeld UWG/Datenschutz geht, kann die Kanzlei punkten: Plath ist für seine Schnittstellenkompetenz in dem Bereich besonders bekannt u. beriet hier zuletzt u.a. Mandanten zum Influencermarketing. Sein Team ist mittlerweile außerdem eines der erfahrensten u. gefragtesten im Markt, wenn es um die IP-Begleitung gesellsch.rechtl. Transaktionen geht, rund 100 Deals stemmt es jährlich.
Stärken: Stark integrierter Beratungsansatz. Designrecht u. IP-Transaktionsbegleitung.
Oft empfohlen: Prof. Christian Klawitter, Dr. Mathias Zintler („absoluter Markenrechtsexperte, zielgerichtete u. sehr praxistaugl. Beratung, gute Ergebnisse", Mandant; „sehr korrekt, analytisch u. gut im Markenrecht", Wettbewerber), Dr. Gerald Neben („sehr prozesserfahren im UWG, stellt auch in schwierigen Verhandlungen Klienteninteressen immer an erste Stelle", Mandant), Dr. Kai-Uwe Plath („transaktionserfahrener u. pragmat. IP/IT-Rechtler, schnell und effektiv", Wettbewerber), zunehmend Dr. Enno ter Hazeborg („erfolgr. Beratung im Markenrecht, immer sehr proaktiv", Mandant; „fachl. stark im IP/IT, hart in der Sache, aber nett", Wettbewerber)
Team: 4 Eq.-Partner, 2 Sal.-Partner, 14 Associates
Schwerpunkte: Fokussiert auf IP, ▷*Vertriebsrecht*, ▷*Medien* sowie an der Schnittstelle zu ▷*IT- und Datenschutz*. Im Marken-, Design- u. Wettbewerbsrecht v.a. Prozessvertretung u. Beratung (oft auch zu Lizenzverträgen). Transaktionsbegleitend in Zusammenarbeit mit anderen Kanzleien sowie Portfoliomanagement.
Mandate: Nordik in div. marken- u. wettbewerbsrechtl. Prozessen, u.a. gg. Verpoorten; Schweizer Verpackungsspezialist bei ww. Relaunch; US-Kfz-Hersteller bzgl. Markenverunglimpfung; internat. Industriekonzern zu Know-how-Schutz; XeedQ in UWG-Prozess gg. Ex-Kooperationspartner; Bahlsen bei ww. Relaunch; Dürr Dental zu Markenportfolio u. UWG; DecoTrend in designrechtl. Prozessen; Snap im Markenrecht inkl. Amtsverf.; VW in Verletzungsprozessen zu div. Formmarken; lfd. für Colgate-Palmolive u. Valentino.

LLR LEGERLOTZ LASCHET UND PARTNER

Marken- und Designrecht	★
Wettbewerbsrecht	★

Bewertung: Die IP-Praxis ist im Markt v.a. für ihre Spezialisierung im Marken- u. Wettbewerbsrecht bekannt: Bes. erfahren ist sie bei Produktpiraterie, worauf namh. Markenartikler wie Ravensburger u. Bega Gantenbrink immer häufiger zurückgreifen. Fest hat das Team die Bedürfnisse seiner mittelständ. Kernklientel im Blick: Die Partner decken auch angrenzende Fachgebiete wie Presse-, Urheber- u. Patentrecht mit ab. V.a. aber die Schnittstelle zw. IP u. Vertriebsrecht wird zunehmend nachgefragt, das unterstrich zuletzt auch die Ernennung eines Eq.-Partner, der in beiden Fachgebieten tätig ist.
Oft empfohlen: Moritz Vohwinkel, Dr. Markus Bagh („fachl. brillant, strateg. top, Allzweckwaffe bei Produktpiraterie", Wettbewerber)
Team: 3 Eq.-Partner, 2 Associates
Schwerpunkte: Formelles Markenrecht u. Prozesse zu gleichen Teilen, daneben auch Wettbewerbsrecht (inkl. Know-how-Schutz) sowie Design- u. Urheberrecht. Kernklientel: mittelständ. Unternehmen.
Mandate: Bega Gantenbrink in Prozessserie gg. Nachahmer aus der EU u. Asien sowie Messebeschlagnahme; Ravensburger u. Medion umf. im IP,

Anwaltszahlen: Angaben der Kanzleien, wie viele Anwälte zu mind. ca. 50 % in diesem Gebiet tätig sind. Sie spiegeln nicht zwingend die Gesamtgröße einer Kanzlei wider.

UWG; Dt. Post u. Instapro Group (‚MyHammer') im UWG; Bochum Marketing umf. im IP; Brio, u.a. zu Produktpiraterie; Lieblingsköder im Marken- u. Vertriebsrecht; lfd. im Markenrecht: Mazda, Klasmann-Deilmann, Meissen Keramik.

LÖFFEL ABRAR

Marken- und Designrecht ★
Wettbewerbsrecht ★

Bewertung: Die beiden Namenspartner der D'dorfer IP-Boutique haben im Markt einen ausgezeichneten Ruf als Prozessvertreter im Marken- u. Wettbewerbsrecht, zudem machen v.a. Löffel sowie Laoutoumai regelm. durch ihren Einsatz für aktuelle u. relevante Rechtsthemen auf sich aufmerksam. Nicht nur darüber ist die kl. Einheit sehr gut vernetzt: Neben ihren ausgezeichneten Beziehungen zu einigen dt. Patentanwalts- sowie internat. Kanzleien baute sie zuletzt auch die Kontakte zu anderen Boutiquen weiter aus, was zuletzt für einige neue Mandate sorgte.

Oft empfohlen: Oliver Löffel („wer einen harten Litigator sucht, hat ihn jetzt gefunden", „innovativ", „richtig kluger Kopf", Wettbewerber), Dr. Sascha Abrar („erfahrener Wettbewerbsrechtler, angenehm im Umgang, hart in der Sache, löst auch komplexe Schwierigkeiten souverän", „extrem reaktionsschnell", Wettbewerber), Sebastian Laoutoumai („hervorragender, pragmat. Vertragsgestalter in Datenschutz- u. IP-Themen", Wettbewerber)

Team: 2 Eq.-Partner, 1 Sal.-Partner

Schwerpunkte: V.a. Prozessvertretung im Marken-, Designrecht u. UWG. Daneben strateg. Beratung in allen Bereichen des Soft-IP sowie Datenschutz.

Mandate: Vaillant als Streithelferin in markenrechtl. Verf. gg. Puma; Aurélien Smart Luxury wettbewerbsrechtl.; Berufsverband Dt. Dermatologen in div. Streitigkeiten mit Dermanostic; Clatronic, Domino's Pizza u. Takko lfd. im IP.

LORENZ SEIDLER GOSSEL

Marken- und Designrecht ★★★★
Wettbewerbsrecht ★★★★

Bewertung: Die gemischte Münchner IP-Kanzlei steht im Markt wie keine andere für eine Kombination aus höchster marken- u. wettbewerbsrechtl. Kompetenz u. eine vehemente Vertretung in Prozessen. Bei Gegnern sind die Rechtsanwälte deshalb gefürchtet, von langj. u. namh. Mandanten wie Adidas, Gabor u. ProSiebenSat.1 werden sie aber gerade deswegen geschätzt. „Eine der stärksten IP-Boutiquen", lobt ein Wettbewerber. Zum umf. Service im IP gehört auch eine umfangr. Markenmanagementpraxis, bei der auch die Patentanwälte der Kanzlei sehr aktiv sind. Im UWG sorgen ebenfalls langj. Mandanten wie Telefónica für eine hohe Schlagzahl an Prozessen. Personell war das letzte Jahr v.a. durch den Generationswechsel geprägt: Mit Ingerl u. Jackermeier schieden gleich 2 marktbekannte Prozessspezialisten aus der Partnerschaft aus. Allerdings hat LSG schon früh dafür gesorgt, dass in der Mandatsarbeit die Kontinuität gewährleistet ist. So betreut etwa Wiedemann schon lange Mandanten wie Hochland, zudem wurde ein IP-Rechtler zum Partner ernannt, der Mandanten u.a. auch an der Schnittstelle zum Arzneimittel- u. Apothekenrecht vertritt.

Stärken: Prozesse; markenrechtl. Gutachten. Äußerst stabile Mandantenstruktur.

Oft empfohlen: Dr. Philipp Neuwald („sehr effektiv in EV-Verf.", Wettbewerber), Dr. Christian Raßmann („mit allen Wassern gewaschen", „in der Sache knallhart, aber ansonsten ausgesprochen nett", Wettbewerber), Dr. Dirk Wiedemann, Dr. Benjamin Sorg („reaktionsschnell, dyn., professionell u. höfl. im Umgang", Wettbewerber)

Team: 12 Partner, 11 Associates, inkl. Patentanwälte

Partnerwechsel: Prof. Dr. Reinhard Ingerl, Dr. Siegfried Jackermeier (beide Ruhestand)

Schwerpunkte: Umf. im IP u. zu gleichen Teilen im ▷*Patent-*, Marken- u. Wettbewerbsrecht tätig. Formelles Markenrecht durch Patent- u. Rechtsanwälte. Beratung u. Vertretung auch in urheberrechtl. Fragen u. bei Produktnachahmungen.

Mandate: Gabor in Prozessserie gg. Birkenstock; Adidas, u.a. zu strateg. Markenplanung u. in Prozessen um ‚3 Streifen'; Renault in 2 markenrechtl. Prozessen gg. chin. Kfz-Hersteller; GoStudent in Prozessserie gg. Wettbewerber; BB Coffee zu Nachahmungen; Büroartikelhersteller in grenzüberschr. Markenstreit; Swarowski in marken- u. designrechtl. Verletzungsprozessen; Upfield zu Markenverwaltung u. in Widerspruchsverf.; Telefónica in div. UWG- u. Markenverf.; lfd. im IP: ProSiebenSat.1.; Hochland, Casio, FIFA, Verivox, UEFA, JPMorgan, Liebherr, KWON.

LOSCHELDER

Marken- und Designrecht ★
Wettbewerbsrecht ★★★

Bewertung: Die IP-Praxis dieser mittelständ. Kanzlei ist im Marken- u. Wettbewerbsrecht trad. für ihre Prozessvertretung anerkannt. Darauf setzen v.a. einige namh. Mandanten mit Sitz in NRW wie Henkel u. Klosterfrau. Daneben sind die Partner aber auch oft beratend tätig, insbes. zu Produktgestaltungen u. verstärkt zu Nachhaltigkeits-Claims. Die Partnerernennung von Pommerening spiegelt zudem den wachsenden Beratungsbedarf in der IP-Lizenzberatung, gleichz. zeigt das Team, dass es den nachhaltigen Teamaufbau im Blick hat. Zu einer bekannten Spezialität hat sich zudem das Thema Know-how-Schutz entwickelt, bei dem die IP-Rechtler viele ihrer Mandanten zudem vertragsrechtl. u. Hand in Hand mit den Arbeitsrechtlern beraten.

Stärken: Prozesse. Beratung zu Geschäftsgeheimnisschutz.

Oft empfohlen: Dr. Thomas Schulte-Beckhausen, Dr. Stefan Maaßen („fachl. u. von der Mandatsführung her guter IP-Rechtler mit eigenem Stil", „hohes fachl. Niveau, dabei sehr angenehm im Umgang", Wettbewerber), Dr. Patrick Pommerening („kompetenter u. kollegialer Marken- u. Wettbewerbsrechtler", Wettbewerber), Dr. Volker Schoene

Team: 3 Partner, 2 Associates

Schwerpunkte: V.a. Prozessführung im Wettbewerbs- sowie Marken- u. Designrecht, zudem Verwaltung u. Know-how-Schutz-Prozesse. Begleitung von Herstellerverbänden im Zshg. mit Gütesiegeln sowie Beratung an der Schnittstelle zum Lebensmittelrecht, v.a. zu geograf. Herkunftsangaben.

Mandate: Endori Food, u.a. in gr. Markenprozess sowie div. Widerspruchs- u. Löschungsverf.; Gesellschaften der Pfeifer-&-Langen-Gruppe umf. im Markenrecht, zu Lizenzverträgen u. Know-how-Schutz; Henkel in UWG- u. Markenverf. zu Wasch- u. Reinigungsmitteln u. Know-how-Schutz; Butlers u. Klosterfrau lfd. im Markenrecht; Konsumgüterhersteller zu Produktgestaltungen u. Nachhaltigkeits-Claims; Luxusuhrenhersteller bzgl. Plagiaten.

LUBBERGER LEHMENT

Marken- und Designrecht ★★★★
Wettbewerbsrecht ★★★★★

Bewertung: Die klare Positionierung der Kanzlei im Marken- u. Wettbewerbsrecht als Vertreterin von Markenartiklern gg. gr. Internethandelsplattformen bzw. Discounter hat sich selbst zum Markenzeichen des Teams entwickelt u. erweist sich weiterhin als Erfolgsmodell. Für ihre langj. Mandanten wie Coty, L'Oréal u. Shiseido erstreitet sie regelm. wichtige Entscheidungen, insbes. wenn es um die Frage geht, wann ein Vertrieb das Prestige von Markenartikeln beeinträchtigt. Hier verfügt LL über eine Erfahrung wie kaum eine Wettbewerberin u. zieht auch regelm. neue Mandanten an, zuletzt etwa einen bekannten dt. Schuhhersteller. Doch zu den anerkannten Stärken gehört längst die gesamte Bandbreite im Soft-IP, neben einer ausgewiesenen Spezialisierung zum Nachahmungsschutz gehören dazu auch die Begleitung von Transaktionen u. Lizenzverträgen sowie UWG-Prozesse im Zshg. mit Direktvertrieb, etwa für Lekker. Nahezu alle Partner genießen einen exzellenten Ruf als Prozessvertreter: „Harte Kämpfer, aber immer auf eine gute Art", lobt ein Wettbewerber, „das gesamte Team ist hervorragend, man fühlt sich von jedem bestens betreut", sagt ein Mandant. Dabei macht LL vor, wie ein nachhaltiger Praxisaufbau geht: Konsequent hat sie ihre Partnerebene in den verg. Jahren durch interne Ernennungen verbreitert u. auch zuletzt ernannte sie einen Prozessspezialisten in HH zum Eq.-Partner.

Stärken: Betreuung der Kosmetikbranche, Verf. gg. Internethandelsplattformen.

Oft empfohlen: Dr. Andreas Lubberger („sehr kompetenter Markenrechtler", Wettbewerber), Dr. Cornelis Lehment, Martin Fiebig („verlässl. Know-how im Markenrecht", Wettbewerber), Dr. Bernd Weichhaus („sehr kompetenter, sorgfältiger u. in Prozessen hartnäckig streitender Wettbewerbsrechtler", Mandant), Dr. Kai Schmidt-Hern („kommunikativ u. zuverlässig", Wettbewerber), Dr. Benjamin Koch („herausragende Qualität in IP-Transaktionen, im Markenrecht u. bei Lizenzverträgen, sehr pragmat., effizient, jederzeit erreichbar", „professionell, schnell, pragmat.", Mandanten; „sehr versierter, erfahrener u. pragmat. Verhandler", Wettbewerber), Dr. Rani Mallick, Eva Maierski („kämpfen hart, aber fair, zudem sehr pragmat. u. schnell", „stark in Prozessen", Wettbewerber über beide)

Team: 10 Eq.-Partner, 9 Associates

Schwerpunkte: Konzentration auf Schutzrechtsinhaber, v.a. marken- u. wettbewerbsrechtl. Betreuung der Kosmetik- u. Luxusgüterbranche inkl. Markenanmeldung, Bekämpfung von Parallelimporten u. Nachahmerprodukten. Daneben auch Strukturierung u. Verteidigung von ▷*Vertriebssystemen*. Zudem Medienunternehmen mit Berührungspunkten zum Urheber- u. Presserecht sowie Beratung von Start-ups.

Mandate: Coty umf. im IP, u.a. in Prozess gg. Aldi bis vor BGH; Deichmann in markenrechtl. Prozess gg. Amazon; Würth lfd., u.a. in UWG-Prozessen gg. Amazon; Schuhhersteller bzgl. Markenschutz u. Vertrieb gg. Amazon; dt. Medizintechnikunternehmen in markenrechtl. Streit einer Tochter; gr. Pharmaunternehmen zu Parallelimporten; Apple lfd. im Marken- u. Designrecht; Shiseido, u.a. in Streit um Parallelimporte gg. Amazon; Cotta u. Steinpol lfd. im Designrecht; Dyson in div. UWG-Prozessen; Lekker u.a. in UWG-Prozessen; VW zu Marken- u. De-

Anwaltszahlen: Angaben der Kanzleien, wie viele Anwälte zu mind. ca. 50 % in diesem Gebiet tätig sind. Sie spiegeln nicht zwingend die Gesamtgröße einer Kanzlei wider.

signschutz gg. Verletzer; Sanity, Belron (‚Carglass'), Clarins, Skoda, Wella, L'Oréal u. LVMH lfd. im IP.

LUTHER

Marken- und Designrecht ★★
Wettbewerbsrecht ★★

Bewertung: Die angesehene IP-Praxis sitzt im Marken- u. Wettbewerbsrecht bei ihren mittelständ. Mandanten sowie einigen äußerst werbestarken Unternehmen wie Reemtsma u. Warsteiner fest im Sattel. Ein Grund für die starke Bindung ist neben ihrer anerkannten fachl. Kompetenz im IP auch, dass sie sich konsequent an Mandantenbedürfnissen orientiert u. kompetent relevante angrenzende Rechtsgebiete mit abdeckt: Besonders ausgeprägt ist dabei etwa die Schnittstelle zum Vertriebsrecht, wenn es um E-Commerce-Themen oder wie bei Compo die Auseinandersetzung mit Lizenznehmern geht. Auch die Verbindung zum IT-Recht ist eng, insbes. da einige Partner hier auch einen Schwerpunkt haben. Für das klass. Marken- u. Wettbewerbsrecht stehen v.a. Mäder u. Seelig, die neben ihrer ausgeprägten Beratungstätigkeit zuletzt auch stark in Prozessen gefragt waren. Beide sind über ihre langj. IP-Tätigkeit ohnehin schon ausgezeichnet internat. vernetzt, daneben kommt immer mehr auch die Zusammenarbeit innerh. des Unyer-Netzwerkes in Gang: So war die dt. IP-Praxis etwa auch in die Beratung von Cathay Pacific Airways bei einer Compliance-Review für div. Rechtsgebiete einbezogen. Das Mandat zeigt, wie viel Potenzial hier noch schlummert, zumal mit dem österr. Mitglied KWR eine ebenfalls angesehene Soft-IP-Praxis dazukam.
Stärken: Beratung mit vertriebs- u. IT-rechtl. Bezügen.
Oft empfohlen: Dr. Detlef Mäder („sehr effizient u. zielgerichtet bei der Abwehr einer Klage", Mandant; „sehr guter IP-Rechtler, sehr lösungsorientiert in Verletzungsverf.", Wettbewerber), Dr. Geert-Johann Seelig („extrem kompetent im Wettbewerbsrecht", Mandant; „geschickter Verhandler, aber auch unnachgiebig in Prozessen", Wettbewerber), Dr. Maximilian Dorndorf
Team: 5 Eq.-Partner, 2 Sal.-Partner, 13 Associates
Schwerpunkte: Umf. Beratung u. Vertretung im Markenrecht (inkl. Markenverwaltung) u. UWG. Häufig an der Schnittstelle zu ▹*IT* u. ▹*Vertriebsrecht* tätig. Markenanmeldungen in China über eigenes Büro in Schanghai. Verstärkt IP-Begleitung von ▹*M&A*-Transaktionen.
Mandate: SNP Schneider-Neureither umf. im Markenrecht; THOIP/Sanrio marken- u. urheberrechtl. zu Lizenzgeschäft; Achtung! lfd. in IP-Prozessen u. zu Influencermarketing; Imperial Tobacco/Reemtsma u. Warsteiner im Markenrecht; Zeller + Gmelin in div. Prozessen u. zu Geschäftsgeheimnisschutz; ärztl. Berufsverband im UWG/HWG; Harley-Davidson im UWG bzgl. Vertriebsnetz; Saint-Gobain Glass in div. gr. IP-Verf.; lfd. im Markenrecht: Hakle, Centa-Antriebe Kirschey, Molkerei Ammerland, Compo, HRS, Kamps, Walbusch.

MEISSNER BOLTE

Marken- und Designrecht ★

Bewertung: Die gemischte IP-Boutique gehört zu den Einheiten im Markt, deren Rechtsanwälte ganz regelm. v.a. im formellen Marken- u. Designrecht von ihren oft langj. Mandanten hinzugezogen werden. Beeindruckend gute Beziehungen unterhält sie zu Unternehmen aus dem dt. Mittelstand, die ganz überwiegend auf den langj. Kontakten der Patentanwälte beruhen. Personell liegt allerdings ein eher unruhiges Jahr hinter der Kanzlei: Mit dem Weggang von Dr. Tobias Wuttke verlor das Münchner Team einen Eq.-Partner, der nach außen für etl. Soft-IP-Mandanten verantwortl. zeichnete, für die Arbeit im Soft-IP stehen aber v.a. die beiden Counsel, v.a. Nilgen ist hier im Markt bekannt. Mit Dr. Michael Nieder kam zudem ein sehr erfahrener IP-Prozessanwalt als of Counsel von Klaka dazu, dessen Schwerpunkt aber auch eher im Hard-IP liegt.
Oft empfohlen: Oliver Nilgen („toller IP-Rechtler, immer auf den Punkt, großartig als Mitstreiter sowie als Gegner", Wettbewerber), Markus Mainx
Team: 2 Partner, 2 Counsel, 1 Associate, 1 of Counsel
Partnerwechsel: Dr. Tobias Wuttke (zu Bardehle Pagenberg)
Schwerpunkte: Formelles Markenrecht u. strateg. Beratung sowie Design- u. Sortenschutzrecht. Daneben auch Prozessvertretung, oft in Widerspruchsverf. Enge Zusammenarbeit mit der ▹*Patentpraxis*. Eigenes Büro in Großbritannien.
Mandate: Stego in Designverletzungs- u. UWG-Prozessen; Aco Severin Ahlmann umf. im Marken- u. Designrecht; Warwick u. Revell umf. auch in Prozessen; lfd. im Markenrecht: Sigikid, Acandis, O'Neal, Cesra, Thyssenkrupp.

MENOLD BEZLER

Marken- und Designrecht ★
Wettbewerbsrecht ★★

Bewertung: Die Stuttgarter Kanzlei ist v.a. im Wettbewerbsrecht durch eine aktive Prozesspraxis für viele langj. Mandanten im Markt etabliert, daneben fasst sie immer weiter auch im Markenrecht Fuß. So kam zuletzt etwa The Quality Group hinzu, die neben der bekannten Prozesskompetenz auch auf das verbesserte Angebot im Markenmanagement von MB setzt. V.a. aber eine hohe Schlagzahl an Nachahmungsverf. sorgt in der IP-Praxis für ein hohes Maß an Know-how, auf das regelm. gr. Handelsmandanten aus der Region oder die Wettbewerbszentrale, aber auch internat. Unternehmen wie AGCO zurückgreifen.
Oft empfohlen: Manfred Hammer („kämpft mit gr. Einsatz für seine Mandanten, immer guter Überblick, auch in komplexen Markenverf.", Wettbewerber), Dr. Matthias Schröder („juristisch exzellent im Marken- u. Wettbewerbsrecht", Wettbewerber)
Team: 2 Eq.-Partner, 2 Sal.-Partner, 3 Associates
Schwerpunkte: Umf. im Marken- u. Wettbewerbsrecht tätig (inkl. Markenverwaltung u. Amtsverf.), zudem Urheberrecht u. Lizenzverträge. Starke Verwurzelung im dt. Mittelstand.
Mandate: The Quality Group (u.a. ‚Fitmart' u. ‚Quality First') in div. Widerspruchs- sowie Verletzungsverf. sowie zu Markenverwaltung; gr. Discounter in div. Prozessen, u.a. um Nachahmungen von Produkten; Wettbewerbszentrale in div. UWG-Prozessen; AGCO (‚Fendt') in EV-Verf. gg. Hauptwettbewerber; Roda Licht u. Lufttechnik umf. in UWG- u. Markenprozessen sowie zum Know-how-Schutz; Haushaltsgerätehersteller in div. Nachahmungsprozessen; Gemü Gebr. Müller lfd. im Markenrecht.

NOERR

Marken- und Designrecht ★★★
Wettbewerbsrecht ★★★

Bewertung: Das eingespielte Soft-IP-Team deckt im Marken- u. Wettbewerbsrecht eine breite Beratungspalette auf einem konstant hohen Niveau ab u. hat sich damit einen beeindruckend treuen Mandantenstamm aufgebaut. Dazu trägt wesentl. auch die umfangr. formelle Markenpraxis bei, deren Herz in dem internat. besetzten Büro in Alicante schlägt, u. die zuletzt viele Mandanten wie bspw. Condor bei Rebranding-Projekte begleitete. Doch v.a. ihre stetig wachsende Prozesspraxis sorgt dafür, dass das dt. Team im Markt zuletzt an Bekanntheit zulegte – insbes. die Riege der Nachwuchspartnerinnen Loew, Wortmann u. Nieß. Sie übernehmen tragende Rollen in wichtigen Prozessen wie bspw. für Kanebo, C&A oder einen internat. Lebensmittelhändler. Neben der Handelsbranche haben die IP-Rechtler zudem verstärkt Beziehungen zu namh. Pharma- u. Kfz-Unternehmen geknüpft. Mandanten wie Heycar oder ein ital. Kfz-Hersteller werden oft nicht ausschl. im IP, sondern zusammen mit der IT-Praxis zu aktuell wichtigen Digitalisierungsthemen beraten.
Stärken: Betreuung von Handelsunternehmen. Aktives Büro in Alicante.
Oft empfohlen: Dr. Christoph Rieken („guter Prozessrechtler, denkt strateg.", Wettbewerber), Jessica Loew („extrem reaktionsschnell, erfahrene Prozessanwältin", Wettbewerber), Janina Wortmann, Valentina Nieß („lösungsorientiert, pragmat., kompetent, schnell u. transparente Kostenvoranschläge", Mandant über beide)
Team: 2 Eq.-Partner, 4 Sal.-Partner, 9 Associates (inkl. Alicante)
Schwerpunkte: Umf. Beratung im Marken- u. Designrecht, neben Portfoliomanagement sowie strateg. Beratung v.a. zu Produktpiraterie u. Markenentwicklung auch prozessual tätig. Berührungspunkte zur ▹*vertriebsrechtl. Praxis*. Betreuung von ▹*IT*- u. ▹*TK-Unternehmen*, auch im Urheberrecht. Im Wettbewerbsrecht häufig an der Schnittstelle zu Produkthaftung (▹*Konfliktlösung*, ▹*Lebensmittelrecht*).
Mandate: Kanebo in Prozess gg. dt. Handelskette bzgl. Vertrieb von Graumarktware; Condor u.a. in Streit um Uniformdesign; ital. Kfz-Hersteller in UWG-Prozessen gg. DUH; Cariuma/Tempo Livre in markenrechtl. Prozess gg. dän. Wettbewerber u. in div. Nichtigkeitsverf.; C&A in Design- u. UWG-Prozess; Crocs umf. im IP, v.a. zu Nachahmungen; Klarna lfd. im UWG; Abitron in Post-M&A-Streit bzgl. IP-Rechte; HeyCar in UWG-Prozessen u. zu Werberecht; Regeneron in markenrechtl. Prozessen; Lidl lfd. im IP (öffentl. bekannt); lfd. Markenverwaltung für: Abercrombie & Fitch, BASF, Sovereign Brands, Volvo.

NORDEMANN CZYCHOWSKI & PARTNER

Marken- und Designrecht ★★★★
Wettbewerbsrecht ★★

Bewertung: Die IP- u. Medienboutique ist mit ihrer Kompetenz in Amts- u. Gerichtsverf. v.a. im Markenrecht sehr anerkannt u. auch im Wettbewerbsrecht sehr aktiv. „Sehr präsent im Markt u. gut aufgestellt", lobt ein Wettbewerber. Zuletzt legte sie erneut einen dyn. Wachstumskurs an den Tag: Mit dem Zugang von Maier stärkte die Kanzlei zudem den klass. Markenbereich noch einmal mit einem erfahrenen Eq.-Partner, der gute Kontakte in die Luxusgüter- u. Kosmetikbranche hat. Zudem ernannte sie intern gleich 2 Eq.-Partner: Während der eine ebenfalls die Soft-IP-Praxis unterstützt, unterstrich sie mit der Beförderung eines Patentrechtlers auch ihre breite Aufstellung im gesamten IP. Dies spiegelt eine stetig steigende geschäftl. Nachfrage wider: So setzt neuerdings ein gr. Nahrungsmittelkonzern in komplexen Löschungs- u. Widerspruchsverf. auf das Team, u. für ein namh.

Anwaltszahlen: Angaben der Kanzleien, wie viele Anwälte zu mind. ca. 50% in diesem Gebiet tätig sind. Sie spiegeln nicht zwingend die Gesamtgröße einer Kanzlei wider.

Biotechnologieunternehmen übernahm die Kanzlei das Markenmanagement. Eine besondere Stärke ist ihr hoch angesehenes urheberrechtl. Know-how, das sie auch in IP-Mandaten oft gewinnbringend für ihre Mandanten einsetzen kann: einerseits bei der Beratung gr. Medienunternehmen, etwa bei der Bekämpfung von Merchandising-Piraterie, andererseits beim Schutz von Produkten an der Schnittstelle zum Wettbewerbsrecht, einem aktuell wichtigen Thema. Hier vertrat sie u.a. gleich mehrere Mandanten aus der Schuhbranche

Oft empfohlen: Dr. Anke Nordemann-Schiffel („hervorragende Rechtsberaterin, gr. Know-how u. sehr praxisnah", Mandant; „sehr sichtbare u. überzeugende IP-Rechtlerin", „sehr konstruktiver Austausch", „unglaubl. Wissen u. angenehm im Umgang", Wettbewerber), Dr. Thomas Boddien, Prof. Dr. Axel Nordemann („gut u. erfahren, dreht jeden Stein um", „sehr hart in der Sache, aber angenehm im Ton u. sehr zuverlässig", Wettbewerber), Prof. Dr. Jan Nordemann, Dr. Christian Czychowski („sehr gute Kenntnisse v.a. im Lizenzvertragsrecht, sehr guter Verhandler", „herausragend kompetent im IT/IP", Wettbewerber), Dr. Julian Waiblinger

Team: 9 Partner, 9 Associates, 1 of Counsel

Partnerwechsel: Michael Maier (von Boult Wade Tennant)

Schwerpunkte: Neben Portfolioverwaltung u. Widerspruchsverf. oft strateg. Beratung im Markenrecht. An der Schnittstelle zudem oft Prozesse im Wettbewerbsrecht. Alle Partner auch stark im Urheberrecht tätig.

Mandate: Authentic Brands (u.a. Reebok) zu Markenstrategie u. -durchsetzung; gr. Lebensmittelkonzern in div. Löschungs- u. Widerspruchsverf.; Nintendo zu Produktpiraterie; Sonos in IP-Prozessen; gr. Versandhändler zu Nachahmungen; Jean & Len umf. im IP; lfd. im Markenrecht: US-Biotechnologieunternehmen, Salesforce, Major League Baseball, Coty, Airbnb, Nanu-Nana, Novartis/Sandoz/Hexal, KrampeHarex, Salesforce.

NORTON ROSE FULBRIGHT

Marken- und Designrecht	★
Wettbewerbsrecht	★

Bewertung: Das IP-Team hat sich als Bekämpferin von Produktpiraterie einen Namen im Marken- u. Wettbewerbsrecht gemacht. Das kleine, aber gut eingespielte Frankf. Team legt dabei seinen Schwerpunkt auf die Prozessvertretung: Dazu gehören Verletzungs- genauso wie komplexe Widerspruchsverf., zuletzt etwa für einen frz. Luxusgüterkonzern. Zum direkten Team von Partner Marschollek gehören auch 2 Counsel in London u. Paris, die v.a. in Amtsverf. u. bei der Portfolioverwaltung ihre internat. Erfahrung mit einbringen. V.a. bei Grenzbeschlagnahmen setzt NRF zudem auf erfahrene Paralegals u. techn. Unterstützung, womit sie Mandanten wie Nike u. Dior eine gut gestaffelte Kostenstruktur bieten kann.

Oft empfohlen: Daniel Marschollek, Manuel Merling („außergewöhnl. guter Berater, mit Geschäftssinn u. äußerst zuverlässig", Mandant)

Team: 1 Partner, 1 Counsel

Schwerpunkte: Strateg. Portfolioberatung u. -verwaltung sowie Beratung u. Prozessvertretung im Wettbewerbs- u. Markenrecht. Oft EU-Grenzbeschlagnahme für Luxusgüterhersteller.

Mandate: Frz. Luxusgüterkonzern in Markenverletzungsprozess; Adler Modemärkte u. BNP Paribas bei ww. Portfolioverwaltung; Emilio Pucci, Modes Moose, Loew, Kenzo, Nike u. Givenchy zu Grenzbeschlagnahme; Energizer Brands, IsarCare, Kema u. Indeed lfd. im IP.

NOTOS

Marken- und Designrecht	★

Bewertung: Die Kanzlei, die sich konsequent auf IP u. IT fokussiert, hat sich im Markt für strateg. Beratung u. Prozessführung etabliert. Im Marken- u. Designrecht ist sie dabei v.a. für die Beratung an der Schnittstelle zum IT-Recht sowie ihre Erfahrung bei der Portfolioverwaltung inkl. EV-Verf. bekannt. Hier setzen gr. Konzerne wie die Dt. Telekom oder Sanofi auf das Team. Neben dem formellen Markenrecht waren die Partner zuletzt auch stark in streitigen Auseinandersetzungen gefragt, etwa für die Telekom um die ‚T'-Marken. Sehr erfahren ist Notos aber insbes. bei der Bekämpfung von Produktpiraterie u. Grenzbeschlagnahme, hier berät sie namh. Mandanten wie Samsung u. zunehmend Wieland Electric.

Oft empfohlen: Eckart Haag („konstruktiv u. seriös", „erfahrener Berater an der Schnittstelle IT/IP", „schnell, lautlos", Wettbewerber), Dr. Julia Voegeli-Wenzl

Team: 4 Partner, 5 Associates, 3 of Counsel

Schwerpunkte: Strateg. Beratung sowie zu Produktpiraterie u. Grenzbeschlagnahme. Daneben Marken- u. Designverwaltung u. Prozessvertretung im Marken-, Design- u. Wettbewerbsrecht. Beratung an der Schnittstelle zu IT- u. Datenschutzfragen sowie Cybersecurity.

Mandate: Wieland Electric umf. im Markenrecht u. zu Grenzbeschlagnahme; Verpoorten umf. im IP; Jake's Beverages u.a. in Prozessen um Flaschenform; Dt. Telekom, u.a. zu Markenrecherchen, Designportfolioverwaltung u. Grenzbeschlagnahme; Duracell lfd. zu Grenzbeschlagnahme; PwC im UWG; Mobilitäts-App in Markenverletzungsprozess; Sanofi im Designrecht; Samsung u. Procter & Gamble, u.a. zu Produktpiraterie.

OPPENLÄNDER

Marken- und Designrecht	★★
Wettbewerbsrecht	★★★★

Bewertung: Mit gr. Verlässlichkeit beweist sich die Soft-IP-Praxis der Stuttgarter Kanzlei v.a. in wettbewerbsrechtl. Prozessen immer wieder an der Seite ihrer oft langj. Mandanten wie bspw. Reckitt. Auch Haleon setzt nach der Ausgründung von GlaxoSmithKline weiterhin umfangr. auf die Kompetenz des Teams im UWG u. HWG. Das Mandat ist ein Paradebeispiel für die Stärke des Teams, die Vertretung der Gesundheitsbranche: Hier bedient Oppenländer gekonnt relevante Themen wie Health Claims, Kosmetik-, Arzneimittel- u. zunehmend Lebensmittelrecht. Auch vertriebsrechtl. Themen wie E-Commerce spielen regelm. eine wichtige Rolle, die Zusammenarbeit mit ihrer renommierten Kartellpraxis ist eingespielt. Davon profitierten zuletzt auch Mandanten aus anderen Branchen wie z.B. Junghans, die neben dem Nachahmungsschutz auch umf. vertriebsrechtl. beraten werden. Umgekehrt setzen insbes. Energieunternehmen, die vorwiegend im Kartellrecht beraten wurden, auf die ausgewiesene UWG-Kompetenz des Teams, etwa wenn es um die Bewerbung von Preisen geht. Für ihre langj. Mandanten ist das Team auch oft im Markenrecht tätig, insbes. zu Lizenzen.

Stärken: Prozesse, Betreuung von Pharma- (▷*Gesundheit*) u. ▷*Energieunternehmen*.

Oft empfohlen: Prof. Dr. Markus Köhler, Dr. Christina Koppe-Zagouras („fachl. fit u. gut, zudem wahnsinnig nett", Wettbewerber), Dr. Timo Kieser („sehr kundiger Markenrechtler, hart in der Sache, aber kollegial u. professionell im Umgang", „guter Prozessanwalt", Wettbewerber)

Team: 3 Eq.-Partner, 2 Sal.-Partner, 2 Associates

Schwerpunkte: Im Wettbewerbsrecht strateg. Beratung bei Produktentwicklungen u. Werbekampagnen sowie Prozesse. Im Markenrecht überwiegend strateg. Beratung. Keine Markenanmeldung, hier Zusammenarbeit mit Patentanwaltskanzleien.

Mandate: Haleon in UWG- u. HWG-Prozessen; Dr.-Güldener-Gruppe umf. im IP u. in UWG-Prozessen gg. Wettbewerbszentrale u. Wettbewerber; Minimax Viking, u.a. zu ww. IP-Lizenzierung an Konzerngesellschaften; Biolog. Heilmittel Heel u.a. im UWG bei Produkteinführung; Friedrich Binder lfd. im Markenrecht; EnBW in div. UWG-Prozessen; RB Hygiene Home (Reckitt) in zahlr. UWG-Prozessen; Junghans zu Nachahmungsschutz; Accord Healthcare in UWG-/HWG-Streitigkeiten.

ORTH KLUTH

Marken- und Designrecht	★
Wettbewerbsrecht	★

Bewertung: Die IP-Praxis hat sich v.a. aufgr. ihrer Prozesskompetenz im Wettbewerbsrecht gut im Markt positioniert; hier vertritt sie bspw. Blanco u. Gorilla Glue in wichtigen Verf. Für Letztere aber auch für die Dr.-Wolff-Gruppe bringt sie dabei zunehmend ihr Know-how im Heilmittelwerbe- u. Kosmetikrecht mit ein. Durch die gelungene Integration eines im Vorjahr von Farago dazugekommenen IP-Teams hat sie zudem ihr Angebot im formellen Markenrecht stark ausgebaut: Unternehmen wie Joker, Corletto u. einen gr. Haushaltswarenhersteller zählt sie seither zu ihren wichtigen Dauermandanten. Gleichz. ist das Team ausgezeichnet in die Gesamtpraxis der mittelständ. Kanzlei eingebunden: Regelm. überzeugt sie Mandanten aus anderen Fachgebieten wie dem Gesellschaftsrecht, ihr IP-rechtl. Fragen anzuvertrauen, u. gewährleistet damit eine gute Rundumberatung.

Oft empfohlen: Dr. Philipp Mels, Dr. Ulla Kelp („kompetente IP-Rechtlerin", Mandant), Elisaveta Breckheimer („umf. gründl. Beratung im Wettbewerbsrecht, gute Teamarbeit, faire Einschätzung der Kosten u. Erfolgsaussichten", Mandant)

Team: 2 Eq.-Partner, 4 Sal.-Partner, 1 Counsel, 3 Associates, 2 of Counsel

Schwerpunkte: Breit angelegte strateg. Beratung inkl. Lizenzverträgen u. Portfolioverwaltung. Daneben Prozesse, oft im UWG, aber auch im Markenrecht. Beratung auch an der Schnittstelle zu anderen Fachbereichen wie IT u. Kartellrecht.

Mandate: Gorilla Glue lfd. im UWG/HWG, u.a. in Prozess um Werbekampagne u. Produktverpackung gg. Beiersdorf; Blanco in UWG-Prozess; Privatmolkerei Bauer u.a. zu Lizenz- u. Marketingverträgen; Schleich u. TÜV Rheinland im Markenrecht; Dr.-August-Wolff-Gruppe u.a. zu Markenlizenzverträgen; Dr. Kurt Wolff zu Sponsoring u. im UWG; Bofrost, Corletto Management & Logistik, TÜV Rheinland, Varo u. Sino umf. im IP.

OSBORNE CLARKE

Marken- und Designrecht	★★
Wettbewerbsrecht	★★★

Bewertung: Die Kanzlei positioniert sich auch im Marken- u. Wettbewerbsrecht deutlich als Beraterin

Anwaltszahlen: Angaben der Kanzleien, wie viele Anwälte zu mind. ca. 50 % in diesem Gebiet tätig sind. Sie spiegeln nicht zwingend die Gesamtgröße einer Kanzlei wider.

für Digitalisierungsthemen u. spannt dabei den Bogen weit: Neben ihrer ausgewiesenen u. langj. Erfahrung mit UWG-Prozessen in der Kfz-Branche, in denen es um den Zugang zu Daten geht (z.B. für ADPA u. GVA), war sie zuletzt v.a. in Fragen zur Plattformhaftung gefragt. Sie arbeitet eng mit anderen relevanten Fachteams zusammen, allen voran der renommierten IT- u. Datenschutzpraxis; regelm. überzeugt sie deren Mandanten auch in IP-Fragen, zuletzt bspw. aus der Handelsbranche. Tief im Thema ist das Team auch bei Werbeaussagen zu Nachhaltigkeit, wo es zuletzt viel Beratungsbedarf gab. Speziell dabei – aber auch bspw. in gr. Markenstreitigkeiten – kann OC über ihre internat. Aufstellung Mehrwert durch eine grenzüberschr. Beratung aus einer Hand bieten. Verstärkt setzen Mandanten aus der Biotech- u. Pharmabranche auf das Team, das im IP gleich mehrere spezialisierte Angebote in diesem Sektor unterhält: Während sich das Team um Schmoll der Verwertung von IP-Rechten widmet u. hier viele Transaktionen führt, baut das Münchner Team um Reinhard die UWG-Spezialisierung bzgl. gesundheitsbez. Aussagen kontinuierl. aus u. berät dazu gr. Pharmaunternehmen sowie Gesundheitsplattformen.
Stärken: Wettbewerbsrechtl. Beratung u. Prozessvertretung mit IT- u. kartellrechtl. Bezügen im Zshg. mit dem Zugang von Daten.
Oft empfohlen: Marcus Sacré („fällt positiv auf im Gewerbl. Rechtsschutz", Mandant), Dr. Tim Reinhard („fachl. u. menschl. top im Wettbewerbs- u. Patentrecht", Wettbewerber), Dr. Andrea Schmoll („sehr kollegial u. lösungsorientiert", Wettbewerber), Dr. Matthias Kloth
Team: 6 Partner, 4 Counsel, 9 Associates
Schwerpunkte: Neben Beratung u. Prozessvertretung im Wettbewerbs- u. Markenrecht oft auch Verhandlung umfangr. Kooperations-, Lizenz- u. FuE-Verträge. In Köln v.a. an der Schnittstelle zum Vertriebs- u. IT-Recht für Kfz-Teilebranche tätig. In München auch im Patentrecht u. in HH auch Verlags- u. Urheberrecht.
Mandate: 2 gr. B2C-Marktplätze in Prozessen zu Plattformhaftung; ADPA in UWG-Musterprozess gg. Kfz-Hersteller; GVA in UWG-Prozess vor EuGH um Zugang zu Reparatur- u. Wartungsinformationen; Energizer in UWG-Streit; gr. Dt. Spielwarenhersteller in UWG-Prozess bzgl. u.a. Dark Patterns u. Werbung; gr. Suchmaschinenanbieter zu UWG-Abmahnungen durch Verbraucherschutzzentralen; Stone Brewing in Markenstreit gg. Molson Coory; Boeing, Henkel, NFL u. NHL im Markenrecht.

PREU BOHLIG & PARTNER

Marken- und Designrecht	★★
Wettbewerbsrecht	★★

Bewertung: Mit ihrem klaren IP-Fokus gehört die Kanzlei zu den bekannten Namen im Marken- u. Wettbewerbsrecht. Grund dafür ist v.a. ihre trad. Stärke als Prozessvertreterin, hier vertrat sie zuletzt etwa StudiMed in mehreren UWG-Streitigkeiten. Dabei deckt sie auch gekonnt angrenzende Rechtsbereiche wie Know-how-Schutz, Äußerungs- u. Urheberrecht mit ab. In Letzterem vertritt nicht nur ein Berliner Partner einige namh. Mandanten aus der Möbelbranche wie Vitra, auch Heidenreich war für HTS in einem grundsätzl. Prozess tätig. V.a. aber Pharmamandanten überzeugt das Angebot: Einige von ihnen setzen neben der ausgewiesenen patentrechtl. u. regulator. Praxis immer mehr auch im Markenrecht auf das Team, zuletzt etwa ein Generikahersteller. Zudem haben einige der sonst vorwiegend im Patentrecht tätigen Partner einen starken Schwerpunkt im Designschutz erarbeitet. Personell musste das Team zuletzt aber einen Verlust verkraften: In München verlor PBP durch den plötzlichen Tod des Partners Jürgen Schneider einen erfahrenen IP-Rechtler.
Oft empfohlen: Dr. Jan Heidenreich, Dr. Torben Düsing („seit vielen Jahren unser Fels in der Brandung, auch bei sehr vielen u. teils sehr gr. Streitigkeiten verliert er weder die Ruhe noch den Überblick", Mandant), Dr. Axel Oldekop („scharfsinniger Wettbewerbsrechtler, kämpft für Mandanten", „fundiertes Wissen, guter Verhandler", Wettbewerber), Dr. Alexander Bayer („5 von 5 Sternen im Markenrecht", Mandant)
Team: 8 Partner, 3 Counsel, 8 Associates, 1 of Counsel
Schwerpunkte: Beratung u. Prozessvertretung im Design- u. Markenrecht mit Schnittstelle zum Wettbewerbs-, ▷*Patentrecht* u. ▷*Gesundheitswesen*. Zudem Schwerpunkt im Urheberrecht.
Mandate: StudiMed in div. UWG-Prozessen gg. Wettbewerber; Evident zu ww. Markenstrategie nach Spin-off von Olympus; Heyday umf. im IP; HateAid im IP- u. Medienrecht; Horst DIY Concepts u. Newbox Medical umf. im IP; Jan Böhmermann lfd. im Markenrecht, u.a. zu Merchandisingartikeln; HTS Textilvertrieb (‚Khujo'), Omnicare, TSV 1860 München im Markenrecht; US-Konsumgüterkonzern in div. UWG-Prozessen; Vibia Lighting in designrechtl. Streit; Vitra im Design- u. Urheberrecht.

ROSPATT OSTEN PROSS

Marken- und Designrecht	★★★
Wettbewerbsrecht	★★

Bewertung: Die D'dorfer IP-Boutique wird neben ihrer bekannten Stärke im ▷*Patentrecht* auch immer stärker im Marken- u. Wettbewerbsrecht tätig. Über ihren umf. Beratungsansatz, bei dem die Partner sowohl im Hard- als auch Soft-IP tätig sind, unterhält sie insbes. zu einigen gr. Mandanten aus der Industrie wie Ilumina u. Schneider Electric enge u. langj. Beziehungen. Joboo u. Ferrari sorgen insbes. bei Prozessen für ein hohes Grundrauschen, Letztere vertrat ROP auch wieder intensiv beim Vorgehen gg. Nachahmer von Spielzeugautos auf einer Messe. Dabei zeigte das Team um Pansch, dass es innerh. kürzester Zeit viele Abmahnungen u. einstweilige Verfügungen stemmen kann. Gr. prozessuale Erfahrung hat zudem von Petersdorff-Campen zur markenrechtl. Benutzung von Vornamen als Modellbezeichnung aufgebaut, hier vertritt er regelm. zahlr. Modeunternehmen wie Paul Green u. Styleboom.
Stärken: Prozesse.
Oft empfohlen: Stephan von Petersdorff-Campen, Dr. Rüdiger Pansch
Team: 7 Partner, 6 Associates (inkl. Patentrecht)
Schwerpunkte: Ausschl. auf IP u. angrenzende Rechtsgebiete spezialisiert. Neben Marken-, Design- u. UWG-Prozessen auch Beratung im Zshg. mit Lizenzvertretungen u. Markenbewertung. Zudem Messebeschlagnahme. Markenverwaltung als ergänzender Service.
Mandate: Ferrari lfd., u.a. in markenrechtl. Prozessen zu ‚Testarossa' u. zu Messebeschlagnahme; Joboo in design- u. wettbewerbsrechtl. EV-Verf. bzgl. Nachahmung der ‚Stapelsteine'; New Wave in Markenverletzungsprozess; Schneider Electric in div. Verf. um Graumarktimporte; Niessing zu Markenverletzungsvorwürfen; E-Scooter-Anbieter in Prozessen gg. Wettbewerber; Paul Green, TAM Fashion, Goodlife Fashion, Styleboom u. weitere zu markenrechtl. Benutzung von Vornamen bei Kleidung; Thonet u. Equiteam/Equimero umf. im IP.

SCHALAST & PARTNER

Marken- und Designrecht	★
Wettbewerbsrecht	★

Bewertung: Am Stuttgarter Standort der Kanzlei haben sich erfahrene IP-Partner zusammengefunden, die langj. Kompetenz im Markenrecht mit wettbewerbsrechtl. Spezialisierung bzgl. Influencermarketing in einem Team vereinen. V.a. der Anschluss der renommierten IP-Boutique Lichtenstein Körner im Oktober 2022 sorgte für gr. Know-how- u. Mandatszuwachs im klass. Markenrecht: Damit wechselten auch deren langj. Mandanten mit in die neue Kanzlei, darunter zahlr. regionale Schwergewichte wie Würth u. EnBW. Für sie wird das Team, das zudem internat. gut vernetzt ist, weiterhin sehr umfangr. im formellen Markenrecht tätig. Daneben ergaben sich auch schnell erste Anknüpfungspunkte zu anderen Fachbereichen u. Standorten, etwa der Start-up-Beratung in Berlin sowie der Transaktionspraxis in Frankfurt.
Oft empfohlen: Prof. Dr. Thomas Sambuc, Dr. Kerstin Gründig-Schnelle
Team: 5 Partner
Schwerpunkte: Neben Beratung u. Prozessführung in allen IP-Bereichen (auch Urheber- u. Patentrecht) Markenanmeldepraxis. Im Wettbewerbsrecht zu gleichen Teilen Beratung u. Prozessvertretung, insbes. auch zu Influencermarketing an der Schnittstelle zum Presserecht.
Mandate: Adolf Würth in UWG-Prozess gg. Wettbewerber; Confiserie Heilemann zu Markenverwaltung u. in Farbmarkenstreit gg. Lindt um ‚Gold'; Ciloglu Handels GmbH zu Produktnachahmungen; Goldman Sachs in Markenstreit; LeMans in markenrechtl. Prozess gg. Hummel; Eaton zu Markenverwaltung; Modulor im Urheberrecht u. UWG; Vanessa Lock in Grundsatzprozess um Kennzeichnungspflicht beim Influencermarketing; lfd. im Markenrecht Eaton, Dole, EnBW, Ernst Klett, Reinhold Keller, Tristyle Mode.

SCHIEDERMAIR

Marken- und Designrecht	★
Wettbewerbsrecht	★★

Bewertung: Das anerkannte IP-Team der mittelständ. Kanzlei hält seine Spezialisierung im Marken- u. Wettbewerbsrecht v.a. durch die Beratung vieler langj. Mandanten wie Ferrero, Varta u. Mattel hoch. Dabei decken die erfahrenen Partner oft auch vertriebs- u. werberechtl. Fragen mit ab, für Datenschutz-Know-how steht eine Counsel. Als routinierte Prozessvertreter sind v.a. Vykydal u. Heil im Markt bekannt, die hier regelm. namh. Mandanten wie Gries Deco oder Bridgestone vertreten. Ein weiterer Partner, der auch in allg. Litigation-Fällen tätig ist, hat sich ebenfalls auf IP-Prozesse spezialisiert u. baut seine Praxis kontinuierl. aus.
Stärken: Enge Verzahnung mit Beratung im ▷*Vertriebs-* u. Datenschutzrecht.
Oft empfohlen: Dr. Swen Vykydal, Dr. Ulf Heil („Streiter auf hohem Niveau", Wettbewerber über beide)
Team: 3 Eq.-Partner, 1 Sal.-Partner, 2 Counsel, 1 Associate
Schwerpunkte: Umf. Beratung u. Prozessvertretung im Wettbewerbs- u. Markenrecht, inkl. Portfolio- u. Domainverwaltung. Daneben auch im Do-

Anwaltszahlen: Angaben der Kanzleien, wie viele Anwälte zu mind. ca. 50% in diesem Gebiet tätig sind. Sie spiegeln nicht zwingend die Gesamtgröße einer Kanzlei wider.

main-, Urheber- u. Designrecht sowie im HWG u. Patentrecht tätig.
Mandate: Ferrero bei Plagiatsverfolgung, Markenverletzungen, im UWG u. Domainrecht; Bridgestone zu Graumarktbekämpfung; B&B Hotels zu UWG- u. Datenschutzfragen; Liebscher & Bracht in design- u. wettbewerbsrechtl. Verf.; Gries Deco (,Depot') bei IP-Streitigkeiten u. beratend; Hertz u. Mattel im UWG; Leica Camera zu Markenlizenzverträgen; Coca-Cola lfd. im UWG; Varta im Markenrecht.

SCHMITT TEWORTE-VEY SIMON & SCHUMACHER

Marken- und Designrecht	★★
Wettbewerbsrecht	★

Bewertung: Mit ihrer konsequenten Fokussierung auf Marken- u. Wettbewerbsrecht hat sich die Soft-IP-Boutique einen beachtl. Mandantenstamm u. einen guten Ruf im Markt aufgebaut. Namh. Unternehmen wie Vossloh u. Rewe vertrauen immer umfassender auf die Kompetenz des Teams. Neben formellem Markenrecht u. Widerspruchsverf. zeigt sie auch immer wieder ihre Kompetenz in Prozessen, bspw. für einen gr. Modekonzern. Die Erfolgsgeschichte der vor 4 Jahren gegründeten Kölner Kanzlei wurde zuletzt allerdings durch den Weggang des Namenspartners Schmitt, der sich einer anderen IP-Boutique anschloss, getrübt: Er galt wie Teworte-Vey als akquisestark, zudem war er als UWG-Prozessvertreter bekannt u. deckte angrenzende Rechtsgebiete wie Medien-, Presse-, Urheber-, IT-, Sport- u. Datenschutzrecht mit ab. Mit dem Zugang des langj. Rewe-IP-Chefs Dr. Matthias Humborg gewann sie jedoch einen bekannten of Counsel hinzu, der mit seiner Erfahrung u. guten Kontakten in die Handelsbranche den markenrechtl. Schwerpunkt der Kanzlei verstärkt.
Oft empfohlen: Dr. Marie-Christine Teworte-Vey („erstklassige Beratung im Markenrecht, strategisch wie im Streitigen", Mandant; „sehr schnell, pragmat. u. professionell, mit gutem Fachwissen", Wettbewerber), Dr. Jan Schumacher („versierter Designrechtler, kollegial im Umgang u. pragmat.", Wettbewerber), Dr. Gesa Simon („sehr gute IP-Anwältin mit viel Erfahrung u. angenehm im Umgang", Wettbewerber)
Team: 3 Partner, 3 Associates, 1 of Counsel
Partnerwechsel: Christian Schmitt (zu THS IP)
Schwerpunkte: Formelles Markenrecht u. strateg. Beratung. Daneben Prozesse, auch im UWG u. HWG. Zudem IP-Transaktionsbegleitung in Zusammenarbeit mit Corporate-Kanzleien.
Mandate: Rewe (inkl. Toom, Penny u. DER Touristik) lfd. zu Markenüberwachung u. in Widerspruchsverf., zudem Billa zu ww. Abgrenzungsvereinbarung; Christ Juwelier zu Marken- u. UWG-Recht, u.a. zu Influencermarketing u. Gewinnspielen; internat. Modekonzern in markenrechtl. Prozess gg. Print-on-Demand-Anbieter; Xella in UWG-Prozess, Teleshopping-Anbieter umf., u.a. zu Lizenzverträgen; Vossloh, Erfurt & Sohn u. R+V Versicherung lfd. im Markenrecht; JT Internat., Tedi u. Woolworth umf. im IP.

SCHULTZ-SÜCHTING

Marken- und Designrecht	★★
Wettbewerbsrecht	★★★

Bewertung: Die HHer IP-Boutique ist für ihre Stärke in der marken- u. wettbewerbsrechtl. Prozessvertretung sehr anerkannt u. war hier zuletzt wieder stark für Dauermandanten wie Beiersdorf u. H&M gefragt. Regelm. kommen aber auch Unternehmen, die nur in einzelnen Prozesskomplexen auf die Kanzlei setzen, zuletzt etwa ein gr. Hygieneprodukteherstellerr. Für gr. Aufsehen sorgte im verg. Jahr allerdings das Ausscheiden des leistungsstarken Partners u. Wettbewerbsrechtlers Kröner, der künftig nicht mehr als Anwalt im IP-Bereich tätig werden will. Er war neben Bruhn der angesehenste Prozessspezialist, der für gr. Mandanten wie GlaxoSmithKline im Einsatz war. Auch wenn die Kanzlei ihre bisherige Associate zur Partnerin ernannte u. so die Kontinuität in der Mandatsarbeit gewährleistet, hinterlässt der Weggang eines so renommierten IP-Partners eine Lücke.
Stärken: Prozesse, Vertretung von Konsumgüter-, Medien- u. Pharmaunternehmen (▷*Gesundheit*).
Oft empfohlen: Dr. Dirk Bruhn („hoch geschätzter IP-Rechtler, einer der besten Anwälte, die ich kenne", „sehr angenehmer, fairer Gegner, sachl. u. zielorientiert", „harter Gegner im UWG, aber trotzdem angenehm im Umgang", Wettbewerber), Dr. Torsten Spiegelhalder
Team: 3 Partner, 1 of Counsel
Partnerwechsel: Dr. Lars Kröner (unbekannt)
Schwerpunkte: Umf. im Marken- u. Wettbewerbsrecht, daneben Markenverwaltung. Betreuung gr. Pharmakonzerne u. mittelständ. Medizinproduktehersteller, oft auch HWG sowie zu Datenschutz. Außerdem IP- u. Pressevertriebsberatung von Verlagen.
Mandate: Beiersdorf in div. Wettbewerbs- u. markenrechtl. Prozessen, u.a. zu Doppelahndungsgebot in UWG-EV- u. Hauptsacheverf. sowie in Streit um Werbung für CO2-neutralisierte Produkte; Hygieneprodukteherstelller in UWG-Streit; gr. Einrichtungshändler in Streit mit Amazon u. Haftung von Keyword Advertising; portug. Schuhhersteller in UWG-Streit mit Airwair; Schüco, u.a. in UWG-Prozess; Spiegel-Verlag im Markenrecht; H&M in marken-, designrechtl. u. UWG-Prozessen.

SKW SCHWARZ

Marken- und Designrecht	★★★
Wettbewerbsrecht	★★★

JUVE AWARDS 2023
Kanzlei des Jahres für Marken- und Wettbewerbsrecht

NOMINIERT
JUVE Awards 2023
Kanzlei des Jahres für IP

Bewertung: Die Kanzlei baut ihre Soft-IP-Praxis kontinuierl aus u. gehört heute mit einer gr. fachl. Bandbreite, vielen im Markt bekannten Partnern sowie einer deutl. Fokussierung auf Digitalisierungsthemen zu den festen Größen im Marken- u. Wettbewerbsrecht. Immer besser spielt sich die Zusammenarbeit mit anderen relevanten Rechtsgebieten ein, allen voran der anerkannten IT- u. Datenschutz- sowie Medienpraxis. Bei IP-Fragen im Zshg. mit E-Commerce setzt darauf etwa ein gr. dt. Discounter sowie Mandanten aus der Games-Branche, bspw. Hologate. Daneben hat SKW auch ihre Beziehungen zu Pharmaunternehmen intensiviert, durch den Zugang eines erfahrenen u. breit aufgestellten IP-Rechtlers im Vorjahr kamen weitere namh. Mandanten wie Gilead Sciences u. MCS ConPharm dazu. Solche Mandanten berät SKW nicht nur in klass. IP-Fragen, sondern deckt auch gekonnt HWG-, medizinprodukt- u. patentrechtl. Fragen mit ab. Die solide u. gr. Basis bildet weiterhin ihre umfangr. Tätigkeit im formellen Markenrecht u. damit einhergehenden Amtsverf. Daneben stehen insbes. Brock u. Pres im Markt für die Kompetenz in Zivilprozessen. Für beide Bereiche steht auch der jüngste Partnerzugang: Hier verstärkt mit Niebel ein erfahrener u. angesehener Markenspezialist als Eq.-Partner das Frankf. Team.
Stärken: Vernetzte Beratung zu digit. Geschäftsmodellen, insbes. auch von ▷*Medienunternehmen*.
Oft empfohlen: Dr. Magnus Hirsch, Dr. Markus Brock („mandantenorientierte, juristisch kompetente, hervorragende Beratung", Mandant; „guter Taktiker, stark in der mündl. Verhandlung", Wettbewerber), Sandra Redeker („pragmat., lösungsorientierte Beratung", Wettbewerber), Dr. Dorothee Altenburg („Top-Markenrechtlerin", „sehr professionell, schnell u. konstruktiv", Wettbewerber), Markus von Fuchs, Margret Knitter, Dr. Sascha Pres („guter Wettbewerbsrechtler, mit Zug", „kompetenter u. lösungsorientierter Soft-IP-Rechtler", Wettbewerber), Dr. Rembert Niebel („erfahrener Praktiker, gerade in lizenzrechtl. Fragen", Wettbewerber)
Team: 10 Eq.-Partner, 1 Sal.-Partner, 2 Counsel, 9 Associates, 1 of Counsel
Partnerwechsel: Dr. Rembert Niebel (von Baker McKenzie)
Schwerpunkte: Umf. Betreuung im Marken- u. Wettbewerbsrecht inkl. Verwaltungspraxis. Grenzbeschlagnahme u. Produktpirateriebekämpfung, u.a. für Modeunternehmen, daneben Design- u. Werberecht. Zudem oft Bezüge zu Digitalisierungsthemen u. Datenschutz (▷*IT u. Datenschutz*).
Mandate: Atlantic Natural Foods in Streitkomplex gg. Veganz bzgl. ‚Tuno'; FitX/ClassX, u.a. zu Influencermarketing u. Markenverletzung im Metaverse; Gilead Sciences in HWG-Prozess; Sony Pictures zu markenrechtl. Gutachten; Timberland zu Grenzbeschlagnahme; Flüssiggasanbieter u. Essenslieferdienst zu Green Claims; Computeruniverse in UWG-Prozess gg. Wettbewerbszentrale; MCS Conpharm umf. im IP u. zu UWG-/HWG-Prozessen; öffentl. bekannt: gr. Discounter umfangr. im Markenrecht u. in UWG-Prozessen; BVB zu IP-Verträgen; Procter & Gamble in UWG-Prozessen zu vergl. Werbung; lfd. im Markenrecht: Dronemasters Boosts, Arnold & Richter Cine Technik, Audi, Gitti, Vans, Webasto.

SQUIRE PATTON BOGGS

Marken- und Designrecht	★
Wettbewerbsrecht	★

Bewertung: Die Kanzlei ist v.a. für ihre Kompetenz im formellen Markenrecht bekannt u. dabei auch regelm. mit der Rechtedurchsetzung vor Ämtern u. Gerichten befasst. Daneben punktet SPB bei vielen Markenartiklern mit ihrer themat. Breite u. der guten internat. Vernetzung. Darauf setzt bspw. das Kosmetikunternehmen Cosnova beim globalen Vorgehen gg. Produktpiraterie, ebenso Bora Creations, die SPB mit einem internat. Team beim Kampf gg. Produktfälschungen bspw. in China u. den VAE unterstützt.
Oft empfohlen: Reinhart Lange („ein Grandseigneur der Markenverwaltung", Wettbewerber), Dr. Christofer Eggers, Jens Petry
Team: 4 Eq.-Partner, 1 Sal.-Partner, 3 Associates
Schwerpunkte: Neben Verwaltung gr. Markenportfolios auch Prozessvertretung, im Wettbewerbsrecht oft an der Schnittstelle zum Lebensmittelrecht.
Mandate: Bejing Niu Technology u. KSR Group umf. im Markenrecht; Jiangsu Niutron New Energy u. Bo-

Anwaltszahlen: Angaben der Kanzleien, wie viele Anwälte zu mind. ca. 50% in diesem Gebiet tätig sind. Sie spiegeln nicht zwingend die Gesamtgröße einer Kanzlei wider.

ra Creations bei ww. Markenportfolioverwaltung, strateg. in Marken- u. Designprozessen; Dt. Bank umf. im Marken- u. Wettbewerbsrecht; Zott u. Cosnova lfd. im IP; LSG Sky Chefs bei ww. Portfolioverwaltung; Loar Group IP-rechtl. bei Zukäufen.

TALIENS

Marken- und Designrecht ★

Bewertung: Die IP-Boutique hat sich v.a. im Markenrecht gut im Markt etabliert. Mit der Spezialisierung der beiden Partner auf ital. Mandanten – beide sind auch als ital. RAe zugelassen – überzeugen sie schon seit Längerem namh. Mandanten wie Pirelli, Geox oder Diesel, neuerdings auch UniCredit. Daneben hat sich das Team zu einer Anlaufstelle für Start-ups entwickelt, zuletzt kam etwa Holidu als Mandantin hinzu. Die Zusammenarbeit mit der angesehenen ▹*Patent*- sowie auch der medien- u. vertragsrechtl. Praxis ist gut eingespielt, Mandanten wie die Versicherungskammer Bayern werden so umf. im IP beraten.

Stärken: Betreuung ital. Unternehmen.

Oft empfohlen: Dr. Tobias Müller („sehr erfahrener, hart arbeitender IP-Anwalt, sehr kompetent u. kenntnisreich", Mandant), Dr. Federica Togo („hohes Fachwissen im IP", „gleichermaßen kompetent, professionell u. schnell, hilfreich für die besten Verteidigungsstrategien", „sehr genau u. gut vorbereitet", Mandanten)

Team: 2 Partner, 3 Associates

Schwerpunkte: Im Markenrecht v.a. Prozesse, daneben Portfolioverwaltung u. Grenzbeschlagnahme sowie IP-rechtl. Vertragsgestaltung. Regelm. auch zu Domainstreitigkeiten. Eigenes Büro in Paris, enge Kooperation in Spanien.

Mandate: ZTE in markenrechtl. Prozess; Decathlon domainrechtl.; Geox zu Zollbeschlagnahme u. in UWG-Prozess; Lloyd Shoes in Nachahmungsstreit; Hotho Oberflächentechnik zu Markenverletzung; Enel in Widerspruchsverf.; Diesel, u.a. in markenrechtl. Prozess gg. Lidl; Bundesligaverein umf. im IP; lfd. im Markenrecht: Pirelli Tyre, New Era Cap, Westwing, Grenion, A.T.U. u. Stellantis.

TAYLOR WESSING

Marken- und Designrecht ★★★★★

Wettbewerbsrecht ★★★★★

JUVE 2023 AWARDS

Kanzlei des Jahres für IP

Bewertung: Im Marken- u. Wettbewerbsrecht ist TW weiterhin als eine der Spitzeneinheiten gesetzt. Die Kanzlei steht im IP für ein hoch spezialisiertes, breites Angebot, das eine funktionierende fach- sowie länderübergr. Zusammenarbeit genauso beinhaltet wie eine ausgeprägte Branchenfokussierung. Das zeigten die zuletzt sehr gefragten Prozessspezialisten insbes. im Wettbewerbsrecht: Sie werden bspw. neuerdings u. gemeinsam mit der brit. Praxis umfangr. für einen Pharmakonzern im UWG tätig, der bislang nur im Patentrecht auf TW setzte. Ihr Know-how in Zivilprozessen war zuletzt auch verstärkt im Markenrecht gefragt – oft im Anschluss an Produkteinführungen, den chin. Kfz-Hersteller Nio vertritt TW zudem in einem viel beachteten Streit um Modellbezeichnungen gg. Audi. Umsäumt wird die fachl. Qualität von einem durchdachten u. vorausschauenden Serviceangebot zu aktuellen u. Trendthemen: So werden Mandanten etwa IT-unterstützt umfangr. Informationen zu Entscheidungen bzgl. Nachhaltigkeitswerbung zur Verfügung gestellt, u. für Mandanten wie Fujifilm zeigt TW, dass sie schon beachtl. Know-how in puncto Metaverse/Web 3.0 aufgebaut hat. Die Ausrichtung auf die Zukunft spiegelt sich auch im Team wider: Beeindruckend gut gelingt es der Kanzlei, neben den etablierten Namen immer mehr aufstrebende Partner aufzubauen, Verantwortung in Mandaten zu übertragen u. ihnen Freiheiten beim Aufbau ihrer Spezialisierungen zu lassen.

Stärken: Prozesse, Betreuung der Branchen Handel, Lebensmittel, Mode, ▹*Medien*, ▹*IT* u. Pharma (▹*Gesundheit*). Dt.-chin. Praxis.

Oft empfohlen: Thomas Raab, Dr. Wiebke Baars („extrem reaktionsschnell, setzt sich sehr für Mandanten ein", „gute Verhandlerin, exzellent im Markenrecht", „gründl., verlässl. u. tief in den Themen", Wettbewerber), Olaf Gillert, Marcus Hartmann, Andreas Bauer, Dr. Dirk Wieddekind, Dr. Thorsten Troge („immer auf den Punkt, schnelle passgenaue Lösungen im Wettbewerbsrecht", Mandant), Dr. Christian Tenkhoff („sehr kompetenter Markenrechtler, service- u. lösungsorientiert, gutes Verständnis für die Produkte, Märkte u. Bedürfnisse des Mandanten", Mandant), Sebastian Fischoeder („einer der wissensstärksten IP-Anwälte", „super Erfahrung, insbes. bei Farbmarken", Wettbewerber), Katharina Reuer („gute u. aufstrebende IP-Rechtlerin", Wettbewerber)

Team: 7 Eq.-Partner, 7 Sal.-Partner, 8 Associates, 1 of Counsel

Schwerpunkte: Im Marken- u. Wettbewerbsrecht umfangr. Prozessvertretung u. strateg. Beratung. V.a. in HH u. München starke Betreuung von Medienunternehmen, auch an der Schnittstelle zum Urheber- sowie ▹*IT-Recht u. Datenschutz*. In D'dorf viele Handelsunternehmen, oft auch zu Markenverwaltung.

Mandate: TikTok in div. Widerspruchsverf.; Nio in markenrechtl. Prozess gg. Audi bzgl. Modellbezeichnungen; US-Pharmakonzern in UWG-Prozessen; Check24 in UWG-Prozessen, u.a. gg. Huk; Dt. Telekom v.a. strateg. zu Farbmarke; DHL bei Verwaltung des ww. Markenportfolios; Dr. Schnell in Prozess bzgl. Green Claims; Roller zu Preisangabenverordnung; Fujifilm in grenzüberschr. Streit mit Polaroid sowie zu Metaverse/Web3.0; US-Süßwarenhersteller in Verf. zu 3D-Marke; lfd.: Altana, American Airlines, AstraZeneca, ABB, DSGV, Flink, Richemont, Ohropax.

UEXKÜLL & STOLBERG

Marken- und Designrecht ★

Bewertung: Im Soft-IP ist die gemischte HHer Boutique für ihre Erfahrung bei Markenanmeldung u. -verwaltung inkl. Widerspruchs- u. Löschungsverf. bekannt, hier sind auch gleich mehrere Patentanwälte aktiv. Daneben steht v.a. Thünken für eine kontinuierl. ausgelastete Prozesspraxis, die zuletzt bspw. viel für Tiffany im Einsatz war. Zu ihren vielen langj. Mandanten zählen gr., oft norddt. Mittelständler wie Helm oder J.J. Darboven gleichermaßen wie internat. Unternehmen; die oft über die ausgezeichneten Beziehungen zu ausl. IP-Kanzleien ihren Weg zu US finden, zuletzt etwa ein gr. US-Ingenieurs- u. Beratungsbüro.

Oft empfohlen: Dr. Alexander Thünken

Team: 7 Partner, davon 2 Rechtsanwälte, 5 Patentanwälte

Schwerpunkte: Umf. Beratung im formellen Markenrecht u. Prozessvertretung im Wettbewerbs- u. Markenrecht. Daneben Lizenzverträge u. Grenzbeschlagnahme. Starke Patentpraxis.

Mandate: Tiffany u. Qualcomm zu Grenzbeschlagnahme; Dekra im Markenrecht u. zu Domainverletzungen; Finnern (Rinti) umf. im IP, u.a. in Markenverletzungsverf.; Kalorimeta in Markenverletzungsprozess; lfd. J.J. Darboven, Mary Kay, Duracell, Galenpharma, Helm, Kymco, Axxo.

UNIT 4 IP

Marken- und Designrecht ★

Bewertung: Die Stuttgarter Kanzlei fokussiert sich ausschl. auf IP u. ist dabei v.a. für ihre Tätigkeit im Marken- u. Designrecht bekannt. Darauf setzen namh. Mandanten wie Bugatti u. Porsche seit Langem, Letztere beriet das Team zuletzt auch zu einer 3D-Markenanmeldung für NFTs bei einem ganz aktuellen Thema. Langj. gute Kontakte unterhält das Team v.a. zu US-Mandanten wie bspw. Intel, daneben setzen auch viele mittelständ. Unternehmen aus Südwestdtl. auf die Kanzlei. Neben der Portfolioverwaltung zeigt das Team auch in Prozessen sein Können, zuletzt etwa für eine Gemeinde in einem grundsätzl. Prozess vor dem EuGH, in dem es um die Zulässigkeit einer Widerklage ging. Personell bleibt Unit 4 IP auf Wachstumskurs: Zuletzt gewann sie einen erfahrenen IP-Rechtler von Menold Bezler als Associate hinzu, der von einem Mandanten zuletzt für internat. Markenanmeldungen gelobt wurde.

Oft empfohlen: Dr. Ursula Stelzenmüller, Jan Weiser („guter Litigator", Wettbewerber), Dr. Ekkehard Stolz

Team: 5 Partner, 6 Associates

Schwerpunkte: Markenverwaltung u. strateg. Beratung inkl. Verteidigung, teils auch im Designrecht. Daneben Prozessvertretung sowie Grenzbeschlagnahme u. Rechercheprojekte.

Mandate: Porsche bei Marken- u. Designverwaltung u. -verteidigung sowie Prozessen; Bugatti bei Marken- u. Designverwaltung sowie in Streitigkeiten mit ehem. Lizenzpartnern; Gemeinde Bodman-Ludwigshafen in Prozess bzgl. ‚Apfelzügle' vor EuGH; gr. Bekleidungshersteller in markenrechtl. Verf. vor dem EuG; Markenverwaltung für Intel.

VOSSIUS & PARTNER

Marken- und Designrecht ★★★

Bewertung: Die gemischte IP-Kanzlei profiliert sich neben ihrer starken Basis im formellen Markenrecht immer deutlicher als Prozessvertreterin im Soft-IP. Dafür sorgte zuletzt der weiterhin umfangr. markenrechtl. Verfahrenskomplex, den die Kanzlei für Brunata-Metrona führt. Zudem erzielte sie für M.J. Dairies in einem langj. Streit um 3D-Marken für Lebensmittel einen Sieg vor dem Bundespatentgericht. Durch die enge Zusammenarbeit mit der gr. u. angesehenen Patentpraxis profitieren Mandanten auch im Soft-IP: In Prozessen für 5Elf u. [m]Studio waren auch Patentanwälte der Kanzlei involviert u. sorgten so für eine nahtlose IP-Rundumvertretung. Neben der guten internen Vernetzung haben die Marken- u. Wettbewerbsrechtler aber auch ausgezeichnete Kontakte zu internat. Kanzleien u. Unternehmen aufgebaut, die regelm. für neue Mandate sorgen. Insbes. im Markenrecht verfügt das Team über eigene internat. erfahrene Juristen, die mit ihrem Wissen insbes. zur IP-Strategieberatung in China sowie zur Vertretung chin. Mandanten (bspw. für Dreame) beitragen können.

Stärken: Designschutz, Portfolioverwaltung.

Anwaltszahlen: Angaben der Kanzleien, wie viele Anwälte zu mind. ca. 50 % in diesem Gebiet tätig sind. Sie spiegeln nicht zwingend die Gesamtgröße einer Kanzlei wider.

Oft empfohlen: Dr. Mathias Kleespies („sehr kompetenter Markenrechtler", Wettbewerber), Paul Kretschmar, Simone Schäfer („wirklich gute Arbeit im Portfoliomanagement, oft über das Geforderte hinaus", „gute Abdeckung im IP/IT für den gesamten DACH-Raum", Mandanten), Peter Klein („Prozessexperte im Marken- u. Designrecht", „problemlösungsorientierter Berater", „fachl. sehr gut, sehr engagierter Einsatz in Prozessen", Wettbewerber)
Team: 1 Eq.-Partner, 5 Sal.-Partner, 3 Associates, 3 of Counsel
Schwerpunkte: Umf. Portfoliomanagement u. Prozesse, v.a. im Markenrecht (inkl. Design). Auch Lizenzverträge, Gutachtertätigkeit u. Urheberrecht. Mandanten häufig aus dem Technologiebereich, enge Anknüpfung an die ▷*Patentpraxis*. Eigenes Büro in Basel.
Mandate: 5Elf in UWG- u. urheberrechtl. Prozess; [m]Studio in markenrechtl. Prozess; Brunata-Metrona in Zivil- u. zahlr. Amtsverf. bzgl. Namensgleichheit; Dreame Trading in Designstreit mit Dyson; M.J. Dairies in Prozess um 3D-Marken für Lebensmittel; Miele in EV-Verf. gg. Bauhaus sowie in Domainverf.; Dapper Labs markenrechtl. bzgl. NFTs; Traton bei ww. Branding-Projekt; WER in UWG-Prozess bzgl. Abmahnwellen; BSI/Bundesverband der dt. Sportartikelindustrie lfd. im Markenrecht.

WEBER & SAUBERSCHWARZ

Wettbewerbsrecht ★★★

Bewertung: Die D'dorfer Kanzlei ist v.a. durch ihre Stärke in der wettbewerbsrechtl. Prozessvertretung im Markt anerkannt, hier hält sie ihre Erfahrung mit einer anhaltend gr. Schlagzahl an Prozessen hoch. Auf ihre langj. Erfahrung setzten zuletzt insbes. Mandanten aus der Möbelhandelsbranche, die W&S u.a. in Auseinandersetzungen um die neue Preisangabenverordnung sowie in Streitigkeiten mit Verbänden u. Wettbewerbern vertrat. Daneben vertrauen auch etliche werbestarke Unternehmen aus den Branchen Handel, Kfz u. Mode seit Langem auf die Kanzlei. Hier kamen zuletzt Mandanten aus dem Schuhhandel hinzu. In geringerem Umfang, aber zunehmend wird W&S auch im klass. Markenrecht nachgefragt, hier zählen etwa KiK, DKMS u. Begros zu den regelm. Mandanten.
Stärken: UWG-Prozesse, Vertretung der Branchen Handel, Kfz u. Möbel.
Oft empfohlen: Hans Prange, Dr. Lambert Pechan („sehr engagiert u. gut erreichbar", Mandant), Stefanie Körber
Team: 3 Eq.-Partner, 2 Sal.-Partner, 1 Counsel, 1 Associate
Partnerwechsel: Dr. Patrick Schlieper (zu Hoffmann Liebs)
Schwerpunkte: Wettbewerbsrechtl. Tätigkeit, daneben Markenrecht (inkl. Portfoliomanagement) sowie Medien-, Kartell- u. Arbeitsrecht. Beratung von Unternehmen u. Agenturen bei gr. Werbekampagnen, umfangr. Werbemittelprüfung.
Mandate: KiK Textilien u. Non-Food umf. im Marken- u. Designrecht; Everybody Shoes in design- u. markenrechtl. Verletzungsprozessen; Begros, Puky u. DKMS lfd. im Markenrecht; dt. Schuheinkaufsvereinigung in marken- u. kartellrecht. Streit; gr. Kfz-Hersteller zu UWG-Beratung u. Werbemittelprüfung; Fischer & Honsel in designrechtl. Prozessen; Poco lfd. im UWG; s.Oliver zu Nachahmungen; Walter Knoll im UWG u. Designrecht.

ZENK

Marken- und Designrecht ★
Wettbewerbsrecht ★

Bewertung: Die Kanzlei überzeugt schon seit Langem namh. Mandanten wie Iglo u. Kühne, die aus ihrer Kernpraxis ▷*Lebensmittelrecht* kommen, auch im Marken- u. insbes. Wettbewerbsrecht. Neben der Beratung zu Werbeclaims u. Produkteinführungen ist Zenk auch oft in streitigen Fällen tätig, hier ist v.a. Hartwig für ihre Erfahrung in UWG-Prozessen bekannt, insbes. für Unilever. Daneben berät Freudenberg einige mittelständ. Mandanten u. Werbeagenturen.
Oft empfohlen: Dr. Stefanie Hartwig, Dr. Christian Freudenberg
Team: 4 Eq.-Partner, 1 Sal.-Partner, 3 Associates
Schwerpunkte: Prozessvertretung von Lebensmittel-, Konsumgüter- u. Handelsunternehmen im Wettbewerbsrecht sowie Beratung zu Marketingkampagnen u. Gewinnspielen sowie markenrechtl. Betreuung bei Produkteinführungen (inkl. Markenverwaltung).
Mandate: Carl Kühne, u.a. in Verf. zu geograf. Herkunftsangabe; Iglo lfd. im UWG; Kaffeehersteller im UWG zu Green Claims; Unilever lfd. im UWG u. in Markenverletzungsverf.; Peter Kölln u. Theo Müller lfd. im UWG; Zertus u. Markert-Gruppe im Markenrecht; boy Strategie u. Kommunikation lfd. im IP.

Anwaltszahlen: Angaben der Kanzleien, wie viele Anwälte zu mind. ca. 50% in diesem Gebiet tätig sind. Sie spiegeln nicht zwingend die Gesamtgröße einer Kanzlei wider.

Nachfolge, Vermögen, Stiftungen

Vermögenssicherung in unsicheren Zeiten

Was haben weltweite Krisen wie die menschengemachte Erderhitzung oder der Ukraine-Krieg oder die vermeintlich unsichere politische Lage in Deutschland mit hochvermögenden Privatpersonen zu tun? Auf den ersten Blick nichts. Auf den zweiten aber führen sie zu Ausweichentscheidungen, die auch rechtlich begleitet werden wollen. So verspürten international orientierte Praxen wie **Gleiss Lutz** oder **EY Law** mehr Bedarf bei der Gestaltung sogenannter Nachfolgenotfallpläne, die es ermöglichen sollen, einen Großteil des Vermögens recht kurzfristig in Länder wie Kanada oder Neuseeland zu transferieren. Denn die Aufgabe von Rechts- und Steuerberatungsgesellschaften besteht sehr grundsätzlich darin, das Kapital ihrer hochvermögenden Klientel zu mehren oder wenigstens zu sichern. In diesem Zusammenhang steht aktuell auch die geänderte Praxis im Umgang mit dem Transparenzregister. Dieses soll es Dritten vermeintlich leichter machen, die wahren Inhaber von Vermögen zu identifizieren. Insbesondere bei gesellschaftsrechtlich ausgerichteten Kanzleien, die sehr große Unternehmerfamilien beraten, wie **Hengeler Mueller** oder **Noerr** führte der Umgang mit der Registerpublizität zu erhöhtem Beratungsbedarf.

MDPs punkten mit Dienstleistung

Es sind immer wieder neue Themen, abhängig vom politischen und wirtschaftlichen Umfeld sowie vom Zeitgeist, mit denen sich Beratungshäuser befassen. Das ist nicht zuletzt der Grund dafür, dass sich multidisziplinäre Einheiten wie die Big-Four- oder einige der Next-Six-Wirtschaftsprüfer mittlerweile fest an der Schnittstelle von Steuer- und Rechtsberatung für Hochvermögende und Familienunternehmen etabliert haben. Denn auch **PricewaterhouseCoopers Legal** und **KPMG Law** oder **Ebner Stolz Mönning Bachem** bieten mit ihrer Digitalkompetenz, ihrer Fokussierung auf die umfassende Beratung von Family Offices bzw. der Erbringung eigener Family-Office-Dienstleistungen sowie ggf. Vermögenscontrolling eine für HNI attraktive Breite, bei der Anwaltskanzleien in der Regel nicht mitkommen.

Das heißt jedoch nicht, dass bei diesen die Nachfrage sinkt. Im Gegenteil: In den vergangenen 12 Monaten ernannten sehr viele von ihnen neue Equity-Partner in ihren Nachfolgepraxen, was auf ein weiterhin florierendes Geschäft hindeutet. Das betrifft nicht nur die großen, marktführenden Kanzleien wie **Flick Gocke Schaumburg** oder **Poellath**, sondern Kanzleien aller Couleur: Großsozietäten wie **Advant Beiten** oder **Taylor Wessing** genauso wie regionalere Akteure wie **Menold Bezler** oder **Peters Schönberger & Partner**.

Ein Grund für das Wachstum: Anwaltskanzleien traut man etwas zu, was man den Big Four oder Next Six – auch auf absehbare Zeit – nicht zutraut: die Streitkompetenz. Nach Aussagen Vieler nehmen komplexe Streitigkeiten an der Schnittstelle von Gesellschafts- und Erbrecht ebenso merklich zu wie schwierige Scheidungen in diesem Kontext. Das spielt Kanzleien wie **Binz & Partner**, die schon lange als Streitexpertin für Hochvermögende gilt, in die Hände, aber auch denen mit guten Litigation-Teams wie **Kantenwein Zimmermann Spatscheck & Partner** oder **SZA Schilling Zutt & Anschütz**.

Die Bewertungen behandeln Kanzleien, die Familienunternehmen und -unternehmer sowie vermögende Privatpersonen (High Net Worth Individuals (HNI) oder Ultra High Net Worth Individuals (UHNI)(bei Vermögen ab €100 Mio)) zu Unternehmensnachfolgeregelung, Verwaltung und Weitergabe der Vermögen, etwa durch Stiftungslösungen, beraten. Zentral ist dabei das Steuerrecht, aber auch ▷*Gesellschaftsrecht* u. Transaktionen (▷*M&A*, ▷*Private Equity*), Erb-, Familien- u. Kunstrecht, Stiftungsrecht u. Testamentsvollstreckung spielen eine Rolle. Überwiegend steuerlich ausgerichtete Kanzleien werden nicht hier, sondern im JUVE Handbuch Steuern besprochen.

JUVE KANZLEI DES JAHRES FÜR NACHFOLGE, VERMÖGEN, STIFTUNGEN

TAYLOR WESSING

JUVE AWARDS 2023

Taylor Wessing ist im Aufwind. Mit langem Atem hat **Dr. Axel Godron** an seiner Strategie festgehalten, fachliche Exzellenz im Erb- und Familienrecht mit einer hoch spezialisierten Steuerabteilung, einem gesellschaftsrechtlichen Überbau, einer überzeugenden internationalen Aufstellung sowie einem gut funktionierenden Team zu vereinen. Den Lohn dafür hat die Praxis bereits vor 2 Jahren durch die Mandatierung in einem der größten, komplexesten und langwierigsten Fälle, den es hierzulande im Nachfolgesegment jemals gab, eingefahren: der Beratung des Testamentsvollstreckers des Multimilliardärs Heinz-Herrmann Thiele. TW ist längst nicht die einzige Kanzlei, die in dem Fall tätig ist, aber diejenige, bei der alle Fäden zusammenlaufen.

Das funktioniert nur, weil das Team harmonisch zusammengesetzt ist. Mit **Godron**, Steuerrechtler **Prof. Dr. Jens Escher** sowie der 2022 zur Equity-Partnerin ernannten Familienrechtlerin **Dr. Cornelia Maetschke-Biersack** an Schlüsselpositionen ist hier die ganze Praxis involviert. Und das Mandat ist nicht das einzige, wo diese Kombination sticht.

Taylor Wessing steht bei einer Reihe milliardenschwerer Familienstämme aus deutschen Traditionskonzernen hoch im Kurs und stetig kommen neue hinzu. Ein Geheimnis des Erfolgs: Der Kern der Equity-Partner besteht zur Hälfte aus Frauen, was die Kanzlei auch für weibliche Hochvermögende zu einer begehrten Anlaufstelle macht.

ADVANT BEITEN

Nachfolge, Vermögen, Stiftungen ★★★

Bewertung: Die Nachfolgeberatung von AB ist im Markt angesehen für ihr umf. stiftungsrechtl. Know-how u. ist im gleichen Maße rechtl. u. steuerl. breit gefächert bei Unternehmens- u. Vermögensnachfolgen. Ein Großteil ihrer Mandanten sind mittelständ. – häufig börsennot. – Unternehmen u. in den verg. Jahren vermehrt HNI. Einen Mandatsschub erfuhr die Praxis durch den Zugang eines Bankjuristen vor 2 Jahren, der einen großen Erfahrungsschatz bei Stiftungen sowie Know-how bei Testamentsvollstreckungen u. Nachlassabwicklungen mitbrachte. Sein Engagement mündete jüngst in seiner Ernennung als Eq.-Partner. Bes. Dynamik erfuhr daneben die praxisgruppenübergr. Arbeit: Das Team um eine HHer Unternehmensteuerrechtlerin hat die Beratung im internat. Kontext im Tagesgeschäft etabliert u. ergänzt nun auch die Nachfolgepraxis. Das zeigt sich an Mandaten etwa für ein Technologieunternehmen, welches die Kanzlei regelm. im Gesellschafts-, Steuer- u. Kapitalmarktrecht hinzuzieht u. für welches sie nun eine doppelstöckige Familienstiftung errichtet. Diesen interdiszipl. Ansatz schätzen seit vielen Jahren auch HNI wie etwa Profisportler zur eigenen Vermögensgestaltung, zu Ehe- oder Erbverträgen oder Künstler, Sammler, Kunststiftungen u. Museen an der Schnittstelle zum Kunstrecht. Eine Besonderheit ist die stetige Weiterentwicklung ihres eigenen Tools zum Vermögenscontrolling.

Stärken: Langj. Beziehungen zu mittelständ. Unternehmern u. Schweizer Banken; Stiftungs- u. Gemeinnützigkeitsrecht.

Oft empfohlen: Dr. Guido Krüger, Dr. Gerrit Ponath

Team: 8 Eq.-Partner, 4 Sal.-Partner, 1 Associates, 1 of Counsel

Schwerpunkte: Stiftungen, gemeinnütz. u. kirchl. Organisationen, Erben u. Familienunternehmen sowie Family Offices bei Unternehmensnachfolge, Vermögensplanung (inkl. Vorsorgevollmachten u. Erbauseinandersetzungen) u. an den Schnittstellen zu Steuergestaltung, Steuerstrafrecht/Compliance u. ▷*M&A*, ▷*Gesellsch.recht*. Vermögensbewertungen über angeschlossene WP-Gesellschaft.

Mandate: Lfd. Stiftungsberatung: Deutsche Bank Stiftungsverwaltung, Else Kröner-Fresenius-Stiftung, Helga Ravenstein Stiftung, Glasmeister Heinz Familienstiftung/gemeinnütz. Carl August Heinz Stiftung, Familie Schambach Stiftung, Weißer Ring, Else Kröner-Fresenius-Stiftung (Vorstand; steuerl., gemeinnütz. Erbverfahren).

BAKER TILLY

Nachfolge, Vermögen, Stiftungen ★

Bewertung: Für die in der Beratung zu Nachfolgen u. Vermögensstrukturierungen von HNI u. (Unternehmer-)Familien anerkannte Praxis wird ihr internat. immer besser funktionierendes Netzwerk mehr u. mehr zum entscheidenden Faktor. So stieg die Nachfrage von zuzugswilligen Deutschen aus dem Ausland ebenso nochmals an wie die Beratung zu ausländ., insbes. US-Truststrukturen. Doch auch der Ausbau von Mandaten aus der dt. BT-Praxis entwickelt sich stetig. Bsph. dafür steht die steuerl. u. rechtl. Beratung einzelner Organe/Vorstände von Stammmandanten der Kanzlei.

Oft empfohlen: Ursula Augsten (Stiftungen)

Stärken: Kombination von Steuern u. Recht.

Team: 5 Partner, 2 Counsel, 14 Associates

Schwerpunkte: Strukturierung großer Vermögen,

Nachfolge, Vermögen, Stiftungen

★★★★★	
Flick Gocke Schaumburg	Bonn, Frankfurt, Hamburg, München
Poellath	Berlin, München, Frankfurt
★★★★	
Noerr	München, Berlin
SZA Schilling Zutt & Anschütz	Mannheim, Frankfurt
Taylor Wessing	München, Düsseldorf, Hamburg
★★★★	
CMS Hasche Sigle	Stuttgart, Hamburg, Frankfurt
Hennerkes Kirchdörfer & Lorz	Stuttgart
★★★	
Advant Beiten	Frankfurt, Düsseldorf
Binz & Partner	Stuttgart
Ebner Stolz Mönning Bachem	Stuttgart, Hamburg, Köln, Bremen, Hannover, Frankfurt
Gleiss Lutz	Stuttgart, Hamburg, Frankfurt
Hengeler Mueller	Düsseldorf, München, Frankfurt, Berlin
Oppenhoff & Partner	Köln, Frankfurt
Rödl & Partner	Nürnberg, Stuttgart, Regensburg
★★	
Esche Schümann Commichau	Hamburg
Menold Bezler	Stuttgart
Peters Schönberger & Partner	München
Rittershaus	Mannheim, Frankfurt
Seitz	Köln
★	
Baker Tilly	München, Stuttgart
EY Law	Stuttgart, Frankfurt, Köln
Heuking Kühn Lüer Wojtek	Düsseldorf, München
Kantenwein Zimmermann Spatscheck & Partner	München
Kapp Ebeling & Partner	Hannover
KPMG Law	Frankfurt, Stuttgart
PricewaterhouseCoopers Legal	Düsseldorf, München
SKW Schwarz	München, Frankfurt
Sonntag & Partner	Augsburg
★	
Dissmann Orth	München
dtb Decker + Schmidt-Thomé	Berlin
Fromm	Koblenz
Heuer Busch & Partner	Frankfurt
Heussen	Berlin, München
Meilicke Hoffmann & Partner	Bonn
Schmidt von der Osten & Huber	Essen
Voigt Wunsch Holler	Hamburg
Winheller	Frankfurt

Die Auswahl von Kanzleien und Personen in Rankings und tabellarischen Übersichten ist das Ergebnis umfangreicher Recherchen der JUVE-Redaktion. Sie ist in 2erlei Hinsicht subjektiv: Die Aussagen der befragten Quellen sind subjektiv u. spiegeln deren Erfahrungen u. Einschätzungen. Die JUVE-Redaktion wiederum analysiert die Rechercheergebnisse unter Einbeziehung ihrer eigenen Marktkenntnis. Der JUVE Verlag beabsichtigt keine allgemeingültige oder objektiv nachprüfbare Bewertung. Es ist möglich, dass eine andere Recherchemethode zu anderen Ergebnissen führt. Innerhalb einzelner Gruppen in Rankings und tabellarischen Übersichten sind Kanzleien und Personen alphabetisch sortiert.

Anwaltszahlen: Angaben der Kanzleien, wie viele Anwälte zu mind. ca. 50% in diesem Gebiet tätig sind. Sie spiegeln nicht zwingend die Gesamtgröße einer Kanzlei wider.

Führende Namen für die Beratung von Unternehmern

Prof. Dr. Mark Binz
Binz & Partner, Stuttgart

Dr. Achim Dannecker
Gleiss Lutz, Stuttgart

Dr. Björn Demuth
CMS Hasche Sigle, Stuttgart

Dr. Axel Godron
Taylor Wessing, München

Prof. Dr. Frank Hannes
Flick Gocke Schaumburg, Bonn

Prof. Dr. Carl-Heinz Heuer
Heuer Busch & Partner, Frankfurt

Prof. Rainer Kirchdörfer
Hennerkes Kirchdörfer & Lorz, Stuttgart

Prof. Dr. Rainer Lorz
Hennerkes Kirchdörfer & Lorz, Stuttgart

Dr. Christian von Oertzen
Flick Gocke Schaumburg, Frankfurt

Dr. Stephan Scherer
SZA Schilling Zutt & Anschütz, Mannheim

Prof. Dr. Andreas Söffing
Flick Gocke Schaumburg, Frankfurt

Dr. Martin Sorg
Binz & Partner, Stuttgart

Dr. Wolfram Theiss
Hass Dross Theiss, München

Dr. Stephan Viskorf
Poellath, München

Die Auswahl von Kanzleien und Personen in Rankings und tabellarischen Übersichten ist das Ergebnis umfangreicher Recherchen der JUVE-Redaktion. Sie ist in 2erlei Hinsicht subjektiv: Die Aussagen der befragten Quellen sind subjektiv u. spiegeln deren Erfahrungen u. Einschätzungen. Die JUVE-Redaktion wiederum analysiert die Rechercheergebnisse unter Einbeziehung ihrer eigenen Marktkenntnis. Der JUVE Verlag beabsichtigt keine allgemeingültige oder objektiv nachprüfbare Bewertung. Es ist möglich, dass eine andere Recherchemethode zu anderen Ergebnissen führt. Innerhalb einzelner Gruppen in Rankings und tabellarischen Übersichten sind Kanzleien und Personen alphabetisch sortiert.

auch grenzüberschr., Nachfolgeplanung in steuerrechtl. u. ▷*gesellsch.rechtl.* Hinsicht. In Stuttgart Stiftungsrecht/Non-Profit-Organisationen. Zudem ▷*Steuerstrafrecht.*
Mandate: Keine Nennungen.

BINZ & PARTNER

Nachfolge, Vermögen, Stiftungen ★★★

Bewertung: Die Partner der ▷*Gesellschaftsrechts-* u. Nachfolgeboutique gehören seit Jahren, z.T. seit Jahrzehnten zu den intimsten Kennern des sehr gehobenen dt. Mittelstands. Sie pflegen traditionell zu div. Gesellschaftern, v.a. großen Familienunternehmen, enge Beziehungen, nicht zuletzt über zahlr. Aufsichts- u. Beiratstätigkeiten, wie bei Würth oder Fielmann. Allerdings werden die Bande auf dieser Ebene langsam dünner. So haben sich bspw. Binz u. Sorg in den verg. Jahren von ihren langj. Sitzen bei Faber-Castell, Sick, Festo oder Mahle verabschiedet. Dies ist auch Ausdruck eines sich über die Jahre verändernden Profils der Kanzlei: Denn nicht nur der Namenspartner mit div. spektakulären Streitigkeiten, sondern auch die anderen Berater stehen heute v.a. für die ggf. konfliktreiche Unterstützung von Gesellschafterstämmen in Fragen der Unternehmensnachfolge. Dies gilt v.a. für Weinand, der insofern mehr u. mehr in die Fußstapfen von Binz tritt – ein Geschäft, das mit Gremientätigkeiten schwer vereinbar ist. Gleichz. erfindet sich der Namenspartner trotz seines fortgeschrittenen Alters gerade mal wieder neu: Immer mehr Ehefrauen von schwerreichen Unternehmern setzen in Scheidungsverfahren auf seine sagenumwobene Durchsetzungsfähigkeit in Vermögensstreitigkeiten.
Stärken: Auf Familienunternehmen fokussiertes Gesellschaftsrecht, Gesellschafterstreitigkeiten.
Oft empfohlen: Prof. Dr. Mark Binz, Dr. Martin Sorg, Prof. Dr. Götz Freudenberg, Dr. Gerd Mayer, Dr. Armin Weinand, („ausgesprochen vertrauenswürdig", „gute Zusammenarbeit", Wettbewerber)
Team: 5 Eq.-Partner, 1 Sal.-Partner, 1 Counsel
Schwerpunkte: Beratung von Familienunternehmen u. Gesellschafterstämmen bei Unternehmensnachfolgen u. im (häufig streitigen) ▷*Gesellschaftsrecht*, vielfach verbunden mit Tätigkeit in Unternehmensorganen (Aufsichts-/Beiräten).
Mandate: Christian Haub/Tengelmann lfd. (auch als Beiratsmitglied) gesellschaftsrechtl. (u.a. bei Ausscheiden von Georg Haub); Unternehmensgruppe (Klinikbetriebe, Immobilien, €500 Mio Umsatz) bei gesellschaftsrechtl. Neuordnung mit Nachfolge-Regelung; Hauptgesellschafter eines norddt. Handelsunternehmens bei Gesellschafterauseinandersetzungen im Rahmen der Nachfolge; Aufsichtsrats-/Beiratsmandate: Fielmann, Würth, Mosolf, Zahoransky.

CMS HASCHE SIGLE

Nachfolge, Vermögen, Stiftungen ★★★★

Bewertung: Die in der Großkanzlei mittlerw. etablierte Nachfolge- u. Vermögensberatungspraxis genießt bei Mittelstand, HNI u. Family Offices großes Vertrauen. Zum einen hebt sich die Praxis von den meisten Wettbewerbern deutl. durch ihr internat. Beratungsangebot für Private Clients ab, zum anderen durch ihre praxisübergr. Zusammenarbeit. So agieren viele vermögende Familien zunehmend auch als Finanzinvestoren, wofür etwa die ▷*Private Equity-* u. ▷*M&A-Experten* regelm. herangezogen werden. Darüber hinaus ist das Ffmer ▷*Fondsteam* häufig im Rahmen der Strukturierung großer Familienvermögen u. Family-Office-Spezialfonds gesetzt oder legt Investmentvehikel auf. Auch neuen Beratungsfeldern stellt sich CMS unerschrocken, wie die Beratung zum Umgang mit Kryptowährungen als neue Asset-Klasse zeigt: Mit dem D´dorfer Anwalt u. Steuerberater Dr. Martin Friedberg wurde unter anderem für dieses Feld 2023 ein Partner ernannt.
Stärken: Erfahrenes Team im Länderdreieck Dtl./Schweiz/Österreich (inkl. Liechtenstein), fachübergr. Beratung etwa im Investment- u. Prozessrecht.
Oft empfohlen: Christian Blum, Dr. Björn Demuth (Steuerrecht)
Team: 12 Partner, 5 Counsel, 7 Associates, 1 of Counsel
Schwerpunkte: Fachübergr. Beratung z.T. traditionsreicher Unternehmer u./oder nachfolgender Generationen, aktiver Einzelunternehmer (Vorstände börsennot. Firmen, Start-ups/Gründer), sonstiger HNI (Profisportler, Künstler, Sammler, Galeristen), Family Offices zu steuer-, ▷*gesellschafts-* sowie erb- u. familienrechtl. Fragen (inkl. Stiftungen, Family Governance). Zudem Transaktionen u. regulator. Beratung (▷*M&A*, ▷*Private Equ. u. Vent. Capital*, Immobilienrecht u. Finanzierungen sowie ▷*Investmentrecht*), ▷*Konfliktlösung*, Testamentsvollstreckung u. Notariat.
Mandate: Keine Nennungen.

DISSMANN ORTH

Nachfolge, Vermögen, Stiftungen ★

Bewertung: Die auf familiengeführte Mittelstandsunternehmen u. hochvermögende Privatkunden ausgerichtete Münchner Traditionskanzlei gilt mit ihren engen Fokuspraxen als eine der hochkarätigen süddt. Adressen für Rechts- u. Steuerberatung. Mit einer Personalgröße, die immer rund ein Dutzend beträgt, sowie ihrer starken Partnerzentrierung ist praktisch jedes Mandat eine höchst indiv. Beratungsleistung, was für HNI typischerweise ein wichtiges Plus ist. Gleichz. profitieren die Mandanten von der kontinuierl. fachl. Verbreiterung: Mit einem Sal.-Partner, der 2021 von Hogan Lovells gekommen war, hat DO es inzw. geschafft, ihre Schlagkraft in streitigen, v.a. gesellschaftsrechtl. Verfahren wieder zu erhöhen. Das Engagement des mittlerw. ebenfalls empfohlenen Brehm zeigt, dass die Kanzlei nicht stehen bleibt. Er hat in den verg. 3 Jahren eine respektable Praxis für Start-ups u. die dahinterstehenden Gesellschafter aufgebaut u. damit das Profil der Kanzlei an einer Stelle erweitert, die hier lange keine Rolle gespielt hatte.
Oft empfohlen: Dr. Armin Hergeth, Dr. Jochen Ettinger („hohe Kompetenz bei steuerrechtl. komplizierten Transaktionen", „hoch professionell, durchsetzungsstark", Wettbewerber), Dr. Arne Friese („perfekt!", Mandant; „schnell, international, fachlich top", Wettbewerber), Dr. Tobias Beuchert („kreativer, fachlich absolut herausragender Steuer- u. Gesellschaftsrechtler", Wettbewerber), Dr. Martin Lohse („juristisch kreativ, durchsetzungsstark", Wettbewerber)
Team: 9 Eq.-Partner, 1 Sal.-Partner, 1 Associate, 1 of Counsel
Schwerpunkte: Nachfolgeregelungen, Testamentsvollstreckungen u. Vermögensstrukturierungen (u.a. Wegzüge, (internat.) Steuerrecht) für mittelständ. Unternehmerfamilien, eng verbunden mit steuer- u. ▷*gesellsch.rechtl.* Beratung.
Mandate: Fam. Hugendubel lfd. im Gesellschafts- u. Steuerrecht (öffentl. bekannt); Gesellschafter von Giance Technology bei Verkauf an Unicepta; Nachlass eines UHNI (Medienunternehmer) bei TV (Vermögen €300 Mio); UHNI bei Abwicklung eines Nachlasses mit Investments in mehr als 7 Ländern (Vermögen €500 Mio); FO bei Neuaufstellung (Strukturanpassungen, Vermögensübertragung auf folgende Generationen mit Bezügen zu Europa, USA, Kanada; Vermögen €500 Mio); HNI mit großem Kunstvermögen bei Güterstandsschaukel u. vertragl. Regelungen mit der Familie (Vermögen €70 Mio); HNI bei Nachfolgeplanung mit Bezügen zu den USA u. zu Italien (Vermögen €80 Mio); mittelständ. Biotech-Unternehmen bei Gesellschafterstreitigkeit.

DTB DECKER + SCHMIDT-THOMÉ

Nachfolge, Vermögen, Stiftungen ★

Bewertung: Die Berliner Boutique hat sich der Beratung von Akteuren im Kunst- u. Kulturbetrieb ver-

Anwaltszahlen: Angaben der Kanzleien, wie viele Anwälte zu mind. ca. 50% in diesem Gebiet tätig sind. Sie spiegeln nicht zwingend die Gesamtgröße einer Kanzlei wider.

schrieben u. steht hier wie keine 2. Kanzlei für einen umf., weit über die reine Rechtsberatung hinausgehenden Ansatz. Das wurde zuletzt bspw. mit der Errichtung eines kanzleig. Bereichs für die Strategie- u. lfd. Finanzierungsbetreuung (u.a. Fundraising) von Stiftungen deutlich. Ohnehin hat sich die umf. Betreuung von Stiftungen des Kulturbetriebs zur wichtigsten Säule entwickelt. Gleichz. zählt die Kanzlei eine Vielzahl von Künstlern, Kunsterben u. Galeristen zu ihren Mandanten, die sie bei ihrer – in der Regel – kunstbez. Vermögensstrukturierung berät, neuerdings auch mit einem gezielteren grenzüberschr. Fokus. So begleitet dtb zunehmend dt. Galerien für den Aufbau von Zweigniederlassungen ins Ausland (v.a. nach London u. in die Schweiz). Nicht zuletzt, weil der Spezialisierungsgrad bei dtb kontinuierl. zunimmt, bleiben die Fortschritte der vor einiger Zeit etablierten Koop. mit der D'dorfer Kanzlei Tigges, mit der beide ihre Nachfolgeberatung auf breitere Füße stellen wollten, überschaubar.
Stärken: Stiftungs- u. Kunstrecht.
Oft empfohlen: Dr. Pascal Decker („verlässlich, präzise u. professionell", Mandant), Bertold Schmidt-Thomé („kompetent, sympathisch, engagiert, leidenschaftlich u. gebildet", Mandant)
Team: 2 Partner, 2 Associates, 2 of Counsel
Schwerpunkte: Vermögensgestaltung u. Nachfolge für Individuen (häufig dt. u. internat. Künstler), Kunstrecht (inkl. Transaktionen) für Künstler, Erben, Ausstellungen/Museen, umf. Stiftungsberatung (Aufsichts- u. Gesellschaftsrecht, auch Steuerrecht, häufig als externe Rechtsabteilung).
Mandate: Michael Müller bei Strukturierung des gesamten Werknachlasses (inkl. Vertragsbeziehungen zu internat. Buchverlagen); Stiftung Kunstforum der Berliner Volksbank bei Neuaufsetzung der Rechtsbeziehungen zur Bank; Erbin eines sehr bekannten dt. Künstlers bei Streit mit Erbengemeinschaft; lfd.: Universität der Künste Berlin, Berlinische Galerie, Heraeus Advanced Therapies in Orthopaedic Foundation, Welti-Furrer Fine Art AG, Jonathan Meese, The Feuerle Collection, Ziegert Bank- u. Immobilienconsulting, DRF Stiftung Luftrettung, Phineo, Jürgen Ponto-Stiftung, Bundesverband Dt. Stiftungen; Vors. des Aufsichtsrats bei Artnet.

EBNER STOLZ MÖNNING BACHEM

Nachfolge, Vermögen, Stiftungen ★★★

Bewertung: Das auf Nachfolge u. Stiftungen spezialisierte Kompetenzzentrum der Next-Seven-Gesellschaft ist in seiner Breite kaum zu überbieten. Die langj. herausragenden Verbindungen zu familiengeführten Mittelstandsunternehmen führen zu kontinuierl. steuer-, zivil- u. ▹*gesellschaftsrechtl.* Nachfolgeberatung, die hoch angesehene Stiftungs- u. Gemeinnützigkeitsberatung spiegelt sich in der Mandatierung von 13 der 15 größten Unternehmensstiftungen in Ba.-Wü. wider. Zudem geht ES seit Kurzem mit einem eigenständige Vermögenscontrolling an den Start. Die in Köln angesiedelte Abteilung ist ausdrücklich büroübergr. angelegt, was zeigt, welche Fortschritte ES in dieser Hinsicht in den verg. Jahren gemacht hat. Die Integrationserfahrungen wird das Haus angesichts des nächsten Schritts brauchen, wenn auch die Beratung ausländ. HNI durch den im Herbst 2023 vollzogenen Beitritt zum internat. WP-Netzwerk RSM ausgeweitet werden soll.
Stärken: Gemeinnützigkeits- u. (Unternehmens-) Steuerrecht.
Oft empfohlen: Dr. Jörg Sauer (Stiftungs- u. Gemeinnützigkeitsrecht)
Team: 29 Partner, 5 Counsel, 20 Associates (inkl. StB)
Schwerpunkte: HNI, UHNI u. Familienunternehmen bei Nachfolgegestaltungen (inkl. steuer- u. ▹*gesellschaftsrechtl.* Unternehmensumstrukturierungen, Familienverfassungen, Testamentsvollstreckung, gerichtl. Erbauseinandersetzungen, Nachlassabwicklung) u. Vermögensstrukturierung (inkl. ▹*M&A* u. Immobilientransaktionen, Familienrecht). Zudem umf. u. bundesw. gemeinnütz. Unternehmen u. Stiftungen.
Mandate: Porsche-Familienstämme lfd. bei Gestaltungen u. FO-Services, daneben Porsche Holding; lfd. bei Nachfolgegestaltungen: Gesellschafter, u.a. von Bauwens, Dohle, Festool; Björn Steiger Stiftung lfd., zuletzt Neustrukturierung der Stiftung aufgrund Todes des Stifters. Lfd. im Gemeinnützigkeits-/Stiftungsrecht: Eva Mayr-Stihl Stiftung, Wüstenrot Stiftung, Hoffnungsträger Stiftung, Vector Stiftung, Caritas, Mahle Stiftung, Joachim Herz Stiftung, Körber Stiftung.

ESCHE SCHÜMANN COMMICHAU

Nachfolge, Vermögen, Stiftungen ★★

Bewertung: Seit vielen Jahren steht die HHer MDP-Kanzlei v.a. norddt. HNI u. familiengeführten Unternehmen mit einer breiten, integrierten rechtl. u. steuerl. Nachfolgeberatung zur Seite. Bsp. dafür sind die Beratung der Familie Stürken seit über 60 Jahren oder etwa der Familie von Eben-Worlée seit den 1970er-Jahren. Auch bei Nachfolgegestaltungen unter Einbindung von Familienstiftungen kann ESC punkten: Die Kanzlei genießt bundesw. einen guten Ruf in der Beratung von gemeinnützigen Einrichtungen u. Stiftungen. Nachdem 2022 bereits eine erfahrene Erbrechtlerin ausgeschieden war, widmet die Praxis auch dem internen Generationswechsel hohe Aufmerksamkeit. Immer mehr jüngere Berufsträger übernehmen sukzessive das Geschäft der etablierten Partner. Zudem wurde das Erbrecht zuletzt mit 3 neuen Anwältinnen gestärkt.
Oft empfohlen: Tom Kemcke, Jürgen Milatz („sehr unaufgeregt u. routiniert", Wettbewerber über beide), Dr. Robert Schütz
Team: 4 Eq.-Partner, 2 Sal.-Partner, 9 Associates, 1 of Counsel, plus steuerl. Mitarbeiter
Schwerpunkte: Rechtl., steuergestaltende u. kaufmänn. Beratung (inkl. Steuerstreit, Deklarationen) zu Nachfolgegestaltungen u. Erb- u. Familienrecht sowie umf. Beratung von Stiftungen, gemeinnütz. u. Spenden sammelnden Organisationen (inkl. Nachlassabwicklung), Testamentsvollstreckung.
Mandate: HNI bei Nachfolgegestaltung unter Einbindung einer Familienstiftung mit komplexen Fragen zur steuerl. Begünstigung von Betriebsvermögen; Stiftung Innovation in der Hochschullehre (Trägerin: Toepfer Stiftung), u.a. bei Gründung u. lfd. im Gemeinnützigkeitsrecht; lfd. Funk Stiftung.

EY LAW

Nachfolge, Vermögen, Stiftungen ★

Bewertung: Fast unerschüttert von dem zwischenzeitl. Weggang eines größeren Münchner Nachfolge-Teams 2022 u. den Verwerfungen um die gepl. Trennung von der Prüfersparte treibt die EY-Praxis die integrierte rechtl. u. steuerl. Beratung sowie die standortübergr. Arbeit voran, wobei sich Schwerpunkte an den einzelnen Standorten herausbilden: So wird die vor rund 3 Jahren ins Leben gerufene Family-Office-Beratung aus Köln angeboten. In HH dominiert nach wie vor die Beratung familiengeführter Reedereien. In Heilbronn kurbelt eine 2022 ernannte Eq.-Partnerin das Beratungsfeld für gemeinnütz. Organisationen an, in Stuttgart bleibt das klass. Mittelstandsgeschäft stark. Zudem ergänzt EY ihre Beratung durch ihre digitale Stärke, etwa mit Tools zu Schenkung- u. Erbschaftsteuern sowie zur Verbundvermögensaufstellung. Auch die grenzüberschr. Nachfolgeberatung innerh. des ww. EY-Netzwerks legte zuletzt durch Themen wie Wegzug, Auslandstrusts oder globale Notfallpläne zu.
Stärken: Integrierte Steuer- u. Rechtsberatung.
Team: 5 Eq.-Partner, 3 Sal.-Partner, 3 Counsel, 19 Associates
Schwerpunkte: Mittelständ. u. sehr gr. Familienunternehmen sowie Stiftungen bei Nachfolge- u. Vermögensgestaltungen (v.a. Erbschaftsteuern, Gesellschaftsrecht), Weg-/Zuzügen, Stiftungs- u. Gemeinnützigkeitsrecht; daneben Vermögenscontrolling, Strukturierung von Family Offices.
Mandate: Familienunternehmen nach unerwartetem Todesfall bei Bewältigung des Konflikts zw. Rechtsnachfolgern u. vorhandenen Gesellschaftern; Überführung eines gewerbl. geführten Unternehmens in eine gemischt gewerbl. u. gemeinnützige Unternehmensstruktur; HNI-Familie bei Nachfolgeplanung unter Nutzung von US-Truststrukturen; Unternehmer bei Unternehmensnachfolge in gemischte Stiftung für Mitarbeiter- u. gemeinnütz. Zwecke; UHNI bei Vermögensumstruk-

Führende Namen für die Beratung zu Stiftungsthemen

Dr. Björn Demuth
CMS Hasche Sigle, Stuttgart

Prof. Dr. Carl-Heinz Heuer
Heuer Busch & Partner, Frankfurt

Tom Kemcke
Esche Schümann Commichau, Hamburg

Dr. Guido Krüger
Advant Beiten, Düsseldorf

Dr. Andreas Richter
Poellath, Berlin

Dr. Jörg Sauer
Ebner Stolz Mönning Bachem, Stuttgart

Prof. Dr. Stephan Schauhoff
Flick Gocke Schaumburg, Bonn

Dr. Robert Schütz
Esche Schümann Commichau, Hamburg

Stefan Winheller
Winheller, Frankfurt

Die Auswahl von Kanzleien und Personen in Rankings und tabellarischen Übersichten ist das Ergebnis umfangreicher Recherchen der JUVE-Redaktion. Sie ist in 2erlei Hinsicht subjektiv: Die Aussagen der befragten Quellen sind subjektiv u. spiegeln deren Erfahrungen u. Einschätzungen. Die JUVE-Redaktion wiederum analysiert die Rechercheergebnisse unter Einbeziehung ihrer eigenen Marktkenntnis. Der JUVE Verlag beabsichtigt keine allgemeingültige oder objektiv nachprüfbare Bewertung. Es ist möglich, dass eine andere Recherchemethode zu anderen Ergebnissen führt. Innerhalb einzelner Gruppen in Rankings und tabellarischen Übersichten sind Kanzleien und Personen alphabetisch sortiert.

Anwaltszahlen: Angaben der Kanzleien, wie viele Anwälte zu mind. ca. 50% in diesem Gebiet tätig sind.
Sie spiegeln nicht zwingend die Gesamtgröße einer Kanzlei wider.

turierung durch grenzüberschr. Formwechsel u. Implementierung einer Management Holding als Family Office.

FLICK GOCKE SCHAUMBURG

Nachfolge, Vermögen, Stiftungen ★★★★★

Bewertung: In der umf. Nachfolge- u. Vermögensstrukturierung für hochvermögende Privatpersonen u. Familienunternehmen reicht der steuerzentrierten Großkanzlei ebenso kaum ein Wettbewerber das Wasser wie bei der Beratung von Stiftungen u. gemeinnütz. Einrichtungen. Das ist schon lange so. Und wird wohl auch so bleiben. Denn in der Partnerschaft findet sich eine fast unschlagbare Kombination versch. Eigenschaften. So verfügen erfahrene Partner wie Söffing über Beziehungen zu UHNI, großen Mittelständlern, Asset-Managern u. Privatbankern, die über Aufsichtsratstätigkeiten wie bei United Internet immer enger werden. Daneben gibt es Partner wie Schönfeld mit einem starken unternehm. Geist sowie solche mit dem unglaubl. Ruf fachl. Exzellenz, etwa Schauhoff im Bereich Gemeinnützigkeit u. Stiftungen. Und FGS gelingt es, die genannten Eigenschaften stetig auf jüngere Berufsträger zu übertragen. Bsph. genannt seien hier aus der jüngsten Partnergeneration der mittlerw. häufig empfohlene Erbrechtsspezialist Holtz oder die 2023 zur Eq.-Partnerin ernannte Stiftungsexpertin Judith Mehren. Das bringt der Kanzlei eine hohe Stabilität im Geschäft u. ihren Mandanten eine Verlässlichkeit, die insbes. in der generationsübergr. Beratung hochvermögender Familien das A u. O darstellt. Selbstredend zählt FGS häufig auch zu denjenigen Kanzleien, die Markttrends prägen. So nehmen die internat. Fragen inkl. der Weg- u. Zuzugsberatung einen deutl. über dem Marktdurchschnitt liegenden Raum ein, was daran liegt, dass viele der jüngeren Partner sich dem internat. Geschäft mit hohem Spezialisierungsgrad widmen. Das wird zum Bsp. an der eigenen Tax-Compliance-Abteilung für Expatriates deutl., die der ebenfalls 2023 zum Eq.-Partner ernannte Michal Kühn in Ffm. aufgezogen hat.

Stärken: Gr. Erfahrung in der Rundumberatung von UHNI u. Familienunternehmern mit Schnittstellen zum Steuer- u. ▷*Steuerstrafrecht*. Betreuung gemeinnütz./steuerbefreiter Organisationen.

Oft empfohlen: Dr. Christian von Oertzen („sehr gut bei Auslandssachverhalten, exzellente Steuerkompetenz", Wettbewerber), Prof. Dr. Andreas Söffing, Dr. Stephan Schauhoff (Gemeinnützigkeitsrecht/Stiftungen), Prof. Dr. Frank Hannes („präzise, fachlich stark", Wettbewerber), Prof. Dr. Jan Bron, Dr. Christian Kirchhain (Gemeinnützigkeitsrecht/Stiftungen), Prof. Dr. Ingo Stangl, Prof. Dr. Jens Schönfeld, nun auch Dr. Michael Holtz („steuerlich stark bei Nachfolgegestaltungen", „gutes Netzwerk, fachlich gut", Wettbewerber)

Team: 22 Eq.-Partner, 12 Sal.-Partner, 35 Associates, 1 of Counsel

Schwerpunkte: Umf. rechtl. u. steuerl. Gestaltungsberatung (dt. u. internat. Erb- u. Nachfolgeregelungen, inkl. Unternehmensumstrukturierungen, Governance-Strukturen), Weg- u. Zuzug, Moderation von Gesellschafterstreitigkeiten, Eheverträge u. Scheidungsvereinbarungen, steuerl. Deklaration, erbschaftsteuerl. Vermögensbewertung sowie Testamentsvollstreckung u. NPO-/Gemeinnützigkeitsrecht.

Mandate: Testamentsvollstrecker von Heinz Herrmann Thiele u.a. bei Errichtung einer Familien- sowie div. Unternehmensstiftungen; mittelständ. Unternehmer bei Übertragung aller Anteile in die nächste Generation (Wert der Anteile €1,3 Mrd); dt.-amerik. UHNI-Familien bei Nachfolgeplanung mit Erben in USA (Vermögen €1 Mrd); dt.-CH Familienunternehmen bei internat. Unternehmensnachfolgeplanung mit Gesellschaftern in der Schweiz; UHNI bei Erwerb einer Insel auf den Malediven; Gesellschafter eines börsennot. Familienunternehmens bei Wegzugs- u. internat. Nachfolgeplanung inkl. grenzüberschr. Sitzverlegung der Konzernholding; UHNI (Vermögen €3 Mrd) bei Wegzug nach Schweden; UHNI/Hauptgesellschafter eines Konzerns bei Börsengang; börsennot. Konzern bei erbschaftsteuerl. Feststellungserklärungen (Verwaltungsvermögen, Lohnsumme); lfd. Stiftungsberatung: DFG e.V., Deutsche Fußball Liga, Dr. Hans Riegel-Stiftung, Friede Springer Stiftung, Johanniter-Unfall-Hilfe e.V., Malteser Hilfsdienst e.V; gemeinnützige Stiftung der Entwicklungszusammenarbeit umf. bei Umgestaltung von Fördermaßnahmen wg. Bürgerkriegs in einem Entwicklungsland. Aufsichts-/Beiratssitze: u.a. bei Nemetschek-Gruppe, United Internet, B. Braun, Dt. Oppenheim Family Office AG.

FROMM

Nachfolge, Vermögen, Stiftungen ★

Bewertung: Die in der Region sehr gut vernetzte Koblenzer Kanzlei zeichnet sich seit Jahrzehnten durch ihre enge Vernetzung zu mittelständ. Unternehmern aller Couleur (vom Handwerks- bis zum Industriebetrieb) aus, die v.a. aus Rh.-Pf. u. NRW stammen. Mit ihrer fokussierten Verknüpfung von Gesellschafts-, Steuer- u. Immob.recht trifft sie den Kern der Vermögensgestaltung ihrer Klientel, ihre erbrechtl. Kompetenz bringt sie bei Nachfolgegestaltungen, aber auch bei der zunehmenden Zahl von Erbauseinandersetzungen ein. Seit einiger Zeit wächst zudem der Anteil von Verkaufsmandaten als Nachfolgeinstrument, etwa für Ärzte bei Praxisverkäufen.

Team: 3 Partner, 3 Associates, 2 of Counsel

Schwerpunkte: Umf. Nachfolge- u. Vermögensgestaltung (inkl. Erbschaftsteuer, Ehe- u. Güterstandsrecht, Testamentsvollstreckungen), Immob. übertragungen, Unternehmensverkäufe v.a. für Vermögen im 1- bis 2-stelligen Mio-€-Bereich.

Mandate: Folkmann & Rossbach lfd. u. umfassend.

GLEISS LUTZ

Nachfolge, Vermögen, Stiftungen ★★★

Bewertung: Die Nachfolge- u. Stiftungspraxis der Großkanzlei genießt seit Jahren einen exzellenten Ruf bei Unternehmen u. Eigentümerfamilien. Diese ziehen die versierten Berater um den renommierten Dannecker bes. bei sehr komplexen Nachfolgegestaltungen hinzu. Die Nachfolgeberatung inkl. Familien- u. Erbrecht wird bei GL naturgemäß mit steuerl. u. gesellschaftsrechtl. Wissen ergänzt, um auch komplexen konzernrechtl. oder kapitalmarktrechtl. Fragen zu begegnen. Die Beratung aus einer Hand zeigt sich auch in der engen Zusammenarbeit mit Kooperationspartnern aus anderen Jurisdiktionen, bes. bekannt ist ihr Spezialwissen bzgl. US-Trusts. Das internat. Know-how der Praxis war angesichts der vielen aktuellen polit. Krisen zuletzt häufiger auch bei der Beratung zu Nachfolgenotfallplänen gefragt, die der Vermögenssicherung jenseits von Dtl. u. Europa dienen.

Stärken: Kombination von Steuer- u. Gesellschaftsrecht.

Oft empfohlen: Dr. Achim Dannecker, Dr. Alexander Werder (beide Steuerrecht), Dr. Hoimar Ditfurth, Dr. Martin Schockenhoff („erfahren u. umsichtig", Wettbewerber), Dr. Gabriele Roßkopf („gründlich, zügig, brillant" u. „äußerst kompetent u. absolut zuverlässig", Wettbewerber; alle drei Gesellschaftsrecht)

Team: 8 Partner, 1 Counsel, 2 of Counsel (Kernteam)

Schwerpunkte: Gesellschafter von Familienunternehmen, Family Offices u. einzelne Familienmitglieder bei Nachfolgegestaltungen jew. an der Schnittstelle zum Steuer- u. ▷*Gesellsch.recht* (inkl. Transaktionen, Umstrukturierungen, Rechtsformwechseln, Weg-/Zuzug), ▷*Konfliktlösungen* sowie Stiftungen.

Mandate: Tengelmann-Erben Katrin Haub, Viktoria Anna-Katharina Haub u. Erivan Karl-Christopher Haub bei Koordination dt. u. US-Besteuerung (marktbekannt); Würth (Familie u. Stiftungen) lfd. zu Nachfolge- u. Konzernstruktur; Familie Danzer u. Danzer-Unternehmensgruppe lfd., auch Beiratsvorsitz; Kaefer u. ihre Eigentümerfamilie bei Umstrukturierung der Beteiligung u. Gründung einer Familienholding.

HENGELER MUELLER

Nachfolge, Vermögen, Stiftungen ★★★

Bewertung: Die Kanzlei gilt als eine der Adressen schlechthin für hochkarätige gesellschaftsrechtl. Beratung, welche auch Motor u. Treiber der Nachfolgeberatung ist. Doch anders als andere Top-Gesellschaftsrechtspraxen wie Freshfields oder Linklaters ist Hengeler stets auch der umf. Beratung des gehobenen dt. Mittelstands treu geblieben – eine Strategie, die sich angesichts von Gesetzesnovellen im Stiftungs- u. Personengesellschaftsrecht sowie in Bezug auf Handelsregistereinträge (Transparenzregister) zuletzt wieder ausgezahlt hat. Denn viele Gesellschafter(stämme) namh. Familienunternehmen vertrauen dem kontinuierl. gewachsenen Team bei lfd. gesellschaftsrechtl. Fragen, Umstrukturierungen ihrer Unternehmen oder Stiftungen, Testamenten bis hin zu Gesellschafterstreitigkeiten. Das belegen die schon länger lfd. Verfahren
bei Tengelmann oder Oetker, doch wächst die Nachfrage gerade im ▷*streitigen Gesellschaftsrecht* stetig.

Stärken: Herausragende Gesellschaftsrechtspraxis, ▷*M&A*, daneben Steuerrecht.

Oft empfohlen: Dr. Stefanie Beinert (Steuerrecht), Dr. Kai-Steffen Scholz („stets sehr hohe Qualität, passgenaue Lösungen", Mandant; Gesellschaftsrecht, Corporate Litigation)

Team: 6 Partner, 2 Counsel, rd. 15 Associates (Kernteam)

Schwerpunkte: Unternehmensbez. Nachfolge (inkl. Beiratstätigkeit, Unterbeteiligungen, Stiftungen, SEen) im ▷*Gesellschafts-*, *Aktien-*, ▷*Bank-*, ▷*Kapitalmarkt-* u. Steuerrecht für bedeutende Familien bzw. ihre Unternehmen (inkl. Streitigkeiten). Daneben klass. Nachfolgeberatung (u.a. Testaments-, Ehevertragsgestaltung, lebzeitige Schenkungen, Testamentsvollstreckung).

Mandate: Oetker-Erben Richard, u.a. bei Aufspaltung/Realteilung der Dr. August Oetker KG; Tengelmann bei streitigem Ausscheiden eines Familienstamms, lfd. gesellschaftsrechtl. Beratung u. Vertretung in Gesellschafterstreitigkeiten; Familienstämme Matthiesen bei Verkauf von Borco-Marken-Import an Stock Spirits/CVC; Catherine von Fürstenberg-Dussmann in Prozess um Erbe von Pe-

Anwaltszahlen: Angaben der Kanzleien, wie viele Anwälte zu mind. ca. 50 % in diesem Gebiet tätig sind. Sie spiegeln nicht zwingend die Gesamtgröße einer Kanzlei wider.

ter Dussmann (Dussmann Group); JAB Holding (Fam. Reimann) lfd. im Steuerrecht. Stiftung als Gesellschafter einer familiengeführten Mrd-€-Unternehmensgruppe bei Neuaufsetzung von Satzung u. Governance; Mehrheitsaktionärin eines gr. Familienunternehmens bei Testament, Gründung Familienholding, Anpassung Gesellschaftervertrag; Testamentsvollstrecker eines großen Nachlasses mit Vermögen in EU, den USA, Kanada u. Anteilen an großem Familienunternehmen; Inhaber u. Gesellschaften eines Familienkonzerns bei Beratung u. gerichtl. Vertretung bzgl. Einträgen in dt. u. ausländ. Transparenzregistern; Gesellschafterin eines mittelständ. Familienunternehmens, deren Anteile gg. ihren Willen eingezogen bzw. ausgeschlossen wurden, bei einvernehml. Verhandlungslösung u. parallelen Gerichtsverfahren.

HENNERKES KIRCHDÖRFER & LORZ

Nachfolge, Vermögen, Stiftungen ★★★★

Bewertung: Als eines der Urgesteine für die Beratung familiengeführter Unternehmen u. von deren Gesellschaftern bleibt die Boutique im Markt hoch anerkannt – u. in gewisser Weise ein Unikum. Denn an ihrer Beratung, die sich fast ausschließl. auf ihre starke gesellschaftsrechtl. Basis in Verbindung mit umtriebiger Organtätigkeit stützt, hat die Kanzlei in Jahrzehnten nie gerüttelt. Dennoch hat sie es geschafft, in jeder Generation wieder neue anerkannte Anwälte hervorzubringen, die ihren jew. Mandanten eng verbunden sind, wie zuletzt etwa Reinhart. Die Ernennung eines 2. Steuerpartners im verg. Jahr zeigt auch, dass moderne Nachfolgeberatung ohne steuerl. Know-how selbst in den traditionsreichsten Adressen nicht mehr funktioniert.

Stärken: Enge Verknüpfung von Nachfolge- u. ▷*gesellschaftsrechtl.* Beratung. Großes Netzwerk mit familiengeführten Unternehmen.

Oft empfohlen: Prof. Rainer Kirchdörfer, Prof. Dr. Rainer Lorz („kompetent u. kollegial", Wettbewerber), Prof. Dr. Andreas Wiedemann („besondere Sensitivität in Verhandlungen, hohe Fachkenntnisse", Wettbewerber), Dr. Thomas Frohnmayer („fachl. stark u. präzise", Wettbewerber), Dr. Florian Reinhart

Team: 11 Partner, 1 Senior Partner, 6 Associates

Schwerpunkte: ▷*Gesellschaftsrechtl.* basierte Nachfolgeberatung für inhabergeführte Firmen u. ehem. Unternehmer durch Umstrukturierungen (inkl. Rechtsformwechsel, Stiftungsgründungen) u. Verkäufe sowie – nicht streitiges – Erb- u. Familienrecht (Eheverträge, Testamente, Testamentsvollstreckung), Erbschaftsteuern. Strateg. u. operative Beratung in Aufsichts-, Verwaltungs- u. Beiräten. Enge Kooperation mit Family-Office-Dienstleister.

Mandate: Ejot-Gruppe zu grenzüberschr. Verschmelzung u. SE-Gründung (33 Länder); organbez. Mandate u.a. bei Hager, Dussmann Stiftung, DVAG, Bauerfeind, Uzin Utz, GFT, Trox, MHK, Jowat, GNH Georg Nordmann Holding, S. Oliver, Theo Müller, Conrad, Kannegiesser, Talke, Handtmann, Heidenhain, Kern-Liebers, Garmo, Schmalz-Gruppe.

HEUER BUSCH & PARTNER

Nachfolge, Vermögen, Stiftungen ★

Bewertung: Die für Nachfolge- u. Vermögensgestaltung angesehene Frankf. Boutique symbolisiert wie kaum eine andere die Kontinuität, die den Umgang mit hochvermögenden Unternehmer- u. Adelsfamilien ausmacht. Jenseits ihrer traditionellen Stärke bei der Strukturierung von Kunstvermögen nahmen in der Stiftungsberatung zuletzt grenzüberschr. Fragen v.a. im Hinblick auf internat. Anlagen mehr Gewicht ein. Hier koordiniert die Kanzlei für dt. Stiftungen Projekte in Zusammenarbeit mit Kanzleien v.a. in den USA, im UK u. in der Schweiz.

Stärken: Erfahrung in der Asset-Klasse Kunst- u. Kultur.

Oft empfohlen: Prof. Dr. Carl-Heinz Heuer

Team: 4 Partner, 1 Associate

Schwerpunkte: Nachfolgeplanung u. Vermögensgestaltung für HNI u. Family Offices bei steuerl. Strukturierung, Familien-, Ehe- u. Erbverträgen, Testamenten u. Testamentsvollstreckung. Stiftungs- u. Gemeinnützigkeitsrecht. Kunstrecht (v.a. Transaktionen).

Mandate: KfW lfd. bei div. gemeinnütz. Stiftungen; Gremien- u. Organsitze: Dwight u. Ursula Mamlok-Stiftung, Städelsches Kunstinstitut, Warburg & Co., Franz Marc Museumsgesellschaft, Dr. E.A. Langner-Stiftung, Kulturstiftung Franz-Dieter u. Michaela Kaldewei, Lupus Alpha Asset Management.

HEUKING KÜHN LÜER WOJTEK

Nachfolge, Vermögen, Stiftungen ★

Bewertung: Seit Jahren ist die kleine Praxis eine anerkannte Adresse für die Nachfolge- u. Vermögensstrukturierung an der Schnittstelle von Erb-, ▷*Gesellschafts-* u. Steuerrecht, bes. bei hochvermögenden Unternehmerfamilien. Zuletzt rückten die etablierten Gesellschafts- u. Steuerrechtler mit den Nachfolgespezialisten noch einmal enger zusammen u. beraten so UHNIs mit oft 3-stell. Mio-€-Vermögen bei Erbschafts(steuer)fragen, Stiftungsregelungen, Scheidungen oder Rechtsstreitigkeiten. Zuletzt nahmen die internat. Gestaltungsberatung von Truststrukturen, aber auch Verhandlungen mit ausländ. Testamentsvollstreckern zu.

Oft empfohlen: Dr. Gunter Mühlhaus (Steuerrecht), Dr. Daniel Lehmann („gute u. erfolgreiche Zusammenarbeit", Wettbewerber; internat. Erbrecht)

Team: 9 Eq.-Partner, 1 Sal.-Partner, 2 Associates (Kernteam)

Partnerwechsel: Dr. Dieter Bohnert (Ruhestand; (Steuer-)Strafrecht)

Schwerpunkte: Gesellschafts- u. steuerrechtl. basierte Nachfolge- u. Vermögensplanung für Unternehmerfamilien u. vermögende Privatpersonen (Testamente, Familienverfassungen, Erbverträge, Stiftungen, auch Eheverträge u. Scheidungen, Pflichtteilsrecht) mit starken ▷*M&A-* u. ▷*wirtschafts- u. steuerstrafrechtl.* sowie ▷*Immobilienbezügen*.

Mandate: Unternehmerfamilie (Vermögen über €2 Mrd) bei Errichtung einer Stiftung u. Anteilsübertragung auf Stiftung sowie auf minderjährige Kinder (inkl. Absicherung durch verbindliche Auskunft); Unternehmerin (Vermögen rund €500 Mio) bei Nachfolge, u.a. Stiftungserrichtung, Testamente, Schenkungsverträge über Geschäftsanteile einer GmbH, Etablierung einer Fondsstruktur sowie Führung diverser Rechtsstreitigkeiten; Unternehmerfamilie u.a. bei Errichtung einer Familiengesellschaft sowie zu Fragen bzgl. Hinzurechnungs- u. Wegzugsbesteuerung.

HEUSSEN

Nachfolge, Vermögen, Stiftungen ★

Bewertung: In der Nachfolgeberatung hat die Kanzlei 2 Säulen etabliert: Das Münchener Team zählt viele hochvermögende Immob.-Eigentümer zu seinen Mandanten, die sich aus der Beratung lfd. immob.rechtl. Fragen heraus mehr u. mehr auch wg. der Übertragung ihres Vermögens auf die nächste Generation an die Kanzlei wenden. V.a. aber ist es das Berliner Team, das sich bundesw. im Kern der Nachfolge- u. Vermögensberatung einen Namen gemacht hat. Es berät insbes. noch aktive Inhaber von Familienunternehmen bei Umstrukturierungen mit dem Ziel der Unternehmens- u. Vermögenssicherung, aber auch Erben, etwa bei Auseinandersetzungen. Hinzu kommt die lfd. Stiftungsberatung.

Oft empfohlen: Dr. Frank Feitsch („renommiert", Wettbewerber)

Team: 3 Eq.-Partner, 6 Sal.-Partner, 1 Counsel, 3 Associates, 2 of Counsel

Schwerpunkte: Nachfolgeberatung für familien- u. eigentümergeführte Unternehmen, Stiftungen, Family Offices, HNI, Adelige, teilw. internat. Steuerrecht, jew. mit starkem ▷*immobilienwirtschaftsrechtl. Bezug*.

Mandate: Gesellschafter-Geschäftsführer mehrerer Gesellschaften in Ba-Wü. lfd. bei erb-, gesellschafts- u. steuerrechtl. Nachfolge- u. Umstrukturierungsberatung; gr., bekannte gemeinnütz. Stiftung in Berlin lfd. (u.a. bei Vorwürfen gg. Gremien); Mehrheitsgesellschafter eines schl.-holst. Bauteileherstellers bei Entflechtung unternehm. u. privaten Vermögens u. Schaffung neuer Familien-Holdings; Berliner Erbe im Rahmen der Abwicklung der Nachlässe seines sehr vermögenden Vaters (inkl. Gesellschafts- u. Immob.Vermögens) sowie der sehr vermögenden Großmutter, u.a. bei Auseinandersetzung der Erbengemeinschaften; Kind des betagten Inhabers einer Unternehmensgruppe (rd. 50 Tochtergesellschaften, 2.000 Mitarbeiter) erb-, gesellschafts- u. steuerrechtlich. Lfd.: div. Stiftungen, Family Offices, HNI, Adelige im Zshg. mit Immobilienbeständen; gr. gemeinnütz. Stiftung mit erhebl. Grundbesitz.

KANTENWEIN ZIMMERMANN SPATSCHECK & PARTNER

Nachfolge, Vermögen, Stiftungen ★

Bewertung: Die anerkannte MDP-Kanzlei berät mittelständ. Unternehmen u. deren Gesellschafter v.a. aus Bayern umf. bei Unternehmens- u. Nachfolgeplanungen. Hier sind teils Vermögen bis im 3-stell. Mio-€-Bereich betroffen. Zudem agiert sie für einige Mittelständler auch als ausgelagerte Rechts- u. Steuerabteilung. Zuletzt nahm darüber hinaus die ohnehin präsente Gemeinnützigkeitsberatung nochmals zu, weil in der Kanzlei – wie auch im Markt insges. – die Nachfrage nach Stiftungen als Nachfolgeinstrument hoch bleibt. Genauso ist es bei der ▷*Konfliktlösungsberatung*, für die die Kanzlei auch über die Nachfolgepraxis hinaus steht: Gerichtl., aber vielfach auch außergerichtl. Erbauseinandersetzungen nehmen kontinuierl. mehr Raum ein.

Oft empfohlen: Dr. Thomas Kantenwein („stark bei BWL-lastigen Verfahren", Wettbewerber; Nachfolgeberatung, Gemeinnützigkeitsrecht), Dr. Annett Kuhli-Spatschek („klug, dynamisch, analytisch, flexibel u. durchsetzungsstark", Wettbewerber; Schiedsverfahren, Gemeinnützigkeits-, Steuerrecht), Dr. Stefan Hackel („umsichtig, kollegial, kompetent", Wettbewerber; Gesellschaftsrecht, Konfliktlösung)

Team: 2 Partner, 1 of Counsel, plus Steuerpartner u. Associates

Anwaltszahlen: Angaben der Kanzleien, wie viele Anwälte zu mind. ca. 50 % in diesem Gebiet tätig sind. Sie spiegeln nicht zwingend die Gesamtgröße einer Kanzlei wider.

Schwerpunkte: Erbschaftsteuerplanung (inkl. Deklaration), Unternehmens- u. Vermögensnachfolgen (jew. inkl. Prozessführung), Strukturierung von Family Offices, Besteuerung von Kunstvermögen, Stiftungsrecht, Gemeinnützigkeit.
Mandate: HNI bei Vermeidung von Gesellschafterstreitigkeiten bei Gestaltung einer Gesellschafts- u. Nachfolgestruktur (Vermögen €500 Mio); Unternehmerfamilie bei vorweggenommener Erbfolge in konfliktträchtigem Umfeld von Kunst, Immob. u. Wirtschaftsunternehmen (Vermögen €700 Mio); Erben/Gesellschafter eines nach Thailand verzogenen Unternehmers bei Erbfall (Vermögen €15 Mio); Berliner Unternehmer bei Neustrukturierung von Konzern mit ca. 30 Gesellschaften (Unternehmenswert €150 Mio); Unternehmer bei Nachfolgeplanung (insbes. GmbH-Anteil an Private-Equity-Gesellschaft; Vermögen €20 Mio); Stiftung bei Beratung zum Erhalt der Gemeinnützigkeit u. Neustrukturierung des Stiftungsvermögens (€15 Mio); Alleinerbe gg. Pflichtteilsansprüche der beiden Geschwister (Streitwert €3,5 Mio); lfd.: Animus Stiftung, Eleonore-Beck Stiftung; Vorstand der Zoolog. Gesellschaft Ffm. u. der Stiftung Hilfe für die bedrohte Tierwelt.

KAPP EBELING & PARTNER

Nachfolge, Vermögen, Stiftungen ★

Bewertung: Auch über die Landesgrenzen hinweg genießt die Hannoveraner Anwalts- u. Notarkanzlei einen – durch das umfangr. Kommentarwerk angetriebenen – guten Ruf bei der erbschaft- u. schenkungsteuerl. komplexen Nachfolgegestaltung. Langj. treue Mandanten wie Dirk Rossmann oder die Familie Mensching vertrauen auf die Kenntnisse der Berater u. profitieren regelm. von der etablierten gesellschaftsrechtl. Kompetenz. Häufig ist die Kanzlei bei nachfolgebedingten Umstrukturierungen gesetzt, die sich etwa bei Vermögen im 3-stell. Mio-€-Bereich abspielen. Dabei kommt die zunehmende Transaktionsberatung häufig zum Tragen.
Stärken: Erbschaftsteuerrecht.
Team: 7 Eq.-Partner, 2 of Counsel, 1 Associate
Schwerpunkte: Unternehmensnachfolgen (inkl. Umstrukturierungen u. Prozessen), Erbrecht, Erbschaftsteuerplanung (inkl. Deklarationen), gesellschaftsrechtl. Notariat.
Mandate: Öffentl. bekannt: Dirk Rossmann, Familie Mensching (Heinz von Heiden).

KPMG LAW

Nachfolge, Vermögen, Stiftungen ★

Bewertung: Die etablierte Nachfolgepraxis ist seit Längerem fester Bestandteil des interdiszipl. Beratungsgeschäfts der Big-Four-Gesellschaft. Zuletzt setzte KPMG mit dem Zugang gleich mehrerer erfahrener Berater aus bedeutenden Familienunternehmen Ausrufezeichen: So schloss sich der ehem. General Counsel von Peek & Cloppenburg dem Büro in Münster an. Und den ehem. Steuerchef von Miele zog es zur steuerl. Nachfolgepraxis. Ein offenbar bewährtes Konzept: Denn schon der Zugang einer vor einigen Jahren von Voith dazugestoßenen Partnerin in München war wegweisend, um die Kontakte zu weiteren großen Familienunternehmen zu vertiefen u. zu verbreitern. Konkret steht KPMG damit für eine Rundumberatung, wie sie Family Offices ähnelt, aber durch Legal-Tech-Instrumente ergänzt wird, was in dieser dezidierten Form im anwaltl. Umfeld selten zu finden ist. Kern der jurist. Beratung bleiben jedoch das Stiftungsrecht sowie Umstrukturierungen im Nachfolgekontext.
Stärken: Erbrecht, steuerl. Zusammenarbeit mit Wirtschaftsprüfung.
Oft empfohlen: Mark Pawlytta
Team: 4 Eq.-Partner, 4 Sal.-Partner, 6 Associates, zzgl. 40 Berufsträger aus der Steuerberatung der KPMG AG
Partnerwechsel: Dr. Stephan Tillkorn (von Peek & Cloppenburg)
Schwerpunkte: Erb- u. Familienrecht (Testamente, Eheverträge, Pflichtteilsrecht, inkl. Streitigkeiten), gesellschafts- u. steuerrechtl. Umstrukturierungen (z.T. mit internat. Bezügen), Stiftungsrecht, Family-Office-Dienstleistungen.
Mandate: Lfd. Nachfolgestrukturierung: Eigentümerfamilie von Brand u. Vacuubrand, Christoph Hornbach; Erben von Dr. Erich Marc lfd. im Erbrecht. Lfd. Stiftungsberatung: BMW Foundation Herbert Quandt u. Eberhard von Kuehnheim Stiftung der BMW AG, Stiftung Kloster Eberbach, Dr. Hans Messer Stiftung, Deutsche Stiftung Organtransplantation, Franziskustreff-Stiftung, CBM Christoffel-Blindenmission u. Stiftung; Gewandhaus zu Leipzig zu Stiftungsgründung. Unternehmerfamilie (Vermögen rd. €3 Mrd) bei Family Office Dienstleistungen; Unternehmen aus der Automobilbranche (Unternehmenswert €5 Mrd) bei Nachfolge unter Einbezug in- u. ausländ. Stiftungslösungen.

MEILICKE HOFFMANN & PARTNER

Nachfolge, Vermögen, Stiftungen ★

Bewertung: Die Nachfolgeberatung der Bonner Kanzlei hat sich in den verg. Jahren gewandelt: Sie punktet im Kern zwar weiter mit der Verknüpfung von Gesellschafts- u. Steuerrecht, hat dabei aber v.a. ihren regionalen Fokus geschärft. Das liegt u.a. daran, dass die Partner stärker als früher vor Ort von anderen Steuerberatern u. Anwaltskanzleien als Spezialisten hinzugezogen werden. Zudem nimmt die familienstrateg. u. -psycholog. Beratung heute einen breiteren Raum ein – eine wichtige Ergänzung für die starke ▷*gesellschaftsrechtl. Streitpraxis* der Kanzlei.
Team: 3 Partner, 1 Counsel, 1 of Counsel
Schwerpunkte: Nachfolgegestaltungen (inkl. Eheverträgen) mit Fokus auf Steuer-, ▷*Gesellschafts-* u. Erbrecht, daneben Immobilienrecht, Stiftungen.
Mandate: Vertragserben aus berühmter dt. Komponistenfamilie bei Verteidigung gg. Anfechtung des Erbvertrags; 2 Söhne aus erster Ehe eines unvermittelt verstorbenen süddt. Unternehmers u. Großaktionärs einer börsennot. AG im Streit mit Erbengemeinschaft (Vermögen über €60 Mio); sauerl. Maschinenhersteller u.a. bei Nachfolgeplanung u.a. durch neue gesellschaftsrechtl. Kontrollorgane; Binnenschifffahrtsunternehmen bei Übertragung auf Enkelgeneration unter Abfindung der Kinder; E. Breuninger (zu 50% im Eigentum der Fam. Meilicke) lfd. im Gesellschafts- u. Steuerrecht; lfd. Gesellschafterfam. eines bekannten Hausgeräteherstellers im Gesellschaftsrecht.

MENOLD BEZLER

Nachfolge, Vermögen, Stiftungen ★★

Bewertung: In der auf z.T. sehr große Familienunternehmen spezialisierten Stuttgarter Kanzlei spielte die Nachfolgeberatung der Familiengesellschafter schon immer eine zentrale Rolle. Doch erst in den verg. Jahren u. insbes. seit dem Zusammenschluss mit einer mittelständ. Steuerberatungsgesellschaft rückte sie das Segment als eigenständiges Tätigkeitsfeld in den Blickpunkt. Vergleichbar mit anderen starken Gesellschaftsrechtskanzleien wie Hengeler, Noerr oder SZA bilden auch bei Menold Umstrukturierungen, die anlässl. eines Generationswechsels nötig werden, den Schwerpunkt der Praxis. Hierfür vertrauen eine Vielzahl ba.-wü. Unternehmen der regional sehr gut vernetzten Partnerschaft um Bezler. Obwohl er immer noch prägend ist, rückt auch im Nachfolgeteam die nächste Beratergeneration nach vorne, wie zuletzt die Ernennung von Franziska Gottwick zur Eq.-Partnerin u. Co-Praxisleiterin belegte.
Stärken: ▷*Gesellschaftsrechtl.* geprägte Nachfolgeberatung.
Oft empfohlen: Rudolf Bezler
Team: 5 Eq.-Partner, 1 Sal.-Partner, 7 Associates
Schwerpunkte: Nachfolge- u. Vermögensplanung mit starkem Bezug zu ▷*Gesellschaftsrecht* (v.a. Umstrukturierungen, Beirats- oder Aufsichtsratsfunktionen), Immobilien- u. Steuerrecht (u.a. Erbschaftsteuer, Stiftungs-/Gemeinnützigkeitsrecht). Auch Vertretung bei Gesellschafts- u. Erbstreitigkeiten sowie Testamentsvollstreckung u. spezialisiertes Notariat.
Mandate: Engelhorn bei Nachfolge u. Gestaltung der erbrechtl. Verfügungen vor dem Hintergrund der besonderen Strukturen einer KGaA; Ritter-Gruppe bei Konzeption u. Strukturierung der Unternehmensnachfolge; Bürger-Gruppe bei Neuordnung der Unternehmensgruppe, inkl. Nachfolgeregelung; Geiger Holding bei Neustruktur der gesellschaftsrechtl. Verhältnisse, Neufassung der Gesellschaftsverträge, Nachfolgeregelung; Wund-Gruppe/Josef Wund Stiftung u.a. bei Gestaltung nach dem Todesfall, Neustrukturierung der Unternehmensgruppe (inkl. Einbeziehung gemeinnütz. Körperschaften); Stuttgarter Maschinenbauunternehmen bei Neuordnung der Unternehmensgruppe unter Auflösung von Stammesregelungen; Stiftung KinderHerz Deutschland u.a. bzgl. Förderprojekten.

NOERR

Nachfolge, Vermögen, Stiftungen ★★★★

Bewertung: Die Kanzlei steht wie kaum eine Wettbewerberin regelm. genau so an der Seite sehr großer, z.T. börsennot. familiengeführter Unternehmen wie von (Unternehmens-)Stiftungen u. hochvermögender Personen in allen Nachfolge- u. Stiftungsfragen. Mit strateg. Konsequenz überführt die Praxis auch ihre z.T. seit Jahrzehnten betreuten Unternehmerfamilien auf die nächste Anwaltsgeneration. Das dient der Kontinuität des Geschäfts, denn in der Praxis ist der Generationswechsel in vollem Gange: So ist ihr Grandseigneur Gaede schon seit Jahren nur noch als of Counsel tätig. Und mit dem altersbedingten Ausscheiden ihres langjähr. Leiters Theiss , der u.a. ein wichtiges Mandat für den TV von Heinz-Herrmann Thiele betreut, sind nun endgültig die jungen Spezialisten gefragt, neben Allrounder Dr. Tobias Bürgers das Geschäft weiterzuentwickeln. Ihr Startvorteil: Auch in vielen seit Jahren von Noerr betreuten Familienunternehmen u. Gesellschafterstämmen rücken die nachfolgenden Generationen in die Verantwortung. Entspr. verschieben bzw. erweitern sich die Beratungsfelder: Die Mobilitätsberatung (Weg- u. Zuzüge) für die jüngere Generation gewinnt ebenso mehr an Bedeutung wie etwa interdiszipl., generationsübergr. Familienmoderation bis hin zur Investmentberatung, auch im Hinblick auf Nachhaltigkeitsziele.

Anwaltszahlen: Angaben der Kanzleien, wie viele Anwälte zu mind. ca. 50% in diesem Gebiet tätig sind. Sie spiegeln nicht zwingend die Gesamtgröße einer Kanzlei wider.

Letzteres Feld illustriert den Anspruch der Kanzlei, ihrer Klientel umf. zur Seite zu stehen, sodass die Grenze zw. Nachfolge- u. Vermögensstrukturierungsberatung immer durchlässiger wird.

Oft empfohlen: Dr. Tobias Bürgers, Dr. Bertold Gaede, Dr. Frank Schuck

Team: 13 Eq.-Partner, 5 Sal.-Partner, 1 Counsel, 6 Associates, 2 of Counsel

Partnerwechsel: Dr. Wolfram Theiss (zu Hass Dross Theiss)

Schwerpunkte: Umf. Betreuung v.a. unternehmer. Familien- u. Einzelgesellschafter in der Nachfolge- u. Vermögensplanung (u.a. Eheverträge, Testamente u. Testamentsvollstreckung) mit starkem Bezug zum ▷*Gesellschaftsrecht* (u.a. Umstrukturierungen, ▷*M&A*, Beirats- oder Kuratoriumsfunktionen), Steuerrecht (u.a. Erbschaftsteuer, Stiftungs-/Gemeinnützigkeitsrecht u. Bewertungen über hauseigene WP-Gesellschaft) sowie zu Konflikten (u.a. Gesellschafts- u. Erbstreitigkeiten bei Testamentsvollstreckungen).

Mandate: Hermes Arzneimittel/Fam. Johannes Burges sen. lfd. bei Nachfolge, inkl. Errichtung einer Familienstiftung als Holding u. gemeinnütz. Stiftung sowie Sitz im Stiftungsrat; TV von Heinz-Herrmann Thiele bei Verteidigung gegen postmortalen Generalangriff des enterbten Sohnes Henrik (aus dem Markt bekannt); Else Kröner-Fresenius-Stiftung als Ankeraktionärin bei Neuausrichtung u. Dekonsolidierung von Fresenius bzw. Fresenius Medical Care; August von Finck jr. bei Erbschafts- u. Gesellschaftsrechtsstreitigkeiten; Allianz SE bei Fusion der Allianz-Umwelt- u. der -Kulturstiftung; Family Office einer der reichsten Familien Dtl.s lfd. bei alternativen Investments; Familienunternehmen aus der Werbebranche u.a. bei Neuordnung des Gesellschafterkreises, Nachfolgegestaltung u. zu Transparenzregisterfragen. Lfd.: Dieter Schwarz-Gruppe (Lidl, Kaufland inkl. aller Stiftungen), Bauer Media (u.a. bei Corporate Governance u. stiftungsrechtl.), Semper Idem Underberg (auch Aufsichtsratsvors.), DuMont-Gruppe, Dehner-Gruppe, Sedlmayer-Gruppe (jew. gesellschaftsrechtl.), Villeroy & Boch (Aufsichtsratsberatung).

OPPENHOFF & PARTNER

Nachfolge, Vermögen, Stiftungen ★★★

Bewertung: Der Kanzlei ist es gelungen, ihre Nachfolgepraxis nach einigen Jahren des konzentrierten Ausbaus büroübergr. auf ein festes Fundament zu stellen. So schart sie in ihrem Frankf. Büro mittlerw. einen erlesenen Kreis regionaler HNI um sich, welchen sie bei der Vermögensstrukturierung u. bei streitigen Auseinandersetzungen betreut. So gut eingeführt wie in Ffm. ist die jüngere HHer Nachfolge-Praxis noch lange nicht, befindet sich aber im Ausbau. Unbestrittenes Zentrum bleibt der Kölner Stammsitz. Neben der umf. Beratung der Industriellenfamilie Reimann samt ihrer Stiftungen verfügen hier viele Partner aus versch. Rechtsgebieten über langj. Beziehungen zu weiteren z.T. sehr großen Familienunternehmen, die Nachfolgefragen in der vor einigen Jahren ins Leben gerufenen Sektorgruppe bündeln. Effekt: Mandanten werden umfassender als bei vielen Wettbewerbern, insbes. klass. Boutiquen, betreut. Von hier ist es auch möglich, sich weiteren Spezialisierungen zu verschreiben. So nutzt die Kanzlei nun ihre gute Vernetzung in die Kölner Kulturszene dazu, Kunstvermögen bewusst als Beratungsgegenstand einzusetzen.

Stärken: Schnittstelle zu ▷*Gesellschafts-* u. Steuerrecht; enge Kooperation mit div. nichtjuristischen HNI-Dienstleistern.

Oft empfohlen: Dr. Dr. Georg Maier-Reimer, Dr. Harald Gesell (beide Gesellschaftsrecht), Dr. Axel Bödefeld (Steuerrecht), Dr. Axel Wenzel („der beste Anwalt für Family-Office-Themen in Deutschland", Mandant)

Team: 8 Eq.-Partner, 2 Sal.-Partner, 6 Associates, 3 of Counsel, plus Wirtschaftsjuristen

Schwerpunkte: Umf. Beratung dt. u. internat. Unternehmerfamilien, Familienstämme u. HNI bei Unternehmens- u. Vermögensnachfolgen (internat. Erbrecht, Eheverträge, Vorsorgevollmachten, Testamente, Testamentsvollstreckung), im Gesellschafts- (u.a. Satzungen, Gesellschafterstreitigkeiten), Steuer-, Gemeinnützigkeits- u. Stiftungsrecht, inkl. gerichtl. Auseinandersetzungen. Notariat in Frankfurt.

Mandate: Alfred Landecker Foundation lfd. u. umf.; Familie Reimann (JAB) lfd. im Erb-, Familien-, Gesellschafts- u. Stiftungs- sowie Erbschaftsteuerrecht; HNI bei Errichtung gemeinnütz. Stiftung; HNI aus CH bei Übertragung dt. Immob. auf Verwandte; Sicherheitsunternehmer bei Nachfolgeplanung; ehem. Partner einer PE-Gesellschaft bei Nachfolge; HNI/Immob.-Unternehmer bei Neufassung Vorsorgeregelung mit Blick auf bestehende Schenkungsverträge; Frankf. HNI bei Gründung einer privatnützigen Stiftung; HNI bei Streit um Pflichtteilsergänzungsanspruch; lfd.: Teile von Familie Neven DuMont, Familie Wegmann, Sebastian Vettel (marktbekannt).

PETERS SCHÖNBERGER & PARTNER

Nachfolge, Vermögen, Stiftungen ★★

Bewertung: Die Münchner MDP-Kanzlei gilt bei Nachfolge- u. Stiftungsthemen seit Langem als ausgewiesene Adresse insbes. im südd. Raum. Welches Gewicht die Beratung von Familienunternehmen u. HNI im Gesamtgefüge einnimmt, sieht man nicht nur an der klar mittelständ. Klientel, die lfd. u. über viele Jahre hinweg in Recht u. Steuern beraten wird, sondern auch daran, dass der Bereich Family Office als selbstständiges Feld neben den Sparten Recht, Steuern u. Prüfung fungiert. Während im Family Office etwa das Vermögenscontrolling einen Schwerpunkt bildet, berät das vor rund 2 Jahren eröffnete Investment Office HNI bei der konkreten Vermögensallokation. Diese Services ergänzen die v.a. (steuer-)juristische Nachfolgeberatung. Im Kern sind es hier – wie bei den Wettbewerbern auch – Umstrukturierungen von Unternehmen mit Blick auf die Übergabe an die nächste Generation oder familienfremde Investoren, die Vertretung von HNI bei Erbstreitigkeiten oder Fragen der Testamentsvollstreckung, die den Großteil der Beratung ausmachen. Daneben bildet die lfd. Betreuung gemeinnütziger Stiftungen u. Vereine eine weitere eigenständige Säule, in der 2023 mit Dr. Thomas Fritz ein weiterer Eq.-Partner ernannt wurde.

Oft empfohlen: Christopher Schönberger, Maik Paukstadt, Dr. Hannspeter Riedel, Iring Christopeit

Team: 5 Eq.-Partner, 5 Sal.-Partner, 7 Associates, 1 of Counsel

Schwerpunkte: Umf. rechtl. u. steuerl. Betreuung inhabergeführter Unternehmen u. priv. Großvermögen (insbes. Erben) bei Steuer- u. Nachfolgegestaltung (Testamente, Erbschaftsteuer) sowie streitiges Erbrecht u. Testamentsvollstreckung. Im PSP Family Office u.a. Vermögensstrukturierung, Anlagestrategie, Reporting u. Controlling. Lfd. Beratung von Stiftungen u. gemeinnütz. Einrichtungen.

Mandate: Familiengeführtes Wohnungsunternehmen bei Nachfolgestrukturierung; Unternehmen bei Nachfolgegestaltung über 2 Generationen mit Auslandsbezug. Lfd. Mittelstandsberatung: Constantin Film, Loden-Frey, Vetter Pharma, Dr. Schnell, Uhlmann. Lfd. Stiftungsberatung: Horizont Jutta Speidel-Stiftung, Bundesverband Deutscher Stiftungen, Sternstunden e.V., Stiftung Kath. Familien- und Altenpflegewerk, Stiftung Neues Konzerthaus München, Stiftung Private Wirtschaftsschulen Sabel.

POELLATH

Nachfolge, Vermögen, Stiftungen ★★★★★

Bewertung: Ungebrochen dynamisch zeigt sich Poellath als eine der führenden Nachfolgeberater. Zahlr. HNI, meist mrd-€-schwere Familienunternehmen u. große Stiftungen, vertrauen seit Langem auf die rechtl. u. steuerl. Beratung. Die indiv. Stärken der unterschiedl. Standorte fügen sich zu einem Gesamtkonzept zusammen: Berlin hat ihr Kerngeschäft in der Stiftungs- u. Non-Profit-Beratung weiter geschärft u. mit der Ernennung eines Counsels gefestigt. Dieser ist spezialisiert auf den Umgang mit ausländ. Trusts, ein Feld, das immer wichtiger wird. Im Mittelpunkt der Arbeit des Münchener Teams steht die Beratung hochvermögender Unternehmerfamilien, für die die Partner umf. tätig sind u. welche in Zusammenarbeit mit der ▷*Gesellschaftsrechtspraxis* regelm. bei Konzernumstrukturierungen beraten werden. Überdies beauftragten dort zuletzt ▷*Private Equity*-Manager u. ehem. Start-up-Unternehmer die Kanzlei vermehrt auch in Sachen Vermögensstrukturierung, häufig mit ausländ. Stiftungen als Vehikel. Dies zeigt, dass Poellath imstande ist, diese 2 Säulen ihres Geschäfts immer besser zu verbinden u. ihrer Klientel umf. zur Seite zu stehen. Die größte Erfolgsgeschichte der Nachfolgepraxis ist der Ausbau des Frankf. Büros: Nicht zuletzt die seit Jahren lfd. umf. Beratung einer mrd-€-schweren Unternehmerfamilie mit über 200 Gesellschaftern bei der Nachfolgeplanung war ein Grund für die Ernennung einer jungen Partnerin, die federführend in diesem Mandat tätig ist. Mit nunmehr 2 spezialisierten Private-Client-Partnern u. einem stark gewachsenen Team ist das Büro am Main aus der Praxis kaum noch wegzudenken.

Stärken: Jahrzehntelange Beziehungen zu den größten dt. Vermögen u. zu wichtigen Familienunternehmen; Kombination von Steuer-, ▷*Investment-* u. ▷*Gesellsch.recht* sowie ▷*Private Equ. u. Vent. Capital*, ▷*M&A*.

Oft empfohlen: Prof. Dr. Reinhard Pöllath, Dr. Andreas Richter, Dr. Stephan Viskorf, Dr. Anna Gollan („sehr präsent in der Gemeinnützigkeits- u. Stiftungsberatung für Museen u. Kunstvermögen", Wettbewerber), zunehmend Dr. Christoph Philipp

Team: 10 Eq.-Partner, 1 Sal.-Partner, 4 Counsel, 24 Associates, 2 of Counsel

Schwerpunkte: Nachfolgeplanung in oft sehr großen Familienunternehmen mit Mrd-€-Vermögen (inkl. Aufsetzen von Governance-Strukturen, Moderation von Gesellschafterstreitigkeiten, Testamentsvollstreckung) sowie Vermögensgestaltung für UHNI u. HNI, Strukturierung von Family Offices, internat. Steuerrecht (Weg-/Zuzug, grenzüberschr. Vermögensallokation), Ehe- u. Familienrecht, Gemeinnützigkeits- u. Stiftungsrecht (Familienstif-

Anwaltszahlen: Angaben der Kanzleien, wie viele Anwälte zu mind. ca. 50 % in diesem Gebiet tätig sind. Sie spiegeln nicht zwingend die Gesamtgröße einer Kanzlei wider.

tungen u. Non-Profit-Organisationen, Aufsichtsrecht).
Mandate: Lfd.: Inhaber von Eckes, Liz Mohn (Bertelsmann), Bertelsmann-Stiftung, Fam. Rausing (Tetra Pak), Harald Quandt Holding, Phineo (alle aus dem Markt bekannt). UHNWI zu Wegzug, Strukturierung u. Behandlung von Trusts u. Stiftungen im zweist. Mrd-€-Bereich; US-Non-Profit-Organisation bei Zuwendungsvertrag für gemeinnützige Entwicklungshilfe-Organisation.

PRICEWATERHOUSECOOPERS LEGAL

Nachfolge, Vermögen, Stiftungen ★

Bewertung: Die Nachfolge- u. Vermögensstrukturierungspraxis von PwC gilt unter den Big-Four-Gesellschaften als die etablierteste hierzulande. Doch nach dem Wechsel des jahrzehntelang in der Private-Client-Praxis als führender Partner agierenden Lothar Siemers in den Of-Counsel-Status befindet sich das Team in der Neuaufstellung. Dies erhöht den Druck auf die neue alleinige Praxisleiterin Thonemann-Micker, die Praxis insges. u. insbes. das D'dorfer Kernteam auf breitere Füße zu stellen. PwC hat sich daher in D'dorf durch Berufsträger unterhalb der Partnerebene verstärkt u. setzt gleichz. auf einen bewussteren Ausbau anderer Standorte wie München oder Stuttgart. Zudem hat die Praxis auch beim Modethema Family-Office-Beratung, das insbes. bei MDPs u. den Big Four hoch im Kurs steht, einen höheren Gang eingelegt: Mit einem 2022 von einer Privatbank bzw. einem Schweizer FO gekommenen Berater setzt sie auf Inhouse-Erfahrung u. ihre Legal- u. Tax-Tech-Tools (z.B. zur Verbundvermögensaufstellung, zum Deklarations-Review oder zur Auswahl von Geldanlagen), um größere Marktanteile zu gewinnen.
Stärken: Integrierte Steuer- u. Rechtsberatung.
Oft empfohlen: Lothar Siemers („PwC insgesamt, aber v.a. Siemers top in der Nachfolgeberatung", Wettbewerber), Susanne Thonemann-Micker („sehr gute Juristin", Wettbewerber)
Team: 6 Eq.-Partner, 14 Sal.-Partner, 7 Associates, 2 of Counsel
Schwerpunkte: Nachfolgegestaltungen für mittlere u. große Familienunternehmen (inkl. Umstrukturierungen, Erbrecht), Vermögensstrukturierung (inkl. Testamenten, Eheverträgen), häufig mit steuerl. Fokus. Testamentsvollstreckung, Stiftungsrecht.
Mandate: Tengelmann-Erben Katrin, Viktoria Anna-Katharina u. Erivan Karl-Christopher Haub bei Anteilsverkauf an Christian Haub sowie div. erbrechtl. u. steuerl. Fragen im Kontext Dtl./USA (marktbekannt); TV eines der größten dt. Nachlässe bei Abwicklung bzgl. des Immobilienvermögens; UHNI-Unternehmerfamilie bei Nachfolge mit div. doppelt ansässigen Familienstiftungen, u.a. durch Trennung der bisher. unternehmer. Betätigung von neuen Geschäftsmodellen (Start-ups, Private Equity), Umstrukturierung des gemeinnütz. Investitionsbereichs; UHNI bei komplexer rechtl. u. steuerl. Nachfolgegestaltung mit 5 Jurisdiktionen; Family Office eines Liechtensteiner Trusts zivil- u. steuerrechtl. bei Strukturierung von mit Investments in Dtl.;Testamentsvollstreckung über Nachlass mit Immob. u. Gesellschaftsbeteiligungen im In- u. Ausland sowie Erben mit Wohnsitzen in 3 Staaten.

RITTERSHAUS

Nachfolge, Vermögen, Stiftungen ★★

Bewertung: Die Kanzlei hat sich durch ihre mediationsgestützte Beratung einen Namen gemacht u. gilt bei der Etablierung von Stiftungen in der Nachfolgeberatung als sehr versiert. Auf dieser Basis hatte sie ihre Tätigkeit u. ihre Praxisgröße in den verg. Jahren kontinuierl. verbreitert. Mit dem Verlust 2er Partner kurz hintereinander ist die Kanzlei zumindest aktuell etwas vom Kurs abgekommen. Mit seinem insges. 4-köpfigen Team hatte sich im Frühjahr 2023 der bei Mandanten hoch geschätzte Blusz der Private-Client-Boutique gkn angeschlossen, wodurch Rittershaus ihre auf HNI fokussierte Steuerberatungsabteilung verlor. Sie ist nun für die lfd. Steuerberatung wieder auf ihren Kooperationspartner Falk & Co. angewiesen. Noch mehr in ihrem Kernbereich traf die Kanzlei der Wechsel von Schwittek Ende 2022, die mit ihrer Spezialisierung auf Erb- u. Gesellschaftsrecht u. der Tätigkeit als Notarin u. Mediatorin so etwas wie den Prototyp des Rittershaus-Nachfolgeberaters verkörperte. Doch ist die Praxis groß genug, um beide Abgänge zu verkraften. Insbes. ihre Erfahrung, in- u. ausländ. Stiftungen als Nachfolgeinstrument im unternehm. Bereich einzusetzen, führt zu stetiger Nachfrage, genauso wie ihre breit angelegte u. im Wachstum begriffene Testamentsvollstreckungsabteilung.
Stärken: Verknüpfung von Mediation u. Rechtsberatung.
Oft empfohlen: Dr. Werner Born,
Team: 6 Eq.-Partner, 1 Counsel, 5 Associates
Partnerwechsel: Pawel Blusz (Steuerrecht; zu gkn Gräfe Klümpen-Neusel), Dr. Eva Schwittek (Notariat; zu May und Partner)
Schwerpunkte: Umf. gestaltende, streitige sowie mediationsgestützte Beratung v.a. inhabergeführter Unternehmen bei deren Nachfolge (inkl. Familienverfassungen, Testamenten, Stiftungslösungen, Erbschaftsteuern), Erb- u. Familienrecht, Testamentsvollstreckungen. Gesellschafts- u. erbrechtl. ausgerichtetes Notariat.
Mandate: Hagedorn-Gruppe lfd.; Familie mit Weingütern in der Südpfalz bei Umstrukturierungen u. Nachfolge; Gesellschafter eines z.T. börsennot. Familienunternehmens bei Vermögensübertragung auf 4 Familienstiftungen; Frankf. Anwalt bei Güterstandsschaukel u. steueropt. Nachfolgegestaltung; Mitglieder einer westdt. Stahlhändlerfamilie bei streitigem Erbscheinverfahren; Pflichtteilsberechtigter ggü. 25 gesetzl. Erben im Nachlassverfahren.

RÖDL & PARTNER

Nachfolge, Vermögen, Stiftungen ★★★

Bewertung: Die Nachfolge-Praxis des auf den Mittelstand fokussierten Beratungshauses deckt in ihrer Beratung MDP-typisch das gesamte Spektrum von Vermögens- u. Nachfolgethemen ab, mit Schwerpunkten in der Stiftungs- u. Umstrukturierungsberatung. Kontinuierl. steigt einerseits die Nachfrage mit einem in Rede stehenden Vermögen im Mrd-€-Bereich, andererseits von immer jüngeren HNI, was die Komplexität der Beratung mit Blick auf minderj. Kinder erhöht. Wie bei Wettbewerbern nahm zudem bei Rödl zuletzt die internat. Mobilitätsberatung zu. Dies ließ das globale Netz der MDP näher zusammenrücken u. veranlasste sie dazu, in Büros wie Paris oder Singapur auch auf personellen Ausbau zu setzen. Der internat. Ansatz schlägt sich darüber hinaus in der umfangr. Beratung von (Multi-)Family Offices nieder, die von der steuerl. u. rechtl. Strukturierung bis hin zur Deklaration reicht.
Stärken: Verknüpfung von Steuer- u. Rechtsberatung.
Team: 3 Eq.-Partner, 12 Sal.-Partner, 12 Associates
Schwerpunkte: Umf. steuerl. u. rechtl. Beratung von Familienunternehmen, Family Offices u. HNI zu Unternehmensnachfolgen (inkl. Stiftungen, Testamenten, ▷*gesellschaftsrechtl. Umstrukturierungen*, Gesellschafterstreitigkeiten, Erbschaftsteuer, Wegzugsbesteuerung), Vermögensstrukturierung (Steuererklärungen, Finanzbuchhaltung, Jahresabschlüsse), Ehe-, Güter- u. Pflegschaftsrecht. Feste Kooperation für spezialisiertes Vermögenscontrolling.
Mandate: Dallmayr zu Fragen der erbschaftsteuerl. Begünstigung; Immob.-Ges. mit Sitz in Brasilien u. Schenker in Portugal bei vorweggenommener Nachfolge bzgl. in Dtl. Ansässiger; Gesellschafter einer mehr als €1 Mrd schweren Beteiligung an internat. Konzern mit dt. Holding in der Techbranche bei Nachfolgeplanung; Gesellschafter eines bayer. Immob.-Entwicklers bei Nachfolge (inkl. Verwaltungsvermögenstest); Aktienges. im Familienbesitz mit Beteiligung an börsennot. AG bei Vermeidung von Wegzugssteuern u. vorweggenommener Erbfolge; familiengeführte dt. Holding von internat. aufgestellten Umwelttechnikkonzern bei Neufassung Gesellschaftsvertrag, Vermeidung Wegzugsbesteuerung u. vorweggenommenen Erbfolge, inkl. Grunderwerbsteuern. Lfd.: Auerbach-Stiftung, Siemens Stiftung, Carl Schlenk, Frankenwohnbau.

SCHMIDT VON DER OSTEN & HUBER

Nachfolge, Vermögen, Stiftungen ★

Bewertung: In der hoch angesehenen, eher ▷*gesellschaftsrechtl. ausgerichteten*, Kanzlei nehmen Vermögensstrukturierung u. Stiftungsberatung seit Langem eine wichtige Rolle ein, zuletzt sogar mit steigender Tendenz. Das liegt einerseits daran, dass aus dem Umfeld der zentralen SOH-Mandantin Aldi Nord auch jenseits des Konzerns ein hoher Beratungsbedarf bei internat. Investments besteht. Zum anderen ist die sehr öffentlichkeitsscheue Praxis dabei, ihr traditionelles Kernthema Stiftungsberatung nun über persönl. Netzwerke u. gezielte Verbindungen zu Privatbanken u. Vermögensverwaltern stärker zu platzieren – eine angesichts der Wettbewerbschancen überfällige Entscheidung.
Stärken: Stiftungsberatung.
Oft empfohlen: Dr. Jochen Lehmann („tiefes Verständnis unseres operativen Geschäfts über die rechtl. Beratung hinaus", Mandant)
Team: 5 Eq.-Partner, 1 Sal.-Partner, 2 Associates
Schwerpunkte: HNI umf. zu Unternehmens- u. Vermögensnachfolgen (▷*gesellschaftsrechtl. Umstrukturierungen*, Erbrecht, Testamente), Stiftungsrecht, Testamentsvollstreckung, spezialisiertes Notariat.
Mandate: Mrd-schwere Single Family Offices bei Konzeptionierung u. Implementierung von Beteiligungs- u. Spartentochtergesellschaften; Gesellschafter von Rhein-Ruhr Collin lfd. bei Unternehmens- u. Nachfolgestrukturierungen; HNI-Unternehmerehepaar aus dem Rhein-Ruhr-Gebiet (Chemie-, Energiebranche) lfd. bei Nachfolgegestaltung inkl. Neuordnung Unternehmensbeteiligungen; lfd.: Heinz Nixdorf Stiftung u. Stiftung Westfalen im Stiftungs- u. Gemeinnützigkeitsrecht, inkl. Konzeption zur Vermögensanlage über vermögensverwaltende Tochtergesellschaften.

Anwaltszahlen: Angaben der Kanzleien, wie viele Anwälte zu mind. ca. 50% in diesem Gebiet tätig sind. Sie spiegeln nicht zwingend die Gesamtgröße einer Kanzlei wider.

SEITZ

Nachfolge, Vermögen, Stiftungen ★★

Bewertung: Die Vermögens- u. Nachfolge-Praxis der Kölner Kanzlei genießt seit Jahren das Vertrauen einer Vielzahl von HNI u. Unternehmensinhabern, die das Team regelm. umf. – inkl. der lfd. Steuerberatung – betreut. Die Consigliere-gleiche Beratung, die v.a. Kröber auch aufgrund seines ▷*steuerstrafrechtl.* Hintergrundes verkörpert, entwickelt sich dabei mehr u. mehr zum Charakter der gesamten Nachfolge-Praxis. Allerdings ist das steuerrechtl. geprägte Team nun jenseits seines auf HNI u. Unternehmer zugeschnittenen Kerns gefordert, auch mit dem immensen Gesamtwachstum der Kanzlei mitzuhalten. Mit der Aufnahme großer Teams an den 2023 neu eröffneten Standorten in München, Ffm. u. v.a. D'dorf steigt auch der kanzleiinterne Bedarf an konzern-steuerrechtl. Begleitung. Das bringt die Praxis, die nach wie vor mit Kröber nur 1 Eq.-Partner zählt, an ihre personellen Grenzen.

Stärken: Umf. Steuer- u. Steuerrechtsberatung.

Oft empfohlen: Nils Kröber, zunehmend: Dr. Julian Peters („hervorragender Spezialist, verlässlich, menschlich top", Wettbewerber)

Team: 1 Eq.-Partner, 4 Sal.-Partner, 2 Counsel, 5 Associates, 1 of Counsel (plus eigenständ. Steuerberatung)

Schwerpunkte: Steuerl. u. gesellsch.-rechtl. Beratung eigentümerbestimmter Unternehmen, vermög. Unternehmerfamilien u. HNI zu Nachfolgen (Testamente, Gestaltungen mit dt./ausl. Stiftungen/Trusts), Weg-/Zuzug, Investments/Beteiligungsgesellschaften, Prozessen, ▷*Steuerstrafrecht*. Vermögenscontrolling u. Unternehmensbewertungen.

Mandate: Fam. Grenke/Grenke Vermögensverwaltung/Grenke Stiftung als Gesellschafter der Grenke AG sowie Aufsichtsratsmitglied bei der Grenke AG; Bertsch-Gruppe lfd. bzgl. Beteiligungen im Konzern mit Tochteruntern. im In- u. Ausland; Inhaberfam. der Westfalen AG lfd. bzgl. vorweggenommener Erbfolge u. Verschonungsregelungen; Immob.unternehmer (Vermögen: €350 Mio) bei Schenkungsteuern, Vermögensnachfolge sowie Koordination des Erwerbs von Immobilien; Eigentümer einer Unternehmensgruppe bei gesamthafter Betreuung; div. HNI aus der E-Sports-Szene bei Vermögensstrukturierung; ehem. Formel-1-Fahrer bei Vermögensstrukturierung; russ. UHNI bei rechtl. u. steuerl. Angelegenheiten in Dtl. (mittlerw. sanktioniert)

SKW SCHWARZ

Nachfolge, Vermögen, Stiftungen ★

Bewertung: In der Nachfolgeberatung besticht die mittelständ. Kanzlei mit einer bes. breiten Ausrichtung für Private Clients, darunter viele Prominente u. Adelige. Diese setzen auf die langj. Familien- u. Erbrechtskenntnisse der Berater, zuletzt häufig auch bei Gründungen gr., häufig liechtenstein. Familienstiftungen. Ergänzend dazu steuert das Frankf. Büro notarielles Know-how bei, v.a. notarielle Beurkundungen bei vorweggenommenen Erbfolgen, Erbverträgen u. Testamenten. Letztere kann die Kanzlei durch ein Legal-Tech-Tool vollautomatisiert erstellen lassen. Eine stärkere Verbindung sind kürzlich Nachfolge- u. Steuerpraxis eingegangen, was auch in der Personalentwicklung deutl. wird: Zuletzt wurde Dr. Jens-Hendrik Kern zum Sal.-Partner ernannt. Er ist fachl. breit aufgestellt u. bringt viel Erfahrung in der erbrechtl. Nachfolgegestaltung mit steuerl. Komponente mit.

Stärken: Familienrecht (Scheidungen, Vergleichsmoderation, Eheverträge, Güterrecht), Stiftungsrecht.

Team: 7 Eq.-Partner, 1 Sal.-Partner, 1 Counsel, 3 Associates, 1 of Counsel

Schwerpunkte: Beratung u. gerichtl. Vertretung von Stiftungen, HNI, Unternehmern u. (Ex-)Vorständen an der Schnittstelle von Familien-, Erb- u. Steuerrecht sowie Nachfolge- u. Vermögensgestaltung mit Bezug zum Steuer- u. ▷*Gesellschaftsrecht* (Unternehmensumstrukturierung, Testamente, Vorsorgevollmachten, Kunst u. Immobilien), spezialisiertes Notariat in Frankfurt.

Mandate: Keine Nennungen.

SONNTAG & PARTNER

Nachfolge, Vermögen, Stiftungen ★

Bewertung: Die mittelgroße Augsburger MDP-Kanzlei mit breitem Beratungsansatz zählt zu den zentralen Adressen für den süddt. Mittelstand u. steht bei diesem auch für Nachfolge- u. Vermögensstrukturierung entspr. hoch im Kurs. Mandanten finden in den 2 Sparten der Kanzlei Anknüpfungspunkte: entweder in dem etablierten Multi-Family-Office oder direkt bei dem Rechts- u. Steuerteam. Spürbar hat die interne Zusammenarbeit zw. den einzelnen Praxen zugenommen: Dem vermehrten Aufkommen von Erbschaftsstreitigkeiten begegnet S&P so etwa durch die projektweise Kooperation von Nachfolge- u. Streitanwälten. Zudem erfreut sich die Stiftungsberatung weiter reger Nachfrage, was zur Ernennung eines Sal.-Partners führte.

Stärken: Multidisziplinäre Beratung (inkl. steuerl. u. finanzieller Vermögensbewertungen).

Team: 3 Eq.-Partner, 1 Sal.-Partner, 1 Counsel, 3 Associate (plus kanzleieigenes Family Office)

Schwerpunkte: Rechtl. u. steuerl. Nachfolge- u. Vermögensplanung für Familienunternehmen u. HNI; Stiftungsberatung (Familienstiftungen, z.T. gemeinnütz. Stiftungen). Family-Office-Dienstleistungen zur Vermögenssteuerung (v.a. Verwaltung, Reporting).

Mandate: Patrizia Kinderhaus Stiftung lfd.; Gesellschafter eines Anlagenbauer (Unternehmenswert €200 Mio) bei Nachfolge durch Familienstiftung; Testamentsvollstrecker bei Auseinandersetzung mit Familie des Erblassers um Mio-€-schweren Immob.besitz; lfd. Betreuung eines großen Single-Family-Office mit Mehrheit an börsennot. SE. Weiterh.: Familienstiftung mit unselbstst. gemeinnütz. Stiftung bei Nachfolge für Unternehmen der Sportartikelindustrie (Unternehmenswert €100 Mio); Nachlassabwicklung mit Unternehmensbeteiligungen u. Auslandsvermögen (Vol. €65 Mio); 9 HNI-Familien lfd. u. umf. im Family Office (Gesamtvermögen €2,6 Mrd)

SZA SCHILLING ZUTT & ANSCHÜTZ

Nachfolge, Vermögen, Stiftungen ★★★★

Bewertung: Das zu den renommiertesten im Markt zählende Team stellte zuletzt erneut seine Erfahrung im Umgang mit großen Familienstämmen unter Beweis. So wendeten sich gleich 2 größere Unternehmen mit vielen Gesellschaftern an die Kanzlei, um sie bei der Neufassung ihres Gesellschaftsvertrags u. der Family Governance zu beraten. In diesem Spezialfeld reichen SZA, die mit Voith u. Freudenberg seit Jahren Unternehmen mit einer Vielzahl von Gesellschaftern betreut, nur wenige Wettbewerber das Wasser. Die Erfahrung zahlte sich zudem bei Übernahme der Beratung der im öffentlichen Fokus stehenden Familienstiftung von Heinz Hermann Thiele aus. Dagegen zählten gerichtl. Auseinandersetzungen lange nicht zu den Kernkompetenzen der Nachfolgepraxis. Das hat sich zuletzt geändert: Das Team hat sich mit Streitigkeiten in Stiftungen einer noch wenig beackerten Nische verschrieben, die jedoch aufgrund der seit Jahren wachsenden Zahl von Familienstiftungen relevanter wird. Zudem vertritt ein Münchner Partner der sehr anerkannten ▷*Konfliktlösungslösungspraxis* vermehrt Parteien in Erbrechtsstreitigkeiten.

Stärken: Langj. Erfahrung in der Nachfolgeplanung u. bei Wegzugsfragen, Stiftungen, Betreuung vermögender Großfamilien u. Familienstämme.

Oft empfohlen: Dr. Stephan Scherer („angenehm u. erfahren", Wettbewerber), Dr. Martin Feick („kompetent u. kollegial", Wettbewerber)

Team: 3 Partner, 7 Associates

Schwerpunkte: Umf. Nachfolge- (Erb- u. Erbschaftsteuerrecht, Eheverträge, Scheidungen, jew. auch internat.) u. Vermögensplanung (Vermögensverwaltung, Familienvermögensverwaltungsges., Investment-, Kunst-, Immobilien-, Wegzugsbesteuerung) für Unternehmerfamilien u. HNI sowie Stiftungsberatung (Familien-, Doppelstiftungen), Testamentsvollstreckung, trad. verknüpft mit starker ▷*gesellsch.rechtl.*, ▷*M&A*- u. Steuerrechtsberatung sowie mit ▷*Konfliktlösung*.

Mandate: Zivil-, gesellschafts- u. öffentl.-rechtl. Beratung der Heinz Hermann Thiele Familienstiftung; lfd.: zahlr. Gesellschafter von Freudenberg bei Nachfolgeplanung inkl. Eheverträgen u. internat. Sachverhalten; zahlr. Gesellschafter von Voith (Vermögen rd. €1 Mrd) u.a. bei Wegzugsberatung; HNI aus sehr gr. dt. Familienunternehmen bei Strukturierung des ww. Vermögens (liquide Werte, Immobilien, Yacht, Weingut etc.) u. Erbfolge nach kürzl. verstorbener Großmutter sowie zentrale Koordination der Berater andere Jurisdiktionen; familiengeführtes Guss- u. Walztechnikunternehmen aus NRW bei kompletter Neufassung des Gesellschaftsvertrages anlässl. neuer Gesellschafterstruktur nach Generationsübergang; familiengeführtes Chemieunternehmen bei Neufassung des Gesellschaftsvertrages, inkl. Änderungen im Beirat.

TAYLOR WESSING

Nachfolge, Vermögen, Stiftungen ★★★★

JUVE AWARDS 2023

Kanzlei des Jahres für Nachfolge, Vermögen, Stiftungen

Bewertung: Die Nachfolgepraxis der dt.-brit. Kanzlei steht seit Langem für die umf. Beratung einer hochwertigen Klientel, die mit wachsendem Teil aus mrd-schweren Familienunternehmen stammt. Hier sind es oftmals ganze Gesellschafterstämme sehr bekannter Unternehmen, die persönl. oder über Single-Family-Office betreut werden – und zwar in immer breiterem Umfang. Waren es in den verg. Jahren v.a. das Familien- u. das Steuerrecht, das die ursprüngl. Gesellschafts- u. erbrechtl. Kernpraxis ergänzten u. nach u. nach prägten, ist die Kanzlei nun auch bei Restrukturierungs- u. Investitionsberatung von HNI gefragt. Dies liegt nicht zuletzt daran, dass es TW gelang, die

Anwaltszahlen: Angaben der Kanzleien, wie viele Anwälte zu mind. ca. 50% in diesem Gebiet tätig sind. Sie spiegeln nicht zwingend die Gesamtgröße einer Kanzlei wider.

Unternehmerfamilien u. HNI als praxisgruppenübergr. Klientel zu begreifen; insoweit zahlt sich die hauseigene u. internat. angelegte Industrie-Gruppe-Aufstellung aus, die ihre Stärken v.a. bei der hochkomplexen Beratung des Testamentsvollstreckers des ww. investierten Milliardärs Heinz Herrmann Thiele ausspielen kann. Ein weiterer Grund für den zunehmenden Erfolg der überörtl. gut vernetzten Praxis mag auch in ihrer diversen Aufstellung liegen: Sie vereint versch. Berater-Generationen u. weist einen sehr hohen Frauenanteil aus – fast die Hälfte der Eq.-Partner sind weiblich –, wodurch spürbar breitere Mandantengruppen angesprochen werden.

Stärken: Kombination von Nachfolgeplanung u. internat. Familien- (Scheidungen, Eheverträge, Güterrecht), Erb- u. Erbschaftsteuerrecht.

Oft empfohlen: Dr. Axel Godron, Prof. Dr. Jens Escher („sehr präzise u. gründlich, entwickelt tragfähige Lösungen für komplexe u. internationale Fragestellungen bei der Unternehmensnachfolge“, Mandant), Dr. Cornelia Maetschke-Biersack („sehr kompetent“, Mandant; „erfrischend klare Ansagen, ohne dick aufzutragen“, Wettbewerber)

Team: 9 Eq.-Partner, 3 Sal.-Partner, 7 Associates, 1 of Counsel

Schwerpunkte: Unternehmensnachfolge (u.a. Erbrecht, Testamente, Erbschaftsteuern), Zu-/Wegzugsberatung u. Vermögensgestaltung mit Bezügen zu ▷*Gesellsch.recht* (inkl. Family Corporate Governance), ▷*M&A*, ▷*Immobilien*, Familienrecht (internat. Eheverträge, Scheidungen etc.) u. ▷*Prozessen/gesellschafts- u. erbrechtl. Streitigkeiten*, Testamentsvollstreckung, Stiftungsberatung.

Mandate: Testamentsvollstrecker von Heinz Herrmann Thiele umf. bei Nachlassabwicklung im In- u. Ausland, u.a. bei erbschaftsteuerlicher Gestaltung und VA bzgl. Stiftungserrichtung (öffentl. bekannt); Eigentümerfamilie eines mittelständ. Bau- u. Projektentwicklers bei Errichtung nachfolgefreundlicher Holdingstrukturen sowie bei Erwerb der Beteiligung eines ausscheidenden Familienstamms.

VOIGT WUNSCH HOLLER

Nachfolge, Vermögen, Stiftungen ★

Bewertung: Kern der HHer Corporate-Boutique ist die Beratung von Familienunternehmen u. -gesellschaftern über alle Generationen hinweg. Trotz kleiner Formation finden namh. Mandanten wie neuerdings die Alba Gruppe u. zunehmend Mandanten mit Mrd-Vermögen aus dem ges. Bundesgebiet ihren Weg zu einem der Namenspartner, der maßgebl. für die Nachfolgeberatung der Kanzlei steht. Ergänzend fließt weiteres Spezial-Know-how mit in die Beratung ein: die ▷*gesellschaftsrechtl.* Transaktionsberatung, zuletzt u.a. beim Verkauf von Borco, sowie Konfliktlösungskompetenz. Dieser Dreiklang prägt bei VWH die Unternehmensnachfolgeberatung, inklusive Strukturierung komplexer Corporate Governances.

Stärken: Konfliktlösung bei gesellschaftsrechtl. Streitigkeiten.

Team: 1 Partner, 3 Associates

Schwerpunkte: Unternehmensnachfolge (v.a. durch Umstrukturierungen u. Corporate Governance, ▷*M&A* sowie Finanzierung), Beratung zu Testamentsvollstreckungen, Stiftungsrecht, jew. auch bei streitigen Auseinandersetzungen.

Mandate: Alba Gruppe bei Nachfolgegestaltung; Familienstamm Bernd Matthiesen bei Verkauf von Borco-Marken-Import an Stock Spirits; Familienunternehmen (Umsatz €4 Mrd) bei Errichtung einer Familienholding mit komplexer Corp. Governance u. Nachfolgegestaltung; börsennot. Familienunternehmen bei Aufnahme eines weiteren internationalen Family Office; HHer Unternehmerfamilie in 3. Generation bei Neuordnung des Gesellschafterkreises u. umfassende Neuregelung/-fassung der Gesellschaftsverträge inkl. Rechtsformwechsel div. Familiengesellschaften zur gesellschaftsrechtl. Bündelung des Immobilienvermögens (mehr als €1 Mrd).

WINHELLER

Nachfolge, Vermögen, Stiftungen ★

Bewertung: Die Frankf. Rechts- u. Steuerberatungskanzlei findet sich nach dem Zusammenschluss mit der ba.-wü. Steuerberatungskanzlei von Matussek u. der rund ein Jahr danach wieder beschlossenen Trennung 2023 im kompletten Umbruch. Im Zuge der Unruhe verlor die Kanzlei formal ihr steuerberatendes Know-how für NPOs, wenngleich gemeinnütz. Stiftungen u. Vereine eine wesentl. Klientel bleiben. Doch die wieder geschrumpfte Kanzlei blickt auch nach vorne: So schenken ihr ausländ. HNI u. UHNI, etwa aus Dubai oder der Ukraine, weiter Vertrauen. Um der wachsenden Nachfrage nach umfassender Private-Client-Beratung gerecht zu werden, hat Winheller zudem mit einer erfahrenen Family Officerin eine Sparte ins Leben gerufen, die sich eine weit über rechtl. u. steuerl. Belange hinausgehende Rundumberatung auf die Fahne geschrieben hat. Zudem ernannte sie einen weiteren spezialisierten Eq.-Partner.

Oft empfohlen: Stefan Winheller

Team: 3 Eq.-Partner, 8 Associates, 2 of Counsel

Partnerwechsel: Sascha Matussek (in eigene Kanzlei)

Schwerpunkte: Rundumberatung gemeinnütz. Stiftungen u. Non-Profit-Organisationen (Gründung, Gestaltung, Verwaltung, Gemeinnützigkeitsrecht), Nachfolge- u. Vermögensberatung (v.a. Stiftungslösungen), Steuerrecht.

Mandate: HNI bei Übertragung eines €50-Mio-Immobilienportfolios auf eine Familiengesellschaft u. geplanter anschl. Anteilsübertragung auf Familienstiftung; Kryptoinvestor bei Vermögensneuordnung, u.a. durch Vorsorgevollmacht, Testament, Notfallpläne (Vermögen rund €30 Mio); lfd. Hubert Burda Stiftung, Vereinigung der Haus-, Grund- und Wohnungseigentümer Frankfurt, Stiftung Knochenmark- und Stammzellspende Deutschland (SKD), Stiftung Therapeutische Seelsorge, Deutscher Bundesverband für Logopädie, Deutsche Stiftung für Engagement und Ehrenamt, Dr. Jürgen und Irmgard Ulderup Stiftung, 1. FSV Mainz 05 e.V. (u.a. zu Wahlen u. Mitgliederversammlungen).

Anwaltszahlen: Angaben der Kanzleien, wie viele Anwälte zu mind. ca. 50% in diesem Gebiet tätig sind. Sie spiegeln nicht zwingend die Gesamtgröße einer Kanzlei wider.

Das notarielle Online-Verfahren: digitaler Fortschritt oder neumodische Spielerei?

Von Dr. Heiko Jäkel und Dr. Andreas Schrey, bhp Bögner Hensel & Partner, Frankfurt

Dr. Heiko Jäkel

Dr. Heiko Jäkel ist Partner bei bhp Bögner Hensel & Partner. Als Rechtsanwalt und Notar berät und betreut er Immobiliengesellschaften, Projektentwickler, Bauträger, private Investoren etc. in allen Fragen des Immobilienwirtschaftsrechts. Der Schwerpunkt seiner Tätigkeit als Notar liegt in der immobilienrechtlichen Vertragsgestaltung, der Begleitung komplexer Bauträgerprojekte und Wohnungseigentumsstrukturen.

Dr. Andreas Schrey

Dr. Andreas Schrey ist Partner bei bhp Bögner Hensel & Partner. Im Rahmen des Immobilien- und Gesellschaftsrechts ist er für deutsche und internationale Mandanten tätig. Der Schwerpunkt seiner notariellen Tätigkeit liegt vor allem im Bereich des Umwandlungs- und Gesellschaftsrechts sowie im Immobilienrecht.

bhp Bögner Hensel & Partner ist eine Sozietät von Rechtsanwälten, Notaren und Steuerberatern mit Sitz in Frankfurt am Main. Kernbereiche der Beratung von Bögner Hensel & Partner sind das Immobilienrecht, das Wirtschafts- und Gesellschaftsrecht sowie das Steuerrecht. Ebenso ist das Notariat seit jeher ein wichtiges Leistungsfeld von bhp.

Kontakt
bhp Bögner Hensel & Partner
Dr. Heiko Jäkel
Zeppelinallee 37
60325 Frankfurt am Main
T +49 69 79405-0
Heiko.jaekel@bhp-anwaelte.de
www.bhp-anwaelte.de

Weitere Informationen zur Kanzlei in der Anzeige auf Seite 334

Der Gesetzgeber hat zum 01.08.22 notarielle Online-Verfahren mittels Videokonferenz in Bereichen des Gesellschaftsrechts zugelassen. Seither finden vereinzelt, jedoch mit steigender Tendenz, mehr und mehr notarielle Online-Verfahren statt. Die Autoren möchten an dieser Stelle das notarielle Online-Verfahren vorstellen, aus der Praxis berichten sowie einen Ausblick des notariellen Online-Verfahrens für die Zukunft wagen.

Mögliche Gegenstände des Online-Verfahrens

Seit dem 01.08.22 sind Videobeurkundungen bei einer Gründung einer GmbH oder einer UG (haftungsbeschränkt) zulässig, wenn die Einlagen auf das Konto der Gesellschaft eingezahlt werden (Bargründung). Darüber hinaus können nun notarielle Online-Beglaubigungen in Bezug auf Anmeldungen zum Handelsregister, zum Partnerschaftsregister sowie zum Genossenschaftsregister mittels Videokonferenz durchgeführt werden.

Wenn es um komplexere Themen geht, die beispielsweise eine Satzungsänderung erfordern, ist das notarielle Online-Verfahren gegenwärtig noch nicht zulässig. Der Gesetzgeber hat entschieden, das notarielle Online-Verfahren für Satzungsänderungen erst nach dem Ablauf einer einjährigen Testphase zum 01.08.23 zuzulassen.

Zuständigkeit

Notarinnen und Notare dürfen in einem notariellen Online-Verfahren tätig werden, wenn sie für dieses örtlich zuständig sind. Örtlich zuständig sind sie immer dann, wenn in ihrem Amtsbereich bestimmte Anknüpfungspunkte bestehen: beispielsweise bei einer GmbH der Sitz der Gesellschaft oder der Sitz oder Wohnsitz eines Gesellschafters oder Geschäftsführers.

Ablauf des Verfahrens

Die Beteiligten können ein reines notarielles Online-Verfahren wählen oder aber auch eine gemischte Beurkundung bestehend aus einer Kombination aus notariellem Online-Verfahren und Präsenzverfahren. Der Betreiber des hierbei zwingend zu nutzenden Videokommunikationssystems ist die Bundesnotarkammer. Mithilfe dieses Systems wird zur Identitätsfeststellung das Lichtbild der Beteiligten mittels einer Smartphone-App aus dem Personalausweis ausgelesen. Ein bloßes Halten des Ausweises vor den Bildschirm reicht also nicht aus. Damit die Notarin/der Notar zusätzlich das Erscheinungsbild der Beteiligten mit einem amtlichen Lichtbild abgleichen kann, müssen die Beteiligten in einem zweiten Schritt ein elektronisch gespeichertes Lichtbild aus einem Ausweisdokument an die Notarin/den Notar übermitteln.

Die jeweiligen Beteiligten benötigen neben einem Ausweis mit Online-Ausweisfunktion einen Rechner mit Kamera und Mikrofon sowie ein Smartphone. Die Übermittlung der notwendigen Daten erfolgt über die (kostenlose) Notar-App.

Wenn alle Beteiligten identifiziert sind, wird die notarielle Urkunde wie gewohnt verlesen. Zusätzlich lässt die Notarin/der Notar den verlesenen Text in einem weiteren Fenster der Videokonferenz anzeigen. Wie im Präsenzverfahren können offene Fragen geklärt und ggf. Änderungen an der Urkunde vorgenommen werden.

Anschließend wird die Urkunde unterzeichnet. Die Funktion der Unterschrift erfüllt im Online-Verfahren eine qualifizierte elektronische Signatur. Hierbei wird in einem kryptographischen Verfahren ein Wert errechnet, der wie ein Fingerabdruck eindeutig die eID-Daten der signierten Urkunde zuordnet. Nachdem die Notarin/der Notar die Beteiligten zur Signatur aufgefordert hat, können diese den technischen Signaturvorgang durch eine individuelle TAN auslösen, die an das jeweilige Mobiltelefon übermittelt wird. Abschließend bringt auch die Notarin/der Notar ihre/seine qualifizierte elektronische Signatur an.

Die elektronische Urkunde wird von der Notarin/dem Notar dann elektronisch zur Einreichung an das Handelsregister versandt.

Identitätsfeststellung mittels eID

Für die Identifizierung mittels eID wird ein geeignetes gültiges Ausweisdokument (in Deutschland: Personalausweis, elektronischer Aufenthaltstitel, eID-Karte/Unionsbürgerkarte) benötigt, damit die eID-Daten ausgelesen werden können. Zusätzlich wird für das Auslesen des Lichtbildes ein seit dem 02.08.21 ausgestellter Personalausweis oder ein gültiger Reisepass benötigt.

Teilweise werden auch entsprechende Ausweisdokumente aus anderen – nicht allen – EU-Staaten akzeptiert. Im Übrigen können alle EU- und EWR-Staatsangehörige, die mindestens 16 Jahre alt sind, im Inland oder bei einer zuständigen deutschen Auslandvertretung eine eID-Karte bzw. Unionsbürgerkarte beantragen, um damit an einem notariellen Online-Verfahren teilnehmen.

Praxisbeobachtungen und Ausblick

Die Durchführung des notariellen Online-Verfahrens bedarf auf Seiten sämtlicher Beteiligter eine Vielzahl von technischen Voraussetzungen. Zudem ist auch ein gewisses Mindestmaß an technischem Verständnis erforderlich sowie teilweise die Unterstützung einer – sofern vorhanden – eigenen IT-Abteilung. Dies führt aktuell noch dazu, dass in der Praxis sehr viel Zeit für solche notariellen Online-Verfahren einzuplanen ist, Geduld benötigt wird und eben leider teilweise auch Beurkundungen technisch scheitern. Gleichwohl ist zu erwarten, dass etliche Fehlerquellen nach und nach weiter abgebaut werden können und sicher das notarielle Online-Verfahren für eine Vielzahl von Beurkundungen und Beglaubigungen mehr und mehr in Betracht kommen wird. Insbesondere kann auf diese Weise eine zeitintensive Nachgenehmigung von Urkunden in deutschen Botschaften oder Konsulaten im Ausland entbehrlich werden. ■

KERNAUSSAGEN

- Das notarielle Online-Verfahren ermöglicht in verschiedenen ausgewählten Bereichen des Gesellschaftsrechts Online-Beurkundungen.
- Zuständig ist die Notarin/der Notar, in deren/dessen Amtsbereich Anknüpfungspunkte für eine örtliche Zuständigkeit gegeben sind.
- Das Verfahren selbst entspricht einer typischen Videokonferenz mit der Ausnahme von Besonderheiten im Rahmen der Identitätsfeststellung und der elektronischen Signatur.
- Es wird eine gültige sog. eID-Karte benötigt.
- Die Praxiserfahrungen sind aktuell durchwachsen, da auf etlichen Seiten der Beteiligten viele Fehlerquellen vorhanden sind, welche zu zeitlichen und technischen Herausforderungen für das notarielle Online-Verfahren führen.
- Gleichwohl ist zu erwarten, dass der technische Fortschritt die bestehenden technischen Herausforderungen handhabbarer machen wird und zukünftig das notarielle Online-Verfahren in etlichen Bereichen zu Vereinfachungen für die Beteiligten führen wird – insbesondere im Falle von Auslandsbezug.

Notariat

(K)eine Frage der Größe

Nach wie vor definieren viele Full-Service-Kanzleien notarielle Dienstleistungen als festen Teil ihres Angebots an Mandanten. Im Vorjahr hatte **Gleiss Lutz** mit dem Zugang eines jungen Amtsträgers am Berliner Standort verdeutlicht, dass sie das Notariat durchaus als zukunftsfähiges Beraterfeld betrachtet. Auch mehrere Mittelständler wie GvW Graf von Westphalen oder BRP Renaud haben sich mit Quereinsteigern verstärkt, die notarielles Geschäften mitbrachten oder aufbauen sollten. Zuletzt hat **Dentons** am Frankfurter Standort noch einmal nachgerüstet und neben der internen Bestellung eines Corporate-Anwalts auch einen Immobilienrechtler von extern aufgenommen, der neben anwaltlichem auch nennenswert notarielles Geschäft aufbauen soll.

Dem entgegen steht die Entwicklung, dass Anwaltsnotare, die ihren Tätigkeitsschwerpunkt klar im notariellen Feld sehen, verstärkt dazu tendieren, in eine organisatorisch kleinere Einheit zu gehen und dort das Geschäft unverändert fortzuführen. Warum? Weil die Synergien zwischen anwaltlichem und notariellem Business zwar vorhanden, mit Blick auf Werbeverbote und Vorbefassung aber eben auch endlich sind. So kehrten zuletzt 3 **Taylor Wessing**-Partner der internationalen Kanzlei nach vielen Jahren den Rücken, um unter eigener Flagge ihr Venture-Capital-Geschäft weiterzubetreiben.

Man könnte sagen, dass das ‚Frankfurter Modell', nämlich die Konzentration auf notarielle Dienstleistung in einer kleineren Einheit, langsam auch in Berlin Schule macht. Denn in den vergangenen drei Jahren haben mehrere Amtsträger, u.a. von **3n Berlin**, genau diesen Schritt gewagt. Und auch in Frankfurt selbst reißt der Trend nicht ab: Im Sommer 2023 schieden zwei junge Anwaltsnotare aus der Kanzlei **bhp Bögner Hensel & Partner** aus, um ihr Geschäft künftig zu zweit, also in einer schmaleren Aufstellung, fortzusetzen.

Service ist alles

Egal, welches Setup Anwaltsnotare wählen, die Faktoren für den Erfolg sämtlicher Notariate bleiben dieselben: Service, Service, Service. Daran ändert auch ein eingebrochener Immobilien- und ein deutlich verlangsamter M&A-Markt nichts. In ruhigeren Zeiten stehen vielleicht Tempo und permanente Erreichbarkeit nicht mehr so im Fokus, dafür aber die reibungslose Abwicklung durch die Backoffices. Ein ausgeprägtes Selbstverständnis als Dienstleister ist für die notarielle Kundschaft essenziell und verschafft den Notariaten mit starkem Servicefokus oft einen Vorteil gegenüber traditionellen Einheiten, deren Selbstverständnis weniger durch nahezu bedingungslose Servicebereitschaft geprägt ist.

Um das geforderte Dienstleistungsniveau auch gewährleisten zu können, brauchen die Amtsträger vor allem eins: gute Mitarbeiter – und die sind in den vergangenen Jahren immer seltener geworden. Insbesondere Notare in Großstädten wie Frankfurt, Düsseldorf und Hamburg, aber auch in Niedersachsen, Bremen und Bayern klagen über zu wenig verfügbares Fachpersonal. Seit Jahren sinken die Ausbildungszahlen bei den ReNo-Fachangestellten. Zwar nimmt zugleich die Zahl der Auszubildenden zu Notariatsfachangestellten zu, doch reicht dies bei Weitem nicht. Notariate wie die Frankfurter Einheit **Lennert Schneider & Vins** setzen daher auf den eigenen Nachwuchs und müssen sich dem Wettbewerb nicht in gleichem Ausmaß stellen.

Die Bewertungen behandeln Notariate, die von Unternehmen und Wirtschaftsanwälten besonders häufig empfohlen werden. Die reine Anzahl der Beurkundungen spielt für die Bewertung keine Rolle. Die Zitate stammen sowohl von Unternehmen als auch Anwälten. Alle Mandate sind aus dem Markt bekannt. Auch wenn grundsätzlich die gesamte Bandbreite notarieller Leistungen angeboten wird, sind die meisten Notariate doch für bestimmte Schwerpunkte besonders anerkannt, sei es für den ▷*Immobiliensektor*, für ▷*gesellschaftsrechtl.* Themen einschließlich Nachfolgeregelungen (▷*Nachfolge/Vermögen/Stiftungen*) u. für ▷*M&A*-Transaktionen (inkl. ▷*Private Equity und Venture Capital*).

3N BERLIN

Bewertung: Die Berliner Einheit um den in der Venture-Capital-Szene sehr gut vernetzten Katins ist eines der Notariate, die sich nach dem Vorbild vieler Frankfurter Sozietäten trotz Doppelqualifikation ganz auf die notarielle Beratung konzentrieren. Mit diesem Ansatz gehört sie im Berliner Markt zu den Vorreitern. Beide Amtsträger haben mehrere Jahre Großkanzleierfahrung in den Bereichen Corporate u. Private Equity.
Oft empfohlen: Carlos Katins
Team: 2 Notare, 7 Mitarbeiter
Schwerpunkte: Gesellschaftsrecht, M&A, Venture Capital.
Mandate: 777 Partners bei Kauf von Mehrheitsanteilen an Hertha BSC; Kauf von AIMotive durch Stellantis; Zusammenschluss von Global Savings Group u. Pepper.com.

DR. BASTY UND DR. FRANCK

Bewertung: Das Münchner Notariat zählt zu den Traditionsadressen am Ort u. wird auch von Anwälten aus anderen Regionen regelm. empfohlen, nicht nur für gesellschafts- u. immobilienrechtl. Themen, sondern auch für die Beurkundung von M&A-Transaktionen. Marktteilnehmer heben schon seit Jahren das Backoffice, das zu den größten in München zählt, für dessen exzellenten Service hervor.
Oft empfohlen: Dr. Gregor Basty, Dr. Sebastian Franck
Team: 2 Notare, 1 Notarassessor, 29 Mitarbeiter
Schwerpunkte: Gesellschaftsrecht, Immobilien, M&A.
Mandate: Verkauf ‚Calwer Passage' durch Ferdinand Piëch Holding an Versicherungskammer Bayern.

BHP BÖGNER HENSEL & PARTNER

Bewertung: Die Frankf. Traditionskanzlei hat ihr einst sehr breit aufgestelltes Notariat in den verg. Jahren stärker auf M&A u. Immobilientransaktionen ausgerichtet. Großen Anteil daran hatten mit Aurélio de Sousa u. Maximilian Heck auch 2 junge Anwaltsnotare, die die Einheit allerdings im Sommer 2023 verließen, um gemeinsam unter eigener Flagge weiterzumachen.
Oft empfohlen: Dr. Heiko Jäkel, Dr. Andreas Schrey
Team: 2 Notare, 1 Notarassessor, 3 Notarvertreter, 21 Mitarbeiter
Partnerwechsel: Aurélio de Sousa, Maximilian Heck (beide zu DSH-Notare)
Schwerpunkte: Immobilien, M&A, Gesellschaftsrecht.
Mandate: Kauf von Galeria Weltstadthaus am Berliner Alexanderplatz u. Hochhausentwicklungsprojekt ‚Mynd' durch CommerzReal von Signa Prime; Übernahme von Polar-Mohr Maschinenvertrieb u. Adolf Mohr Maschinenfabrik durch Sol Capital.

DR. KAI BISCHOFF UND DR. ANDREAS BÜRGER

Bewertung: Das Kölner Nur-Notariat ist in der regionalen Anwaltschaft u. bei Unternehmen gut vernetzt u. berät häufig Mandanten aus dem Großraum Köln/Bonn. Im Fokus stehen Immobi-

Anwaltszahlen: Angaben der Kanzleien, wie viele Anwälte zu mind. ca. 50% in diesem Gebiet tätig sind.
Sie spiegeln nicht zwingend die Gesamtgröße einer Kanzlei wider.

lientransaktionen u. gesellschaftsrechtl. Sachverhalte.
Oft empfohlen: Dr. Andreas Bürger
Team: 2 Notare, 25 Mitarbeiter
Schwerpunkte: Immobilien, Gesellschaftsrecht.
Mandate: Keine Nennungen.

BRYAN CAVE LEIGHTON PAISNER

Bewertung: Immobilientransaktionen stehen im Fokus des notariellen Geschäfts der internat. Kanzlei. Insbes. die Frankf. Anwaltsnotarin Siebenhaar ist neben ihrer anwaltl. Tätigkeit auch als Notarin präsent. Koziczinski steht stärker für gesellschaftsrechtl. Themen. 4 weitere Anwaltsnotare, die ebenfalls intensiv im anwaltl. Transaktionsgeschäft tätig sind, sind am Berliner Standort aktiv.
Oft empfohlen: Tina Siebenhaar, Dr. Christine Koziczinski
Team: 6 Notare, 7 Mitarbeiter
Schwerpunkte: Immobilien, zunehmend: Gesellschaftsrecht.
Mandate: Kooperation von Solarisbank u. ADAC für Kreditkartenprogramm.

CLIFFORD CHANCE

Bewertung: Jurist. komplexe Immobilientransaktionen u. schwierige Verhandlungssituationen sind die Paradedisziplinen der CC-Notare. Neben Grandseigneur Minuth genießen Reischauer u. Böhn, die weiterhin auch im anwaltl. Geschäft tief verankert sind, einen sehr guten Ruf.
Oft empfohlen: Dr. Klaus Minuth, Thomas Reischauer, Markus Böhn
Team: 3 Notare, 5 Mitarbeiter
Schwerpunkte: Immobilien.
Mandate: Keine Nennungen.

DENTONS

Bewertung: Unter den großen Anwaltskanzleien mit Berliner Standort hält Dentons eines der renommiertesten Notariate vor. Die Anwaltsnotare kommen nicht nur in Corporate- u. Immobilienangelegenheiten regelm. zum Einsatz, sondern sind auch für ihre Erfahrung in der Venture-Capital-Branche anerkannt. Seit dem Wechsel eines Anwaltsnotars von HFK u. einer Bestellung hat die Kanzlei auch in Ffm. 2 Notare, die sich auf Gesellschafts- u. Immobilienrecht konzentrieren.
Oft empfohlen: Dr. Matthias Santelmann („hervorragender Notar", „besonders erfahren im Venture-Capital-Geschäft", Kanzleien), Thomas Santüns
Team: 6 Notare, 18 Mitarbeiter
Partnerwechsel: Dr. Maximilian Schulte (von HFK)
Schwerpunkte: M&A, Gesellschaftsrecht, auch Immobilien.
Mandate: Kauf von ‚WeShare' durch Miles Mobility von VW.

DR. WILHELM DROSTE UND DR. HENRYK HAIBT

Bewertung: Der gute Ruf des in D´dorf ansässigen Notariats fußt auf dem hohen Ansehen beider Amtsträger, deren fachl. Kompetenz u. Besonnenheit regelm. hervorgehoben werden. Zugleich leistet das Mitarbeiterteam mit seiner vielfach gelobten außergewöhnl. Servicebereitschaft einen wesentl. Beitrag. Dies qualifiziert das Notariat v.a. für die Beurkundung u. Abwicklung großer u. komplexer Transaktionen. Mandanten loben aber auch die Kompetenz bspw. bei Kapitalerhöhungen.
Oft empfohlen: Dr. Henryk Haibt, Dr. Wilhelm Droste
Team: 2 Notare, ca. 20 Mitarbeiter
Schwerpunkte: Immobilien, Gesellschaftsrecht.
Mandate: Keine Nennungen.

FAUST GERBER HAINES

Bewertung: Kaum ein anderes Frankf. Anwaltsnotariat erntet so beständig höchstes Lob aus den M&A- u. Immobilienpraxen der führenden Anwaltssozietäten, u.a. für das hohe Fachwissen u. große Engagement der einzelnen Notare. Die Amtsträger konzentrieren sich faktisch auf ihre notarielle Tätigkeit, haben aber langj. Erfahrung als M&A-Anwälte in internat. Kanzleien gesammelt u. gelten deswegen als eine der besten Adressen.
Oft empfohlen: Dr. Olaf Gerber, Dr. Alexander Haines („nehmen wir gerne für Deals, er ist so serviceorientiert wie ein Düsseldorfer Notar", Kanzlei)
Team: 3 Notare, ca. ein Dutzend Mitarbeiter

Notariate

3n Berlin	Berlin
Dr. Basty und Dr. Franck	München
bhp Bögner Hensel & Partner	Frankfurt
Dr. Kai Bischoff und Dr. Andreas Bürger	Köln
Bryan Cave Leighton Paisner	Frankfurt, Berlin
Clifford Chance	Frankfurt
Dentons	Berlin
Dr. Wilhelm Droste und Dr. Henryk Haibt	Düsseldorf
Faust Gerber Haines	Frankfurt
Flick Gocke Schaumburg	Frankfurt
Funke Mühe	Frankfurt
Gerns & Partner	Frankfurt
Gleiss Lutz	Berlin, Frankfurt
Göhmann	Hannover
Görg	Berlin, Frankfurt
Göring Schmiegelt & Fischer	Frankfurt
Greenfort	Frankfurt
Hauschild Böttcher	Düsseldorf
Heckschen & van de Loo	Dresden
Hengeler Mueller	Berlin, Frankfurt
Dr. Hermanns & Dr. Schumacher	Köln
Dr. Marcus Kämpfer und Andrea Bergermann	Düsseldorf
Jens Kirchner Prof. Thomas Reich	München
Dr. Till Kleinstück und Dr. Marcus Reski	Hamburg
Kümmerlein	Essen
Lehmann Neunhoeffer Sigel Schäfer	Stuttgart
Lennert Schneider & Vins	Frankfurt
Luther	Essen
Mayer Brown	Frankfurt
Noerr	Berlin, Frankfurt
Notare am Alstertor	Hamburg
Notare an den Alsterarkaden	Hamburg
Notariat Ballindamm	Hamburg
Notariat Bergstraße	Hamburg
Notiq	Berlin
Ohnleiter Hillebrand und Dr. Sünner	Stuttgart
Pfisterer & Döbereiner	München
Dr. Paul Rombach Dr. Claudie Rombach	Düsseldorf
Dr. Bernhard Schaub	München
Dr. Martin T. Schwab Dr. Simon Weiler	München
Sobotta Meidrodt	Frankfurt
Dr. Robert Walz Dr. Hans-Joachim Vollrath	München
Dr. Gerrit Wenz und Dr. Michael Schüller	Düsseldorf
White & Case	Frankfurt
Wicke Herrler	München
Wicker Schütz	Frankfurt

Die Auswahl von Kanzleien und Personen in Rankings und tabellarischen Übersichten ist das Ergebnis umfangreicher Recherchen der JUVE-Redaktion. Sie ist in 2erlei Hinsicht subjektiv: Die Aussagen der befragten Quellen sind subjektiv u. spiegeln deren Erfahrungen u. Einschätzungen. Die JUVE-Redaktion wiederum analysiert die Rechercheergebnisse unter Einbeziehung ihrer eigenen Marktkenntnis. Der JUVE Verlag beabsichtigt keine allgemeingültige oder objektiv nachprüfbare Bewertung. Es ist möglich, dass eine andere Recherchemethode zu anderen Ergebnissen führt. Innerhalb einzelner Gruppen in Rankings und tabellarischen Übersichten sind Kanzleien und Personen alphabetisch sortiert.

Anwaltszahlen: Angaben der Kanzleien, wie viele Anwälte zu mind. ca. 50 % in diesem Gebiet tätig sind. Sie spiegeln nicht zwingend die Gesamtgröße einer Kanzlei wider.

Schwerpunkte: M&A, Gesellschaftsrecht, auch Immobilien.
Mandate: Keine Nennungen.

FLICK GOCKE SCHAUMBURG

Bewertung: Anwaltsnotar Lubberich aus Ffm. genießt für seine notarielle Arbeit bei FGS einen sehr guten Ruf im Markt. Neben Umstrukturierungen liegt der Fokus auf Transaktionen, tlw. auch mit Immobilienbezug. In Berlin hat FGS seit dem erneuten Weggang eines jungen Amtsträgers im Vorjahr derzeit kein Notariat.
Oft empfohlen: Dr. Finn Lubberich („sehr schnell, immer hervorragende Qualität", Kanzlei)
Team: 2 Notare, 5 Mitarbeiter
Schwerpunkte: Gesellschaftsrecht, M&A.
Mandate: Keine Nennungen.

FUNKE MÜHE

Bewertung: Das Anwaltsnotariat konzentriert sich faktisch auf die notarielle Arbeit u. hat mit dieser Strategie einen Nerv getroffen. Dabei stehen Transaktionen im Vordergrund, für deren Abwicklung die beiden Notarinnen regelm. positive Resonanz von Anwälten aus Großkanzleien u. Boutiquen ernten. Entspr. häufig wickeln sie größere M&A- u. Immobiliendeals ab, zu denen auch das angesehene Backoffice-Team entscheidend beiträgt.
Oft empfohlen: Dr. Sabine Funke („sie ist einfach sehr, sehr gut", Kanzlei), Dr. Christiane Mühe („wir finden sie klasse – sie hält Verhandlungen makellos durch, auch die ganze Nacht lang", „bietet einen wirklich guten Service", Kanzleien)
Team: 2 Notare, 10 Mitarbeiter
Schwerpunkte: M&A, Immobilien, Gesellschaftsrecht.
Mandate: Keine Nennungen.

GERNS & PARTNER

Bewertung: Die Kanzlei zählt in Ffm. zu den notariellen Spitzenadressen. Transaktionsanwälte loben nicht nur die Amtsträger, sondern meist auch den hervorragenden Service des Backoffice. Durch die gr. Zahl an Anwaltsnotaren ist G&P in der Lage, mehrere größere Beurkundungen innerh. kurzer Zeit zu ermöglichen.
Oft empfohlen: Ronald Gerns, Dr. Georg Scherl („hohe zivilrechtl. u. steuerrechtl. Kompetenz", Kanzlei)
Team: 6 Notare, 13 Mitarbeiter
Schwerpunkte: Immobilien, Gesellschaftsrecht.
Mandate: virtuelle HV von Northern Data; HV Kion.

GLEISS LUTZ

Bewertung: Das Berliner Büro wird von Mandanten u. Anwälten anderer Sozietäten so häufig empfohlen wie nur wenige andere Notariate aus Großkanzleien. Besonders gut in der lokalen Wirtschaft verankert, sind die Amtsträger im ges. Spektrum von Venture-Capital-Finanzierungen bis zu großvol. Immobilien- u. M&A-Transaktionen u. regelm. auch bei HVen gefragt. Ein junger Berliner Notar baut für GL weitere Kontakte in die Start-up-Szene aus u. steht zugleich für die Zukunftsfähigkeit dieses Feldes in der Sozietät.
Oft empfohlen: Christian Steinke („sehr vertrauensvolle Zusammenarbeit", Unternehmen)
Team: 3 Notare, 15 Mitarbeiter
Schwerpunkte: M&A, Gesellschaftsrecht, Immobilien.
Mandate: Übernahme TorAlarm-App durch Bild-Gruppe; HVen: Zalando, Delivery Hero.

GÖHMANN

Bewertung: Das Notariat genießt nicht nur einen sehr guten Ruf, sondern zählt auch zu den wichtigsten Standbeinen der mittelständ. Full-Service-Kanzlei. Unternehmen aus der Region Hannover unterstützt Göhmann regelm. bei Umstrukturierungen u. Nachfolgeregelungen. Aber auch große Konzerne setzen auf die Kompetenz der Notare, sowohl bei Transaktionen als auch bei der Begleitung ihrer HVen. Mandanten – egal welcher Größe – loben regelm. die „langj. u. vertrauensvolle Zusammenarbeit" mit dem Notariat.
Oft empfohlen: Axel Müller-Eising, Dr. Ulrich Haupt, Dr. Dirk Beddies
Team: 21 Notare, plus Mitarbeiter
Schwerpunkte: Gesellschaftsrecht.
Mandate: HVen: Continental, Talanx, Hannover Rück, Symrise.

GÖRG

Bewertung: Der Schwerpunkt der notariellen Tätigkeit der mittelständ. Kanzlei liegt auf dem Gesellschafts- u. Immobilienrecht. Die Anwaltsnotare in Berlin u. Ffm. arbeiten bei Görg in unterschiedl. starker Ausprägung sowohl anwaltl. als auch als Notare. Wettbewerber u. Mandanten schätzen diese Vielseitigkeit.
Oft empfohlen: Jan Lindner-Figura („sehr erfahren", Unternehmen), Dr. Karla Gubalke
Team: 8 Notare, 20 Mitarbeiter
Schwerpunkte: Immobilien.
Mandate: Keine Nennungen.

GÖRING SCHMIEGELT & FISCHER

Bewertung: Das traditionsreiche Frankf. Anwaltsnotariat zählt seit Jahren zu den Platzhirschen, wie führende Gesellschaftsrechtsanwälte bemerken. Gerade für umfangr. Beurkundungen, etwa größere M&A- oder Immobilientransaktionen, ist die vglw. große Mannschaft gut aufgestellt. Nicht nur die Amtsträger, sondern auch ihre Mitarbeiter werden regelm. für ihre Dienstleistungsmentalität gelobt, mit der sich GSF nach Meinung von Marktteilnehmern selbst von vielen Großkanzleien abhebt.
Oft empfohlen: Dr. Ulf Schuler, Dr. Klaus Fischer („immer eine sichere Bank", Kanzlei), Dr. Martin Schmidt („immer top vorbereitet u. wirklich sehr gut", Kanzlei)
Team: 7 Notare, 1 württemberg. Notarassessor, ca. 20 Mitarbeiter
Schwerpunkte: Gesellschaftsrecht, M&A, auch Immobilien.
Mandate: Refinanzierung (€1,4 Mrd) von Noventi; Kauf von Wohnportfolio durch ZBI-Gruppe von Catella. HV: Dt. Börse.

GREENFORT

Bewertung: Die Schwerpunkte des notariellen Geschäfts folgen der Gesamtausrichtung der Kanzlei, deren Kern Gesellschaftsrecht u. M&A bilden. Daneben landen auch Immobiliendeals u. Mandate aus der Private-Equity-Szene auf dem Tisch der Frankfurter Kanzlei. Angersbach bringt viele Jahre Erfahrung als Anwalt einer internat. Großkanzlei ein.
Oft empfohlen: Dr. Carsten Angersbach („transaktionserfahren, Kanzlei)
Team: 2 Notare, 5 Mitarbeiter
Schwerpunkte: Gesellschaftsrecht, Transaktionen (v.a. M&A, auch Immobilien u. Private Equity).
Mandate: Verkauf von Klimasparte durch Viessmann an Carrier (€12 Mrd); HV: Fresenius.

HAUSCHILD BÖTTCHER

Bewertung: Für gr. Transaktionen u. komplexe gesellschaftsrechtl. Projekte genießt das Notariat in D'dorf einen herausrag. Ruf. Neben Hauschild hat sich Böttcher insbes. unter Corporate-Anwälten innerh. kurzer Zeit einen guten Ruf erarbeitet. „Top-Notariat mit ausreichenden Kapazitäten u. viel Erfahrung", lobt ein Unternehmen.
Oft empfohlen: Dr. Armin Hauschild, zunehmend: Dr. Leif Böttcher („serviceorientiert, Fremdsprachen kein Problem", Unternehmen über beide)
Team: 2 Notare, 14 Mitarbeiter
Schwerpunkte: M&A, Gesellschaftsrecht.
Mandate: Umstrukturierung von Aldi-Nord; Übernahme Zahn- u Mundpflegegeschäft von Henkel durch Katjes; Kauf von Geschäftszweigen von Borgers (aus Insolvenz) durch Autoneum. HVen: Gea, Henkel, LEG Immobilien, Rheinmetall.

HECKSCHEN & VAN DE LOO

Bewertung: Unter den ostdt. Notariaten außerh. Berlins spielt die gr. Dresdner Sozietät eine Sonderrolle: Für anspruchsvolle Corporate-Umstrukturierungen u. Transaktionen wenden sich auch Anwälte aus den führenden Kanzleien in Leipzig oft an die beiden Amtsträger. Die beiden Notare u. ihr umfangr. Backoffice werden weit über die Region hinaus für fachl. Qualität u. Service empfohlen.
Oft empfohlen: Prof. Dr. Heribert Heckschen, Dr. Oswald van de Loo
Team: 2 Notare, ca. 50 Mitarbeiter
Schwerpunkte: Gesellschaftsrecht, M&A, auch Immobilien.
Mandate: Keine Nennungen.

HENGELER MUELLER

Bewertung: Die Anwaltsnotare sind nach wie vor auch anwaltl. fest im Transaktionsgeschäft verankert. Dementspr. ausgeprägt ist ihr Know-how bzgl. hochkomplexer Mandate mit gesellschaftsrechtl., M&A- u. Immobilienbezug. Insbes. Anwälte anderer Großkanzleien wissen diese Kombination zu schätzen u. loben das Backoffice regelmäßig.
Oft empfohlen: Dr. Frank Burmeister, John Flüh
Team: 6 Notare, plus Mitarbeiter
Schwerpunkte: Transaktionen (M&A u. Immobilien), Gesellschaftsrecht, auch Private Equity.
Mandate: Keine Nennungen.

DR. HERMANNS & DR. SCHUMACHER

Bewertung: Eine ganze Reihe von Transaktionsanwälten aus renommierten Praxen schwört bei Beurkundungen in Köln auf Hermanns. Bes. oft wird das Notariat für Private-Equity-Deals u. gr. HVen wie zuletzt etwa der von Bayer empfohlen.
Oft empfohlen: Dr. Marc Hermanns
Team: 2 Notare, 19 Mitarbeiter
Schwerpunkte: M&A, Gesellschaftsrecht, auch Immobilien.
Mandate: HVen: Bayer, Covestro, Dt. Post.

DR. MARCUS KÄMPFER UND ANDREA BERGERMANN

Bewertung: In Düsseldorf zählt das Nur-Notariat seit Jahren zu den festen Größen, nicht nur im Gesellschaftsrecht, sondern auch bei M&A- u. Immobilientransaktionen. Insbes. Kämpfer wird regelm. von den führenden dt. Corporate-Anwaltspraxen hinzugezogen.
Oft empfohlen: Dr. Marcus Kämpfer („geländegängig, hat einen guten Draht zum Register", Kanzlei)

Anwaltszahlen: Angaben der Kanzleien, wie viele Anwälte zu mind. ca. 50% in diesem Gebiet tätig sind. Sie spiegeln nicht zwingend die Gesamtgröße einer Kanzlei wider.

Team: 2 Notare, 11 Mitarbeiter
Schwerpunkte: Gesellschaftsrecht, auch M&A u. Immobilien.
Mandate: Keine Nennungen.

JENS KIRCHNER PROF. THOMAS REICH

Bewertung: Mit seinem gr. u. für guten Service bekannten Backoffice ist das in dieser Konstellation noch recht junge Münchner Notariat bislang v.a. für Transaktionsarbeit bekannt, gerade im Immobiliensektor. Darüber hinaus spielen HVen lokal ansässiger Dax-Konzerne eine wesentl.
Oft empfohlen: Jens Kirchner
Team: 2 Notare, 1 Notarassessor, 22 Mitarbeiter
Schwerpunkte: Gesellschaftsrecht, Immobilien, auch M&A.
Mandate: HVen: Allianz, Siemens, Siemens Energy, Dt. Lufthansa, Munich Re.

DR. TILL KLEINSTÜCK UND DR. MARCUS RESKI

Bewertung: Das Hamburger Nur-Notariat ist im Vgl. zu den 4 Großeinheiten zwar schmaler aufgestellt, aber nicht minder beliebt bei Unternehmen u. Anwälten. Sie loben regelm. die fachl. Exzellenz der Amtsträger u. den hervorragenden Service, den sie v.a. dem sehr gut organisierten Backoffice zuschreiben. Im Fokus der notariellen Arbeit stehen Transaktionen u. Beurkundungen mit gesellschaftsrechtl. Bezug.
Oft empfohlen: Dr. Till Kleinstück („der Notar unserer Wahl, immer schnell für uns verfügbar u. immer gut für einen sinnvollen Umsetzungs-Vorschlag", Unternehmen), Dr. Marcus Reski
Team: 2 Notare, plus Mitarbeiter
Schwerpunkte: Gesellschaftsrecht, Immobilien.
Mandate: Verkauf von Raytheon Anschütz durch Raytheon Technologies an DMB.

KÜMMERLEIN

Bewertung: Die Anwaltsnotare der Ruhrgebietskanzlei widmen sich in unterschiedl. Intensität dem notariellen Geschäft. Doch hat das Notariat eine lange Tradition in der Kanzlei u. ist ein wesentl. Eckpfeiler der stabilen Mandatsbeziehungen, die Kümmerlein zu ihrer mittelständ. Stammklientel unterhält. Daneben setzen auch Konzerne aus der Region regelm. auf die Kanzlei.
Oft empfohlen: Dr. Ulrich Irriger, Dr. Christian Löhr
Team: 9 Notare, 12 Mitarbeiter
Schwerpunkte: Gesellschaftsrecht (auch Unternehmensnachfolge).
Mandate: HVen: E.on, RWE, Thyssenkrupp.

LEHMANN NEUNHOEFFER SIGEL SCHÄFER

Bewertung: Obwohl das Notariat nur ein Standbein der auf Corporate-Themen ausgerichteten Anwalts- und Notarsboutique ist, zählt Sigel nach wie vor zu den renommiertesten Namen für komplexe gesellschaftsrechtl. Beurkundungen in Stuttgart, wie Anwaltssozietäten vor Ort betonen. Als Notarvertreter ist zusätzl. ein jüngerer Partner der Kanzlei im Einsatz, der wie Sigel über Erfahrung aus einer internat. Großkanzlei verfügt.
Oft empfohlen: Dr. Peter Sigel („wenn wir eine komplexe Transaktion haben, gehen wir immer zu ihm – er ist einfach der Beste hier in der Region", Kanzlei)
Team: 1 Notar, 5 Mitarbeiter
Schwerpunkte: Gesellschaftsrecht, M&A.
Mandate: Vergleich zwischen Gesellschaftern der Tengelmann-Gruppe.

LENNERT SCHNEIDER & VINS

Bewertung: Das Anwaltsnotariat mit 3 jungen Amtsträgern zählt in Ffm. mittlerw. zu den etablierten Einheiten. Mandanten u. Transaktionsanwälte loben regelm. das „professionell geführte, schnell u. umsichtig agierende Notariat", insbes. im Zshg. mit M&A-Deals. Neben Transaktionen konzentriert sich ein Notar v.a. auf das Bauträgergeschäft, eine inhaltl. sinnvolle Ergänzung, die für ein konstantes Grundrauschen sorgt.
Oft empfohlen: Dr. Moritz Schneider („inhaltlich extrem stark, sehr guter Service", Unternehmen; „er ist gut, gewinnt deutlich Marktanteile", Kanzlei), Dr. Benjamin Vins, Dr. Silvia Lennert
Team: 3 Notare, 12 Mitarbeiter
Schwerpunkte: Immobilien, Gesellschaftsrecht.
Mandate: Anteilsverkauf von Immobilien-Portfolio durch Vonovia an Apollo (€1 Mrd).

LUTHER

Bewertung: Enger als die Rechtsanwälte an den meisten dt. Luther-Standorten sind die Anwaltsnotare der Kanzlei mit Großkonzernen vernetzt. Das Zentrum der notariellen Tätigkeit liegt dabei in Essen, wo Luther regelm. Anlaufstelle für ähnl. viele bedeutende Industrieunternehmen ist wie die dortige Marktführerin Kümmerlein. Daneben bringen breit gestreute Kontakte in ganz Dtl. auch für die Notare lfd. Geschäft mit sich.
Oft empfohlen: Dr. Stefan Galla, Dr. Christian Horn, Andreas Tüxen
Team: 14 Notare, 30 Mitarbeiter
Schwerpunkte: Gesellschaftsrecht, Immobilien, auch M&A.
Mandate: HV: Evonik.

MAYER BROWN

Bewertung: Die US-Kanzlei unterhält seit Jahren in Ffm. ein starkes Notariat. Während der gute Ruf ursprünglich aus der Immobilienszene stammt, widmet sich 1 Notar v.a. dem M&A-Geschäft u. dem Gesellschaftsrecht. Wie in ähnl. aufgestellten Einheiten arbeiten auch die MB-Notare weiterhin anwaltl. im Transaktionsgeschäft, was insbes. Anwälte anderer Transaktionskanzleien zu schätzen wissen. Der Weggang von Lemor bedeutet für das Notariat zumindest den Verlust von Renommee
Oft empfohlen: Dr. Jörg Lang, Elmar Günther
Team: 2 Notare, plus Mitarbeiter
Partnerwechsel: Dr. Julian Lemor (zu Noerr)
Schwerpunkte: Transaktionen (Immobilien, M&A), Gesellschaftsrecht.
Mandate: Keine Nennungen.

NOERR

Bewertung: Die Notare sind entspr. der Gesamtausrichtung v.a. im Transaktionskontext u. im Gesellschaftsrecht tätig. Das umfasst auch Nachfolgeregelungen, bei denen die Kanzlei eine lange Tradition in der Beratung von Familienunternehmen pflegt. In Ffm. spielen außerdem Finanzierungen auf nationaler u. internat. Ebene eine Rolle.
Oft empfohlen: Dr. Thorsten Reinhard, Dr. Julian Lemor
Team: 7 Notare, plus Mitarbeiter
Partnerwechsel: Dr. Julian Lemor (von Mayer Brown)
Schwerpunkte: M&A, Immobilien- u. Gesellschaftsrecht.
Mandate: Keine Nennungen.

NOTARE AM ALSTERTOR

Bewertung: Das Hamburger Nur-Notariat genießt weit über die Stadtgrenzen hinaus einen exzellenten Ruf. Es ist eines von 4 Großnotariaten in der Hansestadt u. kann durch die erhebl. fachl. Kapazitäten die viel gelobte Exzellenz glaubhaft verkörpern. Regelm. heben Marktteilnehmer außerdem die Fremdsprachenkenntnisse der Notare hervor, die nicht auf verhandlungssicheres Englisch begrenzt sind. Auch das personell u. fachl. starke Backoffice trägt wesentl. zum hohen bundesw. Ansehen bei.
Oft empfohlen: Dr. Robert Diekgräf, Johann Jonetzki, Dr. Arne Helms („auch bei komplexen Themen schnell u. es wird immer eine Lösung u. ein Slot gefunden", Unternehmen), Dr. Michael von Hinden („Servicequalität u. juristische Kompetenz auf höchstem Niveau, sehr praxisorientierte Betreuung", Unternehmen)
Team: 6 Notare, 70 Mitarbeiter
Schwerpunkte: Immobilien, M&A, Gesellschaftsrecht (auch Nachfolgethemen).
Mandate: Darlehen (€30 Mio) von Kühne-Holding für HSV im Rahmen einer außerordentl. HV; Kauf von Bockholdt durch Strabag; HV: CTS Eventim.

NOTARE AN DEN ALSTERARKADEN

Bewertung: Das Hamburger Nur-Notariat ist in allen notariell relevanten Rechtsgebieten tätig. Wirtschaftsanwälte u. Unternehmen schätzen aber v.a. die Kompetenz u. große Erfahrung der beiden Amtsträger bei Transaktionen, die sie regelm. dort beurkunden lassen.
Oft empfohlen: Dr. Matthias Kleiser, Dr. Maximiliane Meyer-Rehfueß
Team: 2 Notare, plus Mitarbeiter
Schwerpunkte: Gesellschaftsrecht, Immobilien, M&A.
Mandate: Keine Nennungen.

NOTARIAT BALLINDAMM

Bewertung: Das Hamburger Großnotariat genießt bundesw. einen sehr guten Ruf. Ähnl. wie seine lokalen Wettbewerber sticht es mit einem hohen Maß an Flexibilität u. Dienstleistungsbereitschaft heraus. Insbes. die jüngeren Amtsträger erhalten durch ihr Engagement in der Unternehmerberatung u. bei Transaktionen vermehrt Lob auch von Anwaltsseite u. tragen so den Qualitätsstandard in die nächste Generation.
Oft empfohlen: Dr. Florian Möhrle, Prof. Dr. Peter Rawert, Dr. Alexander Gebele, Dr. Ralf Katschinski, Dr. Gesa Beckhaus („sehr professionell u. zügig", Unternehmen über alle)
Team: 5 Notare, ca. 80 Mitarbeiter
Schwerpunkte: Gesellschaftsrecht, Immobilien, M&A.
Mandate: Einstieg Enagás in Projektkonsortium LNG-Terminal Stade; HVen: Freenet, Aurubis, Jungheinrich.

NOTARIAT BERGSTRASSE

Bewertung: Das Notariat zählt zu den Hamburger Großeinheiten u. ist bei spektakulären Transaktionen regelm. gefragt. Neben der Fachkompetenz der Nur-Notare heben Mandanten v.a. die Qualität des Backoffice u. die enorm hohe Servicebereitschaft hervor, die eine Zusammenarbeit mit den Notariatsfachkräften im Vorfeld oder Nachgang einer Beurkundung erleichtert.

Anwaltszahlen: Angaben der Kanzleien, wie viele Anwälte zu mind. ca. 50% in diesem Gebiet tätig sind. Sie spiegeln nicht zwingend die Gesamtgröße einer Kanzlei wider.

Oft empfohlen: Dr. Jan Wolters, Dr. Johannes Beil, Thomas Diehn
Team: 5 Notare, 100 Mitarbeiter
Schwerpunkte: Gesellschaftsrecht, Immobilien, M&A.
Mandate: Übernahme Recycling- u. Entsorgungsaktivitäten der Friedrich Hofmann GmbH durch Veolia; Verkauf von Studienkreis durch IK Partner an GoStudent; HVen: Beiersdorf, Encavis, TAG Immobilien.

NOTIQ

Bewertung: Die Anwaltsnotare der neu gegründeten, rein auf die notarielle Beratung fokussierten Kanzlei aus Berlin genießen in der Venture-Capital-Szene enorm hohes Ansehen. Die ehem. Taylor-Wessing-Partner haben die internat. Kanzlei zum Jahresbeginn 2023 verlassen, um sich noch konsequenter dem Notariatsgeschäft mit Schwerpunkt auf Venture-Capital-Klientel zu widmen.
Oft empfohlen: Roman Bärwaldt, Prof. Dr. Hagen Hasselbrink
Team: 3 Notare, 17 Mitarbeiter
Schwerpunkte: Gesellschaftsrecht, stark in der VC-Szene vernetzt
Mandate: Keine Nennungen.

OHNLEITER HILLEBRAND UND DR. SÜNNER

Bewertung: Im Stuttgarter Markt hat OHS eine exponierte Stellung, gerade wg. ihrer ausgezeichneten Vernetzung bei südwestdt. Großunternehmen. Auch Anwälte aus renommierten Corporate-Praxen heben die Notare regelm. für Service u. fachl. Qualität hervor.
Oft empfohlen: Harald Ohnleiter
Team: 3 Notare, 45 Mitarbeiter
Schwerpunkte: Gesellschaftsrecht, Immobilien, M&A.
Mandate: Teilverkauf von TransnetBW durch EnBW an Südwestkonsortium; HVen: Mercedes-Benz Group, Bechtle.

PFISTERER & DÖBEREINER

Bewertung: In München zählt das Notariat zu den renommiertesten Adressen für M&A- u. Private-Equity-Deals, wie führende Transaktionsanwälte einhellig feststellen. Auch Unternehmen loben das Know-how der Notare bei komplexen Umstrukturierungen sowie das außergewöhnl. Backoffice.
Oft empfohlen: Dr. Benedikt Pfisterer („super organisiert, immer erreichbar, einfach sehr gut", Kanzlei)
Team: 2 Notare, 19 Mitarbeiter
Schwerpunkte: M&A, Gesellschaftsrecht, auch Immobilien.
Mandate: Verkauf von Centrotec-Tochter an Ariston.

DR. PAUL ROMBACH DR. CLAUDIE ROMBACH

Bewertung: Das D'dorfer Nur-Notariat genießt in der dortigen Anwaltsszene insbes. für sein gesellschaftsrechtl. Know-how einen guten Ruf. Gelobt wird regelm. das „sehr gute Backoffice", das eine wesentl. Säule der Servicementalität bildet. Neben Englisch sprechen die beiden Amtsträger auch Französisch, Spanisch u. Tschechisch.
Oft empfohlen: Dr. Paul Rombach
Team: 2 Notare, ca. 12 Mitarbeiter
Schwerpunkte: Gesellschaftsrecht.
Mandate: Keine Nennungen.

DR. BERNHARD SCHAUB

Bewertung: Die Münchner Notarskanzlei genießt sowohl für ihre immobilienrechtl. Kompetenz als auch für gesellschaftsrechtl. Fragen u. Transaktionen einen hervorrag. Ruf. Das Backoffice zählt zu den größten in der Stadt u. erhält immer wieder Lob für Qualität, Serviceorientierung u. Schnelligkeit gerade bei M&A- u. Private-Equity-Deals. Bei der Gebührengestaltung polarisiert Schaub allerdings wie kaum ein anderes Notariat, selbst im hochpreisigen Münchner Markt.
Oft empfohlen: Dr. Bernhard Schaub
Team: 1 Notar, 15 Mitarbeiter
Schwerpunkte: Gesellschaftsrecht, M&A, Immobilien.
Mandate: HV: Nemetschek.

DR. MARTIN T. SCHWAB DR. SIMON WEILER

Bewertung: Die beiden jungen Notare haben sich eine ausgezeichnete Reputation im Münchner Markt erarbeitet. Besonders anerkannt sind die Amtsträger für Corporate-Themen u. Transaktionen, wobei ihnen ihre Großkanzleierfahrung auch auf internat. Parkett zugutekommt. Anwälte loben regelm. neben den Sprachkenntnissen – beurkundet wird auch auf Englisch u. Italienisch – den hervorragenden Service, der zum Großteil am vielfach gelobten Backoffice hängt.
Oft empfohlen: Dr. Martin Schwab, Dr. Simon Weiler („sehr kompetent und serviceorientiert", Unternehmen, „er ist einfach gut, da gehen wir gerne hin", Kanzlei)
Team: 2 Notare, 25 Mitarbeiter
Schwerpunkte: Gesellschaftsrecht, M&A.
Mandate: Verkauf von 12 Bestandsimmobilien durch Meag Munich Ergo an Versicherungskammer Bayern (€350 Mio); HV: ProSiebenSat.1, Siltronic, Hensoldt, Wacker Chemie.

SOBOTTA MEIDRODT

Bewertung: Das Frankf. Anwaltsnotariat wird stärker als lokale Wettbewerber wie Lennert Schneider oder Wicker Schütz für klass. gesellschaftsrechtl. Themen empfohlen u. hier immer wieder von führenden Corporate-Anwaltspraxen angefragt. Bei M&A-Deals u. im Immobiliensektor haben dafür oft andere Notariate die Nase vorn. Die Amtsträger bringen langj. Erfahrung aus Wirtschaftskanzleien mit, konzentrieren sich aber auf das Notariat.
Oft empfohlen: Jan Sobotta
Team: 2 Notare, plus Mitarbeiter
Schwerpunkte: Gesellschaftsrecht, auch Immobilien.
Mandate: Keine Nennungen.

DR. ROBERT WALZ DR. HANS-JOACHIM VOLLRATH

Bewertung: Im Münchner Markt hebt sich dieses Notariat durch konsequente Serviceorientierung von vielen Wettbewerbern ab, wie zahlr. Anwälte aus renommierten M&A-, Private-Equity- u. Venture-Capital-Praxen betonen. Beide Notare bringen Erfahrung als Transaktionsanwälte mit u. gelten auch bei internat. Deals als sehr kompetent.
Oft empfohlen: Dr. Robert Walz, Dr. Hans-Joachim Vollrath („verfügt über ein tiefes Fachwissen, ist extrem gut organisiert u. ist daher eine verlässliche Stütze in komplexen u. umfangr. Transaktionen. Seine Souveränität und Gelassenheit verleihen ihm eine natürliche Autorität, die für den Erfolg einer Transaktion entscheidend sein kann", Unternehmen)
Team: 2 Notare, plus Mitarbeiter
Schwerpunkte: M&A, auch Gesellschaftsrecht.
Mandate: Keine Nennung.

DR. GERRIT WENZ UND DR. MICHAEL SCHÜLLER

Bewertung: Das Notariat zählt zu den etablierten Einheiten in Düsseldorf u. ist vorwiegend im Immobilien- u. Gesellschaftsrecht tätig. Letzteres ist zum Teil eng verknüpft mit der Beratung zu erbrechtl. Fragen oder Nachfolgethemen. Gerade in diesem Kontext beraten die Amtsträger v.a. Mandanten aus D'dorf u. Umgebung.
Oft empfohlen: Dr. Gerrit Wenz („sehr kundenorientiert", Unternehmen; „ein sehr guter Gesellschaftsrechtler, unser favorisierter Transaktionsnotar", Kanzlei)
Team: 2 Notare, 25 Mitarbeiter
Schwerpunkte: Immobilien, Gesellschaftsrecht.
Mandate: Regelm. Gerch Group, Signa (marktbekannt).

WHITE & CASE

Bewertung: Stärker als die übrigen Großkanzleien in Ffm. hat W&C die Rollen ihrer Notare ausdifferenziert: Während Habighorst v.a. im Gesellschaftsrecht zum Einsatz kommt, konzentrieren sich die übrigen Notare auf den Immobilienbereich respektive Kreditthemen. Dass mehrere Anwaltsnotare vorwiegend notariell tätig sind, macht die W&C-Praxis gerade in Ffm. zu einer Art Notarboutique innerh. einer Großkanzlei – eine Aufstellung, die wenige Parallelen in anderen Sozietäten hat.
Oft empfohlen: Dr. Oliver Habighorst
Team: 7 Notare, 9 Mitarbeiter
Schwerpunkte: M&A, Gesellschaftsrecht.
Mandate: HV: Commerzbank.

WICKE HERRLER

Bewertung: Viele Anwälte zählen das Notariat zu den Top-Adressen in München u. machen dabei kaum einen Unterschied zwischen den beiden Amtsträgern. Bes. enthusiast. Zuspruch erhalten sie von Transaktionsanwälten auch für ihren Service u. die ständige Erreichbarkeit. Unternehmen loben zudem mehrfach die „unkomplizierte u. zügige Abwicklung durch hervorragende Notarfachangestellte".
Oft empfohlen: Dr. Hartmut Wicke, Sebastian Herrler („exzellenter Notar, sehr erfahren, ein toller Typ, keine Frage", Kanzlei)
Team: 2 Notare, 30 Mitarbeiter
Schwerpunkte: M&A, Gesellschaftsrecht, auch Immobilien.
Mandate: Verkauf von AeroGround Berlin durch Muttergesellschaft an Airline Assistance Switzerland. HVen: Infineon, Knorr-Bremse.

WICKER SCHÜTZ

Bewertung: Das Frankf. Notariat zählt zu den renommiertesten Adressen für M&A- u. Immobilientransaktionen. Anwälte aus Großkanzleien zählen die beiden Amtsträger zur Marktspitze. Kontinuierl. hohes Lob gibt es für das „extrem serviceorientierte u. leistungsstarke Notariat mit großartiger Dienstleistungsmentalität".
Oft empfohlen: Dr. Bernhard Schütz („sehr pragmatisch, genau und menschlich einfach nett", „eine echte Transaktionsmaschine", beides Kanzlei), Dr. Christian Wicker
Team: 2 Notare, 12 Mitarbeiter
Schwerpunkte: M&A, Immobilien.
Mandate: Keine Nennungen.

Anwaltszahlen: Angaben der Kanzleien, wie viele Anwälte zu mind. ca. 50% in diesem Gebiet tätig sind. Sie spiegeln nicht zwingend die Gesamtgröße einer Kanzlei wider.

Öffentlicher Sektor

Riesige Förderungen mischen den Markt auf

Der öffentliche Sektor hat im Zuge der Bewältigung von Krisenszenarien in den vergangenen Jahren stark an Bedeutung gewonnen. Dabei geht es um eine verstärkte Rolle des Staates als steuernder Akteur einer wirtschaftlichen Transformation und damit einhergehend um neue Rechtsrahmen und Regulierung von zentralen Sektoren wie Energie- oder Gesundheitswesen.

Um Klimaziele zu erreichen, die Energieversorgung und den europäischen Binnenmarkt im Umfeld geopolitischer Verschiebungen abzusichern oder um die Verkehrswende voranzutreiben, gibt es eine Bandbreite an Projekten, die in rechtlicher Hinsicht das kombinierte Know-how von Vergabe-, Beihilfe- und Öffentlich-Rechtlern fordern. Die schnell aufgesetzten LNG-Projekte, die sich inzwischen auch auf die schwimmenden LNG-Terminals erweiterten, sind ein prominentes Beispiel für infrastrukturelle Großprojekte. Weitere sind Ansiedlungen von Produktionsstätten für sensible Technologie: Das US-Unternehmen Intel verhandelte zum Bau von zwei Halbleiterwerken in Magdeburg zur Chipherstellung über staatliche Zuschüsse von mindestens 6,8 Milliarden Euro. Teams von **Baker McKenzie** berieten den Konzern hierbei umfassend. Einen eigenen Beratungsstrang stellen die genehmigungsrechtlichen Fragen dar, die eine Anlage in der Größenordnung aufwirft, die noch dazu eine Menge Wasser verbraucht. Hier zog Intel die im Umweltrecht versierte Mittelstandskanzlei **Wolter Hoppenberg** hinzu. Nur wenige Wochen nach Bekanntgabe der Investition von Intel folgte ein Deal in ähnlicher Größenordnung mit der Taiwan Semiconductor Manufacturing Company (TSMC) in Dresden. In den Fabrikbau fließen mehrere Milliarden aus dem neuen Klima- und Transformationsfonds – hier berieten **Gleiss Lutz** und **Jones Day**. Auch bei Dekarbonisierungs-Projekten stehen Vergabe-, Planungs- und Beihilferechtler in erster Reihe.

Allen Projekten gemein ist eine entscheidende Bedeutung des öffentlich-rechtlichen Know-hows. Auch Großkanzleien wie **Clifford Chance**, **Gleiss Lutz** oder **Linklaters** haben erkannt, dass es für eine Beteiligung an solchen Mammut-Projekten erfahrene Öffentlich-Rechtler braucht. Galten öffentlich-rechtliche Themen noch vor wenigen Jahren als kaum profitables Geschäft, sind sie heute Türöffner, um auch mit gesellschafts-, finanzierungs- und transaktionsrechtlicher Kompetenz zu punkten.

Hohe Anzahl an Beratungsstunden

Diese Entwicklung verringert das Geschäft für mittelständische Kanzleien und Boutiquen jedoch keineswegs: Bei der Ausschreibung der heiß begehrten Lose der BNetzA als Projektmanagerin für den Stromtrassenausbau fiel die Wahl auf spezialisierte Kanzleien wie **BBG und Partner** und die Kanzlei **Andrea Versteyl**, die im Projektmanagement höchst erfahren sind. Das größte Los ging an **CBH Rechtsanwälte**. Dass auch hier ungewohnte Dimensionen aufschlagen, zeigen die hohen, in der Ausschreibung mit bis zu 267.000 angesetzten Beratungsstunden.

Die Bewertungen behandeln Kanzleien, die mit unterschiedlicher Schwerpunktsetzung zu den regulatorischen Anforderungen des Öffentlichen Sektors beraten. Den zunehmenden Einfluss der EU-Kommission decken insbesondere die Unterkapitel ▷*Beihilfe-* und ▷*Öffentliches Wirtschaftsrecht* ab. Aber auch im ▷*Vergaberecht* gewinnt das Europarecht immer mehr an Gewicht.

Beihilferecht

Kontrolle muss sein

Für Transformationsprojekte stellen staatliche Stellen Milliardenbeträge in einem Umfang bereit wie nie zuvor. Beispiele sind der Wirtschafts- und Transformationsfonds des Bundes ebenso wie der Fonds für einen gerechten Übergang der EU-Kommission. Zahllose Projekte werden gefördert, seien es Digitalisierungsvorhaben in Verwaltung und Gesundheitswesen, der Ausbau von Elektromobilität und Ladeinfrastruktur, Dekarbonisierungsmaßnahmen in Produktionsunternehmen, der Bau von LNG-Terminals oder der Aufbau einer Wasserstoffindustrie. Für derartige Förderungen setzen das Beihilferecht und Förderrichtlinien klare Regeln, um Begehrlichkeiten zu begegnen. Außerdem gibt es Kontrollmechanismen, um Missbrauch und Verzerrungen im Wettbewerb durch Subventionen zu verhindern.

Entsprechend gefragt waren die spezialisierten Rechtsberater. So beriet die im öffentlichen Recht breit aufgestellte Kanzlei **Redeker Sellner Dahs** zu Fördermechanismen für nachhaltiges Flugkerosin und für den Aufbau von Wertschöpfungsketten für grünen Wasserstoff und Wasserstoff-Derivate. Mit **Müller-Wrede & Partner** berät eine der erfahrensten Beihilferechtspraxen bei der Umsetzung von Förderrichtlinien für Green-Deal-Vorhaben. Stärker als bislang sind aber auch die Folgen für Unternehmen in den Fokus gerückt, die Fördermittel erhalten. Denn um wettbewerbsverzerrende Auswirkungen von Subventionen zu verhindern, legen Förderbescheide oft Auflagen für die Mittelverwendung fest. Dazu kann auch die Einhaltung von vergaberechtlichen Mechanismen für den Einkauf gehören – deren Verletzung wiederum zur Rückzahlung der Fördermittel verpflichten kann. Die Beratung zu vergabe- und beihilferechtlicher Compliance hat etwa in Kanzleien wie **Gleiss Lutz**, **Blomstein** und **Luther** zugenommen.

Europa- und beihilferechtliche Aspekte spielten auch bei den im Zuge der Gaskrise erfolgten Verstaatlichungen eine wesentliche Rolle. Bei **Linklaters**, **CMS Hasche Sigle**, **Hengeler Mueller** und **Freshfields Bruckhaus Deringer**, die beim staatlichen Einstieg bei Uniper und Sefe berieten, waren die Beihilferechtsspezialisten wichtige Akteure in den fachübergreifenden Teams.

Wegen des stark europarechtlichen Einschlags des Beihilferechts sind die Kompetenzen oft in den ▷*Brüsseler* Büros der Kanzleien angesiedelt. Beihilferechtlich relevante Projekte im Infrastruktursektor sind teils in den Kapiteln ▷*Energiewirtschaftsrecht*, ▷*Verkehr* und ▷*Vergaberecht* erfasst. Viele der Anwälte sind an der Schnittstelle zum ▷*Kartell-* oder ▷*Öffentl. Recht* tätig.

Beihilferecht

Baker McKenzie	Berlin, Brüssel
Dr. Andreas Bartosch	Brüssel
Blomstein	Berlin
CBH Rechtsanwälte	Köln, Berlin
CMS Hasche Sigle	Brüssel
Dentons	München, Berlin, Düsseldorf
Freshfields Bruckhaus Deringer	Brüssel, Berlin
Gleiss Lutz	Brüssel, Düsseldorf
GSK Stockmann	Hamburg, München, Berlin
GvW Graf von Westphalen	Hamburg
Hengeler Mueller	Berlin, Brüssel
Heuking Kühn Lüer Wojtek	Düsseldorf, Stuttgart, Köln, Hamburg
Hogan Lovells	Hamburg, Brüssel
Jones Day	Brüssel
Kapellmann und Partner	Brüssel, Mönchengladbach
Linklaters	Berlin
Luther	Brüssel, Hannover, Leipzig, Essen
Müller-Wrede & Partner	Berlin
Noerr	München, Brüssel
Norton Rose Fulbright	Brüssel
Pinsent Masons	Düsseldorf
PricewaterhouseCoopers Legal	Hamburg, Berlin
Redeker Sellner Dahs	Brüssel, Bonn, Berlin
Taylor Wessing	Düsseldorf
White & Case	Berlin, Brüssel
WilmerHale	Frankfurt

Die Auswahl von Kanzleien und Personen in Rankings und tabellarischen Übersichten ist das Ergebnis umfangreicher Recherchen der JUVE-Redaktion. Sie ist in 2erlei Hinsicht subjektiv: Die Aussagen der befragten Quellen sind subjektiv u. spiegeln deren Erfahrungen u. Einschätzungen. Die JUVE-Redaktion wiederum analysiert die Rechercheergebnisse unter Einbeziehung ihrer eigenen Marktkenntnis. Der JUVE Verlag beabsichtigt keine allgemeingültige oder objektiv nachprüfbare Bewertung. Es ist möglich, dass eine andere Recherchemethode zu anderen Ergebnissen führt. Innerhalb einzelner Gruppen in Rankings und tabellarischen Übersichten sind Kanzleien und Personen alphabetisch sortiert.

BAKER MCKENZIE

Bewertung: Beihilfe- u. fördermittelrechtl. Aspekte gehören in Mandaten der anerkannten Fachbereiche Energie, Gesundheit u. insbes. Vergabe-/Regulierungsrecht immer öfter zum Spektrum der Beratung. Dabei wurde die spezifisch beihilferechtl. Kompetenz zuletzt mit dem Zugang des erfahrenen Spezialisten Dr. Andrés Martin-Ehlers erweitert, der u.a. für seine langj. Arbeit für Lufthansa bekannt ist. Eine intensivierte Zusammenarbeit der Beihilfe- u. Europarechtler des Brüsseler Büros mit dt. Teams zeigte sich zudem bei der Beratung von Intel im Zshg. mit der Investition in ein Halbleiterwerk in Magdeburg.

Mandate u. nähere Informationen finden Sie in den Kapiteln *▷Brüssel, ▷Vergabe, ▷ESG, ▷Gesundheit.*

DR. ANDREAS BARTOSCH

Bewertung: Der Einzelanwalt zählt zu den erfahrensten Beihilferechtsspezialisten. Dementspr. berät er in einem breit gefächerten Spektrum u. häufig dort, wo er seine langj. gewachsene Vernetzung im Brüsseler Markt u. bei den EU-Gerichten einbringen kann.

Oft empfohlen: Dr. Andreas Bartosch

Mandate: Umweltministerium NRW u.a. bei div. Notifizierungsverfahren um E-Mobilitätsförderung; Emschergenossenschaft u. Lippeverband zu Beihilfevorwürfen u. Berufung auf regionale Monopolstrukturen im Abwasserbereich; Stadt Hamburg bzgl. Congress Center; Unternehmen zu EU-Beschwerde gg. Nichtvergütung der Monopollizenz durch privatisierte Westspiel-Gruppe; Diehl zu F&E-Beihilfen im Zshg. mit gepl. Zukauf in USA; Stadtwerk zu Streit mit Energieversorger vor Schweiz. Schiedsgericht.

BLOMSTEIN

NOMINIERT
JUVE Awards 2023
Kanzlei des Jahres

Bewertung: Die hoch spezialisierte beihilferechtl. Beratung erfolgt insbes. auf Unternehmensseite, bspw. bei Fördermitteln, zu beihilferechtl. Compliance oder zum Ukraine-Krisenrahmen. Zuletzt ließ sich ein chines. Unternehmen zu Auswirkungen der EU-DrittstaatensubventionsVO beraten. Daneben wird die Kanzlei regelm. durch die EU-Kommission als Monitoring Trustee eingesetzt, um nach der Genehmigung von Beihilfen die Einhaltung von Zusagen zu überwachen, so etwa bei Rekapitalisierungsmaßnahmen für Air France.

Oft empfohlen: Dr. Max Klasse

Mandate und weitere Informationen finden Sie in den Kapiteln *▷Vergaberecht, ▷Kartellrecht, ▷ESG* u. *▷Außenwirtschaft.*

CBH RECHTSANWÄLTE

Bewertung: Die Kanzlei berät im Beihilferecht über ihre aktive öffentl.-rechtl. Praxis zu div. Infrastruktur- u. anderen geförderten Projekten. Hier steht sie Kommunen u. städt. Gesellschaften wie bspw. Bochum, Köln, Koblenz oder der Häfen- u. Güterverkehrsgesellschaft Köln zur Seite. Strategisch ausgebaut hat CBH zudem die intensive Begleitung von Behörden u. Unternehmen bei Anträgen auf EU-Fördermittel für Transformations- u. Innovationsvorhaben.

Oft empfohlen: Prof. Dr. Stefan Hertwig, Dr. Jan Deuster

Mandate u. nähere Informationen finden Sie in den Kapiteln *▷Vergabe, ▷Verkehr, ▷Öffentl. Recht.*

CMS HASCHE SIGLE

Bewertung: Das beihilferechtl. spezialisierte, anerkannte Team berät in enger Vernetzung mit anderen Fachbereichen in zahlr. komplexen Projekten, z.B. im Infrastruktursektor. Prominente Mandate wie die Beratung des Bundes im Zuge der Gaskrise und der Rekapitalisierung von Uniper und Sefe belegen das hohe Renommee. Doch beraten die Anwälte auch bei der Umstrukturierung von Stadtwerken oder im Fall des Flughafens Friedrichshafen auch zur Umsetzung von beihilferechtl. Zusagen. Eine Reihe von Unternehmen berät CMS zudem wg. der Rückforderung von erhaltenen Beihilfen.

Oft empfohlen: Dr. Michael Bauer

Mandate u. nähere Informationen finden Sie in den Kapiteln *▷Brüssel, ▷Energie, ▷Verkehr, ▷Vergabe, ▷Kredite, ▷Insolvenz u. Restrukt. ▷Öffentl. Recht, ▷ESG ▷Außenwirtschaft.*

DENTONS

NOMINIERT
JUVE Awards 2023
Kanzlei des Jahres

Bewertung: Schwerpunkt der beihilferechtl. Beratung sind Mandate mit förder- u. vergaberechtl. Charakter. Dazu zählen Infrastrukturinvestitionen u. die Begleitung von Unternehmen bei Ausschreibungen. V.a. Haak hat viel Erfahrung mit IT- und Digitalisierungsprojekten u. ist regelm. aufseiten der öffentl. Hand tätig. Nordmann hat Erfahrung mit prozessualen Auseinandersetzungen u. EU-Beihilfenrecht. Für eine Fluggesellschaft erstritt er eine Grundsatzentscheidung des EuGH. Die Praxis zeichnet sich außerdem durch umf. Erfahrung in regulierten Branchen aus, inkl. kartellrechtsrelevanter Bezüge.

Oft empfohlen: Dr. Matthias Nordmann („sehr erfahren, gute Zusammenarbeit", Wettbewerber), Andreas Haak

Mandate u. nähere Informationen finden Sie in den Kapiteln *▷Vergabe, ▷Energie, ▷Gesundheit, ▷Kartellrecht, ▷ESG, ▷Insolvenz/Restrukturierung, ▷ESG.*

FRESHFIELDS BRUCKHAUS DERINGER

Bewertung: Das Team gehört in der beihilferechtl. Beratung zu den Marktführern. Insbes. in Brüssel u. Berlin hat die Kanzlei angesehene u. europarechtl. versierte Anwälte, die häufig an der Schnittstelle zum Kartellrecht tätig sind. Das Renommee belegen regelm. Mandate für Bundesministerien u. namh. Unternehmen, darunter die Kfw zu Stabilisierungsmaßnahmen im Energiesektor, ThyssenKrupp im Zshg. mit grüner Transformation in der Stahlproduktion oder DSW21 zum gepl. Ausstieg bei Steag. Die Praxis berät darüber hinaus bei Transaktionen u. Refinanzierungen im Umfeld regulierter Branchen u. Infrastrukturen u. verfügt über viel Erfahrung bei Prozessen vor den EU-Gerichten.

Oft empfohlen: Dr. Andreas von Bonin, Dr. Thomas Lübbig („genialer Kopf", Wettbewerber)

Mandate u. nähere Informationen finden Sie in den Kapiteln *▷Brüssel, ▷Insolvenz/Restrukturierung, ▷Kredite, ▷Öffentl. Recht, ▷Energie, ▷ESG ▷Kartellrecht, ▷Bankaufsicht.*

Anwaltszahlen: Angaben der Kanzleien, wie viele Anwälte zu mind. ca. 50% in diesem Gebiet tätig sind. Sie spiegeln nicht zwingend die Gesamtgröße einer Kanzlei wider.

GLEISS LUTZ

Bewertung: GL unterhält eine der führenden Beihilfepraxen mit breitem Spektrum, das das EU-Beihilferecht ebenso umfasst wie fördermittelrechtl. Themen. Die Zusammenarbeit mit den Vergabe-, Steuer- u. Regulierungsteams ist eingespielt wie nur bei wenigen Wettbewerbern u. v.a. Soltész genießt ein außergewöhnl. Renommee. Dazu kommt viel Erfahrung mit Notifizierungen, auch bei IPCEI-Projekten wie die Beratung von Globalfoundries hinsichtl. Nanotechnologie-Projekten oder von Infineon beim Bau eines Werks für Signal-Technologien u. Halbleiter in Dresden. Außerdem treten die Anwälte regelm. zu EU-Beschwerden u. europarechtl. Prozessen vor den EU-Gerichten auf.

Oft empfohlen: Dr. Ulrich Soltész, Dr. Christian von Köckritz, Dr. Harald Weiß

Mandate u. nähere Informationen finden Sie in den Kapiteln *▷Brüssel*, *▷Vergabe*, *▷Compliance*, *▷Gesundheit*, *▷Kartellrecht*, *▷Verkehr*, *▷Energie*, *▷Öffentl. Recht*, *▷ESG▷Außenwirtschaft*, *▷Insolvenz/Restrukturierung*, *▷Kredite*.

GSK STOCKMANN

Bewertung: Die beihilferechtl. Praxis ist v.a. bei Infrastrukturprojekten gefragt. Schwerpunkt ist die Beratung der öffentl. Hand, v.a. im Bereich See- und Flughäfen. So berät die Kanzlei auch im Zshg. mit dem Bau neuer LNG-Terminals an der Küste. Fördermittelrechtl. Fragen sind regelm. Teil der vergaberechtl. Beratung für Kommunen oder Krankenhausbetreiber. Auch Notifizierungen bei der EU-Kommission.

Oft empfohlen: Dr. Arne Gniechwitz („gute Arbeit im Hafenbereich", Wettbewerber)

Mandate u. nähere Informationen finden Sie in den Kapiteln *▷Vergabe*, *▷Öffentl. Recht*, *▷ESG* u. *▷Immo/Bau*.

GVW GRAF VON WESTPHALEN

Bewertung: Die Praxis berät in einem breiten Spektrum von beihilfe- u. fördermittelrechtl. Themen. Projekte in den Sektoren Mobilität, Flughäfen, Digitalisierung, Kliniken u. Stadtentwicklung spielen vermehrt eine Rolle. Die intensivierte Zusammenarbeit an Schnittstellen u. Mandate wie die Beratung im Projekt Datenraum Mobilität oder des Zentrums für Angewandte Luftfahrtforschung haben dem Team größere Aufmerksamkeit beschert. Zuletzt kamen Mandate um die Rückforderung von Fördermitteln dazu.

Oft empfohlen: Dr. Gerd Schwendinger

Mandate u. nähere Informationen finden Sie in den Kapiteln *▷Verkehr*, *▷Energie*, *▷Vergabe*, *▷ESG*, *▷Öffentl. Recht*, *▷IT und Datenschutz*.

HENGELER MUELLER

NOMINIERT
JUVE Awards 2023
Kanzlei des Jahres

Bewertung: Die angesehene beihilferechtl. Praxis ist durch ein breites Spektrum an öffentl.-rechtl. u. regulierungsnahen Mandaten gekennzeichnet – bspw. Transaktionen im Infrastrukturbereich, insolvenznahe Restrukturierungen u. Mandate mit steuerrechtl. Bezug. Ein Bsp. ist die Arbeit für Fortum beim Uniper-Ausstieg. Dass die Kanzlei auch im Zshg. mit IPCEI-Projekten gefragt ist, belegt u.a. die Beratung von SGL Carbon hinsichtl. Batterietechnologie. Regelm. Beratung zu Fördermöglichkeiten bzw. Prüfungen im Anschluss an Förderungen. Auch Erfahrung bei Prozessen vor den EU-Gerichten u. beihilferechtl. EU-Beschwerden.

Oft empfohlen: Dr. Jan Bonhage, Dr. Hans-Jörg Niemeyer

Mandate u. nähere Informationen finden Sie in den Kapiteln *▷Öffentl. Recht*, *▷Insolvenz/Restrukturierung*, *▷Brüssel*, *▷Kartellrecht*, *▷Energie*, *▷Verkehr*, *▷Telekommunikation*, *▷ESG* u. *▷Kredite*.

HEUKING KÜHN LÜER WOJTEK

Bewertung: Aus der im Markt sehr anerkannten Vergaberechtspraxis heraus berät die Kanzlei zu beihilferechtl. Risiken v.a. mit Bezug zu komplexen Infrastruktur- u. Verkehrsprojekten. Dazu gehört regelm. die fördermittelrechtl. Beratung im Vorfeld von Ausschreibungen, sei es für Krankenhäuser oder Behörden auf kommunaler oder Landesebene (v.a. NRW u. Ba.-Wü.). Zudem ist die Kanzlei regelm. bei Transaktionen von geförderten Unternehmen, inkl. Förder- u. Zuwendungsrecht, tätig.

Oft empfohlen: Dr. Ute Jasper, Dr. Laurence Westen

Mandate u. nähere Informationen finden Sie in den Kapiteln *▷Vergabe*, *▷Immobilien/Bau*, *▷Verkehr*, *▷Energie*, *▷Gesundheit*, *▷Insolvenz/Restrukturierung*.

HOGAN LOVELLS

Bewertung: Die beihilferechtl. Arbeit spielt sich v.a. an der Schnittstelle von Vergabe- u. Kartellrecht ab u. ist dabei sowohl auf die Beratung von Unternehmen als auch öffentl. Institutionen ausgerichtet. Schweda zählt dabei zu den Beratern, die besonders viel Erfahrung an den Schnittstellen zu Regulierungsthemen aufgebaut haben. Ein Bsp. bildet die lfd. Beratung von Flix oder Tank & Rast beim Aufbau von E-Ladeinfrastruktur. Ein anderes Team berät regelm. die Bundesfinanzagentur im Rahmen von Stabilisierungsmaßnahmen, zuletzt zur Kaufhof-Insolvenz. Auch Unternehmen, die sich mit Rückforderungen konfrontiert sehen, zählen zu den Mandanten.

Oft empfohlen: Dr. Marc Schweda

Mandate u. nähere Informationen finden Sie in den Kapiteln *▷Vergabe*, *▷Energie*, *▷Verkehr*, *▷Kartellrecht*, *▷Kredite*, *▷Insolvenz/Restrukturierung* u. *▷ESG*.

JONES DAY

Bewertung: Das erfahrene Team in Brüssel berät zu hochkarätigen, oft europarechtl. Regulierungsthemen. Insbes. Werner wird aufgr. seiner tiefen Spezialisierung im Markt respektiert. Dabei besteht auch Erfahrung mit Notifizierungen u. förml. Prüfverfahren, wie die Mandatierung durch RWE im EU-Verfahren um Kompensationszahlungen für den Braunkohleausstieg belegt. Auch in anderen Mandaten steht die Kompetenz an der kartell- u. europarechtl. Schnittstelle im Vordergrund.

Oft empfohlen: Dr. Philipp Werner („kenntnisreich u. auf den Punkt", „sympathische Zusammenarbeit", Wettbewerber)

Mandate u. nähere Informationen finden Sie in den Kapiteln *▷Brüssel* u. *▷Kartellrecht*, *▷ESG*.

KAPELLMANN UND PARTNER

Bewertung: Die Beihilferechtspraxis ist regelm. bei Infrastrukturprojekten mit Bezug zum Baurecht gefragt, wo die Kanzlei zu den Marktführern zählt. Eng angebunden an die Kartellrechtspraxis ist sie zudem gut in Brüssel u. bei dt. Behörden, auch auf Landesebene, vernetzt. Erfahrung hat das Team um van der Hout auch mit dem Thema Sportstätten u. Flughäfen. U.a. berät es den Flughafen München regelm. sowie das Land Rheinland-Pfalz hinsichtl. des Flughafens Hahn. Zugenommen haben erneut Mandate aus den Bereichen Energiewende u. Forschung.

Oft empfohlen: Prof. Dr. Robin van der Hout („erfahren u. umsichtig", Wettbewerber)

Mandate u. nähere Informationen finden Sie in den Kapiteln *▷Brüssel*, *▷Immobilien/Bau*, *▷Vergabe*, *▷Kartellrecht*, *▷Verkehr*.

LINKLATERS

Bewertung: Die Praxis berät im Beihilferecht regelm. bei hochvolumigen Finanzierungen u. Transaktionen, bspw. bei Investitionen in Infrastrukturen. Endler zählt zu den erfahrensten Regulierungsspezialisten u. beriet etwa die KfW zur Gestaltung von Krediten für Energieunternehmen oder zur Beteiligung am LNG-Terminal Brunsbüttel mit priv. Partnern. Auch die Arbeit für Uniper beim Einstieg des Bundes u. der Errichtung eines LNG-Terminals in Wilhelmshaven belegen die hohe Spezialisierung u. eine enge kanzleiinterne Vernetzung.

Oft empfohlen: Dr. Jan Endler

Mandate u. nähere Informationen finden Sie in den Kapiteln *▷Kredite*, *▷Insolvenz/Restrukturierung*, *▷ESG▷Bankaufsicht*, *▷Öffentl. Recht*, *▷Energie*.

LUTHER

Bewertung: An mehreren Standorten beraten Luther-Anwälte mit leicht unterschiedl. Fokus im Beihilferecht. Infrastrukturthemen u.a. aus den Bereichen Verkehr u. Energie sowie fördermittelrechtl. Beratung stehen dabei im Vordergrund. Luther berät Mandanten der öffentl. Hand u. private Unternehmen, darunter mit einem fachübergreifenden Team die Dillinger Hüttenwerke bei der Dekarbonisierung ihrer Stahlproduktion oder die N-Bank beim Aufsetzen eines Wachstumsfonds. Es besteht Erfahrung mit Notifizierungen u. in Prozessen.

Oft empfohlen: Dr. Helmut Janssen, Ulf-Dieter Pape

Mandate u. nähere Informationen finden Sie in den Kapiteln *▷Vergabe*, *▷Brüssel*, *▷Kartellrecht*, *▷Energie*, *▷Gesundheit*, *▷Öffentl. Recht*, *▷Außenwirtschaft*.

MÜLLER-WREDE & PARTNER

Bewertung: Besonders oft wird das Team von öffentl. Seite für beihilferechtl. Beratung angefragt u. wird aufgrund seiner Erfahrung mit Notifizierungen, europarechtl. Fragen u. Compliance auch anstelle oder zusätzl. zu Großkanzleien mandatiert. Die Kanzlei pflegt hervorragende Kontakte auf Bundes- u. Landesebene u. wurde u.a. im Zusammenhang mit der Gas- und Strompreisbremse hinzugezogen. Weitere Projekte betreffen die Anwendung u. Umsetzung von Förderrichtlinien für Digitalisierungs- u. Green-Deal-Vorhaben. So beriet die Kanzlei einen norddt. Versorger zum Ausbau eines Fernwärmenetzes u. zu einem Wasserstoffprojekt.

Oft empfohlen: Christoph von Donat, Gabriele Quardt („kommuniziert gut u. empathisch", Mandant; „kompetent u. sehr angenehm", „beachtl. Aufbauleistung", Wettbewerber)

Mandate u. nähere Informationen finden Sie im Kapitel *▷Vergabe*.

Anwaltszahlen: Angaben der Kanzleien, wie viele Anwälte zu mind. ca. 50% in diesem Gebiet tätig sind. Sie spiegeln nicht zwingend die Gesamtgröße einer Kanzlei wider.

NOERR

Bewertung: Die Kanzlei berät im Rahmen ihrer breit aufgestellten Regulierungspraxis regelm. zu beihilferechtl. Fragen. Die Praxis ist eng mit dem Kartell-, Verkehrs- u. Energierecht verzahnt. Beihilferecht spielt auch im Zshg. von steuerl. oder insolvenzrechtl. Mandaten immer wieder eine Rolle. So etwa für einen außereurop. Fonds, im Streit um Beihilfen für Condor oder bei der Beratung der Finanzagentur hinsichtl. der Stabilisierung von TUI.

Oft empfohlen: zunehmend Sarah Blazek

Mandate u. nähere Informationen finden Sie in den Kapiteln ▷*Energie*, ▷*Kredite*, ▷*Verkehr*, ▷*ESG*, ▷*Insolvenz/Restrukturierung*, ▷*Kartellrecht*, ▷*Außenwirtschaft*.

NORTON ROSE FULBRIGHT

Bewertung: Die beihilferechtl. Beratung erfolgt eng vernetzt mit der sehr erfahrenen Praxis im Bereich Verkehr. Dabei hat sich der Fokus zuletzt auf Förderthemen für Forschungsprojekte oder Wasserstoff- u. Technologie-Innovationen erweitert. Auch Erfahrung mit Prüfungen zur Fördermittelverwendung.

Oft empfohlen: Jürgen Werner

Mandate u. nähere Informationen finden Sie in den Kapiteln ▷*Verkehr*, ▷*Brüssel*, ▷*Kredite*.

PINSENT MASONS

Bewertung: Die Beihilfepraxis ist wg. Ihres Schwerpunkts im Hochschul- u. Forschungsbereich, einschl. Start-ups u. Ausgründungen aus Forschungseinrichtungen und Kooperationen, viel gefragt. Bei größeren Projekten sind die Steuer-, Gesellschafts- u. Vergaberechtler eng eingebunden. Nähere Informationen auch unter ▷*Telekommunikation* u. ▷*Energie*.

Oft empfohlen: Dr. Anke Empting

Mandate: RWTH Aachen u.a. zu Digital Nonwoven Innovation Center; Business & Law School bei der Gründung einer Universitätsfakultät u. Forschungskoop.; Uni Kiel zu EU-beihilfenrechtl. Prozess für Gründer u. Technologietransfer; Fachhochschule zu Gestaltung des Wissenstransfers; kulturelle Einrichtung zu beihilferechtl. Relevanz von Leistungsbeziehungen zu Dritten; MSH Medical School Hamburg lfd. u.a. zu Forschungskoop.; Papierfabrik Zerkall u. Wepa zu FaserInnovationsZentrum Zerkall (mit Forschungszentrum Jülich); Bundesanstalt für Materialforschung zu Forschungskoop.; Uni Paderborn zu Aufbau von Exzellenz Start-up Center OWL.

PRICEWATERHOUSECOOPERS LEGAL

Bewertung: Die beihilferechtl. Praxis berät regelm. bei Infrastrukturprojekten sowie Forschungs- u. Entwicklungsvorhaben. Zu ihren Mandanten zählen etwa das DLR u. einige Automobilhersteller. Die Erfahrung des anerkannten Otter belegt u.a. die Beratung von ZF Friedrichshafen zum IPCEI Projekt Mikroelektronik u. Bau einer Halbleiterfabrik.

Oft empfohlen: Jan Otter („immer gute Zusammenarbeit", Wettbewerber)

Mandate u. nähere Informationen finden Sie in den Kapiteln ▷*Vergabe*, ▷*Energie*.

REDEKER SELLNER DAHS

Bewertung: Sehr gut vernetzt in allen Bereichen des Öffentl. Sektors, berät die Kanzlei oft in komplexen, hochkarätigen Mandaten etwa zur Energiewende oder Fördermaßnahmen im Zshg. mit Nachhaltigkeitsprojekten zum Klimaschutz oder erneuerbaren Kraftstoffen. Bekannt ist etwa die umf. Beratung zum Projekt H2Global oder die Ausgestaltung eines Förderprogramms der bundeseigenen NOW durch Holtmann. Lünenbürger berät zur mrd-schweren Förderung von Moorschutz-Pilotvorhaben. Insges. umfasst das Spektrum der beihilferechtl. Erfahrung auch Notifizierungen, Umstrukturierungs- u. Überbrückungsbeihilfen sowie Streitigkeiten um Fördermittelverwendung u. ist damit so umfassend wie bei kaum einer anderen Kanzlei. Die Reputation für prozessuale Auseinandersetzungen, einschl. der Vertretung vor EU-Gerichten, ist ebenfalls hoch.

Oft empfohlen: Dr. Ulrich Karpenstein („einer der führenden Namen", Wettbewerber), Dr. Simone Lünenbürger („hohe fachl. Kompetenz, Erfahrungen mit Behörden u. Gremien", Mandant), Dr. Clemens Holtmann („gute Kenntnis der öffentl. Hand", Wettbewerber), Dr. Andreas Rosenfeld („strategisch u. ergebnisorientiert, stellt sich hervorragend auf die Mandantenbedürfnisse ein", Mandant)

Mandate u. nähere Informationen finden Sie in den Kapiteln ▷*Öffentl. Recht*, ▷*Brüssel*, ▷*Verkehr*, ▷*Energie*, ▷*Immo/Bau*, ▷*Vergabe*, ▷*Kartellrecht*.

TAYLOR WESSING

Bewertung: Die Praxis ist v.a. für die beihilferechtl. Beratung im Verkehrssektor u. bei Infrastrukturprojekten bekannt, darunter auch Breitbandausbau, Flughäfen u. Häfen sowie im Krankenhaussektor. Das Team ist dabei regelm. im Zshg. mit IT-Projekten gefragt u. pflegt zudem gute Kontakte auf Bundes- u. Länderebene. Regelm. berät es an der Schnittstelle zum Vergabe- u. Kartellrecht sowie bei Transaktionen.

Oft empfohlen: Dr. Michael Brüggemann

Mandate u. nähere Informationen finden Sie in den Kapiteln ▷*Vergabe*, ▷*Öffentl. Recht*, ▷*Informationstechnologie*, ▷*Gesundheit*, ▷*Kredite*, ▷*Kartellrecht*.

WHITE & CASE

Bewertung: Das beihilferechtl. Know-how ist inhaltl. umfassend. Besonders intensiv beriet Arhold indes zuletzt im engen Schulterschluss mit der Energiepraxis. So beriet die Kanzlei Unternehmen zur Strompreisbremse u. zu fördermittelrelevanten Kooperationen u. Transaktionen. Das Spektrum umfasst auch Kenntnisse der europarechtl. Anknüpfungen, Investitions- u. Rettungsbeihilfen sowie Erfahrung vor den EU-Gerichten. Traditionell auch Bezüge nach Osteuropa.

Oft empfohlen: Christoph Arhold

Mandate u. nähere Informationen finden Sie in den Kapiteln ▷*Energie*, ▷*Bankaufsicht*, ▷*Verkehr*, ▷*Insolvenz/Restrukturierung*, ▷*Telekommunikation*, ▷*Öffentl. Recht*, ▷*Brüssel*.

WILMERHALE

Bewertung: Ein beihilferechtl. Schwerpunkt ist die prozessuale Tätigkeit, regelm. tritt Kamann vor dt. u. den EU-Gerichten auf. Die Kanzlei kommt regelm. bei Verfahren mit polit. Bedeutung oder hohem Streitwert ins Spiel. Eine regelm. Mandatsbeziehung besteht zum hess. Finanzministerium, u.a. bei der Gründung des AI Quality & Testing Hub mit dem VDE. Doch berät die Kanzlei auch Unternehmen im Zshg. mit beihilferechtl. begründeten Klagen.

Oft empfohlen: Prof. Dr. Hans-Georg Kamann

Mandate u. nähere Informationen finden Sie in den Kapiteln ▷*Kartellrecht*, ▷*Öffentl. Recht*, ▷*Energie*.

Anwaltszahlen: Angaben der Kanzleien, wie viele Anwälte zu mind. ca. 50% in diesem Gebiet tätig sind. Sie spiegeln nicht zwingend die Gesamtgröße einer Kanzlei wider.

Vom Onlinezugangsgesetz bis zur Cloud: Herausforderungen des Vergabe- und E-Government-Rechts

Von Oliver M. Kern, LL.M. (UNSW), Dr. Benjamin Klein, Dr. Thomas Schuster, Eichler Kern Klein, Berlin/Stuttgart

Oliver M. Kern

Dr. Benjamin Klein

Dr. Thomas Schuster

Oliver M. Kern, LL.M. , (UNSW), Partner und Rechtsanwalt sowie Fachanwalt für Vergaberecht

Dr. Benjamin Klein, Partner und Rechtsanwalt

Dr. Thomas Schuster, Partner und Rechtsanwalt

Eichler Kern Klein Rechtsanwälte ist als Boutique hochspezialisiert auf die Beratung rund um Beschaffungsvorhaben der öffentlichen Hand und berät in diesem Bereich sowohl öffentliche Auftraggeber als auch Bieter vor allem bei großen Infrastruktur- und Verwaltungsdigitalisierungsprojekten. Neben vergaberechtlichen Themen fokussiert sich Eichler Kern Klein u.a. auch mit besonderer Kompetenz auf das Beihilfe- und Zuwendungsrecht sowie im Bereich der Verwaltungsdigitalisierung insbesondere auch auf IT-, Datenschutz-, verwaltungs- und verfassungsrechtliche Fragestellungen. Neben Start-Ups aus der Gov-Tech-Szene zählen im Digitalisierungsbereich vor allem Bundes-, Landes- und Kommunalverwaltungen, Krankenhäuser und Universitäten/Hochschulen zu den Mandanten.

Kontakt
EICHLER KERN KLEIN RECHTSANWÄLTE
PartGmbB
info@eichlerkernklein.de
www.eichlerkernklein.de
Berlin:
Kleine Präsidentenstraße 3, 10178 Berlin
T +49 (0)30 467384230
Stuttgart:
Relenbergstraße 80, 70174 Stuttgart
T +49 (0)711 400 409 80

Im Bereich der digitalen Transformation der öffentlichen Hand hinkt Deutschland im internationalen und auch vor allem europaweiten Vergleich hinterher. Schon seit Jahren wird mantraartig vor allem angeführt, dass „das Recht" am Digitalisierungsstau eine große Mitschuld trage.

Verwaltungsdigitalisierung: Ist das Recht das Problem?

Was muss geschehen, damit wir die Weichen für die digitale Zukunft (vergabe)rechtlich verlässlich stellen und die Verwaltung digital leistungsfähig machen? Eigentlich bedarf es dazu eines gemeinschaftlichen Kraftaktes. Aber: Wollen föderale Akteure kooperieren, ist das vergaberechtlich an § 108 GWB zu messen, wonach innerstaatliche Zusammenarbeit nur unter bestimmten (zu Recht als deutlich zu eng und inkonsistent kritisierten) Voraussetzungen ohne Ausschreibung erfolgen darf und verfassungsrechtlich auch an Art. 91c Abs. 5 GG. Daneben sind datenschutz-, datensicherheits- und IT-rechtliche Aspekte zu beachten. Eine herausfordernde Querschnittsmaterie, die Expertise erfordert, welche innerhalb der öffentlichen Verwaltung nicht zu jeder Zeit und in der notwendigen Schlagkraft vorhanden ist.

Vor und hinter dem Amtsschalter: „Frontend" und „Backend" im E-Government

Verwaltungsdigitalisierung und E-Government haben (grob) zwei Betrachtungsebenen, die stellenweise getrennt laufen, aber häufig genug komplex ineinander verwoben sind: Man kann sie in Anlehnung an „IT-Sprech" als „Frontend" und „Backend" bezeichnen. Das „Frontend" ist der „Schalter" des Amtes, den die Bürger*innen zu Gesicht bekommen und an dem sie ihre Anträge stellen und ihre Angaben machen. In der digitalisierten Verwaltung kann das die Nutzeroberfläche, eine Eingabefläche auf einem Rechner oder eine App auf einem mobilen Endgerät sein. Dahinter befindet sich das „Backend", der „Akten- und Arbeitsraum" mit den digitalen Prozessen der Verwaltung, die Bürger*innen nicht zu sehen bekommen. Bei beidem hakt es.

Begriffsdschungel im Frontend: OZG, EfA-Leistungen, Nachnutzungsmodelle

Das gesetzgeberische Flaggschiff des Frontends ist das Onlinezugangsgesetz (OZG). Das OZG verpflichtet Bund, Länder und Kommunen, ihre Verwaltungsleistungen über Verwaltungsportale bis zum 31.12.22 auch digital anzubieten. Die Frist ist abgelaufen und das Ziel bei weitem nicht vollständig erreicht. Im „OZG 2.0" eine Umsetzungsfrist nicht mehr enthalten. Das ist bedauerlich aber angesichts der bestehenden Schwierigkeiten wohl realistisch. Klar wird immer mehr, dass die Schwierigkeiten nicht in der technischen Umsetzung liegen, sondern vielmehr der „Rollout" in die Fläche mit Hindernissen, auch rechtlicher Natur, versehen ist. Egal welchen Teilbereich man betrachtet: Es fehlt an einer einheitlichen Strategie, Standards werden mühsam erkämpft (und stellenweise wieder verworfen), dazu kommen föderale Diversität und kommunale Selbstverwaltung sowie personelle und finanzielle Ressourcenknappheit.

Hierüber sind verschiedene Mechanismen gewachsen, die den Fortschritt erleichtern und Effektivität bündeln sollen: Die Stichworte sind Nachnutzungsmodelle wie auch die sog. Einer-für-Alle-Leistungen (EfA-Leistungen) im Rahmen der OZG-Umsetzung. Ihnen allen ist gemein, dass eine E-Government-Lösung an einer Stelle im föderalen Staat entwickelt (und möglicherweise auch betrieben) wird, andere – im besten Falle sogar: alle – öffentlichen Stellen der Republik sich diese Leistung auch zunutze machen können. Dies steht im Spannungsfeld zu § 108 Abs. 6 GWB, der innerstaatlichen Leistungsaustausch nur unter engen Voraussetzungen vom Vergaberecht freistellt. In diesem Spannungsfeld treten verschiedenste Akteure wie die Föderale IT-Kooperation (FITKO) oder die GovDigital eG auf den Plan, die Marktplätze betreiben und so gewissermaßen als Makler von Online-Diensten und sonstigen E-Government-Lösungen auftreten.

Zur Lösung der Probleme und Bündelung der Kompetenzen wurde in einem Impulspapier vom Nationalen E-Government Kompetenzzentrum jüngst die Schaffung einer zentralen, gemeinsamen Infrastruktur vorgeschlagen. Diese soll gewisse Basiskomponenten und Ressourcen für alle Behörden und Ebenen als Rückgrat der IT-Systeme der einzelnen Behörden und Institutionen zur Verfügung stellen. Voraussetzung wäre eine Behörde als Plattform-Eigner, die alle Basiskomponenten und deren Gesamtheit als Plattformbasis sowie alle technischen Standards mit Verwaltungs- und Finanzierungskompetenz betreut. Dies würde allerdings eine Änderung des Grundgesetzes erfordern (Karrer/Ahlers, Rechtliche Wege hin zum föderalen Plattform-Ökosystem, Mai 2023). Ob eine Grundgesetzänderung vom Gesetzgeber als Rollout-Booster für die OZG-Umsetzung in der Fläche angepackt wird?

Backend: „Binnendigitalisierung“ und Organisationsentwicklung

Aber was geschieht hinter dem „Frontend“? Hier endet der Regelungsbereich des OZG. Hinter dem Frontend stehen die „Binnendigitalisierung“ der öffentlichen Verwaltung und Ende-zu-Ende-Prozesse mit entsprechenden Flankierungen durch E-Akten-Systeme, entsprechenden Workflows und funktionierenden Schnittstellen. Insoweit ist die digitale Transformation kein IT-Projekt, sondern Ausfluss eines umfassenden Change-Prozesses mit der Chance auf grundlegende Verbesserung der Funktionsweise der öffentlichen Verwaltung. Damit einher geht die (weniger rechtliche, aber nicht minder wichtige) Organisations- und Prozessoptimierung nach dem Motto: Die Überführung eines schlechten analogen Prozesses in die digitale Welt führt zu einem schlechten digitalen Prozess. Hier liegt das wahre Innovationspotential der digitalen Transformation, indem es zu einer Verwaltungsmodernisierung im Gesamten führt. Ohne Blick auf die Prozesse und die Organisation bleibt die digitale Transformation das gleiche, wie in einem eingescannten Papierdokument die Endstufe der Digitalität zu sehen.

Backend: Ab mit SaaS in die Cloud?

Neben der Frage, WIE die Bearbeitung im Backend erfolgen soll (vor allem auch mit welcher technischen Lösung), stellt sich dort vor allem auch die Frage, WO – auf welcher Infrastruktur – die Lösungen betrieben werden sollen. Neben eigenen Rechenzentren (on premise) rücken in letzter Zeit vor allem auch Cloudlösungen in den Vordergrund. Denn innovative IT-Lösungen werden immer häufiger (nur) als „Software as a Service“ (SaaS) in Cloud-Infrastrukturen vom Markt angeboten, weil die Lösungen nur dort sinnvoll skaliert werden können. Laut Koalitionsvertrag der Bundesregierung von 2021 soll die Cloud der öffentlichen Verwaltung auf Basis einer Multicloud-Strategie und „offener Schnittstellen“ sowie „strenger Sicherheits- und Transparenzvorgaben“ aufgebaut werden. Neben der bereits vorhandenen Bundescloud, die vom Bund selbst betrieben wird, sollen die kommerziellen Cloud-Angebote des IT-Marktes, die auf die Bedürfnisse der Kunden zugeschnitten sind, in einem Verwaltungscloud-Ökosystem integriert werden. Auf diese Weise soll die Digitalisierung der Verwaltung unter den Gesichtspunkten der digitalen Souveränität ermöglicht werden. Der Weg ist noch weit, die Aussichten weniger heiter und mehr wolkig.

Wie kommt man in die Cloud, bis das Verwaltungscloud-Ökosystem gedeiht? Neben datenschutzrechtlichen Fragen (etwa Datenverarbeitung mit Auslandsbezug) müssen die Cloud-Leistungen in der Regel vergaberechtskonform ausgeschrieben werden. Schon die Vertragsgestaltung stellt öffentliche Auftraggeber vor nicht unerhebliche Herausforderungen. Seit Mitte des Jahres 2022 stehen jedoch endlich mit den vom Bundesinnenministerium veröffentlichten EVB-IT-Cloud-Vertragsmustern Handreichungen für die Vergabe von Cloudleistungen durch die Öffentliche Hand zur Verfügung, die die Beschaffung erleichtern und die hohen Anforderungen des öffentlichen Sektors an die Qualität von Cloudleistungen abbilden sollen. Die Existenz der Muster spricht sich langsam herum und wird den Zugang der Verwaltung zu Cloud-Leistungen vereinfachen.

GovTech-Ökosystem

Jenseits der Frage, auf welcher Infrastruktur die Digitalisierung stattfinden soll, stellt sich die Frage, welche Software, welche konkrete Lösung, eingesetzt werden soll. Hier hat sich in letzter Zeit ein lebhafter Markt entwickelt, ein GovTech-Ökosystem. Vergaberechtlich besteht die Herausforderung für Auftraggeber oftmals darin, sich über Markterkundungen einen Überblick über verfügbare Lösungen zu verschaffen und die Verfahren innovationsfördernd so zu gestalten, dass auch Start-Ups eine faire Chance erhalten. Die vergaberechtlichen Möglichkeiten sind da (siehe u.a. § 28 VgV), werden aber zu wenig genutzt. Auf der anderen Seite versuchen große Platzhirsche, am Markt ihre Position zu festigen, indem sie versuchen, „Anschlussprodukte“ über Direktbeauftragungen ohne vorangehende Ausschreibung an die Verwaltung zu bringen (sog. Lock-In-Effekte). Vergaberechtlicher Anknüpfungspunkt ist hier das sog. Leistungsbestimmungsrecht des Auftraggebers, das es – in engen Grenzen – durchaus ermöglicht, zur Vermeidung von Sicherheits- und Schnittstellenrisiken auf Bestandsprodukte zurückzugreifen (§ 31 Abs. 6 VgV, § 14 Abs. 4 Nr. 2, Abs. 6 VgV). Das OLG Hamburg hat kürzlich jedoch die Grenzen enger gezogen, in dem konkreten Fall zulasten von SAP als Anbieter von „Komplettlösungen“ (OLG Hamburg, Az. VgK 3/22).

Die Schlaglichter zeigen: Die Materie der „Verwaltungsdigitalisierung“ ist komplex, vielgestaltig und spannend. Es liegt im Interesse aller, Lösungen für die Vielzahl der Probleme und Hindernisse zu entwickeln, seien es rechtliche, technische oder politische Herausforderungen. Packen wir es gemeinsam an. ■

KERNAUSSAGEN

- Deutschland hinkt im welt- und europaweiten Vergleich bei der Digitalisierung hinterher.
- Eine Hürde stellen die föderalen Strukturen und vergaberechtliche Vorgaben dar, die eine strategische Zusammenarbeit der verschiedenen Akteure erschweren.
- Dennoch: Spielräume und Lösungsansätze bestehen und sollten von den Beteiligten genutzt werden.
- Verschiedene staatliche Akteure versuchen, als Makler bestehende Lücken zu schließen. Die Schaffung zentraler Strukturen würde eine Änderung des Grundgesetzes erfordern.
- Trotz allem hat sich eine lebhafte GovTech-Szene gebildet, die vor allem SaaS-Lösungen anbietet. Der Erfolg der Lösungen wird auch davon abhängen, wie schnell die Verwaltung Cloud-Leistungen nutzen kann.

Öffentliches Wirtschaftsrecht

Alle Augen auf Energieprojekte

Der Energiesektor absorbiert wie nie zuvor einen großen Teil der Beratungskapazitäten im Planungsrecht. Die geplante Energiewende und die ungeplante Energiekrise zwingen Unternehmen und öffentliche Hand zu höherer Geschwindigkeit, die mit dem ‚Netzausbaubeschleunigungsgesetz' sogar Gesetzesrang erhalten hat. Die Bundesnetzagentur (BNetzA) hat einen Teil ihrer Aufgaben beim Stromtrassenausbau an Kanzleien als ‚Verwaltungshelfer' delegiert: **CBH Rechtsanwälte**, **EY Law**, **Dombert**, **Weiss & Müller**, **BBG und Partner**, **Andrea Versteyl** sowie **Dr. Dammert & Steinforth** erhielten den Zuschlag für die unterschiedlich großen Lose, die sich auf maximal 267.000 Stunden summieren. Die großen Netzbetreiber lasten ohnehin schon seit Jahren viele Kanzleiteams auf planungs- und umweltrechtlicher Seite aus.

Neben der Offshore-Stromerzeugung und der Leitungsanbindung gibt es auch auf regionaler u. lokaler Ebene gesteigerten Planungsbedarf: Kein Stadtentwicklungsprojekt kommt heute ohne Nachhaltigkeitskriterien aus, denn diese sind oft die Voraussetzung dafür, dass Geld von privaten Investoren fließt. Kanzleien wie **GSK Stockmann** und **Hengeler Mueller**, die im Immobiliensektor erfahren sind, können hier diese Erfahrungen ausspielen.

Mehr Nachhaltigkeit im Sinne einer Kreislaufwirtschaft ist auch Hintergedanke der Ersatzbaustoffverordnung, die den Kern der Mantelverordnung des Bundesumweltministeriums ausmacht. Sie trat im August 2023 in Kraft und regelt gleichzeitig den Umgang mit Bodenschutz und Altlasten neu. Rund um Abfall und Entsorgung ist so neuer Beratungsbedarf entstanden, der vorwiegend von Spezialisten wie **Avocado** oder **Franßen & Nusser** abgedeckt wird. Nicht wenige Kanzleien wie etwa **Baumeister** oder **Wolter Hoppenberg** bieten Kommunen dabei einen Komplettservice an, um komplexe Vorhaben rechtssicher durchs Ziel zu bringen.

Berlin als Dreh- und Angelpunkt

Angesichts der schnellen Abfolge von Regulierungsvorgaben ist es kein Wunder, dass sowohl auf EU-Ebene als auch im nationalen Kontext ein kurzer Draht zu politischen und behördlichen Akteuren wichtig ist. Der Standort Berlin wird für Öffentlichrechtler immer noch populärer. **Lenz und Johlen** hat hier ein neues Büro eröffnet, **CMS** stärkt den Standort mit einem Quereinsteiger, um mehr Public-Affairs-Beratung anbieten zu können. **GSK** bediente sich quasi direkt aus der Politik, indem sie den ehemaligen Bundesminister des Auswärtigen u. davor Bundesminister der Justiz, Heiko Maas, Anfang 2023 an Bord holte.

Insgesamt sind die öffentlich-rechtlichen Teams in vielen Kanzleien sehr stabil – abseits akuter Krisenthemen rund um Energie oder Sanktionen sind viele ihrer Mandate Langläufer, speziell wenn sie in Verfahren münden. Die mündlichen Verhandlungen etwa um die Mehrkosten des Bahnhofsneubaus Stuttgart 21 fanden im Sommer 2023 vor dem Verwaltungsgericht Stuttgart statt und gehen auf eine Klage von 2016 zurück, die sich v.a. auf Finanzierungsverträge von 2009 stützt. Enger war der Zeitrahmen für die Rosneft-Entscheidung des Bundesverwaltungsgerichts: **Redeker Sellner Dahs** verteidigte im März 2023 die Treuhandanordnung des BMWK für die deutschen Rosneft-Tochtergesellschaften, die erst im September 2022 ergangen war.

Die Bewertungen behandeln Kanzleien, die zu Fragen der Staatsorganisation und der Grundrechte sowie in verwaltungsrechtlichen Fällen beraten und vertreten. Häufig ergeben sich Schnittstellen zum EU- u. Völkerrecht. Viele der Anwälte kommen ursprünglich aus dem Umwelt- u. Planungsrecht. Dort beraten sie im öffentlichen Bau- u. Planungsrecht mit seinen genehmigungsrechtlichen Fragen sowie im klassischen u. produktbezogenen Umweltrecht. Schnittstellen ergeben sich zum ▷*Vergabe-* u. ▷*Baurecht* sowie zum ▷*Energie-* und ▷*Verkehrssektor*.

JUVE KANZLEI DES JAHRES FÜR ÖFFENTLICHES WIRTSCHAFTSRECHT

BBG UND PARTNER

JUVE AWARDS 2023

Als Boutique bei den großen begehrten Projekten in vorderster Reihe – das beschreibt die Position der Umwelt- und Planungsrechtler von BBG. Das hochkarätige Mandat der BNetzA zum Stromtrassenausbau ist Ausdruck dafür, in welcher Liga die Anwälte inzwischen spielen.

Wohl durchdacht hat die Praxis den Bereich sukzessive aufgebaut und eine fulminante Entwicklung hingelegt. **Prof. Dr. Peter Schütte** mit seiner langjährigen Erfahrung vor deutschen Verwaltungsgerichten und der im Bereich Energieinfrastruktur versierte **Dr. Malte Kohls** haben Wettbewerbern gezeigt, dass sie eine ernst zu nehmende Marktmacht sind und mit ihren Mandaten wie z.B. der Beratung von Landesämtern zu den verschiedenen LNG-Terminals längst der ein- oder anderen Konkurrentin den Rang ablaufen.

Bei großen Projekten zum Netzausbau, zu erneuerbaren Energien und zur Wasserstoffwirtschaft, die sonst häufig bei Großkanzleien landen, überzeugt BBG ebenfalls. So beriet sie bei einem Zulassungsverfahren für ein Elektrolyseprojekt in industriellem Ausmaß. Auch diverse Klageverfahren für Bundesministerien belegen, dass BBG auf höchstem Niveau reüssiert. Somit verwundert es kaum, dass auch Wettbewerber der „spezialisierten Boutique mit starker Performance" höchste Anerkennung zollen und die Anwälte als „exzellente Juristen mit tiefgehendem Praxisbezug" loben.

ALLEN & OVERY

Verwaltungs- und Verfassungsrecht ★

Bewertung: Mit einem vglw. kleinen Team bearbeitet die internat. Kanzlei eine beeindruckende Palette von Spezialfragen im öffentl.-rechtl. Kontext. Allerdings liegt der Fokus anders als bei themat. ähnl. breit aufgestellten Teams auf der internat. Mandatsschiene – u.a. auch, weil die kanzleiinterne Transaktionsbegleitung eine wichtige Rolle spielt, zuletzt vielfach bei gr. Energieprojekten. Außerdem kommen die Frankfurter häufig dann zum Zuge, wenn umweltrechtl. Hürden den Kern von Unternehmensstrategien berühren. Da das A&O-Team auch die Lieferkettenregulierung u. das Sanktionsrecht beackert, sind die Einsatzmöglichkeiten sehr breit.

Team: 1 Partner, 5 Associates

Schwerpunkte: Umwelt-, bau- u. planungsrechtl. Begleitung von Transaktionen, dabei u.a. zu Fragen des Fachplanungs-, Bauplanungs-, Naturschutz-, Wasser-, Abfall-, Störfall- u. Altlastenrechts sowie zum Emissionshandel; Erfahrung mit Städtebau u. Industrieparks. Zudem produktbez. Umweltrecht – umweltrechtl. Produktregulierung u. Außenwirtschaftsrecht.

Mandate: Uniper zu Verstaatlichung; IHO Verwaltung (Schaeffler-Gruppe) zu Anleiheplatzierung mit Nachhaltigkeitsziel; Allianz Capital Partners, AIP Management u. Norges Bank zu Beteiligung an Offshore-Windpark ‚He Dreiht'; PIF/ESC zu Beteiligung an Nucera; HHLA-Vorstand zu Cosco-Beteiligung an Containerterminal Tollerort; Digital Bridge zu Kauf von Telekom-Funktürmen; NEOM zu Einstieg bei Volocopter; TUI zu sanktionsrechtl. Aspekten bei Kapitalerhöhung; Riverside in Investitionsprüfungsverf. bei Kauf von Dastex; EDF zu Kauf von 17 dt. Photovoltaikprojekten.

AULINGER

Planungs- und Umweltrecht ★

Bewertung: Viele Mandanten der im Ruhrgebiet ansässigen Kanzlei nutzen das Know-how der Umwelt- u. Planungsrechtler bei Infrastrukturprojekten, die vielfach mit dem Thema Energiewende zusammenhängen. Hier gibt es häufig Schnittstellen zu den Immobilien- u. Vergaberechtlern. Ein Konzernmandant lobt das „unschlagbare Preis-Leistungs-Verhältnis" im klass. Planungsrecht bei Aulinger, die in diesem Segment gleichwohl mit einem recht kleinen Team unterwegs ist – klein, aber renommiert, denn vielfach werden auch die Salary-Partnerinnen mit Empfehlungen hervorgehoben.

Oft empfohlen: Dr. Christian Stenneken („äußerst erfahren im Planungsrecht u. bei Infrastrukturthemen", Wettbewerber), Stephanie de Bruyn-Ouboter, Claudia Schoppen („Fachkompetenz u. Einsatz sind fast ohne Konkurrenz im Markt, herausragend", Mandant)

Team: 1 Eq.-Partner, 2 Sal.-Partner, 3 Associates

Schwerpunkte: Umwelt-, Bau- u. Planungsrecht im Energiesektor inkl. Emissionshandel, zunehmend Beratung energieintensiver Industrien. Leitungsrealisierung Strom u. Gas (Planung, Enteignung, Folgekosten, Wegerechte, Bewertung).

Mandate: VW zu Fabrikprojekt Trinity u. weiteren öffentl.-rechtl. Fragen; Energieversorger in Streit um Wasserentnahmen; TE Connectivity Germany lfd. im Bodenschutzrecht; Egger lfd. umwelt- u. planungsrechtl.; Nowega zu Wasserstoffkooperation u. niedersächs. Leitungsprojekt; Thyssengas zu nachträgl. Wegerechtssicherung u. Leitungsumverlegungen; Zeelink zu Enteignungsverf. für NRW-Teilstück.

Verwaltungs- und Verfassungsrecht

Kanzlei	Standorte
★★★★★	
Dolde Mayen & Partner	Stuttgart, Bonn
Hengeler Mueller	Berlin, Düsseldorf
Posser Spieth Wolfers & Partners	Düsseldorf, Berlin
Redeker Sellner Dahs	Berlin, Bonn, Brüssel
★★★★	
Gleiss Lutz	Berlin, Düsseldorf, Stuttgart
Oppenländer	Stuttgart
White & Case	Berlin
★★★	
Clifford Chance	Düsseldorf
Deubner & Kirchberg	Karlsruhe
DLA Piper	Köln, Hamburg
Dombert	Potsdam
Freshfields Bruckhaus Deringer	Berlin, Düsseldorf
Noerr	Berlin, Düsseldorf, Frankfurt, München
Raue	Berlin
WilmerHale	Berlin, Frankfurt
★★	
Baumeister	Münster
CBH Rechtsanwälte	Köln
CMS Hasche Sigle	Hamburg, Stuttgart, Köln u.a.
Gaßner Groth Siederer & Coll.	Berlin
GvW Graf von Westphalen	Hamburg
Held Jaguttis	Köln
Hogan Lovells	Düsseldorf
★	
Allen & Overy	Frankfurt
GSK Stockmann	München, Berlin
Linklaters	Berlin
Loschelder	Köln
Luther	Berlin, Leipzig, Düsseldorf, Hamburg u.a.
McDermott Will & Emery	Düsseldorf
Weissleder Ewer	Kiel

Die Auswahl von Kanzleien und Personen in Rankings und tabellarischen Übersichten ist das Ergebnis umfangreicher Recherchen der JUVE-Redaktion. Sie ist in 2erlei Hinsicht subjektiv: Die Aussagen der befragten Quellen sind subjektiv u. spiegeln deren Erfahrungen u. Einschätzungen. Die JUVE-Redaktion wiederum analysiert die Recherchеergebnisse unter Einbeziehung ihrer eigenen Marktkenntnis. Der JUVE Verlag beabsichtigt keine allgemeingültige oder objektiv nachprüfbare Bewertung. Es ist möglich, dass eine andere Recherchemethode zu anderen Ergebnissen führt. Innerhalb einzelner Gruppen in Rankings und tabellarischen Übersichten sind Kanzleien und Personen alphabetisch sortiert

AVOCADO

Planungs- und Umweltrecht ★★★

Bewertung: Kennzeichen der Kanzlei ist im Öffentl. Wirtschaftsrecht die hohe Spezialisierung in der Abfallbranche. Zur Mandantschaft gehören nicht nur abfallproduzierende Betriebe, sondern auch Entsorger wie Remondis u. Schönmackers sowie Kommunen. Ähnl. wie bspw. Wettbewerberin Brandi berät Avocado diese zudem vertragsrechtl. u. im Grenzbereich zum Strafrecht. Stark agiert die Praxis darüber hinaus an der Schnittstelle von Stoff-, Anlagen- u. Bodenschutzrecht. Viel Beratungsbedarf löste zuletzt z.B. das Thema chem. Recycling aus, bei dem das Team sowohl für Aufbereiter als auch auf der Seite der Auflöser erster Ansprechpartner ist. Eine hoch erfahrene ▷*Vergaberechtlerin* ist äußerst versiert bei Fragen rund um versch. Stoffströme, die etwa bei Bioabfällen auch nach tiefen Kenntnissen zum Hygienerecht verlangen. Zwar trägt inzw. auch die Arbeit des Berliner Büros Früchte, die Zusammenarbeit der beiden Standorte ist bislang jedoch eher verhalten.

Stärken: Umweltrecht, v.a. Abfallrecht in Kombination mit Regel-Compliance u. Strafrecht.

Oft empfohlen: Markus Figgen, Dr. Thomas Gerhold („langjährig erfahrene, sachkundige Kollegen", Wettbewerber über beide; „souveräner Berater mit exzellenten Kenntnissen", Wettbewerber), Dr. Ralf Kaminski, Dr. Rebecca Schäffer

Team: 7 Eq.-Partner, 3 Sal.-Partner, 2 Counsel, 1 of Counsel

Schwerpunkte: Anlagen- u. produktbez. Umweltrecht regelm. auch an der Schnittstelle zum Um-

Anwaltszahlen: Angaben der Kanzleien, wie viele Anwälte zu mind. ca. 50 % in diesem Gebiet tätig sind. Sie spiegeln nicht zwingend die Gesamtgröße einer Kanzlei wider.

Planungs- und Umweltrecht

★★★★★

CMS Hasche Sigle	Hamburg, Berlin, Köln, Stuttgart
Dolde Mayen & Partner	Stuttgart, Bonn
Luther	Berlin, Düsseldorf, Hamburg, Leipzig
Noerr	Berlin, Düsseldorf, Frankfurt, München
Posser Spieth Wolfers & Partners	Berlin, Düsseldorf
Redeker Sellner Dahs	Berlin, Bonn, München

★★★★

Clifford Chance	Düsseldorf, Frankfurt
Gleiss Lutz	Düsseldorf, Berlin, Stuttgart
GvW Graf von Westphalen	Hamburg, München

★★★

Freshfields Bruckhaus Deringer	Berlin, Düsseldorf
GSK Stockmann	München, Berlin, Hamburg, Frankfurt
Hengeler Mueller	Berlin, Düsseldorf
Linklaters	Berlin
White & Case	Berlin

★★★

Avocado	Köln, Berlin
Baumeister	Münster
BBG und Partner	Bremen
Brandi	Paderborn, Minden
CBH Rechtsanwälte	Köln
Franßen & Nusser	Berlin, Düsseldorf
Gaßner Groth Siederer & Coll.	Berlin, Augsburg
HFK Heiermann Franke Knipp und Partner	Hamburg, Frankfurt, Berlin
Hogan Lovells	Düsseldorf
Köchling & Krahnefeld	Hamburg
Kümmerlein	Essen
Lenz und Johlen	Köln, Berlin
okl & partner	Köln, Berlin
Taylor Wessing	Düsseldorf, Hamburg, Berlin

★★

Dombert	Potsdam
Görg	Berlin, Hamburg, Köln, München
Hellriegel	Berlin
Kopp-Assenmacher	Berlin
Oppenländer	Stuttgart
Pauly	Köln
Raue	Berlin
Andrea Versteyl	Berlin, München, Hamburg, Potsdam
Wolter Hoppenberg	Hamm, Münster, Osnabrück, Köln
Zenk	Hamburg, Berlin

★

Aulinger	Bochum, Essen
Glock Liphart Probst & Partner	München
Götze	Leipzig
Heinemann & Partner	Essen
Hoffmann Liebs	Düsseldorf
Kruhl von Strenge	Hamburg
Loschelder	Köln
McDermott Will & Emery	Düsseldorf
Menold Bezler	Stuttgart

Die Auswahl von Kanzleien und Personen in Rankings und tabellarischen Übersichten ist das Ergebnis umfangreicher Recherchen der JUVE-Redaktion. Sie ist in 2erlei Hinsicht subjektiv: Die Aussagen der befragten Quellen sind subjektiv u. spiegeln deren Erfahrungen u. Einschätzungen. Die JUVE-Redaktion wiederum analysiert die Rechercheergebnisse unter Einbeziehung ihrer eigenen Marktkenntnis. Der JUVE Verlag beabsichtigt keine allgemeingültige oder objektiv nachprüfbare Bewertung. Es ist möglich, dass eine andere Recherchemethode zu anderen Ergebnissen führt. Innerhalb einzelner Gruppen in Rankings und tabellarischen Übersichten sind Kanzleien und Personen alphabetisch sortiert.

weltstrafrecht u. zur umweltrechtl. Compliance; Immissionsschutz-, Bodenschutz-, Wasser-, Stoff- (BiozidVO u. REACH), Abfallrecht (u.a. GewerbeabfallVO, AltholzVO, ElektroG u. VerpackungsG), insbes. auch Altlastensanierungen. Zudem Vergabe-, Preis-, Beihilfe-, Baurecht u. an der Schnittstelle zum Kartellrecht; transaktionsbegleitendes Öffentl. Recht.

Mandate: Baustoffrecycler, Baukonzerne u. Verkehrsträger zu Ersatzbaustoffverordnung; bayer. Biogasanlagenbetreiber umweltstrafrechtl. in Zshg. mit einem Ermittlungsverf. wg. unerlaubten Umgangs mit Abfällen; Einweggeschirr- u. Serviettenhersteller abfall-, hygiene-, düngemittel- u. anlagenzulassungsrechtl. im Zshg. mit innovativen Kompostieranlagen u. zu Pflanzenkohleherstellung; KMR-Marine Surveyors abfallrechtl. bei Schiffshavarien; Mineralölkonzern bei der Transformation zu einer rohölfreien Produktion eines Raffinieriestandorts; Chemiekonzern bzgl. Ersetzung fossiler Rohstoffe durch Rückgewinnung von Rohstoffen aus Abfällen; maritimes Umweltberatungsuntern. gutachterl. zu wasserrechtl. Anforderungen an eine Schiffsverladung für Flüssiggas; Immobiliendienstleister zum Umgang mit aufgegebenen Militärstandorten; Remondis u. Schönmackers regelm. abfallrechtl. ggü. Behörden u. prozessual; div. Windparkbetreiber planungs- u. umweltrechtlich.

BAUMEISTER

Verwaltungs- und Verfassungsrecht	★★
Planungs- und Umweltrecht	★★★

Bewertung: Mit dem Anspruch, ihren Mandanten ein Komplettpaket zu allen Sachverhalten des Öffentl. Wirtschaftsrechts zu liefern, ist die Münsteraner Kanzlei kaum noch regional eingeschränkt. Wettbewerber heben die „enorme Vielfalt der Spezialisierungen" hervor. Im Bauplanungs- u. Energierecht deckt Baumeister auch die Schnittstellen zum Zivilrecht ab, etwa für die Flächensicherung von Wind-, PV- oder Anlagenbauprojekten. Hinzu kommen vielfach verwaltungsrechtl. Verfahren, sowohl für öffentl. Auftraggeber als auch auf Unternehmensseite. Der Aufschwung des Energiesektors u. die Umbauanforderungen der Energiewende haben allen Dezernaten neue bzw. ausgeweitete Mandate beschert. Stellvertretend für diese Entwicklung stehen die Einkaufszentren als bundesw. Stammmandantschaft, die nunmehr auch mit der Umstellung auf Erneuerbare Energien beschäftigt sind.

Stärken: Enge Verzahnung zw. öffentl. Bau- u. Umweltrecht.

Oft empfohlen: Dr. Georg Hünnekens, Dr. Andreas Kersting, Dr. André Unland, Dr. Joachim Hagmann („sehr versiert, zielorientiert u. teamfähig", Wettbewerber), Dr. Jens Gruber („gut u. engagiert", Wettbewerber)

Team: 16 Eq.-Partner, 22 Associates (Gesamtkanzlei)

Schwerpunkte: Öffentl. Bau- u. Planungsrecht (Energieprojekte, EKZ-Ansiedlungen, Bergrecht) u. Umweltrecht (Immissionen, Altlasten, Wasser, Umweltstrafrecht). Klass. Verwaltungsrecht, v.a. Gebühren, politiknahe Beratung u. Prozessführung. ▷*Vergaberecht* u. Privatisierungen bzw. ÖPP-Projekte. Zudem Produkt- u. Immobilienrecht.

Mandate: Zusammenschluss von Kommunen zu geplanter Erweiterung des Outlet-Centers Ochtrup; WECO Pyrotechnische Fabrik zu coronabedingten

Anwaltszahlen: Angaben der Kanzleien, wie viele Anwälte zu mind. ca. 50% in diesem Gebiet tätig sind. Sie spiegeln nicht zwingend die Gesamtgröße einer Kanzlei wider.

Einschränkungen; Stadt Rheinfelden zu städtebaul. Entwicklungskonzept für Störfallvorsorge; Lidl Dienstleistung in Prozess wg. Beseitigung von Baumängeln; Behörde/Gemeinde zu Planungs- u. Immissionsschutzrecht bei Neubau Datteln 4; Kläger in Prozess gg. Model Sachsen Papier wg. Altpapierverwertung; Land NRW (BezReg. D'dorf) zu Ausbau Rastanlage Geismühle A57; Kommune zu Wohnbebauung neben Kunststoff-Produktionsstandort; versch. Kommunen zu Planung u. Genehmigung von Windenergieprojekten; ENO Capital zu Umstrukturierung der ehem. Polizeischule Essen; versch. Energieparkentwickler wg. Bau u. Betrieb von industriellen PV-Anlagen; Energieprojektierer zu Herstellung u. Verkauf von Bio-LNG; Verbraucherzentrale zu Abmahnungen von E.on wg. Stromtarifen u. ‚Solar Cloud' sowie von Sonnen wg. Stromtarifen u. ‚Strom-Community'.

BBG UND PARTNER

Planungs- und Umweltrecht ★★★

JUVE AWARDS 2023

Kanzlei des Jahres für Öffentliches Wirtschaftsrecht

Bewertung: Die Bremer Kanzlei, die im Verkehrssektor an der Marktspitze agiert, bewies in den verg. Jahren kontinuierlich, dass sie auch im Umwelt- u. Planungsrecht nicht mehr wegzudenken ist. Bei Netzausbau, LNG-Projekten u. Projekten der Wasserstoffwirtschaft ist die Praxis gefragt, weil sie Vorhabenträger sowie Zulassungsbehörden bei diesen Infrastrukturprojekten umfassend begleitet – auch prozessual. So war das Team etwa maßgebl. an LNG-Infrastrukturprojekten in Brunsbüttel, Lubmin, Stade u. Wilhelmshaven beteiligt. Zudem wissen Mandanten die langj. Erfahrung der Anwälte so zu schätzen, dass die Praxis regelm. als Projektmanager beauftragt wird. Auch Wettbewerber loben das Team für den „hervorragenden Aufbau des Bereichs u. der qualitativ hochwertigen Arbeit", weswegen es auch in der großen Stromtrassenausschreibung der BNetzA „sehr verdient den Zuschlag (federführend im Konsortium) für eines der 4 Lose" erhalten habe. Mandate von Ministerien für div. Klageverfahren unterstreichen zusätzl., wie angesehen die Einheit ist, die regelm. an den Schnittstellen zum Verkehrs- u. Energierecht arbeitet.

Oft empfohlen: Prof. Dr. Peter Schütte, Dr. Malte Kohls („sehr kenntnisreich", Wettbewerber)

Team: 3 Partner, 7 Associates

Schwerpunkte: Fachplanungsrecht für Aufgabenträger u. Behörden (als Verwaltungshelfer), u.a. Stromnetzausbau u. Kraftwerke, aber auch an der Schnittstelle ▷*Verkehrsinfrastruktur* (Eisenbahn, Hafen, Straßen), Abfallrecht (Deponien) u. Bergrecht. Darüber hinaus regelm. Aufarbeitung umweltrechtl. Delikte u. Gesetzgebungsberatung, regelm. Bezüge zu Altlastenthemen; prozesserfahren.

Mandate: BNetzA zu Los 2 im Stromtrassenausbau; 50Hertz zu mehreren länderübergr. 380-kV-Leitungsvorhaben (NABEG-Vorhaben 51, 93); BNetzA in 3 NABEG-Vorhaben (Projektmanagement); Niedersächs. Landesamt für Straßenbau u. Verkehr zu EnLAG-Leitung in Nds. (Projektmanagement); Staatl. Amt für Landwirtschaft u. Umwelt Vorpommern im Genehmigungsverf. zum FSRU in Lubmin; Ministerium für Verkehr Ba.-Wü. zu Lkw-Maut auf Landesebene; Gaskavernenbetreiber zum Zulassungsverf. für ein Elektrolyseprojekt im industr. Ausmaß in Nordwestdeutschland; J. M-Five zu Fragen der Dekarbonisierung des Verkehrssektors.

BRANDI

Planungs- und Umweltrecht ★★★

Bewertung: Für Mandanten aus der Industrie u. für die öffentl. Hand ist Brandi in einer Vielzahl von umwelt- u. planungsrechtl. Fragen tätig. Dabei nutzen die Öffentlichrechtler immer mehr die kanzleiinternen Anknüpfungspunkte, etwa im Strafrecht (Umweltstrafrecht) oder bei Transaktionen der gr. OWL-Stammmandanten (umweltrechtl. Due Diligence), um sich weitere Themen zu erschließen. Aus der regionalen Verankerung ziehen die Anwälte gr. Vorteile u. sind zudem mit ihrer fachl. breiten Aufstellung etwas weniger auf den energierechtl. Boom angewiesen, um ihr sorgfältig aufgebautes Team auszulasten. Dies zeigen Mandate etwa aus der Möbel- u. der chem. Industrie mit boden- oder wasserschutzrechtl. Fragen sowie aus der Baustoffindustrie, wo Dyckerhoff Zement umf. beraten wird.

Stärken: Hohe Spezialisierung im Planungs- u. Immissionsschutzrecht, Kreislaufwirtschaftsrecht.

Oft empfohlen: Prof. Dr. Martin Dippel („gute u. langfristige Mandatsbeziehung", Mandant), Dr. Nils Gronemeyer

Team: 9 Eq.-Partner, 1 Sal.-Partner, 4 Associates

Schwerpunkte: Bauordnungs- u. Bauplanungsrecht, umweltrechtl. Schwerpunkte im Immissionsschutz-, Störfall-, Wasser-, Brand-, Altlasten- u. Abgrabungsrecht. Daneben produktbez. Umwelt- u. Abfallrecht, Kreislaufwirtschaftsrecht, europ. Chemikalienrecht (REACH-VO), Stoffrecht. Energie- u. Vergaberecht, zudem Beratung in Umweltstrafsachen.

Mandate: Dyckerhoff Zement umf. im Umwelt- u. Planungsrecht; Eckert u. Ziegler im Atom-, Strahlenschutz- u. Umweltrecht, u.a. zur Entsorgung von Strahlenquellen; Entwicklungsges. Kohlekraftwerk Veltheim; Arntz Optibelt genehmigungs- u. gefahrstoffrechtl. an innerstädt. Standort; Interargem lfd. u. zu Überplanung des Standorts einer Abfallverbrennungsanlage; Kronospan lfd. u. zu Neubau von Heizkraftwerken u. eines Beschichtungswerks; Entsorgungsunternehmen zu energiewirtschaftl. Optimierung eines Kompostwerks; lfd. Pfeifer & Langen, Prezero, Pfleiderer; versch. Städte zu Bauleitplänen u. Einzelhandelskonzepten.

CBH RECHTSANWÄLTE

Verwaltungs- und Verfassungsrecht ★★

Planungs- und Umweltrecht ★★★

Bewertung: Die dtl.weit tätige Kanzlei ist im Verwaltungs- u. Öffentl. Wirtschaftsrecht seit Langem etabliert. Im Rheinland ist die planungsrechtl. Praxis aus Köln v.a. bei gr. städtebaul. Entwicklungen nicht mehr wegzudenken u. umf. aufseiten von Projektentwicklern u. Kommunen aktiv. Öffentl.-rechtl. geprägte Mandate wie die der Stadt Köln zum Projekt Stadtviertel Kreuzfeld, das Bezüge zum Kommunalrecht aufweist, oder der Stadt Siegen zur Entwicklung der Universität in der Innenstadt veranschaulichen, dass CBH die praxisübergr. Zusammenarbeit (u.a. mit den ▷*Vergabe-*, ▷*Gesellschafts-* u. ▷*Baurechtlern*) gelingt. Das 2. Standbein der Praxis ist die Begleitung von Infrastrukturprojekten, u. aus diesem Gebiet stammt auch ein absolutes Highlight: Das Team um Rappen konnte sich im Frühjahr bei der gr. Ausschreibung der BNetzA für das größte

Führende Namen im Öffentlichen Wirtschaftsrecht

Dr. Markus Appel (Planungsrecht)
Linklaters, Berlin

Dr. Markus Deutsch (Planungsrecht)
Dolde Mayen & Partner, Bonn

Prof. Dr. Klaus-Peter Dolde (Planungs- und Verfassungsrecht)
Dolde Mayen & Partner, Stuttgart

Dr. Markus Ehrmann (Umweltrecht)
Köchling & Krahnefeld, Hamburg

Dr. Frank Fellenberg (Planungsrecht, Verfassungsrecht)
Redeker Sellner Dahs, Berlin

Dr. Thomas Gerhold (Planungsrecht)
Avocado, Köln

Dr. Frhr. Fritz von Hammerstein (Planungsrecht)
CMS Hasche Sigle, Hamburg

Dr. Mathias Hellriegel (Planungsrecht)
Hellriegel, Berlin

Dr. Burghard Hildebrandt (Planungsrecht)
Gleiss Lutz, Düsseldorf

Dr. Juliane Hilf (Umweltrecht)
Freshfields Bruckhaus Deringer, Düsseldorf

Prof. Dr. Ulrich Hösch (Planungsrecht)
GvW Graf von Westphalen, München

Dr. Vera Jungkind (Verwaltungsrecht)
Hengeler Mueller, Düsseldorf

Prof. Dr. Hans-Georg Kamann (Europarecht)
WilmerHale, Frankfurt

Dr. Ulrich Karpenstein (Verfassungs- u. Europarecht)
Redeker Sellner Dahs, Berlin

Dr. Andreas Kersting (Planungsrecht)
Baumeister, Münster

Prof. Dr. Wolfgang Kuhla (Verwaltungsrecht)
Raue, Berlin

Prof. Dr. Christofer Lenz (Verfassungsrecht)
Oppenländer, Stuttgart

Dr. Tobias Masing (Verwaltungsrecht)
Redeker Sellner Dahs, Berlin

Prof. Dr. Thomas Mayen (Verfassungsrecht)
Dolde Mayen & Partner, Bonn

Dr. Anno Oexle (Umweltrecht)
okl & partner, Köln

Dr. Herbert Posser (Planungsrecht)
Posser Spieth Wolfers & Partners, Düsseldorf

Fortsetzung nächste Seite

Anwaltszahlen: Angaben der Kanzleien, wie viele Anwälte zu mind. ca. 50 % in diesem Gebiet tätig sind. Sie spiegeln nicht zwingend die Gesamtgröße einer Kanzlei wider.

Führende Namen im Öffentlichen Wirtschaftsrecht

Fortsetzung

Prof. Dr. Olaf Reidt (Planungsrecht)
Redeker Sellner Dahs, Bonn

Dr. Gernot Schiller (Planungsrecht)
Redeker Sellner Dahs, Berlin

Dr. Ulrich Soltész (Europarecht)
Gleiss Lutz, Brüssel

Dr. Wolf Spieth (Planungsrecht)
Posser Spieth Wolfers & Partners, Berlin

Prof. Dr. Wolfgang Spoerr (Verfassungsrecht)
Hengeler Mueller, Berlin

Dr. Ronald Steiling (Planungsrecht)
GvW Graf von Westphalen, Hamburg

Dr. Ursula Steinkemper (Planungsrecht)
CMS Hasche Sigle, Stuttgart

Prof. Dr. Dirk Uwer (Verfassungsrecht)
Hengeler Mueller, Düsseldorf

Dr. Thomas Voland (Verfassungsrecht)
Clifford Chance, Düsseldorf

Dr. Benedikt Wolfers (Verfassungsrecht)
Posser Spieth Wolfers & Partners, Berlin

Die Auswahl von Kanzleien und Personen in Rankings und tabellarischen Übersichten ist das Ergebnis umfangreicher Recherchen der JUVE-Redaktion. Sie ist in 2erlei Hinsicht subjektiv: Die Aussagen der befragten Quellen sind subjektiv u. spiegeln deren Erfahrungen u. Einschätzungen. Die JUVE-Redaktion wiederum analysiert die Rechercheergebnisse unter Einbeziehung ihrer eigenen Marktkenntnis. Der JUVE Verlag beabsichtigt keine allgemeingültige oder objektiv nachprüfbare Bewertung. Es ist möglich, dass eine andere Recherchemethode zu anderen Ergebnissen führt. Innerhalb einzelner Gruppen in Rankings und tabellarischen Übersichten sind Kanzleien und Personen alphabetisch sortiert.

der 4 Lose zum Stromtrassenausbau durchsetzen – ein großer Erfolg für die Praxis, den auch Wettbewerber anerkennen. An der Schnittstelle zum ▷*Medienrecht* reüssiert weiterhin Ruttig rund um das öffentl. Glücksspielrecht, zu dem sich öffentl.-rechtl. Glücksspielunternehmen regelm. an ihn wenden.

Stärken: Hohe Kompetenz bei städtebaul. Vorhaben u. Infrastrukturprojekten; enge Vernetzung mit dem ▷*Baurecht*.

Oft empfohlen: Stefan Rappen, Dr. Cornelia Wellens, Dr. Tassilo Schiffer, Dr. Jochen Hentschel („sehr angenehm im Umgang“, „ist in höchstem Maß engagiert u. kompetent, uneingeschränkte Empfehlung“, Mandanten), Prof. Dr. Markus Ruttig

Team: 9 Eq.-Partner, 1 Sal.-Partner, 2 Counsel, 7 Associates, 1 of Counsel

Schwerpunkte: Öffentl. Baurecht. Infrastrukturprojekte, Projektentwicklungen (inkl. Planfeststellungsverf.) u. Umweltrecht (Immissionen, Altlasten, Abfall, Wasserrecht, Bodenschutz). Zudem ▷*Vergabe-*, ▷*Beihilfe-* sowie Verfassungs- u. Verwaltungsrecht mit Spezialisierungen im Medien-, Presse- u. Glücksspielrecht.

Mandate: BNetzA zu Stromtrassenausbau (Projektmanager; Los 4); Stadt Köln zu Projekt Kreuzfeld; Bezirksregierung Köln zum Neubau der 380-kV-Höchstspannungsfreileitung Umspannanlage Oberzier – Punkt Blatzheim (Projektmanagement); Regierungspräsidium Kassel zu 2 380-kV-Höchstspannungsleitungen der Fa. TenneT (Projektmanagement); chin. Automobilhersteller beim Rollout eines bundesw. Netzes von Swap-Stationen; Stadt Siegen zum städtebaul. Projekt ‚Siegen. Wissen verbindet‘; lfd. Birkenstock Group umf. zur Realisierung eines Produktionsstandortes; lfd.: Corpus Sireo, Bonova, Cube Real Estate, Autobahn GmbH.

CLIFFORD CHANCE

Verwaltungs- und Verfassungsrecht ★★★
Planungs- und Umweltrecht ★★★★

Bewertung: Die öffentl.-rechtl. Praxis widmet sich schon lange der planungs- u. genehmigungsrechtl. Beratung komplexer Großprojekte, bspw. beim Netzausbau im Strom- u. Gasbereich. Ihre frühe Positionierung zu LNG-Projekten bescherte ihr nicht nur eine Reihe von Mandaten zu Terminals dieser Art, sondern führte auch dazu, dass sich Mandanten bspw. im Zshg. mit CO2- sowie Ammoniak-Terminals dem Team anvertrauen. Großen Beratungsbedarf unter den Projekten zur Energiewende nahm zuletzt das Thema Batteriefabriken ein: So begleitet CC bspw. einen Automobilhersteller bei der Auswahl potenzieller Standorte, wobei auch Verhandlungen mit Regierungen u. Behörden im Fokus stehen. Kennzeichen bleibt die fachübergr. Vernetzung in regulierte Sektoren, im obigen Bsp. v.a. ▷*Energie*, darüber hinaus aber auch ▷*Banken* u. ▷*Gesundheit*. Nicht selten werden Mandate der Praxis zum Türöffner für andere Praxisgruppen, oder das Team bedient die verwaltungsrechtl. Themen in M&A-, Litigation- oder Compliance-Mandaten. Mittels ihrer breiten Aufstellung u. dem tiefgr. Know-how im EU- u. Völkerrecht ist es kaum verwunderl., dass die Anwälte zunehmend u. auf höchstem Niveau von ihrer Mandantschaft auch zu ▷*ESG*-Themen herangezogen werden.

Oft empfohlen: Dr. Thomas Voland („sehr guter Jurist mit breiter Fachkenntnis“, Wettbewerber)

Team: 2 Partner, 9 Associates, 2 of Counsel

Schwerpunkte: Wirtschaftsverwaltungs- u. Verfassungsrecht, u.a. in den Bereichen (öffentl.) Banken u. Finanzmarktinfrastrukturen, Glücksspiel, Energie, TK u. Gesundheit; auch Europa- u. Völkerrecht, insbes. beihilferechtl. u. menschenrechtl. Themen, ▷*ESG*; Compliance-Beratung. Viel Erfahrung im Umwelt- u. Planungsrecht, u.a. auch in Planfeststellungsverf. im Strom- u. Gasleitungsbau.

Mandate: Bundesministerium verfassungs- u. verwaltungsrechtl. zu Digitalisierung des Gesundheitswesens; BMW gg. eine Klage der Dt. Umwelthilfe zum Verbot von Produktion u. Verkauf von Verbrennungsmotoren (LG München); Bankenkonsortium zu Verstaatlichung ehem. Gazprom Germania; ausl. Staat zu Ausgestaltung regulator. Rahmens für Logistikdienstleistungen; Automobilhersteller zur Beschaffung von Rohstoffen für Batterieherstellung; Automobilhersteller zu Standorten für Bau von Batteriefabriken; Helmholtz-Zentrum für Gesundheit München europa- u. verfassungsrechtl. im Zshg. mit der anwendungsorientierten Forschung; TotalEnergies umf. zu CO2-Terminals; German LNG Terminal umf.; Hanseatic Energy Hub zu LNG-Terminal in Stade (Projektfinanzierung); Oiltanking u. Mabanaft Global zu Großanlage für grünen Ammoniak; frz. Energiekonzern zum beabsichtigten Kauf von Anteilen an einem grünen Wasserstoffprojekt in Dtl.; lfd. Amprion zu Leitungsprojekten; lfd. 50Hertz.

CMS HASCHE SIGLE

Verwaltungs- und Verfassungsrecht ★★
Planungs- und Umweltrecht ★★★★★

Bewertung: Die Praxis zählt mit ihrer tiefen Kompetenz im Umwelt- u. Planungsrecht zur Marktspitze. Dabei ist v.a. das berg- u. wasserrechtl. Know-how ein Magnet für Mandanten, die sich etwa zu Fragen rund um Wasserkraftwerke u. Trinkwasserversorgung der Kanzlei anvertrauen. Einmal mehr bewiesen die Anwälte, dass sie auch im Infrastruktur- u. Netzausbau erste Adresse für hochkarätige Projekte sind, wie z.B. die Neumandatierung durch RWE Supply & Trading zu LNG-Projekten in Brunsbüttel u. Lubmin belegt, bei denen das Team umfangr. zu Genehmigungs- u. Planfeststellungsverfahren für die LNG-FSRU-Terminals, auch unter regulator. Gesichtspunkten, eingebunden ist. Ein weiteres gr. Infrastrukturprojekt stellt die Beauftragung der Open Grid Europe im Planfeststellungsverf. für die Anbindungsleitung zum Uniper-Terminal in Wilhelmshaven dar, bei dem die Anwälte vor dem BVerwG ein bedeutendes Urteil u. die Abweisung einer Klage der Dt. Umwelthilfe erreichen konnten. Gemeinsam mit den Energierechtlern arbeiten die Planungsrechtler zu On- u. Offshore-Windparks intensiv zusammen. Im Frühjahr verstärkte sich CMS an der polit. Schaltstelle in Berlin mit dem ausgewiesenen Experten für öffentl.-rechtl. Regulierung Lippert, mit dem CMS zusätzl. die Public-Affairs-Beratung in Angriff nimmt.

Stärken: Infrastrukturvorhaben: v.a. Planfeststellungs- u. Genehmigungsverf., v.a. mit wasserrechtl. Bezügen; an der Schnittstelle zum Energierecht auch Transaktionsbegleitung.

Oft empfohlen: Dr. Fritz von Hammerstein („langjährige erfolgreiche u. vertrauensvolle Zusammenarbeit“, „enorm erfolgreich, auch beim Teamaufbau“, Wettbewerber), Dr. Christian Scherer, Dr. Dirk Rodewoldt, Dr. Christiane Kappes („sehr kollegial“, Wettbewerber), Dr. Ursula Steinkemper („umsichtig u. zielorientiert, sehr angenehmer Umgang“, Wettbewerber)

Team: 10 Partner, 20 Counsel u. Associates, tlw. inkl. Vergaberecht

Partnerwechsel: Dr. André Lippert (von Taylor Wessing)

Schwerpunkte: In HH Kompetenz im Umwelt- u. Planungsrecht mit enger Verknüpfung zum ▷*Immobilien- u. Baurecht* sowie zum ▷*Kartell-* u. ▷*Energierecht*; in Stuttgart v.a. Umwelt- sowie Energierecht. Von Berlin aus Beratung im öffentl. Bau- u. Planungsrecht. Kanzleiweite Beratung von Infrastrukturprojekten (insbes. im Energie- u. ▷*Verkehrssektor*), im Umweltrecht (Altlasten, Produkt- u. Abfallrecht), im ▷*Vergabe-* u. ▷*Beihilferecht*. Zudem Transaktionsbegleitung sowie Verfassungs- u. Verwaltungsrecht. Bezüge auch zu ▷*ESG*.

Mandate: BMWK zum Förderprogramm ‚Klimaschutzverträge‘ u. zur Förderrechtlinie; Open Grid Europe im energierechtl. Planungsverf. für Wilhelmshaven-Anbindungsleitung als Netzanschluss für LNG-Terminal (BVerwG); NeuConnect Britain zu Interkonnektor für 2 europ. Stromnetze; CargoBeamer im eisenbahnrechtl. Planfeststellungsverf. für Umschlagterminal in Kaldenkirchen; Bundesanstalt für Straßenwesen zu Leitfaden für Bundesstraßenplanung zu Klimaschutz in der Vorhabenzulassung; RWE Supply & Trading zu LNG-FSRU-Terminal in Brunsbüttel (insbes. immissionsschutzrechtl. Genehmigungsverf.) u. in Lubmin; Stadt Mainz zu

Anwaltszahlen: Angaben der Kanzleien, wie viele Anwälte zu mind. ca. 50% in diesem Gebiet tätig sind. Sie spiegeln nicht zwingend die Gesamtgröße einer Kanzlei wider.

Machbarkeitsstudie für übergreif. Darstellung Wasserstoffwirtschaft; Femern A/S bei div. Klagen (BVerwG); Carl Macher GmbH zu Einleiterlaubnis für geklärtes Abwasser aus der Papierindustrie; lfd. 50Hertz Transmission, One-Dyas.

DEUBNER & KIRCHBERG

Verwaltungs- und Verfassungsrecht ★★★

Bewertung: Die Kanzlei ist im Verfassungs- u. Wirtschaftsverwaltungsrecht eine angesehene Beraterin. Zentral sind komplexe und meist grundsätzl. Verfahren, bei denen die Anwälte ihre Mandanten vor den höchsten dt. Gerichten vertreten. So erwirkte das Team eine Grundsatzentscheidung des BVerfG zum Rechtsschutz in einer zwischenstaatl. Organisation (EPO/EPA). Bei Fragen zu Parteienrecht u. -finanzierung setzen Mandanten, wie zuletzt die Bundestagsverwaltung in der AfD-Parteispendenaffäre, auf die langj. Erfahrung des Teams. Anknüpfend an das verg. Jahr vertrat D&K im Zshg. mit der verschärften Abstandsregelung von Spielhallen eine Kommune im Verfassungsbeschwerdeverfahren (VerfGH Ba.-Wü.), das gleichzeitig wirtschaftsverwaltungsrechtl. Züge aufweist u. nach Zurückweisung an den VGH Ba.-Wü. noch weiter Thema bleiben wird.

Oft empfohlen: Prof. Dr. Christian Kirchberg

Team: 3 Partner, 2 Associates

Schwerpunkte: Verfassungs- u. Staatsorganisationsrecht, Parteienrecht/Parteienfinanzierung. Kommunalrecht. Städte u. Gemeinden zum Glücksspielrecht. Schnittstelle zum Umwelt- u. Planungsrecht. Branchen: Patent- u. Finanzwesen.

Mandate: Claudia Pechstein in Verfassungsbeschw. gg. Dopingsperre; Privatperson zu Erwachsenenadoption; Bundestagsverwaltung zu AfD-Spendenaffäre (OVG Berlin-Brandenburg); Bürgermeisterin von Niederstetten zu vorläufiger Dienstenthebung (VGH); Unternehmen bzgl. interner Gerichtsbarkeit der Europ. Patentorganisation bzw. des Europ. Patentamts (BVerfG); Landkreis in Ba.-Wü. zu Anspruch wg. schädl. Bodenverunreinigung; Immobilienentwickler im immissionsschutzrechtl. Genehmigungsverf. für Bauschutt-Haufwerke im Kontext der Entwicklung eines neuen Stadtareals.

DLA PIPER

Verwaltungs- und Verfassungsrecht ★★★

Bewertung: DLA verbindet im Öffentl. Recht die strateg. Beratung etwa zu Produktsicherheit u. umweltrechtl. Regulierung mit einer starken verwaltungsrechtl. Prozesstätigkeit. Neben Fällen aus dem Mediensektor hat etwa das Hamburger Büro regelm. verwaltungs- u. verfassungsrechtl. Grundsatzverfahren auf dem Tisch, etwa zur wirtschaftl. wichtigen Frage der Abgrenzung von Gewinn- u. Glücksspiel. Diese Tätigkeit ist eng vernetzt mit der zivilrechtl. Kompetenz der Kanzlei, etwa zur Abwehr von Rückzahlungsansprüchen von Spielern. Das Kölner Team wird in einer breiten Palette von umwelt- u. planungsrechtl. Fragen sowohl von Industrieunternehmen als auch von der öffentl. Hand mandatiert, ist aber auch in Staatshaftungsprozessen gefragt. Hier machen sich die gr. Kapazitäten des Teams bemerkbar, das weniger als in anderen Großkanzleien für den Transaktionssupport blockiert ist.

Oft empfohlen: Dr. Michael Stulz-Herrnstadt, Dr. Ludger Giesberts

Team: 3 Eq.-Partner, 4 Counsel, 10 Associates, 2 of Counsel

Schwerpunkte: Wirtschaftsverwaltungs- u. Verfassungsrecht v.a. im Medien- u. Glücksspielrecht sowie in anderen regulierten Industrien, regelm. auch auf europ. Ebene in Kombination mit Beihilferecht; ▷*ESG*; gr. Kompetenz im Staatshaftungsrecht; Kommunalrecht. Viel Erfahrung im produkt- u. anlagenbezogenen Umwelt- u. Genehmigungsrecht, auch Planungsrecht.

Mandate: Seven.One Entertainment Group gg. Medienanstalt Berlin wg. Sendungen von ‚Galileo' u. ‚Steven liebt Kino'; Axel Springer zu Verfassungsbeschw.; BASF umwelt- u. abfallrechtl.; Munitionshersteller zu Regulierung u. Genehmigungen; HeidelbergCement zu Einordnung von Bypassstäuben; Wisag in Verwaltungsverf.; ESF Elbe-Stahlwerke Feralpi zu Investitionen in Erneuerbare Energien.

DOLDE MAYEN & PARTNER

Verwaltungs- und Verfassungsrecht ★★★★★

Planungs- und Umweltrecht ★★★★★

Bewertung: Nachdem mit Dolde der erste Namensgeber der öffentl.-rechtl. Boutique in den Of-Counsel-Status gewechselt ist, zeigt sich, dass der Generationswechsel in der Spitzeneinheit kein Problem darstellt. Längst sorgen jüngere Partner für das Renommee der Kanzlei, das sich auf erstaunl. viele Namen erstreckt. DMP ist dabei in denselben Komplexen wie ihre Mitbewerber tätig, etwa im Leitungsnetzausbau oder bei erneuerbaren Energien; aber in vielen Mandaten gelingt es der Kanzlei, fachl. dort weiterzumachen, wo das Know-how anderer aufhört – etwa beim Zukunftsthema Wasserversorgung u. Wasserrecht, bei SPNV-Erweiterungen oder bei Klagen von Sportverbänden zu Corona-Finanzhilfen. Insbes. am Stuttgarter Standort ist sie neben sehr guten Industriekontakten auch bei Städten u. Kommunen exzellent vernetzt, deren Erneuerbare-Energien-Projekte sie begleitet. An beiden Kanzleistandorten sind die Partner zudem geschätzte Ratgeber auf Länderebene u. spielen regelm. ihre Erfahrung in verwaltungs- u. verfassungsrechtl. Prozessen aus.

Oft empfohlen: Prof. Dr. Thomas Mayen, Dr. Matthias Hangst („hervorragende Zusammenarbeit", „ausgezeichnetes Fachwissen u. strateg. Kompetenz, öffentl.-rechtl. Themen erledigen wir nur noch mit ihm", Mandanten), Dr. Winfried Porsch („genießt hohes Ansehen bei den Genehmigungsbehörden", Mandant), Dr. Markus Deutsch, Dr. Bernd Schieferdecker („exzellente Kenntnisse im Verwaltungsrecht", Wettbewerber), Prof. Dr. Klaus-Peter Dolde („hervorragender Ruf, ein ausgezeichneter Gesprächspartner", Wettbewerber)

Team: 9 Eq.-Partner, 2 Sal.-Partner, 5 Associates, 2 of Counsel

Schwerpunkte: Planungs- u. Genehmigungsrecht auf allen Ebenen, insbes. auch in Planfeststellungsverf. im Luftverkehr sowie Strom- u. Gasleitungsbau ▷*Energie*; Umweltrecht sowie Verfassungsrecht, Wirtschaftsverwaltungsrecht für staatsnahe Industrie, Länder u. Kommunen sowie Behörden, auch Beamtenrecht; regelm. auch Staatshaftungs-, Kommunal- u. Länderverfassungsrecht; außerdem Kompetenz im Börsenverwaltungs- u. Presserecht; viel Erfahrung vor dt. u. europ. Gerichten.

Mandate: K&S Regenerative Energie zu Windkraftprojekten; Stadt Neunkirchen zu Erweiterung des ‚Zweibrücken Fashion Outlet'; Stadtwerke München zu Projekt 2. S-Bahn-Stammstrecke u. U9-Strecke am Hbf.; Stadt Stuttgart in Prozess um Mehrkosten für Stuttgart 21; Zweckverband Bodenseewasserversorgung umf. zu Erweiterung des Förderstandorts; Landkreis Ludwigsburg zu Abfallgebühren; Landratsamt Göppingen in Klageverf. gg. ein Windenergietestfeld; Freistaat Sachsen zu 15. Änderungsplanfeststellung Flughafen Leipzig/Halle (Vorfelderweiterung); lfd. öffentl.-rechtl. Tennet TSO, Schluchseewerk, Projektgesellschaft Neue Messe, Opel, Kraftwerk Reckingen, Großkraftwerk Mannheim, Flughafen Stuttgart, Amprion.

Aufsteiger im Öffentlichen Wirtschaftsrecht

Kathrin Dingemann (Planungsrecht)
Redeker Sellner Dahs, Berlin

Niclas Hellermann (Umweltrecht)
Posser Spieth Wolfers & Partners, Berlin

Dr. Christiane Kappes (Planungsrecht)
CMS Hasche Sigle, Hamburg

Dr. Matthias Kottmann (Verfassungs- und Europarecht)
Redeker Sellner Dahs, Berlin

Dr. Marc Ruttloff (Verfassungsrecht)
Gleiss Lutz, Berlin

Katja Schramm (Umweltrecht)
Posser Spieth Wolfers & Partners, Düsseldorf

Die Auswahl von Kanzleien und Personen in Rankings und tabellarischen Übersichten ist das Ergebnis umfangreicher Recherchen der JUVE-Redaktion. Sie ist in 2erlei Hinsicht subjektiv: Die Aussagen der befragten Quellen sind subjektiv u. spiegeln deren Erfahrungen u. Einschätzungen. Die JUVE-Redaktion wiederum analysiert die Rechercheergebnisse unter Einbeziehung ihrer eigenen Marktkenntnis. Der JUVE Verlag beabsichtigt keine allgemeingültige oder objektiv nachprüfbare Bewertung. Es ist möglich, dass eine andere Recherchemethode zu anderen Ergebnissen führt. Innerhalb einzelner Gruppen in Rankings und tabellarischen Übersichten sind Kanzleien und Personen alphabetisch sortiert.

DOMBERT

Verwaltungs- und Verfassungsrecht ★★★

Planungs- und Umweltrecht ★★

Bewertung: Mit ihrem Erfolg bei der Trassenausbauausschreibung der BNetzA hat die öffentl.-rechtl. Praxis von Dombert einen Schritt nach vorne gemacht. Stringentes Projektmanagement u. vernetztes Arbeiten in einem größeren interdisziplinären Team, aber auch der Legal-Tech-Einsatz bedeuten neue Möglichkeiten für zukünftige Großmandate. Bei all dem ist die Kanzlei breit genug aufgestellt, um in den etablierten Schwerpunkten weitere Ausrufezeichen zu setzen – bspw. im Hochschul-, Klinik- oder Kommunalbereich, wo etwa die Kita-Finanzierung ein spannendes Arbeitsfeld bietet. Hinzu kommt die Erfahrung im Planungsrecht, wo Dombert den Aufbau von LNG-Terminals begleitete.

Team: 7 Eq.-Partner, 2 Counsel, 13 Associates, 2 of Counsel

Schwerpunkte: Beamten- u. Hochschulrecht. Kommunalrecht, insbes. Kommunalfinanzen. Umweltrecht, v.a. Immissions-, Natur- u. Artenschutz, u. jurist. Projektmanagement. Planungsrecht, insbes. im Energiesektor.

Anwaltszahlen: Angaben der Kanzleien, wie viele Anwälte zu mind. ca. 50% in diesem Gebiet tätig sind. Sie spiegeln nicht zwingend die Gesamtgröße einer Kanzlei wider.

Mandate: BNetzA zu Beschleunigung des Leitungsausbaus (Los 3, Tennet u. TransnetBW); 50Hertz zu Netzausbau u. -verstärkung; Gewerbeaufsichtsämter Lüneburg u. Oldenburg zu LNG-Terminals Wilhelmshaven u. Stade; Kulturbeauftragte der Bundesregierung zu Einführung des Kulturpasses; Gemeinde Grünheide zur Erweiterung der Tesla Giga Factory; Stadt Mittenwalde zu Ansiedlung eines Google-Rechenzentrums; Qualitas Energy zu Kauf u. Planung von Erneuerbare-Energie-Projekten; Wemag u. Mea zu Wind- u. PV-Projekten; versch. Hochschulen bundesweit zu Berufungs- u. Disziplinarverf. sowie Leistungsbezügen; Land Sachsen-Anhalt zu Verfassungsbeschw. der Stadt Aschersleben wg. Straßenbaubeiträgen.

FRANSSEN & NUSSER

Planungs- und Umweltrecht ★★★

NOMINIERT
JUVE Awards 2023
Gründerzeit-Award

Bewertung: Die Boutique mit Büros in Berlin u. Düsseldorf glänzt in ihren Kernkompetenzen Umwelt- u. Produktrecht. Während insbes. Franßen für seinen langj. Schwerpunkt in der Kreislaufwirtschaft einen hervorragenden Ruf genießt u. klass. umweltrechtl. Themen wie BImSch-Verfahren bearbeitet, gilt Nusser im produktbez. Umweltrecht als Spezialist. Dass die Vernetzung beider Bereiche zunehmend gefragt ist, belegt ein Mandat für den Hauptverband der Dt. Bauindustrie zur Weiterentwicklung des Rechtsrahmens für die Kreislaufführung von Bauprodukten u. Bauabfällen. Einige neuere Themen bescherten dem Team zuletzt ein hohes Mandatsaufkommen, etwa das Produktrecht mit Änderungen im VerpackG für Market Places, bei der sich das Team gut positionieren konnte. Außerdem zogen Mandanten die D'dorfer Anwälte hinsichtl. der Mantelverordnung hinzu, wie etwa das FEhS-Institut für Baustoff-Forschung. Daneben sorgte an der Schnittstelle zum Thema ▷*ESG* v.a. das zum Jahresbeginn in Kraft getretene LkSG zu einem regen Mandatsfluss. Angesichts zunehmender Bedeutung von Nachhaltigkeit u. Compliance verstärkte sich die Kanzlei zum Herbst mit einer jungen Anwältin, deren Augenmerk auf ESG-Themen liegt.
Stärken: Kreislaufwirtschaft, Produkt-Compliance.
Oft empfohlen: Gregor Franßen („ausgewiesener Experte zur Rechtslage im Umgang mit mineralischen Abfällen bzw. zum Einsatz von Recyclingbaustoffen", „sehr gute Zusammenarbeit", Mandanten; „sehr kollegial u. hat einen guten Überblick", Wettbewerber), Dr. Jens Nusser („sehr tiefe Fachkompetenz, gut reflektiert bzgl. unternehmerischer Belange", Mandant; „sehr kompetenter, kreativer Umweltrechtler; gut vernetzt", Wettbewerber)
Team: 4 Eq.-Partner, 1 Counsel, 5 Associates
Schwerpunkte: Breit angelegte Beratung im Umweltrecht (Altlasten, Immissionsschutz, Bodenschutzrecht). Viel Erfahrung mit Kreislaufwirtschaft. Abfall- u. produktbez. Umweltrecht (ElektroG, VerpackungsG, REACH). ▷*ESG*.
Mandate: Hauptverband der Dt. Bauindustrie bei Gutachten zum Rechtsrahmen für die Kreislaufführung von Bauprodukten u. Bauabfällen; VCI Verband der chem. Industrie gutachterl. zum Umgang mit PFAS-belastetem Bodenmaterial; Landesministerium zu Genehmigungsverf. im Bereich der Atomaufsicht; Landesreg. Ba.-Wü. zu Fragen des Kreislaufwirtschaftsrechts, Bauprodukterechts u. der Wiederverwendung von Bauteilen; Dt. Telekom umf., etwa zu LkSG, Bodenschutz, Abfallrecht, ElektroG; FEhS-Institut für Baustoff-Forschung umf., u.a. zu Kreislaufwirtschaft; Hersteller von Messgeräten zur grenzüberschr. Akkreditierung; Hersteller von Holzwerkstoffen zur Markteinführung eines Bauprodukts; Hörmann KG Verkaufsges. zu Produkt-, Bauprodukte- sowie Stoffrecht; Verpackungsuntern. zu Produktrecht u. ESG.

FRESHFIELDS BRUCKHAUS DERINGER

Verwaltungs- und Verfassungsrecht ★★★
Planungs- und Umweltrecht ★★★

Bewertung: Für viele unerwartet büßte die Kanzlei im Frühjahr mit dem Abschied von Kaufmann einen ihrer führenden öffentl.-rechtl. tätigen Partner ein. Nach der sehr erfolgr. Ausgründung von Posser Spieth Wolfers & Partners 2018 (und, indirekt, der Energieboutique Leitfeld 2021) sieht FBD selbst aber keinen kontinuierl. Abbau von Kapazitäten, sondern kontert mit der Ernennung einer Partnerin, mit der sie gleichzeitig eines der globalen Strategieziele – die Beratung der digitalen Plattformindustrie – explizit fördert. Die Beratungs- u. Prozesstätigkeit auf dt. Ebene umfasst bereits die wichtigsten Namen dieser Branche u. ist weniger als früher transaktionsabhängig. Zudem betreibt die Kanzlei konsequent die Internationalisierung ihrer öffentl.-rechtl. Beratung, wovon v.a. namh. Industriemandanten profitieren, die nicht selten aus der Pharmabranche stammen. Die umf., auf alle regulator. Aspekte ausgedehnte Praxis unterscheidet sich damit grundlegend von den meisten dt. Wettbewerbern u. lässt sich so auch nahtlos in die Beratungskomplexe Investitionsprüfung, ▷*ESG* u. Nachhaltigkeit einbauen. Neben den Branchenschwerpunkten Automotive, Healthcare u. Glücksspiel ist es nicht zuletzt die prozessuale Tätigkeit, die Aufmerksamkeit erweckt u. in Bezug auf mögl. ‚Klimaklagen' wiederum unternehmensstrateg. Bedeutung hat.
Stärken: Hervorragende Vernetzung mit den dt. u. internat. Teams der Kanzlei.
Oft empfohlen: Dr. Juliane Hilf („Strategin mit gutem Netzwerk", Wettbewerber)
Team: 3 Eq.-Partner, 1 Counsel, 13 Associates
Partnerwechsel: Prof. Dr. Marcel Kaufmann (unbekannt)
Schwerpunkte: In den staatsnahen Sektoren ▷*Gesundheitswesen*, ▷*Verkehr*, ▷*TK*, Plattformwirtschaft, ▷*Immobilien* u. Glücksspielrecht; Umweltrecht v.a. transaktionsbegleitend, an der Schnittstelle zum Produktrecht sowie sämtl. anlagenbez. Genehmigungsfragen; Verfassungs- u. Landesverfassungsrecht; Litigation vor dt. u. europ. Gerichten; ▷*Beihilfe-*, ▷*Außenwirtschafts-* u. Völkerrecht; ▷*Energie*. ▷*ESG*.
Mandate: Global tätiger Anbieter von sozialen Netzwerken zu div. Gesetzgebungsvorhaben u. prozessual zur Wirksamkeit des Netzwerkdurchsetzungsgesetzes (OVG Münster); Reclay Systems zu Fondssystem bei Verpackungen; Frontier Economics zu Förderung von alternativer Kraftstoffproduktion; Dax-Konzern zu Risiken mögl. ‚Klimaklagen' u. Lieferkettenverantwortung; Betfair Ltd. in Verf. zu Festsetzung von Sportwettensteuer; Merck zu Umstrukturierung des Standorts Gernsheim; Li-Cycle zu Genehmigung für Batterierecyclinganlage; südamerik. Industriekonzern zu EU-Regulierungen für CO2-Ausstoß; dt. Großstadt zu Ausbaukonzept für Ladesäulen.

GASSNER GROTH SIEDERER & COLL.

Verwaltungs- und Verfassungsrecht ★★
Planungs- und Umweltrecht ★★★

Bewertung: GGSC ist zuverlässig auf der Seite von Städten, Gemeinden u. Kreisen zu finden, um deren Verwaltungshandeln jurist. zu fundieren. Dies betrifft häufig die Themenkomplexe Entsorgung u. Kreislaufwirtschaft, die Markenzeichen der GGSC-Beratung sind, sowie städtebaul. Entwicklungsvorhaben. Trotz regionaler Schwerpunkte in u. um Berlin ist die Kanzlei dabei bundesw. anzutreffen, woran auch der Abgang eines Energierechtlers aus der Augsburger Niederlassung nichts ändert. Beim ‚Trinity'-Ausbauprojekt des VW-Konzerns beriet die Kanzlei die Stadt Wolfsburg, bei einer umstrittenen Ausschreibung für die Bioabfallverwertung setzte der Landkreis München auf GGSC, um die Blockade eines wichtigen Ausschreibungsverfahrens konsensual aufzulösen.
Stärken: Enge Vernetzung mit Kommunen u. Ministerien; gr. Erfahrung im Abfall- u. Altlastenrecht.
Oft empfohlen: Prof. Hartmut Gaßner, Dr. Maren Wittzack („extrem fachkundig in Berg-, Umwelt- u. allg. Öffentl. Recht", Mandant)
Team: 11 Eq.-Partner, 9 Sal.-Partner, 10 Associates, 2 of Counsel
Partnerwechsel: Dr. Thomas Reif (zu Sonntag & Partner)
Schwerpunkte: Öffentl. Bau- u. Planungsrecht, Umweltrecht. Produkt- u. Abfallrecht (inkl. ▷*Vergabe*), Altlasten/Bodenschutzrecht, Wasserrecht, PV- u. Windparkprojekte ▷*Energie*; Berg-, Atom-, Finanzierungs- u. umweltbez. Gebührenrecht, immer in Kombination mit Kommunalrecht; Beihilferecht; auch Verfassungsrecht.
Mandate: Stadt Wolfsburg zu VW-Ausbauplanung im Projekt ‚Trinity'; Landkreis München zu Umsetzung einer Ausschreibung für Bioabfallverwertung; Bauwert zu Wohn- u. Gewerbestandort Berlin Johannisthal/Adlershof; Land Berlin zu Stadtquartiersentwicklung Pankow/Buch – Am Sandhaus; Stadtwerke Neustadt a.d. Weinstraße zu Wasserschutzgebiet Ordenswald; Kommunale Jobcenter Hessen zu Rechtsformen für gemeinsame Aufgabenerledigung.

GLEISS LUTZ

Verwaltungs- und Verfassungsrecht ★★★★
Planungs- und Umweltrecht ★★★★

Bewertung: In größeren Mandaten sind die Öffentlichrechtler der Kanzlei oft im Team mit anderen Praxisgruppen gefragt, etwa Compliance (Produkt-Compliance), Litigation, Restrukturierung oder, wie in Großkanzleien üblich, mit dem M&A-Team. Interessant ist auch die Zusammenarbeit mit den Gesellschaftsrechtlern, etwa wenn es darum geht, Konzerne bzw. deren Industriestandorte mit hohen Genehmigungsauflagen umzustrukturieren. Doch genauso kann GL bei den öffentl.-rechtl. Themen in engerem Sinne punkten: Hier hat die Kanzlei viele tiefe Spezialisierungen im Angebot. Mandantenlob gibt es bspw. für „starke u. umfassende Präsenz zu Nachhaltigkeitsthemen, etwa im Lieferkettenschutzgesetz". Trotz zahlr. Mandate aus dem Energiesektor, die z.B. im Planfeststellungsbereich oder regulator. bei (E-)Mobilitätsthemen beraten werden, ist GL nicht so unmittelbar auf diese Branche angewiesen wie andere Sozietäten, sondern auch im Verwaltungs- u. Verfassungsrecht breit aufgestellt.
Oft empfohlen: Dr. Marc Ruttloff („fachl. sehr guter Anwalt mit ruhiger, besonnener Art", Wettbewerber), Dr. Andreas Neun, Dr. Jacob von Andreae

Anwaltszahlen: Angaben der Kanzleien, wie viele Anwälte zu mind. ca. 50% in diesem Gebiet tätig sind. Sie spiegeln nicht zwingend die Gesamtgröße einer Kanzlei wider.

(„brillanter Jurist", „besondere Erfahrung in investitionsrechtl. Fragen", Wettbewerber)
Team: 7 Eq.-Partner, 3 Counsel, 5 Sal.-Partner, rd. 15 Associates, 1 of Counsel
Partnerwechsel: Dr. Burghard Hildebrandt (unbekannt)
Schwerpunkte: Branchenfokus auf Automotive, ▷*Gesundheit*, ▷*Energie*. Fachplanungsrecht für gr. Infrastrukturprojekte im ▷*Verkehrssektor* (Energieleitungs- u. Schieneninfrastruktur); Bauordnungs- u. Bauplanungsrecht, häufig im Kontext komplexer städtebaul. Entwicklungen. Umweltrecht u.a. bei Transaktionen u. Umstrukturierungen; auch produktbez. Stoff- u. Abfallrecht in Vernetzung mit Litigation u. Produkthaftung; Schnittstelle zu ▷*Compliance-Untersuchungen*. ▷*ESG*.
Mandate: Land Ba.-Wü. gg. Klage der DUH auf Erlass eines Klimaschutzkonzepts; Stadt Düsseldorf zu Kooperation mit Signa bzgl. KaDeWe-Entwicklung am Heinrich-Heine-Platz; Stadt Mannheim zu Vorgehen gg. Planfeststellungsbeschluss ‚östl. Riedbahn'; Steag u. KSBG zu Verkaufsprozess u. Aufspaltung; Dt. Bahn zu Zugunglück Burgrain u. Überprüfung des Risikomanagementsystems; Bayer u. Lanxess umweltrechtl.; Alight zu Markteintritt mit PV-Anlagen; Insolvenzverwalter von Abellio Rail zu Klage gg. NRW-Verkehrsverbünde.

GLOCK LIPHART PROBST & PARTNER

Planungs- und Umweltrecht ★

Bewertung: Die Münchner Kanzlei ist v.a. bekannt für ihre Stärke im Planungsrecht, wo sie insbes. zu Städtebauprojekten berät. Dabei ist sie im Großraum München in zahlr. Großprojekte im Wohnungsbau eingebunden. Daneben wird die Einheit auch regelm. für städt. Infrastrukturvorhaben mandatiert, wie die Beteiligung am Neubau der Tram-Westtagente zeigt.
Oft empfohlen: Dr. Peter Eichhorn („lokal sehr gut vernetzt u. erfahren, kollegial u. besonnen, zielstrebig u. pragmatisch", Wettbewerber)
Team: 6 Eq.-Partner, 1 Associate
Schwerpunkte: Öffentl. Baurecht, insbes. bei städtebaul. Wohnprojekten u. Standortentwicklungen von Unternehmen. Im Umweltrecht v.a. wasserrechtl. Themen.
Mandate: Büschl zu div. Projekten, u.a. Entwicklung von urbanem Gebiet mit Hochhäusern; CA Immo zu Entwicklung Wohngebiet; Stadtwerke München in Planfeststellungsverf. zu Neubau der Tram-Westtangente; Stadt Rosenheim, u.a. zu städtebaul. Rahmenplanung ehem. Bahnbetriebsgelände für städtebaul. Entwicklung; MAN Bus & Truck im Genehmigungsverf. für neue Produktionshalle mit Traileryard u. in WHG-Verf. für Grundwasserbenutzung.

GÖRG

Planungs- und Umweltrecht ★★

Bewertung: Die öffentl.-rechtl. Praxis setzt an den div. Standorten ganz unterschiedl. Schwerpunkte. Das Berliner Team ist stark im Kraftwerks- u. Anlagensegment sowie dem Kohlestromausstieg, die Hamburger managen häufig Projekte des Infrastrukturausbaus. Während die Kölner Anwälte zahlr. Industriemandanten in umweltrechtl. Genehmigungsverfahren etwa zur Standortsicherung bzw. -erweiterung begleiten, sind die Münchner Partner auf die Bauplanung fokussiert. Trotz all dieser Spezialisierungen kommt das gesammelte Know-how aber nicht nur in Einzelprojekten zum Tragen, sondern wird sehr vielseitig eingesetzt. So sind die Planungsrechtler intern gut mit den Steuer- u. Immobilienrechtlern vernetzt u. beraten regelm. Industriemandanten zur Standortsuche für Produktionsanlagen. Gleichzeitig setzen etl. Länder, Kommunen u. Behörden auf Görg, sei es beim Projektmanagement oder in Prozessen.
Oft empfohlen: Dr. Kersten Wagner-Cardenal („strateg. Überblick, hohe Kompetenz", Mandant), Dr. Christoph Riese, Prof. Dr. Ferdinand Kuchler
Team: 9 Eq.-Partner, 1 Sal.-Partner, 12 Associates, 1 of Counsel
Schwerpunkte: Planfeststellungsrecht, v.a. im Kraftwerksbau (▷*Energie*), zur Anlagengenehmigung (Steinkohle, GuD, Wasserspeicher, Offshore-Windkraft), aber auch im klass. Projektentwicklungsgeschäft. Umweltrecht: Natur- u. Artenschutzrecht, Immissionen, auch Beratung an der Schnittstelle zum ▷*Vergaberecht*. Daneben auch Verwaltungsrecht, Kommunalrecht.
Mandate: Länder Sachsen u. Brandenburg zum Kohleausstieg inkl. Wiedernutzbarmachung des Tagebaus; Hamburg Port Authority zu Planung der neuen Köhlbrandquerung; EWE zu umweltrechtl. Prüfung von Kraftwerksstandorten; Land Meck-Vorp. zu Abwehr einer Verfassungsbeschw. wg. Bürgerbeteiligung an Windkrafterträgen; Verkehrsges. zu Emissionszertifikaten u. Abwärmenutzung sowie bauplanungsrechtl.; Landesministerium zu planungsrechtl. Projektmanagement bei Eisenbahnstreckenausbau.

GÖTZE

Planungs- und Umweltrecht ★

Bewertung: Die Leipziger Boutique ist im Öffentl. Wirtschaftsrecht v.a. in Ostdtl. etabliert. Zum Mandantenstamm zählt neben der Privatwirtschaft auch die öffentl. Hand. Im Planungsrecht stehen städtebaul. Verträge u. Bauleitplanungen im Zentrum der Beratung. Aufgr. der Hochkonjunktur von Wohnungsbauprojekten wandten sich zuletzt zahlr. Mandanten mit entspr. Beratungsbedarf an die Einheit. Angesehen ist die Kanzlei darüber hinaus für ihre langj. Erfahrung bei naturschutz- u. wasserrechtl. Fragen. Hoch im Kurs lag zuletzt im Hinblick auf die Energiewende die Beratung rund um Solarkraftwerke u. Wasserstoff.
Team: 2 Partner, 8 Associates
Schwerpunkte: Öffentl. Baurecht, insbes. Bauleitplanung, städtebaul. Verträge. Umweltrecht, Bergrecht; Prozessführung. Branchen: Energie, Tourismus.
Mandate: Gemeinde Schkopau bei der Aufstellung eines B-Plans für Airportpark; Grundstückseigentümer naturschutzrechtl. im B-Planverf. für Wohnbauprojekt auf ehem. Bahnareal; MIB lfd. zu Bauleitplanung für Wohnungsbauprojekt in Chemnitz; Qsol energie zu div. PV-Projekten; envia therm zu Baurechtsschaffung für PV-Projekte; kommunales Unternehmen zu Planfeststellung für Fernwärmeleitung u. Wasserstoffleitung (auch prozessual); Landesbergbehörde zu bergbaul. Gefahrengebiet; Umweltbundesamt zu Evaluierung Umweltschadensgesetz; Bundesamt für Naturschutz im Klageverf. in Bezug auf Umweltinformationen; Landkreis zu Naturschutzrecht u. Umwelthaftung (OVG Schleswig).

GSK STOCKMANN

Verwaltungs- und Verfassungsrecht ★
Planungs- und Umweltrecht ★★★

Bewertung: Die Schwerpunkte der planungsrechtl. geprägten Praxis bilden zum einen Infrastrukturprojekte u. zum anderen städtebaul. Entwicklungen. Dass die Praxis bei Projekten zum Ausbau der Stromleitungsinfrastruktur u. der Anbindung der Windenergie eine Expertin ist, zeigt sich daran, dass sie die Beziehung zu den Übertragungsnetzbetreibern 50Hertz u. Tennet festigen konnte u. immer wieder zu neuen Projekten herangezogen wird. Ein besonders prestigeträchtiges Mandat im Energiesektor war zuletzt die planungsrechtl. Beratung des schwimmenden LNG-Terminals Lubmin, mit der sie das Land Meck.-Vorp. umf. beauftragte. Bei städtebaul. Projekten überzeugt das Team durch sein tiefes Know-how rund um die Immobilie u. hebt etwa im sozialen Wohnungsbau viele Synergien mit dem ▷*Immobilienteam*. Dass ihr der kanzleigesamte Ansatz, sich tiefer in der Industriebranche zu verwurzeln, gelungen ist, belegt bspw. ein gr. Unternehmen in der Kupferherstellung. Verstärkung für die Industrie- u. Regulierungssparte bietet ihr auch der in diesem Jahr hinzugewonnene ehem. Bundesjustizminister Heiko Maas, mit dem GSK auch noch mal einen Schritt Richtung politiknaher Beratung geht.
Stärken: Umfangr. Erfahrung im Fachplanungsrecht für Vorhabenträger (bei z.T. sehr gr. Projekten). Einbettung der Kompetenz in den angestammten Schwerpunkt im ▷*Immobilienrecht*.
Oft empfohlen: Dr. Mark Butt („fairer, lösungsorientierter Verhandlungspartner", „versiert, hohes Verhandlungsgeschick, Augenmaß für das Erreichbare", Wettbewerber), Dr. Andreas Geiger, Dr. Wolfgang Würfel
Team: 7 Eq.-Partner, 4 Sal.-Partner, 21 Associates, 4 of Counsel
Partnerwechsel: Heiko Maas (aus der Politik)
Schwerpunkte: Öffentl. Bau- u. Planungsrecht, insbes. Fachplanung, im Städtebau, bei Einzelhandels- u. Infrastrukturprojekten (Energienetze, Straßen, Häfen u. Flughäfen). Im Umweltrecht v.a. Naturschutz- (FFH) u. Vergaberecht, gelegentl. auch produktbez. Umweltrecht; zunehmend EU- u. Beihilferecht; Verfassungs- u. Verwaltungsrecht, inkl. Kommunalrecht; Prozesserfahrung. ▷*ESG*.
Mandate: Land Meck.-Vorp. umf. im energierechtl. Planrechtsverf. nach dem LNGG u. dem EnWG zu ‚Ostsee LNG'; 50Hertz Transmission zu SuedOstLink u. Vorhaben 11 u. 14 bei Fragen der Grundstückssicherung u. genehmigungsrechtl.; internat. Pharmakonzern bei Entwicklung eines Forschungs- u. Produktionsstandorts; Center Parcs Germany zu Ferienparkentwicklung auf militär. Konversionsfläche; Stadt Soltau u.a. zu Erweiterung des Designer-Outlets; Joint Venture zw. Daiwa House Modular Europe u. Capital Bay; lfd. DB Netz, Autobahn GmbH, Tennet Offshore, Strabag; CDU-Fraktion im Abgeordnetenhaus Berlin zu Wiederholung der Berliner Wahl von 2021 (BVerfG); Dt. Telekom u.a. zu App zur Buchung versch. Dienstleistungen einschl. Versicherungsleistungen u. zu Grundsatzverf.; KME Germany zu Energiehilfen für dt. Produktionsstandorte; NGO zu Russland-Embargo.

GVW GRAF VON WESTPHALEN

Verwaltungs- und Verfassungsrecht ★★
Planungs- und Umweltrecht ★★★★

Bewertung: Die öffentl.-rechtl. Praxis der Mittelstandskanzlei ist eine bekannte Größe bei bedeutenden Infrastrukturprojekten für Straße, Luft, Schiene u. Stromleitungen. Ihre fachplanungsrechtl. Erfahrung wissen Neu- wie auch Stammmandanten zu schätzen: So beauftragte das Land Schl.-

Anwaltszahlen: Angaben der Kanzleien, wie viele Anwälte zu mind. ca. 50% in diesem Gebiet tätig sind. Sie spiegeln nicht zwingend die Gesamtgröße einer Kanzlei wider.

Holst. die Anwälte erneut bei div. LNG-Verfahren, in denen GvW die Rolle des Projektmanagers übernimmt. Die 2. Säule der Beratung sind zahlr. Bauvorhaben, bei denen die Praxis in engem Austausch mit dem ▷*Immobilienteam* steht. Zunehmend wenden sich Mandanten auf kommunaler Ebene an GvW, etwa bei Fragen zum Vorkaufsrecht oder geförderten Wohnungsbau. Wie gut die praxisübergr. Zusammenarbeit innerhalb der Kanzlei funktioniert, zeigen auch Projekte an der Schnittstelle zum ▷*Energierecht*, etwa beim Leitungsbau, sodass Mandanten dort aus einer Hand bedient werden. Ähnliches gilt auch für verfassungs- u. verwaltungsrechtl. Mandate, die über öffentl.-rechtl. Fragen hinausgehen: In diesen tritt GvW routiniert mit Experten des jew. Rechtsgebiets vor höchsten Gerichten auf.
Stärken: Infrastrukturvorhaben, v.a. im Straßenbau u. im Flughafensektor.
Oft empfohlen: Dr. Ronald Steiling, Dr. Sigrid Wienhues („sehr kompetent, erfahren, kommunikationsstark u. sehr engagiert u. effektiv", Wettbewerber), Prof. Dr. Ulrich Hösch („kollegial, kooperativ, exzellenter Fachmann", Wettbewerber)
Team: 12 Eq.-Partner, 2 Sal.-Partner, 7 Associates, 1 of Counsel
Schwerpunkte: Öffentl. Bau- u. Planungsrecht. Umweltrecht, v.a. Immissionsschutz, Genehmigungs- u. Naturschutzrecht, Wasserrecht. Verfassungs- u. Verwaltungsrecht. Schnittstellen insbes. bei Infrastrukturprojekten zum ▷*Verkehrssektor*. Im Verfassungsrecht breit angelegte Beratung, viel Prozessvertretung. Verwaltungsrecht, inkl. Kommunal- u. Kammerrecht. ▷*ESG*.
Mandate: Ministerium für Energiewende, Klimaschutz, Umwelt u. Natur des Landes Schl.-Holst. im Planfeststellungsverf. zur ETL 180 (LNG; Projektmanager); Telekommunikationsanbieter zu Genehmigungserfordernissen einzelner Bundesländer; Wirtschaftsministerium Schl.-Holst. zu Neubau eines Anlegers für den Betrieb eines FSRU am Standort Brunsbüttel; vhh Verkehrsbetriebe Hamburg-Holstein umf. zum Bau eines Elektrobusbetriebshofs; lfd. TransnetBW; ehem. Präsident des BSI, Arne Schönbohm, beamtenrechtl. (VG Köln); FDP/DVP-Landtagsfraktion Ba.-Wü. gutachterl. zu verfassungsrechtl. Implikationen des strafrechtl. Ermächtigungsvorbehaltes.

HEINEMANN & PARTNER

Planungs- und Umweltrecht ★

Bewertung: Die umwelt- u. planungsrechtl. Praxis der Essener Kanzlei berät bei großvol. Projekten rund um Immobilien- u. Baulandentwicklung. Während zum Mandantenstamm v.a. Unternehmen aus der Immobilienbranche zählen, ziehen mittlerw. auch immer mehr Kommunen das Team hinzu, wie zuletzt ein städtebaul. Mandat für die Stadt Dortmund eindrucksvoll zeigte: Bei der Entwicklung des nördl. Umfelds des Hauptbahnhofs setzt die Stadt auf die Planungs- u. Baukompetenz der Anwälte, wobei die Praxis auch vergaberechtl. Fragen bearbeitet. Weiterhin im strateg. Fokus der Kanzlei stehen Infrastrukturprojekte. Hier sicherten sich die Öffentlichrechtler eine Reihe weiterer Mandate zu Planfeststellungsverf. für die Autobahn GmbH u. ein Folgemandat für die Open Grid Europe zu Besitzeinweisung für eine Anbindungsleitung. Mit den zunehmenden Mandaten dürfte das kleine Team jedoch mittelfr. an Kapazitätsengpässe stoßen, sollte die Praxis nicht personell zeitnah aufrüsten.
Oft empfohlen: Janosch Neumann
Team: 1 Eq.-Partner, 1 Sal.-Partner, 1 Associate
Schwerpunkte: Bauplanungs- u. Bauordnungsrecht, projektbez. Umwelt- u. Planungsrecht, starke Schnittstelle zum Immobiliensektor. Auch Natur- u. Artenschutz, Bergrecht, tlw. Umwelt-Compliance.
Mandate: Autobahn GmbH planungsrechtl. u. prozessual im Zshg. mit mehreren Vorhaben, u.a. 6-spuriger Ausbau der A57 sowie zur Freistellung von der Planfeststellung bei Gesamtinstandsetzung der A3, Autobahnkreuz Bonn/Siegburg, bis Anschlussstelle Siebengebirge (OVG NRW); Stadt Dortmund zu urbaner Stadtquartiersentwicklung; Landkreis deponie-, bodenschutz- u. staatshaftungsrechtl. zu einem Hangrutsch; Open Grid Europe im Zshg. mit WAL I u. WAL II (Besitzeinweisungsverf.); Vogelsberger Basaltwerk bergrechtl. u. prozessual; Projektentw. für Energieversorgungsanlagen im Genehmigungsverf. zum Bau einer Wasserstofftankstelle mit Elektrolyseanlage.

HELD JAGUTTIS

Verwaltungs- und Verfassungsrecht ★★

Bewertung: Die Kölner Boutique ist im Wirtschaftsverwaltungsrecht breit aufgestellt u. v.a. bei regulator. Fragen im europarechtl. Kontext hoch spezialisiert. Dies äußerte sich zuletzt besonders stark im Hinblick auf außenwirtschaftsrechtl. Investitionskontrollen, zu denen Mandanten das Team regelm. hinzuziehen. Die mit versch. Entwicklungen einhergehenden Wechselwirkungen zum Beihilferecht (u.a. IPCEI-Förderungen) bescherten der Boutique weitere Mandate: Stellvertretend dafür steht etwa die Beratung der ZF Friedrichshafen zur beabsichtigten Kooperation mit dem US-Chiphersteller Wolfspeed, bei der eine Halbleiterfabrik für Siliziumkarbid-Chips u. ein Forschungs- u. Entwicklungszentrum gebaut werden sollen. Im produktbez. Umweltrecht stehen häufig europarechtl. u. dt. Produktvorgaben im Fokus, zu denen Verbände u. Unternehmen auf das Know-how der Anwälte zurückgreifen. Überdies ist die Einheit v.a. im transaktionsbez. Öffentl. Recht für internat. Unternehmen sowie Kanzleien, die das Öffentl. Recht selbst nicht abdecken, eine angesehene Beraterin.
Oft empfohlen: Dr. Simeon Held, Dr. Malte Jaguttis
Team: 2 Partner, 1 Counsel, 1 Associate
Schwerpunkte: Transaktionsbez. u. produktbez. Umweltrecht; auch Prozesse. Regulator. Spezialthemen, aktuell v.a. Außenwirtschaftsrecht.
Mandate: Dt. Bauchemie zu grundsätzl. europarechtl. Fragen, zur dt. u. europ. Produktregulierung; Dt. Rockwool zu europ. Produktrecht; ZF Friedrichshafen zu Verkauf des Geschäftsbereichs ZF Luftfahrttechnik u. zu Kooperation mit US-Chiphersteller Wolfspeed; Stadt Düsseldorf zu InformationsfreiheitsG; Sika, Sto u. MC Bauchemie zu Normenkontrollverf. gg. europarechtswidrige Produktanforderungen (Bayer. VGH, OVG NRW); 14 dt. Hersteller in Beschwerdeverf. vor EU-Kommission gg. Produktvorgaben für Betoninstandsetzungsprodukte; lfd. Adolf Würth, Red Bull GmbH, Rauch Fruchtsäfte, Isar Aerospace Technologies.

HELLRIEGEL

Planungs- und Umweltrecht ★★

Bewertung: Die Bau- u. Planungsrechtsboutique gilt als Expertin v.a. für Investoren u. Projektentwickler bei städtebaul. Projekten. Das Team um Namenspartner Hellriegel ist bei nahezu jedem Berliner Vorhaben mit gesamtstädt. Bedeutung eingebunden. Anknüpfend an den Erfolg im Vorjahr zur Teilaufhebung des städt. Vorkaufsrechts gewann das Team zuletzt vor dem LG Berlin ein Verfahren zur Abwehr eines Vorkaufsrechts für eine Gemeinbedarfsfläche am Westkreuzpark. Dass auch nachhaltiges Bauen auf der Agenda der Kanzlei steht, beweist ein Mandat der UTB zur durchmischten Quartiersentwicklung, bei dem ein Hochhausprojekt in Holzbauweise realisiert werden soll. Um den gefragten Namensgeber zu entlasten, wurde ein erfahrener Anwalt zum Sal.-Partner ernannt.
Stärken: Sehr gute Vernetzung innerh. der Immobilienbranche.
Oft empfohlen: Dr. Mathias Hellriegel („einer der besten Öffentl.-Rechtler überhaupt", „hohe Kompetenz u. Know-how, ergebnisorientierte Arbeitsweise", Mandanten; „Senkrechtstarter als Berliner Planungsrechtsboutique", „in Berlin u. darüber hinaus eine der Spitzenkanzleien in ihrem Bereich", „stets erfolgreich", Wettbewerber)
Team: 1 Eq.-Partner, 1 Sal.-Partner, 5 Associates
Schwerpunkte: Planungsrecht, Projektentwicklungen, v.a. für Investoren u. Projektentwickler. Beratung zu einigen polit. brisanten Vorhaben.
Mandate: UTB Projektmanagement zu WoHo Berlin (B-Plan); Bauwert zu Flächenkonversionsprojekt am Neuen Ufer in Berlin-Moabit; Coros bundesw. zu Investments, zuletzt innerstädt. gewerbl. Projektentw. in Berlin (B-Plan); DLE Dt. Landentwicklung zu zahlr. Quartiersentw.; Hines umf., u.a. zu Hochhausplanungen am Berliner Alexanderplatz; Miles Mobility zum Berliner Straßenrecht; Primus Immobilien umf. umwelt- u. planungsrechtl., u.a. Hotelerweiterungen u. Projekte an der Ostsee; Senatsverwaltung für Stadtentwicklung, Bauen u. Wohnen, u.a. zu städtebaul. Vertrag für das Besucher- u. Informationszentrum des Bundestages u. Verhandlung des städtebaul. Vertrages für den Georg-Knorr-Park.

HENGELER MUELLER

Verwaltungs- und Verfassungsrecht ★★★★★
Planungs- und Umweltrecht ★★★

Bewertung: Die Kanzlei trifft im Verwaltungs- u. Verfassungsrecht oft auf Problemstellungen mit vernetzten Fragen, die von gr. Stammmandanten an sie herangetragen werden. Deshalb verfolgt sie einen breiten Regulierungsansatz über Rechtsgebiete, Branchen u. teils Ländergrenzen hinweg. Häufig ist HM an den Übergängen zw. Compliance, Konfliktlösung u. Öffentl. Recht im Einsatz. Diese Aufstellung u. die mühelose Integration in Teams aus anderen Praxen haben zur Folge, dass die öffentl.-rechtl. Beratung im Markt nicht unbedingt als solche wahrgenommen wird, doch der Verkauf von Uniper durch den Mandanten Fortum bspw. war auch ein wichtiges Einsatzgebiet für die Öffentlichrechtler. Das industriebez. Umweltrecht ist eine weitere Kernkompetenz, genauso wie Fragen der Energiesicherheit, aus deren Umfeld zuletzt viele neue Mandate stammten.
Oft empfohlen: Prof. Dr. Dirk Uwer („sehr erfahrener Regulierungsrechtler, schnell u. immer freundlich", Mandant), Prof. Dr. Wolfgang Spoerr, Dr. Jan Bonhage, Dr. Vera Jungkind („analytische Herangehensweise", Wettbewerber)
Team: 5 Eq.-Partner, 4 Counsel, 22 Associates
Schwerpunkte: Verfassungs- u. Wirtschaftsverwaltungsrecht als wichtige Ergänzung zu Branchenspezialisierungen, u.a. Glücksspiel, Gesundheitswesen, ▷*Energie*, Banken. Hochschul-, Kommunal-,

Anwaltszahlen: Angaben der Kanzleien, wie viele Anwälte zu mind. ca. 50% in diesem Gebiet tätig sind. Sie spiegeln nicht zwingend die Gesamtgröße einer Kanzlei wider.

Haushalts-, Beihilfe-, Völker- u. Beamtenrecht. Umstrukturierungen u. Transaktionen, u.a. im ▷*Immobiliensektor*, hierbei umwelt- u. planungsrechtl. inkl. berg-, wasser- u. abfallrechtl. sowie produktregulator. Themen (REACH, EC-Kennzeichnungen etc.); im Umweltrecht oft Schnittstelle zu internen Untersuchungen, ▷*Compliance* u. Strafrecht; ▷*Außenwirtschaftsrecht*. ▷*ESG*.

Mandate: Dt. ReGas zu LNG-Terminal Lubmin; Rhön-Klinikum, Asklepios Kliniken sowie Uniklinikén Gießen u. Marburg zu Finanzierung u. ‚Zukunftsvereinbarung'; Landwärme in EuG-Verf. zu schwed. Biomethanförderung; Fortum zu staatl. Stabilisierungspaket für Uniper; Kenfo Fonds zur Finanzierung der kerntechn. Entsorgung lfd. verwaltungs- u. verfassungsrechtl.; Flink lfd. regulator.; Immobiliengruppe zu Mietpreisbeschränkungen; Wohnungsunternehmen zu Verfassungsbeschw. gg. Mietrechtsurteile an Zivilgerichten; versch. Pharmaunternehmen verfassungs- u. europarechtl. zu Produktionsstandorten u. GKV-Themen; Betreiber zu Dekommissionierung eines Kraftwerks; Stadler Rail Service in Planfeststellungsverf. der DB Netz zu drohenden Betriebseinschränkungen.

HFK HEIERMANN FRANKE KNIPP UND PARTNER

Planungs- und Umweltrecht ★★★

Bewertung: Zum traditionell breiten Beratungsangebot von HFK im Baurecht passt die immer weiter verfeinerte planungsrechtl. Kompetenz der Partner in Hamburg u. Frankfurt. Im Fokus stehen einerseits lang dauernde Infrastrukturprojekte v.a. im Verkehrssektor, etwa die Regionaltangente West in Frankfurt oder das bekannte Mammutprojekt Fehmarn. Andererseits ist HFK gefragt für die umf. jurist. Begleitung größerer städtebaul. Entwicklungsprojekte. In Bremerhaven beraten die Anwälte ein markantes Vorhaben, mit dem ein nachhaltiges Gewerbegebiet entstehen soll. Auch darüber hinaus ist HFK sehr nahe an Nachhaltigkeitsthemen dran, etwa bei der Digitalisierung von Verwaltungsverfahren, bei Planungen für Energieinfrastruktur u. noch mehr bei Smart-City-Projekten.

Team: 3 Eq.-Partner, 5 Sal.-Partner, 1 Counsel, 5 Associates, 2 of Counsel

Schwerpunkte: Infrastrukturprojekte, u.a. Eisenbahn- u. Stromtrassen, aber auch städtebaul. Projekte wie Bahnhofs- u. Quartiersentwicklung; Projektberatung praxisgruppenübergreifend, u.a. im Verbund mit ▷*Bau- u. Immobilien-* sowie ▷*Vergaberecht*; rege Prozesstätigkeit.

Mandate: DB Netz zu Planfeststellung des ‚Knoten Bambergs' u. zu Planfeststellungsverf. zur Schienenanbindung der Querung Fehmarnbelt/Fehmarnsund; Northvolt Germany zu Bau einer Batteriezellenfabrik ‚Northvolt 3' in Heide; HLLA/Fischereihafen Hamburg zu städtebaul. Entwicklung ‚Areal West'; BIS Bremerhaven zu Planung eines nachhaltigen Gewerbegebiets; Büroma zu versch. Bauprojekten in Berlin; Ingenieurkammer Wiesbaden, u.a. zu digitalen Genehmigungsverf. u. bauordnungsrechtl.; smarte Region Schleswig-Flensburg sowie Wirtschaftsförderung bzw. Stadt Hildesheim zu Modellprojekt Smart City.

HOFFMANN LIEBS

Planungs- und Umweltrecht ★

Bewertung: Das mit nunmehr 3 Partnern besetzte planungs- u. umweltrechtl. Dezernat verzichtet aktuell auf einen festen Associate-Unterbau. Trotzdem bringt es sich neben der eigenen, z.T. lang laufenden Mandatsarbeit mit immissionsschutzrechtl. Schwerpunkt häufig in die Gesamtkanzlei ein. Immer wieder gibt es z.B. gemeinsame Fälle mit den Immobilienrechtlern, etwa bei Städtebauprojekten, Betriebsgrundstücksvermietungen oder Transaktionen. Trotz des starken Industriefokus beraten die Öffentlichrechtler auch Behörden, hier oft zu Bodenschutz- bzw. Altlastenfragen, die HL parallel auf Unternehmensseite schon fachl. durchdrungen hat.

Team: 3 Eq.-Partner

Schwerpunkte: Umweltrecht, insbes. boden- u. immissionsschutzrechtl. Themen, v.a. für industrielle Produzenten. Daneben Bauplanungs- u. Bauordnungsrecht sowie ▷*Energie*-Regulatorik u. -Prozesse.

Mandate: Kreis zu Grundwasserverunreinigung an ehem. Militärstützpunkt; Energieerzeuger zu Großversuch um Fischschädigungen durch Wasserturbinen; Chemieproduzent zu mögl. Produkthaftungsfall u. Umweltgefahren; Sportverein zu Planung eines Jugendleistungszentrums; Verband zu tierschutzrechtl. Verboten; Tanklagerbetreiber umwelt- u. eisenbahnrechtl.; Betreiber von Tierkörperbeseitigungsanlagen umf. öffentl.-rechtlich.

HOGAN LOVELLS

Verwaltungs- und Verfassungsrecht ★★

Planungs- und Umweltrecht ★★★

Bewertung: Das Düsseldorfer Team, das in engerem Sinn öffentl.-rechtl. tätig ist, berät als fester Bestandteil der internat. Regulierungsgruppe von HL namh. Industriemandanten, etwa zu Umwelt-Audits, EU-Vorschriften oder bei Transaktionen. Da diese Arbeit oft nicht öffentl. wird, ist das Team um Dünchheim im Markt eher für die nationalen Themen bekannt – Glücksspiel, Industrieansiedlungen oder Überbrückungshilfen aus der Corona-Zeit. Auch auf kommunaler Ebene ist HL als Ratgeberin gefragt, mit einem etwas stärkeren Einschlag als die meisten Mitbewerber auch zu strateg. Fragen. Mit einer Partnerernennung betonte die Sozietät die Schnittstelle zu Compliance, die schon in den Jahren zuvor an Bedeutung gewonnen hat, weil auch die technik- u. produktbezogene Beratung viele Mandate hervorgebracht hat.

Oft empfohlen: Prof. Dr. Thomas Dünchheim („zielgenaue Themenerfassung, sehr gut vernetzt in der Verwaltung", Mandant)

Stärken: Kommunalwirtschafts- u. Glücksspielrecht. Produktregulator. Beratung.

Team: 4 Eq.-Partner, 1 Counsel, 9 Associates

Schwerpunkte: Verfassungsrecht, Beamten-, Kommunalwirtschafts- u. Kommunalabgabenrecht; Sektorspezialisierung u.a. im Glücksspielrecht. Öffentl. Umwelt- u. Planungsrecht in den Bereichen ▷*Energie-*, Immobilien- u. Chemiewirtschaft, inkl. Abfallrecht, Altlasten, Bodenschutz, Immissionsrecht. Zudem produktbez. Umweltrecht, inkl. EC-Kennzeichnung, HolzhandelsVO, europ. Stoff-, Chemikalien- u. Gefahrgutrecht, hier zunehmend ▷*Compliance* u. Public Affairs. ▷*ESG*.

Mandate: Eppendorf zu Förderung eines Ansiedlungsvorhabens in Meck.-Vorp.; LCP Belgium zu Kauf eines Industrieareals von Opel Rüsselsheim; Prologis zu Logistikimmobilien; Bandai Spirits zu glücksspielrechtl. Zulässigkeit eines Marketingkonzepts; Stadt Hürth zu Entwicklung einer innerstädt. Konversionsfläche; Stadt Mülheim a.d.R. zu Beschluss eines Vorkaufsrechts für Industriefläche Vallourec; Stadt Bonn zu mögl. Gründung einer Stadtentwicklungsgesellschaft; Zweckverband Gruppenwasserwerk Dieburg wasserrechtlich.

KÖCHLING & KRAHNEFELD

Planungs- und Umweltrecht ★★★

Bewertung: Die öffentl.-rechtl. Boutique aus HH genießt v.a. bei umweltrelevanten Infrastrukturprojekten mit Bezug zum Energiesektor einen guten Ruf. Das Team berät seit einigen Jahren regelm. Übertragungsnetzbetreiber, die von den tiefen Branchenkenntnissen der Anwälte im Energiesektor profitieren. Anknüpfend an die verg. Jahre, in denen Mandantin Lausitz Energie Bergbau dem Team vertraute, stand K&K im verg. Jahr insbesondere der Lausitz Energie Kraftwerke zur Seite. So warf etwa die Überführung von Kraftwerken aus der Sicherheitsbereitschaft in die Versorgungsreserve eine Reihe von umweltrechtl. Fragen auf. Im Planungs- u. Genehmigungsrecht nahmen derweil die zahlr. Neuregelungen zur Beschleunigung von Genehmigungsverf. großen Raum ein, was bspw. die Beratung der HHer Energiewerke zum schwimmenden LNG-Terminal verdeutlicht – ein Beratungsfeld, bei dem auch viele andere, teils größere Kanzleien wie Clifford oder CMS intensiv tätig sind.

Oft empfohlen: Dr. Lutz Krahnefeld, Dr. Markus Ehrmann („großer Umweltrechtler der Zukunft", Wettbewerber)

Team: 3 Eq.-Partner, 6 Associates

Schwerpunkte: Fachplanungsrecht, u.a. im Energiesektor für Kraftwerke u. Stromleitungsprojekte. Bebauungspläne. Gr. Prozesserfahrung. Im Abfallsektor insbes. Genehmigungen von Deponien u. Müllverbrennungsanlagen, inkl. Wasserrecht, produktbez. Abfallrecht u. Emissionshandelsrecht; auch regulator. Compliance.

Mandate: Amprion zu Zulassungsverf. Nebenanlage u. lfd. in div. Planfeststellungsverf. im Zshg. mit Netzausbau; Hamburger Energiewerke zu Zulassungsverf. für schwimmendes LNG-Terminal; Lausitz Energie Kraftwerke umf., u.a. immissionschutzrechtl. zum Bau eines H2-ready-Gaskraftwerks u. Prüfung immissionsschutzrechtl. Anforderungen bei Überführung von 2 Kraftwerksblöcken aus Sicherheitsbereitschaft in Versorgungsreserve; Entwicklungsges. im Planfeststellungsverf. für ein Straßenbauprojekt; Region Hannover in div. Klageverf. gg. Planfeststellungsbeschluss für Straßenbauvorhaben (OVG Niedersachsen); lfd. 50Hertz.

KOPP-ASSENMACHER

Planungs- und Umweltrecht ★★

Bewertung: Die Berliner Boutique weist ein breites Kompetenz- u. Erfahrungsspektrum v.a. im Umwelt-, aber auch im Planungsrecht vor u. steht bei Verfahren u. Projekten regelm. an der Seite von Industrie u. staatl. Institutionen. Zum Sommer hatte der Namenspartner seine vorherige Einheit okl, der er sich erst Anfang 2022 angeschlossen hatte, verlassen u. seine eigene, auf Öffentl. Recht spezialisierte Kanzlei gegründet. Ein Augenmerk des Teams liegt v.a. auf aktuellen umweltrechtl. Themen zum Klimaschutz, wobei etwa zu den Themen Klimaneutralität u. Erneuerbare Energien beraten wird.

Oft empfohlen: Stefan Kopp-Assenmacher („marktnah, hat die strateg. Bedeutung des Sourcings für die produzierende Industrie verstanden u. findet Lösungen zum Abfallende", Mandant)

Anwaltszahlen: Angaben der Kanzleien, wie viele Anwälte zu mind. ca. 50% in diesem Gebiet tätig sind. Sie spiegeln nicht zwingend die Gesamtgröße einer Kanzlei wider.

Team: 1 Partner, 3 Associates
Schwerpunkte: Immissionsschutzrecht, Wasserrecht, Kreislaufwirtschaftsrecht u. Klimaschutzrecht in den Branchen Energie-, Wasser- u. Entsorgungswirtschaft. Umwelt- u. planungsrechtl. zu Wind- u. Solarenergie. Auch produktbez. Umweltrecht sowie Chemikalien- u. Stoffrecht.
Mandate: Keine Nennungen.

KRUHL VON STRENGE

Planungs- und Umweltrecht ★

Bewertung: Die Kanzlei ist v.a. regional eng vernetzt mit zahlr. Spezialkanzleien u. steuert in gemeinsamen Mandaten häufig die planungs- u. umweltrechtl. Komponenten bei. Die begrenzten Kapazitäten von KvS sind zudem in mehreren gr. Autobahnausbauprojekten gefordert, die angesichts der Pläne der Bundesregierung auch in Zukunft stark gefragt sein dürften. Einen weiteren anerkannten Schwerpunkt haben die Hamburger im Immobilienbereich, hier zunehmend als Vertreter in streitigen verwaltungsrechtl. Angelegenheiten.
Oft empfohlen: Dr. Nikolas von Strenge („zuverlässig u. schnell in der Zusammenarbeit", Wettbewerber)
Team: 2 Partner, 1 Associate
Schwerpunkte: Bauordnungs- u. Bauplanungsrecht. Enge Verknüpfung von Öffentl. u. Immobilienrecht. Vergabe- u. Umweltrecht, daneben Chemikalien- u. Stoffrecht.
Mandate: Enertrag zu geplanter Beteiligung an PCK-Raffinerie Schwedt; Klinikum Itzehoe zu Kommunal- u. EU-Beihilfenrecht; Peter-Möhrle-Gruppe bau- u. planungsrechtl.; A49 Autobahn-Projektgesellschaft bei Neubau Teilabschnitt; PEG Projektentwicklung zu Bauvorhaben in Hamburg; Sportverband zu öffentl. Finanzhilfen für ein Großevent.

KÜMMERLEIN

Planungs- und Umweltrecht ★ ★ ★

Bewertung: Aus der traditionellen Kompetenz in bergrechtl. Fragen ergibt sich für die Öffentl.-Rechtler von Kümmerlein im Rahmen der Energiewende gr. Potenzial. Dies zeigt ihre Mandatierung bei Erdwärme- u. weiteren Erneuerbare-Energien-Projekten sowie beim Leitungsnetzaus-/-umbau. Die Kanzlei ist sowohl für Vorhabenträger als auch Genehmigungsbehörden tätig u. kann bei einem Aufschwung der Wasserstoffwirtschaft einen fliegenden Start hinlegen. Allerdings erlaubt der partnerzentrierte Beratungsansatz keine gr. Skalierbarkeit des Geschäfts.
Stärken: Hohe Kompetenz bei Industrie- u. Kraftwerksanlagen, bei Energieinfrastrukturprojekten sowie im Bergrecht.
Oft empfohlen: Dr. Bettina Keienburg („überragende Kompetenz, schnelle u. umfangreiche Bearbeitung komplexer Sachverhalte", Mandant), Dr. Michael Neupert
Team: 4 Partner, 3 Associates
Schwerpunkte: Breit aufgestellte öffentl.-rechtl. Praxis mit Fokus auf berg-, immissions- u. wasserrechtl. Themen. Bei Kraftwerksprojekten u. Netzausbauvorhaben Schnittstellen zum Energierecht. Projektmanager für Behörden u. Vorhabenträger, inkl. Prozessführung.
Mandate: Arcelor Mittal (Bremen) zu Dekarbonisierung eines Stahlwerks sowie Grundlagenberatung zu Immissionsschutz u. Abwasserentsorgung; Sparkassen-Südwestkonsortium mit Due Diligence zu Einstieg bei TransnetBW; Land Hessen zu versch. Klageverf., u.a. wg. Erlaubnis für Einleitung salzhaltiger Wässer aus Kalibergbau; RAG lfd. öffentl.-rechtl., u.a. zu Grubenwasser im Saarland u. im Ruhrgebiet; Energieversorger zu Erdwärmeprojekten; Recyclingunternehmen produkt- u. abfallrechtlich.

LENZ UND JOHLEN

Planungs- und Umweltrecht ★ ★ ★

Bewertung: Die Kölner Kanzlei genießt im Rheinland ein beachtl. Renommee für ihre bauplanungsrechtl. Kompetenz. Ihr guter Ruf schallt aber längst über die Region hinaus, was dtl.weite Mandate zu städtebaul. u. industriegewerbl. Projekten belegen. Das Thema Standortsicherung für Gewerbe u. Industriebetriebe ist ein weiteres wichtiges Beratungsfeld. Die Flächenknappheit führt aber auch dazu, dass sich Mandanten bei der Revitalisierung von Deponie- u. Altlastenflächen an das Team wenden, wobei dieses seine klass. Stärke im Bodenschutzrecht u. in der Bauleitplanung ausspielt, etwa für Mandantin Ferraro Group. Besonders bemerkenswert ist das tiefgreifende Know-how, das LuJ bei wasserrechtl. Themen entwickelt hat. Kommunen bspw. setzen in Zshg. mit Hochwasserschutzmaßnahmen u. Deichbauten auf die Kompetenz von Schwertner, die auch intensiv zu Bauvorhaben in Überschwemmungsgebieten sowie zum komplexen u. hoch umstrittenen Bereich der Unterhaltungspflicht bei Uferabbrüchen berät. Ähnl. stark hat die Praxis auch die Beratung zu Klima- u. Energiethemen ausgeweitet, sodass sie inzw. eine gefragte Adresse nicht nur bei Windparks, sondern auch bei Solaranlagen (zuletzt v.a. bei Freiflächen-PV-Anlagen) ist. Die jüngst erfolgte Büroeröffnung in Berlin bietet das Potenzial, sich auch bei Ministerien u. Bundesbehörden stärkere Präsenz zu verschaffen.
Stärken: Städtebaurecht, EKZ-Ansiedlungen, Prozesserfahrung.
Oft empfohlen: Dr. Thomas Lüttgau („Er ist der Hammer!", Wettbewerber), Dr. Rainer Voß („hohe Marktwahrnehmung", Wettbewerber), Dr. Michael Oerder, Dr. Markus Johlen, Dr. Inga Schwertner, Dr. Christian Giesecke
Team: 18 Partner, 18 Associates, inkl. priv. Bau- u. Vergaberecht
Schwerpunkte: Öffentl. Bau- u. Planungsrecht, v.a. für Unternehmen, aber auch Beratung von Kommunen. Daneben Beratung im Umweltrecht (Wasser-, Abfall-, Immissionsschutz-, CO2-Handelsrecht, Gebühren, Störfall- u. Atomrecht, auch produktbez. Chemikalienrecht, Revitalisierungen). Öffentl.-rechtl. Due Diligence bei Transaktionen.
Mandate: Ferraro Group zu Revitalisierung ehem. Industriefläche in Homburg u. beim B-Planverf. zur Quartiersentwicklung; Uniball Rodamco, u.a. zum Bau eines Hochhauses für gewerbl. Nutzung u. Wohnen; Zott zu Kreislaufwirtschaft im Zshg. mit aufbereitetem Granulat; lfd. ABO Wind zu zahlr. Windparkprojekten; DFI Real Estate zu Standortentwicklung für Logistikimmobilie; div. Projektentwickler zu Entwicklung von Wohnraum u. damit verbundener Altlastensanierung; Ostermann planungsrechtl. zu neuem Möbelhaus; ENNI Stadt & Service Niederrhein zu Anschluss- u. Benutzungszwang; lfd. Gerchgroup zu städtebaul. Großprojekten; div. Wasserverbände, Betreiber von Wasserkraftanlagen u. Hochwasserrückhaltebecken wasserrechtlich.

LINKLATERS

Verwaltungs- und Verfassungsrecht ★
Planungs- und Umweltrecht ★ ★ ★

Bewertung: Wie in kaum einer anderen Kanzlei haben sich die Planungsrechtler in das Thema Stromtrassenausbau eingearbeitet u. schieben so v.a. die Projekte von Tennet von Stufe zu Stufe. Hinzugekommen ist der sog. NordOstLink als erstes HGÜ-Projekt mit gesetzl. Beschleunigung. Die boutiquenartige Spezialisierung lässt weitere Spezialthemen wie umweltrechtl. Compliance oder die großkanzleitypische ▷*Transaktionsunterstützung* aktuell fast verblassen. Auch die eher beihilfe- u. förderrechtl. orientierte Abteilung der öffentl.-rechtl. Anwälte wird von der Transformation des Energiesektors in Atem gehalten: Zu den Mandanten gehörte nicht zuletzt Uniper im Rahmen der staatl. Rettungsmaßnahmen. Das Bundeswirtschaftsministerium setzt auf Linklaters bei der Umsetzung von Förderprojekten in der Chipfertigung.
Stärken: Integrierte internat. Transaktions- u. Finanzierungsberatung; hohe Kompetenz in Fachplanungsverfahren.
Oft empfohlen: Dr. Markus Appel („super Jurist", Wettbewerber), Dr. Jan Endler
Team: 3 Eq.-Partner, 11 Associates
Schwerpunkte: Im Umweltrecht transaktionsbez. Beratung u. Konzentration auf die ▷*Energiebranche*, speziell Netzausbau, zudem Gesundheit u. Verkehr. Dort Anknüpfungspunkte an das Projektfinanzierungsteam (▷*Kredite u. Akqu.fin.*). Im Verwaltungsrecht vielfach Beratung zu ▷*Beihilfen*. Politiknahe Mandate. Häufig Bezug zur Regulierung der Finanzbranche. Außerdem ▷*ESG*.
Mandate: Tennet TSO zu Fachplanungsverf. bzw. Planfeststellungsverf. für Großprojekte SuedLink, SuedOstLink u. NordOstLink; Amprion in Planungsverf. zu HGÜ-Korridor B; Uniper zu staatl. Rettungspaket; E.on zu Finanzierungsrunde für Tree Energy Solutions wg. Green Energy Hub in Wilhelmshaven; BMWK zu Förderprogrammen für die Halbleiterindustrie; Schaeffler zulassungs- u. umweltrechtl. zu Kauf von Ewelix; KfW zu Beteiligung am LNG-Terminal Brunsbüttel; VW zu umweltrechtl. Rahmenbedingungen bei Porsche-Börsengang; EDP zu Mehrheitsbeteiligung an Solarentwickler Kronos; Windkraft Thüringen zu geplantem Kauf von Windparks; 50Hertz zu versch. Stromleitungsausbauprojekten.

LOSCHELDER

Verwaltungs- und Verfassungsrecht ★
Planungs- und Umweltrecht ★

Bewertung: Die Praxis der Kölner Kanzlei ist im Markt insbes. im Umweltrecht eine gefragte Beraterin. Meyer befasst sich v.a. mit Immissionsschutz- u. Abfallrecht sowie bodenschutz- u. wasserrechtl. geprägten Themen, überw. für Mandanten aus der Industrie, aber auch der Immobilienbranche. Letzteren steht eine junge Partnerin zur Seite, die u.a. Projektierer u. kommunale Träger immobilien- u. bauplanungsrechtl. berät. Zugenommen hat im verg. Jahr die Beratung zu stoffrechtl. Themen u. Umwelthaftungsfällen. Diese Felder weisen auch regelm. eine Schnittstelle zu verwaltungsrechtl. Prozessen auf. Gemeinsam mit 2 weiteren Partnern sind die Anwälte insges. breit im Öffentl. Recht aufgestellt, wobei ein Augenmerk auf regulierten Märkten (Medien, TK, Energie, Post) liegt.
Oft empfohlen: Dr. Cedric Meyer
Team: 5 Partner, 4 Associates

Anwaltszahlen: Angaben der Kanzleien, wie viele Anwälte zu mind. ca. 50% in diesem Gebiet tätig sind. Sie spiegeln nicht zwingend die Gesamtgröße einer Kanzlei wider.

Schwerpunkte: Umweltrecht, insbes. viel Erfahrung im Wasserrecht, auch Umwelthaftungsfragen. Öffentl. Baurecht v.a. im Kontext von Projektentwicklungen (Schnittstelle zur ▷*bau- u. immobilienrechtl.* Beratung). Verwaltungsrecht: u.a. Entgeltregulierungsthemen.

Mandate: Industrieunternehmen wasserrechtl. zum Bau eines neuen Produktionsstandorts; Dienstleister der Immobilienbranche abfallrechtl.; Bundesanstalt wasser- u. bodenschutzrechtl. wg. PFC-Verschmutzungen an div. Militärflughäfen; Stadt im Umwelthaftungsrecht wg. eines Großschadens auf einer Kläranlage; Industrieunternehmen berg- u. naturschutzrechtl. zu versch. Abgrabungsstätten; Düngemittelhersteller chemikalien- u. stoffrechtl. (REACH) bzgl. Import versch. Stoffe nach Europa; lfd. Die Wohnkompanie; Verkündungsorgan in zahlr. Klageverf. wg. Beschränkungsanträgen/Geheimhaltungsanliegen (OVG NRW); Landesrundfunkanstalten in 8 Rechtsstreitigkeiten von Kabelnetzbetreibern; Stadt kommunalrechtl. zum Betrieb einer Onlineplattform zur Förderung des lokalen Handels.

LUTHER

Verwaltungs- und Verfassungsrecht ★
Planungs- und Umweltrecht ★★★★★

Bewertung: Die Stärke der Praxis liegt unverändert im Umwelt- u. Planungsrecht, in dem sie zur anerkannten Marktspitze zählt. Zahlr. Mandate trugen zuletzt Industriekonzerne an Luther heran, die sich im Zuge der Klimaneutralität weg von der CO2-Produktion bewegen u. sich entspr. neu aufstellen müssen. Bei derartigen Großprojekten überzeugt immer wieder die eingespielte praxisübergr. Zusammenarbeit: Neben B-Plänen u. immissionschutzrechtl. Genehmigungsverfahren gilt es, Vergabe- u. Energierechtler, teils auch Finanzierungsrechtler einzubinden. Dass sich das Thema Energiewende durch alle Branchen zieht, zeigt sich auch bei städtebaul. Verträgen, bei denen Luther ähnl. wie Gleiss Lutz über langj. u. tiefes Know-how verfügt. Exemplar. dafür steht das Land Berlin zur Quartiersentw. Lichterfelde Süd, die auch Klimaschutz, energet. Bauen u. weitere ESG-Aspekte umfasst. Eine vor wenigen Jahren ernannte Partnerin hat sich bemerkenswerte Kompetenz im Wasserrecht aufgebaut u. wird so in prominenten Mandaten, wie bspw. der abwasserseitigen Erschließung für die Ansiedlung von Intel, beauftragt. Im Verwaltungsrecht ist Luther bekannt dafür, die gestaltende Beratung dem Führen von Prozessen vorzuziehen.

Stärken: Industrieanlagen, v.a. Emissionshandelsrecht. Bauplanungsrecht.

Oft empfohlen: Dr. Stefan Kobes, Dr. Stefan Altenschmidt, Prof. Dr. Tobias Leidinger, Dr. Martin Fleckenstein

Team: 9 Partner, 2 Counsel, 15 Associates

Schwerpunkte: Öffentl. Bau- u. Planungsrecht (z.B. Raumordnung, Denkmalschutz) sowie Umweltrecht (u.a. Immissionsschutzrecht, Bergrecht, Anlagenzulassung, Atomrecht). Sehr erfahren im CO2-Handel (an der Schnittstelle zum ▷*Energierecht*), daneben Umweltinformationsansprüche, Abfall- u. produktbez. Umweltrecht (ElektroG, WEEE, RoHS, REACH), ÖPP sowie ▷*Beihilfe-* u. ▷*Vergaberecht*. Auch Verfassungs- u. Verwaltungsrecht in Branchen wie Glücksspiel, teilw. politiknahe Beratung.

Mandate: AG der Dillinger Hüttenwerke, ArcelorMittal Bremen u. Salzgitter Flachstahl jew. zu Transformation zur CO2-Neutralität; BMVg u. BImA bei Ankauf der MV-Werften in Rostock-Warnemünde zur Nutzung durch das Marinearsenal für Wartungszwecke; Land Berlin zu Quartiersentw. Lichterfelde Süd; Trink- und Abwasserverband Börde zu abwassertechn. Erschließung des HighTechParks Magdeburg; Stadt Düsseldorf zu klimaangepassten Hochwasserschutzanlagen; Lausitz Energie Kraftwerke zu Wasserstoffprojekten in Sachsen, Brandenburg u. Sachsen-Anhalt; E.on Energy Projects zu Biomasse als Brennstoff; enen endless energy genehmigungsrechtl. zu Aufforstung eines Grundstücks; HH2E AG bei Entwicklung von Wasserstoffprojekten in mitteldt. ehem. Braunkohlerevieren; Saint-Gobain Glass zu sauberer Photovoltaik u. Altlastensanierung; Stadtwerke Leipzig bauplanungsrechtl. zum Bau einer Solarthermieanlage auf ehem. Kohlelagerplatz; Aggregate Holdings zu Quartiersentw. ‚Ringbahnhöfe' in Berlin-Neukölln.

MCDERMOTT WILL & EMERY

Verwaltungs- und Verfassungsrecht ★
Planungs- und Umweltrecht ★

Bewertung: Das öffentl.-rechtl. Team weist einen großen Erfahrungsschatz vor, wenn es darum geht, innovative Geschäftsmodelle rechtssicher an den Markt zu bringen. So begleitete es bspw. zuletzt einen Quick-Commerce-Anbieter wg. div. regulator. Fragen zur Marktdurchdringung. Ein weiteres Bsp. stellt die Mandatierung eines TK-Anbieters dar, der bzgl. seiner Geschäftsmodellumstellung bei Genehmigungs- sowie Verwaltungsverfahren zu Möglichkeiten der Ausweitung der Sonn- u. Feiertagsarbeit den Anwälten vertraut. Das Team arbeitet bei solchen komplexen Mandaten routiniert praxis-, aber auch grenzüberschreitend. Besonders hervorzuheben ist die Schnittstelle zum ▷*Gesundheitssektor*, etwa bei Fragen rund um Telemedizin. Zugute kommt Mandanten regelmäßig auch der Einsatz von Legal-Tech-Tools, wie etwa bei den zahlr. Klagen im Corona-Kontext. Im klass. Umwelt- u. Planungsrecht begleitet das Team Entwickler u. Vorhabenträger bei komplexen Infrastruktur- u. Immobilienprojekten, die oftmals auch an der Schnittstelle zum Verkehrsrecht liegen. Exempl. dafür stehen städtebaul. Verträge sowie behördl. Verfahren für Gleisanschlüsse u. Schienensysteme.

Team: 2 Partner, 1 Counsel, 3 Associates (Kernteam)

Schwerpunkte: Verwaltungsrecht: Staats- u. Amtshaftung, Gewerbe-, Haushalts-, kommunales Abgabenrecht, Ausländerrecht. Auch Glücksspiel. Planfeststellungsverfahren für Infrastrukturvorhaben, Schnittstelle zum Verkehrssektor, zudem Bauleitplanung u. Baugenehmigungsverfahren. Umweltinformationsrecht, immissionsschutzrechtl. Genehmigungsverfahren. Auch Prozesse. Umwelt u. Planung: v.a. planerisch zu Projekt-/Quartiersentwicklungen.

Mandate: Quick-Commerce-Anbieter zu Marktdurchdringung u. Erlaubniserteilung; Telekommunikationsanbieter umf. zu div. Genehmigungs- u. Verwaltungsverf.; med. Labor zu verwaltungsrechtl. Akkreditierungsverf.; Projektentw. zu städtebaul. Verträgen u. B-Planverf. für Großprojekt in D'dorf; Förderbank zu Joint-Venture-Konstruktion verfassungs-, haushalts- u. verwaltungsrechtl.; Löwen Entertainment im Glücksspielrecht; regelm.: Autobahn Tank & Rast öffentl.-rechtlich, Stadt Düsseldorf, KaDeWe Group.

MENOLD BEZLER

Planungs- und Umweltrecht ★

Bewertung: Es gelingt nicht allen öffentl.-rechtl. Anwälten, sich innerhalb ihrer Kanzleien so gut zu vernetzen, wie es das MB-Team vormacht. Zuletzt war es der Prozess um die Mehrkosten von Stuttgart 21, der die Vergaberechtsschnittstelle wieder zur Geltung brachte, die auch bei anderen öffentl. Bauvorhaben ins Gewicht fällt. Doch auch die Arbeits-, Steuer-, Immobilien- u. Beihilferechtler sind häufige Ansprechpartner. Diese Kapazitäten sorgen zugleich dafür, dass die recht kleine Gruppe neben der Prozesstätigkeit in einer breiten Palette von Mandaten beraten kann, häufig auf der Seite von Städten u. Kommunen, aber auch für produzierende Unternehmen.

Oft empfohlen: Verena Rösner („sehr kompetente, zielgerichtete Begleitung u. sehr schnelle Reaktion", Mandant)

Team: 1 Eq.-Partner, 1 Counsel, 2 Associates

Schwerpunkte: Umweltrecht, auch produktbez. Umweltrecht sowie Natur- u. Artenschutz, daneben Beratung zu Altlasten. Bauplanungs-, Anlagengenehmigungs- u. Deponierecht; ▷*Vergaberecht*. Immissionsschutz. Prozesse, auch mit verwaltungsrechtl. Hintergrund.

Mandate: Verband Region Stuttgart in Prozess um Mehrkosten für Stuttgart 21; Gemeinde Erbach in Klageverf. zu Unterhaltungspflicht von Brücken; Landkreis Sigmaringen in Amtshaftungsprozess; Seitenbau zu Genehmigungsverf. für Bürogebäude mit Kindergarten; chem. Reinigungsunternehmen in Schadensersatzprozess um Sanierungskosten; Zweckverband ‚InPark A81' zu Bebauungsplan u. städtebaul. Verträgen.

NOERR

Verwaltungs- und Verfassungsrecht ★★★
Planungs- und Umweltrecht ★★★★★

Bewertung: Wie kaum andere haben die Öffentl.-Rechtler bei Noerr zuletzt Bundes- u. Länderministerien zu dringl. Regulierungsvorhaben beraten, speziell für den Energiesektor. Nachdem sie die Krisenberatung des Bundes zur Öl- u. Gaskrise den Wettbewerbern überlassen musste, stand sie bei Fragen der Strom- u. Gaspreisbremse u. zu Verhandlungen mit den Übertragungsnetzbetreibern wieder fest an der Seite der Regierung. Das energierechtl. Team unter den Öffentl.-Rechtlern bleibt auch weiterhin zentraler Ansprechpartner für gr. Stadtwerke u. Netzbetreiber etwa bei Konzessionen. Regelm. berät Noerr zudem Großstädte zu Vorhaben im Bereich Stadtentwicklung. Angesichts der breiten u. vielschichtigen Tätigkeit ist es fast schon verwunderl., wie unauffällig die Praxis im Markt bleibt. Der hohe Beratungsbedarf hat aber eine bemerkenswerte Stärkung der Associate-Riege mit sich gebracht; außerdem hat ein vor 2 Jahren hinzugekommener Quereinsteiger im Düsseldorfer Büro die Glücksspielberatung weiter belebt, die zuvor hauptsächl. in München angesiedelt war.

Oft empfohlen: Dr. Holger Schmitz, Dr. Peter Bachmann, Christof Federwisch

Team: 4 Eq.-Partner, 2 Sal.-Partner, 1 Counsel, 17 Associates, 1 of Counsel

Schwerpunkte: Verfassungs-, Kommunal- u. Haushaltsrecht, u.a. in Verbindung mit staatsnahen Infrastrukturprojekten (▷*Energie*); Amtshaftung. Infrastruktur- u. energierechtl. Regionalplanung, u.a. in Verbindung mit Bergrecht, Denkmalschutz, Flugsicherung u. Naturschutzrecht; ▷*Verkehrssektor*. Im

Anwaltszahlen: Angaben der Kanzleien, wie viele Anwälte zu mind. ca. 50 % in diesem Gebiet tätig sind. Sie spiegeln nicht zwingend die Gesamtgröße einer Kanzlei wider.

anlagenbezogenen Umweltrecht v.a. Immissions- u. Bodenschutz, Altlastensanierungen u. CO2-Handel. ▷M&A-Support u. Privatisierungen, Projektfinanzierung. Auch ▷ESG.

Mandate: BMWirtschaft u. Klimaschutz zu Strom- u. Gaspreisbremse, zu Verhandlungen mit Netzbetreibern sowie zu Ausbau der Elektromobilität; Land Hessen zu rd. 40 Normenkontrollverf. wg. Raumordnungsplänen für Windenergieausbau; Bund in 2 ICSID-Schiedsverf. um Energiecharta u. Offshore-Windenergie-Investitionen; Iberdrola Renovables ausschreibungs- u. planungsrechtl. zu Ostsee-Windparks ‚Baltic Eagle' u. ‚Windanker'; Stadt Frankfurt a.M. zu Städtebauprojekt ‚Nordwest'; internat. Tabakkonzern zu EU-Richtlinie Einwegkunststoff; SAIC Motor Corp. zu CO2-Flottengrenzwerten u. Pooling; Investor zu Umwandlung eines ehem. Kasernengeländes in Hanau u. Bau eines Großrechenzentrums; Banken zu Steag-Refinanzierung u. Transformation; Löwen Entertainment zu Strom- u. Gaspreisentlastungen; Westlotto zu glücksspielähnl. Elementen in Videospielen (‚Lootboxen').

OKL & PARTNER

Planungs- und Umweltrecht ★★★

Bewertung: Die öffentl.-rechtl. Praxis ist v.a. für ihre Beratung im Abfall- u. Kreislaufwirtschaftsrecht anerkannt. Daneben führt ihre marktbekannte Stärke im Produktrecht dazu, dass sich regelm. Unternehmen abseits der Entsorgungsbranche an das Team wenden. Ein Zugewinn neuer, hochkarätiger Mandanten bestätigt, dass die Kanzlei auch bei Unklarheiten bei umweltrechtl. Anforderungen gefragt ist. Stammmandanten loben die Kanzlei für ihr „geballtes, umfassendes Wissen u. den großen Erfahrungsschatz". In personeller Hinsicht prägten jedoch Umschwünge die Praxis: Der Zusammenschluss Anfang 2022 mit dem Umweltrechtler Stefan Kopp-Assenmacher ging strateg. nicht auf, sodass dieser bereits im Sommer wieder eine eigene Einheit gründete. okl warb jedoch einen Teil des Berliner Teams ab u. berät weiterhin in der Hauptstadt im klass. Umweltrecht, insbes. in der Kreislaufwirtschaft, u. im Fachplanungsrecht. Parallel dazu ernannte die Kanzlei in Köln einen Vollpartner im Industrieanlagenzulassungs- u. Fachplanungsrecht u. beförderte an der Schnittstelle zu ESG-Themen einen Anwalt zum Sal.-Partner.

Stärken: Umwelt- u. Technikrecht, hohe Kompetenz bei abfallrechtl. Themen.

Oft empfohlen: Dr. Anno Oexle („konstruktiv u. mit praxisgerechten Lösungen", „gehört zur absoluten Marktspitze u. erfüllt das hohe Maß unserer Qualitätserwartungen", „fachlich überzeugend u. taktisch geschickt – bringt die Dinge auf den Punkt u. denkt langfristig", „keiner kennt sich so gut im Verbringungsrecht für Abfälle aus", „wenn es richtig schwierig wird u. viel auf dem Spiel steht, dann setzen wir auf Dr. Oexle und sein Team", Mandanten)

Team: 5 Eq.-Partner, 3 Sal.-Partner, 1 Counsel, 8 Associates

Partnerwechsel: Stefan Kopp-Assenmacher (in eigene Kanzlei), Prof. Dr. Wolfgang Klett (zu Kunz)

Schwerpunkte: Umweltrecht: insbes. Produkt- u. Abfallrecht, zudem Immissionsschutzrecht, Altlasten, (Ab-)Wasserabgaben, Umweltschadenfälle (inkl. OWiG), umweltrechtl. Fragen bei Transaktionen u. bei Erstattungsansprüchen. Schnittstellen zu Exportrecht u. ▷Vergabe. Im öffentl. Bau- u. Planungsrecht deutl. Schwerpunkt auf abfallnahen Projekten (Biogas, Müllverbrennung, Deponien).

Mandate: Borealis bzgl. Greenwashing-Compliance; BDE Bundesverband der Dt. Entsorgungs-, Wasser- u. Rohstoffwirtschaft zu Auswirkungen des neuen Abfallexportrechts auf die internat. Sekundärrohstoffmärkte; lfd. Bayer, insbes. immissionsschutzrechtl.; Currenta umf. zu Umwelt-Compliance; Dr.-Oetker-Joint-Venture mit Molkerei Gropper wasserrechtl. u. zu Planung u. Bau einer separaten Druckleitung anstelle des öffentl. Kanalnetzes; FTSE-100-Unternehmen zu Zulassung von Wasserstofftankstellen; gr. Energieversorger zur Implementierung neuer Ersatzbaustoffverordnung; Landkreis in Ba.-Wü. in verwaltungsgerichtl. Verf. zum Rückbau 2er Blöcke eines Kernkraftwerks; Projektentwickler störfall- u. bauplanungsrechtl. bei Realisierung des sog. ‚Beust Campus'; Unternehmen der Düngemittelindustrie zu Düngemittelrecht; Verband zu Herstellung u. Einsatz von Biokohle in der Landwirtschaft; lfd. Alba.

OPPENLÄNDER

Verwaltungs- und Verfassungsrecht ★★★★
Planungs- und Umweltrecht ★★

Bewertung: Die Stuttgarter Kanzlei ist im Öffentl. Wirtschaftsrecht bei der öffentl. Hand, Verbänden u. Parteien gefragt u. verteidigt ihren Ruf als angesehene Beraterin von Staatsorganen. So begleitete das Team um Lenz, der regelm. vor dt. Verfassungsgerichten tätig ist, zuletzt den Landtag Ba.-Wü. in einem Grundsatzverfahren zum Finanzverfassungsrecht u. zu Fragen im Verfassungsprozessrecht von Fraktionen. Das Spezialwissen zu verfassungs- u. parlamentsrechtl. Fragen wissen die unterschiedlichsten Akteure zu schätzen: So beriet die Praxis etwa in einem ungewöhnl. Gemeinschaftsmandat 4 Fraktionen des bad.-württ. Landtags. An der Schnittstelle zum Baurecht u. im klass. Umwelt- u- Planungsrecht gehören zahlr. Industrieunternehmen zum Mandantenstamm. Der Auslastung wirkte die Kanzlei konsequent entgegen: Sie verdoppelte den anwaltl. Unterbau u. ernannte eine Sal.-Partnerin.

Oft empfohlen: Prof. Dr. Christofer Lenz, Dr. Torsten Gerhard

Team: 3 Eq.-Partner, 1 Sal.-Partner, 6 Associates

Schwerpunkte: Bauplanungs- u. Bauordnungsrecht, Immissionsschutz (Sektoren: Chemie, Agrar, Automobil), projektbez. Umweltrecht. Im Verfassungsrecht Beratung von Vereinen, Verbänden u. polit. Fraktionen sowie Mandate mit polit. Bezug. Staatsorganisationsrecht. Sektoren: Banken, Glücksspiel, Verkehr, Medien u. TK; viel Prozesserfahrung auch vor EU-Gerichten, insbes. im Beihilferecht.

Mandate: Landtag von Ba.-Wü. verfassungsrechtl. in einem grds. Verf. zur Schuldenbremse; 4 Fraktionen des Landtags von Ba.-Wü. verfassungs-, parlaments- u. beamtenrechtl. zum Parlamentar. Beratungsdienst des Landes; CDU-Bundespartei u. des Vorsitzenden Friedrich Merz beim Umgang mit Hans-Georg Maaßen u. der Werteunion; Filmförderungsanstalt des Bundes FFA verfassungs- u. anstaltsrechtl.; Landesreg. von Ba.-Wü. zu Umnutzung eines früheren Gefängnisses in Heidelberger Innenstadt; Innenministerium Ba.-Wü. in 2 Verfassungsbeschwerdeverf. von Sportwettvermittlern gg. Regelungen (VfGH Ba.-Wü.); Dt. Alpenverein zum Betretungsverbot in Klettersportareal wg. Natur-/Artenschutzrecht; Gemeinde in Ba.-Wü. zu kommunalem Wärmenetz auf Grundlage von Geothermie.

PAULY

Planungs- und Umweltrecht ★★

Bewertung: Wo Großkanzleien die tiefe Spezialisierung im Öffentl. Recht vermissen lassen, kommen Kanzleien wie Pauly ins Spiel. Strategie- u. Detailfragen rund um Abfall-, Verpackungs- u. Kreislaufwirtschaftsrecht bescheren der Kölner Kanzlei eine Vielzahl renommierter Mandanten. Sie beriet zuletzt versch. Hersteller zur gesetzl. vorgeschriebenen Rücknahme von Elektrogeräten. Auch das Thema Altlasten gehört zu den Fokusthemen der Sozietät, die angesichts ihrer begrenzten Ressourcen eine erstaunl. breite Beratungspalette anbietet.

Stärken: Strategisches Know-how im Entsorgungssektor.

Oft empfohlen: Dr. Markus Pauly

Team: 1. Eq.-Partner, 1 Sal.-Partner, 4 Associates

Schwerpunkte: Umweltrecht, insbes. Abfall- u. Immissionsschutzrecht, auch Umweltstrafrecht.

Mandate: AfB zu Abgrenzung von Abfall- u. Produktrecht sowie zu Umsetzung des ElektroG; Alba Süd zu Altpapierumschlagplatz; Alfa-Gruppe zu Schrott- u. Abfalllagerplätzen; BP Europa/Ruhr Oel zu Raffineriestandort Gelsenkirchen; BSH Bosch Siemens Hausgeräte zu Vollzug des ElektroG; Castrol Germany zu freiwilliger Rücknahme von Öl- u. Schmierstoffen; Copo Plast genehmigungsrechtl. wg. Kunststoffrecyclat; Miro Mineraloelraffinerie Oberrhein abfall-, immissionsschutz- u. störfallrechtl.; PitPoint LNG zu Infrastrukturaufbau für den Schwerlast- u. Binnenschifffahrtsverkehr.

POSSER SPIETH WOLFERS & PARTNERS

Verwaltungs- und Verfassungsrecht ★★★★★
Planungs- und Umweltrecht ★★★★★

Bewertung: Aus Mandantensicht dürfte das Zusammentreffen 2er Leistungsmerkmale den Ausschlag für die auf das Öffentl. Wirtschaftsrecht spezialisierte Einheit geben: Zum einen bescheinigen der Kanzlei eine ganze Reihe an Wettbewerbern ein „exzellentes fachl. Niveau", zum anderen können v.a. die Namenspartner bei strateg.-polit. Dimensionen eines Mandats aus einem reichen Erfahrungsschatz schöpfen. Die hohe Präsenz der Kanzlei in vielen aufwendigen, teils jahrzehntelang betreuten Mandaten v.a. im Energiesektor hat es nötig gemacht, neben Verstärkungen des Associate-Teams auch die mittleren Karrierestufen mit 2 Quereinsteigern für das Düsseldorfer Büro zu erweitern. So können sich die Partner wieder vermehrt um die Geschäftsentwicklung kümmern, die angesichts der hohen Nachfrage nur geringe Dringlichkeit hatte. PSWP ist aktuell z.B. wieder vermehrt als Industrieberater gefragt, etwa bei der Energiesicherheit, beim Standortumbau u. bei Wasserstoffprojekten.

Stärken: Hohes Marktverständnis, strateg. Rechtsberatung.

Oft empfohlen: Dr. Wolf Spieth („profunder Gesprächs- u. Strategiepartner", Mandant), Dr. Herbert Posser („idealer Berater für alle Fragen, bis ins kleinste Detail; hervorragend", Mandant), Niclas Hellermann („intelligenter u. engagierter Top-Anwalt", Mandant), Dr. Benedikt Wolfers, Dr. Burkard Wollenschläger

Team: 6 Eq.-Partner, 1 Sal.-Partner, 1 Counsel, 15 Associates

Schwerpunkte: Umwelt-, Planungs- u. Produktrecht mit allen dazugehörigen Rechtsmaterien. Internat. Betrachtung des Öffentl. Rechts bzw. der Regulierung; viel Prozesserfahrung, spezielle Sektorkompetenzen in ▷Energie u. ▷Verkehr sowie in der

Anwaltszahlen: Angaben der Kanzleien, wie viele Anwälte zu mind. ca. 50% in diesem Gebiet tätig sind. Sie spiegeln nicht zwingend die Gesamtgröße einer Kanzlei wider.

produzierenden Industrie. Verfassungs-, verwaltungs- u. EU-rechtl. Beratung, u.a. im Energiesektor; Öffentl. Recht bzw. Verwaltungsrecht aus internat. Perspektive, Völkerrecht; Anstalts-, Sparkassen- sowie Kommunalrecht.

Mandate: Flughafen Leipzig/Halle umwelt- u. planungsrechtl.; VW zu Abwehr von Greenpeace-Klimaklagen; LEAG zu Abwehr einer BUND-Klage gg. das Vorsorgekonzept Tagebau Welzow II; Chemiekonzern zu Umstrukturierung der dt. Standorte; Energieversorger zu Nordsee-Windparkprojekt; Energiekonzern zu Umnutzung von Tagebauflächen für Solar- u. Windparks; Bundesland zu Abwehr von DUH-Klimaklage; PNE, Strabag, Mainstream u.a. in 2. Verfassungsbeschw. gg. novelliertes WindSeeG; Strabag in ICSID-Schiedsverf. um Energiecharta u. Offshore-Windenergie-Investition; Harzwasserwerke zu langfr. Lieferungsverträgen; Midewa zu Konzessionsverträgen mit 60 Gemeinden in Sachsen-Anhalt; Zcotty zu vollautomatisiertem Mobilitätsangebot.

RAUE

Verwaltungs- und Verfassungsrecht	★★★
Planungs- und Umweltrecht	★★

Bewertung: Die Praxis ist im Öffentl. Wirtschaftsrecht für die Beratung bei komplexen Projekten u. Verfahren anerkannt. Mittels ihrer guten Vernetzung in der Hauptstadt sichert sie sich dabei hochkarätige Mandate wie z.B. für das Bundeskanzleramt, das planungsrechtl. bereits zum Erweiterungsbau Raue konsultierte, u. auch im Verfahren um das Altkanzlerbüro von Gerhard Schröder auf das Know-how der Kanzlei setzt. Neben der Beratung der öffentl. Hand, zu der etwa auch ein Großteil der IHKs gehört, ziehen auch einige Unternehmen Raue hinzu: So erhoben die Anwälte in enger Zusammenarbeit mit den ▹*Energierechtlern*, allen voran mit der im Sommer zu Osborne Clarke gewechselten Anna von Bremen, für eine Vielzahl von Energieunternehmen Verfassungsbeschwerde gg. die Mehrerlösabschöpfung von EEG-Erlösen. Neu waren auch Klagen gg. Genehmigungen von Portoerhöhungen, zu denen sich mehrere AOKen der Kanzlei anvertrauten. Im Umwelt- u. Planungsrecht sorgten neben Infrastrukturprojekten Fragen rund um Energieanlagen für einen hohen Beratungsbedarf. Neumandantin Elysium Solar beriet Raue zu einem neuartigen Solarpark, der in der Nähe des BER-Flughafens gebaut werden soll.

Stärken: Anerkannt im Recht der freien u. verkammerten Berufe.

Oft empfohlen: Christian von Hammerstein, Dr. Wolfram Hertel („Ansprechpartner für alle Belange", Mandant), Prof. Dr. Wolfgang Kuhla („fundierte juristische Kenntnisse, gepaart mit umfassender Berufserfahrung, machen Herrn Kuhla zu einem sehr geschätzten Ratgeber", Mandant), Dr. Christoph-David Munding

Team: 4 Eq.-Partner, 1 Sal.-Partner, 3 Counsel, 4 Associates, 1 of Counsel (ges. Praxisgruppe)

Schwerpunkte: Öffentl. Bau- u. Planungsrecht (Immobilien, Infrastruktur) u. Umweltrecht (CO_2-Handel, Lärm- u. Klimaschutz). Schnittstelle zu Energie- u. Vergaberecht. Verfassung u. Verwaltung: Beratung an den Schnittstellen zu regulierten Branchen wie Energie, ▹*Medien* u. Verkehr; politiknahe Beratung; Staats- u. Amtshaftung; Kommunalrecht; Grundrechte.

Mandate: Bundeskanzleramt gg. Altkanzler Gerhard Schröder in Streit um Altkanzlerbüro; zahlr. Energieuntern. in gebündelter Verfassungsbeschw. gg. Abschöpfung von Überschusserlösen von Anlagenbetreibern zur Stromerzeugung aus erneuerb. Energien; div. AOKen gg. Entgeltgenehmigungen der BNetzA für das Briefporto (VG Köln); Land Berlin zu Tauschvertrag zur Rettung der ‚Rieckhallen'; lfd.: BND, Mabb, Robert Koch-Institut zu IFG, Corint Media, DAkkS, DIHK u. div. Handelskammern in Verwaltungsverf.; planungsrechtl. Tegel-Projekt zu Umgestaltung des Flughafens Berlin-Tegel; BVG zu Omnibusbetriebshof für E-Fahrzeuge; Caeli Wind zu Windparkentwicklung; Elysium Solar zu Agri-Solarpark-Entwicklung; Orafol Europe immissionsschutzrechtl. zu Industriestandorterweiterung; priv. Grundstückseigentümer zu Abwendung der Enteignung durch Grundstückstausch.

REDEKER SELLNER DAHS

Verwaltungs- und Verfassungsrecht	★★★★★
Planungs- und Umweltrecht	★★★★★

Bewertung: Mit ihrer beeindruckenden Stärke im Öffentl. Wirtschaftsrecht gehört RSD schon lange zu den tonangebenden Playern u. verteidigt konsequent ihre Position an der Marktspitze. Erwartungsgemäß sind die Anwälte in gr. Verfahren gesetzt, was bspw. zuletzt die erfolgr. Vertretung der BRD gg. das russ. Mineralölunternehmen Rosneft demonstrierte. Gleichzeitig belegen Fälle wie jenes, dass das Team v.a. bei Mandaten, die am Puls der Zeit sind, überzeugend mitmischt – so vertrauen sich zahlr. Mandanten etwa zur Krisenbewältigung (insbes. zuletzt zur Ukraine- u. Energiekrise) RSD an. Karpenstein ist eine Koryphäe bei Verfassungsbeschwerden, staatsorganisationsrechtl. Streitigkeiten u. EU-rechtl. Fragen. Er steht regelm. an der Seite der Bundesregierung, wie im Fall Rosneft, aber etwa auch zu Entschädigungsfragen nach dem Kriegswaffenkontrollgesetz. Spezialist für bergrechtl. Fragen ist Masing, der bei RWE für die Prozessführung zum Braunkohletagebau gesetzt ist u. bei Mandaten wie diesem regelm. mit dem Umwelt- u. Planungsrechtler Fellenberg kooperiert. Wie bei kaum einer anderen Kanzlei fungiert das Öffentl. Wirtschaftsrecht bei RSD als Türöffner für andere Fachbereiche, wobei die Praxis v.a. in jüngster Zeit bewies, dass die interne Vernetzung voranschreitet: In div. bankrechtl. Mandaten etwa arbeiteten die Öffentlichrechtler eng mit den Gesellschafts-, Beihilfen- sowie Aufsichtsrechtsteams zusammen. Zugleich gelingt RSD eine nachhaltige Nachwuchspolitik: Neben erneut 2 Vollpartner-Ernennungen beförderte die Kanzlei eine junge Spezialistin für Verfassungs- u. Europarecht zur Counsel.

Oft empfohlen: Dr. Ulrich Karpenstein, Dr. Matthias Kottmann, Dr. Frank Fellenberg („sehr angenehme Zusammenarbeit, geprägt von hoher fachlicher Kompetenz u. einem guten Gespür für strateg. Aspekte", Mandant), Gernot Lehr („top", Mandant), Prof. Dr. Wolfgang Roth, Prof. Dr. Alexander Schink, Dr. Christian Bracher, Dr. Tobias Masing („hervorragendes, breites rechtliches Repertoire, das er sehr gut für die Vertretung und Beratung seiner Mandanten nutzt", „versteht es immer wieder, die zum Teil sehr komplexen Sachverhalte schnell zu erfassen u. maßgeschneiderte Antworten auf Fragen zu präsentieren", Mandanten; „guter Fachmann im Luftverkehrsrecht", Wettbewerber), Dr. Ronald Reichert, Dr. Marco Rietdorf, Dr. Christian Eckart, Prof. Dr. Olaf Reidt („hohe Fachkompetenz u. Flexibilität", Mandant; „brillanter Jurist mit der Gabe, komplexe Sachverhalte verständlich zu erläutern", Wettbewerber)

Team: 16 Eq.-Partner, 6 Sal.-Partner, 2 Counsel, 14 Associates, 5 of Counsel

Schwerpunkte: Gesamte Bandbreite des Öffentl. Rechts. Verwaltungs- u. Verfassungsrecht auch aus EU-rechtl. Perspektive; regelm. präventive Beratung zu Gesetzgebungsvorhaben u. polit. Entwicklungen, v.a. auf der Seite der öffentl. Hand; viel Erfahrung im Beihilfe-, Presserecht u. bei IFG-Klagen. Sektoren: ▹*Medien*, Energie sowie Glücksspiel. Im öffentl. Bau- u. Planungsrecht v.a. Raumordnung, Regionalplanung, Bauleitplanung, Planung von Infrastruktur im ▹*Verkehrs*- u. ▹*Energiesektor*. Umweltrechtl. Beratung jeweils auch an den Schnittstellen zur ▹*Compliance*- u. zur ▹*strafrechtl.* Beratung. Zudem ▹*ESG*.

Mandate: BRD gg. Rosneft wg. Anordnung der Treuhandverwaltung (BVerwG); RWE zu Rechtmäßigkeit eines Aufenthaltsverbots in Lützerath gg. Klimaaktivisten (OVG NRW); Land NRW zu Rückforderung von Corona-Soforthilfen (OVG Münster; mit Wolter Hoppenberg); Abgeordnete, Bezirksverordnete u. wahlberechtigte Einzelpersonen prozessual im Verfassungsbeschwerdeverf. bzgl. Ungültigerklärung der Berliner Wahlen des Abgeordnetenhauses u. der Bezirksverordnetenversammlungen; BRD zu Revision der europ. Bauproduktenverordnung einschl. Verknüpfung mit Green Deal; Dekra Automobil zu Weiterentwicklung des Lausitzrings; Dt. Bahn umf. zu Restrukturierungen im Bereich der Eisenbahninfrastruktur; 50Hertz Transmission zu Offshoreanbindungsleitung Gennaker; Infrastrukturges. des Bundes zu div. Duldungsverfügungen; Bundesnotarkammer zum 10. Sanktionspaket bzgl. rückwirkender Nachforschungspflichten für Notare; DaVita verfassungs- u. unionsrechtl., u.a. zu angedachten Reformen der Krankenhaus- u. MVZ-Finanzierung; gr. Automobilhersteller zum Bau einer Tiefengeothermieanlage; Hanseatic Energy Hub zu LNG-Terminal Stade im Genehmigungsverf. für landseitiges Terminal u. schwimmendes Terminal; Land Nds. zu Leitungsbauprojekt (Projektmanagement); Forschungseinrichtung zu Abwassermonitoring (Amelag); Volkswagen zu Batteriezellenfertigung Salzgitter; Stadt Münster zu 2 urbanen Gebietsentwicklungen; lfd. RWE Power, Currenta, Bayer, Gascade, Dt. Sparkassen- u. Giroverband.

TAYLOR WESSING

Planungs- und Umweltrecht	★★★

Bewertung: Die öffentl.-rechtl. Praxis zeichnet sich v.a. durch stark fokussierte Teams aus. Zum einen liegt ein deutl. Beratungsschwerpunkt im Einzelhandel, aus dem namh. Player regelm. im Raumordnungs-, Bauplanungs- u. Bauordnungsrecht auf TW setzen. Zum anderen weist das Team langj. Erfahrung im regulator. ▹*Gesundheitsrecht* vor, insbes. im Kontext von Transaktionen, wobei diese Mandate oftmals auch Türöffner für andere Praxisgruppen darstellen. Ausgeprägt ist außerdem die Kompetenz im Fachplanungsrecht, insbes. im Flugverkehr, um das sich insbes. Kämper kümmert, der daneben auch gut in der chem. Industrie u. Mineralölwirtschaft auf Unternehmensseite verwurzelt ist. Allerdings wechselte er zuletzt in den Of-Counsel-Status, u. der renommierte u. inhaltl. breit engagierte Lippert verließ die Kanzlei. Zwar ist sein Wechsel für den Berliner Standort ein herber Verlust, doch fügt er sich in die Strategie der Praxis, auf

Anwaltszahlen: Angaben der Kanzleien, wie viele Anwälte zu mind. ca. 50% in diesem Gebiet tätig sind. Sie spiegeln nicht zwingend die Gesamtgröße einer Kanzlei wider.

ausgeprägte Spezialisierungen zu setzen. Zudem hat TW den Nachwuchs im Blick, der sukzessive auch die Aufgaben von Kämper übernommen hat. Weiterer Ausdruck eines sich fortsetzenden Generationswechsels sind 2 Partnerernennungen, die zugleich den Stellenwert der Praxis für die Gesamtkanzlei untermauern.

Oft empfohlen: Prof. Dr. Norbert Kämper („der Beste für Flughafenplanung", „spezialisiert u. hoch kompetent", Wettbewerber), Dr. Walter Potthast, Dr. Torsten van Jeger, Dr. Roland Schmidt-Bleker

Team: 5 Eq.-Partner, 9 Sal.-Partner, 16 Associates, 1 of Counsel

Partnerwechsel: Dr. André Lippert (zu CMS Hasche Sigle)

Schwerpunkte: Projektentwicklung im Einzelhandel in der Kombination mit Politikberatung, ▷*Beihilfe*- u. ▷*Vergaberecht*; öffentl. Bau- u. Fachplanungsrecht (Bergrecht, ▷*Verkehrsinfrastruktur*, Deponien). Regelm. Altlasten, Wasserrecht, Immissionen sowie produktbez. Umwelt- u. Abfallrecht (u.a. REACH, RoHS II, WEE) an der Schnittstelle zum ▷*Gesundheitswesen*, u.a. auch BiozidVO; ▷*Compliance*- u. öffentl.-rechtl. Beratung bei ▷*M&A*, Umstrukturierungen. Zudem ▷*ESG*.

Mandate: Flughafen umf., u.a. zu luftrechtl. Genehmigung, Auskunftsansprüchen nach IFG/UIG u. Fluglärmbeurteilung; ICIG öffentl.-rechtl. zu Kauf der Inprotec; Lifento zu Käufen von Pflegeimmobilien; Infarm lfd. umweltrechtl.; Baumaschinenhersteller u.a. zu Baugenehmigung für ein Kranauslieferungswerk u. zur Umsiedlung eines Produktionsbetriebes; dt. Chemieuntern. zu öffentl.-rechtl. Vertrag zu Anpassung kontinuierl. Teerdestillation an geänderte immissionsschutzrechtl. Vorschriften, wasser-, bodenschutz-, abfall- u. immissionsschutzrechtl.; lfd. Bezirksregierung prozessual wg. Genehmigung für Flughafen; lfd. Ministerium für Umwelt, Naturschutz u. Verkehr NRW, CEE-Group, Garbe.

ANDREA VERSTEYL

Planungs- und Umweltrecht ★★

Bewertung: Die hoch spezialisierte Umwelt- u. Planungsrechtboutique genießt im Markt einen hervorragenden Ruf als Projektmanagerin. So setzen Planfeststellungs- u. Anhörungsbehörden in großen Leitungsbauverfahren v.a. auf das Berliner u. HHer Team, erneut etwa das Land Schl.-Holst. im Bereich der Schieneninfrastruktur. Prominent war das hochkarätige Los der BNetzA beim Netzausbau von Amprion, das die Anwälte gemeinsam mit 2 anderen Kanzleien für sich gewannen u. welches das tiefe Know-how rund um Infrastrukturprojekte belegt. Ein weiteres Standbein bildet die Beratung zu (immissionsschutzrechtl.) Genehmigungsverfahren für Industrieanlagen, etwa therm. Abfallbehandlungsanlagen u. Heizkraftwerken. Das Team am Münchner Standort ist v.a. planungsrechtl. erfahren. Ein besonderes Mandat unter dem Schirm des Klimaschutzes ist die Mandatierung durch die Stadt München, die das Team bei der Umsetzung der sog. Wärmewendestrategie begleitet. Damit positioniert sich die Kanzlei gleichzeitig für kommende, ähnl. gelagerte Projekte zur Einhaltung von Klimaschutzzielen der Kommunen. Dass die Büroeröffnung in Potsdam im verg. Jahr ein folgerichtiger Schritt war, zeigt u.a. die Mandatierung eines brandenburg. Landesministeriums, das AV zu allen öffentl.-rechtl. Angelegenheiten hinzuzieht. Angesichts des Mandatszuflusses erweiterte die Kanzlei sich um einen Counsel u. sorgte auch auf Associate-Ebene für Verstärkung.

Oft empfohlen: Prof. Dr. Andrea Versteyl („schnelle u. unkomplizierte Erfolge, die Investitionsvorhaben ermöglichen; Grande Dame im Genehmigungsrecht, die Projekten zum Erfolg verhilft", Mandant)

Stärken: Projektmanagement für Behörden u. Vorhabenträger.

Team: 2 Eq.-Partner, 1 Counsel, 6 Associates, 3 of Counsel

Schwerpunkte: Umweltrechtl. Beratung v.a. zu immissionsschutzrechtl. Fragen u. Genehmigungsverfahren. Hohe Kompetenz im Abfall- u. Kreislaufwirtschaftsrecht, zunehmend REACH/Stoffrecht. Zudem öffentl. Bau- u. Planungsrecht.

Mandate: BNetzA beim Netzausbau im Verantwortungsbereich des Übertragungsnetzbetreibers Amprion; Stadt München zur Umsetzung der sog. Wärmewendestrategie; Ministerium für Infrastruktur u. Landesplanung des Landes Brandenburg umf. öffentl.-rechtl. zu Grundsatzangelegenheiten u. Koordination, Stadtentw. u. Wohnen, Gemeinsame Landesplanung u. Verkehr; Ministerium für Energiewende, Landwirtschaft, Umwelt, Natur u. Digitalisierung des Landes Schl.-Holst. als Projektmanagerin für mehrere Infrastrukturvorhaben; Berliner Wasserbetriebe in 3 Planfeststellungsverf. zum Neubau der A100 u. zur Erneuerung Berliner Klärwerks; Entega zu bauplanungsrechtl. Absicherung der Erweiterung des MHKW u. der Wasserstofferzeugung; Entsorgungsbetriebe der Stadt Wiesbaden zu Planfeststellungsverf. Deponieerweiterung Dyckerhofbruch; div. bayer. Kommunen zur Aufstellung eines Lärmaktionsplans für das Gemeindegebiet; Knettenbrech + Gurdulic zu Änderungsgenehmigungsverf.; Papierverarbeitungswerk zu KrWG u. VerpackungsG; lfd.: PreZero Pyral, Remondis, Takeda.

WEISSLEDER EWER

Verwaltungs- und Verfassungsrecht ★

Bewertung: Das globale Thema Klimaschutz ist auch auf regionaler u. lokaler Ebene für die WE-Mandanten im Öffentl. Wirtschaftsrecht relevant geworden. Entsprechend hat die Kanzlei ihr profundes planungsrechtl. Know-how um die emissions- u. darüber hinaus energiepolit. Anforderungen erweitert. Wie gewohnt waren die Kieler Anwälte in zahlr. verwaltungs- u. verfassungsrechtl. Verfahren aktiv u. sind nicht zuletzt mit dieser Kompetenz eine in Norddtl. hoch renommierte Adresse.

Oft empfohlen: Prof. Dr. Wolfgang Ewer („Grandseigneur des Öffentl. Rechts", Wettbewerber), Prof. Dr. Marius Raabe („profunde Sachkenntnis", „sehr praxisorientiert", Wettbewerber)

Team: 7 Partner, 14 Associates

Schwerpunkte: Bau- u. Fachplanungsrecht für Kommunen, Behörden u. öffentl. Vorhabenträger; entsprechende Prozesstätigkeit bis zu höchstrichterl. Entscheidungen; zudem erfahren im Vergabe-, Beihilfen- u. Beamtenrecht. Sehr gute polit. Vernetzung.

Mandate: 2 Bundesländer prozessual zu Abwehr von Klagen auf Corona-Entschädigungen; Landtag Schl.-Holst. zu Abwehr eines Eilantrags gg. Heraufsetzung der Fraktionsmindestgröße (LVerfG Schl.-Holst.); Veterinärbehörde zu Durchsetzung von tierschutzrechtl. Anordnungen (OVG Schleswig); städt. Bauaufsichtsbehörde zu Wohnbaugenehmigungen (VG Schleswig).

WHITE & CASE

Verwaltungs- und Verfassungsrecht ★★★★
Planungs- und Umweltrecht ★★★

Bewertung: Nur wenige Großkanzleien haben sich im Öffentl. Wirtschaftsrecht strateg. so konsequent dem Thema Regulierung verschrieben wie W&C. Diese Ausrichtung dürfte sich mit dem anstehenden Generationswechsel in der Praxis noch intensivieren. Allerdings fehlt bei dieser Weiterentwicklung ein jüngerer Partner, der jetzt für Gibson Dunn eine Regulierungspraxis aufbauen soll. Die internat. Fragestellungen, v.a. auf EU-Ebene, sind Ausgangspunkt für viele W&C-Mandate u. bringen es mit sich, dass die Kanzlei in manchen eher standardisierten Planungsprojekten auf nationaler Ebene kaum noch aktiv wird. Dagegen zeigen sich die Öffentl.-Rechtler gut vernetzt mit dem Brüsseler Büro sowie den dt. u. internat. Litigation-Kollegen, um gr. Prozessmandate in Angriff zu nehmen. Neben der Unternehmensmandantschaft ist es im Verfahren um die Mehrkosten für Stuttgart 21 auch ein öffentl. Auftraggeber, das Land Ba-Wü, der auf diese Weise integriert beraten wird. Um unternehmenskritische Regulierungsfragen geht es in der Digitalwirtschaft, wo W&C gr. internat. Konzerne vertritt. Die Stammmandanten etwa aus der Automobilindustrie werden zudem verstärkt im Sanktionsrecht beraten.

Oft empfohlen: Dr. Henning Berger, Prof. Dr. Norbert Wimmer („weitreichende Kenntnisse im Öffentl. Recht, speziell im Automobilsektor", Wettbewerber)

Team: 3 Eq.-Partner, 4 Counsel, 9 Associates

Partnerwechsel: Dr. Lars Petersen (zu Gibson Dunn & Crutcher)

Schwerpunkte: Integrierte Beratung, häufig Unterstützung durch andere Praxisgruppen. Branchen: Finanzwesen (▷*Bankrecht*), ▷*Medien*, Automotive. Umwelt- u. Planungsrecht: Fachplanungsrecht insbes. in den Branchen ▷*Energie* u. ▷*Verkehr*; immissionsschutzrechtl. Genehmigung von Anlagen, inkl. Projektfinanzierung. Beratung bei Transaktionen. Auch ▷*ESG*.

Mandate: Land Ba.-Wü. zu Finanzierung von Stuttgart 21, speziell im Prozess um Mehrkostenanspruch der Dt. Bahn; 50Hertz zu Trassenplanung; Daimler Truck zu Regulierung von Fahrzeugverbrauch u. -emission; dt. Banken u. Nordea zu EuG-Verf. um europ. Bankenabgabe; Messengerdienst medien- u. telemedienrechtl. sowie zu Zugriffsmöglichkeiten dt. Behörden; Mercedes-Benz Group zu genehmigungsrechtl. Behandlung der Fahrzeugmodelle; Meta zu datenschutzrechtl. Regulierung, Haftung u. Prozessen; MSIP zu Verkauf von VTG-Anteilen.

WILMERHALE

Verwaltungs- und Verfassungsrecht ★★★

Bewertung: Aufgrund ihrer langj. Erfahrung vor dt. u. EU-Gerichten wird WH im Öffentl. Wirtschaftsrecht immer wieder für Verfahren mit grundsätzl. Bedeutung mandatiert. So ging es vor dem EuGH für den Facebook-Konzern Meta darum, die Zugriffsmöglichkeiten des Kartellamts einzugrenzen. Obwohl dies nicht gelang, ist erkennbar, wie sinnvoll die Verbindung von regulator. u. prozessrechtl. Know-how ist, speziell in der (▷*kartellrechtl.*) Dimension. Entsprechend der internat. Kanzleistrategie ist WH in Berlin in die politiknahe Beratung involviert, kümmert sich aber auch um klass. verwaltungsrechtl. Mandate, etwa um die Abwehr von sog. Umweltklagen gg. Industrieunternehmen.

Anwaltszahlen: Angaben der Kanzleien, wie viele Anwälte zu mind. ca. 50% in diesem Gebiet tätig sind. Sie spiegeln nicht zwingend die Gesamtgröße einer Kanzlei wider.

Stärken: Starke Prozesspraxis, bes. auf europ. Ebene; breites regulator. Wissen.
Oft empfohlen: Prof. Dr. Hans-Georg Kamann („führender Experte, sehr lösungsorientiert", Wettbewerber), Ulrich Quack
Team: 6 Eq.-Partner, 2 Sal.-Partner, 10 Associates
Schwerpunkte: Verwaltungs- u. Verfassungsrecht aus EU-rechtl. Perspektive (mit Brüsseler Büro); regelm. präventive Beratung zu Gesetzgebungsvorhaben u. polit. Entwicklungen; Prozesstätigkeit u.a. zu komplexen Kompetenzstreitigkeiten vor dt. u. europ. Gerichten (▷*Konfliktlösung*), auch Europ. Gerichtshof für Menschenrechte; zudem Kommunal- u. Haushaltsrecht, Beihilferecht sowie IFG-Klagen.
Mandate: Meta u.a. in EuGH-Verf. um Datenschutzprüfung durch das Bundeskartellamt; Dt. Bahn in Prozess um Mehrkosten für Stuttgart 21; Aeroxon Insect Control zu neuer dt. Biozidverordnung; Finanzministerium Hessen zu Gründung des AI Quality & Testing Hub (AIQ); Syngenta Agro zu EuGH-Verf. um Rückverfolgbarkeit von Pflanzenschutzmitteln; Opal Gastransport umf. regulator. bzgl. Änderung der Auflagen für Opal-Pipeline.

WOLTER HOPPENBERG

Planungs- und Umweltrecht ★★

Bewertung: Die Öffentlichrechtler der Kanzlei werden von Wettbewerbern als „fachl. sehr gut" beschrieben. Sie verstehen sich vielf. als Kommunaldienstleister, indem sie für zahlr. Städte u. Gemeinden etwa bei Bauvorhaben oder planungsrechtl. Großprojekten die jurist. Abwicklung komplett übernehmen. Darauf hat sich der Münsteraner Standort spezialisiert, doch auch an den anderen Standorten rücken immer wieder neu ernannte Partner mit ihren Spezialisierungen auf, zu denen traditionell das Abfall- u. Wasserecht gehören. Ein neues Büro in Köln sorgt seit einem Jahr für direkteren Kontakt im Rheinland. Dort beriet WH schon einige Entsorgungskooperationen für Klärschlamm. Zum Portfolio der Sozietät gehört zudem die Fördermittelprüfung u. die Steuerung der weiteren externen Berater. Kapazitäten waren zuletzt auch durch die Aufarbeitung der Corona-Soforthilfen gebunden – WH prüfte zusammen mit Redeker im Auftrag des Landes NRW die Rückforderungen.
Stärken: Interdisziplinäre Aufstellung im Projektmanagement für Bauprojekte.
Oft empfohlen: Michael Hoppenberg („strahlt beispiellose Ruhe u. Vertrauen aus, hervorragender Ruf", Mandant), Thomas Tyczewski, Dr. Till Elgeti („findet auch in komplexen Verwaltungsverfahren den roten Faden", Mandant)
Team: 10 Eq.-Partner, 1 Counsel, 14 Associates, 2 of Counsel
Schwerpunkte: Breite öffentl.-rechtl. Praxis im Umwelt- u. Planungsrecht, häufig mit Bezug zum Bau- u. Vergaberecht. Eigene Teams für Energierecht u. Digitalisierung. Auch Projektbegleitung im Ausland. Daneben Kommunal(finanzierungs)recht u. öffentl. Bauprojekte; ÖPP.
Mandate: Intel genehmigungsrechtl. zu Bau der Halbleiterfabrik Magdeburg; KSV Klärschlammverwertung OWL zu Gründung, Ausschreibung u. Auftragsvergabe; Wasserverband Eifel-Rur u. Eifelverband zu Gründung u. Ausschreibung Klärschlammentsorgungsgesellschaft KKR; Stadtentwässerungsbetriebe Köln zu Klärschlammverwertung Köln-Bonn; Anlieger Hasper Talsperre in Normenkontrollverf. zu vorläuf. Wasserschutzgebiet; Stadt Waltrop zu Revisionsverf. Datteln 4; div. Landkreise in Nds. u. div. Kommunen zu Windenergie u. Klimaschutzkonzepten; Land NRW zu Rückforderungen von Corona-Soforthilfen (mit Redeker Sellner Dahs) u. neuem Rückmeldeverf.; ÖPP/Bauprojekte: Schulcampus Hansestadt Stade, Gymnasium Landkreis Dachau, Hauptrettungswache Stadt Viersen, Bürgerforum Stadt Velbert, York-Kaserne Münster Wohn+Stadtbau, Berufskolleg Stadt Remscheid.

ZENK

Planungs- und Umweltrecht ★★

Bewertung: Die öffentl.-rechtl. Praxis genießt einen guten Ruf v.a. für die Begleitung von komplexen u. langj. Infrastrukturprojekten in Norddeutschland. Bemerkenswert ist dabei ihr Know-how in der Energie-, Forschungs- u. insbes. der Hafenbranche, das sie regelm. bei wasser- u. planungsrechtl. geprägten Mandaten zum Einsatz bringt, etwa für einen Landesbetrieb bei der Rückverlegung einer Deichanlage. Infolge des hohen Beratungsbedarfs zu energierechtl. Themen war es nur folgerichtig, dass die Kanzlei eine entspr. Praxisgruppe für Projekte rund um Erneuerbare Energien schuf u. dort praxisübergr. Kompetenzen bündelt. Dass dieser Schritt bereits Früchte trägt, unterstreicht ein Mandat für eine Gemeinde im Berliner Umland: Diese beraten die Anwälte im Zshg. mit der Ansiedlung eines Rechenzentrums, das in ein kommunales Wärmenetz integriert werden soll, mit Schwerpunkten im Energiewirtschaftsrecht u. der gesellschaftsrechtl. Modellgestaltung. Dass Zenk mittels der neuen Ausrichtung auch die Genehmigungsberatung für Windparks intensivierte, zeigt sich u.a. an Windparkbetreiber Alterric, der sich erstmals an die Praxis wandte.
Oft empfohlen: Dr. Ralf Hüting
Team: 4 Eq.-Partner, 1 Sal.-Partner, 3 Associates
Schwerpunkte: In Hamburg v.a. Planungsverfahren für Großprojekte, häufig mit Bezug zum Hafen. Von Berlin aus v.a. Beratung der Abfallwirtschaft, häufig auch Bezüge zum Kommunalrecht. Öffentl. Baurecht.
Mandate: Alterric im Zshg. mit Gesetzgebungsverf. zur Beschleunigung von Genehmigungsverf. für Windparks; Gemeinde im Berliner Umland umf. zu Ansiedlung eines Rechenzentrums u. kommunalem Wärmenetz; Energieversorgerkonsortium zum Bau einer Elektrolyseanlage zur Produktion von grünem Wasserstoff; Landesbetrieb zu Rückverlegung einer Deichanlage; gewerbl. Vorhabenträger u.a. wasserrechtl. zu Surfspot-Bau in natürl. Gewässer (Widerspruchs- u. Klageverf.); gewerbl. Vorhabenträger zu Seniorenwohnanlagenneubau; Eurogate Container Terminal zu Westerweiterung HHer Hafen (BVerwG); Land Berlin zu Leistungsklage auf Gewährleistung siedlungsverträgl. Grundwasserstände in einem Wohnbaugebiet (VG Berlin); Deponiebetreiber zu Abfall- u. Deponierecht; Stadtwerke Bremen CREA zu Bau u. Betrieb Windpark; Hafenbetriebe im Rahmen der Planung der A26 Hafenpassage Hamburg; Immobilienentwickler zu Konversionsprojekt; lfd. Hafenbehörde, Stadt Hamburg.

Anwaltszahlen: Angaben der Kanzleien, wie viele Anwälte zu mind. ca. 50% in diesem Gebiet tätig sind. Sie spiegeln nicht zwingend die Gesamtgröße einer Kanzlei wider.

Die Drittstaatensubventionsverordnung – Zwischen Wettbewerbsgleichheit für EU-Unternehmen und Bürokratie

Von Ramona Ader, BLOMSTEIN, Berlin

Ramona Ader

Ramona Ader ist Senior Associate bei BLOMSTEIN und berät nationale und internationale Unternehmen zum EU-Beihilfe- und Zuwendungsrecht sowie zum deutschen und europäischen Vergaberecht. Im Rahmen ihrer Beratungstätigkeit hat sie sich bereits mehrfach und vertieft mit den Auswirkungen der Foreign Subsidies Regulation befasst.

Wir danken unserem Wissenschaftlichen Mitarbeiter Tim Höckmann für die Mitarbeit an diesem Artikel.

Kontakt
www.blomstein.com
Oranienburger Straße 66
10117 Berlin

Ansprechpartnerin:
Ramona Ader
E ramona.ader@blomstein.com
T +49 30 214 802 700

Weitere Informationen zur Kanzlei in der Anzeige auf Seite 121

Am 12.06.23 ist das erste der insgesamt drei Instrumente der Drittstaatensubventionsverordnung (DSVO, VO (EU) 2022/2560) in Kraft getreten. Die Verordnung soll eine Lücke in der Prüfung staatlicher Subventionen schließen, um potenzielle Wettbewerbsverzerrungen auf dem Binnenmarkt zu verhindern. Insbesondere im Rahmen von Zusammenschlussvorhaben und großen Vergabeverfahren müssen neben den bereits bestehenden Meldepflichten künftig auch die Vorschriften der DSVO beachtet werden. Dieser Beitrag gibt einen Überblick über die neuen Regelungen und insbesondere die Auswirkungen auf Vergabeverfahren.

Hintergrund

Hintergrund der durch die Verordnung begründeten zahlreichen neuen Kompetenzen für die Europäische Kommission (Kommission) ist eine aus Sicht der EU bestehende Regelungslücke: EU-Mitgliedstaaten dürfen Unternehmen nur unter den engen Voraussetzungen der Art. 107 ff. AEUV Subventionen gewähren. Hingegen gab es für die EU bislang (abgesehen von einer lückenhaften Regelung im Kontext der Welthandelsorganisation) keine Möglichkeit, Subventionen, die durch Drittstaaten an auf dem Binnenmarkt aktive Unternehmen gewährt werden, regulatorisch entgegenzutreten. Nach Auffassung der EU haben jedoch gerade Subventionen aus Ländern mit staatlich kontrollierten Volkswirtschaften wie China das Potenzial, den Wettbewerb auf dem Binnenmarkt erheblich zu verzerren. Eine Wettbewerbsverzerrung könnte beispielsweise darin liegen, dass ein chinesisches Staatsunternehmen aufgrund staatlicher Subventionen in einem öffentlichen Vergabeverfahren ein besonders günstiges Angebot abgeben kann und sich dadurch gegen Unternehmen aus der EU, denen entsprechende staatliche Mittel nicht zur Verfügung stehen, durchsetzt.

Um gleiche Wettbewerbsbedingungen auf dem Binnenmarkt zu schaffen, stattet die DSVO die Kommission mit drei neuen Instrumenten aus. Dabei handelt es sich um anmeldebasierte Instrumente für bestimmte Zusammenschlüsse sowie für die Beteiligung an öffentlichen Vergabeverfahren und ein Instrument für die Prüfung aller übrigen Marktsituationen von Amts wegen (sog. Ex-Officio-Instrument). Grund für die Anmeldepflicht bei Zusammenschlüssen ist, dass die EU zwar über handelspolitische Schutzinstrumente für Waren verfügt, um subventionierten Einfuhren aus Drittstaaten entgegenzuwirken. Der Bereich der Finanzströme und Investitionen, die durch drittstaatliche Subventionen unterstützt werden, wird hiervon jedoch nicht erfasst. Die Anmeldepflicht von Subventionen in öffentlichen Vergabeverfahren beruht darauf, dass das öffentliche Beschaffungswesen eine große wirtschaftliche Bedeutung für den Binnenmarkt hat (ca. 16 % des gesamten Bruttoinlandsprodukts der EU) und Beschaffungen in der Regel steuerfinanziert sind.

Anmeldebasierte Instrumente als Kernstück der DSVO

Im Rahmen der anmeldebasierten Instrumente, die am 12.10.23 in Kraft treten, müssen die betroffenen Unternehmen die Kommission über von Drittstaaten erhaltene Subventionen informieren. Für Angebote in öffentlichen Vergabeverfahren gilt eine Pflicht zur vorherigen Meldung, wenn

- der geschätzte Wert des Vergabeverfahrens mindestens 250 Mio. € beträgt und
- dem Bieter, bestimmten Tochtergesellschaften oder seinen Hauptunterauftragnehmern bzw. -lieferanten finanzielle Zuwendungen von mindestens 4 Mio. € pro Drittstaat gewährt wurden.

In der Meldung sind nähere Informationen über die erhaltenen Zuwendungen zu machen, insbesondere zur Art und zum Zweck.

Der für die meldebasierten Instrumente zentrale Begriff der drittstaatlichen finanziellen Zuwendung umfasst grundsätzlich alle denkbaren direkten oder indirekten Vermögenszuflüsse, die durch staatliche Stellen oder private Einrichtungen, deren Handlungen einem Drittstaat zugerechnet werden können, gewährt werden. Dabei kann es sich beispielsweise um Kapitalzuführungen, Zuschüsse oder Kredite, aber auch Steuerbefreiungen oder den Erwerb von Waren handeln. Anders als für den Begriff der drittstaatlichen

Subvention, der in der weiteren Prüfung durch die Kommission relevant wird, kommt es für eine finanzielle Zuwendung nicht darauf an, ob diese dem Empfänger einen Vorteil verschafft. Die Meldepflicht hat damit einen sehr weiten Anwendungsbereich, der über eigentliche Subventionen hinausgeht.

Werden die Schwellenwerte überschritten und damit eine Meldepflicht ausgelöst, prüft die Kommission, ob es sich bei den gemeldeten finanziellen Zuwendungen um Subventionen handelt und ob diese eine Verzerrung auf dem Binnenmarkt bewirken. Letzteres bestimmt sich unter anderem nach der Höhe, der Art und dem Zweck der Subvention sowie der Stellung des Unternehmens auf dem Binnenmarkt. Die DSVO bestimmt zudem bestimmte Kategorien drittstaatlicher Subventionen, bei denen mit größter Wahrscheinlichkeit eine Verzerrung auf dem Binnenmarkt stattfindet. Dabei handelt es sich beispielsweise um Subventionen, mit denen ein notleidendes Unternehmen künstlich am Markt gehalten wird, oder Subventionen, die ein Unternehmen in die Lage versetzen, im Rahmen eines Vergabeverfahrens ein ungerechtfertigt günstiges Angebot abzugeben. Die Kommission kann zudem die Verzerrungswirkung gegen mögliche positive Auswirkungen der Subventionen – wie beispielsweise für den Klimaschutz – abwägen.

Stellt die Kommission fest, dass wettbewerbsverzerrende Subventionen gewährt wurden, hat das jeweilige Unternehmen die Möglichkeit, Verpflichtungszusagen wie die Rückzahlung der Subvention oder die Verringerung seiner Marktpräsenz anzubieten, durch die die Wettbewerbsverzerrung ausgeglichen wird. Werden solche Zusagen nicht angeboten oder hält die Kommission sie nicht für ausreichend, so untersagt sie den Zuschlag an das betroffene Unternehmen. Dies hat zur Folge, dass die für die Beschaffung zuständige Stelle des jeweiligen Mitgliedstaats den Auftrag nicht an das von den drittstaatlichen Subventionen profitierende Unternehmen vergeben darf.

Ein ähnliches Verfahren ist in der DSVO für Zusammenschlüsse vorgesehen. Diese lösen ebenfalls eine Pflicht zur vorherigen Anmeldung aus, wenn ein umsatzbezogener und ein auf die Höhe der erhaltenen drittstaatlichen finanziellen Zuwendungen abstellender Schwellenwert erreicht wird. Bei Vorliegen der Anmeldepflicht darf der Zusammenschluss so lange nicht vollzogen werden, bis eine Freigabe durch die Kommission erfolgt ist (Vollzugsverbot). Auch im Rahmen von Zusammenschlüssen prüft die Kommission, ob wettbewerbsverzerrende drittstaatliche Subventionen vorliegen. Werden in einem solchen Fall keine ausreichenden Verpflichtungszusagen angeboten, kann die Kommission den Zusammenschluss untersagen.

Das Ex-Officio-Instrument

Das allgemeine Ex-Officio-Instrument, das am 12.07.23 in Kraft getreten ist, ermöglicht es der Kommission, auf eigene Initiative alle anderen Marktsituationen zu untersuchen, wenn sie eine verzerrende drittstaatliche Subvention vermutet. Dies schließt Zusammenschlüsse und öffentliche Vergabeverfahren (allerdings nur nach deren Abschluss) ein, wenn die Anmeldeschwellen nicht erreicht sind. Stellt die Kommission das Vorliegen den Binnenmarkt verzerrender drittstaatlicher Subventionen fest, kann sie Abhilfemaßnahmen anordnen, um die Verzerrung zu beseitigen. Der Inhalt der Abhilfemaßnahmen entspricht grundsätzlich dem von Verpflichtungszusagen bei den anmeldebasierten Instrumenten.

Auch unterhalb der Schwellenwerte für die anmeldebasierten Instrumente sowie bei jeglichen sonstigen Tätigkeiten von durch Drittstaaten subventionierten Unternehmen im Binnenmarkt stehen der Kommission durch das Ex-Officio-Instrument somit sehr weitgehende Befugnisse zu. Es bleibt jedoch abzuwarten, in welchem Umfang die Kommission von diesem Instrument in der Praxis Gebrauch machen wird. Es ist davon auszugehen, dass sie sich auf solche Fälle beschränkt, in denen sie besonders gravierende Wettbewerbsverzerrungen vermutet.

Ausblick

Die DSVO hat insbesondere aufgrund des denkbar weiten Zuwendungsbegriffs und des daraus resultierenden hohen Verwaltungsaufwands bei der Anmeldung heftige Kritik unter anderem von Unternehmen ausgelöst. Dies galt nicht nur für Unternehmen aus Drittstaaten, sondern auch für Unternehmen aus der EU, die weltweit tätig sind und dabei ebenfalls von drittstaatlichen Subventionen profitieren. Auf den großen Druck hat die Kommission zwischenzeitlich reagiert und mit einer Durchführungsverordnung einige Erleichterungen bei der Meldung von Zuwendungen geschaffen.

Bei der Anwendung der Regelungen der DSVO hat die Kommission weites Ermessen, unter anderem bei der Prüfung, ob drittstaatliche Subventionen den Wettbewerb verzerren. Bei der Ausübung des Ermessens ist allerdings zu berücksichtigen, dass die Beihilfevorschriften in der EU jedenfalls für Klima- und Umweltschutzvorhaben zuletzt stark gelockert wurden. Entsprechende Subventionen von Drittstaaten, wie sie unter anderem teilweise im Inflation Reduction Act der USA vorgesehen sind, dürften daher kaum als wettbewerbsverzerrend angesehen werden können. Es ist daher abzuwarten, wie die Kommission die neuen Regelungen der DSVO anwenden wird und in welchen Verfahren diese tatsächliche Auswirkungen auf Zusammenschlüsse und Vergabeverfahren haben werden. ■

KERNAUSSAGEN

- Mit der neuen Drittstaatensubventionsverordnung (DSVO) bekräftigt die EU ihren Willen, gegen vermeintliche Wettbewerbsnachteile zulasten von EU-Unternehmen vorzugehen.
- Mit der DSVO erhält die Kommission sehr weitreichende Kompetenzen, Abhilfemaßnahmen gegen wettbewerbsverzerrende drittstaatliche Subventionen anzuordnen.
- Die DSVO bringt neue administrative Anforderungen für Unternehmen und erhöht die Komplexität großer Zusammenschlüsse und der Teilnahme an öffentlichen Vergabeverfahren weiter.
- Insbesondere vor dem Hintergrund der jüngsten Erleichterungen für Beihilfen in der EU bleibt abzuwarten, wie groß die materiellen Auswirkungen der neuen Verordnung für Unternehmen aus Drittstaaten tatsächlich sein werden.

deutlicht zudem einmal mehr die gelungene fachübergr. Zusammenarbeit. Durch eine diesbzgl. Schadensersatzklage gg. den ehem. GF sind bei dem komplexen Mandat auch Gesellschaftsrechtler mit an Bord. Die Ausschreibung der Stiftung Deutsches Schifffahrtsmuseum für Sanierungsleistungen für versch. Traditionsschiffe, die durch Fördermittel finanziert wird, zeigt wiederum die zunehmende Relevanz des Beihilferechts. Auch bei Bau- u. Planungsleistungen ist das Team bzgl. der Einbindung von Fördermitteln immer häufiger gefragt. Die heranwachsende Beratung im Energiesektor festigt sich derweil weiter. Ein Beleg dafür ist die Mandatierung von BS Energy zum Sektorenvergaberecht.

Oft empfohlen: Dr. Martin Dieckmann

Team: 1 Eq.-Partner, 2 Sal.-Partner, 1 Associate

Schwerpunkte: Große Erfahrung u. hohes Renommee in der Entsorgungswirtschaft, u.a. Dienst- u. Lieferleistungen. Zunehmend Schnittstelle zu Fördermittel- u. Compliance-Themen.

Mandate: Ausschreibungsbegleitung: Deutsches Forschungszentrum für KI zu internen Untersuchungen; Stiftung Deutsches Schifffahrtsmuseum zu Fördermitteln für Sanierungsleistungen für div. Traditionsschiffe; Gemeinde zur Auswahl eines neuen Stromnetzbetreibers; Stiftung Innovation in der Hochschullehre zu Förderprojekt ‚Hochschule durch Digitalisierung stärken'; Wabe e.V. zu Kita-Betriebsführungsaufträgen u. Planungs- u. Bauleistungen; kommunaler Abfallentsorger aus NRW zu ÖPP-Projekt; kommunale Stadtwerke zu Strukturierung einer Beschaffungsgesellschaft. **Bietervertretung:** Dreescher Werkstätten zu mehreren Bauvorhaben vergabe- u. zuwendungsrechtl.; Stolzenburg Sicherheit & Service lfd., auch bei NP-Verf.; Tiede- & Niemann Ingenieurgesellschaft zu Änderungs- u. Mehrleistungen u. Vergütungsmehrforderungen; BS Energy zu Sektorenvergaberecht.

FPS FRITZE WICKE SEELIG

Vergaberecht ★★★

Bewertung: Die Vergabepraxis ist im Markt angesehen für die Beratung von hochvol. Bauvergaben, bei denen die Anwälte eng mit den ▷*Baurechtlern* zusammenarbeiten, z.B. beim Neubau einer Multifunktionsarena. Sie darauf zu reduzieren, greift aber zu kurz: Längst sind IT- u. Digitalisierungsprojekte ein fester Bestandteil der Praxis geworden, der u.a. durch den hohen Beratungsbedarf rund um das KHZG die praxisübergr. Zusammenarbeit mit den entspr. Kanzleiteams intensivierte. Anknüpfend an die verg. Jahre kurbelte FPS die Beratung zu Forschungs- u. Entwicklungsprojekten an, wofür stellv. ein Forschungsprojekt des Eisenbahnbundesamtes steht, bei dem das Team den TÜV begleitet. Als Folge der Krisen der verg. Jahre unterlagen viele Institutionen der Bau- u. der Gesundheitsbranche, etwa durch Preissteigerungen oder Lieferverzögerungen, finanziellen Nöten, sodass ihnen Insolvenz oder Vertragsverletzungen drohten. Unter vertragsrechtl. u. ggf. förderrechtl. Gesichtspunkten nahmen sich die Vergaberechtler dieses neuen Beratungsfeldes, nämlich der Schnittstelle zur Restrukturierungsberatung, an – und heben sich damit deutlich von Wettbewerbern ab.

Stärken: Hervorragend vernetzte ▷*Baurechtspraxis*, langj. Erfahrung bei ▷*IT-Vergaben*.

Oft empfohlen: Dr. Annette Rosenkötter

Team: 3 Partner, 4 Associates

Schwerpunkte: Bau, IT, Verkehr, Energie, Verteidigung/Sicherheitstechnologie.

Mandate: Ausschreibungsbegleitung: Stadtwerke Bayreuth zu Neubau Konzernzentrale; Bundesoberbehörde bei Ausschreibung einer neuen Bandbibliothek (IT-Leistung; als externe Vergabestelle); lfd. Cyberagentur zu Forschungs- u. Entwicklungsprojekt für Cybersicherheit; Darmstädter Stadtentwicklung umf., u.a. zu Neubau des Büro- u. Praxisgebäudes der Drogenhilfe Scentral; Landwirtschaftl. Rentenbank u.a. zur Durchführung eines Start-up-Inkubators; FIZ Frankfurter Innovationszentrum zu bestehenden Verträgen über div. Leistungen; Beteiligungsgesellschaft einer Stadt zum Neubau einer Multifunktionsarena; Dt. Nationalbibliothek im NP-Verf. zu Sicherheitsdienstleistungen für den Standort Leipzig (OLG D'dorf); lfd.: Fraport, ESWE Versorgung, Finanzinstitution auf Bundesebene. **Bietervertretung:** TÜV Rheinland InterTraffic zu Forschungsauftrag; medatixx zu MVZ-Informationssystem.

GASSNER GROTH SIEDERER & COLL.

Vergaberecht ★★

Bewertung: Die Kanzlei überzeugt Stamm- wie auch Neumandanten durch ihre Branchenspezialisierung im Abfallsektor, wo sie trad. nur Auftraggeber berät. Das Team begleitet zahlr. kommunale Entsorgungsausschreibungen im Bundesgebiet, die die gesamte Bandbreite an Logistik- u. Verwertungsleistungen beinhalten. Daneben vertrauen Mandanten bei den Beschaffungen von Betriebsmitteln (insbes. Entsorgungsfahrzeuge) u. zum Bau von notwendigen Einrichtungen u. Anlagen (Wertstoff- u. Betriebshöfe sowie Entsorgungsanlagen) der langj. Erfahrung der Anwälte, die neben der Abfallwirtschaft auch in den Sektoren Energie, Bau u. öffentl. Infrastruktur beraten. Mittels ihrer starken eingespielten Zusammenarbeit mit den anderen Fachbereichen begleitet GGSC Projekte umf. von der Planung bis zur Fertigstellung aus einer Hand, wie sich u.a. am Bsp. des Mandats Landesgartenschau 2028 zeigt.

Stärken: Breit angelegte Beratung im ▷*Öffentl. Recht*, Spezialwissen bei Geothermieprojekten.

Oft empfohlen: Dr. Frank Wenzel

Team: 6 Partner, 16 Associates

Schwerpunkte: Auftraggeber im Abfallsektor. ▷*Energie*, Bau, Erschließungen, Verkehr. Auch hinsichtl. interkommunaler Zusammenarbeit.

Mandate: Ausschreibungsbegleitung: Stadt Rottweil zu Landesgartenschau 2028; Landkreis Helmstedt zu Entwicklung Gesamtkonzept Wasserstoffregion SüdOstNiedersachsen; Verkehrsges. Ludwigslust-Parchim zu Elektrifizierung des ÖPNV; Zweckverband Müllheizkraftwerk Stadt u. Landkreis Bamberg beim Bau einer Klärschlammtrocknungsanlage; Abfall-Wirtschafts-Service zu Kombi-Bau von Bioabfallkompostierungs- u. Bioabfallvergärungsanlage in Büttelborn; Stadt zur Neuorganisation der Abfallsammlung im Landkreis Gifhorn sowie der Abfallsammlung, Straßenreinigung u. weiterer Leistungen (ÖPP); Bundesverband Solarwirtschaft zu Standardleitfaden für Ausschreibungen. **Bietervertretung:** Vulcan Energie Ressourcen umf., u.a. zu Fördermitteln.

GLEISS LUTZ

Vergaberecht ★★★★

Bewertung: Das Vergaberechtsteam genießt im Markt viel Respekt, u.a. für die jahrelange u. umf. Beratung der AOKen in der ganzen Bandbreite des Vergaberechts im Gesundheitssektor. Die vergaberechtl. Tiefe u. die exzellente interne Vernetzung zeigen sich bspw. in der Kooperation mit den IT- u. Datenschutzpartnern etwa für IT-Projekte u. den Schutz sensibler Sozialdaten. Das fokussierte Team macht GL aber auch zu einer gefragten Adresse in anderen Branchen: zuletzt gab es im Energie- u. Rüstungssektor vermehrt Mandate. Zusätzlich loben Mandanten die Erfahrung in Nachprüfungsverfahren als besondere Stärke. Für den Abellio-Insolvenzverwalter führt das Team zudem eine viel beachtete Schadensersatzklage gg. die Verkehrsverbünde, die im Vorjahr eine Anpassung der Verträge abgelehnt hatten. Die vergaberechtl. Beratung für geförderte Privatunternehmen indes hat wie bei einigen anderen Kanzleien auch bei GL zugenommen, in einem Fall verteidigt das Team ein Unternehmen ggü. einer Fördermittelrückforderung in Mio-Höhe.

Stärken: Spitzenpraxis im Gesundheitssektor u. im Beihilferecht.

Oft empfohlen: Dr. Andreas Neun, Dr. Marco König („exzellente Beratung, freundl. Umgang", Mandant), Dr. Christiane Freytag („wirklich super", Wettbewerber)

Team: 2 Eq.-Partner, 2 Sal.-Partner, 2 Counsel, 4 Associates

Schwerpunkte: Starke Prozesstätigkeit, v.a. im ▷*Gesundheits-*, ▷*Energie-* u. ▷*Verkehrssektor*. Marktführende ▷*Beihilfepraxis*.

Mandate: Ausschreibungsbegleitung: AOK Bundesverband, u.a. zu elektron. Patientenakte, Telematikinfrastruktur, inkl. Verhandlung wesentl. Verträge u. Nachprüfungsverfahren; AOK Bayern zu Versichertenkommunikation unter Nutzung von Cloud-Leistungen; AOK Ba.-Wü. zu wirkstoffbez. Rabattverträgen; Stadt Bietigheim-Bissingen zu Bebauung von städt. Grundstück; D'dorf zu Gestaltung von zentraler Immobilie. **Bietervertretung:** Abellio Rail/Insolvenzverwalter bei Schadensersatzklage gg. nordrh.-westf. Verkehrsverbünde (LG Essen); Rentschler Biopharma zu EU-Ausschreibung von Impfstoffherstellungskapazitäten; Klinikum Lippe zu Gründung von Uniklinik OWL; Dr. Sennewald Medizintechnik zu Hyperthermiegeräten/Charité, inkl. NP-Verf. (VK Berlin); Zalando zu Logistikstandort ‚Hub + Neuland'; Bundesdruckerei zu Rahmenvertrag mit Bund für ID-Dokumente; Mercedes-Benz zu Selbstreinigung nach Kartellverf.; regelm. DI.Unit, Goal System, Reederei Norden Frisia, Voestalpine.

GÖRG

Vergaberecht ★★★★

Bewertung: Die Vergaberechtspraxis hat einen klaren Fokus auf der Beratung der Auftraggeberseite. Zu den Mandanten zählen etwa Großstädte, mittelgroße Kommunen, Kliniken u. Forschungseinrichtungen. Das Team ist eins der größeren im Markt u. weist eine entspr. Bandbreite mit Schwerpunktteams auf. Wie die Beauftragung durch die Stadt D'dorf u. andere Mandanten zeigt, hat sich die Erfahrung mit Reorganisationsmandaten von ÖPP im Entsorgungssektor herumgesprochen. Eng vernetzte Teams aus Vergabe- u. Gesellschaftsrechtlern hatten zuvor ein ähnl. Projekt in Ffm. begleitet. In anderen Projekten, wie etwa für die Stadt HH oder Fraport, gibt es auch eine eingespielte Zusammenarbeit mit der anerkannten ▷*Energiepraxis*. Ein positives Signal für die Praxisentwicklung ist, dass gerade einige jüngere Partner das Konzept vorangetrieben haben, neben der vergaberechtl. Bera-

Anwaltszahlen: Angaben der Kanzleien, wie viele Anwälte zu mind. ca. 50 % in diesem Gebiet tätig sind. Sie spiegeln nicht zwingend die Gesamtgröße einer Kanzlei wider.

tung auch die Durchführung u. Dokumentation von Vergabeverfahren anzubieten. Görg hat hier inzw. einige Erfahrung, wie sich etwa im Bsp. der konzessionsrechtl. Beratung einiger hess. Kommunen zeigt.

Stärken: Umstrukturierungen im Öffentl. Sektor u. ÖPP.

Oft empfohlen: Kersten Wagner-Cardenal („sehr guter Gesamtüberblick, strateg. weitsichtig", Mandant), Dr. Kai-Uwe Schneevogl („immer gut im Thema", „verbindlich, aber auch hart, wenn es drauf ankommt", Wettbewerber), Dr. Jan Scharf („großes Know-how", Wettbewerber), Dr. Heiko Hofmann

Team: 5 Eq.-Partner, 2 Sal.-Partner, 2 Counsel, 18 Associates, 2 of Counsel

Schwerpunkte: Hochbau, IT, Energie, Entsorgung, Gesundheitssektor, Infrastruktur, Technologie, auch Fördermittelaspekte. Vergabemanagement.

Mandate: Ausschreibungsbegleitung: D'dorf zu Neuorganisation der Abfallwirtschaft, inkl. wettbewerbl. Dialog; Breitband Main-Kinzig zu Infrastrukturausschreibungen; öffentl. Hand zu Produktionsreserve für Atemschutzmasken; rund 40 Kliniken zu IT-Ausschreibungen, einschl. Projektsteuerung; Fraport zu Energiebeschaffung aus Windkraft; Stadt Hamburg, u.a. zu IT-Infrastruktur für Finanzbehörde, Bau von Gaskraftwerk inkl. Fernwärmeanbindung u. Elbtunnel; Alfred-Wegener-Institut zu Bau 2er Forschungsneubauten; Hereon zu Neubau von Forschungsschiff; 30 südhess. Kommunen zu Konzessionsverträgen für Strom u. Gas; Stadt Rüsselsheim bzgl. Verkauf u. Stadtentwicklung ehem. Opel-Flächen; lfd.: Entsorgungsgesellschaft für Nuklearanlagen, Main-Kinzig-Kreis. **Bietervertretung:** Bauunternehmen zu Neubau in NRW; div. niedersächs. Tech-Start-ups u.a. fördermittelrechtlich.

GSK STOCKMANN

Vergaberecht ★★

Bewertung: Die Vergabepraxis zeichnet sich durch ihre tiefe Branchenerfahrung im Bau- u. Immobiliensektor aus. So setzen Kommunen, aber auch Einheiten auf Bundesebene insbes. bei Projektentwicklungen, Partnering-Verfahren u. Innovationspartnerschaften auf das Team. Neben den trad. Themen rund um Bau u. Immobilie vertiefte es den Schwerpunkt bei IT-Vergaben, was nicht zuletzt zahlr. Mandate zum KHZG wie auch ein gr. Digitalisierungsprojekt für den Bund belegen. Eine beachtl. Entwicklung ist die Ausdehnung des Geschäfts von der trad. Auftraggeber- hin zur Bieterberatung: GSK gelang es, eine Vielzahl von Industriemandanten von sich zu überzeugen, die sich bei Fragen rund um IT, Technologie u. Sicherheit an das Team wenden. Dieser Erfolg geht u.a. auch auf den renommierten Partner Hausmann zurück, der allerdings im Sommer die Kanzlei verließ. Inwiefern GSK die Beziehungen zu diesen Mandanten aufrechterhalten kann, bleibt abzuwarten.

Team: 5 Eq.-Partner, 1 Sal.-Partner, 7 Associates, 1 of Counsel

Partnerwechsel: Dr. Friedrich Hausmann (in eigene Kanzlei)

Schwerpunkte: ▷*Bau- u. Immobiliensektor*; Vergaberecht im Zshg. mit Innovationspartnerschaften. ▷*Beihilfe*.

Mandate: Ausschreibungsbegleitung: Bundesamt für Migration u. Flüchtlinge zu Digitalisierungsprojekt des Bundes; lfd. BMVerkehr zu Lkw-Maut, insbes. zu EETS; div. landeseigene Wohnungsbauges. zu Plan- u. Bauleistungen über Partnering-Modelle; Stadt Wyk auf Föhr zu Brückenneubau; priv. Krankenhauskonzern zu KHZG; Kommunaluntern. zu Entwicklung u. Bau eines neuen Universitätscampus; Gesellschaft des Bundes zu Strukturierung einer ÖPP im Bereich IT-Beratung; lfd.: PD-Berater der öffentl. Hand. **Bietervertretung:** ausl. Werftengruppe als Unterauftragnehmer zu einem Forschungsschiffbau; Bauunternehmen bei der Bewerbung um die Konzession für Bau u. Betrieb eines Großmarkts; Hightech-Unternehmen zu Entwicklungsleistungen der ESA für ein Ka-Band RF-SiP für Antennen; OHB System AGOHB SE im NP-Verf. zur Beschaffung von Kommunikationssatelliten (VK Bund); lfd. div. med. Dienstleistungsunternehmen.

GVW GRAF VON WESTPHALEN

Vergaberecht ★★★

Bewertung: Die Vergaberechtler sind v.a. für die Beratung der öffentl. Hand bekannt, die sie schwerpunktmäßig bei gr. Projekten unterstützen. Dass GvW daraus regelm. Folgemandate generiert, belegt die Kompetenz der Praxis. Der Gesamtausrichtung der Kanzlei entspr. arbeiten auch die Vergaberechtler eng mit anderen Fachbereichen zusammen. Bspw. ist die Schnittstelle zum IT-Recht ausgeprägt. So berät sie das bayer. Schulministerium nach bereits erfolgr. abgeschl. Digitalisierungsinitiativen nun zu einem Cloud-basierten Messengerdienst u. steht der Mandantin auch bei Nachprüfungsverf. umf. zur Seite. Die Mandatierung durch das Cybersecurity-Unternehmen QGroup belegt zudem, dass GvW auch IT-rechtl. auf Bieterseite eine gefragte Beraterin ist. Der Dauerbrenner rund um die Abellio-Insolvenz beschäftigt die Praxis weiterhin, wodurch sich die Zusammenarbeit mit den Insolvenzrechtlern weiter verstetigt. Auch Beihilferechtler sind bei diesem Großprojekt involviert. Neben der Beratung von Stiftungen u. Vereinen intensiviert die Kanzlei ihre Aktivitäten im Forschungssektor: So steht sie div. Fakultäten zur Seite, etwa der Universität Siegen beim Architektenwettbewerb für das gr. Bauvorhaben der Bibliothek.

Stärken: Gute Zusammenarbeit zw. den Praxisgruppen.

Oft empfohlen: Dr. Ingrid Reichling („sehr erfahren, ruhig, angenehm, selbstbewusst", Wettbewerber), Dr. Bettina Meyer-Hofmann

Team: 3 Eq.-Partner, 3 Sal.-Partner, 5 Associates

Schwerpunkte: Große Erfahrung in IT u. Gesundheit, auch ▷*Immobilien- u. Baurecht*, Infrastruktur. Erfahrene ▷*beihilferechtl. Praxis*.

Mandate: Ausschreibungsbegleitung: Länder Sachsen-Anhalt u. Thüringen als Aufgabenträger bei Verhandlungen mit insolventem Anbieter Abellio; Bayer. Staatsministerium für Unterricht u. Kultus zu IT-Vergaben inkl. NP-Verf.; Land NRW zu Investorenmodell für div. Polizeibehörden; Stadt Bottrop zu Neubau von Rathaus u. Feuerwache; Uni Siegen, u.a. zu Bau- u. Planungsleistungen; St. Franziskus Stiftung Münster zu KHZG; Verband der Reservisten der Deutschen Bundeswehr zu europaw. Interimsvergabe über Redaktionsarbeit von Verbandszeitschrift. **Bieterbegleitung:** QGroup.

HAVER & MAILÄNDER

Vergaberecht ★

Bewertung: Die kleine Vergaberechtspraxis bekam zuletzt dringend benötigte Verstärkung: Ein Associate mit Schwerpunkt auf nachhaltigen Vergaben unterstützt seither den erfahrenen Partner Hübner. Gemeinsam beraten sie auf Auftraggeber- sowie Bieterseite, Letzteres v.a. in Bezug auf Pharmaunternehmen – so gewann sie etwa einen Medizintechnikanbieter als neuen Mandanten. Ihre Kompetenzen im IT- u. Infrastruktursektor vereint sie durch die Beratung zahlr. Stadtwerke zum Glasfaserausbau.

Oft empfohlen: Dr. Alexander Hübner („fachl. sehr gut u. innovativ", Wettbewerber)

Team: 1 Eq.-Partner, 1 Associate

Schwerpunkte: Auftraggeber- u. Bieterberatung in den Bereichen IT, Entsorgung, Arzneimittel u. Medizintechnik. Auch beihilferechtl. Erfahrung. Besondere Kompetenz bei Kunsttransporten.

Mandate: Ausschreibungsbegleitung: Bundesland u.a. zu IT-Portal u. Film- u. Technikagentur; öffentl. Rundfunkanstalt zu vergaberechtl. Prüfung; Stadtwerke zu Glasfaserausbau; Kunstmuseen zu responsiver App zur Digitalisierung von Kunstwerken. **Bieterbegleitung:** div. Pharmaunternehmen zu NP-Verf. wg. unzulässiger Direktvergabe u. anschl. Folgeverf., zu Rabattverträgen u. Schadensersatzforderungen von Krankenkassen wg. Lieferengpässen; Lieferant für Test-Kits zu Ausschreibungen; Entsorgungsfachbetrieb zu Rüge wg. Doppelvergabe; Lieferant für Industriematerialien zu Folgerechtstreit von Brückenbau; Medizintechnikanbieter zu hochauflösenden HNO-Endoskopen für frz. Kliniken.

HEUKING KÜHN LÜER WOJTEK

Vergaberecht ★★★★★

Bewertung: Seit Jahren gehört die Vergabepraxis zu den Marktführerinnen. Besonders gut gelingt es ihr, Mandanten qualitativ so von ihrer Arbeit zu überzeugen, dass diese auch in Folgemandaten auf den breiten Erfahrungsschatz der Anwälte zurückgreifen. Das spiegelt sich wider in Projekten für namh. Mandanten auf Bundesebene (Bundesregierung, -ministerien u. -behörden) u. für Großstädte (Köln, Bonn, Hamburg) sowie für namh. Unternehmen, bspw. die Niedersachsen Ports, die sich im verg. Jahr erneut mit einer ganzen Reihe von Mandaten an das Team wandte. Hoch im Kurs stehen die Themen Verkehrsinfrastruktur u. Energiewende, zu der öffentl. Auftraggeber die Praxis bei umfangr. Modernisierungen hinzuziehen. So stand u.a. das Thema Gebäudesanierung im Fokus, da neben veralteten Strukturen im Verkehrssektor v.a. Gebäude zu den gr. Energiefressern zählen u. entspr. umgerüstet werden müssen. Wettbewerber loben das Team dafür, dass es „die Manpower hat, neue Felder wie Nachhaltigkeit bestens zu besetzen". Stellv. dafür steht ein bedeutsames Klimaprojekt mit Vorzeigecharakter der Stadt Krefeld, die den Anspruch hat, bis 2023 klimaneutrale öffentl. Gebäude zu haben. Beachtlich ist, dass die Vergabeteams an ihren jew. Standorten personell so gut aufgestellt sind, dass sie jew. autark arbeiten, die praxisübergr. Zusammenarbeit bei Projekten, die auch nach anderen Fachbereichen verlangen, jedoch auf höchstem Niveau gelingt. Die Aufnahme 2er Vergaberechtlerinnen in die Partnerschaft untermauert den Stellenwert der Praxis u. ist gleichz. Ausdruck einer erfolgr. Nachwuchspolitik.

Stärken: Große Erfahrung in der Strukturierung von Ausschreibungen u. bei polit. sensiblen Mandaten.

Oft empfohlen: Dr. Ute Jasper („sind mit ihr immer erfolgr. gewesen", Mandant; „sitzt fest im Sattel, eine der Visibilsten im Markt", Wettbewerber), Ulf

Anwaltszahlen: Angaben der Kanzleien, wie viele Anwälte zu mind. ca. 50% in diesem Gebiet tätig sind.
Sie spiegeln nicht zwingend die Gesamtgröße einer Kanzlei wider.

Christiani („hohe Spezialisierung, praktikable Lösungsansätze u. sehr gutes Servicelevel", Mandant), Dr. Martin Schellenberg („zuverlässig, pragmat. Lösungen u. bestens vernetzt", „sehr hoher Erfahrungsschatz u. geschickter Verhandler, fachl. herausragend", Wettbewerber), Dr. Laurence Westen („zeigt immer konkrete Gestaltungsmöglichkeiten auf", Mandant)
Team: 21 Eq.-Partner, 3 Sal.-Partner, 19 Associates, 1 of Counsel
Schwerpunkte: Viel Erfahrung bei großvol. SPNV-Vergaben (▷*Verkehr*), inkl. Finanzierung u. ▷*Beihilferecht*. Zudem Infrastruktur (▷*Immobilien- u. Baurecht*), Krankenhaussektor, IT, Abfallwirtschaft, Dienstleistungen, Verteidigung. Hauptsächl. Auftraggeberberatung auf Bundes-, Landes- u. kommunaler Ebene, inkl. ▷*Compliance-Untersuchungen*.
Mandate: Ausschreibungsbegleitung: Bundesstadt Bonn, u.a. zu ‚Neues Quartier Bundesviertel'; lfd. Bundesanstalt für Wasserbau umf., u.a. zu Instandsetzung bei lfd. Schleusenbetrieb; Bezirksregierung Köln zu Antragsbearbeitung im Bereich der Aufstiegsfortbildungsförderung; Nds. Ports umf., u.a. zu Vergabe u. Bau des Anlegers für verflüssigte Gase in Stade (LNG-Terminal)/Hafenerweiterung; Generaldirektion Wasserstraßen u. Schifffahrt umf., u.a. zur Baugrundverbesserung der Schleuse Hessigheim; Container Terminal Wilhelmshaven JadeWeserPort zu Inspektion u. Instandhaltung der Oberleitung der Hafenbahn; Immobilien Projekt Management Düsseldorf zu ‚Oper der Zukunft'; Ministerium für Finanzen Ba.-Wü. umf., etwa zur innovativen Ausschreibung von sog. ‚Vertrauensanwälten'; Ministerium für Soziales, Gesundheit u. Integration Ba.-Wü. zu Digitalisierung der Gesundheitsämter; NWL zu lokal emissionsfreien Fahrzeugen auf Grundlage eines neuen Beschaffungsmodells; Stadt Krefeld zu bedeutsamem Klimaprojekt; Stadt Ratingen zu energet. Sanierung ihrer Liegenschaften; lfd. div. norddt. Kulturinstitutionen; Bayer. Landesamt für Gesundheit u. Lebensmittelsicherheit zu 100 Intensivbeatmungsgeräten. **Bietervertretung:** Excelerate Energy zu Chartervertrag mit der dt. Bundesregierung für eine schwimmende Speicher- u. Regasifizierungseinheit (FSRU); finn. Maschinenhersteller umf., u.a. bei Vergaben von Forschungsinstituten; u-institut GmbH beim Projekt ‚Creative Impact Research Centre Europe'.

HEUSSEN

Vergaberecht ★★★★
Bewertung: Das Vergabeteam ist durch seinen Fokus auf Digitalisierungsprojekte sowie Sicherheit u. Technologie gut ausgelastet. Die Arbeit für die bayer. AKDB im Zshg. mit IT-Projekten nahm weiterhin viel Raum ein. Das Gleiche gilt für die Beratung mehrerer Hochschulen zu IT-Strukturen u. Bauprojekten, wo das erfahrene Team auch zu den komplexen Leistungsbeschreibungen berät u. teils Verhandlungsverfahren durchführt. Zu Technologiemandanten wie etwa Airbus kam zuletzt mit einer norddt. Werft eine weitere Mandantin hinzu; dabei geht es um die Bewerbung um einen hochvol. Marineauftrag. Zugenommen hat auch bei Heussen die Beratung von Unternehmen im Zshg. mit vergaberechtl. Anforderungen durch Fördermaßnahmen. Wettbewerber lobten zuletzt v.a. beim Münchner Team eine „professionelle u. angenehme Zusammenarbeit" in Projekten.
Stärken: Gut vernetzt in Bayern u. Hessen.
Oft empfohlen: Uwe-Carsten Völlink („praxiserfahren u. lösungsorientiert", Mandant), Dr. Norbert Huber, zunehmend Iris Meeßen
Team: 3 Eq.-Partner, 4 Sal.-Partner, 4 Associates
Schwerpunkte: Sicherheits- u. Verteidigungssektor, ▷*IT* und Software; Schnittstelle zur ▷*Bau- u. Immobilienpraxis*.
Mandate: Ausschreibungsbegleitung: AKDB, u.a. zu Koop. mit Stadt München bei Open-Source-Software, Inhouse-Vergaben; Cusanus Trägergesellschaft zu div. KHZG- u. IT-Ausschreibungen; Goethe-Institut lfd. zu zahlr. Projekten; Helmholtz-Zentrum München, u.a. zu Neubauten Technologiezentrum u. Helmholtz Pioneer Campus; U-Bahn Martinsried Projektmanagement zur U-Bahn-Verlängerung in München; Uni Hohenheim zu Aufbau von Beschaffungssystem; Uni München zu Laborausstattung; div. Kommunen u. Kreise zu Bauvergaben, Friedhofsleistungen, Schulsanierung, Brückenprojekten, Bikepark. **Bietervertretung:** Rohde & Schwarz zu Bundeswehrausschreibungen; Airbus zu div. Projekten; MAN Truck & Bus regelm. um E-Busse für ÖPNV/München; PTL Luftfahrt um ‚langsame Flugzieldarstellung', inkl. NP-Verfahren; Wattana in NP-Verf. um ‚Softshelljacke THW'; regelm. Kärcher Futuretech.

HFK HEIERMANN FRANKE KNIPP UND PARTNER

Vergaberecht ★★★
Bewertung: Das Vergabeteam ist entspr. der Ausrichtung der Gesamtkanzlei regelm. in Bauprojekte jegl. Art u. Größe eingebunden. Ein Highlight war zuletzt das Beratungsprojekt für das Verkehrsministerium Baden-Württemberg zur Implementierung von BIM bei allen (Landes-)Straßenbauvorhaben, bei dem die Anwälte praxisübergr. u.a. beihilfe- sowie IT-rechtl. Fragen vereinen. Aufseiten von Auftraggebern bildet weiterhin die standortübergr. u. interdiszipl. Begleitung großer (Schienen-)Verkehrsinfrastrukturvorhaben eine Säule der Beratung. Bieterseitig wenden sich trad. Eisenbahnverkehrsunternehmen bei komplexen Verkehrsverträgen an Conrad. Angesehen ist die Praxis zudem für ihre Spezialkompetenz im Preisrecht: So konnte sie für Bieter in lfd. Vergabeverf. Preisgleitklauseln u. in abgeschl. Bauaufträgen nachträglich Preisanpassungsmechanismen durchsetzen. Abseits der Baubranche haben v.a. IT-Vergaben zugenommen: Für Mandantin Healy Hudson etwa erkämpfte HFK erfolgr. das Verbot einer Direktbeauftragung von SAP. Mit der gefestigten Mandatsbeziehung zu einem inl. Produzenten von Medizinalcannabis wiederum ist das Team gut positioniert angesichts der regulierten Freigabe von Cannabis als Genussmittel.
Stärken: Begleitung von Bau- u. Infrastrukturprojekten.
Oft empfohlen: Dr. Jörg Stoye, Dr. Sebastian Conrad
Team: 2 Eq.-Partner, 3 Sal.-Partner, 6 Associates, 1 of Counsel
Schwerpunkte: ▷*Bau-*, Infrastruktur- (Flughäfen, Häfen, Schienenverkehr) u. IT-Vergaben sowie Vergaben im Gesundheitssektor. Fördermittel- u. Beihilferecht. Vergabemanagement.
Mandate: Ausschreibungsbegleitung: Verkehrsministerium Ba.-Wü. zu BIM-Planungs- u. Bauleistungen im Fernstraßenbau; Smarte Grenzregion Flensburg Schleswig zu Smart-City-Modellkommunen; öffentl.-rechtl. Bank zu Neubeschaffung von IT-Hardware; lfd. Bau- u. Liegenschaftsamt Rostock zu Planung u. Neubau von Fachhochschule (wettbewerbl. Dialog); lfd. Städte Aalen, Heidenheim u. Hildesheim jew. zu Smart-City-Konzepten; RTW Planungsges. zu Regionaltangente West, u.a. für Bauwerke u. Schienenverkehrsanlagen; Flughafen Kassel zu Konzession zum Betrieb der Energieanlagen in einem Gewerbegebiet; lfd. Stadtbahnges. Bad Homburg zu Schieneninfrastrukturprojekt ‚Verlängerung der Stadtbahnlinie U2'. **Bietervertretung:** Healy Hudson im NP-Verf. gg. Direktvergabe Vergabemanagementsystem (OLG Hamburg); Anbieter für Live- u. Onlinevideo zur Vergabe von Streamingdienstleistungen bzgl. Parlamentsfernsehen; Unternehmen der Luft- u. Wasserhygiene zu Leistungen techn. Hygiene durch eine Forschungseinrichtung; pharmazeut. Untern. zu Cannabisanbau.

HOGAN LOVELLS

Vergaberecht ★★★★
Bewertung: Die Vergaberechtler arbeiten eng mit anderen Praxisgruppen der US-Kanzlei zusammen. So verlaufen bspw. die Grenzen zum Kartell- u. ▷*Beihilferecht* fließend. Das kommt Mandanten wie dem jap. Stromversorger Chubu Electric Power zugute, den HL zu einem aus EU-Mitteln geförderten Geothermieprojekt berät. Das Mandat zeigt zudem, dass die Praxis neben ihrem Schwerpunkt im Pharma- u. Lifescience-Sektor auch im Infrastruktursegment stark vertreten ist. Aus dem Markt bekannt ist die langj. Mandatsbeziehung von Praxisgruppenleiter Schweda zu Tank & Rast, die er auch beim gr. Vergabestreit gg. Tesla u. Fastned zur Schnellladesäuleninfrastruktur vor dem OLG D'dorf vertrat. Eine Partnerernennung zum Jahresbeginn unterstreicht die Bedeutung der Praxis innerh. der Kanzlei.
Oft empfohlen: Dr. Marc Schweda („klare u. angenehme Absprachen zur Verfahrensführung", Wettbewerber)
Team: 4 Partner, 1 Counsel, 2 Associates
Schwerpunkte: Verkehrssektor, Infrastruktur, ▷*Gesundheitswesen* u. Energiesektor. Enge Anbindung an die Teams im ▷*Kartell-* u. ▷*Beihilferecht*.
Mandate: Ausschreibungsbegleitung: Autobahn Tank & Rast zu Schnellladeinfrastruktur für Elektrofahrzeuge (OLG D'dorf); Steag zu Bau eines Wärmespeichers; Chubu Electric Power zu aus EU-Mitteln gefördertem Geothermieprojekt; Prosoz Herten Softwareentwicklungs- u. Beratungsges. für Gemeinden, Städte u. Kreise zu Kauf der Job4You. **Bietervertretung:** WTE Wassertechnik zu Neubau eines Klärwerkes u. zu Wasserversorgungs- u. Abwasserentsorgungsnetz in Zypern; Kyndryl, u.a. zu Cloud-Service-Dienstleistungen; Skyborn Renewables u. gr. internat. Energieuntern. zu Offshore-Windparks in der Nord- u. Ostsee; lfd. Knorr-Bremse u. Moderna.

K&L GATES

Vergaberecht ★★
Bewertung: Durch ihre gute interne Vernetzung gelingt es der erfahrenen Vergaberechtlerin Mutschler-Siebert hervorragend, aktuelle Entwicklungen bei Mandanten abzubilden. Das gilt nicht nur im Verkehrssektor hinsichtl. alternativer Antriebsformen u. Finanzierungsmodelle, vielmehr belegt dies auch die Arbeit für die langj. Mandantin Telio Communications, die das eingespielte Team zuletzt auch an den Schnittstellen zum Kartellrecht u. zu Investitionsprüfungen beriet. Weil es regelm. um komplexe Projekte geht, besteht auch einige Erfahrung mit wettbewerbl. Ausschreibungsverfahren.

Anwaltszahlen: Angaben der Kanzleien, wie viele Anwälte zu mind. ca. 50% in diesem Gebiet tätig sind. Sie spiegeln nicht zwingend die Gesamtgröße einer Kanzlei wider.

Oft empfohlen: Dr. Annette Mutschler-Siebert („lösungsorientierte Beratung ihrer Mandanten", Wettbewerber)
Team: 1 Partner, 1 Counsel, 2 Associates
Schwerpunkte: ▷*Verkehr* u. alternative Antriebstechnik, ÖPP, Schnittstelle zum Kartellrecht.
Mandate: Ausschreibungsbegleitung: Reederei vergabe- u. beihilferechtl. zu Beschaffung von alternat. Antriebstechnik für Küstenschiffe; Stadtwerk zu Direktvergabe u. Beschaffung von Straßenbahnen; Anbieter von Leistungen der betriebl. Altersvorsorge umf., u.a. zu Gestaltung von Kooperationsverhältnis, Inhouse-Vergabe u. mögl. Eintritt in leistungserbringende Gesellschaft. **Bietervertretung:** lfd. Rockrail (SPNV-Finanzierung); Aliud Pharma u.a. zu Auskömmlichkeitsprüfungen u. Vorgaben für Lieferketten; Stadtbeleuchtungsuntern. zu Übertragung von öffentl. Auftrag; lfd.: Parkhausbetreiber, Telio.

KAPELLMANN UND PARTNER

Vergaberecht ★★★★

Bewertung: Die Vergabepraxis hat ihre Wurzeln wie die Kanzlei insges. in der Baubranche u. berät entspr. häufig bei Bau- u. Planungsvergaben. Hatte sie einst die Vorreiterrolle bei Methoden wie BIM, weist sie auch heute wie nur wenige Wettbewerber umf. Know-how zu innovativen Vertragsmodellen auf, bspw. zur sog. integrierten Projektabwicklung. Ihrem guten Ruf bei komplexen Bauprojekten entsprechend baute das Team seine Mandantschaft auf Bundesebene aus u. sicherte sich so Mandate etwa zum Neubau div. Bundesministerien in Berlin. Auf kommunaler Ebene überzeugte KuP die Stadt Köln, die sie praxisübergr. in einem Mandat zur Umsetzung der Vorgaben zur Klimaneutralität 2035 begleitet, bei denen Nachhaltigkeitsaspekte bei öffentl. Beschaffungen zentral sind. Überhaupt standen Projekte zu Energiewende u. Nachhaltigkeit zuletzt hoch im Kurs: So berät das Team nicht nur zu Solarparks sowohl auf Freiflächen- als auch auf Dachanlagen, sondern auch zu einem Pilotprojekt des Bundes: In der komplexen Fördermaßnahme zu einer Power-to-Liquid-Entwicklungsplattform begleitet die Praxis ein Forschungszentrum schwerpunktmäßig zum Zuwendungsvergaberecht, das im Markt immer bedeutender wird u. auf das sich ein jüngst zum Eq.-Partner ernannter Anwalt spezialisiert hat.
Stärken: Herausragende Kompetenz im ▷*Baurecht*.
Oft empfohlen: Dr. Hendrik Röwekamp („praxisorientiert u. zu Recht einer der führenden Köpfe im Vergaberecht bundesweit", Wettbewerber), Dr. Alexander Kus, Dr. Marc Opitz („sowohl prozessual als auch in der Ausschreibungsbegleitung eine verlässliche Empfehlung", Wettbewerber)
Team: 11 Eq.-Partner, 5 Sal.-Partner, 1 Counsel, 12 Associates
Schwerpunkte: Bauvergaben, Verkehrsinfrastruktur. Auch erfahrene ▷*beihilfrechtl. Praxis*. Postvergaben.
Mandate: Ausschreibungsbegleitung: Stadt Köln umf. zu Umsetzung der Vorgaben zur Klimaneutralität 2035; Forschungszentrum zuwendungsvergaberechtl. bei Entwicklungsplattform für Power-to-Liquid-Kraftstoffe; BVG, u.a. zu Dammsanierung Bahnlinie U6 u. Sanierung Waisentunnel als BIM-Pilotprojekt; Stadt HH/Schulbau Hamburg umf., u.a. zu Innovationspartnerschaft Gebäudeautomation; Stadtwerke Soest, u.a. zu Wärmepumpelieferung; kommunales Untern. zu Entwicklung von Solarparks (auf Freiflächenanlagen); lfd. Bund/Landesbetrieb Bau u. Immobilien Hessen zu Neubau Paul-Ehrlich-Institut; lfd.: Freistaat Bayern, TenneT, Wirtschafts- u. Infrastrukturbank Hessen, gr. Krankenkasse. **Bietervertretung:** norweg. Energiekonzern zu Biomassekraftwerksbau; MGR Integration Solutions bei IT-Vergaben der Dt. Bahn.

KDU KRIST DELLER & PARTNER

Vergaberecht ★

Bewertung: Die Koblenzer Vergaberechtspraxis hebt sich mit ihrer großen Erfahrung in Nachprüfungsverfahren von vielen Wettbewerbern ab. Durch ihre regelm. Vertretung der Beschaffungsbehörde der Bundeswehr (BAAINBw) in Nachprüfungsverf. u. sonstigen Prozessen ist sie bundesw. präsent. Weniger bekannt ist, dass auch die Arbeit für Bieter einen bedeutenden Schwerpunkt der Tätigkeit bildet. Eine ganze Reihe mittelständ. Unternehmen aus den Branchen Medizinprodukte, Verkehrssicherung u. Straßenbau vertrauen KDU seit Langem bei der Bewerbung um öffentl. Aufträge.
Oft empfohlen: Dr. Matthias Krist („fachl. äußerst versiert", Wettbewerber)
Team: 1 Partner, 1 Associate
Schwerpunkte: Bieter zu Medizintechnik u. Straßenbau. Verteidigungssektor auf Auftraggeberseite. Sehr erfahren in NP-Verfahren.
Mandate: Bietervertretung: Löwenstein Medical lfd. bzgl. Ausschreibungen von Kliniken u. Krankenkassen; namh. Wäschedienstleister lfd. um Alten-, Pflegeheim- u. Klinikversorgung; div. Bauunternehmen zu Autobahnbau, Verkehrssicherung u. Rückhaltesystemen; lfd. div. mittelständ. Bauunternehmen, Reinigungsdienstleister. **Ausschreibungsbegleitung:** BAAINBw lfd. in NP-Verf., u.a. zu Geräten für Führungsfunktechnik; regelm. regionale Forstverwaltung.

KPMG LAW

Vergaberecht ★★

Bewertung: Die Vergabepraxis zeichnet sich v.a. durch ihr langj. Know-how bei Bau- u. Infrastrukturprojekten aus, wobei überwiegend Auftraggeber das Team konsultieren. Dabei heben ihre Mandanten insbes. die „exzellente Unterstützung" heraus. Bei der Beratung des IT-Dienstleistungszentrums Berlin gelang es ihr zusätzl., ihre Kompetenzen im IT- u. Datenschutzrecht miteinzubringen. An diesem Mandat sind zudem 3 versch. Büros der Praxis beteiligt, was die gelungene standortübergr. Zusammenarbeit unterstreicht. Das Zuwendungsrecht spielt, neben dem KHZG bei Kliniken, zunehmend eine Rolle bei der Prüfung der Verwendung von Fördermitteln. So berät KPMG etwa eine Förderbank zur Prüfung finanzierter Mittel des Europäischen Fonds für regionale Entwicklung. Bei der Erstellung von Leitfäden zur Beschaffung nachhaltiger Bauwerke für den HDB sind auch ESG-Themen virulent, die künftig eine neue Facette in der Beratung darstellen könnten.
Stärken: Enge Zusammenarbeit mit anderen Geschäftsbereichen der WP-Gesellschaft.
Team: 6 Eq.-Partner, 10 Sal.-Partner, 16 Associates
Partnerwechsel: Dr. Simon Meyer (von EY Law)
Schwerpunkte: Bau u. Planung, Verteidigung u. Sicherheit, Energie, Finanzen u. Versicherungen, IT, Verkehr.
Mandate: Ausschreibungsbegleitung: Förderbank zur Prüfung der Zuwendungsempfänger von Mitteln des Europäischen Fonds für regionale Entwicklung (EFRE); HDB Hauptverband der Deutschen Bauindustrie e.V. zu Leitfäden für Beschaffung nachhaltiger Bauwerke; Diakoneo KdöR zu Digitalisierung u. KHZG-förderungskonformen Vergaben; Autobahn GmbH zu Rahmenvertrag über Prüfungen im Straßenbau u. anhängigen NP-Verf.; IT-Dienstleistungszentrum Berlin AöR IT-, datenschutz- u. baurechtl. bei Vergaben; Sektorenauftraggeber im Bereich Verkehrsinfrastruktur zu Quartiersentwicklung; Dienstleister für Liegenschafts-, Gebäude- u. Baumanagement umf. zu FM-Total-Vertrag; Technikum Laubholz zu Forschungskooperation; Verbraucherschutzorganisation zur Optimierung der Vergabeprozesse; Stadt Neudenken e.V. zu Konzeptverfahren.

KRAUS DONHAUSER

Vergaberecht ★

Bewertung: Die Vergabeboutique aus München ist in Bayern v.a. für ihr tiefes Know-how bei Bau- u. Konzessionsvergaben auf Auftraggeberseite hoch angesehen. Ein weiterer zentraler Bestandteil der Praxis sind Mandate zu Rettungsdienstleistungen, bei denen Kraus intensiv Zweckverbände zu Rettungs- sowie Krankentransportwagen, Notarztleistungen u. Luftrettung berät. Mittels ihrer Erfahrung über das gr. Mandat zur Durchführung der European Championships Munich 2022 sicherte sich die Kanzlei im Wettbewerb ein vergleichbares Projekt zu einer Großsportveranstaltung. In komplexen Mandaten zahlt sich abermals die Kompetenz eines auf Vertragsrecht spezialisierten Partners aus, sodass KD Mandanten umf. beraten kann. Dass die Einheit im Energiesektor weiter vordringt, belegt u.a. die Mandatierung eines Schweizer Unternehmens im Zshg. mit der Vergabe eines Hafengrundstücks zur Nutzung für Erneuerbare Energien.
Oft empfohlen: Christoph Donhauser („pragmatisch, sehr professionell, schnell u. tatkräftig", „guter Teamplayer mit exzellenten Fachkenntnissen", Wettbewerber), Dr. Philipp Kraus („sehr erfahren u. sehr sorgfältig", Wettbewerber)
Team: 3 Partner, 1 Associate, 1 of Counsel
Schwerpunkte: Konzessionsvergaben.
Mandate: Ausschreibungsbegleitung: Organisationsgesellschaft zu Großsportveranstaltung; Energiedienstleister zu E-Ladeinfrastruktur-Bau; gr. Kultureinrichtung zu Zwischennutzung vor Sanierung; Landkreis Landsberg am Lech zu Anruf-Sammeltaxis; Stadtwerke Dachau zu Architektenleistungen; div. Aufgabenträger zu zahlr. Rettungsdienstkonzessionen. **Bieterberatung:** Schweizer Energiedienstleister zum Bau von Anlage für grünen Wasserstoff.

LEINEMANN & PARTNER

Vergaberecht ★★★★

Bewertung: Die Vergabepraxis gehört schon lange – wie Wettbewerberin Kapellmann – zu den tonangebenden Akteuren im Markt für Bauvergaben, bei denen sie trad. die enge Zusammenarbeit mit den renommierten ▷*Baurechtlern* für Mandanten gewinnbringend ausspielt. Konstant stellt das Team seine Stellung im Markt als Expertin für Infrastruktur- u. komplexe Neubauprojekte unter Beweis: Angesichts des polit. Drucks rund um die Energiewende verhalf die Praxis etwa Mandantin Depenbrock infolge des LNG-Terminal-Baus in Wilhelmshaven zu einem weiteren in Stade. Auch im Krankenhaussektor berät die Kanzlei rege: Um den Investitionsstau im Bereich der Krankenversor-

Anwaltszahlen: Angaben der Kanzleien, wie viele Anwälte zu mind. ca. 50% in diesem Gebiet tätig sind. Sie spiegeln nicht zwingend die Gesamtgröße einer Kanzlei wider.

gung an 2 Universitätsmedizinstandorten zu beheben, hat das Land Nds. ein Sondervermögen in Mrd-Höhe errichtet, welches Leinemann-Mandantin HBG nun in Neubauprojekte umsetzt. Neben den bauvergaberechtl. geprägten Fällen wenden sich Mandanten zunehmend bei IT- u. Konzessionsvergaben an die Praxis. Der Zusammenschluss mit der Kanzlei Ulmenstein Rechtsanwälte birgt das Potenzial, das Liefer- u. Dienstleistungsgeschäft zu vertiefen.
Stärken: Große Erfahrung in Nachprüfungsverf.; enge Verbindung von Vergabe- u. ▷*Baurecht*.
Oft empfohlen: Dr. Eva-Dorothee Leinemann („Top-Beraterin", Mandant), Prof. Dr. Ralf Leinemann („die Performance der Leinemanns beeindruckt, auch über den Baubereich hinaus", Wettbewerber über beide), Jarl-Hendrik Kues („engagiert u. konstruktiv", Wettbewerber)
Team: 13 Eq.-Partner, 6 Sal.-Partner, 2 Counsel, 22 Associates
Partnerwechsel: Dr. Christian von Ulmenstein (von Ulmenstein Rechtsanwälte)
Schwerpunkte: Bauvergaben, Infrastruktur, IT.
Mandate: Ausschreibungsbegleitung: HBG Hochschulmedizin Bauges. zu großvol. Neubauprojekten; Bundesanstalt für Arbeitsschutz u. Arbeitsmedizin zu Forschungsprojekten; Friedrichstadt-Palast Berlin zu Vorderhausdiensten; GIZ lfd. als externe Vergabestelle; Jobcenter zu Umzugsleistungen; Klinikum zu Apothekendienstleistungen; Laeishalle HH zu Orgel-Rekonstruktionsleistungen; Landespolizei Thüringen zu Einsatzleitsystem; Landkreis München zu Schulverpflegungsleistungen; umf. Bundesanstalt für Immobilienaufgaben, TenneT zu Netzanschlusssystemen. **Bietervertretung:** Depenbrock um die LNG-Terminals in Wilhelmshaven u. bei Bützfleth in Stade; Bietergemeinschaft zu Bauleistungen für Schließung eines Bergwerks; Bietergem. zu Bauleistungen für U5 in Hamburg; Bietergem. im NP-Verf. zu Ufereinfassungen am Charlottenburger Verbindungskanal (OLG D'dorf).

LEXTON

Vergaberecht ★

Bewertung: Die Berliner Vergabepraxis ist auf die bundesw. Beratung von Krankenhäusern u. Kliniken spezialisiert, wobei v.a. Dienst- u. Lieferleistungen, Bau- u. IT-Projekte im Fokus stehen. Bei der Beratung bspw. einer ostdt. Stiftung zum KHZG vereint sie gekonnt das Zuwendungs- u. das Vergaberecht. Da diesbzgl. Förderrichtlinien an die Digitalisierung med. Einrichtungen geknüpft sind, bringt sie gleichermaßen ihr IT-rechtl. Know-how mit ein. Daneben ist Lexton auch im Bausektor sowohl auf Auftraggeber- als auch Bieterseite als Beraterin gesetzt. Sie begleitet etwa einen süddt. Bauherrn im Nachprüfungsverf. zur Vergabe des Baus einer Sporthalle sowie ein Münchner Architektenbüro zu Stoffpreisgleitklauseln.
Oft empfohlen: Fabian Winters („berät zielführend", Wettbewerber)
Team: 2 Eq.-Partner, 1 Associate
Schwerpunkte: Auftraggeberberatung im Gesundheitssektor. Erfahrung mit Technologiethemen.
Mandate: Ausschreibungsbegleitung: div. Kliniken, u.a. zu IT-Vergaben, div. med. Einrichtungen, Kliniken u. Stiftungen zu Liefer- u. Dienstleistungen bzgl. KHZG; Tochterunternehmen. einer Klinik zur Vertragsverlängerung eines Dienstleistungsauftrages; süddt. Bauherrn zu NP-Verf. zu Sporthallenbau; Krankenhausbetreiber zur Vergabe einer standortübergr. Medizinstrategie; Gesundheitsnetzwerk, u.a. zu NP-Verf. bei Vergabe von Lollitests, zu Beschaffung von Medizinprodukten u. Technologiepartnerschaft. **Bietervertretung:** Münchner Architektenbüro, u.a. zu Stoffpreisgleitklausel; überreg. Anbieter von Fahrdiensten; lfd. Stadler.

LUTHER

Vergaberecht ★★★

JUVE 2023 AWARDS
Kanzlei des Jahres für Vergaberecht

Bewertung: Die Vergabepraxis ist für ihr breites Beratungsrepertoire etwa bei IT, Bau- oder Dienstleistungsvergaben hoch angesehen. Das äußert sich bspw. darin, dass Mandanten versch. Branchen das Team als externe Vergabestelle einsetzen. Ein gr. Erfolg für die Praxis sind zuletzt gleich mehrere komplexe Dekarbonisierungsprojekte, zu denen Luther umf. berät, darunter ein hochkarätiges Mandat für die saarl. Stahlindustrie zur Produktionsumstellung auf grünen Stahl. Mandate dieser Größe hätte Luther noch vor wenigen Jahren kaum stemmen können, doch mittels der inzw. hervorragenden Vernetzung auch zu anderen Praxisgruppen, wie ▷*Beihilfe-* sowie Planungsrecht, ▷*Öffentl. Recht* u. dem breiten Erfahrungsschatz der Anwälte zählen die Vergaberechtler nun zu den ersten Ansprechpartnern. Die Besetzung wichtiger Schnittstellen führt dazu, dass Luther vermehrt bspw. bei anspruchsvollen Sicherheitsvergaben auf Bund-Länder-Ebene hinzugezogen wird, weil Mandanten den Service aus einer Hand schätzen. Die erfolgr. Entwicklung der Vergabepraxis bleibt auch Wettbewerbern nicht verborgen. Die thematisch breite Aufstellung u. der zunehmende Mandatsfluss verlangen weiterhin nach personeller Schlagkraft. Das gewährleistet die Praxis, indem sie jüngere Anwälte bereits früh in Mandate einbindet u. ihnen so Raum zur Entfaltung gibt. Ein Associate bspw. nimmt das Vergaberecht nun auch am HHer Standort der Kanzlei stärker ins Visier. Ein kräftiger Anstieg auf Counsel-Ebene deutet daraufhin, dass Luther den Generationswechsel im Blick behält.
Oft empfohlen: Dr. Stefan Mager („sehr gr. Erfahrungsschatz, hervorragende Lenkung der Projektteams bei der Konzipierung von Ausschreibungsverf., ausgezeichnete Übersicht zu allen vergaberechtl. Anforderungen", Mandant; „hat immer einen guten Überblick", Wettbewerber), Ulf-Dieter Pape („sehr kompetent u. verhandlungsstark", Mandant), Tobias Osseforth („ein unermüdlicher Anwalt, der in komplexen Vergabeverf. stets herausragende Erfolge erzielt, seine Beratung zeugt von höchster Qualität, während er gleichzeitig praxisnahe Lösungen bereitstellt", Mandant; „fachl. u. strateg. herausragend", Wettbewerber), zuletzt vermehrt Dr. Rut Herten-Koch („berät zielorientiert u. effizient", Wettbewerber)
Team: 11 Partner, 6 Counsel, 20 Associates
Schwerpunkte: Schnittstellen zum ▷*Immobilien-/Bau-* u. ▷*Beihilferecht*, ÖPP, ▷*Energie*, ▷*IT*.
Mandate: Ausschreibungsbegleitung: Aktienges. der Dillinger Hüttenwerke zu Transformation der CO2-Neutralität; BImA zu Vergabe von Beratungsleistungen für Einsatztrainingszentren für die Generalzolldirektion; Stadtwerke Halle/Saale zum Projekt Transformationsplan Fernwärme; Haßberg-Kliniken zu Beschaffung von Interimsmanagementleistungen; Petrochemiekonzern zu Fragen der Wasserstoffwirtschaft u. Elektrolyseur-Bau; Kliniken des Main-Taunus-Kreises zu Umbau u. Erweiterung Zentrale Notaufnahme; Klinikum in Nds. zu Projekt Technologiepartnerschaft light Patientenmonitoring; Verkehrsges. zu Mitarbeit am Forschungsprojekt ARTE; Ruhrbahn, u.a. zu Fremdleistungen; Stadt zu Bau u. Betrieb einer Seilbahn im Stadtgebiet; div. Kliniken zu IT-Vergaben; Informationstechnikzentrum Bund, IT-Behörde eines Bundeslandes; lfd. LZPD, RAG. **Bietervertretung:** norweg. Chemieuntern. zu Ausschreibung der HINT.CO zur Lieferung von grünem Ammoniak; Energiekonzern zu Vergabe der Wärmekonzession; LIPA Lichtpartner im NP-Verf. zu elektr. Lampen u. Leuchten (VK Rhld.).

LUTZ ABEL

Vergaberecht ★★

Bewertung: Die bundesw. tätige Vergabepraxis ist für die Beratung von Kommunen als Auftraggeber regelm. erste Anlaufstelle. Exemplar. dafür steht die Mandantin Samtgemeinde Barnstorf, die LA zur Planungsleistung einer Sporthalle heranzog. Zudem baut sie weiterhin ihre Kompetenz im IT-Recht aus: Das Team begleitet etwa auf Bieterseite führende Anbieter von IT-Lösungen u.a. FJD Information Technologies. Im großen, jedoch von der Mandantin beendeten Mandat für den Rundfunk Berlin-Brandenburg agierten die Anwälte in engem Zusammenspiel mit weiteren Praxisgruppen hinsichtl. vergaberechtl. Compliance. Ein Folgemandat der Bundeskanzler-Helmut-Schmidt-Stiftung verdeutlicht wiederum nicht nur ihren Erfolg im Kommunikationsdienstleistungssektor, sondern auch, wie gut die standortübergr. Zusammenarbeit innerhalb der Praxis funktioniert. Letzteres gelingt ihr auch weitaus besser als führenden Wettbewerberinnen im Vergaberecht, wie etwa Heuking Kühn Lüer Wojtek. Zudem wickelt LA komplexe Mandate meist aus einer Hand ab, darunter fallen regelm. auch beihilfrechtl. Aspekte. In solchen Projekten wird deutlich, dass die Schnittstellenberatung zum Behilferecht ausgereift ist.
Oft empfohlen: Dr. Mathias Mantler („sehr zuverlässig u. fachl. hervorragend", Wettbewerber), Dr. Marc Röbke
Team: 3 Eq.-Partner, 3 Sal.-Partner, 5 Associates
Schwerpunkte: Bau- u. Planungsvergaben, IT-Vergaben.
Mandate: Ausschreibungsbegleitung: Bundeskanzler-Helmut-Schmidt-Stiftung zu Kommunikationsdienstleistungen; Bundesagentur für Arbeit zur Innovationspartnerschaft von Arbeitsmarktdienstleistungen; Rundfunk Berlin-Brandenburg zu vergaberechtskonformen Aufträgen; Ministerium zur Beschaffung von IT-Softwareentwicklern; EGNO – Entwicklungsgesellschaft Norderstedt zu Objektplanungsleistungen; EIT RawMaterials zu EU-weiten Vergaben; Jobcenter Landkreis Northeim u.a. zum Bau des Service-Points Gesundheit u. Arbeit; Samtgemeinde Barnstorf zu Planungsleistung von Sporthalle; Schwester Euthymia Stiftung zu Neubau; Verkehrsges. Meck.-Vorp. vergaberechtl.; Stadtwerke Neuenstadt zu Generalplanervergabe des Leitungsnetzes u. der Wasserwerke.
Bietervertretung: Reiflock vergaberechtl.; lfd. Bayer. Hausbau; Bietergemeinschaft Wayss & Freytag Ingenieurbau; Eurofins Medigenomix Forensik; FJD Information Technologies lfd.; lfd. Giant Monkey, Medgas-Technik.

Anwaltszahlen: Angaben der Kanzleien, wie viele Anwälte zu mind. ca. 50% in diesem Gebiet tätig sind. Sie spiegeln nicht zwingend die Gesamtgröße einer Kanzlei wider.

MENOLD BEZLER

Vergaberecht ★★

Bewertung: Die Vergaberechtler der Stuttgarter Mittelstandskanzlei sind – ähnlich wie GvW – auf die Beratung von Großprojekten der öffentl. Hand spezialisiert. Immer wieder gelingt es ihnen, langj. Stammmandanten für Folgemandate zu gewinnen u. diese dann in unterschiedl. Sektoren zu beraten. Ein Bsp. ist die Universität Stuttgart, die das Team zunächst zu einem innovativen Bauprojekt beriet. Zuletzt stand sie der Uni bei der Vergabe einer Wasserstoff-Industrieforschungsplattform zur Prozessoptimierung und Innovationsförderung zur Seite. Neben der guten Vernetzung im Bereich SPNV-Vergaben steigt ihre Visibilität an der Schnittstelle zum Energiewirtschaftsrecht, wofür stellvertretend Mandantin TWS Netz beim Ausbau des Fernwärmenetzes steht. Beim Modell zur Überlassung städt. Flächen für PV-Anlagen für die Stadt Waiblingen kommt ihr u.a. ihre Kompetenz im ▷*Beihilferecht* zugute. Zuletzt verstärkte sie sich mit 4 Associates, was für eine gute Auslastung spricht. Ein Mandant lobt im Vergabeteam „gute Lösungen u. schnelle, kompetente Beratung".

Stärken: Gute Vernetzung mit anderen Praxisgruppen der Kanzlei.

Oft empfohlen: Dr. Frank Meininger, Dr. Martin Ott, Dr. Beatrice Fabry

Team: 4 Eq.-Partner, 2 Sal.-Partner, 1 Counsel, 8 Associates

Schwerpunkte: Hochbau, Verkehr/Fahrzeugbeschaffung, IT, Entsorgung; inkl. Projektstrukturierung.

Mandate: Ausschreibungsbegleitung: TWS Netz zu Ausbau des Fernwärmenetzes u. Neubau des Verwaltungsgebäudes; Eichsfeld Klinikum zu Neubau des Zentralklinikums; kommunale Datenanstalt eines Bundeslandes zu SAP-Prozessen; L-Bank zu Umbau der IT-Infrastruktur; Landkreis Sigmaringen zu ÖPP für Planung, Bau u. Betrieb der Bertha-Benz-Schule; Stadt Böblingen zu Neubau von Schulzentrum; Stadtwerke Stuttgart zu Ausbau der Ladeinfrastruktur; Umwelt- u. Energieagentur Kreis Karlsruhe zu Leitfaden für Kommunen für PV-Anlagen u. Aufbau der Fernwärmeversorgung; Stadt Waiblingen zu Modell zur Überlassung städt. Flächen für PV-Anlagen; Universität Stuttgart zu Vergabe von Wasserstoff-Industrieforschungsplattform; zentrale Beschaffungsstelle für die Polizei eines Bundeslandes zu Fuhrparks für die Einsatzfahrzeuge; lfd. Paul-Ehrlich-Institut.

MÜLLER-WREDE & PARTNER

Vergaberecht ★★★★

Bewertung: Die Berliner Vergaberechtspraxis ist mit ihrer Erfahrung u. dem eingespielten Team immer wieder bei größeren Ausschreibungen u. zu Organisationsstrukturen im Umfeld der öffentl. Hand gefragt. Ein langj. Mandant lobt „stets gute Mandatsbetreuung u. Kommunikation". Durch den im verg. Jahr gewonnenen Rahmenvertrag für die Autobahngesellschaft hat sich die Präsenz regional deutl. erweitert, u.a. in NRW. Dass neben dem Namenspartner die nächste Generation von Vergaberechtlern heranwächst, zeigt sich u.a. an der federführenden Rolle einer Sal.-Partnerin bei der Sanierung der Komischen Oper Berlin. Die Kanzlei ist zudem seit Langem regelm. für Ministerien u. Behörden auf Bundes- u. Landesebene tätig. Daneben steht die herausragende Beihilfepraxis, die sich in der Begleitung einer Digitalisierungs-bez. Beschaffung auf Bundesebene oder der Vertretung von Unternehmen ggü. der Rückforderung von Fördermitteln aktuell besonders zeigt.

Stärken: Prozesserfahrung. Vernetzung mit der anerkannten Praxis im ▷*Beihilfe-* u. Europarecht.

Oft empfohlen: Malte Müller-Wrede („hat viel Erfahrung, besonders in Nachprüfungsverf.", Wettbewerber)

Team: 1 Eq.-Partner, 3 Sal.-Partner, 8 Associates

Schwerpunkte: Landes- u. Bundesbehörden, Großstädte u. Kommunen. Oft mit Rahmenverträgen.

Mandate: Ausschreibungsbegleitung: Niedersächs. Finanzministerium zu Spielbankenkonzession; Senatsverwaltung für Stadtentwicklung, u.a. zu Sanierung Komische Oper Berlin; Bundesministerium, u.a. zu Konzessionsvergabe u. Digitalisierungsprojekten für hoheitl. Dokumente; lfd.: Die Autobahn GmbH, IT-Dienstleistungszentrum Berlin; Großstadt zu Erweiterung und Modernisierung von Müllverbrennungsanlage; Uni zu Neubau von Strahlentherapiezentrum. **Bietervertretung:** regelm. Bechtle.

OKL & PARTNER

Vergaberecht ★

Bewertung: Das erfahrene Vergaberechtsteam ist mit seinem Schwerpunkt im Entsorgungssektor regelm. u. bundesw. für große Anbieter wie Alba, Pre-Zero oder Veolia tätig. Auch die Vertretung in Nachprüfungsverfahren gehört oft dazu, ebenso die Begleitung bei Fahrzeugbeschaffungen oder Fragen zum Lieferkettengesetz. Im aktuell bewegten Segment der Altpapiervermarktung ist okl aber auch in mehreren Projekten aufseiten von Kommunen engagiert. Dass der Berliner Senat die Kanzlei bei der Ausschreibung einer externen Energiewirtschaftsstelle zurate zog, zeigt allerdings, dass das Team keineswegs auf den Entsorgungsbereich begrenzt ist. Seine Erfahrung u. Spezialisierung konnte es zudem bei der Einbindung in Umstrukturierungsmandate beweisen, bei denen es darum geht, bestehende öffentl. Aufträge nicht zu gefährden.

Oft empfohlen: Dr. Dominik Lück („arbeiten mit ihm seit Jahren eng u. erfolgreich zusammen", „wird im Projekt von allen Seiten geschätzt", Mandanten; „erzielt pragmat. Lösungen", Wettbewerber)

Team: 1 Partner, 3 Associates

Schwerpunkte: Enge Zusammenarbeit an der Schnittstelle zum ▷*Öffentl. Recht*.

Mandate: Ausschreibungsbegleitung: Stadt Offenbach, u.a. zu Kanalneubau; lfd.: Uniklinik Würzburg, kommun. Einkaufsgemeinschaft zu Altpapiervermarktung; Landkreis Calw zu Vermarktung von Altpapier; Senatsverwaltung Berlin zu externer Energiewirtschaftsstelle; Landkreis Kusel zu Rückversetzung von Vergabeverfahren wg. fehlerhafter Leistungsbeschreibung, inkl. NP-Verf.; Landkreis zu IT-Beratung; Stiftung Schloss Benrath zu Generalsanierung. **Bietervertretung:** Alba, u.a. um Abfalllogistikleistungen; Alba Nord, u.a. zu NP-Verfahren wg. Einsammlung u. Verwertung von Bioabfällen aus Schwerin; Alba Wertstoffmanagement in NP-Verf. wg. Altpapiervermarktung u. Preisanpassung; Belland Vision zu Leichtverpackungen u. Glas für 2024–2026; zu div. Projekten Envu, Pre Zero, Grundig Business Systems, EEW Energy vom Waste, PreZero-Gruppe, SSM; Krematoriumsbetreiber, u.a. gg. unzuläss. Direktvergabe. Veolia Umweltservice gutachterl. zu Lieferkettensorgfalt u. Vergaberecht.

OPPENHOFF & PARTNER

Vergaberecht ★★★

Bewertung: Insbes. die HHer Vergaberechtspraxis ist stark auf die Beratung der Bieterseite u. den Bereich Hochtechnologie ausgerichtet. Die Kanzlei hat dort mit Höfler einen der erfahrensten Partner im Markt. Ein IT-Konzern hat die Zusammenarbeit zuletzt ausgeweitet, zudem ist die Kanzlei als Mitglied des BDSV im Rüstungs- u. Sicherheitssektor seit Langem vernetzt u. berät führende Unternehmen bei der Teilnahme an Ausschreibungen in Dtl. u. auf EU-Ebene. Die Vergaberechtler arbeiten eng vernetzt mit anderen Fachbereichen der Kanzlei, darunter den anerkannten ▷*Außenwirtschaftsexperten*, ▷*IT-* u. Gesellschaftsrechtlern. Auch im Kölner Büro etabliert sich ein jüngeres Vergaberechtsteam, so etwa in enger Anbindung an die dortige gesellschaftsrechtl. Praxis im Zshg. mit der Reorganisation von Aufgabenträgern.

Oft empfohlen: Prof. Dr. Heiko Höfler

Team: 1 Eq.-Partner, 1 Sal.-Partner, 2 Associates, 1 of Counsel

Schwerpunkte: Verteidigungs- u. Sicherheitssektor.

Mandate: Bietervertretung: AWB in Streit um Anlagenbau in Luxemburg; Reiser Simulation um Flugsimulatoren; div. Bieter zu Ausschreibungen im Verteidigungssektor; QSG Verkehrstechnik, u.a. zu Schadensersatzanspruch gg. Kommune (OLG Köln); Variopool bei Münchner Ausschreibung; lfd.: Ingenieurdienstleister Alten, Industrieverband, Ecolog. **Ausschreibungsbegleitung:** Verband der Priv. Krankenversicherung zu sektoraler IDP, inkl. Vertragsmanagement u. Implementierung bei Krankenkassen; Verlagshaus zu Vergabe- u. Informationsweiterverwendung; Forschungseinrichtung v.a. im Bereich Forschung u. Entwicklung.

OPPENLÄNDER

Vergaberecht ★★★

Bewertung: Die Vergaberechtler sind eine bekannte Größe im Gesundheitssektor. Zu ihren Mandanten zählen etwa der Pharma-Informationsdienstleister IFA oder Wepa Apothekenbedarf. Das Team arbeitet eng mit den ▷*Kartellrechtlern* zusammen. Dieses Zusammenspiel brachte sie bspw. exzellent bei der Beratung von Windkraftanlagen ein, nämlich bei ihrer Mandantin Forst BW im Verf. zu erneuerbaren Energien. Durch eine Abwehr der Klage bzgl. des Gleichheitsgrundsatzes konnte ein Eintrag in das Wettbewerbsregister erfolgr. abgewehrt werden. Daraus konnte sie – wie bei zahlr. anderen Mandaten auch – schließlich weitere Folgemandate generieren. Zudem baute sie ihre Präsenz auf dem Breitbandkabelmarkt weiter aus u. festigte ihre Beziehung zu Connect Com Schweiz durch ein bemerkenswertes EU-Absorptionsverf. für den Breitbandausbau. Am selben Beispiel wird zudem deutlich, dass sie krisenbedingt vermehrt ihr Know-how bzgl. Preisanpassungen unter Beweis stellt. Besonders anerkannt ist die Praxis für ihre Prozessstärke, was zahlr. Nachprüfungsverf. darlegen, zu denen etwa die Vertretung des Sachverständigenbüros Munz zum Beschwerdeverf. über Rügeobliegenheiten vor dem OLG Düsseldorf zählt. Bei ÖPNV- u. SPNV-Vergaben sowie Direktvergaben holt sie auch immer häufiger Beihilferechtler mit ins Boot.

Stärken: Ausschreibungen von Rabattverträgen im Gesundheitssektor u. ÖPNV.

Anwaltszahlen: Angaben der Kanzleien, wie viele Anwälte zu mind. ca. 50 % in diesem Gebiet tätig sind. Sie spiegeln nicht zwingend die Gesamtgröße einer Kanzlei wider.

Oft empfohlen: Dr. Matthias Ulshöfer
Team: 2 Eq.-Partner, 1 Sal.-Partner, 3 Associates
Schwerpunkte: ▷*Gesundheit*, ▷*Verkehr*, Energie. Enge Anbindung ans ▷*Kartellrecht*.
Mandate: Ausschreibungsbegleitung: Forst BW kartellrechtl. zu Verfahren über Ausschreibung von Windanlagen; Land NRW zu ÖPNV-Ausschreibungen (BVerwG); Bodensee-Oberschwaben-Bahn zu Ausschreibung von Netz 35. **Bietervertretung:** Connect Com Schweiz zu EU-Absorptionsverf. für Breitbandausbau; Engel Omnibusverkehr lfd. zu ÖPNV; Omnibusverkehrsunternehmen zu Mehrkostenausgleich; Beck+Schubert zu Flüchtlingsverkehren; VPO zu Ausgleichsleistungen; Pharmaunternehmen zu Schadensersatzansprüchen von Krankenkasse; GM Plast (Dänemark) zu Breitbandkabelausschreibung u. Preisanpassungen Materialbeschaffungsauftrag; K3 Innovationen zu IT-Ausschreibung; Sachverständigenbüro Munz zu Beschwerdeverf. über Rügeobliegenheiten; Wepa Apothekenbedarf zu Open-House-Ausschreibungen, IFA zu Herstellerabschlägen.

OTTING ZINGER

Vergaberecht ★★

Bewertung: Die erst 2020 gegründete Hanauer Einheit hat sich schnell im Markt etabliert. Sie berät Bieter u. Auftraggeber gleichermaßen u. hat sich auf komplexe Vergabeverfahren spezialisiert. Dabei ist oftmals die Symbiose von Vergabe- u. Beihilferecht Gegenstand der Beratung, wie etwa für die Ratsfraktion im Stadtparlament in Schl.-Holst. zum Verkauf kommunaler Liegenschaften. In diesem Fall war auch ihre baurechtl. Kompetenz gefragt. Regelm. vertrauen zudem junge Unternehmen auf die Vergaberechtspraxis: So unterstützte sie bspw. erfolgr. ein Start-up aus der Veranstaltungsbranche vergaberechtl. zur Expo 2025 in Japan. Nachprüfungsverfahren spielen eine bedeutende Rolle in der Ausrichtung der Boutique, indem sie dabei ihre Prozessstärke regelm. unter Beweis stellt, zuletzt etwa für eine landeseigene Gesellschaft sowie ein Entsorgungsunternehmen aus NRW.
Stärken: Erfahren im Verkehrssektor.
Oft empfohlen: Dr. Olaf Otting („hervorragender Fachmann, kompetente Beratung", Mandant), Christoph Zinger
Team: 2 Partner, 1 Associate
Schwerpunkte: Auftraggeber zu Städtebau, Bieter im Verkehrssektor.
Mandate: Ausschreibungsbegleitung: Eisenbahninfrastrukturunternehmen zu Unterstützungsleistungen im Bereich Telekommunikationsplattformen; Betreiberges. eines interkommunalen Gewerbegebiets für Untern. der Energiebranche zu Rahmenvereinbarung über Rechtsberatungsdienstleistungen; landeseigene Gesellschaft im NP-Verf. über Erdarbeiten; Stadt zu Architekten- u. Planungsleistungen Kläranlagenbau; Ratsfraktion im Stadtparlament in Schl.-Holst. zu kommunalen Liegenschaften. **Bietervertretung:** Start-up 78degrees zu Restaurantbetrieb u. Catering in der VIP-Lounge auf der EXPO 2025 in Osaka; Bauunternehmen zu Brückenbauprojekt; süddt. Busunternehmen zu ÖPNV; Entsorgungsunternehmen aus NRW im NP-Verf.; europ. Beratungsunternehmen zu NP-Verf. im IT-Sektor; Eventveranstalter zu Bewirtschaftung einer Messe; Herst. von Schutzbekleidung zu Ausschreibung im Verteidigungs- u. Sicherheitsbereich.

PRICEWATERHOUSECOOPERS LEGAL

Vergaberecht ★★★

Bewertung: Die angesehenen Vergaberechtler stemmen regelm. hochkarätige IT-u. Infrastrukturprojekte. Dabei ist die Praxis vermehrt auf Auftraggeberseite aktiv. So berät sie etwa den IT-Dienstleister des Landes Brandenburg zur Neuausschreibung des Landesverwaltungsnetzes. Die Praxisgruppe vereint die Bereiche Kartellrecht, Vergaberecht u. Regulierungsberatung im Verkehrssektor, womit sie prädestiniert für entspr. gelagerte Projekte ist: Diese Kombination verlangte ihr bspw. das Mandat für das Sächs. Staatsministerium für Wirtschaft, Arbeit u. Verkehr ab, welches die Praxis zur Finanzierung u. Neuausrichtung des ÖPNV im Freistaat Sachsen hinzuzog. In der regulierten Verkehrsbranche sind insbes. die beiden Berliner Partner Dr. Gerung von Hoff u. Dr. Georg Queisner versiert. Darüber hinaus besteht eine enge Zusammenarbeit zu weiteren Praxisgruppen wie dem Energierecht, IP/IT, Gesellschaftsrecht oder Bau- u. Immobilienrecht. So empfiehlt sie sich für branchenübergr. Großprojekte u. verdoppelte zuletzt ihre Associate-Ebene, um solche Mandate gut stemmen zu können. Das Potenzial der praxisübergr. Zusammenarbeit schöpft sie noch besser aus als ihre Big-Four-Wettbewerberin KPMG Law.
Oft empfohlen: Dr. Georg Queisner („unterstützend u. immer sehr kompetent", Mandant)
Team: 7 Sal.-Partner, 11 Associates
Partnerwechsel: Peter Binger (zu Grant Thornton)
Schwerpunkte: Überwiegend Auftraggeberberatung in den Branchen Verkehr, Wasserversorgung, Gebäudemanagement, Abfall. Auch Umstrukturierungen unter vergaberechtl. Aspekten. Schnittstelle zum ▷*Beihilfe-*, ▷*Energie-* u. ▷*Gesellschafts-* sowie IT-Recht.
Mandate: Ausschreibungsbegleitung: BMWirtschaft u. Klimaschutz vergabe- u. beihilferechtl.; sächs. Staatsministerium zu Novellierung RL-ÖPNV; Kreisstadt Weißwasser zu Stromlieferleistungen; IT-Dienstleister des Landes Brandenburg zu Neuausschreibung des Landesverwaltungsnetzes; Klinikverbund zu Beschaffung von Strom; Großstadt zu Planung u. Bau von Hochtechnologiepark; Stadtwerke zur Errichtung von Breitbandnetz; Uni Mainz zu Fördermitteln für KHZG; Verkehrsges. Leipzig zu Saubere-Fahrzeuge-Beschaffungs-Gesetz, ESWE Verkehrsgesellschaft lfd. vergabe- u. beihilferechtl., Gesellschaft für Beteiligungsverwal. Schwerin zu Verkehrsleistungen. **Bietervertretung:** Arbeiter-Samariter-Bund Hessen zu Betrieb einer Kindertagesstätte; Corporate Benefits Germany.

REDEKER SELLNER DAHS

Vergaberecht ★★★★

Bewertung: Die Vergabepraxis wird im Markt für ihr tiefes Know-how im Bau-, Verkehrs-, Gesundheits- u. Abfallsektor außerordentl. geschätzt. Auf die langj. Erfahrung greifen Stammmandanten auf kommunaler, Landes- u. Bundesebene kontinuierl. zurück, wie etwa die BGE, die – wie viele öffentl. Auftraggeber – durch langj. Rahmenverträge ihr Vertrauen in die Kanzlei zum Ausdruck bringt. Trad. berät RSD bei gr. Infrastrukturprojekten sowie in kommunalen Bauvergaben – ähnl. wie Kapellmann – in enger Zusammenarbeit mit den ▷*Baurechtlern*. Doch auch bei ▷*IT*-Vergaben ist die Praxis gesetzt, wo sich v.a. ein Partner einen guten Ruf im Markt erarbeitet hat. Zuletzt ist es der Praxis gelungen, die Beratung an der Schnittstelle zum ▷*Beihilferecht* anzukurbeln, indem sie in Projekten gut vernetzt mit dem ▷*Brüsseler* Büro zusammenarbeitet. Da Verwaltungsverf. im Glücksspielrecht immer mehr ans Vergaberecht angelehnt sind, nimmt auch die Beratung dazu Fahrt auf. Solche Mandate sind prädestiniert für die Kanzlei, die zu den Marktführern im Öffentl. Wirtschaftsrecht zählt u. somit praxisübergr. Unternehmen der Glücksspielbranche aus einer Hand beraten kann. Anknüpfend an ein intensives Projekt um grünen Wasserstoff in den Vorjahren beauftragte ein Unternehmen RSD zur Ausschreibung von Derivaten von grünem Wasserstoff – ein nachhaltiges Projekt mit Signalwirkung. Zwar hat ein Partner bereits einige Mandate der renommierten – mittlerw. of Counsel – Glahs übernommen, doch dieser Schritt bedeutet auch, dass der Generationswechsel nicht nur ansteht, sondern auch mittelfr. gelingen muss.
Stärken: Viel Erfahrung im Bau-, Verkehrs- u. Gesundheitssektor.
Oft empfohlen: Prof. Dr. Olaf Reidt („sehr erfahren u. kollegial", Wettbewerber), Dr. Heike Glahs („sehr kompetent u. sehr kollegial im Umgang", Wettbewerber), Dr. Thomas Stickler („fair, fachkundig u. immer freundlich", Wettbewerber)
Team: 4 Partner, 2 Counsel, 4 Associates, 1 of Counsel
Schwerpunkte: Insbes. Auftraggeberberatung. Stark in den Branchen ▷*Bau* u. Wasser/Abfall (▷*Öffentl. Recht*), daneben Gesundheitswesen u. IT. Beratung auch im ▷*Beihilferecht*.
Mandate: Ausschreibungsbegleitung: Hintco zu Ausschreibung von Derivaten von grünem Wasserstoff; lfd. H2Global Advisory zu europ. Markthochlauf von grünem Wasserstoff; Landesministerium zu Verwaltungsdigitalisierung; Arbeitsgemeinschaft der Verbände der freien Wohlfahrtspflege in NRW zu mögl. Vergabeverbot bei sozialrechtl. Dreiecksverhältnis (Revisionsverf. vor dem Bundessozialgericht); Forschungseinrichtung zu Vorhaben ‚Abwasser-Monitoring für die epidemiologische Lageüberwachung'; Stadt Bonn zu Schaffung von Ladeinfrastruktur für E-Autos sowie bei der Einrichtung von Carsharing für E-Autos; lfd. Bundesges. für Endlagerung zu Bau-, Liefer- u. div. Dienstleistungen. **Bietervertretung:** Promethean zu Schulsoftware u. -hardware im Rahmen des Digitalpakts Schule; div. Anbieter von Onlineglücksspielen, u.a. zu neuem Landesgesetz.

SKW SCHWARZ

Vergaberecht ★★★

Bewertung: Die Vergaberechtler aus Berlin sind insbes. für Rettungsdienstvergaben hoch angesehen. Dabei beraten sie öffentl. Auftraggeber wie Wohlfahrtsverbände, aber auch Bieter zu Ausschreibungen von Telenotarztsystemen. Bei Letzterem kommt Mandanten die langj. Erfahrung im IT-Recht zugute, etwa bei der Beratung des Softwareherstellers für mobile Datenerfassung für Notärzte u. Rettungsdienste in einem Nachprüfungsverfahren. Zudem überzeugt SKW durch ihr beihilferechtl. Know-how, etwa bei der Beratung eines gr. öffentl. Infrastrukturbetriebes zur Ausschreibung von einem umfangr. Projekt.
Stärken: Rettungsdienst- u. IT-Vergaben.
Oft empfohlen: René Kieselmann („kompetent u. ergebnisorientiert", Wettbewerber)
Team: 2 Eq.-Partner, 1 Counsel, 2 Associates

Anwaltszahlen: Angaben der Kanzleien, wie viele Anwälte zu mind. ca. 50 % in diesem Gebiet tätig sind. Sie spiegeln nicht zwingend die Gesamtgröße einer Kanzlei wider.

Schwerpunkte: Branchenwissen im Rettungsdienstwesen, Zivil- u. Katastrophenschutz, integrierte Schnittstellenberatung mit Vertrags- u. ▷*IT-Rechtlern*.

Mandate: Ausschreibungsbegleitung: gr. öffentl. Infrastrukturbetrieb zu Ausschreibung von Infrastrukturprojekt; Wohlfahrtsverband zu Rettungsdienstausschreibung; Stiftung zu Trainerleistungen; Investitionsbank zu innovativem Kernbanksystem; Stadt zu NP-Verf. über Dienstleistungsauftrag; Zweckverband für Rettungsdienst u. Feuerwehralarmierung Saar. **Bietervertretung:** Verlagssoftwareunternehmen zu Rahmenvereinbarung von Newsroom-Plattform; Apotheke zu Vergütungsanpassung von Rahmenvereinbarung zur Versorgung der Justizvollzugsanstalten in Ba.-Wü.; Softwareunternehmen zu NP-Verf. über Telenotarztsystem.

SOUDRY & SOUDRY

Vergaberecht ★

Bewertung: Die Vergabepraxis aus Berlin ist im Markt durch ihre Begleitung des Auswärtigen Amtes u. versch. Werften bekannt. Letztere berät sie regelm. bei Ausschreibungen von Bundespolizei u. Bundeswehr. Prominent war ein Mandat für eine Werft, das unter dem neuen BwBBG u. mit außergewöhnl. hohem Zeitdruck vollzogen wurde. Ein weiteres Standbein der Praxis bildet die regelm. Beratung zu Postdienstleistungen für div. Unternehmen u. öffentl. Auftraggeber. Dass die Praxis auch zu neueren (IT-)Themen berät, zeigt die Beratung eines Softwareentwicklers bei der Vergabe einer KI-Bilderkennungssoftware, das als Pilotverfahren über den Einsatz innovativer KI-Lösungen in der Verbrechensbekämpfung gehandelt wird. Um dyn. Entwicklungsschritte zu fördern, war es strateg. wichtig, auf Associate-Ebene zu wachsen.

Oft empfohlen: Dr. Daniel Soudry („sehr umtriebig, besonders kompetent im Defence-Bereich", „ein beachtenswerter Einzelkämpfer, sehr engagiert u. fundiert in seinen vergaberechtl. Kenntnissen", „schnell, zuverlässig, rechtl. sehr versiert", „Vergaberechtler der nächsten Generation", Wettbewerber)

Team: 1 Partner, 1 Associate

Schwerpunkte: Postdienstleistungen, Jobcenter und Werften.

Mandate: Ausschreibungsbegleitung: lfd. Auswärtiges Amt; Ba.-Wü. Stiftung zu div. Beschaffungsvorhaben im Bildungs- u. Stiftungsbereich; Krankenkasse u. Bundesland jew. zu Vergabe von Postdienstleistungen; lfd. Forschungsinstitut; lfd. Jobcenter Dortmund; lfd. div. Universitäten. **Bietervertretung:** Werft zu Auftrag über die planmäßige Instandsetzung eines Einsatzgruppenversorgers für die dt. Marine; Softwareentwickler zu Vergabe einer KI-Bilderkennungssoftware; Maschinenbauuntern. zu Instandsetzung von Einsatzschiffen der Wasserpolizei; Immobilienprojektentwickler zu div. Immobilienentwicklungsprojekten; priv. Sicherheitsdienstleister zu Bewachung von Erstaufnahmeeinrichtungen; lfd. Hays.

TAYLOR WESSING

Vergaberecht ★★★

Bewertung: Die Vergaberechtspraxis um Brüggemann begleitet weiterhin eine bemerkenswerte Zahl an Projekten, wobei IT- u. Softwarevergaben einen großen Anteil ausmachen. Eine regelm. Zusammenarbeit gibt es etwa mit einem D'dorfer Partner der renommierten IT-Praxis. Äußerst präsent ist TW zudem in der Beratung zur Ausschreibung von Bodenabfertigungsleistungen an Flughäfen. Die wachsende Marktpräsenz in div. Branchen zeigt sich daran, wie neue Mandanten auf das Team aufmerksam werden u. ihm Projekte anvertrauen. Darunter war zuletzt ein Verkehrsanbieter aus dem europ. Ausland. Im Rüstungssektor berät TW indes v.a. auf Bieterseite u. begleitet einige Unternehmen regelm. bei der Beteiligung an Ausschreibungen. Das Team wurde zuletzt um eine erfahrene Associate erweitert.

Stärken: Erfahrung bei IT-Vergaben.

Oft empfohlen: Dr. Michael Brüggemann

Team: 1 Eq.-Partner, 5 Associates

Schwerpunkte: ▷*IT*, ▷*Gesundheit*, Verteidigung u. Sicherheit, Bau, Dienstleistungen u. Infrastruktur (▷*Verkehr*). Schnittstelle zum ▷*Beihilfe-* u. Kartellrecht.

Mandate: Ausschreibungsbegleitung: BVG u.a. zu IT- u. Softwarebeschaffungen, NP-Verfahren u. Rahmenvereinbarung mit Colt Technology Services; BMInneres u.a. zu Bundescloud (auch beihilfe-, haushalts- u. steuerrechtl.), IT-Tool für Lizenzmanagement u. AuK-Tools; Orthopäd. Krankenhaus Schloss Werneck zu Elektro- u. Tiefbauarbeiten; Regierung Oberbayern zu Ausschreibung; EGN Entsorgungsgesellschaft Niederrhein in NP-Verf. um Abfallentsorgung; Flughafen Frankfurt-Hahn zu Ausschreibungspflichten u. Beihilferecht; Fachklinikum Mainschleife u. Israelitisches Krankenhaus jew. zu KHZG-Vergaben; Stadt Hamburg zu Breitbandausbau im Stadtgebiet. **Bietervertretung:** Elbclearing bzgl. Niedersachsen Ports inkl. erfolgreiche Rüge; Enterprise Autovermietung, u.a. um Fuhrparkservice der Bundeswehr; Kastanienbaum zu Beteiligung an Innovationspartnerschaft der Uniklinik Magdeburg inkl. Rüge gg. Aufhebung des Vergabeverfahrens; regelm.: Abbott, BP Europa, Marlink, BYD Europe B.V., Dell, Thyssenkrupp Marine Systems. Alpina Management hinsichtl. öffentl. Aufträge eines zugekauften Unternehmens.

UPLEGER & QUAST

Vergaberecht ★

Bewertung: Die kleine Vergaberechtseinheit ist mittlerw. fest etabliert am Markt. Zu ihren Stammmandanten zählt u.a. ein Hersteller von Spezialfahrzeugen, den sie etwa zu Preisaufklärungen berät. Zuletzt kam u.a. ein Forschungszentrum neu hinzu, das die Anwälte bei einer Raffinerieanlage zur Erzeugung von künstl. Treibstoffen beauftragte. Bei der Beratung von Auftraggebern kommt diesen die Schnittstelle zum Beihilferecht regelm. zugute.

Oft empfohlen: Martin Upleger

Team: 2 Partner, 1 Associate

Schwerpunkte: Entsorgungs- u. Verkehrssektor. Kommunikationsleistungen. Erfahrung mit Vertragsgestaltungen sowie kartell- u. förderrechtl. Schnittstellen.

Mandate: Ausschreibungsbegleitung: Forschungszentrum zu Raffinerieanlage zur Erzeugung von künstlichen Treibstoffen; gemeinnütziger Verein zu Dienstleistungen für Internetseiten u. App; gemeinnützige Gesellschaft zu Forschungskooperation; Verkehrsversicherer zu Abrechnungssoftware; Stromversorger zum Bau von Photovoltaikanlagen; Kreisstadt zu Planungsleistungen für Brückenbauwerk; Stadtwerke zu Bauleistungen für Betriebsgebäude des zentralen Omnibusbahnhofs. **Bietervertretung:** Herst. von Spezialfahrzeugen zu Preisaufklärung; Eisenbahnges. zu automat. Fahrgastzählsystem; Kommunikationsunternehmen zum Bau einer Geschäftsstelle; Dienstleister für Umwelt- u. Entsorgungsmanagement zu Schiedsverfahren; Außenwerbeunternehmen zu Werberechtskonzessionen dt. Großstädte, inkl. NP-Verfahren.

WATSON FARLEY & WILLIAMS

Vergaberecht ★

Bewertung: Die Vergaberechtler der internat. Kanzlei feilen ihr Beratungsspektrum kontinuierl. aus. Marktbekannt ist ein gr. Mandat für die Autobahn GmbH des Bundes: Im prominenten Vergabestreit zwischen Tesla u. Fastned gg. Tank & Rast um die Ladesäule vertrat das Team die Mandantin vor dem OLG D'dorf – ein grundlegendes Verf., das aktuell beim EuGH liegt u. je nach Ausgang den Markt aufwirbeln könnte. Ein mögl. Sieg könnte mehr Visibilität im Bereich nachhaltiger Energie u. Transport in Aussicht stellen. Dass ihr dieses Zusammenspiel gut gelingt, zeigt sich etwa an einer Gemeinde, die sie bzgl. Leasingmodellen von Mitarbeiterfahrrädern berät.

Oft empfohlen: Dr. Felix Siebler („kreativ in der Konzeption von Lösungen", Mandant)

Team: 1 Partner, 3 Associates, 1 of Counsel

Schwerpunkte: Begleitung von Vergaben im Infrastruktur- und Digitalisierungszusammenhang. Erfahrene Teams für ▷*Energieprojekte*.

Mandate: Ausschreibungsbegleitung: Autobahn GmbH des Bundes über Schnellladeinfrastruktur an Autobahnen (marktbekannt; EuGH); Gemeinde Westoverledingen zu Leasingmodell für Mitarbeiterfahrräder; GP Joule zu Rahmenvereinbarung zur Umrüstung auf Wasserstoff-Lkw; Klinik-Kompetenz-Bayern zur Beschaffung von Medizinsoftware; Landkreis Neustadt a.d. Waldnaab zu Aufbau einer Wasserstoffregion; Oberschwabenklinik zu KHZG; Statkraft zu Biomasseanlage für Stromerzeugung; Twelve Stories zur Entwicklung von Immobilienprojekten in München. **Bietervertretung:** Alstom Transportation zu neuen S-Bahn-Zügen u. Betriebsleistungen für Verkehrsverbund Berlin-Brandenburg; Global Ports zu Betrieb des Bremer Kreuzfahrtterminals Columbusbahnhof; HJS Emission Technology zu Nachrüstung von Busfahrzeugflotten; Abellio Transport zu Verkehrsverträgen nach Insolvenz; Vodafone zur Finanzkooperation mit Merdiam für Glasfaserausbau.

Anwaltszahlen: Angaben der Kanzleien, wie viele Anwälte zu mind. ca. 50% in diesem Gebiet tätig sind. Sie spiegeln nicht zwingend die Gesamtgröße einer Kanzlei wider.

Neue europäische Patentgerichtsbarkeit – Was Unternehmen zum Einheitlichen Patentgericht wissen sollten

Von Dr. Michael Rüberg, Dr. Dennis Kretschmann und Dr. Matthias Hofmann, BOEHMERT & BOEHMERT, München

Dr. Michael Rüberg

Als Fachanwalt für gewerblichen Rechtsschutz befasst sich **Dr. Michael Rüberg** mit Patentverletzungsstreitigkeiten und vertritt vor Verletzungsgerichten und in parallelen Rechtsbestandsverfahren.

Dr. Dennis Kretschmann

Dr. Matthias Hofmann

Dr. Dennis Kretschmann zählt Aufbau und Pflege von Patentportfolios, u.a. in den Bereichen Physik und Elektrotechnik zu seinen Schwerpunkten, während sich **Dr. Matthias Hofmann** vorwiegend mit computerimplementierten Erfindungen befasst. Beide vertreten ihre Mandanten vor deutschen und internationalen Patentämtern.

Als eine der größten und renommiertesten Kanzleien für Intellectual Property in Europa bietet **BOEHMERT & BOEHMERT** Mandanten „alles in IP" aus einer Hand. Von der Beratung bei Patenten für technische Erfindungen über den Schutz von Designs und Marken bis zum Urheber-, Kartell- und Wettbewerbsrecht.

Kontakt
Dr. Michael Rüberg, LL.M
rueberg@boehmert.de
Pettenkoferstr. 22
80336 München
T +49 (89) 55 96 8-0
www.boehmert.de

Weitere Informationen zur Kanzlei in der Anzeige auf Seite 122

Nach mehr als 50-jähriger Vorarbeit und zahlreichen Rückschlägen ist am 01.06.23 das europäische Einheitspatentsystem in Kraft getreten. Sowohl mit Blick auf seine lange, wechselvolle Entstehungsgeschichte als auch hinsichtlich seiner einschneidenden Wirkungen handelt es sich um ein Jahrhundertprojekt. Es birgt das Potenzial, die Rechtsdurchsetzung von Patenten in Europa fundamental fortzuentwickeln, und bietet Marktteilnehmern zahlreiche neue Optionen. Das Einheitspatentsystem umfasst zum einen ein neues „europäisches Patent mit einheitlicher Wirkung" in allen teilnehmenden EU-Mitgliedstaaten, zum anderen ein neues Einheitliches Patentgericht (EPG, engl. UPC), das über diese Einheitspatente, letztendlich aber auch über alle herkömmlichen europäischen Patente (sog. „Bündelpatente") entscheiden wird.

Einheitlicher Patentschutz in allen teilnehmenden EU-Ländern

Ziel des Einheitspatentsystems ist es, einen einheitlicheren Zugang für die Durchsetzung und Verteidigung europäischer Patente in den verschiedenen EU-Mitgliedstaaten zu etablieren. Die bereits zentralisierten Erteilungs- und Einspruchsverfahren beim Europäischen Patentamt (EPA) bleiben hierfür unverändert. Mit dem neuen System kommen allerdings zentralisierte Verletzungs- und Nichtigkeitsverfahren nach der Erteilung hinzu.

Im neuen System ist es möglich, für jedes europäische Patent einen Antrag auf einheitlichen Schutz beim EPA zu stellen, anstatt das Patent in mehreren Ländern einzeln zu validieren. Die einheitliche Wirkung führt zu einem einheitlichen Schutz in allen teilnehmenden EU-Ländern (17 Länder zum Start des Systems, schlussendlich möglicherweise alle EU-Mitgliedstaaten). Für die Aufrechterhaltung des Schutzes in diesen Ländern ist eine gemeinsame Jahresgebühr an das EPA zu entrichten. Das Einheitspatent wird neben den nationalen Patenten und den herkömmlichen Bündelpatenten bestehen.

Der Anmelder hat also nach der Patenterteilung durch das EPA die Wahl, ob er sich für das neue Einheitspatent entscheidet. Es ist jedoch wichtig zu wissen, dass das neue Patentsystem nicht nur neu erteilte Patente betrifft. Auch alle Validierungen bestehender Bündelpatente in Ländern, die das UPC-Übereinkommen ratifiziert haben, unterliegen standardmäßig der Gerichtsbarkeit des UPC.

Während eines mindestens siebenjährigen Übergangszeitraums können Patentinhaber ihre Patente allerdings einzeln aus dem UPC-System herausnehmen – der sogenannte „Opt-out". Dann sind für diese Patente weiterhin nur die nationalen Gerichte zuständig. Patentinhaber können unter bestimmten Bedingungen auch wieder einsteigen, indem sie das Opt-out zurückziehen. Während des Übergangszeitraums besteht zudem für nicht ausoptierte Patente die Möglichkeit, Streitverfahren wahlweise auch weiterhin vor den nationalen Gerichten zu führen.

Strategische Überlegungen zur Durchsetzung von Patenten

Inhaber traditioneller Bündelpatente (EP) stehen ab sofort und während der Übergangsphase vor der Frage, ob und unter welchen Umständen sie die betreffenden Schutzrechte vor dem UPC durchsetzen sollen, oder ob nicht nationalen Verfahren der Vorzug zu geben ist. Gleiches gilt zukünftig, und dies auch zeitlich unbegrenzt, für Inhaber von parallel erteilten nationalen Patenten und Einheitspatenten (UP), die ebenfalls die „Qual der Wahl" zwischen den verschiedenen Systemen haben. Für die Inhaber traditioneller Bündelpatente ist diese Frage während der Übergangsphase auch bereits sehr frühzeitig zu stellen, da je nach Entscheidung für ein Verbleiben in dem UPC-System oder der Erklärung eines zumindest vorläufigen Opt-outs die Gefahr besteht, dass der potentielle Gegner durch Klage in dem System, dem das EP aktuell zugeordnet ist, die Entscheidungshoheit an sich zieht. Es gilt damit zu überlegen, welche Faktoren im Rahmen einer Entscheidung für oder gegen die nationale Gerichtsbarkeit im Vergleich zu dem neuen Einheitsgericht zu berücksichtigen und wie diese jeweils zu gewichten sind. Dies dürfte je nach Branche mit durchaus unterschiedlichen Schwerpunkten und unter jeweils abweichenden Blickwinkeln erfolgen. So ist eine der großen Verheißungen des UPC zunächst die

Möglichkeit, erstmals länderübergreifend (im Falle eines UP für alle Mitgliedstaaten des UPC, im Falle eines EP für sämtliche Validierungsstaaten, die zugleich Mitglieder des UPC sind) einen einheitlichen Unterlassungstitel zu erlangen, und auch Schadenersatzforderungen einheitlich für alle fraglichen Länder einklagen zu können. Dies ist gegenüber dem herkömmlichen Modell der exemplarischen Durchsetzung von Patenten in nur ein oder zwei Kernmärkten, wie insbesondere Deutschland, vor allem dann von Interesse, wenn die Vertriebsstruktur des Verletzers Anlass zur Vermutung gibt, dass dieser auch außerhalb des fraglichen Kernmarktes die Verletzung fortsetzen wird, mithin die Unterlassungsverpflichtung in dem jeweiligen Kernmarkt nicht zu einer Notwendigkeit einer Produktänderung für ganz Europa führt.

Natürlich führt auch die zeitgleiche Durchsetzbarkeit eines Unterlassungs- und ggf. auch Herausgabetitels in zahlreichen Ländern zu einem erheblichen Druck auf den Verletzer, dem ein abgestuftes Reagieren und ggf. auch Verschaffen von Produkten in andere Länder außerhalb der Reichweite entsprechender gerichtlicher Verfügungen abgeschnitten wird. All dies erhöht den wirtschaftlichen Druck auf einen Verletzer bereits nachfolgend einer erstinstanzlichen Entscheidung, die auch vor dem neuen Einheitsgericht im Regelfall vorläufig vollstreckbar sein wird, immens. Nicht zuletzt aus diesem Grund ist das neue System auch für solche Unternehmen attraktiv, deren schlussendliches Ziel nicht die Erlangung oder Verteidigung einer exklusiven Marktposition ist, sondern die vorrangig das fragliche Schutzrecht monetisieren wollen.

Auch für solche Unternehmen, die aufgrund ihrer dortigen Herstellungs- und/oder Vertriebsaktivitäten eine Exklusivposition in einem der Länder Europas anstreben, die herkömmlich bei der Durchsetzung von Patenten eher zurückhaltend oder unerfahren sind, werden in dem UPC eine willkommene Chance sehen, Mitbewerber auch außerhalb der üblichen Kernmärkte in ihre Schranken zu verweisen.

Unternehmen, deren Produkte jeweils über nur einzelne Patente abgedeckt sind (wie etwa pharmazeutische Unternehmen), werden voraussichtlich das zentrale, sämtliche nationalen Teile des EP bzw. das gesamte UP gleichsam betreffende Rechtsbestandsverfahren fürchten und gut abwägen, ob eine entsprechende Gegenreaktion durch Klage vor dem UPC ausgelöst werden soll. Durch geschickte Anmeldestrategien, insbesondere der Ausnutzung der für Deutschland neu geschaffenen Möglichkeit einer parallelen Erlangung nationaler Schutzrechte, kann dieses Risiko jedoch abgemildert werden, so dass es nicht zwingend von der Nutzung der neuen Gerichtsbarkeit abhalten muss.

Nachteilig an der neuen Gerichtsbarkeit ist, und dies gilt für alle Branchen gleichermaßen, naturgemäß deren Neuheit als solche, d.h. die Unvorhersehbarkeit bestimmter Entscheidungen mangels echter Präjudizien in der Anfangsphase des Systems, wie auch die Wahrscheinlichkeit, dass anfangs nahezu jede Entscheidung, auch solche bloß prozessualer Natur, mit Rechtsmitteln angegriffen wird, solange noch keine gefestigte Rechtsprechungspraxis den Weg vorzeichnet.

Ein weiterer Abwägungsfaktor werden sicherlich die mit der Durchsetzung verbundenen Kosten sein, die derzeit noch nicht zuverlässig einzuschätzen sind. Es dürfte aber recht sicher sein, dass aufgrund der Herausforderungen des neuen Systems an die Verfahrensführung die anwaltlichen Teams in dem UPC größer als in nationalen Verfahren sein werden, wodurch die Kosten zumindest ein nationales Verfahren als Vergleichsgröße erheblich überschreiten werden. Ob und inwieweit dies auch für parallele nationale Verfahren in mehreren Jurisdiktionen gilt, bleibt abzuwarten. In bestimmten Konstellationen dürfte aber der traditionelle Ansatz einer Klage in z.B. Deutschland und hiernach außergerichtlicher Einigung für ganz Europa auch unter Kostenaspekten der weiterhin bevorzugte Weg sein.

Es gibt demnach also kein klares „Ja" oder „Nein" für die Nutzung des neuen Systems. „Wait and see" mag für einige Unternehmen der Königsweg sein, um zunächst Orientierung zu gewinnen. Ob aber nicht gerade die Frühphase des Systems auch echte unternehmerische Chancen bietet, sollte zumindest erwogen werden.

Überlegungen zur Patentanmeldepraxis im Hinblick auf das UPC

Patentanmelder haben nunmehr verschiedene Optionen, um in ein oder mehreren europäischen Ländern Patentschutz zu erhalten. Wer nur in ein oder zwei europäischen Ländern Schutz benötigt, erreicht dies am kosteneffizientesten über nationale Patentanmeldungen. Insbesondere deutsche Patentanmeldungen mit einer Anmeldegebühr von 40 € und einer Prüfungs- und Recherchegebühr von 350 € sind weiterhin sehr attraktiv. Anmelder, die in drei Ländern Patentschutz anstreben, kommen wohl meist am effizientesten mit einem klassischen europäischen Bündelpatent zum Ziel. Mit einem Opt-out verhindern sie, dass das Bündelpatent vor dem UPC auf einen Schlag vernichtet werden kann, halten sich aber weiterhin mit einer Rücknahme des Opt-out die Option offen, selbst vor dem UPC zu klagen.

Sobald in vier oder mehr Ländern Schutz angestrebt wird, wird normalerweise das Einheitspatent die günstigste Option sein. Das Einheitspatent kann zwar nicht der Zuständigkeit des UPC entzogen werden, dafür kann es aber z.B. in Deutschland mit einem nationalen Patent kombiniert werden. Eine interessante Anmeldestrategie kann somit darin bestehen, parallel eine europäische und eine deutsche Patentanmeldung einzureichen. Bei Letzterer kann dabei sieben Jahre auf das Stellen des Prüfungsantrags verzichtet werden, so dass dem Anmelder in dieser Zeit, abgesehen von der Anmeldegebühr und den (geringen) Jahresgebühren keine Kosten entstehen. Insbesondere dann, wenn in mehreren Ländern Schutz angestrebt wird, bietet das Einheitspatent eine (im Vergleich zum bisherigen europäischen Bündelpatent) kostengünstige Möglichkeit, um in dem Territorium von 300 Millionen Einwohnern Patentschutz zu erhalten. Somit besteht Hoffnung, dass das Einheitspatentsystem auch international ein Erfolg wird. ■

KERNAUSSAGEN

- Das europäische Einheitspatentsystem ist am 01.01.23 in Kraft getreten und bietet Unternehmen neue Optionen für Patentschutz in Europa. Das System umfasst das neue „europäische Patent mit einheitlicher Wirkung" und das Einheitliche Patentgericht (UPC).
- Ziel ist es, einen einheitlichen Zugang zur Durchsetzung und Verteidigung europäischer Patente in den verschiedenen EU-Mitgliedstaaten zu etablieren. Das Einheitspatentsystem bietet eine verhältnismäßig kostengünstige Möglichkeit, um im Territorium von 300 Millionen Einwohnern Patentschutz zu erhalten und Patente durchzusetzen.
- Somit besteht die begründete Erwartung, dass das Einheitspatentsystem auch international ein Erfolg wird. Unternehmen müssen nun strategische Überlegungen treffen, um das beste Vorgehen im neuen System zu wählen.

G2/21: Nachgereichte Versuchsdaten werden zugelassen und behalten eine hohe Bedeutung

Von Dr. Albrecht von Menges, Dr. Johannes Heidemann, Uexküll & Stolberg, Hamburg

Dr. Albrecht von Menges

Dr. Johannes Heidemann

Dr. Albrecht von Menges und **Dr. Johannes Heidemann** betreuen und beraten als Patentanwälte bei Uexküll & Stolberg Mandanten zu Patenten aus den Bereichen Biotechnologie, Life Science und Pharmazie. Neben Erteilungsverfahren stehen Einspruchsverfahren vor dem Europäischen Patentamt sowie Gerichtsverfahren vor den deutschen Gerichten im Vordergrund.

Uexküll & Stolberg ist eine Patent- und Rechtsanwaltskanzlei, die Mandanten aus aller Welt in Angelegenheiten des gewerblichen Rechtsschutzes vertritt, insbesondere zu Patenten auf den Gebieten Chemie, Life Science, Biologie, Physik, Maschinenbau und Elektrotechnik sowie in Markenangelegenheiten. Die Beratung von Mandanten in streitigen Verfahren – oftmals mit internationaler Beteiligung – ist eine der Kerntätigkeiten der Kanzlei.

Kontakt
Uexküll & Stolberg Partnerschaft von Patent- und Rechtsanwälten mbB
Beselerstraße 4
22607 Hamburg
T 040 899 654-0
www.uex.de
postmaster@uex.de

Weitere Informationen zur Kanzlei in der Anzeige auf Seite 235

Darf ein Patentanmelder oder -inhaber Versuchsdaten nachreichen, um die technische Wirkung einer Erfindung zu belegen? Oder müssen alle potenziell relevanten Versuchsdaten bereits in den Anmeldeunterlagen enthalten sein? Zu diesen Fragen, die in vielen Anmelde- und Einspruchsverfahren sowie auch für die Bestimmung des richtigen Zeitpunktes für die Einreichung einer Patentanmeldung eine signifikante Rolle spielen, haben verschiedene Beschwerdekammern des Europäischen Patentamts (EPA) abweichende Auffassungen vertreten. In der Entscheidung G 2/21 hat die Große Beschwerdekammer (GBK) nun die Leitlinien erlassen, an denen sich zukünftige Entscheidungen der Beschwerdekammern orientieren werden. Im Ergebnis sind nachgereichte Versuchsdaten zulässig und werden in vielen Fällen auch für die Bewertung der erfinderischen Tätigkeit heranzuziehen sein.

Hintergrund der G 2/21

In der Rechtsprechung der Beschwerdekammern des EPA haben sich in den letzten Jahren drei unterschiedliche Linien herausgebildet, unter welchen Voraussetzungen sich ein Patentanmelder oder -inhaber auf nachgereichte Versuchsdaten stützen kann, um eine für die Prüfung der erfinderischen Tätigkeit relevante technische Wirkung zu belegen. Gemäß einer Linie dürfen nachgereichte Beweismittel nur dann berücksichtigt werden, wenn die zu beweisende technische Wirkung bereits in der Anmeldung plausibel dargelegt wurde („ab initio Plausibilität"). Die zweite, weniger strenge Linie lässt nachgereichte Beweismittel für alle technischen Wirkungen zu, die auf der Grundlage der Anmeldung nicht unplausibel erscheinen („ab initio Implausibilität"). Gemäß der dritten Linie können Versuchsdaten unabhängig von der Plausibilität einer technischen Wirkung in der Anmeldung stets nachgereicht werden („keine Plausibilität").

Die vorlegende Beschwerdekammer stellte der GBK drei Fragen. Mit der ersten Frage sollte geklärt werden, ob – als Ausnahme vom Grundsatz der freien Beweiswürdigung – nachgereichte Versuchsdaten für eine behauptete technische Wirkung stets außer Acht zu lassen sind, wenn der Beweis ausschließlich auf diesen nachgereichten Beweismitteln beruht. Die zweite und dritte Vorlagefrage betrafen die Zulässigkeit nachgereichter Versuchsdaten unter den Voraussetzungen der „ab initio Plausibilität" und der „ab initio Implausibilität".

Möglichkeiten für das Nachreichen von Versuchsdaten werden verbessert

In Beantwortung der ersten Vorlagefrage hat die GBK nun klargestellt, dass die freie Beweiswürdigung ein allgemein gültiger Grundsatz vor dem EPA ist und Versuchsdaten nicht allein deshalb unberücksichtigt bleiben dürfen, weil sie nachgereicht wurden (vgl. 1. Leitsatz der Entscheidung). Nachgereichte Versuchsdaten sind daher von den Spruchkörpern des EPA als Beweismittel für die erfinderische Tätigkeit zuzulassen, sofern sie in Übereinstimmung mit den Verfahrensvorschriften und insbesondere nicht verspätet vorgebracht wurden. Eine Prüfung der Plausibilität der technischen Wirkung ist für die Frage der Zulässigkeit nachgereichter Versuchsdaten daher nicht mehr notwendig.

Bewertung der technischen Wirkung im Rahmen der Prüfung auf erfinderische Tätigkeit

Nachgereichte Versuchsdaten, die eine technische Wirkung des Gegenstands der Ansprüche belegen, werden in vielen Fällen auch für die Bewertung der erfinderischen Tätigkeit zu berücksichtigen sein. Nach Auffassung der GBK hängt die Relevanz der nachgereichten Daten nicht von einem Mindestmaß an „Plausibilität" der technischen Wirkung in der Anmeldung ab. Das Konzept der „Plausibilität" wird von der GBK grundsätzlich abgelehnt, da es sich hierbei um keinen eigenständigen Rechtsbegriff, sondern um ein „allgemeines Schlagwort" ohne rechtliche Grundlage handele.

Ein Patentanmelder oder -inhaber kann sich somit bei der Prüfung der erfinderischen Tätigkeit auf eine technische Wirkung berufen, wenn „der Fachmann in Kenntnis des allgemeinen Fachwissens und auf der Grundlage der ursprünglich eingereichten Anmeldung diese technische Wirkung als von der technischen Lehre umfasst und derselben ursprünglich offenbarten Erfindung verkörpert herleiten würde" (vgl. 2. Leitsatz der Entscheidung). Wie dieses Kriterium in seinen Einzelheiten auszulegen ist, erläutert die GBK in ihrer Entscheidung kaum. Sie führt aus, dass es auch in der Zukunft von den Umständen des Einzelfalls abhängen wird, ob eine vom Patentanmelder oder -inhaber durch nachgereichte Versuchsdaten belegte technische Wirkung eine erfinderische Tätigkeit begründen kann.

Überraschend deutlich äußerte sich die GBK zur Möglichkeit des Nachreichens von Versuchsdaten, um eine ausreichende Offenbarung der Erfindung gemäß Art. 83 EPÜ sicherzustellen. Diese Problematik betrifft Ansprüche, in denen die technische Wirkung als eigenständiges Merkmal definiert ist, wie es insbesondere in Ansprüchen der Fall ist, welche neue medizinische Verwendungen von bekannten Erzeugnissen betreffen. Nach Auffassung der GBK ist der Anwendungsbereich für nachgereichte Beweismittel in diesem Zusammenhang „wesentlich enger" als bei der erfinderischen Tätigkeit. Der Beweis für die therapeutische Wirkung müsse bereits in den Anmeldeunterlagen enthalten sein. Ein entsprechender Mangel könne auch durch nachgereichte Versuchsdaten nicht behoben werden.

Schlussfolgerungen für die Praxis

Aus der Entscheidung G 2/21 ergibt sich, dass nachgereichte Versuchsdaten, die eine für die Prüfung der erfinderischen Tätigkeit relevante technische Wirkung belegen, grundsätzlich von den Spruchkörpern des EPA im Verfahren zuzulassen und bei der materiellen Prüfung zu berücksichtigen sind. Ob sich im Einzelfall ein Patentanmelder oder -inhaber dabei erfolgreich auf die geltend gemachte technische Wirkung berufen kann, wird davon abhängen, ob der Fachmann „in Kenntnis des allgemeinen Fachwissens und auf der Grundlage der ursprünglich eingereichten Anmeldung die technische Wirkung als von der technischen Lehre umfasst und derselben ursprünglich offenbarten Erfindung verkörpert herleiten würde".

In der praktischen Umsetzung wird dies voraussichtlich zu einer Vielzahl von klaren Fällen führen, bei denen sich ein Patentanmelder oder -inhaber auf eine in der Anmeldung genannte oder aus der Anmeldung herleitbare, aber nicht belegte technische Wirkung berufen kann. Einen ersten Eindruck geben bereits Beschwerdekammer-Entscheidungen, in denen auf die Entscheidung G 2/21 verwiesen wird. In der Entscheidung T 873/21 wurde die erfinderische Tätigkeit mit nachgereichten Versuchsdaten begründet, die eine in der Anmeldung allgemein beschriebene, aber nicht belegte synergistische Wirkung quantifizierten. Auch in der Entscheidung T 116/18, die den Vorlagefall der G 2/21 betrifft, wurde die erfinderische Tätigkeit aufgrund von nachgereichten Versuchsdaten anerkannt. Mit diesen Daten konnte eine synergistische Wirkung belegt werden, die auf der Grundlage der Anmeldung und gegenteiligen Versuchsdaten der Einsprechenden zweifelhaft war.

Zu betonen ist auch, dass die von der GBK formulierten Leitlinien allgemeine Gültigkeit haben und sich nicht nur auf technische Wirkungen bezieht, die durch nachgereichte Versuchsdaten belegt werden. Daher wurde das Kriterium auch in zwischenzeitlich ergangenen Beschwerdekammer-Entscheidungen (z.B. T 2465/19, T 990/21) im Rahmen des Aufgabe-Lösungs-Ansatzes herangezogen, ohne dass nachgereichte Versuchsdaten zu berücksichtigen waren.

Als Konsequenz aus der Entscheidung G2/21 gilt für das Verfassen einer Patentanmeldung mehr denn je, dass die technischen Wirkungen der Erfindung sorgfältig offenbart und auch bereits dann beschrieben werden sollten, wenn noch keine Versuchsbelege dafür vorliegen. Auch technische Wirkungen, die den Erfindern zunächst als Randaspekt erscheinen, sollten ausdrücklich beschrieben werden.

Ferner ist in jedem Einzelfall zu prüfen, ob technische Wirkungen als Merkmal in die Ansprüche aufgenommen werden sollten. Für eine ausreichende Offenbarung des Gegenstands der Ansprüche, die durch technische Wirkung gekennzeichnet sind, muss diese bereits aus den Anmeldeunterlagen heraus für einen Fachmann glaubwürdig sein. Dies setzt gemäß der GBK nicht zwingend voraus, dass die Anmeldeunterlagen Versuchsdaten umfassen. Wenn jedoch keine Versuchsdaten enthalten sind und das Erreichen einer therapeutischen Wirkung für den Fachmann aus den Anmeldeunterlagen nicht glaubwürdig ist, kann dieser Offenbarungsmangel auch durch das Nachreichen von Versuchsdaten nicht behoben werden. ■

KERNAUSSAGEN

- Der Grundsatz der freien Beweiswürdigung ist vor dem EPA allgemein gültig.
- Nachgereichte Versuchsdaten sind als Beweismittel für die erfinderische Tätigkeit zulässig, sofern sie in Übereinstimmung mit den Verfahrensvorschriften vorgebracht wurden.
- Ein Patentanmelder oder -inhaber kann sich auf eine technische Wirkung berufen, wenn der Fachmann in Kenntnis des Fachwissens und auf Grundlage der Anmeldung diese technische Wirkung als von der technischen Lehre umfasst und von derselben ursprünglich offenbarten Erfindung verkörpert herleiten würde.
- Im Anspruch definierte technische Wirkungen, wie z.B. therapeutische Wirkungen, müssen auf Basis der Anmeldung glaubhaft sein. Ein Mangel lässt sich nicht durch nachgereichte Versuchsdaten beheben.

Patentrecht

Habemus Unified Patent Court

Nach langem politischem und juristischem Ringen ging der Unified Patent Court (UPC) am 1. Juni 2023 an den Start. Dieses Einheitliche Patentgericht wird zunächst für 16 EU-Mitgliedstaaten zentral über das neue Europäische Einheitspatent, besser bekannt als Unitary Patent, richten. Sofern die Patentinhaber ihre bereits bestehenden europäischen Patente nicht der Jurisdiktion des UPC entzogen haben, ist es auch für diese zuständig.

Acht Staaten warten noch auf die Ratifikation des UPC-Vertrags; daher könnte sich der Wirkungsraum des UPC noch deutlich erweitern. Langfristig sollen 24 EU-Mitgliedstaaten an dem neuen Gericht teilnehmen. Großbritannien ist nicht mehr dabei, obwohl London eines der wichtigsten Patentgerichte weltweit beheimatet.

Mehr Flexibilität in Europa

Das erhöht die Komplexität, aber auch die taktischen Möglichkeiten für die Prozessführung in Europa: Mit einer Klage beim UPC können Unternehmen Patentverletzer in weiten Teilen der EU belangen. Für wichtige Pharma- oder Mobilfunkpatente aber werden Patentinhaber sehr wahrscheinlich auch weiterhin beim versierten Londoner Patentgericht klagen. Zudem bleibt das Londoner Gericht attraktiv für schnelle Nichtigkeitsklagen gegen wichtige Patente.

Die meisten Experten gehen davon aus, dass beim UPC ein kombiniertes Verfahren, in dem gleichzeitig über die Verletzung und den Rechtsbestand verhandelt wird, dominiert. UPC-Verfahren sind somit jetzt eine zusätzliche Option, um Patente in Europa durchzusetzen. Sie sollen zwar auf lange Sicht nationale Prozesse ersetzen, bis sich das neue Gericht etabliert hat, werden Unternehmen aber noch intensiv an nationalen Gerichten prozessieren.

Ein eher durchwachsener Start

Die ersten drei Monate des UPC brachten einige Überraschungen für Experten, denn der raketenhafte Start, den viele in den letzten Monaten vor Beginn vorausgesagt hatten, blieb aus – vor allem weil Inhaber standardrelevanter Mobilfunkpatente sich noch mit Klagen bei dem neuen Gericht zurückhalten. Dabei galt der UPC vor dem Start gerade bei dieser Klientel als sehr attraktiv.

Ende August waren dort allerdings erst ca. 35 Verletzungs- und sieben Nichtigkeitsklagen sowie 10 Anträge auf einstweilige Verfügung bzw. prozessuale Anträge eingegangen. Mehr als 500.000 europäische Patente entzogen ihre Inhaber durch das sogenannte Opt-out der Jurisdiktion des UPC. Davon betroffen waren besonders viele Patente der Pharma-, Computer- und Telekommunikationstechnik. Noch verhalten sich weite Teile der globalen Industrie abwartend gegenüber dem neuen

Weiterführende digitale Inhalte

Das JUVE Handbuch Wirtschaftskanzleien bietet Ihnen wie gewohnt einen Einblick in den Markt der Berater für Ihre patentrechtlichen Fragen. Auf den folgenden Seiten finden Sie Rankings sowie Erläuterungen zu aktuellen Entwicklungen im Markt der Patentrechtler. Detaillierte Analysen und Bewertungen der Kanzleien und eine Übersicht über die führenden Berater und Aufsteiger finden Sie infolge unseres deutlich erweiterten englischsprachigen Onlineangebots in gewohnter Qualität und umfangreicher als bisher unter **www.juve-patent.com** (firm rankings).

Dort finden Sie außerdem Analysen und Rankings für die zentralen europäischen Märkte Großbritannien, Frankreich und Niederlande sowie Nachrichten und Hintergrundberichte zum Unified Patent Court.

JUVE KANZLEI DES JAHRES FÜR PATENTRECHT

BARDEHLE PAGENBERG

JUVE AWARDS 2023

Die Münchner IP-Kanzlei ist schon länger eine der Marktführerinnen in Deutschland, aber sie will mehr: Eindrucksvoll bereitete sich das Patentteam zuletzt auf den Sturm an die europäische Marktspitze vor. Die Verbreiterung der Partnerschaft mit den drei anerkannten Quereinsteigern **Dr. Tobias Wuttke** von Meissner Bolte in München sowie **Dr. Tilman Müller** und **Dr. Volkmar Henke** von der Hamburger Kanzlei Eisenführ Speiser war ein Coup. **Müller** und **Henke** eröffneten für die IP-Kanzlei zudem ein neues Büro in Hamburg. Schließlich beheimatet die Hansestadt seit Juni 2023 eine der UPC-Lokalkammern.

Aber Bardehle setzte nicht nur auf Kompetenz von außen, sondern ernannte mit **Dr. Jan Bösing** auch ein Eigengewächs zum Vollpartner. Die vier Neuen komplementieren nun die anerkannten Senior-Partner **Johannes Heselberger** und **Prof. Dr. Tilman Müller-Stoy**, die gemeinsam mit den Patentanwälten der Kanzlei ein extrem erfolgreiches Jahr verantworten. An ihre starke Präsenz bei Mobilfunkprozessen, etwa für Oppo, Xiaomi, Nvidia oder Microsoft, ist der Markt schon länger gewöhnt. Nun ergänzten die neuen Partner noch Mandanten wie die Deutsche Telekom, Philips und mehrere Patentpools. Mit Nachdruck legte Bardehle aber vor allem im Lifescience-Sektor zu und war zuletzt für Mandanten wie Amgen und 10x Genomics nicht nur vor deutschen Gerichten, sondern auch vor dem UPC präsent. Weiteren Klagen für Philips rundeten einen starken Auftritt der Kanzlei in den Anfangstagen des neuen europäischen Patentgerichts ab.

Gericht, obwohl es nach dem Dafürhalten vieler Experten mit sehr erfahrenen Patentrichtern besetzt wurde. Vielen von ihnen kommen von den deutschen Patentgerichten in Düsseldorf, Mannheim und München.

Die Fachwelt war davon ausgegangen, dass ein europaweiter Unterlassungstitel vor allem für Inhaber standardrelevanter Mobilfunkpatente äußerst attraktiv sei, hatte sich mit dieser Einschätzung aber getäuscht. Nur drei UPC-Klagen stützen sich auf SEPs. Philips klagte mit **Bardehle Pagenberg** um Patente, die relevant für den Qi-Standard zum Laden von Geräten sind, und Huawei mit **Clifford Chance** um Wifi-Technologie. Die erste große SEP-Serie startete Panasonic mit **Kather Augenstein** um vier LTE-Patente.

Unternehmen aus der Medizintechnik beispielsweise klagten aus mehreren Schutzrechten an verschiedenen Lokalkammern des neuen Gerichts. Edwards Lifescience eskalierte seinen Streit mit Meril Life Science um Herzkatheter unter anderem mit **Bird & Bird** und **Thum & Partner** zur UPC-Lokalkammer in München. Vor der UPC-Regionalkammer in Stockholm vertreten dagegen die schwedische Kanzlei Gulliksoon und die GB-Kanzlei **Powell Gilbert**, während Teams von **Hogan Lovells** die Beklagte vor beiden UPC-Gerichten vertreten.

Auch Dexcom klagte mit **Quinn Emanuel Urquhart & Sullivan** bei der Münchner Lokalkammer gegen Abbott um eine digitale Technologie zur Blutzuckermessung, aber auch mit einem französischen Team von **Bird & Bird** bei der Pariser Lokalkammer. Abbotts UPC-Berater sind derzeit noch nicht bekannt. Allerdings vertritt **Taylor Wessing** das Unternehmen in den nationalen Verfahren in GB und Deutschland.

Solche UPC-Klagen folgten stets auf nationale Prozesse in verschiedenen europäischen Ländern. Meist kamen auch die nationalen Stammberater in den UPC-Verfahren zum Zuge.

Als ein erstes Fazit der ersten drei Monate des UPC lässt sich sagen, dass die Parteien in einigen wichtigen paneuropäischen Auseinandersetzungen UPC-Klagen dort punktuell einsetzen, wo sie strate-

Patentprozesse: Patentanwälte

★★★★★	
Bardehle Pagenberg	München, Düsseldorf
Cohausz & Florack	Düsseldorf
df-mp Dörries Frank-Molnia & Pohlman	München
Hoffmann Eitle	München, Berlin, Frankfurt
Maikowski & Ninnemann	Berlin, Frankfurt, Leipzig, München
Samson & Partner	München
Vossius & Partner	München, Düsseldorf
★★★★	
Eisenführ Speiser	Bremen, Hamburg, München
Grünecker	München, Berlin, Köln
König Szynka Tilmann von Renesse	Düsseldorf, München
Maiwald	München, Düsseldorf
★★★	
Bird & Bird	München, Hamburg
Boehmert & Boehmert	München, Frankfurt
Bosch Jehle	München
Braun-Dullaeus Pannen Emmerling	Düsseldorf, München
Gulde & Partner	Berlin, Düsseldorf, München
Jones Day	Frankfurt, München
Meissner Bolte	München, Düsseldorf, u.a.
Ter Meer Steinmeister & Partner	München, Bielefeld
Wallinger Ricker Schlotter Tostmann	München
Weickmann & Weickmann	München
Wuesthoff & Wuesthoff	München
★★	
Andrejewski Honke	Essen
Betten & Resch	München
Dompatent von Kreisler Selting Werner	Köln
Dreiss	Stuttgart
Glawe Delfs Moll	Hamburg, München, Stuttgart
Lederer & Keller	München
Lorenz Seidler Gossel	München
Michalski Hüttermann & Partner	Düsseldorf, München u.a.
Mitscherlich	München
Prinz & Partner	München, Berlin
Simmons & Simmons	München
Thum & Partner	München
Uexküll & Stolberg	Hamburg, München
WBH Wachenhausen	München
★	
Hamm & Wittkopp	Hamburg
MFG Meyer-Wildhagen Meggle-Freund Gerhard	München
Olbricht Buchhold Keulertz	Frankfurt, Hamburg, Memmingen
Prüfer & Partner	München
Viering Jentschura & Partner	München, Düsseldorf, Dresden
Witte Weller & Partner	Stuttgart
Zwicker Schnappauf & Partner	München, Berlin

Die Auswahl von Kanzleien und Personen in Rankings und tabellarischen Übersichten ist das Ergebnis umfangreicher Recherchen der JUVE-Redaktion. Sie ist in 2erlei Hinsicht subjektiv: Die Aussagen der befragten Quellen sind subjektiv u. spiegeln deren Erfahrungen u. Einschätzungen. Die JUVE-Redaktion wiederum analysiert die Rechercheergebnisse unter Einbeziehung ihrer eigenen Marktkenntnis. Der JUVE Verlag beabsichtigt keine allgemeingültige oder objektiv nachprüfbare Bewertung. Es ist möglich, dass eine andere Recherchemethode zu anderen Ergebnissen führt. Innerhalb einzelner Gruppen in Rankings und tabellarischen Übersichten sind Kanzleien und Personen alphabetisch sortiert.

Patentprozesse: Rechtsanwälte

★★★★★	
Bird & Bird	Düsseldorf, Hamburg, München
Hogan Lovells	Düsseldorf, Hamburg, München
Hoyng ROKH Monegier	Düsseldorf, Mannheim, München
Quinn Emanuel Urquhart & Sullivan	Berlin, Mannheim, München, Stuttgart, Hamburg
Wildanger Kehrwald Graf v. Schwerin & Partner	Düsseldorf
★★★★★	
Arnold Ruess	Düsseldorf
Bardehle Pagenberg	München, Düsseldorf, Hamburg
Freshfields Bruckhaus Deringer	Düsseldorf, München
Krieger Mes & Graf v. der Groeben	Düsseldorf
Rospatt Osten Pross	Düsseldorf, Mannheim
Taylor Wessing	München, Düsseldorf
★★★★	
Kather Augenstein	Düsseldorf
Vossius & Partner	München, Düsseldorf
★★★★	
Grünecker	München
Hoffmann Eitle	München
Klaka	München
Preu Bohlig & Partner	Düsseldorf, München, Berlin, Hamburg
★★★	
Allen & Overy	Düsseldorf, München
Ampersand	München
DLA Piper	München, Köln
Eisenführ Speiser	Bremen, Hamburg, München
Gleiss Lutz	Düsseldorf, Stuttgart, München
Jones Day	Düsseldorf, München, Frankfurt
Noerr	München
Simmons & Simmons	Düsseldorf, München
★★	
CBH Rechtsanwälte	Köln, München
CMS Hasche Sigle	Stuttgart, Düsseldorf
Clifford Chance	Düsseldorf
EIP	Düsseldorf
Hengeler Mueller	Düsseldorf
Peterreins Schley	München
★	
Boehmert & Boehmert	München
Finnegan Henderson Farabow Garrett & Dunner	München
GvW Graf von Westphalen	Düsseldorf, Frankfurt, München
Harmsen Utescher	Hamburg
Herbert Smith Freehills	Düsseldorf
Heuking Kühn Lüer Wojtek	Düsseldorf
Linklaters	Frankfurt, Düsseldorf
Maiwald	München, Düsseldorf
McDermott Will & Emery	Düsseldorf, München
Taliens	München

Die Auswahl von Kanzleien und Personen in Rankings und tabellarischen Übersichten ist das Ergebnis umfangreicher Recherchen der JUVE-Redaktion. Sie ist in 2erlei Hinsicht subjektiv: Die Aussagen der befragten Quellen sind subjektiv u. spiegeln deren Erfahrungen u. Einschätzungen. Die JUVE-Redaktion wiederum analysiert die Rechercheergebnisse unter Einbeziehung ihrer eigenen Marktkenntnis. Der JUVE Verlag beabsichtigt keine allgemeingültige oder objektiv nachprüfbare Bewertung. Es ist möglich, dass eine andere Recherchemethode zu anderen Ergebnissen führt. Innerhalb einzelner Gruppen in Rankings und tabellarischen Übersichten sind Kanzleien und Personen alphabetisch sortiert.

gisch sinnvoll sind, um den Druck auf den Gegner zu erhöhen.

Doch attraktiv für KMUs?

Eine weitere erste Erkenntnis ist, dass überraschend viele innovative mittelständische Unternehmen ebenfalls vor dem UPC gegen Wettbewerber klagten. Vor dem Start hatten einige Experten den UPC als nachteilig, da zu teuer, für kleine und mittlere Unternehmen eingestuft. Um sich in engen Marktsegmenten direkt mit wichtigen Wettbewerbern auseinanderzusetzen, scheint ein europaweiter Unterlassungstitel für sie aber durchaus attraktiv zu sein. Die myStromer AG z.B. erwirkte mit **Hoyng ROKH Monegier** bei der Düsseldorfer Lokalkammer eine einstweilige Verfügung im Rahmen einer Fahrradmesse gegen einen Konkurrenten. Ebenfalls in Düsseldorf verklagte der deutsche Hersteller von Sanitärprodukten Kaldewei mit **Arnold Ruess** seinen Wettbewerber Bette (mit **Krieger Mes & Graf v. der Groeben**) wegen Patentverletzung.

In den ersten UPC-Verfahren sind insgesamt viele deutsche Kanzleien beteiligt, von einer Dominanz gegenüber französischen, italienischen, niederländischen oder skandinavischen Kanzleien kann aber nicht die Rede sein.

Deutschland weiter die Nummer eins in Europa

Die große Zahl deutscher Patentrichter beim UPC – sein erster Präsident ist Dr. Klaus Grabinski, der zuletzt beim Bundesgerichtshof arbeitete – ist ein wichtiger Beleg für den deutschen Einfluss im globalen Patentrecht. Dieser zeigte sich erneut auch im europäischen Vergleich der nationalen Patentgerichte. Deutsche Gerichte ziehen auch im Jahr des UPC-Starts noch immer die meisten Fälle in Europa an.

Mit 787 neuen Fällen verzeichneten sie 2022 laut einer Erhebung von JUVE Patent zwar ein Minus von 6,4 Prozent, im europäischen Vergleich liegen die deutschen Gerichte aber noch immer mit großem Abstand vor den Gerichten in Frankreich (Paris mit 180 neuen Fällen), den Niederlanden (Den Haag, 149 Fälle) und GB (London, 35 Fälle). Unter den deutschen

Patentgerichten führt weiter Düsseldorf mit 373 neuen Fällen und einem leichten Plus von 0,5 Prozent dank eines starken Rufs für Pharmafälle und einer breiten technologischen Aufstellung. Beim Münchner Landgericht ging die Zahl der Verletzungsklagen zuletzt um 17,6 Prozent auf 216 Fälle zurück.

Wenn es um standardessenzielle Patente (SEPs) geht, ist das Landgericht München sogar die Nummer eins in Deutschland. Für weltweite Beachtung sorgen weiterhin die wechselseitigen Klagen von Nokia gegen Oppo und OnePlus. Immer häufiger streiten sich Unternehmen der Branche derzeit um Wifi-Patente. Huawei beispielsweise verwertet derzeit aktiv seine Patente gegen Amazon, AVM and Netgear. Klagen um Connected-Car-Patente, die die Gerichte in den vergangenen Jahren stark beschäftigt hatten, spielen dagegen eine immer geringere Rolle.

Entscheidend für die Mandatierung der Berater in solchen SEP- und FRAND-Klagen ist, dass sie entsprechende Erfahrungen mit beiden Themen an der Schnittstelle zum Kartellrecht vorweisen, was zuletzt **Arnold Ruess**, **Bird & Bird** und **Wildanger Kehrwald Graf v. Schwerin & Partner** auf Klägerseite bzw. **Bardehle Pagenberg**, **Freshfields Bruckhaus Deringer**, **Hogan Lovells** oder **Quinn Emanuel Urquhart & Sullivan** auf Beklagtenseite unter Beweis stellten.

Erste Klagen um Covid-19-Patente

Großer Beliebtheit erfreuen sich die deutschen Gerichte zudem bei Klagen um klassische Arzneien, Biosimilars oder Medizinprodukte. Hier nahm nicht nur die Zahl der Auseinandersetzungen zu, sondern auch die Härte, mit der die Parteien ihre Streitigkeiten um neue Technologien und Marktanteile ausfechten.

Im Laufe der zweiten Jahreshälfte 2023 etwa verhandelte das Landgericht Düsseldorf die Klage von CureVac, vertreten von **Bird & Bird**, gegen den deutschen Branchenprimus BioNTech um ein mRNA-Patent.

Nur vordergründig geht es hier um Corona-Impfstoffe – viele Beobachter vermuten, dass es in dem Streit um die Nutzung von Grundlagenpatenten für künftige Impfstoffe sowie potenziell sehr lukrative Krebsmedikamente geht. Gegen Ende 2023 verhandelt dasselbe Gericht Klagen von Moderna gegen BioNTech und Pfizer. Moderna klagt mit **Freshfields Bruckhaus Deringer**. BioNTech und Pfizer vertrauen bei der Abwehr beider Klagen auf **Hoyng ROKH Monegier** bzw. **Taylor Wessing**. Noch gibt es keine Entscheidungen in den Auseinandersetzungen, die auch in anderen Ländern geführt werden.

Große Härte in Medizintechnikverfahren

Um Marktanteile geht es in zahlreichen Auseinandersetzungen um Medizinprodukte. Wichtige Verfahren vor deutschen Gerichten finden derzeit zwischen Meril Life Sciences mit **Hogan Lovells** und Edwards Lifesciences mit **Bird & Bird** um Herzklappen statt. Dexcom und Abbott liefern sich derweil eine erbitterte Schlacht um mobile Messgeräte für Diabetiker. In dieser globalen Auseinandersetzung kamen **Quinn Emanuel Urquhart & Sullivan** für Dexcom und **Taylor Wessing** für Abbott zum Zuge. 10x Genomics etwa klagte noch im Mai 2023 intensiv gegen NanoString beim Landgericht München um ein Diagnoseverfahren zum Nachweis von Analyten und trug wenige Tage später den Streit mit **Bardehle Pagenberg** zum UPC. Die Beklagte vertritt **Bird & Bird**.

UPC verändert die Kanzleilandschaft

Der Rückgang neuer Klagen bei den deutschen Gerichten hatte auch mit dem UPC-Start 2023 zu tun. Viele Kläger mussten mit Blick auf das neue Gericht ihre Prozessstrategie überdenken und hielten sich am Vorabend des UPC-Starts mit nationalen Klagen zurück.

Trotz einiger Ungewissheiten beim neuen Gericht sind sich Marktbeobachter aber einig, dass komplexe Klagen um Medizinprodukte, Mobilfunk und Pharma künftig ganz oder zum Teil vor dem UPC ausgefochten werden. Da diese zudem einem engen Fristenregime unterliegen, müssen Kanzleien in der Lage sein, schnell große, kompetente und international versierte Teams zur Verfügung zu stellen. International aufgestellte Praxen wie bei **Allen & Overy**, **Hogan Lovells** oder **Hoyng ROKH Monegier** sind hier etwas im Vorteil. National eigenständige IP-Boutiquen wie **Wildanger Kehrwald Graf v. Schwerin & Partner**, **Arnold Ruess** oder **Rospatt Osten Pross**, aber auch die Patentteams nationaler Großkanzleien wie **Hengeler Mueller** oder **Gleiss Lutz** müssen dabei auf enge Kooperationen mit vergleichbaren Kanzleien in anderen europäischen Ländern (einschließlich Großbritannien) bauen.

Einen innovativen Ansatz fanden im Herbst 2022 die deutsche Kanzlei **Vossius & Partner** und ihre langjährige niederländische Kooperationspartnerin **Brinkhof**. Über die Gesellschaft ‚Vossius Brinkhof UPC Litigators' führen sie künftig gemeinsam UPC-Prozesse. Eine ähnlich UPC-bezogene Kooperation gingen die deutsch-britische IP-Kanzlei **EIP** und die französische Kanzlei **Amar Goussu Staub** ein. **Meissner Bolte** und die französische Kanzlei **Santarelli** kooperieren ebenfalls künftig bei UPC-Themen. Andere Kanzleien arbeiten derzeit an ähnlichen Kooperationen.

Viel Bewegung im Markt

Eine Schockwelle löste zum Jahreswechsel **Bardehle Pagenberg** aus, als sie auf einen Schlag einen renommierten Partner von **Meissner Bolte** sowie zwei Partner von **Eisenführ Speiser** abwarb. Verbunden damit war die Gründung eines Büros in Hamburg. Das Ziel dieser Aktion ist es, mehr Reichweite im UPC-System zu erlangen sowie eine größere Teamstärke – vor allem auf Partnerebene – für großvolumige UPC-Prozesse.

In der Folge reagierte vor allem **Eisenführ Speiser** und holte Partner von **Ampersand** und **Meissner Bolte**. Letzterer gelang ein ähnlicher Wiederaufbau des Prozessteams dagegen bislang nicht.

Spektakulär war auch der Wechsel von zwei jüngeren, aber schon marktbekannten Partnern von **Hoyng ROKH Monegier** zu **Clifford Chance**, die daraufhin sehr aktiv an der Seite von Huawei auftraten.

Diese Wechsel zeigten zuletzt eindrucksvoll, dass vor allem jüngere Partner – ausgelöst durch die UPC-bedingten Veränderungen – wieder deutlich wechselfreudiger waren als in den Jahren zuvor. Auch **Peterreins Schley** verstärkte sich mit einem jüngeren Prozessanwalt von **Bird & Bird**. Auf patentanwaltlicher Seite sorgte vor allem ein größerer Spin-off bei **Boehmert & Boehmert** für viel Aufmerksamkeit. Als **SKM-IP** machten sich in München vier prozesserfahrene Partner und ein Associate mit technischen Schwerpunkten bei der Mechanik und im Lifescience-Sektor selbstständig.

Immer mehr gemischte Teams

Dass auch Patentanwälte vor dem neuen Gericht vertretungsbefugt sind, bringt weitere Bewegung in den Beratermarkt. Patentanwälte bei **Cohausz & Florack**, **dfmp Dörries Frank-Molnia & Pohlman** oder **Maikowski & Ninnemann** verfügen über so große Prozesserfahrung, dass ihnen zugetraut wird, UPC-Verfahren ohne Rechtsanwälte zu führen. Die meisten Patentanwälte dürften jedoch schon aus Haftungsgründen weiter auf die gemeinsame Prozessführung mit Rechtsanwälten setzen. Die meisten Mandanten beteuern zudem, auch künftig gemischte Prozessteams einsetzen zu wollen.

Somit setzt sich der Trend zu gemischten Prozessteams in den Kanzleien fort. Neben internationalen Kanzleien wie **Bird & Bird**, **Hogan Lovells** und **Simmons & Simmons** haben auch deutsche Einheiten wie **Bardehle Pagenberg**, **Vossius & Partner** oder **Grünecker** seit vielen Jahren gemischte Teams aus Rechts- und Patentanwälten. **Hoyng ROKH Monegier** nahm trotz sehr intensiver Beziehungen zu externen Patentanwaltskanzleien erstmals zwei Patentanwälte für den Lifescience-Sektor an Bord. Auch **Norton Rose Fulbright** verstärkte sich mit einem Patentanwalt von Infineon.

Viele IP-Boutiquen wie **Maikowski & Ninnemann** auf patent- und **Krieger Mes & Graf v. der Groeben** auf rechtsanwaltlicher Seite setzen dagegen beim Thema gemischter Prozesspraxen auf ihre Eigenständigkeit und arbeiten lieber mit externen Patent- bzw. Rechtsanwälten zusammen, als sich die jeweils andere Berufsgruppe und damit mögliche Interessenkonflikte ins Haus zu holen. Welcher Ansatz sich vor dem UPC durchsetzen wird, zeigt sich frühstens Ende 2024, wenn mehr UPC-Klagen eingereicht wurden.

Die Rankings erfassen Kanzleien, die zu Patenten und Gebrauchsmustern sowie Know-how-Schutz beraten. Hierbei engagieren sich sowohl Patent- als auch Rechtsanwälte. UPC-Klagen hatten aufgrund des Starttermins des Gerichts noch keinen Einfluss auf die Rankings. Kanzleien, die über angrenzende Kompetenzen verfügen, finden sich in den Kapiteln ▷*Kartellrecht*, ▷*Konfliktlösung* und ▷*Marken- und Wettbewerbsrecht*.

Green Private Equity

Von Dr. Jan Philipp Feigen und Dr. Daniel Mattig, EY Law, Hamburg

Dr. Jan Philipp Feigen

Dr. Jan Philipp Feigen ist Rechtsanwalt und Partner bei EY Law und leitete die globale Transaction Law Praxis von EY. Er berät internationale und nationale Mandanten in den Bereichen Mergers & Acquisitions, Joint Ventures sowie Unternehmensrestrukturierungen. Sein Fokus liegt dabei auf Private-Equity-Transaktionen.

Dr. Daniel Mattig

Dr. Daniel Mattig ist Rechtsanwalt und Senior Manager bei EY Law. Er ist ebenfalls beratend im Rahmen von Private-Equity-Transaktionen tätig. Darüber hinaus beschäftigt er sich mit ESG-Themen und ist Teil des Legal Innovation and Technology Teams.

Das **EY Law** Private Equity Team ist ein globales, schlagkräftiges Team, das stets schnell und pragmatisch agiert, um für seine Mandanten wirtschaftlich sinnvolle und nachhaltige Lösungen zu erarbeiten.

Kontakt
Ernst & Young Law GmbH
Rechtsanwaltsgesellschaft Steuerberatungsgesellschaft
Rothenbaumchaussee 78
20148 Hamburg
Dr. Jan Philipp Feigen
jan.feigen@ey.com
Dr. Daniel Mattig
daniel.mattig@ey.com

www.ey-law.de
www.ey.com/en_gl

Weitere Informationen zur Kanzlei in der Anzeige auf Seite 3, 140

Was lange Zeit nur ein „nice to have" war, wird immer mehr zum „must have" für Private Equity (PE) Fonds: Investieren anhand von ESG-Kriterien. Dabei ist aber keineswegs nur der Gesetzgeber die treibende Kraft, sondern die PE-Fonds ergreifen selbst die Initiative: 81 % der größten PE-Fonds (Volumen >15 Mrd. USD) investieren – zumindest in bestimmten Risikofeldern – maßgeblich anhand von environmental, social und governance (ESG) Kriterien (75 % bei einem Volumen 2,5-15 Mrd. USD). Gleichermaßen gehört es für 52 % der größten PE-Fonds zu den wichtigsten Strategien, ESG-Maßnahmen im Portfolio umzusetzen (Smyth/Burrell/Saenz, EY Global Private Equity Survey 2022). Damit sich die ESG-Investition auszahlt, bedarf es jedenfalls auch einer rechtlichen Perspektive: Es gilt, ESG-Risiken und -Potenziale (insbesondere) in der rechtlichen Due Diligence zu erkennen sowie in der Transaktionsdokumentation zu mitigieren bzw. zu verankern. Wie dies gelingen mag, will der nachfolgende Beitrag aufzeigen.

Die zunehmende ESG-Regulierung...

Nahezu täglich wächst der ESG-Regelkanon – sei es auf globaler, supranationaler/EU- oder nationaler Ebene, sei es durch bloße Selbstverpflichtungen, weiche Zielvorgaben oder eben „harte" gesetzliche Normen.

Nimmt man die europäische und nationale Gesetzgebung in den Blick, fällt zunächst die Vorreiterrolle der Europäischen Union auf: Bereits 2016 teilte die Kommission mit, dass man sich „auf den Weg in eine nachhaltige Zukunft" mache (Komm. Memo/16/3886), was sie nun nicht zuletzt mit dem European Green Deal umsetzt. Besonders bedeutend für PE-Fonds Manager sind die Offenlegungsverordnung (Sustainable Finance Disclosure Regulation – SFDR, VO (EU) 2019/2088) und die Taxonomie-Verordnung (VO (EU) 2020/852). Denn anhand dieser Klassifikationssysteme müssen die Fondsmanager nun darlegen, inwieweit (i) ihre Fonds nachhaltige Investitionen anstreben, (ii) die Investments ökologische und/oder soziale Merkmale fördern oder (iii) warum sie Nachhaltigkeitsrisiken nicht oder nur in geringem Umfang berücksichtigen (Art. 9 I, II; Art. 8 I; Art. 6 I SFDR).

Gleichzeitig schreiten die Mitgliedstaaten voran – etwa hinsichtlich der Lieferanten: Das deutsche Lieferkettensorgfaltspflichtengesetz trat am 01.01.23 in Kraft; das französische Pendant, „Devoir de vigilance", besteht bereits seit 2017. Beide Gesetze fordern zunächst nur die Großunternehmen dazu auf, menschenrechtliche und umweltbezogene Sorgfaltspflichten entlang der Lieferkette zu etablieren. Wer Zulieferer ist, wird zumeist gleichermaßen über die Einkaufsbedingungen verpflichtet. Verschärfend will der Unionsgesetzgeber mit der Sorgfaltspflichtenrichtline (Entwurf COM(2022) 71) die Unternehmen nun zudem verpflichten, konkret zu den Zielen des Pariser Klimaabkommens beizutragen.

Weitere Anforderungen ergeben sich aus (kapitalmarktbezogenen) Veröffentlichungspflichten und (naturgemäß) aus dem Fachrecht – etwa dem Abfall- und Umweltrecht. Jüngst bringt die Union nun das Verbraucher- und Wettbewerbs-/Lauterkeitsrecht in Stellung (Entwurf COM(2023) 166): Im Kampf gegen das vielkritisierte „Greenwashing" muss derjenige höhere inhaltliche Anforderungen beachten, der umweltbezogen wirbt. Führt die ‚grüne Werbung' zudem in die Irre, sind zivil- und öffentlichrechtliche Sanktionen eröffnet und man mag auch mit strategischer Prozessführung konfrontiert werden.

...als Chance und Werttreiber für Green Private Equity

Wenngleich das Regulierungsdickicht herausfordernd sein mag, begreifen immer mehr Investoren die gesetzliche Dynamik auch als Werttreiber für ihre Portfoliounternehmungen. Denn durch den gezielten Erwerb von Unternehmen, die sich auf Umweltbelange, soziale Anliegen und Anforderungen an eine gute Unternehmensführung fokussieren, können Unternehmensgruppen ihre Performance systematisch steigern. Ebenso können ESG-Missstände, die sich während der Haltedauer beheben lassen, der Werthebel sein, der die Investitionsentscheidung rechtfertigt. Allerdings gelingt der „ESG-Turnaround" nicht immer. Es empfiehlt sich daher stets, sicherzustellen, dass sich die ESG-Risiken tatsächlich auf ein vertretbares Maß reduzieren lassen. Dies erfordert, die Risiken detailliert zu analysieren und rechtlich abzusichern.

Vom initialen ESG-Profil zum Schwerpunkt in der Legal Due Diligence

Am Anfang der Investitionsentscheidung stehen regelmäßig öffentlich verfügbare Informationen, Nachhaltigkeitsratings und -benchmarks. Man prüft, ob ein Unternehmen die fondsspezifischen Anlagekriterien erfüllt und branchenspezifischen Positiv- bzw. Negativkatalogen Stand hält. Sodann verfolgen viele Investoren einen „Best-in-Class"-Ansatz, um auf jene Unternehmen zu zielen, die die ESG-Kriterien im Branchenvergleich besonders gut umsetzen; andere wählen hingegen Unternehmen mit den größten Entwicklungspotenzialen. Insbesondere beim zweiten Ansatz empfiehlt es sich, frühzeitig die dynamische Regulierung zu berücksichtigen, um die Potenziale auch rechtlich realistisch einzuschätzen.

Entscheidend für die anschließende (rechtliche) ESG-Due Diligence sind Umfang und Qualität der Datengrundlage. Hierzu zählen etwa Nachhaltigkeitsleitlinien, Auswertungen von ESG-Indikatoren und dem Code of Conduct. Wird ein Verkaufsprozess vorbereitet, empfiehlt es sich daher, hierauf einen Schwerpunkt zu legen und die Diskussion mit den Interessenten gezielt vorzubereiten. Gleichwohl ist nicht alles „ESG-Neuland": Bereits zur klassischen Due Diligence gehören viele ESG-Kriterien – sei es im Rahmen der Einhaltung von Genehmigungsvorgaben, der Corporate-Governance oder der Datenschutz-Compliance. Je nach Branche kommen Schwerpunkte hinzu: etwa die Pflichten entlang der Lieferkette, vertiefte Sozial- oder Umweltprüfungen.

Nicht zu vernachlässigen sind potenzielle (oder gar laufende) Rechtstreitigkeiten: Unlauteres „Greenwashing" werfen momentan viele Kläger den Investoren vor und auch der Gesetzgeber nimmt das Phänomen – wie eingangs ausgeführt – stärker in den Blick. PE-Investoren sollten daher stringent handeln und ein positives (öffentliches) ESG-Profil auf Portfolioebene auch rechtfertigen und untermauern können. Zugleich gilt es, Frühwarnsysteme aufzubauen, um potenzielle Streitigkeiten zu erkennen und Risiken proaktiv entgegenzutreten.

Verankerung in der Transaktionsdokumentation und Ausbau in der Haltephase

Ist die Due Diligence abgeschlossen, gilt es, die Ergebnisse der Fachbereiche in der Dokumentation zu verankern.

Ein erster Aufgriffspunkt liegt regelmäßig beim Kaufpreis: Hat eine positive ESG-Reputation den Umsatz gesteigert und die Finanzierungskosten gesenkt, wird dies sicher ebenso zu berücksichtigten sein wie fehlende Investitionen – auch mit Blick auf eine Regulierungsverschärfung. Geht es darum, die zukünftige Entwicklung des Geschäfts abzubilden, bieten sich Earn-out-Mechanismen an. Neben monetären Kennzahlen treten insofern mehr und mehr ESG-Kriterien in den Vordergrund. Um Streit zu vermeiden, sollte man die Kriterien aber möglichst objektiv ausgestalten und etwa ein verbessertes Nachhaltigkeitsranking forcieren oder darauf zurückgreifen, ob das Management eine bestimmte Zertifizierung für das Unternehmen sichern kann.

Daneben lassen sich die operativen Risiken über Garantien und – sofern konkrete Missstände bekannt – Freistellungen adressieren; regelmäßig über Erweiterungen des klassischen Garantiekatalogs – etwa in Bezug auf die Lieferkette oder mithilfe der sog. „Weinstein-Klausel", um spezifisches (vor allem sexuelles) Fehlverhalten am Arbeitsplatz abzudecken. Wollen die Verkäufer entsprechende Risiken nicht (vollständig) tragen, bieten sich W&I-Versicherungen an. Mithilfe von Spezialpolicen übernehmen diese auch umweltrechtliche Compliance-Risiken oder Beseitigungskosten. Da das Angebot noch sehr dynamisch ist, sollten die Policen stets auf die Transaktion maßgeschneidert werden.

Ist die Transaktion vollzogen, geht es darum, das ESG-bezogene Potenzial zu heben. Dies betrifft zunächst die Mitigation der Missstände, die in der Due Diligence aufgedeckt wurden, sollte aber gleichermaßen auch die (zu erwartende) ESG-Regulierung einbeziehen. Darüber hinaus bietet es sich für den Investor an, Anreize für das Management anhand konkreter ESG-Meilensteine zu etablieren – etwa ein verbessertes Nachhaltigkeitsrating. Dabei sollte das Management die Maßnahmen und Prozesse, um die ESG-Performance zu optimieren, hinreichend dokumentieren. Denn ein abgestimmtes Reporting erleichtert es nicht nur, intern zu steuern, sondern legt zugleich den Grundstein für die nächste (rechtliche) ESG-Due Diligence im Rahmen des Exits.

Fazit

ESG ist derzeit definitiv ein „hot topic" – sowohl für Private Equity Investoren als auch den Gesetzgeber. Doch sollten die Investoren die verschärfte Regulierung nicht als Last verstehen. Bei richtiger Risikoanalyse und rechtlicher Verankerung bietet sie die Gelegenheit, einmal mehr das Erfolgskonzept der PE-Fonds umzusetzen: Wachstumspotenziale identifizieren, in Portfoliounternehmen implementieren und branchenübergreifend skalieren. Gelingt es den Deal-Teams, ESG-bezogene Wertsteigerungen zu institutionalisieren, kann „Green Private Equity" einen wesentlichen Beitrag dazu leisten, um nachhaltig und sozial zu wirtschaften und die Klimakrise zu bewältigen. ■

KERNAUSSAGEN

- Investieren anhand von ESG-Kriterien entwickelt sich mehr und mehr zum „must have" für Private Equity Fonds.
- Viele Fonds ergreifen selbst die Initiative, aber auch der Gesetzgeber ist eine treibende Kraft: Ausgehend von den EU-Offenlegungs- und Taxonomie-Verordnungen, über die nationalen Lieferkettengesetzen bis hin zum Verbraucherrecht entwickelt so sich ein herausforderndes Regelungsdickicht. Gleichwohl begreifen immer mehr Investoren die gesetzliche Dynamik auch als Werttreiber für ihre Portfoliounternehmungen.
- Damit sich die ESG-Investition auszahlt, bedarf es jedenfalls auch einer rechtlichen Perspektive: Es gilt, ESG-Risiken sowie -Potenziale (insbesondere) in der rechtlichen Due Diligence zu erkennen und effektiv in der Transaktionsdokumentation zu mitigieren bzw. zu verankern.

Venture Debt: Vor- und Nachteile gegenüber Finanzierungsrunden

Von Dr. Sebastian Gerlinger, LL.M. und Ludwig Niller, POELLATH, München

Dr. Sebastian Gerlinger

Dr. Sebastian Gerlinger, LL.M. ist als Partner bei POELLATH im transaktionalen Venture Capital/Private Equity-Bereich tätig. Er berät von Finanzierungen und Akquisitionen bis hin zu Exits die gesamte Bandbreite von Venture Capital.

Ludwig Niller

Ludwig Niller ist als Associate bei POELLATH im Bereich Venture Capital tätig.

Kontakt
Dr. Sebastian Gerlinger, LL.M.
T: + 49 (89) 24240 374
Sebastian.Gerlinger@pplaw.com

Weitere Informationen zur Kanzlei in der Anzeige auf Seite 208/209

Mit dem Kollaps der Silicon Valley Bank verlässt einer der global bedeutendsten Akteure im Bereich Venture Debt den Markt. Dies geschieht zu einem für Start-ups ungünstigen Zeitpunkt. Gerade angesichts der aktuell schwierigen Marktbedingungen für Venture Capital griffen Start-ups auch in Europa vielfach auf Venture Debt als alternative Finanzierungsform zurück.

Venture Debt fristet in Deutschland im Verhältnis zu klassischen Venture-Capital-Eigenkapitalfinanzierungen aber trotzdem noch ein Nischendasein. Nach Schätzungen der Deutschen Bank wurden in Europa im Jahr 2021 insgesamt 43,9 Milliarden Euro Risikokapital investiert. Davon entfielen 2,1 Milliarden Euro auf Venture Debt. Das entspricht einem Anteil von gerade einmal 4,8 % des investierten Risikokapitals. Die Europäische Investitionsbank taxiert das Verhältnis mit rund 3 % noch niedriger. Zum Vergleich: In den USA betrug der Anteil von Venture-Debt-Finanzierungen des insgesamt investierten Risikokapitals immerhin rund 15 %.

Der folgende Artikel klärt in einem ersten Schritt die begrifflichen Grundlagen, umreißt dann die wesentlichen Vertragsbedingungen einer Venture-Debt-Finanzierung und beleuchtet schließlich das Verhältnis von Venture Capital zu Venture Debt, insbesondere die Vor- und Nachteile der jeweiligen Finanzierungsform.

Venture Debt als ein auf Start-ups zugeschnittenes Fremdkapitalinstrument

Bei Venture Debt handelt es sich um ein auf Start-ups in der späteren Wachstums- und Konsolidierungsphase (Later Stage bis Exit) zugeschnittenes Fremdkapitalinstrument. Dabei werden Start-ups Kreditfazilitäten mit einer Laufzeit von in der Regel zwischen drei bis fünf Jahren und einem Volumen zwischen einer und fünfzehn Millionen Euro gewährt, wobei im Einzelfall auch wesentlich höhere Beträge möglich sind. Die Verzinsung ist verglichen mit klassischen Bankfinanzierungen relativ hoch und liegt in der Regel zwischen 10 und 15 % per annum. Venture Debt ist sowohl von Venture Capital als auch von klassischen Bankdarlehen und Wandeldarlehen abzugrenzen. Im Unterschied zu Venture Capital wird dem Start-up bei einer Venture-Debt-Finanzierung Fremdkapital zugeführt. Abhängig von den jeweiligen regulatorischen Vorgaben vergeben Banken und Kreditfonds Venture Debt entweder in Form von Darlehen oder als privat platzierte Anleihen.

Während Banken und ausländische Kreditfonds zu Krediten tendieren, arbeiten inländische Kreditfonds regelmäßig mit Anleihen. Im Unterschied zu Venture Debt sind klassische Bankkredite auf Unternehmen mit einem niedrigeren Risikoprofil zugeschnitten, die einen positiven Cash Flow aufweisen und werthaltige Kreditsicherheiten bereitstellen können. Wandeldarlehen und Venture Debt haben gemeinsam, dass dem Kreditgeber typischerweise ein (ggf. virtuelles) Anteilsbezugsrecht zu vergünstigten Konditionen eingeräumt wird. Anders als bei Venture Debt werden Wandeldarlehen aber typischerweise in einer frühen Entwicklungsphase des Start-ups von (künftigen) Gesellschaftern zur Verfügung gestellt und regelmäßig nicht zurückgezahlt, sondern im Rahmen der nächsten Finanzierungsrunde in Eigenkapital umgewandelt. Venture Debt wird hingegen vollständig und verzinst zurückgezahlt. Das Anteilsbezugsrecht hat im Rahmen einer Venture-Debt-Finanzierung zusammen mit der Zinszahlung eine Vergütungsfunktion.

Typische Vertragsbedingungen einer Venture-Debt-Finanzierung

Bei Venture-Debt-Finanzierungen besteht ein weiter Gestaltungsspielraum, der die flexible Anpassung des Vertrags an die individuelle Ausgangssituation eines Start-ups erlaubt. Die Dokumentation einer Venture-Debt-Finanzierung besteht in der Hauptsache aus dem eigentlichen Kreditvertrag. Dazu kommen ggf. ein separates Warrant Agreement und weitere Sicherungsverträge (Globalzession, Kontenverpfändung, Sicherungsübertragung gewerblicher Schutzrechte u.a.). Venture-Debt-Verträge orientieren sich zunehmend an LMA-Mustern und enthalten regelmäßig folgende wesentliche Bestimmungen:

Neben der Zinszahlung wird die Kapitalüberlassung durch Equity Kicker vergütet, die den Kreditgeber an der positiven wirtschaftlichen Entwicklung des Start-ups beteiligen. In einem Warrant Agreement erhält der Kreditgeber hierfür ein Optionsrecht auf eine bestimmte Anzahl an Gesellschaftsanteilen zu bevorzugten Konditionen. In der Regel „konserviert" sich der Kreditgeber die Bewertung der letzten Finanzierungsrunde vor Abschluss der Venture-Debt-Finanzierung. Typischerweise übt der Kreditgeber das Optionsrecht dann kurz vor oder im Rahmen eines Exits aus, abhängig von der Exit Bewertung des Start-ups. So kann der Kreditgeber bei sehr positiver (Wert-)Entwicklung des Start-ups mitunter eine hochattraktive Rendite erzielen, die den eigentlichen Kreditzins unter Umständen in den Hintergrund rücken lässt. Daneben ist in der Regel auch eine sogenannte „Cashless Exercise" optional möglich. Hier erhält der Kreditgeber die Anteile gegen eine entsprechende Reduzierung seiner Bezugsrechte ohne ein Investment in cash auf die Anteile erbringen zu müssen. Warrants führen somit auch zu einer (wirtschaftlichen sowie prozentualen) Verwässerung der bestehenden Gesellschafter, allerdings normalerweise in einem geringen Maß, da sich das Optionsrecht in der Regel auf 10 bis 20 % des Kreditbetrags beschränkt. Um den mit einer Kapitalerhöhung einhergehenden Aufwand (notarielle Kapitalerhöhung, Anpassung des Shareholder Agreements etc.) zu vermeiden, lässt sich ein Equity Kicker auch virtuell umsetzen. Zu diesem Zweck erhält der Kreditgeber einen schuldrechtlichen Anspruch auf eine entsprechende Beteiligung an späteren Exit-Erlösen.

Die übrigen Vertragsbestimmungen sind weitgehend mit regulären Bankkrediten vergleichbar. Die Auszahlung des Kredits unterliegt Auszahlungsbedingungen (Conditions Precedent), insbesondere dass die vereinbarten Sicherheiten eingeräumt werden. Die Kreditwürdigkeit des Start-ups wird bei Vertragsschluss durch Zusicherungen (Representations) bestätigt und für die Laufzeit der Venture-Debt-Finanzierung durch die Vereinbarung von bestimmten Verhaltens- bzw. Unterlassungspflichten und Finanzkennzahlen (Covenants) abgesichert. Verletzt der Kreditnehmer einen Covenant, stellt sich eine Representation als falsch heraus oder kommt es zu einem Zahlungsausfall, stellt dies einen Kündigungsgrund (Event of Default) dar. Infolgedessen wird die gesamte Kreditsumme sofort zur Rückzahlung fällig. Wenn eine Anschluss- oder Refinanzierung scheitert, kann eine solche kurzfristige Fälligstellung die Zahlungsunfähigkeit des Start-ups begründen. Daher ist von Seiten des Start-ups darauf zu achten, Covenants, Representations und die Events of Default präzise und nicht zu weit zu definieren. Zur Information über die Lage des Start-ups und zur Kontrolle der Einhaltung der Covenants erhält der Kreditgeber regelmäßig Berichte über die Finanzlage des Unternehmens und ist ggf. zusätzlich berechtigt, ein beobachtendes Mitglied in den Beirat zu entsenden. Die Kreditsicherung erfolgt regelmäßig durch eine Sicherungsglobalzession der Assets sowie der Verpfändung der Konten und der gewerblichen Schutzrechte des Start-ups.

Vor- und Nachteile von Venture Capital verglichen mit Venture Debt

Die finanzielle Situation von Start-ups in der Seed-, Start-up- und Expansionsphase ist regelmäßig von einem negativen EBITDA gekennzeichnet. Dem Kapitalverbrauch (Burn) für Konzept- bzw. Produktentwicklung, Vertriebs- und Produktionsaufbau sowie Marktexpansion steht in aller Regel kein positiver Cashflow in gleicher Höhe gegenüber. Diese Situation bedingt eine Finanzierung durch Eigenkapital. Dieses wird in Finanzierungsrunden eingesammelt. Auf Grundlage eines Investment Agreements werden dabei neue Geschäftsanteile gegen Zahlung des Anteilspreises in das Stamm-/Grundkapital (Nominalwert der Anteile) und in die Kapitalrücklage (i.d.R. als schuldrechtlich ausgestaltetes Agio) ausgegeben. Diese Art der Finanzierung führt zu einer (prozentualen aber keiner wirtschaftlichen) Verwässerung der bestehenden Beteiligungsverhältnisse. Die per Gesetz notwendigen Formerfordernisse (Beurkundung, Eintragung im Handelsregister) führen zu hohen Transaktionskosten und einer langsamen Transaktionsgeschwindigkeit. Klassische Fremdkapitalinstrumente wie Bankdarlehen stehen in der Regel nicht zur Verfügung, da mangels stabilen, positiven Cashflows Zins- und Tilgungszahlungen nicht gewährleistet sind und Start-ups in der Regel nicht in der Lage sind, Banken die notwendigen werthaltigen und liquidierbaren Sicherheiten zu stellen.

Ergebnis

Venture Debt dient Start-ups typischerweise als sinnvolle Ergänzung zur klassischen Eigenkapitalfinanzierung. Dabei übernimmt es meist eine Brückenfunktion hin zur nächsten Finanzierungsrunde oder zum Exit und ermöglicht Start-ups, die Zeit zwischen zwei Finanzierungsrunden zu verlängern, vor der nächsten Finanzierungsrunde noch einen wichtigen Milestone zu erreichen und die nächste Finanzierungsrunde bzw. den Exit damit auf Basis einer attraktiveren Bewertung durchzuführen. Dabei kann die prozentuale Verwässerung der bestehenden Gesellschafter bzw. Aktionäre am Stamm- bzw. Grundkapital vermieden werden. Auch sind die hohen Zinsausgaben grundsätzlich als Betriebsausgaben steuerlich abzugsfähig. Eine notarielle Beurkundung ist nur im Hinblick auf das Warrant Agreement erforderlich, wenn es sich bei dem Start-up um eine GmbH handelt und das Warrant Agreement zum Bezug „echter" (und nicht nur virtueller) Anteile berechtigt. Die durch Equity Kicker verursachte prozentuale Beteiligungsverwässerung ist verglichen mit der Verwässerung im Rahmen einer Finanzierungsrunde relativ gering. Allerdings muss Venture Debt im Gegensatz zu Eigenkapital zurückgezahlt werden. Venture Debt steht also nur Start-ups zur Verfügung, die bereits ein tragfähiges, skalierbares Geschäftsmodell entwickelt haben, ein nachhaltiges und starkes Umsatzwachstum zumindest erwarten lassen und über ein erfahrenes Managementteam verfügen. Diese Voraussetzungen sind typischerweise erst kurz vor oder in der Later Stage-Phase eines Start-ups gegeben. ■

KERNAUSSAGEN

- Venture Debt ist ein speziell auf Start-ups zugeschnittenes Fremdkapitalinstrument.
- Es handelt sich dabei nicht um eine Alternative zur klassischen Eigenkapitalfinanzierung mittels Venture Capital, sondern um eine Ergänzung dazu.
- Venture Debt kommt nur für Start-ups in einem fortgeschrittenen Entwicklungsstadium (Later Stage bis Exit) in Frage und wird sinnvollerweise dazu eingesetzt, die Zeit bis zur nächsten Finanzierungsrunde oder bis zum Exit zu überbrücken bzw. zu verlängern.

Private Equity und Venture Capital

Ein schwieriger Markt

Für Anwälte, die Finanzinvestoren beraten, war es ein Jahr mit Höhen und Tiefen. Die Zinswende Mitte 2022 war Vorbote eines sehr viel schwierigeren Marktes, in dem die Unsicherheit über die Richtung der Wirtschaft im Zusammenhang mit geopolitischen Problemen zu einem sehr viel ruhigeren Markt sowohl im Private-Equity- als auch bei Venture-Capital-Segment führte. Zumindest war dies bei großen PE-Transaktionen sowie großvolumigen Finanzierungsrunden im Jahr 2023 der Fall. Es gab zwar zahlreiche Versuche, große Transaktionen durchzuführen, einschließlich vieler Private-to-Public-Transaktionen (P2P), von denen vor einigen Jahren nur wenige Anwälte in diesem Markt zu träumen gewagt hätten. Die meisten PE-Anwälte erwarten für 2024 eine Reihe spektakulärer Transaktionen (oder Versuche) nach dem Vorbild des Kampfes zwischen Silver Lake und Bain um die Software AG, den **Hengeler Mueller** bzw. **Kirkland & Ellis** begleiteten.

Die Zukunft des VC-Marktes bleibt jedoch trübe. Auch hier war es die Zinswende, die den Boom beendete, aber die Tatsache, dass 2023 die Zahl der Frühphasenfinanzierungsrunden stark zurückging und Growth Capital faktisch zusammenbrach, war auch das Ergebnis einer Überbewertung der vergangenen Jahre. Die meisten VC-Anwälte erwarten in den nächsten Jahren eine Welle von Neubewertungen (sog. Downrounds) sowie Umstrukturierungen. Dennoch reicht selbst dieser ruhigere Markt aus, um Dutzende von Firmen und Hunderte von Anwälten zu beschäftigen. Der Mid-Cap-Markt blieb von Finanzierungsthemen relativ unbehelligt und zeigt, zu welch festem Bestandteil er für Finanzinvestoren in der deutschen Deallandschaft geworden ist.

Quereinsteiger sind wieder unterwegs

Die Rückkehr zur Normalität nach Corona bedeutete nicht zuletzt, dass Kanzleien sich wieder stärker ihren strategischen Zielen widmen und Lücken in ihren Praxen schließen konnten. Dies führte nicht zuletzt dazu, dass die Zahl der Seiteneinsteiger wieder zunahm. Der spektakulärste Wechsel war der von Dr. Stefan Rieger, einem der aufstrebenden Infrastrukturexperten des Marktes, von **Hogan Lovells** zu **Latham & Watkins**. Es war kein Zufall, dass auch ein anderer bekannter Infrastrukturanwalt der nächsten Generation einen Wechsel vollzog: Frederik Mühl ging von **Clifford Chance** zu **Paul Hastings**. Viele Kanzleien sind in diesem Bereich unterbesetzt, und es herrscht ein starker Wettbewerb um die besten Anwälte, wie die beiden Wechsel zeigen. Auch bei mittelgroßen Kanzleien gab es Bewegung: **McDermott Will & Emery**, **DLA Piper** und **Görg** stockten ihre Partnerriege auf.

Auf dem PE-Markt gab es eine Reihe neuer Mitspieler. Die effektive Schließung von **Shearman & Sterling** in Deutschland bedeutete, dass das gesamte Team zu **Morgan Lewis & Bockius** wechselte und seine Mandanten mitnahm. Andere waren Boutiquen, die sich inzwischen im Small- bis Mid-Cap-PE-Markt etabliert haben, wie die Münchner Boutique **Momentum Gold Wied Heilmeier**, während der Berliner VC-Markt weiterhin ein fruchtbarer Boden für erfahrene Associates ist, die sich selbstständig machen wollen, wie die Entwicklung von **Voy** sowie **RSR Rüping Schroeder** zeigt.

Die Bewertungen behandeln Kanzleien, die bei Transaktionen von und mit Private-Equity-(PE)-Investoren und anderen Kapitalbeteiligungsgesellschaften beraten. Kanzleien mit Fokus auf große (Large-Cap-) und mittelgroße (Mid-Cap-)Transaktionen sind in jeweils eigenen Übersichten aufgeführt. Die Beratung zur Fondsgestaltung ist im Kapitel ▷*Investmentfonds* erfasst, die Beratung zur Fremdfinanzierung von PE-Deals im Kapitel ▷*Kredite und Akquisitionsfinanzierung*. Eine weitere Übersicht erfasst Kanzleien, die bei Venture-Capital-(VC)-Finanzierungen beraten. Dazu zählen Investitionen zu Beginn einer Unternehmensentwicklung (Start-up oder Seed Capital) ebenso wie weitere Finanz.-Runden und das Ende des Investments.

JUVE KANZLEI DES JAHRES FÜR PRIVATE EQUITY UND VENTURE CAPITAL

RENZENBRINK & PARTNER

Die Hamburger Boutique verfügt seit Jahren über eine hervorragende Mid-Cap-Praxis, die auf der bemerkenswerten Erfolgsbilanz und dem Ruf ihres Namenspartners **Dr. Ulf Renzenbrink** beruht. Seine Verbindungen zu Stammmandant IK haben stets einen soliden Dealflow eingebracht, darunter auch großvolumige Exits, die zeigen, dass die Kanzlei am Rande des Large-Cap-Geschäfts agieren kann. Aber auch andere prominente Häuser sind zu Stammkunden geworden, allen voran Triton – und das in einem schwierigen Marktumfeld, was einmal mehr zeigt, dass mit Renzenbrink zu rechnen ist. Der Namenspartner wird regelmäßig von Mandanten und Wettbewerbern für seinen Kundenservice gelobt. „Er hat ein ausgezeichnetes Verständnis für die Bedürfnisse u. Ziele seiner Mandanten", kommentiert bspw. ein Wettbewerber. Lange reduzierten Wettbewerber die Kanzlei deshalb auf ihn, doch zuletzt wurde klar, welch starke Generation an jungen Partnern die Kanzlei hervorgebracht hat. **Dr. Dennis Schlottmann**, der für Ergon eine Reihe von Deals abschloss, hat die Beziehung zu einem für die Kanzlei wichtigen Kunden ausgebaut. **Dr. Niels Maier** finden Wettbewerber „besonders stark in Verhandlungen". Er hat selbstständig die Beziehung zu Gimv ausgebaut. Der Dritte im Bunde ist **Dr. Andreas Stoll**, der von Mandanten und Wettbewerbern ebenfalls viel Lob erhält.

Private Equity: Large-Cap-Transaktionen

★★★★★	
Clifford Chance	Frankfurt, Düsseldorf, München
Freshfields Bruckhaus Deringer	Frankfurt, München, Hamburg, Düsseldorf, Berlin
Hengeler Mueller	Frankfurt, Düsseldorf, München
Kirkland & Ellis	München
Latham & Watkins	Frankfurt, München
Milbank	München
★★★★	
Linklaters	Frankfurt, München
Weil Gotshal & Manges	Frankfurt, München
Willkie Farr & Gallagher	Frankfurt
★★★	
Allen & Overy	Frankfurt, Hamburg
Gibson Dunn & Crutcher	Frankfurt
Gleiss Lutz	München, Stuttgart, Frankfurt, Hamburg
★★	
Skadden Arps Slate Meagher & Flom	Frankfurt
White & Case	Frankfurt
★	
Noerr	München, Berlin
Paul Hastings	Frankfurt
Renzenbrink & Partner	Hamburg

Die Auswahl von Kanzleien und Personen in Rankings und tabellarischen Übersichten ist das Ergebnis umfangreicher Recherchen der JUVE-Redaktion. Sie ist in 2erlei Hinsicht subjektiv: Die Aussagen der befragten Quellen sind subjektiv u. spiegeln deren Erfahrungen u. Einschätzungen. Die JUVE-Redaktion wiederum analysiert die Rechercheergebnisse unter Einbeziehung ihrer eigenen Marktkenntnis. Der JUVE Verlag beabsichtigt keine allgemeingültige oder objektiv nachprüfbare Bewertung. Es ist möglich, dass eine andere Recherchemethode zu anderen Ergebnissen führt. Innerhalb einzelner Gruppen in Rankings und tabellarischen Übersichten sind Kanzleien und Personen alphabetisch sortiert.

ADVANT BEITEN

Venture Capital ★

Bewertung: Die dt. Praxis der neuen internat. Allianz bemüht sich erneut um den Ausbau ihrer PE/VC-Praxis. Im Mittelpunkt stehen dabei 3 junge Partner: Ein auf Small- u. Mid-Cap-Deals fokussiertes Team in D'dorf hat durch die Arbeit für Portfoliounternehmen Kontakte zu namh. Finanzinvestoren gewonnen, während sich die Büros in München u. Berlin auf Start-ups v.a. im Gesundheitswesen konzentrieren. Die Aufnahme des Corporate-Teams von FGvW im Vorjahr mit einer breiten gesellschaftsrechtl. Praxis bietet zusätzliche Kontakte zu Corporate VC u. Family Offices im Südwesten.

Team: 1 Eq.-Partner, 2 Sal.-Partner, 5 Associates, 1 of Counsel

Partnerwechsel: Torsten Cülter (zu Deloitte Legal)

Schwerpunkte: Deals für Family Offices u. Corporate VCs, Gründerberatung; Private Equity auf Düsseldorf fokussiert.

Mandate: VC: Bavarian Botanist bei 1. u. 2. Finanz.-Runde; innoviva bei Seed-Finanz.-Runde; Physik Instrumente bei Ausgründung aus Universität Freiburg; Yolda.com bei Gründung dt. Tochter; gr. südwestdt. Corporate VC Haus bei versch. Investments. **PE:** Victor Capital bei Verkauf von PrimaLoft Technologies. Lfd.: Bundesverband Deutsche Startups, Beteiligungsgesellschaft der Sparkasse Freiburg-Nördlicher Breisgau, Sozius Mittelstand Invest.

ALLEN & OVERY

PE: Large-Cap-Transaktionen ★★★
PE: Mid-Cap-Transaktionen ★★★★

Bewertung: Die UK-Kanzlei hat nun seit einiger Zeit einen soliden Mid-Cap-Dealflow im PE, insbes. für Riverside, wo A&O der Hauptberater in Dtl. ist. Die mittlerw. erreichte Größe der PE-Praxis ermöglicht die Zusammenarbeit mit anderen Fonds wie z.B. OEP, DBAG u. Summa Equity Fortschritte, die A&O erstmals mandatierten. Darüber hinaus hat Röhricht, der vor 2 Jahren kam, bemerkenswerte Infrastrukturerfahrung in die Kanzlei gebracht, die v.a. bei Funkturmtransaktionen sichtbar wurde. Die interessanteste Entwicklung der Praxis liegt jedoch im Large-Cap-Segment, das sich unter der Leitung von Koffka in einer völlig anderen Position befindet als noch vor 5 Jahren. Wie viele andere ähnliche Praxen hat das verg. Jahr zwar nicht für eine große Zahl abgeschl. Deals gesorgt, aber die Fortschritte bei großen Häusern waren signifikant. Die Verdrängung eines gr. US-Wettbewerbers vom Partners-Group-Panel der Höhepunkt, führte zu ersten signifikanten Mandatierungen.

Oft empfohlen: Dr. Nils Koffka („Meister, kennt PE-Bereich in- und auswendig", Wettbewerber), Dr. Astrid Krüger („sehr fähige Transaktionsanwältin", Mandant; „angenehme Zusammenarbeit; hat eine professionelle u. starke PE-Praxis", Wettbewerber), Dr. Hendrik Röhricht, Dr. Roman Kasten („kooperativ, lösungsorientiert, pragmat.", Wettbewerber)

Team: 5 Partner, 1 Counsel, 12 Associates

Schwerpunkte: Mittelgr. bis gr. Buy-outs. Traditionell stark bei ▷*Krediten u. Akquisitionsfinanzierung*.

Mandate: DigitalBridge bei Kauf einer 51%-Beteiligung an GD Towers; GIC bei Gebot gepl. Kauf einer Beteiligung an Vantage Towers; Bridgepoint/PTV Group bei Kauf einer Mehrheit an Conundra; Bridepoint/Infinigate bei Kauf der Starlink-Gruppe, Nuvias sowie Vuzion; Riverside bei Erwerb von Dastex Reinraumzubehör; Capiton/HR Group bei Verkauf von Reno Schuhcentrum; Bencis Capital Partners bei Kauf der Heytex-Gruppe; palero bei Kauf der Tech-Power-Electronics-Gruppe. Verschiedene (abgebrochene) Deals für Partners Group, Apax, OEP, Apollo, Charterhouse, H.I.G., Waterland.

ARQIS

PE: Mid-Cap-Transaktionen ★★★
Venture Capital ★★

Bewertung: Die Praxisgruppe der Kanzlei zeigt sich am Markt sowohl mit der Beratung von PE- als auch VC-Transaktionen. Zu den auf Mid-Cap-Transaktionen spezialisierten Mandanten zählen bspw. Fonds wie Quadriga, Omnes u. Liberta. Über die Jahre hinweg hat sich Arqis einen beachtl. Ruf als Beraterin von Transaktionen mit Healthcare-Bezug erarbeitet. Zunehmend tritt die Praxisgruppe bei Deals abseits dieses Sektors in Erscheinung, u.a. im Technologiesektor. Ein Highlight war die Beratung der DPE beim Verkauf des Portfoliounternehmens Green Mobility Holding an Rivean. Im VC-Segment verfügt die Kanzlei mit von Einem über einen jungen und visiblen Partner. Daneben gewann ein weiterer junger Partner den VC-Fonds Maki.vc für die Kanzlei.

Oft empfohlen: Dr. Jörn-Christian Schulze („besticht durch außerordentl. Kompetenz u. durchsetzungsfähiges Verhandlungsgeschick", Mandant; „sehr strukturiert u. klar mit viel Erfahrung", Wettbewerber), Mauritz von Einem

Team: 4 Eq.-Partner, 2 Sal.-Partner, 1 Counsel, 11 Associates, 2 of Counsel

Schwerpunkte: Mid-Cap-Deals in D'dorf, VC-Praxis in München. Branchenfokus: Gesundheitswesen.

Mandate: PE: DPE zu Verkauf von Green Mobility Holdings; Liberta Partners zu Kauf von ght Elektronik im Verkehr; Omnes Capital zu Kauf von Beteiligung an CCE; VR Equitypartner zu Kauf von Mehrheit an Zimmer & Hälbig. **VC:** Maki.vc zu Serie-A-Finanz.-Runde bei K Line Europe; Neodigital zu Erweiterung von Serie-D-Finanz.-Runde; neoplas med in Seed-Finanz.-Runde.

ASHURST

PE: Mid-Cap-Transaktionen ★★

Bewertung: Ein Aushängeschild der Praxisgruppe ist ihr Know-how bei der Beratung von Deals aus den Sektoren Infrastruktur u. Immobilien. Insbes. bei Infrastrukturdeals agiert die PE-Praxis in engem Schulterschluss mit anderen Teams wie Energie oder Finanzierung. Mit diesem Angebot gelingt es Ashurst regelm. bei Mandanten zu punkten. Bsph. für die enge Verzahnung versch. Praxen ist die Beratung von Neumandantin Octopus Energy bei ihrem Investment in dt. Windparks, bei dem einmal mehr das praxisgruppenübergr. Team aus PE- u. Infrastrukturanwälten zum Einsatz kam. Nicht minder präsent tritt Ashurst bei VC-Transaktionen in Erscheinung, zuletzt für Capital Four u. Bullfinch.

Stärken: ▷*Kredite u. Akqu.fin.*; Mid-Cap-Transaktionen; Fokus auf Infrastruktur.

Oft empfohlen: Dr. Benedikt Frhr. von Schorlemer,

Anwaltszahlen: Angaben der Kanzleien, wie viele Anwälte zu mind. ca. 50% in diesem Gebiet tätig sind. Sie spiegeln nicht zwingend die Gesamtgröße einer Kanzlei wider.

Jan Krekeler, Matthias von Oppen („über jeden Zweifel erhaben", Mandant)
Team: 4 Partner, 1 Counsel, 8 Associates
Schwerpunkte: Mittelgr. Buy-outs. Gr. institutionelle Investoren in VC.
Mandate: PE: Octopus Energy zu Kauf von Windparks Leeskow u. Biebelnheim-Gabsheim sowie Investition in Windpark Gaishecke. **VC:** BP Ventures, Bullfinch jew. in Finanz.-Runde; Capital Four im Zshg. mit Wachstumsfinanzierung.

BAKER MCKENZIE

PE: Mid-Cap-Transaktionen ★★

Bewertung: Die PE-Praxis von Baker hat bewiesen, dass das personelle Investment der verg. Jahre erfolgr. war. Exemplar. dafür stehen mehrere Deals für Aurelius, allen voran die Übernahme eines Teils von Lufthansa LSG. Diese Transaktion war auch deshalb bedeutsam, weil sie dem jungen, aber bereits angesehenen Partner Lorys Anerkennung brachte. Er soll die Entwicklung der PE-Praxis in den kommenden Jahren maßgebl. prägen. Darüber hinaus war das Team für eine Reihe gr. PE-Häuser tätig, wie z.B. Advent im Rahmen von Portfolioarbeit. Eingespielt ist auch die Beziehung zur DBAG. Das andere Standbein der Praxis ist nach wie vor der Gesundheitssektor in München, wo Finanzinvestoren zu den wichtigsten Mandanten zählen.
Oft empfohlen: Berthold Hummel, Christian Atzler, Dr. Jakub Lorys („starker Auftritt für einen so jungen Partner", Wettbewerber), Julia Braun (v.a. VC)
Team: 2 Eq.-Partner, 5 Sal.-Partner, 1 Counsel, 7 Associates, 1 of Counsel
Partnerwechsel: Dr. Michael Bartosch (zu Jones Day)
Schwerpunkte: Grenzüberschr. Mid-Cap-Deals für PE-Häuser; Corporate VC u. VC im Healthcare- u. Pharmabereich.
Mandate: PE: Aurelius bei Kauf von außereurop. Geschäft von LSG Catering, bei Kauf von Agfa Offset Solutions u. bei Übernahme von Footasylum; DBAG bei Investition in vhf-Gruppe. **VC:** Andera Partners u. Evotec bei Serie-B-Finanz.-Runde für Tubulis; Ariceum bei Serie-A-Finanz.-Runde; B Capital Partners bei Gründung von BCP Battery; Mercedes-Benz bei VC-Investitionen ww.; ReActive Robotics bei Serie-C-Finanz.-Runde; Tencent bei Übernahme von Gorillas durch Getir u. bei Investments in mehrere dt. Onlinespieleentwickler.

Private Equity: Mid-Cap-Transaktionen

★★★★★

Clifford Chance	Frankfurt, Düsseldorf, München
Freshfields Bruckhaus Deringer	Frankfurt, München, Hamburg, Düsseldorf, Berlin
Hengeler Mueller	Frankfurt, Düsseldorf, München, Berlin
Latham & Watkins	Frankfurt, München, Hamburg
Milbank	München, Frankfurt
Willkie Farr & Gallagher	Frankfurt

★★★★

Allen & Overy	Frankfurt, Hamburg, München
CMS Hasche Sigle	Frankfurt, Hamburg, Stuttgart, Köln, München
Gleiss Lutz	München, Stuttgart, Frankfurt, Hamburg, Berlin
Hogan Lovells	Frankfurt, Düsseldorf
Kirkland & Ellis	München
Linklaters	Frankfurt, München
Lupp + Partner	München, Hamburg
Noerr	München, Berlin, Frankfurt, Düsseldorf, Hamburg
Poellath	Berlin, Frankfurt, München
Renzenbrink & Partner	Hamburg
Weil Gotshal & Manges	Frankfurt, München
White & Case	Frankfurt

★★★

Arqis	Düsseldorf, München
DLA Piper	Frankfurt, München
EY Law	Berlin, Hamburg, Stuttgart, München
Gibson Dunn & Crutcher	Frankfurt, München
GLNS	München
Görg	Köln, Hamburg, Frankfurt
Goodwin Procter	Frankfurt
Gütt Olk Feldhaus	München
Heuking Kühn Lüer Wojtek	München, Köln, Hamburg, Stuttgart
Jones Day	Frankfurt, München
Mayer Brown	Frankfurt
McDermott Will & Emery	Düsseldorf, München, Frankfurt
Oppenhoff & Partner	Köln, Frankfurt
Orrick Herrington & Sutcliffe	Düsseldorf, München
Paul Hastings	Frankfurt
Sidley Austin	München
Skadden Arps Slate Meagher & Flom	Frankfurt
Watson Farley & Williams	München, Hamburg

Fortsetzung nächste Seite

BIRD & BIRD

PE: Mid-Cap-Transaktionen ★★
Venture Capital ★★★

Bewertung: Die Praxis der technologieorientierten Kanzlei ist v.a. für 2 Bereiche bekannt: Im PE hat sie eine bemerkenswerte Erfolgsbilanz bei der Beratung von Transaktionen im Zshg. mit digitaler Infrastruktur, wo sie eine dominante Marktposition einnimmt. Diese Kompetenz weitet sie allmähl. auf andere Infrastruktur-Assets aus, darunter Rechenzentren u. Softwareunternehmen. Während die Beziehungen zur DBAG u. zu Vetruvian besonders ausgeprägt sind, weist der erste Deal für Equistone auf eine erfolgreiche Verbreiterung der Praxis hin. Der 2. Erfolgsbereich ist die VC-Beratung. Bei Venture-Debt-Deals, einem Bereich, der im verg. Jahr besonders gefragt war, gilt die Praxis als marktführend. Trotz der Insolvenz der SVB konnte B&B noch mehr Akteure in die Praxis locken. Bemerkenswert ist der Aufbau eines Dealflows auf Equity-Seite durch 2 junge Anwältinnen. Sie haben einen ausgewogenen Mandantenstamm aus dt. Start-ups u. internat. Investoren, oft aus den USA, dank einer engen Beziehung zur Großkanzlei Cooley.
Stärken: Venture Debt. Infrastrukturinvestments (v.a. Breitband).
Oft empfohlen: Dr. Stefan Gottgetreu („behält sehr gut die Übersicht", Wettbewerber; v.a. Venture Loans), Dr. Peter Leube
Team: 6 Partner, 3 Counsel, 10 Associates
Schwerpunkte: Mid-Cap-Deals im Infrastruktur- u. Technologiesektor. Für VC-Fonds u. Gründer tätig; auch für Venture-Debt-Fonds.
Mandate: PE: Equistone bei Kauf von Eperi; Ardian/Hy24 bei lfd. Investition in H2 Mobility; DBAG/NKG Fiberservice bei 7 unterschiedl. Akquisitionen von Kabelunternehmen; DBAG/Solvares bei Kauf von Opheo; DBAG/vitronet bei Kauf von Kabel- und Tiefbau. **VC:** Kinexon bei US$130-Mio-Serie-A-Finanz.-Runde; DeepDrive bei Seed-Finanz.-Runde; Planet A bei Serie-A-Finanz.-Runde; Software Defined Automation bei US$10-Mio-Seed-Finanz.-Runde; Techstars bei Investitionen in 20 dt. Start-ups; Landbanking Group bei Pre-Seed-Finanz.-Runde; Toposens bei Pre-Serie-A-Finanz.-Runde.

BMH BRÄUTIGAM & PARTNER

PE: Mid-Cap-Transaktionen ★
Venture Capital ★★★

Bewertung: Die Berliner Kanzlei ist in einem breiten Spektrum von VC u. PE bis hin zum Notariat tätig. Hier sticht BMH als die Kanzlei hervor, die am meisten in Legal Tech für VC-Mandanten investiert hat. Derzeit steckt die Praxis mitten in einem Generationswechsel, was der VC-Praxis weiteren Auftrieb verleihen könnte, zumal BMH versucht, weitere Rechtsbereiche zu etablieren, um sich als technologieorientierte Full-Service-Kanzlei zu po-

Anwaltszahlen: Angaben der Kanzleien, wie viele Anwälte zu mind. ca. 50% in diesem Gebiet tätig sind. Sie spiegeln nicht zwingend die Gesamtgröße einer Kanzlei wider.

sitionieren. Die PE-Praxis ist bestens bekannt für die langj. Beziehung zu Capiton.
Stärken: Mittelgr. PE-Deals, Rundumberatung für VC-Start-ups, auch notariell.
Oft empfohlen: Jan-Peter Heyer („sehr kompetent, schnell, flexibel", Mandant), Dr. Patrick Auerbach („angenehme u. pragmat. Zusammenarbeit", Wettbewerber), Dr. Andrea Reichert-Clauß, Bastian Reinschmidt („extrem guter Transaktionsanwalt, insbes. für komplexe Gestaltungen von VC-Deals", Wettbewerber)
Team: 5 Eq.-Partner, 3 Sal.-Partner, 8 Associates
Schwerpunkte: Langj. Erfahrung in Mid-Cap-PE u. VC. Renommiertes Notariat.
Mandate: PE: Capiton bei Kauf einer Mehrheit an Asyril-Gruppe; Capiton bei Übernahme der Beteiligungen an Raith u. AEMtec durch Capiton Quantum; Apiricum Capital bei Verkauf von GMC-Gruppe an Klar Partners. **VC:** Habyt bei Fusion mit Common Living (US) sowie mit Hmlet (Asien); capiton/Cedes bei Kauf von Vitector; Earlybird bei Serie-B-Finanz.-Runde von Upvest sowie bei Seed-Finanz.-Runde für Nosh.bio; Edurino bei Serie-A-Finanz.-Runde; Forto bei $250-Mio-Serie-D-Finanz.-Runde; ng4T bei Verkauf an Viavi Solutions; DLT bei Investition in Productsup; TX Group bei Serie-A-Finanz.-Runde von Cashlink sowie Seed-Finanz.-Runde von tidely.

Private Equity: Mid-Cap-Transaktionen Fortsetzung

★★

Ashurst	Frankfurt, München
Baker McKenzie	Düsseldorf, Frankfurt, München
Bird & Bird	Frankfurt
Dechert	München
Dentons	Frankfurt, München
Ego Humrich Wyen	München
Flick Gocke Schaumburg	Hamburg, Berlin
Fried Frank Harris Shriver & Jacobson	Frankfurt
King & Wood Mallesons	Frankfurt
Morgan Lewis & Bockius	München
Norton Rose Fulbright	Frankfurt, München
Simmons & Simmons	München
Taylor Wessing	Düsseldorf, München, Frankfurt, Hamburg
Ypog	Hamburg

★

BMH Bräutigam & Partner	Berlin
Greenberg Traurig	Berlin
GSK Stockmann	Hamburg, München
GvW Graf von Westphalen	Frankfurt, Hamburg
PricewaterhouseCoopers Legal	Düsseldorf, Nürnberg, Stuttgart
Reed Smith	Frankfurt, München

Die Auswahl von Kanzleien und Personen in Rankings und tabellarischen Übersichten ist das Ergebnis umfangreicher Recherchen der JUVE-Redaktion. Sie ist in 2erlei Hinsicht subjektiv: Die Aussagen der befragten Quellen sind subjektiv u. spiegeln deren Erfahrungen u. Einschätzungen. Die JUVE-Redaktion wiederum analysiert die Rechercheergebnisse unter Einbeziehung ihrer eigenen Marktkenntnis. Der JUVE Verlag beabsichtigt keine allgemeingültige oder objektiv nachprüfbare Bewertung. Es ist möglich, dass eine andere Recherchemethode zu anderen Ergebnissen führt. Innerhalb einzelner Gruppen in Rankings und tabellarischen Übersichten sind Kanzleien und Personen alphabetisch sortiert.

CLIFFORD CHANCE

PE: Large-Cap-Transaktionen	★★★★★
PE: Mid-Cap-Transaktionen	★★★★★

Bewertung: Die Praxisgruppe der brit. Kanzlei verfügt im PE-Sektor über anerkanntes Know-how bei Transaktionen in regulierten Sektoren, wie Healthcare u. Finanzdienstleistung. Hier berät CC auf ganzer Breite von Mid- bis Large-Cap. So begleitete bspw. ein Team den PE-Investor Altor beim Kauf einer Mehrheitsbeteiligung an der österr. Kommunalkredit Austria. Die Beratung von Mandanten wie Antin u. Cellnex, die im Konsortium mit GIC agierte, im Zshg. mit Infrastrukturprojekten unterstreicht das Renommee der Praxis bei Transaktionen in diesem Sektor. Zudem gelang es CC, die Kontakte zu Investoren wie Paragon weiter zu vertiefen, eine Mandatsbeziehung, für die die beiden Partner Bruckner u. Aschenbrenner verantwortlich sind. Daneben ist CC auch bei Later-Stage-Finanz.-Runden gefragt, wenngleich der Fokus auf PE-Transaktionen liegt. Zunehmend verlegt Partner Rhiel seinen Beratungsschwerpunkt von M&A- hin zu PE-Transaktionen, wird jedoch weiterhin für Strategen im klass. M&A aktiv bleiben. Auf Partnerebene musste die Praxisgruppe zuletzt jedoch einen Abgang hinnehmen: So verließ Mühl die Einheit in Richtung Paul Hastings. Für die Praxis ist sein Abgang v.a. dahingehend ein Verlust, als dass sie mit ihm einen Partner verliert, der neben Praxisgruppenleiter Raddatz auf dem zukunftsträchtigen Infrastruktursektor visibel war, wenngleich das anerkannte Know-how der Praxis durch den Abgang nur bedingt geschmälert wird.
Stärken: Infrastrukturtransaktionen (auch Energie). Marktführende ▷*Fondsstrukturierungspraxis*.
Oft empfohlen: Dr. Anselm Raddatz („unkompliziert, freundlich u. dabei fachlich brillant", Wettbewerber), Dr. Thomas Krecek („verhandelt hart, aber fair und nie zur bloßen Eigenprofilierung", Wettbewerber), Dr. Volkmar Bruckner, Dr. Jörg Rhiel, Sonya Pauls (Fondsstrukturierung)
Team: 7 Partner, 3 Counsel, 10 Associates
Partnerwechsel: Frederik Mühl (zu Paul Hastings)
Schwerpunkte: Fokus v.a. auf größere Buy-outs, hohe Kompetenz für Infrastrukturinvestments u. Bankenkonsolidierungen.
Mandate: PE: Altor zu Kauf von Mehrheit an Kommunalkredit Austria; Antin in Bieterverfahren für Glasfaser-JV mit Vodafone; B&C im Zshg. mit finanzieller Restrukturierung von Schur Flexibles; Cellnex in Bieterverfahren für Vantage Towers; Paragon u. Minderheitsgesellschafter zu Verkauf von Inprotec; Axa im Zshg. mit Investitionen von Tochtergesellschaften in PE-Fonds; Cinven zu Kauf von Bayer Enviromental Science Professionals (fortlfd.); DPE zu Verkauf von Euro-Druckservice (fortlfd.); Egeria zu Kauf von Isoplus (fortlfd.). **VC:** Partners Group in Finanz.-Runde bei Climeworks, TPG Rise Climate in Serie-D-Finanz.-Runde bei Enpal.

CMS HASCHE SIGLE

PE: Mid-Cap-Transaktionen	★★★★
Venture Capital	★★★★★

Bewertung: Die Kanzlei unterhält weiterhin die größte Praxis im Markt und hat mit Abstand die meisten Partner, die an PE/VC-Deals arbeiten. In den verg. Jahren war zu beobachten, dass bekannte M&A-Anwälte wie Jäger einen größeren Teil ihrer Zeit mit Finanzinvestoren verbringen. Die Kehrseite der gr. Praxis ist jedoch, dass ein verhältnism. kleiner Anteil der Partner im Markt bekannt ist. Die PE-Praxis konzentriert sich stark auf die Arbeit im Mid-Cap-Bereich für eine Reihe bekannter Namen (Afinum, Capiton, Mutares, Nord Holding), obwohl diese Mandanten zunehmend auch an größeren Transaktionen beteiligt sind, die die Milliardengrenze erreichen. Das Fehlen einer wirklichen Durchdringung bei den klassischen Large-Cap-Häusern wird durch die schwächere Londoner Corporate-Praxis unterstrichen. Eine Ausnahme bildet die Infrastrukturpraxis von Kraft, die nach wie vor zu den Marktführern gehört. Die marktführende VC-Praxis von CMS ist traditionell stärker bundesweit als nur auf Berlin fokussiert. Sie verfügt über ein breiteres Technologie- u. Lifescience-Team, das auf Müller fokussiert ist. Wettbewerber bestehen allerdings darauf, dass CMS ihren fairen Anteil am Berliner Boom verpasst hat, da es dort nur einen VC-Partner gibt, wenn auch mit Zätzsch einen hoch angesehenen. Die Praxis hat ein besonders starkes Standbein in Zukunftstechnologien wie Greentech u. ihre tiefe Verwurzelung als Full-Service-Kanzlei in der dt. Industrie, der Anstieg des Anteils an Corporate-VC-Mandanten ist ermutigend. Im Vergleich zu einigen Wettbewerbern (z.B. Taylor Wessing) sind die Verbindungen zu US-Investoren jedoch schwächer ausgeprägt.
Stärken: Langj. VC-Tradition kombiniert mit ▷*Lifescience-* u. ▷*Technologiekompetenz* in München. Breite Erfahrung bei Mid-Cap-Buy-outs. Starke Infrastruktur/Energiepraxis.
Oft empfohlen: Stefan-Ulrich Müller („sehr saubere, effiziente und zielführende Arbeit", Mandant; „sehr kompetent und sehr sorgfältig", Wettbewerber), Dr. Jörg Zätzsch („bester VC-Anwalt, den ich kenne", Mandant; „sehr erfahren und mit dem Auge für die wichtigen Details", Wettbewerber; beide VC), Dr. Jörg Lips („immer zuverlässig", Mandant; „exzellenter Dealmaker, freundlich im Umgang und verbindlich in der Sache", Wettbewerber), Dr. Jacob Siebert, Klaus Jäger („guter M&A-Anwalt, jetzt sieht man ihn öfter bei PE-Mandanten", Wettbewerber), Dr. Hendrik Hirsch, Dr. Jessica Mohaupt-Schneider („immer visibler, v.a. bei Tech-VC", Wett-

Anwaltszahlen: Angaben der Kanzleien, wie viele Anwälte zu mind. ca. 50 % in diesem Gebiet tätig sind. Sie spiegeln nicht zwingend die Gesamtgröße einer Kanzlei wider.

bewerber), Dr. Florian Plagemann („sehr kompetent und guter Verhandler", Wettbewerber)
Team: 21 Partner, plus Associates
Schwerpunkte: V.a. Mid-Cap-PE. Sehr gr. Bandbreite an Transaktionen, von Start-ups bis zu Buy-outs u. Add-on-Transaktionen.
Mandate: PE: Mutares bei Kauf der dänischen, polnischen und serbischen Sparten der Arriva-Gruppe; DPE bei Verkauf der VTU-Gruppe an Altor; Nord Holding bei Verkauf der Bock-Gruppe; Art-Invest bei Einstieg von DTCP in maincubes; HQ Holding bei Verkauf einer Mehrheit an LFPI; Pinova Capital bei Kauf von Riepe sowie bei Kauf der Mehrheit mit NRW.Bank an VTI Ventil; Marguerite Pantheon bei Kauf von 22,5% an Butendiek Windpark. **VC:** Tubulis bei €60-Mio-Serie-B-Finanz.-Runde; Gauss Fusion/ Bruker Corporation bei Pre-Seed-Finanz.-Runde; Factor Eleven bei Verkauf an Armira; Treasury Intelligence Solutions bei Kauf von Cashforce; Circularity Capital und coparion bei Serie-C-Finanz.-Runde für Grover; Cadence Growth Capital bei Folgeinvestment in Serie-C-2-Finanz.-Runde für Everphone u. bei Serie-F-Finanz.-Runde für Ottonova.

Venture Capital

★★★★★

CMS Hasche Sigle	Berlin, Leipzig, München, Köln
Orrick Herrington & Sutcliffe	Düsseldorf, München
Osborne Clarke	Köln, Berlin
Taylor Wessing	Hamburg, Berlin, Düsseldorf, München
Vogel Heerma Waitz	Berlin
Ypog	Berlin

★★★★

Goodwin Procter	Frankfurt
Hengeler Mueller	Berlin
Jones Day	München
Lutz Abel	München, Hamburg
Noerr	Berlin, München
Poellath	München, Berlin
Willkie Farr & Gallagher	Frankfurt

★★★

Bird & Bird	Düsseldorf, Frankfurt
BMH Bräutigam & Partner	Berlin
Dechert	München
Flick Gocke Schaumburg	Berlin
Freshfields Bruckhaus Deringer	Frankfurt, München, Berlin
GLNS	München
GSK Stockmann	München, Berlin
Heuking Kühn Lüer Wojtek	Köln, Stuttgart
Hogan Lovells	München
K&L Gates	Berlin, München
Lambsdorff	Berlin
Milbank	München
Momentum Gold Wied Heilmeier	Frankfurt, München
PricewaterhouseCoopers Legal	Nürnberg, Stuttgart
PXR	Berlin
Raue	Berlin

Fortsetzung nächste Seite

DECHERT

PE: Mid-Cap-Transaktionen	★★
Venture Capital	★★★

Bewertung: Die Praxisgruppe der US-Kanzlei agiert für Mandaten sowohl im PE- als auch VC-Segment. Bei Letzterem bespielt sie ein breites Beratungsfeld, das von der Investorenberatung bei (Frühphasen-)Finanz.-Runden bis hin zu Exittransaktionen reicht. Daneben ist sie bei Zukäufen für reifere Start-ups gefragt. Zu ihren Stammmandanten mit Technologiefokus zählt u.a. die Plattform OneFootball. Bei PE-Transaktionen gelingt es der Kanzlei stetig, ihre Marktpräsenz zu steigern, was nicht zuletzt auf Stühler zurückzuführen ist, der u.a. für Archimed u. BC Partners arbeitet. Castik beriet er zudem bei der ersten dt. Plattformtransaktion sowie einem darauffolgenden Add-on-Deal. Dass die primär auf Mid-Cap-Transaktionen abonnierte Kanzlei ebenso in der Lage ist, großvol. Transaktionen zu stemmen, stellte sie unter anderem an der Seite von Equistone unter Beweis. Zunehmend agiert die Kanzlei bei grenzüberschr. Transaktionen im Schulterschluss mit ausl. Büros u. konnte so Beziehungen über Dtl. hinaus vertiefen.
Oft empfohlen: Federico Pappalardo, Dominik Stühler, Giovanni Russo („sehr erfahren u. konstruktiv", Wettbewerber)
Team: 2 Eq.-Partner, 3 Sal.-Partner, 4 Counsel, 6 Associates
Schwerpunkte: Gr. Bandbreite von VC, Managementberatung, LBOs u. Portfoliotransaktionen.
Mandate: PE: Castik Capital zu Kauf von Mehrheit an Artus; Castik Capital/Artus zu Kauf von Hestia; BC Partners zu gepl. Kauf von Medifox (fortlfd.); Equistone, Archimed, Ares, MiddleGround jew. im Zshg. mit Transaktionen. **VC:** OneFootball in Serie-D-Finanz.-Runde; Vestiaire Collective in Finanz.-Runde; Gründer GridX zu Verkauf an E.on; Integrity Next zu Investment durch EQT Growth.

DENTONS

PE: Mid-Cap-Transaktionen	★★
Venture Capital	★★

Bewertung: Die PE-Praxis der internat. Großkanzlei zeichnet sich durch einen konstanten Strom kleiner bis mittlerer Deals aus, meist in der DACH-Region. Der Anteil der grenzüberschr. Arbeit aus dem riesigen Netzwerk von Büros nimmt jedoch zu. Insbes. in Kontinentaleuropa gab es eine starke Zusammenarbeit, wie bspw. mit dem Pariser Team bei der LEPI-Akquisition eines Anteils an HQ Capital. Die andere bemerkenswerte Facette ist die Beteiligung an Large-Cap-Deals für Häuser wie KKR u. KPS, wobei Dentons andere Kanzleien (z.B. Paul Weiss als federführende Kanzlei) unterstützt. Die VC-Praxis ist besonders breit aufgestellt u. umfasst internat. Investoren (v.a. aus den USA, auch aus Asien), Corporate VC sowie die Arbeit für Unternehmen.
Oft empfohlen: Thomas Schubert („hoch professionell, umfangr. Transaktions- u. Verhandlungserfahrung, ausgeprägtes Fingerspitzengefühl", Mandant), Dr. Volker Junghanns („erfahren u. zielorientiert", Wettbewerber), Dr. Matthias Santelmann („bes. viel Start-up Kompetenz", Mandant; auch Notar)
Team: 11 Partner, 2 Counsel, plus Associates
Schwerpunkte: Mid-Cap-Transaktionen, viel Infrastrukturinvestments, VC, v.a. Finanz.-Runden für Investoren.
Mandate: PE: International Chemical Investors bei Kauf des Compound-Geschäfts von Benvic; Primepulse/Katek bei Kauf von SigmaPoint; Slate bei Kauf einer Mehrheit an amperio u. bei Investment in Move About; LFPI-Gruppe bei Kauf einer Mehrheit an HQ Capital; KPS in Zshg. mit Verkauf von Howden; Qualitas Energy bei Partnerschaft mit Surplus Equity Partners zum Aufbau eines Windenergieportfolios; Platinum in Zshg. mit Kauf von Calderys. **VC:** Rewe bei Venture-Investment in AiFi (USA); ai-Motive bei Exit an Stellantis; Jeito Life & Brandon Capital bei Serie-C-Finanz.-Runde für CatalYm; Triodos bei Serie-C-Finanz.-Runde für Stadtsalat; Finanz.-Runden für e-mobilio u. HiDoc Technologies.

DLA PIPER

PE: Mid-Cap-Transaktionen	★★★
Venture Capital	★

Bewertung: Schlagzeilen machte das Team um Füchsel jahrelang mit AOC-Transaktionen, doch allmählich wird eine breitere Mid-Cap-Praxis in Dtl. aufgebaut, die dem PE-Profil von DLA ww. entspricht. Wichtig in diesem Zshg. war der Gewinn von Jessen, der beträchtl. Mid-Cap-Erfahrung mitbringt (wie z.B. die Arbeit für Keensight), sowie die Möglichkeit, die dt. Praxis endlich in das riesige US-Team zu integrieren, insbes. für Technologietransaktionen. Durch den Zugang 2er erfahrener Counsel schloss die Praxis eine wichtige Alterslücke. Die Arbeit für Spartenfonds für gr. Player wie EQT u. Carlyle zeigen die guten Kontakte des Teams. Die VC-Praxis ist in München um Vogel angesiedelt, der auch eine Reihe von Mandan-

Anwaltszahlen: Angaben der Kanzleien, wie viele Anwälte zu mind. ca. 50% in diesem Gebiet tätig sind. Sie spiegeln nicht zwingend die Gesamtgröße einer Kanzlei wider.

ten bei Fondsstrukturierungen berät. Die Vergrößerung seines Teams hat dazu geführt, dass DLA auch die Transaktionsarbeit erhöhen konnte.
Oft empfohlen: Andreas Füchsel, Simon Vogel, Lars Jessen
Team: 4 Partner, 4 Counsel, 10 Associates
Partnerwechsel: Lars Jessen (von Paul Hastings)
Schwerpunkte: Großteils Mid-Cap-Arbeit, VC sowie Fondsstrukturierung.
Mandate: PE: Active Ownership Capital bei Übernahme der Biosimilar-Aktivitäten durch Formycon von der Athos-Gruppe sowie AOC/Exceet bei Fusion mit Apex Nova; Capvis im Zshg. mit Kauf einer Mehrheit an Schurter Holding; Keensight Capital bei Kauf von Quanos Solutions u. bei Kauf von Onventis; Carlyle European Technologies/IC Consult bei Kauf von Kapstone Technologies; Cepheus Growth Capital bei Kauf einer Beteiligung an Komari-Gruppe; EQT, Makers Fund et al. bei Verkauf von Popcore. **VC:** Heliad Equity Partners bei Beteiligung an Serie-B-Finanz.-Runde für InstaFreight; Digital+ Partners, Senovo, Team Blue bei Kauf von Raidboxes von HTGF sowie bei Kauf einer Mehrheit an Leadinfo; C3 EOS VC bei Beteiligung an Seed-Finanz.-Runde für Tangany sowie bei Investition in Stableton Financial, League of Traders, Gatenox.

Venture Capital Fortsetzung

★★

Arqis	München
Dentons	Frankfurt, München
Gleiss Lutz	Berlin
Görg	München, Köln
Gütt Olk Feldhaus	München
GvW Graf von Westphalen	Frankfurt, Hamburg
Reed Smith	München

★

Advant Beiten	München, Düsseldorf
DLA Piper	München, Hamburg
Greenberg Traurig	Berlin
GreenGate	München, Berlin, Hamburg
Lupp + Partner	München, Hamburg
Luther	Frankfurt, Köln, Hannover, München, Hamburg, Berlin, Essen, Stuttgart, Leipzig
Morrison & Foerster	Berlin
Oppenhoff & Partner	Köln
RSR Rüping Schroeder	Berlin
Seitz	Köln
Studio Legal	Berlin
Voy	Berlin
Weitnauer	München

Die Auswahl von Kanzleien und Personen in Rankings und tabellarischen Übersichten ist das Ergebnis umfangreicher Recherchen der JUVE-Redaktion. Sie ist in 2erlei Hinsicht subjektiv: Die Aussagen der befragten Quellen sind subjektiv u. spiegeln deren Erfahrungen u. Einschätzungen. Die JUVE-Redaktion wiederum analysiert die Rechercheergebnisse unter Einbeziehung ihrer eigenen Marktkenntnis. Der JUVE Verlag beabsichtigt keine allgemeingültige oder objektiv nachprüfbare Bewertung. Es ist möglich, dass eine andere Recherchemethode zu anderen Ergebnissen führt. Innerhalb einzelner Gruppen in Rankings und tabellarischen Übersichten sind Kanzleien und Personen alphabetisch sortiert.

EGO HUMRICH WYEN

PE: Mid-Cap-Transaktionen ★★

Bewertung: Im PE-Segment vertrauen eine Reihe von Fonds bei Mid-Cap-Transaktionen auf die Münchner Boutique mit ihrem partnerzentrierten Beratungsansatz. So setzen bspw. Maxburg Capital, Aurelius ebenso wie Oakley oder Waterland regelm. auf EHW, wobei in der Mandatsbeziehung zu Waterland inzwischen ein Associate eine zentrale Rolle einnimmt. Ein Highlight stellte die Beratung von Petrus Advisors im Zshg. mit einem Investment in die Aareal Bank dar, der eine aktivistische Kampagne vorausgegangen war. Den Investor berät EHW regelm. auch bei der Wahrnehmung von Aktionärsrechten im Zshg. mit bestehenden Investitionen, hier kann die Kanzlei nicht zuletzt mit ihrem anerkannten Litigation-Know-how punkten.
Oft empfohlen: Dr. Alexander Ego („souverän u. exzellent", Wettbewerber), Dr. Jan-Henning Wyen („schnell, verhandlungsstark u. pragmat.", Wettbewerber)
Team: 4 Eq.-Partner, 2 Associates
Schwerpunkte: Kleine bis mittelgr. Transaktionen, Beratung von Minderheitsaktionären. Umfangr. ▷*gesellschaftsrechtl.* Kompetenz, bes. stark bei Post-M&A-Streitigkeiten u. Organhaftung.
Mandate: PE: Aurelius zu Verkauf von Sparte von ConverterTec, zu Verkauf von Aerotec-Gruppe u. zu weiteren Exits; Maxburg zu Verkauf von Maltego-Technologies-Gruppe u. in mehreren Bieterverfahren; Oakley zu Kauf von Gambio; Waterland zu Investition; Petrus Advisors im Zshg. mit einem Investment in die Aareal Bank.

EY LAW

PE: Mid-Cap-Transaktionen ★★★

NOMINIERT
JUVE Awards 2023
Kanzlei des Jahres für Private Equity und Venture Capital

Bewertung: Der PE-Praxis der Big-Four-Kanzlei ist es gelungen, nachhaltig ein Team aufzubauen, das zu großen Namen im Mid-Cap-Sektor vorgedrungen ist. Dies geschah teilweise in Zusammenarbeit mit der Stammkanzlei, da sich EY auf kleinere Deals u. Portfoliotransaktionen beschränkt hat. Nichtsdestotrotz hat es dem Team um den hoch angesehenen Feigen die Möglichkeit gegeben, die Vorteile des MDP-Ansatzes inkl. steuerl. u. finanzieller DD zu demonstrieren. Die VC-Arbeit beschränkt sich auf Corporate-VC-Häuser. Nächster Entwicklungsschritt wäre, die Präsenz der Praxis auf weitere Köpfe zu erweitern.
Oft empfohlen: Dr. Jan Feigen („qualitativ hochwertig und uneitel", Mandant; „pragmat., versteht wirtschaftl. Zusammenhänge", Wettbewerber)
Team: 6 Eq.-Partner, 7 Sal.-Partner, 7 Counsel, 13 Associates
Partnerwechsel: Dr. Kerstin Henrich (von Jones Day)
Schwerpunkte: Small- bis Mid-Cap-PE, auch VC, u.a. für Corporate-Mandanten.
Mandate: PE: IK bei Kauf von Remazing; Paguasca bei Kauf der Faist-Gruppe; Hg Capital/Trackunit bei Kauf von Flexcavo sowie Flexcavo; HgCapital/Medifox bei Kauf von Smart Healthcare Solutions, adiutaByte u. CSN; HgCapital/Transporeon bei Kauf von SupplyStack, Logit One, Nexogen und Tracks; Vorsprung Management bei Kauf der Borsig-Gruppe; DevCo/Medix Biochemica bei Kauf von myPOLS Biotec; Flex Capital bei Kauf von ComX; UbiMaster bei Seed-Finanz.-Runde mit Owl Ventures.

FLICK GOCKE SCHAUMBURG

PE: Mid-Cap-Transaktionen ★★
Venture Capital ★★★

Bewertung: Die Praxis bei FGS ist in 3 Säulen gegliedert: Neben der langj. Erfahrung in der Steuerberatung bei Deals u. Fondsstrukturierungen agiert das Dealteam relativ autonom von anderen Bereichen. Es ist auf Bülow fokussiert, der in kurzer Zeit gute Beziehungen zu H.I.G. u. Bregal aufgebaut hat. Auch der sehr erfahrene Berliner Partner Oltmanns ist weiterhin in dem Bereich aktiv. Die VC-Praxis, als 3. Säule, ist zu gleichen Teilen auf Unternehmen u. Investoren fokussiert u. wird v.a. von 2 jungen Partnern in Stuttgart u. Bonn vorangetrieben. Der Gewinn einiger prominenter Investoren als Mandanten von anderen Kanzleien zeigt aber auch das Potenzial des FGS-Teams.
Oft empfohlen: Mathias Bülow („sehr kompetent u. fair; lösungsorientiert", Wettbewerber), Dr. Martin Oltmanns, Dr. Alexander Goertz („sehr kompetent u. pragmat.", Wettbewerber)
Team: 5 Eq.-Partner, 5 Sal.-Partner, 9 Associates
Schwerpunkte: Start-up-Beratung u. Mid-Cap-Deals samt Add-on-Transaktionen.
Mandate: PE: H.I.G. bei 2 gr. Akquisitionsprojekten; Operando Partners bei Kauf der Aluca-Gruppe; Bregal/STP bei Kauf von Advoweb sowie Hülskötter & Partner; Borromin Capital bei Kauf von Bicycles & More sowie bei restl. Anteilen an Little John Bikes; Bregal/GSG GENII Software bei Kauf von Compart; Bregal/Iptor bei Kauf von TimberTec. **VC:** Operando Partners bei div. Investments; Pockethost bei Seed-Finanz.-Runde; Bregal/Sema bei Kauf von Compass Software.

FRESHFIELDS BRUCKHAUS DERINGER

PE: Large-Cap-Transaktionen ★★★★★
PE: Mid-Cap-Transaktionen ★★★★★
Venture Capital ★★★

Bewertung: Angesichts ihrer tiefen Marktdurchdringung u. der Internationalität der Praxis ist es schwierig für FBD, ihre führende Marktposition noch weiter zu verbessern. Die Beziehungen zu Häusern wie Blackstone, EQT u. Cinven scheinen felsenfest, u. im Large-Cap-Segment bleibt FBD das Bollwerk gegen

Anwaltszahlen: Angaben der Kanzleien, wie viele Anwälte zu mind. ca. 50% in diesem Gebiet tätig sind. Sie spiegeln nicht zwingend die Gesamtgröße einer Kanzlei wider.

Führende Namen für Private-Equity-Transaktionen

Dr. Jan Bauer
Skadden Arps Slate Meagher & Flom, Frankfurt

Dr. Michael Bernhardt
Milbank, Frankfurt

Philipp von Braunschweig
Poellath, München

Dr. Christoph Brenner
Orrick Herrington & Sutcliffe, München

Dr. Christian Cascante
Gleiss Lutz, Frankfurt

Dr. Ralph Drebes
Linklaters, Frankfurt

Dr. Andrea von Drygalski
Poellath, München

Oliver Felsenstein
Latham & Watkins, Frankfurt

Burc Hesse
Latham & Watkins, München

Dr. Wessel Heukamp
Freshfields Bruckhaus Deringer, München

Dr. Stephanie Hundertmark
Freshfields Bruckhaus Deringer, Berlin

Dr. Stefan Koch
White & Case, Frankfurt

Dr. Benjamin Leyendecker
Kirkland & Ellis, München

Markus Muhs
Milbank, München

Dr. Steffen Oppenländer
Milbank, München

Dr. Markus Paul
Freshfields Bruckhaus Deringer, Frankfurt

Dr. Anselm Raddatz
Clifford Chance, Düsseldorf

Dr. Arend von Riegen
Freshfields Bruckhaus Deringer, Frankfurt

Dr. Norbert Rieger
Milbank, München

Dr. Maximilian Schiessl
Hengeler Mueller, Düsseldorf

Prof. Dr. Gerhard Schmidt
Weil Gotshal & Manges, Frankfurt

Dr. Emanuel Strehle
Hengeler Mueller, München

Dr. Frank Thiäner
Poellath, München

Dr. Rainer Traugott
Latham & Watkins, München

Fortsetzung nächste Seite

ein weiteres Vordringen von US-Kanzleien. Zugleich ist sie die einzige Kanzlei, die einen ähnl. Marktanteil wie Kirkland bei öffentl. Übernahmen hat. Messen lässt sich der Erfolg der Praxis v.a. an der Art u. Weise, wie die etablierten Beziehungen an eine neue Partnergeneration weitergegeben werden. Keine andere Kanzlei hat in den verg. Jahren so viele Partner ernannt. Die Präsenz von Nosch bei Mandanten wie EQT ist ein Bsp. dafür, wie die junge Partnergeneration nach vorne drängt. Ähnl. Entwicklungen müssen in wichtigen Märkten wie London folgen. Dort wurde die Praxis in den verg. Jahren durch Abwerbungen von US-Kanzleien beeinträchtigt. Auch die Mid-Cap-Arbeit wuchs mit mehr Arbeit für Mandanten wie OEP u. EQT u. die Etablierung von FBD als Kanzlei mit einem nennenswerten Anteil an Arbeit für Wachstumsunternehmen wurde durch die Aktivität von Meyer unterstrichen.

Stärken: Sehr starke individuelle Partner in breit aufgestellter Praxis mit umf. Erfahrung (z.B. ▷*Insolvenz/Restrukturierung*, Immobilien).

Oft empfohlen: Dr. Markus Paul, Dr. Stephanie Hundertmark, Dr. Arend von Riegen („vielseitig aber bes. stark bei P2P", Wettbewerber), Dr. Natascha Doll, Dr. Wessel Heukamp („immer angenehm, sehr intelligent", Wettbewerber), Dr. Lars Meyer („beeindruckende Kompetenz; immer zum Punkt mit Augenmaß für Dynamiken", Mandant), Dr. Verena Nosch

Team: 10 Partner, plus Associates

Schwerpunkte: Einheitl. ww. Praxis für Finanzinvestoren. Zunehmend VC-Arbeit v.a. für ausl. Investoren.

Mandate: PE: Cinven bei Kauf der MBCC-Admixtures-Sparte von der Sika; Advent/Röhm bei Kauf des Functional-Forms-Geschäfts von Sabic; Blackstone/Schenck Process bei Verkauf des Minengeschäfts sowie bei Verkauf der Food/Performance-Materials-Sparte; Cinven/Ontario Teachers bei Kauf von Dogado und Zusammenführung mit Group.One; Global Infrastructure Partners bei Kauf einer Mehrheit an VTG sowie bei Kauf von wpd offshore; International Chemical Investors bei Verkauf von CordenPharma; OEP bei Kauf des Kerngeschäfts von Muehlhan, der Fortaco-Gruppe sowie bei Kauf der Mehrheit an Desmi; Cinven/ETC bei Kauf von BTV Multimedia; EQT bei gepl. Kauf einer Mehrheit an Schufa; EQT/Open Systems bei Kauf von Tiberium; H.I.G. bei Verkauf der HCS-Gruppe; Trilantic bei Verkauf der Prettl-Gruppe. **VC:** GIC bei Serie-F-Finanz.-Runde für Climeworks; Qatar Investment Authority bei Serie-D-Finanz.-Runde für Celonis.

FRIED FRANK HARRIS SHRIVER & JACOBSON

PE: Mid-Cap-Transaktionen	★★

Bewertung: Die US-Kanzlei hat innerh. ihrer Transaktionspraxis einen hohen Anteil an PE-Mandanten, die langj. von einzelnen Partnern aus dem Frankf. Büro beraten werden. Besonders starke Verbindungen bestehen zu frz. PE-Häusern, während ein anderer Partner an einer Reihe bemerkenswerter Deals für AEA beteiligt war, u.a. an der gr. Übernahme von Scan. Der limitierende Faktor ist die Größe der Kanzlei in Dtl.: Institut. Beziehungen aus dem New Yorker Büro (u.a. zu Goldman Sachs) könnten mit mehr Personalstärke vertieft werden.

Oft empfohlen: Dr. Christian Kleeberg („sehr umgänglich u. pragmat., kreative Herangehensweise", Mandant), Jérôme Friedrich

Team: 3 Partner, 4 Counsel, 2 Associates

Schwerpunkte: V.a. Mid-Cap-PE-Arbeit für europ. Fonds. Bes. starke Beziehungen nach Frankreich. Gelegentl. Akquisitionen für US-Mandanten in Dtl.

Mandate: PE: AEA Investors bei Verkauf von Scan Global Logistics an CVC sowie bei dt.-rechtl. Aspekte des Kauf von Red Global, Rees Scientific u. Burke Porter; Neuberger Berman bei Finanz.-Runde für Celonis.

GIBSON DUNN & CRUTCHER

PE: Large-Cap-Transaktionen	★★★
PE: Mid-Cap-Transaktionen	★★★

Bewertung: Die Praxis der US-Kanzlei steht sowohl für die Beratung namh. Large-Cap-Häuser wie Lone Star u. KKR als auch Mid-Cap-Arbeit für Mandanten wie DPE u. Perusa. Triton ist ein relativ neuer Mandant des Frankfurter Büro. Bes. stark ist die Kanzlei bei öffentl. Übernahmen, bei denen Reinhardt einen sehr guten Ruf genießt, u. seine zunehmende Fokussierung auf PE-Transaktionen verschafft der Kanzlei mehr Präsenz. Die Arbeit an der Aareal-Transaktion war zweifellos der Höhepunkt. Auch wenn GDC nicht alle Deals für Neumandanten zum Abschluss bringen konnte, so fällt doch auf, wie sie allmählich in die Mandantenlisten anderer gr. Wettbewerber vordringt. Dazu trägt auch die immer engere Zusammenarbeit mit den Büros in Paris u. London bei, in die in den verg. Jahren kräftig investiert wurde. Die (überfällige) Ernennung eines PE-Partners im Frankf. Büro war daher eine notwendige Entwicklung, um Schritt zu halten.

Stärken: Sehr starke US-Praxis und zunehmend integriertes europ. Team (London und Paris).

Oft empfohlen: Dr. Dirk Oberbracht, Dr. Wilhelm Reinhardt, Dr. Ferdinand Fromholzer

Team: 6 Partner, 3 Counsel, 8 Associates

Schwerpunkte: Neben Large-Cap- zunehmend Mid-Cap-Transaktionen u. komplexe Add-on-Deals.

Mandate: PE: Advent bei 2. Übernahmeversuch (mit Centerbridge) der Aareal Bank; Triton bei Verkauf der Norres Baggerman Group; Triton/BFC Fahrzeugteile bei Kauf von Arrowhead Industries; JH Whitney bei Verkauf von 3B Scientific; KKR bei Wachstumsinvestition in +Simple; Motive Partners bei Kauf von embedded/capital; Perusa bei Verkauf der Müpro Group an IK; SC Holdings bei Kapitalbeteiligung an Canyon Bicycles; Mutares bei dt.-rechtl. Aspekte des Angebots zu Kauf von Aktienanteilen an Peugeot Motocycles.

GLEISS LUTZ

PE: Large-Cap-Transaktionen	★★★
PE: Mid-Cap-Transaktionen	★★★★
Venture Capital	★★

Bewertung: Obwohl Gleiss seit einigen Jahren immer wieder im Large-Cap-Geschäft aufgetaucht ist (v.a. über die Kontakte von Cascante), hat sich der Schwerpunkt der Praxis wie auch bei einigen Wettbewerbern hin zu einer zuverlässigeren Mid-Cap-Arbeit verschoben. Die Entwicklung unterstreicht auch die stärkere Präsenz von Rendtorff, die sich v.a. bei H.I.G. als regelm. Beraterin etabliert hat. Zudem agiert Kaffiné im Frankf. Büro an der Schnittstelle zu PE weiterhin für namh. Family Offices. Dass Gleiss bei Large-Cap-Transaktionen weiterhin beteiligt ist, zeigte der Takko-Deal, der ursprünglich als Verkauf für Apax begann, bevor er sich zu einer Restrukturierung entwickelte. Die VC-Arbeit des Berliner Büros bleibt relativ opportunistisch.

Stärken: Breite Erfahrung mit umfangr. Buy-outs dank guter Verbindungen zu US-Häusern.

Oft empfohlen: Dr. Christian Cascante („bleibt auch bei größtem Druck ruhig, sachlich u. freundl.;

Anwaltszahlen: Angaben der Kanzleien, wie viele Anwälte zu mind. ca. 50% in diesem Gebiet tätig sind. Sie spiegeln nicht zwingend die Gesamtgröße einer Kanzlei wider.

hervorragende Kompetenz", Mandant), Dr. Jan Balssen, Dr. Patrick Kaffiné, Dr. Ralf Morshäuser (v.a. Distressed-Deals), Dr. Cornelia Topf (v.a. Infrastruktur), Dr. Vanessa Rendtorff („schlau u. durchsetzungsstark", Wettbewerber)
Team: 8 Eq.-Partner, plus Associates
Partnerwechsel: Dr. Stefan Widder (von Latham & Watkins)
Schwerpunkte: Mid-Cap-Transaktionen, aber auch langj. Kontakte zu Large-Cap-Häusern.
Mandate: PE: H.I.G. bei Ausbau versch. Add-ons für Infratech/comcross; Armira bei Kauf einer Mehrheit an EMW; HQ Equita/Muegge bei Kauf der Leanfa-Gruppe; Apax/Takko bei Übernahme durch Anleihegläubiger; Apollo, Blackstone bei versch. laufenden Transaktionen in Deutschland. **VC:** Greenoaks Capital Partners bei Serie-E-Finanz.-Runde für Personio; Gymlib bei Verkauf an eGym; Pantera Capital Management bei Seed-Finanzierung; Pitango bei Investment in Healthcare-Start-up.

GLNS

PE: Mid-Cap-Transaktionen	★★★
Venture Capital	★★★

Bewertung: Die Münchner Boutique steht ihren Mandanten sowohl bei PE- als auch VC-Transaktionen zur Seite. Eine ganze Reihe von Exittransaktionen u. Finanz.-Runden, die bei GLNS zu Buche stehen, belegen das Vertrauen, das Mandanten in das Know-how der Partner im VC-Segment setzen. Zu diesen Mandanten zählen Northzone, die GLNS im Rahmen einer Serie-E-Finanzierung beriet, ebenso wie Smava oder Thrive Capital. Letztere begleitete die Praxis bei ihrem Exit bei Gorillas. Mandanten wie Afinum u. Emeram bescheren der Praxis einen beachtl. Trackrecord u. belegen die Vernetzung der Partner in die Münchner Private-Equity-Szene. Daneben ist es gelungen, Mandatsbeziehungen weiter auszubauen, bspw. zu FSN Capital, die GLNS bei mehreren Transaktionen beriet, teilweise einschl. der dazugehörigen Finanzierung.
Oft empfohlen: Dr. Daniel Gubitz („verhandlungs- u. kommunikationsstark", Mandant), Georg Lindner, Dr. Ludger Schult („exzellent u. durchsetzungsstark", Wettbewerber)
Team: 5 Eq.-Partner, 2 Sal.-Partner, 1 Counsel, 3 Associates, 1 of Counsel
Schwerpunkte: Starker steuerrechtl. Fokus, sowohl in Transaktionen als auch Konzern-/M&A-/Steuerrecht. Auch prozessrechtl. aktiv, insbes. gesellschaftsrechtl. u. Post-M&A-Streitigkeiten.
Mandate: PE: FSN zu Kauf von Bäcker-Görtz-Gruppe u. zu Kauf von Mehrheit an Lobster-Gruppe; Emeram zu Kauf von Adler Smart Solutions; Afinum zu Kauf von Mehrheit an Hartl Group u. Kauf von Christian-Koenen-Gruppe; Paragon zu Verkauf von Chicco di Caffè u. Goodlive-Gruppe. **VC:** Northzone in Serie-E-Finanz.-Runde bei Holidu; Smava in Finanz.-Runden; Thrive Capital im Zshg. mit Verkauf von Gorillas an Getir.

GÖRG

PE: Mid-Cap-Transaktionen	★★★
Venture Capital	★★

NOMINIERT
JUVE Awards 2023
Kanzlei des Jahres für Private Equity und Venture Capital

Bewertung: Die Rolle der PE-Praxis innerh. der Full-Service-Kanzlei hat durch Fenck ein neues Gewicht bekommen. Das liegt daran, dass er einen bemerkenswerten Dealflow aufgebaut hat, der auch and. Praxisgruppen Arbeit beschert. Die Präsenz eines sehr erfahrenen Transaktionssteuerexperten in Köln ist ebenfalls ein wichtiges Element der wachsenden Attraktivität von Görg für PE-Mandanten. Ufenau ist nach wie vor der prominenteste Mandant, doch weitet Görg ihre Praxis auch auf andere Small- bis Mid-Cap-Häuser aus. Die zunehmende Visibilität der jungen Partnerin Zimmermann sowie der Zugang weiterer Corporate-Partner von GSK, die z.T. in PE unterwegs sind, stützen die positive Entwicklung. Die VC-Praxis beginnt nun, die Früchte der jahrelangen Arbeit mit einer Reihe prominenter Exits zu ernten (wie z.B. bei AddApptr u. dp polar). Der Schwerpunkt liegt auf dem Technologiesektor u. in München. Das Berliner Büro jedoch ist weniger prominent.
Oft empfohlen: Dr. Tobias Fenck („pragmat. u. ökonomisch, sehr erfahren", Wettbewerber), Dr. Andrea Zimmermann („dynamisch", Wettbewerber; beide v.a. PE), Dr. Bernt Paudtke („super Arbeit bei Jungunternehmen", Mandant; v.a. VC)
Team: 12 Eq.-Partner, 4 Sal.-Partner, 2 Counsel, 8 Associates
Partnerwechsel: Dr. Philipp Grzimek (von Norton Rose Fulbright), Markus Söhnchen, Dr. Tobias Riethmüller (beide von GSK Stockmann).
Schwerpunkte: Mid-Cap-PE, München v.a. aktiv in früheren VC-Stadien, umfangr. ▷*Restrukturierungserfahrung* in Köln.
Mandate: PE: Ufenau Capital Partners bei Neustrukturierung der Altano-Gruppe, bei Beteiligung an Niedermaier-Pharma-Gruppe, bei Beteiligung an Datalogue-Gruppe; Bluegem Capital Partners bei Beteiligung an Petromax-Gruppe; Shell Ventures, u.a. bei Verkauf von GreenCom Networks; SOL Capital Management bei Kauf von Polar Mohr; Oberberg-Gruppe bei Kauf von Psychosomatischer Klinik. **VC:** Gründer der AddApptr bei Verkauf; Gründer von dp polar bei Verkauf; 1NCE, Neworld, Twaice Technologies, Vaeridion bei Finanz.-Runden.

GOODWIN PROCTER

PE: Mid-Cap-Transaktionen	★★★
Venture Capital	★★★★

Bewertung: Die US-Kanzlei zeichnet sich dadurch aus, dass sie ihre Mandantenbeziehungen über den Atlantik importiert, wo sie sowohl im PE- als auch im VC-Bereich zu den Marktführern gehört. Während Ffm. nun weitgehend auf VC fokussiert ist, ist das starke Mid-Cap-PE-Team in München angesiedelt. Hirschmann hat wertvolle Verbindungen ins europ. Ausland geknüpft u. ist nun in der Lage, seine langj. Asien-Verbindungen zu aktivieren, nicht zuletzt durch ein jüngst verstärktes Büro in Singapur. Summit sticht weiterhin als wichtigster Mandant von Schinköth hervor, aber es gab erste Anzeichen, dass die wichtigen US-Mandanten zunehmend von ihm betreut werden.
Stärken: Sehr starke US-Praxis; viel Erfahrung mit Bereich Lifescience; starke Immobilienpraxis.
Oft empfohlen: Gregor Klenk („maximal belastbar, sehr guter Verhandler", Wettbewerber), Dr. Jan Schinköth, Florian Hirschmann („blitzgescheit, top Verhandler, aber fair", Mandant), Dr. Markus Käpplinger
Team: 6 Partner, 3 Counsel, 11 Associates
Schwerpunkte: Fokus auf Mid-Cap-Transaktionen in Lifescience-Bereich, auch Growth/Venture Capital sowie ▷*Immobilien*-PE.
Mandate: PE: Summit Partners bei Investition in Energy Aspects, bei Verkauf der Anteile an Workaround, bei Verkauf der Beteiligung an Appway; ASC Investment bei Kauf von Carl Zeiss Fixture Systems; Beyond Capital bei Kauf der Mehrheit an Soft & Cloud; Triton bei Verkauf von dogado an Cinven; B Capital bei Verkauf von aiMotive; CIC Capital regelm. bei Deals. **VC:** DST Global bei Verkauf von Gorillas; Canaan Partners bei Serie-B-Finanz.-Runde für WorkMotion; Left Lane Capital bei Serie-A2-Finanz.-Runde für HTC Heritage; World Innovation Lab bei Serie-B-Finanz.-Runde für DeepL.

Führende Namen für Private-Equity-Transaktionen Fortsetzung

Dr. Daniel Wiegand
Hengeler Mueller, München

Prof. Dr. Hans-Jörg Ziegenhain
Hengeler Mueller, München

Die Auswahl von Kanzleien und Personen in Rankings und tabellarischen Übersichten ist das Ergebnis umfangreicher Recherchen der JUVE-Redaktion. Sie ist in 2erlei Hinsicht subjektiv: Die Aussagen der befragten Quellen sind subjektiv u. spiegeln deren Erfahrungen u. Einschätzungen. Die JUVE-Redaktion wiederum analysiert die Rechercheergebnisse unter Einbeziehung ihrer eigenen Marktkenntnis. Der JUVE Verlag beabsichtigt keine allgemeingültige oder objektiv nachprüfbare Bewertung. Es ist möglich, dass eine andere Recherchemethode zu anderen Ergebnissen führt. Innerhalb einzelner Gruppen in Rankings und tabellarischen Übersichten sind Kanzleien und Personen alphabetisch sortiert.

GREENBERG TRAURIG

PE: Mid-Cap-Transaktionen	★
Venture Capital	★

Bewertung: Den Kern der PE-Praxis bildet die Arbeit im Immobiliensektor. Obwohl dieser ein deutl. ruhigeres Jahr erlebte, haben andere Teile der Praxis dies ausgeglichen. Ein weiterer Schwerpunkt im Gesundheitswesen wurde in den verg. Jahren von Armah aufgebaut, was zu erhebl. Arbeit für Gilde führte. Andere Teile des globalen Kanzleinetzwerks mit starken PE-Teams, wie z.B. Polen, brachten Aufträge für namh. Fonds, darunter CVC, ein. Auch die VC-Praxis hat einen konstanten Wachstumsprozess hinter sich. Zuletzt standen u.a. große Exits im Fokus der Beratung. Zugenommen hat auch die Arbeit für US-Fonds durch das starke Bostoner Büro sowie die der eigenen Fondsstrukturierer.
Stärken: Immobiliendeals.
Oft empfohlen: Dr. Peter Schorling („bes. schnell in der Bearbeitung versch. Themen; sehr pragmat. Ansatz", Mandant; „Top-Jurist", Wettbewerber), Dr. Henrik Armah („smarte, ruhige, pragmat. Art, zügig, sehr zu empfehlen", Mandant; „bleibt stets ruhig, guter Verhandler", Wettbewerber), Natalie Hsiao („eine der visibleren neuen VC-Anwältinnen im Markt", Mandant)
Team: 7 Partner, plus Associates
Schwerpunkte: Nach Branchenschwerpunkten organisiert: ▷*Immobilien* u. ▷*Medien*/▷*Technologie*, zunehmend: Greentech u. Healthcare.
Mandate: PE: CVC bei dt. Aspekten des Kaufs von Stock Spirits; Gilde Healthcare bei Kauf von Diener; Commodus bei Kauf eines Bürokomplexes; Brookfield/International Campus bei Kauf von Wohnheimportfolio. **VC:** Gesellschafter von Owners of Sunshine Smile bei Verkauf an Straumann; Vereinigte Volksbank Raiffeisenbank bei Serie-A-Finanz.-Runde für Payla sowie für Heimkapital; OrbiMed Advisors bei Serie-A-Finanz.-Runde für Emergence Therapeutics; VC Worldwide/NVIDIA bei Verkauf der Beteiligung an AImotive.

Anwaltszahlen: Angaben der Kanzleien, wie viele Anwälte zu mind. ca. 50% in diesem Gebiet tätig sind.
Sie spiegeln nicht zwingend die Gesamtgröße einer Kanzlei wider.

K&L GATES

Venture Capital ★★★

Bewertung: Das Berliner VC-Team der US-Kanzlei hat mit Winkeler einen Berater für internat. Investoren im Technologiesegment, der in den verg. Jahren immer präsenter wurde. Mandanten wie Arena bei der gr. Celonis-Finanz.-Runde sowie weitere Fonds aus dem wachsenden Silicon-Valley-Büro zeigen das Potenzial der Praxis. Eine begrenzte Anzahl von Unternehmen wird ebenfalls beraten, u. mit Kollmorgen verfügt die Kanzlei über ein Notariat für VC in der Hauptstadt.

Oft empfohlen: Dr. Thilo Winkeler („gute Vertragsgestaltung u. Beratung", Mandant), Alexander Kollmorgen

Team: 4 Partner, 1 Counsel, 2 Associates

Schwerpunkte: Beratung von VC-Finanz.-Runden, vornehml. für Investoren, Corporate VC. Ww. Praxis, mit gr. Team in den USA mit Mid-Cap-Fokus.

Mandate: VC: Arena Holdings bei Serie-D-Finanz.-Runde für Celonis; Art-Invest bei Kauf der Telekom-Zentrale; Canteloupe wg. Finanz.-Runde für Datacake; Altimeter Capital bei Umwandlung von Personio; Centrica Innovations bei Verkauf von GreenCom Networks; Unigestion bei Kauf von Zeit für Brot.

KING & WOOD MALLESONS

PE: Mid-Cap-Transaktionen ★★

Bewertung: Die Überleitung von Roos, einem der erfahrensten Mid-Cap-Anwälte des Marktes, auf die nächste Generation ist in vollem Gange. Herz u. Polke, die ihn seit Jahren unterstützen, haben nicht nur bewiesen, dass sie Mandanten wie Star, Pimova u. Silver übernehmen können, sondern haben auch bei anderen namh. Häusern (am prominentesten DBAG) deutl. Fortschritte gemacht. Dies wurde teilweise dadurch ermöglicht, dass Bereiche wie Kartellrecht bereits einen Fuß in der Tür hatten. Die kleine, aber hoch angesehene Steuerpraxis stellt zudem eine wichtige Unterstützung dar. Einziger Wermutstropfen: In Anbetracht des riesigen asiat. Netzwerks gibt es nur wenig Arbeit für Finanzinvestoren aus dieser Region.

Oft empfohlen: Dr. Michael Roos („sehr erfahren u. versiert", Mandant), Markus Herz, Dr. Peter Polke („beide jung, aber kennen ihr Geschäft", Wettbewerber über beide)

Team: 5 Partner, 3 Counsel, 5 Associates

Schwerpunkte: Vorw. Small- bis Mid-Cap-Buy-outs.

Mandate: PE: Marondo Capital bei Kauf von Mehrheit an Textbroker-Gruppe sowie an ACG Automation Consulting; Pinova bei Verkauf der Mehrheit an Weetech u. Verkauf von Sill Optics; Silver Investment Partners bei Kauf der PTF Group u. von Canlas Laser Processing; Star Capital bei Verkauf Datacenter One; BIP Capital Partners bei Kauf einer Mehrheit an Wellcosan; LEA/zvoove bei Kauf von Fortytools u. Pivoton Software.

KIRKLAND & ELLIS

PE: Large-Cap-Transaktionen ★★★★★

PE: Mid-Cap-Transaktionen ★★★★

Bewertung: Die Fähigkeit der US-Kanzlei, zu expandieren u. sich an den Markt anzupassen, ist weiterhin beeindruckend. Die 3 Equity-Partner sind nach wie vor an einem weitaus höheren Anteil an Large-Cap-Deals beteiligt als alle Wettbewerber, wobei dieses Jahr fast keiner zum Abschluss kam. Der Gewinn von Marktanteilen in Dtl. mit Mandanten wie Carlyle u. Apax basiert darauf, dass Kirkland die Lücke nutzt, die durch den gleichzeitigen Generationswechsel bei den großen PE-Häusern und Anwaltskanzleien entstanden ist. Das Erfolgsgeheimnis liegt in der Nutzung der ww. Verbindungen zu solch großen PE-Investoren, aber auch in den bemerkenswerten jurist. Fähigkeiten u. dem Transaktionsmanagement von Leyendecker u. Oldag. Zugleich ging die Kanzlei den überfälligen Schritt ins Mid-Cap-Segment. Urspr. ist dies der Bereich, in dem Goj zuerst bekannt wurde, aber da er auch in der Large-Cap-Arbeit gebraucht wird, rückt die nächste Generation von Sal.-Partnern mit Arbeit für Mandanten wie Montagu u. Bridgepoint in den Vordergrund – klare Anzeichen dafür, dass die Kanzlei ihre Dominanz auf dem dt. Markt ausbauen kann.

Stärken: Ww. starke PE-Praxis; sehr erfahren bei öffentl. Übernahmen u. Taking-private. In Dtl. sehr starkes ▷*Insolvenz-/Restrukturierungsteam*.

Oft empfohlen: Dr. Benjamin Leyendecker („obwohl noch jung, ein Meister seines Bereiches", „einer der führenden Transaktionsanwälte Deutschlands", Wettbewerber), Attila Oldag („absolut lösungsorientiert, Blick für Wesentliches", Wettbewerber), Dr. Philip Goj („unglaublich fleißig, versteht die wirtschaftl. Zusammenhänge", Wettbewerber), Dr. David Huthmacher („guter Jurist, präzise wirtschaftl. Analyse, schnell", Wettbewerber), Dr. Sebastian Häfele („sehr guter M&A-Anwalt mit hoher Belastbarkeit, schon sehr erfahren in öffentl. M&A", Wettbewerber)

Team: 4 Eq.-Partner, 5 Sal.-Partner, 15 Associates

Schwerpunkte: Vorwiegend großvol. Buy-outs, zunehmend Mid-Cap-Deals u. VC-Investitionen. Große ww. Praxis inkl. Fondsstrukturierung.

Mandate: PE: GIC bei Investment in Messer Industries; Gordon Brothers bei Verkauf von Orsay; Groupe Bruxelles Lambert bei Kauf einer Mehrheit an Sanoptis; Nordic Capital bei Mehrheitserwerb an Corpuls; Oakley Capital bei Verkauf einer Beteiligung an Seedtag an Advent sowie an Wishcard Technologies; TPG Real Estate bei Übernahmeangebot für Studio Babelsberg; Alpine/Ingenio bei Kauf von Adviqo; Thomas H. Lee Partners bei Serie-A-Finanz.-Runde für Kinexion; Klar Partners bei Kauf einer Mehrheit an NW Technology u. Sollis Solargroßhandel; lfd. bei gepl. Transaktionen: CVC, Apax, Bain Capital, Blackstone, Bridgepoint, Cinven.

LAMBSDORFF

Venture Capital ★★★

Bewertung: Die Berliner Traditionsboutique ist v.a. für ihre Arbeit auf der Unternehmens-/Start-up-Seite von VC-Deals bekannt. Dies liegt daran, dass sie einige der bekanntesten Marken beraten hat, z.B. für das Unternehmen hinter Luca auf einer der großen Pre-Seed-Finanz.-Runden im dt. Markt ebenso wie das Unternehmen hinter Babbel. Selbst in einem schwierigen VC-Markt konnte die Kanzlei mit Venture-Debt-Beratung reagieren, was nicht bei allen Boutiquen selbstverständlich ist. Zudem hat sie ihre Arbeit für Corporate-VC-Häuser ausgeweitet. Die Expansion der Kanzlei in andere relevante Fachbereiche wie IP u. IT sowie die Einstellung eines weiteren Anwalts mit Healthtech-Erfahrung zeigen, dass auch Lambsdorff sich zu einer Rundumberaterin für ihre Kernmandanten entwickelt.

Stärken: Beratung auf Unternehmensseite inkl. Start-ups.

Oft empfohlen: Dr. Pablo Rüdiger de Erice, Konstantin Graf Lambsdorff („konstruktive u. sehr zielgerichtete Zusammenarbeit", Mandant), Dr. Christian Stuhlmann („professionell u. lösungsorientiert", Wettbewerber), Louis Meyer („hohe Qualität, angenehmer Verhandler", Wettbewerber)

Team: 4 Partner, 6 Associates

Schwerpunkte: Investoren- u. Start-up-Beratung zu Finanz.-Runden aller Art, inkl. Wandeldarlehen u. Fremdfinanzierung.

Mandate: Culture4life (Luca) bei Gründung, Finanz.-Runden u. Umwandlungen; Lesson Nine (Babbel), Blinks Labs, felmo, SimScale, neXenio, TechMiners, Visiolab bei versch. Finanz.-Runden; EWE VC bei Investments u. Verkauf von Zenhomes; Future Energy Ventures Europe bei versch. Investments; Bootstrap Venture Debt bei versch. dt. Investments; Norgine Ventures bei versch. Venture-Debt-Investments; Gründer von viafintech bei Anteilsverkauf; Instana bei Verkauf an IBM.

LATHAM & WATKINS

PE: Large-Cap-Transaktionen ★★★★★

PE: Mid-Cap-Transaktionen ★★★★★

Bewertung: Die zur Marktspitze gehörende Praxis der US-Kanzlei bespielt mit ihrem Beratungsangebot zu – meist komplexen u. regelm. grenzüberschr. – Mid- u. Large-Cap-Transaktionen das gesamte Feld der PE-Transaktionen. Insbes. in regulierten Sektoren, darunter Healthcare u. Lifescience sowie Infrastruktur u. Technologie, ist L&W besonders häufig gefragt. Das liegt zum einen am Transaktions-Know-how, zum anderen an der ausgeprägten Sektorerfahrung. So ist es wenig verwunderlich, dass ein Konsortium aus den PE-Häusern GIP u. KKR bei ihrem mrd-schweren Funkturmdeal mit Vodafone auf die Kanzlei vertraute. Hier übernahm einmal mehr Larisch die Federführung, der sich im Markt erfolgreich als Berater zu Infrastrukturtransaktionen positioniert hat. Durch den Zugang von Rieger stärkt die Kanzlei ihre Präsenz in diesem zukunftsträchtigen Sektor u. verbreitert ihr Beratungsangebot noch weiter. So ist der Neuzugang neben Breitbandthemen bei Transaktionen von zunehmend gefragter werdenden Infrastruktur-Assets wie Datencentern und Energiespeichern visibel – Asset-Klassen, bei denen L&W in der Vergangenheit eher selten in Erscheinung trat. Auch mit Blick auf die Mandantenbasis zeigt sich L&W erfolgreich: So vertraut u.a. Astorg Partners erstmals auf die Kanzlei. Mit Larisch u. Hesse hat die Kanzlei 2 jüngere Partner, die aus dem Schatten des äußerst anerkannten Felsenstein heraustreten sind.

Stärken: Hervorrag. PE-Praxis in den USA, Frankreich u. GB. Breite Kompetenz in angrenzenden Bereichen, z.B. öffentl. Übernahmen, Finanzierung, Branchen-Know-how.

Oft empfohlen: Oliver Felsenstein („herausragende Präsenz bei PE-Transaktionen", Wettbewerber), Burc Hesse („sehr gute Zusammenarbeit", Mandant; „hat sein Geschäft sehr gut entwickelt u. sich gut am Markt positioniert", Wettbewerber), Dr. Tobias Larisch („smart u. lösungsorientiert", Wettbewerber), Dr. Carsten Loll („hervorragende u. lösungsorientierte Transaktionsbegleitung", Mandant), Dr. Rainer Traugott, Dr. Leif Schrader

Team: 15 Partner, 2 Counsel, 24 Associates

Partnerwechsel: Dr. Alexander Rieger (von Hogan Lovells), Dr. Stefan Widder (zu Gleiss Lutz)

Schwerpunkte: Grenzüberschr. Transaktionen bei div. Asset-Klassen, insbesondere in Zusammenarbeit mit den USA u. zunehmend in London.

Mandate: PE: GIP u. KKR zu Kauf von Mehrheitsanteilen an Vantage Towers von Vodafone; Antin zu Kauf von Mehrheit an Blue Elephant Energy; Astorg

Anwaltszahlen: Angaben der Kanzleien, wie viele Anwälte zu mind. ca. 50 % in diesem Gebiet tätig sind. Sie spiegeln nicht zwingend die Gesamtgröße einer Kanzlei wider.

zu Kauf von CordenPharma; Bregal zu Kauf von Mehrheit an Medavis; DBAG zu Verkauf von Beteiligung an Heytex; KKR zu geplantem Medienrechtedeal mit DFL; DPE im Zshg. mit Continuation Fund; Apollo zu Kauf von Minderheit an Südewo sowie damit verbundenem JV mit Vonovia; CVC zu Verkauf der Beteiligung an Messer Industries; EMZ Partners zu Kauf von Minderheitsbeteiligung an Wishcard Technologies Group u. Kauf von Mehrheit an Aspire Education Group. **VC:** Activant Capital in Serie-D-Finanz.-Runde bei Celonis; Trade Republic zu Erweiterung von Serie-C-Finanz.-Runde.

LINKLATERS

PE: Large-Cap-Transaktionen ★★★★
PE: Mid-Cap-Transaktionen ★★★★

Bewertung: Die brit. Kanzlei weist in der PE-Beratung weiterhin eine solide Mischung aus Infrastrukturdeals (wo sie zu den Marktführern gehört) u. einem allmähl. wachsenden Anteil an Mid-Cap-Arbeit z.B. für Montagu u. Aurelius auf. Praxisleiter Drebes konzentriert sich auf die Arbeit im Infrastruktursektor, während die Ernennung eines 4. Partners für die notwendige zusätzl. Breite im Buy-out-Markt sorgt. Das Fehlen eines Münchner Partners gibt jedoch weiterhin Rätsel auf, da alle Wettbewerber von Linklaters dort PE-Partner angesiedelt haben. Die Large-Cap-Arbeit, insbes. für Apax u. Macquarie, erfolgt in enger Zusammenarbeit mit dem Londoner Büro, u. das inzwischen wieder stabile UK-Team, das in den verg. Jahren unter Abwanderungen zu US-Kanzleien gelitten hatte, ermöglicht es Linklaters, ihren Mandanten ein integriertes europ. Team bei Large-Cap-Deals anzubieten.
Stärken: Exzellenter Trackrecord bei Infrastruktur- u. ▷*Energiedeals*.
Oft empfohlen: Dr. Ralph Drebes („sehr erfolgreich u. gut", „Spitzenjurist, immer ruhig, sehr bestimmend", Wettbewerber), Andreas Müller („hoch kompetenter Transaktionsexperte, der sein Team sehr harmonisch führt", Wettbewerber), Dr. Sebastian Daub („effizient, pragmat.", Wettbewerber)
Team: 5 Partner, 3 Counsel, 6 Associates
Schwerpunkte: Buy-outs, bes. viele Infrastrukturinvestments, Fondsstrukturierungen sowie Corporate-Arbeit für Fonds.
Mandate: PE: Macquarie bei Verkauf der indirekten Beteiligung an Open Grid Europe sowie bei Verkauf einer Minderheit an ESTAG; Macquarie Asset Management bei Kauf einer signifikanten Minderheit an Best Parking; Apax/Vyaire Medical bei Verkauf der Consumables-Sparte; Montagu bei Kauf von Waystone Group u. Kauf von European Fund Administration; Alani Holding bei Kauf einer Minderheit an Studio Lietz; Aurelius bei Verkauf der Distrelec-Gruppe; CDPQ bei Kauf der Akiem-Gruppe.

LUPP + PARTNER

PE: Mid-Cap-Transaktionen ★★★★
Venture Capital ★

Bewertung: Aus der PE-Boutique ist eine mittelgr. Transaktionskanzlei (▷*M&A*) geworden, mit Partnern in 4 Büros u. einer internen Kultur, um die sie viele Wettbewerber beneiden. Der klare Fokus liegt nach wie vor auf dem Mid-Cap-Geschäft, das einen konstanten Dealflow mit einer Reihe neuer Mandanten hervorbrachte: die erste Arbeit für Capvis sowie der Gewinn eines Pitches für die Harald Quandt Industriebeteiligung. Hin u. wieder kratzt L+P am Einstieg ins Large-Cap-Geschäft – der Contabo-Deal war in dieser Hinsicht bemerkenswert –, u. die PE-Erfahrung der Partner zeigte sich auch bei komplexen Fonds-Continuation-Deals. Die Arbeit für Wachstumsunternehmen ist das Ergebnis einer aktiven VC-Praxis in früheren Jahren, u. während Carstens für seine Arbeit in diesem Bereich geschätzt wird, ist VC für die Kanzlei mittlerw. insges. weniger bedeutend.
Oft empfohlen: Dr. Matthias Lupp („lösungsorientiert u. pragmat.", Wettbewerber), Dr. Nis Carstens („pragmat. u. schnell", Wettbewerber), Christopher Kellett („bringt Ruhe in Verhandlungen", Wettbewerber), Dr. Stefan Jörgens, Dr. Kerstin Kopp, Felix Stützer („sehr gut vernetzt, zeigt bei Verhandlungen herausragende Marktkenntnis", Mandant)
Team: 15 Partner, 4 Counsel, 21 Associates
Schwerpunkte: Mid-Cap-Private-Equity, Venture Capital sowie für Family Offices.
Mandate: PE: 3i/Luqom bei Mehrheitskauf an Brumberg Leuchten; 3i bei Verkauf von BeautyBears; Capvis bei Investition in AdEx; Minderheitsgesellschafter sowie Management von Contabo bei Verkauf an KKR; EQT/Evidensia bei Kauf versch. Tierkliniken; Maguar bei Kauf von HRWorks u. dann bei Add-on von DriversCheck; Maguar bei gepl. Kauf von afb Application Services. **VC:** Afilio bei Serie-A2-Finanz.-Runde; Armira Growth bei Serie-A-Finanz.-Runde für Parkdepot; Fashion Cloud bei €25-Mio- Serie-B-Finanz.-Runde; Happiness Capital bei Finanzierung von ClearSpace; Roadsurfer bei Finanzierung durch Raiffeisen Invest.

LUTHER

Venture Capital ★

Bewertung: Die dt. Full-Service-Kanzlei ist im PE- sowie VC-Segment mit jew. eigenen Teams unterwegs. Die VC-Praxis agiert sowohl an der Seite von (Finanz-)Investoren als auch als Berater von Start-ups u. reiferen Unternehmen. Über welche Akzeptanz die Praxisgruppe im Markt verfügt, zeigen bspw. mehrfache Mandatierungen durch Brandenburg Kapital. Bei Transaktionen – VC wie PE – ist zudem die breite Aufstellung der Kanzlei ein Pfund, mit dem die Kanzlei bei Mandaten regelm. wuchern kann. So kann sie auch in regulierten Feldern wie Gesundheit od. Energie Beratung aus einer Hand bieten.
Oft empfohlen: Andreas Tüxen („pragmatisch u. kompetent", Wettbewerber), Philipp Glock („pragmatische Zusammenarbeit mit guter Qualität", Mandant), Philipp Dietz („äußerst versiert im Venture Capital", Mandant)
Team: 25 Partner, 5 Counsel, 15 Associates
Partnerwechsel: Dr. Andreas Vath (von KPMG Law)
Schwerpunkte: Breite Full-Service-Beratung, insbes. von Start-ups über alle Phasen hinweg.
Mandate: PE: Indus Holding im Zshg. mit versch. Portfoliounternehmen; Mehiläinen Oy/CVC zu Kauf von MVZ-Kette über Dalberg Klinik. VC: Brandenburg Kapital in versch. Finanz.-Runden, u.a. bei Elearnio u. Financial Software Architects; Easy-Tutor zu Serie-A-Finanz.-Runde; KSK-Wagniskapital in Serie-A-Finanz.-Runde bei Smarteins.

LUTZ ABEL

Venture Capital ★★★★

NOMINIERT
JUVE Awards 2023
Kanzlei des Jahres für Private Equity und Venture Capital

Bewertung: Die Praxisgruppe der Mittelstandskanzlei verfügt im VC-Sektor über eine äußert tiefe Marktdurchdringung. Ihr Beratungsangebot reicht von der Frühphasenfinanzierung bis hin zu Exittransaktionen. Hier agiert die Kanzlei sowohl aufseiten von Investoren als auch für Unternehmen. Wettbewerber loben regelm. die Entwicklung u. die damit einhergehende stetig steigende Marktpräsenz, für die nicht zuletzt die beiden Partner u. Praxisgruppenleiter Noreisch u. Eickmann verantwortl. sind. Dies scheint sich auch über die Landesgrenzen hinaus herumzusprechen, wie zunehmende Mandatierungen aus dem Ausland zeigen. So vertraut bspw. der belg. VC-Fonds Torus Capital ebenso auf LA wie Union Square Ventures. Daneben verfügt die Kanzlei über eine breite Basis dt. Stammmandanten, darunter BayBG u. Bayern Kapital. Zuletzt ernannte die Kanzlei einen Partner aus den eigenen Reihen, zu dessen Schwerpunkt die Venture-Debt-Beratung zählt u. der mit erfahrenen Partnern bereits zu diesem Thema beriet.
Oft empfohlen: Dr. Bernhard Noreisch („sehr kompetent, erfahren mit angenehmer, ruhiger u. professioneller Art", Mandant; „fachlich exzellent", „lösungsorientiert u. zielstrebig", Wettbewerber), Dr. Marco Eickmann („tief in den Themen u. angenehmer Verhandlungspartner", Wettbewerber)
Team: 4 Eq.-Partner, 4 Sal.-Partner, 4 Associates
Schwerpunkte: Transaktions-, Finanzierungs- u. lfd. Beratung für private u. öffentl., auch ausl. VC-Investoren. Schnittstelle zu Gesellschaftsrechtspraxis in Nachfolgesituationen u. für Family Offices.
Mandate: VC: Torus Capital zu Finanz.-Runden; APK in Finanz.-Runde; BayBG Bayerische Beteiligungsgesellschaft zu Investitionen u. Exits; Bayern Kapital in div. Finanz.-Runden; BonVenture in mehreren Finanz.-Runden u. Exits; Coparion in mehreren Finanz.-Runden u. Exits.

MAYER BROWN

PE: Mid-Cap-Transaktionen ★★★

Bewertung: Die auf Mid-Cap-Transaktionen fokussierte Praxisgruppe der US-Kanzlei ist regelm. bei grenzüberschr. Transaktionen gefragt, bei denen MB mit ihrem internat. Netzwerk punkten kann. Insbes. die Zusammenarbeit mit den Büros in London und Paris nahm erkennbar zu. Darüber hinaus verfügt die Kanzlei über ein beachtl. Geschäft für dt. Fonds wie DBAG. Der Investor vertraute mehrfach auf den Partner u. bisherigen Praxisgruppenleiter Lemor, der sich im Frühjahr Noerr anschloss. Ein weiterer Fonds, an dessen Seite er häufiger in Erscheinung tritt, ist Borromin. Neben Lemor vertrauten Mandanten wie Borromin u.a. auch auf Streer, der das PE-Haus in federführender Rolle beim Kauf von Eberle Controls beriet. Er übernahm mittlerw. auch die Leitung des PE-Teams. Dennoch wiegt der Abgang von Lemor für die Praxisgruppe schwer, da er nach außen hin für viele Wettbewerber als Gesicht der Praxis mit gutem Geschäft galt.
Oft empfohlen: Dr. Jan Streer („präzise rechtl. Beratung u. fundierte Einschätzungen", Mandant)
Team: 4 Partner, 7 Counsel, 7 Associates
Partnerwechsel: Dr. Fabio Borggreve (von Squire Patton Boggs); Dr. Julian Lemor (zu Noerr)
Schwerpunkte: Mid-Cap-Transaktionen.
Mandate: PE: Avedon Capital Partners zu Beteiligung an Formmed Healthcare; Borromin Capital zu Kauf von Eberle Controls; Triton zu Kauf von Kälte Eckert.

MCDERMOTT WILL & EMERY

PE: Mid-Cap-Transaktionen ★★★

Bewertung: Die PE-Praxis von MWE trat am Markt erneut mehrfach als Beraterin in Mid-Cap-Transaktionen auf. Dass MWE auch Large-Cap kann, stellte sie im Zshg. m. dem Verkauf der PharmaLex-Gruppe

Anwaltszahlen: Angaben der Kanzleien, wie viele Anwälte zu mind. ca. 50% in diesem Gebiet tätig sind. Sie spiegeln nicht zwingend die Gesamtgröße einer Kanzlei wider.

für rund €1,28 Mrd unter Beweis, bei der sie den Verkäufer beriet. Bsph. ist dieses Mandat nicht nur für die enge Zusammenarbeit mit Büros aus anderen Jurisdiktionen, sondern auch für die anerkannte Kompetenz der Kanzlei im Gesundheitssektor. Daneben bilden technologiebez. Transaktionen einen weiteren anerkannten Sektorenschwerpunkt, wo MWE für mehrere Portfoliogesellschaften von Main Capital aktiv war. Personell gab es insbes. auf Partnerebene Veränderungen: So ging mit Praxisgruppenleiter von Jacobs ein langj. u. erfahrener Partner, ein weiterer wechselte zu PwC Legal. Im Gegenzug gewann die Kanzlei am Münchner Standort mit Ebersberger sowie einem Anwalt von Latham, 2 jüngere Köpfe, mit denen sich die Kanzlei für die Zukunft aufstellt, auch weil sie mit Schwerpunkten in den Sektoren Digitalwirtschaft u. Lifescience gut in die Ausrichtung passen.

Stärken: ▷*Healthcare*-, ▷*Immobilien*- u. Techdeals.

Oft empfohlen: Dr. Jens Ortmanns („pragmat. u. verhandlungsstark", Mandant), Dr. Stephan Rau („großes Verständnis für unternehmer. Belange", Wettbewerber), Dr. Carsten Böhm, Dr. Michael Cziesla („ruhig u. kompetent", Wettbewerber), Holger Ebersberger („große Transaktionserfahrung u. gut im Markt vernetzt", Wettbewerber)

Team: 8 Partner, 3 Counsel, 8 Associates

Partnerwechsel: Holger Ebersberger (von Noerr), Hanno Witt (von Latham & Watkins); Dr. Nikolaus von Jacobs (zu Reed Smith), Dr. Tobias Koppmann (zu PwC Legal); Norman Wasse (zu Squire Patton Boggs)

Schwerpunkte: Buy-outs, sowohl aufseiten der Beteiligungsfirmen als auch der Verkäufer; Managementberatung von Zielunternehmen u. Entwicklung von Beteiligungssystemen; auch VC-Beratung.

Mandate: Auctus zu Verkauf von Pharmalex; Centric Health Holdings zu Markteintritt in Dtl.; Greenpeak Partners Advisory zu Kauf mehrerer MVZ; Gesellschafter von FotoFinder Systems zu Verkauf von Mehrheit; Investcorp zu versch. Beteiligungen; Gesellschafter von Lobster zu Verkauf von Mehrheitsbeteiligung; Main Capital/Blika Solutions zu Kauf von Audimex.

MILBANK

PE: Large-Cap-Transaktionen	★★★★★
PE: Mid-Cap-Transaktionen	★★★★★
Venture Capital	★★★

Bewertung: Die Kanzlei gehört sowohl bei Mid- als auch bei Large-Cap-Transaktionen zu den führenden Praxen im Markt. So verwundert es nicht, dass sie einen konstanten Trackrecord für hochkarätige Mandanten wie bspw. General Atlantic u. DBAG vorweißen kann. Während großvol. Transaktionen v.a. aus dem Münchner Büro der Kanzlei heraus bedient werden, ist das Frankf. Team eine etablierte Anlaufstelle bei Mid-Cap-Transaktionen. Die Beratung von Stammmandantin EQT bei der öffentl. Übernahme von Va-Q-Tec ist ein Bsp. für die Beratung an der Schnittstelle zwischen PE u. Kapitalmarktrecht sowie ein weiterer Beleg für die Stärke der Kanzlei bei P2P-Transaktionen. Hier ist die Beratung des Family Offices u. Vermögensverwalters Cura, der gemeinsam mit Oakley auf die Deutsche Euroshop bot, ein weiteres Beispiel. Dass die Kanzlei inzwischen im Begriff ist, eine eigene kapitalmarktrechtl. Praxis um Vorjahreszugang Klöckner aufzubauen, stärkt Milbank auf diesem Sektor weiter. Die beiden jüngeren Partner Riedl u. v.a. Heim sind sowohl im PE- als auch im VC-Segment präsent, was belegt, dass Milbank gut für die Zukunft gerüstet ist.

Stärken: Eines der erfahrensten Teams v.a. bei Large-Cap-Deals; Taking-private-Transaktionen sowie Infrastrukturdeals. ▷*Finanzierungspraxis*.

Oft empfohlen: Dr. Norbert Rieger („einzigartiger Ruf im Markt", Wettbewerber), Dr. Michael Bernhardt („intelligent, kompetent u. präzise", Wettbewerber), Dr. Steffen Oppenländer, Dr. Sebastian Heim, Markus Muhs

Team: 7 Partner, 4 Counsel, 20 Associates

Schwerpunkte: Konzentration in München auf großvol. Buy-outs, in Ffm. stärker bei Mid-Cap-Mandaten.

Mandate: PE: EQT bei öffentl. Übernahme von Va-Q-Tec u. zu Kauf von Beteiligung an SHL Medical; Altor zu Kauf von Mehrheit an VTU Group; LEA Partners/TA Associates zu Zusammenschluss von Chaos-Gruppe mit Cylindo; Hohenhaus & Jansenberger zu Verkauf von Beteiligung an Gastro-Total-Gruppe; LEA Partners zu Verkauf von Sema; LGT Global Invest, Stiftung Fürst Liechtenstein u. Lightrock Growth zu PIPE-Investition in Lillium. **VC:** General Atlantic in Serie-E-Finanz.-Runde bei Staffbase; LGT-Gruppe Stiftung Lightrock Growth in Serie-D-Finanz.-Runde bei Wefox.

MOMENTUM GOLD WIED HEILMEIER

Venture Capital	★★★

Bewertung: Der Münchner Neugründung ist es bereits dank der PE-Erfahrung der Partner u. ihrer Verbindungen zu lokalen Finanzinvestoren u. Family Offices gelungen, Aufmerksamkeit im Markt zu gewinnen. In den ersten beiden Jahren bearbeitete es so einen soliden Fluss von kl. bis mittelgr. Deals. Diese Entwicklung wurde durch den Zugang von Weber, einem der bekanntesten VC-Anwälte Frankfurts, erheblich gefördert. Er hat eine besondere Erfolgsbilanz bei Fintechdeals u. Verbindungen zu Corporate-VC-Armen von Unternehmen u. Banken im Rhein-Main-Gebiet. Die Einstellung von Associates ist erforderl., um die Praxis in die nächste Entwicklungsphase zu bringen.

Stärken: Fintech- u. Insuretechdeals.

Oft empfohlen: Philipp Weber, Dr. Matthias Heilmeier („gründlich u. durchsetzungsstark", Wettbewerber)

Team: 4 Partner, 3 Associates

Partnerwechsel: Philipp Weber (von FPS Fritze Wicke Seelig)

Schwerpunkte: VC in München und Frankfurt; auch kl. bis mittelgr. PE-Deals in München, u.a. für Family Offices.

Mandate: PE: Cloudflight/DBAG bei Kauf von mobile agreements; Unigestion bei Kauf von Springer Science München. **VC:** Hi Inov bei Serie-A-Finanz.-Runde; Finvia Holding bei Einstieg der Hannover Finanz; Seventure Partners bei Serie-A-Finanz.-Runde für Flexvelop; Sven von Loh bei div. Investments.

MORGAN LEWIS & BOCKIUS

PE: Mid-Cap-Transaktionen	★★

Bewertung: Die PE-Praxis der US-Kanzlei konzentriert sich auf das neue Münchner Büro u. die Praxis von Harder, der mit seinem Team im Frühjahr 2023 kam. Erfahrung bringt er u.a. bei Infrastrukturtransaktionen mit. Das schließt an die Erfahrung im Frankfurter Büro an, das an der gr. ‚Digital-Bridge'-Transaktion beteiligt war. Die Bewährungsprobe für die neue Kanzlei wird sein, inwieweit Harder seine Kontakte zu namh. Mid-Cap-Häusern nutzen kann, um eine Alternative zu den etablierten Akteuren zu bieten.

Oft empfohlen: Dr. Florian Harder

Team: 1 Partner, 2 Counsel, 6 Associates

Partnerwechsel: Dr. Florian Harder (von Shearman & Sterling)

Schwerpunkte: Mid-Cap-PE-Transaktionen, auch bei Infrastrukturdeals.

Mandate: Digital Bridge bei Kauf der Funkturmsparte von Dt. Telekom sowie beim Verkauf der Minderheitsbeteiligung an Vantage Towers; Regent/Dimanche bei Kauf des europ. Bekleidungsgeschäfts von HanesBrands; Stone Calibre/Calibre Scientific bei Kauf eines Produktportfolios im Bereich Mikromanipulation von Eppendorf; Igneo Infrastructure Partners bei Joint Ventures mit E.on für Ausbau von Hochgeschwindigkeits-Breitbandinfrastruktur in Deutschland.

MORRISON & FOERSTER

Venture Capital	★

Bewertung: Das kl. Team der US-Westküstenkanzlei berät regelm. bei mittelgr. PE-Deals, gelegentl. auch bei VC-Deals mit internat. Investoren. Die Verbindungen zu gr. jap. Häusern sind ungewöhnl., aber es gibt andere US-Kanzleien, die weitaus mehr Mandanten aus ihrem Heimatmarkt importiert haben. Dem Plan, die Beratung einiger Wachstumsunternehmen im Heimatmarkt Berlin auszubauen, setzt der Größe der Praxis klare Grenzen.

Oft empfohlen: Dr. Jörg Meißner

Team: 1 Partner, 2 Counsel, 4 Associates

Schwerpunkte: Mid-Cap-PE sowie großvolumigere VC-Transaktionen, Branchenfokus auf Medien- u. IT-Unternehmen.

Mandate: PE: Elvaston Capital Management beim Verkauf von Magnolia.

NOERR

PE: Large-Cap-Transaktionen	★
PE: Mid-Cap-Transaktionen	★★★★
Venture Capital	★★★★

Bewertung: Die PE/VC-Praxis der dt. Kanzlei bespielt eine breite Klaviatur, die von Mid- u. Large-Cap-Transaktionen über die Beratung zu Venture-Debt- u. Venture-Capital-Finanzierungen einschl. Finanz.-Runden auf Gründerseite reicht. Bei PE-Deals war das Know-how zuletzt bei einer Reihe von großvol. Transaktionen gefragt. Hier sind die Beratung von Foresight beim Kauf einer Mehrheit an einer gepl. Anlage zur Herstellung von grünem Wasserstoff sowie KPS Capital beim Kauf von Real Alloy Group nur beispielhaft. Darüber hinaus setzen Mandanten bei einer beachtl. Zahl von Mid-Cap-Transaktionen auf das Know-how von Noerr. Auch im VC-Segment zeigt sich die Kanzlei äußerst präsent. Belege für ihr Engagement sind bspw. Mandatierungen durch des US-Fonds Parkhill Ventures, den Noerr bei seinem Markteintritt begleitete. Nicht selten kann sie bei ihren Mandanten zudem mit der notwendigen regulator. Kompetenz punkten, z.B. im Gesundheitssektor. Mit Lemor kam namh. Verstärkung für die Praxis am Frankf. Standort, die zuletzt keinen Eq.-Partner mehr hatte. Der Wechsler hat gute Beziehungen zu PE-Häusern wie DBAG, die bereits zum Kreis der Noerr-Mandanten zählen u. wo das Engagement durch den Zugang bereits ausgeweitet wurde. Auf der anderen Seite musste die Kanzlei in München den Abgang Ebersbergers verbuchen, der sich eine Marktpräsenz sowie ein eigenes Team aufgebaut hatte.

Stärken: Rundumberatung von Fondsgesellschaften, inkl. Fondsstrukturierung; beachtl. Erfahrung

Anwaltszahlen: Angaben der Kanzleien, wie viele Anwälte zu mind. ca. 50% in diesem Gebiet tätig sind. Sie spiegeln nicht zwingend die Gesamtgröße einer Kanzlei wider.

im Distressed-Bereich u. bei Immobilien. In Berlin eine der führenden VC-Praxen.
Oft empfohlen: Dr. Thomas Schulz, Dr. Georg Schneider („freundliche, professionelle u. effiziente Zusammenarbeit", Wettbewerber), Dr. Sascha Leske, Felix Blobel („überblickt alle Themenbereiche schnell u. ist stets erreichbar", Mandant), Prof. Dr. Christian Pleister („versteht auch die geschäftl. Herausforderungen u. Chancen", Mandant), Dr. Julian Lemor
Team: 16 Eq.-Partner, 9 Sal.-Partner, 15 Associates
Partnerwechsel: Dr. Julian Lemor (von Mayer Brown); Holger Ebersberger (zu McDermott Will & Emery)
Schwerpunkte: Rundumberatung von VC- u. PE-Gesellschaften, von Strukturierung u. Errichtung bis zu Exits; auch für Banken u. Gründer sowie vermög. Privatpersonen tätig, v.a. in München u. Berlin.
Mandate: PE: Auctus zu Verkauf von PharmaLex u. zu Kauf von Dental Bauer u. Pluradent; KKR/Exact Group zu Kauf von Weclapp; Foresight zu Kauf von Mehrheit an Projektgesellschaft HH2E AG u. HydrogenOne Capital Growth; Ambienta SGR zu Kauf von Mehrheit an Lässig-Gruppe; VR Equitypartner zu Verkauf von Groneweg; Bowmark zu Kauf von Solvians-Gruppe; DPE zu Kauf von Mehrheit an Sill Optics; Orlando zu Kauf von Pfeiffer-Gruppe. **VC:** Laureus in Serie-B-Finanz.-Runde bei Ethris; Viola Credit zu dt. Venture-Debt-Finanzierung bei Everstores; Parkhill Ventures zu Markteintritt.

NORTON ROSE FULBRIGHT

PE: Mid-Cap-Transaktionen ★★

Bewertung: Die internat. Sozietät wird traditionell nicht mit PE-Arbeit verbunden, hat aber in den verg. Jahren in diesen Bereich stark investiert, u.a. durch die Rekrutierung erfahrener Associates aus einigen der führenden PE-Praxen, was eine gewisse Spezialisierung ermöglicht hat. Die Einbindung des neuen Partners Schweneke beim Hertha-BSC-Deal mit einem Londoner Mandanten war z.B. ein sofortiger Erfolg. Traditionelle Stärken liegen in den Bereichen Energie u. Infrastruktur, u. zwar international. Die Kanzlei hatte im verg. Jahr bemerkenswerten Erfolg beim Import großer US-Mid-Cap-Kunden (z.B. Crowdout Capital) – etwas, das vielen Wettbewerbern nicht gelungen ist. Das kleinere VC-Team ist gut positioniert, um die Wiederetablierung Münchens als Investitionsschwerpunkt von Techinvestoren zu nutzen.
Stärken: Beratung von Finanzinvestoren bei Energie-/Infrastrukturdeals.
Oft empfohlen: Frank Henkel („extrem serviceorientiert; verliert auch in großen Transaktionen nicht den Überblick", Mandant), Dr. Katrin Stieß („gründlich, gut organisiert, pragmat.; arbeitet mit schlankem Team", Mandant), Sven Schweneke
Team: 10 Partner, 6 Counsel, 16 Associates
Partnerwechsel: Dr. Philipp Grzimek (zu Görg)
Schwerpunkte: Mid-Cap-Buy-outs, Infrastrukturinvestments u. Venture Capital.
Mandate: PE: 777 Partners bei Kauf von fast 65% an Hertha BSC; AnaCap/Fintus bei Kauf von Finstreet; Hellman & Friedmann/AutoScout24 bei Kauf von 2 Unternehmen in NL u. Norwegen; CrowdOut Capital bei Kauf von Sourceability; Dubag-Gruppe bei Kauf von Emitec; Intermediate Capital Group bei Beteiligung an Exxeta; One Peak Capital bei Verkauf von Quentic; Amira/Salesfive bei Kauf von Integration Matters. **VC:** Celus bei €25-Mio-Serie-A-Finanz.-Runde; Golden Pond u. und Daisy Chain bei Verkauf von Chaos Software an TA.

OPPENHOFF & PARTNER

PE: Mid-Cap-Transaktionen ★★★
Venture Capital ★

Bewertung: Die noch recht junge PE-Praxis der dt. Mittelstandskanzlei kann eine bemerkenswerte Erfolgsbilanz verbuchen. Sie war an wesentl. komplexeren Deals jenseits des normalen Mid-Cap-Segments beteiligt, u.a. an einer versuchten öffentl. Übernahme. Und die Kompetenz der Kanzlei in bestehende Branchen – z.B. Wehrtechnik – in Verbindung mit einer starken ▷*Außenwirtschaftsrechtspraxis* hat sich als wirksames Akquiseinstrument erwiesen. Generell ist die Praxis jedoch geprägt von der Mid-Cap-Arbeit durch Rasner u. Liebau mit einem konstanten Strom von Add-on-Deals u. einer aufkeimenden Beziehung zu Audax, einem der größten Mid-Cap-Häuser in den USA. VC bleibt der Schwerpunkt des Kölner Teams, das weiterhin enge Beziehungen zu wissenschaftl. Instituten u. jüngst zu EIC-Fonds pflegt.
Oft empfohlen: Dr. Markus Rasner („sehr solide, internat. erfahren u. guter Verhandler", Wettbewerber), Till Liebau („angenehme Zusammenarbeit u. unternehmer. Beratung", Mandant), Dr. Gabriele Fontane, Dr. Peter Etzbach („angenehme, professionelle u. freundl. Zusammenarbeit", Wettbewerber)
Team: 7 Eq.-Partner, 3 Sal.-Partner, 8 Associates
Schwerpunkte: Mid-Cap-Arbeit (inkl. Finanzierung) v.a. in Frankfurt. VC in Köln, inkl. Fondsstrukturierung.
Mandate: PE: Audax bei gepl. Kauf eines UK-Unternehmens; Andera/HR Path bei Kauf von FGi Fischer; JLL Partners bei dt.-rechtl. Aspekten des Kaufs von STG Aerospace Germany. **VC:** EIC-Fund bei dt. Investments, u.a. Serie-A-Finanz.-Runde für Onomotion, Serie-D-Finanz.-Runde für iThera Medical u. Seed-Finanz.-Runde für Irubis; BeyondBuild bei Finanz.-Runde für RealCube.

ORRICK HERRINGTON & SUTCLIFFE

PE: Mid-Cap-Transaktionen ★★★
Venture Capital ★★★★★

Bewertung: Die dt. VC-Praxis hat mit Greulich einen der profiliertesten Anwälte für internat. Investoren in ihren Reihen. Das liegt u.a. an der bemerkenswerten Feuerkraft der US-Westküstenbüros der Kanzlei, die es ihm erlaubt haben, prominente Fonds als Mandanten zu gewinnen. Die Stärke der europ. Seite der Praxis, die gemessen an der Weitergabe wichtiger Mandantenbeziehungen immer besser integriert ist, wurde durch den Gewinn von GIC als Mandantin demonstriert, die dann in die USA exportiert wurde. Auch der Corporate-VC-Mandantenstamm ist solide – mit einer Reihe gr. Konzerne, die regelm. für Arbeit sorgen. Bislang war die Praxis in D'dorf angesiedelt, der Wechsel eines Senior Associates ins Münchner Büro ist daher eine wichtige Entwicklung. Das PE-Team hatte ein Jahr lang mehr mit Portfoliodeals als mit Erstinvestitionen zu tun, doch war festzustellen, dass diese Arbeit dazu beitrug, Mandantenbeziehungen aus den USA nach Europa zu importieren, die in Zukunft von entscheidender Bedeutung sein könnten. Die Rekrutierung von Simonot war ein Coup: Obwohl er noch jung ist, wurde er auf dem Münchner Markt bereits wahrgenommen.
Stärken: Mid-Cap-Buy-outs; VC-Beratung v.a. im Technologiebereich.
Oft empfohlen: Dr. Christoph Brenner („sehr erfahren, schnell, lösungsorientiert", Wettbewerber), Dr. Oliver Duys, Dr. Sven Greulich („immer erreichbar, arbeitet perfekt u. nahtlos mit seinem Team, setzt sich top für unsere Interessen ein", Mandant; „sehr präzise u. große Erfahrung mit US-Investoren", Wettbewerber), Damien Simonot („jung, aber sehr erfahren, gut in Verhandlungsführung, angenehmer Umgang", Mandant)
Team: 6 Eq.-Partner, 6 Sal.-Partner, 2 Counsel, 13 Associates
Partnerwechsel: Damien Simonot (von Skadden Arps Slate Meagher & Flom), Dr. Jörg Ritter (zu PwC Legal), Dr. Thomas Schmid (zu SNP Schlawien)
Schwerpunkte: PE-Mid-Cap-Transaktionen inkl. Steuerstruktur u. Finanzierung; umfangr. VC-Beratung, u.a. für US-Investoren.
Mandate: PE: Ardian/TSG bei Kauf von Eximia Engineering; GA, CDPQ, Hg/Howden bei Kauf eines dt. Spezialversicherungsmaklers; Holland Capital bei gepl. Kauf v. dt. Softwareunternehmen; Luxempart bei Verkauf von Edupro; Symbioworld bei Wachstumsinvestition von Fortino Capital. **VC:** GIC bei €190-Mio-Serie-B-Finanz.-Runde von H2 Green Steel; Coatue bei Verkauf der Anteile an Gorillas; TA, Insight Partners/Aptean bei Kauf von ImPulsTA; Alstin bei Serie-A-Finanz.-Runde bei ANCLA Logistik; Blossom Capital bei Serie-A-Finanz.-Runde von Kadmos; EIP Serie-B-Finanz.-Runde von ESG Book; Haniel und Lightrock bei Serie-A-Finanz.-Runde von Aerones; Hitachi Ventures bei Serie-B-Finanz.-Runde von BeZero Carbon.

OSBORNE CLARKE

Venture Capital ★★★★★

Bewertung: Die hohe Auslastung des gr. Teams in einem schwierigen Marktumfeld spricht Bände darüber, wie gut das OC-Team inzwischen etabliert ist. Das Berliner Büro hat sich innerh. weniger Jahre zu einem wichtigen Akteur entwickelt: Neben Eyben werden sowohl Vocke als auch Saur regelm. empfohlen. Gemeinsam mit Köln ist dieser Teil der Praxis stärker bei Investoren als vor ein paar Jahren vertreten, wozu auch die Generation unter Gabrysch beiträgt: U.a. gewann Siegemund einen gr. US-Investor als Mandanten. Das Münchner Büro hat nach wie vor eine auf Start-ups u. Unternehmen fokussierte Praxis mit engen Kontakten zu großen Instituten vor Ort. Andere Kanzleien haben ein starkes Standbein im Corporate-VC-Segment, was allerdings auch die Charakteristika der OC-Corporate-Praxis insges. widerspiegelt.
Stärken: Stark integriert mit der angesehenen ▷*IT-Praxis*. Rundumberatung von Wachstumsunternehmen v.a. in der Technologiebranche.
Oft empfohlen: Nicolas Gabrysch („sehr erfahren u. engagiert", Wettbewerber), Robin Eyben („guter u. lösungsorientierter Verhandlungspartner, fachl. sehr gut", Wettbewerber), Till-Manuel Saur („gutes Verständnis für aktuelle Markttrends u. angenehm in der Zusammenarbeit", Wettbewerber), Rouven Siegemund („angenehm, sensibel im Umgang mit Mandanten", Wettbewerber), Maximilian Vocke („sehr kompetent u. guter Verhandler", Wettbewerber)
Team: 8 Partner, 2 Counsel, 17 Associates, 1 of Counsel
Schwerpunkte: Fokus auf VC. Beratung von Start-ups, Wachstumsunternehmen sowie Investoren.
Mandate: VC: DoorDash bei US$750-Mio-Series-B-Finanz.-Runde für Flink; G2 Ventures bei €215-Mio-Serie-B-Finanz.-Runde für 1Komma5; Klima Energy Transition Fund bei Finanzierung von Enmacc; Taxfix bei US$220-Mio-Serie-D-Finanz.-Runde; Warburg

Anwaltszahlen: Angaben der Kanzleien, wie viele Anwälte zu mind. ca. 50% in diesem Gebiet tätig sind. Sie spiegeln nicht zwingend die Gesamtgröße einer Kanzlei wider.

Pincus/Hollyport Capital bei Serie-D-Finanz.-Runde für McMakler; Waverley Capital bei Serie-B-Finanz.-Runde für Endel Sound; Capnamic bei Finanz.-Runden für der Sharpist, reverse.supply, Sunhat; Cortical Ventures bei Seed-Finanz.-Runde für Immerok; HTGF bei Verkauf von Raidboxes; Highland Europe bei Finanzierung von SoSafe u. Outfittery; VR Ventures bei Verkauf von Penta an Qonto.

PAUL HASTINGS

PE: Large-Cap-Transaktionen ★

PE: Mid-Cap-Transaktionen ★★★

Bewertung: Der treue Mandantenstamm von Wolff brachte zwar viel Arbeit, aber keine größeren abgeschl. Deals. Das zeigte das Risiko für die Praxis, dass PH nur einen PE-Partner hatte (v.a. nach dem Abgang von Jessen). So war der Gewinn von Mühl von Clifford eine äußerst wichtige Entwicklung, denn er bringt beträchtliche Erfahrung in einem breiten Spektrum von PE-Transaktionen, einschl. Infrastruktur mit u. unterstreicht, dass das Frankf. Büro mit dem Wachstum anderer europ. Büros von PH Schritt halten kann.

Stärken: Mid-Cap-Transaktionen, teilw. grenzüberschreitend.

Oft empfohlen: Dr. Christopher Wolff, Frederik Mühl

Team: 2 Eq.-Partner, 1 Sal.-Partner, 1 Counsel, 6 Associates

Partnerwechsel: Frederik Mühl (von Clifford Chance); Lars Jessen (zu DLA Piper)

Schwerpunkte: V.a. Mid-Cap-Transaktionen für dt. PE-Häuser. Viel Erfahrung bei Immobiliendeals.

Mandate: Keine Nennungen.

POELLATH

PE: Mid-Cap-Transaktionen ★★★★

Venture Capital ★★★★

Bewertung: Die Praxis der dt. Kanzlei zeichnet sich durch eine breite Beratungspalette im PE- u. VC-Segment aus. Eine trad. Stärke ist die Managementberatung – teils einschl. Beteiligungen – im Rahmen von Verkäufen oder JV-Abschlüssen. Darüber hinaus verfügt die Praxisgruppe über anerkanntes Know-how bei Mid-Cap-Transaktionen. Hier kann die Kanzlei einen beachtl. Trackrecord vorweisen, der sich nicht zuletzt auf zukunftsträchtige Sektorenschwerpunkte wie z.B. Healthcare u. Tech zurückführen lässt. Regelm. schenken PE-Fonds wie Grünwald Equity u. EMH Partners Poellath ihr Vertrauen, bspw. beim grenzüberschr. Erwerb des belg. Techunternehmens Basalte Group, wo sie auch ihr internat. Netzwerk ausspielen konnte. Nicht minder visibel ist die Kanzlei im VC-Segment, wo namh. Mandanten, darunter ABN Amro Venture sie beauftragten. Hier ist Poellath sowohl aufseiten der Investoren als auch der Unternehmen präsent. Zuletzt bescherten mehrere Zukäufe für VC-Mandanten der Kanzlei neue Arbeit – ein gutes Bsp. dafür, wie sich die Beziehungen zu Wachstumsunternehmen weiter ausbauen lassen. Mit von Drygalski hat sich Anfang 2023 eine prominente Beraterin in den Ruhestand verabschiedet.

Stärken: Sehr gute Verbindungen zu führenden Fonds, v.a. im Mid-Cap-Bereich. Hervorrag. Ruf bei Managementberatung u. Fondsstrukturierung.

Oft empfohlen: Otto Haberstock, Philipp von Braunschweig, Dr. Michael Inhester, Dr. Benedikt Hohaus, Christian Tönies („freundlich u. professionell", Wettbewerber), Dr. Frank Thiäner („pragmatisch u. lösungsorientiert", Wettbewerber), Jens Hörmann

Team: 14 Eq.-Partner, 3 Sal.-Partner, 12 Counsel, 23 Associates, 2 of Counsel

Partnerwechsel: Dr. Andrea von Drygalski (Ruhestand)

Schwerpunkte: Breites Spektrum von Fondsstrukturierungen über Buy-outs u. VC bis zur Beratung von Minderheitsaktionären u. Management.

Mandate: PE: Elvaston zu Kauf von IS-Software-Gruppe u. Gründung von Holding; EMH zu Kauf von Beteiligung an Basalte Group; Management von Transporeon im Zshg. mit Verkauf an Trimble; Management Medifox im Zshg. mit Verkauf an Resmed; Management Summitas-Gruppe im Zshg. mit Verkauf an Bain einschl. Managementbeteiligung; Pinova zu Verkauf von Beteiligung an XSuite Group; Inflexion zu Kauf von Minderheit an Proteros Biostructures. **VC:** ABN Amro Ventures in mehreren Finanz.-Runden u. Verkauf von Penta; Latana zu Finanz.-Runde u. zu Venture-Debt-Finanzierung.

PRICEWATERHOUSECOOPERS LEGAL

PE: Mid-Cap-Transaktionen ★

Venture Capital ★★★

Bewertung: Die Marktwahrnehmung der Praxis ist weiterhin durch ihre Aktivität bei VC-Deals geprägt. Mit Wacker verfügt die MDP-Kanzlei hier über einen äußert visiblen Partner, der inzwischen v.a. vom Berliner Standort aus agiert. Neben ihm positionieren sich auch zunehmend jüngere Salary-Partner u. Counsel mit eigenen Mandanten am Markt. Abermals ist es der Praxisgruppe gelungen, den Kreis ihrer VC-Mandanten zu verbreitern: BayernKapital u. DeepTech & Climate Fonds kamen hinzu u. vertrauten mehrfach bei Finanz.-Runden auf PwC. Durch den Zugang von Koppmann zum Jahresanfang gelang es der Kanzlei, ihre Beratung im PE-Segment am Standort München zu stärken. Demgegenüber steht jedoch der Abgang von Schniepp, mit dem die Praxis einen durchaus visiblen Partner bei PE- u. VC-Transaktionen sowie einen der beiden Praxisgruppenleiter verliert.

Oft empfohlen: Gerhard Wacker („absoluter Fachmann im Bereich VC", Wettbewerber)

Team: 4 Eq.-Partner, 2 Sal.-Partner, 10 Counsel, 12 Associates

Partnerwechsel: Dr. Tobias Koppmann (von McDermott Will & Emery), Dr. Jörg Ritter (von Orrick Herrington & Sutcliffe), Dr. Steffen Schniepp (zu Eversheds Sutherland)

Schwerpunkte: Komplettes VC-Spektrum von Seed-Finanzierungen bis zu größeren Exits. Breite Kontakte zu Family Offices u. deren Venture-Armen.

Mandate: PE: Genui zu Verkauf von Beteiligung an Acrolinx Holding; Nalka Invest in Bieterverfahren. **VC:** BayernKapital in Serie-D-Finanz.-Runde bei ITHera Medical; DeepTech & Climate Fonds in Serie-A-Finanz.-Runde bei Xolo u. weiterer Finanz.-Runde; Fruitcore Robotics in Serie-B-Finanz.-Runde; Capnamic Ventures in Finanz.-Runde bei Ordio.

PXR

Venture Capital ★★★

Bewertung: Die Berliner VC-Boutique war zuletzt viel auf Unternehmensseite tätig. Ein neuer Mandant lobte die „höhere Pragmatik, höhere Geschwindigkeit, höhere Effizienz" im Vgl. zu anderen Kanzleien. PXR entwickelt sich nach dem Gewinn eines IT-Anwalts zu einer Allroundkanzlei für Startups. Möllmann bleibt die Galionsfigur u. dominiert durch seine Arbeit für Raisin die Marktwahrnehmung.

Stärken: Stark vernetzt in der Berliner Start-up-Szene.

Oft empfohlen: Dr. Peter Möllmann („sehr kompetente, schnelle u. pragmat. Hilfe", Mandant)

Team: 15 Anwälte

Schwerpunkte: Beratung von Start-ups u. Frühphaseninvestoren.

Mandate: Raisin bei Serie-E-Finanz.-Runde (u.a. mit Goldman Sachs); Next Matter bei US$16-Mio-Serie-A-Finanz.-Runde; Sanity Group bei €37,6Mio-Serie-B-Finanz.-Runde; M^Zero Labs/The Thing bei Serie-A-Finanz.-Runde; regelm. bei Finanzierungen: Humanitec, Everstores Technologies, Dance, Knowunity, aimpower, Likeminded, Forteil.

RAUE

Venture Capital ★★★

Bewertung: Die Berliner Kanzlei ist für ihre VC-Arbeit auf Unternehmensseite bekannt u. begleitet seit Jahren eine Reihe von hochkarätigen Mandanten (z.B. Volocopter u. HH2E). Auffällig ist, dass Raue v.a. in den Bereichen stark ist, in denen ihr Full-Service-Angebot zur Geltung kommt. Unabh. von VC hat sie eine starke Praxis im ▷*Energie*- u. ▷*Gesundheitswesen*, woher das starke Standbein im Cleantech- u. Erneuerbare-Energien-Markt rührt. Die Praxis ist größtenteils aufgeteilt zwischen Nelle, der eher reife Unternehmen berät u. an der Schnittstelle zu PE steht, während Jaecks auf die Frühphase spezialisiert ist. Das Hauptthema für die Praxis ist jedoch die Etablierung der nächsten Generation. Der Abgang von guten u. vielverspr. Associates behindert das Wachstum. Dies ist besonders bedauerlich, da die Praxis angesichts der prominenten Mandantenliste großes Potenzial hat.

Stärken: VC für die Berliner Gründerszene.

Oft empfohlen: Prof. Dr. Andreas Nelle („sehr erfahrener Verhandler", Wettbewerber), Dr. Jörg Jaecks („immer visibler in Berliner Venture-Szene; sehr renommiert", Wettbewerber)

Partnerwechsel: Dr. Nadine Hartung (von McDermott Will & Emery)

Team: 4 Eq.-Partner, 1 Counsel, 3 Associates

Schwerpunkte: Mischung von Mid-Cap-PE-Transaktionen u. breiter VC-Praxis mit Fokussierung auf Berliner Gründerszene.

Mandate: HH2E bei Beteiligung durch HydrogenOne und Foresight; Lofelt bei Verkauf an Meta; Volocopter bei Serie-E-Finanz.-Runde; Tau ACT bei Serie-B-Finanz.-Runde; lfd.: Beets & Roots, Caeli Wind, Eterno Health, Haferkater, Sneaker Rescue, Yook.

REED SMITH

PE: Mid-Cap-Transaktionen ★

Venture Capital ★★

Bewertung: Die Praxis der US-Kanzlei ist zweigeteilt: Die PE-Praxis in Ffm. stützt sich auf die Kontakte von de Sousa insbes. zu All Seas, die nun regelm. für Arbeit sorgen. Ein weiterer Partner arbeitet regelm. grenzüberschr. für internat. Mandanten. Mit von Jacobs hat RS nun auch einen weiteren sehr erfahrenen Buy-out-Anwalt in ihren Reihen. Die andere Hälfte ist Binders VC-Praxis in München, mit einer jahrzehntelangen institut. Beziehung zu Target Partners. Die schmalen Associate-Ränge sind ein Thema für die Transaktionspraxis insgesamt, sodass hier Verstärkung notwendig ist.

Stärken: Langj. VC-Erfahrung sowie Equity- u. Loan-Finanzierungsstrukturen. Hohe Kompetenz in ▷*IT-Recht u. Datenschutz* u. Compliance.

Anwaltszahlen: Angaben der Kanzleien, wie viele Anwälte zu mind. ca. 50% in diesem Gebiet tätig sind. Sie spiegeln nicht zwingend die Gesamtgröße einer Kanzlei wider.

Oft empfohlen: Dr. Justus Binder, Dr. Octávio de Sousa
Team: 5 Partner, 3 Associates
Partnerwechsel: Dr. Nikolaus von Jacobs, Dr. Germar Enders (beide von McDermott Will & Emery)
Schwerpunkte: Viel VC v.a. in München, aber auch Buy-outs in Frankf.; grenzüberschr. PE-Transaktionen, steuer- u. immobilienrechtl. Kompetenz.
Mandate: PE: All Seas Capital bei Kauf einer signifikanten Minderheit an der Zimmer MedizinSysteme; Blackstone/Sphera Solutions bei Kauf von riskmethods. **VC:** Target Partners bei Finanz.-Runden für bei NavVis, Treasury Intelligence Solutions, Theva, German Auto Labs sowie Serie-H-Finanz.-Runde für tado; ITM bei €255-Mio-Finanz.-Runde.

RENZENBRINK & PARTNER

PE: Large-Cap-Transaktionen ★
PE: Mid-Cap-Transaktionen ★★★★

JUVE AWARDS 2023
Kanzlei des Jahres für Private Equity und Venture Capital

Bewertung: Die HHer Boutique kann trotz schwieriger Marktlage einen nennenswerten Dealflow vorweisen, was belegt, dass Renzenbrink zu den erfolgreichsten PE-Boutiquen in Dtl. zählt. Ein Großteil der Marktwahrnehmung konzentriert sich auf den Namenspartner, der nach wie vor die akquisitorische Kraft der Kanzlei ist u. die prominentesten IK-Deals anführt. Das verg. Jahr brachte einige bemerkenswerte großvolumige Exits für Stammmandanten. Aber auch jüngere Partner wie Schlottmann sind rührig. So machte dieser eine Reihe von Deals für Ergon, während Maier selbst die Beziehung zu Gimv ausgebaut hat. Solange es der Kanzlei gelingt, die Reihen der Junior Associates zu füllen, gibt es wenig Grund, daran zu zweifeln, dass R&P weiterhin schrittweise Marktanteile gewinnen wird.
Oft empfohlen: Dr. Ulf Renzenbrink („ausgezeichnetes Verständnis für die Bedürfnisse u. Ziele seiner Mandanten", „sehr erfahren, fair im Umgang u. pragmat.", Wettbewerber), Dr. Dennis Schlottmann, Dr. Niels Maier („fachl. sehr gut u. fokussiert, stark in Verhandlungen", „sehr professionell; pragmatisch u. schnell", Wettbewerber), Dr. Andreas Stoll („sehr guter Berater im Sinne des Mandanten", Mandant; „sehr genau, erfahrener Anwalt von der Hengeler Schule", Wettbewerber)
Team: 4 Eq.-Partner, 1 Sal.-Partner, 4 Associates, 1 of Counsel
Schwerpunkte: V.a. Mid-Cap-Transaktionen, inkl. Steuerrecht, auch VC.
Mandate: IK bei Kauf der Müpro-Gruppe von Perusa u. bei Add-on von Dietul; IK Small Cap bei Verkauf der Studienkreis-Gruppe von Bahr Modultechnik sowie bei Verkauf von Quanos an Keensight; About You bei Finanz.-Runde von 6PM; IK/Conet Technologies bei Kauf von emineo; Crosslantic bei Growth-Investment in Sonnenwelt; H.I.G. bei Verkauf von Marflex; Triton/Scandio bei Kauf des Atlassion-Geschäfts von K15t.

RSR RÜPING SCHROEDER

Venture Capital ★

NOMINIERT
JUVE Awards 2023
Gründerzeit-Award

Bewertung: Die Berliner VC-Boutique hatte sich im Markt mit der Beratung von Start-ups etabliert u. konnte in nur 3 Jahren einen beachtl. Mandantenstamm aufbauen (rund 150 Unternehmen bei Finanz.-Runden). Sie war an zunehmend gr. u. komplexen Finanz.-Runden beteiligt (z.B. Coachhub u. Mula), mit dem Ergebnis, dass Rüping u. Schroeder im VC-Markt einen guten Ruf aufgebaut haben. Im verg. Jahr gab es 2 wichtige Entwicklungen, die darauf hindeuten, dass die Kanzlei in die nächste Phase ihrer Entwicklung eintritt: RSR hat sich als Alternative für Investoren (u.a. Cherry) etabliert, u. mit dem Zugang eines IT-Anwalts in HH entwickelt sie sich zu einer technologieorientierten Dealfirma.
Oft empfohlen: Dr. Matthias Rüping („hat sich in kurzer Zeit im Markt einen Namen gemacht; guter Jurist u. fairer Verhandler", Wettbewerber), Dr. Julian Schroeder („kluger Verhandler mit starkem kommerziellem Verständnis", Wettbewerber)
Team: 2 Partner, 4 Associates
Schwerpunkte: VC: Ursprüngl. stark auf Unternehmens- u. Gründerseite, zunehmend für Investoren tätig.
Mandate: Cherry Ventures bei Seed-Finanz.-Runde für Bunch; Exxeta bei Seed-Finanz.-Runde für secjur; Mediahuis Ventures bei Finanzierung von HiPeople; Bliq bei Serie-A-Finanz.-Runde mit NEA; CoachHub bei US$200-Mio-Serie-C Finanz.-Runde mit Sofina und SoftBank; Mula bei Investition durch Spread Group; Finanz.-Runden für Clay Health, heylogin, Iconic Drinks, Kurabu, Kwara, Polyteia.

SEITZ

Venture Capital ★

Bewertung: Die VC-Arbeit der ▷*Kölner* Kanzlei ist Teil ihrer breiteren Corporate-Praxis. Der Schwerpunkt liegt auf der Beratung bei Transaktionen in Westdeutschland, meist für Start-ups. Auf der Investorenseite sticht jedoch die Arbeit für Axa als Highlight-Mandant hervor.
Team: 2 Eq.-Partner, 2 Counsel, 2 Associates
Schwerpunkte: VC-Praxis mit Fokus auf lokale Start-ups u. Investoren.
Mandate: VC: DueDash Capital umf. bei Start-ups, Gesellschafter von Fasciotens bei Wandeldarlehen u. Serie-C-Finanz.-Runde; Semdor Pharma bei mögl. IPO; Axa-Konzern bei Investments sowie crossventures; lfd. Giant Swarm, Inshift, Jumingo, Pacurion, Prime 6 Brands, q.beyond, capacura.

SIDLEY AUSTIN

PE: Mid-Cap-Transaktionen ★★★

Bewertung: Für ihre Mandanten kommt die US-Kanzlei regelm. bei Transaktionen aus dem Mid-Cap-Segment zum Einsatz. Zu den Stammmandanten der Praxis gehört bspw. Rivean, der beim Kauf der Fahrradleasing-Gruppe GreenMobility erneut auf Sidley vertraute. Darüber hinaus ist die Kanzlei bei PE-Häusern auch für Themen wie Add-on-Transaktionen bei Portfoliounternehmen sowie bei JV-Gründungen gefragt, Letzteres bspw. für Bain. Daneben tritt sie auch bei klass. strateg. M&A-Deals in Erscheinung, so z.B. an der Seite von ProAlpha, einem Portfoliounternehmen von ICG.
Oft empfohlen: Volker Kullmann, Dr. Christian Zuleger, Dr. Marcus Klie („fachlich gut u. durchsetzungsstark", Wettbewerber), Nicole Janssen
Team: 8 Partner, 1 Counsel, 17 Associates
Schwerpunkte: Fokus auf Mid-Cap-Deals, zunehmend auch Later-Stage-VC. Integrierte Finanzierungspraxis, langj. Restrukturierungskompetenz.
Mandate: PE: Rivean zu Kauf von Green Mobility Holding; Prefere Luxembourg zu Verkauf von Prefere Resin; ICG/Proalpha zu Kauf von Empolis Group u. Enit.

SIMMONS & SIMMONS

PE: Mid-Cap-Transaktionen ★★

Bewertung: Sukzessive ist es der noch recht kleinen PE/VC-Praxis gelungen, am Markt weiter Fuß zu fassen. Dies verdankt die Kanzlei nicht zuletzt Partner von Samson-Himmelstjerna, der vor 2 Jahren kam u. am Markt visibel für eine Reihe von PE-Fonds agiert, darunter Gimv oder Kinnevik. Neben ihm ist im PE-Segment auch der D'dorfer Partner Bornhorst aktiv, der regelm. für Waterland arbeitet. Neben PE- berät die Kanzlei auch bei VC-Transaktionen. Dabei liegt der Fokus auf den Sektoren Fintech u. Tech. Nach der gelungenen Etablierung wäre ein Ausbau des Praxisunterbaus der nächste logische Schritt.
Oft empfohlen: Dr. Fabian von Samson-Himmelstjerna („extrem einsatzbereit", Mandant)
Team: 2 Partner, 2 Counsel, 5 Associates
Schwerpunkte: PE- u. VC-Transaktionen im Technologie- u. Finanzdienstleistungssektor.
Mandate: PE: Waterland zu Kauf von LionsHome u. Kleding; Gimv zu Kauf von Rohrleitungsbau Münster; Kinnevik/Norwest/Maveron/8VC zu Fusion von Portfoliounternehmen; Gimv/Köberl Group zu Kauf von Rohrreinigungsservice RRS u. THG Abwassertechnik; Wise Equity zu Verkauf von Tapì.

SKADDEN ARPS SLATE MEAGHER & FLOM

PE: Large-Cap-Transaktionen ★★
PE: Mid-Cap-Transaktionen ★★★

Bewertung: Bei ihren Mandanten ist die Praxis der US-Kanzlei um den renommierten Partner Bauer bei Mid-Cap- sowie auch bei den zuletzt immer seltener gewordenen Large-Cap-Transaktionen gefragt. Ihr Know-how bei solch großvol. Transaktionen stellte Skadden u.a. bei der Beratung eines Konsortiums um den Schweizer PE-Fonds Energy Infrastructure Partners unter Beweis, der sich eine Beteiligung am Pipelinebetreiber Fluxys sicherte. Auch beim Kauf einer 49%-Beteiligung an einem mrd-schweren Windparkprojekt setzte der Investor auf Skadden. Inzwischen übernimmt regelm. auch ein Counsel – der von Wettbewerbern gelobt wird – die Federführung in Mandaten, ein erster Schritt dahin, die Wahrnehmung der Praxis über die omnipräsente Person Bauers hinaus zu verbreitern.
Oft empfohlen: Dr. Jan Bauer („sehr geschäftsorientiert u. effizient", Mandant), Dr. Rüdiger Schmidt-Bendun, Dr. Holger Hofmeister
Team: 3 Partner, 1 Counsel, 13 Associates
Schwerpunkte: Starke europ. Praxis, oft bei grenzüberschr. Large-Cap-Mandaten. Enge Zusammenarbeit mit der dt. u. US-Kapitalmarktpraxis.
Mandate: PE: Armira zu Investition bei Tonies; Blackrock in Bieterverfahren für Dogado; Energy Infrastructure Partners zu Kauf von Beteiligung an Fluxys u. zu Kauf von Beteiligung an Windpark; HG zu Investition in IFS u. WorkWave.

STUDIO LEGAL

Venture Capital ★

Bewertung: Die Berliner Praxis ist seit Jahren für die Beratung von Start-ups sowie Frühphaseninvestoren bekannt. Allerdings hat die Gründung anderer ähnlicher Boutiquen das Alleinstellungsmerkmal im Markt geschwächt.
Stärken: Beratung von Gründern.
Oft empfohlen: André Eggert („kompetent u. wirtschaftlich denkend", Wettbewerber), Natalie Vahsen

Anwaltszahlen: Angaben der Kanzleien, wie viele Anwälte zu mind. ca. 50% in diesem Gebiet tätig sind. Sie spiegeln nicht zwingend die Gesamtgröße einer Kanzlei wider.

Regulierung

Voll im Trend

Regulierung bleibt das ultimative Trendthema für Unternehmen und damit auch im Rechtsmarkt. Mit rasanter Geschwindigkeit drehen die Gesetzgeber an der Regulierungsschraube. Vor allem auf EU-Ebene kommen im Monatstakt neue Regelwerke hinzu. Die Folgen, die Vorschriften wie der Digital Market Act (DMA) und der Digital Service Act (DAS) auslösen, sind längst noch nicht im Detail bekannt, da stehen mit dem Entwurf zur neuen KI-Verordnung und dem Data Act schon zwei neue regulatorische Großthemen zur Abstimmung, die die Unternehmen das Fürchten lehren werden. Der Data Act ist kein neues Datenschutzrecht, sondern eine Verordnung über harmonisierte Vorschriften für den fairen Zugang zu und die Nutzung von Daten. Also ein Gesetz, an dem zahlreiche neue Geschäftsmodelle hängen und bestehende Gefahr laufen zu zerbrechen.

DMA und DSA spielen in den Regulierungspraxen etwa mit Bezug zum Medien- und TK-Sektor eine wachsende Rolle, etwa bei **Bird & Bird**, **Hengeler Mueller** und **Freshfields Bruckhaus Deringer**. **Gleiss Lutz** gehört auch dazu, sie widmet sich mit ihrer starken Regulierungspraxis zum Beispiel dem Thema Metaverse. Insgesamt ist das Thema Plattform- oder Digitalregulierung aber vor allem als Spielwiese der Kartellrechtler gekennzeichnet, die es auch in den genannten Kanzleien gibt. Es ist allerdings nur eine Frage der Zeit, bis auch Kanzleien wie **Posser Spieth Wolfers & Partners**, die gerade einen **Hengeler Mueller**-Counsel mit Erfahrung bei der KI-Regulierung aufgenommen hat, in den Ausbau ihrer Praxen für die Digitalregulierung investieren. Denn schon jetzt beklagen US-Techkonzerne die rare Auswahl guter Spezialisten ohne kartellrechtliche Grundausbildung – vor allem in Brüssel.

Kombinierte Kompetenzen gefragt

„Für uns ist oft nicht klar, wen wir für welche Regulierungsfrage mandatieren sollen", sagt ein Inhouse-Vertreter, der von Kanzleien vor allem eine deutlich frühere Befassung mit dem Entstehungsprozess von Regulierungsthemen fordert. Ob er jemals Klarheit bekommt, ist fraglich. Denn Regulierungsberatung ist nicht schlicht Kartellrecht oder Öffentliches Wirtschaftsrecht. Eine an den heutigen Bedarfen der Mandanten ausgerichtete Regulierungsberatung erfordert zunehmend das geschickte Kombinieren von Sektorenwissen und juristischen Spezialisierungen, oft auch in einer Anwaltspersönlichkeit. Es gibt bereits einige Beispiele dafür, dass die Kanzleien diese Entwicklung mitgehen. **Hogan Lovells** hat in den vergangenen Jahren abseits des Öffentlichen Wirtschaftsrechts eine starke vertriebsrechtliche Praxis mit viel strategischem Regulierungswissen kombiniert. Auch **Gleiss Lutz** knüpft geschickt Spezialisierungen wie Öffentliches Recht sowie Produkt- und Vertragsrecht zu innovativen Beratungsformaten in den regulierten Industrien. Mit der Ernennung einer öffentlich-rechtlich ausgebildeten Partnerin für den Bereich grenzüberschreitende Plattformregulierung in Deutschland antizipiert auch **Freshfields Bruckhaus Deringer** den Markt einmal mehr.

Die Bewertungen behandeln Kanzleien, die Industriezweige, die besonders intensiver staatlicher Regulierung unterliegen, oder zu regulierungsgetriebenen Fragestellungen anderer Unternehmen beraten. Der Finanzsektor ist im ▹*Bank- und Bankaufsichtsrecht* und im ▹*Versicherungsrecht* besprochen.

JUVE KANZLEI DES JAHRES FÜR REGULIERUNG

GLEISS LUTZ

JUVE AWARDS 2023

Regulierungsberatung ist für Gleiss Lutz längst keine Nische mehr. Vielmehr steht sie heute im Zentrum des Full-Service-Angebots der Kanzlei. Das gilt im Energie- genauso wie im Verkehrs- und Gesundheitssektor oder bei der Beratung zu ESG-Themen. Vor allem die Industrie ist angetan von der geschickten Kombination der fachlichen Spezialisierungen wie Öffentliches Recht, Energie-, Produkt-, Vergabe- oder Vertragsrecht, die Gleiss bietet. Daneben loben Mandanten die „starke und umfassende Präsenz bei Nachhaltigkeitsfragen" im Feld der regulatorischen Compliance-Beratung und -Litigation.

Während viele Wettbewerber sich noch an der klassischen Energie- und Mobilitätswelt abarbeiten, gewann Gleiss Lutz zuletzt zahlreiche zukunftsgerichtete Mandate: So berät das Energie-Team seine Mandanten zur Umstellung der Energieversorgung auf Erneuerbare Energien. Und die Experten für Produktregulierung und -haftung um **Dr. Marc Ruttloff** und **Prof. Dr. Eric Wagner** stehen ihnen etwa beim Eintritt autonom fahrender Busse in neu entstehende Verkehrsmärkte zur Seite. Auch die Begleitung von Total beim Einstieg in den deutschen Offshore-Windmarkt ist ein großer Erfolg für die ganze Kanzlei, genau wie die Tätigkeit für den Insolvenzverwalter von Abellio Rail, für den Gleiss eine €700 Mio schwere Klage gegen die Verkehrsverbünde in Nordrhein-Westfalen einreichte. Mandate wie diese sind Belege dafür, dass die Kanzlei die Nachfrage nach hochwertiger Regulierungsberatung zur rechten Zeit facettenreich bedienen kann. Damit hat sie die Marktspitze in den Sektoren heute fester im Blick als je zuvor.

Ideen für ein zukunftsfähiges Auktionsdesign für Offshore-Stromerzeugungskapazitäten

Von Thoralf Herbold und Thorsten Kirch, GÖRG, Köln/Hamburg

Thoralf Herbold

Thoralf Herbold ist Partner im Kölner und Hamburger Büro von GÖRG. Er verfügt über umfassende Expertise im Bereich der Energiewirtschaft und berät seit Jahren in- und ausländische Mandanten zu sämtlichen regulatorischen Fragestellungen der Energiebranche.

Thorsten Kirch

Thorsten Kirch ist Assoziierter Partner im Kölner Büro. Er verfügt über langjährige Erfahrung in der Beratung von Energieversorgungsunternehmen und Energieerzeugern zu energiewirtschaftsrechtlichen Fragen.

GÖRG ist eine der führenden unabhängigen Wirtschaftskanzleien Deutschlands. Mit über 300 Anwälten und Steuerberatern an den fünf Standorten Berlin, Frankfurt am Main, Hamburg, Köln und München beraten wir namhafte in- und ausländische Gesellschaften, mittelständische Unternehmen sowie Finanzinvestoren und börsennotierte Konzerne aus allen Bereichen der Wirtschaft und der öffentlichen Hand.

Kontakt
GÖRG Partnerschaft von Rechtsanwälten mbB
Thoralf Herbold
Kennedyplatz 2
50679 Köln
T +49 221 33660 784
therbold@goerg.de
www.goerg.de

Weitere Informationen zur Kanzlei in der Anzeige auf Seite 152

Die Offshore-Windenergie wird seit dem Jahr 2017 über Ausschreibungen nach dem Windenergie-auf-See-Gesetz (WindSeeG) gefördert. Schon bei den Ausschreibungen in der sog. Übergangsphase zum heutigen zentralen Modell wurden wiederholt sog. 0-ct/kWh-Gebote durch die BNetzA bezuschlagt. Dies belegt, dass die Stromgestehungskosten für Offshore-Wind in den vergangenen Jahren stark gesunken sind und Offshore-Windparks (OWP) heute jedenfalls zum Teil ohne Förderung realisiert werden können. Der Gesetzgeber hat im Jahr 2022 die Ausbauziele für die Offshore-Windenergie auf mindestens 30 Gigawatt (GW) bis zum Jahr 2030, mindestens 40 GW bis zum Jahr 2035 und auf insgesamt mindestens 70 GW bis zum Jahr 2045 angehoben. Da bei mehreren 0 ct/kWh-Geboten eine wettbewerbliche Differenzierung der Gebote nicht mehr möglich war und die Flächenkulisse zur Erreichung der neuen Ausbauziele erweitert werden musste, hat der Gesetzgeber zudem das Förderdesign für die Offshore-Windenergie grundlegend überarbeitet.

Ausschreibungen nicht zentral voruntersuchter Flächen

Nicht zentral voruntersuchte Flächen werden gemäß §§ 14 Abs. 2 Satz 1 Nr. 2, 16ff. WindSeeG ab dem Jahr 2023 grundsätzlich weiterhin über die Marktprämie und den anzulegenden Wert nach § 22 Abs. 1 EEG gefördert. Treten in den Ausschreibungen aber mehre 0-ct/kWh-Gebote auf, führt die BNetzA ein sog. dynamisches Gebotsverfahren mit zweiter Gebotskomponente durch. Im dynamischen Gebotsverfahren soll derjenige Bieter den Zuschlag für die Fläche erhalten, der bereit ist, die höchste Zahlung für die Fläche zu leisten. Die Zahlung wird durch die Meeresnaturschutzkomponente gemäß § 58 WindSeeG und die Stromkostensenkungskomponente gemäß § 59 WindSeeG abgeschöpft und zur Senkung der Offshore-Netzumlage sowie zur Förderung von Projekten des Meeresnaturschutzes verwendet. Die BNetzA hat am 31.01.23 vier nicht zentral voruntersuchte Flächen in der Nord- und Ostsee mit einer Gesamtleistung von 7 GW ausgeschrieben. Die Inbetriebnahme der Offshore-Windparks soll im Jahr 2030 erfolgen.

Ausschreibungen zentral voruntersuchter Flächen

Zentral voruntersuchte Flächen werden über einen Gebotswert und vier qualitative Kriterien gemäß §§ 14 Abs. 2 Satz 1 Nr. 1, 50ff. WindSeeG vergeben. Die BNetzA bewertet die Angaben in den Geboten zum Beitrag zur Dekarbonisierung des Ausbaus der Windenergie auf See, den Umfang der Lieferung erzeugter Energie, die Schallbelastung der Gründung und Versiegelung des Meeresbodens sowie den Beitrag zur Fachkräftesicherung. Der Gebotswert bestimmt die Höhe einer monatlichen Zahlung, die der Betreiber des Windparks über einen Zeitraum von 20 Jahren an den Netzbetreiber zahlt. Auch dieser wird über die Meeresnaturschutzkomponente und die Stromkostensenkungskomponente abgeschöpft. Die BNetzA hat am 27.2.23 vier zentral voruntersuchte Flächen mit einer Gesamtleistung von 1,8 GW ausgeschrieben. Die OWP sollen im Jahr 2028 in Betrieb genommen werden.

Industriestrompreisverordnung

Hohe Strompreise können die internationale Konkurrenzfähigkeit der deutschen Wirtschaft gefährden. Bereits Ende des Jahres 2022 wurden Pläne des Bundesministeriums für Wirtschaft und Klimaschutz (BMWK) zur Einführung von Industriestrompreisen bekannt, die durch den Erlass einer Industriestrompreisverordnung nach § 96a WindSeeG umgesetzt werden können. Die deutsche Industrie soll von den geringen Stromgestehungskosten der erneuerbaren Energien profitieren. Der Industriestrompreis soll hierzu möglichst nahe an den Stromgestehungskosten für Offshore-Windenergie liegen, eine möglichst geringe Komplexität aufweisen, frühzeitig umsetzbar sein und keine direkten staatlichen Förderkosten verursachen. Gleichzeitig soll über den Industriestrompreis die Dekarbonisierung der Industrie vorangetrieben werden. § 96a WindSeeG enthält eine Verordnungsermächtigung, um einen Mechanismus für Industriestrompreise einzuführen. Nach dieser kann das BMWK mit Zustimmung des Bundestages gesonderte Ausschreibungsbedingungen für WEA auf See auf zentral voruntersuchten Flächen einführen, die von den §§ 50 bis 59 WindSeeG abweichen. Dabei können gemäß § 96a Abs. 1 Nr. 5 WindSeeG insbesondere gesonderte Vorgaben für eine Förderung des Stroms eingeführt werden, die von jenen des EEG abweichen und eine Förderung über gesetzlich geregelte Differenzverträge zulassen. In einem Differenzvertragsmodell erhalten Anlagenbetreiber eine Förderung, wenn der Marktwert hinter dem anzulegenden Wert zurückbleibt. Der wesentliche Unterschied im Vergleich zur geförderten Direktvermarktung besteht darin, dass der Betreiber die Differenz zum Marktpreis zurückführt, wenn der am Markt erzielte Preis über dem anzulegenden Wert liegt.

In dem aktuell diskutierten Basismodell könnte der Staat als Vermittler das Angebot und die Nachfrage über beidseitige Differenzverträge koordinieren. Der Strom soll über Offshore-Differenzverträge (CfD) beschafft und an die stromintensive Industrie über einen Industrie-CfD vermarkt werden. Auf der Angebotsseite soll die jeweilige Fläche über Ausschreibungen vergeben werden, wobei ein Höchstwert für das Gebot (Vertragspreis) per Verordnung festgelegt wird. Das mögliche Ausschreibungsvolumen betrifft für den Zeitraum von 2024 bis 2030 auf zentral voruntersuchten Flächen bis zu 16 GW. Spiegelbildlich hierzu wird auf der Nachfrageseite eine Auktion für die jeweilige Fläche durchgeführt. Der Vertragspreis (€/MWh) und das Ausschreibungsvolumen sollen dem Ergebnis auf der Angebotsseite entsprechen. Die Vertragslaufzeit soll dem Offshore-CfD entsprechen und einen Zeitraum von 20 Jahren betragen.

Der Staat könnte dabei als zentraler Vertragspartner auf der Angebots- und Nachfrageseite die Ausfallrisiken tragen, indem er die positiven bzw. negativen Differenzzahlungen zwischen Vertrags- und Referenzpreis auf Angebots- oder Nachfrageseite übernimmt.

In der Industriestrompreisverordnung können gem. § 96a Abs. 1 Nr. 11 WindSeeG gesonderte Vorgaben zur Zulässigkeit der Ausstellung von Herkunftsnachweisen (HKN) für den erzeugten Strom abweichend von § 80 Abs. 2 EEG vorgesehen werden, wenn der in diesen Anlagen erzeugte Strom über Differenzverträge gefördert wird. Diese Ausnahme vom sog. Doppelvermarktungsverbot wird damit begründet, dass dem Betreiber des Offshore-Windparks damit die Nachteile ausgeglichen werden, die dadurch entstehen, dass er den erzeugten Strom nicht selbst über PPA im Wege der sonstigen Direktvermarktung gemäß § 21a EEG vertreiben kann. Allerdings kann der Verordnungsgeber auch vorsehen, wie und an wen diese Herkunftsnachweise zu übertragen sind, und die freie Übertragbarkeit damit einschränken. Nach dem Basismodell sollen die Herkunftsnachweise an die bezuschlagten Nachfrager im Industrie-CfD entsprechend der bezogenen Strommenge übertragen werden.

Nach § 96a Abs. 1 Nr. 12 WindSeeG kann der Verordnungsgeber Regelungen für eine Verteilung des erzeugten Stroms an Unternehmen treffen. Dabei ist sowohl eine direkte Verteilung als auch eine Verteilung über ein Finanzierungssystem grundsätzlich möglich. Bei Letzterem erfolgt keine direkte Lieferung von Strom, sondern es wird lediglich der Preis festgelegt, der dann zu Zahlungsströmen an die oder von den beteiligten Unternehmen führt. In den derzeitigen Planungen ist vorgesehen, dass keine physische Lieferung des Stroms an die Industrie, sondern nur ein finanzieller Ausgleich entsprechend der stündlichen Abweichung des Vertragspreises zum Referenzpreis an der Strombörse erfolgt. Die beteiligten Unternehmen können zu Gegenleistungen verpflichtet werden. Dies gilt beispielsweise für Projekte zur Minderung von Treibhausgas-Emissionen.

Fazit

Durch die Einführung von Industriestrompreisen könnten der aktuell hohe Strompreis gesenkt und die Wettbewerbsfähigkeit der deutschen Industrie erhöht werden. Gleichzeitig würde der Staat jedoch in den Markt und seine Effizienz eingreifen und die teilnehmenden Unternehmen von den Preissignalen des Marktes abschneiden. Durch einen Offshore-CfD könnten zwar einerseits die Planungssicherheit für die teilnehmenden Projekte erhöht und damit die Finanzierungskosten gesenkt werden. Allerdings dürfte die Vermarktung des Stroms über Power-Purchase-Agreements (PPA) über die Laufzeit des CfD ausgeschlossen werden. Der durch die Ausschreibungen bezweckten Marktintegration dürfte dies entgegenstehen. ■

KERNAUSSAGEN

- Die Förderung für Offshore-Windenergieanlagen wird seit 2017 über Ausschreibungen nach dem WindSeeG ermittelt.
- In den vergangenen Jahren traten wiederholt 0-ct/kWh-Gebote auf, da Offshore-Windparks heutzutage teilweise ohne Förderung realisiert werden können.
- Zentral voruntersuchte Flächen werden ab 2023 über einen Gebotswert und die Bewertung sog. qualitativen Kriterien vergeben. Offshore-Projekte auf diesen Flächen müssen sich einem „Beauty-Contest" stellen.
- Die Flächenkulisse wird ab 2023 zudem durch die Ausschreibung nicht zentral voruntersuchter Flächen erweitert. Treten mehrere 0-ct/kWh-Gebote auf, wird ein dynamisches Gebotsverfahren mit zweiter Gebotskomponente durchgeführt.
- Zukünftig kann ein Industriestrompreis zur Dekarbonisierung der deutschen Industrie über zweiseitige Differenzverträge über die Verordnungsermächtigung in § 96a WindSeeG realisiert werden.

Klimaschutzverträge – Das Mittel der Zukunft zur CO_2-Reduzierung?

Von Dr. Peter Rosin, Jana Michaelis, Tim Jesse, Rosin Büdenbender, Essen

Dr. Peter Rosin

Dr. Peter Rosin ist seit 1994 in der Energiewirtschaft tätig, u.a. war er Prokurist beim RWE und Global Head of Energy von Clifford Chance.

Jana Michaelis

Jana Michaelis, LL.M. berät seit mehr als 15 Jahren Mandanten in allen Fragen des Energiewirtschaftsrechts.

Tim Jesse

Tim Jesse berät im Energiewirtschaftsrecht mit Schwerpunkt im Bereich der Erneuerbaren Energien.

Rosin Büdenbender mit Sitz in Essen wurde 2019 gegründet und ist im Energiewirtschafts- und Telekommunikationsrecht tätig. Das Team von 17 Anwälten um Dr. Peter Rosin verfügt über ein durch jahrzehntelange Erfahrung in der Energiebranche erworbenes technisches und ökonomisches Verständnis und berät umfassend in der gesamten Breite des Energierechts sowie der damit verbundenen Rechtsgebiete.

Kontakt

Dr. Peter Rosin / Jana Michaelis LL.M. /
Tim Jesse
Rosin Büdenbender
Rechtsanwaltsgesellschaft mbH
Semperstr. 33
45138 Essen
www.rosin-buedenbender.com
T +49 201 102 281-0
F +49 201 102 281-99
info@rosin-buedenbender.com

Ein Mittel zur Erreichung des im Klimaschutzgesetz verankerten Ziels der Netto-Treibhausgasneutralität im Jahr 2045 ist eine Umstellung emissionsintensiver industrieller Prozesse, insbesondere im Rahmen der sogenannten Grundstoffindustrien. Die klimaneutrale Umrüstung von Anlagen zur Herstellung von Grundstoffen wie Stahl, Zement, Ammoniak, Papier oder Glas ist dabei technisch vielfach bereits möglich, bislang aber zumeist wirtschaftlich nicht darstellbar. Die Bundesregierung will die Umrüstung u.a. über den Einsatz von Wasserstoff durch sogenannte Klimaschutzverträge fördern. Das erste vorbereitende Verfahren für die Ausschreibung der Klimaschutzverträge läuft seit dem 06.06.23, das erste Gebotsverfahren soll noch in diesem Jahr durchgeführt werden.

Das Grundprinzip der Klimaschutzverträge

Konzeptionell orientieren sich die Klimaschutzverträge der Bundesregierung an den sog. *Contracts for Differences*, also Differenz- oder Hebelverträgen, wie sie bereits aus der Finanzwelt bekannt sind. Mit diesen werden Preisschwankungen von Gütern wie Wertpapieren oder Rohstoffen abgesichert (*„hedging“*). Die Vertragspartner vereinbaren einen *strike price* oder Vertragspreis für das abzusichernde Gut – liegt der tatsächliche Preis des Gutes über dem Vertragspreis, zahlt der Käufer die Differenz an den Verkäufer, liegt er darunter, zahlt der Verkäufer die Differenz an den Käufer. Der Käufer wird also gegen hohe, der Verkäufer gegen niedrige Preise abgesichert. Auch im Kontext der Förderung des Zubaus von Erneuerbaren Energien machen Staaten wie Großbritannien seit langem von diesem Instrument Gebrauch, welches in diesem Zusammenhang ebenfalls als *Contract for Difference* bezeichnet wird, wenngleich es eigentlich um eine Subvention geht: Die Anlagenbetreiber bieten in den entsprechenden Ausschreibungen nicht etwa auf eine Marktprämie analog der deutschen EEG-Förderung, sondern auf einen *strike price* für die Erzeugungskosten über einen Förderzeitraum von 10 bis 15 Jahren. Das bezuschlagte Unternehmen wird damit gegen Preisrisiken abgesichert und erhält einen sicheren Investitionsrahmen, der sich auch in günstigeren Refinanzierungsmöglichkeiten niederschlägt. Eine Überförderung durch den Staat im Falle des frühzeitigen Eintritts der Wettbewerbsfähigkeit wird vermieden. Angewandt auf Verträge zur Dekarbonisierung der Industrie spricht man von Carbon *Contracts for Difference*. Wie auch bei der Förderung des Erneuerbaren-Ausbaus soll eine Anschubfinanzierung z.B. zur CO_2-freien Produktion eines Gutes bereitgestellt werden.

Förderprogramm Klimaschutzverträge der Bundesregierung

Während bislang Vorstöße zur Einführung von *Contracts for Difference* für den Ausbau Erneuerbarer Energien (etwa in Legislativvorschlägen für das Erneuerbare-Energien-Gesetz (EEG) und das Windenergie-auf-See-Gesetz (WindSeeG)) im parlamentarischen Verfahren gescheitert sind, wurde für die Dekarbonisierung der Industrie mittlerweile das Förderprogramm Klimaschutzverträge durch das Bundesfinanzministerium gebilligt. Mit der Ausschreibung solcher Verträge will die Bundesregierung Pilotprojekte zur klimaneutralen Transformation der Industrie anstoßen. In einem Auktionsverfahren müssen Unternehmen bieten, wie viel staatliche Unterstützung sie benötigen, um mit ihrer transformativen Technologie eine Tonne CO_2 zu vermeiden. Sie erhalten dann eine variable Förderung, deren Höhe sich nach den Mehrkosten (oder auch Differenzkosten) der klimafreundlichen Anlage gegenüber der konventionellen Anlage inklusive Emissionszertifikaten bemisst. Wird die klimafreundliche Produktion günstiger als die konventionelle, gehen die Überschüsse an den Staat. Die Bieter, deren Gebot den effizientesten Beitrag zur Reduktion von Treibhausgasen aufweist, erhalten einen Klimaschutzvertrag.

Das Instrument der Klimaschutzverträge stellt aufgrund der staatlichen Zuwendung eine Beihilfe im Sinne des Art. 107 AEUV dar. Da *Carbon Contracts for Difference* als Instrument in den relevanten Leitlinien für die Behandlung von staatlichen Klima-, Umweltschutz- und Energiebeihilfen (KUEBLL) ausdrücklich vorgesehen sind, spricht viel dafür, dass letztlich eine beihilfenrechtliche Genehmigung des Programms bzw. der konkreten Subvention erfolgen wird. So bedient sich auch der *Innovation Fund* der Europäischen Kommission dieses Instruments; ein vergleichbarer Mechanismus wurde im Rahmen des deutschen Pilotprojekts „H2Global" ausdrücklich durch die Kommission gebilligt.

Förderbedingungen und -verfahren

Das Förderprogramm Klimaschutzverträge mit einem Budget von 10 Mrd. € soll Mehrkosten der Errichtung oder des Umbaus klimafreundlicher Anlagen (CAPEX) sowie des Betriebs (OPEX) im Vergleich zu herkömmlichen Anlagen abdecken. Einzelheiten finden sich insbesondere in den Ziff. 4 und 5 der Förderrichtlinie Klimaschutzverträge (FRL-KSV). Entgegen der ursprünglichen Ausrichtung auf industrielle Großemittenten wurde der Anwendungsbereich erweitert, sodass nunmehr auch der Mittelstand profitieren kann. Teilnahmeberechtigt sind Anlagen, welche mindestens 90 % weniger CO_2 emittieren als die aktuell effizienteste konventionelle Referenzanlage; die Referenzanlage müsste mindestens 10 Kilotonnen CO_2 pro Jahr ausstoßen, Ziff. 4.12 FRL-KSV. Auch unterhalb der Mindestanlagengröße ist eine Förderung möglich, wenn sich mehrere Betriebe mit kleineren Anlagen zu einem Konsortium zusammenschließen, Ziff. 5 FRL-KSV.

Hinsichtlich der für die klimafreundliche Produktion eingesetzten Energieträger gilt gemäß Ziff. 4.8-4.11 FRL-KSV: Der verwendete Strom muss zu 100 % aus erneuerbaren Energien erzeugt werden. Blauer Wasserstoff muss die Kriterien der EU-Taxonomie erfüllen. Höhere Förderbeträge gibt es indes für grünen Wasserstoff – auch die Verwendung von Wasserstoffderivaten ist möglich. Die Preisentwicklung der eingesetzten Energieträger wird dabei über eine Dynamisierungskomponente im Vertragspreis abgebildet, Ziff. 8.6 FRL-KSV. Nicht vermeidbare Prozessemissionen können mittels *Carbon Capture and Storage* sowie *Carbon Capture and Use* aufgefangen werden, allerdings mit Einschränkungen: So muss zunächst eine langfristige Speicherung sichergestellt und gemäß aktueller EU-Vorgaben zertifiziert werden.

Um für die Ausschreibungen zugelassen zu werden, müssen Unternehmen zunächst an einem vorbereitenden Verfahren teilnehmen. Das vorbereitende Verfahren mit einer Dauer von etwa zwei Monaten dient der bedarfsgerechten und effektiven Organisation der anschließenden Ausschreibungen. Ein erstes Verfahren ist im Sommer dieses Jahres gelaufen; weitere sind in Planung. Mit Erteilung des Zuschlags wird ein Klimaschutzvertrag mit dem BMWK über eine Laufzeit von 15 Jahren, gerechnet ab dem operativen Beginn des jeweiligen Vorhabens, Ziff. 4.2 FRL-KSV, geschlossen. Zwischen Bestandskraft des Zuwendungsbescheids und operativem Beginn des Vorhabens dürfen nicht mehr als 36 Monate liegen. Erste Zuschläge werden spätestens 2027 erwartet.

Musterentwurf des Klimaschutzvertrags

Für den Klimaschutzvertrag liegt ein Musterentwurf (KSV) vor, der aus Gründen der Gleichbehandlung nur abgeändert werden darf, wenn die Umstände dies zwingend erfordern, Ziff. 8.5 FRL-KSV. Enthalten sind etwa ein umfangreiches Pflichtenprogramm in Bezug auf die Vertragsdurchführung sowie umfangreiche Regelungen zu Leistungsstörungen. Zuschlagsempfänger sollten ihre Pflichten sowie mögliche Risiken für eine Verzögerung des Projekts sorgsam im Blick behalten, da bei bestimmten Pflichtverstößen Vertragsstrafen drohen, Ziff. 7 KSV. Dies gilt etwa für eine Verzögerung des operativen Beginns, für die (mehrmalige) Unterschreitung des CO_2-Minderungsziels oder die Nichterfüllung der Mitwirkungs- und Auskunftspflichten. Die Höhe der Vertragsstrafe beträgt 1 % der im Zuwendungsbescheid geregelten maximalen gesamten Fördersumme pro Verstoß in Euro. Bei Verwirkung mehrerer Vertragsstrafen ist die insgesamt zu zahlende Vertragsstrafe durch die im Zuwendungsbescheid gewährte maximale gesamte Fördersumme begrenzt.

Bei bestimmten Verstößen droht eine außerordentliche Kündigung durch das BMWK sowie unter bestimmten Voraussetzungen eine Verpflichtung zur Rückerstattung der gesamten Zuwendung, Ziff. 9 KSV. Auch hat der Zuwendungsempfänger beispielsweise im Falle der Stilllegung der betreffenden Anlage vor Ablauf der Vertragslaufzeit grundsätzlich die gewährten Zuwendungen vollumfänglich an den Zuwendungsgeber zu erstatten. Das BMWK kann diese Rückerstattung auf 5 % oder mehr der maximalen gesamten Fördersumme begrenzen, soweit dies zur Vermeidung unbilliger Härten auch unter Berücksichtigung des Verkaufswerts der Anlage und der Profitabilität des Zuwendungsempfängers zwingend erforderlich ist, Ziff. 3.3.11 KSV.

Eine Kündigung durch den Zuwendungsempfänger ist demgegenüber nicht vorgesehen – offensichtlich würde so dessen Pflicht unterlaufen, im Falle der frühzeitigen Wettbewerbsfähigkeit Überschüsse an den Staat auszuzahlen. Auf Antrag wird ein Ausstieg jedoch möglich, wenn das transformative Produktionsverfahren preissetzend geworden ist, der Markthochlauf mithin erfolgt ist; dies ist nach der Förderrichtlinie der Fall, wenn der Anteil des betreffenden Verfahrens (z.B. zur klimaneutralen Stahlherstellung) mehr als 80 % der jährlichen Gesamtproduktion in der EU ausmacht und weniger als 50 % der Emissionen des jeweiligen Produktbenchmarks aufweist, Ziff. 5.3 KSV. ■

KERNAUSSAGEN

- Mit Klimaschutzverträgen können Unternehmen ihre Investitionen in klimafreundliche Produktionsprozesse gegen Preisrisiken absichern und so Investitionssicherheit erhalten. Gleichzeitig sinken die Kosten der Refinanzierung.
- Für mittelständische Unternehmen mit Plänen für kleinere Produktionsanlagen ist eine Teilnahme an den Ausschreibungen auch über den Zusammenschluss als Konsortium möglich.
- Unternehmen sollten sich im Klaren sein, dass im Falle von Verzögerungen des Projekts oder Verstößen gegen die Förderbedingungen äußerstenfalls die gesamten Förderbeträge erstattet werden müssen. Die Förderbedingungen müssen genau beachtet werden.
- Ein einseitiger Ausstieg des geförderten Unternehmens aus dem Klimaschutzvertrag ist nur nach dem Abschluss des Markthochlaufs möglich.

Beschleunigung des Erneuerbare Energien-Ausbaus – Chancen und Herausforderungen der EU-Notfall-Verordnung

Von Dr. Julia Wulff, Carsten Bartholl und Dieter Lang, LL.M., Taylor Wessing, München/Hamburg

Carsten Bartholl

Carsten Bartholl ist Partner und Leiter der Internationalen Energy & Infrastructure Gruppe. Er ist auf die rechtliche Beratung von nationalen und grenzüberschreitenden Transaktionen und Finanzierungen von EE-Projekten und PPAs spezialisiert.

Dieter Lang

Dieter Lang, LL.M., ist Fachanwalt für Verwaltungsrecht und berät zu öffentlichrechtlichen Projektentwicklungen. Er begleitet nationale wie grenzüberschreitende Transaktionen insbesondere in der Energie-, Bau- und Immobilienwirtschaft.

Dr. Julia Wulff

Dr. Julia Wulff ist Associate und berät Unternehmen und Genehmigungsbehörden in allen Fragen des Fachplanungs- und Umweltrechts mit Fokus auf Infrastrukturprojekten und EE-Anlagen im gesamten Verfahren.

Das Team Energy & Infrastructure berät praxisbereichsübergreifend im Zusammenhang mit dem Ausbau der Erneuerbaren Energien.

Kontakt
c.bartholl@taylorwessing.com
d.lang@taylorwessing.com
j.wulff@taylorwessing.com

taylorwessing.com/de/expertise/sectors/energy

Weitere Informationen zur Kanzlei in der Anzeige auf Seite 231

Der Ausbau der Erneuerbaren Energien muss Tempo aufnehmen, wenn die Energiewende gelingen soll. Nach dem „Osterpaket" 2022 greift der Gesetzgeber mit der Umsetzung der EU-Notfall-Verordnung nun nochmals massiv in das materielle Recht ein, um Zulassungsverfahren zu beschleunigen. In der Praxis müssen die Neuregelungen in ein komplexes Planungsgefüge eingeordnet werden, was vor allem Vorhabenträger unter enormen Zeitdruck setzt.

Dabei sollte man eigentlich denken, dass es doch auch im geltenden Rechtsrahmen gehen müsste. Im bisher besten Genehmigungsjahr für die Windenergie wurden 2016 für Deutschland Genehmigungen mit einer Nennleistung von insgesamt 9.000 MW erteilt. In der Theorie scheint es also weder am behördlichen Sachverstand noch an der Komplexität der Verfahren zu liegen. Die Jahre 2021 und 2022 kamen hingegen jeweils nur auf weniger als die Hälfte an Nennleistung – bei gestiegener Leistung der Anlagen, im Schnitt also größerem Leistungsumfang pro Genehmigung. Auch aktuelle Zahlen zeichnen zwar ein positiveres Bild, reichen aber lange nicht an den Stand von 2016 heran: Mitte April hat der Bundesverband Windenergie für das I. Quartal 2023 knapp 300 neu genehmigte Anlagen mit 1.645 MW Nennleistung gezählt. Auf das Jahr hochgerechnet käme man damit auf knapp 6.600 MW – immerhin.

Für die Umsetzung der Energiewende im „Deutschlandtempo" reicht das allerdings nicht aus. Die Forderung nach Beschleunigung von Planungs- und Genehmigungsverfahren gerade im EE-Bereich ist daher allgegenwärtig. Mit dem „Osterpaket" kamen bereits im Jahr 2022 umfassende Neuregelungen etwa in das EEG, EnWG, BNatSchG und UVPG. Außerdem wurde das WindBG neu eingeführt. Zwingende unionsrechtliche Vorgaben standen tiefgreifenderen Änderungen bei den Umwelt- und Artenschutzvorschriften aber im Weg.

Die EU macht den Weg frei

Mit der sogenannten „Notfall-Verordnung" vom 19.12.2022 hat die EU nun den Weg frei gemacht für einen weitgehenden Verzicht auf Umweltverträglichkeitsprüfung und Artenschutzprüfung bei der Anlagenzulassung – zumindest für 18 Monate. Artikel 6 der Notfall-Verordnung ermöglicht umfangreiche Ausnahmen bei der Zulassung von Projekten im Bereich der Erneuerbaren Energien, der Energiespeicherung und der Stromnetze, soweit Letztere im Zusammenhang mit der Integration Erneuerbarer Energien in das bestehende Elektrizitätssystem stehen.

Umfassende Umsetzung für Windenergie und Stromnetze

Trotz Rechtsform der Verordnung war eine Umsetzung durch den deutschen Gesetzgeber nötig. Denn Artikel 6 der Notfall-Verordnung bietet nur den Rahmen. Ob und wie die Ausnahmemöglichkeiten genutzt werden, bleibt den Mitgliedstaaten überlassen.

Mit der Einführung bzw. Änderung von § 43m EnWG, § 72a WindSeeG und § 6 WindBG, die der Bundestag am 03.03.2023 beschlossen hat, legt Deutschland nun den Schwerpunkt auf Windkraft und Stromnetze. Unter bestimmten Voraussetzungen kann für Vorhaben aus diesen Bereichen auf die Durchführung der Umweltverträglichkeitsprüfung und der Artenschutzprüfung verzichtet werden.

Die EU hat den deutschen Gesetzgeber damit zumindest kurzzeitig überholt und zum Umdisponieren gezwungen. Denn für einige der im Zuge des „Osterpakets" gerade erst in Kraft getretenen Neuregelungen fällt der Anwendungsbereich sogleich – zumindest temporär – wieder weg.

PV-Anlagen profitieren nur teilweise

Freiflächen-Photovoltaikanlagen kommen hingegen nur teilweise in den Genuss von Erleichterungen. Mit der Einführung des neuen § 14b UVPG ist auch für sie unter bestimmten Voraussetzungen ein Verzicht auf die Umweltverträglichkeitsprüfung vorgesehen. Die war aber bisher ohnehin nur bei der Verwirklichung im Rahmen eines „Städtebauprojekts" erforderlich. Die Artenschutzprüfung muss hingegen nach wie vor durchgeführt werden.

Herausforderung: Integration in das bestehende Planungssystem

Voraussetzung aller Neuregelungen: Das Vorhaben muss sich in einem für Erneuerbare Energien ausgewiesenen Gebiet befinden, für das bereits eine Strategische Umweltprüfung durchgeführt wurde. Konkret geht es um Gebiete, die im Rahmen der Bundesfachplanung oder als Präferenzraum nach § 12c Abs. 2a EnWG ermittelt wurden, in einem Flächenentwicklungsplan für Windenergie auf See oder als Windenergiegebiet im Sinne des neuen § 2 WindBG ausgewiesen sind.

Dabei geht der Europäische Gesetzgeber davon aus, dass im Rahmen der Ausweisung auch der Artenschutz bereits ausreichend Berücksichtigung gefunden hat – und kollidiert dabei mit der deutschen Planungsrealität.

Denn bisher werden Artenschutzbelange auf höheren Planungsebenen kaum oder gar nicht berücksichtigt, landesweite Daten fehlen. Artenschutzrechtliche Vermeidungs- und Minderungsmaßnahmen sollen bei der Vorhabenzulassung aber dennoch wie gewohnt angeordnet werden.

Hinzu kommt, dass die Windenergiegebiete nach § 2 WindBG bislang gar nicht ausgewiesen sind – die Ausweisungsfristen für die Bundesländer laufen noch bis Ende 2027 bzw. Ende 2032. Schöpfen die Länder die Fristen aus, gehen die Neuregelungen weitgehend ins Leere.

Zwar muss die Gebietsausweisung erst bei Genehmigungserteilung vorliegen; eine rechtssichere Antragstellung ist auf dieser Grundlage aber kaum möglich. Eine „Bevorratung" von Anträgen hingegen verhindert die Regelung des § 6 Abs. 2 S. 2 WindBG, wonach eine Antragstellung unter Inanspruchnahme der Prüfungserleichterungen erst erfolgen kann, wenn das vorgesehene Grundstück vertraglich gesichert ist.

Konkrete Vorgaben zum nationalen Artenhilfsprogramm

Konkrete Vorgaben enthalten die Umsetzungsregelungen dafür immerhin in Sachen nationales Artenhilfsprogramm.

Zwar war dieses vom Bundesamt für Naturschutz verantwortete und bereits im Zuge des „Osterpakets" eingeführte Programm bei Erstellung dieses Beitrags noch immer nicht eingerichtet. § 43m EnWG, § 72a WindSeeG und § 6 WindBG nennen nun aber erstmals Summen, die sich auf 25.000 Euro je angefangenem Kilometer Trassenlänge für Energieleitungen und Offshore-Anbindungsleitungen belaufen; für die Windenergie liegen die Zahlen zwischen 450 und 3000 Euro je Megawatt abhängig von Art und Umfang der Betroffenheiten und der vorgesehenen Schutzmaßnahmen.

Zahlungen werden nach § 72a WindSeeG und § 6 WindBG künftig immer dann erforderlich, wenn Vermeidungs- und Minderungsmaßnahmen nicht verfügbar sind; nach § 43m EnWG muss sogar in jedem Fall zusätzlich zu den angeordneten Vermeidungs- und Minderungsmaßnahmen gezahlt werden. Eine Wahlmöglichkeit für den Vorhabenträger, den artenschutzrechtlichen Ausgleich direkt in Geld zu erbringen, wie sie kurz vor Verfassen dieses Beitrags von der Bundesregierung für den naturschutzrechtlichen Ausgleich nach §§ 14, 15 BNatSchG angekündigt wurde, ist damit allerdings nicht verbunden.

Herausforderung: Einhaltung des zeitlichen Rahmens

Vor die größten Herausforderungen dürfte Vorhabenträger indes der zeitliche Rahmen der Neuregelungen stellen. Denn sie gelten zunächst nur befristet auf 18 Monate. Anträge müssen mithin bis zum 30.06.2024 gestellt werden, um die Erleichterungen in Anspruch nehmen zu können. Ob die Regelungen der Notfall-Verordnung in die Novelle der Erneuerbare Energien-Richtlinie (RED IV) übernommen und insbesondere, ob sie in Deutschland dann nahtlos umgesetzt werden, stand bei Verfassen dieses Beitrags noch in den Sternen.

In der Tat würde man dem Ausbau der Erneuerbaren Energien, der Arbeit der mit der Entwicklung der entsprechenden Projekte befassten Unternehmen und den Genehmigungsbehörden entgegenkommen, wenn über den 30.06.2024 hinaus materiellrechtliche ebenso wie verfahrensrechtliche Erleichterungen gesetzlich verankert würden. Dass z.B. immer noch vollständige Papierdokumentationen für die in der Tat sehr umfangreichen Genehmigungsunterlagen jedenfalls im Windenergiebereich sein müssen, ist ein Anachronismus, der den ehrgeizigen zeitlichen Zielen bei der modernen Energiewende – wie vieles andere auch – so gar nicht entspricht. Das ist dem Gesetzgeber wohl auch bewusst. Zum Zeitpunkt des Verfassens dieses Beitrags lief die Verbändeanhörung zum „Referentenentwurf eines Gesetzes zur Beschleunigung immissionsschutzrechtlicher Genehmigungsverfahren". Eine echte Gelegenheit für wirkliche Vereinfachungen.

Bis dahin bleibt: Abwarten, weiter machen und auf das Beste hoffen. Angesichts des ohnehin schon vielgliedrigen regulatorischen Rahmens für Bau und Betrieb von Anlagen der Erneuerbaren Energien, ob an Land oder auf See (man denke nur an die völlig unterschiedlichen Genehmigungsmechanismen für Solar- und Windenergie) und angesichts der – hier nicht einmal angesprochenen – Transportprobleme von Nord nach Süd wäre es fast vermessen, auf einen großen Wurf zu warten oder zu hoffen.

Doch schon ein wenig mehr gesetzgeberischer Mut könnte viel helfen – etwa, indem dem neu geschaffenen „absoluten Vorrang" für den Ausbau Erneuerbarer Energien in § 2 EEG n.F. zu praktischer Wirksamkeit verholfen würde. Gerade bei der Freiflächen-Photovoltaik läuft er derzeit weitgehend ins Leere, da eine Abwägung – in der § 2 EEG n.F. allein zur Geltung kommen kann – für die überwiegende Mehrheit der Anlagen, die keine Außenbereichsprivilegierung genießen, gar nicht vorgesehen ist. ■

KERNAUSSAGEN

- Die Umsetzung der EU-Notfall-Verordnung bietet durch Reduzierungen der materiellrechtlichen Anforderungen erstmals substantielle Beschleunigungsmöglichkeiten.
- Wegen der verbleibenden Unsicherheiten in der Umsetzung gilt es für Vorhabenträger allerdings, die weitere Entwicklung sehr genau zu überwachen, schnell und flexibel die erforderlichen Anträge zu stellen und die behördlichen Genehmigungsverfahren besonders aktiv zu begleiten.
- Dabei ist nicht nur die kurze Frist der EU-Notfall-Verordnung und ihrer Umsetzungsbestimmungen in den Blick zu nehmen, sondern gleichermaßen der zu erwartende Übertrag in die Novelle der Erneuerbare Energien-Richtlinie auf EU-Ebene und die anschließend von Neuem erforderliche – und voraussichtlich dauerhafte – Umsetzung in deutsches Recht.

Energiewirtschaftsrecht

Energiewende auf Steroiden

Von der einst langsam voranschreitenden Energiewende ist durch den Angriffskrieg Russlands nicht mehr viel zu spüren: „Entfesselt" oder „mit Steroiden gedopt" sei sie heute, sagen Anwälte. Gemeint ist damit, dass alle, auch die Industrieunternehmen daran interessiert sind, ihre Energieversorgung auf Erneuerbare Energien umzubauen. Teil der Transformationsbemühungen ist vor allem das Thema grüner Wasserstoff, der irgendwann einmal vor allem die Industrie versorgen soll. Nahezu jede Kanzlei ist mindestens am Rande mit den Wasserstofffantasien ihrer Mandanten befasst. Aber auch Wärmequellen gewinnen an Bedeutung. Früher als „Spezialimmobilien" bezeichnete Anlagen, die viel Strom verbrauchen und Wärme produzieren, werden künftig zu kritischer Infrastruktur mit Wärmeperspektiven.

Im Maschinenraum der dynamisierten Energiewende gewinnen regulatorische Themen an Bedeutung: Kanzleien wie die Marktführer **Becker Büttner Held**, **CMS Hasche Sigle** aber auch **Raue**, **Heuking Kühn Lüer Wojtek**, **Pinsent Masons** und mehrere MDP-Kanzleien sind an den relevanten Schnittstellen gut aufgestellt. Zudem helfen Boutiquen wie **AssmannPeiffer**, **Ritter Gent Collegen** oder **Aecoute** Unternehmen dabei, Wasserstoff, Wärme und Speicheranlagen als Teil einer zukünftig hoffentlich preislich wettbewerbsfähigen Energieversorgung im regulierten Umfeld zu gestalten.

Die neuen Kooperationsmodelle zwischen Industrie und Netzbetreibern sowie die Finanzierung der entstehenden Anlagen erfordern zudem vertragsrechtliche Fähigkeiten. Sogenannte Power Purchase Agreements (PPAs), deren Verhandlung zunehmend von den Energieeinkäufern dominiert werden, gehören unter anderem in Kanzleien wie **Ashurst**, **Bird & Bird**, **Osborne Clarke**, **Taylor Wessing** oder **DLA Piper** zum zentralen Geschäft der auf Erneuerbare Energien spezialisierten Sektorgruppen.

Offshore-Ausbau sorgt für Goldgräberstimmung

Grüne Energien sind auch im transaktionsnahen Geschäft der Ausgangspunkt der Dynamik – vor allem, weil die Politik Anreize zum Ausbau schafft. Das gilt sowohl an Land, hier in Form von Wind- und Photovoltaikanlagen, insbesondere aber auf See: 30 Gigawatt Erzeugungsleistung sollen in den kommenden Jahren in der deutschen Nordsee entstehen. Sie sollen die wachsende Nachfrage nach Grünstrom befriedigen, die die Industrie für ihre Energietransformation benötigt. Eine erste Flächenvergabe der Bundesnetzagentur konnten die Ölmultis BP und Total für sich entscheiden. Letztere ließ sich bei ihrem Markteinstieg umfassend von **Gleiss Lutz** beraten. Die marktführenden Kanzleien wie **Hengeler Mueller**, **Clifford Chance** und **Linklaters** sind seit vielen Jahren stark im Offshore-Transaktionsgeschäft. Nationale und internationale Einheiten wie **CMS Hasche Sigle**, **Noerr**, **Watson Farley & Williams**, **Hogan Lovells**, **Dentons**, **White & Case** und **Freshfields Bruckhaus Deringer** haben ähnlich illustre Trackrecords. Sie unterscheiden sich vor allem darin, wie sie ihren Mandanten die erforderlichen, komplexen Themen als Teil eines verzahnten Beratungsangebots zur Verfügung stellen. Dazu zählen Planung, Genehmigung, Gesellschaftsrecht, Finanzierung, die für den Bau und den Betrieb erforderlichen Vertragswelten genauso wie der Umgang mit den zuständigen Regulierungsbehörden. Bei einigen transaktionsgetriebenen Kanzleien wächst vor diesem Hintergrund der Einfluss der Bau- und Immobilienrechtler auf die Energiesektorgruppen: **Baker McKenzie**, **Norton Rose Fulbright**, **Taylor Wessing** und **Hogan Lovells** sind Beispiele aus der Welt der internationalen Kanzleien, die Anlagenprojekte vor allem im Offshore-Bereich seit Längerem mit eigenen, eng an die hauseigenen Finanzierungsleute gebundenen „Projects"-Abteilungen begleiten.

Die Bewertungen behandeln Kanzleien, die die Energiebranche in mehr als einem relevanten Rechtsgebiet beraten, dazu gehören ▷*Gesellschaftsrecht*, ▷*M&A*, ▷*Bank- und Finanzrecht*, ▷*Kartellrecht*, ▷*Öffentl. Sektor* und ▷*Immobilien- und Baurecht*.

JUVE KANZLEI DES JAHRES FÜR ENERGIEWIRTSCHAFTSRECHT

OSBORNE CLARKE

Erneuerbare-Energien-Projekte boomen – und Osborne Clarke ist dafür exzellent aufgestellt. Zu ihrem diversen Mandantenstamm zählen neben Projektentwicklern wie Abo Wind oder Finanzierern wie Deutsche Anlagen-Leasing auch Industriekonzerne wie BASF. Sie fragen zunehmend Erfahrung bei der Vertragsgestaltung nach und sind damit bei **Dr. Daniel Breuer** genau an der richtigen Adresse. Sein Team beherrscht insbesondere die Ausgestaltung und Verhandlung sogenannter Power Purchase Agreements, mit denen sich Unternehmen die Versorgung mit erneuerbaren Energien sichern, aus dem Effeff. Daneben werden die Transaktionen und Projektfinanzierungen, an denen die Anwälte beteiligt sind, zunehmend größer und internationaler. Aufsehen erregte vor allem aber ein Partnerzugang: Für die Expansion der Energiepraxis nach Berlin konnte Osborne Clarke die renommierte **Anna von Bremen** von Raue gewinnen. Sie stößt zu einem – auch auf Nachwuchsebene – vielgelobten Team: Mandanten heben hervor, dass junge Anwälte früh Verantwortung übernehmen und dadurch eine „diverse Teamstruktur entsteht, wie sie nur bei wenigen Wirtschaftskanzleien zu sehen ist". Intern hat sich der Erfolg des Teams längst herumgesprochen: Die Kanzlei hat darauf strukturell reagiert und die Gruppe aus der Corporate-Praxis herausgelöst. Von nun an agieren die Energierechtler eigenständig.

Energiewirtschaftsrecht: Regulierung

★★★★★	
Becker Büttner Held	Berlin, Erfurt, München, Köln, Stuttgart, Brüssel, Hamburg
CMS Hasche Sigle	Hamburg, Stuttgart, Düsseldorf
Hengeler Mueller	Düsseldorf, Berlin
Luther	Düsseldorf, Hamburg, Essen, Berlin, Köln, Hannover
★★★★	
Gleiss Lutz	Berlin, Düsseldorf, München, Stuttgart
Höch und Partner	Dortmund, Berlin
Leitfeld	Köln
Noerr	Frankfurt, Berlin, Dresden, Hamburg
Raue	Berlin
Rosin Büdenbender	Essen
White & Case	Düsseldorf, Berlin
★★★	
AssmannPeiffer	München, Berlin
Bird & Bird	Düsseldorf, München, Hamburg
von Bredow Valentin Herz	Berlin
Clifford Chance	Düsseldorf, Frankfurt, München
DLA Piper	Köln, Hamburg, Frankfurt
EY Law	Berlin, Düsseldorf, Stuttgart
Freshfields Bruckhaus Deringer	Berlin, Düsseldorf, Frankfurt, Hamburg
Görg	Köln, Berlin
GvW Graf von Westphalen	Hamburg, Düsseldorf, München, Berlin
Hogan Lovells	Düsseldorf, Hamburg
Osborne Clarke	Köln, Hamburg, Berlin
Posser Spieth Wolfers & Partners	Berlin, Düsseldorf
PricewaterhouseCoopers Legal	Düsseldorf, Frankfurt, Stuttgart, Berlin, Hamburg
Ritter Gent Collegen	Hannover
★★	
Boos Hummel & Wegerich	Berlin, Köln
Chatham Partners	Hamburg
Dentons	Berlin, Frankfurt
Dolde Mayen & Partner	Bonn, Stuttgart
Heuking Kühn Lüer Wojtek	Düsseldorf, Hamburg
Hoffmann Liebs	Düsseldorf
Loschelder	Köln
Mazars	Frankfurt, Berlin
Oppenländer	Stuttgart
Pinsent Masons	Düsseldorf, München
Redeker Sellner Dahs	Bonn, Berlin, Leipzig
Rödl & Partner	Nürnberg, Köln, München
Taylor Wessing	Düsseldorf, Hamburg
★	
Aecoute	Berlin
Baker McKenzie	Berlin, Frankfurt, Düsseldorf
Baker Tilly	Stuttgart, Dortmund
BDO Legal	Berlin
Gaßner Groth Siederer & Coll.	Berlin
Oppenhoff & Partner	Hamburg, Köln
Rittershaus	Mannheim, München
Schulz Noack Bärwinkel	Hamburg
Watson Farley & Williams	Hamburg, Frankfurt, München, Düsseldorf
WilmerHale	Berlin
WTS Legal	Köln, Düsseldorf

Die Auswahl von Kanzleien und Personen in Rankings und tabellarischen Übersichten ist das Ergebnis umfangreicher Recherchen der JUVE-Redaktion. Sie ist in 2erlei Hinsicht subjektiv: Die Aussagen der befragten Quellen sind subjektiv u. spiegeln deren Erfahrungen u. Einschätzungen. Die JUVE-Redaktion wiederum analysiert die Rechercheergebnisse unter Einbeziehung ihrer eigenen Marktkenntnis. Der JUVE Verlag beabsichtigt keine allgemeingültige oder objektiv nachprüfbare Bewertung. Es ist möglich, dass eine andere Recherchemethode zu anderen Ergebnissen führt. Innerhalb einzelner Gruppen in Rankings und tabellarischen Übersichten sind Kanzleien und Personen alphabetisch sortiert.

AECOUTE

Energie: Regulierung ★

Bewertung: Die Neugründung um 4 erfahrene Partner berät einen div. Mandantenstamm bestehend aus (kommunalen) Versorgern, Industrie- u. anderen energieintensiven Unternehmen, wobei ihr Schwerpunkt auf Vorhaben zur Energiewende liegt. Dafür bringt die renommierte Schalle von Boos Hummel & Wegerich tiefe Kenntnisse der Direktvermarktung erneuerbarer Energien mit. Hinzu kommen 3 ehem. Partner von Becker Büttner Held, die neben der Beratung zur Netzentgeltregulierung auch Themen wie Wärmewende besetzen u. über langj. Prozesserfahrung verfügen. Diese spielt insbes der polit. gut vernetzte Riedel auch regelm. in Schiedsverf. aus.

Oft empfohlen: Dr. Heidrun Schalle („äußerst fundiertes Branchen-Know-how, exzellente Rechtskenntnisse, pragmat.-verbindl. Lösungen, empathisch", Mandant; „zielorientiert u. kompetent", Wettbewerber), Dr. Martin Riedel („sehr zielführend, pragmat. u. schnell", Mandant; „ausgewiesener Experte in den Daseinsvorsorgesektoren u. in der Energiepolitikberatung", Wettbewerber)

Team: 4 Eq.-Partner

Schwerpunkte: Regulierung, insbes. im Zusammenhang mit Vorhaben zur Energiewende u. Dekarbonisierung. Tiefe Kenntnis des Energievertragsrechts sowie des Energie- u. Emissionshandels; langj. Prozesserfahrung, auch in Schiedsverf. u. im Zshg. mit der Netzregulierung.

Mandate: Currenta zu Energiehandel u. PPA; DB Energie zu Energiehandel; div. Wohnungsunternehmen zu Energieversorgung inkl. Inanspruchnahme von Fördermitteln sowie zu Energiepreisbremsen; Baustoffkonzern zu PPA mit Offshore-Windpark; Maritim gg. E.on um Contracting-Verträge für Hotels (OLG Hamm); Messeunternehmer zu langfr. Ausschreibung der Wärme- u. Kälteversorgung; Chemieparkbetreiber zu Energiehandel; lfd. ANE.

ALLEN & OVERY

Energie: Transaktionen/Finanzierung ★★★

Bewertung: Mit ihrem Schwerpunkt auf Transaktionen u. Projektfinanzierungen hat sich die Praxis in den verg. Jahren zunehmend einen Namen für die Beratung komplexer u. hochvol. Deals im Energie- u. Infrastruktursektor gemacht. Dabei steht sie regelm. an der Seite von Investoren u. verfügt darüber hinaus über gute Kontakte zu Erzeugern wie der frz. EDF oder der span. Iberdrola. Zuletzt war sie bei mehreren gr. grenzüberschr. Deals im Offshore-Sektor gesetzt, zum Bsp. an der Seite eines Investorenkonsortiums, das Anteile an ‚He Dreiht' erwarb. Regulator. Aspekte deckt A&O v.a. durch einen Öffentlichrechtler ab. In der Hinsicht sind Wettbewerber wie Hogan Lovells viel breiter aufgestellt. Punkten kann A&O eher durch die enge Verzahnung mit der angesehenen Konfliktlösungspraxis.

Oft empfohlen: Dr. Nicolaus Ascherfeld („gute Balance zw. Pragmatismus u. Rechtssicherheit, hervorragende Unterstützung", „sachkundig, schnell u. unkompliziert", „hoch professionell, angenehm im Umgang, sehr effizient", Mandanten)

Team: 7 Partner, 5 Counsel, 20 Associates

Schwerpunkte: V.a. ▹*M&A* u. Projektfinanzierung im Energiesektor, v.a. bei erneuerbaren Energien u. Netzinfrastruktur; regulator. Begleitberatung u.a. zum Emissionshandel durch Öffentlichrechtler.

Mandate: Uniper zum Einstieg des Bundes; Investorenkonsortium zu Kauf von 49,9% der Anteile an

Anwaltszahlen: Angaben der Kanzleien, wie viele Anwälte zu mind. ca. 50% in diesem Gebiet tätig sind. Sie spiegeln nicht zwingend die Gesamtgröße einer Kanzlei wider.

'He Dreiht' von EnBW; Fortescue Future Industries bei JV mit Tree Energy Solutions zur Entwicklung eines integrierten Wasserstoff-LNG-Projekts; Iberdrola bei Verkauf von 49% an 'Wikinger' an EIP; EDF bei Kauf einer PV-Projektpipeline; Hamburger Energiewerke bei Kauf Kohlekraftwerk Moorburg von Vattenfall; ILOS Projects bei Namensschuldverschreibung in Höhe von €500 Millionen.

ASHURST

Energie: Transaktionen/Finanzierung ★★★

Bewertung: Die Praxis setzt im Energiesektor ihren Aufstieg im Geschäft mit den erneuerbaren Energien fort. Ihre Stärke liegt in der Kombination aus Regulatorik, Finanzierung, Transaktions-Know-how u. der Fähigkeit, alle Seiten des Marktes aktiv beraten zu können. Dabei stehen insbes. auch die vielen vertragl. Besonderheiten von Assets der erneuerbaren Energien im Fokus sämtl. Varianten von PPAs inklusive. Mandanten wie Adidas bei der Umstellung der eigenen Energieversorgung sowie Octopus Energy beim Ausbau ihrer Projektpipeline u. Vulcan Energy beim Aufbau einer Geothermie-Silizium-Förderung greifen fortl. auf dieses Wissen zurück. Bislang noch vglw. wenig sichtbar ist das Team um Uibeleisen bei Offshore-Projekten. Erste Mandate gibt es auch in diesem Segment, dessen weiterer Ausbau für die kommenden Jahre näherliegt, als weiteres Know-how im Bereich Netze für Strom u. Gas aufzubauen. Mit dem Zugang eines Dispute-Partners, der im internat. Anlagenbau versiert ist, erweitert die internat. im Energieanlagenbau sichtbare Praxis auch ihr Angebot in Deutschland.

Oft empfohlen: Dr. Maximilian Uibeleisen („außerordentl. gründl., gute Zusammenarbeit", „überragende Kompetenz bei M&A-Projekten im Energiesektor", Wettbewerber), Derk Opitz, Dr. Simon Groneberg

Team: 4 Partner, 4 Counsel, 5 Associates

Schwerpunkte: ▷*M&A*, insbes. zu erneuerbaren Energien u. Infrastruktur (▷*Verkehr*), v.a. auch Asset- u. Projektfinanzierungen; Vergabe- kombiniert mit Vertragsrecht u. flankierend im Umwelt- u. Planungsrecht u. zu Regulierungsfragen; zunehmend Beratung zur klimaneutralen Umstellung der Energieversorgung.

Mandate: Adidas zu europaw. virtuellen PPA; Vulcan Energy vertragl. zur Lieferung von Geothermie-Lithium; CommerzReal zu Kauf eines Agri-PV-Projektes sowie Kooperation mit dem Verkäufer Elysium Solar; Octopus Energy u.a. zu Kauf der Windparks Gaishecke u. Leeskow; Querco Fagetea zu Musterverträgen für Wald-CO2-Zertifikate; Energiehandelsunternehmen zur Strompreisbremse.

Energiesektor: Transaktionen/Finanzierung

★★★★★	
Clifford Chance	Düsseldorf, Frankfurt, München
Hengeler Mueller	Düsseldorf, Berlin, Frankfurt, München
Linklaters	Berlin, Frankfurt
White & Case	Düsseldorf, Berlin, Hamburg
★★★★	
CMS Hasche Sigle	Düsseldorf, Hamburg, Stuttgart
Freshfields Bruckhaus Deringer	Berlin, Düsseldorf, Frankfurt, Hamburg
Gleiss Lutz	Berlin, Düsseldorf, München, Stuttgart
Hogan Lovells	Düsseldorf, Hamburg, Frankfurt
Latham & Watkins	Düsseldorf, Hamburg
Watson Farley & Williams	Hamburg, Frankfurt, München, Düsseldorf
★★★	
Allen & Overy	Hamburg, Frankfurt, München
Ashurst	Frankfurt
Baker McKenzie	Berlin, Frankfurt, Düsseldorf
DLA Piper	Köln, Frankfurt
Luther	Düsseldorf, Essen, Berlin, Köln
Noerr	Frankfurt, Berlin, Dresden, Hamburg
Taylor Wessing	Hamburg, Berlin, München, Düsseldorf
★★	
Bird & Bird	Düsseldorf, München
Dentons	Berlin, Frankfurt
Fieldfisher	München
Görg	Köln, Berlin
Heuking Kühn Lüer Wojtek	Düsseldorf, Hamburg, Frankfurt
Norton Rose Fulbright	München, Frankfurt, Hamburg
Osborne Clarke	Köln, Hamburg
★	
Becker Büttner Held	Berlin, Erfurt, München, Köln, Stuttgart, Brüssel, Hamburg
Eversheds Sutherland	Düsseldorf
EY Law	Berlin, Düsseldorf, Stuttgart
GvW Graf von Westphalen	Hamburg, Düsseldorf, München, Berlin
Rosin Büdenbender	Essen

Die Auswahl von Kanzleien und Personen in Rankings und tabellarischen Übersichten ist das Ergebnis umfangreicher Recherchen der JUVE-Redaktion. Sie ist in 2erlei Hinsicht subjektiv: Die Aussagen der befragten Quellen sind subjektiv u. spiegeln deren Erfahrungen u. Einschätzungen. Die JUVE-Redaktion wiederum analysiert die Rechercheergebnisse unter Einbeziehung ihrer eigenen Marktkenntnis. Der JUVE Verlag beabsichtigt keine allgemeingültige oder objektiv nachprüfbare Bewertung. Es ist möglich, dass eine andere Recherchemethode zu anderen Ergebnissen führt. Innerhalb einzelner Gruppen in Rankings und tabellarischen Übersichten sind Kanzleien und Personen alphabetisch sortiert

ASSMANNPEIFFER

Energie: Regulierung ★★★

Bewertung: Im Energiesektor ist die Boutique v.a. im Maschinenraum der Energiewende tätig. Die 3-Partner-Sozietät setzt immer wieder auf neue Beratungsbereiche, die für die Transformation der Branche wichtig sind, wie etwa Wärme, Wasserstoff, E-Mobilität u. LNG. Dem in regulator. u. vertragsrechtl. Energiethemen sehr versierten Team gelingt es durch seine Marktkenntnis fortlaufend, neue Beratungsprojekte zu akquirieren. Der Kreis der Mandanten, die wie Infineon u. Kyon AP ihre Projekte anvertrauen, ist groß u. in den verg. Jahren stets gewachsen: Zuletzt sind Brunata, The Mobility House, Stadtwerke Stuttgart u. weitere Unternehmen hinzugekommen. V.a. der Aufbau des Berliner Standorts ist eine Erfolgsgeschichte, die die wachsende Zusammenarbeit mit der Münchner Keimzelle nochmals untermauert. Den Weggang eines Counsels in Berlin kompensierte das Team umgehend durch die Aufnahme eines neuen von Becker Büttner Held.

Oft empfohlen: Dr. Lukas Assmann („arbeitet gewissenhaft, schnell u. mit hervorragenden Ergebnissen", Mandant), Dr. Max Peiffer, Sebastian Schnurre

Team: 3 Partner, 1 Counsel, 4 Associates, 1 of Counsel

Schwerpunkte: Erneuerbare Energien; Energievertragsrecht, v.a. Gase; Industriekunden zu Strom- u. Energiesteuer, teils auch an der Schnittstelle zum Beihilferecht; viele Zukunftsthemen wie Wasserstoff, Wärme, E-Mobilität, Digitalisierung u. Energiespeicher; zunehmend auch Litigation im Sektor.

Mandate: Andalusian Energy zum LNG- u. LPG-Import nach u. Vermarktung in Dtl.; Mobility House vertrags- u. regulierungsrechtl. zu Lade- u. Speicherinfrastruktur; Wun H2 vertragl. zur Grünstrombeschaffung zwecks Wasserstoffproduktion; Land Berlin zum Aufbau eines Regulierungsrahmens für die Fernwärmeversorgung; Volkswagen Group Charging zu Musterverträgen für Ladelösungen; Anumar zu PV-Projekten etwa wg. Netzanschlüssen, Genehmigungen u. Förderoptionen; Avenir Supply & Trading zu LNG-Belieferung; Brunata Metrona zur Interoperabilität von Wärmezählern; CML Construction zur vertragl. Gestaltung von Wärmeversorgungskonzepten; Engie zu Emissionsbilanzierung von Kraftwerken; Kyon umf. zur vertragl. Ausgestaltung von Energiespeicherprojekten sowie in Missbrauchsverf. ggü. der BNetzA.

Anwaltszahlen: Angaben der Kanzleien, wie viele Anwälte zu mind. ca. 50% in diesem Gebiet tätig sind. Sie spiegeln nicht zwingend die Gesamtgröße einer Kanzlei wider.

Führende Namen im Energiewirtschaftsrecht: Regulierung

Thomas Burmeister
White & Case, Düsseldorf

Prof. Dr. Kai Gent
Ritter Gent Collegen, Hannover

Christian von Hammerstein
Raue, Berlin

Dr. Thomas Höch
Höch und Partner, Dortmund

Dr. Cornelia Kermel
Noerr, Berlin

Dr. Thilo Richter
Leitfeld, Köln

Dr. Peter Rosin
Rosin Büdenbender, Essen

Dr. Boris Scholtka
EY Law, Berlin

Dr. Ulrich Scholz
Freshfields Bruckhaus Deringer, Düsseldorf

Dr. Holger Stappert
Luther, Düsseldorf

Die Auswahl von Kanzleien und Personen in Rankings und tabellarischen Übersichten ist das Ergebnis umfangreicher Recherchen der JUVE-Redaktion. Sie ist in 2erlei Hinsicht subjektiv: Die Aussagen der befragten Quellen sind subjektiv u. spiegeln deren Erfahrungen u. Einschätzungen. Die JUVE-Redaktion wiederum analysiert die Rechercheergebnisse unter Einbeziehung ihrer eigenen Marktkenntnis. Der JUVE Verlag beabsichtigt keine allgemeingültige oder objektiv nachprüfbare Bewertung. Es ist möglich, dass eine andere Recherchemethode zu anderen Ergebnissen führt. Innerhalb einzelner Gruppen in Rankings und tabellarischen Übersichten sind Kanzleien und Personen alphabetisch sortiert.

BAKER MCKENZIE

Energie: Regulierung ★
Energie: Transaktionen/Finanzierung ★★★

Bewertung: Im Energiesektor kommt dem regulator. versierten Team eine wachsende Rolle als kanzleiinterner Schnittstellenmanager zu. Seine etablierten, guten Beziehungen zu den hauseig. Litigation-, Transaktions- u. Finanzierungsteams sind bekannt u. waren auch zuletzt wieder gefragt, etwa im Energie-M&A und bei Haftungsfällen im Anlagenbau (Uniper) sowie in einem Mandat für die BNetzA. Zu den Mandanten der Sektorgruppe gehören Energieerzeuger wie Iberdrola, Infrastrukturinvestoren sowie Mineralöl- u. andere Großkonzerne, die neben den bekannten Schwerpunkten auch zu Lieferverträgen/PPAs auf das Team setzen. Zuletzt ließen sie sich v.a. zu den krisenbed. regulator. Neuerungen der Marktstruktur beraten, mandatierten das Team aber auch, um immer öfter bereits im Projektstadium in Biogas-, Energiespeicher-, Onshore- u. Offshore-Windanlagen zu investieren. Für diese Fälle kann Baker das integrierte Sektorteam mühelos um versierte Fachleute aus dem Immobilien-, Steuer- oder Beihilferecht erweitern. Der Weggang einer im Anlagen-M&A versierten Partnerin fällt dabei kaum ins Gewicht.

Oft empfohlen: Prof. Dr. Jörg Risse, Dr. Heiko Haller, Dr. Claire Dietz-Polte („Expertin für energierechtl. Fragen bei Transaktionen", Wettbewerber)

Team: 1 Eq.-Partner, 1 Sal.-Partner, 2 Counsel, 5 Associates (Kernteam)

Partnerwechsel: Dr. Silke Gantzckow (zu Eversheds Sutherland)

Schwerpunkte: Nationale u. internat. ▷*M&A*-Transaktionen u. Projektfinanzierungen (▷*Kredite u. Akqu.fin.*) mit Bezug zum anlagen- u. netzbezogenen Energierecht; dazu viel Erfahrung im Energievertragsrecht (Lieferverträge), Regulierungsberatung (inkl. BNetzA-Beschwerdeverf.), v.a. für energieintensive Industrien u. Netzbetreiber, auch Öffentl. Recht u. ▷*Schiedsverfahren*.

Mandate: B Capital Partners zu Kauf einer Projektpipeline von Batteriespeichern in Dtl.; Uniper gg. Mitsubishi rd. um Kraftwerksbau Datteln 4; BNetzA gg. Acer wg. Kapazitäten im grenzüberschr. Stromhandel; Investmentfirma zu kooperativer Entwicklung einer ww. Projektpipeline für Biogasanlagen; Ölkonzern zum Einstieg in Offshore-Projektkonsortien u. zur anstehenden Offshore-Ausschreibung in Dtl.; Mineralölkonzern zu Solarstrom-PPA; Kfz-Hersteller zum Aufbau von Schnellladenetz in Europa; Infrastrukturfonds zu Investitionen in Wasserstoffprojekte in Dtl.; Solar- u. Windparkbetreiber zu Kauf u. Entwicklung von Batteriespeicherprojekten; Chemiekonzern zu Gasmangellage u. Energiesicherheit; Erneuerbare-Energien-Stromerzeuger zu Gasnotfallplänen in Europa.

BAKER TILLY

Energie: Regulierung ★

Bewertung: Im Energierecht steht Baker Tilly auf der Seite vieler Kommunen u. Stadtwerke, die sie umf. zum aktuellen Marktumfeld berät. Neben Konzessionen für Strom, Gas u. Wasser stehen v.a. Zukunftsfragen wie die Professionalisierung der Vertriebssparten u. weitergehende Restrukturierungsthemen im Zentrum der Praxis eines Stuttgarter Partners. Er übt im Umfeld der wachsenden Bedeutung von Preisanpassungen in lfd. Lieferverträgen den Schulterschluss mit einem D'dorfer Partner, der darauf u.a. auch im Wärmesektor spezialisiert ist. Parallel zu diesem Angebot berät ein HHer Partner u.a. Energieerzeuger zu Projektentwicklungen im Windbereich umf. zu operativen Verträgen, gesellschaftsrechtl. Themen u. Finanzierungsfragen. Der Zugang eines Finanzierungspartners im Bereich Energieanlagen ergänzt die Praxis, die zunehmend national u. internat. für Wasserstoffanlagenentwickler wie Hy2gen auch zum Einkauf von Grünstrom u.a. aus dem Offshore-Bereich berät.

Oft empfohlen: Alexandra Sausmekat

Team: 4 Partner, 2 Counsel, 5 Associates

Partnerwechsel: Bernhard Gemmel (von Dentons)

Schwerpunkte: Regulierung, kommunalrechtl. Konzessionsvergabe. Berät v.a. Stadtwerke u. Netzbetreiber. Transaktionen im Energiesektor, auch Vertragsgestaltung u. Umstrukturierungen, tlw. Wegerecht. Daneben Vergabe-, Steuer- u. ▷*Gesellschaftsrecht*.

Mandate: Hansainvest zu Investment in poln. Solarparks; Blue Elephant Ventures zu Verkauf der Anteile an Blue Elephant an Antin; CEZ-Gruppe zu Windparkbeteiligungen in Dtl.; Transdev u.a. zur energierechtl. Neustrukturierung des Eisenbahnbetriebs; Hy2gen umf. zu Wasserstoffprojekten; Kreisstadt zu Windparkprojekt; Stadtwerke Schorndorf zu Strom- u. Energiesteuer; Gemeinde Laufenberg zu Verkauf der Stromvertriebssparte; div. Stadtwerke umf. zur Wärmeplanung u. Umstrukturierung, Konzessionen, Energiebeschaffung, Preisanpassung, Energie- u. Stromsteuern, Kundenanlagen.

BDO LEGAL

Energie: Regulierung ★

Bewertung: Mit viel Regulierungs-Know-how gewinnt die Praxis weiter Marktanteile u.a. auf der Seite von Projektentwicklern u. Betreibern von Erneuerbare-Energien-Anlagen. Bereits im 2. Jahr nach seinem Start bei BDO kann Hampel den Gewinn neuer Mandanten wie die GAG Immobilien, GP Joule sowie einen europ. Unternehmensverbund zur Laminatherstellung verzeichnen. Ihnen bietet er seine im Markt anerkannten regulator. Kenntnisse u. guten Behördenkontakte zum Bsp. zur Orientierung im Umgang mit der dyn. Regelsetzung im Sektor an. Etwas stärker bei energieintensiven Industrieunternehmen bekannt als Wettbewerberin Mazars bearbeitet auch die BDO-Praxis v.a. Themen wie Vertragsgestaltung u. -anpassung u.a. an die volatilen Energiehandelspreise, aber auch rd. um die Inbetriebnahme von Energieanlagen. Ausbaufähig, aber bereits angebahnt ist die Zusammenarbeit der regulator. Praxis mit den M&A-Beratern von BDO, etwa zum Kauf von Erneuerbare-Energien-Anlagen für Stadtwerkemandanten.

Oft empfohlen: Dr. Christian Hampel („tiefe Industriekundenkompetenz", „sehr gute Kontakte zum BAFA", Wettbewerber)

Team: 5 Eq.-Partner, 1 Counsel, 4 Associates

Schwerpunkte: V.a. energieintensive Industrien zu allen energievertragl. Themen wie Gestaltung von Projekt-, Liefer-, Pacht- u. Betriebsführungsverträgen; Preisanpassung, Ausgestaltung der Eigenstromversorgung inkl. Beihilferecht; Planung, Bau u. Betrieb von Erzeugungsanlagen, v.a. Erneuerbare Energien inkl. Wasserstoff; Transaktionen von Erneuerbare-Energien-Projekten.

Mandate: Internat. tätiges Energieversorgungsunternehmen zu Preisanpassung von langfr. Lieferverträgen sowie ggü. BNetzA; 2 internat. führende Hotelgruppen zu Energiebeschaffung u. Preisbremsengesetz; Boxxpress zu Gestaltung u. Verhandlung eines langfr. Stromliefervertrags mit PV-Parkbetreiber; Projektentwickler umf. inkl. Projektverträge zu Wasserstoffherstellungsanlage; Projektentwickler zu Onshore-Windanlagen, inkl. Beratung zum Preisbremsen- u. Erlösabschöpfungsgesetz; Schock vertragsgestaltend zu Bau u. Betrieb von PV-Aufdachanlagen; GAG zu Strom-, Gas- u. Wärmebezug; div. Stadtwerke, u.a. zu Ankauf von Erneuerbare-Energien-Anlagen.

BECKER BÜTTNER HELD

Energie: Regulierung ★★★★★
Energie: Transaktionen/Finanzierung ★

Bewertung: Im Energiesektor ist die Kanzlei mit ihrem breit verteilten regulator. Spezialwissen weiterhin eine der führenden Einheiten. Ihre Marktdurchdringung insbes. bei ihrer Stammklientel, die sie u.a. ggü. der BNetzA vertritt, ist zentral für ihren Erfolg. Folgerichtig hat sie das Arbeitskreismodell, in dem sie ihre Mandantschaft seit vielen Jahren vernetzt u. mit Regulierungsinformationen versorgt, auch für das Großthema Klimatransformation aufgesetzt. Ähnl. Transfor-

Anwaltszahlen: Angaben der Kanzleien, wie viele Anwälte zu mind. ca. 50% in diesem Gebiet tätig sind. Sie spiegeln nicht zwingend die Gesamtgröße einer Kanzlei wider.

mationsmandate erreichen die Kanzlei, die auch ein eigenes, eng mit der Rechtsberatung kombiniertes Prüfungsangebot bereitstellt, zunehmend aus der produzierenden Industrie sowie von gr. Einzelhändlern u. Logistikunternehmen. Für diese Mandantengruppe betätigt sich BBH zudem als Projektkoordinierer, etwa wenn es darum geht, wg. des aktuell hochdyn. Regulierungsumfelds die Stromversorgung umzustellen. Mit ihren guten Behördenkontakten sowie ihren Kompetenzen im Genehmigungsrecht, im Energiehandel, bei der klass. Bankenfinanzierung sowie im Vergabe- u. Beihilferecht bietet BBH ihren Industriemandanten dafür Know-how bei den relevanten Spezialthemen.

Stärken: Extrem hoher Spezialisierungsgrad bei regulator. Fragen im Strom-, Gas- u. Fernwärmesektor.

Oft empfohlen: Prof. Dr. Christian Theobald, Dr. Ines Zenke („sehr kompetent u. gut eingearbeitet", „nahbarer Umgang mit Mandanten u. Richtern", Mandanten), Dr. Martin Altrock, Jens Panknin, Axel Kafka, Matthias Albrecht („sehr hohe Fachexpertise", „stets schnelle u. zuverlässige Unterstützung", Mandanten), Dr. Markus Kachel („Experte für dezentrale Versorgung", „fachlich hohe Qualität", Wettbewerber), Stefan Missling („sehr kompetenter Berater", Mandant), Dr. Olaf Däuper, Astrid Meyer-Hetling („sehr kompetent, erfahren u. kollegial", Wettbewerber), Jens Vollprecht („extrem hohe Fachkompetenz", Wettbewerber), Wolfram Blumenthal (M&A)

Team: 23 Eq.-Partner, 20 Sal.-Partner, 60 Counsel, 74 Associates, 3 of Counsel

Partnerwechsel: Dr. Ursula Prall (zu Cruh21), Dr. Martin Riedel (zu Aecoute)

Schwerpunkte: Energieregulierungs-, -vertrags- u. -kartellrecht sowie Beratung zu Emissions- u. Energiehandel; außerdem öffentl.-rechtl. zum Kraftwerksbau, u.a. erneuerbare u. konventionelle Energien; Kundenanlagen, Eigenversorgung; gute Einbettung in eine funktionierende MDP-Kanzlei; regelm. auch Transaktionen im Energiesektor.

Mandate: BMWirtschaft u. Klimaschutz zu europ. Strombinnenmark; HH2E umf. zu Gründung des Projektentwicklers für die Kombination von Wasserstoff, Wärme u. Strom; Industriekonzern in Vertragsverhandlungen mit 3 ÜNBs bzgl. Zugang zum künftigen Wasserstoffnetz; Industriekonzern zu geplantem Kauf von PV-Projektpipeline; ww. tätiger Industriekonzern zu Aufbau einer Eigenversorgung mit regionalen PV-Anlagen, inkl. Gestaltung von Abnahmeverträgen; Industriekonzern zu langfr. Energieliefervertrag; Energieversorger u.a. zu Projektentwicklung u. Kauf von Energieanlagen, inkl. Finanzierung; Industrieparkbetreiber zu Haftungsfragen in Stromnetzverträgen; MVA Bielefeld-Herford zu Bau einer Klärschlammverbrennungsanlage; Now zu regulator. Rahmen für Aufbau von Wasserstofftankstellennetz; div. Städte zu Konzessionsvergaben u. lfd. zu rechtl. Fragen wie Versorgungssicherheit, Gasspeicherumlage, Preisbremsengesetze.

BIRD & BIRD

Energie: Regulierung	★★★
Energie: Transaktionen/Finanzierung	★★

Bewertung: Im Energiesektor agiert die Einheit mit einer spezialisierten Gruppe. Ihren Mandanten bietet sie fachübergr. Beratung u. – für die Kanzlei typisch – eine tiefe Verwurzelung in den technisch geprägten rechtl. Details der Erneuerbare-Energien-Branche, insbes. im Offshore-Bereich. Kyrbergs Vertragsgestaltungskompetenz wird lfd. von namh. Mandanten wie Tennet nachgefragt, die sich zuletzt u.a. zu Entwurf, Verhandlung u. Vergabe zahlr. Verträge für ein bedeutendes Konvertersystem auf das Team verließen. V.a. aber für internat. Mandanten aus dem Netzwerk wie JDR Cable Systems entwickelt sich die Erfahrung seines Teams, die auch PPAs umfasst, zunehmend zum Dreh- u. Angelpunkt der Sektorberatung. Beleg für diese Entwicklung ist die wachsende Zusammenarbeit mit anderen Rechtsbereichen, etwa mit den hauseig. Öffentlichrechtlern. Sie sind zum Bsp. regelm. bei der vertragsrechtl. Beratung zum Energieinfrastrukturanlagenbau u. der dazugehörigen Litigation gefragt.

Oft empfohlen: Dr. René Voigtländer („immer super schnell u. präzise", Wettbewerber), Dr. Matthias Lang, Lars Kyrberg, Dr. Hermann Rothfuchs

Team: 7 Eq.-Partner, 12 Associates

Schwerpunkte: Fachl. integrierte Energiesektorberatung von Anlagen- u. Netzbetreibern (Übertragungs- u. Verteilnetze), kommunalwirtschaftl. Konzessionsvergabe (Strom u. Gas), Beschaffung u. Preisanpassungen; insges. gr. Vertragsgestaltungskompetenz inkl. PPA; ▷*M&A*, eingebettet in internat. Kanzleinetzwerk; Beratung an der Schnittstelle zur Digitalisierung des Energiesektors.

Mandate: Tennet lfd., u.a. zu Verträgen für Konvertersystem; DS Smith umf. vertragl. zu Bau einer KWK-Anlage für E.on; EDP Commercial zu Verträgen zu Errichtung, Betrieb u. Lieferung von Energie aus Dachflächen-PV-Anlagen, inkl. Markteintritt in Dtl.; ÜNB vertragsgestaltend zu Onshore- u. Offshore-Netzanbindungen; Ampy Solar zu PPA im Umfeld von PV-Projekt sowie zu anderen Kooperationsverträgen; Canadian Solar zu Kauf von dt. PV-Portfolios; Projektentwickler Onshore zu PPA; Bank zu Projektfinanzierung von Windparkportfolio in Schweden; JDR Cable Systems zu Verhandlung u. Litigation div. Kauf- u. Projektverträge von Offshore-Windparks.

BOOS HUMMEL & WEGERICH

Energie: Regulierung	★★

Bewertung: Die Energierechtsboutique steht v.a. für langj. Erfahrung mit Konzessionsverf. u. Netzübernahmen bei kommunalen Energieversorgern in den Bereichen Gas, Wasser, Strom u. Fernwärme. Regionalversorger wie EAM berät sie zudem regulator. bei Deals. Auch die Kontakte zu Industriemandanten hat BHW mit den Zugängen 2er Partner von EY Law in den Vorjahren gestärkt, wie die Beratung eines Automobilzulieferers zu Errichtung u. Betrieb einer Photovoltaikanlage zur Eigenversorgung zeigt. U.a. in dem Kontext ist der Abgang der angesehenen Schalle schmerzhaft, die v.a. für die Beratung zur Direktvermarktung stand – ein Bereich, der für Industriekunden zunehmend zentral wird. Namenspartnerin Wegerich zog es zudem auf die Inhouse-Seite.

Oft empfohlen: Dr. Philipp Boos („hoch kompetent, vertrauenswürdig, hervorragende Zusammenarbeit", Wettbewerber), Dr. Nils Graßmann („erfahren, loyal, breite Praxiserfahrung", Wettbewerber)

Team: 8 Partner

Partnerwechsel: Dr. Heidrun Schalle (zu Aecoute), Dr. Christine Wegerich (zu Good Carbon)

Schwerpunkte: Kommunen in Konzessionsverf. u. Versorger bei der Bewerbung um Konzessionen, energiepolit. Beratung, Regulierung u. Energievertragsrecht, Direktvermarktung u. Eigenversorgung.

Mandate: Automobilzulieferer zu Bau u. Betrieb von Photovoltaikanlage zur Eigenversorgung; rd. 50 Kommunen in Strom-, Gas-, Wasser- u. Fernwärmekonzessionsverf.; 5 hess. Regionalversorger zu Stromnetzanschluss von Rechenzentrum; EAM-Gruppe umf., u.a. in mehreren Verfahren, zum Netzanschluss u. regulator. bei Deals; gr. Softwareunternehmen umf., u.a. zu Compliance, Netzentgelten, Onsite-PPA u. Energiepreisbremsen; Landwärme in Prozessen; lfd.: DB Energie, N-Ergie.

Aufsteiger im Energiewirtschaftsrecht

Dr. Markus Böhme
Taylor Wessing, Düsseldorf

Anna von Bremen
Osborne Clarke, Berlin

Dr. Claire Dietz-Polte
Baker McKenzie, Berlin

Dr. Martin Geipel
Noerr, Berlin

Michael Küper
PricewaterhouseCoopers Legal, Düsseldorf

Die Auswahl von Kanzleien und Personen in Rankings und tabellarischen Übersichten ist das Ergebnis umfangreicher Recherchen der JUVE-Redaktion. Sie ist in 2erlei Hinsicht subjektiv: Die Aussagen der befragten Quellen sind subjektiv u. spiegeln deren Erfahrungen u. Einschätzungen. Die JUVE-Redaktion wiederum analysiert die Rechercheergebnisse unter Einbeziehung ihrer eigenen Marktkenntnis. Der JUVE Verlag beabsichtigt keine allgemeingültige oder objektiv nachprüfbare Bewertung. Es ist möglich, dass eine andere Recherchemethode zu anderen Ergebnissen führt. Innerhalb einzelner Gruppen in Rankings und tabellarischen Übersichten sind Kanzleien und Personen alphabetisch sortiert.

VON BREDOW VALENTIN HERZ

Energie: Regulierung	★★★

Bewertung: Die Berliner Boutique ist renommiert für ihre Erfahrung bei der umf. Beratung von Projektentwicklern, Erzeugern u. ihren Verbänden im Bereich der erneuerbaren Energien. Sie ziehen das Team bei wirtschaftl. wichtigen Themen hinzu, etwa der Bundesverband Windenergie zu einem Gutachten zur Verfassungsmäßigkeit der rückwirkenden Erlösabschöpfung. Mandate wie von Enertrag oder Tesvolt zeigen zudem, dass die Anwälte überzeugend innovative Themen wie Wasserstoff oder Speicher besetzen u. dabei auch die vertragsgestaltende Beratung übernehmen. Für letzteres Thema steht v.a. Herz, der dafür nun Verstärkung von einem neuen, erfahrenen Counsel bekommen hat. Mandanten profitieren davon, dass die Anwälte neben energierechtl. Know-how auch Kenntnisse des Öffentl. Rechts (Umwelt- u. Genehmigung) bieten u. zudem zu stromsteuerl. Fragen beraten.

Oft empfohlen: Dr. Hartwig Frhr. von Bredow („Top-Jurist, Experte im Umweltrecht", Wettbewerber), Dr. Steffen Herz, Dr. Florian Valentin, Dr. Bettina Hennig, Dr. Jörn Bringewat („sehr gr. Sektorerfahrung im Bereich der erneuerbaren Energien", Wettbewerber)

Team: 5 Partner, 2 Counsel, 7 Associates

Schwerpunkte: Erneuerbare-Energien-Projekte (Wind u. Solar) inkl. Baugenehmigung, Netzanschluss u. Litigation. Beratung zu Zukunftsthemen

Anwaltszahlen: Angaben der Kanzleien, wie viele Anwälte zu mind. ca. 50 % in diesem Gebiet tätig sind. Sie spiegeln nicht zwingend die Gesamtgröße einer Kanzlei wider.

Führende Namen bei Energietransaktionen und -finanzierungen für Erneuerbare Energien

Dr. Nicolas Böhm
Hengeler Mueller, Berlin

Dr. Björn Heinlein
Clifford Chance, Düsseldorf

Matthias Hirschmann
Hogan Lovells, Hamburg

Dr. Malte Jordan
Watson Farley & Williams, Hamburg

Dr. Holger Kraft
CMS Hasche Sigle, Hamburg

Thomas Schulz
Linklaters, Berlin

Die Auswahl von Kanzleien und Personen in Rankings und tabellarischen Übersichten ist das Ergebnis umfangreicher Recherchen der JUVE-Redaktion. Sie ist in 2erlei Hinsicht subjektiv: Die Aussagen der befragten Quellen sind subjektiv u. spiegeln deren Erfahrungen u. Einschätzungen. Die JUVE-Redaktion wiederum analysiert die Rechercheergebnisse unter Einbeziehung ihrer eigenen Marktkenntnis. Der JUVE Verlag beabsichtigt keine allgemeingültige oder objektiv nachprüfbare Bewertung. Es ist möglich, dass eine andere Recherchemethode zu anderen Ergebnissen führt. Innerhalb einzelner Gruppen in Rankings und tabellarischen Übersichten sind Kanzleien und Personen alphabetisch sortiert.

(Wasserstoff, Speicher, E-Mobilität), Vertragsrecht (PPA) u. Regulierungsberatung, Energie- u. Stromsteuer.
Mandate: Enertrag, u.a. rund um Wasserstoffprojekte, zum EEG u. dezentralen Konzepten; Enpal, u.a. zu dezentralen Konzepten u. zur Entwicklung neuer Felder wie Messstellenbetrieb u. Direktvermarktung; Bundesverband Windenergie bei Gutachten zur Verfassungsmäßigkeit der rückwirkenden Erlösabschöpfung; Entega projektbegleitend, u.a. zu Flächensicherung u. Stromvermarktung; Green Energy zu Erneuerbare-Energien-Projekten (Biogas, Wind- u. Solarenergie, Wasserstoff); Leclanché zu Vertrag für 22-MW-Speicherprojekt; Tesvolt zu Lieferung u. Wartung von Energiespeichern.

CHATHAM PARTNERS

Energie: Regulierung ★★

Bewertung: Das Energieteam der HHer Kanzlei steht v.a. für regulator.-strateg. Know-how bei Offshore-Windprojekten, auf das Mandanten wie Ørsted oder Copenhagen Infrastructure Partners setzen. Aber auch bei anderen Projekten im Erneuerbare-Energien-Sektor ist sie gefragt, zuletzt etwa im Kontext von Wasserstoff- oder Batteriespeichervorhaben. Die interne Ernennung einer Sal.-Partnerin mildert die Folgen des Weggangs einer auf Verträge spezialisierten Anwältin im Vorjahr. Erstere beriet zuletzt auch Industriemandanten, etwa einen Baukonzern zu PPA im Zshg. mit Aufdach-PV-Anlagen. Durch ihre Erfahrung mit Infrastrukturprojekten u. die gute Zusammenarbeit mit den ▷*Immobilienrechtlern* ist Chatham für den Boom im Bereich Anlagenbau, zum Bsp. für Wasserstoffprojekte, gut aufgestellt. In dem Kontext ist zudem Finanzierungs-Know-how zentral, weshalb die Aufnahme 2er ehem. Freshfields-Anwälte strateg. wichtig ist. Ein neuer M&A-Partner komplettiert das Angebot u. konnte u.a. bereits Arcus Infrastructure Partners beim Kauf von Officium begleiten.
Oft empfohlen: Felix Fischer („sehr angenehm, praxisnah u. kompetent", Mandant; „gr. Kompetenz im Recht der erneuerbaren Energien u. im Sanktionsrecht", „pragmat. u. lösungsorientiert", Wettbewerber)
Team: 1 Eq.-Partner, 3 Sal.-Partner, 5 Associates, 1 of Counsel
Schwerpunkte: Strateg. u. regulator. Beratung von Anlagenprojekten der erneuerbaren Energien; auch planungsrechtl. Projektentwicklung; gr. Finanzierungserfahrung; alles i.V.m. Beihilfe- u. Vergaberecht sowie Vertragsrecht u. M&A-Transaktionen.
Mandate: Copenhagen Infrastructure Partners umf., u.a. bei Entwicklung 2er Energieinseln in der Nordsee; Arcus Infrastructure Partners beim Kauf von Officium (Submetering-Anbieter); Quest Energy u. Baukonzern zu PPA im Zshg. mit Aufdach-PV-Anlagen; Athos Solar beihilfe-, vertrags- u. völkerrechtl. bzgl. Solaranlagen im Iran; Siemens Energy lfd. beihilferechtl.; lfd.: Sasol, Parkwind, Dt. Erdwärme, Ørsted.

CLIFFORD CHANCE

Energie: Regulierung ★★★
Energie: Transaktionen/Finanzierung ★★★★★

Bewertung: Bei Transaktionen u. Projektfinanzierungen im Energiesektor, insbes. im Offshore-Windbereich, zählt die Praxis zu den Marktführern. Zudem bietet sie eine solide ausgeprägte Kenntnis regulator. Detailfragen. EnBW etwa ließ sich von CC zum Verkauf einer Mehrheitsbeteiligung an ‚He Dreiht' beraten, ein anderer europ. Energiekonzern setzte bei der Offshore-Ausschreibung der BNetzA auf das Team. Auch als Ansprechpartnerin für Onshore-Wind- u. -PV-Projekte ist sie gefragt, u. über die funktionierende Schnittstelle zum ▷*Immobilienrecht* erreichten das Energieteam zuletzt div. Dach-PV-Anlagenprojekte. Im Zentrum der Praxis steht mit Elspaß ein Öffentlichrechtler, dessen gr. Erfahrung bei Infrastrukturprojekten im Zuge der Energiewende sowohl auf Investoren- als auch Strategenseite an Gewicht gewinnt. Das verdeutlicht das Mandat von Mabanaft zum Bau einer Anlage zur Einfuhr u. Lagerung von grünem Ammoniak. Beratung zu Themen wie Corporate-PPA u. anderen vertragl. Themen bietet Clifford dabei aus einer Hand an.
Oft empfohlen: Dr. Björn Heinlein, Dr. Anselm Raddatz („routiniert", Mandant), Dr. Mathias Elspaß, Dr. Florian Mahler
Team: 6 Partner, 2 Counsel, 9 Associates, 2 of Counsel
Schwerpunkte: V.a. ▷*M&A* u. energiewirtschaftl. Corporate-Projekte, etwa Kraftwerksprojekte, konventionell u. erneuerbare, inkl. Projektfinanzierung u. streitige Auseinandersetzungen; auch energierechtl./regulator. Beratung, etwa im Kontext von Anlagenprojekten. Schnittstellen u.a. ▷*Anleihen*, ▷*Kredite u. Akqu.fin.*, ▷*Kartellrecht*, ▷*Öffentl. Recht*.
Mandate: EnBW bei Verkauf eines Minderheitsanteils an ‚He Dreiht'; Oiltanking u. Mabanaft bei Entwicklung einer Anlage zur Einfuhr u. Lagerung von grünem Ammoniak zur Umwandlung in Wasserstoff; Green Investment Group bei Kauf von BayWa r.e. Bioenergy (Biogas); TotalEnergies, u.a. bei Machbarkeitsstudie zu Bau u. Betrieb eines CO2-Terminals; RWE u. Equinor zu Gründung JV u. Joint Bid Agreements für das Projekt AquaSector; German LNG umf. regulator. zu LNG-Terminal Brunsbüttel; europ. Energieinvestor zur Teilnahme an Offshore-Wind-Ausschreibungen; Iberdrola zur Entwicklung von Solarprojekten in Dtl.

CMS HASCHE SIGLE

Energie: Regulierung ★★★★★
Energie: Transaktionen/Finanzierung ★★★★

Bewertung: Im Energiesektor war kaum eine Kanzlei zuletzt so sichtbar wie CMS, die mit ihrer breiten Abdeckung des Markts sowohl regulator. als auch im Finanzierungs- u. Transaktionsgeschäft zur Marktspitze gehört. Die Gruppe, die für ihre Größe außerordentl. vernetzt zusammenarbeitet, ist v.a. bei der umf. Beratung von Anlagenprojekten im Energiesektor geradezu omnipräsent. Sowohl im Offshore-Segment, aber auch bei innovativen Speicher-, Leitungs- u. Wasserstoffprojekten bietet das Team mit 4 Partnern nicht nur den spezialisierten regulator. Zugang, auch die genehmigungs- u. insbes. die vertragsgestalterischen Fähigkeiten an der Schnittstelle zum Anlagenbau u. zu Materialbeschaffung eröffnen dem Team immer wieder Kontakte zu neuen Mandanten wie Sembcorp Marine Offshore Platforms oder Rostock Energy Port Cooperation. Zu den Aushängeschildern der Kanzlei zählt nicht zuletzt das sektorbez. Transaktionsgeschäft. Dafür steht maßgebl. der HHer Partner Kraft, der wg. seiner ausgespr. Sektorfokussierung bei zahlr. Energieversorgen u. Investoren gesetzt ist. Was die Spitzenposition der Kanzlei auch in diesem Segment untermauert, sind die zahlr. weiteren Partner, die jederzeit Transaktionsberatung im Umfeld von Erneuerbare-Energien-Assets übernehmen können.
Oft empfohlen: Dr. Holger Kraft („hervorragender Trackrecord u. exzellente fachl. Kompetenz", Wettbewerber), Dr. Friedrich von Burchard, Shaghayegh Smousavi, Dr. Christian Haellmigk, Dr. Niklas Ganssauge („sehr versiert in der Gestaltung u. Verhandlung von GU- u. Lieferverträgen, Bau- u. Errichtungsverträgen", „sehr guter Energierechtler", Wettbewerber), Dr. Rolf Hempel, Dr. Jochen Lamb, Dr. Fritz von Hammerstein, Dr. Christian von Lenthe
Team: 15 Partner, 5 Counsel, 19 Associates
Schwerpunkte: ▷*M&A*, Asset- u. Unternehmenstransaktionen (inkl. Bank- u. Finanzrecht (▷*Kredite u. Akqu.fin.* u. Projektfinanzierungen, insbes. konventionelle und Erneuerbare Energien); Energievertrags- u. Energiekartellrecht, Gas- u. Strommarktregulierung Netze u. Anlagen sowie Quartiersentwicklungen; starke Praxis im ▷*Öffentl. Recht* (Umwelt u. Planung, inkl. Bergrecht) mit vielfachen Bezügen zu Energieanlagen.
Mandate: BMWK u. BNetzA umf. zu Fragen der Energiesicherheit insbes. bzgl. Uniper u. Sefe; Rostock Energy Port Cooperation umf. zur Gründung des zukünft. Wasserstoffanlagenbetreibers; Hanseatic Energy Hub regulator. u. zu Genehmigungsfragen des LNG-Terminals sowie Einstieg von Dow; RWE Supply & Trading umf. genehmigungsrechtl. u. regulator. projektstrukturierend zu FSRU-Unit in Lubmin; Iberdrola umf. zu Entwicklung von Offshore-Park; Mainova zu Wasserstoffpilotprojekt; Sembcorp Marine Offshore Platforms u. GE zu Verträgen mit Tennet wg. HGÜ-Konverteranlage; EnBW zu Verkauf von 49,9% an Solarparkportfolio; Marguerite Pantheon zu Verkauf eines Anteils am Offshore-Windpark Butendiek; Masdar/Hassan Allam Utilities/Infinity Power zur Einfuhr von grünem Wasserstoff; Netzbetreiber wie Thyssengas, Netze BW zu BNetzA-Festlegungen; Aquila Capital zu Finanzierung von Erneuerbare-Energien-Projekten.

Anwaltszahlen: Angaben der Kanzleien, wie viele Anwälte zu mind. ca. 50% in diesem Gebiet tätig sind. Sie spiegeln nicht zwingend die Gesamtgröße einer Kanzlei wider.

DENTONS

Energie: Regulierung ★★
Energie: Transaktionen/Finanzierung ★★

Nach Redaktionsschluss wurde bekannt, dass Dr. Tim Heitling und Dr. Thomas Dörmer mit Team zu Hogan Lovells wechseln.

NOMINIERT JUVE Awards 2023 Kanzlei des Jahres für Regulierung

Bewertung: Dentons entwickelt sich im Energiesektor v.a. wg. ihrer gewachsenen regulator. Stärke zu einem wichtigen Ansprechpartner für Erzeuger u. Industrieunternehmen. Öl- u. Mischkonzerne setzen u.a. auf das Team, um sich zu regulator. Neuerungen auf dem Laufenden zu halten, aber auch zur Anpassung bestehender Lieferverträge an die sich permanent ändernde Regulierungslage sowie zu LNG- u. Wasserstoffprojekten. Für ihre Verhandlung von PPA-Verträgen wird insbes. Haas von Wettbewerbern gelobt. Neben diesen auch internat. gefragten vertragsrechtl. Spezialkenntnissen, die u.a. auch bei Bird & Bird u. Osborne Clarke zu finden sind, bietet Dentons mit ihrem Berliner Energie-M&A-Team zudem viel Erfahrung bei Transaktionen im Bereich der erneuerbaren Energien, wie die Arbeit u.a. für Enbridge zeigt. Aber auch darüber hinaus sind die Kontakte des Teams um Heitling zu Investoren wie Meag u. CommerzReal bewährt.

Oft empfohlen: Dr. Gabriele Haas („sehr fundiert u. lösungsorientiert", Wettbewerber), Dr. Florian-Alexander Wesche („tiefgehendes Verständnis der Energieregulierung u. ihrer kommerziellen Implikationen",Mandant), Dr. Tim Heitling („sehr erfahren", „sehr guter Verhandler", Wettbewerber), Dr. Thomas Dörmer, Dr. Josef Hainz

Team: Kernteam: 7 Partner, 1 Counsel, 7 Associates, 1 of Counsel

Partnerwechsel: Bernhard Gemmel (zu Baker Tilly)

Schwerpunkte: Vornehml. ▷*Transaktionsberatung*, zunehmend Großhandels-, Vertrags- u. Compliance-Themen inkl. Steuerrecht, auch ▷*Vergaberecht* sowie Litigation, u.a. zu EEG-Themen; viel Erfahrung mit erneuerbaren Energien, aber auch Gas; auch Öffentl. Recht u. ▷*Kartellrecht* im Sektor, v.a. im Bereich Gaspipeline.

Mandate: Mineralölkonzern umf. im Krisenzusammenhang etwa zu Energiesicherheit, Auswirkung staatl. Eingriffe auf PPAs sowie zu allen anderen rechtl. Fragen; US-Mischkonzern umf. zu Energiekrise u. rechtl. Themen in Dtl.; Enbridge zu Beteiligung an 2 dt. Offshore-Windparks über Joint Venture mit EnBW; Meag zu Verkauf der Macquarie-Beteiligung an Open Grid Europe; Qualitas Energy u.a. zu Partnerschaft mit Surplus Equity zu Aufbau eines Erneuerbare-Energien-Portfolios; LNG-Projektentwickler u.a. zu Zugang zu FSRU; arab. Chemie- u. Metallkonzern zu langfr. PPA; Spezialfaserhersteller zu virtuellem PPA; Arlanxeo in Scheibenpachtstreit zw. Currenta u. Amprion; lfd.: CommerzReal, Daimler, Enersis, Mainsite.

DLA PIPER

Energie: Regulierung ★★★
Energie: Transaktionen/Finanzierung ★★★

Bewertung: Im Energiesektor entwickelt DLA ihre Praxis gezielt aus der regulator. Beratung heraus. Ihre gestalterische Kernkompetenz im Energievertrags- u. -handelsrecht an der Schnittstelle zum Bankaufsichtsrecht ist krisenbedingt extrem gefragt, wie Mandate von Efet u. EWE Trading belegen. Ausgehend von dieser regulator. Spezialität, die wesentl. bei Cieslarczyk liegt, können Mandanten auf eine funktionierende fachübergr. interne Vernetzung bauen: Für die wachsende Bedeutung der Schnittstellen v.a. im ▷*M&A* u. Finanzierungsbereich steht nicht zuletzt die lfd. Beratung von BASF zum Engagement im Offshore-Bereich. Aber auch Banken sowie Projektentwicklern bietet DLA eine um die regulator. u. energievertragsrechtl. Spezialfragen von Energie-Assets wie Batteriespeicher fokussierte Finanzierungsberatung. Zusammen mit den hauseig. Öffentlichrechtlern gehören auch klass. Genehmigungs- u. aktuelle Beihilfefragen zum Repertoire des Teams. Die Bedeutung einer immobilienrechtl. geprägten Anlagen- u. Projektspezialisierung mit Fokus auf Energie-Assets, wie sie etwa bei Hogan Lovells oder Taylor Wessing bereits bestehen, hat DLA erkannt u. besetzt die Schnittstelle mit einem Nachwuchspartner. Mittelfristig sollte aber auch der Kernregulierungsbereich verstärkt werden.

Oft empfohlen: Michael Cieslarczyk, Dr. Cornelius Frie, Dr. Wolfram Distler

Team: 6 Partner, 4 Counsel, 6 Associates

Schwerpunkte: Energievertrags- u. -handelsrecht inkl. Emissionshandel, verstärkt zu Compliance an der Schnittstelle zum Finanzaufsichtsrecht; daneben auch ▷*Transaktionen* u. Projektfinanzierungen. Besonderes Know-how in der Gasbranche u. bei erneuerbaren Energien. Intensiv auch zu Regulierungsfragen u. in ▷*Schiedsverfahren*.

Mandate: BASF, u.a. zu Partnerschaft mit Vattenfall wg. Offshore-Flächenausschreibung ,Hollandse Kust West' u. zu PPAs zum Offshore-Windpark ,Hollandse Kust Zuid' mit Ørsted u. Engie; Dax-Unternehmen zu Kooperation u. Flächenausschreibung im dt. Markt; Bankenkonsortium zu Finanzierung eines Batteriespeicherportfolios; European Federation of Energy Traders (Efet) u.a. wg. Auswirkungen von Sanktionen u. Ukraine-Krieg auf Musterverträge; ESF Elbe Stahlwerke Feralpi zu Investitionen in PV-Projekte; dt. Energieerzeuger- u. -händler zu Handelsthemen; lfd.: Riffgat Offshore, EWE Trading.

DOLDE MAYEN & PARTNER

Energie: Regulierung ★★

Bewertung: Die öffentl.-rechtl. Boutique ist im Energiesektor v.a. durch ihre Arbeit für Netzbetreiber bekannt. Der auch im ▷*TK-Recht* erfahrene Stelter bietet etwa kommunalen Versorgern im Rahmen sog. Prozesskostengemeinschaften eine spezialisierte gerichtl. Kontrolle von Entgeltkomponenten. Auch darüber hinaus setzen Mandanten auf Dolde Mayen, um komplexe regulator. Musterstreitigkeiten in qualif. Hände zu legen. Zudem gehört die Beratung zu Regulierungsfragen zum Repertoire der Sozietät, die am Stuttgarter Standort neben sehr guten Industriekontakten auch bei Städten u. Kommunen exzellent vernetzt ist, deren Erneuerbare-Energien-Projekte sie begleitet. Dabei kommt ihre marktführende Stärke im Planungs- u. Genehmigungsrecht zum Einsatz, die insbes. von ÜNBs zum Netzausbau nachgefragt wird.

Oft empfohlen: Dr. Christian Stelter („fachl. brillant", Wettbewerber), Dr. Winfried Porsch

Team: 6 Eq.-Partner, 4 Associates

Schwerpunkte: Überwiegend Netzausbauprojekte (▷*Öffentl. Wirtschaftsrecht*), außerdem besondere Erfahrung im Regulierungsrecht: Strom- u. Gasmarktregulierung; tiefe Verwurzelung im ▷*TK-Recht*.

Mandate: K&S Regenerative Energie zu Windkraftprojekten; mehrere Netzbetreiber (PK) gg. Festlegungen der BNetzA, u.a. EK-Zins, Unbundling u. X-Gen; Verteilnetzbetreiber gg. Betreiber eines KWK-Kraftwerks über die Höhe der Vergütung; Stadtwerkegesellschaft zum Einsatz von Gas zur Sicherung der Wärmeversorgung; Industriekonzern zum Brennstoffwechsel von Gas auf Heizöl; Industrieunternehmen ggü. BNetzA als Bundeslastverteiler u. zur Abschöpfung von Überschusserlösen; Gasversorgungsnetzbetreiber zu Wasserstofftransport; div. Städte u. Gemeinden zu Genehmigung von Windanlagen.

EVERSHEDS SUTHERLAND

Energie: Transaktionen/Finanzierung ★

Bewertung: Die noch junge D'dorfer Energiepraxis hat in den verg. Jahren insbes. durch die Beratung von Industriemandanten u. Investoren bei Transaktionen im Erneuerbare-Energien-Sektor an Profil gewonnen. Dafür war der Weggang des Corporate-Experten Brickwedde sowie eines Counsels ein Rückschlag. Für den Frankfurter Standort hingegen gewann die Kanzlei Gantzckow, die ebenfalls Kompetenzen im Energiesektor mitbringt. Nun bleibt abzuwarten, wie gut sich die Zusammenarbeit mit dem D'dorfer Team um einen Sal.-Partner einspielt, der umf. u. kenntnisreich zu regulator. Themen berät. Er bespielte zuletzt erfolgr. die Schnittstelle zu den ▷*Immobilienrechtlern*, mit denen er etwa bei div. Dach-PV-Anlagenprojekten zusammenarbeitete.

Team: 2 Sal.-Partner, 2 Counsel, 4 Associates

Partnerwechsel: Dr. Silke Gantzckow (von Baker McKenzie); Dr. Werner Brickwedde (zu Orrick Herrington & Sutcliffe)

Schwerpunkte: Erneuerbare-Energien-Transaktionen, u.a. Offshore-Wind, aber auch Solar; Projektfinanzierung; energierechtl. Beratung der dt. Industrie, u.a. auch zu Corporate PPAs u. EEG-Umlage sowie Emissionshandelsrecht; Prozesserfahrung.

Mandate: Q Energy Europe regulator. bei Kooperation mit Enviria zu Aufbau einer 500-MW-Photovoltaikpipeline in Dtl.; Shell bei Kauf von SBRS (E-Ladeinfrastruktur); Swiss Life bei Kauf einer Beteiligung an BCP Battery u. Gründung eines JV mit B-Capital Partners; Tepco bei gepl. Kauf einer Minderheitsbeteiligung an NeuConnect; Altana, u.a. beim Abschluss von Corporate PPA; Tauber Solar bei Verkauf span. Solarparkbetreibergesellschaften.

EY LAW

Energie: Regulierung ★★★
Energie: Transaktionen/Finanzierung ★

Bewertung: Das Team verfügt über tiefe Kenntnis der im Energiesektor relevanten regulator., energiewirtschaftl. u. steuerl. Themen. Mandanten schätzen „die sehr gute Kenntnis im Energierecht", die sie gleich an mehreren Standorten ausmachen – insbes. Fabritius, der in enger Zusammenarbeit mit den Advisory-Beratern regelm. eine hohe Zahl an Gas- u. Stromnetzbetreibern in Entgeltverf. ggü. der BNetzA vertritt. Aber auch Scholtka steht für die Stärke der Praxis. Sie zeigt sich in Mandaten in der fachübergr. Planung u. vertragl. Strukturierung von Wind-, Wasserstoff-, PV-, Fernwärme- sowie konventionellen Kraft-

Anwaltszahlen: Angaben der Kanzleien, wie viele Anwälte zu mind. ca. 50% in diesem Gebiet tätig sind. Sie spiegeln nicht zwingend die Gesamtgröße einer Kanzlei wider.

werksprojekten. Mit dem Gewinn eines planungsrechtl. Großmandats der BNetzA zum Stromnetzausbau betritt die Gruppe Neuland. Nicht neu ist hingegen das Engagement im Transaktionsgeschäft, wo bislang die erfahrene Partnerin Streyl um M&A- u. Restrukturierungprojekte buhlte. Ihre Rolle im Team soll nun sukzessive die auf Erneuerbare-Energien-Projekte spezialisierte Transaktionspartnerin Henrich übernehmen, die Kontakte zu Investoren u. Erzeugern wie Parkwind mitbringt. Erste Mandate u.a. für Leag sind vielversprechend.
Oft empfohlen: Dr. Annedore Streyl, Dr. Boris Scholtka, Christoph Fabritius, Dr. Kerstin Henrich („immer sehr zufrieden", „einfach top!", Mandanten; „pragmat., guter Zugriff auf Themen u. Lösungen, sehr kollegial", Wettbewerber), Dr. Sebastian Helmes („angenehme, zielorientierte Zusammenarbeit", Wettbewerber)
Team: 5 Eq.-Partner, 10 Counsel, 14 Associates
Schwerpunkte: Konzessionsvergaben, Energiehandel, Kartellrecht, regulator. Beschwerdeverf. (insbes. auch Prozesskostengemeinschaften), Umwelt- u. Planungsrecht sowie Kraftwerksprojekte. Mid-Cap-M&A-Mandate u. energierechtl. geprägte Umstrukturierungen von Unternehmen.
Mandate: DB Energie u.a. zu Erlösobergrenzen, EK Zins, X-Gen ggü. BNetzA; Drewag u.a. zu Kraftwerksprojekt inkl. Verträge mit Global Foundries; Energieversorgung Limburg umf., u.a. zu Energiebeschaffung u. Wärme-Contracting, Gas Notfallplanung, Grund- u. Ersatzversorgung sowie ggü. BNetzA; Energieerzeuger zu Kauf von Großhändlern; europ. Biotechunternehmen zu Voluntary Carbon Credits; div. Stadtwerke ggü. BNetzA; GVG Rhein-Erft zu Anpassung eines Gasliefervertrags; internat. Industriekonzern zu Wasserstoffkraftwerksprojekt; Leag zu Kauf eines Pelletherstellers; Kfz-Zulieferer zu Kauf eines Windparks; lfd.: Mitteldt. Braunkohlegesellschaft, New, Parkwind, Tennet.

FIELDFISHER

Energie: Transaktionen/Finanzierung ★★
Bewertung: Die Praxis um Marhewka berät zu Projektfinanzierungen u. Transaktionen im Erneuerbare-Energien-Sektor, häufig an der Seite von Investoren wie Hansainvest u. KGAL. Daneben ist sie für Projektentwickler tätig. So ließ sich Neumandantin Greenvolt Power Solar Poland von Fieldfisher zum Kauf von 3 PV-Projektgesellschaften beraten. Die zahlr. Ausbauprojekte insbes. im Offshore-Bereich u. das Interesse von Investoren daran müssen nun im Fokus der Praxis stehen. Das darin liegende Potenzial zeigt sich in Mandaten wie der Beratung von Simply Blue Holdings zu mehreren Joint Ventures mit Eolus für schwed. u. finn. Floating-Offshore-Wind-Projekte.
Stärken: Ausgeprägte Erfahrung im Erneuerbare-Energien-Sektor.
Oft empfohlen: Daniel Marhewka („pragmatisch", Wettbewerber)
Team: 1 Eq.-Partner, 5 Sal.-Partner, 6 Associates
Schwerpunkte: Finanzierungen u. Transaktionen im Erneuerbare-Energien-Bereich, Anlagenbau/Immobilienrecht, teilw. Konfliktlösung.
Mandate: Greenvolt Power Solar Poland bei Kauf von 3 PV-Projektgesellschaften; Hansainvest Real Assets bei Finanzierung u. Kauf des PV-Energieparks Witznitz; KGAL bei JV mit Pfalzsolar zur Entwicklung von Solarprojekten in Griechenland; Simply Blue Holdings zu 4 schwed. JV mit Eolus für schwed. u. finn. Floating-Offshore-Wind-Projekte; Enova, u.a. bei Kauf von Beteiligungen an den dt. Onshore-Windparks Bunde, Neermoor u. Weener.

FRESHFIELDS BRUCKHAUS DERINGER

Energie: Regulierung ★★★
Energie: Transaktionen/Finanzierung ★★★★
Bewertung: Bei jurist.-strateg. Großprojekten ist FBD eine wichtige Adresse im Markt. Nicht nur die viel beachtete Beratung der KfW zur Sicherung der dt. Gasversorgung belegen die Qualität an den Schnittstellen von Finanzierungs-, Gesellschafts-, Beihilfen- u. Regulierungsrecht. Ausweis ihrer tief verwurzelten Stärke im Energiesektor ist die Fähigkeit des Teams um Scholz, für seine Mandanten nicht nur Recht anzuwenden, sondern v.a. auch gestaltend mit den geltenden u. gepl. Regelungen umzugehen. Belege für das Vertrauen, das die Mandanten dem Team entgegenbringen, ist etwa die Arbeit für 16 europ. Strombörsen, die FBD zur Acer-Novelle für das neue Strommarktdesign begleitet. Dreh- u. Angelpunkt der in der aktuellen Krisensituation gefragten Exzellenz der Praxis ist allerdings das internat. Energiehandelsrecht, in dem FBD für Mandanten wie den Gashändler VNG bereits lange aktiv ist. Im regulierten Umfeld kommerzielle vertragl. Lösungen nicht zuletzt auch für Zukunftsprojekte wie den staatl. geförderten Wasserstoffhochlauf zu entwickeln, ist die Paradedisziplin der auch internat. integriert agierenden Praxis, die im Energiesektor wieder Boden auf Wettbewerber wie Hengeler u. White & Case gutmacht.
Oft empfohlen: Dr. Ulrich Scholz („überragender Kartell- u. Energierechtsanwalt", „über 20-jährige Erfahrung im Energiesektor", „starker Auftritt vor dem EuG", „Branchenspezialist", Wettbewerber), Mirko Masek, Dr. Andreas Fabritius
Team: 8 Partner, 2 Counsel, ca. 20 Associates, 1 of Counsel
Schwerpunkte: Energie-M&A u. konzerninterne Reorganisationen (▷*Gesellschaftsrecht*) sowie Projektfinanzierungen im Sektor; weiterhin Regulierungspraxis mit Spezialisierungen im Energiekartellrecht inkl. Energiehandel sowie Verwaltungsverf.; sektorerfahrene Litigation-Praxis vor staatl. sowie Schiedsgerichten (▷*Handel u. Haftung*), zunehmend Dekarbonisierungsthemen.
Mandate: Hint.Co/H2Global umf. zu Musterverträgen für den An- u. Verkauf von Wasserstoffderivaten; Kreditinstitut zu An- u. Verkauf von gespeicherten Erdgasmengen u. Speicherkapazitäten; 16 europ. Strombörsen zu Novellierung der CACM-VO durch Acer; RWE Supply & Trading gg. Acer wg. techn. Höchstpreisgrenzen auf Regelenergiemärkten; Statkraft gg. BNetzA wg. Bewirtschaftung von Bilanzkreisen; Energiekonzern regulator. zu Errichtung u. Betrieb von Geothermieanlagen; Stromerzeuger regulator. u. steuerrechtl. zu Überschusserlösen; div. Mineralölkonzerne u. Gasproduzenten, u.a. zu Solidaritäts- u. Energiekrisenbeitrag; Chemieunternehmen zu gepl. Kauf einer Offshore-Beteiligung, inkl. Verträge u. Finanzierung; Energieunternehmen zu Kauf von Beteiligung an LNG-Projektgesellschaft, inkl. Entflechtungsregeln; US-Unternehmen zu europ. Konzernstruktur u. Investition in Erneuerbare-Energien-Projekte; Investor zu gepl. Einstieg bei TransnetBW; Thyssenkrupp zu Dekarbonisierungsstrategie.

GASSNER GROTH SIEDERER & COLL.

Energie: Regulierung ★
Bewertung: Im Energiesektor ist die Kanzlei v.a. für klass. Erneuerbare-Energien-Entwickler wie Prokon tätig, deren Wind- u. PV-Projekte sie von der Machbarkeitseinschätzung über Genehmigung, Bau, Netzanschluss u. Finanzierung bis zum Verkauf begleitet. Im Zuge der Energiekrise beriet das Team aber auch zu aktuellen regulator. Fragen. Im Markt bekannt ist es jedoch insbes. für klass. öffentl.-rechtl. Genehmigungsfragen u.a. auch im Bergrecht, die etwa bei der Entwicklung von Geothermieprojekten gefragt sind. Mit dem Weggang eines Partners, der auf die Weiterentwicklung des Rechtsrahmens dieser Art der Energiegewinnung spezialisiert ist, verliert die Gruppe einen Wissensträger, der das Kerngeschäft der Gruppe aber nicht belastet.
Oft empfohlen: Dr. Jochen Fischer, Dr. Markus Behnisch („Experte für Genehmigungsfragen von Energieanlagen", Wettbewerber)
Team: 3 Partner, 9 Associates
Partnerwechsel: Dr. Thomas Reif (zu Sonntag & Partner)
Schwerpunkte: PV- u. Windparkprojekte inkl. Offshore, Projektberatung von der Planung bis zum Verkauf; tiefe Verwurzelung im ▷*Öffentl. Wirtschaftsrecht*, u.a. Umwelt- u. Planungsrecht, Bergrecht sowie ▷*Vergaberecht*.
Mandate: Procon Solar umf. zu Entwicklung u. Verkauf von PV-Projektrechten; Versorger zu Gasmangellage u. Energiesicherheit; Bürger Wind Gaishecke umf. zu Verträgen, Finanzierung (inkl. DD) sowie zu Verkauf von Geschäftsanteilen; Vulcan Energy Resources bergrechtl. zu Lithiumförderprojekt; Dt. Wasserstoff- u. Brennstoffzellen-Verband zu Anpassung des Rechtsrahmens für die Genehmigung von Elektrolyseuren; Kraftwerksbetreiber in Streit mit Netzbetreiber um Struktur der Stromkostenoptimierung.

GLEISS LUTZ

Energie: Regulierung ★★★★
Energie: Transaktionen/Finanzierung ★★★★

JUVE 2023 AWARDS
Kanzlei des Jahres für Regulierung

Bewertung: Im Energiesektor rückt GL mit ihrem wachsenden Fokus auf Industrieunternehmen an die Marktspitze heran. Mandanten, wie neuerdings etwa Bayer, überzeugt insbes. die regulator. Stärke der Praxis. Die Bandbreite an Unternehmen, die das Team krisenbedingt zu regulator. Entwicklungen beanspruchten, geht allerdings deutl. über die alte Energiewelt hinaus. Zu den Beratungsthemen gehören auch Markteinstiege u. Zukunftsprojekte im Erneuerbare-Energien-Bereich, wo GL neben regulator. auch die vielen vertragsrechtl. Themen aus finanzierungs-, gesellschafts- u. öffentl.-rechtl. Sicht anbietet. Das belegt insbes. das Mandat des schwed. Solarparkentwicklers Alight sowie einige andere Mandate im Offshore-, Onshore-Repowering-, Energiespeicher- u. Wasserstoffbereich. Die Verzahnung der regulator. Berater mit den ▷*M&A*-Experten sowie der Finanzierungs- u.- Restrukturierungspraxis gelingt der Gruppe ebenso. Der Gewinn des Steag-Verkaufsmandats ist ein Highlight. Aber auch für weitere Energieunternehmen sowie internat. Investoren entwickelt sich die Sektorgruppe zur natürl. Anlaufstelle für Transaktions- u. Finanzierungsprojekte von Anlagen auch im Ausland.

Anwaltszahlen: Angaben der Kanzleien, wie viele Anwälte zu mind. ca. 50% in diesem Gebiet tätig sind. Sie spiegeln nicht zwingend die Gesamtgröße einer Kanzlei wider.

Stärken: Starke ▷*kartell-* u. öffentl.-rechtl. Beratung, v.a. ▷*Beihilferecht* u. Regulierung.
Oft empfohlen: Dr. Andreas Neun, Dr. Martin Raible („großartige Expertise", Wettbewerber), Dr. Jacob von Andreae („sehr professionell", Wettbewerber), Dr. Marc Ruttloff, Dr. Cornelia Topf, Dr. Tobias Boecken
Team: 8 Eq.-Partner (Kernteam)
Schwerpunkte: Full-Service-Ansatz mit Fokus auf ▷*M&A*-Transaktionen im Energiesektor für Konzerne u. (internat.) Investoren; daneben starke Regulierungspraxis, u.a. für Gas u. Strom; zunehmend Anlagen- u. Energieprojekte inkl. öffentl.-rechtl. u. finanzierungsseitige Vertragsgestaltung inkl. PPAs; ▷*Kartell-*, ▷*Beihilfe-*, ▷*Vergabe-* u. ▷*Öffentl. Recht*.
Mandate: Steag u. KSBG zu Transformation u. Verkauf; Norderland-Gruppe zu Verkauf eines gr. Windparkportfolios mit Repowering-Themen; Bankenkonsortium zu Finanzierung eines Anteilskaufs an TransnetBW durch Sparkassenversicherung Holding; Kommunalkredit Austria, Kfw Ipex u. NordLB zu Finanzierung von PV-Projekten in Italien; BayWa zu Finanzierung eines jap. Solarparks; Jan de Nul energierechtl. zu Offshore-Projekt; Enercity zu Netzplanung u. Netzausbau; Bayer lfd. energierechtl.; DSM Nutritional Products in Klageverf. wg. EEG-Nachforderungen; Wilhelm Layher zu Gasnotfallplänen; Neoen/Green Natural Capital zur Entwicklung von Energiespeichern; Alight umf. zu Solarprojekten inkl. Vertragsgestaltung ggü. dt. Kunden; TotalEnergies Renewables zu Markteintritt in Dtl. bei Solarprojekten u. Eigenversorgung; Decathlon zu Erneuerbare-Energien-Projekten.

GÖRG

Energie: Regulierung ★★★
Energie: Transaktionen/Finanzierung ★★

Bewertung: Die überw. in Köln angesiedelte Energiepraxis ist bekannt für ihre umfangr. Erfahrung im Anlagenbau, insbes. bei konventionellen Kraftwerksprojekten für Mandanten wie Steag, aber auch im Offshore-Sektor. Dafür steht v.a. Compes, dem Wettbewerber „gr. Erfahrung mit komplexen Infrastrukturprojekten unter Beteiligung der öffentl. Hand" bescheinigen. Die Arbeit seiner Praxis gewährleistet, nebst der eigenen regulator. Erfahrung, die etablierte Zusammenarbeit u.a. mit den ▷*Umwelt- u. Planungsrechtlern* in Berlin. Die breite Aufstellung des Teams, das auch energievertragsrechtl. versiert ist, überzeugt auch Industriemandanten. So beraten die Anwälte zum Bsp. Dt. Post DHL umf. zu Themen wie der Beschaffung von Strom u. Gas, Dekarbonisierung u. THG-Quotenhandel. Daneben treibt ein Partner die Transaktionsbegleitung im Erneuerbare-Energien-Sektor voran: Neben Investoren knüpfte das Team zuletzt Kontakte zu mehreren Erzeugern.
Oft empfohlen: Dr. Achim Compes („sehr versiert, gutes Projekt-Handling u. Übersicht, intensive Gesprächsführung mit allen Beteiligten", Mandant; „herausragender Jurist, besonders in gerichtl. Auseinandersetzungen", Wettbewerber), Dr. Christoph Riese, Dr. Wibke Schumacher („fachl. sehr kompetent, erläutert auch für Nicht-Steuerrechtler Themen gut verständl.", Mandant), Thoralf Herbold
Team: 9 Eq.-Partner, 2 Counsel, 16 Associates
Schwerpunkte: Kraftwerksprojekte aller Erzeugungsarten zu Entwicklung, Errichtung u. Betrieb (auch Litigation). Vielfach für Stadtwerke, u.a. zu Beteiligungen, Transaktionen, Finanzierung, vereinzelt zu Netzentgelten, Verträgen u. zum Energiehandel inkl. Steuerrecht. Sehr gute Anbindung an Steuerrechts- u. ▷*Insolvenz- u. Restrukturierungsberatung* sowie ▷*Vergaberecht*.
Mandate: Deutsche Post DHL umf., u.a. zu Beschaffung von Strom u. Gas, Dekarbonisierung, THG-Quotenhandel, Strom- u. Gaspreisbremse; gr. Erneuerbare-Energien-Erzeuger bei Teilnahme an BNetzA-Ausschreibung mit PV-Projekt inkl. Stromspeicher; kommunale Steag-Gesellschafter bei Umstrukturierung (öffentl. bekannt); CEE Group bei Kauf von 6 Solarparks; Global Tech I, u.a. gg. Tennet um Entschädigung wg. verzögerter Netzanbindung; NaGa Solar zu Entwicklung von Freiflächensolaranlagen in Dtl.; Allgäuer Überlandwerke vertragsrechtl. zu Strompreisbremse u. bei Transaktion; Trianel umf., u.a. zu Erneuerbare-Energien-Projekten u. in ICSID-Investitionsschutzverf. gg. BRD.

GVW GRAF VON WESTPHALEN

Energie: Regulierung ★★★
Energie: Transaktionen/Finanzierung ★

Bewertung: Die Energierechtspraxis ist dank der Zugänge vor 2 Jahren mittlerw. gut aufgestellt für die Themen, die bei der Transformation des Sektors gefragt sind. V.a. Rohrer loben Wettbewerber für seine Erfahrung mit Anlagenprojekten u. in Transaktionen. Fest etabliert im Offshore-Bereich ist bereits die Zusammenarbeit mit den ▷*Baurechtlern*, u.a. bei Vertragsgestaltungen für Bau u. Netzanschluss. Zentrale Mandantin dabei ist Amprion. Aber auch weitere ÜNB setzen auf die umf. vertragsrechtl. u. regulator. Erfahrung des Teams, wobei die einstigen Großthemen zur EEG-Umlage abnehmen. Stattdessen gewinnt die Gruppe Projektentwickler wie Hellenstein Solar, die sie fachübergr. zum Aufbau ihres Erneuerbare-Energien-Portfolios berät. Mit wachsendem Erfolg wird GvW im Energiesektor für Unternehmen tätig, die ihre Energieversorgung umstellen wollen. Die SHS Stahl-Holding-Saar beriet der auch in Energiehandelsfragen versierte Brucker zu einem PPA mit dem Offshore-Windparkbetreiber Baltic Eagle. Ein gr. Erfolg für die Praxis ist das Mandat von Mitsubishi zu einem Wasserstoffprojekt auf dem Gelände des Kohlestandorts Moorburg.
Oft empfohlen: Dr. Maximilian Elspas, Dr. Sebastian Rohrer, Dr. Dominik Greinacher, Antje Baumbach
Team: 12 Eq.-Partner, 6 Sal.-Partner, 2 Associates, 2 of Counsel
Schwerpunkte: BMWirtschaft u. Klimaschutz zu Beschaffung von Gas u. Öl; Regulator. Beratung u. Prozessvertretung für Energieversorger, Netzbetreiber, Energiehändler u. Anlagenbetreiber; außerdem vertrags- u. gesellschaftsrechtl. Beratung im Bereich Stromhandel u. Digitalisierung sowie Stromnetze, Reaktorrückbau u. Erneuerbare-Energien-Projekte; gute Praxis im ▷*Beihilferecht*, auch ▷*TK-Regulierung*.
Mandate: Amprion Offshore umf. zu BorWin u. DolWin 4 sowie zu BalWin 1 u. 2; BMWirtschaft zur Beschaffung von Gas u. Öl; Mitsubishi Heavy Industries zu Wasserstoffprojekt Hamburg-Moorburg; Umwelt- u. Wirtschaftsministerium SH zum LNG-Terminal Brunsbüttel; NeuConnect regulator.; TransnetBW u. 50Hertz zur Scheibenpachtthematik; Netze BW in Musterverf. um Grundsatzfragen der EEG-Vergütung für Biogasstrom; SHS Stahl-Holding-Saar zu PPA Baltic Eagle; Hellenstein Solar-Wind, u.a. bei Kauf Windpark Niederzier-Steinstraß; lfd. E.on Energy Solutions, EnBW.

HENGELER MUELLER

Energie: Regulierung ★★★★★
Energie: Transaktionen/Finanzierung ★★★★★

Bewertung: Im Energiesektor gehört HM zu den Spitzeneinheiten. Wettbewerber loben nicht zuletzt die regulator. Stärke u. deren Kombination mit den gesellschafts-, finanzierungs- u. beihilferechtl. Praxen in der Sozietät. Diese Verknüpfung, die auch zum Bsp. Freshfields bieten kann, prädestiniert sie für Großprojekte wie den Aufbau eines privat finanzierten LNG-Terminals durch die Dt. Regas. Sie begleitete den mit privaten Mitteln finanzierenden Projektentwickler umf. zu den operativen Verträgen u. ggü. den zuständigen Genehmigungsbehörden. Im Zentrum solcher Mandate steht regelm. Uwer, dem Mandanten bescheinigen, „in D'dorf ein hochkarätiges Energie-Team aufgebaut zu haben". Das volle Beratungsspektrum der Gruppe fragt neben Tennet, die HM in einigen voluminösen Regulierungsverf. in Dtl. u. auf EU-Ebene begleitet, auch Ørsted seit einigen Jahren ab. Der Grünstromerzeuger setzt v.a. bei M&A-Transaktionen, Kooperationen u. Verträgen im On- u. Offshore-Bereich auf das Team u. lässt sich auch internat. etwa in Polen u. den Niederlanden zum Ausbau ihrer Erzeugungskapazitäten von HM beraten. Die krisenbed. Verwerfungen an den internat. Energiehandelsmärkten brachte der Gruppe zudem zahlr. regulator. getriebene Mandate etwa zur Gestaltung von Gasspeicherverträgen sowie zur Übergewinnabschöpfung ein.
Oft empfohlen: Dr. Dirk Uwer, Dr. Jörg Meinzenbach, Dr. Daniel Zimmer („ganz starke Energiekompetenz", „gr. Erfahrung v.a. in Offshore-Themen", Mandanten), Dr. Nicolas Böhm, Dr. Sebastian Schneider, Andreas Breier
Team: 5 Partner, 3 Counsel (Kernteam)
Schwerpunkte: ▷*Gesellsch.recht* u. ▷*M&A*, ▷*Kartellrecht*, auch Energievertragsrecht (Lieferverträge, PPAs) sowie Finanzierung; regulator. Praxis transaktions- u. projektbegl., insbes. ggü. Behörden erfahren; viel Erfahrung mit regulator. Verfahren, auch mit Bezügen zum ▷*Öffentl. Recht* (Verfassungsrecht); zudem: leitungsbez. Umwelt- und Planungsrecht inkl. Bergrecht.
Mandate: Dt. Regas umf. öffentl.-rechtl., regulator., vertrags- u. finanzierungsrechtl. zu Aufbau eines LNG-Terminals in Ludmin; Tennet zu Unabhängigkeit der BNetzA, in div. Grundsatzverf., u.a. zu Schadensersatz wg. Verzögerung der Netzanbindung, Redispatch sowie gg. Acer-Beschluss wg. grenzüberschr. Countertrading; Ørsted zu Kauf von Ostwind, zu Offshore-Partnerschaft mit Total Energies in NL, zu Entwicklung u. Realisierung 2er Offshore-WP in Polen u. zu langfr. Stromabnahmeverträgen mit mehreren Industriekunden sowie Joint Venture mit poln. Energieunternehmen ZE-Pak; Gascade gg. BNetzA-Festlegungen zu Gasnetzentgelten; Nafta zu Füllstandsauflagen in Speicherverträgen u. zu Gestaltung von Gasspeicherverträgen; Enerpac zu Übergewinnabschöpfung; Global Eye Capital u. GE zu Kauf von Anteil am Offshore-Windpark Global Tech; Villeroy & Boch zur Gasmangellage.

HEUKING KÜHN LÜER WOJTEK

Energie: Regulierung ★★
Energie: Transaktionen/Finanzierung ★★

Bewertung: Im Energiesektor ist die Kanzlei für ihre tiefen regulator. u. vertragsrechtl. Kenntnisse bekannt. Insbes. Energiehändler u. die energie-

Anwaltszahlen: Angaben der Kanzleien, wie viele Anwälte zu mind. ca. 50% in diesem Gebiet tätig sind. Sie spiegeln nicht zwingend die Gesamtgröße einer Kanzlei wider.

intensive Industrie setzen auf die bewährte Kombination, die Baltus u. Woltering von D'dorf aus auch in Prozessen anwenden, etwa im Rahmen von Preisanpassungen in Kundenverträgen. Am HHer Standort bringt Bretthauer seine kartellrechtl. Erfahrung ebenfalls in energievertragsrechtl. Beratung u. Prozessvertretung ein. Zwischen den Praxiszentren in D'dorf u. HH ist die wachsende Verzahnung von Energie- u. M&A-Experten zu beobachten. Dafür stehen Mandate wie die Beratung eines Stadtwerks zum Anteilsverkauf an einem Offshore-Windpark sowie von Erneuerbare-Energien-Projektentwicklern. Sie können immer auch von der öffentl.-,▷*vergabe*- oder finanzierungsrechtl. Erfahrung anderer Praxen profitieren.

Oft empfohlen: Dr. Stefan Bretthauer („verlässl. Partner für alle Fragen des Kartellrechts", Wettbewerber), Marc Baltus („ausgezeichnete Beratung mit notwendigem Weitblick", Mandant), Dr. Tobias Woltering („engagierte, praxisnahe Beratung mit hoher fachl. Kompetenz, sehr angenehm", Mandant)

Team: 14 Eq.-Partner, 3 Sal.-Partner, 1 Counsel, 1 Associate

Schwerpunkte: Energievertragsrecht u. Energiehandel; regelm. regulator. geprägtes ▷*M&A*; außerdem Bergrecht bei Geothermieprojekten sowie Öl- u. Gasexploration; daneben EEG-Kostenoptimierung für Industriekunden; auch ▷*Vergabe*- (Konzessionen), ▷*Beihilfe*- u. ▷*Kartellrecht*.

Mandate: Div. Energiehändler umf. zur Energiekrise, u.a. zu Preisverwerfungen u. mögl. Transit- u. Exportbeschränkungen für Erdgas; Excelerate Energy zur Bereitstellung eines FSRU für das 2. LNG-Terminal in Wilhelmshaven; Projektierer u. PV-Anlagenbetreiber zu PPA mit Industrieunternehmen (Aufdach- u. Freiflächenanlagen); Stadtwerke bei Beteiligungsverkäufen an Offshore-Windpark; ausl. Geothermieunternehmen zu Aktivitäten in Dtl.; Stawag bei Bau u. Inbetriebnahme einer Wasserstoffversorgungsinfrastruktur; Covestro in Scheibenpachtverfahren.

HÖCH UND PARTNER

Energie: Regulierung ★★★★

Bewertung: Auf Erzeuger- u. Netzbetreiberseite ist die Dortmunder Energierechtsboutique regelm. gesetzt, v.a. wenn es um die Beratung u. Prozessvertretung zu regulator. Aspekten, Vertriebsthemen oder dem Energievertragsrecht geht. Die Scheibenpachtverf., in denen die Kanzlei Tennet u. Amprion vertrat, endeten mit Vergleichen. Krisenbed. sind neue Verfahrensmandate etwa zur Preisspaltung in der Grundversorgung hinzugekommen. Mandanten setzen auch zu Themen der Energiewende auf das Team, zum Bsp. MVV Energie zur Transformation des Gasnetzes in Hinblick auf den Transport von Wasserstoff sowie zu Themen der Wärmewende.

Oft empfohlen: Dr. Thomas Höch („top, rechtl. wie strateg. absolut zielorientiert u. maximal effizient", Mandant), Marc-Stefan Göge, Dr. Frederick Krüll

Team: 4 Eq.-Partner, 1 Sal.-Partner, 6 Associates, 3 of Counsel

Schwerpunkte: Umf. prozessuale Vertretung u. Beratung im Sektor, tendenziell eher für gr. Erzeuger u. Netzgesellschaften; Regulierung, Energievertragsrecht, Konzessionen u. EEG-Themen; Strom, Gas, zunehmend Wärme u. Digitalisierungsthemen; auch Netzausbau.

Mandate: Div. Versorger gg. LKartB NRW um Preisspaltung in der Grundversorgung; MVV Energie zur Gasnetztransformation; Tennet, u.a. als Beigeladene ggü. BNetzA um Engpasserlöse auf dem Baltic Cable; Verteilnetzbetreiber zu europarechtskonformer Auslegung der Härtefallregelung gem. EEG (EuGH); Stadtwerke Heiligenhaus zum Rückbau von Gashausanschlüssen wg. Umstellung auf Wärmepumpen; Stadtwerke Krefeld zu Wasserstofferzeugung u. -nutzung; Erdgashändler zu Preisbremsen.

HOFFMANN LIEBS

Energie: Regulierung ★★

Bewertung: Das Team um den anerkannten Gabler berät in erster Linie Energieerzeuger u. Industriemandanten mit einem Schwerpunkt auf energievertragsrechtl. Themen. Dabei arbeiten die Energierechtler regelm. eng mit den anderen Praxen zusammen, wie sich zum Bsp. in der umf. Tätigkeit für einen gr. Autobauer bei der Ausschreibung zur Entwicklung eines Windparks zeigt, die die Verhandlung eines langj. Stromliefervertrags beinhaltete. Seine Erfahrung im Bereich Wärme spielte das Team zuletzt u.a. für einen Entsorgungsverband aus, den es bei der gepl. Errichtung einer Biomasseverbrennungsanlage zur Erzeugung von Strom u. Wärme regulator. beriet.

Oft empfohlen: Dr. Andreas Gabler („sehr freundl. u. lösungsorientiert", Mandant)

Team: 2 Eq.-Partner, 1 Counsel, 3 Associates, 1 of Counsel

Schwerpunkte: Energiewirtschaftsrecht in Prozessen, Umstrukturierungen u. Transaktionen; Erneuerbare Energien, Windpark- u. PV-Projekte regulator. u. stromsteuerrechtl. zu Kundenanlagen u. andere Formen der Eigenstromversorgung, v.a. Energievertrags- u. Energiehandelsrecht; inkl. eigene Transaktionspraxis.

Mandate: Daimler, u.a. als Streitverkündeter im Zuge der Klage der TransnetBW wg. Nachzahlung der EEG-Umlage; Entsorgungsverband zu Bau einer Biomasseverbrennungsanlage zur Erzeugung von Strom u. Wärme; Autobauer vertragsrechtl. zu Ausschreibung der Entwicklung eines Windparks inkl. PPA; Betreiber von Rechenzentren zu langfr. Wärmeliefervertrag; Bundesanstalt zu Wärme- u. Stromversorgung durch Abwärme bzw. Aufdach-PV-Anlage.

HOGAN LOVELLS

Energie: Regulierung ★★★

Energie: Transaktionen/Finanzierung ★★★★

Nach Redaktionsschluss wurde bekannt, dass Dr. Tim Heitling und Dr. Thomas Dörmer mit Team von Dentons wechseln.

Bewertung: Die im Energiesektor hervorragend vernetzt agierende Gruppe ist v.a. bei Erneuerbare-Energien-Transaktionen u. -Projekten stark aufgestellt. Mandate wie die Beratung von Northland Power zur Veräußerung einer Beteiligung an einem taiwan. Offshore-Windpark belegen die internat. gefragte Stärke des Teams. Auch Mandanten wie Statkraft, Baltic Power u. wpd begleitet es zu Finanzierungs- u. allen vertragl. Projektentwicklungsthemen auf der internat. Bühne. Hirschmann, der insbes. das HHer Team aufgebaut hat, pflegt zudem beste Mandatskontakte zu internat. Öl- u. Gaskonzernen, die weiter an ihrem Umbau arbeiten u. zuletzt v.a. wg. regulator. u. vertragl. Themen im Gasmangelumfeld mit HL zusammenarbeiteten. Mit Schröder hat HL vor einiger Zeit einen versierten Regulierungs- u. Rohstoffhandelsspezialisten gewonnen, dem die fachübergr. u. internat. Vernetzung zuletzt immer besser gelungen ist. Für ihn, aber auch für die Zusammenarbeit der Standorte Frankfurt und HH ist der Weggang von Rieger, der v.a. mit dem Aufbau des Segments der leitungsgebundenen Infrastrukturdeals geglänzt hatte, ein Rückschlag.

Oft empfohlen: Matthias Hirschmann, Dr. Christian Knütel, Dr. Carla Luh („hoher Spezialisierungsgrad im Bereich Finanzierung von Infrastruktur- u. Energieprojekten", Wettbewerber), Dr. Tobias Faber, Dr. Stefan Schröder („überzeugt durch seine geduldige Art", „kann selbst schwierigste Sachverhalte verständl. u. nachvollziehbar vermitteln", Mandanten; „fachl. sehr versiert", Wettbewerber), Dr. Torsten Rosenboom („stets pragmat., bestes Verständnis für Mandantenbedürfnisse und Konzernkommunikation", Mandant), Karl Pörnbacher (Schiedsverfahren)

Team: 8 Partner, 3 Counsel, ca. 25 Associates

Partnerwechsel: Dr. Alexander Rieger (zu Latham & Watkins)

Schwerpunkte: ▷*M&A-Transaktionen*, Projektentwicklung u. -finanzierung, häufiger im Gasbereich u. Kraftwerksbau; internat. stark im Öl- u. Gasgeschäft, in Dtl. v.a. zu erneuerbaren Energien, insbes. Wind u. Geothermie. Emissions- u. Energiehandel. Regulator. Tätigkeit, auch in grenzüberschr. Verfahren u. Konfliktlösung. Mandantschaft: Energieunternehmen, Anlagenbauer, Finanzinvestoren u. Stadtwerke.

Mandate: Northland Power zu div. Windparkprojekten in Taiwan; Storengy Dtl. zu Joint Venture mit bayer. Biogasspezialisten CM Fluids; Chubu Electric zum Kauf einer Beteiligung am kanad. Geothermieunternehmen Eavor Technologies; Mitsubishi Corporation zu Verkauf der dt. Offshore-Übertragungsnetze; Erdölkonzern zum LNG-Import u. Zugang zu dt. FRSU-Standorten; EWE zur Umsetzung des Gasspeichergesetzes; Gasspeicherbetreiber zur Anpassung eines langfr. Speichervertrags; FNB Gas zu energie- u. kartellrechtl. Compliance bei Ausbau eines Wasserstoffnetzes; mehrere Hersteller von Clean Fuels u.a. zu THG-Quoten; Investmentbank u.a. zum Einstieg in den europ. Gashandel u. zu Einbindung von Energiespeichern in das Geschäftsmodell; lfd.: CommerzReal, wpd, Equinor, Kirkby.

LATHAM & WATKINS

Energie: Transaktionen/Finanzierung ★★★★

Bewertung: Die Spezialität der Großkanzlei im Energiesektor ist die Begleitung von Investoren bei hochvol. Infrastrukturdeals, zuletzt etwa Antin Infrastructure Partners beim Einstieg bei Blue Elephant Energy. Wie viele vgl.bare Einheiten spricht L&W mit ihrer Infrastrukturberatung u.a. auch Investoren für Breitbandnetze an. Für den Erfolg der Praxis steht Larisch, der laut einem Mandanten „den Überblick behält, wenn es kompliziert wird". Seit seinem Einstieg vor 5 Jahren ist unter seiner Führung ein gut aufgestelltes Team entstanden, das neben M&A-Projekten auch zu stärker operativ geprägten Verträgen berät, zum Bsp. Stammmandantin RWE im Zshg. mit dem LNG-Terminal Brunsbüttel. Als 2. Partner im Infrastrukturteam soll Quereinsteiger Rieger Investoren zum Einstieg in Energie-Assets wie Datencenter begleiten.

Oft empfohlen: Dr. Tobias Larisch („Top-Gesellschaftsrechtler", Wettbewerber)

Anwaltszahlen: Angaben der Kanzleien, wie viele Anwälte zu mind. ca. 50% in diesem Gebiet tätig sind. Sie spiegeln nicht zwingend die Gesamtgröße einer Kanzlei wider.

Team: 5 Partner, 2 Counsel, 9 Associates
Partnerwechsel: Dr. Stefan Rieger (von Hogan Lovells)
Schwerpunkte: V.a. bei ▷*Transaktionen* u. in der ▷*aktien- u. gesellschaftsrechtl.* Beratung von Energiekonzernen, auch Regulierung u. ▷*Dispute Resolution*. Neben konventionellen Energien auch zu Gasspeicher- u. Pipelineprojekten u. erneuerbaren Energien.
Mandate: Antin Infrastructure Partners bei Mehrheitsbeteiligung an Blue Elephant Energy; RWE, u.a. bei Verträgen zu LNG-Terminal Brunsbüttel (öffentl. bekannt) u. bei div. Transaktionen; GIP u. KKR bei Kauf eines Mehrheitsanteils an Vantage Towers; Worth Capital bei Investment in Deutsche ReGas (LNG-Terminal); Storag Etzel berg- u. umweltrechtl. sowie zu Öl- u. Solepipeline.

LEITFELD

Energie: Regulierung ★★★★

JUVE AWARDS 2023
Gründerzeit-Award

Bewertung: Im Energiesektor bietet die vor 2 Jahren gegründete Kölner Boutique ihren Mandanten ein umf. Angebot. Die Ergänzung des Gesellschafterkreises um 2 Partner mit energievertrags- u. kartellrechtl. Spezialisierung komplettiert das Beratungsspektrum auf eine im Markt bislang allenfalls von Rosin Büdenbender bekannte Art u. Weise. Schon heute gehören zu ihrem wachsenden Mandantenkreis namh. Adressen wie RWE u. Uniper, die Leitfeld u.a. bei Vertragsverhandlungen begleitet u. zu regulator. Grundsatzthemen ggü. der Regulierungsbehörde Acer auch vor europ. Gerichten vertritt. Mandanten vertrauen Leitfeld nicht nur den Umgang mit der grassierenden Energiekrise u. ihrer verunsichernden Regelflut an, vielmehr sehen sie die junge Einheit auch für die transformatorischen Herausforderungen mit Blick auf Speicher, LNG, Wärme u. Wasserstoff bestens aufgestellt. Das ist auch einigen US-Kanzleien nicht entgangen, die sich die Kanzlei gerne bei Transaktionen an ihre Seite holen.
Oft empfohlen: Dr. Margret Schellberg („gr. Qualität bei vergaberechtl. Themen", Wettbewerber), Dr. Christoph Sieberg („verbindl., schnell, innovativ im Lösungsansatz, enorm vernetzt in der Branche", Wettbewerber), Dr. Thilo Richter („perfekt u. sehr kundenfreundl.", Mandant über beide; „starker Mix aus Dogmatik, (energie)wirtschaftl. Know-how u. einem feinen Sinn für Humor", Wettbewerber), Dr. Stefan Tüngler, Dr. Konrad Riemer („Top-Jurist, präzise, schnell u. angenehm im Umgang", Wettbewerber)
Team: 6 Eq.-Partner, 4 Associates
Schwerpunkte: Energiewirtschaftsrecht, Energieregulierung, Energievertragsrecht, Energiekartellrecht sowie Wirtschaftsverwaltungsrecht (Umwelt- u. Planung sowie Genehmigungen); auch Beihilfe-, Vergabe- u. Außenhandelsrecht; Transaktionsbegleitung im Bereich Infrastruktur.
Mandate: Currenta zur Energiekrise; RWE Generation zu Wasserstoffprojekt u. zu Forderungen eines ÜNB wg. EEG-Umlage; RWE Supply & Trading regulator. zur Errichtung eines LNG-Terminals; Uniper u.a. gg. Acer-Entscheidung; Bayernwerk in Verfassungsbeschw. wg. BGH-Entscheidung zum X-Gen; Bundesverband der Energie- u. Wasserwirtschaft zur Energiekrise, insbes. Anpassung von Lieferverträgen; Entega u.a. zur Strompreisbremse; Fernleitungsnetzbetreiber energie- u. kartellrechtl. zu Wasserstoff-Joint-Venture; Energieversorger zu PPA-Verträgen mit Industriekunden u. Erzeugern sowie zu Umsetzung eines Wärmeprojekts im Stadtgebiet; ÜNB zu Haftungsfragen bei Ausfall von Netzbetriebsmitteln.

LINKLATERS

Energie: Transaktionen/Finanzierung ★★★★★

Bewertung: Im Energie-M&A gehört Linklaters zur Marktspitze. V.a. im Geschäft mit Erneuerbare-Energien-Projekten wie Wind, Solar, Wasserstoff u. Energiespeicher setzen namh. Infrastrukturfonds wie Glenmont, Meridiam u. DIF sowie Erzeuger wie neuerdings auch die portug. EDP Renováveis regelm. auf das Team. Aber auch bei konventionellen Energieprojekten ist das Team gefragt. Ihren Mandanten bietet Linklaters eine auch von Wettbewerbern gelobte Mischung aus M&A-Exzellenz u. solider Kenntnis der Regulatorik, die aber ähnl. wie bei Norton Rose nicht auf Partnerebene verankert ist. Dem Deal- u. Projektflow im Energiesektor tut dies bei der Kanzlei keinen Abbruch, auch weil die Einheit Schnittstellenkompetenz im Beihilfe- u. Vergaberecht, insbes. aber maßgebl. Finanzierungs- u. Litigation-Kompetenz vorweisen kann.
Stärken: Internat. Transaktionen u. spezialisierte Schiedspraxis im Sektor.
Oft empfohlen: Thomas Schulz („hervorragend für Erneuerbare Energien", Wettbewerber), Christopher Bremme, Alexandros Chatzinerantzis („taktisch brillant", Mandant), Dr. Jens Hollinderbäumer („herausragende Fachkenntnisse, smart u. lösungsorientiert", Mandant)
Team: 4 Eq.-Partner, 1 Counsel, 3 Associates, 2 of Counsel (Kernteam)
Schwerpunkte: In- u. ausl. EVU, Industriekunden u. Finanzunternehmen (Strom, Gas, Öl, Fernwärme u. Erneuerbare Energien). ▷*M&A* u. Projektfinanzierungen im regulierten Energiesektor. Daneben auch Gesellschaftsrecht, Vertragsrecht, ▷*Kartellrecht* u. ▷*Schiedsverfahren* mit Sektorbezug.
Mandate: KfW zu Kauf von 50% an LNG-Terminal Brunsbüttel inkl. regulator., u.a. zu Freistellung, Entflechtung u. Vermarktung von Kapazitäten; EDPR zu Kauf eines Mehrheitsanteils am Solarentwickler Kronos; Macquarie zu Verkauf der Open-Grid-Europe-Beteiligung an Fluxys; Westenergie zu Kooperation mit Rheinenergie; BP zu Verkauf einer Raffinerie; Uniper, u.a. zu Lieferung von grünem Wasserstoff nach EU-Recht; Baltic Power zu Projektfinanzierung; Glennmont Partners umf., u.a. zu Finanzierung eines Offshore-Windparks u. zu Netzanschlussthemen; Windkraft Thüringen u.a. zu PPA; Meridiam zu NeuConnect.

LOSCHELDER

Energie: Regulierung ★★

Bewertung: Die kl., aber mit langj. Erfahrung ausgestattete Regulierungspraxis der Kölner Kanzlei steht im Energiesektor seit vielen Jahren an der Seite der Regulierungsbehörden der Länder. Netzregulator. Prozessmandate bearbeitet ein Spezialist, der v.a. auch für seine Arbeit im ▷*TK-Sektor* bekannt ist. Die fachübergr. Zusammenarbeit in der Kanzlei treibt eine Partnerin voran, etwa im Rahmen von Wohnquartierprojekten wg. sog. Kundenanlagen oder wenn es um die Energieversorgung von Industrieparks geht. Zuletzt war ihre von Mandanten als „effizient u. partnernah" gelobte beihilferechtl. Praxis zunehmend von energieintensiven Unternehmen nachgefragt, die etwa zur Neustrukturierung des Energieeinkaufs auf sie setzen.
Oft empfohlen: Dr. Raimund Schütz, Dr. Kristina Schreiber („findig u. schlau", Wettbewerber)
Team: 2 Partner, 2 Associates
Schwerpunkte: Regulierungsberatung Strom u. Gas; daneben Energievertragsrecht u. Energiebeschaffung, u.a. für Wohnquartiere u. Industrieparks (regelm. mit ▷*Immobilien-* u. ▷*Öffentl. Wirtschaftsrecht*; viel Erfahrung auch im ▷*TK-Recht*.
Mandate: Regulierungskammern div. Länder, u.a. Rh.-Pf. in zahlr. Beschwerdeverf., u.a. im Zshg. mit der Anreiz- u. Qualitätsregulierung; internat. Mineralölkonzern zu Energieeinkauf; 1&1 lfd. zu div. energierechtl. Fragestellungen; DWK Euskirchen u.a. in Verhandlungen mit Energieerzeugern wg. Quartiersversorgung.

LUTHER

Energie: Regulierung ★★★★★
Energie: Transaktionen/Finanzierung ★★★

Bewertung: Im Energiesektor zählt das Team um Stappert zu den führenden Praxen mit tiefem Regulierungs- u. Vertrags-Know-how. Das Vertrauen, das namh. Mandanten dem Team entgegenbringen, zeigt sich bsph. in der Arbeit für Tennet im Zshg. mit der Verschiebung der Fertigstellung der Netzanbindung für den Offshore-Windpark ‚Borkum Riffgrund 3'. Andere Branchengrößen wie Leag ziehen Luther zu Großprojekten im Zshg. mit der Energiewende hinzu, zum Bsp. in Bereichen wie Wasserstoffherstellung oder Geothermie. Das im Energiehandelsrecht vergleichbar mit DLA Piper aufgestellte Team ist wg. seiner energievertragsrechtl. Kompetenzen zunehmend auf der Seite von Unternehmen gefragt. Neben vielen kleineren Mandaten, u.a. für Stammmandanten wie Aurubis, setzt ein Stahlproduzent auf die fachübergr. Zusammenarbeit der ▷*Vergabe-* sowie Umwelt- u. Planungsrechtler mit der Energiegruppe, um die Dekarbonisierung ihrer Anlagen voranzutreiben. Transaktionen wie die Tätigkeit für EIP beim Kauf einer Beteiligung an Fluxys zeigen, dass auch Corporate-Projekte bei Luther gut aufgehoben sind.
Stärken: Hohe Prozessführungskompetenz, u.a. in Schiedsverfahren, sowie operatives Branchen-Know-how.
Oft empfohlen: Dr. Holger Stappert („sehr guter Anwalt, angenehmer Kollege", „enorme Expertise, denkt wirtschaftl., angenehm im Umgang", Wettbewerber), Dr. Angelo Vallone („überzeugt durch hohes Fachwissen", „sehr gute Zusammenarbeit", Mandanten; „sehr versierter Energierechtler, angenehm in der Zusammenarbeit, guter Sparringspartner", Wettbewerber), Dr. Stefan Altenschmidt, Dr. Guido Jansen, Dr. Stefan Kobes, Dr. Richard Happ („sehr sorgfältig, hervorragender Kollege", „brillanter Prozessualist", Wettbewerber), Dr. Michael Bormann
Team: 26 Partner, 9 Counsel, 37 Associates
Schwerpunkte: ▷*Transaktionen* u. Projektgeschäft, auch Emissions- u. Energiehandel. Daneben Energievertragsrecht u. Regulierungsfragen (v.a. Zugangsregulierung u. Netzentgelte), Stromsteuerrecht, Beihilferecht, zum Unbundling u. ▷*Kartellrecht* sowie ▷*Öffentl. Wirtschaftsrecht*. Mandanten: große Energieversorger, Verbundunternehmen, auch Stadtwerke u. Investoren.
Mandate: BMWirtschaft u. Klimaschutz zu Energiepreisbremsen; Leag bei Dekarbonisierung, z.B. durch den Bau mehrerer Elektrolyseure; Stahlunternehmen umf. zu Bau eines Wasserstoffnetzanschlusses; Energy Infrastructure Partners bei Kauf einer Beteiligung an Fluxys; Schweizer Energie-

Anwaltszahlen: Angaben der Kanzleien, wie viele Anwälte zu mind. ca. 50% in diesem Gebiet tätig sind. Sie spiegeln nicht zwingend die Gesamtgröße einer Kanzlei wider.

versorger in Schiedsverf. gg. Gazprom wg. unterlassener Gaslieferungen; Tennet zu Verschiebung der Fertigstellung für Netzanbindung ,Borkum Riffgrund 3'; Energieversorgung Schwerin bei Bau Geothermieanlage; E-Mobility-Unternehmen zu Kooperationsvertrag zu Bau u. Betrieb von Ladeinfrastruktur; E.on, u.a. bei JV mit Nikola; Uniper, u.a. bei Gutachten.

MAZARS

Energie: Regulierung ★★

Bewertung: Die MDP-Einheit ist im Energiesektor ähnl. wie Becker Büttner Held u. BDO regelm. für Stadtwerke im Einsatz. Mit ihrem regulator. Spezialwissen insbes. zu Preissystemen sowie zu Fragen der Gestaltung u. Anpassung von Beschaffungs- u. Lieferverträgen an die volatilen Energiepreise war das Team zuletzt viel beschäftigt. Die Mandanten der Gruppe, zu denen zunehmend Industrieunternehmen wie ein DAX-Konzern gehören, beauftragen Mazars zur Dekarbonisierung ihrer Energieerzeugung u. -beschaffung. Dabei gewinnt die tiefe Kenntnis des Wärmesektors, die das Team aufgebaut hat, für Industriemandanten, die Wärme erzeugen u. vermarkten wollen, an Bedeutung. Die Ernennung des Regulierungsrechtlers Abdelghany zum Sal.-Partner sowie die Aufnahme eines ehem. Becker Büttner Held-Anwalts helfen dabei, die gewachsene Vernetzung der Praxis im Vergabe-, Kartell- u. Öffentl. Recht sowie in der internat. MDP-Organisation weiter voranzutreiben.

Oft empfohlen: Dr. Hans-Christoph Thomale („sehr guter Regulierungsanwalt", „bestens vernetzt in der Energiewirtschaft u. sehr kenntnisreich", Wettbewerber), Dr. Hans-Martin Dittmann, Tarek Abdelghany

Team: 3 Eq.-Partner, 3 Sal.-Partner, 1 Counsel, 8 Associates, 1 of Counsel

Schwerpunkte: Energiekartellrecht u. Konzessionsvergaben; Energielieferverträge, Preisstreitigkeiten, Netzregulierung, Eigenversorgung, Kundenanlagen, regulator. Kostenoptimierung; große Prozesserfahrung.

Mandate: Abfallverwertungsgesellschaft ggü. Stadtwerk zur Anpassung einer Preisänderungsklausel für gelieferte Wärme; Gasversorger zu Vertragsanpassungen; Contracting-Unternehmen umf., u.a. zu Verträgen, Kundenanlagen u. Regulierung; Dax-Unternehmen u. Tochter zu regulator. Fragen an der Schnittstelle zum Beihilferecht (Preisbremsen) sowie zur Eigenversorgung u. strateg. Ausrichtung ggü. Netzbetreibern; Versicherungsgesellschaft zu EEG-Nachzahlungen von Krankenhäusern, Aufbau eines EEG-Messkonzepts; Stadtwerk vergabe- u. energierechtl. zu Dekarbonisierung des Wärmenetzes; zahlr. Stadtwerke zu Prüfung, Verhandlung u. Anpassung von Bezugsverträgen (Strom, Gas, Wärme) u. Implementierung von Preissystemen.

NOERR

Energie: Regulierung ★★★★

Energie: Transaktionen/Finanzierung ★★★

Bewertung: Noerr hat die Marktspitze im Energiesektor fest im Blick. Die breit aufgestellte Sektorgruppe punktet insbes. mit ihrer tiefen Kenntnis des dt. Offshore-Marktes, auf dem sie neben Iberdrola neuerdings einen frz. Erzeuger umf. zum Markteintritt begleitet. Mandanten, zu denen noch Projektentwickler u. Investoren zählen, bietet sie bei Transaktionen u. Erneuerbare-Energien-Projekten die wohl etablierte Zusammenarbeit zw. den hauseig. öffentl.-rechtl. Beratern u. den Regulierungs-, Corporate-, Finanzierungs-, Litigation- u. Vertrags-experten der Kanzlei. Spezif. Projekterfahrung macht sie zurzeit im Bereich PV, Speicher u. Wasserstofferzeugung, wie Mandate u.a. für Foresight u. einen Wasserstoffhersteller belegen. Nachdem Noerr die insolvenzrechtl. geprägte Krisenberatung des Bundes zur Öl- u. Gaskrise den Wettbewerbern von CMS überlassen musste, stand sie bei Fragen der Strom- u. Gaspreisbremse u. zu Verhandlungen mit den ÜNB zu den Gesetzesvorhaben wieder fest an seiner Seite. Das Team bleibt auch weiterhin zentraler Ansprechpartner für gr. Stadtwerke u. Netzbetreiber etwa bei Konzessionen.

Oft empfohlen: Christof Federwisch, Dr. Tibor Fedke („präzise u. gleichzeitig lösungsorientiert", Wettbewerber), Dr. Christoph Spiering, Dr. Holger Schmitz, Dr. Martin Geipel („sehr guter u. kompetenter Anwalt", Mandant), Dr. Cornelia Kermel

Team: 8 Eq.-Partner, 6 Sal.-Partner, 1 Counsel, 15 Associates, 2 of Counsel

Schwerpunkte: Beratung bei ▷*M&A*- u. Private-Equity-Transaktionen, vertragsrechtl., bei Projekten u. deren ▷*Finanzierung* insbes. aus dem Bereich erneuerbarer Energien (inkl. WP- u. StB-Know-how), auch umf. zu Konzessionsverf. u. an der Schnittstelle zum ▷*Öffentl. Recht* (Verwaltungsrecht), zu Strom- u. Energiesteuern u. regulator. im Bereich Netze sowie bei (Schieds-)▷*Verfahren*.

Mandate: BMWirtschaft u. Klimaschutz zu Strom- u. Gaspreisbremse u. Verhandlungen mit ÜNB; Bund in mehreren Energie-Charta-Schiedsverf., u.a. gg. Uniper u. Mainstream wg. verändertem Offshore-Rechtsrahmen; frz. Energieversorger zu Rechtsrahmen Offshore- u. Onshore-Wind sowie PV-Anlagen u. zu Kooperationen; Iberdrola u.a. zu Offshore-Ausschreibung Nordsee; Wasserstoffhersteller umf. zu H2Global-Ausschreibungsverf. zu Ankauf von Wasserstoffderivaten; Foresight zu Konsortium mit HH2E u. HydrogenOne wg. Planung u. Bau von Wasserstoffwerk; Projektentwickler zu Verkauf von PV-Projekt; DVN in 3 Klageverf. wg. verspäteter Netzanbindung für Offshore-Windparks; Energieversorger zu Gestaltung u. Verhandlung von 2 Offshore-PPA-Verträgen; div. gr. Netzgesellschaften wie Entega, Thüga u. EAM, u.a. zu Konzessionen; Sunfire zu Lieferverträgen für Wasserstoffprojekt.

NORTON ROSE FULBRIGHT

Energie: Transaktionen/Finanzierung ★★

Bewertung: Im Energiesektor steht NRF bei Transaktions- u. Finanzierungsprojekten im Erneuerbare-Energien-Bereich trad. an der Seite internat. Investoren u. Projektierer. Ähnl. wie die Wettbewerber von Hogan Lovells berät sie ihre Mandanten zunehmend zu Offshore- u. anderen Erzeugungsprojekten auf internat. Bühne. Regulator. Know-how hält das Team ähnl. wie Linklaters u. Latham weiterhin nicht auf Partnerebene vor. Im Kontext der Gestaltung von PPAs sowie dem Interesse der Investoren an Frühphasenfinanzierungen von Energieinfrastruktur wird diese Kompetenz jedoch immer wichtiger. NRF begegnet der Marktentwicklung mit dem Zugang eines auch im Energiemarkt erfahrenen Öffentlichrechtlers auf Of-Counsel-Ebene. Damit wird die Gruppe mit Blick auf neue Asset-Klassen wie Datencenter u. Geothermie wendiger. Dieser Schritt wird allerdings nicht ausreichen, um mit Einheiten wie Hogan Lovells oder gar Taylor Wessing Schritt zu halten.

Oft empfohlen: Dr. Klaus Bader

Team: 9 Partner, 4 Counsel, 7 Associates

Schwerpunkte: ▷*M&A-Transaktionen* sowie (Projekt-)▷*Finanzierungen* v.a. bei EE-Projekten sowie zu Speicher, E-Mobility, Datencenter u. Geothermie. Aufbau einer Projektpraxis.

Mandate: Projektentwickler zu Einstieg in dt. Geothermiemarkt über Kooperationen; Norddt. Landesbank u. Santander zu Finanzierung eines span. Solarkraftwerks inkl. PPA; Greencoat Wind zu Kauf eines Anteils an Offshore-Windpark Hornsea; Investor zu dt.rechtl. Aspekten eines poln. Windparks; Finanzinvestor zu Kauf eines Solarparks inkl. Lizenz für Batteriespeicheranlage; Brightmark zu Planung u. Bau einer Pyrolyseanlage; Infrastrukturinvestor zu Kauf einer Mehrheit an Kronos Solar; Solarentwickler zu Finanzierung eines PV-Parks in Osteuropa; ww. tätiger Konzern zu Restrukturierung eines taiwan. Offshore-Windparks; ÜNB zu Verträgen für Landanbindungen von Offshore-Windparks in der Nordsee.

OPPENHOFF & PARTNER

Energie: Regulierung ★

Bewertung: Im Energiesektor tritt Oppenhoff mit einem Team an, das bislang v.a. internat. u.a. vertragsrechtl. u. zu Ankäufen von Erneuerbare-Energien-Projekten in Lateinamerika beraten hat. Hauptmandant dieser speziellen Praxis ist CEE. Aber auch für einen öffentl.-rechtl. Projektträger ist das Team tätig, das neben gesellschaftsrechtl. Kompetenz zu Planungs- u. Genehmigungsfragen von konventionellen Kraftwerken sowie Erneuerbare-Energien-Anlagen in den Bereichen Wind, Solar, Wasserstoff u. Tiefengeothermie berät. Mit dem Zugang von Schneider im Vorjahr gewinnt die Praxis deutl. an Optionen: Ihre tiefen Kenntnisse des Energievertrags- u. Energieregulierungsrechts sowie ihre Beziehungen zu Projektentwicklern, Netz- u. Anlagenbetreibern u. Versorgern öffnen Oppenhoff die Tür für größere Mandate im Energiesektor. Beim Stamm an Industriemandanten, den die Kanzlei partiell bereits zu regulator. u. steuerrechtl. Fragen der EEG-Umlage beraten hat, gelang mit dem Zugang bereits die Ausweitung der krisenbedingten Beratung etwa zu Preisbremsengesetzen.

Oft empfohlen: Dr. Carmen Schneider („schnell, effizient, exzellente Kommunikation u. Mandantenorientierung", Mandant; „sehr kompetent, fair, kollegial, langj. Erfahrung", Wettbewerber)

Team: 2 Eq.-Partner, 3 Sal.-Partner, 4 Associates

Schwerpunkte: Regulator. Beratung, etwa im Netzbereich, zu Projektentwicklungen im Erneuerbare-Energien-Sektor, v.a. Offshore u. im Energievertragsrecht, zum Bsp. bei Lieferverträgen. Transaktionen u. Projektfinanzierungen im Energiesektor mit einem Fokus auf Lateinamerika.

Mandate: Pharmaunternehmen bei Errichtung einer Freiflächen-PV-Anlage zur Eigenversorgung; CCE Group bei Realisierung mehrerer Solarparks in Chile (EPC- u. O&M-Verträge); Generalunternehmer zu Planung, Errichtung u. Bewirtschaftung eines schwimmenden LNG-Terminals; AustriaEnergy bei Strukturierung des JV mit Ökowind u. Copenhagen Infrastructure Partners (Wasserstoff/Power-to-X); Pumpenhersteller u. Lebensmittelunternehmen zu Energiepreisbremsen; PV-Entwickler bei Markteintritt in Dtl.; Netzbetreiber umf. energierechtl., u.a. zu EEG, KWKG, Redispatch 2.0 u. Verträgen; VSE laufend.

Anwaltszahlen: Angaben der Kanzleien, wie viele Anwälte zu mind. ca. 50% in diesem Gebiet tätig sind. Sie spiegeln nicht zwingend die Gesamtgröße einer Kanzlei wider.

OPPENLÄNDER

Energie: Regulierung ★★

Bewertung: Das Energieteam der Stuttgarter Kanzlei steht in erster Linie für sein oft ▷*kartellrechtl.* geprägtes Geschäft sowie eine starke Litigation-Praxis. Mit ihrer Erfahrung überzeugen die Anwälte immer wieder neue Mandanten, zuletzt etwa Equinor, die ein Team um Hahn kartellrechtl. zur Gründung mehrerer Joint Ventures mit EnBW zur Bewerbung um die neuen Offshore-Flächen in der Nord- u. Ostsee hinzuzog. Für langj. Prozesserfahrung sowie tiefes vertragsrechtl. Know-how steht neben dem zunehmend empfohlenen Weitner v.a. Köhler, der auch regelm. als Schiedsrichter in DIS-Verfahren eingebunden wird. Letzterer stand zuletzt zahlr. Mandanten im Zshg. mit den Preisverwerfungen am Energiemarkt zur Seite. Ein Bsp. dafür ist bmp greengas, die sich gg. die Preisanpassungen von Biogasanlagenbetreibern sowie die Änderung div. Biomethan-Lieferverträge wehrt.

Oft empfohlen: Prof. Dr. Markus Köhler, Dr. Andreas Hahn („ein echter Kämpfer", Wettbewerber), Dr. Malte Weitner („umsichtig, kompetent, sehr gut", Wettbewerber)

Team: 5 Eq.-Partner, 4 Associates

Schwerpunkte: Energiekartell-, Energievertrags- u. Energieregulierungsrecht in allen relevanten Netzinfrastrukturen; klarer Fokus auf Preisstreitigkeiten, dazu auch DIS-Schiedsverfahren sowie Prozessführung vor ordentl. Gerichten; Transaktionen inkl. Fusionskontrolle; insges. Infrastrukturberatung über Energiesektor hinaus, auch im Wasser- u. im ▷*Verkehrssektor*.

Mandate: bmp greengas umf., u.a. bei Abwehr zahlr. Preisanpassungsansprüche von Biogasanlagenbetreibern u. Änderung div. Biomethan-Lieferverträge; EnBW umf., u.a. kartell- u. fusionskontrollrechtl. bei geplantem Anteilsverkauf an ‚He Dreiht' an Konsortium um Allianz Capital Partners; Equinor kartellrechtl. zu JV-Gründungen mit EnBW zur Bewerbung um neue Offshore-Flächen in Nord- u. Ostsee; Fluxys Dtl. bei Klage gg. BNetzA zu Festlegungen Regent u. Amelie 2020 u. 2021 (BGH bzw. OLG D'dorf); Siemens Energy Global kartell- u. fusionskontrollrechtl. bei Gründung eines JV mit Iqony zur Produktion von grünem Wasserstoff.

OSBORNE CLARKE

Energie: Regulierung ★★★

Energie: Transaktionen/Finanzierung ★★

JUVE 2023 AWARDS
Kanzlei des Jahres für Energiewirtschaftsrecht

NOMINIERT
JUVE Awards 2023
Kanzlei des Jahres für Regulierung

Bewertung: Im Energiesektor ist OC v.a. rd. um den Bau u. die Finanzierung von Erneuerbare-Energien-Anlagen eine zunehmend bedeutende Adresse. U.a. Projektentwickler wie Abo Wind, Finanzierer wie die Dt. Anlagen-Leasing u. Industrieunternehmen wie BASF setzen auf die vertragsgestaltenden Fähigkeiten von Breuer. Sein Team u. ihn nehmen Mandanten insbes. als PPA-Wegbereiter wahr u. schätzen sie als „stets effizient, lösungsorientiert u. sehr nah am Markt". Explizit heben sie zudem die gute Nachwuchsarbeit hervor. Die Transaktionen u. Projektfinanzierungen, an denen die Anwälte beteiligt sind, werden zunehmend größer u. internationaler, bspw. für Enerparc beim Verkauf von 5 Solarparkportfolios mit Parks in Dtl., Spanien, Portugal u. Australien. Durch den Zugang der anerkannten von Bremen stellt sie sich nun für die Beratung zu Digitalisierungsprojekten sowie für die Vertretung in Verwaltungsverf. noch besser auf. Auf die positive Entwicklung hat OC nun strukturell reagiert u. die Gruppe aus der Corporate-Praxis herausgelöst u. als eigene Praxisgruppe aufgestellt.

Oft empfohlen: Dr. Daniel Breuer („sehr tiefes Wissen bei allen Fragen zur Entwicklung von Erneuerbare-Energien-Anlagen", „sehr angenehme Zusammenarbeit", Wettbewerber), Anna von Bremen („hervorragende Fachkenntnis, gr. wirtschaftl. Verständnis, exzellenter Service; unsere Go-to-Anwältin im Energiewirtschaftsrecht", Mandant)

Team: 6 Partner, 5 Counsel, 12 Associates

Partnerwechsel: Anna von Bremen (von Raue)

Schwerpunkte: Beratung zu ▷*M&A* u. ▷*gesellschaftsrechtl.* bei erneuerbaren Energien, kapitalmarktrechtl. u. zu Finanzierungen. Kommerzielle u. regulator. Streitigkeiten, zu Projektentwicklung u. Ausschreibungsverfahren sowie EEG-Direktvermarktung u. Regulierungsfragen sowie zum Energievertragsrecht.

Mandate: ABO Wind umf. regulator., u.a. zu PPAs mit Industriekunden u. bei Pilotprojekt zur Erzeugung von grünem Wasserstoff aus Windkraftanlage; BASF enviam Solarpark Schwarzheide bei PPA-basierter Finanzierung; Obton umf., u.a. bei Transaktion u. Entwicklung von Batteriespeicherprojekten mit Kyon; CloudHQ bei Entwicklung eines Rechenzentrums; Dt. Leasing Finance u. Dt. Anlagen-Leasing umf., u.a. zu PPAs u. bei Solarprojektfinanzierungen; Enerparc bei Verkauf von 5 Solarparkportfolios mit Parks in Dtl., Spanien, Portugal, Australien; EK gg. mehrere Stadtwerke in 16 Verf. vor EU-Gericht zum E.on/RWE-Deal; Solizer bei Transaktionen im PV-Bereich; Enervie zu Energiehandel/Stromvermarktung; GP Joule, u.a. zu Verträgen.

PINSENT MASONS

Energie: Regulierung ★★

Bewertung: Die Energiepraxis von PM ist sowohl aufseiten der Industrie als auch für Stadtwerke u. kommunale Netzgesellschaften tätig. Ihre Mandanten berät sie regelm. regulator. u. gemeinsam mit den ▷*beihilfe-* u. vergaberechtl. Experten zu innovativen Themen. So war kaum ein anderes Team zuletzt so intensiv strateg.-konzeptionell u. in der konkreten Umsetzung mit dem Thema Wasserstoff befasst wie die PM-Anwälte. Mandate von Getec Energie u. Entega zu Projekten zur Produktion von Wasserstoff sowie die Beratung von AWG zur gepl. Erweiterung ihres Elektrolyseurs inkl. PPA, belegen die intensive Auseinandersetzung der Gruppe mit dem Großthema Dekarbonisierung. Auch Industrieunternehmen wie Hamburger Rieger setzen dazu zunehmend auf die Erfahrung von Gödeke u. seinem Team. Bei der Entwicklung von Erneuerbare-Energien-Projekten spielt regelm. die Vernetzung mit den internat. Kollegen eine wichtige Rolle, zum Bsp. mit Luxemburg bei der Beratung von Kronospan. Auch die Schnittstelle zum ▷*TK-Recht* ist sehr gut etabliert, was in Mandaten im Bereich Smart Metering, Smart Cities oder beim Ausbau von Kommunikationsinfrastrukturen zum Tragen kommt.

Oft empfohlen: Dr. Sönke Gödeke („sehr geschätzter Kollege mit hoher Branchenkenntnis u. fachl. Kompetenz", Wettbewerber), Dr. Frhr. Valerian von Richthofen

Team: 7 Partner, 2 Counsel, 7 Associates

Schwerpunkte: Umf. regulator. ggü. Behörden, lfd. energievertragsrechtl., zu Umstrukturierungen u. bei Projektentwicklungen an der Schnittstelle zum Öffentl. Recht, v.a. für Stadtwerke u. große Industriekunden, auch zum EEG oder zur Direktvermarktung; vergaberechtl. zu Konzessionen.

Mandate: Hamburger Rieger umf. bei Dekarbonisierung ihrer Standorte; Getec Energie, u.a. zu Preisbremsen u. Wasserstoffprojekt; AWG Wuppertal, u.a. zu Ausbau der Wasserstoffproduktion; HomeServe beim Markteintritt in Dtl. durch Kauf von Barella u. Egly; Cabb umf., u.a. zu mögl. Exit von Permira; Entega bei Wasserstoffprojekt als Teil einer konzernw. Strategie zur Sektorenkopplung; Lok-Viertel Osnabrück umf. bei Smart-City-Projekt; Everfuel umf. regulator.; lfd.: Kronospan, ACO Ahlmann.

POSSER SPIETH WOLFERS & PARTNERS

Energie: Regulierung ★★★

Bewertung: Die Boutique ist, anders als Leitfeld u. Rosin Büdenbender, strikt auf die öffentl.-rechtl. Beratung im Energiesektor fokussiert. Mit diesem Zuschnitt zählt das Team um die erfahrenen Partner Spieth u. Hellermann zu den marktführenden Beratern v.a. bei der Offshore-Wind-Regulierung sowie bei Wasserstoffthemen. Diese Einschätzung belegt nicht zuletzt die langj. Arbeit für Ørsted, die PSWP aktuell umf. zum Ausschreibungsverf. für Offshore-Flächen durch die BNetzA berät. Ähnl. wie Redeker gelingt es dem Team, den Erneuerbare-Energien-Boom auch im Bereich der Onshore-Wind- sowie der Wärmeenergieprojekte für den Gewinn neuer Mandate zu nutzen. Mit einer Salary-Partner-Ernennung stärkt sie ihren klass. Beratungsansatz.

Stärken: Sehr große Erfahrung bei der Sanierung von Tagebauen u. bei Entschädigungsvereinbarungen wg. gesetzl. Ausstiegspflichten. Mit polit.-strateg. Gespür u. technischem Verständnis ausgestattete Partnerriege.

Oft empfohlen: Dr. Wolf Spieth, Dr. Herbert Posser, Niclas Hellermann

Team: 4 Eq.-Partner, 1 Counsel, 14 Associates

Schwerpunkte: Offshore-Windparkprojekte, u.a. hinsichtl. Planung, Regulierung u. rechtl. Projektsteuerung; auch kleinteilige Energiemarktregulierung Strom u. Gas; Netzausbau für Übertragungsnetzbetreiber wg. gr. umwelt- u. planungsrechtl. Kompetenz; regelm. Verfassungsrecht (▷*Öffentl. Recht*).

Mandate: Energieerzeuger umf. zu gr. Onshore-Wind-Projekt; Energieerzeuger zur Realisierung der Wärmewende in einer dt. Großstadt; Ørsted lfd. regulator. zu Offshore-Windparkprojekten u. zum Netzanschluss von grünem Wasserstoff, zuletzt v.a. zu Ausschreibungssystemen der BNetzA; Amprion zu Zulassung 2er Erdkabel-Offshore-Anbindungssysteme; EnBW im Offshore-Windbereich; Leag gg. BUND wg. Vorsorgekonzept zur Wiedernutzbarmachung der Tagebaue; PNE, Strabag u. Mainstream zu 2. Verfassungsbeschw. gg. WindSeeG; RWE zum Braunkohleausstieg u. gg. Peru in Streit wg. Folgen des Klimawandels; finn. Unternehmen zur Markteinführung von Renewable Diesel.

PRICEWATERHOUSECOOPERS LEGAL

Energie: Regulierung ★★★

Bewertung: Im Energiesektor kommt die Praxis immer besser in Schwung. Mandate für den Bund zum Einstieg bei ÜNBs sowie zum krisenbed. Aufbau der nationalen LNG-Versorgung belegen nicht nur die

Anwaltszahlen: Angaben der Kanzleien, wie viele Anwälte zu mind. ca. 50 % in diesem Gebiet tätig sind. Sie spiegeln nicht zwingend die Gesamtgröße einer Kanzlei wider.

zunehmende Mandatsqualität. Insbes. auch die wachsende Verzahnung der energierechtl. Berater mit anderen jurist. Fachbereichen der Big-Four-Gesellschaft machen den Qualitätssprung deutlich. Mit den hauseigenen Bau- u. Gesellschaftsrechtlern sowie den Insolvenzspezialisten arbeitet das Team insbes. in energierechtl. geprägten Restrukturierungmandaten der energieintensiven Industrie zusammen. Auf deren Seite hat sich Küper bereits vor der krisenbed. wachsenden Nachfrage nach Beratung zu den Preisbremsengesetzen einen Namen gemacht. Unternehmen wie Westfleisch mandatieren das Team etwa zur Neuausrichtung ihrer Energieversorgung. Das Kooperationsprojekt einer Stahlhütte, eines Stadtwerks u. einer Molkerei zu einem gemeinschaftl. Projekt zur Vermarktung von Prozesswärme zeigt das Potenzial der Gruppe. Die hat nicht nur ihre Führungsstruktur von 2 auf 4 Partner erweitert, sondern auch qualif. Nachwuchs u.a. von einer renommierten Energieboutique gewinnen können.

Stärken: Nahtlose Zusammenarbeit mit den Steuerberatern u. Wirtschaftsprüfern.

Oft empfohlen: Peter Mussaeus, Michael Küper („guter Überblick", Mandant; „fachl. hervorragend", „tiefes wirtschaftl. Verständnis", Wettbewerber), Dominik Martel („kreativer Anwalt im Regulierungsrecht", Mandant)

Team: 2 Eq.-Partner, 2 Sal.-Partner, 12 Counsel, 15 Associates

Schwerpunkte: Dezentrale Energieversorgung für Stadtwerke, Industrie u. Immobilienwirtschaft; strateg. Regulierungsberatung in Verbindung mit Advisory-Abteilung u. in europ. Vernetzung; weiterhin: umf. klass. Energiewirtschaft u. Verbraucher, u.a. auch in Prozessen (u.a. Regulierungsverf. BNetzA, Contracting) u. zu erneuerbaren Energien (EEG-Umlage, bes. Ausgleichsregelung, Stromsteuer).

Mandate: BMWirtschaft u. Klimaschutz, u.a. vertragl. u. regulator. zu LNG-Projekten sowie regulator. u. gesellschaftsrechtl. zu Anteilserhöhung u. Einstieg bei ÜNBs; BDEW zu Thema Soforthilfe Energiepreise ggü. Mitgliedern; Mineralölkonzern regulator., u.a. Umsetzung der Energiepreisbremsen; Westfleisch zu Bau einer KWK-Anlage u. Neuausrichtung der Energieversorgung; Stahlhütte, Stadtwerk u. Molkerei umf. zu gemeinschaftl. Wärmeprojekt; Progroup zu Strompreiskompensation; Dortmunder Stadtwerke zu Umsetzung der Energiepreisbremse; H&R Chem.-Pharmazeutische Spezialitäten zu Emissionshandel u. wg. Scheibenpachtklage; Initiative Energie Speichern umf. zum Gesetzgebungsverf. der Gasspeicherregulierung; Industriekonzern zu Fragen der Versorgungssicherheit; Industrieunternehmen zu Energiemanagement u. Compliance; ÜNB zu regulierungs- u. wegerechtl. Themen; VNG energie- u. insolvenzrechtl. wg. Beschaffungskrise.

RAUE

Energie: Regulierung ★★★★

Bewertung: Im dyn. Marktumfeld des Energiesektors glänzt die Praxis der Berliner Kanzlei Jahr für Jahr mit ihrer tiefen regulator. Kenntnis u. ihrer langj. Prozesserfahrung. So vertrat das Team zuletzt div. Erneuerbare-Energien-Erzeuger bei Verfassungs- bzw. Beihilfebeschwerden gg. die Erlösabschöpfung. Daneben baute sie für Mandanten wie EnBW die konzessionsrechtl. Beratung u. Vertretung aus. Mandate wie die Tätigkeit für den Wasserstoffprojektentwickler HH2E demonstrieren die gute fachübergr. Zusammenarbeit, zum Bsp. mit den Gesellschaftsrechtlern. Auch bei Zukunftsthemen wie der Digitalisierung im Energiesektor ist sie regelm. gesetzt, zum Bsp. für Caeli Wind beim Aufbau eines Onlinemarktplatzes zur Ausschreibung von Flächen für die Windenergieerzeugung. U.a. für diesen Bereich ist der Abgang der gerade erst zur Eq.-Partnerin ernannten von Bremen allerdings ein Schlag ins Kontor.

Oft empfohlen: Christian v. Hammerstein („macht einen fantast. Job", Wettbewerber), Dr. Bernd Beckmann („herausragende Anwaltspersönlichkeit", Wettbewerber), Dr. Stephan Koch, Dr. Hans Heller, Dr. Michael Bergmann

Team: 7 Eq.-Partner, 1 Sal.-Partner, 4 Associates

Partnerwechsel: Anna von Bremen (zu Osborne Clarke)

Schwerpunkte: Erfolgr. Regulierungspraxis, neben Verwaltungsverf. auch Energievertrags- u. Energiekartellrecht, insbes. Konzessionen; sehr prozesserfahren u. strateg. versiert; Projekterfahrung für Gasspeicher-, Pipeline- u. Kraftwerksprojekte, Erneuerbare Energien, auch an der Schnittstelle zu Corporate/M&A.

Mandate: Bundesverband Solarwirtschaft zu Gutachten zur Verfassungs- u. Europarechtswidrigkeit der Erlösabschöpfung u. zahlr. Erneuerbare-Energien-Erzeuger zu Beihilfe- bzw. Verfassungsbeschwerden dagegen; Elysium Solar umf., u.a. bei Einstieg der Commerz Real in Agri-Photovoltaik-Projekt; HH2E bei Finanzierungsrunde (ca. €500.000); Caeli Wind zu Onlinemarktplatz zur Ausschreibung von Windpotenzialflächen; EnBW, Envia in Konzessionsverfahren; Iqony zur Strompreisbremse; Lichtblick umf., u.a. bei Kauf Solarpark Calbe u. in Prozessen; Emagis, u.a. zu PPAs u. Smart Metering.

REDEKER SELLNER DAHS

Energie: Regulierung ★★

Bewertung: Die Spezialkanzlei, deren Stärken v.a. im ▷*Öffentl. Wirtschaftsrecht* u. im ▷*Baurecht* liegen, ist im Energiesektor insbes. für ihre Erfahrung im Anlagenbau bekannt. Stromerzeuger wie RWE setzen sowohl bei konventionellen Kraftwerken, aber auch zunehmend bei nationalen Erneuerbare-Energien-Projekten, inkl. Offshore-Wind auf das Team. Das Wasserstoffgroßprojekt H2Global, zu dem RSD fachübergr. berät, ist ein Bsp., das die funktionierende Schnittstelle zum Beihilferecht im regulierten Energiesektor belegt. Das Potenzial der regulator. Beratung als Ergänzung oder Ausgangspunkt für weitere Großmandate im Sektor liegt bei RSD noch weitgehend ungehoben. Mit Gerstner verfügt die Gruppe über einen ausgewiesenen Regulierer, dessen Angebot u.a. im Bereich Redispatch u. Energiesicherheit ebenfalls auf Anlagenbetreiber zugeschnitten ist. Ein Counsel berät erste Mandanten zu den in ihrer Bedeutung wachsenden Energievertragsthemen. Insbes. auch sein tiefes Verständnis der europ. Energieregulierung ist für Mandanten interessant.

Oft empfohlen: Prof. Dr. Olaf Reidt, Dr. Ulrich Karpenstein, Dr. Stephan Gerstner („seit vielen Jahren auf Regulierungsrecht spezialisiert", Wettbewerber), Dr. Frank Fellenberg („souveräne Beratung", Wettbewerber), Dr. Gernot Schiller

Team: 5 Eq.-Partner, 1 Counsel, 4 Associates

Schwerpunkte: Anerkannte Stärke im ▷*Öffentl. Recht* (Umwelt u. Planung sowie Verfassungsrecht) u. ▷*Baurecht*, Planung u. Bau von Kraftwerksprojekten u. Netzen, zunehmend im Kontext erneuerbarer Energien für Projektentwickler; umf. energieregulator. im Rahmen diskriminierungsfreier Bewirtschaftung von Industriestandorten, darunter Häfen, Immobilien, Industrieparks; erfahren in Prozessen vor ordentl. Gerichten in Dtl. u. der EU sowie Schiedsgerichten.

Mandate: RWE zu div. Anlagenprojekten, u.a. Wasserstoffanlage, Elektrolyse u. GuD-Kraftwerk Voerde u. zu gepl. PV-Anlagen auf stillgelegten Tagebauflächen wie Hambach; 50Hertz, u.a. regulator. in div. Klageverf., u.a. zu Redispatch u. Notfallmaßnahmen sowie planungsrechtl. zu Offshore-Anbindung Gennaker; Vattenfall Wärme zu Altanlagenförderung; BNetzA gg. Acer, u.a. wg. Kostenteilungsmethode im europ. Strombinnenmarkt; Immobilienentwickler zu Eigenversorgungskonzepten; div. kommunale Energieversorger zum Anlagenbegriff u. zu Fördermechanismus der erneuerbaren Energien; div. Industrieunternehmen beratend u. in Klageverf. zur Begrenzung der EEG-Umlage wg. Insolvenz u. Umstrukturierung.

RITTER GENT COLLEGEN

Energie: Regulierung ★★★

Bewertung: Die Kanzlei hat ihren festen Platz an der Seite energieintensiver Unternehmen sowie ihrer Verbände, die sie umf. zu regulator. Neuerungen im Sektor berät. Im Zuge der Energiepreiskrise standen Themen wie Gasmangellage u. Übererlösabschöpfung ebenso im Zentrum des Mandanteninteresses wie konzeptionelle Beschaffungsfragen. Mandanten sehen RGC weiterhin als „Nummer 1 im Markt" für „moderne, CO2-einsparende Versorgungskonzepte mit Erneuerbare-Energien-Anlagen und PPA". Das Team um Gent wird für seinen „punktgenauen" Rat u. seinen „außergewöhnl. energiewirtschaftl. Sachverstand" von Mandanten gelobt.

Oft empfohlen: Prof. Dr. Kai Gent, Yvonne Hanke („macht einen beeindruckend guten Job", Mandant)

Team: 5 Partner, 7 Associates

Schwerpunkte: Mischung aus individueller Beratung u. Verkauf von digit. Dienstleistungen über Service-GmbH; regulierungs- u. vertragsrechtl. Beratung v.a. für mittelständ. u. große Unternehmen aus energieintensiven Branchen sowie Behörden, zunehmend an der Schnittstelle zum Klimaschutzrecht, hier CO2-neutrale Eigenstromversorgung sowie Regulierung u. Gestaltung des Wasserstoffmarktes; Compliance-Beratung im Energiesektor.

Mandate: Linde lfd. energie- u. klimaschutzrechtl.; mehr als 300 Unternehmen u. Verbände, darunter Dt. Brauer-Bund, KWS Saat, Industrieverband Massivumformung zur Energiepreiskrise, Übererlösabschöpfung u. Energiemangellage; zahlr. Unternehmen, darunter Diehl Stiftung, Kaeser Kompressoren, Schwenk Zement zu PPA; Flughafen Hannover-Langenhagen zu Restrukturierung des Stromnetzes; GMH-Gruppe umf. energierechtl.; Chemische Fabrik Budenheim umf. energierechtl., zu Lieferverträgen, Energiemangel, Compliance; PHW-Gruppe, Raiffeisen zu PV-Vorhaben.

RITTERSHAUS

Energie: Regulierung ★

Bewertung: Im Energiesektor hat Rittershaus zuletzt v.a. einen gr. Energieversorger im regionalen Erneuerbare-Energien-Projektgeschäft umf. unterstützt. Daneben ist die Gruppe für namh. internat. Projektentwickler im Stil einer ausgela-

Anwaltszahlen: Angaben der Kanzleien, wie viele Anwälte zu mind. ca. 50% in diesem Gebiet tätig sind. Sie spiegeln nicht zwingend die Gesamtgröße einer Kanzlei wider.

gerten Rechtsabteilung tätig. Neben der Schnittstelle zum ▷*Baurecht* ist ihr Ansatz insbes. im Öffentlichen Wirtschaftsrecht zu verorten. V.a. kommunalrechtl. Bezüge, Genehmigungsverf., aber auch Normenkontrollanträge prägen das Angebot, das auch die vertragsrechtl. Beratung mit engem Bezug zu den Anlagenvorhaben kennt. Neben einzelnen regulator. Mandaten gelingt es Rittershaus darüber hinaus allerdings noch kaum, die vorhandenen Fähigkeiten besser mit den anderen Bereichen der Kanzlei zu verzahnen. Potenzial liegt in der Zusammenarbeit mit der M&A-Praxis, die beste Kontakte u.a. zu einem Infrastrukturinvestor pflegt, der v.a. in Wasserkraftwerke investiert.

Team: 5 Eq.-Partner, 5 Associates

Schwerpunkte: Projektentwicklung inkl. Grundstückssicherung, Bauleitplanung, Naturschutzrecht, Grundstücksrecht, Vertragsgestaltung u. verwaltungsgerichtl. Vertretung; Energievertragsrecht; M&A im Energiesektor.

Mandate: Ww. führender Energieerzeuger zu Erneuerbare-Energien-Projekten in Thüringen; internat. Projektentwickler als ausgelagerte Rechtsabteilung für Projektierung von Erneuerbare-Energien-Anlagen; div. Industrieunternehmen zur Gasmangellage; mittelständ. Logistiker zu Energiepreisgesetzen; New Erneuerbare Energien zu Preisanpassungen Gas; EHG Energie Handel lfd., u.a. zu Verträgen u. insbes. Strompreisanpassungen; Gutsbesitzer im Chiemgau zu Photovoltaikprojekt; öffentl.-rechtl. Träger in Normenkontrollverf. gg. Regionalplan; Renaio Infrastrukturfonds zu Kauf von Wasserkraftwerken in Dtl. u. anderen Alpenanrainern; Stadt zu strateg. Handlungskonzept für den Erneuerbare-Energien-Ausbau.

RÖDL & PARTNER

Energie: Regulierung ★★

Bewertung: Wichtige Standbeine der MDP-Kanzlei im Energiesektor sind nach wie vor die Vertretung von Mandanten in Prozesskostengemeinschaften (PKG) sowie die Beratung von Stadtwerken, Städten u. Gemeinden im Konzessionsgeschäft. Zuletzt weitete sie ihren Fokus auf die Privatwirtschaft aus: Mandanten wie ein Türenhersteller vertrauten ihr im Zshg. mit den Energiepreisbremsen u. profitierten dabei von der engen Vernetzung mit den Wirtschaftsprüfern u. Steuerberatern. Ein neuer Partner von Becker Büttner Held bringt zudem umweltrechtl. Know-how mit, das u.a. die Beratung zu Geothermieprojekten ergänzt.

Team: 1 Eq.-Partner, 3 Sal.-Partner, 9 Counsel, 7 Associates

Partnerwechsel: Guido Morber (von Becker Büttner Held)

Schwerpunkte: Stadtwerke, Städte u. Gemeinden regelm. zu Rekommunalisierungsvorhaben, überörtl. Netzgemeinschaften u. Konzessionsvergaben; Regulierungsprozesse in Prozesskostengemeinschaften; Energiekartellrecht u. vertriebsnahe Fragen des Energierechts. Öffentl.-rechtl. u. Unternehmen der Privatwirtschaft regulator. bei Kostenoptimierung inkl. Energiesteuern; zudem Energievertragsrecht u. Prozesse/Schiedsverfahren.

Mandate: Enni umf. bei Kauf eines Tiefbauunternehmens; Universität Bayreuth zu JV mit Stadtwerk; 60 u. 50 Netzbetreiber in PKG (BGH); Gasversorger in DIS-Schiedsgerichtsverf. zu Gaslieferverträgen; Flughafen regulator. zur Umsetzung von PV-Projekten; Automobilzulieferer zu Strom-/Energiesteuer; Türenhersteller zu Gaspreisbremse; Gemeinde bei Umsetzung eines Windenergieprojektes; div. Stadtwerke lfd. energierechtlich.

ROSIN BÜDENBENDER

Energie: Regulierung ★★★★

Energie: Transaktionen/Finanzierung ★

Bewertung: Die Energieboutique aus Essen hat mit der Aufnahme eines M&A-Partners ihre Ambitionen untermauert, stärker auch ins sektorbezogene Transaktionsgeschäft vorzustoßen. V.a. die Beratung der SV SparkassenVersicherung Holding zum Einstieg beim Übertragungsnetzbetreiber TransnetBW hat Wettbewerber überrascht, belegt aber auch, dass die Kanzlei sich nicht zu Unrecht Chancen in diesem Marktsegment ausgemalt hat. Grundsätzl. bleibt Rosin Büdenbender allerdings eine Kanzlei für die Hochreck-Regulierungsberatung im Energiesektor, die v.a. auf der Seite der Netzindustrie steht, mit Mandaten wie dem der Agora Energiewende aber belegt, dass sie auch die Perspektive wechseln kann.

Oft empfohlen: Dr. Peter Rosin („sehr großer Erfahrungsschatz im Energiewirtschaftsrecht", „Überblick zu grundlegenden Tendenzen u. Entwicklungslinien", „sehr gut vernetzt", Mandanten), Dr. Kristin Spiekermann, Jana Michaelis, Christina Will („sehr gute Kenntnis des Energiewirtschaftsrechts", „schnelle u. verständliche Aufbereitung von Einzelfragen", Mandanten über beide), Wiegand Laubenstein

Team: 6 Eq.-Partner, 4 Associates, 3 of Counsel

Schwerpunkte: Regulierungsberatung vor allem für Netzbetreiber, strateg. u. in Prozessen vor Verwaltungs- u. Zivilgerichten, inkl. Schiedsverf.; viel Erfahrung auch im Energievertriebsrecht; daneben Großprojekte, auch Transaktionsbegleitung.

Mandate: Sparkassen zu Kauf eines Minderheitsanteils an EnBW-Tochter TransnetBW; BMWirtschaft u. Klimaschutz zu Beschaffung von Gas u. Öl; E.on zu Kauf von Handwerksbetrieb Heizung u. Sanitär u. lfd. in Klageverf. zu Fernwärme u. andere energievertriebl. Themen; 2 Stadtwerke zu Verpachtung von Netz- u. Vertriebsgesellschaften an Mark-E; BDEW zu Preisbremsengesetzen; Entwickler zu Projektierung von PV-Anlagen; ÜNBs in Klageverf. ggü Stromabnehmern zu Eigenversorgungs- u. Scheibenpachtmodellen; Agora Energiewende zu Studie zum Ordnungsrahmen Gasverteilnetze; EU-Kommission zu beihilferechtl. EuGH-Verf.; Gesellschafter einer Eigenstrom-GbR in Beschwerdeverf. vor der EU-Kommission; Industriekunden u. Stadtwerke zur Gasmangellage; div. Netzbetreiber, darunter u.a. Open Grid Europe u. Netze BW, in Beschwerdeverf. gg. div. BNetzA-Festlegungen; Gasspeicherbetreiber zu Fragen der Versorgungssicherheit.

SCHULZ NOACK BÄRWINKEL

Energie: Regulierung ★

Bewertung: Ihr Ziel, breiter im Energie- u. Infrastruktursektor zu beraten, nimmt in der kleinen Praxis weiter Form an: Ausgangspunkt der Entwicklung sind Mandate zur Quartiersentwicklung sowie das eines Netzbetreibers, den die Kanzlei zur Ansiedlung eines energieintensiven Industriestandorts zu Netzanschlussfragen begleitet. Das klass. Energierecht ergänzt dabei eine auf Vertragsgestaltungsfragen spezialisierte Partnerin. Aber auch auf der Seite eines Stadtwerks, dessen Energiebeschaffung im Zuge der Energiekrise hohe Kosten verursachte, ist Schulz Noack tätig. Hier übernahm ein Gesellschaftsrechtler die Compliance-Beratung zu Haftungsfragen. Grundsätzl. bleibt das Team seiner Stammmandantschaft treu, zu der insbes. E.on-Netztöchter wie E.DIS u. Schl.-Holst. Netz (marktbekannt) gehören, die im Konzessions- u. Energievertragsrecht sowie bei Netzanschlussfragen auf die Praxis setzen. Krisenbedingt gelang es, alte Mandatsbeziehungen aus dem Vertriebsbereich zu reaktivieren, wo sich v.a. regulator. Fragen zu den Preisbremsengesetzen u. zu Möglichkeiten der vertragl. Preisanpassung stellen.

Stärken: Viel Erfahrung im Konzessionsrecht.

Oft empfohlen: Dr. Olaf Schulz-Gardyan, Martin Stangl, Andreas Bremer

Team: 3 Eq.-Partner, 1 Counsel, 2 Associates, 1 of Counsel

Schwerpunkte: Konzessionsrecht für Netzbetreiber; EEG-Themen sowie im Aufbau: Eigenstromkonzepte u. Kundenanlagen für Quartierslösungen; viel Erfahrung mit langfr. Energielieferverträgen; Prozesse.

Mandate: Gasversorger zu Vertragsstreitigkeiten; Netzbetreiber ggü. BNetzA zu vermiedenen Netzentgelten für Einspeisung aus Speichern; Stadtwerk zu Fragen Compliance-System bei Energiebeschaffung; Netzbetreiber zu Netzanschluss für gr. Industrieansiedlung; Netzbetreiber zu Netzanschlussthemen sowie zu internat. Stromtransit; Quartiersentwickler zu Kundenanlage.

TAYLOR WESSING

Energie: Regulierung ★★

Energie: Transaktionen/Finanzierung ★★★

Bewertung: Im Energiesektor ist TW für ihre Erfahrung mit Erneuerbare-Energien-Assets im Markt bekannt. Deren Kauf u. Verkauf, zunehmend auch in der Frühphase der Projektentwicklung von PV- u. Onshore-Wind-Projekten, gehört weiterhin zu den Kerndienstleistungen der Praxis um Bartholl. Insges. gelang den Anwälten zuletzt insbes. die bessere Verzahnung mit der Projektpraxis um Pochhammer, etwa zum Bau u. zum Betrieb von Erneuerbare-Energien-Anlagen für Mandanten wie CEE sowie im Bereich Datencenter, zu deren Netzanschlussthemen der Regulierungsfachmann Böhme berät. Mit weiteren Mandaten für Industriekonzerne u. Stadtwerkegesellschaften ist seine regulator. u. energievertragsrechtl. Praxis Beleg für die wachsende Bedeutung des Regulierungsrechts als Schnittstelle zw. der Transaktions-, Finanzierungs- u. Projektentwicklungsberatung im Energiesektor. Mit seiner Ernennung zum Partner ist die Praxis insbes. Wettbewerbern wie Norton Rose einen deutl. Schritt voraus. Der nun ausgewogene Praxisaufbau, der an Hogan Lovells u. Osborne Clarke erinnert, ließe auch ein verstärktes Engagement im Boombereich Offshore-Wind zu.

Oft empfohlen: Carsten Bartholl, Dr. Janina Pochhammer, Dr. Tillmann Pfeifer, Dr. Markus Böhme („fundiertes Fachwissen u. lösungsorientiert", Mandant; „immer auf den Punkt", Wettbewerber)

Team: 10 Eq.-Partner, 5 Sal.-Partner, 7 Associates, 1 of Counsel

Schwerpunkte: Beratung im Energievertragsrecht sowie zu ▷*M&A* u. Finanzierung (▷*Kredite u. Akqu.fin.*) insbes. von EE-Projekten; Regulierungsberatung von Versorgern, Netzbetreibern, Industriemandanten; Vertretung in Prozessen;

Anwaltszahlen: Angaben der Kanzleien, wie viele Anwälte zu mind. ca. 50% in diesem Gebiet tätig sind. Sie spiegeln nicht zwingend die Gesamtgröße einer Kanzlei wider.

Beratung zu Kraftwerksprojekten von Planung über Projektfinanzierung bis zum Nachtragsmanagement.
Mandate: CEE Group lfd. zu Erneuerbare-Energien-Projekten, zuletzt u.a. zu Solarpark inkl. PPA, Bau- u. Lieferverträgen sowie Claimsmanagement; Encavis zu Erneuerbare-Energien-Projekten, u.a. Kauf u. Verkauf von Solar- u. Windparks in Europa; Industriekonzern zu PPA; Netzbetreiber zur Zulässigkeit von Grundpreisen u. Vorbereitung auf Prozesstätigkeit; internat. Techkonzern, u.a. zu langfristigen Lieferverträgen sowie umf. zu Planung u. Bau von Datencentern inkl. Netzanschlussthemen; Investmentvehikel zu PV-Aufdachanlagen; Projektentwickler umf., u.a. zu PPAs für Solarparks; Wasserstoffspezialist zu Markteintritt insbes. vertragl.; lfd. Vestas.

WATSON FARLEY & WILLIAMS

Energie: Regulierung ★
Energie: Transaktionen/Finanzierung ★★★★

Bewertung: Die Praxis steht für langj. Know-how bei Transaktionen u. Finanzierungen im Energiesektor. Insbes. bei Projekten im boomenden Offshore-Sektor kann WFW einen herausragenden Trackrecord vorweisen. Zuletzt begleitete sie zum Bsp. Goldman Sachs bei der Finanzierung des Kaufs von 49% der Iberdrola-Anteile an ‚Wikinger' durch EIP. Auch zu anderen Energie-Assets beraten die Anwälte kenntnisreich von der Entwicklung bis hin zur operativen Inbetriebnahme u. sind dadurch mit Wettbewerbern wie Hogan Lovells u. Taylor Wessing vergleichbar. Die Partner Jordan u. Hollenhorst prägen das Angebot der Gruppe, die zudem gute regulator. Kenntnisse vorweist. Daneben verdeutl. Mandate wie die Beratung eines Bankenkonsortiums zur KfW-gestützten Finanzierung des Müllheizkraftwerks Wiesbaden, dass sich die standortübergr. Zusammenarbeit nach den Partnerzugängen in D'dorf vor 2 Jahren zunehmend gut einspielt. Die Finanzierungspraxis in Ffm. verstärkte zuletzt ein Clifford-Partner, der Erfahrung im Energie- u. Infrastruktursektor mitbringt.
Stärken: Große Erfahrung bei Windparkprojekten.
Oft empfohlen: Dr. Malte Jordan, Thomas Hollenhorst, Dr. Wolfram Böge („fachl. u. persönl. angenehm", Wettbewerber), Dr. Torsten Wielsch („sehr kompetent bei PPAs", Mandant)
Team: 24 Partner, 22 Associates, 3 of Counsel
Partnerwechsel: Riko Vanezis (von Clifford Chance)
Schwerpunkte: Beratung von Banken u. Investoren bzgl. Finanzierung von EE-Projekten (insbes. Offshore), ▷*M&A* u. Energievertragsrecht; flankierend: Regulierung u. Öffentl. Recht; vereinzelt Prozessführung u. Energiehandel.
Mandate: BayWa r.e. bei Verkauf ihrer Bioenergieplattform an Green Investment Group; Bankenkonsortium bei KfW-gestützter langfr. Finanzierung des Müllheizkraftwerks Wiesbaden; Goldman Sachs bei Finanzierung des Kaufs von 49% der Anteile an ‚Wikinger' durch Energy Infrastructure Partners; Greencoat bei Kauf einer Beteiligung an ‚Butendiek'; Höegh bei Vercharterung 2er schwimmender LNG-Terminals (Brunsbüttel u. Wilhelmshaven); Encavis bei Kauf eines PV-Projekts in Dänemark; MEC Energy bei Verkauf von 17 Solarenergieprojekten im Entwicklungsstadium an EDF Renewables Dtl.; Enercity bei Kooperation zum Bau eines Windparks im Raum Görlitz; Aventron bei Kauf eines Batteriespeichers.

WHITE & CASE

Energie: Regulierung ★★★★
Energie: Transaktionen/Finanzierung ★★★★★

Bewertung: Im Energiesektor gehört W&C zu den marktführenden Einheiten. Insbes. das auf allerhöchstem Niveau funktionierende Zusammenspiel von Regulierung, M&A u. Finanzierung sowie mit vielen weiteren W&C-Spezialisten macht die Praxis zum attraktiven Partner für Banken, Investoren u. Unternehmen wie etwa Fluxys u. EnBW. Die Mandanten schätzen auch die tiefe Kenntnis kommerzieller Vertragsgestaltungsthemen im Sektor. Das Gesamtpaket überzeugt auch US-Investoren, die sich im dt. Markt für Erneuerbare-Energien- u. andere Energie-Assets wie LNG-Terminals interessieren. Netzbetreiber setzen zudem – ähnlich wie bei Hengeler Mueller – auch zu Entgeltfragen ggü. der BNetzA u. zunehmend ggü. europ. Aufsichtsbehörden auf das Team. Dadurch festigt es seine tiefe Kenntnis der relevanten regulierten Assets. Die tiefe, wechselseitige Verzahnung der Spezialkenntnisse schließt auch die Zusammenarbeit mit den klass. Litigation-Experten ein: Bestes Bsp. ist insbes. die marktbekannte Arbeit für Uniper ggü. Gazprom Export, für die das Team einen beachtenswerten Erfolg rund um ausbleibende Gaslieferungen feierte.
Oft empfohlen: Thomas Burmeister, Dr. Jörg Kraffel, Florian Degenhardt
Team: 9 Eq.-Partner, 1 Sal.-Partner, 4 Counsel, 7 Associates
Schwerpunkte: ▷*M&A*, Umstrukturierungen u. Projektfinanzierung sowie Regulierungsberatung u. rege Prozesstätigkeit, Kompetenz auch im Emissions- u. Energiehandel sowie bei Kraftwerksprojekten (▷*Öffentl. Recht*) u. Steuer-, ▷*Beihilfe-* u. ▷*Kartellrecht*. Mandanten: in- u. ausl. Investoren u. Unternehmen, Gas- u. Elektrizitätswirtschaft, industrielle Energieverbraucher u. Kraftwerksbetreiber; Insolvenzverwaltung im Energiesektor.
Mandate: Fluxys zu Kauf von Anteilen an Open Grid Europe; EnBW, u.a. zu Verkauf von Anteilen an ÜNB TransnetBW sowie in div. energierechtl. Beschwerdeverf. wg. Netzentwicklungsplan Gas sowie Fuel Switch; TransnetBW gg. Acer-Entscheidung wg. Kostenteilungsmethode für Redispatching u. Countertrading; Uniper gg. Gazprom Export im Streit um ausstehende Gaslieferungen (OLG Nürnberg, marktbekannt); Statkraft umf., u.a. zur Energiekrise inkl. Energiesicherheit u. Ersatzkraftwerke; Hafenbetreiber umf. zu LNG-Projekt; PV Hardware Solutions zu dt. Recht u. Lieferverträgen für PV-Projekte; internat. Bankenkonsortium wg. Finanzierung von taiwan. Offshore-Windpark Yunlin; Hamburg Commercial Bank zu Finanzierung von Windparks in Nordschweden; Baltic Cable zur Interkonnektorenregulierung u. ggü. Acer sowie BNetzA.

WILMERHALE

Energie: Regulierung ★

Bewertung: Die kl. u. angesehene Energiepraxis der US-Kanzlei steht für tiefes regulator. (auch kartellrechtl.) Know-how insbes. bei gr. Infrastrukturprojekten im Gasbereich. Diese Kenntnisse konnte sie zuletzt bei mehreren Projekten im Zshg. mit dem Umbau der europ. Gasversorgung ausspielen. Demgegenüber war die Zusammenarbeit mit langj. Mandanten wie Opal Gastransport oder Wintershall Dea von den Verwerfungen des Ukraine-Kriegs geprägt. Sehr gut sind die Beziehungen der dt. Praxis in die USA, was sich zuletzt etwa in der Beratung mehrerer gr. US-Mandanten mit Standorten in Dtl. zu Fragen einer mögl. Energierationierung zeigte.
Oft empfohlen: Dr. Oliver Fleischmann, Ulrich Quack
Team: 2 Eq.-Partner, 1 Sal.-Partner, 6 Associates
Schwerpunkte: Regulierungsberatung u. ▷*Kartellrecht*, Prozesstätigkeit sowie Transaktionen u. Energievertragsrecht.
Mandate: Opal Gastransport umf. regulator. bzgl. Änderung der Auflagen für Opal-Pipeline; Wintershall Dea lfd. zu div. kartell- u. fusionskontrollrechtl. Fragen.

WTS LEGAL

Energie: Regulierung ★

Bewertung: Im Fokus der Energierechtspraxis steht die Beratung der Industrie, vereinzelt ist sie zudem auf Erzeugerseite oder für Energiehändler tätig. Von vielen Wettbewerbern hebt sie sich durch die enge Zusammenarbeit mit den Steuerrechtlern von WTS ab. Diese Kombination spielte sie zuletzt in zahlr. Mandaten im Zshg. mit den Energiepreisbremsen aus, zum Bsp. für Loparex oder Veolia, wobei sie Letztere zur Erlösabschöpfung beriet. Auch die langj. vertragsrechtl. Erfahrung des Teams war vermehrt gefragt, zum Bsp. in den Verhandlungen zu Lieferverträgen mit Stadtwerken, bei denen sie mehrere Unternehmen begleitete. Tiefes Know-how haben die Anwälte zudem im Bereich E-Mobility aufgebaut u. sind dabei umfangr. in internat. Projekte eingebunden.
Stärken: Starke Schnittstelle zum Steuerrecht, umf. regulator. Kenntnisse u.a. zum EEG.
Team: 2 Eq.-Partner, 1 Counsel, 7 Associates
Schwerpunkte: Insbes. strom- u. energiesteuerl. Beratung für Industrieunternehmen, Energievertrags- u. Energiehandelsrecht, auch Litigation, Erneuerbare Energien.
Mandate: Fischerwerke umf., u.a. zu energierechtl. Compliance, zur Errichtung von PV-Anlagen u. strom- u. energiesteuerl.; Gunvor Dtl. zum Biokraftstoffquotenrecht; Loparex umf., u.a. zu Auswirkungen der Gaskrise, zur Eigenversorgung sowie steuerl.; Ruhrkohle energierechtl.; Südzucker bzgl. EEG-Compliance-Pflichten; Veolia zur Erlösabschöpfung; Umweltbundesamt laufend.

Anwaltszahlen: Angaben der Kanzleien, wie viele Anwälte zu mind. ca. 50% in diesem Gebiet tätig sind. Sie spiegeln nicht zwingend die Gesamtgröße einer Kanzlei wider.

Die wachsende Bedeutung des Umweltrechts in Lieferketten

Von Sebastian Rünz, LL.M. und Birte Zeitner, Taylor Wessing, Düsseldorf

Sebastian Rünz

Sebastian Rünz, LL.M. (Toronto), ist Salary Partner bei Taylor Wessing. Er ist Spezialist für das Lieferkettengesetz und Compliance sowie Experte für die Beratung in den Bereichen Einkauf, Verkauf und Vertrieb. Als ausgebildeter CSR-Manager berät Sebastian Rünz Unternehmen zu rechtlichen Komponenten rund um ESG.

Birte Zeitner

Birte Zeitner ist Associate bei Taylor Wessing. Sie berät und vertritt in allen Fragen des öffentlichen Planungs- und Umweltrechts. Ein Schwerpunkt liegt dabei auf der Beratung zu Problemstellungen des Immissionsschutzrechts und des Bodenschutz- und Altlastenrechts sowie der Beratung in Infrastrukturvorhaben.

Taylor Wessing ist eine internationale Wirtschaftskanzlei mit über 1.000 Rechtsanwälten an weltweit 29 Standorten. Die Kanzlei berät Unternehmen u.a. umfassend im Bereich ESG.

Kontakt
s.ruenz@taylorwessing.com
b.zeitner@taylorwessing.com
taylorwessing.com

Weitere Informationen zur Kanzlei in der Anzeige auf Seite 231

Compliance-Anforderungen machen die systematische Aufstellung, Organisation und auch Überprüfung von Compliance-Management-Systemen notwendig. Neu einzuordnen in unternehmerische Compliance-Management-Systeme ist seit Beginn des Jahres 2023 das Lieferkettensorgfaltspflichtengesetz (LkSG), das neben menschenrechtsbezogenen Pflichten auch umweltbezogene Pflichten für Unternehmen mit sich bringt.

Hierdurch wird der Umweltschutz auf eine neue Ebene gehoben: Zwar knüpft das LkSG materiellrechtlich regelmäßig an bestehende umweltrechtliche Vorschriften an – allerdings zwingt es Unternehmen dazu, Umweltauswirkungen nicht nur im eigenen Geschäftsbereich, sondern darüber hinaus in Teilen ihrer Lieferketten zu überprüfen. Zudem bringt das LkSG ein neues Haftungsregime mit sich; Risiken oder Verstöße, die bisher auf Grund nur geringfügiger (ordnungswidrigkeitenrechtlicher) Konsequenzen vernachlässigt wurden, können durch mögliche Bußgelder nach dem LkSG eine größere Bedeutung erhalten.

Das Ende der Fahnenstange ist dabei noch nicht erreicht: Eine europäische Sorgfaltspflichten-Richtlinie ist bereits in der Pipeline und könnte ein über das deutsche LkSG hinausgehendes Schutzniveau der Umwelt in Lieferketten mit sich bringen.

Unternehmerische Pflichten des LkSG

Das LkSG verpflichtet Unternehmen ab einer bestimmten Größe, ihre Lieferkette – d.h. den eigenen Geschäftsbereich, unmittelbare Zulieferer und bei substantiierter Kenntnis auch mittelbare Zulieferer – auf mögliche Menschenrechtsverletzungen und Umweltauswirkungen hin zu überprüfen. Erstmals regelt der deutsche Gesetzgeber damit die unternehmerische Verantwortung für die Einhaltung von menschenrechtlichen und umweltrechtlichen Standards in den Lieferketten.

Die neuen Sorgfaltspflichten umfassen die Einrichtung eines Risikomanagements und regelmäßige Durchführung von Risikoanalysen, um menschenrechtlichen und umweltbezogenen Risiken vorzubeugen, sie zu minimieren und Verstöße zu beenden. Daneben legt das Gesetz Präventions- und Abhilfemaßnahmen fest und verpflichtet dazu, ein Beschwerdeverfahren zu schaffen, die Erfüllung der durch das Gesetz auferlegten Sorgfaltspflichten zu dokumentieren und über diese Bericht zu erstatten.

Die zu prüfenden Risiken listet das LkSG detailliert in § 2 Abs. 2 und Abs. 3 LkSG auf. Unter seinen Nr. 1 bis 12 listet Absatz 2 die menschenrechtlichen Risiken auf, Absatz 3 in seinen Nr. 1 bis 8 die umweltbezogenen Risiken.

Bedeutung des Umweltrechts im LkSG

Auch wenn das LkSG in erster Linie Menschenrechtsverletzungen vorbeugen will, lässt das Gesetz auch die Bedeutung des Umweltrechts wachsen.

Die in § 2 Abs. 3 LkSG enthaltenen umweltbezogenen Risiken knüpfen an Verstöße gegen mehrere internationale Übereinkommen an. Der Absatz normiert Risiken durch die Beteiligung an der Herstellung und Entsorgung quecksilberhaltiger Produkte (angeknüpft an die Regelungen des Minamata Übereinkommens), Risiken durch die Produktion oder Verwendung bestimmter langlebiger organischer Schadstoffe (sogenannte POPs – persistent organic pollutants – angeknüpft an die Regelungen des Stockholmer Übereinkommens) und Risiken durch den Ein- und Ausfuhr bestimmter Abfälle (angeknüpft an das Basler Übereinkommen).

Neben § 2 Abs. 3 LkSG weist § 2 Abs. 2 Nr. 9 LkSG einen starken umweltrechtlichen Bezug auf, indem hier gleich mehrere Umweltauswirkungen zum Gegenstand der zu untersuchenden Risiken gemacht werden.

Der Absatz knüpft an die Herbeiführung (i) einer schädlichen Bodenveränderung, (ii) einer Gewässerverunreinigung, (iii) einer Luftverunreinigung, (iv) einer schädliche Lärmemission und (v) eines übermäßigen Wasserverbrauches an. Mit Blick auf Deutschland gelten insoweit die Grenzwerte national geltender Umweltvorschriften. Was in Ländern gilt, in denen kein ausreichendes Schutzniveau besteht – insbesondere, ob dann ein internationaler Mindeststandard herangezogen wird – ist bisher noch nicht abschließend geklärt und in der Literatur umstritten.

Zwar muss auch ein Risiko dahingehend bestehen, dass eine solche Umweltauswirkung zu einer Menschenrechtsverletzung (wie eine Beeinträchtigung der natürlichen Grundlagen zum Erhalt und der Produktion von Nahrung, Verlust des Zugangs zu Trinkwasser oder Sanitäranlagen oder eine Gesundheitsschädigung) führen könnte – doch ein solches Risiko liegt oftmals nahe:

Wo Boden, Wasser oder Luft verschmutzt werden, leidet die lokale Landwirtschaft, Bodenverunreinigungen können zu einer geringeren Fruchtbarkeit des Bodens führen, Wasserknappheit und ein enormer Wasserverbrauch (bspw. durch Industrieanlagen) zu einem Risiko für die Wasserversorgung. Auch liegen Gesundheitsschädigungen bei Luftverschmutzungen und schädlichen Lärmemissionen – aber auch bei Boden- und Wasserverschmutzungen nahe (vgl. hierzu bspw. Grabosch, Das neue Lieferkettensorgfaltspflichtengesetz (LkSG), 1. Auflage 2021, § 4 Rn. 44 f.).

Neben der stets – auch ohne direkte Anknüpfung an eine Menschenrechtsverletzung – bestehenden Pflicht, Risiken von Verstößen im Umgang mit Quecksilber, bestimmten chemischen Stoffen und Abfällen entlang der gesamten Lieferkette vorzubeugen, führt also auch der enge Zusammenhang zwischen Umwelt- und Menschenrechtsbeeinträchtigung in § 2 Abs. 2 Nr. 9 dazu, dass schon bei Vorliegen einer der aufgelisteten Umweltbeeinträchtigungen proaktiv vorgebeugt werden sollte (dies raten bspw. Ruttloff/Schulga, in: Wagner/Ruttloff/Wagner, Das Lieferkettensorgfaltspflichtengesetz in der Unternehmenspraxis, 1. Auflage 2022, § 2 Rn. 215). Denn der Prozess, bis eine Umweltauswirkung in eine Menschenrechtsverletzung mündet, ist ein schleichender. Tut sie dies aber, sind die Auswirkungen für die betroffenen Menschen, aber auch für die Reputation der Unternehmen, die verantwortlich gemacht werden können, gravierend.

Bedeutungszuwachs: Unternehmen müssen vorbeugen

Der aus dem LkSG resultierende Bedeutungszuwachs des Umweltrechts lässt sich vor diesem Hintergrund gleich an mehreren Umständen festmachen:

Zum einen ist ein proaktives Vorbeugen der Unternehmen gefragt. Die verpflichtende Risikoanalyse könnte in Zukunft vermehrt dazu führen, dass (potenzielle) Umweltverstöße aufgedeckt werden, die sich vorher niemand genauer angesehen hat. Umweltverträglichkeitsprüfungen, insbesondere bei Investitionsentscheidungen und Standortgründungen im Ausland könnten noch an Bedeutung hinzugewinnen.

Das LkSG verpflichtet zudem dazu, dass entlang der Lieferkette nach rechts und links geschaut wird: Unternehmen müssen nicht nur ihren eigenen Geschäftsbereich analysieren, sondern auch ihre unmittelbaren und mittelbaren Zulieferer überprüfen. Das ist neu, denn verpflichtet sind beispielsweise nach dem BundesImmissionsschutzgesetz (BImSchG) nur die Anlagenbetreiber – die ihre eigene Anlage im Einklang mit den Gesetzen betreiben müssen. Selbst das Bundes-Bodenschutzgesetz (BBodSchG), das bekanntermaßen einen großen Personenkreis für Boden- und Grundwasserkontaminationen verantwortlich machen kann (neben dem Verursacher kann beispielsweise der Grundstückseigentümer oder der Inhaber der tatsächlichen Gewalt verantwortlich gemacht werden, vgl. § 4 BBodSchG) kennt keine derart weite Verantwortlichkeit, wie das LkSG sie nunmehr entlang der Lieferkette ins Leben gerufen hat.

Durch Untersuchungen von außerhalb, Nachfragen oder auch zivilrechtliche Verpflichtungen seitens der Geschäftspartner wächst damit der Druck sich regelkonform zu verhalten und (auch) die Bestimmungen des Umweltrechts zu überprüfen und zu beachten.

Zur Sorgfalt regen auch die hohen Bußgelder an, die bei Verstößen gegen das LkSG drohen. Durch sie wird ein wirtschaftliches Interesse der Unternehmen ausgelöst, genauer zu überprüfen, ob alle umweltrechtlichen Standards eingehalten werden, denn: In den einschlägigen umweltrechtlichen Vorschriften sind drohende Bußgelder erheblich niedriger – und setzen zudem teilweise voraus, dass abstrakte Verhaltenspflichten zunächst per Verwaltungsakt durch die Behörde gegenüber dem Unternehmen konkretisiert werden, bevor diese überhaupt ein Bußgeld auferlegen könnte. Das BImSchG sieht bspw. Bußgelder in einer Größenordnung von 10.000 bis 50.000 € vor. Verstöße gegen das LkSG können Unternehmen hingegen auch mehrere Millionen Euro kosten.

Weiterer Bedeutungszuwachs durch europäische Regelung zu Lieferketten

Neben dem deutschen LkSG sind europäische Regelungen zu unternehmerischen Sorgfaltspflichten in der Pipeline, die den Umweltschutz weiter in den Fokus rücken. Der Richtlinienvorschlag nennt diesen neben dem Menschenrechtsschutz als eigenständiges Ziel und will über die in § 2 Abs. 2 Nr. 9 LkSG genannten Umweltauswirkungen hinaus eigenständige Pflichten zum Klimaschutz auferlegen. Mit Verabschiedung des Richtlinienvorschlages wird eine Anpassung des deutschen LkSG notwendig. ■

KERNAUSSAGEN

- Durch die Erstreckung der Sorgfaltspflichten des LkSG auf umweltrechtliche Risiken bekommt das Umweltrecht eine neue Bedeutung.
- Das LkSG fordert von Unternehmen eine sorgfältige Überprüfung auf Umweltrisiken – über den eigenen Geschäftsbereich hinaus auch bei unmittelbaren und u.U. mittelbaren Zulieferern.
- Hohe potenzielle Bußgelder regen zur Sorgfalt an und können dazu führen, dass (potenzielle) Umweltverstöße aufgedeckt werden, die sich vorher – auf Grund geringer (ordnungswidrigkeitenrechtlicher) Konsequenzen – niemand genauer angesehen hätte.
- Europäische Gesetzesvorhaben erstrecken unternehmerische Sorgfaltspflichten auf noch mehr umweltrechtliche Vorgaben.

ESG – Umwelt, Soziales, Unternehmensführung

Ein weites ESG-Feld

Das Querschnittsthema ESG nimmt in den Vorstandsetagen und den Rechtsabteilungen rasant Fahrt auf. Davon profitieren auch die Kanzleien, die vor allem das Thema nichtfinanzielle Berichtspflichten lange den wirtschaftsprüfenden Beratungsgesellschaften überlassen mussten. Der Grund für den Wandel: Die neuen Regeln erzeugen Haftungsrisiken, deretwegen an fundiertem Rechtsrat kaum ein Weg mehr vorbeiführt.

Im weiten ESG-Feld gewinnen aus Sicht der Kanzleien Spezialisierungen an Bedeutung, die von Haus aus mit Regulierungsthemen zu tun haben. Für die Bereiche Umwelt- und Menschenrechte sowie Kreislaufwirtschaft sind dies zumeist die Öffentlichrechtler, für die Finanzierungsthemen vor allem Bankaufsichts- und Kapitalmarktrechtler. Das erklärt auch, warum Kanzleien mit einem Fokus auf der Fonds- und Kapitalmarktberatung wie **Lindenpartners** und **GSK Stockmann** ebenfalls ihren Anteil an der Marktentwicklung haben. Aber auch Kanzleien wie **Redeker Sellner Dahs** sowie Öffentlichrechtler-Boutiquen wie **Posser Spieth Wolfers & Partners** überzeugen im ESG-Feld mit ihren Spezialisierungen.

Die dynamische Entwicklung des Regelumfelds macht zudem Public-Affairs-Teams als Teil eines umfassenden Beratungsprodukts interessant. In dieser Hinsicht eingespielt ist die marktführende Kanzlei **Freshfields Bruckhaus Deringer**. **CMS Hasche Sigle** will mit dem Zugang eines Öffentlichrechtlers von Taylor Wessing eine ähnliche Abteilung aufbauen. Aber auch die meisten anderen Kanzleien bieten ihren Mandanten eine regulatorische Vorfeldberatung mit Blick auf geschäftsmodellkritische und haftungsrelevante Entwicklungen, ausgelöst durch politische Entscheidungen auf nationaler und internationaler Ebene, an.

Gravitationszentrum Lieferkette

Arbeitspakete mit ESG-Bezügen gewinnen in den Kanzleien überall auch in der Transaktionsberatung an Bedeutung: „Umwelt war immer ein Thema in der Due Diligence", sagt die deutsche Partnerin einer US-Kanzlei, „heute haben die Lieferkette und kapitalmarktrechtlichen Berichtspflichten jedoch ein ganz anderes Gewicht." Die meisten Kanzleien bieten daher auch transaktionsbegleitende Riskoanalysen (ESG-Due-Diligence) an.

Auch wenn die nichtfinanziellen kapitalmarktrechtlichen Berichtspflichten an Bedeutung gewinnen, steht im Zentrum des wachsenden ESG-Beratungsfelds weiterhin: die Lieferkette. Für die deutschen Praxen ist es nicht unerheblich für ihre Rolle, dass das deutsche Lieferkettensorgfaltspflichtengesetz (LkSG) weltweit als Vorbild wahrgenommen wird. Dazu kommt: Das LkSG gilt für alle Unternehmen, nicht nur für die, die das Gesetz zur Sorgfalt anhält, sondern auch für die Zulieferer, also diejenigen, die eine Kundenbeziehung zu den eigentlichen Adressaten des Gesetzes pflegen.

Weil die Zulieferer oft im Ausland ansässig sind, ist es ein probater Ansatz, die eigenen Außenhandelsrechtler ins Zentrum der ESG-Beratung zu stellen. So zu beobachten etwa bei **Baker McKenzie** oder**Jones Day**. Aber auch in der Mittelstandskanzlei **GvW Graf von Westphalen** oder in der Boutique **Blomstein** wird das ESG-Feld mit Einschränkungen aus dem Außenhandelsrecht heraus bestellt. Ein anderer Ansatz ist, die Lieferkettensorgfalt als integriertes Compliance- und Litigation-Thema zu betrachten. Diesen zweiten Weg gehen zum Beispiel die marktführenden Einheiten **Freshfields Bruckhaus Deringer** und **Clifford Chance**. Aber auch **Gleiss Lutz**, **Hengeler Mueller**, **Linklaters** oder auch **White & Case** verfahren so. Etwas weniger integriert gehen **Hogan Lovells**, **DLA Piper** sowie **CMS Hasche Sigle** auf Mandanten zu. Greenwashing-Litigation wird hier nicht selten von den IP-Rechtlern begleitet.

All diesen Teams ist gemein, dass sie das ESG-Feld über die Lieferkette hinaus auch in der arbeits- und kapitalmarktrechtlichen Compliance-Beratung verorten. Whistleblower-Systeme und im Bankenbereich neue, auf die Taxonomie-Verordnung aufsetzende Regeln zu ESG-Berichtspflichten lassen sie potenzielle Großmandate auch im Zusammenhang mit ESG-Zertifizierern und ESG-Ratingagenturen erwarten.

Früher Reputation, heute Haftung

Inzwischen übernehmen auch Litigation-Spezialisten, die sich gerne als Haftungsspezialisten verstehen, mehr und mehr Verantwortung in der Beratung.

Denn eines ist klar: Die wachsende Verrechtlichung des ESG-Feldes wandelt die einstigen Reputations- in akute Haftungsrisiken um. Dies wiederum bereitet den Boden für Mandate, von denen die Kanzleien mittelfristig mehr erwarten: akute ESG-Krisenberatung kombiniert mit Prozessführung.

Zwei solche Krisengroßmandate gibt es zurzeit im deutschen Markt. Die Greenwashing-Vorwürfe im Fall der Deutschen Bank-Tochter DWS sowie das TÜV-Süd-Mandat zur Dammbruchkatastrophe in Brasilien, dessen Sicherheit das Prüfunternehmen vor Einführung des LkSG festgestellt hatte. Beide Mandate bearbeitet **Hengeler Mueller**. Weitere dieser Krisenmandate werden folgen – und beschäftigen viele der hier beschriebenen Kanzleien bereits heute außerhalb Deutschlands. So etwa **White & Case** oder **Clifford Chance**. Letztere hat das Klima-Litigation-Mandat von Shell in den Niederlanden übernommen. Krisenmandate beschäftigen oft die globale Praxis oder das globale Netzwerk der Kanzleien, denn die Verteidigungsstrategie ist nicht jurisdiktionsgebunden. Sie speist sich heute aus der vergleichenden Analyse der internationalen Rechtsprechung sowie der internationalen Standardsetzung und Regulierung.

Die Rankings behandeln Kanzleien, die sich den Themen Umwelt, Soziales und Unternehmensführung ganzheitlich widmen. Sie beraten unter anderem im Öffentlichen Wirtschaftsrecht, insbesondere umwelt- u. produktrechtlich. Schnittstellen ergeben sich vor allem zum ▷*Vertriebsrecht*, zur ▷*Compliance-Beratung* u. zum ▷*Bank- u. Finanzrecht*. Auch Kanzleien mit starkem Standbein in der Transaktionsberatung u. im Gesellschaftsrecht, die viel Erfahrung in Sektoren wie Energie u. Verkehr mitbringen, die derzeit im Zentrum der ESG-Transformation stehen, sind besprochen.

ESG

★★★★★

Clifford Chance	Düsseldorf, Frankfurt u.a.
Freshfields Bruckhaus Deringer	Berlin, Düsseldorf, Frankfurt u.a.

★★★★

Baker McKenzie	Düsseldorf, Berlin u.a.
CMS Hasche Sigle	Hamburg, Stuttgart, Köln u.a.
DLA Piper	Köln, München, Frankfurt u.a.
Gleiss Lutz	Düsseldorf, Stuttgart, Berlin u.a.
Hengeler Mueller	Berlin, Düsseldorf u.a.
Hogan Lovells	Düsseldorf, München, Frankfurt u.a.
Linklaters	Berlin, Frankfurt, Düsseldorf u.a.

★★★

Pohlmann & Company	Frankfurt, München
White & Case	Berlin, Frankfurt

★★

Dentons	Berlin, Frankfurt u.a.
Jones Day	Frankfurt
Lindenpartners	Berlin
Noerr	München, Düsseldorf, Berlin u.a.
Posser Spieth Wolfers & Partners	Berlin, Düsseldorf
Redeker Sellner Dahs	Berlin, Bonn, Brüssel

★

Blomstein	Berlin
Franßen & Nusser	Berlin, Düsseldorf
GSK Stockmann	München, Hamburg, Frankfurt u.a.
GvW Graf von Westphalen	Hamburg u.a.
Taylor Wessing	Frankfurt, Düsseldorf u.a.

Die Auswahl von Kanzleien und Personen in Rankings und tabellarischen Übersichten ist das Ergebnis umfangreicher Recherchen der JUVE-Redaktion. Sie ist in 2erlei Hinsicht subjektiv: Die Aussagen der befragten Quellen sind subjektiv u. spiegeln deren Erfahrungen u. Einschätzungen. Die JUVE-Redaktion wiederum analysiert die Rechercheergebnisse unter Einbeziehung ihrer eigenen Marktkenntnis. Der JUVE Verlag beabsichtigt keine allgemeingültige oder objektiv nachprüfbare Bewertung. Es ist möglich, dass eine andere Recherchemethode zu anderen Ergebnissen führt. Innerhalb einzelner Gruppen in Rankings und tabellarischen Übersichten sind Kanzleien und Personen alphabetisch sortier

BAKER MCKENZIE

ESG ★★★★

Bewertung: Baker konzentriert sich im weiten ESG-Feld bewusst auf präventive u. strateg. Beratung insbes. von internat. tätigen Unternehmen. Ihnen bietet sie ein tiefes Wissen über die nationalen u. internat. regulator. Grundpfeiler des Feldes, völker- u. menschenrechtl. Themen eingeschlossen. Diese Fokussierung, die sie leicht von Freshfields u. Clifford unterscheidet, hat zur Folge, dass Litigation im klass. Sinne allenfalls als Teil einer internat. Risikopräventionsberatung eine Rolle spielt, die betroffene Unternehmen im Rahmen ihrer strateg. Geschäftsentwicklung zunehmend suchen. Mandanten schätzen das Team zudem wg. seiner marktführenden Stärke im Außenwirtschaftsrecht. V.a. Fragen der LkSG-Compliance gehören zum Nukleus der Beratung.

Oft empfohlen: Anahita Thoms („bei Compliance-Fragen unsere erste Wahl", Mandant; Außenhandel)

Team: 3 Eq.-Partner, 3 Sal.-Partner, 1 Counsel, 6 Associates (Kernteam)

Schwerpunkte: Starke ▷*Außenwirtschaftsrechtspraxis*. Aktuell viel Beratung im Zshg. mit Lieferketten, Schnittstelle zu ▷*Compliance*. Produktbez. Umweltrecht, insbes. im Zshg. mit regulator. Fragen bzgl. der Zulieferkette. Enge Vernetzung mit ▷*Vertriebs*- u. öffentl. Wirtschaftsrecht. Branchen: Automobil, Pharma, Einzelhandel, Technologie u. Konsumgüter.

Mandate: Türk. Industriefaserhersteller zu Nachhaltigkeitsthemen bzgl. Technologietransfer u. Chemikalienregulierung in der EU; dt. Pharmauntern. bei Aufsetzen von Lieferketten-Compliance-System; NGO zu Compliance im Zshg. mit Menschenrechten u. Projektpartner-Screening; börsennot. Verpackungsuntern. zu LkSG, insbes. zu Berichtspflichten u. Standards für Codes of Conduct; kanad. Automobilzulieferer zu LkSG; US-Techkonzern zu CSRD-Richtlinie u. etwaigen Berichtspflichten u. Auswirkungen der Taxonomie-VO; dt. Hersteller von Schweiß- u. Beschichtungslösungen zu Diversity & Inclusion Policy.

BLOMSTEIN

ESG ★

NOMINIERT
JUVE Awards 2023
Kanzlei des Jahres

Bewertung: Die Berliner Boutique führt in der ESG-Beratung ihre klass. Kernkompetenzen Kartell- u. Außenhandelsrecht zusammen u. ergänzt sie um regulator. Fachwissen. Das hat sie v.a. rd. um das dt. LkSG sowie die europ. Rahmen- u. Spezialgesetze etwa zu Entwaldungsfragen aufgebaut. Ihre Mandanten erkennen das Potenzial der Gruppe. Sie mandatieren das Team u.a. bei Fragen zum konkreten Umgang mit den neuen Regeln auf der außenhandelsrechtl. Produktebene u. zu geschäftsmodellkrit. Gesetzen. In diese Richtung geht die Beratung des brasilian. Rindfleischproduzentenverbands, der durch LkSG u. EntwaldungsVO vor erhebl. Berichtspflichten gestellt wird. Kontakte nach Brasilien sind kein Einzelfall: Die Kanzlei hat 3 Anwälte, die dort ebenfalls eine Zuslassung haben.

Team: 3 Eq.-Partner, 5 Associates

Schwerpunkte: Etablierte Praxen im ▷*Außenhandels* -, ▷*Vergabe*- u. ▷*Kartellrecht*; Kompetenz bei Kooperationen im Zeichen der Nachhaltigkeit; regulator. zu LkSG sowie europ. Nachhaltigkeitsgesetzen; auch Beihilferecht u. Compliance.

Mandate: Medienkonzern zu LkSG; brasilian. Fleischproduzentenverband, u.a. zu EU-EntwaldungsVO; Technologie-Untern. zu Fragen der Einfuhr von Konfliktmineralien.

CLIFFORD CHANCE

ESG ★★★★★

Bewertung: Clifford bietet ihren Mandanten ESG-Beratung, die auf dem tiefen Verständnis der regulator. Großthemen wie LkSG u. Taxonomie fußt. Dabei ist sie wie etwa Freshfields weit darin, ihre wesentl. Kompetenzen auf europ. u. internat. Ebene miteinander zu verknüpfen. V.a. bei Menschenrechts- u. Umweltthemen setzen Mandanten auf das Angebot von CC, um Reporting-Pflichten zu erfüllen, aber auch, um Litigation-Risiken präventiv einzuordnen. Das Team ist zunehmend gefragt, wenn es um den ESG-konformen Zugang zu Rohstoffen geht, berät aber auch zum Bau von Großanlagen im Bereich Clean-Tech. In der strateg. Litigation im ESG-Bereich gehört es mit der Vertretung von Shell in den Niederlanden u. BMW in Dtl. neben Freshfields u. PSWP zu den Top-Einheiten. In diesem Fahrwasser nimmt auch das Thema Greenwashing immer mehr Raum ein, wenngleich vorerst als Compliance-seitige Vermeidungsberatung. In diesem Stadium gehört die Beratung zu sozialen Themen in Lieferketten- u. Finanzierungszusammenhängen zum Programm. Menschenrechte sowie im weitesten Sinne arbeitsrechtl. Fragen als Teil einer umf. Nachhaltigkeitsberatung insbes. auf Board-Ebene spielen bei CC eine größere Rolle.

Oft empfohlen: Thomas Voland („scharfsinniger u. gründl. Jurist, der frühzeitig das Thema Menschenrechte u. Unternehmen erarbeitet hat", Wettbewerber; Regulierung/Compliance/Litigation)

Team: 11 Partner, 3 Counsel, 10 Associates (Kernteam)

Schwerpunkte: Strateg. ESG-Projekte u.a. im Kontext von Menschenrechten u. Umwelt; viel Erfahrung mit EU- u. Völkerrecht sowie internat. Soft Law; tiefe Kenntnis internat. Regulierungssysteme u. deren potenzielle Auswirkungen auf Unternehmungen; ESG-Litigation; M&A-Projekte inkl. Finanzierung. Enge Verbindungen zu den Praxen Arbeits- u. ▷*Energie*-recht sowie ▷*Compliance*. klass. Umweltrecht inkl. Produkt-, Abfall- u. Chemikalienrecht.

Mandate: Shell in Berufungsverf. vor niederl. Gericht wg. Reduzierung von CO2-Emissionen; internat. Technologieuntern. zu Umsetzung der CSR-Reporting-Richtlinie u. künftigen Anforderungen der CSRD-Richtlinie; Industrieverband zu bundesw. Nachhaltigkeitskodex; Vitesco Technologies im Zshg. mit dem Abschluss einer revolvierenden €800 Mio

Anwaltszahlen: Angaben der Kanzleien, wie viele Anwälte zu mind. ca. 50% in diesem Gebiet tätig sind. Sie spiegeln nicht zwingend die Gesamtgröße einer Kanzlei wider.

schweren ESG-linked Konsortialkreditlinie; internat. Organisation, japan. Bank jew. zu CSRD-Richtlinie; Oiltanking u. Mabanaft bei Entwicklung einer Großanlage zur Einfuhr u. Lagerung von grünem Ammoniak; internat. Automobilhersteller zu Umsetzung von LkSG, zu div. Sorgfalts- u. Governance-Anforderungen u. Taxonomie-VO; div. Banken zu ESG-Compliance; BMW in Prozess mit Dt. Umwelthilfe; weitere internat. Industrieuntern. in Klimaklagen.

CMS HASCHE SIGLE

ESG ★★★★

Bewertung: Dank ihrer breiten Aufstellung kann CMS ihren Mandanten ein umf. ESG-Beratungsangebot machen. Mandate eines dt. Familienunternehmens, eines Plattformanbieters für die Messung von CO2-Emissionen u. eines Labordienstleisters belegen, dass die präventive u. vertragsrechtl. Beratung zu Lieferkettensorgfalt, Berichtspflichten u. Greenwashing bei CMS angekommen ist, allerdings weniger im Bereich Finanzierung. Bei der systemat. Begleitung von Gesetzgebungsvorhaben, die als Teil einer umf. Vorfeldberatung zunehmend gefragt ist, hilft künftig der Neuzugang Lippert mit seinem öffentl.-rechtl. Hintergrund. Anders als bei vielen Wettbewerbern ist die präventive Risikoberatung zu Greenwashing-Themen sowie die gerichtl. Auseinandersetzung zu diesem Thema, die mit dem Mandat von BP prominent belegt ist, wesentl. im IP-Team aufgehangen. CMS ist in einem Mandat für den Bund grundlegend an der Konzeption sog. Klimaschutzverträge beteiligt, für die ihre Kompetenz im ▷*Beihilferecht* von erhebl. Bedeutung ist. Zu den Nachhaltigkeitskriterien für die Einfuhr von Wasserstoffprodukten aus Ägypten, etwa mit Blick auf Zertifizierungsoptionen, konnte ein Partner aus der starken ▷*Energiesektorpraxis* ein internat. Konsortium Masdar gewinnen.

Oft empfohlen: Dr. Petra Schaffner („sehr kompetent", „sehr gut organisiert u. vernetzt", Mandanten; Vertragsrecht/Compliance)

Team: 9 Partner (Kernteam)

Partnerwechsel: Dr. André Lippert (von Taylor Wessing)

Schwerpunkte: Breite regulator. u. vertragsrechtl. Befassung mit ESG-Themen, tiefe Verankerung in der ▷*Compliance*, v.a. Sorgfalts- u. Berichtspflichten in der Lieferkette inkl. Schnittstelle zu ▷*arbeits-*, umwelt-, u. menschenrechtl. Themen; Greenwashing-Risiken u. -Litigation über IP-Praxis (▷*Marken- u. Wettbewerbsrecht*); ESG-Branchen-Know-how u.a. bei Immobilien; Sustainable Finance bei Fondsgestaltung u. Finanzierungen; auch erfahrene Beihilfe- u. EU-rechtl. Praxis inkl. Sanktionen u. Außenhandelsrecht (▷*Brüssel*).

Mandate: BP in Greenwashing-Verfahren ausgelöst durch Dt. Umwelthilfe; Masdar/Hassan Allam Utilities/Infinity Power regulator. zur Einfuhr von grünen Wasserstoffprodukten aus Ägypten; Bayerninvest zu Fondsstrukturierung für Investitionen in regenerative u. klimaresiliente Anbaumethoden; Familienunternehmen zur Einbettung von ESG-Anforderungen u. -Pflichten in bestehende Compliance-Organisation; Plattformanbieter für Messung von CO2-Emissionen im Bereich ESG-Reporting; Primark zu Nachhaltigkeitskampagnen; Laborausstatter zu genderkonformer Organbesetzung sowie arbeitsrechtl. zum LkSG.

DENTONS

ESG ★★

Bewertung: Dentons bietet internat. vernetzte ESG-Beratung. Mandate wie das von ABN Amro zu nachhaltigen Produkten im Finanzsektor, die Arbeit für ein Unternehmen zum Tracking der Auswirkungen von Umweltinvestitionen sowie der Aufbau von ESG-Strategien u.a. für eine Körperschaft zeigen die Breite des Angebots. Insbes. die interne Gruppe ‚Public Policy u. Regulatory' ist mit ihrem produktregulator. Ansatz schon seit Langem mit den auch im ESG-Kontext an Bedeutung gewinnenden Großthemen wie Recycling u. Kreislaufwirtschaft befasst. Insges. bleibt insbes. das Beratungsangebot zu LkSG-Sorgfalts- u. Berichtspflichten hinter dem vieler Wettbewerber zurück. Zwar gehören jurisdiktionsübergr. Monitorings zum Angebot der Compliance-Praxis. Konkrete Bezüge zu ESG-Risiken, insbes. auch im Übergang zur gerichtl. Streitbeilegung etwa im Kontext von Greenwashing, sind kaum auszumachen. Am deutlichsten sind ESG-Bezüge etwa im Rahmen von Dekarbonisierungsvorhaben bei der ▷*Energiesektorberatung*.

Oft empfohlen: Prof. Dr. Birgit Spießhofer

Team: 3 Partner, 2 Counsel, 1 of Counsel (Kernteam)

Schwerpunkte: Multijurisdiktionale ESG-Beratung, Erfahrung mit ESG-Due-Diligence; Green Finance auch im Grenzbereich zum Immobilienrecht sowie ESG-Compliance in sämtl. Sektoren, inkl. Völkerrecht, Menschenrechte; produktbez. Umweltrecht, v.a. Verpackungs- u. Abfallrecht., Recycling, Produktverantwortung u. Kreislaufwirtschaft.

Mandate: ABN Amro Dtl. zu Nachhaltigkeitspräferenzen der Kunden in Lebensversicherungen; europ. Anbieter von Outsourcing-Lösungen zu Hinweisgeberschutzsystem; globaler Chemiekonzern zu LkSG-Pflichten; öffentl.-rechtl. Körperschaft zu Aufbau einer ESG-Strategie; Konsumgüterhersteller abfall- u. verpackungsrechtl.; Stiftung zentrale Stelle Verpackungsregister umf. regulator.; Filial-Einzelhandelskette zu LkSG-Compliance-System; UniCredit zu ESG-linked Kreditfinanzierung.

DLA PIPER

ESG ★★★★

Bewertung: Wie viele Wettbewerber, die zum erweiterten Kreis der Marktspitze zählen, versteht auch DLA das Großthema ESG als Schnittstellenaufgabe, die mit den wachsenden Haftungsfragen insbes. für Führungskräfte auch Corporate-Berater involviert. Für ihre Mandanten verzahnt sie bislang allerdings insbes. im Kontext des LkSG u. den daran anknüpfenden neuen Regulierungen gleich mehrere Praxen wie Öffentl. Wirtschaftsrecht, Vertrags-, ▷*Arbeits-* u. Strafrecht. Anders als bei Gleiss u. Freshfields stehen die wachsenden Litigation-Risiken weitgehend außerh. der LkSG-Beratung. Von einem Zusammenwachsen zeugt das Mandat eines dt. Chemiekonzerns, der bei DLA in Auftrag gegeben hat, ein umf. Profil der Litigation-Risiken insbes. im Kontext neuer Urteile u. internat. Standardsetzung u. Regulierung zu erstellen. Das Team wird von Giesberts geführt, dessen Erfahrung im Bereich Klima-Litigation von Mandanten gelobt wird. Greenwashing-Themen im Kontext von Green Claims wiederum adressiert DLA, ähnl. wie CMS, mit ▷*Marken- u. Wettbewerbsrechtlern* sowie mit einem Presserechtler. Die in anderen Kanzleien wachsende Bedeutung dieser Thematik auch im Zshg. mit Fragen der ESG-Zertifizierung u. ESG-Ratings ist bei DLA nicht erkennbar ein Thema.

Oft empfohlen: Dr. Ludger Giesberts („echter Profi", Mandant; Öffentliches Recht/Regulierung)

Team: 5 Eq.-Partner, 1 Counsel (Kernteam)

Schwerpunkte: Bedeutende Praxis im produktbez. Umweltrecht, v.a. internat. Produkthaftungs- u. -sicherheitsfragen, Produktrückrufe regelm. in Verbindung mit ▷*Compliance-Untersuchungen* u. ▷*Wirtschaftsstrafrecht*; daneben an denselben Schnittstellen anlagenbez. Umweltrecht im Kontext von Umweltschäden u. Altlastensanierungen, gr. Erfahrung im ▷*Verkehrssektor*; Emissionshandel aus ▷*Energiesektor*beratung heraus.

Mandate: Chemiekonzern umf. zu ESG-Litigation-Risiken bzgl. Klima, Biodiversität, Boden u. Wasser insbes. mit Fokus auf nationale u. internat. sowie völkerrechtl. Rahmenbedingungen; Investmentgesellschaft zu Greenwashing u. Organhaftungsansprüchen; Chemiekonzern zu ESG-Pflichtendelegation; Kfz-Hersteller zu ESG-Compliance nach LkSG; Modeuntern. IP- u. regulierungsrechtl. zu internat. Durchsetzungsersuchen im Verbraucherschutz (CPC-VO); Lufthansa u. Mondelez zu ESG-Werbekampagnen; Spirituosenhersteller zu LkSG-Fragen u. CSDD; Avnet Logistics zu Verpackungfragen.

FRANSSEN & NUSSER

ESG ★

NOMINIERT
JUVE Awards 2023
Gründerzeit-Award

Bewertung: Durch die enge u. konsequente Verknüpfung von Umwelt- u. Produktrecht empfiehlt sich die Spezialkanzlei für die ESG-Beratung im öffentl.-rechtl. Kontext. Im Fokus standen zuletzt v.a. Mandate im Zshg. mit der Anwendung des Lieferkettengesetzes, eingebettet in übergreifende Themen wie Berichtspflichten u. Haftungsausschlüsse. Mandanten heben regelm. sowohl die fachl. Kenntnisse als auch das „Mitdenken unternehm. Belange" hervor. Dass die Kanzlei die ESG-Beratung durchaus strateg. angeht, zeigt sich darin, dass sie ein eigenes Kernteam gebildet hat, welches sich primär diesen Themen widmet.

Team: 2 Eq.-Partner, 2 Associates

Schwerpunkte: Beratung zu ESG-relevanten Themen aus dem Umweltrecht (▷*Öffentl. Recht*) heraus. Viel Erfahrung im Kreislaufwirtschaftsrecht, Abfallrecht. Umwelt- u. produktrechtl. Compliance auch zum Thema Lieferkette. Im produktbez. Umweltrecht v.a. Bauprodukterecht u. ElektroG.

Mandate: Dt. Telekom lfd. umweltrechtl., u.a. zu Produktsicherheit, Abfallrecht sowie zum LkSG; ebm-pabst-Gruppe zu LkSG, CSRD-Richtlinie u. Taxonomie-VO; städt. Wohnungsbaugesellschaft zu Nachhaltigkeitsberichterstattung.

FRESHFIELDS BRUCKHAUS DERINGER

ESG ★★★★★

Bewertung: FBD schafft es schon jetzt wie nur wenige Wettbewerber, ihr internes Vernetzungspotenzial sowie ihre Abteilungen für Public Affairs u. digit. Datenanalysen in der ESG-Beratung nutzbar zu machen. Zunehmend wächst die Bedeutung von Menschenrechtsfragen im Kontext der Lieferketten-Compliance u. -Vertragsgestaltung. Gleich mehrere Einzelhandels-, Industrie- u. Finanzunternehmen setzen hierzu auf FBD-Teams. Teils, um sich potenzieller Risiken bewusst zu werden u. auf der Basis jurisdiktionsübergr. u. systemat. vergl. Monitorings von Gesetzgebungsverf. u. Gerichtsurteilen globale Nachhaltigkeitsberichtsstandards zu ermitteln. Teils aber auch wie bei Hengeler im unmittelb. Krisenzshg. unter Einbindung des Vorstands. Die starke Litigation-Praxis der Kanzlei ist bei Klimaklagen ebenso gefragt wie im wachsenden Feld der Greenwashing-Litigation. Ein Asset, das FBD mit Wettbewerbern wie Redeker teilt, ist die tiefe Kenntnis des

Anwaltszahlen: Angaben der Kanzleien, wie viele Anwälte zu mind. ca. 50% in diesem Gebiet tätig sind. Sie spiegeln nicht zwingend die Gesamtgröße einer Kanzlei wider.

Beihilferechts, das mit Blick auf ESG-konforme Transformationsvorhaben an Bedeutung gewinnt, wie sich insbes. an der Schnittstelle zur Energiewirtschaft, etwa im Rahmen von Dekarbonisierungvorhaben, für die Mandantin Thyssen Krupp zeigt.
Stärken: Enge Vernetzung zw. den Praxisgruppen, tiefes regulator. Know-how.
Oft empfohlen: Dr. Juliane Hilf („sehr erfahren u. kenntnisreich bei regulator. Themen", Wettbewerber), Prof. Dr. Christoph Seibt (Gesellschaftsrecht)
Team: 18 Partner, 4 Counsel, 14 Associates (Kernteam)
Schwerpunkte: Enge Verknüpfung von Regulierung, Corporate (▷*Gesellschaftsrecht* u. ▷*M&A*), ▷*Litigation* u. Finanzierung, fachübergr. u. strateg. Beratung multinationaler Industrieunternehmen u.a. zu ▷*Compliance*-Risiken u. Transformationsprojekten im Kontext neuer u. novellierter ESG-Regulierung; globale Regulierungspraxis inkl. EU- u. ▷*Beihilferecht* mit ausgewiesenen Stärken im ▷*Öffentl. Recht*, insbes. klass. Umweltrecht. Am Puls der Zeit bei neuen rechtl. Entwicklungen (Emissionshandel, Carbon Contracts of Difference, Deforestation).
Mandate: Internat. Forstwirtschaftsuntern. zu Litigation-Risiken u. Bewertung eines ‚Human Rights Impact Assessment' für Großprojekt in Uruguay; Erdöl- u. Chemieuntern. zu ESG-Risikobewertung (Klimawandel, Mikroplastik, Menschenrechte); Villeroy & Boch zu Reporting ihrer Vorstands- u. Aufsichtsratsvergütungssysteme; internat. Papierhersteller zu Novellierung des europ. Emissionshandels, zu energie- u. umweltbez. ESG-Kriterien; Julius Meinl zu Verwendung von Nachhaltigkeitssiegel u. umweltbez. Marketingaussagen; Thyssenkrupp Steel Europe zu Dekarbonisierungsstrategie; RWE zu Klage eines peruan. Andenbewohners (mit PSWP); Handelsuntern. zur Nachhaltigkeitstransformation u. zur Integration von ESG-Themen in Compliance-Prozesse u. Lieferketten.

GLEISS LUTZ

ESG ★★★★

Bewertung: Die ESG-Beratung von GL macht nicht an der Landesgrenze halt. Von der ESG-fokussierten Vernetzung mit europ. Partnerkanzleien profitieren das Team u. insbes. die zahlr. Industriemandanten. Die loben Gleiss für ihre „starke u. umf. Präsenz zu Nachhaltigkeitsfragen" z.B. rd. um Lieferketten- u. Greenwashing-Themen. Als Antreiber u. Know-how-Anker für regulator. Compliance- sowie Haftungsfragen agiert ein prozesserfahrenes Partner-Duo mit Spezialisierungen im öffentl. Recht u. in der zivilrechtl. Produkthaftung, das für Board-Room- u. Governance-Themen Gesellschaftsrechtler hinzuzieht. Im Vgl. mit Wettbewerbern ist die Zentralisierung der Praxisgruppe auffallend u. hervorzuheben. Die Kombination beider Fachbereiche ist u.a. auch bei DLA u. Hogan Lovells ein Erfolgsmodell. Mit Blick auf das ESG-Feld gelingt die Zusammenarbeit hier aber deutl. besser. Mandanten wie Infineon, Porsche, VW oder Rheinmetall vertrauen ihre ESG-Compliance-Risiken dem Team an. Mit der SI Group berät es erstmals auch zu Vertragsgestaltungen ggü. dt. Kunden u. auch bei themat. zum Bereich Green Finance gehörenden Beratungsaufträgen sind die Regulierungs- u. Commercial-Spezialisten maßgebl. beteiligt, wie das Mandat der Ratingagentur Scope belegt.
Oft empfohlen: Prof. Dr. Eric Wagner („sehr versierter Anwalt", Mandant; Produkthaftung/Litigation); Dr. Marc Ruttloff („nachgewiesener Fachmann", Mandant; Regulierung/Produkthaftung)
Team: 9 Eq.-Partner, 4 Sal.-Partner (Kernteam)
Schwerpunkte: ESG-Compliance u. -Litigation an der Schnittstelle Produktregulierung u. ▷*Vertrieb, Handel u. Logistik* (Lieferkette, Zertifikate, Ratingagenturen u. Emissionshandel); starke Praxis im ▷*Öffentl. Wirtschaftsrecht* sowie im ▷*Gesellschaftsrecht* inkl. Banken u. Kapitalmärkten; marktführende Einheit im ▷*Energie-* u. ▷*Verkehrssektor*.
Mandate: Fresenius umf. national u. internat. zur Umsetzung der LkSG-Compliance-Struktur; Scope umf. zur Prüfung der Datengrundlage u. der daraus generierten Ratings im Verhältnis zu ESG-Berichtspflichten; Geze zu LkSG; Infineon, Porsche u. VW, u.a. zu ESG-Kriterien bei der Vorstandsvergütung; Land Ba.-Wü. gg. Dt. Umwelthilfe wg. Klimaschutzkonzept sowie beratend zu Weiterentwicklung des Konzepts u. Gesetzgebung; Audi umf. zur Umsetzung des LkSG; Baywa zu LkSG u. umf. zu ESG inkl. Greenwashing-Prävention; Rheinmetall umf. zu LkSG-Compliance; TJX umf. zu LkSG-Compliance inkl. BAFA-Prüfverf. wg. Supply Chain Due Diligence ggü. dt. Kunden.

GSK STOCKMANN

ESG ★

Bewertung: Die Mittelstandskanzlei bietet ESG-Beratung insbes. im Kontext von Fondsgestaltungen an. Abhängig von den Vorstellungen ihrer Mandanten, die oft Bezüge zum Immobiliensektor aufweisen, kann GSK weitere Spezialisten u.a. zu öffentl.-rechtl. geprägten ESG-Themen hinzuziehen, etwa wenn es um soziale Anforderungen an Pflegeheime u. die Bewerbung der Fondsprodukte geht. Die wachsende Bedeutung der ESG-Regulierung bei ihren Mandanten fördert in einzelnen Mandaten ihre Zusammenarbeit mit den ▷*Compliance*-Beratern, insbes. im LkSG-Kontext. Zum ESG-Aufgebot zählt zudem die Arbeitsrechtspraxis, die bei M&A-Projekten etwa zu ESG-Compliance in der Due Diligence zuarbeiten, wie bei der Beratung von Olam Food Ingredients zur Übernahme von Märsch Import, wo sich solche Fragen im Kontext von Nusseinkauf in Afrika stellten. Mit dem Weggang eines Arbeitsrechtlers verliert das Team aber einen marktpräsenten Vergütungsspezialisten.
Stärken: Fonds-Know-how.
Oft empfohlen: Lisa Watermann („herausragende ESG-Spezialistin", Mandant; Fonds)
Team: 4 Eq.-Partner, 2 Sal.-Partner (Kernteam)
Schwerpunkte: ESG-Beratung insbes. bei Fondsproduktgestaltungen etwa im Kontext der EU-Offenlegungsvorschriften; ESG für Banken; regulator. zu Compliance u. Risiken aus bankaufsichts- u. öffentl.-rechtl. Praxen sowie Arbeitsrecht; auch M&A, internat. Themen ihrer ESG-Beratung deckt GSK mit Kooperationspartnern ab.
Mandate: Donner & Reuschel zu produktspez. ESG-Compliance im Fondsbereich; Catella Real Estate umf. zu ESG-konformer Produktstrukturierung im Fondsvertrieb sowie ESG-Beratung auf Unternehmensebene; Centerscape Dtl. zu Taxonomie-VO, CSRD u. nationalen Vorschriften; Deka-Bank zu ESG-Themen aus aufsichts- u. immobilienrechtl. Perspektive; europ. Immobilien-Investmentmanager zu Produktanpassung an ESG-Vorgaben u. an Vorgaben der BaFin; Tesla wettbewerbsrechtl. zu Greenwashing-Themen.

GVW GRAF VON WESTPHALEN

ESG ★

Bewertung: Das LkSG bietet der Kanzlei mit ihrer marktführenden Außenwirtschaftspraxis einen guten Einstieg in das Feld der ESG-Beratung. Für die bessere Mandantenansprache vernetzt sie unterschiedl. Fachgruppen u. bündelt existierende Spezialisierungen im Bereich Menschenrechts- u. Umweltstandards in einem Team. Die Koordination übernimmt eine junge Öffentlichrechtlerin. Mit dem Start-up Osapiens hat sie ein Tool entwickelt, das Unternehmen hilft, die Anforderungen des LkSG umzusetzen. Auch wenn eine Vielzahl der Mandate sich derzeit ums LkSG drehen, ist GvW auch darüber hinaus in vielen weiteren Aspekten der ESG-Beratung aktiv u. berät viele ihrer überweigend mittelständ. Mandanten ganzheitlich.
Stärken: Marktführende Praxis im ▷*Außenwirtschaftsrecht*.
Oft empfohlen: Dr. Lothar Harings („sehr erfahren u. renommiert im Zshg. mit Lieferkettenthemen", Wettbewerber)
Team: 8 Eq.-Partner, 1 Sal.-Partner, 9 Associates (Kernteam)
Schwerpunkte: Beratung zu internat. Lieferketten, ganzheitl. Beratung zu ESG-Compliance-Themen, auch zu Risikomanagementsystemen. Enge Verknüpfung der einzelnen Beratungsfelder im Umwelt- (▷*Öffentl. Recht*), ▷*Energie-*, aber auch ▷*Lebensmittelrecht*. Transformationsberatung. Schnittstelle zum ▷*Baurecht* (Anlagenbau).
Mandate: Kommune zu Klimaneutralität; Celanese zu CSRD-Richtlinie; div. KMUs, Konzerne u. größere Mittelständler zu LkSG; mehrere Energiekonzerne zu Einkauf u. Vertrieb von Biogasen; Industrieuntern. zu CSRD u. LkSG; Untern. zu ESG-Verhaltenskodex.

HENGELER MUELLER

ESG ★★★★

Bewertung: HM ist aus der ESG-Beratung auf lange Zeit nicht wegzudenken. Mit dem Mandat der Dt.-Bank-Tochter DWS ist sie mit dem wohl größten ESG-Krisenmandat gestartet, das in dem neuen Markt der Greenwashing-Compliance u. -Litigation zu gewinnen war. Mandate dieser Art bearbeitet HM als Querschnittsmaterie. Weil es um unlautere Werbung geht, arbeiten hier IP- u. Litigation-Experten zusammen. Im Finanzsektor ziehen nicht nur Banken im Taxonomie-Kontext, sondern auch Investoren HM u.a. zur Bewertung der Verwendung von Umweltzeichen u. Zertifikaten u. deren Nutzungsbedingungen hinzu. Mandanten loben die Kombination von ESG-Beratung und Kapitalmarktrecht. Strateg.-präventive Mandate, bei denen ESG etwa auch im Lieferkettenzshg. eine wachsende Rolle spielen, finden sich bei HM insges. seltener als bei CMS u. Gleiss. Dafür kann HM mit dem Mandat des TÜV Süd auch hier bereits ein Großkrisenmandat vorweisen. Das TÜV-Mandat, das mittlerw. als Lehrbuchhaftungsfall im LkSG-Kontext gilt, wird von einem Öffentlichrechtler u. Compliance-Spezialisten bearbeitet, der auch präventiv zu rechtl. ESG-Risiken in Lieferketten berät
Oft empfohlen: Dr. Fabian Quast („strukturiert und Hands-on", Mandant; Regulierung/Compliance)
Team: 5 Partner, 2 Counsel (Kernteam)
Schwerpunkte: ESG-Beratung als Querschnittsthema; starke Compliance- u. Litigation-Einheiten; ESG-Regulatorik auch präventiv als Teil der Corporate-Governance-Beratung (▷*Compliance*); breite Praxis im ▷*Öffentl. Recht* sowie ESG-Beratung im Vergaberechtskontext; strateg. als wertschöpfende Dimension, z.B. als Teil von M&A-Projekten, u.a. in Verbindung mit der marktführenden Praxis im ▷*Energiewirtschaftsrecht* oder bei der Umsetzung einer nachhaltigen Finanzierung (▷*Bank- u. Bankaufsichtsrecht*, ▷*Anleihen u. strukturierte Finanzierung*).

Anwaltszahlen: Angaben der Kanzleien, wie viele Anwälte zu mind. ca. 50% in diesem Gebiet tätig sind. Sie spiegeln nicht zwingend die Gesamtgröße einer Kanzlei wider.

Mandate: DWS zu Greenwashing-Vorwürfen in den USA u. Dtl. (marktbekannt); Auftraggeber der öffentl. Hand wg. Tochtergesellschaft, u.a. zu Menschenrechtsverstößen; Industrieunternehmen u. Investoren, u.a. zur Erstellung von ESG-Guidelines; Jupiter Asset Management zu ESG-Anforderungen an die Produktgestaltung; Industrieuntern. zu Klimalitigationrisiken; Stadtreinigung Hamburg zu EU-weiter Ausschreibung inkl. ESG-Anforderungen; TÜV Süd, u.a. umweltrechtl. zu brasilian. Dammbruchkatastrophe.

HOGAN LOVELLS

ESG ★★★★

Bewertung: Die Kanzlei punktet in der ESG-Beratung mit einem gut vernetzten Team auf nationaler wie globaler Ebene. Eine zentrale Rolle spielt dabei ein Münchner Team, das regulator. u. vertragl. Themen bei der Beratung von Geschäftsmodellen u. auf der Produktebene so konsequent wie nur wenige Wettbewerber miteinander verknüpft. Mandanten aus der Automobil- u. Konsumgüterindustrie beraten die Anwälte insbes. im Verbund mit den Compliance-Teams zu Lieferkettensorgfaltspflichten, Green-Marketing-Strategien sowie im Zshg. mit Greenwashing-Risiken u. -Vorwürfen. Bspe. sind die Beratung von Obi u. eines ww. tätigen Automobilzulieferers zur Implementierung des LkSG. Eng eingebunden in die Beratung ist auch das öffentl.-rechtl. Team, etwa wenn es um ESG-Risiken von Anlagen geht. In dieser Beratungsnische fehlt dem Team aber ein Zugang zur strateg. Beratung. Auch die Vertretung sog. Klimaklagen u. der Schulterschluss mit den IP-Spezialisten im Greenwashing-Umfeld bleibt noch ausbaufähig. Clifford, Freshfields oder Gleiss sind ihr in puncto ganzheitl. ESG-Beratung daher einen Schritt voraus.

Team: 12 Partner plus Associates (Kernteam)

Schwerpunkte: Regulator.-strateg. Beratung zu unternehm. Vorhaben wie Markteinführung, Vertriebskonzepte, u.a. im Bereich Mobilität (▷*Vertriebssysteme*); Kfz-Regulierung mit Anbindung an produktbez. Umweltrecht u. ▷*Compliance*. Weitere Branchen: ▷*Energie*, ▷*Immobilien*, Chemie, Konsumgüter, ▷*Versicherungen*.

Mandate: Ww. tätiger Automobilzulieferer zu Implementierung des LkSG; Obi zu LkSG; Kfz-Hersteller zu ww. ESG-Compliance, inkl. LkSG; japan. Stromanbieter bei strateg. Beteiligung von kanad. Geothermie-Unternehmen; dt. Automobilhersteller zu Umwelt-Compliance-Themen im Zshg. mit Recycling-Projekt von Altfahrzeugen; Schwartauer Werke umf. zu regulator., wettbewerbsrechtl. u. vertragsrechtl. Aspekten von Produkteinführungen; Bank zu Anforderungen an nichtfinanzielle Berichte nach der Taxonomie-VO u. im Zshg. mit CSRD.

JONES DAY

ESG ★★

Bewertung: V.a. asiat. u. US-Mandanten setzen auf das dt. ESG-Team der Kanzlei, das als Teil einer internat. Fokusgruppe agiert. Ausgehend von seiner tiefen Kenntnis des internat. regulator. Umfelds berät das Team in der internat. Vernetzung Mandanten wie den Franchisegeber von ww. bekannten Schnellrestaurants u.a. zur Anpassung von Compliance-Systemen, zu entspr. nichtfinanziellen Berichtspflichten sowie zu den Auswirkungen auf bestehende u. neue Geschäftsmodelle. Mit der stetig an Komplexität gewinnenden Regelungsdichte u. der wachsenden Inhomogenität der geforderten Pflichten, nehmen sog. Gap-Analysen Raum in der Beratung ein. Ein solches Produkt war u.a. Teil eines Mandats für einen internat. Elektronikkonzern. JD beriet ihn ggü. seinen dt. Kunden, die Erklärungen forderten, dass dieser die Maßstäbe des LkSG einhalte, obwohl er ein Mitglied der Responsible Business Alliance ist. Im Aufbau ist die Verzahnung mit den finanzaufsichts- u. prozessrechtl. Experten.

Team: 4 Eq.-Partner, 3 Counsel (Kernteam)

Schwerpunkte: Globale LkSG-Beratung für Unternehmen internat. Konzerne; tiefe Kenntnis der ESG-Regulierung; zunehm. Vernetzung mit anderen Gruppen, inkl. Bankaufsichtsrecht u. Litigation.

Mandate: Asiat. Kfz-Hersteller zu Einordnung eines Gemeinschaftsunternehmens nach LkSG; internat. Logistikdienstleister zu Anpassung der LkSG-Compliance an neue CS3D-Regeln, inkl. Gap-Analyse mit frz. Loi de Vigilance; Franchisegeber zu Einführung u. Umsetzung des LkSG u. der CSRD-Berichtspflichten; asiat. Elektronikhersteller zu Gap-Analyse zw. LkSG u. Code of Conduct der Responsible Business Alliance; Kyndryl zu nichtfinanziellen Berichtspflichten; chin. Pkw-Hersteller zu Batteriesystemen u. Konfliktmineralien im Rahmen der CS3D-Richtlinie.

LINDENPARTNERS

ESG ★★

Bewertung: Die Ursprünge der ESG-Beratung bei Lindenpartners liegen in der frühen Begleitung der aufkommenden Regulierungsthemen, insbes. der Taxonomie-VO. Ersten Mandatsgewinnen in der Bank- u. Finanzbranche folgte das Ausrollen dieser Kompetenz auf die Realwirtschaft, wo sie gezielt Mandantengruppen ins Visier nimmt, darunter Immobilienakteure u. öffentl. Unternehmen. Im Fokus stehen momentan die Beratung zur Umsetzung der Taxonomie-VO u. der CSRD-Richtlinie, aber auch branchenspezif. Einzelthemen wie Green Leases. Um die Schlagkraft zu erhöhen hat die Kanzlei 3 Associates eingestellt, die zwar formal in anderen Praxisgruppen angedockt sind, aber in nennenswertem Umfang auch zu ESG beraten.

Team: 3 Eq.- Partner, 1 Sal.-Partner, 3 Associates

Schwerpunkte: Bankaufsichtsrecht; umwelt- u. klimaschutzrechtl. Compliance; Taxonnomie, EU-Ecolabel.

Mandate: Dt. Derivate Verband zu EU-Aktionsplan ‚Sustainable Finance'; Cool Planet Technologies zu Markteintritt in Dtl. insbes. zu Taxonomie-Kriterien; Donner & Reuschel, Weberbank jew. bei Umsetzung europ. Sustainable Finance-Regulierung; Berlinovo zu Umsetzung von ESG-Pflichten im Konzern; Landesbank zu LkSG; Landesbank zu Offenlegungspflichten für nachhaltige Finanzprodukte.

LINKLATERS

ESG ★★★★

Bewertung: Die Kanzlei besetzt das Thema ESG mit einem praxis- u. länderübergr. Team, aus dem mindestens 2 Partner die Entwicklung des regulator. Umfelds sowie der ESG-bezogenen Gerichtsentscheidungen beobachten u. in die konkrete Mandatsbearbeitung tragen. Der Ausrichtung der Gesamtkanzlei entspr. weisen einige ESG-Mandate einen Transaktions- bzw. Investitionsbezug auf, etwa im Kontext der ESG-konformen Beschaffung von Rohstoffen. Daneben steht eine gr. Anzahl an Mandanten, die Linklaters das Erkennen u. Einordnen von potenziellen ESG-Risiken, insbes. mit Blick auf arbeitsrechtl. Governance-Fragen (Vorstandsvergütung), Greenwashing, Lieferkettensorgfalt u. Nachhaltigkeitsberichterstattung anvertrauen. Die themat. Breite u. Komplexität der Mandate, ist beachtlich: Kombinierte Prozess- u. Strategieberatung im Großkontext Dekarbonisierung gehört genauso zum Angebot wie Zertifizierung u. Menschenrechte. Letzteres gewinnt auch für ausl. Mandanten an Bedeutung, die sich in bestehenden Vertragsbeziehungen an die gewachsenen LkSG-Ansprüche ihrer dt. Geschäftspartner anpassen wollen.

Team: 20 Partner, 4 Counsel, ca. 70 Associates aus versch. Fachbereichen

Schwerpunkte: Internat. Banken u. Unternehmen bei der Integration von ESG-Themen in gesamte Lieferkette; Governance-Beratung, u.a. zu nachhaltiger Unternehmensführung (▷*Compliance*), inkl. Haftungsfragen wie Greenwashing (▷*Litigation*); ▷*Arbeitsrecht* u. Umweltrecht (▷*Öffentl. Recht*); starke Praxis im ▷*Energiesektor* v.a. im Zshg. mit erneuerbaren Energien u. Transformation ▷*Beihilferecht*. Starkes Standbein im ▷*Bank- u. Bankaufsichtsrecht*.

Mandate: VW in Prozess um Offenlegung von Lobbyarbeit im Zshg. mit Klimagesetzgebung (Greenwashing); Fresenius zu Vorstandsverträgen u. Vergütungsfragen im Zshg. mit ESG-Kriterien; Porsche zu ESG-Fragen bzgl. Nachhaltigkeitsprofil der Gesellschaft; Bawag zu Emission von €500 Mio Green Senior Preferred Bonds; Garbe bei Auflegen von Nachhaltigkeitsfonds; führende Wertpapierfirmen zu Berichterstattung bzgl. auf Taxonomie-VO.

NOERR

ESG ★★

Bewertung: Die dt. Großkanzlei behandelt ESG als Querschnittsthema u. bündelt für die Beratung ihr Know-how aus vielen Praxisgruppen. Partner aus Corporate, Litigation, Compliance u. Regulierung arbeiten bei Mandaten bei Bedarf entspr. vernetzt zusammen. Exempl. für die Verzahnung der Spezialisierungen stehen u.a. einige Transaktionsmandate, aber auch Mandate für Vorstände u. Aufsichtsräte im Zshg. mit (der Vermeidung von) Haftungsfällen. Durch ihre starke Vertriebs- u. Außenhandelspraxis ist Noerr beim Thema Lieferkettensorgfalt in einige Mandate involviert, bei denen auch die Erfahrung des Compliance-Teams gefragt ist. Im Vgl. zu Clifford, Linklaters oder Baker wird aber deutl., dass deren ESG-Mandate schon ein anderes Kaliber haben – v.a. in puncto Komplexität.

Team: 15 Eq.-Partner plus Associates (Kernteam)

Schwerpunkte: ESG als Querschittsthema in der Full-Service-Kanzlei, insbes. in den Bereichen ▷*Gesellschaftsrecht*/Finanzierung, ▷*Compliance-Untersuchungen* u. Litigation, jeweils in Zusammenarbeit mit Regulierungsteams (LkSG); viel Erfahrung im ▷*Öffentl. Wirtschaftsrecht*, insbes. mit Blick auf nationale u. europ. Regulierungsthemen, u.a. auch im Abfall- u. Produktrecht, Produktverantwortung u. Recycling. ▷*Außenwirtschafts-* u. ▷*Vertriebsrecht*.

Mandate: Dax-Vorstand zu evtl. Pflichtverletzungen; Pre Zero bei Ausbau der Recyclingsparte, inkl. Zukäufen; Daimler Truck bei Kooperationsvereinbarungen mit Deutz zur Entwicklung u. Vermarktung von Motoren für schwere Nutzfahrzeuge; dt. Einzelhandelsgruppe zur Umsetzung des LkSG, insbes. Anwendungsbereich u. Berichtswesen; internat. tätiger Automobilzulieferer u. internat. tätiges Pharmauntern. zu LkSG, insbes. zu Implementierung von Maßnahmen, Delegationsfragen im Konzern.

Anwaltszahlen: Angaben der Kanzleien, wie viele Anwälte zu mind. ca. 50% in diesem Gebiet tätig sind. Sie spiegeln nicht zwingend die Gesamtgröße einer Kanzlei wider.

POHLMANN & COMPANY

ESG ★★★

Bewertung: Kernkompetenz der Kanzlei ist die strateg. Beratung zur Implementierung von Compliance-Systemen. Im ESG-Feld kombiniert P&C diese Fähigkeit mit ihrem regulator. Know-how sowie digitalen Angeboten. Damit bringt sie sich bei ihren Mandanten für Risikoanalysen u. Präventionsberatung ins Spiel u. spielt dabei auch ihre internat. Vernetzung bspw. in die USA aus. Besonders präsent war das Team zuletzt im Zshg. mit dem europ. Emissionshandel, wo neben Verfahren rd. um die Vergabe von Emissionsrechten v.a. auch die Frage nach der Rechtssicherheit von Zertifikaten im Zentrum stand. Zertifizierungsrisiken sind auch bei abfallrechtl. Themen im Rahmen der Transformation zur Kreislaufwirtschaft relevant, ein Wirtschaftsbereich, in dem P&C gut aufgestellt ist. Gerade im Zuge von Transformationsprojekten kommt Mandanten die Zusammenarbeit mit der angeschl. Unternehmensberatung zugute, in die zuletzt auch ein erfahrener P&C-Partner gewechselt ist. Die Zusammenarbeit ist wichtig, weil viele ESG-getriebene Vorgänge in den Unternehmen, seien es Zu-/Verkäufe oder Umstrukturierungen, Auswirkungen auf das Geschäftsmodell haben u. Mandanten somit mehr benötigen als den reinen Rechtsrat.

Stärken: Marktweit anerkannte ▷*Compliance*-Beratung.

Team: 6 Eq.-Partner, 3 Counsel, 2 Associates

Partnerwechsel: Dr. Horst Schlemminger (zu Pohlmann Unternehmensberatung; Öffentl. Wirtschaftsrecht)

Schwerpunkte: Umweltrechtl. Beratung u.a. zu Altlastensanierungen sowie Produktregulierung, Abfallrecht u. Recycling; LkSG u. Emissionshandel als Teil der Compliance-Beratung regelm. im Kontext von Compliance-Risiken für die Unternehmensführung; Luftverkehrsspezialisierung.

Mandate: Fluggesellschaft zu Verfahren ggü. Umweltbundesamt im Zshg. mit Verweigerung von Emissionsrechten; 2 Klimaschutzplattformen zu finanzaufsichtsrechtl. Konformität des Geschäftsmodells bzgl. Kauf von europ. Zertifikaten im Rahmen des EU-Emissionshandelssystems; Jeansproduzent zu Kreislaufwirtschaft; Recyclingunternehmen bei der Gestaltung der gruppenweiten Governance-Strukturen im Hinblick auf Compliance-Maßnahmen, -Prozesse u. Berichtslinien sowie Prüfung der Reichweite abfallrechtl. Zertifikate; div. Unternehmen, u.a. Private-Equity-Fonds u. Bauproduktehersteller, zu LkSG wg. ganzheitl. Risikoanalyse.

POSSER SPIETH WOLFERS & PARTNERS

ESG ★★

Bewertung: Mit ihrer tiefen Kenntnis des ▷*Öffentl. Wirtschaftsrechts* ist PSWP insbes. für regulator. Themen auch im ESG-Kontext viel gefragt. Industrieunternehmen mandatieren die Kanzlei, um mögl. Klagerisiken zu erheben, die sich aus neuen internat. Regeln insbes. aber auch aus der internat. Klimaklagen-Spruchpraxis ergeben. Ihre strateg. Qualität insbes. auch in Projekten, die von Rechtssetzungsprozessen begleitet sind, heben Mandanten immer wieder hervor. Detailkenntnisse zieht das Team nicht zuletzt aus der praktischen Begleitung von VW u. RWE in gleich 2 relevanten Klageverfahren. Neuerdings berät sie auch zu sog. Klimaschutzverträgen, mit denen emissionsintensive Branchen Anreize zur Umstellung auf klimaneutrale Produktionsverf. bekommen.

Oft empfohlen: Dr. Wolf Spieth („profunder Gesprächs- und Strategiepartner", „will man in der Krise an seiner Seite haben", Mandanten); Niclas Hellermann („hat die Themen strateg. im Griff", Mandant; beide Öffentliches Wirtschaftsrecht/Regulierung)

Team: 6 Eq.-Partner, 1 Sal.-Partner, 1 Counsel, 13 Associates

Schwerpunkte: Gr. Erfahrung mit strateg. Beratung von Transformationsprojekten auf Vorstandsebene; Spezialisierung auf den öffentl.-rechtl. bzw. völkerrechtl. Teil sog. Klimaklagen; tiefe Kenntnis des nationalen u. internat. Regulierungsrechts; Sektorkompetenzen in ▷*Verkehr*, ▷*Energiewirtschaft* u. produzierender Industrie.

Mandate: Bundesland zu Klimaklage; VW, u.a. zu Klimaklagen in Dtl. gg. Dt. Umwelthilfe; RWE strateg. zu Braunkohleausstieg u. Klage eines peruan. Andenbewohners (mit Freshfields).

REDEKER SELLNER DAHS

ESG ★★

Bewertung: Für die ESG-Beratung bringt RSD sich durch ihre langj. Exzellenz in öffentl.-rechtl. Themen u.a. auch in der Begleitung von Gesetzgebungsprozessen ins Spiel. Spezialisierungen im EU-Recht u. in den Bereichen Umwelt u. Menschenrechte sowie viel Erfahrung auch im Völkerrecht ermöglichen den Einstieg in komplexere, auch prospektive Lieferkettenprojekte. In diese Richtung geht das Mandat einer Versicherungsgesellschaft, die RSD zum rechtssicheren Handel mit Klimazertifikaten berät, die aus Aufforstungsprojekten gewonnen werden. Neben den vielen regulator. Themen sind auch hier v.a. Vertragsgestaltungskompetenzen gefragt, die RSD in den zurückliegenden Jahren sukzessive ausgebaut hat. Fragen einer ‚grünen' Wertschöpfung beschäftigen auch das Beihilferechtsteam der Kanzlei, etwa im Kontext eines Mandats der KfW.

Team: 10 Eq.-Partner, 3 Sal.-Partner (Kernteam)

Schwerpunkte: ESG-Beratung ausgehend vom ▷*Öffentl. Wirtschaftsrecht*, u.a. zu Taxonomie-VO u. LkSG, Compliance-Beratung (▷*Compliance-Untersuchungen*), zunehmend vernetzt mit zivilrechtl. geprägten Praxisgruppen, wie etwa Vertriebs- u. Vertragsspezialisten; marktführende Verfassungs-, EU-, ▷*Beihilfe*- u. Völkerrechtspraxis.

Mandate: Versicherungsgesellschaft zu Handel mit Klimazertifikaten; KfW zu Aufbau von Wertschöpfungsketten für grünen Wasserstoff; Dt. Gesellschaft für internat. Zusammenarbeit zu Green-Deal-Projekt; Landkreis Ostallgäu umf. zu Moorschutzvorhaben, inkl. Musterverträgen mit Landwirten; Industrieunternehmen zu LkSG-Einführung u. zu Aufbau eines Risikomanagements; Ecosystem Value zu Zertifizierung von Ökosystemleistungen.

TAYLOR WESSING

ESG ★

Bewertung: TW begreift wie viele ihrer Wettbewerber ESG als Querschnittsthema u. hat sich intern entspr. aufgestellt. Mandanten profitieren von einer vernetzten Beratung unterschiedl. Fachbereiche. Frühzeitig positioniert war die Kanzlei durch ihre anerkannte Vertriebsrechtspraxis beim Thema LkSG, bei dem sie gleich mehrere namh. Mandanten gewinnen konnte. Auch an der Schnittstelle zur Finanzmarktregulierung ist TW aktiv u. berät bspw. bei der Umsetzung der EU-weiten Nachhaltigkeitsanforderungen. Insges. hat die Kanzlei noch Potenzial, die vorhandenen Bereiche enger miteinander zu verzahnen.

Team: 18 Eq.-Partner, 12 Sal.-Partner, 2 Associates (aus versch. Praxisgruppen)

Schwerpunkte: Angesehene ▷*Vertriebsrechtspraxis*, daraus frühzeitige Beratung u. entspr. gr. Erfahrung im Zshg. mit Lieferketten. Finanzsektor: Beratung von Banken zu regulator. Anforderungen wie Taxomonie-VO u. SFDR, auch Immobilieninvestoren zu Anforderungen an ESG-konforme Fonds. Marktführende ▷*Marken- u. Wettbewerbs*praxis, die u.a. zu klimaneutraler Werbung u. damit vorhandenen Greenwashing-Vorwürfen berät. Auch Kompetenz im Anlagenbau (▷*Immo/Bau*), u.a. bei Projekten zu Erneuerbaren Energien (▷*Energie*).

Mandate: Immobilieninvestor zu europ. Nachhaltigkeitsregulierung des Finanzmarktes, insbes. SFDR; gr. Hersteller von Gebrauchsgütern zu LkSG (Risikoanalyse, Litigation-Strategie); Dr. Schnell in Prozess bzgl. Green Claims u. zu rechtl. Vorgaben für Werbung mit umweltbez. Aussagen; Ergo zu ESG-Regulierung bzgl. Vertrieb u. best. Kapitalanlagen in Fonds; Dax- Konsumgüteruntern. zu LkSG, auch Code of Conduct u. Supplier Code of Conduct.

WHITE & CASE

ESG ★★★

Bewertung: W&C hat ihre Kräfte für die ESG-Beratung gebündelt u. zuletzt einige gr. Mandanten gewinnen können. Den Unternehmen aus div. Branchen bietet sie in Dtl. eine sowohl im ▷*Bank- u. Bankaufsichtsrecht* als auch im ▷*Öffentl. Recht* eng verzahnt mit ▷*Compliance*- u. ▷*Litigation*-Spezialisten agierenden Gruppe. Daraus resultiert ihre gr. Erfahrung im Feld der Lieferkettensorgfalt u. mit kapitalmarktrechtl. Berichtspflichten, die mit Blick auf regulator. Know-how insbes. auch vom Zusammenspiel mit dem Brüsseler Standort profitiert. Selten sind die Mandate allerdings auf Dtl. u. Europa beschränkt, sondern im Kern multijurisdiktional. Aus dem globalen Netzwerk heraus bietet W&C strateg. ESG-Krisenberatung, die nicht nur wg. der stärkeren Fundierung im Kapitalmarkt- u. Bankaufsichtsrecht von einer deutl. tieferen Aufstellung profitiert als etwa bei Jones Day.

Oft empfohlen: Karsten Wöckener („fachl. sehr kompetent, erstklassiger Service", Mandant; Kapitalmarktrecht); Prof. Dr. Norbert Wimmer (Regulierung); Dr. Sonja Hoffmann („sehr kompetente u. professionelle Beratung", Mandant; Kapitalmarktrecht/Litigation)

Team: 8 Eq.-Partner, 6 Counsel (Kernteam)

Schwerpunkte: ESG-Beratung mit viel Kompetenz im Öffentl. Wirtschaftsrecht sowie im Bank- u. Bankaufsichtsrecht; Finanzunternehmen u. produzierendes Gewerbe zu Lieferketten-Compliance u. zu nichtfinanziellen Berichtspflichten; internat. integrierte strateg.-präventive Beratung zu Haftungsthemen, öffentl.-rechtl. Klima-Litigation u. Greenwashing. Beratung bei ESG-Transaktionen.

Mandate: Ww. agierender Energiekonzern jurisdiktionsübergr. bei Beobachtung von Klimaklagen im Rahmen laufender Strategieberatung; ww. agierender Nahrungsmittelkonzern bei der jurisdiktionsübergr. Abwehr von Greenwashing-Klagen; japan. Industrieunternehmen zu LkSG-Compliance u. den künftigen EU-Vorgaben; Finanzuntern. zu LkSG-Risiken bei Finanzdienstleistungen; Konsumgüterhersteller grenzüberschr. zu LkSG-Compliance und Haftungsrisiken.

Anwaltszahlen: Angaben der Kanzleien, wie viele Anwälte zu mind. ca. 50% in diesem Gebiet tätig sind. Sie spiegeln nicht zwingend die Gesamtgröße einer Kanzlei wider.

Herausforderungen bei klinischen Prüfungen im Rahmen der MDR

Von Prof. Dr. Heike Wachenhausen, Susanna Dienemann, LL.M, und Luka Weinert, Wachenhausen Dienemann Rechtsanwälte, Lübeck

Prof. Dr. Heike Wachenhausen

Prof. Dr. Heike Wachenhausen ist Rechtsanwältin und Partnerin der Kanzlei sowie Honorarprofessorin an der TH Lübeck für Regulatory Affairs in der Medizintechnik.

Susanna Dienemann

Susanna Dienemann, LL.M. ist Rechtsanwältin und Partnerin der Kanzlei sowie Lehrbeauftragte für Arzneimittelrecht im Studiengang Master of Pharma Business Administration der Goethe-Universität Frankfurt.

Luka Weinert

Luka Weinert ist Rechtsanwältin der Kanzlei sowie Autorin einschlägiger Publikationen, u.a. in: Spickhoff/Handorn, Handbuch Medizinisches Forschungsrecht, C.H. Beck, 2023.

Wachenhausen Dienemann Rechtsanwälte – Lawyers for Life Sciences zeichnen sich durch persönliche Mandatsbetreuung gekoppelt mit Expertise auf höchstem Niveau aus. Die Mandanten schätzen das große Erfahrungswissen und die Praxisnähe sowie die unternehmerische Herangehensweise bei strategischen Entscheidungen im Arzneimittel- und Medizinprodukterecht. Sie berät Medizintechnik- und Pharmaunternehmen sowie Forschungseinrichtungen.

Kontakt
Susanna Dienemann, LL.M.
Wachenhausen Dienemann Rechtsanwälte
Partnerschaft mbB
Fünfhausen 1, 23552 Lübeck
T +49 451 31 70 2600
s.dienemann@wachenhausen-law.com
www.wachenhausen-law.com

Die klinische Prüfung mit Medizinprodukten wurde mit der Verordnung (EU) 2017/745 über Medizinprodukte (MDR) umfassend und für alle Mitgliedstaaten einheitlich gesetzlich geregelt. Im Mittelpunkt der gesetzlichen Regelungen steht der Schutz des Studienteilnehmers. Daneben ist aber auch die Sicherstellung der Datenqualität und -integrität durch den Sponsor einer klinischen Prüfung von wachsender Bedeutung, denn mit den Ergebnissen einer oder mehrerer klinischer Prüfungen bilden sie eine wichtige Grundlage für die klinische Bewertung. Die Skandale der letzten Jahre bewirkten u.a. eine Verschärfung der Anforderungen an die klinischen Daten, die Gegenstand der klinischen Bewertung eines Medizinproduktes sind.

Regulatorischer Rahmen und Änderungen durch die MDR

Bestimmungen zur klinischen Prüfung mit Medizinprodukten waren bisher in der Richtlinie 93/42/EWG (MDD) nur sehr bruchstückhaft enthalten. Auf nationaler Ebene gingen die Bestimmungen der §§ 20 ff. MPG schon viele Jahre weit über die Vorgaben der MDD hinaus. Die MDR betrachtet nun die klinische Prüfung mit Medizinprodukten und die klinische Bewertung als Schlüsselelemente (vgl. 4. Erwägungsgrund). Die Art. 62 bis 82 MDR enthalten dementsprechend neue und umfangreiche Vorgaben für klinische Prüfungen mit Medizinprodukten. Des Weiteren enthält Anhang XV MDR detaillierte Vorgaben zu allgemeinen Voraussetzungen, den Unterlagen, die mit dem Antrag auf Genehmigung einer klinischen Prüfung vorzulegen sind (sog. Antragsdossier), und weiteren Pflichten des Sponsors einer klinischen Prüfung. Weitere, sehr umfangreiche Bestimmungen enthält das Medizinproduktedurchführungsgesetz (MPDG) sowohl für klinische Prüfungen als auch für sonstige klinische Prüfungen mit Medizinprodukten.

Das Erfordernis einer klinischen Prüfung hat sich insbesondere für implantierbare Medizinprodukte und Medizinprodukte der Klasse III verschärft. Der Grundsatz findet sich in Art. 61 Abs. 4 MDR, wonach bei diesen Produktkategorien immer klinische Prüfungen durchgeführt werden sollen. Von diesem Grundsatz gibt es jedoch auch eine ganze Reihe von Ausnahmen (Art. 61 Abs. 4 – 6 MDR), von denen in der Praxis auch Gebrauch gemacht wird.

Die Unterscheidung zwischen klinischer Prüfung und sonstiger klinischer Prüfung

Art. 2 Ziffer 45 MDR verankert nun erstmals den Begriff der klinischen Prüfung gesetzlich. Eine klinische Prüfung ist danach eine systematische Untersuchung, bei der ein oder mehrere menschliche Prüfungsteilnehmer einbezogen sind und die zwecks Bewertung der Sicherheit oder Leistung eines Produkts durchgeführt wird. Ihr wesentliches Gepräge erhält eine klinische Prüfung damit durch die systematische Vorgehensweise auf der Grundlage einer wissenschaftlichen Methode. Die Planmäßigkeit einer Untersuchung (beispielsweise kontrollierte Bedingungen) ist ein wichtiges Unterscheidungskriterium zu anderen Studientypen und zur Standardtherapie. Im Ergebnis sind aber weder die systematische Vorgehensweise noch der Zweck einer klinischen Prüfung geeignet, um eine klare Abgrenzung z.B. zu nicht-interventionellen Studien zu ermöglichen.

Darüber hinaus sind nicht alle klinischen Studien mit Medizinprodukten auf die Sicherheit oder Leistung eines Medizinproduktes ausgerichtet. Diese Studien unterfallen dann nicht dem Begriff der klinischen Prüfung. Allerdings ist zu berücksichtigen, dass eine eindeutige Zuordnung im Einzelfall nicht einfach ist. Insbesondere weisen klinische Studien in der Regel sowohl primäre als auch sekundäre Zielkriterien auf, die untergeordnet immer auch die Frage der Sicherheit oder Leistung eines Medizinproduktes berühren können. Bei der Umsetzung der MDR stellen sich daher bereits vielfältige Abgrenzungsfragen, die durch die wenig trennscharfe Definition der klinischen Prüfung zu erheblichen Unsicherheiten nicht nur bei Sponsoren, sondern auch beim Bundesinstitut für Arzneimittel und Medizinprodukte (BfArM) und den lokalen Überwachungsbehörden führen. Daher ist immer eine Einzelfallbetrachtung erforderlich, die im Zweifel zu einer Einordnung als klinische Prüfung zugunsten eines umfassenden Schutzes der Studienteilnehmer führt.

Der Gesetzgeber hat mit Art. 82 MDR zusätzlich eine neue Form der klinischen Prüfung eingeführt, deren Begriff und Zielsetzung auf nationaler Ebene durch § 3 Ziffer 4 MPDG weiter konkretisiert wird. Der Gesetzgeber legt der gesetzlichen Definition Abgrenzungsmerkmale zugrunde, durch welche zwischen einer klinischen Prüfung, die zu Konformitätsbewertungszwecken durchgeführt wird, und einer sonstigen klinischen Prüfung, die nicht zu Konformitätsbewertungszwecken durchgeführt wird, unterschieden werden soll. Wenn eine klinische Prüfung mit einem Medizinprodukt nicht zu Konformitätsbewertungszwecken durchgeführt wird, fällt diese nicht automatisch aus dem Anwendungsbereich der MDR heraus. Für die neue Form der sonstigen klinischen Prüfung müssen gemäß Art. 82 MDR ebenfalls gesetzliche Anforderungen eingehalten werden. Auf nationaler Ebene werden die Einzelheiten zur sonstigen klinischen Prüfung im MPDG sehr umfassend geregelt. Für das Genehmigungsverfahren einer sonstigen klinischen Prüfung sind die §§ 47 bis 61 MPDG anzuwenden.

In der Praxis kommt es schon jetzt zu erheblichen Abgrenzungsproblemen, wenn z.B. der Hersteller eines Medizinproduktes mit einem akademischen Sponsor kooperiert und die sonstige klinische Prüfung auf vertraglicher Grundlage finanziell und/oder auch weitergehend unterstützt und im Gegenzug an den Forschungsergebnissen des akademischen Sponsors beteiligt wird (sog. Investigator Initiated Trials – IITs). In diesen Fällen ist die Abgrenzung nicht einfach, da ein Hersteller in einer solchen Konstellation immer auch die technische Dokumentation und die klinische Bewertung seines Produktes vor Augen haben dürfte und insofern eigene Konformitätsbewertungszwecke verfolgt.

Genehmigungserfordernisse für klinische Prüfungen

Bei klinischen Prüfungen zu Konformitätsbewertungszwecken legt § 31 Abs. 1 und 2 MPDG zunächst fest, für welche Produktklassen die zuständige Bundesoberbehörde eine implizite oder eine explizite Genehmigung erteilen muss. Hier ist wichtig zu wissen, dass die zuständige Bundesoberhörde prüft, ob die Klassifizierungsregeln des Anhangs VIII MDR vom Sponsor zutreffend angewendet wurden (§ 39 Abs. 3 MPDG). Die zuständige Bundesoberbehörde widerspricht dem Beginn einer klinischen Prüfung, wenn das Prüfprodukt nach den Klassifizierungsregeln nicht als Produkt der Klasse I oder nicht als nicht invasives Produkt der Klasse IIa einzustufen ist.

Gemäß § 39 Abs. 1 MPDG prüft die zuständige Bundesoberbehörde bei klinischen Prüfungen den Prüfplan und die erforderlichen Unterlagen nach Maßgabe des Art. 71 Abs. 1 bis 3 MDR. Hiervon ausgenommen ist die Prüfung der (ethischen) Voraussetzungen, die in Art. 62 Abs. 4 c), d), f) bis k), Abs. 6 und 7 MDR festgelegt sind. Diese Voraussetzungen werden allein von der zuständigen Ethik-Kommission bewertet und geprüft. Im Hinblick darauf besteht zwischen der zuständigen Bundesoberbehörde und der zuständigen Ethik-Kommission eine Art „Arbeitsteilung". Das erklärt auch, warum der Sponsor seinem Antrag auf Genehmigung einer klinischen Prüfung bereits die zustimmende Stellungnahme der zuständigen Ethik-Kommission einreichen muss. Mit einer sonstigen klinischen Prüfung darf gemäß § 47 Abs. 2 MPDG begonnen werden, wenn eine zustimmende Stellungnahme der zuständigen Ethik-Kommission vorliegt und die sonstige klinische Prüfung der zuständigen Bundesoberbehörde angezeigt wurde. Damit erhält die Ethik-Kommission für die Genehmigung von sonstigen klinischen Prüfungen die Hauptverantwortung.

Soll die klinische Prüfung in mehr als einer Prüfstelle durchgeführt werden (sog. multizentrische klinische Prüfung), bewertet die zuständige Ethik-Kommission den Antrag im Benehmen mit den Ethik-Kommissionen, die nach Landesrecht für die Prüfer oder Hauptprüfer zuständig sind (beteiligte Ethik-Kommissionen). Die beteiligten Ethik-Kommissionen prüfen jeweils die Qualifikation der Prüfer und die Geeignetheit der Prüfstellen in ihrem Zuständigkeitsbereich.

Alte und neue Herausforderungen

Mit der Anwendbarkeit der MDR sind klinische Prüfungen mit Medizinprodukten umfassender und für alle Mitgliedstaaten einheitlich geregelt. Obwohl eine gesetzliche Definition des Begriffs der klinischen Prüfung eingeführt wurde, stellen sich auch jetzt noch vielfältige Einordnungs- und Abgrenzungsfragen. § 6 Abs. 3 MPDG ermöglicht zwar auf Antrag einer zuständigen Behörde oder eines Sponsors, dass die zuständige Bundesoberbehörde entscheidet, ob es sich um eine genehmigungspflichtige klinische Prüfung handelt. Allerdings dauert dieses Verfahren erfahrungsgemäß sehr lang, da es nicht an gesetzliche Fristen gebunden ist, und stellt damit für Sponsoren häufig keine Option dar. Aufgrund der Aufnahme der sonstigen klinischen Prüfung über Art. 82 MDR in die nationalen Regelungen ergeben sich neue Einordnungs- und Abgrenzungsfragen, die insbesondere im Übergang zwischen akademischer und kommerzieller Forschung zu weiteren Problemen führen. Für Sponsoren klinischer Prüfungen steigt sowohl die regulatorische als auch die haftungsrechtliche Verantwortung, da die Anforderungen an klinische Prüfungen mit Medizinprodukten inzwischen hoch sind und sich von klinischen Prüfungen mit Arzneimitteln kaum noch unterscheiden. Bei allen Diskussionen darf aber nicht vergessen werden, dass der maximale Schutz der Studienteilnehmer und eine hohe Qualität der erhobenen Daten bei einer klinischen Prüfung durchgehend sichergestellt sein müssen. ■

KERNAUSSAGEN

- Die MDR definiert nun erstmals den Begriff der klinischen Prüfung. Diese gesetzliche Definition erlaubt im Ergebnis jedoch keine klare Abgrenzung zu anderen Studienformen, wie etwa der nicht-interventionellen Studie. Somit werden die bisher bekannten Einordnungs- und Abgrenzungsschwierigkeiten durch die MDR nicht beseitigt.
- Der Gesetzgeber hat die sonstige klinische Prüfung als neue Form der klinischen Prüfung eingeführt und gesetzlich verankert. Die Abgrenzungsmerkmale der sonstigen klinischen Prüfung unterscheiden zwischen einer klinischen Prüfung, die zu Konformitätsbewertungszwecken durchgeführt wird, und einer sonstigen klinischen Prüfung, die nicht zu Konformitätsbewertungszwecken durchgeführt wird. Dies führt schon jetzt zu erheblichen Unsicherheiten bei Sponsoren, zuständiger Bundesoberbehörde und lokalen Überwachungsbehörden.
- Für Sponsoren klinischer Prüfungen steigt sowohl die regulatorische als auch die haftungsrechtliche Verantwortung, da die Anforderungen an klinische Prüfungen mit Medizinprodukten inzwischen hoch sind und sich von klinischen Prüfungen mit Arzneimitteln kaum noch unterscheiden.

Gesundheitswesen

Geschäftiger Gesundheitsminister

Während MVZ-Deals zunächst noch florierten, sorgte Bundesgesundheitsminister Karl Lauterbach an Weihnachten 2022 für Aufruhr im Markt. In einem Interview kündigte er Einschränkungen im Sektor der Medizinischen Versorgungszentren (MVZ) an. Der angekündigte Gesetzesentwurf lässt aber noch auf sich warten, und viele Ärzte wollen ihre Praxis schnell verkaufen. Spezialisierte Kanzleien, für die **Medlegal**, **Luther**, **McDermott Will & Emery** oder **Latham & Watkins** nur einige Beispiele sind, spüren bei neuen Investoren allerdings bereits eine starke Zurückhaltung. Für die Gesundheitsberater ist somit ein lukratives Geschäftsmodell in Gefahr. Ein weiteres Vorhaben Lauterbachs wirft bereits seine Schatten voraus. Setzt er seine bundesweite Krankenhausreform wie geplant durch, wird sie den Sektor grundlegend verändern. Bereits jetzt kommen viele Kliniken mit rechtlichen Fragen auf langjährig erfahrene Einheiten wie **Busse & Miessen**, **Schmidt von der Osten & Huber** oder **Michels pmks** zu.

Dynamik trotz Restriktionen

Die Corona-Pandemie hat auch die Digitalisierung des Gesundheitssektors beschleunigt. Sie verdeutlichte vielen Akteuren, wie wichtig beispielsweise ortsunabhängige Behandlungen mit Hilfe von Telemedizin sind. Die sogenannte Ottonova-Entscheidung des BGH, mit der das Gericht die Grenzen für Fernbehandlungen eng zog, dämpfte jedoch die Euphorie. Die nach wie vor schleppende Einführung des E-Rezeptes führt zusätzlich dazu, dass sich Player wie der schwedische Anbieter Kry aus dem deutschen Markt zurückziehen. Bei Beratern von Telemedizinanbietern wie **CMS Hasche Sigle**, **D+B Rechtsanwälte** oder **Wuertenberger** sorgen diese Entwicklungen für Kopfschütteln. Gleichzeitig wird der Einsatz von KI im Gesundheitssektor wichtiger. Ein regulierungsintensives Schnittstellenthema, für das Einheiten wie zum Beispiel **Covington & Burling**, **Dierks+Company**, **Hogan Lovells** oder **Novacos** viel Know-how bieten.

Letztere ist neben **GND Geiger Nitz Daunderer**, **Sträter** oder **Möhrle Happ Luther** zudem eine der anerkanntesten Beraterinnen für die Preisbildung von neuen Arzneimitteln im Rahmen des AMNOG. In dem Bereich sorgten zuletzt die Neuregelungen aus dem GKV-Finanzstabilisierungsgesetz für Beratungsbedarf. Auch die BSG-Entscheidung für GE Healthcare zur Nutzenbewertung von Arzneimitteln, die in ihrem Anwendungsgebiet als einzige zugelassen sind, ist potenziell für viele Pharmaunternehmen folgenreich. Mit **CMS Hasche Sigle** erstritt das Urteil eine Kanzlei, die normalerweise nicht zu den tonangebenden Einheiten im AMNOG gehört. Der Gesundheitssektor ist zwar krisenresistenter als andere Branchen, insbesondere die steigende Inflation und geopolitische Risiken führten allerdings auch hier zu einer Abnahme von hochvolumigen Transaktionen. Einige milliardenschwere Deals gab es trotzdem: Der Verkauf des hessischen Arzneimittelentwicklers Pharmalex an AmerisourceBergen ging mit **Freshfields Bruckhaus Deringer**, **McDermott Will & Emery** und **Noerr** über die Bühne. Zudem kauften Advent International und Warburg Pincus beraten von **Hengeler Mueller** den Geschäftsbereich Biopharma Solutions von Baxter. Für die letzten beiden Quartale des Jahres erwarten einige Anwälte bereits wieder eine Zunahme der Dealaktivität.

Die Bewertungen behandeln Kanzleien, die die Gesundheitsbranche in diversen Rechtsgebieten beraten. Im Fokus steht die regulatorische, sozial- und wettbewerbsrechtliche Arbeit für Arzneimittel- und Medizinproduktehersteller. Auch ▷*Patent-*, ▷*Kartell-* und ▷*Vergaberecht* spielen eine Rolle. Kanzleien, die über Erfahrung mit Transaktionen in der Pharmabranche verfügen, sind in einer gesonderten tabellarischen Übersicht dargestellt. Das dritte Ranking erfasst Kanzleien, die v.a. Kliniken, Medizinische Versorgungszentren (MVZ) oder Apotheken beraten. Spezialisten für Produkthaftung finden sich im Kapitel ▷*Konfliktlösung*.

JUVE KANZLEI DES JAHRES FÜR GESUNDHEITSWESEN

STRÄTER

JUVE AWARDS 2023

Mit guter personeller Aufstellung und unbestrittener regulatorischer Tiefe gehört Sträter zwar schon lange zu den angesehensten Boutiquen für die Beratung des Gesundheitssektors. Doch selten war ihr Know-how auf den für Mandanten wirtschaftlich wichtigen Gebieten Marktzugang und AMNOG so gefragt wie zuletzt: Die Änderungen im GKV-Finanzstabilisierungsgesetz und das BSG-Urteil zur Nutzenbewertung bei Solisten führten bei Pharmaunternehmen und ihren Verbänden zu zahlreichen Fragen – Antworten suchten und fanden sie bei Sträter.

Die außerordentlich erfahrene Prozesspraxis stand gleich mehrfach in grundsätzlichen Verfahren vor den BSG-Richtern und scheut auch den Weg vor das Verfassungsgericht nicht: Für eine Patientin, der die AOK die Erstattung einer Off-Label-Therapie verwehrte, legte sie gemeinsam mit einer anderen Kanzlei Verfassungsbeschwerde ein.

Derartige Erfolge tragen seit Langem renommierte Berater wie **Bibiane Schulte-Bosse**, **Claus Burgardt** oder **Markus Ambrosius**. Doch tun sich inzwischen auch mehrere Anwälte der nächsten Generation hervor, wie Mandanten einhellig bestätigen. Dazu zählt **Dr. Christian Moers**, den ein Mandant als „Behördenflüsterer" bezeichnet. An der Seite von Corporate-Kanzleien begleitete er zuletzt mehrere Deals regulatorisch, etwa einen Investor beim Kauf eines Wirkstoffherstellers. Für die Bonner Boutique öffnet sich so ein Wachstumsfeld, das sie zuletzt strategisch klug deutlich stärker bespielte als in den Vorjahren. Noch zukunftsweisender und Beleg für die hohe Akzeptanz des Teams ist auch, dass die Kanzlei schon jetzt der Forschung beim virulenten Thema KI zur Seite steht. Damit stellt sie die Weichen, um auch künftig bei aktuellen Entwicklungen vorne mit dabei zu sein.

verfahren. Durch das für GE Healthcare erstrittene BSG-Urteil zur Nutzenbewertung von ‚Solisten' gewann CMS zudem an Präsenz im AMNOG-Bereich. Seine tiefen regulator. Kenntnisse stellt das Team seit Jahren u.a. bei der Beratung zu med. Cannabis u. beim Thema Digital Health unter Beweis, häufig an der Schnittstelle zu IP u. IT/Datenschutz. Für Letzteres steht insbes. Wiring, der u.a. bei der regulator. Beratung der Otto Group bei der Übernahme von Medgate federführend war, die nun zahlr. Folgefragen nach sich zieht. Die Transaktionserfahrung des Teams war von Mandanten wie Medgate oder Synlab v.a. bei MVZ-Deals gefragt, ein Geschäftsbereich, der wg. der Pläne des BMGesundheit jedoch potenz. gefährdet ist.

Stärken: Sehr erfahren in HWG-Prozessen (▷*Marken- u. Wettbewerbsrecht*)

Oft empfohlen: Dr. Jens Wagner, Dr. Jörn Witt, Dr. Roland Wiring („seit Jahren zuverlässiger Partner", Mandant, „sehr erfahren, tiefe Kenntnisse im Medizinprodukterecht", Wettbewerber)

Team: 14 Partner, 25 Associates, 5 of Counsel

Partnerwechsel: Prof. Dr. Matthias Eck (unbekanntes Ziel)

Schwerpunkte: Umf. Beratung u. Prozesse, u.a. zu HWG u. MPG, Produkthaftung (Bekämpfung von Parallelimporten u. Produktfälschungen), ▷*Konfliktlösung* u. ▷*Patenten* sowie zu ▷*Compliance* u. Datenschutz (▷*IT u. Datenschutz*). ▷*M&A*, v.a. beim Aufbau von MVZ- u. Laborketten.

Mandate: GE Healthcare gg. AMNOG-Schiedsstelle um Nutzenbewertung von Solisten (BSG); Synlab beim Kauf der Wolfartklinik; PharmaEssentia in ICC-Schiedsverfahren um Schadensersatz für Verzögerungen bei Erlangung der behördl. Zulassung; Endo Health umf. regulator. u. datenschutzrechtl. zu DiGA für Endometriose; BVMed gutachterl. zu MDR-Übergangsfristen; Bloomwell umf. regulator., vertragsrechtl. u. zu Compliance bzgl. Telemedizin, Großhandel u. Online-Versandhandel für med. Cannabis; Doctolib lfd.; Ypsomed regulator. beim Verkauf von DiaExpert; Medicover bei Kauf von MeinDentist; Bayer u. Bayer Vital im HWG.

COVINGTON & BURLING

Pharma- und Medizinprodukterecht	★★★★
Pharmarecht: Transaktionen	★★★

Bewertung: Die Pharmapraxis um den sehr angesehenen Anwalt u. Arzt Koyuncu hebt sich durch ihr tiefes Spezialwissen bei klin. Studien u. Pharmakovigilanz, aber auch durch ihre Stärke an der Schnittstelle zum IT-Recht u. Datenschutz von vielen Wettbewerbern ab. So kann das Team, das von Frankfurt u. ▷*Brüssel* aus agiert, den erhöhten Beratungsbedarf der internat. u. dt. Pharmamandanten durch komplexe Gesetzesvorhaben wie den ‚European Health Data Space' hervorragend bedienen. Zu einem starken Standbein hat sich das Medizinprodukterecht entwickelt. Auf diesem Feld punktet die Praxis mit europarechtl. Know-how.

Stärken: Tiefe internat. Branchenkompetenz, insbes. bei Pharmakovigilanz u. klin. Forschung. Schnittstelle zu IT u. Datenschutz.

Oft empfohlen: Dr. Dr. Adem Koyuncu, Peter Bogaert

Team: 5 Partner, 8 Associates

Schwerpunkte: Regulator. Fragen, Zulassungsverfahren, Kostenerstattungen, klin. Prüfungen, Compliance, Datenschutz (▷*IT u. Datenschutz*) u. E-Health. Auch Transaktionen, Kartellrecht u. Investitionskontrolle.

Krankenhäuser, MVZ und Apotheken

Kanzlei	Standorte
★★★★★	
CMS Hasche Sigle	Berlin, Hamburg, Stuttgart
D+B Rechtsanwälte	Berlin
Gleiss Lutz	Berlin, Stuttgart
Latham & Watkins	Hamburg
Taylor Wessing	Hamburg, Düsseldorf, Frankfurt
★★★★	
Hengeler Mueller	Berlin, Düsseldorf, Frankfurt
Luther	Hannover, Frankfurt, Leipzig
McDermott Will & Emery	München
Raue	Berlin
★★★	
Busse & Miessen	Berlin, Bonn
Dentons	Berlin
Mazars	Berlin
Michels pmks	Köln
Möller & Partner	Düsseldorf
Schmidt von der Osten & Huber	Essen
Seufert	München
Wuertenberger	Stuttgart
★★	
EY Law	Stuttgart
Görg	Hamburg, Köln
Friedrich Graf von Westphalen & Partner	Freiburg, Köln, Frankfurt
Iffland Wischnewski	Darmstadt
Noerr	Berlin, Dresden, München
Novacos	Düsseldorf
Oppenländer	Stuttgart
Preißler Ohlmann & Partner	Fürth
★	
CausaConcilio	Kiel, Hamburg
Heuking Kühn Lüer Wojtek	Düsseldorf, München
Lyck+Pätzold	Bad Homburg
Medlegal	Hamburg
Quaas & Partner	Dortmund, Stuttgart
Ratajczak & Partner	Sindelfingen, Freiburg, Essen, München, Berlin, Meißen
Wigge	Hamburg, Münster

Die Auswahl von Kanzleien und Personen in Rankings und tabellarischen Übersichten ist das Ergebnis umfangreicher Recherchen der JUVE-Redaktion. Sie ist in 2erlei Hinsicht subjektiv: Die Aussagen der befragten Quellen sind subjektiv u. spiegeln deren Erfahrungen u. Einschätzungen. Die JUVE-Redaktion wiederum analysiert die Rechercheergebnisse unter Einbeziehung ihrer eigenen Marktkenntnis. Der JUVE Verlag beabsichtigt keine allgemeingültige oder objektiv nachprüfbare Bewertung. Es ist möglich, dass eine andere Recherchemethode zu anderen Ergebnissen führt. Innerhalb einzelner Gruppen in Rankings und tabellarischen Übersichten sind Kanzleien und Personen alphabetisch sortiert.

Mandate: BioNtech umf. regulator. u. datenschutzrechtl.; Conet zu Datenschutz bei klin. Studienprojekten; MedTech Europe u. EFPIA zu European Health Data Space; lfd. JenaValve; Pharmaunternehmen zu Forschungsvorhaben nach neuem Recht der klin. Prüfungen; Dienstleister zu Datenkollaboration mit Krankenhäusern; Medizinproduktehersteller regulator. u. zu Compliance.

D+B RECHTSANWÄLTE

Pharma- und Medizinprodukterecht	★★
Krankenhäuser, MVZ und Apotheken	★★★★★

Bewertung: Die auf die Beratung im Medizinrecht spezialisierte Boutique ist in der Gesundheitsbranche hervorragend vernetzt u. gehört als Stammberaterin von Krankenhausträgern, MVZ-Ketten, Apotheken, Ärzten u. Verbänden zu den angesehensten Einheiten im Markt. Regelm. setzt das gr. von Berlin u. D'dorf agierende Team seine tiefe regulator. Erfahrung auch bei Transaktionen ein. Anders als einige Wettbewerber begleitet D+B weiterhin viele MVZ-Deals, außerdem hat sie Investoren bei Transaktionen in den Bereichen ambulante Rehabilitation u. Homecare beraten. Für die regulator. Beratung von Pharma- u. Medizinprodukteunternehmen ist die Einheit ebenfalls sehr gut positioniert u. hier regelm. bei Themen wie Marktzugang, Preismoratorium u. digitale Anwendungen gesetzt. Mit ei-

Anwaltszahlen: Angaben der Kanzleien, wie viele Anwälte zu mind. ca. 50 % in diesem Gebiet tätig sind. Sie spiegeln nicht zwingend die Gesamtgröße einer Kanzlei wider.

ner internen Sal.-Partnerinnenernennung hat D+B die Gebiete Vergabe- u. Apothekenrecht stärker betont. Bei der Compliance-Beratung hingegen kommt D+B personell auf keinen grünen Zweig: Ein erst im Vorjahr gekommener Spezialist hat die Kanzlei bereits wieder verlassen.
Stärken: Krankenhausrecht, Arzt- u. Apothekenrecht, MVZ-Transaktionen.
Oft empfohlen: Dr. Ulrich Grau („hervorragend im Apothekenrecht", Mandant, „versiert", effizient", Wettbewerber), Dr. Thomas Bohle („hervorragend vernetzt", Wettbewerber), Dr. Constanze Püschel („Top-Unterstützung", Mandant, „erfahren, sehr gut", Wettbewerber), Dr. Thomas Willaschek, Christian Pinnow („schnell, kompetent", Wettbewerber)
Team: 8 Eq.-Partner, 5 Sal.-Partner, 16 Associates
Partnerwechsel: Dr. Sascha Süße (zu SSI Schäfer)
Schwerpunkte: Umf. Beratung von ambulanten u. stationären Leistungserbringern, Verbänden. Vertragsarztrecht. Auch Arzneimittel- u. Medizinproduktrecht, regulator. Beratung, Zulassungen, Erstattung, Marktzugang. Zudem Digital Health/ Datenschutz.
Mandate: DMS Medical Supply Germany regulator.; Helios Health, u.a. zu Digital Health, Compliance sowie im Zulassungs- u. Vertragsarztrecht; Ambulanzzentrum des UKE lfd. regulator. u. strateg.; Amedes Medizin. Dienstleistungen regulator. u. zu Compliance; ApoQlar regulator. bei Implementierung von Augmented-Reality-Brillen u. Software im dt. Markt; Start-up zu digitaler Präventionsapp; gr. Dialyseversorger regulator. bei MVZ-Gründungen, Kooperationen, Verkäufen u. Umstrukturierungen; gr. kommunales Krankenhaus regulator. u. bei Prozess; gr. Dialyseversorger im M&A u. regulatorisch.

DENTONS

Pharmarecht: Transaktionen ★★★
Krankenhäuser, MVZ und Apotheken ★★★

NOMINIERT
JUVE Awards 2023
Kanzlei des Jahres für Regulierung

Bewertung: Die renommierte Gesundheitspraxis ist breit aufgestellt u. berät Pharma-, Biotech- u. Medizinprodukteunternehmen sowie Krankenhausträger u. Berufsverbände regulator., bei Vertragsgestaltungen, Lizenzvereinbarungen, Umstrukturierungen u. M&A-Deals. Während es im Transaktionsbereich zuletzt etwas ruhiger zuging, nahm die regulator. u. vertriebsrechtl. Beratung zu medizin. Cannabis viel Raum ein. Auf diesem Feld hat sich Homberg in den letzten Jahren einen Namen gemacht u. jüngst neue Mandanten gewonnen. Häufiger berät die Praxis auch an der Schnittstelle zum Datenschutz, etwa bei klin. Studien o. digitalen Plattformen. Wettbewerber wie Covington & Burling sind hier allerdings deutl. präsenter.
Stärken: Transaktionen in der Biotech- u. Krankenhausbranche, Beratung zu medizin. Cannabis.
Oft empfohlen: Peter Homberg, Dr. Ilka Mehdorn
Team: 6 Partner, 1 Counsel, 7 Associates
Schwerpunkte: Vertragsgestaltung (u.a. Selektivverträge) sowie sozialrechtl. Gerichts- u. Schiedsverfahren; M&A-Transaktionen; IP-Lizenzen, Kooperationsvereinbarungen u. FuE-Verträge. Compliance im Krankenhaussektor. Schnittstellen zum ▷*Kartell-*, ▷*Vergabe-* u. Arbeitsrecht.
Mandate: Demecan gutachterl. zu Cannabis-Legalisierung in Dtl.; Biotech-Start-up zu Lizenz- u. Entwicklungsverträgen; Roche Diagnostics vergaberechtl.; Gründer von AixSwiss BV bei Verkauf an Vision Healthcare; Atai Life Sciences bei Finanzierungsrunde; Klinikum Darmstadt vergaberechtl.; Novartis marken-, patent-, zivil- u. strafrechtl. bei Verteidigung gg. Patentverletzung (Pharmakriminalität); BG Kliniken arbeitsrechtl.; div. Anbieter von med. Cannabis umf., u.a. zu Qualitätsstandards; dt. Pharmaunternehmen lfd. zu Verträgen u. Compliance.

DIERKS+COMPANY

Pharma- und Medizinprodukterecht ★★★★

Bewertung: Die auf die Beratung der Gesundheitsbranche spezialisierte Einheit kombiniert die auf hohem Niveau erfolgende jurist. Arbeit insbes. zu Market Access, Zulassung, Kostenerstattung u. Kooperationen mit strateg. Management-Beratung, IT-Consulting u. polit. Kommunikation. Mit diesem interdisziplinären Ansatz hebt sich die Boutique, die Wettbewerber als „visionär" bezeichnen, deutl. von klass. Kanzleien ab. Prägender Kopf der Praxis ist der in der Gesundheitsbranche u. Politik hervorragend vernetzte Arzt u. Anwalt Dierks. Mit Roters nimmt die Einheit nun erstmals einen 2. Anwalt als Equity-Partner auf, der durch seine langjähr. Tätigkeit beim GBA viel Know-how bei den Themen Marktzugang u. AMNOG-Nutzenbewertungen mitbringt. Daneben ist D+C für klin. Prüfungen u. Telemedizin ausgezeichnet aufgestellt. Auch in den Bereichen E-Health, Datenschutz sowie bei Digitalisierungsprojekten ist sie präsenter als viele Wettbewerber. So gehört D+C gemeinsam mit Covington & Burling zu den wenigen Einheiten, die das komplexe europ. Gesetzesvorhaben ‚European Health Data Space' intensiv begleiten.
Stärken: AMNOG-Beratung, Digitalisierungsprojekte, telemed. Expertise.
Oft empfohlen: Prof. Dr. Dr. Christian Dierks („Top-Anwalt, nüchtern, gezielt, toll", Mandant), Dr. Katrin Helle („kompetent, ruhig, schnell", Mandant)
Team: 2 Eq.-Partner, 2 Sal.-Partner, 4 Associates
Partnerwechsel: Dr. Dominik Roters (vom Gemeinsamen Bundesausschuss)
Schwerpunkte: Interdisziplinärer Ansatz, Datenschutz, sozial- u. gesundheitspolit. Beratung.
Mandate: Alexion Pharma zu digitaler Plattform rund um seltene Krankheiten u. in div. AMNOG-Verfahren; Alnylam im Erstattungs- u. Sozialrecht; Aignostics zu Ausgründung von KI-Unternehmen in der Pathologie; Mirati Therapeutics zu Nutzenbewertung; Samsung Pharma regulator. zu Einführung von Medizinprodukten; Medgate im Erstattungsrecht; Bencard Allergie regulator.; BMG zu Digitalstrategie 2028; Brainlab im Datenschutz; DocMorris regulator.; Esper Bionics zu AMNOG; Labor Becker zu innovativer Plattform; Uniklinik Tübingen vertragsrechtl. bei Projekt mit Dt. Netzwerk Personalisierte Medizin.

DLA PIPER

Pharma- und Medizinprodukterecht ★

Bewertung: Im Gesundheitssektor legt die Großkanzlei ihren Fokus auf die Beratung von Pharma-, Biotech- sowie Medizinprodukteunternehmen. Zu ihrem Mandantenstamm zählen namh. Player wie Eli Lily, GSK oder Roche Diagnostics. Bei ihnen punktet sie mit einer Mischung aus patentrechtl. u. regulator. Know-how. Diese Kombination verkörpert der vor Kurzem zum Partner ernannte Paheenthararajah, der zudem als Arzt zugelassen ist. Daneben deckt sie Compliance-Beratung ab, z.B. für Unilabs. Zum Spektrum des Teams zählt die regulator. Standalone-Beratung zu Themen wie Marktzu-

Führende Namen im Pharma- und Medizinprodukterecht

Markus Ambrosius
Sträter, Bonn

Henning Anders
Möhrle Happ Luther, Hamburg

Claus Burgardt
Sträter, Bonn

Peter von Czettritz
Preu Bohlig & Partner, München

Dr. Peter Dieners
Clifford Chance, Düsseldorf

Prof. Dr. Dr. Christian Dierks
Dierks+Company, Berlin

Dr. Manja Epping
Taylor Wessing, München

Dr. Daniel Geiger
GND Geiger Nitz Daunderer, München

Ulf Grundmann
King & Spalding, Frankfurt

Maria Heil
Novacos, Düsseldorf

Dr. Dr. Adem Koyuncu
Covington & Burling, Frankfurt

Wolfgang Kozianka
Kozianka & Weidner, Hamburg

Dr. Gerhard Nitz
GND Geiger Nitz Daunderer, Berlin

Dr. Thilo Räpple
Baker McKenzie, Frankfurt

Dr. Ulrich Reese
Clifford Chance, Düsseldorf

Dr. Jörg Schickert
Hogan Lovells, München

Bibiane Schulte-Bosse
Sträter, Bonn

Dr. Christian Stallberg
Novacos, Düsseldorf

Arne Thiermann
Hogan Lovells, Hamburg

Prof. Dr. Heike Wachenhausen
Wachenhausen Dienemann, Lübeck

Michael Weidner
Kozianka & Weidner, Hamburg

Die Auswahl von Kanzleien und Personen in Rankings und tabellarischen Übersichten ist das Ergebnis umfangreicher Recherchen der JUVE-Redaktion. Sie ist in 2erlei Hinsicht subjektiv: Die Aussagen der befragten Quellen sind subjektiv u. spiegeln deren Erfahrungen u. Einschätzungen. Die JUVE-Redaktion wiederum analysiert die Rechercheergebnisse unter Einbeziehung ihrer eigenen Marktkenntnis. Der JUVE Verlag beabsichtigt keine allgemeingültige oder objektiv nachprüfbare Bewertung. Es ist möglich, dass eine andere Recherchemethode zu anderen Ergebnissen führt. Innerhalb einzelner Gruppen in Rankings und tabellarischen Übersichten sind Kanzleien und Personen alphabetisch sortiert.

Anwaltszahlen: Angaben der Kanzleien, wie viele Anwälte zu mind. ca. 50% in diesem Gebiet tätig sind. Sie spiegeln nicht zwingend die Gesamtgröße einer Kanzlei wider.

Aufsteiger im Gesundheitswesen

Dr. Enno Burk
Gleiss Lutz, Berlin

Susanna Dienemann
Wachenhausen Dienemann, Lübeck

Henrietta Ditzen
Latham & Watkins, Düsseldorf

Carolin Kemmner
Clifford Chance, Düsseldorf

Dr. Hannes Kern
Wuertenberger, Stuttgart

Elisabeth Kohoutek
King & Spalding, Frankfurt

Dr. Christian Moers
Sträter, Bonn

Dr. Kokularajah Paheenthararajah
DLA Piper, Köln

Evelyn Schulz
Noerr, Dresden

Dr. Deniz Tschammler
McDermott Will & Emery, München

Die Auswahl von Kanzleien und Personen in Rankings und tabellarischen Übersichten ist das Ergebnis umfangreicher Recherchen der JUVE-Redaktion. Sie ist in 2erlei Hinsicht subjektiv: Die Aussagen der befragten Quellen sind subjektiv u. spiegeln deren Erfahrungen u. Einschätzungen. Die JUVE-Redaktion wiederum analysiert die Rechercheergebnisse unter Einbeziehung ihrer eigenen Marktkenntnis. Der JUVE Verlag beabsichtigt keine allgemeingültige oder objektiv nachprüfbare Bewertung. Es ist möglich, dass eine andere Recherchemethode zu anderen Ergebnissen führt. Innerhalb einzelner Gruppen in Rankings und tabellarischen Übersichten sind Kanzleien und Personen alphabetisch sortiert.

gang oder klin. Prüfungen genau wie die Transaktionsbegleitung, auch von Lizenzdeals. Zuletzt stand sie etwa ResMed regulator. beim Kauf von Medifox Dan zur Seite. Dabei arbeitet sie mit der globalen DLA-Lifescience-Praxis eng vernetzt zusammen.
Oft empfohlen: zunehmend Dr. Kokularajah Paheenthararajah
Team: 3 Partner, 1 Counsel, 3 Associates
Schwerpunkte: Arzneimittel- u. Medizinprodukterecht (inkl. klin. Prüfung, Marktzugang). ▷*Patentprozesse* mit Pharmabezug. Regulator. Transaktionsbegleitung inkl. Lizenzdeals. Compliance. Schnittstelle zum Datenschutz (▷*IT u. Datenschutz*).
Mandate: ResMed regulator. bei Kauf von Medifox Dan von HgCapital; Eli Lily, Dexcom bei Marktzugangsfragen; Unilabs, Axogen zu Compliance; US-Biotechunternehmen bei Anteilsverkauf (inkl. IP-Portfolio); Medtronic in Patentprozessen; Gesundheitsdatenplattform regulator., u.a. zu Telemedizin u. datenschutzrechtl.; Medtech-Unternehmen zu F&E-Verträgen; Reata Pharmaceuticals, Alvea Bioscience lfd. regulator.; CytoSorbents, u.a. zu F&E-Verträgen, zu Compliance u. im IP; lfd.: Galderma, GlaxoSmithKline, Roche Diagnostics, Spring Care, Uniklinikum Köln, Takeda.

EHLERS EHLERS & PARTNER

Pharma- und Medizinprodukterecht ★★★

Bewertung: Die Medizinrechtsboutique ist v.a. aufgrund ihrer großen Erfahrung bei gesundheitspolit. Fragen angesehen. Die sehr gut vernetzten Anwälte beraten ihre Mandanten, darunter namh. Pharmakonzerne u. Medizinproduktehersteller, regelm. im Zshg. mit Gesetzesvorhaben. Über viel Know-how verfügt die Kanzlei in der AMNOG-Beratung u. begleitet Mandanten regelm. beim Marktzugang, früher Nutzenbewertung, Erstattung u. Preisverhandlungen. Besonders häufig beriet EEP zuletzt zu neuartigen Arzneimitteln u. Orphan Drugs. Auch Mandate an der Schnittstelle zum Datenschutz- u. IT-Recht beschäftigen das Team zunehmend. In personeller Hinsicht gab es wie in den Vorjahren auf Associate-Ebene wieder einige Wechsel. Insbes. im Zshg. mit dem geplanten Ausbau des Berliner Büros wäre eine nachhaltigere Personalpolitik entscheidend.
Stärken: Gesundheitspolit. Beratung, Schnittstelle zum Arztrecht.
Oft empfohlen: Prof. Dr. Dr. Alexander Ehlers, Dr. Christian Rybak („hervorragend", Wettbewerber)
Team: 5 Partner, 5 Associates, 2 of Counsel
Schwerpunkte: Strateg. Beratung vor der Produktentwicklung, Lobbyarbeit u. Compliance. Fokus auf sozialrechtl. Fragen u. Marktzugang. Auch Krankenhaus- u. Pflegerecht.
Mandate: CKM Shared Services regulator. zu Markteinführung KI-gestützter, automatisierter Testverfahren u. strateg. zu Umstrukturierung; Haeminetics Corporation zu MDR; LeMaitre Vasculat zu Marktzugang; Reaction Biology Corporation regulator. bei Transaktion; lfd.: B.Braun, CSL Behring, Cytosorbents Europe, Esteve Pharmaceuticals, Eusa Pharma, Gedeon Richter, ResMed.

EY LAW

Pharma- und Medizinprodukterecht ★★
Krankenhäuser, MVZ und Apotheken ★★

Bewertung: Die insges. breit aufgestellte Gesundheitspraxis der Big-4-Kanzlei berät sowohl Pharma- u. Medizinprodukteunternehmen bei Vertragsgestaltungen, Transaktionen, klin. Prüfungen u. regulator. Fragen als auch Krankenhausträger u. die öffentl. Hand. Inbes. Dettling überzeugt mit seiner langj. Erfahrung an der Schnittstelle zw. Healthcare u. IT-Recht. So ist EY – auch durch die Expertise u. Kontakte der Consultingsparte – beim komplexen Thema Einsatz von künstl. Intelligenz in der Gesundheitsbranche hervorragend aufgestellt.
Oft empfohlen: Dr. Heinz-Uwe Dettling
Team: 1 Partner, 3 Counsel, 1 Associate
Schwerpunkte: Pharma- u. Medizinprodukterecht inkl. FuE-Verträge, Zulassungen, klin. Prüfungen u. Prozesse; Krankenhausrecht; Compliance u. Datenschutz. Auch M&A.
Mandate: BMG zu Spenden u. Verteilung von Beatmungsgeräten, Masken u. Desinfektionsmitteln zur Pandemiebewältigung (marktbekannt); Pharmaunternehmen zu Befreiung eines Arzneimittels vom Preismoratoriumsabschlag; Klinikum zu KHZG u. Digitalisierungsprojekt; Pharmaunternehmen in Verf. vor BVerwG (zu Swiss-Invoicing-Problematik).

FIELDFISHER

Pharma- und Medizinprodukterecht ★

Bewertung: Die Gesundheitspraxis um den Regulierungsexperten Willhöft ist insbes. im Medizinprodukterecht bekannt. Wie viele Wettbewerber mit diesem Fokus war das Team zuletzt durch den anhaltend hohen Beratungsbedarf zur MDR stark ausgelastet. Häufig begleitet die Praxis auch ausl. Unternehmen regulator. beim Markteintritt in Europa. Insbes. die Beziehungen zu US-Mandanten hat FF weiter ausgebaut u. z.B. Jena Valve erstmals beraten. Der Weggang der Biotech- u. Lizenzspezialistin Greifeneder war indes ein Verlust für die bisher personell sehr stabile Praxis.
Oft empfohlen: Dr. Cord Willhöft
Team: 4 Partner, 4 Associates
Partnerwechsel: Dr. Stefanie Greifeneder (zu Taylor Wessing)
Schwerpunkte: Medizinprodukte- u. Pharmarecht, HWG; Erstattungsfragen, Zulassungsrecht. Auch Compliance. Schnittstelle zu ▷*Kartellrecht* u. Datenschutz (▷*IT u. Datenschutz*).
Mandate: Alleviant Medical zu klin. Prüfung; Asahi Kasei Medical u. Asahi Kasei Bioprocess regulator.; Galvanize Therapeutics regulator., zu Compliance u. Marktzugang; Ideaya Biosciences regulator.; Jena Valve regulator. u. zu GDPR-Compliance; Zoll CMS u. Zoll Medical Corp., u.a. zu Kostenerstattung, Verträgen u. Datenschutz.

FRESHFIELDS BRUCKHAUS DERINGER

Pharma- und Medizinprodukterecht ★★
Pharmarecht: Transaktionen ★★★★★

Bewertung: Die angesehene Gesundheitspraxis der Großkanzlei ist bekannt für ihr regulator. Know-how bei gr. Transaktionen u. Lizenzdeals, überw. im Pharma- u. Biotechsektor. Dabei übernimmt das dt. Team gemeinsam mit den M&Alern regelm. die Federführung in internat. Mandaten u. arbeitet insbes. mit den US-Kollegen zunehmend eng zusammen. Eine wichtige Ankermandantin ist Grünenthal, die bei mehreren Transaktionen wie dem Erwerb der Rechte u. Marken an Nebido von der gut eingespielten Schnittstelle zu den Patentrechtlern profitierte. Nachdem im Vorjahr bereits ein äußerst renommierter, auf Lizenzverträge spezialisierter Partner ausgeschieden war, verließ nun der Regulierungsexperte Kaufmann die Kanzlei vorzeitig. Sein Ausscheiden hat Freshfields – genau wie den Abgang im Vorjahr – mit einer Partnerernennung vorbereitet. Allerdings ist die neue Partnerin im Bereich Regulierung digit. Technologien nicht ausschl. auf den Gesundheitssektor fokussiert u. im Markt bisher nicht sehr präsent.
Stärken: Transaktionen (enge Verknüpfung mit ▷*M&A*) u. Lizenzdeals.
Oft empfohlen: Dr. Frank-Erich Hufnagel (Patentrecht)
Team: 4 Partner, 20 Associates
Partnerwechsel: Prof. Dr. Marcel Kaufmann (unbekanntes Ziel; Regulierung)
Schwerpunkte: ▷*Patentprozesse* mit Pharmabezug, Produkthaftung sowie regulator. Fragen. Daneben Zulassungen, strateg. Beratung zur Gesundheitspolitik, ▷*Compliance* u. Datenschutz (▷*IT u. Datenschutz*). Gute Vernetzung mit den ▷*Kartellrechtlern*.
Mandate: Grünenthal bei div. Deals, u.a. bei Erwerb der Rechte u. Marken an Nebido von Bayer u. zu Joint Venture mit Kyowa Kirin Internat.; Charité u. Dt. Herzzentrum Berlin bei Zusammenschluss; internat. tätiger US-Technologiekonzern bei ww. Spin-off des Healthcare-Geschäfts; Affimed regulator. bei Kooperation mit Artiva Biotherapeutics; Temedica umf. vertragsrechtl. bei Produktimplementierung; Exact Sciences, u.a. regulator. zu Produktstrategie in Dtl. u. datenschutzrechtl.; Novartis in mehreren Patentprozessen.

Anwaltszahlen: Angaben der Kanzleien, wie viele Anwälte zu mind. ca. 50% in diesem Gebiet tätig sind. Sie spiegeln nicht zwingend die Gesamtgröße einer Kanzlei wider.

GLEISS LUTZ

Pharma- und Medizinprodukterecht ★★★
Pharmarecht: Transaktionen ★★★
Krankenhäuser, MVZ und Apotheken ★★★★★

JUVE AWARDS 2023
Kanzlei des Jahres für Regulierung

Bewertung: Für die Beratung des Gesundheitssektors bietet das Team ein breites Angebot u. hebt durch die enge Vernetzung mit anderen Praxen zusätzl. Synergien. Bes. gut eingespielt ist trad. die Zusammenarbeit mit den Vergaberechtlern. Das zeigt sich in der Tätigkeit für die GKVen, die seit Jahren bei ihren Ausschreibungen auf König u. Neun setzen. Die feste Verankerung bei dieser Mandantengruppe untermauert zudem Buchner, der sie regelm. vor den Sozialgerichten vertritt. Seine Prozesserfahrung spielte er zuletzt zudem für das BMGesundheit aus, das ihn im Verfahren gg. Sanofi um die Rechtmäßigkeit der Verordnung von Grippeimpfstoffen hinzuzog. Dabei arbeitete er eng mit dem aufstrebenden Burk zusammen, der von Mandanten zunehmend empfohlen wird. Auch die regulator. Begleitung von Deals im engen Zusammenspiel mit den Praxen für M&A u. ▷*Finanzierung* ist an der Tagesordnung, zuletzt z.B. für Paracelsus. Für grenzüberschr. Transaktionen im Pharmasektor greifen Unternehmen jedoch meist auf internat. besser vernetzte Wettbewerber wie Hogan Lovells, Freshfields oder Clifford zurück.

Stärken: Ausschreibungen für Krankenkassen (▷*Vergaberecht*), Finanzierung u. Transaktionen für Krankenhäuser.

Oft empfohlen: Dr. Reimar Buchner („ausgezeichnet, der einzig Wahre, absolut lösungsorientiert", Mandant, „gut, gründl., angenehm", Wettbewerber), Dr. Marco König („exzellenter Jurist", Mandant, „gute Zusammenarbeit", Wettbewerber), Dr. Andreas Neun (Vergaberecht), zunehmend Dr. Enno Burk („sehr guter u. praxisnaher Arzneimittelrechtler", Mandant)

Team: 9 Eq.-Partner, 4 Counsel, 6 Associates

Schwerpunkte: Schnittstellenberatung zum ▷*Kartell-*, ▷*Patent-*, ▷*Marken- u. Wettbewerbsrecht* sowie ▷*M&A*.

Mandate: BMGesundheit, u.a. gg. Sanofi um Rechtmäßigkeit der Verordnung von Grippeimpfstoffen (LSG Hessen); Paul-Ehrlich-Institut gg. Schadensersatzforderungen wg. Impfschäden; AOKen bei div. Projekten, u.a europaw. Ausschreibungen für Generika-Rabattverträge; Paracelsus Kliniken bei Restrukturierung inkl. Transaktionen u. zu Insolvenz der Klinik Reichenbach; New Mountain Capital regulator. bei Kauf von Emmes; Curaleaf bei Kauf dt. Cannabis-Großhändler; Land NRW gg. Asklepios um Streit über Finanzierung Uniklinik Bonn (VG Köln); EuC Management zu Markteintritt von Eucalyptus (Telemedizinportal); alle Ersatzkassen gg. div. Krankenhausträger zur Rückforderung überhöhter Umsatzsteuerabrechnungen für Abgabe von Fertigarzneimitteln; Fraunhofer pharma- u. medizinproduktrechtlich.

GND GEIGER NITZ DAUNDERER

Pharma- und Medizinprodukterecht ★★★

Bewertung: Die bundesweit renommierte, breit aufgestellte Gesundheitsboutique bietet mit ihrem tiefen Know-how im Bereich AMNOG/Marktzugang, der präventiven Compliance-Beratung, ihrer medizinstrafrechtl. Erfahrung u. dem ausgewiesenen Schwerpunkt im Gesundheitsdatenschutz eine seltene Kombination, mit der in dieser Form kaum ein Wettbewerber aufwarten kann. Zuletzt war das Team durch den Beratungsbedarf zum AMNOG v.a. aufgrund des GKV-Stabilisierungsgesetzes, zahlr. Schiedsverfahren u. DiGA-Preisverhandlungen stark ausgelastet. Bislang operiert die Boutique mit einem stark partnerzentrierten Ansatz. Um künftig nicht an Kapazitätsgrenzen zu stoßen, müsste sie die Associate-Ebene ausbauen.

Stärken: AMNOG und branchenspezifische Compliance.

Oft empfohlen: Dr. Daniel Geiger („führend in Healthcare-Compliance", „reaktionsschnell", Wettbewerber), Dr. Gerhard Nitz, Dr. Jörn Grotjahn („führender Kopf in AMNOG-Beratung, breiter Erfahrungsschatz", Mandant); Johannes Daunderer („erfahren, angenehm", „brillanter Kopf", Wettbewerber); Dr. Philipp Kircher („hoch qualifiziert, schnell, lösungsorientiert", Wettbewerber)

Team: 8 Eq.-Partner, 1 Associate

Schwerpunkte: Marktzugang, Sozial- u. Erstattungsrecht, branchenspezifische präventive Compliance u. Strafverteidigung, Telemedizin u. Gesundheitsdatenschutz, Vertragsarztrecht, Apothekenrecht, MVZ-Beratung.

Mandate: Galapagos Biopharma in AMNOG-Verfahren, zu Schiedsspruch u. Marktzugang; Global Blood Therapeutics zu AMNOG-Preisverhandlungen (Orphan Drug); Zava, u.a. zur Telemedizin; Selfapy zu DiGA-Preisverhandlungen; HelloBetter regulator., zu Erstattung u. DiGA-Preisverhandlungen; Kaia Health Software regulator.; Smile-Eyes-Gruppe lfd. medizinrechtl., zu Compliance, HWG u. Datenschutz; MedEuropa ldf. medizinrechtl.; Rotkreuzklinikum zu Compliance; Klinikkette zu interner Untersuchung; Pharmaunternehmen in Klageverfahren zu CME-Zertifizierung.

GÖRG

Krankenhäuser, MVZ und Apotheken ★★

Bewertung: Die Gesundheitspraxis ist in der Healthcare-Branche fest verankert u. wird zudem regelm. von Medizinprodukteherstellern hinzugezogen. Für Erstere begleitet sie Transaktionen sowohl gesellschaftsrechtl. als auch regulator., z.B. Amedes bei Zukäufen im MVZ-Sektor. Leistungserbringer wie die Oberbergkliniken ziehen das Team auch im lfd. Geschäft hinzu u. profitieren dabei von der eingespielten Zusammenarbeit mit anderen Praxen, etwa den Vergaberechtlern bei der Beantragung von Fördergeldern. Die angesehene Kuck steht für den 2. Schwerpunkt, die Beratung von Medizinprodukteherstellern. Ihnen stand sie zuletzt etwa bei Verhandlungen mit Krankenkassen zur Seite. Zudem wird sie regelm. bei Compliance-Themen ins Vertrauen gezogen.

Stärken: ▷*Insolvenznahe* Beratung im Klinik- u. Pflegeheimsektor.

Oft empfohlen: Dr. Katja Kuck („sehr erfahren", Wettbewerber)

Team: 5 Eq.-Partner, 6 Associates

Schwerpunkte: Krankenhaustransaktionen, HWG, Erstattungen, Krankenhaus- u. Heimrecht. Medizinprodukte. Branchenexpertise in Compliance, Datenschutz-, ▷*Arbeits-* u. ▷*Vergaberecht*.

Mandate: Amedes lfd. beim Kauf von Gemeinschaftspraxen; div. Klinikverbünde vergabe-, fördermittel- u. IT-rechtl. bei Beschaffungen im Zshg. mit KHZG; Hologic umf. regulator. u. im HWG; Endoprothesenregister Dtl. lfd. medizinprodukte-, datenschutz- u. sozialrechtl.; PubliCare, u.a. in Schiedsverfahren; Oberbergkliniken umf., u.a. zu Compliance, im Medizin- u. Arbeitsrecht; Hanseat. Krankenkasse lfd. sozialversicherungsrechtl.; LAVG Brandenburg gg. Lunapharm Dtl. um illegalen Handel mit Arzneimitteln.

FRIEDRICH GRAF VON WESTPHALEN & PARTNER

Krankenhäuser, MVZ und Apotheken ★★

Bewertung: Die Gesundheitspraxis der Kanzlei ist insbes. bei Apotheken u. ihren Verbänden fest verankert u. berät auch Pharmaunternehmen sowie Medizinproduktehersteller. Zuletzt hat sie ihre Prozessstärke in div. Verfahren unter Beweis gestellt, z.B. für die Apothekerkammern Nordrhein u. Westfalen-Lippe gg. Shop Apotheke um Werbung für den Telemedizinanbieter Zava. Hinzu kamen mehrere Transaktionen, die die Gesundheitsrechtler regulator. begleiteten, etwa Bentley InnoMed beim Kauf der Rechte am ‚GoBack-Katheter'. Eine neue Corporate-Sal.-Partnerin im Kölner Büro bringt zudem Beziehungen zu Pflegedienstbetreibern mit. Diese neue Mandantengruppe erweitert den Fokus der Kanzlei sinnvoll. Die Kenntnisse der Gesundheitsrechtler an der Schnittstelle zum Kartell- u. Datenschutzrecht sind zudem bei der Beratung zu (telemedizin.) Online-Plattformen gefragt. Dabei ist das Team sowohl für eine Apothekenplattform selbst als auch für Akteure wie die Apothekerkammer Nordrhein tätig. Für Letztere erstritt der anerkannte Douglas ein viel beachtetes Urteil gegen die Marktplatz-Plattform von DocMorris.

Stärken: Umf. Beratung u. Vertretung von Apotheken.

Oft empfohlen: Dr. Hendrik Thies („schnell, präzise, zuverlässig", „jederzeit motiviert u. positiv, viel Erfahrung, sowohl fachl. als auch menschl. ein gutes Gespür", Mandanten), Dr. Morton Douglas („sehr versiert u. effizient", Mandant, „durchsetzungsstarker Prozessspezialist, gerade im Pharma-Bereich", „kreative Lösungen, mutiges Auftreten", Wettbewerber)

Team: 6 Eq.-Partner, 2 Sal.-Partner, 7 Associates

Partnerwechsel: Dr. Christina Schröter (von Voelker & Partner)

Schwerpunkte: Regulator. Vertragsrecht, Zulassung, Kooperation, Forschung u. Entwicklung, HWG; branchenbez. ▷*M&A*, Kartell-, ▷*Vertriebs-*, ▷*Marken- u. Wettbewerbsrecht*; in Köln: Produkthaftungs- u. Versicherungsrecht; in Frankfurt: Arbeitsrecht/Restrukturierung für Krankenhäuser.

Mandate: Apothekerkammer Nordrhein gg. DocMorris um Zulässigkeit der Marktplatz-Plattform (LG Karlsruhe); Apothekerkammern Nordrhein u. Westfalen-Lippe gg. Shop Apotheke um Werbung für Zava (OLG Köln; beide öffentl. bekannt); Bentley InnoMed bei Kauf der Rechte an ‚GoBack-Katheter'; Apothekenplattform umf., u.a. wettbewerbs- u. kartellrechtl. sowie regulator. bei Einbindung eines Botendienstes; Gesellschafter von Dr. Langer Medical bei Verkauf; Red Medical gg. ADG um Sperrung der E-Rezept-Verarbeitung (LG Mannheim; öffentl. bekannt); Getinge-Gruppe lfd., u.a. bei Transaktionen, zur MDR u. Studienverträgen; Dt. Fachpflege Gruppe Holding bei Transaktionen im Gesundheitssektor; div. Apotheken lfd., z.B. zur AvP-Insolvenz.

HARMSEN UTESCHER

Pharma- und Medizinprodukterecht ★

Bewertung: Die Pharmapraxis der HHer IP-Boutique steht v.a. für viel Erfahrung im HWG-Bereich

Anwaltszahlen: Angaben der Kanzleien, wie viele Anwälte zu mind. ca. 50% in diesem Gebiet tätig sind. Sie spiegeln nicht zwingend die Gesamtgröße einer Kanzlei wider.

sowie bei angrenzenden wettbewerbsrechtl. Fragen u. pflegt zu vielen Mandanten langj. Beziehungen. In erster Linie ist sie für Pharmaunternehmen tätig, denen sie auch bei Abgrenzungsfragen zur Seite steht, z.B. zw. Arzneimitteln u. Kosmetika. Daneben bietet sie medizinprodukterechtl. Know-how, das sie etwa in der Beratung einer dig. Gesundheitsplattform ausspielt. Für Mandanten wie Stada, die ihr umf. vertraut, setzt sie ihre regulator. Kenntnisse außerdem transaktionsbegleitend ein.
Stärken: HWG-Prozesse.
Oft empfohlen: Rainer Kaase („sehr erfahren u. kompetent", Wettbewerber)
Team: 2 Partner, 2 Associates
Schwerpunkte: Produkteinführungen u. -werbung, Abgrenzungsfragen zu ▷*Lebensmitteln* u. Kosmetika. Schnittstelle zum ▷*Patent-*, ▷*Marken- u. Wettbewerbsrecht*.
Mandate: Stada umf. zu M&A, IP, Parallelimporten sowie HWG; dig. Gesundheitsplattform medizinprodukterechtl.; lfd. Astellas.

HEES

Pharma- und Medizinprodukterecht ★

Bewertung: Der erfahrene HHer Einzelanwalt ist aufseiten der Parallelimporteure sehr gefragt. Bei zahlr. Stammmandanten aus diesem Kreis ist er langj. gesetzt u. regelm. in Pilotprozesse vor dt. Gerichten u. Grundsatzverfahren bis hin zum EuGH involviert. Ein Bsp. war zuletzt die Vertretung von Abacus im EuGH-Verfahren um das Reboxing von parallelimportierten Medikamenten. Zudem berät er Pharmaunternehmen regulator., zulassungs- u. vertragsrechtlich u. bietet ihnen Know-how im HWG.
Stärken: Umfangr. Betreuung von Parallelimporteuren.
Oft empfohlen: Dr. Stephan Hees
Team: 1 Partner
Schwerpunkte: HWG-Verf.; regulator. Beratung zu AMG u. MDR. Zudem Vertragsgestaltung.
Mandate: Abacus gg. Novartis u. Bayer um Reboxing von Parallelimporten (EuGH); Pharmaunternehmen umf., u.a. zu Verträgen u. im HWG; Labordienstleister in Verfahren um Selbstherstellung von Arzneimitteln; Pharmahändler vertragsrechtlich.

HENGELER MUELLER

Pharma- und Medizinprodukterecht ★★
Pharmarecht: Transaktionen ★★★★
Krankenhäuser, MVZ und Apotheken ★★★★

Bewertung: Zahlr. Player der Gesundheitsbranche setzen auf die angesehene Praxis der Großkanzlei um die Partner Spoerr u. Uwer. Bekannt ist sie v.a. für die Begleitung hochvol. Transaktionen, z.B. an der Seite gr. Private-Equity-Investoren wie Advent Internat. u. Warburg Pincus, die beim $4 Mrd schweren Kauf der Biopharmasparte von Baxter auf Hengeler setzten. Auch zu Kliniken unterhält HM gute Kontakte u. wird von ihnen bei wirtschaftl. wichtigen Themen hinzugezogen, wie die Beratung von Asklepios, Rhön Klinikum sowie Uniklinikum Gießen u. Marburg zum ‚Zukunftspapier Plus' demonstriert. Das Mandat verdeutlicht zudem die tiefen öffentl.-rechtl. Kenntnisse Uwers, die er – genau wie Spoerr – auch regelm. in anderen regul. Branchen unter Beweis stellt. Dass das Thema Digital Health u. die damit verbundene Arbeit an der Schnittstelle zum Datenschutzrecht eine wichtige Rolle spielen, zeigt sich z.B. in der Tätigkeit für Flatiron, für die eine Counsel steht. In der Vergangenheit hatte die Gesundheitspraxis wiederholt Nachwuchstalente an Wettbewerber verloren, ein Problem, dem die Kanzlei mit interner struktureller Veränderung begegnete.
Stärken: Beratung zu regulator. Fragen, Transaktionen (▷*M&A*).
Oft empfohlen: Prof. Dr. Wolfgang Spoerr („hohe fachl. Kompetenz", „schneller Denker", „sehr tief in der Materie", Wettbewerber), Dr. Dirk Uwer
Team: 3 Partner, 2 Counsel, 5 Associates
Schwerpunkte: Erstattungs- u. regulator. Fragen; Schnittstelle zu ▷*Patent-* u. Kartellrecht, ▷*Compliance*.
Mandate: Advent Internat. u. Warburg Pincus beim Kauf der Biopharmasparte von Baxter; Asklepios/Rhön Klinikum/Universitätsklinikum Gießen u. Marburg zur Förderung im Rahmen des ‚Zukunftspapier Plus'; Flatiron Health datenschutzrechtl. zu Forschungsplattform; Medizinproduktehersteller zu interner Untersuchung u. in Ermittlungsverfahren wg. Betruges; Median zu Kauf von Fachklinikum Brandis, Elbe-Saale-Klinik u. Ostseeklinik Kühlungsborn; EQT Future bei Beteiligung an SHL Medical.

HEUKING KÜHN LÜER WOJTEK

Krankenhäuser, MVZ und Apotheken ★

Bewertung: Im Fokus der Gesundheitspraxis steht die Beratung von ambulanten u. stationären Leistungserbringern sowie Finanzinvestoren bei Transaktionen, Kooperationen u. MVZ-Strukturierungen. Insbes. Brombach u. Treptow fallen hierbei im Markt zunehmend auf. Zudem verfügt die Praxis v.a. im Arbeits- u. Vergaberecht über ausgewiesene Branchenkompetenz. Letztere ist u.a. bei der fördermittel- u. vergaberechtl. Beratung von Kliniken bei Digitalisierungsprojekten im Zshg. mit dem KHZG gefragt.
Oft empfohlen: Dr. Florian Brombach („fachl. u. menschl. top", „gut vernetzt, pragmat.", „immer im Thema", Wettbewerber); Dr. Oliver Treptow („umtriebig bei der MVZ-Beratung", Wettbewerber)
Team: 6 Eq.-Partner, 3 Sal.-Partner, 4 Associates
Schwerpunkte: Klinik- u. MVZ-Transaktionen (▷*M&A*. Krankenhausrecht. Branchenkompetenz im ▷*Arbeits-* u. ▷*Vergaberecht*. Auch Medizinprodukterecht.
Mandate: European Dental Group bei div. Transaktionen; Marienhaus-Unternehmensgruppe vergaberechtl. bei Digitalisierungsprojekten; Family Office bei Verkauf einer Pflegegesellschaft; Academia bei Kauf einer Labor-Praxis; Axeum bei Kauf einer Privatkrankenanstalt; HDZ vergaberechtl.; lfd.: Klinik Mednord, Klinik auf der Karlshöhe, Lipocura, Sana Kliniken, Veonet.

HOGAN LOVELLS

Pharma- und Medizinprodukterecht ★★★★★
Pharmarecht: Transaktionen ★★★★★

Bewertung: Die breit aufgestellte Lifescience-Praxis verfügt in allen für die Branche zentralen Bereichen über hoch angesehene Teams. Bei komplexen Transaktionen, regulator. anspruchsvollen Fragen etwa zu neuartigen Therapien oder klin. Prüfungen, innovativen Digitalprojekten, aber auch in HWG-Grundsatzverfahren, Patent- u. Produkthaftungsprozessen ist die Praxis führend. HL wartet hier mit einer beeindruckenden Riege anerkannter Partner auf, denen ein illustrer Kreis namh. Pharma-, Biotech- u. Medizinprodukthersteller vertraut. Ähnl. wie bei den Wettbewerbern Baker McKenzie u. Clifford Chance steht die Begleitung von internat. Projekten mit standort- u. praxisgruppenübergreifenden Teams im Fokus. So begleitet die Praxis regelm. bei Produkteinführungen in Europa, z.B. zuletzt Amylyx, u. deckt neben der regulator. Beratung Fragen zu Lieferketten u. Vertriebsstrukturen, HWG, Compliance, IP u. Datenschutz ab. Zu den Transaktionshighlights zählten Lizenzvereinbarungen für CatalYm u. ein Deal für einen gr. amerikan. Medizintechnikkonzern. Insbes. im Bereich Medizinprodukte gewann HL neue Mandanten. Der Einheit gelingt es dabei, ihre regulator. Kompetenz, für die insbes. die anerkannten Partner Schickert u. Thiermann stehen, mit der ausgewiesenen Erfahrung im Produkthaftungsrecht u. Datenschutz zu verknüpfen. Mit integrierten Teams berät HL z.B. Roche Diagnostics zu Digital Health, ein japan. Pharmaunternehmen zu einem KI-Projekt u. einen Health-Cloud-Anbieter im Zshg. mit Gesundheitsdaten. Den Erfolg der gr. u. homogenen Praxis unterstreichen 2 Counselernennungen.
Stärken: Regulator. u. Vertragsberatung, ▷*Patentprozesse* u. ▷*Produkthaftung*, Transaktionen (enge Verknüpfung mit ▷*M&A*).
Oft empfohlen: Dr. Jörg Schickert („erfahren u. reaktionsschnell", Wettbewerber), Dr. Andreas von Falck, Miriam Gundt (beide Patentrecht), Ina Brock (Produkthaftung), Dr. Tanja Eisenblätter („kämpft für ihre Mandanten", Wettbewerber), Arne Thiermann („erstklassig u. nett", Wettbewerber)
Team: 15 Partner, 8 Counsel, 20 Associates
Schwerpunkte: ▷*Compliance*, sozial- u. erstattungsrechtl. Fragen, Biotechnologie, Lizenzverträge, HWG, Schnittstelle zum ▷*Marken-, Wettbewerbs-* u. ▷*Kartellrecht*.
Mandate: Amylyx umf. bei Launch in Europa; BMS regulator. u. vertragsrechtl. bei Übertragung aller Sponsor-Aktivitäten im Zshg. mit klin. Studien auf ein anderes Unternehmen; CatalYm umf. zu Lizenzvereinbarungen, Forschungskooperationen u. klin. Prüfungen; Chiesi Pharmaceutici in 4 Patentnichtigkeitsverfahren; Eli Lilly in Patentverfahren um Krebsmedikament Pemetrexed; Incyte regulator.; Roche Diagnostics regulator., datenschutz- u. produkthaftungsrechtl. beim Thema Digital Health; Fresenius Medical Care im Datenschutz; Medela zu Compliance; Morphosys vertragsrechtlich.

IFFLAND WISCHNEWSKI

Krankenhäuser, MVZ und Apotheken ★★

Bewertung: Die Darmstädter Kanzlei hebt sich von ihren Wettbewerbern durch ihre Spezialisierung im Heim- u. Pflegerecht ab. Dabei berät sie die Sozialwirtschaft umf., inkl. Arbeits- u. Immobilienrecht sowie M&A. Die Boutique verfügt als eine von wenigen auch über Erfahrung mit außerklin. Intensivpflegediensten. Zuletzt waren die Anwälte u.a. als Berater von Pflegeheimen zu Finanzierungsfragen gefragt. Ihre Erfahrung spielt die Praxis regelm. in Grundsatzverfahren aus, zuletzt erzielte Bachem einen Erfolg vor dem BSG zu Corona-Erstattungsansprüchen. Personell hat sich die Praxis auf Associate-Ebene verstärkt.
Oft empfohlen: Sascha Iffland, Jörn Bachem
Team: 4 Partner, 8 Counsel, 5 Associates, 1 of Counsel
Schwerpunkte: Umf. zu Heim- u. Vertragsrecht, Arbeitsrecht u. M&A für soziale Einrichtungen. Pflegeversicherungsrecht, Zulassungsrecht, Schiedsverfahren nach SGB sowie zunehmend Recht der außerklin. Intensivpflege. Mandanten: v.a. Pflege-

Anwaltszahlen: Angaben der Kanzleien, wie viele Anwälte zu mind. ca. 50% in diesem Gebiet tätig sind. Sie spiegeln nicht zwingend die Gesamtgröße einer Kanzlei wider.

dienste, Pflegeheime u. Einrichtungen der Behindertenhilfe.
Mandate: Qualitätsausschuss Pflege gutachterl. zu Medikamentengabe u. Behandlungspflege in teilstationärer Pflege; privat-gewerbl. Träger ambulanter Eingliederungshilfen in BSG-Verf. zu Corona-Erstattungshilfen; gr. kommunaler Pflegeeinrichtungsträger bei Schiedsverfahren zur Klärung der Refinanzierung von Kosten der Rekrutierung von ausl. Pflegefachkräften.

KALTWASSER

Pharma- und Medizinprodukterecht ★

Bewertung: Die kleine Münchner Boutique ist insbes. aufgrund ihrer ausgewiesenen Erfahrung mit HWG-Prozessen renommiert. Zunehmend vertritt die Praxis um den umtriebigen Häser ihren Mandantenstamm aus der Pharmaindustrie auch in sozialgerichtl. Verfahren. Neben der streitigen Tätigkeit nimmt die strateg. Beratung, etwa zu Vertriebsfragen, viel Raum ein. Immer häufiger fungiert das Team als ausgelagerte Rechtsabteilung. Jüngst hat sich die bisher rein partnerschaftl. arbeitende Praxis mit einer Associate verstärkt.
Stärken: HWG-Prozesse.
Oft empfohlen: Dr. Jan-Tobias Häser
Team: 2 Partner, 1 Associate
Schwerpunkte: HWG, AMG, Erstattungen, Arzneimittelhaftungen, klin. Studien, Compliance, sozialgerichtl. Verfahren. Mandanten: v.a. mittelständ. Arzneimittelhersteller u. Pharmakonzerne, auch Medizinproduktehersteller.
Mandate: Keine Nennungen.

KING & SPALDING

Pharma- und Medizinprodukterecht ★★

Bewertung: Die kl. Pharmapraxis ist regelm. in für die Gesundheitsbranche wichtige grundsätzl. Verfahren eingebunden. Zuletzt erzielte sie für Novartis einen Erfolg vor dem EuGH gg. Parallelimporteure u. erreichte ein Verbot des sog. Reboxing. Der Kopf der Praxis, Prozessexperte Grundmann, ist aufgrund seiner langj. Erfahrung in HWG-Streitigkeiten sowie Abgrenzungsfragen sehr angesehen. Das Team hat seinen Mandantenstamm in den letzten Jahren kontinuierl. erweitert u. zuletzt mit Luvos u. Modjaw neue Mandanten gewonnen. Wie bei vielen Wettbewerbern lastet der anhaltend hohe Beratungsbedarf im Medizinprodukterecht sowie zu Digital Health das kl. Team stark aus. Durch die sehr integrierte, internat. Zusammenarbeit mit den Praxen in Brüssel u. den USA können auch etwaige Kapazitätsengpässe gut abgefedert werden.
Stärken: Prozesse (insbes. im HWG), Abgrenzungsfragen zw. Kosmetika, Arznei- u. ▷*Lebensmitteln*, enge Vernetzung mit US-Kollegen.
Oft empfohlen: Ulf Grundmann, zunehmend Elisabeth Kohoutek
Team: 1 Partner, 1 Counsel
Schwerpunkte: Pharma- u. Medizinprodukterecht; HWG sowie Abgrenzungsfragen. Auch Compliance u. Datenschutz. Zunehmend regulator. Transaktionsbegleitung.
Mandate: Novartis Pharma in EuGH-Verfahren gg. Parallelimporteure; Ratiopharm regelm. regulator. u. in Prozessen; GSK Consumer Healthcare im HWG; Angelini Pharma Dtl. regulator. u. zu Markteinführung; Teva Europe regulator. u. in Prozessen (insbes. gg. Parallelimporteure im Zshg. mit Arzneimittelfälschungsrichtlinie); Willmar Schwabe in Streitigkeiten im Zshg. mit Gingko-biloba-Extrakt; Luvos regulator.; Modjaw Sas in Wettbewerbsstreit gg. Zebris; Agnovos Healthcare im Medizinprodukterecht u. zu Compliance; Chem. Fabrik Kreussler, u.a. in Prozessen zu Abgrenzungsfragen; Wright Medical im Medizinprodukterecht.

KOZIANKA & WEIDNER

Pharma- und Medizinprodukterecht ★★

Bewertung: Die renommierte HHer Boutique ist jahrelang erfahren in der Beratung des Pharma- u. Medizinproduktesektors. Div. Mandanten setzen auf ihr Know-how im HWG, sowohl in Prozessen als auch in der lfd. Beratung. Dabei geht es häufig um Abgrenzungsfragen. Auf dem Gebiet löste das EuGH-Urteil aus dem Januar 2023 zur Abgrenzung von stoffl. Medizinprodukten u. Arzneimitteln bei vielen Unternehmen Fragen aus, die sie sich von Kozianka beantworten ließen. Ein weiterer Schwerpunkt liegt im Medizinprodukterecht, hier erweist sich die Beratung zur MDR weiterhin als Dauerbrenner. Neben den beiden Namenspartnern loben Mandanten u. Wettbewerber den erfahrenen Associate Karle, der in der Kanzlei für die neue Generation steht.
Stärken: Prozesse u. Beratung zu HWG u. SGB V.
Oft empfohlen: Wolfgang Kozianka, Michael Weidner, Christian Karle („schnell, praxisbetont, sehr kompetent", Mandant)
Team: 2 Partner, 4 Associates, 1 of Counsel
Schwerpunkte: HWG, AMG u. Erstattungsfragen zum SGB V, zu Nahrungsergänzungsmitteln u. bei Abgrenzungsfragen zu ▷*Lebensmitteln*.
Mandate: Mertz Pharma Handel in Prozess um Kennzeichnung parallel vertriebener Arzneimittel (BGH; öffentl. bekannt); internat. Pharmaunternehmen in HWG-Prozessen im Zshg. mit der Neueinführung eines hormonfreien Kontrazeptivums (verschreibungspflichtig); dt. Pharmaunternehmen umf. regulator., zu AMNOG, IT-Datenschutz u. Compliance; Hersteller eines Gentherapeutikums umf. zu Werbung u. Marktzugang; Hersteller von med. Cannabis im HWG u. zum Vertrieb.

LATHAM & WATKINS

Pharma- und Medizinprodukterecht ★★
Pharmarecht: Transaktionen ★★★★
Krankenhäuser, MVZ und Apotheken ★★★★★

Bewertung: Für die Begleitung gr., oft grenzüberschr. Deals ist die Gesundheitspraxis der US-Kanzlei regelm. gesetzt. Die angesehenen Partner Schneider u. Engeler verfügen über sehr gute Kontakte zu Investoren, aber auch zu gr. Krankenhaus- u. Pflegekonzernen sowie Pharmaunternehmen. Ein Highlight war zuletzt die Beratung von Astellas beim Verkauf einer Produktsparte an Sandoz, bei dem es u.a. komplexe Fragen zu Lieferketten zu beachten gab. Bei Mandaten wie diesen punktet das Team mit seiner Mischung aus Corporate- u. regulator. Know-how. Auch in Verfahren sind die Anwälte regelm. zu sehen, so etwa für den Landkreis Goslar gg. Asklepios im Anschluss an den Verkauf der 3 Harzkliniken. Daneben sind sie für Mandanten wie SHL Telemedizin rein regulator. tätig. Dieses Geschäft spielt ähnl. wie bei Freshfields allerdings eine eher untergeordnete Rolle.
Stärken: Komplexe, grenzüberschr. Transaktionen mit regulator. Bezug.
Oft empfohlen: Dr. Henning Schneider, Christoph Engeler, zunehmend Henrietta Ditzen
Team: 2 Partner, 6 Associates
Schwerpunkte: ▷*M&A*-Transaktionen, oft grenzüberschreitend. Ausgeprägte Schnittstellen zu ▷*Private Equ. u. Vent. Capital*, ▷*Gesellschafts-*, ▷*Kartell-* u. ▷*Arbeitsrecht*. Regelm. regulator. Beratung im Arzneimittel- u. Medizinprodukterecht (klin. Prüfung, Vertrieb, Marktzugang). Vertragsgestaltung.
Mandate: Astellas beim Verkauf der Zulassungen, Markenrechte u. anderer Assets für Mycamine an Sandoz; Cheplapharm bei div. Deals, u.a. bei Kauf der US-Zulassung des Pulmicort Flexhaler von AstraZeneca sowie Erwerb der ww. Vermarktungsrechte (exkl. Südkorea) für Zyprexa von Eli Lilly; Convivo Holding beim geplanten Verkauf der Convivo-Gruppe; Landkreis Goslar gg. Asklepios in Verfahren im Anschluss an den Verkauf der 3 Harzkliniken; SHL Telemedizin umf. regulator., z.B. zum Digitale-Versorgung-Gesetz; Sana Biotechnology zu klin. Verträgen; lfd. regulator.: BioPharma, DAK Gesundheit, Otsuka Medical Devices, Resmed.

LUTHER

Krankenhäuser, MVZ und Apotheken ★★★★

Bewertung: Die renommierte Gesundheitsrechtspraxis der dt. Full-Service-Kanzlei ist eine angesehene Beraterin bei Transaktionen im Klinik- u. Pflegesektor. Das standortübergreifende Team berät insbes. bei gr. MVZ-Deals, innovativen Verbundlösungen, Kooperationen, Umstrukturierungen sowie Deals mit Insolvenzbezug. Mit ihrer Stärke bei der strukturellen u. strateg. Beratung von Universitätskliniken, für die insbes. der angesehene Gohrke steht, hebt sich Luther von Wettbewerbern ab. Zu den Highlights zählte hier zuletzt die Begleitung des Landes Brandenburg bei der Entwicklung eines neuartigen Modells für die Universitätsmedizin. Zudem berät das breit aufgestellte Team insbes. Leistungserbringer auch regulator. sowie arbeits-, vertrags- u. IT-rechtl. an der Schnittstelle zum Datenschutz. Insbes. die Medizin- u. Arbeitsrechtlerin Rütz hat an Präsenz gewonnen u. erntet viel Lob von Mandanten u. Wettbewerbern. Wie bei vielen Wettbewerbern nimmt der Beratungsbedarf zum Trendthema Digital Health zu – hier steht Luther insbes. Medizinprodukteherstellern zur Seite. Im Pharmasektor ist die Praxis weiterhin wenig präsent. Die ohnehin schon sehr starke Schnittstelle zum Gesundheitskartellrecht hat Luther durch den Zugang des Branchenspezialisten Burholt nochmals verstärkt.
Stärken: Komplexe (Uni-)Kliniktransaktionen (▷*Gesellschaftsrecht* u. ▷*M&A*).
Oft empfohlen: Dr. Thomas Gohrke („hervorragende strateg. Beratung, fachl. exzellent; umfangr. Erfahrungen im Umgang mit Entscheidungsträgern u. Ministerien", Mandant; „lösungsorientiert, sehr angenehm", Wettbewerber); Dr. Eva Rütz („pragmat., zielorientiert, gute Ergebnisse", Mandant; „engagiert, einfallsreich", „jurist. sehr gut", Wettbewerber)
Team: 7 Partner, 1 Counsel, 12 Associates, 1 of Counsel
Partnerwechsel: Dr. Christian Burholt (von Baker McKenzie)
Schwerpunkte: Tiefe Branchenkompetenz im ▷*Arbeits-*, ▷*Kartell-*, ▷*Vergabe-* u. ▷*Beihilferecht*. Krankenhausplanungsrecht, Zulassungen u. Erstattungsrecht. Auch Medizintechnik, Produkthaftung u. Datenschutz.
Mandate: Alloheim Senioren Residenzen umf. regulator., vertrags- u. IT-rechtl., u.a. Nutzung einer Gesundheits-App eines dt. IT-Anbieters; Mehiläinen Oy bei Übernahme einer MVZ-Kette; Ottobock-

Anwaltszahlen: Angaben der Kanzleien, wie viele Anwälte zu mind. ca. 50% in diesem Gebiet tätig sind. Sie spiegeln nicht zwingend die Gesamtgröße einer Kanzlei wider.

Gruppe bei Kauf von Orthopädie Brillinger; Chugai Pharma Europe umf. regulator. u. vertriebsrechtl., u.a. bei digitalem Therapiesystem; Land Brandenburg bei Entwicklung des Lausitzer Modells für eine neuartige Universitätsmedizin (digitales Pilotkrankenhaus); Städt. Klinikum Braunschweig regulator. u. in komplexen Vergabeverf.; Landkreis Oberspreewald-Lausitz in Bieterverf.; Charité vertrags- u. IT-rechtl.; Delabo Group regulator. u. vertriebsrechtl.; Private-Equity-Investor bei Verkauf einer EU-weit operierenden MVZ-Kette; Anbieter von digitaler Gesundheitsversorgung bei Markteintritt; dt. Krankenhausträger umf. regulator. u. im M&A.

LYCK+PÄTZOLD

Krankenhäuser, MVZ und Apotheken ★

Bewertung: Die Bad Homburger Gesundheitsboutique ist auf die Beratung von Leistungserbringern wie Kliniken, Großpraxen, MVZ-Trägern u. Ärzten im ambulanten Bereich spezialisiert. Einen Schwerpunkt hat L+P im zahnmedizin. Sektor, wo sie besonders viele MVZ-Gründungen begleitet hat. Bei Transaktionen ist die Praxis inzw. auch für Investoren tätig. Zunehmend berät L+P Medizinproduktehersteller zur MDR, Compliance u. Digital Health.
Team: 3 Eq.-Partner, 3 Counsel, 2 of Counsel
Schwerpunkte: Beratung ambulanter Leistungserbringer inkl. Arzthaftungs-, Zulassungs- u. Vertragsarztrecht, MVZ-Transaktionen, Medizinprodukterecht, branchenspezif. Arbeits- u. Gesellschaftsrecht.
Mandate: Polytech Domilens im Marken-, Wettbewerbs- u. Medizinprodukterecht; regelm. Keep-Smiling u. Wellster Healthtech; gr. MVZ-Gruppe umf., u.a. bei Transaktionen, Verträgen, im Zulassungs- u. Arzthaftungsrecht.

MAZARS

Pharma- und Medizinprodukterecht ★
Krankenhäuser, MVZ und Apotheken ★★★

Bewertung: Die breit aufgestellte Gesundheitspraxis der MDP-Kanzlei begleitet regelm. Klinikträger, gr. MVZ-Ketten u. Investoren bei Transaktionen. Zu den Highlights zählten zuletzt die Tätigkeit für Sana beim Anteilserwerb am Berliner Paulinenkrankenhaus oder für Sanoptis bei MVZ-Käufen. Auch die lfd. Beratung von Leistungserbringern steht im Fokus, hier war das Team wie viele Wettbewerber zum KHZG stark gefragt. Weiteres wichtiges Standbein ist der Bereich Digital Health: Mazars berät insbes. Medizinproduktehersteller, aber auch Plattformanbieter zu Digitalisierungsvorhaben u. neuartigen Versorgungskonzepten. Dabei setzt die MDP-Einheit auf einen integrierten Ansatz u. kombiniert rechtl. u. strateg. Beratung.
Oft empfohlen: Dr. Daniel Ruppelt („pragmat. u. gleichzeitig versiert", „hervorragender Jurist u. herausragender Verhandler", Wettbewerber)
Team: 4 Eq.-Partner, 5 Counsel, 4 Associates
Schwerpunkte: Krankenhaus-, Pflegeheim- u. MVZ-Transaktionen. Medizinprodukterecht, insbes. Abgrenzungsfragen; auch IT-Sicherheit u. Datenschutz. Zunehmend Compliance.
Mandate: Sana Kliniken beim Erwerb einer Mehrheitsbeteiligung am Berliner Paulinenkrankenhaus; Sanoptis bei MVZ-Käufen; Telemos bei Verkauf von Sanoptis; DasLab zu Compliance, Berufs-, Erstattungs- u. Sozialrecht sowie Datenschutz; Avi Medical Operations regulator., zu Compliance u. Datenschutz; lfd. Align Technology; Apothera u. GET.ON Institut für Online Gesundheitstrainings.

MCDERMOTT WILL & EMERY

Pharma- und Medizinprodukterecht ★★
Pharmarecht: Transaktionen ★★★
Krankenhäuser, MVZ und Apotheken ★★★★

Bewertung: Die Gesundheitspraxis berät sowohl Mandanten aus der Healthcare- als auch Lifescience-Branche regulator. u. bei Transaktionen. Insbes. Private-Equity-Investoren setzen bei Deals im Krankenhaus-, Labor- u. ambulanten Sektor sowie zunehmend im Pharma- u. Medizinproduktebereich regelm. auf MWE. Zu den Highlights zählte zuletzt die Beratung von Auctus Capital beim Verkauf von Pharmalex. Zudem war der erfahrene Rau, der wie kaum ein Wettbewerber im Markt für MVZ-Deals steht, aufgrund des hohen regulator. Beratungsbedarfs im Zshg. mit den vom BMG angekündigten Investitionsbeschränkungen stark ausgelastet u. u.a. für den Bundesverband der MVZ-Betreiber aktiv. Das Team um den aufstrebenden Tschammler besetzt die Schnittstelle zw. Gesundheitsrecht u. Datenschutz. u. berät immer häufiger Pharmaunternehmen u. Medizinproduktehersteller beim Eintritt in digitale Märkte: Mandanten wie Amalgam Rx. u. Dentsply Sirona z.B. begleitet MWE hier mit interdiszipl. u. internat. Teams. In personeller Hinsicht gab es erneut Bewegung: Während eine branchenerfahrene M&A-Partnerin ausschied, gewann MWE einen auf Healthcare spezialisierten Private-Equity-Partner. Die Associate-Ebene wurde nochmals aufgestockt.
Stärken: ▷*Private-Equity*-Gesellschaften zu Transaktionen.
Oft empfohlen: Dr. Stephan Rau („sehr erfahren", „mandantenorientiert", Wettbewerber); Dr. Deniz Tschammler („rührig, schlauer Kopf", Wettbewerber)
Team: 4 Partner, 2 Counsel, 6 Associates
Partnerwechsel: Holger Ebersberger (von Noerr); Dr. Nadine Hartung (zu Raue)
Schwerpunkte: Regulator. u. vertragsrechtl. Beratung; Transaktionen, v.a. im Krankenhaus- u. Laborsektor.
Mandate: Amalgam vertrags-, medizinprodukte- u. datenschutzrechtl. zu Kooperation mit Novo Nordisk u. zu einer Gesundheits-App; Bundesverband der MVZ-Betreiber gutachterl.; Dentsply Sirona zu globaler Digitalisierungsstrategie, E-Commerce, Vertragsrecht u. Datenschutz; Auctus Capital bei Verkauf von PharmaLex (gemeinsam mit Noerr); Ampersand Capital regelm. bei Transaktionen; Ascendis im HWG u. Compliance; Axa regulator. zu digit. Produkten u. Gesundheitsdatenschutz; Becton Dickinson regulator.; Centric Health bei Markteintritt in Dtl.; Greenpeak bei MVZ-Käufen; GSK lfd. regulator. zu Compliance u. Markteintritt; Lifespin bei Forschungskooperation mit der Biobank Graz u. der Klin. Abteilung für Onkologie der Medizin. Universität Graz; Stada lfd. regulator. u. vertragsrechtlich.

MEDLEGAL

Krankenhäuser, MVZ und Apotheken ★

Bewertung: Die HHer Medizinrechtsboutique steht für die umf. Beratung von Leistungserbringern wie Großpraxen, MVZ u. Krankenhäusern, unter ihnen namh. Mandanten wie Asklepios oder das Universitätsklinikum Eppendorf. Sie setzen im lfd. Geschäft auf das Team, das sich durch den Zugang 2er erfahrener Partner zu Beginn des Jahres u.a. im Arzthaftungsrecht verstärkte. Hinzu kommt die Transaktionsbegleitung, wobei die Anwälte regulator. u. gesellschaftsrechtl. Kenntnisse aus einer Hand anbieten u. auch auf Investorenseite tätig werden. Umtriebig ist Medlegal zudem im Bereich Digital Health, insbes. bei der Beratung zu telemed. Geschäftsmodellen. Daneben betont sie mit der Ernennung eines neues Eq.-Partners den Bereich Konfliktlösung.
Stärken: Kombination aus medizin- u. gesellschaftsrechtl. Know-how.
Oft empfohlen: Johannes Kalläne („erfahren, kompetent, kollegial, unkompliziert, flexibel", Wettbewerber)
Team: 4 Eq.-Partner, 2 Counsel, 3 of Counsel
Partnerwechsel: Prof. Dr. Jens Prütting, Behnush Prütting (beide aus eigener Kanzlei)
Schwerpunkte: Beratung von Leistungserbringern im ambulanten u. stationären Sektor bei Transaktionen sowie im lfd. Geschäft (z.B. arzt- u. arzthaftungsrechtl.). Beratung von Unternehmen im Bereich Digital Health, z.B. zum Datenschutz.
Mandate: Asklepios arzthaftungsrechtl.; RH Diagnostik u. Therapie bei Transaktionen; Beteiligungsgesellschaft zu Entwicklung eines Geschäftsmodells zur telemed. Versorgung von Patienten u. Verhandlung mit KK und KVen; Universitätsklinikum Eppendorf lfd.; Heartbeat-Labs-Gesellschaften lfd. im Zshg. mit Digital-Health-Themen; Johner-Institut; dentale MVZ-Gruppe lfd. im Zulassungs-, Arbeits-, Datenschutzrecht.

MEISTERERNST

Pharma- und Medizinprodukterecht ★★

Bewertung: Die Münchner Gesundheitspraxis, die insbes. aufgrund ihrer breiten Erfahrung im HWG u. Wettbewerbsrecht hohes Ansehen genießt, hat ihr Themenspektrum u. ihre Mandatsbasis in den letzten Jahren kontinuierl. ausgedehnt. So berät die Praxis mittlerw. zunehmend Medizinproduktehersteller zu regulator. Fragen u. im Datenschutz. Auch Bestandsmandanten fragen vermehrt das Wissen der Anwälte über digitale Themen nach. Zudem ist das Team mit zunehmendem Erfolg dabei, sich die Felder Marktzugang u. AMNOG-Verhandlungen zu erschließen, auch wenn sie anderen Boutiquen wie Dierks+Company, GND, Novacos oder Sträter noch nicht das Wasser reichen kann. Neben dem anerkannten Tillmanns erntet der neu ernannte Eq.-Partner Fuderer viel Lob.
Oft empfohlen: Dr. Christian Tillmanns („sehr gut im AMG", Mandant, „exzellent", präzise u. durchsetzungsstark", Wettbewerber); Sylvia Braun, Dr. Markus Fuderer („tolle Unterstützung", Mandant)
Team: 2 Eq.-Partner, 1 Counsel, 4 Associates
Schwerpunkte: HWG, regulator. u. vertragsrechtl. Beratung, zunehmend Compliance. Auch Medizinprodukterecht sowie Datenschutz. Zunehmend regulator. Transaktionsbegleitung.
Mandate: Alnylam Germany lfd. regulator., im Wettbewerbsrecht u. zu Compliance; Amicus lfd. regulator. u. vertragsrechtl.; Lifescan Dtl. umf. regulator., sozial- u. erstattungsrechtl.; Queisser Pharma regulator. u. werberechtl.; Pharmaunternehmen in HWG-Prozess-Serie; Medizinproduktehersteller regulator. u. werberechtl. zu KI u. digitalen Anwendungen; Orphan-Drug-Hersteller regulator. u. im Datenschutzrecht.

MICHELS PMKS

Krankenhäuser, MVZ und Apotheken ★★★

Bewertung: Die Kölner Gesundheitspraxis ist aufgrund ihrer langj. Erfahrung in der Beratung von

Anwaltszahlen: Angaben der Kanzleien, wie viele Anwälte zu mind. ca. 50% in diesem Gebiet tätig sind. Sie spiegeln nicht zwingend die Gesamtgröße einer Kanzlei wider.

stationären u. ambulanten Leistungserbringern angesehen. Ihr räuml. Fokus liegt auf NRW. So pflegt die renommierte Krankenhausrechtlerin Schillhorn zu vielen Häusern langj. Mandatsbeziehungen. Ihre Erfahrung war zuletzt insbes. aufgrund des Beratungsbedarfs im Zshg. mit der Änderung des KHGG in NRW sowie der anstehenden Krankenhausreform stark nachgefragt. Ein Highlight war zudem die Gestaltung des komplexen Kooperationsvertrags der Träger des Universitätsklinikums mit der Ruhr-Universität Bochum. Durch die zunehmende Beratung bei der Schließung von Abteilungen oder Kündigung von Chefarztverträgen hat sich die Zusammenarbeit mit den ▷*Arbeitsrechtlern* nochmals intensiviert. Auch aufgrund der Erfahrung von Jahn im ambulanten Sektor ist die Praxis für Rechtsfragen, die sich durch die künftig zu erwartende stärkere sektorübergreifende Versorgung stellen dürften, gut aufgestellt.
Stärken: Krankenhausplanung u. -finanzierung sowie Vertragsarztrecht.
Oft empfohlen: Dr. Kerrin Schillhorn („präsent, umtriebig, gut“, Wettbewerber), Jens-Peter Jahn
Team: 3 Eq.-Partner, 1 Associate
Schwerpunkte: Krankenhausrecht umf., inkl. ▷*Arbeitsrecht* u. zu Kooperationen (auch mit anderen Leistungserbringern); Compliance-Strukturen v.a. für Krankenhauskonzerne; Beratung d. ambulanten Sektors im Zulassungsrecht.
Mandate: 8 Krankenhausträger des Universitätsklinikums RUB zu Kooperationsvertrag mit Ruhr-Universität Bochum; Universitätsklinikum Köln zu neuen Versorgungsformen (integrierte sektorübergreifende Psychoonkologie); lfd. krankenhausrechtl.: Kreisklinikum Siegen, St.-Franziskus-Stiftung Münster; Kath. Hospitalvereinigung Weser-Egge; Vestische Caritas-Kliniken; lfd. vertragsarztrechtl.: MVZ des Uniklinikums Köln, MVZ St. Marien; MVZ Med Center Siegen.

MÖHRLE HAPP LUTHER

Pharma- und Medizinprodukterecht ★★★

Bewertung: Die renommierte Pharmapraxis der HHer Kanzlei unterhält langjähr. Mandatsbeziehungen zu namh. Unternehmen wie AstraZeneca, Novartis oder Pfizer, knüpft aber auch regelm. neue Kontakte zu Unternehmen, die in den dt. Markt streben. Im Fokus stehen Luthers Tätigkeit im HWG sowie der Bereich AMNOG/Marktzugang. Für Letzteren ist Anders äußerst renommiert. Seine Mandanten hatten zuletzt vermehrt Fragen im Zshg. mit den Änderungen aus dem GKV-Finanzstabilisierungsgesetz. Auch die Tätigkeit im HWG war erneut von zahlr. Prozessen geprägt, während in der lfd. Beratung das Thema digitale Werbung dominierte. Besser als vielen Wettbewerbern gelingt es MHL, regelm. Nachwuchs auf Associate-Ebene zu finden u. langfr. an sich zu binden.
Stärken: AMNOG-Preisverhandlungen u. HWG-Prozesse.
Oft empfohlen: Henning Anders, Julia Luther
Team: 1 Eq.-Partner, 2 Sal.-Partner, 5 Associates
Schwerpunkte: Arzneimittelrecht, meist in allen Stufen der Entwicklung u. Vermarktung.
Mandate: AstraZeneca umf., z.B. zu Compliance, im HWG (lfd. Beratung u. Prozesse), im AMNOG; Amgen, Novartis lfd. pharmarechtl. u. im HWG, auch in Prozessen; Pfizer im HWG u. Markenrecht; Biotechunternehmen umf. im Pharmarecht u. HWG, z.B. zu Erstattungsfragen u. digit. Marketing; DiGA-Anbieter in Preisverhandlung.

MÖLLER & PARTNER

Krankenhäuser, MVZ und Apotheken ★★★

Bewertung: Die D'dorfer Medizinrechtsboutique ist für ihre Erfahrung in der Beratung von Leistungserbringern wie Ärzten, Großpraxen oder Krankenhäusern äußerst anerkannt. Ihnen steht sie sehr umf. zur Seite, sowohl im lfd. Geschäft bei Themen wie Vertragsarzt- oder Arbeitsrecht als auch bei Praxisverkäufen oder -zusammenschlüssen, wobei sie im Transaktionskontext auch regelm. auf Käuferseite zu sehen ist, z.B. für Investoren. Mandanten schätzen die Anwälte zudem für ihre Prozessstärke, wobei zuletzt die Tätigkeit in Gesellschafterstreitigkeiten zugenommen hat, in die der renommierte Meschke auch als Schiedsrichter eingebunden war.
Stärken: Allg. Arztrecht.
Oft empfohlen: Dr. Andreas Meschke („kompetent u. pragmat.“, „mandantenorientiert“, Wettbewerber), Dr. Karl-Heinz Möller
Team: 6 Partner, 4 Associates
Schwerpunkte: Ärztl. Gesellschaftsrecht, Vertragsarztrecht, MVZ-Gründungen, -Transaktionen u. -Beratung.
Mandate: Zahnarztkette beim bundesw. Erwerb weiterer Praxen; Quantum beim Kauf eines Krankenhauses; mehrere Großpraxen beim Verkauf, z.B. in den Bereichen Kardiologie, Orthopädie, Reproduktionsmedizin; Klinik bei Kooperationsvereinbarung; 2 Gesellschafter einer Herzklinik in Gesellschafterstreit; kommunales Krankenhaus bei MVZ-Gründung u. im Vertragsarztrecht; Apotheken beim Aufbau einer Cannabis-Plattform.

NOERR

Pharma- und Medizinprodukterecht ★★
Pharmarecht: Transaktionen ★★★
Krankenhäuser, MVZ und Apotheken ★★

Bewertung: Die Gesundheitspraxis ist breit aufgestellt u. zeichnet sich neben ihrer regulator. Kompetenz insbes. durch die Arbeit an den Schnittstellen zu Gesellschafts- u. Kartellrecht aus. Diese Kombination ist regelm. bei Transaktionen gefragt. Das Zusammenspiel der Regulierungsberatung, für die v.a. Schulz steht, mit der Corporate-Praxis funktioniert immer besser: Häufig übernimmt Noerr nach den Deals die lfd. regulator. Beratung, insbes. im Medizinproduktebereich. Durch die starke IT-Praxis ist Noerr hinsichtl. der Trendthemen Digital Health u. Datenschutz gut aufgestellt. Personell gab es zuletzt etwas Bewegung: Die Praxis hat eine Regulierungs- u. Pharmarechtsexpertin u. eine IP-Spezialistin aus den eigenen Reihen zu Sal.-Partnern ernannt, musste aber mit dem Weggang eines auf die Healthcare-Branche spezialisierten Private-Equity-Partners auch einen Verlust verkraften.
Oft empfohlen: Evelyn Schulz („exzellente Qualität“, Wettbewerber), Dr. Fabian Badtke (Kartellrecht)
Team: 5 Eq.-Partner, 4 Sal.-Partner, 4 Associates, 1 of Counsel
Partnerwechsel: Holger Ebersberger (zu McDermott Will & Emery)
Schwerpunkte: Regelm. Gestaltung v. Distributions-, Forschungs- u. Entwicklungsverträgen, klin. Prüfungen sowie zum europ. Marktzugang u. zur Vermarktung. Zudem ▷*M&A-Transaktionen*, Joint Ventures. Ausgeprägte Schnittstelle zu ▷*IT-/Datenschutzrecht*. Auch branchenbezogenes ▷*Kartell-*, ▷*Patentrecht*, Compliance, Arbeitsrecht sowie IP.
Mandate: Ada Health zu Datenschutz u. Medizinprodukterecht; Wacker/Corden regulator. u. vertragsrechtl.; Debeka bei Erwerb aller Anteile der ‚Wir für Gesundheit'-GmbH; New Flag regulator. u. vertragsrechtl. zu Antigenschnell- u. Antikörpertests; Auctus Capital bei Verkauf von Pharmalex (gemeinsam mit McDermott); Avista Capital bei Erwerb von Beteiligung an Vision Healthcare NV; Else-Kröner-Fresenius-Stiftung bei Reorganisation; GWT-TUD zu Compliance.

NOVACOS

Pharma- und Medizinprodukterecht ★★★★
Krankenhäuser, MVZ und Apotheken ★★

Bewertung: Die D'dorfer Pharmaboutique um mehrere sehr renommierte Partner bietet ihren Mandanten Erfahrung zu einer breiten Palette an Themen: Stallberg zählt zu den präsentesten Anwälten beim Thema AMNOG/Kostenerstattung u. berät dazu u.a. Rhythm Pharmaceuticals. Im HWG hat v.a. Hübner einen gr. Trackrecord u. bringt tiefe Kenntnisse bei der Vertragsgestaltung mit. Bei der regulator. Transaktionsbegleitung ist die Zusammenarbeit mit Kanzleien wie Kirkland & Ellis mittlerw. fest etabliert u. kam z.B. für Nordic Capital beim Kauf von Corpuls zum Tragen. Heil besetzt mit der Beratung zum Gesundheitsdatenschutz ein weiteres, wichtiger werdendes Feld. Auch das Thema Produkthaftung u. die Schnittstelle zur Compliance-Beratung deckt die Kanzlei überzeugend ab. Daneben erntet die Associate-Mannschaft zunehmend Mandantenlob. Gut vernetzt ist die Kanzlei auch bei div. Verbänden. Sie zogen das Team zuletzt etwa im Zshg. mit der Einführung eines neuen Kombinationsabschlags infolge des GKV-Finanzstabilisierungsgesetzes hinzu.
Stärken: Regulator. Begleitung internat. Transaktionen.
Oft empfohlen: Dr. Christian Stallberg („nur wenige verfügen über ein solch profundes Wissen im SGB V“, „hervorragend, brennt für die Themen, sehr gut erreichbar, stets gute Ansätze, um auch in festgefahrenen Situationen neue Aspekte aufzubringen“, Mandanten; Erstattungsrecht/AMNOG), Maria Heil („lösungsorientiert, bewährt u. effizient“, „hervorragende Zusammenarbeit“, Wettbewerber; Datenschutz/M&A), Dr. Marc Oeben („berät u. führt gerichtl. Verfahren mit großer Routine u. Ruhe, so sollten alle Anwälte arbeiten“, „breite Kompetenz, genießt unser Vertrauen“, Mandanten; „hoch professionell“, Wettbewerber; Compliance/Produkthaftung), Christian Hübner („brillanter Stratege, fachl. sehr gut“, Wettbewerber; HWG), Dr. Alexander Natz („exzellent vernetzt“, Wettbewerber)
Team: 5 Partner, 6 Associates
Schwerpunkte: Kostenerstattung, Marktzugang, HWG, Compliance, Produkthaftung, Datenschutz/E-Health, Vertragsgestaltung.
Mandate: Nordic Capital regulator. beim Kauf von Corpuls; Ultragenyx zum Marktzugang; Rhythm Pharmaceuticals im AMNOG; Conscio Holding regulator. beim Kauf von Gen-Plus; Pharmaunternehmen in Verfahren um Rechtmäßigkeit von Festbetragsgruppen für AMNOG-Produkte; Pharmaunternehmen datenschutzrechtl. zu neuen digitalen Räumen für Ärzte u. Befragungstools; internat. Medizinprodukteunternehmen zu Produktrückruf einschl. Betreuung mehrerer Produkthaftungsklagen; Pharmaindustrieverband umf. zur Einführung eines neuen Kombinationsabschlags durch GKV-Finanzstabilisierungsgesetz; BVMed gutachterlich.

Anwaltszahlen: Angaben der Kanzleien, wie viele Anwälte zu mind. ca. 50% in diesem Gebiet tätig sind. Sie spiegeln nicht zwingend die Gesamtgröße einer Kanzlei wider.

OPPENLÄNDER

Pharma- und Medizinprodukterecht ★

Krankenhäuser, MVZ und Apotheken ★★

Bewertung: Die Stuttgarter Gesundheitspraxis um 3 renommierte Partner bietet viel Erfahrung in HWG-Prozessen sowie tiefes regulator. u. apothekenrechtl. Know-how. Für die umf. Tätigkeit für Apotheken ist insbes. Kieser angesehen, während Koppe-Zagouras für sehr gute Kenntnisse des HWG steht, auf die zuletzt insbes. Stammmandantin GSK setzte. Die 3. Partnerin, Köbler, fokussiert sich auf arzneimittel- u. medizinprodukterechtl. Fragen, wobei ihre Mandanten u.a. ungebrochen viel Beratungsbedarf zur MDR hatten. Daneben konnte das Team die regulator. Transaktionsbegleitung intensivieren, bei der es regelm. mit einer Münchner Kanzlei zusammenarbeitet, die den gesellschaftsrechtl. Teil übernimmt.

Stärken: Apothekenrecht. Schnittstelle zu IT- u. IP-Recht.

Oft empfohlen: Dr. Timo Kieser („guter Prozessanwalt", Wettbewerber), Dr. Christina Koppe-Zagouras, Dr. Katharina Köbler („sehr schnell, lösungs- u. praxisorientiert", Mandant)

Team: 3 Eq.-Partner, 2 Sal.-Partner, 1 Associate

Schwerpunkte: HWG-Prozesse sowie Verfahren im Zshg. mit Herstellung, Zulassung u. Vertrieb von Produkten. Schnittstelle zum ▷*Marken- u. Wettbewerbs-* u. ▷*Kartellrecht*. Zudem ▷*Vergaberecht*. Auch Konfliktlösung.

Mandate: GSK Consumer Healthcare im HWG u. Arzneimittelrecht; Biolog. Heilmittel Heel wettbewerbsrechtl.; Metronomia Holding medizin- u. datenschutzrechtl. bei Zukauf; internat. Medizinprodukteunternehmen insbes. zur MDR u. zum Parallelimport; Andreas Hettich im Medizinprodukterecht; lfd.: Accord Dtl. (u.a. zu Rabattvertragsausschreibungen), Dr. Falk Pharma, Cadewa, Vapotherm, Bioloving, Optica.

PREISSLER OHLMANN & PARTNER

Krankenhäuser, MVZ und Apotheken ★★

Bewertung: Die traditionsr. Medizinrechtspraxis der Fürther Kanzlei ist bundesw. aktiv u. aufgrund ihrer langj. Beratung von Leistungserbringern angesehen. Zuletzt war die Auslastung durch den gr. Beratungsbedarf bei MVZ-Deals hoch: Das Team um den erfahrenen Preißler berät hierbei auch strateg. im Vorfeld u. war auf Verkäuferseite sehr aktiv. Zudem beraten die Anwälte lfd. Krankenhäuser, etwa bei Abrechnungsstreitigkeiten oder Kooperationsverträgen mit Ärzten. Mitunter fungiert die Praxis als ausgelagerte Rechtsabteilung. Wie bei vielen Wettbewerbern steht bei PROH mittelfr. die Herausforderung des Generationswechsels an.

Stärken: Beratung von gesellschaftsrechtl. Strukturen bei Heilberufen, Zulassungsrecht.

Oft empfohlen: Reinhold Preißler („geschätzter Kollege", „stark u. umtriebig", Wettbewerber), Dirk Griebau

Team: 7 Partner, 1 Counsel, 2 Associates

Schwerpunkte: Ärztl. Zulassungsrecht, Krankenhausrecht u. Compliance. Zudem M&A, Gesellschaftsrecht.

Mandate: Medic-Center Nürnberg lfd. bei Kauf von Praxen, Zulassungsrecht, Abrechnung, Arbeitsverträgen u. Compliance; BDOC lfd. rechtl., strateg. u. polit.; Ocunet medizinrechtl.; 3 MVZ-Träger bei Krankenhausgründung bzw. -erwerb; Klinikum zu Kooperationsverträgen mit Ärzten.

PREU BOHLIG & PARTNER

Pharma- und Medizinprodukterecht ★★★

Bewertung: Die Münchner Pharmapraxis zeichnet sich durch ihre langj. Prozesserfahrung aus. Dafür steht insbes. der angesehene von Czettritz. Regelm. ist die Praxis in Grundsatzverfahren eingebunden, zuletzt etwa in ein EuGH-Verfahren zu Abgrenzungfragen von stoffl. Medizinprodukten u. Präsentationsarzneimitteln, in eine europaw. Klagewelle zum Unterlagenschutz sowie in komplexe Patentverfahren mit regulator. Bezug. Bei Letzteren kann die IP-Kanzlei ihre zentrale Stärke ausspielen: Die Kombination von regulator. Pharmakompetenz mit dem tiefen Know-how bei ▷*Patentstreitigkeiten*.

Stärken: Prozesse.

Oft empfohlen: Peter von Czettritz

Team: 2 Eq.-Partner, 2 Counsel, 2 Associates

Schwerpunkte: Arzneimittel- u. Medizinprodukterecht. HWG (▷*Marken- u. Wettbewerbsrecht*), Zulassungen, Marktzugang u. Erstattungen. Starke Schnittstelle zum ▷*Patentrecht*. Auch Compliance.

Mandate: Sandoz u. Stada in div. Verfahren gg. Biogen zu Unterlagenschutz betr. Tecfidera (aus dem Markt bekannt); Moderna regulator., zu Vertrieb u. Vermarktung von Corona-Impfstoff; regelm. Novartis Pharma regulator.; span. Pharmaunternehmen in EuGH-Verf. zur Abgrenzung von Medizinprodukten u. Präsentationsarzneimitteln.

QUAAS & PARTNER

Krankenhäuser, MVZ und Apotheken ★

Bewertung: Die bundesw. aktive Gesundheitsrechtspraxis mit Standorten in Stuttgart u. Dortmund zählt seit Jahren zu den etablierten Einheiten für die Beratung von Leistungserbringern. Sie verfügt über viel Erfahrung an der Schnittstelle zum Verwaltungsrecht u. steht ihrem Mandantenstamm aus Krankenhäusern u. deren Verbänden, Laboren sowie niedergelassenen Ärzten regelm. auch vor Gericht zur Seite, z.B. bei Klagen gg. Negativbescheide bei Strukturprüfungen des medizin. Dienstes. Auf personeller Ebene wird die Herausforderung des Generationswechsels drängender, soll ein nahtloser Übergang vom hoch angesehenen Namenspartner gelingen.

Oft empfohlen: Dr. Heike Thomae („sehr erfahren", Wettbewerber); Prof. Dr. Michael Quaas

Team: 3 Partner, 4 Associates, 1 of Counsel

Schwerpunkte: Krankenhaus-, Vertragsarzt-, Pflege- u. Heimrecht. Starke Schnittstelle zum Öffentl. Recht; viel Prozesstätigkeit. Auch Medizinstrafrecht. Branchenbezogenes Arbeits- u. Vergaberecht.

Mandate: Keine Nennungen.

RATAJCZAK & PARTNER

Krankenhäuser, MVZ und Apotheken ★

Bewertung: Die renommierte Kanzlei berät div. Leistungserbringer u. ihre Verbände umf. im Medizin- sowie Medizinstrafrecht, z.B. bei Korruptionsvorwürfen. Krankenhäuser setzten zuletzt vermehrt bei Fragen im Zshg. mit der geplanten Klinikreform auf das Team um den anerkannten Ratajczak. Erneut war die Kanzlei zudem in mehrere Transaktionen eingebunden, z.B. von Großpraxen im Zahnärztebereich. Die Beratung zum Medizinprodukterecht verstärkte sie um einen Partner, der zuvor bereits als of Counsel für die Kanzlei tätig war. Er bringt tiefes Know-how aus der Forschung als Professor an der Universität Augsburg mit, u.a. zu Themen wie KI oder DiGAs.

Oft empfohlen: Prof. Dr. Thomas Ratajczak, Peter Schabram

Team: 14 Partner, 3 Counsel, 3 Associates, 1 of Counsel

Schwerpunkte: M&A im Gesundheitswesen, Compliance u. Medizinstrafrecht, Krankenhaus- u. Zulassungsrecht, Medizinprodukterecht, Datenschutz.

Mandate: Keine Nennungen.

RAUE

Pharma- und Medizinprodukterecht ★

Krankenhäuser, MVZ und Apotheken ★★★★

Bewertung: Die überregional aktive Gesundheitsrechtspraxis der Berliner Kanzlei zählt zu den angesehensten Beratern der Healthcare-Branche. Das Team um die Regulierungsexpertinnen Bedau u. Wodarz berät Krankenhausträger, Labore u. Großpraxen regelm. auch bei Transaktionen u. Kooperationen u. ist insbes. an der Schnittstelle zum Apothekenrecht immer wieder in für die Branche wichtige Grundsatzverfahren involviert, z.B. für die langj. Mandantin DocMorris. Die Praxis, die zuletzt bei mehreren MVZ-Deals gefragt war, erweitert stetig ihre Mandantenbasis. Zuletzt gewann Raue etwa eine Pflegeeinrichtung als neue Mandantin. Aktiv sind die Anwälte zudem im Medizinprodukterecht, insbes. an der Schnittstelle zum IT-Recht: Hier waren sie für Sanofi-Aventis in einem Widerspruchverfahren vor dem BfArM erfolgreich. Auf personeller Ebene gab es Veränderungen: Der überaus renommierte Krankenhausrechtler Kuhla wechselte in den Of-Counsel-Status. Indes verstärkte sich die Praxis mit der in der Gesundheitsbranche gut vernetzten u. erfahrenen M&A-Spezialistin Hartung. Mit ihren Kontakten kann Raue künftig die Transaktionsberatung noch stärker ausbauen.

Stärken: Umf. Beratung von Krankenhäusern u. Laboren sowie vertragsärztl. Beratung von Großpraxen. Regulator. Transaktionsbegleitung (▷*M&A*).

Oft empfohlen: Dr. Maren Bedau („kompetent u. zügig", Mandant; „kreativ", Wettbewerber), Dr. Katharina Wodarz („sehr gut", „überschaut komplexe Fälle", Wettbewerber), Prof. Dr. Wolfgang Kuhla

Team: 3 Partner, 2 Counsel, 1 Associates, 1 of Counsel

Partnerwechsel: Dr. Nadine Hartung (von McDermott Will & Emery)

Schwerpunkte: Krankenhaus- u. Apothekenrecht, Kooperationsverträge, MVZ-Beratung, Schnittstelle zum ▷*Arbeitsrecht*. Auch Wettbewerbsrecht u. Datenschutz.

Mandate: Advita Pflegedienst lfd.; Sonic Healthcare zu Kauf von Diagnosticum-Gruppe; Kirinus Health zu Transaktionen; ALM regulator. u. strateg. zu angekündigten Investorenbeschränkungen an MVZ; DIZG zu AMNOG; DocMorris umf. in Prozessen, u.a. gg. Apothekerkammer Nordrhein um Rabattwerbungen (EuGH); Eterno Health umf. zu hybrider Behandlungsplattform; Kliniken Nordoberpfalz regulator., zu Compliance u. Datenschutz; Sanofi-Aventis sozial- u. medizinprodukterechtl. in Widerspruchsverfahren vor BfArM wg. Gesundheits-App; Labor Berlin lfd. regulator.; Landkreis Trier-Saarburg regulator. u. zu M&A; ehem. CEO von Kurando in Grundsatzverfahren zur Zulässigkeit von Apothekenlieferdiensten; Proteopath regulator. u. im Datenschutz.

Anwaltszahlen: Angaben der Kanzleien, wie viele Anwälte zu mind. ca. 50% in diesem Gebiet tätig sind. Sie spiegeln nicht zwingend die Gesamtgröße einer Kanzlei wider.

SANDER & KRÜGER

Pharma- und Medizinprodukterecht ★

Bewertung: Die Frankf. Pharmaboutique pflegt langj. Mandatsbeziehungen zu zahlr. Pharma- u. Medizinprodukteunternehmen, die sie entlang des gesamten Produktzyklus bei Zulassungs- u. Haftungsfragen sowie vertragsrechtl. berät. Durch seine Prozessstärke ist das Team regelm. in Grundsatzverfahren involviert. Neben klass. HWG-Verfahren u. haftungsrechtl. Klagewellen war das Team zuletzt auch bei Streitigkeiten zum Unterlagenschutz gefragt.

Oft empfohlen: Dr. Carsten Krüger („große Erfahrung, pragmat.", Wettbewerber), Dr. Axel Sander

Team: 3 Partner, 2 Counsel, 1 of Counsel

Schwerpunkte: Pharma- u. Medizinprodukterecht, v.a. Zulassungs- u. Abgrenzungsfragen, Unterlagenschutz sowie HWG. Prozesse, auch Compliance u. Produkthaftung. Schnittstelle zum Lebensmittel- u. Kosmetikrecht.

Mandate: Aus dem Markt bekannt: Stada u. Teva in div. Prozessen zu Valsartan-Rückrufen; ACA Müller u. Axicorp in BVerwG-Verf. gg. Recordati; internat. forschendes Pharmaunternehmen regulator. zu Integration von Zukäufen.

SCHMIDT VON DER OSTEN & HUBER

Krankenhäuser, MVZ und Apotheken ★★★

Bewertung: Im Gesundheitssektor ist die ▷*Ruhrgebietskanzlei* insbes. für ihre langjähr. etablierte Beratung div. Krankenhäuser renommiert, die zuletzt vermehrt mit Fragen zum neuen NRW-Krankenhausplan auf die Anwälte zukamen. Zudem beriet sie bei etlichen MVZ-Deals, bei denen das Team eng mit der ▷*Corporate-Praxis* der Kanzlei zusammenarbeitet u. sowohl auf Käufer- als auch auf Verkäuferseite tätig ist. Neue Mandate, wie z.B. für Fresenius Medical Care, demonstrieren, dass SOH ihre vergleichsw. neue Tätigkeit im Pharma- u. Medizinprodukterecht zunehmend ausbaut. Das Gleiche gilt für die Zusammenarbeit mit Krankenkassen, die v.a. in Prozessen auf das Team setzen. Zuletzt wechselte der anerkannte Dahm altersbedingt in den Of-Counsel-Status, was das übrige Team jedoch gut auffangen kann.

Stärken: Gesellsch.recht/M&A bei ärztl. Kooperationen, Arzthaftung.

Oft empfohlen: Dr. Stefan Bäune, Dr. Roland Flasbarth, Prof. Dr. Franz-Josef Dahm

Team: 2 Eq.-Partner, 3 Sal.-Partner, 3 Associates, 1 of Counsel

Schwerpunkte: Krankenhausrecht, HWG, Zulassungen u. Erstattungen, Medizinprodukte sowie Abgrenzung Lebensmittel/Kosmetika. Branchenspezif. Arbeits-, Vergabe-, Marken- und Patentrecht, Compliance u. Datenschutz.

Mandate: Orthopädienetzwerk bei div. Transaktionen; Fresenius Medical Care regulator., z.B. zu F&E-Verträgen; Dr. August Wolff umf. regulator.; Bundesverband der Knappschaftsärzte lfd. regulator. u. zu Verträgen zur integrierten Versorgung; Dr. Smile regulator., u.a. bei europ. Rollout u. zu Compliance; radiolog. Praxis bei Verkauf; Kassenzahnärztliche Vereinigung Nordrhein in Prozessen; lfd. im Krankenhausrecht: Alfried-Krupp-Krankenhaus, Klinikum Dortmund, Klinikum Stadt Soest.

SCHULTZ-SÜCHTING

Pharma- und Medizinprodukterecht ★★

Bewertung: Dank ihres gr. Renommees im HWG ist die HHer IP-Boutique bei zahlr. namh. Pharmaunternehmen wie Bayer, GSK oder Novartis fest u. langjährig verankert. Sie setzen sowohl in Verfahren als auch in der lfd. Beratung auf das kl. Team. Einschneidend war zuletzt der Abgang des angesehenen Kröner, der künftig nicht mehr als Anwalt im Bereich IP/HWG tätig sein will. Seine Mandate führt nun das verkleinerte Team weiter u. ernannte dazu eine erfahrene Associate zur Partnerin, die im Markt allerdings bisher weniger präsent ist als der 2. Partner Bruhn. Er steht neben dem HWG auch für regulator. Beratung. Wachstumsperspektiven bieten sich der Kanzlei z.B. in der Beratung von Medizinprodukteherstellern. Um diese zu realisieren, muss sie jedoch wieder personell wachsen.

Stärken: HWG-Prozesse.

Oft empfohlen: Dr. Dirk Bruhn („guter Litigator", „exzellenter Wettbewerbsrechtler", „sehr angenehm u. kompetent", Wettbewerber)

Team: 2 Partner

Partnerwechsel: Dr. Lars Kröner (unbekanntes Ziel)

Schwerpunkte: Prozessvertretung, enge interne Zusammenarbeit mit den Praxen für Patent-, ▷*Marken- u. Wettbewerbsrecht*.

Mandate: Anbieter von Gesundheitsplattformen umf. regulator.; Bayer umf., u.a. zum Streit zu Parallelimporten (‚Multi-Country-Packs') u. im HWG; Dexcom Dtl. im HWG um Werbung für Medizinprodukte; GlaxoSmithKline umf. im HWG, u.a. in Serie von Auseinandersetzungen im Bereich von Impfstoffen u. Präparaten zur Behandlung von Atemwegserkrankungen gg. Sanofi; Jenapharm im HWG um Kontrazeptiva; Roxall Medizin regulator. u. im HWG; lfd. im HWG: Novartis, Smith + Nephew.

SEUFERT

Krankenhäuser, MVZ und Apotheken ★★★

Bewertung: Die große gesundheitsrechtl. Praxis der Münchner Kanzlei ist dank ihrer Kombination aus öffentl.-rechtl. Kompetenz u. Corporate-Beratung bundesw. bekannt. Das Team berät traditionell inbes. stationäre, aber auch ambulante Leistungserbringer in allen Facetten des klass. Krankenhaus- u. Arztrechts. Anfang des Jahres hat die Kanzlei einen Arzthaftungs- u. Krankenhausrechtspezialisten aus den eigenen Reihen zum Partner ernannt u. so ihr ohnehin breit aufgestelltes Team noch stärker ausdifferenziert. Schon länger hat sich daneben die Transaktionsberatung als Schwerpunkt herausgebildet, was auch Mandanten loben. Seufert war zuletzt wie viele Wettbewerber u.a. bei MVZ-Deals sehr umtriebig u. hat z.B. Quartz beim Kauf der Radprax-Gruppe beraten.

Stärken: Krankenhaus- u. MVZ-Transaktionen; öffentl.-rechtl. Kompetenz.

Oft empfohlen: Dr. Bernhard Lambrecht („sehr kompetent u. immer pfiffige Ideen", Wettbewerber), Prof. Dr. Thomas Vollmöller („kompetent, professionell, exzellent", Mandant), Dr. Anke Hübner („sehr gut im KV-Recht u. bei MVZ-Transaktionen", Mandant)

Team: 8 Partner, 11 Associates

Schwerpunkte: Krankenhausrecht, inkl. Planung, Finanzierung u. Förderung. Medizinrecht, speziell Vertragsarztrecht. Branchenspezif. Arbeits-, Gesellschaftsrecht u. M&A.

Mandate: Quartz Healthcare Group Sarl bei Kauf von Radprax; Shop Apotheke bei Kauf First A; Landkreis Kelheim bei strateg. Partnerschaft mit Caritas; regelm. Rhön-Klinikum u. Uniklinik Gießen u. Marburg.

STRÄTER

Pharma- und Medizinprodukterecht ★★★★

JUVE AWARDS 2023
Kanzlei des Jahres für Gesundheitswesen

NOMINIERT
JUVE Awards 2023
Kanzlei des Jahres für Regulierung

Bewertung: Für ihre tiefen Kenntnisse in der regulator. Beratung von Pharma- u. Medizinprodukteunternehmen ist die Bonner Boutique bundesw. sehr angesehen. Nur wenige Kanzleien werden in AMNOG-Verfahren so regelm. eingebunden wie Sträter, weshalb die Änderungen im Rahmen des GKV-Finanzstabilisierungsgesetzes u. das BSG-Urteil zur Nutzenbewertung bei Solisten die Anwälte intensiv beschäftigten. Seine Prozesserfahrung bewies das Team zuletzt auch in mehreren eigenen BSG-Verfahren. Aus einem resultiert nun eine Verfassungsbeschwerde, bei der die renommierte Schulte-Bosse ihre Mandantin vertritt. Weiter ausbauen konnte die Kanzlei zudem die Beratung zu klin. Prüfungen, auch an der Schnittstelle zu innovativen Themen wie Machine Learning u. KI. Relativ neu ist, dass die Anwälte für die Transaktionsbegleitung hinzugezogen werden: Zuletzt unterstützten sie z.B. eine Beteiligungsgesellschaft bei der regulator. Due Diligence für den Kauf eines Wirkstoffherstellers. Dafür steht Moers, der zunehmend Lob von Mandanten u. Wettbewerbern erntet.

Stärken: AMNOG.

Oft empfohlen: Markus Ambrosius („herausragende Kompetenz im Bereich des Marktzugangs u. der regulator. Fragen", „pragmat., angenehme Zusammenarbeit", Wettbewerber), Claus Burgardt, („hervorragend", Wettbewerber), Bibiane Schulte-Bosse („erfahren in GBA-Verhandlungen, argumentativ überzeugend", „sehr erfolgr., dabei immer menschl.", Wettbewerber), zunehmend Dr. Christian Moers („Behördenflüsterer, regulator. Experte", Mandant; „Teamplayer bei Transaktionen", Wettbewerber)

Team: 2 Eq.-Partner, 6 Sal.-Partner, 1 Counsel, 3 Associates, 1 of Counsel

Schwerpunkte: Medizinrecht, insbes. Unterstützung der Produktentwicklung, oft als Bindeglied zw. den Abteilungen Forschung, Entwicklung u. Marketing, sowie Erstattungsfähigkeit. Bei Problemen mit europarechtl. Bezug u. Vertretung in Zulassungsverfahren.

Mandate: Forschungseinrichtung zu Studienprojekten mit Medizinprodukten im Bereich Machine Learning/KI; Patientin gg. AOK vor BSG u. bei Verfassungsbeschwerde um Erstattungsfähigkeit einer Off-Label-Therapie mit Hyperimmunglobulin bei Schwangeren; Zulieferer für die Pharmaindustrie umf. zu radioaktiven Arzneimitteln; div. Unternehmen in AMNOG-Preisverhandlungen inkl. Schiedsstellenverfahren, u.a. Biotechunternehmen; Beteiligungsgesellschaft regulator. bei Zukäufen im Gesundheitssektor, u.a. eines Wirkstoffherstellers; div. Pharmaunternehmen in Streitigkeiten um Herstellerabschläge; 4 DiGA-Herstellerverbände in Schiedsverfahren gg. den SVDGV um ihre Maßgeblichkeit auf Bundesebene.

TAYLOR WESSING

Pharma- und Medizinprodukterecht ★★★
Pharmarecht: Transaktionen ★★★
Krankenhäuser, MVZ und Apotheken ★★★★★

Bewertung: Die gr. Gesundheitspraxis berät sowohl Mandanten aus dem Healthcare- als auch Lifescien-

Anwaltszahlen: Angaben der Kanzleien, wie viele Anwälte zu mind. ca. 50% in diesem Gebiet tätig sind. Sie spiegeln nicht zwingend die Gesamtgröße einer Kanzlei wider.

ce-Sektor regelm. bei Transaktionen u. bei regulator. Fragen. Auch in komplexen HWG-Verfahren, Patentprozessen u. in Produkthaftungsfällen vertrauen Mandanten wie Bayer, Cochlear, Daiichi Sankyo oder Pfizer auf das gut vernetzte, standortübergreifende Team. Die Healthcare-Spezialisten waren zuletzt wie viele andere intensiv mit MVZ-Deals befasst. Viel Raum nahm auch die Beratung von Klinikketten zum KHZG u. bei der Einführung neuer IT-Systeme ein: Hierbei profitieren Mandanten regelm. von der Stärke von TW an den Schnittstellen zum Vergabe- u. IT-Recht. Die Münchner Lifescience-Praxis um die angesehene Vertrags-, Lizenz- u. Biotechexpertin Epping u. den Regulierungsspezialisten Tietjen berät Pharma- u. Medizinproduktehersteller entlang des gesamten Produktzyklus. Personell hat sich die Praxis durch den Zugang einer erfahrenen Lizenzexpertin auf Partnerebene verstärkt.

Stärken: Healthcare-Transaktionen; Lizenzvereinbarungen.

Oft empfohlen: Dr. Manja Epping („sehr sorgfältig u. erfahren", „sehr kompetente Verhandlungspartnerin", Wettbewerber), Dr. Wolfgang Rehmann („Koryphäe", Mandant), Dr. Henning Moelle („exzellent", Wettbewerber; Produkthaftung), Dr. Oliver Klöck („kollegial, kenntnisreich, umtriebig", Wettbewerber), Dr. Daniel Tietjen („sehr gut", „angenehme Zusammenarbeit", Wettbewerber)

Team: 10 Eq.-Partner, 8 Sal.-Partner, 16 Associates, 1 of Counsel

Partnerwechsel: Dr. Stefanie Greifeneder (von Fieldfisher)

Schwerpunkte: Lizenzen u. FuE-Kooperationen, Produkthaftung (▷*Konfliktlösung*), angesehene Prozesspraxis im HWG u. im ▷*Patentrecht*, ▷*M&A*, branchenspezifische u. ▷*vergaberechtl.* Begleitung. Regulator. Beratung. Krankenhausrecht. Zunehmend ▷*Datenschutz*.

Mandate: Amedes lfd. im M&A; Angelini Pharma umf. regulator., arbeits- u. vertragsrechtl. u. zu Compliance; AstraZeneca gg. Verbraucherklagen in mehreren Produkthaftungsfällen bzgl. ihres Covid-19-Impfstoffs; Azenta zu Kauf von Barkey; Bayer lfd. im Produkthaftungsrecht; Cochlear u. Daiichi Sankyo in HWG-Verfahren; Dana-Faber-Cancer-Institute patentrechtl.; Grünenthal produkthaftungsrechtl. um Contergan; Kaia Health zu Datenschutz; Kohlpharma in EuGH-Verfahren (‚Reboxing'); Morphosys zu klin. Studien; Mylan/Viatris in Patentverfahren gg. Bayer (Sorafenib), Teva (Copaxone) u. Biogen (Tecfidera); Pfizer in Patentverletzungsverfahren gg. Moderna; Roxall in HWG-Verfahren um Therapieallergene; Sanecum/Adiuva Capital bei Labor-Joint-Venture; ZG Augenklinik Holding bei Kauf von Realeyes; div. Krankenhäuser zur KHZG-Förderung.

WACHENHAUSEN DIENEMANN

Pharma- und Medizinprodukterecht ★★

Bewertung: Die Lübecker Pharmaboutique genießt dank ihrer Erfahrung mit klin. Prüfungen u. im Medizinprodukterecht bundesw. einen ausgezeichneten Ruf. Das Team um das angesehene Partnertandem war zuletzt u.a. dank der anhaltend hohen Nachfrage zu MDR u. zunehmende aufsichtbehördl. Verfahren sehr beschäftigt. Auch auf dem Feld der klin. Studien war die Praxis umtriebig u. hat ihre Mandatsbeziehungen zu Pharmaunternehmen, aber auch Kliniken vertieft u. z.B. Großprojekte für eine neue Mandantin aus den USA gemanaged.

Stärken: Klin. Prüfungen, Medizinprodukterecht.

Oft empfohlen: Prof. Dr. Heike Wachenhausen („gr. Kompetenz bei klin. Studien", Mandant; „fachl. top", Wettbewerber), Susanna Dienemann („sehr kompetent u. auf den Punkt", Wettbewerber)

Team: 2 Partner, 3 Associates

Schwerpunkte: Zulassungsrecht u. klin. Studien, Medizinprodukterecht, zudem Pharmakovigilanz u. regulator. Beratung. Vertragsgestaltung. Auch HWG, Compliance u. Abgrenzungsfragen. Tierarzneimittelrecht.

Mandate: biopharmazeut. Unternehmen zu Verträgen u. klin. Forschung; Tierarzneimittelhersteller regulator., im HWG u. zu Compliance; internat. Medizinprodukteunternehmen bei div. aufsichtsbehördl. Verfahren zur Medizinprodukteüberwachung; Klinikum bei Prüfung u. Verhandlung von klin. Studienverträgen; ww. Arzneimittelhersteller zu Spezialfragen zu klin. Prüfung.

WIGGE

Pharma- und Medizinprodukterecht ★

Krankenhäuser, MVZ und Apotheken ★

Bewertung: Die auf das Medizinrecht spezialisierte Kanzlei mit Büros in Münster u. HH ist aufgrund ihrer langj. Erfahrung im Sozial- u. Vertragsarztrecht bundesw. anerkannt. Regelm. berät sie Großpraxen, Krankenhausträger sowie Investoren bei MVZ-Deals u. Kooperationen. Wichtiges Standbein ist zudem die lfd. regulator. Arbeit für ärztl. Berufsverbände, ambulante Leistungserbringer sowie für Großhändler u. Importeure, etwa von In-Vitro-Diagnostika. Auch einige Medizinproduktehersteller zählen zum Mandantenstamm, sie berät die Praxis zu Themen wie KI, Smart Healthcare u. Marktzugang.

Oft empfohlen: Dr. Peter Wigge („sehr kompetent", Wettbewerber), René Steinhäuser („fachl. u. menschl. top", Wettbewerber)

Team: 3 Partner, 4 Associates, 1 of Counsel

Schwerpunkte: MVZ-Transaktionen; Krankenhausrecht, ärztl. Berufsrecht u. Vertragsarztrecht. Sozialrecht; Beratung ggü. Behörden zur Erstattungsfähigkeit von Arzneimitteln, Zulassungsrecht, Markteinführung.

Mandate: Keine Nennungen.

WUERTENBERGER

Pharma- und Medizinprodukterecht ★

Krankenhäuser, MVZ und Apotheken ★★★

Bewertung: Die Stuttgarter Gesundheitsrechtspraxis kombiniert regulator. Know-how mit ihrer Kompetenz im Gesellschafts-, Kartell-, Vergabe- u. Datenschutzrecht. Regelm. begleiten die Anwälte Mandanten aus dem Gesundheitssektor, aber auch Private-Equity-Investoren bei M&A-Deals. Häufig gelingt der Praxis im Anschluss der Einstieg in die lfd. regulator. Beratung. Das Team um den anerkannten Kern ist immer wieder in apothekenrechtl. Grundsatzverfahren involviert u. war z.B. für DocMorris im BSG-Verfahren um Herstellerrabatte gg. Kohlpharma erfolgreich. Die Anwälte beraten zudem bei strateg. u. innovativen Projekten, z.B. zu den Trendthemen Cannabis u. Digital Health. Die lfd. regulator. Beratung konnte das Team zuletzt ausweiten, etwa für Merck u. Löwenstein, zudem kamen einige Pharmahersteller neu hinzu.

Oft empfohlen: Dr. Hannes Kern („lösungsorientiert, nah am Markt u. Mandant", Mandant; „auf den Punkt, effizient u. fair", Wettbewerber), Dr. Thomas Würtenberger („sachkundig u. scharfsinnig", Wettbewerber)

Team: 4 Partner, 4 Associates

Schwerpunkte: Branchenbez. Gesellschaftsrecht/M&A, Kartell- u. Vergaberecht inkl. regulator. Aspekte. Apothekenrecht.

Mandate: Douglas regulator. u. datenschutzrechtl. bei Aufbau eines Apothekenmarktplatzes; Merck bei Arzneimittelvertrieb; Löwenstein Medical regulator.; Sanacorp umf., u.a. zu Finanzierungsrunden, apotheken- u. arzneimittelrechtl.; E-Health Tec zu E-Rezept; Zur Rose Group/DocMorris lfd. apothekenrechtl. u. gg. Kohlpharma um Ausgleichsansprüche bei Herstellerrabatten (BSG); Healthcare-Joint-Venture zu Einstieg in Cannabis-Markt; Private Equity-Fund zu Einstieg in Zytostatika-Versorgung; DiGa-Anbieter regulator. u. vertragsrechtlich.

Anwaltszahlen: Angaben der Kanzleien, wie viele Anwälte zu mind. ca. 50% in diesem Gebiet tätig sind. Sie spiegeln nicht zwingend die Gesamtgröße einer Kanzlei wider.

Lebensmittelrecht

Arbeitsbeschaffer Politik

An strittigen Rechtsfragen mangelt es den wenigen in Deutschland fest etablierten Lebensmittelrechtlern nicht. Dennoch diversifiziert sich der Markt seit Jahren praktisch nicht – es sei denn, bekannte Einheiten zerbrechen oder Anwälte spalten sich ab.

Vor allem auf europäischer Ebene laufen zahllose Initiativen, aber auch Berlin hat Ideen. So treibt das dort initiierte Werbeverbot für ungesunde Kinderprodukte die Branche um und manch ein Unternehmen sucht präventiv Unterstützung. Vor allem die Kanzleien, die enge Verbindungen zu den einschlägigen Verbänden unterhalten, sind längst im Hintergrund für ihre Klientel rührig.

Daneben kommen aus Brüssel neue Anforderungen an Nachhaltigkeitspflichten, verbunden mit strengeren Regeln zu den entsprechenden Anpreisungen, sogenannte Green Claims, der Hersteller. Weiterhin virulent sind das Lieferkettengesetz und die Verpackungsverordnung. Greenpeace startete inzwischen eine Plattform, auf der Kunden Verstöße gegen die Mehrwegpflicht bei To-go-Produkten melden können, die DUH hat bereits etliche Klagen wegen Verstößen eingereicht. Die Lieferketten selbst haben sich hingegen stabilisiert. Rohstoffe und Vorprodukte sind weitgehend wieder zu haben.

Wie die Spinne im Netz

Gefragt sind in diesem volatilen Umfeld immer wieder Berater, die sich mit der Branche und ihren Anliegen über das rein Rechtliche hinaus identifizieren und kommende Entwicklungen antizipieren. Entscheidend dabei: auch ein gutes Standing bei Politik und Behörden. Damit punktet etwa **Meyer Rechtsanwälte**. Große Bedeutung hat dank europäischer Initiativen auch eine glaubwürdige grenzüberschreitende Vernetzung. Während Kanzleien wie **King & Spalding** diese aus eigener Kraft liefern, setzen die Boutiquen auf gute, oft jahrelang erprobte Netzwerke. **Gerstberger** etwa weist ein bemerkenswert internationales Mandantenportfolio auf und bewegt sich sicher auf dem europäischen Parkett.

Auch eine andere Kanzlei hat hier Vorteile: So haben sich zwar beide Nachfolgeeinheiten der Anfang 2022 zerbrochenen, hoch angesehenen Kanzlei KWG, **Grube Pitzer Konnertz-Häußler** und **Weyland & Koerfer**, stabilisiert. Erstere pflegt aber das internationale Netzwerk weiter u. deckt darüber hinaus das deutlich breitere Beratungsspektrum ab.

Wandel unter schwierigen Vorzeichen

Der Ton im Lebensmittelmarkt wird unter anderem wegen der Inflation rauer, wie sich an heftigen und ungewöhnlich öffentlich ausgetragenen Auseinandersetzungen zwischen Markenherstellern und Handel zeigte. So stritten sich Rewe und Edeka unter anderem mit Mars. Edeka nahm es zudem mit Coca-Cola auf. Der Konflikt wurde schließlich außergerichtlich gelöst, für Coca-Cola war **CMS Hasche Sigle** dabei.

Klar ist, dass sich der Lebensmittelmarkt nicht nur wegen der Inflation in einem tiefgreifenden Wandel befindet, der auch rechtliche Fragen aufwirft. So gewinnen Bio- und Fleischalternativprodukte auf zwar noch niedrigem Niveau, aber doch deutlich an Relevanz. Nahrungsmittel mit Gesundheitseffekten erfreuen sich ebenfalls wachsender Beliebtheit. Dies wird den Gesetzgeber und die Aufsichtsbehörden auch weiterhin auf den Plan rufen, sei es im Zusammenhang mit finanzieller Förderung, sei es bei Detailfragen von Anreicherungen und Werbestrategien. In diesen zentralen Themen zur Gestaltung von Produkten engagieren sich nahezu alle spezialisierten Kanzleien.

Die Bewertungen behandeln Kanzleien, die Lebensmittelhersteller und Handel in wettbewerbsrechtl. Prozessen vertreten oder zu Fragen der Kennzeichnung, Zusammensetzung und des Gesundheitsbezugs sowie zu behördlichen Beanstandungen beraten. Weitere Informationen finden sich auch in den Kapiteln ▷*Gesundheitswesen*, ▷*Vertrieb, Handel und Logistik* u. ▷*Marken- und Wettbewerbsrecht*.

CIBUS

Bewertung: Die lebensmittelrechtl. Spezialkanzlei bleibt personell stabil u. erweitert ihr Betätigungsfeld Schritt für Schritt. Dabei gelingt es den Partnern, ihre teils namh. Dauermandanten aus Herstellung u. Handel zu halten. Bemerkenswert ist das breite Engagement für Start-ups der Branche, die u.a. bei ihren Onlineshops u. der Einfuhr asiat. Produkte Rat suchen. Die Tätigkeitspalette reicht von strateg. Nachhaltigkeitskonzepten bis zu Prozessen, inzw. auch vor dem EuGH. Immer besser sieht auch die Vernetzung im Ausland aus, wie etwa Neumandant Vlevy zeigt.

Oft empfohlen: Dr. Clemens Comans („reagiert sehr schnell, gute Ergebnisse, angenehm im Umgang", Mandant; „tiefe Branchenkenntnis u. fachl. sehr gut", Wettbewerber)

Team: 4 Eq.-Partner

Schwerpunkte: Ges. Breite des Lebensmittelrechts; gewisse Schwerpunkte bei Fleisch- u. Alternativprodukten, auch Getränke.

Mandate: Internat. Hersteller zu Futtermittelrecht, tier. Nebenprodukten u. Rohstoffeinfuhr; div. Branchen-Start-ups u.a. zu lebensmittel- u. importrechtl. Fragen; Futtermittelunternehmen im Vorabentscheidungsverfahren EuGH C-13/23 zur Verhältnismäßigkeit zusatzstoffrechtl. Regelungen; Vlevy nv zur Kennzeichnung von Kochpökelerzeugnissen; große Handelskette bundesw. zu VIG; Franken Brunnen zu Beschaffenheit; div. Schlachthöfe u.a. tierschutzrechtl. u. in Prozessen; div. Unternehmen der Fleisch- u. Wurstwirtschaft zu tier. Nebenprodukten; Genossenschaft Dt. Brunnen u. Petcycle zu Verpackungen; Fressnapf futtermittelrechtlich.

CMS HASCHE SIGLE

Bewertung: Die dt. lebensmittelrechtl. Praxis ist zwar eingebettet in die Gesamtkanzlei u. das internat. Netzwerk, berät aber auch bei primär lebensmittelrechtl. Mandaten. In den Fokus rückte zuletzt der kartellrechtl. Streit zw. Coca-Cola u. Edeka um Lieferpflichten. Kartell- u. wettbewerbsrechtl. Themen stehen aber auch bei anderen großen Herstellern an. Das Mandantenspektrum schließt jedoch alle Akteure des Sektors ein, darunter auch etl. Hersteller alternativer Raucherprodukte. Dank breiter Branchenabdeckung war das Team frühzeitig mit Fragen von Health- u. Nachhaltigkeits-Claims befasst u. punktet hier nun mit umfangr. Erfahrung.

Team: 3 Eq.-Partner, 4 Counsel, 5 Associates

Schwerpunkte: Breite Aufstellung; oft an der Grenze zum ▷*Gesundheitswesen*; Produktfokus u.a. bei Brauereien.

Mandate: Coca-Cola in e.V.-Verf. gg. Edeka um Lieferpflicht; Barilla regelm., u.a. zu Nachhaltigkeit; Bitburger regelm., u.a. zu Novel Food; Melitta, u.a. zu Nachhaltigkeitsaussagen; Worlée regelm., u.a. zu Beanstandungen; Niko Liquids u.a. zu UWG; Apo.com, u.a. bei Abgrenzungsfragen; regelm. Unilever, Brown-Forman, Basic, Upfield, Zwergenwiese.

Anwaltszahlen: Angaben der Kanzleien, wie viele Anwälte zu mind. ca. 50% in diesem Gebiet tätig sind. Sie spiegeln nicht zwingend die Gesamtgröße einer Kanzlei wider.

Lebensmittelrecht

Cibus	Gummersbach
CMS Hasche Sigle	Köln, Hamburg
Domeier	Starnberg
Forstmann & Büttner	Frankfurt
Gerstberger	München
Gleiss Lutz	München, Stuttgart
Grube Pitzer Konnertz-Häußler	Gummersbach
GvW Graf von Westphalen	Hamburg, Frankfurt
Harmsen Utescher	Hamburg
Hogan Lovells	Hamburg, Düsseldorf
Hüttebräuker	Düsseldorf
King & Spalding	Frankfurt
Kozianka & Weidner	Hamburg
Krohn	Hamburg
Meisterernst	München, Frankfurt
Meyer Rechtsanwälte	München
Noerr	Dresden, München
Reinhart	München
Weyland & Koerfer	Gummersbach
Zenk	Hamburg

Die Auswahl von Kanzleien und Personen in Rankings und tabellarischen Übersichten ist das Ergebnis umfangreicher Recherchen der JUVE-Redaktion. Sie ist in 2erlei Hinsicht subjektiv: Die Aussagen der befragten Quellen sind subjektiv u. spiegeln deren Erfahrungen u. Einschätzungen. Die JUVE-Redaktion wiederum analysiert die Rechercheergebnisse unter Einbeziehung ihrer eigenen Marktkenntnis. Der JUVE Verlag beabsichtigt keine allgemeingültige oder objektiv nachprüfbare Bewertung. Es ist möglich, dass eine andere Recherchemethode zu anderen Ergebnissen führt. Innerhalb einzelner Gruppen in Rankings und tabellarischen Übersichten sind Kanzleien und Personen alphabetisch sortiert.

DOMEIER

Bewertung: Die Einzelanwältin verfügt über breite Erfahrung mit den Fragen der Lebensmittelbranche u. ist entspr. national wie internat. exzellent vernetzt. Traditionell liegt ein Schwerpunkt in der Getränkeindustrie, urspr. v.a. nicht alkoholische Getränke, inzw. aber auch immer häufiger v.a. neue Entwicklungen alkoholhaltiger Drinks. Beschränken lässt sich die Anwältin darauf jedoch nicht, sie zählt auch Hersteller von Futter- u. Nahrungsergänzungsmitteln sowie veganer Ersatzprodukte zu ihrer Klientel. Stammmandanten u. neue internat. Mandanten suchten weiteren Rat zu Health Claims, aber auch bei Grenzfragen von Nachhaltigkeits-Claims. Aufgrund der Prozesserfahrung ist die Anwältin immer wieder in sanktionsrechtl. Verf. gefragt, wird auch von anderen Kanzleien regelm. dazugeholt.
Oft empfohlen: Dr. Danja Domeier
Team: 1 Partnerin
Schwerpunkte: Ausgeprägte Prozesserfahrung; breites inhaltl. Spektrum einschl. Kosmetik, IP; Produktschwerpunkt bei Getränken.
Mandate: Regelm. Hersteller von Babynahrung, Fruchtsäften, Mineralwasser u. Milchprodukten.

FORSTMANN & BÜTTNER

Bewertung: Der anerkannte u. langj. erfahrene Lebensmittelrechtler Büttner ist v.a. bei Nahrungsergänzungsmitteln regelm. gefragt u. engagiert sich hier auch jenseits anwaltl. Beratung u. Prozessvertretung. Mandanten, die oft seit Langem auch im Wettbewerbsrecht beraten werden, kommen aufgr. der Aufstellung der Kanzlei zudem aus den Branchen Pharma u. Kosmetik.
Oft empfohlen: Dr. Thomas Büttner
Team: 1 Partner
Schwerpunkte: Schnittstelle Lebens-/Arzneimittel, Nahrungsergänzung; auch Handel.
Mandate: Regelm. Home Shopping Europe (öffentl. bekannt).

GERSTBERGER

Bewertung: Die erfahrene Lebensmittelrechtlerin genießt im Markt höchsten Respekt. Das zeigt sich u.a. daran, dass sie regelm. von dt. wie ausl. Kanzleien hinzugeholt wird, etwa bei Transaktionen. Ihre internat. Vernetzung u. Erfahrung ist exzellent u. zieht einen internat. Mandantenstamm an, dem sie auch bei strateg. Fragen zur Seite steht. Im Grenzbereich Lebensmittel, Kosmetik u. Arzneimittel – u.a. besondere med. Zwecke – ist sie ebenso zu Hause wie bei Novel Food, bei Compliance-Themen sowie bei Produktentwicklung u. -haftung.
Oft empfohlen: Dr. Ina Gerstberger („erste Adresse für Lebensmittelrecht", „kenntnisreich, angenehm im Umgang", Wettbewerber)
Team: 1 Partnerin
Schwerpunkte: Breite inhaltl. Erfahrung mit Abgrenzungsfragen u. Nahrungsmittelergänzung.
Mandate: Österr. Unternehmen bei Entwicklung u. Vermarktung von Nahrungsergänzungs- und kosmet. Mitteln auf Weihrauch- bzw. Akaziengummibasis; Vertreiber zu Omega-3-Fischöl-Produkten; US-Onlinehändler regelm. bei Produkteinführungen in Europa; internat. Rohstoffhändler regelm., auch zu Haftung; Vertreiber in wettbewerbsrechtl. Streitigkeit zu Health Claims u. Botanicals; jap. Großhändler zum EU-Gentechnikrecht; niederl. Anbieter zum Medizinproduktevertrieb; regelm. Federation of Nutritional Mushroom Distributors, Lohnhersteller von Arznei- u. Lebensmitteln.

GLEISS LUTZ

Bewertung: Die lebensmittelrechtl. Praxis berät aus der ▷*IP-Praxis* heraus eine vielfältige Mandantschaft, zu der Hersteller ebenso gehören wie der Handel. Obwohl im Markt anerkannt, ist die Praxis weniger profiliert als klarer auf das klass. Lebensmittelrecht ausgerichtete Einheiten. Gründe dafür sind, dass die Anwälte sich auch IP-rechtl. Fragen annehmen u. oft flankierend bei Mandaten anderer Praxen gefragt sind. Dennoch ist das Team auch gefordert bei Fragen von Nahrungsergänzungsmitteln oder strateg. bei der Einführung neuer Produkte u. Produktkonzepte.
Oft empfohlen: Dr. Andreas Wehlau
Team: 2 Eq.-Partner, 1 Counsel, 5 Associates
Schwerpunkte: Langj. Erfahrung u.a. im Getränke-, Süßwaren- u. Tabaksektor. Mandate oft auch in Zusammenarbeit mit anderen Praxen der Kanzlei.
Mandate: Gr. Lebensmittelhändler u.a. zu Verpackungen; Smoothie-Hersteller u.a. zu Anreicherungen; Forschungsorganisation zu EU-Verkehrsfähigkeit von Zutaten für Nahrungsergänzungsmittel; Hersteller von Abfüllanlagen bei Entwicklung von Endverbraucherprodukten; lfd. internat. Spirituosenhersteller, europ. Süßwarenhersteller, europ. Milchproduktehersteller, jap. Lebensmittelhersteller.

GRUBE PITZER KONNERTZ-HÄUSSLER

Bewertung: Die Kanzlei um den hoch angesehenen Grube setzt ihren Erfolgskurs in der lebensmittelrechtl. Beratung unbeirrt fort. Die Neuaufstellung im Vorjahr hat keine nachhaltigen Auswirkungen. Langj. Erfahrung u. exzellente, auch internat. Vernetzung im Markt u. bei Behörden sorgen vielmehr für ein stetig wachsendes Mandantenportfolio. Das Tätigkeitsspektrum bleibt gewohnt breit u. schließt immer wieder auch polit. Engagement ein. Ähnl. vielfältig ist das Produktspektrum, das bis in chem. Vorprodukte reicht. Zum Team gehören auch 2 Wirtschaftsjuristinnen, die u.a. im Markenrecht tätig sind.
Stärken: Breite Erfahrung, etabliertes internat. Netzwerk.
Oft empfohlen: Prof. Dr. Markus Grube, Alexander Pitzer
Team: 3 Eq.-Partner, 1 Counsel
Schwerpunkte: Ausgeprägte branchenbez. nationale u. internat. Vernetzung, konzeptionelle Beratung, Beratung des Handels; umfangr. Prozesserfahrung, auch wettbewerbsrechtl.; Produktschwerpunkte u.a. bei Süßwaren.
Mandate: Chemiekonzern stoffrechtl., u.a. im Zshg. mit Aromen; Süßwarenhersteller vor BVerwG in Streit um Füllmengenkennzeichnung von Sammelpackungen; div. Weinhersteller zu Kennzeichnung u. Bewertung; Discounter europaw. strateg. u. zum Krisenmanagement; div. US-Hersteller zu veganen Ersatzrohstoffen; div. Start-ups zum niedersächs. Programm Foodhyper; div. Einzel- u. Großhandelsketten lfd., auch internat.; Vertretung im EuGH-Vorabverf. ,TLL The Longevity Lab'.

GVW GRAF VON WESTPHALEN

Bewertung: Das in HH angesiedelte Team versteht sich als breit engagierter Branchenberater im Lebensmittelsektor. Neben klass. Lebensmittelrecht ist die Kanzlei so auch regelm. in Streitigkeiten oder bei Vertriebs- u. Importproblemen gefragt. Ergänzt wird die Arbeit durch IP-rechtl. Kompetenz in Ffm. u. das Presserecht in HH. Diese themat. Breite sorgt einerseits für eine solide Positionierung in der Branche, verhindert aber andererseits eine klare Profilierung im Lebensmittelrecht.
Team: 5 Eq.-Partner, 1 Sal.-Partner, 3 Associates
Schwerpunkte: Ansatz als Branchenberater, inkl. ▷*Außenwirtschaftsrecht*, ▷*Presse- u. Äußerungsrecht*; Produktschwerpunkte bei Geflügel u. Geflügelpro-

Anwaltszahlen: Angaben der Kanzleien, wie viele Anwälte zu mind. ca. 50% in diesem Gebiet tätig sind. Sie spiegeln nicht zwingend die Gesamtgröße einer Kanzlei wider.

dukten sowie Getreideerzeugnissen, auch Futtermittel u. Saatgut.
Mandate: Geflügelhersteller in tierschutzrechtl. Grundsatzverf.; Bierimporteur wettbewerbsrechtl.; regelm. Mymuesli, Carlsberg, Alnatura (öffentl. bekannt); regelm. div. Branchenverbände.

HARMSEN UTESCHER

Bewertung: V.a. im Marken- u. Wettbewerbsrecht anerkannt, pflegt die Kanzlei auch weiterhin die Beratung im klass. Lebensmittelrecht, oft an der Grenze zu Pharma (▷*Gesundheit*). Daneben verfügen die Anwälte auch über Erfahrung im branchenbez. Patent-, Vertriebs- oder Kartellrecht. Das inhaltl. Spektrum ist breit, jedoch seltener von brandaktuellen Rechtsproblemen geprägt als bei Kanzleien, die sich konsequenter auf das Lebensmittelrecht fokussieren.
Team: 3 Eq.-Partner, 3 Associates
Schwerpunkte: Beratung mit oft engem Bezug zum ▷*Marken- u. Wettbewerbsrecht*.
Mandate: Almdudler umf., u.a. zu Kooperationen; Innocigs in Prozessen um Vertrieb von E-Zigaretten; Gunz u.a. zu Beanstandungen u. Kennzeichnung; Newlat u.a. zu Verpackung, Umwelt u. Recycling; regelm. Dovgan, Intersnack, Amecke, Columbus Drinks.

HOGAN LOVELLS

Bewertung: HL betrachtet die lebensmittelrechtl. Beratung als Teil einer breit angelegten u. oft internat. oder regulator. geprägten Tätigkeit. Die globale Praxis deckt alle wesentl. Themen ab, insbes. auch zu Vertrieb u. Lieferketten. Aber auch bei Problemen aufgr. von Pestizid- u.a. Schadstoffrückständen waren die Anwälte gefragt. Insges. ist die Präsenz des Teams im originären Lebensmittelrecht jedoch deutl. geringer als die hoch spezialisierter Boutiquen.
Team: 7 Partner, 2 Counsel, 6 Associates (inkl. IP/Öffentl. Recht)
Schwerpunkte: Grenzüberschreitende Mandate, Beratung oft flankierend zu Mandaten anderer Praxen; starke ▷*IP-Praxis*.
Mandate: Schwartauer Werke regelm., u.a. bei Produkteinführung, Deklaration (internat.) u. wettbewerbsrechtl.; Fifth Generation bei Markteintritt in div. Ländern; brasil. Lebensmittelhersteller zu EU-Musterverträgen u. Lieferketten; Einzelhandelsunternehmen, u.a. zu Verpackungen; regelm. Moët Hennessy.

HÜTTEBRÄUKER

Bewertung: Die erfahrene Einzelanwältin ist im Lebensmittelrecht u. angrenzenden Beratungsfeldern eine Institution. Wettbewerber zollen ihr regelm. großen Respekt. Eine Vielzahl von Dauermandanten, auch Unternehmen aus Kosmetik u. Pharma, belegt darüber hinaus, dass sie es versteht, deren Beratungsbedürfnisse zielgenau zu bedienen. Das Erfahrungsspektrum ist entspr. der Mandantschaft vielfältig.
Oft empfohlen: Dr. Astrid Hüttebräuker
Team: 1 Partnerin
Schwerpunkte: Inhaltl. breite Abdeckung, inkl. Kosmetik u. IP, Health u. Beauty Claims.
Mandate: MCM Klosterfrau, Dirk Rossmann lfd. (beides öffentl. bekannt).

KING & SPALDING

Bewertung: Mit langj. Erfahrung, einer etablierten Präsenz in Brüssel u. exzellenter transatlant. Vernetzung überzeugt K&S. Gerade die US-Praxis, die auch immer wieder streitige Mandate in die dt. Praxis bringt, wurde im Vorjahr noch einmal deutl. erweitert. Neben Lebensmittel- u. Pharmakonzernen sowie Konsumgüterunternehmen berät sie – anders als die meisten internat. Kanzleien – keineswegs nur in branchenunabh. Fragen wie Vertrieb, sondern auch regulator. oder im klass. Lebensmittelrecht, inkl. Abgrenzungsfragen (▷*Gesundheit*). An der Grenze zw. Lebens- u. Heilmitteln bewegt sich z.B. auch Neumandantin Luvos mit ihrem Geschäft. Zwar bleibt das Team klein, doch gelingt es weiterhin, nicht nur von der großen internat. Praxis zu profitieren, sondern einen beachtl. eigenen Kundenstamm zu pflegen.
Oft empfohlen: Ulf Grundmann
Team: 1 Partner, 1 Counsel
Schwerpunkte: Starke US-Praxis u. entspr. Erfahrung der dt. Anwälte mit der grenzüberschr. Beratung internat. Konzerne.
Mandate: Dr. Kade regulator. u. lebensmittelrechtl. zu Nahrungsergänzungsmitteln für Säuglinge u. Kleinkinder; Angelini Pharma Dtl. europaw. regulator. im Lebensmittel- u. Pharmarecht; DHU in wettbewerbsrechtl. Streit um homöopath. Arzneimittel; SGF in wettbewerbsrechtl. Streitigkeiten, u.a. um verfälschte Säfte; Dr. Wilmar Schwabe in Verf. um Abgrenzung Arznei-/Lebensmittel (u.a. Ginkgo Biloba); regelm. Biomo, Eckes-Granini, Amy's Kitchen, Coca-Cola, GSK Consumer Healthcare.

KOZIANKA & WEIDNER

Bewertung: Den Ausgangspunkt der lebensmittelrechtl. Arbeit bildet weiterhin das intensive u. langj. Engagement für Pharmaunternehmen u. deren Verbände (▷*Gesundheit*). Entspr. erfahren sind die Anwälte bei allen Fragen rund um Abgrenzungen u. Lebensmittel für besondere med. Zwecke. Dazu gehört auch die Prozessführung. Auch wenn zur Mandantschaft Händler u. Lebensmittelunternehmen gehören, liegt der Schwerpunkt national wie internat. doch klar auf der pharmazeut. Seite.
Oft empfohlen: Michael Weidner
Team: 1 Eq.-Partner, 3 Associates
Schwerpunkte: Vom Pharmarecht (▷*Gesundheit*) ausgehend oft Abgrenzungsfragen.
Mandate: Große Handelskette zu Dual Quality in Osteuropa; pharmazeut. Unternehmen regelm. zu Nahrungsergänzungsmitteln, Health Claims, Novel Food; Pharmaunternehmen regulator. u. werberechtlich.

KROHN

Bewertung: Die im Lebensmittelrecht seit Jahren fest etablierte ▷*Hamburger* Kanzlei ist als Branchenberater hoch angesehen u. exzellent vernetzt. Prozesse werden genauso selbstverständl. abgewickelt wie Fragen zu Lieferketten beantwortet oder vertriebsrechtl. Aspekte behandelt. Kaum einer anderen Einheit gelingt es dabei so gut, die Kompetenzen zu verbinden, ohne dass die lebensmittelrechtl. Kernkompetenz ihren Stellenwert verliert. Immer wieder stehen so auch lebensmittelrechtl. Grundsatzprobleme im Raum. Bei all dem setzen ganz unterschiedl. Branchenvertreter auf die Kanzlei: Zahlr. Verbände suchen ebenso regelm. Rat wie Hersteller, Handel, innovative Start-ups oder Labore.
Oft empfohlen: Dr. Carl von Jagow, Prof. Dr. Moritz Hagenmeyer („engagiert, kompetent, menschl. angenehm", „ausgebufft", Wettbewerber), Dr. Tobias Teufer („verlässl. Experte", „exzellent u. angenehm in der Zusammenarbeit", Wettbewerber)
Team: 3 Eq.-Partner, 1 Counsel
Schwerpunkte: Branchenorientierter Ansatz, der neben klass. Lebensmittelrecht auch Marken- sowie branchenbezogenes Arbeits- u. Gesellschaftsrecht einschließt.
Mandate: Lfd. Zentralverband Bäckerhandwerk (öffentl. bekannt); Start-up im Bereich der alternativen Proteine zu Novel-Food-VO; div. Unternehmen zu Ethylenoxidkrise, auch prozessual; Einzelhändler prozessual zur Abgrenzung von Pestizidrückständen u. Kontaminanten; Hersteller von bilanzierten Diäten zu Einordnung, Vorlage EuGH; Fleischerzeugnishersteller vor OVG zur sog. Chargenvermutung; regelm. internat. Tabakkonzern.

MEISTERERNST

Bewertung: Ihren Anspruch, eine der Marktführerinnen im Lebensmittelrecht zu bleiben, untermauerte die Kanzlei mit der Ernennung gleich 2er Vollpartner. Dies sollte es mittelfristig erlauben, eine größere Aufmerksamkeit auf die jüngere Generation zu lenken. Erfahrung hat das Team mit nahezu allen Branchenteilnehmern, seien es Hersteller, Handel oder Investoren. Die Kooperation mit der naturwissenschaftl. Schwestergesellschaft ist ähnl. eng wie bei Meyer u. v.a. in Krisenszenarien immer wieder gefragt. Ausgeprägt ist auch das prozessuale Engagement. Hier ist die Kanzlei regelm. in Grundsatzfragen gefordert.
Oft empfohlen: Andreas Meisterernst, Christian Ballke
Team: 4 Eq.-Partner, 8 Associates, 1 of Counsel
Schwerpunkte: Breites inhaltl. Spektrum; naturwissenschaftl. flankiert ebenso Krisenberatung; enger Bezug zur ▷*Gesundheitsbranche* u. entsprechend regelm. Abgrenzungsfragen.
Mandate: Dr. Hingerl/Sieber in Amtshaftungsprozess nach Warnung; Hersteller von Gesundheitsprodukten in div. Beanstandungsverf.; Verband gutachterl. zu Rechtsschutz im Zshg. mit MOAH; Kindernahrungshersteller in Prozess um Chlorat; Krüger lebensmittelrechtl. bei Transaktionen; regelm. Hersteller von Energydrinks; Kosmetikhersteller zu Vertriebskonzept; jap. Produzent regelm. in Sicherheits- und PR-Krisenfällen; Fruchtsafthersteller zu Dual Quality; Pharmakonzern in Prozess um Health Claims; Alnylam regelm. zu Regulierung, Compliance u. Wettbewerbsrecht.

MEYER RECHTSANWÄLTE

Bewertung: Die hoch angesehene Kanzlei verschreibt sich konsequent dem Lebensmittelrecht in all seinen Facetten. V.a. auch als Krisenberaterin genießt sie einen exzellenten Ruf u. steht zahlr. namh. Herstellern, Verbänden u. Handelsketten immer wieder zur Seite. In der Regel bearbeiten die Anwälte derartige Fälle in Kooperation mit der naturwissenschaftl. Schwestergesellschaft meyer.science, die für Hipp u. Alete auch eine wichtige Rolle bei der Änderung der EU-VO zum Proteingehalt von Säuglingsnahrung spielte. Da die Anwälte oft als ausgelagerte spezialisierte Rechtsabteilung agieren, sind sie mit allen relevanten Fragen der Branche vertraut u. auf dt. u. internat. Ebene bestens vernetzt. Einen klaren Schwerpunkt gibt es bei all dem nicht, vielmehr erlaubt es die Personalstärke, auf nahezu allen Teilfeldern des Lebensmittelsektors u. angrenzender Branchen das nötige Know-how vorzuhalten.

Anwaltszahlen: Angaben der Kanzleien, wie viele Anwälte zu mind. ca. 50% in diesem Gebiet tätig sind. Sie spiegeln nicht zwingend die Gesamtgröße einer Kanzlei wider.

Stärken: Breite inhaltl. Aufstellung, enge Kontakte zu Behörden u. Institutionen.
Oft empfohlen: Prof. Dr. Alfred Meyer, Dr. Levke Voß („sehr versiert u. smart", Wettbewerber)
Team: 1 Eq.-Partner, 7 Associates
Schwerpunkte: Breites inhaltl. Spektrum, internat. orientiert; naturwissenschaftl. flankiert regelm. Krisenberatung; regelm. auch Handelskonzerne.
Mandate: Div. Handelsketten lfd. zu Compliance u. im Krisenmanagement; regelm. internat. Fertigproduktehersteller, div. Milchunternehmen, großer Süßwaren- u. großer Babynahrungshersteller (u.a. Hipp, Alete) sowie div. große Brauereien.

NOERR

Bewertung: Die lebensmittelrechtl. Beratung des Dresdner Kernteams ist zwar integraler Bestandteil der anerkannten Arbeit bei Produktsicherheit u. -haftung u. (internat.) Vertrieb, verfügt aber auch über ein eigenes Tätigkeitsprofil. Dies zeigt sich u.a. in dem Gewinn eines lateinamerikan. Pharmaherstellers, den das Team bei der Produkteinführung in Europa berät. Dass die Kanzlei das Lebensmittelrecht entspr. keineswegs nur als Annex, etwa zur Transaktions- oder IP-Beratung, versteht, demonstrierte sie mit der Ernennung einer Sal.-Partnerin. Zu den Mandanten zählen neben klass. Produzenten u. Händlern auch Vertreter der Sparten Kosmetik, Konsumgüter u. Lebensmittelkontaktmaterial. Entspr. breit gefächert ist das Erfahrungsspektrum, zu dem zuletzt auch stärker die strafrechtl. Beratung gehörte. Ähnl. wie CMS gilt daher auch Noerr weniger als etwa GvW als ausgewiesener Branchenberater, sondern punktet mit Einzeldisziplinen.
Team: 2 Sal.-Partner, 1 Associate (Kernteam, zzgl. Produkthaftung)
Schwerpunkte: Beratung eingebettet in Praxis für Produktsicherheit u. -haftung (▷*Konfliktlösung*); auch (internat.) ▷*Vertriebsrecht*.
Mandate: Lateinamerikan. Pharmaunternehmen zu Markteinführung eines isoton. Getränks in Europa; niederl. Süßwarenhersteller zu Labelling; Beteiligungsunternehmen zu potenziellem Onlinevertrieb von Cannabis; Handelskette u.a. zu Produkteinführungen; Futtermittelhersteller wg. Fehldeklaration auf Handelspapieren; internat. tätiger Lebensmittelhändler zu LkSG; internat. Fastfoodkette u.a. zu Auslobung ‚vegan' oder ‚vegetarisch'; sächs. Biobäckereikette zu mögl. Verkauf nicht sicherer Rosinen (Strafrecht); kanad. Unternehmen zu Investment in dt. Cannabis-Start-up, u.a. Compliance, Import; schwed. Tabakkonzern u. gr. Tankstellenbetreiber zu Track-and-Trace-Anforderungen; Kanebo zu Graumarkthandel; regelm. Schoko Winterscheidt, Zooplus, Homeshopping-Sender, Schutzverband ‚Dresdner Stollen'.

REINHART

Bewertung: Die kleine Münchner Kanzlei steht seit jeher für die Beratung im Kosmetiksegment. Große Hersteller von Naturkosmetik, aber auch konventionelle Kosmetikproduzenten setzen teils seit Jahren auf die Erfahrung der Anwälte. Daneben bewegen sich diese aber auch sicher im klass. Lebens- oder Futtermittelrecht sowie auf angrenzenden Feldern wie Wettbewerbsrecht.
Oft empfohlen: Dr. Andreas Reinhart
Team: 2 Eq.-Partner, 1 Associate
Schwerpunkte: Kosmetikrecht.
Mandate: Regelm. Anton Hübner, Börlind, Kneipp, Laverana, Life Light, Weleda, St. Leonhardsquelle; Pets Deli Tonius, Chairos, Animagus futtermittelrechtlich.

WEYLAND & KOERFER

Bewertung: Die Kanzlei um den hoch angesehenen Weyland hat sich nach der Neuaufstellung Anfang 2022 konsolidiert u. bleibt v.a. in der Fleisch- u. Wurstbranche eine feste Größe. Hier ist sie bei einer Reihe von Verbänden gesetzt u. verfügt auch über umfangr. Erfahrung beim Krisenmanagement. Für eine breiter angelegte Beratung hat sie sich inzw. ein Netzwerk befreundeter Kanzleien aufgebaut u. verfügt auch internat. über erprobte Verbindungen.
Stärken: Beratung im Fleischsektor.
Oft empfohlen: Prof. Gerd Weyland
Team: 2 Eq.-Partner, 1 Associate
Schwerpunkte: Langj. breit angelegte Erfahrung in versch. Sparten des Lebensmittelsektors, auch Handel.
Mandate: LSI im sog. Bifi-Fall in Vorabentscheidungsverf. vor EuGH; zahlr. Fleischproduzenten umf., auch zu alternativen Produkten.

ZENK

Bewertung: Das ▷*HHer* Team zählt seit Langem zu den Marktführenden im Lebensmittelrecht. Regelm. gefragt ist die Kanzlei daher nicht nur bei klass. Themen wie Kennzeichnung, Abgrenzung, Health Claims u. Novel Food, sondern auch im Krisenmanagement, u.a. bei Rückrufen. Auf bestimmte Branchen lässt sich das Team kaum festlegen, sondern vereint Erfahrung in nahezu allen Sparten, auch auf internat. Parkett. Bemerkenswert ist, wie eng sich das Team innerh. der Kanzlei vernetzt, ohne sein eigenes Profil zu riskieren. So kooperieren die Spezialisten regelm. mit den Handels- u. Vertriebsrechtlern u. flankieren so auch strateg. Projekte der Mandanten. Diese Verbindung positioniert Zenk auch exzellent für die Beratung zum LkSG. Vervollständigt wird das Angebot durch eine IP-Praxis.
Oft empfohlen: Dr. Carsten Oelrichs, Dr. Stefanie Hartwig („hoch versiert, pfiffig u. pragmat.", Wettbewerber), Sonja Schulz
Team: 3 Eq.-Partner, 1 Sal.-Partnerin, 4 Associates, 1 of Counsel
Schwerpunkte: Breite Branchenerfahrung bei Einführung u. Abgrenzung; umf. strateg. Beratung, inkl. Krisenmanagement; auch etablierte ▷*marken- u. wettbewerbsrechtl.* Praxis.
Mandate: Süßwarenhersteller zu Produktentwicklung, Kennzeichnung und Werbung; Kaffeehersteller in Beanstandungsverfahren zu VerpackG u. wettbewerbsrechtl.; großer Süßwarenhersteller zu Verpackung, Irreführung u. Pflichtendelegation; Imex-Lycos zum Import griech. Lebensmittel; internat. Lebensmittelkonzern bei lebensmittelrechtl. Due Diligence; Brauerei bei stiller Rücknahme; Regal Springs weiterhin bei Aufstellung in Europa; Resinas Sinteticas zu Novel Food; Socab u.a. tabakrechtl.; Hersteller von Kollagenprodukten umf.; lfd. C.E. Roeper; umf. Bayer. Brauerbund, Axxence Aromatic, Lorenz Bahlsen, Coca-Cola Dtl., Freiberger, Rewe, Garmo, Sanomed, Voelkel, Frostkrone (inkl. Rückrufe), Like Meat, Iglo, Verband Aromenindustrie, Wander (insbes. zu Herkunftsbezeichnung).

Anwaltszahlen: Angaben der Kanzleien, wie viele Anwälte zu mind. ca. 50% in diesem Gebiet tätig sind. Sie spiegeln nicht zwingend die Gesamtgröße einer Kanzlei wider.

Telekommunikation

Glasfasermarkt läuft heiß

Hochdynamische Zeiten erlebt zurzeit der Telekommunikationssektor. Der Verkauf der Funkturmsparten sowohl der Deutschen Telekom als auch von Vodafone gehörten zu den größten Deals des zurückliegenden Jahres. Bei **Noerr** sorgte die Arbeit auf der Seite der Deutschen Telekom nicht auf allen Ebenen für überschwängliche Freude: Die mit **Bird & Bird** an der Marktspitze stehende Kanzlei, die neben **Dolde Mayen & Partner** weiterhin die regulatorische Stammberaterin des deutschen Infrastrukturbetreibers ist, musste die Corporate-Beratung des Deals Wettbewerberin **Gleiss Lutz** überlassen. **Noerr** blieb die Verhandlung der operativen Verträge.

In dem technisch und regulatorisch großen Umwälzungen ausgesetzten Marktumfeld sind operative Verträge jedoch immer wichtiger geworden. Für fast alle im Sektor tätigen Teams, die überwiegend eng mit den IT- und Datenschutzberatern ihrer Kanzleien zusammenarbeiten, haben sie sich zu einem wichtigen zweiten Standbein neben den gesellschaftsrechtlich getriebenen Transaktionsprojekten entwickelt. Bestes Beispiel ist der Aufbau eines Mobilfunknetzes durch 1&1, in dem weiterhin **Hengeler Mueller** sowie Kanzleien wie **Baker McKenzie** Schlüsselrollen besetzen. Aber auch im klassischen Glasfaserausbau steigt die Nachfrage nach vertragsrechtlicher Beratung weiter an, deren Qualität von der Kenntnis der Geschäftsmodelle lebt. Kanzleien wie **CMS Hasche Sigle**, **Pinsent Masons** und **Greenberg Traurig** beraten hierzu. Insbesondere **Rödl & Partner** sowie vor allem **Pinsent Masons** und die aufstrebende Praxis von **Dentons** bieten im geförderten Ausbau den Mandanten an der Schnittstelle zum Vergabe-, Beihilfe- und Förderrecht viel Erfahrung. **Greenberg Traurig** wiederum ist auch für ihre Spezialkenntnisse im Bereich Breitbandversorgung der Wohnungswirtschaft gefragt.

TK-Nachwuchs gesucht

Immer deutlicher stellt sich in der aktuellen Boomphase die Frage, welche Nachwuchsgeneration die komplexen Beratungsdienstleistungen im TK-Sektor zukünftig erbringen soll, denn die Nachfrage steigt nicht nur, weil der Netzausbau Fahrt aufnimmt, sondern auch weil der Anwendungsbereich des TK-Rechts wächst. Zwar setzt der Vergleich mit dem die Bundesnetzagentur den jahrzehntealten Streit zwischen den Festnetzanbietern und der Deutschen Telekom um die Vorleistungsentgelte beendete, wichtige Beraterressourcen frei, doch sind die Berater unter anderem von **Noerr** und **Raue**, die zu diesem Thema seit vielen Jahren auf der Seite ihrer Mandanten stehen, mit dem Streit gealtert. Sie werden den Beratungsbedarf kaum decken können, der dadurch entsteht, dass sich die bislang auf Messenger- und Konnektivitätsdienste beschränkte Ausweitung des Anwendungsbereichs des TK-Rechts weiter in die Digitalwelt verschiebt. Debatten wie IP-Peering oder Fair Share sowie die TK-rechtlichen Bestimmungen des Digital Market Act deuten die weitere Entwicklung an. Vor allem die US-Techunternehmen werden immer tiefer in ein europäisches TK-Regime gezogen, in dem sie schlussendlich den großen Netzinfrastrukturanbietern gegenüberstehen.

Unabhängigkeit ist schwer zu kriegen

Dass diese Entwicklung alles andere als unproblematisch ist, liegt auf der Hand, denn die meisten Kanzleien im TK-Sektor sind fest an ihre Mandanten gebunden. Das Thema Unabhängigkeit der Berater dürfte an Bedeutung gewinnen: Bei ihrer Suche nach Beratern sind die großen Techunternehmen bislang unter anderem bei **Bird & Bird**, **Baker McKenzie**, **Jones Day** oder **Noerr** fündig geworden. Bei den direkten Konfrontationsthemen mit der alten TK-Welt, die sich bereits beobachten lassen, sind sie bislang bei **Hengeler Mueller** und vor allem auch bei **Freshfields Bruckhaus Deringer** untergekommen. Beide haben ihre regulatorische Beratung der klassischen Netzbetreiber bereits vor einiger Zeit zurückgefahren – und dürften nun Morgenluft schnuppern.

Die Bewertungen behandeln Kanzleien, die die Telekommunikationsbranche in unterschiedlichen Rechtsgebieten beraten. Dazu gehört die Vertretung in Regulierungsverfahren, aber auch die Begleitung bei Transaktionen und bei der Vertragsgestaltung.

BAKER MCKENZIE

Telekommunikation ★★★★

Bewertung: Die Praxis gehört im TK-Sektor zu den Verfolgern der Marktspitze. Vertragsrechtl. geprägte Mandate, wie das von Rakuten zum Aufbau eines 5G-Netzes für den dann 4. dt. Mobilfunknetzbetreiber, belegen die hohe Kompetenz der Praxis. Ebenso tragen Mandate wie die von Telefónica u. das eines Satellitenbetreibers zur Sichtbarkeit bei. Aus ihnen schöpft die Praxisleiterin Heinickel auch ihre Erfahrung im Umgang mit den dt. Marktüberwachungsbehörden wie der BNetzA. Die Reichweite des Teams geht fachl., aber auch geograf. deutl. über Dtl. hinaus. Mandanten setzen auf BM, wenn sie TK-Dienste an den Schnittstellen zum IT- u. IP-Recht entwickelt u. global genehmigt sehen wollen. Ähnl. wie Freshfields u. Bird & Bird steuert die dt. Praxis internat. Konnektivitätsprojekte, aber auch Projekte zum Aufbau von Compliance-Systemen u. zum Umgang mit geschäftsmodellkritischen Rechtsentwicklungen gehören zum Angebot des Teams.

Oft empfohlen: Caroline Heinickel, Prof. Dr. Joachim Scherer

Team: 3 Partner, 1 Counsel, 3 Associates

Schwerpunkte: Umf. TK-Regulierung, auch Zugangsregulierung u. klass. TK-Dienste sowie Satellitenfrequenzen; zu tk-nahen Diensten und Produkten, v.a. M2M. Viel Erfahrung in grenzüberschr. Konnektivitätsprojekten; auch Infrastrukturtransaktionen (▷*Energiesektor*).

Mandate: Rakuten ggü. 1&1 zu Verträgen zum Aufbau eines Cloud-basierten 5G-Netzes; Telefónica lfd., u.a. in Regulierungsverf. u. zu M2M-Diensten; div. Anbieter von Kommunikationsdiensten, Messenger- u. Plattformdiensten zur Umsetzung des EECC u. zu Compliance-Anforderungen; Anbieter von Satellitenfunkdienstleistungen vor BNetzA u. in internat. Frequenzkoordinierungsverf.; Bandwith zu Kauf von Voxbone, u.a. zum Aufbau von Compliance-System.

BIRD & BIRD

Telekommunikation ★★★★★

Bewertung: Im TK-Sektor gehört Bird & Bird zu den marktführenden Praxen. Zum Aufbau eines auf TK-Frequenzen basierenden Kommunikationsnetzes für kritische Infrastrukturen für 450connect berät das Team aktuell v.a. zu Verträgen mit späteren Nutzern des Spezialnetzes wie E.on. Neben den Kern-TK-Themen der Frequenz- u. Nummernregulierung, die Mandanten wie Telefónica regelm. abfragen, ist die Praxis vermehrt mit ww. digit. Konnektivitätsprojekten an der Schnittstelle zum ▷*IT- u. Datenschutzrecht* sowie zum ▷*Patentrecht* befasst. Den Überblick nicht zuletzt zu den TK-rechtl. Fragen behält Praxisleiter Heun, den Mandanten weiterhin „an der Spitze in der Beratung des Technologierechts" sehen. Die Partnerernennung von Assion, den Mandanten „auf dem Weg" sehen, den Praxisleiter irgendwann zu beerben, belegt die gute Positionierung der Praxis im Markt. Anders als Baker

Anwaltszahlen: Angaben der Kanzleien, wie viele Anwälte zu mind. ca. 50% in diesem Gebiet tätig sind. Sie spiegeln nicht zwingend die Gesamtgröße einer Kanzlei wider.

McKenzie verortet B&B ihre Rolle deutlicher auch bei der aktiven Begleitung von aktuellen Regulierungsprojekten auf europ. Ebene. Internat. tätige Messengerdienste berät sie zu Entwicklungen bei Interoperabilität, zum Digital Market Act u. zur Fair-Share-Debatte vor allem mit Blick auf bestehende Geschäftsmodelle. Eine wachsende Gruppe von M&A-Infrastrukturspezialisten berät zudem regelm. bei Transaktionen im Sektor.

Oft empfohlen: Sven-Erik Heun („weiß immer sofort, worum es geht u. hat eine passende rechtl. Einschätzung parat", Mandant), Dr. Peter Leube („super für Deals im IT- u. TK-Bereich", Mandant), Dr. Simon Assion

Team: 4 Partner, 2 Counsel, 4 Associates

Schwerpunkte: TK-Infrastruktur, u.a. Frequenzregulierung, inkl. Vertretung ggü. den Behörden, etwa zu Frequenzversteigerungen; TK-Produkte/-Dienste vertragsrechtl. sowie TK-Compliance u. rege Prozesstätigkeit u. Public Affairs; Projektfinanzierungen u. Transaktionen.

Mandate: 450connect u.a. zu Verhandlung der Musterverträge, Großkundenvertrag für Funkdienste u. SIM-Karten mit E.on, TK-Compliance-System u. Frequenzfragen des TK-Dienstleisters für krit. Infrastrukturen; Telefónica u.a. gg. Transatel in BNetzA-Verfahren zu MVNO-Zugang; Cloud-Anbieter u. Rechenzentrenbetreiber zu regulator. Entwicklungen in 17 Jurisdiktionen; Equistone Partners zu Kauf von Eperi; Datingplattform u.a. zu tk-rechtl. Aspekten der Chatfunktion; Techunternehmen u.a. zu TK-Überwachung, Fair-Share-Debatte u. strateg. zu OTT-Fragen; Social-Media-Anbieter u.a. zu Ausweitung des TK-Rechts auf OTT-Anbieter; lfd.: Verizon Connect, Lumen, Avaya.

Telekommunikation

★★★★★	
Bird & Bird	Frankfurt
Noerr	Berlin
★★★★	
Baker McKenzie	Frankfurt
Dolde Mayen & Partner	Bonn
Freshfields Bruckhaus Deringer	Frankfurt
Hengeler Mueller	Berlin
Jones Day	Frankfurt
Neuland	Frankfurt
★★★	
CMS Hasche Sigle	Köln, München
Greenberg Traurig	Berlin
GvW Graf von Westphalen	Düsseldorf
Juconomy	Düsseldorf
Loschelder	Köln
Pinsent Masons	Düsseldorf, München
★★	
Dentons	Frankfurt, Berlin, München
Rödl & Partner	Köln, Nürnberg
White & Case	Berlin, Hamburg
★	
Hogan Lovells	Düsseldorf, München, Berlin
Raue	Berlin

Die Auswahl von Kanzleien und Personen in Rankings und tabellarischen Übersichten ist das Ergebnis umfangreicher Recherchen der JUVE-Redaktion. Sie ist in 2erlei Hinsicht subjektiv: Die Aussagen der befragten Quellen sind subjektiv u. spiegeln deren Erfahrungen u. Einschätzungen. Die JUVE-Redaktion wiederum analysiert die Rechercheergebnisse unter Einbeziehung ihrer eigenen Marktkenntnis. Der JUVE Verlag beabsichtigt keine allgemeingültige oder objektiv nachprüfbare Bewertung. Es ist möglich, dass eine andere Recherchemethode zu anderen Ergebnissen führt. Innerhalb einzelner Gruppen in Rankings und tabellarischen Übersichten sind Kanzleien und Personen alphabetisch sortiert.

CMS HASCHE SIGLE

Telekommunikation ★★★

Bewertung: Die Praxis ist für ihre tiefe Kenntnis der techn.-rechtl. u. geschäftsmodellspezif. Zusammenhänge im TK-Sektor bekannt. Ihre Erfahrung, die v.a. in regulator. geprägten Vertragsprojekten gefragt ist, resultiert auch aus der engen Verzahnung mit den auf ▷*IT-Recht u. Datenschutz* sowie ▷*Medienrecht* spezialisierten Teams. Jüngster Beleg für die Marktstellung nicht zuletzt des Münchner Partners Neitzel ist die Beratung von Vodafone bei zahlr. operativen Verträgen mit dem frz. TK-Unternehmen Altice zum Glasfaserausbau. Im Glasfaserbereich setzt neuerdings auch Sewikom auf das Team, das Energieversorgungsunternehmen u. Banken zu Finanzierungen in dem Bereich berät. Etwas weniger im Fokus steht die klass. tk-regulator. Beratung u. Vertretung ggü. Verwaltungsbehörden. Stattdessen bedient CMS im TK-Sektor die Schnittstelle zum ▷*Kartellrecht*. Im Streit um Kabelkanalentgelte mit der Dt. Telekom unterstützt ein Münchner of Counsel das Team, das Vodafone berät. Aber auch der ▷*Brüsseler* Standort bietet vertiefte kartellrechtl. Kenntnis des TK-Marktes. Wie Bird & Bird oder Baker McKenzie berät die Praxis regelm. auch internat. Unternehmen, die in den sich wandelnden europ. TK-Markt drängen.

Oft empfohlen: Dr. Jens Neitzel

Team: Kernteam: 2 Partner, 2 Counsel, 2 Associates

Schwerpunkte: Umf. Regulierungserfahrung sowie zu TK-Verträgen u. TK-Kartellrecht; breite Aufstellung in Mobilfunk, Festnetz u. Kabel, viel Erfahrung in Transaktionen u. beim Infrastrukturausbau; TK-Praxis als Teil einer breit aufgestellten IT-, Daten- u. Medienrechtpraxis.

Mandate: Sewikom zu Übernahme durch Northern Fiber; Vodafone zu Ausarbeitung u. Verhandlung von Verträgen mit Altice u. in Berufungsverf. gg. Dt. Telekom wg. Entgelten für Kabelkanalanlagen; Hengton zu Übernahme der Glasfasertochter J-fiber von Leoni; 137 Kabelnetzbetreiber gg. öffentl.-rechtl. Sender wg. Schadensersatz im Fall nicht gezahlter Einspeiseentgelte; EWE Tel regulator. u. vertragl.; Energieversorger zu Kundenverträgen wg. Glasfaserausbau u. zu TK-Verträgen u.a. zu L2-Bitstrom.

DENTONS

Telekommunikation ★★

NOMINIERT
JUVE Awards 2023
Kanzlei des Jahres für Regulierung

Bewertung: Im TK-Sektor bietet die Kanzlei ihren Mandanten ein wachsendes Beratungsangebot. Zuletzt erwies sich der Zugang eines regulator. versierten Associates von Freshfields als Entwicklungsbeschleuniger. Mittlerweile vertraut GlasfaserPlus auf das um den Festnetzspezialisten erweiterte Team, das zum Glasfaserausbau bislang v.a. für kleinere Gesellschaften wie Goetel u. Stadtwerke Hamm tätig ist. Diesen Mandanten macht Dentons insbes. an der Schnittstelle zum Vergabe-, Beihilfe- u. Fördermittelrecht ein mit dem von Pinsent Masons vergleichbares Angebot, das sie durch viel Transaktionserfahrung, insbes. aber auch um entspr. Insolvenzspezialisten anreichert. Eingebettet in ein funktionierendes europ. Netzwerk von IT-, Medien- u. TK-Praktikern, ist die Praxis aber auch bei Digitalunternehmen wie einem chin. Roboterhersteller gefragt, deren Geschäftsmodelle in den Anwendungsbereich des TK-Rechts fallen können. Ihre Kenntnis von Geschäftsmodellen im Kontext von Technik u. Recht zeigt sich auch bei Vertragsgestaltungen im Endkundengeschäft.

Team: 5 Eq.-Partner, 2 Counsel, 3 Associates

Schwerpunkte: Regulierungsberatung sowohl aus verwaltungs- als auch vertragsrechtl. Perspektive; Kombination aus Sektorerfahrung u. breiter Aufstellung als Full-Service-Einheit, insbes. in Kombination mit Vergabe-, Beihilfe- u. Fördermittelrecht spezialisiert auf Netzausbau; Transaktionen u. Insolvenzen.

Mandate: GlasfaserPlus regulator. zum Glasfaserausbau; Goetel u.a. in Verfahren wg. Zugang zu öffentl. geförderten Netzen; EFN Eifel-Net Internet-Provider tk- u. beihilferechtl. u.a. in Kostenfestsetzungsverf.; global tätiges Social-Media-Unternehmen zu tk-rechtl. Datenschutzthemen; lfd.: Stadtwerke Hamm, Tata Communications.

DOLDE MAYEN & PARTNER

Telekommunikation ★★★★

Bewertung: Im TK-Sektor führt v.a. für die Stammmandantin Dt. Telekom weiterhin kaum ein Weg an der Regulierungspraxis von DMP vorbei. Ausgehend von einem tiefen Verständnis des ▷*Öffentl. Wirtschaftsrechts* berät u. vertritt das Team um Altmeister Mayen den Platzhirschen weiterhin zu prom. u. kom-

Anwaltszahlen: Angaben der Kanzleien, wie viele Anwälte zu mind. ca. 50% in diesem Gebiet tätig sind. Sie spiegeln nicht zwingend die Gesamtgröße einer Kanzlei wider.

merziell sehr erhebl. Fragen, die häufig in grundsätzl. Verwaltungs- u. Gerichtsverfahren vor dt. u. europ. Gerichten münden. Beispielhaft ist etwa das EuGH-Verfahren zur Vorratsdatenspeicherung. Wenngleich die 3 Bonner Partner einen Großteil ihres Geschäfts mit dem Bonner Dax-Konzern machen, bietet die Ausweitung des Anwendungsbereichs des TK-Rechts die Möglichkeit, Mandanten aus bislang tk-fernen Branchen zu beraten. Bei der Arbeit für einen dt. Datensammler zeigt sich bereits, dass eine solche Diversifizierung auch dem Kanzleinachwuchs neue Geschäftsfelder erschließt.

Oft empfohlen: Prof. Dr. Thomas Mayen („sehr renommiert bei Behörden u. Gerichten", Mandant), Dr. Barbara Stamm („Fachkompetenz u. Praxisnähe auf höchstem Niveau", Mandant), Dr. Christian Stelter („große Praxisnähe, ausgezeichnete Beratung", Mandant)

Team: 3 Eq.-Partner, 2 Associates

Schwerpunkte: TK-Infrastruktur, Frequenzregulierung u. Vorleistungsprodukte; Prozesserfahrung vor dt. u. europ. Gerichten; regulator. Kompetenz auch in angrenzenden Branchen (▷*Energierecht*, Verkehrssektor) daneben auch ▷*Öffentl. Recht*.

Mandate: Dt. Telekom lfd., u.a. zu 5G-Frequenzvergabe, Entgelte für VPN 2.0, Umsetzung des Entgeltsystems für sog. Kollokationen u. Modifikation der Regulierungsverfügung zur Migration sowie Digi-Netz; Auskunftskartei im Datenschutzaufsichtsrecht u. in Klageverfahren.

FRESHFIELDS BRUCKHAUS DERINGER

Telekommunikation ★★★★

Bewertung: FBD nimmt im TK-Sektor wieder die Marktspitze ins Visier. Zuletzt war sie im Kernregulierungsgeschäft v.a. noch für die Festnetzsparte von 1&1 tätig. Parallel erweitert das an technikrechtl. Schnittstellen wie ▷*IT- u. Datenschutz* starke Team bereits seit Längerem erfolgreich seinen Mandantenkreis: Kfz-Hersteller vertrauen z.B. bei Fragen der Konnektivität u. operativen Verträgen auf die Praxis. Der gelingt es besser noch als Bird & Bird oder Hengeler, internat. Techunternehmen zu geschäftsmodellkrit. Entwicklungen im regulator. dyn. TK-Marktumfeld zu beraten. Das Mandat eines amerik. Social-Media-Konzerns, der mit seinem Messengerdienst mittlerw. vom TK-Recht erfasst ist, beschäftigt die von Werkmeister geführte Praxis schon länger. Dass sie den Mandanten nun auch zu tk-rechtl. Themen berät, die der Digital Market Act aufwirft, ist eine neue Entwicklung. Insbes. bei Fragen der Interoperabilität von Messengerdiensten arbeitet das dt. Team eng mit dem ▷*Brüsseler* Büro u. den dortigen ▷*Kartellrechtlern* zusammen, die wie die Finanzierer jederzeit ihre Erfahrung im TK-Markt bei transaktionellen Projekten einbringen.

Oft empfohlen: Prof. Dr. Norbert Nolte, Dr. Christoph Werkmeister

Team: Kernteam: 5 Partner, 7 Associates

Schwerpunkte: Praxisübergreifender Ansatz an der Schnittstelle zum IT-, Datenschutz- u. ▷*Medienrecht*; davon ausgehend ww. Beratung von tk-nahen Diensten u. Produkten zu Geschäftsmodellen; weiterhin klass. TK-Recht, u.a. Infrastruktur u. Vorleistungsprodukte.

Mandate: Amerik. Social-Media-Konzern zu tk-regulator. Fragen im Zshg. mit Messengerdiensten, neuerdings auch zur Interoperabilität nach DMA; marktführendes amerik. Technikunternehmen zur Einstufung best. Produkte als TK-Dienste u.a. auch ggü. der BNetzA; 1&1 Telecom lfd., u.a. zu Festnetzvorleistungen u. in Entgeltgenehmigungsverf. bei der BNetzA sowie u.a. wg. Joint Venture von Dt. Telekom u. EWE; Betreiber von Satellitennetzen zur Übertragung von Frequenzrechten; Kfz-Hersteller ww. u.a. zu Integration von App-Stores, Microsoft-Office-Anwendungen, Alexa und Spotify in das Fahrzeug; Linode zum Umgang mit dt. Strafverfolgungsbehörden.

GREENBERG TRAURIG

Telekommunikation ★★★

Bewertung: GT prägt den TK-Markt seit geraumer Zeit durch ihre umf. Beratung der ▷*Immobilienwirtschaft* zu allen Fragen der Multimedia- u. Breitbandversorgung ihrer Wohnbestände. Gewobag, Vivawest, Vonovia u. viele weitere mehr berät Praxisleiter Enaux mit seinem wachsenden Team, in dem der Anwaltsnachwuchs zunehmend Verantwortung übernimmt. Die regulator., vertragsrechtl. u. auch strateg. Beratung, die immer die Geschäftsmodelle der Mandanten im Blick hat, überzeugt seit einiger Zeit auch Mandanten außerhalb der Immobilienwirtschaft. Die Entwicklung belegt, dass die kernregulator. Fähigkeiten des Teams, das tief verwoben mit Schnittstellen zum IT-, Medien- u. Zahlungsdienstleisterrecht arbeitet, gefragt sind. Mandate einiger TK-Unternehmen wie willy.tel., v.a. aber die Mandatierung des frz. TK-Unternehmens Altice, das in Dtl. u.a. über ein Joint Venture mit Vodafone Glasfasernetzwerke bauen will, steht für die weiter gute Entwicklung. GT beriet Altice v.a. auch zu den operativen Verträgen, die den Einstieg in den Glasfaserausbau in Dtl. erlauben.

Oft empfohlen: Dr. Christoph Enaux

Team: TMT insges.: 6 Partner, 10 Associates

Schwerpunkte: Festnetzregulierung, v.a. Breitbandversorgung Wohnungswirtschaft, zunehmend auch tk-nahe Dienste u. Produkte, auch OTT.

Mandate: Altice zu Joint-Venture-Gründung mit Vodafone zwecks Glasfasernetzaufbau; Bauverein der Elbgemeinden tk- u. vergaberechtl. zu Ausschreibung von Breitbandversorgung; willy.tel u.a. regulator.; lfd.: Vonovia, Dt. Wohnen, Gewobag, Vivawest, Berlinovo, GdW, Gesobau, Howoge, Joyn, Mediabroadcast, Vattenfall Eurofiber, div. Wohnungsbaugesellschaften zu Multimediaversorgungskonzept.

GVW GRAF VON WESTPHALEN

Telekommunikation ★★★

Bewertung: Kern- u. Angelpunkt der TK-Praxis ist das 2-köpfige Team um Nacimiento. Die TK-Spezialistin nicht zuletzt für Verwaltungsverf. u. die Verhandlung von operativen Verträgen steht zurzeit vermehrt auf der Seite von sog. MVNOs: Für Transatel setzte sie sich zuletzt bei der BNetzA u.a. dafür ein, dass die gr. Mobilfunknetzbetreiber mit dem frz. Unternehmen Verhandlungen über die Netzmitbenutzung aufnehmen. Ein weiteres Unternehmen mit ähnl. Zielen begleitet sie aktuell bei Verhandlungen zu den konkreten Vertragsinhalten der Mitbenutzung. Bemerkenswert ist, dass es dem kleinen Team gelingt, Mandate zu gewinnen, die auch internat. Großkanzleipraxen gut zu Gesicht stehen würden: Seit vielen Jahren ist das Team z.B. für namh. Kfz-Hersteller rd. um Fragen der Konnektivität u. dem ww. Rollout von Diensten tätig. Auch bei Frequenzregulierungsthemen insbes. im Bereich der Satellitenkommunikation bedient es neben Jones Day u. Noerr einen wachsenden Markt. An der Mandantin 1&1 zeigt sich zudem, dass es immer besser gelingt, das gesamte, auch gesellschafts-, arbeits- u. vertragsrechtl. Potenzial der Kanzlei im TK-Sektor einzusetzen.

Aufsteiger im Telekommunikationsrecht

Dr. Simon Assion Bird & Bird, Frankfurt
Dr. Christoph Werkmeister Freshfields Bruckhaus Deringer, Düsseldorf

Die Auswahl von Kanzleien und Personen in Rankings und tabellarischen Übersichten ist das Ergebnis umfangreicher Recherchen der JUVE-Redaktion. Sie ist in 2erlei Hinsicht subjektiv: Die Aussagen der befragten Quellen sind subjektiv u. spiegeln deren Erfahrungen u. Einschätzungen. Die JUVE-Redaktion wiederum analysiert die Rechercheergebnisse unter Einbeziehung ihrer eigenen Marktkenntnis. Der JUVE Verlag beabsichtigt keine allgemeingültige oder objektiv nachprüfbare Bewertung. Es ist möglich, dass eine andere Recherchemethode zu anderen Ergebnissen führt. Innerhalb einzelner Gruppen in Rankings und tabellarischen Übersichten sind Kanzleien und Personen alphabetisch sortiert.

Oft empfohlen: Dr. Grace Nacimiento („sachl. u. vehement auftretend", „in vielen Verfahren tätig", Wettbewerber)

Team: Kernteam: 1 Eq.-Partner, 1 Associate

Schwerpunkte: TK-Regulierung, Frequenzen, TK-Überwachung. Auch tk-nahe Dienste, v.a. M2M-Kommunikation; Behördenerfahrung; Beratung auch an der Schnittstelle zum ▷*IT- u. Datenschutz*- u. Kartellrecht.

Mandate: Transatel gg. Telefónica vor BNetzA wg. Netzzugang; 1&1 Telecom lfd., u.a. zu TKG-Novelle u. zunehmend auch vertragsrechtl. u. wettbewerbsrechtl.; Kfz-Hersteller lfd. europaw., u.a. zu div. Connected-Car-Themen im Pkw- u. Lkw-Bereich, auch zu tk-rechtl. Einordnung u. behördl. Prüfung von App-Angeboten; E-Mail-Diensteanbieter u.a. zur TK-Überwachung; internat. Konzern zu Satellitenkommunikationsprojekt.

HENGELER MUELLER

Telekommunikation ★★★★

JUVE AWARDS 2023
Kanzlei des Jahres für Technologie und Medien

Bewertung: Im TK-Sektor bleibt HM der Spitzengruppe mit neuen u. dem Ausbau bestehender Mandate auf den Fersen. Neu ist v.a. die Prozessvertretung von Meta Platforms ggü. der Dt. Telekom im Streit um die Kostenpflichtigkeit von IP-Peering-Diensten. Das Mandat belegt den Anspruch der Praxis, auch zu Kernfragen der grenzüberschr. digit. Konnektivität an den Schnittstellen zum IT-, Daten- u. Medienrecht auf Top-Niveau zu agieren. Ein Mandant bewertet das TMT-Litigation-Angebot der Kanzlei als „konkurrenzlose Kombination im dt. Markt". Für ihr tk-techn. u. -rechtl. Know-how steht insbes. die Arbeit für 1&1. Dessen Transformation von einem MVNO zu einem echten 5G-Mobilfunknetzbetreiber begleitet Hesse gemeinsam mit ▷*Gesellschafts-*, ▷*Finanzierungs-* u. Kartellrechtspartnern der Kanzlei. Neben der Verhandlung von kommerziellen Verträgen mit Netzausstattern u. Wettbewerbern prägen aktuell v.a. auch Abstimmungen mit der BNetzA etwa zur Erfüllung von Ausbauauflagen das weiterwachsende Kernmandat der Praxis. Die kernregulator. BNetzA-Themen etwa im Bereich der Frequenzregulierung beschäftigen den Berliner Teil der Praxis um Spoerr. Am Standort hat ein Nachwuchsanwalt die Kanzlei verlassen, dessen Weggang allerdings wg. der Größe der Gruppe abgefangen werden kann.

Anwaltszahlen: Angaben der Kanzleien, wie viele Anwälte zu mind. ca. 50% in diesem Gebiet tätig sind. Sie spiegeln nicht zwingend die Gesamtgröße einer Kanzlei wider.

Oft empfohlen: Prof. Dr. Wolfgang Spoerr („herausragend u. zuletzt sehr gute Entwicklung“, Wettbewerber), Dr. Katharina Hesse, Dr. Tobias Schubert („herausragende rechtsgebietsübergreifende und strategische Expertise in komplexen Streitigkeiten“, „außerordentl. Service-Level“, Mandanten)
Team: 5 Eq.-Partner, 2 Counsel, 5 Associates
Schwerpunkte: Kommerzielle Verträge, ▷*Kartellrecht* im TK-Sektor sowie Transaktionen; klass. TK-Recht insbes. Mobilfunk/Frequenzregulierung sowie insbes. regulator. u. zivilrechtl. Prozessführung (▷*Konfliktlösung*) im Bereich Telekommunikation, ▷*Medien* u. Technologie (TMT); strateg. Einbettung im ▷*Öffentl. Wirtschaftsrecht*, EU-Recht u. Verfassungsrecht.
Mandate: Freenet u.a. zu Klage gg. 5G-Frequenzversteigerung wg. Diensteanbieterverpflichtung u. begleitend zu Novellierung der Mobilfunkfrequenzvergaben durch BNetzA; KKR u.a. zu Einstieg bei Funkturmsparte von Vodafone; Meta Platforms gg. Dt. Telekom wg. vertragl. Ansprüche aus IP-Peering als Teil der Fair-Share-Debatte; 1&1 Mobilfunk umf. zur Gründung eines neuen Mobilfunknetzbetreibers, u.a. zur Festlegung der Fristen zur Beendigung der Doppelstellung als MNVO u. Netzbetreiber, zur Erfüllung der Ausbauauflagen der BNetzA, anstehende Frequenzvergabe, Umsetzung der Verträge mit Rakuten u. Roaming-Vereinbarung mit Telefónica.

HOGAN LOVELLS

Telekommunikation ★

Bewertung: Im TK-Sektor steht HL für viel Erfahrung bei Transaktionen u. Finanzierungen in den Bereichen Glasfaser u. Datencenter. Mandanten wie Dt. Telekom Capital Partners, DIf Capital Partners, Atlas Edge, DWS oder Goetel setzen regelm. auf die Praxis, deren maßgebl. Transaktionspartner die Kanzlei allerdings verlassen hat. Mandatiert wird das Team auch regelm. für strateg. Projekte: Bestes Bsp. ist das Mandat eines dt. Labordienstleisters, der eine Teleberatungsplattform plant. Dank der engen Verzahnung mit der starken Patentrechtspraxis hebt sich die TK-Praxis zudem durch ihre Erfahrung v.a. bei Streitigkeiten um TK-Technologien ab. Auch die Schnittstelle zum ▷*IT- u. Datenschutzrecht* ist ausgeprägt. Insges. fehlt es dem Team aber an einem Spezialisten für kernregulator. Fragen, wie etwa Dentons einen gewinnen u. die Praxis auf ein neues Niveau heben konnte.
Team: 12 Partner, 6 Counsel, 20 Associates
Partnerwechsel: Dr. Alexander Rieger (zu Latham Watkins)
Schwerpunkte: Enge Verbindung zum ▷*Patentrecht*, insbes. Streitigkeiten; strateg. Projekten, u.a. TK-M&A u. kommerzielle Verträge im regulierten Umfeld; viel Erfahrung im Automobilsektor, v.a. Connected Car.
Mandate: Internat. tätiger Labordienstleister zu Aufbau einer Teleberatungsplattform; Atlas Edge zur Übernahme von Datacenter One; DIF Capital Partners zu Kauf von Ruhrfib; Digital Transformation Capital Partners bei Investition in dt. Colocation-Rechenzentrumsbetreiber; DWS zu Beteiligungserwerb an Dt. Giganetz; Elektronikhersteller zu tk-rechtl. Verträgen; Metaverse-Plattformen zu Compliance-Themen in der EU; Goetel zu Finanzierung für Glasfaserausbau.

JONES DAY

Telekommunikation ★★★★

Bewertung: Im TK-Sektor bietet JD viel regulator. Erfahrung u. ein dt. Büro, das insbes. US-Mandanten wie Google, Five9 u. Kyndryl in Europa begleitet. Ihren Mandanten, zu denen sich zuletzt auch der Sendemastenbetreiber Vantage Towers gesellte, kann sie eine zw. Ffm., Brüssel u. Paris eng vernetzt agierende Praxis bieten. Mandanten schätzen insbes. Neumann als „verlässl. Partner und guten Kenner des dt. TK-Marktes“. Die Beförderung eines Associates zum of Counsel ist bemerkenswert für die Praxis, die auch für ihre langj. Erfahrung mit dem Thema Satellitenkommunikation bekannt ist. Beste Kontakte bestehen weiterhin zu klass. TK-Unternehmen wie Verizon. Vor allem aber den zahlr. US-Technologieriesen hilft das Team ähnl. wie Bird & Bird, ihre Geschäftsmodelle an regulator. Vorgaben in Dtl. u. der EU anzupassen oder deren Rollout unter Gesichtspunkten der tk-rechtl. Compliance zu begleiten.
Oft empfohlen: Dr. Holger Neumann („gutes Einfühlungsvermögen für Rechtsentwicklungen“, Mandant)
Team: 1 Eq.-Partner, 2 Associates, 2 of Counsel
Schwerpunkte: TK-Regulierung, Frequenzen u. Entgelte; Satelliten-, Rund- u. Mobilfunk; Erfahrung mit behördl. Verwaltungsverf. u. vor Gerichten; Mandanten insbes. aus US-Netzwerk der Kanzlei; kartellrechtl. Schnittstelle in ▷*Brüssel*, gr. TK-Team in Paris; Schiedsverfahren im TK-Sektor u. anderen Regulierten Industrien (▷*Verkehrssektor*).
Mandate: Vantage Towers u.a. ggü. BNetzA zu Frequenzvergabe, insbes. Versorgungsauflagen, sowie zum Breitbandausbau, TK- u. Baurecht wg. Beschleunigung; Kyndryl zu OTT-Diensten u. tk-rechtl. Anforderungen; Five9, ww. führender Anbieter für Callcenter-Software, regulator. in Dtl. u. EU; Google zum europ. Kommunikationskodex (EECC) u. zum neuen dt. TKG, u.a. zu Fragen der TK-Sicherheit; Inmarsat wg. Beschwerde von Viasat (OVG Münster); Verizon, u.a. zu Kauf von Incubed IT u. ggü. BNetzA wg. Entgeltregulierung; ww. führendes IT-Unternehmen EU-weit umf. regulator. zu neuen TK-Diensten.

JUCONOMY

Telekommunikation ★★★

Bewertung: Bei mittelgr. Netzbetreibern wie NetCologne, Plusnet u. M-Net ist die Boutique weiterhin gefragt. Ihre guten Kontakte zu den einschlägigen Branchenverbänden wie VATM u. Anga sind Ausgangspunkt für weitere langj. Beziehungen zu Mandanten, die zu Kundenschutz-, AGB- u. Regulierungsthemen Rat suchen. Neben Regulierungsverf. bei der BNetzA gehören kommerzielle Verträge, aber auch Mandate an der Schnittstelle zum Medien-, Urheber-, Datenschutz- u. IT-Recht zum Repertoire der Partner. Seit vielen Jahren ist die Kanzlei im Bereich IP-TV u. Kabelverbreitung sowie zum Thema Einspeiseentgelte tätig, wo insbes. Schulze zur Wiesche viel Prozesserfahrung in prom. Verfahren gesammelt hat.
Oft empfohlen: Dr. Martin Geppert, Dr. Jens Schulze zur Wiesche
Team: 3 Partner
Schwerpunkte: TK-Regulierungsberatung u. Prozessvertretung in Verwaltungs- (Entgelte- u. Zugangsregulierung) u. Zivilverf.; Vertragsgestaltung u. Datenschutz; zunehmend Glasfaserausbau in Kombination mit Beihilfe- u. Vergaberecht; regulator. Transaktionsbegleitung.
Mandate: NetCologne lfd., u.a. wg. Einspeiseentgelten, Klage gg. Zusammenschluss Vodafone/Unitymedia (EuG) sowie wg. TAL-Entgelten; Anga Breitbandverband zu Klage gg. Corint Media auf Abschluss eines Gesamtvertrages (OLG München); EWE Tel lfd., u.a. wg. TK-Kundenschutzrecht; Lycatel umf. zum Dtl.-Geschäft; div. TK-Anbieter, Stadtwerke insbes. zum Glasfaserausbau u. neuem TKG (AGB-Recht, TK-Kundenschutz), Wegfall Sammelinkasso; Mobilfunkanbieter zum Vertriebsrecht; div. ausländische Anbieter zum Markteintritt in Dtl.; lfd. M-net, dtms.

LOSCHELDER

Telekommunikation ★★★

Bewertung: Im TK-Sektor steht die Praxis für viel Erfahrung in kernregulator. Verwaltungsverfahren. Über den Verband der Wettbewerber der Dt. Telekom (VATM) greifen zahlr. Mitgliedsunternehmen auf die Dienste von Schütz zurück, der insbes. im regulierten Vorleistungsmarkt, aber auch bei der Frequenzregulierung Anerkennung genießt. Die Praxis punktet allerdings nicht nur in klass. Regulierungsverf., sondern kann ihre Mandanten auch bei operativen Verträgen u. an den Schnittstellen zum Medien- u. Technikrecht überzeugen. Wie kaum einer anderen mittelständ. Kanzlei gelingt es Loschelder, im TK-Sektor die Schnittstelle u.a. zum Immobiliensektor zu bedienen, wie das Mandat von Gropyus zeigt. Mit ihrer fachübergr. Spezialisierung im TK-, IT-, Datenschutz- u. Beihilferecht steht Schreiber für das Potenzial der Praxis, deren Ausbau auch im Bereich der Wege- u. Nutzungsrechte anläuft.
Oft empfohlen: Dr. Raimund Schütz, Dr. Kristina Schreiber
Team: TMT: 7 Eq.-Partner, 7 Associates
Schwerpunkte: TK-Regulierung, Mobilfunk u. Festnetz; prozesserfahren; Breitbandausbau, auch Transaktionsbegleitung; Regulierungserfahrung auch im ▷*Energie*- u. Postsektor; breit aufgestellte TMT-Praxis.
Mandate: 1&1 Versatel, BT Germany, Colt, ecotel, EWE, HL komm, Plusnet u. Vodafone lfd. in komplexen Regulierungsverf., u.a. in Standardangebotsverf. zu TDG-Produkt VPN sowie bei Missbrauchsbeschw. wg. Bereitstellungsverzögerung; Gropyus Technologies u.a. tk-rechtl. zu Betrieb von Smart Builing System in Wohngebäuden, einschl. Vertragsgestaltung u. ggü. BNetzA; Netzbetreiber ggü. BNetzA wg. Widerruf einer Regulierungsverfügung; Landesrundfunkanstalten gg. ca. 130 Kabelnetzbetreiber wg. Schadensersatz Einspeiseentgelte; Festnetzanbieter zu div. Regulierungsfragen; EWE Tel zu 5G-Frequenzvergabe gg. BNetzA; Kommune zum Breitbandausbau.

NEULAND

Telekommunikation ★★★★

Bewertung: Im TK-Sektor ist die Frankfurter Boutique v.a. durch ihre Arbeit für Vodafone bekannt. Ihre Hauptmandantin berät u. vertritt sie zu strateg. u. kommerziell bedeut. Themen wie etwa zu Frequenz- u. Versorgungsfragen sowie zum Zugang zu öffentl. Infrastruktur. Das Team um Herrmann berät die Mandantin aber auch an der Schnittstelle zu Fragen der Daten- u. IT-Sicherheit ihrer Produkte. Besser als z.B. Dolde Mayen ist es Neuland bislang gelungen, neue Mandanten im TK-Sektor zu gewinnen. Ihr Engagement u.a. im Bereich der M2M-Kommunikation u. für OTT-Anbieter wie TeamViewer ist bekannt. Zuletzt war mit dem MVNO Lebara hinzugekommen, die Neuland zu tk-geprägten Vertragsthemen, aber auch an der Schnittstelle zum Datenschutzrecht berät. Von ihrer Sichtbarkeit im dt. Markt zeugt zudem das Mandat von Glasfaser Montabaur, eine Tochter des frz. Glasfaserinvestors Meridiam, für den Neuland ggü. 1&1 die Mitnutzung von Netzinfrastrukturen einfordert.
Oft empfohlen: Danielle Herrmann
Team: 3 Eq.-Partner, 2 Associates

Anwaltszahlen: Angaben der Kanzleien, wie viele Anwälte zu mind. ca. 50% in diesem Gebiet tätig sind. Sie spiegeln nicht zwingend die Gesamtgröße einer Kanzlei wider.

Schwerpunkte: TK-Regulierung, Frequenzen u. Festnetz; außerdem tk-nahe Dienste u. Produkte, immer auch im EU-Kontext; Transaktionsbegleitung.
Mandate: Vodafone u.a. zu MVNO-Vertragsverhandlung mit Transatel, Festnetz u. Mobilfunk inkl. Frequenzvergabe u. Infrastrukturausbau sowie zu regulator. Zulässigkeit von AGB-Klauseln; Lebara Ltd. zur Umstellung des Geschäftsmodells auf Full MVNO ggü. BNetzA, zu AGB, Datenschutz u. zu Vertragsschluss mit Telefónica; Glasfaser Montabaur zu Mitnutzung von eigenwirtschaftl. ausgebauter Glasfaserinfrastruktur; US-TK-Anbieter zu TK-Regulierung in Dtl.; div. internat. OTT-Anbieter zu regulator. Pflichten in Deutschland.

NOERR

Telekommunikation ★★★★★

Bewertung: Noerr zählt im TK-Sektor v.a. wg. ihrer Großmandantin Dt. Telekom zu den marktführenden Einheiten. Das breit aufgestellte Team um die Partner Bosch u. Frevert begleitet den dt. Netzbetreiber bei kommerziell-vertragsrechtl. Themen rd. um den 5G- u. Glasfaserausbau sowie zu zahlr. Regulierungsthemen ggü. der BNetzA. Getrübt wird das insges. schlüssige Bild dadurch, dass es dem Team nicht gelungen ist, ihrer Mandantin etwa bei der Suche nach einem Investor für die Funkturmsparte auch die Corporate-Beratung anzudienen. Ihre Spitzenposition im TK-Sektor ist dennoch solide, nicht zuletzt weil es ihr gelingt, Mandatsbeziehungen zu weiteren intern. Großkonzernen wie Cisco, Alibaba u. Microsoft auf- u. auszubauen. Sie belegen, dass das Team längst einen Zugang zur neuen TK-Welt gefunden hat, die mit ihren Produkten nicht zuletzt Fragen auch an den Schnittstellen zum IT- u. Datenschutzrecht aufwerfen. Wie dyn. die Praxis sich unabhängig von der Dt. Telekom entwickelt, belegt auch das Feld der Satellitenkommunikation: Als eine von nur wenigen Einheiten im Markt ist Noerr seit vielen Jahren in regulator. u. vertragsrechtl. Themen für Immarsat im Einsatz. Ein vor einiger Zeit hinzugekommenes US-Raumfahrtunternehmen belegt die Bekanntheit der Praxis in diesem an Bedeutung gewinnenden Marktsegment.
Oft empfohlen: Dr. Tobias Bosch, Dr. Tobias Frevert, Dr. Frank Hölscher, Dr. Julian von Lucius
Team: TMT insges.: 6 Eq.-Partner, 2 Sal.-Partner, 4 Associates, 1 of Counsel
Schwerpunkte: TK-Regulierung, Vorleistungsprodukte sowie tk-nahe Dienste; Erfahrung mit Infrastruktur; Full-Service-Angebot im Sektor: ▷*vertriebs-*, ▷*IT- u. datenschutz-* u. ▷*kartellrechtl.* Beratung; Transaktionen u. Kooperationen sowie kommerzielle Verträge.
Mandate: Dt. Telekom u.a. zu Rahmenvertrag wg. Nutzung von passiver Funkturminfrastruktur, zu Kooperations- u. Koinvestitionsmodellen im FTTH-Ausbau, zu Festnetz-, Mobilfunkentgelten u. Zugangsregulierungsverf.; US-Raumfahrt- u. TK-Unternehmen regulator. u. vertragsrechtl.; Microsoft u.a. ggü. BNetzA wg. Teams u. Skype wg. Verbindungspreisen; internat. Beratungsunternehmen zu Aufbau eines Satelliten-Messaging-Gateway; Alibaba u.a. zu TK-Sicherheit; Cisco regulator. zur Umsetzung des TTDSG im Videokonferenzdienst WebEx; US-TK-Anbieter zum Rollout von B2B-TK-Diensten; Day Wireless zu Frequenzzuteilungsfragen; MAN Trucks zu M2M-Regulierung.

PINSENT MASONS

Telekommunikation ★★★

Bewertung: Die Praxis macht ihren Mandanten im TK-Sektor ein vielfältiges Angebot. Ausgangspunkt ist die Beratung zum Glasfaserausbau an der Schnittstelle von TK-, Vergabe-, Beihilfe- u. Fördermittelrecht, die nicht nur Stadtwerke anspricht, von denen PM einige berät. Mit Invesis, der ehem. BAM, gewann das Team nun einen finanzstarken Investor, den sie beim Markteintritt in Dtl. beisteht. Ebenfalls neu ist das Mandat eines Netzwerkausstatters, der Komponenten für ein 5G-Netz bietet u. insbes. zu Sicherheitsanforderungen der BNetzA Rat suchte. Grund für entsprechende Mandatsgewinne ist nicht zuletzt die tiefe, auch regulator. Kenntnis des TK-Marktes von Salevic, der auch für die tk-rechtl. Ausweitung der aus der IT-Praxis entstandenen Beziehung zu Telefónica in den vergangenen Jahren steht. Dass die Zusammenarbeit auch an der Schnittstelle zum IT-Recht funktioniert, zeigt zudem die Beratung von Honda Motor Europe.
Oft empfohlen: Dr. Marc Salevic
Team: 2 Eq.-Partner, 2 Associates
Schwerpunkte: TK-Regulierung; Beratung zum Breitband- u. Glasfasernetzausbau sowie zu kombinierten TK-Produkten, inkl. Vertragsgestaltung u. -verhandlung.
Mandate: Invesis Dtl. zu Markteintritt wg. FTTH-Aufbau; Honda Motor Europe zu Einführung von Notrufdiensten für Neufahrzeuge; Netzwerkausstatter zu Vertragsverhandlungen wg. 5G-Netzwerk-Rollout u.a. wg. IT-Sicherheitskatalog BNetzA; Unsere Grüne Glasfaser tk-rechtl. zu Mitnutzung von Glasfaserinfrastruktur; Lok-Viertel-OS umf. inkl. TK-Recht zur Entwicklung eines smarten City-Quartiers; Telefónica lfd., u.a. bei Glasfaser-Joint-Venture mit Allianz u. zu Verträgen mit 1&1 u. Lebara (beide marktbekannt); TK-Netzbetreiber zu IT-Sicherheitsvorgaben für Einkauf u. Betrieb von 5G-Equipment u. zu Überarbeitung von Kundenverträgen; lfd.: Context Logic, Dt. Glasfaser, Oracle Dtl., div. Stadtwerke u. Gemeinden zu Gigabit-Ausbauprojekten; Energieversorger bei Datenzentrumsbau.

RAUE

Telekommunikation ★

Bewertung: Im TK-Sektor ist die Kanzlei auf klass. TK-Regulierung spezialisiert. Kleinlein vertritt v.a. Vodafone weiterhin in div. Verwaltungsverf., insbes. zu Festnetzentgelten. Ein weiterer Partner baut an der Schnittstelle zum Kartellrecht seine im Grenzbereich zum ▷*Medienrecht* liegende Praxis aus. Insges. fehlt es der Praxis allerdings an Impulsen. Diese wären aber nötig, zumal Teile des Geschäfts durch einen zw. der Dt. Telekom u. ihren Festnetzwettbewerbern geschlossenen Vergleich im langj. Streit um Vorleistungsentgelte nun keine nennenswerte Rolle mehr spielen. Die Ernennung eines Associates zum Counsel im Vorjahr, der beide Partner in ihren Mandaten unterstützt, bleibt noch ohne sichtbare Ergebnisse.
Oft empfohlen: Dr. Kornelius Kleinlein
Team: 2 Partner, 1 Counsel, 1 Associate
Schwerpunkte: Umf. Regulierung u. Prozesse, v.a. Entgeltregulierung für Festnetz u. Frequenzen im Rundfunk; Vertragsverhandlungen inkl. Kartellrecht; tk-rechtl. Beratung auch transaktionsbegleitend in anderen Sektoren, u.a. ▷*Verkehrs-* u. ▷*Energiesektor*.
Mandate: Divicon Media Holding lfd., u.a. zu DAB+-Multiplex-Ausschreibung sowie in Klageverf. gg. Frequenzvergabe (VG Köln); Vodafone regelm. in div. verwaltungsgerichtl. Verfahren, v.a. im Bereich Festnetzentgelte; lfd. HD Plus.

RÖDL & PARTNER

Telekommunikation ★★

Bewertung: Die MDP-Kanzlei ist im TK-Sektor v.a. bei Stadtwerken, aber auch bei Städten u. Gemeinden gefragt. Mit der Ernennung des Praxisleiters zum Eq.-Partner macht sie zudem klar, dass sie weitere Ambitionen hat. Das Team berät eine wachsende Zahl von öffentl.-rechtl. Akteuren etwa zu Kooperationen, Pachtmodellen mit geeigneten Partnern mit dem Ziel, gemeinsam TK-Sparten für den Breitband- u. Funknetzausbau zu gründen u. zu betreiben. Für die Gestaltung solcher Kooperationsmodelle verbindet sie ihr ▷*gesellschafts-*, vertrags- u. tk-rechtl. Branchen-Know-how. Ähnl. wie Pinsent Masons kombiniert sie etwa bei dem zentralen Thema der Konzessionsvergaben zudem ihre tk-rechtl. mit der vergabe- u. beihilferechtl. Erfahrung. Allerdings ist die Wettbewerberin deutl. breiter im Sektor aufgestellt.
Team: 1 Eq.-Partner, 1 Sal.-Partner, 3 Counsel, 6 Associates
Schwerpunkte: TK-Infrastrukturausbau in Kombination mit Vergabe- u. Beihilferecht; Kooperationen zum Breitbandausbau, eigenwirtschaftl. Netzausbau; Anbindung auch an IT-Recht sowie starke betriebswirtschaftl. u. steuerl. Kompetenz in der MDP-Einheit.
Mandate: SWO Netz zu Aufbau u. Weiterentwicklung einer TK-Sparte; DCC Duisburg lfd., u.a. zum Aufbau der Netzebene 4, inkl. Vertragserstellung; Stadtwerke Nürtingen zu Pachtmodell mit der Telekom Dtl.; Stadtwerke Hildesheim zu Kooperation im Bereich Glasfaserausbau; Stadtwerk zur geplanten Übernahme eines TK-Anbieters; Stadtwerk zu Aufbau u. Weiterentwicklung einer TK-Sparte.

WHITE & CASE

Telekommunikation ★★

Bewertung: Die TK-Praxis lässt es bei kernregulator. Themen aktuell etwas ruhiger angehen. Ihre regulator. Erfahrung setzt W&C dafür gezielt u.a. für Mandanten aus dem internat. Netzwerk ein, die in den dt. Markt etwa mit tk-nahen Diensten einsteigen wollen. W&C unterstützt ihre Mandanten ähnl. wie Hogan Lovells bei strateg. Projekten im Sektor. Neben dem Aufbau von Datenzentren u. Serverfarmen gehören tk-nahe, Cloud-basierte Geschäftsmodelle genauso zum Erfahrungsspektrum der Praxis wie kommerzielle Verträge, Kooperationen, Finanzierungen u. Transaktionen im regulierten Umfeld, wie z.B. die Gründung des Glasfaser-Joint-Ventures zw. Igneo u. E.on. Ebenfalls deutl. engagiert ist W&C im Bereich der Finanzierung des Glasfaserausbaus u.a. von Glasfaser Nordwest.
Oft empfohlen: Prof. Dr. Norbert Wimmer
Team: 3 Partner, 1 Counsel, 1 Associate
Schwerpunkte: Vermehrt Breitbandinvestitionen in Dtl., auch TK-Kartellrecht; Erfahrung aufseiten der Kabelnetzbetreiber.
Mandate: E.on zu Glasfaser-Joint-Venture mit Igneo; Bankenkonsortium zur Finanzierung des Glasfaserausbaus von Glasfaser Nordwest; Meta zu OTT-Themen; ww. tätiger Messengerservice zum Telemediengesetz u. zu Zugriffsmöglichkeiten dt. Sicherheitsbehörden; MEAG zur Finanzierung div. TK-Projekte.

Anwaltszahlen: Angaben der Kanzleien, wie viele Anwälte zu mind. ca. 50% in diesem Gebiet tätig sind. Sie spiegeln nicht zwingend die Gesamtgröße einer Kanzlei wider.

Verkehrssektor

Schiene im Fokus

Im Verkehrssektor gibt es viele Baustellen. Neben den zahlreichen Brückenneubauten und -sanierungen ist die Deutsche Bahn die größte. Das Bundesministerium für Digitales und Verkehr hat aus diesem Grund ein Mandat zur Transformation der Organisation, Finanzierung und Steuerung der Infrastruktursparten DB Netz und DB Station & Service ausgeschrieben.

Die Deutsche Bahn selbst hat sich in dem Projekt die Dienste von **Redeker Sellner Dahs** gesichert, einer der führenden Einheiten in diesem Markt neben **BBG und Partner**, **DLA Piper** und **Freshfields Bruckhaus Deringer**. Die Wahl des Verkehrsministeriums hingegen fiel auf die mittelständische Full-Service-Kanzlei **Orth Kluth**, die seit vielen Jahren öffentliche Aufgabenträger und private Eisenbahnunternehmen berät.

Nicht nur die Bahn-Organisation steht auf dem Prüfstand: Große Teile des schienengebundenen Verkehrssektors müssen insbesondere mit Blick auf die Finanzierung umgebaut werden. Das hatte bereits der Streit um die Insolvenz von Abellio angedeutet, der mit einer 700-Millionen-Euro-Schadensersatzklage des Insolvenzverwalters mit **Gleiss Lutz** vor Gericht weitergeht.

Die Zukunft wird neue Finanzierungsmodelle hervorbringen. Steigende Investitionskosten ziehen neue Investoren an. Auch auf Infrastruktur spezialisierten Asset-Managern wird eine Rolle bei Beschaffung und Betrieb von Schienenfahrzeugen im SPNV attestiert. Manche glauben an eine Wiederauferstehung von ÖPP-Modellen. Eine stetig wachsende Anzahl von Kanzleien tummelt sich in diesem Markt, darunter zum Beispiel **Ashurst** und **K&L Gates**, aber auch **Orth Kluth** sind mit einer Mischung aus Vergabe-, Vertrags- und Finanzierungsrecht in dem wachsenden Markt vertreten. Zudem sind die Hersteller von Fahrzeugen wie Alstom und Stadler mittendrin. Erstere arbeiten mit **Bird & Bird** oder **Watson Farley & Williams** zusammen, Letztere wurden mit **Hengeler Mueller** gesehen.

Neue Märkte im Verkehrssektor

Im ÖPNV müssen Züge und Wasserstoffbusse beschafft werden, um Klimaziele zu erreichen. Darüber hinaus geht dieser Prozess mit einem Paradigmenwechsel einher. Ob **BBG und Partner**, **EY Law**, **Heuking Kühn Lüer Wojtek** oder auch **Raue**: Schon seit einiger Zeit sind die Einheiten, die für ihre Mandanten Direktvergaben sowie wettbewerbliche Ausschreibungen begleiten, zunehmend mit Mobilitätskonzepten und deren Umsetzung befasst. Sie helfen, einen Mobilitätsmarkt entstehen zu lassen, an dem unter anderem die Kfz-Industrie mit neuen Fahrzeugen interessiert ist. Kanzleien wie **Gleiss Lutz**, **DLA Piper**, **Hogan Lovells** und **Noerr** pflegen seit vielen Jahren enge Beratungsbeziehungen zu Kfz-Herstellern und ihren Zulieferern, die sie auch zu Innovationen wie Ladesäulenthemen und autonom fahrenden Fahrzeugen beraten. **Gleiss Lutz** berät zu einem der ersten vollautonomen ÖPNV-Verkehrsprojekte, an dem unter anderem ZF Friedrichshafen als Industriepartner beteiligt ist. Aber auch andere Industrieunternehmen scheinen nicht nur zu beabsichtigen, mit autonom fahrenden Nutzfahrzeugen, sondern auch als Betreiber in den ÖPNV-Markt einzutreten. Dort nehmen sie es mit Uber, Share Now, Moia, Clever Shuttle sowie mit einigen Stadtwerken auf, deren Angebote immer deutlicher digitalen, datengetriebenen Plattformen ähneln.

Die Bewertungen behandeln Kanzleien, die einen Branchenschwerpunkt im Bereich Verkehr haben. Dies umfasst alle Verkehrsträger mit Ausnahme von Teilen der maritimen Wirtschaft. Regulatorische Fragen prägen die Beratungstätigkeit, besprochen werden jedoch Kanzleien, die Rechtsberatung in mehr als einem Rechtsgebiet anbieten (▷*Gesellschaftsrecht*, ▷*M&A*, ▷*Bank- und Finanzrecht*, ▷*Kartellrecht*, ▷*Öffentlicher Sektor*, ▷*Öffentliches Wirtschaftsrecht*, Projektentwicklung/Anlagenbau, ▷*Immobilien- und Baurecht*).

ANTWEILERLIEBSCHWAGERNIEBERDING

Verkehrssektor: Regulierung ★

Bewertung: Kernbereich ihrer Spezialisierung im Verkehrssektor ist das ÖPNV-Vergaberecht. Die Kanzlei berät u. vertritt lfd. priv. Bus- u. Eisenbahnunternehmen. Über die Zeit hat Antweiler sich einen beachtl. Trackrecord insbes. auch in Verfahren vor europ. Gerichten aufgebaut. Mit einem regionalen Busunternehmen zieht es ihn nun erneut dorthin. Mit den Mandaten eines priv. Eisenbahnunternehmens sowie eines Mobilitätsdienstleisters belegt er einmal mehr, dass Mandanten seinem um eine Associate gewachsenen Team auch zum SPNV sowie zu Fragen des Personenbeförderungsrechts vertrauen.

Oft empfohlen: Dr. Clemens Antweiler („sehr kompetente Beratung", „äußerst zuverlässig u. allumfassend", Mandanten; „greift aktuelle Themen schnell u. pointiert auf", Wettbewerber)

Team: 1 Eq.-Partner, 1 Sal.-Partner, 1 Associate

Schwerpunkte: ▷*Vergaberecht*, u.a. Angriff von Direktvergaben im ÖPNV für private Busunternehmer; auch Planungsrecht; Personenbeförderungsgesetz.

Mandate: Müller Reisen gg. Stadt Olsberg wg. Ausschreibung Schülerbeförderung (EuGH); priv. Eisenbahn- u. Busunternehmen lfd. in Vergabeverf. u. zu Grundsatzfragen des ÖPNV; europ. Eisenbahnunternehmen in SPNV-Vergabeverf.; Gesamtverband Verkehrsvergabe Nds. beihilferechtl. gg. EU-Kommission; Mobilitätsdienstleister in Verwaltungsverf. wg. Zulassung neuer Mobilitätsmodelle.

ASHURST

Verkehrssektor: Finanzierung ★★★★

Bewertung: Im Verkehrssektor strebt Ashurst in ihrer Parade-Disziplin, der Finanzierungsberatung, insbes. im Schienenverkehr in neue Marktsegmente. Zuletzt gehörten auch Lokomotiv- u. Waggon-Finanzierungen im Cargo-Bereich zum Beratungsspektrum. Erstmals begleitete das Team eine Werkstattfinanzierung. Mandanten schätzen die Praxis v.a. auch, weil sie Fahrzeugfinanzierungen im öffentl. Verkehr beraten kann. Das zeigt nicht zuletzt die Beratung der Banken bei der Münchner S-Bahnfinanzierung. Aber auch darüber hinaus setzen Leasinggeber u. Investoren auf das Team um Opitz. Zum Team gehört ein erfahrener, auf Verkehrsverträge spezialisierter Vergaberechtler. Mit dieser Aufstellung ist die Gruppe auch für Mandanten im Straßenverkehr interessant. Neben ersten Erfolgen bei ÖPP-Projekten ist v.a. die bankenseitige Finanzierungsberatung eines Bieters hervorzuheben, der sich am Ausbau der Schnellladeinfrastruktur in Dtl. beteiligen will.

Stärken: Erfahrung mit Projektfinanzierungen in regulierten Branchen.

Oft empfohlen: Derk Opitz, Alexandra Heitmann („sehr fokussiert u. verbindl.", „sehr gutes Verständnis für den Projekterfolg", Mandanten)

Team: 3 Partner, 2 Counsel, 6 Associates

Schwerpunkte: Finanzierung von Fernstraßen-ÖPP-Projekten u. Schienenfahrzeugen; Vergaberecht im Verkehrssektor sowie umf. regulator. Sektorkenntnis; Prozesserfahrung in Entgeltstreitigkeiten im Eisenbahnrecht.

Mandate: Thalanx, NordLB, Dt. Leasing, Ostsee-Sparkasse zu Finanzierung von CO2-neutralen Straßenbahnen; NordLB, Dt. Leasing, Ostsee-Sparkasse zur Finanzierung der Generalsanierung von Straßenbahnen im Rostocker ÖPNV; KfW Ipex zu Investition in 7 Wasserstofftriebzüge der Niederbarnimer Eisenbahn im Netz Heidekrautbahn; Konsortium aus 10 Banken zu Finanzierung von Nexrail;

Anwaltszahlen: Angaben der Kanzleien, wie viele Anwälte zu mind. ca. 50 % in diesem Gebiet tätig sind. Sie spiegeln nicht zwingend die Gesamtgröße einer Kanzlei wider.

Société Générale zu Finanzierung von Güterlokomotiven von SBB Cargo; NordLB zu Werkstattfinanzierung für das Netz Regensburg-Donautal; Bank zu Bieterfinanzierung im Bereich Schnellladeinfrastruktur; Banken zu Finanzierung der S-Bahn München (marktbekannt).

BBG UND PARTNER

Verkehrssektor: Regulierung ★★★★★

NOMINIERT
JUVE Awards 2023
Kanzlei des Jahres für Regulierung

Bewertung: BBG wird im Verkehrssektor als spezialisierte Boutique wahrgenommen. Ihre marktführende vergabe- u. vertragsrechtl. Erfahrung nutzen v.a. Aufgabenträger des SPNV sowie des ÖPNV. Mandate wie das der BEG zur Finanzierung der S-Bahn München sowie der Länder Berlin u. Brandenburg belegen die nachhaltige Mandantenbindung. Im zurückliegenden Jahr veränderte sich das Beratungsangebot der Gruppe allerdings weiter in Richtung des Managements von Change-Prozessen, inkl. der Gestaltung neuer Verträge. Den Bestandsmandanten hilft BBG dabei, lokale Mobilitätskonzepte zu erarbeiten. Neue Antriebsformen, autonomes Fahren, Carsharing, die Integration von Linien- u. Bedarfsverkehren sowie die Umstrukturierung der bestehenden Organisationen, auch mithilfe von digit. Vermittlungsplattformen, beschäftigen das Team. Das ist vermehrt auch an der Schnittstelle zum motorisierten Individualverkehr gefragt, wo etl. Akteure neue Wege bestreiten. So berät ein Team um die kürzl. zur Eq.-Partnerin beförderte Dr. Jantje Struß das Land Ba.-Wü. zur Einführung einer Lkw-Maut auf Landesebene. Struß ist die Nachfolgerin des Gründungspartners Baumeister, der weiterhin als of Counsel bei BBG aktiv sein wird.

Oft empfohlen: Dr. Sibylle Barth („unumstritten gut", Wettbewerber), Dr. Lorenz Wachinger, Dr. Malte Linnemeyer, Lothar Fiedler, Dr. Niels Griem, Dieter Marszalek, Dr. Daniel Scholz („fachl. exzellente Unterstützung", „praxisorientierte Beratung auch bei neuen Rechtsfragen", „sehr zuverlässig", Mandanten), Dr. Hubertus Baumeister,

Team: 7 Eq.-Partner, 2 Sal.-Partner, 15 Associates, 2 of Counsel

Schwerpunkte: ÖPNV- u. SPNV-▷*Vergaben*; Eisenbahnregulierung, u.a. Entgelte für priv. Eisenbahnunternehmen; genehmigungsrechtl. Fragen zum Thema neue Mobilitätsdienstleister; prozesserfahren im Verwaltungsrecht u. vor EU-Gerichten; Luftverkehrsrecht u. Infrastrukturplanung Straßen u. Häfen auch an der Schnittstelle zum ▷*Öffentl. Recht* sowie zum Energierecht.

Mandate: Verkehrsministerium Ba.-Wü., u.a. zur Einführung einer Lkw-Maut auf Landesebene inkl. Gesetzgebungsberatung; BEG, u.a. zu Finanzierung, Auswahl von Kapital- u. Leasinggebern, u. Neufahrzeugbeschaffung für S-Bahn München; Aufgabenträger zu Eingliederung neuer Mobilitätsdienstleister in ÖPNV-Auskunftsapp; Stadtverkehr Herford zu Sondernutzungskonzept für Free-Floating-Angebote, u.a. mit E-Rollern; Heag Mobilo zu vertragl. Änderung bei autonomen Fahrzeugen im On-Demand-Service; Naumburger Straßenbahn zu Finanzierungsfragen zwecks langf. Sicherung des Straßenbahnbetriebs; Region Hannover in Prozess mit Auftragnehmer der städt. S-Bahn; kommunale Verkehrsgesellschaft Lippe zu Entwicklung einer Infrastruktur-Gesellschaft für E-Mobilitäts-Angebote; Kiel zu ÖPNV-System inkl. Realisierungsgesellschaft; Bundesinstitut für Bau-, Stadt- u. Raumwesen in Forschungsprojekt ‚Verkehrsreduzierte Innenstädte in Europa'.

Verkehrssektor: Regulierung

Kanzlei	Standorte
★★★★★	
BBG und Partner	Bremen
DLA Piper	Köln
Freshfields Bruckhaus Deringer	Berlin, Frankfurt, Düsseldorf
Redeker Sellner Dahs	Berlin, Bonn, Brüssel
★★★★	
Gleiss Lutz	Berlin, Stuttgart, Düsseldorf
Heuking Kühn Lüer Wojtek	Düsseldorf, Frankfurt, Köln
Noerr	München, Berlin, Düsseldorf, Hamburg
Orth Kluth	Berlin, Düsseldorf
Posser Spieth Wolfers & Partners	Berlin, Düsseldorf
Rödl & Partner	Hamburg, Nürnberg, Berlin
★★★	
Bird & Bird	Düsseldorf, München, Hamburg
EY Law	Mannheim, Düsseldorf
Hengeler Mueller	Düsseldorf, Berlin
Hogan Lovells	München, Hamburg
Oppenländer	Stuttgart
Taylor Wessing	Düsseldorf, Hamburg
White & Case	Berlin
★★	
CBH Rechtsanwälte	Köln, Berlin
CMS Hasche Sigle	Köln, Hamburg, Stuttgart
GvW Graf von Westphalen	Hamburg, Düsseldorf, München
Jones Day	Frankfurt
K&L Gates	Berlin
Kapellmann und Partner	Berlin, Düsseldorf, Frankfurt, München, Brüssel
Raue	Berlin
Schumann	Berlin
★	
AntweilerLiebschwagerNieberding	Düsseldorf
Dentons	Berlin, Düsseldorf, München
Norton Rose Fulbright	Brüssel, München, Hamburg
Watson Farley & Williams	München

Die Auswahl von Kanzleien und Personen in Rankings und tabellarischen Übersichten ist das Ergebnis umfangreicher Recherchen der JUVE-Redaktion. Sie ist in 2erlei Hinsicht subjektiv: Die Aussagen der befragten Quellen sind subjektiv u. spiegeln deren Erfahrungen u. Einschätzungen. Die JUVE-Redaktion wiederum analysiert die Rechercheergebnisse unter Einbeziehung ihrer eigenen Marktkenntnis. Der JUVE Verlag beabsichtigt keine allgemeingültige oder objektiv nachprüfbare Bewertung. Es ist möglich, dass eine andere Recherchemethode zu anderen Ergebnissen führt. Innerhalb einzelner Gruppen in Rankings und tabellarischen Übersichten sind Kanzleien und Personen alphabetisch sortiert.

BIRD & BIRD

Verkehrssektor: Regulierung ★★★
Verkehrssektor: Finanzierung ★★

Bewertung: Die Praxis im Verkehrssektor hat das äußerst anerkannte Vergaberechtsteam aufgebaut. Im Rahmen komplexer werdender Mandate folgte zuletzt die themat. Erweiterung, so etwa im Kontext des Austritts von Keolis aus dem SPNV-Markt oder der Autobahn-Gesellschaft im Bereich der E-Mobilität. Die Begleitung von Anbietern von Zugmaterial wie Alstom brachte das Team zudem vermehrt in verwaltungsrechtl. Zulassungs-, Eisenbahnregulierungs- u. Personenbeförderungsfragen. Trotz der steigenden Mandatsqualität wird das Team aber noch nicht in gleicher Weise als Sektorgruppe wahrgenommen, wie dies bspw. im Energie- u. TK-Bereich schon der Fall ist. Über den Ffmer Partner Winter u. die etablierte, interne Zusammenarbeit berät die Kanzlei Bieter ebenso wie Finanzgeber zu Finanzierungs- u. Leasingverträgen im Bahn- u. Luftverkehr. Die Ausrichtung der Praxis schließt regelm. fördermittelrechtl. u. EU-beihilferechtl. Aspekte ein, bei Letzteren kommen genauso wie im Mandat eines internat. Mobilitätsdienstleisters Partner aus der Kartellrechtspraxis zum Einsatz.

Oft empfohlen: Dr. Alexander Csaki („fachl. ausgesprochen versiert", Wettbewerber), Dr. Matthias Winter („blitzgescheit", „hocheffizienter Teamplayer", Wettbewerber; Finanzierung)

Team: 2 Eq.-Partner, 4 Counsel, 9 Associates

Partnerwechsel: Dr. Alexander Duisberg (IT; zu Ashurst)

Anwaltszahlen: Angaben der Kanzleien, wie viele Anwälte zu mind. ca. 50% in diesem Gebiet tätig sind. Sie spiegeln nicht zwingend die Gesamtgröße einer Kanzlei wider.

falls neue Mobilitätskonzepte, E-Mobilität u. Mobilitätslösungen u.a. für Quartiere; regelm. rechtl. Begleitforschung; Transaktionen in Regulierten Industrien inkl. ▷*Außenwirtschaftsrecht*.
Mandate: Deftpower regulator. u. kartellrechtl. wg. Zugang zu Ladeinfrastruktur; Interboden vertragl. wg. Ladeinfrastruktur in Tiefgaragen; MAN Truck & Bus u.a. zu Ladestationen in Werkstätten sowie regulator.; Moia lfd. u.a. zu Personenbeförderungsgesetz u. digit. Mobilitätsangebot; Dortmund zu Ladeinfrastruktur; Volta Charging zu Ladeinfrastruktur; Bird Rides regulator. zu Sharing-Regeln; Nutzfahrzeughersteller zu Beitritt in einen existierenden CO2-Pool; Acea zur Umsetzung der europ. EDR-Verpflichtung; Allego umf. zur Ausschreibung u. Errichtung von Ladeinfrastruktur.

NORTON ROSE FULBRIGHT

Verkehrssektor: Regulierung ★
Verkehrssektor: Finanzierung ★★★★★

Bewertung: NRF ist v.a. bei Finanzierungsthemen im regulierten Verkehrssektor weiterhin gefragt. Ihre langj. Erfahrung insbes. bei der vertragl. Ausarbeitung von ÖPP-Fernstraßenprojekten auf der Seite des BMVerkehr lässt sie auch auf der Seite eines Autobahnbetreibers sowie für Banken u. Investoren aktiv sein. Regelm. sind in diesem, wie auch in vielen anderen Finanzierungsprojekten im Verkehrssektor neben einem ▷*Brüsseler* Regulierer u. Kartellrechtler die Restrukturierer der Kanzlei gefragt. Wachsende Präsenz lässt sich im Schienenbereich beobachten, wo Finanzierungen von Waggon-, Lokomotiv- u. zum Straßenbahnausbau die HHer Gruppe vermehrt beschäftigten. Insges. bleibt sie in diesem Marktsegment aber noch hinter Ashurst u. K&L Gates zurück. Ausgesprochen anerkannt ist NRF bei der Finanzierung von Luftfahrzeugen. Den internat. bestens vernetzten Münchner Partner Radbruch mandatiert eine stetig wachsende Anzahl von Airlines, Leasinggebern u. Investoren in dem aktuell boomenden Markt.
Stärken: Anerkannte Finanzierungspraxis, insbes. Flugzeuge u. Rolling Stock.
Oft empfohlen: Dirk Trautmann, Jürgen Werner, Dr. Ralf Springer, Markus Radbruch („pragmatisch", „erreicht die vereinbarten Ziele zügig", Mandanten), Timo Noftz
Team: 6 Partner, 1 Counsel, 9 Associates, 1 of Counsel
Schwerpunkte: Transaktionen im Infrastrukturbereich; viel Erfahrung mit ▷*Finanzierungen* von Flugzeugen u. Rolling Stock sowie Fernstraßenprojekten; Vergabe- u. Beihilferecht sowie Regulierung im Luft-, Eisenbahn- u. Straßenverkehr, insbes. langj. Erfahrung mit Fernstraßen-ÖPP; regelm. auch Prozessführung.
Mandate: Aircraft Finance Germany zu Kauf von A330 von CMA CGM; Dachverband im Luftverkehr zu Kauf u. Leasing von Luftfahrzeugen; Atlantic Airways zu Flugzeug-Leasing; BMVerkehr regelm. zu Fernstraßen-ÖPP u.a. wg. Schieflage von A1 mobil; Autobahnbetreiberin bei Abwicklung eines ÖPP-Vertrags; internat. Bankenkonsortium zu finanzieller Restrukturierung des Autobahn ÖPP-Projekts A7; lfd.: Goal German Operating Aircraft Leasing, Condor, Ing Diba, Wizz Air.

OPPENLÄNDER

Verkehrssektor: Regulierung ★★★

Bewertung: Die Verkehrspraxis zeichnet sich durch ihre tiefe Spezialisierung im öffentl. Recht sowie im Vergaberecht aus. Insbes. ihre Position bei der Beratung im ÖPNV- u. SPNV-Sektor ist sehr stark. Wie die Arbeit für die Bremer Verkehrsbetriebe zeigt, genießt sie auch über ihre ba.-wü. Heimatregion hinaus viel Renommee. Dieser Mandant bietet zugleich ein Bsp. dafür, wie es gelingt, die Tätigkeit auch auf andere Fachbereiche wie das Arbeitsrecht auszudehnen. Eine größere Rolle als zuvor hat die Beratung von Verkehrsverbünden bei Umstrukturierungen gewonnen, so etwa die Begleitung des Verkehrsverbunds Donau-Iller bei der Neuausrichtung u. Umstrukturierung zu einem Aufgabenträgerverbund. Hier entwickelt sich zunehmend die Schnittstelle zur gesellschaftsrechtl. Praxis. Das immer größere Renommee von Jürschik zeigt sich in regelm. Mandantenlob. Dass Oppenländer in Prozessen um Grundsatzfragen bis vor die höchsten Instanzen gefragt ist, unterstreicht die regulierungsrechtl. Tiefe u. Prozesskompetenz, die ein Markenzeichen der Gesamtkanzlei ist. Bspw. vertritt sie auch eine große Zahl von Aufgabenträgern bei kartellrechtl. Schadensersatzforderungen gg. Schienenhersteller.
Oft empfohlen: Prof. Dr. Christofer Lenz („sehr schnell, kompetent u. mutig", Mandant), Dr. Corina Jürschik-Grau („hat uns sehr engagiert beraten", Mandant), Prof. Dr. Markus Köhler
Team: 7 Eq.-Partner, 2 Sal.-Partner, 4 Associates
Schwerpunkte: ÖPNV- u. SPNV-Vergaben (▷*Vergaberecht*), mit bes. Fokus auf dem ▷*Öffentl. Wirtschaftsrecht*, etablierte Schnittstelle zur anerkannten ▷*Kartellrechtspraxis* u. Beihilferecht; regelm. Revisionsverfahren.
Mandate: Albtal Verkehrs-Gesellschaft, u.a. vergaberechtl. zu ÖPNV-Netzen in Rh.-Pf. inkl. Vertragsgestaltung; Donau-Iller-Nahverkehrsverbund zu Neuausrichtung; Bolt zu Genehmigungen bzgl. Mietwagen u. Scootern; Bremer Straßenbahn umf. vergabe-, verwaltungs- u. beihilferechtl.; Verkehrsverbund HNH u.a. bei Abwicklung von bisherigen Verbundverträgen u. Verjährungsthemen; DB Station & Service in Prozessen um Entgeltfragen nach EisenbahnregulierungsG u. Anwendbarkeit von Kartellrecht (u.a. EuGH, BGH); Land NRW zu PBefG (BVerwG); Stadt Garching bei Verkauf von U-Bahn-Infrastruktur u. Übertragung von PBefG-Betreiberpflichten auf Münchner Verkehrsbetriebe; Stuttgarter Straßenbahn u.a. zu Finanzierung von klimaschutzrelevanten Maßnahmen; Traffiq u.a. zu Schienenverkehr-Direktvergabe inkl. Gestaltung des öffentl. Dienstleistungsauftrags; Beck + Schubert, u.a. zu Nahverkehrsplan u. Ukraine-Verkehren; regelm. Bodensee-Oberschwaben-Bahn.

ORTH KLUTH

Verkehrssektor: Regulierung ★★★★

Bewertung: Mit ihrem gezielt entwickelten Sektorfokus strebt OK bei Mobilitätsthemen weiter in Richtung Marktspitze. Im Verkehrssektor hat sie sich mit ihrem Angebot bei einer wachsenden Zahl von Mandanten einen Stammplatz erarbeitet. Ihnen bietet sie regulator. Beratung u. Prozessführung sowie die vergabe- u. vertragsrechtl. Begleitung ggü. den Verkehrsverbünden. Mit der Ernennung einer Sal.-Partnerin im Bereich der Eisenbahnregulierung setzt sie im Kernteam weitere Kräfte frei. Die sind erforderl., weil die Einheit zuletzt in konzeptionellen Großmandaten gefragt war, in denen sie ihre umf. Marktkenntnis u. die Verzahnung mit anderen Fachbereichen beweisen musste. Jüngster Höhepunkt dieser Entwicklung ist das Mandat des BMVerkehr zur Reorganisation der DB-Infrastrukturtöchter, wo neben Vergabe-, Vertrags- u. Eisenbahnrecht auch Gesellschafts-, Steuer-, Arbeits- u. Verfassungs- sowie EU-Recht gefragt sind. V.a. auch bei im SPNV- u. ÖPNV sowie im Güter- u. anderen Bereichen des öffentl. Verkehrs gefragten Finanzierungsthemen entwickelt sich die Gruppe konstant weiter. Das belegt das Mandat eines Leasinganbieters im Eisenbahnbereich. Diese Mandanten suchten bislang eher bei K&L Gates u. Ashurst Rat.
Oft empfohlen: Dr. Anselm Grün, Dr. Michael Sitsen
Team: 5 Eq.-Partner, 1 Sal.-Partner, 2 Associates (Kernteam)
Schwerpunkte: Schienenverkehr, regulator. u. vergaberechtl. Beratung von priv. Eisenbahnunternehmen u. von ÖPNV- u. SPNV-Aufgabenträgern; Vertragsgestaltung; zunehmend Aufbau von Finanzierungskompetenz u. funktionierende fachübergr. Zusammenarbeit; gute Vernetzung mit anderen Praxisgruppen wie ▷*Gesellschaftsrecht* sowie Öffentl. Recht; Prozessführung.
Mandate: BMVerkehr zur Umstrukturierung der Infrastrukturtöchter DB Netz u. DB Station & Service; Leasinganbieter zu Eisenbahn-Leasing; Bundesverband zu Vertragsmodell u. Finanzierung eines Schienenersatzverkehrs im Rahmen von Sanierungsprojekten der Dt. Bahn im SPNV; ERS Railways gg. DB Netz wg. Stornierungsentgelten (BGH); Mobility inside umf. u. fachübergr., zuletzt u.a. im Datenschutz u. Vertragsrecht zum Marktstart; Netzwerk europ. Eisenbahnen gg. BNetzA wg. Genehmigung des Fahrplanwechsels im Güterverkehr; Batteriehersteller produktrechtl. u. in Vertragsverhandlungen zur Nutzung von Batterien in Zügen; Rhein-Main-Verkehrsverbund u.a. beihilfe- u. vergaberechtl. zu Projekt OnDeMo (On-Demand-Mobilität); lfd.: National Express, MVG Märkische Verkehrsgesellschaft, NordWestBahn (Transdev-Gruppe), Transdev.

POSSER SPIETH WOLFERS & PARTNERS

Verkehrssektor: Regulierung ★★★★

Bewertung: PSWP ist im Verkehrssektor als regulator. Stammberaterin von VW u. ihren Tochter-Marken Audi u. Porsche bekannt. Im Windschatten der durch 2 Gerichtsentscheidungen wieder aufflammenden Dieselfolgen-Beratung hat sich das Team allerdings maßgebl. den zahlr. Zukunftsfragen zugewandt, die die dt. u. internat. Kfz-Industrie beschäftigen. Neben der E-Mobilität ist das v.a. autonomes Fahren sowie daraus resultierende Geschäftsmodelle im öffentl. Verkehr. Diesen gewachsenen Schwerpunkt belegen Mandate von Ibeo, Vay u. Audi, die v.a. Wolfers zu Genehmigungsfragen etwa vor Behörden vertritt. Der Zugang eines auf diese perspektivisch bedeutsamen Regulierungsfragen spezialisierten Counsel von Hengeler hilft dabei, den v.a. mit internat. Mandanten wachsenden Kundenkreis auszubauen. Auch nationale Mandanten heben regelm. die „Extraklasse" der auf das internat. öffentl. Recht spezialisierten Boutique hervor, die zuletzt insbes. im Flugverkehr Fuß fasste. In einem für den Flughafen BER u. andere Infrastrukturanbieter in diesem Bereich wichtigen Verfahrenskomplex konnte sie ggü. Lufthansa einen ersten Erfolg erzielen.
Stärken: Strateg. Regulierungsberatung u.a. ggü. Behörden auf allen europ. Ebenen.
Oft empfohlen: Dr. Benedikt Wolfers („fundierte Kenntnisse im öffentl. Recht", „juristisch sauber",

Anwaltszahlen: Angaben der Kanzleien, wie viele Anwälte zu mind. ca. 50 % in diesem Gebiet tätig sind. Sie spiegeln nicht zwingend die Gesamtgröße einer Kanzlei wider.

„gute Branchenkenntnis", Mandanten), Dr. Burkard Wollenschläger, Sebastian Lutz-Bachmann
Team: 6 Partner, 1 Sal.-Partner, 1 Counsel, 15 Associates
Schwerpunkte: Regulierung von Kfz im dt. u. europ. Straßenverkehr; autonomes Fahren u. E-Mobilität; regelm. auch Verhandlungen auf polit. Ebene, exzellente Kontakte zum Kraftfahrt-Bundesamt; Luftverkehrsberatung u.a. zu Entgelten, aber auch im Planungsrecht; umf. Kenntnis u. viel Erfahrung im ▷*Öffentl. Recht* (Verfassungs- und Verwaltungsrecht) als auch EU-Recht.
Mandate: Ibeo national u. internat. zu regulator. Anforderungen an Lasersystem für das autonome Fahren; Polaris zu neuem Emissionsrecht für Motorräder; Vay zu internat. regulator. Zulässigkeit des Telefahrens; Flughafen Leipzig umf. im Fachplanungs- u. Regulierungsrecht; Flughafen BER, u.a. zu Flughafen- u. Lärmentgelten; Audi, u.a. zum Typengenehmigungsrecht, Testzyklen, Produktsicherheit; VW, u.a. zu CO2-Pooling u. zu neuen produktregulator. Anforderungen; Audi, VW, Porsche im Genehmigungsverf. zum vollautomatisierten Fahren u. Fortentwicklung des Straßenverkehrsgesetzes; ESS zu Einführung von neuem Warnlichtsystem für Kfz.

RAUE

Verkehrssektor: Regulierung ★★
Bewertung: Raue ist im Verkehrssektor weiterhin über ihre angestammten Kompetenzen u. Mandate sehr sichtbar. V.a. Hertel wird für die Fähigkeit, die Spezialisierungen im Vergabe- u. Verwaltungsrecht sowie die Erfahrung in Schiedsverfahren zusammenzubringen, von Mandanten gelobt. Zur Klientel zählen seit vielen Jahren die Berliner Verkersbetriebe. Diese berät er etwa mit einem gr. Team zur Markteinführung neuer Produkte wie z.B. dem in den ÖPNV eingegliederten Rufbus-Sharing-Angebot Muva. An diesem u. weiteren Mandaten u.a. zu Tariffragen sind auch die ▷*Telekommunikations*-Experten der Kanzlei beteiligt. Ein 2. Standbein hat die Praxis im Luftverkehr, wo insbes. Flughäfen auf die Erfahrung eines langj. Partners in Entgeltfragen setzen.
Oft empfohlen: Dr. Wolfram Hertel („hohe Kompetenz u. sehr kosteneffiziente Verfahrensführung", „exzellente Schriftsätze", Mandanten), Dr. Kornelius Kleinlein
Team: 3 Eq.-Partner, 1 Sal.-Partner, 2 Counsel, 2 Associates
Schwerpunkte: Direktvergaben u. Mobilitätskonzepte im ÖPNV; ÖPP-Projekte bieterseitig; Flughafenentgelte.
Mandate: Berliner Verkehrsbetriebe, u.a. zu Einführung eines bedarfsgestützten Rufbus-Sharing-Angebots, bargeldlosen Bezahlangeboten, Umstellung der Busflotte sowie finanzierungs- u. beihilferechtl. ggü. dem Land Berlin; div. Flughäfen, u.a. zu Entgeltstrategien; Kapsch TrafficCom zu Abwicklung des Pkw-Maut-Vertrags ‚Mobile Kontrolle'.

REDEKER SELLNER DAHS

Verkehrssektor: Regulierung ★★★★★
Bewertung: Im Kreis der marktführenden Einheiten konnte RSD bis zuletzt v.a. mit ihrer öffentl.-rechtl. Beratung u. Prozessvertretung überzeugen. Mandanten wie die Dt. Flugsicherung u. auch Verkehrsflughäfen greifen seit vielen Jahren auf die Kanzlei zurück, u.a., um Flugrouten zu genehmigen. In einem sich wandelnden Markt hält das Team seine Spitzenposition nicht zuletzt durch die Arbeit seiner Nachwuchspartner. Das gilt für eine junge Anwältin, die Erwin Hymer umf. zum Typengenehmigungsrecht berät, u. für Eckart, der in Bereichen wie Lufttaxen u. Mobilitätsdienstleister regelm. neue Mandanten gewinnt. CleverShuttle etwa setzt neuerdings auf die Qualität der Kanzlei im ▷*IT- u. Datenrecht*, eine Schnittstelle von wachsender Bedeutung im Verkehrssektor. Mit Wettbewerbern wie DLA kann sie Schritt halten, weil sie das Thema operative Verträge in beachtl. Tempo entwickelt, wie das Mandat der Dt. Bahn zur Beschaffung einer neuen ICE-Flotte belegt. Insbes. aber mit dem Mandat der Dt. Bahn zu Umstrukturierung der Infrastrukturtöchter DB Netz u. DB Station & Service zeigt RSD, dass sie für vernetzte Großmandate im Verkehrssektor infrage kommt.
Stärken: Viel Erfahrung in großen Infrastrukturprojekten, insbes. im Flughafensektor.
Oft empfohlen: Dr. Stephan Gerstner, Dr. Tobias Masing, Prof. Dr. Olaf Reidt, Dr. Christian Eckart
Team: 6 Eq.-Partner, 1 Counsel, 6 Associates
Schwerpunkte: Infrastrukturprojekte in den Bereichen Flughäfen, (Wasser-)Straßen u. Schienen; regulator. Beratung im Verkehrssektor (Eisenbahn, Luftverkehr u. Häfen); Prozesse.
Mandate: Dt. Bahn, u.a. konzeptionell u. vertragl. zu Beschaffung (Entwicklung, Herstellung, Lieferung, Finanzierung) der neuen ICE-Flotte u. zu Großprojekt Umbau der Infrastruktursparte; Share Now, Miels (ehem. WeShare) zu stationsgebundenem Carsharing in Berlin, u.a. in Klageverf. wg. Genehmigungsfreiheit (VG Berlin); Clever Shuttle zu Datenschutz-Compliance u. zu Datennutzungsfragen beim autonomen Fahren; DB Regio in Klageverf. zur Kündigung von Verträgen über Einnahmeaufteilung u. Kooperation mit Verbundverkehrsunternehmen; Verkehrsbetrieb zu Mobilitätsplattform inkl. Onlinevertriebssystem; Dekra Automobil zur Weiterentwicklung des Lausitzrings zum Testzentrum für autonomes Fahren u. Batteriesysteme; Alpha Link vertragsrechtl. zu Entwicklung u. Abnahme eines Drive-by-Wire-Systems; Bundesaufsichtsamt für Flugsicherung lfd. zu Flugrouten; Erwin Hymer umf. zum Typengenehmigungsrecht.

RÖDL & PARTNER

Verkehrssektor: Regulierung ★★★★
Bewertung: Durch die Erfahrung mit der Gestaltung von Verkehrsverträgen u. stabile Kontakte zu vielen Kommunen u. Kreisen war das Team im verg. Jahr äußerst gefragt. Mandantenlob gab es zuletzt für „sehr gute Beratung" im Bereich Direktvergaben. Das Bsp. der Beratung des nordrhein-westfäl. VRS zu alternat. Finanzierungsmodellen zeigt, wie sich die Kanzlei bei Verkehrsverbünden intensiver positioniert. In mehreren Fällen berät das Team zur Gründung oder Erweiterung von Verkehrsverbünden. Großen Raum nehmen weiterhin Mandate rund um autonomes Fahren ein, aktuell insbes. bzgl. On-Demand-Verkehren im ländl. Raum. Hier konnte das Team erneut mehrere neue Mandate gewinnen. Von der Stadt Geestland wurde es im Anschluss an die konzeptionelle Beratung nun auch mit der Zulassung von Fahrzeugen u. der Umsetzung eines Projekts für autonome Kleinbusse betraut.
Oft empfohlen: Jörg Niemann („sehr qualifizierte Beratung"; Mandant), Freya Schwering („sehr kenntnisreich", Mandant)
Team: 1 Eq.-Partner, 6 Sal.-Partner, 6 Counsel, 4 Associates, 1 of Counsel
Schwerpunkte: ÖPNV-Beratung, u.a. allg. Vorschriften, Mobilitätskonzepte, Wettbewerbs- u. Direktvergaben, Finanzierung u. Förderung von Fahrzeugen (inkl. Beihilferecht); PBefG-Novelle; grenzüberschr. Beratung von Verkehrsverbünden. Interdiszipl. Beratung.
Mandate: Landkreis München zu Strukturierung u. Finanzierung von gebietsgrenzenüberschr. Verkehr für U6; CeBus zu Konzept für ÖPNV-Ladeinfrastruktur; BMVerkehr Pilotprojekt Autonomes Fahren in Mecklenburg-Vorpommern; Sixt u.a. zu Zulassung von 25 autonomen Fahrzeugen; RMV vertrags- u. datenschutzrechtl. zu Mobilitätsportal u. ‚RMV-All-in'; div. Kreise, u.a. Kleve, Wesel u. Aurich, zu Ausgleich von Mindererlösen u. fikt. Klimaticket (allg. Vorschrift); Stadt Geestland/BMVerkehr zu Smart-City-Strategie; Kreis Siegen-Wittgenstein u.a. zu Errichtung einer kommunalen Infrastrukturgesellschaft; VRS zu alternat. ÖPNV-Finanzierung; Kreis Barnim in vergaberechtl. Nachprüfung von Dienstleistungskonzession im ÖPNV; Kreis Sächs. Schweiz-Osterzgebirge zu Direktvergabe Kirnitzschtal-Bahn; Nahverkehr Mainfranken zu Beschaffung von Dispositionssystem (Verhandlungsverf.); BAnstalt für Straßenwesen zu Modernisierung des PBefG, u.a. zu On-Demand-Verkehren.

SCHUMANN

Verkehrssektor: Regulierung ★★
Bewertung: Bei der Vergabe u. Gestaltung von SPNV-Verkehrsverträgen teilt sich die erfahrene Praxis den dt. Markt mit Heuking u. BBG. Gleich mehrere Aufgabenträger in Ostdtl., wie zum Bsp. in Sachsen, setzen seit vielen Jahren auf das Team um Stockmann, sowohl bei grenzüberschr. Vertragskonstellationen, in Vertragsstreitigkeiten als auch in den eng verbundenen Finanzierungsfragen für Schienenfahrzeuge, etwa zu Leasing-Gestaltungen u. Nachnutzungszusagen.
Oft empfohlen: Dr. Thomas Stockmann („gut vernetzt bei SPNV-Aufgabenträgern, fachlich sehr versiert, kluges strateg. Vorgehen", „exzellent vernetzt u. persönl. angenehm", Wettbewerber)
Team: 1 Partner, 2 Associates
Schwerpunkte: SPNV-Vergaben u. -Verträge, inkl. Fahrzeugfinanzierung, Prozessvertretung. Auch Erfahrung mit ÖPP-Fernstraßenprojekten.
Mandate: Zweckverband für den Nahverkehrsraum Leipzig u. 4 weitere Aufgabenträger zu Vergabe von S-Bahn-Vertrag u. batterieelektr. Fahrzeugen, inkl. Nachprüfungsverfahren; Regionalverband Großraum Braunschweig u. 2 weitere Aufgabenträger zu Vergabe von SPNV-Vertrag u. Fahrzeug-Beschaffung; div. Bundesländer in Prozessen mit DB Netz wg. Pünktlichkeitsanforderungen in Verkehrsverträgen (teils OLG, teils BGH).

TAYLOR WESSING

Verkehrssektor: Regulierung ★★★
Bewertung: In der vielfältigen Verkehrspraxis gewinnt mit dem versierten Vergaberechtler Brüggemann ein Partner der nächsten Generation spürbar an Profil. TW zählt zu den führenden Beratern bei der Ausschreibung von Bodenabfertigungsleistungen u. gewann über das Vergaberecht weitere Mandate hinzu. U.a. berät ein Team aus Vergabe- u. Beihilferechtlern eine Großstadt zur Beschaffung von Hoch- u. Niederflurbahnen. Die im Vorjahr mit einem von Freshfields gewechselten Nachwuchspart-

Anwaltszahlen: Angaben der Kanzleien, wie viele Anwälte zu mind. ca. 50 % in diesem Gebiet tätig sind.
Sie spiegeln nicht zwingend die Gesamtgröße einer Kanzlei wider.

ner verstärkte Praxis für Asset-Finanzierungen beriet zudem die Helaba zur Finanzierung von Schienenfahrzeugen, die Dieselloks ersetzen sollen, u. gewann auch neue Mandanten hinzu. Die Chancen, die sich aus vernetzterem Arbeiten über Fachgruppen hinweg ergeben, hat TW in den verg. Jahren zunehmend genutzt, das gilt bei Finanzierungen ebenso wie an der Schnittstelle zwischen der anerkannten IT-Praxis u. Digitalisierungsprojekten bei Verkehrsunternehmen wie den BVG. Der langj. Flughafenspezialist Kämper ging zum Jahreswechsel in den Of-Counsel-Status.

Oft empfohlen: Dr. Michael Brüggemann (Vergaberecht),Prof. Dr. Norbert Kämper („für mich der Beste für Flughafenplanung", Wettbewerber; Öffentl. Recht)

Team: 3 Eq.-Partner, 1 Sal.-Partner, 6 Associates, 1 of Counsel

Schwerpunkte: Beratung von dt. u. auch ausl. Flughäfen, u.a. im ▷*Öffentl. Recht*, aber auch ▷*Vergabe-* u. ▷*Beihilferecht* im Kontext von Flughafendiensten u. Finanzierungsfragen; regelm. Prozessvertretung; zunehmend Hafenregulierung u. neue Mobilitätskonzepte. Sehr gute Kontakte im Luftfahrtsektor auch in den Fachbereichen ▷*Arbeits-* u. ▷*Versicherungsrecht*.

Mandate: Aufgabenträger, Regional- u. Großflughäfen wg. luftrechtl. Genehmigungen u. Fluglärm sowie Konzessionen für Bodenabfertigungsdienste; Circulor zu Konsortium mit 11 Unternehmen bzgl. digitaler Identität für Batterien; Helaba zu Finanzierung von 14 Batteriehybridfahrzeugen für das SPNV Teilnetz Warnow II; Berliner Verkehrsbetriebe lfd. vergaberechtl. zu IT, Microsoft-Lizenzen, B2B-CRM; AMCS (Fahrzeugtechnologie) bei Kauf von Softwareanbieter Quentic; ThyssenKrupp zu Beteiligung an Innovationsinkubator CarValoo; Fraport u.a. zu Verkauf der Beteiligung an chin. Flughafen Xi'an; regelm. BP Europa, Duisburger Hafen, Great Wall Motor, LiangDao, Riese & Müller; BYD Europe vergaberechtl.; Elbclearing bei Ausschreibung von Niedersachsen Ports; Enterprise Rent-a-car u.a. zu div. vermietungsbezogenen Projekten.

WATSON FARLEY & WILLIAMS

Verkehrssektor: Regulierung ★

Verkehrssektor: Finanzierung ★★

Bewertung: WFW steht im Verkehrssektor ähnl. wie Ashurst, Bird & Bird u. K&L Gates v.a. für kombinierte vergabe- u. vertragsrechtl. Beratung. Daraus resultiert insbes. die Arbeit für die Autobahn-Gesellschaft des Bundes. Hier berät das Team insbes. zu Fernstraßen-ÖPP-Projekten sowie zum Ladesäulen-Ausbau. Die Arbeit zu Abwicklung u. Gestaltung langfr. Projektverträge erstreckt sich auch auf den Schienenverkehr. Die Mandatierung einer Zwischenholding von Abellio zur Anpassung u. Fortführung von Verkehrsverträgen zeigt, dass das Team hier präsent ist. Mit dem Mandat von Alstom Transportation gelang ihr der Gewinn eines bemerkenswerten Großmandats im wachsenden Markt für die Beschaffung u. Finanzierung von Schieneninfrastruktur.

Oft empfohlen: Dr. Felix Siebler („kreativ in der Konzeption von Lösungen", Mandant), Dr. Christian Bauer („tiefes fachl. Verständnis, pragmatisch", Wettbewerber)

Team: 5 Eq.-Partner, 1 Counsel, 6 Associates

Schwerpunkte: Vergabe- u. Vertragsrecht im Verkehrssektor, insbes. im Fernstraßen-ÖPP sowie SPNV; Finanzierungsberatung u.a. Rail, Schiffe u. Flugzeuge, Letzteres eher über London; fachübergr. Zusammenarbeit.

Mandate: Alstom Transportation als Bieter im Vergabeverf. um die Beschaffung u. Finanzierung von Schienenfahrzeugen für die S-Bahn Berlin; Die Autobahn des Bundes u.a. zu Konzessionsmodell A5, zu Vertragsabwicklung A6, zu ÖPP-Projektdurchführung A7 u. vergabe-/vertragsrechtl. zu Ladeinfrastrukturausbau; HJS Emission Technology zu Nachrüstung von Busflotten; NS Groep/Abellio zu Anpassung u. Fortführung von Verkehrsverträgen.

WHITE & CASE

Verkehrssektor: Regulierung ★★★

Verkehrssektor: Finanzierung ★★★★★

Bewertung: Im Verkehrssektor zeichnet die Praxis sich durch ihre festen Beziehungen zur Kfz-Industrie aus. U.a. Daimler Truck u. Mercedes-Benz arbeiten bei strateg. Fragen mit der Gruppe um Wimmer zusammen. Geschäftsmodell-relevante regulator. Entwicklungen sowohl im Typengenehmigungsrecht als auch zu Zukunftsthemen begleitet W&C beratend sowie ggf. auch vor dt. u. europ. Gerichten. Ein Verkehrstechnikunternehmen berät das Team, das auch beihilfe-, vergabe- u. vertragsrechtl. Erfahrung hat, zur Lieferung von Zügen im öffentl. Verkehr. An der Seite von Banken u. Investoren, u.a. bei ÖPP-Fernstraßen-Projekten sowie bei der Beschaffung u. Finanzierung von Fahrzeugen, ist zudem die Verzahnung mit dem Finanzierungsteam um Degenhardt ähnlich wie im Energiesektor eingeübt. Das ist u.a. bei Asset-Finanzierungen im schienengebundenen Güterverkehr sowie bei Flugzeug- u. Schiffsfinanzierungen gefragt, wo auch die Restrukturierungsberatung immer wieder eine Rolle spielt.

Stärken: Finanzierungsberatung vernetzt mit Regulierungserfahrung.

Oft empfohlen: Prof. Dr. Norbert Wimmer, Florian Degenhardt

Team: 4 Eq.-Partner, 5 Counsel, 6 Associates

Schwerpunkte: Infrastrukturprojekte zunehmend auf Bieter-, Investoren- oder Bankenseite; ▷*Finanzierungen* aus öffentl.-rechtl. Perspektive (Kommunalrecht, Verfassungsrecht, ▷*Beihilferecht*); Finanzierungen von Verkehrsträgern wie Flugzeuge u. transaktionsbegleitendes Regulierungsrecht (Binnenschifffahrtsrecht); Prozesserfahrung.

Mandate: Deka Bank zu Finanzierung von Verkehrsinfrastruktur (Elektrobusse u. Ladeinfrastruktur) für Üstra Hannoversche Verkehrsbetriebe; Meag, u.a. zur Refinanzierung des brit. Thameslink-Rolling-Stock-Projekts; Verkehrstechnikunternehmen u.a. vergaberechtl. zu Lieferung von Zügen im öffentl. Verkehr; Mercedes-Benz Group, u.a. ggü. KBA zu Typengenehmigung; Daimler Truck umf. regulator. im Dieselkomplex u. zu regulator. Zukunftsthemen; Unternehmen als Verkäufer u. Leasingnehmer bei Eisenbahn-Finanzierungen; UniCredit zu Finanzierung, Projektverträgen sowie Ausstieg eines Sponsors aus der A8-Projektgesellschaft; lfd. Aeroméxico.

Anwaltszahlen: Angaben der Kanzleien, wie viele Anwälte zu mind. ca. 50% in diesem Gebiet tätig sind. Sie spiegeln nicht zwingend die Gesamtgröße einer Kanzlei wider.

Steuern – Konzern-, Transaktions-, Finanzsteuerrecht

Krisenresistent – trotz allem

Die steuerrechtlich beratende Zunft präsentiert sich in Anbetracht der Polykrisen, die die Wirtschaft erschüttern, bemerkenswert robust. Das Geschäft der steuerlichen und steuerrechtlichen Beratungshäuser und Kanzleien brummt sogar. Zwar ist mit dem Rückgang von Transaktionen vielen Gesellschaften ein Stück ihrer Kerntätigkeit weggebrochen, zumindest in Bezug auf Deals mit Immobilienbezug und aus dem Large-Cap-Segment. Transaktionsnahes Geschäft wie Umstrukturierungen, damit zusammenhängende Verschmelzungen und Formwechsel, Carve-outs und Joint Ventures gab es aber gerade wegen der ganzen Krisen zuhauf. Egal, ob WP- und Steuerberatungsgesellschaft oder Wirtschaftsanwaltskanzlei: Sie alle verdienen gut daran, dass sich Unternehmen – ob Konzern oder Mittelstand – starkem Veränderungsdruck ausgesetzt sehen.

Hinzu kommt, dass sich die regulatorischen Rahmenbedingungen – getrieben von Politik und OECD – immer stärker verändern und damit die Anforderungen an (weltweite) steuerliche Compliance-Projekte größer werden. Während die Beratung zu DAC 6 zwar noch nach wie vor präsent, wenn auch stark hinter den Erwartungen der Behörden und Beratungsgesellschaften zurückgeblieben ist, steht mit DAC 7, der Meldepflicht für Plattformbetreiber, schon die nächste Maßnahme der EU-Amtshilferichtlinie ins Haus. Noch ist sie kein Riesenthema im Markt, aber es ist nur eine Frage der Zeit, bis sich das ändert. Auch hier werden Wirtschaftskanzleien punktuell hinzugezogen, in Stellung bringen sich aber vor allem die Big-Four- und Next-Seven-Gesellschaften.

Genauso sieht es bei dem noch viel größeren Thema Pillar II aus. Die globale Mindestbesteuerung wirft ihre Schatten immer weiter voraus. Lange Zeit war unklar, ob und in welcher Ausgestaltung sie kommt. Doch jetzt ist klar: Noch dieses Jahr sollen die Staaten die EU-Richtlinie in nationale Gesetze gießen. Damit haben die Unternehmen das nächste, wenn nicht gar das größte steuerliche Compliance-Projekt aller Zeiten vor der Brust – zumindest solche, die mindestens auf einen Umsatz von 750 Millionen Euro kommen. Primär werden die großen Prüfungsgesellschaften gefragt sein, aber auch die Wirtschaftskanzleien werden im Spiel sein: „Punktuell und wenn es komplex wird, werden wir auch eingespannt", sagt der Partner einer deutschen Sozietät. Die Big-Four-Gesellschaften und **WTS** nehmen hier eine marktführende Position ein. Wenn es allerdings um steuerjuristische Spitzfindigkeiten bei der Ausgestaltung der Pillar-II-Maßnahmen geht, kommen in der Regel auch die Steuerrechtler ins Spiel. Dass das Thema zudem strittig wird, darüber ist sich der Markt schon jetzt einig.

Gemischte Bilanz bei Deals

Zudem sorgte selbst das schwächelnde Transaktionsgeschäft zuletzt kaum für Sorgenfalten auf den Gesichtern von Steuerberatern und Steuerjuristen. Dabei waren 2022/23 die großen Deals praktisch verschwunden, Transaktionen im Small- und Mid-Cap-Bereich beschäftigten die steuerlichen Experten jedoch kontinuierlich weiter. Gefragt waren in dieser Phase vor allem Kanzleien wie **Heuking Kühn Lüer Wojtek**, **Noerr**, **Rödl & Partner** und **Ebner Stolz Mönning Bachem**.

Harte Einbrüche gab es hauptsächlich im Immobiliensektor, der weitgehend brach lag und noch immer liegt. Natürlich gab es hier und da Immobiliendeals, aber die Unsicherheit im Markt sowie das schwierige Finanzierungsumfeld hatten massiven Einfluss auf das Geschäft im Real-Estate-Sektor – und somit auch auf Steuerpraxen von Kanzleien und Gesellschaften, die sich stark in diesem Umfeld bewegen. Zu spüren bekamen das **Clifford Chance**, **DLA Piper**, **King & Spalding** und **White & Case**, aber auch **PricewaterhouseCoopers** – um nur einige zu nennen.

Das Gros der Beratenden berichtete dennoch, dass es 2022 umsatztechnisch zulegen konnte – und das im Vergleich zum goldenen Vorjahr 2021. Das Geschäft hat sich bis zu einem gewissen Grad verschoben. Immobiliensteuerexperten hatten – je nach Geschäftsmodell – mit der Grundsteuer zu tun, mit Bewertungen von Immobilien, mit streitigen Fragen oder mit Restrukturierungen, die sich aus dem geänderten Zinsumfeld speisten.

Weiterführende Inhalte

Auf den folgenden Seiten bieten wir Ihnen ausgewählte Rankings sowie Erläuterungen zu aktuellen Entwicklungen im Markt der Steuerrechtsberater.

Detaillierte Analysen und Bewertungen von Kanzleien und Steuerberatungsgesellschaften finden Sie in gewohnter Qualität im gedruckten JUVE-Handbuch Steuern oder unter **www.juve-steuermarkt.de/juve-rankings/berater/**.

Dort finden Sie zudem weitere Rankings, und zwar zu Verrechnungspreisen, Umsatzsteuer, Zoll und Verbrauchssteuern, Personenbezogenen Unternehmenssteuern sowie Prozessvertreter bei Steuerstreitigkeiten und Berater für Vermögende Privatpersonen. Außerdem halten wir Sie auf der Website und mit unserem zweiwöchigen Newsletter mit Nachrichten und Hintergrundberichten auf dem Laufenden.

Die Rankings in diesem Abschnitt entsprechen denen im **JUVE Handbuch Steuern**, das im Frühjahr 2023 erschienen ist.

Auf die richtige Mandantschaft kommt es an

Wer die richtige Mandantschaft hatte, lebte ohnehin auch weiter ganz ordentlich vom Transaktionsgeschäft. Strategische Investoren mit ausreichend Eigenkapital waren durchaus fast die ganze Zeit über in Shopping-Laune. Der Trackrecord in Bezug auf die – auch steuerliche – Beratung von M&A-Transaktionen war bei Kanzleien wie

CMS Hasche Sigle, **Noerr**, **Baker Tilly**, **Ebner Stolz Mönning Bachem**, **Latham & Watkins** oder **Hengeler Mueller** zuletzt wieder mehr als beachtlich.

Für die Berater von Finanzinvestoren, darunter etwa **Clifford Chance** und **Poellath**, lief es zwar etwas weniger rund, doch jammerten sie auf recht hohem Niveau: Immerhin war 2022 nach dem Rekordjahr 2021 noch immer das Jahr mit den meisten deutschlandbezogenen Private-Equity-Deals seit 1980.

Die Stunde der Family Offices

Zudem hat spätestens jetzt die Stunde der Family Offices geschlagen. Auch sie wollen investieren und sind zunehmend an Unternehmenskäufen beziehungsweise Beteiligungen interessiert. Ihr Vorteil: Family Offices verfügen über genug Eigenkapital und können völlig losgelöst vom jeweils aktuellen Zinsniveau Einkäufe tätigen. Einige Steuerpraxen wie die von **King & Spalding** haben sich zuletzt verstärkt gen Family Offices orientiert, andere wie **Ebner Stolz Mönning Bachem**, die inzwischen als Mitglied von RSM International auch grenzüberschreitend den MDP-Schulterschluss sucht, oder **BDO** beraten diese ohnehin schon länger – und zuletzt auch vermehrt bei Transaktionen. Noch bleibt dieses Beratungsfeld aber eine Nische.

Dem Nischendasein entwachsen sind hingegen Infrastrukturdeals. Kaum eine Einheit, die nicht zu dem Thema berät – oder dies zumindest oben auf der Agenda hat. Vor allem das Riesenthema Environmental Social Governence (ESG) wirft mit den jüngsten Infrastrukturthemen rund um Energie- und Mobilitätswende schon seinen Schatten voraus.

Herausforderungen für Fonds

Eine entscheidende Rolle nicht nur beim Umbau der Wirtschaft spielt die Finanzierung. Die steuerliche Beratung von Banken, Versicherern und Investmentgesellschaften bietet mehr Herausforderungen denn je: Der Dokumentationsaufwand für Finanzanlagen steigt stetig, die Regeln für Fondsinvestments und -gesellschaften werden diffiziler, die Finanzbehörden vor allem im Nachgang zu Cum-Ex immer rigider. Für Beratungshäuser heißt dies: Steuergestaltung ist Pflicht, aber ohne Compliance-Kompetenz ist alles nichts.

Fonds boomen ungebrochen, denn Geld ist vorhanden und will angelegt werden. Das Problem: Die steuerlichen Herausforderungen und Unsicherheiten für Fonds, egal, ob klassische Wertpapierfonds oder Alternative Investmentfonds (AIF), steigen stetig. So hat die Szene beispielsweise lange auf einen Anwendungserlass zum Außensteuergesetz (AStG) gewartet, der die Regeln für Beteiligungen deutscher Investoren an ausländischen Fonds mit Blick auf eine mögliche Beherrschungssituation in den als Personengesellschaften strukturierten Fonds konkretisiert. Aktuell herrscht hier viel Unklarheit. Zur Sicherheit werden nun reihenweise AStG-Erklärungen abgegeben. Die Compliance-Anforderungen steigen und mit ihnen der Bedarf für technologische Lösungen in Beratungshäusern.

Parallel dazu wird das Leben auch für Fondsgesellschaften selbst schwieriger. Hinter dem Stichwort ‚Verhinderung von Steuervermeidung' verbirgt sich ein ganzer Strauß an Entwicklungen. Ausgerechnet in der deutschen Hochburg der Beteiligungsgesellschaften, in München, stößt sich die Verwaltung an bestimmten Fondsstrukturen. Die Behörden unterstellen, dass sich der tatsächliche Sitz der Geschäftsleitung ausländischer Fonds gar nicht in Luxemburg oder Offshore-Ländern befindet, sondern hierzulande, mit

Konzernsteuern – steuerrechtliche Gestaltungs- und Projektberatung

Kanzlei	Standorte
★★★★★	
Flick Gocke Schaumburg	Berlin, Bonn, Düsseldorf, Frankfurt, Hamburg, München, Stuttgart
Freshfields Bruckhaus Deringer	Düsseldorf, Frankfurt, Hamburg, München
Linklaters	Düsseldorf, Frankfurt, München
★★★★	
Milbank	München
★★★	
Baker McKenzie	Frankfurt, München
Baker Tilly	Berlin, Dortmund, Düsseldorf, Leipzig, München, Nürnberg, Stuttgart
Gleiss Lutz	Frankfurt, Hamburg, Stuttgart
Hengeler Mueller	Frankfurt, München
Noerr	Berlin, Düsseldorf, München
★★	
Allen & Overy	Frankfurt, München
Clifford Chance	Frankfurt
CMS Hasche Sigle	Berlin, Düsseldorf, Frankfurt, Hamburg, München, Stuttgart
Dentons	Berlin, Frankfurt
DLA Piper	Frankfurt
Ebner Stolz Mönning Bachem	Hamburg, Köln, Stuttgart
McDermott Will & Emery	Frankfurt, München
★	
Advant Beiten	Düsseldorf, Frankfurt
GLNS	München
GvW Graf von Westphalen	Frankfurt
Heuking Kühn Lüer Wojtek	Düsseldorf, Frankfurt, Hamburg
Rödl & Partner	Hamburg, München, Nürnberg, Stuttgart
SZA Schilling Zutt & Anschütz	Frankfurt, Mannheim

Die Auswahl von Kanzleien und Personen inRankings und tabellarischen Übersichten istdas Ergebnis umfangreicher Recherchen der JUVE-Redaktion. Sie ist in 2erlei Hinsicht subjektiv: Die Aussagen der befragten Quellen sind subjektiv u. spiegeln deren Erfahrungen u. Einschätzungen. Die JUVE-Redaktion wiederum analysiert die Rechercheergebnisse unter Einbeziehung ihrer eigenen Marktkenntnis. Der JUVE Verlag beabsichtigt keine allgemeingültige oder objektiv nachprüfbare Bewertung. Es ist möglich, dass eine andere Recherchemethode zu anderen Ergebnissen führt. Innerhalb einzelner Gruppen in Rankings und tabellarischen Übersichten sind Kanzleien und Personen alphabetisch sortiert.

der Folge einer umfassenden Steuerpflicht in Deutschland – und der Gefahr, dass einzelne Fondsmanager wegen Steuerhinterziehung verfolgt werden. Hier sind Fondsexperten gefragt, die Strukturen künftig rechtssicherer zu gestalten, aber auch Steuerverfahrens- und -strafrechtler, um vergangene Strukturen zu verteidigen.

Aufgeschreckt von Cum-Ex betrachten Finanzbehörden zudem alle ähnlichen Konstruktionen mit Argusaugen: angefangen von Cum-Cum über American Depository Receipts (ADRs) bis hin zu Cum-Folgetransaktionen, in denen verschachtelte Aktiengeschäfte zwischen In- und Auslandsbanken im Fokus stehen, die kaum noch nachzuvollziehen sind.

Für Steuerberatungskanzleien eröffnen sich nicht enden wollende Arbeitsfelder. Diejenigen, die auf die interne Aufbereitung von Cum-Strukturen und den Umgang mit Finanzbehörden spezialisiert sind, arbeiten seit Jahren unter Volllast, allen voran Anwaltskanzleien wie **Allen & Overy**, die mit der Aufnahme eines Quereinsteigers von **Jones Day** sogar noch intensiver involviert ist, **Clifford Chance** oder **Linklaters**. Und daran wird sich wohl auch auf absehbare Zeit wenig ändern.

Trübe Aussichten beim Personal

An Arbeit mangelt es also nicht, wohl aber an geeignetem Personal. Der Fachkräftemangel spitzt sich immer mehr zu. Alle ächzen darunter, ganz gleich, auf welchem Level die Kanzleien und Gesellschaften suchen. Es fehlt einfach an allen Ecken und Enden – vor allem aber auf Ebene der Steuerfachangestellten und -assistenten.

Aber auch die beratende Zunft tut sich schwer. Die boomende Branche der Steuerberatung ist eher eine Boomer-Beratung. Allerdings gilt wie auch bei den Anwälten: Die Herausforderungen durch Internationalisierung, Abkehr von Globalisierung zu Regionalismus, Wandel von Freihandel zu Protektion, Nachhaltigkeit statt ungezügeltem Wachstum, Energie- und Mobilitätswende, Digitalisierung und Vernetzung, Arbeitsteilung und Diversität sind vor allem Themen der jüngeren Generation, die ihre Bedürfnisse berücksichtigt

Transaktionssteuern – steuerliche Vertragsgestaltung

Kanzlei	Standorte
★★★★★	
Freshfields Bruckhaus Deringer	Düsseldorf, Frankfurt, Hamburg, München
Linklaters	Düsseldorf, Frankfurt, München
★★★★	
Clifford Chance	Frankfurt
Gleiss Lutz	Frankfurt, Hamburg, Stuttgart
Hengeler Mueller	Frankfurt, München
Latham & Watkins	München
Milbank	München
Noerr	Berlin, München
★★★	
Allen & Overy	Frankfurt
Baker McKenzie	Frankfurt
CMS Hasche Sigle	Berlin, Frankfurt, Hamburg, München, Stuttgart
Flick Gocke Schaumburg	Berlin, Bonn, Frankfurt, Hamburg, München
Hogan Lovells	Düsseldorf, München
Poellath	Berlin, München
★★	
DLA Piper	Frankfurt
Ebner Stolz Mönning Bachem	Hamburg, Köln, Stuttgart
McDermott Will & Emery	Frankfurt, München
White & Case	Frankfurt
★★	
Baker Tilly	Berlin, Hamburg, Leipzig, München, Stuttgart
BRL Boege Rohde Luebbehuesen	Berlin, Hamburg
Dentons	Berlin, Frankfurt
Heuking Kühn Lüer Wojtek	Düsseldorf, Frankfurt, Hamburg, München
Luther	Frankfurt, Hannover, München
Skadden Arps Slate Meagher & Flom	Frankfurt
Weil Gotshal & Manges	Frankfurt, München
Willkie Farr & Gallagher	Frankfurt
Ypog	Berlin, Hamburg, Köln
★	
Advant Beiten	Düsseldorf, Frankfurt
AHB Arends Hofert Bergemann	Hamburg
Cleary Gottlieb Steen & Hamilton	Frankfurt
Eversheds Sutherland	Düsseldorf, München
GLNS	München
Görg	Köln
GSK Stockmann	Frankfurt, München
GvW Graf von Westphalen	Frankfurt
Honert	München
King & Spalding	Frankfurt
Norton Rose Fulbright	Frankfurt
PKF Fasselt	Duisburg, Braunschweig
Renzenbrink & Partner	Hamburg
Rödl & Partner	München, Nürnberg, Stuttgart

Die Auswahl von Kanzleien und Personen in Rankings und tabellarischen Übersichten ist das Ergebnis umfangreicher Recherchen der JUVE-Redaktion. Sie ist in 2erlei Hinsicht subjektiv: Die Aussagen der befragten Quellen sind subjektiv u. spiegeln deren Erfahrungen u. Einschätzungen. Die JUVE-Redaktion wiederum analysiert die Rechercheergebnisse unter Einbeziehung ihrer eigenen Marktkenntnis. Der JUVE Verlag beabsichtigt keine allgemeingültige oder objektiv nachprüfbare Bewertung. Es ist möglich, dass eine andere Recherchemethode zu anderen Ergebnissen führt. Innerhalb einzelner Gruppen in Rankings und tabellarischen Übersichten sind Kanzleien und Personen alphabetisch sortiert.

sehen möchte. Teilzeitpartnerschaften sucht man aber gerade bei den kleineren und mittleren MDPs häufig vergebens, genauso wie einen signifikanten Anteil von Frauen in der Equity-Partnerschaft.

Dabei hängen Diversität und Modernität häufig zusammen. Speerspitze gerade der technologischen Entwicklungen in den Bereichen Tax Tools, Tax Technologie und steuerliche Prozessberatung sind die Big-Four-Gesellschaften. Diese haben in der Partnerschaft wie auf Senior-Manager-Ebene oft einen höheren Frauenanteil als die klassischen mittelständischen MDPs. Das hängt mit der zunehmenden Arbeitsteilung zusammen, die die Partnerrolle in den großen Gesellschaften entscheidend verändert hat, nämlich vom Einzelkämpfer mit Untergebenen hin zum Manager mit gleichrangigen Kollegen.

Die Folge ist eine stärkere Arbeitsteilung. Die Position eines Partners in einer Beratungsgesellschaft wird immer mehr zu der eines Scharniers in Richtung Mandant. Damit entwickeln sich die Steuerberatungen zunehmend in Richtung der Arbeitsweise großer Dienstleistungsunternehmen und weg vom Selbstverständnis einer Partnerschaftsgesellschaft selbstständiger Berufsträger.

Finanzsteuern – produktfokussierte Beratung der Finanzindustrie

Kanzlei	Standorte
★★★★★	
Clifford Chance	Frankfurt
Linklaters	Frankfurt, München
★★★★	
Allen & Overy	Frankfurt
Poellath	Berlin, Frankfurt, München
Ypog	Berlin, Hamburg, Köln
★★★	
Flick Gocke Schaumburg	München
Hengeler Mueller	Frankfurt
Noerr	Frankfurt, München
WTS	Frankfurt
★★	
Baker McKenzie	Frankfurt
CMS Hasche Sigle	Frankfurt, München
Freshfields Bruckhaus Deringer	Frankfurt
Hogan Lovells	Düsseldorf, München
★	
GSK Stockmann	Frankfurt, München
Simmons & Simmons	Frankfurt
White & Case	Frankfurt

Die Auswahl von Kanzleien und Personen in Rankings und tabellarischen Übersichten ist das Ergebnis umfangreicher Recherchen der JUVE-Redaktion. Sie ist in 2erlei Hinsicht subjektiv: Die Aussagen der befragten Quellen sind subjektiv u. spiegeln deren Erfahrungen u. Einschätzungen. Die JUVE-Redaktion wiederum analysiert die Rechercheergebnisse unter Einbeziehung ihrer eigenen Marktkenntnis. Der JUVE Verlag beabsichtigt keine allgemeingültige oder objektiv nachprüfbare Bewertung. Es ist möglich, dass eine andere Recherchemethode zu anderen Ergebnissen führt. Innerhalb einzelner Gruppen in Rankings und tabellarischen Übersichten sind Kanzleien und Personen alphabetisch sortiert.

High-Tech treibt den Wandel

Eine Triebfeder, die auch diese Entwicklung erheblich beschleunigt, ist die Digitalisierung. Hier erlebt die Branche, die im Großen und Ganzen der Anwaltschaft ein gutes Stück voraus ist, eine Welt der multiplen Geschwindigkeiten: Während für die einen Digitalisierung ein Synonym für papierlos darstellt, installieren andere Robotic-Systeme mit vollem Echtzeitzugriff auf ERP-Daten in ihrer gesamten Tiefe. Mittels KI können komplexe zollrechtliche Szenarien durchgespielt und eine Lieferkette sanktions- und rechtssicher aufgebaut werden – unter Einbeziehung betriebswirtschaftlicher Entscheidungskriterien.

Und auch andernorts steigen die Compliance-Anforderungen – und damit auch der Bedarf an technologischen Lösungen in Beratungshäusern. **KPMG** ist eine milliardenschwere Kooperation mit Meta eingegangen. Sowohl **Allen & Overy** als auch **PricewaterhouseCoopers** haben den Schulterschluss mit Open AI, der Firma hinter ChatGPT, gesucht. Die Arbeit mit dem Sprachmodell Harvey soll zumindest bei PwC mittelfristig auch großen Einfluss auf die konzernsteuerliche Beratung haben. Nicht umsonst investiert die Big-Four-Gesellschaft allein in den USA eine Milliarde Dollar und in Europa zusätzlich mehrere hundert Millionen Euro in die Kooperation. Damit sollen in Zukunft vollautomatisch Vertragsentwürfe, Steuerdeklarationen, Steuerklauseln in Kaufverträgen, Gutachten und Stellungnahmen erstellt werden können. Auch Mandanten sollen einen anderen Zugriff auf ihre bisherige Steuer- und Rechtspraxis erhalten. Damit wird sich erneut das Arbeitsbild eines Steuerexperten entscheidend wandeln: von jemandem, der es gewohnt ist, die richtigen Antworten zu geben, zu jemandem, der in der Lage ist, der KI die richtigen Fragen zu stellen – und die gegebenen Antworten richtig zu evaluieren und zu bewerten.

Konzernsteuern: Das Ranking erfasst Kanzleien, die bei der Gestaltung konzernsteuerrechtlicher Strukturen beraten, etwa durch Umstrukturierungen, ggf. auch vor oder nach einer M&A-Transaktion oder Börsengängen, die Steuerplanung mit Holdinggesellschaften im In- und Ausland sowie die Verlagerung von Unternehmensfunktionen.

Transaktionssteuern: Das Ranking erfasst Kanzleien, die bei der steuerlichen Strukturierung von Transaktionen sowie deren vertraglicher Umsetzung beraten. Zudem finden besondere Kompetenzen bei der Tax Due Diligence und ggf. bei Financial Advisory Erwähnung. Im Mittelpunkt steht die Beratung bei den gängigen Transaktionstypen.

Finanzsteuern: Das Ranking erfasst Kanzleien, die Finanzdienstleister, Kapitalverwaltungsgesellschaften, Investoren und Unternehmen finanzsteuerlich beraten. Projekte sind u.a. Fondsstrukturierung, die steuerliche Strukturierung von Fondsinvestments, die Begleitung von Emissionen und von Kredit-, Akquisitions- und Projektfinanzierungen. Auch Compliance-Beratung und finanz- und/oder zivilrechtliche Prozessvertretung spielen eine Rolle.

Technologie und Medien

Die neue Evolutionsstufe von Daten

Spätestens seit im Frühjahr 2023 ChatGPT die Öffentlichkeit damit überrumpelte, was künstliche Intelligenz (schon) kann, geht es in der Rechtsberatung rund um Digitales nicht mehr nur um personenbezogene Daten und deren Monetarisierung. Wer hat das Eigentum an Daten und wer darf sie wofür nutzen? Die Tür zu KI-Entwicklungen hat sich weit geöffnet und Unternehmen arbeiten an ausgeklügelten Datenstrategien. Immer häufiger finden sich Konkurrenten der gleichen Branche zusammen, um mithilfe von Datenpools und KI die Entwicklungsarbeit und Forschung gemeinsam voranzutreiben. Kanzleien wie **Gleiss Lutz** beraten schon jetzt dazu Bosch im Automobilsektor und **Schürmann Rosenthal Dreyer** das RKI im Gesundheitswesen. Auf EU-Ebene will der Gesetzgeber schnell sein und brachte den KI-Act in den Trilog von Kommission, Parlament und Ministerrat ein. So könnte 2024 bereits ein europaweit gültiger Rahmenkatalog für KI in Kraft treten.

Dabei ist die Pipeline an EU-Regelungsvorhaben für Europas digitale Agenda bereits prall gefüllt: Die Vielzahl an Regelungen rund um den Digital Service Act (DSA), Digital Markets Act (DMA), Data Act u.v.m. bringen große Herausforderungen und viel Arbeit für die Rechtsabteilungen mit sich. Unterstützung finden die Rechtsabteilungen regulatorisch insbesondere bei **Hengeler Mueller**, aber auch die großen Einheiten von **CMS Hasche Sigle**, **Taylor Wessing**, **Osborne Clarke** oder **Freshfields Bruckhaus Deringer** bringen erfahrene Teams mit. Ihr Know-how der regulatorischen Grenzen bei neuen und bestehenden Produkten macht sie zu gefragten Beratern der Digitalökonomie.

Geburtstag der DSGVO

Auch fünf Jahre nach Inkrafttreten der DSGVO sind die Datenschutzexperten gefragt wie nie. Inzwischen verhängen die europäischen Datenschutzbehörden immer mehr empfindliche Strafen. Das 1,2-Milliarden-Euro-Bußgeld gegen Meta, das die irische Strafbehörde im Frühjahr 2023 verhängte, verdeutlichte dies nochmals. Immer öfter sind Kanzleien wie **Latham & Watkins** oder **Noerr** für ihre Mandanten vor den Verwaltungs- und Zivilgerichten aktiv. Ging es nach Inkrafttreten der DSGVO nur um Bußgelder, beschäftigen die Verstöße mittlerweile auch die Zivilgerichte, wenn es um Schadensersatzansprüche geht. Die Rechtsprechung führt Schritt für Schritt zur Klarheit, auch vor dem EuGH, etwa beim Thema Schadensersatz. So entschied der EuGH zuletzt in einem aus Österreich kommenden Verfahren, dass zwar keine Erheblichkeitsschwelle besteht, ein Schaden allerdings nachgewiesen werden muss.

Volle Schreibtische bei den Kanzleien erzeugten die internationalen Datentransfers, die nahezu jedes Unternehmen betreffen. Teams aus international aufgestellten Kanzleien kommen regelmäßig bei Mandaten dieser Art zum Zuge, darunter **Hogan Lovells** und **Greenberg Traurig**. Aber auch kleine spezialisierte Einheiten können sich über passgenaue Gutachten profilieren, beispielsweise **CSW**, **Gierschmann** oder die noch junge Boutique **Baumgartner Baumann**.

Belastbare und vor allem sichere IT-Systeme sind unumgänglich. Dabei stehen IT-Outsourcings weiterhin als effiziente Lösung hoch im Kurs. Die nötige Erfahrung mit teils komplexen

JUVE KANZLEI DES JAHRES FÜR TECHNOLOGIE UND MEDIEN

HENGELER MUELLER

Das TMT-Team von Hengeler Mueller überzeugt immer mehr Plattformbetreiber mit ihrem exzellent aufgestellten Team, das die medien- und kartellrechtlichen Hürden der Digitalökonomie tief durchdringt. Kaum eine andere Kanzlei ist für die europäische Digitalregulierung so gut gewappnet wie sie. Mandanten loben die „rechtsgebietsübergreifende und strategische Kompetenz in komplexesten Rechtsstreitigkeiten" und sind überzeugt, dass dies „eine konkurrenzlose Kombination" ist.

Hengeler kämpft auf bemerkenswert breiter Front vor deutschen und europäischen Gerichten und unterstützt ihre Mandanten bei der Wahrung der Geschäftsmodelle. Ein Coup gelang ihr mit dem Mandat von Amazon, die sich nun mit HM gegen den DSA und die Entscheidung der EU-Kommission zur Einstufung als VLOP wehrt. Den Bitkom wiederum vertritt sie im Gesamtvertragsverfahren um Musikstreaming, und auch Google vertraut dem Team zentrale Themen an: Als Lead Counsel spielt das Team in einer Verfassungsbeschwerde in Bezug auf die noch junge Urheberrechtsrichtlinie eine prägende Rolle. Bei der Markteinführung des Google News Showcase profilierte sich die Kanzlei ebenfalls und erweiterte die Beziehung auf die US-Muttergesellschaft Alphabet.

Konsequent verfolgt die Kanzlei diesen Kurs weiter. Der Wechsel von **Dr. Albrecht Conrad** in das Londoner Büro ist dabei ein wichtiger Baustein: Ihm gelingt es zunehmend, die Achse USA – Großbritannien – Berlin zu stärken. Damit ist der Grundstein gelegt, um als Berater im wachsenden Feld der europäischen Digitalregulierung bei entscheidenden Mandatsgebern präsent zu sein. Dass einer von diesen bereits Nachwuchsanwälte positiv hervorhebt, unterstreicht die Nachhaltigkeit, mit der Hengeler das Team aufstellt.

Verhandlungen und Vertragskonstruktionen haben Kanzleien wie **Noerr**, aber auch **Gleiss Lutz** oder **White & Case**, **Baker McKenzie** und **DLA Piper**. Sie bringen zusätzlich sektorspezifisches Wissen etwa aus dem hoch regulierten Finanz- oder Gesundheitswesen oder der Industrie mit.

Software als Service

Unternehmen investieren in die technische Infrastruktur genauso wie in die Anwendungssoftware. Software-as-a-Service hat sich durchgesetzt und die Cloud ist nicht mehr wegzudenken. So braucht es weiterhin auch in der flächendeckenden Breite Experten, die für die verschiedenen Digitalisierungsinitiativen ihrer Mandanten IT-Verträge verhandeln. Gerade für die mittelständische Mandantschaft sind Kanzleien wie **Heuking Kühn Lüer Wojtek**, **Heussen**, **Luther** oder **FPS Fritze Wicke Seelig** aufgrund ihrer jahrelangen Erfahrung prädestiniert. Auch die öffentliche Hand schreitet zunehmend in eine digitale Zukunft. Expertenteams von **Redeker Sellner Dahs** und **GvW Graf von Westphalen**, die IT-Recht, Datenschutz und Vergaberecht zusammenbringen, sind gefragt.

Berichtete so manch eine M&A-Praxis im vergangenen Jahr von Phasen, in denen Transaktionen seltener waren, so sind und waren technologielastige Transaktionen nach wie vor zahlreich. Dieses Metier bleibt fest in Händen der Großkanzleien wie **Freshfields Bruckhaus Deringer**, **Gleiss Lutz** und **Latham & Watkins**.

Die personellen Entwicklungen im IT- und Datenrecht verstärkten zuletzt den Druck auf Kanzleien, renommierte Berater in diesem Bereich mit an Bord zu haben. Die Wechsel von Dr. Holger Lutz zu **Clifford Chance** und von Dr. Alexander Duisberg zu **Ashurst** machten dies mehr als deutlich: Beide Kanzleien haben bislang keine IT- oder Datenrechtspraxis vorzuweisen.

Medienplattformen im Sturm der Regulierung

Für die Medienhäuser und Plattformbetreiber haben die vielfältigen EU-Regulierungsaktivitäten nachhaltige Folgen. Der DMA und schon jetzt der DSA binden bereits seit einiger Zeit viele Kapazitäten in den Rechtsabteilungen. Mit Spannung erwarteten Marktteilnehmer die Bekanntgabe der Plattformen, die als ‚very large' eingestuft wurden. Die jetzt bekannten 17 Plattformen und zwei Suchmaschinen unterliegen noch strengeren Regeln und Pflichten. Bei deren Umsetzung sind ebenfalls breit aufgestellte TMT-Teams gefragt; so konnten sich **Osborne Clarke**, **CMS Hasche Sigle** oder **Taylor Wessing** profilieren.

Content aller Art bleibt eine heiß begehrte Ware. Immer mehr Streaminganbieter strömen auf den deutschen Markt. So waren etwa **CMS Hasche Sigle** und **Brehm & v. Moers** am Launch von Paramount+ in Deutschland beteiligt. Aber auch Platzhirsche wie Amazon oder Netflix fragen viel Beratung für die vertragliche Ausgestaltung ihrer zahlreichen Produktionen nach, wo nach wie vor **SKW Schwarz** und **Greenberg Traurig** stark vertreten sind. Gleichzeitig wachsen ihre Rechtsabteilungen, während die privaten TV-Sender, etwa ProSiebenSat.1, immer weiter schrumpfen. Neben **Greenberg Traurig** ist ebenso **Morrison & Foerster** gerade bei internationalen Projekten dank ihrer starken US-Präsenz gefragt. Bei **Noerr** wiederum steht eine Neuaufstellung mit einem stärkeren Fokus auf das digitale Business an. Weiter spielen Boutiquen wie **Lausen**, **Unverzagt** oder **Brehm & v. Moers** eine zentrale Rolle in der Filmlandschaft. Letztere ist neben **Graef**, **Taylor Wessing** und **Osborne Clarke** auch stark in der Games-Branche verwurzelt.

Presserechtler müssen umdenken

Das Zerbrechen des Traditionshauses Gruner + Jahr hat die Verlagsbranche in einen Schockzustand versetzt und noch mal verdeutlicht, wie gebeutelt die Verlagswelt durch Krisen und Digitalisierung ist. Branchengrößen wie Springer, Burda oder Bauer setzen zwar weiterhin auf ihre vertrauten Experten bei etwa **KNPZ**, **DLA Piper**, **CMS** oder **Raue**, doch die Entwicklungen beschleunigen den Prozess, dass die meisten traditionellen Verlagsberater inzwischen auch aufseiten der Betroffenen auftreten. Noch können sie jedoch den renommierten Betroffenenberatern von **Nesselhauf** oder **Schertz Bergmann** nicht das Wasser reichen.

Die Bewertungen behandeln Kanzleien, die ihre Mandanten im Kontext von Digitalisierungsprozessen begleiten. Dazu zählen die Beratung im ▷*IT-Recht* auf der technischen Seite und die Beratung zum Datenschutz und damit verbundener Litigation. Teil des Datenrechts sind auch Fragen zu Datenstrategien, -nutzung u. -eigentum genauso wie die Datensicherheit. Auf der inhaltlichen Seite beraten Kanzleien im ▷*Medienrecht*. Mit der Zulässigkeit der Verbreitung von Presseerzeugnissen befasst sich das ▷*Presse- und Äußerungsrecht*. Durch das Zusammenwachsen von Inhalten und Technologie bestehen inzwischen enge Verbindungen, auch zum ▷*Telekommunikationsrecht*.

AI & Data Regulation: datengetriebene Use Cases und KI-Projekte strategisch planen und umsetzen

Von Kathrin Schürmann und Philipp Müller-Peltzer, Schürmann Rosenthal Dreyer Rechtsanwälte, Berlin

Kathrin Schürmann

Kathrin Schürmann, ist Partnerin der Technologiekanzlei Schürmann Rosenthal Dreyer Rechtsanwälte und spezialisiert auf das IT- und Datenschutzrecht. Ein Fokus ihrer beratenden Tätigkeit liegt in den Bereichen Digital Business, Technologie und Medien. Als Datenschutzexpertin betreut sie nationale und internationale Mandanten bei der Einführung und Entwicklung neuer (digitaler) Geschäftsmodelle.

Philipp Müller-Peltzer

Philipp Müller-Peltzer ist Rechtsanwalt und Partner der Technologiekanzlei Schürmann Rosenthal Dreyer Rechtsanwälte und spezialisiert auf das Datenschutz-, IT-Recht und Digitales Business. Er berät Mandanten bei der rechtskonformen Umsetzung und Konzeptionierung digitaler Geschäftsmodelle. Ein Schwerpunkt seiner Tätigkeit liegt in der Bewertung und Ausarbeitung von Datenverarbeitungsvorgängen, wobei er sich zuletzt auf die datenschutzrechtliche Ausgestaltung von KI- und Advanced Analytics Anwendungen spezialisiert hat.

Schürmann Rosenthal Dreyer Rechtsanwälte bietet Rechtsberatung in allen Bereichen des Digital Business. Zu den Kernkompetenzen gehören insbesondere das IT- und Datenrecht. Hier unterstützt SRD Unternehmen bei der Konzeption einschlägiger Datenstrategien zur Einhaltung der europäischen Technikregulierung. Von zunehmender Bedeutung sind dabei KI-getriebene Geschäftsmodelle, die eine rechtskonforme Nutzung ermöglichen.

Kontakt
Schürmann Rosenthal Dreyer Rechtsanwälte
www.srd-rechtsanwaelte.de
office@srd-rechtsanwaelte.de
T +49 (0)30 21 30 02 80

Datengetriebene Projekte und insbesondere die Entwicklung oder das Fine-Tuning von KI-Systemen, bieten Unternehmen Chancen für Arbeits- und Prozessoptimierungen und können relevante Mehrwerte schaffen. Je nach Use Case sind unterschiedliche technische und regulatorische Anforderungen zu beachten. Ein smart strukturiertes Anforderungsmanagement und integrierte Compliance-Prozesse in den unterschiedlichen Projektphasen helfen die gesetzlichen Anforderungen nachhaltig und innovationsfreundlich umzusetzen.

KI-Lifecycle-Management

Um den unternehmerischen Mehrwert von KI optimal auszuschöpfen, gilt es, planvoll und strukturiert vorzugehen. Gerade die Planungsphase entscheidet oft über den langfristigen Erfolg des KI-Projektes. Zwar hat die Vielfalt möglicher Use Cases zur Folge, dass sich die Umsetzung nur bedingt pauschalisieren lässt, jedoch lassen sich bestimmte Vorgehensweisen und Strukturüberlegungen anlegen.

Maßgeblich ist zunächst ein klares Verständnis der individuellen Entwicklungsprozesse und -zuständigkeiten. Eine kontinuierliche rechtliche Unterstützung für die beteiligten Stakeholder bedarf vorgelagerter Erläuterungen des Entwicklungsvorgehens, der vorhandenen Assets, Infrastruktur, Daten und einer gemeinsamen Vision, um tatsächlich agile interdisziplinäre Zusammenarbeit zu ermöglichen.

Zu Beginn der Design- und Planungsphase ist das Ziel des Use Cases strukturiert zu analysieren. Mittels systematischer Untersuchung des für den Use Case maßgeblichen Prozess- bzw. Geschäftsumfelds im Rahmen des Process Minings und Visualisierungen der Datenflüsse werden die relevanten Assets identifiziert. Anforderungen, die sich aus der betreffenden Infrastruktur, dem Einsatzumfeld des Use Cases, den Erfordernissen der Nutzenden, den betroffenen Daten oder Restriktionen im Hinblick auf eingesetzte Tools und Verarbeitungsumgebungen ergeben, werden als technische und rechtliche Anforderungen dokumentiert. Die in einer Analytical Roadmap zusammengestellten Zwischenschritte, Owner und der Output der verschiedenen Betrachtungswinkel des Projekts helfen, die möglichen Unterstützungsleistungen unter den verschiedenen Disziplinen zu planen und ein gemeinsames Verständnis für die jeweiligen primären Anforderungen zu verankern.

In der Datenbeschaffungsphase sind die für das Training oder Fein-Tuning der KI notwendigen Daten zusammenzutragen. Grundlegend empfiehlt sich die Nutzung eigener Daten, da diese per inhaltlicher Gewichtung eine Outputpräzisierung zugunsten der eigenen Unternehmensorientierung schaffen können. Jedoch muss dabei auf Einhaltung der notwendigen Datenqualität geachtet werden. Bei zu geringen Datenmengen kann der eigene Datenschatz per Zukauf aus Drittquellen ergänzt werden. Alternativ kann je nach Use Case ein vortrainiertes Modell genutzt werden.

Anschließend kommt es zur eigentlichen Modellierung, dem Training der KI und der Validierung. Erneut ist die Wichtigkeit eines iterativen, nutzerzentrierten Ansatzes zu betonen, da kontinuierlich neu bewertet werden muss, ob das Training der KI hinsichtlich Funktion und Output wie vorgesehen verläuft und die an das Produkt bzw. den Use Case formulierten Anforderungen auch tatsächlich erreicht werden. Nach einer erfolgreichen Testphase kann die Inbetriebnahme des Systems erfolgen. Im Rahmen des im operativen Betrieb fortlaufenden maschinellen Lernprozesses (MLOps – Machine Learning Operations) und der Rückkopplung neu gewonnener Daten können stets Fehlerpotenziale entstehen, die im Monitoring identifiziert und behoben werden müssen.

Zuletzt gilt es, gewonnene Erfahrungen aus dem KI-Projekt in periodischer Retrospektive unter Einbeziehung aller Stakeholder zusammenzutragen und zu dokumentieren, um die Zusammenarbeit der Beteiligten kontinuierlich zu verbessern und zu stärken.

Regulatory Mapping

Die Arbeit der am Projekt beteiligten Jurist:innen besteht v.a. darin, die spezifischen rechtlichen Anforderungen zu identifizieren, zu erläutern, an den richtigen Zeit-

Broadcast Satellite zu Kooperationsverträgen mit Satellitenprovidern; lfd.: Acer Europe, Datev. **Transaktionen u. Outsourcing:** Datagroup Bit Hamburg, u.a. zu Bank-Outsourcing Landesbausparkasse Baden-Württemberg; Dt. Telekom zu Outsourcing u. Ausschreibungen; Logistiker beim Kauf einer Beteilung an einem Unternehmen im Bereich der maritimen Satellitenkommunikation. **Datenrecht:** Bundesministerium für Bildung und Forschung beim Aufbau der Nationalen Bildungsplattform.

IT-Recht: Transaktionen und Outsourcing

Kanzlei	Standorte
★★★★★	
CMS Hasche Sigle	Hamburg, München, Stuttgart, Köln
DLA Piper	München, Köln
Noerr	München, Frankfurt, Berlin
White & Case	Frankfurt, Hamburg
★★★★	
Baker McKenzie	München, Frankfurt
Bird & Bird	München, Düsseldorf, Frankfurt
Freshfields Bruckhaus Deringer	Düsseldorf, Frankfurt, Hamburg
Gleiss Lutz	Berlin
Hogan Lovells	München, Düsseldorf
Latham & Watkins	Frankfurt, Hamburg
Taylor Wessing	Düsseldorf, Frankfurt, München, Hamburg, Berlin
★★★	
Görg	Berlin, Köln, Frankfurt, München
Oppenhoff & Partner	Köln
Osborne Clarke	Köln, München, Hamburg
★★	
Covington & Burling	Frankfurt
Greenberg Traurig	Berlin
Luther	Hamburg, Köln, Essen, Frankfurt, Stuttgart
McDermott Will & Emery	München
Reed Smith	München, Frankfurt
★	
Arnecke Sibeth Dabelstein	Frankfurt
FPS Fritze Wicke Seelig	Frankfurt, Hamburg, Berlin
KNPZ Rechtsanwälte	Hamburg
Orth Kluth	Düsseldorf

Die Auswahl von Kanzleien und Personen in Rankings und tabellarischen Übersichten ist das Ergebnis umfangreicher Recherchen der JUVE-Redaktion. Sie ist in 2erlei Hinsicht subjektiv: Die Aussagen der befragten Quellen sind subjektiv u. spiegeln deren Erfahrungen u. Einschätzungen. Die JUVE-Redaktion wiederum analysiert die Rechercheergebnisse unter Einbeziehung ihrer eigenen Marktkenntnis. Der JUVE Verlag beabsichtigt keine allgemeingültige oder objektiv nachprüfbare Bewertung. Es ist möglich, dass eine andere Recherchemethode zu anderen Ergebnissen führt. Innerhalb einzelner Gruppen in Rankings und tabellarischen Übersichten sind Kanzleien und Personen alphabetisch sortiert.

AVOCADO

IT-Recht: Verträge/Lizenzen ★

Bewertung: Die IT-Praxis gehört zu den etablierten Einheiten u. baut ihr Geschäft auf einer Reihe von Stammmandanten auf. Dazu zählen nach wie vor die Dt. Telekom u. die BRAK. Der Ausbau gelingt so nachhaltig, weil die praxisübergreifende Zusammenarbeit zum Alltag gehört, v.a. mit der ▷*Vergabepraxis*. Bspw. hat das Team um Voß das Zentrum Bayern Familie u. Soziales zur IT-Vergabe bei einem Digitalisierungsprojekt begleitet. Das Beratungsspektrum hat sich insgesamt verbreitert: SAP-Projekte wie für Rocon erfuhren ebenso einen Schub wie Anfragen wg. Cybercrime. Im Vergleich zu Wettbewerbern sind reine Datenrechtsmandate hier zwar seltener zu finden, doch ist Datenschutz selbstverständlicher Bestandteil einer Reihe von Mandaten.

Oft empfohlen: Jan Voß („sehr versiert, zupackend mit freundlichen, zeitnahen u. praxistauglichen Empfehlungen", Mandant)

Team: 2 Eq.-Partner, 4 Sal.-Partner, 1 Counsel, 1 Associate

Schwerpunkte: Full-Service-Ansatz mit Schwerpunkt im klass. IT-Recht, v.a. IT-Vertragsrecht, an der Schnittstelle zu TK u. prozessual. BPOs u. Outsourcings. Projektbez. internat. Unternehmen zu Markteintritt, Datenschutz. Auch Transaktionen. Mandanten: Hard- u. Softwarehäuser, IT-Dienstleister, v.a. Anwender.

Mandate: Verträge u. Lizenzen: BRAK bei Projekt zum Vergabeverf. ‚Relaunch Website'; Daten – Analysen & Beratung zu SaaS-Verträgen (auch Datenschutz); Dt. Telekom umf., auch bei gerichtl. Auseinandersetzung, u.a. zu ITK-Beschaffung; Zentrum Bayern Familie u. Soziales zu IT-Vergabe zu Digitalisierungsprojekt; DFL lfd.; DIC Asset lfd., u.a. zu Digitalisierung; Faubel bei Softwareverträgen; Heraeus, u.a. zu digitalen Healthcare-Produkten (auch Datenschutz); lfd. Landeshauptstadt Mainz, Partslife, Rocon Rohrbach, Syncd u. Media Frankfurt umf. (auch Datenschutz); Merck, u.a. zu App-Entwicklung; Msg Global Solutions (auch Datenschutz); TK8 Sports Academy zu Kooperationsverträgen mit Vertriebspartnern. **Datenrecht**: internat. Immobilienkonzern zu Datenrecht.

BAKER MCKENZIE

IT-Recht: Verträge/Lizenzen	★★★
IT-Recht: Transaktionen/Outsourcing	★★★★
Datenrecht	★★★★

Bewertung: Die IT-Praxis zählt zu den Marktführern u. punktet mit einer themat. breiten Aufstellung u. einem internat. Netzwerk, das sie für grenzüberschr. Mandate prädestiniert. Dabei ist sie anwender- wie anbieterseitig tätig. Fußspuren hinterließ BM – ähnl. wie DLA Piper – zuletzt in der Kfz-Branche, in der sie gleich mehreren Mandanten bei zukunftsweisenden Themen zur Seite steht, u.a. beim Vertrieb von NFTs u. dem Aufbau einer globalen Plattform oder auch bei einem Outsourcing für eine Cloud-Lösung in 30 Ländern. Ähnl. gefragt war BM in der Finanzbranche, wo auch ihre Erfahrung zu regulator. Themen gefordert ist. U.a. beriet sie einen Anbieter von Finanzsoftware zum Vertrieb einer Softwarelösung zum Einsatz von Kryptowährung. Mandate dieser Art sind auch deswg. auf die Kanzlei wie zugeschnitten, weil sie ihr langjähriges Knowhow im Datenschutz in Digitalisierungsprojekten einsetzen kann. Dass sie ebenso zum marktrelevanten Thema Cybercrime regelm. hinzugezogen wird, ist da nicht verwunderlich. Die gute Bilanz trübt allerdings eine Personalie: Der angesehene Leiter der Praxis, Lutz, verabschiedete sich Richtung Clifford Chance. Das ist auch deswg. ärgerl., weil dieser zu den präsentesten Anwälten der Praxis gehörte u. kurzfristig nur schwer ersetzt werden kann.

Stärken: Internat. Netzwerk.

Oft empfohlen: Dr. Matthias Scholz, Dr. Michael Schmidl („exzellenter Anwalt im Datenschutz", Wettbewerber)

Team: 3 Eq.-Partner, 4 Sal.-Partner, 2 Counsel, 13 Associates

Partnerwechsel: Dr. Holger Lutz (zu Clifford Chance)

Schwerpunkte: Outsourcing u. Unterstützung bei M&A-Transaktionen, stark in Datenschutz, IT-Sicherheit u. IT-Verträgen, oft mit internat. Bezügen, Prozesse. Zudem Schnittstelle zum ▷*Vertriebsrecht*. Mandanten: namh. Anwender, v.a. Banken u. Automobilindustrie; Anbieter, Hard- u. Softwarehersteller.

Mandate: Verträge u. Lizenzen: Finanzsoftwareanbieter bei Vertrag zum Vertrieb einer Softwarelösung zum Einsatz von Kryptowährung; Kfz-Hersteller beim Vertrieb von NFTs u. dem Aufbau einer globalen Plattform; Bank zu Umsetzung von Whistleblower-Richtlinie; Softwareanbieter zu IT-sicherheitsrechtl. Anforderungen in mehr als 30 Ländern; Rakuten Mobile bei Aufbau der Supply Chain. **Transaktionen u. Outsourcing:** Kfz-Unternehmen zu Cloud-Lösung in 30 Ländern; Medizinunternehmen bei Big Data Cloud zur Auswertung von Firmendaten. **Datenrecht:** Plattform für psych. Gesundheit zur App-Einführung; Kfz-Hersteller zu Datenschutz im Zshg. mit multinat. IT-Systemen; Kfz-Hersteller zu Connected-Car-Lösungen u. Da-

Anwaltszahlen: Angaben der Kanzleien, wie viele Anwälte zu mind. ca. 50% in diesem Gebiet tätig sind. Sie spiegeln nicht zwingend die Gesamtgröße einer Kanzlei wider.

tenanalysestrategien; Beratungsunternehmen zu Logdatenspeicherung u. IT-Sicherheitsmaßnahmen; Medizinproduktehersteller bei Behördenverf. u. zu Telemedizinlösung mit Roll-out in 20 Ländern; Softwarehersteller zur Einführung von Binding Corporate Rules.

BAUMGARTNER BAUMANN

Datenrecht ★

Bewertung: Die noch junge Boutique für Datenschutz- u. IT-Recht hat sich keine 3 Jahre nach ihrer Gründung einen Platz im Markt erarbeitet. Baumgartner verfügt über langj. Erfahrung u. zählt zu den renommierten Datenschutzexperten hierzulande. In der schmal aufgestellten Konstellation kann sich das Team durch hoch spezialisierte Beratung auch innerh. größerer Projekte bei Mandanten profilieren. Ein Beispiel ist Daimler Truck, wo BBs Wissen zu Datenstrategien gefragt ist. Darüber hinaus ist das Geschäft von div. US-Mandanten geprägt, die für Datenanalysen u. Transfer auf die Kanzlei setzen. Ähnl. wie Wettbewerberin KNPZ wird auch BB durch enge Verbindungen zu Großkanzleien regelm. als Expertin etwa in daten- oder IT-geprägten Transaktionen hinzugezogen.

Oft empfohlen: Dr. Ulrich Baumgartner („sehr erfahrener Datenschutzrechtler", „hervorragende praxisorientierte Beratung; sehr fundiertes Wissen im Onlinemarketing", Mandanten; „langj. Erfahrung im Daten- u. IT-Recht; zeichnet sich durch umf. Kenntnisse der Datenschutzlandschaft u. gute Kontakte zu Behörden aus", „pragmat. u. effizient mit guter Fach- u. Branchenkenntnis", Wettbewerber)

Team: 2 Eq.-Partner, 2 Associates

Schwerpunkte: Datenschutzrechtl. Beratung insbes. bei neuartigen Geschäftsmodellen u. Entwicklungen. Dabei häufig auch zu internat. Datentransfer u. Datenstrategien. Auch IT-rechtl., insbes. im Kontext von Digitalisierungsprojekten.

Mandate: Datenrecht: Funke lfd. bei datenschutzrechtl. Auseinandersetzung u. Onlinedatenschutz; Daimler Truck bei Projekten zu Fahrzeugdaten u. einer Onlineplattform; US-Anbieter für Internetsicherheit zu Datenschutz in Dtl.; Blue Yonger bei Vertragsverhandlungen mit Kooperationspartnern; Birkenstock-Digital-Tochter lfd. bei E-Commerce-Projekten; Medizintechnikhersteller zu Gesundheitsdatenschutz u. Cloud-Projekt; lfd.: Hitachi, Proctorio, Südwestdt. Medienholding, Trigo Vision.

Datenrecht

Kanzlei	Standorte
★★★★★	
DLA Piper	München, Köln, Hamburg
Latham & Watkins	Frankfurt
Osborne Clarke	Köln, München, Hamburg
Taylor Wessing	Hamburg, München, Berlin, Düsseldorf, Frankfurt
★★★★	
Baker McKenzie	Frankfurt, München
Bird & Bird	München, Düsseldorf
CMS Hasche Sigle	München, Stuttgart, Köln, Hamburg
Freshfields Bruckhaus Deringer	Düsseldorf, Frankfurt, Hamburg
Hogan Lovells	Düsseldorf, München, Hamburg
Noerr	München, Frankfurt, Berlin
Oppenhoff & Partner	Köln
White & Case	Frankfurt, Hamburg
★★★	
CSW	München
Gleiss Lutz	Berlin, Stuttgart
Pinsent Masons	München
Redeker Sellner Dahs	Berlin
Reed Smith	München
Schürmann Rosenthal Dreyer	Berlin
WilmerHale	Frankfurt
★★	
Fieldfisher	Hamburg
Gierschmann	Hamburg
Greenberg Traurig	Berlin
JBB Rechtsanwälte	Berlin
Jones Day	München, Brüssel
KNPZ Rechtsanwälte	Hamburg
Luther	Köln, Essen, Frankfurt, Stuttgart
Norton Rose Fulbright	Frankfurt
★	
Baumgartner Baumann	München
Eversheds Sutherland	München
FPS Fritze Wicke Seelig	Frankfurt, Hamburg, Berlin
GvW Graf von Westphalen	München
Heuking Kühn Lüer Wojtek	Hamburg, München, Düsseldorf
Orrick Herrington & Sutcliffe	Düsseldorf
SKW Schwarz	München, Frankfurt

Die Auswahl von Kanzleien und Personen in Rankings und tabellarischen Übersichten ist das Ergebnis umfangreicher Recherchen der JUVE-Redaktion. Sie ist in 2erlei Hinsicht subjektiv: Die Aussagen der befragten Quellen sind subjektiv u. spiegeln deren Erfahrungen u. Einschätzungen. Die JUVE-Redaktion wiederum analysiert die Rechercheergebnisse unter Einbeziehung ihrer eigenen Marktkenntnis. Der JUVE Verlag beabsichtigt keine allgemeingültige oder objektiv nachprüfbare Bewertung. Es ist möglich, dass eine andere Recherchemethode zu anderen Ergebnissen führt. Innerhalb einzelner Gruppen in Rankings und tabellarischen Übersichten sind Kanzleien und Personen alphabetisch sortiert.

BIRD & BIRD

IT-Recht: Verträge/Lizenzen ★★★★
IT-Recht: Transaktionen/Outsourcing ★★★★
Datenrecht ★★★★

Bewertung: Die Praxis zählt zu den angesehenen Einheiten, die sowohl zum IT- als auch zum Datenrecht in bemerkenswert breitem Umfang berät – u. zwar anwender- wie anbieterseitig. Auffällig ist, wie viele Mandanten sich wg. datengetriebener Digitalprojekte an das Team wenden, sei es aus der Kfz- u. Luftfahrtbranche oder aus dem Gesundheitssektor. Outsourcings sind dabei häufig projektimmanent. Eine verschärfte Nachfrage zu Open-Source-Themen war zudem deutl. ablesbar, wie das Mandat einer Unternehmensberatung zeigt. Dass B&B häufig am Puls der Zeit berät, demonstriert ebenso das Mandat eines Softwareunternehmens, das sie zur rechtskonformen Verwendung von (öffentl.) Daten zum Trainieren von AI-Lösungen hinzuholte. Ungebrochen stark ist B&B bei IT- u. Bußgeldverfahren gefragt – Ersteres ist ein Segment, vor dem die meisten Wettbewerber nach wie vor zurückschrecken. Für die Praxis einschneidend ist allerdings, dass der Leiter der Praxis, Duisberg, der Kanzlei den Rücken kehrte. Zwar verfügt B&B auch über andere angesehene Partner, verliert aber einen der präsentesten.

Stärken: Langj. Know-how in der Technologiebranche.

Oft empfohlen: Jörg-Alexander Paul („Experte für komplexe Projekte", Wettbewerber), Dr. Fabian Niemann („sehr menschl. u. empathisch, sachl. u. von sagenhafter Effizienz", Mandant), Dr. Henriette Picot („faire Verhandlerin, lösungsorientiert", Wettbewerber), Dr. Simon Assion („unfassbar guter Jurist", Wettbewerber)

Team: 11 Eq.-Partner, 4 Counsel, 21 Associates

Partnerwechsel: Dr. Alexander Duisberg (zu Ashurst)

Schwerpunkte: Beratung zu Outsourcing, IT-Projekten u. IT-Prozessen, Datenschutz u. -sicherheit, auch Transaktionen; IoT, Open Source, Konvergenzthemen u. E-Commerce an der Schnittstelle zum Ur-

Anwaltszahlen: Angaben der Kanzleien, wie viele Anwälte zu mind. ca. 50% in diesem Gebiet tätig sind. Sie spiegeln nicht zwingend die Gesamtgröße einer Kanzlei wider.

Aufsteiger in IT-Recht und Datenschutz

Dr. Theresa Ehlen
Freshfields Bruckhaus Deringer, Düsseldorf

Mareike Gehrmann
Taylor Wessing, Düsseldorf

Christian Kuß
Luther, Köln

Dr. Christoph Werkmeister
Freshfields Bruckhaus Deringer, Düsseldorf

Die Auswahl von Kanzleien und Personen in Rankings und tabellarischen Übersichten ist das Ergebnis umfangreicher Recherchen der JUVE-Redaktion. Sie ist in 2erlei Hinsicht subjektiv: Die Aussagen der befragten Quellen sind subjektiv u. spiegeln deren Erfahrungen u. Einschätzungen. Die JUVE-Redaktion wiederum analysiert die Rechercheergebnisse unter Einbeziehung ihrer eigenen Marktkenntnis. Der JUVE Verlag beabsichtigt keine allgemeingültige oder objektiv nachprüfbare Bewertung. Es ist möglich, dass eine andere Recherchemethode zu anderen Ergebnissen führt. Innerhalb einzelner Gruppen in Rankings und tabellarischen Übersichten sind Kanzleien und Personen alphabetisch sortiert.

heberrecht, regelm. Schiedsverfahren. Auch ▷*Vertriebssysteme*. Mandanten: Anwender u. Anbieter, vereinzelt öffentl. Hand, Automobilbranche. Häufig für US- u. brit. Unternehmen.
Mandate: Verträge u. Lizenzen: Kommunikationsdiensteanbieter zu IT-Projekten im Luftfahrtbereich; Behörde vergabe-, IT- u. vertragsrechtl. bei der Beschaffung eines Zugangsnetzes für den BOS-Digitalfunk; Unternehmensberatung zu Open Source; Suchmaschine zu SaaS- u. IT-Verträgen; Bewertungsplattform in mehreren Verf. bzgl. Pflichten zur Löschung negativer Bewertungen. **Datenrecht:** Adidas lfd., u.a. zu internat. Datentransfers nach Schrems II u. Big Data; GIZ bei zahlr. internat. Datenschutzprojekten; SAP zu Machine Learning/KI; Logistiker bei gerichtl. Auseinandersetzung über die Verwendung von Cookies; Plattform, u.a. zu Datenschutzrecht, IT-Sicherheitsrecht; Softwareunternehmen bei der Verwendung von (öffentl.) Daten zum Trainieren von KI-Lösungen.

VON BOETTICHER

IT-Recht: Verträge/Lizenzen	★

Bewertung: Ein Schwerpunkt der kl., anerkannten IT-Praxis liegt in der Verhandlung u. Verteidigung von Softwareprodukten aufseiten von Anbietern. Ankermandantin ist seit jeher IBM Dtl., für die der Berliner Partner Brandi-Dohrn immer wieder auch vor Gericht auftritt, zuletzt etwa gg. die öffentl. Hand. Eine Vielzahl an Softwareanbietern setzt inzw. auf die langj. Erfahrung, die vB bei der gerichtl. u. außergerichtl. Verteidigung von gescheiterten IT-Projekten mitbringt. Darüber hinaus ist das Team v.a. aus München heraus für div. Onlineplattformen aktiv u. fasste zuletzt etwa bei Branchengröße TikTok Fuß. Auch die Beratung zum Datenschutz u. -transfer spielt regelm. eine Rolle. Bislang gelingt es der Kanzlei noch nicht, sich damit im Markt zu profilieren.
Oft empfohlen: Dr. Anselm Brandi-Dohrn („einer der besten IT-Anwälte hierzulande", Wettbewerber), Sven Schlotzhauer („sehr kompetent u. fundiert", Wettbewerber)
Team: 4 Eq.-Partner, 4 Associates
Schwerpunkte: Software- u. -entwicklungsverträge, daneben auch projektbezogen bei Implementierungen, insbes. bei Rechtsstreitigkeiten u. zum Datenschutz. Mandanten: namh. Soft- u. Hardwarehersteller, auch aus der ▷*Lifescience-Branche*; v.a. Anbieterseite.
Mandate: Verträge u. Lizenzen: IBM Dtl. in gerichtl. Auseinandersetzung gg. öffentl. Hand um Softwareprojekt (marktbekannt); TikTok bei Prozessen um Account-Löschungen u. -Wiederherstellungen (marktbekannt); div. Social-Media-Unternehmen umf. im IT-, Datenschutz- u. Persönlichkeitsrecht; Easybusiness Training gg. Siemens wg. Softwareurheberrechten; Elektrohändler IT-rechtl. u.a. zum B2B-Marketplace; lfd.: Canto, Hasso-Plattner-Institut für Digital Engineering, National Instruments, div. Anbieter von Softwareanwendungen; Onlinedatingportale umfangr. im E-Commerce.

CMS HASCHE SIGLE

IT-Recht: Verträge/Lizenzen	★★★★★
IT-Recht: Transaktionen/Outsourcing	★★★★★
Datenrecht	★★★★

Bewertung: Die IT- u. Datenschutzpraxis verteidigt ihren Platz in der Gruppe der Marktführer u. ist bei relevanten Entwicklungen am Puls der Zeit. Ein wichtiges Themenfeld bleibt die regulator. Beratung, zuvorderst die Plattformregulierung, die zz. von Themen wie KI geprägt ist. Airbnb u. Ebay suchen hier Rat. Auch die Beratung zur Blockchain bleibt auf hohem Niveau. Corpus stand CMS zur Tokenisierung von Investitionen zur Seite. Aufgrund ihres langj. Know-hows im Datenschutz u. zur Digitalisierung ist die Praxis zudem prädestiniert, bei Hackerangriffen eingeschaltet zu werden. Hier verzeichnete sie der Marktentwicklung gemäß eine gestiegene Nachfrage. Outsourcings wie für Currenta u. die Begleitung von Transaktionen bleiben darüber hinaus ein wichtiges Geschäftsfeld. Ähnl. wie bei Freshfields ist die IT-Praxis bes. gefragt bei technikgetriebenen Deals. Ein Bsp. ist die Beratung von KKR Wind Solutions. Dass CMS auch weiterhin gewillt ist, in die IT-Praxis zu investieren, demonstrieren 2 Partner- u. eine Counsel-Ernennung.
Stärken: Langj. Know-how bei Outsourcings u. in Digitalisierungsfragen.
Oft empfohlen: Dr. Axel Funk, Dr. Malte Grützmacher, Dr. Sebastian Cording, Philipp Lotze, Dr. Markus Häuser („erstklassig, pragmat. u. lösungsorientiert", „sehr versiert, seine ruhige u. sachliche Art ist ein Gewinn bei Verhandlungen u. Streitigkeiten", Wettbewerber), Christian Runte, Florian Dietrich
Team: TMT insges.: 20 Partner, 9 Counsel, 30 Associates
Schwerpunkte: Outsourcings, daneben große Softwareprojekte, auch in Schieflagen. Zudem Vertragsgestaltung u. Lizenzierung. Datenschutz, IT-Compliance u. -Sicherheit. Außerdem digitale Vermarktung von ▷*Medieninhalten* (TV, Film & Entertainment, E-Commerce, E-Mobility, E-Metering). Mandanten: IT- u. TK-Unternehmen, Content- u. Serviceprovider. Anwender (u.a. Finanzdienstleister, Medien- u. Automobilunternehmen) u. öffentl. Hand.
Mandate: Verträge u. Lizenzen: Airbnb u. Ebay umf. zu Plattformregulierung (auch datenschutzrechtl.); FC Bayern zum Launch des Onlinefanshops; Getemed zur Einführung v. KI-basierten Gesundheitsleistungen; Signal Iduna bei strateg. Partnerschaft mit Google (auch datenschutzrechtl.); VW zu technologiebezogenen Entwicklungsverträgen; Frankfurter Leben zu Vertrag mit Adesso-Tochter Afida zur Bereitstellung eines SaaS-Vertrags. **Transaktionen u. Outsourcing:** Currenta zu div. Outsourcings; KK Wind Solutions beim Kauf eines Forschungs- u. Entwicklungsteams sowie eines IP-Portfolios von ConverterTec Dtl.; Sunlight Group Energy Storage Systems beim Kauf von Anteilen an Triathlon Holding. **Datenrecht:** Advinta, u.a. zu Einführung des Onlineverkaufs von Kfz durch mobile.de; Biopro Ba.-Wü. zu Digitalisierung; Corpus zur Tokenisierung von Investitionen; Cyberversicherung als Legal Incident Manager bei Hackerangriffen.

COVINGTON & BURLING

IT-Recht: Verträge/Lizenzen	★★
IT-Recht: Transaktionen/Outsourcing	★★

Bewertung: Die IT-Praxis hat sich einen festen Platz im Markt erobert u. ist integrierter Bestandteil des internat. Netzwerkes. Die Kanzlei ist v.a. für ihre guten Verbindungen im Healthcare-Bereich bekannt, was sich auch auf das dt. Büro auswirkt: Gerade im Datenrecht, wo es um die Auswertung sensibler Gesundheitsdaten geht, war das Team um Lensdorf gefragt. Mandate dieser Art kommen zwar regelm. aus dem internat. Netzwerk, aber die dt. Praxis ist keinesfalls darauf angewiesen. So greifen Mandanten, die urspr. von Dtl. aus beraten wurden, inzw. auch auf das Know-how der internat. Büros zurück. Bei der Beratung rund um das Thema Cloud, für die das Team schon langj. bekannt ist, konnte es zuletzt wieder Mandanten von sich überzeugen. So gewann sie einen Pitch beim ZDF, ein ähnl. Projekt hatte sie zuvor für die Dt. Bahn auf die Schiene gesetzt.
Stärken: Langj. Know-how bei Outsourcings.
Oft empfohlen: Dr. Lars Lensdorf („Spezialist für Outsourcings", Wettbewerber), Thomas Heymann
Team: 2 Partner, 2 Associates, 1 of Counsel
Schwerpunkte: Outsourcing, v.a. für Anwender, auch Datenschutz. Außerdem Betreuung von Softwarehäusern bei Lizenzverträgen u. an der Schnittstelle zum Gewerbl. Rechtsschutz. Mandanten sind aufgr. der starken Private-Equity-Praxis häufig Banken sowie Industrieunternehmen.
Mandate: Verträge u. Lizenzen: ZDF zur Beschaffung von Cloud-basierten IT-Infrastrukturdiensten (IaaS) u. bei Migration der Rechenzentrumsdienste in die Cloud; US-Hersteller von Medizinprodukten bei der europaw. Einführung einer App. **Transaktionen u. Outsourcing:** Nielsen IQ bei der Übernahme von GfK; ZF Friedrichshafen beim Verkauf der ZF Luftfahrttechnik an Airbus Helicopters. **Datenrecht:** Pharmaunternehmen datenschutzrechtl. bei Arzneimittelstudien, inkl. Datentransfer, u. bei einer Cyberattacke im Rahmen einer Arzneimittelstudie; Mapping-Provider zu Data Governance Regulation, Digital Service Act u. Digital Markets Act; Techunternehmen zu Unternehmenskooperation, u.a. zu Projekten wie Virtual Reality.

CSW

IT-Recht: Verträge/Lizenzen	★★
Datenrecht	★★★

Bewertung: Im IT- u. Datenschutzrecht zählt CSW zu den etablierten Boutiquen. Themat. standen zuletzt bei der zumeist langj. Mandantschaft v.a. Fragen zu Drittlandtransfers u. Datenschutzfolgeabschätzungen im Mittelpunkt. Viel Erfahrung weist CSW im Öffentl. Sektor auf, wo sie regelm. zum Einsatz kommt, wenn Mandanten ihre IT-Strukturen weiterentwickeln. V.a. Conrad hat sich einen Namen

Anwaltszahlen: Angaben der Kanzleien, wie viele Anwälte zu mind. ca. 50% in diesem Gebiet tätig sind. Sie spiegeln nicht zwingend die Gesamtgröße einer Kanzlei wider.

gemacht u. wird v.a. für ihr rechtl. Know-how geschätzt u. etwa als Gutachterin bei kniffligen Datenschutzfragen hinzugezogen. Ein Mandant lobt sie dafür, immer „100% der aktuellen Gesetzeslage" im Blick zu haben. Als praxistaugl. muss sich nun auch noch der endl. umgesetzte Generationswechsel in der Partnerriege erweisen. Das Gesicht der Kanzlei bleibt bislang weiterhin Conrad.

Stärken: Langj. Erfahrung im klass. IT-Vertragsrecht u. Datenschutz.

Oft empfohlen: Isabell Conrad („kompetente u. praxisgerechte Beratung – auch in schwierigen Fällen", „immer alle anstehenden Veränderungen im Blick in Verbindung mit Verständnis für die geschäftl. Realität", Mandanten; „kasuistisch exzellent", „hohe Kenntnis in allen Fragen zum Datenschutz- u. IT-Recht", Wettbewerber)

Team: 2 Eq.-Partner, 1 Sal.-Partner, 4 Associates, 2 of Counsel

Schwerpunkte: Klass. Softwareprojekte für Anwender u. Anbieter, E-Commerce. Outsourcings u. Umstrukturierungen, F&E-Verträge. Datenschutz u. Datensicherheit, Compliance sowie IT-Vergabe. Mandanten: Anwender wie Anbieter, regelm. international.

Mandate: Verträge u. Lizenzen: Softwareentwickler zu AVV u. IT-Verträgen; Landesbehörde zu Open Source u. Verträgen zu MS365 u. Azure. **Datenrecht:** öffentl.-rechtl. IT-Dienstleister lfd., u.a. zu IT-Sicherheit u. Datenschutzfolgeabschätzung; Küchenhersteller zu internat. Compliance-Anforderungen.

DLA PIPER

IT-Recht: Verträge/Lizenzen	★★★★
IT-Recht: Transaktionen/Outsourcing	★★★★★
Datenrecht	★★★★★

Bewertung: Die Praxis zählt im IT- u. Datenrecht schon lange zu den führenden Einheiten. Sie berät anwender- wie anbieterseitig in themat. bemerkenswerter Breite über viele Branchen hinweg. Bestens vernetzt ist sie ähnl. wie Hogan Lovells v.a. in der Kfz-Industrie. Bspw. beriet sie einen Zulieferer unter dt. Federführung grenzüberschr. in mehr als 10 Ländern zum Datenrecht. Auf ihr funktionierendes internat. Netzwerk setzen auch andere Mandanten. So hat sie mittlerw. einige namh. Industrieunternehmen von sich überzeugt u. steht ihnen bei strateg. bedeutsamen Projekten, bei der Digitalisierung ihrer Produkte u. damit auch bei neuen Geschäftsmodellen zur Seite, tlw. grenzüberschreitend in mehr als 80 Ländern. Bei Cyberattacken bzw. im Nachgang dazu kann sie darüber hinaus einen Mehrwert bieten, in dem sie Praxisgruppen wie ▷*Wirtschaftsstrafrecht*/▷*Compliance* u. ▷*Medien* miteinbezieht – eine Konstellation, die so längst nicht in jeder Kanzlei zu finden ist.

Stärken: Fest verwurzelt im internat. Netzwerk; viel Erfahrung im Cloud-Computing.

Oft empfohlen: Dr. Jan Meents, Jan Pohle („sehr erfahren, guter Verhandler", Wettbewerber), Verena Grentzenberg

Team: 4 Partner, 3 Counsel, 16 Associates, 2 of Counsel

Schwerpunkte: IT-Implementierung, Outsourcing-Verträge, zunehmend grenzüberschreitend, u. Cloud-Computing, Datenschutz, daneben ▷*Compliance*, IT-Sicherheit sowie E-Commerce u. IT-Prozesse. Mandanten: vorwiegend Outsourcing-Dienstleister, auch deren Kunden, zunehmend Anwender u. größerer Mittelstand.

Mandate: Verträge u. Lizenzen: Atos lfd.; US-Großhandelskonzern zum Aufbau eines Logistikzentrums. **Transaktionen u. Outsourcing:** ResMed beim Kauf von Medifox Dan; Versicherer zu Distressed-IT-Outsourcing u. Digitalisierungsprojekten. **Datenrecht:** Chemiekonzern, Kfz-Zulieferer, Versicherer zu Cybersicherheit; Zulieferer grenzüberschr. u. umf. zu Datenschutz u. Cybersicherheit; internat. Gruppe von IT-Consulting-Unternehmen zu datenschutzrechtl. Compliance-Audit; Marktforschungsunternehmen zum Transfer von Konsumentendaten.

EVERSHEDS SUTHERLAND

Datenrecht	★

Bewertung: Die Praxis ist für ihr datenschutzrechtl. Know-how bekannt u. eine gefragte Beraterin bei Digitalisierungsthemen. Das Spektrum reicht dabei von klass. Auskunfts- u. Löschungsansprüchen, Datentransfer, über GPS-Tracking bis hin zu Cyberattacken u. NFT-Projekten. Als internat. gut vernetzte Einheit weiß sie dabei Mandate grenzüberschr. zu managen. Ein Bsp. ist ihr Einsatz für einen Kinobetreiber zur Einführung von NFT – ein Feld, in dem längst nicht alle Wettbewerber aktiv sind. Hier arbeitete sie u.a. zusammen mit den Büros aus GB, Italien u. Spanien. Die internat. Vernetzung ist es auch, weswegen sich die Praxis als wichtige Anlaufstelle für Mandanten etabliert hat, die von Cyberattacken betroffen sind. Personell konnte die Praxis den Verlust eines Partners im Vorjahr zwar noch nicht wettmachen, vergrößerte aber ihre Associate- u. Counsel-Ebene u. lässt damit keine Zweifel aufkommen, dass das Beratungsfeld weiter wichtig bleibt.

Team: 1 Eq.-Partner, 3 Sal.-Partner, 4 Counsel, 10 Associates

Schwerpunkte: Industrieunternehmen, Finanzdienstleister u. Gesundheitsbranche im Nachgang zur DSGVO, IT-Sicherheit, Beschäftigtendatenschutz. Mandanten: Anbieter wie Anwender.

Mandate: Datenrecht: Coupa Software zu ‚Re-Papering'-Strategie u. Umsetzung im Zshg. mit Standardvertragsklauseln; Kinobetreiber bei der Einführung eines NFT zur Bewerbung der Hauptrollen; Fluggesellschaft zu Digitalisierungsprojekten, Einsatz von KI; sportl. Großereignis zu Gesundheitsdaten u. Datentransfer; europ. Datenschutzkoordinator für ein brit. Industrieunternehmen; Handelsunternehmen zur Einführung einer NFT-Handelsplattform.

FIELDFISHER

Datenrecht	★★

NOMINIERT
JUVE Awards 2023
Kanzlei des Jahres für Technologie und Medien

Bewertung: Die datenschutzrechtl. Praxis ist eine feste Größe im Markt u. Teil eines internat. Netzwerks. Im Vorjahr hat sie sich neu sortiert u. ist nun näher an die Praxis für IP-Litigation gerückt. Die enge Kooperation der beiden Bereiche gehörte zwar bereits zuvor zum gelebten Alltag, erfuhr nun aber einen erneuten Schub. So konnte sie mittlerw. das Beratungsfeld Data Breaches, für das sie schon lange bekannt ist, erneut ausweiten, denn auch Mandate zur Abwehr von zivilrechtl. Ansprüchen nach einem Datenvorfall nahmen zuletzt zu. Ein weiterer Schwerpunkt, der sich weiterentwickelt hat, ist die Beratung zu Adtech. Hier steht Fieldfisher an der Seite von gleich mehreren namh. Unternehmen, u.a. ein Medienhaus oder das Interactive Advertising Bureau. Letzteres belegt zudem die internat. Einbettung, da es aus dem Silicon-Valley-Büro stammt. Die Aufstockung der Associate-Riege kommt vor dem Hintergrund der Mandatsentwicklung nicht zu früh.

Stärken: Enge Zusammenarbeit mit den US-Büros.

Team: 6 Eq.-Partner, 2 Counsel, 16 Associates

Schwerpunkte: Häufig Technologieunternehmen u. Gesundheitsbranche im Datenschutz; IT-Sicherheit u. Compliance; Mandanten: vorwiegend US-Mandanten, Anbieter wie Anwender.

Mandate: Datenrecht: Technologieunternehmen regulator. zu selbstfahrenden Autos; Autodesk, u.a. zu DSGVO; Medienhaus zu Adtech; Onlineversandunternehmen zu Digitalvermarktungsplattform; Docusign, u.a. zu BCR; US-Unternehmen, u.a. zu internat. Datenverkehr; Interactive Advertising Bureau im Verf. der belg. Datenschutzaufsicht; Bundesverband zur Umsetzung einer Machbarkeitsstudie zu gr. KI-Modellen; LinkedIn zu div. Verf. im IT- u. Datenschutzrecht; Haushaltsgerätehersteller zu Digitalprodukten. Lfd.: Check24, Expedia, FlightRight, Heinrich Bauer Verlag, Peloton, Samsung.

FPS FRITZE WICKE SEELIG

IT-Recht: Verträge/Lizenzen	★★★
IT-Recht: Transaktionen/Outsourcing	★
Datenrecht	★

NOMINIERT
JUVE Awards 2023
Kanzlei des Jahres für Technologie und Medien

Bewertung: Die IT-Praxis ist eine feste Größe im Markt u. hat v.a. beim Beratungsfeld Cybersecurity Weitsicht bewiesen. Früher als die meisten Wettbewerber identifizierte sie den Bereich als relevant u. verfügt nun über so viel Erfahrung, dass sich regelm. Unternehmen wg. eines Cyberangriffs u. im Anschluss daran häufig auch präventiv an das Team wenden. Teil solcher Mandate ist regelm. die Beratung zu Datenschutz-Litigation, da gehackte Unternehmen immer häufiger mit Massenverf. konfrontiert werden. So stand FPS Stammmandantin Microsoft u.a. ggü. Host-Providern beim Vorgehen gg. Botnetze zur Seite. Als kluger Schachzug dürfte es sich erweisen, eine Kooperation mit anderen Beteiligten (u.a. IT-Forensiker, Versicherungen) eingegangen zu sein, um sich gegenseitig u. kurzfristig für Mandate dieser Art zu empfehlen. Weiterhin stark ausgeprägt ist zudem die Zusammenarbeit mit den Vergaberechtlern, aber auch mit den angesehenen ▷*Immobilienrechtlern*, Letzteres z.B. zum zukunftsträchtigen Beratungsfeld Gebäudeautomation.

Oft empfohlen: Bettina Komarnicki

Team: 6 Eq.-Partner, 3 Sal.-Partner, 6 Associates

Schwerpunkte: Lizenzen u. Softwareerstellung, IT-Verträge, auch Datenschutz u. IT-Compliance, Cloud-Computing. Fragen der Softwarepiraterie u. IT-Vergabe. Zunehmend: Cybersicherheit. Zudem Prozesse bei Projektschieflagen. Mandanten: viele Banken, Immobilienunternehmen.

Mandate: Verträge u. Lizenzen: Bundesamt für Sicherheit der nuklearen Entsorgung (BASE) beim Aufbau einer Plattform für Onlinefachkonferenzen; DEPT Germany Marketing für IT-Projekte; Ev. Schulstiftung in der EKBO zu Digitalisierung; Microsoft Corp. im Verf. gg. Softwarehändler (BGH); Tink Germany bei Aufbau eines Fintechunternehmens (auch datenschutzrechtl.).

Transaktionen u. Outsourcings: Accenture lfd.; Kfz-Unternehmen u. Finanzinstitut bei Outsourcing; Wingcopter IT-rechtl. bei Finanzierungsrunde. **Datenrecht:** Entega umf. bei Cyberattacke; Mi-

Anwaltszahlen: Angaben der Kanzleien, wie viele Anwälte zu mind. ca. 50% in diesem Gebiet tätig sind.
Sie spiegeln nicht zwingend die Gesamtgröße einer Kanzlei wider.

crosoft Corp. ggü. Host-Providern beim Vorgehen gg. Botnetze.

FRESHFIELDS BRUCKHAUS DERINGER

IT-Recht: Verträge/Lizenzen	★★
IT-Recht: Transaktionen/Outsourcing	★★★★
Datenrecht	★★★★

Bewertung: Die IT-Praxis gehört zu den Einheiten, die auf Tuchfühlung zur Marktspitze positioniert sind. Nach außen fällt sie v.a. durch die Begleitung von Transaktionen auf, bei denen die IT- u. Datenschutzpraxis selbstverständl. dazugehört. Das gilt v.a. für technikgetriebene Transaktionen, die hier in schöner Regelmäßigkeit aufschlagen. Ein Bsp. von vielen ist die Beratung des Finanz-Start-ups Penta bei der Übernahme durch das frz. Fintech Quoto. Weniger bekannt ist die Praxis für ihr Know-how bei IT-Verträgen, wobei sie auch hier auf grenzüberschr. u. hochvolumiges Geschäft zielt. IT-Verträge sind zumeist Teil von umfangr. Projekten, bei denen die Praxis die digitale Entwicklung ihrer Mandanten mitgeht. Ein Kfz-Hersteller, der schon langj. u. umfangreich auf das Team setzt, suchte zuletzt z.B. Rat zum Thema Virtual Reality. Bei Projekten dieser Art spielt auch der Datenschutz bzw. die Frage nach dem Umgang mit Daten eine herausragende Rolle. In diesem Bereich hat sich die Praxis mittlerw. an die Marktspitze vorgearbeitet. Nicht nur, dass sie bei Hackerangriffen zu den gefragtesten Adressen zählt, ebenso ist sie bei den anschließend verhängten Bußgeldern eine feste Bank. Ihr Erfolg beruht auch darauf, dass sie wie wenige auf die hauseigene Entwicklung von Legal-Tech-Lösungen setzt.

Stärken: Viel Erfahrung bei IT-Outsourcings/Transaktionen u. enge Zusammenarbeit mit der Compliance-Praxis.

Oft empfohlen: Prof. Dr. Norbert Nolte („prägender Akteur", „strateg. klug u. gut vernetzt", „hohe Fachkompetenz, professionell u. immer erreichbar", „kollegial", Wettbewerber; Technologie), Dr. Torsten Schreier, zunehmend Dr. Christoph Werkmeister („go-to guy für große Bußgeldverfahren u. Data Breaches", „brillanter Kopf, fachl. hervorragend, strateg. stark, blitzschnell", „exzellent, sehr angenehme Zusammenarbeit", Wettbewerber)

Team: IP/IT: 17 Partner, 3 Counsel, 30 Associates

Schwerpunkte: Outsourcings, BPO u. Offshore, Datenrecht. Daneben transaktionsbez. Beratung u. Datenschutz u. ▷*Compliance*. Zudem klass. IT-Projekte u. Vertragsrecht. Außerdem an den Schnittstellen zu ▷*Kartellrecht*, ▷*Medien* u. ▷*Telekommunikation*. Mandanten: große Softwareanbieter, IT-Dienstleister, ebenso Anwender (v.a. Banken u. Industrieunternehmen).

Mandate: Verträge u. Lizenzen: Airbus zu Technologie- u. Lieferverträgen über die Umrüstung von Passagier- in Frachtflugzeuge; Kfz-Hersteller umf., u.a. zu Virtual Reality, ww. Konnektivität, Software für vernetzte Kfz u. Datenechtzeitanalyse; Etihad Airways, u.a. zu IT-Vertrag mit Ramco; Technologieunternehmen bzgl. Haftung für Rezensionen im AppStore. **Transaktionen u. Outsourcing:** Accenture beim Kauf des Geschäfts der Sentia-Gruppe in den Niederlanden, Belgien u. Bulgarien; Ebay beim Kauf von TCGplayer; Getir beim Kauf von Gorillas; Penta Fintech beim Verkauf an Qonto; Razor Group beim Kauf von Valoreo und bei Serie-C-Finanzierung. **Datenrecht:** Experian zur EU-KI-Verordnung; Teleshopping-Sender im Rahmen einer Sektoruntersuchung u. datenschutzrechtl. Compliance; Pharmaunternehmen wg. Hackerangriff; Scalable Capital zu Bußgeldern wg. Hackerangriff; Exact Sciences Molecular umf., u.a. zur Verwendung von Daten aus klinischen Studien.

GIERSCHMANN

Datenrecht	★★

Bewertung: In der datenrechtl. Beratung steht die kl. HHer Boutique im fachl. Know-how so manch einem breit aufgestelltem Großkanzleiteam in nichts nach. Gierschmann zählt zu den renommiertesten Datenschutzrechtlerinnen hierzulande. Sie verfügt über ein ausgezeichnetes Netzwerk, sowohl zu den dt. Behörden als auch auf internat. Ebene. Darauf aufbauend erweiterte sich ihre Beratung zuletzt stark auf datenwirtschaftl. geprägte Themen rund um Datenpooling, -nutzung u. -verkauf. Namh. Mandanten vertrauen u.a. bei der Weiterentwicklung ihrer Geschäftsmodelle auf Gierschmanns Know-how, darunter Novartis oder Ergo. Auch Wettbewerber schätzen sie für „komplexe Gutachten".

Stärken: Sehr gut vernetzt bei dt. Aufsichtsbehörden.

Oft empfohlen: Prof. Dr. Sibylle Gierschmann („kompetent u. geschätzt", „auch vertieft wissenschaftl. tätig", „hohe Kompetenz gepaart mit dem Blick fürs Wesentliche", Wettbewerber)

Team: 1 Partnerin, 1 Associate

Schwerpunkte: Regelm. zu internat. Datentransfer innerhalb von Unternehmensgruppen, gut vernetzt in die USA. Zunehmend zu Datenpannen.

Mandate: Datenrecht: Allgeier lfd. zum konzernweiten Datenschutzmanagement, Datentransfer u. TTDSG; Nagarro lfd., insbes. zu globalem Datenschutzrecht u. datenrechtl. Fragen; lfd.: Brambles, Ergo, Giesecke & Devrient, Novartis, PriceHubble; US-Anbieter für Rechenzentren datenschutzrechtlich.

GLEISS LUTZ

IT-Recht: Verträge/Lizenzen	★★★
IT-Recht: Transaktionen/Outsourcing	★★★★
Datenrecht	★★★

Bewertung: Im IT- und Datenrecht hat sich Gleiss Lutz als Expertin im Gesundheitswesen etabliert. Als Stammkanzlei der größten gesetzl. Krankenkasse AOK ist das Team um Weidert maßgebl. an der Gestaltung einer neuen Telematikinfrastruktur in Dtl. beteiligt. In diesem sensiblen Sektor hat sich GL inzw. zum Allrounder für Digitalisierungsfragen entwickelt. So gelang es nun, für den IT-Dienstleister Kubus das Kernsystem in eine Public Cloud zu hieven – eines der ersten Projekte dieser Art für gesetzl. Krankenkassen. Dabei greift GL nicht nur auf die Verbindungen zu den ▷*Vergaberechtlern* zurück, sondern punktet insbes. mit ihrem inzw. tiefen Wissen zu Gesundheitsdaten. Ähnl. wie bei Wettbewerbern wie Freshfields spielen Transkationen eine zentrale Rolle für die Praxis. Deals unter GL-Beteiligung waren zuletzt von datengetriebenen Geschäftsmodellen geprägt – die Kooperation von Bosch u. den Kfz-Herstellern ist nur ein Beispiel. Darüber hinaus ist die Datenschutzberatung stark auf Behördenverf. fokussiert, wo GL erneut in zahlr. Verfahren hinter den Kulissen involviert war.

Oft empfohlen: Dr. Stefan Weidert („fachl. ausgezeichnet, übertrifft Erwartungen", Mandant; „gr. Outsourcing-Erfahrung", „erstklassig bei komplexen IT-Projekten", Wettbewerber)

Team: 6 Partner, 4 Counsel, 12 Associates

Schwerpunkte: M&A-Transaktionen mit Technologiefokus, IT-Outsourcings u. BPOs. Klass. IT-Projekte, Compliance u. IT-Vergaben. Datenschutz in Digitalisierungsprojekten u. regelm. bei Behördenverfahren. Mandanten: Anwender (Finanz-, Automobil- u. Gesundheitsbranche), öffentl. Hand, IT-Dienstleister.

Mandate: Verträge u. Lizenzen: AOK-Bundesverband umf. zu elektron. Patientenakte, auch bei Ausschreibung für zentrale Services; lfd.: Bundesdruckerei, PDV, Rakuten Mobile, QUTAC-Konsortium. **Transaktionen u. Outsourcing:** Kubus IT bei Outsourcing, u.a. Cloud-basiert; ITSCare bei Ausschreibung u. Verhandlung eines TK-Outsourcings; Südzucker bei IT- u. Cloud-Verträgen; Bosch IT-rechtl. bei Kooperation für Softwareentwicklung zum automatisierten Fahren mit Audi, VW, Porsche u. Cariad; Infineon bei Kauf von Industrial Analytics; Dt. Telekom bei Bieterverf. des Anteilsverkaufs der Funkturmsparte; Rheinmetall bei Verkauf des Großkolbengeschäfts an Koncentra Verkstadts. **Datenrecht:** Mend u.a. zu Datentransfer; lfd.: Hotjar, AOK Bundesverband, Bundesdruckerei, QUTAC-Konsortium.

GÖRG

IT-Recht: Verträge/Lizenzen	★★
IT-Recht: Transaktionen/Outsourcing	★★★

Bewertung: Die Beratung der Finanzbranche bildet das Herzstück der etablierten IT-Praxis. Hier verfügt sie über eine Reihe von Stammmandanten, wie etwa die Dt. Bank, die sich das Team verlässl. bei IT-Projekten an die Seite holt. Während Outsourcings, für die v.a. Schmitz einen guten Ruf genießt, für einen steten Mandatsfluss sorgen, haben zugleich andere Bereiche angezogen. Datenschutz-Litigation ist einer davon, ablesbar an der Mandatierung durch ein Finanzinstitut. Auch bei Transaktionen, die durch den Gewinn eines GSK-Teams einen Schub erfuhren, war das Team häufiger involviert. Dass die Zusammenarbeit mit anderen Praxisgruppen mittlerw. zum Alltag gehört, zeigt sich zudem in der Kooperation mit der Praxis für ▷*Bank- u. Bankaufsichtsrecht* für S-Kreditpartner.

Oft empfohlen: Dr. Florian Schmitz, Dr. Axel Czarnetzki („verfügt über viel Erfahrung", Wettbewerber)

Team: 9 Eq.-Partner, 1 Counsel, 12 Associates

Schwerpunkte: Klass. IT-Geschäft: Softwareprojekte u. -verträge, auch mit internat. Bezug. Outsourcing u. Datenschutz, auch Prozessführung u. ▷*Vergabe*. Viel Erfahrung in der Finanzbranche, Mandanten der öffentl. Hand.

Mandate: Verträge u. Lizenzen: Dt. Bank zu div. IT- u. Auslagerungsprojekten; lfd. Hella zu IT-Verträgen u. -Projekten, u.a. bei konzerninterner Umstrukturierung von IT-Leistungen u. SAP-Lizenzen; S-Kreditpartner bei Einführung des neuen Produkts ‚FlexiGeld'; lfd. Samsung in Zshg. mit IT-Services u. -Produkten, u.a. zu Samsung-Pay, neuen Apps u. Services, Onlineshop, Kooperationen mit Technologiepartnern; Finanzinstitut bei Datenschutz-Litigation; Versicherung bei digitalisierten Gesundheitsanwendungen.

GREENBERG TRAURIG

IT-Recht: Verträge/Lizenzen	★★
IT-Recht: Transaktionen/Outsourcing	★★
Datenrecht	★★

Bewertung: Ein Schwerpunkt des Berliner Teams im IT- u. Datenrecht liegt bei der Fintechbranche. Ein neu ernannter Partner stellt jetzt v.a. die daten-

Anwaltszahlen: Angaben der Kanzleien, wie viele Anwälte zu mind. ca. 50 % in diesem Gebiet tätig sind. Sie spiegeln nicht zwingend die Gesamtgröße einer Kanzlei wider.

schutzrechtl. Herausforderungen in dem hoch regulierten Sektor stärker in den Mittelpunkt seiner Arbeit. Ein weiterer trad. Schwerpunkt des Teams liegt in der Medienbranche: Onlineplattformen u. Streaminganbieter zählen zur Mandantschaft. So setzt u.a. Foxxum auf GT als Rundumberater insbes. bei Digitalisierungsprojekten. Nicht zuletzt durch die selbstverständl. Zusammenarbeit mit den US-Büros der Kanzlei vertrauen viele internat. aufgestellte Mandanten rund um den internat. Datentransfer auf GT. Zunehmend konnte sich die Kanzlei bei Technologie-Transaktionen u. -Joint-Ventures im Digitalisierungsumfeld qualifizieren. Ein Bsp. ist Volvo, für die GT erneut ihr Können bei techn. innovativen Geschäftsmodellen unter Beweis stellen konnte.

Oft empfohlen: Dr. Viola Bensinger („sehr vielseitig", Mandant)

Team: TMT insges.: 12 Partner, 13 Associates

Schwerpunkte: Outsourcings u. BPOs, auch IT-Sicherheit u. Compliance. Europ. Datenschutz u. internat. Transfer; Datenschutz auch in Verbindung mit Arbeitsrecht. Enge Verzahnung mit ▷*Medien* u. ▷*Telekommunikation*, ▷*Immobilien* u. ▷*Private Equity*, regelm. Transaktionen. Mandanten: Anwender wie Anbieter, Internetplattformen, hier häufig auch an der Schnittstelle zu zahlungsdiensterechtl. Fragestellungen.

Mandate: Verträge u. Lizenzen: Foxxum lfd., u.a. zu SaaS-Verträgen; PAR Capital Advisors auch regulator.; TNIC lfd.; Volvo Trucks lfd., auch datenschutzrechtl.

Transaktionen u. Outsourcing: Anonos bei Kauf von Statice; lfd.: Atos Information Technology, Papaya Global. **Datenrecht:** lfd.: Buwog Bauträger, Cyren, Dt. Multimedia Service, Ebay, GlobalLogic, Linus Digital Finance, Nike, Opswat, Red Ventures, Rlaxx TV, Shein, Toll Collect, Torc Robotics, Paypal.

GVW GRAF VON WESTPHALEN

IT-Recht: Verträge/Lizenzen	★★★
Datenrecht	★

NOMINIERT
JUVE Awards 2023
Kanzlei des Jahres für Technologie und Medien

Bewertung: Im IT- u. Datenrecht gelingt es der Kanzlei, ihre Position im Markt auszubauen. Ihr Renommee im klass. IT-Recht u. die tiefe Erfahrung bei IT-Verträgen bringen das Team immer häufiger für komplexe Outsourcings ins Spiel, wie etwa für den ADAC. Dyn. hat sich v.a. die Beratung zum Datenschutz u. Datenrecht entwickelt. Über Acatech gelang es GvW mit einem fachbereichsübergr. Team, u.a. aus dem Vergaberecht, jetzt auch die Trägergesellschaft Datenraum Mobilität zu gewinnen. So ist die Kanzlei maßgebl. daran beteiligt, einen Datenraum mit EU-Vorbildfunktion für den Mobilitätssektor aufzusetzen. Inzw. sind die Verbindungen zw. den Teams in Ffm., Berlin u. München ausgeprägter. Das wirkt sich positiv auf die Beratung der öffentl. Hand aus im Bereich Datenschutz aus, bspw. für ein Bundesministerium. An der Seite des renommierten von Walter wurde nun eine weitere Equity-Partnerin ernannt. Damit leitet das Team die nötigen Schritte ein, um auch in München zu einer schlagkräftigen Truppe heranzuwachsen.

Team: 6 Eq.-Partner, 2 Sal.-Partner, 7 Associates

Oft empfohlen: Axel von Walter („versteht exakt die Bedürfnisse des Mandanten u. findet passgenaue Lösungen", „sehr wissend, gut erreichbar, hilfsbereit u. fachl. höchst versiert, auch kurzfristig gute Stütze", Mandanten; „stets pragmat. u. zielorientiert, verhandelt sowohl menschl. als auch fachl. sehr angenehm u. immer fair", „pragmat. u. effizient", Wettbewerber), Stephan Menzemer („sehr erfahren", Wettbewerber)

Schwerpunkte: V.a. Systemimplementierungen, Softwarelizenz- u. -entwicklungsverträge; auch Datenschutz u. zu internat. Datentransfer; IT-▷*Vergabe* der öffentl. Hand, daneben Outsourcings; Mandanten anbieter- wie anwenderseitig.

Mandate: Verträge u. Lizenzen: ADAC zu komplexem Outsourcing-Projekt; Infosys lfd., u.a. zu Standardverträgen; Innenministerium BaWü IT-rechtl. bei Vergabe der E-Government-Plattform; Landesministerium bei Digitalisierung öffentl. Schulen, u.a. zu Cloud-Verträgen, auch Datenschutz; Schreibwarenhersteller lfd., u.a. bei Umstellung auf SAP; lfd.: Linde, Schufa, Skechers. **Transaktionen u. Outsourcing:** Infosys u.a. bei strateg. Partnerschaft für div. IT-Infrastrukturen u. Hybrid-Cloud mit Daimler. **Datenrecht:** Trägergesellschaft DRM (u.a. Mercedes, BMW, VW, DB u. DHL u. div. Bundesländer) zum Datenraum Mobilität; Bundesministerium bei gr. Digitalisierungsprojekt; lfd.: Verkehrsaktiengesellschaft Nürnberg, ADAC, Asseco Solutions, EMP Merchandising, Etsy, Versicherungsunternehmen, Synlab.

HEUKING KÜHN LÜER WOJTEK

IT-Recht: Verträge/Lizenzen	★★
Datenrecht	★

Bewertung: Die IT-Rechtler sind für das Handling komplexer Verhandlungssituationen anerkannt. Durch diese Erfahrung vertrauen immer mehr Mandanten auch in streitigen Situationen auf eine Lösung mit HKLW an der Seite. Ein gutes Bsp., wie sie dies mit dem nötigen Know-how im Vergaberecht verbindet, ist die BAW, die sich mit HKLW gg. einen ehem. Dienstleister zur Wehr setzt. Inzw. gelingt es dem Team zunehmend, sich über IT-rechtl. Mandate auch für datengeprägte Projekte zu qualifizieren. Es begleitet die langj. Mandantin Grohe u. nun auch die jap. Muttergesellschaft datenschutzrechtl. bei der Zentralisierung von Rechenzentrumsleistungen. Gleich 2 Partnerernennungen stellen die Weichen für mehr Wachstum u. Spezialisierung.

Oft empfohlen: Dr. Philip Kempermann („schnörkellos u. sehr effektiv; flexibel u. pragmat.", „exzellenter Berater, hohe Akzeptanz auch bei den Fachbereichen, effizient, lösungsorientiert", Mandanten)

Team: 12 Eq.-Partner, 6 Sal.-Partner, 1 Counsel, 8 Associates

Schwerpunkte: Implementierung von IT-Projekten, auch bei gescheiterten Projekten, IT-Compliance u. zunehmend auch Datenschutz u. Datensicherheit. Mandanten: anbieter- u. anwenderseitige Beratung, u.a. Softwareentwickler, Banken, TK- u. Medienunternehmen. Gute Verbindung zu der ▷*Vergaberechtspraxis*.

Mandate: Verträge u. Lizenzen: Reinigungsgerätehersteller lfd. bei IT-Verträgen, u.a. in Streit mit IT-Dienstleister; Argentum Pflege bei Dienstleisterwechsel für Managed Services; BeNEX bei Projekt zu neuer IT-Infrastruktur; Bundesanstalt für Wasserbau gg. ehem. Softwaredienstleister wg. Inanspruchnahme nach Entwicklungsleistungen; Havi bei Implementierung eines Cloud-basierten Warehouse-Managementsystems; Santander Consumer Bank lfd., u.a. bei System für Kfz-Finanzierungen; Viessmann lfd. bei digitalen Projekten.

Transaktionen u. Outsourcing: 1&1 Versatel bei Kauf von Glasfasernetz-Stadtnetzen in div. Städten von BT Germany. **Datenrecht:** FTI Touristik bei konzernw. Datenschutzmanagementsystem; Grohe u.a. bei Zentralisierung u. Verlagerung von Rechenzentrumsleistungen bei jap. Mutter Lixil; Ionos zu internat. Datentransfer; QH Mobility in Verf. gg. Berliner Landesdatenschutzbeauftragten; Santander Consumer Bank u.a. in datenschutzrechtl. Verwaltungsverf.; Verkehrsverbund Rhein-Ruhr, u.a. bei E-Tarifen; lfd.: Edeka Digital.

HEUSSEN

IT-Recht: Verträge/Lizenzen	★★

Bewertung: Das Kerngeschäft der IT-Praxis besteht aus der Beratung zum klass. IT-Vertragsrecht, insbes. für SaaS- u. Cloud-Lösungen. Dabei nehmen auch Themen wie KI zunehmend Raum ein, wie bei einem SaaS-Anbieter. Dass ein Partner sich zum Spezialisten für IT-▷*Vergaben* entwickelt hat, führt regelm. zu Mandaten aus der öffentl. Hand, etwa der Universität Hohenheim oder der Versorgungskammer eines Bundeslandes. Wie bei den meisten Wettbewerbern berät auch Heussen im Rahmen von Digitalisierungsprojekten regelm. zum Datenschutz. Diese Mandate weiterzuentwickeln u. so auch in gr. Datenschutzprojekten Fuß zu fassen, wäre eine realistische Perspektive für das Team.

Oft empfohlen: Dr. Hermann Waldhauser („sehr gute Leistung", Mandant)

Team: 1 Eq.-Partner, 6 Sal.-Partner, 3 Associates, 2 of Counsel

Schwerpunkte: Vertragsgestaltung bei Softwareprojekten (verstärkt Embedded-Software-Projekte) u. Outsourcing. Häufig als externer Datenschutzbeauftragter tätig. Zunehmend Datenschutz u. IT-Compliance im Zshg. mit Cloud-Computing sowie Internet u. E-Commerce, oft Open Source. Eng an der Schnittstelle zu ▷*Medien*. Mandanten: v.a. Anwender, einige Anbieter.

Mandate: Verträge u. Lizenzen: NFT-Start-up, u.a. bei Softwareentwicklungsverträgen; Anbieter von Cloud-Telefonie, insbes. bei Lizenzverträgen; SaaS-Anbieter lfd., u.a. zu KI-Projekten, IT-Verträgen u. Datenschutz-Compliance; lfd.: The Digitale, Schalk & Friends, Cyando, Universität Hohenheim, ZVEI u. Forschungsvereinigungen; Versorgungskammer auch IT-vergaberechtl. bei agilem EVB-IT-Vertrag. **Transaktionen u. Outsourcing:** lfd. Hartl-Gruppe. **Datenrecht:** lfd.: Max Planck Digital Library, Kirinus; Universitätsklinikum lfd., u.a. beim Umgang mit Forschungsdaten.

HOGAN LOVELLS

IT-Recht: Verträge/Lizenzen	★★★★
IT-Recht: Transaktionen/Outsourcing	★★★★
Datenrecht	★★★★

Bewertung: Im IT- u. Datenrecht zählt die Praxis zu den Verfolgern der Marktspitze. Ihre langj. Erfahrung bei internat. Datenströmen u. die schon frühzeitig akribisch aufgebaute Beratung zu Cybersicherheit zahlte sich zuletzt aus. So stellte HL etwa für die langj. Mandantin Evotec bei einem Cybervorfall im Handumdrehen ein internat. u. interdisziplinäres Team auf. Aber auch im klass. IT-Recht ist HL oft involviert, wenn Mandanten digitale Produkte weiterentwickeln. Dabei ist sie auch an neuartigen Marktentwicklungen beteiligt, etwa in Bezug auf das Metaverse. Ähnl. wie bei Wettbewerbern wie Freshfields oder Latham ist das Dealgeschäft auch

Anwaltszahlen: Angaben der Kanzleien, wie viele Anwälte zu mind. ca. 50% in diesem Gebiet tätig sind. Sie spiegeln nicht zwingend die Gesamtgröße einer Kanzlei wider.

in der IT- u. datenrechtl. Praxis zentral. So spielt die Praxisgruppe im Rahmen von Technologietransaktionen immer häufiger eine wichtige Rolle, um ein Geschäftsmodell in Übernahmesituationen von der datenrechtl. Seite her abzusichern.

Oft empfohlen: Dr. Stefan Schuppert („guter IT- u. Datenschutzrechtler", Mandant), Dr. Marcus Schreibauer

Team: 5 Partner, 4 Counsel, 16 Associates

Schwerpunkte: Outsourcing u. BPOs, ▷*Transaktionen* mit Technologiebezug. Stark an der Schnittstelle zu IP, IT- u. Datenschutz-▷*Compliance*. Viel Erfahrung bei internat. Datentransfer u. Datennutzung. Mandanten: Hard- u. Softwareanbieter, Anwender u. Investoren, Banken.

Mandate: Verträge u. Lizenzen: Erste Abwicklungsanstalt (EAA) lfd. bei BPO-Vergabeverf.; lfd.: Animus, Catena-X, Lego; Fintechunternehmen IT-rechtl. zu EU-Vorgaben für digitale Dienstleistungen. **Transaktionen u. Outsourcing:** Boston Consulting bei Anteilskauf von Quantis; Cygna Labs bei Produktübernahme VitalQIP von Nokia; BMW u. Mercedes bei Verkauf von Share Now an Stellantis; Limehome bei Finanzierungsrunde. **Datenrecht:** Evotec bei Cybervorfall; BMW lfd. zu digitalen Geschäftsmodellen, auch Datentransfer; Payback datenschutzrechtl. bei Migration auf Cloud-Plattformen; BVZI lfd., u.a. zu Geldwäsche, Datenschutz u. DSGVO-Compliance, auch bei Gesetzgebungsverf.; Eberspächer im Zshg. mit Ransomware-Attacke; Brainlab lfd. zu EU-Digital-Strategien; lfd.: Brainloop, Metaverseplattform, MorphoSys, Novartis; US-Pharmakonzern u.a. zu Schrems II.

JBB RECHTSANWÄLTE

IT-Recht: Verträge/Lizenzen ★

Datenrecht ★★

Bewertung: Die kl. Boutique ist als Digitalisierungsspezialistin etabliert. Dabei agiert sie fachbereichsübergreifend sowohl im IT- u. Datenschutzrecht als auch im Medien-, Marken- u. Wettbewerbsrecht. Darüber hinaus zählt sie zu den Kanzleien, die schon langj. Erfahrung zu Open Source mitbringen. Auch Wettbewerber bezeichnen Jaeger als „den Mann der ersten Stunde" in diesem Bereich. Bei den zahlr. Mandanten aus dem Plattformgeschäft überwiegt die Beratung im Datenschutz, wobei regelm. das Consent-Management im Mittelpunkt steht, etwa für langj. Mandanten wie Axel Springer. Ein Erfolg war darüber hinaus zuletzt die Mandatierung durch die neue Streamingplattform Dyn, wo JBB IT-rechtl. beim Aufbau involviert war. Ein Aushängeschild für die Kanzlei ist ihre ausgeprägte Branchenkenntnis u. Vernetzung insbes. im Mediensektor, wofür v.a. Feldmann hohe Anerkennung genießt.

Oft empfohlen: Thorsten Feldmann („ein Ass in seinem Gebiet", Mandant; „pragmat., schnell, gute Marktkenntnis", „sehr gutes Know-how, gute Zusammenarbeit", Wettbewerber), Dr. Till Jaeger („sehr versiert, v.a. aufseiten der Entwickler", Wettbewerber)

Team: 4 Partner, 3 Associates

Schwerpunkte: IT- u. Datenschutzrecht an der Schnittstelle zu ▷*Medien-* u. Urheberrecht sowie Presserecht u. ▷*Gewerbl. Rechtsschutz*. Viel Prozessvertretung, auch kl. Transaktionen, E-Commerce. Zudem IT-Verträge u. Spezialisierung im Open-Source-Bereich.

Mandate: Verträge u. Lizenzen: Bosch zu Open Source; Dyn Media IT-vertragsrechtl. v.a. im Bereich Connectivity; öffentl. Forschungseinrichtung, u.a. bei IT-Ausschreibungen; lfd.: Helpcheck, Ottobock, Verint. **Datenrecht:** Axel Springer lfd., u.a. zu strateg. Datenschutz, auch IT-Verträge; Der Spiegel auch prozessual u. vor Behörden; Kfz-Hersteller lfd. bei DSGVO-Compliance; lfd.: Dr. Wolff, remind.me, Smava, T-Online u. weitere Unternehmen der Ströer-Gruppe.

JONES DAY

Datenrecht ★★

Bewertung: Die Praxis um von Diemar konzentriert sich auf das Thema Datenschutz. Ihr Alleinstellungsmerkmal: Wie kaum jemand sonst stemmt sie IT-Projekte grenzüberschreitend u. zieht dabei mit ihren internat. Büros – allen voran Brüssel – an einem Strang. Das demonstriert kaum ein Mandant so gut wie Icann, für den JD seit Jahren umfassend u. grenzüberschr. tätig ist. Dieses Netzwerk ist es auch, das sie zur beliebten Anlaufstelle bei Datenpannen macht. Ähnl. wie bei White & Case ist auch das JD-Datenschutzteam regelm. bei internen Untersuchungen ihrer Compliance-Praxis dabei, zudem im Rahmen von Transaktionen. Nicht selten werden solche Mandate zum Einfallstor für weitere, etwa um im Anschluss die datenrechtl. Compliance sicherzustellen. Der personelle Ausbau mit einem Counsel u. einem Associate kam angesichts der guten Auslastung nicht zu früh.

Stärken: Enge Zusammenarbeit mit den US-Büros.

Oft empfohlen: Dr. Undine von Diemar („sehr versiert, Expertin für US-Sachverhalte", Wettbewerber)

Team: 2 Partner, 6 Associates, 3 of Counsel

Schwerpunkte: Datentransfer ins Ausland; IT-Security u. globale Beratung zu IT-Sicherheitsvorfällen; auch IT-Outsourcing u. Cloud-Computing, häufig grenzüberschr.; Mandanten: Anbieter wie Anwender, vorwiegend US-Mandanten.

Mandate: Transaktionen u. Outsourcing: Ahlström Capital BV u. Nidoco AB beim Kauf des Dekorgeschäfts von Ahlstrom-Munksjö; Ansys beim Kauf von DYNAmore; Aurelius beim Kauf von 3 europ. Papierfabriken von Sappi Ltd.; Bessemer Venture Partners im Zshg. mit der Serie-B-Finanzierungsrunde von Upvest; Cellcarta beim Kauf von Unternehmen mit Geschäftsmodell zu künstl. Intelligenz; FleetCor beim Kauf von Plugsurfing; Karos beim Kauf von goFLUX; Rejuvenate im Zshg. mit dem Kauf des Geschäftsbetriebs der co.don; Tikehau Capital bei €13-Mio-Euro-Serie-A-Finanzierung der Build38. **Datenrecht:** umf. Icann; lfd.: IBM Corporation, SAP SE, Thermo Fisher Scientific.

KNPZ RECHTSANWÄLTE

IT-Recht: Transaktionen/Outsourcing ★

Datenrecht ★★

Bewertung: Die Erfahrung der HHer Kanzlei im IT- u. Datenschutzrecht liegt v.a. in Transaktionen, zu denen sie von Kanzleien hinzugezogen wird, denen das Know-how im Technologiebereich fehlt. So empfehlen div. Wettbewerber Partner Plath als „Spezialisten für die Begleitung komplexer IT-Transaktionen". Zunehmend überträgt KNPZ dieses Tandemmodell auch auf interne Untersuchungen. Darüber hinaus ist das Team im Rahmen von Bußgeld- oder Behördenverf. tätig. Über eine gute Zusammenarbeit mit den Medien- u. Presserechtlern der Kanzlei kommen auch die Datenschutzrechtler regelm. bei Medienhäusern u. Mandanten aus der Branche zum Zuge.

Stärken: IT- u. datenschutzrechtl. Due Diligence bei Transaktionen.

Oft empfohlen: Dr. Kai-Uwe Plath („sehr erfahrener IT-Rechtler, hohe Transaktionskompetenz", „sehr souverän u. versiert im IT-Recht", Wettbewerber)

Team: 1 Eq.-Partner, 1 Sal.-Partner, 6 Associates

Schwerpunkte: IT- u. datenschutzrechtl. Begleitung (Due Diligence) von Transaktionen. Zunehmend Digitalisierungsprojekte u. zur Einführung neuer Software. Mandanten: Software- u. Medienhäuser, auch Industrieunternehmen. Enge Zusammenarbeit mit der ▷*Presse-* u. ▷*Medienrechtspraxis* sowie ▷*Vertriebsrecht*.

Mandate: Verträge u. Lizenzen: lfd.: Miles Mobility, ModuleWorks, Obi.

Transaktionen u. Outsourcing: SEMA bei Kauf von Compass Software; KWM Frankfurt bei Kauf von Fortytools. **Datenrecht:** lfd.: FAZ, Axel Springer, Porsche.

LATHAM & WATKINS

IT-Recht: Verträge/Lizenzen ★

IT-Recht: Transaktionen/Outsourcing ★★★★

Datenrecht ★★★★★

Bewertung: Die IT- u. datenschutzrechtl. Praxis hat sich das Thema Arbeitnehmerdatenschutz u. DSGVO-Bußgelder auf die Fahne geschrieben. Bei beiden Themen ist kaum ein Wettbewerber im Markt so präsent wie Wybitul, der sowohl für das Arbeitsrecht als auch für den Datenschutz steht. Das demonstrierten sein Einsatz vor dem EuGH für Dt. Wohnen u. das beendete Bußgeldverf. von VW. Engagiert ist L&W zudem bei DSGVO-Schadensersatzprozessen, die zuletzt Fahrt aufgenommen haben. L&W vertritt dazu bspw. Mastercard. Ein weiterer prominenter Mandant bleibt Meta, der umfangr. auf das Know-how von L&W vertraut, zuletzt in einem stark kartellrechtl. geprägten Verf. Dass die Praxis auch regelm. bei Transaktionen gefragt ist, versteht sich fast von selbst. Zum klass. IT-Vertragsrecht ist die Praxis zwar auch gefragt, allerdings bei Weitem nicht in dem Ausmaß wie im Datenschutz oder bei Transkationen.

Stärken: Enge Zusammenarbeit mit der ▷*M&A-Praxis*; langj. Know-how an der Schnittstelle zum Arbeitsrecht.

Oft empfohlen: Tim Wybitul („fachl. ausgezeichnet", „absoluter Fachmann für komplexe Verfahren u. Bußgeldthematiken", „unglaubl. visibel zum Thema Bußgelder", „Spezialist für komplexe Datenschutzfragen", „sehr gut vernetzt", „herausragend", Wettbewerber)

Team: 2 Partner, 3 Counsel, 7 Associates

Schwerpunkte: Komplexe Vertragsgestaltungen, Outsourcings, Datenschutz; insbes. Behördenverfahren u. an der Schnittstelle zum ▷*Arbeitsrecht*. Transaktionen im IT- u. TK-Bereich. Internat. Beratung an der Schnittstelle zu IP u. Litigation. Mandanten: Anwender (Großunternehmen, Banken, Finanzdienstleister, auch internat.).

Mandate: Verträge u. Lizenzen: lfd. Lifescore; Beehive 3D, CyberArk. **Transaktionen u. Outsourcing:** Partners Group beim Erwerb einer Mehrheitsbeteiligung an Cloudflight; Hg beim Verkauf von Transporeon; Advent Internat. bei der Gründung eines globalen Joint Ventures mit Lanxess. **Datenrecht:** Dt. Wohnen vor dem EuGH; VW im Verf. bzgl. Verwendung von Kamerasystemen bei Testfahren; Kfz-Hersteller u.a. zu mögl. Bußgeldern wg. DSGVO-Verstößen; Mastercard bei Verf. nach Datenschutzvorfall; Schufa in div. Verf.; Evercore lfd. zu regulator. Fragen.

Anwaltszahlen: Angaben der Kanzleien, wie viele Anwälte zu mind. ca. 50% in diesem Gebiet tätig sind. Sie spiegeln nicht zwingend die Gesamtgröße einer Kanzlei wider.

LUTHER

IT-Recht: Verträge/Lizenzen	★★★
IT-Recht: Transaktionen/Outsourcing	★★
Datenrecht	★★

NOMINIERT
JUVE Awards 2023
Kanzlei des Jahres für Technologie und Medien

Bewertung: Das im Markt anerkannte Team für IT- u. Datenrecht arbeitet wie nur wenige Wettbewerber eng mit den Vertriebsrechtlern zusammen. Dadurch hat es beachtl. Erfahrung etwa bei der Automatisierung von Logistikzentren aufgebaut u. setzte darauf bei der Beratung eines gr. Lebensmitteldiscounters auf. Kanzleityp. ist auch das IT-Team tief im Mittelstand verwurzelt u. berät oft als verlängerte Werkbank der Rechtsabteilung etwa zu klass. IT-Verträgen oder kommt als externer Datenschutzbeauftragter zum Zuge. Das sollte aber nicht darüber hinwegtäuschen, wie regelm. sich Luther inzw. für gr. u. marktprägende Projekte in den verschiedensten Industrien qualifiziert. Insbes. ein junger Partner gewinnt an der Seite von Mandantin Charité – u.a. in Bezug auf Datennutzung bei Unikliniknetzwerken – an Profil. Hier, aber auch bei div. anderen Mandaten, zuletzt u.a. im Mobilitätssektor, ist es von gr. Vorteil, dass Luther versierte Vergaberechtler im Kontext von Digitalisierungsprojekten regelm. einbindet.

Oft empfohlen: Dr. Michael Rath („sehr responsive, supportive, pragmat.", Mandant; „kommt auf den Punkt", „hervorragender IT- u. Datenschutzrechtler; sehr erfahren", „berät auf obersten Top-Niveau, publiziert u. berät stets zu den aktuellsten IT-Themen", Wettbewerber)

Team: 14 Partner, 1 Counsel, 24 Associates

Schwerpunkte: Klass. IT-Recht, z.B. Service-, Wartungs- u. Lizenzverträge (insbes. auf Anwenderseite), IT-Outsourcings u. IT-▷*Vergaben*; verstärkt Datenschutz u. IT-Compliance, auch Litigation; häufig als externer Datenschutzbeauftragter. Mandanten: Mittelstand, zunehmend Konzerne, auch Dax-Unternehmen. Viel Erfahrung im ▷*Logistiksektor*.

Mandate: Verträge u. Lizenzen: Lebensmitteldiscounter IT-vertragsrechtl. bei Automatisierung von Logistik; Energieunternehmen, u.a. bei Ausschreibung von Field-Service u. First Level Support; BASF Digital Solutions, u.a. zu Rechenzentruminfrastruktur; BVG bei Ausschreibung eines funkbasierten Zugsicherungssystems; NVBW Nahverkehrsgesellschaft bei Digitalisierung der Verkehrsinfrastruktur, auch Datenschutzrecht; Continental bei Neueinführung von SAP-Systemen; lfd.: Arvato Systems, Dt. Telekom, Miele, Schott. **Transaktionen u. Outsourcing:** Riedel Communications bei Kauf von SimplyLive; Huazhu im Zshg. mit Übernahme von Dt. Hospitality/Steigenberger bei Umstrukturierung der IP- u. IT-Infrastruktur nach Fusion. **Datenrecht:** Ashfield zu Datenverarbeitung in Patientenprogrammen; Charité als Koordinierungsstelle des Netzwerks Universitätsmedizin, u.a. bei Datennutzungsvertrag, auch IT-rechtl.; IT-Tochter der Bundeswehr BWI, u.a. zu Datentransfer u. -verarbeitung, auch IT-rechtl.; T-Systems zu Datenklassifizierung für souveräne Cloud mit Google; lfd.: Atlas Copco, DKMS, E.on, Edeka, Evonik, H&M u. H&M Logistik, VW Financial Services.

MCDERMOTT WILL & EMERY

IT-Recht: Verträge/Lizenzen	★
IT-Recht: Transaktionen/Outsourcing	★★

Bewertung: Im IT- u- Datenrecht steht das kl. Team vor der Herausforderung, das Ausscheiden Weissers zu kompensieren. Zwar laufen langj. Mandate wie die IT-rechtl. Beratung von Cataneo weiter, doch rückt das IT-Recht nun in den Hintergrund. Das Team agiert dabei aus einer voll integrierten TMT-Praxis heraus u. ist so regelm. etwa an ▷*M&A*-Transaktionen beteiligt, wenn daten- od. IT-rechtl. Fragen zentral sind. Insbes. von Frentz, der v.a. für seine prozessuale Erfahrung im Mediensektor renommiert ist, berät seine Mandanten im Kontext von Digitalisierungsvorhaben regelm. auch zu Datenschutz oder Datennutzung, wie etwa Corint.

Oft empfohlen: Dr. Wolfgang Frhr. Raitz von Frentz („exzellent, pragmat.", Mandant)

Team: 2 Partner, 1 Counsel, 3 Associates

Partnerwechsel: Dr. Ralf Weisser (in eigene Kanzlei)

Schwerpunkte: Vertragsgestaltung, insbes. an der Schnittstelle zu ▷*Medien* u. mediennahem TK-Recht. Softwarelizenzverträge, auch Datenschutz u. Prozesse.

Mandate: Verträge u. Lizenzen: Cataneo IT-rechtl.; Intersnack lfd. zu IT-Musterverträgen; lfd. Dt. Telekom. **Transaktionen u. Outsourcing:** Nagel Logistik datenschutzrechtl. bei Verkauf des brit. Geschäfts; Ratiodata bei Kauf der FSE Services. **Datenrecht:** Corint Media, u.a. zu Datennutzung.

NOERR

IT-Recht: Verträge/Lizenzen	★★★★★
IT-Recht: Transaktionen/Outsourcing	★★★★★
Datenrecht	★★★★

Bewertung: Die IT- u. Datenschutzrechtler gehören weiterhin zu den marktbeherrschenden Playern. Ihre langj. u. umfangr. Erfahrung insbes. bei IT-Großprojekten führt Noerr immer wieder in Mandate, in denen das Team maßgebl. an der digitalen Transformation von Konzernstrukturen beteiligt ist. Ein typisches Bsp. war zuletzt die InterRisk-Versicherung, die mit dem Team ihr IT-Kernsystem erneuerte. Dass sich Noerr erneut bei der langj. Mandantin Bayer für ein internat. Projekt zur Vernetzung der Geschäfte ins Spiel bringen konnte, belegt die gute Arbeit in der Vergangenheit u. nun auch das Vertrauen, auf internat. Parkett die Steuerung übernehmen zu können. Durch die kanzleiinterne Vernetzung sind sie immer häufiger in der Lage, innovative Projekte zu bewältigen. So schufen die IT-Rechtler gemeinsam mit den ▷*Finanzregulierern* durch die Kooperation von Mandantin Dt. Börse u. Google die rechtl. Voraussetzungen für Innovationsprojekte im Financial-Services-Sektor. Bemerkenswert ist die Entwicklung des separat geführten, aber gut integrierten Datenschutzteams um Rücker. Insbes. bei Behördenverfahren, die zunehmend den Druck auf Geschäftsmodelle erhöhen, erregte das Team Aufsehen. Für Amazon verteidigte es die Steuerung von Logistikzentren im Kontext von Arbeitnehmerdaten. Dass die Praxis einen gerade erst zum Sal.-Partner ernannten Anwalt im Rahmen eines Spin-offs ziehen lassen musste, ist ein Verlust, den die ansonsten gut funktionierende Nachwuchsarbeit aber gut kompensieren wird.

Stärken: Breit aufgestelltes Team, umf. Beratung bei Digitalisierungsprojekten u. Datenschutz.

Oft empfohlen: Dr. Peter Bräutigam („einer der Marktführer im IT u. Outsourcing", „führend im IT-Recht, lösungsorientiert", Wettbewerber), Dr. Thomas Thalhofer („angenehmer Counterpart", „sehr erfahren", Wettbewerber), Dr. Daniel Rücker („ausgewiesener Experte mit starkem Team von Spezialisten für unterschiedl. komplexe Themen im Datenschutz", Mandant; „hat ein beeindruckendes Team aufgebaut", Wettbewerber)

Team: 9 Eq.-Partner, 9 Sal.-Partner, 1 Counsel, 19 Associates, 1 of Counsel

Partnerwechsel: Dr. David Bomhard (in eigene Kanzlei)

Schwerpunkte: Outsourcings u. gr. Implementierungsprojekte, klass. IT-Recht u. Systemimplementierungen, regelm. IT-Vergaben. Außerdem viel E-Commerce. Intensiv zu Datenschutz- u. IT-Compliance, datenschutzrechtl. Behördenverfahren u. Litigation. Prüfung von Datenschutzorganisationen in Konzernen. Regelm. Zusammenarbeit mit ▷*M&Alern* in Techtransaktionen.

Mandate: Verträge u. Lizenzen: Dt. Börse zur strateg. Kooperation mit Google (marktbekannt); Debeka bei div. Digitalisierungsprojekten, u.a. Implementierung einer Digital-Health-App; digit. Kunsthandel bei Aufbau einer NFT-Plattform; Bayer umf. bei Vernetzungsprojekt u. lfd., u.a. bei Cloud-Verträgen, gescheiterten IT-Projekten. **Transaktionen u. Outsourcing:** Daimler Truck IT-rechtl. bei Verkauf von Motorenlizenzen an Deutz; InterRisk-Versicherung bei Erneuerung des IT-Kernsystems; Ergo versicherungs- u. IT-rechtl., u.a. bei techn. Migration; Bayer lfd. nach Outsourcing div. Business- u. IT-Einheiten; Verkehrsclub bei Vertragsverhandlung mit Outsourcing-Dienstleister. **Datenrecht:** Amazon in Verwaltungsverf. bzgl. Steuerung von Logistikzentren; Solarisbank lfd. datenschutzrechtl. u. bei Migration des ADAC-Kreditkartenportfolios; Insolvenzverwalter Jaffé lfd.; Kfz-Hersteller, u.a. zu Daten für das Training von autonomem Fahren; Dominos Pizza datenschutzrechtl. im Verf. gg. ehem. Franchisenehmer; Hersteller von Solarmodulen datenschutzrechtl. bei Ransomware-Attacke; Health-Cloud-Anbieter bei Musterverträgen u. diagnost. Medizindaten; Wertpapierbank, u.a. zu Big-Data-Anwendungen; Zahlungsdienstleister zu Drittlandtransfers; Microsoft lfd., u.a. zu TTDSG; Telekommunikationsanbieter zur Umsetzung von TTDSG bei Videokonferenzdiensten; lfd.: Europcar/Buchbinder, Knauf Information Services, Alibaba, priv. Klinikbetreiber, McDonald's Dtl., N26.

NORTON ROSE FULBRIGHT

Datenrecht	★★

Bewertung: Die Datenschutzpraxis um Ritzer ist eine feste Größe im Markt u. sticht v.a. bei der Beratung zu Hackerangriffen heraus. Für Einsätze dieser Art, die auch bei einigen Wettbewerbern häufiger geworden sind, kann sie auf ein funktionierendes internat. Netzwerk u. auf Legal-Tech-Anwendungen aus dem kanzleiinternen Hub zurückgreifen. Auch beim Thema E-Payment zeigte sie Flagge, ebenso wie an der Seite von Banken; z.B. beriet sie ein Finanzinstitut im Rahmen der Migration einer Applikation auf eine andere Plattform. Das alles garantiert NRF ein solides eigenes Geschäft, was auch desweg. wichtig ist, weil die Begleitung von Transaktionen – gemäß der Marktentwicklung – zuletzt eher weniger gefragt war.

Oft empfohlen: Dr. Christoph Ritzer („einer der besten Datenschutzrechtler", Wettbewerber)

Team: 2 Eq.-Partner, 3 Counsel, 1 Associate

Schwerpunkte: Grenzüberschr. Beratung u. Implementierung ww. Datenschutzstrukturen; starke Verbindungen in die USA u. nach Asien. Eng verbunden mit der ▷*Konfliktlösungspraxis*, v.a. im Kontext von gerichtl. Informationsanfragen. Auch klass. IT-

Anwaltszahlen: Angaben der Kanzleien, wie viele Anwälte zu mind. ca. 50% in diesem Gebiet tätig sind. Sie spiegeln nicht zwingend die Gesamtgröße einer Kanzlei wider.

Recht, Outsourcing, BPOs; IT- u. datenschutzrechtl. bei Transaktionen.

Mandate: Verträge u. Lizenzen: Dt. Tochter eines Telekommunikations- u. Softwarekonzerns im Verf. wg. gescheiterten agilen Softwareprojekts. **Transaktionen u. Outsourcing:** Komsa bei Fusion mit Westcoast; Landis+Gyr bei Cloud-Transaktion. **Datenrecht:** Investmentgesellschaft zur Umsetzung von Schrems II u. bei Verwaltungsverf.; internat. Dienstleistungsunternehmen, u.a. zu Datenschutz, DSGVO; Pharmaunternehmen datenschutzrechtl. u. bei Kooperation mit einem Start-up; US-Anbieter von Sicherheitssoftware, u.a. zu Produktdatenschutz (einschl. Krypto), Arbeitnehmerdatenschutz u. behördl. Verfahren.

OPPENHOFF & PARTNER

IT-Recht: Verträge/Lizenzen	★★
IT-Recht: Transaktionen/Outsourcing	★★★
Datenrecht	★★★★

Bewertung: Die Praxis für IT-Recht u. Datenschutz genießt eine gute Reputation, nicht zuletzt, weil besonders Hartung als versierter Datenschutzrechtler gilt. Die langj. Erfahrung im Datenschutz ist es auch, die die Praxis heute zu einer Anlaufstelle für Mandanten macht, die von einer Cyberattacke betroffen sind. Ähnl. wie FPS zeigt O&P diesbzgl. bes. Engagement u. hat sich mit Experten versch. Branchen zusammengeschlossen, um Mandanten in solchen Fällen eine Rundumberatung zu bieten. Gleichzeitig konnte die Praxis ihren Trackrecord in der Gesundheitsbranche erneut ausbauen, v.a. was Fragen zu bes. sensiblen Patientendaten angeht. Der Marktentwicklung gemäß nahm auch die Beratung in Datenschutz-Litigation-Fällen zu. Den größten Fortschritt verzeichnete Oppenhoff aber im Bereich Outsourcing, wo sie u.a. eine großvol. Auslagerung für einen Chemiekonzern auf die Beine stellte u. sich in einer Ausschreibung durchsetzte.

Stärken: Viel Erfahrung in der Beratung zu Wehrtechnologie.

Oft empfohlen: Dr. Jürgen Hartung („hervorragender Datenschutzrechtler, v.a. auch im Bankensektor", Wettbewerber),Dr. Marc Hilber („vereint jurist. Exzellenz mit gesundem Pragmatismus", Mandant)

Team: 3 Eq.-Partner, 1 Sal.-Partner, 7 Associates

Schwerpunkte: Outsourcings, BPOs, Transaktionsbegleitung, Datenschutz, AI, Cybersecurity u. ▷*Compliance* i.V.m. ▷*Gesellsch.recht* u. ▷*Arbeitsrecht*. Mandanten: Anwender, u.a. Versicherungs-, Logistik-, Pharma-, TK- u. Rüstungsunternehmen, WP-Gesellschaften sowie Luft- u. Raumfahrtbranche, auch Anbieter.

Mandate: Verträge u. Lizenzen: Israel Aerospace Industries zu Kooperation mit Airbus im Hinblick auf Drohnentechnologie; Zync zur Implementierung eines Geschäftsmodells im Bereich In-Car-Entertainment (auch datenschutzrechtl.); US-Dienstleister für Webseitenmanagement zum Zugang zu EU-Markt. **Transaktionen u. Outsourcing:** Chemiekonzern bei großvol. Outsourcing; IT-Dienstleister bei Outsourcing. **Datenrecht:** Energieunternehmen zu Cybersicherheit; Handelsunternehmen lfd., u.a. Behördenverf. zu Videoüberwachung; Handelsunternehmen zu Datenschutzfolgenabschätzung; Finanzinstitut zu elektron. Zahlungsverf. (Tokenisierung, Click to Pay) u. im Zshg. mit aufsichtsrechtl. Verf. der dt. Datenschutzbehörden; Softwareunternehmen bei datenschutzrechtl. Klage gg. Onlinewerbung.

ORRICK HERRINGTON & SUTCLIFFE

Datenrecht	★

Bewertung: Die IT- u. Datenschutzpraxis ist ähnl. wie Jones Day intensiv in internat. Mandate eingebunden u. fokussiert sich auf den Datenschutz. Das macht sie zum einen im Immobilienbereich, etwa bei CA Immobilien, für die die Praxis umfangr. Smart-Real-Estate-Projekte begleitet. Zum anderen ist sie in der Kfz- u. Zulieferindustrie aktiv, wo sie zunehmend Raum einnimmt mit Mandanten wie zuletzt Nio. Wie bei Wettbewerbern hat auch hier die Beratung zu Cybercrime zugenommen. Bei solchen Mandaten kooperiert das Team eng mit den internat. Büros. Ein Nachteil der internat. Arbeit ist allerdings, dass die Praxis auf dem dt. Markt noch eher unauffällig bleibt.

Team: 1 Eq.-Partner, 1 Sal.-Partner, 5 Associates

Schwerpunkte: Mandanten hauptsächl. Techindustrie, auch große Mittelstandsunternehmen, Immobilienbranche, viel Datenschutz.

Mandate: Transaktionen u. Outsourcing: Hitachi Ventures bei der Investition in die €18-Mio-Serie-A von Makersite; ifb beim Verkauf an EY. **Datenrecht:** CA Immobilien zu Internet of Things im Zshg. mit großen Smart-Real-Estate-Projekten; Carnival Corp. & PLC umf. im Datenschutz u. zu Cybersicherheit, u.a. zu Gesichtserkennung u. Datentransfer; Nio, u.a. zu Datentransfer; lfd. Nvidia.

ORTH KLUTH

IT-Recht: Verträge/Lizenzen	★
IT-Recht: Transaktionen/Outsourcing	★

Bewertung: Die IT- u. Datenrechtspraxis hat sich Ansehen insbes. bei komplexen IT-Großprojekten erarbeitet. Dafür greift sie auf langj. Erfahrung zurück, auch bei internat. aufgesetzten Vorhaben. So konnte sie sich in einem Pitch bei Gelita durchsetzen. Zudem verfügt OK über tiefe Kenntnisse in streitigen IT-Projekten. In der Auseinandersetzung – gerichtl., im Vergleich oder außergerichtl. – vertrauen eine ganze Reihe namh. Unternehmen aus dem gehobenen Mittelstand u. Konzerne, darunter die SaarLB u. Dastu, auf das Team. Bes. gut funktioniert die Verbindung zum Öffentl. Recht, wie die Arbeit für die Hochschule Niederrhein belegt. Hier begutachtete OK Datennutzung unter dem Mantel des Verwaltungsrechts.

Team: 2 Eq.-Partner, 4 Sal.-Partner, 1 Counsel, 3 Associates, 2 of Counsel

Schwerpunkte: Implementierung u. Verhandlung von Software, auch internat. IT-Großprojekte. Erfahrung bei gescheiterten IT-Projekten, auch gerichtl. Verteidigung. Datenschutzrechtl. auch in Verbindung zum Öffentl. Recht, insbes. Verwaltungs- oder ▷*Verkehrsrecht*.

Mandate: Verträge u. Lizenzen: Dastur Engineering gg. Orga Soft nach Rücktritt vom IT-Vertrag (OLG); Gelita u.a. bei SAP-Einführung u. IT-Vertragsverhandlungen; Kiepe Electric zu AI-Softwareimplementierung für Elektromobilität im öffentl. Busverkehr in Frankreich (auch datenschutzrechtl.); Melitta Business Service Center bei ww. IT-TK-Projekt; Bofrost u.a. bei IT-Plattformverträgen u. zu IT-Compliance; SaarLB gg. IT-Dienstleister bzgl. IT-Großprojekt; Industriesoftwarehersteller bei Vorgehen gg. div. Lizenzvergehen; lfd.: DSI, Joyson Safety Systems, Schleich, Siemens Healthcare. **Datenrecht:** Hochschule Niederrhein zu hochschulübergreifender Plagiatssoftware; Mobiligence bei Mobilitäts-App.

OSBORNE CLARKE

IT-Recht: Verträge/Lizenzen	★★★★
IT-Recht: Transaktionen/Outsourcing	★★★
Datenrecht	★★★★★

Bewertung: Die integrierte TMT-Praxis um Ewald u. Moos zählt im Datenrecht zu den Marktführern, ist aber auch für ihre Erfahrung bei IT-Verträgen u. Transaktionen sehr angesehen. Wie kaum eine andere hat sich die Praxis die Beratung zur Digitalisierung auf die Fahnen geschrieben. Grundlage dafür ist ihre langj. Erfahrung im Datenschutz. So begleitet sie Transformationsprozesse von Unternehmen ganz unterschiedl. Branchen, von SSI Schäfer genauso wie von DeepL, Axa u. Fresenius. Zum Einsatz kommen dabei immer wieder Legal-Tech-Tools, die sie in einer eigenen Gesellschaft entwickelt – ein Engagement, das in dem Maße nur wenige Wettbewerber an den Tag legen. Zuletzt setzte sie sich auch deswegen in einem Pitch bei einem Arzneimittelhersteller durch. Neben der Begleitung von Transaktionen wie für Infosys beim Kauf der Digitalagentur Oddity zog der Marktentwicklung gemäß auch die Beratung von Unternehmen an, die wg. DSGVO-Bußgeldbescheiden Rat benötigten. Im Mandatsportfolio bemerkbar machte sich bereits der Gewinn einer Partnerin aus dem Vorjahr für das Berliner Büro, der u.a. im Bereich Open Source namhafte Mandanten folgten. Die Strategie, sich in diesem Beratungsfeld breiter aufzustellen, ist somit bereits aufgegangen.

Stärken: Eingespieltes Team in enger Zusammenarbeit mit ▷*Medien*, ▷*M&A* u. ▷*Private Equity*.

Oft empfohlen: Konstantin Ewald („verlässl., fair, viel Erfahrung in Digitalisierungsprojekten", „erfahrener u. kollegialer Fachmann", Wettbewerber), Dr. Flemming Moos („sehr nett u. kompetent", „absoluter Experte", „sehr gute u. kollegiale Zusammenarbeit", Wettbewerber), Ulrich Bäumer, Dr. Hendrik Schöttle („hat sich im Bereich Open Source einen Spitzennamen gemacht", Wettbewerber), Dr. Jens Schefzig („angenehme Zusammenarbeit", „fachl. äußerst kompetent mit Blick für strateg. Fragen", Wettbewerber)

Team: 10 Partner, 2 Counsel, 15 Associates

Schwerpunkte: Vertragsberatung (Outsourcing, BPO, Cloud-Computing u. Systemverträge), daneben Projektbegleitung, Prozesse, viel IT-Sicherheit. Beratung der Computerspielbranche. Schwerpunkt bei Anbietern. Anwender: v.a. Mittelständler u. Kommunen, auch Konzerne; Datenschutz-Compliance, datengetriebene Geschäftsmodelle u. Datenschutz-Litigation.

Mandate: Verträge u. Lizenzen: DeepL, u.a. zu Verbraucherschutz, Digitalregulierung, Haftungsfragen, internat. Expansion (auch datenschutzrechtl.); Iris zu Open Source; MSP beim Ein- u. Verkauf von IT-Anwendungen (Paywalls etc.; auch datenschutzrechtl.); SSI Schäfer, u.a. zu IT-Lizenzen, Open Source; lfd. Vorwerk. **Transaktionen u. Outsourcing:** Franz Haniel & Cie. u. btov Partners bei Serie-A-Finanzierungsrunde der 1Komma5°; Infosys beim Kauf der Digitalagentur Oddity. **Datenrecht:** Axa lfd. u. an der Schnittstelle digitaler Produkte zu aufsichtsrechtl. Fragen; Fresenius, u.a. bei EU-Standardvertragsklauseln; Henkel bei Bewertungsrahmen für internat. Datenübermittlungen; Arzneimittelhersteller bei Digitalisierung.

PINSENT MASONS

IT-Recht: Verträge/Lizenzen	★★★
Datenrecht	★★★

Bewertung: Digitalisierung im Automotive-Sektor

Anwaltszahlen: Angaben der Kanzleien, wie viele Anwälte zu mind. ca. 50% in diesem Gebiet tätig sind. Sie spiegeln nicht zwingend die Gesamtgröße einer Kanzlei wider.

ist einer der Schwerpunkte der renommierten IT- u. Datenrechtler. Dass PM die Praxisgruppen internat. stärker zusammenführt, wirkt sich auf die Mandantenstruktur aus. So setzen eine ganze Reihe an Kfz-Herstellern od. -Zulieferern aus dem asiat. Raum auf das Team. Zuletzt holte sich ein internat. Zulieferer PM für Softwareprodukt-Compliance ins Boot. Nicht selten kommt PM zum Zuge, wenn Geschäftsmodelle in die digitale Welt übertragen werden, so etwa bei LogPay. Insbes. bei der Beratung zum Datenschutz u. speziell nach der Schrems-II-Rechtsprechung profitierte das Team von der kanzleieigenen Managed-Legal-Services-Einheit. So gewann es ein personalintensives u. umfangr. Mandat bei einem Verkehrsclub. Im Gegensatz zu Wettbewerbern wie etwa Hogan Lovells steht bei PM die transaktionsbegleitende IT- u. datenschutzrechtl. Beratung nicht so stark im Mittelpunkt. Gerade mit dem vorhandenen Technologie-Know-how steckt hier noch Potenzial.

Oft empfohlen: Dr. Florian von Baum, Dr. Nils Rauer („angenehm im Umgang, versiert", Mandant; „sehr detailgenau, findet häufig neue Ansatzpunkte", „sehr angenehmer Gegner zum Streiten u. Verhandeln", Wettbewerber; auch Medien-, Marken- u. Wettbewerbsrecht)

Team: TMT insges.: 4 Partner, 2 Counsel, 9 Associates

Schwerpunkte: Umf. Beratung im Zshg. von vernetzten Fahrzeugen u. Maschinen, Robotik, dabei intensiv zu Datenschutz u. -nutzung, auch KI; Cloud-Computing, Big Data, E-Commerce sowie Outsourcing u. BPO; auch IT u. Datenschutz-Litigation. Mandanten: Anbieter u. Anwender, v.a. Automobil- und Zulieferindustrie, Telekommunikationsunternehmen u. Softwarehäuser.

Mandate: Verträge u. Lizenzen: LogPay Transport Services bei Relaunch u. Neuausrichtung digitaler Produkte; Analog Devices bei neuen Lieferkettenstrukturen in der Kfz-Industrie; World Athletics bei Aufbau einer NFT-Plattform; chin. Kfz-Hersteller lfd. bei EU-Markteintritt; Kfz-Zulieferer bei Softwareprodukt-Compliance; lfd.: Bose, Bumble, Internat. Bund, Nissan, Unilever, Visteon, Wolters Kluwer. **Transaktionen u. Outsourcing:** lfd.: DXC Technology, Telefónica. **Datenrecht:** CycloMedia Dtl. datenschutzrechtl. bei Plattformaufbau für Bilder des öffentl. Straßenraums; Honda Motor Europe lfd., u.a. zu EU Data Act; Verkehrsclub umf. bei Schrems-II-Projekt; Marketingdiensteanbieter zu Datenverarbeitung.

REDEKER SELLNER DAHS

Datenrecht	★★★

Bewertung: Die datenschutzrechtl. Praxis überzeugt mit ihrer sehr engen Zusammenarbeit mit der anerkannten Praxis für ▷*Öffentl. Recht*. Daraus resultiert eine enge Verbindung zu einer Reihe von Ministerien. So umfasst das Engagement von RSD im polit. Umfeld etliche Mandate zur Digitalisierung der Verwaltung, wie z.B. für das BMBF, dem sie beim Onlineportal zur Beantragung der Energiekostenpauschale für Studierende zur Seite stand. Dabei geht die Praxis den Weg ihrer Mandanten mit: Da Verfahren, v.a. die gg. Aufsichtsbehörde zugenommen haben, vertritt sie z.B. auch das BMG im Verf. um das Forschungsdatenzentrum. Sie baut damit auf ein Mandat um Digitalisierungsfragen der vergangenen Jahre auf. Neben der datenschutzrechtl. Beratung ist auch die Beratung im IT-Recht, u.a. zu agilen Projekten, ein Standbein des Geschäfts. Ein namh. Mandant ist z.B. die Dt. Bahn, die auf das Team bei der Vertragsgestaltung zur Entwicklung eines Konzepts für eine neue ICE-Fahrzeugflotte setzt.

Stärken: Enge Zusammenarbeit mit Öffentl.-Rechtlern.

Team: 5 Eq.-Partner, 11 Associates

Schwerpunkte: Datenschutz oft an der Schnittstelle zum Öffentl. Recht; div. Bundes- u. Landesministerien, vermehrt Konzerne, regelm. Vertretung vor Gericht.

Mandate: Verträge u. Lizenzen: Dt. Bahn zu Vertragsgestaltung bei der Entwicklung eines Konzepts für eine neue ICE-Fahrzeugflotte. **Datenrecht:** BMBF zu Onlineportal zur Beantragung der Energiekostenpauschale für Studierende; BMG im Verf. um das Forschungsdatenzentrum (SG Berlin); Europol in datenschutzrechtl. Verf. vor dem EuG u. dem EuGH; Techniker Krankenkasse, DAK, Barmer, IKK classic, SBK Siemens Betriebskrankenkasse im Verf. gg. den BfDI wg. datenschutzrechtl. Zulässigkeit der elektron. Patientenakte; BKA vor EuGH zur Zulässigkeit der Fluggastdatenverarbeitung; FC Bayern München u. VfB Stuttgart datenschutzrechtl.; Wefox in aufsichtsbehördl. Verf.; Hess. Beauftragter für Datenschutz u. Informationsfreiheit in div. Verf. (EuGH); Charité, u.a. ggü. den Aufsichtsbehörden.

REED SMITH

IT-Recht: Verträge/Lizenzen	★
IT-Recht: Transaktionen/Outsourcing	★★
Datenrecht	★★★

Bewertung: Die IT- u. Datenrechtler können sich meist über ihr tiefes Wissen im Datenschutzrecht für Mandate qualifizieren. Nicht selten entstehen diese aus dem US-Netzwerk der Kanzlei, u. das kl. Team in Dtl. übernimmt eine zentrale Rolle bei der Beratung zu europ. Datenschutzstandards. Immer wieder gelingt es RS, sich auch im Rahmen von Transaktionen ins Spiel zu bringen u. im Nachgang für weitere IT- u. Datenschutzberatung mandatiert zu werden. Ein Bsp. dafür ist etwa Sphera Solutions, die Riskmethods übernahm. Zunehmend wird RS für ihre Mandanten ggü. Datenschutzbehörden aktiv. Auf diese Erfahrung vertraute u.a. ein Dienstleister aus dem Gesundheitssektor.

Stärken: Gute Verbindungen zu US-Büros.

Oft empfohlen: Dr. Andreas Splittgerber („sehr erfahren bei Outsourcings u. im klass. EDV-Recht", Wettbewerber)

Team: 4 Eq.-Partner, 1 Counsel, 7 Associates

Schwerpunkte: Datenschutzrecht insbes. zu Datentransfer, vermehrt zu Datenrecht, starke US-Wurzeln, regelm. IT-Compliance u. streitige Verfahren; IT-Outsourcings u. BPO; auch klass. IT-Recht wie Systemimplementierungen, Softwarelizenzverträge, E-Commerce, auch Prozesse.

Mandate: Verträge u. Lizenzen: lfd.: Digitalwerk, FC Bayern, Inflight VR. **Transaktionen u. Outsourcing:** Sphera Solutions bei Kauf von Riskmethods, auch zu IT-Verträgen. **Datenrecht:** Verified Clinical Trials lfd., u.a. zu Datenökonomie; Matthews zu Datenschutz-Compliance; Dienstleister im Gesundheitssektor lfd., u.a. ggü. Datenschutzbehörden; lfd.: Advanced Micro Devices, Sourcepoint, Tripadvisor.

SCHÜRMANN ROSENTHAL DREYER

IT-Recht: Verträge/Lizenzen	★
Datenrecht	★★★

Bewertung: Im Technologiesektor hat SRD ihren Platz als etablierte Boutique gesichert. Erneut setzte das Team, das überwiegend im Kontext datenintensiver Geschäftsmodelle berät, im Gesundheitswesen Akzente. Neben Dokumentationslösungen im Klinikbereich, auch mittels KI, nimmt v.a. die Arbeit in Bezug auf Datenräume für Forschungseinrichtungen viel Raum ein. Als Spezialistin im Umgang mit Sozial- u. Gesundheitsdaten ist SRD eine gefragte Beraterin. Das belegt einmal mehr die intensive Arbeit für das RKI. Auch mit Mandantin Gematik ist die Kanzlei an zentralen Stellen involviert, wenn es um die Digitalisierung im Gesundheitswesen geht. Aber SRD nur auf diesen Sektor zu reduzieren, würde der Breite der Mandantschaft nicht gerecht werden. So überzeugte die Kanzlei einen IT-Dienstleister mit ihrer Erfahrung bei Datenschutzfolgeabschätzungen u. führte eine umfangr. Risikoanalyse durch. Auch im Versicherungssektor gelang es dem Team, die noch neuen Fragen nach KI in Verbindung mit Datennutzungskonzepten, etwa für einen Versicherungskonzern, zu verbinden. Ihr Know-how im klass. IT-Recht tritt allerdings durch das ausgeprägte Profil im Datenrecht u. -schutz in den Hintergrund.

Oft empfohlen: Simone Rosenthal („sehr erfahren, lösungsorientiert", Wettbewerber), Kathrin Schürmann („tolle Praktikerin, spannende Lösungsansätze", Wettbewerber; „sehr beeindruckend, was die beiden aufgebaut haben", Wettbewerber über beide)

Team: 4 Eq.-Partner, 4 Sal.-Partner, 16 Associates

Schwerpunkte: Umf. Begleitung von Digitalisierungsprojekten, insbes. auch zum IT-Vertrags-, Wettbewerbs- u. Urheberrecht. Stark bei datengetriebenen Geschäftsmodellen u. Datenschutzfolgeabschätzungen von (neuen) Produkten, zunehmend KI-getrieben. Auch Prozesse u. Behördenverfahren. Viele Mittelstandsmandanten u. Verbände, auch Konzerne.

Mandate: Verträge u. Lizenzen: lfd.: 3M Dtl., Flughafen Berlin Brandenburg. **Transaktionen u. Outsourcings:** Pensionskasse bei Ausgliederung des ERP-Systems in Cloud als SaaS. **Datenrecht:** RKI lfd., u.a. beim Ausbau einer zentralen Plattform für Forschungsdaten; Gematik lfd. zu Telematikanwendungen (elektron. Patientenakte u. E-Rezept), u.a. Datenschutzfolgeabschätzung u. Einwilligungskonzepte, auch IT-Verträge; lfd. insbes. datenschutzrechtl.: C&A, Deutschlandcard, Heycar, Vivantes Netzwerk für Gesundheit, Home24, LinkedIn, Zalando; IT-Dienstleister bei Datenschutzfolgeabschätzung für eine SaaS-Plattform; Versicherungskonzern lfd., u.a. zu KI u. Datennutzungskonzepten; Joint Venture für ww. Identitätskontrollen u.a. datenschutzrechtl. u. zu Geheimnisschutz beim Rollout.

SKW SCHWARZ

IT-Recht: Verträge/Lizenzen	★★★
Datenrecht	★

Bewertung: In der TMT-Praxis berät SKW breit aufgestellt zu digitalen Geschäftsmodellen. Die IT- u. datenrechtl. Beratung versteckt sich zu Teilen hinter der trad. stärker ausgeprägten medienrechtl. Beratung, doch verfügt SKW über tiefes Know-how im klass. IT-Vertrags- u. Lizenzgeschäft. Das setzt sie nicht nur bei langj., oftmals mittelständ. Mandanten ein, sondern auch bei Konzernen. Insbes. im Automobilsektor war das Team zuletzt erneut bei IT-Projekten involviert. Die datenschutzrechtl. Beratung schließt sich in der Regel an solche Projekte an, führt aber auch zu eigenständigen Mandaten.

Anwaltszahlen: Angaben der Kanzleien, wie viele Anwälte zu mind. ca. 50% in diesem Gebiet tätig sind. Sie spiegeln nicht zwingend die Gesamtgröße einer Kanzlei wider.

So ist SKW bei div. Klinikkonzernen im operativen Datenschutz umfangr. mandatiert. Die TMT-Praxis zählt dtl.weit zu den personell größten u. kann sich regelm. für personalintensive Mandate ins Spiel bringen. Zugleich wird das aber zunehmend zum Hemmschuh, da die Spezialisierung einzelner Anwälte weniger prägnant wirkt als bei vielen Wettbewerbern.

Stärken: Enge Zusammenarbeit mit der ▷*Medienpraxis*.

Oft empfohlen: Martin Schweinoch („guter IT-Rechtler", Wettbewerber), Dr. Matthias Orthwein („viel Erfahrung bei IT-Verträgen", Wettbewerber)

Team: 17 Eq.-Partner, 3 Sal.-Partner, 7 Counsel, 15 Associates, 2 of Counsel

Schwerpunkte: Softwareprojekte u. lfd. Beratung zu Softwarelizenzen u. -verträgen, auch Outsourcings. Stark in E-Business- u. Internetfragen. Daneben IT-Sicherheit u. Datenschutzrecht, auch als externer Datenschutzbeauftragter, Litigation u. Behördenverfahren. Mandanten: Internetunternehmen u. Plattformen, Softwareanbieter, daneben Anwender.

Mandate: Lizenzen u. Verträge: Microsoft Dtl. lfd. zu div. IT- u. datenschutzrechtl. Themen; EDAG Engineering bei Einführung von Kollaborationssoftware, auch datenschutzrechtl.; lfd.: Adidas, Dt. Bahn, FitX, Simon-Kucher; Robert Bosch lfd., u.a. zu KI-Projekt; Universitätsklinikum bei EU-weitem Ausschreibungsverf. für Zeitwirtschafts- u. Dienstplanungssoftware; div. E-Sport-Teams zu NFT-Projekt; Kfz-Hersteller bei IT-Projekt für baureihenübergreifende Fahrzeugfunktionen. **Transaktionen u. Outsourcing:** Finanz Informatik Technologie Service bei öffentl. IT-Ausschreibung; lfd.: Münchener Hypothekenbank. **Datenrecht:** Schufa bei div. Datenschutzprozessen, auch BGH; E.on datenschutzrechtl. bei neuer Vertriebsplattform; Rhön-Klinikum umf. im operativen Datenschutz; H World Holdings bei ww. Kundenbindungsprogramm; Münchner Verkehrsverbund zu Onlineticketing; Kfz-Hersteller zu nationalem u. internat. Datenschutz von Connected Services; lfd.: Fraport, gesund.de, Grid E-Sports, Neosfer, Red Bull Media, Velux.

TAYLOR WESSING

IT-Recht: Verträge/Lizenzen	★★★★
IT-Recht: Transaktionen/Outsourcing	★★★★
Datenrecht	★★★★★

Bewertung: Im IT- u. Datenrecht gelingt es kaum einem Wettbewerber, innerhalb eines so gr. Teams zugleich so viele renommierte Spezialisten im Markt zu etablieren. So ist TW regelm. in div. Branchen involviert, wenn es um die Weiterentwicklung der Geschäftsmodelle geht. Insbes. in Bezug auf Datennutzung u. -auswertung u. im Kontext von KI engagierte TW sich zuletzt im Krankenhaus- u. Gesundheitssektor zunehmend. Die Beratung zu Datenschutz-Compliance u. IT-Sicherheitsthemen nahm hingegen v.a. in der Versicherungsbranche mehr Raum ein. Darüber hinaus verfügt TW über langj. Erfahrung im klass. IT-Vertragsrecht. Diese ist regelm. bei Mandaten der öffentl. Hand gefragt, wo Klett bspw. ein Bundesministerium berät. Ein Markenzeichen der TMTler ist es, dass v.a. jüngere Partner schnell an Profil gewinnen. So wird das Team um eine frisch ernannte Partnerin für Mandantin Vodafone immer umfangr. tätig, zuletzt etwa bei der Implementierung eines Whistleblowing-Systems.

Stärken: Großes Team mit Fokus auf technologiegetriebene Projektberatung.

Oft empfohlen: Dr. Christian Frank („zuverlässig, praxisorientiert, auch in KI-Themen", Mandant; „souverän", „hervorragender IT-Rechtler", Wettbewerber), Axel Frhr. von dem Bussche („exzellente Beratungsleistung u. Fachkenntnisse gepaart mit einer ausgeprägten Mandantenorientierung", „bester Anwalt in Dtl. bei Litigation-Fällen im Datenschutz", Mandanten; „angenehmen u. sehr versiert", Wettbewerber), Detlef Klett („viel Erfahrung im Bereich öffentl. Hand", Wettbewerber), Paul Voigt („erfahren u. pragmat.", „menschl. sehr angenehm, fachl. sehr gut", „klarer Blick, klare Aussagen", „Expertise im IT-Vertrags-, Datenschutz- u. IT-Sicherheitsrecht sowie im E-Commerce", „tiefes Know-how für internat. Datentransfers", Wettbewerber)

Team: TMT insges.: 12 Eq.-Partner, 11 Sal.-Partner, 36 Associates

Schwerpunkte: Insbes. IT-Projekte u. Lizenzierungen, Outsourcing u. Transaktionen, auch Cloud-Computing, zudem Internet u. E-Commerce auch an der ▷*Medienschnittstelle*. Daneben IT-Vergabe (Öffentl. Sektor). Stark im Datenschutz, auch Compliance. Datenschutz-Litigation u. Behördenverfahren, umfangr. in Digitalisierungsprojekten. Mandanten: v.a. Anbieterseite (auch internat.), Gesundheitssektor u. Medienunternehmen.

Mandate: Verträge u. Lizenzen: lfd.: Bundesministerium, u.a. zu Softwareeinkauf; Circulor zu Projekt für Lieferkettennachverfolgung von Batterien; Drägerwerke umfangr.; HiSolutions lfd. zu IT-Security u. -Management. **Transaktionen u. Outsourcing:** Dt. Pfandbriefbank bei Outsourcing-Vertragsverhandlungen für IT-Arbeitsplatz, auch Softwareerstellungsvertrag. **Datenrecht:** Google lfd., u.a. zu datenschutzrechtl. Löschansprüchen ggü. Suchmaschinenbetreiber (EuGH); (marktbekannt); Vodafone lfd., u.a. bei Einführung neuer Produkte, Compliance u. TK-Datenschutz; Hyundai Motor Europe lfd. IT- u. datenschutzrechtl., v.a. Automotive-Datenschutz; Momenta Europa lfd., u.a. bei Entwicklung autonomer Fahrzeugsysteme mittels KI; Nintendo lfd., u.a. zu internat. Datentransfer; Mazda lfd., u.a. zu Fahrzeugdatenschutz; Adobe v.a. zu Personaldatenschutzrecht; BVG umfangr. zu div. digitalen Projekten; Genesis Motor Europe bei Markteintritt in Europa u. Vertriebsdigitalisierung; lfd.: Aroundtown, Asklepios Kliniken, Debeka, Douglas (auch IT-rechtl.), Ebay, Exit Games, Novartis, Wargaming; chin. Automobilhersteller bei Markteinführung in Europa.

VOGEL & PARTNER

IT-Recht: Verträge/Lizenzen	★★

Bewertung: Die Boutique im Südwesten behauptet sich im IT- u. Datenrecht über die Region hinaus. Anders als die meisten Wettbewerber beschäftigte sich das Team regelm. mit problematischen IT-Projekten. So war Vogel als Einzelschiedsrichter für das ICC wg. einer internat. Projektschieflage mandatiert, ebenso für einen IT-Dienstleister im Bereich Cloud-Angebot. Ebensoviel Raum nahm die Beratung zu IT-Verträgen ein, die immer häufiger auch KI-Themen umfassen. Im Datenrecht steht die Beratung zu Gesundheitsdaten im Fokus, ablesbar etwa an der erneuten Mandatierung durch die Charité. Legal-Tech-Anwendungen entwickelt die Kanzlei in einem Legal Lab in Konstanz selbst: das bleibt ein Engagement, mit dem sie größeren Einheiten erfolgreich die Stirn bietet.

Stärken: Langj. Erfahrung in der dt.-frz. Beratung.

Oft empfohlen: Prof. Dr. Rupert Vogel („sehr kompetent, angenehmer Verhandlungspartner", Wettbewerber), Prof. Dr. Marc Strittmatter

Team: 7 Partner, 1 Counsel, 9 Associates, 3 of Counsel

Schwerpunkte: Klass. IT-Recht u. Internetrecht, v.a. Vertragsgestaltung, auch gerichtl. u. in Schiedsverf., (Patienten-)Datenschutz u. E-Commerce, Urheber- u. Datenbankrecht, Beratung an der Schnittstelle zum Patent- u. Arbeitsrecht, Open Source, kleine Outsourcings. Mandanten: v.a. Softwarehäuser, Multimedia- u. Industrieunternehmen.

Mandate: Verträge u. Lizenzen: Cognitivo zu IT-Verträgen über die Beratung zu IT-Architekturen für den Zahlungsverkehr; Ekom21 zu Escrow-Vereinbarung zur Hinterlegung des Quellcodes einer E-Government-Plattform; IT-Dienstleister bei Projektschieflage im Bereich Cloud-Angebot in der Versicherungswirtschaft; Einzelschiedsrichter in ICC-Verf. wg. einer internat. Projektschieflage; lfd. AstraDirect Schließfächer. **Datenrecht:** Bucherer zu internat. Datenschutzprojekt; Charité zu Secure Multi-Party Computation; On AG, u.a. zu Datenschutz; Anbieter einer dt. Cloud-Plattform zur Verarbeitung von Gesundheitsdaten u. zur Nutzung von Daten für Forschung u. Entwicklung.

WHITE & CASE

IT-Recht: Verträge/Lizenzen	★★★★
IT-Recht: Transaktionen/Outsourcing	★★★★★
Datenrecht	★★★★

Bewertung: Die IT- u. Datenschutzpraxis um Kotthoff u. Gabel gehört nach wie vor zu den Verfolgern der Marktspitze. In der Finanzindustrie ist die Praxis wie die Gesamtkanzlei verdrahtet wie nur wenige. So verwundert es kaum, dass das Team aufgrund ihres umfangr. Know-hows im Datenschutz in relevante Digitalisierungsprojekte involviert ist, die die hoch regulierte Branche derzeit umtreiben. Dass sie sich gemeinsam mit den Regulierungsexperten der Kanzlei um Mandate bewirbt, verschafft ihr Vorteile ggü. Wettbewerbern – nicht nur in der Finanzbrache, sondern auch bei der Beratung von Plattformen. Meta ist dabei sicherl. das hervorstechendste Mandat, das – wie bei WilmerHale – nach wie vor viel Raum einnimmt, da W&C hier in über 160 Gerichtsbarkeiten ww. Prozesse führt. Auch bei Transaktionen sind die IT- u. Datenschutzrechtler regelm. involviert, wobei die Beratung von Zalando beim Kauf der Mehrheitsbeteiligung an Highsnobiety nur ein Bsp. ist. Die Kanzlei ernannte erneut einen Counsel u. demonstriert damit, wie hoch der Stellenwert der Praxis im Gesamtgefüge der Kanzlei ist.

Stärken: Starkes internat. Netzwerk.

Oft empfohlen: Dr. Jost Kotthoff („findet unter großem Zeitdruck eine gute Lösung", Mandant; „hervorragend", Wettbewerber), Dr. Detlev Gabel („umfassende Kenntnisse", Wettbewerber; Datenschutz), Dr. Martin Munz

Team: 5 Eq.-Partner, 4 Counsel, 11 Associates

Schwerpunkte: Systemimplementierungen u. Lizenzierung. Datenschutz, auch im Kontext von Transaktionen, regelm. grenzüberschreitend, Digitalisierungsprojekte. Auch an der Schnittstelle zu ▷*Medien* u. ▷*Öffentl. Recht*. Mandanten: überw. Anwender wie Banken, Onlineunternehmen u.

Anwaltszahlen: Angaben der Kanzleien, wie viele Anwälte zu mind. ca. 50% in diesem Gebiet tätig sind. Sie spiegeln nicht zwingend die Gesamtgröße einer Kanzlei wider.

Softwareanbieter; Social Media u. Messengerdienste.
Mandate: Verträge u. Lizenzen: Berufsgenossenschaft bei Vergabeverf. für die Beschaffung einer neuen Kommunikationslösung (auch Datenschutz). **Transaktionen u. Outsourcing:** Zalando beim Kauf der Mehrheitsbeteiligung an Highsnobiety; Morgan Stanley Infrastructure beim Verkauf eines Fondskonsortiums; Pollen Street Capital beim Kauf der Mehrheitsbeteiligung an Pair Finance; Wefox Holding im Rahmen seiner Serie-D-Finanzierungsrunde; öffentl.-rechtl. Körperschaft zur Ausgliederung der zur Erfüllung öffentl.-rechtl. Aufgaben erforderl. IT u. Verwaltung von Daten auf ein privatrechtl. Unternehmen; Private-Equity-Fonds beim Kauf eines dt. Start-ups in der Hightech-Branche. **Datenrecht:** Meta bei internat. Verf. u. außergerichtl. Streitigkeiten an mehr als 160 Gerichten (außer USA), u.a. Sammelklagen bzgl. Datenschutz; dt. Konzern bei Compliance-Untersuchung.

WILMERHALE

Datenrecht ★★★

Bewertung: Datenschutz-Litigation bleibt das Herzstück der datenschutzrechtl. Beratung bei WH. Die Praxis um den angesehenen Braun steht verlässl. an der Seite von Meta/Facebook u. ficht Streitigkeiten regelm. bis in die obersten Instanzen aus. Bspw. endete nach dem Gang zum EuGH das maßgebl. Verf. zum Thema ‚Like-Button' im Herbst 2022 vor dem OLG Düsseldorf. Für Verf. dieser Art ist die Praxis prädestiniert, weil sie schon langj. mit der ▷*Konfliktlösungspraxis* zusammenarbeitet. Darüber hinaus verfügt sie mittlerw. ähnl. wie Jones Day über enge Beziehungen zum Brüsseler Büro, das sich neben der kartellrechtl. Beratung auch das Thema Datenschutz auf die Fahnen geschrieben hat. Auch bei Datenpannen punktet sie mit ihrer guten internat. Vernetzung, zuletzt etwa bei einem US-Dienstleister. Eine weitere feste Bank im Mandatsportfolio bleibt die Pharmaindustrie, die die Kanzlei schon langjährig ins Boot holt, z.B. bei Fragen zu Lizenzen.
Stärken: US-Wurzeln u. viel Branchen-Know-how in der Pharmaindustrie.
Oft empfohlen: Dr. Martin Braun („absoluter Experte", „extrem versiert", „überragendes Wissen u. gut vernetzt", „sehr erfahren", Wettbewerber)
Team: 5 Eq.-Partner, 4 Counsel, 9 Associates
Schwerpunkte: IT- u. Datenschutz-Litigation, IT-Sicherheit insbes. im internat. Kontext, auch Datensicherheitsvorfälle.
Mandate: Verträge u. Lizenzen: Medizinproduktehersteller wg. unerlaubter Nutzung u. Lizenzierung von Software; dt. Pharmaunternehmen im Zshg. mit Auslegung eines Softwarelizenzvertrages. **Datenrecht:** Meta Platforms Ireland, lfd., u.a. wg. ‚Fanpages', ‚Like-Button', App-Center II u. im EuGH-Verf. gg. das Bundeskartellamt; US-Anbieter von Dienstleistungen im Gesundheitsbereich bei Datenschutzpanne; WhatsApp in EuGH-Verf. zu Geldbuße wg. mangelnder Transparenz der Nutzungsbedingungen.

Anwaltszahlen: Angaben der Kanzleien, wie viele Anwälte zu mind. ca. 50 % in diesem Gebiet tätig sind. Sie spiegeln nicht zwingend die Gesamtgröße einer Kanzlei wider.

Urheberrechtsfragen im Zusammenhang mit dem Training und der Nutzung Künstlicher Intelligenz

Von Dr. Ursula Feindor-Schmidt, Lausen Rechtsanwälte, München

Dr. Ursula Feindor-Schmidt

Dr. Ursula Feindor-Schmidt, LL.M. ist Fachanwältin für Urheber- und Medienrecht und Senior-Partnerin bei Lausen Rechtsanwälte. Sie berät nationale und internationale Mandanten hinsichtlich ihrer digitalen Strategien und ist mit hochrangigen Musterverfahren zur Plattformhaftung und Urheberrechts-Compliance betraut. Darüber hinaus ist sie Spezialistin für den sich entwickelnden Bereich der Künstlichen Intelligenz, für den Einsatz von KI in Legal Tech und für die Regulierung von KI. Sie ist regelmäßig als Referentin auf nationalen und internationalen Veranstaltungen tätig, u.a. für die Akademie der Deutschen Medien, die International Publishers Association, Rise of AI oder die Fordham IP Conference.

Lausen Rechtsanwälte ist seit 1997 spezialisiert auf alle für die Welt der Medien wesentlichen Rechtsgebiete. Die derzeit 20 Anwälte betreuen nationale und internationale Mandanten, insbesondere auch in strategischen Fragen im Hinblick auf die Digitalisierung des Mediengeschäfts.

Kontakt
Lausen Rechtsanwälte
Dr. Ursula Feindor-Schmidt, LL.M.
Residenzstraße 25
80333 München
T +49 89 2420960
feindor@lausen.com
www.lausen.com

Seit der Veröffentlichung von Künstlichen Intelligenz (KI)-Generatoren wie ChatGPT, Stable Diffusion oder Midjourney scheinen die Menschen in einer neuen Welt erwacht zu sein. Obwohl KI-Generatoren schon seit Jahrzehnten trainiert und in verschiedenen Versionen präsentiert werden, hat die Qualität der inzwischen angebotenen Dienste ein Niveau erreicht, bei dem die von Künstlicher Intelligenz geschaffenen Werke eine echte Konkurrenz für die von kreativen Menschen geschaffenen Werke werden – und damit auch für Geschäftsmodelle, die auf der Lizenzierung oder dem Verkauf dieser Werke beruhen, wie Stockfoto-Agenturen oder Verlage.

Viele Aspekte noch ungeklärt

Aus urheberrechtlicher Sicht sind im Zusammenhang mit dem Einsatz von Künstlicher Intelligenz eine Reihe gänzlich neuer Fragestellungen zu klären, wie z.B.

- Sind die durch KI-generierten Inhalte urheberrechtlich geschützt?
- Welche Auswirkungen hat es, wenn KI-generierte Inhalte nur als erster Entwurf verwendet und von einem Menschen weiterbearbeitet werden?
- Wie sind diese Erzeugnisse zu kennzeichnen?
- Wer haftet, wenn die Erzeugnisse einer KI die Rechte Dritter verletzen?
- Ist die Zusammenstellung der sog. „Prompts", d.h. der Vorgaben für die KI, durch Exklusivrechte geschützt?
- Wird der „Prompter" zum Co-Autor?
- Welche Bilder oder Texte kann ein KI-Anbieter für das KI-Training verwenden?
- Wie kann ich meine eigenen Werke vor dem Zugriff durch KI-Crawler Dritter schützen?
- Und wie kann ich meine eigenen oder lizenzierte Werke für das KI-Training nutzen?

Dies ist nur ein Auszug aus der Vielzahl von Problemen, die seit Beginn des Jahres diskutiert werden.

Erste Rechtsstreitigkeiten

In den USA und im Vereinigten Königreich wurden bereits Ende 2022/Anfang 2023 erste Klagen bekannt. Die eingereichten Klagen zielen unter anderem auf die Klärung der Frage ab, ob die Nutzung urheberrechtlich geschützter Werke in Zusammenhang mit generativer KI eine Verletzung des Urheberrechts oder der ausschließlichen Lizenzrechte der Rechteinhaber darstellt.

Mittlerweile gibt es auch eine erste Klage in Deutschland: Ein Fotograf hat Klage gegen einen gemeinnützigen Verein eingereicht, der Datensets für KI-Trainings zusammenstellt, in dem sich auch die Fotografien des Klägers befinden.

Wir wollen vorliegend die Frage vertiefen, wie die Nutzung urheberrechtlich geschützter Werke für ein KI-Training aus europäischer und hier insbesondere aus deutscher Sicht zu bewerten ist.

Bei der Frage nach möglichen Urheberrechtsverletzungen im Zusammenhang mit der Nutzung von urheberrechtlich geschützten Werken für ein KI-Training stellt sich zunächst die wohl schwierigste Frage, welche urheberrechtlich relevanten Nutzungen solcher Werke beim KI-Training stattfinden. Dies hängt vor allem vom genauen Ablauf der technischen Prozesse ab.

Zunächst einmal ist davon auszugehen, dass bei der Analyse von urheberrechtlich geschützten Werken, seien es Bilder, Musik oder Softwareprogramme, in jedem Fall (zumindest temporäre) Vervielfältigungen zur Analyse des Werkes und der zugehörigen Metadaten erfolgen müssen. Eine Vervielfältigung eines Werkes wäre jedoch nur mit Zustimmung des Urhebers möglich (§ 16 UrhG) oder bei Vorliegen einer urheberrechtlichen Schranke.

Vorübergehende Kopien

Soweit es sich bei Werkkopien tatsächlich um rein vorübergehende Vervielfältigungshandlungen ohne eigenständige wirtschaftliche Bedeutung handelt, könnte die Vervielfältigung bereits nach § 44a UrhG, der Art. 5 Abs. 1 der Richtlinie 2001/29/EG („InfoSoc-Richtlinie") umsetzt, zulässig sein. Da KI-Anwendungen aber in der Regel in einem System eingesetzt werden, das den Nutzern Inhalte (zumindest auch) gegen Entgelt zur Verfügung stellt, wird man sich auf diese Schranke wohl nicht berufen können.

Text- und Data-Mining

Erfolgt die Vervielfältigung ausschließlich zum Zwecke des sog. Text- und Data-Mining, könnte sie unter die gesetzlichen Schranken des § 44b UrhG (Text- und Data-Mining) oder des § 60d UrhG (Text- und Data-Mining zu Zwecken der wissenschaftlichen Forschung) fallen. „Text- und Data-Mining" ist nach § 44b Abs. 1 UrhG „die automatisierte Analyse von einzelnen oder mehreren digitalen oder digitalisierten Werken, um daraus Informationen insbesondere über Muster, Trends und Korrelationen zu gewinnen." Beschränkt sich der Zweck der Vervielfältigung allein auf diese Art der Analyse zur Informationsgewinnung, so kann die Vervielfältigung ohne Zustimmung des Rechteinhabers erfolgen. Erfolgt das Text- und Data-Mining zu Zwecken der wissenschaftlichen Forschung im Sinne des § 60d UrhG, müssen keine weiteren Voraussetzungen erfüllt sein und die Vervielfältigungen dürfen auch zur gemeinsamen Forschung oder Qualitätskontrolle innerhalb begrenzter Forschungsgruppen öffentlich zugänglich gemacht werden.

Anders verhält es sich beim Text- und Data-Mining, das kommerzielle Zwecke verfolgt. Vervielfältigungen sind dann nur zulässig, wenn sich der Rechteinhaber die Rechte an Text- und Data-Mining-Vervielfältigungen nicht ausdrücklich vorbehalten hat (§ 44b Abs. 3 UrhG). Nach dem Wortlaut des Urheberrechtsgesetzes ist ein Nutzungsvorbehalt bei online verfügbaren Werken nur dann wirksam, wenn er in maschinenlesbarer Form erfolgt ist. Zweck der maschinenlesbaren Form ist es, automatisierten Crawlern ein Opt-Out zuverlässig anzeigen zu können und damit den Marktgegebenheiten Rechnung zu tragen.

Wie bereits erwähnt, wurde die Text- und Data-Mining-Schranke des § 44b durch das Gesetz zur Anpassung des Urheberrechts an die Erfordernisse der DSM-Richtlinie vom 31.03.21 neu in das deutsche Urheberrechtsgesetz eingefügt, was bedeutet, dass Betreiber von kommerziellen KI-Systemen erst seit Inkrafttreten des neuen Gesetzes am 07.06.21 ohne Zustimmung der Rechteinhaber Vervielfältigungen für ein Text- und Data-Mining erstellen dürfen.

Bei der Beurteilung einer konkreten Situation stellt sich daher immer die Frage, in welchem Zeitraum Vervielfältigungen zum Zwecke des Text- und Data-Mining stattgefunden haben und ob die betroffenen Rechteinhaber in diesem Zeitraum bereits ein wirksames Opt-Out in Bezug auf Text- und Data-Mining erklärt haben bzw. überhaupt erklären konnten. Ungeklärt ist bislang die Frage, ob und unter welchen Voraussetzungen diese Ausnahme auch bei einem Training für sog. generative KI-Anwendung gelten kann.

Drei-Stufen-Test

Eine weitere Einschränkung bei der Anwendung von Ausnahmen und Beschränkungen kann durch den sog. Drei-Stufen-Test, Artikel 5 (5) der InfoSoc-Richtlinie, erfolgen. Nach dieser europarechtlichen Vorgabe dürfen „Ausnahmen und Beschränkungen [...] (1) nur in bestimmten Sonderfällen angewandt werden, in denen (2) die normale Verwertung des Werks [...] nicht beeinträchtigt wird und (3) die berechtigten Interessen des Rechtsinhabers nicht ungebührlich verletzt werden." Soweit die Vervielfältigungen nach § 44b UrhG dazu führen, dass die normale Verwertung des betreffenden Werkes beeinträchtigt wird und die Interessen des Rechtsinhabers ungebührlich verletzt werden, könnte die Ausnahme demnach nicht greifen.

KI-generierte Bilder können Bearbeitungen sein

Das technische Verfahren des KI-Trainings und die Anwendung der trainierten KI müssen weiter untersucht werden, um festzustellen, ob für weitere Schritte die Zustimmung des Rechteinhabers erforderlich sein könnte. Spezifische Nutzungen könnten insbesondere das Recht auf Bearbeitungen betreffen. Nach § 23 Abs. 1 Satz 1 UrhG dürfen Bearbeitungen oder andere Umgestaltungen eines Werkes nur mit Zustimmung des Urhebers veröffentlicht oder verwertet werden. Das bedeutet, dass die bloße Herstellung einer Bearbeitung grundsätzlich frei ist, nur die Veröffentlichung oder Verwertung einer Bearbeitung ist zustimmungspflichtig. Soll beispielsweise eine KI-Bearbeitung eines Werkes der Öffentlichkeit zugänglich gemacht werden, ist die Zustimmung des Rechtsinhabers erforderlich. Eine zustimmungspflichtige Bearbeitung liegt jedoch nicht vor, wenn das neu geschaffene Werk einen „hinreichenden Abstand" zum benutzten Werk wahrt, § 23 Abs. 1 Satz 2 UrhG. Ein solcher Abstand ist anzunehmen, wenn der individuelle Charakter, der sich aus einem bestehenden Werk ableitet, im Vergleich zum individuellen Charakter des neuen Werkes so weit verblasst, dass das bestehende Werk nicht mehr oder nur noch ansatzweise erkennbar ist. Bei KI-Schöpfungen mag dieser Abstand sehr oft, aber wohl nicht verlässlich immer, ausreichend sein. Insbesondere dann, wenn ein Nutzer in einem Prompt stark auf ein bestimmtes Motiv eines bestimmten Künstlers Bezug nimmt, können Bilder entstehen, die unter den Begriff der Bearbeitung fallen können. Darüber hinaus ist offen, wie es sich auf die Anwendung von § 23 Abs. 1 Satz 2 UrhG auswirkt, dass das Arbeitsergebnis der KI mangels persönlicher, geistiger Schöpfung (eines Menschen) gerade kein urheberrechtlich geschütztes Werk ist.

Musterfälle und Rechtsvorschriften

Es bleibt abzuwarten, ob das geltende Urheberrecht den neuen Methoden und Technologien, die sich im Zusammenhang mit Künstlicher Intelligenz entwickelt haben, gerecht wird. Die Gerichte werden sich mit den widerstreitenden Interessen von Rechtsinhabern, Technologieanbietern und Nutzern auseinandersetzen müssen. Dieses Spannungsfeld ist jedoch nicht neu, und wie bei anderen neuen Entwicklungen, wie der Digitalisierung von Werken, der Bereitstellung von Werken über das Internet, dem technisch komplexen Teilen von Werken in Filesharing-Netzwerken, dem Hosten von Werken auf Sharehostern oder der Nutzung von Werken in vermeintlich privaten Netzwerken, werden die Gerichte und ggf. auch der Gesetzgeber versuchen, hier angemessene Lösungen zu erarbeiten.

Ein erster Schritt in diese Richtung könnte der für Anfang 2024 angekündigte europäische AI Act sein. ■

KERNAUSSAGEN

- Die neue Technologie generativer KI-Systeme stellt das geltende Urheberrecht vor große neue Herausforderungen.
- Eine der Hauptfragen ist, ob die Nutzung urheberrechtlich geschützter Werke in Zusammenhang mit generativer KI eine Verletzung des Urheberrechts oder der ausschließlichen Lizenzrechte der Rechteinhaber darstellt.
- Dies wird vor allem auch davon abhängen, wie die Schranke des Text- and Data Mining durch den EuGH ausgelegt werden wird, bzw. ob es hier gesetzliche Klarstellungen geben wird.

Medien

ADVANT BEITEN

Medien: Vertrags- und Urheberrecht ★★

Bewertung: Die Medienpraxis ist als Beraterin von Medienunternehmen in allen Facetten des tägl. Geschäfts anerkannt. Bes. bemerkenswert ist es, wie das Team um den Münchner Partner Weimann den Radiomarkt nahezu konkurrenzlos für sich erobert hat. Dabei kann es immer wieder auf seine langj. Erfahrung aus anderen Verbreitungsformen wie dem TV-Sektor zurückgreifen, etwa wenn es um die Einordnung regionaler Radiowerbung geht. Nicht selten spielen gerade bei neuen Geschäftsformen auch ▷*gesellschaftsrechtl.*/▷*M&A* -Themen eine Rolle, die AB selbstredend verknüpft. Auch im Games-Sektor ist es der Kanzlei gelungen, insbes. dank des Renommees von Lober, zur festen Riege der Top-Games-Berater zu gehören. So nahm v.a. die prozessuale Tätigkeit viel Raum ein, etwa für den Branchenriesen Tencent in einem strateg. Verfahren gg. Hacker. Dass die Kanzlei zuletzt eine Partnerin gewann, die u.a. über Inhouse-Erfahrung in der Branche verfügt, bietet jetzt neue Anknüpfungspunkte.

Stärken: Erfahrung in der Games-Branche.

Oft empfohlen: Dr. Andreas Lober („eine Koryphäe auf seinem Gebiet, absolut verlässlich, kompetent u. menschlich sehr angenehm, langj. Zusammenarbeit, was für uns von unschätzbarem Wert ist", „sehr kompetent, schnelle Reaktion", Mandanten), Dr. Holger Weimann, Dr. Marc-Oliver Srocke („es gibt keinen besseren Verlagsanwalt", Wettbewerber)

Team: 2 Eq.-Partner, 9 Sal.-Partner, 4 Associates, 1 of Counsel

Partnerwechsel: Peggy Müller (von Klinkert)

Schwerpunkte: Beratung der Games-Branche, priv. Radiosender u. Verlage (auch presse- u. äußerungsrechtl.). Aktiv im Bereich E-Commerce/Internetportale an der Schnittstelle zum Datenschutzrecht. Auch Branchentransaktionen in ▷*Gesellschaftsrecht*/▷*M&A*.

Mandate: Tencent lfd., u.a. bei strateg. Projekt gg. Hacker inkl. Gerichtsverfahren; Antenne Bayern lfd., u.a. 11 Privatradioveranstalter in NRW bei Gründung u. Launch von ‚Antenne NRW', auch rundfunkrechtl. u.a. zu regionaler Werbung; DFB lfd. urheberrechtl., u.a. wg. WM-Slogan u. gg. nicht lizenzierte Sammelkartenspiele; Funk & Fernsehen Nordwestdeutschland (Radio ffn) gesellschafts- u. rundfunkrechtl.; lfd.: Nintendo, Astragon Entertainment, BB-Radio u. Radio Teddy; Schwäbischer Verlag bei Kauf von Print Royal.

Medien: Vertrags- und Urheberrecht

Kanzlei	Standorte
★★★★★	
CMS Hasche Sigle	Berlin, Köln, Hamburg
SKW Schwarz	München, Frankfurt
★★★★	
DLA Piper	Hamburg, Köln
Greenberg Traurig	Berlin
Osborne Clarke	Köln, München, Hamburg, Berlin
Raue	Berlin
★★★	
Freshfields Bruckhaus Deringer	Düsseldorf, Hamburg
Hengeler Mueller	Berlin
Lausen	München, Köln
McDermott Will & Emery	München
Morrison & Foerster	Berlin
Noerr	Berlin, München
Nordemann Czychowski & Partner	Berlin, Potsdam
Taylor Wessing	Hamburg, München, Berlin, Düsseldorf
★★	
Advant Beiten	München, Berlin, Frankfurt
Brehm & v. Moers	Berlin, Frankfurt, München
Graef	Hamburg
Heussen	München, Berlin
JBB Rechtsanwälte	Berlin
K&L Gates	Berlin
Straßer Ventroni Freytag	München
Unverzagt	Hamburg
White & Case	Berlin, Hamburg
★	
Boehmert & Boehmert	Berlin
CBH Rechtsanwälte	Köln
Frey	Köln
Heuking Kühn Lüer Wojtek	Düsseldorf
Klinkert	Frankfurt
KNPZ Rechtsanwälte	Hamburg
Reed Smith	München
SSB Söder Berlinger	München

Die Auswahl von Kanzleien und Personen in Rankings und tabellarischen Übersichten ist das Ergebnis umfangreicher Recherchen der JUVE-Redaktion. Sie ist in 2erlei Hinsicht subjektiv: Die Aussagen der befragten Quellen sind subjektiv u. spiegeln deren Erfahrungen u. Einschätzungen. Die JUVE-Redaktion wiederum analysiert die Rechercheergebnisse unter Einbeziehung ihrer eigenen Marktkenntnis. Der JUVE Verlag beabsichtigt keine allgemeingültige oder objektiv nachprüfbare Bewertung. Es ist möglich, dass eine andere Recherchemethode zu anderen Ergebnissen führt. Innerhalb einzelner Gruppen in Rankings und tabellarischen Übersichten sind Kanzleien und Personen alphabetisch sortiert.

BOEHMERT & BOEHMERT

Medien: Vertrags- und Urheberrecht ★

Bewertung: Im Medienrecht überzeugt B&B v.a. durch die hohe Kompetenz zu Musikurheberrechten. Nur wenige sind in der Branche so gut vernetzt wie Schaefer. Nicht zuletzt führt seine fest etablierte Rolle für den Bundesverband der Musikindustrie regelm. dazu, dass er an richtungsweisenden Mandaten für die Mitgliedsunternehmen mitarbeitet. Auch deswg. ist er bei Musterprozessen gefragt, wie etwa zur Störerhaftung. Dass er zuletzt bei der Neugründung einer Verwertungsgesellschaft im Games-Sektor umfangr. beteiligt war, belegt einmal mehr seine Kompetenz, auch marktprägende Vorgänge in sichere Fahrwasser zu begleiten. Zudem bringt die enge Zusammenarbeit mit der gr. Marken- u. IP-Rechtspraxis regelm. Mandate hervor, die genau diese Verbindung verlangen.

Stärken: Spezialistin für Musikrecht. Langj. Kenntnis im Urheber-, ▷*Marken- u. Wettbewerbsrecht* sowie ▷*Patentrecht*.

Oft empfohlen: Dr. Martin Schaefer

Team: 3 Eq.-Partner, 2 Associates

Schwerpunkte: Urheberrechtl. Betreuung von Verwertern u. Urhebern aus den Bereichen Musik, Film, Foto, Bühne u. Verlage, zudem Verwertungsgesellschaften u. Verbände.

Mandate: game-Verband bei Gründung einer Verwertungsgesellschaft für Games (VHG) insbes. verwertungsgesellschaftsrechtl. (marktbekannt); lfd.: Olympiastadion Berlin, Bundesverband Musikindustrie (marktbekannt); internat. Musiklabel im Musterprozess zur Störerhaftung des Access Providers (BGH u. OLG) u. bei CUII-Website-Sperrverfahren; Vergleichsportal urheberrechtl. zu Abfrage- u. Wiedergabestruktur.

Anwaltszahlen: Angaben der Kanzleien, wie viele Anwälte zu mind. ca. 50% in diesem Gebiet tätig sind. Sie spiegeln nicht zwingend die Gesamtgröße einer Kanzlei wider.

BREHM & V. MOERS

Medien: Vertrags- und Urheberrecht ★★
Medien: Transaktionen und Finanzierung ★★

Bewertung: Die Medienboutique ist eine der Top-Adressen im dt. Filmproduktionsrecht. Neben zahlr. kleinen u. gr. Produktionsstudios vergrößerte BvM ihren Fußabdruck zuletzt insbes. bei den US-Majors. So konnte das Team die Mandatsbeziehung zu Paramount über den Launch von Paramount+ festigen u. berät immer umfassender zu Filmförderung und -produktionen sowie inzw. auch zum Medienarbeitsrecht od. zu musikrechtl. Aspekten. Da sich die Kanzlei wie nur wenige Wettbewerber in der dt. Filmlandschaft auskennt, ist es nur logisch, dass die langj. Mandantin Hessen Film die Neufassung u. Umsetzung ihrer Förderrichtlinien in die Hände von BvM gab u. damit Signalwirkung bei Länderförderungen erzeugt. Seit jeher ist das Team um den Games-Experten Bodensiek in der Branche tief verwurzelt. Das umf. Know-how beweist es nun für die Mandantin game-Verband: BvM beriet bei der Gründung einer Verwertungsgesellschaft für Games u. dem Wahrnehmungsvertrag – ein wegweisender Schritt für die Branche.
Stärken: Langj. u. umfassendes Know-how in der Filmbranche, Beratung der ges. Wertschöpfungskette.
Oft empfohlen: Stefan v. Moers, Guido Hettinger („perfekt, schnell u. gründl., stets konzentriert u. effektiv", Mandant), Kai Bodensiek („Allrounder für Games-Unternehmen von Klein bis Groß", Mandant), Prof. Dr. Oliver Castendyk („erfahrener Verhandler", Mandant; „ausgewiesener Spezialist im Urheberrecht, insbes. im TV- u. Produktionsbereich", Wettbewerber), Katharina Domnick („hohe Kompetenz in Grundsatzfragen", „großartige Betreuung, schnell, sehr effektiv u. unglaublich gute Beratung", „sehr gute Arbeit, speziell zu Kinofilm- u. Serienberatung", Mandanten)
Team: 11 Eq.-Partner, 4 Associates
Schwerpunkte: Umf. Filmproduktionsberatung sowie Serienproduktionen, insbes. Filmförderung u. Rechtevertrieb in Dtl.; Medienarbeitsrecht bei Produktionen; auch kleinere u. regionale Unternehmen oder Start-ups. Außerdem zu Firmengründungen u. -finanzierungen, Filmfinanzierung (v.a. internat. Co-Produktionen). Umf. Games-Beratung.
Mandate: Paramount Global u. Paramount Pictures lfd., u.a. bei Launch von Streamingplattform Paramount+ sowie bei div. dt. Produktionen, auch musikrechtl.; game-Verband der dt. Games-Branche lfd., u.a. bei Gründung einer Verwertungsgesellschaft für Games (VHG); Hessen Film & Medien bei neuen Fördervertragsvorlagen; Constantin Film medienarbeitsrechtl. u.a. bei Umstrukturierung von Constantin-vertrieb; Contando Films bei Produktion ‚Mannequins'; Network Movie filmarbeitsrechtl. u. bei Prozessen; Pantaleon Films bei div. Filmproduktionen, u.a. im Auftrag für gr. Streaminganbieter; lfd.: The Walt Disney Company Dtl., Stratosphere Games u.a. bei neuen Entwicklungsprojekten, Leonine, Barefoot Films, Dt. Columbia Pictures Filmproduktion; Barefoot Media medienarbeitsrechtl.; internat. Elektrogerätehersteller zu Content-Strategie u. Launch eines Channels in Deutschland.

CBH RECHTSANWÄLTE

Medien: Vertrags- und Urheberrecht ★

Bewertung: Die kleine Praxis für Medienrecht fokussiert sich im klass. Urheberrecht auf die Beratung der Verlagsbranche. Dazu berät sie zumeist zu Verlagsverträgen od. prozessual bei der Verteidigung von Urheberrechten. Darauf setzen seit Jahren v.a. regional ansässige Mandanten wie die Mediengruppe DuMont. Zu lizenzrechtl. Themen, wie zuletzt im Fokus für Mandantin ClimatePartner, berät das Team umfangreich. Neben dem Presse- u. Äußerungsrecht verfügt ein Partner über besondere Expertise im zuletzt sehr dyn. Glücksspielrecht.
Team: 3 Partner, 1 Associate, 1 of Counsel
Schwerpunkte: Verträge u. Urheberrecht. Häufig Betreuung von Werbeaktivitäten u. Lizenzvereinbarungen, auch bei digitalen Verwertungsformen. Ausgeprägt glücksspielrechtl. Prozesse für staatl. Anbieter. Enge Zusammenarbeit mit Praxis für ▷*Marken- u. Wettbewerbsrecht*, auch Presse- u. Äußerungsrecht.
Mandate: ClimatePartner äußerungs- u. medienrechtl. zu Klimaschutzzertifikaten auch gg. Medienberichte; Mediengruppe DuMont lfd., u.a. zu Bildnutzungsrechten u. gg. Focus+ wg. urheberrechtl. Nutzungsrechte; lfd.: Bastei Lübbe, Bundesamt für Seeschifffahrt und Hydrographie, Bundesministerium der Verteidigung, FW Verlag, IronMaxx, Ufa Show & Factual, WWF.

Medien: Regulierung

★★★★★	
DLA Piper	Hamburg, Köln
Freshfields Bruckhaus Deringer	Düsseldorf, Berlin
Hengeler Mueller	Berlin
Noerr	Berlin
★★★★	
CMS Hasche Sigle	Köln, Hamburg, Berlin
McDermott Will & Emery	München
★★★	
Greenberg Traurig	Berlin
Morrison & Foerster	Berlin
Redeker Sellner Dahs	Bonn
White & Case	Berlin, Hamburg
★★	
Heuking Kühn Lüer Wojtek	Düsseldorf
Osborne Clarke	Köln

Die Auswahl von Kanzleien und Personen in Rankings und tabellarischen Übersichten ist das Ergebnis umfangreicher Recherchen der JUVE-Redaktion. Sie ist in 2erlei Hinsicht subjektiv: Die Aussagen der befragten Quellen sind subjektiv u. spiegeln deren Erfahrungen u. Einschätzungen. Die JUVE-Redaktion wiederum analysiert die Rechercheergebnisse unter Einbeziehung ihrer eigenen Marktkenntnis. Der JUVE Verlag beabsichtigt keine allgemeingültige oder objektiv nachprüfbare Bewertung. Es ist möglich, dass eine andere Recherchemethode zu anderen Ergebnissen führt. Innerhalb einzelner Gruppen in Rankings und tabellarischen Übersichten sind Kanzleien und Personen alphabetisch sortiert.

CMS HASCHE SIGLE

Medien: Vertrags- und Urheberrecht ★★★★★
Medien: Regulierung ★★★★
Medien: Transaktionen und Finanzierung ★★★

Bewertung: Ihren Platz an der Marktspitze verteidigen die Medienrechtler überzeugend. Das breit aufgestellte Team sticht immer wieder dadurch hervor, dass es akribisch neue Marktentwicklungen verfolgt u. sowohl die urheberrechtl. als auch die umfangr. regulator. Folgen im Blick hat. Schneller als manchen Wettbewerbern gelingt es, dies in smarte Beratungsprodukte für den Mandanten umzuwandeln. So setzte CMS auch mithilfe techn. Lösungen ein EU-weites Rechtemanagementsystem für einen gr. Filmproduzenten auf. In der Folge konnten die Medienrechtler, die dafür grenzüberschr. zusammenarbeiteten, das Projekt beim Mandanten erfolgr. auf weitere Bereiche ausweiten. Urheberrechtl. komplexe Fragen auch grds. zu lösen, insbes. im Kontext neuerer techn. Umgebungen, gehört für die Medienpraxis zum Alltag. Die Arbeit zu Data-Mining für die techn. Informationsbibliothek ist dafür nur ein Beispiel. CMS gehört zu den wenigen Kanzleien hierzulande, die nachhaltig im Games-Sektor u. in der E-Sports-Beratung Fuß gefasst haben. Die innovationsfreudigen Branchen konfrontieren die Kanzlei regelm. mit neuen Technologien. So gehören NFT, Blockchain od. KI-Themen schon jetzt zum festen Beratungsrepertoire. Anders als bspw. bei Wettbewerberin Osborne Clarke spielen Medientransaktionen in der Praxis von CMS keine hervorgehobene Rolle. Das fachl. Know-how wäre vorhanden, doch es fehlt an einer stärkeren Zusammenarbeit mit dem ▷*M&A-Team*.
Stärken: Viel Know-how im Bereich Digitalisierung.
Oft empfohlen: Dr. Heike Blank, Dr. Pietro Graf Fringuelli („hervorragende Expertise, durchgehende u. kurzfristige Verfügbarkeit, schneller Turnaround auch in neuen u. unbekannten Rechtsgebieten wie z.B. Blockchain-Technologien", Mandant), Prof. Dr. Winfried Bullinger („sehr erfahren, fundierte Arbeit", Wettbewerber), Dr. Ole Jani
Team: TMT ges.: 24 Partner, 8 Counsel, 33 Associates
Schwerpunkte: Digitale Verbreitung, insbes. audiovisuelle Inhalte. Umf. Beratung von Plattformen, Lizenzierung u. Regulierung von Sendern u. Sendeformaten. Klärung von Rechten, viel VoD u. E-Commerce. Oft auch branchenfremde Unternehmen zu Medienthemen. Außerdem Sport-, ▷*Presse-* u. ▷*Kartellrecht*. Enge Verbindung zum ▷*IT- u. Datenschutzrecht*.
Mandate: Zum Goldenen Hirsch umf. im Medienrecht zu Werbe- u. Agenturfragen; Paramount+ bei Rollout u. Implementierung des Streamingdienstes

Anwaltszahlen: Angaben der Kanzleien, wie viele Anwälte zu mind. ca. 50% in diesem Gebiet tätig sind. Sie spiegeln nicht zwingend die Gesamtgröße einer Kanzlei wider.

in Dtl.; ESL Gaming lfd., u.a. bei Weltliga im E-Sports u. zu NFT-Plattform; FC Bayern München bei Launch vom Onlinefanshop; Association of Bulgarian Broadcasters u.a. zur DSM-RL u. bei neuen Presseverlegerrechten; Technische Informationsbibliothek urheberrechtl. zu Text- u. Data-Mining-Fragen; Eyeo in Adblocker-Streit gg. Axel Springer; Viacom lfd. medienregulator.; lfd.: BBC, Maxdome, Sporttotal, Capcom; Filmförderanstalt gg. Produktionsfirma wg. Befreiung von Sperrfristen bei coronabedingten Kinoschließungen; Filmproduzent umf. bei neuer Struktur zu Rechtemanagement u. -erwerb.

DLA PIPER

Medien: Vertrags- und Urheberrecht ★★★★
Medien: Regulierung ★★★★★
Medien: Transaktionen und Finanzierung ★★★★

Bewertung: Die zu den führenden zählende Medienpraxis agiert als ganzheitl. Branchenberaterin. Dabei ist v.a. ihr ausgeprägtes Wissen rund um das Ökosystem Werbung von gr. Bedeutung, bei dem sie durch die enge Verbindung zum ▷*Marken- u. Wettbewerbsrecht* als Spezialistin anerkannt ist. Insbes. priv. TV-Sender setzen regelm. auf DLA, insbes. auch dann, wenn es um regulatorisch komplexe Sachverhalte geht. Das Normenkontrollverfahren zur Werbesatzung für 4 Medienhäuser ist nur ein Bsp., das ihr tiefes, medienregulator. Know-how zum Ausdruck bringt. Eine zentrale Mandantin, die insbes. Engels auch regelm. im Presse- u. Äußerungsrecht vertritt, ist Axel Springer. Nun setzte der Branchenprimus auch beim BGH-Verfahren auf DLA, als es um die Livenutzung der ARD-Berichterstattung durch BILD ging. Fahrt nahm zuletzt die Beratung zum Glücksspielrecht auf, die v.a. gr. Medienhäuser vor neue, regulator. Herausforderungen stellt.

Oft empfohlen: Dr. Michael Stulz-Herrnstadt („sehr versiert u. fachl. top, noch dazu einfach nett“, Wettbewerber), Prof. Dr. Stefan Engels, Dr. Kai Tumbrägel

Team: 3 Partner, 5 Counsel, 11 Associates, 1 of Counsel

Schwerpunkte: Beratung von TV-Sendern, Film- u. Musikproduktionsfirmen, Rechteverwerter. Beratung u. Prozesse zu medienregulator. Themen, insbes. auch im Glücksspielsektor. Bes. stark an der Schnittstelle zum ▷*Marken- u. Wettbewerbsrecht*, auch ▷*IT- u. Datenschutzrecht*, verstärkt Onlinemedien, regelm. ▷*Presse- u. Äußerungsrecht* für Verlage, Sender u. Krisenkommunikation für Unternehmen.

Mandate: Axel Springer lfd. medienregulator., auch BILD urheber- u. wettbewerbsrechtl. gg. Zusammenschluss ARD-Anstalten u. ZDF wg. Wahlsendungen (BGH); BKOM Studios urheberrechtl.; Discovery Communications Dtl., ProSieben, RTL u. WeltN24 jeweils in Normenkontrollverf. gg. neue Werbesatzung der Landesmedienanstalten; Lego System lfd., u.a. auch zu Lizenzverhandlungen mit TV-Sendern; Seven One lfd. prozessual vor Verwaltungsgerichten, u.a. wg. Jugendschutz im Free-TV; RTL Dtl. verwaltungsrechtl.; Popcore bei Verkauf aller Anteile an Rollic; lfd.: dpa urheberrechtl., Parship, The Football Association Premier League urheberrechtl., Twitch, Warner Bros. Entertainment, ZeniMax, ProSiebenSat.1 Media, Sony Interactive; Produktionsfirma bei Ausschreibungsverf. von Drittsendezeiten; Aonic regelm. bei Transaktionen im Games-Bereich, u.a. Investment in Tuto-Toons.

Medien: Transaktionen und Finanzierung

Kanzlei	Standorte
★★★★★	
Freshfields Bruckhaus Deringer	Hamburg, Düsseldorf
Hengeler Mueller	Berlin
★★★★	
DLA Piper	Köln
Greenberg Traurig	Berlin
Morrison & Foerster	Berlin
Noerr	München, Berlin
Osborne Clarke	Köln
★★★	
CMS Hasche Sigle	Köln, München, Berlin
McDermott Will & Emery	München
SKW Schwarz	München, Berlin, Frankfurt
Taylor Wessing	München, Düsseldorf, Berlin, Hamburg
White & Case	Berlin, München
★★	
Brehm & v. Moers	München, Berlin, Frankfurt
Heussen	München, Berlin
K&L Gates	Berlin
Straßer Ventroni Freytag	München
Unverzagt	Hamburg

Die Auswahl von Kanzleien und Personen in Rankings und tabellarischen Übersichten ist das Ergebnis umfangreicher Recherchen der JUVE-Redaktion. Sie ist in 2erlei Hinsicht subjektiv: Die Aussagen der befragten Quellen sind subjektiv u. spiegeln deren Erfahrungen u. Einschätzungen. Die JUVE-Redaktion wiederum analysiert die Rechercheergebnisse unter Einbeziehung ihrer eigenen Marktkenntnis. Der JUVE Verlag beabsichtigt keine allgemeingültige oder objektiv nachprüfbare Bewertung. Es ist möglich, dass eine andere Recherchemethode zu anderen Ergebnissen führt. Innerhalb einzelner Gruppen in Rankings und tabellarischen Übersichten sind Kanzleien und Personen alphabetisch sortiert.

FRESHFIELDS BRUCKHAUS DERINGER

Medien: Vertrags- und Urheberrecht ★★★
Medien: Regulierung ★★★★★
Medien: Transaktionen und Finanzierung ★★★★★

Bewertung: Bei der weiteren Konsolidierung des Medienmarktes nimmt das Team von Freshfields immer wieder eine zentrale Rolle ein. Dass es der Kanzlei gelingt, im Handumdrehen internat. Teams von spezialisierten Anwälten zusammenzustellen, ist ein wichtiger Baustein bei einem Markt, der zunehmend internat. wird. So war die Kanzlei erneut bei marktprägenden Deals im Einsatz, etwa für All3Media, Ebay od. Getir. Neben der eigentlichen Transaktion stehen in den Größenordnungen ihrer Mandanten regelm. kartellrechtl. Themen im Vordergrund, die FBD mit Experten wie Röhling abdecken kann. Zugenommen hat die Beratung zur Plattformregulierung, bei der sich Mandanten wie Meta mit FBD an der Seite den umfangr. digitalen Regulierungsvorhaben der EU stellen.

Stärken: Enge Zusammenarbeit mit ▷*M&A*, Kartellrecht.

Oft empfohlen: Dr. Frank Röhling („sehr kompetent u. erfahren, Top-Beratung“, Mandant; Kartellrecht), Dr. Theresa Ehlen („fachl. top, sehr engagiert“, Mandant)

Team: TMT ges.: 17 Partner, 3 Counsel, 31 Associates

Schwerpunkte: V.a. Transaktionsbegleitung; häufig im ▷*Kartellrecht* u. an der Schnittstelle zu ▷*Telekommunikation*, auch medienregulator.; für den TV-Sektor relevante Themen (Öffentl. Medienrecht, auch im Ausland). Zudem Urheberrecht, Lizenzen, Vermarktung, E-Commerce sowie ▷*IT u. Datenschutz*.

Mandate: All3Media bei Joint Venture im Filmproduktionsbereich u. bei Gründung von Agentur Magic Connection; Ebay bei Kauf von TCGplayer; Getir bei Kauf von Gorillas; Gruner + Jahr u. RTL v.a. arbeitsrechtl. bei Integration; CME insbes. kartellrechtl. zu Werbezeitvermarktung u. Verbreitung; lfd.: Axel Springer, Springer Nature, Meta (marktbekannt); Automobilhersteller zu Medienstaatsvertrag in Bezug auf On-Board-Systeme.

FREY

Medien: Vertrags- und Urheberrecht ★

Bewertung: Die Kölner Kanzlei ist eine anerkannte Adresse für lizenzrechtl. Fragestellungen mit einem deutl. Schwerpunkt in der Sportbranche. Dabei kommt sie für die gesamte Palette zum Einsatz, von Lizenz- u. Sponsoringverträgen bis hin zur Absicherung von Content. Nicht selten spielt all das auch bei Liveevents eine Rolle, wo die Kanzlei sich im Spielfeld von neuen Technologien u. Verbreitungsformen sicher bewegt u. dabei die digitale u. analoge Verwertung bspw. auch von Musik im Blick hat. Intensiv beriet Frey zuletzt bei Fragen rund um Verwertungsgesellschaften sowie der Kabelweitersendung u. der Einordnung von IPTV-Angeboten, wo sie auch prozessual aktiv wird.

Team: 2 Partner, 2 Associates, 2 of Counsel

Schwerpunkte: Im Sportsektor viel Rechteerwerb u. Lizenzfragen, auch Rundfunkrecht. Erfahrung mit der Beratung von Verwertungsgesellschaften. Zudem Äußerungsrecht.

Mandate: Lfd.: 1. FC Köln, Card Sports League, Dt. Bahn urheberrechtl., Dt. Telekom, Faßbender Tenten, k22 Film, MateCrate, Sporttotal, Ströer.

Anwaltszahlen: Angaben der Kanzleien, wie viele Anwälte zu mind. ca. 50% in diesem Gebiet tätig sind.
Sie spiegeln nicht zwingend die Gesamtgröße einer Kanzlei wider.

Medienkartellrecht

Dentons (Berlin)
Dr. Jörg Karenfort

Freshfields Bruckhaus Deringer (Berlin)
Dr. Frank Röhling

Glade Michel Wirtz (Düsseldorf)
Dr. Markus Wirtz

Gleiss Lutz (Stuttgart)
Dr. Moritz Holm-Hadulla

Greenberg Traurig (Berlin)
Dr. Christoph Enaux

Hausfeld (Berlin)
Prof. Dr. Thomas Höppner

Hengeler Mueller (Düsseldorf)
Dr. Christoph Stadler

Latham & Watkins (Düsseldorf)
Dr. Michael Esser

Morrison & Foerster (Berlin)
Dr. Andreas Grünwald

Noerr (München, Berlin)
Dr. Alexander Birnstiel, Dr. Kathrin Westermann

Oppenländer (Stuttgart)
Dr. Ulrich Klumpp

Die Auswahl von Kanzleien und Personen in Rankings und tabellarischen Übersichten ist das Ergebnis umfangreicher Recherchen der JUVE-Redaktion. Sie ist in 2erlei Hinsicht subjektiv: Die Aussagen der befragten Quellen sind subjektiv u. spiegeln deren Erfahrungen u. Einschätzungen. Die JUVE-Redaktion wiederum analysiert die Rechercheergebnisse unter Einbeziehung ihrer eigenen Marktkenntnis. Der JUVE Verlag beabsichtigt keine allgemeingültige oder objektiv nachprüfbare Bewertung. Es ist möglich, dass eine andere Recherchemethode zu anderen Ergebnissen führt. Innerhalb einzelner Gruppen in Rankings und tabellarischen Übersichten sind Kanzleien und Personen alphabetisch sortiert.

GRAEF

Medien: Vertrags- und Urheberrecht ★★

Bewertung: Die Medienboutique ist v.a. unter Filmproduzenten eine gefragte Beraterin. Oftmals setzen langj. Mandanten aus dem lokalen HHer Markt, aber auch dtl.weit bei ihren Film- od. Serienproduktionen auf das erfahrene Team. So ist es keine Seltenheit, dass Graef mit den gr. Sendern od. Streaminganbietern auf der Gegenseite verhandelt, wie etwa für Mandantin 27 Kilometer bei einer Netflix-Produktion. Ein weiterer Schwerpunkt in der Beratung ist die Verlagsbranche, aus der div. Traditionshäuser dem Team im Urheberrecht seit Jahren vertrauen. Für regelm. Mandatsfluss sorgt zudem die ▷*presserechtl.* Prüfung von Content – sowohl im Print als auch im Bewegtbild. Stärker transaktionsgetrieben u. oftmals mit Bezug zu datenschutzrechtl. Fragestellungen ist die Beratung der Games-Branche. Mit Rauda verfügt Graef über einen anerkannten Games-Spezialisten, der eine ganze Reihe namh. Marktplayer berät.

Stärken: Viel Erfahrung mit TV- u. Filmproduktionen, Drehbuchprüfungen.

Oft empfohlen: Dr. Christian Rauda („sehr guter Jurist mit schneller Auffassungsgabe", Wettbewerber), Dr. Ralph Graef

Team: 2 Partner, 6 Associates, 1 of Counsel

Schwerpunkte: Beratung von Film- u. TV-Unternehmen, Verlagen u. der Games-Branche. Urheberrecht, Lizenzen. Künstler u. Rechteinhaber im Urheberrecht, auch in Prozessen. Auch ▷*Presserecht.*

Mandate: 27 Kilometer Entertainment filmrechtl. bei Netflix-Produktion ‚Haftbefehl'; Docdays Productions lfd., u.a. bei Co-Produktionen, Finanzierung u. Vertrieb; Filmfest HH bei Eventdurchführung; Kiez Tournee bei Bestseller-Vergütungsverfahren (LG u. OLG HH); Network Movie Film- u. Fernsehproduktion bei div. Produktionen; Ulysses Filmproduktion u.a. bei gr. Animationsprojekt; lfd.: BytroLabs, Deadalic Entertainment, Dropkick Pictures, Filmförderung HH Schleswig-Holstein, Giants Software, Innogames, nordmedia, Penguin Random House, Astrid Lindgren Company, Verlagsgruppe Oetinger, ESL Gaming (auch datenschutzrechtlich).

GREENBERG TRAURIG

Medien: Vertrags- und Urheberrecht ★★★★
Medien: Regulierung ★★★
Medien: Transaktionen und Finanzierung ★★★★

Bewertung: Die Medienpraxis zählt zur oberen Riege im Markt für nat. u. internat. Film- u. Serienproduktionen. Umfangr. Strukturierungen u. Finanzierungen sowie auch die steuerrechtl. Aspekte von Produktionen deckt das Team oftmals in enger Zusammenarbeit mit den US-Büros der Kanzlei ab. Das wachsende Produktionsvolumen im dt. Markt schlägt sich auch auf die Präsenz von GT nieder. Insbes. eine junge Partnerin wurde zuletzt stärker an der Seite von Mandantin Amazon Studios wahrgenommen. Als voll integrierte TMT-Praxis spielt gerade im ausgeprägten Plattformgeschäft der Kanzlei ▷*IT- u. datenschutzrechtl.* Know-how eine zentrale Rolle. In Verbindung mit dem Medienbranchenwissen war GT zuletzt für einige Mandanten aktiv, die in ihrem Geschäftsmodell etwa eine neue EU-Regulierung od. den Medienstaatsvertrag umsetzen mussten. Ihr Markenzeichen ist darüber hinaus eine besonders enge Verbindung zur Immobilienbranche, wo das Berliner Team eine ganze Reihe Wohnungsbaugesellschaften an der Schnittstelle zum ▷*TK-Recht* berät, die insbes. bei Verbreitungsfragen u. zunehmend auch Content-bezogenen Beratungsbedarf entwickeln.

Oft empfohlen: Dr. Stefan Lütje, Dr. Viola Bensinger, Dr. Christoph Enaux („sehr tiefe Spezialisierung u. zugleich umsichtig orientiert", Mandant)

Team: TMT insges.: 12 Partner, 11 Associates

Schwerpunkte: Filmfinanzierungsberatung u. Beratung von dt. u. internat. Filmproduktionen, u.a. zu Lizenzen u. Vertrieb in der Film-, TV- u. Musikbranche. Onlineplattformen u. Digitalisierungsprojekte. Zudem enge Verbindung zu ▷*IT- u. Datenschutzrecht*, bes. starke Schnittstelle zw. ▷*TK-* u. ▷*Immobilienpraxis.*

Mandate: Foxxum lfd., u.a. auch regulator. zu Smart-TV-Lösungen u. App-Entwicklungen; Ehrlich Entertainment umfangr., u.a. zu Verwertungsfragen u. zur Verbreitung von geschütztem Videomaterial auf Videoplattformen; Rlaxx TV lfd., u.a. zu Vertragsverhandlungen mit Content-Anbietern u. Verwertungsgesellschaften; Filmförderungsanstalt, auch prozessual bei Filmförderungen im Zshg. mit Kinoschließungen wg. Corona; Leonine, auch urheberrechtl.; lfd.: Amazon Media, Amazon Studios, Audible, Paramount Pictures, CLIQ, Dt. Multimedia Services, Ebay, Epic Games, Focus Features, Joyn, Media Broadcast, Paramount Global, Universal Studios.

HENGELER MUELLER

Medien: Vertrags- und Urheberrecht ★★★
Medien: Regulierung ★★★★★
Medien: Transaktionen und Finanzierung ★★★★★

JUVE AWARDS 2023
Kanzlei des Jahres für Technologie und Medien

Bewertung: Die Medienpraxis ist für komplexe, streitige Verfahren insbes. aufseiten der Plattformen erste Wahl. Nicht selten ist sie vorne mit dabei, wenn es um die Auslegung u. Verteidigung sensibler Bereiche des Kerngeschäfts von Mandanten geht. Ein Beleg ist etwa die Vertretung von Amazon, die sich gg. den DSA wehrt. Sowohl bei urheber- als auch bei kartellrechtl. Themen kommt HM seit jeher für Branchenriese Google zum Einsatz u. trägt damit regelm. zur Fortentwicklung des Rechts bei. Zuletzt war HM bspw. im Kontrollverfahren um Google News Showcase aktiv u. konnte damit ihre Mandatsbeziehung auch zur Muttergesellschaft Alphabet erweitern. Neben den kollektiven Urheberrechten spielen Verbreitungsfragen u. die daraus entstehenden Pflichten für Plattformen eine zentrale Rolle in der Mandatsarbeit. Der Wechsel des renommierten Partners Conrad ins Londoner Büro sorgt gerade in Bezug auf EU-Regulierungen einmal mehr für engere Verbindungen zu internat. Mandanten. In Berlin gewinnt ein nun ernannter Counsel zunehmend an Wahrnehmung im Markt.

Stärken: Umf. Know-how zu Verbreitungsfragen.

Oft empfohlen: Prof. Dr. Wolfgang Spoerr, Dr. Albrecht Conrad („das gesamte Berliner TMT-Team zeichnet die rechtsgebietsübergreifende, strategische Expertise in komplexesten Rechtsstreitigkeiten im TMT-Bereich aus, eine konkurrenzlose Kombination am deutschen Markt", Mandant über beide; „geschätzte Anwälte, vor allem in der Prozessführung", Wettbewerber über beide); zunehmend: Dr. Tobias Schubert („herausragend, strategisch, hohe Expertise in komplexen Streitigkeiten im Bereich Telekommunikation, Medien u. Technologie, gepaart mit einem außerordentlichen Servicelevel", Mandant)

Team: TMT insges.: 7 Eq.-Partner, 2 Counsel, 6 Associates

Schwerpunkte: Erfahrung im kollektiven Urheberrecht (v.a. auf der Seite von Plattformen) sowie regelm. auch an Gesamtvertragsverfahren. Enge Verbindung zum ▷*TK-Recht.* Begleitung großvol. Transaktionen, stark im ▷*Kartellrecht.*

Mandate: Amazon gg. EU-Kommission wg. DSA u. Einstufung als VLOP (öffentl. bekannt); Google lfd., u.a. bei Verfassungsbeschwerde in Belgien wg. fehlerh. Umsetzung der Urheber-RL u. im medienrechtl. Aufsichtsverfahren wg. Anzeige von Inhalten des Bundesgesundheitsministeriums; Alphabet u. Google bei Einführung Google News Showcase; Vodafone lfd., u.a. bei Streitigkeiten mit Corint wg. Datennutzung bei IPTV-Verbreitung; Bundesvereinigung Musikveranstalter zu Strukturfragen der Gesamtvertragsbeziehung; Bitkom bei Gesamtvertragsverfahren Musikstreaming; lfd.: CTS Eventim, Leonine, PYÜR.

HEUKING KÜHN LÜER WOJTEK

Medien: Vertrags- und Urheberrecht ★
Medien: Regulierung ★★

Bewertung: Die Medienpraxis hat ihren Ursprung im Umfeld von Fragen zu Kabelweitersendungen u. Lizenzpflichten im TV-Bereich. Das Wissen kann HKLW auch bei den immer wieder neu in den Markt strömen-

Anwaltszahlen: Angaben der Kanzleien, wie viele Anwälte zu mind. ca. 50 % in diesem Gebiet tätig sind. Sie spiegeln nicht zwingend die Gesamtgröße einer Kanzlei wider.

den Programmformaten anwenden. Ein gutes Bsp. dafür ist Mandantin Stingray, die sie europaw. zu ihren multiplen linearen Musikformaten beriet. Durch die Verbindung zum gr. TMT-Team verknüpft die Kanzlei auch die häufigen ▷*IT- u. datenschutzrechtl.* Fragestellungen in der Medien- u. Verlagsbranche innerhalb der Beratung. Auch über seine langj. Erfahrung im regulatorischen Medienrecht hat sich bei dem anerkannten Partner Schmittmann zuletzt ein Schwerpunkt im Glücksspielrecht entwickelt.

Oft empfohlen: Michael Schmittmann

Team: TMT ges.: 12 Eq.-Partner, 6 Sal.-Partner, 5 Associates

Schwerpunkte: Satelliten- u. Kabelverbreitung von TV-Programmen, auch Presserecht. Regelm. zu Konvergenzthemen (z.B. IPTV), zunehmend urheberrechtl. Onlineportale sowie urheberrechtl. Haftung bei Satelliteneinspeisung. Auch Telekommunikationsrecht u. Glücksspielrecht.

Mandate: Dt. Musik Fernsehen (DMF) lfd., u.a. zu neuem MStV; Stingray urheberrechtl. bei neuen Musikformaten; M7 Group/Eviso lfd. zu Pay-TV-Fragen; lfd.: moses. Verlag, Vertragsgemeinschaft Television (NHK World Japan, Bibel TV, Al Jazeera, CNBC, Bloomberg u.v.m.), Veltmeijer Group, net digital, pferdewetten.de.

HEUSSEN

Medien: Vertrags- und Urheberrecht ★★
Medien: Transaktionen und Finanzierung ★★

Bewertung: Die Medienpraxis genießt einen guten Ruf für Media- u. Agenturverträge, die sie insbes. für branchenfremde Unternehmen verhandelt. Dabei kann sie auch bei komplexen internat. Projekten ihre Erfahrung einbringen. Bestes Bsp. ist ein Mischkonzern, für den das Team ww. die Mediaverträge neu aushandelte. Durch die Tätigkeit für Verbände im Immmobiliensektor, insbes. in Berlin, ergibt sich ein leichter Schwerpunkt in dieser Branche. Darüber hinaus berät das Team, das immer wieder die nötigen Verbindungen mit dem ▷*IT- u. Datenschutzrecht* herstellt, eine breite Palette des Medienrechts. Zuletzt wurde es vermehrt für Filmproduzenten tätig, für die Heussen versch. Auftragsproduktionen rechtl. absicherte.

Oft empfohlen: Dr. Hermann Waldhauser, Marcus Hotze

Team: TMT insges.: 1 Eq.-Partner, 6 Sal.-Partner, 3 Associates, 2 of Counsel

Schwerpunkte: Beratung von Internetportalen, zunehmend außerhalb der klass. Medienbranche u. in Social Media; auch Urheber- u. Vertragsrecht für Sender, Film, Hörfunk u. Verbände, zunehmend auch für Eventveranstalter u. Immobilienwirtschaft; außerdem Presse- u. Äußerungsrecht.

Mandate: Kärcher lfd., u.a. bei Agentur- u. Sponsoringverträgen; Mischkonzern bei Neugestaltung des internat. Mediavertrages; Weka lfd., u.a. urheberrechtl. u. bei Autoren- u. Honorarverträgen; lfd.: BerlinOnline, Braindogs Entertainment, Brandarena, Cyando, Künstleragentur, GWI Media Technologies, KG Hamburg 1, RRP Media, Schalk & Friends, Warsteiner; div. Verbraucherzentralen bei Abwehr von Ansprüchen, auch äußerungsrechtl.; div. Verbände u. Genossenschaften der Immobilienbranche u.a. zu urheber- u. wahrnehmungsrechtl. Themen.

JBB RECHTSANWÄLTE

Medien: Vertrags- und Urheberrecht ★★

Bewertung: In der Medienbranche zählt die Spezialistin aus Berlin zu den gefragten Beratern im Digitalisierungsumfeld. Bes. tief verwurzelt ist JBB seit jeher in der Verlagswelt, die sie durch div. Umbrüche begleitet u. entspr. Kenntnisse im IT- u. Datenschutzrecht, aber auch im Presse- sowie Marken- u. Wettbewerbsrecht einbringt. Das Gesicht der Praxis ist der umtriebige Partner Feldmann, der wie kein 2. in der Branche vernetzt ist. So setzt sich sein Mandantenstamm sowohl aus gr. namh. Häusern wie Springer u. Spiegel als auch aus kl. Medienhäusern od. Fachverlagen sowie neuen Anbietern aus der Branche zusammen. Ein Bsp. für Letztere ist etwa der neue Streamingdiensteanbieter Dyn, den JBB u.a. beim Aufbau der Senderinfrastruktur beriet.

Oft empfohlen: Thorsten Feldmann („ein Ass auf seinem Gebiet, weiß alles und kennt jeden, löst einfach jedes Problem", Mandant)

Team: 1 Partner, 2 Associates

Schwerpunkte: Beratung von Verlagen – auch presse- u. äußerungsrechtl., Urheberrecht u. ▷*Marken- u. Wettbewerbsrecht.* Zudem an der Schnittstelle zu ▷*IT- u. Datenschutz*, insbes. bei Digitalisierungsaktivitäten; auch bei kl. Transaktionen.

Mandate: Dyn Media bei Aufbau des Streamingdienstes, u.a. zu Senderinfrastruktur; Axel Springer lfd., u.a. operativ medienrechtl., auch bei Agentur- u. Lizenzverträgen, auch presserechtl.; Correctiv lfd., u.a. jurist. Lektorat; save.tv gg. RTL wg. Zulässigkeit einer Zwangslizenz (OLG u. DPMA); lfd.: Dt. Fachverlag dtv, GUD.berlin, Kulturprojekte Berlin, RiffReporter, öffentl.-rechtl. Rundfunkanstalt, Spiegel, t-online.

K&L GATES

Medien: Vertrags- und Urheberrecht ★★
Medien: Transaktionen und Finanzierung ★★

Bewertung: Im Medienrecht gehört die Berliner Praxisgruppe zu den etablierten Einheiten im Markt. In erster Linie tritt sie regelm. als Spezialistin rund um das Verwertungsgesellschaftsrecht auf. So führte sie ein seit Jahren anhaltender Grundsatzstreit um die Senderbeteiligung an der Leermedienabgabe kürzl. vor den EuGH. Bei Mandanten wie Joyn oder RTL Interactive kommt K&Ls Fokus auf das Musikrecht zum Zuge, u.a. auch in Bezug zu Gema-Gesamtvertragsverhandlungen. Den Eintritt des renommierten Partners von Albrecht in den Ruhestand hat das Team weitsichtig vorbereitet, sodass ein Counsel bereits bei den langj. Mandanten etabliert ist. Eine neue Praxisgruppenleiterin mit Fokus auf das Kunstrecht bringt die dort vorhandene Erfahrung in der Branche näher mit dem Medienrecht zusammen, in dem sie neben Galerien u. Private Clients an der Schnittstelle zum Äußerungsrecht auch zu neueren Technologien wie NFT berät.

Stärken: Tiefes urheberrechtl. Know-how für Verwertungsgesellschaften, insbes. Musikrecht.

Team: 1 Partner, 2 Counsel, 3 Associates

Partnerwechsel: Dr. Martin von Albrecht (Ruhestand)

Schwerpunkte: Recht der Verwertungsgesellschaften u. im Bereich der Kabelweitersendung (v.a. urheber-, TK- u. kartellrechtl.). Fokus auf Musikrecht u. die Verhandlungen von Gesamtverträgen mit Verwertungsgesellschaften.

Mandate: Corint Media lfd. bei urheberrechtl. Tarifen u. gg. Seven.One Entertainment wg. Senderbeteiligung an Leermedienabgabe (EuGH); Joyn lfd., u.a. bei Gema-Verhandlungen; RTL Interactive lfd., u.a. zu Musikurheberrechten u. Lizenzierung von RTL+; Vaunet lfd., v.a. bei Verhandlungen von Gesamtverträgen mit Gema u. prozessual gg. Gema wg. Anwendung neuer Tarifsätze; lfd.: Blue Tomato, Clipmyhorse.tv, Regiocast, Walt Disney; Sportliga gg. illegales Streamingportal; TV-Sender lfd., insbes. zu Programmeinkaufsverträgen.

Führende Namen im Urheberrecht

Prof. Dr. Winfried Bullinger
CMS Hasche Sigle, Berlin

Dr. Martin Diesbach
SKW Schwarz, München

Dr. Robert Heine
Raue, Berlin

Dr. Matthias Lausen
Lausen, München

Prof. Dr. Jan Nordemann
Nordemann Czychowski & Partner, Berlin

Prof. Dr. Mathias Schwarz
SKW Schwarz, München

Dr. Stefan Ventroni
Straßer Ventroni Freytag, München

Jörg Wimmers
Taylor Wessing, Hamburg

Die Auswahl von Kanzleien und Personen in Rankings und tabellarischen Übersichten ist das Ergebnis umfangreicher Recherchen der JUVE-Redaktion. Sie ist in 2erlei Hinsicht subjektiv: Die Aussagen der befragten Quellen sind subjektiv u. spiegeln deren Erfahrungen u. Einschätzungen. Die JUVE-Redaktion wiederum analysiert die Rechercheergebnisse unter Einbeziehung ihrer eigenen Marktkenntnis. Der JUVE Verlag beabsichtigt keine allgemeingültige oder objektiv nachprüfbare Bewertung. Es ist möglich, dass eine andere Recherchemethode zu anderen Ergebnissen führt. Innerhalb einzelner Gruppen in Rankings und tabellarischen Übersichten sind Kanzleien und Personen alphabetisch sortiert.

KLINKERT

Medien: Vertrags- und Urheberrecht ★

Bewertung: Die kl. Medienrechtspraxis arbeitet sukzessive daran, die Top-Beraterin für Ausstrahlungsrechte im Sport zu werden. So vertraute Dyn Media bei div. Ausschreibungen der Sportrechte versch. Ligen auf die Expertise von Klinkert. Damit schuf das Team um Bubenzer die Grundlage für den Launch der neuen Plattform. Mit dem Zugang des renommierten Sportrechtlers Prof. Dr. Peter Duvinage als of Counsel hat Klinkert nun die Möglichkeit, über dessen Kontakte zu Verbänden u. Sportlern die Beratung in diesem Sektor weiter auszubauen. Darüber hinaus prägt die Arbeit in der Musikbranche die Praxis. Mandanten wie Universal od. Napster vertrauen seit jeher auf die Kanzlei. V.a. in streitigen Auseinandersetzungen kann Klinkert ihre Erfahrung bei der Verteidigung von Urheberrechten einbringen.

Oft empfohlen: Piet Bubenzer

Team: 1 Eq.-Partner, 2 Associates, 1 Counsel, 1 of Counsel

Schwerpunkte: Lizenzierung von Inhalten, insbes. im Musikbereich. Starke Schnittstelle zum Sport- u. Wettbewerbsrecht.

Mandate: Dyn Media bei Kauf von Medienrechten div. Sportligen; DFB lfd. urheber- u. medienrechtl., auch zur Ausschreibung Medienrechte 3. Liga Frauen-Bundesliga; Documenta umfangr. urheber-, marken-, vertrags- u. datenschutzrechtl.; Tales of

Anwaltszahlen: Angaben der Kanzleien, wie viele Anwälte zu mind. ca. 50% in diesem Gebiet tätig sind. Sie spiegeln nicht zwingend die Gesamtgröße einer Kanzlei wider.

Aufsteiger im Medienrecht

Laura Knoke
Freshfields Bruckhaus Deringer, Berlin

Dr. Tobias Schubert
Hengeler Mueller, Berlin

Dr. Laura Zentner
Greenberg Traurig, Berlin

Die Auswahl von Kanzleien und Personen in Rankings und tabellarischen Übersichten ist das Ergebnis umfangreicher Recherchen der JUVE-Redaktion. Sie ist in 2erlei Hinsicht subjektiv: Die Aussagen der befragten Quellen sind subjektiv u. spiegeln deren Erfahrungen u. Einschätzungen. Die JUVE-Redaktion wiederum analysiert die Rechercheergebnisse unter Einbeziehung ihrer eigenen Marktkenntnis. Der JUVE Verlag beabsichtigt keine allgemeingültige oder objektiv nachprüfbare Bewertung. Es ist möglich, dass eine andere Recherchemethode zu anderen Ergebnissen führt. Innerhalb einzelner Gruppen in Rankings und tabellarischen Übersichten sind Kanzleien und Personen alphabetisch sortiert.

Tomorrow; lfd.: Fifa, Dt. Grammophon, DFL, dfv Mediengruppe, Napster, Universal Music; Konsolen- u. Games-Hersteller bei außergerichtl. Streitigkeiten mit Verwertungsgesellschaften.

KNPZ RECHTSANWÄLTE

Medien: Vertrags- und Urheberrecht ★

Bewertung: Das Medienrecht der im Markt anerkannten Kanzlei ist bes. eng mit dem Presserecht der Sozietät verbunden. V.a. aus den zahlr. presserechtl. Streitigkeiten, bei denen KNPZ aufseiten gr. Verlagshäuser seit jeher ihren Platz hat, kann sie in puncto Prozesserfahrung aus dem Vollem schöpfen. So ist es keine Überraschung, wenn Branchenprimus Axel Springer mit ihr auch in urheberrechtl. Fragen vor den BGH zieht, wie zuletzt erfolgr. gg. einen Medienmonitoringdienst. Die Stellung im Markt ist v.a. dem Renommee von Partner Neben zuzuschreiben. So wird es für die Kanzlei eine Herausforderung, den kürzl. neu ernannten Partner, dessen Schwerpunkt u.a. in der medienrechtl. Prozessführung liegt, im Markt zu etablieren.

Oft empfohlen: Dr. Gerald Neben („sehr hohe Prozesserfahrung, stellt auch in schwierigen Verhandlungen Klienteninteressen immer an die erste Stelle, hohe Responsiveness, in der Lage, komplexe Verhandlungen aufzulösen", Mandant)

Team: 3 Partner, 5 Associates

Schwerpunkte: Umf. Verlagsberatung hinsichtl. Urheber-, Wettbewerbs- u. ▷*Presserecht*; stark an der Schnittstelle zum ▷*IT- u. Datenschutzrecht*.

Mandate: Axel Springer lfd., u.a. gg. Medienmonitoringunternehmen (BGH); Bepro Europa gg. die Ligen wg. Verwertung von Filmaufzeichnungen von Fußballspielen; Süddt. Fachverlag urheberrechtl.; lfd.: Associated Newspaper, Bauer Media, FAZ.

LAUSEN

Medien: Vertrags- und Urheberrecht ★★★

Bewertung: Die Medienboutique zählt zu den etablierten Branchenberatern, die ein umf. Wissen in der gesamten Medienlandschaft auszeichnet. Dabei ist sie trad. v.a. aufseiten von Rechteinhabern aktiv, die sie dabei berät, ihren Content auf allen Kanälen zu schützen u. zu verteidigen. Insbes. bei Letzterem hat Lausen sich zu einer der Top-Adressen entwickelt, die oftmals gg. gr. Content-Plattformen Lizenzierungs- u. Blockierungsmöglichkeiten für ihre Mandanten erkämpft. Nicht selten geht sie damit auch vor die obersten Gerichte und führt damit grds. Rechtsprechung fort, wie zuletzt für Elsevier erneut vor dem BGH bestätigt. Aufseiten der Filmproduzenten wächst die Beratung zu einem breiteren Mandantenstamm, darunter finden sich auch Branchengrößen wie Constantin. In Verbindung damit baute Lausen die Arbeit im produktionsbezogenen Medienarbeitsrecht auf. Bislang gelingt es der Kanzlei allerdings noch nicht, ihre Tätigkeit im IT- u. Datenschutzrecht im Markt visibler zu platzieren. Dies wäre Voraussetzung, um v.a. die Beratung im Digitalisierungsumfeld weiter voranzutreiben.

Stärken: Tiefes Know-how aufseiten der Rechteverwerter.

Oft empfohlen: Dr. Matthias Lausen („top, immer auf den Punkt, lösungsorientiert, super Netzwerk", Mandant), Dr. Martin Schippan, Dr. Kerstin Bäcker

Team: 7 Eq.-Partner, 2 Sal.-Partner, 9 Associates, 1 of Counsel

Schwerpunkte: Zu Internetpiraterie aufseiten der Rechteverwerter, strateg. Beratung zu Rechtemanagement, regelm. im internat. Kontext u. Lobbyarbeit. Beratung von Filmrechtehändlern u. -verleihern bei Lizenzierung von Film- u. TV-Produktionen. Auch Produktionsfirmen, Service- u. Content-Anbieter sowie Softwarehäuser u. Verlage im Urheber- (Lizenz-) sowie im ▷*Presserecht*. Zudem Medienarbeitsrecht.

Mandate: Nordpolaris bei div. Film- u. Serienproduktionen sowie bei Einstieg eines strateg. Investors; Elsevier gg. Sharehosting-Plattform wg. Plattformhaftung (nach EuGH Fortführung ‚Uploaded II' vor BGH); lfd. Constantin Film bei Spielfilm- u. Serienproduktionen; Verbreiter von digitalen Verlagsinhalten umf. bei Expansion u. Rechtesicherung; Filmproduzent bei Serienproduktion; NFT-Plattform lizenzrechtl. bei Ausbau u. Markteintritt; lfd.: VGF Verwertungsgesellschaft Film, Thinxpool, Tonies, Megaherz, Live-Entertainment-Unternehmen.

MCDERMOTT WILL & EMERY

Medien: Vertrags- und Urheberrecht ★★★
Medien: Regulierung ★★★★
Medien: Transaktionen und Finanzierung ★★★

Bewertung: Die Medienpraxis zeichnet sich durch besonders ausgeprägte Prozesserfahrung bei Streitigkeiten aufseiten von Verwertungsgesellschaften u. privaten TV-Sendern aus. Für Mandantin Corint Media ist sie in eine Vielzahl von DPMA-Schiedsstellenverfahren involviert, u.a. gg. Media Broadcast, Dt. Telekom, ANGA, aber auch gg. Microsoft wg. der Nutzung von Presseerzeugnissen innerhalb der Suchmaschine Bing. Auch für die langj. Mandantin ProSiebenSat.1 geht es nun vor dem EuGH um die Einordnung von Leerträgervergütung von Sendeunternehmen, was grds. Auswirkungen auf priv. TV-Sender in Dtl. haben kann. Das Renommee u. damit die Anziehungskraft des Teams beruhen jedoch primär auf dem Engagement von von Frentz. Mit dem Ausscheiden des langj. Partners Weisser gilt es nun einmal mehr, das TMT-Team in der Breite im Markt visibler zu machen.

Stärken: Tiefe Branchenkenntnisse, Grundsatzverfahren. Verbreitungsfragen.

Oft empfohlen: Dr. Wolfgang Freiherr Raitz von Frentz, („exzellente Expertise u. sehr pragmatisch", Mandant; „Urheberrechtler durch und durch, sehr guter Gegner", Wettbewerber), Dr. Christian Masch („fachl. stark u. sehr erfahren", Mandant)

Team: 2 Eq.-Partner, 1 Counsel, 3 Associates

Partnerwechsel: Dr. Ralf Weisser (in eigene Kanzlei)

Schwerpunkte: Urheberrecht im Umfeld der Digitalisierung, Regulierung, Lizenzen, Vermarktung. Regelm. Grundsatzverfahren, viel Schiedsstellenverfahren. Zudem häufig an der Schnittstelle zum ▷*IT*-Recht. Insbes. bei Verbreitungsfragen im Mediensektor viel Erfahrung im TK-Recht.

Mandate: Corint Media lfd. in div. Streitigkeiten vor dem DPMA, auch gg. Vodafone wg. angemessener Vergütung von Lizenzrechten; ProSiebenSat.1 u.a. zur Beteiligung an Leerträgervergütung (EuGH); lfd.: Constantin Medien, RTL II, US-Studio, u.a. zu Pay-TV-Kanälen u. Streamingangebot.

MORRISON & FOERSTER

Medien: Vertrags- und Urheberrecht ★★★
Medien: Regulierung ★★★
Medien: Transaktionen und Finanzierung ★★★★

Bewertung: Die Berliner Medienpraxis ist eine gefragte Adresse für nat. u. internat. Film- u. Serienproduktionen. Insbes. Stützle verfügt über ausgeprägte Kontakte in der Branche, worüber sie immer wieder Produzenten, häufig von der US-Westküste, mit Projekten in Dtl. beraten kann. Ein Bsp. ist etwa die kaliforn. Indian Paintbrush, die u.a. auch bei Filmförderfragen auf M&F setzte. Ähnl. wie Wettbewerberin Greenberg Traurig ist das Team regelm. auch an der Seite der gr. US-Majors in Projekten aktiv. Ein weiterer Schwerpunkt der Praxis ist die medienregulator. Beratung, die sich häufig um medienkonzentrationsrechtl. Fragestellungen im Rahmen von Transaktionen dreht.

Stärken: Sektorbezogene gesellschafts-, kartell- u. medienregulator. Beratung.

Oft empfohlen: Dr. Christoph Wagner, Dr. Andreas Grünwald, Christiane Stützle

Team: 4 Eq.-Partner, 3 Counsel, 2 Associates

Schwerpunkte: Beratung privater TV-Sender (auch Radio) inkl. Rundfunkrecht sowie Filmstudios u. -produzenten, insbes. auch bei ▷*Transaktionen* u. Filmfinanzierung, auch Content-Anbieter u. VoD-Plattformen. Schnittstelle zum Kartellrecht.

Mandate: NFL u.a. bei Lizenzierung der Medienrechte für Dtl.; Indian Paintbrush bei Transaktion u. Finanzierung internat. Co-Produktion, auch dt. Filmförderung; SoundCloud lfd., u.a. bei Kauf einer KI-Plattform; Majid Al Futtaim Cinemas bei Vertrieb von lokalem Content; Radio B2 medienregulator. vor Verwaltungsgericht Berlin wg. Frequenzzuweisung; Galerie Johann König u. Galerie Deschler lfd., u.a. zu NFT u. KI-generierter Kunst; lfd.: 1&1 Onevision, JazzRadio, Legendary Entertainment, Sky Dtl., Sony Music Entertainment, Tele Columbus, Twitch; Spielwarenhersteller lfd., u.a. beim Ausbau digit. u. audiovisueller Produkte.

NOERR

Medien: Vertrags- und Urheberrecht ★★★
Medien: Regulierung ★★★★★
Medien: Transaktionen und Finanzierung ★★★★

Bewertung: Die traditionsreiche Medienpraxis strukturiert sich nach dem plötzlichen Tod des äußerst renommierten Johannes Kreile, der seit Jahrzehnten die prägende Persönlichkeit der Praxis war, um. Nun soll die Beratung von digitalen Geschäftsmodellen stärker in den Vordergrund rücken. Der Schwerpunkt der Praxis verlagert sich zudem von München an den Berliner Standort. V.a. das Medienkartellrecht spielt eine zentrale Rolle, in dem Noerr erneut in wichtige Verfahren involviert war, wie

Anwaltszahlen: Angaben der Kanzleien, wie viele Anwälte zu mind. ca. 50% in diesem Gebiet tätig sind. Sie spiegeln nicht zwingend die Gesamtgröße einer Kanzlei wider.

bspw. für Wort & Bild u. Funke od. für Corint Media gg. Google. Ihr Know-how im öffentl. Medienrecht konnte die Kanzlei in div. Mandaten vor Landesmedienanstalten beweisen. Auch das klass. Filmproduktions-, aber v.a. -finanzierungsrecht stehen regelm. im Mittelpunkt. Mit Radau hat die Kanzlei einen Experten an Bord, der gerade bei komplexen Projekten sein langj. Wissen einbringen kann, u.a. auch im Mediensteuerrecht. Zudem ist das Team immer wieder bei Transaktionen im Sektor involviert, wie es etwa gemeinsam mit dem ▷*M&A-Team* für Omnicom unter Beweis stellte. Die Praxisgruppe steht jetzt vor der Aufgabe, die Beratungsschwerpunkte langfristig zusammenzuführen u. sowohl nach innen als auch nach außen die Wahrnehmung auf ein klares Beratungsprofil zu schärfen.

Stärken: ▷*Medienkartellrecht* u. Medientransaktionen.

Oft empfohlen: Dr. Hans Radau, Prof. Dr. Ulrich Michel, Dr. Kathrin Westermann („seit Jahren erfolgreiche Zusammenarbeit, sehr professionell u. äußerst angenehm", Mandant; Medienkartellrecht)

Team: 7 Eq.-Partner, 1 Sal.-Partner, 2 Associates, 1 of Counsel

Schwerpunkte: Beratung im Filmsektor (Filmfinanzierung, Filmförderung). Auch Verwertungsgesellschaften. Stark im Medienkartellrecht.

Mandate: Dazn Dtl. lfd. medienrechtl.; Omnicom bei Joint Venture im NFT-Bereich mit Mercedes u. bei Verkauf von AO BBDO u. Ketchum-Gruppe; Kiddinx bei div. Filmprojekten; Lionsgate lfd., insbes. bei Filmfinanzierungen; Corint Media kartellrechtl. gg. Google wg. Google News Showcase; Wort & Bild-Verlag u. Bauer Media medienkartellrechtl. bei Medienvermarktung von Funke u. Burda; DFL lfd. medienkartellrechtl.; lfd.: Hearst Corporation, Sony Pictures Entertainment, BMG Rights Management, Studiocanal, WDR, Bavaria Fiction, Gema, Ziegler Film.

NORDEMANN CZYCHOWSKI & PARTNER

Medien: Vertrags- und Urheberrecht ★★★

Bewertung: Die Medienpraxis ist eine der ersten Adressen im Kampf gg. Internetpiraterie u. beim Schutz von Inhalten. Dabei ist sie auf prozessualer Ebene bes. erfahren, wie sich etwa für Warner Bros. im Bestsellerverfahren gg. eine Drehbuchautorin erneut zeigt. Darüber hinaus ist das Team regelm. auch bei grds. Marktentwicklungen involviert, wie etwa der Gründung einer Schlichtungsstelle (CUII). Wettbewerber loben immer wieder die fundierten u. teilw. wissenschaftl. geprägten Gutachten des Teams. Der Mandantenstamm ist geprägt von einer ganzen Reihe gr. US-Filmstudios, die langj. auf Nordemann vertrauen. Urheberrechtl. Verletzungsprozesse z.B. gg. IPTV-Anbieter gehören genauso zum Repertoire wie Themen rund um die angemessene Vergütung von Urhebern. V.a. die enge Verbindung zum ▷*Marken- u. Wettbewerbsrecht* ermöglicht Mandantenkontakte auch zu Unternehmen abseits der klass. Medienbranche. Dass ein gr. Automobilzulieferer seine Inhalte urheberrechtl. umfangr. von der Kanzlei absichern lässt, ist nur ein Bsp. von vielen.

Stärken: Langj. Kenntnis im Urheber- sowie ▷*Marken- u. Wettbewerbsrecht*.

Oft empfohlen: Prof. Dr. Jan Nordemann („engagiert, fachl. hoch qualifiziert u. zu jeder Zeit mit einem offenen Ohr für die Anliegen der Mandanten", Mandant; „Go-to bei Konflikten", „stark auf der Policy-Ebene", „fachl. top", „eine Koryphäe im deutschen u. internat. IP-Recht", „sehr tiefe kartellrechtl. Expertise", Wettbewerber), Prof. Dr. Christian Czychowski („fachl. top, sehr erfahren", Mandant; „hervorragender Fachmann u. sehr angenehmer Kollege", Wettbewerber)

Team: 8 Partner, 7 Associates, 2 of Counsel

Schwerpunkte: Urheberrechtl. Betreuung von Verwertern u. Urhebern aus den Bereichen Musik, Film, Foto, Bühne u. Verlage. Verfolgung von Rechtsverletzungen im Internet, u.a. auch für gr. US-Filmstudios. Zudem Verwertungsgesellschaften u. Verbände.

Mandate: Warner Bros. Discovery gg. Drehbuchautorin wg. Bestsellervergütung von ‚Keinohrhasen' u. ‚Zweiohrküken'; DFL lfd. gg. illegale Livestreams u. zu DSA; Elsevier, Springer Nature bei Musterverfahren gg. Internetprovider zum Schutz wissenschaftl. Veröffentlichungen (BVerfG); NBC Universal umf. zur dt. Kinoverwertung; lfd.: Clearingstelle Urheberrecht im Internet (CUII), Motion Picture Association, Nintendo, Otto Group, Dt. Kinematik, Wiener Philharmoniker; Verkehrsbetrieb lfd., u.a. bei urheberrechtl. Streitigkeiten; Automobilzulieferer zu div. urheberrechtl. Themen, u.a. Lizenzprüfungen od. Musterverträge; div. Filmstudios bei Rechteklärung u. urheberrechtl. Verletzungsprozessen.

OSBORNE CLARKE

Medien: Vertrags- und Urheberrecht ★★★★
Medien: Regulierung ★★
Medien: Transaktionen und Finanzierung ★★★★

Bewertung: Die TMT-Praxis hat sich als Begleiter für die digitale Transformation bestens aufgestellt. Über die in HH ansässige Presserechtsberatung pflegt OC tiefe Kontakte in die Verlagsbranche. Bei div. Projekten setzen Funke, Axel Springer, aber auch Gruner + Jahr u. damit jetzt auch RTL immer wieder auf ein Team von OC. Dass es ihr zuletzt gelang, die Kontakte auf die Muttergesellschaft Bertelsmann zu erweitern, ist ein weiterer Beleg für den Erfolg der Praxis. In der Games-Branche zählt Ewald nach wie vor zu den Top-Beratern in Dtl., wo Größen wie EA dem Team seit Langem vertrauen. Zuletzt war das Geschäft von div. Deals geprägt, aber auch größere Litigation-Fälle beschäftigen die Branche. Daneben erzeugen die umfangr. EU-Regulierungsvorhaben auch bei Mandanten von OC viel Beratungsbedarf. Nicht zuletzt die enge Verbindung zu den IT- u. Datenschutzanwälten ist etwa bei Fragen rund um DSA od. KI-Act von gr. Relevanz. Die hohe Dichte an im Markt anerkannten Experten bringen die TMT-Praxis immer wieder wie selbstverständlich bei den Top-Mandaten ins Spiel. Allerdings gerät OC gerade bei personalintensiven Projekten häufiger an ihre Kapazitätsgrenzen, anders als etwa Wettbewerberin CMS Hasche Sigle, die dies mit einem deutl. größeren Team kompensieren kann.

Stärken: Bestes Netzwerk in der Games-Branche, enge Kooperation mit den Technologieanwälten.

Oft empfohlen: Konstantin Ewald („über Jahre konstant der beste Berater für Games-Unternehmen", Mandant), Dr. Martin Soppe

Team: TMT insges.: 8 Partner, 1 Counsel, 9 Associates

Schwerpunkte: Inhalteanbieter, Games Publisher u. -Entwickler. Vertragsrechtl. Fragen im Jugendschutz sowie bei Finanzierungen. Vermehrt in Prozessen, auch Presserecht. Umfangr. medienregulator. insbes. im Plattformgeschäft. Häufig im Schulterschluss mit ▷*IT- u. Datenschutzrecht* u. ▷*Private Equity u. Venture Capital* tätig, regelm. bei digitaler Transformation.

Mandate: Thunderful Group/Headup bei Kauf von Studio Fizbin; lfd.: Bertelsmann, Gruner + Jahr/RTL, Electronic Arts, Penguin Random House, ProSiebenSat.1, Google, Tessloff, Vorwerk, Funke, Warner Bros.

RAUE

Medien: Vertrags- und Urheberrecht ★★★★

Bewertung: Die Medienpraxis zählt zu den Verfolgern der Marktspitze. Mit einem erfahrenen Team beweist Raue ständig aufs Neue, dass sie für die Umwälzungen der Medienbranche gewappnet ist. Dazu zählt zum einen ein starker Fokus auf das Verlagswesen, wo sich immer wieder Abgrenzungsfragen bei neuen Diensten stellen, zuletzt im Zshg. mit generativer KI. Zum anderen pflegt die Kanzlei langj. Beziehungen zu div. Landesmedienanstalten, bei denen das tiefe Wissen im Verwaltungsrecht regelm. relevant wird. Fragen, die ganze Märkte umwälzen könnten, wie etwa die Einordnung von neuen Google-Diensten auch nach dem noch jungen MStV, landen nicht selten auf dem Tisch von Raue. Ein weiterer Schwerpunkt ist seit jeher die Vertretung von div. Verwertungsgesellschaften, darunter Gema od. Corint Media, die auf das umf. Wissen im kollektiven Urheberrecht des Teams setzen.

Stärken: Langj. Erfahrung bei der Verteidigung von Inhalten, insbes. verlagsseitig; Kollektives Urheberrecht. Hohes Renommee im Presserecht.

Oft empfohlen: Prof. Dr. Jan Hegemann („angenehm, sehr kompetent", „professionell", Wettbewerber), Dr. Robert Heine

Team: 5 Eq.-Partner, 2 Sal.-Partner, 4 Associates

Schwerpunkte: Urheberrechtl. Beratung, ▷*Presse- u. Äußerungs-* sowie Rundfunkrecht, Titelschutzrecht, v.a. auf Verlagsseite, auch für Onlinemedien. Öffentl. Medienrecht, insbes. Medienanstalten.

Mandate: Axel Springer medien- u. urheberrechtl. zum Einsatz von KI (z.B. ChatGPT); Ebay lfd., u.a. gg. Börsenverein des Dt. Buchhandels in Streit um Buchpreisbindung bei Rabattaktionen; Medienanstalt Hamburg/Schleswig-Holstein in verwaltungsgerichtl. Verf. gg. Google, u.a. wg. Einbindung Gesundheitsportal bei Google; Suhrkamp Verlag gg. Stefan Wachtel wg. Plagiatsvorwürfen; lfd.: Wayfair, Bundesverband dt. Synchronproduzenten, Corint Media, Gema, u.a. zum neuen UrhDaG, GVL, Medienanstalt Berlin-Brandenburg, Sony Music Entertainment Germany, Zeitsprung Pictures; Filmproduktion bei Plattformaufbau für Spielfilmerstellung mit KI.

REDEKER SELLNER DAHS

Medien: Regulierung ★★★

Bewertung: V.a. im Öffentl. Medienrecht verfügt das Team über beachtl. Erfahrung. So kommt es immer wieder zum Einsatz, wenn Behörden od. Einrichtungen des öffentl. Rechts medien- u. rundfunkrechtl. Komplexe lösen müssen. Ein Beleg für die exponierte Stellung in diesem Metier ist etwa die Mandatierung durch die Bundesländer. Unter der Federführung von Rh.-Pf. führten sie mit RSD an der Seite medienverfassungsrechtl. Verhandlungen zum European Media Freedom Act. Da das Team zudem im Presse- u. Äußerungsrecht berät, bringt es sich immer wieder auch für weiterführende Mandate aus der Branche ins Spiel. So ist RSD besonders gefragt, wenn es um die Einordnung von Medien-

Anwaltszahlen: Angaben der Kanzleien, wie viele Anwälte zu mind. ca. 50% in diesem Gebiet tätig sind. Sie spiegeln nicht zwingend die Gesamtgröße einer Kanzlei wider.

diensten der öffentl.-rechtl. Rundfunkanstalten geht, zuletzt etwa für eine App des SWR. Ein gr. Teil des Renommees der Praxis beruht auf dem erfahrenen Lehr. Mit Mensching, der sich inzw. einen Namen gemacht hat, kann die Kanzlei für den anstehenden Generationswechsel auf eine gute Grundlage zurückgreifen.

Stärken: Öffentliches Medienrecht u. Medienverfassungsrecht.

Oft empfohlen: Gernot Lehr („hochkarätige verfassungsrechtliche Vertretung", „strategisch, erfahren u. kollegial", Wettbewerber), Christian Mensching („sehr gut, überlegter u. versierter Stratege", Wettbewerber)

Team: 4 Eq.-Partner, 4 Associates

Schwerpunkte: Grundsatzverfahren im Öffentl. Medienrecht, Medienregulierung, u.a. zu Drittsendezeiten u. Kabeleinspeisung u. zu Befugnissen öffentl.-rechtl. Sender im Netz. Schnittstelle zum ▷*Beihilfe-*, ▷*Öffentl. Recht*. 2. Standbein der Praxis ist das ▷*Presserecht*. Vermehrt auch Verbindung zum ▷*IT- u. Datenschutz*.

Mandate: Bundesländer (Federführung Rh.-Pf.) medienverfassungsrechtl. Verhandlungen zu European Media Freedom Act; Landesmedienanstalten (u.a. LFM NRW) jugendschutzrechtl. gg. Betreiber pornograf. Angebote im Internet aus dem Ausland; SWR zur Zulässigkeit der Newszone-App; lfd.: Arte rundfunk- u. kartellrechtl., Deutschlandradio u.a. zu Verbreiterhaftung bei Podcasts, EZB, Charité.

REED SMITH

Medien: Vertrags- und Urheberrecht ★

Bewertung: Die Medienpraxis verfügt über besonders ausgeprägtes Wissen zu Kennzeichnungspflichten u. Titelschutz im Filmgeschäft. Darauf setzen sowohl dt. als auch internat. Mandanten, die v.a. auch von dem starken US-Netzwerk der Kanzlei profitieren. Ein weiterer Schwerpunkt liegt in der urheberrechtl. Beratung zu Geräteabgaben ggü. Verwertungsgesellschaften, wo RS zuletzt auch vermehrt prozessual aktiv war. Für Aufsehen im Markt sorgt außerdem das Verfahren von Mandantin Barefoot Films, die sich gg. Nachvergütungsansprüche einer Drehbuchautorin wehrt.

Stärken: Ausgeprägtes US-Netzwerk.

Team: TMT ges.: 5 Partner, 2 Counsel, 8 Associates

Schwerpunkte: Beratung zu Kennzeichnungspflichten u. urheberrechtl. Geräteabgaben. Häufig an der Schnittstelle zu ▷*IT u. Datenschutz* sowie IP.

Mandate: Barefoot Films lfd., u.a. in Prozess gg. Drehbuchautorin zu Nachvergütungsansprüchen; frz. Hersteller von Unterhaltungselektronik in div. Auseinandersetzungen mit dt. Verwertungsgesellschaften wg. Gerätevergütungen; Konsolen- u. Spielehersteller, u.a. zu Jugendschutz u. Kennzeichnungsrecht; Streamingdienst lfd. zu Kennzeichnungspflichten, auch prozessual.

SKW SCHWARZ

Medien: Vertrags- und Urheberrecht ★★★★★
Medien: Transaktionen und Finanzierung ★★★

Bewertung: Die renommierte Medienpraxis zeichnet sich v.a. durch ihre personelle Größe u. die Breite der Beratung in der Medienlandschaft aus. Zuletzt hat sie dies auch auf struktureller Ebene kanzleiintern nochmals verstärkt, um die einzelnen Sektoren fokussierter zu bedienen. Mandanten loben ihr „hohes Know-how" u. „die sehr gute Vernetzung in der Industrie". Typisch für die Kanzlei ist es, v.a. auch dem jur. Nachwuchs Freiraum für neue Beratungsfelder zu ermöglichen. Ein Erfolgsbsp. dafür ist etwa die Beratung im E-Sports-Bereich, in dem SKW Wettbewerberin CMS Hasche Sigle inzw. auf Augenhöhe begegnet u. etwa den Vertrag für die CSGO-Weltliga aushandelte. Trad. kommt SKW aus der Film- u. TV- Branche, in der sie umf. div. Produzenten bei ihren Projekten berät, darunter auch Amazon Studios. Ihr Wissen rund um Content u. dessen Verwertung u. Vertrieb kann SKW immer wieder umfangr. anwenden. So war sie zuletzt verstärkt prozessual aktiv, etwa bei Bestsellerverfahren. Nicht zuletzt die enge Verbindung zum ▷*IT- u. Datenschutzrecht* ermöglicht eine Rundumberatung bei Digitalisierungsprojekten u. zu neueren Technologien, wie etwa NFT. Eine fehlende internat. Aufstellung könnte für SKW zum Hemmschuh werden, wenn Mandanten insbes. in Bezug zur stark angezogenen EU-Regulierung Beratung aus einer Hand erwarten.

Stärken: Umf. Filmproduktionsberatung.

Oft empfohlen: Prof. Dr. Mathias Schwarz, Dr. Andreas Peschel-Mehner, Dr. Konstantin Wegner („Top-Urheberrechtler", Mandant), Georg Wallraf, Dr. Martin Diesbach („sehr gut, sehr detailliert u. brandaktuell, hilfreich", „beste u. größte Kanzlei in Dtl. in diesem Spezialfeld", Mandant; „sehr branchenerfahren u. hervorragend vernetzt", Wettbewerber), Dr. Johann Heyde

Team: 16 Eq.-Partner, 3 Sal.-Partner, 5 Counsel, 7 Associates, 3 of Counsel

Schwerpunkte: Beratung von Filmproduktionen, Filmfinanzierungsfragen. Etabliert bei Werbe- u. Multimediaagenturen sowie in der Verlagsszene u. bei IT-Unternehmen. Auch Kartellrecht. Daneben Musik (u.a. Produzenten, Künstler u. Orchester), Internetplattformen. Regelm. medienpolit. aktiv, v.a. durch Tätigkeit bei der Produzentenallianz im Bereich Kinofilm.

Mandate: Niftee bei Markteinführung von NFT-Plattform; ARD lfd. bei Bestsellerprozessen; Louvre Agreement u. weitere bei Liga-Vertragswerk zur CSGO-Weltliga; lfd.: Amazon Studios, Conrad Film, DDV Mediengruppe, Dt. Columbia Pictures Filmproduktion, Dt. Landwirtschaftsverlag, DZ Bank, Freaks 4U Gaming, Microsoft, MMC Movies Köln, Penguin Random House, Raw Factual, Red Bull Media House, Sony Pictures Entertainment Dtl., Studio Hamburg, X Filme.

SSB SÖDER BERLINGER

Medien: Vertrags- und Urheberrecht ★

Bewertung: Im Medienrecht ist die Münchner Kanzlei seit jeher an der Seite des Burda-Konzerns aktiv. Über die engen Kontakte entsteht regelm. Beratungsbedarf zu den vielen Titeln, insbes. zu urheber- u. lizenzrechtl. Themen. Aber auch Agenturverträge od. das Vorgehen gg. Fake-Bewertungen sind zentraler Bestandteil, wie etwa beim Onlineportal HolidayCheck. SSB hatte sich in den verg. Jahren auch prozessual im Vorgehen gg. Fake-Bewertungen profiliert, wodurch nach wie vor die Beziehung zu Jameda geprägt ist. Mit dem sukzessiven Aufbau der Rechtsabteilung bei Burda schrumpfte die Beratung für SSB auf die Kernbereiche Medien-, Presse- u. Äußerungsrecht. Dies bleibt für die Gesamtkanzlei ein Risiko, das SSB weiter eingeht, solange sie sich nahezu ausschl. auf Burda konzentriert.

Oft empfohlen: Dr. Stefan Söder („einer der besten Medien- u. IP-Rechtler Deutschlands mit hervorragenden Branchenkenntnissen u. immer up to date", Wettbewerber)

Team: 2 Eq.-Partner, 1 Sal.-Partner, 5 Associates

Schwerpunkte: Umf. Beratung der Burda-Gesellschaften zu medienrechtl. Fragen, insbes. zu Plattformen, ▷*Presse- u. Äußerungsrecht*. Zudem Prozessvertretung, Verwaltung u. Verteidigung der Burda-Marken.

Mandate: Lfd. Burda-Konzern: u.a. BCN, Bunte, Burda Hearst Publishing, Burda Forward, BurdaVerlag Data Publishing nach Zusammenlegung von Burda Senator Verlag, MIG Medien Innovation u. MFI, Focus Magazin, HolidayCheck, u.a. bei Agenturverträgen u. bzgl. Fake-Bewertungen; Jameda lfd. in Bezug auf Streitigkeiten um Arztbewertungen.

STRASSER VENTRONI FREYTAG

Medien: Vertrags- und Urheberrecht ★★
Medien: Transaktionen und Finanzierung ★★

Bewertung: Die Münchner Medienboutique ist seit Jahren fest im Markt etabliert. Ihr Fokus liegt insbes. in der branchenübergreifenden Beratung zum Urheber- u. Lizenzrecht sowie den Verhandlungen mit Verwertungsgesellschaften wie Gema. Namh. Mandanten wie Condé Nast od. die Dt. Telekom setzen seit Jahren auf die Kanzlei. Dabei agieren die Partner größtenteils autark u. bilden dadurch ihre einzelnen Spezialdisziplinen aus, darunter auch vermehrt Datenschutzrecht. Eine stärkere Vernetzung untereinander könnte zusätzliche Synergien heben. Nachdem sich der kl. u. noch junge Kölner Standort der Kanzlei als Spin-off selbstständig gemacht hat, ist SVF inzwischen wieder ausschließlich aus München heraus tätig.

Stärken: Urheberrecht, insbes. zur Rechteverwertung.

Oft empfohlen: Dr. Stefan Ventroni („fachl. top", „kompetent u. hohes Verhandlungsgeschick", Wettbewerber), Dr. Stefan Freytag

Team: 10 Partner, 1 Associate, 2 of Counsel

Schwerpunkte: Auswertung von Musik- u. Filmrechten (inkl. Lizenzierung), oft bzgl. digitaler Medien. Internat. Filmfinanzierung, Vertriebs- u. Lizenzrecht auch für branchenfremde Unternehmen.

Mandate: Condé Nast Dtl. umf. im Medienrecht, u.a. bei neuen Geschäftsmodellen u. Digital- od. Liveevents; Data4Life bei div. Digitalisierungsprojekten; Autovio umfangr. bei Aufbau Onlinemarktplatz; kirchl. Rechtsträger urheberrechtl.; lfd.: Bavaria Media, Bilderfest, Dt. Telekom, DFB Stiftung Dt. Fußballmuseum, Senderunternehmen im Musikrecht, FC Bayern München, Flixbus, Leonine, Neue Bioskop TV, Produzentenallianz (Werbung), ProSiebenSat.1, Sony Music Entertainment, Wolters Kluwer.

TAYLOR WESSING

Medien: Vertrags- und Urheberrecht ★★★
Medien: Transaktionen und Finanzierung ★★★

Bewertung: Die Medienpraxis zählt zu den etablierten Teams mit besonderer Erfahrung im Plattformgeschäft. Allein die Größe der gesamten TMT-Gruppe, die selbstredend eng verbunden zu IT- u. Datenschutzthemen berät, bringt einen entscheidenden Vorteil für Mandanten, die sich einer Welle von EU-Regulierungen ausgesetzt sehen. Namh. Mandanten wie Nintendo, Condé Nast od. Google setzen seit Jahren auf das gr. Team. Auch jetzt, wo sich etwa Techriese Google durch DSA, DMA od. das

Anwaltszahlen: Angaben der Kanzleien, wie viele Anwälte zu mind. ca. 50 % in diesem Gebiet tätig sind. Sie spiegeln nicht zwingend die Gesamtgröße einer Kanzlei wider.

NetzDG umfangr. Prüfungen ihrer unterschiedlichen Dienste unterziehen muss, ist TW ein enger Berater in dieser wichtigen Regulierungsphase. Ein Kernbereich bleibt nach wie vor die prozessuale Vertretung, die oft verwaltungsrechtl. od. medienregulatorische Bezüge hat, etwa wie für Mandantin 1&1 zum Jugendschutz. Letzterer spielt auch in der Games-Branche eine gr. Rolle, in der TW zu den wenigen Kanzleien hierzulande zählt, die Top-Experten in ihren Reihen haben. Am HHer Standort musste das Team mit Heymann den Weggang einer renommierten Medienrechtlerin verkraften. Zugleich steht mit einer Partnerernennung der Nachwuchs aber bereits in den Startlöchern.
Stärken: Tief verwurzelt in der Technologiebranche.
Oft empfohlen: Jörg Wimmers, Dr. Gregor Schmid („talentiert, fleißig u. hat einen sehr guten Umgang mit Mandanten, sichere und konforme Rechtsberatung", Mandant)
Team: TMT insges.: 12 Eq.-Partner, 11 Sal.-Partner, 36 Associates
Partnerwechsel: Dr. Britta Heymann (unbekannt)
Schwerpunkte: Onlineplattformen; eng an den Schnittstellen zu IP (▷*Marken- u. Wettbewerbsrecht*), Äußerungsrecht, ▷*IT- u. Datenschutzrecht*. Besonderes Know-how im Games- u. Glücksspielsektor. Zusammenarbeit mit der Venture-Capital-Praxis, verstärkt in Berlin.
Mandate: 1&1 in Verwaltungsverfahren gg. Medienanstalt Rh.-Pf. wg. Sperrungsanordnung; Nintendo lfd., u.a. zu DSA u. DMA u. Umsetzung Omnibus-RL; Condé Nast lfd., u.a. bei ww. Lizenzverträgen u. DSM-RL-Umsetzung; Google Dtl. lfd., u.a. zu DSA u. Haftung von Diensteanbietern für Rechtsverletzung Dritter (lfd. Prozessvertretung); Etsy lfd. zu Shop-Compliance; lfd.: Douglas, Infarm Indoor Urban Farming, Research Gate, Riese & Müller, Roblox, Soundcloud, Thalia, Wargaming.

UNVERZAGT

Medien: Vertrags- und Urheberrecht	★★
Medien: Transaktionen und Finanzierung	★★

Bewertung: Das HHer Medienteam gehört zur etablierten Einheit, wenn es um die Produktionsberatung von Filmen od. Serien in Dtl. geht. Ankermandantin ist nach wie vor Studio Babelsberg, die Pense seit jeher hinzuzieht, wenn es um die Strukturierung von Produktionsprojekten vor Ort geht. Diese haben regelm. auch internat. Charakter, insbes. bei Projekten von US-Studios. Darüber hinaus ist das Team für div. Produzenten tätig, für die es sowohl Verträge als auch die Finanzierung rechtlich auf Papier bringt. Die umfangr. Arbeit für den Kinoverband HDF mündete zuletzt in einer erfolgreichen Einigung zw. Kinos, Produzenten, TV-Sendern u. Verbänden bzgl. der Anpassung von Verwertungsketten.
Stärken: Bestens vernetzt in der Filmbranche.
Oft empfohlen: Dr. Andreas Pense („erfahren u. verbindlich, tolle Persönlichkeit", Wettbewerber)
Team: 7 Partner, 3 Associates, 3 of Counsel
Schwerpunkte: Beratung von Filmproduzenten aus der Kino-, TV-, Film- u. Musikbranche, insbes. zu Entwicklung, Strukturierung, Produktion u. Verwertung von Filmprojekten, auch Finanzierung. Weitere Mandantschaft: Werbeagenturen u. TV-Sender zu Vertragsgestaltung u. im Wettbewerbs-, Urheberrecht.
Mandate: Studio Babelsberg lfd., u.a. bei internat. Film- u. Serienproduktionen auch mit US-Majors; HDF Kino bei Verhandlungen zur Verwertungskette staatl. geförderter Filmproduktionen, lfd. zu Filmförderungsrecht u. Verhandlungen mit Verwertungsgesellschaften; Rise Filmproduktion bei audiovisuellen Produktionen; lfd.: Augenschein Filmproduktion, Commerzbank, Dark Ways, Telepool, Pantaleon, Kordes & Kordes.

WHITE & CASE

Medien: Vertrags- und Urheberrecht	★★
Medien: Regulierung	★★★
Medien: Transaktionen und Finanzierung	★★★

Bewertung: Die branchenübergreifende Beratungspraxis von W&C findet versch. medienrechtl. Anknüpfungspunkte. Einen Schwerpunkt bilden Plattformen, die Messengerdienste anbieten u. immer strengeren Melde- u. Organisationspflichten, etwa aus dem TTDSG od. NetzDG, unterlegen sind. Das wohl aufsehenerregendste Mandat ist Meta, bei dem W&C sowohl in Dtl. als auch internat. v.a. prozessual fest im Sattel sitzt. Die langj. Erfahrung in der Medienregulierung kann die Kanzlei regelm. in Bezug auf neuere Anwendungsgebiete einbringen. So spielen medienrechtl. Anforderungen von Telematik- u. Entertainmentdiensten im Automobilsektor eine zunehmend gr. Rolle.
Stärken: Viel Erfahrung an der Schnittstelle zu Telekommunikation u. medienregulator. Fragen.
Oft empfohlen: Prof. Dr. Norbert Wimmer
Team: 6 Partner, 3 Associates, 3 of Counsel
Partnerwechsel: Dr. Lars Petersen (zu Gibson Dunn & Crutcher)
Schwerpunkte: Regulierung, starke prozessuale Erfahrung, insbes. Medienaufsichtsrecht, auch ▷*Compliance*. Eng an der Schnittstelle zu TK, ▷*IT u. Datenschutz* sowie Kartellrecht. Häufig medienpolit. geprägte Arbeit.
Mandate: Meta umf., inbes. prozessual bei Datenschutz, Haftungsfragen od. Hatespeech; Spotify grenzüberschr. zu Content-Fragen; GfK bei Zusammenschluss mit NielsenIQ; Rollic Games bei Verkauf an Popcore; lfd.: Mercedes-Benz, Berufsgenossenschaft bei Ausschreibung einer Verlagspartnerschaft.

Presse- und Äußerungsrecht

ADVANT BEITEN

Presse- und Äußerungsrecht	★★★★

Bewertung: Im Presse- u. Äußerungsrecht erarbeitet sich die Praxis einen sicheren Platz im oberen Marktsegment. Als Experte auf Verlagsseite steht der HHer Partner Srocke bereits seit Jahren an der Spitze. Seine enge Verbindung zum Spiegel u. den zugehörigen Titeln sorgte erneut für unzählige Verfahrensmandate, immer wieder auch vor den obersten Gerichten. Im Markt wird inzw. auch seine Arbeit an der Seite von RTL stärker wahrgenommen. Inzw. gelingt es AB, diese Zugkraft auch auf die gesamte Praxis überzuleiten. Engere Verbindungen zwischen HH u. dem in München ansässigen trad. Verlagsgeschäft, wo insbes. div. lokale Regionalzeitungen beraten werden, tragen bereits Früchte. So wird die Produktionsfirma Viel Spaß, die über das Äußerungsrecht kam, nun umf. von der Medienpraxis beraten.
Oft empfohlen: Dr. Marc-Oliver Srocke („professionell, rechtl. top u. es macht Spaß, mit ihm zu streiten", „einer der besten, egal bei welcher Kanzlei", „besonders erfahren", Wettbewerber)
Team: 1 Eq.-Partner, 1 Sal.-Partner
Schwerpunkte: Verlagsvertretung, häufig in Grundsatzverfahren; enge Verbindung mit ▷*Medienrechtspraxis*.
Mandate: Spiegel-Gruppe (Spiegel, Spiegel Online, Manager Magazin) umf. in äußerungsrechtl. Verfahren, u.a. gg. Wiesenhof, Peek & Cloppenburg, div. Vorstände u. im Wirecard-Skandal sowie wg. Foto-Veröffentlichung von Bundespolizisten mit Neonazi-Symbolen (BGH); RTL Gruppe lfd. presse- u. äußerungsrechtl., auch vor BGH gg. Bundespolizisten; DFB lfd. persönlichkeitsrechtl. u.a. im Zshg. mit der WM-Doku von Amazon; Viel Spaß Produktionsfirma u.a. gg. Luke Mockridge; lfd. div. Lokalzeitungen aus dem süddt. Raum.

BROST CLASSEN

Presse- und Äußerungsrecht	★★

Bewertung: Die Kölner Kanzlei für Presse- u. Äußerungsrecht positioniert sich entschlossen aufseiten betroffener Unternehmen. Ende 2021 verließen die beiden Namenspartner die Kanzlei Höcker u. bauen seitdem einen ansehnl. Stamm an Mandanten auf. Oftmals wenden sich auch gr. Konzerne in konkreten Krisensituationen an das Team, dem es im Anschluss gelingt, eine längerfristige Beratung v.a. zur strateg. Rechtskommunikation aufzubauen. Zuletzt kamen etwa Obi oder C&A hinzu. Auch die presserechtl. Begleitung von Strafverfahren nimmt einen wesentl. Teil der Arbeit ein, hier arbeitet BC regelm. mit renommierten Strafrechtlern zusammen. Besonderes Aufsehen erregte die Vertretung des Kronzeugen Bellenhaus im Wirecard-Skandal. Schon im Vorfeld zur Hauptverhandlung kämpfte BC gg. identifizierende Berichterstattung für ihren Mandanten.
Team: 2 Eq.-Partner, 3 Associates
Schwerpunkte: Presserechtl. Vertretung auf Betroffenenseite; Reputationsschutz insbes. im Kontext von Strafverfahren.
Mandate: Stromio u. Gas.de presserechtl. im Zshg. mit Kündigung von Lieferverträgen wg. Energiekrise; Geschäftsführer im öffentl. Rundfunk gg. Verdachtsberichterstattung div. Medien; div. ehem. Manager pressrechtl. gg. identifizierende Berichterstattung im Cum-Ex- u. Wirecard-Skandal; Dominikanerorden medienrechtl.; lfd. presserechtl.: C&A, Dorint, EatHappy ToGo, Mitsubishi Power Europe, Obi, Infront Sports & Media; lfd. zu

Anwaltszahlen: Angaben der Kanzleien, wie viele Anwälte zu mind. ca. 50% in diesem Gebiet tätig sind. Sie spiegeln nicht zwingend die Gesamtgröße einer Kanzlei wider.

Reputationsschutz: div. Kliniken u. Energieunternehmen.

CMS HASCHE SIGLE

Presse- und Äußerungsrecht ★★★★

Bewertung: Die renommierten Presse- und Äußerungsrechtler agieren als kl. Kernteam aus HH heraus u. sind zugleich fester Bestandteil der gr. ▷*TMT-Praxis*. Dabei decken sie sowohl auf Betroffenen- als auch auf Medienseite ein breites Beratungsspektrum ab. Diese Aufstellung macht CMS unabhängiger von der zuletzt durchgerüttelten Verlagsbranche u. lässt sie die Zerschlagung von Flaggschiff G+J verschmerzen. Die zumeist langj. Mandanten vertrauen auf die erfahrenen Anwälte bei Verdachtsberichterstattung u. in Krisensituationen. So ist das Team um den etablierten Partner Fricke seit jeher für div. ARD-Anstalten aktiv, z.B. dann, wenn diese ihre Wirtschaftsberichterstattung verteidigen. Mit einem jungen Partner treibt CMS zugleich die Fokussierung auf neuere Medienformate u. Social Media voran.

Oft empfohlen: Michael Fricke („kompetent, pragmat., schnell", Mandant; „kluger Kopf, sehr versiert", Wettbewerber)

Team: TMT insges.: 24 Partner, 8 Counsel, 33 Associates

Schwerpunkte: Vertretung von Verlagen u. Sendeanstalten, betroffene Unternehmen.

Mandate: Getty Images gg. Moderatorin wg. Löschung aus Datenbank (LG); NDR lfd., u.a. in div. Streitigkeiten wg. kritischer Wirtschaftsberichterstattung, bspw. Verdachtsberichterstattung über Verwendung von Separatorenfleisch od. im Zshg. mit Panama Papers; lfd.: ARD-Rundfunkanstalten, u.a. NDR u. SWR, Gruner + Jahr, Alles Gute Verlag, Morgenpost Verlag, Melitta Europa, August Storck.

DAMM & MANN

Presse- und Äußerungsrecht ★★★★

Bewertung: Die HHer Spezialistin für Presse- u. Äußerungsrecht ist eine feste Größe aufseiten gr. Verlage. So setzt das Handelsblatt regelm. auf das Team, wenn es um die Verteidigung seiner Journalisten u. der oft investigativen Berichterstattung geht. V.a. Namenspartner Mann gilt als Experte bei komplexen Fragen insbes. in der Wirtschaftsberichterstattung. D&M hat sich zusätzl. bereits seit einigen Jahren einen ansehnl. Mandantenstamm aufseiten betroffener Unternehmen aufgebaut. Dies macht die kl. Kanzlei robuster gg. Marktumwälzungen wie zuletzt die Zerschlagung des bisherigen Platzhirsches G+J, eines langj. Mandanten von D&M.

Oft empfohlen: Prof. Dr. Roger Mann („strateg. gut u. erfahren", „fachl. fundiert, hart in der Sache, verhandelt mit voller Wucht", „hohe Kompetenz u. Durchsetzungskraft", Wettbewerber)

Team: 3 Eq.-Partner, 2 Associate, 1 of Counsel

Schwerpunkte: Verlagsvertretung, zunehmend auch betroffene Unternehmen.

Mandate: Handelsblatt lfd. bei div. Verfahren, u.a. gg. Continental/Aufsichtsratsmitglied wg. der Wiedergabe von Zitaten im Strafverfahren u. im Wirecard-Komplex wg. identifizierender Berichterstattung; CNN u. BBC lfd. bei Berichterstattung in Dtl.; Hessischer Rundfunk bei div. Verfahren zur Verteidigung der Berichterstattung; lfd.: AIDA Cruises, Brandeins Medien, Gruner + Jahr, NZZ, Nordwest-Zeitung Verlagsgesellschaft, Sixt, Stiftung Warentest zu div. Streitigkeiten zu Warentests.

Presse- und Äußerungsrecht

Kanzlei	Standort
★★★★★	
DLA Piper	Hamburg
KNPZ Rechtsanwälte	Hamburg
Nesselhauf	Hamburg
Raue	Berlin
★★★★	
Advant Beiten	Hamburg, München
CMS Hasche Sigle	Hamburg
Damm & Mann	Hamburg
Redeker Sellner Dahs	Bonn, Berlin
Schertz Bergmann	Berlin
★★★	
Höcker	Köln
Irle Moser	Berlin
★★	
Brost Claßen	Köln
Lausen	München
Prinz	Hamburg, Berlin
Romatka	München
SSB Söder Berlinger	München
★	
Dünnwald	Hamburg
Graef	Hamburg
GvW Graf von Westphalen	Hamburg
Tanja Irion	Hamburg
Jonas	Köln
Sven Krüger	Hamburg
Media Kanzlei	Frankfurt, Hamburg
SKW Schwarz	München

Die Auswahl von Kanzleien und Personen in Rankings und tabellarischen Übersichten ist das Ergebnis umfangreicher Recherchen der JUVE-Redaktion. Sie ist in 2erlei Hinsicht subjektiv: Die Aussagen der befragten Quellen sind subjektiv u. spiegeln deren Erfahrungen u. Einschätzungen. Die JUVE-Redaktion wiederum analysiert die Rechercheergebnisse unter Einbeziehung ihrer eigenen Marktkenntnis. Der JUVE Verlag beabsichtigt keine allgemeingültige oder objektiv nachprüfbare Bewertung. Es ist möglich, dass eine andere Recherchemethode zu anderen Ergebnissen führt. Innerhalb einzelner Gruppen in Rankings und tabellarischen Übersichten sind Kanzleien und Personen alphabetisch sortiert.

DLA PIPER

Presse- und Äußerungsrecht ★★★★★

Bewertung: Sie ist eine der renommiertesten Adressen im Presse- u. Äußerungsrecht, wenn es für Verlage um die Verteidigung ihrer Inhalte geht. Diesen Status hat sich insbes. Engels aufgebaut, indem er seit Jahren an der Seite der gr. Marktplayer steht, darunter v.a. Axel Springer, dpa u. Ströer. Weil der Kuchen in diesem Markt aber fest verteilt ist u. die Verlage kosteneffizient publizieren müssen, bemüht sich DLA seit einigen Jahren erfolgr. um Mandate auf Betroffenenseite. Dabei kommt dem Team zugute, dass es als voll integrierte Praxis auch im ▷*Medien-* sowie ▷*Marken- u. Wettbewerbsrecht* tätig ist. Insbes. Letzteres ermöglicht breite Kontakte in alle Branchen, aus denen sich auch namh. Unternehmen in Krisensituationen oder bei drohender Berichterstattung an DLA wenden.

Oft empfohlen: Prof. Dr. Stefan Engels

Team: Medien insges.: 3 Eq.-Partner, 5 Counsel, 11 Associates

Schwerpunkte: Vertretung von Verlagen, auch Unternehmen zur Krisenkommunikation u. vor Berichterstattung.

Mandate: Axel Springer lfd. bei Verteidigung der Berichterstattung, u.a. gg. Boris Becker; lfd.: dpa, Freizeitwoche Verlag, Heidelberger Druckmaschinen, Norges Sjømatråd, Otto, Sat1 Fernsehen, Ströer.

DÜNNWALD

Presse- und Äußerungsrecht ★

Bewertung: Die HHer Kanzlei ist im Presse- u. Äußerungsrecht aufseiten von Betroffenen anerkannt. In den langj. Mandatsbeziehungen zu Versicherungen u. auch Dax-Unternehmen berät sie immer wieder zum Reputationsschutz. Zuletzt verließen 2 Anwältinnen das Team. Somit agiert der Namenspartner genau 3 Jahre nach der Neugründung nun als Einzelanwalt.

Team: 1 Partner

Schwerpunkte: Vertretung betroffener Unternehmen, Krisenkommunikation u. Reputationsschutz.

Mandate: Lfd. Privatbank, Softwareunternehmen, div. Versicherungen.

GRAEF

Presse- und Äußerungsrecht ★

Bewertung: Die HHer Medienboutique ist im Presse- u. Äußerungsrecht v.a. auf die Prüfung von Ma-

Anwaltszahlen: Angaben der Kanzleien, wie viele Anwälte zu mind. ca. 50% in diesem Gebiet tätig sind. Sie spiegeln nicht zwingend die Gesamtgröße einer Kanzlei wider.

nuskripten u. Drehbüchern spezialisiert. Dies gelingt insbes. durch die guten Kontakte in die lokale Verlags- u. Filmproduktionsbranche. Doch das Team, das zugleich im ▷*Medien- u. Urheberrecht* berät, festigt seine Position auch im internat. Umfeld. Dass mit Cambridge u. Oxford University Press 2 renommierte brit. Häuser bei presserechtl. Themen in Dtl. auf die Kanzlei setzen, zeigt das deutlich.
Team: Medien insges.: 2 Partner, 6 Associates, 1 of Counsel
Schwerpunkte: Presserechtl. Prüfung von Drehbüchern u. Manuskripten.
Mandate: Cambridge University Press u. Oxford University Press lfd. presserechtl., Kamphausen Media presserechtl. Buchprüfung; Penguin Random House u.a. bei div. Manuskriptprüfungen; Verlagsgruppe Oetinger lfd. presserechtl.; britische Produktions- u. Vermarktungsgesellschaft lfd. presserechtl.

GVW GRAF VON WESTPHALEN

Presse- und Äußerungsrecht ★

NOMINIERT
JUVE Awards 2023
Kanzlei des Jahres für Technologie und Medien

Bewertung: Das kl. Team für Presse- u. Äußerungsrecht berät v.a. aus HH heraus aufseiten Betroffener. Ihr Steckenpferd ist seit jeher die Vertretung von betroffenen Verbänden u. Unternehmen insbes. aus der Landwirtschaft u. Lebensmittelproduktion, die sich regelm. gg. investigative Berichte verteidigen. Die Erfahrung insbes. im Vorgehen gg. Berichterstattung, die oftmals durch Aktivisten oder Kampagnen von NGOs entstehen, nutzt GvW auch im Gesundheitswesen. So mandatieren etwa die Sana Kliniken das kl. Team seit vielen Jahren.
Team: 4 Eq.-Partner, 1 Associate
Schwerpunkte: Presse- u. Äußerungsrecht auf Betroffenenseite, insbes. ▷*Lebensmittelsektor*/Landwirtschaft.
Mandate: Lfd. Bundesverband Rind u. Schwein, Dt. Frühstücksei, Dt. Bauerverband, Zentralverband der Dt. Geflügelwirtschaft, Sana Kliniken.

HÖCKER

Presse- und Äußerungsrecht ★ ★ ★

Bewertung: Die Kölner Kanzlei ist im Presse- u. Äußerungsrecht fest aufseiten Betroffener etabliert. Im Markt sticht sie immer wieder dadurch hervor, dass sie sich auch in Fällen, vor denen Wettbewerber zurückscheuen, mit Nachdruck für ihre Mandanten einsetzt. Dies führt immer wieder zu krit. Anmerkungen aus dem Markt, die der Mandatsarbeit aber ebenso wenig schaden, wie div. personelle Umbrüche der vergangenen Jahre. So ist die Kanzlei für einen breiten Kreis an Mandanten die erste Anlaufstelle in der medialen Krise od. bei der Aufarbeitung von Skandalen. Besonders viel Aufsehen erregt nach wie vor der Missbrauchs-Komplex in der kathol. Kirche.
Oft empfohlen: Prof. Dr. Ralf Höcker („fachl. top, sehr engagiert", „sehr erfahren, starker Einsatz für den Mandanten", Wettbewerber)
Team: 5 Eq.-Partner, 1 Sal.-Partner, 9 Associates
Schwerpunkte: Vertretung betroffener Einzelpersonen u. Unternehmen, Politiker u. Parteien.
Mandate: Erzbistum Köln, umf. presse- u. äußerungsrechtl. im Zshg. mit Missbrauchsgutachten; Kardinal Rainer Maria Woelki umf. presserechtl. im Missbrauchsskandal; Patricia Schlesinger in RBB-Affäre; Banijay Germany u. div. Produktionstöchter äußerungs- u. vertragsrechtl.; lfd.: Cannamedical Pharma, Dt. Polizeigewerkschaft, JAB Holding, div. Kliniken u. Online-Dating-Portale.

TANJA IRION

Presse- und Äußerungsrecht ★

Bewertung: Die HHer Kanzlei ist im Presse- u. Äußerungsrecht ausschl. aufseiten von betroffenen Unternehmen aktiv. Die langj. Erfahrung der Namenspartnerin als Beraterin für strateg. Rechtskommunikation ist bei namh. Unternehmen wie etwa der Dt. Bank gefragt. Durch ein exzellentes Netzwerk insbes. bei Kommunikationsagenturen u. PR-Abteilungen kommen regelm. neue Mandanten hinzu. Zuletzt ließ bspw. eine gr. Klinikgruppe ihre Kommunikationsstrategie medienrechtl. prüfen. Zwar inzw. als Einzelanwältin tätig, pflegt Irion Kooperationen mit Spezialisten aus anderen Rechtsgebieten, die sie bei Bedarf mit ins Mandat holt.
Team: 1 Partnerin
Schwerpunkte: Vertretung von betroffenen Unternehmen, insbes. Reputationsschutz, auch Kommunikationsstrategie.
Mandate: Lfd. medienrechtl.: Dt. Bank, Grünenthal.; Klinikgruppe u.a. bei medienrechtl. Kommunikationsstrategie; Family Office zu Persönlichkeitsschutzrechten; lfd.: Bank, Energieunternehmen, Lebensmitteldiscounter.

IRLE MOSER

Presse- und Äußerungsrecht ★ ★ ★

Bewertung: Aufseiten betroffener Unternehmen zählt die Berliner Kanzlei im Presse- u. Äußerungsrecht zu den renommierten Adressen. Eine ganze Reihe an Unternehmen setzen seit Langem auf IM, wenn sie sich Presseberichterstattung oder einer medialen Krise ausgesetzt sehen. Zwar waren darunter zuletzt zahlr. Mandanten aus der Immobilienbranche, doch IM berät über alle Branchen hinweg. Dass bspw. EY in der Krisenkommunikation zum Wirecard-Skandal auf das Team setzt, belegt einmal mehr die Trittsicherheit auf diesem Gebiet. Auf Verlagsseite wird die Kanzlei insbes. im deutschsprachigen Ausland tätig, etwa bei schweizer. u. österr. Verlagen. Zuletzt geriet die Kanzlei allerdings selbst in die Schlagzeilen u. in die Kritik: Im Frühjahr 2023 wurde bekannt, dass sowohl der ehemal. Bild-Chefredakteur Reichelt als auch eine Betroffene im MeToo-Skandal des Springer-Verlags durch die Kanzlei beraten wurden.
Oft empfohlen: Christian-Oliver Moser („erfahren, pragmat. Lösungen", Wettbewerber), Dr. Ben Irle
Team: 2 Eq.-Partner, 1 Sal.-Partner, 6 Associates
Schwerpunkte: Vertretung von Unternehmen u. polit. Organen zur Krisenkommunikation.
Mandate: EY presse- u. äußerungsrechtl. im Zshg. mit Wirecard; Bundesdruckerei u.a. wg. IFG; Adler Group lfd. presse- u. kommunikationsrechtl.; Ado Properties presse- u. kommunikationsrechtl. u.a. bei geplantem Zusammenschluss mit Adler u. Consus Real Estate; lfd.: Amnesty International, Landesbank, Getir Dtl., Gorillas, Hello Fresh, Land Berlin auch zu IFG-Verfahren, Payback, Cevdet Caner, Dennree, Dt. Landentwicklung, Standard Medien, Westfleisch; österr. DJ Digitale Medien bei presserechtl. Angelegenheiten mit Dtl.-Bezug; Religionsgemeinschaft gg. Sender wg. TV-Dokumentation.

JONAS

Presse- und Äußerungsrecht ★

Bewertung: Die Kölner Kanzlei berät v.a. betroffene Unternehmen im Presse- u. Äußerungsrecht. Die Marktpräsenz der Partner hat zuletzt aber abgenommen, was u.a. daran liegt, dass sie regelm. im Hintergrund für strateg. Kommunikationsberatung gefragt werden. Jonas kann sich auf einen konstanten Mandantenstamm verlassen, zu dem namh. Unternehmen aus dem regionalen Umfeld gehören. Die Verbindung zum ▷*Marken- u. Wettbewerbsrecht* können die Partner immer wieder einsetzen, etwa wenn neue Produkte auf den Markt kommen.
Team: 3 Eq.-Partner, 1 Associate
Schwerpunkte: Vertretung von Unternehmen zur Krisenkommunikation.
Mandate: Lfd. Getränkehersteller True Fruits, WDR, Sportveranstalter, regionale Versicherungsgruppe, Automobilhersteller, Lebensmitteleinzelhändler, Rundfunksender; US TV-Sender presserechtl. gg. chines. Bloggerin; TV-Produktion u.a. zu presserechtl. Lektorat.

KNPZ RECHTSANWÄLTE

Presse- und Äußerungsrecht ★ ★ ★ ★ ★

Bewertung: Im Presse- u. Äußerungsrecht hat sich die HHer Kanzlei ihren Platz an der Marktspitze gesichert. Dank der anhaltenden Präsenz aufseiten gr. dt. Medienhäuser wie Axel Springer u. Bauer konnte sich das Team um Neben in jüngerer Vergangenheit v.a. auch auf dem Parkett internat. Medien einen Namen machen. Zu inzw. regelm. wiederkehrenden Mandanten aus GB wie die Associated Newspaper-Gruppe gesellt sich neuerdings auch das US-Haus vom 'Wall Street Journal', das bei einer Auseinandersetzung mit Dtl.-Bezug auf KNPZ setzt. Ähnl. wie DLA Piper erweitert KNPZ seit einigen Jahren ihren Mandantenstamm aufseiten betroffener Unternehmen erfolgreich. Neben namh. Unternehmen wie BMW setzt bspw. mit Axel Springer nun auch die

Presserecht: Führende Namen in der Vertretung geschädigter Unternehmen

Dr. Till Dunckel
Nesselhauf, Hamburg

Prof. Dr. Gero Himmelsbach
Romatka, München

Prof. Dr. Ralf Höcker
Höcker, Köln

Gernot Lehr
Redeker Sellner Dahs, Bonn

Prof. Dr. Matthias Prinz
Prinz, Hamburg

Prof. Dr. Christian Schertz
Schertz Bergmann, Berlin

Dr. Stephanie Vendt
Nesselhauf, Hamburg

Die Auswahl von Kanzleien und Personen in Rankings und tabellarischen Übersichten ist das Ergebnis umfangreicher Recherchen der JUVE-Redaktion. Sie ist in 2erlei Hinsicht subjektiv: Die Aussagen der befragten Quellen sind subjektiv u. spiegeln deren Erfahrungen u. Einschätzungen. Die JUVE-Redaktion wiederum analysiert die Rechercheergebnisse unter Einbeziehung ihrer eigenen Marktkenntnis. Der JUVE Verlag beabsichtigt keine allgemeingültige oder objektiv nachprüfbare Bewertung. Es ist möglich, dass eine andere Recherchemethode zu anderen Ergebnissen führt. Innerhalb einzelner Gruppen in Rankings und tabellarischen Übersichten sind Kanzleien und Personen alphabetisch sortiert.

Anwaltszahlen: Angaben der Kanzleien, wie viele Anwälte zu mind. ca. 50% in diesem Gebiet tätig sind. Sie spiegeln nicht zwingend die Gesamtgröße einer Kanzlei wider.

Presserecht: Führende Namen in der Verlagsvertretung

Prof. Dr. Stefan Engels
DLA Piper, Hamburg

Michael Fricke
CMS Hasche Sigle, Hamburg

Prof. Dr. Jan Hegemann
Raue, Berlin

Prof. Dr. Roger Mann
Damm & Mann, Hamburg

Dr. Gerald Neben
KNPZ Rechtsanwälte, Hamburg

Dr. Stefan Söder
SSB Söder Berlinger, München

Dr. Marc-Oliver Srocke
Advant Beiten, Hamburg

Die Auswahl von Kanzleien und Personen in Rankings und tabellarischen Übersichten ist das Ergebnis umfangreicher Recherchen der JUVE-Redaktion. Sie ist in 2erlei Hinsicht subjektiv: Die Aussagen der befragten Quellen sind subjektiv u. spiegeln deren Erfahrungen u. Einschätzungen. Die JUVE-Redaktion wiederum analysiert die Rechercheergebnisse unter Einbeziehung ihrer eigenen Marktkenntnis. Der JUVE Verlag beabsichtigt keine allgemeingültige oder objektiv nachprüfbare Bewertung. Es ist möglich, dass eine andere Recherchemethode zu anderen Ergebnissen führt. Innerhalb einzelner Gruppen in Rankings und tabellarischen Übersichten sind Kanzleien und Personen alphabetisch sortiert.

langj. Mandantin auf Verlagsseite in der Krisenkommunikation auf die Kanzlei. Dass KNPZ einen Partner ernannte, der auch für die enge Verbindung zur ▹*Medienpraxis* steht, bestätigt den Erfolg auch auf personeller Ebene.
Oft empfohlen: Dr. Gerald Neben („sehr hohe Prozesserfahrung, stellt auch in schwierigen Verhandlungen Klienteninteressen immer an erste Stelle, hohe Responsiveness, in der Lage, komplexe Verhandlungen aufzulösen", Mandant; „starker Gegner", „fest etabliert, sehr erfahren", Wettbewerber)
Team: 3 Partner, 4 Associates
Schwerpunkte: Verlagsvertretung, zunehmend Krisenkommunikation betroffener Unternehmen.
Mandate: Dow Jones & Company („The Wall Street Journal") wg. grenzüberschr. presserechtl. Auseinandersetzung; Axel Springer lfd., u.a. Bild im Verfahrenskomplex gg. Woelki; Bundesrechtsanwaltskammer gg. Berichterstattung eines Branchendienstes; US-Autor u. Verlag wg. Buchprojekt über dt. Industriellenfamilie; lfd.: Media Pioneer, Associated Newspaper-Gruppe, süddt. Fachverlag, Freizeitwoche Verlag, Bauer Media, FAZ, Axel Springer, BMW, Celebrity News, Big4-WP-Gesellschaft.

SVEN KRÜGER

Presse- und Äußerungsrecht ★

Bewertung: Neben dem presserechtl. Lektorat für eine Vielzahl von Buchverlagen berät die HHer Kanzlei im Presse- u. Äußerungsrecht v.a. aufseiten Betroffener. Zu Letzteren zählen sowohl Unternehmen u. polit. Parteien als auch Unternehmerpersönlichkeiten u. -familien, die sich etwa in Krisensituationen an den Namenspartner wenden. Einen wachsenden Teil des Geschäfts bilden auch die daraus folgenden Streitigkeiten über Löschungen mit Suchmaschinenbetreibern.
Oft empfohlen: Dr. Sven Krüger („gut für jurist. Prüfungen im Verlagsgeschäft", Mandant)
Team: 1 Partner, 2 Associates
Schwerpunkte: Presserechtl. Lektorat für Buchverlage, Betroffenenvertretung.
Mandate: Lfd. ars Edition, Bonnier Media, Die Zeit, Eulenspiegel Verlagsgruppe, Johann Oberauer, MK Kliniken, Ullstein Buchverlage, Kiepenheuer & Witsch, Warner Music Group Dtl., Westend Verlag.

LAUSEN

Presse- und Äußerungsrecht ★★

Bewertung: Die ▹*Medienboutique* vertritt im Presse- u. Äußerungsrecht ausschl. Verlage. Am meisten Raum nimmt dabei die presserechtl. Beratung der SWMH ein. Der Münchner Partner Schippan ist insbes. für das Flaggschiff Süddeutsche Zeitung bei gerichtl. Streitigkeiten im Einsatz. Viele Verfahren davon beinhalten auch grundsätzl. Fragen, die das Verlagshaus mit Lausen gerichtlich geklärt haben möchte. Als Spezialistin im Urheberrecht kann die Kanzlei die Verbindung zu presserechtl. Mandaten zunehmend intensivieren, etwa wenn Persönlichkeitsrechte für Filmproduktionen geprüft werden müssen.
Oft empfohlen: Dr. Martin Schippan
Team: 1 Partner, 1 Associate
Schwerpunkte: Verlagsvertretung.
Mandate: Südwestdeutsche Medienholding (SWMH) lfd., insbes. Süddeutsche Zeitung, u.a. gg. Olearius wg. Verwendung von Auszügen aus beschlagnahmtem Tagebuch (BGH) u. gg. Königreich Marokko; Constantin Film lfd., u.a. zu produktionsbezogenen Persönlichkeitsrechten; Nachrichtenagentur wg. Zurechenbarkeit der Äußerungen von Beratern.

MEDIA KANZLEI

Presse- und Äußerungsrecht ★

Bewertung: Im Presse- u. Äußerungsrecht hat sich die Frankfurter Kanzlei ein klares Profil erarbeitet: Als Betroffenenberater kämpft sie v.a. gg. Hassreden im Internet. Über eine Zusammenarbeit mit dem Verein HateAid vertritt das Team, das sich auch techn. auf eine möglichst schnelle, rechtl. Reaktion eingestellt hat, div. Politiker u. Aktivisten. Darüber hinaus setzen immer wieder betroffene Unternehmen u. Kommunen im Krisenfall auf die Frankfurter. Bislang bleibt die Beratung v.a. auf die akute Verteidigung gg. Berichterstattung oder Falschbehauptungen ausgerichtet u. weniger auf strateg. Reputationsmanagement, wozu inzw. die meisten Betroffenenvertreter beraten u. worüber sich ein stabiler Mandantenstamm aufbauen lassen könnte.
Team: 1 Eq.-Partner, 2 Counsel, 5 Associates, 1 of Counsel
Schwerpunkte: Vertretung betroffener Einzelpersonen u. Unternehmen, insbes. bei Hassrede im Internet.
Mandate: KDDM (Kreis der D'dorfer Muslime) in div. Eilverfahren u.a. gg. Blogger; DIG Deutsch-Israelische Gesellschaft lfd., u.a. wg. Persönlichkeitsverletzungen; Cham Wings Airlines gg. Bild wg. Gegendarstellung (tlw.); div. von Hassrede Betroffene (u.a. Renate Künast, Luisa Neubauer); lfd.: Pfando, BTC-Echo Magazin.

NESSELHAUF

Presse- und Äußerungsrecht ★★★★★

Bewertung: Für von Berichterstattung Betroffene ist und bleibt die HHer Kanzlei die erste Adresse im Markt. Kein Wettbewerber erhält im Presse- u. Äußerungsrecht so viel Lob. Das gilt inzw. gleichermaßen für Vendt wie für Dunckel. Sie sind bekannt für ihre professionelle u. unaufgeregte Handhabung von Krisensituationen. Mandate kommen aus Stiftungen u. Unternehmen, darunter kl. Unternehmen ebenso wie Dax-Konzerne. Auch hochrangige Unternehmerpersönlichkeiten geben die presserechtl. Begleitung im Zuge von Gerichtsverfahren regelm. in die Hände der HHer Kanzlei. Zuletzt überzeugte sie in medienwirksamen Skandalen wie Wirecard oder der RBB-Affäre.
Oft empfohlen: Dr. Stephanie Vendt, („Auseinandersetzungen immer auf fachl. hohem Niveau", „guter Blick für das Machbare", „sehr angenehme Zusammenarbeit", „sehr erfahren u. top etabliert im Markt", „Spezialistin", „versierte Vertreterin von Unternehmen in presserechtl. Angelegenheiten, sehr engagiert", Wettbewerber) Dr. Till Dunckel („hohe Wertschätzung", „sehr lösungsorientiert, vernünftige Schriftsätze", „sehr guter Presserechtler, hoher Einsatz für Mandanten auf Betroffenenseite", Wettbewerber)
Team: 3 Partner, 1 Counsel, 2 Associates
Schwerpunkte: Vertretung von betroffenen Unternehmen, Krisenkommunikation u. Beratung vor Veröffentlichung, auch Einzelpersonen.
Mandate: Ex-Wirecard-Vorstandschef Markus Braun presserechtl. (marktbekannt); Ex- RBB-Verwaltungsratschef Wolf-Dieter Wolf presserechtl. bei RBB-Untersuchungen (marktbekannt); lfd. presserechtl.: Handelsgesellschaft für Wein, Kliniken u. Pflegeeinrichtungen, Maschinenbauer, Fußballvereine, Versicherungen, Werbeagenturen, Banken.

PRINZ

Presse- und Äußerungsrecht ★★

Bewertung: Namenspartner Prinz hat aufseiten Betroffener das Presse- u. Äußerungsrecht schon vor Jahrzehnten geprägt. Nach wie vor ist die Kanzlei eine bekannte Adresse, wenn Unternehmen, deren Manager oder betroffene Persönlichkeiten, darunter zahlr. Monarchen Europas, sich gg. Presseberichterstattung wehren. Div. personelle Umbrüche der letzten Jahre, ein erneuter Abgang auf Partnerebene sowie die langj. Mandatsbeziehungen, die nach wie vor v.a. am Namenspartner selbst hängen, zeugen jedoch von einer fehlenden Strategie für den Generationswechsel.
Oft empfohlen: Prof. Dr. Matthias Prinz
Team: 2 Eq.-Partner, 3 Associates, 1 of Counsel
Partnerwechsel: Stephan Mathé (in eigene Kanzlei)
Schwerpunkte: Vertretung von betroffenen Unternehmen u. Einzelpersonen, auch in Fragen der Krisenkommunikation u. Reputationsschutz.
Mandate: Lfd. presserechtl.: Bonafair, Kempinski, Porsche, Volkswagen, Gesundheitszentrum Bitterfeld, Softwareunternehmen, Plattform für Online-Coaching, Finanzunternehmen, Festivalveranstalter.

RAUE

Presse- und Äußerungsrecht ★★★★★

Bewertung: Im Presse- u. Äußerungsrecht zählt das Team um den renommierten Partner Hegemanns zu den Top-Beratern auf Verlagsseite. Ankermandant ist seit jeher Axel Springer, für den die Berliner regelm. vor Gericht ziehen u. auch Verfassungsbeschwerden einreichen. Gut vernetzt ist

Anwaltszahlen: Angaben der Kanzleien, wie viele Anwälte zu mind. ca. 50% in diesem Gebiet tätig sind. Sie spiegeln nicht zwingend die Gesamtgröße einer Kanzlei wider.

das Team auch bei internat. Medien wie Bloomberg, die mit Dtl.-Bezug publizieren. Viele Wettbewerber, darunter KNPZ u. DLA, haben aufgrund des nicht wachsenden Geschäfts auf Verlagsseite zuletzt immer stärker die Grenzen aufgeweicht u. sind nun auch auf Betroffenenseite aktiv. Raue hingegen bleibt klar aufseiten der Verlage. Denn durch die enge Anbindung an die ▷*Medienpraxis* ist ihr Spektrum weiter u. sie punktet mit ihrem Know-how regelm. auch bei presserechtl. Drehbuchprüfungen.

Oft empfohlen: Prof. Dr. Jan Hegemann („professionell", „er ist einfach einer der Besten", Wettbewerber)

Team: Medien ges.: 5 Eq.-Partner, 2 Sal.-Partner, 4 Associates

Schwerpunkte: Vertretung von Verlagen.

Mandate: Axel Springer lfd., darunter BILD, B.Z., WeltN24, auch bei Verfassungsbeschwerden; Bloomberg u.a. zu Berichterstattung über Wirecard u. Cum-Ex in Dtl.; Zeitsprung Pictures lfd. zu persönlichkeitsrechtl. Aspekten bei Verfilmungen zeithistor. Stoffe.

REDEKER SELLNER DAHS

Presse- und Äußerungsrecht ★★★★

Bewertung: Im Presse- u. Äußerungsrecht zählt die Kanzlei zu den etablierten Beratern v.a. aufseiten der Betroffenen. Als Teil der renommierten ▷*Medienpraxis* gelingt es RSD seit jeher, den Fokus im öffentl. Medien- u. Medienverfassungsrecht auf äußerungsrechtl. Mandate zu erweitern. Entsprechend vertraut die öffentl. Hand regelm. auf RSD, wenn sie sich Berichterstattung ausgesetzt sieht. Ein weiterer Schwerpunkt liegt auf Fragen rund um das Informationsfreiheitsgesetz, was nahtlos in das Beratungsspektrum für diese Mandantschaft passt. Seit einigen Jahren schon ist Mensching gleichermaßen im Markt etabliert wie Senior-Partner Lehr, was einem anstehenden Generationswechsel schon jetzt eine gute Grundlage gibt.

Oft empfohlen: Gernot Lehr („großartig", „ungeschlagen einer der besten", „feste Größe im Markt", „langj. Erfahrung, hervorragende Kontakte", „Grand Seigneur des Presserechts", Wettbewerber), Dr. Christian Mensching („Es gibt wenige, die so seriös u. konsequent dem Recht verbunden sind", Wettbewerber)

Team: 3 Eq.-Partner, 3 Associates

Schwerpunkte: Betroffenenberatung, öffentl. Hand.

Mandate: ZDF lfd., u.a. wg. Zulässigkeit satirischer Äußerungen, Opferschutz bei rückblickender Berichterstattung (BGH) u. div. investigativen Recherchen; lfd.: Dt. Bahn, Dtl. Radio, Tui, Rundfunkveranstalter u.a. zu Informationsfreiheitsgesetz, Betreiber von Seniorenresidenzen, div. Städte u. Kommunen zu kommunaler Öffentlichkeitsarbeit, div. Sportverbände im Zshg. mit internen Untersuchungen wg. Fehlverhaltensvorwürfen.

ROMATKA

Presse- und Äußerungsrecht ★★

Bewertung: Die Münchner Kanzlei ist eine feste Anlaufstelle für von Berichterstattung betroffene Unternehmen u. Persönlichkeiten. Dabei nimmt in der Arbeit des renommierten Partners Himmelsbach die Krisenkommunikation viel Raum ein, zugleich berät er aber auch auf Medienseite. Wenn es vor Gericht geht, dann meist bei grundsätzl. Fragen. Zuletzt stritt die Kanzlei vor dem BGH für Mandantin münchen.de wg. der Abgrenzung zw. journalist. u. kommerziellen Inhalten.

Oft empfohlen: Prof. Dr. Gero Himmelsbach („Experte im Presserecht", Mandant; „sehr erfahren", „feste Größe im Markt", Wettbewerber)

Team: 1 Eq.-Partner, 1 Sal.-Partner, 1 Associates

Schwerpunkte: Vertretung von Verlagen u. Unternehmen zur Krisenkommunikation.

Mandate: Bayer. Rundfunk lfd. äußerungsrechtl., auch bei IFG-Verfahren; Portal münchen.de vor BGH gg. Münchner Verlage (Merkur, Augsburger Zeitung, SZ) wg. Zulässigkeit von Städteportalen; lfd.: Bayer. Landeszentrale für neue Medien, regionaler Journalistenverband, Funke Zeitschriften (‚die aktuelle'), Paul Parey Verlag, Stadtsparkasse München; div. Kommunen zu äußerungsrechtl. Reputationsschutz; Landesbank zu externer Öffentlichkeitsarbeit; politische Partei sowie einzelne Mandatsträger lfd. äußerungsrechtlich.

SCHERTZ BERGMANN

Presse- und Äußerungsrecht ★★★★

Bewertung: Im Presse- u. Äußerungsrecht gehört die Berliner Kanzlei aufseiten Betroffener zu den Top-Adressen. Die enorme Präsenz von Namenspartner Schertz prägt nach wie vor viele Mandate. Doch inzw. ist die Kanzlei besonders im Reputationsmanagement – auch präventiv – immer breiter aufgestellt. Zahlr. namh. Konzerne u. Personen aus der Wirtschaft wenden sich an das Team, wenn sie sich in medialer Krise befinden oder diese droht. Insbes. bei Gegenwehr gg. Wirtschaftsberichterstattung gewann die Kanzlei in jüngerer Zeit deutl. hinzu, wofür v.a. eine kürzl. in die Partnerschaft aufgestiegene junge Anwältin steht.

Oft empfohlen: Prof. Dr. Christian Schertz („unbestrittenes Schlachtross", „sehr präsent im Markt, viel Erfahrung", Wettbewerber)

Team: 4 Partner, 1 Sal.-Partner, 2 Associates, 1 of Counsel

Schwerpunkte: Vertretung von betroffenen Unternehmen u. Einzelpersonen in Fragen der Krisenkommunikation u. Reputationsmanagement.

Mandate: Lfd. DRK-Kliniken, Helios Kliniken, Ziegler Film, Wiedemann & Berg Television, Rohfilm Factory, Razor Film Produktion, Beta Film, Eikon Media, SPD Bund, Tönnies, Kronzeuge im Cum-Ex-Komplex (alle marktbekannt).

SKW SCHWARZ

Presse- und Äußerungsrecht ★

Bewertung: Die Buchverlagslandschaft setzt im Presse- u. Äußerungsrecht regelm. auf SKW. Die Prüfung von Manuskripten auf äußerungsrechtl. Aspekte nimmt dabei einen wesentl. Teil der Mandatsarbeit ein. Neben der Verteidigung von Autoren gg. Hasskommentare im Netz profitieren Mandanten v.a. davon, dass das Team um Partner Wegner voll integriert in die große u. renommierte Medienpraxis ist. Das Lektorat von Drehbüchern fällt somit ebenso in die Hände der Presserechtler wie auch Mandate an der Schnittstelle zum Urheberrecht, insbes. bei neuartigen Projekten wie der Nutzung von NFT durch Verlage.

Oft empfohlen: Dr. Konstantin Wegner („top Anwalt", Mandant)

Team: 3 Eq.-Partner, 2 Counsel, 1 Associate, 1 of Counsel

Schwerpunkte: Verlagsberatung; enge Verbindung mit ▷*Medienrechtspraxis*.

Mandate: DDV Mediengruppe umfangr. äußerungsrechtl., u.a. Lektorat im Vorfeld von Veröffentlichungen u. pressrechtl. Auskunftsansprüche ggü. staatl. Einrichtungen, lfd.: Penguin Random House, Droemer Knaur, Piper Verlag, Diogenes Verlag, dtv, C.H. Beck, Cornelsen, Elsevier Europa, Münchner Verlagsgruppe; Online Boulevard-Medium lfd. insbes. bei äußerungsrechtl. Streitigkeiten.

SSB SÖDER BERLINGER

Presse- und Äußerungsrecht ★★

Bewertung: Im Presse- u. Äußerungsrecht zählt die Münchner Kanzlei seit jeher zu den etablierten Namen. Bei Ankermandantin Burda ist SSB eine nicht wegzudenkende Instanz. Das hohe Renommee von Söder ist ungebrochen, auch wenn es in jüngerer Zeit weniger grundsätzl. Verfahren gab, in denen er auftrat. Mit der Vergrößerung der internen Rechtsabteilung von Burda ist die Kanzlei SSB in den letzten Jahren sukzessive geschrumpft. Im maßgebl. Geschäft des Presserechts bleibt SSB aber eine feste Bank. Ein kleiner, aber feiner Stamm an Mandanten außerh. der Burda-Welt garantiert zusätzl. Auslastung.

Oft empfohlen: Dr. Stefan Söder („unglaubl. guter Medienanwalt", Wettbewerber)

Team: Medien ges.: 2 Eq.-Partner, 1 Sal.-Partner, 5 Associates

Schwerpunkte: Verlagsberatung, enge Verbindung mit der ▷*Medienrechtspraxis*.

Mandate: Burda umf. presserechtl. versch. Titel, darunter Bunte, Burda Forward, Fit for Fun, Focus Magazin; Jameda in Streitigkeiten wg. Fake-Bewertungen.

Anwaltszahlen: Angaben der Kanzleien, wie viele Anwälte zu mind. ca. 50% in diesem Gebiet tätig sind.
Sie spiegeln nicht zwingend die Gesamtgröße einer Kanzlei wider.

Versicherungsrecht

Von Welle zu Welle

Gelegenheiten für Auseinandersetzungen rund um Versicherungsverträge und -leistungen gibt es weiter reichlich. Etlichen prozessual orientierten Versicherungspraxen bescherten die Verfahren um Beitragsrückerstattungen in der Krankenversicherung eine neue Prozesswelle. Daneben bleiben Betriebsschließungen sehr virulent als Folge von Cyberattacken. Unübersehbar, so berichten Prozessanwälte, werden die Versicherer bei der Kostenübernahme restriktiver und erhöhen die Preise; Streit landet zudem häufiger vor Gericht. Auch die Konsequenzen aus dem Ukraine-Krieg rückten stärker in den Fokus. So waren etwa **Remé** und **Segger** mit konkreten Fällen zu Kriegsrisiken befasst. **Clyde & Co**, **White & Case** und **Dentons** wiederum waren u.a. bei Warenkredit- und Transportversicherungen häufiger gefragt. Die Allianz zog aus dem Krieg bereits vergangenen Sommer den Schluss, die Mehrheit an ihrem Russlandgeschäft abzugeben.

Ungebrochen nehmen Fälle der Berufsträgerhaftung und D&O-Fälle, vor allem rund um Insolvenzen, zu. **Bock Legal** bleibt hierbei nicht nur wegen des Greensill-Mandats eine der gefragtesten Adressen. Versicherungsrechtler rechnen damit, dass in den kommenden Jahren noch eine Welle hochschwappen wird. Auch die Allianztochter AGCS sprach Ende 2022 von einer „toxischen Mischung“ und ging von höheren Prämien aus. Ein Teil des Mixes ist das Lieferkettengesetz, das mit „unerfüllbaren Pflichten“, so ein Versicherungsrechtler, jede Menge Haftungsfälle erwarten lässt. Oder aber Deckungsausschlüsse.

Bauchplatscher in Italien

Die Gesellschafts- und Aufsichtsrechtler der Teams von **Allen & Overy**, **Hengeler Mueller** und **Freshfields Bruckhaus Deringer** sind unverändert mit den großen Run-off-Deals bei Zurich und Axa beschäftigt. Die Skepsis gegenüber solchen Transaktionen bekam zuletzt allerdings neue Nahrung, als die italienische Versicherungsaufsicht IVASS im Frühjahr die Cinven-Tochter Eurovita unter Sonderverwaltung stellte; Cinven steht auch hinter der Plattform Viridium, die plant, das Run-off-Portfolio der Zurich-Sparte Leben zu erwerben.

Nach sehr stabilen Jahren machten vor allem im Aufsichts-, Vertriebs- und Vertragsrecht mehrere neue Teams auf sich aufmerksam: **Norton Rose Fulbright** ergänzte durch den Zugang einer erfahrenen Counsel von **Allen & Overy** das bestehende, prozessorientierte Team um gesellschafts- und aufsichtsrechtliches Know-how. Bei **Dentons** entwickelte ein inhouse-erfahrener Partner ebenfalls eine unternehmensbezogene Beratungspraxis. Das Düsseldorfer Team von **Herbert Smith Freehills** ist vor allem im Bereich der ESG-Regulierung wahrnehmbar.

In der Prozessvertretung fällt insbesondere auf, dass sich die Kanzlei Eisenmann Wahle Birk & Weidner auflöste. Das junge Dortmunder Büro von **BLD Bach Langheid Dallmayr** erregt derweil noch kein größeres Aufsehen, während die Eröffnung in Hamburg für das 3. Quartal 2023 ansteht. **Clyde & Co** eröffnete unter anderem in Italien. Das Duopol an der Spitze des Beratermarkts bleibt also bestehen, auch wenn Wettbewerber meinen, eine gewisse Verschiebung zu Gunsten von **Clyde & Co** zu beobachten.

Die Bewertungen in den folgenden beiden Kapiteln behandeln Kanzleien, die zum einen Versicherer und Industrieunternehmen rund um den Versicherungsschutz beraten bzw. daraus resultierende Prozesse führen (▷*Prozessvertretung u. Beratung*). Im Kapitel ▷*Unternehmensbezogene Beratung von Versicherern* steht die Beratung von Versicherern im Geschäftsaufbau, bei Transaktionen und Umstrukturierungen, im relevanten Aufsichtsrecht sowie in der Produktentwicklung im Vordergrund. Kanzleien, die in der Branche hinsichtlich Finanzprodukten oder der Strukturierung von Finanzierungen beraten, werden im ▷*Bank- und Finanzrecht* vorgestellt. Spezialisten für D&O-Prozesse finden sich auch im Kapitel ▷*Konfliktlösung*.

JUVE KANZLEI DES JAHRES FÜR VERSICHERUNGSRECHT

CLYDE & CO

JUVE AWARDS 2023

Ihr Aufstieg setzt sich unvermindert fort. Mit ihrem exzellent funktionierenden internationalen Netzwerk und einem sicheren Gespür für Zukunftsthemen hat sich Clyde & Co auch zuletzt wieder weiter hervorgetan. Nach Jahren des Aufbaus, in denen sie alle relevanten Felder der Branchenberatung besetzt hat, feilt sie nun an den Details – mit Erfolg.

Das vor knapp drei Jahren eröffnete Münchner Büro hat sich inzwischen zu einer der wichtigsten Adressen für W&I-Versicherungsthemen entwickelt. Zahlreiche großvolumige Verfahren liegen in der Hand der Anwälte, die aber auch als Berater gefragt sind.

Eine bemerkenswerte Entwicklung verzeichnete die Kanzlei auch im Bereich Cyberversicherungen. Dieses hochgradig grenzüberschreitende Thema ist wie gemacht für die internationale Kanzlei. Dass Deutschland seinen Platz in der jüngsten globalen Strategieoffensive bei diesem Thema hat, zeigt sich auch in der Partnerernennung des von Mandanten hoch gelobten **Dr. Paul Malek.** Und auch andere aktuelle Themen wissen Mandanten bei den Anwälten um den renommierten **Dr. Henning Schaloske** und **Dr. Tanja Schramm** in guten Händen: So berät und vertritt Clyde in einer Reihe von Mandaten, deren Auslöser der Ukraine-Krieg mit den daraus resultierenden Sanktionen ist. Bei ESG-Fragen sitzt sie ebenfalls am Tisch und beriet einen osteuropäischen Versicherer zum Umgang mit den EU-Regeln in vorvertraglichen Informationen zu fondsgebundenen Lebensversicherungen und die Minderoo Stiftung im Zusammenhang mit der ‚Plastic Liability‘.

Versicherungsvertragsrecht: Prozessvertretung und Beratung

Versicherungsrecht: Prozesse und Vertragsberatung

★★★★★	
BLD Bach Langheid Dallmayr	Köln, München, Frankfurt, Berlin, Karlsruhe, Dortmund
Clyde & Co	Düsseldorf, Hamburg, München
★★★★	
DLA Piper	Köln, München
★★★	
Bock Legal	Frankfurt
CMS Hasche Sigle	Köln, Hamburg, Frankfurt
Noerr	Düsseldorf, München
Remé	Hamburg
White & Case	Berlin, Frankfurt
Wilhelm	Düsseldorf, Berlin
★★	
Allen & Overy	Frankfurt
Dr. Eick & Partner	Erfurt, Hamm, Bochum u.a.
Fiedler Cryns-Moll FCM	Köln
Friedrich Graf von Westphalen & Partner	Köln
Heuking Kühn Lüer Wojtek	Köln, München, Düsseldorf, Hamburg
Segger	Köln, München
Taylor Wessing	Düsseldorf, München, Frankfurt
Thümmel Schütze & Partner	Stuttgart, Dresden
★	
Eisenmann Weidner & Partner	Stuttgart
GvW Graf von Westphalen	München, Hamburg, Düsseldorf
Dr. Kirsten Völckers Kirsten Dr. Fitzau	Hamburg
Patzina Lotz	Frankfurt
Sprenger	Regensburg
Wirtz & Kraneis	Köln

Die Auswahl von Kanzleien und Personen in Rankings und tabellarischen Übersichten ist das Ergebnis umfangreicher Recherchen der JUVE-Redaktion. Sie ist in 2erlei Hinsicht subjektiv: Die Aussagen der befragten Quellen sind subjektiv u. spiegeln deren Erfahrungen u. Einschätzungen. Die JUVE-Redaktion wiederum analysiert die Rechercheergebnisse unter Einbeziehung ihrer eigenen Marktkenntnis. Der JUVE Verlag beabsichtigt keine allgemeingültige oder objektiv nachprüfbare Bewertung. Es ist möglich, dass eine andere Recherchemethode zu anderen Ergebnissen führt. Innerhalb einzelner Gruppen in Rankings und tabellarischen Übersichten sind Kanzleien und Personen alphabetisch sortiert.

ALLEN & OVERY

Prozesse und Vertragsberatung ★★

Bewertung: Kernkompetenz der prozessorientierten versicherungsrechtl. Praxis bleibt die Beratung zu Managerhaftung u. die Abwehr von Haftungsansprüchen gg. StB- u. WP-Gesellschaften. In derartigen Fällen ist A&O insbes. in komplexen, grenzüberschreitenden Sachverhalten gefragt. Gleiches gilt für Auseinandersetzungen aus dem Insolvenzbereich. Da das Team in die Litigation-Praxis eingebunden ist u. insbes. Zimmerling in einer Reihe aufwendiger Compliance-Mandate der Kanzlei gebunden war, war es zuletzt jedoch ruhiger um das Team. Eine strateg. Abkehr von Haftungsfällen verbirgt sich dahinter jedoch nicht. Aus der starken Praxis für die ▷*Unternehmensbezogene Versicherungsberatung* heraus werden auch globale Vertragskonzepte erarbeitet, u.a. im Bereich D&O, wobei dies aber nicht den Schwerpunkt der Praxis bildet.

Stärken: Managerhaftungsfälle im Finanzsektor/Berufshaftungsfälle bei WP-Gesellschaften.

Oft empfohlen: Dr. Marc Zimmerling

Team: 2 Partner, 6 Associates

Schwerpunkte: Auseinandersetzungen um Haftung von Führungskräften, oft mit D&O-Bezügen. Hier langj. Beziehungen zu D&O- u. Berufshaftpflichtversicherern. Haftungsabwehr bei Freiberuflern (RAe/WP/StB). Strukturelle Verzahnung mit der ▷*Konfliktlösungspraxis*, oft internat. Fälle. Zudem starke Praxis für unternehmensbezogene Versicherungsthemen.

Mandate: Versicherer: internat. D&O-Versicherer eines Online-Bestellplattform-Betreibers wg. Ansprüchen gg. Organe einer austral. Tochter; D&O-Versicherer/Bank in Haftungsstreit mit ehem. Organen wg. Cum-Ex-Deals. **Versicherungsnehmer:** EY wg. mögl. Haftungsklagen im Wirecard-Komplex (öffentl. bekannt); WP-Gesellschaft wg. Fehler bei Sanierungsgutachten.

BLD BACH LANGHEID DALLMAYR

Prozesse und Vertragsberatung ★★★★★

Bewertung: Zwar behauptet sich die Kanzlei weiter souverän an der versicherungsrechtl. Marktspitze, doch scheint ihre Position nicht mehr ganz so unantastbar wie noch vor einigen Jahren. Allerdings bleibt sie die Kanzlei, mit der inhaltl. breitesten Abdeckung u. entsprechend intensiven Kontakten zur Branche. Massenphänomene wie zuletzt die Streitigkeiten um Krankenkassenbeiträge finden so regelm. den Weg in die Kanzlei, die jedoch Automatisierungsprozesse weiterhin behutsam angeht. Die Personalstärke erlaubt eine ausgeprägte Binnenspezialisierung, die so nur wenige Kanzleien bieten können. Allein diese Möglichkeit, sich auf Themenfelder zu konzentrieren, ermöglicht es den Anwälten, Entwicklungen nicht nur mitzugestalten, sondern auch zu antizipieren. Das junge Dortmunder Büro ist inzw. mit 3 Partnern unterschiedl. Ausrichtung besetzt u. die Eröffnung in Hamburg steht bevor. Mit Hamburg schließt BLD dann auch eine signifikante Lücke im Bundesgebiet – u. rückt Wettbewerberin Clyde auf die Pelle. Auch wenn der Aufbau in der Hansestadt sicherl. die Aufnahme externer Anwälte beinhaltet, bleibt BLD doch ihrer Strategie treu, sich aus eigenem Nachwuchs zu entwickeln. Das zeigt sich nach einer recht üppigen Partnerrunde im Vorjahr nun in der Ernennung von 8 Counseln. Und lässt auch erkennen, wo weiterhin das Gravitationszentrum liegt: Alle Ernennungen bezogen sich auf das Kölner Büro.

Oft empfohlen: Björn Seitz („hoch kompetent, sachl.", Wettbewerber), Bastian Finkel („äußerst verlässl., gute Ergebnisse, stets unter Einbeziehung aller Interessenlagen", Mandant; „hervorragende Kenntnis, angenehme Zusammenarbeit", Wettbewerber), Dr. Joachim Grote („exzellent", Wettbewerber), Dr. Martin Alexander, Dr. Franz König, Dr. Martin Schaaf („große Fachkenntnis", Wettbewerber), Dr. Rainer Büsken („kompetent u. angenehm", „sehr erfahren, immer top", Wettbewerber), Dr. Alexander Bulach („schnell, kompetent, zuverlässig u. respektvoll im Umgang mit allen Beteiligten. Gut aufgestellt, immer erreichbar und vorbereitet. Hat immer noch ein Ass im Ärmel", Mandant)

Team: 48 Partner, 29 Counsel, 117 Associates, 3 of Counsel

Schwerpunkte: Prozesse bei Schadenfällen, u.a. D&O-, E&O-, Kranken-, Sachversicherung u. Haftpflicht sowie Produkthaftung (▷*Konfliktlösung*). Zudem zur Gründung von Pensionskassen u. Beratung zu bAV; Lebensversicherungs- u. D&O-Produkte. Regelm. aufsichtsrechtl. Themen in der ▷*Unternehmensbez. Versichererberatung*. Mitglied der internat. Versicherungskanzleiallianz Legalign Global u. enge Zusammenarbeit mit DAC Beachcroft.

Mandate: Versicherer: dt. Sachversicherer in internat. Regresskomplex gg. Hersteller von Windanlagen-Rotorblättern; dt. Industrieversicherer deckungsrechtl. zu Fake-President-Betrug; europ. Industrieversicherer in Post-M&A D&O-Fall; Industrieversicherer in div. Fällen im Zshg. mit Flügen u. Produkten für Flugzeughersteller; Industrieversicherer in div. Verf. um Regress in der Lieferkette; Industrieversicherer gg. Rückversicherer wg. Sturmschäden; internat. Sachversicherer deckungsrechtl. zu gr. Bauleistungsschaden; inter-

Anwaltszahlen: Angaben der Kanzleien, wie viele Anwälte zu mind. ca. 50% in diesem Gebiet tätig sind. Sie spiegeln nicht zwingend die Gesamtgröße einer Kanzlei wider.

D&O-Beratung und -Vertretung

Allen & Overy (Frankfurt)
Dr. Marc Zimmerling ▷*auch Konfliktlösung*

BLD Bach Langheid Dallmayr (Köln)
Bastian Finkel, Björn Seitz

Bock Legal (Frankfurt)
Stefan Bank

Clyde & Co (Düsseldorf)
Dr. Henning Schaloske

DLA Piper (München, Köln)
Dr. Thomas Gädtke, Dr. Christian Schneider ▷*auch Konfliktlösung*

Fiedler Cryns-Moll FCM (Köln)
Björn Fiedler, Dr. Anna Cryns-Moll

Friedrich Graf von Westphalen & Partner (Köln)
Carsten Laschet, Prof. Dr. Tobias Lenz

GvW Graf von Westphalen (München)
Dr. Wolfram Desch

Hogan Lovells (Düsseldorf)
Dr. Jürgen Witte ▷*Konfliktlösung*

Noerr (Düsseldorf)
Dr. Oliver Sieg

Thümmel Schütze & Partner (Stuttgart)
Prof. Dr. Roderich Thümmel, Dr. Jörg Henzler

Die Auswahl von Kanzleien und Personen in Rankings und tabellarischen Übersichten ist das Ergebnis umfangreicher Recherchen der JUVE-Redaktion. Sie ist in 2erlei Hinsicht subjektiv: Die Aussagen der befragten Quellen sind subjektiv u. spiegeln deren Erfahrungen u. Einschätzungen. Die JUVE-Redaktion wiederum analysiert die Rechercheergebnisse unter Einbeziehung ihrer eigenen Marktkenntnis. Der JUVE Verlag beabsichtigt keine allgemeingültige oder objektiv nachprüfbare Bewertung. Es ist möglich, dass eine andere Recherchemethode zu anderen Ergebnissen führt. Innerhalb einzelner Gruppen in Rankings und tabellarischen Übersichten sind Kanzleien und Personen alphabetisch sortiert.

nat. Konsortien zu internat. Datenschutzfall u. Greensill-Insolvenz (D&O); div. Krankenversicherer zu Beitragsanpassung; div. Industrieversicherer zu Cyber- und Datenschutzfällen.

BOCK LEGAL

Prozesse und Vertragsberatung ★★★

Bewertung: Bei Streitigkeiten rund um D&O- u. E&O-Versicherungen ist die Kanzlei regelm. gefragt u. fest etabliert. Auffällig ist auch hier das intensive Engagement in Mandaten im Insolvenzkontext. Zu den großvol. Mandaten in diesem Bereich gehört u.a. die Arbeit für die Allianz bei Greensill. Gerade diese Erfahrungen dürften stärker nachgefragt werden, wenn die Prognose eintritt, dass Insolvenzanmeldungen zunehmen. Schon jetzt kamen neue Versicherer auf die Anwälte zu. Zweites großes Betätigungsfeld ist die Beraterhaftung. Eine Reihe von WP u. Rechtsanwälten bzw. deren Kanzleien vertrauen der Kanzlei teils großvol. Haftungsfälle an.
Stärken: Berufshaftpflicht u. D&O-Haftung.
Oft empfohlen: Stefan Bank („sehr prozesserfahren", Wettbewerber), Dr. Dirk Schmitz („schnell, zuverlässig, immer eine gute Idee, auch prozesstaktisch", Mandant)
Team: 3 Eq.-Partner, 1 Sal.-Partner, 1 Counsel, 4 Associates
Schwerpunkte: Prozesse u. Beratung in D&O- u. Beraterhaftung, oft im Zshg. mit Insolvenzen oder nach gescheiterten Transaktionen. Regelm. für Versicherer bei Regressen u. Haftungsabwehr (v.a. WP, RAe, Insolvenzverwalter, Notare, auch Organe von Banken u. Finanzdienstleistern).
Mandate: Versicherer: Allianz als Monitoring Counsel für Greensill u. in div. Insolvenzkomplexen, u.a. SH+E, Packtec, Limnotec u. ein Solarkonzern; Allianz in div. Innenhaftungskomplexen um Sal. Oppenheim; Ergo u.a. in Fake-President-Fall; regelm. Dual, Vov v.a. E&O u. D&O; lfd. Ergo, Gothaer, HDI, VSW zu Beraterhaftung; Newline regelm. für D&O u. als Monitoring Counsel; regelm. Versicherungsstelle Wiesbaden. **Versicherungsnehmer:** BDO in div. Haftungsklagen um Lombardium; Ex-Vorstand wg. div. Pflichtverstöße bei Unternehmensveräußerung; Wirtschaftskanzlei wg. Verjährungsversäumung; Münchner MDP in Regress wg. angebl. unbeabsichtigter Realisierung von stillen Reserven beim Mandanten; Anwaltskanzlei wg. steuerl. Beratungsfehler als Streitverkündete; Ex-Wirecard-CFO Alexander von Knoop haftungsrechtl. gg. Schadensersatzansprüche.

CLYDE & CO

Prozesse und Vertragsberatung ★★★★★

JUVE AWARDS 2023
Kanzlei des Jahres für Versicherungsrecht

Bewertung: Die Versicherungspraxis sitzt an der Marktspitze fest im Sattel u. differenziert ihr Angebot immer klarer aus. So liegen derzeit mehrere großvolumige W&I-Fälle in der Hand des Münchner Teams. Das virulente Thema Cybersicherheit wiederum geht die Kanzlei mit einer großangelegten internat. Offensive an, bei der auch Deutschland seinen Platz hat: So wird der frisch ernannte Malek schon jetzt für seine Beratung im Zshg. mit Cyberattacken gelobt. Dieses naturgem. internat. Spielfeld ist für Clyde wie gemacht. Doch auch jenseits dieses Themas ist die Kanzlei mit ihrem internat. Ansatz immer wieder gefragt, betreut etwa ähnl. wie White & Case eine Reihe von Fällen um Warenkreditversicherungen. Erfahrung besteht mit allen relevanten Versicherungsarten, wobei zuletzt u.a. D&O und Produkthaftung weiter an Gewicht gewannen. Personell legte die Kanzlei erneut in Dtl. zu u. erweiterte mit der Eröffnung in Mailand ihr europ. Büronetzwerk auf Italien.
Oft empfohlen: Dr. Henning Schaloske („gute Kooperation, gutes Team", Mandant; „erfahren, kompetent", „fachl. hervorragend, angenehmer Verhandlungspartner", Wettbewerber), Dr. Tanja Schramm („pragmat., lösungsorientiert", Wettbewerber), Dr. Daniel Kassing („D&O-erfahren, pragmat., unkompliziert", Wettbewerber), Dr. Sven Förster („immer auf der Suche nach tragfähigen Lösungen", Wettbewerber), Dr. Volker Lücke, Dr. Tim Schommer („setzt sich für Mandanten ein", Wettbewerber) Dr. Paul Malek („zuverlässig, sehr engagiert, ständig erreichbar mit großer Einsatzbereitschaft", Mandant), Eva-Maria Goergen
Team: 12 Eq.-Partner, 9 Counsel, 33 Associates
Schwerpunkte: Prozesse u. Schiedsverfahren bei Haftungsfällen, u.a. aus D&O- u. Berufshaftung, Anlagenbau u. maritimer Wirtschaft/Logistik; Beratung zu Deckungslösungen u. Produkten. Dabei große Bandbreite an Sparten, inkl. W&I, Cyber- u. Berufshaftpflicht. Auch Rückversicherungsstreitigkeiten u. ▷*Unternehmensbez. Versichererberatung*. Breite internat. Präsenz.
Mandate: Versicherer: internat. Versicherer zu W&I bei div. grenzüberschr. Transaktionen; internat. Versicherer zu div. Cyber-Attacken auf Kunden; Versicherungskonzern im Zshg. mit Schaden an einem Frachtflugzeug auf niederl. Flughafen; Spezialversicherer als Monitoring u. Coverage Counsel wg. Inanspruchnahmen div. Ex-GF u. des Aufsichtsrats von Tochter eines börsennot. dt. Chemiekonzerns wg. steuerl. Gestaltung; Monitoring u. Coverage Counsel für österr. Niederlassung eines Versicherers wg. Ransomware-Angriff auf Kunden; Kreditversicherer als Coverage Counsel im Zshg. mit Warenkreditversicherung eines Rohstoffunternehmens hinsichtl. Zahlungsansprüchen nach Russland-Sanktionen; Versicherer nach Cyberangriff auf dt. Handelskonzern; Spezialversicherer als Coverage Counsel wg. Schäden an Gaskraftwerk u. dessen zeitweiliger Abschaltung wg. Sturm; Versicherer in D&O-Prozess um Solarworld (marktbekannt); Spezialversicherer zu großvol. D&O-Fall wg. masseschädigendem Verhalten; US-Schadensabwickler zu Covid-Impfschäden; span. Versicherer zu 2 Kreditpolicen nach brit. Recht u. Umwandlung in dt. Recht; internat. Versicherung bei deckungsrechtl. Vergleich über Ansprüche im Zshg. mit arbeitsgerichtl. Verfahren; Versicherer u. Versicherungsnehmer wg. geplatztem ‚AquaDom'; lfd.: Swiss Re, CNA Insurance, Dual, Markel, Versicherungskammer Bayern, Westfäl. Provinzial, Tokio Marine Kiln, Awac, Axa, Liberty, Parametrix. **Versicherungsnehmer:** vermög. Unternehmer wg. mögl. Haftung aus Streit in Unternehmen.

CMS HASCHE SIGLE

Prozesse und Vertragsberatung ★★★

Bewertung: Die Kölner Kernpraxis bringt viel Erfahrung mit komplexem Monitoring u. mit der Vertragsgestaltung mit, wobei sie nicht auf die Versichererseite festgelegt ist. Klass. Abwehrklagen liegen hingegen zumeist in der Hand der Litigation-Praxis, die auf die Kompetenz der Versicherungsrechtler zurückgreift. Dies führt dazu, dass die Grenzen zw. unternehmensbez. Beratung – auf die u.a. eine Reihe Online-Versicherer setzt – u. der eher streitigen versicherungsrechtl. Arbeit stärker verschwimmen als bei manchen Wettbewerbern. Dazu wird auch die jüngste Partnerernennung beitragen: Ein jüngerer Anwalt mit viel Erfahrung im Versicherungsvertrieb rückte in die Partnerriege u. betont so einen ausgewiesenen Schwerpunkt der Praxis. Ausgeprägt ist daneben die internat. Arbeit. Die Zusammenarbeit mit CMS in Großbritannien im Fall Wirecard ist lediglich die prominenteste in einer Vielzahl grenzüberschreitender Mandate.
Stärken: Langj. Erfahrung bei der Begleitung ausl. Versicherer.
Oft empfohlen: Dr. Winfried Schnepp („auch unter Zeitdruck ruhig, würde ich immer wieder nehmen", Mandant)
Team: 2 Partner, 3 Counsel, 3 Associates
Schwerpunkte: Aufsichts- u. vertragsrechtl. Produktberatung, inkl. regelm. ▷*Unternehmensbez.* u. vertriebsrechtl. Fragen, insbes. Onlinevertrieb. Mandanten: dt. u. ausl. Versicherer, Makler u. gewerbl. Versicherungsnehmer, ausl. Rückversicherer. Außerdem Prozesse mit Spartenschwerpunkten in Industrie- u. Sachversicherung, Haftpflicht, Umwelthaftpflicht u. D&O-/Managerhaftung (▷*Konfliktlösung*). In Hamburg Transport- u. Schifffahrtsversicherung.

Anwaltszahlen: Angaben der Kanzleien, wie viele Anwälte zu mind. ca. 50% in diesem Gebiet tätig sind. Sie spiegeln nicht zwingend die Gesamtgröße einer Kanzlei wider.

Mandate: Versicherer: Exzedentenversicherer zu Wirecard-D&O (mit CMS GB); Greensill in lfd. Insolvenz zu D&O u. Kreditversicherung; HDI in Prozessserie um Betriebsschließung; lfd. Munich Re (auch internat.), Lemonade u. Community Life, Huk-Coburg u.a. zu Vertrieb; **Versicherungsnehmer:** Porsche zu div. versicherungsrechtl. Fragen; Zulieferer zur Deckung für bei Beginn des Ukraine-Krieges in Russland befindlichen Materials; Verwahrer von Kryptowährung bei Digital Asset Insurance; E-Sport-Unternehmen zu D&O; Kapitalverwaltung zu Brandschaden an Immobilie; Immobilienunternehmen nach Deckeneinsturz; Krankenhausträger zur D&O bei Regulierung eines Schadensfalls.

DLA PIPER

Prozesse und Vertragsberatung ★★★★

Bewertung: Die Versicherungspraxis, die Wettbewerber als „absolut Spitze" loben, gilt als Spezialistin für D&O-Fälle, bietet aber insges. das vielleicht umfangreichste Paket rund um Schadensfälle. Ein Grund dafür ist die eingespielte Zusammenarbeit mit Steuer-, Straf- u. Gesellschaftsrechtlern sowie den ▷*Restrukturierern*. Genauso erprobt u. stabil sind die internat. Kanäle, insbes. die Zusammenarbeit mit Anwälten in GB u. den USA ist routiniert. Das Spektrum ist entsprechend weit, reicht von der Gestaltungsberatung bis zu Prozessen jeglicher Couleur u. jeglichem Vertrieb. Die Leitung der Praxis wechselte Anfang 2023 zu dem auf Streitigkeiten ausgerichteten Gädtke, nachdem das Team lange von einem Öffentl.-Rechtler geführt worden war. Der Wechsel ist konsequent u. passt zur Aufstellung des Teams. Allerdings bleibt ein Problem: Nachdem schon im Vorjahr erfahrene jüngere Anwälte gegangen waren, verließen erneut 2 Counsel die Praxis. DLA u. der neue Praxischef werden dieses Phänomen in den Griff bekommen müssen, um das hohe Renommee der Praxis nachhaltig zu sichern.
Stärken: Deckungsrechtl. Beratung von Unternehmen in D&O-Fällen.
Oft empfohlen: Dr. Thomas Gädtke („sehr kompetent", Wettbewerber), Dr. Gunne Bähr („routiniert, sympathisch u. lösungsorientiert", Mandant), Dr. Christian Schneider („denkt stets über den Tellerrand hinaus, sehr verlässlich, tolle Zusammenarbeit", Mandant), Manuel Baroch-Castellvi
Team: 3 Eq.-Partner, 6 Counsel, 12 Associates, 1 of Counsel
Schwerpunkte: Deckungsrechtl. Streitigkeiten um D&O-Fälle, aber auch Haftungsprozesse, Schnittstelle zu ▷*Konfliktlösung* u. ▷*Wirtschaftsstrafrecht*. Auch Berufshaftpflicht-, Vertrauensschadens-, Rechtsschutz- u. Personenversicherung sowie Regresse für Versicherer. Produktgestaltung für Erst- wie Rückversicherer, hier häufig mit aufsichtsrechtl. Komponente; auch ▷*Unternehmensbez. Versichererberatung* u. Vertrieb. Schiedspraxis für Streitigkeiten zw. Erst- u. Rückversicherer.
Mandate: Versicherer: internat. Versicherer in Organhaftungsfällen im Zshg. mit Breitbandausbau bzw. Solarbranche in Dtl. sowie Monitoring in CEE; Assekuradeur zu Schadensfall unter E&O-Police wg. betrüger. fehlgeleiteter Zahlung; US-Versicherer in Klage wg. der Geltendmachung von Ertragsausfällen infolge Corona; Rückversicherer in Streit um Kreditversicherung in Finnland; Zurich in D&O-Fall in brit. Tochterunternehmen eines internat. Anlagenbauers (mit DLA GB); (Straf-)Rechtsschutzversicherer in Prozess gg. Industrieunternehmen; Pensionskasse wg. Schadensersatz aus fehlerhafter Bilanzierung im Zshg. mit betriebl. Altersversorgung; Versicherer zu Deckung in einem D&O-Fall wg. Überweisung auf chin. Konto durch GF der niederl. Tochter des Versicherungsnehmers; lfd.: VOV. **Versicherungsnehmer:** Bank in Haftungsfall zur Inanspruchnahme von E&O- u. Exzedentenversicherung; internat. Elektronikhersteller nach Brand zu Produkthaftung u. bei Abwicklung des Brand- und Gebäudeschadens.

DR. EICK & PARTNER

Prozesse und Vertragsberatung ★★

Bewertung: Seit vielen Jahren ist Eick für die Beratung u. Vertretung auf kommunaler Ebene bekannt, sei es für den KSA, sei es für andere Versicherer. Längst engagieren sich die Anwälte aber auf der ganzen Breite der Haftpflicht, auch immer wieder für Freiberufler wie Architekten, aber auch Rechtsanwälte. Auch die Haftung im med. Sektor spielt eine wichtige Rolle. Hier sind der Kanzlei eine Reihe von Fällen um Deckungssummenüberschreitung anvertraut, die komplexe Gespräche mit Sozialversicherungsträgern nach sich ziehen. Auch Auseinandersetzungen rund um Teilungsabkommen beschäftigen die Kanzlei, die insges. ihrer bisherigen Ausrichtung auf Versicherer treu bleibt.
Stärken: Erfahrung mit Haftungsfällen im kommunalen Umfeld.
Oft empfohlen: Dr. Rainer Heß, Dr. Michael Burmann, Peter Kempmann
Team: 21 Partner, 43 Associates, 3 of Counsel
Schwerpunkte: Prozessual ausgerichtet, insbes. bei Personen-, Sach- u. Schadensversicherung. Zudem Kfz-Haftpflicht u. allg. Haftpflicht, Arzt- u. Staatshaftung. Besonders angesehen im Bau- u. Architektenbereich. Nur für Versicherer tätig.
Mandate: Versicherer: div. Kommunen/KSA bei Abwehr von Amtshaftungsansprüchen, u.a. Schadensersatz wg. abgelehnter Genehmigungen für Baugroßprojekte; Versicherer wg. Anspruch auf Hinterbliebenengeld bei Arbeitsunfall u. haftungsprivileg. Schädiger; Haftpflichtversicherer im Zshg. mit Deckungssummenüberschreitung.

EISENMANN WEIDNER & PARTNER

Prozesse und Vertragsberatung ★

Bewertung: Die Stuttgarter Versicherungspraxis bleibt v.a. im südwestdt. Markt eine Größe. Div. Versicherer mandatieren die Anwälte bei Deckungs- u. Regressfällen um Großschäden, Produkthaftung, Freiberuflerhaftung u. D&O. Allerdings müssen die Versicherungsrechtler nicht nur ohne Mühlbauer auskommen, sondern verloren mit dem Weggang des Strafrechts- u. des öffentl.-rechtl. Teams auch potenzielle Schnittstellenmandate. Das Zerbrechen der Kanzlei wird die Marktpräsenz, die sich schon zuvor stark auf den Großraum Stuttgart beschränkte, voraussichtl. weiter abnehmen lassen, auch wenn die Partner hoch erfahren sind.
Stärken: Viel Prozesserfahrung in Berufshaftpflicht- u. Sachversicherungsfällen.
Oft empfohlen: Dr. Tilo Wiech, Prof. Dr. Wolfgang Winkelbauer, Carl Grommelt
Team: 5 Partner
Partnerwechsel: Dr. Stefan Mühlbauer (zu Reith Leisle Gabor)
Schwerpunkte: Prozesse, insbes. in den Sparten Rechtsanwalts- u. StB-Haftungsfälle, Produkthaftung, D&O, Sachversicherung, Arzthaftung u. Kfz-Haftung. Regresse für Versicherer.
Mandate: Versicherer: div. Versicherer u.a. bei Bauschäden; Allianz regelm. in Berufshaftpflicht- u. D&O-Fällen.

FIEDLER CRYNS-MOLL FCM

Prozesse und Vertragsberatung ★★

Bewertung: Die Kölner Versicherungsboutique steht insbes. für die Beratung u. Vertretung in D&O-Fällen. Oft weisen diese einen engen Bezug zu Insolvenzen auf. Auch in den vergangenen Monaten kamen wieder eine Reihe von Verfahren rund um große Insolvenzen hinzu, wobei inzw. versch. Versicherer auf das Team setzen. Mit dieser Erfahrung dürfte die Kanzlei stark gesucht sein, wenn die Zahl der Insolvenzen wieder zunimmt. Immer häufiger haben Mandate zudem kapitalmarktrechtl. Implikationen, sei es im Kontext von Delistings oder Prospekthaftung. Dank einer guten internat. Vernetzung sind die Anwälte auch immer wieder in grenzüberschreitenden Fällen bzw. bei internat. Versicherern gefragt.
Stärken: D&O-Fälle.
Oft empfohlen: Björn Fiedler („sehr tiefe Kenntnisse, durchsetzungsstark u. verhandlungssicher, will den Erfolg", Mandant; „nachdrücklich, präzise", Wettbewerber), Dr. Anna Cryns-Moll
Team: 2 Partner, 1 Counsel, 3 Associates
Schwerpunkte: Beratung u. Prozessvertretung von D&O-Fällen. Überwiegend auf Versichererseite. Auch E&O. Zudem Schadensmonitoring bei umfangr. Haftungskomplexen, Prospekthaftung, Vertrauensschäden.
Mandate: Versicherer: AIG zu D&O bei Klage gg. ehem. GF von Neckermann (öffentl. bekannt); lfd.: AIG, Zurich, Axa, Allianz, Chubb, VOV, HDI.

FRIEDRICH GRAF VON WESTPHALEN & PARTNER

Prozesse und Vertragsberatung ★★

Bewertung: Die versicherungsrechtl. Praxis in Köln zählt mit ihren ausgewiesenen Spezialisierungen, in denen sie mit allen Rollen vertraut ist, seit Langem zu den etablierten Adressen. Neben D&O-Fällen, für die insbes. Laschet steht, sind es internat. Produkthaftungsfälle sowie andere Regulierungsfälle mit techn. Hintergrund, bei denen das Team gefragt ist. Letztere liegen regelm. in der Hand von Lenz. Doch lässt sich das Team nicht auf diese Kernfelder reduzieren, wie etwa die Arbeit im Zshg. mit dem Bayer/Monsanto-Deal oder Wirecard zeigt. Dass die Kanzlei das Versicherungsrecht weiterhin als essenziellen Bestandteil ihres Angebots sieht, zeigt sich darin, dass nach der Ernennung 2er Eq.-Partner im Vorjahr nun ein Sal.-Partner ernannt wurde.
Stärken: Langj. Zusammenarbeit des Teams, v.a. in D&O- u. Produkthaftungsfällen.
Oft empfohlen: Carsten Laschet („kompetent, gute Zusammenarbeit", Wettbewerber), Prof. Dr. Tobias Lenz („pragmat., lösungsorientiert", Wettbewerber), Mike Weitzel
Team: 4 Eq.-Partner, 2 Sal.-Partner, 6 Associates
Schwerpunkte: Streitige Auseinandersetzungen u. Prozesse, insbes. D&O-Versicherung, Managerhaftung, auch mit Insolvenzbezug. Daneben Regresse. Spezialisierung auf Umwelthaftpflicht. Weiter umfangr. tätig in der Produktsicherheit u. -haftung (▷*Konfliktlösung*).
Mandate: Versicherer: Allianz regelm. in D&O-Schadensfällen; internat. Versicherer deckungsrechtl. wg. schadhafter Untersee-Kabel für Windparks; Versicherer wg. vermeintl. falscher Kapitalmarktinformationen bei Bayer/Monsanto-Deal; Exzedentenversicherer wg. Wirecard; Versicherer nach Schaden in Pharmakonzern; QBE regelm. deckungsrechtl. u. in Prozessen, u.a. im Zshg. mit Air Berlin. **Versicherungsnehmer:** Dax-Konzern wg. Glasfaserschäden regelm.; Sicher-

Anwaltszahlen: Angaben der Kanzleien, wie viele Anwälte zu mind. ca. 50% in diesem Gebiet tätig sind. Sie spiegeln nicht zwingend die Gesamtgröße einer Kanzlei wider.

heitsunternehmen im Zshg. mit Diebstahl aus Grünem Gewölbe; Generalunternehmer bei Kraftwerksbau wg. behauptetem Verzug (Montageversicherung).

GVW GRAF VON WESTPHALEN

Prozesse und Vertragsberatung ★

Bewertung: Das insges. breit aufgestellte Versicherungsrechts-Team ist v.a. für seine Arbeit in D&O-Fällen anerkannt. Organhaftungsfragen, die oft im Kontext teils sehr großer Insolvenzen stehen, klärt es sowohl für eine ganze Reihe namh. Versicherungskonzerne als auch für die Betroffenenseite. Erfahren ist GvW entsprechend auf der Defence-Seite ebenso wie als Coverage oder Monitoring Counsel. Ein namh. Versicherer zog die erfahrenen Anwälte erstmals zu einem E&O-Fall hinzu. Während bei derartigen Mandaten v.a. die Münchner Praxis mit dem restrukturierungserfahrenen Desch überzeugt, deckt das HHer Team neben D&O ein breites Spektrum an Haftungs- u. Deckungsthemen ab u. dockt an die trad. Stärke der Kanzlei im Vertriebsrecht an. Wie gut das norddt. Team positioniert ist, zeigte sich u.a. in der Ernennung eines Vollpartners.

Stärken: D&O-Fälle.

Oft empfohlen: Dr. Wolfram Desch („kooperativ", „sehr gut, schnell, erfahren", „pragmat.", Wettbewerber)

Team: 4 Eq.-Partner, 1 Sal.-Partner, 2 Associates

Schwerpunkte: D&O-Haftung in allen Facetten, oft mit Insolvenzbezug. Daneben breit aufgestellte Praxis in allen Haftungssparten, Großschäden ebenso wie Berufsträgerhaftung. Auch Vertrieb u. Aufsichtsrecht.

Mandate: Versicherer: Versicherer wg. mögl. Veruntreuung in gemeinnütz. Einrichtung; Versicherer in großvol. E&O-Fall wg. Gewährung unbesicherter Kredite durch Kunden; Versicherer bei Anspruchsdurchsetzung in China nach Regulierung; Versicherung zu Anfechtbarkeit eines Versicherungsvertrags; schwed. Assekuradeur regelm., auch Vertrieb; Versicherer zu Instant Claim Settlement. **Versicherungsnehmer:** Aufsichtsrat von Greensill wg. Organhaftung; GF wg. Inanspruchnahme durch Insolvenzverwalter; Aufsichtsräte wg. Haftung aus Steuerdelikt; niederl. Unternehmen bei Anspruchsdurchsetzung von Regress gg. Versicherer; WP/StB-Gesellschaft in Musterdeckungsklage gegen Lloyds Versicherer; Gesellschafter einer Bank bei Durchsetzung von D&O-Ansprüchen (Cum-Ex).

HEUKING KÜHN LÜER WOJTEK

Prozesse und Vertragsberatung ★★

Bewertung: Die versicherungsrechtl. Praxis mit ihren Schwerpunkten im Rheinland u. in München lässt sich auf keine Mandantengruppe festlegen, betreibt Aktiv- wie Passivprozesse u. ist bei Erstversicherern ebenso gefragt wie bei Rückversicherern u. Maklern. Nach wie vor vertritt sie eine Reihe von Versicherungsnehmern in Streitigkeiten um coronabedingte Betriebsschließungen. Besonders ausgeprägt ist jedoch weiterhin das Engagement bei der Abwehr von Anlegeransprüchen u. bei Berufshaftpflichtfällen ganz unterschiedl. Couleur. Gerade bei Streitigkeiten rund um Insolvenzen stehen bei Bedarf erfahrene ▷*Insolvenzrechtler* zur Verfügung. Erfahren ist das Team auch bei D&O-Fällen, blieb insoweit jedoch unauffälliger als manche Wettbewerber. V.a. im D'dorfer Büro werden zudem eine Reihe von Versicherer auch zu Vertrags- u. anderen eher unternehmensbez. Themen beraten. Die Ernennung 2er Sal.-Partner, jew. einer in Köln u. München, signalisiert, dass die Kanzlei sich auch weiterhin in ganzer Breite des Themas annehmen will.

Stärken: Versicherungsspezif. Branchenerfahrung. D&O-Fälle u. Schiedsverfahren (▷*Konfliktlösung*).

Oft empfohlen: Rüdiger Schnug, Dr. Stefan Jöster („großes Fachwissen", Wettbewerber), Dr. Michael Lauterbach, Dr. Tobias Plath

Team: 7 Eq.-Partner, 7 Sal.-Partner, 5 Associates

Schwerpunkte: Prozesse in den Sparten Haftpflicht, Transport- u. Sachversicherung, Freiberuflerhaftung sowie D&O-Fälle. Aktive Schiedspraxis. Auch ▷*Vertriebs-* u. Vertreterrecht. Mandanten: in- u. ausl. Versicherer, v.a. in Köln auch im ▷*Arbeits-* u. ▷*Marken- u. Wettbewerbsrecht*. Daneben Makler, Agenten u. Versicherungsnehmer. Kooperation in spezialisiertem Kanzleinetzwerk Insuralex. Auch unternehmensbezogene Beratung von Versicherern.

Mandate: Versicherer: Berufshaftpflichtversicherer bei Abwehr von Ansprüchen aus steuerverfahrensrechtl. Pflichtverletzungen bei Bankkunden; Versicherer bei Abwehr von Forderungen wg. steuerl. Falschberatung; Gothaer in Deckungsklagen. **Versicherungsnehmer:** div. Anspruchsteller nach Corona-Betriebsschließung; Bauunternehmen wg. Wasserschäden in Hotelneubau; WP-Gesellschaft bei Abwehr von Anleger-Schadensersatz.

DR. KIRSTEN VÖLCKERS KIRSTEN DR. FITZAU

Prozesse und Vertragsberatung ★

Bewertung: Die HHer Kanzlei steht konsequent auf Seiten der Versicherer, wobei Lebens-, Unfall- u. Krankenversicherung im Fokus stehen. Aber auch Haftpflichtfälle und Fälle aus der Altersversorgung werden in großem Umfang bearbeitet. Zuletzt gewann sie einige namh. Versicherer dazu, darunter Lebensversicherer u. einen Krankenversicherer, der ihr mehrere Hundert Beitragsanpassungsfälle anvertraute. Die Erweiterung der Associate-Ebene im Vorjahr kam also gerade rechtzeitig. Regelm. beraten die Anwälte auch zu Versicherungsbedingungen, etwa zu Lebens- u. Tierkrankenversicherungen.

Stärken: Personenversicherungsrecht.

Oft empfohlen: Dr. Konstantin Kirsten, Christian Völckers, Dr. Christian Fitzau

Team: 4 Eq.-Partner, 2 Counsel, 5 Associates

Schwerpunkte: Prozesse ausschl. für Versicherungsunternehmen, insbes. in den Sparten Leben, Berufsunfähigkeit, BUZ, Unfall- u. Krankenversicherung. Zudem auch allg. Haftpflicht u. aufsichtsrechtl. Themen. Vertragsberatung insbes. für Lebensversicherer.

Mandate: Versicherer: Direktversicherer zu Klagen einer Verbraucherzentrale wg. Wirksamkeit der Ausschlussklausel in der Pandemiereiseversicherung; Krankenversicherer regelm. in Streit aus priv. Krankenversicherung; Versicherer lfd. in Prozessen zu bAV u. Lebensversicherung; div. Lebensversicherer dtl.weit in Prozessen; Krankenversicherer in Streitigkeiten um med. Notwendigkeit regelm.; Krankenversicherer in Massenklageverf. um Beitragsanpassung Private Krankenversicherung; Generali im Personenversicherungsrecht; Ergo lfd. in Prozessen um Rückabwicklung von Lebensversicherungen (beides öffentl. bekannt); Rechtsschutz-, Unfallversicherer dtl.weit in Prozessen; ausl. Versicherung zu Verträgen u. Aufsichtsrecht.

NOERR

Prozesse und Vertragsberatung ★★★

Bewertung: Eingebettet in die Konfliktlösungspraxis lässt sich das versicherungsrechtl. Team inhaltlich kaum festlegen. Angesehene Kompetenz bei D&O-Fällen u. bei Produkthaftung wird ergänzt durch viel Erfahrung im Bereich W&I-, Sach- oder Cyber-Versicherung. Weiterhin intensiv eingebunden ist Noerr an der Seite von Rückversicherern zudem in Betriebsschließungsstreitigkeiten, nicht nur hierbei auch in größerem Umfang in Schiedsverfahren. Bemerkenswert ist der Anteil grenzüberschr. Mandate, gerade auf Seiten von Versicherern. Unter den unabhängigen dt. Kanzleien gehört Noerr zu den Einheiten mit dem besten Zugang zum internat. Parkett. Dafür genießt sie nicht nur das Vertrauen div. internat. Versicherer, sondern auch von Industriemandanten, die ihre internat. Streitigkeiten in die Hände der Praxis legen.

Oft empfohlen: Dr. Oliver Sieg („exzellent, sehr erfahren", Mandant; „hervorragend, professionell", Wettbewerber)), Dr. Thomas Heitzer, Helmut Katschthaler

Team: 3 Eq.-Partner, 2 Sal.-Partner, 2 Counsel, 8 Associates

Schwerpunkte: Versicherungsrechtl. komplexe Großschäden, oft an der Schnittstelle von Versicherungs- u. Gesellschafts-/Bankrecht, inkl. D&O-Fälle; tätig auf Unternehmens- u. Versichererseite. In München v.a. komplexe Prozesse aus Produkthaftung (▷*Konfliktlösung*), Rückversicherung. Bei Aufsichtsthemen auch unternehmensbez. Beratung von Versicherern.

Mandate: Versicherer: frz. u. irischer Rückversicherer sowie Gruppe von brit. u. internat. Rückversicherern in Ad-hoc-Schiedsverfahren wg. Ansprüchen aus Covid-19-Exposure eines internat. Erstversicherers; brit. Exzedentenversicherer im Zshg. mit Ansprüchen aus einer W&I-Versicherung; brit. Konsortium zu Political Risk Insurance wg. Beendigung eines russ. Projekts; Lloyd's Syndicate wg. Rückversicherungsschutz ggü. internat. Erstversichererkonsortium wg. Produktschadenfall eines US-Mineralölunternehmens; Versicherer in D&O-Fall wg. behaupteter Pflichtverletzung bei Erwerb einer Klinik-Gruppe. **Versicherungsnehmer:** Armaturenhersteller zu W&I-Versicherung in DIS-Schiedsverfahren; Aufsichtsratsvorsitzender bei Streit um D&O-Deckung; US-Tochter eines dt. Baukonzerns im Hinblick auf Versicherungsschutz für US-Sturmschadensfall; Ex-Vorstand eines Solarunternehmens in Streit mit D&O-Versicherer; dt. Finanzdienstleister zu D&O-Versicherung; VTB Bank zu D&O-Versicherung bei Abwicklung; Hightech-Unternehmen bei Anspruchsdurchsetzung nach Cyber-Vorfall; Achsenhersteller zu Produkthaftpflichtversicherung.

PATZINA LOTZ

Prozesse und Vertragsberatung ★

Bewertung: Die Frankfurter Kanzlei steht versicherungsrechtl. für die Vertretung von Berufsträgern, insbes. Steuerberatern, in Haftungsfällen. Regelm. kommt sie über eine Reihe von Versicherern in derartige Mandate, mitunter wg. ihres steuerl. u. gesellschaftsrechtl. Know-hows. Insges. verfügt die Einheit über breite Prozesserfahrung, die auch D&O-Fälle, gesellschaftsrechtl. Auseinandersetzungen sowie seit jüngerer Zeit IP-Prozesse einschließt. Insges. präsentiert sich die Kanzlei stabil, nachdem sich im Vorjahr ein Namenspartner in den Ruhestand zurückzog. Sichtbare Veränderungen in

Anwaltszahlen: Angaben der Kanzleien, wie viele Anwälte zu mind. ca. 50 % in diesem Gebiet tätig sind. Sie spiegeln nicht zwingend die Gesamtgröße einer Kanzlei wider.

der Mandatsstruktur gab es nicht, was für eine gute Vorbereitung der Staffelübergabe spricht.
Stärken: Steuerrechtl. Know-how.
Oft empfohlen: Thorsten Lotz, Dr. René Matz
Team: 2 Eq.-Partner, 2 Associates
Schwerpunkte: Beratung u. Prozesse in steuer- u. gesellschaftsrechtl. Fällen, viel Berufshaftpflicht (RAe, Notare, StB, WP, Insolvenzverwalter), aber auch Post-M&A-Streitigkeiten u. D&O.
Mandate: Versicherer: div. Berufshaftpflichtversicherer bei Regressfällen der Anwalts- u. StB-Haftung, u.a. wg. Nachforderung von Sozialversicherungsbeiträgen für Gesellschafter-Geschäftsführer; lfd.: HDI, Versicherungsstelle Wiesbaden, Ergo, Allianz, Zurich. **Versicherungsnehmer:** ltd. Angestellter eines Energieversorgers wg. verspäteter Kündigung von Gasverträgen; Notar als Streitverkündeter in Verf. um Haftung aus Grundstückskäufen; Witwe eines StB wg. Schadensersatz; WP/StB wg. Rückzahlung von Honorar u. Treuhandgeldern.

REMÉ

Prozesse und Vertragsberatung ★★★
Bewertung: Bei Themen rund um (See)Transport u. Verkehr und die damit zusammenhängenden versicherungsrechtl. Probleme ist die Hamburger Boutique regelm. bei den neuesten Entwicklungen gefragt. Waren es im Vorjahr gestörte Lieferketten, so kamen jetzt eine Reihe von Mandaten hinzu, die sich um sog. Kriegs- oder Beschlagnahmeklauseln drehten. In ihren Spezialgebieten ist die Kanzlei regelm. auf internat. Parkett unterwegs, berät eine Vielzahl ausl. Versicherer, inkl. Lloyds-Syndikaten, oder befasst sich mit Streitigkeiten aus internat. Versicherungsprogrammen. Neben Erst- u. Rückversicherern mandatieren etliche Assekuradeure, aber auch Versicherungsnehmer das Team.
Stärken: See- u. Transportversicherung.
Oft empfohlen: Ingo Gercke („selbstbewusstes Auftreten vor Gericht", Wettbewerber), Jobst von Werder („präzise, schnelle, unkomplizierte u. praxisnahe Beratung", Mandant)
Team: 6 Eq.-Partner, 1 Counsel, 6 Associates
Schwerpunkte: Regresse u. Deckungsstreitigkeiten, insbes. für Transport- u. Verkehrshaftpflichtversicherer, Assekuradeure in Deckungsfragen bei Großschäden. Transportunternehmen u. Reeder auch im Risikomanagement. Produkthaftpflicht, häufig an der Schnittstelle zu techn. Versicherungen. Daneben lfd. transport- u. seeversicherungsrechtl. Klauselgestaltung u. regelm. in Schiedsverfahren. Etablierte Kontakte zu Londoner Kanzleien.
Mandate: Versicherer: Versicherer zur räuml. Erstreckung der Deckung im Zshg. mit Ukraine-Krieg; div. Versicherer zu sog. Kriegs- u. Beschlagnahmeklauseln; div. Versicherer wg. Havarie der ‚Ever Given'; Versicherer umf. zu Eisenbahnversicherungen; öffentl. Hand zu Schiffskollision mit Brücke; öffentl. Hand zu Ölschaden mit Gewässerverunreinigung; Assekuradeur zu Ansprüchen aus Schäden an eingelagerter Ware; internat. Konsortium wg. Feuer auf Autotransporter ‚Felicity Ace'; Lloyds Syndikate zu P&I u. Seekasko; Versicherer u. Assekuradeur regelm. zu Transportschäden; Rückversicherer wg. Regressmöglichkeiten nach Serienschäden an Windkraftanlagen; Versicherer wg. Taifunschäden auf den Philippinen.

SEGGER

Prozesse und Vertragsberatung ★★
Bewertung: Die Versicherungsrechtsboutique behauptet ihre Position, verzichtet aber bewusst auf eine offensive Expansionspolitik. Doch der vglw. kleinen Mannschaft werden regelm. attraktive Mandate anvertraut. Das gilt nicht nur für Prozesse, für deren Bearbeitung insbes. Namenspartner Segger einen exzellenten Ruf genießt, sondern auch in der außergerichtl. Tätigkeit. Das zeigt sich u.a. sowohl in der Beratung zu Kriegsrisiken – zugleich ein Beleg für das gute internat. Netzwerk, das die Kanzlei pflegt – als auch in der Arbeit für einen digitalen Anbieter, die die Kompetenz in Vertriebsfragen andeutet. Das Spektrum ist insges. breit u. umfasst nahezu alle Nuancen des Beratungsfeldes.
Oft empfohlen: Dr. Stefan Segger („sehr gut, angenehme Zusammenarbeit", „hochkompetent", Wettbewerber)
Team: 1 Partner, 3 Sal.-Partner, 1 Counsel, 1 Associate
Schwerpunkte: Monitoring u. Beratung zu komplexen Haftungs- u. Deckungsfällen. Schadenfälle mit Fokus auf Industrieversicherung. Beratung zu Vertriebs- u. Vermittlerfragen, auch Vertragsberatung. Mitglied im internat. Netzwerk Insulaw.
Mandate: Versicherer: Versicherer zu Regress nach Brandschaden; Rechtsschutzversicherer zu Verträgen; Rechtsschutzversicherer in Verf. einer internat. Großbank; Compliance-Funktion für Digitalversicherer; ausl. Versicherer zur Deckung von Kriegsrisiken aus Ukraine-Krieg; digitaler Anbieter zum Vertragsschluss via WhatsApp; regelm. HDI, Axa, Gothaer, Zurich, Rückversicherer bei Schadensfällen.

SPRENGER

Prozesse und Vertragsberatung ★
Bewertung: Die Regensburger Kanzlei ist seit Langem fest etabliert in der versicherungsrechtl. Beratung. Besonders bekannt ist ihre Arbeit für Verbände u. Wohlfahrtseinrichtungen. Letzteren steht sie inzw. auch in Ombudsfunktion zur Seite. Immer wieder geht es neben streitigen Auseinandersetzungen um die Gestaltung von Konzepten, wie zuletzt etwa für ein großes Beteiligungsunternehmen. Doch das Team ist nicht auf die Versicherungsnehmerseite festgelegt, vertritt u. berät regelm. auch (ausl.) Versicherer u. Makler. Für den nötigen Stallgeruch sorgen dabei auch branchenerfahrene of Counsel. Behutsam erweitert die Kanzlei derzeit ihren Aktionsradius u. ihre personelle Schlagkraft. Zu einigen Kooperationspartnern im europ. Ausland sollen sich weitere Spezialisten in Dtl. gesellen. Ein erster Schritt ist eine Allianz mit einem Göttinger Versicherungsanwalt.
Stärken: Hohes Branchenverständnis.
Team: 1 Eq.-Partner, 1 Sal.-Partner, 2 Associates, 3 of Counsel
Schwerpunkte: Grenzüberschr. Policengestaltung für Industrieunternehmen. Für Versicherer Prozesse u. aufsichtsrechtl. Beratung. Für Unternehmen auch Unterstützung bei Geltendmachung von Versicherungsleistungen.
Mandate: Versicherungsnehmer: Rechtsanwalt wg. fehlerhafter Beratung; Arztpraxis nach Wasserschaden wg. Betriebsunterbrechung; Beteiligungsgesellschaft bei Neustrukturierung des internat. D&O-Konzepts; dt. Industrieunternehmen wg. D&O-Schaden nach Missmanagement der GF in Indien; Privatperson bei Abwehr von Regress eines priv. Krankenversicherers nach fahrläss. Verletzung eines Dritten; Energieunternehmen bei Anspruchsdurchsetzung gg. Rechtsanwalt; Privatperson nach Ruptur von Silikon-Brustimplantaten bei Produkthaftpflichtansprüchen gg. irischen Produzenten.

TAYLOR WESSING

Prozesse und Vertragsberatung ★★
Bewertung: Die Praxis ist weit überw. auf Versicherungsseite tätig. Schwerpunkte liegen dabei nicht nur bei klass. Streitigkeiten, sondern insbes. auch im Vertrieb u. bei Rückversicherungsfragen. In Zusammenarbeit mit den IT-Rechtlern steht das Team auch regelm. bei Digitalisierungsprojekten an der Seite von Versicherern. Zwar vertreten die Anwälte in einer Reihe von Prozessen unterschiedl. Ursprungs, doch steht die beratende Tätigkeit im Vordergrund, sei es für Versicherer, sei es für Versicherungsnehmer. Es dürfte an dieser Schwerpunktsetzung liegen, dass das Team im Markt deutl. unauffälliger agiert als viele Wettbewerber. Dass neben dem erfahrenen Janssen, der bis zuletzt Mandate federführend betreut hat, auch einige Associates die Kanzlei verlassen haben, dürfte es erschweren, die Marktpräsenz zu erhöhen.
Stärken: Erfahrung mit techn. Großschäden. Internat. vernetzte Praxis, u.a. London, China.
Oft empfohlen: Dr. Gunbritt Kammerer-Galahn, Claus Knufinke
Team: 4 Eq.-Partner, 3 Sal.-Partner, 3 Associates
Partnerwechsel: Franz Janssen (Ruhestand)
Schwerpunkte: Begleitung von Versicherern in Prozessen, u.a. Haftpflicht-, Sach-, Bauleistungs-, Transportversicherung u. Produkthaftung. Zudem ausgeprägte Beratung, u.a. Cybercrime-, D&O-, Post-M&A-Policen, betriebl. Altersvorsorge. Daneben auch ▷*Unternehmensbez. Beratung von Versicherern* mit Schwerpunkten im Run-off-Geschäft u. Beratung für Rückversicherer.
Mandate: Versicherer: Chubb regelm., u.a. bei internat. Produkthaftpflichtfällen; KSA regelm.; Crédit Agricole Assurances, Ergo zu Vertrieb; Fidelis zu Kreditversicherungen u. Datenschutz; Remci Finance zu Industrie- u. Kreditversicherungen; ING Diba zu Vertriebskooperation; u.a. R+V Re, Munich Re u. Axa rückversicherungsrechtl.; lfd. Provinzial, Proxalto Leben. **Versicherungsnehmer:** 25hours Hotel regelm., u.a. nach Großbrand.

THÜMMEL SCHÜTZE & PARTNER

Prozesse und Vertragsberatung ★★
Bewertung: In der D&O-Beratung u. -Vertretung ist die Kanzlei regelm. gesetzt. Dank ausgeprägter Spezialisierung u. langj. Engagement gibt es kaum Fallkonstellationen, mit denen das Team nicht vertraut ist. Entsprechend ist – bei Bedarf – auch die Zusammenarbeit mit anderen Spezialisten der Kanzlei eingespielt. Obwohl im Markt oft mit der Versicherungsseite in Verbindung gebracht, stehen die Anwälte auch an der Seite von Managern. Insbes. von Dresden aus werden zudem regelm. Berufshaftpflichtfälle bearbeitet. Schon im Vorjahr war das Team auf Associate-Ebene gewachsen. Nun legte die Kanzlei erneut nach, musste aber auch einen erfahrenen jungen Anwalt ziehen lassen. Dennoch ist sie mit der jetzigen Leverage gut gerüstet, um den erwarteten D&O-Wellen aus Insolvenzen oder LkSG gerecht zu werden.
Stärken: Monitoring Counsel in D&O-Fällen.
Oft empfohlen: Prof. Dr. Roderich Thümmel, Dr. Franck Schmidt-Husson („hervorragend", Wettbewerber), Dr. Jörg Henzler („professionelles Auftreten", Wettbewerber)
Team: 5 Eq.-Partner, 1 Sal.-Partner, 5 Associates
Schwerpunkte: Außergerichtl. Beratung in deckungsrechtl. Streitigkeiten u. Prozesse bei Managerhaftungsfällen, häufig Monitoring Counsel. Im

Anwaltszahlen: Angaben der Kanzleien, wie viele Anwälte zu mind. ca. 50% in diesem Gebiet tätig sind. Sie spiegeln nicht zwingend die Gesamtgröße einer Kanzlei wider.

Haftungsprozess über Versicherer auch als Organvertreter tätig. Zudem Berufs- u. Produkthaftpflicht. Schnittstellen zu Gesellschafts- u. Bankrecht.
Mandate: Versicherer: internat. Versicherer zu Organhaftungsfall der VBL; Versicherer zu Wirecard-Komplex (Monitoring u. deckungsrechtl.); internat. Versicherer als Nebenintervenient in Cyberfall um Scalable; Versicherer in Haftpflichtfall der AGI in den USA; D&O-Versicherer, u.a. im Zshg. mit German-Pellets-Insolvenz, Cum-Ex-Deals; Rückversicherer in VW-Dieselaffäre; regelm. Monitoring: AIG, Chubb, Zurich, VOV. **Versicherungsnehmer:** Ex-Aufsichtsräte wg. Organhaftung aus mangelnder Überwachung des Vorstands; Ex-GF in Prozess um Haftung wg. Zahlung nach Insolvenzreife; Ex-GF in Prozess um Haftung wg. verspätetem Insolvenzantrag.

WHITE & CASE

Prozesse und Vertragsberatung ★★★

Bewertung: Die versicherungsrechtl. Praxis ist integrales Element der grenz- u. fachüberschreitenden Arbeit der Gesamtkanzlei. Das zeigt sich u.a. bei Mandaten rund um Warenkredite, etwa solche, die aufgrund der globalen Sanktionen Probleme bekommen. Hier ist das Team in mehrere große Fälle involviert, die Anwälte rund um den Globus beschäftigen. W&C ist dabei auf keine Seite festgelegt, vertritt Versicherer ebenso wie Versicherungsnehmer. Zur Mandantschaft gehören auch Rückversicherer, die u.a. zu Covid-Folgeschäden Rat suchten. Im D&O-Segment blieb das Team zuletzt eher unauffällig, ist aber regelm. im Kontext großer Insolvenzen eingebunden. Es sind wohl auch Streitigkeiten wie diese, die dazu führen, dass Wettbewerber dem Team eine große Verfahrenspräsenz bescheinigen.
Stärken: Kanzleiinterne Synergien mit Prozesspraxis (▷*Konfliktlösung*), ▷*Bankrecht u. -aufsicht* u. ▷*M&A*.
Oft empfohlen: Christian Wirth („sehr erfahren", Wettbewerber), Sara Vanetta
Team: 2 Eq.-Partner, bis zu 9 Associates
Schwerpunkte: Erfahrung in Betrugsfällen u. bei Großschäden, Kreditausfall- u. Betriebsunterbrechungsversicherung. Daneben gutachterl. tätig, v.a. in rechtl. Grundsatzfragen. Für Industriemandanten Entwicklung von Versicherungsschutzkonzepten. Enge Zusammenarbeit mit internat. W&C-Büros, etwa in GB, CEE-Region oder New York.
Mandate: Versicherer: Versicherer bei Abwehr von Forderung aus Warenkreditversicherung im Kontext von Sanktionen gg. Russland. **Versicherungsnehmer:** skand. Unternehmen bei Geltendmachung von Ansprüchen im Zshg. mit Kraftwerksbau in Dtl.; Insolvenzverwalter von Watchmaster bei Anspruchsdurchsetzung nach Raub.

WILHELM

Prozesse und Vertragsberatung ★★★

Bewertung: Die Versicherungsboutique ist seit Jahren fest etabliert u. steht primär an der Seite von Versicherungsnehmern. Immer wieder ist sie bei großvol. Schadensfällen aus dem auch internat. Anlagenbau u. bei D&O-Verfahren gefragt. Aufseiten von (Rück)Versicherern u. Maklern ist sie jedoch ebenfalls regelm. zu sehen, sei es beratend, sei es in Regressfragen. Zuletzt kam ein ausl. Versicherer hinzu, der inzw. Folgemandate an die Kanzlei vergeben hat. Immer wieder ist auch das ergänzende gesellschafts- u. strafrechtl. Know-how relevant, wobei die Kanzlei letzteres insbes. über einen of Counsel u. durch Kooperationen abdeckt. Zwar hat die gesamtwirtschaftl. Entwicklung die ein oder andere Weiterentwicklung der Praxis zunächst etwas ausgebremst – etwa die Beratung von Fintechs –, doch entwickelt sich der kleine Berliner Standort dank guter lokaler Vernetzung stabil u. engagiert sich u.a. bei Themen wie Cyber- u. Bauschäden. In München unterhält die Kanzlei zwar ein Büro, doch firmiert dieses noch nicht als vollwertiger Kanzleistandort.
Stärken: Versicherungsspezif. u. D&O-Beratung von Industriemandanten.
Oft empfohlen: Dr. Mark Wilhelm („Allzweckwaffe für Versicherungsnehmer", Wettbewerber), Lars Winkler („gut in techn. komplexen Sachverhalten", Wettbewerber), Dr. Andreas Shell, Dr. Fabian Herdter („Der Problemlöser bei D&O-Versicherungen", Wettbewerber)
Team: 3 Eq.-Partner, 10 Associates, 3 of Counsel
Schwerpunkte: Bei Prozessen v.a. D&O-, Industrie-, Bau- u. Sachversicherung. Daneben Stärken bei Produkthaftpflicht. Aufsichtsrechtl. u. krisenbedingte Beratung. Integrierte strafrechtl. Beratung. Tätig für Banken, öffentl. Hand, mittelständ. Unternehmen u. Verbände. Internat. Kooperation mit div. europ. u. US-Kanzleien.
Mandate: Versicherer: Industrieversicherer u. Kunde zu Regress nach Explosion in Industrieanlage; Versicherungsmakler zu Exzedentenversicherung; Makler zu Vertrauensschadensversicherung. **Versicherungsnehmer:** Bau-Arge zu Großschaden aus Tunnelprojekt (3-stell. Mio-€-Betrag); Energieversorger zur Durchsetzung von Ansprüchen nach Millionen-Sturmschaden an einem Kraftwerk in GB; Finanzinstitut zum Deckungsumfang der Strafrechtsschutzversicherung im Zshg. mit der Aufarbeitung des Cum-Ex-Skandals; Projektgesellschaft zu Bauleistungsversicherung nach Schaden in der Bauphase; Möbelhändler nach Brand; Ex-GF der Tochter eines internat. Chemiekonzerns in D&O-Fall; US-Kanzlei zu Ansprüchen des dt. Mandanten aus Produkthaftpflicht nach Schaden am Eiffelturm.

WIRTZ & KRANEIS

Prozesse und Vertragsberatung ★

Bewertung: Die Schwerpunkte des Kölner Versicherungsteams liegen in komplexen D&O-Fällen u. der Berufsträgerhaftung. Die Partner, die sich diesem Fachgebiet verschrieben haben, bringen zugleich ergänzende Kompetenzen mit, die sich immer wieder als hilfreich erweisen, sei es Gesellschafts-, sei es Steuerrecht. Zugleich führt diese Vielseitigkeit aber auch dazu, dass das Team – ähnl. wie Patzina Lotz in Frankfurt – weniger Aufmerksamkeit erregt als viele Wettbewerber.
Stärken: Prozesserfahrung, D&O.
Oft empfohlen: Dr. Thomas Klein
Team: 4 Partner, 4 Associates
Schwerpunkte: Deckungs- u. Haftungsstreitigkeiten in den Sparten Berufshaftpflicht (RAe, StB, Notare, WP), Vermögensschadenshaftpflicht u. D&O. Mandanten: überwiegend regionale u. große dt. Versicherer, auch Unternehmen u. versicherte Organe.
Mandate: Versicherer: Versicherer bei Vergleichsgesprächen in großvol. D&O-Fall. **Versicherungsnehmer:** GF bei Anspruchsabwehr nach Vorwürfen im Zshg. mit Fondsverwaltung; StB/WP als Streitverkündeter in insolvenzrechtl. Auseinandersetzung.

Unternehmensbezogene Beratung von Versicherern

ALLEN & OVERY

Unternehmensbezogene Beratung ★★★★★

Bewertung: Das Kernteam für die Beratung von Versicherungsunternehmen ist an der Marktspitze fest etabliert. Dieses ausgeprägte Profil geht auf Diekmann u. Schröder zurück, die in der Branche bestens vernetzt u. hoch angesehen sind. Ein Mandant lobt etwa, dass Schröder „über die Rechtsfragen hinausdenkt". Auf Mandate bezogen, lässt sich die Stärke der Praxis daran ablesen, dass sie bei den beiden marktprägenden Transaktionen mit Lebensversicherungsportfolios für Athora u. Zurich als Beraterin beteiligt ist u. regelm. neue Deals akquiriert. So beriet sie u.a. erneut die Konsolidierungsplattform Frankfurter Leben beim Erwerb der GDPK. Aufgrund dieser Stärke strahlt die Branchenberatung in angrenzende Rechtsgebiete wie das Arbeits-, Kapitalmarkt- u. das Datenschutzrecht aus u. lastet auch dort Berater aus. Für das Kernteam ist es wichtig, dass es eine ausgewogene Personalstruktur entwickelt, insbes. nachdem die frühere Counsel Fischer im Herbst 2022 als Partnerin zu Norton Rose Fulbright wechselte. Hinzu kommt, dass im erweiterten Kreis der Berater der renommierte Arbeitsrechtspartner Dr. Hans-Peter Löw u. der im Bank- u. Finanzaufsichtsrecht tätige of Counsel Frank Herring ebenfalls weggingen. Vielversprechend ist dagegen, dass Mandanten einen Counsel des Kernteams bereits lobend erwähnen.
Stärken: Erfahrene Partnerriege mit exzellentem Branchen-Know-how.
Oft empfohlen: Dr. Jan Schröder („arbeiten regelm. mit ihm zusammen", „solide Leistung, liefert pünktlich", Mandant), Dr. Hans Diekmann („ein wirklich guter Anwalt", Wettbewerber; Gesellschaftsrecht)
Team: 5 Partner, 4 Counsel, 6 Associates, 1 of Counsel
Schwerpunkte: Aufsichtsrechtl. Themen, auch mit kapitalmarktrechtl. Bezug. Lfd. ▷*Gesellschaftsrecht* u. ▷*M&A*. Umfangr. Erfahrung im Run-off-Geschäft, Implementierung von CTA, versicherungsrechtl. Streitigkeiten. Auch ▷*Compliance*, Steuer-, Datenschutz- u. ▷*Arbeitsrecht* inkl. bAV.
Mandate: M&A: Ergo-Gruppe bei Verkauf von Globality Health an Foyer; Frankfurter Leben u.a. bei Kauf der Generali Deutschland Pensionskasse (GDPK); Swiss Life Dtl. bei Kauf von Franke u. Bornberg Research inkl. Vers.Diagnose; Athora bei Kauf des DWL-Portfolios von Axa; Zürich Beteiligungs-AG bei Verkauf von Lebensversicherungssparte an Viridium. **Gesellschafts- u. Aufsichtsrecht:** Canada Life Irish bei Joint Venture mit JDC u. Bain Capital zum Kauf von Versicherungsmaklern/-agenturen in Dtl. u. Österr.; internat. Großbank regulat. zu Deri-

Anwaltszahlen: Angaben der Kanzleien, wie viele Anwälte zu mind. ca. 50 % in diesem Gebiet tätig sind. Sie spiegeln nicht zwingend die Gesamtgröße einer Kanzlei wider.

vateeinsatz durch Lebensversicherer; Sven Erichsen im Zshg. mit Maklerunternehmen Erichsen; Münchener Rück zu versicherungsaufsichtsrechtl. Compliance bei Anlage in Infrastrukturfonds. Lfd.: Dt. Betriebsrenten Holding, Trupanion.

Versicherungsrecht: Unternehmensbezogene Beratung

★★★★★	
Allen & Overy	Düsseldorf, Frankfurt
Freshfields Bruckhaus Deringer	München, Frankfurt
Hengeler Mueller	Düsseldorf, Frankfurt
Linklaters	Frankfurt, München, Düsseldorf
★★★★	
Hogan Lovells	Düsseldorf, Frankfurt, München
★★★	
BLD Bach Langheid Dallmayr	Köln, München
Clifford Chance	Frankfurt, München
Clyde & Co	Düsseldorf, München
DLA Piper	Köln, Frankfurt, München
Gleiss Lutz	Stuttgart, München, Frankfurt
★★★	
Noerr	Düsseldorf, München, Frankfurt
Oppenhoff & Partner	Köln
★★	
CMS Hasche Sigle	Köln
Taylor Wessing	Düsseldorf, Hamburg, München
★	
Dentons	Frankfurt
Herbert Smith Freehills	Düsseldorf
Norton Rose Fulbright	Düsseldorf

Die Auswahl von Kanzleien und Personen in Rankings und tabellarischen Übersichten ist das Ergebnis umfangreicher Recherchen der JUVE-Redaktion. Sie ist in 2erlei Hinsicht subjektiv: Die Aussagen der befragten Quellen sind subjektiv u. spiegeln deren Erfahrungen u. Einschätzungen. Die JUVE-Redaktion wiederum analysiert die Rechercheergebnisse unter Einbeziehung ihrer eigenen Marktkenntnis. Der JUVE Verlag beabsichtigt keine allgemeingültige oder objektiv nachprüfbare Bewertung. Es ist möglich, dass eine andere Recherchemethode zu anderen Ergebnissen führt. Innerhalb einzelner Gruppen in Rankings und tabellarischen Übersichten sind Kanzleien und Personen alphabetisch sortiert.

BLD BACH LANGHEID DALLMAYR

Unternehmensbezogene Beratung ★★★
Versicherungsrecht: Produktberatung ★★★★★

Bewertung: Die unternehmensbezogene Beratung von Versicherern ist fest verwoben mit der umfangreichen u. marktprägenden prozessualen Vertretung in haftungs- u. deckungsrechtl. Streitigkeiten. Dass ein Großteil der dt. Krankenversicherer in den Verfahren um Beitragsanpassungen vielfach auf das Team setzt, ist hierfür ein Beleg. Die Praxis ist ebenso involviert in die Beratung zu Fragen infolge der rapiden Zinsschritte der Europäischen Zentralbank 2023 u. zur Digitalisierung in der Versicherungsbranche. Der starken Beratungs- und Prozesstätigkeit für Versicherungsunternehmen entspricht ein Ausbau beim Personal. Ein Wettbewerber lobte insbesondere, dass die Praxis im Frühjahr 2022 einen anerkannten Versicherungs- u. Aufsichtsrechtler von einer Hochschule als Counsel holte.

Stärken: Marktführende Position im prozessualen ▷*Versicherungsvertragsrecht* u. in der -produktberatung, daraus tiefes Verständnis der Branche.

Oft empfohlen: Dr. Joachim Grote („im Aufsichtsrecht exzellent", Mandant), Dr. Martin Schaaf (beide Aufsichtsrecht)

Team: 16 Partner, 9 Counsel, 46 Associates, 3 of Counsel

Schwerpunkte: Aufsichtsrechtl. Konzernstrukturierung, Rückstellungen u. Rückversicherungsfragen, Kapitalausstattung, Versicherungskartellrecht, Compliance, bAV- u. vertriebsrechtl. Themen, Produktentwicklung. Regelm. Vorstände ggü. der BaFin. Kooperation mit Deloitte u. internat. Legalign-Partnern, vertieft mit DAC Beachcroft.

Mandate: Gesellschafts- u. Aufsichtsrecht: Ministerium bei Gründung u. lfd. Überwachung einer Sicherungseinrichtung; div. Krankenversicherer in Verfahren um Beitragsanpassungen inkl. Sammelklage- u. Güteverfahren; internat. Lebensversicherer zu europ. Nachhaltigkeitsvorgaben; Lebensversicherer zu konzernrechtl. Neustrukturierung; Lebensversicherer, Pensionskassen, Zusatzversorgungskassen u.a. zu Zinstief und -erhöhungen. **Produktberatung:** Versicherer u. Insurtechs zu digitalen Geschäftsmodellen; div. Lebens- u. Krankenversicherer zu neuen Produkten sowie in Verbandsklagen um Fitness- u. Gesundheitsaktivitäten im Zshg. mit Überschussbeteiligung; Insurtech zu parametrischen Versicherungen (Cloud-Ausfälle u. Wetterversicherungen); Versicherer zu neuen Bedingungen für Warenkreditversicherungen.

CLIFFORD CHANCE

Unternehmensbezogene Beratung ★★★

Bewertung: Die unternehmensbezogene Beratung von Versicherern ist bei der Kanzlei anders als bei Wettbewerbern wie Linklaters oder Freshfields stark auf die Kapitalanlage durch Versicherer ausgerichtet. Im M&A-Bereich waren die Berater zuletzt u.a. bei internat. Transaktionen in der Vermittlerbranche gefragt, etwa dem Kauf von Luko Cover durch Stammmandantin Admiral. Statt eines eigenen, gesellschafts- u. aufsichtsrechtl. ausgerichteten Kernteams liegt die Mandatsarbeit überwiegend bei den Financial-Services-Spezialisten in den M&A-, Immobilien-, Investment- u. Steuerrechtspraxen. In der Folge bemängeln Wettbewerber, der Kanzlei fehle ein klarer Branchenschwerpunkt. Mandanten aus der Versicherungsbranche loben dagegen insbes. das hervorragende Know-how der Investment- u. Steuerrechtspraxis. Strateg. wichtig ist der Zugang eines Partners im IT-Recht im Sommer, durch den die Kanzlei u. die Praxis endlich an Schlagkraft bei Digitalisierungsthemen gewinnen können.

Stärken: Kapitalanlagen, insbes. Immobilien u. Infrastruktur; enge Verbindung zu den Londoner u. Luxemburger Büros.

Oft empfohlen: Dr. Thomas Krecek, Dr. Christian Keilich (Immobilien), Marco Simonis („eine Koryphäe auf seinem Gebiet", „exzellent", Mandanten; Investment-/Steuerrecht)

Team: 7 Eq.-Partner, 2 Counsel, 2 Associates

Schwerpunkte: Beratung zu sämtl. unternehmensbezogenen Fragen von Versicherern, insbes. enge Zusammenarbeit mit den ▷*Immobilien-*, ▷*Investment-*, ▷*Aufsichts-* u. Steuerrechtlern. Auch ▷*M&A* u. ▷*Finanzierungen*.

Mandate: M&A: Swiss Re bei Verkauf von Movingdots an Powerfleet; Admiral u.a. bei Erwerb von Luko Cover; American Bankers Insurance bei Series-B-Finanzierungsrunde für Grover; Assurant bei Verkauf ihrer Simplesurance-Beteiligung an Allianz X; Dt. Bank bei €750-Mio-Tier-2-Anleihe von Hannover Rück. **Gesellschafts- u. Aufsichtsrecht:** BdB u.a. zu Versicherungsansprüchen im Insolvenzverfahren der Greensill Bank u. ihrer Töchter in GB u. Australien; Pimco Prime Real Estate (ehem. Allianz Real Estate) bei Joint Venture mit Heimstaden Bostad; Copenhagen Infrastructure Partners bei Auflegung von CI Energy Transition Fund I; dt. u. ausl. Versicherer lfd. bei Kapitalanlagen; Axa-Tochtergesellschaften bei Private-Equity-Investitionen; Generali Real Estate u. Meag je bei Immobilientransaktionen in Dtl.; dt. Versicherer zu Anbindung von fondsgebundenen Lebens- u. Rentenversicherungen an Infrastrukturfonds; internat. Versicherer bei Restrukturierung der Immobilieninvestments; internat. Versicherer bei Öffnung eines Immobilien-Anlagevehikels für Drittinvestoren; global tätiger Versicherer zu EU-Nachhaltigkeitsberichterstattung; Assistance- u. Versicherungsdienstleister bei Einführung eines CRM-Systems.

CLYDE & CO

Unternehmensbezogene Beratung ★★★
Versicherungsrecht: Produktberatung ★★★★★

JUVE 2023 AWARDS
Kanzlei des Jahres für Versicherungsrecht

Bewertung: Die unternehmensbezogene Beratung in der Versicherungsbranche ist eng angelehnt an das operative Geschäft der Unternehmen – etwa in der Entwicklung neuer Produkte

Anwaltszahlen: Angaben der Kanzleien, wie viele Anwälte zu mind. ca. 50% in diesem Gebiet tätig sind. Sie spiegeln nicht zwingend die Gesamtgröße einer Kanzlei wider.

sowie in haftungs- u. deckungsrechtl. Auseinandersetzungen. Deutlich gewachsen ist die Beratung zu Cyberversicherungen u. -schäden, sodass die Kanzlei im Frühsommer Malek zum 2. Partner im IT-Recht ernannte; ein Mandant lobt u.a. dessen „große Einsatzbereitschaft". Auch die ESG-Vorgaben der EU sorgten zuletzt für Mandate, etwa zum Umgang mit den Regeln in vorvertragl. Informationen zu fondsgebundenen Lebensversicherungen eines osteurop. Versicherers. An der Schnittstelle von Gesellschafts-, Aufsichts- und Vertriebsrecht berät das Team zudem Versicherer u. Vertriebsorganisationen zum Markteintritt in Deutschland.
Stärken: Internat. herausragende Marktstellung; umf. Branchenkompetenz u. enge Zusammenarbeit mit ausl. Standorten.
Oft empfohlen: Dr. Henning Schaloske („sehr gut in allen Facetten des Haftungs- und Versicherungsrechts", Mandant), Dr. Tanja Schramm, Eva-Maria Barbosa („sehr gute Verhandlerin, pragmatische Lösungen", Mandant)
Team: 5 Eq.-Partner, 3 Counsel, 6 Associates
Schwerpunkte: Beratung u. ▷*Vertretung in Schadenfällen*, oft im Bereich D&O, Produkthaftung u. Regress. Versicherer u. Versicherungsmakler zum Aufsichts-, Vertriebs- u. Steuerrecht. Produktentwicklung.
Mandate: Gesellschafts- u. Aufsichtsrecht: Runoff-Plattform, u.a. zu ‚Loss Portfolio Transfer Agreement'; US-Gewerbeversicherer bei Markteintritt in Dtl.; Minderoo Foundation gutachterl. zu ESG-Risiken aus Plastikeinsatz; internat. Versicherer zu ESG-Vorgaben für AVB u. vorvertragl. Informationen für fondsgebundene Lebensversicherungen. **Versicherungsvertrieb:** internat. Versicherer in Auseinandersetzung mit Vermittler, u.a. um Übertragung eines Bestands auf neuen Dienstleister; Versicherer zu sanktionsrechtl. Pflichten im Umgang mit Prämien eines Versicherungsnehmers; Versicherergemeinschaft bei Markteintritt in weitere EU-Länder; Versicherer zu Kooperation mit Makler. **Produktberatung:** Versicherer aufsichts- u. vertragsrechtl. zu Cyberwording; europ. MGA zu Kriegsklauseln in div. Sparten; dt. Versicherer sanktionsrechtl. zu Rückversicherung einer russ. Police; Softwareanbieter zu ‚Embedded Insurance'-Produkten; Kreditversicherer, u.a. zu Folgen des Ukraine-Kriegs u. der EU-Sanktionen im Zahlungsverkehr sowie zum Versicherungsschutz für Kryptowährungsgeschäfte; Kreditversicherer zu Sanktions- u. Embargoklauseln; Versicherer zu rückversicherungsvertragl. Klauseln; div. Versicherer bei Cyberangriffen als Coverage Counsel.

Versicherungsrecht: Produktberatung

★★★★★	
BLD Bach Langheid Dallmayr	Köln, München, Frankfurt, Berlin, Karlsruhe, Leipzig
Clyde & Co	Düsseldorf, Hamburg, München
DLA Piper	Köln, München
★★★★	
CMS Hasche Sigle	Köln
★★★	
Noerr	Düsseldorf
★★	
Taylor Wessing	Düsseldorf, München
★	
Dentons	Frankfurt

Die Auswahl von Kanzleien und Personen in Rankings und tabellarischen Übersichten ist das Ergebnis umfangreicher Recherchen der JUVE-Redaktion. Sie ist in 2erlei Hinsicht subjektiv: Die Aussagen der befragten Quellen sind subjektiv u. spiegeln deren Erfahrungen u. Einschätzungen. Die JUVE-Redaktion wiederum analysiert die Rechercheergebnisse unter Einbeziehung ihrer eigenen Marktkenntnis. Der JUVE Verlag beabsichtigt keine allgemeingültige oder objektiv nachprüfbare Bewertung. Es ist möglich, dass eine andere Recherchemethode zu anderen Ergebnissen führt. Innerhalb einzelner Gruppen in Rankings und tabellarischen Übersichten sind Kanzleien und Personen alphabetisch sortiert.

CMS HASCHE SIGLE

Unternehmensbezogene Beratung ★★
Versicherungsrecht: Produktberatung ★★★★

Bewertung: In der Beratung der Versicherungsbranche hat die Praxisgruppe eine neue Seite aufgeschlagen, denn sie hat seit Anfang 2023 einen 2. Partner. Die zentralen Beratungsfelder, das Aufsichts- u. das Vertriebsrecht, decken beide Anwälte ab. Der renommierte Partner Schnepp konzentriert sich stärker auf regulator. Themen, während sich Maur vor allem Vertriebsfragen u. der Beratung von Insurtechs widmet. Zu den wichtigen Mandanten gehörte erneut der Greensill-Insolvenzverwalter Frege aus der eig. Kanzlei, den das Team u.a. zu kreditversicherungsrechtl. Fragen berät. Auf die Praxis setzen jedoch ebenso Investoren, darunter Cadence Growth Capital beim Einstieg in den Krankenversicherer Ottonova, u. ausl. Versicherer, die einen Markteintritt in Dtl. anstreben. Einen wesentl. Anteil am Geschäft hat auch die produkt- u. vertriebsbezogene Beratung, die u.a. durch das EuGH-Urteil zu Gruppenversicherungen neue Nahrung erhielt.
Stärken: Erfahrung mit internat. Versicherern.
Oft empfohlen: Dr. Winfried Schnepp („gezielte, effiziente u. praktisch umsetzbare Beratung", „stets ansprechbar u. sehr konstruktiv", Mandanten)
Team: 2 Partner, 3 Counsel, 3 Associates
Schwerpunkte: Lfd. aufsichts- u. steuerrechtl. sowie branchenbezogene Beratung. ▷*M&A*, ▷*Immobilien* u. Outsourcing-Projekte, hier Schnittstelle zur anerkannten ▷*IT*-Praxis, insbes. Datenschutz u. Cyberrisiken. Ausl. Versicherer zu Markteintritt. Anschluss an fachbereichsübergr. ▷*Compliance*.
Mandate: M&A: Cadence Growth Capital bei Einstieg bei Ottonova; Allianz Real Estate aufsichtsrechtl. bei 4 Immobilientransaktionen. **Gesellschafts- u. Aufsichtsrecht:** Autohersteller aufsichts- u. steuerrechtl. zu Mobilitätsgarantie; Versicherungsvertreter bei Gründung u. Erlaubnisverfahren; lfd. EU-Versicherer aufsichtsrechtlich. **Versicherungsvertrieb:** dt. Versicherungsgruppe zu Kooperation mit Mehrfirmenvertreter; dt. Tochter eines EU-Versicherers zu Kfz-Reparaturkostenversicherung; Versicherer zu Beendigung der Zusammenarbeit mit Sberbank (Europe); lfd.: Zürich Deutschland, Huk Coburg, Anbieter von Tierkrankenversicherungen, Online-Bank. **Betriebl. Altersvorsorge:** Pensionskasse ggü. BaFin zu Garantiezins für Neugeschäft. **Weitere:** Signal Iduna Lebensversicherung zu Partnerschaft mit Google; Kreditversicherer zu sanktionsrechtl. Bewertung von Versicherungsschutz; Insolvenzverwalter der Greensill Bank u.a. kreditversicherungsrechtlich; lfd.: Münchener Rück, Porsche, Albatros Versicherungsdienste, Axa Partners (Dtl.), Delvag, Erwin Himmelseher Assekuranz-Vermittlung, Inter Partner Assistance, Lemonade, Lombard Internat. Assurance, MSIG Insurance Europe, Octium Life.

DENTONS

Unternehmensbezogene Beratung ★
Versicherungsrecht: Produktberatung ★

Bewertung: In der unternehmensbezogenen Beratung von Versicherern hat die internat. Großkanzlei in den vergangenen Jahren einen beachtlichen Aufbau geleistet. Als Partner steht dafür der inhouseerfahrene Goretzky, dessen Mandantschaft eine ausgewogene Mischung aus internat. Dentons-Kunden u. eigenen Kontakten ausmacht. Ein exzellentes Beispiel dafür ist die jahrelange Beratung der Uniqa-Tochter Cherryhub bei der Einführung mehrerer digital vertriebener Versicherungsprodukte in Dtl., zuletzt in den Segmenten Hausrat- und Auslandskrankenversicherung. Namh. Mandanten wie die Allianz u. UPC Capital setzen auch bei strateg. u. akuten Fragen auf das Team, etwa zu vertriebs- u. datenschutzrechtl. Vorgaben u. zu Kriegsklauseln. Eine Mandantin lobt insbesondere die hervorragende Zusammenarbeit mit den Frankfurter Gesellschaftsrechtlern.
Stärken: Versicherungsaufsichts-, Vertriebs- u. Vertragsrecht.
Oft empfohlen: Dr. Kai-Michael Goretzky („super Berater", Mandant)
Team: 1 Partner, 2 Associates im Kernteam
Schwerpunkte: Gesellschafts-, aufsichts- u. vertriebsrechtl. Beratung von Versicherern, Dienstleistern (Banken, Vermittlern) sowie Industrie- u. Dienstleistungsunternehmen, oft gemeinsam mit ▷*gesellschafts-*, ▷*kartell-*, ▷*arbeits-* u. steuerrechtl. Praxen. Daneben umfangreiche W&I-Beratung.
Mandate: Gesellschafts- u. Aufsichtsrecht: Cogitanda zu Gestaltung der Mitversicherungsgemeinschaft, zu interner Reorganisation u. aufsichtsrechtl. zu Vertriebsfragen; UPS Capital lfd. versicherungs- u. aufsichtsrechtl.; Ambridge u.a. gesellschafts- u. aufsichtsrechtl. bei Umsetzung der Post-Brexit-Struktur; Finlex zu Erweiterung des Geschäftsmodells (auch steuerrechtl.); Nissan Internat. Insurance aufsichtsrechtl. zu Vertriebsstruktur; Gothaer Finanzholding lfd. zu Struktur einer Kfz-Oldtimer-Versicherung. **Versicherungsvertrieb:** ABN Amro zu

Anwaltszahlen: Angaben der Kanzleien, wie viele Anwälte zu mind. ca. 50% in diesem Gebiet tätig sind. Sie spiegeln nicht zwingend die Gesamtgröße einer Kanzlei wider.

Kundenberatungsprozess für Nachhaltigkeitspräferenzen bei Lebensversicherungsprodukten; Allianz zu IDD-Beratungspflichten u. datenschutzrechtl. Vorgaben. **Betriebl. Altersvorsorge:** BG Kliniken betriebsrentenrechtlich. **Produktberatung:** Cherryhub lfd., u.a. zu Einführung von Auslandskranken- u. Hausratversicherung; Pinnacle Pet Group zu europ. Versicherungsprodukt für Tierarztkosten; Vivy datenschutzrechtl. zu ww. Einführung von Plattform für Medizindienstleistungen; Baloise Vie (Luxemburg) u. Prisma Life je zu individual. Lebensversicherungsverträgen.

DLA PIPER

Unternehmensbezogene Beratung ★★★

Versicherungsrecht: Produktberatung ★★★★★

Bewertung: Die Stärke der Praxis für die unternehmensbezogene Beratung von Versicherern liegt im Gesellschafts- u. Aufsichtsrecht. Mandanten heben hervor, dass die Berater „fachlich allesamt sehr erfahren" sind u. auf ein exzellentes internat. Netzwerk zurückgreifen können. Dieses kam u.a. bei der Arbeit für einen ausl. Versicherer bei einem Life-Science-Wording für den österr. Markt ins Spiel. Dass das Zusammenspiel von gesellschafts- u. aufsichtsrechtl. Experten nahtlos funktioniert, belegen mehrere hochkarätige Mandate von Versicherern u. Pensionskassen zu Compliance u. BaFin-Vorgaben. Insbes. im Segment Lebensversicherung u. betriebl. Altersvorsorge hat die Praxis mit Bähr u. Baroch Castellvi 2 Spezialisten an Bord, deren Renommee bei Mandanten u. Wettbewerbern gleichermaßen anerkannt ist. Ein auf Transaktionen ausgerichtetes Team könnte die bestehenden Beratungsschwerpunkte, darunter im Bereich IT/Datenschutz, ergänzen.

Stärken: Aufsichtsrecht mit sehr enger Anbindung an Gesellschaftsrechts-, IT-, Datenschutz- u. Prozesspraxen (▷*Konfliktlösung*) sowie an internat. Kanzleistandorte.

Oft empfohlen: Dr. Gunne Bähr („routiniert, sympathisch u. lösungsorientiert", Mandant; „top", Wettbewerber; Aufsichtsrecht), Jan Pohle („stellt standortübergreifend einen konsistenten Service auf höchstem Niveau sicher", „erfahren u. ganz unaufgeregt pragmatisch", Mandanten; IT-Recht), Manuel Baroch Castellvi („fachl. sehr gut, stets ansprechbar u. sehr konstruktiv", Mandant; „Lebensversicherungsrecht ist ohne ihn nicht denkbar", Wettbewerber)

Team: 5 Partner, 5 Counsel, 7 Associates, 1 of Counsel

Schwerpunkte: Lfd. aufsichtsrechtl. u. marktbezogene Beratung, ▷*Versicherungsvertrags*- u. Vermittlerrecht, transaktionsbegleitend (auch Run-off) u. bei Umstrukturierungen (▷*Gesellsch.recht*, ▷*IT u. Datenschutz*). Produktspezif. häufig mit Steuerrecht integriert; BaFin-Themen, ▷*Compliance* u. Organhaftung.

Mandate: Gesellschafts- u. Aufsichtsrecht: Versicherungsverein u.a. aufsichtsrechtl. bei Cybervorfall; Erstversicherer zu Auslagerungsverträgen u. -strukturen; Companjon zu div. Kooperationen; Reiseveranstalter zu Sicherheiten ggü. Dt. Reisesicherungsfonds; Dienstleister zur Strukturierung eines Cyber-Schadenregulierers; Versicherer zu Compliance, u.a. ggü BaFin; Spezialversicherer ggü. BaFin wg. beabsichtigter Geschäftsleitermaßnahmen; Schweizer Versicherer u.a. zur Compliance internat. Versicherungsprogramme; Asset-Manager zu Kapitalanlagevorgaben eines Versorgungswerks; lfd. Zurich Insurance. **Betriebl. Altersvorsorge:** Pensionskasse zu Leistungsherabsetzung; Pensionskasse bei Abwehr von Auskunfts- u. Schadenersatzansprüchen. **Versicherungsvertrieb:** Finanzberater zu Vertriebsvergütung u.a. ggü. BaFin; Versicherer zu dt. u. niederl. MAG-Struktur; div. Versicherer zu Gruppenversicherungsstrukturen. **Produktberatung:** Autobauer u.a. versicherungsrechtl. zu Auto-Abonnements; Industrieversicherer zu Haftpflichtverträgen; Versicherer u.a. zu Lösung von D&O-Vertrag u. zu Life-Science-Wording für österr. Markt (mit DLA Piper Weiss-Tessbach).

FRESHFIELDS BRUCKHAUS DERINGER

Unternehmensbezogene Beratung ★★★★★

Bewertung: Markenzeichen der Beratung von Versicherungsunternehmen ist die transaktionelle Stärke der Praxis. Bei branchenrelevanten Deals gehört das Team um Heukamp zum engen Zirkel an der Marktspitze. Beispiele waren zuletzt die lang laufenden Run-off-Transaktionen in den Lebenssparten von Zürich u. Axa. Dass Mandanten auf das ausgeprägte Know-how der Berater setzen, zeigte zuletzt auch das Mandat zu Strukturveränderungen bei der Zürich Beteiligungs-AG, die ihren statuarischen u. Verwaltungssitz von Irland nach Dtl. verlegte. Wiederholt beschäftigten die Praxis auch Angelegenheiten im Nachgang zum Brexit, etwa bei Strukturveränderungen bei Maklern u. (Rück-)Versicherern. Dass der Aufsichtsrechtsspezialist Benzing aus der Partnerschaft im Frühsommer ausschied, macht allerdings in der regulator. Beratung einen gewissen Neuaufbau nötig. Die Weichen sind dafür schon gestellt, da die Praxis eigene Nachwuchskräfte vorweisen kann.

Stärken: Ausgeprägte fachübergr. u. internat. Zusammenarbeit.

Oft empfohlen: Dr. Wessel Heukamp

Team: 7 Partner, 1 Counsel, 13 Associates

Schwerpunkte: ▷*M&A* u. ▷*Gesellsch.recht*, oft grenzüberschr. Sachverhalte sowie aufsichts- u. vertragsrechtl. Beratung; Strukturierung von Kapitalanlagen für Versicherer. Auch ▷*Compliance*, Pensions- (▷*Arbeitsrecht*) u. Embargothemen.

Mandate: M&A: Cinven/Viridium lfd. bei Kauf von Run-off-Portfolio der Zürich-Sparte Leben u. als Bieterin für DWL-Portfolio der Axa; Allianz X bei Kauf der Innovation Group. **Gesellschafts- u. Aufsichtsrecht:** Zürich Beteiligungs-AG bei Verlegung des Sitzes der Sachversicherungsgesellschaft nach Dtl., bei Ausweitung der Kooperation mit Dt. Bank auf deren Tochter Postbank u. bei Verlängerung von exkl. Partnerschaft mit DWS; internat. Versicherer zu umfangreich. Expansion seiner Sachversicherungstochter; internat. Makler bei Brexit-bedingter Restrukturierung; Rückversicherer zu Brexit-Folgen im Vertrieb u. der Geschäftsorganisation; Industrieversicherer zu Beratungs- u. Zeichnungstätigkeit nach Brexit; Bank zu Vermittlerlizenz u. Passporting nach Italien u. Spanien; Finanzdienstleister regulator. zu Zulässigkeit von Produkten; Caterer zu Übertragung von Pensionsverpflichtungen auf Dienstleister. **Prozesse:** Zürich Insurance (Dtl.) als Kundengeldabsicherer im Zshg. mit der Insolvenz von Thomas Cook, u.a. in Zivilverf. gg. dt. Regierung.

GLEISS LUTZ

Unternehmensbezogene Beratung ★★★

Bewertung: In der Beratung von Versicherern macht die Praxis um Harzenetter beharrlich Fortschritte u. ist inzw. in Transaktionen zu sehen, die in branchenrelevante Felder wie Digitalisierung fallen. Ein Beleg dafür ist die Arbeit für Stammmandantin Münchener Rück beim Kauf des Insurtechs Apinity von der Allianz-Tochter Syncier. Hier kam auch die nahtlose Zusammenarbeit mit anderen Praxisgruppen wie IP/IT- u. Datenschutzrecht zum Tragen. Die Stärke des Teams in Compliance-Angelegenheiten untermauert das Mandat des HDI-Aufsichtsrats bei der Emission von 2 Anleihen über €1,25 Mrd durch die Tochter Talanx. Anders als die meisten Wettbewerber hat die Praxis auch einen Schwerpunkt in der Beratung gesetzl. Krankenversicherer. Sie ist jedoch nicht ausschl. beratend tätig, sondern vertritt Versicherer u. Unternehmen auch in zivil- u. aufsichtsrechtl. Auseinandersetzungen.

Stärken: Partner aus versch. Fachgebieten mit Branchenkenntnis.

Oft empfohlen: Dr. Tobias Harzenetter („sehr professionell", Mandant), Dr. Hansjörg Scheel (Gesellschaftsrecht), Dr. Ingo Brinker (Kartellrecht)

Team: 10 Eq.-Partner, rd. 20 Associates

Partnerwechsel: Dr. Christian Hissnauer (von Clifford Chance),

Schwerpunkte: Aufsichtsrecht u. ▷*Compliance*, ▷*Gesellschaftsrecht*, Umstrukturierungen, ▷*M&A*. Regelm. im ▷*Kartell-*, ▷*Beihilferecht* u. bei Prozessen (▷*Konfliktlösung*) sowie Schnittstellen zum ▷*Gesundheits-*, ▷*Arbeits-*, ▷*IT- u. Datenschutzrecht* u. zum Notariat. Fokus auch auf Beratung gesetzl. Krankenversicherer.

Mandate: M&A: Münchener Rück bei Kauf von Apinity von Allianz-Tochter Syncier. **Gesellschafts- u. Aufsichtsrecht:** HDI-Aufsichtsrat bei €1,25-Mrd-Finanzierungspaket für Talanx; ADAC u.a. lfd. zu

Versicherungsaufsichtsrecht

Allen & Overy (Düsseldorf)
Dr. Jan Schröder

BLD Bach Langheid Dallmayr (Köln)
Dr. Joachim Grote

CMS Hasche Sigle (Köln)
Dr. Winfried Schnepp

DLA Piper (Köln)
Dr. Gunne Bähr

DLA Piper (Köln)
Manuel Baroch Castellvi

Freshfields Bruckhaus Deringer (München)
Dr. Wessel Heukamp

Hogan Lovells (Düsseldorf)
Dr. Christoph Küppers

Linklaters (Linklaters)
Dr. Frederik Winter

Die Auswahl von Kanzleien und Personen in Rankings und tabellarischen Übersichten ist das Ergebnis umfangreicher Recherchen der JUVE-Redaktion. Sie ist in 2erlei Hinsicht subjektiv: Die Aussagen der befragten Quellen sind subjektiv u. spiegeln deren Erfahrungen u. Einschätzungen. Die JUVE-Redaktion wiederum analysiert die Rechercheergebnisse unter Einbeziehung ihrer eigenen Marktkenntnis. Der JUVE Verlag beabsichtigt keine allgemeingültige oder objektiv nachprüfbare Bewertung. Es ist möglich, dass eine andere Recherchemethode zu anderen Ergebnissen führt. Innerhalb einzelner Gruppen in Rankings und tabellarischen Übersichten sind Kanzleien und Personen alphabetisch sortiert.

Anwaltszahlen: Angaben der Kanzleien, wie viele Anwälte zu mind. ca. 50% in diesem Gebiet tätig sind. Sie spiegeln nicht zwingend die Gesamtgröße einer Kanzlei wider.

Compliance; AOK Bundesverband zu Reform des Personengesellschaftsrechts; Münchener Rück in Spruchverfahren zu Squeeze-out bei Forst Ebnath; lfd.: Ergo-Gruppe, Talanx, Versicherungskammer Bayern, Münchener Rück zu HV 2023 u. zu Gesellschafts- u. Kapitalmarktrecht, Allianz Asset Management geldwäscherechtlich. **Prozesse:** Wirecard-Insolvenzverwalter in Organhaftungsklagen gg. Vorstandsmitglieder u. in Auseinandersetzungen mit D&O-Versicherern; Ergo Group in gerichtl. Vgl. mit MediClin um überhöhte Mieten für Klinikgebäude.

HENGELER MUELLER

Unternehmensbezogene Beratung ★★★★★

Bewertung: In der unternehmensbez. Beratung von Versicherern hat Partner Eberlein das Ruder übernommen. Im Zentrum der Mandatsarbeit standen zuletzt hochkarätige, länger laufende Transaktionen wie der Verkauf des DWL-Portfolios, bei dem die Praxisgruppe den Versicherer Axa berät. Die nahtlose Zusammenarbeit mit anderen Praxen, etwa Kapitalmarktrecht u. Compliance, zeigte sich an der Beratung der Konzernmutter Allianz in den Ermittlungen von US-Behörden wg. Betrugsvorwürfen um Structured-Alpha-Produkte der dortigen Tochter AGI, die in einen US$849-Mio-Vergleich mündeten. Abseits dieser Ankermandate liegt eine Stärke der Praxis in der lfd. Beratung von namh. Versicherern wie Talanx u. dem neu geschaffenen Provinzial-Konzern in gesellschafts- u. aufsichtsrechtl. Angelegenheiten.

Stärken: Hervorragendes Verständnis im Aufsichts- u. Gesellschaftsrecht.

Oft empfohlen: Dr. Carl-Philipp Eberlein („schätze ihn", Wettbewerber)

Team: 11 Partner, 1 Counsel, plus Associates

Partnerwechsel: Dr. Daniel Wilm (aus Partnerschaft ausgeschieden)

Schwerpunkte: ▷*Gesellschaftsrecht*, ▷*M&A*, ▷*Investmentrecht* sowie ▷*finanzaufsichtsrechtl. Themen*. Regelm. ▷*Kartellrecht*.

Mandate: M&A: Axa lfd. bei €610-Mio-Verkauf des DWL-Portfolios an Athora; Generali Dtl. bei Verkauf von Minderheitsbeteiligung an Proxalto Lebensversicherung an Viridium. **Gesellschafts- u. Aufsichtsrecht:** Allianz bei US$849-Mio-Vergleichen mit SEC u. US-Department of Justice i.S. Structured-Alpha; Extend regulat. u. vertriebsrechtl. in Dtl.; lfd.: Axa, Talanx, Provinzial-Konzern, Wüstenrot & Württembergische, Generali Dtl., Huk Coburg.

HERBERT SMITH FREEHILLS

Unternehmensbezogene Beratung ★

Bewertung: Das dt. Versicherungsrechtsteam der internat. Großkanzlei nutzt geschickt den Hebel der Nachhaltigkeitsregulierung, um sich eine Mandantenbasis aufzubauen. Darunter sind Asset-Management-Töchter namh. Versicherer wie Generali u. Gothaer sowie Investmentgesellschaften. Deren Beratung zu Offenlegungs- u. Taxonomieverordnung ist bei Schmitz angesiedelt, die im Herbst 2021 gemeinsam mit Eltzschig von DLA Piper kam und damit die Praxis startete. Dahinter bleibt die Präsenz in der M&A-, gesellschafts- u. aufsichtsrechtl. Beratung bislang abseits der Kapitalanlage deutlich zurück.

Oft empfohlen: Heike Schmitz („proaktiv und lösungsorientiert", Mandant)

Team: 2 Eq.-Partner, 3 Associates

Schwerpunkte: Nachhaltigkeitsregulierung für Versicherer (SFDR, Taxonomie); auch Aufsichts- u. Gesellschaftsrecht ggü. der BaFin u. in der Kapitalanlage.

Mandate: M&A: Versicherer bei Co-Investment in Start-up. **Gesellschafts- u. Aufsichtsrecht:** Generali Real Estate zu EU-Sustainable-Finance-Strategie (SFDR, Taxonomie) für gesamtes Immobilien-Portfolio; Gothaer Asset Management zu EU-Sustainable-Finance-Strategie (SFDR, Taxonomie), aufsichtsrechtl. zu Kapitalanlage der Gothaer-Gruppe u. gesellschaftsrechtl. zu Investment in dt. Unternehmen, lfd.: Generali Investments, Art-Invest, Moorfield.

HOGAN LOVELLS

Unternehmensbezogene Beratung ★★★★

Bewertung: Die Praxis für die unternehmensbezogene Beratung von Versicherern punktet in der Branche mit ihrem Know-how, das Gesellschafts-, Aufsichts- und Steuerrecht vereint wie bei kaum einer anderen Wettbewerberin. In der Folge greifen namh. Unternehmen wie General Re u. Generali bei Angelegenheiten wie Strukturanpassungen u. Auslagerungen lfd. auf das Team zurück. Hinzu kommt das ausgezeichnete internat. Netzwerk, das es der Praxis erlaubt, Talanx bei Transaktionen wie dem Kauf des Sachversicherungsgeschäfts mit Privat- u. KMU-Kunden in 4 südamerikan. Ländern zu beraten. Das Team erweiterte die Praxis auf Counsel- u. Associate-Ebene deutlich, musste allerdings den Weggang eines erfahrenen Counsels hinnehmen. Das untermauert die Herausforderung, einen Generationswechsel auch auf Partnerebene schrittweise vorzubereiten.

Stärken: Steuerrechtl. Know-how, gute internat. Vernetzung.

Oft empfohlen: Birgit Reese, Dr. Christoph Louven (beide Gesellschaftsrecht), Dr. Christoph Küppers („sehr kompetent, breiter Erfahrungsschatz im Versicherungsbereich", Mandant)

Team: 10 Partner, 7 Counsel, 8 Associates

Schwerpunkte: ▷*Gesellschafts*- u. aufsichtsrechtl. sowie steuerrechtl. Beratung, insbes. bei Umstrukturierungen. Eigenkapitalfragen, Rückstellungen u. betriebl. Altersversorgung inkl. CTA; auch Outsourcing u. Asset-Management.

Mandate: M&A: Talanx bei €1,38-Mrd-Erwerb von Teilen des Liberty-Schadenversicherungsgeschäfts in Brasilien, Chile, Kolumbien u. Ecuador; Goldman Sachs bei Series-D-Finanzierungsrunde Xempus; Ideal Versicherungsgruppe bei Erwerb von Mylife Lebensversicherung u. Honorarkonzept; Axa IM Alts bei Verkauf des Mehrheitsanteils an ‚Techno-Campus'; Luwin Real Estate u. VKB bei Kauf von Immobilie ‚Marienplatz 20' in München. **Gesellschafts- u. Aufsichtsrecht:** Dell Technologies zu Berichtspflichten; Hesse Digital lfd., u.a. versicherungsaufsichts- u. gesellschaftsrechtl.; Signal Iduna lfd. zu Transformationsprozess ‚Vision2023'; lfd. General Re, Talanx, Generali-Gruppe, Gothaer-Gruppe, Newline Europe, ÖRAG, Roland Rechtsschutz, Provinzial Versicherungsgruppe, Viridium, Försäkringsaktiebolaget Agria. **Produktberatung:** Logistikunternehmen u. Jungheinrich je versicherungsrechtlich.

LINKLATERS

Unternehmensbezogene Beratung ★★★★★

Bewertung: In der Beratung der Versicherungsbranche zählt die renommierte Praxis zur Marktspitze u. ist immer wieder in richtungsweisenden Transaktionen u. Reorganisationen mandatiert. Dabei geht der Wirkungskreis deutlich über dt. Mandate u. Mandanten hinaus. Das belegt etwa der rechtl. Umbau bei dem Versicherer ‚Allianz Direkt' in den Niederlanden u. Spanien, für den Broichhausen als Partner zuständig war. Dass div. Unternehmen auf die Praxis in der Beratung zu neuen europ. u. globalen Rückversicherungsstrukturen setzen, ist ein weiterer Nachweis für das anerkannte, auch internat. Know-how. Neue Entwicklungen wie die Vorgaben aus dem LkSG u. der DORA schlagen sich in der Praxis schon in aktuellen Mandaten nieder. Bei den kommenden rechtl. Anpassungs- u. Umsetzungsschritten ist sie damit bereits erfahren u. punktet zudem mit der nahtlosen Anbindung an Rechtsgebiete wie das Fonds- u. Kapitalmarktrecht.

Stärken: Transaktionen im Versicherungsumfeld, Aufsichtsrecht (▷*Bank- u. Bankaufsichtsrecht*).

Oft empfohlen: Dr. Wolfgang Krauel („sehr angenehm, Top-Verhandler", Mandant), Dr. Frederik Winter („hohes, praxisnahes Know-how", Mandant; Aufsichtsrecht), Peter Waltz, Dr. Thomas Broichhausen („sehr gute Leistungen", Mandant)

Team: 10 Partner, 1 Counsel, 12 Associates

Schwerpunkte: Branchenspezif. ▷*Gesellschaftsrecht*, M&A, Vertrieb, Kapitalanlagen, Rückversicherung. Kapitalmarktrecht u. Eigenkapitalanforderungen (▷*Anleihen*, ▷*Börseneinführ. u. Kapitalerhöhung*), ▷*Investmentfonds*.

Mandate: M&A: Clark u.a. bei Übernahme des brit. Start-ups Anorak u. des Schweizer Maklers UB Partner sowie bei Erwerb der Finanzen.de-Gruppe von Allianz X u. deren Beteiligung an der Käuferin; lfd.: Element Insurance. **Gesellschafts- u. Aufsichtsrecht:** Allianz Direct bei rechtl. Konsolidierung in Spanien u. Niederlanden. **Weitere:** Munich Re bei grüner Nachranganleihe über US$1,25-Mrd; ADAC Finanzdienste bei Beendigung des Kreditkartengeschäfts mit LBB u. potenzieller Kooperation mit Solaris.

NOERR

Unternehmensbezogene Beratung ★★★

Versicherungsrecht: Produktberatung ★★★

Bewertung: Die Beratung von Versicherern setzt bei der Kanzlei auf ein breites Fundament auf, das weit über das Kernteam um Heitzer hinausreicht. Die enge Zusammenarbeit verschiedener Praxisgruppen in versicherungsrechtl. geprägten Mandaten ist folglich ein Markenzeichen. Diese Herangehensweise steht in Einklang mit dem Beratungsspektrum, das breit gefächert von M&A-Transaktionen über die versicherungsaufsichtsrechtl. Beratung bis zu produkt- u. vertriebsbezogenen Mandaten reicht. Dabei setzen nicht nur Unternehmen aus der Versicherungsbranche auf die Berater, sondern ebenso Industriekonzerne, etwa aus dem Automobil- u. Baustoffsektor. Das Know-how des Kernteams belegen strateg. wichtige Mandate von Versicherern zur IT-Infrastruktur, darunter Debeka, u. zu den Verwerfungen aufgrund der jahrelangen Niedrigzinsen etwa bei Pensionskassen.

Oft empfohlen: Dr. Thomas Heitzer

Team: 9 Eq.-Partner, 3 Sal.-Partner, 4 Associates

Partnerwechsel: Prof. Dr. Kai-Michael Hingst (Ruhestand)

Schwerpunkte: Lfd. Beratung im ▷*Gesellschafts*- u. Aufsichtsrecht sowie ▷*M&A* u. Kapitalanlage (inkl. ESG-bezogener Beratung). Zudem Finanz- u. ▷*Kartellrecht*, IT-Outsourcing, Datenschutz, ▷*Arbeits-*

Anwaltszahlen: Angaben der Kanzleien, wie viele Anwälte zu mind. ca. 50% in diesem Gebiet tätig sind. Sie spiegeln nicht zwingend die Gesamtgröße einer Kanzlei wider.

recht, bAV u. ▷*Vertriebsrecht*. ▷*Konfliktlösung* u. produktbez. Beratung.
Mandate: M&A: BBV bei Ausgliederung u. Verkauf von Insign an BSI Business Systems Integration; Syncier bei Verkauf von Apinity an Münchener Rück; niederl. Spezialversicherer bei Verkauf von Dtl.-Geschäft; Getsafe bei €55-Mio-Erweiterung der Series-B-Finanzierung; Heycar bei Einstieg durch Allianz X u. Vertriebskooperation mit Allianz Partners; LVM bei Neuordnung der AAB; Ergo-Gruppe versicherungsrechtl. bei €140-Mio-Refinanzierung des Maas-Towers in Rotterdam; lfd.: BVK u.a. zu AIF-Investments. Gesellschafts- u. Aufsichtsrecht: Debeka bei Erneuerung der Kern-IT-Landschaft in der Krankenversicherung u. angrenzenden Systemen; Versicherer bei Auslagerung an internat. Technologiekonzern; Erstversicherer bei Übertragung eines UBR-Bestands im Run-off an Dienstleister; Bank zu Vertrieb von Restschuldversicherungen; Immobilienunternehmen zum Lebensversicherungsrecht ggü. BaFin; 6 Krankenversicherungen zu gemeinsam. Leistungsmanagement; Pensionskasse zu IT-Verträgen. Betriebl. Altersvorsorge: Pensionskasse weiter bei Umstrukturierung, Bestandsübertragung u. gepl. Liquidation; Pensionskasse u.a. bei Neustrukturierung u. Geltendmachung von Ansprüchen gg. Trägerunternehmen; Versorgungskasse zu Bestandsübertragung u. ggü. BaFin. **Versicherungsvertrieb:** frz. Versicherer zu Rahmenvertrag für Vermittlung von Restschuldversicherungen; niederl. Fahrradversicherer u.a. zu Diebstahlversicherung. Produktberatung: GB-Versicherer zu dt. Recht bei Versicherung gg. polit. Risiken; Verband zur Versicherbarkeit von Lösegeldzahlungen unter Cyberversicherung; Baustoffhersteller bei Neugestaltung von Klauseln im Versicherungsprogramm; VTB Bank (Europe) u.a. zu D&O-Versicherungsschutz bei Geschäftsabwicklung; div. Finanzdienstleister sowie Geschäftsführer eines Industriebetriebs zu D&O-Versicherungsschutz; Pensionskasse zu neuem Tarif u. Satzungsänderung.

NORTON ROSE FULBRIGHT

Unternehmensbezogene Beratung ★

Bewertung: In der unternehmensbezogenen Beratung von Versicherern hat die Kanzlei durch den Zugang von Fischer als Partnerin einen Beratungsschwerpunkt neu angeschoben. Ein Wettbewerber stuft den Wechsel als „mutigen, aber nicht überraschenden Schritt" ein. Die Neupartnerin u. ihr kleines Kernteam zeichnet ein ansehnl. Mandatsaufkommen aus, das sich aus Transaktionen u. regulat. getriebenen Fragen speist, insbes. zu Erlaubnispflichten im grenzüberschr. Versicherungsgeschäft. Das umfangr. internat. Netzwerk an NRF-Standorten kommt dabei zum Tragen. An den Schnittstellen zum Bank- u. Finanzaufsichtsrecht sowie zum Fondsrecht herrscht dagegen durch mehrere Wechsel auf Partnerebene eine Unruhe, deren Folgen für den Geschäftsaufbau noch unklar sind.
Stärken: Kooperation mit umfangreichem Netzwerk internat. Standorte
Oft empfohlen: Anne Fischer
Team: 1 Eq.-Partner, 1 Associate, 1 of Counsel
Partnerwechsel: Anne Fischer (von Allen & Overy)
Schwerpunkte: Aufsichts- u. gesellschaftsrechtl. Beratung von Versicherern, Vermittlern u. Insurtechs, u.a. zu neuen Geschäftsmodellen u. -einheiten, häufig mit Anknüpfungspunkten im Wettbewerbs-, Steuer-, Kartell-, Arbeits- u. Datenschutzrecht. Verstärkt M&A in der Versicherungsbranche.
Mandate: M&A: Zürich Dtl. bei Verkauf des Lebensversicherungsgeschäfts an Viridium (mit Allen & Overy); Alteigner bei Verkauf von Kentro Capital an Brown & Brown zu dt. Recht; Siriuspoint bei Minderheitsbeteiligung an Cogitanda; PIB Group u.a. bei Kauf von SG Iffoxx; Industriemakler bei geplant. Erwerb von Wettbewerbern. **Gesellschafts- u. Aufsichtsrecht:** Element Insurance bei Abschluss des aufsichtsrechtl. Verfahrens zur Bestandsübernahme der Mailo Versicherung; Net-Zero Insurance Alliance u.a. aufsichtsrechtl.; Schweizer Lebensversicherer zu Rückversicherungsgeschäft in 25 Ländern; frz. Tochter eines internat. Versicherers u.a. zu BaFin-Anfrage zu Reiseversicherung; Asset-Manager eines europ. Versicherers zu ESG-bezogenem ‚Collaborative Shareholder Engagement'; lfd.: HUK-Coburg, div. Insurtech-Unternehmen zu Expansionsplänen. **Versicherungsvertrieb:** Online-Reiseversicherer zu Garantieprodukten in Dtl., Frankr., Italien, UK u. USA; internat. Versicherer zu Vertrieb von Elektronikversicherungen; dt. Tochter eines internat. Versicherungsmaklers zu europ. ‚Passporting'; Anbieter von eingebetteten Versicherungen zu Expansion in Deutschland. **Betriebl. Altervorsorge:** Aufsichtsrat einer Pensionskasse gesellschafts- u. aufsichtsrechtl. zu Finanzierungsfragen; Industrieunternehmen aufsichtsrechtl. zu Übertragung von Pensionsverpflichtungen.

OPPENHOFF & PARTNER

Unternehmensbezogene Beratung ★★★

Bewertung: In der unternehmensbezogenen Beratung von Versicherern hat sich die Praxis inzw. deutl. über die transaktionsgeprägte Beratung hinausentwickelt. Allein die mehrfachen Mandate der VHV belegen, dass das Team auch bei Strukturveränderungen u. der Integration von Zielgesellschaften zum Zug kommt. Dadurch sind Praxisgruppen wie IT/Datenschutz u. Arbeitsrecht ebenfalls regelm. involviert. Ein Wettbewerber attestiert der Praxis, dass sie „ihre Sache sehr gut macht". Ein weiterer Schritt in diesem Auf- und Ausbau der Beratung ist die Ernennung einer Sal.-Partnerin, die sich auf gesellschafts- u. aufsichtsrechtl. Sachverhalte in der Versicherungsbranche spezialisiert. Damit bereitet sie den Boden für eine vertiefte regulat. Beratung.
Stärken: Enge Zusammenarbeit mit anerkannter ▷*IT-Praxis*.
Oft empfohlen: Dr. Peter Etzbach, Christof Gaudig („hoch zufrieden", Mandant)
Team: 4 Eq.-Partner, 1 Sal.-Partner, 6 Associates, 2 of Counsel
Schwerpunkte: ▷*M&A* (auch Run-off)) sowie lfd. ▷*gesellsch.rechtl.* u. aufsichtsrechtl. Mandate; W&I-Beratung in Transaktionen. Beratung zu Produktgestaltung, Vertrieb, Kapitalanlagen, Outsourcing, Datenschutz (▷*IT u. Datenschutz*) u. ▷*Compliance*. Auch Prozesse u. Schiedsverfahren.
Mandate: M&A: VHV lfd., u.a. bei internen Strukturanpassungen, bei 91%-Beteiligung an u. Integration von Val Piave, bei 50%-Beteiligung an Olimpia MGA u. bei Joint Venture ‚Hand schafft Wert' mit New Rock; MRH Trowe bei Einstieg von TA Associates u. bei Kauf von Lurse; Investor bei Kauf eines Versicherungsvertreter-Start-ups im Online-Handel; lfd.: Zurich Beteiligung versicherungs- u. steuerrechtl.; Liberty Global, Tokio Marine, Euclid Transactional, ANV Global, Vale Insurance, RSG Transactional Risks, Risk Point je zu W&I-Underwriting. **Gesellschafts- u. Aufsichtsrecht:** Solarisbank regulat. zu Restschuldversicherungen u. Gruppenversicherungsverträgen; CNH Industrial u.a. aufsichtsrechtl. zu ‚Extended Warranty Service Program'; poln. Kreditversicherer zu Expansion nach Dtl.; Versicherungsgruppe zu datenschutzrechtl. Einordnung div. Konzerngesellschaften; Hannover Rück u.a. in Schiedsverfahren gg. Retrozessionar; lfd.: Roland Rechtsschutz, FVV Ford Versicherungs-Vermittlung, Forte Versicherungs-Vermittlung. **Versicherungsvertrieb:** Allianz Global Life u.a. steuerrechtl. zu grenzüberschreit. Geschäft; Versicherer zu Struktur, Entwicklung u. Vertrieb einer App im Segment ‚Mobility u. Services'; Verband der privaten Krankenversicherung u.a. zu IT- u. vertragsrechtl. Angelegenheiten; lfd.: RCI Banque (Dtl.), Mirascon.

TAYLOR WESSING

Unternehmensbezogene Beratung ★★
Versicherungsrecht: Produktberatung ★★

Bewertung: Die Stärken der Praxisgruppe liegen im Rückversicherungs- u. im Vertriebsrecht. Auf diesem Gebiet sorgte das EuGH-Urteil zu Gruppenversicherungsverträgen u.a. bei namh. Mandanten wie Crédit Agricole Assurance u. Ergo-Gruppe für hohen Beratungsbedarf. Die Umsetzung der Kooperation der Mandantin ING-Diba mit Axa in Dtl. beschäftigte das Team um die anerkannte Partnerin Kammerer-Galahn ebenfalls weiter. Zunehmend folgen aus diesen stark am operativen Geschäft orientierten Mandaten auch solche zu ESG-Vorgaben sowie zum IT- u. Datenschutzrecht. Hier erweist sich die Zusammenarbeit mit dem Frankfurter IT-Partner Thomas Kahl als zukunftsweisend. Im M&A sticht die Beratung von Wefox u. ihres Gesellschafters Omers Ventures bei einer hochvolumigen Finanzierungsrunde heraus.
Stärken: Erfahrung mit Rückversicherungs- u. Vertriebsverträgen.
Oft empfohlen: Dr. Gunbritt Kammerer-Galahn („im Aufsichtsrecht wahrnehmbar", Wettbewerber)
Team: 5 Eq.-Partner, 3 Sal.-Partner, 3 Associates
Partnerwechsel: Franz Janssen (Ruhestand)
Schwerpunkte: Vertriebsrecht, Compliance u. Risikomanagement (insbes. vor dem Hintergrund von IDD u. Datenschutz (▷*IT u. Datenschutz*), Produktgestaltung u. Rückversicherung. Auch ▷*M&A* u. D&O-Prozesse, Gesellschaftsrechtl. Streitigkeiten. (▷*Versicherungsprozesse*). Gesetzl. Krankenkassenrecht.
Mandate: M&A: Omers Ventures u. Wefox bei €400-Mio-Finanzierungsrunde. Gesellschafts- u. Aufsichtsrecht: Axa Versicherung umf. zu Run-off des passiven Rückversicherungsgeschäfts u. lfd. in Verfahren gg. Rückversicherer; Ergo-Gruppe zu ESG-Regulierung im Vertrieb u. in der Kapitalanlage; Axa Liabilities Managers; lfd.: Partner Re Europe (Zürich) aufsichtsrechtl. zu DSGVO-Anforderungen, gesetzl. Krankenkasse, Link Financial geldwäscherechtlich. Vertriebsrecht: ING-Diba bei Umsetzung der Vertriebskooperation mit Axa; Crédit Agricole Assurance zu besteh. Vertriebskooperationen mit Creditplus Bank u. FCA Bank; lfd.: Ergo-Gruppe, Enterprise Rent-A-Car UK, John Deere. Produktberatung: Fidelis Insurance zu Kreditversicherungen u. Datenschutz; lfd.: R+V Re, Remci Finance.

Anwaltszahlen: Angaben der Kanzleien, wie viele Anwälte zu mind. ca. 50% in diesem Gebiet tätig sind. Sie spiegeln nicht zwingend die Gesamtgröße einer Kanzlei wider.

Vertrieb, Handel und Logistik

Die Stunde der Full-Service-Kanzleien

Energiekrise, Lieferengpässe, Inflation und daraus resultierende Preiserhöhungen: „Die Kette an Ereignissen, die im Vertrieb zu Verwerfungen führen, reißt nicht ab", so ein Vertriebsrechtler. Entsprechend schnellt der Beratungsbedarf bei Mandanten in die Höhe – auch mit Blick auf neue regulatorische Vorgaben. So sorgt das Lieferkettensorgfaltspflichtengesetz, das ab 2024 auch für Unternehmen ab 1.000 Mitarbeiter gilt, nicht mehr allein bei Konzernen, sondern auch bei ihren oft mittelständischen Zulieferern für Fragen im Zusammenhang mit ESG in ihrer Lieferkette. Während viele Kanzleien wie etwa Pionierin **Baker McKenzie** das Thema stark aus der Compliance getrieben angehen, entwickeln andere wie **Taylor Wessing** und **Luther** es gezielt aus dem Vertriebsrecht heraus. Daneben stellte die Mitte 2022 in Kraft getretene neue Vertikal-GVO neue Spielregeln für erlaubte Wettbewerbsbeschränkungen im Vertrieb auf, wodurch Verträge insbesondere mit Blick auf das Vertriebskartellrecht geprüft und überarbeitet werden mussten. So hat eine gut eingespielte Vernetzung von Vertriebs- und Kartellrechtsberatung, wie sie z.B. **Clifford Chance** und **Heuking Kühn Lüer Wojtek** traditionell pflegen, nochmals an Bedeutung gewonnen.

Auch die Transformation des Vertriebs in so gut wie allen Branchen macht eine enge Zusammenarbeit der Vertriebsrechtler mit sehr unterschiedlichen Praxisgruppen mittlerweile zu einem Muss. Egal ob zukunftsweisende Mobilitätskonzepte wie Shared und E-Mobility, neue Vertriebsformen wie Agentursysteme oder digitale Vermarktungsstrategien per App, Onlineplattformen oder Metaverse: Wer dabei alle Bälle in der Luft behalten will, muss auf eine eingespielte Zusammenarbeit etwa mit IT-Rechtlern, Regulierungsexperten und Finanzierungspraxen zurückgreifen können. Das gelingt insbesondere einigen Großkanzleien, die ihre Vernetzung seit Jahren auch mit Blick auf das lukrative Projektgeschäft strategisch vorantreiben. Dazu gehören Full-Service-Einheiten wie **Hogan Lovells**, **Noerr** und **CMS Hasche Sigle**, die bei internationalen Vertriebsprojekten wie der Markteinführung neuer Produkte besonders punkten.

Spezialisierung zahlt sich aus

Gleichzeitig führen die zahlreichen Verwerfungen im Markt und die Umstellung auf neue Vertriebsmodelle zunehmend zu Streit. Herrschte während der Pandemie noch Zurückhaltung und eine Tendenz, sich gütlich zu einigen, ziehen vor allem die jetzt von vielen Lieferanten geforderten Preiserhöhungen erst eine Auslistung, dann eine gerichtliche Auseinandersetzung nach sich. Besonders eindrücklich zeigte dies der Fall Coca-Cola gegen Edeka, wo für den Getränkehersteller neben den Kartell- auch die Vertriebsrechtler der Beraterkanzlei **CMS Hasche Sigle** aktiv waren. Ähnlich häufig enden Produkthaftung und Gewährleistungsfragen im Streit, wofür traditionell prozessnah beratende Kanzleien wie **Gleiss Lutz**, **Bird & Bird**, **Haver & Mailänder** und **Lutz Abel** gut aufgestellt sind.

Auch Lagerung, Transport und Logistik rücken in Zeiten volatiler Beschaffungsmärkte und durch den Trend, Risiken in der Lieferkette zu minimieren, stärker in den Fokus vieler Mandanten. Sie profitieren von entsprechenden Erfahrungen von Einheiten, die wie **CMS Hasche Sigle**, **SKW Schwarz** und **GvW Graf von Westphalen** schon langjährig tätig sind. Andere wie **Luther** bauen nun gezielt Kompetenzen auf.

Die Bewertungen behandeln Kanzleien, die zu Fragen rund um Vertrieb, Handel und Logistik beraten. Gegenstand der Mandate sind Vereinbarungen innerhalb (internationaler) Lieferketten und anderer unternehmerischer Kooperationen, etwa Handelsvertreter-, Vertragshändler-, Direkt-, Strukturvertriebs-, Vertriebskartell- u. Lizenzrecht sowie Franchising. Spezialisten für streitige und Schiedsverfahren finden sich im Kapitel ▷*Konfliktlösung*.

JUVE KANZLEI DES JAHRES FÜR VERTRIEB, HANDEL UND LOGISTIK

LUTHER

JUVE AWARDS 2023

Strategisch alles richtig gemacht: In Zeiten volatiler Absatz- und Beschaffungsmärkte, neuer Sorgfaltspflichten in der Lieferkette sowie Produkthaftungsvorschriften hat Luther erkannt, dass die überwiegende Zahl der Mandate im Vertriebsrecht an der Schnittstelle zu anderen Rechtsgebieten liegt. Mit sorgsam ausgewählten Quereinsteigern und Partnerernennungen aus den eigenen Reihen hat die Praxis um **Dr. Steffen Gaber** ihr Profil geschärft und kommt so dem Ziel näher, sich auf die Beratung der gesamten Wertschöpfungskette auszurichten. Auf den gestiegenen Beratungsbedarf in den Bereichen Transport und Logistik etwa reagierte Luther mit der Aufnahme einer Transportrechtlerin von Blaum Dettmers Rabstein auf Partnerebene, die unter anderem bei Outsourcing-Mandaten von Handelsunternehmen und Streitigkeiten im Zusammenhang mit Transportschäden berät. Zuletzt verstärkte sich Luther zudem an der Schnittstelle zum Vertriebskartellrecht mit dem ehemaligen Baker-Partner **Dr. Johannes Teichmann**. Doch auch den eigenen Nachwuchs hat die Kanzlei fest im Blick und gibt ihm Raum, Zukunftsthemen wie Industrie 4.0 und KI in Angriff zu nehmen. Diese entwickelt Luther aus dem Produktrecht heraus, wo sich mit **Dr. Kuuya Chibanguza** ein junger Partner engagiert, der im Markt bereits als Experte auf dem Gebiet der digitalen Transformation gilt. Abgerundet wird die konsequente strategische Entwicklung durch das vor zwei Jahren gegründete internationale Kanzleinetzwerk Unyer: Dadurch sind tragfähige Verbindungen entstanden, auf die Unternehmen wie SEG Automotive oder Cathay Pacific bei grenzüberschreitenden Projekten vertrauen.

BAKER MCKENZIE

Vertrieb und Handel ★★★★

Bewertung: Gemäß der strateg. Ausrichtung der Kanzlei konzentriert sich die Vertriebsrechtspraxis auf die Beratung internat. Großprojekte, insbes. in der Automobil-, Pharma-, Technologie- u. Konsumgüterbranche. Aktuelle Bsp. sind der europaw. Aufbau digitaler Vertriebssysteme inkl. Onlinevertrieb u. Einführung von Ladeninfrastruktur für einen Kfz-Hersteller sowie der Aufbau eines europaw. Reparaturservices für einen internat. Mobilgerätehersteller. Dabei berät das Team zu sämtl. Themen des Vertriebs- u. Vertragsrechts u. koordiniert oft die fach- u. länderübergr. Zusammenarbeit, etwa mit der IT-Praxis im Zshg. mit der Digitalisierung des Handels u. Konnektivität im Automobilsektor oder den Kartellrechtlern bei selektiven Vertriebssystemen. Bei Fragen zu ESG-Richtlinien in der Lieferkette profitieren Mandanten zudem von der gr. Erfahrung einer ▷*Außenwirtschaftsrechtlerin*, die in enger Kooperation mit der ▷*Compliance-Praxis* in einem fachübergr. ▷*ESG-Team* zu Menschenrechten u. Umweltschutz berät. Doch trotz jüngster Verstärkung auf Associate-Ebene tut sich BM schwer, nachhaltig Nachwuchs aufzubauen. Mit Teichmann verlor die Praxis nun den einzigen jüngeren Partner, der sich bereits im Markt Anerkennung verschafft hatte, u. eine erfahrene Senior Associate.

Stärken: Grenzüberschr. u. globale Großprojekte.

Oft empfohlen: Dr. Ulf Wauschkuhn („angenehm u. pragmat.", Wettbewerber), Katharina Spenner

Team: 1 Eq.-Partner, 1 Sal.-Partner, 2 Counsel, 5 Associates

Partnerwechsel: Dr. Holger Lutz (zu Clifford Chance), Dr. Johannes Teichmann (zu Luther)

Schwerpunkte: Umf. vertriebsrechtl. Beratung. Vertragshändler-, Handelsvertreter- u. Kommissionärsvertragsrecht, Aufbau u. Restrukturierung von internat. Systemen. Gestaltung von Lager-, Logistik- sowie Anlagenbauverträgen. Vertriebskartellrecht, auch Franchise. Regelm. an der Schnittstelle zum Steuer-, ▷*Kartell-* sowie ▷*Marken-* u. ▷*IT-Recht* (E-Commerce u. Digitalisierung).

Mandate: Vertriebssysteme: Roche Diagnostics zu ww. Vertrieb u. Logistik; Amer Sports umf., u.a. zu Vertriebsverträgen für versch. Marken in div. Ländern; Daimler, u.a. zu Standardvertriebsverträgen in div. Ländern; Kfz-Hersteller zu europaw. digitalen Vertriebssystemen; Mobilgerätehersteller zu Aufbau von europaw. Reparaturservice. Lfd.: Asics, Dyson, Gieseke Devrient, Karl Storz, VF Corp. **Prozesse:** Asics im Streit mit Händler um Selektivvertrieb. **Franchiserecht:** lfd.: The Body Shop, Lagardere Travel.

BIRD & BIRD

Vertrieb und Handel ★★★

Bewertung: Die Vertriebsrechtspraxis ist für die Beratung von Kfz-Zulieferern u. deren Vertretung gg. große Automobilkonzerne eine feste Größe im Markt. Regelm. berät das Team zu Gewährleistungs- u. Haftungsfragen sowie zuletzt verstärkt in Auseinandersetzungen im Zshg. mit Preisanpassungen. Dabei kommt Mandanten die enge Verknüpfung zur Konfliktlösungspraxis zugute, wo sich insbes. Egler ein gutes Renommee aufgebaut hat u. in internat. Schiedsverfahren aktiv ist. Daneben berät die Praxis auch zur Gestaltung von Vertriebs- u. Logistikverträgen, auch im internat. Kontext. So begleitet ein fach- u. länderübergr. Team um Spilker einen chin. Kfz-Hersteller umf. bei der Einführung von E-Fahrzeugen in Europa. Diesen Schwerpunkt betonte die Kanzlei zuletzt mit der Ernennung einer Partnerin u. einer Counsel, die beide in der Kfz-Beratung erfahren sind. Ähnl. aktiv wie in der Automotive-Branche ist die Praxis in der vertriebsrechtl. Beratung von Energieprojekten, etwa für Stammmandantin Tennet. Allerdings gelingt es den Vertriebsrechtlern noch nicht, diese Synergien auch in den Branchen Telekommunikation/IT zu heben, in denen die Kanzlei z.T. zu den Marktführern zählt. Hier schlummert auch für die Vertriebsrechtspraxis noch Potenzial, wie das Beispiel der Stammmandantin Verizon zeigt, die u.a. in vertriebsrechtl. Fragen auf die Kanzlei setzt.

Stärken: Erfahrung in der Kfz-Branche u. bei erneuerbaren Energien.

Vertrieb und Handel

★★★★★	
CMS Hasche Sigle	Köln, Stuttgart, München, Brüssel, Hamburg
Hogan Lovells	Hamburg, München, Düsseldorf
Noerr	Berlin, München, Frankfurt, Brüssel, Hamburg
★★★★	
Baker McKenzie	München, Frankfurt, Düsseldorf
DLA Piper	München, Köln, Hamburg
Gleiss Lutz	Stuttgart, Frankfurt, München
Luther	Düsseldorf, Essen, Köln, Stuttgart, Brüssel
Osborne Clarke	Köln, Hamburg, München
Taylor Wessing	München, Hamburg, Frankfurt
★★★	
Clifford Chance	Düsseldorf, Frankfurt, München
Eversheds Sutherland	München
Heuking Kühn Lüer Wojtek	Köln, München, Hamburg
★★★	
Bird & Bird	Frankfurt, Düsseldorf, München, Hamburg, Brüssel
Haver & Mailänder	Stuttgart
Küstner v. Manteuffel	Göttingen
Lutz Abel	Stuttgart, München
Schindler	Düsseldorf
SKW Schwarz	Hamburg, Berlin
★★	
Evers	Bremen
Fieldfisher	Hamburg
Freshfields Bruckhaus Deringer	Frankfurt, Düsseldorf, Hamburg u.a.
Friedrich Graf von Westphalen & Partner	Köln, Freiburg
Görg	Berlin, Frankfurt
GvW Graf von Westphalen	Hamburg, Berlin, München
Orth Kluth	Düsseldorf
★	
Brandi	Gütersloh, Bielefeld u.a.
Creutzig & Creutzig	Köln
Harmsen Utescher	Hamburg
Jonas	Köln
KNPZ Rechtsanwälte	Hamburg
Lubberger Lehment	Berlin
Pöhlmann Früchtl Oppermann	München
Rödl & Partner	Eschborn, Stuttgart, München, Nürnberg
Schiedermair	Frankfurt
Tradeo	Düsseldorf
Dr. Vogels	Köln

Die Auswahl von Kanzleien und Personen in Rankings und tabellarischen Übersichten ist das Ergebnis umfangreicher Recherchen der JUVE-Redaktion. Sie ist in 2erlei Hinsicht subjektiv: Die Aussagen der befragten Quellen sind subjektiv u. spiegeln deren Erfahrungen u. Einschätzungen. Die JUVE-Redaktion wiederum analysiert die Rechercheergebnisse unter Einbeziehung ihrer eigenen Marktkenntnis. Der JUVE Verlag beabsichtigt keine allgemeingültige oder objektiv nachprüfbare Bewertung. Es ist möglich, dass eine andere Recherchemethode zu anderen Ergebnissen führt. Innerhalb einzelner Gruppen in Rankings und tabellarischen Übersichten sind Kanzleien und Personen alphabetisch sortiert.

Anwaltszahlen: Angaben der Kanzleien, wie viele Anwälte zu mind. ca. 50% in diesem Gebiet tätig sind. Sie spiegeln nicht zwingend die Gesamtgröße einer Kanzlei wider.

Oft empfohlen: Dr. Philipp Egler, Dr. Matthias Spilker
Team: 5 Eq.-Partner, 4 Counsel, 9 Associates, 1 of Counsel
Schwerpunkte: Branchenorientierte, umf. Beratung inkl. Vertriebs- u. Vertragsrecht, einschl. Streitfälle u. Rückrufaktionen. Schnittstelle zu ▷*Konfliktlösung* u. ▷*Energierecht* sowie zu ▷*IT* u. ▷*Marken- u. Wettbewerbsrecht*, z.B. zu Lizenz- u. zu Handelsvertreter- u. Vertragshändlerverträgen.
Mandate: Vertriebssysteme: Adidas u. div. Automotive- u. Konsumgüterunternehmen zu ESG in der Lieferkette; EDP zu Markteintritt in Dtl. u. Lieferung von Solarenergie; Transnet u. Tennet zu Projektverträgen für SuedLink; Tubit Systems zu AGB; chin. Kfz-Hersteller bei Markteinführung in Europa. Lfd.: Verizon. **Prozesse:** asiat. Maschinenbauer zu gekündigten Vertriebsverträgen, inkl. Schiedsverfahren; div. Kfz-Zulieferer gg. OEMs bei Abwehr von Produkthaftungsansprüchen u. zu Geltendmachung von Gewährleistungsansprüchen; Tier-1-Kfz-Zulieferer gg. Preisanpassungsansprüche von Tier-2-Lieferanten; lfd.: Cummins, JDR Cable Systems.

Franchiserecht

★★★★★

Noerr	Berlin, Hamburg, München
Schiedermair	Frankfurt

★★★★

Busse & Miessen	Bonn

★★★

CMS Hasche Sigle	Stuttgart, Köln, München
Eversheds Sutherland	München
SKN von Geyso	Hamburg

★★

LADM Liesegang Aymans Decker Mittelstaedt & Partner	Wuppertal, Berlin
Taylor Wessing	München, Hamburg, Frankfurt

★

Buse	Hamburg
TCI Rechtsanwälte	München

Die Auswahl von Kanzleien und Personen in Rankings und tabellarischen Übersichten ist das Ergebnis umfangreicher Recherchen der JUVE-Redaktion. Sie ist in 2erlei Hinsicht subjektiv: Die Aussagen der befragten Quellen sind subjektiv u. spiegeln deren Erfahrungen u. Einschätzungen. Die JUVE-Redaktion wiederum analysiert die Rechercheergebnisse unter Einbeziehung ihrer eigenen Marktkenntnis. Der JUVE Verlag beabsichtigt keine allgemeingültige oder objektiv nachprüfbare Bewertung. Es ist möglich, dass eine andere Recherchemethode zu anderen Ergebnissen führt. Innerhalb einzelner Gruppen in Rankings und tabellarischen Übersichten sind Kanzleien und Personen alphabetisch sortiert.

BRANDI

Vertrieb und Handel ★

Bewertung: Die Full-Service-Kanzlei gilt in Ostwestfalen als Platzhirsch u. ist v.a. im regionalen Mittelstand fest etabliert. Das zeigt sich auch im Vertriebsrecht, wo die Anwälte die oft langj. Mandanten fachl. breit beraten, einschl. Fragen des Markenrechts oder aktueller Themen aus Datenschutz u. Vertriebskartellrecht sowie zu Produkthaftung. Zudem stehen häufig grenzüberschr. Streitigkeiten sowie internat. Fragen zu AGB-Regelungen im Fokus der Tätigkeit. Derartige Mandate nahmen zuletzt v.a. dank des ww. Kanzleinetzwerks Pangea zu. Bsph. hierfür steht die Arbeit für einen Medizinprodukteimporteur, den das Team bei Auseinandersetzungen mit chin. Lieferanten berät, inkl. Vorbereitung eines ICC-Schiedsverfahrens. Zuletzt gelang auch der dringend benötigte Ausbau auf Associate-Ebene, u.a. durch den kanzleiinternen Wechsel eines Anwalts mit Hintergrund in IT.
Oft empfohlen: Dr. Birgit Jaenicke, Dr. Sörren Kiene
Team: 3 Partner, 4 Associates, 1 of Counsel
Schwerpunkte: Gestaltung von internat. Lieferbeziehungen. Regelm. Vertretung in Prozessen. Etablierte Kooperation im Netzwerk Pangea.
Mandate: Vertriebssysteme: Medizintechnikhersteller zu AGB u. haftungsrechtl. Fragen; Druckmaschinenhersteller zu Unternehmensaufbau inkl. Vertriebs- u. Entwicklungsverträgen; Lebensmittelhersteller zu Preisanpassung; bosn. Maschinenbauer zu Kaufrecht; Messgerätehersteller zu Lieferverträgen mit europ. Wasserversorger; Kosmetikhersteller zu Selektivvertrieb. Lfd.: Claas-Gruppe, Flötotto, Arvato (alle öffentl. bekannt). **Prozesse:** Medizinprodukteimporteur, u.a. zu ICC-Schiedsverfahren; Kosmetikhersteller in Mediationsverfahren mit Zulieferer wg. Vertragsbeendigung.

BUSE

Franchiserecht ★

Bewertung: Die Kanzlei ist im Markt v.a. für ihre Spezialisierung im Franchiserecht anerkannt. Dafür steht die HHer Partnerin Waldzus, die regelm. Franchisegeber beim Aufbau neuer Systeme u. bei der Expansion in Dtl. begleitet. Sie schöpft dabei regelm. auch das Full-Service-Angebot der Kanzlei ab, insbes. bei miet-, arbeits- u. IP-rechtl. Fragen. Daneben vertritt sie Mandanten bei Auseinandersetzungen gg. Franchisenehmer, etwa um Ausgleichsansprüche oder Auskunftspflichten. Zuletzt rückten zudem klass. vertriebsrechtl. Themen, v.a. im Handelsvertreter- u. Vertragshändlerrecht, in den Fokus der Praxis, wo jedoch keiner der anderen Partner das Renommee von Waldzus in der Franchiseberatung erreicht.
Oft empfohlen: Dr. Dagmar Waldzus
Team: 6 Eq.-Partner
Schwerpunkte: Franchiserecht.
Mandate: Franchiserecht: Subway, u.a. zu Umstrukturierung, Neugestaltung der Franchiseverträge; virtuelles Gaming-Konzept bei Markteintritt in Dtl.; Fitnessanbieter u. Brotmanufaktur bei Aufbau von Franchisesystem; österr. Busreiseanbieter zu Expansion in Dtl.; US-Modelabel zu Onlinevertrieb u. Bestellung per WhatsApp. Lfd. Dreadfactory. **Vertriebssysteme:** Verlag bei Aufbau eines Onlineshops. Lfd.: BullGuard, Capcom. **Prozesse:** dt. Tochter eines jap. Softwareanbieters wg. Ausgleichsansprüchen eines span. Wiederverkäufers; lfd. Subway.

BUSSE & MIESSEN

Franchiserecht ★★★★

Bewertung: Mit der Rundumberatung im Franchiserecht hat sich die Bonner Kanzlei einen guten Ruf erworben. Sie agiert ausschließlich aufseiten von Franchisegebern bzw. dt. Master-Franchisenehmern internat. Systeme, die sie etwa zu Markteintritt oder Expansion in Dtl. u. Europa berät. Dabei kommt den Mandanten die fachübergr. Vernetzung zugute, wie das Bsp. Gustoso zeigt, die das Team nach der Übernahme weiterer Systeme zu neuen Franchiseverträgen sowie zu Gesellschafts-, Miet-, IP- u. Arbeitsrecht beriet. Dieser breite Beratungsansatz überzeugte zuletzt weitere namh. Franchisesysteme wie Burger King u. Dean & David, die das Team im Zshg. mit dem Ausbau ihres Geschäfts mandatierten. Regelm. vertritt B&M seine Mandanten auch in Auseinandersetzungen gg. Franchisenehmer, z.B. um Gebietsabgrenzung zw. Franchisenehmern u. -gebern. Nach dem Zugang eines Partners im Vorjahr verstärkte sich B&M erneut mit einer erfahrenen Partnerin, die auch im klass. Vertriebsrecht tätig ist. Damit stärkt B&M v.a. die Beratung im Vertragshändler- u. Handelsvertreterrecht, das sie erfolgreich ausbaut. So vertritt Kehr bereits ein Telekommunikationsunternehmen in div. Prozessen gg. Handelsvertreter.
Stärken: Gr. Know-how bei Gastronomie- u. Fitnesssystemen.
Oft empfohlen: Dr. Patrick Giesler, Dr. Volker Güntzel, Dr. Grischa Kehr („absoluter Experte", Mandant)
Team: 7 Partner
Partnerwechsel: Rita d'Avis (aus eigener Kanzlei)
Schwerpunkte: Umf. strateg. Beratung von Franchisegebern bei (internat.) Expansion u. Markteintritten. Gr. operative Erfahrung; häufig als ausgelagerte Rechtsabteilung tätig.
Mandate: Franchiserecht: Burger King zu Expansion in Dtl.; Dean & David u. Clever Fit zu Expansion in Europa; Gustoso umf. zu Kauf von Franchisesystemen; Life Fit zu Markteintritt in Dtl. Lfd.: AmRest-Gruppe, Hairfree, Vapiano, Tank & Rast. **Prozesse:** dt. Telekommunikationsunternehmen ggü. Handelsvertretern zu Ausgleichsansprüchen u. Provision.

CLIFFORD CHANCE

Vertrieb und Handel ★★★

Bewertung: Der sektorspezif. Beratungsansatz von CC spiegelt sich auch in der vertriebsrechtl. Praxis wider. Trad. spielt die Beratung von Mandanten aus den Bereichen Pharma, Lifescience u. Medizintech-

Anwaltszahlen: Angaben der Kanzleien, wie viele Anwälte zu mind. ca. 50% in diesem Gebiet tätig sind. Sie spiegeln nicht zwingend die Gesamtgröße einer Kanzlei wider.

nik in enger Anbindung an die marktführende Gesundheitspraxis u. das Kartellrecht eine zentrale Rolle. Dabei konzentrieren sich die Vertriebsrechtler um den D'dorfer Partner Sachs seit Jahren auf umf. internat. Projekte wie den Aufbau oder die Restrukturierung von Vertriebssystemen, oft im Zshg. mit komplexen M&A-Transaktionen, so etwa für Cinven. Von dem regulator. u. vertriebskartellrechtl. Know-how profitieren neben div. Onlinehändlern, die globale digitale Vertriebskanäle für Gesundheitsprojekte aufsetzen, auch Medizintechnikunternehmen, deren Produkte immer digitaler werden. Dabei berät das Team regelm. auch zu IT- u. datenschutzrechtl. Fragen. Zuletzt bildete die Beratung zu Bleibestrategien in Russland einen weiteren Schwerpunkt der Arbeit. Hier wird das Team am D'dorfer Standort durch einen im Vorjahr aus Moskau zurückgekehrten Partner mit Schwerpunkt in der Gesundheits- u. Lifescience-Branche unterstützt, der insbes. zu Lieferbeziehungen in Russland beriet. Vor dem Hintergrund der starken Verknüpfung zu vertriebskartellrechtl. Themen u. regulator. Fragen im Vertrieb von Medizinprodukten ist es nur folgerichtig, dass CC an diesen Schnittstellen zuletzt 2 Counsel ernannte. Ein Zugang von Baker McKenzie zum IT-Team bringt zudem weitere Erfahrung mit E-Commerce-Themen. Die Arbeit für einen namh. Elektro- u. Energietechnikhersteller, den die Praxis zum Aufbau u. der ww. Vermarktung einer Blockchain- u. NFT-basierten Onlinevertriebsplattform für den Nachweis CO2-freier Energieproduktion berät, zeigt das Potenzial, das in einem Schulterschluss mit der marktführenden Energierechtspraxis liegt. Hier kann CC v.a. bei ESG- u. LkSG-Themen künftig weitere Synergien heben.

Stärken: Vertriebskartellrecht; Branchen-Know-how im ▷*Gesundheitssektor*, Lifescience, ▷*Energie*.

Oft empfohlen: Marc Besen („außergewöhnl. klare u. praxisorientierte Beratung", Mandant), Dr. Gunnar Sachs („versteht Unternehmensbelange u. ist sehr gut erreichbar, sympathisch; business-intelligentes Denken u. Beraten", Mandant), Dr. Joachim Schütze

Team: 10 Partner, 6 Counsel, 14 Associates, 3 of Counsel

Partnerwechsel: Dr. Holger Lutz (von Baker McKenzie)

Schwerpunkte: Industrieorientierte Beratung, vertriebskartellrechtl. Fragen bei der Gestaltung selektiver Vertriebssysteme; Beratung zu E-Commerce, Lizenz-, Direkt- u. Strukturvertrieb, meist im Hinblick auf branchenspezif. regulator. Vorgaben, zunehmend auch Datenschutz. Ausgeprägte Schnittstelle zu ▷*Kartellrecht*, ▷*Gesundheitswesen* u. ▷*Compliance*. Prozessführung, u.a. bei ▷*Haftungsfragen* u. Ausgleichsansprüchen, auch Schiedsverfahren.

Mandate: Vertriebssysteme: Medizinproduktehersteller zu ww. Vertrieb von Robotiklösung; Elektro- u. Energietechnikhersteller zu Aufbau u. ww. Vermarktung von Blockchain- u. NFT-basierter Onlinevertriebsplattform; Cinven zu neuen Vertriebssystemen im Zshg. mit Kauf von Bayer Environmental Science; US-Finanzinvestor zu Investition in internat. Vertriebsuntern. mit glyphosat-basiertem Produktportfolio u. damit verbundenen mögl. Gesundheits- u. Produkthaftungsrisiken; Neuraxpharm-Gruppe zu Abschluss von strateg. Lizenzvereinbarung mit span. Biotechuntern.; Onlinehändler zu digitalem Vertriebssystem für Gesundheitsprodukte in Europa; div. Untern. zu ESG u. Compliance in der Lieferkette; div. Untern. aus Gesundheits-, Konsumgüter- u. Finanzsektor zu Vertrieb von cannabisbasierten Produkten. Lfd.: Merck, Pfizer. **Prozesse:** Bayer Vital gg. Parallelimporteure im Zshg. mit Neuetikettierung von Arzneimitteln; div. Tabakuntern. in Streitigkeiten wg. angebl. Produktverstöße gg. gesundheitsrechtl. u. regulator. Anforderungen u. daraus resultierenden Vertriebsstopps; MVZ-Gruppe nach Regressen dt. Krankenkassen wg. angebl. unzulässiger Vertriebs- u. Verordnungsentscheidungen zu parenteraler Ernährung; Sportartikelhersteller gg. Schuhvertriebsuntern. wg. lauterkeitsrechtswidriger u. markenverletzender Vertriebsstrategien.

CMS HASCHE SIGLE

Vertrieb und Handel	★★★★★
Franchiserecht	★★★

Bewertung: Die Kanzlei weist eine der größten Vertriebsrechtspraxen u. eines der breitesten Beratungsangebote im Markt auf. Mit der in den letzten Jahren vorangetriebenen engen Vernetzung mit anderen Praxisgruppen u. ausl. Büros sowie einem stärkeren Branchenfokus als zuvor hat CMS im Vertriebsrecht nun eine ähnl. Schlagkraft für großvol. Vertriebsprojekte wie Noerr u. hat sich damit an die Marktspitze katapultiert. Mandanten sind voll des Lobes für das Team um den Stuttgarter Partner Gräfe, dem ein Inhouse-Counsel u.a. „tiefe Kenntnis im Automotive-Sektor" attestiert. Das schlägt sich auch in zunehmenden Mandatierungen durch Kfz-Hersteller u. -Zulieferer nieder, oft im Zshg. mit der Transformation in der Mobilität. Bsph. dafür stehen VW u. Porsche, die die Vertriebsrechtler mit fachübergr. Teams zu unterschiedl. Joint Ventures berieten – VW für Produktion u. Vertrieb von Batteriezellen u. Porsche im Zshg. mit E-Mobilität. Auch bei internat. Vertragsprojekten verbreiterte CMS ihren Fußabdruck, wie Mandate u.a. zu ww. Beschaffung u. Vertrieb inkl. Kooperationsvereinbarungen in den Schlüsselsektoren Automotive, Energie u. Konsumgüter belegen. Regelm. ziehen die ▷*M&Aler* die Praxis bei Transaktionen für die umf. vertriebsrechtl. Due Diligence hinzu, etwa für das BMWK bei der Übernahme von Anteilen an Uniper. Dabei profitieren die Unternehmen nicht nur von den stetig weiterentwickelten Legal-Tech-Tools, sondern zudem von der Kompetenz zu ESG in der Lieferkette u. dem LkSG, die die Vertriebsrechtspraxis gezielt aufgebaut hat u. wo sie in enger Kooperation mit der Compliance-Praxis tätig ist. Daneben ist CMS in der prozessnahen Beratung aktiv, wo v.a. Becker u. Bomsdorf regelm. zu Produkthaftung u. Gewährleistungsansprüchen beraten u. Budde zuletzt viele Mandanten bei Auseinandersetzungen um Preisanpassungen vertrat, wie Coca-Cola im Streit mit Edeka. Erneut unterstrich CMS die Bedeutung der Praxis mit der Ernennung 3er Counsel, von denen eine bereits höchstes Lob von Mandanten erhält.

Stärken: Große Praxis; Know-how in der Automotive- u. Konsumgüterbranche; Produktsicherheit u. -haftung.

Oft empfohlen: Dr. Ulrich Becker („exzellent, kann komplexe Rechtsthemen zielsicher u. erfolgr. manövrieren", Mandant), Dr. Robert Budde, Dr. Tobias Bomsdorf, Peter Endres („sehr gut bei Lizenzverträgen, empfehlenswert", Mandant), Dr. Gerald Gräfe („pragmat. u. lösungsorientiert", Mandant; „kompetent u. fair", Wettbewerber), Dirk Loycke

Team: 28 Partner, 16 Counsel, plus Associates

Führende Namen für Vertrieb und Handel

Dr. Patrick Ayad
Hogan Lovells, München

Uwe Brossette
Osborne Clarke, Köln

Dr. Robert Budde
CMS Hasche Sigle, Köln

Dr. Raimond Emde
GvW Graf von Westphalen, Hamburg

Dr. Steffen Gaber
Luther, Stuttgart

Dr. Gerald Gräfe
CMS Hasche Sigle, Stuttgart

Klaus Littau
Schindler, Düsseldorf

Prof. Dr. Karsten Metzlaff
Noerr, Hamburg

Dr. Martin Rothermel
Taylor Wessing, München

Dr. Albin Ströbl
Noerr, Frankfurt

Dr. Ulf Wauschkuhn
Baker McKenzie, München

Anne Wegner
Luther, Düsseldorf

Dr. Dominik Wendel
Noerr, Brüssel

Die Auswahl von Kanzleien und Personen in Rankings und tabellarischen Übersichten ist das Ergebnis umfangreicher Recherchen der JUVE-Redaktion. Sie ist in 2erlei Hinsicht subjektiv: Die Aussagen der befragten Quellen sind subjektiv u. spiegeln deren Erfahrungen u. Einschätzungen. Die JUVE-Redaktion wiederum analysiert die Rechercheergebnisse unter Einbeziehung ihrer eigenen Marktkenntnis. Der JUVE Verlag beabsichtigt keine allgemeingültige oder objektiv nachprüfbare Bewertung. Es ist möglich, dass eine andere Recherchemethode zu anderen Ergebnissen führt. Innerhalb einzelner Gruppen in Rankings und tabellarischen Übersichten sind Kanzleien und Personen alphabetisch sortiert.

Schwerpunkte: Umf. Beratung von Herstellern, u.a. zu Vertriebs-, Liefer-, Einkaufs-, Service- u. Rahmenverträgen, dabei v.a. auch zu Standardisierung, Logistikvereinbarungen, ▷*Compliance*, ebenso Vertragshändler- u. Handelsvertreterrecht. Prozessführung u. Beratung im Produktsicherheitsfall an der Schnittstelle zur Produkthaftung (▷*Konfliktlösung*). Berührung zum ▷*Marken- u. Wettbewerbsrecht*, ▷*Kartellrecht* u. Pharma- u. Medizinprodukterecht (▷*Gesundheitswesen*).

Mandate: Vertriebssysteme: Nonoxx/Stadtwerke Neumünster zu Musterverträgen für E-Mobility; Electrochaea zu Lizenzverträgen; Semikron zu Lieferverträgen mit Kfz-Herstellern u. -Zulieferern; BMWK bei Anteilsübernahme an Uniper; Bundesnetzagentur/BMWK zu Treuhänderschaft bei Gazprom Dtl.; VW bei Batterie-Joint-Venture mit Umicore; Porsche bei E-Mobilitäts-Joint-Venture mit Ponooc u. zu Selektivvertrieb; Deoleo u. Ectone zu Preisanpassung; Safilo zu Umstrukturierung des Vertriebsnetzes; div. Industrieunternehmen zu LkSG. Lfd.: Alfred Kärcher, Alnatura, Gardena/

Anwaltszahlen: Angaben der Kanzleien, wie viele Anwälte zu mind. ca. 50% in diesem Gebiet tätig sind. Sie spiegeln nicht zwingend die Gesamtgröße einer Kanzlei wider.

FRIEDRICH GRAF VON WESTPHALEN & PARTNER

Vertrieb und Handel ★★

Bewertung: Die Vertriebsrechtspraxis verdankt ihren Ruf v.a. der Beratung von Händlern aus dem Automobilsektor. So zählt der Kölner Partner Köhnen Händlerverbände etwa von Citroen oder Mercedes zu seinen Stammmandanten, die er v.a. prozessnah in Auseinandersetzungen mit Herstellern berät. Auf sein Know-how zu Handelsvertreterverträgen setzen auch Verbände aus Kfz-nahen Branchen wie Nutzfahrzeugen, z.B. der Händlerbeirat des Reinigungs- u. Räumfahrzeuganbieters Aebi Schmidt, den er umf. zu neuen Verträgen berät. Weniger gut als Osborne Clarke gelingt es FGvW jedoch, über die trad. starke Prozessarbeit hinaus die Transformation im Automobilvertrieb aktiv zu begleiten. Dadurch verliert das Team insges. im Kfz-Sektor an Präsenz, was sich nach dem Weggang von Zipse, der ebenfalls sehr aktiv in der Automobilbranche beriet, verstärken dürfte. Gleichzeitig positioniert sich das Team seit einigen Jahren gezielt auch in anderen Branchen. So ist FGvW dank der etablierten Gesundheitspraxis des Freiburger Partners Thies regelm. im Medizinproduktesektor gefragt. Erste Pflöcke schlug die Kanzlei auch in der Beratung zum LkSG ein, wo sie vereinzelt mittelständ. Zulieferer aus div. Industrien beriet, die von ihren Abnehmern in die Pflicht genommen werden.

Stärken: Vertragshändlerrecht im Kfz-Sektor, Vertrieb von Medizinprodukten.

Oft empfohlen: Sven Köhnen, Dr. Hendrik Thies („immer motiviert u. positiv mit viel Erfahrung u. gutem Gespür, fachlich wie menschlich", Mandant; „angenehm lösungsorientiert", Wettbewerber)

Team: 6 Eq.-Partner, 1 Sal.-Partner, 13 Associates

Partnerwechsel: Dr. Stefan Zipse (zu PFP Parchent & Fiedler)

Schwerpunkte: V.a. in Köln umf. Beratung auf Händlerseite im Vertragshändler- u. Handelsvertreterrecht sowie Prozessvertretung von Kfz-Händlern u. deren Verbänden. Mit Schnittstelle zum ▷*Gesellschafts-* u. Kartellrecht. In Freiburg v.a. Beratung von Herstellern u. mittelständ. Mandanten auch zu internat. Vertrieb, Branchenfokus im ▷*Gesundheitswesen*.

Mandate: Vertriebssysteme: Aebi Schmidt Händlerbeirat zu neuen Händlerverträgen; Suzuki Händlerverband zu Händler- u. Servicevertrag; div. Medizinproduktehersteller, u.a. zu AGB u. Qualitätsvereinbarungen; dt.-schweizer. Automobilzulieferer u. Spezialfolienhersteller, u.a. zu LkSG; Getinge-Gruppe, u.a. zu Musterfachhandels- u. ww. Vertriebsvertrag; Linde Material Handling zu neuem Händlervertrag; mittelständ. Kfz-Zulieferer, u.a. zu Entwicklungskooperationen u. Lieferproblemen; Verpackungshersteller zu ww. Vertrieb u. Entwicklungskooperation. Lfd.: Berry, CardioMech, Essilor, Huhtamaki, Igedos, iTernity, Nagel-Gruppe, Otto Ganter, Propan Rheingas, Virtual Identity, Volvo-Lkw-Vertragspartnerverband, div. Händlerverbände, u.a. Mercedes-Benz, Citroën. **Prozesse:** Autohaus am Westbahnhof gg. Mitsubishi um Ausgleichsansprüche; Verpackungshersteller gg. Rohstofflieferant u. Abfülluntern. bzgl. Getränkeverschlüssen. Lfd.: div. Automobilhändler, u.a. Kia u. Hyundai.

GVW GRAF VON WESTPHALEN

Vertrieb und Handel ★★

Bewertung: Die Full-Service-Kanzlei ist im Vertriebsrecht v.a. für ihre Beratung u. Prozessvertretung zu sämtl. Fragen des Handelsvertreter- u. Vertragshändlerrechts bekannt. Ihr guter Ruf fußt insbes. auf dem Renommee des HHer Partners Emde, den Mandanten wie Wettbewerber gleichermaßen als „höchst kompetent" loben. Ein Schwerpunkt liegt dabei auf der Versicherungsbranche, wo z.T. namh. Unternehmen regelm. in Auseinandersetzungen gg. Versicherungsvertreter um Auskunfts- oder Provisionsforderungen auf GvW vertrauen. Dieses Know-how setzt Emde auch in Streitigkeiten in der Telekommunikationsbranche ein, wo er allerdings für Vertriebsmittler agiert. Daneben intensivierte das Team in den vergangenen Jahren auch sein Engagement in internat. Schiedsverfahren, oft aufseiten von Kfz-Zulieferern. Ein Stuttgarter Partner berät zudem schwerpunktmäßig zu Transport u. Logistik sowie Vertriebskartellrecht, während das Münchner Team im Franchiserecht u. Direktvertrieb aktiv ist. Mit der Ernennung von 2 Eq.-Partnern unterstrich GvW zuletzt die Bedeutung der Praxisgruppe im Kanzleigefüge.

Oft empfohlen: Dr. Raimond Emde („kompetent, persönlich in der Beratung, stark u. konsequent in Verhandlungen", Mandant)

Team: 5 Eq.-Partner, 6 Associates

Schwerpunkte: Handelsvertreter-, Vertragshändler- u. Versicherungsvertriebsrecht sowie Direktvertrieb, internat. Schiedsverfahren.

Mandate: Vertriebssysteme: Messgerätehersteller zu Vertrieb in China; Medizinproduktehersteller zu ww. Vertriebsverträgen; Projektmanagementanbieter zu Vermittler- u. Projektentwicklerverträgen; Caravanhersteller zu Vertragsende. **Prozesse:** Gastronomiefranchisenehmer gg. Burgerkette um Ausgleichsansprüche; div. Versicherer, u.a. zu Änderung der Provisionsbestimmungen u. in Prozessen gg. Buchauszugsklagen u. Ausgleichsforderungen; div. Handelsvertreter u. Shopbetreiber gg. Telekommunikationsanbieter um Ausgleichsansprüche; dt.-ital. Kfz-Zulieferer in ICC-Schiedsverfahren gg. ehem. Vertriebsmittler um Ausgleichsansprüche. **Transport/Logistik:** Kfz-Hersteller zu Transport- u. Lagerverträgen.

HARMSEN UTESCHER

Vertrieb und Handel ★

Bewertung: Die vertriebsrechtl. Arbeit der HHer Kanzlei ist stark von der renommierten ▷*Marken- u. Wettbewerbspraxis* u. dem Kartellrecht geprägt. Zum Mandantenstamm zählen v.a. Marken- u. Luxushersteller, die das Team zu Fragen des Direkt- u. Selektivvertriebs oder zu Lizenz- u. Handelsvertreterrecht berät. U.a. getrieben durch die jüngsten Veränderungen der Vertikal-GVO setzten zuletzt auch vermehrt Händler aus dem Konsumgüterbereich auf das Know-how der Praxis. Entwicklungspotenzial für die Ausweitung der Mandantenbasis birgt die verstärkte Anbindung zur ▷*Gesundheitspraxis* durch eine auf Arzneimittel- u. Medizinprodukterecht spezialisierte Partnerin, die auch vertriebsrechtl. berät.

Stärken: Stark im ▷*Marken- u. Wettbewerbsrecht*.

Oft empfohlen: Dr. Matthias Wolter („klar u. gut in der juristischen Analyse", Wettbewerber), Dr. Martin Kefferpütz („exzellenter Jurist, arbeitet sehr fundiert", Wettbewerber)

Team: 3 Eq.-Partner, 1 Associate

Schwerpunkte: Strukturierung von Vertriebssystemen u. Beratung bei Vertriebsverträgen, Internetvertrieb u. Kartellrecht. Vertretung im Rahmen der IP-, ▷*Lebensmittel-* u. Pharmarechtspraxen, v.a. bei Verstößen gg. die selektive Vertriebsbindung.

Mandate: Vertriebssysteme: Getränkehändler zu Aufbau eines Vertriebssystems; Tabakgroßhändler zu Vertrieb in Europa. Lfd.: Intersnack, Sky Dtl., Klitschko Ventures, Wellensteyn International. **Prozesse:** Feodora in Schadensersatzklage gg. Einzelhändler (LG Hannover u. LG Stuttgart); Möbelhändler gg. gekündigte Vertriebspartner um Beschränkungen des Selektivvertriebs (LG D'dorf, LG Nürnberg u. LG Coburg).

HAVER & MAILÄNDER

Vertrieb und Handel ★★★

Bewertung: Trad. im regionalen Mittelstand verwurzelt, berät die ▷*Stuttgarter* Kanzlei umf. zu Vertriebssystemen, oft im grenzüberschr. Kontext. Ein Schwerpunkt liegt dabei auf der prozessnahen Arbeit, wo das Team um den Partner Aufdermauer etwa zu Produkthaftung u. Gewährleistung berät. Dabei kooperieren die Vertriebsrechtler eng mit der ▷*Konfliktlösungspraxis*, die auch regelm. in internat. Schiedsverfahren agiert. Neben der Automobil-, Chemie-, Elektronik- u. Konsumgüterindustrie schärfte die Vertriebsrechtspraxis in den vergangenen Jahren ihr Profil in anderen Branchen. Medizinproduktehersteller greifen verstärkt auf das Know-how des Teams zurück, das über den renommierten Partner Hübner die Brücke zum Vergaberecht schlägt. So überzeugte die Kanzlei einen dt. Endoskophersteller in einer Mandatsausschreibung, den sie im Streit mit einem Vertriebsmittler im Zshg. mit einem Vergabeverfahren mit frz. Kliniken beriet.

Stärken: Prozessnahe Beratung u. Prozessführung zu Haftung u. Gewährleistung.

Oft empfohlen: Dr. Christian Aufdermauer („hervorragende Fachkenntnisse, pragmat. u. durchsetzungsstark", Wettbewerber), Dr. Rolf Winkler, Dr. Alexander Hübner

Team: 3 Eq.-Partner, 3 Sal.-Partner, 1 Counsel, 1 of Counsel

Schwerpunkte: Klass. vertriebsrechtl. Beratung, oft grenzüberschreitend. Enge Verbindung zum Kartellrecht, in Brüssel EU-Kartellrecht. An der Schnittstelle zum Öffentl. Recht Beratung u.a. zu Chemikalien, Umwelt- u. ▷*Vergaberecht*. Ausgeprägte prozessuale Tätigkeit.

Mandate: Vertriebssysteme: Medizinproduktehersteller zu ww. Vertrieb; dt. Mechatronikuntern., u.a. zu Neustrukturierung des Vertriebsnetzes; Elektrotechnikhersteller, u.a. zu Handelsvertreterverträgen für internat. Vertrieb; Medizinprodukteuntern. zu EU-weiten Vertragshändlerverträgen u. Abgrenzung zum Handelsvertreterrecht; E-Nutzfahrzeughersteller zu Strukturierung des dt. u. europ. Vertriebsnetzes; Chemieuntern. u. div. Kfz-Zulieferer zu Lieferschwierigkeiten; Getränkehersteller zu Internetvertrieb; Start-up zu Vertrieb von Ladestationen u. E-Cargo-Bikes; Stanley Black u. Decker Outdoor, u.a. zu Errichtung einer Vertriebsgesellschaft in Tschechien u. in Streit um Handelsvertreterausgleichanspruch. Lfd. Amann & Söhne, Chem. Fabrik Budenheim, Henkell & Co., Martin Braun Backmittel u. Essenzen, Oetker Hotel Collection, Remondis. **Prozesse:** ind. Gasturbinenhersteller in ICC-Schiedsverf. zu Mängelgewährleistungsansprüchen; Unternehmensberatung zu Honorarforderungen; Hotelgruppe bei Geltendmachung von Betriebsschließungsschäden; Industriezulieferer in DIS-Schiedsverf. gg. jap. Anlagenbauer zu Geltendmachung von Schäden aus gescheitertem Anlagenbau; Medizinprodukteanbieter bei Verteidigung von Schiedsspruch gg. US-

Anwaltszahlen: Angaben der Kanzleien, wie viele Anwälte zu mind. ca. 50% in diesem Gebiet tätig sind. Sie spiegeln nicht zwingend die Gesamtgröße einer Kanzlei wider.

Hersteller im Zshg. mit Schadensersatz nach Vertragsbeendigung.

HEUKING KÜHN LÜER WOJTEK

Vertrieb und Handel ★★★

Bewertung: Der gute Ruf der Vertriebsrechtspraxis basiert v.a. auf der umf. Beratung langj. Mandanten aus den Branchen Automobil, Maschinen- u. Anlagenbau. So setzen namh. Unternehmen wie Audi, Nissan u. Rheinmetall regelm. auf das Team um den Münchner Partner Siegert. Er besetzt v.a. die Schnittstelle zum ▷*Kartellrecht*, die zuletzt erneut an Bedeutung gewann – etwa bei Fragen des selektiven Vertriebs u. des Onlinehandels. Dabei kommen auch die ▷*IT-Rechtler* ins Spiel, wie für Humanitec, die HKLW zur Ausweitung des Vertriebsmodells für auf einer Plattform angebotene Dienste, inkl. Verträgen mit Vertriebspartnern, beriet. Daneben baute das Team die Beratung zur Absatzfinanzierung von Vertriebsprojekten aus, etwa für den Kfz-Zulieferer TB&C. Durch die starke Verankerung bei Industrieunternehmen u. im Automobilsektor schlummert in der Beratung zu Produkthaftung u. -sicherheit noch großes Potenzial für die Ausweitung der vertriebsrechtl. Arbeit. Seine Kompetenzen in diesem Beratungssegment bewies das Team mit der Beratung eines Armaturenherstellers zu Mängelgewährleistung.

Stärken: Umf. Betreuung der Kfz- u. Maschinenbranchen, auch in Prozessen.

Oft empfohlen: Dr. Stefan Bretthauer („verlässl. Partner", Wettbewerber),Dr. Martin Imhof („sach- u. lösungsorientiert, sehr professionell", Wettbewerber), Prof. Dr. Martin Reufels („äußerst kompetent", Mandant; „extrem versiert", Wettbewerber), Dr. Reinhard Siegert („geschätzter Sparringspartner", Wettbewerber)

Team: 6 Eq.-Partner, 2 Sal.-Partner, plus Associates

Schwerpunkte: Allg. Vertriebs- u. Franchiserecht. Langj. Beratung u.a. von Kfz- u. Nutzfahrzeugherstellern. Daneben vertriebsrechtl. Themen in Maschinenbau u. Retail (Nahrungsmittel). Häufig Reorganisation von Vertriebsstrukturen. Beratung zu internat. Vertriebs-Joint-Ventures sowie Liefer- u. Konsortialverträgen. Internat. Vertriebsrecht auch in Schiedsverfahren (▷*Konfliktlösung*). Starke Bezüge zum ▷*Kartellrecht*.

Mandate: Vertriebssysteme: Comet Feuerwerk, u.a. zu Kunden- u. Transportverträgen; Humanitec zu Ausweitung des Plattformvertriebsmodells; Buvo Castings zu Lieferverträgen mit OEMs u. Kfz-Zulieferern; Yamaha zu Vertriebs- u. Servicesystem für E-Bikes in Dtl.; Eesy zu Entwicklungs- u. Vertriebsverträgen für Soft- u. Hardware; TB&C zu Beschaffungs- u. Lieferverträgen sowie Investitions- u. Absatzfinanzierung; div. Industrie- u. Handelsunternehmen zum LkSG. Lfd.: Agco, Alpargatas, Audi, Biotec Verpackungen, Borco, Nissan, Paulaner, Rheinmetall, Schuberth, Tosaf, Vuzix, 1AVista Reisen. **Prozesse:** Anbieter med. Atemschutzmasken gg. Bund im Zshg. mit Lieferung von FFP2/KN95-Schutzmasken; Armaturenhersteller zu Produkthaftung u. Kündigung des Liefervertrags.

HOGAN LOVELLS

Vertrieb und Handel ★★★★★

Bewertung: Die Vertriebsrechtspraxis gehört seit Jahren zur Marktspitze. Mit ihrem breiten Beratungsspektrum u. der engmaschigen fach- u. länderübergr. Vernetzung ist das Team bes. gut für internat. Großprojekte in Kernsektoren wie Automobil, Konsumgüter, Lifescience u. Industrie positioniert. Regelm. begleitet der renommierte Ayad Automobilhersteller beim Eintritt oder bei der Einführung neuer Fahrzeugmodelle u. innovativer Mobilitätskonzepte, z.B. im Zshg. mit autonomem Fahren, in div. Märkten. Auf seine tiefe Branchenkenntnis setzen neben trad. dt. Automarken auch neue Player, wie z.B. ABB Mobility, die er beim Aufbau von Vertriebsstrukturen für ein neues Fahrzeugmodell in Europa beriet. Unseld u. Salomon sind bei Mandanten aus dem Konsumgüter- u. Lebensmittelsektor sowie der Industrie gut etabliert, wo zuletzt Störungen in der Lieferkette, Güterknappheit u. Preisanpassungen sowie der Trend zu Direkt- u. Selektivvertrieb für hohen Beratungsbedarf u. z.T. prozessnahe Arbeit sorgten. Zunehmend setzen zudem Finanzunternehmen u. Versicherungen auf das vertriebsrechtl. u. regulator. Know-how von HL. Die trad. enge Verknüpfung dieser beiden Kompetenzen kommt auch Mandanten aus der Pharmabranche zugute, die Schickert u. Thiermann regelm. umf. zu Einführung u. Vertrieb von Arzneimitteln beraten. Der globale u. fachübergr. Ansatz erlaubt es HL, schnell auf neue Anforderungen zu reagieren, wie die Beratung zu ESG-Themen zeigt. So sind es u.a. die Vertriebsrechtler, die das Thema u.a. aus Compliance-Sicht entwickeln u. zahlr. Mandanten aus div. Branchen zum LkSG u. anderen ESG-Fragen in der Lieferkette beraten. Mit der Ernennung von 4 Counsel, davon 2 primär im Gesundheitssektor, u. div. Zugängen auf Associate-Ebene verstärkte sich die Vertriebsrechtspraxis erneut u. unterstrich die Bedeutung des Fachbereichs für die Kanzlei.

Stärken: Umf. Beratung von ww. Großprojekten, v.a. für internat. tätige Konzerne. Prozessvertretung.

Oft empfohlen: Dr. Patrick Ayad („Experte in Automotive", Wettbewerber), Dr. Florian Unseld („gut, schnell u. kompetent", Mandant), Thomas Salomon, Dr. Jörg Schickert („sehr erfahren in Lifescience", Mandant), Arne Thiermann („erstklassig", Wettbewerber)

Team: 6 Partner, 3 Counsel, plus Associates

Schwerpunkte: Umf. Beratung im dt. wie internat. Vertriebsrecht, auch prozessuale Abwehr bzw. Durchsetzung von Ansprüchen. Oft an den Schnittstellen zum ▷*Öffentl. Recht* u. den ▷*Konfliktlösungs-* u. ▷*IT*-Praxen. Enge Verbindung zum ▷*Kartellrecht*.

Mandate: Vertriebssysteme: ABB E-mobility im Zshg. mit Vertrieb von Wallboxen u. Ladestationen in div. europ. Ländern; Genesis zu europ. Markteinführung u. Vertriebsaufbau; Mitsubishi bei europ. Vertriebsprojekt; Waymo bei Vertrieb von Produkten zum autonomen Fahren; Amylyx u. Fifth Generation bei Markteintritt in div. Ländern; Bristol-Myers Squibb vertriebsrechtl. bei Übertragung von Sponsorenaktivitäten; Moët Hennessy zu Vertriebsverträgen; div. Konsumgüterhersteller, Kfz-Produzenten u. Maschinenbauer zu LkSG. Lfd.: Autobahn Tank & Rast, Flix, Lactalis, Lego, Lexis Nexis, Lockheed Martin, Lürssen, Mirati Therapeutics, Regeneron, Schwartauer Werke, Shockwave Medical, Sotio, Tafel Dtl., Wacker Chemie. **Prozesse:** Luxusgüterhersteller gg. Vertriebspartner wg. Kündigung; Lebensmittelhersteller gg. Handelsvertreter wg. Vertragsänderung u. zu Fragen der höheren Gewalt bei Lieferkettenstörung; Metall- u. Rohstoffunternehmen wg. Lieferkettenstörung u. Streit mit Vertriebspartner wg. Vertragsanpassung im Zshg. mit Energieengpässen. **Transport/Logistik:** Logistikanbieter zu Kundenverträgen; Intralogistikdienstleister zu Musterverträgen in 20 Ländern.

JONAS

Vertrieb und Handel ★

Bewertung: Die Kölner Kanzlei verknüpft die vertriebsrechtl. Beratung eng mit ihrem Know-how im angrenzenden ▷*Marken- u. Wettbewerbsrecht*. Damit steht sie wie Lubberger Lehment primär aufseiten der Markenhersteller. Ihre trad. aus dem Lebensmittel- u. Konsumgütersektor stammenden Mandanten setzten zuletzt verstärkt zu Fragen im Zshg. mit dem LkSG sowie Preisanpassungen auf das Team. Daneben vertrauen zunehmend Versicherungsunternehmen auf Jonas, insbes. bei der Umstellung auf den Plattform- u. Onlinevertrieb sowie in Auseinandersetzungen um Kündigungen u. Provisionsansprüche. Dabei ist regelm. auch das Know-how in Fragen des UWG u. Datenschutz gefragt.

Oft empfohlen: Dr. Markus Robak („scharfer Denker", „kompetent, direkt u. unkompliziert", Wettbewerber), Dr. Nils Weber („guter Verhandler", „versteht sein Handwerk", Wettbewerber)

Team: 2 Partner, plus Associates

Schwerpunkte: Hersteller an der Schnittstelle zum IP-, Marken- u. Wettbewerbsrecht.

Mandate: Vertriebssysteme: Direktversicherer zu Onlineversicherungsportal inkl. UWG u. Datenschutz; Luxusgüterhersteller wg. Belieferung von Außenseiter aus selektivem Vertriebssystem; Matratzenhändler zu Onlinevertrieb; Berufsbekleidungshersteller, u.a. vertriebskartellrechtl. bei Umstrukturierung des Onlineshops; Kosmetikuntern. zu AGB; Kfz-Unternehmen bei Aufbau einer E-Commerce-Plattform; Süßwarenvertrieb, u.a. zum Vertrieb über Amazon u. zu Umstrukturierung des Vertriebsnetzes; Medizinproduktehändler zu Onlineshop; Kosmetik- u. Medizinproduktehersteller zu Sponsoringverträgen. **Prozesse:** div. Versicherungen gg. Makler zu Ausgleichsansprüchen. Lfd.: True Fruits, u.a. in Streitigkeiten mit dem LEH.

KNPZ RECHTSANWÄLTE

Vertrieb und Handel ★

Bewertung: Die HHer Kanzlei hat sich v.a. mit der vertriebsrechtl. Due Diligence bei Transaktionen einen Namen gemacht. Regelm. ziehen M&A-Kanzleien das Team zur Prüfung von Vertriebsmodellen u. potenziellen Ausgleichsansprüchen zurate, bspw. Kirkland & Ellis beim Kauf von Home24 durch ihre Mandantin XXXLutz. Diese Arbeit mündet immer wieder in klass. vertriebsrechtl. Dauermandaten wie der Beratung zu AGB u. dem Um- oder Ausbau der Vertriebssysteme. Insbes. im Zshg. mit digitalen Vertriebssystemen ist auch das Know-how im ▷*Marken- u. Wettbewerbsrecht* sowie im ▷*IT- u. Datenrecht* gefragt. Auf diese Schnittstellenkompetenz setzten zuletzt u.a. Anbieter von Smart-Mobility-Konzepten, etwa ein Carsharinganbieter, den das Team zu div. Plattformkooperationen beriet. Weitere Akzente setzt die Kanzlei bei Blockchain-basiertem Vertrieb u. Open-Source-Lizenzierung.

Team: 1 Eq.-Partner, 1 Sal.-Partner, plus Associates

Schwerpunkte: Online- u. Softwarevertrieb.

Mandate: Vertriebssysteme: Talpasolutions zu Vertrieb von digitalen Lösungen für sog. Mining Solutions; Module Works zu Vertrieb von Software; Tel Aviv Air zu Vertrieb von Flugreisen; XXXLutz bei Übernahme von Home24 zu vertriebsrechtl. Due Diligence; Yieldkit zu Affiliate-Marketing; Baumarktkette zu Cross-Channel-Vertrieb; Konzern der Société Générale, u.a. zu Onlinevertrieb u. bei Streitigkeiten mit Logistikpartnern; Carsharinganbieter zu Plattformkooperationen; Kundenloyali-

Anwaltszahlen: Angaben der Kanzleien, wie viele Anwälte zu mind. ca. 50% in diesem Gebiet tätig sind. Sie spiegeln nicht zwingend die Gesamtgröße einer Kanzlei wider.

tätsprogramm für E-Mobilität zu Vertriebskooperationen. Lfd.: Alstria, Axel Springer u. FAZ, Anabiko, Bauer Media Group, Datenlotsen, HanseMerkur, Ingenico Group, Sprylab, Üstra, Wunder Car Mobility Solution. **Prozesse**: ChessBase gg. Open-Source-Entwickler um Lizenzen (aus dem Markt bekannt).

KÜSTNER V. MANTEUFFEL

Vertrieb und Handel ★★★

Bewertung: Die Göttinger Boutique berät zu sämtl. Fragen des Vertriebsrechts, wobei die prozessnahe Beratung u. Vertretung in Handelsvertreter- u. Vertragshändlerstreitigkeiten einen Schwerpunkt bildet. Anders als viele Wettbewerber ist KMP dabei sowohl aufseiten von Händlern u. Vermittlern als auch für Hersteller div. Branchen tätig. Trad. bes. stark im Finanzdienstleistungs- u. Versicherungssektor, setzen zudem Dienstleister aus anderen Branchen wie Telekommunikation u. Energie sowie zahlr. Hersteller aus dem Lebensmittel- u. Konsumgütersektor auf die Kanzlei, die sie zuletzt verstärkt zu Direkt- u. Onlinevertrieb beriet. Gleichzeitig treibt das Team den Generationswechsel voran. Während sich die beiden renommierten Namenspartner Kurt-Georg von Manteuffel u. Dr. Michael Wurdack nach dem Ausscheiden aus der Partnerschaft zunehmend aus der aktiven Beratung zurückziehen, baute KMP nach einer internen Partnerernennung im Vorjahr das Team zuletzt auf Associate-Ebene mit 2 Neuzugängen aus, die u.a. zu Versicherungs- u. Warenvertrieb beraten.

Stärken: Handelsvertreter- u. Versicherungsvermittlerrecht. Anerkannte Prozesserfahrung.

Oft empfohlen: Dr. Michael Hallermann-Christoph

Team: 2 Partner, 5 Associates, 2 of Counsel

Schwerpunkte: Umf. zu Vertriebsstrukturen, Verträgen u. Streitigkeiten, insbes. Makler-, Finanzdienstleister-, Versicherungsvermittler-, Handelsvertreter- u. Vertragshändlerrecht. Sowohl auf Hersteller- als auch auf Makler- bzw. Händlerseite tätig.

Mandate: Vertriebssysteme: Finanzdienstleister zu Berechnung des Ausgleichsanspruchs; Telefon- u. Branchenbuchverlage, u.a. zu Vertriebssystemen u. Abwicklung von Vertragsverhältnissen. **Prozesse:** zahlr. Versicherungsvertreter gg. dt. Versicherungsgesellschaft im Zshg. mit Vertragsbeendigungen u. -umgestaltungen; Telekommunikationsanbieter u. Kabelgesellschaften zu Handelsvertreterausgleich; Direktvertriebsunternehmen gg. Sozialversicherungsträger im Streit um Scheinselbstständigkeit; Kreditvermittler gg. Versicherungsmaklergesellschaft wg. nachvertragl. Provisionsfortzahlungen; TV-Anbieter zu Provisionsrückforderungen.

LADM LIESEGANG AYMANS DECKER MITTELSTAEDT & PARTNER

Franchiserecht ★★

Bewertung: Der gute Ruf der MDP-Kanzlei im Vertriebsrecht fußt vor allem auf ihrer Beratung von Franchisegebern, die sie beim Auf- u. Ausbau von Systemen begleitet. Dabei berät das Team regelm. an der Schnittstelle zu Arbeits- u. Immobilienrecht. Zu einer starken Mandantenbasis in der Systemgastronomie, wo LADM internat. tätige Schwergewichte wie KFC ebenso zu ihren Mandanten zählt wie Start-ups wie den Dönerspezialisten Tastyy, gesellten sich zuletzt auch Franchisegeber aus den Branchen Fitness u. Gesundheit. Dazu trug der Zugang der Partnerin Scriba bei, die seit Jahren einen Fitnessfranchisegeber berät u. die Praxis darüber hinaus mit ihrer Erfahrung im Handelsvertreterrecht ergänzt. Gemeinsam mit dem jungen Partner Liesegang, der auch an der Schnittstelle zum Vertriebskartellrecht erfahren ist, besteht damit das Potenzial, die Mandantenbasis im trad. Vertriebsrecht zu diversifizieren.

Stärken: Franchiserecht.

Oft empfohlen: Dr. Henning Liesegang („aufstrebend, fachl. versiert u. angenehm", Wettbewerber)

Team: 2 Partner, 2 Associates, 1 of Counsel

Partnerwechsel: Stephanie Scriba (aus eigener Kanzlei)

Schwerpunkte: Konzeption von Franchisesystemen v.a. in Handel, Dienstleistung u. Produktion, Gastronomie. Zudem Vertragshändler-, Kommissionärsvertreter- u. Handelsvertreterrecht.

Mandate: Franchiserecht: Tastyy bei Gründung u. Marktentwicklung. Lfd.: Equiva, Fressnapf, Isotec, KFC, Oil & Vinegar, Mrs. Sporty, Plameco, ZGS Schülerhilfe. **Vertriebssysteme:** Lfd. Nölle (Kodi), Kauf Dich Glücklich.

LUBBERGER LEHMENT

Vertrieb und Handel ★

Bewertung: Die Berliner IP-Boutique berät v.a. Luxus- u. Markenhersteller zu selektiven Vertriebssystemen u. agiert dabei eng an der Schnittstelle zum Marken- u. Wettbewerbsrecht. Zu den z.T. langj. Mandanten zählen namh. Kosmetik- u. Luxusgüterhersteller. So berät das Team um Namenspartner Lubberger z.B. Shiseido zu europaw. Vertriebsverträgen u. den Medizinproduktehersteller Storz & Bickel zur Einführung eines Selektivvertriebssystems. Dabei profitieren Mandanten von der vertriebskartellrechtl. Kompetenz von Weichhaus. Deutl. auffälliger als ähnl. aufgestellte Wettbewerber wie Harmsen Utescher ist LL in Prozessen, in denen sie Mandanten regelm. in Auseinandersetzungen um Plattformverbote u. selektiven Vertrieb vertritt.

Oft empfohlen: Dr. Andreas Lubberger, Dr. Bernd Weichhaus („kompetent, sorgfältig u. hartnäckig", Mandant)

Team: 2 Partner, plus Associates

Schwerpunkte: Beratung zu selektiven Vertriebssystemen, häufig an der Schnittstelle zu ▷*Marken- u. Wettbewerbsrecht*.

Mandate: Vertriebssysteme: Annemarie Börlind zu Überarbeitung des Vertriebsvertrags; Brav, Gertraud Gruber, Payot, Storz & Bickel zu Selektivvertrieb; Clarins, u.a. vertriebskartellrechtl.; Finn Auto zu Vertriebskooperationen. Lfd.: Cluse, Coty, LVMH, Nobilis, Ortlieb, Shiseido, Wala, Wella. **Prozesse:** L'Oréal gg. Amazon wg. Plattformvertrieb; Maria Galland wg. fehlender Zustimmung zum Graumarktvertrieb (LG München); Coty gg. Amazon bei Auseinandersetzung um erschöpfte Ware (BGH) u. gg. div. Einzelhändler im ‚Drogeriekartell' (OLG Frankfurt).

LUTHER

Vertrieb und Handel ★★★★

JUVE AWARDS 2023 – Kanzlei des Jahres für Vertrieb, Handel und Logistik

Bewertung: Mit ihrem umf. Beratungsangebot u. der klaren Ausrichtung auf einzelne Branchen wie den Mobilitäts-, Energie-, IT- u. Gesundheitssektor ist die Kanzlei auch im Vertriebsrecht längst nicht mehr nur bei Mandanten aus dem dt. Mittelstand eine gefragte Adresse, sondern überzeugt auch immer mehr Konzerne. In einer Mandatsausschreibung konnte sich Luther zudem als vertriebsrechtl. Beraterin von Warsteiner u. Karlsberg durchsetzen, die sie zur Gründung einer gemeinsamen Einkaufsgesellschaft berät. Mit der Gründung eines internat. Kanzleinetzwerks vor gut 2 Jahren hat Luther die Internationalisierung konsequent vorangetrieben. Davon profitiert auch die Vertriebsrechtspraxis, die so insbes. die Beratung zu gr. internat. Projekten intensivierte. Das spiegelt sich in Mandaten wie der Beratung von SEG Automotive zum Aufbau von Produktionseinheiten oder von Cathay Pacific zu einem Compliance-Programm, das u.a. vertriebsrechtl. Themen umfasst, wider. Das zeigt auch, dass Luther zuletzt neben der trad. starken Anbindung der Vertriebsrechtler an die Prozesspraxis v.a. den Bereich Commercial Compliance gestärkt hat. Hier berät der junge Partner Chibanguza am Standort Hannover regelm. zu Produkthaftung im digitalen Kontext u. ergänzt damit Gabers u. Steimles Know-how in Haftungs- u. Gewährleistungsfragen. Von dieser Kompetenz profitieren div. namh. Unternehmen, darunter HeidelbergCement, die u.a. in der ESG-Beratung u. bei Fragen zum LkSG auf Luther setzen. Der Zugang einer Transportrechtspartnerin im Vorjahr, die bei Outsourcing-Mandaten von Handelsunternehmen berät, u. der Eintritt des renommierten u. an der Schnittstelle zum Vertriebskartellrecht tätigen Partners Teichmann samt Counsel von Baker McKenzie zeigen, dass die Praxis wichtige Schnittstellen strateg. zu besetzen weiß, um so ihre inhaltl. Entwicklung weiter voranzutreiben.

Stärken: Beratung des Mittelstands. Prozessführung. Logistikprojekte.

Oft empfohlen: Dr. Maximilian Dorndorf, Volker Steimle, Anne Wegner („faire u. pragmatische Verhandlerin", Wettbewerber; v.a. Vertriebskartellrecht), Dr. Steffen Gaber („beste Vernetzung in der Branche, verliert das Interesse der Mandanten nie aus den Augen", Wettbewerber), Dr. Kuuya Chibanguza („fällt durch hohes, techn. Verständnis auf, v.a. in den Bereichen digitale Transformation u. Legal Tech", Wettbewerber)

Team: 16 Partner, 8 Counsel, 19 Associates

Partnerwechsel: Dr. Johannes Teichmann (von Baker McKenzie)

Schwerpunkte: Umf. Beratung im Vertriebs-, Vertrags- u. Handelsrecht, häufig mit Berührungspunkten zu Produkthaftung (▷*Konfliktlösung*), ▷*Kartell-* u. Exportkontrollrecht (▷*Außenwirtschaft*). Auch prozessuale Abwehr bzw. Durchsetzung von Ansprüchen.

Mandate: Vertriebssysteme: SEG Automotive, u.a. zu div. Zuliefererstreitigkeiten u. Neuaufbau von Produktionseinheiten; Warsteiner u. Karlsberg zu Gründung von Gemeinschaftsuntern. als Einkaufskooperation; Accuride zu Durchsetzung von Mehrkostenforderungen gg. MAN im Zshg. mit Ukraine-Krieg; Burgmaier Technologies zu Ansprüchen von Lieferanten im Zshg. mit Preisanpassungen; Cathay Pacific Airways zu vertriebsrechtl. Compliance Review; Clarios zu Vertriebssystem; DPD bei Eintritt in das Fulfillment-Geschäft u. zu Logistikvertrag; Energiekonzern, u.a. zu Aufbau von E-Ladesäulen-Netz; Harley-Davidson, u.a. zu Ende eines Händlervertrags u. Bonusprogramm; Horiba Europe zu Liefer- u. Projektverträgen mit Automobilgroßkunden; Hyundai Motor Europe zu EU-weitem Vertriebsvertrag; Kawasaki Robotics zu Vertragsgestaltung ggü. Kunden u. Zulieferern; LiveWire zu Agentur- u.

Anwaltszahlen: Angaben der Kanzleien, wie viele Anwälte zu mind. ca. 50% in diesem Gebiet tätig sind. Sie spiegeln nicht zwingend die Gesamtgröße einer Kanzlei wider.

Vertragswerkstattvertrag; HeidelbergCement, Clariant, BP, ArcelorMittal, Aurubis zu LkSG; Brennstoffzellenhersteller zu OEM-Kundenverträgen; Kfz-Hersteller zu neuen Händler- u. Serviceverträgen. Lfd.: Amazon, Berliner Verkehrsbetriebe, Fiege Logistik, Hastings Technology Metals, HSE, Mahle, Metro, Rewe, Sensient Technologies. **Prozesse:** Natsana gg. Lohnhersteller im Streit um Abnahme von verspäteter Lieferung; internat. Handelsuntern. bei Geltendmachung von Verspätungsschäden gg. Luftbeförderer u. Handling-Untern.; Karosseriebauteilehersteller in wechselseitigem Klageverf. mit Subunternehmer aus Anlagenbauvertrag. **Franchiserecht:** Mineralöluntern., u.a. zu Erstellung eines Subfranchisevertrags. **Transport/Logistik:** Nordkurier Logistik Mecklenburg-Vorpommern zu Transportrahmenverträgen; österr. Logistikdienstleister zu Prüfung von Logistikvertrag auf Möglichkeiten der Beendigung oder Anpassung u. anschl. Neuverhandlung.

LUTZ ABEL

Vertrieb und Handel ★★★

Bewertung: Die Kanzlei berät umf. im Vertriebsrecht, hat sich aber ähnl. wie SKW Schwarz insbes. in der prozessnahen Arbeit an der Schnittstelle zur ▷*Konfliktlösung*, regelm. auch im Zshg. mit Schiedsverfahren, einen Namen gemacht. Dafür steht der ▷*Stuttgarter* Partner Mann, der die oft aus dem regionalen Mittelstand stammenden Mandanten bei Auseinandersetzungen mit Handelsvertretern oder um Produkthaftung vertritt. Mit ihrer breiten Aufstellung überzeugt sie aber zunehmend namh. Unternehmen wie IBM oder Rügenwalder von ihrer vertriebsrechtl. Kompetenz. Die Praxis ist in nur wenigen Jahren stark gewachsen u. hat ihren Wirkungskreis auf das Logistik- u. Franchiserecht ausgedehnt, auch wenn sie dort noch nicht an Spezialisten wie SKW Schwarz oder Taylor Wessing heranreicht. Die zunehmende Bedeutung des Fachbereichs unterstrich LA zuletzt mit der Ernennung 2er Sal.-Partner u. der erneuten Verstärkung auf Associate-Ebene.

Stärken: Prozessnahe Beratung von Kfz-Zulieferern, auch grenzüberschr. in Schiedsverfahren.

Oft empfohlen: Dr. Marius Mann

Team: 2 Eq.-Partner, 3 Sal.-Partner, 4 Associates

Schwerpunkte: Beratung u. Prozessvertretung zu Gewährleistungsansprüchen u. Produkthaftung sowie zu Vertragshändler- u. Handelsvertreterrecht. Branchenfokus auf Kfz, Konsumgüter u. Logistik.

Mandate: Vertriebssysteme: Lithofin zu Handelsvertreter- u. Vertriebsverträgen u. AGB; Midea zu Vertriebskartellrecht; Dural zu Vertriebsverträgen u. Produkthaftung; Holoplot, u.a. zu Händlerverträgen in Europa u. den USA; Implenia zu Rahmenlieferverträgen für Betriebsstoffe; Infermedica zu Lizenz- u. Vertriebsverträgen mit Klinikverbänden u. Krankenkassen. Lfd.: ABL Technic, All for one, Franco Fresco/Gustavo Gusto, Grandeco Wallfashion, Haworth, IBM, Nanogate, One Logic, Rügenwalder, TUMint Energy Research. **Prozesse:** Kongsberg zu Abwehr von Mängelgewährleistung u. gg. Lieferanten wg. Kaufpreiszahlungsansprüchen; Bausparkasse gg. Handelsvertreter um Ausgleichsansprüche. Lfd.: RPN Food Technology, Healthfood24, Putzmeister. **Franchisesysteme:** DD Management bei Expansion von Dean & David in Dtl.; Frischepost zu Franchisesystem. Lfd.: Nearcut. **Transport/Logistik:** Raffinerie Heide zu transport- u. speditionsrechtl. Fragen. Lfd.: C.E. Noerpel.

NOERR

Vertrieb und Handel ★★★★★

Franchiserecht ★★★★★

Bewertung: Als wahres Powerhaus im Vertriebs- u. Franchiserecht behauptet sich die Kanzlei mit ihrem breiten Beratungsangebot u. zahlr. renommierten Partnern seit Jahren an der Marktspitze. Dazu trägt die wichtige Rolle von Noerr im Automobilbereich bei, aus dem auch neue Player wie B-On u. Saic auf die Spezialisten Ströbl u. Muhl vertrauen. Oft sind diese in hochvol. Projekten im Zshg. mit der Transformation der Mobilität gefragt, wie z.B. bei MAN Truck & Bus, die Noerr zu einem FuE-Konsortium für die Entwicklung autonom fahrender Lkw berät. Sehr aktiv ist v.a. Ströbl auch für Hersteller in Prozessen, wo er zuletzt einige Erfolge erzielte, etwa für Jaguar Land Rover im Streit gg. den Händlerverband u. für Stellantis u. Scania vor dem EuGH. Auch in Branchen wie Konsumgüter u. Lifescience besetzt Noerr in enger Zusammenarbeit mit der IT-Praxis Zukunftsthemen rund um die Digitalisierung des Handels. Zum LkSG berät zudem ein fachgruppenübergr. Team aus ▷*Corporate*, ▷*Compliance* u. ▷*Öffentl. Wirtschaftsrecht*. Bes. ausgeprägt ist die Kompetenz in der Beratung von Franchisesystemen, wo z.B. McDonald's Dtl. u. Valora Foods auf das Team setzen. Der für diesen Beratungszweig renommierte Metzlaff wechselte zwar in den Of-Counsel-Status, aber jüngere u. anerkannte Partner übernahmen den Staffelstab. Gleichzeitig wächst von unten eine neue Generation nach, wie die Ernennung einer Sal.-Partnerin zeigt, die einen Schwerpunkt auf E-Commerce u. digitale Vertriebssysteme legt.

Stärken: Viel Erfahrung auf Kfz-Herstellerseite, Franchising.

Oft empfohlen: Dr. Tom Billing („top erreichbar u. angenehm", Mandant), Prof. Dr. Karsten Metzlaff („schnell, kompetent u. hat einen Blick für wirtschaftl. Ziele u. Grenzen", „sehr versiert u. erfahren im Franchiserecht", Wettbewerber), Dr. Felix Muhl („brillant mit Blick fürs Wesentliche", Wettbewerber), Dr. Michael Reiling („pragmat., effektiv u. konkret hilfreich", Mandant), Dr. Albin Ströbl („exzellenter Kenner", „bes. wissenschaftl. u. sorgsam", „findet vernünftige Lösungen", Wettbewerber), Dr. Dominik Wendel

Team: 5 Eq.-Partner, 6 Sal.-Partner, 1 Counsel, 14 Associates, 1 of Counsel

Schwerpunkte: Automotive u. Mobilität sowie Hersteller u. Franchisegeber in allen vertriebsrechtl. Fragen, insbes. bei Gestaltung u. Umstrukturierung von Vertriebssystemen, Vertragshändler- u. Handelsvertreterrecht, Einkaufs-, Transport- u. Logistikverträgen. Regelm. ▷*kartellrechtl.* Aspekte. Praxisgruppe Digital Business an der Schnittstelle zu ▷*IT-*, ▷*IP-* u. ▷*Medienrecht*, zunehmend ▷*Bank- u. Finanzrecht*. Starke ▷*Außenhandelspraxis* u. ▷*ESG-Beratung*.

Mandate: Vertriebssysteme: MAN Truck & Bus zu Projekt ‚Atlas L-4'; Audi zu Vertrieb, u.a. von MyAudi-App in Europa; Moia zu Mobilitätskonzept; Yamaha zu Vertrieb von E-Bikes in Dtl. u. Europa; Rädlinger Primus zu Vertriebskooperation mit MTC; B-On zu Vertrieb von E-Nutzfahrzeugen; Klarna zu Verbraucherdarlehen; Volks- u. Raiffeisenbank zu B2B-Forderungskaufvertrag mit Billie. Lfd.: Audi, Citroen, Ferrari, Kia Motors, Peugeot, Opel; SAIC, Seat, Skoda, Suzuki, Hülsta, Kion/Linde Material Handling. **Prozesse:** Opel gg. Händlerverband u. Leasinggesellschaft um Leasinggeschäft; Stellantis u. Scania in EuGH-Verfahren um Nutzung von Reparatur- u. Wartungsinformationen; FCA gg. Händler u. Servicebetriebe um Bonussystem; Jaguar Land Rover gg. Händlerverband um neue Verträge u. Margensystem; McDonald's Dtl. gg. Erbin eines ehem. Franchisenehmers um Zahlungssystem. **Franchisesysteme:** Valora Food zu neuem Franchisevertrag.

ORTH KLUTH

Vertrieb und Handel ★★

Bewertung: Die Vertriebsrechtpraxis der D'dorfer Kanzlei hat sich mit ihrer umf. Beratung v.a. von Mittelständlern aus einem breiten Branchenspektrum etabliert. Mandanten loben die hohe fachl. Kompetenz der Anwälte, einer stellt die „High-End-Beratung zu einem extrem kompetitiven Honorar", heraus. OK berät zu sämtl. Fragen des Handelsvertreter- u. Vertragshändlerrechts sowie des Vertriebskartellrechts u. der Produkthaftung, wo v.a. Hoffbauer u. Wältermann Mandanten regelm. auch in Auseinandersetzungen vertreten. Zudem baute das Team seine Tätigkeit bei Logistik- u. Outsourcing-Projekten inkl. Lagerlogistik, Kommissionierung u. Transport aus, bei denen sie insbes. Handelsunternehmen begleitet. So beriet OK den Onlinehändler Best Secret beim Aufbau eines Logistikzentrums in Polen. Bei Projekten wie diesem zeigt sich die zunehmende Vernetzung mit anderen Praxisgruppen – in diesem Fall mit den ▷*Immobilien-* u. ▷*Arbeitsrechtlern*. Dieser Beratungszweig dürfte mit Blick auf den Mandantenstamm der Kanzlei an Bedeutung gewinnen, da auch produzierende Unternehmen wieder zunehmend auf Lagerhaltung setzen. Daneben geht das Team mit einem jungen Partner, der im Vorjahr von Taylor Wessing kam, auch das Thema ESG in der Lieferkette an. Er bringt insbes. Erfahrung mit dem LkSG mit.

Stärken: Umf. Beratung v.a. auf Herstellerseite zu internat. Vertriebs- u. Logistiksystemen.

Oft empfohlen: Dr. Christiane Hoffbauer („fachl. sehr kompetent u. unaufgeregt", Mandant), Dr. Frank Wältermann („sehr kompetent u. erfahren, pragmat. u. gut erreichbar", Mandant)

Team: Kernteam: 2 Eq.-Partner, 3 Sal.-Partner, 7 Associates, 1 of Counsel

Schwerpunkte: V.a. mittelständische Mandanten, Vertragshändler-, u. Handelsvertreter- u. Vertriebskartellrecht, Direkt- u. Strukturvertrieb, Produkthaftung, Logistikverträge.

Mandate: Vertriebssysteme: Ages Mautsystem im Zshg. mit poln. e-Toll; ASM Assembly Systems, u.a. zu Lieferverträgen; Bofrost, u.a. zu LkSG u. Vertriebsstrukturen; Bolt zu E-Commerce; Gelita zu Einkaufs- u. Lieferverträgen u. LkSG; HME Brass u. HME Copper zu neuen Lieferverträgen; Kiepe Electric zu Musterverträgen; Mobility Inside zu Vertragsgestaltung; Wolffkran zu Produkthaftung; Rhein-Main Verkehrsverbund; Medizinprodukteunternehmen zu LkSG. Lfd.: Akasol, BauWatch. **Prozesse:** Bofrost gg. Handelsvertreter wg. Kündigung u. Ausgleichsansprüchen; Elektronikhersteller bei Abwehr von Mängelansprüchen. **Transport/Logistik:** Best Secret zu Logistikzentrum u. Outsourcing-Projekt; lfd. Bübchen.

OSBORNE CLARKE

Vertrieb und Handel ★★★★

Bewertung: Markenzeichen der Vertriebsrechtspraxis ist die Beratung u. Prozessvertretung von Kfz-Händlern. So gibt es wohl kaum einen Händlerverband, der bei Verhandlungen mit Herstellern

Anwaltszahlen: Angaben der Kanzleien, wie viele Anwälte zu mind. ca. 50% in diesem Gebiet tätig sind. Sie spiegeln nicht zwingend die Gesamtgröße einer Kanzlei wider.

nicht auf den renommierten Kölner Partner Brossette setzt. Regelm. vertritt er sie vor Gericht, wie zuletzt gg. Jaguar Land Rover um neue Verträge u. Margenkürzungen. In der aktuellen Transformation hin zu E-Mobilität u. neuen Vertriebsmodellen, wie z.B. das Agentursystem, wird Brossette zunehmend auch bei der Gestaltung von neuen Vergütungs- u. Margensystemen oder neuartigen Abomodellen eingebunden. Diese Entwicklung weg von der reinen Streitvertretung macht OC auch für Kfz-Hersteller attraktiv, wie die Mandatierung durch den chin. E-Auto-Hersteller BYD zeigt, der beim Markteintritt in Europa inkl. Vertriebskonzept u. Vertragshändlersystem auf die Kanzlei setzt. OC ist jedoch auch für Unternehmen aus anderen Branchen wie Konsumgüter, Gesundheit u. Industrie tätig, die Dau zu internat. Vertriebssystemen u. Lieferverträgen berät, oft im Zshg. mit der Digitalisierung des Handels. Erste Pflöcke schlug das Team zudem in der Beratung zu ESG in der Lieferkette ein, wo OC div. Mandanten wie den Kfz-Zulieferer Ferdinand Bilstein u. den Textilhändler Snipes beriet.
Stärken: Vertretung von Kfz-Vertragshändlern. In die Kanzlei integriertes Team.
Oft empfohlen: Uwe Brossette, Christoph Boeminghaus, Carsten Dau, Dr. Thomas Grünvogel
Team: 6 Eq.-Partner, 2 Counsel, 10 Associates
Schwerpunkte: In der Kfz-Branche bei Vertragshändlern, Importeuren u. Verbänden sowie Zulieferern, sonstonst ausschl. für Hersteller (v.a. Mode, Elektronik, Nahrungsmittel, u.a. Einzelhandel) bei Entwicklung klass. Vertriebs- u. Franchisesysteme tätig, häufig mit Bezügen zu ▷*Marken u. Wettbewerb*, E-Commerce/Internetvertrieb (▷*IT u. Datenschutz*) u. ▷*Kartellrecht*.
Mandate: Vertriebssysteme: BYD zu Markteintritt in Europa u. Aufbau der Händlerorganisation; Stellantis-Händler zu neuen europaw. Vertriebsverträgen mit OEMs; Mercedes-Benz-Händlerverband zu Agenturvertrag u. Lieferengpässen wg. Halbleiterkrise u. Ukraine-Krieg; Polestar zu Direktvertrieb, Cars2Klick u. Aufbau einer Gebrauchtwagenplattform sowie Vergütung der Polestar Operators; VW u. Audi Partnerverband, u.a. zu Agenturvertrag für E-Fahrzeuge u. Abomodelle; Allane vertriebskartellrechtl. zu Umstellung auf Agenturvertrieb; WeVee zu Vertriebsplattform u. E-Mobilität; Choco Communications zu Liefer-, Logistik- u. Kooperationsverträgen; Ferdinand Bilstein u. Snipes zu LkSG; Deichmann u. Miele zu Vertriebskartellrecht. Lfd.: Vorwerk; Händlerverbände: BMW, Hyundai, Mercedes-Benz, Jaguar Land Rover, Volvo Car. **Prozesse:** Jaguar-Land-Rover-Händler gg. Hersteller um neues Händlermodell u. Margenkürzungen.

PÖHLMANN FRÜCHTL OPPERMANN

Vertrieb und Handel ★

Bewertung: Die kleine Münchner Praxis ist im Markt v.a. für die Vertretung in vertriebsrechtl. Prozessen bekannt; dabei steht sie trad. eher auf Herstellerseite. Neben Streitfragen zum Handelsvertreterrecht sowie Produkthaftungsthemen stand zuletzt vermehrt das Thema Preisanpassung im Mittelpunkt. Darüber hinaus berät PFO auch zu selektivem Vertrieb u. Vertriebskartellrecht, häufig an der Schnittstelle zu IP u. Wettbewerbsrecht.
Team: 2 Partner
Schwerpunkte: Vertragshändler- u. Handelsvertreterrecht, häufig streitig.
Mandate: Prozesse: Lfd.: BMW Group, Autec, u.a. in Vertriebsstreitigkeiten (öffentl. bekannt).

RÖDL & PARTNER

Vertrieb und Handel ★

Bewertung: Die Vertriebsrechtspraxis der MDP-Kanzlei ist trad. stark internat. ausgerichtet u. oft bei grenzüberschr. Vertragsgestaltungen u. Umstrukturierungen von Vertriebssystemen gefragt. Regelm. ziehen die oft mittelständ. Mandanten Rödl bei Markteintritten hinzu, u.a. ein dt. Fahrradhersteller, der beim gepl. Markteintritt in Asien auf das Team setzt. Daneben agiert die Praxis in Kooperation mit der Konfliktlösungpraxis oft prozessnah u. vertritt Mandanten bspw. bei der Abwehr von Produkthaftungsansprüchen. Zuletzt gelang dem Team der Ausbau der Fintechberatung, die eng an der Schnittstelle zur IT- u. Datenschutzpraxis erfolgt. Hier berät Rödl div. Fintechs u.a. zum Aufbau der Vertriebsstruktur. Auch im Bereich Medizintechnik erweiterte die Praxis ihre Marktpräsenz u. beriet gleich mehrere Medizinproduktehersteller zur Umstrukturierung des Vertriebs.
Team: 1 Eq.-Partner, 1 Sal.-Partner, 4 Counsel, plus Associates
Schwerpunkte: Multidiszipl. Beratung zu grenzüberschr. Vertrieb, v.a. in Kombination von Steuer-, IT- u. IP-Recht.
Mandate: Vertriebssysteme: Alfa bei Ausgleichsverhandlung mit ehem. Vertriebspartner im EU-Ausland; Ponnath zu Vertriebsverträgen u. internat. FuE-Kooperationen für Vegan Food; Fahrradhersteller zu Markteintritt in Asien; Medizinproduktehersteller zu Vertriebsumstrukturierung; Kfz-Zulieferer für Oberflächenbeschichtung im Zshg. mit Joint Venture u. Vertriebsstruktur in Asien, den USA u. der EU; Discounter zu Einkauf u. Produkt-Compliance; div. Fintechs zu Aufbau des Vertriebs; Hersteller von Monitoring-Software zu Optimierung von IoT-Infrastrukturen; Komponentenlieferant zu Lieferprojekt für OP-Säle in Pakistan. Lfd.: Dennert Poraver, Pfleiderer, Sumitomo Demag Plastic Machinery, Zoo24. **Prozesse:** Oltrogge wg. Beendigung einer exklusiven Vertriebsvereinbarung; Laserhersteller gg. ehem. belg. u. frz. Vertriebspartner um Ausgleichsansprüche; dt.-jap. Maschinenbauer gg. ehem. tschech. Vertriebspartner um Ausgleichsansprüche.

SCHIEDERMAIR

Vertrieb und Handel ★
Franchiserecht ★★★★★

Bewertung: Die vertriebsrechtl. Beratung der Frankfurter Kanzlei zeichnet sich v.a. durch ihre trad. enge Anbindung an die marken- u. wettbewerbsrechtl. Praxis aus, die u.a. dadurch gefestigt ist, dass Heil u. Vykydal auch stark im IP aktiv sind. Auf ihre Erfahrung setzen Markenunternehmen wie Varta, Mattel u. Hertz z.T. seit Jahren. Ein wichtiger Schwerpunkt der Praxis ist zudem von jeher die Beratung im Franchiserecht. Kaum ein Wettbewerber zählt eine so gr. Vielzahl an internat. Franchisegebern unterschiedl. Branchen zu den Stammmandanten wie der renommierte Partner Hero, der insbes. für US-Systeme ein gefragter Ansprechpartner in Dtl. ist. Regelm. setzen Franchisegeber beim Aufbau neuer Systeme u. dem Markteintritt in Dtl. oder der ww. Expansion auf Schiedermair, darunter zuletzt verstärkt Prominente wie Lukas Podolski, die mit innovativen Franchisekonzepten auf den Markt drängen. Dabei profitieren sie von der markenrechtl. Kompetenz der Kanzlei ebenso wie von der Verknüpfung zu anderen Fachbereichen, insbes. dem Arbeits-, Immobilien- u. Gesellschaftsrecht sowie der Datenschutzberatung. Daneben vertritt das Team seine Mandanten auch in Auseinandersetzungen, etwa bei Streitigkeiten im Vertragshändlerrecht, u. bindet bei Prozessen die Konfliktlösungspraxis ein.
Stärken: Franchiseberatung an der Schnittstelle zum ▷*Marken- u. Wettbewerbsrecht*.
Oft empfohlen: Dr. Ulf Heil, Marco Hero, Dr. Swen Vykydal
Team: 4 Eq.-Partner, 1 Sal.-Partner, 1 Counsel, 2 Associates
Schwerpunkte: Franchise-, Handelsvertreter- u. Lizenzrecht. Beratung ausschl. auf Geberseite. Prozessvertretung von Franchisesystemen.
Mandate: Vertriebssysteme: Ankarsrum bei Markteintritt in Dtl., u.a. zu Fachhändler- u. Handelsvertreterverträgen; Dorner bei Umstellung von Handelsvertreter- auf Vertragshändlerverträge; Messer Business & IT Consulting zu AGB; Sfara zu Softwarelizenzierung; GW Cosmetics bei Aufbau der dt. Vertriebstochter inkl. AGB u. Markenrecht. Lfd.: Aeris, AVI Spl, Cap-Gruppe Ceplast, Deutsche Fertighaus, Flemings-Hotels, Hertz, Snapon.
Franchiserecht: Chunks by KoRo, Mmaah, Nelson Müller, Lukas Podolski, Pottsalat, Puro u. Soennecken zu Aufbau eines Franchisesystems. Lfd.: Apollo-Optik, Bauen + Leben, Best Worscht in Town, BoConcept, Bodystreet, Hans im Glück, Katzentempel, Logiscool, Ocean Basket, L'Osteria, Tom Taylor.

SCHINDLER

Vertrieb und Handel ★★★

Bewertung: Die D'dorfer Kanzlei ist bei der Beratung u. Prozessvertretung von Kfz-Herstellern u. Importeuren etabliert. Diese berät sie umf. zu Markteintritt u. Aufbau von Vertriebsstrukturen in Dtl. sowie zu neuen Händlerverträgen, wobei einzelne Partner neben der vertriebsrechtl. regelm. auch ihre gesellschafts-, kartell- u. datenschutzrechtl. Kompetenzen einbringen. Zudem ist Schindler in Prozessen sehr aktiv, etwa im Streit gg. Händler um Vertragskündigungen u. Ausgleichsansprüche. So erzielte der renommierte Littau in Kooperation mit Noerr einen Erfolg für die langj. Mandantin Jaguar Land Rover gg. deren Vertragshändlerverband. Gleichzeitig leitet die Kanzlei den Generationswechsel ein u. gibt zunehmend jüngeren Anwälten mehr Raum – ein wichtiger Schritt, um die Partnerriege mittelfristig zu verjüngen. Dass die Strategie aufgeht, zeigt sich daran, dass insbes. eine junge Associate Anerkennung im Markt gewinnt.
Stärken: Kfz-Branche, auch an Schnittstellen, z.B. zum IT-Recht, insbes. Datenschutz.
Oft empfohlen: Klaus Littau, Christoph Schlenger, Ole Hinrichs
Team: 8 Eq.-Partner, 4 Associates
Schwerpunkte: Beratung u. Vertretung v.a. von Herstellern u. Importeuren der Kfz- u. Motorradbranche in vertriebsrechtl. (Händlerverträge, Vertriebssysteme, Prozesse) u. vertriebskartellrechtl. Fragen (z.B. branchentyp. GVOen) sowie im Haftungs- u. Gewährleistungsrecht. Direkt- u. Strukturvertriebsrecht, Handelsvertreter- u. Lizenzrecht. Daneben IT-/Datenschutzrecht.
Mandate: Vertriebssysteme: Ford, u.a. zu Neustrukturierung der Vergütung im Ersatzteileverkauf u. des Servicewerkstattnetzes. Lfd.: Ltur, Toyota Dtl., Polestar. **Prozesse:** Jaguar Land Rover in Verbandsklagen; Hyundai Motors Dtl., Kia Motors Dtl. u. Europa in Prozess um Herausgabe von Rohdaten; Kfz-Hersteller zu Schadensersatzklagen im Zshg.

Anwaltszahlen: Angaben der Kanzleien, wie viele Anwälte zu mind. ca. 50% in diesem Gebiet tätig sind. Sie spiegeln nicht zwingend die Gesamtgröße einer Kanzlei wider.

mit Dieselproblematik. Lfd.: Volvo Car Dtl., Stellantis, Mazda Dtl., Scania Dtl., Yamaha Motors Deutschland.

SKN VON GEYSO

Franchiserecht ★★★

Bewertung: Die HHer MDP-Kanzlei ist im Vertriebsrecht v.a. für die Beratung u. Vertretung von Franchisesystemen bekannt. Namh. Franchisegeber, insbes. aus der Systemgastronomie, wie Nordsee u. Start-ups wie Cinna Mood vertrauen bei dem Aufbau neuer Systeme u. der Anpassung von Verträgen auf Lindhorst. Mandanten kommt dabei der Full-Service-Ansatz der Kanzlei zugute, die sie auch zu arbeits-, steuer- u. mietrechtl. Themen berät. Gleichzeitig ist SKN auch regelm. in Prozessen aktiv, sowohl aufseiten von Franchisegebern wie vereinzelt auch -nehmern, etwa in Auseinandersetzungen um Ausgleichsansprüche nach Kündigungen.

Stärken: Franchiserecht.

Oft empfohlen: Dr. Hermann Lindhorst

Team: 1 Partner, plus Associates, 1 of Counsel

Schwerpunkte: Neben klass. Franchiserecht im sog. Softfranchising u. Lizenzvertragsbereich tätig. Auch im franchisebezogenen Datenschutz. Erfahren im Vertriebskartellrecht.

Mandate: Franchiserecht: Nordsee zu neuen Verträgen; Cinna Mood zu Aufbau eines Systems; La Maison du Pain zu Markteintritt in Dtl. Lfd.: Dogstyler, Hol ab, Janny's Eis, Comgatus/Gartenzauberwerk, Schweinske, Visotec, TAB. **Prozesse:** ehem. Franchisenehmer von Hairfree, Clever Fit u. Agentur Traumhochzeit gg. Systeminhaber; Wentzel Dr. gg. ehem. Franchisenehmer um Ausgleichsanspruch.

SKW SCHWARZ

Vertrieb und Handel ★★★

Bewertung: Das Renommee der Kanzlei im Vertriebsrecht basiert v.a. auf der prozessnahen Beratung u. gerichtl. Vertretung, wo das Team ähnl. präsent ist wie Lutz Abel. Regelm. begleitet SKW bei grenzüberschr. Streitigkeiten auch in internat. Schiedsverfahren u. gewinnt so bei ausl. Mandanten an Bekanntheit. Für einen jap. Lebensmittelhersteller ist das Team z.B. im Zshg. mit Störungen der Lieferkette in einem DIS-Verfahren aktiv. Neben seiner regen Tätigkeit in Prozessen, etwa um Ausgleichsansprüche bei Handelsvertreterstreitigkeiten oder Produkthaftung u. Gewährleistungsansprüche, berät der HHer Partner Korte auch zur Gestaltung ww. Vertriebs- u. Lieferverträge. Dabei ist er für Mandanten aus div. Branchen tätig. Während die IP-Rechtler regelm. an der Schnittstelle zum Vertriebsrecht, etwa beim Selektivvertrieb, beraten, schafft es SKW nur bedingt, das volle Potenzial einer Verknüpfung zu der IT- u. der marktführenden ▷*Medienpraxis* zu heben. Dabei wäre die Kanzlei prädestiniert für die Beratung zu digitalen Produkten u. Vertriebssystemen sowie den Medienvertrieb. So beraten die IT-Rechtler etwa bereits Mandanten zu Software as a Service u. die Medienrechtler zählen Sony Pictures zu ihren Mandanten, wo regelm. auch vertriebsrechtl. Fragen auftreten. Durch eine engere Verknüpfung mit den Vertriebsrechtlern könnte der in dem Rechtsbereich bisher sehr industrielastige Mandantenstamm diverser werden. Dafür schafft es SKW wie nur wenige andere Wettbewerber, das Thema Transport u. Logistik überzeugend zu besetzen. Ein Transportrechtler berät Mandanten aus Handel, Spedition u. Versicherung umf. zu Logistikverträgen u. vertritt sie bei Auseinandersetzungen, etwa im Fall von Schäden während des Transports.

Stärken: Beratung u. Prozessvertretung v.a. auf Herstellerseite, auch grenzüberschreitend. Enge Verknüpfung zu Transport- u. Logistikrecht.

Oft empfohlen: Oliver Korte

Team: Kernteam: 2 Eq.-Partner, 1 Sal.-Partner, 2 Associates

Schwerpunkte: Aufbau u. Gestaltung von Vertriebssystemen; klass. Handelsvertreterrecht, auch grenzüberschreitend. Schnittstellen zu ▷*Marken- u. Wettbewerbsrecht* u. ▷*IT*, Prozessberatung u. -vertretung, zunehmend Außenhandels-/Zollrecht sowie Logistik.

Mandate: Vertriebssysteme: Brancaster Pharma, M.C.S. ConPharm u. Intrapore vertriebs- u. lizenzrechtl.; Prestige Brands zu Vertrieb von Reinigungsmitteln; FitX zu AGB in Onlineverträgen; Vistage Worldwide zu Vertrieb u. E-Commerce in Dtl.; Medizinproduktehersteller zu Vertriebs- u. Kooperationsmodellen; Uhrenhersteller zu Vertikal-GVO; Energieversorger zu LkSG. Lfd.: Dt. Bahn, Ducati, Eurofins, Wort&Bild Verlag, VKR. **Prozesse:** Süßwarenhersteller gg. US-Lebensmittelkonzern um gekündigten Distributionsvertrag; Maschinenbauer gg. engl. Handelsvertreter um Ausgleichsansprüche; Uhrenhersteller gg. schweizer. Distributor um Ausgleichsansprüche; chin. Spediteur zur Abwehr von Ansprüchen wg. Frachtschäden; engl. Versicherer wg. Schaden aus Lagerdiebstählen. **Transport/ Logistik:** Schuhproduzent zu Logistikvertrag mit Schwerpunkt Seehandelsrecht; Möbelhersteller zu Aufbau interner Logistik.

TAYLOR WESSING

Vertrieb und Handel ★★★★

Franchiserecht ★★

Bewertung: Die Vertriebsrechtspraxis der Full-Service-Kanzlei ist als Spezialistin für die grenzüberschr. Beratung bekannt. Regelm. kooperieren die dt. Vertriebsrechtler bei gr. internat. Projekten für z.T. langj. Mandanten mit Kollegen aus anderen Fachbereichen u. Auslandsbüros. Ein Beispiel dafür ist Enterprise Rent-A-Car, die das Team umf. zum Vermietungsgeschäft in Europa berät. Diese Vernetzung kommt auch der zuletzt stark ausgebauten Beratung von Franchisesystemen zugute, für die das Team um den neuen Praxisgruppenleiter Rohrßen regelm. eng mit der Arbeits-, Kartell-, ▷*Immobilien-* u. ▷*IP-Rechtspraxis* zusammenarbeitet. Eine Besonderheit der Praxis ist zudem ihr Know-how zum ital. Markt: Gemeinsam mit einer Anwältin, die auch in Italien zugelassen ist, berät der Münchner Partner Rohrßen ital. Unternehmen wie Calzedonia, u.a. zum Franchiserecht u. Onlinevertrieb sowie Mandanten wie Panasonic zu deren Geschäftsaktivitäten in Italien. Dass sich TW das Thema LkSG frühzeitig auf die Fahne schrieb u. überzeugend aus der Vertriebsrechtspraxis heraus entwickelte, schlägt sich in einem anhaltenden Zulauf von neuen, teils namh. Mandanten aus den Branchen Pharma, Konsumgüter u. Technologie nieder, die insbes. auf die Kompetenz von Rothermel u. dem jungen D'dorfer Partner Sebastian Rünz vertrauen. Daneben ist die Praxis regelm. in Digitalisierungsprojekten an der Seite ihrer IT-Recht-Kollegen gefragt, wo sie etwa DoorDash zum Aufbau einer Onlinevertriebsplattform berät. Dass ein auf den Bereich E-Commerce spezialisierter Partner zum Eq.-Partner aufstieg, trägt der Bedeutung dieses Bereichs Rechnung. Auch bei Streitigkeiten vertrauen dt. wie internat. Unternehmen auf die vertrags- u. produkthaftungsrechtl. Kompetenz von TW, die für die Bearbeitung komplexer Handelsvertreterstreitigkeiten zunehmend Legal-Tech-Tools einsetzt.

Stärken: Grenzüberschr. Beratung zu Vertriebssystemen, starke Verbindungen auch nach Südamerika u. Südostasien sowie Regionalfokus Italien.

Oft empfohlen: Dr. Peter Hofbauer („sorgfältig, effizient u. lösungsorientiert", Wettbewerber), Dr. Martin Rothermel („stark im internat. Vertriebsrecht", Wettbewerber), Dr. Philipp Behrendt, Dr. Benedikt Rohrßen („sehr gut bei der Umsetzung aktueller Entwicklungen", Wettbewerber), Dr. Michael Kieffer

Team: 11 Eq.-Partner, 5 Sal.-Partner, 12 Associates, 2 of Counsel

Partnerwechsel: Dr. Stefanie Greifeneder (von Fieldfisher)

Schwerpunkte: Beratung von Herstellern u. Importeuren mit Bezügen zum ▷*Kartell-*, ▷*Arbeits-* u. ▷*Gesellsch.recht*. V.a. für ausl. Unternehmen Aufbau von Vertriebssystemen, häufig an der Schnittstelle zu ▷*Marken- u. Wettbewerbsrecht*, ▷*IT* u. strateg. Beratung, auch Franchisegeber. Beratung zum LkSG u. ESG, Logistik. Prozessführung, zudem Mediation (▷*Konfliktlösung*).

Mandate: Vertriebssysteme: NKD zu E-Commerce; Panasonic zu Vertriebssystem in Italien; Calzedonia, u.a. zu Onlinevertrieb; Check24, u.a. zu Einführung von Kündigungsservice u. in Auseinandersetzungen mit Energieanbietern wg. Preiserhöhungen; Rapunzel Naturkost, u.a. zu Lieferengpässen u. Preisanpassung; TÜV Süd zu Webshop; Wonderland Nurserygoods umf. zu europ. Vertrieb u. Produkt-Compliance; DoorDash zu Lieferdienst u. Onlineplattform; Energieuntern. zu Vertriebssystem; div. Unternehmen zu LkSG. Lfd.: Boehringer Ingelheim, Calida, Enterprise Rent-A-Car, Essity, FC Bayern München, Great Wall Motor, Nio, Riese & Müller, Samsung, Thyssenkrupp Gerlach, Toyota, Wilde Group, Zeppelin. **Transport/ Logistik**: Develey zu Kontraktlogistik u. Transport; chin. Industriekonzern zu Aufbau neuer Logistikzentren in Dtl. u. zu Transport- u. Logistikverträgen. **Franchiserecht:** Calzedonia, u.a. zu Franchisesystem u. Onlinevertrieb. Lfd.: Stagecoach.

TCI RECHTSANWÄLTE

Franchiserecht ★

Bewertung: Die Praxis ist tief im Franchiserecht verwurzelt. Die vorw. als Einzelkämpferin agierende, erfahrene Partnerin Dünisch berät insbes. Franchisegeber aus der Fitnessbranche u. der Systemgastronomie zum Auf- u. Ausbau ihrer Systeme u. vertritt sie in Prozessen. Zuletzt führte sie ihr Weg häufiger zu Gericht, etwa für einen Mandanten der Heilmittelbranche wg. fehlender Vertragstreue eines Franchisepartners. Neben der Franchiseberatung ist Dünisch auch im klass. Vertriebsrecht tätig, wo sie etwa einen Energiedienstleister an der Schnittstelle zum Energierecht beriet.

Oft empfohlen: Ruth Dünisch

Team: 1 Partnerin

Schwerpunkte: Beratung von Franchisegebern, v.a. Dienstleistungs- u. Handelsbranche.

Mandate: Franchiserecht: lfd. Franchisegeber aus Fitness u. Systemgastronomie. **Prozesse:** Franchisegeber aus der Heilmittelbranche im Zshg. mit fehlender Vertragstreue eines Franchisepartners; Getränkehersteller zu temporärer Auslistung durch Lebensmittelgroßhändler wg. Preisanpassung. **Vertriebsrecht:** Energiedienstleister zu Handelsvertreterverträgen.

Anwaltszahlen: Angaben der Kanzleien, wie viele Anwälte zu mind. ca. 50 % in diesem Gebiet tätig sind. Sie spiegeln nicht zwingend die Gesamtgröße einer Kanzlei wider.

TRADEO

Vertrieb und Handel ★

Bewertung: Die Beratung zu ww. Markteintritten ist das Kerngeschäft der D'dorfer Kanzlei. Dabei profitieren die zumeist mittelständ. Mandanten aus Kfz, Transport, Anlagenbau u. Konsumgüterindustrie insbes. von der trad. engen Verknüpfung zw. Vertriebs- u. Gesellschaftsrecht. Auf diesen Ansatz setzen auch namh. Unternehmen wie z.B. der Juwelier Christ, den das Team um Breckheimer in einer Mandatsausschreibung überzeugte u. zum Ausbau des Großhandelsgeschäfts in Europa berät. Auf die Rundumberatung im Vertriebsrecht, die auch kartell- u. datenschutzrechtl. Fragen umfasst – etwa im Zshg. mit Direkt- u. Onlinevertrieb –, vertrauen zunehmend auch ausl. Mandanten wie z.B. ein US-Start-up bei ihrem Eintritt im dt. Markt. Gleichz. berät das Team prozessnah im Zshg. mit Schadensersatz oder Produkthaftung.

Oft empfohlen: Dr. Fabian Breckheimer („kompetent u. engagiert", „fachl. versiert im internat. Vertrieb" Wettbewerber), Dr. Andreas Remuta („Experte, v.a. in grenzüberschr. Fragen", Wettbewerber)

Team: 3 Eq.-Partner, 1 Sal.-Partner, 1 Counsel, 2 Associates

Schwerpunkte: V.a. mittelständische Mandanten zu internat. Vertriebskonstellationen.

Mandate: Vertriebssysteme: Christ zu Großhandel in Europa; Mubea bei Markteinführung eines Lasten-Pedelecs für Last-Mile-Belieferung; We Fresh zu Aufbau eines Vertriebssystems; New Vector im Zshg. mit dem Vertrieb von Bw Messenger; US-Start-up zu dt. Markteintritt; Freizeitmodehersteller zu Einkaufsrahmenverträgen; Anbieter digitaler Mobilitätslösungen, u.a. zu Partnerverträgen mit Werkstätten u. Lieferanten; Textilmaschinenbauer zu Direktvertrieb; Medizinproduktehersteller zu neuen Händlerverträgen u. Produkt-Compliance; Sanitätseinkaufsverbund zu Boni u. Rückvergütung. Lfd.: PLT Automation, TGC Group, Vallourec, Vennskap, Viega. **Prozesse:** Anlagenbauer zu Abrechnung in Dienstverträgen u. Gewährleistung unter Werksverträgen; Edelstahlproduzent zu Schadensersatz im Zshg. mit einem Chemieunfall; div. Unternehmen zu Lieferkettenunterbrechung, Force Majeure u. Preisanpassungsklauseln. **Transport/Logistik:** frz.-dt. Tierproduktehersteller zu Logistiksystem u. Lagerverträgen.

DR. VOGELS

Vertrieb und Handel ★

Bewertung: Die kl. Kölner Kanzlei ist für ihren Einsatz aufseiten von Kfz-Händlern bekannt, wo sie bei div. Verbänden fest im Sattel sitzt. Neben Auseinandersetzungen mit Herstellern, bei denen es oft um Kündigungen u. Forderungen von Ausgleichsansprüchen geht, sorgt v.a. die Prüfung von Händlerverträgen für ein kontinuierl. Grundrauschen in der Dauerberatung. Daneben gelang es, die Mandatsbeziehung zu einem Landmaschinenhändler zu intensivieren. Da in diesem Sektor dieselben Fragen auftreten wie bei Kfz, eröffnet sich hier die Möglichkeit, einen weiteren Branchenschwerpunkt zu erschließen. Darüber hinaus ist die Kanzlei – ebenfalls händlerseitig – in der Telekommunikationsbranche aktiv.

Oft empfohlen: Prof. Dr. Tim Vogels („äußerst sachkundig, kennt die Kfz-Branche bestens", „unabhängiger Kopf, der sehr für seine Mandanten kämpft", Wettbewerber)

Team: 1 Eq.-Partner, 1 Associate

Schwerpunkte: Kfz-Branche auf Händlerseite, v.a. zu Serviceverträgen.

Mandate: Vertriebssysteme: Landmaschinenhändler zu neuen Händlerverträgen; div. Fiat-Transporthändler zu Erfüllung von Verträgen durch FCA Germany; Igedos, Verband der Stellantis-Markenpartner u. Verband der Stellantis-Konzernhändler u. Servicebetriebe zu neuen Verträgen im Stellantis-Konzern; Iveco-Vertragspartnerverband, u.a. zu Einführung von Astra-Verträgen; Mazda-Händlerverband zu neuen Verträgen im Zshg. mit zubuchbaren Leistungen; Verband der Kia-Händler u. Kia-Servicepartner, u.a. zu neuen Verträgen u. Erhöhung von Transportkosten. Lfd.: DAF-Vertragspartnerverband, Verband Dt. Skoda-Vertragspartner.

Anwaltszahlen: Angaben der Kanzleien, wie viele Anwälte zu mind. ca. 50 % in diesem Gebiet tätig sind. Sie spiegeln nicht zwingend die Gesamtgröße einer Kanzlei wider.

Wirtschafts- und Steuerstrafrecht

Richtungsentscheidungen deuten sich an

Kaum ein anderer Beratermarkt ist in sich so exzellent vernetzt und zugleich so volatil wie der der Wirtschaftsstrafrechtler. In der Individualverteidigung macht es der enorme Mandatsanfall dank Massenkomplexen wie Diesel oder Cum-Ex verhältnismäßig risikolos, sich von seiner bisherigen Kanzlei loszusagen und eine eigene Kanzlei zu gründen. Die nächsten Wellen deuten sich unter anderem mit Russland-Sanktionen und der Geldwäsche-Verschärfung bereits an.

Fähige Verteidiger sind also gesucht wie nie. Wer gut ausgebildet und vernetzt ist, wird bei Bedarf gerne von den Verteidigerkollegen oder von Zivilkanzleien an den Tisch geholt. Das macht den Start für die neu gegründeten Einheiten zurzeit vergleichsweise einfach. Die Liste derjenigen, die sich neu sortierten, ist lang und vor allem in Frankfurt tat sich im Berichtszeitraum einiges: **Reichling Corsten** eröffnete im Oktober 2022. Anschließend sagte sich Dr. Thomas **Richter** von HammPartner los und machte unter eigener Flagge weiter. Zum Jahresanfang spaltete sich außerdem das gesamte Strafrechtsteam von **Klinkert** ab und firmiert heute als **Kayßer**.

Und schließlich setzten die Namenspartner der seit Jahren etablierten Strafrechtskanzlei Kempf Schilling + Partner einen Schlusspunkt: Die beiden bisherigen Partner Dr. Hellen Schilling und Christoph Tute firmieren jetzt unter **Schilling Tute**. Eberhard Kempf wiederum schließt sich (nun) **Hamm Kempf & Partner** an. In München trennten sich Ufer Knauer: Dr. Florian Ufer tat sich mit Dr. Norbert Scharf von **Grub Brugger** zu **Ufer Scharf** zusammen, Prof. Dr. Christoph Knauer gründete eine eigene Kanzlei.

Weitere Trennungen waren zum Redaktionsschluss schon beschlossene Sache: **Meyer-Lohkamp & Pragal** in Hamburg gehen zum Jahresende getrennte Wege. Beide bleiben mit neuen Kanzleipartnern in der Hansestadt.

Größe zählt ein bisschen

Doch es gibt auch eine gegenläufige Bewegung zu den Abspaltungen, und zwar dort, wo die Strafrechtler stärker für die Unternehmen tätig sind. Der Zusammenschluss von **Feigen Graf** mit dem Münchner **Roxin**-Büro war ein Paukenschlag, den Wettbewerber als „mutig und klug" lobten. Gelingt die Bündelung der Kräfte, dann entsteht hier eine Boutique, die wie nur wenige die Gesamtpalette der strafrechtlichen Unternehmensberatung bedient.

Kanzleien wie **Park** und **Heuking Kühn Lüer Wojtek** wiederum setzen schon länger auch auf eine technische Erweiterung, um dem Mittelstand Compliance-Beratung zu bieten. Verstärkt auf Unternehmen fokussiert sich auch **Knauer**. Einheiten wie diese fischen näher an den Gewässern der Großkanzleien wie **Freshfields Bruckhaus Deringer** und **Hengeler Mueller**, die beide in den vergangenen Jahren das Wirtschaftsstrafrecht als sinnvolle Ergänzung entdeckt haben, während **Clifford Chance**, **DLA Piper**, **Noerr** und **White & Case** schon lange Strafrechtler in ihren Reihen haben. **White & Case** verzeichnete allerdings einen Rückschlag: Der langjährige Partner Karl-Jörg Xylander wechselte zur Münchner Boutique **CCI**.

Klar ist, um sich als Boutique gegen die stärker werdenden Großkanzleien zu behaupten, braucht es Kreativität. Dauerberatungen, wie sie in großem Umfang etwa **VBB Rechtsanwälte** oder **Thomas Deckers Wehnert Elsner** pflegen, scheinen noch gesichert, doch die vielfältiger werdende strafrechtliche Risikolandschaft könnte das schnell ändern – Lieferketten und Sanktionen etwa sind nicht das originäre Biotop von klassischen Verteidigern.

Die Bewertungen behandeln Kanzleien, die im Wirtschafts- und/oder Steuerstrafrecht beraten. Die Mandatsbeschreibungen beziehen sich in aller Regel auf zum Zeitpunkt des Redaktionsschlusses nicht rechtskräftig festgestellte Vorwürfe. Die tabellarischen Übersichten unterscheiden zwischen Individualverteidigung u. der Vertretung von geschädigten oder betroffenen Unternehmen, insbes. gegenüber Behörden und Justiz in konkreten Verfahren (siehe auch ▷*Compliance-Untersuchungen*, ▷*Konfliktlösung* und ▷*Öffentlicher Sektor*). Hinzu kommt eine Übersicht über ausgewiesene Steuerstrafrechtler.

JUVE KANZLEI DES JAHRES FÜR WIRTSCHAFTS- UND STEUERSTRAFRECHT

GAZEAS NEPOMUCK

JUVE AWARDS 2023

Raus aus der Nische: Mit Geschick und Kompetenz hat sich die kleine Kölner Einheit von ihrem Image als Auslieferungskanzlei befreit. Zwar gilt Namenspartner **Dr. Nikolaos Gazeas** nach wie vor als Koryphäe auf diesem Gebiet – nicht ohne Grund setzten Alexander Nawalny und Hanno Berger auf ihn –, doch hat sich die Arbeit mittlerweile weit darüber hinaus entwickelt.

Dabei setzt sie auf ihre Erfahrung im internat. Umfeld, nicht nur in der Beratung regimekritischer russischer Unternehmer, sondern vor allem bei der Beratung von Unternehmen. Hier legte sie auch dank der Zielstrebigkeit von **Dr. Lutz Nepomuck** deutlich zu und bedient inzwischen die gesamte Bandbreite der Beratung. Sie reicht von der Prävention über Ombudstätigkeit bis zur Verteidigung und Wiederbeschaffung von Geldern.

Abgerundet wird das Bild durch prominente Verteidigungen, wie die eines Ex-Vorstands von Adler Real Estate und politiknahem Engagement, etwa verfassungsrechtlicher Arbeit für FDP-Vertreter. Die Vielfalt dieser Mandate spricht für eine beachtliche Akzeptanz der Kanzlei im Markt und bei Mandanten: Scheinbar mühelos gelingt es ihr, selbst politisch aufgeheizte Verfahren souverän über die Bühne zu bringen, ohne sich die Finger zu verbrennen.

ADICK LINKE

Steuerstrafrecht ★

Bewertung: Die Boutique gehört mittlerw. zu den etablierten Einheiten u. ist bei div. steuerstrafrechtl. Fragen für Individuen u. Unternehmen eine gefragte Adresse. Die angesichts der Größe eher ungewöhnl. Eröffnung eines zusätzl. Büros in Frankfurt verschaffte AL vertiefende Beziehungen zu den dort ansässigen Unternehmen. Zudem kann sie zunehmend bei Dax-Unternehmen punkten. Für ihre gute Reputation spricht auch, dass sich Münchner Private-Equity-Unternehmen wg. des Vorwurfs der Steuerhinterziehung durch Fondsstrukturen an die Kanzlei wenden. Fälle dieser Art lasten fast ausschließl. die Spezialisten im süddt. Raum aus. Vor diesem Hintergrund wäre ein Ausbau auf Associate-Ebene weiterhin sinnvoll. Eine neu gewonnene Sal.-Partnerin verließ die Kanzlei bereits wieder.

Oft empfohlen: Dr. Markus Adick („fachl. hervorragend, schnell", „es gibt kein steuerstrafrechtl. Problem, das er nicht zugunsten der Mandanten durchdringt", „sehr strukturiert u. immer Top-Niveau", „überragend im Steuerstrafrecht", „sehr gut", Wettbewerber), Leonie Linke („verhandlungsstark", „kluge u. harte Verhandlerin", „sehr kompetent", „zuverlässig, schnell", Wettbewerber)

Team: 2 Eq.-Partner

Schwerpunkte: Individual- ebenso wie Unternehmensverteidigung; Steuerstrafrecht.

Mandate: Individuen: GF eines Immobilienunternehmens wg. Steuerdelikt im Zshg. mit Mitarbeitervergütung; Steuerchef einer Bank wg. Cum-Ex; CFO TK-Unternehmen wg. Korruptionsdelikten im Ausland; GF eines Sportartikelherstellers wg. Verrats von Geschäftsgeheimnissen; GF Private-Equity-Unternehmen wg. Steuerhinterziehung durch Fonds-Strukturen im Ausland; GF einer Steuerberatergruppe wg. Steuerhinterziehung u. Betrug im Zshg. mit Swap-Geschäften; russ. Oligarch wg. Steuerdelikt; **Unternehmen:** Bank wg. Verstoß gg. Kreditwesengesetz; Chemieunternehmen wg. umsatzsteuerl. Korrekturen; Sportartikelhersteller zu Compliance-System; schwed. Bankhaus nach Anzeige von Steuerdelikten durch Whistleblower.

BAKER TILLY

Steuerstrafrecht ★★

Bewertung: Als Teil einer multidisziplinären Einheit ist die Praxis um den anerkannten Bielefeld im Steuerstrafrecht eine feste Bank. BT zeichnet die enge Zusammenarbeit mit den anderen Praxisgruppen aus, speziell mit der Schnittstelle zum Steuerstreit, ähnl. wie bei Flick Gocke. Obwohl sie deutl. kleiner als diese ist, berät BT fachl. v.a. mittelständ. Unternehmen breit: Zuletzt beschäftigten sie u.a. Mandate zu Fragen des Gewerbesteuerhebesatzes, die zurzeit viele Unternehmen umtreiben. Auch in München ansässige Private-Equity-Häuser, die die Steuerfahndung zurzeit unter die Lupe nimmt, suchen verstärkt Rat ebenso wie Unternehmen div. Branchen zum Thema Sozialversicherungen u. Scheinselbstständigkeit. Hinzu kommen regelm. Mandate von Private Clients u. der öffentl. Hand. Cum-Ex-Beschuldigte finden sich zwar auch bei BT, allerdings nicht in dem Maße wie bei Wettbewerbern.

Stärken: Enge Anbindung an die Steuerpraxis u. an der Schnittstelle zu Compliance.

Oft empfohlen: Dr. Franz Bielefeld („Spezialfachwissen", „äußerst kompetente Tax-Compliance-Praxis", Wettbewerber)

Wirtschaftsstrafrecht: Individualverteidigung

★★★★★	
Dierlamm	Wiesbaden
Feigen Graf	Frankfurt, Köln
Gercke Wollschläger	Köln
Krause & Kollegen	Berlin
Thomas Deckers Wehnert Elsner	Düsseldorf
★★★★★	
Dr. Dörr & Kollegen	Frankfurt
Park	Dortmund
VBB Rechtsanwälte	Düsseldorf, Essen, Karlsruhe
Wessing & Partner	Düsseldorf
★★★★	
Hamm Kempf & Partner	Frankfurt
Schilling Tute	Frankfurt
Ufer Scharf	München
Verte	Köln
★★★	
Ignor & Partner	Berlin
Knauer	München, Frankfurt, Berlin
Otmar Kury	Hamburg
Langrock Voß & Soyka	Hamburg
Leitner & Kollegen	München
Pfordte Bosbach	München
Roxin	Hamburg
Wannemacher & Partner	München

Fortsetzung nächste Seite

Team: 2 Partner, 1 Counsel, 2 Associates

Schwerpunkte: Ausgewogenes Verhältnis von Individual- u. Unternehmensverteidigung. Selbstanzeigen, Steuerfahndungssachen, Strafverfahren im Nachgang zu Betriebsprüfungen, regelm. auch Analyse steuerstrafrechtl. Risiken u. Unterstützung bei Tax-Compliance-Systemen. Kernklientel: wohlhabende Familien u. gehobener Mittelstand.

Mandate: Individuen: Mitgründer eines Private-Equity-Fonds wg. der Hinterziehung von Kapitalertrag-, Körperschaft- u. Gewerbesteuer; Abteilungsleiter einer Bank zu Cum-Ex. **Unternehmen:** Einzelhändler im Zshg. mit arbeits-, sozialversicherungs- und lohnsteuerl. Fragen der Überlassung von Arbeitskräften.

BEUKELMANN MÜLLER PARTNER

Wirtschaftsstrafrecht: Individuen ★

Steuerstrafrecht ★★

Bewertung: Nach der Neuaufstellung im Zuge des Generationswechsels hat sich die Münchner Kanzlei im Steuer- u. Wirtschaftsstrafrecht etabliert. Dafür sorgten so prominente Mandate wie die Vertretung des Kronzeugen im Audiprozess, der sich im Frühjahr 2023 mit dem Gericht einigte. Auch die Beratung zu Cum-Ex hat sich zum stabilen Geschäftsfeld entwickelt. Hierzu vertritt BM mit der Macquarie Bank einen Player, der früh ins Visier der Staatsanwaltschaft geriet. Eine Besonderheit ist ihr Spanish Desk, der aufgrund von nachhaltiger Netzwerkpflege Fahrt aufnahm mit einem Mandat, das sowohl wirtschafts- wie steuerrechtl. Aspekte betraf. Dass grenzüberschr. Mandate insgesamt zunahmen, verdankt BM aber auch ihren guten Beziehungen zu Zivilkanzleien, mit denen sie regelm. zusammenarbeitet.

Oft empfohlen: Dr. Stephan Beukelmann („zuverlässig, gelassen", „analyt. u. fachl. ausgezeichnet", „zuverlässig, kompetent", „sehr klug", „strateg. stark", „sehr gut im Umgang mit Behörden", „guter Stratege u. Teamplayer", Wettbewerber), Maximilian Müller („sehr kompetent", „stets verlässl., sehr gut vernetzt", „Experte in seinem Gebiet", „hohe Qualität in der Beratung", Wettbewerber), Prof. Dr. Eckhart Müller; zunehmend: Florian Opper („besonnen, pragmat. u. lösungsorientiert", „hohe fachl. Kompetenz", „Teamplayer", „sehr klug, guter Stratege, kollegial", „aufstrebend", „äußerst kompetent", „nett, kollegial, schlau", Wettbewerber)

Team: 2 Eq.-Partner, 2 Sal.-Partner, 1 Counsel, 3 Associates, 2 of Counsel

Schwerpunkte: Individual- u. Unternehmensverteidigung, häufig bei Untreue u. in steuerstrafrechtl. Delikten, zunehmend internat. Bezüge.

Mandate: Individuen: Audi-Entwickler in Diesel-Verf.; Beschuld. im Steuerstrafverf. im Zshg. mit Maskenaffäre; ltd. Mitarbeiter eines Kfz-Herstellers in Diesel-Verf.; GC von Wirecard als Zeugenbeistand. **Unternehmen:** Macquarie Bank im Cum-Ex-Verf.; Nutzfahrzeughersteller zu interner Untersuchung, u.a. wg. Untreue; Fluggesellschaft wg. Steuervorwurf; Media Saturn wg. Bestechlichkeit eines Mitarbeiters; lfd. Siemens.

CKSS CARLÉ KORN STAHL STRAHL

Steuerstrafrecht ★★★

Bewertung: Die Kölner Kanzlei baut ihr Geschäft auf eine stabile, meist mittelständ. Mandantschaft,

Anwaltszahlen: Angaben der Kanzleien, wie viele Anwälte zu mind. ca. 50% in diesem Gebiet tätig sind. Sie spiegeln nicht zwingend die Gesamtgröße einer Kanzlei wider.

die zum größten Teil langj. u. in strateg. wichtigen Fragen auf das Team vertraut. Das geschieht auch desw., weil sie Steuerstrafrecht, Steuerstreit u. das materielle Steuerrecht aus einer Hand anbieten kann. Zur Klientel zählt eine stete Zahl von Unternehmen aus dem Dienstleistungssektor, z.B. ein Logistiker. Häufiger Ausgangspunkt sind Betriebsprüfungen, nach denen immer mehr Geschäftsführer ins Visier geraten, bevor dann gg. das Unternehmen als solches ermittelt wird. Dabei geht es regelm. um die Umsatzsteuer oder auch um verdeckte Gewinnermittlung. Ähnl. wie bei Frick wenden sich zudem Steuerberater an das Team, die wg. Beihilfe zur Steuerhinterziehung angegriffen werden. Seit Juli 2023 ist ckss zudem mit einem Büro in München präsent.

Oft empfohlen: Rudolf Stahl

Team: 1 Eq.-Partner, 3 Sal.-Partner, 4 Associates, 1 of Counsel

Schwerpunkte: Individualverteidigung, aber auch Beratung u. Vertretung von Unternehmen inkl. Steuer-Compliance.

Mandate: Keine Nennungen.

CLIFFORD CHANCE

Wirtschaftsstrafrecht: Unternehmen ★★★

Bewertung: Die strafrechtl. Praxis um Hugger ist gleichzeitig der Mittelpunkt der Compliance-Praxis. Mit dieser Konstellation zählt CC, ähnl. wie DLA, zu den Großkanzleien, die Strafrecht schon langj. u. erfolgr. betreiben. Die Strafrechtler sind entsprechend fester Bestandteil einer Reihe von umfangr. internen Untersuchungen, wobei sie als besonders gut vernetzt sowohl in der Pharma- als auch in der Bankbranche gelten. Dass sie zu Cum-Ex gleich mehrere Banken vertreten, überrascht daher nicht. Doch auch bei anderen aktuellen Themen sind die Anwälte involviert, etwa zu Russland-Sanktionen, wozu sie ein Logistikunternehmen vertraten. Auch bei der präventiven Beratung zu LkSG, Greenwashing oder potenz. Klimaklagen sind die Strafrechtler immer wieder gefragt. Den Stellenwert der Praxis untermauert eine erneute Ernennung: Baedorff, die sich bereits einen Namen im Markt gemacht hat, wurde in die Partnerschaft aufgenommen.

Oft empfohlen: Dr. Heiner Hugger („ganz vorne mit dabei", Wettbewerber), Dr. David Pasewaldt („ruhige u. besonnene Verhandlungsführung", „sehr kompetent u. tatkräftig", Wettbewerber), Dr. Julia Baedorff („exakt u. mit großer Weitsicht", „sehr gut, ausgezeichnetes Projektmanagement", „bietet hohe Qualität", Wettbewerber)

Team: 3 Eq.-Partner, 1 Counsel, 6 Associates

Schwerpunkte: Wahrnehmung von Unternehmensinteressen in Strafverfahren u. Vorfeldberatung (u.a. Gesundheits-, Finanzsektor). Fachübergr. ▷*Compliance-Beratung*; regelm. Mandate mit internat. Bezügen.

Mandate: Unternehmen: BNY Mellon Service, Fondsgesellschaften der Société Générale, internat. Vermögensverwalter, US-Bank, skand. Bank, europ. Banken, dt. Bank wg. Cum-Ex; Pharmakonzern wg. Steuerhinterziehung; Medienkonzern wg. Steuerhinterziehung u. Vorenthaltens u. Veruntreuens von Arbeitsentgelt; US-Software-Unternehmen wg. Steuerhinterziehung; Energiekonzern wg. Umsatzsteuerhinterziehung im Zshg. mit Handel von CO2-Emissionszertifikaten; Luft- u. Raumfahrtunternehmen, u.a. wg. Steuerhinterziehung, Verstoß gg. Exportkontrollvorschriften; Logistikunternehmen wg. Verstoß gg. Russland-Sanktionen; mehrere Banken wg. Verletzung der Börsenordnung; Immobilienunternehmen in Owi-Verf. wg. Verwaltungsvorschriften; **Individuen:** Inhouse-Juristin wg. Steuerhinterziehung.

Wirtschaftsstrafrecht: Individualverteidigung Fortsetzung

★★	
FS-PP Berlin	Berlin
Knierim & Kollegen	Mainz
Redeker Sellner Dahs	Bonn
Trüg Habetha	Freiburg
★★	
Freyschmidt Frings Pananis Venn	Berlin
Gazeas Nepomuck	Köln
Kayßer	Frankfurt
Rettenmaier	Frankfurt
Rosinus Partner	Frankfurt
Stetter	München
★	
Beukelmann Müller Partner	München
Heuking Kühn Lüer Wojtek	Düsseldorf, Hamburg
Kipper Durth Schott	Darmstadt
Livonius van Rienen	Frankfurt
MGR Rechtsanwälte	Frankfurt
Noerr	München, Frankfurt, Hamburg
Quedenfeld Füllsack & Partner	Stuttgart
★	
Eckstein & Kollegen	München
Kraft Rechtsanwälte	Mönchengladbach
Lilie Ihwas	Frankfurt
von Máriássy Dr. von Stetten Degenhard Rill	München
Meyer-Lohkamp & Pragal	Hamburg
v. Pelchrzim	Frankfurt, München
Reichling Corsten	Frankfurt
Schneider Schultehinrichs	Frankfurt
Schork Kauffmann Wache	Stuttgart, Karlsruhe
Strate und Ventzke	Hamburg
SvS Sidhu von Saucken	München
Tsambikakis & Partner	Köln, Frankfurt, Berlin, Hamburg
Dr. Velke	Frankfurt, Köln
Widmaier Norouzi	Berlin

Die Auswahl von Kanzleien und Personen in Rankings und tabellarischen Übersichten ist das Ergebnis umfangreicher Recherchen der JUVE-Redaktion. Sie ist in 2erlei Hinsicht subjektiv: Die Aussagen der befragten Quellen sind subjektiv u. spiegeln deren Erfahrungen u. Einschätzungen. Die JUVE-Redaktion wiederum analysiert die Rechercheergebnisse unter Einbeziehung ihrer eigenen Marktkenntnis. Der JUVE Verlag beabsichtigt keine allgemeingültige oder objektiv nachprüfbare Bewertung. Es ist möglich, dass eine andere Recherchemethode zu anderen Ergebnissen führt. Innerhalb einzelner Gruppen in Rankings und tabellarischen Übersichten sind Kanzleien und Personen alphabetisch sortiert.

DIERLAMM

Wirtschaftsstrafrecht: Individuen ★★★★★

Wirtschaftsstrafrecht: Unternehmen ★★★

Bewertung: Mit gewohnt hoher Schlagzahl behauptet sich die wirtschaftsstrafrechtl. Boutique unter den führenden Einheiten. Die vglw. milde Verurteilung ihres Mandanten im Cum-Ex-Komplex um die Maple-Bank brachte ihr noch einmal neue Mandate aus dem Bereich. Gefragt bleibt sie auch bei WP-Gesellschaften. Nur wenige relevante Verf., die sich gg. diesen Berufsstand richten, finden ohne die Beteiligung der Anwälte statt. Hohe Aufmerksamkeit erregte allerdings die Übernahme des Mandats von Ex-Bild-Chefredakeur Reichelt, den sein früherer Arbeitgeber wg. Betrugs anzeigte. Nachdem sich die Kanzlei schon im Vorjahr personell erweitert hatte, nahm sie erneut einen Quereinsteiger auf. Dieser Compliance-Zugang aus einem Unternehmen verließ die Kanzlei jedoch nach wenigen Monaten in Richtung Deloitte Legal. Die Kanzlei bleibt somit ihrem bisherigen Konzept, sich auf die Verteidigung u. Vertretung von Individuen u. Unternehmen zu konzentrieren, treu. Eine weitere personelle Entlastung scheint jedoch v.a. im Unterbau sinnvoll.

Stärken: Hohes Ansehen, auch bei Zivilkanzleien.

Oft empfohlen: Prof. Dr. Alfred Dierlamm („Alphatier im besten Sinne", „starke Persönlichkeit, auch bei der Justiz sehr anerkannt", „ausgeprägtes Verständnis für komplexe Sachverhalte", Wettbewerber)

Team: 4 Eq.-Partner, 3 Sal.-Partner, 2 Counsel, 2 Associates

Anwaltszahlen: Angaben der Kanzleien, wie viele Anwälte zu mind. ca. 50% in diesem Gebiet tätig sind. Sie spiegeln nicht zwingend die Gesamtgröße einer Kanzlei wider.

Partnerwechsel: Dr. Roman Reiss (von Robert Bosch)
Schwerpunkte: Ges. Breite des Wirtschafts- u. Steuerstrafrechts. Individualverteidigung u. regelm. Unternehmen, tlw. in Dauerberatung, straf- u. aufsichtsrechtl. Beratung von WP-Gesellschaften.
Mandate: Individuen: Wirecard-CEO wg. Marktmanipulation; Julian Reichelt u.a. wg. Betrug (marktbekannt); Beschuld. in VW-Abgasskandal; Leiter der Handelsabt. im Verf. Maple Bank; beschuld. Hauptzeuge im Cum-Ex-Verf. Köln; 2 GF North Channel Bank wg. Cum-Ex; Ex-CEO im Verf. um Hymer (aus dem Markt bekannt); WP in Verf. Luhns; Beschuld. im Verf. um Porsche-Betriebsratsvergütung; Gründer von Lombardium wg. Betrug (beides marktbekannt). **Unternehmen:** Vitesco wg. Dieselskandal; Prüfungsverband in Sachen Eventus; div. Kliniken in arzt- u. medizinstrafrechtl. Verf.; lfd.: Netto, Edeka, Bilfinger, EY, PwC (Letztere auch in Verf. wg. Steuerhinterziehung, alle marktbekannt).

Wirtschaftsstrafrecht: Beratung von Unternehmen

★★★★★	
Feigen Graf	Köln, Frankfurt, München
Freshfields Bruckhaus Deringer	Düsseldorf
VBB Rechtsanwälte	Düsseldorf, Essen, Karlsruhe
Wessing & Partner	Düsseldorf
★★★★	
DLA Piper	Frankfurt
Dr. Kai Hart-Hönig	Frankfurt
Park	Dortmund
★★★	
Clifford Chance	Frankfurt
Dierlamm	Wiesbaden
Hengeler Mueller	Berlin, Düsseldorf
Knauer	München, Frankfurt, Berlin
Krause & Kollegen	Berlin
Verte	Köln
★★	
FS-PP Berlin	Berlin
Gercke Wollschläger	Köln
Heuking Kühn Lüer Wojtek	Düsseldorf, Hamburg
Knierim & Kollegen	Mainz
Prof. Dr. Holger Matt	Frankfurt
Redeker Sellner Dahs	Bonn
Rosinus Partner	Frankfurt
Thomas Deckers Wehnert Elsner	Düsseldorf
Tsambikakis & Partner	Köln, Frankfurt, Berlin, Hamburg
Ufer Scharf	München
★	
Freyschmidt Frings Pananis Venn	Berlin
Gazeas Nepomuck	Köln
Langrock Voß & Soyka	Hamburg
MGR Rechtsanwälte	Frankfurt
Noerr	München, Frankfurt, Hamburg
v. Pelchrzim	Frankfurt, München
Reichling Corsten	Frankfurt
Roxin	Hamburg
Schilling Tute	Frankfurt
Stetter	München
White & Case	Berlin, Frankfurt

Die Auswahl von Kanzleien und Personen in Rankings und tabellarischen Übersichten ist das Ergebnis umfangreicher Recherchen der JUVE-Redaktion. Sie ist in 2erlei Hinsicht subjektiv: Die Aussagen der befragten Quellen sind subjektiv u. spiegeln deren Erfahrungen u. Einschätzungen. Die JUVE-Redaktion wiederum analysiert die Rechercheergebnisse unter Einbeziehung ihrer eigenen Marktkenntnis. Der JUVE Verlag beabsichtigt keine allgemeingültige oder objektiv nachprüfbare Bewertung. Es ist möglich, dass eine andere Recherchemethode zu anderen Ergebnissen führt. Innerhalb einzelner Gruppen in Rankings und tabellarischen Übersichten sind Kanzleien und Personen alphabetisch sortiert.

DLA PIPER

Wirtschaftsstrafrecht: Unternehmen ★★★★

Bewertung: Als eine der inzw. dienstältesten strafrechtl. Praxen in internat. Kanzleien hierzulande ist das wirtschaftsstrafrechtl. Team eng in das internat. Netzwerk und das Compliance-Team integriert. Immer wieder landen so komplexe Verf. mit internat. Bezügen etwa nach Asien oder in die USA bei den Anwälten, oft verbunden mit internen Untersuchungen. Die internat. Kooperation ist dabei gut eingespielt. Das Erfahrungsspektrum umfasst alle Facetten strafrechtl. Beratung, sei es die präventive Unterstützung zu Fragen des GWG und LkSG, sei es die klass. Unternehmensverteidigung oder – wenn auch in geringerem Umfang – die steuerstrafrechtl. Beratung. Weiterhin suchen v.a. Unternehmen der Realwirtschaft Rat bei DLA. Dass Mandanten keineswegs nur aus der Großkanzlei selbst stammen, sondern gezielt die Strafrechtler aufsuchen, zeigt, dass es diesen gelingt, trotz der engen internen Vernetzung ein eigenes Profil zu pflegen. Dass DLA das Strafrecht weiterhin als wesentl. Bestandteil ihres Angebots betrachtet, demonstrierte die Kanzlei auch mit der Ernennung eines Counsels.
Stärken: Beratung von Industrieunternehmen; auch Verteidigererfahrung.
Oft empfohlen: Dr. Christian Schoop („herausragender Unternehmensanwalt", „erfahrener u. sehr guter Verhandler", Wettbewerber), Emanuel Ballo („klug, unaufgeregt", Wettbewerber), Prof. Dr. Jürgen Taschke
Team: 2 Eq.-Partner, 1 Counsel, 8 Associates, 1 of Counsel
Schwerpunkte: Beratung von Unternehmen, sowohl präventiv als auch in Ermittlungsverfahren. Breit gefächertes Themenspektrum. ▷*Compliance*-Beratung u. grenzüberschr. Arbeit.
Mandate: Unternehmen: börsennot. Medizintechniker wg. Umweltdelikt, inkl. Untersuchung; internat. Lizenzinhaber einer internat. Sportveranstaltung als Geschädigter durch Urheberrechtsverletzungen; Maschinenbauer wg. unklarer Zahlungen in Afrika, inkl. Verdachtsmeldung; Industrieunternehmen wg. Arbeitsunfall; internat. Softwareanbieter zu lfd. Verf. nach einer Selbstanzeige; internat. Unternehmen der Forstwirtschaft wg. Korruption bei chin. Tochter, inkl. interner Untersuchung; Rüstungsunternehmen wg. mögl. AWG-Verstoß (Russland); MVZ wg. Abrechnungsbetrug; Callcenter wg. Vorwurf gg. Kunden (Zeugenbeistand, Auskunftsersuchen); Personaldienstleister wg. Unregelmäßigkeiten bei Sozialversicherungsabgaben; Schweizer Energieversorger wg. Bilanzfälschung; US-Pharmaunternehmen als Betrugsgeschädigter; US-Pharmaunternehmen wg. Betriebsratsbehinderung; Pflegedienst zu Selbstanzeige. **Individuen:** Datenschutzbeauftragter wg. Betrug.

DR. DÖRR & KOLLEGEN

Wirtschaftsstrafrecht: Individuen ★★★★★

Bewertung: Die angesehene Wirtschaftsstrafrechtskanzlei ist aus den wichtigen Verf. weiterhin nicht wegzudenken. Mit umfangr. Verteidigererfahrung, exzellentem Zugang zum Bankensektor u. leicht unterschiedl. Schwerpunktsetzung bei den Partnern ist sie bestens ausgestattet, um Mandate ganz unterschiedl. Ausrichtung zu bearbeiten. Und so reicht das Spektrum von der Individualverteidigung bis zur – gelegentl. – Compliance-Beratung. Dank eines Neuzugangs im Vorjahr mit Erfahrung in Bezug auf u. Kontakten zu Behörden hat sich das Repertoire noch einmal erweitert – eine Diversifizierung, die sich nicht nur an Mandaten ablesen lässt, sondern insges. wertvolles Know-how in die

Anwaltszahlen: Angaben der Kanzleien, wie viele Anwälte zu mind. ca. 50% in diesem Gebiet tätig sind. Sie spiegeln nicht zwingend die Gesamtgröße einer Kanzlei wider.

Kanzlei brachte. Sah es lange so aus, als würde der Generationswechsel in der Kanzlei schwierig werden, so ist inzw. klar, dass die Altersstruktur gesund ist u. gleich mehrere Anwälte bereit sind, dem Namenspartner zu gegebener Zeit nachzufolgen, auch wenn sie an dessen Strahlkraft noch nicht heranreichen.

Oft empfohlen: Dr. Felix Dörr („hoch kompetent", Wettbewerber), Christian Schubert („kompetent, kollegial, präzise", „erstklassig", Wettbewerber), Christian Graßie („durchsetzungsstark, fachl. u. rhetor. überzeugend, beherrscht die ganze Bandbreite", „leidenschaftl., engagiert, ergebnisorientiert", „starke Präsenz", Wettbewerber), Dr. Tobias Groscurth („hohes fachl. Know-how u. pragmat. Lösungsansätze", Wettbewerber)

Team: 3 Eq.-Partner, 1 Sal.-Partner, 1 Associate

Schwerpunkte: Umf. im Wirtschaftsstrafrecht, insbes. Bilanz- u. Steuerstrafrecht, Arzneimittelstrafrecht, Abrechnungsbetrug sowie Zoll- u. Außenhandelsdelikte. Vertretung von RAen, WP. Unternehmen als Geschädigte u. präventiv.

Mandate: Individuen: Ex-VW-Chef Winterkorn wg. Dieselaffäre; Ex-Aufsichtsrat u. leitender WP-Mitarbeiter in Wirecard-Komplex; Ex-CFO einer Bank wg. Cum-Ex, zudem zahlr. Verantwortliche aus Banken zu Cum-Ex; AR eines Klinikbetreibers wg. Korruption; Ex-GF eines Verkehrsbetriebs wg. Untreue; Ex-Mitarbeiter einer Forex-Plattform wg. Betrug; GF eines Maschinenbauers u. GF eines Motorenherstellers wg. AWG-Verstoß (Russland); GF eines Gebäudereinigers wg. u.a. Korruption, Steuerdelikt; Exportchef eines Rüstungsunternehmens wg. AWG-Verstoß; ltd. Polizeibeamter wg. Strafvereitelung u. Verletzung von Dienstgeheimnissen; Frankfurter OB wg. Korruption. **Unternehmen:** internat. Kfz-Hersteller wg. Abgasmanipulation; Landesbehörde wg. Aufsichtspflichtverletzung (Tierschutz); dt. Privatbank u. internat. Bank wg. Cum-Ex; Optiker als Nebenkläger wg. Geheimnisverrat; regelm. börsennot. Medizinproduktehersteller.

Steuerstrafrecht

★★★★★	
Flick Gocke Schaumburg	Bonn, Stuttgart, Wien, Zürich
Kantenwein Zimmermann Spatscheck & Partner	München
Leisner Steckel Engler	München, Zürich
Streck Mack Schwedhelm	Köln, Berlin
Wannemacher & Partner	München
★★★★	
Feigen Graf	Frankfurt, Köln
★★★	
ckss Carlé Korn Stahl Strahl	Köln, München
Heuking Kühn Lüer Wojtek	Düsseldorf
Knauer	München, Berlin, Frankfurt
Krause & Kollegen	Berlin
LHP Luxem Heuel Prowatke	Köln
Noerr	München, Hamburg
Ufer Scharf	München
★★	
Baker Tilly	München
Beukelmann Müller Partner	München
Dr. Kai Hart-Hönig	Frankfurt
Kullen Müller Zinser	Sindelfingen
Langrock Voß & Soyka	Hamburg
Quedenfeld Füllsack & Partner	Stuttgart
Roxin	Hamburg
Seitz	Köln
Ulrich Sorgenfrei	Frankfurt
Tsambikakis & Partner	Köln, Frankfurt
Wessing & Partner	Düsseldorf
★	
Adick Linke	Bonn, Frankfurt
Frick + Partner	Stuttgart
Kipper Durth Schott	Darmstadt
Park	Dortmund
Pfordte Bosbach	München
Rosinus Partner	Frankfurt
Schneider Schultehinrichs	Frankfurt
VBB Rechtsanwälte	Düsseldorf

Die Auswahl von Kanzleien und Personen in Rankings und tabellarischen Übersichten ist das Ergebnis umfangreicher Recherchen der JUVE-Redaktion. Sie ist in 2erlei Hinsicht subjektiv: Die Aussagen der befragten Quellen sind subjektiv u. spiegeln deren Erfahrungen u. Einschätzungen. Die JUVE-Redaktion wiederum analysiert die Rechercheergebnisse unter Einbeziehung ihrer eigenen Marktkenntnis. Der JUVE Verlag beabsichtigt keine allgemeingültige oder objektiv nachprüfbare Bewertung. Es ist möglich, dass eine andere Recherchemethode zu anderen Ergebnissen führt. Innerhalb einzelner Gruppen in Rankings und tabellarischen Übersichten sind Kanzleien und Personen alphabetisch sortiert.

ECKSTEIN & KOLLEGEN

Wirtschaftsstrafrecht: Individuen ★

Bewertung: Die Münchner Boutique ist exzellent vernetzt u. aus der Individualverteidigung nicht wegzudenken. In Süddtl., aber auch darüber hinaus, geht kaum ein wichtiges Verf. ohne die Einheit über die Bühne. So überrascht es nicht, dass sie im Komplex um den Münchner Medienriesen ProSiebenSat.1 ebenfalls mit von der Partie ist. Personell stockte die Kanzlei nach dem Weggang 2er Anwälte im Vorjahr wieder auf. Mit 2 kanzleierfahrenen Associates, einer zudem mit Erfahrung als Chief Compliance Officer, ist die Einheit nun wieder gut gerüstet, um ihrer vielfältigen Klientel gerecht zu werden.

Oft empfohlen: Frank Eckstein („große Präsenz in Hauptverhandlungen", „souverän, gut vernetzt", Wettbewerber)

Team: 1 Eq.-Partner, 1 Sal.-Partnerin, 2 Associates

Schwerpunkte: Vorw. Individuen, u.a. Insolvenzdelikte, Banken(untreue)- u. Korruptionsverfahren u. Steuerstrafverfahren.

Mandate: Individuen: Vorstand in Verf. um ProSiebenSat.1; 2 MVZ-Inhaber wg. Steuerdelikt; div. israel. Staatsbürger wg. Cyber-Betrug; Interimsmanager wg. Insolvenzverschleppung; Wirecard-Vorstand Marsalek wg. Marktmanipulation; Ex-Audi-Vorstand Knirsch wg. Dieselaffäre; Ex-Aufsichtsrat Hymer wg. Betrug; hochrangiger Manager in Continental-Komplex; R. Koch in Steuerstrafverf. DFB; Ex-Vorstand einer brit. Investmentbank u. HVB-Mitarbeiter wg. Cum-Ex.

FEIGEN GRAF

Wirtschaftsstrafrecht: Individuen ★★★★★
Wirtschaftsstrafrecht: Unternehmen ★★★★★
Steuerstrafrecht ★★★★

Bewertung: Die im Wirtschafts- u. Steuerstrafrecht von Wettbewerbern als „auf allen Ebenen unfassbar gut aufgestellte" gelobte Kanzlei legte noch einmal ordentl. nach: Zum September 2023 nahm sie fast das ges. Münchner Büro von Roxin auf, ein „Coup", wie Wettbewerber respektvoll bemerken. Neben 8 jungen Anwälten stieß auch der in Compliance-Mandaten sehr erfahrene Partner Minkoff hinzu. Mit ihm kamen – neben der strateg. wichtigen Präsenz in München – eine Reihe attraktiver Mandate u. techn. Know-how für die effiziente Abwicklung derartiger Projekte. FG schloss so eine Lücke im Beratungsangebot. Sie galt bislang als Kanzlei, die sich aus diesem Geschäft weitgehend heraushielt, aber bei Compliance-Mandaten anderer als strafrechtl. Ergänzung hoch im Kurs stand; so zuletzt auch bei DWS neben Hengeler Mueller. Trad. liegen ihre Stärken in der Verteidigung. Das zeigt sich nach wie vor an der Omnipräsenz in Cum-Ex-Fällen, aber auch an der beeindruckenden Akzeptanz bei großen Unternehmen u. strauchelnden Führungskräften. Dass

Anwaltszahlen: Angaben der Kanzleien, wie viele Anwälte zu mind. ca. 50% in diesem Gebiet tätig sind. Sie spiegeln nicht zwingend die Gesamtgröße einer Kanzlei wider.

Aufsteiger im Wirtschafts- und Steuerstrafrecht

Laura Borgel
Feigen Graf, Frankfurt

Dr. Johannes Corsten
Reichling Corsten, Frankfurt

Christian Graßie
Dr. Dörr & Kollegen, Frankfurt

Dr. Andreas Grözinger
Gercke Wollschläger, Köln

Dr. Moritz Lange
Feigen Graf, Frankfurt

Dr. Alexander Paradissis
Verte, Köln

Dr. Tilman Reichling
Reichling Corsten, Frankfurt

Dr. Matthias Sartorius
Feigen Graf, Frankfurt

Dr. Kerstin Stirner
Gercke Wollschläger, Köln

Christoph Tute
Schilling Tute, Frankfurt

Die Auswahl von Kanzleien und Personen in Rankings und tabellarischen Übersichten ist das Ergebnis umfangreicher Recherchen der JUVE-Redaktion. Sie ist in 2erlei Hinsicht subjektiv: Die Aussagen der befragten Quellen sind subjektiv u. spiegeln deren Erfahrungen u. Einschätzungen. Die JUVE-Redaktion wiederum analysiert die Rechercheergebnisse unter Einbeziehung ihrer eigenen Marktkenntnis. Der JUVE Verlag beabsichtigt keine allgemeingültige oder objektiv nachprüfbare Bewertung. Es ist möglich, dass eine andere Recherchemethode zu anderen Ergebnissen führt. Innerhalb einzelner Gruppen in Rankings und tabellarischen Übersichten sind Kanzleien und Personen alphabetisch sortiert.

FG sich von diesem Tätigkeitsfeld keineswegs verabschiedet, sondern es mit gewohnter Stärke weiter beackert, zeigt die Ernennung einer Sal.-Partnerin, die im Markt bereits als „Ausnahmetalent" angesehen wird.
Stärken: Vorstands- u. Unternehmensverteidigung.
Oft empfohlen: Hanns Feigen, Dr. Walther Graf („strateg. klug, viel Erfahrung u. sehr gute Drähte zur Staatsanwaltschaft; klare Kante, die weiterhilft", Mandant; „absoluter Profi", „pragmat.", Wettbewerber), Dr. Bernd Groß („die Nr. 1 unter den Verteidigern", „eine, wenn nicht die, Instanz", „guter Spürsinn u. Sinn für pragmat. Lösungen", „gutes Augenmaß", Wettbewerber), Dr. Matthias Sartorius („strateg. klug, unaufgeregt", „fundiert, schnell", Wettbewerber), Dr. Moritz Lange („perfekter Koordinator", „immer exzellent vorbereitet u. fachl. sehr gut", „Spezialist für Cum-Ex, sehr responsiv", Wettbewerber), Andreas Minkoff („fachl. exzellent", „in großen Unternehmensmandaten sehr bewandert, sehr gut organisiert, kann insbes. Verteidigerteams gut koordinieren", Wettbewerber); zunehmend Laura Borgel
Team: 6 Eq.-Partner, 2 Sal.-Partner, 16 Associates
Partnerwechsel: Andreas Minkoff (von Roxin)
Schwerpunkte: Dauerhafte Beratung von Unternehmen, auch in frühen Stadien des Verfahrens, bei der Risikobewertung u. in Compliance-Fällen; Individualverteidigung.
Mandate: Individuen: Ex-DFB-Schatzmeister H. Schmidt u. weiterer DFB-Funktionär wg. Steuerhinterziehung; Ex-Vorstand eines Kfz-Herstellers wg. Untreue durch Entlohnung von Betriebsrat (Revision); div. Entwicklungsleiter asiat. Kfz-Hersteller wg. Diesel; ausl. Untern. wg. Handel mit binären Optionen u. Forex-CFD-Trading; Ex-Steuerchef einer WP-Ges. u. Ex-Vorstand einer Großbank wg. Cum-Ex; Beschuld. in Verf. um Currenta-Explosion (aus dem Markt bekannt); GF Stahlhändler in Verf. der Europ. StA wg. Nichtabführung von Antidumping-Zöllen; dt. Gründer einer Digitalbank für Kryptowährungen in SEC-Verfahren. **Unternehmen:** DWS wg. Greenwashing-Vorwürfen; Adler Group wg. Ermittlungen um Adler RE (marktbekannt); div. dt. u. ausl. Banken u. Finanzdienstleister zu Cum-Ex; große Privatbank als Wirecard-Geschäd.; Chemiekonzern wg. tödl. Arbeitsunfall u. zu Compliance; Großbank wg. Geldwäsche-Ermittlungen; Rhein. Baustoffwerke, RWE Power wg. Flutkatastrophe; regelm. Knorr-Bremse, Gothaer, Strabag, Züblin, Dt. Bank, Dt. Bahn, Flughafen Köln/Bonn.

FLICK GOCKE SCHAUMBURG

Steuerstrafrecht ★★★★★

Bewertung: Kaum eine andere Kanzlei hat sich das Steuerrecht in seiner ganzen Breite so auf die Fahnen geschrieben wie FGS. Entsprechend gehört die Praxis für Steuerstrafrecht zu den Marktführern, nicht zuletzt, weil sie eng mit den Steuerrechtlern kooperiert u. sich beide bei Bedarf ergänzen. Das Team um Randt u. Schauf vertritt entsprechend zu sämtl. Themen, die den Markt gerade beschäftigen: zu Cum-Ex ebenso wie zu Umsatz-, Lohn-, Gewerbe- oder Energiesteuer – auch verstärkt im Bereich Gemeinnützigkeit. Dabei deckt sie nahezu alle Branchen ab, auch Private-Equity-Häuser, die sonst in der Mehrzahl auf Münchner Strafrechtler vertrauen. Die Beratung von Individuen spielt eine eher untergeordnete Rolle. Im Rahmen der Verteidigung nimmt FGS zudem interne Untersuchungen stärker ins Visier. Hier agiert sie zwar noch nicht so visibel wie z.B. Park oder neuerdings auch Feigen Graf, das nötige Potenzial dafür dürfte sie aber haben – alleine schon wg. ihrer Größe. Dass die Kanzlei erneut 2 Anwälte zu Sal.-Partnern ernannte, unterstreicht die Relevanz der Praxis.
Stärken: Tax Compliance, enge Einbindung in die Gesamtkanzlei zu Schnittstellenthemen.
Oft empfohlen: Dr. Karsten Randt, Dr. Jörg Schauf, („sehr erfahren, kollegial", „fachl. top", Wettbewerber), Jesco Idler (WP/StB) („souverän, fachl. brillant", Wettbewerber)
Team: 8 Eq.-Partner, 8 Sal.-Partner, 22 Associates, 1 of Counsel
Schwerpunkte: Umf. steuerstrafrechtl. Beratung im Nachgang von Betriebsprüfungen; Vertretung von Unternehmen u. Einzelpersonen.
Mandate: Individuen: Bundesligaspieler wg. Einkommensteuerhinterziehung; Finanzvorstand eines Dax-Unternehmens wg. Körperschaftsteuer u. Gewerbesteuer; Funktionär dt. Fußballverbund wg. Vorenthalten von Arbeitsentgelt; div. Individuen wg. Cum-Ex; **Unternehmen:** Anlagenbauer wg. Verkürzung von Körperschaft- u. Gewerbesteuer im Zshg. mit Rückstellungen; Kfz-Hersteller wg. überhöhter Betriebsratsvergütungen; Zulieferer wg. Umsatzsteuer; Bundesministerium wg. umsatzsteuerl. Behandlung innergemeinschaftl. Erwerbe; Software-Unternehmen wg. Steuern auf Lizenzen; Bundesligaverein wg. Vorenthaltens von Arbeitsentgelt; Familienunternehmen wg. Verkürzung von Energiesteuer; Finanzdienstleister wg. Kapitalertragsteuer; Privatbank M.M. Warburg u. Warburg Invest im Cum-Ex-Verf. (LG Bonn).

FRESHFIELDS BRUCKHAUS DERINGER

Wirtschaftsstrafrecht: Unternehmen ★★★★★

Bewertung: Das wirtschaftsstrafrechtl. Team versteht es, sich im Gefüge der Großkanzlei sein eigenes Profil zu wahren u., etwa bei internen Untersuchungen, zugleich integraler Bestandteil der Gesamtpraxis zu sein. Dass dieser Spagat gelingt, zeigt sich u.a. darin, dass das Team nicht auf Verweismandate aus der Kanzlei angewiesen ist u. auch regelm. Einzelpersonen auf die Verteidigererfahrung der Anwälte setzen. Konsequent führen die beiden Partner auch den anwaltl. Nachwuchs an die Verteidigung heran, indem sie ihm über ein Pro-bono-Projekt die Hauptverhandlungsvertretung in klass. Strafsachen ermöglichen – keine Selbstverständlichkeit in einer Kanzlei vom Zuschnitt Freshfields. Dominiert wird die Arbeit aber von umfangreichen, oft internat. Krisenmandaten, wobei das Spektrum von Korruption u. Betrug über Verstöße gg. das Russland-Embargo bis zu einer Vielzahl bankaufsichts- oder steuerrechtl. Vorwürfe reicht. Die Erfahrung mit sensiblen MeToo-Vorfällen mündet inzw. auch in präventiv-strateg. Mandate, wodurch sich der Kreis zur Compliance-Beratung schließt.
Stärken: Umfangr. Erfahrung mit Compliance-Untersuchungen; Verteidigererfahrung.
Oft empfohlen: Dr. Simone Kämpfer („derzeit die Nr. 1", „erfahren, strateg., kollegial", „führend bei Investigations", „ausgezeichnet u. sorgfältig, durchsetzungsstark u. immer auf den Punkt", „hoch kompetent", Wettbewerber), Dr. Daniel Travers („weitsichtig", „dogmat. hoch kompetent", „kollegial", Wettbewerber)
Team: 6 Partner, 2 Counsel, 11 Associates (inkl. Steuern)
Schwerpunkte: Beratung von Unternehmen, fachübergr. ▷*Compliance-Mandate*; auch Individualverteidigung.
Mandate: Individuen: GF eines Technologieuntern. wg. AWG-Verstoß; GF eines IT-Unternehmens wg. Datenschutzdelikten; Vorstandsmitglieder einer Direktbank wg. Betrug, Insolvenzverschleppung u. Untreue; General Counsel einer ausländ. Bank wg. Betrug; 2 Manager eines Anbieters mediz. Geräte wg. Betrug. **Unternehmen:** EY im Zshg. mit Wirecard-Skandal; Axel Springer in Reichelt-Affäre; Technologieunternehmen im Zshg. mit Falschaussagen von Dritten (u.a. Zeugenbeistand); Bankenholding u. Beratungsuntern. wg. MeToo-Vorwürfen; Baustoffkonzern nach ww. Cyber-Angriff; internat. Energieunternehmen vor Untersuchungsausschuss (Zeugenbeistand); Finanzinstitut vor BaFin wg. mangelhafter Ausstattung der Compliance-Abteilung; Audi wg. Dieselaffäre; Zahlungsdienstleister im Zshg. mit Ebay-Betrug.

FREYSCHMIDT FRINGS PANANIS VENN

Wirtschaftsstrafrecht: Individuen ★★
Wirtschaftsstrafrecht: Unternehmen ★

Bewertung: Die Berliner Strafrechtsboutique kommt trad. aus der Individualverteidigung, hat in den vergangenen Jahren aber immer mehr Unternehmen für sich begeistern können. So war sie z.B. maßgebl. beteiligt an der Vertretung der Dt. Wohnen vor dem EuGH, ein prominentes Mandat, durch

Anwaltszahlen: Angaben der Kanzleien, wie viele Anwälte zu mind. ca. 50% in diesem Gebiet tätig sind. Sie spiegeln nicht zwingend die Gesamtgröße einer Kanzlei wider.

das sie inzw. auch andere Unternehmen anzog, die wg. DSGVO-Verstößen von Behörden angegangen werden. Aber es finden sich auch weitere namh. Unternehmen im Mandatsportfolio: die Dt. Bahn, genauso wie Grenke – für Letztere koordinierte die Praxis die Verteidigung. Zeugenbeistände in Untersuchungsausschüssen sind zuletzt zwar weniger geworden. Das wird sie aber verschmerzen können, da sie ansonsten – auch durch die Relevanz des Steuerstrafrechts in der Kanzlei – exzellent positioniert ist.
Oft empfohlen: Nikolai Venn („hat den Blick auf das Wesentliche", „kluger Stratege", Wettbewerber), Dr. Panos Pananis („sehr gut, ruhig, professionell", Wettbewerber), Uwe Freyschmidt („strateg. stark", „top vernetzt", Wettbewerber), Guido Frings („sehr kompetent u. erfahren", „pragmat.", „zielorientiert, durchsetzungsstark", Wettbewerber)
Team: 5 Partner, 2 Counsel, 3 Associates
Schwerpunkte: Vorw. Individualverteidigung im Wirtschaftsstrafrecht u. zunehmend auch im Steuerstrafrecht; Arbeits- u. Medizinstrafrecht.
Mandate: Individuen: Abschlussprüfer der Wirecard Bank im berufsrechtl. Verf. der APAS; Kaufmann zu europaw. Umsatzsteuerbetrug; Partner einer Kanzlei wg. Beihilfe zur Steuerhinterziehung; **Unternehmen:** Dt. Wohnen wg. DSGVO-Bußgeld vor dem EuG; Dt. Bahn in div. Verf.; Hertha BSC lfd. auch bei Individualverteidigung von Spielern; Im- u. Exporthandel wg. gewerbsmäß. Steuerhinterziehung; Finanzdienstleister bei interner Untersuchung zu Franchise-Übernahmen; Mischkonzern bei strafrechtl. Aufarbeitung eines Untreuefalls.

FS-PP BERLIN

Wirtschaftsstrafrecht: Individuen ★★
Wirtschaftsstrafrecht: Unternehmen ★★

Bewertung: Die Berliner Kanzlei ist mit ihren zahlr. Dauermandanten eine Ausnahmeerscheinung im klass. Wirtschaftsstrafrecht. Mandanten schätzen das „hohe Niveau u. für den Mittelstand keine unrealist. Honorarforderungen". Derartige Rückmeldungen resultieren u.a. aus der Ombudstätigkeit u. etlichen Mandaten rund um das GWG. Darauf lässt sich das Team jedoch nicht reduzieren. Das Spektrum umfasst ebenso Individual- wie Unternehmensverteidigung. Auch bei Untersuchungsausschüssen ist die Kanzlei inzw. regelm. gefragt, fungierte zuletzt als Zeugenbeistand im Afghanistan-Ausschuss. Der Weggang eines erfahrenen Counsel ist mit Blick auf die Kapazitäten ärgerl. u. wird durch den Zugang einer Associate auch nicht kompensiert. Zugleich verbessert sich inzw. die Marktakzeptanz der jüngeren Anwälte deutlich. Dies birgt das Potenzial, im Arbeitsstrafrecht, aber auch im Medizinsektor weiter zuzulegen – sofern ein ausreichender anwaltl. Unterbau vorhanden ist.
Oft empfohlen: Dr. Niklas Auffermann, Dr. David Albrecht („absoluter Experte im Arbeitsstrafrecht", „fachl. ausgezeichnet", Wettbewerber), Dr. Rainer Frank („angenehm, fachl. versiert", Wettbewerber)
Team: 4 Eq.-Partner, 1 Counsel, 8 Associates
Schwerpunkte: Breit angelegte strafrechtl. Beratung, einschl. Ombudstätigkeit u. ▷*Compliance*-Beratung. Auch Revisionen, Verfassungsbeschwerden.
Mandate: Individuen: Abteilungsleiter Handel HSH Nordbank wg. Cum-Ex; OB von Halle u.a. wg. Untreue; Ex-VW-Personalleiter R. u.a. wg. Untreue (Freispruch, Revision); Airbus-Verantwortlicher wg. Verletzung von Dienstgeheimnissen; israel. Staatsbürger wg. Cyber-Betrug (Forex, Krypto), inkl. Auslieferungsverf.; Berliner Notar wg. GWG-Verstoß; Bürgermeister wg. Korruption; GF eines Technologie-Start-ups wg. Steuerdelikt. **Unternehmen:** öffentl. Stelle als Zeugenbeistand in Afghanistan-Untersuchungsausschuss; Unternehmensgruppe des Baugewerbes wg. Unterschreitung tarifl. Arbeitsbedingungen; Onlinemöbelhändler, Versicherer als Geschädigte; lfd.: u.a. Charité, Gasag, FBB, MVV, Scout24, Toll Collect, Dt. Wohnen.

FRICK + PARTNER

Steuerstrafrecht ★

Bewertung: Im Steuerstrafrecht ist die Boutique v.a. im Stuttgarter Raum etabliert u. vertritt namh. Mandanten. Anders als viele Wettbewerber wird sie auch regelm. zu Tax Compliance ins Boot geholt, v.a. zu Themen wie Zoll u. Einfuhr- bzw. Umsatzsteuer. Gemäß der Marktentwicklung sorgen Berichtigungserklärungen, die häufig in Ermittlungsverf. münden, immer wieder für neue Mandate. Eine gefragte Adresse bleibt die Kanzlei zudem für Rechtsanwälte u. Steuerberater, die wg. Beihilfe zur Steuerhinterziehung ins Visier der Behörden geraten. Eher unruhig ging es zuletzt allerdings auf Associate-Ebene zu, was auch im Markt kritisch gesehen wurde. Hier mehr Stabilität zu erreichen, würde die Reputation, die die Kanzlei langj. dem ausgeschiedenen Namenspartner zu verdanken hatte, weiter sichern.
Team: 3 Partner, 1 Associates, 1 of Counsel
Schwerpunkte: Individualverteidigung u. Unternehmensbetreuung. Auch Steuerstreitverfahren. Selbstanzeigen, Zollstrafrecht u. Compliance-Fragen.
Mandate: Individuen: ltd. Bankmitarbeiter wg. Cum-Ex; GF eines Baukonzerns wg. Steuerstrafverf.; Logistikunternehmer im Verf. wg. Umsatzsteuerhinterziehung; Mitarbeiter eines Energieunternehmens wg. Marktmanipulation; div. Gesellschafter von mittelständ. Unternehmen im Zshg. mit Unternehmensnachfolge; div. Gesellschafter wg. Steuerhinterziehung wg. Veräußerungserlös von Geschäftsanteil; div. Rechtsanwälte u. Steuerberater wg. Beihilfe zur Steuerhinterziehung. **Unternehmen:** Pflegeunternehmen wg. Vorenthalten von Arbeitsentgelt; Energieunternehmen wg. Berichtigung der Steuererklärung; Industrieunternehmen wg. Steuerstrafverf. gg. Mitarbeiter; Modekonzern lfd. wg. Zoll u. Sanktionen; Technologiekonzern lfd. zu Steuern u. Zoll.

GAZEAS NEPOMUCK

Wirtschaftsstrafrecht: Individuen ★★
Wirtschaftsstrafrecht: Unternehmen ★

JUVE AWARDS 2023
Kanzlei des Jahres für Wirtschafts- und Steuerstrafrecht

Bewertung: Die Kölner Boutique ist in der wirtschaftsstrafrechtl. Individualvertretung fest etabliert. Die Zeiten, als die Kanzlei fast ausschließl. als exzellente Adresse bei Auslieferungsthemen galt, sind vorbei. Allerdings profitiert sie von dieser internat. Kompetenz immer wieder. Zuletzt suchten im Nachklapp zu der Nawalny-Beratung etwa regimekrit. russ. Unternehmer Rat. Deutl. erweitert hat sich daneben das Engagement an der Seite von Unternehmen, sei es als Geschädigte, sei es verteidigend. Dies zeigt nicht nur die wachsende Akzeptanz insges., sondern auch die gute Vernetzung mit zahlreichen Zivilkanzleien, die GN hinzuziehen. Teilw. resultiert die Mandatierung auch aus vorangegangener präventiver Compliance-Beratung, die jedoch nicht im strateg. Fokus der Kanzlei steht. Dennoch bietet GN in Anbetracht ihrer Personalstärke ein beachtl. Erfahrungsspektrum auf, das von klass. Verteidigung über polit. aufgeheizte Vorgänge u. internat. Verfahrenskomplexe bis zur Ombudstätigkeit reicht. Aufgrund der vorherigen Arbeit für FDP-Vertreter verfügt die Praxis auch über eine große Nähe zum BJM. Nur wenige Einheiten ihres Zuschnitts können glaubhaft ein derart breites Angebot machen.
Stärken: Rechtshilfe, Auslieferung.
Oft empfohlen: Dr. Nikolaos Gazeas („Marktführer in Auslieferungsfragen, auch in anderen Sachen immer top", „stark in der Individualverteidigung, kluger Stratege. Kommt super bei Mandanten an", „kreativer Problemlöser", „holt das Beste für Mandanten heraus", „hohes wirtschaftl. Verständnis", „sehr erfahren im internat. Kontext", Wettbewerber), Dr. Lutz Nepomuck („versiert u. menschl. angenehm", „schnell, kenntnisreich", Wettbewerber)
Team: 2 Eq.-Partner, 2 Associates
Schwerpunkte: Individualverteidigung, deutl. Zunahme an Unternehmensvertretung.
Mandate: Individuen: GF Kfz-Branche u.a. wg. Steuerhinterziehung u. Bilanzdelikten; GF Ingenieurbüro wg. Korruption; mehrere russ. Großunternehmer wg. Auslieferung nach Russland, teilw. inkl. internat. Koordination; Ex-Vorstand in Verf. um Adler RE (marktbekannt); US-CEO wg. Auslieferung in die USA; Mitarbeiter aus internat. Baukonzern wg. Gewässerverunreinigung; Bundesfinanz- u. -justizminister sowie 62 weitere FDP-BT-Abgeordnete bei Verfassungsbeschwerde gg. Staatstrojaner; EY-Prüfer in Wirecard-Verf.; ltd. Angestellter der Dt. Bank, Trader u. Ex-GF eines Finanzdienstleisters wg. Cum-Ex; Zeugenbeistandschaften wg. Currenta-Explosion. **Unternehmen:** Koordination des griech. Korruptionsverfahrens gg. Siemens-Manager (Berufung); Industrieunternehmen wg. AWG-Verstößen (Dual-Use); Kfz-Zulieferer in Kartellverf. (Verteidigungskoordination); Bundesliga-Club wg. mögl. sex. Übergriffe durch Jugendtrainer, inkl. Untersuchung; Industrieunternehmen wg. Verstößen gg. AÜG; Projektentwickler als Geschäd. durch Wettbewerber u. Mitarbeiter; internat. Parkraumbewirtschafter als Geschäd.; US-Autohersteller präventiv zum Einsatz ausl. Arbeitnehmer; Papierunternehmen präv. zu Compliance-Fragen; internat. Aluminiumunternehmen u. gr. Heiztechnikhersteller wg. Arbeitsunfällen; regelm. internat. TV-Produktionsfirma; Bauwens, Knipex, Stadtwerke Köln als Ombudsmann.

GERCKE WOLLSCHLÄGER

Wirtschaftsstrafrecht: Individuen ★★★★★
Wirtschaftsstrafrecht: Unternehmen ★★

Bewertung: Zu den führenden Einheiten gehört die Kölner Kanzlei in der Individualverteidigung. Sie spielt in nahezu allen maßgebl. Verf. eine Rolle, bei Diesel u. Cum-Ex, genauso wie bei Wirecard u. Adler. In der Unternehmensverteidigung kooperiert sie regelm. mit Großkanzleien, die sich auf diese Art zusätzl. strafrechtl. Know-how ins Haus holen. Nach den prominenten Mandaten des Erzbistums Köln bzw. Kardinal Woelkis setzt mit dem Zentralrat der Juden noch eine kirchl. Einrichtung auf GW, aus der sich weitere Individualmandate ergaben. Dass die Kanzlei gleichzeitig für das Erzbistum u. Woelki tätig wurde, stieß in der Öffentlichkeit zwar auf Kri-

Anwaltszahlen: Angaben der Kanzleien, wie viele Anwälte zu mind. ca. 50% in diesem Gebiet tätig sind.
Sie spiegeln nicht zwingend die Gesamtgröße einer Kanzlei wider.

tik, allerdings hatte diese keinen nachhaltigen Einfluss auf das Ansehen. Ein Feld, das GW weiter ausbaut, ist das Steuerstrafrecht, in dem bes. ein im Vorjahr gewonnener Associate reüssiert. Die erfolgr. Nachwuchspolitik der verg. Jahre setzt sich fort: Zuletzt wurde Grözinger, der schon eine gewisse Reputation genießt, in die Partnerschaft aufgenommen.

Oft empfohlen: Prof. Dr. Björn Gercke („führt Top-Mandate souverän u. kollegial", „Allzweckwaffe, brillanter Stratege", „hands-on u. fachl. exzellent", „selbstbewusstes gerichtl. Auftreten", „ausgezeichneter Stratege u. gut vernetzt bei den Behörden", „handlungs- u. durchsetzungsstark", Wettbewerber), Dr. Kerstin Stirner („durchsetzungsstark", „Top-Verteidigerin der nächsten Generation, die in Professionalität u. Verlässlichkeit nicht zu toppen ist", „umsichtig, erfahren, angenehm", „stark", Wettbewerber), Dr. Sebastian Wollschläger („ruhig u. souverän, lösungsorientiert in der Auseinandersetzung", Wettbewerber), zunehmend: Dr. Andreas Grözinger („echt gut", „fachl. auf hohem Niveau", „sehr kluger Kopf, immer auf den Punkt, starkes Auftreten", „fachl. exzellent, kollegial", „hervorragende Expertise", „hervorragende Kommunikation", „angenehm in der Zusammenarbeit", „sehr kreativ u. pragmat.", Wettbewerber)

Team: 6 Eq.-Partner, 1 Counsel, 5 Associates, 1 of Counsel

Schwerpunkte: Umf. Wirtschaftsstrafrecht mit Schwerpunkt in der Individualverteidigung.

Mandate: Individuen: Kardinal Rainer Maria Woelki im Verf. wg. eidesstattl. Versicherung; Gründer Dt. Lichtmiete wg. Anlagebetrug; Präsident VFB Stuttgart wg. Untreue; Porsche-Entwicklungschef Steiner wg. Dieselaffäre; EY-Mitarbeiter im Aufsichtsverf. der APAS; Ex-GF von Suzuki wg. Diesel; Ex-Vorstand Commerzbank, Ex-Vorstand Maple Securities, Ex-Vorstand Varengold Bank, Sanjay Shah wg. Cum-Ex; Ex-Vorstand Adler Real Estate wg. Betrug u. Bilanzfälschung; ehem. Partner von Mossack Fonseca wg. Panama-Paers; Jens Spahn in Untersuchungsausschüssen u. Strafverf.; ‚Binary King' wg. Anlagebetrugs; Projektleiter wg. Unfall BAB 3; **Unternehmen:** Tipster (öffentl. bekannt); SDax-Unternehmen wg. Cyberangriff; div. Sparkassen u. Raiffeisenbanken wg. Geldwäsche-Prävention; regelm. Bauwens zu Straf- u. Ordnungswidrigkeitenrecht; regelm. Flughafen Köln Bonn; lfd. Stadtbetriebe Siegburg; Vitesco Technologies wg. Betrugsverf. u. Compliance-Untersuchungen; Zentralrat der Juden wg. Compliance-Untersuchung.

HAMM KEMPF & PARTNER

Wirtschaftsstrafrecht: Individuen ★★★★

Bewertung: Trotz langj. erfolgreicher Nachwuchsarbeit sah sich die traditionsreiche wirtschaftsstrafrechtl. Boutique Herausforderungen gegenüber. Nach dem Ausscheiden von Richter stand sie mehr denn je nur noch für einige wenige Kompetenzen: Michalke für das Umweltstrafrecht, Pauly als Revisionsrechtler. Zum Herbst 2023 taten sich die Anwälte mit Kempf zusammen, der von einem Associate aus seiner früheren Einheit Kempf Schilling begleitet wurde. Letzterer wurde Partner, Pauly wechselte in den Of-Counsel-Status. Auch wenn nun ein weiterer hoch angesehener u. erfahrener Verteidiger, der zudem einige attraktive Unternehmens- u. Individualmandate im Gepäck gehabt haben dürfte, mit von der Partie ist: Die Kanzlei wird ihre Zukunftsfähigkeit nur dann beweisen können, wenn sich die jüngeren Anwälte rasch einen Namen machen.

Stärken: Langj. Erfahrung, auch mit Revisionen.

Oft empfohlen: Dr. Regina Michalke, Jürgen Pauly, Eberhard Kempf („immer noch ein großer Stratege u. vorbildlich in jeder Hinsicht", Wettbewerber)

Team: 4 Partner, 1 Associate, 1 of Counsel

Partnerwechsel: Eberhard Kempf, Dr. Jörg Oesterle (beide von Kempf Schilling), Dr. Thomas Richter (in eigene Kanzlei)

Schwerpunkte: Umf. Wirtschaftsstrafrecht, einschl. Verfassungsbeschwerden u. Revisionen sowie Umweltstrafrecht.

Mandate: Individuen: Zeugenbeistand in Verf. um schweren Bauunfall. **Unternehmen:** Porsche, Sanofi-Aventis (alle öffentl. bekannt).

DR. KAI HART-HÖNIG

Wirtschaftsstrafrecht: Unternehmen ★★★★
Steuerstrafrecht ★★

Bewertung: Der Namenspartner der Boutique ist aus dem steuerstrafrechtl. Markt nicht wegzudenken. Präsent ist er nach wie vor durch das Mandat der Maple Bank wg. Cum-Ex. Da er aber auch weiteren Banken zu Cum-Ex u. Cum-Cum zur Seite steht, hat sich sein Mandatsportfolio diesbzgl. – trotz der weiter steigenden Zahl an Individuen – erwartungsgemäß nicht vergrößert. Das ist aber auch nicht nötig, weil er beste Beziehungen zu mehreren anerkannten Großkanzleien pflegt, sodass sie sich gegenseitig bei größeren Verf. dazuholen. Mandate mit umsatzsteuerl. Hintergrund, zu Betriebsstätten u. Selbstanzeigen gehören darüber hinaus nach wie vor zum tägl. Geschäft.

Stärken: Langj. Erfahrung im (internat.) strafrechtl. Risikomanagement.

Oft empfohlen: Dr. Kai Hart-Hönig („hervorragend, pragmat. Beratungsansatz", „hohe Kompetenz", Wettbewerber)

Team: 1 Partner, 2 Associates

Schwerpunkte: Prävention u. Management straf- u. kartellrechtl. Risiken, insbes. im internat. Kontext, Asset Recovery. Compliance-Beratung. Auch Verteidigung.

Mandate: Individuen: Aufsichtsratsvorsitzender der Maple Bank wg. Cum-Ex-Geschäften. **Unternehmen:** europ. Bank wg. Cum-Ex u. Cum-Cum; dt. Tochter einer US-Bank gg. Inhaftungnahme wg. Funktion als Depotbank auf Käuferseite; Immobilienkonzern wg. Umsatzsteuer u. Aufbau Tax-Compliance-System.

HENGELER MUELLER

Wirtschaftsstrafrecht: Unternehmen ★★★

Bewertung: Die wirtschaftsstrafrechtl. Praxis hat sich im Markt fest etabliert u. erneut eine Reihe großer Mandate gewonnen, darunter von Vonovia. Dieses Mandat steht – neben anderen – auch dafür, dass das Team keineswegs auf den bestehenden Mandantenstamm von HM u. ihren ausländ. Partnerkanzleien angewiesen ist, sondern als eigenständig im Markt wahrgenommen wird. Das ist ein durchaus bemerkenswerter Erfolg, bleibt das Team um den angesehenen Lauterwein doch zugleich essenzieller Teil der Compliance-Praxis. Auffällig ist die wachsende Selbstverständlichkeit, mit der HM bei internat. Fällen gefragt wird, seien es Korruptionsvorfälle in Asien, seien es Fälle mit US-Bezug. Hier haben sich inzw. vielfältige Kooperationen entwickelt. Im strateg. Fokus steht weiterhin die Unternehmensverteidigung, was die vereinzelte Übernahme von Individualmandaten aber ebenso wenig kategor. ausschließt wie die präv.-strateg. Beratung.

Stärken: Beratung von Unternehmen.

Oft empfohlen: Dr. Constantin Lauterwein („einfach klasse u. außerdem sympathisch", Wettbewerber), Prof. Dr. Wolfgang Spoerr

Team: 3 Eq.-Partner, 1 Counsel, 9 Associates

Schwerpunkte: Unternehmensberatung (präventiv u. in Ermittlungen) u. -verteidigung; oft eng verbunden mit ▷*Compliance*-Mandaten.

Mandate: Individuen: Unternehmer u. CEO eines Industrieunternehmens wg. Steuerdelikt; Mitarbeiter eines Lebensmittelherstellers wg. lebensmittelrechtl. Verstöße. **Unternehmen:** Vonovia bei interner Untersuchung wg. Unregelmäßigkeiten bei Auftragsvergaben; Industriekonzern wg. Korruption in Asien; US-Unternehmen wg. Bestechung im Gesundheitswesen; Dax-Unternehmen in Auseinandersetzung um Betriebsratsangelegenheiten; asiat. Bank in OwiG-Verf. nach GWG; Zeugenbeistand für Finanzinstitut in Wirecard-Verf.; Gesundheitsunternehmen wg. ww. behördl. Verf. wg. Produktcompliance; Industrieunternehmen zu Russland-Sanktionen; börsennot. Unternehmen wg. Marktmanipulation; internat. Bank wg. Insiderhandel; internat. Finanzdienstleister wg. Cum-Ex; lfd. Bosch wg. Diesel; Zahlungsdienstleister wg. Verstoß gg. ZahlungsdiensteaufsichtsG; Bank wg. Subventionsbetrug; Pharmaunternehmen wg. Steuerdelikt; Fondsdienstleister wg. Steuerverf. gg. Kunden; Chemieunternehmen wg. Verstoß gg. EU-Regularien; Onlineunternehmen zu Geldwäscheverdacht; börsennot. Unternehmen als Einziehungsbeteiligte; US-Unternehmen nach tödl. Arbeitsunfall; weiterhin Grenke.

HEUKING KÜHN LÜER WOJTEK

Wirtschaftsstrafrecht: Individuen ★
Wirtschaftsstrafrecht: Unternehmen ★★
Steuerstrafrecht ★★★

Bewertung: Die wirtschafts- u. steuerstrafrechtl. Praxis um Szesny ist der Dreh- u. Angelpunkt der Compliance-Beratung. Ähnl. wie z.B. bei Clifford Chance bearbeitet die Praxis interne Untersuchungen u. strafrechtl. Verf. aus einer Praxisgruppe heraus. Allerdings – u. das ist anders als bei den meisten Großkanzlei-Wettbewerbern – steht das Team Unternehmen, aber immer wieder auch Individuen zur Seite. Typ. Mandate für Unternehmensvertretungen sind das eines namh. Logistikunternehmens für eine interne Untersuchung wg. Korruption u. einer Kommune wg. ungerechtfertigter Steuernachlässe. Hier demonstriert die Praxis erneut, dass bereichs- u. standortübergr. Arbeiten selbstverständl. sind. Auch das Mandatsportfolio bei der Individualvertretung ist breit gefächert: Sie reicht von Cum-Ex über Wirecard bis hin zum Verf. um den korrupten Oberstaatsanwalt in Frankfurt.

Stärken: Steuerstrafrecht.

Oft empfohlen: Dr. André Szesny („wird seinem hervorragenden Renommee gerecht", „hervorragender Kopf", „klug u. sympat.", Wettbewerber)

Team: 4 Eq.-Partner, 5 Sal.-Partner, 4 Associates

Schwerpunkte: Ganze Breite des Wirtschafts- u. Steuerstrafrechts; auch ▷*Compliance*.

Mandate: Individuen: Selbstständ. Berater wg. Betrugs mit Aktien; Ex-WestLB-Vorstand u. Börsenhändler wg. Cum-Ex; Chefarzt wg. Abrechnungsbetrug; Beschuld. im Verf. gg. Frankfurter OStA; Be-

Anwaltszahlen: Angaben der Kanzleien, wie viele Anwälte zu mind. ca. 50 % in diesem Gebiet tätig sind. Sie spiegeln nicht zwingend die Gesamtgröße einer Kanzlei wider.

triebsleiterin wg. Submissionsabsprachen im Teekartell; Ex-Vorstand einer Fluggesellschaft, u.a. wg. Untreue; Marsalek-Vertrauter im Wirecard-Komplex; div. Bankmitarbeiter wg. Cum-Ex; GF wg. Veruntreuung von Sozialversicherungsbeiträgen; GF der Lebensmittelindustrie wg. Russland-Sanktionen; GF einer Klinik wg. Steuerhinterziehung; **Unternehmen:** Logistikunternehmen bei interner Untersuchung wg. Korrruption; Kommune gg. ehem. Bürgermeister wg. Gewährung ungerechtfertigter Steuernachlässe; Private-Equity-Unternehmen wg. Untreue eines ehem. GF; Lebensmittellieferunternehmen wg. Zollprüfung.

IGNOR & PARTNER

Wirtschaftsstrafrecht: Individuen ★★★

Bewertung: Die Kanzlei verteidigt dank langj. erfahrener u. angesehener Partner v.a. in der Individualvertretung ihre Position in Berlin. Regelm. tritt neben die klass. Verteidigung die Vertretung in Untersuchungsausschüssen. Relativ unauffällig bleibt jedoch die Arbeit an der Seite von Unternehmen, was auch der Tatsache geschuldet ist, dass die Kanzlei hier in der Vergangenheit weniger starke Akzente gesetzt hat als lokale Wettbewerber. Das Ffm.er Team um den etablierten Krug geht inzw. eigene Wege u. mit ihm das Wirecard-Individualmandat sowie einige Cum-Ex-Verfahren. Auf die Arbeit in Berlin hat das darüber hinaus jedoch kaum Auswirkungen.

Stärken: Verfahren im polit. Raum.

Oft empfohlen: Prof. Dr. Dr. Alexander Ignor („dogmat. brillant, angenehm im Umgang", „exzellenter Stratege, bewahrt immer die Ruhe" Wettbewerber), Kai Peters („sehr erfahren bei Abrechnungsbetrug, gutes Mandantenhandling", Wettbewerber)

Team: 3 Eq.-Partner, 1 Sal.-Partner, 2 Associates, 2 of Counsel

Partnerwechsel: Björn Krug (in eigene Kanzlei)

Schwerpunkte: Ges. Breite der Wirtschaftsdelikte, insbes. Arztstrafrecht u. Verfassungsbeschwerden. Auch Auslieferungssachen. Individualverteidigung ebenso wie Beratung von Unternehmen.

Mandate: Individuen: Zeugenbeistand in BER-Untersuchungsausschuss; Verwaltungsratsmitglieds eines. Versorgungswerks wg. Untreue; div. Mitarbeiter ausl. Banken u. Broker wg. Cum-Ex; Audi- u. VW-Mitarbeiter wg. Diesel. **Unternehmen:** US-Konzern wegen Steuerhinterziehung; Gleisbauunternehmen im Zshg. mit interner Untersuchung; Ingenieurbüro bei Aufarbeitung arbeitsstrafrechtl. Vorfälle; internat. Airline u. Unternehmen der erneuerbaren Energien lfd. zu Compliance-Fragen.

KANTENWEIN ZIMMERMANN SPATSCHECK & PARTNER

Steuerstrafrecht ★★★★★

Bewertung: Im Steuerstrafrecht zählt die Münchner Einheit zu den Marktführern. Grundlage ihrer guten Reputation ist der Namenspartner Spatscheck, der zu den angesehensten Köpfen seiner Zunft zählt, nicht zuletzt, weil er gleichzeitig Steuerstreit u. steuerstrafrechtl. Themen abdeckt. Die verschärfte Gangart der Behörden bei Betriebsprüfungen schlägt sich hier wie bei vielen Wettbewerbern nieder, sodass im Zuge dessen regelm. Mandanten den Weg in die Praxis finden. Dazu zählen Steuerberater u. Änwälte genauso wie Münchner Private-Equity-Unternehmen. Neben mehreren Cum-Ex- u. Cum-Cum-Mandaten nahmen interne Untersuchungen zuletzt mehr Raum ein, die das Team an der Seite von Großkanzleien begleitet, genauso wie Due Diligences für Private-Equity-Häuser, die ihre Targets nach Steuerrisiken durchleuchten.

Oft empfohlen: Dr. Rainer Spatscheck

Team: 1 Eq.-Partner, 2 Sal.-Partner, 1 Counsel, 5 Associates

Schwerpunkte: Steuerstrafrecht, v.a. Individual- u. Unternehmensverteidigung, auch Präventionsberatung, interne Untersuchungen.

Mandate: Individuen: Ex-Aufsichtsratsvorsitzender Wirecard (öffentl. bekannt). **Unternehmen:** Goldhandelsunternehmen wg. Steuer- u. Zolldelikten (in Revision); Konzerngesellschaft eines Versicherers zu Cum-Cum u. strukturierten Wertpapierleihgeschäften; div. Banken wg. Cum-Cum u. Cum-Ex.

KAYSSER

Wirtschaftsstrafrecht: Individuen ★★

Bewertung: Das zuvor bei der Kanzlei Klinkert tätige Team hat sich nach der Abspaltung wie erwartet ohne jegliche Brüche im strafrechtl. Markt behauptet, seine Marktpräsenz sogar erhöht. Mit der Aufnahme 2er Associates in die Partnerschaft hat die Kanzlei zudem intern einen Akzent gesetzt. Auch wenn eine Reihe von Unternehmen den Rat der Anwälte suchen, steht die Kanzlei v.a. für die Individualverteidigung. Das gilt insbes. für die Vertretung in der obersten Managementebene.

Stärken: Langj. Erfahrung, auch auf internat. Parkett

Oft empfohlen: Dr. Marijon Kayßer („klug, strateg. brillant", „1. Wahl als Verteidigerin für Vorstände u. Geschäftsführer", „überzeugt durch Können, Erfahrung u. Charme", Wettbewerber), Prof. Dr. Stefan Kirsch („rundum gebildeter Jurist", Wettbewerber), Dr. Ricarda Schelzke („bestens vernetzt, resolut", „aufstrebend u. genau", Wettbewerber)

Team: 4 Partner, 2 Associates

Schwerpunkte: Individualverteidigung, aber auch Unternehmensvertretung, vereinzelt prävent. Beratung von Unternehmen. Internat. Erfahrung.

Mandate: Individuen: Ex-VW-Vorstandschef Winterkorn u. Ex-Vorstand Continental wg. Diesel; Vorstand eines Krypto-Fintechs wg. Kapitalmarktdelikten; Angeklagter u. weiterer Manager in Cum-Ex-Verf. um Warburg u. Vertretung ltd. Mitarbeiter u. Vorstände in div. weiteren Cum-Ex-Komplexen; CFO eines Flughafens wg. Steuerdelikt; Aufsichtsrat in Wirecard-Komplex; Betrugsgeschädigter bei Wiederbeschaffung; Beschuldigter im sog. Documenta-Verfahren. **Unternehmen:** dt. Energieunternehmen im Zshg. mit Russland-Engagement; Sportverband wg. unrechtmäß. Verwendung fremder Verbandsgelder; Bank zur Anzeigeerstattung gg. Mitarbeiter; Körperschaft im Zshg. mit Hanau-Attentat; Medizinproduktehersteller in DSGVO-Verfahren.

KIPPER DURTH SCHOTT

Wirtschaftsstrafrecht: Individuen ★

Steuerstrafrecht ★

Bewertung: Die Darmstädter Boutique gilt mit 3 angesehenen Partnern für die Individualverteidigung u. im Steuerstrafrecht als fester Player im Markt. Sie zeichnet aus, dass sie mehr als die meisten Wettbewerber mit ähnl. Aufstellung grenzüberschr. arbeitet, da v.a. Namenspartner Kipper u. zunehmend auch Schott gut im Ausland (v.a. in GB) verdrahtet sind. Wie bei anderen Boutiquen hat die Beratung zum Steuerstrafrecht in der Vergangenheit zugelegt, auch, aber nicht nur wg. Cum-Ex. Gleichzeitig wurden Verf. wg. Umsatzsteuer eher weniger, während die Zahl der Selbstanzeigen auf gleichbleibendem Niveau verharrte. Bei Letzterem, genauso wenn es um die lfd. strafrechtl. Beratung von Unternehmen in der Region geht, arbeitet das Team regelm. mit den örtl. größeren Zivilkanzleien zusammen. Für überregionale Aufmerksamkeit sorgte das umfängl. Verf. gg. den ehem. Chef des Goldhandelunternehmens Pim. Angesichts solcher Verf. dürfte ein weiterer Ausbau auf Associate-Ebene sinnvoll sein.

Oft empfohlen: Dr. Oliver Kipper („fachl. u. kommunikativ ausgezeichnet", „guter Verhandler, extrem gutes Netzwerk", „in Krisensituationen gelassen", „sehr teamfähig", „sehr verlässl.", „pragmat., kompetent", Wettbewerber), Dr. Hanno Durth („sehr kompetent u. kollegial", „engagiert, weitsichtig", „herausragender Stratege", Wettbewerber), Stefanie Schott („v.a. im Steuerstrafrecht herausragend", „sehr kollegial", „international gut vernetzt", „pragmat., verlässlich", Wettbewerber)

Team: 3 Partner, 1 Associate

Schwerpunkte: Individual- u. Unternehmensverteidigung; ges. Breite des Wirtschafts- u. Steuerstrafrechts.

Mandate: Individuen: Ex-Chef des Goldhandelunternehmens Pim im Verf. wg. Betrug u. Geldwäsche; Vorstand einer Unternehmensberatung u. Vorstand eines Seminaranbieters bei interner Untersuchung wg. Untreue; Abteilungsleiter eines Kfz-Herstellers wg. Betrug; Abteilungsleiter eines Kfz-Herstellers wg. interner Ermittlung; Partner einer Kanzlei, Aktienhändler einer Bank, Asset-Manager, Brokerin einer Bank, GF einer Bank, Leiter Settlement eines engl. Brokers, GF eines Finanzdienstleisters wg. Cum-Ex; ausl. Geschäftsmann gg. Auslieferung nach Dtl. wg. Betrug; Bereichsverantwortl. eines Zulieferers wg. Diesel; brit. Unternehmer wg. Betrug u. Beihilfe zur Untreue; Ex-CEO eines Möbelherstellers wg. Vorwürfen im Zshg. mit Insolvenz; Immobilienhändler umf., u.a. wg. Selbstanzeige; Großinvestor im Zshg. mit Insolvenz der Greensill Bank; Inhaber mehrerer IT-Unternehmen wg. Steuerhinterziehung. **Unternehmen:** Privatbank im Verf. gg. Darlehensnehmer wg. Betrug; Privatbank wg. Cum-Ex; Gebietskörperschaft lfd.; Energieunternehmen als Anzeigeerstatter.

KNAUER

Wirtschaftsstrafrecht: Individuen ★★★

Wirtschaftsstrafrecht: Unternehmen ★★★

Steuerstrafrecht ★★★

Bewertung: Anfang 2023 sorgte die Trennung der Wirtschafts- u. Steuerstrafrechtler Knauer u. Dr. Florian Ufer für gr. Aufmerksamkeit im Markt. Knauer startete direkt mit 3 Standorten: neben dem Stammhaus in München auch in Frankfurt u. Berlin. In der Hauptstadt ist mit Schomburg, der bereits in der alten Kanzleikonstellation Partner war, ein immer präsenter werdender Kopf beheimatet. Er verantwortet neben der Beratung der Commerzbank zu Cum-Ex auch viele internat. Mandate, u.a. das Auslieferungsverf. von Julian Assange. Anders als Ufer Scharf – die 2. Kanzlei, die aus der Trennung entstand – konzentriert sich Knauer deutlicher auf die Beratung von Unternehmen, inkl. interner Untersuchungen. Das hervorstechendste u. umfänglichste dieser Art ist sicher das Mandat von Continental zur Dieselaffäre. Aber auch andere namh.

Anwaltszahlen: Angaben der Kanzleien, wie viele Anwälte zu mind. ca. 50% in diesem Gebiet tätig sind. Sie spiegeln nicht zwingend die Gesamtgröße einer Kanzlei wider.

Unternehmen wie zuletzt ProSiebenSat.1 u. die Fraunhofer-Gesellschaft setzen auf das Team. Personelles Wachstum erscheint vor diesem Hintergrund unumgänglich.

Oft empfohlen: Prof. Dr. Christoph Knauer („ausgezeichnetes Fachwissen", „zielgerichtet im Interesse der Mandanten", „hervorragend vernetzt", „sehr angenehme Zusammenarbeit", „guter Unternehmensverteidiger", Wettbewerber); zunehmend: Sören Schomburg („klug, fit im internat. Strafrecht", „sehr gut in der Koordination der Unternehmensvertretung", „wird immer stärker", „super Teamplayer", Wettbewerber)

Team: 3 Eq.-Partner, 1 Sal.-Partner, 11 Associates, 3 of Counsel

Schwerpunkte: Hauptsächl. Unternehmensverteidigung, häufig im Rahmen von internen Untersuchungen, auch Individualverteidigung, v.a. Führungspersonen, leitende Angestellte bei Banken, Investoren; umfängl. Steuerstrafrecht präventiv u. in der Verteidigung.

Mandate: Individuen: ehem. Fondsmanager wg. Insiderhandel; div. Individuen im Maskenskandal; regelm. Auslieferungsverf., u.a. von Julian Assange; **Unternehmen**: Vorstand von ProSiebenSat.1 bei interner Untersuchung; Fraunhofer-Gesellschaft zu Haftungsansprüchen nach Spesen-Vorwürfen; Commerzbank, Dt. Börse wg. Cum-Ex; Continental u. Daimler AG im Diesel-Komplex; lfd. Hamburger Commercial Bank, u.a. wg. Cum-Ex.

KNIERIM & KOLLEGEN

Wirtschaftsstrafrecht: Individuen	★★
Wirtschaftsstrafrecht: Unternehmen	★★

Bewertung: Die Mainzer Boutique genießt einen guten Ruf für ihre Arbeit an der Schnittstelle von Wirtschaftsstrafrecht u. Compliance. Besondere Aufmerksamkeit erregt naturgemäß nach wie vor die Arbeit für EY, doch suchen auch andere WP-Gesellschaften seit Jahren Rat bei den Anwälten. Obwohl die Kanzlei im Markt solide positioniert ist, fällt auf, dass mit dem Erstarken agilerer Wettbewerber, die ebenfalls den Spagat zw. Strafrecht u. Compliance wagen, die Präsenz im Markt nicht mehr dieselbe ist, wie noch vor Jahren. An der Akzeptanz v.a. des Namenspartners ändert das jedoch nichts.

Oft empfohlen: Thomas Knierim („sehr kompetenter Strafverteidiger, Experte in Compliance-Angelegenheiten", Wettbewerber)

Team: 4 Eq.-Partner, 3 Associates

Schwerpunkte: Individualverteidigung ebenso wie Vertretung von Unternehmen u. Compliance-Beratung. Haftung von WP.

Mandate: Individuen: Mitarbeiter Handelsbank, u.a. wg. Geldwäsche; Verteidigung in Verf. um tödl. Betriebsunfall (aus dem Markt bekannt). **Unternehmen:** EY im Zshg. mit Wirecard; regelm. Entsorger, Immobilienunternehmen; Kfz-Zulieferer nach Whistleblower-Hinweis, inkl. Untersuchung; Finanzkommunikations-Dienstleister als Einziehungsbeteiligter; Ombudsmann bei ZDF u. EnBW.

KRAFT RECHTSANWÄLTE

Wirtschaftsstrafrecht: Individuen	★

Bewertung: Die Mönchengladbacher Strafrechtsboutique hat sich im Markt etabliert u. weitere Unternehmen als Mandanten gewonnen, darunter ein Stadtwerk in einem derzeit polit. aufgeheizten Thema. Schwerpunkt bleibt jedoch die Individualverteidigung. Hier ist das Team oft noch eher in der 2. Reihe involviert, aber dank exzellenter Vernetzung u. Akzeptanz bei Zivilkanzleien bei wesentl. Verfahrenskomplexen mit dabei. Den Netzwerkgedanken verfolgt das Team konsequent. So entstand aus einer zunächst losen Kooperation mit anderen Boutiquen inzw. ein solides Netzwerk, das bei Bedarf nicht nur in Mandaten kooperiert, sondern sich auch unabhängig davon austauscht.

Stärken: Langj. Verteidigererfahrung.

Oft empfohlen: Dr. Oliver Kraft („cool, erfahren, ein Problemlöser", Wettbewerber), Dr. Vivien Veit („behält immer den Überblick", Wettbewerber)

Team: 1 Eq.-Partner, 1 Sal.-Partner, 1 Associate

Schwerpunkte: Individualverteidigung; Beratung von Unternehmen, v.a. in Ermittlungen.

Mandate: Individuen: Zeugenbeistandschaft in Continental-Untersuchung; 2 GF u. 1 Mitarbeiter eines Verpackungsherstellers wg. Steuerhinterziehung beim Import; GF einer Augenklinik wg. Abrechnungsbetrug; GF von EY in Apas-Verf. wg. Wirecard; Klinikmitarbeiter wg. Beihilfe zum Abrechnungsbetrug; Zeugenbeistand für Mitarbeiter der Dt. Börse wg. Cum-Ex; Mitarbeiter HSBC wg. Cum-Ex; Kundenbetreuer einer Bank wg. Untreue; Ex-GF einer Projektierungsgesellschaft wg. Bandenbetrugs; Aufsichtsrat eines Fleischhandels wg. Untreue. **Unternehmen:** Stadtwerk wg. mögl. Subventionsbetrug im Zshg. mit Energiepreisbremse; Mineralölkonzern als Einziehungsbeteiligter in Steuerverf.; Tochterunternehmen einer Handelskette arbeitsstrafrechtl.; regelm. Flughafen Düsseldorf, Santander Consumer Bank; Ombudsfunktion für Unternehmen der Erneuerbaren Energien.

KRAUSE & KOLLEGEN

Wirtschaftsstrafrecht: Individuen	★★★★★
Wirtschaftsstrafrecht: Unternehmen	★★★
Steuerstrafrecht	★★★

Bewertung: Der Berliner Kanzlei können in der Individualverteidigung nur wenige Wettbewerber das Wasser reichen u. auch in der Unternehmensverteidigung u. zunehmend im Steuerstrafrecht ist sie eine feste Größe. Sie zeigt Präsenz in nahezu allen umfängl. Verfahrenskomplexen. Dazu gehören Dauerbrenner wie VW u. Porsche genauso wie die nun mit Freispruch beendeten Verf. um Fromm u. Rolling Stone sowie zuletzt die strafrechtl. Beratung in der internen Untersuchung beim Rundfunk Berlin-Brandenburg. Die Beratung zum Steuerstrafrecht rückte – wie bei Wettbewerbern auch – weiter ins Zentrum. Das zeigt sich an div. Cum-Ex-Verf., die wg. Konflikten hier mit Verspätung angekommen sind, u. genauso an Verf. wg. internat. Umsatzsteuerkarussellen, bei denen die europ. Staatsanwaltschaft ermittelt. Wie gut Krause im polit. Umfeld Berlins verdrahtet ist, zeigt einerseits die regelm. Präsenz in Untersuchungsausschüssen, andererseits die Mandatierung durch div. Ministerien. Das hohe Beratungsniveau der Kanzlei zu halten, dürfte angesichts ihrer Aufstellung mit gleich mehreren angesehenen Partnern, auch künftig kein Problem sein.

Stärken: Ausgeprägte Spezialisierung (u.a. Steuerstrafrecht).

Oft empfohlen: Dr. Daniel Krause („guter Teamplayer", „sehr versiert", „fachl. exzellent, sehr angenehm im Umgang", „sehr großer Stratege", „hoch professionell", „feste Größe", „Experte mit großer – auch internationaler – Erfahrung", Wettbewerber), Alexandra Wagner („gründl. u. zuverlässig", „lösungsorientiert u. erfahren", „jurist. herausragend, kollegial", „inhaltl. stark", „versiert", Wettbewerber), Dr. Patrick Teubner („ausgezeichnet, großes Know-how im Medizinstrafrecht", „hervorragend vernetzt", „höchste Qualität", „gefühlt unendl. kompetent", „besonnen, ruhig, sehr erfahren", Wettbewerber), Dr. Philipp Gehrmann („zügig u. professionell", „breites Kreuz u. gerader Rücken", „kluger Kopf", „kollegial u. inhaltl. stark", „beherrscht äußerst komplexe Sachverhalte", Wettbewerber), Prof. Dr. Carsten Wegner („kluger Kopf u. ein unabhängiger Denker", Wettbewerber)

Team: 5 Partner, 1 Counsel, 5 Associates

Schwerpunkte: Individualverteidigung u. strafrechtl. Unternehmensberatung nahezu gleichwertig, auch präventive Beratung. Erfahrung mit Untersuchungsausschüssen.

Mandate: Individuen: Vorstand Wirecard wg. Bilanzdelikten u. Marktmanipulation; Vorstand Dt. Bank wg. Cum-Ex; VW-Ingenieur als Beschuld. im Dieselverf.; Vorstand in Verf. um Adler RE (marktbekannt); Vorstand eines Labors wg. Abrechnungs- u. Sozialversicherungsbetrug; CDU-Bundestagsabgeordneter im Zshg. mit Maskenaffäre; Pharmazeut im Zshg. mit Betrug bei Zytostatika-Herstellung; Investor Per Løkkevik in Neuauflage des Verf. wg. illegaler Beschäftigung, Steuerhinterziehung u.a; Vorstand Varengold Bank wg. Cum-Ex; GF wg. Hawala-Banking; Wirtschaftsprüfer div. WP-Gesellschaften vor WPK u. APAS; div. GF u. Vorstände wg. AWG-Verstößen u. Zshg. mit Russland-Sanktionen. **Unternehmen:** Rundfunk Berlin-Brandenburg strafrechtl. bei interner Untersuchung wg. Schlesinger; VW in Dieselaffäre, zu Kapitalmarktthemen u. zu überhöhter Bezahlung v. Betriebsräten; Porsche zu Kapitalmarktthemen; BMVg wg. Berateraffäre; BMVI wg. Pkw-Maut; Pharmaunternehmen im Zshg. mit Produkthaftung; Medizintechnikunternehmen wg. Korruption; div. Kliniken, Labore, MVZ umf. strafrechtl.; asiat. Immobilieninvestor wg. Betrug u. Untreue; div. internat. Finanzdienstleister zu CFD- u. Kryptohandel.

KULLEN MÜLLER ZINSER

Steuerstrafrecht	★★

Bewertung: Die Kanzlei mit Sitz in Sindelfingen hat schon früh einen interdisziplinären Ansatz verfolgt, sodass Anwälte div. Fachrichtungen mit Steuerberatern u. Wirtschaftsprüfern Seite an Seite arbeiten. Dabei haben die Strafrechtler zuletzt immer öfter mit den Praxen für M&A u. Gesellschaftsrecht kooperiert, v.a. bei Transaktionen. Davon abgesehen sichert ihre Position eine Reihe von Stammmandanten, die umfängl. auf das Know-how von KMZ vertrauen. Dazu zählen Cum-Ex-Betroffene genauso wie meist mittelständ. Unternehmen etwa aus der Event- oder Kfz-Branche. Mit diesem interdisz. Ansatz verfolgt sie ein stabiles Geschäftsmodell, das außerhalb der Region jedoch eher unauffällig bleibt.

Stärken: Bundesweite Vernetzung mit StB-Kanzleien.

Team: 3 Eq.-Partner, 2 Associate

Schwerpunkte: Themat. breit im Steuerstrafrecht, hauptsächl. auf Individual- als auch auf Unternehmensseite; oft Anbindung an die Arbeitsrechtspraxis (Lohnsteuerbetrug).

Mandate: Individuen: GF wg. Steuersparmodell über Indexzertifikate; GF aus dem Armaturenbau bei Selbstanzeige; Aufsichtsrat wg. Lohnsteuerhinterziehung; mehrere Gesellschafter eines Zulieferers wg. Steuerhinterziehung u. Sozialversicherungsbetrug; Bankmitarbeiter, Cum-Ex-Initiator wg. Cum-Ex; GF aus der Eventbranche wg. Steuer-

Anwaltszahlen: Angaben der Kanzleien, wie viele Anwälte zu mind. ca. 50% in diesem Gebiet tätig sind. Sie spiegeln nicht zwingend die Gesamtgröße einer Kanzlei wider.

hinterziehung; GF eines poln. Unternehmens wg. Markenrechten bei Handys; GF einer Spedition wg. Lohnsteuerhinterziehung u. Sozialversicherungsbetrugs; GF eines chin. Konzerns wg. Steuerhinterziehung; div. Mitarbeiter von Kfz-Unternehmen wg. Schummelsoftware; Steuerberater wg. Falschberatung bei Wegzug in die Schweiz.

OTMAR KURY

Wirtschaftsstrafrecht: Individuen ★★★

Bewertung: Nur sehr selten gehen wichtige Verf. in Norddtl. ohne den langj. erfahrenen Wirtschaftsstrafrechtler über die Bühne. Eher unauffällig gesellen sich zu bekannten Individualverteidigungen eine ganze Reihe von Dauerberatungen für norddt. Unternehmen ganz unterschiedl. Ausrichtung. Ein ungewöhnl. Auftrag ist allerdings auch für Kury die Arbeit in der kirchl. Aufklärungskommission. Diese Berufung erregte überreg. Aufmerksamkeit u. zeigt den Respekt, den er nach wie vor genießt. Dennoch ist unverkennbar, dass es nicht länger seine Generation ist, die die Strafverteidigerszene prägt.
Stärken: Langj. Erfahrung in der Individualverteidigung.
Oft empfohlen: Otmar Kury („Erfahrung u. Kompetenz sind nicht zu überbieten", Mandant)
Team: 1 Partner
Schwerpunkte: Wirtschaftsstrafrecht u. Arztstrafsachen; Verteidigung von Vorständen u. Führungskräften ebenso wie Beratung von Unternehmen.
Mandate: Individuen: Hagenbeck-Chef wg. Behinderung des Betriebsrats; Vertretung in Rickmers-Verf. wg. ‚Beaching'; Vertretung in Daimler-Dieselaffäre; Vertretung in Verf. um Korruption bei Hafenbaubetrieb (alles öffentl. oder aus dem Markt bekannt); Vorstand im Gorch-Fock-Verfahren; Beschuld. aus einem Baukonzern wg. Umweltdelikt (aus dem Markt bekannt); (Ex-)Vorstände WestLB, Warburg Bank, u.a. wg. Cum-Ex. **Unternehmen:** Vorsitz der Aufklärungskommission der Bistümer Hamburg, Hildesheim u. Osnabrück; norddt. Unternehmen bei Anzeigeerstattung gg. Ex-HSV-Vorstand Thomas Wüstefeld wg. Betrug; Großkanzleien in Berufsrechtsverf.; regelm. Asklepios Kliniken, Uniklinik Eppendorf, Bauer- u. Spiegel-Verlag, Otto (alle öffentl. bekannt).

LANGROCK VOSS & SOYKA

Wirtschaftsstrafrecht: Individuen ★★★
Wirtschaftsstrafrecht: Unternehmen ★
Steuerstrafrecht ★★

Bewertung: Die Boutique hat sich fest im Markt etabliert. Sie ist v.a. bei der Individual-, aber auch bei der Unternehmensverteidigung u. im Steuerstrafrecht über die Grenzen Hamburgs hinaus hoch angesehen. Die steuerstrafrechtl. Beratung zog zuletzt erneut an, ebenso wie die Beratung zum Einziehungs-, Korruptions- u. Außenwirtschaftsrecht. Nach dem Ausbruch des Krieges in der Ukraine beschäftigten v.a. Fragen zu Letzterem das Team genauso wie Strafverf. im Zshg. mit Corona-Unterstützungen, sodass die Zahl der Mandate für Unternehmen insges. stieg. Die Zahl der Selbstanzeigen nahm ebenfalls zu, da Steuerberater u. Strafrechtskollegen LVS hinzuziehen, wenn sie selbst mit ihrem Latein am Ende sind. Den guten Ruf der Einheit belegt auch die Tatsache, dass sich Berufsträger, die in die Haftung geraten, an das Team wenden. Ein gewisses Alleinstellungsmerkmal hat sie obendrein ggü. Wettbewerbern durch eine Spezialisierung auf das Revisionsrecht.
Stärken: Gute Positionierung bei Zivilkanzleien.
Oft empfohlen: Dr. Marko Voß („fachl. sehr gut", „erfahrener Spezialist", „schnell, präzise, lösungsorientiert", „für das Hochreck", Wettbewerber), Dr. Marc Langrock, („fachl. sehr gut u. ideenreich", Wettbewerber), Dr. Till Soyka („guter Steuerstrafrechtler", „kompetent u. lösungsorientiert", „genialer Jurist", „erfahrener Spezialist", „schnell, präzise u. lösungsorientiert", Wettbewerber)
Team: 3 Eq.-Partner, 2 Associates
Schwerpunkte: Individualverteidigung. Themat. breites Spektrum, inkl. Steuerstrafrecht, Compliance-Mandaten u. Revisionen.
Mandate: Individuen: Vermögende Privatperson bei Selbstanzeige; VW-Mitarbeiter wg. bandenmäßigen Betrug (LG Braunschweig); GF wg. Steuerhinterziehung in bes. schwerem Fall; GF wg. bandenmäßiger Hinterziehung von Eingangsabgaben beim Import von Luxusfahrzeugen; Anwalt wg. Mittäterschaft an Hinterziehung von Umsatzsteuern beim Masken-Deal; Privatperson als Geschäd. eines Darlehensbetrugs; GF eines Motorenherstellers wg. unzulässiger Ausfuhr; GF einer Reederei wg. Abfallverbringung. **Unternehmen:** dt. Kapitalgesellschaft wg. Umsatzsteuerkarussell im Revisionsverf.; Energieunternehmen bei interner Untersuchung.

LEISNER STECKEL ENGLER

Steuerstrafrecht ★★★★★

Bewertung: Die Münchner Steuerstrafrechtsboutique zählt zu den besten Adressen im Steuerstrafrecht u. deckt das Themenfeld breit ab. Eine Besonderheit bildet eine eigene Gesellschaft für Steuer- u. Zoll-Compliance, in der Anwälte, Steuerberater u. ehem. Zöllner tätig sind. Bekannter jedoch ist LSE durch 2 prominente Mandanten, die nach wie vor umfängl. auf das Team um Leisner setzen: der DFB sowie Icap, einer der ww. größten Interdealer-Broker. Wie bei Kantenwein sorgten außerdem ein Münchner Private-Equity-Unternehmen, das mit der Staatsanwaltschaft im Clinch liegt, weiterhin für Auslastung, nicht zuletzt, weil LSE bereits ein Verf. in diesem Komplex gg. die Finanzverwaltung führt. Der Ausgang dürfte erhebl. Auswirkungen auf die Verf. gg. die anderen Häuser haben.
Stärken: Interne Aufklärung, Selbstanzeigen, Strafverfahren im Anschluss an Betriebsprüfungen.
Oft empfohlen: Olaf Leisner („kompetent u. innovativ", „top Steuerstrafrechtler", Wettbewerber), Dr. Sebastian Engler („Die Steuerstrafrechtler! Exzellent u. hervorragend, Teamplayer", Wettbewerber über beide)
Team: 3 Eq.-Partner, 1 Sal.-Partner, 3 Associates
Schwerpunkte: Individualverteidigung u. Unternehmensverteidigung, Selbstanzeigen, regelm. auch Compliance (präventiv u. Verteidigung).
Mandate: Unternehmen: Icap, umf., u.a. wg. Cum-Ex; DFB wg. Zahlungen an Fifa rund um Vergabe der WM 2006 u. wg. Bandenwerbung bei Spielen der Nationalmannschaft; DHL Express zu Aufbau Zoll- u. Steuer-Compliance u. in Einzelverf.; Private-Equity-Unternehmen bei interner Untersuchung u. Vertretung wg. Steuerhinterziehung bei Beteiligung ausl. Investoren an inländ. Private-Equity-Fonds.

LEITNER & KOLLEGEN

Wirtschaftsstrafrecht: Individuen ★★★

Bewertung: Im Münchner Markt der Wirtschaftsstrafrechtler gehört der Namenspartner inzw. zu den Urgesteinen. Entsprechend solide ist die Position gerade im süddt. Raum, die auch durch die zahlr. neuen Wettbewerber in München nur bedingt berührt wird. In regional relevanten Verf., auch u. insbes. mit Auslandsbezug, ist die Kanzlei nach wie vor regelm. mit dabei.
Oft empfohlen: Prof. Dr. Werner Leitner („sehr erfahren", „hoch professionell", „hält, was er verspricht", Wettbewerber)
Team: 1 Partner, 2 Associates
Schwerpunkte: Ursprung in der Individualverteidigung, inzw. breites Engagement für Unternehmen.
Mandate: Individuen: Ex-Partner von Freshfields wg. Cum-Ex-Beratung; Verteidigung in Verf. um Betrug in der Abfallbranche; Verteidigung in Verf. um Lebensmittelbetrug; Ex-CEO einer ausl. Bank wg. Cum-Ex; div. Künstler u. Musiker wg. Steuerdelikten. **Unternehmen:** Audi in Dieselaffäre; div. Kliniken u. Pflegeheime im Arbeitsstrafrecht (alle marktbekannt).

LHP LUXEM HEUEL PROWATKE

Steuerstrafrecht ★★★

Bewertung: Die Kölner Kanzlei ist eine gefragte Beraterin im Steuerstrafrecht u. im Steuerstreit. Durch die prominente Vertretung eines Bankvorstands vor dem LG Bonn, der wg. Cum-Ex angeklagt war, fanden nun weitere Individuen den Weg in die Kanzlei. Auch mehrere Banken wandten sich an LHP bzgl. Gutachten zu Cum-Ex u. Cum-Cum. Selbstanzeigen sind eine weitere wichtige Säule der Beratung. Ein Alleinstellungsmerkmal bleibt aber die (steuer-)strafrechtl. Beratung zu Kryptowährungen, die im Vorjahr wg. der angezogenen Regulierung erhebl. zugelegt hatte u. für die die Kanzlei gleich mehrere IT-Spezialisten einstellte. Für eine Kanzlei dieser Größe ist das ein ungewöhnl. Engagement.
Stärken: Vertretung von Beratern bei Selbstanzeigen.
Oft empfohlen: Dr. Ingo Heuel („erfahren u. sorgfältig mit sehr guten steuerrechtl. Kenntnissen", Wettbewerber)
Team: 4 Eq.-Partner, 5 Associates
Schwerpunkte: Steuerstrafrecht, flankierend auch Steuergestaltung u. internat. Steuerrecht; auch zu Krypto.
Mandate: Individuen: Ex-GF von Warburg Invest wg. Cum-Ex (LG Bonn); ehem. Bankvorstände wg. Cum-Ex; GF einer Kapitalgesellschaft wg. Cum-Ex; GF mehrerer Immobilienentwicklungsgesellschaften wg. Steuerhinterziehung; Informatikergruppe wg. Krypto; Steuerberater wg. Beihilfe zur Steuerhinterziehung; Unternehmenserbe wg. Schenkungssteuer. **Unternehmen:** Bank zu Kapitalertragsteuer; Bank u. mehrere Vorstände zu Kapitalertragsteuer; Logistikunternehmen, u.a. wg. Veruntreuung von Arbeitsentgelt.

LILIE IHWAS

Wirtschaftsstrafrecht: Individuen ★

Bewertung: Die Frankfurter Boutique hat sich nach dem Tod des früheren Namenspartners personell stabilisiert u. ist im Markt fest verankert. V.a. bei Datenschutz- u. Cyberthemen genießt die Einheit einen exzellenten Ruf. Hier wird sie auch immer wieder von anderen Kanzleien hinzugezogen, etwa bei internen Untersuchungen. Nicht zuletzt trägt diese Zusammenarbeit zur guten Vernetzung bei. Noch sind es nicht die ganz prominenten Namen, die LI mandatieren, u. Wettbewerber wie Wessing sind ihr eine Nasenlänge voraus, aber insbes. auch

Anwaltszahlen: Angaben der Kanzleien, wie viele Anwälte zu mind. ca. 50 % in diesem Gebiet tätig sind. Sie spiegeln nicht zwingend die Gesamtgröße einer Kanzlei wider.

aus der guten Verbindung mit Zivilkanzleien resultieren immer wieder anders gelagerte attraktive Mandate, wie etwa die Verteidigung eines CEOs der Logistikbranche. Für weitere Aufmerksamkeit dürfte die Hauptverhandlung im Cum-Ex-Prozess um die Maple-Bank sorgen, wo insbes. Lilie verteidigt.

Oft empfohlen: Dr. Saleh Ihwas („fachl. kompetent u. digital am Puls der Zeit", „lösungsorientiert, besonders stark im IT- und Datenschutzstrafrecht", Wettbewerber), Dr. Astrid Lilie („super", Wettbewerber)

Team: 2 Eq.-Partner, 2 Associates

Schwerpunkte: Individualverteidigung, einige Unternehmen u. Führungskräfte auch in regelm. Beratung.

Mandate: Individuen: CEO eines internat. Logistikers wg. Verstoß gg. Russland-Sanktionen; Ex-GF der Maple Bank u. Leiter Steuern einer Investmentbank wg. Cum-Ex; GF einer gr. Metzgerei wg. Tierschutzverstößen; Mitarbeiter eines Energieunternehmens wg. Betrug u. Geldwäsche; div. betroffene GF u. Manager aus Kfz-Branche bei Strafanzeige u. Datenschutzbeschwerde wg. Ausspionierens; Mitarbeiter einer WP-Gesellschaft wg. Wirecard. **Unternehmen:** Bank wg. Cum-Ex; regelm. AIG (aus dem Markt bekannt).

LIVONIUS VAN RIENEN

Wirtschaftsstrafrecht: Individuen ★

Bewertung: Die kleine Frankfurter Strafrechtsboutique gilt zwar im Markt nach wie vor v.a. als gute Adresse für die Verteidigung im Finanzumfeld, hat sich jedoch längst darüber hinaus fest etabliert. Das zeigt sich seit Längerem an div. Mandaten im Dieselkomplex. Insbes. van Rienen, dessen Mandate immer wieder Auslandsberührung haben, steht für diese Verbreiterung, während Kanzleigründerin Livonius weiterhin für die Verteidigung im Bankenumfeld hohes Ansehen genießt. Die Partner verzichten derzeit auf anwaltl. Mitarbeiter, was gerade im dicht besetzten Frankfurter Markt eine signifikante Weiterentwicklung erschwert. Da die Kanzlei auch nach dem Maple-Bank-Komplex etl. Cum-Ex-Mandate betreut, dürften zudem weitere Hauptverhandlungen die Kapazitäten binden.

Oft empfohlen: Dr. Barbara Livonius, Dr. Rafael van Rienen („rechtl. stark u. hervorragend bei komplexen Sachverhalten", Wettbewerber)

Team: 2 Eq.-Partner

Schwerpunkte: Individualverteidigung, oft im Bankenumfeld.

Mandate: Individuen: Ex-Vorstand Greensill wg. Bilanzfälschung; Ex-Vorstand Continental u. VW- sowie Audi-Mitarbeiter wg. (Diesel-)Betrugs; GF eines Entsorgers wg. Umweltdelikten; GF eines europ. IT-Dienstleisters wg. Krypto-Anlagebetrug; ltd. Angestellter eines Gesundheitsunternehmens wg. Korruption im europ. Ausland; Mitarbeiter eines börsennot. Unternehmens wg. Insiderhandel; Ex-Vorstand Maple Bank Wolfgang S. in Cum-Ex-Verf. (marktbekannt). **Unternehmen:** regelm. Dt. Bahn (Ombudsposition), Pharmauntern., regionaler Energieversorger.

VON MÁRIÁSSY DR. VON STETTEN DEGENHARD RILL

Wirtschaftsstrafrecht: Individuen ★

Bewertung: Die Münchner Boutique gilt als etablierte Einheit speziell für Individualverteidigung. Was sich bereits im Vorjahr abzeichnete, setzte sich nun fort: die öffentl. Hand insbes. in Süddtl. erweist sich als Mandatsbringer. Nach der Verteidigung des Oberbürgermeisters der Stadt Bamberg setzten nun weitere Amtsträger auf die Kanzlei. Und auch in anderen prominenten Verf. in der Region zeigt sie Flagge, wie etwa gg. einen Regensburger Bauunternehmer. Ihr guter Ruf reicht aber längst über die Region hinaus. So ist die Boutique in einer Reihe großer Verfahrenskomplexe vertreten, etwa Wirecard, Cum-Ex, Audi u. Continental.

Team: 4 Eq.-Partner, 1 Associate

Schwerpunkte: Individualverteidigung, auch Unternehmensverteidigung, Steuerstrafrecht, regelm. auch Compliance, Funktion als Ombudsmann.

Mandate: Individuen: ehem. Mitglied des Verwaltungsrats einer Bank wg. Untreue; ltd. Wirecard-Mitarbeiter (Treasury) u. GF Wirecard GB u. Irland; Regensburger Bauunternehmer wg. Vorteilsgewährung u. Steuerhinterziehung; ehem. Verwaltungsleiter wg. Mitwirkung an Steuerhinterziehung; ltd. Mitarbeiter Macquarie wg. Cum-Ex; Geschäftsbereichsleiter Depotbank wg. Cum-Ex; ltd. Mitarbeiter Audi wg. Betrug; Oberbürgermeister von Bamberg wg. Untreue; ltd. Mitarbeiter von Continental; GF eines Flugzeugbauunternehmens wg. Verstoßes gg. das Kriegswaffenkontrollgesetz.

PROF. DR. HOLGER MATT

Wirtschaftsstrafrecht: Unternehmen ★★

Bewertung: Der Frankfurter Wirtschaftsstrafrechtler agiert unauffällig, gilt aber fachl. als exzellent u. ist immer wieder in jurist. schwierigen Fragen gefordert. Weiterhin gehört er zu den wenigen dt. Strafrechtlern mit umfangr. Erfahrung auf dem internat. Parkett u. gutem Zugang zu EU-Gremien. Zuletzt fiel er hierzulande öffentl. jedoch eher als Vertreter geschädigter Privatpersonen auf, zumal sein prom. Mandant im Wirecard-Verf. verstarb. Diese Art Mandate zeigen allerdings auch sein Selbstverständnis als Verteidiger.

Oft empfohlen: Prof. Dr. Holger Matt

Team: 1 Partner

Schwerpunkte: Korruption u. Betreuung von Unternehmen (u.a. Bilanzdelikte, Untreue). In größerem Umfang internat. Mandate.

Mandate: Individuen: Beschuld. in Cum-Ex-Verf.; Familie eines Unfallopfers bei Anhörungsrüge; Familie Lübcke in Revision (alle öffentl. bekannt). **Unternehmen:** Begleitung div. Untern. in Zivilverf. mit Blick auf strafrechtl. Risiken.

MEYER-LOHKAMP & PRAGAL

Wirtschaftsstrafrecht: Individuen ★

Bewertung: Die HHer Wirtschaftsstrafrechtsboutique ist im Norden fest etabliert, doch werden sich die Namenspartner zum Jahreswechsel trennen. Beide sind sowohl erfahren als auch anerkannt, v.a. in der Individualverteidigung u. als Vertreter der jüngeren Generation vor Ort regelm. in wichtigen Verf. gefragt. Pragal wird sich mit dem ebenfalls in HH gut positionierten Wolfgang Prinzenberg zusammentun. Meyer-Lohkamp u. die beiden anderen Strafrechtler bilden mit dem etablierten Strafrechtsteam von Fuhlrott Hiéramente & von der Meden eine neue Kanzlei. Beide neuen Einheiten dürften weiterhin eine signifikante Rolle im HHer Markt spielen.

Oft empfohlen: Jes Meyer-Lohkamp („inzw. Hamburgs gefragtester Verteidiger", „versiert, erfahren, umsichtig", Wettbewerber), Dr. Oliver Pragal („kompetent, besonnen", Wettbewerber)

Team: 2 Eq.-Partner, 1 Sal.-Partner, 1 Associate

Schwerpunkte: Individualverteidigung, aber auch immer wieder Unternehmensvertretung.

Mandate: Individuen: Vorstand Krankenkasse wg. Untreue; Unternehmer wg. Geldwäsche in Cum-Ex-Komplex der Maple Bank; mehrere Vertretungen im Dieselkomplex; Ex-GF eines Industrieunternehmens u. Mitarbeiter eines Rüstungsunternehmens wg. Korruption im Ausland; Beschuld. in Großverf. um Betrug mit Corona-Subventionen. **Unternehmen:** div. Reedereien wg. sog. Beachings.

MGR RECHTSANWÄLTE

Wirtschaftsstrafrecht: Individuen ★
Wirtschaftsstrafrecht: Unternehmen ★

Bewertung: Regelm. ist die Kanzlei in wirtschaftsstrafrechtl. Großverfahren präsent. Anders als manche Wettbewerber ist das kleine Team dabei aber vglw. unabhängig von den Netzwerken im Markt, obwohl v.a. Greeve aufgrund ihrer Kompetenz u. Akribie regelm. gelobt wird. Neben schlagzeilenträchtigen Vorstandsverteidigungen berät das Team eine Reihe von Unternehmen dauerhaft, ob in akuten Fällen oder präventiv. Letzteres könnte sich noch intensivieren, verfügt das Team doch über umweltstrafrechtl. Erfahrung, die derzeit in vielen Unternehmen mit ESG-Ambitionen gefragt ist.

Oft empfohlen: Dr. Gina Greeve („kompetent, hervorragende Koordinatorin, beispiellos kollegial", Wettbewerber)

Team: 2 Partner

Schwerpunkte: Gefragter Zeugenbeistand bei internen Untersuchungen; Individualverteidigung ebenso wie Unternehmensvertretung (oft ▷*Bauwirtschaft*).

Mandate: Individuen: OB der Stadt Hanau u.a. als Zeugenbeistand in Hanau-Untersuchungsausschuss; Bürgermeister wg. Korruption; 2 Vorstandschefs von Finanzhäusern wg. Cum-Ex; Konzernmitarbeiter in internat. Korruptionsverfahren. **Unternehmen:** internat. Technologiekonzern wg. Korruption; Tochter eines internat. Konzern wg. AWG-Verstoß; div. Bau- u. andere Konzerne bzgl. Arbeitsunfällen, Korruption, Umwelt- u. Betrugsverf., auch zu Arbeitsschutz.

NOERR

Wirtschaftsstrafrecht: Individuen ★
Wirtschaftsstrafrecht: Unternehmen ★
Steuerstrafrecht ★★★

Bewertung: Die strafrechtl. Praxis arbeitet ähnl. wie bei DLA u. Clifford Chance eng mit der Compliance-Praxis zusammen u. ist entsprechend Teil von vielen internen Untersuchungen. Noerr gehört zu den wenigen Großkanzleien, die ihren Mandanten schon langj. strafrechtl. Beratung anbieten, meistens vertritt sie Unternehmen, eher selten Individuen. Entsprechend zeichnet die Praxis die enge Kooperation mit u.a. der Produkthaftungspraxis, der Arbeitsrechts-, IT- u. Steuerpraxis aus. Ein kluger Schritt war, das virulente Thema Cybersicherheit bei potenziellen Mandanten zu platzieren, sodass sie inzw. diesbzgl. neue Mandate verzeichnet. Dabei kann sie hervorragend mit den Pfunden wuchern, die ihr die Zusammenarbeit mit der angesehenen IT-Praxis bietet. Dass sie auch steuerrechtl. Kompetenz im Haus hat, hilft beim Mandat eines ehem. Betreibers von Corona-Testzentren, das auch steuerstrafrechtl. Implikationen hat. Für Aufmerksamkeit sorgte überdies die Vertretung von Hertha BSC im Zshg. um die Beeinflussungskampagne des Investors Lars Windhorst.

Anwaltszahlen: Angaben der Kanzleien, wie viele Anwälte zu mind. ca. 50% in diesem Gebiet tätig sind. Sie spiegeln nicht zwingend die Gesamtgröße einer Kanzlei wider.

Oft empfohlen: Dr. Christian Pelz („verfügt über Spezialwissen", Wettbewerber)
Team: 1 Eq.-Partner, 3 Sal.-Partner, 3 Associates
Schwerpunkte: Beratung von Unternehmen, sowohl verteidigend als auch als Geschädigte; auch Individualverteidigungen. Zudem anerkannt für ▷*Compliance* u. ▷*Außenwirtschaftsrecht*.
Mandate: Individuen: Betreiber von Corona-Testzentren wg. Abrechnungsbetrug; ehem. Vorstand einer IT-Firma wg. Steuerhinterziehung u. Urheberrechtsverletzung; GF eines Personalüberlassungsunternehmens, u.a. wg. Bestechung; Vorstand eines Internetunternehmens wg. Lohnsteuer- u. Körperschaftsteuerhinterziehung. **Unternehmen:** Energieversorger gg. ehem. Leitungspersonen wg. Geschäftsgeheimnisverletzungen; Flugzeughersteller wg. Verstoßes gg. das KWKG u. das AWG; Hertha BSC wg. Beeinflussungskampagne gg. den damaligen Club-Präsidenten; Infrastrukturinvestor gg. ehem. GF einer erworbenen Solar-Projektentwicklungsfirma wg. Zollhinterziehung; Investmentgesellschaft u. US-Softwaretestungsunternehmen wg. Cyberattacken.

PARK

Wirtschaftsstrafrecht: Individuen ★★★★★
Wirtschaftsstrafrecht: Unternehmen ★★★★
Steuerstrafrecht ★

Bewertung: Die Dortmunder Boutique ist nicht nur eine der am vielfältigsten engagierten im Wirtschafts- u. Steuerstrafrecht, sondern auch eine der strategischsten. Konsequent feilt sie an ihrer Aufstellung u. der Nachwuchsförderung. Ersteres spiegelt sich zwar primär in der Compliance-Beratung, strahlt aber auch auf die klass. Unternehmensverteidigung aus. Etliche Unternehmen setzen bereits seit Jahren auf die Anwälte u. vertrauen ihnen auch hochkomplexe Probleme u. interne Untersuchungen an. Doch auch bei der Individualverteidigung ist Park fest etabliert u. immer wieder von Vertretern der Führungsebenen gefragt. Hierzu gesellen sich zunehmend Berufsträger, v.a. WPs. Dadurch, aber nicht nur, hat sich die steuerstrafrechtl. Arbeit deutl. ausgeweitet. Hier war die Kanzlei für einige Zeit weniger auffällig, da sie nicht so intensiv in Cum-Ex-Fälle eingebunden ist, wie viele andere Boutiquen. Die Ernennung eines Vollpartners ist Ergebnis dieses intensiveren Engagements.
Oft empfohlen: Prof. Dr. Tido Park („ausgezeichnete, kompetente u. zielgerichtete Beratung", Mandant; „fachl. exzellent, hohe Leistungsbereitschaft, hervorragende Vernetzung u. absolut integer", Wettbewerber), Dr. Tobias Eggers („fachl. exzellent", Wettbewerber), Ulf Reuker, Dr. Malte Cordes („kluger Kopf für komplexe Verfahren", Wettbewerber), zunehmend Dr. Sebastian Wagner („ein super Verteidiger", Wettbewerber)
Team: 5 Eq.-Partner, 6 Associates, 1 of Counsel
Schwerpunkte: Individualverteidigung u. Beratung von Unternehmen, auch präventiv u. zu ▷*Compliance-Strukturen*; anerkannt insbes. im Kapitalmarktstrafrecht. Zudem Revisionen.
Mandate: Individuen: beschuld. Berater u. Kronzeuge in Kölner Cum-Ex-Verf.; verantwortl. Prüfer von EY in Wirecard-Verf.; verantwortl. Prüfer von Ebner Stolz in Greensill-Verf.; Top-Manager einer Big4-Gesellsch. wg. USt.-Hinterziehung; GF einer Sanitätshauskette wg. Korruption; GF eines Investmentvermittlers u.a. wg. Steuer- u. Kapitalmarktdelikten; Vorstand einer gesetzl. Krankenkasse wg. Untreue, Ex-Vorstand einer dt. Bank wg. Cum-Ex. **Unternehmen:** Lufthansa u. Eurowings, Westfleisch (u.a. wg. Untreue u. Korruption), Veka (u.a. zu LkSG), Tedi (auch bei interner Untersuchung), Industrieversicherer regelm.; chin. Gaststättenverband u.a. in Steuerverf.; Halbleiterhersteller wg. Verstoß gg. Russland-Sanktionen; Handelsunternehmen wg. Straftaten einer ehemal. Führungskraft; Logistiker wg. abfallrechtl. Verstöße.

V. PELCHRZIM

Wirtschaftsstrafrecht: Individuen ★
Wirtschaftsstrafrecht: Unternehmen ★

Bewertung: Die kleine Wirtschaftsstrafrechtskanzlei erobert sich im Frankfurter Markt eine immer bessere Position. Im Vorjahr legte sie deutl. zu, eröffnete mit einem Sal.-Partner in München u. erweiterte die Associate-Riege. Im notor. schwierigen u. dicht besetzten Münchner Markt gewann sie rasch erste Mandate, auch wenn es zur Marktgeltung noch ein Weg ist. Der Namenspartner agiert nach wie vor an der Grenze zw. Verteidigung u. Compliance-Beratung, nicht zuletzt, weil er vor seiner Anwaltstätigkeit als Compliance-Officer tätig war. Immer wieder ist er auch in komplexen Verf. mit internat. Einschlag gefragt, ob auf Unternehmens- oder Individuenseite, wie die Vertretung eines Zentralbankpräsidenten zeigt.
Oft empfohlen: Dr. Gero von Pelchrzim („reaktionsschnell, fachl. top u. angenehm", „absoluter Fokus auf White-Collar-Crime", Wettbewerber)
Team: 1 Eq.-Partner, 1 Sal.-Partner, 2 Associates
Schwerpunkte: Individualverteidigung ebenso wie Unternehmensvertretung u. -beratung. Auch Compliance. Erfahrung mit grenzüberschreitenden Sachverhalten.
Mandate: Individuen: Ex-GF von Lichtmiete wg. Bandenbetrug u. Geldwäsche; Präsident einer nordafrikan. Zentralbank wg. Korruption; Ex-GF einer Restaurantkette wg. Insolvenzdelikt; GF eines Personaldienstleisters wg. fehlerh. Abführung von Sozialabgaben; Manager eines Münchner Traditionsunternehmens wg. lebensmittelrechtl. Verstößen; Zeugenbeistand in Hanauer Untersuchungsausschuss; Vorstand einer dt. Großbank wg. AWG-Verstoß. **Unternehmen:** börsennot. US-Zulieferer wg. Exportverstoß; Beteiligungsgesellschaft als Einziehungsbeteiligte; App-Anbieter im Pflegebereich wg. Subventionsbetrug; Technologie-Familienunternehmen regelm., auch zu Compliance; internat. Computerspiele-Hersteller zu Compliance, als Geschädigter von Geschäftsgeheimnisverrat u. steuerstrafrechtl.; Dax-Konzern wg. AWV-Verstoß; Medizinproduktehersteller wg. Betrugs im Zshg. mit Covid-Testzentren; Liechtensteiner Bank als Geschäd., inkl. Rückgewinnung.

PFORDTE BOSBACH

Wirtschaftsstrafrecht: Individuen ★★★
Steuerstrafrecht ★

Bewertung: Im Wirtschafts- u. Steuerstrafrecht ist die Münchner Kanzlei sowohl bei Einzelpersonen als auch bei Unternehmen gefragt. Bosbach ist regelm. in div. steuerl. Sachverhalten gefordert oft im Vorfeld zu behördl. Ermittlungen, aber auch verteidigend. Auch wenn das Stadler-Mandat im Frühjahr einmal mehr im Zentrum der Aufmerksamkeit stand, zeigt sich doch, dass die Kanzlei v.a. im Steuerrecht deutl. an Statur gewonnen hat u. weiter gewinnt. Dies spiegelt sich in der zunehmenden Beratung von Unternehmen, die aber auch bei anderen Problemen auf die Kanzlei setzen. Regelm. werden die Strafrechtler zu derartigen Mandaten auch von Zivilkanzleien hinzugezogen. Potenzial bietet insoweit nach wie vor das internat. Netzwerk der Kanzlei, die über breite Erfahrung in der grenzüberschr. Beratung verfügt.
Oft empfohlen: Thilo Pfordte, Dr. Jens Bosbach („schnelle Reaktionszeit, hoch professionell", Wettbewerber), Ulrike Thole-Groll
Team: 2 Eq.-Partner, 1 Sal.-Partner, 5 Associates
Schwerpunkte: Individualverteidigungen. Daneben Beratung von Unternehmen, sowohl abwehrend als auch als Geschädigte. Auch Revisionen.
Mandate: Individuen: Ex-Audi-CEO Stadler in Dieselaffäre; div. RAe u. StB wg. Geldwäsche u. Steuerdelikten; GF Finanzdienstleister wg. Verstoß gg. Equal Pay; GF Industrietechnik vor Finanzbehörde wg. Unternehmenssteuern; GF Immobilienwirtschaft u. GF eines Mehrweg-Herstellers wg. USt-Hinterziehung; Mitarbeiter Sicherheitsdienst wg. Verstoß gg. Russland-Embargo; Unternehmensinhaber wg. Subventionsbetrug; Ex-Vorstandsvorsitzender von Macquarie u. div. weitere Beteiligte wg. Cum-Ex; Ex-GF Siemens Russland wg. Verstoß gg. Krim-Embargo; COO eines Recyclingunternehmens wg. Steuerdelikt. **Unternehmen:** Arbeiterverband zu Kurzarbeitergeld; Ärztezentrum zu steuerl. Korrekturen; Großgastronomiebetrieb wg. Verstoß gg. ArbZG; Schlachtbetrieb wg. Verstoß gg. Tierschutz; Dt. Bahn wg. Unfällen; div. Güterhändler zu GWG; Filmproduktion zu Korrektur Gewerbesteuern; Elektronikkonzern zu USt-Korrekturen; Fleischverarbeiter wg. Verstoß gg. Lebensmittelrecht.

QUEDENFELD FÜLLSACK & PARTNER

Wirtschaftsstrafrecht: Individuen ★
Steuerstrafrecht ★★

Bewertung: Die Stuttgarter Boutique widmet sich im Wirtschafts- u. Steuerstrafrecht schon langj. der Beratung von Individuen, wobei Letzteres auch die Begleitung von Betriebsprüfungen einschließt. Dabei ist sie themat. breit aufgestellt: So ist sie für Unternehmen bzgl. Diesel genauso gefragt wie für Münchner Private-Equity-Häuser wg. Fondsstrukturen oder von Industrieunternehmen zum Kriegswaffenkontrollgesetz. Dass speziell der Mittelstand mittlerw. sensibler auf Compliance-Themen reagiert, schlägt sich auch hier im Mandatsportfolio nieder: Mehr Unternehmen als früher wenden sich bei präventiven Fragen an die Kanzlei.
Oft empfohlen: Dr. Dietrich Quedenfeld, Prof. Dr. Markus Füllsack
Team: 7 Partner, 1 Associate
Schwerpunkte: Themat. breite strafrechtl. Beratung u. Vertretung. Auch WP u. StB in berufsrechtl. Verfahren. Ergänzend zivilrechtl. Kompetenz.
Mandate: Individuen: GF eines Unternehmens im Diesel-Komplex wg. Verletzung der Aufsichtspflicht; GF mehrerer ausländ. Konzerne wg. Umsatzsteuerhinterziehung; Händler von Luxusuhren wg. Umsatzsteuerhinterziehung; Versicherungsmakler wegen Betrug; ausl. Immobilieninvestor wg. Steuerhinterziehung u. Vermögensarrest; Wirtschaftsprüfer, Steuerberater, Bankmitarbeiter wg. Cum-Ex; Ex-Klinikum-Chef im Stuttgarter Klinikum-Skandal. **Unternehmen:** Energieversorger im Steuerstrafverf. gg. Vorstände wg. Verbandsgeldbuße; Gastronomiebetriebe, Brauereien wg. Steuerhinterziehung (Kassenmanipulation); mehrere Gerüstbau-, Taxiunternehmen, Spielhallenbetreiber wg. Steuerhinterziehung; Kfz-Händler wg. Vorsteuererstattung; Großhändler von Elektronikartikeln

Anwaltszahlen: Angaben der Kanzleien, wie viele Anwälte zu mind. ca. 50% in diesem Gebiet tätig sind. Sie spiegeln nicht zwingend die Gesamtgröße einer Kanzlei wider.

in Ermittlungsverf. der Europ. Staatsanwaltschaft wg. Steuerkarussellen; Unternehmen wg. Kriegswaffenkontrollgesetz.

REDEKER SELLNER DAHS

Wirtschaftsstrafrecht: Individuen ★★
Wirtschaftsstrafrecht: Unternehmen ★★

Bewertung: RSD ist eine von nur wenigen breit aufgestellten Kanzleien, die ihr strafrechtl. Team nicht nur seit Langem halten, sondern erneut aufstocken. Dabei gelingt es den Strafrechtlern, klass. Verteidigung u. fachübergr. Compliance-Beratung zu bieten, ohne dass sich die Beratungsfelder gegenseitig kulturell Konkurrenz machen. Traditionell stark ist die Einheit im öffentl. u. polit. Raum, etwa bei Untersuchungsausschüssen u. Umweltdelikten. Gerade die öffentl.-rechtl. Orientierung sorgt dafür, dass die Anwälte regelm. in OwiG-Verf. an der Seite von Unternehmen u. Individuen stehen. Dass sich das Team darauf aber nicht beschränken lässt, zeigt die marktbekannte Mandatierung durch Hymer in einem klass. privatwirtschaftl., strafrechtl. Komplex. Zurückhaltend agiert RSD jedoch weiterhin im Steuerstrafrecht u. ist – wohl auch aufgrund der Einbettung in eine Full-Service-Einheit – im Verteidigermarkt weiterhin weniger vernetzt. Mandate finden ihren Weg daher meist entweder direkt zu den Anwälten oder kommen aus anderen Praxen der Kanzlei.

Stärken: Kombination der strafrechtl. Kompetenz mit ▷*Verwaltungs-* u. ▷*Presserecht*.

Oft empfohlen: Prof. Dr. Bernd Müssig („hoch kompetent", Wettbewerber), Prof. Dr. Heiko Lesch, Dr. Daniel Neuhöfer („verlässl., kooperativ, pragmat.", Wettbewerber)

Team: 3 Eq.-Partner, 4 Associates, 1 of Counsel

Schwerpunkte: Umf. Verteidigung von Unternehmen (inkl. ▷*Compliance*) u. Individuen sowie präventive Beratung u. Revisionen.

Mandate: Individuen: Ingenieur u. Vorstand eines Kfz-Herstellers wg. Dieselaffäre; Zeugenbeistand in div. Untersuchungsausschüssen, u.a. Wirecard; Verteidigung in Munitionsaffäre beim KSK; Mitarbeiter eines Energieversorgers im Zshg. mit Flutkatastrophe; ltd. Ingenieur im Dieselkomplex Continental; div. Betriebsleiter u.a. wg. Bodenverunreinigung u. unerlaubten Anlagebetrieb; Zeugenbeistand in Untersuchungsausschüssen Masken (Bayern) u. BER (Brandenburg); Steuerberater wg. Beihilfe zu Steuerdelikt (Schutzmaskenhandel). **Unternehmen:** Flugzeugtechnikhersteller wg. Verstößen gg. Exportkontrollrecht durch ehem. u. aktive GF; Erwin Hymer wg. Betrugsvorwürfen (aus dem Markt bekannt); Currenta wg. Explosion; Unternehmen der Marinetechnologie wg. Strafverf. in einem EU-Mitgliedsstaat; Abfallentsorger wg. Betrugs u. Untreue durch ehem. Leitungsperson; Landesparlament zur Bewertung von Verschwiegenheitsverstößen; Aluminiumbetrieb wg. Grenzwertüberschreitung; Chemieunternehmen wg. Umweltdelikten; Automatenaufsteller in Rechtsbeschwerdeverfahren.

REICHLING CORSTEN

Wirtschaftsstrafrecht: Individuen ★
Wirtschaftsstrafrecht: Unternehmen ★

Bewertung: 2 der bekanntesten Strafrechtler ihrer Generation haben sich im Oktober 2022 gemeinsam selbstständig gemacht u. sich bereits mit einem Associate verstärkt. Corsten, der von Kempf Schilling kam, machte zuletzt Schlagzeilen mit dem Mandat eines Managers im Wirecard-Prozess u. mit der Verteidigung des Unternehmens, das mit dem angeklagten Oberstaatsanwalt in Frankfurt gemeinsame Sache gemacht hatte. Dass auch Unternehmen wie Porsche, die er neben Kempf in der Vergangenheit beraten hat, weiter auf ihn setzen, ist bemerkenswert. Reichling, ehem. Partner bei Feigen Graf, ist präsenter in steuerstrafrechtl. Verfahren, etwa zu Cum-Ex, aber auch zu Themen wie Lohnsteuer oder bei der Verteidigung des ehem. Generalsekretärs des DFB im Zshg. mit der WM. Da sich beide Partner bereits in ihren Vorgängerkanzleien einen Namen gemacht haben u. gerade steuerstrafrechtl. Themen in den vergangenen Jahren stark an Relevanz gewonnen haben, dürften sie in dieser Konstellation noch manches Potenzial heben können.

Oft empfohlen: Dr. Tilman Reichling („bestens vernetzt", „brillant", „sehr erfahren", „extrem gut in der Durchdringung schwieriger Rechtsfragen", „ruhig, angenehm, selbstbewusst", „durchsetzungsstark, guter Stratege, sehr kollegial", „dogmat. hoch kompetent", „top Steuerstrafrechtler", „fachl. wie menschl. unübertroffen", Wettbewerber), Dr. Johannes Corsten („kooperativ", „erfahren u. sehr kompetent", „blitzgescheit, strateg. gut", „hat das richtige Augenmaß", „gut vernetzt, teamfähig", „taktisch gutes Gespür für das richtige Vorgehen", Wettbewerber, „innovativ u. unkonventionell", Wettbewerber über beide)

Team: 2 Partner, 1 Associate

Schwerpunkte: Individualverteidigung, auch Unternehmen; themat. breites Spektrum, inkl. Steuerstraf- u. Medizinrecht.

Mandate: Individuen: CEO einer brit. Fondsgesellschaft, div. Bank-Mitarbeiter, Asset-Manager wg. Cum-Ex; ehem. DFB-Generalsekretär wg. Steuerhinterziehung im Zshg. mit WM 2006; Unternehmer wg. Bestechung im Verf. um OStA in Frankfurt; Ex-GF aus der Modebranche wg. Steuerhinterziehung; GF eines Zulieferers wg. Lohnsteuerhinterziehung; GF eines Bauunternehmen wg. des Vorenthaltens von Sozialversicherungsbeiträgen; Gründer eines Zulieferers wg. Betrug; Manager eines OEM wg. Betrug u. Brandstiftung; Manager im Wirecard-Prozess wg. Beihilfe zur Untreue. **Unternehmen:** Drogeriekette wg. Kartellverstoß; Logistikunternehmen wg. Betriebsunfall; lfd. OEM, Privatbank.

RETTENMAIER

Wirtschaftsstrafrecht: Individuen ★★

Nach Redaktionsschluss wurde bekannt, dass Dr. Anja Stürzl ausscheiden und ihre eigene Kanzlei gründen wird.

Bewertung: Die Frankfurter Wirtschaftsstrafrechtskanzlei bleibt auf Expansionskurs. Mit der Ernennung 2er Vollpartner u. der Aufnahme einer auf das Steuerstrafrecht spezialisierten Quereinsteigerin demonstriert die v.a. in der Individualverteidigung gefragte Einheit ihre Ambitionen im eng besetzten Markt. Zwar war das Team schon zuvor intensiv im Steuerstrafrecht tätig, doch bringt der Neuzugang wertvolle Erfahrung auf breiterer steuerl. Front mit. Dass das ambitionierte Vorgehen berechtigt ist, zeigt sich v.a. an der hohen Akzeptanz bei Vorständen u. Geschäftsführern, denen das Team regelm. zur Seite steht. Auf Unternehmensseite ist das Team ebenfalls regelm. gefragt, sowohl in Ombudsfunktion als auch bei internen Untersuchungen. Als einer von wenigen Einheiten ist es Rettenmaier zudem gelungen, im organisierten Spitzensport Fuß zu fassen, ein Umfeld, das gerade in Compliance-Fragen noch Potenzial bietet.

Stärken: Individualverteidigung.

Oft empfohlen: Felix Rettenmaier („erfahren, fachl. u. menschl. kompetent u. souverän. Hohe Akzeptanz bei Mandanten, gutes Team", „präzise, durchsetzungsstark, menschl.", „hat immer gute Ideen", Wettbewerber)

Team: 4 Eq.-Partner, 1 Sal.-Partnerin, 3 Associates

Partnerwechsel: Dr. Anja Stürzl (von Flick Gocke Schaumburg)

Schwerpunkte: Verteidigung von Individuen, auch Beratung u. Vertretung von Unternehmen.

Mandate: Individuen: EX-CFO eines Onlinedienstleisters wg. Steuerdelikt; Ex-Bankmanager u. Anwalt wg. Cum-Ex; CFO eines Onlinehändlers wg. WpHG-Verstoß; Ex-Manager von Wirecard wg. div. Vorwürfe; CEO eines Finanzdienstleisters zu div. strafrechtl. Themen; GF eines Maskenhändlers wg. Steuerdelikt; Manager eines Autokonzerns wg. Produkthaftung; Ex-Vorstand eines Automobilkonzerns u. Ingenieur von VW wg. Diesel; Hauptbeschuldigter in Korruptionsaffäre um BT-Abgeord. Held. **Unternehmen:** Spitzensportverband u. internat. Forschungsinstitut bei interner Untersuchung von MeToo-Vorwürfen; Pharmaunternehmen in AMG-Verf.; regelm. Lebensmittel- u. Finanzkonzern; Industrieunternehmen wg. Betriebsunfall; Dt. Tennis Bund, DFL-Stiftung als Ombudsstelle.

ROSINUS PARTNER

Wirtschaftsstrafrecht: Individuen ★★
Wirtschaftsstrafrecht: Unternehmen ★★
Steuerstrafrecht ★

Bewertung: Immer klarer zeigt sich, dass die Frankfurter Kanzlei mit ihrem Beratungsansatz an der Grenze zw. Wirtschafts- bzw. Steuerstrafrecht u. Compliance auf das richtige Pferd gesetzt hat. Während das Team bei Unternehmen gefragt ist wie eh und je, intensivierte es auch die Individualverteidigung. Diese Entwicklung kommt gerade rechtzeitig, um in Zeiten zunehmender Anklagen noch mehr forens. Glaubwürdigkeit zu gewinnen. Steuerangelegenheiten u. die Beratung im internat. Umfeld gehören wie gehabt zum Repertoire der Praxis. Dass die Kanzlei inhaltl. wie techn. am Ball bleibt, zeigt sich in einer Reihe von Mandaten rund um Kryptowährungen bzw. in der Entwicklung eines eigenen Tools für die Risikoanalyse, das bereits in mehreren Mandaten seine Tauglichkeit bewiesen hat. Die Ernennung einer Sal.-Partnerin ist in Anbetracht der Entwicklung ein folgerichtiger Schritt.

Stärken: Compliance-Beratung.

Oft empfohlen: Dr. Christian Rosinus („Vorreiter des ‚modernen Wirtschaftsstrafrechts', sehr gut vernetzt", „keine Beratung von der Stange", Wettbewerber), Dr. Mathias Grzesiek („hoch kompetent", „großes Potenzial", Wettbewerber)

Team: 2 Eq.-Partner, 1 Sal.-Partnerin, 3 Associates, 1 of Counsel

Schwerpunkte: Unternehmensvertretung, inkl. Compliance-Beratung. Auch Individualverteidigung.

Mandate: Individuen: div. Beschuld. in Cum-Ex-Verf.; Mitglieder einer vermög. Familie wg. Hinterziehung von Schenkungsteuer; GF einer Kryptotauschbörse wg. Geldwäsche; GF aus der Pflegebranche wg. Steuerdelikt u. Sozialversicherungsbetrug; GF aus der Lebensmittelbranche wg. Vorwürfen im Zshg. mit dem Vertrieb von CBD-Pro-

Anwaltszahlen: Angaben der Kanzleien, wie viele Anwälte zu mind. ca. 50% in diesem Gebiet tätig sind. Sie spiegeln nicht zwingend die Gesamtgröße einer Kanzlei wider.

dukten. **Unternehmen:** internat. Versicherung als Betroffene von Anlagebetrug; Kapitalanlageges. wg. Cum-Ex; US-Technologiekonzern bei Abwehr von Cyberangriffen u. Bekämpfung eines internat. kriminellen Netzwerks; Unterstützung eines Krypto-Investors gg. kriminelles Netzwerk; Portfoliounternehmen als Betrugsgeschädigter; Gesellschafter eines Industrieunternehmens strafrechtl. im Kontext einer M&A-Transaktion; Kunststoffkonzern bei Compliance-Audit; internat. Chemiekonzern bei interner Untersuchung wg. Fehlverhaltens von Mitarbeitern (Korruption, Untreue); regelm. Baustoffhersteller, auch LkSG; Wohnungsbaugesellschaft bei Risikoanalyse; Logistiker zu Sanktionen; Immobilienkonzern wg. Hinterziehung Grunderwerbssteuer; niederl. Unternehmen wg. Umweltdelikt u. drohender Einziehung; lfd. Frosta.

ROXIN

Wirtschaftsstrafrecht: Individuen	★★★
Wirtschaftsstrafrecht: Unternehmen	★
Steuerstrafrecht	★★

Bewertung: Die Hamburger Kanzlei ist eine anerkannte Größe für das Wirtschafts- u. Steuerstrafrecht, v.a. bei der Verteidigung von Individuen, aber auch von Unternehmen. Wie viele ihrer Wettbewerber hat sich ihr Mandatsportfolio zuletzt Richtung Steuerstrafrecht ausgeweitet, durch Cum-Ex-Mandate u. weil Betriebsprüfungen häufiger als früher in Strafverf. münden. Allerdings verlor sie Anfang 2023 ihr komplettes Münchner Team, das sich Feigen Graf anschloss. Mit dem Team ging außerdem ein erhebl. Teil ihrer wirtschaftsstrafrechtl. Unternehmensmandanten. Das ist ohne Zweifel ein herber Verlust, bietet aber ebenso eine Chance, sich nun ganz auf den HHer Standort zu konzentrieren – zumal die Kanzlei mit ihren Partnern Sahan u. Altenburg v.a. im norddt. Raum, aber auch darüber hinaus, von namh. Unternehmen unterschiedl. Branchen hinzugeholt wird.
Oft empfohlen: Dr. Oliver Sahan („hervorragender Stratege", „fachl. spitze", „sehr kompetent u. engagiert", „durchsetzungsstark", „strateg. Teamarbeiter u. einfallsreich", „überzeugend", „zuverlässig", „schnell u. gewissenhaft", „kompetent u. nervenstark", Wettbewerber), Dr. Johannes Altenburg („Schnelldenker mit Blick aufs Ganze", „stark im Auftritt u. unerschrocken", „durchsetzungsstark, guter Stratege, sehr kollegial", „belastbar u. entschlossen, initiativ u. kreativ", „pragmatisch, lösungsorientiert", „hoch professionell", Wettbewerber)
Team: 2 Eq.-Partner, 2 Sal.-Partner, 7 Associates
Partnerwechsel: Andreas Minkoff (zu Feigen Graf)
Schwerpunkte: Verteidigung im Wirtschafts- u. Steuerstrafrecht, sowohl auf Individual- als auch auf Unternehmensseite tätig.
Mandate: Individuen: CFO eines Chemieunternehmens wg. Steuerhinterziehung; Bankvorstand wg. Cum-Ex; div. ltd. Bankangestellte wg. Cum-Ex; EWE-Vorstand wg. Untreue; Vorstand von Continental wg. Organisationsverschuldens im Zshg. mit Dieselthematik; Leiter einer Klinikgruppe wg. Abrechnungsbetrugs; div. Bankmitarbeiter wg. Cum-Ex. **Unternehmen:** Dt. Milchkontor, Immobiliendienstleister lfd.; Groß- u. Einzelhändler bei interner Untersuchung; Vermögensverwalter als Sockelverteidiger in Ermittlungsverf.; Hamburger Familienunternehmer im Bereich der Schifffahrt wg. steuerl. Nacherklärung; Spedition wg. Korruption, Untreue u. Steuerhinterziehung; Bank wg. steuerstrafrechtl. Auskunftsverfahren.

SCHILLING TUTE

Wirtschaftsstrafrecht: Individuen	★★★★
Wirtschaftsstrafrecht: Unternehmen	★

Bewertung: Die hoch angesehene Strafrechtskanzlei erlebte eine Zäsur, ist aber weiterhin mit allen Facetten strafrechtl. Beratung u. Vertretung vertraut. Auch nach der Trennung der vorherigen Namenspartner Schilling u. Kempf steht die Kanzlei trotz Engagements bei strafrechtl. Compliance vor allem für die Verteidigung. Auf diesem Feld ist insbes. Schilling seit Jahren bei Individuen ebenso gefragt wie bei Unternehmen oder auch bei Zivilkanzleien, die ergänzende Kompetenz brauchen. Eine Reihe von Unternehmen werden daneben aber auch lfd. u. präventiv beraten.
Stärken: Langj. Verteidigererfahrung, gute Vernetzung.
Oft empfohlen: Dr. Hellen Schilling („jurist. Klasse trifft Mandantenfokus", „klug, gewissenhaft", Wettbewerber), Christoph Tute („verlässl., strukturiert; der perfekte Partner für Compliance-Mandate", „unverzichtbar in komplexen Wirtschaftsstrafsachen", Wettbewerber)
Team: 2 Eq.-Partner, 1 Associates
Partnerwechsel: Eberhard Kempf (zu Hamm Kempf & Partner)
Schwerpunkte: Primär verteidigend tätig, sowohl Individuen als auch Unternehmen. Daneben präventive Beratung von Unternehmen u. in Ermittlungen.
Mandate: Individuen: brit. Banker u. div. weitere Beschuld. in Cum-Ex-Verf., auch Vorstände; CEO eines Medizintechnikunternehmens wg. Steuerdelikt (Transfer-Pricing); CFO eines brit. Personaldienstleisters wg. USt.-Delikt; Ex-CFO eines ausl. Softwareuntern. bei interner Untersuchung wg. Steuerdelikt; GF eines Werkstoffherstellers wg. AWG-Verstoß; GFin eines Schweizer Untern. als Stalking-Geschädigte. **Unternehmen:** dt. Privatbank wg. Betrugs durch Mitarbeiter, inkl. Strafanzeige u. Asset-Recovery; Drogeriekette in Kartellbeschwerdeverf.; regelm. Pharmaunternehmen.

SCHNEIDER SCHULTEHINRICHS

Wirtschaftsstrafrecht: Individuen	★
Steuerstrafrecht	★

Bewertung: Die Frankfurter Kanzlei ist im Markt für die Individualverteidigung u. im Steuerstrafrecht etabliert. Verhältnismäßig viel Raum nimmt dabei nach wie vor die Beratung in Sachen Cum-Ex ein, wozu die beiden Namenspartner eine lange Reihe von Mandanten aus div. Finanzinstitutionen beraten. Sie darauf zu reduzieren, greift aber zu kurz. Ebenso ist sie gefragt im wachsenden Bereich Cybercrime, wozu sie z.B. einen Anwalt berät, oder auch zu Kryptowährungen, womit sich immer noch recht wenige Kanzleien beschäftigen. Das Medizinstrafrecht bleibt demggü. eine Nische.
Oft empfohlen: Dr. Friedrich Schultehinrichs, Dr. Thomas Schneider („äußerst angenehm im Umgang", „sehr kollegial u. klug", Wettbewerber)
Team: 2 Eq.-Partner, 2 Associates, 1 of Counsel
Schwerpunkte: Individualverteidigung, insbes. im Steuerstrafrecht.
Mandate: Individuen: ausl. Anwalt wg. Cybercrime; Bankmitarbeiter wg. Geldwäsche u. Steuerhinterziehung; Mitarbeiter div. Kfz-Hersteller wg. Dieselskandal; Mitarbeiter div. Großbanken wg. Cum-Ex; Unternehmer wg. Betrug im Bereich Cybercrime; Wirtschaftsprüfer wg. Wirecard. **Unternehmen:** Beteiligungsunternehmen in Bußgeldverf. wg. Geldwäsche; div. Kliniken zu Medizinstrafrecht.

SCHORK KAUFFMANN WACHE

Wirtschaftsstrafrecht: Individuen	★

Bewertung: Die Wirtschaftsstrafrechtler sind v.a. in der weiteren Region um Stuttgart u. Karlsruhe fest etabliert. Erneut überzeugten sie teils namh. Unternehmen davon, sich bei strafrechtl. Fragen an sie zu wenden. Vereinzelt engagiert sich das Team auch bei Compliance-Mandaten, wobei regelm. ein Inhouse-erfahrener Gesellschaftsrechtler eingebunden wird. Für dieses Beratungsfeld kam zudem ein junger Anwalt von Gleiss Lutz hinzu. Hier macht sich natürl. auch bemerkbar, dass es in der Region kaum mehr ähnl. positionierte u. strafrechtl. starke Wettbewerber gibt. Im Fokus steht aber nach wie vor auch die Individualverteidigung, auch im Steuerstrafrecht. So verteidigt das Team nach Marktinformationen etwa auch im Fall um fragwürdige Strompreise von EnBW.
Oft empfohlen: Dr. Alexander Schork („klug, überzeugungsstark", Wettbewerber)
Team: 2 Eq.-Partner, 3 Associates, 1 of Counsel
Schwerpunkte: Individualverteidigung, Unternehmensvertretung meist mit regionalem Einschlag.
Mandate: Individuen: Beschuld. in Verf. um EnBW-Strompreise (marktbekannt); Abteilungsleiter div. Banken, Familienunternehmer sowie Manager der Maple Bank wg. Cum-Ex; div. Beschuld. in Dieselaffäre (VW, Audi, Iveco); GF eines Tankstellenbetreibers u.a. wg. Betrug (Kurzarbeitergeld, Corona-Hilfen); Bauleiter wg. Submissionsbetrug; Ex-Vorstand einer Bank wg. Wertpapierleihgeschäften; Alno-Managerin wg. Insolvenzdelikt; Betriebsprüfer u.a. wg. Strafvereitelung; COO eines gr. Mittelständlers wg. Steuerdelikt. **Unternehmen:** Bauunternehmen wg. Betrug; Spielgerätebetreiber steuerstrafrechtl.; Logistiker in Ermittlungen gg. div. GF; internat. Unternehmen u.a. wg. Sozialversicherungsbetrug; Online-Wettanbieter zu Compliance-Fragen; Cispa bei Aufbau Compliance-System; gr. Autohändler im Zshg. mit Mitarbeiterverfehlungen; Betreiber von Corona-Testzentren wg. Betrug; Luxushotel wg. Betrug beim Kurzarbeitergeld; Stadt u. Klinik Stuttgart in Korruptionsverf.; regelm. Automotive-Unternehmen, Hollerbach, US-Energiedienstleister, Kösem; Wirth regelm. zu Haftung.

SEITZ

Steuerstrafrecht	★★

Bewertung: Die steuerstrafrechtl. Praxis hat es in den vergangenen Jahren geschafft, Schritt für Schritt an Präsenz zu gewinnen. Dabei hebt sie sich von Wettbewerbern ab, da sich die zuletzt stark gewachsene Gesamtkanzlei primär auf das Arbeitsrecht, u. mittlerw. auch auf das Gesellschaftsrecht fokussiert. Das Team ist jedoch keinesfalls auf Verweismandate aus diesen Praxen angewiesen: Mandanten kommen aus ganz unterschiedl. Branchen – dazu gehören u.a. verstärkt Kliniken, aber auch Baumaschinenhändler u. Immobilienunternehmen. Für eine Sonderkonjunktur sorgen Mandanten, die sich wg. zu Unrecht empfangener Corona-Hilfen an die Kanzlei wenden, während das Thema Umsatzsteuer gleichbleibend viel Raum einnimmt. Eine Counselernennung spricht zudem dafür, dass die Gesamtkanzlei auch künftig auf die Praxis setzt.

Anwaltszahlen: Angaben der Kanzleien, wie viele Anwälte zu mind. ca. 50% in diesem Gebiet tätig sind. Sie spiegeln nicht zwingend die Gesamtgröße einer Kanzlei wider.

Stärken: Integrierte Praxis aus RAen u. StB, enge Einbindung in die Gesamtkanzlei.
Oft empfohlen: Nils Kröber („fachl. exzellent", „exzellenter Stratege, kollegial", „pragmat. u. lösungsorientiert", Wettbewerber)
Team: 1 Eq.-Partner, 3 Sal.-Partner, 2 Counsel, 3 Associates, 1 of Counsel
Schwerpunkte: Umf. steuerstrafrechtl. Vertretung; Steuerverfahren aus Betriebsprüfungen u. breite Steuerpraxis.
Mandate: Individuen: 2 Partner einer Steuerberatungskanzlei wg. Steuerhinterziehung in bes. schwerem Fall; GF eines Mineralölkonzerns wg. Vorwurf der USt-Hinterziehung; Unternehmer im Zshg. mit Shortseller-Angriff, inkl. interner Ermittlungen. **Unternehmen:** Escort-Service zu Hinterziehungsvorwurf wg. div. Steuerarten; Anbieter von Reha-Kliniken u. -Zentren in Dtl. bei Sozialversicherungsprüfung im Zshg. mit Honorarkräften; Abrechnungsgesellschaft für Apotheken, u.a. zu Berichtigungsmeldungen u. steuerstrafrechtl. Compliance, inkl. internen Ermittlungen; Online-Händler im Mobilfunkbereich wg. Umsatzsteuerhinterziehung in Zshg. mit Differenzbesteuerung.

ULRICH SORGENFREI

Steuerstrafrecht ★★

Bewertung: Sorgenfrei ist einer der ganz wenigen, der es seit Jahren schafft, als Einzelkämpfer im Markt der Steuerstrafrechtler zu bestehen. Das gelingt ihm so nachhaltig, weil er als Anwalt u. Steuerberater auch zum Steuerstreit berät u. zudem als Spezialist für Kapitalmarktstrafrecht gilt. In Zeiten von Cum-Ex u. seinen Nachfolgemodellen ist er entsprechend gefragt – auch von Großkanzleien, die ihn schon langj. bei Bedarf ins Mandat holen.
Oft empfohlen: Ulrich Sorgenfrei („fachl. exzellent", Wettbewerber)
Team: 1 Eq.-Partner
Schwerpunkte: Steuerabwehrberatung, einschl. Steuerstreit u. Steuerstrafverteidigung, Bilanzdelikte, Marktmanipulationen u. Insiderdelikte.
Mandate: Individuen: Div. Beschuld. zu Cum-Ex.

STRATE UND VENTZKE

Wirtschaftsstrafrecht: Individuen ★

Bewertung: Die wirtschaftsstrafrechtl. Boutique bleibt eine Institution in HH. Geschuldet ist das einerseits der Prominenz u. Streitbarkeit von Namenspartner Strate, aber andererseits auch der Akzeptanz seines Mit-Partners Ventzke im Markt u. bei zivilrechtl. orientierten Wettbewerbern. Die langj. Erfahrung der Anwälte u. das unbed. Eintreten für Freiheitsrechte führt zudem regelm. dazu, dass der Kanzlei verfassungs- u. revisionsrechtl. Verf. anvertraut werden. Lange sah es so aus, als würde sich hinter den Namenspartnern keine schlagkräftige nächste Anwaltsgeneration entwickeln, doch zuletzt stießen 2 junge Strafrechtler hinzu.
Oft empfohlen: Dr. Gerhard Strate („höchste Kompetenz", Wettbewerber), Klaus-Ulrich Ventzke („sehr kollegial", Wettbewerber)
Team: 1 Eq.-Partner, 2 Sal.-Partner, 2 Associate
Schwerpunkte: Individualverteidigung, immer wieder auch Wiederaufnahmeverfahren, Verfassungsbeschwerden u. Revisionen.
Mandate: Individuen: Ex-Aufsichtsrat von Springer wg. Beihilfe zur Untreue; Ex-Klinik-GF in Högel-Verfahren um Organisationsverschulden; Gründer der German Property Group wg. Betrug; Richter wg. Rechtsbeugung (Maskenurteil); Verteidigung in einer BtM-Sache mit Streit um Verwertung sog. Encrochat-Daten (BGH, BVerfG) (alle öffentl. bekannt).

STRECK MACK SCHWEDHELM

Steuerstrafrecht ★★★★★

Bewertung: Die Kanzlei zählt im Steuerstrafrecht zu den marktführenden Einheiten. Ähnl. wie Flick Gocke Schaumburg verfügt sie über gleich mehrere angesehene Partner, die das Beratungsfeld sowohl steuerstraf- als auch steuerrechtl. oder – ein Hauptschwerpunkt der Kanzlei: Steuerstreit – auf breiter Basis abdecken. Sie sind desw. sowohl für Individuen als auch für Unternehmen eine gefragte Adresse, auch wenn sie in den meisten Fällen unterhalb des öffentl. Radars agieren. Dabei begleiten sie auch Hauptverhandlungen, wenn nötig, bis in die obersten Instanzen, wie etwa einen Geschäftsführer wg. Umsatzsteuerhinterziehung im Handel mit Gold vor dem BGH. Themat. u. hinsichtl. der vertretenen Branchen gibt es kaum ein Themenfeld, das SMS nicht abdeckt. Dazu gehören Start-up-Unternehmen zur Umsatzsteuer, Dax-Unternehmen zur Energiesteuer oder Finanzinstitute zu Cum-Ex. Auffällig ist, dass Mandanten die Einheit oft im akuten Fall, z.B. bei internen Untersuchungen hinzuholen u. sie in der Folge für die Präventiv-Beratung mandatieren. Eine Partnerernennung zeigt zudem, dass SMS dem Nachwuchs reelle Aufstiegschancen bietet.
Stärken: Große Erfahrung in Individual- u. Unternehmensbegleitung, enge Anbindung an die Steuerpraxis; Tax Compliance.
Oft empfohlen: Dr. Jörg Alvermann, Dr. Martin Wulf, Prof. Dr. Burkhard Binnewies („hoch kompetent", Wettbewerber); Dr. Peter Talaska („exzellenter Steuerstrafrechtler mit fundierten Steuerrechtskenntnissen", „kollegial u. klug", „ruhiger Analytiker", Wettbewerber)
Team: 13 Partner, 18 Associates
Schwerpunkte: Individualverteidigung u. Unternehmensberatung. Regelm. auch Compliance (präventiv u. Verteidigung).
Mandate: Individuen: Beschuld. wg. Kreditbetrug bei Finanzierung von Kraftwerken; GF wg. Umsatzsteuerhinterziehung im Goldhandel vor BGH; div. vermögende Privatpersonen wg. schwerer Steuerhinterziehung durch gegenläufige Zertifikate. **Unternehmen:** div. Dax-Unternehmen, u.a. zu Nacherklärung u. Compliance-Beratung zur Lohnsteuer, zu Abzugssteuern u. Energiesteuer, zu Nacherklärung wg. Umsatzsteuer; Finanzinstitute wg. Cum-Ex; Mittelständler wg. Zollverfahren.

STETTER

Wirtschaftsstrafrecht: Individuen ★★
Wirtschaftsstrafrecht: Unternehmen ★

Bewertung: Ob Audi, Cum-Ex, Wirecard oder Schutzmasken – in jedem dieser prominenten Verf. zeigt die Münchner Strafrechtsboutique der anerkannten Namenspartnerin Stetter Flagge. Traditionell aus der Individualverteidigung kommend vergrößert die Kanzlei zusehenst ihr Engagement aufseiten von Unternehmen, etwa durch die Mandatierung eines US- Medizintechnikers. Ähnl. wie Kipper Durth Schott verfügt Stetter zudem über ein ausgeprägtes internat. Netzwerk, sowohl in die USA als auch nach GB. Personell ist sie mittlerw. besser ausgestattet: 2 Associates mehr u. eine Counsel-Ernennung sorgen für den nötigen Unterbau, um die teils aufwändigen Verf., wie das gg. den Ex-Audi-Vorstand, stemmen zu können.
Oft empfohlen: Dr. Sabine Stetter („enorm kompetent, extrem reaktionsschnell, vermittelt den Mandanten große Sicherheit", „hohe fachl. Kompetenz", „gut u. professionell", Wettbewerber)
Team: 1 Eq.-Partner, 1 Counsel, 5 Associates
Schwerpunkte: Gleichermaßen Individual- u. Unternehmensvertretung; oft Mandate mit internat. Bezügen.
Mandate: Individuen: Ex-Audi-Vorstand Hackenberg in Dieselaffäre; div. Beschuld. in Wirecard-Verf. (marktbekannt); Unternehmer wg. Schutzmasken; US-Manager wg. Bestechung u. Steuerhinterziehung bei chin. High-Speed-Train-Projekt; ehem. Dax-Vorstand als Zeugenbeistand wg. AWG-Verstößen; Ex-Betriebsrat wg. Untreue; Bauprojektleiter wg. Betrugs; brit. Mandant u. Manager eines Finanzkonzerns wg. Cum-Ex; Investor im ‚CoInvest-Verfahren'; Compliance-Beauftragter eines Bistums wg. Steuerhinterziehung; **Unternehmen:** Kfz-Hersteller wg. Dieselskandal; Kanzlei wg. Cum-Ex; dt. Tochter eines Konzerns der Luft- u. Raumfahrt zu strafrechtl. Compliance; Kfz-Zulieferer bei Untersuchung wg. Bestechlichkeit u. Bestechung.

SVS SIDHU VON SAUCKEN

Wirtschaftsstrafrecht: Individuen ★

Bewertung: Im Fokus der Münchner Wirtschafts- u. Steuerstrafrechtler steht die Individualverteidigung. Die Erfahrung auf diesem Feld macht die Anwälte auch zu gesuchten Partnern bei Compliance-Mandaten von Kanzleien ohne eigene ausreichende Kompetenz. Unternehmensmandate sind abseits dieser Arbeit u. einiger Ombudspositionen allerdings weiterhin vglw. rar. Insoweit hat die Mitgliedschaft im Compliance-Netzwerk Consilium bislang keine signifikante Änderung gebracht, was auch an der starken Konkurrenz in der Stadt liegen dürfte.
Oft empfohlen: Dr. Karl Sidhu, Dr. Alexander von Saucken („souverän, abgeklärt", „gutes Verständnis für Compliance-Themen", „versiert, schnell", Wettbewerber)
Team: 2 Eq.-Partner, 1 Associate
Schwerpunkte: Individualverteidigung, daneben auch Vertretung u. Beratung von Unternehmen.
Mandate: Individuen: Dax-Vorstand wg. Dieselaffäre; GF einer Bank u. weitere Beschuldigte in div. Verf. wg. Cum-Ex; Beschuld. in Verf. um Ausfuhr von Spionagesoftware; GF einer Pflegeeinrichtung u.a. wg. Steuerdelikt u. Betrug; GF wg. Geldwäsche (‚Russian Laundromat'); GF wg. Betrug mit Kurzarbeitergeld; GF wg. Insiderhandel; brit. Geschäftsmann u.a. zu Auslieferung; Projektleiter als Zeuge im Untersuchungsausschuss um Münchner S-Bahn. **Unternehmen:** Stadt u. Medizinproduktehersteller wg. Korruption; internat. Großkanzlei wg. Cum-Ex; niederl. Organisation gutachterl. wg. Geldwäsche; Lebensmittelgroßhändler wg. Steuerhinterziehung.

THOMAS DECKERS WEHNERT ELSNER

Wirtschaftsstrafrecht: Individuen ★★★★★
Wirtschaftsstrafrecht: Unternehmen ★★

Bewertung: Die im Wirtschafts- u. Steuerstrafrecht seit vielen Jahren zu den wichtigen Akteuren zählende Kanzlei zieht mit bemerkenswerter Kon-

Anwaltszahlen: Angaben der Kanzleien, wie viele Anwälte zu mind. ca. 50% in diesem Gebiet tätig sind. Sie spiegeln nicht zwingend die Gesamtgröße einer Kanzlei wider.

stanz u. scheinbar unberührt von Markttrends ihre Bahnen. Mit einer eher trad. Struktur, einem sehr breiten Kompetenz- u. Erfahrungsspektrum u. hoher Akzeptanz im Markt überzeugen die Partner regelm. neue Mandanten, auf Individual-, v.a. aber auf Unternehmensseite. Diese Arbeit ist – selbst bei Cum-Ex-Verf. – meist so geräuschlos, dass die Kanzlei nach wie vor v.a. mit der Individualverteidigung in Verbindung gebracht wird. Auf dem Feld dürfte die Erfahrung der Anwälte auch künftig weiter stark gefragt sein, enden doch immer mehr Ermittlungsverfahren in der Hauptverhandlung.

Stärken: Große Routine in Hauptverhandlungen.

Oft empfohlen: Dr. Anne Wehnert („in jeder Hinsicht herausragend", „hervorragende Verteidigerin, hält auch einen Flohzirkus zusammen", Wettbewerber), Dr. Marcus Mosiek („bringt die Dinge immer auf den Punkt", Wettbewerber), Johannes Zimmermann („kreativ, hartnäckig, überzeugend auftretend", Wettbewerber), Christoph Lepper („kenntnisreich, hört das Gras wachsen", Wettbewerber), Udo Wackernagel („klug, kollegial", Wettbewerber)

Team: 7 Eq.-Partner, 2 Associates

Schwerpunkte: Individualverteidigung u. Beratung von Unternehmen in der ganzen Breite des Wirtschaftsstrafrechts.

Mandate: Individuen: CFO eines Industriekonzerns wg. Embargo- u. AWG-Verstößen; Ex-GF von Maserati wg. Abgasmanipulation; div. Mitarbeiter u. Vorstände dt. u. ausl. Banken wg. Cum-Ex; Abgeordnete u. Beigeordneter u.a. wg. Steuerdelikt; Vorstand eines börsennot. IT-Beratungsunternehmens wg. Steuerdelikt; Ex-Prokurist eines Stahlhändlers wg. Steuerhinterziehung durch Umgehung von Anti-Dumping-Zöllen (Verf. der europ. StA); CEO eines Baukonzerns wg. Beihilfe zur Steuerhinterziehung; Beigeordneter wg. vers. Strafvereitelung; GF eines Handelsunternehmens wg. Insolvenzdelikt. **Unternehmen:** Industrieunternehmen im Zshg. mit Compliance-Fall (Korruption/Untreue); internat. Bank zu Cum-Ex; div. Unternehmen wg. AWG-Verstößen (Russland) u. präventiv beratend; städt. Gesellschaft bei interner Untersuchung; regelm. Uniklinik D'dorf, Untern. der Holzindustrie, Spedition, Textilhandelskette, Private-Equity-Haus, Anlagenbauer, dt. Industriedienstleister, Pharmaunternehmen, gr. Pflegeheimbetreiber, Mittelstandsbank, div. WP-Gesellschaften u. Family Offices, Medizinunternehmen, Fußballbundesligist, Tönnies.

TRÜG HABETHA

Wirtschaftsstrafrecht: Individuen	★★

Bewertung: Die Freiburger Kanzlei genießt im Wirtschaftsstrafrecht bundesw. einen guten Ruf u. ist v.a. in der weiteren Region exzellent vernetzt. Gerade dort ist die Kanzlei auch inzw. nahezu konkurrenzlos. Derzeit erregt dank einer Reihe bekannter Hauptverhandlungen, darunter Hatz u. im Komplex German Pellets, v.a. die Individualverteidigung Aufmerksamkeit. Gleichzeitig ist das Team auch intensiv für Unternehmen tätig u. arbeitet dabei immer wieder an der Grenze zu Compliance. Zuletzt setzte sich das Team in einer Ausschreibung bei einem Softwarehersteller durch. Steuerstrafrechtl. Fragen spielen immer wieder eine Rolle, doch – trotz der Grenzlage – weniger häufig als bei manchen Wettbewerbern. In Anbetracht lfd. Hauptverhandlungen sind trotz eines soliden anwaltl. Unterbaus der Weiterentwicklung der Kanzlei Grenzen gesetzt.

Oft empfohlen: Prof. Dr. Gerson Trüg („verbindl., klug, kollegial", Wettbewerber)

Team: 2 Eq.-Partner, 4 Associates, 1 of Counsel

Schwerpunkte: Breit angelegtes wirtschaftsstrafrechtl. Engagement, umfangr. Erfahrung mit Hauptverhandlungen u. Revisionen; Unternehmensvertretung u. Ombudstätigkeit.

Mandate: Individuen: Ex-GF von German Pellets u.a. wg. Insolvenzdelikt; div. Unternehmer u.a. wg. Brandstiftung, Betrug, Steuerdelikten; Apothekerin wg. Mord durch verunreinigte Glucosemischung; GF eines Klinikverbunds wg. fahrl. Körperverletzung; Ex-Porsche-Vorstand Wolfgang Hatz in Dieselaffäre; brit. Unternehmer wg. USt-Karussell; Amtsträger wg. Korruption. **Unternehmen:** Maschinenbauer wg. Subventionsbetrug; Leiharbeitsfirma wg. Sozialversicherungsbetrug; Lebensmittelunternehmen als Diebstahlsgeschädigter; Baumaschinenhersteller als Betrugsopfer; Hersteller von Bürosoftware u.a. zu Dawn-Raid-Prävention; div. Bauunternehmen regelm., auch bei Aufbau eines Compliance-Systems, teils als Ombudsmann; Bauunternehmen wg. illegaler Ausländerbeschäftigung; Bauunternehmen wg. Umweltdelikt; regelm. EnBW, Uniklinik Freiburg.

TSAMBIKAKIS & PARTNER

Wirtschaftsstrafrecht: Individuen	★
Wirtschaftsstrafrecht: Unternehmen	★★
Steuerstrafrecht	★★

Bewertung: Das Medizinstrafrecht ist der Spezialbereich, für den T&P steht wie kein anderer Wettbewerber im Markt. An das Team wenden sich Kliniken u. Unternehmen der Gesundheitsbranche genauso wie Ärzte in nahezu sämtl. strafrechtl. Angelegenheiten, die die Branche umtreiben, inkl. der präventiven Beratungen. Ein größeres Gewicht nahm zuletzt einmal mehr das Steuerstrafrecht ein, zum einen wg. der mittlerw. ordentl. Zahl an Cum-Ex-Mandanten, aber auch weil die Sensibilität im Rahmen von Betriebsprüfungen gestiegen ist. Umsatzsteuer u. Verrechnungspreise bleiben auch bei T&P Klassiker. V.a. das Frankfurter Büro hat diesbzgl. Mandanten gewonnen. Personell war es allerdings erneut unruhig. Das als ohnehin autark geltende komplette Stuttgarter Team um Zebisch spaltete sich ab. Für Tsambikakis bedeutet das erneut einen Rückschlag in den Expansionsbestrebungen. Im Markt wurde das kritisch registriert, auch wenn es der Reputation v.a. des Kölner Teams bisher nicht geschadet hat.

Stärken: Straf- u. steuerstrafrechtl. Beratung der Medizinbranche, inkl. Compliance.

Oft empfohlen: Prof. Dr. Michael Tsambikakis („schnell, konstruktiv, angenehm in der Zusammenarbeit", „fachl. u. menschl. top", „takt. hervorragend", „brillant", Ole Mückenberger („verlässl.", „kluger Kopf, bewahrt Ruhe in stressigen Situationen", Wettbewerber)

Team: 5 Eq.-Partner, 7 Associates, 3 of Counsel

Partnerwechsel: Thorsten Zebisch (zu zkkh)

Schwerpunkte: Individualverteidigung u. Unternehmensbetreuung im Wirtschafts- u. Steuerstrafrecht. Zudem Compliance (Optimierung der Organisation u. interne Untersuchungen), v.a. für Kliniken. Besondere Erfahrung im Medizinstrafrecht.

Mandate: Individuen: div. (Chef-)Ärzte, Behandler wg. Abrechnungsbetrug; div. GF eines Klinikverbunds wg. Steuerhinterziehung; ehem. GF wg. Insolvenzverschleppung, Untreue, Betrug, Kreditbetrug, Bankrott; Fondsmanager einer brit. Investmentgesellschaft, ehem. Leiter Compliance einer GB-Bank, wg. Cum-Ex; GF wg. Verstoß gg. das Außenwirtschaftsgesetz; israel. Geschäftsmann wg. Computer- u. Kapitalanlagebetrug. **Unternehmen:** div. Kliniken, Einrichtung der Gesundheitsbranche, Pharma- u. Medizinproduktehersteller lfd. strafrechtl. u. zu Compliance.

UFER SCHARF

Wirtschaftsstrafrecht: Individuen	★★★★
Wirtschaftsstrafrecht: Unternehmen	★★
Steuerstrafrecht	★★★

Bewertung: Anfang 2023 sorgte die Trennung des Namensparters Ufer von Prof. Dr. Christoph Knauer u. der neue Zusammenschluss mit Scharf für gr. Aufmerksamkeit im Markt. Gemeinsam mit Weitzell, der wie Scharf von Grub Brugger kam, u. einigen neuen Associates ist ein schlagkräftiges Team entstanden, das sich v.a. auf Individualverteidigung, aber auch auf die Verteidigung von Unternehmen konzentriert u. in vielen prominenten Verf. vertreten ist, sei es in der Maskenaffäre, sei es in den Diesel- oder Cum-Ex-Verfahren. Auch Münchner Private-Equity-Unternehmen suchten erneut Rat in der Kanzlei. Scharf mit seinem Fokus auf das Steuerstrafrecht ist eine gute Ergänzung: Er sorgte zuletzt für Schlagzeilen mit der Vertretung des Nachlassverwalters von Thiele. Es wird jetzt darauf ankommen, dass das Team zügig zusammenwächst.

Oft empfohlen: Dr. Florian Ufer („erfahren, gut vernetzt, stark", „pragmat.", „herausragende Kompetenz, angenehme Zusammenarbeit", Wettbewerber), Dr. Norbert Scharf („erfahren u. souverän", „bedächtigt u. überlegt", Wettbewerber), Dr. Andreas Weitzell

Team: 4 Eq.-Partner, 2 Sal.-Partner, 2 Counsel, 4 Associates, 3 of Counsel

Schwerpunkte: Individualverteidigung, v.a. Führungspersonen, Manager im PE-Bereich, leitende Angestellte bei Banken, Investoren; Unternehmensverteidigung, umfängl. Steuerstrafrecht präventiv u. in der Verteidigung.

Mandate: Individuen: Aufsichtsratsvorsitzender VW wg. Diesel; Testamentsvollstrecker des Thiele-Nachlasses; ehem. Finanzvorstand Wirecard; ehem. Politiker u. Einzelunternehmer in Maskenaffäre; Treuhänder im Zshg. mit Steinhoff-Komplex; ehem. Leiter Steuern Macquarie, ehem. Leiter Investment-Abteilung Bank wg. Cum-Ex, Siemens-Manager wg. Krim-Embargo; Hauptbeschuldigter eines internat. Umsatzsteuerkarussells; Klinik-Unternehmer wg. Betrug; GF eines steuerstrafrechtl. Filmfonds; Fondsmanager einer Bank wg. Gewerbesteuer; Investoren wg. Kapitalertragsteuer bei ausländ. Investitionen. **Unternehmen**: Mercedes-Benz wg. Abgasskandal; Freshfields Bruckhaus Deringer wg. Cum-Ex; FC Bayern München wg. Mindestlohn; Unternehmen wg. Explosion einer Fliegerbombe an 2. Stammstrecke München.

VBB RECHTSANWÄLTE

Wirtschaftsstrafrecht: Individuen	★★★★★
Wirtschaftsstrafrecht: Unternehmen	★★★★★
Steuerstrafrecht	★

Bewertung: Die im Wirtschafts- u. Steuerstrafrecht hoch angesehene Kanzlei bietet dank ihrer Personalstärke Kompetenzen auf allen relevanten Feldern. Das Spektrum reicht von präventiver Compli-

Anwaltszahlen: Angaben der Kanzleien, wie viele Anwälte zu mind. ca. 50% in diesem Gebiet tätig sind. Sie spiegeln nicht zwingend die Gesamtgröße einer Kanzlei wider.

ance-Beratung – seit Neuestem flankiert von einem eigenen Hinweisgebersystem – bis zur streitigen Verteidigung. Dass sich das Team frühzeitig neben der Individualverteidigung auch der Unternehmensvertretung verschrieben hat, sorgt dafür, dass die Anwälte regelm. mit aktuellen Themen befasst sind, seien es derzeit Sanktionen, sei es das LkSG. Aber auch div. Individualverteidigungen in Verf. der EuStA werden, ähnl. wie bei der lokalen Wettbewerberin Wessing, bearbeitet. Obwohl u.a. zahlr. Geschäftsführer wg. unterschiedlichster Vorwürfe vertreten werden, gilt VBB aufgrund zahlr. Dauermandanten – und immer wieder prominenten Krisenmandaten, wie zuletzt Vonovia – im Markt immer stärker als Unternehmensvertreterin. Das entspricht zwar nicht unbedingt dem tatsächl. Engagement, zeigt aber, wie zentral diese Arbeit ist. Hier profitiert VBB – ähnl. wie Verte – von den gesetzgeber. Aktivitäten, ist aber auch bei Unternehmen wie Zivilkanzleien gefragt, weil sie in die Unternehmensberatung umfangr. Erfahrung aus der Verteidigung einbringen kann. Derweil übernahm der vor einigen Jahren hinzugestoßene ehemal. BGH-Richter die Revisionen für Steueranwalt Hanno Berger nach 2 Verurteilungen wg. Cum-Ex.

Stärken: Strafrechtl. Beratung/Krisenmanagement u. Vertretung von Unternehmen.

Oft empfohlen: Renate Verjans, Dr. Marcus Böttger („ausgespr. kompetent, sehr kollegial, mandantenorientiert", Wettbewerber), Dr. Hjalmar Mahn („fachl. exzellent u. angenehm in der Zusammenarbeit", „der Anwalt, den man sich an seiner Seite wünschen würde, wenn man ihn braucht", Wettbewerber), Dr. Matthias Brockhaus („Blick auf das Ganze, sehr umgängl., aber ein harter Hund, der bei Staatsanwälten geschätzt wird", Wettbewerber), Dr. Sebastian Beckschäfer („ausgezeichneter Experte, der auch den Steuerstreit beherrscht", Wettbewerber), Sven Diener

Team: 6 Eq.-Partner, 7 Associates, 1 of Counsel

Schwerpunkte: Alle Aspekte des Wirtschaftsstrafrechts, inkl. Wettbewerbs- u. Kartelldelikte sowie Steuerstrafrecht; zudem straf- u. steuerrechtl. Compliance-Beratung, inkl. Ombudstätigkeit.

Mandate: Individuen: Hanno Berger in Revision (Cum-Ex); GF aus erneuerbaren Energien wg. Umweltdelikt; Hotelier wg. Steuerdelikt; Ex-CFO dt. Großbank u. Ex-Vorstand Privatbank wg. Cum-Ex sowie div. weitere Beschuld.; Aufsichtsrat einer Privatbank in Verf. gg. Vorstand; Ex-GF eines Maschinenbauers wg. Insolvenzdelikt; GF im Bereich Maschinenbau wg. AWG-Verstoß (Russland); Personalleiterin wg. Datenschutzdelikt; Stadtrat wg. Untreue u. Betrug; Schweizer CEO wg. Geldwäsche. **Unternehmen:** Vonovia wg. mögl. Korruption durch Mitarbeiter (aus dem Markt bekannt); Eisenbahnuntern. wg. Geheimnisverrat; Innung wg. Verf. in Mitgliedsunternehmen; niederl. Elektronikhändler in Einziehungsverf. der EuStA; Metallhandel in Einziehungsverf.; Technikuntern. prävent. zu Embargo-Risiken; Leasingunternehmen wg. Versicherungssteuer; Luftfrachtuntern. wg. Betrug in M&A-Prozess; Private-Equity-Haus zu steuerstrafrechtl. Risiken des Zielobjekts; Bank-Tochter bei interner Untersuchung; Bauuntern. zu Risiken beim Anlagenbetrieb; US-Kanzlei strafrechtl.; u.a. Energieversorger, Fondshaus steuerstrafrechtl.; Baukonzern wg. Verstoß gg. Mindestlohn; Ombudsfunktion für Uniklinik Essen; regelm. Fußballbundesligist, Technologiekonzern, Immobilien- u. Wohnbauuntern., Kliniken.

DR. VELKE

Wirtschaftsstrafrecht: Individuen ★

Bewertung: Die kleine Wirtschaftsstrafrechtskanzlei mit ihren 2 Standorten behauptet sich erfolgreich. V.a. die von Ffm. aus tätige Namenspartnerin ist exzellent vernetzt u. wird entsprechend auch von anderen Kanzleien immer wieder hinzugeholt. Doch auch das junge Kölner Büro steht gut da, auch wenn es im lokalen Markt noch keine sichtbaren Spuren hinterlässt. Auf Unternehmensseite ist die Einheit bislang seltener zu sehen, setzte sich aber bei einer Unternehmensgruppe gg. Wettbewerber durch.

Oft empfohlen: Dr. Anouschka Velke („engagierte u. mutige Verteidigerin, die Konflikte nicht scheut, absolut verlässl.", „erfahren, diskret", Wettbewerber)

Team: 2 Eq.-Partnerinnen

Schwerpunkte: Individualverteidigung, daneben einige Unternehmensvertretungen.

Mandate: Individuen: div. ltd. Bankmitarbeiter u. Bankvorstand zu Cum-Ex; Beschuld. in Audi- u. VW-Dieselverf.; Beschuld. in Verf. um eingestürzte Brücke; div. Ärzte u. Pflegende wg. fahrl. Tötung; Vorstandsvorsitzender umf. zum Vorgehen im Zshg. mit untreuem Mitarbeiter; Zeugenbeistand für Mitarbeiterin eines gr. Versandhandels wg. tödl. Arbeitsunfall. **Unternehmen:** lfd. dt. inhabergeführte Unternehmensgruppe; Immobilienges. wg. anonymer Anzeige gg. Geschäftsleitung.

VERTE

Wirtschaftsstrafrecht: Individuen ★★★★

Wirtschaftsstrafrecht: Unternehmen ★★★

Bewertung: Die Kölner Wirtschaftsstrafrechtskanzlei hat nach einem schon starken Vorjahr erneut eine Reihe von Unternehmen von sich überzeugt. Das Spektrum reicht dabei vom Start-up bis zum Konzern. Ihnen bietet die Einheit – inzw. eine der personalstärksten bundesw. u. weiter wachsend – ein breites Erfahrungsspektrum. Neben langj. Erfahrung mit der auch konfrontativen Verteidigung hat sich das Team Know-how bei Compliance-Fragen aufgebaut u. übernimmt vereinzelt interne Untersuchungen u. Ombudsaufgaben. Aktuelle Themen wie Sanktionen u. LkSG gehen entsprechend nicht an der Kanzlei vorbei. Kern bleibt jedoch bewusst die Verteidigung, was sich auch an der Beteiligung bei prominenten Verf. zeigt. So entschied sich zuletzt u.a. der ehem. RBB-Verwaltungsratschef Wolf für Verte. Auch im Steuerstrafrecht zeigt die Kanzlei inzw. verstärkt Präsenz. Das ist zum einen einer Reihe von Cum-Ex-Beschuldigten geschuldet, zum anderen aber auch großen Mittelständlern, die wegen Steuerhinterziehung Rat bei Verte suchen. Abgerundet wird das Bild durch eine exzellente Vernetzung bei Zivilkanzleien, die die Anwälte immer wieder in Mandaten empfehlen, hinzunehmen oder selbst mandatieren. Folgerichtig erweitert sich auch die Partnerschaft: Nach der Ernennung eines Eq.-Partners im Vorjahr wurde nun eine Sal.-Partnerin ernannt u. eine weitere, die bereits im Markt gelobt wird, steht in den Startlöchern.

Oft empfohlen: Dr. Christian Schmitz („eloquent, pragmat., fachl. hervorragend", „auf den Punkt", „kreativ mit schneller Auffassungsgabe", Wettbewerber), Christof Püschel („forens. erfahrener Teamplayer", „überlegt, entschlossen", Wettbewerber), Dirk Petri („sehr effektiv, zielstrebig u. immer kooperativ im Interesse des Mandanten", Wettbewerber), Dr. Alexander Paradissis („erfahren, hoch kompetent u. sehr angenehm in der Zusammenarbeit", „großartiger Kommunikator, überzeugender Prozessanwalt", Wettbewerber)

Team: 5 Eq.-Partner, 2 Sal.-Partner, 2 Counsel, 6 Associates

Schwerpunkte: Individual- ebenso wie Unternehmensverteidigung u. Beratung in Compliance-Fragen, inkl. Untersuchungen. Spezialisierungen u.a. im Arbeits- u. Insolvenzstrafrecht; zudem Revisionen.

Mandate: Individuen: Wolf-Dieter Wolf in RBB-Affäre; Hauptbeschuld. im Wirecard-Verf.; ehem. Freshfields-Partner wg. Cum-Ex-Beratung u. weitere Beschuld. in anderen Cum-Ex-Verf.; Betriebsleiter wg. Currenta-Explosion; Beschuld. in div. Dieselverf., auch Continental; Uni-Professor bei u.a. gg. ihn gerichteter interner Untersuchung; Ex-Manager eines Mineralölkonzerns wg. unerlaubtem Betrieb von Anlagen; Zeugenbeistand für Agenturmitarbeiter in Verf. der EuStA; GF eines Motorenherstellers wg. AWG-Verstoß; Immobilienbroker bei Anzeige gg. Geschäftspartner; Beschuld. in Wohnmobil-Verf. (marktbekannt); Zeugenbeistand in Untersuchungsausschuss Flutkatastrophe; israel. Beschuld. wg. Anlagebetrug (Forex). **Unternehmen:** Dt. Eishockey-Bund bei interner Untersuchung wg. Vorwürfen gg. Präsidenten; OEM bei Sachverhaltsaufarbeitung; Luxusuhrenhändler bei interner Untersuchung; Immobilienmanager in Umweltverf.; Tierschutz-Aktivistin wg. Tierdiebstahl; Bundesgesellschaft regelm. zu Compliance; Farbstoffhersteller wg. AWG-Verstoß u. lfd.; Bauunternehmen wg. tödl. Unfall; internat. Medienagentur arbeitsstrafrechtl.; Anlagenbauer präv. zu Russland-Sanktionen; Plattformbetreiber regelm. sanktions- u. strafrechtl.; regelm. btf series, gr. Versicherer, Stahlkonzern, internat. Papierwarenhersteller, öffentl. Bank, großes Maklerhaus, Mobilitätsdienstleister, Ölkonzern, Buchungsportal, div. Kliniken.

WANNEMACHER & PARTNER

Wirtschaftsstrafrecht: Individuen ★★★

Steuerstrafrecht ★★★★★

Bewertung: Aus dem Steuerstrafrecht ist die Münchner Boutique mit ihren anerkannten Partnern nicht wegzudenken. Sie sind immer wieder bei Aufsehen erregenden Verf. gefragt – zuletzt z.B. bei der Vertretung von Alfons Schubeck, wobei die Revision Widmaier Norouzi übernimmt. Ihr nachhaltiger Erfolg basiert ähnl. wie bei Streck Mack Schwedhelm auf der Kombination von Steuerrecht u. Steuerstrafrecht, da sie beide Komplexe bestens bedienen kann. Sowohl individual- als auch unternehmensseitig steht sie den unterschiedlichsten Mandanten zu einem breiten Themenspektrum zur Seite. Dazu gehören Geschäftsführer u. Mitglieder von Vorständen genauso wie Technologieunternehmen, Brauereien oder Immobilienentwickler. Daneben suchen Münchner Private-Equity-Unternehmen hier genauso Beistand wie div. Individuen u. Institutionen zu Cum-Ex.

Oft empfohlen: Dr. Leonard Walischewski („exzellent, sehr kollegial, toller Stratege", Wettbewerber), Jan Andrejtschitsch („hervorragend, sehr kollegial, mit Weitblick", „seine Übersicht in sehr verwickelten Fällen ist jedes Mal aufs neue überragend", Wettbewerber), Dr. Markus Gotzens („top, sehr kollegial", „ausgezeichnet", „strategisch, taktisch gut", „fachl. exzellent", „herausragend", „klug", Wettbewerber), Kurt Kürzinger

Anwaltszahlen: Angaben der Kanzleien, wie viele Anwälte zu mind. ca. 50 % in diesem Gebiet tätig sind. Sie spiegeln nicht zwingend die Gesamtgröße einer Kanzlei wider.

Team: 8 Eq.-Partner, 1 Sal.-Partner, 4 Associates
Schwerpunkte: Steuerstrafrecht, v.a. Individualverteidigung, aber auch beratend tätig. Wirtschaftsstrafrecht umf., einschl. Kartellverfahren.
Mandate: Individuen: Vorstandsvorsitzender einer Bank wg. Cum-Ex; Fußballprofi im Revisionsverf.; GF eines Abbruchunternehmens wg. Betrug; GF eines Lebensmittelunternehmens wg. Steuerhinterziehung u. Betrug; GF eines Private-Equity-Unternehmens wg. Steuerhinterziehung; GF einer Steuerberatergesellschaft im Steuerstrafverf.; Beschuldigter im Continental-Diesel-Verfahren; GF eines Lebensmittelunternehmens wg. Körperschaft-/Gewerbesteuer; Bauleiter im Stadtarchiv-Verfahren; GF eines Küchenherstellers wg. Gewerbesteuer; GF Immofondsuntern. wg. Kapitalertrags-/Gewerbesteuerhinterziehung. **Unternehmen:** WP-Gesellschaft wg. Umsatzsteuerhinterziehung; Hightech-Unternehmen wg. AWG-Verstoß; Baustoff-Konzern als Untreuegeschädigter; Unternehmen für Logistiklösungen in Steuerstrafverf.; Brauerei, Hotelbetreiber, Energieversorger, internat. Investmentbank/Immobilienfonds in Compliance-Fragen; Verein wg. Subventionsbetrug u. Hinterziehung von Sozialversicherungsbeiträgen; div. Private-Equity-Unternehmen präventiv wg. Kapitalertrag-/Gewerbesteuer bei Onshore/Offshoregestaltung; Großkanzlei wegen Bußgeldverf. u. GWG-Verstoß.

WESSING & PARTNER

Wirtschaftsstrafrecht: Individuen	★★★★★
Wirtschaftsstrafrecht: Unternehmen	★★★★★
Steuerstrafrecht	★★

Bewertung: Die D'dorfer Kanzlei ist in der Unternehmensverteidigung das, was die Kanzlei Krause in der Individualverteidigung ist: eine langjährige Marktführerin, die das Wirtschafts- u. Steuerstrafrecht mitprägt. Themat. breit aufgestellt wird Wessing mit einem Team aus anerkannten Partnern bei nahezu sämtl. Fragestellungen zu Rate gezogen, die die Unternehmen umtreiben, wobei grenzüberschr. Mandate zunehmen. Ein Bsp. ist die asiat. Unternehmensgruppe, die sich für ein Verf. der europ. Staatsanwaltschaft mit den D'dorfern wappnet. Wie bei vielen Wettbewerbern ist auch hier die Tendenz zu beobachten, dass Unternehmen die Experten bereits präventiv mandatieren – ein Ausfluss der gesetzl. Änderungen hinsichtl. Geldwäsche oder ESG. So ist sie auch immer häufiger für interne Untersuchungen gefragt, für die sie interne IT-Tools bereithält – ein Engagement, das in Boutiquen noch eher Seltenheitswert hat. Dadurch, dass Wessing zudem schon früh die Relevanz des IT-Strafrechts erkannte, ist die Kanzlei nun ganz vorne mit dabei, wenn es um Cyberangriffe u. Datenschutz geht. Personell standen zuletzt auf Associate-Ebene die Zeichen weiter auf Expansion, was angesichts der guten Auslastung auch sinnvoll erscheint.
Oft empfohlen: Prof. Dr. Jürgen Wessing, Prof. Dr. Heiko Ahlbrecht („gut vernetzt, sehr erfahren", „fachl. ausgezeichnet", „klug u. genau", „kollegial", Wettbewerber), Dr. Matthias Dann („klug, überlegt, ruhig u. souverän", „gutes Gespür für die Situation", „exzellent", Wettbewerber), Dr. Eren Basar („exzellente Expertise im IT- u. Datenschutzrecht", „fachl. immer auf dem Punkt u. dabei die Ruhe in Person", „kluger Kopf, sehr zuverlässig", „engagiert", Wettbewerber)
Team: 6 Eq.-Partner, 2 Sal.-Partner, 10 Associates, 1 of Counsel
Schwerpunkte: Themat. breite Praxis, Mandate teils mit internat. Bezug. Individualverteidigung ebenso wie Unternehmensvertretung, einschl. strafrechtl. Compliance.
Mandate: Individuen: div. Individuen in Cum-Ex- u. Cum-Cum-Komplex (Köln, Frankfurt); div. BaFin-Mitarbeiter als Zeugenbeistand im Wirecard-Untersuchungsausschuss; GF eines Sozialdienstleistungsuntern. wg. Beschäftigung Scheinselbständiger; GF im Antidumping-Zollermittlungsverf.; GF wg. Datenabflusses im Rahmen eines M&A-Deals; GF einer Immobiliengesellschaft wg. steuerl. Selbstanzeige u. Strafanzeige wg. Untreue; Individuum wg. bandenmäßiger Umsatzsteuerhinterziehung; Unternehmer steuerstrafrechtl. bezogen auf Maskengeschäfte mit China. **Unternehmen:** Baukonzern wg. Steuerhinterziehung u. Sozialbetrug; asiat. Unternehmensgruppe in Verf. der europ. StA wg. Subventionsbetrug; Werkstoffhersteller wg. Produktpiraterie; Energieunternehmen wg. Steuerhinterziehung im internat. Rahmen; Fonds-Gesellschaft wg. Cum-Ex; Hotelkette wg. Betrugs bei Covid-Überbrückungshilfe; Pharmaunternehmen zu Compliance; ausl. Zahlungsdienstleisters, u.a. wg. Geldwäsche; IT-Unternehmen nach Cyberangriff.

WHITE & CASE

Wirtschaftsstrafrecht: Unternehmen	★

Bewertung: Das Wirtschaftsstrafrecht ist der Nukleaus der Compliance-Praxis von W&C, womit die Praxis ähnl. aufgestellt ist wie Clifford Chance. Dass die Kanzlei insgesamt für ihre gute Verbindung zur Finanzindustrie bekannt ist, ist auch in der strafrechtl. Praxis zu spüren, vertritt sie doch auch hier diverse Banken. Doch der Kreis der vertretenen Branchen hat sich mittlerw. verbreitert – nicht zuletzt durch einen im Vorjahr hinzugekommenen Quereinsteiger von DLA Piper. Allerdings ist es eine Herausforderung, diesen Status zu halten: Der anerkannteste Kopf der Praxis, Xylander, wechselte inzw. in die Münchner Boutique CCI, Helck zog es in die Selbstständigkeit u. Prof. Dr. Nils Clemm trat als of Counsel nun deutl. in die 2. Reihe. Ohne diese Lücken durch (erfahrene) Neuzugänge zu schließen, wird die Praxis ihre bisherige Schlagkraft kaum halten können. Erschwerend kommt hinzu, dass die Annahme des Adler-Mandats – W&C übernahm hier die interne Untersuchung – im Sommer 2023 für Kritik im Markt sorgte, da die Kanzlei früher div. Transaktionen für die Mandantin über die Bühne brachte.
Stärken: Strafrechtl. Beratung u. Unternehmensverteidigung, v.a. Banken.
Team: 2 Eq.-Partner, 1 Counsel, 6 Associates
Partnerwechsel: Karl-Jörg Xylander (zu CCI); Dr. Thomas Helck (in eigene Kanzlei)
Schwerpunkte: Vorwiegend Unternehmensmandate, oft grenzüberschreitend (u.a. USA).
Mandate: Unternehmen: Adler Immobilien zu interner Untersuchung; div. Banken umf. im Cum-Ex- u. Cum-Cum-Komplex; Facebook regelm.; Industrieuntern. wg. Cyberangriff (alle marktbekannt).

WIDMAIER NOROUZI

Wirtschaftsstrafrecht: Individuen	★

Bewertung: Wenn Revisionen anstehen, gibt es kaum eine Adresse, die bekannter dafür ist: Der Berliner Anwalt Norouzi gilt schon langjährig als einer der angesehensten Spezialisten für dieses Gebiet. Zuletzt sorgte er für Aufmerksamkeit im Verfahren von Alfons Schubeck genauso wie im Mordfall Lübke.
Oft empfohlen: Dr. Ali Norouzi („brillante Schriftsätze", „tolles Mandantenhandling, viel Empathie", „hohe fachl. Kompetenz", „Deutschlands bester Revisionsrechtler", Wettbewerber)
Team: 1 Eq.-Partner
Schwerpunkte: Revisionen.
Mandate: Individuen: Alfons Schubeck in Revision vor dem BGH; Familie Lübcke in Revision vor dem BGH (beide aus dem Markt bekannt).

Anwaltszahlen: Angaben der Kanzleien, wie viele Anwälte zu mind. ca. 50% in diesem Gebiet tätig sind. Sie spiegeln nicht zwingend die Gesamtgröße einer Kanzlei wider.

JUVE Handbuch
2023 | 2024

INDEX

INDEX PERSONEN

C

D

E

F

G

H

L

M

N

O

P

Q

R

S

INDEX KANZLEIEN

Machen Sie sich selbst ein Bild!
JUVE+
Market Intelligence
Jetzt den neuen
Tages- oder Wochenpass testen:
juve-plus.de

DENTONS